Alessandro Dantas Coutinho

› Mestre e Especialista na área de Direito Público, professor de Direito Administrativo em graduação e pós-graduação, professor de Direito Administrativo do LFG, professor de Direito Administrativo da Escola Superior da Magistratura do Estado do Espírito Santo e da Escola Superior do Ministério Público do Estado do Espírito Santo. Professor de Direito Administrativo do MEGE, Diretor Acadêmico de Direito Administrativo da ESA-ES, Instrutor de Licitações e Contratos Administrativos do Grupo Negócios Públicos. Coordenador Técnico do Congresso Brasileiro de Concurso Público da ERX do Brasil. Autor de diversos livros e dezenas de artigos jurídicos, ex-Consultor jurídico da ANDACON – Associação Nacional de Defesa e Apoio ao Concurseiro e colaborador permanente da revista LICICON, O PREGOEIRO e NEGÓCIOS PÚBLICOS. Advogado especialista em Concursos Públicos e Direito Administrativo.

Ronald Krüger Rodor

› Especialista e mestrando em Direito, professor do MEGE e de pós-graduações, aprovado em diversos concursos públicos, autor de obras jurídicas e juiz federal.

Manual de Direito Administrativo

Volume *Único*

Alessandro Dantas Coutinho
Ronald Krüger Rodor

Manual de Direito Administrativo

— Volume **Único** —

2ª edição

revista
ampliada
atualizada

2018

Editora
JusPODIVM

www.editorajuspodivm.com.br

EDITORA JusPODIVM

www.editorajuspodivm.com.br

Rua Mato Grosso, 164, Ed. Marfina, 1º Andar – Pituba, CEP: 41830-151 – Salvador – Bahia
Tel: (71) 3045.9051
• Contato: https://www.editorajuspodivm.com.br/sac

Copyright: Edições *Jus*PODIVM

Conselho Editorial: Eduardo Viana Portela Neves, Dirley da Cunha Jr., Leonardo de Medeiros Garcia, Fredie Didier Jr., José Henrique Mouta, José Marcelo Vigliar, Marcos Ehrhardt Júnior, Nestor Távora, Robério Nunes Filho, Roberval Rocha Ferreira Filho, Rodolfo Pamplona Filho, Rodrigo Reis Mazzei e Rogério Sanches Cunha.

Capa: Ana Caquetti

Diagramação: Marcelo S. Brandão *(santibrando@gmail.com)*

• A Editora *JusPODIVM* passou a publicar esta obra a partir da 2.ª edição.

C871   Coutinho, Alessandro Dantas.
           Manual de direito administrativo / Alessandro Dantas Coutinho, Ronald Krüger Rodor. –
    2. ed. rev., atual. e ampl. – Salvador: Juspodivm, 2018.
      1.296 p.

      Bibliografia
      ISBN 978-85-442-2029-0.

      1. Direito administrativo – Brasil. I. Rodor, Ronald Krüger. II. Título. III. Série.

CDU 342.9 (81)

Todos os direitos desta edição reservados à Edições *Jus*PODIVM.

É terminantemente proibida a reprodução total ou parcial desta obra, por qualquer meio ou processo, sem a expressa autorização do autor e da Edições *Jus*PODIVM. A violação dos direitos autorais caracteriza crime descrito na legislação em vigor, sem prejuízo das sanções civis cabíveis.

Dedico este livro à minha filha, Maria Izabel Rosa Frigini Coutinho, que nasce agora, em fevereiro de 2018, e, tenho certeza, trará muitas alegrias para minha vida, tornando-a, com certeza, mais colorida. Ainda, com o mesmo amor, dedico esta segunda edição à minha amada esposa Izabella Rosa. Amo vocês!
Alessandro Dantas Coutinho

À minha esposa, Danuza Aquino, pelo companheirismo, dedicação, paciência e compreensão pelas horas furtadas de seu convívio.
Ao meu filho, Gabriel, fonte de inspiração para todos os atos de minha vida.
Ronald Krüger Rodor

APRESENTAÇÃO À 2ª EDIÇÃO

Esta segunda edição vem bem passou por um grande processo de ampliação. Está extremamente atualizada e buscamos buscar junto aos Tribunais Superiores, sempre que possível, seus entendimentos quanto aos pontos tratados no livro.

São mais de 870 julgados de Tribunais Superiores contextualizados na obra, dezenas de repercussões gerais, e, como não podia deixar de ser, os famosos esquemas gráficos ao longo do texto, um resumo ao final de cada capítulo e, para finalizar com chave de ouro, uma bateria de exercícios.

Este é um livro, podemos dizer, completo! Absolutamente compatível para universidade como livro base, apoio essencial aos operadores do Direito, como advogados, promotores, juízes etc e, como não poderia deixar de ser, para candidatos que disputam concurso público de nível superior. Testamos muitas questões de concurso neste livro e o resultado foi bem surpreendente. Acreditamos, fielmente, que na matéria de direito administrativo o candidato não estará desamparado.

Esperamos que o público acolha e goste desta segunda edição!

Forte abraço!

Alessandro Dantas e *Ronald Krüger*

PREFÁCIO

Aceitei, com muita honra, o convite dos professores Alessandro Dantas e Ronald Kruger, do Espírito Santo, para escrever o prefácio de sua obra, Manual de Direito Administrativo, que vai para a segunda edição.

Quando publiquei a primeira edição do meu livro, Direito Administrativo, em 1990, a obra de preferência dos estudantes e dos profissionais do direito era a de Hely Lopes Meirelles, com seu conhecido *Direito Administrativo Brasileiro*. A produção, nesse ramo do direito público, não era tão rica como hoje.

Ao longo dos anos, foi se enriquecendo o direito administrativo, com a publicação de inúmeras monografias, talvez como resultado dos cursos de mestrado e doutorado, e também pelas novidades que a Constituição Federal de 1988 trouxe nessa área do direito público. Hoje são algumas dezenas de manuais, além de publicações sobre os mais variados temas do direito administrativo. Foi impressionante o desenvolvimento desse ramo do direito nos últimos trinta anos, no que diz respeito ao direito positivo, à doutrina e à jurisprudência. Muitos são os professores que abraçaram com empenho o estudo do direito administrativo e publicaram a sua própria obra, inspirados, talvez, por seus antecessores e pelo amor ao direito administrativo.

Dentre eles, surgem agora dois novos autores, Alessandro Dantas, advogado e professor especialista na matéria, e Ronald Kruger, juiz federal e professor. A obra, nesta segunda edição, vem com várias novidades e está atualizada de acordo com as principais leis publicadas no ano de 2017, sendo enriquecida com a menção a farta jurisprudência sobre os vários temas do direito administrativo. O livro ainda é enriquecido com esquemas gráficos, introduzidos em pontos importantes, para facilitar o aprendizado pelo leitor.

Ao final, para facilitar e relembrar parte do que foi estudado, os autores apresentam um resumo gráfico de cada capítulo, bem como as súmulas, de forma esquematizada, referentes a cada disciplina.

O livro – cujo prefácio fui convidada a escrever – certamente está fadado ao sucesso e contribuirá para o estudo do direito administrativo.

Prof. Maria Sylvia Zanella Di Pietro

SUMÁRIO

1. INTRODUÇÃO AO ESTUDO DO DIREITO ADMINISTRATIVO 45
1.1. HISTÓRICO DO ESTADO E DO DIREITO ADMINISTRATIVO 45
    1.1.1. O surgimento do Direito e do Estado 45
    1.1.2. Evolução do Estado ao longo do tempo 46
    1.1.3. O Estado de Direito e o surgimento do direito administrativo 48
    1.1.4. O desenvolvimento do direito administrativo na França do séc. XIX e o surgimento do contencioso administrativo 49
    1.1.5. Desenvolvimento do direito administrativo no Brasil 49
1.2. Noção jurídica de Estado 52
    1.2.1. Separação de poderes e as funções do Estado. Funções "típicas" e "atípicas" 52
    1.2.2. O Poder Legislativo e suas funções 54
    1.2.3. O Poder Judiciário e suas funções 54
    1.2.4. O Poder Executivo e suas funções 55
1.3. Posição topológica do direito administrativo e sua relação com os demais ramos do direito 56
1.4. Direito administrativo e ciência da administração 58
1.5. Sistemas de jurisdição. Unitário (inglês) e dual (francês) 59
1.6. Sistemas de direito e fontes do direito administrativo 60
1.7. Codificação do direito administrativo e competência legislativa 64
1.8. Questões 66

2. REGIME JURÍDICO ADMINISTRATIVO E SEUS PRINCÍPIOS INFORMADORES 71
2.1. Introdução 71
2.2. Princípio da supremacia do interesse público 72
2.3. Princípio da indisponibilidade do interesse público 73

2.4.	DEMAIS PRINCÍPIOS QUE ORIENTAM A ATIVIDADE ADMINISTRATIVA 74

- 2.4.1. Princípio da legalidade 74
- 2.4.2. Princípio da impessoalidade 78
- 2.4.3. Princípio da moralidade 82
- 2.4.4. Princípio da publicidade 86
  - 2.4.4.1. Formas de publicidade 86
  - 2.4.4.2. Relatividade do princípio 87
  - 2.4.4.3. Lei de Acesso à Informação (Lei 12.527/2011) 88
    - 2.4.4.3.1. Gestão, acesso e divulgação da informação .. 89
    - 2.4.4.3.2. Procedimento da Lei para o acesso à informação 91
    - 2.4.4.3.3. Restrições de acesso à informação 93
    - 2.4.4.3.4. Informações pessoais 94
- 2.4.5. Princípio da eficiência 95
- 2.4.6. Princípio da motivação 96
- 2.4.7. Princípios da proporcionalidade e razoabilidade 101
- 2.4.8. Princípio da segurança jurídica 104
- 2.4.9. Princípio da autotutela 111
  - 2.4.9.1. Fundamentos normativos e jurisprudenciais do princípio da autotutela 111
  - 2.4.9.2. Formas de exercício da autotutela 112
    - 2.4.9.2.1. Anulação 112
    - 2.4.9.2.2. Revogação 115

2.5. Resumo gráfico geral 117
2.6. Súmulas do STF 118
2.7. Síntese do Tema 119
2.8. Questões 121

3. ADMINISTRAÇÃO PÚBLICA 127

3.1. Introdução 127
3.2. A descentralização política e a criação de vários entes federados 128
3.3. Desconcentração administrativa 133
3.4. Órgãos públicos 135
- 3.4.1. O que são? 135
- 3.4.2. Como são criados? 136

3.4.3.	Disposição sobre organização e funcionamento do órgão	136
3.4.4.	Ausência de personalidade jurídica	136
3.4.5.	Relação entre o órgão e a pessoa jurídica da qual faz parte	137
3.4.6.	Classificação dos órgãos	138
	3.4.6.1. Quanto à esfera de ação	138
	3.4.6.2. Quanto à posição estatal	139
	3.4.6.3. Quanto à estrutura	139
	3.4.6.4. Quanto à composição	140
3.5.	Da descentralização administrativa: criação da administração descentralizada ou indireta	142
3.6.	Administração centralizada ou direta	144
3.6.1.	Pessoas que compõem essa Administração	144
3.6.2.	A desconcentração das competências	144
3.6.3.	Características da Administração Direta	144
	3.6.3.1. Personalidade jurídica	144
	3.6.3.2. Regime jurídico	144
	3.6.3.3. Autonomia administrativa, financeira e orçamentária	145
	3.6.3.4. Patrimônio	145
	3.6.3.5. Regime de bens	146
	3.6.3.6. Regime funcional	147
	3.6.3.7. Regime de contratação de obras, bens e serviços	149
	3.6.3.8. Imunidade tributária	150
	3.6.3.9. Regime de responsabilidade civil	150
	3.6.3.10. Prerrogativas	151
	3.6.3.10.1. Materiais	151
	3.6.3.10.2. Processuais	151
	3.6.3.10.3. Contratuais	152
3.7.	Administração indireta	152
3.7.1.	Introdução	152
3.7.2.	Princípios ligados à descentralização administrativa	153
3.8.	Autarquias	153
3.8.1.	Exemplos	153
3.8.2.	As autarquias territoriais e os Territórios Federais no direito brasileiro	155
3.8.3.	Forma de criação	156
3.8.4.	Personalidade jurídica	156

3.8.5. Regime jurídico 156
3.8.6. Autonomia administrativa, orçamentária e financeira 157
3.8.7. Patrimônio 157
3.8.8. Regime de bens 158
3.8.9. Regime de pessoal 158
3.8.10. Regime de contratação 159
3.8.11. Imunidade tributária 160
3.8.12. Regime de responsabilidade civil 160
3.8.13. Prerrogativas 161
    3.8.13.1. Materiais 161
    3.8.13.2. Processuais 162
    3.8.13.3. Contratuais 162
3.9. Autarquias que possuem um regime especial. 162
    3.9.1. Agências Reguladoras 162
    3.9.2. Agências Executivas 166
    3.9.3. Autarquias Corporativas ou Profissionais. 167
3.10. Fundações públicas 171
    3.10.1. Fundações públicas de direito público 173
    3.10.2. Fundações públicas de direito privado 173
3.11. Empresas públicas e sociedades de economia mista 174
    3.11.1. Introdução 174
    3.11.2. Exemplos de sociedades de economia mista e de empresas públicas ... 175
    3.11.3. Características comuns às sociedades de economia mista e às empresas públicas 175
        3.11.3.1. Forma de criação 175
        3.11.3.2. Personalidade jurídica 176
        3.11.3.3. Regime jurídico 176
        3.11.3.4. Autonomia administrativa, orçamentária e financeira 177
        3.11.3.5. Patrimônio 177
        3.11.3.6. Regime de bens 177
        3.11.3.7. Regime de pessoal 179
        3.11.3.8. Escolha dos dirigentes 179
        3.11.3.9. Regime de contratações de bens e serviços 180
        3.11.3.10. Imunidade tributária 183

3.11.3.11. Regime de responsabilidade civil 186
3.11.3.12. Prerrogativas 186
    3.11.3.12.1. Materiais 187
    3.11.3.12.2. Processuais 188
    3.11.3.12.3. Contratuais 189
    3.11.3.12.4. Regras de governança 189
    3.11.3.12.5. Observância a requisitos mínimos de transparência 190
    3.11.3.12.6. Regras de estruturas e práticas de gestão de riscos e controle interno 190

3.11.4. Diferenças entre as sociedades de economia mista e as empresas públicas 191

3.12. Empresas subsidiárias 192
3.13. Súmulas do Superior Tribunal de Justiça 193
3.14. Súmulas do Supremo Tribunal Federal 193
3.15. Síntese do tema 194
3.16. Questões 205

4. REFORMA DO ESTADO E TERCEIRO SETOR 211

4.1. Noção e delimitação do tema 211
4.2. Transferência da execução de serviços públicos e regulação dos setores econômicos 213
    4.2.1. Agências Reguladoras 214
    4.2.2. Agências Executivas 216
4.3. Terceiro setor e entidades paraestatais 216
    4.3.1. Serviços sociais autônomos 217
    4.3.2. Entidades de apoio 221
    4.3.3. Organizações sociais 223
    4.3.4. Organizações da Sociedade Civil de Interesse Público (OSCIPs) 227
    4.3.5. Regime jurídico das parcerias voluntárias. Lei 13.019/2014 229
4.4. Súmulas do Supremo Tribunal Federal 231
4.5. Síntese do tema 231
4.6. Questões 235

5. SERVIDORES PÚBLICOS 241

5.1.	Agentes públicos	241
	5.1.1. Agentes políticos	244
	5.1.2. Agentes estatutários especiais	248
	5.1.3. Particulares em colaboração com o Poder Público	249
	5.1.4. Militares (servidores militares)	252
	5.1.5. Servidores públicos em sentido amplo ou servidores estatais	254
5.2.	Regime Jurídico Único – RJU	254
5.3.	Regime de emprego público na administração pública	257
	5.3.1. Noção de emprego	258
	5.3.2. Regras constitucionais aplicáveis ao regime de emprego público, relativas às imposições	259
	5.3.3. Regras constitucionais aplicáveis ao regime de emprego público, relacionadas aos direitos	259
	5.3.4. Direito à estabilidade, FGTS e dispensa motivada	261
	5.3.5. Direito à aposentadoria	263
	5.3.6. Competência da Justiça do Trabalho	263
	5.3.7. O problema da responsabilidade subsidiária da Administração Pública nas contratações de serviços terceirizados	265
5.4.	Servidores contratados por tempo determinado (art. 37, IX da CF/1988)	266
	5.4.1. Previsão legal dos casos de contratação por tempo determinado	267
	5.4.2. Determinação dos prazos de contratação	269
	5.4.3. Necessidade temporária e excepcional interesse público. Noção	270
	5.4.4. Nulidades do contrato, efeitos do contrato nulo e competência jurisdicional	270
5.5.	Servidores públicos civis, em sentido estrito (estatutários)	273
	5.5.1. Vínculo estatutário e cargo público	273
	5.5.2. Quadro funcional	274
	5.5.3. Classificação dos cargos públicos	275
	5.5.4. Funções de confiança	278
	5.5.5. Regras constitucionais referentes ao provimento dos cargos públicos	279
	5.5.5.1. Acessibilidade	279
	5.5.5.2. Concurso público	284
	5.5.5.3. Nomeação e prioridade	292
	5.5.5.3.1. Aprovação em cadastro de reserva e nomeação	295
	5.5.5.3.2. Posse precária ou nomeação *sub judice*	302

	5.5.5.4.	Reserva de vagas para portadores de deficiência	303
	5.5.5.5.	Reserva de vagas para negros nos concursos públicos federais. Lei 12.990/2014	306
	5.5.5.6.	Inconstitucionalidade das outras formas de provimento originário e derivado vertical	313
	5.5.5.7.	Outras questões envolvendo os concursos públicos	315
5.5.6.	Nepotismo		317
5.5.7.	Posse e exercício em cargo público		319
5.5.8.	Regras constitucionais sobre acumulação de cargos públicos, estágio probatório, estabilidade e vitaliciedade		322
	5.5.8.1.	Acumulação remunerada de cargos públicos	322
	5.5.8.2.	Estágio probatório	324
	5.5.8.3.	Direito à estabilidade	327
	5.5.8.4.	Estabilidade extraordinária (art. 19 do ADCT)	328
	5.5.8.5.	Vitaliciedade	329
5.5.9.	Sistema remuneratório dos servidores públicos		330
	5.5.9.1.	Requisitos formais	330
	5.5.9.2.	Vencimento, vencimentos e remuneração	331
	5.5.9.3.	Regime de subsídios	332
	5.5.9.4.	Irredutibilidade remuneratória e de subsídios	335
	5.5.9.5.	Garantia de revisão anual	336
	5.5.9.6.	Isonomia entre os servidores dos diferentes Poderes	336
	5.5.9.7.	Proibição de vinculação ou equiparação entre espécies remuneratórias	337
	5.5.9.8.	Proibição da incidência de acréscimos como base de cálculo de outros acréscimos	338
	5.5.9.9.	Garantia de valor mínimo da remuneração e vinculação ao salário mínimo	338
	5.5.9.10.	Teto constitucional remuneratório	339
5.5.10.	Aposentadorias e pensões		342
	5.5.10.1.	Servidores abrangidos pelos Regimes Próprios de Previdência Social (RPPS)	343
	5.5.10.2.	Titulares de mandato eletivo	343
	5.5.10.3.	Caráter contributivo e solidário do sistema	344
	5.5.10.4.	Contribuição dos inativos e pensionistas	345
	5.5.10.5.	Hipóteses de inativação	346
	5.5.10.6.	Aposentadoria compulsória por implemento de idade	348

5.5.10.7. Integralidade e paridade de proventos 351

5.5.10.8. Aposentadoria por tempo de serviço (contribuição) proporcional 352

5.5.10.9. Aposentadorias especiais no serviço público 352

    5.5.10.9.1. Aposentadoria especial de servidores públicos policiais e Lei Complementar 144/2014 355

5.5.10.10. Tempo de contribuição e contagem recíproca 356

5.5.10.11. Acumulação de aposentadorias e aplicação do teto constitucional 357

5.5.10.12. Desaposentação 358

5.5.10.13. Vantagens não extensivas aos inativos 360

5.5.10.14. Regras de transição aplicáveis às aposentadorias 361

5.5.10.15. Fixação do teto do valor do benefício e Regime Público Complementar de Previdência 363

5.5.10.16. Pensões 365

5.5.11. Disponibilidade 368

5.5.12. Outros direitos constitucionalmente previstos aos servidores públicos 370

    5.5.12.1. Direito à sindicalização 370

    5.5.12.2. Direito de greve 371

    5.5.12.3. Outros direitos sociais 373

5.5.13. Exercício de mandato eletivo por servidores públicos 374

5.5.14. Disposições legais aplicáveis aos servidores públicos civis no âmbito da União (Lei 8.112/1990) 375

    5.5.14.1. Formas de provimento previstas na Lei 8.112/1990 376

    5.5.14.2. Formas de vacância dos cargos públicos 382

    5.5.14.3. Remoção 384

    5.5.14.4. Redistribuição 387

    5.5.14.5. Teoria do Funcionário de Fato ou do Agente Público de Fato 388

    5.5.14.6. Direitos e vantagens previstos na Lei 8.112/1990 388

    5.5.14.7. Outros benefícios do Plano de Seguridade Social do Servidor 398

5.5.15. Regime disciplinar do servidor público federal 401

5.5.16. Processo administrativo disciplinar 410

    5.5.16.1. Noção, competência legislativa e princípios aplicáveis 410

		5.5.16.2.	Procedimentos apuratórios prévios (sindicância e inquérito administrativo) 414
		5.5.16.3.	Fases de desenvolvimento 416
		5.5.16.4.	Esquema Gráfico do PAD 421

5.6. Súmulas do STF 421
5.7. Súmulas do STJ 425
5.8. Síntese do tema 426
5.9. Questões 459

6. PODERES ADMINISTRATIVOS 467

6.1. Introdução 467
6.2. Características 468
6.3. Uso e abuso de poder 469
6.4. Poder vinculado 469
    6.4.1. Controle do ato vinculado 470
    6.4.2. Ato vinculado inconstitucional 472
6.5. Poder discricionário 473
    6.5.1. Introdução 473
    6.5.2. Limites do poder discricionário 473
    6.5.3. Elementos discricionários do ato discricionário 474
    6.5.4. Mérito do ato administrativo 475
    6.5.5. Controle da discricionariedade administrativa pelo Poder Judiciário 475
    6.5.6. Do controle da discricionariedade administrativa e separação dos Poderes 477
    6.5.7. Controle da discricionariedade administrativa pela própria Administração 479
6.6. Poder hierárquico 480
    6.6.1. Introdução 480
    6.6.2. Poder de delegação e o poder hierárquico 481
    6.6.3. A avocação e o poder hierárquico 482
    6.6.4. Poder de revisão decorrente do poder hierárquico 483
        6.6.4.1. Recurso hierárquico próprio e impróprio 483
        6.6.4.2. Condutas que podem ser adotadas pela autoridade superior ao julgar um recurso hierárquico 483
        6.6.4.3. Limites à anulação do ato pela autoridade superior 484
        6.6.4.4. Revogação do ato pela autoridade superior 486

| | | 6.6.4.5. | Considerações finais sobre o poder hierárquico .... | 486 |

6.7. Poder disciplinar 487

    6.7.1. Introdução 487

    6.7.2. Importância do poder disciplinar 487

    6.7.3. Conceito de poder disciplinar 487

    6.7.4. O poder disciplinar da Lei 8.112/1990 488

        6.7.4.1. Proibições 488

        6.7.4.2. Sanções 489

    6.7.5. O princípio da independência das instâncias 490

    6.7.6. A repercussão dos efeitos da sentença penal absolutória no processo disciplinar 490

    6.7.7. A aplicação da teoria dos motivos determinantes 492

    6.7.8. A reintegração ou restabelecimento de vínculo em razão de demissão ilegal 492

    6.7.9. O cabimento de indenização em razão da demissão ilegal 492

6.8. Poder regulamentar 493

    6.8.1. Noção e conceito de poder regulamentar 493

    6.8.2. Limites ao poder regulamentar 494

    6.8.3. Abuso no exercício do poder regulamentar 494

    6.8.4. Controle do poder regulamentar 494

        6.8.4.1. Judicial 494

        6.8.4.2. Legislativo 495

        6.8.4.3. Administrativo 496

    6.8.5. Formas de manifestação do poder regulamentar 496

    6.8.6. Lei pendente de regulamento 497

    6.8.7. Decreto autônomo 498

    6.8.8. Atos normativos autônomos 499

    6.8.9. Deslegalização 499

6.9. Poder de polícia 501

    6.9.1. Introdução 501

    6.9.2. Conceito 502

    6.9.3. Exemplos de poder de polícia 502

    6.9.4. Fundamento do poder de polícia 503

    6.9.5. Necessidade do poder de polícia 503

    6.9.6. Competências para o exercício do poder de polícia 503

	6.9.7.	Tipos de poder de polícia		504
		6.9.7.1.	Poder de polícia normativo	504
		6.9.7.2.	Poder de polícia concreto preventivo	504
		6.9.7.3.	Poder de polícia concreto repressivo	505
	6.9.8.	A exigibilidade do ato de polícia e a suspensão temporária da execução do poder de polícia repressivo		506
	6.9.9.	Atributos do poder de polícia		506
		6.9.9.1.	Discricionariedade	507
		6.9.9.2.	Autoexecutoriedade	508
		6.9.9.3.	Coercibilidade	509
	6.9.10.	Delegação do poder de polícia aos particulares		509
	6.9.11.	Quem exerce o poder de polícia?		511
	6.9.12.	Prescrição do poder de polícia		512
6.10.	Súmulas do Supremo Tribunal Federal			515
6.11.	Súmulas do Superior Tribunal de Justiça			515
6.12.	Síntese do Tema			516
6.13.	Questões			522

7. ATOS ADMINISTRATIVOS 529

7.1.	Introdução			529
7.2.	Ato administrativo como espécie de ato jurídico diferenciado			530
7.3.	As mutações decorrentes do regime jurídico administrativo			530
7.4.	Conceito de ato administrativo			530
7.5.	Atos da administração			531
7.6.	Fatos administrativos			531
7.7.	Omissões administrativas e seus efeitos jurídicos			532
7.8.	Elementos ou requisitos do ato administrativo			535
	7.8.1.	Competência		535
		7.8.1.1.	Características da competência	536
		7.8.1.2.	A competência originária e delegada. Considerações sobre a delegação e avocação da competência	537
		7.8.1.3.	A competência como elemento sempre vinculado do ato administrativo	538
		7.8.1.4.	Vícios relacionados à competência	538
		7.8.1.5.	A convalidação de ato viciado no elemento competência	539

	7.8.2.	Forma	539
		7.8.2.1. A forma como procedimento para a prática do ato	540
		7.8.2.2. Vício de forma admite convalidação?	540
	7.8.3.	Motivo	540
		7.8.3.1. Diferença entre motivo e motivação	540
		7.8.3.1.1. A motivação aliunde	541
		7.8.3.1.2. Ato sem motivação	542
		7.8.3.2. Teoria dos motivos determinantes	542
	7.8.4.	Objeto	543
		7.8.4.1. Requisitos de validade do objeto	543
		7.8.4.2. Objeto natural e acidental	543
		7.8.4.3. Vinculação e discricionariedade do objeto	544
		7.8.4.4. Convalidação do objeto	545
	7.8.5.	Finalidade	545
7.9.	Atributos dos atos administrativos		548
	7.9.1.	Considerações iniciais	548
	7.9.2.	Quais são os atributos que um ato administrativo pode ter?	548
	7.9.3.	Análise dos atributos	549
		7.9.3.1. Presunção de legitimidade	549
		7.9.3.2. Presunção de veracidade	550
		7.9.3.3. Imperatividade	551
		7.9.3.4. Autoexecutoriedade	552
		7.9.3.5. Tipicidade	554
7.10.	Espécies de atos administrativos		555
	7.10.1.	Nominação dos atos conforme as formas adotadas para sua exteriorização	556
		7.10.1.1. Decreto	556
		7.10.1.2. Portaria	557
		7.10.1.3. Resolução, regimento e deliberação	558
		7.10.1.4. Instruções e ordens de serviço	560
		7.10.1.5. Circular, aviso e comunicado	561
		7.10.1.6. Alvará	561
		7.10.1.7. Autos de infração, de interdição (embargo) e de destruição ou perdimento	562
	7.10.2.	Nominação dos atos administrativos em razão de seu objeto ou conteúdo	563

		7.10.2.1.	Certidão, atestado, apostilamento e parecer	563
		7.10.2.2.	Visto, aprovação e homologação	565
		7.10.2.3.	Licença	565
		7.10.2.4.	Permissão	566
		7.10.2.5.	Autorização	567

7.11. Extinção do ato administrativo 568
    7.11.1. Anulação e revogação do ato administrativo 568
        7.11.1.1. Anulação 569
        7.11.1.2. Revogação 571
        7.11.1.3. Cassação 572
        7.11.1.4. Caducidade 574
        7.11.1.5. Contraposição ou derrubada 574
        7.11.1.6. Convalidação do ato administrativo 576
        7.11.1.7. Vícios que admitem convalidação 577
        7.11.1.8. Vícios que não admitem convalidação 577
        7.11.1.9. Discricionariedade ou vinculação do ato de convalidar 578

7.12. Súmulas do STF 579
7.13. Síntese do tema 579
7.14. Questões 582

8. PROCESSO ADMINISTRATIVO 587

8.1. Introdução 587
8.2. Processo Administrativo. Competência Legislativa 589
8.3. Processo e Procedimento 590
8.4. Processo Jurisdicional vs. Processo Administrativo 591
8.5. Processo Administrativo Federal. Lei 9.784/1999 591
    8.5.1. Âmbito de aplicação da Lei 9.784/1999 na esfera federal 592
    8.5.2. Caráter geral e residual da Lei 9.784/1999 592
    8.5.3. Princípios aplicáveis ao processo administrativo 593
    8.5.4. Direitos dos Administrados 599
    8.5.5. Deveres do Administrado 600
    8.5.6. Partes interessadas no processo administrativo 600
    8.5.7. Autoridade e competência 602
    8.5.8. Início do processo administrativo 603
    8.5.9. Da competência 604

		8.5.9.1.	Características da competência	604

                8.5.9.1.   Características da competência 604
                8.5.9.2.   A competência originária e delegada. Considerações sobre
                           a delegação e avocação da competência 605
       8.5.10. Da forma, do tempo e do lugar dos atos processuais 608
       8.5.11. Comunicação dos atos processuais 609
       8.5.12. Instrução do processo administrativo 610
       8.5.13. Manifestação do interessado e decisão da autoridade 613
       8.5.14. Prioridade na tramitação 615
8.6.   Anulação, revogação e convalidação 615
8.7.   Revogação 618
8.8.   Convalidação do ato administrativo 619
       8.8.1.   Vícios que admitem convalidação 619
       8.8.2.   Vícios que não admitem convalidação 620
       8.8.3.   Discricionariedade ou vinculação do ato de convalidar 621
8.9.   Recuso administrativo e pedido de revisão 621
8.10. Contagem dos prazos 624
8.11. Súmulas do Supremo Tribunal Federal 624
8.12. Súmulas do Superior Tribunal de Justiça 625
8.13. Síntese do tema 625
8.14. Questões 628

9 . LICITAÇÕES **635**

9.1.   Introdução 636
9.2.   Considerações gerais 637
9.3.   Características da licitação 637
       9.3.1.   Conceito 637
9.4.   Licitação – contrato administrativo 638
       9.4.1.   Contratos administrativos não antecedidos de licitação 638
       9.4.2.   Licitações sem a confecção de posterior contrato 638
9.5.   Fundamentos da licitação na Constituição Federal 639
       9.5.1.   Do princípio constitucional da licitação 639
       9.5.2.   Competência legislativa 640
9.6.   Obrigados a licitar – a quem se aplica a Lei de Licitações? 641
       9.6.1.   Os fundos especiais 642
9.7.   Regras extensíveis aos três poderes 643

9.8.	Objeto da licitação – art. 2.º da Lei 8.666/1993		643
	9.8.1.	Do conceito de obra e serviços para fins licitatórios	643
	9.8.2.	Obra	644
		9.8.2.1. Construção	644
		9.8.2.2. Reforma	644
		9.8.2.3. Ampliação	645
	9.8.3.	Serviços	645
		9.8.3.1. Serviços comuns	645
		9.8.3.2. Serviços técnicos profissionais	645
		9.8.3.3. Serviços técnicos profissionais generalizados	645
		9.8.3.4. Serviços técnicos profissionais especializados	645
	9.8.4.	Compras	646
	9.8.5.	Alienação	647
9.9.	Princípios norteadores do procedimento licitatório		648
	9.9.1.	Legalidade	648
	9.9.2.	Impessoalidade	649
	9.9.3.	Publicidade	651
	9.9.4.	Eficiência	652
	9.9.5.	Vinculação ao instrumento convocatório	652
	9.9.6.	Julgamento objetivo	653
	9.9.7.	Adjudicação compulsória	654
	9.9.8.	Moralidade/Probidade administrativa	654
	9.9.9.	Ampla defesa e contraditório	655
	9.9.10.	Princípio da isonomia	657
		9.9.10.1. A questão da margem de preferência	659
9.10.	Introdução ao procedimento licitatório		661
	9.10.1.	Procedimento	661
	9.10.2.	Etapa interna	662
		9.10.2.1. Da responsabilidade do parecerista perante o Tribunal de Contas	665
		9.10.2.2. O posicionamento do Supremo Tribunal Federal sobre a possibilidade de o Tribunal de Contas fazer o controle sobre a conduta do parecerista	666
	9.10.3.	Etapa externa	667
		9.10.3.1. 1.ª fase: publicidade do instrumento convocatório	667
		9.10.3.1.1. Esquema gráfico	670

		9.10.3.1.2.	Conteúdo e requisitos do edital	671

- 9.10.3.2. 2.ª fase: habilitação dos licitantes na Lei 8.666/93 673
  - 9.10.3.2.1. Habilitação jurídica 675
  - 9.10.3.2.2. Regularidade fiscal 675
  - 9.10.3.2.3. Regularidade trabalhista 678
  - 9.10.3.2.4. Qualificação técnica 679
  - 9.10.3.2.5. Qualificação econômica e financeira 682
  - 9.10.3.2.6. Cumprimento ao disposto no art. 7.º, XXXIII, da Constituição Federal 683
  - 9.10.3.2.7. Considerações finais sobre a fase de habilitação 683
- 9.10.3.3. 3.ª fase: julgamento das propostas 684
  - 9.10.3.3.1. Desclassificação da proposta 685
  - 9.10.3.3.2. Classificação das propostas 686
  - 9.10.3.3.3. Proposta mais vantajosa 686
  - 9.10.3.3.4. Considerações finais sobre o julgamento 687
  - 9.10.3.3.5. Divisibilidade do julgamento e empate de propostas 688
- 9.10.3.4. 4.ª fase: homologação 690
- 9.10.3.5. 5.ª fase: adjudicação 690

9.11. Modalidade de licitação 692
- 9.11.1. Concorrência 693
- 9.11.2. Tomada de preços 695
- 9.11.3. Convite 698
- 9.11.4. Leilão 700
  - 9.11.4.1. Tipos de leilão 700
- 9.11.5. Concurso 701
- 9.11.6. Pregão 702
  - 9.11.6.1. Objetivo do pregão 703
  - 9.11.6.2. Objeto do pregão 703
  - 9.11.6.3. Faculdade ou obrigatoriedade? 704
  - 9.11.6.4. Valor do objeto a ser licitado pelo pregão 705
  - 9.11.6.5. Fases do pregão 706
    - 9.11.6.5.1. Etapa interna ou preparatória 706
    - 9.11.6.5.2. Autoridade competente 706
    - 9.11.6.5.3. Designação do pregoeiro e equipe de apoio 706

	9.11.6.5.4.	Etapa externa do pregão	707
	9.11.6.5.5.	Prazo de publicidade do edital do pregão	708
	9.11.6.5.6.	Início da sessão do pregão	708
	9.11.6.5.7.	Possibilidade de lances verbais no pregão	709
	9.11.6.5.8.	Tipos de licitação	710
	9.11.6.5.9.	Análise da aceitabilidade da proposta pelo pregoeiro	711
	9.11.6.5.10.	Fim da fase competitiva e habilitação	711
	9.11.6.5.11.	E se o licitante não atender às exigências habilitatórias ou sua proposta não for aceitável?	712
	9.11.6.5.12.	Dos recursos na modalidade licitatória pregão	712
	9.11.6.5.13.	Adjudicação e homologação	713
	9.11.6.5.14.	Convocação do licitante vencedor para celebrar o contrato	714
	9.11.6.5.15.	Vedações no pregão	714
	9.11.6.5.16.	Aplicação subsidiária da Lei 8.666/1993	714
9.12.	Participação de empresas em consórcio nas licitações		714
	9.12.1.	Objetivo	715
	9.12.2.	Constituição do consórcio	715
	9.12.3.	Somatório da habilitação econômica e técnica	716
	9.12.4.	Demais requisitos habilitatórios	716
	9.12.5.	Responsabilidade das empresas integrantes do consórcio	717
9.13.	Anulação da licitação		717
	9.13.1.	Motivo da anulação	717
	9.13.2.	Extensão da anulação	718
	9.13.3.	Legitimidade para anular a licitação	718
	9.13.4.	Peculiaridades da anulação feita pelo Poder Judiciário	719
	9.13.5.	Ampla defesa e contraditório na anulação da licitação	720
	9.13.6.	Hipóteses em que será cabível a indenização na anulação	720
9.14.	Revogação da licitação		721
	9.14.1.	Motivo da revogação	721
	9.14.2.	Extensão da revogação da licitação	721
	9.14.3.	Legitimidade para revogar a licitação	721
	9.14.4.	Cabimento de indenização na revogação da licitação	721

	9.14.5.	Ampla defesa e contraditório e recurso cabível na revogação da licitação	721
9.15.		Impugnações e recursos nas licitações e contratos administrativos	723
	9.15.1.	Recurso administrativo e defesa prévia	723
	9.15.2.	Recurso administrativo e impugnação do edital	724
	9.15.3.	Os recursos administrativos da Lei 8.666/1993 e a Lei 9.784/1999	724
	9.15.4.	O recurso hierárquico do inc. I do art. 109	725
	9.15.5.	Representação	725
	9.15.6.	Pedido de reconsideração	726
	9.15.7.	Prazo, formas de interposição e andamento dos recursos administrativos na Lei de Licitações	726
		9.15.7.1. Prazos	726
		9.15.7.2. Formas de interposição	727
		9.15.7.3. Os efeitos em que os recursos na Lei de Licitações podem ser recebidos	728
9.16.		Licitação dispensada, dispensável e inexigível	729
	9.16.1.	Licitação dispensada	729
		9.16.1.1. Licitação dispensada para alienação de bens imóveis	729
		9.16.1.2. Licitação dispensada para alienação de bens móveis	731
		9.16.1.3. Licitação dispensada para a Administração conceder título de propriedade ou de direito real de uso de imóveis	732
	9.16.2.	Dispensa e inexigibilidade de licitação – considerações iniciais	732
	9.16.3.	Licitação dispensável	732
	9.16.4.	Inexigibilidade de licitação	745
		9.16.4.1. Exclusividade de fornecimento	745
		9.16.4.2. Contratação de serviços técnicos especializados	746
		9.16.4.3. Contratação de profissional do setor artístico	747
	9.16.5.	Da formalização e motivação ao ato de dispensa e inexigibilidade de licitação	747
	9.16.6.	Considerações finais	748
9.17.		Licitações para contratação de serviços de publicidade. Análise da Lei 12.232/2010	748
	9.17.1.	Considerações sobre os serviços de publicidade	749
	9.17.2.	A licitação para a contratação de serviços de publicidade	749
	9.17.3.	A comissão de licitação nos certames que têm por objeto a contratação de serviços de publicidade	749
	9.17.4.	Exigências próprias que devem constar no edital	750

9.17.5. Exigências previstas na Lei 8.666/1993 que se aplicam às licitações para contratação de serviços de publicidade 751

9.17.6. O processamento das licitações para contratação de serviços de publicidade 753

9.18. Sanções administrativas na Lei de Licitações 754

    9.18.1. Da aplicação das sanções administrativas do art. 87 755

    9.18.2. Das sanções propriamente ditas 755

        9.18.2.1. Advertência 755

        9.18.2.2. Multa 756

        9.18.2.3. Suspensão temporária 756

        9.18.2.4. Declaração de inidoneidade 757

    9.18.3. Obrigatoriedade na aplicação das sanções 759

9.19. Crimes licitatórios 760

    9.19.1. Noções gerais 760

        9.19.1.1. Codificação e legislação extravagante 760

        9.19.1.2. Normas penais gerais aplicáveis aos tipos licitatórios 761

        9.19.1.3. Classificação dos crimes licitatórios quanto ao sujeito ativo (crimes comuns e crimes próprios) 762

        9.19.1.4. Classificação dos crimes licitatórios quanto ao resultado naturalístico (crimes materiais, crimes formais e crimes de mera conduta) 763

        9.19.1.5. Elemento subjetivo do tipo (culpa e dolo) 763

    9.19.2. Tipos penais em espécie 764

        9.19.2.1. Dispensa ou inexigibilidade indevida de licitação (art. 89) . 764

        9.19.2.2. Fraude contra o caráter competitivo da licitação (art. 90) . 766

        9.19.2.3. Advocacia administrativa em licitação (art. 91) 767

        9.19.2.4. Favorecimento indevido do contratado (art. 92) 768

        9.19.2.5. Impedimento, perturbação ou fraude de ato da licitação (art. 93) 768

        9.19.2.6. Quebra de sigilo em procedimento licitatório (art. 94) 769

        9.19.2.7. Afastamento indevido de licitante (art. 95) 769

        9.19.2.8. Fraudes em licitação ou contrato dela decorrente, com prejuízo à Administração Pública (art. 96) 770

        9.19.2.9. Licitação ou contratação de pessoa inidônea (art. 97) 771

        9.19.2.10. Condutas criminosas referentes à inscrição em registros cadastrais (art. 98) 771

    9.19.3. Da multa penal 772

9.19.4. Demais disposições sobre matéria penal 773
9.19.5. Procedimento penal dos crimes licitatórios 774
        9.19.5.1. Outras questões processuais penais atinentes aos crimes licitatórios 775
9.20. Licitações nas parcerias público-privadas – Lei 11.079/2004 777
       9.20.1. Etapa interna do certame licitatório nas PPPs 777
       9.20.2. Etapa externa do certame licitatório nas PPPs 778
              9.20.2.1. Edital 778
              9.20.2.2. Demais fases 778
       9.20.3. Saneamento de falhas 779
9.21. Algumas considerações sobre as licitações no Regime Diferenciado de Contratações (RDC) – Lei 12.462/2011 780
9.22. Síntese do Tema 783
9.23. Questões 790

10. CONTRATOS ADMINISTRATIVOS 795

10.1. Introdução e considerações iniciais 796
10.2. Noção geral sobre contrato 796
10.3. Contratos realizados pela Administração 796
10.4. O regime jurídico dos contratos administrativos 797
10.5. Conceito de contrato administrativo 797
10.6. Características do contrato administrativo 798
10.7. Disciplina normativa 798
       10.7.1. Nível constitucional 798
       10.7.2. Nível legal 799
10.8. Sujeitos do contrato 799
10.9. Formalização do contrato administrativo 799
10.10. Quando a confecção do contrato é obrigatória? 800
10.11. Obrigatoriedade de se confeccionar o contrato administrativo 800
10.12. Facultatividade de se confeccionar o contrato ou substituí-lo por um instrumento equivalente 801
10.13. Publicidade 801
10.14. Cláusulas contratuais 802
       10.14.1. Classificações das cláusulas existentes nos contratos administrativos 802
              10.14.1.1. Cláusulas necessárias (art. 55, I a XIII) 803

    10.14.1.2. Cláusulas econômico-financeiras 805
    10.14.1.3. Cláusulas de privilégios ou cláusulas exorbitantes 805
10.15. Execução do contrato 805
10.16. Garantias para a execução do contrato 806
10.17. Vícios e reparos durante a execução do contrato 807
10.18. Responsabilidades por danos causados pelo contratado à Administração e a terceiros 807
10.19. Responsabilidade por encargos trabalhistas, fiscais, comerciais e previdenciários resultantes da execução do contrato 807
10.20. Duração e prorrogação dos contratos administrativos – considerações iniciais 810
10.21. Considerações sobre o caput do art. 57 da Lei 8.666/1993 810
10.22. Projetos cujos produtos estejam contemplados nas metas estabelecidas no Plano Plurianual 811
10.23. Prestação de serviços a serem executados de forma contínua 812
10.24. Aluguel de equipamentos e utilização de programas de informática 813
10.25. As prorrogações vinculadas do § 1.º do art. 57 da Lei 8.666/1993 813
10.26. Deferimento da prorrogação 814
10.27. Alteração do contrato administrativo 814
10.28. Alteração unilateral (art. 65, I) 814
    10.28.1. Alteração unilateral qualitativa 814
    10.28.2. Alteração unilateral quantitativa 815
    10.28.3. Bilateralmente, poderia ultrapassar os limites legais? 815
    10.28.4. Efeitos decorrentes da alteração unilateral do contrato administrativo ... 815
    10.28.5. Indenização decorrente da alteração unilateral redutora 816
10.29. Alteração bilateral (art. 65, II) 816
10.30. Rescisão do contrato administrativo 818
10.31. Rescisão unilateral – considerações iniciais 819
    10.31.1. Rescisão unilateral por culpa do contratado 819
    10.31.2. Hipóteses de rescisão unilateral por culpa do contratado 820
    10.31.3. Causas de rescisão unilateral do contrato por culpa do contratado ... 822
    10.31.4. Rescisão unilateral por motivo de interesse público 826
    10.31.5. Rescisão unilateral em razão de "caso fortuito" e "força maior" 827
10.32. Rescisão bilateral do contrato 828
10.33. Rescisão por culpa da Administração 828

10.34. Relação entre teoria da imprevisão, caso fortuito, força maior, fato do príncipe e fato da Administração e rescisão do contrato administrativo 829

    10.34.1. Teoria da imprevisão 829

    10.34.2. Caso fortuito e força maior 829

    10.34.3. Fato do príncipe 829

    10.34.4. Fato da Administração 830

    10.34.5. Diferença entre fato do príncipe e fato da Administração 831

10.35. Nulidade do contrato administrativo 832

10.36. Síntese do tema 832

10.37. Questões 843

11. SERVIÇOS PÚBLICOS 851

11.1. Noção e delimitação do tema 851

    11.1.1. Noção ampliativa de serviços públicos 851

    11.1.2. Noção restritiva de serviços públicos 851

    11.1.3. Serviços públicos x atuação no domínio econômico 852

    11.1.4. Serviços públicos. Escolha legislativa 852

    11.1.5. Conteúdo material e elemento formal dos serviços públicos 853

11.2. Classificação dos serviços públicos 854

11.3. Serviços públicos no ordenamento jurídico brasileiro 856

    11.3.1. Serviços públicos na Constituição Federal brasileira. Regra geral 856

    11.3.2. Situações especiais. Partilha das competências entre os entes federativos 857

    11.3.3. Outros serviços públicos não previstos expressamente na Constituição Federal 858

    11.3.4. Esquematização dos serviços públicos conforme a competência para prestá-los 858

11.4. Princípios que regem os serviços públicos 859

    11.4.1. Princípio da generalidade 859

    11.4.2. Princípio da eficiência 859

    11.4.3. Princípio da continuidade 860

    11.4.4. Princípio da modicidade 862

11.5. Serviços públicos prestados pelo particular. Concessão e permissão 863

    11.5.1. Concessão e permissão de serviços públicos. Distinção 863

11.5.2.	Outras formas de outorga. Serviços públicos autorizados. Delegação (art. 236 da CF/1988). Arrendamentos e franquias	865
11.5.3.	Requisitos da prestação adequada dos serviços públicos concedidos e permitidos	867
11.5.4.	Serviço remunerado por tarifa e interrupção de seu fornecimento por falta de pagamento	869
11.5.5.	Procedimentos para outorga dos serviços públicos. Licitação e autorização	871
	11.5.5.1. Licitações nas concessões e permissões de serviços públicos	872
	11.5.5.2. Formalização da outorga	873
11.5.6.	Remuneração dos serviços públicos	873
	11.5.6.1. Taxa. Serviços públicos concedidos e permitidos. Preço público e tarifa	873
	11.5.6.2. Contribuição Social para o custeio de iluminação pública – COSIP	873
	11.5.6.3. Remuneração do serviço público de saneamento básico	874
	11.5.6.4. Modicidade da tarifa e diferenciação dos valores conforme o consumo	875
	11.5.6.5. Hipóteses de isenção. Passe livre. Serviços de transporte público	876
	11.5.6.6. Serviços delegados (art. 236 da CF) e outras situações especiais	877
11.5.7.	Formas de extinção da outorga	878
11.5.8.	Mutabilidade do contrato de concessão/permissão de serviços públicos	881
11.5.9.	Intervenção do Poder Público concedente/permitente no contrato	883
11.5.10.	Bens reversíveis	884
11.6.	Parcerias público-privadas	886
	11.6.1. Noções gerais	886
	11.6.2. Natureza jurídica da parceria público-privada	887
	11.6.3. Modalidades de parcerias público-privadas	888
	11.6.4. Sociedade de propósito específico	889
	11.6.5. Do financiador da PPP e das garantias	890
11.7.	Consórcios administrativos	891
	11.7.1. Noções gerais	891
	11.7.2. Consórcios públicos na Lei 11.107/2005	892

	11.7.3. Modalidades de consórcios públicos	893
	11.7.4. Contrato de rateio	894
	11.7.5. Contrato de programa	894
11.8.	Direitos do usuário de serviços públicos. Lei 13.460/2017	895
11.9.	Súmulas do Supremo Tribunal Federal	897
11.10.	Súmulas do Superior Tribunal de Justiça	897
11.11.	Síntese do tema	898
11.12.	Questões	913

12. INTERVENÇÃO DO ESTADO NA PROPRIEDADE 921

12.1.	Noção e delimitação do tema	921
12.2.	Intervenção na propriedade privada x intervenção na propriedade	924
12.3.	Direito de propriedade e sua função social	924
12.4.	Modalidades de restrição administrativa incidentes sobre o direito de propriedade	926
12.5.	Classificação das modalidades de restrição administrativa	927
	12.5.1. Limitações administrativas	928
	12.5.1.1. Noção geral	928
	12.5.1.2. Características gerais e casos mais comuns	928
	12.5.1.3. Competência para sua instituição	930
	12.5.2. Servidão administrativa	931
	12.5.2.1. Noção geral	931
	12.5.2.2. Elementos das servidões administrativas	932
	12.5.2.3. Servidões aparentes e não aparentes	933
	12.5.2.4. Constituição da servidão administrativa	933
	12.5.2.5. Casos mais comuns de servidão administrativa	934
	12.5.2.6. Servidão administrativa e outras modalidades de intervenção na propriedade: distinções	935
	12.5.2.7. Extinção da servidão	936
	12.5.2.8. Indenização pela instituição de servidão	937
	12.5.3. Requisição	937
	12.5.4. Edificação e parcelamento compulsórios	939
	12.5.5. Licenciamento compulsório	940
	12.5.6. Ocupação temporária	941
	12.5.6.1. Noções gerais	941

		12.5.6.2.	Competência legislativa e administrativa	942
		12.5.6.3.	Hipóteses legais mais comuns	942
		12.5.6.4.	Indenização pela ocupação temporária	944
	12.5.7.	Tombamento		944
		12.5.7.1.	Noções gerais	944
		12.5.7.2.	Competência para o tombamento	946
		12.5.7.3.	Espécies de tombamento	947
		12.5.7.4.	Tombamento de uso x desapropriação	948
		12.5.7.5.	Procedimento do tombamento	949
		12.5.7.6.	Efeitos do tombamento	950
		12.5.7.7.	Tombamento e política museológica	951
		12.5.7.8.	Efeitos do tombamento e direito à indenização para o particular	952
		12.5.7.9.	Extinção do tombamento	953
		12.5.7.10.	Áreas especiais e locais de interesse turístico	953
12.6.	Desapropriação			954
	12.6.1.	Noções gerais		954
	12.6.2.	Objeto da desapropriação		955
	12.6.3.	Competência		958
	12.6.4.	Fundamentos da desapropriação		960
	12.6.5.	Procedimento da desapropriação		962
		12.6.5.1.	Fase declaratória	962
		12.6.5.2.	Fase executória	963
			12.6.5.2.1. Desapropriação amigável	963
			12.6.5.2.2. Desapropriação contenciosa (fase judicial)	964
		12.6.5.3.	Justa indenização	971
			12.6.5.3.1. Valor da propriedade e de suas benfeitorias	972
			12.6.5.3.2. Correção monetária	972
			12.6.5.3.3. Juros compensatórios	973
			12.6.5.3.4. Juros moratórios	974
			12.6.5.3.5. Honorários advocatícios e demais despesas processuais	975
		12.6.5.4.	Regras especiais atinentes à indenização (desapropriação-sanção e reforma agrária)	976
	12.6.6.	Da retrocessão		977

12.6.7.	Desapropriação sem indenização (Confisco)	979
12.7.	Súmulas do Supremo Tribunal Federal	981
12.8.	Súmulas do Superior Tribunal de Justiça	982
12.9.	Síntese do tema	983
12.10.	Questões	1003

13. INTERVENÇÃO DO ESTADO NO DOMÍNIO ECONÔMICO 1011

13.1.	Noção e delimitação do tema	1011
13.2.	Monopólio de atividades econômicas	1012
13.3.	Exploração de atividade econômica por regime de partilha de produção	1013
13.4.	Exploração direta de atividade econômica	1015
13.5.	Controle do abuso do poder econômico	1016
13.6.	Estímulos à produção (fomento) e políticas de abastecimento e armazenamento	1017
13.7.	Síntese do tema	1019
13.8.	Questões	1021

14. BENS PÚBLICOS 1029

14.1.	Noção e abrangência		1029
	14.1.1.	Bens afetados a uma finalidade pública	1030
	14.1.2.	Situação excepcional dos bens de empresa pública que presta serviço público em regime de monopólio	1031
14.2.	Classificações dos bens públicos		1033
	14.2.1.	Bens de uso comum, de uso especial e dominicais	1033
	14.2.2.	Bens disponíveis e indisponíveis	1035
14.3.	Afetação e desafetação		1035
14.4.	Uso de bens públicos por particulares		1036
	14.4.1.	Utilização pelo particular de bens da União	1037
		14.4.1.1. Modalidades do Decreto-Lei 9.760/1946	1037
		14.4.1.2. Modalidades previstas na Lei 9.636/1998	1038
		14.4.1.3. Cessão para exploração de infraestruturas portuárias e aeroportuárias	1039
14.5.	Transferência do bem público para o domínio particular		1039
	14.5.1.	Transferência para o particular de bens imóveis da União	1040

	14.5.2.	Regularização fundiária de assentamentos localizados em áreas urbanas	1041
14.6.	Atributos dos bens públicos		1042
	14.6.1.	Inalienabilidade	1042
	14.6.2.	Impenhorabilidade	1043
	14.6.3.	Não onerabilidade	1044
	14.6.4.	Imprescritibilidade	1045
14.7.	Bens públicos em espécie		1046
	14.7.1.	Águas públicas	1046
	14.7.2.	Faixa de fronteira	1047
	14.7.3.	Minas e jazidas minerais	1047
		14.7.3.1. Minas e jazidas minerais de substâncias de interesse para a produção de energia atômica	1048
		14.7.3.2. Depósitos de petróleo, gás natural e outros hidrocarbonetos fluídos	1048
		14.7.3.3. Participações no produto da exploração de recursos minerais	1049
	14.7.4.	Ilhas e praias	1051
	14.7.5.	Mar territorial, plataforma continental e Zona Econômica Exclusiva	1052
	14.7.6.	Terrenos de Marinha e acrescidos	1053
	14.7.7.	Terrenos marginais ou reservados	1054
	14.7.8.	Faixas de Domínio (rodovias e ferrovias)	1055
	14.7.9.	Terras tradicionalmente ocupadas pelos índios	1056
	14.7.10.	Terras devolutas	1057
14.8.	Súmulas do STF		1058
14.9.	Síntese do tema		1059
14.10.	Questões		1063

15. RESPONSABILIDADE CIVIL DO ESTADO 1069

15.1.	Introdução		1071
15.2.	Diferentes formas de responsabilização. delimitação do tema		1071
15.3.	Evolução da matéria na história		1073
	15.3.1.	Teoria da irresponsabilidade civil	1073
	15.3.2.	Responsabilidade civil subjetiva por atos de gestão	1073
	15.3.3.	Responsabilidade civil subjetiva	1074
	15.3.4.	Teoria da culpa do serviço ou culpa anônima	1074

15.3.5. Teoria do risco administrativo 1076
15.3.6. Teoria do risco integral 1076
15.4. A responsabilidade civil do estado no Brasil 1081
15.5. Evolução da responsabilidade civil do estado nas constituições brasileiras ... 1081
15.6. Fundamentos da responsabilidade civil do estado 1082
15.7. Tipos de responsabilidade 1083
    15.7.1. Responsabilidade objetiva 1083
        15.7.1.1. Quais situações ensejam responsabilidade objetiva do Estado pela óptica do Direito Administrativo? 1084
        15.7.1.2. Responsabilidade civil pelo "fato da obra" 1086
        15.7.1.3. Responsabilidade objetiva e socialização dos riscos 1087
15.8. Extrato dos informativos e outros julgados do Superior Tribunal de Justiça e do Supremo Tribunal Federal aplicando a teoria do risco administrativo 1088
    15.8.1. Responsabilidade objetiva do Estado no caso de suicídio de detento – Informativo 520 STJ 1088
    15.8.2. Morte de detento em estabelecimento prisional – Informativo 401 STJ e 819 STF 1088
    15.8.3. Preso em presídio em condições precárias/degradantes e dano moral – Informativo 376 STJ e 854 STF 1089
    15.8.4. Indenização por danos morais por estupro praticado por policiais militares – Informativo 362 STJ 1090
    15.8.5. Indenização por demissão de servidora de autarquia após descobrir ser portadora do vírus HIV – Informativo 364 STJ 1090
    15.8.6. Indenização por morte de detento em carceragem estatal – Informativo 336 STJ 1090
    15.8.7. Responsabilidade civil por suicídio de militar nas dependências do Exército – Informativo 397 STJ 1090
    15.8.8. Danos morais e materiais por transfusão de sangue infectado com o vírus do HIV que ocasionou morte do paciente – Informativo 392 STJ 1091
    15.8.9. Pensão e dano moral por acidente de trânsito causado por veículo do Exército que resultou em morte dos pais do menor de apenas 3 anos de idade – Informativo 318 STJ 1091
    15.8.10. Responsabilidade solidária de empresa vinculada à Secretaria Municipal de Transporte e o Município do Rio de Janeiro – Informativo 265 STJ 1091
    15.8.11. Indenização por nomeação tardia 1091
    15.8.12. Morte de motociclista que se chocou com animal na pista – Informativo 413 STJ 1093

15.8.13. Lesões sofridas por militar das Forças Armadas em treinamento. Informativo 515 STJ 1094

15.8.14. Indenização por danos morais a anistiado político – Informativo 581 STJ 1094

15.8.15. Servidor obrigado a pedir exoneração por conta de interpretação equivocada de acumulação ilícita de cargos públicos tem direito à indenização. Informativo 530 STJ 1094

15.8.16. Lei estadual que preveja pensão para cônjuges de mortos por crimes hediondos é inconstitucional. Informativo 773 STF 1094

15.8.17. Responsabilidade civil do Estado por ato lícito: intervenção econômica e contrato. Informativo 738 STF 1095

15.8.18. Indenização em razão de equívoco no reconhecimento de reincidência criminal. Informativo 590 STJ 1095

15.8.19. Responsabilidade civil do Estado e perda de uma chance. Informativo 530 STJ 1095

15.9. Quem está sujeito à responsabilização objetiva? 1095

15.10. A responsabilidade subjetiva do Estado (por omissão) 1096

15.10.1. Responsabilidade civil do Estado decorrente de atos de multidão .. 1098

15.11. Extrato dos informativos e outros julgados do Superior Tribunal de Justiça e do Supremo Tribunal Federal aplicando a teoria da culpa do serviço 1100

15.11.1. Agressão de aluno contra professora em escola pública – Informativo 450 STJ 1100

15.11.2. Majoração dos danos morais por omissão do Estado no combate à dengue – Informativo 413 STJ 1100

15.11.3. Veículo estacionado em estabelecimento público – Informativo 204 STJ 1100

15.11.4. Entulho acumulado à beira de estrada – Informativo 328 STJ 1100

15.11.5. Morte de menor soterrado em buraco causado por erosão – Informativo 225 STJ 1100

15.11.6. Indenização por acidente em bueiro aberto em via pública – Informativo 115 STJ 1101

15.11.7. Demora injustificada da Administração em analisar o requerimento de aposentadoria do servidor – STJ 1101

15.11.8. Responsabilidade da Administração por encargos trabalhistas inadimplidos pela empresa contratada junto aos seus empregados em contratos administrativos. Informativo 862 do STF 1101

15.11.9. Tiro de arma de fogo desferido por aluno em escola pública. STF 1102

15.11.10. Rompimento unilateral, pela Administração, do plano de pensão. STF 1102

15.11.11. Latrocínio cometido por foragido. STF 1102

15.11.12. Contaminação por material potencialmente infectocontagioso em hospital. STF 1102

15.11.13. Crime praticado por policial militar durante o período de folga, usando arma da corporação. STF 1103

15.11.14. Dano moral *in re ipsa* no caso de extravio de carta registrada. Informativo 556 STJ 1103

15.11.15. ADI: reconhecimento de responsabilidade civil do Estado e iniciativa legislativa. Informativo 768 STF 1103

15.12. Responsabilidade primária e subsidiária 1104

15.13. Condutas que ensejam danos 1105

15.14. Danos indenizáveis 1105

15.15. Nexo de causalidade 1106

15.16. Excludentes de nexo causal e, por isso, da responsabilidade estatal 1106

    15.16.1. Culpa exclusiva da vítima 1107

    15.16.2. Caso fortuito e força maior 1107

15.17. Extrato dos informativos e outros julgados do Superior Tribunal de Justiça sobre as excludentes de responsabilidade estatal 1110

    15.17.1. Roubo de cargas transportadas pelos Correios – Informativo 505 STJ . 1110

    15.17.2. Exclusão da responsabilidade por ato de vandalismo – Informativo 157 STJ 1110

    15.17.3. Exclusão da responsabilidade por morte de passageiro por projétil disparado por outro passageiro – Informativo 216 STJ 1110

    15.17.4. Exclusão da responsabilidade por tentativa de roubo em estação de metrô – Informativo 219 STJ 1110

    15.17.5. Exclusão da responsabilidade por roubo à mão armada em coletivo – Informativo 224 STJ 1111

    15.17.6. Exclusão da responsabilidade por bala vinda de outro veículo que atingiu transporte coletivo – Informativo 370 STJ 1111

15.18. Responsabilidade civil dos agentes públicos 1111

15.19. A absolvição criminal e suas implicações na esfera civil 1113

15.20. Responsabilidade civil das empresas concessionárias de serviços públicos .. 1113

15.21. Aspectos processuais 1115

    15.21.1. Sujeito ativo da ação de reparação de danos 1115

    15.21.2. Sujeito passivo da ação de reparação de danos 1116

    15.21.3. Objeto da demanda ou pedido 1116

    15.21.4. É possível a antecipação dos efeitos da tutela? 1116

    15.21.5. Prazo para a propositura da ação 1117

15.22. Extrato dos informativos do Superior Tribunal de Justiça e do Supremo Tribunal Federal sobre prescrição em matéria de responsabilidade civil do Estado 1119

15.22.1. Regra geral da prescrição em ações contra a Fazenda Pública. Informativo 512 STJ 1119

15.22.2. Ações contra pessoa jurídica de direito privado prestadora de serviço público. Informativo 563 STJ 1119

15.22.3. Início do prazo prescricional. Informativo 507 STJ 1119

15.22.4. Termo inicial da prescrição da pretensão indenizatória em caso de tortura e morte de preso. Informativo 556 STJ 1120

15.22.5. Reconhecimento administrativo pela Fazenda e renúncia ao prazo prescricional. Informativo 509 STJ 1120

15.22.6. Imprescritibilidade dos danos morais decorrentes de tortura no regime militar. Informativo 523 STJ 1120

15.22.7. Constitucionalidade do art. 1º-C da Lei 9.494/94 e prazo quinquenal. STF 1120

15.22.8. É prescritível a ação de reparação de danos à Fazenda Pública decorrente de ilícito civil. STF 1120

15.22.9. É cabível litisconsórcio passivo entre a pessoa jurídica e o agente público? 1121

15.23. Denunciação à lide pelo Estado do agente público 1122

15.24. Ação regressiva 1123

15.25. Responsabilidade do Estado por atos legislativos 1124

    15.25.1. Leis de efeitos concretos 1125

    15.25.2. Leis inconstitucionais 1126

    15.25.3. Responsabilidade civil por omissão legislativa 1128

15.26. Responsabilidade civil do Estado por atos jurisdicionais 1129

    15.26.1. Responsabilidade civil do Estado por erro judiciário (art. 5.º, LXXV, da CF/1988) 1130

    15.26.2. Prisão além do tempo fixado na sentença 1132

    15.26.3. Prisão processual ou cautelar 1134

    15.26.4. Demora na prestação jurisdicional 1135

15.27. Responsabilidade civil do Estado 1137

15.28. Síntese do tema 1137

15.29. Questões 1145

16. IMPROBIDADE ADMINISTRATIVA 1151

16.1. Noção e delimitação do tema 1151

16.2. Lei 8.429/1992 e os elementos da improbidade administrativa 1152

    16.2.1. Constitucionalidade da Lei 8.429/1992 1152

16.2.2. Sujeitos passivos (vítimas) dos atos de improbidade administrativa ... 1152
16.2.3. Sujeitos ativos (que praticam) dos atos de improbidade 1153
    16.2.3.1. Agentes públicos 1153
    16.2.3.2. A situação especial dos agentes políticos 1155
    16.2.3.3. Particulares (art. 3.º) 1157
16.2.4. Atos de improbidade 1158
    16.2.4.1. Atos de improbidade que importam enriquecimento ilícito (art. 9.º) 1159
    16.2.4.2. Atos de improbidade que configuram prejuízo ao erário ... 1160
    16.2.4.3. Atos de improbidade administrativa que atentam contra os princípios da Administração Pública (art. 11) 1161
    16.2.4.4. Atos de improbidade administrativa referidos no art. 52 do Estatuto das Cidades 1165
    16.2.4.5. Atos de improbidade administrativa referidos no artigo 21 do Estatuto da Metrópole (Lei 13.089/2015) 1166
    16.2.4.6. Atos de improbidade administrativa referidos na Lei 13.425/2017, a qual estabelece diretrizes gerais sobre medidas de prevenção e combate a incêndio e a desastres em estabelecimentos, edificações e áreas de reunião de público etc 1167
16.2.5. Sanções da Lei 1169
    16.2.5.1. Outras sanções previstas na legislação. Lei da "Ficha Limpa" 1171
    16.2.5.2. Cumulatividade ou não das sanções 1172
16.2.6. Prescrição das sanções previstas na LIA 1172

16.3. Aspectos processuais da lei de improbidade administrativa 1175
    16.3.1. Fase investigatória 1176
    16.3.2. Medidas judiciais preventivas 1177
    16.3.3. Ação civil pública de improbidade administrativa 1180
        16.3.3.1. Competência jurisdicional 1180
        16.3.3.2. Natureza jurídica da ação, rito e legitimidade ativa 1181
        16.3.3.3. Processo judicial: defesa preliminar 1183
        16.3.3.4. Efeitos da revelia em ação de improbidade 1185
        16.3.3.5. Efeitos da sentença condenatória e comunicação de instâncias 1186

16.4. Síntese do tema 1187
16.5. Questões 1196

17. LEI ANTICORRUPÇÃO EMPRESARIAL 1203

- 17.1. Considerações iniciais 1203
- 17.2. De seu fundamento de validade e primeira possível inconstitucionalidade ... 1204
- 17.3. Da sua aplicação em âmbito federal 1206
- 17.4. Da falácia da "responsabilidade objetiva" 1206
- 17.5. Do sujeito passivo do ato de corrupção 1208
- 17.6. Do sujeito ativo do "ato de corrupção" 1209
- 17.7. Do processo administrativo para apurar os atos de corrupção previstos na Lei 12.846/2013 1210
  - 17.7.1. Instauração 1210
  - 17.7.2. Designação da comissão processante 1211
  - 17.7.3. Do processamento 1212
  - 17.7.4. Do julgamento 1212
- 17.8. Do recurso administrativo 1213
- 17.9. Do acordo de leniência e do programa de integridade 1213
- 17.10. Das sanções que só podem ser aplicadas judicialmente 1215
- 17.11. Síntese do tema 1216
- 17.12. Questões 1220

18. CONTROLE DA ADMINISTRAÇÃO PÚBLICA 1223

- 18.1. Introdução 1223
- 18.2. Tipos de controle 1224
  - 18.2.1. Controle legislativo 1224
  - 18.2.2. Controle judicial 1225
  - 18.2.3. Controle administrativo 1225
  - 18.2.4. Controle interno 1225
  - 18.2.5. Controle externo 1226
  - 18.2.6. Controle de legalidade 1226
  - 18.2.7. Controle de mérito 1226
  - 18.2.8. Controle prévio ou preventivo 1226
  - 18.2.9. Controle concomitante 1227
  - 18.2.10. Controle posterior 1227
  - 18.2.11. Controle de ofício 1227
  - 18.2.12. Controle por provocação 1228

18.3. Controle da administração pública pela própria administração 1228
    18.3.1. Introdução 1228
    18.3.2. Fundamento do controle 1228
    18.3.3. Formas de manifestação da autotutela 1229
    18.3.4. Meio de controle administrativo 1229
        18.3.4.1. Impugnação 1229
        18.3.4.2. Recursos administrativos 1230
        18.3.4.3. Reclamação 1230
        18.3.4.4. Representação 1231
        18.3.4.5. Pedido de reconsideração 1231
        18.3.4.6. Revisão 1232
        18.3.4.7. Efeitos em que o recurso pode ser recebido 1234
        18.3.4.8. *Reformatio in pejus* em matéria de recursos administrativos 1235
    18.3.5. A questão da exaustão da via administrativa para ingressar na via judicial 1236
    18.3.6. É possível o ajuizamento de ação na pendência de julgamento de recurso administrativo interposto questionando o mesmo ato? 1238
    18.3.7. Coisa julgada administrativa 1239
18.4. Prescrição administrativa 1240
18.5. O controle judicial da administração pública e os remédios constitucionais .. 1241
    18.5.1. Mandado de segurança 1242
        18.5.1.1. Mandado de segurança individual e mandado de segurança coletivo 1242
        18.5.1.2. Mandado de segurança preventivo e mandado de segurança repressivo 1243
        18.5.1.3. Objeto da ação e caráter residual 1243
        18.5.1.4. Direito líquido e certo 1244
        18.5.1.5. Restrições legais à utilização do mandado de segurança 1244
        18.5.1.6. Legitimação ativa 1245
        18.5.1.7. Legitimação passiva e autoridade coatora 1246
            18.5.1.7.1. Autoridade coatora e órgão colegiado 1246
            18.5.1.7.2. Autoridade coatora e executor material do ato 1247
        18.5.1.8. Litisconsórcio e a figura do terceiro interessado 1247
        18.5.1.9. Autoridade coatora e atuação por delegação 1248

18.5.1.10. Competência para julgamento do mandado de segurança ... 1248
    18.5.1.10.1. A regra geral da competência funcional em razão da autoridade (ratione autorictates) 1248
    18.5.1.10.2. Autoridades com prerrogativa de foro em mandado de segurança 1249
    18.5.1.10.3. Competência em razão da matéria 1251
18.5.1.11. Procedimento e particularidades processuais 1252
    18.5.1.11.1. Mandado de segurança como ação de rito especial 1252
    18.5.1.11.2. Petição inicial e despacho inicial no mandado de segurança 1252
    18.5.1.11.3. Medida liminar em mandado de segurança ... 1252
    18.5.1.11.4. Perempção ou caducidade da medida liminar concedida 1253
    18.5.1.11.5. Liminar deferida e sentença denegatoria ... 1253
18.5.1.12. Participação do MP no processo de mandado de segurança 1253
18.5.1.13. Prioridade de julgamento 1253
18.5.1.14. Despesas processuais e honorários advocatícios 1254
18.5.1.15. Cobrança de valores em mandado de segurança 1254
18.5.1.16. Suspensão de segurança e recursos 1254
    18.5.1.16.1. Suspensão de segurança 1254
    18.5.1.16.2. Agravo de instrumento e apelação 1255
    18.5.1.16.3. Recursos especial e extraordinário. Recurso ordinário em mandado de segurança 1255
    18.5.1.16.4. Embargos infringentes. Não cabimento 1256
    18.5.1.16.5. Agravo inominado. Cabimento 1256
18.5.1.17. Prazo decadencial para a propositura da ação 1256
18.5.2. *Habeas data* 1257
    18.5.2.1. Caráter público do banco de dados 1257
    18.5.2.2. Direito à informação e *habeas data* 1258
    18.5.2.3. *Habeas data* e ausência de recusa à prestação de informações 1258
    18.5.2.4. Competência 1258
    18.5.2.5. Procedimento do habeas data 1259
        18.5.2.5.1. Petição inicial e despacho inicial 1259
        18.5.2.5.2. Medida liminar 1259

18.5.2.5.3 Recursos e preferência de julgamento 1259
18.5.2.5.4 Despesas processuais 1259
18.5.3. Mandado de injunção 1260
    18.5.3.1. Posição inicial do STF e ineficácia do instrumento 1260
    18.5.3.2. Entendimento atual do STF sobre o mandado de injunção . 1260
    18.5.3.3. Mandado de injunção e ação direta de inconstitucionalidade por omissão 1264
    18.5.3.4. Mandado de injunção e medida liminar 1265
    18.5.3.5. Procedimento do mandado de injunção 1265
    18.5.3.6. Mandado de injunção coletivo 1266
    18.5.3.7. Competência 1266
18.5.4. Ação popular 1267
    18.5.4.1. Antecedentes legislativos 1268
    18.5.4.2. Disciplina constitucional atual 1268
    18.5.4.3. Finalidade da ação 1268
    18.5.4.4. Sujeito ativo da ação popular 1269
    18.5.4.5. Sujeito passivo da ação popular 1269
    18.5.4.6. Atuação do Ministério Público 1270
    18.5.4.7. Procedimento: liminar, sentença, recursos, prazos 1270
18.5.5. Ação civil pública 1270
    18.5.5.1. Ação civil pública e sua previsão constitucional 1271
    18.5.5.2. Ação civil pública e legitimidade ativa 1271
    18.5.5.3. Inquérito Civil Público – ICP 1272
    18.5.5.4. Termo de Ajustamento de Conduta – TAC 1272
    18.5.5.5. Ação civil pública e competência 1273
    18.5.5.6. Coisa julgada e execução individual em ação civil pública 1274
    18.5.5.7. Ação civil pública e medida liminar 1275
18.6. Súmulas do STF 1275
18.7. Súmulas do STJ 1277
18.8. Síntese do tema 1277
18.9. Questões 1283

BIBLIOGRAFIA 1289

INTRODUÇÃO AO ESTUDO DO DIREITO ADMINISTRATIVO

Sumário: **1.1**. Histórico do estado e do direito administrativo; **1.1.1**. O surgimento do Direito e do Estado; **1.1.2**. Evolução do Estado ao longo do tempo; **1.1.3**. O Estado de Direito e o surgimento do direito administrativo; **1.1.4**. O desenvolvimento do direito administrativo na França do séc. XIX e o surgimento do contencioso administrativo; **1.1.5**. Desenvolvimento do direito administrativo no Brasil – **1.2**. Noção jurídica de estado: **1.2.1**. Separação de poderes e as funções do Estado. Funções "típicas" e "atípicas"; **1.2.2**. O Poder Legislativo e suas funções; **1.2.3**. O Poder Judiciário e suas funções; **1.2.4**. O Poder Executivo e suas funções – **1.3**. Posição topológica do direito administrativo e sua relação com os demais ramos do direito – **1.4**. Direito administrativo e ciência da administração – **1.5**. sistemas de jurisdição. unitário (inglês) e dual (francês) – **1.6**. Sistemas de direito e fontes do direito administrativo – **1.7**. Codificação do direito administrativo e competência legislativa.

1.1. HISTÓRICO DO ESTADO E DO DIREITO ADMINISTRATIVO

Antes de ingressarmos no estudo do direito administrativo, temos que fazer uma breve digressão ao conceito de Estado e ao histórico da disciplina para que, a partir daí, possamos compreendê-la melhor.

1.1.1. O surgimento do Direito e do Estado

A noção de Estado evoluiu com o tempo e com a própria história das civilizações.

Os agrupamentos humanos, por mais primitivos que fossem, nunca prescindiram de alguém que ditasse as regras de convivência entre seus membros, fosse um líder religioso, um conselho de anciãos ou alguém que se impusesse pela força, física ou moral, como o patriarca em relação ao seu clã ou à sua linhagem.

Assim, o próprio Direito, costumeiro e de regras não escritas, parece ter surgido antes mesmo de se ter qualquer noção sobre a instituição do Estado.

Com o surgimento das primeiras civilizações, decorrentes da fixação do homem à terra, do trabalho em atividades agropastoris e não mais da subsistência pelas simples atividades de coleta e caça, e a criação de incipientes cidades, o Direito também passou por uma transformação, principalmente a partir da criação das primeiras formas de escrita (cuneiforme e hieroglífica), surgindo as primeiras regras não orais[1].

O Direito avançou no mesmo ritmo de avanço do conceito de sociedade. Num primeiro momento, a formação da instituição cidade está muito ligada à segurança, seja em relação aos ataques de outros agrupamentos, tribos ou clãs, que as muralhas ou o simples conjunto de pessoas poderiam fornecer, seja em relação ao próprio fornecimento de suprimentos que facilitaram o processo de troca ou escambo e, mais futuramente, o desenvolvimento de um comércio primitivo[2].

1.1.2. Evolução do Estado ao longo do tempo

Conforme as civilizações evoluíram para a criação de impérios de enorme extensão territorial e culturalmente avançados, seja no Oriente Médio (impérios Assírio, Neobabilônico, persa Aquemênida, Selêucida etc.) e África do Norte (dinastias faraônicas do Egito), seja no Ocidente (cidades-Estado da Grécia, impérios Macedônio e Romano), evoluiu também a instituição Estado e, consequentemente, o direito estatal, criado por ele por intermédio de legisladores ou, ao menos, reconhecido pelo poder estatal.

Não cabe a nós, aqui, um estudo detido e aprofundado de temas que estão mais relacionados à Teoria Geral do Estado, mas devemos ter em mente que a evolução do direito está diretamente relacionada com a evolução do Estado, e, conforme o Estado adquiriu ao longo do tempo maiores funções, em virtude da ampliação de suas atribuições, maior também é a necessidade de se ter regras sobre o exercício dessas competências.

Embora o direito romano seja um divisor de águas no mundo antigo, principalmente no que diz respeito ao direito civil, ainda não se via, mesmo no período imperial, grandes codificações sobre regras administrativas[3].

Evidentemente, já existiam normas administrativas esparsas, principalmente relacionadas ao uso de coisas públicas, como as cloacas públicas (banheiros), mas muitas das regras, as quais cabia ao Estado fiscalizar, decorriam do direito civil, como as atinentes ao direito de vizinhança.

---

1. As primeiras leis escritas estão associadas à civilização suméria, que habitou a Mesopotâmia, região onde hoje se encontra o sul do Iraque e o Kuwait, por volta dos milênios IV a II a.C. A Suméria, inicialmente, não constituía, propriamente, um império, sendo formada por várias cidades-Estado, cada qual constituindo um reino não dinástico, em princípio, e, posteriormente, dinástico, onde surgiram os primeiros códigos de leis, como os Códigos de Ur Nammu (cerca de 2040 a.C.), de Eshunna (cerca de 1930 a.C.) e de Lipit-Ishtar (cerca de 1870 a.C.). O mais famoso Código, no entanto, é o de Hammurabi (1772 a.C), rei da Babilônia que obteve o controle de toda a Suméria e Acádia, colocando sob seu controle todas as cidades da região (primeiro Império Babilônico ou Império Paleobabilônico).

2. Para uma boa compreensão da evolução aqui apenas mencionada, sem embargo das conclusões finais do autor, claramente ligadas ao pensamento de direita da França do séc. XIX, com grande destaque para as crenças religiosas na formação das civilizações primitivas, vide: COULANGES, Fustel. *A cidade antiga*. São Paulo: Martins Fontes, 2004.

3. A mais antiga compilação conhecida de leis romanas, chamada Lei das Doze Tábuas, constituiu a base da formação da República Romana, tendo sido publicada em 451 e 450 a.C., contendo diversas definições de direitos privados e de procedimentos. Ao que tudo indica, foi muito influenciada pelas Leis de Sólon, de Atenas, das quais muitas regras foram copiadas pelos romanos.

É preciso registrar, no entanto, que o direito romano, como tal considerado, tem influência muito posterior ao marco correspondente ao fim do Império Romano do Ocidente[4] (ano 476 d.C.)[5], influenciando tanto os reinos germânicos que lhe sucederam, ainda que sofrendo igualmente a influência do direito bárbaro, quanto a legislação desenvolvida no Império Romano do Oriente (posteriormente denominado Império Bizantino).

E será no Império Romano do Oriente, no rápido surto de expansão deste em direção ao Ocidente, inclusive com a retomada de parte da península itálica aos bárbaros, que teremos, no reinado de Justiniano I, o Grande, a edição do *Corpus Iuris Civilis*, publicado entre os anos de 529 e 534, compilação de todas as leis editadas pelos imperadores romanos, desde o governo de Adriano (117 a 138), à qual foi acrescentada a compilação de fragmentos de jurisconsultos clássicos, denominado *Digesto*[6] ou *Pandectas*.

A redescoberta desse conjunto de leis e doutrinas no século XII, aliada ao direito produzido pela Igreja Católica (direito canônico), deu origem ao chamado *Ius Commune* (direito comum), recepcionado na Europa Ocidental durante a Idade Média e início da Idade Moderna em diferentes níveis, conforme a nação que o adotou.

Com a criação dos Estados-nações na Europa Ocidental, substituindo a fragmentação política existente durante a Idade Média, observa-se uma tendência ao enfeixamento dos poderes públicos na pessoa do soberano, coincidente com o desenvolvimento do *Absolutismo*, um contraponto extremo ao feudalismo como sistema de poder.

É natural que nesse cenário, de reis absolutistas, com o fortalecimento do Estado, surjam inúmeras regras administrativas, relacionadas principalmente com a sujeição dos súditos ao monarca.

Entretanto, o direito administrativo, no sentido por nós considerado, não é uma compilação de regras de sujeição do indivíduo ao Estado, mas sim de regramentos das relações mantidas por ele para com os administrados, inclusive dos direitos destes últimos em relação àquele. Logo, só com o surgimento do *Estado de Direito*, fruto do pensamento filosófico e político identificado como *Iluminismo*, é que podemos considerar formado o Direito Administrativo.

Conforme nos adverte Maria Sylvia Zanella Di Pietro[7], "a formação do direito administrativo teve início, juntamente com o direito constitucional e outros ramos do direito público, a partir do momento em que começou a desenvolver-se – já na fase do Estado Moderno – o conceito de Estado de Direito, estruturado sobre o princípio da legalidade (em decorrência do qual até mesmo os governantes se submetem à lei, em especial à lei fundamental que é a Constituição) e sobre o princípio da separação de poderes, que tem

---

4. A divisão do Império em dois surge no governo de Diocleciano, no ano 286 d.C.
5. Nesse ano ocorreu a deposição do último imperador romano do Ocidente, Rômulo Augusto, por Odoacro, rei dos hérulos, que dá início a uma dinastia não latina e à fragmentação dos territórios outrora ocupados por Roma em vários reinos bárbaros de origem germânica (francos, godos, visigodos, ostrogodos, alamanos etc.).
6. A interpretação do Digesto pelos jurisconsultos compiladores Triboniano, Doroteu e Teófilo, na forma de um manual que orientasse os estudantes de Direito, deu origem, ainda, às *Institutas*. Justiniano também promoveu a publicação de suas próprias leis, conhecidas como "novas leis" ou "Novelas".
7. DI PIETRO, Maria Sylvia Zanella. 500 anos de direito administrativo brasileiro. *Revista Eletrônica de Direito do Estado*, n. 5, jan.-mar. 2006.

por objetivo assegurar a proteção dos direitos individuais não apenas nas relações entre particulares, mas também entre estes e o Estado".

1.1.3. O Estado de Direito e o surgimento do direito administrativo

O surgimento do *Estado de Direito*, ou seja, do Estado que se submete às suas próprias leis, é uma consequência direta tanto das ideias de um conjunto de pensadores políticos, dos iluministas do séc. XVII (Spinoza, Locke, Bayle e Newton) aos iluministas franceses (Diderot, d'Alembert, Voltaire e Montesquieu) e norte-americanos (Benjamin Franklin e Thomas Jefferson) do séc. XVIII, como também das mudanças econômicas (aparecimento do liberalismo e da Revolução Industrial), que possibilitaram o surgimento das condições materiais para implementação das mudanças políticas que apearam do poder os reis absolutistas, inclusive com o imprescindível apoio das classes economicamente dominantes (burguesia) em substituição ao poder então exercido pela nobreza e pelo clero.

As revoltas políticas do séc. XVIII, em especial a Revolução Francesa (1789) e o movimento de independência norte-americano (1776), possibilitaram a implementação, na prática, do ideário iluminista, assim como das doutrinas jurídicas e políticas dele derivadas (*constitucionalismo* e *contratualismo*).

Dessas revoltas políticas originaram-se importantes documentos jurídicos como a *Constituição norte-americana* (1787) e a *Declaração dos Direitos do Homem e do Cidadão* (1789), pedras fundamentais do estado de direito.

É evidente que a história não se desenvolve por meio de acontecimentos estanques e abruptos. Os ideais e fundamentos do estado de direito não foram implementados de uma hora para outra, indistintamente, em todos os locais.

Na própria França, a Revolução degenerou para períodos de extrema violência e absoluta anarquia, o que acarretou sua substituição pelos períodos bonapartista (1800 a 1815), militarista e imperialista, e, com a derrota deste, para uma inacreditável tentativa de retorno a uma monarquia absolutista (reinado de Luís XVIII), resultando em novos movimentos libertários, as revoltas liberais de 1830 e 1848. Em outros países, o absolutismo foi mitigado pela concessão e reconhecimento de alguns direitos aos cidadãos (despotismo esclarecido ou absolutismo ilustrado[8]), ao passo que na Inglaterra, em particular, a noção de estado de direito se desenvolveu ao largo dos acontecimentos do continente europeu, como consequência da Revolução Gloriosa (1688), com efeitos também sobre o desenvolvimento de seu direito público, em tudo distinto do direito continental (*civil law*).

Será exatamente na França, durante o período revolucionário, que será editada a legislação que é considerada por muitos como o atestado de nascimento do direito administrativo, a lei de 28 pluvioso do ano VIII[9], responsável pela organização jurídica da administração pública francesa. Em 1819 já havia, em Paris, a criação da primeira cátedra de direito público e administrativo.

---

8. Destaque para os reinados de Carlos III, na Espanha, Frederico II, na Prússia, Catarina II, na Rússia, e Gustavo III, na Suécia.

9. Data correspondente a 16 de fevereiro de 1800, conforme calendário revolucionário instituído em 1792.

1.1.4. O desenvolvimento do direito administrativo na França do séc. XIX e o surgimento do contencioso administrativo

Interessante observar que, embora seja hoje reconhecido universalmente como uma disciplina autônoma dentro do direito público, em especial nos países da *civil law*, ou seja, da Europa continental e países colonizados (América Latina, em particular), o direito administrativo se desenvolveu mais rapidamente na França, em razão de uma particularidade do absolutismo que lá existia e da sua rejeição em bloco pelos revolucionários.

Com efeito, a França foi um dos países onde o absolutismo teve seu maior desenvolvimento, com destaque para o reinado de Luís XIV, o Rei-Sol (1643-1715), a quem se atribuiu a famosa frase "L'Etat c'est moi" (o Estado sou eu). Os juízes, ademais, que eram nomeados pelo rei, eram muito claramente vinculados ao regime absolutista, de forma que a exclusão da análise das questões administrativas pelo Poder Judiciário, uma particularidade francesa[10], correspondia aos anseios dos revolucionários de excluir qualquer ingerência de instituições ligadas ao antigo regime (*ancien regime*) em questões envolvendo os direitos dos administrados frente à Administração.

Essa particularidade francesa, aliada a uma aplicação bastante enfática da tripartição de poderes, deu origem à estruturação de uma Administração Pública autônoma e profissional, que tem seu ponto alto com a criação do Conselho de Estado[11], mas somente com a reorganização deste último pela Lei de 24 de maio de 1872, durante a nascente Terceira República francesa, é que o mesmo recebeu os poderes da justiça delegada, ou seja, a chamada jurisdição administrativa, criando-se, assim, um contencioso administrativo independente[12].

Embora a maioria dos países não adote o sistema de dualidade de jurisdições, incluído nestes o Brasil, não se pode deixar de reconhecer a importância capital do direito francês na evolução do direito administrativo, pois suas características singulares é que possibilitaram seu maior desenvolvimento, inclusive com a criação de diversas teorias e princípios aplicados hoje indistintamente em todas as nações que adotam o direito administrativo como uma disciplina autônoma.

1.1.5. Desenvolvimento do direito administrativo no Brasil

Durante o período em que o Brasil esteve sujeito ao reino de Portugal, tanto como colônia (1500-1815), quanto como reino unido (1815-1822)[13], vigorou aqui o conjunto de

---

10. A Bélgica também adota esse sistema, tendo criado seu Conselho de Estado, com jurisdição administrativa, por lei de 23 de dezembro de 1946, instalado em 9 de outubro de 1948.
11. Criado em 1799 pela Constituição de 22 frimário do ano VIII, durante o consulado de Napoleão Bonaparte.
12. "O Conselho de Estado é o conselheiro do governo na preparação de projetos de lei, de *ordonnances* e de alguns decretos. Atende a solicitações governamentais de pareceres sobre questões jurídicas e realiza, sob requisição governamental ou por iniciativa própria, estudos sobre questões administrativas ou políticas públicas. O Conselho de Estado é também o juiz administrativo supremo: é o julgador de última instância das atividades do poder executivo, das coletividades territoriais, das autoridades independentes e dos estabelecimentos públicos administrativos ou dos organismos que dispõem de prerrogativas de poder público" (Texto extraído de <http://www.conseil-etat.fr/pt/>. Acesso em: 29 jul. 2014).
13. Carta de Lei de 16/12/1815, eleva o Estado do Brasil à graduação e categoria de Reino.

leis adotado e compilado pelos reis portugueses, denominadas de "ordenações". Sucessivamente, foram adotadas três ordenações, as "afonsinas", até 1511, as "manuelinas", até 1613, e as "filipinas", daí em diante[14].

A principal preocupação dos colonizadores era, inicialmente, garantir a ocupação do Brasil, de modo que se incentivou, num primeiro momento, a doação de terras aos particulares no sistema conhecido como "capitanias hereditárias", fundado na antiga legislação de sesmarias (1375). Do ponto de vista político, os donatários atuavam como delegatários do rei dentro de seus domínios, exercendo amplos poderes, semelhantes aos dos senhores feudais. Sem embargo, os reis editavam um sem-número de normas, por meio de alvarás, cartas-régias e outros.

Formalmente, o sistema de sesmarias deixou de existir com a Resolução 76, de 17 de julho de 1822, mas sua importância política já havia decrescido muito desde a nomeação dos governadores-gerais, a começar por Tomé de Souza (1549). Este último já trazia consigo o Regimento de 17 de dezembro de 1548, com orientações a respeito da organização do poder público, além de dispor sobre outros temas.

Com a vinda da família real portuguesa para o Brasil, em 1808, houve um considerável aumento da produção legislativa local, adaptando-se para a antiga colônia inúmeras instituições dantes existentes em Portugal, além de criarem-se tantas outras[15].

Com a independência, foi necessário que a novel nação contasse com sua própria Constituição, tendo esta sido outorgada em 25 de março de 1824. Além da singular figura do "Poder Moderador", atribuía-se ao Imperador, também, a chefia do Poder Executivo (art. 102). Havia previsão de um Conselho de Estado, mas com função meramente consultiva, instituição que, aliás, foi logo suprimida pela Lei 16/1834[16].

A função administrativa, propriamente dita, era em grande parte delegada aos presidentes de província (art. 165 da Constituição de 1824), cabendo à lei definir suas atribuições, competência e autoridade (art. 166 da Constituição de 1824). Para as cidades, seriam criadas Câmaras, para dispor, inclusive, sobre suas "posturas policiais" (art. 169 da Constituição de 1824).

Como se vê, era uma Constituição extremamente sintética, deixando ao encargo da legislação infraconstitucional dispor mais detidamente sobre a administração pública.

---

14. As designações têm relação com o nome dos reis portugueses que as aprovaram, a saber: Afonso V, Manuel I, o venturoso, e Filipe I (Filipe II, de Espanha), este último no período da União Ibérica (1580-1640), em que o reino de Portugal esteve associado ao da Espanha. Na prática, a aplicação dos dois primeiros conjuntos foi quase inexistente, sendo que o último, por outro lado, teve aplicação por bom tempo após a independência, conforme Lei de 20.10.1823, aprovada por D. Pedro I.

15. Só em 1808 foram editados, dentre outros, os seguintes atos normativos de importância considerável para a administração do país: a) Alvará de 01.04, que criou o Conselho Supremo Militar de Justiça; b) Alvará de 10.05, que regulou a Casa de Suplicação; c) Alvará de 10.05, que criou o lugar de Intendente Geral de Polícia; d) Alvará de 13.05, que regulou o Corpo de Brigada Real da Marinha; e) Alvará de 09.05, que criou o lugar de Vedor da Chancelaria Mor e Superintendente dos Novos Direitos; f) Alvará de 23.08, que criou o Tribunal da Real Junta do Comércio, Agricultura, Fábricas e Navegação; g) Alvará de 12.10, que criou o Banco Nacional da capital; h) Alvará de 22.04, que criou o Tribunal da Mesa do Desembargo e do Paço; i) Alvará de 28.06, que criou o Erário Régio e o Conselho da Fazenda.

16. O órgão foi posteriormente recriado pela Lei 234/1841, também com atribuições consultivas, funcionando até o advento da República.

A Constituição da República dos Estados Unidos do Brasil, de 24 de fevereiro de 1891, também não era muito analítica. Promoveu, no entanto, a constitucionalização do regime federativo, adotado em 1889, estabelecendo a competência dos Estados para prover as necessidades de sua organização e administração (art. 5.º). Atribuiu, ainda, a chefia do Poder Executivo, no plano federal, ao Presidente da República (art. 41). Em seu art. 82, havia a previsão de que os funcionários públicos eram estritamente responsáveis pelos abusos e omissões que incorressem no desempenho de seus cargos, contendo a Constituição, ainda, algumas poucas disposições sobre provimento de cargos.

Essas Constituições, claramente influenciadas pelo liberalismo, se preocupavam mais com a descrição da organização dos poderes constituídos e com a descrição do rol de direitos individuais e políticos.

Somente com a Constituição promulgada em 16 de julho de 1934, já claramente influenciada pelo movimento do constitucionalismo social, é que passamos a ter, embora ainda de forma assistemática, a previsão de inúmeras disposições sobre o uso de bens públicos e prestação de serviços públicos em título que tratava da "ordem econômica e social".

A Carta outorgada em 10 de novembro de 1937, por sua vez, influenciada pelo corporativismo adotado pelo Estado Novo (1937-1945), foi pródiga em relacionar atribuições e competências, sendo a primeira a conter capítulo próprio para tratar dos servidores públicos (arts. 156 a 159).

A Constituição Federal promulgada em 18 de setembro de 1946 promoveu no plano jurídico a redemocratização do país, contendo em seu bojo, também, um título apenas para tratar dos servidores públicos (arts. 184 a 194).

Na vigência dessa Carta, pela primeira vez, editou-se legislação disciplinando o regime jurídico geral dos servidores públicos no âmbito federal (Lei 1.711/1952).

A Constituição da República de 24 de fevereiro de 1967, já no regime militar, dispôs sobre os funcionários públicos em seus arts. 95 a 106 (arts. 97 a 111, na redação da EC 1/1969). Observe-se que a EC 1/1969 trouxe a possibilidade de instituição de um contencioso administrativo, com atribuição para o julgamento de causas envolvendo os servidores públicos (art. 111), o que não chegou a ser implementado.

De vital importância, na vigência desta Carta, foi a edição do Decreto-lei 200, de 25 de fevereiro de 1967, primeiro diploma legislativo a, de forma sistemática, dispor sobre a organização da Administração Pública federal.

A Constituição Federal de 5 de outubro de 1988, sem dúvida alguma, é o maior divisor de águas no que tange ao tratamento dos temas afetos ao direito administrativo no plano constitucional, dedicando um capítulo inteiro para tratar da Administração Pública, inclusive sendo a primeira a trazer um elenco de princípios que a regem (art. 37, *caput*).

No plano doutrinário, ressalta Di Pietro[17], que já "no período imperial se criou a cadeira de Direito Administrativo nos cursos jurídicos, instalada, em 1855, na Faculdade de Direito de São Paulo e regido por José Antonio Joaquim Ribas".

Já no período republicano, ressalta a mesma autora que "o direito administrativo brasileiro sofreu, nessa fase, influência do direito norte-americano, no que diz respeito ao

---

17. DI PIETRO, Maria Sylvia Zanella. 500 anos de direito administrativo brasileiro. *Revista Eletrônica de Direito do Estado*, n. 5, jan.-mar. 2006.

sistema de unidade de jurisdição e à necessidade de submissão da Administração Pública ao controle do Poder Judiciário. Mas, no que diz respeito às teorias e aos princípios, ficou evidente que a influência predominante continuava sendo a do direito francês criado pela jurisdição administrativa que, aos poucos, pela decisão de casos concretos, foi derrogando o direito privado antes aplicado à Administração e criando regime jurídico próprio que acabou por dar autonomia ao direito administrativo".

1.2. NOÇÃO JURÍDICA DE ESTADO

Qual o conceito de Estado? A resposta depende do ângulo que é considerado. Sob a ótica jurídica, que é a que nos interessa, Estado é uma *pessoa jurídica soberana em determinado tempo e espaço territorial.*

O Estado é composto por três elementos, a saber: *i)* povo, *que é o componente humano do Estado;* ii) território[18], *que é sua base física, ou seja, seu elemento material e;* iii) Governo soberano, *que é o elemento condutor do Estado, que detém e exerce o poder absoluto de autodeterminação e auto-organização emanado do Povo.*

1.2.1. Separação de poderes e as funções do Estado. Funções "típicas" e "atípicas"

A separação de poderes, uma das mais importantes teorias desenvolvidas durante o Iluminismo com a finalidade de apresentar bases teóricas para justificar o exercício do poder e, também, seu controle, foi idealizada por Charles-Louis de Secondat, o barão de Le Brède e de *Montesquieu,* em 1748[19], e tornou-se um dos pilares da ciência política, estando a ideia central resumida no seguinte trecho[20]:

> "A liberdade política, em um cidadão, é esta tranquilidade de espírito que provém da opinião que cada um tem sobre a sua segurança; e para que se tenha esta liberdade é preciso que o governo seja tal que um cidadão não possa temer outro cidadão.
>
> Quando, na mesma pessoa ou no mesmo corpo de magistratura, o poder legislativo está reunido ao poder executivo, não existe liberdade; porque se pode temer que o mesmo monarca ou o mesmo senado crie leis tirânicas para executá-las tiranicamente.

---

18. Esse elemento, por vezes, pode estar transitoriamente ausente, como no caso de países ocupados por forças inimigas durante períodos de guerra, podendo haver o exercício da soberania desse mesmo Estado por meio de governos no exílio. Impende salientar, também, que, hodiernamente, o conceito de território é mais abrangente do que o simples solo, compreendendo também o subsolo, o mar territorial e o espaço aéreo correspondente.

19. A teoria foi desenvolvida no livro *L'Espirit des Lois* (O Espírito das Leis), que inspirou a Declaração dos Direitos do Homem e do Cidadão. O livro, no entanto, era dividido em seis partes, com 33 subdivisões, chamadas "livros", nos quais o autor discorreu sobre inúmeros institutos. A ideia de separação de poderes também não é visualizada tão diretamente, sendo extraída, na verdade, de suas considerações sobre o modelo inglês, no capítulo 6 do Livro XI, quando analisa a importância da separação entre as funções executivas do rei e das legislativas das duas casas componentes do Parlamento. A função judiciária não tem muito destaque na obra do pensador, mas ainda assim é destacada das outras duas.

20. *O Espírito das Leis.* Segunda Parte, Livro Décimo Primeiro – *Das Leis que formam a liberdade política em sua relação com a Constituição* – Capítulo VI – *Da Constituição da Inglaterra.*

Tampouco existe liberdade se o poder de julgar não for separado do poder legislativo e do executivo. Se estivesse unido ao poder legislativo, o poder sobre a vida e a liberdade dos cidadãos seria arbitrário, pois o juiz seria legislador. Se estivesse unido ao poder executivo, o juiz poderia ter a força de um opressor.

Tudo estaria perdido se o mesmo homem, ou o mesmo corpo dos principais, ou dos nobres, ou do povo exercesse os três poderes: o de fazer as leis, o de executar as resoluções públicas e o de julgar os crimes ou as querelas entre os particulares".

Entretanto, a teoria ainda não estava refinada a ponto de aceitar a ideia de que não seria possível uma separação absoluta e estanque das funções de Estado. Essa evolução, na teoria, tem de ser creditada ao pensamento dos federalistas norte-americanos[21], sistematizadas no livro O Federalista, que compilou os 85 artigos publicados por eles, também em Nova Iorque, para justificar a ratificação da Constituição norte-americana pelos Estados que participaram da Convenção Federal de 1787[22].

A ideia central com relação à separação de poderes foi bastante elucidada no capítulo 47 do livro, que, interpretando a mesma fonte de Montesquieu, o modelo inglês, defendeu o sistema de separação de poderes mitigado, ao enfatizar no particular o acerto da Constituição norte-americana que estava para ser ratificada, inclusive com alusões às constituições dos diferentes estados americanos, que seguiam modelo semelhante[23].

O Estado, portanto, possui três "poderes", hoje muito chamados de "funções", e que são harmônicos e independentes entre si, tendo sua previsão normativa, no ordenamento jurídico brasileiro vigente, no art. 2.º da Constituição Federal.

É importante ficar claro – e isso será visto mais profundamente em capítulo próprio – que os "Poderes do Estado" nada mais são do que *órgãos públicos*, porém de uma categoria especial, denominados de "independentes"[24].

Dentro da ideia de separação de poderes mitigada, cada "Poder" exerce uma função principal, chamada também de típica ou precípua, que é aquela para a qual foi fundamentalmente criado, e outras atípicas ou não precípuas, que, apesar de não ser a função predominante, são necessárias, seja para fins de controle (sistema de freios e contrapesos)[25], seja para viabilizar a gestão administrativa de suas estruturas.

---

21. John Jay (1745-1829), Alexander Hamilton (1757-1804) e James Madison (1751-1836).

22. Separação de poderes é apenas um dos temas tratados nos artigos que, obviamente, tinham como mote principal a defesa do federalismo como forma de organização do Estado.

23. *O Federalista*, capítulo 47, "Exame e explicação do princípio da separação dos poderes", Hamilton, Madison e Jay, *Clássicos do Direito*, Tradução de Hiltomar Martins de Oliveira, Belo Horizonte: Líder, 2003.

24. De acordo com Hely Lopes Meirelles, os *órgãos independentes* são os originários da Constituição e representativos dos Poderes de Estado – Legislativo, Executivo e Judiciário –, colocados no ápice da pirâmide governamental, sem qualquer subordinação hierárquica ou funcional, e só sujeitos aos controles constitucionais de um Poder pelo outro. *Por isso, são também chamados órgãos primários do Estado*. Esses órgãos detêm e exercem precipuamente as funções políticas, judiciais e quase judiciais outorgadas diretamente pela Constituição, para serem desempenhadas pessoalmente por seus membros (agentes políticos, distintos de seus servidores, que são agentes administrativos), segundo normas especiais e regimentais (*Direito administrativo brasileiro*. 35. ed. São Paulo: Malheiros, 2009. p. 71).

25. A expressão *checks and balances* é usualmente utilizada nesse sentido, inclusive na doutrina brasileira, embora no original de O Federalista esteja mais associada à limitação de poderes entre as diferentes unidades federativas.

1.2.2. O Poder Legislativo e suas funções

O Poder Legislativo possui como função típica a edição de leis. É ele o responsável por criar normas jurídicas, gerais e abstratas, que servirão de parâmetro para regulamentar a vida em sociedade.

Por outro lado, apesar de não ser sua função principal, portanto típica, compete ao Legislativo (no caso, pelo Senado Federal) o julgamento do Presidente da República e seus ministros por crimes de responsabilidade[26], o que demonstra que, atipicamente, o Legislativo também exerce a função jurisdicional.

Igualmente, o Legislativo possui uma grande estrutura administrativa, composta de órgãos, agentes, etc. Cabe aos seus próprios agentes sua gestão interna, a administração de pessoal, bens, serviços, etc., o que é típico do Poder Executivo. Em outras palavras: o Poder Legislativo exerce também a função administrativa, quando, por exemplo, licita, realiza um concurso público, provê os cargos de seu corpo de servidores etc.

1.2.3. O Poder Judiciário e suas funções

Já ao Judiciário foi atribuído como função típica o exercício da jurisdição, o que significa que a ele compete *resolver com definitividade os conflitos de interesse que lhe são levados a análise*.

Não importa aqui ingressar na análise da estrutura desse "Poder", mas apenas informar que, apesar de sua função principal ser a de julgamento, é ele responsável pela edição de seus regimentos internos, que são normas gerais e abstratas e, por isso, nesse momento, exercem atipicamente função legiferante[27].

Ainda, quando o Supremo Tribunal Federal julga procedentes os pedidos de uma Ação Direta de Inconstitucionalidade, essa decisão tem o efeito de retirar do ordenamento jurídico a norma reputada inconstitucional. Nesse caso, o próprio Pretório Excelso já entendeu[28] que o Tribunal não está agindo no exercício de sua função jurisdicional típica

---

26. "CF/88, Art. 52. Compete privativamente ao Senado Federal: I – processar e julgar o Presidente e o Vice-Presidente da República nos crimes de responsabilidade, bem como os Ministros de Estado e os Comandantes da Marinha, do Exército e da Aeronáutica nos crimes da mesma natureza conexos com aqueles;"

27. "CF/88. Art. 96. Compete privativamente: I – aos tribunais: a) eleger seus órgãos diretivos *e elaborar seus regimentos internos*, com observância das normas de processo e das garantias processuais das partes, dispondo sobre a competência e o funcionamento dos respectivos órgãos jurisdicionais e administrativos;"

28. ADI 595/ES, Rel. Min. Celso de Mello, *Informativo*/STF 258/2002. Veja trecho da decisão do que importa para o contexto em estudo: "... *O controle concentrado de constitucionalidade, por isso mesmo, transforma, o Supremo Tribunal Federal, em verdadeiro legislador negativo* (RTJ 126/48, Rel. Min. Moreira Alves – RTJ 153/765, Rel. Min. Celso de Mello – ADI 1.063/DF, Rel. Min. Celso de Mello). *É que a decisão emanada desta Corte – ao declarar, in abstracto, a ilegitimidade constitucional de lei ou ato normativo federal ou estadual – importa em eliminação dos atos estatais eivados de inconstitucionalidade* (RTJ 146/461-462, Rel. Min. Celso de Mello), os quais vêm a ser excluídos, por efeito desse mesmo pronunciamento jurisdicional, do próprio sistema de direito positivo ao qual se achavam, até então, formalmente incorporados (RTJ 161/739-740, Rel. Min. Celso de Mello). Esse entendimento – que tem suporte em autorizado magistério doutrinário (Celso Ribeiro Bastos, 'Curso de Direito Constitucional', p. 326, item n. 4, 11ª ed., 1989, Saraiva; Alexandre de Moraes,

(resolução de lides), *mas atuando na função de legislador negativo*, pois é ao Legislativo que competem a criação e a extinção de leis[29].

Por fim, da mesma forma que o Legislativo, o Poder Judiciário possui uma grande organização administrativa, sendo que a ele mesmo compete sua gestão[30]. É o próprio Poder Judiciário que realiza seus concursos para seleção de pessoal, suas licitações para futuros contratos, é quem gere seu pessoal etc., exercendo, assim, a chamada "função administrativa".

1.2.4. O Poder Executivo e suas funções

Ao Poder Executivo compete a administração tanto de sua estrutura interna quanto da *res publica* municipal, estadual e federal. É o Executivo quem administra a "coisa pública", os bens públicos, os serviços públicos, as atividades fiscalizatórias do poder de polícia etc.

Sua função típica ou precípua é a "função administrativa".

Nota-se que todos os poderes exercem a função administrativa, porém o Executivo, por desenvolvê-la de forma típica, tem atuação bem mais abrangente do que a desenvolvida pelos Poderes Legislativo e Judiciário, cujo exercício dessas funções está mais ligado à gestão interna de suas estruturas, ao passo que o Executivo, além da administração de sua estrutura interna, infinitamente maior, também realiza a gestão de atividades externas, como prestação de serviços públicos, exercício do poder de polícia etc.

O direito administrativo tem como objeto de estudo justamente a função administrativa, o que evidencia que o direito administrativo não é o ramo do direito que disciplina apenas as atividades do Poder Executivo.

'Direito Constitucional', p. 614, item n. 10.9, 10ª ed., 2001, Atlas, *v.g.*), e que se reflete, por igual, na orientação jurisprudencial firmada por esta Suprema Corte (*RT* 631/227) – permite qualificar, o Supremo Tribunal Federal, como órgão de defesa da Constituição, seja relativamente ao legislador, seja, ainda, em face das demais instituições estatais, pois a Corte, ao agir nessa específica condição institucional, desempenha o relevantíssimo papel de 'órgão de garantia da hierarquia normativa da ordem constitucional' (J. J. Gomes Canotilho, 'Direito Constitucional', p. 809, 4ª ed., 1987, Almedina, Coimbra)".

29. Casos singulares são as funções normativas exercidas pela Justiça Eleitoral e pela Justiça do Trabalho. Não obstante, não as consideramos, propriamente, como funções legislativas, visto que a atribuição normativa da Justiça Eleitoral não decorre diretamente da Constituição, estando inserida dentro do fenômeno da deslegalização, mediante atribuição, pelo próprio legislador, de amplo poder regulamentar à jurisdição eleitoral. No caso do poder normativo da jurisdição trabalhista, dá-se ele de modo subsidiário, respeitando-se as disposições legais mínimas de proteção ao trabalho, e estando hoje condicionado, ainda, à frustração da prévia tentativa de negociação coletiva (art. 114, § 2.º, da CF/1988).

30. CF/1988: "Art. 96. Compete privativamente: I – aos tribunais: a) (...); b) organizar suas secretarias e serviços auxiliares e os dos juízos que lhes forem vinculados, velando pelo exercício da atividade correcional respectiva; c) prover, na forma prevista nesta Constituição, os cargos de juiz de carreira da respectiva jurisdição; d) (...); e) prover, por concurso público de provas, ou de provas e títulos, obedecido o disposto no art. 169, parágrafo único, os cargos necessários à administração da Justiça, exceto os de confiança assim definidos em lei; f) conceder licença, férias e outros afastamentos a seus membros e aos juízes e servidores que lhes forem imediatamente vinculados". A Constituição Federal de 1988, no entanto, é a que mais claramente definiu as atribuições administrativas do Poder Judiciário, sendo que, em regimes constitucionais anteriores, esta era muito mais limitada.

Em resumo: em todos os "Poderes" existe a função administrativa, ora de forma principal, como é o caso do Poder Executivo, ora de forma atípica, como sucede nos Poderes Legislativo e Judiciário.

Assim, vamos estudar ao longo deste *Manual*:

1) Quem exerce a função administrativa, ou seja, a União, Estados, Municípios, seus órgãos, suas Autarquias, Fundações Públicas, Sociedade de Economia Mista, Empresas Públicas etc.;
2) Seus agentes: agentes políticos (prefeitos, governadores, presidente, ministros, secretários etc.), servidores públicos (estatutários: providos em cargos efetivos ou em comissão), empregados públicos, agentes de colaboração, agentes contratados por motivo de excepcional interesse público etc.;
3) Seus atos, destacando seus atributos, seus elementos, seus principais vícios, suas formas de extinção;
4) Os princípios que regem a atividade administrativa, tais como: legalidade, impessoalidade, moralidade, publicidade, eficiência, motivação, proporcionalidade, razoabilidade, segurança jurídica, autotutela, continuidade dos serviços públicos e diversos outros princípios setoriais;
5) Os poderes administrativos, que são ferramentas de trabalho diferenciadas para a gestão de algo diferenciado que é o interesse público. Serão objetos de análise os poderes: vinculado, discricionário, hierárquico, disciplinar, regulamentar e de polícia;
6) Os serviços públicos prestados à coletividade, seu regime jurídico, as formas de prestação, direitos e deveres dos usuários, política tarifária, etc.;
7) As atividades internas de gestão para a contratação de bens, serviços, obras, que, em regra, são viabilizadas por meio de licitação e o procedimento de contratação de pessoal, este último se processando por meio de concurso público;
8) As formas de intervenção do Estado na propriedade e economia;
9) As formas de controle da Administração Pública;
10) A responsabilidade civil do Estado por danos decorrentes de seus agentes;
11) Outros temas afetos ao exercício da atividade administrativa.

1.3. POSIÇÃO TOPOLÓGICA DO DIREITO ADMINISTRATIVO E SUA RELAÇÃO COM OS DEMAIS RAMOS DO DIREITO

O direito administrativo, por tratar de relações jurídicas que têm o Estado como um de seus sujeitos, envolvendo, quase sempre, prerrogativas que este detém, está topologicamente incluído entre os ramos do *direito público*.

Não obstante, ele se relaciona com várias disciplinas do direito, inclusive do próprio direito privado.

Com efeito, o ato administrativo não deixa de ser uma espécie de ato jurídico, valendo--se o direito administrativo das noções gerais deste último, existentes na teoria geral do direito. O conceito de bens jurídicos e sujeitos de direitos, igualmente, é apropriado da *teoria geral do direito*. Aos contratos administrativos, com derrogações, de igual modo, aplicam-se diversos dos princípios e regras do *direito das obrigações*. Além disso, parte da teoria da responsabilidade civil, como estudada no *direito civil*, tem incidência também no direito administrativo, como os conceitos de culpa e dolo e suas excludentes.

No que respeita aos demais ramos do direito público, o direito administrativo está intimamente ligado ao *direito constitucional*, visto que da Constituição se extraem diversas regras gerais e princípios norteadores da Administração Pública, incluindo questões envolvendo servidores públicos, bens públicos, improbidade administrativa, serviços públicos e intervenção do Estado na propriedade e na economia.

Com o *direito penal* também se relaciona, uma vez que nosso Código Penal dedica um título inteiro aos crimes contra a Administração Pública (Título XI, arts. 312 a 359-H). Além disso, ao longo desse Código existem várias outras referências, a título de qualificadoras ou causas de aumento, que dizem respeito à Administração Pública ou suas entidades integrantes, como o § 3.º do art. 171 (causa de aumento da pena no crime de estelionato) e o inciso III, parágrafo único, do art. 163 (qualificadora do crime de dano). Além disso, existem, também, muitos outros tipos penais que têm relação com condutas que afetam a boa prestação de determinados serviços públicos, como os crimes contra a segurança dos meios de comunicação e transporte e outros serviços públicos (arts. 260 a 266), o crime de moeda falsa (art. 288) e o de falsificação de papéis públicos (art. 293).

Não bastasse isso, existe na legislação penal extravagante uma interminável relação de condutas típicas ligadas à matéria administrativa, como os crimes licitatórios previstos na Lei 8.666/1993 (arts. 89 a 99), os crimes contra o serviço público de telecomunicações (art. 183 da Lei 9.472/1997) e o crime de usurpação de matéria-prima mineral pertencente à União (art. 2.º da Lei 8.176/1991), somente para citarmos alguns. Se considerarmos que grande parte das condutas tidas como criminosas envolve atividades sujeitas ao poder de polícia do Estado, a lista fica enorme, sendo desnecessário aqui elencá-las uma a uma.

Por fim, muitas disposições atinentes ao regime disciplinar dos servidores públicos fazem remissão a institutos do direito penal, não sendo incomum, por exemplo, a regra de remissão referente ao regime da prescrição nos casos em que a conduta infracional também for considerada crime (art. 142, § 2.º, da Lei 8.112/1990).

Com relação ao *direito processual*, o direito administrativo mantém estreito laço, uma vez que diversos institutos processuais, como citação, intimação, compromisso testemunhal, preclusão, contagem de prazo, ônus da prova etc., são adotados, com algumas poucas particularidades, no processo administrativo. É comum, inclusive, a remissão, na própria lei administrativa, às regras de processo constantes no CPC ou no CPP[31]. No processo penal, observe-se, existem procedimentos processuais específicos para os casos que envolvem prática de abuso de autoridade (Lei 4.898/1965) e para situações em que o crime é imputado a servidor público no exercício da função pública (arts. 513 a 518 do CPP). Da mesma forma, existem procedimentos processuais específicos para ações que têm como finalidade precípua a defesa do patrimônio público, como a ação popular (Lei 4.717/1965).

---

31. No âmbito federal, como existe hoje uma legislação específica sobre processo administrativo (Lei 9.784/1999), já não se faz tão necessária a aplicação subsidiária das normas de processo constantes do CPC e do CPP, sendo as regras da lei geral de processo administrativo, **agora**, que terão aplicação subsidiária aos outros procedimentos administrativos específicos (art. 69 da Lei). Ainda assim, na ausência de regra específica sobre determinado tema, incluindo a Lei 9.784, nada impede a invocação e aplicação por analogia de alguma regra de direito processual.

Consigna-se, por fim, que a Fazenda Pública, tradicionalmente, dispõe de tratamento diferenciado na esfera processual[32], seja em relação aos prazos processuais (art. 183 do CPC e art. 10 da Lei 9.469/1997) e ao duplo grau de jurisdição obrigatório (art. 496 do CPC), seja em relação à cobrança de seus créditos (Lei 6.830/1980 ou Lei de Execuções Fiscais – LEF), seja no que se refere às prerrogativas processuais de seus procuradores (art. 38 da Lei Complementar 73/1993, art. 6.º da Lei 9.028/1995 e art. 9.º da Lei 9.469/1997), seja no que tange ao pagamento de taxas judiciárias (art. 4º, I, da Lei 9.289/1996) e emolumentos, bem como depósitos prévios (art. 24-A da Lei 9.028/1995), seja, ainda, quanto à forma especial de cobrança de suas dívidas (art. 100 da CF/1988, art. 910 do CPC e art. 6.º da Lei 9.469/1997).

Do direito administrativo, por sua vez, destacaram-se, ao longo do tempo, outros ramos do direito, como o *direito ambiental*, o *direito urbanístico* e o *direito econômico*, hoje dotados de autonomia, mas que se valem, em muitos aspectos, dos conceitos e regras gerais do direito administrativo, como os referentes ao ato administrativo e ao processo administrativo, bem como ao poder de polícia e à sanção administrativa.

A teoria jurídica aplicada ao ato administrativo também tem grande valia para o *direito tributário*, visto que o ato jurídico do lançamento, ao fim e ao cabo, corresponde a uma espécie de ato administrativo. O mesmo vale para a teoria jurídica aplicável ao processo administrativo, visto que, no âmbito fiscal, existe um processo administrativo fiscal[33]. Observe-se, ainda, que um dos tributos previstos constitucionalmente, a taxa (art. 145, II), está relacionado com o exercício do poder de polícia e com o uso de serviços públicos específicos e divisíveis, daí por que se preocupa o Código Tributário Nacional – CTN (Lei 5.172/1966) em dar um conceito jurídico ao poder de polícia (art. 178).

Por derradeiro, deve-se consignar que alguns ramos do direito privado fortemente dirigidos pelo Estado estão impregnados de regras de viés administrativista, formando uma categoria singular e híbrida do direito, como é o caso do direito do trabalho e do direito do consumidor, que, a par das regras típicas do direito privado, correspondentes aos contratos, contêm, também, inúmeras disposições atinentes à fiscalização do Estado sobre conteúdos cogentes e obrigatórios de normas como as referentes à proteção da saúde e segurança no trabalho e no sistema de defesa do consumidor.

1.4. DIREITO ADMINISTRATIVO E CIÊNCIA DA ADMINISTRAÇÃO

O direito administrativo é o ramo do direito que se preocupa em estudar as *relações jurídicas* da Administração Pública para com os administrados, as prerrogativas daquela em vista da supremacia do interesse público, mas também os direitos destes últimos em vista dos princípios que informam a primeira, como a legalidade, a impessoalidade e a moralidade. Também estuda o regime jurídico dos bens públicos, dos agentes públicos, das contratações feitas pelo poder público e dos serviços prestados pela Administração Pública, diretamente ou por meio de terceiros.

---

32. Na seara do processo trabalhista, as prerrogativas da Fazenda Pública estão compiladas no Decreto-Lei 779/1969.
33. No âmbito federal, o Decreto 70.235/1972 regula a matéria. O entendimento atual é que as disposições do referido decreto, hoje, só podem ser alteradas por lei.

A ciência da administração tem finalidade diversa, sendo uma ciência social que busca sistematizar as práticas e ensinar os métodos utilizados na gestão de bens e pessoas. Tem alcance muito mais amplo que o do direito administrativo, porque não se aplica apenas à administração da coisa pública, também sendo voltada à gestão de bens privados, principalmente de empreendimentos empresariais voltados à produção de riquezas. Pode, até mesmo, oferecer conhecimentos indispensáveis à gestão de recursos domésticos.

Não obstante, o direito, e não só o administrativo, mas também o financeiro, apropria-se de vários de seus conceitos e métodos, *normatizando-os*[34] para estabelecer os critérios e limites da gestão da coisa pública, como na delimitação das condutas dos servidores que envolvam o trato do patrimônio ou recursos públicos, da utilização dos recursos públicos consignados em seus orçamentos (vide Lei de Responsabilidade Fiscal), da contratação de terceiros para prestar serviços à Administração Pública, na gestão dos bens públicos e na contratação de terceiros que irão prestar serviços em nome da Administração Pública.

1.5. SISTEMAS DE JURISDIÇÃO. UNITÁRIO (INGLÊS) E DUAL (FRANCÊS)

Já foi visto que na França acabou prevalecendo a ideia de se criar uma jurisdição administrativa, completamente independente da judiciária, com poderes para decidir definitivamente as causas que envolvem a Administração Pública. Esse é o chamado contencioso administrativo.

Diferentemente, nos Estados Unidos e Inglaterra, a Administração Pública está sujeita a ter suas decisões revistas pelos órgãos do Poder Judiciário, sendo a jurisdição una, não havendo a dualidade como na França.

No Brasil, seguiu-se o sistema de jurisdição una. Observe-se, no entanto, que isso não significa que não possa haver, aqui, tribunais e cortes administrativas. Só que estas não têm o poder de julgar as demandas de interesse da Administração Pública com ares de definitividade, ou seja, a coisa julgada, em relação às decisões desses tribunais, só ocorre na esfera administrativa, podendo estas ser contestadas ou impugnadas na esfera judicial.

Portanto, órgãos como o Conselho de Recursos da Previdência Social – CRPS, o Conselho Administrativo de Recursos Fiscais – CARF, o Conselho de Recursos do Sistema Financeiro Nacional – CRSFN, o Tribunal Marítimo e os próprios tribunais de contas não constituem, propriamente, uma jurisdição administrativa, no sentido aqui tratado, pois suas decisões podem ser revistas pelo Poder Judiciário.

O contencioso administrativo, por outro lado, não se confunde com juízos especializados em matéria administrativa. É comum que as leis de organização judiciária estaduais criem varas especializadas da Fazenda Pública, e a própria Justiça Federal comum, quando analisadas suas competências constitucionais, é, em grande parte, uma "Justiça da Fazenda

---

34. Daí por que se diz que o direito é uma ciência deontológica, embora também seja, por evidente, do grupo das ciências sociais. A deontologia, na verdade, é um ramo da ética normativa, junto com a axiologia.

Pública Nacional". O contencioso administrativo, no sentido adotado na França, constitui, isto sim, uma jurisdição separada, não vinculada ao Poder Judiciário[35-36].

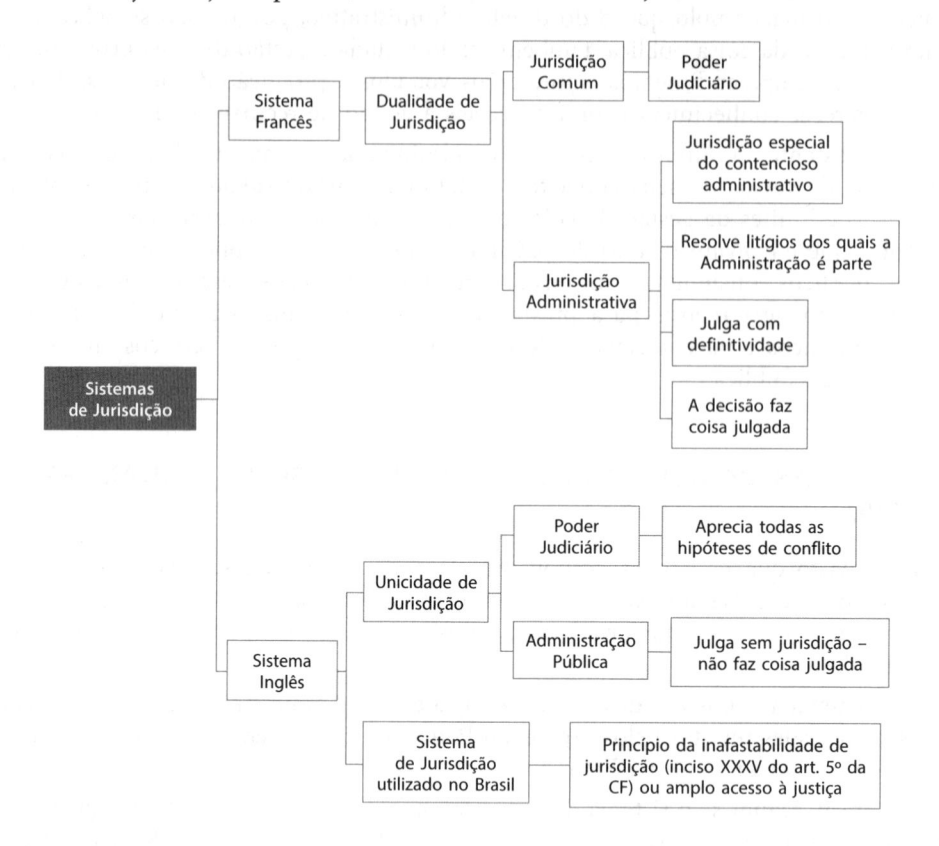

Sistemas de Jurisdição

- Sistema Francês — Dualidade de Jurisdição
  - Jurisdição Comum → Poder Judiciário
  - Jurisdição Administrativa
    - Jurisdição especial do contencioso administrativo
    - Resolve litígios dos quais a Administração é parte
    - Julga com definitividade
    - A decisão faz coisa julgada
- Sistema Inglês
  - Unicidade de Jurisdição
    - Poder Judiciário → Aprecia todas as hipóteses de conflito
    - Administração Pública → Julga sem jurisdição – não faz coisa julgada
  - Sistema de Jurisdição utilizado no Brasil → Princípio da inafastabilidade de jurisdição (inciso XXXV do art. 5º da CF) ou amplo acesso à justiça

1.6. SISTEMAS DE DIREITO[37] E FONTES DO DIREITO ADMINISTRATIVO

O direito brasileiro compõe o grupo genericamente denominado de *civil law*, que conta como fonte histórica o direito romano e, posteriormente, este, aliado aos direitos canônico e bárbaro-germânico, tendo se espraiado de forma predominante na Europa continental, incluindo Alemanha, Áustria, França, Bélgica, Suíça, Itália, Rússia, Espanha e Portugal,

---

35. Portanto, mesmo em países que criaram ramos do Judiciário especializados em causas administrativas, como a Itália, não haveria que se falar, propriamente, em contencioso administrativo, uma vez que as decisões do Conselho Estado italiano (*Consiglio di Stato*) estão sujeitas a recurso para a Corte de Cassação (art. 111 da Constituição da República Italiana de 1947).
36. Da mesma forma, não constituiria jurisdição administrativa a criação do tribunal federal a que se referia o art. 79 da Constituição de 1934, posto que também estava inserido dentro da organização judiciária comum. Esse tribunal, aliás, nunca chegou a ser criado. O contencioso administrativo previsto no art. 203 da CF/1967, na redação dada pela EC 7/1977, que também não chegou a ser criado, da mesma forma não se equipararia à jurisdição administrativa, visto que o texto dizia expressamente que ele era "sem poder jurisdicional".
37. Para exame mais detalhado do tema: **DAVID**, René. Sistemas de Direito Contemporâneo. Martins Fontes. São Paulo:2002.

daí se ramificando para os países colonizados pelos países ibéricos, com destaque para a América Latina (México, Costa Rica, Brasil, Argentina, Chile, Peru, Uruguai, Colômbia etc.).

Esse grande sistema jurídico tem como característica principal a "codificação", ou seja, a compilação dos blocos ou ramos do direito em leis que procuram disciplinar todos os aspectos e institutos de cada matéria, o que também constitui herança do direito francês, notadamente do período napoleônico.

Ainda que não haja códigos sobre um ramo do direito, haverá leis escritas sobre ele, embora esparsas e assistemáticas.

É um sistema, portanto, que tem como fonte principal do direito a *lei* e, apenas secundariamente, outros meios jurídicos.

Diversamente, os países que seguem o chamado *common law*, derivado do direito anglo-saxão, com destaque para a Inglaterra, daí se espraiando para os países por ela colonizados (Estados Unidos, Canadá, Austrália, Nova Zelândia, Irlanda, entre outros), tiveram seu desenvolvimento predominantemente a partir de decisões judiciais, interpretando o direito costumeiro ou consuetudinário, inicialmente, e posteriormente as próprias leis esparsamente editadas.

A par desses dois grandes sistemas, existem outros, de menor abrangência, como o da *sharia*, a adoção da lei islâmica (Arábia Saudita, Afeganistão, Irã, Iêmen, Sudão etc.) e o sistema de jurisdição mista do *common law* e do *civil law*, adotado em países do sul da África (África do Sul, Namíbia, Zâmbia, entre outros), além de ex-colônias britânicas da Ásia, como Índia, Bangladesh e Paquistão.

Evidente que, modernamente, essa diferença evolutiva tem caminhado para uma cada vez maior imbricação entre os dois grandes sistemas, uma vez que, na mesma medida que mais e mais leis são editadas nos países do *commom law*, praticamente anulando a interpretação judicial a partir do costume, embora mantida ela com relação ao direito legislado, também é cada vez maior a interferência e liberdade judicial na interpretação da lei, sendo mera reminiscência histórica a alegação de que o "juiz é um escravo da lei"[38].

No Brasil, a própria Lei de Introdução às Normas do Direito Brasileiro (Decreto-lei 4.657/1942) já prevê tanto a complementação do sistema normativo no vazio ou omissão da lei, mediante a invocação de instrumentos como a analogia, os costumes e os princípios gerais do direito (art. 4.º), quanto direciona o juiz a interpretá-la com vistas ao atendimento aos fins sociais a que ela se dirige e às exigências do bem comum (art. 5.º)[39].

Com a adoção do constitucionalismo e, modernamente, de constituições analíticas, por vezes até prolixas, o julgador que dispõe de instrumentos de controle de constitucionalidade, passa a ter a função de também interpretar a lei de forma que esta se adapte ao sistema constitucional vigente, incluindo suas normas implícitas. Não havendo forma de "interpretação conforme", deve ser negada, pura e simplesmente, a aplicação da norma.

---

38. Uma modificação comumente encontrada nas palavras de Montesquieu, para quem "os juízes de uma nação são apenas a boca que pronuncia as palavras da lei; são seres inanimados que não podem moderar nem sua força nem seu rigor" (*O Espírito das Leis*, Capítulo VI).
39. Interessante disposição adotada em nosso Direito é o art. 6.º da Lei 9.099/1995, que trata dos juizados especiais, ao estabelecer que "o juiz adotará em cada caso a decisão que reputar mais justa e equânime, atendendo aos fins sociais da lei e às exigências do bem comum". Não nos parece que a equidade foi aqui adotada como fonte do direito, mas sim como critério de julgamento na interpretação da norma aplicável.

Com isso, o direito brasileiro tem migrado de um sistema unicamente legislado para um sistema com forte influência jurisprudencial, já constando, inclusive, no que tange ao direito constitucional, a figura da súmula vinculante do Supremo Tribunal Federal.

Parte da doutrina, aliás, defende que a imbricação de sistemas, no caso brasileiro, vem de longa data, desde, pelo menos, a adoção do controle de constitucionalidade em nosso país (difuso) pelo Decreto 848/1890, tendo havido, no entanto, uma mudança de paradigma a partir da Constituição Federal de 1988, com a "constitucionalização" de nosso direito, a adoção de normas constitucionais de tecitura aberta, e consequente abertura de espaço para sua determinação judicial.[40] A lei, no entanto, continua sendo a fonte primária e principal do direito, estando reconhecida constitucionalmente a importância do princípio da legalidade (art. 5.º, II, da CF/1988), inclusive como princípio orientador da própria Administração Pública (art. 37, *caput*).

O direito estatal, no entanto, não se resume à lei[41], em seu sentido formal, sendo esta complementada por um sem-número de atos regulamentares, como decretos, portarias, resoluções e instruções normativas, sendo cada vez mais frequente o fenômeno denominado deslegalização, pelo qual o próprio legislador deixa grandes lacunas sobre a disciplina de temas de alta tecnicidade para serem preenchidas em atos regulamentares.

Contudo, só a lei é *fonte primária*. Todas as outras normas jurídicas do Estado são complementares daquela.

Da mesma forma, admite-se que a *doutrina*, que se constitui do conjunto de pareceres e considerações dos operadores do direito sobre o alcance e a interpretação da lei, e, modernamente também, cada vez mais sobre a jurisprudência, seja uma fonte do direito, inclusive do direito administrativo.

Costumes também se revelam fonte do direito, na medida em que as práticas reiteradas e constantes de atos jurídicos, seguindo certos modelos padronizados de comportamento, servem de parâmetro: a) a uma, para que o legislador eleve a prática à categoria de norma jurídica escrita; b) a duas, para que o intérprete complemente o vazio legal e/ou interprete a lei conforme o costume (*praeter legem*)[42-43-44].

---

40. Sobre o "paradoxo metodológico brasileiro", a recepção constitucional da jurisprudência de precedentes e a constitucionalização do direito, embora com enfoque maior no direito processual civil, vide: ZANETI JÚNIOR, Hermes, A Constitucionalização do Processo: O modelo constitucional da Justiça Brasileira e as relações entre processo e Constituição. 2ª edição, revista, ampliada, alterada. São Paulo: Ed. Atlas, 2013.

41. Aqui considerados todos os atos legislativos (leis complementares, ordinárias, delegadas, decretos legislativos, resoluções das casas legislativas e medidas provisórias e, em sistemas constitucionais anteriores, o decreto-lei), incluindo normas constitucionais (tanto as originárias como as emendas constitucionais, e remotamente também as leis constitucionais, os atos institucionais e os atos adicionais).

42. O costume é mais comumente invocado no direito privado, como complementação de normas do direito das obrigações, no que tange à execução dos pactos privados. Por vezes, há referência expressa na lei à sua adoção, como constava dos arts. 130, 131, item 4, 169, item 2, 234 e 673, item 3, todos já revogados, do Código Comercial (Lei 556/1850). Nesse mesmo Código ainda vigora referência ao costume na parte atinente aos contratos marítimos (art. 742, I).

43. O costume também era expressamente mencionado nos arts. 9.º e 10 do Estatuto do Trabalhador Rural (Lei 4.214/1962), já revogado, como fonte complementar do Direito. A lei revogadora (Lei 5.889/1973) manteve a menção ao costume apenas no artigo referente à jornada de trabalho (art. 5.º).

44. Referência ao costume em legislação mais atinente com direito administrativo temos nos arts. 74 e 85 da Lei 7.565/1985 (Código Brasileiro de Aeronáutica), que faz referência à anotação dos *usos e práticas aeronáuticas* no Registro Aeronáutico Brasileiro.

Não se admite, no entanto, que o costume seja frontalmente contrário à lei (*contra legem*). Nesse caso, não é ele dotado de juridicidade.

O costume que serve como fonte para o direito administrativo, por evidente, é aquele referente às práticas administrativas, como os métodos e procedimentos decorrentes de orientações não escritas ou ao menos não normatizadas dos superiores hierárquicos[45]. Seria o caso, por exemplo, de procedimento fiscalizatório que seguisse uma orientação de não multar, mas, sim, apenas cientificar a parte infratora quanto à necessidade de adequação de sua conduta. Advirta-se, no entanto, que, no exemplo dado, não pode haver regra expressa sobre o procedimento a ser aplicado, posto que, existindo esta, a questão não seria mais de criação de um costume, mas sim de simples interpretação interna da regra já existente.

Por fim, a *jurisprudência*, entendida como a reiteração de decisões de um tribunal ou de vários tribunais sobre um mesmo tema de direito, também pode servir de fonte do direito. Pouco importa se a jurisprudência esteja sumulada ou não[46], basta que seja reiterada para que sirva como fonte. Como vimos, nosso sistema está cada vez mais valorizando a jurisprudência como fonte do direito, talvez já tendo suplantado em importância a doutrina.

No Brasil, a maior parte das questões administrativas será decidida pela Justiça Federal comum e pelas justiças dos Estados. Após a Reforma do Judiciário (EC 45/2004), no entanto, a Justiça do Trabalho também passou a ter uma pequena parcela de competência na matéria, em vista de se ter passado a ela o julgamento das questões afetas aos atos da fiscalização trabalhista, anteriormente de competência da Justiça Federal comum. Pela mesma Emenda Constitucional, a Justiça Militar estadual também passou a contar com pequeníssima parcela de competência na matéria, visto que passou a julgar questões afetas às penas decorrentes de transgressões disciplinares militares. Não vemos, nas competências da Justiça Eleitoral e da Justiça Militar da União, qualquer atribuição na matéria.

---

45. Em caso interessante, analisando a importância da práxis administrativa como fonte de direito, o STJ já decidiu:"Administrativo. Mandado de segurança. Recurso ordinário. Resoluções Detran/RS n. 01 e 02/2008. Nulidade. Desrespeito ao devido processo legal. Motivação inexata. Teoria dos motivos determinantes. Expectativa legítima. Quebra. Recurso provido. Ordem concedida.(...)5. Afastado o fundamento que serviu de base ao acórdão recorrido, deve ser provido o recurso ordinário para conceder a ordem postulada, com base nas razões seguintes: (...)5.3. Havia uma praxis administrativa *de sempre convocar os CFCs para discutir a tabela de preços e o reajuste anual dos serviços, o que não foi observado pelas Resoluções ora impugnadas, que reduziram receitas sem qualquer debate ou oitiva prévia dos interessados. As práticas reiteradas da administração tornam-se regras administrativas de natureza consuetudinária, vale dizer, baseadas nos usos e costumes, também reconhecidas como fonte de direito. Se a administração usualmente convocava os CFCs para debater o reajuste anual, com muito mais razão deveria tê-los convidado para discutir a redução do preço dos serviços e a alteração da sistemática de remuneração que implicou minoração de receitas"* (STJ, 2.ª Turma, RMS 29.774/RS, Rel. Min. Castro Meira, j. 23.11.2010).

46. A legislação se preocupava com a formação da jurisprudência dos tribunais, incentivando, inclusive, a edição das súmulas como forma de uniformização (art. 479 do CPC/1973). Na prática, como os tribunais superiores acabam exercendo, em grande parte, esse papel uniformizador, a eles pertence o maior número de súmulas editadas. No entanto, o novo CPC (Lei 13.105/2015), adotou como uma de suas diretrizes a cultura dos precedentes, incentivando, com muito maior ênfase, a edição de súmulas de jurisprudência por parte de todos os tribunais (art. 926). De acordo com o art. 489, § 1º, VI, da novel legislação, a sentença, acórdão ou mesmo decisão interlocutória que deixar de aplicar súmula, precedente ou jurisprudência invocada pela parte sem apresentar a existência de distinção no caso em julgamento ou superação do entendimento considera-se não devidamente fundamentada.

Todas essas fontes, no entanto, doutrina, costume e jurisprudência, assim como as normas infralegais, são *fontes secundárias* do Direito, pois delas não podem decorrer obrigações ou direitos novos. Elas apenas complementam os conceitos primários da lei.

Observe-se que a *súmula vinculante*, em razão de disposição constitucional (art. 103-A, incluído pela EC 45/2004), tem a mesma força cogente da lei. Se considerarmos que ela possa advir de uma interpretação direta do texto constitucional, como parece ter feito o STF no caso do nepotismo, ela passa a constituir, também, uma fonte primária. Se, do contrário, ela consolida entendimento sobre a adequação ou inadequação de uma norma legal ao texto constitucional, não deixa de ser uma fonte secundária, embora com força maior que a da jurisprudência comum, visto que ainda dependente de um ato legislativo anterior para que seja emanada.

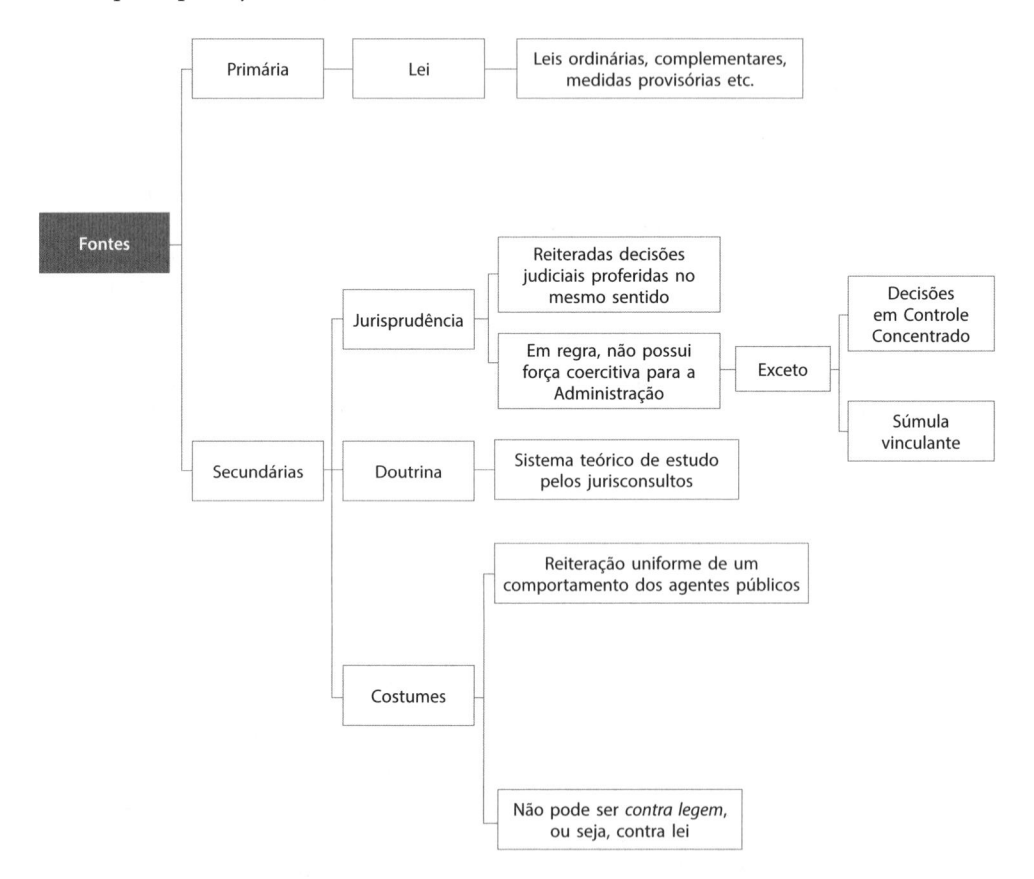

```
Fontes
├── Primária ── Lei ── Leis ordinárias, complementares, medidas provisórias etc.
└── Secundárias
    ├── Jurisprudência
    │   ├── Reiteradas decisões judiciais proferidas no mesmo sentido
    │   └── Em regra, não possui força coercitiva para a Administração ── Exceto
    │                                                                    ├── Decisões em Controle Concentrado
    │                                                                    └── Súmula vinculante
    ├── Doutrina ── Sistema teórico de estudo pelos jurisconsultos
    └── Costumes
        ├── Reiteração uniforme de um comportamento dos agentes públicos
        └── Não pode ser contra legem, ou seja, contra lei
```

1.7. CODIFICAÇÃO DO DIREITO ADMINISTRATIVO E COMPETÊNCIA LEGISLATIVA

Não há no Brasil um Código Administrativo, de modo que se tenha compilado, numa única lei, os principais temas da matéria.

Em parte, justifica-se a ausência de um código pelo fato de a competência legislativa estar esparsa nas três esferas de poder da Federação. Estados e municípios não têm apenas competência concorrente ou supletiva na matéria, mas sim total autonomia, desde que respeitados os princípios e regras constitucionais pertinentes. Ressalvam-se, apenas, alguns temas específicos em que se atribuiu à União a competência para ditar normas gerais.

Ainda assim, existem ramos do direito, como o tributário, em que, mesmo não sendo a competência legislativa privativa da União, desincumbiu-se o legislador de adotar um Código sobre a matéria. O CTN, no entanto, é uma lei que contém apenas regras gerais, não sendo tão analítico e completo quanto seus congêneres do direito civil, penal, processual civil e processual penal.

Parece-nos que seria mesmo difícil a adoção de um código nos moldes do existente para o direito civil, visto que a multiplicidade de assuntos do direito administrativo, aliado à competência legislativa de todos os entes da Federação sobre o assunto, não recomendaria uma legislação nesses moldes, sendo mais adequada uma que contivesse apenas regras gerais de aplicação. No entanto, como o direito administrativo, genericamente considerado, não se encontra entre os ramos previstos como de competência concorrente (art. 24 da CF/1988), mesmo um código nos moldes do CTN seria de difícil adoção.

A própria codificação hoje é bastante questionada no que respeita à conveniência de sua adoção, seja pela dificuldade de alteração legislativa decorrente do processo mais formal de discussão, geralmente previsto nos regimentos das casas legislativas para os códigos, seja pela dificuldade de aprovação de textos legais muito extensos, que demandem grandes períodos de discussão nos parlamentos, o que não é mais adequado à dinâmica social.

O que temos hoje, no direito administrativo, é o seguinte:

a) *Competência privativa da União para legislar sobre (art. 22 da CF/88):*

a.1. *ramos especializados do direito que podem conter regras de interesse do direito administrativo, atinentes à prestação de serviços públicos e poder de polícia (aeronáutico, marítimo, espacial, agrário etc.);*

a.2. *desapropriação;*

a.3. *requisições civis e militares, em caso de iminente perigo e em tempo de guerra;*

a.4. *serviços públicos de seu interesse específico (postal, de defesa, de telecomunicações e radiodifusão, navegação lacustre, fluvial, marítima, aérea e aeroespacial, sistemas estatísticos, cartográfico e de geologia nacionais), mesmo quando incumbidos aos Estados (registros públicos);*

a.5. *bens públicos que lhe pertencem (art. 20) ou que sejam de seu interesse (regime dos portos, águas, energia, jazidas, minas e outros recursos minerais e metalurgia);*

a.6. *poder de polícia em casos determinados (sistema de medidas, emigração e imigração, condições para o exercício de profissões, trânsito e transporte, seguros, consórcios e sorteios, assim como os relacionados com os itens anteriores).*

b) *Competência privativa da União para legislar sobre regras gerais:*

b.1. *de licitações e contratos (art. 22, IX);*

b.2. *diretrizes para política nacional de transportes (art. 22, XXVII);*

b.3. *diretrizes e bases para a educação nacional (art. 22, XXIV).*

c) *Competência concorrente da União com Estados e o Distrito Federal (art. 24 da CF/88) para legislar:*

c.1. *sobre ramos especializados do direito que podem conter regras de interesse do direito administrativo referentes à prestação de serviços e ao poder de polícia (penitenciário, consumidor, previdenciário, econômico e urbanístico);*

c.2. sobre matérias de interesse comum (educação, cultura, ensino e desporto, proteção ao patrimônio histórico, cultural, artístico, turístico e paisagístico, saúde e meio ambiente).

d) Competência privativa dos Estados e do Distrito Federal, bem como dos Municípios, não explicitada no texto constitucional[47], para legislar:

d.1. sobre seus bens (dos Estados e do DF, descritos no art. 26);

d.2. sobre seus serviços públicos;

d.3. sobre seus agentes públicos, quando do vínculo administrativo;

d.4. sobre o poder de polícia de atividades por eles controladas, em que não existe previsão de atuação legislativa federal.

e) Competência suplementar dos Municípios para legislar (art. 30, II, da CF/88):

e.1. no que couber, sobre assuntos tratados pelas leis federais e estaduais. Esse no que couber deve ser interpretado em consonância com os serviços e poder de polícia que tenham disciplina também estadual e federal (ex.: vigilância sanitária) ou que a própria Constituição expressamente atribua concorrentemente aos Municípios, apesar de o art. 24 não fazer referência a eles, como é o caso da proteção ao patrimônio histórico cultural local (art. 30, IX).

1.8. QUESTÕES

1. **(Analista Judiciário/TJ-CE – CESPE/2014)** Com relação ao conceito, ao objeto e às fontes do direito administrativo, assinale a opção correta.

    a) Consoante o critério negativo, o direito administrativo compreende as atividades desenvolvidas para a consecução dos fins estatais, incluindo as atividades jurisdicionais, porém excluindo as atividades legislativas.

    b) Pelo critério teleológico, o direito administrativo é o conjunto de princípios que regem a administração pública.

    c) Para a escola exegética, o direito administrativo tinha por objeto a compilação das leis existentes e a sua interpretação com base principalmente na jurisprudência dos tribunais administrativos.

    d) São considerados fontes primárias do direito administrativo os atos legislativos, os atos infralegais e os costumes.

    e) De acordo com o critério do Poder Executivo, o direito administrativo é conceituado como o conjunto de normas que regem as relações entre a administração e os administrados.

2. **(TJ-PR/Juiz Substituto – PUC-PR/2014)** Sobre o conceito do direito administrativo e a sua formação histórica no Brasil, analise as assertivas abaixo e assinale a alternativa CORRETA.

    I. A primeira cadeira de direito administrativo no Brasil foi criada em 1851 e com a implantação da República acentuou-se a influência do Direito Público Norte-Americano, adotando-se todos os postulados do *rule of law* e do *judicial control*.

---

47. Em relação aos Municípios, poder-se-ia dizer que, na cláusula genérica do art. 30, I, referente a "assuntos de interesse local", já estariam abarcadas todas essas competências.

II. O Brasil adotou, desde a instauração da primeira República, o sistema da jurisdição única, com exceção do período de vigência da Emenda Constitucional nº. 07/77, com a instalação dos dois contenciosos administrativos por ela estabelecidos.

III. O direito administrativo tem como fontes a lei, a doutrina, os costumes e a jurisprudência, vigorando entre nós, desde o início da República, dado a influência sofrida do direito norte-americano, o princípio do *stare decises*.

IV. A interpretação do direito administrativo, além da utilização analógica das regras do direito privado que lhe foram aplicáveis, há de considerar, necessariamente, três pressupostos: 1º) a desigualdade jurídica entre a Administração e os administrados; 2º) a presunção de legitimidade dos atos da administração; 3º) a necessidade de poderes discricionários para a Administração atender ao interesse público.

a) Apenas as assertivas III e IV estão corretas.
b) Apenas as assertivas I e III estão corretas.
c) Apenas as assertivas I e II estão corretas.
d) Apenas as assertivas I e IV estão corretas.

3. **(Titular de Serviços de Notas e de Registros/TJ-SE – CESPE/2014) A respeito dos princípios, das fontes e do conceito de direito administrativo, assinale a opção correta.**

    a) De acordo com o STF, os tratados internacionais de direito administrativo serão fontes do direito administrativo pátrio desde que sejam incorporados ao ordenamento jurídico interno mediante o mesmo procedimento previsto na CF para a incorporação dos tratados internacionais de direitos humanos.

    b) O princípio administrativo da autotutela é considerado um princípio onivalente.

    c) O princípio administrativo do interesse público é um princípio implícito da administração pública.

    d) De acordo com o critério das relações jurídicas, o direito administrativo pode ser visto como o sistema dos princípios jurídicos que regulam a atividade do Estado para o cumprimento de seus fins.

    e) Consoante o critério da distinção entre atividade jurídica e social do Estado, o direito administrativo é o conjunto dos princípios que regulam a atividade jurídica não contenciosa do Estado e a constituição dos órgãos e meios de sua ação em geral.

4. **(Auditor Fiscal da Receita Estadual/SEFAZ-ES – CESPE/2013) Acerca do direito administrativo, assinale a opção correta.**

    a) A administração pública confunde-se com o próprio Poder Executivo, haja vista que a este cabe, em vista do princípio da separação dos poderes, a exclusiva função administrativa.

    b) A ausência de um código específico para o direito administrativo reflete a falta de autonomia dessa área jurídica, devendo o aplicador do direito recorrer a outras disciplinas subsidiariamente.

c) O direito administrativo visa à regulação das relações jurídicas entre servidores e entre estes e os órgãos da administração, ao passo que o direito privado regula a relação entre os órgãos e a sociedade.

d) A indisponibilidade do interesse público, princípio voltado ao administrado, traduz-se pela impossibilidade de alienação ou penhora de um bem público cuja posse detenha o particular.

e) Em sentido subjetivo, a administração pública confunde-se com os próprios sujeitos que integram a estrutura administrativa do Estado.

5. **(Contador/TCE-RO – CESPE/2013) Acerca do direito administrativo e do conceito de Estado, julgue o seguinte item.**

   O Estado é um ente personalizado, apresentando-se não apenas exteriormente, nas relações internacionais, mas também internamente, como pessoa jurídica de direito público capaz de adquirir direitos e contrair obrigações na ordem jurídica.

6. **(Analista de Informática/TCE-RO – CESPE/2013) Acerca do direito administrativo e do conceito de Estado, julgue o seguinte item.**

   O Estado é um ente personalizado, apresentando-se não apenas exteriormente, nas relações internacionais, mas também internamente, como pessoa jurídica de direito público capaz de adquirir direitos e contrair obrigações na ordem jurídica.

7. **(Analista Técnico/MS – Administrativo – CESPE/2013) Acerca de Estado, governo e administração, julgue os itens a seguir.**

   A tripartição de funções é absoluta no âmbito do aparelho do Estado.

8. **(Assistente Técnico Administrativo/MI – CESPE/2013) Julgue o item abaixo, acerca do direito administrativo.**

   Os costumes, a jurisprudência, a doutrina e a lei constituem as principais fontes do direito administrativo.

9. **(Analista Técnico Administrativo/MI – CESPE/2013) Consoante as regras do direito brasileiro, as funções administrativas, legislativas e judiciais distribuem-se entre os poderes estatais – Executivo, Legislativo e Judiciário, respectivamente –, que as exercem de forma exclusiva, segundo o princípio da separação dos poderes.**

10. **(Analista Judiciário/TRE-MS – CESPE/2013) Em relação ao objeto e às fontes do direito administrativo, assinale a opção correta.**

    a) O Poder Executivo exerce, além da função administrativa, a denominada função política de governo – como, por exemplo, a elaboração de políticas públicas, que também constituem objeto de estudo do direito administrativo.

b) As decisões judiciais com efeitos vinculantes ou eficácia *erga omnes* são consideradas fontes secundárias de direito administrativo, e não fontes principais.
c) São exemplos de manifestação do princípio da especialidade o exercício do poder de polícia e as chamadas cláusulas exorbitantes dos contratos administrativos.
d) Decorrem do princípio da indisponibilidade do interesse público a necessidade de realizar concurso público para admissão de pessoal permanente e as restrições impostas à alienação de bens públicos.
e) Dizer que o direito administrativo é um ramo do direito público significa o mesmo que dizer que seu objeto está restrito a relações jurídicas regidas pelo direito público.

GABARITO

1 – C	2 – D	3 – E
4 – E	5 – Certo	6 – Certo
7 – Errado	8 – Certo	9 – Errado
10 – D		

2

REGIME JURÍDICO ADMINISTRATIVO E SEUS PRINCÍPIOS INFORMADORES

Sumário: **2.1**. Introdução – **2.2**. princípio da supremacia do interesse público – **2.3**. princípio da indisponibilidade do interesse público – **2.4**. Demais princípios que orientam a atividade administrativa. **2.4.1**. Princípio da legalidade; **2.4.2**. Princípio da impessoalidade; **2.4.3**. Princípio da moralidade; **2.4.4**. Princípio da publicidade; **2.4.5**. Princípio da eficiência; **2.4.6**. Princípio da motivação; **2.4.7**. Princípios da proporcionalidade e razoabilidade; **2.4.8**. Princípio da segurança jurídica; **2.4.9**. Princípio da autotutela.

2.1. INTRODUÇÃO

A atividade administrativa é voltada, direta ou indiretamente, à busca do *interesse público*. Essa expressão é chave no Direito Administrativo e, por conta dela, desse fim a ser alcançado, ao Estado foi conferido um regime jurídico diferenciado que o possibilita alcançar sua meta de maneira mais eficiente.

Esse *regime jurídico administrativo ou público*, como é conhecido, é composto por um conjunto de normas que irão nortear as atividades estatais, ou de seus delegados, na busca do interesse público. São normas distintas daquelas que orientam as relações existentes entre os particulares.

Existem dois princípios fundamentais que compõem a alma do Direito Administrativo: a) *princípio da supremacia do interesse público sobre o particular*; e b) *princípio da indisponibilidade do interesse público*.

Tais princípios são fundamentais a ponto de o mestre Celso Antônio Bandeira de Mello, com razão, afirmar que "todo o sistema de Direito Administrativo, a nosso ver, se constrói sobre os mencionados princípios da supremacia do interesse público sobre o particular e indisponibilidade do interesse público pela Administração"[1].

Passemos a nos deter sobre cada um deles.

---

1. *Curso de direito administrativo*. 29. ed. São Paulo: Malheiros, 2012. p. 57.

2.2. PRINCÍPIO DA SUPREMACIA DO INTERESSE PÚBLICO

Por este princípio percebe-se que o Ordenamento Jurídico conferiu um tratamento diferenciado ao Estado, *o qual é possuidor de uma série de prerrogativas e poderes diferenciados*. Tudo isso, repita-se, *como meio de alcançar, satisfazer, zelar pelo interesse público de forma mais eficaz.*

Podemos demonstrar essa supremacia sob três planos diferentes: material, processual e contratual.

No *plano material* verifica-se uma série de atributos que os atos praticados pelos agentes públicos possuem, como, por exemplo: *a) presunção de legitimidade do ato; b) presunção de veracidade do ato; c) imperatividade do ato; d) autoexecutoriedade etc.*

No *plano processual* percebe-se que, quando a Fazenda Pública[2] está em juízo, goza de uma série de prerrogativas, tais como: *a) prazo em dobro para se manifestar nos autos (art. 183 do CPC); b) intimação pessoal de seus procuradores no processo (art. 183, § 1º, do CPC) e desnecessidade de apresentação de instrumento de mandato para que aqueles atuem (art. 9º da Lei 9.469/1997); c) processo de execução próprio de seus créditos (Lei 6.830/1980); d) impenhorabilidade de seus bens; e) pagamento de suas dívidas, quando decorrentes de condenação judicial, quitadas pela sistemática de precatório (art. 100 da CF/1988).*

Por fim, até sob análise do *plano contratual*, percebe-se uma série de prerrogativas que o Poder Público possui quando firma contratos administrativos, cujas cláusulas neles inseridas comportam a possibilidade de: *a) alteração unilateral; b) rescisão unilateral; c) poder de fiscalização; d) poder de aplicar penalidades motivadas ao contratado; e) aplicação mitigada do princípio da exceção de contrato não cumprindo etc.*

Maria Sylvia Zanella Di Pietro[3], em artigo específico sobre o tema, com a maestria que lhe é peculiar, doutrina que, "para ficarmos apenas com o direito administrativo, podemos dizer que o princípio da supremacia do interesse público está na base dos quatro tipos de atividades que se compreendem no conceito de função administrativa do Estado: serviço público, fomento, intervenção e polícia administrativa. E para quem considera a regulação como nova modalidade de função administrativa do Estado, é possível afirmar, sem receio de errar, que o princípio do interesse público também está na base desse tipo de atividade e faz parte de seu próprio conceito".

Em seguida, assinala que "... a defesa do interesse público corresponde ao próprio fim do Estado. O Estado tem que defender os interesses da coletividade. Tem que atuar no sentido de favorecer o bem-estar social. Para esse fim, tem que fazer prevalecer o interesse público em detrimento do individual, nas hipóteses agasalhadas pelo ordenamento jurídico. Negar a existência do princípio da supremacia do interesse público é negar o próprio papel do Estado".

De fato, não há como falar em direito administrativo e em gestão pública sem a existência desse princípio. É fácil imaginar! O poder de polícia é decorrente desse princípio, pois o Estado limita, condiciona e restringe direitos e interesses de terceiros em prol do

---

2. Entendem-se por Fazenda Pública, nesse contexto, as pessoas jurídicas de direito público que compõem a estrutura organizacional do Estado, ou seja: União, Estados, Municípios, Distrito Federal, autarquias e fundações públicas de Direito Público.
3. O princípio da supremacia do interesse público: sobrevivência diante dos ideais do neoliberalismo. *Revista Trimestral de Direito Público – RTDP*, São Paulo, v. 48, 2004, p. 63-76.

interesse público. Daí, pergunta-se: como fiscalizar o trânsito com eficiência e apreender veículos de pessoas que estejam embriagadas, que estejam colocando em risco a vida de terceiros? Como reprimir a venda de medicamentos adulterados? Como reprimir a venda de produtos alimentícios estragados? Como embargar uma obra feita fora da conformidade legal? Só para ficarmos em alguns exemplos.

Nota-se que, sem o poder de polícia, que é fundado no princípio da supremacia do interesse público sobre o particular, não haveria como ter controle sobre atividades privadas potencialmente perigosas ou geradoras de risco. A vida em sociedade seria um caos e teríamos um sistema muito próximo à anarquia!

Por fim, registre-se que *referido princípio é implícito* no ordenamento pátrio, porém, induvidosamente reconhecido no direito administrativo.

2.3. PRINCÍPIO DA INDISPONIBILIDADE DO INTERESSE PÚBLICO

O Estado Brasileiro adotou a forma republicana de governo. República significa "coisa pública", coisa de todos nós. Inclusive, o parágrafo único do art. 1.º de nossa Carta Magna prescreve que "todo poder emana do povo".

Ocorre que o povo, verdadeiro titular do poder, dono da "coisa pública", não tem como administrá-la, razão pela qual o Ordenamento Jurídico criou toda uma estrutura organizacional para geri-la. É a chamada "Administração Pública" em sentido amplo.

Essa ampla estrutura administrativa, formada pelos Municípios, Estados, União, seus órgãos, sua Administração Indireta (Autarquias, Fundações Públicas, Empresas Públicas, Sociedade de Economia Mista), é dirigida por um contingente humano que são os "agentes públicos".

Esses agentes estão administrando algo que não é deles e é por essa razão que não podem gerir os interesses públicos como o fazem na gestão de seus interesses privados.

Daí se extrai o princípio da indisponibilidade do interesse público!

Nesse sentido, são preciosas as palavras de Celso Antônio Bandeira de Mello[4] sobre o tema:

> "A indisponibilidade dos interesses públicos significa que, sendo interesses qualificados como próprios da coletividade – internos ao setor público –, não se encontram à livre disposição de quem quer que seja, por inapropriáveis. O próprio órgão administrativo que os representa não tem disponibilidade sobre eles, no sentido de que lhe incumbe apenas curá-los – o que é também um dever na estrita conformidade do que predispuser a intentio legis".

Como decorrência da indisponibilidade do interesse público há a exigência de concursos públicos para a seleção de pessoal, de licitações para contratações de bens, serviços, obras, alienações, de ação regressiva em face de servidor que causou danos a terceiros e, por consequência, o Estado veio a ser condenado a reparar aqueles, etc.

---

4. *Curso de direito administrativo*. 29. ed. São Paulo: Malheiros, 2012. p. 76.

Podemos também, fazendo coro às preciosas lições da professora Maria Sylvia Zanella Di Pietro, dizer que o regime administrativo se resume a duas palavras: **prerrogativas e sujeições**.[5]

Além dos princípios da Supremacia do Interesse Público e da Indisponibilidade dos interesses públicos, verdadeiras "pedras de toque" do Direito Administrativo, nas palavras de Celso Antônio Bandeira de Mello, existe, de forma expressa ou implícita, uma série de outros princípios que orientam a conduta da Administração Pública.

Passemos agora a nos preocupar com eles.

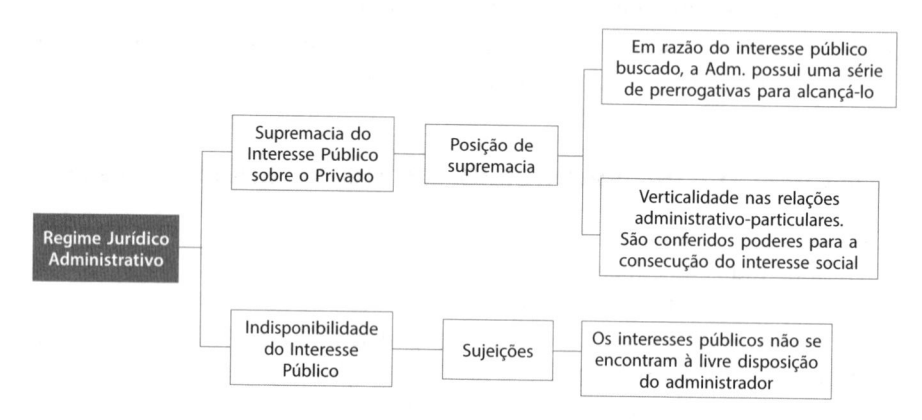

```
Regime Jurídico Administrativo
├── Supremacia do Interesse Público sobre o Privado
│       └── Posição de supremacia
│               ├── Em razão do interesse público buscado, a Adm. possui uma série de prerrogativas para alcançá-lo
│               └── Verticalidade nas relações administrativo-particulares. São conferidos poderes para a consecução do interesse social
└── Indisponibilidade do Interesse Público
        └── Sujeições
                └── Os interesses públicos não se encontram à livre disposição do administrador
```

2.4. DEMAIS PRINCÍPIOS QUE ORIENTAM A ATIVIDADE ADMINISTRATIVA

Existem diversos princípios que norteiam a atividade administrativa. Alguns estão expressamente previstos no art. 37, *caput*, da Constituição da República, outros são princípios constitucionais implícitos extraídos das normas constitucionais e, por fim, existem diversos princípios infraconstitucionais explícitos e implícitos, conforme passaremos a expor.

Comecemos com aqueles previstos no art. 37, *caput*, da Constituição da República, com a seguinte redação:

> "Art. 37. A administração pública direta e indireta de qualquer dos Poderes da União, dos Estados, do Distrito Federal e dos Municípios obedecerá aos princípios de legalidade, impessoalidade, moralidade, publicidade e eficiência e, também, ao seguinte:"

A explícita previsão desses princípios no texto constitucional demonstra a fundamental importância que eles têm.

2.4.1. Princípio da legalidade

Como é cediço, o Brasil adotou a forma republicana de governo. República vem de *res publica*, o que significa coisa pública, coisa de todos, de todo o povo. Por isso o parágrafo único do art. 1.º da Constituição Federal enuncia que todo poder emana do povo.

---

5. Direito Administrativo, 27ª, p. 61.

Ocorre que não tem como o povo, verdadeiro titular do poder, administrar essa "coisa pública", razão pela qual o ordenamento jurídico criou toda uma complexa estrutura com o objetivo de gerir e administrar todo esse aparato. Trata-se da Administração Pública, matéria afeta à temática da "organização administrativa".

Assim, existe um conjunto de entes, entidades, órgãos e agentes que serão responsáveis pela gestão da coisa pública. Ocorre que, da mesma forma que se passa no direito privado, para que uma pessoa represente outra é necessário que aquela esteja munida de poderes para tanto, o que, no direito privado, se concretiza por instrumento de mandato, uma procuração. Via de regra, apenas nesses termos teria uma pessoa legitimidade para representar outra.

Acontece que não seria viável que cada um do povo, verdadeiro titular do poder, tivesse que outorgar uma procuração a cada agente público para que este agisse em seu nome na busca dos interesses da coletividade. Seria necessário algo como uma "procuração geral", em que todos, de uma só vez, atribuíssem legitimidade para os agentes públicos. Daí a criação de nosso sistema representativo, em que o povo elege seus representantes que irão legislar em prol da sociedade. Eis a "procuração geral" atribuindo legitimidade aos agentes públicos.

Por isso que a Administração Pública só pode agir se houver lei autorizando ou determinando a conduta. Por outras palavras: o desenvolvimento das atividades administrativas está subordinado à lei, o que significa que a Administração apenas pode agir se houver legitimidade – leia-se lei.

Como averba Celso Antônio Bandeira de Mello[6], a atividade administrativa deve não apenas ser exercida sem contraste com a lei, mas, inclusive, só pode ser exercida nos termos de autorização contida no sistema legal. Por isso, acertada é a conclusão do saudoso Seabra Fagundes[7] quando afirma que "administrar é aplicar a lei de ofício".

Conclui-se disso que a ausência de lei (omissão legislativa) significa que o administrador não pode agir, mesmo que tal conduta não seja proibida. Em resumo: a atividade só pode ser realizada se expressamente prevista em lei como permitida ou obrigatória.

E nesse ponto é que difere o princípio da legalidade para a Administração e o particular, pois a este tudo é permitido, desde que não haja proibição legal em sentido contrário, ou seja, em caso de omissão, o particular poderá agir, uma vez que o art. 5.º, II, da CF/1988 enuncia que "ninguém será obrigado a fazer ou deixar de fazer alguma coisa senão em virtude de lei", comando que desponta como uma garantia constitucional do cidadão.

O desenvolvimento concreto da atividade administrativa resulta na prática do ato administrativo, que, conforme veremos mais adiante, é formado por cinco elementos (ou requisitos). São eles: competência, forma, motivo, objeto e finalidade. *Se administrar é aplicar a lei, todos os elementos devem estar previstos em lei.*

O fato de em alguns casos a lei conferir certa margem de liberdade para que o administrador decida no caso concreto qual a conduta mais adequada a ser tomada não é

---

6. *Curso de direito administrativo.* 29. ed. São Paulo: Malheiros, 2012. p. 79.
7. *O controle jurisdicional dos atos administrativos pelo Poder Judiciário.* 5. ed. Rio de Janeiro: Forense, 1979. p. 4-5.

exceção ao princípio da legalidade, *mas a possibilidade de exercício do poder discricionário*, que, em razão do princípio em comento, deve respeitar os limites legais.

Cita-se o caso da prova física em um concurso para ingresso na Polícia Militar. Normalmente, as leis que regulamentam a carreira possuem a previsão de que, dentre as provas às quais os candidatos irão se submeter, existe a avaliação física. A previsão legal existe, porém cabe ao gestor decidir, pautado em parâmetros razoáveis e proporcionais, quais exercícios físicos serão exigidos e qual será a quantidade mínima necessária à aprovação na atividade.

Ocorre que muitas vezes o gestor, ao realizar um concurso, exige requisitos restritivos de acesso ao cargo público sem a correspondente previsão legal. Nesse caso, a violação ao princípio da legalidade possui norma ainda mais específica, que se encontra insculpida no art. 37, I, da CF, segundo a qual "os cargos, empregos e funções públicas são acessíveis aos brasileiros que preencham os requisitos estabelecidos em lei, assim como aos estrangeiros, na forma da lei".

É o que por vezes ocorre em relação ao exame psicotécnico, em que o administrador, seja por despreparo, seja por uma malícia que não queremos acreditar, insere essa exigência no edital para o provimento de cargos, cuja lei de criação e que apresenta os requisitos de acesso a este não exige a aprovação no referido exame psicossomático.

Repugnando comportamentos dessa natureza, os tribunais superiores sistematicamente têm decidido que é pressuposto para a exigência válida do exame psicotécnico que este possua previsão legal[8].

O Supremo Tribunal Federal já até editou a Súmula Vinculante 44 (conversão da Súmula 686) tratando da matéria, em que ficou pacificamente decidido que "só por lei se pode sujeitar a exame psicotécnico a habilitação de candidato a cargo público"[9].

Outro ponto que merece nossa atenção e que é uma burla ao princípio da legalidade é *delegação disfarçada de poder*. Aqui, matéria que é reservada à lei é delegada pelo próprio legislador para ser disciplinada por decreto ou outro ato normativo. Apesar de o próprio legislador ter delegado a disciplina da matéria ao Executivo, o fato é que certos comportamentos só podem ser disciplinados por lei, pois o comando normativo do art. 5.º, II, da CF é claro ao enunciar que *ninguém será obrigado a fazer ou deixar de fazer alguma coisa senão por meio de lei.*

---

8. Veja-se os seguintes julgados. No *Supremo Tribunal Federal*: AgRg-AI 658.527-1 (813), 1.ª T., Rel. Min. Cármen Lúcia, *DJ* 20.02.2009; AI 529.219-AgR, 2.ª T., Rel. Min. Joaquim Barbosa, *DJ* 26.03.2010; AI 676.675-AgR, 2.ª T., Rel. Min. Ellen Gracie, *DJ* 25.09.2009. No *Superior Tribunal de Justiça*: AgRg-REsp 977.773/DF, Proc. 2007/0201213-9, 5.ª T., Rel. Min. Laurita Vaz, *DJ* 29.03.2010; REsp 1.046.586/DF, Proc. 2008/0075253-9, 5.ª T., Rel. Min. Jorge Mussi, *DJ* 29.03.2010; AgRg--AgRg-REsp 773.288/DF, Proc. 2005/0133056-2, 6.ª T., Rel. Min. Celso Limongi, *DJ* 01.02.2010.

9. Além da necessidade de lei prevendo o referido exame, é necessário que este seja baseado em critérios objetivos e científicos, com o seu resultado, com as razões da inaptidão, seja de conhecimento do candidato, possibilitando a este a impugnação do resultado na via administrativa. A ausência de qualquer um desses requisitos fulmina a validade do exame.

Por isso, está vedado ao legislador delegar ao Executivo a competência para dispor sobre infrações[10], sanções[11], obrigações, quando for regulamentar uma lei, pois, como o próprio nome já sugere, o objetivo do poder regulamentar é apenas sistematizar, complementar a lei para que ela tenha fiel execução, não cabendo ao ato normativo regulamentar, que é ato secundário, derivado, inovar onde a lei não criou.

Nesse sentido, porém em caso diferente, já se manifestou o Supremo Tribunal Federal no julgamento da ADI 3.462 MC/PA – TP, cuja relatoria coube à Min. Ellen Gracie, ficando o julgamento ementado da seguinte forma:

> "Ação direta de inconstitucionalidade. Medida liminar. Tributário. Autorização legislativa que dá ao Poder Executivo a prerrogativa de conceder, por regulamento, os benefícios fiscais da remissão e da anistia. Princípios da separação dos poderes e da reserva absoluta de lei formal. Art. 150, § 6.º da Constituição Federal. 1. Ocorrência, no caso, de atuação ultra vires do Poder Legislativo, consubstanciada na abdicação de sua competência institucional em favor do Poder Executivo, facultando a este, mediante ato próprio, a prerrogativa de inovar na ordem jurídica em assunto (liberalidade estatal em matéria tributária) na qual a Constituição Federal impõe reserva absoluta de lei em sentido formal. Precedentes: ADI 1.247-MC, DJ 08.09.95 e ADI 1.296-MC, DJ 10.08.95, ambas de relatoria do Ministro Celso de Mello. 2. Presença de plausibilidade jurídica na tese de inconstitucionalidade e de conveniência na suspensão da eficácia do dispositivo atacado. 3. Medida liminar concedida" (STF, ADI 3.462-MC-PA-TP, Rel. Min. Ellen Gracie, DJU 21.10.2005).

---

10. "Administrativo e constitucional. Anulação de auto de infração. Ibama. Imposição de multa. Portaria n.º 267-P/88. Decreto-Lei n.º 289/67. Ilegalidade das penalidades impostas. Não recepção pelo art. 25 do ADCT. I – São ilegais as multas impostas com base em portarias, por não encontrarem respaldo no ordenamento jurídico vigente. Isto porque, o ato administrativo não pode criar obrigações ou impor penalidades, sob pena de infringência ao princípio constitucional da legalidade, segundo o qual ninguém está obrigado a fazer ou deixar de fazer algo senão em virtude de lei, a teor do disposto no artigo 5.º, inciso II, da Constituição Federal. II – A delegação de competência prevista no Decreto-lei n.º 289/67 perdeu a eficácia jurídica com a edição da Emenda Constitucional 11/78 (art. 3.º) e não foi recepcionada pelo art. 25 do ADCT, da Constituição de 1988. III – A Portaria n.º 267-P, de 05/9/88 – IBDF, não pode subsistir, quando dispõe sobre penalidades administrativas, na medida em que fundada na delegação de competência contida no diploma legal não recepcionado pela Constituição de 1988. IV – O Ibama não dispõe de expressa previsão legal para punir o ilícito administrativo, eis que as Leis n.º 7.735/89 e n.º 8.005/90 não descrevem infração ou penalidade administrativas, prescindindo de complementação na forma de lei (em sentido formal), consoante o princípio da legalidade (art. 5.º, inciso II, da Constituição Federal de 1988). V – A Portaria n.º 267-P/88 IBDF, por sua vez, viola o princípio da reserva legal, porque somente a lei pode descrever infração e impor penalidade. Aplicação de multa decorrente de contravenção penal cabe, exclusivamente, ao Poder Judiciário. VI – Apelação cível e remessa necessária improvidas" (TRF-2, AC 9902057357/RJ 99.02.05735-7, 5.ª T. Esp., Rel. Des. Fed. Antonio Cruz Netto, j. 09.09.2009, *DJU* 16.09.2009, p. 59).

11. Ao que parece esta regra tem sido excepcionada quando se trata de agências reguladoras. O STJ no julgado AgRg no AREsp 825.776/SC, 2ª Turma, Rel. Ministro Humberto Martins, entendeu que "*não há violação do princípio da legalidade na aplicação de multa previstas em resoluções criadas por agências reguladoras*, haja vista que elas foram criadas no intuito de regular, em sentido amplo, os serviços públicos, havendo previsão na legislação ordinária delegando à agência reguladora competência para a edição de normas e regulamentos no seu âmbito de atuação. (Julgado em 05/04/2016, DJe 13/04/2016)

Por fim, podem-se registrar algumas **situações excepcionais que temporariamente afastarão o princípio da legalidade**, como, por exemplo, o Estado de Defesa (art. 136 CF), o Estado do Sítio (arts. 137/139), visto que são instituídos por meio de Decreto do Chefe do Executivo e farão algumas restrições aos direitos e garantias dos cidadãos, que, em situação de normalidade, só poderiam ser feitas por lei. E, ainda, podemos falar da Medida Provisória, que, apesar de não ser lei em sentido formal, é uma espécie legislativa (art. 59, V, CF) e tem, nas matérias que pode dispor, os mesmos efeitos (art. 62, CF).

2.4.2. Princípio da impessoalidade

Como sabido, a Administração deve atuar voltada para alcançar o interesse público, sendo essa a única razão pela qual possui uma série de prerrogativas e poderes diferenciados.

Note-se que a Administração é impessoal. Quando o agente está em ação, em verdade, quem está agindo é o Estado, que possui como contingente humano seus agentes. Porém, *pela teoria do órgão – que é baseada na imputação –, a conduta praticada pelo agente é imputada ao Estado.*

Assim, quem está fazendo obras não é o gestor, é a Administração, que naquele momento está sendo gerida por aquele agente público. Quem faz apreensão de drogas não é o policial, mas sim a polícia, órgão desconcentrado do Estado.

É por conta disso que o princípio da impessoalidade veda a promoção pessoal do agente *à custa da Administração*, sendo, portanto, proibida vinculação de símbolos e imagens de agentes à gestão para que não haja confusão, pois os feitos são da Administração e não do agente.

Inclusive, o art. 37, § 1.º, da CF/1988, é claro ao enunciar que "a publicidade dos atos, programas, obras, serviços e campanhas dos órgãos públicos deverá ter caráter educativo, informativo ou de orientação social, dela não podendo constar nomes, símbolos ou imagens que caracterizem promoção pessoal de autoridades ou servidores públicos"[12].

O agente, quando está atuando, o faz na condição de Estado e é por isso que a responsabilidade civil é imputada a ele (Estado) e, assim, a vítima deve demandar contra a pessoa jurídica estatal à qual o agente púbico pertence[13]. Exemplificando, em caso de dano causado pela Polícia Militar, a vítima deve propor demanda contra o Estado da Federação a que o órgão da Polícia Militar pertence[14].

---

12. A Lei 6.454/1977 (art. 1.º) veda atribuir o nome de pessoa viva ou que tenha se notabilizado pela defesa ou exploração de mão de obra escrava, em qualquer modalidade, a bem público, de qualquer natureza, pertencente à União ou às pessoas jurídicas da administração indireta.
13. Recentemente, o STJ voltou a admitir a possibilidade de demandar *também em face do servidor*. Para maior aprofundamento, remetemos o leitor para o capítulo de Responsabilidade Civil do Estado.
14. *Isso porque a Polícia Militar é órgão público e, por isso, não pode responder a ações judiciais*, cabendo à parte interessada ajuizar a ação em face da pessoa jurídica a que pertence o referido órgão, o que é baseado na teoria da imputação. Veja decisão sobre o assunto: "Teoria do Órgão. Imputação do ato administrativo à pessoa jurídica. De acordo com a Teoria do Órgão é a pessoa jurídica que pratica o ato administrativo, sendo o agente expressão da vontade estatal" (TRT-1, RO 2304009820065010341/RJ, 3.ª T., Rel. Marcos Palacio, j. 17.04.2013, Data de Publicação: 29.04.2013). Ainda: "Processo civil. Órgão público. Estrutura administrativa despersonalizada. Ação ordinária. Ilegitimidade passiva. Emenda à petição inicial. Impossibilidade. Recurso de agravo improvido. De-

Sob essa óptica, apesar de não utilizar especificamente esse fundamento, correta foi a decisão do Supremo Tribunal Federal[15] ao não admitir a possibilidade de a vítima ingressar com ação diretamente em face do agente, entendendo aquele Pretório que este é parte ilegítima para responder perante a vítima, apenas podendo responder em face do Estado, que, por conta do princípio da indisponibilidade do interesse público, tem o dever de ingressar com ação de regresso contra o servidor.

Porém, o Superior Tribunal de Justiça[16] e parte da doutrina entendem que é possível a vítima demandar diretamente contra o servidor. Tal situação só é possível quando há culpa ou dolo por parte do servidor, pois a Constituição só admite a ação de regresso do Estado contra o servidor em caso de culpa ou dolo. Assim, se o servidor pode ser demandado pelo Estado, não teria problema de sê-lo diretamente pela vítima.

Agora, se analisarmos melhor, perceberemos que a responsabilidade é do Estado, que posteriormente fará uso de seu direito de regresso contra o servidor.

Tanto é verdade que, mesmo na visão do STJ, apenas será possível demandar diretamente contra o servidor em caso de conduta culposa ou dolosa deste, sendo que, em caso de ato lícito – e o Estado também responde por dano decorrente de conduta legal –, a vítima apenas poderá propor ação em face do Estado e sob nenhuma circunstância em face do agente público, porém a questão ainda é controversa na doutrina.

Outro enfoque dado ao princípio da impessoalidade liga-se ao fato de que está vedada qualquer conduta do gestor voltada para outro fim que não a satisfação do interesse coletivo, sob pena de *desvio de poder* e ilegalidade da conduta. Isso porque as prerrogativas

---

cisão unânime. 1 – *Numa Ação Ordinária, a indicação de Órgão Público, mesmo o auto de infração indicando a Secretaria da Fazenda do Estado de Pernambuco como responsável pelos atos dos seus agentes, trata-se de erro grosseiro, pois – pacificamente – reconhece-se a ausência de personalidade jurídica do referido complexo de competências administrativas*, sendo – portanto – vício de natureza peremptória, inaplicável a teoria da encampação, pois afeta ao mandado de segurança. 2 – Recurso de Agravo Improvido. 3 – Decisão Unânime" (TJPE, Ag 1.949.377/PE 0004024-43.2011.8.17.0000, 8.ª Câm. Cível, Rel. José Ivo de Paula Guimarães, j. 24.03.2011).

15. A decisão foi proferida no julgamento do Recurso Extraordinário 327.904-1/SP, Rel. Carlos Britto, j. 15.08.2006, cuja decisão ficou resumida na seguinte ementa: "Recurso extraordinário. Administrativo. Responsabilidade objetiva do Estado: § 6.º do art. 37 da Magna Carta. Ilegitimidade passiva *ad causam*. Agente público (ex-prefeito). Prática de ato próprio da função. Decreto de intervenção. O § 6.º do artigo 37 da Magna Carta autoriza a proposição de que somente as pessoas jurídicas de direito público, ou as pessoas jurídicas de direito privado que prestem serviços públicos, é que poderão responder, objetivamente, pela reparação de danos a terceiros. Isto por ato ou omissão dos respectivos agentes, agindo estes na qualidade de agentes públicos, e não como pessoas comuns. *Esse mesmo dispositivo constitucional consagra, ainda, dupla garantia: uma, em favor do particular, possibilitando-lhe ação indenizatória contra a pessoa jurídica de direito público, ou de direito privado que preste serviço público, dado que bem maior, praticamente certa, a possibilidade de pagamento do dano objetivamente sofrido. Outra garantia, no entanto, em prol do servidor estatal, que somente responde administrativa e civilmente perante a pessoa jurídica a cujo quadro funcional se vincular".*

16. O Superior Tribunal de Justiça admite tal possibilidade. Veja trecho da decisão "... 2. Assim, há de se franquear ao particular a possibilidade de ajuizar a ação diretamente contra o servidor, suposto causador do dano, contra o Estado ou contra ambos, se assim desejar. A avaliação quanto ao ajuizamento da ação contra o servidor público ou contra o Estado deve ser decisão do suposto lesado" (STJ, REsp 1.325.862/PR 2011/0252719-0, 4.ª T., Rel. Min. Luis Felipe Salomão, j. 05.09.2013, *DJe* 10.12.2013).

que foram conferidas aos gestores lhes foram dadas para que estes atuassem focados no objetivo de alcançar e satisfazer o interesse público.

Por essa razão, são proibidas condutas voltadas a prejudicar[17] ou beneficiar terceiros, sendo que a meta deve ser sempre a busca do interesse coletivo, o bem comum. Portanto, reprovável, sob o ponto de vista da impessoalidade, a prática de desapropriação com o objetivo de prejudicar inimigo, a remoção de servidores como forma de punição etc.

Ainda, influenciado pelo princípio da impessoalidade e para garantir que o agente não perca o foco, o ordenamento jurídico prevê, na Lei 9.784/1999, normas de *impedimento* e *suspeição*, que são hipóteses em que o agente público não pode agir, *pois há uma presunção de que não agirá com imparcialidade*, o que poderá ensejar a quebra da impessoalidade estatal.

Nesse sentido, prescreve o art. 18 da referida lei que: "é impedido de atuar em processo administrativo o servidor ou autoridade que: I) tenha interesse direto ou indireto na matéria; II) tenha participado ou venha a participar como perito, testemunha ou representante, ou se tais situações ocorrem quanto ao cônjuge, companheiro ou parente e afins até o terceiro grau; III) esteja litigando judicial ou administrativamente com o interessado ou respectivo cônjuge ou companheiro".

Por fim, entendemos oportuno registrar aqui importante valorização do princípio em comento com a edição da *Súmula Vinculante 13*, que *veda o nepotismo*. Segundo prescreve o referido verbete sumular, "a nomeação de cônjuge, companheiro ou parente em linha reta, colateral ou por afinidade, até o terceiro grau, inclusive, da autoridade nomeante ou de servidor da mesma pessoa jurídica investido em cargo de direção, chefia ou assessoramento, para o exercício de cargo em comissão ou de confiança ou, ainda, de função gratificada na administração pública direta e indireta em qualquer dos Poderes da União, dos Estados, do Distrito Federal e dos Municípios, compreendido o ajuste mediante designações recíprocas, viola a Constituição Federal".

A edição da súmula, em evidência, além de ter sido influenciada pelo princípio em análise, também o foi pelo primado da moralidade.

Contudo, é necessário advertir que *o Supremo Tribunal Federal, no julgamento do AgRg-MC-RCL 6.650-9, entendeu que a proibição contida na referida súmula não alcança o provimento de cargos políticos.*

---

17. Veja-se trecho de recente decisão monocrática proferida pelo Ministro Gilmar Mendes "... 1. O art. 37 da CF/88 estabelece que a administração pública direta e indireta de qualquer dos Poderes da União, dos Estados, do Distrito Federal e dos Municípios obedecerá aos princípios de legalidade, impessoalidade, moralidade, publicidade e eficiência. 2. *Pelo princípio da impessoalidade, a Administração deve tratar a todos os administrados sem discriminações. Tal princípio se assemelha ao da finalidade quando se enfoca o interesse público do ato, consubstanciando desvio de finalidade toda atitude que resulta em favoritismos ou perseguições.* 3. A conduta do Superintendente da Polícia Federal de Mato Grosso do Sul, ao determinar a realização de barreira policial com o único objetivo de armar flagrante para apanhar o autor, que se deslocara com a família em viagem para Ponta Porã/MS, traduziu evidente retaliação ao servidor, materializando-se o vício do desvio de finalidade a invalidar o ato administrativo. 4. Correta a sentença que determinou a anulação do ato administrativo de cassação de aposentadoria do policial Itamar José Rangel e o pagamento das quantias devidas desde a inativação do referido servidor, devidamente corrigidas..." (STF, ARE 786.213/DF, Rel. Min. Gilmar Mendes, j. 19.12.2013, *DJe*-022, Divulg. 31.01.2014, Public. 03.02.2014).

A título de exemplo, não violaria a Sumula Vinculante 13 a nomeação do irmão do prefeito para o cargo de Secretário de Saúde, da esposa do Governador para o cargo de Secretária de Finanças e do filho do Presidente para o cargo de Ministro dos Transportes. É necessário, contudo, que os nomeados sejam do ramo e qualificados para a função, conforme asseverou o STF.

O referido julgamento ficou ementado da seguinte forma:

> "Agravo regimental em medida cautelar em reclamação. Nomeação de irmão de Governador de Estado. Cargo de Secretário de Estado. Nepotismo. Súmula Vinculante n.º 13. Inaplicabilidade ao caso. Cargo de natureza política. Agente político. Entendimento firmado no julgamento do Recurso Extraordinário 579.951/RN. Ocorrência da fumaça do bom direito. 1. Impossibilidade de submissão do reclamante, Secretário Estadual de Transporte, agente político, às hipóteses expressamente elencadas na Súmula Vinculante n.º 13, por se tratar de cargo de natureza política. 2. Existência de precedente do Plenário do Tribunal: RE 579.951/RN, rel. Min. Ricardo Lewandowski, DJE 12/10/2008. 3. Ocorrência da fumaça do bom direito. 4. Ausência de sentido em relação às alegações externadas pelo agravante quanto à conduta do prolator da decisão ora agravada. 5. Existência de equívoco lamentável, ante a impossibilidade lógica de uma decisão devidamente assinada por Ministro desta Casa ter sido enviada, por fac-símile, ao advogado do reclamante, em data anterior à sua própria assinatura. 6. Agravo regimental improvido" (STF, AgRg-MC-RCL 6.650-9 (333), Tribunal Pleno, Rel. Min. Ellen Gracie, DJ 21.11.2008).

Ainda, no julgamento da ADI 3745, foi declarada inconstitucional lei estadual que permitia a nomeação para cargos em comissão ou funções gratificadas de até dois parentes das autoridades estaduais, além do cônjuge do Governador. (ADI 3745/GO, rel. Min. Dias Toffoli, 15.5.2013. (ADI-3745)

Outro julgado importante do STF é que norma que impede nepotismo no serviço público não alcança servidores de provimento efetivo. O caso levado à análise do Excelso Pretório foi baseado no art. 32, VI, da Constituição do Estado do Espírito Santo, o qual enuncia que é *"vedado ao servidor público servir sob a direção imediata de cônjuge ou parente até segundo grau civil"*.

O Supremo entendeu ser constitucional a norma, porém, atribuindo uma interpretação conforme à Constituição. Entendeu no sentido de o dispositivo ser válido somente quando incidir sobre os cargos de provimento em comissão, função gratificada, cargos de direção e assessoramento. Por outras palavras: essa proibição não pode alcançar os servidores admitidos mediante prévia aprovação em concurso público, ocupantes de cargo de provimento efetivo, haja vista que isso poderia inibir o próprio provimento desses cargos, violando, dessa forma, o art. 37, I e II, da CF/88.[18]

Outro caso interessante julgado pelo STF está relacionado ao questionamento se há ou não nepotismo se a pessoa nomeada possui um parente no órgão, mas sem influência hierárquica sobre a nomeação.

Nesse último caso, o servidor público teria sido nomeado para ocupar o cargo de assessor de controle externo de Tribunal de Contas de Município. Nesse mesmo órgão,

---

18. STF. Plenário. ADI 524/ES, rel. orig. Min. Sepúlveda Pertence, red. p/ o acórdão Min. Ricardo Lewandowski, julgado em 20/5/2015 (*Vide* Informativo 786)

seu tio, parente em linha colateral de 3º grau, já exerceria o cargo de assessor-chefe de gabinete de determinado. *A Turma observou que não haveria nos autos elementos objetivos a configurar o nepotismo, uma vez que a incompatibilidade dessa prática com o art. 37, "caput", da CF não decorreria diretamente da existência de relação de parentesco entre pessoa designada e agente político ou servidor público, mas da presunção de que a escolha para ocupar cargo de direção, chefia ou assessoramento fosse direcionada a pessoa com relação de parentesco com alguém com potencial de interferir no processo de seleção*. Assim, em alguma medida, violaria o princípio da impessoalidade — princípio que se pretendera conferir efetividade com a edição do Enunciado 13 da Súmula Vinculante — vedar o acesso de qualquer cidadão a cargo público somente em razão da existência de relação de parentesco com servidor que não tivesse competência para selecioná-lo ou nomeá-lo para o cargo de chefia, direção ou assessoramento pleiteado, ou que não exercesse ascendência hierárquica sobre aquele que possuísse essa competência. Ressaltou que, na espécie, não haveria qualquer alegação de designações recíprocas mediante ajuste. Além disso, seria incontroversa a ausência de relação de parentesco entre a autoridade nomeante — conselheiro do tribunal de contas — e a pessoa designada. Ademais, ao se analisar a estrutura administrativa da Corte de Contas não se verificara a existência de hierarquia entre os cargos de chefe de gabinete da presidência e de assessor de controle externo.[19]

Por fim, lembremos que em caso recente de enorme repercussão, um ministro do STF chegou a conceder medida liminar em mandado de segurança para suspender a posse, como ministro de Estado, de um ex-presidente da República, supostamente por reconhecer no ato evidente desvio de finalidade, já que teria como objetivo, única e exclusivamente, garantir prerrogativa de foro à referida pessoa, a fim de que não respondesse criminalmente, no âmbito da Justiça Federal de primeira instância, por atos pretéritos por ele praticados. A existência de tão alto grau de interferência em ato privativo da mais importante autoridade política do país, revela como a Corte tem dado preponderância à aplicação concreta do princípio em exame[20].

2.4.3. Princípio da moralidade

Pelo princípio da moralidade o administrador deve agir com honestidade, lealdade e boa-fé. Muitas vezes o ato aparenta ser legal, porém é feito com desonestidade, em meio a conluios, o que nulifica a conduta.

Se analisarmos a história evolutiva do referido princípio, constatar-se-á que ele surgiu inicialmente como uma das formas para o controle jurisdicional do desvio de poder.

É importante registrar que *o fato de o administrador seguir a lei não significa, necessariamente, que agiu com moralidade*. A conduta de acordo com o princípio da moralidade até se presume, pois, em razão do atributo da presunção de legitimidade do ato administrativo, há a presunção de que o ato foi feito corretamente. Ocorre que uma coisa é a presunção, outra bem diferente é afirmar que o ato feito de acordo com a lei também foi feito com esteio na honestidade, lealdade etc.

---

19. Rcl 18564/SP, rel. orig. Min. Gilmar Mendes, red. p/ o acórdão Min. Dias Toffoli, 23.2.2016. (Rcl-18564) (inf. 815)
20. A decisão foi proferida no MS 34.070/DF, cujo julgamento, infelizmente, restou prejudicado, tendo em vista a revogação do ato de nomeação.

Na prática, analisando-se a casuística, é possível aferir que a maioria dos casos tratados pela jurisprudência como de violação à moralidade administrativa também viola a legalidade em algum aspecto, ainda que não necessariamente de lei administrativa expressa, posto que a conduta, por vezes, só tem enquadramento como ilícito civil ou penal.

É importante termos em conta que a moralidade e a ética também condicionam, ou deveriam ao menos condicionar, o trabalho do legislador, de modo que os princípios axiológicos também servem de fundamento para a criação das normas jurídicas. Dessa forma, na maioria das vezes, embora não necessariamente, aquilo que é ilícito será também, em alguma medida, imoral.

O próprio STF, ademais, já se valeu da invocação do princípio para avaliar o próprio trabalho legislativo, conforme restou decidido na ADI-MC 2.661[21], em que se examinava texto de lei estadual autorizativa da transferência de disponibilidades de caixa do Estado do Maranhão para bancos privados. Na ocasião, o relator fez importantes considerações sobre o princípio em questão, que vale a pena citar:

> "O princípio da moralidade administrativa. Enquanto valor constitucional revestido de caráter ético-jurídico. Condiciona a legitimidade e a validade dos atos estatais. – A atividade estatal, qualquer que seja o domínio institucional de sua incidência, está necessariamente subordinada à observância de parâmetros ético-jurídicos que se refletem na consagração constitucional do princípio da moralidade administrativa. Esse postulado fundamental, que rege a atuação do Poder Público, confere substância e dá expressão a uma pauta de valores éticos sobre os quais se funda a ordem positiva do Estado. O princípio constitucional da moralidade administrativa, ao impor limitações ao exercício do poder estatal, legitima o controle jurisdicional de todos os atos do Poder Público que transgridam os valores éticos que devem pautar o comportamento dos agentes e órgãos governamentais. A ratio subjacente à cláusula de depósito compulsório, em instituições financeiras oficiais, das disponibilidades de caixa do Poder Público em geral (CF, art. 164, § 3.º) reflete, na concreção do seu alcance, uma exigência fundada no valor essencial da moralidade administrativa, que representa verdadeiro pressuposto de legitimação constitucional dos atos emanados do Estado".

Abstraindo-se essa dificuldade do não enquadramento da conduta tida por imoral em nenhum tipo de vedação jurídica preexistente, o fato é que existem diversas condutas que podem ser praticadas pelo administrador que possuem aparência de regularidade, em vista do ordenamento administrativo correspondente, mas estão eivadas do vício da imoralidade, pois visam, quase sempre, um fim escuso, desonesto. Por exemplo, nos autos de um concurso público todos os atos aparentemente estarão de acordo com a lei, não havendo, por isso, qualquer ilegalidade, porém, e isso não constará no processo, pode ser que o gabarito da prova tenha sido antecipado a algumas pessoas, em flagrante ato de desonestidade. Assim, apesar da aparente legalidade, quanto às formalidades do certame, se descoberta a antecipação do gabarito, o concurso será anulado por violação ao princípio da moralidade.

É claro que o ato considerado é ímprobo, além de ser criminoso. Estamos exemplificando apenas em vista da legalidade administrativa estrita. Se considerarmos a legalidade de maneira ampla, pouquíssimas situações serão consideradas violadoras tão somente da

---

21. Pleno, Rel. Min. Celso de Mello.

moralidade administrativa. No máximo, o fundamento da violação ao princípio da moralidade seria meramente um reforço de argumentação para a invalidação do ato. Aliás, parece ter sido exatamente essa a orientação adotada pelo STF no RE 206.889/MG[22], em que se considerou imoral a conduta de vereadores aumentarem os próprios salários na legislatura em curso, o que já era vedado à luz da própria CF (art. 29, V).

Caso típico de imoralidade, ainda que não contivesse vedação expressa em lei alguma, era o da prática de nepotismo, embora esta também configure malferimento ao princípio da impessoalidade.

Hipótese interessante foi a do exame, pelo STJ, da alegação de ilegalidade na fixação, pela Administração Pública Federal, de limite temporal para deferimento de segunda ajuda de custo a servidor, visto que não prevista tal limitação no art. 53 da Lei 8.112/1990. Nesse caso específico, a Corte entendeu pela validade da medida limitadora, posto que obedecia aos princípios da moralidade, razoabilidade, impessoalidade, eficiência e economicidade administrativas[23].

Ainda, é importante ficar claro que o ato imoral pode ser discricionário ou não, pois a questão é a intenção em fraudar a lei.

A importância dada ao princípio é tão grande que atos que atentem aos deveres de honestidade e lealdade são tipificados como atos de improbidade, sujeitando o seu infrator às penas da Lei 8.429/1992, tais como: suspensão dos direitos políticos, perda do cargo ou função etc.

Como se isso tudo não bastasse, a Carta Magna reservou um instrumento a mais de controle da observância desse princípio. É o caso da *ação popular, remédio constitucional cabível contra ato lesivo ao princípio da moralidade administrativa*, conforme prescreve o art. 5.º, LXXIII, da CF, cuja legitimidade ativa é de todo e qualquer cidadão.

Dentre outros fundamentos, já foi utilizado o princípio da moralidade em ações populares com o objetivo de anular licitações fraudulentas. Registre-se, a título de informação, o julgamento do Recurso Especial 579.541/SP, que ficou ementado da seguinte forma:

> *"Administrativo. Ação popular. Procedimento licitatório. Desobediência aos ditames legais. Contrato de quantia vultosa. Designação da modalidade 'tomada de preços' no lugar de 'concorrência pública'. Inserção no edital de cláusulas restritivas do caráter competitivo do certame e estabelecimento de cláusulas que permitiram preferências e distinções injustificadas. Desvirtuamento do princípio da igualdade entre os licitantes. Ofensa aos princípios da legalidade e moralidade administrativas. Lesão ao erário público configurada. Nulidade. Preservação do posicionamento do julgado de segundo grau. 1. O que deve inspirar o administrador público é a vontade de fazer justiça para os cidadãos sendo eficiente para com a própria administração, e não o de beneficiar-se. O cumprimento do princípio da moralidade, além de se constituir um dever do administrador, apresenta-se como um direito subjetivo de cada administrado. Não satisfaz às aspirações da Nação a atuação do Estado de modo compatível apenas com a mera ordem legal, exige-se muito mais: necessário se torna que a administração da coisa pública obedeça a determinados princípios que conduzam à valorização da dignidade humana, ao respeito, à cidadania e à construção de uma sociedade*

---

22. 2.ª Turma, Rel. Min. Carlos Velloso, j. 25.03.1997.
23. STJ, 1ª Seção, REsp 1.257.655/CE (repetitivo), rel. Min. Herman Benjamin, j. em 08/10/2014 (*Informativo 569, de 17 a 30 de setembro de 2015*).

justa e solidária. 2. A elevação da dignidade do princípio da moralidade administrativa a nível constitucional, embora desnecessária, porque no fundo o Estado possui uma só personalidade, que é a moral, consubstancia uma conquista da Nação que, incessantemente, por todos os seus segmentos, estava a exigir uma providência mais eficaz contra a prática de atos administrativos violadores desse princípio. 3. A ação popular protege interesses não só de ordem patrimonial como, também, de ordem moral e cívica. O móvel, pois, da ação popular não é apenas restabelecer a legalidade, mas também punir ou reprimir a imoralidade administrativa. Nesse duplo fim vemos a virtude desse singular meio jurisdicional, de evidente valor educativo (Rafael Bielsa, 'A Ação Popular e o Poder Discricionário da Administração', RDA 38/40). 4. As alegativas de afronta ao teor do parágrafo único do art. 49 do DL 2.300/86 e do parágrafo único do art. 59 da Lei 8.666/93 não merecem vingar. A nulidade da licitação ou do contrato só não poderia ser oposta aos recorrentes se agissem impulsionados pela boa-fé. No caso, vislumbra-se que houve concorrência dos mesmos, pelas condutas descritas, para a concretização do ato de forma viciada, ou seja, com o seu conhecimento. Há de ser prontamente rechaçada a invocação de que a Administração se beneficiou dos serviços prestados, porquanto tornou públicos os atos oficiais do Município no período da contratação, de modo a não se permitir a perpetração do enriquecimento ilícito. A indenização pelos serviços realizados pressupõe tenha o contratante agido de boa-fé, o que não ocorreu na hipótese. Os recorrentes não são terceiros de boa-fé, pois participaram do ato, beneficiando-se de sua irregularidade. O que deve ser preservado é o interesse de terceiros que de qualquer modo se vincularam ou contrataram com a Administração em razão do serviço prestado. 5. O dever da Administração Pública em indenizar o contratado só se verifica na hipótese em que este não tenha concorrido para os prejuízos provocados. O princípio da proibição do enriquecimento ilícito tem suas raízes na equidade e na moralidade, não podendo ser invocado por quem celebrou contrato com a Administração violando o princípio da moralidade, agindo com comprovada má-fé. 6. Recursos especiais improvidos" (STJ, REsp 579.541/SP, 1.ª T., Rel. Min. José Delgado, DJU 19.04.2004).

Por fim, vale registrar que o STJ e o STF entendem que não é necessária a comprovação de dano econômico para manejar ação popular que vise combater ato violador ao princípio da moralidade.

"Processual civil. Administrativo. Ação popular. Ausência de lesividade material. Ofensa à moralidade administrativa. Cabimento. Loteamento tipo residencial. Transformação em tipo misto. Julgamento antecipado da lide. Cerceamento de defesa. Inocorrência. Divergência entre julgados do mesmo tribunal. Súmula 13/STJ. Ausência de prequestionamento. Súmula 211/STJ. 1. A ação popular é instrumento hábil à defesa da moralidade administrativa, ainda que inexista dano material ao patrimônio público. Precedentes do STJ: AgRg no REsp 774.932/GO, DJ 22.03.2007 e REsp 552.691/MG, DJ 30.05.2005). 2. O influxo do princípio da moralidade administrativa, consagrado no art. 37 da Constituição Federal, traduz-se como fundamento autônomo para o exercício da Ação Popular, não obstante estar implícito no art. 5.º, LXXIII da Lex Magna. Aliás, o atual microssistema constitucional de tutela dos interesses difusos, hoje compostos pela Lei da Ação Civil Pública, a Lei da Ação Popular, o Mandado de Segurança Coletivo, o Código de Defesa do Consumidor e o Estatuto da Criança e do Adolescente, revela normas que se interpenetram, nada justificando que a moralidade administrativa não possa ser veiculada por meio de Ação Popular. 3. Sob esse enfoque manifestou-se o STF: 'o entendimento no sentido de que, para o cabimento da ação popular, basta a ilegalidade do ato administrativo a invalidar, por contrariar normas específicas que regem a sua prática ou por se desviar de princípios que norteiam a Administração Pública, sendo dispensável a demonstração de prejuízo material aos cofres públicos, não é ofensivo ao inciso LI do art.

5.º da Constituição Federal, norma esta que abarca não só o patrimônio material do Poder Público, como também o patrimônio moral, o cultural e o histórico.' (RE n.º 170.768/SP, Rel. Min. Ilmar Galvão, DJ de 13.08.1999). 4. (...). 13. Recurso especial parcialmente conhecido e, nesta parte, desprovido" (STJ, REsp 474.475/SP, Proc. 2002/0108946-1, 1.ª T., Rel. Min. Luiz Fux, DJ 06.10.2008).

2.4.4. Princípio da publicidade

Como ficou demonstrado, o Estado Brasileiro adotou a forma republicana de governo. República provém do latim *res publica*, o que significa "coisa pública", algo comum, de todos nós.

Vimos, contudo, que, apesar de se tratar de bem comum, "coisa pública", sua gestão não é feita pelo povo, verdadeiro titular do poder, conforme enuncia o art. 1.º, parágrafo único, do Texto Constitucional.

Existe toda uma estrutura administrativa, formada por pessoas jurídicas, órgãos e agentes que será responsável pela gestão desses interesses públicos. Trata-se, como observamos, da chamada "Administração Pública".

Tendo em vista que lhe compete a administração de interesse alheio, o interesse público, *deve essa Administração prestar contas de suas condutas com o legítimo e verdadeiro titular do poder: o povo*.

É nesse sentido que o princípio da publicidade desponta como aquele que determina ao gestor prestar contas com a coletividade, ser transparente, pois, ao fim e ao cabo, administra algo que é da coletividade.

A publicidade do ato, da conduta, da atividade é condição de sua eficácia. Por outras palavras, significa dizer que o ato apenas produzirá seus efeitos após a devida publicidade, que pode ser veiculada por diversos meios, conforme a forma que prescrever a lei.

2.4.4.1. Formas de publicidade

Em se tratando de atos de prestação de contas, de interesse geral, sem caráter convocatório, o meio adequado à publicidade é por publicação em *Diário Oficial*.

Se, além do que foi exposto, o ato possuir caráter convocatório, ou seja, caso ele objetive clamar à sociedade para que participe de algum certame, como é o caso de publicidade do edital de concurso e de licitação, ou queira "ouvir" a opinião pública sobre certo assunto, a exemplo das audiências públicas, a publicidade deve ser reforçada por meio de publicação em jornal de grande circulação[24].

---

24. Veja, a título de exemplo, o que dispõe o art. 21 da Lei de Licitações quanto à publicidade do edital: "Art. 21. *Os avisos contendo os resumos dos editais das concorrências, das tomadas de preços, dos concursos e dos leilões, embora realizados no local da repartição interessada, deverão ser publicados com antecedência, no mínimo, por uma vez:* (Redação dada pela Lei 8.883, de 1994)I – no Diário Oficial da União, quando se tratar de licitação feita por órgão ou entidade da Administração Pública Federal e, ainda, quando se tratar de obras financiadas parcial ou totalmente com recursos federais ou garantidas por instituições federais; (Redação dada pela Lei 8.883, de 1994)II – no Diário Oficial do Estado, ou do Distrito Federal quando se tratar, respectivamente, de licitação feita por órgão ou entidade da Administração Pública Estadual ou Municipal, ou do Distrito Federal; (Redação

Isso porque não se trata de publicidade meramente informativa e de prestação de contas, mas de publicidade que objetiva, também, convocar a coletividade para que participe de algo, como é o caso dos concursos públicos e licitações. Nesse caso, o caráter convocatório do ato – edital – determina uma publicidade diferenciada.

Ainda, deve-se lembrar que o Estado está em ligação direta e permanente com a sociedade, especialmente quando exerce o poder de polícia, sendo que, em muitas ocasiões, suas decisões repercutem diretamente na seara de seus membros. Frente a isso, e tendo em conta que a Constituição assegura que "ninguém será privado de sua liberdade ou de seus bens sem o devido processo legal", somado ao fato de que "a todos são assegurados a ampla defesa e o contraditório em processo administrativo ou judicial", é necessário que a publicidade de atos restritivos de direitos seja levada diretamente ao conhecimento do prejudicado.

Por isso, *para atos que aplicam penalidades*, que imponham obrigações, o meio adequado de publicidade é a intimação ou notificação pessoal.

Inclusive, em matéria de trânsito, regra que deveria valer para todos os procedimentos de aplicação de sanções administrativas, são necessárias duas notificações, conforme prescreve a *Súmula 312 do Superior Tribunal de Justiça*, o que está em consonância com o disposto nos artigos 281 e 282 do CTB (Código de Trânsito Brasileiro):

> "No processo administrativo para imposição de multa de trânsito, são necessárias as notificações da autuação e da aplicação da pena decorrente da infração".

Apenas no caso de não ser possível fazer a comunicação via notificação pessoal é que será admitida, residualmente, a intimação via *Diário Oficial*[25]. O STJ admitiu a validade, no entanto, apenas da comunicação via Diário ou pela Internet, nos casos de exclusão de contribuinte do REFIS (Programa de Recuperação Fiscal), conforme assentado na Súmula 355, por entender que a própria Lei daria tal respaldo, conquanto a Lei 9.964/2000 remeta à regulamentação a disciplina da questão (art. 9º, III).

2.4.4.2. Relatividade do princípio

Apesar de o dever de publicidade, transparência e prestação de contas ser a regra, *não é absoluto. Em certas circunstâncias, a publicidade é mais prejudicial do que o sigilo.*

---

dada pela Lei 8.883, de 1994)*III – em jornal diário de grande circulação no Estado e também, se houver, em jornal de circulação no Município ou na região onde será realizada a obra, prestado o serviço, fornecido, alienado ou alugado o bem, podendo ainda a Administração, conforme o vulto da licitação, utilizar-se de outros meios de divulgação para ampliar a área de competição. (Redação dada pela Lei 8.883, de 1994)"*

25. Nesse sentido, por exemplo, o STJ já assentou, em processos administrativos fiscais, que cabe ao contribuinte informar ao Fisco a mudança de seu endereço. Do contrário, empreendida a tentativa de notificação pessoal e frustrada esta, não há nulidade na realização da notificação por edital (STJ, REsp 809.910/PE, Rel. Min. Luiz Fux, decisão monocrática proferida em 10.06.2008). Em outras oportunidades, foi assentado que a notificação por edital só tem cabimento quando o contribuinte estiver em local incerto e não sabido (*v.g.*, STJ, AgRg no REsp 1.138.662, 1.ª T., Rel. Min. Benedito Gonçalves, j. 17.12.2009).

Por outras palavras: a publicidade é mais danosa que o sigilo, razão pela qual, no embate entre os princípios que se encontram em rota de colisão, prevalece, em certos casos, a interpretação que conduz à não publicidade do ato.

É o que acontece, com muita frequência, quando se trata de assuntos de segurança interna ou defesa nacional. Os locais, dias e horários em que serão realizadas blitz de trânsito ou policiais não são previamente divulgados, apesar de ser uma conduta premeditada.

Assuntos ligados à segurança nacional também podem excepcionar a regra da publicidade, bem como os ligados à intimidade das pessoas.

2.4.4.3. Lei de Acesso à Informação (Lei 12.527/2011)

Com o objetivo de regulamentar diversos dispositivos da Constituição Federal de 1988 que dispõem sobre acesso à informação (arts. 5.º, XXXIII, 37, § 2.º, II, e 216, § 2.º), foi editada em 2011 a chamada "Lei de Acesso à Informação" (Lei 12.527).

O objetivo fundamental da lei não era disciplinar o acesso do cidadão a seus dados pessoais ou informações sobre si existentes em bancos de dados públicos, o que já era devidamente resguardado pelo instrumento do *habeas data*, regulado na Lei 9.507/1997, e previsto no inciso LXXII do art. 5.º da Carta Magna.

O que se visou, na verdade, foi garantir o exercício pleno da cidadania, com a efetiva participação do cidadão no controle da administração pública, principalmente no aspecto referente aos gastos públicos, sem a necessidade de qualquer intermediário.

A lei é de caráter nacional, aplicando-se indistintamente à União, aos Estados, ao Distrito Federal e aos Municípios (art. 1.º), embora seja resguardada a possibilidade de edição de normas específicas pelos entes políticos estaduais e municipais, principalmente no que concerne às formas de acesso à informação (art. 45). Sua incidência abrange tanto a chamada "administração direta", ou seja, todos os órgãos dos diferentes Poderes, incluindo cortes de contas e Ministério Público, quanto à "administração indireta", compreendendo autarquias, fundações públicas, empresas públicas e sociedades de economia mista, e, além destas, também entidades controladas direta ou indiretamente pelos entes da Federação.

Em consonância com a finalidade precípua da lei, que é possibilitar a participação do cidadão no controle de gastos públicos, também as entidades privadas que recebem recursos públicos, diretamente ou por subvenção, estão sujeitas à sua normatização, embora apenas na parte referente aos recursos repassados (art. 2.º).

Para seus efeitos, a lei se preocupou em definir (art. 4.º):

- **Informação:** *como sendo os dados, processados ou não, que podem ser utilizados para produção e transmissão de conhecimento, contidos em qualquer meio, suporte ou formato. Ou seja, tanto faz se o dado foi apenas recebido ou se já foi recebido e analisado. Em qualquer caso, se puder ser utilizado para produção e transmissão de conhecimento, é considerado informação. Também é irrelevante seu formato, meio ou suporte. A informação pode ser um escrito, um áudio, uma fotografia ou um vídeo. Pode ser digital ou analógica, e estar em diferentes suportes, como o papel ou o microfilme, um CD ou DVD, ou ainda num pen drive ou em hard disk;*

- **Documento:** *unidade de registro de informações, qualquer que seja o suporte ou formato. Assim, a lei chama de documento não o conjunto de todas as informações registradas num banco de dados, mas apenas a unidade de registro de informações;*
- **Informação sigilosa:** *aquela submetida temporariamente à restrição de acesso público em razão de sua imprescindibilidade para a segurança do Estado. Reconhece-se, assim, que existem informações sensíveis, que dizem respeito à segurança, inclusive nacional, cujo acesso deve ser restringido, embora apenas temporariamente. Não existe, desta feita, informação perpetuamente sigilosa;*
- **Informação pessoal:** *aquela relacionada à pessoa natural identificada ou identificável. Portanto, não se considera informação pessoal aquela relacionada à pessoa jurídica ou à pessoa formal (espólio, condomínio etc.);*
- **Tratamento da informação:** *conjunto de ações referentes à produção, recepção, classificação, utilização, acesso, reprodução, transporte, transmissão, distribuição, arquivamento, armazenamento, eliminação, avaliação, destinação ou controle da informação;*
- **Disponibilidade:** *qualidade da informação que pode ser conhecida e utilizada por indivíduos, equipamentos ou sistemas autorizados. Como visto, nem toda informação estará disponível, como no caso da sigilosa. Pode acontecer, também, de a informação não estar disponível por não ter sido devidamente tratada, caso em que deve ser oportunizado seu acesso em prazo razoável;*
- **Autenticidade:** *qualidade da informação que tenha sido produzida, expedida, recebida ou modificada por determinado indivíduo, equipamento ou sistema;*
- **Integridade:** *qualidade da informação não modificada, inclusive quanto à origem, trânsito e destino;*
- **Primariedade:** *qualidade da informação coletada na fonte, com o máximo de detalhamento possível, sem modificações.*

2.4.4.3.1. Gestão, acesso e divulgação da informação

Uma das preocupações básicas que o poder público deve ter para garantir o direito constitucional de acesso à informação é manter um bom sistema de gestão documental.

Essa questão não se limita ao acesso à informação propriamente dito, mas também à sua preservação, inclusive para fins arquivísticos e de preservação histórica.

O art. 216, § 2.º, da CF/1988 enuncia que "cabem à administração pública, na forma da lei, a gestão da documentação governamental e as providências para franquear sua consulta a quantos dela necessitem".

No que tange à preocupação da gestão documental para fins arquivísticos, a legislação brasileira já havia mudado substancialmente de orientação desde a aprovação da Lei 8.159/1991[26], que aprovou a Política Nacional de arquivos públicos e privados, criando o Conselho Nacional de Arquivos – CONARQ, órgão colegiado, vinculado ao Arquivo Nacional, além do Sistema Nacional de Arquivos – SINAR.

A partir dessa lei foram consagrados alguns conceitos já bastante difundidos no âmbito da arquivologia e gestão documental como o de arquivo de guarda permanente, além da previsão de criação em cada órgão da Administração Pública Federal de uma

---

26. Regulamentada pelo Decreto 4.073/2002.

comissão permanente de avaliação de documentos (CPAD). A preocupação com a gestão documental não se resume aos órgãos do Poder Executivo, devendo abranger também os dos poderes Legislativo e Judiciário[27].

Em vista dessa nova legislação, o descarte de qualquer documento, inclusive de processos judiciais arquivados, deve seguir uma série de trâmites de avaliação documental, ficando inviabilizado o descarte de qualquer documento enquadrado como de preservação permanente. Disposições legais que autorizavam o descarte sem maiores preocupações de preservação arquivística, como a Lei 7.627/1987[28], estão claramente em contraste com as novas orientações sobre o tema.

A nova lei faz menção à gestão documental por uma razão óbvia. É que não há adequado acesso à informação sem uma boa política de gestão documental.

Entretanto, a nova lei vai além, dizendo que a própria gestão da informação deve ser transparente, propiciando-se amplo acesso a ela, bem como sua divulgação (art. 6.º, I, da Lei 12.527/2011).

O poder público também deve garantir a proteção da informação, garantindo sua disponibilidade, autenticidade e integridade (art. 6.º, II, da Lei 12.527/2011).

O legislador também se preocupou em dar grande amplitude ao conceito de "acesso à informação", de modo que o conceito abrange a orientação sobre procedimentos de acesso (art. 7.º, I), a informação sobre o conteúdo, ainda que os documentos não estejam em arquivos públicos (art. 7.º, II), direito de informação também quanto ao que foi produzido ou custodiado por pessoa física ou entidade privada decorrente de vínculo mantido com o poder público (art. 7.º, III), informações sobre atividades exercidas pelos órgãos e entidades públicas, inclusive relativas à sua política, organização e serviços (art. 7.º, V) e pertinentes à administração do patrimônio público, utilização de recursos públicos, licitação e contratos administrativos (art. 7.º, VI). A informação a ser acessada deve ser primária, íntegra, autêntica e atualizada (art. 7.º, IV).

Mesmo quando a informação é parcialmente sigilosa, garante-se o acesso à parte não acobertada pelo sigilo, por meio de certidão, extrato ou cópia com ocultação da parte sob sigilo (art. 7.º, § 2.º).

A lei estabelece que é dever do Estado garantir o direito de acesso à informação, mediante procedimentos objetivos e ágeis, de forma transparente, clara e em linguagem de fácil compreensão (art. 5.º).

Informações de interesse coletivo ou geral devem ser divulgadas pelos órgãos públicos independentemente de requerimentos, em locais de fácil acesso (art. 8.º, *caput*). No âmbito federal, o Decreto 7.724/2012 regulamentou a matéria para os órgãos do Executivo,

---

27. O Conselho Nacional de Justiça tem mostrado preocupação com o tema, tendo constituído em seu âmbito o Programa Nacional de Gestão Documental e Memória do Poder Judiciário – PRONAME. No âmbito da Justiça Federal, a matéria estárregulamentada pela Resolução318/2014, do Conselho da Justiça Federal – CJF, inclusive com o estabelecimento de "tabelas de temporalidade" de documentos, judiciais e administrativos. No âmbito da Justiça do Trabalho, foi criada, dentro do Conselho Superior da Justiça do Trabalho – CSJT, uma Coordenadoria de Gestão Documental (Ato CSJT 105/2012).

28. Essa lei dispõe sobre a eliminação de autos findos nos órgãos da Justiça do Trabalho. Os tribunais que a têm aplicado têm recebido diversas críticas dos órgãos responsáveis por políticas de gestão documental.

adotando, em seu art. 7º, a lógica da "transparência ativa", elencando-se uma série de informações que já devem ser obrigatoriamente disponibilizadas ao público.

Também restou estabelecido na lei que os órgãos e entidades públicas devem utilizar todos os meios e instrumentos legítimos de que disponham para a divulgação, sendo obrigatória a manutenção de sítios oficiais na Internet para essa finalidade (art. 8.º, § 2.º), o que é parcialmente ressalvado no caso de municípios com menos de 10.000 habitantes (art. 8.º, § 4.º), que somente estarão obrigados a manter informações referentes à execução orçamentária e financeira conforme prazos e critérios definidos na Lei de Responsabilidade Fiscal (art. 73-B).

Uma questão sensível diz respeito aos salários, vencimentos e subsídios de servidores públicos, tendo havido uma grande resistência inicial, principalmente de algumas entidades sindicais, quanto à divulgação dos valores e respectivos beneficiários. Chega-se ao cúmulo de se defender o sigilo sob o argumento de proteção à intimidade, o que não merece o menor crédito, visto que os valores nominais são previstos em lei e devem ser de conhecimento de todos. A transparência, no caso, permite o controle público, inclusive, de eventuais benefícios concedidos ou pagos à margem da lei, o que, obviamente, não deve ser resguardado por sigilo algum.

Alguns órgãos têm criado dificuldades indiretas ao acesso à informação, como a exigência do preenchimento prévio de cadastros e de justificativas para o acesso, o que, inclusive, é expressamente vedado na Lei (art. 10, § 3.º).

2.4.4.3.2. Procedimento da Lei para o acesso à informação

A lei trouxe algumas regras gerais a respeito do procedimento a ser observado no pedido de acesso à informação, estabelecendo, primeiramente, que o requerimento pode ser formalizado por qualquer interessado, bastando que haja identificação deste e a especificação do que pretende obter de informação (art. 10, *caput*).

O requisito da identificação não pode conter exigências que inviabilizem a solicitação (art. 10, § 1.º). Assim, o que a lei veda é apenas o anonimato no pedido, até para não inviabilizar o serviço a ser prestado. Basta que a pessoa decline seu nome e forneça o número de algum documento de identificação válido para que se tenha por preenchido o requisito de identificação. Qualquer outra exigência, como formação educacional, profissão ou endereço residencial parece ser desnecessária para os fins almejados, até porque, dependendo da informação a ser obtida, e do tipo de exigência feita para identificação do requerente, pode haver a caracterização de uma tentativa de coibir ou dificultar o acesso.

A Lei preconiza que os órgãos públicos facilitem o acesso pela rede mundial de computadores (Internet), ao menos quanto aos pedidos de encaminhamento (art. 10, § 2.º). Deve-se reconhecer, no entanto, que num país onde existem mais de cinco mil municípios, alguns em estado de absoluta indigência financeira, essa regra é de difícil implementação para todos os entes municipais.

De qualquer modo, ainda que não haja disponibilidade da informação na internet, ou não tenha a pessoa como acessar tal tecnologia, deve a repartição disponibilizar a informação por outro meio e, de preferência, de maneira imediata. A imediatidade está prevista no art. 11, *caput*, da Lei 12.527/2011, e deve ser a regra.

Por evidente, nem sempre será possível o acesso imediato ou mesmo a decisão autorizativa ser proferida de imediato. Nesses casos, devidamente justificados, o órgão ou entidade deverá proferir a decisão no prazo de 20 dias, dizendo se tem ou não a informação, se pode ou não dar o acesso, declinando os motivos da recusa, se for o caso, e comunicar a data, o modo e o local do acesso (art. 11, § 1.º e incisos). A Lei ainda autoriza a prorrogação do prazo por mais dez dias, desde que justificada (art. 11, § 2.º).

A Lei ainda estabelece que, sem prejuízo da segurança e da proteção das informações, os órgãos e entidades podem disponibilizar os meios para que o requerente proceda à pesquisa (art. 11, § 3.º), algo muito comum em se tratando de instituições já voltadas para a finalidade de guarda de informações, como os arquivos públicos e bibliotecas públicas. Nos demais casos, desde que haja uma estrutura de pessoal e de tecnologia minimamente desenvolvida, seria bastante recomendável a instituição de centros de pesquisa e documentação (CPDOC)[29], algo que poderia ser feito, por exemplo, nos arquivos dos tribunais, nas casas legislativas e nos órgãos de gestão de pessoal, mormente em nível ministerial e das secretarias de governo estaduais. No caso dos municípios de médio e pequeno porte, seria recomendável a formalização de convênios com entidades voltadas para as áreas de arquivologia e gestão documental para a implantação de sistemas de pesquisa.

Estando a informação disponível ao público por meio de acesso universal, como, por exemplo, um formato digital que pode ser acessado pela Internet, fica o órgão dispensado de proceder ao fornecimento direto ao requerente, bastando que comunique tal disponibilidade. Ressalva-se, apenas, a situação daquele que declara não dispor de meios para realizar por si mesmo tais procedimentos (art. 11, § 6.º).

A Lei também determina que o acesso à informação seja gratuito (art. 12), ressalvando-se apenas o valor referente ao custo para a reprodução do documento, garantida a gratuidade, mesmo nesse caso, na hipótese em que a pessoa se declara hipossuficiente (art. 12, parágrafo único).

Existe, não obstante, a preocupação com a integridade do documento em que se encontra a informação, posto que este pode ter valor histórico ou mesmo estético. Nessa hipótese, deve ser oferecida cópia deste ao requerente, com certificação de que ela confere com o original (art. 13, *caput*).

A Lei 12.257/2011 ainda prevê a possibilidade de recurso, no prazo de dez dias, para o caso de ser negado o acesso à informação requerida (art. 15, *caput*). Esse recurso deve ser dirigido à autoridade hierarquicamente superior à que exarou a decisão impugnada, tendo ela cinco dias para decidir (art. 15, parágrafo único).

Ainda existe a previsão de recurso, na esfera federal, à Controladoria-Geral da União[30], no caso de negativa por parte de órgãos do Poder Executivo (art. 16). E, de eventual negativa da CGU, existe a possibilidade de recurso à Comissão Mista de Reavaliação de Informações – CMRI (art. 16, § 3º)[31].

---

29. O Decreto 7.724/2012 preconiza a criação de SIC's (Serviços de Informações ao Cidadão), com o objetivo de atender e orientar o público quanto ao acesso à informação; informar sobre a tramitação de documentos nas unidades e receber e registrar pedidos de acesso à informação (art. 9.º).
30. A CGU foi substituída pelo Ministério da Transparência, Fiscalização e Controle pela Medida Provisória 726, de 12/05/2016, convertida na Lei 13.341/2016.
31. A **CRMI** já editou sete súmulas sobre temas afetos à sua competência, valendo citar as seguintes: *Súmula 1 – Caso exista canal ou procedimento específico efetivo para obtenção da informação*

As regras procedimentais, principalmente as relativas a recursos, serão mais adequadamente disciplinadas em legislações próprias, no caso dos Estados e Municípios. Quanto aos recursos, o próprio art. 45 da Lei 12.257/2011 prevê a complementação das disposições pelos demais entes federativos. Entendemos, no entanto, que outros aspectos procedimentais poderão ser objeto dessa regulamentação específica, não cabendo ao Executivo federal, em seu decreto regulamentador (art. 42), dispor sobre assuntos de interesse específico dos demais entes federativos.

O próprio Decreto 7.724/2012, como visto, se limitou a regulamentar a matéria no âmbito do Poder Executivo federal.

2.4.4.3.3. Restrições de acesso à informação

Obviamente, existem situações em que deve ser resguardado o sigilo, seja por questões de segurança nacional, seja por necessidade de preservação da intimidade de pessoa determinada.

Assim, por exemplo, informações que existam em bancos de dados públicos que disponham sobre aspectos da intimidade do cidadão, que são igualmente resguardados pela Constituição Federal, como os documentos acobertados por sigilo bancário, fiscal, telefônico etc., só podem, em princípio, ser acessados pelo próprio cidadão, ou requisitados por ordem judicial.

Não é a toa que o legislador estabeleceu, no art. 22 da Lei 12.257/2011, que "o disposto nesta Lei não exclui as demais hipóteses legais de sigilo e de segredo de justiça nem as hipóteses de segredo industrial decorrentes da exploração direta de atividade econômica pelo Estado ou por pessoa física ou entidade privada que tenha qualquer vínculo com o poder público". Portanto, a Lei de Acesso à Informação não revoga as disposições sobre segredo de justiça previstas nas leis processuais, sigilo profissional, como no caso de médicos e advogados, tampouco as referentes a segredo industrial, previstas na Lei 9.279/1996.

Quanto às questões afetas à segurança da sociedade e do Estado, a nova legislação alterou substancialmente a matéria referente à classificação dos graus de sigilo, prevendo três categorias:

a) *ultrassecreto, cuja classificação é feita apenas pelo Presidente da República, vice-Presidente da República, ministros de Estado e autoridades com a mesma prerrogativa (secretários especiais da Presidência), comandantes gerais da Marinha, Exército e Aeronáutica e chefes de missões diplomáticas e consulares permanentes no exterior;*

b) *secreto, cuja classificação é feita pelas autoridades mencionadas no item "a", bem como pelos titulares de autarquias, fundações ou empresas públicas e sociedades de economia mista. Entende-se que o termo "titulares", utilizado pelo legislador, corresponde aos seus dirigentes máximos;*

---

solicitada, o órgão ou a entidade deve orientar o interessado a buscar a informação por intermédio desse canal ou procedimento, indicando os prazos e as condições para sua utilização, sendo o pedido considerado atendido;**Súmula 5** – *Poderão ser conhecidos recursos em instâncias superiores, independente de competência do agente que proferiu a decisão anterior, de modo a não cercear o direito fundamental de acesso à informação;***Súmula 6** – *A declaração de inexistência de informação objeto de solicitação constitui resposta de natureza satisfativa.*

c) reservado, cuja classificação é feita pelas autoridades mencionadas nos itens "a" e "b", bem como os que exerçam funções de direção, comando ou chefia, nível DAS 101.5, ou superior, do Grupo de Direção e Assessoramento Superiores, ou hierarquia equivalente, conforme regulamentação específica de cada órgão ou entidade.

Foi prevista a possibilidade de o Presidente e o Vice-Presidente da República delegarem a competência de classificação de informação em ultrassecreta e secreta (art. 27, § 1.º). No caso de classificação de informação como ultrassecreta, feita pelos comandantes da Marinha, Exército e Aeronáutica ou por chefes de missões diplomáticas e consulares permanentes no exterior, é necessária a sua ratificação pelos respectivos ministros de Estado (Defesa e Relações Exteriores), conforme estatuído no art. 27, § 2.º, da Lei.

Notou-se uma clara preocupação do legislador com a abertura de arquivos secretos do Regime Militar, tendo-se estabelecido, inclusive, que "as informações ou documentos que versem sobre condutas que impliquem violação dos direitos humanos praticada por agentes públicos ou a mando de autoridades públicas não poderão ser objeto de restrição de acesso" (art. 21, parágrafo único).

Foram estabelecidos, como na legislação anterior, prazos máximos para a restrição de acesso à informação, a vigorar conforme o grau, a saber: a) 25 anos para a ultrassecreta; b) 15 anos para a secreta; c) 5 anos para a reservada (art. 24, § 1.º).

Alternativamente a esses prazos, pode ser estabelecida como termo final de restrição de acesso a ocorrência de determinado evento, desde que ocorra antes do transcurso do prazo máximo de classificação (art. 24, § 3.º).

A classificação em grau de restrição de acesso não é feita arbitrariamente, devendo a informação estar enquadrada em alguma das hipóteses previstas no art. 23 da Lei, como pôr em risco a defesa e a soberania nacionais ou a integridade do território nacional (inciso I) ou oferecer elevado risco à estabilidade financeira, econômica ou monetária do País (inciso III).

A Lei também contém requisitos que a decisão e classificação deve conter (art. 28), além de prever mecanismo de reavaliação da classificação, que pode dar ensejo à reclassificação ou mesmo à desclassificação da restrição ao acesso (art. 29), matéria a ser mais bem detalhada em regulamento.

No âmbito federal, o *Decreto 7.845/2012* tratou de disciplinar a matéria, criando procedimentos para o credenciamento de segurança e tratamento de informação classificada em qualquer grau de sigilo no âmbito do Poder Executivo federal, dispondo, ainda, sobre a criação do Núcleo de Segurança e Credenciamento, vinculado ao Gabinete de Segurança Institucional da Presidência da República.

O decreto regulamentar prevê, ainda, que toda informação classificada em qualquer grau de sigilo ou o documento que a contenha receberá o Código de Indexação de Documento que contém Informação Classificada – CIDIC (art. 50).

2.4.4.3.4. Informações pessoais

Embora o acesso a informações pessoais constantes de bancos de dados públicos seja muito bem resguardado na legislação que regulamentou o *habeas data*, a Lei 12.527/2012 também dispôs sobre o tema, mas com enfoque mais direcionado à restrição de acesso às informações pessoais por parte de terceiros.

De início, é difícil entender a lógica da regra prevista no art. 31 da Lei, visto que informações pessoais constantes de bancos de dados públicos que afetem a honra, a intimidade, a vida privada e a imagem das pessoas já estão resguardadas constitucionalmente.

Observamos, no entanto, que, eventualmente, as informações em questão, embora pessoais, podem dizer respeito a pessoas públicas, sendo legítimo imaginar que, num exercício de ponderação de interesses, prevaleça o referente à publicidade.

A própria Lei, no § 4.º do art. 31, estabelece que essa restrição não poderá ser invocada "com o intuito de prejudicar processo de apuração de irregularidades em que o titular das informações estiver envolvido, bem como em ações voltadas para a recuperação de fatos históricos de maior relevância".

Ainda assim, aparentemente cedendo a forte lobby de certas autoridades da República, o legislador criou uma restrição de acesso extraordinária, "independentemente de classificação", e com o prazo máximo de inacreditáveis 100 anos, para proteger, ao menos em vida daquelas, certas biografias para lá de questionáveis (art. 31, § 1.º, I). Quanto a essas informações, apenas agentes públicos legalmente autorizados e a própria pessoa a que elas se referirem terão acesso, salvo, quanto a terceiros, se houver autorização expressa daquela.

Registre-se, por oportuno, importante julgado do Supremo Tribunal Federal no ARE 652.777/SP[32], afetado pela sistemática de Repercussão Geral, no qual decidiu-se que *"é legítima a publicação, inclusive em sítio eletrônico mantido pela Administração Pública, dos nomes de seus servidores e do valor dos correspondentes vencimentos e vantagens pecuniárias."*

2.4.5. Princípio da eficiência

Trata-se de princípio de grande importância e que foi inserido expressamente no texto constitucional por meio da Emenda Constitucional 19/1998.

Pelo princípio da eficiência, busca-se do agente o seu maior rendimento funcional possível, seja na função que for. Assim, por exemplo, em um setor de contratações, o princípio será homenageado quando: a) for feita uma boa especificação do objeto que se pretende contratar; b) se descreve produtos com qualidade; c) não são exigidos requisitos impertinentes e desarrazoados a título de habilitação, o que pode induzir a uma pequena competitividade na licitação e, por consequência, uma contratação não tão vantajosa etc.

Em matéria de seleção de pessoal, o princípio é utilizado quando se faz um concurso compromissado, em que efetivamente se avalie o potencial dos candidatos de forma que se possa ter uma presunção de que os aprovados possam contribuir no desempenho das atividades administrativas.

Em matéria de responsabilidade civil, o princípio orienta ao agente agir com cautela e técnica, para que o Estado não seja alvo de ações indenizatórias com o objetivo de reparar economicamente os danos decorrentes de condutas dolosas ou culposas de seus agentes etc.

---

32. ARE 652.777/SP, rel. Min. Teori Zavascki, julgado em 23/4/2015, acórdão publicado no DJe de 1º/7/2015

Ainda, segundo prescreve a Lei 8.987/1995, que trata das concessões e permissões de serviços públicos, essas delegações pressupõem a prestação de serviço adequado ao pleno atendimento dos usuários. Serviço adequado, conforme a própria lei conceitua, é o que satisfaz as condições de regularidade, continuidade, eficiência, segurança, atualidade, generalidade, cortesia na sua prestação e modicidade das tarifas. Dentre os direitos do usuário do serviço público, destaca-se, encabeçando o art. 7.º da referida lei, o de receber o serviço adequado.

Por isso, com base no princípio em comento, os usuários dos serviços públicos concedidos podem reclamar em caso de prestação inadequada do serviço, havendo possibilidade legal inclusive de representar junto ao poder concedente, que, dentre seus encargos, destaca-se o de zelar pela boa qualidade do serviço, receber, apurar e solucionar queixas e reclamações dos usuários, que serão cientificados, em até 30 dias, das providências tomadas.

Por fim, pode-se dizer que é possível o manejo do princípio da eficiência como fundamento para ingresso de ação com o objetivo de se determinar prazo para a Administração realizar o julgamento de processos no âmbito da Administração Pública, quando estes permanecem parados por muito tempo.

Nesse sentido, entendeu o Superior Tribunal de Justiça, em caso em que o processo administrativo estava há mais de três anos paralisado, sendo a referida mora injustificável.

"Tributário. Processo civil. Processo administrativo fiscal federal. Pedido de restituição. Prazo para encerramento. Analogia. Aplicação da Lei 9.784/99. Possibilidade. Norma geral. Demora injustificada. 1. A conclusão de processo administrativo fiscal em prazo razoável é corolário do princípio da eficiência, da moralidade e da razoabilidade da Administração pública. 2. Viável o recurso à analogia quando a inexistência de norma jurídica válida fixando prazo razoável para a conclusão de processo administrativo impede a concretização do princípio da eficiência administrativa, com reflexos inarredáveis na livre disponibilidade do patrimônio. 3. A fixação de prazo razoável para a conclusão de processo administrativo fiscal não implica em ofensa ao princípio da separação dos Poderes, pois não está o Poder Judiciário apreciando o mérito administrativo, nem criando direito novo, apenas interpretando sistematicamente o ordenamento jurídico. 4. Mora injustificada porque os pedidos administrativos de ressarcimento de créditos foram protocolados entre 10-12-2004 e 10-08-2006, há mais de 3 (três) anos, sem solução ou indicação de motivação razoável. 5. Recurso especial não provido" (STJ, REsp 1.091.042 (2008/0210353-3), 2.ª T., Rel. Min. Eliana Calmon, DJ 21.08.2009).

2.4.6. Princípio da motivação

A ideia é sempre a mesma: existe uma estrutura administrativa que é responsável pela gestão do interesse público, ou seja, pela administração da "coisa pública".

Porém, o povo, como verdadeiro titular do poder, tem o direito e o dever de fiscalizar o exercício dessa gestão, a qual, como já registrado, não é feita da mesma forma como sucede na iniciativa privada.

Na gestão da *res publica*, deve o gestor observar a vontade do único e verdadeiro titular do poder: o povo, que externa sua vontade por meio da lei, verdadeira "procuração geral" que representa a vontade da coletividade em determinado tempo e espaço.

Assim, *para que se possa controlar as atividades levadas a cabo pelos gestores, administradores públicos, devem estes motivar seus atos, expondo os fundamentos de fato e de direito que autorizaram a conduta praticada.*

Apenas a título de exemplo, quando um agente de trânsito pretende punir um condutor pela inobservância de normas de trânsito, não pode simplesmente aplicar uma penalidade sem que justifique os "porquês" fáticos e jurídicos que a embasaram.

Por isso, para que o ato punitivo seja válido, é necessário que o agente competente apresente, de forma clara e congruente, os motivos de fato que ensejaram a conduta, ou seja, a ocorrência real de uma conduta de possível ocorrência, como é o caso de avanço de um semáforo vermelho.

Ainda, é necessário provar que o direito presta relevância àquela conduta de possível ocorrência e atribui uma consequência jurídica a ela. No exemplo dado, compete ainda ao administrador demonstrar o artigo legal que qualifica o avanço de sinal vermelho como uma infração de trânsito.

Agora sim, frente a esses pressupostos, o agente irá praticar a conduta lavrando o auto de infração e aplicando a penalidade que a lei prevê ao condutor infrator.

A descrição de todos esses dados, motivo de fato, indicação do artigo legal, da penalidade, a congruência vinculada ou discricionária da sanção aplicada, constitui o que a doutrina nomina de "motivação".

Não se pode confundir motivo (elemento do ato administrativo) com motivação. O primeiro todo ato possui, sendo elemento constitutivo deste. É o acontecimento que ensejou a prática do comportamento. *Já a motivação é a exteriorização linguística dos motivos de fato e de direito.* A regra é que todo ato tenha sua motivação, porém é possível sua dispensa, como ocorre, por exemplo, para a nomeação e exoneração de cargos comissionados, hipótese em que o próprio ordenamento jurídico dispensa a motivação. Por isso são chamadas de nomeação e exoneração *ad nutum*.

Para frisar: todo ato possui motivo, mas nem todo possuirá motivação!

A Lei 9.784/1999, que regula o processo administrativo no âmbito da Administração Pública Federal, expressamente enuncia a motivação como princípio regente do processo no *caput* de seu art. 2.º, sendo a matéria disciplinada em mais detalhes em seu art. 50, que possui a seguinte redação:

> "Art. 50. Os atos administrativos deverão ser motivados, com indicação dos fatos e dos fundamentos jurídicos, quando:
>
> I – neguem, limitem ou afetem direitos ou interesses;
>
> II – imponham ou agravem deveres, encargos ou sanções;
>
> III – decidam processos administrativos de concurso ou seleção pública;
>
> IV – dispensem ou declarem a inexigibilidade de processo licitatório;
>
> V – decidam recursos administrativos;
>
> VI – decorram de reexame de ofício;

VII – deixem de aplicar jurisprudência firmada sobre a questão ou discrepem de pareceres, laudos, propostas e relatórios oficiais;

VIII – importem anulação, revogação, suspensão ou convalidação de ato administrativo".

Note-se que os atos administrativos que negam direitos devem ser devidamente fundamentados, pois a negativa sem qualquer justificativa não se coaduna com nosso Estado de Direito, retrocedendo à época em que vigorava o arbítrio. O Judiciário[33] tem acolhido pretensões objetivando a anulação de ato restritivo de direito sem a devida fundamentação.

Cita-se, ademais, o julgamento do MS 9.944/DF, feito pelo Superior Tribunal de Justiça, cuja ementa ficou assentada da seguinte forma:

"Administrativo. Mandado de segurança. Indeferimento de autorização para funcionamento de curso superior. Ausência de motivação do ato administrativo. Nulidade. 1. A margem de liberdade de escolha da conveniência e oportunidade, conferida à Administração Pública, na prática de atos discricionários, não a dispensa do dever de motivação. O ato administrativo que nega, limita ou afeta direitos ou interesses do administrado deve indicar, de forma explícita, clara e congruente, os motivos de fato e de direito em que está fundado (art. 50, I, e § 1.º da Lei 9.784/99). Não atende a tal requisito a simples invocação da cláusula do interesse público ou a indicação genérica da causa do ato. 2. No caso, ao fundamentar o indeferimento da autorização para o funcionamento de novos cursos de ensino superior na 'evidente desnecessidade do mesmo', a autoridade impetrada não apresentou exposição detalhada dos fatos concretos e objetivos em que se embasou para chegar a essa conclusão. A explicitação dos motivos era especialmente importante e indispensável em face da existência, no processo, de pareceres das comissões de avaliação designadas pelo próprio Ministério da Educação, favoráveis ao deferimento, além de manifestações no mesmo sentido dos Poderes Executivo e Legislativo do Município sede da instituição de ensino interessada. 3. Segurança parcialmente concedida, para declarar a nulidade do ato administrativo" (STJ, MS 9.944/DF (2004/0122461-0), 1.ª S., Rel. Min. Teori Albino Zavascki, DJU 13.06.2005).

A regra é a motivação! *Infelizmente, em muitos casos, vemos atos restritivos de direito sem a devida fundamentação.* Lamentavelmente, em concursos públicos, isso tem ocorrido com frequência! Em diversas fases há eliminação do candidato sem que ele saiba dos porquês da eliminação.

---

33. "Agravo de instrumento. Mandado de segurança. Licença-capacitação. Policial civil. Ato administrativo. Discricionariedade. Motivação. Fundamentação. A falta de exposição das razões da não concessão da licença-capacitação ao servidor viola o princípio da motivação dos atos administrativos e configura ato abusivo. Apesar da discricionariedade dos atos administrativos, que outorga ao administrador certa margem de liberdade para a tomada de suas decisões, de acordo com o interesse público, ele tem o dever de fundamentá-las. Recurso conhecido e não provido" (TJDF, AGI 20130020268200/DF 0027761-83.2013.8.07.0000, 1.ª Turma Cível, Rel. Leila Arlanch, j. 20.03.2014, *DJE* 10.04.2014, p. 122).

Isso ocorre no julgamento de recursos, nas provas[34] (objetivas e discursivas), no exame de saúde[35], psicotécnico[36], investigação social[37], dentre outras fases, tendo o Judiciário, em

---

34. "Administrativo. Agravo regimental no recurso especial. Mandado de segurança impetrado na Corte de origem. Concurso público para Delegado da Polícia Civil do Distrito Federal. Negativa de acesso aos critérios utilizados na correção da prova subjetiva. *Ausência de motivação da banca examinadora acerca dos recursos administrativos contra referida prova. Violação ao art. 50 da Lei 9.784/99.* Recursos especiais providos. Agravo regimental desprovido.1. *A motivação, nos recursos administrativos referentes a concursos públicos, é obrigatória e irrecusável, nos termos do que dispõe o art. 50, I, III e V, §§ 1.º e 3.º da Lei 9.784/99, não existindo, neste ponto, discricionariedade alguma por parte da Administração.*2. Com relação ao agravante *João Guilherme Medeiros Carvalho* salta aos olhos a total ausência de motivação na correção das provas discursivas e nos respectivos recursos administrativos. Há apenas suposições, externadas pelos ilustres relator e revisor do feito em segundo grau, de que os apelos administrativos do *agravante* foram examinados e devidamente motivados, não tendo sido apresentadas, entretanto, motivações idôneas e circunstanciadas, nos moldes preconizados pelo já mencionado art. 50 da Lei 9.784/99.3. *Quanto aos demais litisconsortes (Jane Klébia do Nascimento Silva Paixão e outros), constata-se a ausência de qualquer elemento que pudesse ter o condão de indicar os critérios utilizados pelo examinador para aferição das notas na prova subjetiva, bem como a sucinta, lacônica e estereotipada abordagem feita na revisão das provas.*4. Afirmativas que não traduzem reexame do material fático, mas sim valoração do conjunto probatório trazido aos autos quando da impetração do Mandado de Segurança.5. Agravo Regimental desprovido" (AgRg no Resp 1.062.902/DF, 5.ª T, Rel. Min. Napoleão Nunes Maia Filho, j. 09.06.2009).

35. "Administrativo. Mandado de segurança. Concurso público. Exame médico. Reprovação de candidatos. Falta de acesso aos resultados dos exames. Renovação do exame.*1 – É nulo o ato administrativo consistente na reprovação de candidato em exame médico por falta de motivação e de acesso aos resultados no momento adequado*. 2. Correção do ato administrativo após a concessão de liminar. 3. Questões fáticas posteriores à impetração são inteiramente impertinentes para exame no recurso, sob pena de, suprimindo-se a apreciação da instância de origem, violar o princípio do *tantum devolutum quantum appellatum*. 4. Segurança concedida em parte, impondo-se a submissão dos candidatos a novo exame médico. 5. Recursos ordinários parcialmente providos. Acórdão Vistos, relatados e discutidos os autos em que são partes as acima indicadas, acordam os Ministros da Segunda Turma do Superior Tribunal de Justiça 'A Turma, por unanimidade, deu parcial provimento aos recursos ordinários, nos termos do voto do(a) Sr(a). Ministro(a)-Relator(a), sem destaque.' Os Srs. Ministros Castro Meira, Humberto Martins, Herman Benjamin e Mauro Campbell Marques votaram com a Sra. Ministra Relatora. Brasília-DF, 04 de junho de 2013(Data do Julgamento)" (RMS 40.229/SC (2012/0272915-6), Rel. Min. Eliana Calmon).

36. "Processual civil e administrativo. Recurso ordinário em mandado de segurança. Concurso público. Polícia Militar. Psicotécnico. *Falta de critérios objetivos e de motivação da sua reprovação.* Nulidade do teste. Necessidade de submissão a nova avaliação. Recurso provido. 1. O Superior Tribunal de Justiça firmou o entendimento de que a legalidade do exame psicotécnico em provas de concurso público está submetida a previsão legal, objetividade dos critérios adotados e *possibilidade de revisão do resultado obtido pelo candidato*. 2. Uma vez declarada a nulidade do teste psicotécnico, deve o candidato se submeter a outro exame. Precedentes do STJ. 3. Recurso provido, para determinar a submissão do candidato a nova avaliação psicológica" (RMS 32.813/MT, Recurso Ordinário em Mandado de Segurança 2010/0155859-5, DJe 24.05.2013).

37. "Constitucional. Concurso público. Julgamento sigiloso da conduta do candidato. Inconstitucionalidade. CF/67, art. 153, par 4.º, CF/88, art. 5.º XXXV. *I. Exame e avaliação de candidato com base em critérios subjetivos, como, por exemplo, a verificação sigilosa sobre a conduta, pública e privada, do candidato, excluindo-o do concurso sem que sejam fornecidos os motivos. Ilegitimidade do ato, que atenta contra o princípio da inafastabilidade do conhecimento do Poder Judiciário de lesão ou ameaça a direito. E que, se a lesão é praticada com base em critérios subjetivos, ou em critérios não revelados, fica o Judiciário impossibilitado de prestar a tutela jurisdicional, porque não terá como verificar o acerto ou o desacerto de tais critérios. Por via oblíqua, estaria sendo afastada da apreciação do Judiciário lesão a direito*" (RE 125.556, Tribunal Pleno, Rel. Min. Carlos Velloso, j. 27.03.1992).

comportamento digno de aplausos, retalhado tais atos.

É importante consignar que a motivação do ato deve ser explícita, clara e congruente, podendo consistir em declaração de concordância com fundamentos de anteriores pareceres, informações, decisões ou propostas, que, nesse caso, serão parte integrante do ato decisório. Trata-se, tecnicamente, da chamada *motivação aliunde*, quando a autoridade se vale, para integrar a motivação de seu ato, de pareceres, informações, decisões ou propostas.

Isso é muito comum em licitações, por exemplo. As fases mais complexas do procedimento são a habilitação e o julgamento das propostas, que são privativas da comissão de licitação. Terminada a fase de julgamento de propostas, com a identificação do titular da proposta mais vantajosa, o processo é encaminhado à autoridade superior, que deverá homologar a licitação. Ocorre que a homologação é ato vinculado e só poderá ser expedido se o que se pretende homologar estiver de acordo com a lei.

O problema é que a autoridade superior responsável pela homologação muitas vezes não possui muitos conhecimentos sobre as regras técnicas e jurídicas de um certame e, por isso, antes da homologação, solicita um parecer da procuradoria ou da assessoria jurídica do órgão.

Depois de emitido o parecer, devidamente fundamentado e opinando pela homologação do certame, a autoridade superior simplesmente homologa a licitação fundamentando no referido parecer. *Perceba que a motivação do ato de homologação não está no próprio ato, mas em outro ato (parecer) ao qual se faz remissão.*

Por fim, faz-se necessário tecer alguns comentários a uma teoria amplamente aceita em nossa doutrina e jurisprudência. Trata-se da importante "Teoria dos motivos determinantes", cujo berço de nascença se deu nos tribunais pertencentes ao sistema de contencioso administrativo na França.

Segundo essa teoria, os motivos atribuídos para a prática de um ato se vincula à sua validade, de forma que, se eles forem falsos ou inexistentes, estará fulminada a validade do ato.

Vejamos um exemplo para elucidar a questão. Imaginemos que determinado cidadão receba em sua residência uma notificação de penalidade de trânsito em que consta que o seu veículo foi flagrado avançando sinal vermelho no dia 10 de janeiro de 2014 em determinada avenida da cidade.

Veja-se que, quando esse ato é produzido, ele nasce com a presunção de que efetivamente é válido (presunção de legitimidade) e que os motivos que ensejaram a sua produção são verdadeiros (presunção de veracidade). Ocorre que essa presunção é relativa, de forma que o destinatário do ato poderá derrubar a validade deste caso consiga provar que ele foi feito incorretamente.

No caso, imagine-se que, um dia antes da suposta infração (dia 09 de janeiro de 2014), o referido cidadão teve seu veículo abalroado, acarretando perda total, indo, no mesmo dia, para o ferro velho.

Se no recurso o condutor provar que seu veículo estava no ferro velho desde o dia 09 de janeiro de 2014, não tem como subsistir o motivo apresentado pelo agente público de que o referido carro teria avançado o sinal vermelho no dia 10 de janeiro de 2014. Nesse caso, restou provado que os motivos que embasaram a prática do ato inexistiram ou são falsos e, como estes são determinantes para sua validade, tem-se que o ato deverá ser anulado, hipótese em que se fez uso da teoria dos motivos determinantes.

Vejamos um caso bem interessante julgado pelo Superior Tribunal de Justiça, em que a referida teoria foi aplicada:

> "Administrativo. Exoneração por prática de nepotismo. Inexistência. Motivação. Teoria dos motivos determinantes. 1. A Administração, ao justificar o ato administrativo, fica vinculada às razões ali expostas, para todos os efeitos jurídicos, de acordo com o preceituado na teoria dos motivos determinantes. A motivação é que legitima e confere validade ao ato administrativo discricionário. Enunciadas pelo agente as causas em que se pautou, mesmo que a lei não haja imposto tal dever, o ato só será legítimo se elas realmente tiverem ocorrido. 2. Constatada a inexistência da razão ensejadora da demissão do agravado pela Administração (prática de nepotismo) e considerando a vinculação aos motivos que determinaram o ato impugnado, este deve ser anulado, com a consequente reintegração do impetrante. Precedentes do STJ. 3. Agravo Regimental não provido" (STJ, AgRg no RMS 32.437/MG 2010/0118191-3, 2.ª T., Rel. Min. Herman Benjamin, j. 22.02.2011, DJe 16.03.2011).

2.4.7. Princípios da proporcionalidade[38] e razoabilidade

A Administração, quando for atuar, deve fazer uso de meios adequados, proporcionais aos fins que pretende alcançar. Ultrapassando esse limite, a conduta encontrará obstáculo no princípio da proporcionalidade e acarretará a nulidade do ato.

O princípio da proporcionalidade é um princípio constitucional implícito, decorrente do devido processo legal[39], conforme já salientou o Supremo Tribunal Federal. Porém, no âmbito da legislação infraconstitucional, ele encontra-se positivado expressamente na Lei 9.784/1999, que disciplina o processo administrativo federal.

O diferencial da proporcionalidade é que a exigência ou a conduta, se feitas corretamente, são válidas e permitidas pelo direito. Cita-se, a título de exemplo, a exigência de prova física para provimento em cargo de policial militar. A previsão é legal, porém, se, no caso concreto, forem exigidas, por exemplo, 100 barras do candidato, haverá violação ao princípio da proporcionalidade.

É diferente da razoabilidade. Nesta, a exigência, por si só, já é indevida. Por exemplo, fere o referido princípio a exigência de prova física para ingresso no cargo de juiz, promotor ou procurador. Note-se que a exigência não tem nenhuma pertinência, sendo de todo desarrazoada[40].

---

38. O princípio da proporcionalidade aqui referido costuma ser subdivido na doutrina em três subprincípios: a) proporcionalidade em sentido estrito; b) princípio da adequação dos meios; c) princípio da necessidade.
39. O devido processo legal previsto no art. 5.º, LIV, da Carta Magna é aquele considerado em seu sentido processual ou formal. A partir dele, como cláusula implícita, foi construída a tese do devido processo material ou substantivo. Embora a questão das leis injustas inconstitucionais seja muito anterior, foi só na vigência da CF/1988 que o STF intensificou, em seu meio, o debate da questão. Caso bastante citado, como um dos primeiros de aplicação do princípio, foi a declaração de inconstitucionalidade de lei que concedia 1/3 de férias a servidores inativos (ADI 1.158-8/AM).
40. Na doutrina constitucional brasileira não se tem distinguido o princípio da razoabilidade em relação ao da proporcionalidade. O primeiro deriva do direito norte-americano e da cláusula *due process of law*, já o segundo tem origem no direito europeu, notadamente nas doutrinas jusnaturalistas da Inglaterra do séc. XII, servindo à mesma finalidade, que é a de limitar os abusos do poder pú-

Já no caso dos policiais, a exigência de prova física é pertinente, porém, quando se requer algo acima do normal, do necessário, passa a ser desproporcional, acarretando a nulidade do ato.

Há uma frase que resume bem o princípio da proporcionalidade: "não se abatem pardais utilizando balas de canhão"[41].

O princípio da proporcionalidade desponta como grande limitador do poder discricionário dos agentes públicos. É cediço que, em muitas hipóteses, a lei deixa certa margem de liberdade para que o agente, na análise do caso concreto, apreciando fatores de conveniência e oportunidade, adote a conduta que melhor atenda ao interesse público. Essa margem de liberdade é chamada de discricionariedade.

Ocorre que essa discricionariedade, necessária à gestão da coisa pública, não é ilimitada, pelo contrário, possui diversos parâmetros de controle. Além da lei, da qual não pode se descurar o administrador, ultrapassando os seus limites, existem limites nos princípios constitucionais, tais como: proporcionalidade, razoabilidade, impessoalidade, segurança jurídica, entre outros.

Assim, o gestor, ao adotar uma conduta em que lhe foi reservada certa margem de liberdade, deve fazer uso de meios adequados, necessários, proporcionais aos fins que se pretende atingir.

É o que ocorre com frequência em processos punitivos em geral[42]. Nesse caso, é muito comum a lei não vincular uma sanção a cada infração, deixando várias hipóteses de sanção para que o administrador, analisando o caso concreto, o dolo e a culpa do infrator, a lesão ao interesse público, aplique a penalidade que melhor se enquadre à infração cometida.

Apenas a título de exemplo, registre-se o teor do art. 2.º da Lei 6.437/1977, que estabelece as infrações e sanções à legislação sanitária federal e dá outras providências:

---

blico. No âmbito do direito administrativo, no entanto, a Lei 9.784/1999 tratou-os como princípios separados.

41. Frase atribuída a Georg Jellinek, jurista e filósofo alemão (1851-1911).
42. Veja recente decisão do STJ aplicando, dentre outros, o princípio da proporcionalidade para anular uma penalidade de demissão imposta a servidor: "Administrativo. Mandado de segurança. Policial rodoviário federal. Superintendente regional. Demissão. Desproporcionalidade configurada. Segurança concedida. 1. Trata-se de mandado de segurança atacando ato do Ministro de Estado da Justiça consistente na demissão do impetrante do cargo de Policial Rodoviário Federal em razão de diversas irregularidades funcionais apuradas em processo administrativo disciplinar. 2. Defende o impetrante a ilegalidade do ato administrativo que importou na sua demissão do cargo de Policial Rodoviário Federal pelos seguintes fundamentos: o processo administrativo teve motivação política; houve cerceamento do direito de defesa diante da ausência de oitiva de testemunhas por ele arroladas; inexiste ato ímprobo diante das provas colhidas no âmbito do processo administrativo; não foram demonstrados desonestidade, proveito próprio, dolo/culpa e a intenção de lesar o ente público; e, finalmente, é desproporcional a pena aplicada. 3. *Das nulidades invocadas, tem razão o impetrante quando defende a desproporcionalidade da pena de demissão relativamente aos fatos a ele imputados. Com efeito, as condutas apuradas justificam reprimendas, uma vez que ferem princípios da Administração Pública, além de comprometer a prestação do serviço público e a imagem das instituições públicas perante os cidadãos; entretanto, são por si sós insuficientes para ensejar a pena de demissão, sob pena de ofensa aos princípios da proporcionalidade e da razoabilidade.* 4. Segurança concedida para anular a pena de demissão e determinar a reintegração do impetrante, assegurando-se à Administração a possibilidade de aplicação de pena diversa" (STJ, MS 19.833/DF 2013/0053774-0, 1.ª S., Rel. Min. Mauro Campbell Marques, j. 26.02.2014, *DJe* 21.05.2014).

"Art. 2.º Sem prejuízo das sanções de natureza civil ou penal cabíveis, as infrações sanitárias serão punidas, alternativa ou cumulativamente, com as penalidades de:

I – advertência;

II – multa;

III – apreensão de produto;

IV – inutilização de produto;

V – interdição de produto;

VI – suspensão de vendas e/ou fabricação de produto;

VII – cancelamento de registro de produto;

VIII – interdição parcial ou total do estabelecimento;

IX – proibição de propaganda;

X – cancelamento de autorização para funcionamento da empresa;

XI – cancelamento do alvará de licenciamento de estabelecimento;

XI-A – intervenção no estabelecimento que receba recursos públicos de qualquer esfera".

Por sua vez, o art. 6.º da referida legislação informa que:

"Art. 6.º Para a imposição da pena e a sua graduação, a autoridade sanitária levará em conta:

I – as circunstâncias atenuantes e agravantes;

II – a gravidade do fato, tendo em vista as suas consequências para a saúde pública;

III – os antecedentes do infrator quanto às normas sanitárias".

Veja que o legislador previu várias possibilidades de sanções para infrações à legislação sanitária federal, porém condicionou a sua aplicação à análise de circunstâncias agravantes e atenuantes, à gravidade do fato, aos antecedentes do infrator.

Isso significa que a penalidade concreta a ser aplicada vai ser estabelecida após um juízo de discricionariedade. Por outras palavras: o administrador, analisando o caso concreto, as variantes que a lei traz, aplicará a sanção que melhor atenda ao interesse público no caso. Não é livre o gestor para aplicar qualquer penalidade sob o argumento de que todas estão na lei. Isso porque, como registrado, além do limite da legalidade, existem outras barreiras, dentre as quais se destaca o princípio da proporcionalidade.

Questionado o ato judicialmente e sendo reconhecida a lesão ao referido princípio, o magistrado, ao proferir sua decisão, irá anular o ato, sem prejuízo que a Administração pratique outro, porém observando os princípios legais.

Nesse sentido, é mansa e pacífica a jurisprudência, cabendo citar trecho de julgado do *Superior Tribunal de Justiça*:

"(...) 3 – No mérito, deve a autoridade competente, na aplicação da penalidade, em respeito ao princípio da proporcionalidade (devida correlação na qualidade e quantidade da sanção, com a grandeza da falta e o grau de responsabilidade do servidor), observar as normas contidas no ordenamento jurídico próprio, verificando a natureza da infração, os danos para o serviço público, as circunstâncias atenuantes ou agravantes e os antecedentes funcionais do servidor. Inteligência do art. 128, da Lei n.º 8.112/90. 4 – Ademais registro que, por se tratar de demissão, pena capital aplicada a um servidor público, a afronta ao princípio *supracitado constitui desvio de finalidade por parte da Administração, tornando a sanção aplicada ilegal, sujeita a revisão pelo Poder Judiciário. Deve a dosagem da pena, também, atender ao princípio da individualização inserto na Constituição Federal de 1988 (art. 5.º, XLVI), traduzindo-se na adequação da punição disciplinar à falta cometida. 5 – Precedente da 3.ª Seção (MS 6.663/DF). 6 – Preliminares rejeitadas e ordem concedida para determinar que sejam anulados os atos que impuseram a pena de demissão às impetrantes, com a consequente reintegração das mesmas nos cargos que ocupavam, sem prejuízo de que, em nova e regular decisão, a administração pública aplique a penalidade adequada à infração administrativa que ficar efetivamente comprovada. 7 – Quanto aos efeitos financeiros, estes devem ser pleiteados na via própria, a teor da Súmula 271/STF. Custas ex lege. Sem honorários advocatícios a teor das Súmulas 512/STF e 105/STJ" (STJ, MS 7.005/DF, 3.ª S., Rel. Min. Jorge Scartezzini, DJU 04.02.2002).*

O Judiciário não pode substituir o ato, mas apenas anulá-lo, sob pena de violação ao princípio da separação dos poderes. Quando se disse que a Administração pode fazer outro, não significa convalidá-lo, pois, como é sabido, ato que foi questionado em juízo não pode ser objeto de convalidação.

A prática de outro ato, todavia, fica condicionada ao seu exercício não encontrar o óbice da decadência, pois, nesse caso, inexiste possibilidade de reiterar o ato, uma vez que o gestor perde a possibilidade de praticá-lo em razão da extinção dessa prerrogativa, que nada mais é que uma manifestação do princípio da segurança jurídica.

2.4.8. Princípio da segurança jurídica

O princípio da segurança jurídica desponta como princípio geral do direito, estando implicitamente no texto constitucional e explicitamente na legislação infraconstitucional.

O referido princípio traz a ideia de estabilidade, podendo-se dizer que os institutos da coisa julgada, ato jurídico perfeito, direito adquirido, decadência, prescrição, não deixam de ser facetas de sua manifestação.

Os casos narrados já são institutos positivados no ordenamento jurídico e muito contribuem com a sua estabilidade. É possível, todavia, sua aplicação em casos concretos em que situações ilegais ficam consolidadas pelo tempo, tornando extremamente oneroso e gerador de ingente instabilidade a desconstituição dessa relação factual ilegítima.

É o que ocorre, por exemplo, em situações em que há invasões de bens públicos por pessoas sem-teto, e o gestor simplesmente faz vista grossa e, muitas vezes, até incentiva a invasão. Muitos anos depois, são centenas de famílias nessa condição e o Estado pretende reivindicar o bem sob o argumento de que bens públicos não são sujeitos à usucapião, aliado ao fato de que o ingresso foi por meio de esbulho, sendo devida a reintegração da posse.

Em não tendo um local público para alocar essas pessoas, é bem provável, como o Judiciário já decidiu em casos concretos, que elas permaneçam nessa situação – mesmo que ilegal, pois o restabelecimento da legalidade no presente caso irá gerar uma instabilidade social (caos) muito grande e, da mesma forma que a legalidade é um princípio regente do ordenamento pátrio, a segurança jurídica também o é e, em muitos casos, acaba por afastar a aplicação concreta do referido princípio[43].

Outra situação em que foi muito comum a aplicação do referido princípio é o caso dos supletivos. O estudante, antes de terminar o segundo grau, passava no vestibular e obtinha liminar autorizando-o a fazer supletivo ou até mesmo a se matricular na instituição de ensino superior.

O principal fundamento utilizado em sua ação judicial é o art. 208, V, da Constituição Federal, segundo o qual: "O dever do Estado com a educação será efetivado segundo a garantia de: (...) V – acesso aos níveis mais elevados de ensino, da pesquisa e da criação artística, segundo a capacidade de cada um".

Não obstante o aluno não possuir a idade mínima legal necessária para fazer o supletivo, a decisão judicial reconhecia a inconstitucionalidade *incidenter tantum* da lei e concedia a liminar com base na norma constitucional referida, tendo em vista que, se o aluno foi aprovado no exame que o autoriza a cursar o ensino superior, está apto a cursar uma faculdade ou Universidade.

Ocorreu que, por vezes, o magistrado foi levado a erro ou passou despercebido o fato de que o exame seletivo, ou seja, o vestibular, não foi tão competitivo, sendo que a probabilidade de obtenção de êxito não estava ligada diretamente ao preparo do aluno. Isso porque existem vestibulares em que a concorrência candidato/vaga é de 1 por 1. Por outras palavras: basta fazer a inscrição e a prova que o aluno é aprovado.

Daí, quando o magistrado julgava o mérito e descobria tal situação, frequentemente cassava a liminar e julgava improcedente o pedido. Porém, em muitas situações, aquele aluno que não tinha os requisitos necessários ao ingresso no ensino superior já estava quase formado, quando já não havia concluído o ensino superior e já estava exercendo sua profissão.

Frente a essa demora na prestação da tutela jurisdicional definitiva e levando em conta que a situação de fato já se consolidou no tempo, sendo que sua modificação é mais lesiva que sua manutenção, por mais ilegal que ela possa ser, a jurisprudência tem mantido situações consolidadas pelo tempo, aplicando, no caso, a *teoria do fato consumado*, que é pautada no necessário e fundamental princípio da segurança jurídica.

A *teoria do fato consumado* é baseada no princípio da segurança jurídica. Esta objetiva, como já se viu, a estabilidade das relações jurídicas, razão pela qual, preenchidos alguns pressupostos, será possível a manutenção de uma situação de fato reconhecida ilegal em nome do primado da segurança jurídica.

O Superior Tribunal de Justiça já aplicou a teoria do fato consumado mantendo aluno que ingressou na faculdade de Direito mediante liminar, a qual veio a cair quando este já tinha concluído o ensino superior e já estava inscrito nos quadros da OAB[44].

---

43. O novo CPC (Lei 13.105/2015), inclusive, deu nova dimensão às chamadas ações possessórias de interesse coletivo, prevendo a obrigatoriedade de uma "audiência de mediação", antes da apreciação do pedido de liminar, nos casos em que o esbulho ou turbação contarem com mais de ano e dia (art. 565). Os órgãos públicos responsáveis pela política agrária ou urbana, além disso, podem ser instados a participarem do ato processual (§ 4º).

44. A referida decisão foi veiculada pelo *Informativo 389* daquele Pretório e possui o seguinte conteúdo: "Exame. OAB. Inscrição. Liminar. Conclusão. Curso. Teoria. Fato consumado. A prestação amparada por liminar do exame da OAB antes da conclusão do curso de Direito não impossibilita ao can-

Há outros casos! Apesar de haver uma inclinação jurisprudencial no sentido de não se aplicar a teoria do fato consumado em relação ao concurso público, especialmente em relação a candidatos que assumiram o cargo precariamente, mediante liminar, ou seja, obtiveram uma "posse precária", há decisões recentes do STJ admitindo, conforme o tempo, sua aplicação, de modo a manter o candidato no cargo.

Vejamos recente decisão proferida pelo Superior Tribunal de Justiça sobre o tema:

> "Recurso ordinário em mandado de segurança. Concurso público. Compatibilidade entre a questão formulada e o conteúdo programático. Reconhecimento. Interdisciplinaridade. Inocorrência. Prevalência da média final para aprovação. Impossibilidade. Previsão editalícia de nota mínima em cada módulo. Prosseguimento no certame mediante concessão de liminar. Posse no cargo público há 5 anos. Teoria do fato consumado. Aplicação excepcional. Recurso parcialmente provido. 1. Nas demandas referentes a concurso público, a atuação do Poder Judiciário limita-se ao exame da legalidade do certame. Admite-se, portanto, a análise da correlação entre a pergunta formulada e o conteúdo programático. 2. Na espécie, há compatibilidade entre o problema sugerido na prova subjetiva e as matérias exigidas para o concurso, pois a questão, de direito empresarial, referiu-se a atuação do Estado na constituição, aquisição ou alienação de participação societária, tendo constado do respectivo tópico as Sociedades Mercantis, Sociedades Mistas e Empresas Públicas. 3. O fato de se ter ressaltado o dever de observar os temas de 'cada disciplina' não impede que para a resposta da pergunta seja necessário utilizar dos ensinamentos de outro ramo do direito. 4. Nos termos do princípio da vinculação ao edital, tendo sido determinado que para aprovação o candidato deveria obter nota mínima em cada módulo, é insuficiente que ele alcance a média apenas no somatório final. 5. A jurisprudência deste Sodalício, em situações excepcionalíssimas, admite a incidência da Teoria do Fato Consumado, à luz do princípio da segurança jurídica e desde que preenchidos dos requisitos para o cargo. Na hipótese, candidata-impetrante, mediante liminar em mandado de segurança prosseguiu no concurso e tomou posse; foi aprovada no estágio probatório e exerce a função pública a 5 (cinco) anos. 6. Recurso ordinário a que se dá parcial provimento" (STJ, RMS 31.152/PR 2009/0242361-8, 5.ª T., Rel. Min. Jorge Mussi, j. 18.02.2014, DJe 25.02.2014).

A força normativa constitucional desse princípio é tão grande que o STJ já afastou regra constitucional expressa para homenageá-lo. Veja recente decisão em que, pela referida teoria, servidores que foram nomeados para cargos públicos efetivos, sem concurso, foram mantidos em razão da ingente demora da Administração em anular o ato.

> "Recurso em mandado de segurança. Administrativo. Servidores públicos que assumiram cargos efetivos sem prévio concurso público, após a CF de 1988. Atos nulos. Transcurso de quase 20 anos. Prazo decadencial de cinco anos cumprido, mesmo contado após a Lei 9.784/99, art. 55. Preponderância do princípio da segurança jurídica. Recurso ordinário provido. 1. O poder-dever da Administração de invalidar seus próprios atos encontra limite temporal no princípio da segurança jurídica, de índole constitucional, pela evidente razão de que os administrados não podem ficar indefinidamente sujeitos à instabilidade origina-

---

didato obter sua inscrição. Aplicou-se, porém, ao caso, a teoria do fato consumado, visto que o impetrante já concluiu o curso e se inscreveu definitivamente nos quadros da Ordem. Precedentes citados: AgRg no REsp 1.012.231-SC, DJe 23/10/2008, e REsp 500.340-RS, DJ 8/2/2007" (AgRg no REsp 1.076.042/SC, Rel. Min. Humberto Martins, j. 02.04.2009 (Informativo 389)).

da da autotutela do Poder Público. 2. O art. 55 da Lei 9.784/99 funda-se na importância da segurança jurídica no domínio do Direito Público, estipulando o prazo decadencial de 5 anos para a revisão dos atos administrativos viciosos e permitindo, a contrario sensu, a manutenção da eficácia dos mesmos, após o transcurso do interregno quinquenal, mediante a convalidação ex ope temporis, que tem aplicação excepcional a situações típicas e extremas, assim consideradas aquelas em que avulta grave lesão a direito subjetivo, sendo o seu titular isento de responsabilidade pelo ato eivado de vício. 3. A infringência à legalidade por um ato administrativo, sob o ponto de vista abstrato, sempre será prejudicial ao interesse público; por outro lado, quando analisada em face das circunstâncias do caso concreto, nem sempre sua anulação será a melhor solução. Em face da dinâmica das relações jurídicas sociais, haverá casos em que o próprio interesse da coletividade será melhor atendido com a subsistência do ato nascido de forma irregular. 4. O poder da Administração, destarte, não é absoluto, de forma que a recomposição da ordem jurídica violada está condicionada primordialmente ao interesse público. O decurso do tempo, em certos casos, é capaz de tornar a anulação de um ato ilegal claramente prejudicial ao interesse público, finalidade precípua da atividade exercida pela Administração. 5. Cumprir a lei nem que o mundo pereça é uma atitude que não tem mais o abono da Ciência Jurídica, neste tempo em que o espírito da justiça se apoia nos direitos fundamentais da pessoa humana, apontando que a razoabilidade é a medida sempre preferível para se mensurar o acerto ou desacerto de uma solução jurídica. 6. Os atos que efetivaram os ora recorrentes no serviço público da Assembleia Legislativa da Paraíba, sem a prévia aprovação em concurso público e após a vigência da norma prevista no art. 37, II da Constituição Federal, é induvidosamente ilegal, no entanto, o transcurso de quase vinte anos tornou a situação irreversível, convalidando os seus efeitos, em apreço ao postulado da segurança jurídica, máxime se considerando, como neste caso, que alguns dos nomeados até já se aposentaram (4), tendo sido os atos respectivos aprovados pela Corte de Contas Paraibana. 7. A singularidade deste caso o extrema de quaisquer outros e impõe a prevalência do princípio da segurança jurídica na ponderação dos valores em questão (legalidade vs. segurança), não se podendo fechar os olhos à realidade e aplicar a norma jurídica como se incidisse em ambiente de absoluta abstratividade. 8. Recurso Ordinário provido, para assegurar o direito dos impetrantes de permanecerem nos seus respectivos cargos nos quadros da Assembleia Legislativa do Estado da Paraíba e de preservarem as suas aposentadorias" (STJ, RMS 25.652/PB 2007/0268880-8, 5.ª T., Rel. Min. Napoleão Nunes Maia Filho, j. 16.09.2008, DJe 13.10.2008).

Observe-se, no entanto, que o STF tem sido bem mais refratário à aplicação da teoria do fato consumado em questões envolvendo nomeação de servidores, já tendo decidido, por exemplo, que não se aplica essa teoria para assegurar a manutenção de lotação inicial de delegada de Polícia Federal feita fora das regras previstas no edital do concurso, e obtida liminarmente sob o fundamento de aplicação do art. 226 da CF/1988 (unidade familiar)[45]. Da mesma forma, afastou a aplicação da teoria no caso de candidato inscrito, por força de medida liminar, em curso de sargento da Polícia Militar, que havia sido reprovado em teste de avaliação física e que, ao final, foi sucumbente na ação judicial[46]. Por fim, já negou, da mesma forma, aplicação à teoria a candidato que havia sido nomeado após aprovação em concurso decorrente da anulação de questões feita pelo Judiciário, em decisão precária, posteriormente derrubada[47].

---

45. STF, AgRg no RE 587.934/CE, 2.ª T., Rel. Min. Cármen Lúcia, j. 12.03.2013.
46. STF, AgRg no AI 504.970/MG, 2.ª T., Rel. Min. Cezar Peluso, j. 07.08.2012.
47. STF, AgRg no RE 405.964/RS, 1.ª T., Rel. Min. Dias Toffoli, j. 24.04.2012.

Na verdade, a Corte Suprema tem sistematicamente negado aplicação à teoria do fato consumado em situações nas quais a "consolidação" da situação fática decorre de demora na prestação jurisdicional, valendo lembrar, no particular, o que restou consignado quando do julgamento do RE 275.159/SC, assim ementado[48]:

> "Concurso público. Delegado de polícia. Exame psicotécnico. Se a lei exige, para a investidura no cargo, o exame psicotécnico, não pode este ser dispensado, sob pena de ofensa ao art. 37, I, da Constituição. Não pode, a circunstância de ter sido a liminar deferida, sanar a inconstitucionalidade da sua concessão. Recurso extraordinário provido" (STF, 1.ª T., Rel. Min. Ellen Gracie, j. 11.10.2001).

Pondo uma pá de cal sobre o tema, a Corte Suprema, ao julgar o RE 608.482/RN, com repercussão geral reconhecida (Rel. Min. Teori Zavascki)[49], assentou:

> EMENTA: CONSTITUCIONAL. ADMINISTRATIVO. CONCURSO PÚBLICO. CANDIDATO REPROVADO QUE ASSUMIU O CARGO POR FORÇA DE LIMINAR. SUPERVENIENTE REVOGAÇÃO DA MEDIDA. RETORNO AO STATUS QUO ANTE. "TEORIA DO FATO CONSUMADO", DA PROTEÇÃO DA CONFIANÇA LEGÍTIMA E DA SEGURANÇA JURÍDICA. INAPLICABILIDADE. RECURSO PROVIDO. 1. Não é compatível com o regime constitucional de acesso aos cargos públicos a manutenção no cargo, sob fundamento de fato consumado, de candidato não aprovado que nele tomou posse em decorrência de execução provisória de medida liminar ou outro provimento judicial de natureza precária, supervenientemente revogado ou modificado. 2. Igualmente incabível, em casos tais, invocar o princípio da segurança jurídica ou o da proteção da confiança legítima. É que, por imposição do sistema normativo, a execução provisória das decisões judiciais, fundadas que são em títulos de natureza precária e revogável, se dá, invariavelmente, sob a inteira responsabilidade de quem a requer, sendo certo que a sua revogação acarreta efeito ex tunc, circunstâncias que evidenciam sua inaptidão para conferir segurança ou estabilidade à situação jurídica a que se refere. 3. Recurso extraordinário provido.

Outra manifestação do princípio é encontrada pelo art. 2.º, parágrafo único, XIII, da Lei 9.784/1999, o qual possui a seguinte redação:

> "Art. 2.º A Administração Pública obedecerá, dentre outros, aos princípios da legalidade, finalidade, motivação, razoabilidade, proporcionalidade, moralidade, ampla defesa, contraditório, segurança jurídica, interesse público e eficiência.
>
> Parágrafo único. Nos processos administrativos serão observados, entre outros, os critérios de:
> (...)
>
> XIII – interpretação da norma administrativa da forma que melhor garanta o atendimento do fim público a que se dirige, vedada aplicação retroativa de nova interpretação".

---

48. E não só em matéria de concursos públicos e nomeação de servidores, posto que a Corte Suprema já negou aplicação à teoria também em caso no qual empresa poluidora havia conseguido, liminarmente, o direito de instalação sem a devida licença ambiental (STF, AgRg no RE 609.748/RJ, 1.ª T., Rel. Min. Luiz Fux, j. 23.08.2011).
49. Plenário, julgado em 07/08/2014, (vide Informativo STF 753, 1º a 8 de agosto de 2014).

O princípio da segurança jurídica é destacado na parte final do inciso XIII, que estabelece a proibição de se conferir à nova interpretação efeitos retroativos[50]. Em termos práticos, significa que, se ao longo da gestão pública há mudança sobre a correta aplicação de determinada lei, esta alteração apenas valerá para novos casos, sendo vedado que se aplique a nova exegese aos casos anteriores.

É a aplicação desse princípio que justifica, em grande parte, a tese da não repetição de **verbas alimentares já recebidas, de boa-fé**, por servidores públicos as quais, posteriormente, a Administração Pública entende não serem devidas. Nesse sentido, o próprio TCU já pacificou entendimento no sentido da irrepetibilidade, conforme Súmula 249, *in verbis*:

> *É dispensada a reposição de importâncias percebidas, de boa-fé, por servidores ativos e inativos, e pensionistas, em virtude de erro escusável de interpretação de lei por parte de órgão/entidade, ou por parte de autoridade legalmente investida em função de orientação e supervisão, à vista da presunção de legalidade do ato administrativo e do caráter alimentar das parcelas salariais.*

Observe-se que a Súmula não garante, no entanto, a continuidade da percepção da parcela posto que, sendo indevida, deve ser cessado seu pagamento, resguardando-se, tão-somente, os valores já recebidos. Não obstante, sendo a verba decorrente de decisão judicial já consolidada, com trânsito em julgado, terá também a Corte de Contas de respeitar a situação posta, posto que não detém competência para rever o ato judicial. Em casos como esse a Corte Suprema também enfatiza o princípio da segurança jurídica e o seu corolário, o da proteção da confiança[51] [52].

Mesmo que a nova interpretação seja mais favorável ao administrado, como em processo disciplinar, ainda assim é vedada a atribuição de efeito retroativo a ela, até

---

50. "Administrativo. Embargos infringentes. Servidor público. Verbas percebidas de boa-fé. Devolução. Aplicação retroativa de nova interpretação. Impossibilidade. Violação ao art. 2.º, parágrafo único, XIII da Lei n.º 9.784/99. Inaplicabilidade da Súmula n.º 343 do STF. I. Embargos infringentes contra acórdão do Pleno que, em sede de ação rescisória, julgou procedente o pedido por maioria de votos. Pleito quanto à prevalência do voto vencido, que aplicava a Súmula n.º 343 do STF ao caso. II. O surgimento de nova interpretação na esfera administrativa sobre o pagamento de gratificação não pode implicar a devolução de verbas percebidas de boa-fé pelos servidores públicos outrora beneficiados. Violação ao art. 2.º, parágrafo único, XIII da Lei n.º 9.784/99 configurada, bem como reflexamente ao art. 46 da Lei n.º 8.112/90 e a dispositivos constitucionais (art. 37, *caput* e art. 5.º, XXXVI). III. Inaplicabilidade da Súmula n.º 343 do STF, por haver repercussão constitucional no caso (ofensa ao princípio da legalidade e à garantia de irretroatividade quanto aos atos jurídicos perfeitos) e, ainda, pela ausência de controvérsia significativa sobre a interpretação dada ao art. 2.º, parágrafo único, XIII da Lei n.º 9.784/99 ou mesmo ao art. 46 da Lei n.º 8.112/90. IV. Embargos infringentes improvidos" (TRF-5, AR 5.045/RN 0027634532004405000002, Rel. Des. Fed. Margarida Cantarelli, j. 17.10.2007, Pleno, *DJ* 04.12.2007, p. 552, n. 232, ano: 2007).

51. STF, 2ª Turma, MS 27.962/DF, rel. Min. Celso de Mello, j. em 04/12/2012 (*vide também Informativo STF 543, Transcrições*).

52. Evidente que sempre deve ser ressaltado o respeito à "boa fé",. **O Supremo julgou um caso em que o servidor recebeu auxílio-moradia apresentando declaração falsa de que havia se mudado para outra cidade**. Nesse caso, foi condenado a ressarcir o erário e devolver os valores recebidos, mesmo tendo passado mais de 5 anos desde a data em que o pagamento foi autorizado. STF. 1ª Turma. MS 32.569/DF, rel. orig. Min. Marco Aurélio, rel. p/ o ac. Min. Edson Fachin, julgado em 13/09/2016. (Inf. 839)

porque a parte inicial do referido comando legal enuncia que a interpretação da norma administrativa deve se dar da forma que melhor garanta o atendimento do fim público a que se dirige.

Outro ponto que não pode ser confundido é que, nesse caso, não se está discutindo a aplicação retroativa de nova lei. Não é isso! Note-se que a lei é a mesma, porém houve mudança em sua interpretação. Essa nova interpretação não retroage.

Por fim, é relevante destacar que a mesma lei que regula o Processo Administrativo Federal – Lei 9.784/1999 – positiva outra versão da aplicação do primado da segurança jurídica quando põe limites ao exercício da autotutela administrativa.

O art. 54 do referido diploma legal estabelece que "*o direito da Administração de anular os atos administrativos de que decorram efeitos favoráveis para os destinatários decai em cinco anos, contados da data em que foram praticados, salvo comprovada má-fé*".

Isso significa que o exercício da autotutela não é ilimitado. Assim, mesmo que o ato que se pretenda anular seja induvidosamente ilegal, caso já tenha sido produzido há mais de cinco anos e dele tenham decorrido efeitos favoráveis para terceiros que não estavam de má-fé, é impassível de invalidação em razão do obstáculo da segurança jurídica[53].

Todavia, o Supremo Tribunal Federal ressalva a imprescritibilidade em algumas situações, como, por exemplo, a titularidade de cartório quando a vacância do cargo ocorre na vigência da CF/88, que exige a submissão a concurso público, nos termos do artigo 236, § 3º da CF. **O entendimento é de que o prazo decadencial do art. 54 da Lei nº 9.784/99 não se aplica quando o ato a ser anulado afronta diretamente a Constituição Federal.**

Por fim, registre-se o entendimento do Superior Tribunal de Justiça no sentido que o prazo decadencial previsto no art. 54 da Lei nº 9.784/99, quanto aos atos administrativos anteriores à sua promulgação, iniciou-se a partir da data de sua entrada em vigor, ou seja,

---

53. "Administrativo. Processual civil. *CEBAS. Revisão de ato. Exclusão de limitação temporal. Decadência. Configurada.* Alegação de interrupção com base no art. 54, § 2.º da Lei 9.784/99. Ato concreto havido após o prazo de cinco anos com a ciência pelo interessado do processo. Art. 66 da Lei 9.784/99. Precedente da primeira seção do STJ. 1. Cuida-se de mandado de segurança ajuizado contra decisão do Ministro de Estado da Previdência Social, datada de 1.º.9.2006, que reviu termos de ato administrativo publicado em 20.8.1998, referente a certificado de entidade beneficente e de assistência social (CEBAS). 2. O primeiro ato administrativo negou provimento ao recurso contra o indeferimento da renovação do certificado e fixou que os efeitos deveriam ser contados a partir daquela data. O INSS se insurgiu contra a limitação temporal dos efeitos e postulou, em ofício datado de 1.9.2003 (fls. 110-116), que deveria ser revista essa e outras decisões semelhantes do passado. 3. O tema da decadência, do direito de revisão, foi colocado sob escrutínio analítico na consultoria jurídica da Advocacia-Geral da União, cujo entendimento sobre a aplicação do art. 54, § 2.º da Lei n. 9.784/99 foi firmado em 10.3.2006 (fls. 125-140). 4. A jurisprudência do Superior Tribunal de Justiça já firmou que é possível a interrupção do prazo decadencial com base no art. 54, § 2.º, da Lei n. 9.784/99 desde que haja ato concreto, produzido por autoridade competente, em prol da revisão do ato administrativo identificado como ilegal, cujo prazo será fixado a partir da cientificação do interessado, nos termos do art. 66 da mesma Lei. Precedente: MS 18606/DF, Rel. Ministra Eliana Calmon, Rel. p/ Acórdão Ministro Arnaldo Esteves Lima, Primeira Seção, *DJe* 28.6.2013. 5. *Está configurada a decadência do direito de rever o ato de 20.8.2008, já que o primeiro ato concreto de revisão deu-se com a ciência pelo interessado do processo, por meio de um ofício datado de 26.6.2006 (fl. 144), quando já havia fluído o prazo, cujo termo final houve em 1.º.2.2004. Segurança concedida.* Agravo regimental prejudicado" (STJ, MS 12.286/DF 2006/0217814-6, 1.ª S., Rel. Min. Humberto Martins, j. 26.02.2014, DJe 11.03.2014).

na data de sua publicação, em 01/02/1999. Assim, caso o ato ilegal tenha sido praticado antes da Lei nº 9.784/99, a Administração teve o prazo de 5 anos a contar da vigência da aludida norma para anulá-lo.[54]

2.4.9. Princípio da autotutela

A gestão dos interesses da coletividade requer a prática diária de atos administrativos. Afinal de contas, como já ensinava *Seabra Fagundes*, administrar é aplicar a lei de ofício e os atos administrativos nada mais são do que o produto da aplicação da lei no caso concreto.

Conforme a margem de liberdade que o legislador vai reservar ao administrador para aplicar a lei, ter-se-á atos administrativos vinculados e os atos discricionários. Nos primeiros, a lei não deixa qualquer espaço de liberdade para que seja apreciado qual o melhor comportamento a ser adotado no caso concreto, sendo a conduta totalmente vinculada. Já nos atos discricionários, especialmente em vista da impossibilidade de o legislador prever de antemão todas as circunstâncias que poderiam ser relevantes e ocorrentes em um caso concreto, é deixada uma margem de liberdade para que o administrador, na análise do caso concreto, fazendo um juízo de oportunidade e conveniência, adote o comportamento que melhor atenda ao interesse público naquele caso.

Esses atos praticados, cujo objetivo é o alcance dos interesses da coletividade, estão sujeitos a controle interno por parte da própria Administração que o produziu. O exercício desse controle interno é baseado no princípio da autotutela administrativa.

Assim, pode-se afirmar que o princípio da autotutela administrativa está ligado ao poder que a Administração possui de rever seus comportamentos, seus atos, o que pode ser motivado por ilegalidade (controle de legalidade) ou por perda da conveniência e oportunidade na manutenção do ato (controle de mérito).

2.4.9.1. *Fundamentos normativos e jurisprudenciais do princípio da autotutela*

Há décadas o princípio da autotutela é reconhecido pelo ordenamento jurídico pátrio. O Supremo Tribunal Federal, ainda na década de 1960, sumulou no Enunciado 473 o entendimento de que "a administração pode anular seus próprios atos quando eivados de vícios que os tornam ilegais, porque deles não se originam direitos, ou revogá-los, por motivo de conveniência ou oportunidade, respeitados os direitos adquiridos, e ressalvada em todos os casos a apreciação judicial".

Hoje há diplomas legais reconhecendo expressamente o referido princípio. É o caso, dentre outras legislações, da Lei que regulamenta o Processo Administrativo em âmbito Federal (Lei 9.784/1999), sendo que, em seu art. 53, está positivado que "a Administração deve anular seus próprios atos, quando eivados de vício de legalidade, e pode revogá-los por motivo de conveniência ou oportunidade, respeitados os direitos adquiridos".

---

54. STJ. 2ª Turma. REsp 1.270.474-RN, Rel. Min. Herman Benjamin, julgado em 18/10/2012 (Info 508).

2.4.9.2. Formas de exercício da autotutela

As principais formas de exercício da autotutela são externadas pela anulação e revogação do ato administrativo.

2.4.9.2.1. Anulação

A anulação é a forma de controle interno em que a Administração extingue o ato em razão de este possuir vícios de legalidade. É importante ficar claro que vício de legalidade não significa apenas inobservância à lei. Em verdade, está acobertada pela ilegalidade toda violação à lei, princípios constitucionais, regulamentos, editais, etc.

Assim, da mesma forma que é ilegal o ato de aplicação de uma multa por um agente sem competência legal, também o é o ato da comissão de licitação que inabilita licitante descumprindo as regras do edital, ou, ainda, o ato que impõe a aplicação de uma multa prevista em lei, porém de forma desproporcional à infração cometida.

A anulação, por ser forma de extinção do ato por motivo de ilegalidade, além de poder ser feita pela Administração, também o poderá ser pelo Poder Judiciário, porém, aqui, desde que devidamente provocado para tanto.

A anulação poderá ser feita de ofício ou por provocação. De ofício é quando a própria Administração revê o ato e o anula. É importante registrar que esse comportamento não é corrente, pois, como se sabe, o ato administrativo, quando é produzido, nasce com a presunção de que foi feito corretamente e que, por isso, é legal e legítimo.

Porém, a ordem jurídica prevê fortes mecanismos de controle do ato por provocação. Destaca-se o direito de petição, previsto no art. 5.º, XXXIV, "a", da Constituição Federal no sentido de que "são a todos assegurados, independentemente do pagamento de taxas: a) o direito de petição aos Poderes Públicos em defesa de direitos ou contra ilegalidade ou abuso de poder".

Ainda há os recursos administrativos. Estes têm como pressuposto a pretensão de reforma de alguma decisão ou ato. Trata-se de uma verdadeira garantia individual do cidadão. Não se pode cercear esse direito[55]!

---

55. O recurso administrativo pode ser de ofício, quando a própria autoridade decisória recorre, submetendo sua primeira decisão ao órgão julgador superior. Tem que ter previsão legal expressa. Também pode ser interposto por provocação da parte interessada, quando o administrado interpõe o recurso. Será voluntário também nos casos em que a Administração recorre de decisão proferida por instância decisória não pertencente à estrutura orgânica do setor responsável pela decisão impugnada.Os recursos administrativos podem ser recebidos no efeito devolutivo e, nas hipóteses previstas, também no suspensivo.A regra é que seja dotado apenas o efeito devolutivo (art. 61 da Lei 9.784/1999), o que significa que a interposição do recurso não suspende a operatividade do ato. Quer dizer que o ato impugnado não deixa de produzir seus efeitos na pendência do recurso. Importante registrar que, se lei for omissa quanto aos efeitos do recebimento do recurso, tem-se que este apenas será recebido no efeito devolutivo.O efeito suspensivo tem que estar expresso na lei (parágrafo único do art. 61 da Lei 9.784/1999). Quando o recurso é recebido nesse efeito, o ato questionado fica com sua operatividade suspensa, não produzindo efeitos contra o recorrente, razão pela qual, após interposto o recurso, não poderá, na pendência deste, se discutir a matéria na via judicial, pois faltará ao demandante uma das condições da ação que é o interesse de agir.O efeito suspensivo pode ser dado diretamente pela lei ou atribuído pela autoridade competente.São

É importante registrar que o exercício da autotutela quanto à anulação do ato não é ilimitado. Dentre os limites ou atenuação do referido princípio, destaca-se o princípio da segurança jurídica.

Registramos oportunamente que o art. 54 da Lei 9.784/1999 estabelece que "o direito da Administração de anular os atos administrativos de que decorram efeitos favoráveis para os destinatários decai em cinco anos, contados da data em que foram praticados, salvo comprovada má-fé".

Assim, mesmo que o ato que se pretenda anular seja induvidosamente ilegal, caso já tenha sido produzido há mais de cinco anos e tenham decorrido efeitos favoráveis para terceiros que não estavam de má-fé, é impassível de invalidação em razão do obstáculo da segurança jurídica.

E quando o ato ilegal não constituir direitos? Se o destinatário atuou de má-fé, qual seria o prazo para anular o ato? A doutrina pouco desenvolve sobre esse tema, sendo que os poucos que enfrentam o tema entendem que seria o caso de aplicar o art. 205 do Código Civil, que contém um prazo prescricional residual[56]. Estabelece o mencionado comando legal que "a prescrição ocorre em dez anos, quando a lei não lhe haja fixado prazo menor".

Registre-se, ainda, que há diversas decisões do Superior Tribunal de Justiça no sentido de que, se o ato foi produzido antes da edição da Lei 9.784/1999, não havia prazo para sua anulação[57], o que, a nosso ver, não tem sustentação jurídica!

Outro limite que a jurisprudência tem imposto ao exercício da autotutela que venha a afetar direitos ou interesses de terceiros é a necessidade, previamente à anulação, de abertura do contraditório e ampla defesa ao administrado[58].

---

hipóteses em que o recebimento do efeito suspensivo decorre diretamente da Lei: recurso cabível contra habilitação, inabilitação e julgamento das propostas em licitação (art. 109, I, "a" e "b", da Lei 8.666/1993), recurso contra lançamento tributário, o qual suspende a exigibilidade do crédito tributário (operatividade do ato), conforme prescreve o art. 151, III, do Código Tributário Nacional.É possível também que o efeito suspensivo ao recurso seja atribuído diretamente pela autoridade competente.

56. Nesse sentido, Celso Antônio Bandeira de Mello, *na hipótese de ato emitido com má-fé, o prazo prescricional seria de 10 anos*, mediante aplicação do art. 205 do Código Civil (*Curso de direito administrativo*. 29. ed. São Paulo, Ed. Malheiros, 2012, p. 483).

57. "Mandado de segurança. Administrativo. Servidor público. Anulação do percebimento de vantagem. Poder de autotutela. Prazo para administração anular seus próprios atos. Decadência não configurada. Ato anterior à Lei n.º 9.784/99. Função comissionada. Lei n.º 9.421/96. Percepção integral cumulativa com os vencimentos do cargo efetivo. Lei n.º 9.527/97. Impossibilidade. 1. *Este Tribunal firmou entendimento no sentido de inexistir prazo para a administração anular seus atos, antes da edição da Lei n.º 9.784/99, fundamentada no seu poder de autotutela. Ressalva do ponto de vista da relatora.* 2. A Lei 9.527/97 não revogou o art. 15, § 2.º, da Lei 9.421/96, de forma que permanece inviável a possibilidade de que servidor público federal cumule o recebimento integral de função comissionada, da vantagem pessoal nominalmente identificada (VPNI) e do vencimento do cargo efetivo. Precedentes. 3. Recurso ordinário improvido" (STJ, RMS 19.365/MG 2004/0179314-5, 6.ª T., Rel. Min. Maria Thereza de Assis Moura, j. 20.08.2009, *DJe* 08.09.2009).

58. "Administrativo. Mandado de segurança. Servidor público. Continuidade no certame por força de medida liminar. Aprovação. Posse e exercício há mais de quatorze anos. Anulação do ato de nomeação. Processo administrativo. Contraditório e ampla defesa. Necessidade. Súmula Vinculante n.º 3/STF. Segurança concedida. 1. Mandado de segurança impetrado contra ato que, catorze anos após a nomeação e posse da Impetrante no cargo de Auditor-Fiscal do Trabalho e quatro anos após o trânsito em julgado de decisão que denegou a ordem em mandado de segurança em que fora

Por fim, deve-se lembrar que a anulação gera efeitos retroativos, *ex tunc*. Significa dizer que, com a anulação, são desconstituídos os efeitos derivados daquele ato ilegal. Uma alternativa à anulação e, por consequência, à desconstituição dos efeitos do ato, até mesmo por imperativo de segurança jurídica, seria a convalidação do ato, que não deixa de ser uma manifestação da autotutela administrativa.

Convalidação ou saneamento é o ato administrativo pelo qual é suprido o vício existente em um ato ilegal, com efeitos retroativos à data em que este foi praticado. Há divergência doutrinária sobre ser a convalidação obrigatória ou facultativa. Di Pietro, apoiada nas lições de Weida Zancner, entende que, a depender do caso, a convalidação será obrigatória ou não.

Segundo Weida Zancner, só existe uma hipótese em que a Administração Pública *pode optar* entre o dever de convalidar e o dever de invalidar segundo critérios discricionários. É, na visão da autora, o caso de ato discricionário praticado por autoridade incompetente.

Assim, nessa hipótese, pode a Administração Pública, segundo um juízo subjetivo, optar se quer convalidar ou invalidar o ato viciado.

Argumenta, e com razão, a nosso ver, que, "se alguém pratica em lugar de outrem um dado ato discricionário e esse alguém não era o titular do poder para expedi-lo, não poderá pretender que o agente a quem competia tal poder seja obrigado a repraticá-lo sem vício (convalidá-lo), porquanto poderá discordar da providência tomada. Se o sujeito competente não tomaria a decisão em causa, porque deveria tomá-la ante o fato de que outrem, sem qualificação para isto, veio a agir em lugar dele? Por outro lado, também não se poderá pretender que deva invalidá-lo, ao invés de convalidá-lo, pois é possível que a medida em questão seja a mesma que ele – o titulado – teria adotado. Então, abrem-se novamente duas hipóteses: ou o agente considera adequado ao interesse público o ato que fora expedido por agente incompetente e, neste caso, o convalida, ou o reputa inadequado e, dado o vício de incompetência, o invalida. Há, pois, nessa hipótese, opção discricionária, mas é única hipótese em que há lugar para discrição"[59].

---

deferida liminar para participação na segunda etapa do concurso público, tornou sem efeito a sua nomeação sem que lhe fosse assegurado o direito ao contraditório e à ampla defesa. 2. *Consoante inteligência da Súmula 473/STF, a Administração, com fundamento no seu poder de autotutela, pode anular seus próprios atos, desde que ilegais. Ocorre que, quando tais atos produzem efeitos na esfera de interesses individuais, mostra-se necessária a prévia instauração de processo administrativo, garantindo-se a ampla defesa e o contraditório, nos termos do art. 5.º, LV, da Constituição Federal, 2.º da Lei 9.784/99 e 35, II, da Lei 8.935/94.* 3. Considerando-se a existência, na esfera da Administração Pública Federal, de situação similar envolvendo concurso público para o Departamento de Polícia Federal, onde se encontrou, após anos de investiduras por via judicial, adequada solução administrativa para as respectivas situações funcionais, mostra-se inviável reconhecer, de antemão, uma suposta inutilidade de reabertura do processo administrativo contra a Impetrante, sem que lhe sejam assegurados o contraditório e ampla defesa. 4. Segurança concedida para anular o ato impugnado, restaurando-se o *status quo ante*, por afronta aos princípios constitucionais da ampla defesa e do contraditório, Custas *ex lege*. Sem condenação ao pagamento de honorários advocatícios, nos termos da Súmula 105/STJ" (STJ, MS 15.474/DF 2010/0122567-7, 1.ª S., Rel. Min. Arnaldo Esteves Lima, j. 13.03.2013, DJe 17.04.2013).

59. *Da convalidação e da invalidação dos atos administrativos*. 3. ed. São Paulo: Malheiros, 2008. p. 68-69.

Fora essa hipótese, segundo a autora, a convalidação seria obrigatória. Ainda, esse é o entendimento de Celso Antônio Bandeira de Mello[60].

Apesar disso, o art. 55 da Lei 9.784/1999 estabelece que, "em decisão na qual se evidencie não acarretarem lesão ao interesse público nem prejuízo a terceiros, os atos que apresentarem defeitos sanáveis poderão ser convalidados pela própria Administração".

Mesmo que não se adote o posicionamento de Di Pietro ou de Celso Antônio Bandeira de Mello, e se entenda que a convalidação é discricionária, há certas hipóteses em que ela é proibida. Destacam-se, já de início, os obstáculos do próprio art. 55 da Lei 9.784/1999:

- *se a convalidação acarretar lesão ao interesse público;*
- *se a convalidação acarretar prejuízos a terceiros.*

Ainda, em âmbito doutrinário, não pode ser convalidado ato:

- *quando se tratar de vício de competência e esta for exclusiva de certa autoridade;*
- *quanto se tratar de vício de forma, que é essencial à validade do ato;*
- *nulo por vícios de motivo, objeto e finalidade;*
- *que esteja sendo discutido administrativa ou judicialmente.*

Por fim, uma última saída seria a anulação do ato com efeitos não retroativos. Essa foi a opção adotada pela Lei que regulamenta o processo administrativo no Estado do Rio de Janeiro.

Segundo o art. 53, § 3.º, da Lei 5.427/2009:

> "Art. 53. A Administração tem o prazo de cinco anos, a contar da data da publicação da decisão final proferida no processo administrativo, para anular os atos administrativos dos quais decorram efeitos favoráveis para os administrados, ressalvado o caso de comprovada má-fé.
> (...)
> § 3.º Os Poderes do Estado e os demais órgãos dotados de autonomia constitucional poderão, no exercício de função administrativa, tendo em vista razões de segurança jurídica ou de excepcional interesse social, restringir os efeitos da declaração de nulidade de ato administrativo ou decidir que ela só tenha eficácia a partir de determinado momento que venha a ser fixado".

2.4.9.2.2. Revogação

A revogação é a outra manifestação da autotutela em que o ato é extinto por perda da conveniência e oportunidade em sua manutenção.

Foi visto que, em muitas ocasiões, a lei reserva uma margem de liberdade para que o administrador, na análise do caso concreto, fazendo um juízo de oportunidade e conveniência, adote o comportamento que melhor atenda ao interesse público naquele caso. Trata-se da discricionariedade administrativa.

---

60. *Curso de direito administrativo.* 29. ed. São Paulo: Malheiros, 2012. p. 493.

No exercício da discricionariedade nasce o ato discricionário. Um bom exemplo para elucidar a discricionariedade é o deferimento de autorização para colocar barracas de doces e salgados em praças públicas.

Quando o particular solicita uma autorização, a Administração irá analisar se é conveniente e oportuno o deferimento e, em caso positivo, autoriza. Se, por sua vez, não for compatível naquele momento com o interesse público, a autorização é negada.

Nota-se que os atos discricionários são atos precários, pois são baseados em conveniência e oportunidade, que são conceitos extremamente instáveis, pois o que é conveniente hoje, e enseja a prática do ato, pode amanhã não o ser e por isso vai gerar a revogação do ato.

Por isso, podemos concluir que o motivo da revogação é justamente a perda da conveniência e oportunidade na manutenção do ato praticado. É importante deixar claro que não é todo ato que pode ser revogado. É pressuposto que o ato seja lícito (pois, se não for, a forma correta de autocontrole é por anulação) e discricionário, o que significa que sua edição também foi lastreada em análise de conveniência e oportunidade em sua produção. É por essa razão que o ato vinculado não pode ser revogado, pois a sua edição não é pautada em critérios de conveniência e oportunidade.

Ainda, atos materiais, atos que já produziram os seus efeitos e por isso já se exauriram e os que geraram direitos adquiridos também não podem ser objeto de revogação.

O STJ, por exemplo, já se posicionou pela impossibilidade de revogação do ato administrativo que havia prorrogado o prazo de validade de concurso público por considerar que, uma vez praticado, tal ato já passava a produzir efeitos na esfera jurídica dos candidatos, não sendo mais possível, por simples conveniência, sua revogação[61].

A revogação, ao contrário da anulação, apenas pode ser feita no exercício da função administrativa e, por isso, pela Administração Pública. Isso significa que o Poder Judiciário, no exercício de sua função jurisdicional, jamais poderá revogar um ato administrativo. Todavia, é possível que um Tribunal revogue um ato administrativo feito por ele mesmo no desempenho de sua função atípica de administrador. Aqui, ele estaria atuando dentro da expressão administração pública (no sentido de quem exerce a função administrativa).

Por fim, a revogação não gera efeitos retroativos, pois o ato revogado era válido e legal, sendo sua extinção baseada exclusivamente por perda superveniente da conveniência e oportunidade em sua manutenção.

---

61. MS 4.288/DF, 3ª Seção, rel. Min. William Patterson, j. em 12/06/1996.

2.5 RESUMO GRÁFICO GERAL

Princípios				
	Supremacia do interesse público sobre o privado	Conceito		Princípio fundamental do Direito Administrativo que confere ao administrador público uma série de prerrogativas para a boa gestão dos interesses públicos
		Distinção	Interesse primário	É o interesse público verdadeiro, legítimo.
			Interesse secundário	Interesses individuais do Estado que devem ser direcionados ao interesse público
		Aspectos		Materiais: Presunção de veracidade e legitimidade dos atos, imperatividade e auto executoriedade
				Processuais: bens impenhoráveis, pagamento de condenações judiciais por precatórios, prazos processuais diferenciados, processo de execução próprio etc.
				Contratuais: cláusulas exorbitantes
	Indisponibilidade do interesse público	Conceito		Os interesses geridos pelos gestores (Administração Pública) não são deles, mas da coletividade, razão pela qual possuem uma série de restrições e limitações
	Legalidade			A Administração só pode agir se houver uma lei autorizando ou determinando a conduta
	Impessoalidade			A administração deve agir de modo impessoal, visando sempre atender ao interesse público e não a beneficiar ou prejudicar terceiros
	Moralidade			A Administração deve ter honestidade no trato da coisa pública
	Publicidade			A Administração deve dar publicidade aos seus atos, com exceção de informações relativas à segurança nacional e à defesa da intimidade
	Eficiência			Eficiência é obter o máximo de resultados positivos com o menor gasto possível. A Administração e seus agentes, em sua atuação, devem buscar o melhor resultado funcional possível
	Razoabilidade e proporcionalidade	Conceito		A Administração deve fazer uso de meios adequados e proporcionais para alcançar os fins buscados, bem como agir de modo razoável

Princípios	Autotutela	Conceito	É o poder da Administração de rever os seus atos
		Abrangência — Legalidade	Verifica se o ato está de acordo com a lei e a CF. Pode levar à anulação ou convalidação do ato.
		Abrangência — Mérito	Analisa a conveniência e a oportunidade da manutenção do ato, podendo gerar sua revogação

2.6. SÚMULAS DO STF

REGIME JURÍDICO ADMINSITRATIVO	
Súmula Vinculante n. 03: Nos processos perante o tribunal de contas da união asseguram-se o contraditório e a ampla defesa quando da decisão puder resultar anulação ou revogação de ato administrativo que beneficie o interessado, excetuada a apreciação da legalidade do ato de concessão inicial de aposentadoria, reforma e pensão.	Súmula Vinculante n. 21: É inconstitucional a exigência de depósito ou arrolamento prévios de dinheiro ou bens para admissibilidade de recurso administrativo.
Súmula Vinculante n. 13: A nomeação de cônjuge, companheiro ou parente em linha reta, colateral ou por afinidade, até o terceiro grau, inclusive, da autoridade nomeante ou de servidor da mesma pessoa jurídica, investido em cargo de direção, chefia ou assessoramento, para o exercício de cargo em comissão ou de confiança, ou, ainda, de função gratificada na Administração Pública direta e indireta, em qualquer dos Poderes da União, dos Estados, do Distrito Federal e dos municípios, compreendido o ajuste mediante designações recíprocas, viola a Constituição Federal.	Súmula Vinculante n. 05: A falta de defesa técnica por advogado no processo administrativo disciplinar não ofende a constituição.
Súmula n. 346: A administração pública pode declarar a nulidade dos seus próprios atos.	Súmula n. 683: O limite de idade para a inscrição em concurso público só se legitima em face do art. 7º, XXX, da Constituição Federal, quando possa ser justificado pela natureza das atribuições do cargo a ser preenchido.
Súmula n. 473: A administração pode anular seus próprios atos, quando eivados de vícios que os tornam ilegais, porque deles não se originam direitos; ou revogá-los, por motivo de conveniência ou oportunidade, respeitados os direitos adquiridos, e ressalvada, em todos os casos, a apreciação judicial.	

2.7. SÍNTESE DO TEMA

PRINCÍPIOS	
Legalidade (arts. 5.º, II, e 37, *caput*, da CF/1988)	• A Administração Pública só pode agir se existir uma lei autorizando ou determinando a conduta. • Omissão legal para Administração Pública significa proibição de conduta. • O exercício do poder discricionário não viola o princípio da legalidade, pois aquele é exercido dentro dos limites impostos pela lei. • Matéria reservada constitucionalmente à lei não pode ser delegada para disciplina por decreto ou outro ato normativo.
Impessoalidade (art. 37, *caput* e § 1.º, da CF/1988)	• A Administração Pública é impessoal. Quando o agente público age, está atuando em nome do Estado (teoria do órgão). • A Administração Pública deve agir sempre voltada à satisfação do interesse público. • Não pode praticar atos com o objetivo de prejudicar ou beneficiar pessoas, sob pena de o administrador atuar com desvio de finalidade. • Não se pode fazer promoção pessoal à custa da Administração Pública. • Regras de impedimento e suspeição foram criadas com o objetivo de evitar violação ao princípio.
Moralidade (art. 37, *caput*, da CF/1988)	• A Administração deve agir com ética, honestidade e lealdade. • Uma conduta lesiva a este princípio pode ser tipificada como ato de improbidade (art. 11 da LIA) e pode ser objeto de combate por ação popular (art. 5.º, LXXIII, da CF/1988).
Publicidade (arts. 5.º, XXXIII, e 37, *caput* e § 1.º, da CF/1988)	• Está relacionado ao dever de transparência e possibilita o controle da Administração Pública. • A publicidade é condição de eficácia do ato administrativo. • Hoje, temos uma importante lei que é a Lei de Acesso à Informação (Lei 12.527/2011). • A publicidade, excepcionalmente, pode ser restringida (art. 5.º, LX, da CF/1988).

PRINCÍPIOS	
Eficiência (art. 37, *caput*, da CF/1988)	• A Administração e seus agentes devem atuar buscando alcançar o maior e melhor rendimento funcional possível. • Toda conduta que importe em menor gasto de tempo e dinheiro, sem prejuízo à qualidade da atividade, está em consonância com o princípio. • Esse princípio, formalmente, foi inserido na CF de 1988 por meio da EC 19/1998. • Está previsto como requisito de serviço adequado na Lei 8.987/1995.
Motivação	• A Administração e seus agentes quando forem atuar, em regra, devem expor, de forma clara e congruente, os motivos de fato e de direito que embasaram a prática do ato administrativo. • Difere do motivo, que é elemento do ato administrativo. • Todo ato administrativo tem motivo, mas nem todos possuem motivação, apesar de esta ser a regra. • A Lei 9.784/1999 o elenca como um dos princípios regentes do processo administrativo. • Se os motivos apresentados na motivação do ato administrativo forem falsos ou inexistentes, o ato deve ser anulado, ainda que originalmente não fosse obrigatória a exposição dos motivos (teoria dos motivos determinantes).
Proporcionalidade	• Em sua atuação o comportamento administrativo deve ser proporcional ao fim buscado, assim, por exemplo, não se pode penalizar com sanção grave uma infração de pequeno porte. • É um princípio constitucional implícito (*devido processo legal substantivo* – art. 5.º, LIV, da CF/1988) e infraconstitucional explícito (art. 2.º, *caput*, da Lei 9.784/1999). • Serve de limite ao poder discricionário do administrador.
Razoabilidade	• Por vezes confundido com a proporcionalidade, difere ele desta última pela origem histórica em que foi desenvolvido. • Também é previsto como princípio infraconstitucional explícito (art. 2.º, *caput*, da Lei 9.874/1999). • A conduta do gestor não pode ser absurda, arbitrária, praticada por mero capricho, sem razoabilidade. • Deve estar dentro do senso comum das pessoas de mentalidade mediana. • Por exemplo, não tem sentido, por mais que lei tenha dado discricionariedade a isso, que em um concurso para um cargo intelectual e burocrático seja exigida prova física.

PRINCÍPIOS	
Segurança jurídica	• Está relacionado à previsibilidade das condutas. • Institutos como o direito adquirido, o ato jurídico perfeito e a coisa julgada, decorrem desse princípio. • No campo do direito administrativo, o referido princípio tem a força de manter situações com vícios de ilegalidade, pois, em razão do tempo, sua desconstituição pode ser mais prejudicial do que sua manutenção. • Está relacionado à teoria do fato consumado. • Os institutos da decadência e da prescrição, estabilizadores das relações jurídicas, também estão relacionados com a segurança jurídica.
Autotutela	• Significa que a Administração pode rever seus atos, anulando os ilegais e revogando os legais, discricionários, porém, não mais oportunos e convenientes. • Há limites à anulação, como o tempo – art. 54, da Lei 9.784/1999 – (segurança jurídica) e contraditório, em caso de ato restritivo de direito. • A Súmula 473 do STF reconhece o direito da Administração Pública se valer da autotutela como forma de controle de seus atos.

2.8. QUESTÕES

1. **(Titular de Serviços de Notas e de Registros/TJ-SE – CESPE/2014)** A respeito dos princípios, das fontes e do conceito de direito administrativo, assinale a opção correta.

   a) De acordo com o STF, os tratados internacionais de direito administrativo serão fontes do direito administrativo pátrio desde que sejam incorporados ao ordenamento jurídico interno mediante o mesmo procedimento previsto na CF para a incorporação dos tratados internacionais de direitos humanos.

   b) O princípio administrativo da autotutela é considerado um princípio onivalente.

   c) O princípio administrativo do interesse público é um princípio implícito da administração pública.

   d) De acordo com o critério das relações jurídicas, o direito administrativo pode ser visto como o sistema dos princípios jurídicos que regulam a atividade do Estado para o cumprimento de seus fins.

   e) Consoante o critério da distinção entre atividade jurídica e social do Estado, o direito administrativo é o conjunto dos princípios que regulam a atividade jurídica não contenciosa do Estado e a constituição dos órgãos e meios de sua ação em geral.

2. **(Titular de Serviços de Notas e de Registros/TJ-SE - CESPE/2014)** Considerando os conceitos do direito administrativo e os princípios do regime jurídico-administrativo, assinale a opção correta.

   a) O princípio da proteção à confiança legitima a possibilidade de manutenção de atos administrativos inválidos.

   b) Consoante o critério da administração pública, o direito administrativo é o ramo do direito que tem por objeto as atividades desenvolvidas para a consecução dos fins estatais, excluídas a legislação e a jurisdição.

   c) Adotando-se o critério do serviço público, define-se direito administrativo como o conjunto de princípios jurídicos que disciplinam a organização e a atividade do Poder Executivo e de órgãos descentralizados, além das atividades tipicamente administrativas exercidas pelos outros poderes.

   d) São fontes primárias do direito administrativo os regulamentos, a doutrina e os costumes.

   e) Dado o princípio da supremacia do interesse público sobre o privado, é possível à administração pública, mediante portaria, impor vedações ou criar obrigações aos administrados.

3. **(Técnico Judiciário/TJ-CE - CESPE/2014)** Com relação aos princípios que fundamentam a administração pública, assinale a opção correta.

   a) Pelo princípio da autotutela, a administração pode, a qualquer tempo, anular os atos eivados de vício de ilegalidade.

   b) O regime jurídico-administrativo compreende o conjunto de regras e princípios que norteia a atuação do poder público e o coloca numa posição privilegiada.

   c) A necessidade da continuidade do serviço público é demonstrada, no texto constitucional, quando assegura ao servidor público o exercício irrestrito do direito de greve.

   d) O princípio da motivação dos atos administrativos, que impõe ao administrador o dever de indicar os pressupostos de fato e de direito que determinam a prática do ato, não possui fundamento constitucional.

   e) A publicidade marca o início da produção dos efeitos do ato administrativo e, em determinados casos, obriga ao administrado seu cumprimento.

4. **(Analista Judiciário/ TJ-CE - CESPE/2014)** Com base no regime jurídico-administrativo e nos princípios da administração pública, assinale a opção correta.

   a) O princípio da proteção à confiança, de origem no direito norte-americano, corresponde ao aspecto objetivo da segurança jurídica, podendo ser invocado para a manutenção de atos administrativos inválidos quando o prejuízo resultante da anulação for maior que o decorrente da manutenção do ato ilegal.

   b) O princípio da razoabilidade é considerado um princípio implícito da administração pública, por não se encontrar previsto explicitamente na legislação constitucional ou infraconstitucional.

c) As restrições ou sujeições especiais no desempenho da atividade de natureza pública são consideradas consequências do princípio da supremacia do interesse público sobre o privado, que integra o conteúdo do regime jurídico-administrativo.

d) De acordo com o princípio da tutela, a administração pública direta, com o objetivo de garantir a observância de suas finalidades estabelecidas nos contratos, fiscaliza apenas as atividades desempenhadas pelas empresas concessionárias e permissionárias de serviço público.

e) Em observância ao princípio da motivação, deve a administração pública indicar os fundamentos de fato e de direito de suas decisões, sendo dispensável esse princípio quando se tratar da prática de atos discricionários.

5. **(Analista de Administração Pública/ TC-DF – CESPE/2014) Acerca do regime jurídico administrativo, julgue o próximo item.**

    O princípio da supremacia do interesse público sobre o interesse privado é um dos pilares do regime jurídico administrativo e autoriza a administração pública a impor, mesmo sem previsão no ordenamento jurídico, restrições aos direitos dos particulares em caso de conflito com os interesses de toda a coletividade.

6. **(Analista de Administração Pública/TC-DF – CESPE/2014) Acerca do regime jurídico administrativo, julgue o próximo item.**

    O princípio da supremacia do interesse público sobre o interesse privado é um dos pilares do regime jurídico administrativo e autoriza a administração pública a impor, mesmo sem previsão no ordenamento jurídico, restrições aos direitos dos particulares em caso de conflito com os interesses de toda a coletividade.

7. **(Analista Legislativo/Câmara dos Deputados – CESPE/2014) A respeito do regime jurídico administrativo, julgue o item a seguir.**

    O regime jurídico administrativo é instituído sobre o alicerce do princípio da legalidade restrita, o que impede a aplicação, no âmbito da administração pública, de princípios implícitos, não expressamente previstos na legislação.

8. **(Analista Legislativo/Câmara dos Deputados – CESPE/2014) A respeito do regime jurídico administrativo, julgue o item a seguir.**

    O princípio da indisponibilidade do interesse público não impede a administração pública de realizar acordos e transações.

9. **(Contador/MTE – CESPE/2014) Julgue o item a seguir acerca da responsabilidade civil do Estado e do Regime Jurídico Administrativo.**

    A supremacia do interesse público sobre o privado e a indisponibilidade, pela administração, dos interesses públicos, integram o conteúdo do regime jurídico-administrativo.

10. **(Nível Superior/SUFRAMA – CESPE/2014)** A respeito do direito administrativo, julgue o item subsecutivo.

    A impossibilidade da alienação de direitos relacionados aos interesses públicos reflete o princípio da indisponibilidade do interesse público, que possibilita apenas que a administração, em determinados casos, transfira aos particulares o exercício da atividade relativa a esses direitos.

11. **(Analista Técnico Administrativo/MJ – CESPE/2013)** Com referência aos princípios do direito administrativo e aos poderes da administração, julgue o próximo item.

    As restrições impostas à atividade administrativa que decorrem do fato de ser a administração pública mera gestora de bens e de interesses públicos derivam do princípio da indisponibilidade do interesse público, que é um dos pilares do regime jurídico-administrativo.

12. **(Analista Técnico Administrativo/MJ – CESPE/2013)** Com referência aos princípios do direito administrativo e aos poderes da administração, julgue o próximo item.

    O princípio da moralidade administrativa torna jurídica a exigência de atuação ética dos agentes públicos e possibilita a invalidação dos atos administrativos.

13. **(Todos os Cargos/ANTT – CESPE/2013)** O Diretor-geral da ANTT concedeu a uma entidade privada de filantropia autorização para a utilização do auditório da sede do órgão, com vistas à realização de um evento de capacitação de catadores de materiais recicláveis. Alguns dias após ter sido dada a autorização, entretanto, surgiu a necessidade de se utilizar o auditório da entidade, no mesmo período, como sede do Seminário Nacional de Infraestrutura de Transportes Rodoviários, realizado pela ANTT, em conjunto com o DNIT e com o Ministério dos Transportes.

    Considerando a situação hipotética apresentada acima, julgue o item a seguir.

    Em razão do princípio da supremacia do interesse público sobre o interesse privado, é possível anular o ato que autorizou a entidade privada a utilizar o auditório, com fundamento no juízo de oportunidade e conveniência da administração.

14. **(Todos os Cargos/MJ – CESPE/2013)** Com relação ao direito administrativo, julgue o item a seguir.

    Os princípios fundamentais orientadores de toda a atividade da administração pública encontram-se explicitamente no texto da Constituição Federal, como é o caso do princípio da supremacia do interesse público.

15. **(Auditor de Controle Externo/TCE-RO – CESPE/2013)** Quanto aos princípios jurídicos aplicáveis à administração pública, julgue o item a seguir.

    De acordo com a doutrina, o regime jurídico-administrativo abrange tanto as regras quanto os princípios, os quais são considerados recomendações para a atividade da administração pública.

16. **(Analista Advocacia/SERPRO – CESPE/2013)** No que concerne aos princípios constitucionais do direito administrativo, julgue o seguinte item.

    O princípio da isonomia pode ser invocado para a obtenção de benefício, ainda que a concessão deste a outros servidores tenha-se dado com a violação ao princípio da legalidade.

17. **(Advogado/Telebras – CESPE/2013)** A respeito do direito administrativo e da administração pública, julgue o item a seguir.

    O regime jurídico-administrativo pauta-se sobre os princípios da supremacia do interesse público sobre o particular e o da indisponibilidade do interesse público pela administração, ou seja, erige-se sobre o binômio "prerrogativas da administração – direitos dos administrados".

18. **(Juiz/TJ-MA – CESPE/2013)** Com base na interpretação judicial do direito administrativo, assinale a opção correta.

    a) Não viola o princípio da igualdade a não realização por órgãos e entidades da administração pública de processo seletivo para contratação de estagiário, por não constituir tal recrutamento uma forma de provimento de cargo público.

    b) A circunstância de inexistir previsão específica para a interposição de recurso hierárquico em favor do sujeito passivo afasta o poder-dever da administração de examinar a validade do ato administrativo.

    c) Conforme entendimento do STF, há risco de grave lesão à ordem pública, bem como de efeito multiplicador, na decisão judicial que determina remoção de servidor para acompanhar cônjuge transferido a pedido, quando não há interesse público em removê-lo.

    d) Cabe recurso extraordinário por contrariedade ao princípio constitucional da legalidade, quando a sua verificação pressuponha rever a interpretação dada a normas infraconstitucionais pela decisão recorrida.

19. **(Analista Executivo/SEGER-ES – CESPE/2013)** Com base na doutrina sobre a teoria geral do direito administrativo, assinale a opção correta.

    a) A aprovação, pelo Poder Legislativo, de lei que conceda pensão vitalícia à viúva de ex-combatente, embora constitua formalmente ato legislativo, caracteriza materialmente o exercício de função administrativa.

    b) De acordo com a doutrina, o aspecto objetivo formal da função do Estado diz respeito aos sujeitos ou agentes da função pública.

c) O Estado, por gerir o interesse da sociedade, somente pode exercer sua função administrativa sob o regime do direito público.

d) O princípio da indisponibilidade do interesse público, voltado ao administrado, diz respeito à impossibilidade de alienação do bem público quando o particular lhe detiver a posse.

e) De acordo com a doutrina majoritária, não existe exclusividade no exercício das funções pelos poderes da República. Assim, o Poder Executivo exerce função jurisdicional quando julga seus agentes por irregularidades cometidas no exercício do cargo.

20. **(Defensor Público - Estagiário/DPE-ES - CESPE/2013) Assinale a opção correta acerca dos princípios da administração pública.**

    a) A impessoalidade exigida da administração pública circunscreve-se à vedação do tratamento diferenciado entre os administrados.

    b) O princípio da publicidade é absoluto, impondo à administração pública o dever de tornar públicos os seus atos.

    c) Do princípio da supremacia do interesse público decorre o caráter instrumental da administração pública.

    d) A doutrina exclui a hierarquia administrativa do rol dos princípios da administração pública.

    e) Não constitui princípio da administração pública a presunção de legalidade.

GABARITO

1 – E	2 – A	3 – B
4 – C	5 – Errado	6 – Errado
7 – Errado	8 – Certo	9 – Certo
10 – Certo	11 – Certo	12 – Certo
13 – Errado	14 – Errado	15 – Errado
16 – Errado	17 – Certo	18 – C
19 – A	20 – C	

3

ADMINISTRAÇÃO PÚBLICA

Sumário: 3.1. Introdução – **3.2**. A Descentralização política e a criação de vários entes federados – **3.3**. Desconcentração administrativa – **3.4**. Órgãos públicos: **3.4.1**. O que são?; **3.4.2**. Como são criados?; **3.4.3**. Disposição sobre organização e funcionamento do órgão; **3.4.4**. Ausência de personalidade jurídica; **3.4.5**. Relação entre o órgão e a pessoa jurídica da qual faz parte; **3.4.6**. Classificação dos órgãos – **3.5**. Da descentralização administrativa: criação da administração descentralizada ou indireta.

3.1. INTRODUÇÃO

O povo, na sociedade moderna, não tem como gerir diretamente o interesse da coletividade e, por isso, de uma forma muito engenhosa, foi criada uma estrutura organizacional que ficou incumbida da gestão dos interesses públicos. *Essa estrutura organizacional é chamada de Administração Pública*[1].

Portanto, a Administração Pública está ligada a uma estrutura organizacional, formada por várias entidades, órgãos e agentes, que será responsável pela administração dos interesses coletivos.

Vamos estudar neste capítulo a parte estática do Direito Administrativo. Quem são os integrantes da estrutura orgânica da Administração Pública, como, por exemplo, os Ministérios, que são órgãos, o IBAMA, que é uma autarquia, a FUNDACENTRO, que é uma fundação pública de direito público, a Empresa Brasileira de Correios e Telégrafos, que é uma empresa pública, e o Banco do Brasil, que é uma sociedade de economia mista.

A Administração Pública em sentido amplo abrange o Governo e a Administração Pública em sentido restrito. O primeiro é formado pelo alto escalão do Poder, agentes políticos que possuem alto grau de discricionariedade na prática de seus atos, que são normalmente baseados na Constituição Federal. É o responsável pela elaboração das políticas públicas do País. Já a Administração Pública em sentido mais restrito é formada

---

1. É importante registrar que a expressão "administração pública" pode ter um *sentido formal, subjetivo ou orgânico* quando se refere à estrutura administrativa do Estado, o que é o objetivo deste capítulo e, por isso, aparecerá com as letras iniciais maiúsculas (Administração Pública) e em um *sentido material, objetivo ou funcional*, que retrata a própria atividade de gestão administrativa, hipótese em que aparecerá com letras minúsculas (administração pública).

por diversos órgãos da Administração Direta e pelas entidades da Administração Indireta, tendo mais a função de operacionalizar e executar os programas de Governo, realizando efetivamente a gestão da coisa pública, ou seja, a função administrativa.

3.2. A DESCENTRALIZAÇÃO POLÍTICA E A CRIAÇÃO DE VÁRIOS ENTES FEDERADOS

Quanto à forma de Estado, o Brasil optou pela *federativa*, distribuindo sua autonomia política entre três esferas diferentes: União, Estados e Municípios[2]. Por isso, existe uma Administração Pública federal, Administrações Públicas estaduais e Administrações Públicas municipais.

Esse processo de criação de entidades com autonomia política própria decorre *da descentralização política*, que é uma característica dos Estados Federados. Assim, tendo sido feita a opção pela forma federativa de Estado, compete agora à Constituição Federal dividir o que será de competência privativa de um e de outro ente político e o que vai ser de competência concorrente ou comum entre eles.

E, nesse ponto, analisando o texto constitucional, percebe-se que, em seu art. 21, foram traçadas as competências privativas da União.

COMPETÊNCIAS DA UNIÃO FEDERAL
Manter relações com Estados estrangeiros e participar de organizações internacionais;
Declarar a guerra e celebrar a paz;
Assegurar a defesa nacional;
Permitir, nos casos previstos em lei complementar, que forças estrangeiras transitem pelo território nacional ou nele permaneçam temporariamente;
Decretar o estado de sítio, o estado de defesa e a intervenção federal;
Autorizar e fiscalizar a produção e o comércio de material bélico;

---

2. No caso de nossa Federação, assim como ocorre com a norte-americana, existe, ainda, o *Distrito Federal* (art. 18 da CF/1988), que detém as mesmas competências legislativas e administrativas dos Estados e dos Municípios, conjuntamente (art. 32, § 1.º, da CF/1988). Ele não pode ser dividido em municípios, embora seja constituído de "cidades-satélites", apenas para efeito de administração de suas diferentes regiões urbanas. Tem sua própria lei orgânica, sendo governado por um Governador, como os Estados (em outros tempos era prefeito), e possuindo sua Câmara Legislativa, cujos membros, chamados de deputados distritais, têm as mesmas prerrogativas dos deputados estaduais. Para dar ainda maior singularidade a esse ente federativo, seu Poder Judiciário, seu Ministério Público e sua Defensoria Pública são organizados e mantidos pela União (art. 21, XIII, da CF/1988), bem como suas polícias (militar e civil) e corpo de bombeiros militar (art. 21, XIV, da CF/1988).

COMPETÊNCIAS DA UNIÃO FEDERAL
Emitir moeda;
Administrar as reservas cambiais do País e fiscalizar as operações de natureza financeira, especialmente as de crédito, câmbio e capitalização, bem como as de seguros e de previdência privada;
Elaborar e executar planos nacionais e regionais de ordenação do território e de desenvolvimento econômico e social;
Manter o serviço postal e o correio aéreo nacional;
Explorar, diretamente ou mediante autorização, concessão ou permissão, os serviços de telecomunicações, nos termos da lei, que disporá sobre a organização dos serviços, a criação de um órgão regulador e outros aspectos institucionais;
Explorar, diretamente ou mediante autorização, concessão ou permissão: a) os serviços de radiodifusão sonora, e de sons e imagens; (Redação dada pela Emenda Constitucional 8, de 15.08.1995) b) os serviços e instalações de energia elétrica e o aproveitamento energético dos cursos de água, em articulação com os Estados onde se situam os potenciais hidroenergéticos; c) a navegação aérea, aeroespacial e a infraestrutura aeroportuária; d) os serviços de transporte ferroviário e aquaviário entre portos brasileiros e fronteiras nacionais, ou que transponham os limites de Estado ou Território; e) os serviços de transporte rodoviário interestadual e internacional de passageiros; f) os portos marítimos, fluviais e lacustres;
Organizar e manter o Poder Judiciário, o Ministério Público e a Defensoria Pública do Distrito Federal e dos Territórios;
Organizar e manter a polícia civil, a polícia militar e o corpo de bombeiros militar do Distrito Federal, bem como prestar assistência financeira ao Distrito Federal para a execução de serviços públicos, por meio de fundo próprio;
Organizar e manter os serviços oficiais de estatística, geografia, geologia e cartografia de âmbito nacional;
Exercer a classificação, para efeito indicativo, de diversões públicas e de programas de rádio e televisão;
Conceder anistia;
Planejar e promover a defesa permanente contra as calamidades públicas, especialmente as secas e as inundações;

COMPETÊNCIAS DA UNIÃO FEDERAL
Instituir sistema nacional de gerenciamento de recursos hídricos e definir critérios de outorga de direitos de seu uso;
Instituir diretrizes para o desenvolvimento urbano, inclusive habitação, saneamento básico e transportes urbanos;
Estabelecer princípios e diretrizes para o sistema nacional de viação;
Executar os serviços de polícia marítima, aeroportuária e de fronteiras;
Explorar os serviços e instalações nucleares de qualquer natureza e exercer monopólio estatal sobre a pesquisa, a lavra, o enriquecimento e reprocessamento, a industrialização e o comércio de minérios nucleares e seus derivados, atendidos os seguintes princípios e condições: a) toda atividade nuclear em território nacional somente será admitida para fins pacíficos e mediante aprovação do Congresso Nacional; b) sob regime de permissão, são autorizadas a comercialização e a utilização de radioisótopos para a pesquisa e usos médicos, agrícolas e industriais; c) sob regime de permissão, são autorizadas a produção, comercialização e utilização de radioisótopos de meia-vida igual ou inferior a duas horas; d) a responsabilidade civil por danos nucleares independe da existência de culpa;
Organizar, manter e executar a inspeção do trabalho;
Estabelecer as áreas e as condições para o exercício da atividade de garimpagem, em forma associativa.

Por seu turno, as competências dos Estados Federados, além daquelas que são concorrentes e serão apresentadas mais a seguir, foram disciplinadas pelo art. 25 da Lei maior.

COMPETÊNCIAS DOS ESTADOS
São reservadas aos Estados as competências que não lhes sejam vedadas pela Constituição.
Cabe explorar diretamente, ou mediante concessão, os serviços locais de gás canalizado, na forma da lei.
Cabe instituir regiões metropolitanas, aglomerações urbanas e microrregiões, constituídas por agrupamentos de municípios limítrofes, para integrar a organização, o planejamento e a execução de funções públicas de interesse comum.

Por fim, aos Municípios (art. 30 da CF/88) coube:

COMPETÊNCIAS DOS MUNICÍPIOS
Legislar sobre assuntos de interesse local.
Suplementar a legislação federal e a estadual no que couber.
Instituir e arrecadar os tributos de sua competência, bem como aplicar suas rendas, sem prejuízo da obrigatoriedade de prestar contas e publicar balancetes nos prazos fixados em lei.
Criar, organizar e suprimir distritos, observada a legislação estadual.
Organizar e prestar, diretamente ou sob regime de concessão ou permissão, os serviços públicos de interesse local, incluído o de transporte coletivo, que tem caráter essencial.
Manter, com a cooperação técnica e financeira da União e do Estado, programas de educação infantil e de ensino fundamental.
Prestar, com a cooperação técnica e financeira da União e do Estado, serviços de atendimento à saúde da população.
Promover, no que couber, adequado ordenamento territorial, mediante planejamento e controle do uso, do parcelamento e da ocupação do solo.
Promover a proteção do patrimônio histórico-cultural local, observadas a legislação e a ação fiscalizadora federal e estadual.

De forma comum, todos os entes da Federação possuem competência para:

"Art. 23. É competência comum da União, dos Estados, do Distrito Federal e dos Municípios:

I – zelar pela guarda da Constituição, das leis e das instituições democráticas e conservar o patrimônio público;

II – cuidar da saúde e assistência pública, da proteção e garantia das pessoas portadoras de deficiência;

III – proteger os documentos, as obras e outros bens de valor histórico, artístico e cultural, os monumentos, as paisagens naturais notáveis e os sítios arqueológicos;

IV – impedir a evasão, a destruição e a descaracterização de obras de arte e de outros bens de valor histórico, artístico ou cultural;

V – proporcionar os meios de acesso à cultura, à educação e à ciência;

VI – proteger o meio ambiente e combater a poluição em qualquer de suas formas;

VII – preservar as florestas, a fauna e a flora;

VIII – fomentar a produção agropecuária e organizar o abastecimento alimentar;

IX – promover programas de construção de moradias e a melhoria das condições habitacionais e de saneamento básico;

X – combater as causas da pobreza e os fatores de marginalização, promovendo a integração social dos setores desfavorecidos;

XI – registrar, acompanhar e fiscalizar as concessões de direitos de pesquisa e exploração de recursos hídricos e minerais em seus territórios;

XII – estabelecer e implantar política de educação para a segurança do trânsito.

Parágrafo único. Leis complementares fixarão normas para a cooperação entre a União e os Estados, o Distrito Federal e os Municípios, tendo em vista o equilíbrio do desenvolvimento e do bem-estar em âmbito nacional. (Redação dada ao parágrafo pela Emenda Constitucional 53, de 19.12.2006, DOU 20.12.2006)"

Como se vê, a sistemática constitucional de repartição de competências, no plano político, não prima pela qualidade técnica e pela clareza.

Ora tratou-se de competências legislativas, ora tratou-se de competências administrativas (em especial, serviços públicos e uso de bens públicos). Só houve preocupação em se detalhar as competências da União, fato talvez explicado pelo claro viés centralizador do texto constitucional de 1988. Aos Municípios se deferiu a competência legislativa para assuntos de interesse local, embora não haja nenhum indicativo constitucional do alcance da expressão.

Para os Estados, em matéria legislativa, afora a competência concorrente, cujo texto constitucional também não se deu ao trabalho de esclarecer o que vem a ser regra geral, bem como se existiriam limites ao alcance dessa expressão, a Carta Magna é praticamente omissa, dando a entender que os Estados detêm a competência residual, embora seja ela bastante restrita, em vista do amplíssimo campo de competência privativa outorgado à União.

Quanto às competências administrativas, é preciso atentar que existem diversas outras regras espraiadas ao longo do texto constitucional que, de alguma forma, acabam disciplinando pontos específicos de atuação da Administração Pública, em especial nos capítulos alusivos à Ordem Econômica e Social.

Embora trate de repartição de competências administrativas, a Carta Magna apenas o faz para discriminar as atribuições de cada ente político, não descendo ao ponto, nem seria razoável que o fizesse, de proceder à partilha entre órgãos ou entidades administrativas, atividade que deve ser empreendida pela legislação infraconstitucional.

A Administração Direta pode atuar diretamente por meio de seus órgãos e agentes, quando se diz que está se fazendo uma gestão centralizada ou por meio de pessoas por aquela instituídas (e não órgão) para poder exercer a atividade de forma descentralizada. No primeiro caso, temos a **desconcentração administrativa;** e no segundo, o da **descentralização administrativa.**

Descentralização administrativa	Conceito	É o processo de distribuição EXTERNA de competências, criando-se NOVAS PESSOAS JURÍDICAS. Cria-se a Administração Indireta ou Descentralizada. É feito por meio de lei que cria ou autoriza, conforme o caso
Desconcentração Administrativa	Conceito	É o processo de distribuição INTERNA de competência criando-se NOVOS ÓRGÃOS PÚBLICOS. É feito por meio de lei
	Prestação de serviço	De forma direta e imediata por meio de seus órgãos e agentes
	Controle exercido	É feito nas relações de hierarquia e de subordinação existentes entre os órgãos resultantes da desconcentração. Destina-se a verificar a legalidade e o mérito (oportunidade e conveniência)

3.3. DESCONCENTRAÇÃO ADMINISTRATIVA

Em razão das inúmeras competências administrativas atribuídas aos entes da Federação, o ordenamento jurídico fez a previsão de um mecanismo de distribuição interna de competências com o objetivo de criar vários centros especializados de atribuições em determinada matéria.

Esse procedimento de **distribuição interna de competência** é chamado de **desconcentração administrativa**, cujo resultado é a criação dos *órgãos públicos*.

Assim, apenas para facilitar o aprendizado, foi visto que, dentre as competências da União, destaca-se a sua atuação na área de defesa nacional. Tendo em vista que tal competência é amplíssima, houve um processo de desconcentração administrativa em que foi criado o *Ministério da Defesa*[3], cujas atribuições estão ligadas à realização de:

DESCONCENTRAÇÃO DA UNIÃO FEDERAL
Ministério da Defesa – competências
I – política de defesa nacional, estratégia nacional de defesa e elaboração do Livro Branco de Defesa Nacional;
II – políticas e estratégias setoriais de defesa e militares;
III – doutrina, planejamento, organização, preparo e emprego conjunto e singular das Forças Armadas;
IV – projetos especiais de interesse da defesa nacional;
V – inteligência estratégica e operacional no interesse da defesa;
VI – operações militares das Forças Armadas;
VII – relacionamento internacional de defesa;
VIII – orçamento de defesa;
IX – legislação de defesa e militar;
X – política de mobilização nacional;
XI – política de ensino de defesa;
XII – política de ciência, tecnologia e inovação de defesa;
XIII – política de comunicação social de defesa;
XIV – política de remuneração dos militares e de seus pensionistas;
XV – política nacional:

É importante dizer que, ainda dentro do Ministério da Defesa, como em diversos outros, há inúmeros órgãos, mais uma vez decorrentes do constante e necessário processo

---

3. Vide recente Lei 13.502 de 1º de novembro de 2017 que estabelece a nova organização básica dos órgãos da Presidência da República e dos Ministérios

de desconcentração[4]. Integram a estrutura básica do Ministério da Defesa: *a) o Conselho Militar de Defesa; b) o Comando da Marinha; c) o Comando do Exército; d) o Comando da Aeronáutica; e) o Estado-Maior Conjunto das Forças Armadas; f) a Secretaria-Geral; g) a Escola Superior de Guerra; h) o Centro Gestor e Operacional do Sistema de Proteção da Amazônia; i) o Hospital das Forças Armadas; j) a Representação do Brasil na Junta Interamericana de Defesa; h) o Conselho Deliberativo do Sistema de Proteção da Amazônia (Consipam); até três Secretarias; e um órgão de controle interno.*

Se um órgão que possui várias atribuições é subdividido em dois órgãos, há *desconcentração administrativa*. De modo contrário, se dois órgãos se fundem em um único órgão, ocorre o fenômeno da *concentração administrativa*.

A estrutura organizacional brasileira é extremamente desconcentrada, seja na Administração Direta ou Centralizada (Administração centralizada desconcentrada, ex.: Ministério), seja na Administração Indireta ou Descentralizada (Administração descentralizada desconcentrada, ex.: um órgão de análise de recursos em uma Autarquia).

No âmbito do Poder Executivo Federal, a recente Lei 13.502, de 1º de novembro de 2017, é a norma que disciplina sua distribuição interna de competências, criando alguns dos órgãos públicos ligados à Presidência e aos Ministérios, bem como suas respectivas competências. Atualmente, com a referida lei, existem vinte e dois ministérios ligados à Presidência da República, conforme seu artigo 21.

São eles:

I – da Agricultura, Pecuária e Abastecimento;

II – das Cidades;

III – da Ciência, Tecnologia, Inovações e Comunicações;

IV – da Cultura;

V – da Defesa;

VI – do Desenvolvimento Social;

VII – dos Direitos Humanos;

VIII – da Educação;

IX – do Esporte;

X – da Fazenda;

XI – da Indústria, Comércio Exterior e Serviços;

XII – da Integração Nacional;

XIII – da Justiça e Segurança Pública;

XIV – do Meio Ambiente;

XV – de Minas e Energia;

XVI – do Planejamento, Desenvolvimento e Gestão;

XVII – do Trabalho;

XVIII – dos Transportes, Portos e Aviação Civil;

---

4. No pormenor, *vide* a Lei13.502/2017, que dispõe sobre a organização da Presidência da República e dos Ministérios (art. 30/31), e o Decreto8.987/2017, que detalha a estrutura regimental do Ministério da Defesa.

XIX – do Turismo;
XX – das Relações Exteriores;
XXI – da Saúde; e
XXII – da Transparência e Controladoria-Geral da União.

Não obstante, algumas autoridades, mesmo não estando à frente dos referidos Ministérios, também possuem o *status* de ministro, por expressa previsão legal, a saber (art. 22): *a) o Chefe da Casa Civil da Presidência da República; b) o Chefe da Secretaria de Governo da Presidência da República; c) o Chefe do Gabinete de Segurança Institucional da Presidência da República; d) o Chefe da Secretaria-Geral da Presidência da República; o Advogado-Geral da União, até que seja aprovada emenda constitucional para incluí-lo no rol das alíneas c e d do inciso I do caput do art. 102 da Constituição Federal; o Presidente do Banco Central do Brasil, até que seja aprovada emenda constitucional para incluí-lo, juntamente com os diretores do Banco Central do Brasil, no rol das alíneas c e d do inciso I do caput do art. 102 da Constituição Federal.*

Nos demais entes da Federação haverá também lei dispondo sobre a organização administrativa de cada ente.

A *desconcentração administrativa está muito ligada ao princípio da eficiência*, pois com ela são criados centros especializados de competência e, por isso, a tendência é o desenvolvimento mais eficiente das atribuições.

Registre-se, ainda, que *a desconcentração ou concentração administrativa é feita por meio de lei*, cuja iniciativa, para a criação de órgãos ligados ao Poder Executivo Federal, é privativa do Presidente da República.

Nesse sentido, dispõe o art. 84, III c/c o art. 48, XI, da Constituição Federal:

> "Art. 84. Compete privativamente ao Presidente da República:
> (...)
> III – iniciar o processo legislativo, na forma e nos casos previstos nesta Constituição;"
> "Art. 48. Cabe ao Congresso Nacional, com a sanção do Presidente da República, não exigida esta para o especificado nos arts. 49, 51 e 52, dispor sobre todas as matérias de competência da União, especialmente sobre:
> (...)
> XI – criação e extinção de Ministérios e órgãos da administração pública;"

3.4. ÓRGÃOS PÚBLICOS

3.4.1. O que são?

Os órgãos públicos são centros especializados de competência, são círculos de atribuições. Dentro desses órgãos são encontrados cargos, empregos e funções públicas, que serão desempenhados pelos agentes que, por um vínculo permanente ou não, estarão em sua titularidade.

3.4.2. Como são criados?

Os órgãos públicos, conforme já foi falado, são criados e extintos por meio de lei. Assim, caso a União pretenda criar um novo Ministério, deverá fazê-lo por meio de lei, sendo admitida também medida provisória, que, no caso, deve ser posteriormente convertida em lei.

3.4.3. Disposição sobre organização e funcionamento do órgão

Ao contrário da criação e da extinção, que requer lei para tanto, *a disposição sobre o funcionamento e organização do órgão*, hoje – depois da alteração promovida no art. 84, VI, "a", da Constituição pela Emenda Constitucional 32/2001 –, pode ser feita mediante decreto do chefe do Poder Executivo, *desde que não implique em aumento de despesa*.

Veja-se o teor do referido comando constitucional:

> "Art. 84. Compete privativamente ao Presidente da República:
>
> (...)
>
> VI – dispor, mediante decreto, sobre:
>
> a) organização e funcionamento da administração federal, quando não implicar aumento de despesa nem criação ou extinção de órgãos públicos".

3.4.4. Ausência de personalidade jurídica

Os órgãos públicos são partes integrantes da União, Estados, Municípios, Distrito Federal, Autarquias e Fundações Públicas de Direito Público. *Não possuem personalidade jurídica*, que é reservada apenas à entidade política ou administrativa. Por isso, pode-se afirmar que os órgãos são "entes despersonalizados" e, por isso, não são sujeitos de direito.

Não obstante os órgãos não possuírem personalidade jurídica, é reconhecida a alguns deles – *os independentes* – a possibilidade de *impetrarem mandado de segurança* para defesa de suas prerrogativas institucionais. Reconhece-se *capacidade processual* a esses órgãos em razão de estes possuírem *personalidade judiciária*.

É importante frisar que esses órgãos só poderão estar em juízo, impetrando mandado de segurança, para defesa de suas prerrogativas institucionais, *sendo vedado o manejo de ações judiciais para outros fins*.

Nesse sentido, após diversos precedentes, foi editada a súmula 525 do Superior Tribunal de Justiça sobre o tema:

> *Súmula 525 – A Câmara de Vereadores não possui personalidade jurídica, apenas personalidade judiciária, somente podendo demandar em juízo para defender os seus direitos institucionais. (Súmula 525, PRIMEIRA SEÇÃO, julgado em 22/04/2015, DJe 27/04/2015)*

Caso um agente, pertencente a um órgão, cause dano a uma pessoa, natural ou jurídica, esta não poderá ingressar com ação judicial em face do órgão, pois, como analisado acima, este não possui personalidade jurídica a lhe conferir a possibilidade de ser sujeito passivo de uma demanda.

No caso, tendo em vista a relação de imputação entre o comportamento do agente-órgão com a pessoa jurídica à qual ele pertence, esta será a titular para responder a ação judicial. Trata-se, como será visto logo a seguir, da aplicação da *teoria do órgão, que é baseada na imputação.*

Usando da facilidade dos exemplos, se um policial militar causar dano a um terceiro, a ação reparatória não será proposta em face da Polícia Militar (órgão), mas em face do Estado da Federação do qual faz parte aquele órgão. Se um agente da Câmara dos Deputados ou do Superior Tribunal de Justiça, no exercício da função administrativa ou em atividades materiais, causar um dano a terceiro, a este cabe demandar em face da União Federal, pois tanto a Câmara dos Deputados quanto o Superior Tribunal de Justiça são órgãos públicos federais.

Por fim, não se deve confundir o ajuizamento de ação em face do órgão com a impetração de alguns remédios constitucionais contra ato praticado por autoridade pública. É possível a impetração de mandado de segurança contra ato coator praticado por autoridade pública, quando o ato é produzido com ilegalidade ou abuso de poder. Nesse caso, e isso tem que ficar bem claro, não se trata de exceção à regra. *Não se está ingressando com ação contra o órgão público, mas sim contra ato da autoridade.*

Imaginemos o caso em que uma autoridade exclui ilegalmente um candidato de um concurso público. Aqui será possível a impetração de mandado de segurança contra esse ato coator, cujo objeto da demanda é a sua anulação e a consequente reabilitação do candidato no certame.

Frisa-se que a opção pelo mandado de segurança é apenas uma ação ofertada pelo ordenamento para o combate de tal ilegalidade, sendo que também é possível o ajuizamento de ação ordinária para o mesmo fim. Esta (ação ordinária) deve ser proposta em face da pessoa jurídica da qual faz parte a autoridade produtora do ato.

Se no caso narrado fosse um concurso do Tribunal Regional Federal da 2.ª Região, a autoridade coatora para fins do mandado se segurança, conforme quem praticou o ato, seria o presidente desse pretório. Se o candidato optasse por ajuizar uma ação ordinária, no caso, deveria propô-la em face da União Federal, pois o Tribunal Regional Federal é um órgão independente integrante da estrutura dessa pessoa jurídica.

3.4.5. Relação entre o órgão e a pessoa jurídica da qual faz parte

Durante muito tempo a doutrina discutiu qual a relação entre o órgão, seus agentes e a entidade da qual ele faz parte. É uma relação de representação, de mandato, de imputação? Várias teorias foram criadas.

Pela *teoria do mandato*, o órgão e o agente público eram mandatários da pessoa jurídica. Essa teoria caiu por terra, pois não justificava como o Estado, que não tem vontade própria, poderia outorgar um mandato ao órgão ou ao agente.

Já pela *teoria da representação*, o órgão e o agente público seriam representantes do Estado por força de lei. Essa teoria não vingou, seja porque equiparou indevidamente o Estado ao incapaz, seja por implicar a ideia de que o Estado confere representantes a si mesmo. Outro ponto objeto de crítica seria a questão de o representante ou mandatário ultrapassar os poderes da representação. Nesse caso, o Estado não responderia por esses atos perante terceiros prejudicados.

Por fim, pela *teoria do órgão*, que foi adotada, o Estado manifesta a sua vontade por meio dos órgãos, de modo que, quando os agentes que os compõem manifestam a sua vontade, é como se o próprio Estado o fizesse. *Por essa teoria há mudança de ideia de representação pela de imputação.*

Em resumo gráfico:

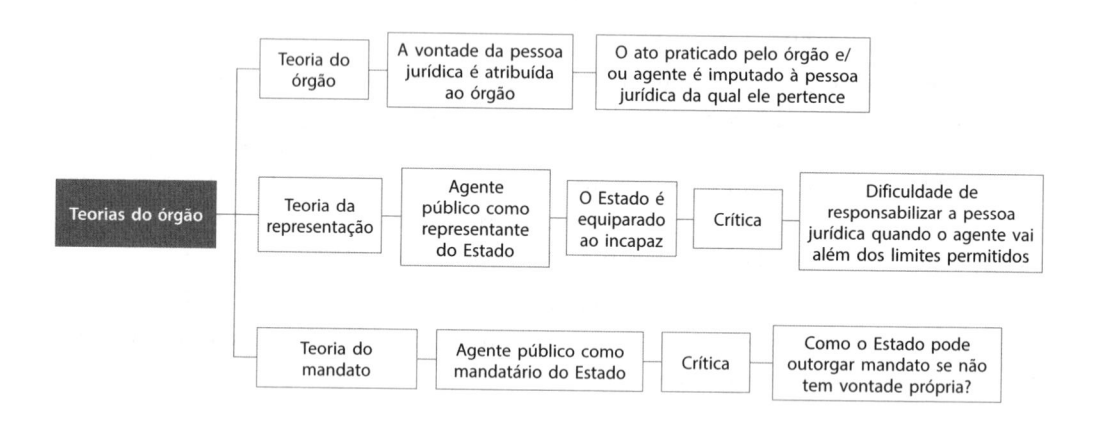

Teorias do órgão
- **Teoria do órgão**: A vontade da pessoa jurídica é atribuída ao órgão → O ato praticado pelo órgão e/ou agente é imputado à pessoa jurídica da qual ele pertence
- **Teoria da representação**: Agente público como representante do Estado → O Estado é equiparado ao incapaz → Crítica → Dificuldade de responsabilizar a pessoa jurídica quando o agente vai além dos limites permitidos
- **Teoria do mandato**: Agente público como mandatário do Estado → Crítica → Como o Estado pode outorgar mandato se não tem vontade própria?

3.4.6. Classificação dos órgãos

Inúmeros são os critérios levados em conta para a classificação dos órgãos públicos. Aqui apenas apresentaremos aqueles mais interessantes e que são apresentados pela melhor doutrina.

3.4.6.1. Quanto à esfera de ação

Levando em conta esse fator, os órgãos podem ser classificados em:

a) *centrais, que são aqueles que exercem atribuições em todo o território nacional, estadual ou municipal, como os Ministérios, as Secretarias de Estado e as de Município;*

b) *locais, que, a seu turno, desenvolvem suas atividades sobre determinada parte do território, como são os exemplos, citados por Di Pietro[5], das delegacias regionais da Receita Federal, das delegacias de polícia, dos postos de saúde e das agências de benefícios da Previdência Social.*

3.4.6.2. Quanto à posição estatal

Já por esta linha de análise, os órgãos podem ser classificados em independentes, autônomos, superiores e subalternos. Essa é uma classificação adotada, dentre outros, por Hely Lopes Meirelles[6].

a) *Independentes são aqueles originários da Constituição e que representam os três Poderes do Estado. Entre eles não há qualquer subordinação hierárquica ou funcional. Trata-se de órgãos sujeitos apenas aos controles constitucionais de um sobre o outro, sendo suas atribuições exercidas por agentes políticos. Bons exemplos de órgãos independentes são as Casas Legislativas, a Chefia do Executivo, os Tribunais, o Ministério Público e os Tribunais de Contas.*

b) *Autônomos são aqueles que estão no ápice da Administração, porém são subordinados diretamente à chefia dos órgãos independentes. Esses órgãos gozam de autonomia administrativa, financeira e técnica e participam das decisões governamentais. Dentro dessa classificação destacam-se os Ministérios, as Secretarias de Estado e de Município.*

c) *Superiores são os órgãos de direção, controle e comando, porém sujeitos à subordinação e ao controle hierárquico de uma chefia. Esses órgãos não gozam de autonomia administrativa nem financeira. Bons exemplos são os Departamentos, Coordenadorias, Superintendências, Diretorias, Gabinetes etc.*

d) *Subalternos são aqueles que se acham subordinados hierarquicamente a órgãos superiores de decisão. Suas principais funções são de execução. Destacam-se aqui as seções de expediente, pessoal, material etc.*

3.4.6.3. Quanto à estrutura

Por esta classificação, os órgãos podem ser divididos em órgãos simples (ou unitários) e órgãos compostos:

a) *simples ou unitários são aqueles constituídos por um único centro de atribuições, sem qualquer subdivisão interna. No exemplo de Di Pietro[7], as seções são integradas em órgãos maiores;*

---

5. *Direito Administrativo*, 24. ed. São Paulo: Atlas, 2011. p. 523
6. MEIRELLES, Hely Lopes. *Direito administrativo brasileiro*. 35. ed. atual. por Eurico de Andrade Azevedo, Délio Balestero Aleixo e José Emmanuel Burle Filho. São Paulo: Malheiros, 2009. p. 71.
7. *Direito Administrativo*. 24. ed. São Paulo: Atlas, 2011. p. 523

b) *compostos* são os órgãos constituídos por diversos outros órgãos. São exemplos os Ministérios e as Secretarias de Estado, que compreendem vários outros, até chegar aos órgãos unitários, em que não existem mais divisões.

3.4.6.4. Quanto à composição

Levando em conta esse fator, os órgãos podem ser classificados em singulares e coletivos. Essa classificação também existe na obra de Hely Lopes Meirelles[8]:

a) *singulares ou unipessoais* são aqueles integrados por um único agente, como, por exemplo, a Presidência da República e Governadorias dos Estados;

b) *coletivos ou pluripessoais* são aqueles integrados por vários agentes, como, por exemplo, uma comissão de licitação, uma Junta Administrativa de Recursos e Infrações (JARI). Eles decidem pela manifestação conjunta e majoritária de seus membros.

Ainda, segundo Celso Antônio Bandeira de Mello[9], os órgãos podem ser classificados quanto às funções que exercem.

Seriam eles: (a) *ativos*, que são os que expressam decisões estatais para o cumprimento dos fins da pessoa jurídica; (b) *de controle*, que são os prepostos a fiscalizar e controlar a atividade de outros órgãos ou agentes; (c) *consultivos*, que são os de aconselhamento e elucidação (pareceres) para que sejam tomadas as providências pertinentes pelos órgãos ativos; (d) *verificadores*, que são os encarregados da emissão de perícias ou de mera conferência da ocorrência de situações fáticas ou jurídicas; e (e) *contenciosos*, aos quais compete, em posição de absoluta imparcialidade, o julgamento de situações controversas.

---

8. MEIRELLES, Hely Lopes. *Direito administrativo brasileiro*. 35ª ed. atual. por Eurico de Andrade Azevedo, Délio Balestero Aleixo e José Emmanuel Burle Filho. São Paulo: Malheiros, 2009. p. 71.
9. *Curso de direito administrativo*, 29. ed. São Paulo: Malheiros, 2012. p. 145.

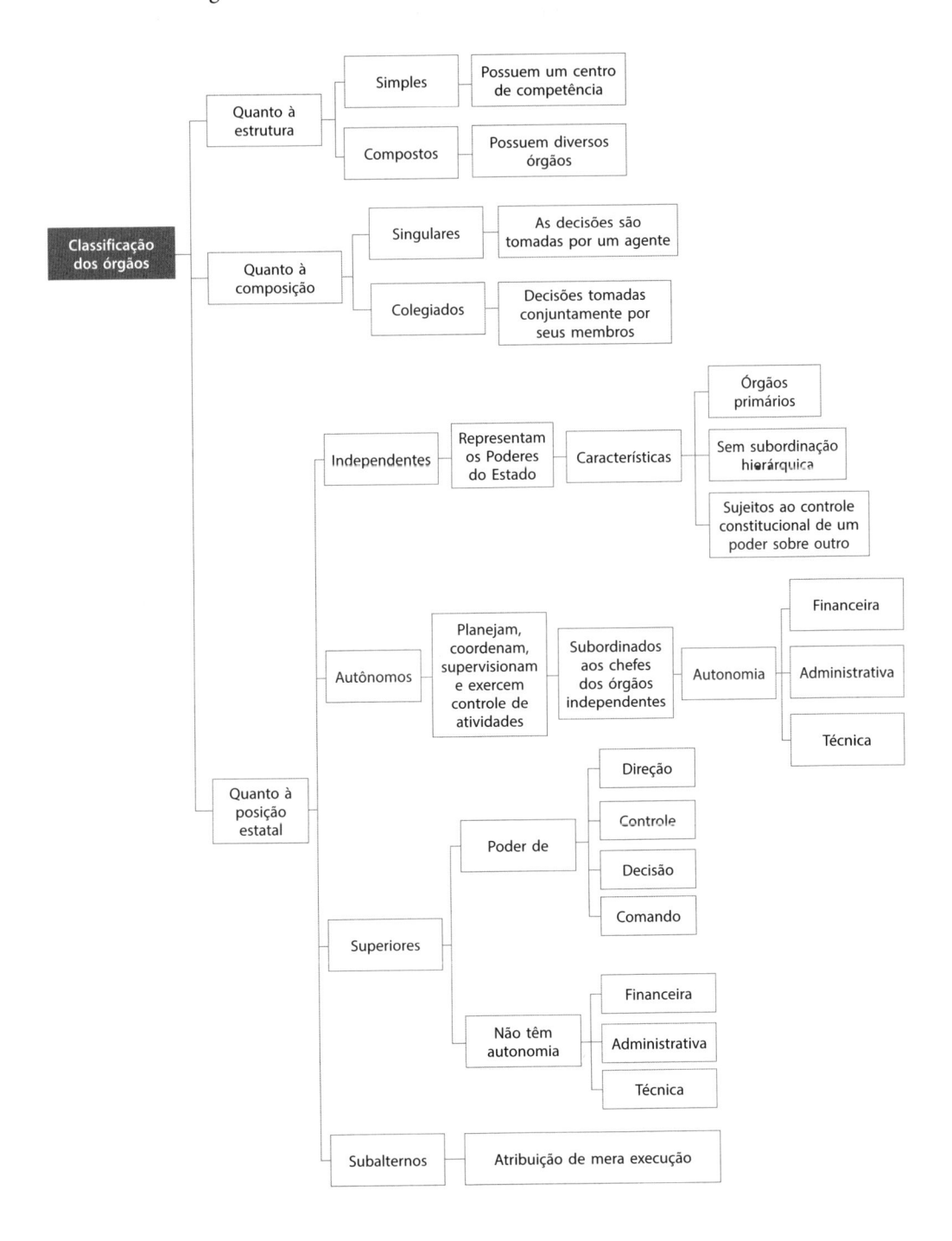

Cap. 3 – ADMINISTRAÇÃO PÚBLICA

Em resumo gráfico:

Classificação dos órgãos

- **Quanto à estrutura**
  - Simples — Possuem um centro de competência
  - Compostos — Possuem diversos órgãos

- **Quanto à composição**
  - Singulares — As decisões são tomadas por um agente
  - Colegiados — Decisões tomadas conjuntamente por seus membros

- **Quanto à posição estatal**
  - **Independentes** — Representam os Poderes do Estado
    - Características:
      - Órgãos primários
      - Sem subordinação hierárquica
      - Sujeitos ao controle constitucional de um poder sobre outro
  - **Autônomos** — Planejam, coordenam, supervisionam e exercem controle de atividades — Subordinados aos chefes dos órgãos independentes
    - Autonomia:
      - Financeira
      - Administrativa
      - Técnica
  - **Superiores**
    - Poder de:
      - Direção
      - Controle
      - Decisão
      - Comando
    - Não têm autonomia:
      - Financeira
      - Administrativa
      - Técnica
  - **Subalternos** — Atribuição de mera execução

3.5. DA DESCENTRALIZAÇÃO ADMINISTRATIVA: CRIAÇÃO DA ADMINISTRAÇÃO DESCENTRALIZADA OU INDIRETA

Foi visto que cada ente da Federação possui uma série de órgãos que, por sua vez, são integrados por um contingente de agentes públicos. O desempenho das atividades administrativas dos referidos órgãos é feito por meio de seus agentes.

Apesar disso, o ordenamento jurídico constitucional *possibilita a criação de novas pessoas*, que também integrarão a Administração Pública, porém para o *desempenho das atividades administrativas de forma descentralizada*.

Esse processo vai gerar uma *distribuição externa de competências*, ensejando o surgimento de novas pessoas, ao contrário do que se passa com a desconcentração, que enseja a criação de órgãos públicos.

O fundamento constitucional da descentralização administrativa é encontrado no art. 37, XIX, do Texto Constitucional, que possui a seguinte redação:

> "somente por lei específica poderá ser criada autarquia e autorizada a instituição de empresa pública, de sociedade de economia mista e de fundação, cabendo à lei complementar, neste último caso, definir as áreas de sua atuação; (Redação dada pela Emenda Constitucional 19, de 04.06.1998)"

Trata-se de uma *opção política* a técnica da *descentralização administrativa*.

Assim, podemos dizer que a administração descentralizada (ou indireta: nome atribuído pelo DL 200/1967) é composta pelas: *a) autarquias; b) fundações públicas; c) sociedade de economia mista; e d) empresas públicas*.

Em âmbito federal, o Decreto-Lei 200/1967[10] dispõe sobre a organização administrativa do Poder Executivo Federal, prescrevendo em seu art. 4.º que a Administração Pública Federal é composta pela *Administração Direta*, que se constitui dos serviços integrados na estrutura administrativa da Presidência da República e dos Ministérios e pela *Administração Indireta*, que compreende as seguintes categorias de entidades, dotadas de personalidade jurídica própria: a) Autarquias; b) Empresas Públicas; c) Sociedades de Economia Mista; d) Fundações Públicas.

O *processo de descentralização* também *requer lei*, cuja *iniciativa é do chefe do Poder Executivo*, quando se tratar de entidades ligadas a esse Poder. Há segmentos da doutrina que sustentam que é possível que os Poderes Legislativo e Judiciário também possam ter entidades da Administração Indireta ligadas a eles, embora seja rara tal ocorrência[11].

---

10. Hoje, parcialmente revogado por inúmeras leis, especialmente a de n.º 10.683/2003.

11. Exemplo dessa hipótese era a do já extinto Instituto de Previdência dos Congressistas (IPC), que era regido pela Lei 7.087/1982. Embora sua regulamentação não fosse clara em caracterizar sua natureza jurídica, era evidente sua configuração como uma verdadeira autarquia. Observe-se que existem entidades que são criadas por servidores públicos ou mesmo por outras entidades privadas, como as associações de classe, com a finalidade de propiciar estudos e projetos para a melhoria dos trabalhos legislativos e judiciários. Essas entidades, no entanto, que geralmente ostentam o termo genérico "instituto", têm natureza jurídica de associações civis, sendo criadas mediante registro de seus estatutos no Cartório de Registro Civil de pessoas jurídicas, não estando vinculadas, propriamente, à Administração Pública, ainda que objetivem e se proponham a colaborar com esta.

O papel da lei vai variar de acordo com a entidade criada. No caso das *Autarquias* e *Fundações Públicas* com personalidade jurídica de direito público, *é a própria lei que as cria*. Assim, no corpo do diploma legal, haverá disposições sobre a estrutura, os cargos, as funções, as competências, o patrimônio inicial etc. *Com a entrada em vigor da lei nascem essas pessoas.*

Já no caso das sociedades de economia mista, empresas públicas e fundações públicas de direito privado, *o papel da lei limita-se a autorizar a sua criação*, sendo que, após entrar em vigor a lei, serão elaborados os atos constitutivos dessas entidades (contrato social, estatuto) e, com o registro destes nos Cartórios de Registro Civil ou Juntas Comerciais competentes, nascem essas entidades[12].

Como essa **transferência de competência se dá por meio de lei** é chamada de delegação legal ou **outorga,** se diferenciando das hipóteses em que a delegação da atividade (e não titularidade do serviço) se dá por contrato, que é conhecida como delegação contratual ou descentralização por colaboração, que é o caso, estudado mais adiante, das concessões e permissões de serviços públicos.

		O Poder Público cria uma pessoa jurídica e a ela atribui a titularidade e a execução de serviço público		Pressupõe lei que institua a entidade ou autorize sua criação	
Outorga	Características	Transferência por meio de Lei	Lei cria a entidade	Pessoa Jurídica de Direito Público	Autarquia
					Fundação de direito público
	Controle	Controle Finalístico	Depende de previsão legal estabelecendo os meios, aspectos e ocasiões do controle	Visa assegurar a realização dos objetivos fixados na criação da entidade	
		Relação de Vinculação	Tem caráter externo e é exercido pela Administração Direta sobre a Indireta	Supervisão Ministerial – exercido pelo Ministério ao qual a entidade esteja vinculada. Em âmbito estadual e municipal, é chamado de controle tutelar	

---

12. O Brasil ainda adota o sistema dual de registro dos atos de criação e alteração das entidades privadas. As entidades com finalidade empresarial têm seus registros feitos nas Juntas Comerciais (Lei 8.934/1994). Já as associações civis e fundações privadas têm seus atos registrados nos Cartórios de Registro Civil de Pessoas Jurídicas (Lei 6.015/1973). As entidades sindicais também têm o registro de seus atos constitutivos feitos no registro civil, embora estejam, ainda, apenas para fins de controle do princípio da unidade sindical, sujeitas ao chamado "registro sindical" junto ao Ministério do Trabalho.

3.6. ADMINISTRAÇÃO CENTRALIZADA OU DIRETA

3.6.1. Pessoas que compõem essa Administração

A Administração Direta ou centralizada é composta pelas figuras da:

a) União;
b) Estados;
c) Municípios;
d) Distrito Federal.

3.6.2. A desconcentração das competências

Essas pessoas possuem uma série de competências, as quais são distribuídas internamente pelos seus diversos órgãos públicos. A Administração Pública Direta brasileira é completamente desconcentrada e, por isso, dotada de inúmeros órgãos.

3.6.3. Características da Administração Direta

3.6.3.1. Personalidade jurídica

As pessoas que compõem a Administração Direta possuem personalidade jurídica de direito público, o que é, inclusive, enunciado pelo art. 41, I, II e III, do Código Civil.

> "Art. 41. São pessoas jurídicas de direito público interno:
> I – a União;
> II – os Estados, o Distrito Federal e os Territórios;
> III – os Municípios;
> IV – as autarquias, inclusive as associações públicas;
> V – as demais entidades de caráter público criadas por lei".

3.6.3.2. Regime jurídico

Regime jurídico é o conjunto de normas que vai orientar, disciplinar e ser aplicado a certas pessoas ou situações.

O regime jurídico da Administração Direta, que são pessoas jurídicas de direito público, é chamado de *regime jurídico administrativo ou público*. Esse conjunto normativo atribui ao Estado uma série de prerrogativas diferenciadas decorrente da supremacia do interesse público sobre o privado, bem como certas restrições decorrentes da indisponibilidade do interesse público.

Esse regime jurídico se faz necessário tendo em vista a missão atribuída ao Estado de ter sua atuação voltada à gestão dos interesses da coletividade.

Relembrando, as pessoas que compõem a Administração Direta gozam de inúmeras prerrogativas, como: *bens impenhoráveis e imprescritíveis, pagamento de suas condenações via precatório, imunidade tributária quanto aos impostos, lei de execução fiscal própria etc.*, bem como de várias restrições, tais como: *exigência de licitação para a contratação de bens, serviços e obras, necessidade de concurso para contratação de pessoal em caráter permanente, dever de prestar contas ao Tribunal de Contas etc.*

3.6.3.3. Autonomia administrativa, financeira e orçamentária

Essas pessoas componentes da Administração direta possuem autonomia administrativa, financeira e orçamentária.

Autonomia administrativa significa que as pessoas jurídicas integrantes da Administração Direta podem deliberar internamente, dentro dos limites impostos pela lei, quanto à divisão de atribuições entre os diferentes órgãos e agentes componentes, bem como ao uso dos bens públicos vinculados a seus serviços, quanto à forma de processamento dos requerimentos administrativos formulados junto a seus órgãos, quanto à decisão no concernente à conveniência de se proceder à contratação de terceiros para atender às demandas administrativas e quanto às relações disciplinares e de fiscalização da conduta de seus agentes, no exercício, por parte destes, da função administrativa.

Por sua vez, a *autonomia financeira e orçamentária* está ligada ao uso dos recursos financeiros necessários à manutenção dos serviços públicos prestados pela entidade da Administração Direta, bem como a toda a plêiade de agentes públicos e da infraestrutura de bens vinculados àqueles (despesas de custeio).

Eventualmente, pode significar, também, a gestão dos recursos arrecadados, quando vinculados ao serviço, o que ocorre geralmente com as taxas. Essa autonomia corresponde à decisão quanto ao que pode ser gasto, mas ela é naturalmente limitada em termos globais, visto que está restrita aos recursos totais destinados à entidade pela respectiva lei orçamentária, com as estipulações, ainda, das respectivas leis de programação e de responsabilidade orçamentárias (planos plurianuais, leis de diretrizes orçamentárias e Lei de Responsabilidade Fiscal).

Também há uma limitação setorial, decorrente da própria destinação que a lei orçamentária dá às respectivas ações orçamentárias dentro de cada órgão administrativo, a ser fiscalizada internamente, pelos respectivos órgãos de controle interno, e externamente, pelos tribunais de contas. O estudo desse tema é objeto de maior interesse do direito financeiro.

3.6.3.4. Patrimônio

As pessoas que compõem a Administração Direta possuem patrimônio próprio. Patrimônio está ligado ao acervo de bens móveis e imóveis, materiais e imateriais pertencentes à pessoa jurídica.

Muitos dos bens dessas pessoas já foram distribuídos constitucionalmente.

Por exemplo, o art. 20 da Constituição Federal informa que são bens pertencentes à União: *a) os que atualmente lhe pertencem e os que lhe vierem a ser atribuídos; b) as terras devolutas indispensáveis à defesa das fronteiras, das fortificações e construções mi-*

litares, das vias federais de comunicação e à preservação ambiental, definidas em lei; c) os lagos, rios e quaisquer correntes de água em terrenos de seu domínio, ou que banhem mais de um Estado, sirvam de limites com outros países, ou se estendam a território estrangeiro ou dele provenham, bem como os terrenos marginais e as praias fluviais; d) as ilhas fluviais e lacustres nas zonas limítrofes com outros países; as praias marítimas; as ilhas oceânicas e as costeiras, excluídas, destas, as que contenham a sede de Municípios, exceto aquelas áreas afetadas ao serviço público e a unidade ambiental federal, e as referidas no art. 26, II, da Constituição Federal; e) os recursos naturais da plataforma continental e da zona econômica exclusiva; f) os terrenos de marinha e seus acrescidos; g) os potenciais de energia hidráulica; h) os recursos minerais, inclusive os do subsolo; i) as cavidades naturais subterrâneas e os sítios arqueológicos e pré-históricos; j) as terras tradicionalmente ocupadas pelos índios.

Quanto aos Estados, o art. 26 do Texto Constitucional lhes atribui os seguintes bens: a) as águas superficiais ou subterrâneas, fluentes, emergentes e em depósito, ressalvadas, nesse caso, na forma da lei, as decorrentes de obras da União; b) as áreas, nas ilhas oceânicas e costeiras, que estiverem no seu domínio, excluídas aquelas sob domínio da União, Municípios ou terceiros; c) as ilhas fluviais e lacustres não pertencentes à União; d) as terras devolutas não compreendidas entre as da União.

É claro que, além desses bens, *essas pessoas que compõem a Administração Direta, até mesmo em razão de sua autonomia administrativa, vão acrescentando aos seus acervos uma série de bens imóveis e móveis.* Por exemplo, quando um Município faz uma licitação para a construção de uma obra, onde será ativada uma escola, após a conclusão da obra há um novo bem imóvel pertencente àquele ente da federação. O mesmo se passa em relação aos bens móveis que são adquiridos ao longo da gestão pública, incluindo direitos e créditos contra terceiros.

3.6.3.5. Regime de bens

Estes bens, especialmente por serem utilizados no desempenho das atividades públicas da Administração Direta, estão sujeitos a um regime jurídico (conjunto normativo) distinto dos bens dos particulares.

Encontramos na lei e na Constituição o tratamento diferenciado dispensado pelo legislador sobre os bens públicos.

O art. 100 do Código Civil enuncia que os bens públicos de uso comum do povo e os de uso especial são *inalienáveis*, enquanto conservarem a sua qualificação, na forma que a lei determinar. Por sua vez, o comando do art. 102 prescreve que os bens públicos *não estão sujeitos à usucapião* (imprescritibilidade aquisitiva), da mesma forma que enuncia o art. 183, § 3.º, da Constituição Federal.

Os bens públicos são *impenhoráveis* e, em razão dessa característica, é que as dívidas decorrentes de condenações judiciais das pessoas pertencentes à Administração Pública Direta e Autarquia e Fundacional (de direito público) são pagas pela sistemática de precatórios ou requisições de pequeno valor, conforme estabelece o art. 100 da Constituição Federal.

3.6.3.6. Regime funcional

Os *agentes políticos* são aqueles que exercem os mais altos cargos do escalão governamental, sendo responsáveis por estabelecer as diretrizes de atuação do Estado, além de gozar de ampla independência funcional.

Nessa categoria entram todos aqueles que *exercem mandatos eletivos* diretamente decorrentes da Constituição: o Presidente da República e o vice-Presidente; os governadores e os vice-governadores dos Estados e do DF; os prefeitos municipais e os vice-prefeitos; os senadores da República; os deputados federais; os deputados estaduais e os vereadores.

Além destes, também integram essa categoria aqueles agentes diretamente nomeados pelos chefes dos Executivos, nas três esferas de governo, que são responsáveis, no *mais alto escalão administrativo*, pela implementação das políticas de governo, a saber: a) os ministros de Estado, nomeados pelo Presidente da República; b) os secretários de Estado, nomeados pelos governadores; c) os secretários municipais, nomeados pelos prefeitos[13].

Na linha da doutrina mais antiga[14], no entanto, seriam agentes políticos *todos os membros de Poder*, o que incluiria, além dos acima citados, os magistrados (ministros de tribunais superiores – STF, STJ, STM, TSE e TST; juízes de tribunais regionais – eleitorais, do trabalho e federais; desembargadores dos tribunais de justiça e juízes dos tribunais de justiça militar estaduais; juízes de direito, federais, do trabalho e auditores militares).

Por equiparação, estariam incluídos, ainda, os membros dos diferentes ramos do Ministério Público da União (Federal, do Trabalho, Militar e do Distrito Federal e Territórios) e os membros dos Ministérios Públicos estaduais, bem como os ministros e conselheiros dos Tribunais de Contas municipais, estaduais e da União. Isso se daria em razão do altíssimo grau de independência desses agentes, conquanto não sejam, propriamente, membros de Poder.

Servidores públicos, classificação dentro da qual se têm os servidores estatutários e os servidores celetistas, estes últimos conhecidos como empregados públicos.

Os *servidores estatutários* são aqueles cujo vínculo funcional é regido por um estatuto, que é uma lei. Em âmbito federal, tem-se a Lei 8.112/1990. Os servidores estatutários podem estar providos em cargos efetivos, que são aqueles cuja investidura depende da aprovação em concurso público, ou comissionados, cujo provimento é baseado na confiança, porém limitado aos cargos de direção, chefia e assessoramento.

Já os servidores celetistas, ou seja, os empregados públicos, titularizam empregos públicos e sua vida funcional é regida pela Consolidação das Leis do Trabalho – CLT.

A redação originária do art. 39 da Constituição Federal prescrevia que a Administração deveria adotar apenas um regime jurídico funcional. A União Federal adotou o regime estatutário, tendo disciplinado a vida funcional de seus servidores por meio da Lei 8.112/1990.

---

13. Existem cargos que, embora não sejam nominalmente idênticos, equivalem ao de ministro de Estado, como o Advogado-Geral da União e alguns secretários especiais da Presidência da República. No âmbito estadual, tradicionalmente, o Procurador-Geral do Estado tem *status* equivalente ao de Secretário.
14. MEIRELLES, Hely Lopes. *Direito administrativo brasileiro*. 35. ed. atual. por Eurico de Andrade Azevedo, Délio Balestero Aleixo e José Emmanuel Burle Filho. São Paulo: Malheiros, 2009. p. 79.

Ocorre que, com a Emenda Constitucional 19/1998, foi alterado o *caput* do art. 39, possibilitando a existência de regimes funcionais múltiplos dentro da mesma Administração.

A matéria foi, inclusive, regulamentada, em termos gerais, pela *Lei 9.962/2000*, que tratou de garantir alguns direitos essenciais a tais empregados públicos.

No âmbito das *agências reguladoras*, inclusive, essa solução passou a ser, momentaneamente, a regra, conforme dispunha o *art. 1.º da Lei 9.986/2000*.

O STF, no entanto, já sinalizava no sentido de que, mesmo ausente o RJU, algumas funções essenciais estatais não poderiam ser exercidas por servidores submetidos ao regime jurídico privado, tendo concedido *Medida Cautelar na ADI 2.310* para suspender a eficácia do aludido art. 1.º da Lei 9.986/2000, assim como de diversos outros artigos da mesma Lei.

Com a *Lei 10.871/2004*, no entanto, modificou-se a regulamentação da matéria, tendo-se revogado os dispositivos impugnados e estabelecido, em contrapartida, como regra geral de admissão, o estatutário, embora tenha sido mantida a regra do art. 14, que faz alusão a "quantitativos de empregos públicos de cada Agência", que serão estabelecidos em lei. Por consequência dessa alteração, a ADI 2.310 acabou sendo julgada prejudicada.

Não obstante isso, o STF, quando do julgamento da *ADI-MC 2.135/DF*, apreciando questão referente à *inconstitucionalidade formal da própria Emenda Constitucional 19/1998*, suspendeu os efeitos desta, inviabilizando, por consequência, a partir desse julgamento, procedido em agosto de 2007, a aplicação das disposições legais acima mencionadas, permissivas da contratação, pelo regime trabalhista, de servidores da Administração Direta, autárquica e fundacional da esfera federal[15].

---

15. "Medida cautelar em ação direta de inconstitucionalidade. Poder Constituinte reformador. Processo legislativo. Emenda Constitucional 19, de 04.06.1998. Art. 39, *caput*, da Constituição Federal. Servidores públicos. Regime jurídico único. Proposta de implementação, durante a atividade constituinte derivada, da figura do contrato de emprego público. Inovação que não obteve a aprovação da maioria de três quintos dos membros da Câmara dos Deputados quando da apreciação, em primeiro turno, do Destaque para Votação em Separado (DVS) n.º 9. Substituição, na elaboração da proposta levada a segundo turno, da redação original do *caput* do art. 39 pelo texto inicialmente previsto para o parágrafo 2.º do mesmo dispositivo, nos termos do substitutivo aprovado. Supressão, do texto constitucional, da expressa menção ao sistema de regime jurídico único dos servidores da Administração Pública. Reconhecimento, pela maioria do Plenário do Supremo Tribunal Federal, da plausibilidade da alegação de vício formal por ofensa ao art. 60, § 2.º, da Constituição Federal. Relevância jurídica das demais alegações de inconstitucionalidade formal e material rejeitada por unanimidade. 1. A matéria votada em destaque na Câmara dos Deputados no DVS n.º 9 não foi aprovada em primeiro turno, pois obteve apenas 298 votos e não os 308 necessários. Manteve-se, assim, o então vigente *caput* do art. 39, que tratava do regime jurídico único, incompatível com a figura do emprego público. 2. O deslocamento do texto do § 2.º do art. 39, nos termos do substitutivo aprovado, para o *caput* desse mesmo dispositivo representou, assim, uma tentativa de superar a não aprovação do DVS n.º 9 e evitar a permanência do regime jurídico único previsto na redação original suprimida, circunstância que permitiu a implementação do contrato de emprego público ainda que à revelia da regra constitucional que exige o *quorum* de três quintos para aprovação de qualquer mudança constitucional. 3. Pedido de medida cautelar deferido, dessa forma, quanto ao *caput* do art. 39 da Constituição Federal, ressalvando-se, em decorrência dos efeitos *ex nunc* da decisão, a subsistência, até o julgamento definitivo da ação, da validade dos atos anteriormente praticados com base em legislações eventualmente editadas durante a vigência do dispositivo ora suspenso. 4. Ação direta julgada prejudicada quanto ao art. 26 da EC 19/98, pelo exaurimento do prazo estipulado para sua vigência. 5. Vícios formais e materiais dos demais dispositivos constitucionais impugnados, todos oriundos da EC 19/98, aparentemente inexistentes ante a constatação de que as mudanças de redação promovidas no curso do processo legislativo não

A ADI 2.135/DF ainda pende de julgamento final, e, até que este ocorra, eventuais contratações fora do RJU previsto na Lei 8.112/1990, que tenham sido feitas anteriormente à decisão do STF, com base na Lei 9.962/2000, são consideradas válidas.

Dessa forma, conquanto tenha havido a modificação do art. 39 da CF/1988 pela Emenda Constitucional 19/1998, continua existindo, por força da decisão proferida pelo STF na ADI-MC 2.135/DF, o RJU, sendo este, na esfera federal, o estatutário, previsto na Lei 8.112/1990, sem prejuízo da aplicação do regime de emprego público para os trabalhadores das empresas públicas e sociedades de economia mista e para aqueles que, excepcionalmente, foram contratados em regime de emprego, pelas agências reguladoras, após a EC 19/1998 e até a decisão proferida pelo STF na ADI-MC 2.135.

3.6.3.7. Regime de contratação de obras, bens e serviços

Em razão dos obstáculos principiológicos dos primados da isonomia, impessoalidade, moralidade e indisponibilidade do interesse público, a Administração Direta, quando pretender contratar obras, serviços, bens, deve, como regra, se submeter a um procedimento seletivo prévio, que é a licitação.

Tal exigência decorre do art. 37, XXI, do Texto Constitucional, cuja redação é a seguinte: "ressalvados os casos especificados na legislação, as obras, serviços, compras e alienações serão contratados mediante processo de licitação pública que assegure igualdade de condições a todos os concorrentes, com cláusulas que estabeleçam obrigações de pagamento, mantidas as condições efetivas da proposta, nos termos da lei, o qual somente permitirá as exigências de qualificação técnica e econômica indispensáveis à garantia do cumprimento das obrigações".

O procedimento licitatório, hoje, é regulamentado especialmente por duas leis: 8.666/1993 e 10.520/2002[16]. A primeira é o estatuto das licitações, legislação que contém o maior número de normas sobre o tema. Já a segunda foi editada com o objetivo de criar uma nova modalidade licitatória, que é o pregão, cujo objetivo foi conferir maior celeridade para as contratações públicas, sendo restrita, entretanto, às contratações de bens e serviços comuns.

Como visto acima, a regra é a licitação, porém, o próprio mandamento constitucional abre a possibilidade de contratações diretas nos casos que serão ressalvados pela lei. A Lei 8.666/1993 criou as ressalvas à regra da licitação nos arts. 24 e 25, que são, respectivamente, os casos de dispensa e inexigibilidade de licitação, que, em capítulo próprio, serão objeto de análise mais minuciosa.

---

alteraram substancialmente o sentido das proposições ao final aprovadas e de que não há direito adquirido à manutenção de regime jurídico anterior. 6. Pedido de medida cautelar parcialmente deferido" (Pleno, ADI-MC 2.135/DF, Rel. Min. Néri da Silveira, Rel. p/ acórdão Min. Ellen Gracie, j. 02.08.2007).

16. A Lei 12.232/2010 dispôs sobre normas gerais para licitação e contratação pela Administração Pública de serviços de publicidade prestados por agências de propaganda. A Lei 12.462/2011 Instituí o Regime Diferenciado de Contratações Públicas – RDC. Por fim, a Lei 13.303/2016, que dispõe sobre o estatuto jurídico da empresa pública, da sociedade de economia mista e de suas subsidiárias, no âmbito da União, dos Estados, do Distrito Federal e dos Municípios também tratam da matéria. Falaremos sobre as referidas normas no capítulo próprio de licitações.

3.6.3.8. Imunidade tributária

Imunidade tributária está ligada à impossibilidade constitucional de tributação de algo ou alguém. Difere aqui da isenção, cujo delineamento é feito por meio de lei, e não dos mandamentos constitucionais.

O texto constitucional traz algumas hipóteses de imunidade, sendo que aquela que nos interessa aqui está prevista no art. 150, VI, "a", da Carta Magna[17].

Vejamos a redação do comando excelso:

> "Art. 150. Sem prejuízo de outras garantias asseguradas ao contribuinte, é vedado à União, aos Estados, ao Distrito Federal e aos Municípios:
> (...)
> VI – instituir impostos sobre:
> a) patrimônio, renda ou serviços, uns dos outros;"

Percebe-se, pela leitura do Texto Constitucional, que os entes da Administração Direta gozam de imunidade tributária, quanto aos impostos, que recaiam sobre patrimônio, rendas ou serviços.

Por outras palavras, e agora de forma exemplificativa: não pode a União, por exemplo, cobrar Imposto de Renda dos Estados e Municípios. Também é proibido aos Estados cobrarem ICMS dos Municípios e da União, como também é vedado aos Municípios cobrarem IPTU sobre os imóveis pertencentes aos Estados e à União.

3.6.3.9. Regime de responsabilidade civil

Quanto à responsabilidade civil, a regra é que as entidades da Administração Direta respondam de forma objetiva, nos termos do art. 37, § 6.º, da Constituição Federal.

Prescreve o referido comando constitucional:

> "§ 6.º As pessoas jurídicas de direito público e as de direito privado prestadoras de serviços públicos responderão pelos danos que seus agentes, nessa qualidade, causarem a terceiros, assegurado o direito de regresso contra o responsável nos casos de dolo ou culpa".

Ocorre que tanto o Supremo Tribunal Federal quanto o Superior Tribunal de Justiça entendem que a responsabilidade civil objetiva prevista no § 6.º do art. 37 é apenas para danos causados por ação (atos comissivos), seja lícita ou ilícita, material ou jurídica.

Assim, quanto aos danos decorrentes de omissões do Estado, a regra é a responsabilidade civil subjetiva, devendo o autor da demanda demonstrar a culpa do serviço, que pode ser provada por falta do serviço, prestação inadequada e prestação tardia dos serviços.

---

17. O art. 9.º, IV, "a", do Código Tributário Nacional (Lei 5.172/1966) já continha essa vedação.

3.6.3.10. Prerrogativas

Em razão da supremacia do interesse público sobre o privado, princípio capital do Direito Administrativo, verdadeira viga mestra de sustentação do edifício desse segmento do direito público, à Administração são conferidas inúmeras prerrogativas para o alcance mais satisfatório do interesse público.

Podemos classificar essas prerrogativas em materiais, processuais e contratuais.

3.6.3.10.1. Materiais

As prerrogativas materiais estão ligadas às qualidades diferenciadas que os atos administrativos possuem. São, pela nomenclatura usual da doutrina, os atributos do ato administrativo.

São eles:

a) *presunção de legitimidade: os atos administrativos, quando são produzidos, gozam da presunção de que foram feitos corretamente sob todos os aspectos. Assim, por mais que o ato tenha desatendido à lei, aos princípios constitucionais, parte-se sempre da presunção de que isso não ocorreu, devendo o administrado provar o contrário. Por isso se diz que essa presunção é relativa e o ônus de provar o contrário é repassado ao destinatário do ato;*

b) *presunção de veracidade: por esse atributo presume-se que os motivos apresentados para a prática do ato são verdadeiros e ocorreram. Assim, por mais que tais motivos não tenham de fato ocorrido, ou estejam equivocados, até que se prove o contrário, têm-se eles como existentes e verdadeiros. Porém, da mesma forma que se passa quanto à presunção de legitimidade, a presunção de veracidade é relativa e comporta prova em contrário, a qual, por sua vez, deve ser produzida pelo administrado;*

c) *imperatividade: por meio desse atributo, a Administração tem o poder de constituir terceiros em obrigações, independentemente de seu consentimento. É o que ocorre, por exemplo, quanto ao poder desapropriatório. A desapropriação é feita independentemente do consentimento do proprietário. Não importa se ele vai aceitar ou não a intervenção estatal. Presentes os requisitos legais, impõe-se o interesse público sobre o privado;*

d) *autoexecutoriedade: esse atributo existe em alguns atos e por meio dele a Administração pode, diretamente e sem precisar ir previamente ao Poder Judiciário, restringir a liberdade e a propriedade de terceiros. Atos de embargos de obras, apreensão de veículos em blitz, fechamento de estabelecimento sem alvará de funcionamento etc. possuem esse atributo.*

3.6.3.10.2. Processuais

As prerrogativas processuais são privilégios que a Administração possui quando está litigando em juízo. Destacam-se, dentre outras, o prazo em dobro para manifestação nos processos (art. 183 do CPC), processo de execução próprio, regido pela Lei 6.830/1980, impenhorabilidade de seus bens e, por isso, regime de pagamento de suas condenações judiciais por meio de precatório ou requisição de pequeno valor[18], além do duplo grau de jurisdição obrigatório (remessa necessária), em determinados casos, etc.

3.6.3.10.3. Contratuais

Já as prerrogativas contratuais estão ligadas aos direitos diferenciados que a Administração possui nos contratos administrativos. Nesses contratos, regidos pela Lei 8.666/1993, a Administração gozará de uma série de direitos que exorbitam aquilo que é normal entre particulares[19]. Diz-se, por isso, que os contratos administrativos são recheados de cláusulas exorbitantes.

São elas: *a) poder de rescisão unilateral do contrato; b) poder de alteração unilateral do contrato; c) poder de fiscalização do contrato; d) poder de aplicação de penalidades motivadas aos contratados; e) aplicação parcial e mitigada do princípio da exceção de contratos não cumprido em face do Estado etc.*

3.7. ADMINISTRAÇÃO INDIRETA

3.7.1. Introdução

Apesar de a Administração Direta ou centralizada estar aparelhada com inúmeros órgãos e agentes para o desenvolvimento das atividades do Estado, a Constituição

---

18. A recente lei 13.463 de 6 de julho de 2017 dispõe sobre os recursos destinados aos pagamentos decorrentes de precatórios e de Requisições de Pequeno Valor (RPV) federais, estipulando algumas regras: Art. 1º A gestão dos recursos destinados aos pagamentos decorrentes de precatórios e de Requisições de Pequeno Valor (RPV) federais será realizada pelo Poder Judiciário, que contratará, com dispensa de licitação, instituições financeiras integrantes da administração pública federal para a operacionalização da gestão dos recursos. Parágrafo único. Os valores correspondentes à remuneração das disponibilidades dos recursos depositados, descontada a remuneração legal devida ao beneficiário do precatório ou da RPV, constituirão receita e deverão ser recolhidos em favor do Poder Judiciário, o qual poderá destinar até 10% (dez por cento) do total para o pagamento de perícias realizadas em ação popular. **Art. 2º Ficam cancelados os precatórios e as RPV federais expedidos e cujos valores não tenham sido levantados pelo credor e estejam depositados há mais de dois anos em instituição financeira oficial.** § 1º O cancelamento de que trata o caput deste artigo será operacionalizado mensalmente pela instituição financeira oficial depositária, mediante a transferência dos valores depositados para a Conta Única do Tesouro Nacional. § 2º Do montante cancelado: I - pelo menos 20% (vinte por cento) deverá ser aplicado pela União na manutenção e desenvolvimento do ensino; II - pelo menos 5% (cinco por cento) será aplicado no Programa de Proteção a Crianças e Adolescentes Ameaçados de Morte (PPCAAM). § 3º Será dada ciência do cancelamento de que trata o caput deste artigo ao Presidente do Tribunal respectivo. § 4º O Presidente do Tribunal, após ciência de que trata o § 3º deste artigo, comunicará o fato ao juízo da execução, que notificará o credor. Art. 3º Cancelado o precatório ou a RPV, poderá ser expedido novo ofício requisitório, a requerimento do credor. Parágrafo único. O novo precatório ou a nova RPV conservará a ordem cronológica do requisitório anterior e a remuneração correspondente a todo o período.

19. Especificamente em relação aos contratos de concessão e permissão de serviços públicos, a legislação aplicável é a Lei 8.987/1997.

Federal, em seu art. 37, XIX, autoriza essa Administração a promover uma *descentralização administrativa* com a possibilidade de se criarem novas entidades, *dotadas de personalidade jurídica*, com o objetivo de desempenharem suas atribuições de forma descentralizada.

Com a descentralização administrativa surge a Administração descentralizada ou indireta, que é composta pelas *autarquias, fundações públicas de direito público, sociedades de economia mista, empresas públicas e fundações públicas de direito privado*.

O requisito básico justificador da criação dessas entidades é o da *especialização*, de modo que o serviço público ou a atuação estatal na economia serão mais bem desempenhados mediante a criação de entidade especialmente voltada para tais finalidades.

3.7.2. Princípios ligados à descentralização administrativa

Reserva legal, o que significa que o processo de criação de entidade da Administração Indireta é feito por meio de lei, seja criando-as diretamente (no caso das pessoas jurídicas de direito público) ou autorizando a sua criação (no caso das pessoas jurídicas de direito privado).

Especialidade, o que significa que, quando é criada uma entidade da Administração indireta, ela é constituída para uma finalidade específica definida na lei criadora ou autorizadora. É o caso, por exemplo, da lei que criou o INSS para atuar na área de previdência social, não podendo, portanto, atuar na área de transportes.

Tutela administrativa é o princípio que autoriza o controle da Administração Direta sobre a Indireta à qual se encontra vinculada. É um controle mais restrito que objetiva verificar se a entidade está atuando dentro da área para a qual foi criada[20]. Como não existe hierarquia da Administração Direta sobre a Indireta, se porventura a lei prever recurso à Administração Direta contra ato praticado por autoridade da Administração Indireta, esse recurso será chamado de *recurso hierárquico impróprio*.

3.8. AUTARQUIAS

3.8.1. Exemplos

São exemplos de Autarquias, em nível federal, o IBAMA, o INCRA, o INSS, o INMETRO, o DNIT, o Banco Central e as agências reguladoras, tais como a ANEEL, a ANATEL, a ANAC, a ANTAQ, a ANP, a ANA, a ANTT, a ANVISA e a ANCINE. Também são

---

20. No âmbito federal, o Decreto-Lei 200/1969 denomina esse controle de **"supervisão ministerial"** (art. 19). Para esse efeito, o Decreto 8.872 de 10 de outubro de 2016, que revogou o Decreto 6.129/2007, dispõe sobre a vinculação das entidades integrantes da administração pública federal indireta em relação a cada ministério ou secretaria da Presidência da República.

consideradas autarquias federais os conselhos de fiscalização de profissão[21-22], tais como: CRO, CRM, CRF, CREA, CRECI etc. e as agências executivas.

Atenção à exceção da Ordem dos Advogados do Brasil – OAB, pois o STF entendeu que ela não é autarquia, mas **entidade prestadora de serviço público independente**[23]. Vejamos trecho da decisão:

> *"(...) 2. Não procede a alegação de que a OAB se sujeita aos ditames impostos à Administração Pública Direta e Indireta. 3. A OAB não é uma entidade da Administração Indireta da União. A Ordem é um serviço público independente, categoria ímpar no elenco das personalidades jurídicas existentes no direito brasileiro. 4. A OAB não está incluída na categoria na qual se inserem essas que se tem referido como 'autarquias especiais' para pretender-se afirmar equivocada independência das hoje chamadas 'agências'. 5. Por não consubstanciar uma entidade da Administração Indireta, a OAB não está sujeita a controle da Administração, nem a qualquer das suas partes está vinculada. Essa não vinculação é formal e materialmente necessária. (...)" (STF, ADI 3.026/DF, Tribunal Pleno, Rel. Min. Eros Grau, DJ 29.09.2006).*

---

21. Como adverte Luiz Oliveira de Castro Jungstedt, "os Conselhos que Controlam as Profissões Regulamentadas sempre foram tratados pela doutrina como autarquias, recebendo uma simples qualificação de autarquias especiais ou autarquias de regime especial, onde novamente o traço que caracteriza o especial está em torno das licitações e concursos públicos, que por elas, em regra, não são realizados. O principal fundamento para estes conselhos serem considerados entidades autárquicas é o entendimento de que realizam a atividade pública do poder de polícia, considerada atividade indelegável a particulares. O STF, na ADin n.º 1717/01, confirma este entendimento". Todavia, o referido autor emenda e, discordando do entendimento do STF, sustenta que "estes conselhos não realizam poder de polícia, e sim poder disciplinar em relação aos seus membros, não necessitando da personalidade de direito público (*Direito administrativo* – Parte I – Estado gerencial brasileiro. Niterói: Impetus, 2009. p. 38). Esse posicionamento não é de todo exato, pois parte dos referidos conselhos detém claramente poder de polícia sobre atos de terceiros, como o CREA ao fiscalizar a regularidade de obras quanto à existência de ART (anotação de responsabilidade técnica). Nessa situação a imposição de multa é ao dono da obra e não ao profissional de engenharia.

22. Em recente decisão o STF entendeu, em âmbito de Repercussão Geral, que "é **inconstitucional, por ofensa ao princípio da legalidade tributária, lei que delega aos conselhos de fiscalização de profissões regulamentadas a competência de fixar ou majorar, sem parâmetro legal,** o valor das contribuições de interesse das categorias profissionais e econômicas, usualmente cobradas sob o título de anuidades, vedada, ademais, a atualização desse valor pelos conselhos em percentual superior aos índices legalmente previstos." (RE 704.292/PR19 e 20, rel. ministro Dias Toffoli, julgamento em 30-6, 6 e 19-10-2016, ata publicada no DJE de 27-10-2016)

23. Não obstante a OAB não ser uma autarquia, **compete à Justiça Federal processar e julgar ações em que a Ordem dos Advogados do Brasil (OAB)**, quer mediante o Conselho Federal, quer seccional, figure na relação processual. Tal matéria foi analisada em âmbito de Repercussão Geral, no RE 595.332/PR15, cuja relatoria coube ao Ministro Marco Aurélio, julgamento em 31-8-2016, ata publicada no DJE de 12-9-2016. A postura da Corte Suprema, no pormenor, é absolutamente contraditória e viola frontalmente o texto do art. 109, I, da CF/88, já que a competência cível geral da Justiça Federal é *ratione personae*. Assim, na medida em que a própria Corte, atendendo o enorme lobby da OAB, lhe garante uma personalidade jurídica própria e diferente de qualquer outra entidade, lhe isentando de qualquer controle público quanto às verbas que arrecada, deveria, ao menos, lhe retirar a prerrogativa de processamento no âmbito federal.

Ainda, são autarquias algumas Universidades Federais[24] e os Institutos Federais[25].

Falaremos inicialmente das autarquias comuns para depois, em capítulo próprio, trabalhar com as autarquias em regime especial, que são as agências reguladoras, as agências executivas e os conselhos de fiscalização de profissão.

3.8.2. As autarquias territoriais e os Territórios Federais no direito brasileiro

Em todos os exemplos dados anteriormente, tem-se o que se convencionou chamar de "autarquias de serviços" ou *autarquias institucionais*. Nesse caso, a entidade descentralizada é criada pelo ente político com a finalidade de prestar um serviço específico à população, que se supõe será mais bem executado por uma pessoa jurídica exclusivamente voltada para tal finalidade.

Entretanto, existem autarquias, denominadas de *territoriais*, que, embora não disponham de prerrogativas e *status* jurídico próprio dos entes políticos, exercem, como estes no exercício de suas funções administrativas, todos os serviços públicos e todas as atividades típicas da administração pública direta.

Esse tipo de autarquia é mais comum nos países que adotam forma de estado unitária. Na prática, são desmembramentos geográficos aos quais o poder central outorga algum tipo de autonomia administrativa e mesmo política. Exemplo clássico são os Departamentos na França. Mas os próprios Municípios, dependendo da configuração constitucional de cada país, podem estar enquadrados nesse conceito.

Caso singular é a posição dos chamados Territórios Federais, previstos no art. 18, § 2.º, da Carta Magna. De acordo com esse dispositivo, eles integram a União, embora possam ser transformados em Estados. Essa transformação, assim como sua criação, deve ser feita por lei complementar. Observe-se que a própria Constituição Federal de 1988, no art. 14 do Ato das Disposições Constitucionais Transitórias, transformou em Estados os antigos Territórios Federais do Amapá e Roraima, além de integrar, em seu art. 15, o Território Federal de Fernando de Noronha ao Estado de Pernambuco.

Os Territórios Federais foram imaginados como uma forma de estimular a ocupação de áreas de reduzida densidade demográfica. O Acre, por exemplo, permaneceu como

---

24. **Universidades Federais:** 1. de Alagoas; 2. de Alfenas; 3. da Bahia; 4. de Campina Grande; 5. do Ceará; 6. do Espírito Santo; 7. Fluminense; 8. de Goiás; 9. de Itajubá; 10. de Juiz de Fora; 11. de Lavras; 12. de Minas Gerais; 13. de Pernambuco; 14. de Santa Catarina; 15. de Santa Maria; 16. de São Paulo; 17. do Pará; 18. da Paraíba; 19. do Paraná; 20. do Recôncavo da Bahia; 21. do Rio Grande do Norte; 22. do Rio Grande do Sul; 23. do Rio de Janeiro; 24. Rural da Amazônia; 25. Rural de Pernambuco; 26. Rural do Rio de Janeiro; 27. Rural do Semiárido; 28. do Triângulo Mineiro; 29. dos Vales do Jequitinhonha e Mucuri; 30. de Fronteira do Sul; 31. da Integração Latino-Americana; 32. do Oeste do Pará; 33. do Cariri; 34. do Sul e Sudeste do Pará; 35. do Oeste da Bahia; e 36. do Sul da Bahia;

25. l) **Institutos Federais:** 1. do Acre; 2. de Alagoas; 3. do Amapá; 4. do Amazonas; 5. da Bahia; 6. Baiano; 7. de Brasília; 8. do Ceará; 9. do Espírito Santo; 10. de Goiás; 11. Goiano; 12. do Maranhão; 13. de Minas Gerais; 14. do Norte de Minas Gerais; 15. do Sudeste de Minas Gerais; 16. do Sul de Minas Gerais; 17. do Triângulo Mineiro; 18. de Mato Grosso; 19. de Mato Grosso do Sul; 20. do Pará; 21. da Paraíba; 22. de Pernambuco; 23. do Sertão Pernambucano; 24. do Piauí; 25. do Paraná; 26. do Rio de Janeiro; 27. Fluminense; 28. do Rio Grande do Norte; 29. do Rio Grande do Sul; 30. Farroupilha; 31. Sul-Rio-Grandense; 32. de Rondônia; 33. de Roraima; 34. de Santa Catarina; 35. Catarinense; 36. de São Paulo; 37. de Sergipe; e 38. de Tocantins;

Território Federal desde 1904, logo após sua incorporação ao Brasil, por meio do Tratado de Petrópolis (1903), até sua transformação em Estado pela Lei 4.070/1962.

A doutrina dominante enquadra os Territórios Federais brasileiros, embora momentaneamente inexistentes hoje, entre as chamadas autarquias territoriais. Esse consenso, no entanto, somente surgiu com a vigência do Decreto-Lei 411/1969, que dispôs sobre a administração dos Territórios Federais, conceituando-os, em seu art. 3.º, como *unidades descentralizadas da Administração Federal, com autonomia administrativa e financeira, equiparados para os efeitos legais, aos órgãos de administração indireta*.

3.8.3. Forma de criação

As autarquias são criadas por meio de lei específica, conforme prescreve o art. 37, XIX, da Constituição Federal. Se ligada ao Poder Executivo, cabe ao Presidente da República[26-27], no âmbito federal, a iniciativa do projeto de lei para sua constituição, como estabelece o art. 61, § 1.º, II, "a", da Constituição Federal.

Após a publicação e entrada em vigor da lei, nasce a autarquia.

Se as autarquias são criadas por lei, *somente por outra lei podem ser extintas*, razão pela qual elas não possuem poderes para extinguirem a si mesmas, por vontade própria.

3.8.4. Personalidade jurídica

As autarquias são pessoas jurídicas de direito público interno, conforme estabelece o art. 41, IV, do Código Civil.

3.8.5. Regime jurídico

O regime jurídico das Autarquias é o *regime jurídico administrativo* ou *público* que atribui a elas uma série de prerrogativas diferenciadas. Esse conjunto normativo distinto é decorrente da missão atribuída ao Estado de prestar serviços públicos e atuar voltado à satisfação dos interesses da coletividade.

Assim, da mesma forma que as pessoas que compõem a Administração Direta, as Autarquias gozam de inúmeras prerrogativas, como: *1) bens impenhoráveis; 2) bens imprescritíveis; 3) pagamento via precatório ou RPV; 4) imunidade tributária quanto aos impostos; 5) procedimento próprio para a execução judicial de seus créditos (lei de execução fiscal), etc*.

Ainda, o regime jurídico administrativo das Autarquias é composto por inúmeras normas que criam restrições a sua atuação livre, o que é uma decorrência do princípio da indisponibilidade do interesse público. Destacam-se, dentre outras: *1) a exigência de licitação para a contratação de bens, serviços e obras; 2) necessidade de concurso para contratação de pessoal em caráter permanente; 3) dever de prestar contas ao Tribunal de Contas etc.*

---

26. Em âmbito estadual e municipal, por simetria constitucional, cabe a iniciativa de lei, respectivamente, aos Governadores e Prefeitos.
27. Em se tratando de autarquia ligada ao Poder Judiciário ou ao Poder Legislativo, para aqueles que admitem sua criação, a iniciativa de lei compete a esses órgãos independentes, conforme interpretação ampliativa dos arts. 96, II (Judiciário), 51, IV (Câmara dos Deputados), e 52, XIII (Senado Federal).

3.8.6. Autonomia administrativa, orçamentária e financeira

As entidades autárquicas gozam de autonomia administrativa, financeira e orçamentária e têm ampla capacidade de autoadministração, valendo para elas tudo o que foi dito em relação à Administração Direta.

No entanto, estão sujeitas a um controle especial quanto aos fins a que se destinam, chamado na esfera federal de *supervisão ministerial*. A título de exemplo, vejamos, de acordo com o novo Decreto 8.872/2016, alguns exemplos:

Administração Direta	Administração Indireta
SUPERVISÃO MINISTERIAL	
Casa Civil da Presidência da República	Instituto Nacional de Colonização e Reforma Agrária – INCRA e o Instituto Nacional de Tecnologia da Informação – ITI
Ministério da Ciência, Tecnologia, Inovações e Comunicações	Agência Espacial Brasileira – AEB; Comissão Nacional de Energia Nuclear – CNEN; Agência Nacional de Telecomunicações – ANATEL
Ministério da Cultura	Agência Nacional do Cinema – ANCINE e o Instituto do Patrimônio Histórico e Artístico Nacional – IPHAN
Ministério da Fazenda	Banco Central do Brasil, Comissão de Valores Mobiliários – CVM etc.
Ministério da Indústria, Comércio Exterior e Serviços	Instituto Nacional de Metrologia, Qualidade e Tecnologia – Inmetro, Instituto Nacional da Propriedade Industrial – INPI etc.
Ministério da Saúde	Agência Nacional de Saúde Suplementar – ANS; Agência Nacional de Vigilância Sanitária – ANVISA etc.

Na prática, é comum que se orientem, em termos globais, quanto à sua atuação, pelas políticas e diretrizes fixadas pela pasta ministerial ou secretaria à qual estão vinculadas, de forma que não haja divergências de atuação entre os diferentes órgãos e entidades estatais ligados ao mesmo tema.

3.8.7. Patrimônio

As autarquias possuem patrimônio próprio. Patrimônio está ligado ao acervo de bens móveis e imóveis, materiais e imateriais, pertencentes à pessoa jurídica. Esse patrimônio é inicialmente transferido pelo ente instituidor da autarquia para que ela possa dar início às suas atividades. Em caso de extinção da autarquia, o patrimônio é revertido para o mesmo ente que a criou.

Além desse patrimônio inicial, decorrente de transferência da pessoa política que criou a autarquia, esta, em razão de sua capacidade administrativa, pode, no exercício da gestão de suas atividades, incorporar a seu acervo outros bens imóveis e móveis.

3.8.8. Regime de bens

Os bens das autarquias são bens públicos e, por isso, estão sujeitos a um regime jurídico (conjunto normativo) diferenciado daqueles bens dos particulares.

Encontramos na lei e na Constituição o tratamento diferenciado dispensado pelo legislador sobre os bens públicos.

O art. 100 do Código Civil enuncia que os bens públicos de uso comum do povo e os de uso especial são *inalienáveis*, enquanto conservarem a sua qualificação, na forma que a lei determinar. Por sua vez, o comando do art. 102 prescreve que os bens públicos *não estão sujeitos a usucapião*, da mesma forma que enuncia o art. 183, § 3.º, da Constituição Federal.

Os bens públicos são *impenhoráveis* e, em razão dessa característica, é que as dívidas decorrentes de condenação judicial das Autarquias serão pagas pela sistemática de precatórios ou requisições de pequeno valor, conforme estabelece o art. 100 da Constituição Federal.

Registre-se que recentemente o STF entendeu que, não obstante os conselhos de fiscalização de profissão serem autarquias especiais, a eles não se aplica o regime de precatórios[28].

O Plenário reconheceu que os conselhos de fiscalização profissional são autarquias especiais — pessoas jurídicas de direito público, que se submetem à fiscalização do Tribunal de Contas da União (TCU) e ao sistema de concurso público para a seleção de pessoal. Além disso, esses órgãos são dotados de poder de polícia e poder arrecadador.

Entretanto, eles não participam do orçamento público. Não recebem aporte do Poder Central e nem se confundem com a Fazenda Pública.

Segundo o Colegiado, o sistema de precatório foi concebido para assegurar a igualdade entre os credores, com impessoalidade e observância de ordem cronológica, sem favorecimentos. Outra finalidade do sistema de precatório é permitir que as entidades estatais possam programar os seus orçamentos para a realização de despesas. **Portanto, o precatório está diretamente associado à programação orçamentária dos entes públicos.** A Corte ressaltou que os conselhos de fiscalização profissional têm autonomia financeira e orçamentária. Portanto, sua dívida é autônoma em relação ao Poder Público. Desse modo, inserir esse pagamento no sistema de precatório transferiria para a União a condição de devedora do conselho de fiscalização.

3.8.9. Regime de pessoal

O regime de pessoal dos servidores autárquicos é o mesmo dos servidores da Administração direta, que, em âmbito federal, é o regime estatutário regido pela Lei 8.112/1990.

---

28. RE 938837/SP, rel. orig. Min. Edson Fachin, red. p/ o ac. Min. Marco Aurélio, julgamento em 19.4.2017. (RE-938837). Informativo 861

Trata-se de um vínculo institucional, legal, diverso daquele que rege os empregados públicos, que é o regime contratual celetista.

Relembre-se que, por um certo período, foi admitida a duplicidade de regimes, sendo que, em razão da decisão liminar na ADI 2.135/DF, foi suspensa a redação conferida pela EC 19/1998 ao art. 39 da Constituição Federal, restabelecendo o regime jurídico único.

Apesar de, em âmbito federal, o regime atual das autarquias ser o regime estatutário, tal *regra não se aplicava às agências reguladoras*, uma vez que a Lei 9.986, de 18.07.2000, que dispõe sobre a gestão de recursos humanos das agências reguladoras e dá outras providências, instituiu para estas o regime de emprego público, disciplinado pela Consolidação das Leis do Trabalho. Todavia, o referido regime celetista foi liminarmente suspenso, por força de decisão do douto Ministro Marco Aurélio na ADI 2.310-1/DF. Registre-se, ainda, que a Lei 10.871, de 20.05.2004, transformou inúmeros antigos empregos nas agências reguladoras em cargos públicos. Por consequência desta última alteração legislativa, a ação direta de inconstitucionalidade referida foi julgada prejudicada.

Quantos aos seus dirigentes, são nomeados de acordo com a lei. Todavia, o Supremo Tribunal Federal entendeu que é constitucional lei estadual que condiciona a nomeação dos dirigentes de autarquias e fundações à prévia aprovação da Assembleia Legislativa[29].

3.8.10. Regime de contratação

Em razão dos obstáculos principiológicos dos primados da isonomia, impessoalidade, moralidade e indisponibilidade do interesse público, as Autarquias, quando pretenderem contratar obras, serviços, bens, devem, como regra, se submeter a um procedimento seletivo prévio que é a licitação.

Tal exigência decorre do art. 37, XXI, do Texto Constitucional, cuja redação é a seguinte: "ressalvados os casos especificados na legislação, as obras, serviços, compras e alienações serão contratados mediante processo de licitação pública que assegure igualdade de condições a todos os concorrentes, com cláusulas que estabeleçam obrigações de pagamento, mantidas as condições efetivas da proposta, nos termos da lei, o qual somente permitirá as exigências de qualificação técnica e econômica indispensáveis à garantia do cumprimento das obrigações".

O procedimento licitatório, hoje, é regulamentado especialmente por duas leis: 8.666/1993 e 10.520/2002. A primeira é o estatuto das licitações, legislação que contém o maior número de normas sobre o tema. Já a segunda foi editada com o objetivo de criar uma nova modalidade licitatória, que é o pregão, cujo objetivo foi conferir maior celeridade para as contratações públicas, sendo restrita, entretanto, às contratações de bens e serviços comuns. Em 2010, foi editada a Lei 12.232, especificamente para tratar de normas gerais de licitação na contratação de serviços de publicidade.

Como visto acima, a regra é a licitação, porém, o próprio mandamento constitucional abre a possibilidade de contratações diretas nos casos que serão ressalvados pela lei. A Lei 8.666/1993 criou as ressalvas à regra da licitação nos arts. 24 e 25, que são, respectivamente, os casos de dispensa e inexigibilidade de licitação, que, em capítulo próprio, serão objeto de análise mais minuciosa.

---

29. STF. Plenário. ADI 2225/SC, Rel. Min. Dias Toffoli, julgado em 21/8/2014 (Info 755).

3.8.11. Imunidade tributária

Como já dito na parte referente à Administração Direta, imunidade tributária está ligada à impossibilidade constitucional de tributação de algo ou alguém. Difere aqui da isenção, cujo delineamento é feito por meio de lei, e não dos mandamentos constitucionais.

O texto constitucional traz algumas hipóteses de imunidade, sendo que aquela que nos interessa está prevista no art. 150, VI, "a". Vejamos novamente a redação do comando excelso:

> "Art. 150. Sem prejuízo de outras garantias asseguradas ao contribuinte, é vedado à União, aos Estados, ao Distrito Federal e aos Municípios:
> (...)
> VI – instituir impostos sobre:
> a) patrimônio, renda ou serviços, uns dos outros;"

Percebe-se, pela leitura do Texto Constitucional, que os entes da Administração Direta gozam de imunidade tributária, quanto aos impostos, que recaiam sobre patrimônio, rendas ou serviços.

Por outras palavras, e agora de forma exemplificativa: não pode a União, por exemplo, cobrar Imposto de Renda dos Estados e Municípios. Também é proibido aos Estados cobrarem ICMS dos Municípios e da União, como também é vedado aos Municípios cobrarem IPTU sobre os imóveis pertencentes aos Estados e à União.

Essa imunidade, por força do § 2.º do art. 150 da Constituição Federal, foi estendida às Autarquias, portanto, *podemos afirmar que as autarquias possuem imunidade tributária quanto aos impostos que recaiam sobre seu patrimônio, sua renda e seus serviços.*

Não há previsão, no entanto, de imunidade tributária para taxas. O que pode haver é a isenção instituída por lei, como ocorre com as custas judiciárias (taxa cobrada pela prestação do serviço judiciário), em relação a todos os entes de direito público, há exceção dos conselhos profissionais, prevista na Lei 9.289/96, o regimento de custas da Justiça Federal comum (art. 4º, I). No entanto, não pode a lei federal instituir isenção sobre tributos estaduais, logo, sempre se nos afigurou inconstitucional a isenção de custas na Justiça estadual, atribuída ao INSS, nas hipóteses de jurisdição delegada, prevista no art. 8º, § 1º, da Lei 8.620/1993[30].

3.8.12. Regime de responsabilidade civil

Quanto à responsabilidade civil, a regra é que as Autarquias respondam de forma objetiva, nos termos do art. 37, § 6.º, da Constituição Federal.

Prescreve o referido comando constitucional:

---

30. Matéria pacificada no âmbito do STJ, conforme **Súmula 178**: *O INSS não goza de isenção no pagamento de custas e emolumentos, nas ações acidentárias e de benefícios, propostas na Justiça Estadual.*

"§ 6.º As pessoas jurídicas de direito público e as de direito privado prestadoras de serviços públicos responderão pelos danos que seus agentes, nessa qualidade, causarem a terceiros, assegurado o direito de regresso contra o responsável nos casos de dolo ou culpa".

Ocorre que tanto o *Supremo Tribunal Federal* quanto o *Superior Tribunal de Justiça* entendem que a responsabilidade civil objetiva prevista no § 6.º do art. 37 é apenas para danos causados por ação (atos comissivos), seja lícita ou ilícita, material ou jurídica.

Assim, quanto aos danos decorrentes de omissões das Autarquias, a regra é a responsabilidade civil subjetiva, devendo o autor da demanda demonstrar a culpa do serviço, que pode ser provada por falta do serviço, prestação inadequada e prestação tardia dos serviços.

3.8.13. Prerrogativas

Em razão da supremacia do interesse público sobre o privado, princípio capital do Direito Administrativo, verdadeira viga mestra de sustentação do edifício desse segmento do direito público, às autarquias são conferidas inúmeras prerrogativas para o alcance mais satisfatório do interesse público.

Podemos classificar essas prerrogativas em: materiais, processuais e contratuais.

3.8.13.1. Materiais

As prerrogativas materiais estão ligadas às qualidades diferenciadas que os atos administrativos possuem. São, pela nomenclatura usual da doutrina, os atributos do ato administrativos.

São eles:

a) *presunção de legitimidade: os atos administrativos, quando são produzidos, gozam da presunção de que foram feitos corretamente sob todos os aspectos. Assim, por mais que o ato tenha desatendido à lei, aos princípios constitucionais, parte-se sempre da presunção de que isso não ocorreu, devendo o administrado provar o contrário. Por isso se diz que essa presunção é relativa e o ônus de provar o contrário é repassado ao destinatário do ato;*

b) *presunção de veracidade: por esse atributo presume-se que os motivos apresentados para a prática do ato são verdadeiros e ocorreram. Assim, por mais que tais motivos não tenham de fato ocorrido, ou estejam equivocados, até que se preveja o contrário, têm-se eles como existentes e verdadeiros. Porém, da mesma forma que se passa quanto à presunção de legitimidade, a presunção de veracidade é relativa e comporta prova em contrário, a qual, por sua vez, deve ser produzida pelo administrado;*

c) *imperatividade: por meio deste atributo, a Administração tem o poder de constituir terceiros em obrigações independentemente de seu consentimento. É o que ocorre, por exemplo, quanto ao poder desapropriatório. A desapropriação é feita independentemente do consentimento do proprietário. Não importa se ele vai aceitar ou não a intervenção estatal. Presentes os requisitos legais, impõe-se o interesse público sobre o privado;*

d) *autoexecutoriedade: esse atributo existe em alguns atos e por meio dele a Administração pode, diretamente e sem precisar ir previamente ao Poder Judiciário, restringir a liberdade e propriedade de terceiros. Atos de embargos de obras, apreensão de veículos em blitz, fechamento de estabelecimento possuem esse atributo.*

3.8.13.2. Processuais

As prerrogativas processuais são privilégios que as Autarquias possuem quando estão litigando em juízo. Destacam-se, dentre outras: 1) o prazo em dobro para manifestação nas demandas judiciais; 2) a prerrogativa de intimação pessoal de seus procuradores; 3) processo de execução próprio, regido pela Lei 6.830/1980; 4) impenhorabilidade de seus bens e, por isso, regime de pagamento de suas condenações judiciais por meio de precatório; 5) duplo grau de jurisdição obrigatório (remessa necessária) etc.

Observe-se que, mais remotamente, não era consenso entre os tribunais que as autarquias detinham todas essas prerrogativas.

Quanto ao duplo grau de jurisdição obrigatório, por exemplo, havia entendimento no sentido de só ser cabível, em relação às autarquias, quando sucumbentes na execução de dívida ativa[31]. Esse entendimento, posteriormente à edição da Lei 9.469/1997, deixou de ter qualquer aplicação, tendo em vista a extensão às autarquias e fundações públicas de todas as prerrogativas processuais das entidades da Administração Direta[32].

3.8.13.3. Contratuais

Já as prerrogativas contratuais estão ligadas aos direitos diferenciados que a Administração possui nos contratos administrativos. Nesses contratos, regidos pela Lei 8.666/1993, a Administração gozará de uma série de direitos que exorbitam aquilo que é normal entre particulares. Diz-se, por isso, que os contratos administrativos são recheados de cláusulas exorbitantes.

São elas: *a) poder de rescisão unilateral do contrato; b) poder de alteração unilateral do contrato; c) poder de fiscalização do contrato; d) poder de aplicação de penalidades motivadas aos contratados; e) aplicação parcial e mitigada do princípio da exceção de contratos não cumprido em face do Estado etc.*

3.9. AUTARQUIAS QUE POSSUEM UM REGIME ESPECIAL.
3.9.1. Agências Reguladoras

Agência Reguladora nada mais é do que uma entidade governamental, de *natureza autárquica*, a quem se atribui competência para fiscalizar e normatizar as atividades de determinado setor da economia dotado de relevância para a sociedade.

O termo "agência" foi importado do direito norte-americano[33], mas não traz, para o Brasil, nenhum significado propriamente original. **O que se quis instituir, com a criação**

---

31. *TFR – Súmula 34*: "O duplo grau de jurisdição (CPC, art. 475, II) é aplicável quando se trata de sentença proferida contra a União, o Estado e o Município, só incidindo, em relação às autarquias, quando estas forem sucumbentes na execução da dívida ativa (CPC, art. 475, III)".
32. Advirta-se que o novo Código de Processo Civil (Lei 13.105/2015), restringiu bastante as demandas que se sujeitam à remessa necessária (art. 496, § 3º).
33. "Existem nos Estados Unidos vários tipos de agências, sendo que a classificação mais antiga considerava duas modalidades: as agências reguladoras (*regulatory agency*) e as não reguladoras (*non regulatory agency*), conforme tivessem ou não poderes normativos, delegados pelo Congresso, para

dessas entidades, é o estabelecimento de um *regime jurídico especial*, atribuindo a tais entidades maior independência e mais poderes para o exercício de suas funções do que aqueles usualmente atribuídos às demais autarquias.

São elas, assim, uma espécie de "**autarquia em regime especial**" ou simplesmente "**autarquias especiais**", que, nos dizeres de Diogo Figueiredo Moreira Neto[34], "*são aquelas instituídas sob regimes de pessoal, bens, atos ou serviços, distintos do regime geral autárquico, em atenção a certas pretendidas peculiaridades em seu desempenho, como sejam: a relativa garantia de estabilidade de seus dirigentes, a execução de atividades que exijam um maior grau de autonomia técnica, a atribuição de competências reguladoras e parajurisdicionais e, ainda, a tomada de decisões com maior participação dos administrados*".

Dessa forma, o tal regime especial está geralmente ligado a maiores garantias de estabilidade no cargo, por parte dos dirigentes[35] de tais entidades, e ao amplo poder normativo que é atribuído a elas, no que se refere aos aspectos técnicos da atividade por elas fiscalizada.

Existem entidades que contam com tais garantias e são, portanto, autarquias em regime especial, que não são identificadas pela lei como "agências reguladoras", embora estejam, na prática, situadas no mesmo patamar destas, como o Banco Central e a Comissão de Valores Mobiliários – CVM.

Por outro lado, algumas das agências reguladoras, embora criadas como tais, exercem atividades predominantemente distintas, como é o caso da Agência Nacional do Cinema – ANCINE, mais caracterizada por suas atribuições de fomento do que, propriamente, pela sua atividade regulatória.

Como consequência do poder normativo ou regulatório, temos o poder fiscalizatório, devendo ser destacado que algumas agências se caracterizam por terem como atribuição preponderante o *desempenho do poder de polícia*, como é o caso da Agência Nacional de Vigilância Sanitária – ANVISA, característica que é comum a diversas autarquias não caracterizadas como agências.

Sem dúvida alguma, no entanto, dentro da linha da política de Reforma do Estado, são as agências reguladoras de atividades econômicas, estejam estas caracterizadas ou não como serviços públicos, as que mais perfeitamente se encaixam no modelo, tendo sido elas, não sem razão, as primeiras criadas, como é o caso da ANATEL, da ANEEL e da ANP.

---

baixar normas que afetassem os direitos, as liberdades ou atividades econômicas dos cidadãos. Outra distinção que se faz é entre agências executivas (*executive agency*) e agências independentes (*independent regulatory agency or comissions*), sendo os dirigentes das primeiras livremente destituídos pelo Presidente da República e, os da segunda, protegidos por maior estabilidade, porque só podem perder seus cargos por razões expressamente estabelecidas em lei" (DI PIETRO, Maria Sylvia Zanella. *Direito administrativo*. 24. ed. São Paulo: Atlas, 2011. p. 474).

34. MOREIRA NETO, Diogo Figueiredo. *Curso de direito administrativo*. 16. ed. Rio de Janeiro: Forense, 2014, p. 283.

35. Registre-se que o Supremo Tribunal Federal entendeu ser constitucional lei estadual que prevê que os dirigentes de determinada agência reguladora somente poderão ser nomeados após previamente aprovados pela Assembleia Legislativa. Por outro lado, entendeu ser inconstitucional a lei estadual que estabelece que os dirigentes de agência reguladora somente poderão ser destituídos de seus cargos por decisão exclusiva da Assembleia Legislativa, sem qualquer participação do Governador do Estado. Essa previsão viola o princípio da separação dos poderes (at. 2º da CF/88). STF. Plenário. ADI 1949/RS, Rel. Min. Dias Toffoli, julgado em 17/9/2014 (Info 759).

Se examinarmos as respectivas leis de regência, respectivamente, Leis 9.472/1997, 9.427/1996 e 9.478/1997, identificaremos traços comuns, a saber:

a) *poder normativo concernente à regulação do setor econômico de atuação, inclusive no que concerne à política tarifária;*
b) *maior independência de seus dirigentes, com o estabelecimento de mandatos;*
c) *atuação como poder delegante, nos casos de concessão ou permissão de serviços públicos, em substituição à Administração direta.*

O que se percebe, ao fim e ao cabo, é que a criação das referidas entidades se destinou, precipuamente, a uma tentativa de diminuição da ingerência política sobre a administração pública indireta de certos setores sensíveis, garantindo às entidades respectivas maior autonomia do que aquela geralmente outorgada aos demais componentes da administração descentralizada. Nesses moldes, com um corpo técnico independente e altamente qualificado, estaria mais assegurado o respeito ao princípio da eficiência.

Em resumo gráfico, temos:

AUTARQUIAS – CARACTERÍSTICAS	**CRIAÇÃO POR LEI**	Passa a existir com a vigência da lei que a criou	
	Personalidade jurídica de direito público	Aplica-se o regime de direito público	
	Patrimônio e regime de bens	Patrimônio	Próprio e pode ser alterado em razão de sua autonomia administrativa
		Bens públicos	Impenhoráveis, imprescritíveis (não sujeitos à usucapião), inalienáveis nessa condição
	Especialização da atividade	Há especialização na matéria para a qual a lei a criou	
	Imunidade tributária	O § 2º do art. 150 da CF estende a vedação à instituição de impostos às autarquias no que se refere ao patrimônio, à renda e aos serviços, vinculados a suas finalidades essenciais ou às delas decorrentes.	
	Responsabilidade civil	Responsabilidade objetiva	
	Sujeição	Controle finalístico da pessoa que a criou – tutela administrativa	
	Juízo competente	Nos termos do inc. I do art. 109 da CF: Justiça Federal, se federal. Caso contrário, Justiça Estadual	

AUTARQUIAS – CARACTERÍSTICAS	Dirigentes	Investidura	De acordo com a lei ou o estatuto da autarquia
		Nomeação	Competência do chefe do Poder Executivo (inc. XXV do art. 84 da CF)
		Exoneração	A lei não pode estabelecer previamente as hipóteses de aprovação legislativa. Caso o faça, haverá violação à separação dos Poderes

AGÊNCIAS REGULADORAS	Exercem	Funções	Normativa	Regulamentam normas de ordem técnica com base na lei
			Administrativa	Fazem licitações, gerem contratos, realizam concursos públicos, exercem fiscalização de atividades, aplicam sanções administrativas
			Quase judicial	Resolvem conflitos relativos à área em que atuam, mas sem definitividade
	Possuem	Autonomia	Decisória	Têm autonomia para decidir e suas decisões não são sujeitas a análise por outros órgãos da Administração, exceto se existir previsão legal de recurso hierárquico impróprio
			Administrativa	Seus dirigentes têm estabilidade relativa não sendo exonerados *ad nutum*
			Financeira	Possuem seus próprios recursos e autonomia para geri-los

AGÊNCIAS REGULADORAS	Controle	Legislativo	Podem ser controladas e fiscalizadas pelo Poder Legislativo e pelo Tribunal de Contas
		Executivo	São supervisionadas pelo Ministério ao qual se vinculam (controle finalístico ou tutela administrativa)
		Judiciário	É possível o controle com base no princípio da inafastabilidade da jurisdição ou amplo acesso à justiça (art. 5º, XXXV, CF) – controle de legalidade

3.9.2. Agências Executivas

Este é outro termo surgido no bojo da chamada Reforma do Estado, embora não signifique a criação de uma entidade distinta das demais componentes da Administração Indireta.

Agência executiva, antes de tudo, *é uma simples qualificação que é dada a certas entidades públicas*, autarquia ou fundação, que firmam com a Administração Direta **contrato de gestão**.

O contrato de gestão foi idealizado como uma forma de a entidade ter melhor desempenho em sua área de atuação, dentro da linha de raciocínio que se fundamenta no princípio da eficiência. Por intermédio dele, a autarquia ou fundação "negocia" com a Administração direta a que está vinculada maior autonomia, principalmente na forma de maiores recursos orçamentários, em troca do atingimento de certas metas, de produtividade ou de redução de custos, melhorando, assim, seu desempenho.

Nos termos do art. 1.º, § 1.º, do *Decreto 2.487/1998*, "*a qualificação de autarquia ou fundação como Agência Executiva poderá ser conferida mediante iniciativa do Ministério supervisor, com anuência do Ministério da Administração Federal e Reforma do Estado, que verificará o cumprimento, pela entidade candidata à qualificação, dos seguintes requisitos: a) ter celebrado contrato de gestão com o respectivo Ministério supervisor; b) ter plano estratégico de reestruturação e de desenvolvimento institucional, voltado para a melhoria da qualidade da gestão e para a redução de custos, já concluído ou em andamento*".

O contrato de gestão, na esfera federal, é celebrado junto ao Ministério supervisor da área de atuação da autarquia ou fundação e a qualificação da agência executiva se dá mediante decreto do chefe do Poder Executivo, ou seja, do Presidente da República.

Já o *Decreto 2.488/1998* definiu medidas de organização administrativa específicas para as autarquias e fundações qualificadas como agências executivas, estabelecendo, em seu art. 7.º, **que a execução orçamentária e financeira** destas observará os termos do contrato de gestão e não se sujeitará a limites nos seus valores para movimentação, empenho e pagamento.

Em alguns casos, curiosamente, a lei impõe a realização do contrato de gestão, servindo este como instrumento de controle da atuação administrativa da entidade, como no caso da ANEEL (art. 7.º, § 1.º, da Lei 9.427/1996). **Vê-se, assim, que até mesmo uma agência reguladora pode ser enquadrada como agência executiva.**

3.9.3. Autarquias Corporativas ou Profissionais.

A Lei 9.649/98 deu aos Conselhos de Profissão natureza jurídica de direito privado. Ocorre que eles **exercem poder de polícia**[36] [37] pelo fato de limitarem e definirem o contorno para o exercício das profissões e ofícios por eles regulados, exigindo licenças para o exercício da atividade[38] [39] e aplicando penalidades, razão pela qual não podem ostentar a qualidade de particulares. Por esse motivo o STF, na ADI 1.717, declarou **que tais Conselhos têm natureza jurídica de autarquia federal**[40] [41].

---

36. Os Conselhos Regionais de Farmácia possuem competência para fiscalização e autuação das farmácias e drogarias, quanto ao cumprimento da exigência de manterem profissional legalmente habilitado (farmacêutico) durante todo o período de funcionamento dos respectivos estabelecimentos, sob pena de esses incorrerem em infração passível de multa, nos termos do art. 24 da Lei 3.820/1960, c/c o art. 15 da Lei 5.991/1973. REsp 1.382.751-MG, Rel. Min. Og Fernandes, Primeira Seção, julgado em 12/11/2014, DJe 2/2/2015. Recurso Repetitivo. **Informativo nº 0554.** No mesmo sentido a **Súmula 561 do STJ**: Os Conselhos Regionais de Farmácia possuem atribuição para fiscalizar e autuar as farmácias e drogarias quanto ao cumprimento da exigência de manter profissional legalmente habilitado (farmacêutico) durante todo o período de funcionamento dos respectivos estabelecimentos.

37. O ato do Conselho de Contabilidade que requisita dos contadores e dos técnicos os livros e fichas contábeis de seus clientes, a fim de promover a fiscalização da atividade contábil dos profissionais nele inscritos, não importa em ofensa aos princípios da privacidade e do sigilo profissional. (REsp 1.420.396-PR, Rel. Min. Sérgio Kukina, por unanimidade, julgado em 19/09/2017, DJe 29/09/2017) **Informativo nº 612.**

38. Registre-se as seguintes súmulas do STJ sobre o tema: **Súmula 120:** O *oficial de farmácia*, inscrito no Conselho Regional de Farmácia, pode ser responsável técnico por drogaria; **Súmula 275**: O *auxiliar de farmácia* não pode ser responsável técnico por farmácia ou drogaria e **Súmula 413**: O farmacêutico pode acumular a responsabilidade técnica por uma farmácia e uma drogaria ou por duas drogarias.

39. O STJ, em tema julgado a título de Recurso Repetitivo, entendeu que "Não estão sujeitas a registro perante o respectivo Conselho Regional de Medicina Veterinária, nem à contratação de profissionais nele inscritos como responsáveis técnicos, as pessoas jurídicas que explorem as atividades de comercialização de animais vivos e a venda de medicamentos veterinários, pois não são atividades reservadas à atuação privativa do médico veterinário. (REsp 1.338.942-SP, Rel. Min. Og Fernandes, Primeira Seção, por unanimidade, julgado em 26/4/2017, DJe 3/5/2017. **(Temas 616 e 617)**

40. **Os Conselhos Profissionais são criados por lei e possuem personalidade jurídica de direito público, exercendo uma atividade tipicamente pública, qual seja, a fiscalização do exercício profissional. Os Conselhos são dotados de poder de polícia e poder arrecadador**. STF. 1ª Turma. MS 28469, Rel. Min. Luiz Fux, julgado em 09/06/2015

41. **Importante registrar que os conselhos de fiscalização profissional têm como função precípua o controle e a fiscalização do exercício das profissões regulamentadas**, exercendo, portanto, poder de polícia, atividade típica de Estado, razão pela qual detêm personalidade jurídica de direito público, na forma de autarquias. Sendo assim, **tais conselhos não se ajustam à noção de entidade de classe**, expressão que designa tão somente aquelas entidades vocacionadas à defesa dos interesses dos membros da respectiva categoria ou classe de profissionais. **POR ESTA RAZÃO os Conselhos Federais de Fiscalização Profissional não podem propor ações de controle concentrado de constitucionalidade** porque não estão no rol do art. 103 da CF/88, cujo rol é taxativo! STF. (Plenário. ADC 34 AgR, Rel. Min. Luiz Fux, julgado em 05/03/2015)

Sendo autarquia, **a anuidade cobrada pelo conselho de classe tem natureza tributária** (trata-se de contribuição). O não pagamento da anuidade do conselho acarreta, portanto, a promoção de **execução fiscal**. Compete à Justiça Federal processar e julgar execução fiscal promovida por Conselho de Fiscalização Profissional, conforme enuncia a Súmula 66 do STJ.

Todavia, atenção às exceções!

Vejamos a primeira exceção.

De acordo com as hipóteses legais que disciplinam cada entidade é possível o cancelamento do registro do profissional que deixar de pagar certo número de anuidades, como, por exemplo, duas consecutivas no caso do CREA, conforme previsto no artigo art. 64 da lei n.º 5.194/1966, o qual prescreve que:

> *Será automaticamente cancelado o registro do profissional ou da pessoa jurídica que deixar de efetuar o pagamento da anuidade, a que estiver sujeito, durante 2(dois) anos consecutivos sem prejuízo da obrigatoriedade do pagamento da dívida.*

Levado o tema ao STJ[42], este, em um primeiro momento, concluiu que os Conselhos de Fiscalização Profissional devem cobrar os profissionais inadimplentes por meio de Ação de Execução Fiscal e não por cancelamento do registro profissional, pois tal comportamento constituiria ato de coação ilícita.

Todavia, após este julgado, sobreveio a Lei 12.514/11, que, dentre outros pontos, trata das contribuições devidas aos conselhos profissionais em geral, sendo que seu artigo 8º prescreve que as referidas autarquias especiais ***não executarão judicialmente dívidas referentes a anuidades inferiores a quatro vezes o valor cobrado anualmente da pessoa física ou jurídica inadimplente.***

Frente a essa impossibilidade, a matéria foi reanalisada pelo Egrégio Tribunal. O caso concreto que gerou o precedente decorreu do julgamento de ação declaratória ajuizada em desfavor do CREA/MG, na qual se pleiteava o reconhecimento da ilicitude do cancelamento de registro profissional, bem como a indenização por danos morais e materiais decorrentes do ato.

Neste novo julgamento foi afastada a orientação anterior tendo em vista o advento da Lei n.º 12.514/11, acima mencionada. Logo, o órgão de fiscalização ficaria sem meios de cobrar judicialmente o devedor até que a dívida se tornasse superior ao referido montante. Ainda, registrou-se no julgado que o art. 64 da Lei nº. 5.194/1966 – cujo teor prevê o cancelamento do registro – não foi revogado nem, ao menos, tacitamente, devendo o hermeneuta interpretá-lo à luz da Constituição Federal de 1988.

Com isso, ***concluiu-se o julgamento no sentido que Conselho de Fiscalização pode cancelar o registro do profissional que deixar de efetuar o pagamento da anuidade durante dois anos consecutivos sem prejuízo da obrigatoriedade do pagamento da dívida***, mas, para isso, deve obedecer às normas insculpidas no texto constitucional[43].

---

42. 1ª Turma, RESP 552.894-SE, Rel. Min. Francisco Falcão, DJ 22/3/2004.
43. . REsp 1.659.989-MG, Rel. Min. Herman Benjamin, por unanimidade, julgado em 25/4/2017, DJe 5/5/2017. Informativo nº 0603.

Segunda exceção! Entendeu o STJ, **inclusive sumulando a matéria**, que o arquivamento provisório previsto no art. 20 da Lei n. 10.522/2002, dirigido aos débitos inscritos como dívida ativa da União pela Procuradoria-Geral da Fazenda Nacional ou por ela cobrados, **não se aplica às execuções fiscais movidas pelos conselhos de fiscalização profissional ou pelas autarquias federais.**[44]

Não obstante os conselhos de fiscalização de profissão serem autarquias especiais, o STF entendeu que a eles não se aplica o regime de precatórios[45]. O Plenário reconheceu que os conselhos de fiscalização profissional são autarquias especiais — pessoas jurídicas de direito público, que se submetem à fiscalização do Tribunal de Contas da União (TCU) e ao sistema de concurso público para a seleção de pessoal. Além disso, esses órgãos são dotados de poder de polícia e poder arrecadador. *Entretanto, eles não participam do orçamento público, não recebem aporte do Poder Central e nem se confundem com a Fazenda Pública.*

Segundo o Colegiado, o sistema de precatório foi concebido para assegurar a igualdade entre os credores, com impessoalidade e observância de ordem cronológica, sem favorecimentos. Outra finalidade do sistema de precatório é permitir que as entidades estatais possam programar os seus orçamentos para a realização de despesas. Portanto, **o precatório está diretamente associado à programação orçamentária dos entes públicos.**

O STF ressaltou que os conselhos de fiscalização profissional têm autonomia financeira e orçamentária, portanto sua dívida é autônoma em relação ao Poder Público. Desse modo, inserir esse pagamento no sistema de precatório transferiria para a União a condição de devedora do conselho de fiscalização.

Apesar de serem considerados Autarquias Especiais, a elas não se aplicam todas as prerrogativas processuais que a autarquia "normal" possui. Além das já vistas acima, *os Conselhos de Classe não estão isentos do recolhimento de custas e do porte de remessa e retorno*. Segundo O STJ, a previsão contida no art. 4º, parágrafo único, da Lei n. 9.289/1996[46], que dispõe sobre as custas devidas à União, na Justiça Federal de primeiro e segundo graus, prevalece sobre as demais regras processuais.[47]

Em âmbito de Repercussão Geral, o STF decidiu que *"é inconstitucional, por ofensa ao princípio da legalidade tributária, lei que delega aos conselhos de fiscalização de profissões regulamentadas a competência de fixar ou majorar, sem parâmetro legal, o valor das contribuições de interesse das categorias profissionais e econômicas, usualmente cobradas sob o título de anuidades, vedada, ademais, a atualização desse valor pelos conselhos em*

---

44. . Primeira Seção, aprovada em 14/12/2016, DJe 1/2/2017. É o que dispõe a súmula nº. 583.
45. RE 938837/SP, rel. orig. Min. Edson Fachin, red. p/ o ac. Min. Marco Aurélio, julgamento em 19.4.2017. (RE-938837). Informativo 861
46. Art. 4º São isentos de pagamento de custas: I - a União, os Estados, os Municípios, os Territórios Federais, o Distrito Federal e as respectivas autarquias e fundações; II - os que provarem insuficiência de recursos e os beneficiários da assistência judiciária gratuita; III - o Ministério Público; IV - os autores nas ações populares, nas ações civis públicas e nas ações coletivas de que trata o Código de Defesa do Consumidor, ressalvada a hipótese de litigância de má-fé. Parágrafo único. **A isenção prevista neste artigo não alcança as entidades fiscalizadoras do exercício profissional,** nem exime as pessoas jurídicas referidas no inciso I da obrigação de reembolsar as despesas judiciais feitas pela parte vencedora.
47. 1ªSEÇÃO. REsp 1.338.247-RS, Rel. Min. Herman Benjamin, julgado em 10/10/2012. Informativo nº 0506

percentual superior aos índices legalmente previstos." (RE 704.292/PR19 e 20, rel. ministro Dias Toffoli, julgamento em 30-6, 6 e 19-10-2016, ata publicada no DJE de 27-10-2016)

Sendo autarquias, são obrigadas a realizar **concurso público para a admissão de pessoal**. No julgado MS 28469, do STF, colhe-se o seguinte trecho: *"os conselhos de fiscalização profissional, posto autarquias criadas por lei e ostentando personalidade jurídica de direito público, exercendo atividade tipicamente pública, qual seja, a fiscalização do exercício profissional,* **submetem-se às regras encartadas no artigo 37, inciso II, da CRFB/88, quando da contratação de servidores.** *Precedente: RE 539.224, 1ª Turma Rel. Min. Luiz Fux, DJe.- 18/06/2012."* Inclusive, há sumula do TCU neste sentido[48].

Quanto ao **regime de pessoal,** *por serem autarquias, seus servidores devem seguir o Regime Jurídico único, previsto na lei 8.112/90 para todos os servidores da União, que engloba suas autarquias.*

Registre-se que o artigo 58, § 3º da lei 9.649/98 enuncia que os empregados dos conselhos de fiscalização de profissões regulamentadas são regidos pela legislação trabalhista, sendo vedada qualquer forma de transposição, transferência ou deslocamento para o quadro da Administração Pública direta ou indireta, *porém o STF, na ADIN nº 1.717-6, declarou inconstitucional tal art. 58 e, por arrastamento ou por reverberação legal, os demais parágrafos também sucumbiram.*

Por fim, *os conselhos de profissão estão sujeitos à contabilidade pública e à fiscalização do Tribunal de Contas,* se sujeitando, inclusive, quanto às suas contratações, às regras de licitação e contratos administrativos.

EXCEÇÃO À REGRA!

Atenção à exceção da Ordem dos Advogados do Brasil – OAB, pois o STF entendeu que ela não é autarquia, mas **entidade prestadora de serviço público independente**[49].

Vejamos trecho da decisão:

> *"(...) 2. Não procede a alegação de que a OAB se sujeita aos ditames impostos à Administração Pública Direta e Indireta. 3. A OAB não é uma entidade da Administração Indireta da União. A Ordem é um serviço público independente, categoria ímpar no elenco das personalidades jurídicas existentes no direito brasileiro. 4. A OAB não está incluída na categoria na qual se inserem essas que se tem referido como 'autarquias especiais' para pretender-se afirmar equivocada independência das hoje chamadas 'agências'. 5. Por não consubstanciar uma entidade da Administração Indireta, a OAB não está sujeita a controle da Administração, nem a qualquer das suas partes está vinculada. Essa não vinculação é formal e materialmente necessária. (...)" (STF, ADI 3.026/DF, Tribunal Pleno, Rel. Min. Eros Grau, DJ 29.09.2006).*

---

48. **TCU - Súmula 227**: Por força do inciso II do art. 37 da Constituição Federal, a admissão de pessoal nos conselhos de fiscalização profissional, desde a publicação no Diário de Justiça de 18/5/2001 do acórdão proferido pelo STF no mandado de segurança 21.797-9, deve ser precedida de concurso público, ainda que realizado de forma simplificada, desde que haja observância dos princípios constitucionais pertinentes.

49. Não obstante a OAB não ser uma autarquia, **compete à Justiça Federal processar e julgar ações em que a Ordem dos Advogados do Brasil (OAB)**, quer mediante o Conselho Federal, quer seccional, figure na relação processual. Tal matéria foi julgada em âmbito de Repercussão Geral no RE 595.332/PR15, cuja relatoria coube ao Ministro Marco Aurélio, julgamento em 31-8-2016, ata publicada no DJE de 12-9-2016.

O Procurador Geral da República ajuizou a ADI 3.026 objetivando que o artigo 79 do Estatuto da OAB fosse interpretado conforme a Constituição, de modo a ser exigido o concurso público para a admissão de pessoal. O STF, todavia, entendeu que a OAB não é uma autarquia, e sim uma *"pessoa jurídica ímpar"* (denominada também de *"serviço público independente"*), motivo pelo qual **não precisa fazer concurso público**. Apesar de não ter obrigações concernentes às pessoas públicas, a OAB goza de quase todas as vantagens daquelas.

Em resumo gráfico:

	ORDEM DOS ADVOGADOS DO BRASIL
OAB	A anuidade não tem natureza tributária.
	O não pagamento da anuidade, portanto, gera execução comum.
	As ações que envolvem a OAB tramitam na Justiça Federal
	A contabilidade não se submete ao regime público.
	O Tribunal de Contas não exerce controle sobre a OAB.
	O regime adotado é o celetista.

3.10. FUNDAÇÕES PÚBLICAS

Existe divergência doutrinária sobre o tema!

Com base no atual texto constitucional, há autores que entendem que apenas existe fundação pública de direito público, como é o caso de Celso Antônio Bandeira de Mello[50-51].

Por outro lado, parte da doutrina entende que apenas existem as fundações públicas de direito privado, como é o caso de José dos Santos Carvalho Filho[52].

Por fim, há quem entenda que podem ser instituídas fundações públicas com personalidade de direito público e fundações públicas com personalidade de direito privado,

---

50. *Curso de direito administrativo*. 29. ed. São Paulo: Malheiros, 2012, p. 188.
51. Inclusive, há decisão do Superior Tribunal de Justiça no sentido de que, com a novel Constituição, não foi recepcionada a fundação pública de direito privado, existindo, apenas, as de direito público. Veja trecho do teor da ementa do REsp 31.549: "Processual civil. Fundação governamental estadual. Pessoa jurídica de direito público. A Lei n.º 7.596/87, na parte em que tem a fundação como pessoa de direito privado, não foi recepcionada pela nova Constituição, a qual dá tratamento de pessoa de direito público às fundações governamentais. Privilégios do art. 188 do CPC (...)".
52. *Manual de direito administrativo*. 21. ed. Rio de Janeiro: Lumen Juris. p. 496.

corrente à qual nos filiamos e que é adotada, dentre outros, por Maria Sylvia Zanella Di Pietro[53] e Diógenes Gasparini[54].

No âmbito federal, são exemplos de fundações públicas a Fundação Joaquim Nabuco – FUNAJ, a Fundação Nacional de Saúde – FUNASA, a Fundação Oswaldo Cruz – FIOCRUZ, a Fundação Casa de Rui Barbosa, a Fundação Biblioteca Nacional e a Fundação Jorge Duprat Figueiredo de Segurança e Medicina do Trabalho – FUNDACENTRO, Fundação Alexandre de Gusmão, Fundação Escola Nacional de Administração Pública – Enap; Fundação Instituto de Pesquisa Econômica Aplicada – Ipea; Fundação Instituto Brasileiro de Geografia e Estatística – IBGE; Fundação de Previdência Complementar do Servidor Público Federal do Poder Executivo – Funpresp-Exe; Fundação Coordenação de Aperfeiçoamento de Pessoal de Nível Superior – Capes; Fundação Habitacional do Exército – FHE, Fundação Osório, Fundação Biblioteca Nacional – FBN; Fundação Casa de Rui Barbosa – FCRB; Fundação Cultural Palmares – FCP; g) Fundação Nacional de Artes – FUNARTE, além de várias das **universidades federais**[55], tais como: 1. do ABC; 2. do Acre; 3. do Amapá; 4. da Grande Dourados; 5. do Maranhão; 6. de Mato Grosso; 7. de Mato Grosso do Sul; 8. de Ouro Preto; 9. de Pelotas; 10. do Piauí; 11. do Rio Grande; 12. de Rondônia; 13. de Roraima; 14. de São Carlos; 15. de São João del Rei; 16. de Sergipe; 17. do Tocantins; 18. do Vale do São Francisco; 19. de Viçosa; 20. do Pampa; 21. do Estado do Rio de Janeiro; e 22. de Uberlândia;.

Também no âmbito federal, o Decreto-Lei 200/1967, inicialmente, era omisso quanto à participação das fundações no âmbito da Administração Indireta. Com a Lei 7.596/1987, no entanto, foi incluído o inc. IV ao art. 5.º daquele diploma para identificar a fundação pública como uma "entidade dotada de personalidade jurídica de direito privado, sem fins lucrativos, criada em virtude de autorização legislativa, para o desenvolvimento de atividades que não exijam execução por órgãos ou entidades de direito público, com autonomia administrativa, patrimônio próprio gerido pelos respectivos órgãos de direção, e funcionamento custeado por recursos da União e de outras fontes".

O legislador, assim, inicialmente, optou por seguir a corrente que entendia ser a fundação pública uma pessoa jurídica necessariamente de direito privado. Essa linha, no entanto, parece ter sido afetada pela Constituição Federal de 1988, já que, em diversos dispositivos, esta se refere à "administração direta, autárquica e fundacional" como equivalentes na aplicação de certos comandos constitucionais, como os dos arts. 38 e 40, *caput*.

Nesse viés, o legislador constituinte parece ter equiparado todas as fundações públicas ao regime das autarquias, de modo que não seria mais viável defender a personalidade jurídica de direito privado destas.

Para completar a confusão, a Emenda Constitucional 19/1998, ao alterar a redação do inc. XIX do art. 37 da CF/1988, colocou as fundações públicas em patamar semelhante, no tocante ao procedimento de criação, ao das empresas públicas e sociedades de economia mista, dando a entender que o regime delas estaria mais próximo das pessoas jurídicas de direito privado.

---

53. *Direito administrativo.* 24. ed. São Paulo: Atlas, 2011. p. 444.
54. *Direito administrativo.* 11. ed. São Paulo: Saraiva, 2009. p. 340.
55. *Vide Decreto nº 8.872, de 10 de outubro de 2016*

Observe-se que, curiosamente, no âmbito federal, a própria Administração Pública tem fugido à discussão, limitando-se, invariavelmente, a qualificar tais entidades apenas como fundações públicas, sem especificar sua natureza jurídica, contrariamente ao que ocorria anteriormente à CF/1988[56].

O Código Civil (Lei 10.406/2002) também não enquadrou as fundações públicas dentre as pessoas jurídicas de direito público interno (art. 41), embora tenha previsto como tais as "as demais entidades de caráter público criadas por lei" (art. 41, V), conceito no qual, evidentemente, pode se enquadrar qualquer tipo de entidade, incluindo as fundações públicas.

3.10.1. Fundações públicas de direito público

Dentro da lógica por nós defendida, de que a fundação pública tanto pode ser de direito privado como de direito público, abordaremos agora as características de cada uma.

As fundações públicas de direito público, em verdade, nada mais são do que autarquias, por isso também são conhecidas como *fundações autárquicas* ou *autarquias fundacionais*. Por essa razão, tudo o que foi dito no tópico anterior se aplica a elas.

A própria singularidade das fundações, como pessoa jurídica, decorrente da personificação de um patrimônio voltado a uma finalidade, perde um pouco de sentido no âmbito do direito administrativo, posto que uma autarquia não é, propriamente, uma associação de pessoas. Logo, nos parece irrelevantes essas conceituações do direito privado para o fim de distinguir as pessoas públicas entre si.

Quanto à similaridade das autarquias e fundações públicas de direito público, é antigo o entendimento do Supremo Tribunal Federal nesse sentido, conforme se verifica do julgado no Recurso Extraordinário 101.126/RJ (Pleno, Rel. Min. Moreira Alves, j. 24.10.1984), cuja ementa ficou assim assentada:

> *"Nem toda a fundação instituída pelo poder público é fundação de direito privado. As fundações, instituídas pelo poder público, que assumem a gestão de serviço estatal e se submetem a regime administrativo previsto, nos Estados-membros, por leis estaduais, são fundações de direito público, e, portanto, pessoas jurídicas de direito público. Tais fundações são espécies do gênero autarquia ...".*

3.10.2. Fundações públicas de direito privado

As fundações públicas de direito privado são pessoas jurídicas de direito privado que pertencem à Administração Indireta, sendo criadas mediante autorização legislativa e posterior registro de seus atos constitutivos no Cartório de Registro Civil de Pessoas Jurídicas.

Diferem das fundações privadas em razão de atuarem em alguma área de interesse social e público, de forma paralela ao Estado, bem como por ser fiscalizada (tutela administrativa) pelo Poder Público que a instituiu e não pelo Ministério Público.

---

56. Veja-se como exemplo a Fundação Joaquim Nabuco – FUNDAJ. Quando esta foi transformada em Fundação, pelo Decreto 84.561/1980, restou expressa sua natureza jurídica de direito privado, ao passo que os Decretos 4.639/2003 e 7.694/2012, que aprovaram seus estatutos posteriores, se limitam a dizer que ela é uma fundação pública.

Possuem, praticamente, as mesmas características das empresas estatais, exceto quanto ao registro de seus atos constitutivos, área de atuação e pelo fato de não possuírem fins lucrativos.

3.11. EMPRESAS PÚBLICAS E SOCIEDADES DE ECONOMIA MISTA

3.11.1. Introdução

Compondo a Administração Pública indireta ainda temos as figuras das sociedades de economia mista e empresas públicas. Trata-se de empresas que buscam, na maioria das vezes, apenas explorar atividade econômica[57] e acabam por disputar o mercado com a iniciativa privada. Todavia, é possível que elas prestem serviços públicos, tudo a depender da finalidade que lhe conferiu a lei que autorizou sua criação.

A recente lei 13.303/2016 dispõe sobre o estatuto jurídico da empresa pública, da sociedade de economia mista e de suas subsidiárias, abrangendo toda e qualquer empresa pública e sociedade de economia mista da União, dos Estados, do Distrito Federal e dos Municípios que explore atividade econômica de produção ou comercialização de bens ou de prestação de serviços, ainda que a atividade econômica esteja sujeita ao regime de monopólio da União ou seja de prestação de serviços públicos.Prescreve a referida lei que:

> *Art. 3º Empresa pública é a entidade dotada de personalidade jurídica de direito privado,* **com criação autorizada por lei** *e com patrimônio próprio, cujo capital social é integralmente detido pela União, pelos Estados, pelo Distrito Federal ou pelos Municípios.*
>
> *Parágrafo único. Desde que a maioria do capital votante permaneça em propriedade da União, do Estado, do Distrito Federal ou do Município, será admitida, no capital da empresa pública, a participação de outras pessoas jurídicas de direito público interno, bem como de entidades da administração indireta da União, dos Estados, do Distrito Federal e dos Municípios.*
>
> *Art. 4º Sociedade de economia mista é a entidade dotada de personalidade jurídica de direito privado,* **com criação autorizada por lei***, sob a forma de sociedade anônima, cujas ações com direito a voto pertençam em sua maioria à União, aos Estados, ao Distrito Federal, aos Municípios ou a entidade da administração indireta.*

É importante registrar que nem todas as empresas estatais pertencem à Administração Pública, se consideradas as categorias jurídicas do DL 200/1967. É necessário, para se enquadrar nessa categoria, que elas tenham sido criadas com esse objetivo, **observando o procedimento próprio previsto no art. 37, XIX, da Constituição Federal**.

Assim, se uma empresa privada for desapropriada ou comprada pelo Estado, ela passa a ser estatal, porém não na categoria de empresa pública ou sociedade de economia mista, pois, para a criação dessas entidades, a Constituição prevê uma forma própria.

Inclusive, isso está de acordo com a Lei de Improbidade Administrativa, que tem como sujeito passivo do ato de improbidade, além das empresas públicas e sociedades de

---

57. Inclusive, neste sentido, o artigo 2º da lei 13.303/2016: a exploração de atividade econômica pelo Estado será exercida por meio de empresa pública, de sociedade de economia mista e de suas subsidiárias.

economia mista, as *empresas incorporadas* ao patrimônio público ou de entidade para cuja criação ou custeio o erário haja concorrido ou concorra com mais de 50% do patrimônio ou da receita anual.

Ainda, as *empresas estatais subsidiárias*, previstas no art. 37, XX, da Constituição Federal, por exemplo, apesar de serem "empresas controladas" por uma sociedade de economia mista ou uma empresa pública, não pertencem à Administração Pública, porém isso não significa que estão totalmente imunes às regras pertencentes ao regime jurídico administrativo. Veremos que, por ter capital público envolvido, algumas das normas ligadas à indisponibilidade do interesse público são aplicáveis a essas estatais, como, por exemplo, o dever de licitar e de prestar contas ao Tribunal de Contas.

3.11.2. Exemplos de sociedades de economia mista e de empresas públicas

São exemplos de sociedades de economia mista, no âmbito federal: o Banco do Brasil S/A, a Companhia Brasileira de Trens Urbanos – CBTU, a Petróleo Brasileiro S/A – Petrobras, a Centrais Elétricas Brasileiras S/A – Eletrobrás e as diversas Companhias Docas ainda mantidas pelo governo federal (Companhia Docas do Maranhão – CODOMAR, Companhia Docas do Espírito Santo – CODESA, Companhia Docas da Bahia – CODEBA, Companhia Docas de São Paulo – CODESP, Companhia Docas do Rio Grande do Norte – CODERN, Companhia Docas do Rio de Janeiro – CDRJ, Companhia Docas do Ceará – CDC e Companhia Docas do Pará – CDP).

São exemplos de empresas públicas, no âmbito federal: a Caixa Econômica Federal, a Empresa Brasileira de Correios e Telégrafos – ECT, a Empresa de Pesquisa Energética – EPE, a Empresa Brasileira de Pesquisa Agropecuária – EMBRAPA, a Companhia Nacional de Abastecimento – CONAB e o Banco Nacional de Desenvolvimento Econômico e Social – BNDES.

3.11.3. Características comuns às sociedades de economia mista e às empresas públicas

Com o objetivo de ganhar tempo de estudo, serão apresentadas aqui as características comuns às sociedades de economia mista e empresas públicas, para que posteriormente passemos a informar as diferenças entre elas.

3.11.3.1. Forma de criação

O processo de criação das sociedades de economia mista e das empresas públicas também envolve uma lei específica. Porém, aqui, ao contrário do que ocorre quanto às autarquias, essa lei específica não cria diretamente a estatal, mas apenas autoriza a sua criação.

Se a estatal que se pretende criar estiver ligada ao Poder Executivo federal, cabe ao Presidente da República[58] a iniciativa do projeto de lei para sua constituição, como esta-

---

58. Em âmbito estadual e municipal, cabe a iniciativa de lei, respectivamente, aos Governadores e Prefeitos.

belece o art. *61, § 1.º, II, "a"*, da Constituição Federal. Após a publicação e entrada em vigor da lei, está autorizada a sua criação.

Ato contínuo, geralmente por meio de decreto, será aprovado seu ato constitutivo (contrato social ou estatuto, a depender da forma societária da estatal) e, logo após, providenciado o registro no local competente, notadamente na Junta Comercial, visto que, em regra, tais entidades se destinam à atuação na economia, ainda que como prestadoras de serviços públicos. Observe-se que, no caso das sociedades de economia mista, é impositiva, pela Lei 6.404/1976 (art. 235)[59], a adoção da forma societária de sociedade anônima, sendo ilógico imaginar o registro destas fora do registro de comércio.

Por evidente, dependendo do setor econômico em que irão atuar, serão tais entidades fiscalizadas pelas entidades públicas competentes, como o Banco Central, no caso das instituições financeiras.

3.11.3.2. Personalidade jurídica

As sociedades de economia mista e as empresas públicas, por serem empresas, são pessoas jurídicas de direito privado.

3.11.3.3. Regime jurídico

O regime jurídico das sociedades de economia mista e das empresas públicas é *misto* ou *híbrido*. Isso porque há a incidência sobre elas de normas decorrentes do *regime* (conjunto normativo de direito) *privado*, como, por exemplo: *a) as regras que regem suas relações funcionais, pautadas na CLT, regime contratual típico da iniciativa privada; b) a exigência de registro do ato constitutivo da estatal para seu nascimento* etc., porém há também regras decorrentes do *regime público*, tais como: *a) exigência de licitação para contratação de bens, serviços, obras etc.; b) de concurso público para seleção de pessoal; c) dever de prestar contas ao Tribunal de Contas* etc.

Para reduzir o entrave burocrático característico da Administração Pública brasileira sobre as entidades estatais de personalidade jurídica de direito privado que exploram atividade econômica de produção ou comercialização de bens ou prestação de serviços, o Constituinte previu expressamente que uma legislação especial, denominada de "estatuto jurídico da empresa pública, sociedade de economia mista e suas subsidiárias", será editada (art. 173, § 1.º).

Essa lei foi editada apenas em 2016 (Lei 13.303), tendo criado diversas regras próprias de licitações e contratos para tais entidades. Antes disso, existiam apenas algumas normas esparsas que tentavam dar um pouco mais de flexibilidade gerencial a tais entidades, como o § 1.º do art. 24 da Lei de Licitações (Lei 8.666/1993), que dobrava o percentual considerado legalmente como referência para a dispensa de licitação quando as compras, obras e serviços fossem contratados por sociedade de economia mista ou empresa pública.

---

59. No mesmo sentido o artigo 5º da lei 13.303/2016, o qual enuncia que: Art. 5º A sociedade de economia mista será constituída sob a forma de sociedade anônima e, ressalvado o disposto nesta Lei, estará sujeita ao regime previsto na Lei nº 6.404, de 15 de dezembro de 1976.

3.11.3.4. Autonomia administrativa, orçamentária e financeira

As empresas públicas e as sociedades de economia mista, por contarem com personalidade jurídica própria, detêm autonomia administrativa, que poderíamos chamar, na verdade, de gerencial, além de contarem com seus próprios orçamentos e possuírem autonomia financeira.

O art. 89 da Lei 13.303, inclusive, estipula que o exercício da supervisão pelo órgão ou entidade a qual a empresa pública ou sociedade de economia mista se vinculam não pode ensejar a redução ou supressão da autonomia conferida por lei específica que autorizou a criação da entidade supervisionada, ou da autonomia inerente à sua natureza.

Em termos globais, no entanto, os orçamentos dessas entidades, por também fazerem parte da Administração Pública, devem estar compreendidos na lei orçamentária anual, na parte referente ao "orçamento de investimento" (art. 165, § 5.º, II, da CF/1988).

As empresas estatais não devem, por sua finalidade, ser deficitárias, mormente aquelas que são utilizadas como forma de intervenção no domínio econômico. Eventualmente, mesmo uma empresa pública ou uma sociedade de economia mista podem, no entanto, servir de instrumento para um fim especial do Poder Público, como investimentos financeiros em regiões pobres do país.

Como resultado de tais políticas, pode ser necessário que eventuais prejuízos financeiros sejam cobertos pela Administração Direta, sob pena de a empresa se tornar insolvente ou cair no descrédito. Nessa hipótese, se houver necessidade de que recursos do orçamento fiscal ou da seguridade social sejam utilizados para a cobertura dos déficits, será necessária autorização legislativa específica (art. 167, VIII, da CF/1988).

À cobertura de déficits de manutenção das empresas públicas, o art. 18 da Lei 4.320/1964, ao tratar de regras gerais sobre orçamentos e direito financeiro, denomina de "**subvenções econômicas**". Interessante notar que a Lei de Responsabilidade Fiscal (LC 101/2000), por sua vez, se utiliza terminologia distinta para identificar as empresas estatais, classificando-as como "**controladas**" ou "**dependentes**" para os fins daquela legislação (art. 2º, II e III).

3.11.3.5. Patrimônio

As sociedades de economia mista e as empresas públicas possuem patrimônio próprio. Patrimônio está ligado ao acervo de bens móveis e imóveis, materiais e imateriais, pertencentes à pessoa jurídica. Esse patrimônio é inicialmente transferido pelo ente instituidor da estatal para que ela possa dar início às suas atividades. Em caso de extinção da estatal, o patrimônio é revertido para o mesmo ente que a criou.

Além desse patrimônio inicial, decorrente de transferência da pessoa política que criou tais entidades, estas, em razão de sua *autonomia gerencial e financeira e personalidade jurídica própria*, podem, no exercício da gestão de suas atividades, ir incorporando a seus acervos outros bens imóveis e móveis.

3.11.3.6. Regime de bens

Os bens das sociedades de economia mista e das empresas públicas são privados. Inclusive, o próprio art. 98 do Código Civil informa que, à exceção dos bens do domínio nacional pertencentes às pessoas jurídicas de direito público interno, todos os outros são particulares, seja qual for a pessoa a que pertencerem. Portanto, os bens das estatais supracitadas são bens particulares.

Por serem bens privados, estão sujeitos, em regra, à penhora e à usucapião. Diga-se em regra, pois foi visto que algumas dessas estatais podem prestar serviços públicos.

Para essas estatais que prestam serviços públicos, os *bens afetados a esses serviços* entram no chamado *domínio público*, e, enquanto mantiverem essa afetação a algum serviço público, não são passíveis de penhora e usucapião.

Já os demais bens dessas estatais sujeitam-se à regra da penhorabilidade e são sujeitos à usucapião.

Especificamente em relação à Empresa Brasileira de Correios e Telégrafos – ECT, como será visto detalhadamente no capítulo atinente aos bens públicos, o STF[60] já reconheceu a identidade de seu regime jurídico ao das pessoas jurídicas de direito público interno, inclusive no que concerne à subordinação ao regime de precatórios. Registre-se, ainda, recente decisão do STF no sentido que é aplicável o regime dos precatórios às **sociedades de economia mista prestadoras de serviço público próprio do Estado e de natureza não concorrencial**.[61]

Quanto à alienação de seus bens, apesar de serem privados, o fato é que pertencem a uma estatal e o dinheiro injetado nela é público, e, por essa razão, a transferência daqueles para particulares deve seguir as regras da Lei de Licitações.

Combinando o art. 17 com o art. 22 da Lei 8.666/1993, para *a alienação de bens móveis* deverá haver justificação, *avaliação prévia e licitação*, que, no caso, serão feitas por meio da modalidade leilão, sendo a licitação *dispensada nos seguintes casos: a) doação, permitida exclusivamente para fins e uso de interesse social, após avaliação de sua oportunidade e conveniência socioeconômica, relativamente à escolha de outra forma de alienação; b) permuta, permitida exclusivamente entre órgãos ou entidades da Administração Pública*[62]*; c) venda de ações, que poderão ser negociadas em bolsa, observada a legislação específica; d) venda de títulos, na forma da legislação pertinente; e) venda de bens produzidos ou comercializados por órgãos ou entidades da Administração Pública, em virtude de suas finalidades; f) venda de materiais e equipamentos para outros órgãos ou entidades da Administração Pública, sem utilização previsível por quem deles dispõe.*

Já para *alienação de bens imóveis*, deverá haver *justificativa, avaliação prévia* e licitação, sendo esta última, em regra, processada pela *modalidade concorrência, dispensada* nos seguintes casos: *a) dação em pagamento; b) doação, permitida exclusivamente para outro órgão ou entidade da administração pública*[63]*, de qualquer esfera de governo*[64]*; c) permuta, por outro imóvel que atenda aos requisitos constantes do inc. X do art. 24 da Lei 8.666/1993*[65]*;*

---

60. STF, RREE 220.906, 225.011, 229.696, 230.051 e 230.072, Pleno, Rel. Min. Maurício Corrêa, j. 16.11.2000, *Informativo STF 213*).
61. STF. Plenário. ADPF 387/PI, Rel. Min. Gilmar Mendes, julgado em 23/3/2017 (**INFORMATIVO 858**).
62. Suspensa a eficácia da expressão ⬚permitida exclusivamente entre órgãos ou entidade da Administração Pública⬚, quanto aos Estados, ao Distrito Federal e aos Municípios por liminar deferida na ADIN 927-3.
63. Suspensa a eficácia da expressão "permitida exclusivamente para outro órgão ou entidade da Administração Pública" por liminar deferida na ADIN 927-3.
64. Ressalvado o disposto nas alíneas "f", "h" e "i".
65. Suspensa a eficácia da alínea "c" deste inc. I do art. 17 da Lei 8.666/1993 por liminar deferida na ADIN 927-3. Acompanhe o andamento da ADIN.

d) investidura; e) venda a outro órgão ou entidade da administração pública, de qualquer esfera de governo; f) alienação gratuita ou onerosa, aforamento, concessão de direito real de uso, locação ou permissão de uso de bens imóveis residenciais construídos, destinados ou efetivamente utilizados no âmbito de programas habitacionais ou de regularização fundiária de interesse social desenvolvidos por órgãos ou entidades da administração pública; g) procedimentos de legitimação de posse de que trata o art. 29 da Lei 6.383, de 7 de dezembro de 1976, mediante iniciativa e deliberação dos órgãos da Administração Pública em cuja competência legal inclua-se tal atribuição; h) alienação gratuita ou onerosa, aforamento, concessão de direito real de uso, locação ou permissão de uso de bens imóveis de uso comercial de âmbito local com área de até 250 m² e inseridos no âmbito de programas de regularização fundiária de interesse social desenvolvidos por órgãos ou entidades da administração pública; i) alienação e concessão de direito real de uso, gratuita ou onerosa, de terras públicas rurais da União na Amazônia Legal onde incidam ocupações até o limite de 15 módulos fiscais ou 1.500 ha, para fins de regularização fundiária, atendidos os requisitos legais.

3.11.3.7. Regime de pessoal

O regime de pessoal dos servidores das sociedades de economia mista e das empresas públicas é o celetista, ou seja, regime contratual regido pela Consolidação das Leis do Trabalho.

Seus servidores são empregados públicos, assinam contrato de trabalho, recebem salários e a Justiça competente para conhecer e julgar suas causas, relacionadas ao vínculo funcional, é a Justiça do Trabalho.

Apesar de ser celetista, o ingresso no emprego público requer a aprovação, em concurso público, de provas ou provas e títulos, conforme estabelece o art. 37, II, da Constituição Federal.

Por fim, não obstante serem celetistas e não gozarem da estabilidade constitucional prevista no artigo 41 da Constituição Federal, **caso haja demissão do empregado ela deve ser motivada**, conforme decido pelo Supremo Tribunal Federal, em âmbito de repercussão geral, no RE 589.998/PI.

3.11.3.8. Escolha dos dirigentes

Já os dirigentes dessas estatais são designados da forma que a lei que autorizou sua criação dispor. Normalmente são designados pelo chefe do Poder Executivo, em se tratando de estatal ligada a esse Poder, sendo uma função de confiança.

Em recentíssimo julgamento, ao confirmar a liminar anteriormente deferida na *ADIn 2.225/SC (Rel. Min. Dias Toffoli)*[66], a Corte considerou inconstitucional lei estadual que subordinava a escolha de dirigentes de empresas públicas e sociedades de economia mista à aprovação da respectiva Assembleia Legislativa[67].

---

66. STF, Pleno, Julgamentoem 21.08.2014, **INFORMATIVO STF 755** (18 a 22 de agosto de 2014).
67. Diversamente, em se tratando de autarquias e fundações, a Corte tem caminhado no sentido de aceitar a ingerência, com fundamento no art. 52, III, *f*, da CF/1988 (simetria com a previsão constitucional de aprovação da indicação pelo Senado Federal). Nesse sentido, *vide* a *MC/ADI 1.949/RS* (Pleno, Rel. Min. Sepúlveda Pertence, j. 18.11.1999). No julgamento final, foi mantido o

Caberia ao "estatuto" previsto no art. 173, § 1.º, da CF/1988 dispor também sobre a constituição e o funcionamento dos conselhos de administração e fiscal, bem como sobre o mandato, avaliação de desempenho e responsabilidade dos administradores.

Na ausência dessas regras, já que tal estatuto ainda não existe, entendemos que administradores e membros de conselho fiscal de estatais têm suas relações jurídicas disciplinadas pelas disposições societárias e comerciais que regem as respectivas formas societárias e, principalmente, pela lei instituidora.

No caso específico das sociedades de economia mista, os arts. 239 e 240 da Lei 6.404/1976 contêm disposições sobre os seus Conselhos de Administração e Fiscal.

No caso dos diretores, deve-se atentar para que tipo de relação jurídica irá vigorar entre eles e a sociedade que dirigem; se de subordinação, nada impedirá que sejam considerados empregados, já que a relação de emprego, pela CLT, também pode abranger funções de confiança. Se, porventura, atuarem como representantes do próprio empregador, com enorme poder de iniciativa, serão considerados diretores estatutários, para usar uma antiga expressão do direito do trabalho, com as vantagens que os estatutos lhes conferirem.

Pela teoria tradicional, os diretores agiam como mandatários da sociedade, nos termos do que dispunha o art. 295 do Código Comercial, entendimento que, convenhamos, parece completamente superado. Com a Lei 6.404/1976 prevalece, no âmbito do direito empresarial, a teoria do órgão de representação.

A situação mais complexa parece ser aquela em que um empregado é eleito ou escolhido como diretor de uma sociedade. Nessa hipótese, a doutrina trabalhista diverge quanto aos efeitos do evento sobre o contrato de trabalho. Há posição no sentido de extinção do contrato de trabalho e há posições no sentido da mera suspensão do contrato de trabalho, ou de sua interrupção, ou, até mesmo, da inalterabilidade do vínculo.

O Tribunal Superior do Trabalho, no entanto, tentando dar uma solução definitiva para o problema, aprovou a Súmula 269, que estabelece: "o empregado eleito para ocupar cargo de diretor tem o respectivo contrato de trabalho suspenso, não se computando o tempo de serviço deste período, salvo se permanecer a subordinação jurídica inerente à relação de emprego".

O TST não tinha como finalidade disciplinar especificamente a relação dos diretores de estatais para com estas, mas o enunciado pode ser perfeitamente aplicado a elas.

Especificamente em relação às sociedades de economia mista, até mesmo para adequação às normas empresariais vigentes, tem sido comum que os diretores-presidentes, embora indicados pelo chefe do Executivo, tenham seus nomes aprovados, pelo menos *pro forma*, pelos Conselhos de Administração respectivos, sendo feita, após essa formalidade, a nomeação, propriamente dita.

3.11.3.9. Regime de contratações de bens e serviços

Em razão dos obstáculos principiológicos dos primados da isonomia, impessoalidade, moralidade e indisponibilidade do interesse público, as empresas públicas e sociedades de

---

entendimento quanto à nomeação, mas declarada inconstitucional a disposição que condicionava o ato de exoneração ao prévio exame legislativo (rel. Min. Dias Toffoli, j. 17/09/2014).

economia mista, quando pretenderem contratar obras, serviços, bens, devem, como regra, se submeter a um procedimento seletivo prévio, que é a licitação.

Tal exigência decorre do art. 37, XXI, do Texto Constitucional, cuja redação é a seguinte: "ressalvados os casos especificados na legislação, as obras, serviços, compras e alienações serão contratados mediante processo de licitação pública que assegure igualdade de condições a todos os concorrentes, com cláusulas que estabeleçam obrigações de pagamento, mantidas as condições efetivas da proposta, nos termos da lei, o qual somente permitirá as exigências de qualificação técnica e econômica indispensáveis à garantia do cumprimento das obrigações".

O procedimento licitatório, hoje, é regulamentado especialmente por duas leis: 8.666/1993 e 10.520/2002. A primeira é o estatuto das licitações, legislação que contém o maior número de normas sobre o tema. Já a segunda foi editada com o objetivo de criar uma nova modalidade licitatória, que é o pregão, cujo objetivo foi conferir maior celeridade para as contratações públicas, sendo restrita, entretanto, às contratações de bens e serviços comuns.

Registre-se que, com a Emenda Constitucional 19/1998, foi alterada a redação do art. 173, cuja redação ficou da seguinte forma:

> "Art. 173. Ressalvados os casos previstos nesta Constituição, a exploração direta de atividade econômica pelo Estado só será permitida quando necessária aos imperativos da segurança nacional ou a relevante interesse coletivo, conforme definidos em lei.
>
> § 1.º A lei estabelecerá o estatuto jurídico da empresa pública, da sociedade de economia mista e de suas subsidiárias que explorem atividade econômica de produção ou comercialização de bens ou de prestação de serviços, dispondo sobre: (Redação dada pela Emenda Constitucional 19, de 04.06.1998)
>
> I – sua função social e formas de fiscalização pelo Estado e pela sociedade; (Redação dada pela Emenda Constitucional 19, de 04.06.1998)
>
> II – a sujeição ao regime jurídico próprio das empresas privadas, inclusive quanto aos direitos e obrigações civis, comerciais, trabalhistas e tributários; (Redação dada pela Emenda Constitucional 19, de 04.06.1998)
>
> III – licitação e contratação de obras, serviços, compras e alienações, observados os princípios da administração pública; (Redação dada pela Emenda Constitucional 19, de 04.06.1998)
>
> IV – a constituição e o funcionamento dos conselhos de administração e fiscal, com a participação de acionistas minoritários; (Redação dada pela Emenda Constitucional 19, de 04.06.1998)
>
> V – os mandatos, a avaliação de desempenho e a responsabilidade dos administradores. (Redação dada pela Emenda Constitucional 19, de 04.06.1998)"

Recentemente foi editada a referida norma. Trata-se da Lei 13.303/2016 e, dentre outros pontos, foi dedicado um capítulo específico para licitações.

Inicialmente, em seus artigos 29 e 30, foram criadas hipóteses próprias de dispensa e inexigibilidade de licitação para estas estatais, tema do qual cuidaremos no capítulo próprio.

Quanto ao processo de contratação direta, ele será instruído, no que couber, com os seguintes elementos: *a) caracterização da situação emergencial ou calamitosa que justifique a dispensa, quando for o caso; b) razão da escolha do fornecedor ou do executante e c) justificativa do preço.*

Se comprovado, pelo órgão de controle externo, sobrepreço ou superfaturamento, respondem solidariamente pelo dano causado quem houver decidido pela contratação direta e o fornecedor ou o prestador de serviços.

Por fim, as empresas públicas e as sociedades de economia mista deverão **publicar e manter atualizado regulamento interno de licitações e contratos**, compatível com o disposto na referida lei das estatais, especialmente quanto a:

I – glossário de expressões técnicas;

II – cadastro de fornecedores;

III – minutas-padrão de editais e contratos;

IV – procedimentos de licitação e contratação direta;

V – tramitação de recursos;

VI – formalização de contratos;

VII – gestão e fiscalização de contratos;

VIII – aplicação de penalidades;

IX – recebimento do objeto do contrato.

Especificamente em relação à Petrobras, uma sociedade de economia mista, devemos registrar que vigorava o *art. 67 da Lei 9.478/1997*, o qual prescrevia que: "*os contratos celebrados pela Petrobrás, para aquisição de bens e serviços, serão precedidos de procedimento licitatório simplificado, a ser definido em decreto do Presidente da República*". A norma que regulamentava a matéria era o *Decreto Federal 2.745*, de 24 de agosto de 1998, que aprovou o *Regulamento do Procedimento Licitatório Simplificado da Petróleo Brasileiro S.A.*

O Tribunal de Contas da União, apreciando os atos e contratos da referida estatal, entendeu que esta não poderia fazer uso do Decreto, pois a Constituição Federal foi clara no sentido de que uma lei iria dispor sobre o regime diferenciado de licitações e contratos. Por isso, decidiu que a Petrobras devia licitar com base na Lei 8.666/1993[68].

Observe-se, no entanto, que o STF já havia, nos autos de medida cautelar intentada durante o processamento do RE 482.161/RJ, afastado decisão do STJ que também havia suspendido as licitações da Petrobras dentro do regime simplificado.

Vale a pena transcrever o informativo de jurisprudência do STF em que foi veiculado o resumo da decisão[69]:

"*A Turma, resolvendo questão de ordem, deferiu medida cautelar para emprestar efeito suspensivo a recurso extraordinário interposto pela Petróleo Brasileiro S/A – Petrobrás contra acórdão do STJ que, também em medida cautelar, restabelecera a eficácia de tutela antecipada que suspendera as suas licitações, as quais utilizavam procedimento licitatório simplificado, previsto na Lei 9.478/97 e regulamentado pelo Decreto 2.745/98. Consideraram-se presentes*

---

68. Processo 016.176/200-5: Decisão do Plenário 663/2002, mantida pelos acórdãos 560/2010 (Plenário, Rel. Min. Augusto Nardes) e 1.325/2010 (Plenário, Rel. Min. Augusto Nardes).

69. Essa ação cautelar foi posteriormente extinta.

os requisitos necessários à pleiteada concessão. Quanto à plausibilidade jurídica do pedido, asseverou-se que a submissão da Petrobrás a regime diferenciado de licitação estaria, à primeira vista, justificado, tendo em conta que, com o advento da EC 9/95, que flexibilizara a execução do monopólio da atividade do petróleo, a ora requerente passara a competir livremente com empresas privadas, não sujeitas à Lei 8.666/93. Nesse sentido, ressaltaram-se as consequências de ordem econômica e política que adviriam com o cumprimento da decisão impugnada, caso a Petrobrás tivesse que aguardar o julgamento definitivo do recurso extraordinário, já admitido, mas ainda não distribuído no STF, a caracterizar perigo de dano irreparável. Entendeu-se, no ponto, que a suspensão das licitações realizadas com base no Regulamento do Procedimento Licitatório Simplificado (Decreto 2.745/98 e Lei 9.478/97) poderia tornar inviável a atividade da Petrobrás e comprometer o processo de exploração e distribuição do petróleo em todo país, com reflexos imediatos para a indústria, comércio e, enfim, para toda a população" (STF, AC 1.193 QO-MC/RJ, 2.ª T., Rel. Min. Gilmar Mendes, j. 09.05.2006) (Informativo 426 do STF).

A discussão, agora, está resolvida em relação aos novos procedimentos licitatórios, em vista da revogação expressa do art. 67 da Lei 9.478 pelo art. 96, II, da Lei 13.303. Ainda assim, considerando a regra de transição do art. 91, § 3º da novel legislação, o tema continua sendo relevante enquanto surtirem efeitos, no que tange aos procedimentos licitatórios instaurados durante a vigência da aludida regra de transição.

Em julgamento mais recente, o TCU ratificou, em relação à Petrobras Distribuidora S.A., a necessidade de observância dos ditames da lei de licitações (Acórdão 2.384/2015 – 2ª Câmara). Essa necessidade parece ser ainda mais premente quando se observa o volume de aquisições das empresas do grupo Petrobras, que superam em larga escala os de quaisquer outras empresas públicas ou sociedades de economia mista, e o fato de terem sido nos setores envolvidos com fornecimento e compras onde ocorreram desvios e desfalques da ordem de bilhões de reais, o que comprometeu, inclusive, o valor de mercado de suas ações, e suas notas de crédito junto às agências internacionais de *rating*.

3.11.3.10. Imunidade tributária

Como já foi dito e refrisado, a imunidade tributária está ligada à impossibilidade constitucional de tributação de algo ou alguém. Difere aqui da isenção, cujo delineamento é feito por meio de lei, e não dos mandamentos constitucionais.

As empresas estatais, como regra, não possuem imunidade tributária[70]. Ocorre que o Supremo Tribunal Federal tem entendimento firmado há tempos, reconhecendo a imunidade tributária quanto a impostos que recaiam sobre renda, bens e serviços da ECT (Correios).

Vejamos como o Excelso Pretório tem decido a matéria, inclusive já com vários julgados em âmbito de Repercussão Geral[71]:

---

70. Nesse sentido, *Súmula 76 do STF*: "As sociedades de economia mista não estão protegidas pela imunidade fiscal do art. 31, V, 'a', da Constituição Federal" (referência à CF/1946).

71. Recentemente, a Corte reiterou seu entendimento sobre o assunto ao julgar o RE 773.992/BA, Rel. Min. Dias Toffoli, Pleno, j. 15.10.2014, reconhecendo a imunidade tributária dos correios quanto ao IPTU que incidiria sobre seus imóveis.

Recurso extraordinário com repercussão geral. 2. Imunidade recíproca. Empresa Brasileira de Correios e Telégrafos. 3. Distinção, para fins de tratamento normativo, entre empresas públicas prestadoras de serviço público e empresas públicas exploradoras de atividade. Precedentes. **4. Exercício simultâneo de atividades em regime de exclusividade e em concorrência com a iniciativa privada. Irrelevância. Existência de peculiaridades no serviço postal. Incidência da imunidade prevista no art. 150, VI, 'a', da Constituição Federal.** *5. Recurso extraordinário conhecido e provido." (RE 601.392/PR, rel. Min. Joaquim Barbosa, red. p/ o acórdão Min. Gilmar Mendes, julgado em 28/2/2013, acórdão publicado no DJe de 5/6/2013)*

Ainda, já foi decidido em repercussão geral que a imunidade tributária recíproca reconhecida à Empresa Brasileira de Correios e Telégrafos — ECT alcança o IPTU incidente sobre imóveis de sua propriedade, bem assim os por ela utilizados. No entanto, se houver dúvida acerca de quais imóveis estão afetados ao serviço público, cabe à administração fazendária produzir prova em contrário, haja vista militar em favor do contribuinte a presunção de imunidade anteriormente conferida em benefício dele.[72]

Também o STF decidiu que não incide o ICMS sobre o serviço de transporte de bens e mercadorias realizado pela Empresa Brasileira de Correios e Telégrafos — ECT. Discutia-se o alcance da imunidade tributária recíproca (CF, art. 150, VI, a) relativamente ao referido imposto, incidente sobre específica modalidade de serviço postal realizado pela ECT.

O Tribunal afastou a alegação de que a ECT, quando realiza o transporte de mercadoria, não está albergada pela proteção da imunidade tributária recíproca, ante a sua natureza jurídica de direito privado. No ponto, o fluxo de atividade dos Correios, relativamente ao serviço postal, está previsto no art. 7º, caput e § 3º, da Lei 6.538/1978 (Constitui serviço postal o recebimento, expedição, transporte e entrega de objetos de correspondência, valores e encomendas, com forme definido em regulamento. (...) § 3º Constitui serviço postal relativo a encomendas a remessa e entrega de objetos, com ou sem valor mercantil, por via postal). O transporte de encomendas, portanto, também se encontra inserido no rol das atividades desempenhadas pela entidade, e esta, como assentado no julgamento do RE 601.392/PR (DJe de 5/6/2013), deve cumprir o encargo de alcançar todos os lugares do Brasil, sem a possibilidade de recusa, diferentemente das empresas privadas. Soma-se a isso a possibilidade de os Correios terceirizar o serviço, mediante licitação, e as empresas eventualmente contratadas são contribuintes do ICMS sobre a prestação dos serviços de transporte. Ademais, as atividades exercidas sob regime concorrencial existem para custear aquela exercida sob o regime constitucional de monopólio. Se assim não fosse, frustrar-se-ia o objetivo do legislador de viabilizar a integração nacional e dar exequibilidade à fruição do direito básico do indivíduo de se comunicar com outras pessoas ou instituições e de exercer outros direitos, com esse relacionados, fundados na própria Constituição. Outrossim, a Corte destacou a impossibilidade de separação tópica das atividades concorrenciais para que se verifique a tributação. Além disso, o desempenho daquelas atividades não descaracteriza o viés essencialmente público das finalidades institucionais da empresa pública em comento. Por fim, a ECT não pode nem deve ser equiparada a empresa de transporte privado — cuja atividade fim seja o transporte de mercadorias —, na medida em que, não apenas o recebimento e a entrega de correspondências e encomendas, mas, notadamente, o próprio transporte, são todas fases indissociáveis de um serviço postal que se qualifica pela incin-dibilidade, tendo em vista a sua destinação última e sua própria função. (RE 627.051/PE, rel. Min. Dias Toffoli, julgado em 12/11/2014, acórdão pendente de publicação)

---

72. (RE 773.992/BA14, rel. Min. Dias Toffoli, julgado em 15/10/2014, acórdão pendente de publicação)

Decidiu o Supremo Tribunal Federal, em regime de Repercussão Geral, que as sociedades de economia mista prestadoras de serviços públicos de saúde que sejam controladas por ente público — detentor da quase integralidade do capital social — e que atendam exclusivamente pelo Sistema Único de Saúde — SUS como *longa manus* do Estado, **sem contraprestação pelos usuários, gozam da imunidade tributária recíproca prevista no art. 150, VI, a, da CF**.[73]

Há, ainda, decisão do *Supremo Tribunal Federal* reconhecendo a *imunidade tributária da Infraero*. Vejamos a ementa da referida decisão:

> *"Infraero. Empresa pública federal vocacionada a executar, como atividade-fim, em função de sua específica destinação institucional, serviços de infraestrutura aeroportuária. Matéria sob reserva constitucional de monopólio estatal (CF, art. 21, XII, 'c'). Possibilidade de a União Federal outorgar, por lei, a uma empresa governamental, o exercício desse encargo, sem que este perca o atributo de estatalidade que lhe é próprio. Opção constitucionalmente legítima. Criação da Infraero como instrumentalidade administrativa da União Federal, incumbida, nessa condição institucional, de executar típico serviço público (Lei n.º 5.862/1972). Consequente extensão, a essa empresa pública, em matéria de impostos, da proteção constitucional fundada na garantia da imunidade tributária recíproca (CF, art. 150, VI, 'a'). O alto significado político-jurídico dessa garantia constitucional, que traduz uma das projeções concretizadoras do postulado da Federação. Imunidade tributária da Infraero, em face do ISS, quanto às atividades executadas no desempenho do encargo, que, a ela outorgado, foi deferido, constitucionalmente, à União Federal. Doutrina. Jurisprudência. Precedentes do Supremo Tribunal Federal. Agravo improvido. – A Infraero, que é empresa pública, executa, como atividade-fim, em regime de monopólio, serviços de infraestrutura aeroportuária constitucionalmente outorgados à União Federal, qualificando-se, em razão de sua específica destinação institucional, como entidade delegatária dos serviços públicos a que se refere o art. 21, inciso XII, alínea 'c', da Lei Fundamental, o que exclui essa empresa governamental, em matéria de impostos, por efeito da imunidade tributária recíproca (CF, art. 150, VI, 'a'), do poder de tributar dos entes políticos em geral. Consequente inexigibilidade, por parte do Município tributante, do ISS referente às atividades executadas pela Infraero na prestação dos serviços públicos de infraestrutura aeroportuária e daquelas necessárias à realização dessa atividade-fim. O alto significado político-jurídico da imunidade tributária recíproca, que representa verdadeira garantia institucional de preservação do sistema federativo. Doutrina. Precedentes do STF. Inaplicabilidade, à Infraero, da regra inscrita no art. 150, § 3.º, da Constituição. – A submissão ao regime jurídico das empresas do setor privado, inclusive quanto aos direitos e obrigações tributárias, somente se justifica, como consectário natural do postulado da livre concorrência (CF, art. 170, IV), se e quando as empresas governamentais explorarem atividade econômica em sentido estrito, não se aplicando, por isso mesmo, a disciplina prevista no art. 173, § 1.º, da Constituição, às empresas públicas (caso da Infraero), às sociedades de economia mista e às suas subsidiárias que se qualifiquem como delegatárias de serviços públicos"* (STF, AgRg-RE 598.322-6 (1476), 2.ª T., Rel. Min. Celso de Mello, DJ 07.08.2009).

A regra, ainda, é a possibilidade de tributação das estatais, especialmente por explorar atividade econômica.

---

73. (RE 580.264/RS2, rel. Min. Joaquim Barbosa, red. p/ o acórdão Min. Ayres Britto, julgado em 16/12/2010, acórdão publicado no DJe de 6/10/2011.

Recentemente o STF julgou outro caso da Petrobras. Entendeu-se que a imunidade recíproca, prevista no art. 150, VI, "b", da Constituição Federal (CF), não se estende a empresa privada arrendatária de imóvel público, quando seja ela exploradora de atividade econômica com fins lucrativos. Nessa hipótese é constitucional a cobrança do IPTU pelo Município.

Esse o entendimento do Plenário, que, em conclusão de julgamento e por maioria, negou provimento a recurso extraordinário em que se discutia a possibilidade de reconhecimento de imunidade tributária recíproca a sociedade de economia mista ocupante de bem público. No caso, o Tribunal de Justiça do Estado de São Paulo considerou ser a Petróleo Brasileiro S.A. (PETROBRAS) parte legítima para figurar como devedora do Imposto Predial e Territorial Urbano (IPTU) incidente sobre imóvel localizado no Porto de Santos.[74]

Porém, é possível que a estatal, mesmo não sendo detentora de imunidade tributária, possua algum *benefício fiscal*. Todavia, para tanto, é necessário que a lei que institui o benefício também o estenda ao mesmo seguimento da iniciativa privada.

Assim, por *exemplo*, um Município até poderá conceder isenção de IPTU para uma empresa estatal, como o Banco do Brasil. Porém, esse benefício (isenção) deverá ser estendido a todos os demais bancos situados no referido Município. É o que se extrai da leitura do art. 173, § 1.º, II, da Constituição Federal.

3.11.3.11. Regime de responsabilidade civil

Quanto à responsabilidade civil das empresas públicas e sociedades de economia mista, tem-se que esta pode se dar pela sistemática da responsabilidade subjetiva ou objetiva.

Será subjetiva se o dano for causado por estatal que explore atividade econômica. Atenção ao fato de que essa análise é de acordo com o art. 37, § 6.º, da Constituição Federal.

Nada impede que uma estatal exploradora de atividade econômica responda objetivamente com base em outro fundamento jurídico, como, por exemplo, o direito ambiental, do consumidor etc.

Já na hipótese de a estatal prestar serviços públicos, incidirá o art. 37, § 6.º, da Carta Magna, que sujeita as pessoas jurídicas de direito privado prestadoras de serviços públicos à responsabilização objetiva por danos causados na prestação de serviços públicos.

O referido comando constitucional possui a seguinte redação:

> "§ 6.º *As pessoas jurídicas de direito público e as de direito privado prestadoras de serviços públicos responderão pelos danos que seus agentes, nessa qualidade, causarem a terceiros, assegurado o direito de regresso contra o responsável nos casos de dolo ou culpa*".

3.11.3.12. Prerrogativas

Aqui temos uma situação interessante. As sociedades de economia mista e as empresas públicas são empresas e, por isso, – como regra – não gozam de prerrogativas, privilégios,

---

74. RE 594015/DF, rel. Min. Marco Aurélio, julgamento em 6.4.2017. (RE-594015). **INFORMATIVO 846.**

que são típicos das pessoas jurídicas de direito público. Essa conclusão é inclusive fundada no fato de que conferir prerrogativas a essas estatais poderia quebrar a regra da isonomia, da paridade, que existe entre aqueles que disputam o mercado e exercem atividade de exploração econômica.

Ocorre que temos estatais que também podem prestar serviços públicos, e, por isso, no desempenho de suas atividades, pode ser que tenhamos algumas regras e prerrogativas decorrentes do regime jurídico público que serão aplicadas a elas.

Vejamos por parte cada uma das prerrogativas.

3.11.3.12.1. Materiais

Estamos tratando como prerrogativas materiais as qualidades diferenciadas que os atos administrativos possuem. São, pela nomenclatura usual da doutrina, os atributos do ato administrativo.

São eles:

> a) *presunção de legitimidade:* os atos administrativos, quando são produzidos, gozam da presunção de que foram feitos corretamente sob todos os aspectos. Assim, por mais que o ato tenha desatendido à lei, aos princípios constitucionais, parte-se sempre da presunção de que isso não ocorreu, devendo o administrado provar o contrário. Por isso se diz que essa presunção é relativa e o ônus de provar o contrário é repassado ao destinatário do ato;
>
> b) *presunção de veracidade:* por esse atributo, presume-se que os motivos apresentados para a prática do ato são verdadeiros e ocorreram. Assim, por mais que tais motivos não tenham de fato ocorrido, ou estejam equivocados, até que se preveja o contrário, têm--se eles como existentes e verdadeiros. Porém, da mesma forma que se passa quanto à presunção de legitimidade, a presunção de veracidade é relativa e comporta prova em contrário, a qual, por sua vez, deve ser produzida pelo administrado;
>
> c) *imperatividade:* por meio deste atributo, a Administração tem o poder de constituir terceiros em obrigações, independentemente de seu consentimento. É o que ocorre, por exemplo, quanto ao poder desapropriatório. A desapropriação é feita independentemente do consentimento do proprietário. Não importa se ele vai aceitar ou não a intervenção estatal. Presentes os requisitos legais, impõe-se o interesse público sobre o privado;
>
> d) *autoexecutoriedade:* esse atributo existe em alguns atos e por meio dele a Administração pode, diretamente e sem precisar ir previamente ao Poder Judiciário, restringir a liberdade e propriedade de terceiros. Atos de embargos de obras, apreensão de veículos em blitz, fechamento de estabelecimento possuem esse atributo.

Entendemos que as estatais que prestam serviços públicos, na prática de atos relacionados à prestação dos serviços, praticam atos que podem possuir os *dois* primeiros atributos, ou seja, presunção de legitimidade e veracidade.

Acreditamos que seus atos não gozam de imperatividade e autoexecutoriedade, sendo esta última típica característica do poder de polícia, que, em sua essência, não pode ser exercida por pessoas jurídicas de direito privado. Até se admite a prática de atos preparatórios, porém estes não possuem o atributo da autoexecutoriedade.

3.11.3.12.2. Processuais

Quanto às prerrogativas constitucionais, tem-se que, em regra, as estatais não as possuem. Por exemplo, as sociedades de economia mista e as empresas públicas **não possuem**: 1) o prazo em dobro para manifestação nas demandas judiciais; 2) o direito de seus advogados serem intimados pessoalmente das decisões judiciais; 3) processo de execução próprio, regido pela Lei 6.830/1980[75]; 4) duplo grau de jurisdição obrigatório (remessa necessária) etc.

Porém, quanto às estatais que prestam serviços públicos, os bens afetados à prestação do serviço ingressam no domínio público e, enquanto mantiverem essa condição, não estão sujeitos à penhora. Os demais bens estão sujeitos à penhora.

Por fim, entendeu o *Supremo Tribunal Federal* que a Empresa Brasileira de Correios e Telégrafos – ECT está sujeita ao regime de precatório para o pagamento de suas condenações judiciais.

Vejamos a ementa dessa importante decisão:

> "Recurso extraordinário. Constitucional. Empresa Brasileira de Correios e Telégrafos. Impenhorabilidade de seus bens, rendas e serviços. Recepção do artigo 12 do Decreto-Lei n.º 509/69. Execução. Observância do regime de precatório. Aplicação do artigo 100 da Constituição Federal. 1. À empresa Brasileira de Correios e Telégrafos, pessoa jurídica equiparada à Fazenda Pública, é aplicável o privilégio da impenhorabilidade de seus bens, rendas e serviços. Recepção do artigo 12 do Decreto-lei n.º 509/69 e não incidência da restrição contida no artigo 173, § 1.º, da Constituição Federal, que submete a empresa pública, a sociedade de economia mista e outras entidades que explorem atividade econômica ao regime próprio das empresas privadas, inclusive quanto às obrigações trabalhistas e tributárias. 2. Empresa pública que não exerce atividade econômica e presta serviço público da competência da União Federal e por ela mantido. Execução. Observância ao regime de precatório, sob pena de vulneração do disposto no artigo 100 da Constituição Federal. Recurso extraordinário conhecido e provido" (STF, RE 220.906-9/DF, Plenário, Rel. Min. Maurício Corrêa, DJU 14.11.2002).

Observe-se, por outro lado, que, por força do disposto no art. 109, I, da Carta Magna, as empresas públicas federais detêm a prerrogativa de foro junto à Justiça Federal, somente nela podendo ser processadas, com exceção da óbvia competência especializada da Justiça do Trabalho. O mesmo não ocorre, no entanto, com as sociedades de economia mista federais, que são demandadas nas Justiças dos Estados[76].

---

75. O fato de a Caixa Econômica Federal poder propor execução fiscal para cobrança de crédito do FGTS não excepciona essa regra, pois o crédito em questão não pertence à empresa pública e sim ao Fundo, que pertence à União, e essa execução, quando promovida pela Caixa, decorre de convênio firmado com a PFN, na forma da Lei 8.844/1994.

76. **Súmula 517 do STF:** "As sociedades de economia mista só têm foro na Justiça Federal, quando a União intervém como assistente ou oponente".**Súmula 556 do STF:** "É competente a Justiça comum para julgar as causas em que é parte sociedade de economia mista".**Súmula 42 do STJ:** "Compete à Justiça comum estadual processar e julgar as causas cíveis em que é parte sociedade de economia mista e os crimes praticados em seu detrimento".

3.11.3.12.3. Contratuais

As prerrogativas contratuais estão ligadas aos direitos diferenciados que a Administração possui nos contratos administrativos. Nesses contratos, regidos pela Lei 8.666/1993, a Administração gozará de uma série de direitos que exorbitam aquilo que é normal entre particulares. Diz-se, por isso, que os contratos administrativos são recheados de cláusulas exorbitantes.

São elas: *a) poder de rescisão unilateral do contrato; b) poder de alteração unilateral do contrato; c) poder de fiscalização do contrato; d) poder de aplicação de penalidades motivadas aos contratados; e) aplicação parcial e mitigada do princípio da exceção de contratos não cumprido em face do Estado etc.*

É interessante notar que a lei de licitações não faz nenhuma ressalva ao uso dessas cláusulas exorbitantes nos contratos das empresas públicas e sociedades de economia mista, sejam essas estatais prestadoras de serviços públicos, sejam exploradoras de atividade econômica, razão pela qual todas as estatais possuem tais prerrogativas.

Coloquemos, no entanto, essa última afirmação em seus devidos termos. Por evidente, essa conclusão somente se aplica aos contratos administrativos propriamente ditos e não às relações contratuais das empresas públicas e sociedades de economia mista firmadas com os consumidores de seus serviços e produtos. Assim, o cliente de um banco estatal, estando este em suas funções de instituição financeira mercantil, não estará sujeito a essas cláusulas exorbitantes nos contratos de conta corrente, de empréstimo, desconto bancário etc. Pelo contrário, nessas hipóteses, prevalecerão, inclusive, as disposições do direito consumerista. Essa mesma conclusão se aplica aos prestadores de serviços públicos, ante os termos amplos do art. 3º do CDC (Lei 8.078/1990). Eventuais prerrogativas quanto à prestação do serviço em si, no entanto, podem estar previstas na legislação própria do serviço público prestado ou na Lei Geral de concessões e permissões (Lei 8.987/1995).

Ainda, em desenvolvimento sobre esse tema, embora a Lei 8.666/1993 não faça distinção, a aplicação de cláusulas exorbitantes, em relação aos contratos firmados por estatais em atividade típica de intervenção no domínio econômico, parece conflitar com seus fins e com a disposição literal do art. 173, § 1º, II, da Magna Carta. Assim, não haveria razão, em contrato de fornecimento de bens e serviços, por exemplo, de uma sociedade de economia mista, criada para intervir na atividade econômica, quando destinatária daqueles produtos ou serviços, contar com prerrogativas contratuais diferentes daquelas previstas para seus concorrentes, sob pena de se estabelecer um regime diferenciado de competição. Nessa hipótese, a menos que se rejeite por completo a aplicação das cláusulas exorbitantes aqui estudadas, parece ser necessário, no mínimo, diferenciar aqueles casos em que o preço dos produtos e serviços fornecidos à estatal irão compor diretamente o custo de produção dos produtos e serviços produzidos por ela, daqueles casos que não terão relevância para essa composição.

3.11.3.12.4. Regras de governança.

O estatuto da empresa pública, da sociedade de economia mista e de suas subsidiárias deverá observar regras:

   a) de governança corporativa,

b) de transparência e de estruturas,

c) de práticas de gestão de riscos e de controle interno,

d) de composição da administração

e) e, havendo acionistas, mecanismos para sua proteção, todos constantes desta Lei.

3.11.3.12.5. Observância a requisitos mínimos de transparência

As empresas públicas e as sociedades de economia mista deverão observar, no mínimo, os seguintes requisitos de transparência:

a) **elaboração de carta anual**, subscrita pelos membros do Conselho de Administração, com a explicitação dos compromissos de consecução de objetivos de políticas públicas pela empresa pública, pela sociedade de economia mista e por suas subsidiárias, em atendimento ao interesse coletivo ou ao imperativo de segurança nacional que justificou a autorização para suas respectivas criações, com definição clara dos recursos a serem empregados para esse fim, bem como dos impactos econômico-financeiros da consecução desses objetivos, mensuráveis por meio de indicadores objetivos;

b) **adequação de seu estatuto social** à autorização legislativa de sua criação;

c) **divulgação tempestiva e atualizada de informações relevantes**, em especial as relativas a atividades desenvolvidas, estrutura de controle, fatores de risco, dados econômico-financeiros, comentários dos administradores sobre o desempenho, políticas e práticas de governança corporativa e descrição da composição e da remuneração da administração;

d) **elaboração e divulgação de política de divulgação de informações**, em conformidade com a legislação em vigor e com as melhores práticas;

e) **elaboração de política de distribuição de dividendos**, à luz do interesse público que justificou a criação da empresa pública ou da sociedade de economia mista;

f) divulgação, em nota explicativa às demonstrações financeiras, dos dados operacionais e financeiros das atividades relacionadas à consecução dos fins de interesse coletivo ou de segurança nacional;

g) **elaboração e divulgação da política de transações** com partes relacionadas, em conformidade com os requisitos de competitividade, conformidade, transparência, equidade e comutatividade, que deverá ser revista, no mínimo, anualmente e aprovada pelo Conselho de Administração;

h) **ampla divulgação, ao público em geral, de carta anual de governança corporativa**, que consolide em um único documento escrito, em linguagem clara e direta, as informações de que trata o inciso III, do artigo 8º da Lei;

i) divulgação anual de relatório integrado ou de sustentabilidade.

3.11.3.12.6. Regras de estruturas e práticas de gestão de riscos e controle interno

Segundo a lei 13.303/2016, a empresa pública e a sociedade de economia mista adotarão **regras de estruturas e práticas de gestão de riscos e controle interno** que abranjam:

a) ação dos administradores e empregados, por meio da implementação cotidiana de práticas de controle interno;

b) área responsável pela verificação de cumprimento de obrigações e de gestão de riscos;

c) auditoria interna e Comitê de Auditoria Estatutário;

Deverá ser elaborado e divulgado, ainda, **Código de Conduta e Integridade**, que disponha sobre:

a) **princípios, valores e missão** *da empresa pública e da sociedade de economia mista, bem como* **orientações sobre a prevenção de conflito de interesses** *e vedação de atos de corrupção e fraude;*

b) *instâncias internas responsáveis pela atualização e aplicação do Código de Conduta e Integridade;*

c) **canal de denúncias** *que possibilite o recebimento de denúncias internas e externas relativas ao descumprimento do Código de Conduta e Integridade e das demais normas internas de ética e obrigacionais;*

d) **mecanismos de proteção** *que impeçam qualquer espécie de retaliação a pessoa que utilize o canal de denúncias;*

e) **sanções aplicáveis** *em caso de violação às regras do Código de Conduta e Integridade;*

f) **previsão de treinamento periódico**, *no mínimo anual, sobre Código de Conduta e Integridade, a empregados e administradores, e sobre a política de gestão de riscos, a administradores.*

Deverão, por fim, divulgar toda e qualquer forma **de remuneração dos administradores;**

3.11.4. Diferenças entre as sociedades de economia mista e as empresas públicas

Basicamente são três as diferenças entre essas estatais, sendo que uma delas só vale no âmbito da Administração Federal, não se aplicando entre as sociedades de economia mista e empresas públicas estaduais e municipais.

Com efeito, somente as empresas públicas federais, como visto, têm um *juízo privativo*, que é a Justiça Federal, por força do disposto no art. 109, I, da CF/1988. As sociedades de economia mista federais, assim como suas congêneres estaduais e municipais e as empresas públicas estaduais e municipais, demandarão e serão demandadas ordinariamente na Justiça comum estadual. E tais demandas serão processadas e julgadas nas varas cíveis, visto que as empresas públicas e sociedades de economia mista não se inserem no conceito tradicional de "Fazenda Pública".

Por outro lado, por força do disposto no art. 235 da Lei 6.404/1976, as sociedades de economia mista só podem adotar a *forma societária* de sociedade anônima, ao passo que as empresas públicas, em princípio, podem adotar qualquer forma admitida no direito privado, e, eventualmente, até mesmo uma forma societária prevista em sua lei de criação. É comum, por exemplo, que empresas públicas federais sejam criadas como "sociedades unipessoais", ou seja, que tenham como único sócio ou quotista a União, algo que não encontra paralelo na legislação privada.

---

77. O direito privado, mais re[...]
    unipessoal em seu âmbito [...]
    (Lei 8.906/1994) para pre[...]

Por fim, no que corresponde à *composição do capital* dessas empresas, a sociedade de economia mista, conforme indicado em sua própria designação, é formada pela conjugação de capitais públicos e privados, apenas devendo-se garantir ao ente público o controle da maioria das ações com direito a voto. No âmbito federal, o Decreto-Lei 200/1967 admite que esse controle seja da União ou de outra entidade da Administração Indireta federal (art. 5.º, III). No caso das empresas públicas, o capital social é integralmente público (art. 5.º, II).

3.12. EMPRESAS SUBSIDIÁRIAS

A noção de empresa subsidiária vem do direito empresarial, correspondendo à constituição de uma segunda empresa para o exercício de tarefa específica no ramo de atividade da empresa mãe.

Assim, uma fábrica de refrigerantes pode constituir uma subsidiária para produzir suas embalagens.

A subsidiária não é apenas um departamento de outra empresa. Constitui, na verdade, uma pessoa jurídica distinta, embora criada e subordinada à empresa mãe.

Na legislação brasileira existe a regulamentação da chamada subsidiária integral (arts. 251 a 253 da Lei 6.404/1976), ou seja, a subsidiária que possui como única acionista uma sociedade brasileira, que pode ser a empresa mãe ou outra que tenha adquirido a totalidade das respectivas ações.

Essa figura jurídica não é estranha ao direito administrativo, posto que as empresas estatais também podem constituir subsidiárias.

Isso é mais comum no caso das empresas que atuam na intervenção do domínio econômico.

Veja-se, por exemplo, o caso da Petrobras. Ela possui diversas subsidiárias, tais como a Petrobras Distribuidora, a Petrobras Biocombustível, a Petrobras Transporte S/A – Transpetro, a Gaspetro e a Liquigás Distribuidora S/A.

Ora, dentro da lógica da intervenção do Estado na economia, por vezes se torna necessário que a empresa estatal, que atua de forma concorrencial, adquira o controle acionário ou as quotas de companhias privadas ou que crie empresa subsidiária para atuar em determinado segmento, que, embora secundário, também é de seu interesse estratégico.

Note-se que tais instrumentos, de natureza empresarial, são mais eficazes do que os postos à disposição da Administração Pública, como a desapropriação.

A criação de empresas subsidiárias às empresas estatais depende de lei específica (art. 37, XX, da CF/88). Nesse mesmo sentido, é a Lei 13.303/16:

§ 2º Depende de autorização legislativa a criação de subsidiárias de empresa pública e de sociedade de economia mista, assim como a participação de qualquer delas em empresa privada, cujo objeto social deve estar relacionado ao da investidora, nos termos do inciso XX do art. 37

O grande problema é que a legislação brasileira é extremamente lacônica no que tange à submissão dessas entidades aos princípios jurídicos que informa a Administração Pública, o que serviu durante muito tempo como forma de descontrolado gasto público.

A CF/1988, na redação dada pela EC 19/1998, tratou de moralizar parcialmente tais relações jurídicas, ao submeter as subsidiárias, assim como as sociedades controladas pelo Poder Público, à proibição de acumulação de empregos e funções (art. 37, XVII). A própria Carta Magna, no entanto, já exigia autorização legislativa para a criação de subsidiárias, assim como a participação delas, e das demais estatais, em empresa privada (art. 37, XX)[78].

Se a subsidiária receber recursos da União, dos Estados, do Distrito Federal ou dos Municípios para pagamento de despesas com pessoal ou custeio em geral, estará sujeita ao teto constitucional concernente à remuneração de seu pessoal (art. 37, § 9.º).

Quanto ao regime de contratação, segue-se as mesmas regras das sociedades de economias mista e empresas públicas, já mencionadas em tópico anterior e disciplinadas pela Lei 13.303/2016.

3.13. SÚMULAS DO SUPERIOR TRIBUNAL DE JUSTIÇA

ADMINISTRAÇÃO PÚBLICA	
Súmula n. 42 – Compete a Justiça Comum Estadual processar e julgar as causas cíveis em que é parte sociedade de economia mista e os crimes praticados em seu detrimento.	Súmula n. 66 – Compete a Justiça Federal processar e julgar execução fiscal promovida por conselho de fiscalização profissional.
Súmula n. 175 – Descabe o depósito prévio nas ações rescisórias propostas pelo INSS.	Súmula n. 232 – A Fazenda Pública, quando parte no processo, fica sujeita à exigência do depósito prévio dos honorários do perito.
Súmula n. 270- O protesto pela preferência de crédito, apresentado por ente federal em execução que tramita na Justiça Estadual, não desloca a competência para a Justiça Federal.	Súmula n. 324 – Compete à Justiça Federal processar e julgar ações de que participa a Fundação Habitacional do Exército, equiparada à entidade autárquica federal, supervisionada pelo Ministério do Exército.
Súmula n. 497 – Os créditos das autarquias federais preferem aos créditos da Fazenda estadual desde que coexistam penhoras sobre o mesmo bem.	Súmula n. 514 – A CEF é responsável pelo fornecimento dos extratos das contas individualizadas vinculadas ao FGTS dos Trabalhadores participantes do Fundo de Garantia do Tempo de Serviço, inclusive para fins de exibição em juízo, independentemente do período em discussão.

---

78. Nos parece constitucionalmente questionável, no entanto, a concessão de autorização ampla, genérica e irrestrita, sem delimitação objetiva da finalidade da criação da subsidiária, como aquela prevista no art. 1º da Lei 11.908/2009, que autorizou a Caixa Econômica Federal e o Banco do Brasil S.A. a constituírem subsidiárias integrais ou controladas "com vistas no cumprimento de atividades de seu objeto social".

ADMINISTRAÇÃO PÚBLICA	
Súmula n. 561 – Os Conselhos Regionais de Farmácia possuem atribuição para fiscalizar e autuar as farmácias e drogarias quanto ao cumprimento da exigência de manter profissional legalmente habilitado (farmacêutico) durante todo o período de funcionamento dos respectivos estabelecimentos.	Súmula n. 333 – Cabe mandado de segurança contra ato praticado em licitação promovida por sociedade de economia mista ou empresa pública.

3.14. SÚMULAS DO SUPREMO TRIBUNAL FEDERAL

ADMINISTRAÇÃO PÚBLICA	
Súmula nº 516 – O serviço social da indústria (SESI) está sujeito à jurisdição da Justiça Estadual.	Súmula nº 517 – As sociedades de economia mista só têm foro na Justiça Federal, quando a União intervém como assistente ou opoente.
Súmula nº 556 – É competente a justiça comum para julgar as causas em que é parte sociedade de economia mista.	Súmula nº 654 – A garantia da irretroatividade da lei, prevista no art. 5º, XXXVI, da Constituição da República, não é invocável pela entidade estatal que a tenha editado.
Súmula Vinculante nº 27 – Compete à justiça estadual julgar causas entre consumidor e concessionária de serviço público de telefonia, quando a Anatel não seja litisconsorte passiva necessária, assistente, nem opoente.	Súmula n. 333: Cabe mandado de segurança contra ato praticado em licitação promovida por sociedade de economia mista ou empresa pública.
Súmula n. 497: Os créditos das autarquias federais preferem aos créditos da Fazenda estadual desde que coexistam penhoras sobre o mesmo bem.	Súmula n. 620: A sentença proferida contra autarquias não está sujeita a reexame necessário, salvo quando sucumbente em execução de dívida ativa.

3.15. SÍNTESE DO TEMA

ADMINISTRAÇÃO PÚBLICA DIRETA	
Conceito	Conjunto de órgãos que integram a União, os Estados, os Municípios e o Distrito Federal, no âmbito dos três Poderes.
Personalidade jurídica	As pessoas que constituem a Administração Direta possuem personalidade de direito público interno (art. 41, I, II e III, do CC).

ADMINISTRAÇÃO PÚBLICA DIRETA			
Regime jurídico	O regime jurídico das pessoas jurídicas de direito público é o regime jurídico administrativo ou público que atribui ao Estado uma série de prerrogativas diferenciadas, verdadeira supremacia.		
Autonomia administrativa, financeira e orçamentária	Possuem autonomia na gestão de seu pessoal, serviços e patrimônio. Autonomia para aprovação de seus próprios orçamentos, com a fixação de receitas e despesas independentemente do consentimento de outros entes públicos, respeitados os ditames constitucionais e as respectivas regras deles decorrentes.		
Patrimônio	Possuem patrimônio próprio, ou seja: bens móveis, bens imóveis, bens materiais e bens imateriais.		
Regime de bens	Por serem utilizados no desempenho das atividades públicas da Administração Direta, estão sujeitos a um regime jurídico diferenciado daqueles bens dos particulares.		São, em regra, inalienáveis e não sujeitos a ônus reais, com exceção dos dominicais e dos que tiverem sido desafetados.
			Não estão sujeitos a usucapião (prescrição aquisitiva).
			São impenhoráveis.
Regime funcional	Agentes políticos		São aqueles formadores da vontade política do Estado, cujas atribuições são decorrentes diretamente da Constituição Federal e cujos atos são dotados de alto grau de discricionariedade.
	Servidores públicos		Servidores estatutários.
			Servidores celetistas (empregados públicos).
Regime de contratação de obras, bens e serviços	Em regra, na contratação de obras, bens e serviços deve a Administração se submeter a um procedimento seletivo prévio que é a licitação.		
Imunidade tributária	Trata-se de imunidade ligada à impossibilidade de instituição de impostos que recaiam sobre patrimônio, rendas ou serviços. A União não pode, por exemplo, cobrar Imposto de Renda dos Estados e Municípios (art. 150, VI, *a*, da CF/1988).		

ADMINISTRAÇÃO PÚBLICA DIRETA		
Regime de responsabilidade civil	Em regra, a Administração Pública responderá de forma objetiva (art. 37, § 6.º, da Constituição Federal), nos casos de danos decorrentes de uma ação atribuída a agente do Estado, agindo nessa qualidade e de forma subjetiva nos casos de danos decorrentes de uma omissão do Estado (teoria da culpa administrativa).	
Prerrogativas	**Materiais**	Presunção de legitimidade.
		Presunção de veracidade.
		Imperatividade.
		Autoexecutoriedade.
	Processuais[79]	Prazo em dobro para se manifestar nos autos (art. 183 do CPC).
		Processo de execução próprio (Execução Fiscal – Lei 6.830/1980).
		Impenhorabilidade de seus bens (art. 832 c/c o art. 535, parágrafo 3, I do CPC).
		Pagamento de suas condenações por meio de precatório (art. 100 da CF/1988).
	Contratuais	Poder de rescisão unilateral do contrato.
		Poder de alteração unilateral do contrato.
		Poder de fiscalização do contrato.
		Poder de aplicação de penalidades motivadas aos contratados.
		Aplicação parcial e mitigada do princípio da exceção de contratos não cumprido em face do Estado (*exceptio non adimpleti contractus*).
		Outros.

---

79. As prerrogativas processuais de prazos especiais para contestar e interpor recurso, bem como o duplo grau de jurisdição obrigatório, não têm aplicação no sistema dos juizados especiais (art. 9.º da Lei 10.259/2001 e art. 7.º da Lei 12.153/2009).

ADMINISTRAÇÃO PÚBLICA	
Administração Indireta	Conjunto de pessoas jurídicas que, de forma vinculada, exercem atividades administrativas originárias da Administração Direta. O conceito compreende as autarquias, fundações públicas, empresas públicas e sociedades de economia mista (art. 4.º, II, do DL 200/1967). Sua criação decorre do procedimento de descentralização administrativa.	
Desconcentração	Distribuição interna de competências, ou seja, ocorre dentro de uma única pessoa. Gera a criação de órgão. Pode ocorrer tanto dentro da Administração Direta quanto dentro de uma entidade componente da Administração Indireta.	Exemplos: Ministérios, secretarias, superintendências, gerências-regionais etc.
Descentralização	Distribuição externa de competências, ou seja, ocorre entre duas ou mais pessoas. Gera a criação de novas pessoas jurídicas que compõem a Administração Indireta ou Descentralizada.	Exemplos: ANVISA, BACEN, INCRA, IBAMA.

ÓRGÃOS PÚBLICOS	
Conceito	Os órgãos públicos são centros especializados de competências e, dentro deles, são encontrados cargos, empregos e funções públicas, que serão desempenhados pelos agentes que, por um vínculo permanente ou não, estarão em sua titularidade.
Criação/ Extinção	Os órgãos públicos são criados e extintos por meio de lei. No âmbito federal, aprovada pelo Congresso Nacional (art. 48, XI, da CF).
Personalidade Jurídica	Por serem parte da Administração Direta ou Indireta, não possuem personalidade jurídica própria, sendo, portanto, um "ente despersonalizado", logo, não são sujeitos de direito.
Teoria da Imputação	Segundo esta teoria, a pessoa jurídica manifesta a sua vontade por meio de seus órgãos e agentes, sendo que os atos praticados por eles são imputados àquela.
Personalidade Judiciária	Os órgãos não possuem personalidade jurídica, mas alguns, os independentes, possuem personalidade judiciária, o que lhes confere capacidade processual para impetrar Mandado de Segurança para a defesa de suas prerrogativas institucionais. (ex.: Câmara de Vereadores para garantir o repasse do respectivo duodécimo pelo Executivo municipal)

	Classificação	
Quanto à Posição Estatal	Independentes	São aqueles previstos no texto constitucional e que representam os três Poderes do Estado. Não há entre eles subordinação. Exemplos: Casas Legislativas, as Chefias dos Executivos, os Tribunais e juízes, membros do Ministério Público, os Tribunais de Contas.
	Autônomos	São órgãos diretivos, ou seja, estão no ápice da Administração, porém são subordinados diretamente à chefia dos órgãos independentes.
	Superiores	Também possuem função diretiva, mas estão sujeitos ao controle hierárquico.
	Subalternos	São aqueles subordinados hierarquicamente a órgãos superiores de decisão, sua função está baseada somente na execução de serviços.
Quanto à Esfera de Ação	Centrais	São aqueles que exercem atribuições em todo o território nacional, estadual ou municipal. — Exemplos: 1) Ministérios. 2) Secretarias de Estado. 3) Secretarias de municípios.
	Locais	São aquelas que exercem suas atividades sobre determinada parte do território. — Exemplos: 1) Delegacias de Polícia. 2) Postos de saúde. 3) Agência de Benefícios da Previdência Social etc.
Quanto à Estrutura	Simples ou unitários	São aqueles constituídos por um único centro de atribuições, sem qualquer subdivisão interna. — Exemplo: 1) Seções integradas em órgãos maiores, como os protocolos, setores de expedição, atendimento ao público etc.
	Compostos	São aqueles constituídos por diversos outros órgãos. — Exemplo: 1) Ministérios e secretarias de Estado, que compreendem vários outros.

Quanto à Composição	Singulares[80]	São aqueles que decidem e atuam por meio de um único agente.	Exemplo: 1) A Presidência da República.
	Coletivos	São formados por vários agentes.	Exemplo: Uma comissão de licitação; Junta de Recursos de Trânsito; Conselho de Contribuintes etc.

AUTARQUIAS	
Criação/Extinção	Segundo o art. 37, XIX, da CF, somente podem ser criadas por Lei Específica. Na esfera federal, no âmbito do Poder Executivo, a iniciativa de lei é privativa do Presidente da República (art. 61, § 1.º, e, da CF/1988). Da mesma forma, a extinção se dá por meio de Lei específica.
Exemplos	IBAMA, INCRA, INMETRO; as agências reguladoras, tais como: ANEEL, ANATEL; os conselhos de fiscalização de profissão, tais como: CRO, CRM, CREA etc.
Personalidade Jurídica	Pessoa jurídica de direito público interno.
Patrimônio	É formado a partir de bens móveis e imóveis do ente federado que a criou, os quais passam a pertencer à nova entidade.
Regime de Bens	É público e, por isso, impenhorável, não sujeito a usucapião e, para alienação, depende de observar procedimento legal.
Regime de Pessoal	O regime de pessoal dos servidores autárquicos é o mesmo dos servidores da Administração Direta, que, em âmbito federal, é o regime estatutário regido pela Lei 8.112/1990. Trata-se de um vínculo institucional, legal, diverso daquele que rege os empregados públicos, que é o regime contratual celetista. Ressalva-se o caso dos servidores contratados pelo regime da Lei 9.986/2000 (art. 1.º)[81], enquanto vigente a disposição do art. 39 da CF/1988 na redação da EC 19/1998 até a suspensão determinada na ADI 2.135.

---

80. A classificação em questão considera a singularidade do poder decisório, que é refletida na vontade de seu agente máximo, e não, propriamente, no fato de existirem subordinados auxiliares para dar concretude material à vontade do chefe. Se a existência de auxiliares fosse considerada como descaracterizadora da classificação do órgão como singular, este dificilmente se verificaria na prática. A Presidência da República, por exemplo, não se resume à figura do primeiro mandatário da nação, sendo constituída de várias secretarias de apoio e conselhos consultivos.

81. Esse dispositivo havia sido suspenso por liminar deferida na ADI 2.310/DF, que foi julgada prejudicada ante a revogação expressa dele pela Lei 10.871/2004.

AUTARQUIAS	
Regime de Contratação	As Autarquias, quando pretendem contratar obras, serviços, bens, devem, como regra, se submeter a um procedimento seletivo prévio, que é a licitação.
Imunidade	Possuem a mesma imunidade tributária que é conferida à Administração Direta, dado que a CF a estende às Autarquias (art. 150, § 2.º). Assim, possuem imunidade em relação a impostos que recaiam sobre patrimônio, renda e serviços, desde que vinculadas às suas atividades essenciais ou as delas decorrentes.
Falência	Não estão sujeitas à falência.
Prerrogativas	**Materiais**	1) Presunção de legitimidade.
		2) Presunção de veracidade.
		3) Imperatividade.
		4) Autoexecutoriedade.
	Processuais	1) Prazo em dobro para se manifestar nos processos. Art. 183 CPC
		2) Processo de execução próprio, regido pela Lei 6.830/1980.
		3) Impenhorabilidade de seus bens e, por isso, regime de pagamento de suas condenações judiciais por meio de precatório (art. 100 da CF/1988).
	Contratuais	1) Poder de rescisão unilateral do contrato.
		2) Poder de alteração unilateral do contrato.
		3) Poder de fiscalização do contrato.
		4) Poder de aplicação de penalidades motivadas aos contratados.
		5) Aplicação parcial e mitigada do princípio da exceção de contratos não cumprido em face do Estado.

Responsabilidade Civil	Quanto à responsabilidade civil, a regra é que as Autarquias respondam de forma objetiva, nos termos do art. 37, § 6.º, da Constituição Federal. A responsabilidade civil objetiva prevista no § 6.º do art. 37 é apenas para danos causados por ação. Já quanto aos danos decorrentes de omissões das Autarquias que resultam em falhas nos seus serviços, a regra é a da responsabilidade civil subjetiva (teoria da culpa administrativa).

FUNDAÇÕES PÚBLICAS	
Criação/Extinção	Se de direito público, devem ser criadas e extintas por meio de lei. Se de direito privado, primeiro vem a autorização legal permitindo a criação, o que será feito nos termos das normas cíveis, ou seja, com o registro no Cartório de Registro Civil de Pessoas Jurídicas.
Exemplos	FUNAI, FUNDACENTRO e algumas universidades federais
Personalidade Jurídica	Se de direito público, possui personalidade jurídica de direito público, muito se assemelhando às autarquias (autarquias fundacionais). Se de direito privado, sua personalidade jurídica é de direito privado.
Regime de Bens	Se de direito público, seus bens são públicos e, por isso, não sujeitos à usucapião, penhora e ônus reais (regra), estando sujeitas a regime diferenciado de alienação de seus bens, quando desafetados. Se de direito privado, seus bens são privados e, por isso, podem ser penhorados e usucapidos. Para alienação, devem respeitar as regras estabelecidas na lei de licitações.
Regime de Pessoal	Se de direito público, segue o regime jurídico único adotado pela Administração Direta a que está vinculada. Se de direito privado, seu regime é, necessariamente, celetista.
Regime de Contratação	Ambas devem realizar licitações, nos termos das Leis 8.666/1993 e 10.520/2002, sendo possível a contratação direta nos casos de dispensa e inexigibilidade de licitação, previstos nos arts. 24 e 25 da Lei 8.666/1993.

FUNDAÇÕES PÚBLICAS	
Imunidade tributária	Se de direito público, possui a mesma imunidade das autarquias. Se de direito privado, não possui imunidade tributária, não a impossibilitando, com isso, ter isenções estabelecidas em lei.
Falência	Não estão sujeitas à falência. Se de direito público, por ser pessoa jurídica de direito público, e, se de direito privado, por não possuir fins lucrativos e não ser empresa (sociedade).

Prerrogativas	As de direito púbico possuem as mesmas prerrogativas das Autarquias.
Responsabilidade Civil	As de direito público respondem, em regra, de forma objetiva, nos termos do art. 37, § 6.º, da CF/1988. Já as de direito privado respondem, em regra, de forma subjetiva (culpa ou dolo), na forma da legislação civil (art. 186 do CC).
SOCIEDADES DE ECONOMIA MISTA	
Criação/Extinção	A criação depende de uma lei autorizando sua criação. Após entrar em vigor essa lei, é feito seu ato constitutivo e registrado na Junta Comercial, nascendo, daí, a estatal.
Exemplos	Banco do Brasil, Companhias Docas, Petrobras etc.
Personalidade Jurídica	São pessoas jurídicas de direto privado, devendo adotar a forma de sociedade por ações (art. 235 da Lei 6.404/1976). Distinguem-se das empresas públicas, também, por terem a participação de capital privado em seu capital social.
Patrimônio	Possuem patrimônio próprio.
Regime de Bens	São bens privados e, por isso, sujeitos a usucapião, penhora, exceto os bens das prestadoras de serviços públicos que, se afetados e enquanto afetados ao serviço público, têm as mesmas prerrogativas dos bens públicos.
Regime de Pessoal	O regime de pessoal é o celetista – CLT.
Regime de Contratação	Hoje previsto na Lei 13.303/06
Imunidade tributária	Pela CF/1988, as sociedades de economia mista não a possuem, ressaltando-se o fato de que aquelas que exploram diretamente atividade econômica devem ser regidas pelas mesmas regras tributárias aplicáveis às empresas privadas (art. 173, § 1.º, II e § 2.º, da CF/1988).
Falência	Não estão sujeitas a falência, pois a Lei 11.101/2005 – Lei de Recuperação Judicial, Extrajudicial e Falência – não lhes alberga (art. 2.º, I).

Prerrogativas	*Se exploradora de atividade econômica*, não possui prerrogativa, exceto as contratuais que a própria lei lhe conferiu (cláusulas exorbitantes). *Se prestadoras de serviços públicos*, possuem algumas prerrogativas, como: bens afetados impenhoráveis e não usucapíveis.
Responsabilidade Civil	*Se exploradora de atividade econômica*, responde subjetivamente nos termos da legislação civil (Código Civil). *Se prestadoras de serviços públicos*, respondem objetivamente nos termos do art. 37, § 6.º, da CF, quanto às ações relacionadas à prestação do serviço público respectivo. No caso de dano decorrente de omissão, aplica-se a teoria da culpa administrativa ou do serviço.
EMPRESAS PÚBLICAS	
Criação/Extinção	A criação depende de uma lei autorizando sua criação. Após entrar em vigor essa lei, é feito seu ato constitutivo e registrado na Junta Comercial, nascendo, daí, a estatal.
Exemplos	Empresa de Correios e Telégrafos – ECT, Caixa Econômica Federal, Infraero, Embrapa, Conab etc.
Personalidade Jurídica	São pessoas jurídicas de direito privado, podendo adotar qualquer forma societária admitida em direito. Seu capital social é inteiramente público.
Patrimônio	Possuem patrimônio próprio.
Regime de Bens	São bens privados e, por isso, sujeitos a usucapião, penhora, exceto os bens das prestadoras de serviços públicos que, se afetados e enquanto afetados ao serviço público, têm as mesmas prerrogativas dos bens públicos. Quanto aos Correios, existe regra legislativa especial, que garante a impenhorabilidade de todos os seus bens (DL 509/1969).
Regime de Pessoal	O regime de pessoal é o celetista – CLT.
Regime de Contratação	Hoje previsto na Lei 13.303/06
Imunidade tributária	Pela CF/1988, as empresas públicas não a possuem, porém o STF, em interpretação extensiva de algumas disposições constitucionais, reconheceu a imunidade tributária que as autarquias possuem aos Correios e à Infraero, sendo que aos Correios até mesmo para serviços não compreendidos no conceito de serviço postal.

EMPRESAS PÚBLICAS	
Falência	Não estão sujeitas a falência, pois a Lei 11.101/2005 – Lei de Recuperação Judicial, Extrajudicial e Falência – não lhes alberga (art. 2.º, I).
Prerrogativas	*Se exploradora de atividade econômica*, não possui prerrogativa, exceto as contratuais que a própria lei lhe conferiu (cláusulas exorbitantes). *Se prestadoras de serviços públicos*, possuem algumas prerrogativas, como: bens afetados impenhoráveis e não usucapíveis.
Responsabilidade Civil	*Se exploradora de atividade econômica*, responde subjetivamente nos termos da legislação civil (Código Civil). *Se prestadoras de serviços públicos*, respondem objetivamente nos termos do art. 37, § 6.º, da CF, no que tange aos atos relacionados com a prestação de seus serviços. No caso de danos decorrentes de omissão, aplica-se a teoria da culpa administrativa ou do serviço.

Diferenças entre Sociedades de Economia Mista e Empresas Públicas		
	Sociedade de Economia Mista	**Empresas Públicas**
Capital	*Misto*, devendo a maioria do capital votante pertencer à Administração Pública.	*Totalmente público*, seja de uma só pessoa (unipessoal) ou de mais de uma pessoa integrante da Administração Pública (pluripessoal).
Forma Societária	Só pode adotar a forma de S/A – Sociedade Anônima por ações.	Pode adotar qualquer forma societária em direito admitida.
Prerrogativa de Foro	Municipal – Justiça Estadual Estadual – Justiça Estadual Federal – Justiça Estadual (Súmulas 42/STJ e 556/STF).	Municipal – Justiça Estadual Estadual – Justiça Estadual Federal – Justiça Federal (art. 109, I, da CF/1988).

3.16. QUESTÕES

1. **(Técnico Administrativo/ANTAQ - CESPE/2014)** Acerca da organização da administração pública, julgue o item seguinte.

    A distribuição de competências entre os órgãos de uma mesma pessoa jurídica denomina-se desconcentração, podendo ocorrer em razão da matéria, da hierarquia ou por critério territorial.

2. **(Técnico Administrativo/ANTAQ - CESPE/2014)** Acerca da organização da administração pública, julgue o item seguinte.

    Para a criação de entidades da Administração Indireta, como sociedades de economia mista, empresas públicas e organizações sociais, é necessária a edição de lei formal pelo Poder Legislativo.

3. **(Técnico Administrativo/ANTAQ - CESPE/2014)** Acerca da organização da Administração Pública, julgue o item seguinte.

    As entidades administrativas, como as autarquias, são pessoas jurídicas de direito público interno, detentoras de autonomia política e financeira e de autorregulação.

4. **(Cargos 1 a 4/ANTAQ - CESPE/2014)** Em relação à organização administrativa do Estado brasileiro, julgue o item a seguir.

    O poder normativo das agências reguladoras, cujo objetivo é atender à necessidade crescente de normatividade baseada em questões técnicas com mínima influência política, deve estar amparado em fundamento legal.

5. **(Conhecimentos Básicos/ANTAQ - CESPE/2014)** Em relação à organização administrativa do Estado brasileiro, julgue o item a seguir.

    As entidades que compõem o serviço social autônomo prestam serviço público e, por isso, integram a administração pública indireta, estando sujeitas ao controle do tribunal de contas.

6. **(Conhecimentos Básicos/ANTAQ - CESPE/2014)** Em relação à organização administrativa do Estado brasileiro, julgue o item a seguir.

    Embora as autarquias não estejam hierarquicamente subordinadas à administração pública direta, seus bens são impenhoráveis e seus servidores estão sujeitos à vedação de acumulação de cargos e funções públicas.

7. **(Conhecimentos Básicos/ANTAQ - CESPE/2014)** No que se refere ao controle da Administração Pública, à improbidade administrativa e ao processo administrativo, julgue o item subsequente.

    As decisões das agências reguladoras federais estão sujeitas à revisão ministerial, inclusive por meio de recurso hierárquico impróprio.

8. **(Conhecimentos Básicos/ANTAQ – CESPE/2014) Julgue o próximo item, acerca das agências reguladoras e das teorias da regulação.**

    Dada a importância da ANTAQ como autoridade administrativa independente das atividades portuárias e de transporte aquaviário, ela figura entre as três primeiras agências criadas com assento constitucional, ao lado da Agência Nacional do Petróleo (ANP) e da Agência Nacional de Telecomunicações (ANATEL).

9. **(Conhecimentos Básicos/ANTAQ – CESPE/2014) Julgue o próximo item, acerca das agências reguladoras e das teorias da regulação.**

    A teoria do agente principal pode ser representada pela interação entre uma agência reguladora e as concessionárias de serviços públicos delegados em uma situação em que esteja presente informação oculta, ou risco moral, ilustrada pela incapacidade do principal (agência reguladora) observar qual é o esforço exercido pelo agente (concessionária) no cumprimento do contrato.

10. **(Conhecimentos Básicos/ANTAQ – CESPE/2014) Julgue o próximo item, acerca das agências reguladoras e das teorias da regulação.**

    Uma das finalidades da ANTAQ, que exerce a regulação setorial dos transportes aquaviários no Brasil, é a supervisão dos serviços de transportes aquaviários e das atividades portuárias, estando essa agência, entretanto, legalmente dispensada da implantação das políticas a cargo do Conselho Nacional de Integração de Políticas de Transportes (CONIT).

11. **(Técnico Administrativo/ANTAQ – CESPE/2014) Acerca da organização da administração pública, julgue o item seguinte.**

    Para a criação de entidades da administração indireta, como sociedades de economia mista, empresas públicas e organizações sociais, é necessária a edição de lei formal pelo Poder Legislativo.

12. **(Técnico Administrativo/ANTAQ – CESPE/2014) Acerca da organização da administração pública, julgue o item seguinte.**

    As entidades administrativas, como as autarquias, são pessoas jurídicas de direito público interno, detentoras de autonomia política e financeira e de autorregulação.

13. **(Titular de Serviços de Notas e de Registros/TJ-SE – CESPE/2014) Com relação à descentralização e à Administração Indireta, assinale a opção correta.**

    a) A descentralização por colaboração ocorre quando se transfere a execução de um serviço público a pessoa jurídica de direito privado já existente, conservando o poder público a titularidade desse serviço.

b) Os consórcios públicos são considerados entidades da administração indireta, dotados de personalidade jurídica de direito público, integrantes de todos os entes da Federação consorciados.

c) As empresas públicas exploradoras de atividade econômica sujeitam-se ao regime jurídico próprio das empresas privadas, com exceção do que for concernente às obrigações comerciais.

d) As autarquias são entidades integrantes da administração indireta não sujeitas à tutela, tendo em vista a sua capacidade de autoadministração.

e) A descentralização pressupõe a existência de, pelo menos, dois órgãos ou pessoas jurídicas entre os quais se repartem as competências.

14. **(Técnico de Administração Pública/TC-DF – CESPE/2014)** Com relação ao direito administrativo, julgue os itens subsequentes.

    Em virtude do princípio da reserva legal, a criação dos entes integrantes da administração indireta depende de lei específica.

15. **(Técnico Judiciário/TJ-CE – CESPE/2014)** No que se refere à Administração Direta e à Indireta, à centralizada e à descentralizada, assinale a opção correta.

    a) Trata-se de Administração Indireta quando o Estado, a fim de obter maior celeridade e eficiência, exerce algumas de suas atividades de forma desconcentrada.

    b) As empresas públicas e as sociedades de economia mista são integrantes da Administração Indireta, independentemente de prestarem serviço público ou de exercerem atividade econômica de natureza empresarial.

    c) Toda pessoa integrante da administração indireta está vinculada a determinado órgão da Administração Direta, fato que decorre do princípio da especificidade.

    d) Em virtude do princípio da separação dos poderes, a Administração Pública Direta é exercida exclusivamente pelo Poder Executivo, o qual é incumbido da atividade administrativa em geral.

    e) A criação de empresa pública e de sociedade de economia mista depende de autorização legislativa, porém, o mesmo não ocorre às suas subsidiárias.

16. **(Técnico Judiciário/TJ-CE – CESPE/2014)** No que se refere à Administração Direta e à Indireta, à centralizada e à descentralizada, assinale a opção correta.

    a) As empresas públicas e as sociedades de economia mista são integrantes da Administração Indireta, independentemente de prestarem serviço público ou de exercerem atividade econômica de natureza empresarial.

    b) Toda pessoa integrante da Administração Indireta está vinculada a determinado órgão da Administração Direta, fato que decorre do princípio da especificidade.

    c) Em virtude do princípio da separação dos poderes, a Administração Pública Direta é exercida exclusivamente pelo Poder Executivo, o qual é incumbido da atividade administrativa em geral.

    d) A criação de empresa pública e de sociedade de economia mista depende de autorização legislativa, porém, o mesmo não ocorre às suas subsidiárias.

e) Trata-se de Administração Indireta quando o Estado, a fim de obter maior celeridade e eficiência, exerce algumas de suas atividades de forma desconcentrada.

17. **(Analista Judiciário/TJ-CE – CESPE/2014) A propósito da organização administrativa, assinale a opção correta.**

    a) Compete ao Ministério da Justiça a qualificação de pessoas jurídicas de direito privado, sem fins lucrativos, como organizações da sociedade civil de interesse público.

    b) Ocorrerá descentralização administrativa funcional caso haja criação de uma nova vara em um tribunal de justiça

    c) São integrantes da Administração Indireta, entre outros, as autarquias, as fundações e os serviços sociais autônomos.

    d) Exige-se lei específica para a criação de subsidiárias de empresas públicas e de sociedades de economia mista.

    e) As autarquias caracterizam-se por serem dotações patrimoniais criadas por lei, sujeitas a controle ou tutela, com personalidade jurídica pública e capacidade de autoadministração.

18. **(Analista Judiciário/TJ-CE – CESPE/2014) A respeito de organização administrativa, assinale a opção correta.**

    a) As organizações sociais são pessoas jurídicas de direito público que celebram contrato de gestão com o poder público para a prestação de serviços públicos de natureza social.

    b) São consideradas agências executivas as autarquias, fundações, empresas públicas e sociedades de economia mista que apresentam regime jurídico especial que lhes concede maior autonomia em relação ao ente federativo que as criou.

    c) Os consórcios públicos sob o regime jurídico de direito público são associações públicas sem personalidade jurídica criadas para a gestão associada de serviços públicos de interesse de mais de um ente federativo.

    d) Tratando-se de órgão público, a competência é irrenunciável e intransferível.

    e) As autarquias são entidades criadas pelos entes federativos para a execução atividades que requeiram gestão administrativa e financeira descentralizada, porém, o ente federativo continuará titular do serviço, sendo responsável, dessa forma, pelos atos praticados pela autarquia.

19. **(Agente Administrativo/MTE – CESPE/2014) O Decreto n.º 5.063/2004 aprovou a estrutura regimental do MTE, órgão vinculado à administração federal. Compõem sua estrutura as superintendências regionais do trabalho e emprego, a Fundação Jorge Duprat Figueiredo, de Segurança e Medicina do Trabalho (FUNDACENTRO), entidade vinculada, dotada de personalidade jurídica própria.**

    Considerando as informações acima, julgue os próximos itens acerca da organização administrativa do Estado.

    A FUNDACENTRO compõe a Administração Indireta da União.

20. **(MPE-AC – Direito Administrativo – CESPE/2014)** Em relação às entidades que compõem a Administração Indireta, assinale a opção correta.

   a) O consórcio público, criado por dois ou mais entes federativos para a gestão associada de serviços públicos, com personalidade jurídica de direito público é denominado associação pública com natureza jurídica de fundação de direito privado.

   b) Segundo o TCU, os integrantes dos chamados serviços sociais autônomos, embora sejam pessoas jurídicas de direito privado e não pertençam ao Estado, são regidos pelos princípios da administração pública.

   c) Por terem personalidade jurídica de direito privado, as sociedades de economia mista submetem-se ao regime de recuperação judicial e de falência previsto para as sociedades empresárias.

   d) Para a criação de autarquias, basta a edição de lei autorizativa específica, não estando sua existência condicionada à necessidade de posterior registro de seus atos constitutivos.

   e) Por serem pessoas jurídicas, todas essas entidades devem registrar no cartório competente os atos que as constituam.

GABARITO

1 – Certo	2 – Errado	3 – Errado
4 – Certo	5 – Errado	6 – Certo
7 – Certo	8 – Errado	9 – Errado
10 – Errado	11 – Errado	12 – Errado
13 – A	14 – Certo	15 – B
16 – A	17 – A	18 – D
19 – Certo	20 – B	

4
REFORMA DO ESTADO E TERCEIRO SETOR

Sumário: **4**.1. Noção e delimitação do tema – **4**.2. Transferência da execução de serviços públicos e regulação dos setores econômicos: **4.2.1**. Agências Reguladoras; **4.2.2**. Agências Executivas – **4**.3. Terceiro setor e entidades paraestatais: **4.3.1**. Serviços sociais autônomos; **4.3.2**. Entidades de apoio; **4.3.3**. Organizações sociais; **4.3.4**. Organizações da Sociedade Civil de Interesse Público (OSCIP's); **4.3.5**. Regime jurídico das parcerias voluntárias. Lei 13.019/2014.

4.1. NOÇÃO E DELIMITAÇÃO DO TEMA

A partir da década de 1990, passou-se a verificar, em nível mundial, uma tendência de se diminuir a participação do Estado nas atividades econômicas em geral, inclusive naquelas enquadradas como serviços públicos de natureza comercial e industrial, como distribuição de energia elétrica, telecomunicações, transportes etc.

A corrente de pensamento à qual se atribuíram as bases para essa tendência costuma-se denominar de "neoliberalismo", embora, mesmo entre os economistas, esse termo não seja muito bem aceito, posto que seus fundamentos têm pouca ou quase nenhuma correlação com o liberalismo clássico do século XIX.

Talvez a única relação direta existente entre o chamado "neoliberalismo" e o liberalismo clássico esteja no fato de em ambos preconizar-se a chamada política do "Estado mínimo", devendo o Poder Público se furtar de atuar em áreas em que, inegavelmente, a atuação do particular é mais eficiente.

Entretanto, essa política do "Estado mínimo" deve ser entendida com ressalvas, pois não se busca, na verdade, eliminar a atuação ou interferência estatal, e sim *redirecioná-la para outras atividades*. Na verdade, o que se preconiza é que o Estado deixe de atuar diretamente na economia, como agente produtor de riquezas, e passe ao papel de *fiscalizador e regulador* das atividades econômicas. E não apenas no exercício de seu normal poder de polícia, fiscalizando o cumprimento de regras gerais de conduta, aplicáveis a todos os cidadãos, como as ambientais, de defesa do consumidor, trabalhistas etc., mas também na fiscalização específica de determinados setores da economia, inclusive com a normatização de regulamentos técnicos, apenas aplicáveis a determinados segmentos.

O Brasil não restou imune a essa tendência, e ela, da mesma forma, não se restringiu apenas às atividades econômicas não titularizadas como serviços públicos, referidas no capítulo próprio, abarcando, também, inúmeras atividades econômicas enquadráveis como serviços públicos pelo nosso ordenamento jurídico.

A ideia central de toda essa evolução ou revolução econômica, e que se fez presente no campo jurídico por consequência, é o *princípio da eficiência*, que passou a ser um dos fundamentos da atuação administrativa.

Como bem observado por Vicente Paulo e Marcelo Alexandrino[1], buscou-se substituir a noção de *gestão burocrática*, fundada apenas no princípio da legalidade, por *gestão eficiente*, pela qual, sem embargo da observância aos demais princípios e regras dirigentes da atuação administrativa, prioriza-se o controle da Administração Pública, não pelos procedimentos burocráticos a que está sujeita, mas sim pelos resultados que ela deve obter e, efetivamente, obtém.

Para a viabilização dessa nova doutrina, foi necessário, no caso brasileiro, proceder-se à alteração do texto constitucional, com a consequente modificação de grande parte de nossa legislação ordinária referente aos serviços públicos e à atuação no domínio econômico.

Por meio das Emendas Constitucionais 8/1995 e 9/1995, foi possível implementar a transferência de parte das atividades econômicas desenvolvidas pelo Estado brasileiro para a iniciativa privada. Muitas dessas atividades, embora de natureza econômica, são titularizadas pelo Poder Público como serviços públicos (telecomunicações, distribuição de energia elétrica etc.), e eram por ele, direta ou indiretamente, executadas, no último caso, geralmente por intermédio de empresas estatais às quais se delegava o serviço respectivo.

Na esteira do entendimento de que o Estado não dispõe dos meios mais adequados ao exercício de tais atividades, operou-se a transferência, não da titularidade, mas sim da sua execução diretamente à iniciativa privada.

Em contrapartida, foi necessário criar novos instrumentos de controle dos atos e das atividades exercidas pelas empresas privadas que assumiram tais atribuições, adotando-se, no Brasil, de maneira preponderante, o modelo de *agências reguladoras*.

A par de tal iniciativa, incutiu-se na legislação nacional a noção de maior eficiência na gestão dos recursos públicos, *criando-se diversos instrumentos referentes à cobrança de resultados do Estado naqueles papéis que lhe são próprios*, e aos quais remanesceu sua competência quanto à atuação direta.

Nesse último aspecto, a Emenda Constitucional 19/1998 representou um importante marco, com a criação do *contrato de gestão*; a inclusão do princípio da eficiência entre os princípios diretivos da Administração Pública; o estabelecimento de *avaliação periódica de desempenho* para os servidores públicos; a racionalização dos gastos públicos com despesas de pessoal etc.

Além disso, o Estado brasileiro passou a se utilizar, cada vez mais, mormente na esfera de atuação social, de parcerias com entidades privadas, visando atingir, por intermédio destas, resultados que demandariam, na atuação isolada do Poder Público, a utilização de vultosos recursos humanos e materiais.

---

1. ALEXANDRINO, Marcelo; PAULO, Vicente. *Direito administrativo descomplicado*. 21. ed. rev., atual. e ampl. São Paulo: Método, 2013. p. 129.

Nesse aspecto, ganhou renovada repercussão o estudo do chamado *Terceiro Setor*, composto de entidades não governamentais que, sem fins lucrativos, auxiliam o Poder Público na geração de serviços de interesse coletivo, atuando em espaços nos quais o Segundo Setor (Mercado) não tem interesse em atuar e o Primeiro Setor (Estado) não dispõe de meios suficientes para atuar.

4.2. TRANSFERÊNCIA DA EXECUÇÃO DE SERVIÇOS PÚBLICOS E REGULAÇÃO DOS SETORES ECONÔMICOS

Como adiantado no tópico anterior, a partir da década de 1990 o Brasil passou por um rápido processo de reestruturação de seus serviços públicos de natureza econômica, mormente nos setores de telecomunicações e distribuição de energia elétrica. A isso se seguiu, também, a quebra do monopólio na exploração de atividade econômica que, embora não qualificada como serviço público, tinha e tem especial importância estratégica para a nação, que é a exploração de hidrocarbonetos e derivados do petróleo.

Nesse aspecto, especial realce teve a Emenda Constitucional 8/1995, que, ao alterar a redação do art. 21, XI, da CF/1988, permitiu o trespasse da execução dos serviços de telecomunicações, com a criação de um órgão regulador para fiscalização e normatização do setor.

No modelo anterior, da Lei 5.792/1972, havia uma sociedade de economia mista federal, denominada Telecomunicações Brasileiras S.A. – TELEBRÁS, vinculada ao Ministério das Comunicações, que era responsável pelo planejamento dos serviços públicos de telecomunicações e pela gestão e participação acionária do Governo Federal nas empresas de serviços públicos de telecomunicações do país.

Embora a Lei previsse a possibilidade de exploração mediante concessão ou autorização, havia forte interferência governamental no setor, visto que à TELEBRÁS era permitido participar do capital de empresas concessionárias de serviços públicos de telecomunicações (art. 4.º), assim como estas últimas podiam passar à condição de subsidiárias ou associadas de empresa do Governo Federal (art. 2.º, § 1.º).

Na prática, o Estado dominava a prestação do serviço, fazendo-o por meio de empresas subsidiárias que existiam em quase todas as unidades da Federação e que foram objeto de privatização (art. 187 da Lei 9.472/1997).

O serviço, então, passou a ser efetivamente prestado por empresas privadas, em regime de concessão contratual, na forma do art. 83 da Lei 9.472/1997, criando-se uma autarquia em regime especial, a Agência Nacional de Telecomunicações – ANATEL, para atuar como agente fiscalizador e regulador do setor.

Esse modelo, ainda que, em alguns casos, não esteja expressamente previsto na Constituição Federal, passou a servir de padrão para diversos outros segmentos econômicos com participação estatal, com ou sem serviços públicos titularizados pelo Poder Público[2].

---

2. Observe-se que, antes mesmo das aludidas emendas constitucionais, o Estado brasileiro, ainda durante o governo Collor, já vinha reduzindo seu grau de interferência em certos setores econômicos, extinguindo as autarquias Instituto do Açúcar e do Álcool – IAA e Instituto Brasileiro do Café – IBC (art. 1.º, I, da Lei 8.029/1990), além de empresas públicas e sociedades de economia mista, como a Empresa de Portos do Brasil S/A – PORTOBRÁS e a Siderurgia Brasileira S/A – SIDERBRÁS (art.

Importante para o funcionamento do modelo é a figura da chamada "agência reguladora", uma vez que é ela quem terá a atribuição, outrora titularizada pela Administração Direta, de normatizar o setor e desempenhar o papel de Poder concedente, com todas as atribuições legais e contratuais que daí decorrem.

4.2.1. Agências Reguladoras

Agência Reguladora nada mais é do que uma entidade governamental, de *natureza autárquica*, a quem se atribui competência para fiscalizar e normatizar as atividades de determinado setor da economia dotado de relevância para a sociedade.

O termo "agência" foi importado do direito norte-americano[3], mas não traz, para o Brasil, nenhum significado propriamente original. O que se quis instituir, com a criação dessas entidades, é o estabelecimento de um *regime jurídico especial*, atribuindo a tais entidades maior independência e mais poderes para o exercício de suas funções do que aqueles usualmente atribuídos às demais autarquias.

São elas, assim, uma espécie de "autarquia em regime especial" ou simplesmente "autarquias especiais", que, nos dizeres de Diogo Figueiredo Moreira Neto[4], "são aquelas instituídas sob regimes de pessoal, bens, atos ou serviços, distintos do regime geral autárquico, em atenção a certas pretendidas peculiaridades em seu desempenho, como sejam: a relativa garantia de estabilidade de seus dirigentes, a execução de atividades que exijam um maior grau de autonomia técnica, a atribuição de competências reguladoras e parajurisdicionais e, ainda, a tomada de decisões com maior participação dos administrados".

Dessa forma, o tal regime especial está geralmente ligado a maiores garantias de estabilidade no cargo, por parte dos dirigentes[5] de tais entidades, e ao amplo poder normativo que é atribuído a elas, no que se refere aos aspectos técnicos da atividade por elas fiscalizada.

4.º, I e VI, da mesma Lei). Da mesma forma, estabeleceu-se um Programa Nacional de Desestatização, que tinha como finalidade precípua "reordenar a posição estratégica do Estado na economia, transferindo à iniciativa privada atividades indevidamente exploradas pelo setor público" (art. 1.º, I, da Lei 8.031/1990).

3. "Existem nos Estados Unidos vários tipos de agências, sendo que a classificação mais antiga considerava duas modalidades: as agências reguladoras (*regulatory agency*) e as não reguladoras (*non regulatory agency*), conforme tivessem ou não poderes normativos, delegados pelo Congresso, para baixar normas que afetassem os direitos, as liberdades ou atividades econômicas dos cidadãos. Outra distinção que se faz é entre agências executivas (*executive agency*) e agências independentes (*independent regulatory agency or comissions*), sendo os dirigentes das primeiras livremente destituídos pelo Presidente da República e, os da segunda, protegidos por maior estabilidade, porque só podem perder seus cargos por razões expressamente estabelecidas em lei" (DI PIETRO, Maria Sylvia Zanella. *Direito administrativo*. 24. ed. São Paulo: Atlas, 2011. p. 474).

4. MOREIRA NETO, Diogo Figueiredo. *Curso de direito administrativo*. 16. ed. Rio de Janeiro: Forense, 2014, p. 283.

5. Registre-se que o Supremo Tribunal Federal entendeu ser constitucional lei estadual que prevê que os dirigentes de determinada agência reguladora somente poderão ser nomeados após previamente aprovados pela Assembleia Legislativa. Por outro lado, entendeu ser inconstitucional a lei estadual que estabelece que os dirigentes de agência reguladora somente poderão ser destituídos de seus cargos por decisão exclusiva da Assembleia Legislativa, sem qualquer participação do Governador do Estado. Essa previsão viola o princípio da separação dos poderes (at. 2º da CF/88). STF. Plenário. ADI 1949/RS, Rel. Min. Dias Toffoli, julgado em 17/9/2014 (Info 759).

Existem entidades, que contam com tais garantias e são, portanto, autarquias em regime especial, que não são identificadas pela lei como "agências reguladoras", embora estejam, na prática, situadas no mesmo patamar destas, como o Banco Central e a Comissão de Valores Mobiliários – CVM.

Por outro lado, algumas das agências reguladoras, embora criadas como tais, exercem atividades predominantemente distintas, como é o caso da Agência Nacional do Cinema – ANCINE, mais caracterizada por suas atribuições de fomento do que, propriamente, pela sua atividade regulatória.

Como consequência do poder normativo ou regulatório, temos o poder fiscalizatório, devendo ser destacado que algumas agências se caracterizam por terem como atribuição preponderante o *desempenho do poder de polícia*, como é o caso da Agência Nacional de Vigilância Sanitária – ANVISA, característica que é comum a diversas autarquias não caracterizadas como agências.

Sem dúvida alguma, no entanto, dentro da linha da política de Reforma do Estado, são as agências reguladoras de atividades econômicas, estejam estas caracterizadas ou não como serviços públicos, as que mais perfeitamente se encaixam no modelo, tendo sido elas, não sem razão, as primeiras criadas, como é o caso da ANATEL, da ANEEL e da ANP.

Se examinarmos as respectivas leis de regência, respectivamente, Leis 9.472/1997, 9.427/1996 e 9.478/1997, identificaremos traços comuns, a saber:

a) *poder normativo concernente à regulação do setor econômico de atuação, inclusive no que concerne à política tarifária;*
b) *maior independência de seus dirigentes, com o estabelecimento de mandatos;*
c) *atuação como poder delegante, nos casos de concessão ou permissão de serviços públicos, em substituição à Administração direta.*

O que se percebe, ao fim e ao cabo, é que a criação das referidas entidades se destinou, precipuamente, a uma tentativa de diminuição da ingerência política sobre a administração pública indireta de certos setores sensíveis, garantindo às entidades respectivas maior autonomia do que aquela geralmente outorgada aos demais componentes da administração descentralizada. Nesses moldes, com um corpo técnico independente e altamente qualificado, estaria mais assegurado o respeito ao princípio da eficiência.

Em resumo gráfico, temos:

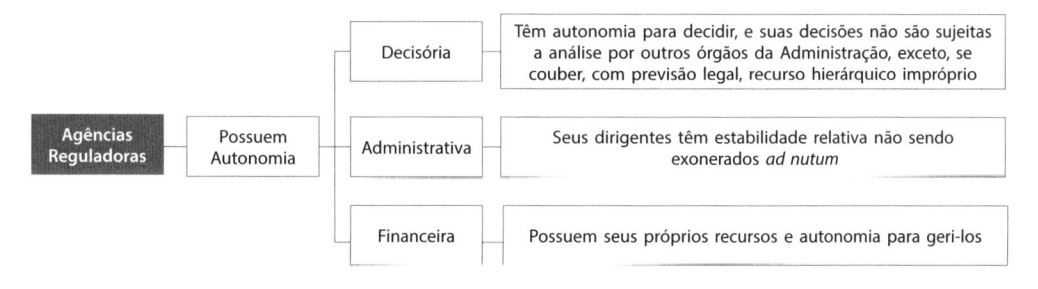

Agências Reguladoras	Possuem Autonomia		
		Decisória	Têm autonomia para decidir, e suas decisões não são sujeitas a análise por outros órgãos da Administração, exceto, se couber, com previsão legal, recurso hierárquico impróprio
		Administrativa	Seus dirigentes têm estabilidade relativa não sendo exonerados *ad nutum*
		Financeira	Possuem seus próprios recursos e autonomia para geri-los

4.2.2. Agências Executivas

Este é outro termo surgido no bojo da chamada Reforma do Estado, embora não signifique a criação de uma entidade distinta das demais componentes da Administração Indireta.

Agência executiva, antes de tudo, *é uma simples qualificação que é dada a certas entidades públicas*, autarquia ou fundação, que firmam com a Administração Direta *contrato de gestão*.

O contrato de gestão foi idealizado como uma forma de a entidade ter melhor desempenho em sua área de atuação, dentro da linha de raciocínio que se fundamenta no princípio da eficiência. Por intermédio dele, a autarquia ou fundação "negocia" com a Administração direta a que está vinculada maior autonomia, principalmente na forma de maiores recursos orçamentários, em troca do atingimento de certas metas, de produtividade ou de redução de custos, melhorando, assim, seu desempenho.

Nos termos do art. 1.º, § 1.º, do *Decreto 2.487/1998*, "a qualificação de autarquia ou fundação como Agência Executiva poderá ser conferida mediante iniciativa do Ministério supervisor, com anuência do Ministério da Administração Federal e Reforma do Estado, que verificará o cumprimento, pela entidade candidata à qualificação, dos seguintes requisitos: a) ter celebrado contrato de gestão com o respectivo Ministério supervisor; b) ter plano estratégico de reestruturação e de desenvolvimento institucional, voltado para a melhoria da qualidade da gestão e para a redução de custos, já concluído ou em andamento".

O contrato de gestão, na esfera federal, é celebrado junto ao Ministério supervisor da área de atuação da autarquia ou fundação e a qualificação da agência executiva se dá mediante decreto do Poder Executivo.

Já o *Decreto 2.488/1998* definiu medidas de organização administrativa específicas para as autarquias e fundações qualificadas como agências executivas, estabelecendo, em seu art. 7.º, que a execução orçamentária e financeira destas observará os termos do contrato de gestão e não se sujeitará a limites nos seus valores para movimentação, empenho e pagamento.

Em alguns casos, curiosamente, a lei impõe a realização do contrato de gestão, servindo este como instrumento de controle da atuação administrativa da entidade, como no caso da ANEEL (art. 7.º, § 1.º, da Lei 9.427/1996). Vê-se, assim, que até mesmo uma agência reguladora pode ser enquadrada como agência executiva.

4.3. TERCEIRO SETOR E ENTIDADES PARAESTATAIS

O Estado sempre se valeu do auxílio de particulares para o desempenho de tarefas e atividades que são de interesse coletivo, mas que, não obstante, não chegam a ser titularizadas pelo Poder Público.

O Estado, assim, incentiva a atuação de certas entidades privadas nesses setores, por vezes, inclusive, criando contribuições compulsórias, embora ele não desempenhe, seja diretamente, seja por intermédio de suas entidades descentralizadas, qualquer atividade executória específica nesses setores.

Por exemplo, o Estado tem interesse que exista aprendizagem industrial, visto que a formação de mão de obra especializada é requisito essencial para o desenvolvimento da indústria nacional e, consequentemente, da economia nacional. Mas o Estado não titulariza essa atividade, tampouco a desempenha diretamente, deixando que o próprio setor econômico se desincumba de tal tarefa. Para tanto, no entanto, o Poder Público cria os meios materiais para que a atividade seja desempenhada, seja criando contribuições compulsórias para seu custeio, seja criando ou autorizando a criação de entidades que irão gerenciar tais atividades (SENAI, por exemplo).

Às entidades privadas que desempenham tais atividades de interesse social costuma-se denominar "paraestatais", ou seja, que atuam em paralelo ao Estado. Para esse efeito, aliás, não adotamos o pensamento doutrinário mais antigo, que enquadrava no conceito as entidades estatais de direito privado.

No hodierno, costumou-se utilizar a expressão "Terceiro Setor", em contraposição aos primeiro (Estado) e segundo (mercado) setores.

A expressão Terceiro Setor, no entanto, pode bem ser ampliada para abarcar entidades que desempenham atividades de interesse coletivo, mesmo que sem qualquer tipo de vinculação com o Estado, como é o caso de muitas das chamadas organizações não governamentais, que se mantêm exclusivamente a partir de recursos de doadores, beneméritos ou admiradores. Não nos interessa, em direito administrativo, estudá-las, salvo quando e naquilo que se relacionam com o Poder Público, como é o caso das chamadas "organizações sociais" e "organizações da sociedade civil de interesse público (Oscip)".

Assim, o nosso "terceiro setor" é aquele que, de alguma forma, se relaciona com o Estado, mesmo que tenuamente, se limitando a receber recursos públicos por meio de contribuições compulsórias, desempenhando atividades de interesse coletivo.

4.3.1. Serviços sociais autônomos

Os chamados serviços sociais autônomos desempenham atribuições de interesse de certos segmentos econômicos, prestando auxílio social aos trabalhadores que são a eles vinculados ou promovendo a melhor qualificação profissional destes últimos.

Os primeiros surgiram exatamente nos segmentos econômicos mais organizados e numerosos, ainda durante a década de 1940, dentro de uma visão corporativa de Estado, preconizada pelo Estado Novo. Foram segmentos inicialmente contemplados os da indústria e do comércio, correspondendo ao Serviço Social da Indústria – SESI (Decreto-lei 9.403/1946), Serviço Nacional de Aprendizagem Industrial – SENAI (Decreto-lei 4.048/1942), Serviço Social do Comércio – SESC (Decreto-lei 9.853/1946) e Serviço Nacional de Aprendizagem Comercial – SENAC (Decreto-lei 8.621/1946).

Segmentos econômicos que melhor se organizaram apenas mais recentemente também passaram a ser contemplados com serviços sociais autônomos específicos, como é o caso da agropecuária, com a criação do Serviço Nacional de Aprendizagem Rural – SENAR (Lei 8.315/1991)[6]. Outros, como o Serviço Social do Transporte (SEST) e o Serviço Nacional de Aprendizagem em Transportes (SENAT), instituídos pela Lei 8.706/1993, decorreram

---

6. A criação do SENAR já era prevista no art. 62 do ADCT.

da especialização do setor econômico em relação ao da indústria, ao qual anteriormente pertencia aquele.

Em todos esses casos a lei autoriza a criação de contribuição obrigatória para o financiamento das atividades de tais instituições. A lei também cria ou autoriza a criação de tais entidades. No entanto, o governo não participa da gestão delas, que é integralmente transferida para as confederações patronais do segmento econômico respectivo, como a Confederação Nacional da Indústria – CNI, a Confederação Nacional do Comércio – CNC, a Confederação Nacional da Agricultura – CNA e a Confederação Nacional dos Transportes – CNT.

Não obstante, na medida em que recebem recursos decorrentes de contribuições criadas pelo Estado, validadas pela Constituição Federal de 1988 em seu art. 240, e têm a obrigação legal de aplicá-las em atividades de interesse coletivo, estão tais entidades sujeitas a controle financeiro pelo TCU. Tal obrigação, no entanto, não as torna entidades públicas, já tendo decidido, a própria Corte de Contas, que a tais entidades não se aplicam as disposições da Lei 8.666/1993 (Decisão Plenária 907/1997), e sim seus regulamentos próprios, devidamente publicados.

Impende salientar que, em alguns casos, a natureza dos serviços sociais autônomos é dúbia, podendo, até mesmo, ser fonte de arrematada fraude. O STF já julgou inconstitucional dispositivo de lei paranaense que previa a transferência, pura e simples, de recursos públicos do Estado respectivo, para uma entidade privada, criada como serviço social autônomo, destinada a auxiliar o Poder Público na Gestão do Sistema Estadual de Educação (ADI 1.864/PR, Pleno, Rel. Min. Maurício Correa, j. 08.08.2007).

Na própria esfera federal, é questionável a criação de alguns dos mais recentes serviços sociais autônomos, como o Serviço Nacional de Aprendizagem do Cooperativismo – SESCOOP (Medida Provisória 1.715/1998), uma entidade privada apenas na forma, visto que dirigida por um Conselho Nacional de sete componentes, dos quais cinco são pertencentes aos quadros do governo federal. Aliás, pende de julgamento, no STF, a MC-ADI 1.924[7], em que se questiona a constitucionalidade da contribuição instituída em favor da referida entidade.

Outros serviços sociais autônomos possuem clara destinação de fomento de atividades econômicas, desbordando das linhas de atuação mais tradicionais do chamado "Sistema S", que são de aprendizagem e serviços sociais. Esse é o caso, por exemplo, da Agência Brasileira de Desenvolvimento Industrial – ABDI, instituída pela Lei 11.080/2004, e do tão decantado Serviço Brasileiro de Apoio às Micro e Pequenas Empresas (SEBRAE), assim como do Serviço Social Autônomo Agência de Promoção das Exportações do Brasil – Apex-Brasil, criado pela Lei 10.668/2003, por desmembramento do SEBRAE.

A criação do SEBRAE, aliás, é curiosa, visto que decorreu de decreto (Decreto 99.570/1990) e a partir da desvinculação da Administração Pública Federal do Centro de Apoio à Pequena e Média Empresa – CEBRAE[8], autorizada pelo art. 8.º da Lei 8.029/1990.

---

7. A cautelar foi indeferida em julgamento do Plenário em 20.05.2009. Em 16.10.2012, a PGR opinou pela improcedência da ação, estando o feito aguardando pauta para julgamento.

8. Em 1964, o BNDE, precursor do atual BNDES, instituiu o Programa de Financiamento à Pequena e Média Empresa (FIPEME). A partir dessa ideia original, em 1972, foi criado, dentro da estrutura do Ministério do Planejamento, o CEBRAE, posteriormente transferido para a estrutura do Ministério

No caso do SEBRAE, a contribuição a ele devida foi declarada constitucional pelo STF, quando do julgamento do *RE 396.266/SC*[9]. Com a superveniência da Emenda Constitucional 33/2001, que deu nova redação ao art. 149, § 2.º, "a", da CF/1988, desautorizando a incidência de contribuições de intervenção no domínio econômico sobre receitas decorrentes de exportação, passaram a ser novamente questionadas as contribuições devidas à ABDI, à Apex-Brasil e ao SEBRAE sobre tais receitas, matéria que é objeto do *RE 603.624/SC*[10], com repercussão geral reconhecida pelo STF, mas que ainda não teve seu mérito julgado.

Ainda em relação aos Serviços Sociais Autônomos, o STF entendeu que, em relação às entidades tradicionais (criadas na década de 1940), bem como ao SEST (objeto do recurso), não se pode impor a necessidade de realização de concurso público, tendo em vista que tais entidades possuem natureza jurídica de direito privado. Ressalvou-se, no entanto, na linha que estamos a afirmar, que outros serviços sociais autônomos, criados após a CF/1988, como a ABDI e a Apex-Brasil, além de não se destinarem à prestação de serviços sociais ou de formação profissional, são financiadas majoritariamente por dotação orçamentária consignadas no Orçamento da União[11].

---

da Indústria e Comércio até sua desvinculação da Administração Pública e sua transformação em SEBRAE.

9. "Constitucional. Tributário. Contribuição: Sebrae: contribuição de intervenção no domínio econômico. Lei 8.029, de 12.4.1990, art. 8.º, § 3.º. Lei 8.154, de 28.12.1990. Lei 10.668, de 14.5.2003. CF, art. 146, III; art. 149; art. 154, I; art. 195, § 4.º. I. – As contribuições do art. 149, CF – contribuições sociais, de intervenção no domínio econômico e de interesse de categorias profissionais ou econômicas – posto estarem sujeitas à lei complementar do art. 146, III, CF, isto não quer dizer que deverão ser instituídas por lei complementar. A contribuição social do art. 195, § 4.º, CF, decorrente de 'outras fontes', é que, para a sua instituição, será observada a técnica da competência residual da União: CF, art. 154, I, *ex vi* do disposto no art. 195, § 4.º. A contribuição não é imposto. Por isso, não se exige que a lei complementar defina a sua hipótese de incidência, a base imponível e contribuintes: CF, art. 146, III, *a*. Precedentes: RE 138.284/CE, Ministro Carlos Velloso, *RTJ* 143/313; RE 146.733/SP, Ministro Moreira Alves, *RTJ* 143/684. II. – A contribuição do SEBRAE – Lei 8.029/90, art. 8.º, § 3.º, redação das Leis 8.154/90 e 10.668/2003 – é contribuição de intervenção no domínio econômico, não obstante a lei a ela se referir como adicional às alíquotas das contribuições sociais gerais relativas às entidades de que trata o art. 1.º do DL 2.318/86, SESI, SENAI, SESC, SENAC. Não se inclui, portanto, a contribuição do SEBRAE, no rol do art. 240, CF. III. – Constitucionalidade da contribuição do SEBRAE. Constitucionalidade, portanto, do § 3.º, do art. 8.º, da Lei 8.029/90, com a redação das Leis 8.154/90 e 10.668/2003. IV. – RE conhecido, mas improvido" (Rel. Min. Carlos Velloso, Pleno, j. 26.11.2003).

10. Em 22.10.2010 foi reconhecida a repercussão geral da questão constitucional suscitada. A relatoria atual da ação pertence à Ministra Rosa Weber.

11. STF, RE 789.874/DF, Pleno, Rel. Min. Teori Zavascki, j. 17.09.2014.

Entidades Paraestatais	**Definição**	Atuam ao lado do Estado, não fazendo parte de sua estrutura, em atividade de interesse público/social. Não possui fins lucrativos
	Características	São privadas e não têm finalidade lucrativa
		Atuam em atividades de interesse público — Serviços que não são exclusivos do Estado
		Recebem incentivo do Poder Público — Como cessão de servidores, doação de bens e, até mesmo, no caso do Serviço Social Autônomo, contribuições para fiscais
		Fazem parte do terceiro setor — Entidades sem fins lucrativos que atuam em paralelo com o Estado em atividade de interesse público/social
	Serviços sociais autônomos — Definição	Desempenham atribuições de interesse de certos segmentos econômicos, prestando auxílio social aos trabalhadores que são a eles vinculados ou promovendo a melhor qualificação
	Criação	A lei autoriza a sua criação, e sua personalidade jurídica é adquirida com inscrição no registro civil de pessoas jurídicas. Sua personalidade é de direito privado
	Finalidade	Desempenho de atividades sociais
	Características	Pessoas jurídicas de direito privado sem fins lucrativos
		Mantidas por contribuições parafiscais, pagas pelos membros da
		Colaboram com o Poder Público
		Controladas pelo Poder Público

4.3.2. Entidades de apoio

Como forma de apoiar as instituições de ensino superior federais em áreas de pesquisa e extensão, começaram a surgir fundações, cooperativas e associações privadas, constituídas por servidores públicos, para prestar serviços auxiliares àquelas entidades

Essas instituições, denominadas de "entidades de apoio", firmavam acordos com os entes públicos, geralmente por meio de convênios, pelos quais desempenhavam funções que interessariam a estes, em troca, geralmente, do direito de usar de seus bens e de seu pessoal.

Hoje, essas entidades existem junto a diversas instituições de ensino superior[12], mormente na área federal, muitas vezes funcionando dentro do próprio espaço físico titularizado pelas universidades. Mais recentemente, começaram a surgir entidades de apoio vinculadas a hospitais universitários e a centros federais tecnológicos.

Di Pietro assim conceitua tais entidades: "por entidades de apoio podem-se entender as pessoas jurídicas de direito privado, sem fins lucrativos, instituídas por servidores públicos, porém em nome próprio, sob a forma de fundação, associação ou cooperativa, para a prestação, em caráter privado, de serviços sociais não exclusivos do Estado, mantendo vínculo jurídico com entidades da administração direta ou indireta, em regra por meio de convênio"[13].

Finalidade primordial dessas entidades seria a de servir de ponte entre a iniciativa privada e a universidade, permitindo o ingresso de recursos daquela para investimentos em projetos de pesquisa e desenvolvimento da última.

Na prática, no entanto, embora algumas mantenham esse vínculo original purificado, diversas outras passaram a desempenhar os mais variados papéis, encontrando-se na atualidade, inclusive, aquelas que passaram a gerir concursos públicos de outras entidades públicas, o que tornaria bastante duvidosa a permanência de um sistema de privilégios da instituição de ensino com a referida entidade de apoio, visto que esta não estará mais voltada, com exclusividade, a prestar apoio à primeira.

A matéria, sem dúvida, era muito mal disciplinada no direito brasileiro, que só se preocupou em dispor sobre as entidades de apoio por meio da *Lei 8.958/1994*, que continha algumas regras genéricas sobre as relações jurídicas mantidas entre elas e as universidades federais, dentre elas a submissão dos convênios firmados à fiscalização do TCU (art. 3.º, IV).

Esta última Lei, no entanto, foi mais recentemente alterada pela *Lei 12.349/2010*, que passou a admitir o acesso do Sistema de Controle Interno do Executivo federal sobre os processos, documentos e informações referentes aos recursos públicos recebidos pelas fundações de apoio (art. 4.º-C). Além disso, com as alterações promovidas, a legislação passou a conter um conceito próprio para os projetos de desenvolvimento institucional (art. 1.º, §§ 1.º e 3.º); vedou a subcontratação total do objeto dos ajustes (art. 1.º, § 4.º), além de tornar obrigatória a publicação, na *Internet*, das prestações de contas de que tratam os instrumentos contratuais disciplinados pela Lei 8.958/1994.

---

12. Podemos citar, a título de exemplo, por sua importância, a Fundação de Empreendimentos Científicos e Tecnológicos – FINATEC, que surgiu como uma fundação de apoio à Universidade de Brasília.
13. *Direito Administrativo*. 24. ed. São Paulo: Atlas, 2011. p. 506.

A partir da Medida Provisória 495/2010, convertida na Lei 12.349/2010, passou a ser expressamente admitida a contratação de entidades de apoio não só junto às instituições federais de ensino superior (IFES), como também junto às Instituições Científicas e Tecnológicas (ICT's).

O *Decreto 7.423/2010* deu nova regulamentação à matéria, dispondo, inclusive, sobre o registro e o credenciamento das entidades de apoio junto aos Ministérios da Educação e Ciência e Tecnologia. O parágrafo único do art. 1.º do referido Decreto conceitua tais entidades da seguinte forma:

> "A fundação registrada e credenciada como fundação de apoio visa dar suporte a projetos de pesquisa, ensino e extensão e de desenvolvimento institucional, científico e tecnológico de interesse das instituições apoiadas e, primordialmente, ao desenvolvimento da inovação e da pesquisa científica e tecnológica, criando condições mais propícias a que as instituições apoiadas estabeleçam relações com o ambiente externo".

De acordo com o mesmo Decreto, o relacionamento entre a instituição apoiada e a fundação de apoio, especialmente no que diz respeito aos projetos específicos, deve estar disciplinado em norma própria, aprovada pelo órgão colegiado superior da instituição apoiada (art. 6.º, *caput*).

Como entidades privadas que são, as entidades de apoio, ainda que se vinculando a alguma autarquia ou fundação pública federal, como as universidades federais e centros federais tecnológicos, não disporão de prerrogativa de foro na Justiça Federal, posto não se enquadrarem no disposto no art. 109, I, da CF/1988[14].

Importante termos em mente que a expressão "entidade de apoio", no âmbito do direito administrativo, constitui apenas um qualificativo de um tipo específico de associação ou fundação privada que presta serviço auxiliar, geralmente em área ligada à pesquisa e extensão, à entidade de ensino pública de nível superior ou tecnológico. Esse mesmo termo, no entanto, fora desse âmbito, é largamente utilizado como sinônimo de entidade não governamental que fomenta algum tipo de atuação social relevante, daí se falar, por exemplo, em entidade de apoio aos deficientes ou em entidade de apoio à criança e ao adolescente.

Por fim, vale registrar um recente e importante julgado do Superior Tribunal de Justiça a respeito do regime funcional do servidor que está à frente da gestão destas entidades de apoio. Estariam eles regidos pelas mesmas regras disciplinares dos servidores que estão atuando na Administração Pública? Foi entendido que *é legal a instauração de procedimento disciplinar, julgamento e sanção, nos moldes da Lei n. 8.112/1990, em face de servidor público que pratica atos ilícitos na gestão de fundação privada de apoio à instituição federal de ensino superior.*[15] Discutiu-se se os atos praticados por servidor público que assumiu cargo de gestão em fundação de natureza privada podem ser apurados no âmbito da Lei n.º 8.112/1990. *Entendeu-se que embora os atos ilícitos tenham sido perpetrados em uma fundação de apoio de natureza privada é perfeitamente legal a*

---

14. STJ, CC 89.935/RS, 1.ª Seção, Rel. Min. Francisco Falcão, j. 22.10.2008.
15. MS 21.669-DF, Rel. Min. Gurgel de Faria, por unanimidade, julgado em 23/08/2017, DJe 09/10/2017. **Informativo nº 613**

instauração do procedimento disciplinar, o julgamento e a sanção, nos moldes da Lei n. 8.112/1990, mormente quando a acusação imputada envolve desvios de recursos públicos oriundos de universidade federal – na qual o servidor exercia cargo de professor adjunto –, o que contraria os princípios basilares da administração pública.

Concluiu que *"o fato de passar a integrar também o corpo funcional da fundação não faz com que o impetrante deixe de ser servidor público federal, mantendo-se, portanto, sob o regramento da Lei n. 8.112/1990"*. Por outro giro: o fato de estar vinculado ao ente de apoio não o elide das sanções previstas no regime jurídico dos servidores públicos civis da União.

4.3.3. Organizações sociais

Assim como a expressão "entidade de apoio", "organização social" é apenas um qualificativo que se dá a certas entidades privadas, sem fins lucrativos, que auxiliam o Poder Público a desempenhar atividades de interesse social.

A diferença principal é que a organização social não está vinculada apenas a entidades de ensino, nem tem como escopo ou finalidade apenas a educação, mormente nas áreas de pesquisa e desenvolvimento tecnológico.

A organização social *pode atuar em diferentes áreas de interesse social*, estando previstas, no art. 1.º da Lei 9.637/1998, as de ensino, pesquisa científica, desenvolvimento tecnológico, proteção e preservação do meio ambiente, cultura e saúde. A qualificação como organização social decorre de contrato de gestão que esta firma com o Poder Público.

Como esclarece Di Pietro[16], "nenhuma entidade nasce com o nome de organização social; a entidade é criada como associação ou fundação e, habilitando-se perante o poder público, recebe a qualificação; trata-se de título jurídico outorgado e cancelado pelo poder público".

No âmbito federal, as organizações sociais restaram regulamentadas pela Lei 9.637/1998[17], que prevê a necessidade de prévia habilitação da entidade perante a Administração Pública, para que esta obtenha a qualificação de organização social (art. 11), sendo declarada como entidade de interesse social e utilidade pública para todos os efeitos legais.

A contrapartida principal é a possibilidade de destinação de recursos orçamentários e bens públicos necessários ao cumprimento do contrato de gestão (art. 12 da Lei 9.637/1998). A Lei prevê, até mesmo, a cessão de servidores para as organizações sociais, com ônus para a origem, ou seja, para o Poder Público, que é o cedente (art. 14).

O maior problema, apontado na doutrina, diz respeito à possibilidade de assunção, por tais entidades, de serviços públicos, o que representa uma verdadeira forma indireta de o Estado trespassar a terceiros funções que lhe competiriam com exclusividade ou que, então, deveriam ser precedidas de delegação mediante licitação.

---

16. *Direito Administrativo*. 24. ed. São Paulo: Atlas, 2011. p. 511.
17. O Decreto 5.396/2005 regulamenta o art. 19 da Lei, dispondo sobre o recebimento de recursos e a veiculação de publicidade institucional por organizações sociais que exerçam atividades de rádio e televisão educativa.

Di Pietro[18] adverte que "fica muito nítida a intenção do legislador de instituir um mecanismo de fuga ao regime jurídico de direito público a que se submete a Administração Pública". Alega, ainda, que as organizações sociais "(...) são entidades fantasmas, porque não possuem patrimônio próprio, sede própria, vida própria. Elas viverão exclusivamente por conta do contrato de gestão com o poder público".

Embora não nos pareça estar tão claro na Lei o intuito único de absorção de serviços públicos por tais organizações, resta evidenciado, pela simples leitura do art. 20 do referido diploma legal, que houve a manifesta intenção de permitir a tais entes a absorção de atividades desenvolvidas por entidades ou órgãos públicos da União, que antes atuavam nas áreas sociais descritas no art. 1.º da Lei[19]. Algumas dessas áreas são, por natureza, encaradas como serviços públicos, como as de educação e saúde, outras, no entanto, não necessariamente, como a de cultura.

Em alguns casos, a Lei criou institutos de duvidosa constitucionalidade, como o da cessão obrigatória, à entidade privada, de servidores integrantes dos quadros permanentes de órgãos ou entidades extintos, que tiveram suas funções assumidas por organizações sociais (art. 22, I).

Os repasses feitos pelo Governo Federal a tais entidades estão hoje disciplinados pelo Decreto 6.170/2007[20], que exige a realização de um cadastro prévio no Sistema de Gestão de Convênios e Contratos de Repasse – SICONV. A aquisição de produtos e a contratação de serviços com recursos repassados pela União são feitas mediante a realização de cotação prévia de preços no mercado (art. 11 do Decreto), o que dispensa, portanto, a obrigatoriedade de licitação, o que acaba por ser um grande negócio para administradores desonestos. Não bastasse isto, o Decreto 8.244/2014 ainda acrescentou dois artigos (11-A e 11-B), disciplinando hipóteses de repasse de recursos públicos para cobrir despesas administrativas e remuneração da equipe dimensionada no programa de trabalho, desde que satisfeitos certos requisitos.

Ao mesmo tempo, a Lei 8.666/1993 dispensa licitação na contratação de organizações sociais para a celebração de contratos de prestação de serviços (art. 24, XXIV).

O modelo federal não é impositivo para Estados e Municípios, que podem estabelecer regras diferenciadas[21]. Em São Paulo, em que pesem as críticas feitas ao instituto, é grande

---

18. *Direito Administrativo*, 24. ed, São Paulo, Ed. Atlas, 2011, p. 513.
19. A própria Lei, inclusive, promoveu a extinção de duas entidades/órgãos da Administração Pública Federal, o Laboratório Nacional de Luz Síncroton, que integrava a estrutura do CNPq, e a Fundação Roquette Pinto (art. 21). Os dois foram transformados em entidades privadas, cuja qualificação em OS foi autorizada pela própria lei (Anexo I da Lei e Decretos 2.405/1997 e 2.442/1997).
20. As disposições desse Decreto se aplicam, na verdade, a todas as entidades públicas ou privadas sem fins lucrativos que firmem convênios, contratos de repasse e termos de execução descentralizada com órgãos e entidades da administração pública federal.
21. Em *Santa Catarina*, por exemplo, a Lei estadual 12.929/2004 instituiu o Programa Estadual de Incentivo às Organizações Sociais. Já em *Goiás*, a Lei estadual 15.503/2005 dispôs sobre a qualificação de entidades como organizações sociais estaduais. No *Distrito Federal*, foi a Lei 2.415/1999 que dispôs sobre a qualificação de entidades como organizações sociais no âmbito daquela unidade da Federação. No *Ceará*, a Lei estadual 12.781/1997 instituiu o Programa Estadual de Incentivo às Organizações Sociais, dispôs sobre a qualificação dessas entidades e deu outras providências. Em *Sergipe*, foi a Lei estadual 5.217/2003 que dispôs sobre a qualificação de entidades como Organização Social e sua vinculação contratual com o Poder Público Estadual. No *Espírito Santo*,

o número de hospitais públicos que passaram para a gestão das chamadas organizações sociais da área de saúde (OSS), sendo a experiência considerada, até certo ponto, exitosa. Rejeita-se ali, outrossim, a alegação de que está ocorrendo a privatização do SUS, argumentando-se que apenas se transferiu para a iniciativa privada a gestão do patrimônio público (hospitais), tornando-a mais eficiente[22].

O STF, em 2015, terminou o julgamento da ADI 1.923, que questionava diversos dispositivos da Lei 9.637/1998. Foi estabelecido, ali, **um novo marco regulatório para as organizações sociais**, em vista das inúmeras considerações feitas no acórdão.

Vale a pena fazer uma sintetização do que restou decidido pela Corte Suprema[23]:

a) Os chamados *"serviços públicos sociais"* (saúde, educação, desporte e lazer, cultura, ciência e tecnologia e meio ambiente), ***embora constitucionalmente mencionados como deveres do poder público, são igualmente livres à iniciativa privada***, *permitindo-se a atuação dos particulares, por direito próprio, sem delegação estatal, não se lhes aplicando o art. 175, caput, da CF;*

b) *A atuação do poder público no domínio econômico e social pode ser viabilizada por intervenção direta ou indireta, nesse último caso por regulação ou fomento;*

c) ***O marco legal das Organizações Sociais inclina-se para a atividade de fomento público****. Esse fomento é posto em prática pela cessão de recursos, bens e pessoal da Administração Pública para as entidades privadas, após a celebração de contrato de gestão, não se configurando nisso qualquer forma de renúncia aos deveres constitucionais de atuação;*

d) *Os arts. 18 a 22 da Lei 9.637/98 apenas afastam a intervenção direta do Estado para privilegiar o fomento de atores privados na prestação de serviços públicos sociais;*

e) ***Não existe contraposição de interesses do Estado e das Organizações Sociais, não sendo necessário no procedimento qualificatório destas (credenciamento), a licitação, até porque inexiste, também, competição, uma vez que todos os interessados podem alcançar o mesmo objetivo, de modo includente.*** *Sendo o contrato de gestão, portanto, uma espécie de convênio, não se lhe aplica o disposto no art. 37, XXI, da CF;*

f) *Diante de um cenário, porém, de escassez de bens, serviços, e servidores públicos, no qual o contrato de gestão termina por excluir a mesma pretensão visada por outros particulares,* ***o ato de credenciamento, no entanto, deve respeitar os princípios constitucionais do art. 37, caput, devendo ser interpretado, o art. 2º, II, da Lei das OS's, em conformidade com tais princípios;***

g) ***As Organizações Sociais, por integrarem o Terceiro Setor e não a Administração Pública não estão sujeitas, em suas relações com terceiros, à obrigação de licitar****. No entanto, por receberem recursos públicos, bens públicos e servidores públicos deverão se*

---

a Lei Complementar estadual 158/1999 tratou de diversos temas, como qualificação de agências executivas e criação de agências reguladoras, prevendo, também, a designação de organizações sociais. No *Pará*, foi a Lei estadual 5.980/1996 que dispôs sobre as entidades qualificadas como Organizações Sociais. Em *São Paulo*, o Decreto 43.493/1998 regulamentou a Lei Complementar estadual 846/1998, dispondo sobre a qualificação das organizações sociais da área da cultura. No *Maranhão*, foi a Lei estadual 7.066/1998 que dispôs sobre a matéria.

22. Nesse aspecto, interessante a leitura da Nota Técnica 17/2006, emitida pelo Conselho Nacional de Secretários de Saúde – CONASS, tendo como título "As Organizações Sociais como Alternativa de Gerência para Estabelecimentos Públicos de Saúde". Disponível em: <http://www.conass.org.br/admin/arquivos/NT%2017-06.pdf>.

23. Pleno, ADI 1.923, redator para o acórdão Min. Luiz Fux, j. 16/04/2015 (*Informativo 781*).

submeter a regime jurídico minimamente informado pela incidência do núcleo essencial dos princípios da Administração Pública, principalmente o da impessoalidade, de modo que suas contratações devem observar o disposto em regulamento próprio, com a fixação de regras objetivas e impessoais para o dispêndio de recursos públicos;

h) **Os empregados das Organizações Sociais não são servidores públicos e não estão sujeitos a concurso públicos**, *mas a seleção de seu pessoal deve ser posta em prática através de procedimento impessoal e objetivo;*

i) *Não há violação aos direitos dos servidores públicos cedidos às Organizações Sociais, na medida em que preservado o paradigma com o cargo de origem;*

j) *O art. 4º, caput, e 10 da Lei não violam o âmbito constitucionalmente definido para o controle a ser exercido pelo TCU e pelo Ministério Público no que tange à aplicação das verbas públicas.*

Como visto, o STF validou a lei, inclusive o polêmico dispositivo que prevê a cessão de servidores públicos e bens públicos às Organizações Sociais, mas, ao mesmo tempo, reconheceu que elas estarão submetidas a um regime jurídico diferenciado, inclusive na contratação de pessoal próprio, de maneira que sejam sempre observados os princípios constitucionais da impessoalidade, moralidade, publicidade, legalidade e eficiência. Não estão sujeitas a procedimento licitatório, nem tampouco a concurso público, mas devem se submeter a procedimentos de contratação que primem pela impessoalidade e pela objetividade, conforme regulamento a ser editado, previsto na própria Lei (art. 4º, VIII).

Logo se vê que a fiscalização pelos órgãos de controle, que restou expressamente ressalvada, deverá ser duplamente cuidadosa.

ENTIDADES PARAESTATAIS	Organizações sociais	Definição	São entidades privadas, sem fins lucrativos, que auxiliam o Poder Público a desempenhar atividades de interesse social. **Podem atuar em diferentes áreas de interesse social**, estando previstas, no art. 1º da Lei 9.637/1998, as de ensino, pesquisa científica, desenvolvimento tecnológico, proteção e preservação do meio ambiente, cultura e saúde
		Requisitos de habilitação	Ter personalidade jurídica de direito privado
			Não ter finalidade lucrativa
			Devem atuar em pesquisa científica, ensino, desenvolvimento tecnológico, cultura, meio ambiente e saúde
		Qualificação	Segundo critérios de oportunidade e conveniência de competência do Ministro ou titular do órgão supervisor ou regulador da área de atividade correspondente ao seu objeto social

ENTIDADES PARAESTATAIS	**Organizações sociais**	**Desqualificação**	Motivo	Descumprimento do contrato de gestão
			Forma	Processo administrativo
			Consequência	Reversão dos bens permitidos e dos valores entregues
		Contrato de gestão	Definição	É o contrato firmado com o Poder Público que qualifica a entidade como Organização Social e que disciplina, entre outras, as atribuições, as responsabilidades e as obrigações do Poder Público e da Organização Social
			Execução	Metas a ser atingidas, prazos de execução, critérios objetivo de avaliação de desempenho e programa de trabalho proposto pela Organização Social
			Fomento	De bens públicos, cessão especial de servidor e recursos orçamentários

4.3.4. Organizações da Sociedade Civil de Interesse Público (OSCIPs)

Outra qualificação jurídica criada no âmbito do movimento de reforma do Estado, para denominar entidades privadas, sem fins lucrativos, que desempenham atividades de interesse social, vinculadas ao Estado por convênio ou contrato, é a de Organização da Sociedade Civil de Interesse Público – OSCIP.

Em linhas gerais, na esfera federal, as OSCIP's são regidas pela *Lei 9.790/1999*.

Há muita semelhança entre essas entidades e as organizações sociais, com a diferença fundamental de que a OSCIP, diferentemente das últimas, não recebe ou pode receber delegação para a gestão de serviço público. Daí por que os críticos das organizações sociais veem as OSCIP's com melhores olhos.

Conforme ressaltado pela doutrina, a Lei também impõe requisitos mais rígidos para a obtenção da qualificação.

Com efeito, a Lei 9.790/1999 define, inicialmente, o que é uma entidade sem fins lucrativos (art. 1.º, § 1.º), ao mesmo tempo em que exclui de sua abrangência diversas outras, ainda que filantrópicas (art. 2.º), como cooperativas, organizações sociais, instituições religiosas, sindicatos, organizações partidárias, fundações públicas, escolas privadas dedicadas ao ensino formal não gratuito e suas mantenedoras etc.

Pela nova redação dada ao *caput* do art. 1.º da Lei 9.790 pela Lei 13.019/2014, "podem qualificar-se como Organizações da Sociedade Civil de Interesse Público as pessoas jurídicas de direito privado sem fins lucrativos que tenham sido constituídas e se encontrem em funcionamento regular há, no mínimo, 3 (três) anos, desde que os respectivos objetivos sociais e normas estatutárias atendam aos requisitos instituídos por esta Lei".

A leitura do art. 3.º da Lei 9.790/1999 nos dá a exata dimensão de qual deve ser a finalidade de tais instituições, completamente *voltadas ao fomento de atividades de interesse social*, como promoção do voluntariado; promoção da segurança alimentar e nutricional; promoção da assistência social; promoção da cultura, defesa e conservação do patrimônio histórico e artístico; defesa, preservação e conservação do meio ambiente e promoção do desenvolvimento sustentável; promoção do desenvolvimento econômico e social e combate à pobreza etc.

A obtenção da qualificação como OSCIP, no âmbito federal, é feita junto ao Ministério da Justiça (art. 5.º).

Em vez do contrato de gestão, que é firmado com as organizações sociais, o instrumento adotado para com as OSCIP's é o *termo de parceria* (art. 9.º), assemelhado ou subespécie de convênio, visto que o vínculo é mais de cooperação do que propriamente de substituição do Poder Público pela entidade privada.

Não obstante, a execução do objeto do Termo de Parceria é fiscalizada pelo órgão do Poder Público da área de atuação correspondente à atividade fomentada e pelos Conselhos de Políticas Públicas das áreas correspondentes de atuação existentes, em cada nível de governo (art. 11 da Lei 9.790/1999).

O art. 14 da Lei prevê que, no prazo de 30 dias contados da assinatura do Termo de Parceria, a organização parceira deve expedir regulamento próprio contendo os procedimentos que adotará para a contratação de obras e serviços, bem como compras com emprego de recursos provenientes do Poder Público, observados os princípios da legalidade, impessoalidade, moralidade, publicidade, economicidade e eficiência.

Em que pese essa disposição, essas entidades estão também sujeitas às disposições, no âmbito federal, do Decreto 6.170/2007, que somente exige prévia cotação de preços, dispensando o procedimento licitatório.

Importante lembrar que a qualificação de entidade como OSCIP substitui a antiga declaração de entidade como de utilidade pública, mas não para os fins do disposto no art. 195, § 7.º, da CF/1988, ou seja, para fins de imunidade tributária quanto às contribuições previdenciárias, que segue as regras próprias da Lei 12.101/2009, devendo a OSCIP, para tal finalidade, cumprir os requisitos e o procedimento dessa Lei.

Vale a pena lembrar, também, que o *Decreto 3.100/1999*, ao regulamentar a Lei das OSCIP's, previu a possibilidade de a escolha da Organização, para a celebração do Termo de Parceria, ser feita por meio de publicação de edital de concurso de projetos para obtenção de bens e serviços e para a realização de atividades, eventos, consultorias, cooperação técnica e assessoria (art. 23).

De qualquer modo, a distinção entre o público e o privado, no caso das OSCIP's, é bem mais nítida do que no caso das organizações sociais, sendo mais fácil, também, e até por isso, a fiscalização correspondente[24].

Ainda assim, não é incomum que tais entidades sejam usadas para fins ilícitos, como no caso em que a OSCIP que firma o Termo de Parceria terceiriza todas ou parte das obrigações dele decorrentes para empresas que têm envolvimento, direto ou indireto, com os gestores da parceria. Trata-se de uma evidente fraude, que tem sido até certo ponto corriqueira na administração pública brasileira. Nessa situação, em que a OSCIP se vê obrigada a terceirizar parte das obrigações assumidas, parece ser mais correto exigir-se que no termo de parceria conste a obrigação da escolha do contratado por licitação[25].

Para dar mais transparência à gestão dos recursos, a Lei 13.019/2014 acrescentou o art. 15-B à Lei 9.790/1999, para o fim de regulamentar a forma de prestação de contas quanto à execução dos termos de parceria.

4.3.5. Regime jurídico das parcerias voluntárias. Lei 13.019/2014[26]

Com a finalidade de tornar mais transparente a transferência de recursos públicos às entidades do Terceiro Setor, foi editada a Lei 13.019/2014, que estabeleceu o regime jurídico das parcerias voluntárias, definindo, inclusive, diretrizes para a política de fomento e de colaboração.

A lei utiliza o termo *organização da sociedade civil* (art. 2.º, I) para qualificar a pessoa jurídica de direito privado sem fins lucrativos que irá firmar as parcerias com a Administração Pública. Nesse conceito entram tanto as organizações sociais quanto as OSCIP's,

---

24. Nesse sentido, veja-se interessante acórdão do TRF/1.ª Região:"Administrativo. Ação civil pública. Organizações da Sociedade Civil de Interesse Público – OSCIPs. Termo de parceria. Inobservância da Lei n.º 9.790/99. Execução do objeto do termo por empresa subcontratada. Ausência de previsão estatutária para construção de obras de infraestrutura. Nulidade. Obras realizadas. Direito ao ressarcimento pelas obras já realizadas. I – A Lei n.º 9.790/99 permite a celebração de termo de parceria entre o Poder Público e as organizações da sociedade civil de interesse público, para execução das atividades nela elencadas, que deverão ser realizadas diretamente pelo parceiro (art. 3.º, parágrafo único), afrontando, pois, a legislação de regência, a celebração do termo de parceria para construção de obras de infraestrutura, quando a empresa parceira, de acordo com o seu estatuto, não tem como finalidade social a execução das aludidas obras públicas, utilizando-se de empresas subcontratadas para tal, como no caso. II – Reconhecida a nulidade parcial do termo de parceria firmado, sem a observância da Lei n.º 9.790/99, no que se refere à construção de obras públicas, a condenação da parceira à devolução da verba recebida para realização das referidas obras deve ser limitada ao montante que ultrapassar os valores das obras já realizadas, de modo a não ensejar o enriquecimento ilícito da Administração. III – Apelação do INCRA desprovida. Apelação da ABRADESE e remessa oficial parcialmente providas" (TRF, 1.ª Região, 6.ª T., Rel. Des. Federal Souza Prudente, j. 05.11.2007).

25. O TCU, aliás, já ressaltou o cabimento de tal procedimento quando do julgamento da Tomada de Contas Especial 020.988/2008-1, em que se constatou a existência de confusão entre os dirigentes da OSCIP e das empresas contratadas. No caso concreto, o Termo de Parceria firmado previa a realização de licitação para as contratações das empresas executoras dos serviços nele previstos (Rel. Min. Ubiratan Aguiar).

26. Esta lei entraria em vigor após 360 dias de sua publicação oficial, que, no caso, ocorreu no dia 01.08.2014. No entanto, a Lei 13.204/2015, modificou a *vacatio legis*, estendendo o prazo para 540 dias após a publicação. Para os Municípios, estabeleceu-se que o início da vigência será a partir de 1º de janeiro de 2017.

assim como podem ser enquadradas outras entidades, genericamente denominadas no meio como organizações não governamentais (ONG's). Com a Lei 13.204/2015, foram incluídas explicitamente novas categorias de organizações no conceito, incluindo as cooperativas sociais de que trata a Lei 9.867/1999.

Veja-se que a nova legislação tanto define o que chama de termo de colaboração (art. 2.º, VII), quanto o chamado termo de fomento (art. 2.º, VIII), mostrando que o legislador se preocupou tanto com as finalidades de interesse público propostas pela própria Administração Pública, quanto com aquelas propostas pelas organizações sociais da sociedade civil. A Lei 13.204/2015 incluiu, ainda, o inciso VIII-A, tratando do **acordo de cooperação**, instrumento para reger as hipóteses que não envolvam transferência de recursos financeiros.

Foi estabelecido também um procedimento destinado à seleção da organização que irá firmar o termo de colaboração ou de fomento, denominado de "chamamento público" (art. 2.º, XII), a ser processado e julgado por uma "comissão de seleção" (art. 2.º, X). Também haverá um órgão para proceder à avaliação e ao monitoramento das parcerias, denominado de "comissão de monitoramento e avaliação" (art. 2.º, XI).

A Lei atende, assim, àqueles que sempre criticaram a falta de transparência nas transferências de recursos financeiros do Poder Público para entidades do terceiro setor, visto que houve uma clara preocupação com o estabelecimento de uma série de regras visando à fiscalização da aplicação de tais recursos e à prestação de contas respectivas.

Infelizmente, num grande retrocesso, a Lei 13.204/2015 revogou o art. 9º, que previa a obrigatoriedade de o Poder Público divulgar, no início de cada ano civil, os valores aprovados na lei orçamentária anual vigente para execução de programas e ações do plano plurianual em vigor, que poderão ser executados por meio de parcerias previstas na Lei. Continua a exigência de manutenção, na Internet, da relação das parcerias celebradas, não mais pelo prazo não inferior a cinco anos, contado da apreciação da prestação de contas final da parceria (art. 10), mas pelo prazo de cento e oitenta dias após o respectivo encerramento do plano de trabalho.

Há previsão, ainda, da instituição de programas de capacitação para gestores, representantes de organizações da sociedade civil e conselheiros de políticas públicas (art. 7.º), a fim de torná-los mais aptos na gestão das parcerias a serem firmadas, e, com isso, diminuir os já costumeiros problemas ocorridos na prestação de contas, muitos de caráter formal, que são apurados pelos órgãos de controle interno e externo.

Por outro lado, uma crítica que fizemos na edição anterior, referente ao excesso de normatização, com uma burocratização excessiva dos instrumentos de parceria, foi parcialmente corrigida pela Lei 13.204/2015, pois aquele excesso poderia importar na desistência de muitas entidades em firmar os instrumentos de cooperação. Com efeito, diversos dos requisitos exigidos nos planos de trabalho das parcerias (art. 22) foram revogados. Outras exigências que eram previstas na redação original da Lei tanto nos estatutos das organizações (art. 33), quanto na habilitação para a celebração dos termos (art. 34), também foram retiradas na nova redação.

Com a extrema burocratização, corria-se o risco de só atender aos chamamentos aquelas entidades que, de alguma maneira, já estivessem ligadas ao Poder Público por alguma razão ideológica com o governo de ocasião ou que possuíssem algum fim escuso como meta, posto que para estas, como tem demonstrado à exaustão nossa história recente, não é o excesso de normatização, ou mesmo de estipulação de infrações ou criminalização, que servirá de óbice à sua atuação.

O procedimento do **chamamento público**, que se parece com uma licitação, sendo, inclusive, iniciado com edital (art. 24, § 1.º), procura dar o máximo de transparência ao procedimento. Ocorre que a Lei 13.204/2015 modificou a anteriormente clara redação do art. 29, criando, agora, uma regra confusa e absolutamente dúbia. As antigas exceções ao chamamento público continuam previstas no art. 30, mas a nova redação do art. 29 parece ter transformado o que era para ser a regra, o prévio chamamento, numa exceção.

Ressalvam-se expressamente do chamamento público, de qualquer modo, os casos de inexigibilidade e inviabilidade de competição, em razão da natureza singular do objeto do plano de trabalho ou quando as metas somente puderem ser atingidas por uma entidade específica (art. 31).

4.4. SÚMULAS DO SUPREMO TRIBUNAL FEDERAL

TERCEIRO SETOR	
Súmula n. 516: O Serviço Social da Indústria (SESI) está sujeito a jurisdição da justiça estadual.	Súmula n. 724: Ainda quando alugado a terceiros, permanece imune ao IPTU o imóvel pertencente a qualquer das entidades referidas pelo art. 150, VI, c, da Constituição, desde que o valor dos aluguéis seja aplicado nas atividades essenciais de tais entidades.
Súmula n. 730: A imunidade tributária conferida a instituições de assistência social sem fins lucrativos pelo art. 150, VI, c, da Constituição, somente alcança as entidades fechadas de previdência social privada se não houver contribuição dos beneficiários.	

4.5. SÍNTESE DO TEMA

REFORMA DO ESTADO E TERCEIRO SETOR	
Delimitação do tema	• A partir da década de 1990, passou a se verificar, mundialmente, uma tendência de se diminuir a participação do Estado nas atividades econômicas em geral, inclusive naquelas enquadradas como serviços públicos de natureza comercial e industrial, como distribuição de energia elétrica, telecomunicações, transportes etc. • O Brasil não restou imune a esta tendência, e ela, da mesma forma, não se restringiu apenas às atividades econômicas não titularizadas como serviços públicos, referidas no capítulo próprio, abarcando, também, inúmeras atividades econômicas enquadráveis como serviços públicos pelo nosso ordenamento jurídico. • A ideia central de toda essa evolução ou revolução econômica, e que se fez presente no campo jurídico por consequência, é o princípio da eficiência, que passou a ser um dos fundamentos da atuação administrativa.

	REFORMA DO ESTADO E TERCEIRO SETOR
Agências reguladoras	• É uma entidade governamental, de natureza autárquica, a quem se atribui competência para fiscalizar e normatizar as atividades de determinado setor da economia dotado de relevância para a sociedade. • É uma autarquia de regime jurídico especial, atribuindo a tais entidades maior independência e mais poderes para o exercício de suas funções do que aqueles usualmente atribuídos às demais autarquias. • Esse regime especial está geralmente ligado a: 1) maiores garantias de estabilidade no cargo, por parte dos dirigentes de tais entidades; e 2) ao amplo poder normativo que a elas é atribuído, no que se refere aos aspectos técnicos da atividade por elas fiscalizada. • Como consequência do poder normativo ou regulatório, temos o poder fiscalizatório, devendo ser destacado que algumas agências se caracterizam por ter como atribuições preponderantes o desempenho do poder de polícia, como é o caso da ANVISA – Agência Nacional de Vigilância Sanitária, característica que é comum a diversas autarquias não caracterizadas como agências.
Agências Executivas (Decreto 2.487/98)	• Agência executiva, antes de tudo, é uma simples qualificação que é dada a certas entidades públicas, autarquia ou fundação, que firmam com a Administração Direta contrato de gestão. • O contrato de gestão foi idealizado como uma forma de a entidade ter melhor desempenho em sua área de atuação, dentro da linha de raciocínio que se fundamenta no princípio da eficiência. Por intermédio dele, a autarquia ou fundação "negocia" maior autonomia com a Administração direta a que está vinculada, principalmente na forma de maiores recursos orçamentários, em troca do atingimento de certas metas, de produtividade ou de redução de custos, melhorando, assim, seu desempenho. • O contrato de gestão, na esfera federal, é celebrado junto ao Ministério supervisor da área de atuação da autarquia ou fundação e a qualificação da agência executiva se dá mediante decreto do Poder Executivo.
Ideia	• O Estado sempre se valeu do auxílio de particulares para o desempenho de tarefas e atividades que são de interesse coletivo, mas que, não obstante, não chegam a ser titularizados pelo Poder Público. Às entidades privadas que desempenham tais atividades de interesse social costuma-se denominar "paraestatais", ou seja, que atuam em paralelo ao Estado. • O Estado, assim, incentiva a atuação de certas entidades privadas nesses setores, por vezes, inclusive, criando contribuições compulsórias, embora ele não desempenhe, seja diretamente, seja por intermédio de suas entidades descentralizadas, qualquer atividade executória específica nesses setores.

	TERCEIRO SETOR E ENTIDADES PARAESTATAIS
Serviços Sociais Autônomos	• Os chamados serviços sociais autônomos desempenham atribuições de interesse de certos segmentos econômicos, prestando auxílio social aos trabalhadores que são a eles vinculados ou promovendo a melhor qualificação profissional destes últimos. • Exemplos: SESI – Serviço Social da Indústria (Decreto-Lei nº 9.403/1946), SENAI – Serviço Nacional de Aprendizagem Industrial (Decreto-Lei nº 4.048/1942), SESC – Serviço Social do Comércio (Decreto-Lei nº 9.853/1946) e SENAC – Serviço Nacional de Aprendizagem Comercial (Decreto-Lei nº 8.621/1946). • Em todos esses casos a lei autoriza a criação de contribuição obrigatória para o financiamento das atividades de tais instituições. A lei também cria ou autoriza a criação de tais entidades. • Estão tais entidades sujeitas a controle financeiro pelo TCU. Tal obrigação, no entanto, não as torna entidades públicas, já tendo decidido, a própria Corte de Contas, que a tais entidades não se aplicam as disposições da Lei nº 8.666/1993 (Decisão plenária nº 907/1997), e sim seus regulamentos próprios, devidamente publicados. • Ainda em relação aos Serviços Sociais Autônomos, o STF entendeu que em relação às entidades tradicionais (criadas na década de 1940), bem como o SEST (objeto do processo analisado pela Corte), não se pode impor a necessidade de realização de concurso público, tendo em vista que tais entidades possuem natureza jurídica de direito privado.
Entidades de Apoio	• Como forma de apoiar as instituições de ensino superior federais em áreas de pesquisa e extensão, começaram a surgir fundações, cooperativas e associações privadas, constituídas por servidores públicos, para prestar serviços auxiliares àquelas entidades. • Essas instituições, denominadas de "entidades de apoio", firmavam acordos com os entes públicos, geralmente por meio de convênios, pelos quais desempenhavam funções que interessariam a estes, em troca, geralmente, do direito de usar de seus bens e de seu pessoal. • Finalidade primordial dessas entidades seria a de servir de ponte entre a iniciativa privada e a universidade, permitindo o ingresso de recursos daquela para investimentos em projetos de pesquisa e desenvolvimento desta última. • Por fim, importante termos em mente que o termo "entidade de apoio", no âmbito do direito administrativo, constitui apenas um qualificativo de um tipo específico de associação ou fundação privada que presta serviço auxiliar, geralmente em área ligada à pesquisa e extensão, à entidade de ensino pública de nível superior ou tecnológico. Esse mesmo termo, no entanto, fora desse âmbito, é largamente utilizado como sinônimo de entidade não governamental que fomenta algum tipo de atuação social relevante, daí se falar, por exemplo, em entidade de apoio aos deficientes ou em entidade de apoio à criação e ao adolescente.

	TERCEIRO SETOR E ENTIDADES PARAESTATAIS
Organizações Sociais	• Assim como o termo "entidade de apoio", a expressão "organização social" é apenas um qualificativo que se dá a certas entidades privadas, sem fins lucrativos, que auxiliam o poder público a desempenhar atividades de interesse social. A diferença principal é que a organização social não está vinculada apenas a entidades de ensino, nem tem como escopo ou finalidade apenas a educação, mormente nas áreas de pesquisa e desenvolvimento tecnológico. • A organização social pode atuar em diferentes áreas de interesse social, estando previstas, no art. 1º da Lei nº 9.637/1998, as de ensino, pesquisa científica, desenvolvimento tecnológico, proteção e preservação do meio ambiente, cultura e saúde. A qualificação como organização social decorre de contrato de gestão que a mesma firma com o Poder Público. • No âmbito federal, as organizações sociais restaram regulamentadas pela Lei nº 9.637/1998, que prevê a necessidade de prévia habilitação da entidade perante a Administração Pública, para que a mesma obtenha a qualificação de organização social (art. 11), sendo elas declaradas como entidades de interesse social e utilidade pública para todos os efeitos legais. • A contrapartida principal é a possibilidade de destinação de recursos orçamentários e bens públicos necessários ao cumprimento do contrato de gestão (art. 12 da Lei nº 9.637/1998). A Lei prevê, até mesmo, a cessão de servidores para as organizações sociais, com ônus para a origem, ou seja, para o Poder Público, que é o cedente (art. 14). • A Lei nº 8.666/1993 dispensa licitação na contratação de organizações sociais para a celebração de contratos de prestação de serviços (art. 24, XXIV).
Organizações da Sociedade Civil de Interesse Público (OSCIPs)	• Outra qualificação jurídica criada no âmbito do movimento de reforma do Estado, para denominar entidades privadas, sem fins lucrativos, que desempenham atividades de interesse social, vinculadas ao Estado por convênio ou contrato, é a de organização da sociedade civil de interesse público – OSCIP. • Há muita semelhança entre estas entidades e as organizações sociais, com a diferença fundamental de que a OSCIP, diferentemente das últimas, não recebe ou pode receber delegação para a gestão de serviço público. Daí por que os críticos das organizações sociais veem as OSCIPs com melhores olhos. • A Lei nº 9.790/1999 define, inicialmente, o que é uma entidade sem fins lucrativos (art. 1º, § 1º), ao mesmo tempo em que exclui de sua abrangência diversas outras, ainda que filantrópicas (art. 2º), como cooperativas, organizações sociais, instituições religiosas, sindicatos, organizações partidárias, fundações públicas, escolas privadas dedicadas ao ensino formal não gratuito e suas mantenedoras etc.

TERCEIRO SETOR E ENTIDADES PARAESTATAIS	
Organizações da Sociedade Civil de Interesse Público (OSCIPs)	• A leitura do art. 3º da Lei 9.790/1999 nos dá a exata dimensão de qual deve ser a finalidade de tais instituições, completamente voltadas ao fomento de atividades de interesse social, como promoção do voluntariado; promoção da segurança alimentar e nutricional; promoção da assistência social; promoção da cultura, defesa e conservação do patrimônio histórico e artístico; defesa, preservação e conservação do meio ambiente e promoção do desenvolvimento sustentável; promoção do desenvolvimento econômico e social e combate à pobreza etc. A obtenção da qualificação como OSCIP, no âmbito federal, é obtida junto ao Ministério da Justiça (art. 5º). • Ao invés do contrato de gestão, que é firmado com as organizações sociais, o instrumento adotado para com as OSCIPs é o termo de parceria (art. 9º da Lei 9.790/1999), assemelhado ou subespécie de convênio, visto que o vínculo é mais de cooperação do que propriamente de substituição do poder público pela entidade privada.

4.6. QUESTÕES

1. **(Conhecimentos Básicos/ANTAQ - CESPE/2014) Em relação à organização administrativa do Estado brasileiro, julgue o item a seguir.**

    O poder normativo das agências reguladoras, cujo objetivo é atender à necessidade crescente de normatividade baseada em questões técnicas com mínima influência política, deve estar amparado em fundamento legal.

2. **(Conhecimentos Básicos/ ANTAQ - CESPE/2014) No que se refere ao controle da administração pública, à improbidade administrativa e ao processo administrativo, julgue o item subsequente.**

    As decisões das agências reguladoras federais estão sujeitas à revisão ministerial, inclusive por meio de recurso hierárquico impróprio.

3. **(Conhecimentos Básicos/ANTAQ - CESPE/2014) Julgue o próximo item, acerca das agências reguladoras e das teorias da regulação.**

    Dada a importância da ANTAQ como autoridade administrativa independente das atividades portuárias e de transporte aquaviário, ela figura entre as três primeiras agências criadas com assento constitucional, ao lado da Agência Nacional do Petróleo (ANP) e da Agência Nacional de Telecomunicações (ANATEL).

4. **(Conhecimentos Básicos/ANTAQ - CESPE/2014) Julgue o próximo item, acerca das agências reguladoras e das teorias da regulação.**

    A teoria do agente principal pode ser representada pela interação entre uma agência reguladora e as concessionárias de serviços públicos delegados em uma situação em que esteja presente informação oculta, ou risco moral, ilustrada pela incapacidade do principal (agência reguladora) observar qual é o esforço exercido pelo agente (concessionária) no cumprimento do contrato.

5. **(Conhecimentos Básicos/ANTAQ - CESPE/2014) Julgue o próximo item, acerca das agências reguladoras e das teorias da regulação.**

   Uma das finalidades da ANTAQ, que exerce a regulação setorial dos transportes aquaviários no Brasil, é a supervisão dos serviços de transportes aquaviários e das atividades portuárias, estando essa agência, entretanto, legalmente dispensada da implantação das políticas a cargo do Conselho Nacional de Integração de Políticas de Transportes (CONIT).

6. **(Conhecimentos Básicos/ANTAQ - CESPE/2014) Julgue o próximo item, acerca das agências reguladoras e das teorias da regulação.**

   A regulação econômica busca restringir as decisões das firmas com base em três variáveis principais: o preço, a quantidade e o número de empresas. Com relação à quantidade ofertada, uma forma de regulação é a obrigatoriedade de atender a toda a demanda ao preço regulado.

7. **(Conhecimentos Básicos/ANTAQ - CESPE/2014) Julgue o próximo item, acerca das agências reguladoras e das teorias da regulação.**

   A criação das agências reguladoras advém da política econômica adotada no Brasil na década de 90 do século XX, quando ocorreram privatizações decorrentes do Plano Nacional de Desestatização.

8. **(Conhecimentos Básicos/ANTAQ - CESPE/2014) Julgue o próximo item, acerca das agências reguladoras e das teorias da regulação.**

   O preço e o número de empresas são variáveis críticas para os reguladores: além de regular a entrada de novas empresas, a agência reguladora também controla as empresas reguladas existentes.

9. **(Técnico em Regulação/ANTAQ - CESPE/2014) Julgue o item subsecutivo, com relação às agências reguladoras.**

   A função normativa das agências reguladoras se equipara à função regulamentar do chefe do Poder Executivo de complementação das leis.

10. **(Técnico em Regulação/ANTAQ - CESPE/2014) Julgue o item subsecutivo, com relação às agências reguladoras.**

    As agências reguladoras exercem função normativa primária, observadas as normas hierarquicamente superiores.

11. **(Conhecimentos Básicos/ANTAQ – CESPE/2014)** Em relação à organização administrativa do Estado brasileiro, julgue o item a seguir.

    As entidades que compõem o serviço social autônomo prestam serviço público e, por isso, integram a Administração Pública Indireta, estando sujeitas ao controle do tribunal de contas.

12. **(Técnico de Administração Pública/TC-DF – CESPE/2014)** A respeito da organização administrativa, julgue o próximo item.

    O Serviço Social do Comércio, exemplo de entidade de direito privado que atua em colaboração com o Estado, apesar de ter sido criado por lei, não integra a Administração Indireta.

13. **(Analista Judiciário/TJ-CE – CESPE/2014)** A propósito da organização administrativa, assinale a opção correta.

    a) Compete ao Ministério da Justiça a qualificação de pessoas jurídicas de direito privado, sem fins lucrativos, como organizações da sociedade civil de interesse público.

    b) Ocorrerá descentralização administrativa funcional caso haja criação de uma nova vara em um tribunal de justiça

    c) São integrantes da administração indireta, entre outros, as autarquias, as fundações e os serviços sociais autônomos.

    d) Exige-se lei específica para a criação de subsidiárias de empresas públicas e de sociedades de economia mista.

    e) As autarquias caracterizam-se por serem dotações patrimoniais criadas por lei, sujeitas a controle ou tutela, com personalidade jurídica pública e capacidade de autoadministração.

14. **(Analista Judiciário/TJ-CE – CESPE/2014)** A respeito de organização administrativa, assinale a opção correta.

    a) As organizações sociais são pessoas jurídicas de direito público que celebram contrato de gestão com o poder público para a prestação de serviços públicos de natureza social.

    b) São consideradas agências executivas as autarquias, fundações, empresas públicas e sociedades de economia mista que apresentam regime jurídico especial que lhes concede maior autonomia em relação ao ente federativo que as criou.

    c) Os consórcios públicos sob o regime jurídico de direito público são associações públicas sem personalidade jurídica criadas para a gestão associada de serviços públicos de interesse de mais de um ente federativo.

    d) Tratando-se de órgão público, a competência é irrenunciável e intransferível.

    e) As autarquias são entidades criadas pelos entes federativos para a execução atividades que requeiram gestão administrativa e financeira descentralizada, porém, o ente federativo continuará titular do serviço, sendo responsável, dessa forma, pelos atos praticados pela autarquia.

15. **(Titular de Serviços de Notas e de Registros/TJ-DF – CESPE/2014)** No que se refere à Administração Pública, assinale a opção correta.

    a) Consoante o entendimento do STF, encontra fundamento constitucional a exigência legal de aprovação legislativa prévia para a exoneração de ocupante do cargo de presidente de autarquia.

    b) Por não se submeterem ao regime jurídico de direito público, as sociedades de economia mista exploradoras de atividade econômica estão dispensadas da realização de concurso público para a admissão de pessoal.

    c) Não se aplica às empresas públicas prestadoras de serviço público a responsabilidade civil objetiva pelos danos que seus agentes, nessa qualidade, causarem a terceiros.

    d) A descentralização administrativa por meio de delegação de serviço público pode ocorrer por meio de contrato e pressupõe relação de hierarquia.

    e) As entidades paraestatais, entes privados que não integram a administração pública direta e indireta, colaboram com o Estado no desempenho de atividades de interesse público, sem finalidade lucrativa, como os serviços sociais autônomos.

16. **(Analista de Administração Pública/TC-DF – CESPE/2014)** Julgue o item a seguir, relativo à responsabilidade civil do Estado, aos serviços públicos e às organizações da sociedade civil de interesse público.

    Compete ao Ministério da Justiça expedir certificado às entidades interessadas em obter qualificação como organização da sociedade civil de interesse público.

17. **(Analista Legislativo/Câmara dos Deputados – CESPE/2014)** Com referência à organização administrativa da União, julgue o item seguinte.

    É classificada como integrante dos serviços sociais autônomos uma pessoa jurídica de direito privado, sem fins lucrativos, criada por autorização legislativa, cuja finalidade principal seja a de executar serviços de utilidade pública para o benefício de grupos específicos, com custeio por contribuições compulsórias.

18. **(Analista Legislativo/Câmara dos Deputados – CESPE/2014)** No que se refere aos contratos de gestão, julgue o item seguinte.

    Os recursos de fomento de uma organização social que celebre contrato de gestão são mantidos em sua conta movimento, de modo a evitar que sejam contabilizados como receita.

19. **(Analista Legislativo/Câmara dos Deputados – CESPE/2014)** No que se refere aos contratos de gestão, julgue o item seguinte.

    Os contratos de gestão, celebrados para a prestação de serviços não exclusivos do Estado, são estabelecidos por intermédio de parcerias com organizações sociais, que devem ser previamente qualificadas como organizações sociais pelo ministério responsável.

20. (Analista Legislativo/Câmara dos Deputados – CESPE/2014) No que se refere aos contratos de gestão, julgue o item seguinte.

Em contrato de gestão celebrado por organização pública, os valores entre as partes contratantes serão fixados por intermédio de processo licitatório, conforme legislação.

GABARITO

1 – Certo	2 – Certo	3 – Errado
4 – Errado	5 – Errado	6 – Certo
7 – Certo	8 – Certo	9 – Errado
10 – Errado	11 – Errado	12 – Certo
13 – A	14 – D	15 – E
16 – Certo	17 – Certo	18 – Errado
19 – Certo	20 – Errado	

CAPÍTULO

5

SERVIDORES PÚBLICOS

Sumário: 5.1. Agentes públicos: **5.1.1.** Agentes políticos; **5.1.2.** Agentes estatutários especiais; **5.1.3.** Particulares em colaboração com o Poder Público; **5.1.4.** Militares (servidores militares); **5.1.5.** Servidores públicos em sentido amplo ou servidores estatais – **5.2.** Regime jurídico único – RJU – **5.3.** Regime de emprego público na administração pública: **5.3.1.** Noção de emprego; **5.3.2.** Regras constitucionais aplicáveis ao regime de emprego público, relativas às imposições; **5.3.3.** Regras constitucionais aplicáveis ao regime de emprego público, relacionadas aos direitos; **5.3.4.** Direito à estabilidade, FGTS e dispensa motivada; **5.3.5.** Direito à aposentadoria; **5.3.6.** Competência da Justiça do Trabalho; **5.3.7.** O problema da responsabilidade subsidiária da Administração Pública nas contratações de serviços terceirizados – **5.4.** Servidores contratados por tempo determinado (art. 37, IX da CF/1988); **5.4.1.** Previsão legal dos casos de contratação por tempo determinado; **5.4.2.** Determinação dos prazos de contratação; **5.4.3.** Necessidade temporária e excepcional interesse público. Noção; **5.4.4.** Nulidades do contrato, efeitos do contrato nulo e competência jurisdicional – **5.5.** Servidores públicos civis, em sentido estrito (estatutários): **5.5.1.** Vínculo estatutário e cargo público; **5.5.2.** Quadro funcional; **5.5.3.** Classificação dos cargos públicos; **5.5.4.** Funções de confiança; **5.5.5.** Regras constitucionais referentes ao provimento dos cargos públicos; **5.5.6.** Nepotismo; **5.5.7.** Posse e exercício em cargo público; **5.5.8.** Regras constitucionais sobre acumulação de cargos públicos, estágio probatório, estabilidade e vitaliciedade.

5.1. AGENTES PÚBLICOS

Para o cumprimento de suas múltiplas atribuições, o Poder Público, por intermédio de seus inúmeros órgãos e entidades componentes, deverá valer-se, no plano fático, de pessoas naturais que exprimam suas decisões e ações. Pessoas, portanto, que atuem em nome do Estado. Como diz Dirley da Cunha Jr., "são pessoas que agem em seu nome e por isso mesmo denominadas agentes públicos"[1].

A expressão "agentes públicos" é admitida pela maior parte da doutrina administrativista como congregando todas as subespécies e categorias de pessoas que atuam em nome do Estado.

---

1. CUNHA JR., Dirley. *Curso de direito administrativo*. 9. ed. rev., ampl. e atual. Salvador: Juspodivm, 2010, p. 267.

A questão envolvendo a nomenclatura dos institutos jurídicos, embora seja usualmente um ponto de discórdia entre os juristas, e, por isso mesmo, motivo único, muitas vezes, para o desenvolvimento de "novos" trabalhos nesse campo, é, quase sempre, decidida de forma arbitrária, podendo ser adotadas diferentes denominações para um mesmo instituto, ao sabor do gosto de cada um. Ainda assim, existe sempre um núcleo básico de categorizações que é, pela maioria dos estudiosos do assunto, aceito como o mais correto.

Sendo assim, vamos nos ater ao termo agente público como sendo o mais geral, o que é usualmente admitido como tal, absorvendo ele todas as categorias de pessoas que estão vinculadas, de alguma forma, ao Poder Público, para o fim de exercício de atribuições deste.

Assim, pouco importa a forma de ingresso ou admissão, se por eleição, requisição, nomeação ou contratação; o vínculo jurídico existente, se estatutário ou contratual; o prazo da atuação, se temporário ou indeterminado; se o vínculo existe diretamente com a Administração ou com aqueles que por ela são autorizados a executar serviços públicos (empregados de permissionários, concessionários ou autorizatários). Todos são, de alguma forma, agentes públicos e, por isso mesmo, de certo modo a eles se aplicarão algumas, várias ou inúmeras regras e disposições da Constituição Federal ou das legislações administrativas em geral, atinentes com os servidores públicos.

Podemos, então, dividir os agentes públicos, para melhor compreensão, em diferentes categorias, a saber:

a) *Agentes políticos;*

b) *Particulares em colaboração com o Poder Público;*

c) *Militares;*

d) *Servidores públicos, em sentido amplo, denominados por alguns de servidores estatais, categoria compreensiva dos:*

d.1) *Servidores públicos civis do vínculo estatutário ou servidores públicos civis em sentido estrito;*

d.2) *Empregados públicos;*

d.3) *Servidores temporários ou contratados por designação temporária (art. 37, IX, da CF/1988).*

Os *agentes políticos* são, em grande parte, sujeitos a um regime jurídico que é predominantemente constitucional, e apenas subsidiariamente administrativo.

Isso significa dizer que, por sua relevância e *status* no quadro estatal, o próprio legislador constituinte lhes conferiu prerrogativas e atribuições, estando eles, muitas vezes, sujeitos a regras especiais, encontradas na própria Constituição ou dela diretamente derivadas, que afastam a aplicação da legislação administrativa ordinária a seus regimes jurídicos.

Entretanto, esse afastamento será apenas no que a referida legislação for incompatível com os preceitos constitucionais específicos, estando eles submetidos, de qualquer modo, a várias das normas, tanto constitucionais como legais, aplicadas aos demais servidores.

Quanto aos *particulares*, o direito administrativo somente se interessa por eles, para os fins aqui estudados, quando são chamados, de algum modo, a atuar em nome do Estado. Estarão aqueles, nessa condição, sujeitados ao regime jurídico administrativo, embora, em sua maior parte, apenas para fins de responsabilização por seus atos, decorrendo parte dessa submissão das normas contratuais administrativas firmadas pelo Estado com as pessoas jurídicas a que tais particulares se vinculam.

Como se vê nos casos acima, a submissão ao direito administrativo é *incidental*, embora ocorra, daí por que nossa atenção principal não será destinada ao estudo deles.

Quanto aos servidores públicos propriamente ditos, existem aqueles que estão vinculados ao Poder Público por um *regime jurídico trabalhista*, normalmente denominado de celetista, decorrente da abreviatura de nossa principal legislação sobre o assunto (a Consolidação das Leis do Trabalho – CLT, instituída pelo Decreto-lei 5.452/1943), e que, por isso mesmo, não serão regidos, salvo acidentalmente, pelo direito administrativo.

Por outro lado, existe toda uma categoria de agentes, a maioria dos que atuam em nome da Administração direta, autárquica e fundacional, que estão vinculados ao Estado por normas institucionais, geralmente denominadas de "estatutos", que são completamente disciplinadas pelo direito administrativo.

Não é sem razão que aos estatutários ou servidores públicos em sentido estrito é que se destina o papel principal nesta obra.

CONCEITO			O termo "agentes públicos" é admitido pela maior parte da doutrina administrativista congregando todas as subespécies e categorias de pessoas que atuam em nome do Estado
TIPOS	SERVIDORES ESTATUTÁRIOS	VITALÍCIO	Membros do Judiciário, do Ministério Público e do Tribunal de Contas
		EFETIVO	São os servidores que ocupam cargos de carreira ou isolados decorrentes de aprovação em concurso público.
		EM COMISSÃO	São aqueles providos em cargos de direção, chefia e assessoramento. Não precisam ser aprovados em concursos públicos
	OUTROS	Celetista	São regidos pela CLT
		Temporários	Exercem função pública temporária para atender a necessidade de interesse público excepcional – contrato administrativo
		Políticos	Por sua relevância e *status* no quadro estatal, o próprio legislador constituinte lhes conferiu prerrogativas e atribuições, estando eles, muitas vezes, sujeitos a regras especiais, encontradas na própria Constituição ou dela diretamente derivadas

TIPOS	OUTROS	Particulares	O direito administrativo somente se interessa por eles, para os fins aqui estudados, quando são chamados, de algum modo, a atuar em nome do Estado

5.1.1. Agentes políticos

Os agentes políticos são aqueles que exercem os mais altos cargos do escalão governamental, sendo responsáveis por estabelecer as diretrizes de atuação do Estado, além de gozar de ampla independência funcional.

Nessa categoria entram todos aqueles que *exercem mandatos eletivos* diretamente decorrentes da Constituição: o Presidente da República e o Vice-Presidente; os governadores e os vice-governadores dos Estados e do DF; os prefeitos municipais e os vice-prefeitos; os senadores da República; os deputados federais; os deputados estaduais e os vereadores.

Além destes, também integram essa categoria aqueles agentes diretamente nomeados pelos chefes dos Executivos, nas três esferas de governo, que são responsáveis, no *mais alto escalão administrativo*, pela implementação das políticas de governo, a saber: a) os ministros de Estado, nomeados pelo Presidente da República; b) os secretários de Estado, nomeados pelos governadores; c) os secretários municipais, nomeados pelos prefeitos[2].

Eventualmente, a lei pode atribuir a um agente público originalmente não enquadrado nesta última categoria o mesmo *status*, sendo comum, no âmbito federal, encontrarmos regras nesse sentido, algumas de duvidosa constitucionalidade e de duvidosa finalidade pública, visando, ao fim e ao cabo, apenas promover a "blindagem" de certas autoridades, como ocorreu, por exemplo, com o presidente do Banco Central do Brasil (Lei 11.036/2004)[3].

---

2. Existem cargos que, embora não sejam nominalmente idênticos, equivalem ao de ministro de Estado, como o Advogado-Geral da União e alguns secretários especiais da Presidência da República. No âmbito estadual, tradicionalmente, o Procurador-Geral do Estado tem *status* equivalente ao de Secretário.

3. O STF, no entanto, quando chamado a se manifestar sobre a validade de tal disposição, considerou-a constitucional, conforme julgamento da *ADI 3.289/DF*, Rel. Min. Gilmar Mendes (j. 05.05.2005), cuja ementa se transcreve abaixo:"Ação direta de inconstitucionalidade contra a Medida Provisória n.º 207, de 13 de agosto de 2004 (convertida na Lei n.º 11.036/2004), que alterou disposições das Leis n.º 10.683/03 e n.º 9.650/98, para equiparar o cargo de natureza especial de Presidente do Banco Central ao cargo de Ministro de Estado. 2. Prerrogativa de foro para o Presidente do Banco Central. 3. Ofensa aos arts. 2.º, 52, III, 'd', 62, § 1.º, I, 'b', § 9.º, 69 e 192, todos da Constituição Federal. 4. Natureza política da função de Presidente do Banco Central que autoriza a transferência de competência. 5. Sistemas republicanos comparados possuem regulamentação equivalente para preservar garantias de independência e imparcialidade. 6. Inexistência, no texto constitucional de 1988, de argumento normativo contrário à regulamentação infraconstitucional impugnada. 7. Não caracterização de modelo linear ou simétrico de competências por prerrogativa de foro e ausência de proibição de sua extensão a Presidente e ex-Presidentes de Banco Central. 8. Sistemas singulares criados com o objetivo de garantir independência para cargos importantes da República: Advogado--Geral da União; Comandantes das Forças Armadas; Chefes de Missões Diplomáticas. 9. Não violação

Na linha da doutrina mais antiga[4], no entanto, seriam agentes políticos *todos os membros de Poder*, o que incluiria, além dos acima citados, os magistrados (ministros de tribunais superiores – STF, STJ, STM, TSE e TST; os juízes de tribunais regionais – eleitorais, do trabalho e federais; desembargadores dos tribunais de justiça e juízes dos tribunais de justiça militar estaduais; juízes de direito, federais, do trabalho e auditores militares).

Por equiparação, estariam incluídos, ainda, os membros dos diferentes ramos do Ministério Público da União (Federal, do Trabalho, Militar e do Distrito Federal e Territórios) e os membros dos Ministérios Públicos estaduais, bem como os ministros e conselheiros dos Tribunais de Contas municipais, estaduais e da União. Isso se daria em razão do altíssimo grau de independência desses agentes, conquanto não sejam, propriamente, membros de Poder.

Essa tese ampliativa não encontra respaldo, hodiernamente, na maioria dos doutrinadores, que prefere limitar o termo agentes políticos *apenas àqueles que têm o controle político das ações estatais*, basicamente, os membros do Legislativo e os Chefes do Executivo com seus subordinados mais diretos e de alto escalão (ministros de Estado, secretários de Estado e secretários municipais).

Os demais agentes, em que pese sua importância, por serem membros de Poder, como os magistrados, seriam classificados como servidores estatutários, ainda que sujeitos a um estatuto especial, com previsão constitucional, diverso daquele previsto para os servidores em geral.

O STF, no entanto, nunca deixou de reconhecer a qualidade de agentes políticos dos magistrados, valendo lembrar, a título exemplificativo, as considerações feitas quando do julgamento do *RE 228.997/SP*[5]:

> "*Recurso extraordinário. Responsabilidade objetiva. Ação reparatória de dano por ato ilícito. Ilegitimidade de parte passiva. 2. Responsabilidade exclusiva do Estado. A autoridade judiciária não tem responsabilidade civil pelos atos jurisdicionais praticados. Os magistrados enquadram-se na espécie agente político, investidos para o exercício de atribuições constitucionais, sendo dotados de plena liberdade funcional no desempenho de suas funções, com prerrogativas próprias e legislação específica. 3. Ação que deveria ter sido ajuizada contra a Fazenda Estadual – responsável eventual pelos alegados danos causados pela autoridade judicial, ao exercer suas atribuições –, a qual, posteriormente, terá assegurado o direito de regresso contra o magistrado responsável, nas hipóteses de*

---

do princípio da separação de poderes, inclusive por causa da participação do Senado Federal na aprovação dos indicados ao cargo de Presidente e Diretores do Banco Central (art. 52, III, 'd', da CF/88). 10. Prerrogativa de foro como reforço à independência das funções de poder na República adotada por razões de política constitucional. 11. Situação em que se justifica a diferenciação de tratamento entre agentes políticos em virtude do interesse público evidente. 12. Garantia da prerrogativa de foro que se coaduna com a sociedade hipercomplexa e pluralista, a qual não admite um código unitarizante dos vários sistemas sociais. 13. Ação direta de inconstitucionalidade julgada improcedente".

4. MEIRELLES, Hely Lopes. *Direito administrativo brasileiro*. 35. ed. atual. por Eurico de Andrade Azevedo, Délio Balestero Aleixo e José Emmanuel Burle Filho. São Paulo: Malheiros, 2009. p. 447.
5. STF, Rel. Min. Néri da Silveira, 2.ª T., j. 05.03.2002.

> *dolo ou culpa. 4. Legitimidade passiva reservada ao Estado. Ausência de responsabilidade concorrente em face dos eventuais prejuízos causados a terceiros pela autoridade julgadora no exercício de suas funções, a teor do art. 37, § 6.º, da CF/88. 5. Recurso extraordinário conhecido e provido". (destaque dos autores)*

Em outro julgado mais recente, também se invocou tal condição de agente político para afastar a responsabilização, na forma da lei de improbidade administrativa, de desembargador de tribunal regional federal[6]. Importante observar, no entanto, que a lógica do julgado é a mesma sufragada na Reclamação 2.138, apreciada pelo Pleno do STF, em que se afastou a possibilidade de um agente público estar sujeito ao mesmo tempo a dois regimes de responsabilização, destacando-se que os agentes sujeitos a responder por crime de responsabilidade não poderiam ser julgados por atos de improbidade administrativa. Esse argumento, como se vê, não se aplicaria aos magistrados de primeiro grau, que não estão sujeitos à responsabilização por crime de responsabilidade.

Com a criação, pela Emenda Constitucional 45/2004, do Conselho Nacional da Justiça – CNJ e do Conselho Nacional do Ministério Público – CNMP, o conceito, parece óbvio, passaria a abranger, também, os membros de referidos órgãos, ainda que estranhos aos corpos da magistratura e do Ministério Público de carreira.

Os agentes políticos estão sujeitos a todas as regras gerais aplicáveis à Administração Pública, mas os exercentes de mandatos eletivos ascendem à sua condição por eleição, segundo os critérios estabelecidos na Constituição Federal, e não por concurso público.

Os ocupantes dos cargos do mais alto escalão do Executivo, por sua vez, ocupam cargos em comissão de natureza especial, de escolha direta dos chefes do Poder Executivo[7]. Essa forma de escolha também é prevista na Constituição para os integrantes dos tribunais superiores (STF[8], STJ[9], STM[10], TST[11] e parte dos integrantes do TSE[12]) e para parte dos integrantes do TCU[13], embora, nesses casos, sempre se exija a aprovação de tais nomes pelo Senado Federal[14].

---

6. STF, AgRg no RE 579.799/SP, 2.ª T., Rel. Min. Eros Grau, j. 02.12.2008:"Agravo regimental no recurso extraordinário. Desembargador. Agente político. Ação de improbidade administrativa. O Supremo Tribunal Federal fixou entendimento nos termos do qual a Constituição do Brasil não admite concorrência entre dois regimes de responsabilidade político-administrativa para os agentes políticos. Precedentes. Agravo regimental a que se nega provimento".
7. Art. 84, I, da CF/1988, em relação ao Executivo Federal.
8. Art. 101, parágrafo único, da CF/1988.
9. Art. 104, parágrafo único, da CF/1988.
10. Art. 123 da CF/1988.
11. Art. 111-A da CF/1988.
12. Art. 119, II, da CF/1988.
13. Art. 73, § 2.º, I, da CF/1988.
14. O sistema de escolha dos membros do TCU é aplicado às Cortes de Contas estaduais por aplicação do disposto no art. 75 da CF/1988, não sendo possível ao Constituinte estadual dispor de modo contrário (STF, ADI 4.416 MC/PA).

Alguns integrantes do TCU[15], do CNJ[16] e do CNMP[17] são escolhidos diretamente pelos Parlamentos, sendo que os referidos Conselhos também têm membros escolhidos diretamente pelo Judiciário[18] e pelo Ministério Público[19], sempre com aprovação, nesses últimos casos, pelo Senado Federal[20]. Por derradeiro, alguns dos membros do CNJ e do CNMP são escolhidos a partir de indicação da Ordem dos Advogados do Brasil – OAB, com aprovação pelo Senado Federal[21].

Os agentes políticos dispõem, conforme reconhecido na jurisprudência do STF, de um sistema de responsabilização política, que decorre diretamente da Constituição Federal (arts. 85, 86 e 52, I e II), com previsão, inclusive, do *impeachment*, com regulamentação específica na legislação ordinária (Lei 1.079/1950).

Nem todos, no entanto, estão sujeitos a esse sistema, que não abrange, como já dito, autoridades do Judiciário de primeiro grau ou membros do Ministério Público, salvo o Procurador-Geral da República.

Os parlamentares, por outro lado, estão sujeitos a um regime específico de responsabilização, diferente de todos os demais, denominado de controle ético-parlamentar, que, além das vedações constantes do art. 54 da CF/1988, é disciplinado nos respectivos códigos de ética e decoro, normalmente inscritos nos próprios regimentos ou objeto de resoluções específicas dos próprios parlamentos[22].

A Constituição Federal, ademais, é mais pródiga em dispor sobre a situação especial do Presidente da República, como mandatário principal do país, chegando mesmo a prever sua irresponsabilidade, no exercício de seu mandato, por atos estranhos ao exercício de suas funções (art. 86, § 4.º).

Aos agentes políticos a Constituição Federal, a partir da Emenda Constitucional 19/1998, também conferiu sistema especial de remuneração, denominado de subsídio (art. 39, § 4.º), que será, mais adiante, devidamente explicado.

Em geral, os agentes políticos dispõem também de prerrogativas únicas, como as de somente poderem ser processados criminalmente em determinados órgãos judiciários (prerrogativa de foro), ou de figurarem como pacientes ou autoridades coatoras em feitos de competência originária de determinados órgãos judiciais[23].

---

15. Art. 73, § 2.º, II, da CF/1988.
16. Art. 103-B, XIII, da CF/1988.
17. Art. 130-A, VI, da CF/1988.
18. Arts. 103-B, II a IX e § 2.º, e 130-A, IV.
19. Arts. 103-B, X e XI e § 2.º, e 130-A, I a III.
20. Estranhamente, a Constituição Federal exigiu a aprovação pelo Senado Federal até mesmo para os membros indicados pelo próprio Congresso Nacional – arts. 103-B, § 2.º, e 130-A.
21. Arts. 103-B, XII, e 130-A, V, ambos da CF/1988.
22. Resolução 20/1993, do Senado Federal, aprovou o atual Código de Ética e Decoro dos senadores. Resolução 25/2001, da Câmara dos Deputados, aprovou o atual Código de Ética e Decoro dos deputados federais.
23. Prerrogativa decorrente de diversos dispositivos constitucionais (*v.g.*, art. 102, I, *d*, *i* e *q*, da CF/1988) e comumente aplicada nas ações de mandado de segurança, mandado de injunção, *habeas corpus* e *habeas data*, mas não extensiva às ações populares (STF, Pleno, AgR na AC 2.596/DF, Rel. Min. Celso de Mello, j. 20.03.2013).

5.1.2. Agentes estatutários especiais

Sejam ou não considerados agentes políticos, os magistrados, membros do Ministério Público e de tribunais e cortes de contas estão sujeitos a estatutos especiais.

Isso significa dizer que eles detêm prerrogativas, garantias e deveres que decorrem diretamente da Constituição Federal, ou seus regimes jurídicos são regulamentados por leis com previsão na Carta Magna.

Os *magistrados* gozam de garantias expressas na Constituição Federal, algumas distintas daquelas previstas para os servidores em geral, como a inamovibilidade e a vitaliciedade (art. 95, I e II). Além disso, estão sujeitos a um sistema especial de vedações, como a proibição absoluta ao exercício de atividade político-partidária (art. 95, parágrafo único, III).

Anteriormente à Emenda Constitucional 20/1998 havia, também, um sistema previdenciário específico para os magistrados, estando estes, hoje, sujeitos às mesmas regras dos demais servidores públicos (art. 93, VI). A Constituição Federal se detém, ainda, em dispor sobre a carreira da magistratura, como as normas de ingresso (art. 93, I), de promoção (art. 93, II e III) e procedimentais de responsabilização (art. 93, VIII)[24].

Aos *membros do Ministério Público*, pelo critério adotado na Constituição atual, de simetria entre tal instituição e o Poder Judiciário, são extensivas diversas das regras acima referidas (arts. 128, § 5.º, I e II, e 129, § 4.º)[25] [26].

Além das normas constitucionais, há previsão específica, na Constituição Federal, de leis que regulamentarão mais pormenorizadamente os direitos e deveres dos magistrados (art. 93, *caput* e Lei Complementar 35/1979)[27] e dos membros do Ministério Público (art. 128, § 5.º e Lei Complementar 75/1993)[28].

---

24. De um modo geral, a Constituição não abre muitas possibilidades aos Estados para regulamentação das normas atinentes aos seus próprios magistrados, devendo, as leis de organização judiciária respectivas, ater-se aos temas mais alusivos às competências territoriais e materiais dos diferentes órgãos da Justiça, quantitativos de cargos e, eventualmente, direitos específicos dos servidores públicos que possam ser estendidos aos juízes estaduais. O STF, inclusive, já assentou a total impossibilidade de as Constituições estaduais disporem de maneira diferente das regras da Constituição Federal, em que pese o disposto no art. 125, § 1.º, desta última (ADI 82/MT, Pleno, Rel. Sepúlveda Pertence, j. 07.08.1997).

25. Estranhamente, a Constituição Federal manteve a possibilidade de os membros do Ministério Público exercerem, em certas situações, atividades político-partidárias, o que só deixou de existir com a Emenda Constitucional 45/2004, que deu nova redação à alínea e, do inciso II, do § 5.º do art. 128.

26. Na ADPF 388 (Pleno, rel. Min. Gilmar Mendes, j. 09/03/2016), o STF julgou inconstitucional a Resolução 72/2011, do CNMP, estabelecendo a interpretação de que aos membros do Ministério Público está vedada a acumulação de cargos fora da instituição, salvo cargo de professor e funções de magistério. O julgamento foi apreciando a norma impugnada em tese, mas tinha como pano de fundo a nomeação, pela então Presidente da República, de membro do MP/BA para o cargo de ministro de Estado da Justiça. Nessa ocasião, diversos membros de Ministérios Públicos estaduais ocupavam cargos no âmbito dos Executivos estaduais, o que estabelecia um vínculo funcional de subordinação incompatível com as funções dos membros do *Parquet*.

27. Também conhecida como LOMAN – Lei Orgânica da Magistratura Nacional, está em parte recepcionada pela Constituição Federal de 1988 e em parte derrogada, vigorando, no entanto, enquanto não aprovado o respectivo Estatuto da Magistratura.

28. A Lei Complementar 75/1993 corresponde ao Estatuto do Ministério Público da União. Cada Estado adotará seu próprio estatuto em relação ao seu Ministério Público, mas existe lei federal, de caráter

Quanto aos *membros do Tribunal de Contas da União*, a Constituição Federal estende a eles as mesmas prerrogativas deferidas aos ministros do STJ, e aos auditores daquele, as dos juízes dos tribunais regionais federais (art. 73, §§ 3.º e 4.º). A regulamentação do funcionamento do TCU se encontra na respectiva lei orgânica (Lei 8.443/1992), o que será repetido na esfera estadual em relação aos conselheiros das cortes de contas respectivas[29] (art. 75 da Constituição Federal).

O direito à vitaliciedade, garantido constitucionalmente aos magistrados, membros do Ministério Público e Cortes de Contas, não importa, no entanto, na exclusão da aposentadoria compulsória por implemento de idade, conforme entendimento de há muito sufragado pelo STF[30]. O mesmo se diz com relação à extinção do cargo[31].

5.1.3. Particulares em colaboração com o Poder Público

Em inúmeras situações, o Poder Público vale-se do trabalho ou atuação de particulares que não possuem um vínculo permanente com a Administração Pública.

A atuação desses agentes, quando não é claramente acidental, como na hipótese excepcional de um gestor de negócios públicos, é quase sempre transitória. Mas a transitoriedade pode não ser uma característica presente em todas as situações em estudo, bastando que se lembre, por exemplo, dos agentes referidos no art. 236 da CF/1988, embora tenhamos certas reservas quanto à exata classificação destes.

De qualquer modo, a vinculação desses agentes com o regime jurídico administrativo somente se justifica enquanto houver a atuação na função pública, remanescendo, por evidente, a responsabilidade estatal em relação aos atos praticados por aqueles no exercício de função estatal.

No geral, portanto, o interesse em relação aos atos praticados por tais agentes se resume aos efeitos legais que deles decorrem, por atuarem, ainda que excepcionalmente, em nome do Estado, e a responsabilidade que a este se atribui pela prática de atos daqueles, e desses mesmos agentes em relação ao Estado e a terceiros, inclusive na esfera criminal, quando desbordarem de suas competências legais ou atuarem com abuso de direito.

Por outro lado, é possível que, no exercício dessa atuação estatal, e exatamente por exercerem-na, estejam esses agentes, nessa condição, sujeitos a controle judicial por meio

---

nacional, que traz regras gerais de organização. (Lei 8.625/1993).

29. Os Estados podem criar tribunais de contas específicos para analisar as contas dos Municípios, como ocorre no Pará, na Bahia e em Goiás, ou manter uma única Corte para apreciar as contas estaduais e municipais, como no Espírito Santo, Pernambuco e Minas Gerais, mas é vedado aos Municípios criarem seus próprios tribunais de Contas (art. 31, § 4.º, da CF/1988). Puderam ser mantidos, no entanto, os tribunais de contas nos Municípios em que já haviam sido criados anteriormente à CF/1988, como os das cidades de São Paulo e Rio de Janeiro.
30. *Súmula 36 do STF*: "Servidor vitalício está sujeito à aposentadoria compulsória, em razão de idade".
31. *Súmula 11 do STF*: "A vitaliciedade não impede a extinção do cargo, ficando o funcionário em disponibilidade, com todos os vencimentos". A parte final da súmula, no entanto, deve ser adaptada à nova realidade constitucional, que preconiza a disponibilidade com proventos proporcionais (art. 41, § 3.º), igualmente aplicável aos servidores vitalícios.

das vias constitucionais e processuais próprias de controle dos atos administrativos, mormente o mandado de segurança.

A vinculação desses agentes ao Poder Público costuma ocorrer por diferentes formas, sendo comum a referência, em doutrina, das seguintes:

> a) *Requisição*: quando os agentes são obrigados, por lei, como exercício da cidadania, a desempenhar funções públicas. Ocorre no caso dos jurados do Tribunal do Júri (arts. 425 e 426 do CPP – Decreto-lei 3.689/1941); dos constritos em relação ao serviço militar obrigatório (Lei 4.375/1964); dos que estão obrigados ao serviço alternativo ao serviço militar (Lei 8.239/1991); dos mesários da Justiça Eleitoral, conforme previsto no art. 120, § 2.º, do Código Eleitoral, e dos servidores que prestam serviço excepcional nas secretarias dos tribunais eleitorais – arts. 23, XVI, e 30, XIV, do Código Eleitoral (Lei 4.737/1965); dos advogados ad hoc, requisitados para prestação de serviços na forma do art. 5.º, § 3.º c/c art. 14 da Lei 1.060/1950, conquanto hoje seja comum a existência, no âmbito dos tribunais, de cadastros de advogados voluntários, o que tornou excepcional a aplicação do referido dispositivo; para prestação de socorro em caso de desastre aéreo (arts. 51 e 54 da Lei 7.565/1986); para prestação de socorro em busca e salvamento no mar (art. 5.º da Lei 7.273/1984); para auxílio no abastecimento da população (Decreto-lei 2/1966), embora o foco principal dessa última legislação sejam os bens e só em segundo plano os serviços;
>
> b) *Delegação*: aqueles que recebem a incumbência de atuar em colaboração com o Estado por terem, voluntariamente, ainda que mediante a expectativa de paga, se colocado à disposição para tais serviços, como é o caso de tradutores e intérpretes públicos, peritos, leiloeiros, advogados que prestam serviço voluntário aos juridicamente necessitados mediante nomeação judicial etc. Todos eles são prodigamente previstos na legislação processual como auxiliares dos serviços judiciários.
>
> Uma hipótese especial de delegação é aquela referida no art. 236 da CF/1988 e regulamentada na Lei 8.935/1994, referente aos notários e registradores[32]. O exercício dessas últimas funções, hoje, depende de aprovação prévia em concurso público[33], não bastando, portanto, a simples voluntariedade. A situação desses agentes, no entanto, é diferenciada, pois sua atuação não é eventual, pelo contrário, é mais do que permanente, sendo-lhes garantida a prerrogativa da vitaliciedade[34], estando eles, por evidente, sob permanente fiscalização do Poder Público, o que em muito aproxima

---

32. Conceito que engloba os titulares dos cartórios de tabelionato de notas, de tabelionato de protesto de títulos, de registro de imóveis, de registro civil de pessoas naturais e de registro civil de pessoas jurídicas, títulos e documentos. Não se inserem no conceito de notários e registradores os que são contratados por eles para auxiliá-los, tampouco os designados temporariamente pelos respectivos tribunais de justiça para a assunção eventual das titularidades em caso de vacância.

33. O regime constitucional anterior permitiu que os cartórios ou secretarias de varas fossem delegados, situação absurda que a EC 22/1983 visou extirpar, ao alterar o art. 206 da CF/1967. Remanesceram privados, no entanto, aqueles que já haviam sido providos. A CF/1988, no art. 31 do ADCT, reafirmou a obrigatoriedade de "estatização" dos referidos cartórios, ressalvado o direito adquirido dos serventuários que já estivessem nas respectivas titularidades.

34. Entendimento firmado pelo STF a partir da Emenda Constitucional 20/1998, modificando o que havia sido adotado após a promulgação da CF/1988 quanto à sujeição de tais agentes à regra da aposentadoria compulsória por implemento de idade:"Constitucional. Administrativo. Inaplicabilidade da aposentadoria compulsória (art. 40, § 1.º, II, da CF/88, redação dada pela EC 20/98) aos notários e Oficiais de Registro. I – Os notários e registradores, a despeito de exercerem atividade estatal, não são titulares de cargo público efetivo e, pois, não se submetem à aposentadoria compulsória

sua condição à dos servidores públicos, ao menos para fins obrigacionais. Apesar de não serem remunerados pelos cofres públicos, mantêm seus serviços por intermédio do recolhimento de valores fixados em lei, geralmente denominados de emolumentos, os quais são fixados pelas legislações estaduais, observadas as regras gerais da Lei federal 10.169/2000, que regulamentou o § 2.º do art. 236 da Carta Magna;

c) *Iniciativa própria: é a hipótese clássica dos gestores de negócios públicos, que, sem provocação de outrem, assumem determinada função pública, como nas multicitadas situações de emergência e calamidades públicas, para atendimento de necessidades urgentes. Mais comumente, no entanto, podemos encontrar gestores públicos em situações mais prosaicas, como as que envolvem a orientação do trânsito, em casos de acidente, até a chegada da autoridade de trânsito respectiva;*

d) *Contratação: agentes que são contratados pelo Poder Público, mas que não têm vínculo de emprego com este, apenas prestando serviços, por meio de contratos civis ou administrativos firmados com aquele, após regular procedimento licitatório, quando for o caso. São os prestadores de serviços a que se refere a legislação civil, só que atuando em favor da Administração Pública.*

Na categoria de "delegados" é comum se incluir, também, os empregados de empresas delegatárias de serviços, como as concessionárias e permissionárias de serviços públicos. A delegação, no entanto, é em favor da pessoa jurídica que presta os serviços, e não de seus empregados. Estes, contudo, atuam, de certa forma, em nome do Poder Público, quando prestam os serviços públicos que foram delegados.

Tradicionalmente, os comissários de menores voluntários também são incluídos entre os particulares em colaboração com o Estado. Esses agentes já tiveram grande importância, atuando por delegação dos juízes de menores na fiscalização de estabelecimentos em que se tinha por vedado o acesso de menores de idade[35]. Curiosamente, o Estatuto da Criança e do Adolescente (Lei 8.069/1990) não contém uma única referência a tais agentes, havendo apenas uma referência genérica a serviços auxiliares (art. 150). As leis estaduais, no entanto, continuam a prever a atuação de tais agentes, embora não se veja mais como lógico que estes não tenham, hodiernamente, vínculo permanente com o Poder Público.

Para todas essas pessoas, é possível a aplicação de legislação que leve em conta a condição de agentes em colaboração com o Poder Público, equiparando-os, principalmente para fins de responsabilização, aos demais agentes públicos[36].

---

prevista no art. 40, § 1.º, II, da CF/88 (redação dada pela EC 20/98). Precedentes. II – Agravo não provido" (STF, AgRg no RE 432.386/PE, 1.ª T., Rel. Min. Ricardo Lewandowski).

35. Havia previsão expressa a essa delegação no art. 7.º, parágrafo único, da Lei 6.697/1979 (revogado Código de Menores).

36. Notários e registradores possuem um regime disciplinar específico, previsto nos arts. 31-36 da Lei 8.935/1994, estando sujeitos à fiscalização do Poder Judiciário dos Estados e do Distrito Federal (arts. 37 e 38). A responsabilidade civil, que é pessoal, está disciplinada no art. 22 da Lei, com a redação dada pela Lei 13.286/2016. A referência à pessoalidade, inexistente na redação anterior, visou por um lado reforçar a garantia do ressarcimento, uma vez que os cartórios não possuem personalidade jurídica própria, ao mesmo tempo em que separa temporalmente a responsabilidade, pois deixa clara a intenção do legislador de não estendê-la por atos praticados por serventuário que estivesse exercendo a titularidade em momento anterior.

A disposição do art. 2.º da Lei de Improbidade Administrativa (Lei 8.429/1992), por exemplo, contém conceito amplíssimo de agente público, ao qual podem-se inserir diversos dos particulares em colaboração acima referidos, para fins de responsabilização por improbidade administrativa, à exceção apenas dos empregados de empresas permissionárias e concessionárias, já que estas não se enquadram no conceito do art. 1.º da mesma Lei[37].

Existem, por fim, serviços prestados por particulares que são apenas autorizados pela Administração Pública, geralmente em caráter complementar aos serviços públicos da mesma categoria (educação e saúde são, talvez, os mais evidentes). Quando os gestores dessas entidades privadas atuam no exercício dessas atribuições, pode ser que acabem por praticar algum ato que lhes seja delegado pela Administração Pública, como é o caso da colação de grau nas faculdades particulares. Nesses casos, e apenas para esse restrito fim, essas pessoas serão consideradas agentes públicos, sujeitos, inclusive, a controle judicial pela via do mandado de segurança[38].

5.1.4. Militares (servidores militares)

Os servidores militares ou simplesmente militares, para utilizarmos o termo instituído pela Emenda Constitucional 18/1998, são os agentes estatais previstos nos arts. 42 e 142 da Constituição Federal, constituindo-se, no âmbito dos Estados, dos membros das Polícias Militares e Corpos de Bombeiros Militares e, no âmbito da União, dos integrantes das Forças Armadas (Exército, Marinha e Aeronáutica).

Às polícias militares cabem a polícia ostensiva e a preservação da ordem pública e aos corpos e bombeiros militares, a execução de atividades de defesa civil, além de outras fixadas em lei (art. 144, § 5.º, da CF/1988), estando subordinadas aos governos estaduais, embora sejam consideradas, igualmente, forças auxiliares e reserva do Exército (art. 144, § 6.º).

Tais agentes possuem direitos que lhes são próprios, geralmente estabelecidos em leis orgânicas estaduais e que os diferenciam dos servidores civis. Como militares, a base de sua relação jurídica é a hierarquia, estando sujeitos a uma série de restrições como as proibições de sindicalização e de greve, além da filiação a partidos políticos, enquanto na ativa. No geral, estão submetidos a regramento constitucional semelhante ao dos militares da União, pela remissão feita no art. 42 aos §§ 2.º e 3.º do art. 142.

Diferentemente dos servidores civis, em que a regulamentação constitucional é minuciosa, quanto aos militares o Legislador Constituinte delegou à legislação ordinária a disciplina da maior parte de seus direitos e deveres.

Importante ressaltar, nesse aspecto, que até mesmo a forma de acesso aos "cargos militares", que são identificados na Constituição e na legislação ordinária pelo termo "posto", é inteiramente regulamentada na legislação ordinária.

---

37. O que não impede o enquadramento destes na forma do art. 3.º da referida Lei.

38. Essa equiparação, inclusive, acarreta importante consequência de ordem processual, uma vez que, se a delegação for federal, a competência para julgamento do mandado de segurança será da Justiça Federal. Nesse sentido: STJ, primeira seção, CC 52.324/SC, Rel. Min. Herman Benjamin, j. 13.12.2006.

Na esfera federal, os direitos e deveres dos militares das Forças Armadas são regulamentados no "Estatuto dos Militares" (Lei 6.880/1980).

As Forças Armadas se destinam à defesa da Pátria, à garantia dos poderes constitucionais e, por iniciativa de qualquer destes, da lei e da ordem (art. 142, *caput*, da CF/1988)[39], conquanto a legislação ordinária acabe atribuindo a elas outras funções específicas, geralmente relacionadas com o exercício do poder de polícia administrativo, como o controle do tráfego aquaviário, feito pela Marinha (Lei 9.537/1997, arts. 4º e 39), e o controle de fabricação, exportação, importação, desembaraço alfandegário e comércio de armamentos, que é feito pelo Exército (art. 24 da Lei 10.826/2003).

O acesso às Forças Armadas pode dar-se de muitas maneiras, sendo o mais comum, no caso dos oficiais dos corpos armados ou combatentes, pelo aproveitamento em cursos de formação de oficiais, ministrados em escolas específicas (Agulhas Negras – AMAN, Escola Naval etc.). Existem, no entanto, corpos auxiliares de oficiais, que são praças que ascenderam ao quadro de oficiais e que só podem alcançar até determinada patente; também existem corpos complementares, constituídos de agentes não ligados às armas da Força, e que desenvolvem atividades paralelas específicas em áreas como saúde, engenharia, contabilidade, administração etc., podendo estes ser egressos tanto de entidades de ensino militares[40] como de entidades de ensino civis.

A Constituição Federal diz expressamente que a lei irá dispor sobre o ingresso nas Forças Armadas, inclusive no aspecto referente à idade mínima (art. 142, § 3.º, X, da CF/1988). É comum, no entanto, a adoção dos critérios em regulamentos das próprias Forças, o que é claramente atentatório da regra constitucional, ainda que possa ser justificado pela especialidade da atividade. O STF, aliás, enfrentou essa questão no julgamento do *RE 600.885/RS*[41], em que se discutiu se o art. 10 da Lei 6.880/1980 poderia ou não delegar aos editais dos concursos de ingresso o estabelecimento da idade mínima. Para adequação ao decidido pelo STF foi editada a Lei 12.705/2012, estabelecendo expressamente os limites de idade para ingresso nos cursos de formação do Exército.

A Constituição Federal resguarda ao oficial o direito de só perder o posto ou a patente se julgado indigno do oficialato ou com ele incompatível, por decisão de tribunal militar (art. 142, § 3.º, VI), não existindo a possibilidade, portanto, de simples rebaixamento por decisão de outra autoridade militar. Esse entendimento, no entanto, não se aplica à perda de graduação das praças (*Súmula 673 do STF*), que pode ser feita mediante procedimento administrativo.

Apesar da grande discricionariedade atribuída ao legislador ordinário na disciplina do tema, a Constituição Federal resguarda aos militares o direito a algumas vantagens nela previstas, como décimo terceiro salário, salário-família, férias anuais, licença à gestante, licença-paternidade e assistência gratuita aos filhos e dependentes (art. 142, § 3.º, VIII).

---

39. Lei Complementar 97/1999 dispõe sobre a organização, preparo e emprego das Forças Armadas, regulamentando o art. 142, § 1.º, da CF/1988. Os efetivos de cada Força em tempos de paz são previstos em leis específicas (Aeronáutica – Lei 11.320/2006; Exército – Lei 7.150/1983 e Lei 8.071/1990; Marinha – Lei 9.519/1997).
40. Lei 9.786/1999 dispõe sobre o Sistema de Ensino do Exército. Lei 11.279/2006, dispõe sobre o Sistema de Ensino Naval. Lei 12.464/2011, dispõe sobre o Sistema de Ensino da Aeronáutica.
41. A Corte concluiu pela necessidade de lei, mas, por maioria, foi admitida a tese da – progressiva inconstitucionalização – do Estatuto dos Militares, resguardando um estágio provisório de constitucionalidade da norma, para permitir sua adaptação à Constituição Federal dentro de determinado prazo, que acabou por ser fixado como 31.12.2011 (Pleno, j. 09.02.2011, Rel. Min. Cármen Lúcia).

O vencimento básico dos militares é tradicionalmente denominado de *soldo*, e uma questão interessante é saber se tal valor pode ser inferior ao do salário mínimo, tendo o STF firmado o entendimento de que não existe para os militares a garantia referida quando do julgamento do RE 570.177/MG[42]. Aliás, a Suprema Corte tem entendido que sequer pode haver a previsão, em Constituição estadual, de tal garantia, sendo prerrogativa do Chefe do Poder Executivo estadual encaminhar o projeto de lei que a institua[43].

Por fim, os militares estão sujeitos a um regime próprio de aposentadoria, diferenciado, até mesmo, do regime próprio dos servidores civis. A aposentadoria dos militares é geralmente identificada pelos termos "reserva remunerada" e "reforma", estando esta última destinada às situações em que não existirá mais a possibilidade de retorno do militar à ativa (seja por idade avançada, seja por limitação física ou mental), e a primeira às situações em que o militar, de algum modo, ainda poderá retornar à ativa, seja por convocação ou por mobilização[44].

5.1.5. Servidores públicos em sentido amplo ou servidores estatais

Nesta categoria podemos incluir três espécies diferentes de servidores, os temporários, os empregados públicos e os servidores públicos civis em sentido estrito.

Os empregados públicos são regidos por normas que são majoritariamente de direito do trabalho, com algumas derrogações decorrentes da aplicação de normas de direito público.

Logo, não são eles o objeto principal de nosso trabalho, valendo a referência a eles, tão somente, para extremá-los dos servidores do chamado vínculo estatutário.

Antes de tudo, no entanto, é importante fixar alguns conceitos e noções trazidos pela Constituição Federal de 1988, mormente aquele referente ao chamado *Regime Jurídico Único*.

5.2. REGIME JURÍDICO ÚNICO - RJU

Até a Constituição Federal de 1988 não havia qualquer imposição no sentido de que a contratação ou admissão de servidores públicos fosse restrita a esse ou aquele

---

42. "Constitucional. Serviço militar obrigatório. Soldo. Valor inferior ao salário mínimo. Violação aos arts. 1.º, III, 5.º, *caput*, e 7.º, IV, da CF. Inocorrência. RE desprovido. I – A Constituição Federal não estendeu aos militares a garantia de remuneração não inferior ao salário mínimo, como o fez para outras categorias de trabalhadores. II – O regime a que submetem os militares não se confunde com aquele aplicável aos servidores civis, visto que têm direitos, garantias, prerrogativas e impedimentos próprios. III – Os cidadãos que prestam serviço militar obrigatório exercem um múnus público relacionado com a defesa da soberania da pátria. IV – A obrigação do Estado quanto aos conscritos limita-se a fornecer-lhes as condições materiais para a adequada prestação do serviço militar obrigatório nas Forças Armadas. V – Recurso extraordinário desprovido" (Pleno, Rel. Min. Ricardo Lewandowski, j. 30.04.2008, com repercussão geral reconhecida).Sobre o tema, existe, ainda, a *Súmula Vinculante 6*: "Não viola a Constituição o estabelecimento de remuneração inferior ao salário mínimo para as praças prestadoras de serviço militar inicial".

43. ADI 3.555/MA, Rel. Min. Cezar Peluso, j. 04.03.2009.

44. Arts. 96 a 114 da Lei 6.880/1980. As pensões militares também são sujeitas a uma legislação específica. Na esfera federal ainda vigora a Lei 3.765/1960. Esse sistema de pensões não tem relação com as chamadas pensões especiais devidas aos ex-combatentes da II Guerra Mundial e seus dependentes, de que trata o art. 53 do ADCT, regulamentado pela Lei 8.059/1990.

regime jurídico. Na prática, era comum que as entidades de Administração Indireta, mesmo as de natureza pública, como as autarquias, optassem pela contratação por regime trabalhista, ficando para a Administração Direta a admissão de servidores mediante vínculo estatutário.

Na esfera federal, por exemplo, a Lei 1.711/1952, antigo estatuto federal, se aplicava somente aos funcionários da União e Territórios federais, não sendo adotado para as fundações públicas e autarquias.

Mesmo no âmbito da Administração Direta, no entanto, era comum a contratação de pessoal, sem vínculo permanente, denominados "extranumerários".

Com a Constituição Federal de 1988, intentou-se acabar com a balbúrdia antes existente, estabelecendo-se, para toda a Administração Pública de uma mesma entidade federativa, a obrigatoriedade de um único regime jurídico, a que se designou de RJU.

Era o que se depreendia da redação original do art. 39 da CF/1988.

Havia, é certo, dúvidas quanto à exata compreensão do chamado RJU, defendendo, alguns, que tal regime só poderia ser o administrativo estatutário.

Outros, no entanto, defendiam a tese de que poderia ser qualquer um, desde que, uma vez escolhido, fosse único para todas as entidades da Administração direta, autárquica e fundacional.

Os trabalhadores das empresas públicas e sociedades de economia mista, em vista da natureza privada destas, continuariam regidos, no entanto, sempre pelo regime trabalhista celetista, não se lhes aplicando a regra do art. 39.

Por outro lado, mesmo adotando-se o regime trabalhista como único, o que foi feito por vários municípios, é certo que determinados servidores, por estarem sujeitos a *regimes estatutários especiais*, estabelecidos diretamente na Constituição Federal, jamais poderiam se sujeitar às regras trabalhistas.

Não se conceberia, portanto, que magistrados, policiais, membros de corpos diplomáticos etc. fossem submetidos ao regime meramente contratual. Na prática, raramente se verificou a ocorrência de tais possíveis incongruências, pois todos os Estados da Federação, assim como a União (Lei 8.112/1990), optaram pelo regime estatutário como seu regime único.

Feita tal opção, qualquer outra solução intermediária não poderia ser admitida, valendo lembrar que o STF reconheceu a inconstitucionalidade do art. 251 da própria Lei 8.112/1990 (posteriormente revogado pela Lei 9.527/1997), na parte em que estabelecia que o pessoal do Banco Central fosse admitido pelas regras da CLT[45].

Ocorre que a Constituição Federal, em 1998, foi alterada pela *Emenda Constitucional 19*, que, modificando a redação do art. 39, *suprimiu de seu texto a exigência do RJU*. Essa alteração, inoportuna, só podia ser entendida como uma forma de limitar a quantidade de servidores estatutários nos quadros da Administração Pública, mormente para prevenir as repercussões financeiras no âmbito dos chamados regimes próprios de previdência, embora a maior razão da situação deficitária desses regimes decorresse exatamente dos "trens da alegria" promovidos pelos próprios governos, como aquele que possibilitou a claramente

---

45. ADI 449/DF, Rel. Min. Carlos Veloso, j. 29.08.1996.

inconstitucional conversão dos antigos empregos públicos em cargos públicos no âmbito federal (art. 243 da Lei 8.112/1990)[46].

O fim da exigência do RJU permitiu, inicialmente, que a própria legislação federal fosse modificada para admitir contratações, pela Administração Direta, autarquias e fundações públicas, na forma do regime trabalhista.

A matéria foi, inclusive, regulamentada, em termos gerais, *pela Lei 9.962/2000*, que tratou de garantir alguns direitos essenciais aos empregados públicos da esfera federal.

No âmbito das *agências reguladoras*, inclusive, essa solução passou a ser, momentaneamente, a regra, conforme dispunha o *art. 1.º da Lei 9.986/2000*.

O STF, no entanto, já sinalizava no sentido de que, mesmo ausente o RJU, algumas funções essenciais estatais não poderiam ser exercidas por servidores submetidos ao regime jurídico privado, tendo concedido *Medida Cautelar na ADI 2.310* para suspender a eficácia do aludido art. 1.º da Lei 9.986/2000, assim como de diversos outros artigos da mesma Lei.

Com a *Lei 10.871/2004*, no entanto, modificou-se a regulamentação da matéria, revogando-se os dispositivos impugnados e estabelecendo-se, em contrapartida, como regra geral de admissão, o regime estatutário, embora tenha sido mantida a regra do art. 14, que faz alusão a "quantitativos de empregos públicos de cada Agência", que serão estabelecidos em lei. Por consequência dessa alteração, a ADI 2.310 acabou sendo julgada prejudicada.

Não obstante isso, o STF, quando do julgamento da *ADI-MC 2.135/DF*, apreciando questão referente à *inconstitucionalidade formal da própria Emenda Constitucional 19/1998*, suspendeu os efeitos desta, inviabilizando, por consequência, a partir desse julgamento, procedido em agosto de 2007, a aplicação das disposições legais acima mencionadas, permissivas da contratação, pelo regime trabalhista, de servidores da Administração Direta, autárquica e fundacional da esfera federal[47].

---

46. Regra esta que, estranhamente, só veio a ser impugnada pela Procuradoria-Geral da República em 2003, por meio da *ADI 2.968/DF*, ainda não julgada pelo STF.

47. "Medida cautelar em ação direta de inconstitucionalidade. Poder Constituinte reformador. Processo legislativo. Emenda Constitucional 19, de 04.06.1998. Art. 39, *caput*, da Constituição Federal. Servidores públicos. Regime jurídico único. Proposta de implementação, durante a atividade constituinte derivada, da figura do contrato de emprego público. Inovação que não obteve a aprovação da maioria de três quintos dos membros da Câmara dos Deputados quando da apreciação, em primeiro turno, do destaque para votação em separado (DVS) n.º 9. Substituição, na elaboração da proposta levada a segundo turno, da redação original do *caput* do art. 39 pelo texto inicialmente previsto para o parágrafo 2.º do mesmo dispositivo, nos termos do substitutivo aprovado. Supressão, do texto constitucional, da expressa menção ao sistema de regime jurídico único dos servidores da Administração Pública. Reconhecimento, pela maioria do Plenário do Supremo Tribunal Federal, da plausibilidade da alegação de vício formal por ofensa ao art. 60, § 2.º, da Constituição Federal. Relevância jurídica das demais alegações de inconstitucionalidade formal e material rejeitada por unanimidade. 1. A matéria votada em destaque na Câmara dos Deputados no DVS n.º 9 não foi aprovada em primeiro turno, pois obteve apenas 298 votos e não os 308 necessários. Manteve-se, assim, o então vigente *caput* do art. 39, que tratava do regime jurídico único, incompatível com a figura do emprego público. 2. O deslocamento do texto do § 2.º do art. 39, nos termos do substitutivo aprovado, para o *caput* desse mesmo dispositivo representou, assim, uma tentativa de superar a não aprovação do DVS n.º 9 e evitar a permanência do regime jurídico único previsto na redação original suprimida, circunstância que permitiu a implementação do contrato de emprego público ainda que à revelia da regra constitucional que exige o *quorum* de três quintos para aprovação de qualquer mudança constitucional. 3. Pedido de medida cautelar deferido, dessa forma, quanto ao *caput* do art. 39 da Constituição Federal, ressalvando-se, em decorrência dos

A ADI 2.135/DF ainda pende de julgamento final, e, até que este ocorra, eventuais contratações fora do RJU previsto na Lei 8.112/1990, que tenham sido feitas anteriormente à decisão do STF, com base na Lei 9.962/2000, são consideradas válidas.

Dessa forma, conquanto tenha havido a modificação do art. 39 da CF/1988 pela Emenda Constitucional 19/1998, continua existindo, por força da decisão proferida pelo STF na ADI-MC 2.135/DF, o RJU, sendo este, na esfera federal, o estatutário, previsto na Lei 8.112/1990, sem prejuízo da aplicação do regime de emprego público para os trabalhadores das empresas públicas e sociedades de economia mista e para aqueles que, excepcionalmente, foram contratados em regime de emprego, pelas agências reguladoras, após a EC 19/1998 e até a decisão proferida pelo STF na ADI-MC 2.135.

5.3. REGIME DE EMPREGO PÚBLICO NA ADMINISTRAÇÃO PÚBLICA

Quando se fala em regime de emprego público no âmbito da Administração Pública brasileira, a primeira coisa que se tem de ter em mente é que *a adoção desse regime*, que é essencialmente regido pelo direito privado, ainda que extensamente regulamentado e com pouco espaço para ajustes individuais contrários às disposições legais, como é o caso do Direito do Trabalho, *é obrigatória para todas as pessoas jurídicas de direito privado*, ainda que estatais, que sejam usadas como instrumento de *política de intervenção no domínio econômico*.

Isso decorre de imposição constitucional (*art. 173, § 1.º, II*), que exige de tais entidades *sujeição a regime jurídico próprio das empresas privadas*, inclusive no que tange às relações trabalhistas. É natural se esperar, portanto, que uma sociedade de economia mista federal, como o Banco do Brasil, por exemplo, ou as inúmeras Companhias Docas ainda mantidas pelo governo federal, só façam contratações pelo regime privado.

Não há, contudo, uma regra constitucional que imponha esse mesmo regime para empresas estatais que prestam serviços públicos, como é o caso, por exemplo, da Empresa Brasileira de Correios e Telégrafos.

A Constituição Federal prevê que lei complementar, ainda não editada, estabelecerá as áreas de atuação das empresas públicas e sociedades de economia mista instituídas pelo poder público (art. 37, XIX). Em contrapartida, a própria Carta Magna, em seu art. 173, § 1º, previu também o "estatuto jurídico da empresa pública, da sociedade de economia mista e suas subsidiárias", valendo tal estatuto tanto para as prestadoras de serviços públicos quanto para as que explorem atividade econômica.

---

efeitos *ex nunc* da decisão, a subsistência, até o julgamento definitivo da ação, da validade dos atos anteriormente praticados com base em legislações eventualmente editadas durante a vigência do dispositivo ora suspenso. 4. Ação direta julgada prejudicada quanto ao art. 26 da EC 19/98, pelo exaurimento do prazo estipulado para sua vigência. 5. Vícios formais e materiais dos demais dispositivos constitucionais impugnados, todos oriundos da EC 19/98, aparentemente inexistentes ante a constatação de que as mudanças de redação promovidas no curso do processo legislativo não alteraram substancialmente o sentido das proposições ao final aprovadas e de que não há direito adquirido à manutenção de regime jurídico anterior. 6. Pedido de medida cautelar parcialmente deferido" (Pleno, ADI-MC 2.135/DF, Rel. Min. Néri da Silveira, Rel. p/ acórdão Min. Ellen Gracie, j. 02.08.2007).

O referido estatuto, depois de quase três décadas de vigência da Carta Magna, finalmente veio à luz com a edição da Lei 13.303/2016. Curiosamente, a lei acabou sendo omissa quanto ao regime de contratação de pessoal, se atendo mais às regras de administração das referidas entidades e contratação de terceiros, inclusive procedimentos licitatórios. Ainda assim, em vários artigos, ao disciplinar os órgãos diretivos e de administração das estatais, a lei dá a entender que o regime de pessoal deve ser o trabalhista (art. 9º, I e VI, art. 17, § 5º, art. 19, art. 22, § 3º, art. 25, § 1º, I, *a*, art. 38, parágrafo único, I e art. 44, § 4º).

Contudo, independentemente das disposições da Lei 13.303, *a forma privada dessas entidades*, mesmo quando prestadoras de serviços públicos, impõe que a adoção de seu regime jurídico, no campo trabalhista, seja igualmente privado, embora com algumas derrogações, decorrentes, naturalmente, da natureza pública de tais entidades, ainda que formalmente constituídas sobre regras de direito privado.

Não se conhece, hoje, na esfera federal, qualquer entidade estatal com personalidade jurídica de direito privado que promova admissão de pessoal na forma da Lei 8.112/1990 e não pela CLT.

Afora isso, com o advento da Emenda Constitucional 19/1998, permitiu-se, pelo menos por um período, até que o STF deferisse a medida cautelar na ADI 2.135/DF, que algumas entidades públicas de direito público, mesmo as que haviam adotado o regime estatutário, passassem a proceder à contratação de pessoal com base na legislação trabalhista, tendo a matéria, na esfera federal, chegado a ser regulamentada em termos gerais pela Lei 9.986/2000.

Assim, em algumas agências reguladoras, até por imposição de uma legislação específica, como visto acima, procedeu-se a alguns concursos públicos para admissão de pessoal com fundamento na CLT e legislação trabalhista correlata.

Em vista disso, urge saber, então, quais são as diferenças principais que decorrem da contratação de agentes públicos com base na CLT, começando pelas imposições constitucionais aplicáveis a estes, bem como os direitos que lhes são assegurados.

5.3.1. Noção de emprego

A noção de emprego decorre diretamente da legislação trabalhista, mormente dos arts. 2.º e 3.º da CLT (Decreto-lei 5.452/1943), que define empregador e empregado.

São elementos dessa relação jurídica a *prestação de trabalho*, de *natureza não eventual*, por *pessoa natural*, sob a *dependência* de empregador e mediante *pagamento de salário*.

Importante ressaltar a disposição do art. 9.º da CLT, que comina a pena de nulidade para qualquer ato praticado com o intuito de impedir, desvirtuar ou fraudar a aplicação dos princípios estabelecidos na referida legislação. É ao que, na seara trabalhista, se dá o nome de "princípio da primazia da realidade sobre a forma".

Como nosso objetivo, aqui, não é estudar direito do trabalho, mas sim direito administrativo, vamos nos ater, na questão referente ao emprego público, aos temas mais importantes, para o fim de extremar a matéria do regime administrativo de cargos públicos, a ser estudado mais detidamente.

5.3.2. Regras constitucionais aplicáveis ao regime de emprego público, relativas às imposições

Diversas normas do art. 37 da Constituição Federal são de aplicação geral tanto para os servidores públicos estatutários, quanto aos empregados públicos, a começar pela principal delas, que é a relativa à *exigência de concurso público* (inciso II).

Relacionemos, então, as regras que são aplicáveis também aos empregados públicos:

  a) *requisitos igualitários para acesso aos empregos públicos, devidamente estabelecidos em lei (art. 37, I);*
  b) *exigência de prévia aprovação em concurso público para contratação (art. 37, II);*
  c) *prazo de validade do concurso de, no máximo, dois anos, prorrogável uma vez, por igual período (art. 37, III);*
  d) *reserva de percentual, nos concursos, para portadores de deficiência (art. 37, VIII);*
  e) *sujeição ao teto constitucional do funcionalismo, mas só com relação aos empregos públicos da administração direta, autárquica e fundacional (art. 37, XI);*
  f) *vedação à acumulação remunerada, fora das hipóteses permitidas na CF (art. 37, XVI e XVII);*
  g) *possibilidade de o empregado público ser representado contra o exercício negligente ou abusivo do emprego público (art. 37, § 3.º, III);*
  h) *sujeição à lei de responsabilidade por atos de improbidade administrativa (art. 37, § 4.º);*
  i) *possibilidade de ser acionado regressivamente, pela entidade pública, por atos culposos ou dolosos que causem danos a terceiros, quando no exercício de atividade entendida como serviço público (art. 37, § 6.º);*
  j) *possibilidade de haver restrições, estabelecidas em lei, ao ocupante de emprego que possibilite acesso a informações privilegiadas (art. 37, § 7.º).*

5.3.3. Regras constitucionais aplicáveis ao regime de emprego público, relacionadas aos direitos

Em princípio, os empregados públicos possuirão os mesmos direitos assegurados aos trabalhadores em geral, tanto na Constituição Federal (arts. 7.º a 9.º), quanto na legislação trabalhista (CLT e demais leis correlatas).

Alguns deles, no entanto, estão inseridos no art. 37 da CF e merecem especial menção, a saber:

  a) *direito à contratação com precedência sobre novos concursados, no prazo improrrogável previsto no edital de convocação (art. 37, IV);*
  b) *livre associação sindical (art. 37, VI), embora seja um direito também previsto no art. 8.º da Carta Magna;*
  c) *direito de greve (art. 37, VII), embora já previsto no art. 9.º, valendo ressaltar, aqui, que a matéria já foi regulamentada pela Lei 7.783/1989, independendo, para os empregados públicos, da lei específica referida no art. 37, VII;*

d) *irredutibilidade de salários* (art. 37, XV), devendo ser compatibilizado com a regra do art. 7.º, VI.

O mais importante, no entanto, é verificar quais normas, dentre as previstas no art. 7.º, podem ser consideradas *incompatíveis com o regime de emprego público*.

As principais estão relacionadas, claramente, às vedações que decorrem da *sujeição da Administração Pública*, inclusive empresas públicas e sociedades de economia mista, ao *princípio da legalidade e às imposições constitucionais de direito financeiro*.

Assim, embora a CF/1988 resguarde aos trabalhadores em geral o direito ao reconhecimento das convenções e acordos coletivos (art. 7.º, XXVI), tais ajustes não terão efeito, no âmbito da Administração Pública, se visarem à criação de empregos, direitos remuneratórios ou elevações salariais que não tenham sido previstas em lei, por decorrência óbvia do disposto nos arts. 37, X^{48}, e 169, § 1.º[49], da CF/1988.

Sobre a matéria, inclusive, o STF editou a **Súmula 679**, que diz: "a fixação de vencimentos dos servidores públicos não pode ser objeto de convenção coletiva". O verbete, embora se refira a "servidores públicos", e conquanto seus precedentes se refiram ao pessoal estatutário, deve ser aplicado também aos empregados públicos da administração direta e indireta, em razão da abrangência do art. 169, § 1.º, da CF/1988.

Duvidosa é a aplicação das disposições dos incs. XIII e XIV do art. 37, referente às vedações de equiparações e vinculações remuneratórias e de acréscimos pecuniários em cascata.

Isso porque a doutrina tradicional trabalhista, bem como as regras legais trabalhistas instituídas no Brasil, possibilitam a defesa do entendimento contrário a tais disposições. É óbvio que nenhum desses motivos pode justificar a sobreposição sobre as normas constitucionais, mas parece evidente que as referidas disposições tendem a ser interpretadas restritivamente na seara trabalhista como se fossem aplicáveis apenas aos servidores estatutários.

A nosso ver, as questões devem ser devidamente separadas. As vedações citadas são obviamente impositivas a todos os servidores públicos, incluídos os empregados públicos, até por uma questão de ética pública. Isso não quer dizer, no entanto, que aos empregados públicos não se assegure a aplicação das disposições garantidoras do combate à discriminação, como aquelas previstas nos incs. XXX, XXXI e XXXII do art. 7.º da Constituição Federal.

A vedação às equiparações e vinculações referida no art. 37, XIII, é claramente voltada ao *combate de atrelamento de vencimentos entre categorias funcionais diversas* e está voltada, mais intensamente, ao legislador. Isso não invalida, por evidente, o combate à discrimi-

---

48. "X – a remuneração dos servidores públicos e o subsídio de que trata o § 4.º do art. 39 somente poderão ser fixados ou alterados por lei específica, observada a iniciativa privativa em cada caso, assegurada a revisão geral anual, sempre na mesma data e sem distinção de índices".

49. "Art. 169. (...)§ 1.º A concessão de qualquer vantagem ou aumento de remuneração, a criação de cargos, empregos ou funções ou alteração de estrutura de carreiras, bem como a admissão ou contratação de pessoal, a qualquer título, pelos órgãos e entidades da administração direta ou indireta, inclusive fundações instituídas e mantidas pelo poder público, só poderão ser feitas:I – se houver prévia dotação orçamentária suficiente para atender às projeções de despesa de pessoal e os acréscimos dela decorrentes;II – se houver autorização específica na lei de diretrizes orçamentárias, ressalvadas as empresas públicas e as sociedades de economia mista".

nação com relação àqueles que desempenham a mesma função, o que será analisado no plano mais concreto, embora possa ser objeto de regulamentação geral, e é válido tanto para servidores estatutários quanto para empregados públicos.

No entanto, tais conclusões não validam eventual desvio funcional, que, por si só, já constitui uma ilegalidade. Assim, embora a legislação trabalhista preveja o instituto da equiparação salarial como direito ao trabalhador que executa as mesmas atividades de outro que percebe maior valor[50], tal conclusão jamais poderá ser adotada no âmbito da Administração pública, mesmo indireta, pois importaria, por via reflexa, na criação de um emprego público diverso daquele para o qual o trabalhador foi contratado, em ofensa direta à Constituição. Ao trabalhador apenas se garantem as diferenças salariais do período do desvio, devendo este ser cessado[51].

5.3.4. Direito à estabilidade, FGTS e dispensa motivada

O principal direito dos empregados públicos, que não é extensivo aos servidores estatutários, é o acesso ao Regime do Fundo de Garantia por Tempo de Serviço – FGTS, previsto no art. 7.º, III, da Constituição Federal, e atualmente regulamentado na Lei 8.036/1990.

Essa distinção decorre do fato de o FGTS, mormente no sistema constitucional atual, ter substituído por completo o sistema de estabilidade decenal, anteriormente vigente para os trabalhadores da iniciativa privada (art. 492 da CLT, ainda não revogado expressamente, mas de aplicação prática restritíssima).

Em contrapartida, os estatutários ainda remanescem tendo o direito à estabilidade, prevista constitucionalmente, após três anos de exercício do cargo público.

Os *empregados públicos não possuem direito a essa estabilidade especial*, prevista no art. 41 da CF, visto que este somente se refere aos servidores "nomeados para cargo de provimento efetivo". Possuem, no entanto, direito às demais garantias de emprego previstas na Constituição Federal e na lei (gestante, dirigente sindical, membro de Comissão Interna de Prevenção de Acidentes do Trabalho – CIPA etc.).

A grande dúvida diz respeito à dispensa imotivada dos empregados públicos, mormente aqueles contratados por entidades de direito público, inclusive os admitidos no período de vigência da nova redação do art. 39, dada pela Emenda Constitucional 19/1998.

Formou-se forte corrente no sentido de que, por respeito ao paralelismo das formas, tendo os empregados públicos sido admitidos por concurso, somente por processo administrativo disciplinar poderia ocorrer a dispensa. Na prática, essa tese importaria na extensão da estabilidade aos empregados públicos, não sendo lógica sua adoção.

Por outro lado, a liberdade de dispensa que possui o empregador privado parece mesmo ser contraditória com a precedente formalidade na contratação, existente no setor público.

---

50. Art. 461 da CLT, já com substanciais alterações promovidas pela Lei 13.467/2017, a chamada "reforma trabalhista".
51. Nesse sentido decidiu a 1.ª Turma do STF no julgamento do AgRg no AI 582.457/MG, Rel. Min. Sepúlveda Pertence, j. 26.09.2006. Ainda, no STJ, a Súmula 378 enuncia que "reconhecido o desvio de função, o servidor faz jus às diferenças salariais decorrentes".

A jurisprudência caminhava no sentido de aceitar a dispensa imotivada, no caso de empregados de empresas públicas e sociedades de economia mista[52], mas restringi-la, no caso de empregados da Administração direta, autárquica e fundacional. A ressalva quanto a estas últimas tem mais relação com a natureza de direito público destas e uma eventual incompatibilidade do próprio regime de emprego público com elas, do que, propriamente, um direito especial de seus empregados.

O Pleno do STF, no entanto, ao julgar, com repercussão geral, o *RE 589.998/PI* (Rel. Min. Ricardo Lewandowski, j. 21.03.2013), envolvendo dispensa de empregado dos Correios, firmou o entendimento de que os empregados públicos de empresas públicas e sociedades de economia mista, admitidos por concurso, mesmo não possuindo o direito à estabilidade, só podem ser dispensados por *ato devidamente motivado* (vide *Informativo STF 699*).

A Lei 9.962/2000, por sua vez, deixou claro que aos empregados públicos da Administração direta, autárquica e fundacional, em âmbito federal, conquanto não se garanta, propriamente, o direito à estabilidade, previsto no art. 41 da CF/1988, não se aplica, livremente, o direito potestativo dos empregadores de dispensa imotivada, visto que esta *só poderá ocorrer* nas restritas hipóteses do art. 3.º da Lei, a saber:

a) *falta grave, dentre as enumeradas no art. 482 da CLT;*

b) *acumulação ilegal de empregos, cargos ou funções públicas;*

c) *necessidade de redução do quadro, conforme regulamentação do art. 169 da CF/1988;*

d) *insuficiência de desempenho, apurada em procedimento.*

A lei, no entanto, excluiu essas garantias com relação ao pessoal contratado em decorrência de autonomia de gestão, prevista no § 8.º do art. 37 da Constituição Federal.

É de se destacar, não obstante, que o *TST vem reconhecendo* não apenas as garantias acima referidas, mas o próprio direito à estabilidade do art. 41 no que tange aos empregados públicos da Administração direta, autárquica e fundacional, conforme entendimento sufragado em sua *Súmula 390*, embora repita, no mesmo enunciado, a orientação do STF quanto aos empregados de empresas públicas e sociedades de economia mista[53].

---

52. STF, AgRg no AI 648.453/ES, 1.ª T., Rel. Min. Ricardo Lewandowski:"Constitucional. Empregado de empresa pública ou sociedade de economia mista. Dispensa imotivada. Possibilidade. I – Ambas as Turmas desta Corte possuem entendimento no sentido de que os empregados admitidos por concurso público em empresa pública ou sociedade de economia mista podem ser dispensados sem motivação, porquanto aplicável a essas entidades o art. 7.º, I, da Constituição. II – Agravo regimental improvido".No mesmo sentido: STF, AgRg no AI 507.326/RJ, 2.ª T., Rel. Min. Ellen Gracie:"1. Esta Corte orientou-se no sentido de que as disposições constitucionais que regem os atos administrativos não podem ser invocadas para estender aos funcionários de sociedade de economia mista, que seguem a Consolidação das Leis do Trabalho, uma estabilidade aplicável somente aos servidores públicos, estes sim submetidos a uma relação de direito administrativo. 2. A aplicação das normas de dispensa trabalhista aos empregados de pessoas jurídicas de direito privado está em consonância com o disposto no § 1.º do art. 173 da Lei Maior, sem ofensa ao art. 37, *caput* e II, da Carta Federal. 3. Agravo regimental improvido".

53. *Súmula 390 do TST*: "Estabilidade. Art. 41 da CF/1988. Celetista. Administração direta, autárquica ou fundacional. Aplicabilidade. Empregado de empresa pública e sociedade de economia mista. Inaplicável.I – O servidor público celetista da administração direta, autárquica ou fundacional é beneficiário da estabilidade prevista no art. 41 da CF/1988.II – Ao empregado de empresa pública

5.3.5. Direito à aposentadoria

Os empregados públicos possuem, como qualquer trabalhador da iniciativa privada, direito à aposentadoria (art. 7.º, XXIV, da CF/1988).

O regime a que estão submetidos, no entanto, é o geral, previsto no art. 201 da CF/1988, regulamentado pela Lei 8.213/1991 (Regime Geral de Previdência Social – RGPS) e administrado pelo Instituto Nacional do Seguro Social – INSS, uma autarquia federal.

Está terminantemente proibida, ademais, a inclusão de qualquer empregado público em regime próprio de previdência, conforme disposto no art. 40 da CF/1988, desde a redação dada pela Emenda Constitucional 20/1998, e regulamentação estabelecida pela Lei 9.717/1998 (art. 1.º, V).

A diferença tradicional entre os regimes é que no RGPS não se garante o direito de paridade com o pessoal da ativa, tampouco o cálculo do valor inicial do benefício, geralmente denominado de renda mensal inicial – RMI, conforme a regra da equivalência com a remuneração recebida na ativa, geralmente denominada de integralidade.

O cálculo, no RGPS, é feito conforme critérios atuariais que levam em conta todas as contribuições que foram vertidas para o sistema[54]. A partir da Emenda Constitucional 41/2003, as aposentadorias, nos regimes próprios, caminham para uma equiparação de regras com o RGPS, embora existam inúmeras regras de transição, que serão analisadas no tópico pertinente.

Usualmente, no entanto, empregados públicos de empresas estatais contribuem para a *formação de previdência complementar à previdência oficial*, recebendo destas, na aposentadoria, uma complementação dos proventos, conforme regulamentação prevista para os planos privados de previdência complementar mantidos por entidades públicas (*art. 202 da CF/1988 e Lei Complementar 108/2001*).

5.3.6. Competência da Justiça do Trabalho

Os litígios decorrentes de relações trabalhistas, na vigência da CF/1988, foram inteiramente atribuídos à Justiça do Trabalho, mesmo quando os empregadores forem a União, os Estados, o Distrito Federal, os Municípios e respectivas entidades da administração autárquica e fundacional.

Assim, o art. 114, I, da CF/1988, mesmo antes da Emenda Constitucional 45/2004, já estabelecia a competência da Justiça do Trabalho para dirimir tais demandas, ou seja, as que envolvem empregados públicos. Dessa forma, não se repetiu a regra instituída na Constituição Federal de 1967, de se estabelecer à Justiça Federal a competência para o julgamento das demandas trabalhistas que envolviam empregados públicos federais[55].

---

ou sociedade de economia mista, ainda que admitido mediante aprovação em concurso público, não é garantida a estabilidade prevista no art. 41 da CF/1988".

54. Na verdade, essa sistemática vigora desde a Lei 9.876/1999, que substituiu a antiga forma de cálculo que considerava apenas as 36 últimas contribuições dentro de um período máximo de 48 meses imediatamente anteriores ao requerimento do benefício.

55. Tal conclusão decorria da não inclusão, no art. 125, I, da CF/1967, na redação dada pela EC 1/1969, da ressalva referente às causas de competência da Justiça do Trabalho. A matéria, inclusive, era regulamentada na Lei 5.638/1970. Importante ressaltar que as demandas trabalhistas que foram

Quanto aos estatutários, remanesceu a competência da Justiça comum, estadual ou federal, conforme o caso, posto que não se trata, aí, de regime trabalhista, mas sim de regime jurídico administrativo.

A Emenda Constitucional 45/2004, no entanto, trouxe uma nova redação que confundiu bastante os operadores do Direito, dando a entender que a competência quanto aos direitos dos estatutários teria passado para a Justiça do Trabalho. O STF, no entanto, ao julgar a *Medida Cautelar na ADI 3.395/DF*, ratificou o já consagrado entendimento sobre a matéria, *mantendo a competência na Justiça comum*[56].

No mais, é de se aplicar sempre a regra da temporalidade quanto ao direito vigente, de modo que, nas hipóteses de alteração da natureza do vínculo, será da Justiça do Trabalho a competência para o julgamento das causas originadas do período em que vigia o regime de emprego, e da Justiça comum, as causas já decorrentes do regime estatutário[57]. Entende-se de forma diversa, no entanto, se os efeitos da decisão irão se operar já no regime novo, afetando a este último. Caso clássico dos pedidos de reintegração[58].

Impende salientar, outrossim, que a partir da EC 45/2004 não remanescem mais dúvidas quanto à competência da Justiça do Trabalho para o julgamento de qualquer questão que tenha por fundamento o vínculo empregatício, ainda que não inserida nas leis trabalhistas, de modo que a Justiça laboral pode julgar, até mesmo, as demandas em que o empregado pleiteia indenização por dano moral de seu empregador[59], inclusive as que tenham por fundamento acidente do trabalho (art. 114, VI)[60].

---

propostas na Justiça Federal, antes da CF/1988, continuaram nela, por força do disposto no art. 27, § 10, do ADCT.

56. Julgamento do Pleno, ratificando a liminar do relator, Min. Cézar Peluso, em 05.04.2006. Não houve, ainda, o julgamento do mérito da ação."Inconstitucionalidade. Ação direta. Competência. Justiça do Trabalho. Incompetência reconhecida. Causas entre o Poder Público e seus servidores estatutários. Ações que não se reputam oriundas de relação de trabalho. Conceito estrito desta relação. Feitos da competência da Justiça Comum. Interpretação do art. 114, inc. I, da CF, introduzido pela EC 45/2004. Precedentes. Liminar deferida para excluir outra interpretação. O disposto no art. 114, I, da Constituição da República, não abrange as causas instauradas entre o Poder Público e servidor que lhe seja vinculado por relação jurídico-estatutária".(N.A.) Importante observar que, entendimento contrário, comprometeria até mesmo a competência geral da Justiça do Trabalho, pois houve, na verdade, uma clara inconstitucionalidade formal cometida pelo Senado Federal, que alterou substancialmente a redação do dispositivo, que continha, na redação aprovada na Câmara dos Deputados, a ressalva expressa quanto à incompetência daquela envolvendo os servidores estatutários (art. 114, I), levando-se o texto, sem a ressalva, à promulgação sem prévio reexame pela Câmara dos Deputados.

57. **Súmula 97 do STJ:** "Compete à Justiça do Trabalho processar e julgar reclamação de servidor público relativamente a vantagens trabalhistas anteriores à instituição do regime jurídico único".

58. **Súmula 173 do STJ:** "Compete à Justiça Federal processar e julgar o pedido de reintegração em cargo público federal, ainda que o servidor tenha sido dispensado antes da instituição do Regime Jurídico Único".

59. O STJ chegou a adotar o entendimento da incompetência da Justiça do Trabalho, numa estreita visão do texto constitucional (vide CC 11.732/SP, 2.ª Seção), o que nunca foi admitido pelo STF (vide AgRg no RE 408.381/RJ, 2.ª T.).

60. As causas acidentárias excluídas da Justiça do Trabalho são aquelas relacionadas com os benefícios acidentários, que nenhuma relação possuem com as demandas entre empregado e empregador, vez que movidas em face da instituição previdenciária federal (INSS). No entanto, como a CF/1988, inexplicavelmente, manteve a ressalva da competência da Justiça Federal (art. 109, I), essas de-

À Justiça do Trabalho competirá, também, julgar questões envolvendo complementação de aposentadoria, quando decorrentes do contrato de trabalho. Se a questão não tiver relação com o contrato de trabalho, sendo meramente decorrente da relação do beneficiário com a entidade de previdência fechada, a competência será da Justiça comum. A jurisprudência do STF pacificou esse último entendimento quando do julgamento do *RE 586.453/SE*[61], com repercussão geral reconhecida.

5.3.7. O problema da responsabilidade subsidiária da Administração Pública nas contratações de serviços terceirizados

Aqui não estamos falando, propriamente, de regime jurídico de emprego público.

Entretanto, a Administração Pública, por licitação, pode contratar empresas privadas para a prestação de serviços que não são considerados como essencialmente públicos. Assim, modernamente, é comum que serviços de limpeza e conservação, vigilância etc., sejam prestados por terceirizados, empregados das prestadoras de serviços.

À Administração Pública cabe fiscalizar o cumprimento, pelo contratado, da legislação trabalhista, não havendo, no entanto, formação de vínculo empregatício diretamente com aquela.

O *art. 71, § 1.º, da Lei 8.666/1993*, inclusive, diz que a Administração Pública *não tem qualquer responsabilidade* pelo não pagamento dos encargos trabalhistas pelo contratado, regra que é usualmente desconsiderada pela jurisprudência trabalhista para o fim de promover a proteção aos direitos do trabalhador.

Firmou-se, então, o entendimento de que, nesses casos, a Administração Pública responde por tais encargos, de *maneira subsidiária*, caso o contratado não tenha patrimônio para adimplir tais obrigações.

Nesse sentido a ***Súmula 331 do TST***:

> "SUM-331 CONTRATO DE PRESTAÇÃO DE SERVIÇOS. LEGALIDADE (mantida) – Res. 121/2003, DJ 19, 20 e 21.11.2003
>
> *I – A contratação de trabalhadores por empresa interposta é ilegal, formando-se o vínculo diretamente com o tomador dos serviços, salvo no caso de trabalho temporário (Lei n.º 6.019, de 03.01.1974).*
>
> *II – A contratação irregular de trabalhador, mediante empresa interposta, não gera vínculo de emprego com os órgãos da administração pública direta, indireta ou fundacional (art. 37, II, da CF/1988).*

---

mandas continuam sendo julgadas na Justiça estadual. No julgamento do *Conflito de Competência 7.204/MG* (Pleno, Rel. Min. Ayres Brito), o STF reconheceu o equívoco do entendimento de que a CF/1988, na linha das anteriores, excluiria da Justiça do Trabalho a competência para o julgamento de demandas que tivessem por fundamento acidentes do trabalho, quando movidas em desfavor dos empregadores. Aproveitando o ensejo do advento da EC 45/2004, que permitiu a rediscussão do tema, embora não tenha sido ela o móvel da alteração de posicionamento, a Corte fixou o entendimento de que a competência da Justiça do Trabalho para tais questões se atribuiria a partir da vigência da Emenda, ficando na Justiça comum as demandas já julgadas e em grau de recurso.

61. Pleno, Red. p/ o acórdão Min. Dias Toffoli, j. 20.02.2013 (vide *Informativo STF 695*).

III – Não forma vínculo de emprego com o tomador a contratação de serviços de vigilância (Lei n.º 7.102, de 20.06.1983) e de conservação e limpeza, bem como a de serviços especializados ligados à atividade-meio do tomador, desde que inexistente a pessoalidade e a subordinação direta.

IV – O inadimplemento das obrigações trabalhistas, por parte do empregador, implica a responsabilidade subsidiária do tomador dos serviços quanto àquelas obrigações, desde que haja participado da relação processual e conste também do título executivo judicial.

V – Os entes integrantes da Administração Pública direta e indireta respondem subsidiariamente, nas mesmas condições do item IV, caso evidenciada a sua conduta culposa no cumprimento das obrigações da Lei n.º 8.666, de 21.06.1993, especialmente na fiscalização do cumprimento das obrigações contratuais e legais da prestadora de serviço como empregadora. A aludida responsabilidade não decorre de mero inadimplemento das obrigações trabalhistas assumidas pela empresa regularmente contratada.

VI – A responsabilidade subsidiária do tomador de serviços abrange todas as verbas decorrentes da condenação referentes ao período da prestação laboral".

O § 2.º do referido artigo, no entanto, garante a responsabilidade solidária da Administração Pública pelos encargos previdenciários.

Em julgamento da *Ação Declaratória de Constitucionalidade 16/DF*, em fins de 2010, o STF *declarou a constitucionalidade do art. 71, § 1.º, da Lei 8.666/1993*, mas ressalvou o entendimento de que tal constitucionalidade *não importa na exclusão de responsabilidade da Administração Pública pela ausência de fiscalização das obrigações trabalhistas do contratado*, na esteira do entendimento da Justiça do Trabalho. Objetou-se nesse julgamento, no entanto, a tendência da Justiça do Trabalho de não analisar concretamente a responsabilidade da Administração Pública pela omissão, mas sim a mera aplicação, irrestrita, da responsabilidade subsidiária, partindo da mera consideração de inconstitucionalidade do dispositivo acima referido (*Informativos 519 e 610 do STF*).

Dessa forma, o que deve ser entendido é que não basta a inadimplência para a aplicação da dita responsabilidade, como parecia dar a entender a Súmula 331 do TST antes de sua alteração em 2011 pela Resolução 174, **devendo ser demonstrada a omissão de fiscalização.**

O Estatuto Jurídico das empresas públicas e sociedades de economia mista que exploram atividade econômica (Lei 13.303/2017), em seu art. 77, § 1º, sufragou regra semelhante a do art. 71, § 1º da Lei de Licitações, estabelecendo que a inadimplência do contratado com relação aos encargos trabalhistas, fiscais e comerciais não transfere às estatais a responsabilidade pelo seu pagamento.

5.4. SERVIDORES CONTRATADOS POR TEMPO DETERMINADO (ART. 37, IX DA CF/1988)

Embora a regra geral estabelecida na Constituição Federal, para acesso ao serviço público como servidor, seja a aprovação prévia em concurso público, regra válida tanto para empregos públicos quanto para cargos públicos, existem exceções a essa modalidade de admissão, previstas na própria Constituição, como os cargos em comissão ou de confiança e as contratações de servidores temporários.

A contratação de servidores temporários, por prazo determinado, não tem, em princípio, relação com as hipóteses de contratos por prazo certo estabelecidas na legislação trabalhista[62] (safrista rural, de experiência, trabalhadores temporários da Lei 6.019/1974 etc.). A contratação temporária aqui aludida é própria da Administração Pública e tem assento constitucional, com seus requisitos definidos no *art. 37, IX*, que dispõe: "a lei estabelecerá os casos de contratação por tempo determinado para atender a necessidade temporária de excepcional interesse público".

Em princípio, embora não haja explicitação constitucional, essa autorização se direciona mais para a Administração direta, autárquica e fundacional, pois as empresas estatais já podem proceder a contratações por prazo determinado conforme disposições da legislação trabalhista.

Como dito, os requisitos dessa contratação estão firmados na Constituição, sendo os seguintes:

- *previsão legal dos casos;*
- *prazo determinado da contratação;*
- *necessidade temporária;*
- *excepcional interesse público.*

É importante manter essa possibilidade de contratação, pois corriqueiramente a Administração Pública se vê na contingência de proceder à admissão de pessoal de maneira extraordinária, a ser feita com urgência e por prazo certo, geralmente curto, o que não aconselharia a realização de um concurso público, que demandaria um lapso temporal para sua realização que poderia acarretar prejuízo à prestação do serviço.

Por outro lado, os temporários, em muitos locais denominados de DTs (designados temporariamente ou de designação temporária), conquanto o termo "designação" não seja muito apropriado, estão servindo como uma clara e evidente válvula de escape à regra do concurso em muitos entes da federação, sendo frequentes as contratações nulas, eivadas de inconstitucionalidade, que se perpetuam no tempo e em situações que não se enquadram nos requisitos constitucionais.

Vejamos mais detidamente os requisitos acima mencionados.

5.4.1. Previsão legal dos casos de contratação por tempo determinado

Cabe à lei estabelecer os casos de contratação por prazo determinado, conforme previsto no art. 37, IX, da CF/1988.

Não existe uma lei geral, de caráter nacional, sobre o assunto, podendo cada ente federativo estabelecer suas próprias regras.[63]

---

62. As empresas públicas e sociedades de economia mista podem, em princípio, proceder a contratações temporárias nas hipóteses previstas na legislação trabalhista, se submetendo, por evidente, às regras lá estabelecidas.
63. Por exemplo, em Goiás, é a Lei estadual nº 13.664/2000 que regulamenta o tema. Em Manaus, a contratação por prazo determinado deverá observar a Lei municipal nº 1.425/2010.

Na **esfera federal foi editada a Lei 8.745/1993**, que estabelece as hipóteses legais de contratação temporária.

Cada estado e cada município, no entanto, deverão estabelecer sua própria legislação, o que, aliás, é recomendável, posto que somente eles podem prever os casos mais comuns em que será necessário esse tipo de contratação, conforme os serviços públicos que eles mesmos prestam. Essas leis, no entanto, têm de fixar as hipóteses específicas de cabimento, não podendo, assim, somente traçar regras amplíssimas e genéricas para posterior regulamentação pelo Executivo, conforme decidido pelo STF[64]. Inclusive, recentemente, o STF deixou claro no julgamento da ADI 3662/MT, "*que são inconstitucionais, por violarem o art. 37, IX, da CF/88, a autorização legislativa genérica para contratação temporária e a permissão de prorrogação indefinida do prazo de contratações temporárias.*"[65]

A lei federal, no âmbito da União e de suas autarquias e fundações, estabeleceu os casos mais comuns de contratação e os prazos máximos dos contratos. Os contratos só podem ser feitos mediante prévia autorização orçamentária específica e com autorização do ministro de Estado do Planejamento e do ministro da pasta cuja supervisão se encontrar o órgão ou entidade (art. 5.º da Lei 8.745/1993). Essa regra, no que tange à previsão orçamentária, só pode ser entendida como previamente autorizativa de um quantitativo geral de contratações, pois a pré-definição dos casos seria obviamente incompatível com a urgência das pactuações.

A lei federal *proibiu expressamente a contratação temporária de quem já seja servidor público*, tanto da administração direta como da indireta, incluindo empregados públicos (art. 6.º), excetuando, caso haja compatibilidade de horários, apenas a contratação de professor substituto nas instituições federais de ensino e profissionais de saúde em unidades hospitalares administradas pelo Governo Federal, nesse último caso para atender necessidades decorrentes de calamidade pública e desde que o contratado não ocupe cargo público ou emprego público em órgão ou entidade da administração pública federal direta ou indireta.

É vedado aos temporários a nomeação ou designação para exercício de cargo em comissão ou função de confiança (art. 9.º, II), além de ser vedada nova contratação, com fundamento na Lei 8.745/1993, antes de decorridos 24 meses do encerramento de contrato anterior, ressalvadas as hipóteses previstas na própria lei (art. 9.º, III). Inclusive, este tema

---

64. STF, Pleno, ADI 3.210/PR, Rel. Min. Carlos Velloso, j. 11.11.2004;"Constitucional. Administrativo. Servidor público: contratação temporária. CF, art. 37, IX. Lei 9.198/90 e Lei 10.827/94, do Estado do Paraná. I. – A regra é a admissão de servidor público mediante concurso público: CF, art. 37, II. As duas exceções à regra são para os cargos em comissão referidos no inciso II do art. 37 e a contratação por tempo determinado para atender a necessidade temporária de excepcional interesse público: CF, art. 37, IX. Nessa hipótese, deverão ser atendidas as seguintes condições: a) previsão em lei dos casos; b) tempo determinado; c) necessidade temporária de interesse público excepcional. II. – Precedentes do Supremo Tribunal Federal: ADI 1.500/ES, 2.229/ES e 1.219/PB, Ministro Carlos Velloso; ADI 2.125-MC/DF e 890/DF, Ministro Maurício Corrêa; ADI 2.380-MC/DF, Ministro Moreira Alves; ADI 2.987/SC, Ministro Sepúlveda Pertence. III. – A lei referida no inciso IX do art. 37, CF, deverá estabelecer os casos de contratação temporária. No caso, as leis impugnadas instituem hipóteses abrangentes e genéricas de contratação temporária, não especificando a contingência fática que evidenciaria a situação de emergência, atribuindo ao chefe do Poder interessado na contratação estabelecer os casos de contratação: inconstitucionalidade. IV. – Ação direta de inconstitucionalidade julgada procedente".

65. STF. Plenário. ADI 3662/MT, Rel. Min. Marco Aurélio, julgado em 23/3/2017 (**INFORMATIVO N.º 858**)

foi objeto de recente análise pelo STF, no RE 635648/CE, afetado por Repercussão Geral, em que se fixou a seguinte tese: *é compatível com a Constituição Federal a previsão legal que exija o transcurso de 24 (vinte e quatro) meses, contados do término do contrato, antes de nova admissão de professor temporário anteriormente contratado.*"[66]

Apesar das disposições gerais da Lei 8.745/1993, nada impede que leis específicas prevejam casos determinados de contratação[67], o que, aliás, ocorre com certa frequência na esfera federal, principalmente em instituições em processo de constituição[68], que necessitam de servidores emergencialmente, para fazer funcionar seus serviços até a admissão de pessoal próprio, a ser feita por concurso público.

A simples cessão de servidores de outras entidades, muitas vezes, não é suficiente para atender a essa necessidade, e a contratação temporária acaba se fazendo imprescindível. O problema é quando tais contratos passam a ser renovados sucessivamente, ainda que tendo previsão legal, pois o requisito constitucional da temporariedade fica desvirtuado[69].

5.4.2. Determinação dos prazos de contratação

Pela própria natureza temporária das funções a serem desempenhadas, os contratos terão de ser por prazo determinado.

A Lei 8.745/1993, por exemplo, estabeleceu todos os prazos de contratação temporária em seu art. 4.º. Esses prazos variam de seis meses a quatro anos, conforme a hipótese da contratação. Só é admitida a prorrogação nas hipóteses previstas no parágrafo único do referido artigo.

Os casos mais comuns, como os de admissão de professor substituto[70] e de agente de recenseamento, têm prazo máximo fixado em um ano, podendo haver a prorrogação para até três anos, no primeiro caso, e para até dois anos, no segundo caso (art. 2º, III e IV c/c art. 4º, II e parágrafo único, incisos I e II, da Lei 8.745/1993).

O caso que seria o mais evidente a justificar esse tipo de contratação, o de assistência a situações de calamidade pública[71], mas nem por isso o mais comum, tem prazo máximo

---

66. STF. Plenário. RE 635648/CE, Rel. Min. Edson Fachin, julgado em 14/6/2017 (repercussão geral) **(INFORMATIVO 869)**.
67. O art. 33 da Lei 9.782/1999 prevê que a ANVISA pode "contratar especialistas para a execução de trabalhos nas áreas técnica, científica, econômica e jurídica, por projetos ou prazos limitados, observada a legislação em vigor". É possível que essa contratação seja feita nos moldes da Lei 8.745/1993, se houver o preenchimento dos requisitos constitucionais, ou na forma da lei de licitações, se não for urgente a contratação e se o grau de especialização assim recomendar. O art. 26 da Lei 9.961/2000 contém regra semelhante com relação à ANS.
68. A Lei 9.961/2000, por exemplo, autorizou a contratação, por até cinco anos, contados da instalação da ANS, de pessoal para o exercício de fiscalização das operadoras de planos privados de assistência à saúde (art. 30).
69. O art. 26 da Lei 9.986/2000 permitiu a prorrogação de todos os contratos de trabalho temporário então em vigor nas agências reguladoras, pelo prazo máximo de 24 meses, sem dar qualquer justificativa concreta para isso.
70. Professor substituto, que deveria ser figura excepcional, passou a servir, nas universidades federais, de válvula de escape a concursos públicos, sendo comum que boa parte dos quadros esteja preenchida, indetinidamente, por esse pessoal com vínculo precário.
71. Decreto 7.616/2011 dispõe sobre a declaração de Emergência em Saúde Pública de Importância Nacional (ESPIN), prevendo, em seu art. 10, § 1º, V, *b*, entre outras medidas, a contratação de

de seis meses, podendo, no entanto, haver prorrogação pelo prazo necessário à superação da situação de calamidade pública, desde que não se exceda o prazo de dois anos (art. 2º, I c/c art. 4º, I e parágrafo único, VI).

5.4.3. Necessidade temporária e excepcional interesse público. Noção

A necessidade temporária e o excepcional interesse público são os elementos centrais que justificam a contratação extraordinária.

Primeiro, a necessidade é, por natureza, temporária, posto que, para situações permanentes, as necessidades da Administração Pública devem ser atendidas de modo permanente, por pessoal com vínculo estatutário ou celetista.

A necessidade temporária está geralmente ligada a uma questão emergencial, embora não necessariamente. Assim, por exemplo, ações urgentes, de defesa civil, podem ser atendidas por pessoal permanente da Administração Pública. Agora, se a dimensão da catástrofe extrapola a previsibilidade do Poder Público, demandando pessoal extraordinário, por tempo determinado, justificada estará a contratação pelo art. 37, IX, da Carta Magna. O STF, no entanto, já decidiu pela inconstitucionalidade de lei estadual que autorizava a contratação de policiais temporários, por entender que é vedada a contratação para os serviços ordinários permanentes do Estado e que devem estar sob o espectro das contingências normais da Administração[72].

Situações mais prosaicas podem justificar a contratação temporária, como, por exemplo, a necessidade de o Poder Público assumir um serviço que estava nas mãos de particular, para o qual aquele não detém estrutura de pessoal, como ocorre, por exemplo, com a encampação de serviço municipal de coleta de lixo, embora o mais lógico seria a contratação emergencial de outra empresa prestadora de serviço, o que nem sempre é possível.

Não basta, no entanto, que a necessidade seja temporária, a contratação extraordinária só se justifica se, aliado a isso, houver excepcional interesse público. Temos que o excepcional interesse público está ligado à satisfação de necessidades da população, essenciais ou, ao menos, relevantes.

Assim, ainda que temporária a necessidade, não se justificará a contratação se o serviço respectivo não for essencial ou relevante, mas apenas secundário, o que pode justificar a sua postergação para posterior execução por pessoal permanente da Administração.

5.4.4. Nulidades do contrato, efeitos do contrato nulo e competência jurisdicional

Infelizmente, os contratos com fundamento no art. 37, IX, da CF/1988 têm servido para todo tipo de fraude à regra geral da exigência do concurso público, sendo comum,

---

profissionais da saúde na forma da Lei 8.745/1993. O Decreto 7.257/2010, por sua vez, regulamenta o Sistema Nacional de Defesa Civil – SINDEC, dispondo sobre a situação de emergência e o estado de calamidade pública.

72. Pleno, ADI 5.163/GO, rel. Min. Luiz Fux, j. 08/04/2015. Observe-se, no entanto, que foi dada ênfase, no caso concreto, ao fato de a lei ser genérica e não justificar devidamente a necessidade de contratação.

principalmente em nível estadual e municipal, a autorização legislativa para contratação em situações completamente fora dos parâmetros constitucionais.

É certo que esse não é o único tipo de fraude envolvendo a contratação ou admissão de pessoal, já nos tendo deparado com situações bem absurdas, como a de previsão, em lei municipal, de cargos comissionados de garis. No entanto, numa análise dos casos mais corriqueiramente discutidos no âmbito judicial envolvendo contratações fraudulentas, vamos verificar que as de temporários são as mais comuns.

É importante lembrar que nessas contratações usualmente se faz apenas um *processo seletivo simplificado*, com análise de currículos, *prescindindo-se de concurso público*.

O contrato pode conter alguma nulidade decorrente do não enquadramento da legislação autorizativa aos requisitos constitucionais, ou pode ser nulo em decorrência do próprio desrespeito à legislação autorizativa, podendo a nulidade, até mesmo, ser uma consequência de uma prorrogação indevida.

A nulidade desse contrato não acarretará, em hipótese nenhuma, a existência de vínculo empregatício, não podendo ser invocada a disposição do art. 9.º da CLT, posto que este não se sobrepõe à regra constitucional do art. 37, II, da Carta Magna.

A discussão que se faz, então, é sobre os efeitos do contrato nulo, e, logicamente, os direitos que dele decorrem para o trabalhador, tendo prevalecido a tese de que apenas os salários do período trabalhado são devidos. Mais recentemente, passou-se a admitir que também as contribuições do FGTS do período devem ser depositadas pelo tomador dos serviços.

No âmbito trabalhista, a matéria restou consolidada na **Súmula 363 do TST**, que dispõe:

> "Contrato nulo. Efeitos.
>
> *A contratação de servidor público, após a CF/1988, sem prévia aprovação em concurso público, encontra óbice no respectivo art. 37, II e § 2.º, somente lhe conferindo direito ao pagamento da contraprestação pactuada, em relação ao número de horas trabalhadas, respeitado o valor da hora do salário mínimo, e dos valores referentes aos depósitos do FGTS".*

Quanto ao FGTS, houve alteração na Lei 8.036/1990, pela MP 2.164-4/2001, que acrescentou o art. 19-A ao texto da primeira, para admitir expressamente o direito àquela parcela em casos de contratação nula. A norma foi considerada constitucional pelo STF[73].

É evidente que a aplicação desse entendimento não se resume aos casos de contratação temporária nula, mas a todas as situações de contratação nula de servidor público.

Curiosamente, aliás, *nos casos de temporários*, o posicionamento da jurisprudência se firmou no sentido de *não competir à Justiça do Trabalho o exame da matéria*.

A divergência se originou, inicialmente, do próprio termo contratação, utilizado pelo texto constitucional, que motivou a orientação de alguns tribunais do trabalho de que a

---

73. Recurso Extraordinário 596.478/RR, Pleno, Red. p/ acórdão Min. Dias Toffoli, j. 13.06.2012. A jurisprudência do STJ já realinhou sua orientação em conformidade com esse entendimento (REsp 1.517.594/ES, 1ª Turma, Relatora Min. Regina Helena Costa, j. 03/11/2015).

menção só poderia estar sendo feita a contrato de trabalho. Claro que tal entendimento não se firmava, pois o termo contratação não é exclusivo do direito do trabalho, existindo, inclusive, no direito administrativo, com todas as especificidades decorrentes de contratos administrativos.

Ao final, a orientação que acabou predominando é que os contratos referidos no art. 37, IX, da CF/1988 *são de natureza administrativa*, cabendo, assim, em princípio, à Justiça comum, federal ou estadual, conforme o caso, decidir sobre qualquer ação em que se postulem direitos decorrentes de tal vínculo[74].

O problema é que, na maioria dos casos, o que se busca não são apenas os direitos do vínculo temporário, e sim o reconhecimento de eventual nulidade desse vínculo temporário e, por consequência, a declaração de existência de um verdadeiro vínculo de emprego. Nessas situações, parece óbvio, e em que pese a orientação do STJ, caberia à Justiça do Trabalho decidir sobre a existência ou não da relação de emprego, remetendo o caso à Justiça comum, caso entendesse inexistente aquele, e se remanescesse algum pedido compatível com o contrato temporário.

Essa foi a orientação firmada, inclusive, após intensa controvérsia, no âmbito do TST, que em 2005 deu nova redação, por meio de sua Subseção de Dissídios Individuais 1 (SDI-1), à *Orientação Jurisprudencial 205*[75]. Esse entendimento, no entanto, não encontrou respaldo no STF, orientando-se a Corte Suprema pela incompetência da Justiça do Trabalho[76] em qualquer situação, o que nos parece contraditório, pois soa absolutamente estranho que a Justiça comum vá decidir sobre a existência ou não de vínculo empregatício.

O STF, no entanto, parte de um pressuposto contrário, o de que o vínculo é legalmente administrativo, e que se pudesse a Justiça do Trabalho decidir sobre sua nulidade, estaria, antes de entender sobre a existência ou não de vínculo empregatício, analisando questão afeta ao contrato administrativo. A Corte tem, inclusive, invocado a própria decisão cautelar proferida na ADI 3.395, para deferir regularmente as reclamações intentadas contra a competência da Justiça do Trabalho[77].

---

74. O STJ mantém-se firme nessa orientação, conforme julgados de sua 1ª Seção (vide, apenas para citar um dos mais recentes, o AgRg no CC 132.241/PB, rel. Min. Napoleão Nunes Maia Filho, j. 11/11/2015).

75. Redação de 2005: "Competência material. Justiça do Trabalho. Ente público. Contratação irregular. Regime especial. Desvirtuamento.I – Inscreve-se na competência material da Justiça do Trabalho dirimir dissídio individual entre trabalhador e ente público se há controvérsia acerca do vínculo empregatício.II – A simples presença de lei que disciplina a contratação por tempo determinado para atender a necessidade temporária de excepcional interesse público (art. 37, inciso IX, da CF/1988) não é o bastante para deslocar a competência da Justiça do Trabalho se se alega desvirtuamento em tal contratação, mediante a prestação de serviços à Administração para atendimento de necessidade permanente e não para acudir a situação transitória e emergencial".*Anteriormente, o próprio TST entendia diversamente, conforme redação original da OJ 205, de 2000:*"Professor. Contratação a título precário. Incompetência da Justiça do Trabalho.Existindo lei estadual disciplinando o regime dos professores contratados em caráter precário, o regime jurídico entre o Estado e o servidor é de natureza administrativa, não trabalhista. Art. 106 da CF/1967 e art. 37, IX, da CF/1988".

76. A OJ 205 da SDI-1 acabou por ser cancelada pela Resolução 156/2009.

77. O entendimento do STF pôde ser bem resumido na ementa do acórdão proferido pela Corte no Agravo Regimental na *Reclamação 8.107/GO*, Red. p/ o acórdão Min. Cármen Lúcia: "Reclamação constitucional. Autoridade de decisão proferida pelo Supremo Tribunal Federal: artigo 102, inciso I, alínea *l*, da Constituição da República. Medida Cautelar na Ação Direta de Inconstitucionalidade

A matéria relativa à competência restou definitivamente pacificada após o julgamento, pelo Pleno do STF, da Reclamação 4.351/PE, em que se estabeleceu que não se descaracteriza a competência da Justiça comum o fato de existirem pedidos, na ação proposta do servidor temporários, típicos do vínculo trabalhista, pois a natureza deste vínculo é sempre jurídico-administrativa e à Justiça comum cabe decidir sobre sua validade.[78]. O próprio STF, no entanto, já proferiu decisões aparentemente contraditórias sobre outros temas ligados às causas trabalhistas envolvendo servidores públicos[79].

5.5. SERVIDORES PÚBLICOS CIVIS, EM SENTIDO ESTRITO (ESTATUTÁRIOS)

Os servidores públicos civis regidos pelo regime jurídico administrativo, também chamado estatutário, são o principal objeto de nosso estudo neste capítulo, daí por que vamos nos deter, com maior vagar, em analisar a sua situação jurídica, seus deveres e direitos, tanto no plano constitucional, quanto no plano legal, nesse último caso, por questão didática, analisando a legislação aplicável aos servidores federais.

5.5.1. Vínculo estatutário e cargo público

O vínculo estatutário, diferentemente do decorrente de relação de emprego, não tem natureza contratual, mas sim institucional.

Assim, o servidor adere, quando nomeado, empossado e em exercício, a uma série de regras pré-estabelecidas, que regem sua condição funcional. Essas regras não estão

---

n. 3.395. Contratação temporária de servidores públicos: artigo 37, inciso IX, da Constituição da República. Ações ajuizadas por servidores temporários contra a Administração Pública: competência da Justiça comum. Causa de pedir relacionada a uma relação jurídico-administrativa. Agravo regimental provido e reclamação procedente. 1. O Supremo Tribunal Federal decidiu no julgamento da Medida Cautelar na Ação Direta de Inconstitucionalidade n. 3.395 que "o disposto no art. 114, I, da Constituição da República, não abrange as causas instauradas entre o Poder Público e servidor que lhe seja vinculado por relação jurídico-estatutária". 2. Apesar de ser da competência da Justiça do Trabalho reconhecer a existência de vínculo empregatício regido pela legislação trabalhista, não sendo lícito à Justiça Comum fazê-lo, é da competência exclusiva desta o exame de questões relativas a vínculo jurídico-administrativo. 3. Se, apesar de o pedido ser relativo a direitos trabalhistas, os autores da ação suscitam a descaracterização da contratação temporária ou do provimento comissionado, antes de se tratar de um problema de direito trabalhista a questão deve ser resolvida no âmbito do direito administrativo, pois para o reconhecimento da relação trabalhista terá o juiz que decidir se teria havido vício na relação administrativa a descaracterizá-la. 4. No caso, não há qualquer direito disciplinado pela legislação trabalhista a justificar a sua permanência na Justiça do Trabalho. 5. Precedentes: Reclamação 4.904, Relatora a Ministra Cármen Lúcia, Plenário, *DJe* 17.10.2008 e Reclamações 4.489-AgR, 4.054 e 4.012, Plenário, *DJe* 21.11.2008, todos Redatora para o acórdão a Ministra Cármen Lúcia. 6. Agravo regimental a que se dá provimento e reclamação julgada procedente".

78. Pleno, red. do acórdão Min. Dias Tóffoli, j. 11/11/2015 (*Informativo 807*).
79. Basta atentar para o fato de que existem várias decisões monocráticas, mesmo após o julgamento da ADI 3.395, ressalvando a competência dos órgãos de fiscalização trabalhista para investigação atinente ao meio ambiente do trabalho, mesmo quando o vínculo é estatutário, o que torna o sistema por demais confuso (vide, p. ex., ACO 2.169/ES), sob o argumento de que o tema estaria afeto a "um direito social trabalhista, de alcance coletivo geral".

estabelecidas em um contrato, mas estão diretamente insculpidas em leis e em seus respectivos regulamentos.

É certo que contratos intensamente regulamentados ou dirigidos, como o contrato de trabalho, aproximam-se, quanto aos efeitos, das relações jurídicas institucionais, mas continuam distintas a origem e a natureza do vínculo.

Em termos de efeitos, a principal diferença é que, na relação jurídica institucional, conforme amplamente reconhecido na jurisprudência, não existe a garantia legal de manutenção do regime jurídico remuneratório, salvo eventuais restrições constitucionais, como o princípio da irredutibilidade salarial. Dessa forma, determinada vantagem do servidor estatutário pode ser extinta, futuramente, sem que este invoque, em sentido contrário à extinção, a existência de um direito adquirido à referida vantagem[80]. Essa mesma situação, no regime de emprego público, é impensável, pois a natureza contratual do vínculo impede tal modificação[81], salvo se, de alguma forma, for mais benéfica para o trabalhador.

O servidor público civil estatutário ocupa cargo, e não emprego.

O cargo público é definido pela Lei 8.112/1990, em seu art. 3.º, como sendo:

> *"o conjunto de atribuições e responsabilidades previstas na estrutura organizacional que devem ser cometidas a um servidor".*

O cargo público não é um lugar, *é um conjunto de competências e deveres que são atribuídos a uma pessoa legalmente habilitada para exercê-las.*

Essa pessoa legalmente habilitada é o *servidor público* (art. 2.º da Lei 8.112/1990), que adquire essa habilitação conforme um procedimento prévio que resultará, ao final, no exercício daquelas competências e deveres, ou atribuições e responsabilidades, para usarmos o termo legal.

Conquanto não seja o cargo um lugar, ao servidor que ocupa o cargo se pode atribuir um local de atuação, ao qual se denomina *local de lotação*, que poderá ser alterado, posteriormente, por diversas razões. Quem fica lotado é o servidor, e não o cargo, de modo que, uma vez vago o cargo, em tese, pode ser redistribuído para qualquer outro local onde seja mais necessário.

5.5.2. Quadro funcional

Embora não seja um lugar, os cargos são mantidos e organizados dentro da estrutura funcional das repartições públicas, de forma que se saiba exatamente quantos são, quantos

---

80. Orientação que se mantém firme no STF, conforme julgados recentes (*ARE 937.685 AgR/SP, 1ª Turma, Rel. Min. Edson Fachin, j. 15/03/2016; ARE 947.710/PE, 2ª Turma, Rel. Min. Dias Tóffoli, j. 15/03/2016*).

81. A CF/1988, no entanto, autoriza a redução de salário, mas apenas por negociação coletiva, o que é feito, geralmente, com redução de jornada (art. 7.º, VI). Admite-se, também, negociação quanto à duração do trabalho (art. 7.º, XIII), havendo controvérsia, nesse aspecto, quanto à possibilidade ou não de ser feita por negociação individual. A Lei 13.467/2017, no entanto, deu maior flexibilidade às relações trabalhistas, prevendo, inclusive, acordo individual quanto ao chamado "banco de horas" e quanto ao regime de compensação de jornada (art. 59, §§ 5º e 6º da CLT).

estão preenchidos, quantos estão vagos, se existe algum que se tenha por desnecessário e que pode ser extinto, se o quantitativo é insuficiente e novos precisam ser criados, e assim por diante. A esse conjunto de cargos dá-se o nome de *quadro funcional*.

Cada entidade da Administração Pública tem seu próprio quadro funcional. Assim, o INSS tem seu quadro de servidores, o IBAMA idem, o INCRA, da mesma forma.

É comum, no entanto, que exista, numa mesma entidade, *diferentes quadros funcionais* englobando uma ou diversas categorias determinadas de servidores. Assim, por exemplo, no âmbito do Judiciário Federal, é comum se dividir os quadros funcionais dos servidores que atuam nos tribunais daqueles que atuam na primeira instância.

Em unidades realmente grandes, com número elevado de servidores, tem-se, por vezes, a existência de quadros divididos por órgãos. Um Ministério, por exemplo, pode ter dezenas de órgãos vinculados, cada um com seu quadro de servidores. Basta pensar, por exemplo, no Departamento da Polícia Federal, que é apenas um órgão integrante do Ministério da Justiça. Esse Departamento terá um quadro funcional próprio, diferente daqueles existentes em outros órgãos do referido Ministério.

É possível, ainda, que exista mais de um quadro numa mesma estrutura, conforme o número de categorias ou grupos funcionais envolvidos, de forma que os servidores ocupantes de cargos de nível superior estejam enquadrados num quadro funcional diferente daquele destinado a servidores ocupantes de cargos de nível médio.

Geralmente os cargos em comissão são discriminados em quadro separado dos cargos efetivos[82].

Cada cargo tem posição definida em quadro específico, daí por que se fala em *enquadramento funcional*, devendo haver compatibilidade com o grupo funcional ou categoria a que o cargo pertença, levando-se em consideração os requisitos exigidos para o cargo.

5.5.3. Classificação dos cargos públicos

Conforme a *natureza precária ou estável do vínculo existente*, ou seja, da maior ou menor possibilidade de o servidor manter-se no exercício das funções inerentes ao seu cargo, os cargos serão classificados *em comissão, efetivos* e *vitalícios*.

O exercício de *cargos comissionados ou em comissão* independe de aprovação em concurso público, podendo ser preenchidos apenas por decisão da autoridade administrativa competente, que faz a indicação e a nomeação do comissionado.

Excepcionalmente, para alguns cargos de alto escalão, exige-se, também, aprovação parlamentar, como no caso do presidente e diretores do Banco Central, que são nomeados apenas depois de aprovada a indicação pelo Senado Federal (art. 52, III, *d*, da CF/1988)[83].

---

82. Veja-se, a título meramente exemplificativo, o discriminativo de cargos comissionados e o respectivo quadro, no âmbito da Advocacia-Geral da União (Decreto 7.392/2010).

83. Também devem ser aprovados pelo Senado Federal, exemplificativamente: *a)* os membros da Diretoria da ANEEL (art. 5.º, parágrafo único, da Lei 9.427/1996); *b)* os Conselheiros da ANATEL (art. 23 da Lei 9.472/1997); *c)* os membros da Diretoria da ANP (art. 11, § 2.º, da Lei 9.478/1997); *d)* os membros da Diretoria da ANVISA (art. 10, parágrafo único, da Lei 9.782/1999); *e)* os membros da Diretoria da ANS (art. 6.º, parágrafo único, da Lei 9.961/2000); *f)* os membros da Diretoria da ANTT e da ANTAQ (art. 53, § 1.º, da Lei 10.233/2001); *g)* os membros da Diretoria da ANCINE (art.

Para a maioria desses cargos, no entanto, foram criados mandatos para as funções de diretoria e presidência, o que acabou criando um *sistema híbrido*, em que os cargos, apesar de a escolha inicial ser feita pela autoridade do Executivo, no caso o Presidente da República, não podem ser considerados simplesmente como em comissão, pois não existe a liberdade total da autoridade nomeante de exonerar seus ocupantes antes do término dos respectivos mandatos.

Em contrapartida, para as demais situações envolvendo cargos em comissão, poderá haver o desprovimento destes sem maiores contratempos pela simples vontade da autoridade nomeante; daí se utilizar a expressão latina muito conhecida da exoneração *ad nutum*.

A Constituição Federal de 1988 destinou os cargos em comissão apenas para as *atribuições de direção, chefia e assessoramento (art. 37, V)*. Significa dizer que apenas os cargos em que há certa complexidade nas atribuições, e, não apenas isso, mas somente aqueles em que tal complexidade exija seu preenchimento por alguém que seja de extrema confiança da autoridade nomeante, poderão ser em comissão. Essa "confiança" não é a amizade com a pessoa do nomeado, mas sim a confiança na sua capacidade para a gestão dos problemas que serão enfrentados no exercício do cargo.

Em princípio, os cargos em comissão seriam apenas destinados aos ocupantes dos cargos de alto escalão, mais diretamente relacionados com os Chefes de Poder ou com os presidentes, superintendentes e demais chefes das entidades da administração indireta. Dessa forma, é compreensível, por exemplo, que, no âmbito de um Ministério, o oficial de gabinete do ministro, o secretário executivo do Ministério e os ocupantes de Diretorias, Divisões e Superintendências sejam comissionados. Outros, inclusive, poderiam ser nomeados, mas o que se tem visto, conforme a maior ou menor característica de fisiologismo do governante no poder, é a proliferação desenfreada de cargos em comissão, muitos apenas nominalmente atendendo à disposição constitucional.

O inc. V do art. 37 teve a redação alterada pela EC 19/1998 para prever que *a lei estabelecerá os casos, condições e percentuais mínimos em que os cargos em comissão serão preenchidos por servidores de carreira*, o que limitaria, de certa forma, as nomeações meramente políticas ou por fisiologismo. Essa lei, contudo, ainda não foi editada. No âmbito do Executivo Federal vigoram as disposições do *Decreto 5.497/2005*, que fixou percentuais de cargos em comissão do Grupo-Direção e Assessoramento Superiores – DAS, a serem ocupados exclusivamente por servidores de carreira[84].

Importante observar, no entanto, que *algumas leis já condicionam o desempenho de certos cargos em comissão a integrantes da carreira* com eles relacionados. Assim, por exemplo, a Lei Complementar 73/1993, ao dispor sobre a organização da Advocacia-Geral da União, estabeleceu a competência do Presidente da República de nomear, por indicação do Advogado-Geral da União, os ocupantes dos cargos em comissão de procurador-Chefe,

---

8.º, § 1.º, da MP 2.228-1/2001); h) os membros da Diretoria da ANAC (art. 12 da Lei 11.182/2005); i) os membros da Diretoria do DNIT (art. 88, parágrafo único, da Lei 10.233/2001); j) Presidente e diretores da CVM (art. 6.º, *caput*, da Lei 6.385/1976, na redação dada pela Lei 10.411/2002); k) Presidente e Conselheiros do Tribunal Administrativo de Defesa Econômica, Superintendente--Geral e Procurador-Chefe da Procuradoria Federal junto ao CADE (arts. 6.º, 12, § 1.º, e 16 da Lei 12.529/2011).

84. A previsão por decreto é claramente insuficiente, bastando dizer que em 2017 o Decreto 9.021 alterou, para baixo, os percentuais anteriormente fixados.

procurador Regional e Corregedor-Auxiliar (art. 49, I), deixando claro que todos esses cargos devem ser ocupados por integrantes efetivos da carreira (art. 49, § 1.º). Não é para menos, pois não teria sentido criar uma carreira e deixá-la completamente à mercê, em sua direção, a pessoas que são estranhas a ela. Ainda assim, os cargos de mais alto escalão, no geral, continuam sendo de livre nomeação. O próprio AGU, por exemplo, é de livre nomeação do Presidente da República (art. 131, § 1.º, da CF/1988)[85].

Na esfera federal foram criados, ainda, os chamados *cargos de natureza especial*, um nome eufemístico para cargos em comissão de altíssimo escalão, apenas integrando um quadro funcional separado dos de nível DAS – Direção e Assessoramento Superior. Não há previsão constitucional específica sobre o assunto e nada, absolutamente nada, que justifique estarem os mesmos isentos de observância ao disposto no art. 37, V, da CF/1988. É importante observar que meras mudanças de nomenclatura na esfera da legislação ordinária não podem servir de subterfúgio para a não aplicação de regras constitucionais. No caso dos cargos de DAS, podemos verificar que a legislação tem tratado todos como cargos em comissão[86].

Os ***cargos efetivos*** são providos por concurso público (art. 37, II) e o servidor, após determinado período de exercício, adquire direito à estabilidade, só podendo perder o cargo em situações previamente definidas na Constituição Federal. Mesmo não atingido o prazo da estabilidade, não se concebe simples exoneração do cargo, sendo necessário, sempre, processo administrativo ou judicial com direito à defesa.

Já os ***cargos vitalícios*** são destinados a determinados servidores, especificamente discriminados no texto constitucional (a: magistrados – art. 95, I; b: membros do Ministério Público – art. 128, § 5.º, I, *a*; c: membros das Cortes de Contas – arts. 73, §§ 3.º e 4.º, e 75). Esses cargos são dotados de garantias ainda maiores do que a estabilidade dos servidores efetivos, só podendo haver a perda do cargo, depois de adquirida a vitaliciedade, mediante decisão judicial transitada em julgado[87].

O fato de o cargo ser de provimento vitalício ou efetivo não lhe atribui a garantia de não poder ser extinto, caso se conclua pela sua desnecessidade, assim como estão sujeitos, seus ocupantes, à aposentadoria compulsória por implemento de idade.

Outra classificação usual de cargos públicos é aquela referente à forma como os cargos são colocados nos quadros funcionais. Os cargos podem ser *isolados, quando não integrantes de nenhuma carreira*, não havendo, portanto, a possibilidade de ascensão a outro, como podem ser de *carreira*, quando integrantes de uma estrutura escalonada em diversos níveis, com previsão de promoção dentro desses níveis.

---

85. Os cargos de direção de tribunais e de parlamentos são uma notável exceção a essa regra, embora estejam eles vinculados a mandatos, não havendo, propriamente, meras nomeações precárias, e sim eleições dentro dos respectivos corpos. Um sistema híbrido é o de nomeação do Procurador--Geral da República, que se repete no âmbito dos Estados com os Procuradores-Gerais de Justiça, nomeados para mandatos, mas pelos Chefes do Executivo, e dentre integrantes da própria carreira.

86. Vide, por exemplo, a *Lei 11.526/2007*, ao tratar da remuneração desses cargos.

87. Pela Lei 8.935/1994, que regulamenta o art. 236 da CF/1988, os titulares de serventias extrajudiciais também gozam de um tipo de vitaliciedade, mas esta não tem relação com as formalidades para a extinção da delegação, e sim com a perenidade na função, só podendo, o delegatário, perder a delegação nos casos estabelecidos no art. 39 da Lei. Vale destacar que para o STF, a partir da EC 20/1998, não há que se falar em sujeição dos referidos delegatários à regra da aposentadoria compulsória por implemento de idade.

Geralmente, cargos com atribuições muito singelas, do ponto de vista técnico e da qualificação, são isolados. Não se concebe, de início, que exista carreira em cargos de gari, coveiro, agente de transporte, de limpeza etc. Nada impede, no entanto, que a lei preveja a formação de carreira para essas funções, assim como existem em diversas outras em que o suposto aumento da responsabilidade e do grau de atribuições é uma simples ficção. Por vezes, a carreira apenas retrata o resultado de pretensões salariais dos servidores de uma determinada classe, o que, de certa forma, não deixa de ser louvável, pois a existência daquela constitui, muitas vezes, incentivo ao exercício funcional.

Dificilmente, no serviço público civil, encontraremos carreiras tão claramente hierarquizadas como as que existem na esfera militar. Ainda assim, é possível identificar alguns casos muito evidentes de carreira, no sentido clássico do termo, como o do corpo diplomático[88], da magistratura e do Ministério Público e das polícias[89]. Na maioria das outras classes, a carreira não passa de um eufemismo para a concessão de progressões salariais, o que pode ocorrer, aliás, independentemente de existir ou não, formalmente, um quadro de carreira[90].

5.5.4. Funções de confiança

As funções de confiança são, na configuração atual de nosso ordenamento jurídico (art. 37, V, da CF/1988), meras atribuições adicionais que são deferidas a servidores ocupantes de cargos efetivos. Não necessitam, assim, de prévio concurso público, posto que aqueles que a ocuparão já foram aprovados, só que para os cargos efetivos, dos quais são escolhidos os designados.

Claro que a atribuição dessas "competências adicionais" tem como contrapartida um ganho remuneratório equivalente ao exercício da função, que corresponde a um *plus* em relação à remuneração do cargo efetivo.

O servidor é escolhido pela autoridade que designa a função pela confiabilidade que ela possui em relação ao serviço prestado por aquele, e não, por evidente, em razão de amizade. É o que se espera, pelo menos.

Aqui, diferentemente do cargo em comissão, o preenchimento, necessariamente, se dá por *alguém que já é do quadro efetivo*. Daí por que a função não é um novo cargo, mas apenas uma *atribuição adicional que se dá ao servidor*, em relação às atribuições que o cargo efetivo já lhe confere[91]. Excepcionalmente, principalmente na atividade-meio das

---

88. Vide *Lei 11.440/2006*, que institui o regime jurídico dos servidores do Serviço Exterior Brasileiro.
89. Mais evidente no caso das polícias civis, no cargo de delegado.
90. De qualquer modo, a noção de hierarquia, na esfera civil, nunca terá a intensidade verificada na esfera militar, valendo lembrar que magistrados e membros do Ministério Público contam com uma enorme, ao menos teórica, independência funcional no exercício de suas atribuições, só existindo hierarquia em relação àqueles que ascenderam a cargos mais elevados na carreira do ponto de vista administrativo (sujeição a designações, acumulações, à fiscalização do serviço etc., pelas direções superiores, mas não quanto ao teor de suas decisões judiciais ou promoções ministeriais), ressalvada, é claro, a competência dos órgãos revisores previstos em lei.
91. Pode haver função ou cargo de confiança também no regime trabalhista, conforme regulamento interno ou plano de carreira vigente na empresa, havendo previsões esparsas na CLT sobre o assunto (vide, por exemplo, o art. 224, § 2º), mas não é disto que trata o art. 37, V, da CF/88.

repartições, o exercício da função é relativamente independente daquele relacionado com o do cargo efetivo respectivo.

Assim, por exemplo, dentre inúmeros analistas judiciários qualificados existentes no quadro funcional de um tribunal regional federal ou regional do trabalho, um magistrado pode escolher algum, dentre eles, para ocupar a função de oficial de gabinete, lhe prestando assessoria direta. Pelo exercício dessa função, o servidor terá direito a uma contraprestação adicional, por vezes chamada na legislação federal de FC ou FG[92]. Em contrapartida, está sujeito a maiores exigências quanto ao trabalho prestado, tempo à disposição etc.

Não há, é claro, direito adquirido à permanência em determinada função, podendo haver, por vontade do designante, a revogação da designação, com a supressão das vantagens decorrentes.

Assim como para os cargos em comissão, *só se admite a criação de funções de confiança para assessoramento, chefia e direção*.

Há uma tendência clara na esfera federal de se criar funções como meio indireto de ganhos salariais, o que não deixa de ser um desvirtuamento, havendo inúmeras funções que não se enquadram, em rigor, na exigência de assessoramento, chefia e direção, a menos que se dê ao termo assessoramento uma abrangência amplíssima.

As funções de confiança são igualmente discriminadas em quadro funcional, separadas, no entanto, dos cargos.

Importante observar, por último, que *o exercício da função não importa na renúncia ao cargo efetivo*, que continua, inclusive, ocupado pelo servidor respectivo. A designação para função não provoca, em princípio, qualquer alteração na estrutura do quadro funcional dos cargos efetivos, embora possa alterar a lotação do servidor designado.

5.5.5. Regras constitucionais referentes ao provimento dos cargos públicos

5.5.5.1. Acessibilidade

Os cargos públicos são acessíveis a todos os brasileiros, desde que preenchidos os requisitos legais. Também existe a possibilidade de estrangeiros ocupá-los, na forma da lei (art. 37, I, da CF/1988).

No entanto, a CF/1988 resguarda alguns cargos de altíssima relevância no cenário político nacional a *brasileiros natos*, segundo descrição do § 3.º de seu art. 12, a saber:

a) *Presidente e vice-Presidente da República;*

b) *Presidente da Câmara dos Deputados;*

c) *Presidente do Senado Federal;*

d) *ministro do Supremo Tribunal Federal;*

e) *cargos da carreira diplomática*[93]*;*

f) *oficial das Forças Armadas;*

---

92. Função de Confiança ou Função Gratificada.
93. Vide Lei 11.440/2006. O cargo de Ministro das Relações Exteriores, no entanto, não está no rol, e não há exigência legal de que seja ocupado por alguém do quadro diplomático, embora seja uma tradição a nomeação presidencial recair sobre alguém desse quadro. A lei só obriga que o

g) ministro de Estado da Defesa.

Por evidente, cargos que só podem ser ocupados por alguma dessas autoridades, como a de presidente do CNJ, que é ocupada pelo presidente do STF (art. 103-B, I e § 1.º), só podem ser destinados a brasileiros natos[94].

SERVIDORES PÚBLICOS	ACESSO	CARGO, EMPREGO FUNÇÃO PÚBLICA	Brasileiro	Requisitos	Previstos em lei
					Devem se pautar em critérios objetivos e, em regra, serem aprovados em concurso público (para os cargos efetivos e alguns vitalícios)
			Estrangeiros	De acordo com a lei	
			PRIVATIVOS DE BRASILEI-ROS NATOS	Presidente e Vice-Presidente da República	
				Presidente da Câmara dos Deputados	
				Presidente do Senado Federal	
				Ministro do Supremo Tribunal Federal	
				Ministro de Estado de Defesa	
				Oficial das Forças Armadas	
				Carreira Diplomática	

São oficiais das Forças Armadas todas as patentes acima da de aspirante (Exército e Aeronáutica) e guarda-marinha (Marinha), incluindo estas[95]. A referência a ministro de Estado da Defesa foi incluída pela Emenda Constitucional 23/1999 e é importante, pois esse cargo não necessariamente será ocupado por militar.

Os requisitos preenchidos na lei, referidos no texto constitucional, dizem respeito às qualificações técnicas ou educacionais exigidas para a função, como grau de instrução (ensino fundamental, médio ou superior, eventualmente pós-graduação), inscrição no

---

Secretário-Geral e os Subsecretários-gerais do Ministério das Relações Exteriores sejam da carreira (art. 53 da Lei 10.683/2003), escolhidos dentre os ministros de primeira classe.

94. Podem ser citadas, ainda, as três vagas destinadas a Ministro do STF no TSE (art. 119, I, *a*, da CF/1988), além dos cargos destinados ao vice-presidente da República e aos presidentes da Câmara dos Deputados e do Senado Federal no Conselho da República (art. 89, I, II e III), e a estes e ao ministro de Estado da Defesa e comandantes da Marinha, Exército e Aeronáutica no Conselho de Defesa Nacional (art. 91, I, II, III, V e VIII).

95. Englobam oficiais subalternos, intermediários, superiores e generais.

respectivo conselho de classe, se se tratar de profissão regulamentada, e assim por diante. Também é natural que se exija capacidade civil, decorrente do alcance da idade mínima de 18 anos (art. 5.º, V, da Lei 8.112/1990) e a correspondente quitação com os deveres decorrentes da cidadania, como quitação de obrigações eleitorais e militares e pleno gozo dos direitos políticos (art. 5.º, II e III, da Lei 8.112/1990).

Em princípio, fora tais exigências, não haveria qualquer outro tipo de regra discriminatória válida, por respeito ao princípio da isonomia, que também se manifesta na acessibilidade aos cargos públicos.

Reconhece-se, no entanto, que *determinadas funções podem exigir certas capacidades pessoais*, do ponto de vista físico, que justifiquem a exigência de requisitos não ligados à formação técnica ou educacional. Essas eventuais regras de *discrímen* são válidas, contudo, apenas se atendido o requisito da *razoabilidade*.

Na questão envolvendo a idade dos candidatos, por exemplo, o *STF assentou*, em sua *Súmula 683*, que:

> "O limite de idade para a inscrição em concurso público só se legitima em face do art. 7.º, XXX, da Constituição, quando possa ser justificado pela natureza das atribuições do cargo a ser preenchido".

Essa exigência, de qualquer modo, deve constar de lei formal, não bastando a previsão em decreto ou no edital do concurso[96].

A análise terá de ser feita caso a caso, tendo o STF, sobre o assunto, já se manifestado da seguinte maneira:

> *a) ser inconstitucional, em concurso para bombeiro militar, a exigência de idade diferente entre candidato civil e aquele que já é militar (AgRg no RE 586.088/CE, 2.ª T., Rel. Min. Eros Grau, j. 26.05.2009);*
>
> *b) ser inconstitucional, em concurso para médico militar, a exigência de idade máxima de 35 anos apenas para os candidatos civis (AgRg no RE 215.988/SP, 2.ª T., Rel. Min. Ellen Gracie, j. 18.10.2005);*
>
> *c) ser inconstitucional, em concurso para soldado da Polícia Militar, da idade limite de 28 anos para o ingresso (AgRg no RE 345.598/DF, 1.ª T., Rel. Min. Marco Aurélio, j. 29.06.2005);*
>
> *d) ser inconstitucional, em concurso público para escrivão de polícia, exigir-se a idade mínima de 35 anos apenas para quem não era servidor público (AgRg no RE 383.022/RN, 2.ª T., Rel. Min. Carlos Velloso, j. 05.10.2004);*
>
> *e) ser inconstitucional a exigência, em concurso público para Técnico em Apoio Fazendário, da exigência de limite máximo de idade apenas para candidatos que não eram servidores públicos (RE 141.357/RS, 1.ª T., Rel. Min. Sepúlveda Pertence, j. 14.09.2004);*

---

96. STF: 1) AgRg no AI 804.624/PE (2.ª T., Rel. Min. Ellen Gracie); 2) AgRg no AI 722.490/MG (1.ª T., Rel. Min. Ricardo Lewandowski); 3) AgRg no AI 589.906/DF (1.ª T., Rel. Min. Ricardo Lewandowski); 4) AgRg no RE 559.823/DF (2.ª T., Rel. Min. Joaquim Barbosa); 5) AgRg no RE 463.382/SE (2.ª T., Rel. Min. Joaquim Barbosa); 6) AgRg no RE 307.112/DF (1.ª T., Rel. Min. Cezar Peluso); 7) RE 182.432/RS (2.ª T., Rel. Min. Néri da Silveira).

f) ser constitucional a exigência de idade máxima, 24 anos e 6 meses, para ingresso no quadro de praças de bombeiros militares (RE 197.479/DF, 1.ª T., Rel. Min. Octávio Gallotti, j. 04.04.2000). A leitura do inteiro teor do acórdão não nos esclarece se a exigência constava de lei ou apenas de decretos regulamentares. Também está em dissonância com o que foi decidido no acórdão citado na letra "c", embora nos pareça razoável o limite máximo de idade para ingresso nesse caso específico;

g) ser inconstitucional a exigência da idade limite de 35 anos para ingresso no cargo de Fiscal de Tributos Estaduais (RE 217.226/RS, 2.ª T., Rel. Min. Marco Aurélio, j. 21.09.1998, e RE 209.714/RS, Tribunal Pleno, Rel. Min. Ilmar Galvão, j. 04.02.1998);

h) ser inconstitucional a exigência de idade limite para ingresso na carreira do magistério público (RE 212.066/RS, 2.ª T., Rel. Min. Maurício Correa, j. 18.09.1998).

Já sob o regime de repercussão geral, o STF declarou válida a exigência, constante de edital, mas com previsão legal, para os limites mínimo e máximo estabelecidos como requisito para matrícula em curso oferecido pela Academia de Polícia Civil de Minas Gerais, necessário ao ingresso na carreira de agente de polícia (Pleno, ARE 678.112/MG, rel. Min. Luiz Fux, j. 25/04/2013).

Em contrapartida, o próprio STF já decidiu que não pode a Constituição estadual estabelecer proibição genérica ao limite de idade, cabendo à lei, de iniciativa do Chefe do Executivo, em cada caso, decidir sobre a questão (ADI 2.873/PI, Rel. Min. Ellen Gracie, j. 20.09.2007 e ADI 243/RJ, Rel. Min. Marco Aurélio, j. 01.02.2001), não sendo válida também aquela lei que se originou de iniciativa parlamentar (ADI 776/RS, Rel. Min. Sepúlveda Pertence, j. 02.08.2007).

A conclusão de exigência legal para a limitação de acesso a cargo público, que esteja ligada às condições físicas dos candidatos, é válida para qualquer situação, não apenas para idade, já tendo o STF se manifestado, também, sobre a inconstitucionalidade da exigência de altura mínima apenas em edital de concurso[97].

Sobre o mérito da controvérsia envolvendo **altura mínima** para ingresso no serviço público, o STF já assentou ser inconstitucional lei que exige altura mínima para ingresso no cargo de escrivão de polícia (AgRg no AI 384.050, 2.ª T., Rel. Min. Eros Grau, j. 10.09.2003; RE 194.952/MS, 1.ª T., Rel. Min. Ellen Gracie, j. 11.09.2001 e RE 150.455/MS, 2.ª T., Rel. Min. Marco Aurélio, j. 15.12.1998), tendo em vista a natureza das atribuições do cargo, essencialmente burocráticas.

Para o cargo de Delegado de Polícia, no entanto, a conclusão da Corte foi diferente, entendendo razoável a exigência (RE 140.889/MS, 2.ª T., Rel. Min. Marco Aurélio, j. 30.05.2000). À mesma conclusão se chegou quanto à exigência feita para o cargo de agente de polícia (RE 148.095/MS, 2.ª T., Rel. Min. Marco Aurélio, j. 03.02.1998).

Importante lembrar que a própria CF/1988 estabelece limitação de idade para acesso a alguns cargos públicos, a saber:

---

97. 1) AgRg no AI 598.715/DF – 1.ª T., Rel. Min. Marco Aurélio; 2) AgRg no AI 627.586/BA – 2.ª T., Rel. Min. Eros Grau; 3) AgRg no RE 509.296/SE – 2.ª T., Rel. Min. Gilmar Mendes; 4) AgRg no AI 588.768/BA – 2.ª T., Rel. Min. Joaquim Barbosa; 5) AgRg no RE 400.754/RO – 1.ª T., Rel. Min. Eros Grau.

a) *mínima de 35 anos e máxima de 65 anos para Ministro do TCU (art. 73, § 1.º, I), para Ministro do STF (art. 101, caput), para Ministro do STJ (art. 104, parágrafo único) e para Ministro do TST (art. 111-A, caput);*

b) *mínima de 30 anos e máxima de 65 anos para juízes dos tribunais regionais federais (art. 107, caput) e juízes dos tribunais regionais do trabalho (art. 115, caput)[98];*

c) *mínima de 35 anos para os Ministros civis do STM (art. 123, parágrafo único) e para o cargo de Procurador-Geral da República (art. 128, § 1.º), não havendo previsão de idade máxima, valendo apenas a limitação decorrente da própria imposição de idade limite para aposentadoria compulsória (agora de 75 anos).*

As exigências referentes a ministro do TCU são extensivas aos conselheiros dos TCE's, por força da norma de remissão do art. 75[99].

Para cargos eletivos só se fixa idade mínima, conforme regras constantes do art. 14, § 3.º, VI, da CF, que estabelece: a) 35 anos para Presidente e Vice-Presidente da República e senador; b) 30 anos para governador e vice-governador; c) 21 anos para deputado federal, deputado estadual ou distrital, prefeito, vice-prefeito e juiz de paz; d) 18 anos para vereador.

Questão interessante é a que envolve a alegação de que o limite máximo de idade, no caso de acesso a cargos estruturados em carreira, não valeria para estes, o que foi expressamente refutado pelo STF quando do julgamento da *Questão de Ordem no MS 23.968/DF* (Pleno, Rel. Min. Néri da Silveira), em que se analisou a alegação de auditor do TCU de que poderia compor lista para nomeação ao cargo de ministro daquela Corte. Em recente julgamento, o STJ decidiu de maneira oposta, em votação apertada (MS 13.659/DF, 3.ª Seção, Rel. Min. Jorge Mussi), envolvendo a promoção de juiz do trabalho para o cargo de juiz de TRT[100]. A conclusão do STJ parece violar a literalidade do texto constitucional, conquanto algumas das referidas limitações etárias pareçam não ter mesmo

---

98. Não há previsão de idade mínima para o cargo de desembargador de TJ, o que não deixa de ser uma incoerência do texto constitucional. O STF não chegou a analisar a questão na vigência da CF/1988, mas entendeu inconstitucional, em vista da CF/1967, que também não continha a limitação, lei estadual que impunha o limite (Representação de Inconstitucionalidade 1.202/MG, Pleno, Rel. Min. Sidney Sanches).

99. Existe precedente do STF no sentido de que a lei estadual poderia estender a idade mínima para o cargo de auditor do Tribunal de Contas (RE 136.237/DF, 2.ª T., Rel. Min. Paulo Brossard), embora não haja previsão específica nesse sentido na CF/1988, apenas havendo a previsão de que ao auditor, quando em função de substituição de ministro do TCU, se aplicam os mesmos impedimentos (art. 73, § 4.º). É razoável se entender, porém, que, sendo o auditor, naturalmente, destinado a substituir os ministros e, no caso dos Estados, os conselheiros, a exigência é válida.

100. "Administrativo. Mandado de segurança. Magistrado. Promoção por antiguidade. Tribunal Regional do Trabalho. Art. 115 da Constituição Federal. Idade máxima. Exigência somente para cargo isolado. Garantia de progressão na carreira.1. A Constituição Federal determina que a magistratura seja instituída em carreira, conforme os incisos I, II e III do art. 93, bem como estabelece como cargo inicial o de juiz substituto, garantida a promoção, de entrância para entrância, alternadamente por antiguidade e merecimento, até os tribunais de segundo grau.2. A carreira de Juiz do Trabalho é composta de três classes: Substituto, Presidente de Junta de Conciliação e Julgamento e de Tribunal Regional do Trabalho. Precedente do Supremo Tribunal Federal.3. Constitui verdadeira limitação à carreira do magistrado a imposição de idade máxima para integrar lista tríplice para vaga proveniente de aposentadoria por antiguidade de Tribunal Regional do Trabalho.4. O art. 115 da Constituição Federal aplica-se somente ao quinto constitucional, que é cargo isolado dentro dos Tribunais Regionais do Trabalho.5. Segurança concedida para assegurar ao impetrante a permanência na lista tríplice para o cargo de Juiz do Tribunal Regional do Trabalho da 21.ª Região".

muito sentido. A matéria está sendo novamente analisada pelo STF, no *MS 28.678/DF*, ainda pendente de julgamento, em que se aprecia pedido de juiz federal, com mais de 65 anos, no sentido de poder compor TRF[101].

Por último, o art. 37, I, da CF/1988 teve sua redação alterada pela EC 19/1998 para *permitir que estrangeiros possam ter acesso a cargos públicos, conforme previsão legal*, constitucionalizando uma prática que já era adotada no meio acadêmico.

A Lei 9.515/1997 já havia acrescentado o § 3.º ao art. 5.º da Lei 8.112/1990 para permitir o preenchimento de cargos públicos por estrangeiros nas universidades e instituições de pesquisa científica e tecnológicas federais.

5.5.5.2. Concurso público

A Constituição Federal exige que o acesso inicial aos cargos públicos efetivos seja feito pela via do concurso público (art. 37, II). Esse concurso é de provas ou de provas e títulos, sendo ele, ainda, a melhor forma de se garantir a isonomia no acesso e, ao mesmo tempo, o selecionamento dos mais capacitados para o exercício dos cargos públicos.

O concurso público possui previsão constitucional, porém a competência para legislar sobre o tema é comum a todos os entes da federação, razão pela qual, infelizmente, grande parte dos entes federativos carecem de normas disciplinando de forma mais detalhada a matéria, de modo que podemos afirmar que muito do que temos sobre "o que pode e não pode no mundo dos concursos" é decorrente dos julgamentos de nossos tribunais pátrios.

Todavia, o concurso público para ser realizado necessita de um manual de regras, que, no caso, é o edital. Ele é que irá disciplinar o passo a passo do certame.

Quando se fala que o edital é a lei interna do concurso e, por isso, deve ser observado, essa conclusão só é correta se partirmos do pressuposto que o mesmo foi confeccionado corretamente. O edital é um ato administrativo, portanto de inferior hierarquia em relação à lei e à Constituição Federal. Assim, quando se diz que o edital é a "lei interna do concurso", que o "edital vincula as partes", essas afirmativas apenas são corretas se o instrumento convocatório estiver em conformidade com a lei e com a Constituição Federal, sob pena de subversão e inversão do sistema hierárquico existente entre as espécies normativas.

O concurso é obrigatório para toda a Administração Pública, sendo que *o TCU*, seguindo entendimento firmado pelo STF no MS 21.322/DF, já estabeleceu a *Súmula 231*, com os seguintes dizeres:

> *"A exigência de concurso público para admissão de pessoal se estende a toda a Administração Indireta, nela compreendidas as Autarquias, as Fundações instituídas e mantidas pelo Poder Público, e as Sociedades de Economia Mista, as Empresas Públicas, e, ainda, as demais entidades controladas direta ou indiretamente pela União, mesmo que visem a objetivos estritamente econômicos, em regime de competitividade com a iniciativa privada".*

---

101. O Relator do MS, inicialmente, havia liminarmente julgado improcedente o pedido, mas, após a apresentação de Agravo Regimental, voltou atrás, concedeu a liminar de maneira cautelar e deixou o mérito para apreciação do Pleno.

Ressalva-se da regra do concurso público apenas as nomeações para cargos em comissão e as contratações de servidores temporários (CF/1988, art. 37, V e IX).

Diferentemente da Constituição Federal anterior que apenas previa o concurso para a primeira investidura no serviço público, o que possibilitava, por exemplo, que servidor concursado para o cargo de agente policial pudesse acender, mediante concurso interno da corporação, a cargo diverso, como delegado, a Constituição atual não restringe a exigência, sendo *necessária a aprovação em concurso público para o acesso a qualquer cargo*.

É claro que, no caso de cargos dispostos em carreira, o acesso aos cargos mais elevados não se dará por concurso, mas sim por promoção, que é outra forma de provimento.

O concurso público pode ser constituído de uma etapa com provas ou de duas etapas, sendo a segunda um curso de formação, ou destas acrescidas de uma verificação de títulos, caso mais comum.

As provas, por sua vez, podem avaliar o conhecimento do candidato por vários métodos, como: *a) provas de testes objetivos, b) avaliações discursivas, c) provas orais, d) avaliações práticas, e) provas físicas,* por exemplo.

Tudo depende do concurso!

Muitas vezes a regulamentação já está disciplinada em lei, restando pouca margem de liberdade para o edital quanto a sua regulamentação concreta, como, por exemplo, no concurso para agente da Polícia Federal, para a Magistratura, para o Ministério Público etc. Há outras situações em que a lei não dispõe sobre o tema, cabendo, com limites, o edital disciplinar o certame.

As fases do concurso público ora eliminam ora classificam o candidato. São eliminatórias obrigatoriamente: *psicotécnico, investigação social, exames de saúde*. São classificatórias, obrigatoriamente: títulos.

Podem ser eliminatórias e classificatórias ao mesmo tempo: provas objetivas, discursivas, orais, físicas, práticas. Elas são mistas, pois, a depender da forma como o edital tratar o assunto, apesar de a nota e a classificação aumentar ou diminuir, caso não seja alcançada uma nota mínima ou classificação mínima na fase, o candidato será eliminado.

Quando isso ocorre, a exemplo de nota mínima na prova objetiva, estamos diante de uma "cláusula de barreira", que são regras do edital que condicionam o avanço do candidato às fases seguintes mediante a superação da barreira criada na fase anterior.

Supremo Tribunal Federal, no RE n.º 635.739, julgado em regime de Repercussão Geral, já enfrentou o tema e entendeu que é válida e constitucional a inserção de cláusulas de barreiras nos concursos públicos.

Não se confunda "cláusula de barreira" com "cadastro de reserva numerado"!

Cadastro de reserva é todo contingente de candidatos aprovados no concurso público, porém fora do número de vagas estipuladas no edital. Todos os candidatos que foram aprovados em todas as fases do certame são chamados de "excedentes", pertencem ao cadastro de reserva. Seria possível limitar o quantitativo do cadastro de reserva? Depende! Tudo vai depender das regras legais que tratam do assunto e, nesse ponto, haverá situações diferentes de acordo com cada regime jurídico aplicável ao órgão público. No caso de ausência de normas sobre o tema, o cadastro é limitado a todos os candidatos aprovados no certame, ou seja, os candidatos que não foram eliminados em nenhuma fase.

É possível a norma que verse sobre o assunto expressamente considerar aprovados todos os candidatos que passaram em todas as fases do certame e, quanto ao contingente que ultrapassou o limite de vagas previstas no edital, por serem aprovados, pertencerem ao cadastro de reserva.

É o que ocorre no concurso da magistratura, cuja disciplina está na Resolução 75/2009 do Conselho Nacional de Justiça, que em seu artigo 10 expressamente enuncia *"considerar-se-á aprovado para provimento do cargo o candidato que for habilitado em todas as etapas do concurso".*

O edital, ao nosso entender, só poderia limitar o cadastro de reserva se não existisse norma de hierarquia superior tratando do tema, não obstante tal norma poder ser declarada inconstitucional em casos concretos de forma prejudicial ao mérito de demandas que venham a pleitear a nomeação de candidatos.

Ainda, é comum nos editais de concursos públicos a etapa de títulos. Quando existente, se limita à classificação do candidato, não tendo, por sí só, caráter eliminatório. A CF/1988, no entanto, não estabelece essa regra, já tendo o STJ[102] se posicionado, em algumas ocasiões, no sentido de ser possível o edital atribuir o caráter eliminatório a essa etapa, entendimento, data vênia, com o qual não comungamos.

A fase de títulos deve apresentar o maior grau de objetividade possível, devendo constar previamente no edital de abertura do certame os títulos que serão considerados e a pontuação de cada um, que será proporcional à importância para o exercício do cargo ou emprego público.[103]

Logo, se os critérios objetivos para avaliação da prova de títulos devem constar no edital que regula o concurso público, ofende os princípios constitucionais da moralidade administrativa e da impessoalidade a fixação, após a entrega dos títulos, de critérios restritivos para a atribuição de pontos.[104]

Os títulos a serem considerados no concurso público devem possuir pertinência com as atividades inerentes ao cargo ou emprego público. Por isso, não é qualquer título que pode ser aceito como critério de seleção dos candidatos.[105]

---

102. RMS 12.908/PE – 5.ª T., Rel. Min. Edson Vidigal; RMS 12.657 – 6.ª T., Rel. Min. Paulo Medina e RMS 10.326/DF – 5.ª T., Rel. Min. José Arnaldo da Fonseca. **Na jurisprudência do STF há decisão no sentido de que os títulos só podem ter caráter classificatório (AgRg no AI 194.188/RS, 2.ª T., Rel. Min. Marco Aurélio, j. 30.03.1998).** As decisões mais recentes, no entanto, caminham para o não conhecimento da matéria, por entender que a questão é infraconstitucional (AgRg no AI 521.421/RJ, 2.ª T., Rel. Min. Joaquim Barbosa, j. 20.06.2006).

103. TRF-4 - AMS: 10045 RS 2002.71.10.010045-5, Relator: MARIA LÚCIA LUZ LEIRIA, Data de Julgamento: 18/12/2007, TERCEIRA TURMA, Data de Publicação: D.E. 23/01/2008)

104. STJ - RMS: 18050 - O fato de a Comissão Examinadora, após a apresentação dos títulos pelos concorrentes, publicar adendos redefinindo ou alterando os critérios impostos pelo Edital n.º 001/99 de abertura do Concurso Público para provimento de vagas nos Serviços Notariais e de Registros Públicos do Estado de Minas Gerais, malfere os princípios da moralidade, finalidade e impessoalidade, norteadores do certame público, na medida em que fez distinções que trouxeram prejuízo ao Recorrente.

105. AÇÃO DIRETA DE INCONSTITUCIONALIDADE. Medida liminar. Título de Pioneiro do Tocantins, art. 25 da Lei Estadual nº 157, de 27.07.90, e art. 29 e seu parágrafo único do Decreto 1.520, de 08.08.90. Concurso Público. A norma que atribui 50% dos pontos ao candidato a concurso público estadual, portador do título Pioneiro do Tocantins, deforma, de maneira oblíqua, mas eficaz, o concurso a ponto de fraudar o preceito constitucional. Medida Liminar concedida. STF - ADI/MC: 598.

É de se ponderar, no entanto, que, na esteira do que já decidido pelo STF, não pode ser considerado como título o exercício anterior no mesmo cargo objeto do certame, o que conflitaria com o princípio da igualdade (ADI 3.522/RS, Pleno, Rel. Min. Marco Aurélio, j. 24.11.2005).

Na esfera federal, a lei autoriza a cobrança de taxa de custeio, conforme valor fixado no edital do concurso, devendo haver, também, hipóteses de isenção para quem não dispõe, evidentemente, de condições financeiras para arcar com aquela cobrança (art. 11 da Lei 8.112/1990).

Ultimadas as fases e etapas do certame, será ele homologado!

A homologação nada mais é que um ato administrativo vinculado, decorrente de controle interno de legalidade, que confirma a legitimidade e legalidade do procedimento, podendo, a partir deste momento, a Administração promover à nomeação dos candidatos aprovados, seja dentro ou fora do número inicial de vagas apresentadas no edital.

Após o concurso homologado, existirão candidatos reprovados, e, portanto, eliminados, e candidatos aprovados, alguns dentro e outros fora do número de vagas inicialmente apresentadas no edital do certame. É direito dos candidatos aprovados dentro do número de vagas apresentadas no edital sua nomeação, porém, em situação de normalidade, cabe a Administração a escolha quanto ao momento, dentro do prazo de validade do concurso, de realizar o provimento do cargo.

Já em relação aos candidatos aprovados fora do número de vagas, como foram aprovados, os mesmos podem ser aproveitados ao longo do prazo de validade do certame. São candidatos que estão no cadastro de reserva, seja atribuída ou não esta nomenclatura no edital. São os popularmente conhecidos "excedentes".

A princípio e em situação de normalidade estes excedentes possuem apenas expectativa de direito à nomeação, porém tal expectativa, a depender do caso concreto, pode se converter em direito à nomeação, conforme será visto mais adiante.A Constituição Federal estabelece que o concurso terá prazo de validade de até dois anos, podendo ser prorrogado, uma única vez, por igual período (art. 37, III), regra que é repetida pelo art. 12, *caput*, da Lei 8.112/1990. Observe-se que não há a imposição do prazo de dois anos, mas sim a autorização para que seja de até dois anos, de modo que o prazo de validade pode ser inferior, de um ano, de seis meses, ou qualquer outro prazo fixado no edital[106]. Fixado o prazo, também não existe a obrigação de prorrogação, mas, se houver, terá de ser feita por prazo igual ao que foi inicialmente fixado para a validade do concurso.

Se houver omissão legal ou o edital deixar de dispor a respeito do prazo de validade do certame e de sua prorrogação deve se considerar o prazo máximo de dois anos previsto na

---

[106]. Nesse sentido STJ, 2ª Turma, RMS 48.326/MS, rel. Min. Mauro Campbell Marques, j. 04/08/2015, onde se afirmou: *Validade e prorrogabilidade inserem-se no âmbito do poder discricionário da Administração, que, diante da especificidade e complexidade do concurso pode fixar em edital prazo de validade que melhor lhe convir. O art. 37, inciso III, da Constituição Federal estipula que "o prazo de validade do concurso público será de até dois anos, prorrogável por igual período", ou seja, o prazo de validade do certame é de no máximo dois anos, podendo a Administração fixar prazo de validade inferior a dois anos, mas não ultrapassá-lo.*

Constituição Federal como período de validade do certame, sem, contudo, a possibilidade de prorrogação, pois esta somente pode resultar de expressa prescrição legal ou editalícia[107].

O prazo de validade do concurso é contado a partir da homologação de seu resultado. Durante esse período a Administração Pública poderá convocar os candidatos para preencher as vagas até então existentes ou para as que surgirem durante a validade do certame.

O art. 37, inciso III, da Constituição Federal, não permite que uma vez escoado o prazo de validade do concurso público, sem que tenha ele sido prorrogado, possa a Administração Pública instituir novo prazo de validade, visto que prorrogar é estender prazo ainda existente para além de seu termo final e pressupõe a previsão de continuidade antes de encerrado o tempo fixado sem haver interrupção.[108]

Deste modo, a prorrogação da validade do concurso público é uma faculdade da Administração, mas que deve ser exercida antes de expirado o seu prazo inicial de validade. Como faculdade da Administração, em regra não pode o Poder Judiciário determinar que o administrador prorrogue o prazo de validade do certame, sob pena de violar a independência dos poderes em razão da indevida intromissão no mérito administrativo.

Entretanto, o gestor público deve obediência aos ditames constitucionais e aos princípios norteadores da atuação da Administração Pública. Além disso, a realização de concurso público exige tempo, usa-se pessoal e se gasta dinheiro.

Do ponto de vista racional e de economia, havendo candidatos aptos em determinado concurso e que ainda não foram nomeados, é incompreensível deixar de prorrogar o prazo de validade do certame para realizar outro com a mesma finalidade.

Em situação como a descrita acima o Supremo Tribunal Federal entendeu que é ilegal a não prorrogação do prazo de validade do concurso.

O princípio da razoabilidade é conducente a presumir-se, como objeto do concurso, o preenchimento das vagas existentes. Exsurge configurador de desvio de poder, ato da Administração Pública que implique nomeação parcial de candidatos, indeferimento da prorrogação do prazo do concurso sem justificativa socialmente aceitável e publicação de novo edital com idêntica finalidade. Como o inciso IV (do artigo 37 da Constituição Federal) tem o objetivo manifesto de resguardar precedências na sequência dos concursos, segue-se que a Administração não poderá, sem burlar o dispositivo e sem incorrer em desvio de poder, deixar escoar deliberadamente o período de validade de concurso anterior para nomear os aprovados em certames subsequentes. Fora isto possível e o inciso IV tornar-se-ia letra morta, constituindo-se na mais rúptil das garantias (Celso Antônio Bandeira de Mello, Regime Constitucional dos Servidores da Administração Direta e Indireta, página 56). (STF – RE: 192568, Relator: MARCO AURÉLIO, SEGUNDA TURMA, Data de Publicação: 13/09/1996)

---

107. A esse respeito DIOGENES GASPARINI esclarece que *"a prorrogação da validade do concurso é comportamento discricionário da Administração Pública interessada no concurso de ingresso, facultado pela lei ou por disposição editalícia. A lei ou o edital apenas prevê tal faculdade, pois a prorrogação vai decorrer de ato administrativo praticado com esse objetivo. De tal sorte que, sob pena de sua improrrogabilidade, essa possibilidade deverá restar expressamente consignada em lei ou no edital do concurso de ingresso."* (MOTTA, 2007, p. 37).

108. TRF 1 Apelação n.º 94.01.34010-2/DF.

Logo, não pode a Administração, contudo, simplesmente se negar a prorrogar o prazo sem que apresente, para tanto, justificativas plausíveis[109]. Nesse caso, se houver a abertura de novo concurso no prazo que seria o da prorrogação, é reconhecido o direito dos aprovados, e ainda não nomeados, de terem acesso aos cargos respectivos. O STF, inclusive, já decidiu nesse sentido[110]. Em contrapartida, como registrado, a própria Corte já decidiu que, superado o prazo de validade fixado no edital sem que tenha havido a prorrogação, não poderia ser feita, tempos depois, a instituição de novo período de eficácia, sendo nulas as nomeações daí decorrentes[111].

Deve-se observar que a própria CF/1988 dispõe de regras específicas sobre concursos para alguns cargos. No caso dos magistrados, o concurso necessariamente será de provas e títulos, com a participação obrigatória da OAB em todas as fases (art. 93, I). A partir da EC 45/2004 passou a ser exigida, também, atividade jurídica mínima de três anos[112]. Essas mesmas regras são válidas, também, para o ingresso nas carreiras do Ministério Público (art. 129, § 3.º)[113]. No caso das carreiras do Ministério Público da União, a LC 75/1993 exigia, também, a comprovação de dois anos de formado (art. 187), o que era muito contestado, não sem razão, embora o STF tenha reconhecido a constitucionalidade da norma (ADI 1.040/DF, Pleno, Rel. Min. Néri da Silveira). Essa questão, de qualquer modo, restou superada com a inserção do novo critério de tempo de atividade jurídica pela EC 45/2004.

Para as carreiras da AGU também se exige concurso de provas e títulos (art. 131, § 2.º)[114]. No caso dos Procuradores dos Estados e do Distrito Federal, a EC 19/1998 alterou

---

109. Existem, no entanto, decisões do STJ considerando que a decisão sobre a prorrogação está no âmbito da conveniência e oportunidade da Administração Pública (vide: AgRg no RMS 30.641/MT, 5ª T., rel. Min. Gilson Dipp, j. 07/02/2012; RMS 25.501/RS, 5ª T., rel. Min. Arnaldo Esteves Lima, j. 18/08/2009; e AgRg no RMS 33.951/PA, 2ª T., rel. Min. Herman Benjamin, j. 04/08/2011).

110. "Constitucional. Administrativo. Servidor público: concurso público. Direito à nomeação. Súmula 15-STF. I. – A aprovação em concurso público não gera, em princípio, direito à nomeação, constituindo mera expectativa de direito. *Esse direito surgirá se for nomeado candidato não aprovado no concurso, se houver o preenchimento de vaga sem observância de classificação do candidato aprovado (Súmula 15-STF) ou se, indeferido pedido de prorrogação do prazo do concurso, em decisão desmotivada, for reaberto, em seguida, novo concurso para preenchimento de vagas oferecida no concurso anterior cuja prorrogação fora indeferida em decisão desmotivada.* II. – Precedentes do STF: MS 16.182/DF, Ministro Evandro Lins (*RTJ* 40/02); MS 21.870/DF, Ministro Carlos Velloso, "DJ" de 19.12.94; RE 192.568/PI, Ministro Marco Aurélio, "DJ" de 13.9.96; RE 273.605/SP, Ministro Néri da Silveira, "DJ" de 28.6.02. III. – Negativa de seguimento ao RE. Agravo não provido" (STF, AgRg no RE 419.013/DF, 2.ª T., Rel. Min. Carlos Velloso, j. 01.06.2004).

111. RE 352.258/BA – Rel. Min. Ellen Gracie, 2.ª T., j. 27.04.2004 e AgRg no AI 452.641/DF – Rel. Min. Nelson Jobim, 2.ª T., j. 30.09.2003.

112. Vide *Resolução 75/2009*, com as alterações da *Resolução 118/2010 e da Resolução 208/2015, ambas do CNJ*, que dispõem sobre os concursos públicos para ingresso na carreira da magistratura em todos os ramos do Poder Judiciário nacional.

113. Vide *Resolução 40/2009*, com as alterações da *Resolução 57/2010 e da Resolução 87/2012, ambas do CNMP*, que dispõem sobre o conceito de atividade jurídica para concursos públicos de ingresso nas carreiras do Ministério Público.

114. Art. 21 da Lei Complementar 73/1993 regulamenta esse dispositivo, fazendo referência, também, a exigência de dois anos de prática forense, no mínimo, para ingresso na carreira (§ 2.º). Vide, ainda, Resolução 1/2002, do Conselho Superior da AGU, alterada pelas Resoluções 3/2002, 04/2004, 05/2004, 1/2006, 8/2008, 16/2011, 1/2012 e 6/2014.

a regra do art. 132 da Carta Magna para estabelecer a previsão, também, da participação da OAB em todas as fases do concurso

Por fim, listemos algumas irregularidades que muitas vezes ocorrem nos concursos públicos e que já foram reconhecidas em julgamentos por nossos pretórios:

PROVA OBJETIVA:

1) Cobrança de conteúdo fora do programa do edital (AgRg no REsp 1.294.869/PI)
2) Elaboração de questão com erro de enunciado gerando mais de uma resposta correta. (REsp: 174.291
3) Erro de elaboração de questão tornando-a incompreensível. (TRF01 – AP/RN: 00288027420094013800).
4) Cobrança de legislação revogada. (TJRS – AC: 01613641520168217000)
5) Impossibilidade de recorrer de alteração de gabarito. (TRF-1 – AMS: 770 DF 2005.34.00.000770-8)
6) Falta de motivação nos recursos interpostos nesta fase etc. (TRF01 – APL: 00324304420084013400)

PROVA DISCURSIVA:

1) Cobrança de conteúdo fora do programa do edital. (TRF01 – AC: 00110859020064013400).
2) Ausência de chave de correção com espelho de quanto vale cada ponto da resposta esperada. (TRF01 – RN: 00034852520104013902)
3) Falta de motivação no desconto da nota. (STJ RMS 49.896)
4) Direito de vista da prova. (TRF01 – AP/RN: 00027043420084013300)
5) Falta de motivação nos recursos interpostos nesta fase etc;

PROVA ORAL

1) Cobrança de conteúdo fora do programa do edital. (STF – 32.042/DF)
2) Ausência de chave de correção com espelho de quanto vale cada ponto da resposta esperada. (TRF 2ª. 200650010072911.)
3) Falta de motivação nos descontos da nota. (TRF01 – 109487920044013400)
4) Impossibilidade de recorrer. (TRF01 – PROC: 109487920044013400)
5) Falta de motivação nos recursos interpostos nesta fase. (TRF01 – APL: 00324304420084013400)
6) Ausência de gravação da fase. (TRF01 – AP/RN: 00093624020094013300)
7) Não liberação da gravação do áudio para o candidato apresentar recurso. (TRF1 – Quinta Turma, e-DJF1 data:02/09/2011)

PROVA FÍSICA [115]:

---

115. As provas físicas ou exame de aptidão física têm a finalidade de avaliar a capacidade do candidato para suportar, física e organicamente, as exigências de esforços físicos que terá que fazer para o

1) Ausência de previsão legal. (STJ – RMS: 24024)
2) Critérios objetivos. (STF – RE 89448)
3) Pertinência da prova. (STF – RE 511588 AgR)
4) Erro na aplicação da prova por parte da Banca Examinadora. (TJES 005332-58.2011.8.08.0035)
5) Impossibilidade de recurso. (TRF01 – 109487920044013400)

PSICOTÉCNICO[116]:
1) Ausência de previsão legal. (Súmula Vinculante 44 do STF)
2) Ausência de critérios objetivos e científicos de avaliação do candidato. (STJ – RESP: 1655461)
3) Ausência de laudo motivado justificando as razões da eliminação. (STJ – RESP: 1444840)
4) Regras impeditivas de recurso. (STJ – REsp: 1655461)
5) Ausência de motivação no julgamento dos recursos. (TRF01 – 00324304420084013400)
6) Não pode ser utilizado para aferir perfil profissiográfico (TRF01 – AC: 00794600220134013400)

INVESTIGAÇÃO SOCIAL[117]:
1) Ausência de previsão legal. (TJMG – AI: 1051216005315700)
2) Necessidade de critérios objetivos. (TJMG – AI: 1051216005315700)
3) Necessidade de publicidade do resultado;
4) Falta de motivação da eliminação. (TJAP – MS: 5173020128030000)
5) Os fatos devem ser graves. (TRF01 – AMS: 200234000395623)

Aqui, neste tópico relacionado à **investigação social**, vale alguns registros!

1 – O candidato pode ser eliminado do concurso público, na fase de investigação social, em virtude da existência de termo circunstanciado? *NÃO! (STJ – RMS 28851)*

---

bom desempenho das tarefas típicas da categoria funcional que pretende ingressar.

116. Atribuições de certos cargos requerem do servidor um equilíbrio mental mais afinado e, por isso, necessária uma avaliação mais detalhada para verificar a existência ou não de algum transtorno mental que possa vir a se manifestar e, por conta das peculiaridades das atribuições do cargo, acarretar algo muito danoso. Normalmente é exigido em cargos de alta responsabilidade, como magistratura, cujo magistrado julga a vida das pessoas, por exemplo, e em concursos da área policial, onde o servidor andará armado e deve ter o equilíbrio necessário para conduzir situações difíceis.

117. A investigação social é um procedimento em que se averigua a idoneidade moral e a conduta social do candidato. Geralmente esse exame é estabelecido para cargos que exigem um acentuado grau de responsabilidade, em que a figura do servidor é diretamente relacionada com a imagem da instituição, como é o caso, por exemplo, da Magistratura, do Ministério Público, da Polícia (militar, civil, federal), dentre outras.

2 – O candidato pode ser eliminado do concurso público, na fase de investigação social, em virtude da existência de inquérito policial? NÃO! (STJ – AgRg no RMS: 39580)

3 – O candidato pode ser eliminado do concurso público, na fase de investigação social, em virtude da existência de ação penal sem trânsito em julgado? NÃO! (STJ AgRg no RMS 25735)

4 – O candidato pode ser eliminado do concurso público, na fase de investigação social, em virtude da existência de ação penal que foi extinta pela prescrição da pretensão punitiva? NÃO!

5 – O candidato pode ser eliminado do concurso público, na fase de investigação social, em virtude da existência da inscrição de seu nome em cadastro de restrição ao crédito (SPC, SERASA)? NÃO! (AgRg no RMS 24.283)

Atenção à exceção!

Há **decisões no sentido que o entendimento** de que o candidato não pode ser eliminado de concurso público, na fase de investigação social, em virtude da existência de termo circunstanciado, de inquérito policial ou de ação penal sem trânsito em julgado ou extinta pela prescrição da pretensão punitiva **não se aplica aos cargos cujos ocupantes agem stricto sensu em nome do Estado**, como o de delegado de polícia. (STJ – RMS 043172)

O Supremo Tribunal Federal está julgando o caso em regime de **Repercussão Geral**, nos autos do **RE n.º 560.900**, tema 22, "*restrição à participação em concurso público de candidato que responde a processo criminal*", porém, até fechamento desta edição, o julgamento ainda não tinha sido concluído.

5.5.5.3. Nomeação e prioridade

A *nomeação é uma das formas de provimento dos cargos públicos* (art. 8.º, I, da Lei 8.112/1990), *sendo a única válida para a investidura inicial no serviço público.*

Quando a Administração lança mão do concurso público significa que a mesma fez o devido estudo prévio e chegou à conclusão de que necessita, pelo menos em algum momento dentro do prazo de validade do certame, contratar pessoal para que a máquina pública não pare e que suas atividades sejam mais eficientes.

Por isso, aqui, há uma promessa feita junto à coletividade. Feita esta promessa, certo segmento da sociedade passa então a se preparar para a disputa do cargo ou emprego prometido, tudo baseado na confiança depositada na Administração pelo inequívoco desejo da mesma em contratar pessoal, o que é confessado pela realização do concurso público.

Todavia, o entendimento anterior do Poder Judiciário, inclusive do Superior Tribunal de Justiça, era de que o candidato aprovado no concurso público, seja dentro ou fora do número de vagas, não lhe dava o direito à nomeação, mas apenas a expectativa de direito à mesma, cabendo à Administração, no exercício de seu poder discricionário, decidir se nomeava ou não os candidatos.

A única hipótese que conferia ao candidato direito ao provimento era se ocorresse preterição na ordem de nomeação, uma vez que o artigo 37, IV, da CF enuncia que "*durante o prazo improrrogável previsto no edital de convocação, aquele aprovado em concurso público de provas ou de provas e títulos será convocado com prioridade sobre novos concursados para assumir cargo ou emprego, na carreira;*"

Inclusive, tal direito já era reconhecido pelo Supremo Tribunal Federal! A Sumula nº 15 deste Sodalício enuncia que *"dentro do prazo de validade do concurso, o candidato aprovado tem o direito à nomeação, quando o cargo for preenchido sem observância da classificação"*.

Não obstante essa exceção, a jurisprudência evoluiu e passou a entender que se a lei determinar a nomeação do candidato aprovado não teria a Administração a discricionariedade de não a fazer, pois tratar-se-ia de caso de ato vinculado.

Com o tempo, precedentes foram se construindo, porém, ainda, muitas vezes julgadores de instâncias ordinárias decidiam em sentido contrário, o que gerava uma grande instabilidade jurídica. **Finalmente, a matéria foi objeto de análise em Repercussão Geral, no julgamento do RE 598099, pelo Supremo Tribunal Federal**, cuja relatoria coube ao Min. Gilmar Mendes, sendo pacificado o entendimento do direito à nomeação do candidato quando aprovado dentro do número de vagas previstas no edital.

Veja-se trecho do julgado:

> *(...) dentro do prazo de validade do concurso, a Administração poderá escolher o momento no qual se realizará a nomeação, mas não poderá dispor sobre a própria nomeação, a qual, de acordo com o edital, passa a constituir um direito do concursando aprovado e, dessa forma, um dever imposto ao poder público. Uma vez publicado o edital do concurso com número específico de vagas, o ato da Administração que declara os candidatos aprovados no certame cria um dever de nomeação para a própria Administração e, portanto, um direito à nomeação titularizado pelo candidato aprovado dentro desse número de vagas"*

Logo, a mera aprovação em concurso público não garante, por si só, o direito à nomeação, como amplamente reconhecido na jurisprudência, sendo uma mera expectativa de direito. No entanto, existem situações que poderão gerar o referido direito, como, por exemplo, na situação acima narrada, ou seja, ser o candidato aprovado dentro do número de vagas do edital.

Além destas situações, **há outras em que têm ocorrido o reconhecimento do direito à nomeação**. É possível que em um certame a Administração já antecipe sua vontade de provimento e disponha no edital o número de vagas a serem providas, o que pode ocorrer quando o instrumento convocatório já informa o número certo de vagas disponibilizadas **ou quando apresenta vagas e antecipa que o concurso se destina também ao preenchimento das vagas que surgirem**. Neste caso, surgindo vaga, a Administração fica vinculada. Vejamos trecho de um julgado do STJ sobre o tema:

> *Portanto, o edital de concurso vincula tanto a administração quanto o candidato ao cargo público ofertado, fazendo jus o aprovado a ser nomeado dentro do limite de vagas previsto e, durante o prazo de validade do certame, quando houver previsão editalícia, nas vagas que eventualmente surgirem, principalmente quando a própria administração a isso se obriga mediante estipulação em cláusula editalícia. CF. Re 227.480 (relator Min. Menezes direito, relatora p/ acórdão Min. Cármen Lúcia, primeira turma, julgado em 16/09/2008) (STJ - MS: 19369, Relator: MAURO CAMPBELL MARQUES, PRIMEIRA SEÇÃO, Data de Publicação: 03/09/2015)*

Uma vez nomeado, esse ato, por si só, dá direito ao candidato de ingressar no serviço público, tomando posse no respectivo cargo (*Súmula 16 do STF*)[118].

---

118. *Súmula 16 do STF*: "Funcionário nomeado por concurso tem direito à posse".

Em contrapartida, se a nomeação para o cargo efetivo foi feita sem o prévio concurso, ela é nula, e poderá ser desfeita. Inclusive, **o entendimento é que é imprescritível o prazo para a desconstituição do indevido ato de provimento não precedido de concurso.** Vejamos!

> ADMINISTRATIVO. PROCESSUAL CIVIL. AÇÃO CIVIL PÚBLICA. PROVIMENTO EM CARGO EFETIVO SEM CONCURSO PÚBLICO APÓS 1988. ASSEMBLEIA LEGISLATIVA DO ESTADO DO RIO GRANDE DO NORTE. ACÓRDÃO RECORRIDO QUE RECONHECE A PRESCRIÇÃO, COM APOIO NO ART. 1º DO DECRETO Nº 20.910/1932. INAPLICABILIDADE. FLAGRANTE INCONSTITUCIONALIDADE. **1. A Suprema Corte tem entendimento no sentido de que não é aplicável a decadência administrativa de que trata o artigo 54 da Lei nº 9.784/1999 em situações flagrantemente inconstitucionais, como é o caso da admissão de servidores sem concurso público.** Precedentes. 2. É inconstitucional toda modalidade de provimento que propicie ao servidor investir-se, sem prévia aprovação em concurso público destinado ao seu provimento, em cargo que não integra a carreira na qual anteriormente investido. Súmula 685/STF. 3. Hipótese em que o "ato de transferência" de servidores estaduais não foi publicado no Diário Oficial do Estado do Rio Grande do Norte, mas tão somente no "Boletim Oficial da Assembléia Legislativa"; tal situação, somada ao fato de que referido ato não foi levado ao conhecimento da Corte de Contas Estadual, revela a existência de má-fé caracterizada por um sigilo não só ilegal mas também inconstitucional. Precedente. 4. Agravo regimental não provido. (STJ – AgRg no REsp: 1394036 RN 2013/0227312-0, Relator: Ministro MAURO CAMPBELL MARQUES, Data de Julgamento: 03/02/2015, T2 – SEGUNDA TURMA, Data de Publicação: DJe 06/02/2015)

No mesmo sentido, recentemente, o STF julgou inconstitucional a contratação de Defensores Públicos, sem concurso público, após a constituição de 1988.

Em resumo, tratou de um caso em que o Espírito Santo, em 1994, editou a LC nº 55/94 prevendo, em seu art. 64, que os advogados que foram contratados pelo Estado, sem concurso público, para exercer assistência jurídica em favor dos hipossuficientes, até a data da edição da lei, deveriam permanecer no quadro de Defensores Públicos até aprovação em concurso público (art. 64).

Esse artigo foi declarado inconstitucional pelo Supremo por ampliar o prazo excepcional conferido pelo art. 22 do ADCT da CF/88

Em cumprimento à decisão do STF, em 2009, o Governo do Estado do Espírito Santo determinou o imediato desligamento dos advogados que se enquadravam na situação de inconstitucionalidade do art. 64 da LC 55/94, fazendo com que estes "defensores" prejudicados impetrassem mandados de segurança contra o desligamento e continuassem no cargo. O pleito foi acolhido pelo TJ/ES sob o argumento de que seria inviável à Administração Pública, após mais de 20 anos, rever o ato de admissão dos contratados. Fundamentou-se, ainda, que os referidos servidores estavam atuando de boa-fé e a irregularidade das contratações seria imputável ao próprio Poder Público. Por fim, segundo o julgado capixaba, a desconstituição do ato causaria mais danos que benefícios à Administração, que teria que reestruturar a Defensoria Pública.

Contra esta decisão foi interposto recurso extraordinário pelo Estado do Espírito Santo, acatado pela Suprema Corte, que, no mérito e em resumo, entendeu ser inconstitucional a contratação, sem concurso público, após a instalação da Assembleia Constituinte, de advogados para exercerem a função de Defensor Público estadual. Entendeu que a referida contratação amplia, de forma indevida, a regra excepcional do art. 22 do ADCT da CF/88 e afronta o princípio do concurso público.[119]

5.5.5.3.1. Aprovação em cadastro de reserva e nomeação.

Cadastro de reserva nada mais é que o contingente de candidatos aprovados no concurso público, *porém fora do número de vagas*. Então se o candidato foi aprovado no concurso, porém fora do número de vagas, ele está no cadastro de reserva.

E o que o cadastro de reserva garante ao candidato aprovado? Garante sua nomeação? A princípio não, pois se ele não foi aprovado dentro do número de vagas apresentadas no edital, que, em tese, seriam as que necessitavam ser preenchidas para a regular continuidade das atividades públicas, o mesmo teria apenas mera expectativa de direito a ser convocado.

Deve haver um planejamento, onde inicialmente a Administração se comprometeria em contratar os aprovados dentro do número de vagas ofertadas e ao longo do prazo de validade do certame, sobrevindo necessidade, vai-se utilizando do cadastro de reserva.

Mudando seu entendimento, os Tribunais Superiores, ou seja, STF e STJ, passaram a entender que o candidato aprovado em concurso público dentro do número de vagar apresentadas tem direito à nomeação e, por isso, passou a determinar compulsoriamente sua nomeação.

A matéria acabou sendo definitivamente resolvida pelo STF quando do julgamento do **RE 837.311/PI** (Pleno, rel. Min. Luiz Fux, j. 09/12/2015), com repercussão geral reconhecida, oportunidade em que se fixou a seguinte tese:

> *"O surgimento de novas vagas ou a abertura de novo concurso para o mesmo cargo, durante o prazo de validade do certame anterior, não gera automaticamente o direito à nomeação dos candidatos aprovados fora das vagas previstas no edital, ressalvadas as hipóteses de preterição arbitrária e imotivada por parte da administração, caracterizada por comportamento tácito ou expresso do Poder Público capaz de revelar a inequívoca necessidade de nomeação do aprovado durante o período de validade do certame, a ser demonstrada de forma cabal pelo candidato. Assim, o direito subjetivo à nomeação do candidato aprovado em concurso público exsurge nas seguintes hipóteses:* **1 – Quando a aprovação ocorrer dentro do número de vagas dentro do edital; 2 – Quando houver preterição na nomeação por não observância da ordem de classificação; 3 – Quando surgirem novas vagas, ou for aberto novo concurso durante a validade do certame anterior, e ocorrer a preterição de candidatos de forma arbitrária e imotivada por parte da administração nos termos acima.**

Assim, ficou claro que, em regra, não é o simples surgimento da vaga que motivará o reconhecimento do direito à nomeação do aprovado no cadastro de reserva . Todavia, o surgimento de vagas ou a abertura de novo concurso durante a validade do certame anterior, bem como a **ocorrência de preterição de candidatos de forma arbitrária e**

---

119. STF. 1ª Turma. RE 856550/ES, rel. orig. Min. Rosa Weber, red. p/ o ac. Min. Alexandre de Moraes, julgado em 10/10/2017 **(INFORMATIVO N.º 881)**.

imotivada por parte da administração nos termos acima, transmuda sua a expectativa em direito à nomeação.

Um problema que tem ocorrido na prática forense está relacionado ao que se entende por "preterição". As decisões das instâncias inferiores são soberanas quanto à configuração ou não da mesma, divergindo muitas vezes entre elas quanto a situações idênticas. É claro, e isso deve ficar bem ressaltado, que a prova juntada nos autos a embasar o pleito autoral fará toda diferença no reconhecimento do instituto e, por conseguinte, no acatamento do pleito.

O que é preterição? Segundo o dicionário Caldas Aulete Digital preterição pode significar:

> 1. *Ação ou resultado de desprezar, deixar de lado; ESQUECIMENTO; OMISSÃO*
>
> 2. **Ação ou resultado de, sem razão justa, não efetivar um cargo ou promoção devidos:**
> *"A promoção em ressarcimento de preterição é realizada após ser reconhecido, ao graduado preterido, o direito à promoção que lhe caberia." (Presidência da República, Dec. no 4.853, de 06/10/2003, cap. 2, art. 9º)*
>
> 3. *Beneficiamento de alguém em cargo ou promoção que caberia a outrem*
>
> 4. *Jur. Omissão de direitos ou princípios*
>
> 5. *Ret. Figura de linguagem que consiste em mencionar um assunto justamente ao negar querer fazê-lo*

Muitas vezes segmentos do Judiciário, indevida e equivocadamente, têm tomado o termo "preterição" como sinônimo de quebra da ordem de classificação, o que, inclusive, está previsto no artigo 37, IV, da Constituição Federal:

> *IV – durante o prazo improrrogável previsto no edital de convocação, aquele aprovado em concurso público de provas ou de provas e títulos será convocado com prioridade sobre novos concursados para assumir cargo ou emprego, na carreira;*

Ocorre que o próprio Judiciário, há muito, já evoluiu no sentido de que preterição não se resume à quebra da ordem de classificação, mas diversas outras ilegalidades, especialmente omissões sem justificativa de nomeações quando necessárias.

Inclusive, é importante registrar, que o caso que gerou o RE 837.311, acima citado, foi o fato de, dentro do prazo de validade de um concurso público para o cargo de Defensor Púbico, foi aberto outro certame disponibilizando vagas!

Atenção! Entendeu o Supremo Tribunal Federal que a mera abertura do certame, ofertando vagas, já configurava, por si só, a preterição, ou seja, não ocorreu a nomeação de candidatos do novo concurso, mas a simples abertura.

Várias situações podem se encaixar no arquétipo do precedente, gerando, com isso, o direito à nomeação. São maneiras diferentes de preterição! Vegamos alguns casos.

Vejamos!

Preterição por terceirizados.

Quando a Administração, dentro do prazo de validade do concurso, ao invés de aproveitar o cadastro de reserva, terceiriza a função, ou seja, contrata uma empresa via licitação, cujo objeto é o fornecimento de mão de obra para o exercício de atividades próprias ao do cargo disputado pelo candidato.

> *ADMINISTRATIVO E PROCESSUAL CIVIL. AGRAVO REGIMENTAL NO AGRAVO EM RECURSO ESPECIAL. CONCURSO PÚBLICO. CANDIDATO APROVADO DENTRO DAS VAGAS PREVISTAS NO EDITAL. CONTRATAÇÃO DE EMPRESA TERCEIRIZADA PARA AS MESMAS FUNÇÕES DO CARGO. PRETERIÇÃO DE CANDIDATO COMPROVADA. DIREITO SUBJETIVO À NOMEAÇÃO. INCIDÊNCIA DAS SÚMULAS 7 E 83/STJ. 1. O acórdão recorrido encontra-se em consonância com o entendimento firmado por esta corte superior no sentido de o candidato aprovado dentro do número de vagas em concurso público tem direito subjetivo à nomeação nas hipóteses de não convocação durante o prazo de validade do concurso e de contratação precária de outras pessoas para execução do serviço, sendo que esta última hipótese restou comprovada nas instâncias de origem. Incidência das Súmulas 7 e 83/STJ. Precedentes: AGRG no AREsp 418.359/RO, Rel. Min. Humberto Martins, Segunda Turma, dje 27/02/2014; AGRG no RMS 19.952/SC, Sexta Turma, Rel. Min. Og fernandes, dje 29.4.2013; AGRG no AREsp 479.626/RO, Rel. Min. Assusete magalhães, Segunda Turma, dje 01/07/2014. 2. Agravo regimental não provido. (STJ – AGRG/ARESP: 454906, Relator: BENEDITO GONÇALVES, PRIMEIRA TURMA, Data de Publicação: 14/11/2014)*

Preterição por contratados temporariamente.

Ocorre quando a Administração, dentro do prazo de validade do concurso, ao invés de aproveitar o cadastro de reserva, contrata pessoas com base no artigo 37, IX, da CF, por meio de designação temporária, sem observar seus pressupostos legais e constitucionais.

> *A jurisprudência do STF e deste Tribunal Superior firmou-se no sentido de que a ocupação precária, por comissão, terceirização ou contratação temporária, para o exercício das mesmas atribuições do cargo para o qual foi realizado concurso público configura desvio de finalidade e caracteriza burla à exigência constitucional do concurso público, convolando a expectativa de direito do candidato aprovado no certame vigente em direito subjetivo à nomeação, em decorrência de sua preterição, por força da contratação precária, hipótese dos autos. Agravo de instrumento conhecido e não provido. (TST – AIRR: 01318385020155130003, Relator: DORA MARIA DA COSTA, OITAVA TURMA, Data de Publicação: 19/05/2017)*

Preterição por redistribuição

> *In casu, a Corte de origem, soberana na análise de fatos e provas, consignou as seguintes premissas fáticas: a) a ocupação da vaga deixada pelo professor aposentado, através de redistribuição, tipifica claramente a existência da vaga; b) a necessidade do serviço, reconhecida pela própria ré, conforme consta na Ata da reunião do Departamento de Humanidades; c) acerca do instituto da redistribuição, concluindo que a vaga surgiu e foi preenchida com desrespeito ao direito da autora; d) o desvio de finalidade praticado pela UFRGS; e) existiu preterição, esta está provada, não havia discricionariedade de agir contrariamente ao previsto na legislação (artigo 37 da Lei 8.112/90), e havia direito da autora ser nomeada para o cargo no prazo de validade do concurso já que houve abertura da respectiva vaga . (STJ – RESP: 1671761, Relator: HERMAN BENJAMIN, SEGUNDA TURMA, Data de Publicação: 30/06/2017)*

Requisição de servidores

É comum o Poder Público, mesmo tendo concurso público válido e estando apto a nomear os aprovados e suprir sua necessidade de pessoal, fazer requisição de servidores de outros órgãos para exercerem atribuições próprias e típicas de cargos que deveriam ser preenchidos por candidatos aprovados em concursos públicos.

Neste caso, há jurisprudência reconhecendo a preterição e concebendo o direito à nomeação do candidato aprovado. É importante registrar que os candidatos que podem pleitear esse direito são aqueles cujo número de requisitados os alcancem na ordem de classificação no certame.

> APELAÇÃO CÍVEL. ADMINISTRATIVO E CONSTITUCIONAL. MUNICÍPIO RIO DE JANEIRO. CONCURSO PÚBLICO PARA PROVIMENTO DE CARGO DE FISIOTERAPEUTA. APROVAÇÃO FORA DO NÚMERO DE VAGAS CONSTANTE DO EDITAL. CONVOCAÇÃO DE PROFISSIONAIS POR CONTRATO TEMPORÁRIO DENTRO DO PRAZO DE VALIDADE DO CERTAME. ABUSO CONFIGURADO. É CEDIÇO QUE O CANDIDATO APROVADO NO CONCURSO FORA DO NÚMERO DE VAGAS POSSUI, EM REGRA, MERA EXPECTATIVA DE DIREITO À NOMEAÇÃO E POSSE. ENTRETANTO, ESSA EXPECTATIVA CONVOLA-SE EM DIREITO LÍQUIDO E CERTO QUANDO, DENTRO DO PRAZO DE VALIDADE DO CERTAME, HÁ CONTRATAÇÃO DE PESSOAL DE FORMA PRECÁRIA OU REQUISIÇÃO DE SERVIDOR DE OUTRO ÓRGÃO PARA O PREENCHIMENTO DE VAGAS EXISTENTES, COM PRETERIÇÃO DAQUELES QUE, APROVADOS, ESTARIAM APTOS A OCUPAR O MESMO CARGO OU FUNÇÃO. PRECEDENTES JURISPRUDENCIAIS. PROVIMENTO AO RECURSO. (APL 02361308020128190001 RIO DE JANEIRO CAPITAL 4 VARA FAZ PUBLICA. PUB 18/09/2015)

Cessão de servidores

É a mesma ideia!

É comum órgãos cederem servidores de seus quadros para outros órgãos. A cessão, quando passa a ser por um prazo longo, acaba criando uma espécie de "transferência", sem concurso, de um cargo para outro, o que é vedado.

Há decisões reconhecendo a preterição e concebendo o direito à nomeação do candidato aprovado. É importante registrar que os candidatos que podem pleitear esse direito são aqueles cujo número de cedidos os alcancem na ordem de classificação no certame. E mais: deve ficar provado que as atribuições do cedido são as mesmas do cargo público em que há concurso válido e candidatos aprovados.

> (...) 14. O que não há tolerar-se, no entanto, é a atuação arbitrária do estado na realização de concurso, na formação de cadastro de reserva e no pouco caso que usualmente faz com os anseios dos candidatos que se submetem às suas regras, deixando escoar o prazo apesar do surgimento de vacância e, pressupõe-se, de necessidade de serviço. 15. Portanto, o edital de concurso vincula tanto a administração quanto o candidato ao cargo público ofertado, fazendo jus o aprovado a ser nomeado dentro do limite de vagas previsto e, durante o prazo de validade do certame, quando houver previsão editalícia, nas vagas que eventualmente surgirem, principalmente quando a própria administração a isso se obriga mediante estipulação em cláusula editalícia. CF. Re 227.480 (relator Min. Menezes direito, relatora p/ acórdão Min. Cármen lúcia, primeira turma, julgado em 16/09/2008) 16. No caso concreto,

o candidato concorreu às vagas destinadas a portadores de necessidades especiais (pne), e se classificou fora do limite ofertado inicialmente, embora dentro de cadastro de reserva estipulado no edital (itens 2.2, 3, 3.1, 3. 1.1 e 3. 1.2, e-STJ fls. 104/105), tendo, no entanto, comprovado o surgimento de tantas vagas quanto fossem necessárias para alcançá-lo e, demais disso, que o candidato imediatamente mais bem classificado que si renunciou expressamente ao direito à nomeação. 17. Reforça também o acolhimento da pretensão a constatação de que a necessidade de pessoal do órgão público em referência é suprida exacerbadamente mediante a cessão de servidores provenientes de outros órgãos públicos, o que tem o condão de configurar a preterição do direito do candidato aprovado em concurso. Nesse sentido: MS 18.881/DF (rel. Min. Napoleão nunes maia filho, primeira seção, dje 05.12.2012) e MS 19.227/DF (rel. Ministro Arnaldo esteves Lima, primeira seção, julgado em 13.03.2013, dje 30.04.2013). 18. O mandado de segurança não é sucedâneo de ação de cobrança, operando efeitos patrimoniais apenas a contar da data da impetração (MS 19.218/DF, Rel. Ministro mauro campbell marques, Rel. P/ acórdão ministro benedito Gonçalves, primeira seção, julgado em 08/05/2013, dje 21/06/2013). Súmula 271/STF. 19. Mandado de segurança concedido parcialmente. (STJ - MS: 19369, Relator: MAURO CAMPBELL MARQUES, PRIMEIRA SEÇÃO, Data de Publicação: 03/09/2015)

Servidores em desvio de função.

Esta hipótese se dá quando a Administração, dentro do prazo de validade do concurso, ao invés de aproveitar o cadastro de reserva, coloca outros servidores em desvio de função exercendo as atividades pertinente àquela que o candidato fez o concurso e a Administração não o convoca.

Em trecho deste julgado ficou consignado que:

> " portanto, no caso concreto, é manifesto que a designação de servidores públicos de seus quadros, ocupantes de cargos diversos, para exercer a mesma função de candidatos aprovados em certame dentro do prazo de validade, transforma a mera expectativa em direito líquido e certo, em flagrante preterição a ordem de classificação dos candidatos aprovados em concurso público". RMS nº 31.847 - RS, DJe: 30/11/2011

Servidores comissionados exercendo atribuições típicas de cargo efetivo.

É inconstitucional e pretere candidato aprovado em concurso a existência de cargos comissionados cujas atribuições sejam próprias de cargos efetivos. Havendo concurso público com prazo de validade aberto e a existência de comissionados exercendo atividades típicas de cargo efetivo há preterição e, por isso, direito à nomeação do candidato.

> 4. A nomeação para exercícios de cargos comissionados caracteriza-se como exceção à regra constitucional da obrigatoriedade do concurso público para investidura em cargos públicos, de modo que a criação de cargos em comissão somente se apresenta admissível nas hipóteses expressamente previstas na Constituição, isto é, para exercício de funções de direção, chefia e assessoramento (art. 23, da Constituição Estadual), sendo necessária, ainda, a existência de relação de confiança entre servidor e autoridade nomeante. Precedentes no STF. 5. O STF firmou jurisprudência no sentido de que o exercício das funções de assessoramento jurídico no âmbito do Poder Executivo deve ser realizado por servidores efetivos, por se tratar de

atividade eminentemente técnica, para a qual. à exceção do cargo de Procurador-Geral, este, tipicamente, um cargo de confiança, se exige concurso público. 6. Padecem de vício de inconstitucionalidade as normas municipais insculpidas na Lei 1.714/2010, que preveem a criação de cargos comissionados que encerram funções eminentemente burocráticas, de supervisão e fiscalização, não caracterizando o exercício de atribuições de direção, chefia ou assessoramento, além de não exigirem a configuração do vínculo de confiança entre o servidor e a autoridade nomeante. 7. Para a criação de cargos comissionados, apresenta-se necessário que o legislador especifique as respectivas atribuições, tendo em vista a necessidade de demonstrar que se destinam às funções de assessoramento, chefia ou direção, além de demandarem relação de confiança entre o servidor nomeado e seu superior hierárquico. 8. Apresentam-se inconstitucionais as normas municipais que criam cargos comissionados sem a respectiva especificação das funções inerentes aos cargos.

(...)

Quanto à constitucionalidade dos cargos em comissão, ressalte-se que o acórdão recorrido está em sintonia com a jurisprudência do STF, que se pacificou no sentido de que é inconstitucional a criação de cargos em comissão que não possuem caráter de assessoramento, chefia ou direção e que não demandam relação de confiança entre o servidor nomeado e o seu superior hierárquico. (STF – ARE: 986375, Relator: LUIZ FUX, Data de Publicação: 07/04/2017)

Outros casos que dão ensejo à nomeação.
1. Desistência de candidato aprovado e nomeação.

Se ocorrer desistências de candidatos aprovados e, com elas, chegar-se à classificação de candidatos subsequentes na ordem de classificação, nasce o direito aos próximos à nomeação.

Ressalta-se, também, que o STF possui o entendimento de que o direito à nomeação também se estende ao candidato aprovado fora do número de vagas previstas no edital, mas que passe a figurar entre as vagas, em decorrência da desistência de candidatos classificados em colocação superior. (STF – ARE: 1005047, Relator: LUIZ FUX, Data de Publicação: 08/11/2016)

2 – Candidato aprovado que é exonerado no prazo de validade do certame e nomeação

É mesmo raciocínio acima!

Quando a Administração lança um edital com um determinado número certo de vagas para atender aos seus objetivos e, logo após as nomeações e posses, algum destes candidatos são exonerados, isso dentro do prazo de validade do certame, deve haver, da mesma maneira que ocorre quando da desistência do candidato aprovado, uma reclassificação e a Administração nomear o próximo classificado.

Ocorre que muitas vezes ela não faz isso.

Neste caso, uma vez que ela demonstrou de forma inequívoca a intenção de contratar e manter um certo número de pessoas e, seja por um motivo ou outro isso não foi possível, surge para o candidato classificado na posição imediatamente posterior o direito a assumir aquela vaga.

A exoneração de servidor convocado anteriormente, desde que tenha sido ele aprovado dentro do número de vagas, faz surgir para o candidato classificado na posição seguinte o direito líquido e certo à nomeação. 2. O dever de boa-fé da Administração exige o respeito incondicional às regras editalícias, inclusive quanto à provisão das vagas inicialmente disponibilizadas. Logo, se previstas seis vagas, ao menos estas devem ser providas. Precedentes do STJ e TJES. 3. Remessa necessária a que se nega provimento. (TJES – RN: 00021956620108080047, Relator: ELIANA JUNQUEIRA MUNHOS, TERCEIRA CÂMARA CÍVEL, Data de Publicação: 19/08/2016)

Importante ficar claro que a vacância deve ocorrer dentro do prazo de validade do concurso.

Quanto à nomeação, é garantida constitucionalmente, ao aprovado no concurso, a *prioridade* sobre novos aprovados (art. 37, IV, da CF/1988). A prioridade diz respeito à convocação, que deve ser entendida como o direito à nomeação, ou, no caso dos empregos, à contratação, devendo o candidato, por evidente, preencher os demais requisitos gerais para o cargo ou emprego.

A questão referente ao momento do preenchimento do requisito qualificação técnica já foi objeto de acesos debates, tendo sido comum a edição de editais que o exigiam no momento da inscrição. Hoje, a matéria já é razoavelmente pacificada, tendo prevalecido a tese de que tais exigências devem estar presentes no momento da posse, consoante *Súmula 266 do STJ*[120].

A prioridade tanto se refere aos aprovados no mesmo concurso, mas pior classificados que o nomeado, quanto aos aprovados em concursos posteriores.

Por evidente, se o candidato recusa a nomeação ou pede para ser posicionado após os demais, por interesse próprio, visando tomar posse depois, não poderá invocar a prerrogativa posteriormente.

Como visto, para o STJ, se a Administração Pública opta por realizar novo certame durante o prazo de validade do anterior, com candidatos ainda não nomeados, a presunção é de que necessita de novos servidores, não havendo sentido na não nomeação de aprovados em certame anterior. Isso ocorreria até mesmo nos casos em que o preenchimento de vagas se dá por servidores temporários, contratados na forma do art. 37, IX, da Carta Magna[121].

Na esfera federal, o art. 12, § 2.º, da Lei 8.112/1990 proíbe expressamente a abertura de novo concurso enquanto houver candidato aprovado em concurso anterior com prazo de validade não expirado.

Por fim, a nomeação, via de regra, é um ato praticado pela autoridade máxima de cada Poder (Presidente da República, presidentes do Senado, da Câmara, de tribunal, governador de Estado ou do DF[122], prefeito, presidente de Assembleia Legislativa ou da

---

120. *Súmula 266 do STJ*: "O diploma ou habilitação legal para o exercício do cargo deve ser exigido na posse e não na inscrição para o concurso público".
121. Contraditoriamente, em recente julgado, a 2.ª Turma da Corte, nessa situação, entendeu de forma diversa (RMS 32.660/RN, Rel. Min. Campbell Marques, j. 04.11.2010).
122. Essa também não é uma regra absoluta. O Estatuto dos Servidores Públicos do Estado de São Paulo, por exemplo, prevê como regra geral a competência dos secretários de Estado (Lei 10.261/1968, art. 48, I).

Câmara de Vereadores) ou entidade (presidente de autarquia ou fundação). É possível, no entanto, e bastante comum, na verdade, a delegação desse ato a outras autoridades. Na esfera federal, no âmbito do Poder Executivo, o Presidente da República tem autorização constitucional para proceder a tal delegação (art. 84, VI, *a*, da CF/1988), o que é repetido pelo art. 12 do Decreto-lei 200/1967[123].

5.5.5.3.2. Posse precária ou nomeação sub judice

É possível que o candidato seja nomeado mediante decisão judicial não transitada em julgado, ou seja, ainda passível de alteração e, por isso, precária?

Não obstante muitos julgadores indeferirem o pleito de nomeação liminar ou mesmo na sentença sob o fundamento de que é necessário o trânsito em julgado, o fato é que este argumento, repetido muitas vezes sem uma melhor e maior reflexão, não tem um sólido fundamento.

Em recente julgamento sobre o tema, que ocorreu em 21/11/2017, a 1ª Turma do STJ, nos autos do AgInt em REsp n.º 1.590.185, cuja relatoria coube ao Min. Benedito Gonçalves, mantendo decisão liminar dada em sentença determinado a posse do candidato, assentou de forma expressa que:

> 2. **A jurisprudência do STJ é uníssona no sentido de que a vedação inserida no art. 2º-B da Lei n. 9.494/1997 não incide na hipótese de nomeação e posse em razão de aprovação em concurso público, como no presente caso, observada a ordem de classificação.** *Precedentes: AgInt no REsp 1.622.299/PI, Primeira Turma, Minha Relatoria, DJe 11/4/2017; REsp 1.315.739/DF, Rel. Min. Og Fernandes, DJ 14/6/2017; AgRg no REsp 1.279.161/DF, Primeira Turma, Rel. Min. Napoleão Nunes Maia Filho, DJe 16/11/2016; AgRg no AREsp 151.813/GO, Primeira Turma, Rel. Min. Napoleão Nunes Maia Filho, DJe 11/4/2016; EDcl nos EDcl no RMS 27.311/AM, Quinta Turma, Rel. Ministro Jorge Mussi, DJe 14/2/2014; AgRg no REsp 1.183.448/DF, Sexta Turma, Rel. Min. Maria Thereza de Assis Moura, DJe 27/2/2012."*

O referido artigo citado na decisão possui a seguinte redação:

> *Art. 2o-B. A sentença que tenha por objeto a liberação de recurso, inclusão em folha de pagamento, reclassificação, equiparação, concessão de aumento ou extensão de vantagens a servidores da União, dos Estados, do Distrito Federal e dos Municípios, inclusive de suas autarquias e fundações, somente poderá ser executada após seu trânsito em julgado.*

---

123. No Executivo Federal, em vistas das inúmeras atribuições do Presidente da República, essas delegações são uma constante. Vide, por exemplo, o Decreto 2.014/1996, pelo qual se delega ao ministro de Estado da Educação o poder de nomear uma série de autoridades, como os diretores de Escolas Técnicas e Centros Federais Tecnológicos. O art. 3º, I, do Decreto 8.821/2016, por sua vez, delegou aos ministros de Estado das respectivas pastas os atos de nomeação de cargos efetivos dos correspondentes quadros de pessoal. O art. 2.º do mesmo decreto delegou ao ministro Chefe da Casa Civil os atos de nomeação dos cargos em comissão do grupo DAS no âmbito da Administração Pública Federal.

Perceba-se que os Tribunais Superiores excepcionam a regra do artigo 2º-B, da Lei n.º 9.494/97, no que diz respeito à vedação de nomeação de candidato *sub judice*.

Basta olhar o diário oficial que o que mais se verá são posses precárias! É um grande equívoco repetir o argumento, sem qualquer reflexão, de que é vedada a nomeação *sub judice*.

Vejamos alguns argumentos que embasam a possibilidade de nomeação de candidato *sub judice*.

> *1 – O STF e o STJ têm entendimento pacífico no sentido de que não se aplica a teoria do fato consumado aos concursos públicos. Esse entendimento, a contrário sensu, significa que é possível a nomeação sub judice, pois, caso a decisão não se mantenha, o candidato perde o cargo;*
>
> *2 – – O STF tem súmula (n.º 16) no sentido de que o candidato nomeado tem direito à posse. Se ele for nomeado e por um motivo ilegal for obstado de tomar posse, a pergunta é: pode o Judiciário determinar a posse dele? Sim! E qual a diferença em relação à nomeação? Nenhuma! Ambos fazem parte da investidura do candidato no cargo e a posse não deixa de ser precária. Nota-se que não tem sentido a restrição quanto à nomeação!*
>
> *3 – Condicionar resultado ao trânsito em julgado é uma opção legislativa mais comum para atos mais gravemente restritivos de direitos, como, por exemplo, suspensão dos direitos políticos e perda do cargo público, a exemplo do artigo 15 da lei de improbidade administrativa.*
>
> *4 – O trânsito em julgado é fenômeno processual que leva anos para ocorrer, principalmente pelo excesso de recursos existentes e pela quantidade de demandas que o Judiciário possui. Pergunta-se: é justo condicionar um direito, mesmo que reconhecido provisoriamente, a tal fenômeno?*

5.5.5.4. Reserva de vagas para portadores de deficiência

O art. 37, VIII, da CF/1988 estabelece que a "lei reservará percentual dos cargos e empregos públicos para as pessoas portadoras de deficiência e definirá os critérios de sua admissão".

Na esfera federal, a Lei 8.112/1990 estabeleceu apenas que às pessoas portadoras de deficiência é assegurado o direito de se inscreverem em concurso público para provimento de cargo cujas atribuições sejam compatíveis com a deficiência de que são portadoras, sendo reservados a elas *até* 20% das vagas oferecidas (art. 5.º, § 2.º).

Em 2015 foi finalmente editado o **Estatuto da Pessoa com Deficiência (Lei 13.146)** que, no entanto, não trouxe nenhuma disposição específica sobre acesso a cargos públicos, embora tenha disciplinado amplamente diversos aspectos relacionados à inclusão das pessoas portadoras de necessidades especiais.

Apenas se estabeleceu, na regra mais geral do art. 34, que as pessoas jurídicas de direito público, privado ou de qualquer natureza são obrigadas a garantir ambientes de trabalho acessíveis e inclusivos (§ 1), que as pessoas com deficiência têm direito, em igualdade de condições, a condições justas e favoráveis de trabalho, incluindo igual remuneração de igual valor (§ 2º) e que é vedada a restrição ao trabalho da pessoa com deficiência e qualquer discriminação em razão de sua condição, inclusive nas etapas de recrutamento, seleção, contratação, admissão, exames admissional e periódico etc (§ 3º).

Deve ser lembrado, no entanto, que o Estatuto trouxe importantes conceitos, como o de pessoa portadora de deficiência (art. 2º, *caput*), acessibilidade (art. 3º, I) e barreiras (art. 3º, III), que deverão ser observados na elaboração dos editais de concurso.

A *Lei 7.853/1989*, ainda vigente, apenas estabelece que o Poder Público deve adotar uma legislação específica de reserva de mercado de trabalho aos portadores de deficiência (art. 2.º, parágrafo único, III, *d*). Seu regulamento, no entanto, o *Decreto 3.298/1999*, ao criar a Política Nacional para a Integração da Pessoa Portadora de Deficiência, dispôs sobre vários assuntos relacionados com o tema, *inclusive quanto aos editais de concurso*. O candidato portador de deficiência concorre a todas as vagas, em igualdade de condições com os demais candidatos, e não apenas às destinadas aos portadores de deficiência, mas tem assegurado o *percentual mínimo de 5%* que cabe a estes (art. 37 do Decreto). Ele só não concorrerá a cargo que exija capacitação plena do candidato (art. 38, II). O edital deve conter as atribuições e tarefas essenciais dos cargos, o número de vagas existentes, inclusive as referentes ao percentual destinado aos portadores de deficiência, a previsão de adaptação das provas, do curso de formação e estágio probatório, conforme a deficiência do candidato e a exigência de apresentação, pelo candidato portador de deficiência, no ato de inscrição, de laudo médico atestando a espécie e o grau ou nível de deficiência (art. 39). O conteúdo da prova, os critérios de aprovação e de avaliação e a nota mínima exigida para aprovação devem ser os mesmos dos demais candidatos (art. 41).

Pode ocorrer que a deficiência alegada no momento da inscrição não se confirme quando da perícia médica oficial. Nesse caso, o candidato portador de deficiência só concorrerá às vagas destinadas aos candidatos que não possuam deficiência[124].

Como é de se esperar, muitos questionamentos surgem acerca do conceito de deficiência e do enquadramento de certos casos dentro da descrição feita no Decreto 3.298/1999.

Um dos que mais gerou controvérsia foi o referente à visão monocular, que chegou a ser objeto de Súmula pelo STJ[125]. Mais recentemente, a Corte enfrentou questão similar, só que referente à surdez unilateral, prevalecendo, num primeiro momento, o entendimento de que a deficiência, para restar caracterizada, não precisa corresponder à deficiência bilateral, desde que a surdez de um dos ouvidos corresponda a percentual de perda equivalente ao preconizado no Decreto 3.298/1999[126]. Não obstante, em momento posterior, entendeu-se, com base na alteração promovida pelo Decreto 5.296/2004, que excluiu da qualificação "deficiência auditiva" os portadores de surdez unilateral, que estes últimos já não teriam mais o direito de participar do certame na qualidade de deficiente auditivo (Corte Especial, MS 18.966/DF, red. para acórdão Min. Humberto Martins, j. 2/10/2013 – *Informativo STJ 535*). Esse entendimento acabou por ser sumulado[127].

Atente-se que, na aplicação do percentual mínimo, caso o número obtido de vagas seja fracionado, deve-se proceder ao arredondamento para o primeiro número inteiro acima da

---

124. STJ, RMS 28.355/MG, 5.ª T., Rel. Min. Arnaldo Lima, j. 17.06.2010.

125. *Súmula 377 do STJ*: "O portador de visão monocular tem direito de concorrer, em concurso público, às vagas reservadas aos deficientes".

126. STJ, RMS 20.865/ES, 6.ª T., Rel. Min. Paulo Medina, j. 03.08.2006; STJ, REsp 1.124.595/RS, 2.ª T., Rel. Min. Eliana Calmon, j. 05.11.2009; STJ, AgRg no AREsp 22.688/PE, 1.ª T., Rel. Min. Arnaldo Lima, j. 24.04.2012; e STJ, AgRg no RMS 34.436/PE, 2.ª T., Rel. Min. Herman Benjamim, j. 03.05.2012.

127. *Súmula 522 do STJ*: "O portador de surdez unilateral não se qualifica como pessoa com deficiência para o fim de disputar vagas reservadas em cargos públicos".

fração, respeitado o limite máximo fixado na lei[128]. Não há, no entanto, garantia legal de que as nomeações dos candidatos com deficiência aprovados sejam feitas com prioridade em relação aos demais candidatos aprovados, sendo válidos, portanto, critérios editalícios que estabeleçam a nomeação daqueles após a nomeação de alguns destes últimos, desde que observados o limite percentual mínimo e o direito à nomeação respectiva[129].

Questão candente é a referente à necessidade de reserva de vagas quando o número de cargos previstos no edital é pequeno. Qual o critério a ser utilizado? E se houver apenas uma ou duas vagas?

Parece-nos que não se pode impor a reserva se for única a vaga oferecida, caso em que a aplicação da regra constitucional acabaria por subverter sua própria essência, resultando anti-isonômica em relação aos que não são portadores de deficiência. A jurisprudência do STF vai além, enfatizando que não se pode extrapolar o limite percentual máximo estabelecido na lei, de modo que, mesmo sendo duas as vagas oferecidas para um cargo determinado, não há como reservar-se uma das vagas a portadores de deficiência, posto que o critério de exceção acabaria por sobrepor-se ao da participação igualitária dos demais candidatos, os não deficientes, obrigando-os a disputar uma única vaga. Nessa hipótese, os candidatos portadores de deficiência estariam concorrendo a 50% das vagas, muito mais do que o percentual máximo estabelecido na lei[130].

Dessa maneira, embora o arredondamento deva ser feito para que a fração atinja o número inteiro subsequente, garantindo-se a aplicação do percentual mínimo de 5%, o arredondamento não será possível quando, mesmo aplicado em seu limite máximo, de 20%, o número obtido não atingir um, de modo que, nesses casos, não haverá reserva de vagas para portadores de deficiência, ou seja, não se garante a reserva se o número de vagas oferecidas para determinado cargo for inferior a cinco. Não obstante, contraditoriamente, já entendeu a mesma Corte em julgamento posterior que, se houver a previsão editalícia da reserva de vaga em situações tais, a Administração Pública estará vinculada ao seu cumprimento[131].

Observe-se, no entanto, que, mesmo reconhecida a nulidade do concurso, em vista da ausência de previsão da reserva de vagas para portadores de deficiência, não será possível a anulação do certame quando já verificada a consolidação, no tempo, dos efeitos do concurso, em razão da necessidade de se resguardar a segurança jurídica[132].

---

128. STJ, AgRg no REsp 1.353.071/CE, 2.ª T., Rel. Min. Mauro Campbell, j. 12.03.2013. Na mesma linha, STF, Pleno, AgRg em MS 31.628/DF, Rel. Min. Gilmar Mendes, j. 06.02.2013 e MS 30.861/DF, 2.ª T., Rel. Min. Gilmar Mendes, j. 22.05.2012. No mesmo sentido dispõe o artigo 37, § 2.º, do Decreto 3.298/1999.
129. STJ, RMS 36.359/PR, 2.ª T., Rel. Min. Mauro Campbell, j. 27.11.2012, em que se reconheceu válido o critério editalício de reservar a 10.ª, a 30.ª e a 50.ª nomeações aos candidatos portadores de deficiência, posto que preservado o limite percentual mínimo de 5% dos cargos.
130. STF, Pleno, MS 26.310/DF, Rel. Min. Marco Aurélio, j. 20.09.2007 (*Informativo STF 480*). Havia decisão, mais antiga, da 1.ª Turma, que garantia o arredondamento (RE 227.299/DF, Rel. Min. Ilmar Galvão, j. 14.06.2000).
131. STF, 2ª T., AgR no MS31.695/DF, rel. Min. Celso de Mello, j. 03/02/2015.
132. Nesse sentido, vide STJ, AgRg no REsp 1.121.092/RS, 6.ª T., Rel. Alderita Ramos de Oliveira (desembargadora convocada), j. 20.08.2013. Nesse julgamento, entendeu-se por bem manter os efeitos de concurso público da Polícia Federal, realizado anos antes, embora se tenha reconhecido a nulidade do edital respectivo, por não ter previsto vagas para deficientes físicos.

Matéria diversa diz respeito à situação em que o edital impede a concorrência de deficientes físicos a determinado cargo, sob a alegação de incompatibilidade com o exercício das respectivas atribuições da função pública e o candidato demonstra que a deficiência de que é portador pode ser corrigida pelo uso de prótese ou outro recurso da medicina. Nesse caso, o STJ, trabalhando com o conceito de "adaptação razoável" e invocando dispositivos do Decreto 6.949/2009, que promulgou a Convenção Internacional sobre os Direitos das Pessoas com Deficiência, entendeu válida a participação em concurso de portador de deficiência auditiva, que demonstrou capacitação para o desempenho do cargo mediante o uso de aparelho auditivo[133].

Alguns concursos, principalmente na área policial, têm restringido a participação de candidatos portadores de deficiência sob o argumento de que as atividades do cargo são incompatíveis com a existência de qualquer deficiência. Parece-nos quase impossível ter tal conclusão de antemão, de maneira genérica, sem que se analise caso a caso a situação, o que, convenhamos, só poderia mesmo ser aferido durante o estágio probatório. Por outro lado, concordamos que postergar o exame para essa fase subverteria a lógica do próprio concurso, visto que a capacitação para o cargo deveria ser analisada antes da admissão do servidor[134].

5.5.5.5. Reserva de vagas para negros nos concursos públicos federais. Lei 12.990/2014[135]

Sem adentrarmos no mérito da discussão referente à correção ou não da adoção da política de cotas num país com alto grau de miscigenação como o Brasil, uma vez que existem bons argumentos tanto favoráveis quanto desfavoráveis ao modelo, o fato é que, em se tratando de serviços públicos técnicos, parece-nos pouco inteligente a escolha feita pelo legislador federal.

O serviço público não se destina a corrigir distorções da formação antropológica e cultural de um país. Embora seja até bastante defensável a adoção da política de cotas nos meios universitários ou mesmo na participação política, como a que obriga legendas partidárias a manter um percentual mínimo de candidatas femininas, não vemos razão lógica para que o serviço público, em que sempre se deve buscar a meritocracia como meta, adote política de cotas, muito menos racial.

---

133. STJ, RMS 34.902/PR, 2.ª T., Rel. Min. Mauro Campbell, j. 06.12.2011.

134. O STF suspendeu concurso para a carreira policial federal, referente a vários cargos, por entender que seria necessária a observância da reserva de vagas para portadores de deficiência física, cabendo à Administração prever os critérios de exame da eventual incompatibilidade entre a deficiência apresentada e as atribuições do cargo (Rcl 14.145/MG, Rel. Min. Cármen Lúcia, j. monocraticamente em 28.11.2012, confirmando liminar anterior à da presidência da Corte). Infelizmente, tanto a reclamação, quanto o julgado que lhe deu origem, RE 676.335, foram julgados monocraticamente, sendo que o MPF tentou, neste último, rediscutir diversas questões, "a título de esclarecimentos", as quais não foram admitidas pela relatora, que já havia homologado a desistência do agravo regimental interposto pela União.

135. A primeira lei estadual a disciplinar o assunto, antes mesmo da federal, foi a do Estado do Rio de Janeiro (Lei estadual 6.067/2011), que fixou percentual de vagas, em concursos públicos, destinadas a negros e índios.

Nesse aspecto, somos contrários à solução engendrada no âmbito federal. Em que pese esse nosso entendimento, que defendemos desde a edição anterior, no âmbito judicial a discussão restou eliminada pelo STF, que no julgamento da Ação Declaratória de Constitucionalidade 41/DF (rel. Min. Luis Roberto Barroso), proposta em razão de várias ações judiciais que questionavam a compatibilidade da lei com o texto da Carta Magna, reconheceu a validade, fixou o entendimento pela constitucionalidade da Lei, estabelecendo:

> *Ementa: Direito Constitucional. Ação Direta de Constitucionalidade. Reserva de vagas para negros em concursos públicos. Constitucionalidade da Lei nº 12.990/2014. Procedência do pedido. 1. É constitucional a Lei nº 12.990/2014, que reserva a pessoas negras 20% das vagas oferecidas nos concursos públicos para provimento de cargos efetivos e empregos públicos no âmbito da administração pública federal direta e indireta, por três fundamentos. 1.1. Em primeiro lugar, a desequiparação promovida pela política de ação afirmativa em questão está em consonância com o princípio da isonomia. Ela se funda na necessidade de superar o racismo estrutural e institucional ainda existente na sociedade brasileira, e garantir a igualdade material entre os cidadãos, por meio da distribuição mais equitativa de bens sociais e da promoção do reconhecimento da população afrodescendente. 1.2. Em segundo lugar, não há violação aos princípios do concurso público e da eficiência. A reserva de vagas para negros não os isenta da aprovação no concurso público. Como qualquer outro candidato, o beneficiário da política deve alcançar a nota necessária para que seja considerado apto a exercer, de forma adequada e eficiente, o cargo em questão. Além disso, a incorporação do fator "raça" como critério de seleção, ao invés de afetar o princípio da eficiência, contribui para sua realização em maior extensão, criando uma "burocracia representativa", capaz de garantir que os pontos de vista e interesses de toda a população sejam considerados na tomada de decisões estatais. 1.3. Em terceiro lugar, a medida observa o princípio da proporcionalidade em sua tríplice dimensão. A existência de uma política de cotas para o acesso de negros à educação superior não torna a reserva de vagas nos quadros da administração pública desnecessária ou desproporcional em sentido estrito. Isso porque: (i) nem todos os cargos e empregos públicos exigem curso superior; (ii) ainda quando haja essa exigência, os beneficiários da ação afirmativa no serviço público podem não ter sido beneficiários das cotas nas universidades públicas; e (iii) mesmo que o concorrente tenha ingressado em curso de ensino superior por meio de cotas, há outros fatores que impedem os negros de competir em pé de igualdade nos concursos públicos, justificando a política de ação afirmativa instituída pela Lei nº 12.990/2014. 2. Ademais, a fim de garantir a efetividade da política em questão, também é constitucional a instituição de mecanismos para evitar fraudes pelos candidatos. É legítima a utilização, além da autodeclaração, de critérios subsidiários de heteroidentificação (e.g., a exigência de autodeclaração presencial perante a comissão do concurso), desde que respeitada a dignidade da pessoa humana e garantidos o contraditório e a ampla defesa. 3. Por fim, a administração pública deve atentar para os seguintes parâmetros: (i) os percentuais de reserva de vaga devem valer para todas as fases dos concursos; (ii) a reserva deve ser aplicada em todas as vagas oferecidas no concurso público (não apenas no edital de abertura); (iii) os concursos não podem fracionar as vagas de acordo com a especialização exigida para burlar a política de ação afirmativa, que só se aplica em concursos com mais de duas vagas; e (iv) a ordem classificatória obtida a partir da aplicação dos critérios de alternância e proporcionalidade na nomeação dos candidatos aprovados deve produzir efeitos durante toda a carreira funcional do beneficiário da reserva de vagas. 4. Procedência do pedido, para fins de declarar a integral constitucionalidade da Lei nº 12.990/2014. Tese de julgamento: "É constitucional a reserva de 20% das vagas oferecidas nos concursos públicos para provimento de cargos efetivos e empregos públicos no âmbito*

da administração pública direta e indireta. É legítima a utilização, além da autodeclaração, de critérios subsidiários de heteroidentificação, desde que respeitada a dignidade da pessoa humana e garantidos o contraditório e a ampla defesa".

Como se vê, a Corte, ao fim e ao cabo, se utilizou dos mesmos fundamentos de necessidade de inclusão e correção de desigualdades históricas, já firmados anteriormente na questão de cotas para acesso às universidades públicas, para defender a constitucionalidade da nova lei, o que, convenhamos, não teria nenhuma pertinência aqui, chegando ao ponto de inventar a tal "burocracia representativa", uma adaptação mal pensada do conceito de democracia representativa, mas validada pelo discurso do politicamente correto que tomou de assalto o país nos últimos anos. Tendo em vista este fato consumado, não podemos deixar de fazer algumas rápidas considerações sobre a Lei 12.990/2014, uma vez que foi normatizada a questão da cota racial nos concursos públicos, ao menos nos de âmbito federal[136].

E os próprios dispositivos da Lei não estão também isentos de crítica, visto que são muitas as lacunas deixadas pelo legislador.

A primeira delas diz respeito ao próprio conceito de "negro", que a lei não se preocupou em definir. Aliás, há dificuldade de se dar um conceito legal de raça, ante os já conhecidos estudos científicos que modernamente relativizaram as antigas distinções raciais. Em decorrência, a lei permitiu a adoção de um sistema que está, inegavelmente, absolutamente aberto a qualquer tipo de fraude.

Com efeito, atribuiu-se ao próprio candidato, como já vinha ocorrendo em alguns sistemas de cotas para acesso a universidades, o poder de autodeclarar-se ou não como integrante da raça negra, entendido o conceito, conforme afirmado no art. 2.º da Lei, como compreensivo daqueles que se classificarem como pretos ou pardos, conforme quesito cor ou raça utilizado pelo IBGE.

Estipula-se, tão somente, uma fluída e etérea possibilidade de anulação do ato de admissão, em caso de declaração falsa, o que já permite antever a grande confusão que se irá criar nos procedimentos de concurso nos casos de contestação de autodeclaração. No mais, com conceitos tão vagos, a lei acaba permitindo ampla discricionariedade daqueles que irão proceder às classificações e reclassificações dos candidatos nas vagas destinadas ao sistema de cotas, o que, obviamente, acarretará, igualmente, a elevação das contestações judiciais a tais decisões.

Por outro lado, dentro de uma linha mais consentânea com a prática adotada em outros países que adotaram o regime de cotas, foi estabelecido um tempo determinado de vigência do sistema, inicialmente de dez anos, conforme previsto no art. 6.º da Lei, excluída sua aplicação aos concursos cujos editais já tivessem sido publicados antes de sua entrada em vigor.

Para evitar o inconveniente, verificado em alguns certames de ingresso em universidades públicas, de que a concorrência para as vagas de cotas fosse muito superior ao das próprias vagas não inseridas no sistema, pela óbvia constatação de que, ante os termos absolutamente abertos da Lei, muitos irão se autodeclarar beneficiários do direito, a Lei

---

136. Para os concursos visando à carreira da magistratura, o CNJ entendeu por bem regulamentar a matéria pela Resolução 203/2015.

estabelece que os candidatos negros concorrerão concomitantemente às vagas reservadas e às vagas destinadas à ampla concorrência, e não somente às primeiras (art. 3.º), o que, por outro lado, reforça o vilipêndio à meritocracia.

Conforme o art. 1.º, *caput*, da Lei, as vagas reservadas devem corresponder a 20% das vagas oferecidas nos concursos públicos[137]. No entanto, se o concurso oferecer menos de três vagas para preenchimento, não será adotado o regime de cotas (art. 1.º, § 1.º). Do edital deverá constar expressamente o total de vagas correspondentes à reserva para cada cargo ou emprego público oferecido (art. 1.º, § 3.º). O § 2.º do mesmo art. 1.º estabelece que, havendo fração para o número de vagas reservadas, o número deve ser elevado para o primeiro inteiro subsequente, quando a fração for igual ou maior que 0,5, ou diminuído para número inteiro imediatamente inferior, em caso de fração menor que 0,5. Assim, se oferecidas 21 vagas totais no edital, 20%, ou seja, 4,2 vagas serão reservadas, arredondando-se o número para 4, por ser a fração inferior a 0,5. Por outro lado, se forem 23 as vagas totais, o número reservado é 5,75, que deve ser arredondado para 6, por ser a fração igual ou superior a 0,5.

A Lei não esclarece como será compatibilizada a cota para negros com a cota para deficientes físicos, o que deverá ser objeto de regulamentação específica. Nos parece que o mais correto seria apurá-la sobre o número total de vagas, como já é feito atualmente. Do contrário, criar-se-ia uma cota dentro da cota (das vagas reservadas). Nada impede, no entanto, que o portador de deficiência concorra nas duas cotas, caso se enquadre também na de negros.

É possível a heterodeclaração? Sim, mas de forma subsidiária e não primária.

Analisando o acórdão da ADC 41, vejamos qual foi a conclusão a que se chegou o SUPREMO TRIBUNAL FEDERAL:

> *Decisão: O Tribunal, por unanimidade e nos termos do voto do Relator, julgou procedente o pedido, para fins de declarar a integral constitucionalidade da Lei nº 12.990/2014, e fixou a seguinte tese de julgamento: "É constitucional a reserva de 20% das vagas oferecidas nos concursos públicos para provimento de cargos efetivos e empregos públicos no âmbito da administração pública direta e indireta.* **É legítima a utilização, além da autodeclaração, DE CRITÉRIOS SUBSIDIÁRIOS DE HETEROIDENTIFICAÇÃO, desde que respeitada a dignidade da pessoa humana e garantidos o contraditório e a ampla defesa**". *Ausentes, participando de sessão extraordinária no Tribunal Superior Eleitoral, os Ministros Rosa Weber e Luiz Fux, que proferiram voto em assentada anterior, e o Ministro Gilmar Mendes. Presidiu o julgamento a Ministra Cármen Lúcia. Plenário, 8.6.2017.*

A decisão é clara! É possível a adoção de critérios de heterodeclaração, mas de forma subsidiária.

Por outras palavras: primeiro se adota o critério de autodeclararão e meios de prova para comprová-la e, após, caso ainda restem dúvidas, um terceiro vai analisar, ou seja, haverá a heterodeclaração (um terceiro dizendo se o candidato é ou não pardo).

---

137. As leis estaduais ou municipais podem estabelecer percentuais diferentes. A Lei estadual 13.182/2014, da Bahia, por exemplo, estabeleceu o percentual de 30% (trinta por cento).

Muitas vezes, indistintamente, **todos os candidatos aprovados que se inscreveram como negros são convocados para "supostamente" comprovar a auto declaração**, mas, aqui, a contradição: **por meio de heterodeclaração por fenótipo**!

A regra legal e primária é a auto declaração. Deve-se buscar, através de documentos e outros meios de prova, ofertar ao candidato, em caso de suspeita de fraude ou dúvidas, a possibilidade de provar que o mesmo é negro. Ainda assim, persistindo a dúvida quanto a alguns, para evitar burla ao sistema de cotas, instaura-se, finalmente, uma comissão para dar a palavra final. Isso é o certo!

Muitas vezes, simplesmente desconsidera-se a auto declaração (que é o critério primário e real) e vai-se direto para o subsidiário, ou seja, **análise de todos os candidatos** por uma comissão que, diga-se de passagem, muitas vezes é despreparada para tal mister!

Infelizmente, na prática, acaba que o critério adotado em muitos certames é a heterodeclaração por fenótipo. Não existe, de verdade, a auto declaração! E não isso que o Supremo decidiu.

Na própria ementa da decisão já se vê isso:

> *Ademais, a fim de garantir a efetividade da política em questão, também é constitucional a instituição de mecanismos para evitar fraudes pelos candidatos. É legítima a utilização, além da auto declaração,* **de CRITÉRIOS SUBSIDIÁRIOS DE HETEROIDENTIFICAÇÃO** *(e.g., a exigência de auto declaração presencial perante a comissão do concurso), desde que respeitada a dignidade da pessoa humana e garantidos o contraditório e a ampla defesa.*

Do voto do Relator, Min. **ROBERTO BARROSO**: (fls. 63/186 da decisão)

> *67. Para dar concretude a esse dispositivo, entendo que é legítima a utilização, além da auto declaração,* **de CRITÉRIOS SUBSIDIÁRIOS DE HETEROIDENTIFICAÇÃO para fins de concorrência pelas vagas reservadas**, *para combater condutas fraudulentas e garantir que os objetivos da política de cotas sejam efetivamente alcançados.* **São exemplos** *desses mecanismos:* **a exigência de auto declaração presencial, perante a comissão do concurso;** *a exigência de fotos; e* **a formação de comissões**, *com composição plural,* **para entrevista dos candidatos em momento posterior à autodeclaração.**

Vejamos, aqui, a lucidez e clareza de trecho do voto do Ministro **ALEXANDRE DE MORAES**: (fls. 86/186)

> *Portanto, deve ser oportunizado aos candidatos optantes por concorrer no sistema de vagas reservadas a apresentação de documentos capazes de comprovar a declaração por eles subscritas.* **APENAS SE A ANÁLISE DESSES DOCUMENTOS SE REVELAR INSUFICIENTE É QUE DEVERÁ SER ACIONADA A ALTERNATIVA MAIS INVASIVA, CONSISTENTE EM CONVOCAÇÃO PARA ENTREVISTA PRESENCIAL**, *em que o candidato poderá ser indagado sobre os elementos que materializam a sua concepção de pertencimento.*
>
> *Diante da necessidade de manter a fidelidade teleológica das ações afirmativas de recorte racial, entendo ser relevante que a Corte estabeleça interpretação conforme à Constituição do art. 2º, § único da Lei 12.990/14, para fixar que (a) é mandatória a realização de fase apuratória da veracidade das declarações dos candidatos interessados em concorrer às*

vagas reservadas aos negros; **e (b) nesse procedimento, deve ser priorizada a avaliação de natureza documental, fundada em fotografias e documentos públicos, figurando a entrevista como opção residual.**

No mesmo sentido o Ministro **EDSON FACHIN**: (fls. 87/186)

Por isso, a conclusão que tenho a apresentar, na linha do que trouxe o eminente Relator, é de julgar procedente a presente ação declaratória, compreendendo que é constitucional esse equilíbrio entre os critérios de autoidentificação e heteroidentificação, **na linha do já assentado pelo Ministro Lewandowski, e reiterado, na data de hoje, no voto do eminente Ministro Luís Roberto Barroso.**

Também assim concluiu o decano **CELSO DE MELLO**: (Fls. 157/186)

Também acolho, Senhora Presidente, a proposta de tese formulada pelo eminente Relator, no sentido de revelar-se constitucional "(...) a reserva de 20% das vagas oferecidas nos concursos públicos para provimento de cargos efetivos e empregos públicos no âmbito da administração pública direta e indireta", mostrando-se igualmente legítima, sempre sob perspectiva constitucional, "(...) a utilização, **além da auto declaração, DE CRITÉRIOS SUBSIDIÁRIOS DE HETEROIDENTIFICAÇÃO,** *desde que respeitada a dignidade da pessoa humana e garantidos o contraditório e a ampla defesa" (grifei).*

Quer adotar o critério da heterodeclaração como regra? Tudo bem! Altere a lei, mas, até então, deve-se adotar o critério da auto declaração e esta, sem dúvidas, só pode ser colocada em xeque e levar o candidato a uma análise de fenótipo por uma comissão após exauridas todas as possibilidades de provas da sua auto declaração!

Relembremos, mais uma vez, a lucidez e clareza de trecho do voto do Ministro **ALEXANDRE DE MORAES**: (fls. 86/186)

De qualquer modo, parece fora de dúvida que, para preservar da melhor maneira possível a dignidade dos candidatos, evitando maiores constrangimentos, **o ideal é que o processo de verificação da autenticidade da declaração privilegie, inicialmente, registros documentais capazes de corroborar a afirmação dos candidatos. Isso pode ser providenciado pela apresentação de fotografias ou até mesmo por documentos públicos que assinalem sinais étnico-raciais referentes aos candidatos e, também, a seus respectivos genitores.**

Para dar mais substrato ao seu lúcido e coerente voto, o referido ministro cita **HÉDIO SILVA JÚNIOR**, especialista no tema, no sentido que existe uma série de documentos públicos que ostentam informações relevantes para solver dúvidas sobre a realidade étnico-racial: (fls. 85 e 86/186)

(...) em pelo menos sete documentos públicos os brasileiros são classificados racialmente com base na cor da pele, são eles: 1. cadastro do alistamento militar; 2. certidão de nascimento (cor era assinalada até 1975); 3. certidão de óbito; 4. cadastro das áreas de segurança pública e sistema penitenciário (incluindo boletins de ocorrência e inquéritos policiais); 5.

cadastro geral de empregados e desempregados. 6. cadastros de identificação civil – RG (SP, DF, etc.); 7. Formulário de adoção de varas da infância e adolescência. (SILVA JR., HÉDIO. Documentos públicos como prova de pertencimento racial, 2013. Disponível em http://www.afropress.com/post.asp?id=15523. Acesso em 8/5/2017)

5.5.5.5.1 As principais ilegalidades que ocorrem nesta fase.

Por fim, registrem-se as principais ilegalidades que ocorrem nesta fase.

a) falta de motivação no ato de eliminação do candidato que disputa como cotista

Em contrapartida, nada impede que se questione a avaliação procedida pela comissão avaliadora, quando equivocada ou ausente fundamentação razoável. Daí a exigência de fundamentação no parecer da comissão, com lastro em elementos de prova consistentes. (TRF4, AC 5006241-38.2015.404.7110, Terceira Turma, Relatora Marga Inge Barth Tessler, juntado aos autos em 18.05.2016)

b) alteração do critério de análise após a publicação do edital.

Nesse contexto, importa salientar que se o edital estabelece que a simples declaração habilita o candidato a concorrer nas vagas destinadas a negros e pardos, não pode a Administração, posteriormente, sem respaldo legal ou no edital do certame, estabelecer novos critérios ou exigências adicionais, sob pena de afronta ao princípio da vinculação ao edital. (STJ – RMS 48.850)

c) ausência de critérios para aferir se o candidato é negro ou não.

Em que pese a penalidade de eliminação claramente estabelecida pela lei, reputo relevantes as alegações do autor, no sentido de que inexistem critérios objetivos para que o candidato possa aferir, com segurança e previamente à sua inscrição no certame, se a cor de sua pele enquadra-se ou não nos parâmetros estabelecidos pela banca examinadora daquele concurso. (Processo 0042245-21.2015.4.01.3400. JFDF)

d) falta de motivação no julgamento do recurso.

Destaque-se que a decisão exarada à fl. 87 responde ao recurso interposto da seguinte forma "As características fenotípicas do candidato não se enquadram nos preceitos legais dispostos na Lei nº 12.990/14", sem apontar pormenores os fatos ou situações que ensejaram tal entendimento. (JFDF, decisão 0003524-25.2015.4.01.4200)

e) Opção ao candidato que passa na ampla concorrência de desistir da concorrência das cotas antes da aferição.

Ademais, em cotejo entre as notas da candidata e dos demais, é possível aferir que sua colocação permitiria avançar na seleção nas vagas destinadas à ampla concorrência, de modo que, na ausência de má-fé da candidata, não seria razoável sua exclusão do certame.

Isso porque, o disposto no art. 3º da Lei n. 12.990/2014 dispõe expressamente que os candidatos negros concorrerão concomitantemente às vagas destinadas à ampla concorrência, de acordo com sua classificação no curso. (JFDF, decisão 0003524-25.2015.4.01.4200)

f) Ausência de procedimento de verificação de raça.

Além disso, analisando perfunctoriamente os elementos constantes nos autos, militam em favor de suas alegações a classificação de sua cor de pele como morena escura, segundo a escala Fitzpatrick, subscrita por médica dermatologista (fl. 226), além da alegada ausência do procedimento de verificação de cor da pele em outros certames promovidos pela ré. (Processo 0042245-21.2015.4.01.3400. JFDF)

Quanto ao critério de nomeação, a lei 12.990/14 foi omissa, razão pela qual seria interessante atos normativos regulamentares disciplinarem a matéria e, na ausência destes, até mesmo o edital, pois este ponto tem gerado muitas demandas judiciais.

5.5.5.6. Inconstitucionalidade das outras formas de provimento originário e derivado vertical

Para os cargos efetivos, a CF/1988 só admite como forma de *provimento originário* a nomeação decorrente de concurso público.

Qualquer outra forma de provimento para cargo não integrante da carreira, que não tenha como fundamento concurso público, é nula de pleno direito, consoante reconhecido na *Súmula Vinculante 43 (antiga Súmula 685) do STF, in verbis:*

"É inconstitucional toda modalidade de provimento que propicie ao servidor investir-se, sem prévia aprovação em concurso público destinado ao seu provimento, em cargo que não integra a carreira na qual anteriormente investido".

Com fundamento nesse raciocínio, a Corte já declarou a inconstitucionalidade, por exemplo, do instituto da *transposição*, que é a mera passagem de servidores de um cargo para outro, de carreira distinta (vide ADI 3.819/MG, Pleno, Rel. Min. Eros Grau, j. 24.10.2007), eventualmente também denominada de "aproveitamento" (vide ADI 3.582/PI, Pleno, Rel. Min. Sepúlveda Pertence, j. 01.08.2007 e ADI 289/CE, Pleno, Rel. Min. Sepúlveda Pertence, j. 09.02.2007).

Também se revela inconstitucional o instituto da *ascensão funcional*[138], posto que, embora seja forma de provimento derivado vertical, visando acesso a cargo de carreira de nível superior àquela ocupada pelo servidor ascendente, mediante concurso interno, também viola o preceituado no art. 37, II, da CF/1988, já que o cargo visado integra, para todos os efeitos, *carreira distinta* daquela a que pertence o servidor. Eventualmente, as legislações se referem a esse instituto com a designação "acesso funcional", sendo também considerado inconstitucional (vide ADI 951/SC, Rel. Min. Joaquim Barbosa, j. 18.11.2004). Da mesma forma, não se admite essa forma de preenchimento, ainda que impropriamente denominada de "progressão funcional" (ADI 960/DF, Pleno, Rel. Min. Sidney Sanches, j. 06.02.2003).

---

138. Sobre o tema, é caudalosa a jurisprudência do STF. Vide: ADI 3.030/AP, Rel. Min. Carlos Velloso, j. 24.02.2005; ADI 2.939/MG, Rel. Min. Joaquim Barbosa, j. 19.02.2004; ADI 1.854/PI, Pleno, Rel. Min. Sepúlveda Pertence, j. 14.06.2000; ADI 362/AL, Pleno, Rel. Min. Francisco Rezek, j. 21.11.1996; ADI 186/PR, Pleno, Rel. Min. Francisco Rezek, j. 11.05.1995; RE 129.943/RJ, 2.ª T., Rel. Min. Carlos Velloso, j. 05.10.1993; e RE 157.538/RJ, 1.ª T., Rel. Min. Moreira Alves, j. 22.06.1993.

Vale lembrar que, no julgamento da ADI 837/DF (Rel. Min. Moreira Alves, mérito julgado em 27.08.1998; cautelar julgada em 11.02.1993), o STF já havia declarado a *inconstitucionalidade* de diversos dispositivos da Lei 8.112/1990 que faziam remissão aos institutos do *acesso* e da *ascensão*. Esses dispositivos foram suprimidos do Estatuto pela Lei 9.527/1997.

Inclusive, **o entendimento é que é imprescritível esse prazo para a desconstituição do indevido ato de provimento não precedido de concurso, o que é possível ser aplicado no presente caso.**

Vejamos, nesse sentido o entendimento do STJ e do STF

ADMINISTRATIVO. PROCESSUAL CIVIL. AÇÃO CIVIL PÚBLICA. PROVIMENTO EM CARGO EFETIVO SEM CONCURSO PÚBLICO APÓS 1988. ASSEMBLEIA LEGISLATIVA DO ESTADO DO RIO GRANDE DO NORTE. ACÓRDÃO RECORRIDO QUE RECONHECE A PRESCRIÇÃO, COM APOIO NO ART. 1º DO DECRETO Nº 20.910/1932. INAPLICABILIDADE. FLAGRANTE INCONSTITUCIONALIDADE. **1. A Suprema Corte tem entendimento no sentido de que não é aplicável a decadência administrativa de que trata o artigo 54 da Lei nº 9.784/1999 em situações flagrantemente inconstitucionais, como é o caso da admissão de servidores sem concurso público.** *Precedentes. 2. É inconstitucional toda modalidade de provimento que propicie ao servidor investir-se, sem prévia aprovação em concurso público destinado ao seu provimento, em cargo que não integra a carreira na qual anteriormente investido. Súmula 685/STF. 3. Hipótese em que o "ato de transferência" de servidores estaduais não foi publicado no Diário Oficial do Estado do Rio Grande do Norte, mas tão somente no "Boletim Oficial da Assembléia Legislativa"; tal situação, somada ao fato de que referido ato não foi levado ao conhecimento da Corte de Contas Estadual, revela a existência de má-fé caracterizada por um sigilo não só ilegal mas também inconstitucional. Precedente. 4. Agravo regimental não provido. (STJ – AgRg no REsp: 1394036 RN 2013/0227312-0, Relator: Ministro MAURO CAMPBELL MARQUES, Data de Julgamento: 03/02/2015, T2 – SEGUNDA TURMA, Data de Publicação: DJe 06/02/2015)*

Agravo regimental em mandado de segurança. Conselho Nacional de Justiça. Decisão que determina ao Tribunal de Justiça do Estado do Pará que promova o desligamento dos servidores admitidos irregularmente sem concurso público após a Constituição Federal de 1988. Aplicação direta do art. 37, caput e inciso II, da CF. Decadência administrativa. Art. 54 da Lei 9.784/1999. Inaplicabilidade em situações flagrantemente inconstitucionais. Apreciação conjunta, pelo CNJ, de pedidos de providências com objetos similares. Possibilidade. Desnecessidade de nova intimação. Duração razoável do processo. Apreciação das razões de defesa pelo CNJ e por comissão especialmente instituída no TJPA. Contraditório e ampla defesa assegurados. Agravo regimental não provido. **1. Configura o concurso público elemento nuclear da formação de vínculos estatutários efetivos com a Administração, em quaisquer níveis. 2. Situações flagrantemente inconstitucionais como o provimento de cargo na Administração Pública sem a devida submissão a concurso público não podem e não devem ser superadas pela simples incidência do que dispõe o art. 54 da Lei 9.784/1999, sob pena de subversão das determinações insertas na Constituição Federal.** *(Precedente: MS nº 28.297/DF, Relatora a Ministra Ellen Gracie, Tribunal Pleno, julgado, DJ de 29/4/11). 3. Quando configurada a identidade de objetos, não há violação do contraditório, mas, antes, respeito à duração razoável do processo, na análise conjunta pelo CNJ de pedidos de providência paralelamente instaurados naquele Conselho. Fica dispensada, na hipótese, nova intimação dos interessados, máxime quando suas razões forem apreciadas pelo CNJ e por comissão especialmente instituída no tribunal para o qual for dirigida a ordem do Conselho. 4. Agravo regimental não provido. (MS 29270 AgR, Relator(a): Min. DIAS TOFFOLI, Tribunal Pleno, julgado em 10/04/2014)*

Entende-se por *provimento derivado* aquele que pressupõe um provimento anterior, originário. Ele será vertical se visa o acesso a cargo da mesma carreira, mas num patamar superior ao ocupado. Será horizontal quando a mudança é para cargo de mesmo nível.

Como veremos mais à frente, só se admite como válido o provimento derivado vertical da promoção. Já o horizontal só é aceito no caso da readaptação. As outras formas válidas de provimento derivado são por reingresso.

5.5.5.7. Outras questões envolvendo os concursos públicos

a) Exames psicotécnicos

Acesa controvérsia decorre da realização, em concurso público, dos chamados exames psicotécnicos, por meio dos quais se procura avaliar a aptidão mental do candidato para o desempenho do cargo.

O entendimento predominante, hoje, é de que o referido exame, para ser válido, *precisa estar previsto em lei*, consoante *Súmula Vinculante 44 (antiga Súmula 686) do STF*[139]. A lei que aqui se trata é a lei em sentido formal, não bastando a edição de decreto[140].

O exame psicotécnico não corresponde à aferição da saúde mental do candidato, pura e simplesmente, o que se faz mediante os exames de saúde que precedem à posse, mas sua aptidão psicológica para o desempenho do cargo, razão pela qual, em princípio, deveria ficar restrita sua aplicação a situações em que o nível de concentração é muito exigido ou casos em que o servidor será exposto, naturalmente, a situações de estresse elevado.

É o caso típico da atividade policial, sendo o referido exame previsto, por exemplo, no Decreto-lei 2.320/1987, que trata da carreira policial federal (art. 8.º, III), nos seguintes termos: "possuir temperamento adequado ao exercício das atividades inerentes à categoria funcional a que concorrer, apurado em exame psicotécnico".

O mesmo tipo de previsão deverá constar da legislação estadual, para as demais carreiras policiais (civil e militar). Só assim se terá como válida a realização do exame psicotécnico. O STJ, entretanto, já decidiu no sentido de que é suficiente a previsão da Lei 10.826/2003, que trata do porte de arma de fogo[141].

Entretanto, não basta a previsão legal. É necessário que o exame tenha *critérios objetivos de avaliação*, do contrário, seria possível a aprovação ou reprovação dos candidatos conforme critérios subjetivos do avaliador[142].

---

139. *Súmula Vinculante 44 do STF*: "Só por lei se pode sujeitar a exame psicotécnico a habilitação de candidato a cargo público".
140. STF, AgRg no AI 676.675/DF, 2.ª T., Rel. Min. Ellen Gracie, j. 08.09.2009.
141. STJ, RMS 27.841/ES, Rel. Min. Arnaldo Lima, j. 06.04.2010.
142. O STF já assentou que "é necessário um grau mínimo de objetividade e publicidade dos critérios que nortearão a avaliação psicotécnica" (MS 30.822/DF, 2.ª T., Rel. Min. Ricardo Lewandowski, j. 05.06.2012). Na mesma senda, STJ, RMS 34.576/RN, 2.ª T., Rel. Min. Mauro Campbell, j. 06.09.2011.

Também deve ser possibilitada ao candidato a *oportunidade de contestar o resultado*, para que não seja ele incontrastável[143]. Eventual nulidade do exame, no entanto, conforme entendimento majoritário, gera ao candidato, tão somente, o direito à realização de outro[144].

b) Prazos para impugnação de regras editalícias e demais atos de concurso público

Normalmente o edital, de forma ilegal e abusiva, não prevê uma sistemática administrativa de impugnação de suas regras.

Todavia, em nossa modesta opinião, mesmo na ausência de regras oportunizando administrativamente o questionamento do edital, ao contrário do que existe em relação à Lei de Licitações, que em seu artigo 41 prevê a impugnação do instrumento convocatório, aqui, no concurso, o questionamento é possível, seja pela supressão de lacuna por meio de analogia com a lei de licitação, seja com base no direito constitucional de petição previsto no artigo 5º, inciso XXXIV, "a" da CF, cujo teor é o seguinte: *são a todos assegurados, independentemente do pagamento de taxas: a) o direito de petição aos Poderes Públicos em defesa de direitos ou contra ilegalidade ou abuso de poder*.

O projeto de lei que regulamentará os concursos federais prevê a impugnação. Até que ela seja publicada é de bom tom os entes da federação disciplinarem a matéria e preverem a possibilidade de impugnação. Isso pode ser feito por lei ou até mesmo por meio de outros atos normativos, mas o importante é que seja prevista a possibilidade de impugnação.

Já no âmbito judicial, em princípio, se o candidato visa impugnar regra estabelecida no edital, é da publicação deste que começa a contar o prazo decadencial para a propositura de eventual mandado de segurança[145]. Já se entendeu, no entanto, que não se mostra razoável esperar que o candidato impugne todas as regras editalícias que lhe são desfavoráveis, antes mesmo que da aplicação delas lhe resulte prejuízo concreto[146]. **O STJ, inclusive, já fixou o entendimento de que se a eliminação decorre de regra editalícia, o prazo para o mandado de segurança a ser impetrado pelo candidato conta-se da ciência, por este último, do ato concreto de eliminação** (Corte Especial, REsp 1.124.254/PI, rel. Min. Sidnei Beneti, j. 01/07/2014, *Informativo STJ 545*)

Na **esfera federal**, a *Lei 7.144/1983* fixa em um ano, a contar da homologação do resultado final, o prazo para impugnação de quaisquer atos do concurso[147]. A regra se aplica, no entanto, apenas para a Administração Direta e autárquica, por expressa disposição da lei.

---

143. STF, AgRg no RE 326.349/RN, 2.ª T., Rel. Min. Gilmar Mendes, j. 10.09.2002 e STJ, AgRg no RMS 29.747/AC, 5.ª T., Rel. Min. Campos Marques (desembargador convocado), j. 20.08.2013.

144. STJ, RMS 19.339/PB, 5.ª T., Rel. Min. Laurita Vaz, j. 19.11.2009, de que se retiram os seguintes excertos da ementa:"(...) O exame psicotécnico, cuja principal característica é a objetividade de seus critérios, indispensável à garantia de sua legalidade, deve ter resultado que garanta a publicidade, bem assim a sua revisibilidade. Inadmissível, portanto, o caráter sigiloso e irrecorrível do referido exame. O critério fixado no 'perfil profissiográfico', previsto no item 11.3 do edital, é elemento secreto, desconhecido dos próprios candidatos, e, portanto, incontrastável perante o Poder Judiciário, o que fulmina de insanável nulidade, excedendo, assim, a autorização legal. O fato de ser reconhecida a ilegalidade da correção do exame psicotécnico não exime a candidata de se submeter a novo exame, não podendo prosperar sua pretensão de ser diretamente nomeada ao cargo".

145. STJ, RMS 22.856/DF, 6.ª T., Rel. Min. Haroldo Rodrigues (des. convocado), j. 04.05.2010.

146. STJ, AgRg no RMS 31.036/PE, 5.ª T., Rel. Min. Nunes Maia Filho, j. 18.11.2010.

147. STJ, REsp 48.631/RJ, 6ª T, rel. Min. Willian Patterson, j. 10/10/1995.

Na ausência de uma norma geral, que se aplique às demais entidades, devem ser adotadas, cremos, por analogia, as disposições do Decreto 20.910/1932, que estabelece o prazo de cinco anos para ações pessoais contra a Fazenda Pública (art. 1.º). Para as entidades estatais de natureza privada, os prazos devem ser os gerais, adotados na legislação civil. Insta observar, no entanto, que a jurisprudência admite o controle, via mandado de segurança, dos atos praticados por tais entidades, em certames públicos, pois se submetem, para tanto, a normas de direito público[148]. Nesse caso, tratando-se de mandado de segurança, o prazo decadencial é o referido na Lei 12.016/2009 (art. 23), ou seja, 120 (cento e vinte) dias, contados da ciência, pelo interessado, do ato impugnado.

Caso o candidato busque o reconhecimento da nulidade de etapa do concurso em face de alguma ilegalidade praticada, não será o fato de ter-se iniciado o respectivo curso de formação ou mesmo ter sido homologado o resultado final do concurso que importará na perda do objeto da ação, uma vez que não há convalidação da ilegalidade por nenhum desses atos, tampouco se pode negar o direito de acesso pleno à jurisdição pelo simples desenrolar do certame[149].

c) Curso de formação

Muitos concursos preveem um curso de formação como etapa obrigatória para aprovação.

Na esfera federal, a autorização para tanto decorre da previsão constante da própria Lei 8.112/1990, que permite a realização de concurso com duas etapas. A segunda etapa pode consistir em curso de formação, em regra com caráter eliminatório.

A chamada para o curso de formação pode restringir-se ao número de candidatos classificados até determinado limite em relação ao número de vagas, não existindo direito adquirido pelo só fato de não ter havido a eliminação em etapas anteriores.

A denominada "cláusula de barreira" em concursos públicos foi considerada constitucional pelo STF quando do julgamento do RE 635.739/AL, com repercussão geral reconhecida (Pleno, rel. Min. Gilmar Mendes, j. 19/02/2014 – vide *Informativo STF 736*)[150].

É comum que, em cursos de formação de carreiras policiais, sejam repetidos testes físicos. O STJ já decidiu que o aproveitamento nesses testes, se reprovado o candidato em testes anteriores do mesmo certame, tendo o candidato permanecido no concurso por força de decisão judicial, não garante o direito à nomeação imediata[151]. Essa é, no entanto, uma questão ainda bastante controversa.

5.5.6. Nepotismo

Questão que foi objeto de vivas discussões recentemente é aquela relativa ao nepotismo, ou seja, ao beneficiamento de parentes consanguíneos ou afins de autoridade pública mediante nomeação para cargos públicos de confiança.

---

148. STJ, REsp 588.017/DF, 5.ª T., Rel. Min. Félix Fischer, j. 13.04.2004.
149. STJ, RMS 32.101/DF, 2.ª T., Rel. Min. Eliana Calmon, j. 20.08.2010.
150. Entendimento que já era adotado pelo STJ (vide RMS 21.528/MA, 6ª T., rel. Ministra Maria Thereza de Assis Moura, j. 24/08/2010 – *Informativo STJ 444*)
151. STJ, AgRg no REsp 1.018.824/SE, 5.ª T., Rel. Min. Napoleão Maia Filho, j. 23.11.2010.

Falta no Brasil uma regra geral, na legislação ordinária, que obstaculize o nepotismo de maneira expressa.

No âmbito federal, algumas leis, sobretudo voltadas para o Judiciário, continham regras contra o nepotismo[152]. Mas essas disposições eram esparsas e, muitas vezes, solenemente descumpridas.

O STF, no entanto, numa de suas mais felizes decisões, dando aplicabilidade total aos princípios da moralidade e impessoalidade, constantes da CF/1988, acabou por editar a *Súmula Vinculante 13*, com a seguinte redação:

> "A nomeação de cônjuge, companheiro ou parente em linha reta, colateral ou por afinidade, até o terceiro grau, inclusive, da autoridade nomeante ou de servidor da mesma pessoa jurídica investido em cargo de direção, chefia ou assessoramento, para o exercício de cargo em comissão ou de confiança ou, ainda, de função gratificada na administração pública direta e indireta em qualquer dos Poderes da União, dos Estados, do Distrito Federal e dos Municípios, compreendido o ajuste mediante designações recíprocas, viola a Constituição Federal".

Como se vê, o STF deu uma amplitude muito maior que aquela dada pelas leis federais até então existentes, estendendo a proibição a todos os Poderes, às funções gratificadas, e não apenas aos cargos em comissão, e ao chamado nepotismo cruzado, comum em muitos Estados entre autoridades de tribunais estaduais e seus congêneres em cortes de contas.

Não pode norma estadual, ademais, criar exceções ao óbice da prática de atos de nepotismo, visto que aquele decorre dos princípios insertos na Constituição Federal, com incidência direta e verticalizada, independentemente de regulamentação em lei (STF, ADI 3.745/GO, Rel. Min. Dias Toffoli, j. 15.05.2013).

Na esfera do Judiciário, o CNJ editou a Resolução 7/2005[153], regulamentando as proibições[154]. Não se vê, no entanto, grande iniciativa dos outros Poderes em efetivamente regulamentar e fiscalizar a proibição, em que pese a Súmula Vinculante 13 ser aplicável a todos.

---

152. Vide, por exemplo, o art. 17 da Lei 8.233/1991, que criou o TRT/20.ª Região: "Não poderão ser nomeados, a qualquer título, para funções de gabinete, cargos em comissão ou funções gratificadas da administração do Tribunal, parentes consanguíneos ou afins, até o terceiro grau, de Juízes em atividade ou aposentados há menos de cinco anos, exceto se integrantes do quadro funcional mediante concurso público". Regra idêntica constou do art. 17 da Lei 8.221/1991, que criou o TRT/22.ª Região; art. 17 da Lei 8.219/1991, que criou o TRT/19.ª Região; art. 17 da Lei 8.215/1991, que criou o TRT/21.ª Região; art. 6.º da Lei 8.190/1991, que alterou a composição do TRT/5.ª Região; art. 17 da Lei 8.430/1992, que criou o TRT/23.ª Região; art. 17 da Lei 8.431/1992, que criou o TRT/24.ª Região; art. 12 da Lei 8.868/1994, que criou cargos nas Secretarias do TSE e dos tribunais regionais eleitorais; art. 5.º da Lei 8.915/1994, que alterou a composição do TRF/2.ª Região; e art. 5.º da Lei 8.914/1994, que alterou a composição do TRF/4.ª Região.
153. Alterada pelas Resoluções 9/2005 e 181/2013. O *Enunciado Administrativo 1/2005 do CNJ* tratou de forma ainda mais pormenorizada sobre a interpretação das proibições constantes de suas Resoluções.
154. Normativo considerado constitucional pelo STF quando do julgamento da ADC 12/DF, Rel. Min. Ayres Britto, j. 20.08.2008. Esse julgamento, na verdade, serviu de precedente para a edição da Súmula Vinculante 13.

O próprio STF, no entanto, ressalvou a aplicação da súmula em relação a cargos de natureza política, diferenciando-os dos simplesmente administrativos. Assim, para cargos como ministro de Estado, secretário de Estado e secretário municipal, não haveria óbice ao nepotismo (Pleno, RE 579.951/RN, Rel. Min. Ricardo Lewandowski, j. 20.08.2008).

5.5.7. Posse e exercício em cargo público

Feita a nomeação, o candidato aprovado em concurso, em se tratando de cargo de provimento efetivo, ou a pessoa escolhida, em se tratando de cargo em comissão, estará apta a tomar posse.

A posse habilita a pessoa a exercer as atribuições do cargo, sendo o *ato formal da investidura no cargo* (art. 7.º do Estatuto do Servidor Público Federal) e, segundo a mesma Lei 8.112/1990 (art. 13, *caput*), dá-se pela "assinatura do respectivo termo, no qual deverão constar as atribuições, deveres, as responsabilidades e os direitos inerentes ao cargo ocupado, que não poderão ser alterados unilateralmente, por qualquer das partes, ressalvados os atos de ofício previstos em lei".

No âmbito federal, *só se dá posse aos cargos providos por nomeação* (art. 13, § 4.º, da Lei 8.112/1990), o que significa dizer que, nos casos de promoção, em se tratando de cargos de carreira, a habilitação para exercício do novo cargo se dá apenas e tão somente com a publicação do respectivo ato de promoção.

A posse deve ocorrer, de acordo com o art. 13, § 1.º, do Estatuto federal no *prazo de 30 dias*, a contar da publicação do respectivo ato de provimento, ou seja, da nomeação. Esse prazo pode ser diferente na esfera estadual ou municipal, tendo cada entidade da Federação total competência e liberdade para legislar sobre o assunto[155]. Em âmbito federal, não há previsão de pedido de prorrogação do prazo para tomar posse. Um ponto específico muito pouco explorado e que merece atenção é: e se o ato de nomeação for publicado em uma sexta feira! Quando começa a contar o prazo?

A resposta a esta pergunta se extrai da interpretação lógica de alguns artigos da Lei 8.112/91, da Lei 9.784/99 e do CPC.

Vejamos!

> Art. 13. A posse dar-se-á pela assinatura do respectivo termo, no qual deverão constar as atribuições, os deveres, as responsabilidades e os direitos inerentes ao cargo ocupado, que não poderão ser alterados unilateralmente, por qualquer das partes, ressalvados os atos de ofício previstos em lei.
>
> **§ 1º A posse ocorrerá no prazo de trinta dias contados da publicação do ato de provimento.**
>
> [...]

Perceba que o artigo 13 prevê o prazo de 30 (trinta) dias para a pessoa nomeada tomar posse. Mas como é a contagem deste prazo? O artigo 238 da Lei n.º 8.112/90 enuncia, quanto à contagem dos prazos, que:

---

155. O Estatuto dos Servidores Públicos do Estado de São Paulo (Lei 10.261/1968, art. 52), por exemplo, fixa o prazo em 30 dias, mas prevê a possibilidade de prorrogação por mais 30.

Art. 238. Os prazos previstos nesta Lei serão contados em dias corridos, **excluindo-se o dia do começo e incluindo-se o do vencimento**, *ficando prorrogado, para o primeiro dia útil seguinte, o prazo vencido em dia em que não haja expediente.*

Quanto ao prazo final, se cair em dia não útil, prorroga para o primeiro dia útil. Por exemplo, o prazo que termina no sábado é prorrogado para segunda! A questão é: e quando o ato é publicado na sexta, quando começa a contar o prazo: sábado ou segunda?

Observe-se que a Lei 8.112/90 foi silente quanto ao termo inicial do prazo! Contudo, em razão da semelhança fundamental dos prazos com os prazos do processo civil, sobretudo pela presença da mesma *ratio legis*, de que os prazos só devem começar a fluir em dias úteis, quando o interessado efetivamente pode praticar algum ato perante a Administração Pública ou consultá-la para sanar quaisquer dúvidas acerca dos atos que deve praticar, é que sempre se aplicou o § 1º do artigo 184 do CPC de 1973, hoje, no novo *codex de ritos,* o artigo 224, § 1º.[156]

Assim, excluído o dia do início (no caso, o da publicação), os prazos da Lei no 8.112/90 só começam a fluir no primeiro dia útil subsequente, afirmação que decorre da analogia.

Desse modo, publicada a nomeação em uma sexta-feira, o prazo somente começa a fluir na segunda-feira, que é o primeiro dia útil subsequente.

Inclusive, o artigo 66 da Lei nº 9.784/99, que trata da Lei Federal de Processo Administrativo possui disposição quase que idêntica à da Lei nº 8.112/91, dispondo que:

> *Art. 66. Os prazos começam a correr a partir da data da cientificação oficial, excluindo-se da contagem o dia do começo e incluindo-se o do vencimento.*
>
> *§ 1º Considera-se prorrogado o prazo até o primeiro dia útil seguinte se o vencimento cair em dia em que não houver expediente ou este for encerrado antes da hora normal.*
>
> *§ 2º Os prazos expressos em dias contam-se de modo contínuo.*
>
> *§ 3º Os prazos fixados em meses ou anos contam-se de data a data. Se no mês do vencimento não houver o dia equivalente àquele do início do prazo, tem-se como termo o último dia do mês.*

Veja que o referido artigo também é omisso quanto ao termo inicial do prazo. Contudo, a doutrina é mais avançada quanto aos comentários sobre o referido artigo.

Traz-se à lume, por exemplo, os ensinamentos de **Luiz Eduardo Pascuim**:[157]

> *Em face dessa exclusão do dia do começo na contagem do prazo, este, quando em dia que não haja expediente, passará a influir do primeiro dia útil. Nesse diapasão, uma intimação realizada na sexta-feira terá como início do prazo a próxima segunda-feira. Caso não haja expediente (feriado, ponto facultativo, etc.), iniciar-se-á a contagem na terça-feira. (grifo nosso)*

---

156. Art. 224. Salvo disposição em contrário, os prazos serão contados excluindo o dia do começo e incluindo o dia do vencimento. **§ 1º Os dias do começo e do vencimento do prazo serão protraídos para o primeiro dia útil seguinte**, se coincidirem com dia em que o expediente forense for encerrado antes ou iniciado depois da hora normal ou houver indisponibilidade da comunicação eletrônica.

157. PASCUIM, Luiz Eduardo. Dos prazos e outras disposições finais. In: Comentários à Lei Federal de Processo Administrativo. Coord. Lúcia Valle Figueiredo. 2. ed. 1. Reimpressão. Belo Horizonte: Fórum, 2009, p. 263.

É possível posse por procuração específica (art. 13, § 3.º), sendo obrigatória, no ato da posse, a apresentação de declaração de bens e valores que constituem o patrimônio do empossando, bem como declaração quanto ao não exercício de outro cargo, emprego ou função pública (art. 13, § 5.º), obviamente aqueles inacumuláveis.

Quanto à *obrigação de entrega de declaração patrimonial*, a *Lei 8.730/1993* estendeu-a para abranger, com relação às autoridades indicadas nos diversos incisos de seu art. 1.º, a apresentação também ao final de cada exercício financeiro, no término da gestão ou mandato e nas hipóteses de exoneração, renúncia ou afastamento definitivo[158]. Referida Lei, inclusive, determina que a não apresentação dessa declaração, por ocasião da posse, implica a não realização do ato, ou sua nulidade, se celebrado sem esse requisito (art. 3.º). Ainda de acordo com a Lei, cópia dessa declaração deve ser remetida ao TCU (art. 1.º, § 2.º). Na prática, a declaração anual de ajuste do IRPF é entregue à Administração responsável, que dá o encaminhamento respectivo, inclusive, ao TCU. Mais recentemente, com base no Decreto 5.483/2005, optou-se por procedimento ainda mais simplificado, pelo qual o servidor dá autorização para que o próprio TCU tenha acesso direto, mediante convênio com a Receita Federal, às respectivas declarações anuais de ajuste.

Para tomar posse, o nomeado deve se submeter à inspeção médica prévia (art. 14 da Lei 8.112/1990), e, julgado apto física e mentalmente, poderá ser empossado.

A posse, quando não é tomada junto à autoridade nomeante, é tomada, mais comumente, junto ao chefe da repartição em que o servidor terá sua lotação. Para alguns cargos de mais alta relevância, como magistratura e Ministério Público, é comum a realização de cerimônia de posse, deixando a Administração Pública para promover o empossamento de modo coletivo, até para que não ocorram discussões quanto à posição dos empossados na respectiva lista de antiguidade.

Não havendo posse no prazo legal, *é tornado sem efeito o ato de nomeação* (art. 13, § 6.º).

Procedida à posse, o servidor está habilitado a entrar em exercício, que nada mais é do que o efetivo desempenho das atribuições do cargo público ou da função de confiança (art. 15, *caput*, da Lei 8.112/1990).

O Estatuto federal fixa em 15 dias o prazo para o servidor empossado em cargo público entrar em exercício, contados da posse (art. 15, § 1.º), prazo este que, vale lembrar, pode ser diferente nas outras esferas da Federação, conforme disposições de cada entidade[159]. De acordo com essa Lei, cabe à autoridade competente do órgão ou entidade para onde for nomeado ou designado o servidor dar-lhe exercício (art. 15, § 3.º).

Não havendo exercício no prazo legal, procede-se à exoneração do servidor do cargo (*exoneração ex officio*) ou torna-se sem efeito sua designação para função de confiança (art. 15, § 2.º). Por fim, com a posse, há um incremento no patrimônio jurídico daquela pessoa, de modo que, por mais que o ato seja ilegal, o exercício da autotutela para anulá-lo

---

158. Pela referida Lei, a obrigação abrange o Presidente da República, o Vice-Presidente da República, ministros de Estado, membros do Congresso Nacional, membros da magistratura federal, membros do Ministério Público da União e todos quantos exerçam cargos eletivos e cargos, empregos ou funções de confiança na administração direta, indireta e fundacional de qualquer dos Poderes da União.

159. O Estatuto dos Servidores Públicos do Estado de São Paulo fixa esse prazo em 30 dias, prorrogável por mais 30 (Lei 10.261/1968, art. 60).

necessita de ser precedido de processo administrativo que garanta o devido processo legal e oportunize ao servidor o exercício da ampla defesa e o do contraditório.

Nesse sentido é o posicionamento do **Superior Tribunal de Justiça**:

> *"Processual civil e administrativo. Agravo regimental. Pensão de servidor público. Ilegalidade. Autotutela. Supressão dos proventos. Devido processo legal. Ampla defesa e contraditório. Obrigatoriedade. Precedentes do STJ. 1. Esta Corte Superior, de fato, perfilha entendimento no sentido de que a Administração, à luz do princípio da autotutela, tem o poder de rever e anular seus próprios atos, quando detectada a sua ilegalidade. 2. Todavia, quando os referidos atos implicarem invasão da esfera jurídica dos interesses individuais de seus administrados, é obrigatória a instauração de prévio processo administrativo, no qual seja observado o devido processo legal e os corolários da ampla defesa e do contraditório. 3. Agravo regimental não provido" (STJ, AgRg no REsp 1.253.044/RS 2011/0107591-6, 2.ª T., Rel. Min. Mauro Campbell Marques, j. 20.03.2012, DJe 26.03.2012).*

Na mesma toada é o posicionamento do excelso **Supremo Tribunal Federal**.

> *"Agravo regimental em recurso extraordinário. Poder de autotutela da Administração. Servidor público. Revisão de aposentadoria e supressão de valores. Necessidade de observância do procedimento administrativo, assegurados o contraditório e a ampla defesa. O Plenário do Supremo Tribunal Federal entendeu ser necessária a prévia instauração de procedimento administrativo, assegurados o contraditório e a ampla defesa, sempre que a Administração, exercendo seu poder de autotutela, anula atos administrativos que repercutem na esfera de interesse do administrado (RE 594.296-RG, Rel. Min. Dias Toffoli). Agravo regimental a que se nega provimento" (STF, RE 542.960/RS, 1.ª T., Rel. Min. Roberto Barroso, j. 04.02.2014, DJe-035, Divulg. 19.02.2014, Public. 20.02.2014).*

5.5.8. Regras constitucionais sobre acumulação de cargos públicos, estágio probatório, estabilidade e vitaliciedade

5.5.8.1. Acumulação remunerada de cargos públicos

Regra geral, a Constituição Federal é proibitiva da acumulação remunerada de cargos públicos (art. 37, XVI), tendo em vista a necessidade de concentrar os esforços e o trabalho do servidor numa única atividade. Secundariamente, permite-se o maior acesso das pessoas aos cargos públicos, pois estes não estarão sendo acumulados por um quadro reduzido de servidores.

Como já foi visto, a proibição de acumulação se estende também aos empregos e às funções públicas, abrangendo toda a Administração Indireta, inclusive empresas públicas, sociedades de economia mista e respectivas subsidiárias (art. 37, XVII).

Permite-se a acumulação, no entanto, nas seguintes hipóteses excepcionais (art. 37, XVI, *a* a *c*):

   a) dois cargos de professor;

   b) um cargo de professor com outro, técnico ou científico;

   c) dois cargos ou empregos privativos de profissionais de saúde, com profissões regulamentadas.

Originalmente, a CF/1988 só autorizava, na alínea *c* do inc. XVI do art. 37, a acumulação de dois cargos de médico. A EC 34/2001 estendeu a permissão para autorizar que qualquer profissional de saúde com profissão regulamentada seja por ela beneficiado, o que aproveita, por exemplo, os profissionais da área de enfermagem[160] (enfermeiro, técnico em enfermagem e auxiliar de enfermagem), fisioterapia e terapia ocupacional[161], odontologia[162], técnico em radiologia[163], técnico em prótese dentária[164], nutricionista[165], fonoaudiólogo[166], biomédico[167], farmacêutico[168] e psicólogo[169].

Com a ampliação, a regra transitória do art. 17, § 2.º, do ADCT, aplicável aos profissionais de saúde que já exercem a acumulação, foi absorvida pela norma permanente do art. 37, XVII, *c*, da CF/1988, na redação dada pela EC 34/2001.

Em qualquer caso, essas acumulações somente são possíveis se houver compatibilidade de horários. Ainda assim, mesmo quando existente a compatibilidade formal de horários, a jurisprudência do STJ, com base no princípio da eficiência, tem admitido que a Administração Pública imponha limite máximo de horas de trabalho no somatório dos cargos acumulados, a fim de evitar que o servidor supere uma carga de trabalho que seja considerada como razoável e, por consequência, tenha redução em seu desempenho (1ª Seção, MS 22.002/DF, MS 19.300/DF e MS 19.336/DF, rel. Min. Mauro Campbell Marques, j. 09/12/2015, 10/12/2015 e 26/12/2014, respectivamente).

A *acumulação ilegal de cargos ou empregos públicos pode acarretar a demissão do servidor do cargo acumulado ilegalmente* (art. 132, XII, da Lei 8.112/1990). Antes disso, no entanto, procede-se à notificação do servidor para fazer a opção, na forma do art. 133 da referida Lei, o que é, em geral, repetido nas legislações estaduais e municipais. O Estatuto federal garante que a opção, até o último dia do prazo, presume a boa-fé do servidor, hipótese em que se converte automaticamente em pedido de exoneração do outro cargo (art. 133, § 5.º).

Por fim, diga-se que o *TCU* já firmou entendimento, em que pese a CF apenas se referir à acumulação remunerada, no sentido de que a inacumulatividade existirá mesmo quando o servidor está licenciado de um cargo, sem receber vencimentos (Súmula 246), "pois que o instituto da acumulação de cargos se dirige à titularidade de cargos, empregos e funções públicas, e não apenas à percepção de vantagens pecuniárias".

Por fim, registre-se que o STF[170], no julgamento do RE 602.043, afetado pela sistemática de repercussão geral, enfrentou o tema sobre a possibilidade de a acumulação lícita de cargos, empregos e funções ultrapassar o teto constitucional.

---

160. Profissão regulamentada pela Lei 7.498/1986.
161. Profissão regulamentada pelo Decreto-lei 938/1969.
162. Profissão regulamentada pela Lei 5.081/1966.
163. Profissão regulamentada pela Lei 7.394/1985.
164. Profissão regulamentada pela Lei 6.710/1979.
165. Profissão regulamentada pela Lei 8.234/1991.
166. Profissão regulamentada pela Lei 6.965/1981.
167. Profissão regulamentada pela Lei 6.684/1979.
168. Profissão regulamentada pela Lei 3.820/1960 e pelo Decreto 85.871/1981.
169. Profissão regulamentada pela Lei 4.119/1962.
170. STF. Plenário. RE 612975/MT e RE 602043/MT, Rel. Min. Marco Aurélio, julgados em 26 e 27/4/2017 (repercussão geral) **(INFORMATIVO 862)**

Por outras palavras: a somatória dos valores, ao final, poderia ultrapassar o limite do artigo 37, XI, da CF? O entendimento foi no sentido de que *"nos casos autorizados constitucionalmente de acumulação de cargos, empregos e funções, a incidência do art. 37, XI, da Constituição Federal pressupõe consideração de cada um dos vínculos formalizados, afastada a observância do teto remuneratório quanto ao somatório dos ganhos do agente público".*

Por outras palavras: em uma interpretação literal da CF chega-se à conclusão que a soma das remunerações dos *dois cargos não pode ser superior ao teto*. Todavia, o entendimento jurisprudencial é que *o limite do teto deverá ser considerado separadamente para cada um dos vínculos.* Assim, a remuneração de cada cargo não pode ser superior ao teto, sendo possível que a somatória dos dois ultrapasse esse limite.

ACUMULAÇÃO EM REGRA É VEDADA	EXCETO	Quando houver compatibilidade de horários para	Dois cargos de professor
			Cargo de professor e cargo técnico ou científico
			Dois cargos privativos da área de saúde
			Juiz exercer o magistério
			Membros do Ministério Público exercerem o magistério

5.5.8.2. Estágio probatório

Os servidores do vínculo estatutário adquirem o direito à estabilidade após um *período mínimo de exercício*, fixado no art. 41, *caput*, da CF/1988, que é denominado de *estágio probatório*.

O estágio probatório é o *período de avaliação do servidor estatutário*, a fim de verificar se este *se encontra apto à aquisição da estabilidade*.

Na verdade, objetivamente falando, a estabilidade decorre do lapso temporal, e, dentro desse lapso temporal deve ser feita a avaliação do servidor, para considerá-lo apto ou não à aquisição daquela. Essa pequena distinção motivou, muito provavelmente, as equivocadas interpretações de que o estágio probatório não coincidiria com o período trienal previsto no art. 41, *caput*, da Carta Magna.

É que a CF/1988, em sua redação original, estabelecia que a estabilidade seria adquirida após dois anos de exercício efetivo no cargo (de provimento efetivo, óbvio). A EC 19/1998 alterou o requisito, ampliando-o para três anos. Manteve-se apenas uma regra de transição, prevista no art. 28 da EC 19/1998, garantindo o prazo de dois anos de efetivo exercício para os servidores que já se encontravam em estágio probatório na data da promulgação da Emenda. As Administrações em geral, então, interpretaram que o direito à estabilidade seria adquirido, a partir da Emenda, com o interstício trienal, mas o estágio probatório continuaria sendo feito, no âmbito federal, em dois anos, na forma do art. 20 da Lei 8.112/1990.

Nada mais equivocado. O estágio está indissociavelmente ligado à aquisição da estabilidade, de forma que, enquanto não alcançada esta, estará o servidor em período de prova. Por questão meramente operacional, por evidente, o procedimento de avaliação, que deverá indicar estar o servidor apto ou não à estabilidade, deve ser concluído antes dos três anos, por isso ser razoável que o relatório final da comissão ou autoridade responsável pela avaliação seja entregue e avaliado alguns meses antes daquele prazo final.

No entanto, e isso é importante, o período de prova continua, de forma que qualquer infração cometida dentro dele, e que a apuração tenha dentro dele sido iniciada, poderá importar na reprovação do estágio, mesmo que superado o período de três anos.

Anos depois de solene descumprimento do preceito constitucional pelas Administrações Públicas em geral, finalmente, em 2009, o STJ, por meio de sua 3.ª Seção, decidiu o óbvio, no sentido de que *o estágio coincide com o período necessário à aquisição da estabilidade*[171], ainda que se tratem de institutos jurídicos distintos, entendimento reafirmado em julgamentos posteriores (6ª T., RMS 23.689/RS, rel. Min. Maria Thereza de Assis Moura, j. 18/05/2010 – vide *Informativo STJ 435*; 3ª Seção, MS 14.396/DF, rel. Min. Jorge Mussi, j. 26/11/2014). O STF acabou, ao fim, ratificando esse entendimento, quando do julgamento do *AgRg na Suspensão de Tutela Antecipada 269/DF*, inclusive reconhecendo a incompatibilidade do art. 22 da Lei Complementar 73/1993 com o novo regramento constitucional[172].

O art. 20 da Lei 8.112/1990 fixa importante disposição sobre o estágio probatório no âmbito federal, estabelecendo que nele serão apuradas:

a) *assiduidade*;
b) *disciplina*;

---

171. "Mandado de segurança. Servidor público civil. Estabilidade. Art. 41 da CF. EC n.º 19/98. Prazo. Alteração. Estágio probatório. Observância.I – Estágio probatório é o período compreendido entre a nomeação e a aquisição de estabilidade no serviço público, no qual são avaliadas a aptidão, a eficiência e a capacidade do servidor para o efetivo exercício do cargo respectivo.II – Com efeito, o prazo do estágio probatório dos servidores públicos deve observar a alteração promovida pela Emenda Constitucional n.º 19/98 no art. 41 da Constituição Federal, no tocante ao aumento do lapso temporal para a aquisição da estabilidade no serviço público para 3 (três) anos, visto que, apesar de institutos jurídicos distintos, encontram-se pragmaticamente ligados.III – Destaque para a redação do artigo 28 da Emenda Constitucional n.º 19/98, que vem a confirmar o raciocínio de que a alteração do prazo para a aquisição da estabilidade repercutiu no prazo do estágio probatório, senão seria de todo desnecessária a menção aos atuais servidores em estágio probatório; bastaria, então, que se determinasse a aplicação do prazo de 3 (três) anos aos novos servidores, sem qualquer explicitação, caso não houvesse conexão entre os institutos da estabilidade e do estágio probatório.Procurador federal. Promoção e progressão na carreira. Portaria PGF 468/2005. Requisito. Conclusão. Estágio probatório. Direito líquido e certo. Inexistência.IV – Desatendido o requisito temporal de conclusão do estágio probatório, eis que não verificado o interstício de 3 (três) anos de efetivo exercício da impetrante no cargo de Procurador Federal, inexiste direito líquido e certo de figurar nas listas de promoção e progressão funcional, regulamentadas pela Portaria PGF n.º 468/2005. Ordem denegada" (STJ, MS 12.523/DF, 3.ª Seção, Rel. Min. Felix Fischer, j. 22.04.2009). Vide *Informativo STJ 391*.

172. "Agravo regimental em suspensão de tutela antecipada. 2. Estágio confirmatório de dois anos para Advogados da União de acordo com o artigo 22 da Lei Complementar n.º 73/1993. 3. Vinculação entre o instituto da estabilidade, definida no art. 41 da Constituição Federal, e o instituto do estágio probatório. 4. Aplicação de prazo comum de três anos a ambos os institutos. 5. Agravo Regimental desprovido" (STF, Pleno, AgRg na STA 269, Rel. Min. Gilmar Mendes, j. 04.02.2010).

c) capacidade de iniciativa;
d) produtividade;
e) responsabilidade.

A própria Lei federal, que deve ter sua redação, referente ao prazo, adaptada ao novo texto constitucional[173], prevê, como adiantamos acima, que o relatório do estágio será submetido à avaliação e homologação da autoridade competente, quatro meses antes de findo o período.

Como o estágio probatório, necessário à aquisição da estabilidade, importa em exercício efetivo, as licenças e afastamentos, de um modo geral, acarretarão a suspensão do período de avaliação (art. 20, § 5.º, da Lei 8.112/1990), sendo proibidas licenças para assuntos de interesse particular do estagiário (art. 20, § 4.º). A jurisprudência, aliás, reconhece até mesmo a possibilidade de suspensão do período de prova em qualquer hipótese de afastamento do servidor, mesmo quando não há indicação na lei, como nas licenças para tratamento de saúde.[174] De um modo geral, no entanto, é estabelecido nas regulamentações administrativas um período máximo para estas últimas, findo o qual, ocorre a suspensão do prazo.

O § 4.º do art. 41 da Carta Magna, na redação dada pela EC 19/1998, exige expressamente avaliação especial de desempenho por comissão constituída para essa finalidade, como condição para aquisição da estabilidade.

Havendo reprovação no estágio probatório, o servidor não adquirirá a estabilidade, devendo ser exonerado do cargo (art. 20, § 2.º, da Lei 8.112/1990). Se tiver adquirido a estabilidade em cargo anterior, e tiver requerido vacância por posse em cargo inacumulável, terá direito a ser reconduzido ao cargo anteriormente ocupado.

A reprovação em estágio probatório, no entanto, deve se dar após regular notificação do interessado para defesa, em procedimento próprio de avaliação, devidamente regulamentado. A precariedade do vínculo não autoriza desrespeito à ampla defesa e ao contraditório, sendo muito antiga a jurisprudência do STF que impõe o respeito a esses postulados[175].

Em princípio, não se confunde a avaliação do estágio, que está relacionada com o desempenho nas funções, com prática de atos infracionais. Estes, para nós, devem ser apurados em procedimento administrativo disciplinar, que possui regras próprias.

Por fim, insta observar que continuam vigentes os prazos de dois anos para aquisição da vitaliciedade de magistrados e membros do Ministério Público, posto que constantes de disposições constitucionais específicas, que excepcionam a regra do art. 41 da CF/1988 (arts. 95, I, e 128, § 5.º, I, a)[176].

---

173. No âmbito da Justiça Federal de primeiro e segundo graus, o Conselho da Justiça Federal – CJF editou a Resolução 107/2010, alterando a Resolução 43/2008, do mesmo Conselho, para fixar em 36 meses o prazo do estágio probatório. No âmbito do Tribunal Superior do Trabalho, também foi adotado esse prazo, conforme o art. 22, parágrafo único, da Resolução Administrativa 1.187/2006. Alguns Estados também já adotam o prazo único de 3 (três) anos, como ocorre com São Paulo, a partir da Lei Complementar estadual 1.080/2008 (art. 7º).
174. STJ, RMS 19.884/DF, 5.ª T., Rel. Min. Felix Fischer, j. 08.11.2007.
175. *Súmula 21 do STF*: "Funcionário em estágio probatório não pode ser exonerado nem demitido sem inquérito ou sem as formalidades legais de apuração de sua capacidade".
176. Observe-se, também, que a estabilidade dos militares não é regida na CF/1988, sendo remetida à legislação ordinária sua disciplina (art. 142, § 3º, X).

5.5.8.3. Direito à estabilidade

Como dito acima, o servidor público estatutário, nomeado para cargo efetivo, possui o direito à estabilidade, adquirida após três anos de efetivo exercício.

Contudo, o que vem a ser a estabilidade?

A estabilidade é o direito do servidor ocupante de cargo efetivo de só perder o cargo nas hipóteses específicas previstas na CF/1988.

Na redação original do texto constitucional, significava *a perda do cargo por decisão proferida em processo administrativo, assegurada ampla defesa, ou por sentença judicial transitada em julgado*. Logo, só na hipótese de ato infracional ou criminoso, que resultasse em processo administrativo disciplinar, com aplicação da pena de demissão, ou de processo judicial, visando à mesma punição, como a ação civil pública por improbidade administrativa, ou tendo como consectário lógico tal punição (efeito da sentença penal condenatória transitada em julgado – art. 92, I, do Código Penal), é que se teria a possibilidade de quebra da estabilidade.

A EC 19/1998, no entanto, na linha do princípio da eficiência da Administração Pública, passou a prever outras duas hipóteses de perda do cargo.

Com efeito, o art. 41, § 1.º, III, instituiu a possibilidade de *perda do cargo por reprovação em procedimento de avaliação periódica de desempenho*, conforme previsão em lei complementar, assegurada ampla defesa. Essa hipótese, no entanto, até o momento, não vem sendo aplicada, posto *não ter sido editada*, até a presente data, a *lei complementar regulamentadora*, conquanto seja comum a avaliação de desempenho periódica para outras finalidades, como progressão funcional.

A outra nova hipótese está elencada no art. 169, § 4.º, da CF/1988, e diz respeito a regras de direito financeiro, com reflexos na administração de pessoal.

A CF/1988 estabelece *limites de despesa com pessoal* ativo e inativo para todos os entes da Federação, conforme disposições previstas em lei complementar. A matéria foi regulamentada inicialmente pelas Leis Complementares 82/1995 e 96/1999, e, atualmente, é regida pelos *arts. 18 a 23 da Lei Complementar 101/2000*, conhecida como Lei de Responsabilidade Fiscal.

A CF/1988 estabelece que a lei complementar fixará os limites de despesa com pessoal (art. 169, *caput*). A Lei Complementar 101/2000 diz que esses limites correspondem a 50% da receita corrente líquida, para a União, e 60% dessa receita para Estados e Municípios (art. 19, *caput* e incisos), descontadas determinadas despesas do conceito (§ 1.º).

A apuração da despesa com pessoal é feita anualmente, observando-se o regime de competência (art. 18, § 2.º, da LC 101/2000), mas a apuração do cumprimento dos limites é quadrimestral (art. 22 da LC 101/2000).

A CF/1988 estabeleceu, ainda, que, para o cumprimento dos limites fixados na lei complementar, devem ser adotados, inicialmente, dois procedimentos (art. 169, § 3.º):

    a) *redução dos cargos em comissão e funções de confiança em pelo menos 20%*;

    b) *exoneração de servidores não estáveis*.

A LC 101/2000, extrapolando por completo os parâmetros constitucionais, previu, também, a possibilidade de redução dos valores dos cargos e funções, bem como a redução temporária da jornada de trabalho (art. 23, §§ 1.º e 2.º), razão pela qual tais disposições foram suspensas pelo STF no julgamento da *MC na ADI 2.238/DF*[177].

Não obtido o cumprimento das metas com base nas providências acima descritas, autoriza-se, então, a perda do cargo por servidor estável, garantida a ele uma indenização correspondente a um mês de remuneração por ano de serviço (art. 169, § 5.º, da CF/1988).

Fica vedada, após a perda do cargo, a criação de outro com atribuições assemelhadas ou iguais, por um período de quatro anos (art. 169, § 6.º).

A CF/1988 remete à lei federal disciplinar as normas gerais para aplicação do disposto no art. 169, § 4.º (§ 7.º do mesmo artigo), constando do art. 247 do texto constitucional, acrescentado pela EC 19/1998, disposição no sentido de que aos servidores estáveis que desenvolvem atividades exclusivas de Estado serão estabelecidos critérios e garantias especiais.

A matéria foi regulamentada pela *Lei 9.801/1999*, que estabelece os critérios formais, mediante publicação de ato normativo, que visam fundamentar a exoneração de servidores estáveis por excesso de despesa (art. 1.º, § 1.º), inclusive fazendo referência a critérios impessoais de identificação dos exoneráveis, como menor tempo de serviço público, maior remuneração e menor idade.

Em cumprimento ao disposto no art. 247 da Carta Magna, o art. 3.º da referida Lei fixa critérios especiais para a exoneração de servidor estável que desenvolve atividades exclusivas de Estado, embora não especifique quais são elas.

Para estes últimos, só se admite exoneração pelo fundamento de excesso de despesa, quando a exoneração de servidores dos demais cargos do órgão ou unidade administrativa objeto de redução tenha alcançado, pelo menos, 30% do total desses cargos. Ademais, só poderão ser reduzidos em, no máximo, 30% o número dos servidores que desenvolvam atividades exclusivas de Estado.

5.5.8.4. Estabilidade extraordinária (art. 19 do ADCT)

O Legislador Constituinte de 1988, ainda apegado a práticas pretéritas, não rompeu completamente com a imoralidade decorrente das contratações e admissões sem concurso público, instituindo, no art. 19 do Ato das Disposições Constitucionais Transitórias – ADCT, uma verdadeira benesse, estendendo o direito à estabilidade aos servidores públicos civis da União, dos Estados, do Distrito Federal e dos Municípios, da administração direta, autárquica e das fundações públicas, em exercício na data da promulgação da Constituição há pelo menos cinco anos continuados e admitidos sem concurso.

Somente não se estendeu o direito aos ocupantes de cargos ou empregos de confiança ou em comissão, o que seria mesmo um extremo absurdo (art. 19, § 2.º).

Embora sejam estáveis, esses servidores não são efetivos, como se depreende do § 1.º do aludido art. 19 do ADCT, por mais difícil que seja compreender essa noção. É que a maioria desses servidores foi admitida no regime trabalhista/celetista, razão pela qual

---

177. O julgamento do mérito ainda está pendente. A suspensão do § 1.º do art. 23 foi somente quanto à expressão "quanto pela redução dos valores a eles atribuídos".

a concessão do direito à estabilidade não se estende à efetividade, e, logo, aos direitos concernentes aos estatutários, previstos nas respectivas leis[178].

Na esfera federal a questão acabou sendo relativizada por conta da disposição, flagrantemente inconstitucional, do *art. 243 da Lei 8.112/1990*, que é objeto de análise pelo STF nos autos da *ADI 2.968/DF*.

O STF, em relação a leis e constituições estaduais, já se manifestou no sentido de que não podem estas criar ou ampliar estabilidades excepcionais para além dos limites do art. 19 do ADCT[179].

O termo "continuado" (art. 19 do ADCT) é geralmente interpretado como exercício ininterrupto, conquanto não se considere descaracterizada a hipótese constitucional pelo fato de ter sido prestado em caráter de substituição[180], ou interrompido, no caso de professores, em virtude de ter havido recesso escolar[181], ou ainda que o requisito temporal sem interrupção seja considerado como necessariamente sendo imediatamente anterior à CF/88[182].

5.5.8.5. Vitaliciedade

A CF/1988 garante o direito à vitaliciedade aos magistrados (art. 95, I), membros do Ministério Público (art. 128, § 5.º, I, *a*) e das Cortes de Contas (arts. 73, § 3.º, e 75).

A vitaliciedade não passa de uma *estabilidade qualificada*, diferenciando-se do instituto do art. 41 por só admitir a perda do cargo mediante sentença judicial transitada em julgado, que tanto pode decorrer de uma ação civil específica visando à perda do cargo, como decorrer de processo criminal, em que se tenha decretado a perda do cargo (art. 92, I, do Código Penal). Poderia decorrer, também, em tese, de condenação à demissão, em ação civil pública por ato de improbidade administrativa, como já reconhecido pelo STJ, ao analisar o tema em relação à punição aplicada a Promotor de Justiça (REsp 1.298.092/SP, 1ª Turma, red. p/acórdão Min. Regina Helena Costa, j. 09/08/2016).

Isso não significa que tais autoridades não estejam sujeitas a serem processadas administrativamente. O processo disciplinar existe, mas só poderá importar, como punição máxima, em aposentadoria compulsória, com proventos proporcionais ao tempo de contribuição.

Nesse aspecto, o art. 42, VI, da LOMAN (Lei Complementar 35/1979), que prevê demissão como punição disciplinar, parece claro, não foi recepcionado pela CF/1988[183],

---

178. STF, AgRg no RE 356.612/CE, 2.ª T., Rel. Min. Joaquim Barbosa, j. 31.08.2010 e AgRg no RE 400.343/CE, Rel. Min. Eros Grau, j. 17.06.2008.
179. STF, ADI 289/CE, Pleno, Rel. Min. Sepúlveda Pertence, j. 09.02.2007, e ADI 1.746/AM, Rel. Min. Gilmar Mendes, j. 18/09/2014 (**INFORMATIVO STF 759**). Vide, também, RE 208.406/RJ, rel. Min. Octávio Gallotti, j. 03/02/1998 (*Informativo STF 98*), onde se negou validade a lei estadual que estendia a estabilidade a empregados de empresa pública.
180. STF, RE 319.156/ES, 2.ª T., Rel. Min. Ellen Gracie, j. 25.10.2005.
181. STF, RE 171.141/SP, 1.ª T., Rel. Min. Carlos Direito, j. 15.04.2008 e RE 361.020/MG, Rel. Min. Ellen Gracie, j. 28.09.2004.
182. Ou seja, os cinco anos ininterruptos não precisam ser contados necessariamente de 05/05/1988 para trás, podendo compreender qualquer período anterior à CF/88, desde que sem interrupção (STF, RE 170.665/SP, rel. Min. Carlos Velloso, j. 01/04/1997 – **Informativo STF 65**)
183. A *Resolução 135/2011*, do CNJ, dispõe sobre a uniformização de normas relativas a procedimento administrativo disciplinar aplicável a magistrados. Há previsão da pena de demissão, mas restrita aos magistrados que não adquiriram a vitaliciedade.

salvo quanto aos que não adquiriram a vitaliciedade, além de não poderem, os Estados, criar normas em sentido contrário ao da CF/1988, mesmo que aplicáveis exclusivamente às suas Justiças[184]. A simples relação das hipóteses de demissão (art. 26 da LOMAN) não caracteriza qualquer inconstitucionalidade, desde que obedecido o procedimento constitucional de processo judicial, com decisão transitada em julgado.

As disposições do art. 169, § 4.º, da CF/1988, por ausência de previsão expressa e pela incompatibilidade com as disposições acima citadas, não se aplicam aos detentores da vitaliciedade.

A aquisição do direito, como já visto, ocorre, para os cargos iniciais da carreira, após o prazo de dois anos de estágio probatório.

Para os magistrados que ingressam diretamente nas Cortes superiores, ou para os que entram nas Cortes regionais (federais ou do trabalho) e estaduais por intermédio do chamado "quinto constitucional" (art. 94 da CF/1988), a vitaliciedade é adquirida com a posse.

No entanto, é preciso lembrar que essas autoridades com vitaliciedade podem perder o cargo se forem condenadas por eventual prática de crime de responsabilidade. A CF/1988 prevê responsabilização por tais crimes para todas elas, a saber: *a)* ministros do STF e procurador-geral da República (art. 52, II); *b)* membros dos tribunais superiores e do TCU (art. 102, I, *c*); *c)* desembargadores e juízes dos tribunais regionais federais, do trabalho e eleitorais, membros dos tribunais e cortes de contas estaduais e municipais e membros do MPU que oficiem em tribunais (art. 105, I, *a*); *d)* juízes federais, incluindo militares e do trabalho, e outros membros do MPU (art. 108, I, *a*); *e)* juízes estaduais e membros do Ministério Público nos estados (art. 96, III). A dificuldade está na ausência de regulamentação da matéria, visto que a lei ainda vigente (Lei 1.079/1950) só faz referência a algumas destas autoridades[185].

Para os que não adquiriram o direito à vitaliciedade, é possível a perda do cargo, mediante processo administrativo, assegurada ampla defesa e contraditório, por decisão do tribunal competente a que o juiz estiver vinculado (art. 95, I, da CF/1988), ou, no caso do Ministério Público, por decisão do respectivo Conselho Superior[186].

5.5.9. Sistema remuneratório dos servidores públicos

5.5.9.1. Requisitos formais

A remuneração dos servidores públicos, de acordo com o art. 37, X, da CF/1988, deve ser fixada em lei específica, não se admitindo que seja feita por meio de decretos, portarias ou outros atos normativos inferiores.

---

184. STF, ADI 3.227/MG, Pleno, Rel. Min. Gilmar Mendes, j. 26.04.2006.
185. Dificuldade agravada pelo fato de o STF não admitir que os Estados regulamentem o tema (ADI 4.190 MC-RJ, Pleno, rel. Min. Celso de Mello, j. 10/03/2010 – **INFORMATIVOS STF 578 E 553**).
186. Curiosamente, o art. 128, § 5.º, I, *a*, da CF/1988 não contém previsão igual à do art. 95, I, quanto aos não vitalícios, mas é a única interpretação possível ante a constatação de que o direito só se adquire após dois anos de efetivo exercício. Tanto a Lei Complementar 75/1993, quanto a Lei 8.625/1993 foram igualmente omissas sobre o assunto.

Da mesma forma, como já foi afirmado na parte referente aos empregados públicos, não se concebe a concessão de novas vantagens, inclusive o aumento de remuneração dos servidores estatutários por meio de acordos coletivos de trabalho[187].

A lei formal, por evidente, pode ser substituída por Medida Provisória, em se tratando de servidores do Poder Executivo, visto que não há vedação material a isso (art. 62, § 1.º, da CF/1988).

Importante, nessa matéria, é observar a iniciativa legislativa. Como a fixação de remuneração de servidores públicos de cada Poder está muito diretamente atrelada à organização interna de cada um, temos um *sistema de iniciativa reservada*, de modo que a fixação de vencimentos dos servidores do Poder Executivo deve partir de projeto encaminhado pelo Chefe desse Poder (art. 61, § 1.º, II, *a*, da CF/1988, no caso do Presidente da República), e o projeto de fixação de vencimentos dos servidores do Judiciário deve partir dos respectivos tribunais superiores ou tribunais de justiça, conforme o caso (art. 96, II, *b*, da CF/1988). A CF/1988 também prevê para o Ministério Público a prerrogativa de encaminhar o respectivo projeto ao Poder Legislativo (art. 127, § 2.º), embora, quanto a este, utilize a expressão "podendo propor", dando a entender que a iniciativa não é exclusiva do chefe do MP[188].

As regras constitucionais, estabelecidas para o âmbito federal, têm aplicação às demais esferas da Federação, por decorrência do princípio da simetria, já tendo o STF declarado a inconstitucionalidade de dezenas de leis estaduais de iniciativa parlamentar sobre vencimentos e remuneração de servidores dos respectivos Executivos[189].

5.5.9.2. Vencimento, vencimentos e remuneração

É tradicional a distinção, encontrada na legislação, dos termos vencimento e remuneração. De acordo com a Lei 8.112/1990 (art. 40), o *vencimento* "é a retribuição pecuniária pelo exercício do cargo público, com valor fixado em lei". Já a *remuneração*, de acordo com a mesma Lei (art. 41, *caput*), "é o vencimento do cargo efetivo, acrescido das vantagens pecuniárias permanentes estabelecidas em lei".

Assim, o vencimento é o *valor referência ou padrão atribuído ao cargo*, o qual, *acrescido de outras vantagens*, como gratificações e adicionais, constituirá o valor total recebido pelo servidor, que se denomina remuneração.

Em sede doutrinária e, por vezes, na própria legislação, é comum, também, utilizar-se a expressão "vencimentos", no plural, como *sinônimo de remuneração*, o que, no entanto, não encontra respaldo na Lei 8.112/1990. A Lei 8.852/1994, no entanto, ao regulamentar os antigos "tetos constitucionais", utilizava as três expressões, cada uma com um sentido próprio.

---

187. *Súmula 679 do STF*: "A fixação de vencimentos dos servidores públicos não pode ser objeto de convenção coletiva".

188. É antigo, no entanto, o entendimento do STF no sentido de que ao Ministério Público também se assegurou a autonomia financeira, apesar de não estar explicitada no art. 127 da CF/1988, dele decorrendo, inclusive, essa prerrogativa da iniciativa legislativa remuneratória. Nesse sentido, vide ADI 153/MG, Pleno, Rel. Min. Néri da Silveira, j. 30.03.1995, quando se reconheceu a constitucionalidade de dispositivo da Constituição do Estado de Minas Gerais que fazia alusão expressa à dita autonomia.

189. Por todos, vide ADI 2.192/ES, Pleno, Rel. Min. Ricardo Lewandowski, j. 04.06.2008.

A fixação dos respectivos valores é feita por meio de leis específicas, para cada carreira ou cargos isolados da Administração Pública[190]. Devem ser observadas, também, as normas de direito financeiro previstas na CF/1988, mormente as estabelecidas no art. 169, § 1.º e incisos, como a prévia autorização específica na Lei de Diretrizes Orçamentárias.

Os valores de remuneração dos cargos em comissão são pagos conforme disposições especiais, com fundamento nos *arts. 41, § 1.º, e 62 da Lei 8.112/1990*, estando regidos, hoje, na esfera federal, na *Lei 11.526/2007*.

5.5.9.3. Regime de subsídios

A EC 19/1998, resgatando uma antiga tradição brasileira, trouxe de volta o chamado regime de subsídios, devido aos membros de Poder e outras autoridades, em substituição ao vencimento e inúmeros penduricalhos que constituíam a remuneração desses agentes.

O *art. 39, § 4.º*, da CF/1988 passou a ter a seguinte redação com a EC 19/1998:

> *"O membro de Poder, o detentor de mandato eletivo, os Ministros de Estado e os Secretários Estaduais e Municipais serão remunerados exclusivamente por subsídio fixado em parcela única, vedado o acréscimo de qualquer gratificação, adicional, abono, prêmio, verba de representação ou outra espécie remuneratória, obedecido, em qualquer caso, o disposto no art. 37, X e XI".*

Assim, a regra alcançaria, inicialmente:

a) *magistrados em geral;*

b) *Presidente da República, governadores e prefeitos, além dos vices;*

c) *deputados federais e estaduais, vereadores e senadores;*

d) *ministros de Estado e secretários estaduais, distritais e municipais.*

A própria Constituição Federal, no entanto, no art. 135, estende o regime de subsídio para as carreiras da Advocacia Pública (AGU e Procuradorias estaduais) e da Defensoria Pública (DPU e Defensorias estaduais).

Também houve a extensão do regime aos membros do Ministério Público, por força do disposto no art. 128, § 5.º, I, *c*, que fala em irredutibilidade de subsídio. Para os membros dos tribunais de contas, pela simetria existente com o Judiciário, também se aplica o regime (arts. 73, § 3.º, e 75 da CF/1988).

Para servidores da carreira policial (Polícia Federal, Rodoviária Federal, da ainda inexistente Ferroviária Federal, Civil e Militar), também houve a previsão do regime de subsídio, conforme disposto no art. 144, § 9.º, da Carta Magna.

Por fim, o § 8.º do art. 39 previu a possibilidade de que qualquer servidor organizado em carreira pode ter a remuneração fixada em regime de subsídios. Nesse caso, existe apenas a opção pela adoção do regime.No âmbito federal, esse regime facultativo de remuneração por subsídio tem sido cada vez mais adotado[191].

---

190. A título exemplificativo, a Lei 11.090/2005 fixou o vencimento e as gratificações devidas aos cargos do Plano de Carreira dos Cargos de Reforma e Desenvolvimento Agrário.

191. Lei 11.776/2008 adotou o regime de subsídio para as carreiras da ABIN (art. 24). Lei 11.890/2008, ao incluir o art. 2º-A no texto da Lei 10.910/2004, adotou o regime de subsídio para as carreiras

A *Lei 11.358/2006* fixou os subsídios das seguintes carreiras: a) Procurador da Fazenda Nacional; b) Advogado da União; c) Procurador Federal; d) Defensor Público da União, hoje Defensor Público Federal; e) Procurador do Banco Central do Brasil; f) Carreira Policial Federal; g) Carreira Policial Rodoviária Federal. A *Lei 13.092/2015* fixou o subsídio do Procurador-Geral da República, que serve de parâmetro para todos os membros do Ministério Público da União (MPF, MPT, MPM e MPDFT), conforme escalonamento previsto no art. 1º, § 3º da Lei 10.477/2002. Já a *Lei 13.091/2015* fixou o subsídio dos Ministros do STF, que serve de parâmetro para toda a magistratura da União, conforme escalonamento previsto no art. 1º, § 2º, da Lei 10.474/2002.

Pelo art. 49, VII e VIII, da CF/1988, os subsídios dos membros do Congresso Nacional, do Presidente da República, Vice-Presidente da República e ministros de Estado são feitos por meio de Resolução, visto independer de sanção presidencial.

Com a adoção do subsídio *ficam incorporadas todas as outras parcelas remuneratórias*, como gratificações e adicionais, além do vencimento básico.

Não obstante, a jurisprudência *exclui* do conceito de subsídio *as parcelas com conteúdo indenizatório*, como as diárias, indenização para mudança, auxílio-reclusão, auxílio-funeral, auxílio-alimentação e outros, já que estas não são simplesmente uma contraprestação pelo serviço prestado. No âmbito do Judiciário, a matéria foi disciplinada na Resolução 14/2006 do CNJ, alterada pela Resolução 42/2007.

Observe-se que é entendimento predominante o de que determinadas parcelas remuneratórias que têm previsão constitucional e que são devidas a todos os trabalhadores, também devem ser pagas a tais servidores públicos, abrangidos pelo regime de subsídio, notadamente, o décimo terceiro salário (gratificação natalina) e o adicional de férias (terço constitucional).

Inclusive chegou ao STF[192], onde foi julgado pela sistemática de repercussão geral, a questão sobre a constitucionalidade de pagamento de terço de férias e 13º salário ao Prefeito e Vice-Prefeito. Se viola ou não o art. 39, § 4º da Constituição Federal? O STF entendeu que não e fixou a seguinte tese: *o art. 39, § 4º, da Constituição Federal não é incompatível com o pagamento de terço de férias e décimo terceiro salário.*

O entendimento majoritário foi no sentido que o regime de subsídio é incompatível apenas com o pagamento *de outras parcelas remuneratórias de natureza mensal, o que não é o caso do décimo terceiro e das férias, que são verbas pagas a todos os trabalhadores e servidores, com periodicidade anual.*

No mesmo julgado, foi analisado a questão da constitucionalidade do pagamento da verba de representação aos prefeitos e vice-prefeitos. Quanto a esta verba, por não ser um

---

de Auditoria da Receita Federal do Brasil e Auditoria-Fiscal do Trabalho, e ao adotar o art. 9º-A na Lei 9.650/1998, adotou o subsídio para as carreiras de Analista e Técnico do Banco Central. A Lei 11.890/2008 também adotou o mesmo regime remuneratório para as carreiras de Gestão Governamental (art. 10), carreira de Diplomata (art. 25), carreiras do Plano de Cargos e Salários da SUSEP, desde que de nível superior (art. 46), carreiras de Analista e Inspetor da CVM (art. 81) e carreiras de Planejamento e Pesquisa do IPEA (art. 114). Lei 12.775/2012 adotou o regime de subsídio para as carreiras de Oficial de Chancelaria e Assistente de Chancelaria (art. 1º) e Fiscal Federal Agropecuário (art. 10)

192. STF. Plenário. Rel. originário Min. Marco Aurélio, Rel. para acórdão Min. Roberto Barroso, julgado em 01/02/2017 (repercussão geral). **INFORMATIVO N.º 852**

valor pago a todos os trabalhadores e servidores, entendeu-se, portanto, que não haveria razão para que fosse excepcionada do regime de subsídio, que é parcela única, e, neste ponto, o STF julgou inconstitucional o pagamento desta "verba de representação"

SERVIDORES PÚBLICOS / **SISTEMA REMUNERATÓRIO**	Subsídio	Obrigatório para	Chefes do Executivo	
			Ministros de Estado	
			Secretários Estaduais e Municipais	
			Membros	do Legislativo
				do Judiciário
				do Ministério Público
				dos Tribunais de Contas
	Vencimentos	É a retribuição pecuniária pelo exercício de cargo público, com valor fixado em lei.		
	Salário	Contraprestação pecuniária paga aos empregados públicos		
	Limites	União	O teto é o subsídio do Ministro do STF	
		Estados e DF	Poder Executivo	Subsídio do Governador
			Poder Legislativo	Subsídio dos Deputados Estaduais/Distritais
			Poder Judiciário	Subsídio dos Desembargadores do TJ no limite de 90,25% do subsídio do STF
		Municípios	Subsídio do Prefeito	
		Salário dos empregados públicos	Somente em estatais que recebem recursos do ente político para despesas de pessoal ou gerais	
		Parcelas de caráter indenizatório previstas em lei	Não se aplica o teto	

5.5.9.4. Irredutibilidade remuneratória e de subsídios

A CF/1988, em seu art. 37, XV, garantiu a irredutibilidade de subsídio e vencimentos (aqui utilizado como sinônimo de remuneração) dos ocupantes de cargos e empregos públicos, se preocupando em ressalvar a incidência do imposto de renda e das contribuições previdenciárias incidentes sobre tais verbas. Para os juízes, a irredutibilidade continua sendo prevista como garantia da própria magistratura (art. 95, III).

Devemos lembrar que essa garantia, mais remotamente, não era assegurada a todos os servidores, razão pela qual o STF chegou a editar, em meados dos anos 1960, sua *Súmula 27*[193]. Esse entendimento, hoje, *não tem mais qualquer respaldo na Constituição* e já foi de há muito superado pela própria Corte.

Não obstante, a irredutibilidade se refere ao *valor nominal da remuneração*[194], não tendo relação com a correção do montante, para manutenção de seu valor real, em face do fenômeno inflacionário.

Consequência lógica desse entendimento é que, resguardado o valor nominal, não existe impedimento jurídico para que a Administração Pública promova reestruturações remuneratórias, extinguindo vantagens, mas criando novas ou elevando outras já existentes. Como o STF decide reiteradamente, não existe direito adquirido a regime jurídico remuneratório, não servindo o princípio da irredutibilidade como fundamento para a manutenção de vantagens absorvidas por outras[195].

Por outro lado, mesmo quando há mudança de regime jurídico celetista para estatutário, deve-se garantir a remuneração global anterior, pelo seu valor nominal, não se admitindo sua redução, ainda que o novo regime possa ofertar vantagens de outra natureza, como regime previdenciário diferenciado[196].

Entretanto, considera-se haver ofensa ao princípio da irredutibilidade o aumento da carga horária de trabalho do servidor, sem que haja, em contrapartida, aumento remuneratório[197]. Evidente, posto que a consequência prática disso seria a diminuição do valor da hora de trabalho, em termos nominais.

Por fim, como decidido no RE 606.358/SP (Pleno, rel. Min. Rosa Weber, j. 18/11/2015 – **INFORMATIVO STF 808**), a garantia constitucional da irredutibilidade não garante ao servidor o direito de manter o recebimento de verbas acima do teto constitucional, mesmo que deferidas anteriormente à EC 41/2003.

---

193. *Súmula 27 do STF*: "Os servidores públicos não têm vencimentos irredutíveis, prerrogativa dos membros do Poder Judiciário e dos que lhes são equiparados". (*Súmula sem aplicação na atualidade*).
194. STF, RE 194.317/PR, 1.ª T., Rel. Min. Octávio Gallotti, j. 08.02.2000.
195. "Agravo regimental em recurso extraordinário. Servidor público federal. Lei 8.270/1991. Modificação dos critérios de concessão do adicional de insalubridade. Inexistência de direito adquirido à manutenção da forma de cálculo da remuneração. Violação à garantia de irredutibilidade de vencimentos. Não ocorrência. 1. Consoante a firme jurisprudência do Supremo Tribunal Federal, os servidores públicos não têm direito adquirido a regime jurídico, isto é, à forma de composição da sua remuneração. 2. Não se constata ofensa à garantia da irredutibilidade de vencimentos quando preservado o valor nominal do total da remuneração do servidor. 3. Agravo Regimental desprovido" (STF, AgRg no RE 420.769/RS, 2.ª T., Rel. Min. Ayres Brito, j. 31.08.2010).
196. STF, RE 212.131/MG, 1ª T., rel. Min. Ilmar Galvão, j. 03/08/1999 (*Informativo STF 156*)
197. STF, ARE 660.010/PR, com Repercussão Geral (Tema 514), rel. Min. Dias Toffoli, Pleno, j. 30/10/2014 (*Informativo STF 757*)

5.5.9.5. Garantia de revisão anual

Para compensar os efeitos da inflação sobre os valores recebidos pelos servidores públicos, a EC 19/1998, ao alterar a redação do *inc. X do art. 37*, previu o mecanismo de *revisão anual* para o funcionalismo público, sem distinção de índices, ou seja, sem que fossem adotados critérios diferenciados entre os Poderes ou carreiras.

Não se consignou, no entanto, que o valor real das remunerações tenha de ser mantido, apenas se estabelecendo uma revisão anual, que, em tese, pode ser deferida em qualquer percentual, mesmo que abaixo da inflação.

Em alguns dos anos que se seguiram a 1998, aliás, a regra constitucional foi solenemente desconsiderada, não tendo os servidores públicos conseguido, na Justiça, sua aplicação efetiva. O próprio STF tem precedentes no sentido de que haveria discricionariedade do Chefe do Poder Executivo em encaminhar o respectivo projeto de lei[198], não sendo devida qualquer indenização pela omissão.

A matéria, no entanto, será objeto de análise pelo Pleno do Tribunal no *RE 565.089/SP*, que teve repercussão geral reconhecida, tendo-se enfatizado a inobservância reiterada da cláusula constitucional em questão.

A Lei 10.331/2001 foi editada com o fim de regulamentar a matéria no âmbito federal, tendo estabelecido que a revisão seria feita para todo o funcionalismo federal, sem distinção de índices, no mês de janeiro de cada ano. Para o ano de 2002, por exemplo, foi concedida a revisão geral de 3,5%.

Depois disso, a Lei 10.697/2003 concedeu o reajuste de 1%, a partir de janeiro de 2003, não tendo havido, após, qualquer outra iniciativa, no âmbito federal, de se dar cumprimento à Constituição.

Na prática, cada carreira tem pressionado por reestruturações específicas, incorporando ou tentando incorporar nelas os prejuízos decorrentes do fenômeno inflacionário.

Insta observar, ademais, que, a partir da EC 19/1998, foi suprimida, do inc. X do art. 37, a regra de equivalência de revisão salarial entre militares e servidores civis, a qual chegou a fundamentar inúmeras ações, algumas procedentes, em vista do reconhecimento do caráter geral de certas "reestruturações remuneratórias", descaradamente feitas como reajustamentos gerais de remunerações[199]. Assim, embora a redação atual use a expressão "sem distinção de índices", está se referindo, tão somente, aos servidores civis.

5.5.9.6. Isonomia entre os servidores dos diferentes Poderes

O artigo 37, XII, da CF/1988 estabeleceu que os vencimentos dos cargos do Poder Legislativo e do Judiciário não podem ser superiores aos pagos pelo Poder Executivo. É

---

198. Nesse sentido, vide: AgRg no RE 554.810/PR, 2.ª Turma, Rel. Min. Celso de Mello, j. 13.11.2007 e AgRg no AI 713.975/DF, 1.ª Turma, Rel. Min. Ricardo Lewandowski, j. 15.09.2009.
199. Nesse sentido, *Súmula Vinculante 51 (antiga Súmula 672 do STF)*, sobre o afamado reajuste de 28,86%: "O reajuste de 28,86%, concedido aos servidores militares pelas Leis 8.622/1993 e 8.627/1993, estende-se aos servidores civis do Poder Executivo, observadas as eventuais compensações decorrentes dos reajustes diferenciados concedidos pelos mesmos diplomas legais".

a chamada regra da isonomia, pela qual se tentou equiparar os servidores do Executivo, em geral pior remunerados, aos dos demais poderes.

Na prática, nunca se conseguiu ver grandes resultados na aplicação desse dispositivo, salvo quando para invocar a equiparação dos vencimentos dos servidores mais bem pagos de todos, os membros dos próprios Poderes.

É que a norma, por evidente, só terá aplicação quando se tratar de *cargos com atribuições idênticas ou assemelhadas*, o que é improvável de se ter entre os diferentes Poderes.

As funções mais singelas, de auxílio geral, que poderiam existir em todos os Poderes com basicamente as mesmas atribuições (motoristas, auxiliares, de portaria, limpeza e conservação etc), foram em sua grande parte terceirizadas.

Essa isonomia, entenda-se, não tem relação com aquela mais comum, decorrente de pretensões de equiparação entre pessoas que desempenham as mesmas atribuições, dentro da mesma carreira. Aqui, *são carreiras diferentes, existentes em diferentes Poderes, mas com atribuições semelhantes*.

A única coisa que se viu de mais concreto sobre a matéria foi a edição da *Lei 8.448/1992*, que continha uma regra de equivalência no parágrafo único de seu art. 1.º, já revogado, mas que só beneficiava os titulares dos mais altos cargos da República (membros do Congresso Nacional, Ministros de Estado e Ministros do STF). Essa regra já tinha perdido o sentido com a fixação do subsídio dos Ministros do STF como novo teto constitucional.

De um modo geral, o STF nunca reconheceu a possibilidade de o Judiciário conceder tais equiparações, por aplicação de sua jurisprudência consolidada na *Súmula 339* ("não cabe ao Poder Judiciário, que não tem função legislativa, aumentar vencimentos de servidores públicos sob fundamento de isonomia"). Pela importância do tema, a Suprema Corte acabou por adotar o referido entendimento jurisprudencial, como sua **Súmula Vinculante 37**.

Impende salientar, entretanto, que, por meio da *Lei 9.367/1996*, foi previsto um processo de implementação da isonomia de vencimentos entre os servidores dos diferentes Poderes, do TCU e do MPU, a ser feito de forma gradativa, mas que apenas alcançava o vencimento básico.

5.5.9.7. Proibição de vinculação ou equiparação entre espécies remuneratórias

Ao mesmo tempo em que a CF/1988 contém regra no sentido de garantir a isonomia entre cargos de atribuições assemelhadas dos diferentes Poderes, ela proíbe, em sentido oposto, a vinculação ou equiparação de remunerações entre diferentes carreiras ou cargos (art. 37, XIII).

Isso significa que *não é válida* a pretensão, ainda que legislativa, de *se vincular aumentos ou reestruturações de uma carreira a outra*, evitando-se, com isso, os indesejáveis efeitos em cascata. Essa proibição pressupõe, ao lado do disposto no inc. XI do art. 37, por óbvio, a inaplicabilidade da regra constante do inc. XII do mesmo artigo.

Sobre a matéria, confirmando a proibição constitucional, são inúmeros os precedentes do STF[200].

---

200. *V.g.*, STF, ADI 4.009/SC, Pleno, Rel. Min. Eros Grau, j. 04.02.2009. Nessa ação, foi reconhecida a inconstitucionalidade de dispositivo da Constituição do Estado e de lei complementar estadual que

Também não se admite qualquer tipo de vinculação a índices de atualização monetária utilizados por outras unidades da Federação, devendo cada entidade, em seu próprio âmbito, determinar o valor da revisão ou reajuste tendo em conta a inflação passada e o momento histórico em que se procede. Resguarda-se, assim, a autonomia municipal e estadual de determinar o fator de reajuste em matéria que é de seu peculiar interesse.

Nesse sentido, o STF, após várias decisões, editou a *Súmula 681, depois convertida na atual **Súmula Vinculante 42***, que diz:

> "É inconstitucional a vinculação do reajuste de vencimentos de servidores estaduais ou municipais a índices federais de correção monetária".

Claro que não se proíbe a utilização de algum desses índices, que existem, aliás, em grande quantidade, para o cálculo prévio do percentual a ser deferido em lei; o que se veda é o atrelamento dos reajustes futuros aos respectivos índices.

5.5.9.8. Proibição da incidência de acréscimos como base de cálculo de outros acréscimos

Com vistas a evitar situações absurdas, ocorridas principalmente em esfera estadual e municipal, na qual servidores incorporavam vantagens que, posteriormente, serviam como base de cálculo para novas vantagens, gerando um efeito cascata interminável e possibilitando remunerações verdadeiramente astronômicas, a CF/1988 proibiu expressamente que acréscimos pecuniários percebidos pelo servidor público sejam computados ou acumulados para concessão de acréscimos ulteriores (art. 37, XIV).

Assim, por exemplo, se o servidor incorpora a seus vencimentos ou remuneração o valor percentual correspondente ao exercício de uma função de confiança ou cargo em comissão, não poderá esse mesmo valor ser considerado como base de cálculo de uma posterior e nova incorporação, que deverá incidir sobre o total da remuneração, excluído o valor da primeira incorporação.

A aplicação dessa regra, por si só, não conseguiu evitar os "marajás" do serviço público, tendo sido necessária a adoção de um teto constitucional, conforme será visto mais à frente.

5.5.9.9. Garantia de valor mínimo da remuneração e vinculação ao salário mínimo

Aos servidores públicos civis se aplica a disposição do art. 7.º, IV, da CF/1988, por expressa remissão de seu art. 39, § 3.º. Dessa forma, nenhum servidor pode receber remuneração inferior ao salário mínimo, fixado em lei, nacionalmente unificado.

O valor que não pode ser inferior ao mínimo é *o valor global da remuneração*, e não do vencimento padrão ou básico, conforme entendimento sufragado na *Súmula Vinculante*

---

previa a vinculação, em termos proporcionais, da remuneração de policiais civis e militares com a de delegado de polícia.

*16 do STF*²⁰¹. Esse valor global, no entanto, leva em consideração somente as vantagens de caráter permanente, e não aquelas que são meramente eventuais, recebidas transitoriamente.

A própria CF/1988, no art. 7.º, IV, veda a vinculação do salário mínimo para qualquer fim, impedindo, dessa forma, que seu valor seja usado como indexador econômico, alimentando o fenômeno inflacionário, em detrimento, principalmente, dos trabalhadores que o recebem.

Essa proibição é levada tão a sério que a jurisprudência a aplica, até mesmo, para impedir que o salário mínimo seja utilizado como base de cálculo de outras vantagens remuneratórias, não previstas expressamente na própria CF/1988.

É claro que, se o servidor recebe o valor mínimo, vantagens como décimo terceiro salário e férias, previstas expressamente no texto constitucional tendo como base a própria remuneração, serão calculadas sobre aquele valor. Mas outras vantagens, instituídas em lei, como uma gratificação de desempenho, não poderão ser indexadas ao salário mínimo. Mesmo outras vantagens previstas na Constituição, mas sem base de cálculo definida, como os adicionais noturno, de periculosidade e de insalubridade, não podem ter como indexação o salário mínimo.

Nesse sentido é a *Súmula Vinculante 4 do STF* ("Salvo nos casos previstos na Constituição, o salário mínimo não pode ser usado como indexador de base de cálculo de vantagem de servidor público ou de empregado, nem ser substituído por decisão judicial").

5.5.9.10. Teto constitucional remuneratório

No inc. XI do art. 37 da CF/1988 foi previsto o chamado teto constitucional remuneratório.

Na regra original havia um teto para cada Poder, sendo a remuneração dos ministros do STF o teto do Judiciário; a dos ministros de Estado, o do Poder Executivo; e a dos membros do Congresso Nacional, o do Poder Legislativo. Previa-se, ainda, a possibilidade de tetos nos Estados, sem vinculação com os tetos federais, adotando-se os vencimentos dos respectivos congêneres federais (desembargadores, secretários de Estado e deputados estaduais). Para os Municípios, o teto, que também não precisava ter vinculação com os demais, era a remuneração do prefeito.

Essa disposição, exatamente por não possuir um teto único, de âmbito nacional, não foi levada muito a sério, e era completamente desvirtuada pelas legislações locais. Aliás, no próprio âmbito federal, a Lei 8.448/1992, que discriminou as parcelas não contidas no teto, em seu art. 3.º, já revogado, excepcionava tantas vantagens que tornava a regra constitucional letra morta. O *STF*, inclusive, desde o julgamento da *ADI 14* (Rel. Min. Célio Borja, j. 13.09.1989), *entendia válida a exclusão do teto das parcelas de natureza individual*²⁰².

Para dar maior efetividade à norma, *a EC 19/1998* alterou a regra para instituir um *teto único*, nacional, que tinha como parâmetro o *subsídio de ministro do STF*, e que incluía as parcelas de natureza pessoal. O problema é que essa mesma Emenda condicionou a

---

201. *Súmula Vinculante 16 do STF*: "Os artigos 7.º, IV, e 39, § 3.º (redação dada pela EC 19/1998), da Constituição, referem-se ao total da remuneração percebida pelo servidor público".

202. Nessa ação foi julgada inconstitucional a expressão "e vantagens pessoais (adicionais por tempo de serviço)", previstas no art. 2.º, § 2.º, da Lei 7.721/1989.

vigência desse dispositivo a uma formalidade inexequível, a de que a lei instituidora do teto, que fixaria o subsídio dos Ministros do STF, teria de ser de iniciativa conjunta do Presidente da República e dos presidentes da Câmara, do Senado e do STF (art. 48, XV, da CF/1988, na redação da EC 19/1998)[203].

A resistência ao teto, principalmente do Legislativo, foi enorme, e tal lei jamais foi editada.

Finalmente, com a *EC 41/2003*, foi suprimida a exigência da tal lei conjunta, bastando *lei de iniciativa do STF para fixação do teto nacional* (redação atual do art. 48, XV).

Não obstante, a *EC 41/2003*, dando nova redação ao inc. XI do art. 37, *criou, também, subtetos*, sendo o subsídio do Prefeito o subteto municipal; o subsídio dos governadores, o subteto estadual e distrital do Executivo; o subsídio dos deputados estaduais e distritais, o subteto estadual e distrital do Legislativo; o subsídio dos desembargadores, o subteto estadual e distrital do Judiciário. Para o Judiciário dos Estados e do DF foi criada, ainda, uma regra específica, limitando o subsídio mensal dos desembargadores a 90,25% do subsídio mensal dos ministros do STF, o que corresponderia ao escalonamento do art. 93, V, da CF.

Veja-se que *os subtetos se distinguem dos antigos tetos estaduais e municipais, pois não poderão, de maneira alguma, superar o teto nacional.*

A *EC 47/2005*, no entanto, acrescentou ao art. 37 o § 11, para *excluir do teto as chamadas parcelas de caráter indenizatório*, previstas em lei. Esse conceito é distinto do referente a parcelas de natureza pessoal ou individual, sendo mais restrito, posto só abranger parcelas de caráter eventual ou transitório que visam recompor o patrimônio do servidor por despesas feitas em razão do serviço, como as diárias, ajuda de custo e indenização de transporte, conquanto venha sendo dada, a nosso ver, uma exagerada ampliação em seu enquadramento, para o fim de incluir como tendo natureza indenizatória parcelas que nitidamente não têm esse feitio, como os auxílios moradia, creche e alimentação[204]. Ressalvou-se, dessa forma, certas parcelas que não são remuneratórias, como as diárias, por exemplo. Ao mesmo tempo, abriu-se a possibilidade de a lei, como em outras ocasiões, ampliar demasiadamente as exceções, tornando o teto, novamente, uma ficção.

Essa mesma Emenda criou, ainda, a *possibilidade de se ter um subteto estadual ou distrital único, tomando por base o subsídio dos desembargadores* (art. 37, § 12), respeitado o limite de 90,25% do subsídio dos Ministros do STF, *ressalvado o direito dos parlamentares*, que continuariam tendo um subteto independente. Aparentemente, essa regra, muito mal redigida, também poderia servir de subteto único para os Municípios, vez que há ressalva, quanto aos parlamentares, também do subsídio dos vereadores.

A primeira investida contra o teto nacional, com reflexo direto nos subtetos, foi a interpretação conforme à Constituição, dada ao inc. XI e ao § 12 do art. 37, pelo STF

---

203. O STF, inclusive, reconheceu a não autoaplicabilidade do teto nacional, quando do julgamento da MC na ADI 1.898/DF, Pleno, Rel. Min. Octávio Gallotti, j. 21.10.1998.

204. A parcela de natureza pessoal ou individual é devida ao servidor público pelo simples fato deste implementar algum requisito especial previsto em lei, como tempo de serviço, produtividade, qualificação acadêmica etc., tendo, em regra, no entanto, natureza remuneratória ou salarial. Nela, enquadrariam-se os adicionais e as gratificações em geral.

na *MC na ADI 3.854/DF*, para *afastar a limitação do subsídio dos desembargadores ao percentual previsto nos referidos dispositivos (90,25%)*[205].

O entendimento do STF é curioso, pois a propalada isonomia entre a magistratura estadual e federal é uma via de mão única, uma vez que não se estende à segunda nenhum tipo de vantagem das inúmeras criadas aos borbotões pelas legislações estaduais, para beneficiar as respectivas magistraturas locais e que não têm previsão na LOMAN[206]. Tal isonomia, assim, é só para efeito de fixação do teto, de modo que vai valer, para todos os efeitos, apenas a regra do inc. V do art. 93 da Constituição Federal, que criou o escalonamento de subsídios dos magistrados, tanto no âmbito federal quanto no estadual.

Embora a regra do escalonamento (art. 93, V), teoricamente, acarrete para os desembargadores o direito a um subsídio de 90,25%, exatamente como previsto no inc. XI do art. 37, a exclusão desse último limite permite que aqueles acresçam ao seu subsídio vantagens pessoais, o que permitirá, também teoricamente, o recebimento de valores apenas limitados pelo teto nacional, correspondente ao subsídio de ministro do STF.

Pois bem, após a EC 41/2003, finalmente se deu a regulamentação do teto nacional, com a edição da Lei 11.143/2005. Posteriormente, o subsídio de ministro do STF foi alterado, em decorrência dos acréscimos sofridos com as Leis 12.041/2009, 12.771/2012 e 13.091/2015[207].

Após pouco mais de cinco anos de vigência efetiva do teto nacional, o que se pôde verificar, até o momento, é que parece ter havido o corte dos supersalários, alguns de valores realmente astronômicos, existentes em Estados e Municípios, ao mesmo tempo em que as pressões de diversas categorias acabaram por acarretar o efeito de transformar o teto numa meta alcançável por todos, de forma que inúmeras categorias, hoje, ganham valores, em final de carreira, muito próximas do teto.

Quanto aos supersalários, o STF, num primeiro momento, concedeu inúmeras suspensões de segurança e de tutela antecipada, proibindo a vulneração ao teto, para evitar o que chamou de efeito multiplicador (*v.g.*, AgRg na SS 2.964/SP, Rel. Min. Ellen Gracie, j. 11.10.2007); no entanto, era razoável esperar que, na apreciação do mérito, a Corte viesse a autorizar exceções, nos casos em que a remuneração ou proventos já

---

205. "Magistratura. Remuneração. Limite ou teto remuneratório constitucional. Fixação diferenciada para os membros da magistratura federal e estadual. Inadmissibilidade. Caráter nacional do Poder Judiciário. Distinção arbitrária. Ofensa à regra constitucional da igualdade ou isonomia. Interpretação conforme dada ao art. 37, inc. XI, e § 12, da CF. Aparência de inconstitucionalidade do art. 2.º da Resolução n.º 13/2006 e do art. 1.º, § único, da Resolução n.º 14/2006, ambas do Conselho Nacional de Justiça. Ação direta de inconstitucionalidade. Liminar deferida. Voto vencido em parte. Em sede liminar de ação direta, aparentam inconstitucionalidade normas que, editadas pelo Conselho Nacional da Magistratura, estabelecem tetos remuneratórios diferenciados para os membros da magistratura estadual e os da federal" (STF, Pleno, ADI 3.854 MC/DF, Rel. Min. Cezar Peluso, j. 28.02.2007 (*Informativo 457*). O mérito ainda pende de julgamento.

206. Alguns casos primam pelo absurdo, como a vantagem denominada de "auxílio-livro" instituída para juízes de alguns estados.

207. O subsídio de ministro do STF corresponde, a partir de 1ª janeiro de 2015, ao montante de R$ 33.763,00 (trinta e três mil, setecentos e sessenta e três reais), em valores brutos, conforme art. 1.º, da Lei13.091/2015.

superavam o teto antes de sua adoção[208]. Nesses casos, o STF teria de decidir sobre a constitucionalidade do art. 9.º da EC 41/2003, que determina a imediata submissão ao teto constitucional, invocando, no pormenor, o disposto no art. 17 do ADCT, que já determinava tal submissão quando da promulgação da CF/1988, embora naquela ocasião ainda não existisse, como visto, um teto único. Em setembro de 2011, o STF reconheceu que a discussão do abate teto previsto na EC 41/2003 tem repercussão geral, admitindo a análise do tema pelo plenário da Corte nos autos do *RE 609.381/GO*. Em 02 de outubro de 2014, o referido recurso foi julgado, tendo prevalecido o entendimento de que o teto é aplicável de imediato, inclusive atingindo aqueles servidores que recebiam valores superiores ao máximo permitido na Constituição, mesmo que fixados anteriormente à emenda, não havendo que se falar em direito adquirido nestes casos (*Informativo* 761, Rel. Teori Zavascki).

É importante lembrar, por fim, que a CF/1988 só submete ao teto as empresas públicas e sociedades de economia mista, e respectivas subsidiárias, que recebem recursos da União, dos Estados, do Distrito Federal ou dos Municípios para pagamento de despesas de pessoal ou de custeio em geral (art. 37, § 9.º). As que não recebem tais recursos não estão sujeitas ao teto, e essa exclusão se justifica pela necessidade de se instrumentalizar tais entidades de quadros de direção de nível equivalente ao das empresas privadas, sendo necessário, por vezes, que os pagamentos sejam igualmente equivalentes aos vigentes nestas últimas[209].

5.5.10. Aposentadorias e pensões

A CF/1988 constituiu-se num marco na questão referente à disciplina do direito à inatividade dos trabalhadores, tendo criado o Regime Geral de Previdência Social – RGPS, em seu art. 201, regulamentado posteriormente pelas Leis 8.212/1991 e 8.213/1991. Esse Regime Geral substituiu os antigos Regime de Previdência Urbano e Regime de Previdência Rural, existentes na legislação anterior.

Os servidores públicos efetivos, no entanto, permaneceram *regidos por um regime especial*, denominado pela pouco inspirada expressão "Regime Próprio de Previdência Social – RPPS".

Na verdade, existem vários regimes próprios, um para os militares e outro para os servidores civis. Da mesma forma, os servidores federais são regidos por um regime próprio específico, tendo cada Estado, igualmente, um regime próprio específico. Os Municípios poderão ter seus regimes próprios conforme adotem sistemas previdenciários específicos para seus servidores.

O que não se pode ter é mais de um regime próprio por unidade gestora, considerando os servidores civis (art. 40, § 20, da CF/1988), o que significa dizer que a União, por exemplo, só pode ter um único regime próprio para atender a todos os servidores da Administração Pública federal direta, autárquica e fundacional, excetuados apenas os militares.

---

208. Nesse sentido, inclusive, já decidiu a 2.ª Turma no AgRg no AI 767.759/SE, Rel. Min. Eros Grau, j. 01.12.2009.

209. O STF, inclusive, já declarou constitucional decreto legislativo que sustou ato regulamentar que submetia tais entidades ao teto – ADI 1.553/DF, Rel. Min. Marco Aurélio, j. 13.05.2004.

5.5.10.1. Servidores abrangidos pelos Regimes Próprios de Previdência Social (RPPS)

A partir da Emenda Constitucional 20/1998, o regime próprio passou a ser adotado *exclusivamente* para os militares e servidores públicos civis *titulares de cargos efetivos da Administração direta, autárquica e fundacional*. Essa restrição foi mantida pela EC 41/2003.

Com isso, não se admite mais que servidores públicos ocupantes de cargos em comissão, sem vínculo efetivo, e os temporários, referidos no art. 37, IX, da CF/1988, sejam incluídos em regime próprio, devendo eles contribuir para o Regime Geral de Previdência Social, como os demais trabalhadores.

Nesse aspecto, *a Lei 9.717/1998*, ao regulamentar a organização e o funcionamento dos regimes próprios, é enfática ao *restringir a cobertura* de tais regimes aos servidores públicos titulares de cargos efetivos e militares, e respectivos dependentes (art. 1.º, V).

Na verdade, a EC 20/1998, não bastasse a alteração promovida no *caput* do art. 40 da CF/1998, ainda incluiu a regra do § 13, que é ainda mais expressa:

> "Ao servidor ocupante, exclusivamente, de cargo em comissão declarado em lei de livre nomeação e exoneração bem como outro cargo temporário ou de emprego público, aplica-se o regime geral de previdência social".

5.5.10.2. Titulares de mandato eletivo

A CF/1988, mesmo após as inúmeras e sucessivas alterações promovidas pelas ECs 20/1998, 41/2003 e 47/2005, não contém regra específica sobre a situação dos titulares de mandatos eletivos, como os Chefes dos Poderes Executivos federal, estaduais, distrital e municipais, e os parlamentares de cada esfera, que não sejam, ao mesmo tempo, servidores efetivos.

Pela redação atual do *caput* do art. 40 da Carta Magna, não temos dúvida em afirmar que tais pessoas estão vinculadas, como os exercentes de cargos em comissão, ao RGPS, salvo se tiverem algum vínculo efetivo com o Poder Público do qual estejam licenciados. Aliás, para estes, o art. 38, V, do texto constitucional manda considerar, expressamente, os valores que seriam recebidos, se no exercício do cargo efetivo estivessem, para fins previdenciários.

A Lei 9.506/1997, antes mesmo da EC 20/1998, havia incluído dispositivo na Lei 8.212/1991 (art. 12, I, letra *h*), para prever a cobrança de contribuição previdenciária dos exercentes de mandato eletivo, não vinculados a regimes próprios, ao equipará-los aos segurados empregados, regra declarada inconstitucional pelo STF no julgamento do RE 351.717/PR (Pleno, rel. Min. Carlos Velloso, j. 08/10/2003 – *Informativo STF 324*), o que acarretou a suspensão do dispositivo pelo Senado Federal (Resolução 26/2005). Superada a questão constitucional com a alteração promovida na Carta Magna pela EC 20, os mandatários de cargos eletivos, sem vínculo com regime próprio de previdência, foram reinseridos entre os segurados obrigatórios do RGPS pela Lei 10.887/2004.

Em alguns Estados, no entanto, tem sido comum a criação de "aposentadorias vitalícias", por vezes denominadas de "pensões" ou simplesmente "benefícios", especificamente para beneficiar essas autoridades, o que não encontra qualquer fundamento na atual Constituição Federal.

O STF já teve a oportunidade de declarar inconstitucional disposição de Emenda à Constituição do Estado do Mato Grosso do Sul, que criou tal benefício para ex-governadores daquele Estado, quando do julgamento da *ADI 3.853/MS*, tendo enfatizado que tal medida violava o equilíbrio federativo e os princípios da igualdade, moralidade e impessoalidade, além da responsabilidade nos gastos públicos[210]. A questão voltou à discussão na Suprema Corte mais recentemente, tendo esta, em caráter liminar, decretado a suspensão de dispositivo da Constituição do Pará que garantia pensão especial vitalícia aos ex-governadores do Estado (ADI 4.552/DF-MC, rel. Min. Carmem Lúcia, j. 09/04/2015)[211].

5.5.10.3. Caráter contributivo e solidário do sistema

Os regimes próprios são caracterizados pela natureza contributiva e solidária. Significa dizer que os benefícios que deles decorrem não têm natureza assistencial, dependendo de contribuição por parte dos servidores para sua implantação. Essas contribuições incidem, em princípio, sobre o total da remuneração ou subsídio percebido pelo servidor, com a exceção das parcelas de natureza indenizatória, geralmente identificadas pela lei. Atualmente, tais contribuições são conhecidas pelo designativo *Plano de Seguridade do Servidor Público – PSS*.

No âmbito federal, por exemplo, a contribuição social atualmente vigente é prevista no *art. 4.º da Lei 10.887/2004*, tratando este de discriminar, inclusive, as parcelas que não integram a base de cálculo da contribuição (§ 1º), como diárias, ajuda de custo para viagens, auxílio-creche[212], auxílio-alimentação etc.

O percentual da contribuição foi fixado pelo art. 4.º, *caput*, da Lei, sendo de 11%, incidente sobre a totalidade da base de contribuição, para os servidores que ingressaram antes da instituição do regime de previdência complementar, e que não aderiram a este (redação dada pela Lei 12.618/2012). A União, suas autarquias e fundações, por evidente, também devem contribuir para a manutenção do regime, como o fazem os empregadores no Regime Geral, devendo pagar contribuição equivalente ao dobro da contribuição do servidor ativo (art. 8.º), cabendo à União a cobertura de eventuais insuficiências financeiras do regime.

Impende salientar, no entanto, que a MP 807/2017, até o momento em que escrevemos não convertida em lei, criou uma segunda faixa, de 14%, sobre a base de contribuição que excede o limite estabelecido para os benefícios do RGPS.

O art. 16-A da Lei 10.887/2004 prevê a retenção, na fonte, da contribuição social do Plano de Seguridade do Servidor Público – PSS, decorrente de valores pagos em cumprimento de decisão judicial. Essa regra, como outras esparsas da Lei 10.887/2004, é de caráter nacional, vinculando também os Estados e Municípios, embora outras, como os arts. 4º, 5.º e 6.º, se apliquem apenas à União.

---

210. STF, Pleno, ADI 3.853/MS, Rel. Min. Cármen Lúcia, j. 12.09.2007.
211. Mérito pendente de julgamento (vide *Informativos 616 e 780*). Também pende de exame a ADI 3.418/MA, em que se questiona lei estadual do Maranhão que instituiu pensão especial para viúvas de ex-governadores.
212. A MP 805/2017 passou a denominar essa parcela de "auxílio pré-escolar".

O caráter solidário do regime atribui a ele natureza diversa dos chamados regimes de capitalização. O servidor não contribui para formar uma poupança própria, que irá financiar sua aposentadoria. Apesar de contribuir sobre seus vencimentos e de seus proventos serem calculados sobre tais contribuições, ele pode ser beneficiado pelas contribuições dos outros servidores, e aquelas pagas pelo próprio ente que mantém o regime, na medida em que este preencha os requisitos necessários à concessão de qualquer benefício.

Assim, um servidor acidentado, mesmo com poucos anos de contribuição, pode vir a ser aposentado, e a manutenção de sua aposentadoria, por período superior ao de contribuição, só é possível graças a essa natureza solidária do regime.

Por outro lado, é essa característica de solidariedade que justifica a incidência de contribuição sobre os proventos daqueles que já são aposentados, como veremos a seguir.

5.5.10.4. Contribuição dos inativos e pensionistas

Com a EC 41/2003, foi acrescentado ao texto constitucional o § 18 do art. 40, para prever a possibilidade de contribuição sobre proventos de aposentadorias e pensões.

As contribuições, no entanto, nao incidem em qualquer hipótese, mas apenas nos casos em que *os proventos superam o limite máximo estabelecido em lei para os benefícios do RGPS*, no mesmo percentual estabelecido para os servidores titulares de cargos efetivos.

No caso da União, a contribuição para o Plano de Seguridade Social do servidor (PSS) é de 11% sobre o valor da parcela dos proventos de aposentadorias e pensões que superam o limite máximo acima referido (art. 5.º da Lei 10.887/2004). A MP 807/2017 alterou esse dispositivo e elevou a alíquota para 14%.

A incidência dessa contribuição, uma inovação no direito brasileiro, se justifica juridicamente pelo princípio da solidariedade, que caracteriza os regimes previdenciários nacionais, conquanto ainda não exista equivalente contribuição no RGPS. O STF entendeu, também, não ser invocável a garantia constitucional do direito adquirido, visto que não existe direito adquirido a determinado regime jurídico, tampouco direito perpétuo à não incidência tributária. Assim, quando do julgamento das *ADI's 3.105/DF e 3.128/DF, o STF considerou constitucional a instituição da contribuição*, inclusive com relação aos servidores já na inatividade e respectivos pensionistas[213].

---

213. "1. Inconstitucionalidade. Seguridade social. Servidor público. Vencimentos. Proventos de aposentadoria e pensões. Sujeição à incidência de contribuição previdenciária. Ofensa a direito adquirido no ato de aposentadoria. Não ocorrência. Contribuição social. Exigência patrimonial de natureza tributária. Inexistência de norma de imunidade tributária absoluta. Emenda Constitucional n.º 41/2003 (art. 4.º, *caput*). Regra não retroativa. Incidência sobre fatos geradores ocorridos depois do início de sua vigência. Precedentes da Corte. Inteligência dos arts. 5.º, XXXVI, 146, III, 149, 150, I e III, 194, 195, *caput*, II e § 6.º, da CF, e art. 4.º, *caput*, da EC n.º 41/2003. No ordenamento jurídico vigente, não há norma, expressa nem sistemática, que atribua à condição jurídico-subjetiva da aposentadoria de servidor público o efeito de lhe gerar direito subjetivo como poder de subtrair ad aeternum a percepção dos respectivos proventos e pensões à incidência de lei tributária que, anterior ou ulterior, os submeta à incidência de contribuição previdencial. Noutras palavras, não há, em nosso ordenamento, nenhuma norma jurídica válida que, como efeito específico do fato jurídico da aposentadoria, lhe imunize os proventos e as pensões, de modo absoluto, à tributação de ordem constitucional, qualquer que seja a modalidade do tributo eleito, donde não haver, a respeito, direito adquirido com o aposentamento. 2. Inconstitucionalidade. Ação direta. Seguridade social. Servidor público. Vencimentos. Proventos de aposentadoria e pensões. Sujeição à incidência

Havia, também, uma regra de transição, estabelecida no art. 4.º da EC 41/2003, aplicável aos inativos e pensionistas em gozo de benefício na data de publicação da Emenda, bem como àqueles que já faziam jus à concessão dos benefícios respectivos, conforme previsão do próprio art. 3.º da EC. Por essa regra, os inativos e pensionistas dos Estados, do Distrito Federal e Municípios pagariam contribuição sobre o que ultrapassasse os 50% do limite máximo estabelecido para os benefícios do RGPS, e para os inativos e pensionistas da União, 60% desse mesmo limite. Essa regra, por ser claramente anti-isonômica, diferenciando os servidores da União em relação aos dos demais entes federativos, foi declarada inconstitucional pelo STF quando do julgamento das AD's 3.105/DF e 3.128/DF.

Por fim, diga-se que a EC 47/2005 criou uma regra mais benéfica de contribuição para os aposentados e pensionistas que forem portadores de doenças incapacitantes, de forma que estes somente contribuirão sobre a parcela que exceder o dobro do limite máximo estabelecido para o RGPS (art. 40, § 21, da CF/1988).

5.5.10.5. Hipóteses de inativação

De acordo com a nova redação do art. 40, § 1.º, da CF/1988, na redação dada pela EC 41/2003, com a alteração pontual promovida pela EC 88/2015, o servidor público tem direito à inativação ou à aposentadoria nas seguintes situações:

a) *por invalidez permanente, com proventos proporcionais ao tempo de contribuição, exceto se aquela for decorrente de acidente em serviço, moléstia profissional ou doença grave, contagiosa ou incurável, na forma da lei;*

---

de contribuição previdenciária, por força de Emenda Constitucional. Ofensa a outros direitos e garantias individuais. Não ocorrência. Contribuição social. Exigência patrimonial de natureza tributária. Inexistência de norma de imunidade tributária absoluta. Regra não retroativa. Instrumento de atuação do Estado na área da previdência social. Obediência aos princípios da solidariedade e do equilíbrio financeiro e atuarial, bem como aos objetivos constitucionais de universalidade, equidade na forma de participação no custeio e diversidade da base de financiamento. Ação julgada improcedente em relação ao art. 4.º, *caput*, da EC n.º 41/2003. Votos vencidos. Aplicação dos arts. 149, *caput*, 150, I e III, 194, 195, *caput*, II e § 6.º, e 201, *caput*, da CF. Não é inconstitucional o art. 4.º, *caput*, da Emenda Constitucional n.º 41, de 19 de dezembro de 2003, que instituiu contribuição previdenciária sobre os proventos de aposentadoria e as pensões dos servidores públicos da União, dos Estados, do Distrito Federal e dos Municípios, incluídas suas autarquias e fundações. 3. Inconstitucionalidade. Ação direta. Emenda Constitucional (EC n.º 41/2003, art. 4.º, § único, I e II). Servidor público. Vencimentos. Proventos de aposentadoria e pensões. Sujeição à incidência de contribuição previdenciária. Bases de cálculo diferenciadas. Arbitrariedade. Tratamento discriminatório entre servidores e pensionistas da União, de um lado, e servidores e pensionistas dos Estados, do Distrito Federal e dos Municípios, de outro. Ofensa ao princípio constitucional da isonomia tributária, que é particularização do princípio fundamental da igualdade. Ação julgada procedente para declarar inconstitucionais as expressões 'cinquenta por cento do' e 'sessenta por cento do', constante do art. 4.º, § único, I e II, da EC n.º 41/2003. Aplicação dos arts. 145, § 1.º, e 150, II, cc. art. 5.º, *caput* e § 1.º, e 60, § 4.º, IV, da CF, com restabelecimento do caráter geral da regra do art. 40, § 18. São inconstitucionais as expressões 'cinquenta por cento do' e 'sessenta por cento do', constantes do § único, incisos I e II, do art. 4.º da Emenda Constitucional n.º 41, de 19 de dezembro de 2003, e tal pronúncia restabelece o caráter geral da regra do art. 40, § 18, da Constituição da República, com a redação dada por essa mesma Emenda" (STF, Pleno, ADI 3.105/DF, Rel. p/ acórdão Min. Cézar Peluso, j. 18.08.2004).

b) *compulsoriamente, aos 70 anos de idade, com proventos proporcionais ao tempo de contribuição, ou aos 75 anos de idade, na forma da lei complementar (parte final acrescida pela EC 88/2015);*

c) *voluntariamente, desde que cumprido o tempo mínimo de dez anos de efetivo serviço público e cinco anos em cargo efetivo em que se dará a aposentadoria, aos 60 anos de idade e 35 anos de contribuição, se homem, e 55 anos de idade e 30 de contribuição, se mulher;*

d) *voluntariamente, desde que cumprido o tempo mínimo de dez anos de efetivo serviço público e cinco anos em cargo efetivo em que se dará a aposentadoria, aos 65 anos de idade, se homem, e 60 anos de idade, se mulher, com proventos proporcionais ao tempo de contribuição.*

Quanto à *aposentadoria por invalidez*, as *doenças graves, contagiosas ou incuráveis*, no âmbito federal, estão elencadas no *art. 186, § 1.º, da Lei 8.112/1990*, sendo as seguintes:

a) *tuberculose ativa;*
b) *alienação mental;*
c) *esclerose múltipla;*
d) *neoplasia maligna;*
e) *cegueira posterior ao ingresso no serviço público;*
f) *hanseníase;*
g) *cardiopatia grave;*
h) *doença de Parkinson;*
i) *paralisia irreversível e incapacitante;*
j) *espondiloartrose anquilosante;*
k) *nefropatia grave;*
l) *estados avançados do mal de Paget (osteíte deformante);*
m) *Síndrome de Imunodeficiência Adquirida (AIDS);*
n) *outras que a lei indicar, com base na medicina especializada.*

A própria lei deixa claro, portanto, que o rol é exemplificativo e não taxativo. Na ausência de identificação em outra lei específica, no entanto, não se pode, parece evidente, proibir que seja reconhecida a gravidade de determinada doença incurável no caso a caso[214]. Infelizmente, o STF firmou entendimento, no RE 656.860/MT (Pleno, rel. Min. Teori Zavascki, j. 21/08/2014), com repercussão geral reconhecida (Tema 524), no sentido de que é requisito necessário à concessão do benefício que a doença esteja prevista na lei.

Nas hipóteses de invalidez, o servidor deve ser submetido à junta médica oficial, que irá atestar a existência ou não de incapacidade (art. 186, § 3.º, da Lei 8.112/1990). Na esfera federal, é previsto que a aposentadoria por invalidez deve ser precedida de licença para tratamento de saúde por período não excedente a 24 meses (art. 188, § 1.º, da Lei

---

214. Nesse sentido: *1)* STJ, 2.ª T. – REsp 1.199.475/DF, Rel. Min. Eliana Calmon, j. 17.08.2010; *2)* STJ, 5.ª T. – REsp 942.530/SP, Rel. Min. Jorge Mussi, j. 02.03.2010.

8.112/1990). Superado esse prazo, se o servidor não estiver restabelecido, ele deve ser aposentado (art. 188, § 2.º, do Estatuto).

Claro que a necessidade de licença para tratamento de saúde depende da causa da incapacidade, sendo totalmente dispensável em alguns casos, conquanto a lei contenha uma regra impositiva.

Mesmo sendo permanente a incapacidade, a evolução da ciência médica e dos tratamentos pode ensejar a cura ou o restabelecimento do servidor inválido, razão pela qual é lícito à Administração Pública proceder a *reavaliações para o fim de verificar a permanência ou não das causas que deram ensejo à inativação (art. 188, § 5.º, da Lei 8.112/1990).*

Acresça-se, por fim, a informação de que a EC 70/2012 incluiu a regra de transição do artigo 6º-A da EC 41/2003, para assegurar aos servidores que ingressaram no serviço público até a data de publicação desta última Emenda Constitucional, que se aposentaram ou venham a se aposentar por invalidez permanente, o direito de terem seus proventos calculados com base na remuneração do cargo efetivo.

5.5.10.6. Aposentadoria compulsória por implemento de idade

A CF/1988 prevê que todo servidor público deve ser aposentado compulsoriamente aos 70 anos de idade, deixando o vínculo existente com a Administração Pública (art. 40, § 1.º, II).

A lógica dessa restrição é a necessidade de se renovar os quadros da Administração, dotando-a de servidores mais novos, em tese, mais capacitados fisicamente para dar continuidade aos serviços administrativos. Nos cargos de provimento em carreira, essa renovação também é importante para fazer com que as promoções ocorram com maior frequência.

Por outro lado, a regra constitucional original parecia ter ficado desatualizada em vista da sempre crescente expectativa de vida do brasileiro, sendo, também, um fator com efeito negativo nas contas dos regimes próprios de previdência, uma vez que impunha a aposentadoria a servidores que, talvez, ainda optassem por permanecer, alguns anos mais, no serviço ativo[215].

Não sem razão, existiam diversas propostas de alteração da regra na Constituição Federal, o que acabou sendo feito com o advento da EC 88/2015. Por outro lado, o STF tem firme jurisprudência no sentido de que as regras constitucionais sobre aposentadorias e pensões dos servidores públicos são de adoção obrigatória pelos Estados, não sendo possível a mudança do limite etário da aposentadoria compulsória por Constituição estadual[216].

---

215. Observe-se que a própria idade limite já foi diferente da atualmente prevista, sendo que no art. 170, § 3.º, da Constituição Federal de 1934 foi fixada em 68 anos de idade, tendo o dispositivo sido regulamentado pela Lei 583/1937.

216. "Ação direta de inconstitucionalidade. Medida cautelar. Art. 57, § 1.º, II, da Constituição do Estado do Piauí, na redação dada pela EC 32, de 27/10/2011. Idade para o implemento da aposentadoria compulsória dos servidores públicos estaduais e municipais alterada de setenta para setenta e cinco anos. Plausibilidade jurídica da alegação de ofensa ao art. 40, § 1.º, II, da CF. *Periculum in mora* igualmente configurado. Cautelar deferida com efeito *ex tunc*. I – É firme a jurisprudência desta Corte no sentido de que as normas constitucionais federais que dispõem a respeito da aposentadoria dos servidores públicos são de absorção obrigatória pelas Constituições dos Estados. Precedentes. II – A Carta Magna, ao fixar a idade para a aposentadoria compulsória dos servidores das três esferas da Federação em setenta anos (art. 40, § 1.º, II), não deixou margem para a atuação inovadora

O fato de o cargo ser dotado da garantia da vitaliciedade não exclui a imposição da aposentadoria compulsória, estando a ela sujeitos também os magistrados, membros do Ministério Público e das cortes de contas, o que foi reafirmado pelo STF quando do julgamento da *ADI 2.883/DF* (Pleno, Rel. Min. Gilmar Mendes, j. 30.08.2006).

Caso singular é o dos titulares dos serviços notariais e de registros públicos, posto que o STF, inicialmente, entendeu que, a partir da CF/1988, se lhes aplicariam as regras atinentes aos servidores públicos, incluindo a que prevê a aposentadoria compulsória[217]. Com a Emenda Constitucional 20/1988, o entendimento da Corte passou a ser o de que não é mais aplicável aos referidos agentes as regras sobre aposentadoria dos servidores públicos, inclusive quanto à aposentadoria compulsória (STF, Pleno, ADI 2.602/DF, Rel. Min. Joaquim Barbosa, j. 24.11.2005), embora se tenha ressalvado a plena aplicabilidade do entendimento anterior, quanto àqueles que implementaram a idade da compulsória anteriormente à vigência da aludida emenda constitucional (STF, Questão de Ordem na Petição 2.915, 1.ª T., Rel. Min. Sepúlveda Pertence, j. 15.04.2003).

Outro caso interessante diz respeito aos titulares de serventias judiciais não estatizadas. Recentemente o STF julgou o tema em repercussão geral, nos autos do RE 647827/PR[218], e entendeu que *não se aplica a aposentadoria compulsória prevista no art. 40, § 1º, II, da CF aos titulares de serventias judiciais não estatizadas, desde que não sejam ocupantes de cargo público efetivo e não recebam remuneração proveniente dos cofres públicos.*

Veja-se que não é toda serventia judicial não estatizada que foge à regra da aposentadoria compulsória. Se a serventia, não obstante não ser estatizada, ela for ocupada por servidor púbico de cargo público efetivo e receber remuneração proveniente dos cofres públicos, se aplica a regra da aposentadoria compulsória. Isso porque, mesmo trabalhando em uma serventia não estatizada, ele é servidor público.

Em sendo serventia judicial oficializada, não há dúvidas! Se aplica, normalmente, as regras de aposentadoria compulsória. Deve ser enfatizado que a aposentadoria compulsória *incide de maneira automática quando se perfaz o requisito etário*. O ato declaratório posterior tem vigência a partir do dia imediato àquele em que o servidor atingir a idade limite de permanência no serviço ativo (art. 187 da Lei 8.112/1990).

No que se refere à alteração promovida pela EC 88/2015, observa-se que ao texto constitucional permanente se inseriu cláusula alternativa pela qual manteve-se o limite etário de 70 (setenta) anos, com a possibilidade, no entanto, de elevação até os 75 (setenta e cinco) anos, conforme disposto em lei complementar. A EC 88, que enquanto tramitava no Congresso Nacional recebeu a pejorativa designação de "PEC da bengala", instituiu, também, uma regra casuística, supostamente para evitar novas nomeações pelo Governo que então estava no poder e a fim de atender os interesses pessoais de algumas autoridades,

---

do legislador constituinte estadual, pois estabeleceu, nesse sentido, norma central categórica, de observância obrigatória para Estados e Municípios. III — Mostra-se conveniente a suspensão liminar da norma impugnada, também sob o ângulo do perigo na demora, dada a evidente situação de insegurança jurídica causada pela vigência simultânea e discordante entre si dos comandos constitucionais federal e estadual. IV — Medida cautelar concedida com efeito *ex tunc*" (STF, Pleno, ADI-MC 4.696/DF, Rel. Min. Ricardo Lewandowski, j. 01.12.2011).

217. STF, Pleno, RE 178.236/RJ, Rel. Min. Octavio Gallotti, j. 07.03.1996.
218. STF. Plenário. RE 647827/PR, Rel. Min. Gilmar Mendes, julgado em 15/2/2017 (repercussão geral) (Informativo n.º 854)

acrescentando ao ADCT o art. 100, pelo qual se estabeleceu que, independentemente da lei complementar, a regra do limite etário de 75 anos já valeria para ministros de tribunais superiores e do TCU.

Curiosamente, o texto do aludido art. 100 contém expressão de difícil compreensão, localizada em sua parte final, que estabeleceu o direito à vigência imediata do limite etário para as autoridades elencadas no artigo *"nas condições do art. 52 da Constituição Federal"*. O STF, ao analisar a ADI 5.316/DF-MC[219], entendeu que se pretendia, com tal inclusão, submeter as autoridades referidas a uma nova sabatina perante o Senado Federal, concluindo pela aparente inconstitucionalidade da expressão inserida no dispositivo, por ofensa ao princípio da separação dos Poderes. Nesse mesmo julgamento, a Corte fixou interpretação conforme à Constituição, no sentido de que para os magistrados, seria necessária lei complementar de iniciativa do STF para tratar da aposentadoria compulsória.

Em tempo recorde, de qualquer modo, o Congresso Nacional aprovou a Lei Complementar 152/2015, regulamentando a alteração constitucional e elevando o limite etário para inativação compulsória de todos os servidores públicos, inclusive magistrados. A regra, aliás, vale para todas as esferas da Federação. Criou-se apenas uma regra de transição para o pessoal do Serviço Exterior Brasileiro (parágrafo único do art. 1º).

Como se vê, não se respeitou a interpretação dada pela Suprema Corte na decisão liminar proferida na ADI 5.316/DF-MC. Havia, no entanto, indicativo, pelo próprio STF, após o julgamento cautelar referido, e que teria sido levado a efeito em decisão administrativa, de que a lei complementar geral poderia tratar do tema. Decisão tomada após imensa pressão feita por membros de tribunais de segunda instância, diretamente interessados na rápida alteração do limite etário.

Seguramente, a lei complementar prevista na nova redação do art. 40, § 1º, II, é de caráter geral, mas, ao mesmo tempo, parece-nos equivocada a adoção de limite etário que não abra a possibilidade de qualquer tipo de ressalva, conforme a natureza da atividade desenvolvida pelo servidor público.

Basta imaginar servidores policiais que desenvolvem atividades predominantemente físicas e de risco, como os agentes de polícia. O simples deslocamento desses servidores para atividades burocráticas, pelo reconhecimento de sua incapacidade física para as atividades que antes desempenhavam, pode não constituir uma solução adequada, posto não serem essas as atividades necessárias ou prioritárias dos órgãos de segurança pública em dado momento.

Quanto ao imbróglio que envolve os interesses dos magistrados, não sendo a elevação etária promovida pela LC 152 de interesse dos juízes do primeiro grau de jurisdição, posto postergar-lhes o acesso aos Tribunais, a discussão sobre o vício de iniciativa da referida lei foi levada ao STF na ADI 5.430/DF[220], pendente de julgamento.

---

219. Pleno, rel. Min. Luiz Fux, j. 21/05/2015 (*Informativo 786*). O mérito pende de julgamento.
220. Rel. Min. Celso de Mello. Nesta ação impugna-se o inciso II, do art. 1º da LC. Já na ADI 5.490/DF (rel. Ministra Cármen Lúcia), também pendente de julgamento, impugna-se o inciso III, que trata dos membros do Ministério Público.

5.5.10.7. Integralidade e paridade de proventos

Na redação original do art. 40 da CF/1988 eram asseguradas ao servidor público, regido por regime próprio, duas garantias adicionais, que estremavam a situação daquele em relação à situação dos demais trabalhadores, regidos pelo RGPS.

A primeira era a *integralidade*, a garantia *de que o valor dos proventos de aposentadoria seria equivalente ao valor da remuneração percebida pelo mesmo servidor na ativa, no momento imediatamente anterior à inativação*.

Essa garantia, no entanto, era apenas para os servidores que se aposentavam por tempo de serviço, e após 35 anos, se homem, ou 30 anos, se mulher, ressalvadas as hipóteses de aposentadorias especiais.

A segunda garantia era a *paridade*, ou seja, a de que *o valor dos proventos seria sempre reajustado nos mesmos níveis e percentuais dos servidores da ativa*, aí pouco importando se a aposentadoria era com proventos proporcionais ou integrais.

Assim, não havia nos regimes próprios teto máximo no valor dos benefícios, como no RGPS, ressalvada a observância ao teto geral constitucional de remunerações e proventos, tampouco critérios diferenciados de reajustamento dos proventos em relação às remunerações do pessoal da ativa.

Com a *EC 20/1998*, o requisito *tempo de serviço foi substituído pelo requisito tempo de contribuição*, não se admitindo mais computar tempo de trabalho sem contribuição, uma absurda distorção, existente no direito brasileiro, que ainda é amplamente aplicada no RGPS, graças às regras de transição lá existentes.

A EC 20/1998 também acrescentou ao texto constitucional o § 14 ao art. 40, para prever a possibilidade de criação de *teto dos proventos*, equivalente ao existente no RGPS, desde que a entidade respectiva instituísse regime de previdência complementar. A aplicação da regra, no entanto, dependeria de aquiescência do próprio servidor, caso este já tivesse ingressado no serviço público (art. 40, § 16).

Essas regras nunca saíram do papel, e acabaram perdendo completamente sua importância com a posterior edição da EC 41/2003. A partir dessa última Emenda, promoveu-se uma profunda alteração no art. 40 da CF/1988, aproximando-se os regimes próprios do RGPS. Com efeito, a primeira medida foi acabar com as regras da integralidade e paridade.

A partir da *EC 41/2003, a integralidade foi substituída por um cálculo semelhante ao vigente para as aposentadorias do RGPS*, devendo considerar as contribuições do servidor para os regimes de previdência, tanto próprio como geral (art. 40, § 3.º, da CF/1988).

Já *a paridade foi substituída por regra mais geral de garantia do valor real, conforme critérios estabelecidos em lei* (art. 40, § 8.º), semelhantemente ao que já existia para o RGPS.

Assim, a partir da EC 41/2003, teoricamente, aposentadorias e pensões de servidores públicos passaram a ser calculadas considerando as contribuições do servidor, e não apenas sua última remuneração; bem como os valores dos benefícios passaram a ser reajustados conforme critérios definidos em lei, e não conforme índices e percentuais aplicados às remunerações do pessoal da ativa. Dessa forma, *para as novas aposentadorias e pensões não se aplica mais a disposição do art. 189 da Lei 8.112/1990*, valendo o mesmo para as legislações estaduais e municipais que contenham disposições semelhantes. Não obstante, seria necessário, ainda, regulamentar as disposições da emenda constitucional quanto à integralidade e à paridade.

A *Lei 10.887/2004* instituiu, em seu art. 1.º, regra de caráter nacional, que manda considerar a *média aritmética simples das maiores remunerações*, utilizadas como base para as contribuições do servidor aos regimes de previdência a que estiver vinculado, correspondentes a 80% de todo o período contributivo desde a competência julho de 1994 ou desde a do início da contribuição, se posterior àquela competência. Equiparou-se, portanto, a forma de cálculo da renda inicial dos proventos de aposentadoria dos servidores públicos estatutários à regra vigente no RGPS desde 1999, instituída com a Lei 9.876.

Quanto à paridade, a Lei 10.887/2004, em seu art. 15, apenas dizia que a correção seria feita nas mesmas datas vigentes para o RGPS, nada dispondo sobre os índices aplicáveis. Com a Medida Provisória 431/2008, posteriormente convertida na Lei 11.784/2008, finalmente, foi modificado aquele dispositivo, para se vincular às correções aos *mesmos índices adotados para o RGPS*.[221]

Lembremos, no entanto, que todas estas restrições são ressalvadas, em relação aos servidores que já haviam ingressado no serviço público, por uma série de regras de transição que veremos adiante.

5.5.10.8. Aposentadoria por tempo de serviço (contribuição) proporcional

Até a EC 20/1998 havia a previsão de inativação, para o servidor público, com proventos proporcionais ao tempo de serviço, posteriormente alterado para tempo de contribuição, aos 30 anos de serviço, se homem, e 25 anos de serviço, se mulher.

A EC 20/1998 revogou essa regra, *não existindo mais tal benefício*. A mesma Emenda, no entanto, continha uma *regra de transição (art. 8.º, § 1.º)*, pela qual foi mantido o direito para aqueles que haviam ingressado no serviço público até a data da publicação da Emenda (16.12.1998).

Por essa regra de transição, ao tempo faltante para o atingimento do requisito tempo de serviço/contribuição se acrescentaria tempo adicional, denominado pela doutrina e pela jurisprudência de "pedágio", correspondente a 40% do período faltante. Além disso, o servidor teria que preencher um requisito etário, até então inexistente, correspondente a 53 anos de idade para os homens e 48 anos de idade para as mulheres.

A *EC 41/2003*, no entanto, *revogou tal disposição, não tendo previsto qualquer regra semelhante*.

Assim, a menos que o servidor tenha cumprido os requisitos durante a vigência do art. 8.º, § 1.º, da EC 20/1998, não há mais a possibilidade de concessão, a partir da EC 41, de qualquer aposentadoria por tempo de contribuição proporcional.

5.5.10.9. Aposentadorias especiais no serviço público

Com a EC 20/1998, *foram extintas as aposentadorias especiais de magistrados, membros do Ministério Público e de tribunais de contas*, que se aposentavam, com proventos integrais, aos 30 anos de serviço.

---

221. Essa disposição, no entanto, é contestada na ADI 4.582/RS (Rel. Min. Marco Aurélio), no que tange à obrigatoriedade de sua observância pelos Estados e Municípios, tendo o STF deferido medida cautelar para restringir a aplicação da regra aos servidores federais.

Essa regra, aliás, era discriminatória em todos os sentidos, pois só beneficiava os homens, já que as mulheres, pela regra geral de inativação, já possuíam o direito à aposentadoria, com proventos integrais, com o referido tempo de serviço.

Também foi extinta a aposentadoria especial para os professores do ensino superior, mantida, no entanto, a aposentadoria especial para professores do ensino médio e fundamental e da educação infantil (art. 40, § 5.º, da CF/1988). Essa aposentadoria especial pressupõe o *exercício efetivo em funções de magistério*, não se admitindo a contagem de outras atividades[222], ainda que desempenhadas em escolas e instituições de ensino, como cargos de direção escolar. Seria necessário, assim, o exercício exclusivo da chamada regência de classe. O *STF, no entanto, a partir do julgamento da ADI 3.772/DF, passou a admitir a contagem, como função de magistério, das atribuições de direção, coordenação e assessoramento pedagógico, desde que exercidas por professores de carreira*, excluídos os especialistas em educação[223].

A EC 20/1998, no entanto, continha regras de transição para os casos de aposentadorias especiais que foram extintos por ela. Essas regras, hoje, constam do art. 2.º, §§ 2.º, 3.º e 4.º, da EC 41/2003, constituindo-se, basicamente, do acréscimo, sobre o tempo de serviço público anterior à EC 20/1998, de um percentual de 17%, mas apenas para os homens, no caso de magistrados, membros do Ministério Público e tribunais de contas, e para homens e mulheres, no caso do magistério superior, caso em que o percentual será elevado a 20% para as últimas.

A *EC 20/1998 proibiu*, ainda, *a concessão de qualquer aposentadoria, ainda que prevista em lei, que não tivesse por fundamento o exercício de atividades sob condições especiais que prejudiquem a saúde ou a integridade física*, conforme rol a ser definido em lei complementar.

Com a *EC 47/2005* foi prevista, também, a possibilidade de aposentadoria especial para *pessoas que exercem atividades de risco e para portadores de deficiência*.

Foi mantida, para todos os casos, a exigência de lei complementar, não tendo havido, até o momento, a sua edição. Aliás, a redação atual dá a entender que teríamos uma lei complementar para cada uma das hipóteses arroladas no art. 40, § 4.º, o que parece ser um exagero do constituinte derivado.

Ante a omissão do Congresso Nacional, o STF foi obrigado a se manifestar sobre o tema, principalmente em vista daqueles casos em que servidores públicos atuam, anos a fio, em atividades perigosas ou insalubres.

---

222. STF, AgRg no RE 528.343/DF, 2.ª T., Rel. Min. Gilmar Mendes, j. 16.11.2010.
223. "Ação direta de inconstitucionalidade manejada contra o art. 1.º da Lei Federal 11.301/2006, que acrescentou o § 2.º ao art. 67 da Lei 9.394/1996. Carreira de magistério. Aposentadoria especial para os exercentes de funções de direção, coordenação e assessoramento pedagógico. Alegada ofensa aos arts. 40, § 5.º, e 201, § 8.º, da Constituição Federal. Inocorrência. Ação julgada parcialmente procedente, com interpretação conforme. I – A função de magistério não se circunscreve apenas ao trabalho em sala de aula, abrangendo também a preparação de aulas, a correção de provas, o atendimento aos pais e alunos, a coordenação e o assessoramento pedagógico e, ainda, a direção de unidade escolar. II – As funções de direção, coordenação e assessoramento pedagógico integram a carreira do magistério, desde que exercidos, em estabelecimentos de ensino básico, por professores de carreira, excluídos os especialistas em educação, fazendo jus aqueles que as desempenham ao regime especial de aposentadoria estabelecido nos arts. 40, § 5.º, e 201, § 8.º, da Constituição Federal. III – Ação direta julgada parcialmente procedente, com interpretação conforme, nos termos *supra*" (STF, ADI 3.772/DF, Red. p/ acórdão Min. Ricardo Lewandowski, j. 29.10.2008 – vide *Informativos STF 502 e 526*).

Na mesma linha que havia adotado para a questão envolvendo o direito de greve no serviço público, *a Corte Suprema reconheceu o direito à aposentadoria especial do servidor público*, conforme decisão proferida no *Mandado de Injunção 1.083/DF, adotando-se as regras definidas para os trabalhadores em geral na legislação previdenciária do RGPS*, em especial os arts. 57 e 58 da Lei 8.213/1991[224]. Importante observar que essas disposições legais continuarão vigorando até a edição da lei complementar que regulamentará o direito à aposentadoria especial, em vista do disposto no art. 15 da EC 20/1998. Sacramentando esse posicionamento, a Corte acabou por baixar a *Súmula Vinculante 33*[225].

Por proposta do Procurador-Geral da República, o STF iniciou a análise de revisão da SV 33, a fim de verificar a possibilidade de inclusão, na redação da Súmula, da situação referente ao servidor público portador de deficiência, em virtude, igualmente, da mora legislativa do Congresso Nacional em regulamentar o direito à aposentadoria especial desses servidores (PSV 118, *Informativo STF 818*).

Por outro lado, o simples reconhecimento do direito à aposentadoria especial, conforme graus de exposição a agentes insalubres e perigosos, na forma da legislação, não garante o reconhecimento do direito de todos os servidores públicos de uma categoria profissional à inativação com regras especiais, pelo simples exercício de um cargo determinado. Para tanto, seria necessária previsão legal que, na forma da disposição constitucional vigente, enquadrasse a profissão como sendo de "risco".

Nessa linha, o STF rejeitou o Mandado de Injunção 833/DF (Pleno, red. p/acórdão Min. Roberto Barroso, j. 11/06/2015 – *Informativo STF 789*), em que oficiais de Justiça queriam que se lhes aplicasse, por analogia, a legislação referente à aposentadoria especial de servidores policiais, uma vez que a exposição daqueles a situações de risco seria eventual. Mesma conclusão, foi adotada no MI 844, julgado em conjunto com o MI 833, mas analisando a situação dos inspetores e agentes de segurança judiciária, analistas e técnicos com atribuições de segurança do Ministério Público da União.

Questão distinta do direito à aposentadoria especial, que pressupõe o cumprimento de todo o tempo de contribuição previsto para a aquisição do benefício na atividade especial, é o da contagem de parte do tempo especial para fins de aposentadoria comum, mediante conversão, direito garantido aos segurados do Regime Geral de Previdência

---

224. "Mandado de injunção. Natureza. Conforme disposto no inciso LXXI do artigo 5.º da Constituição Federal, conceder-se-á mandado de injunção quando necessário ao exercício dos direitos e liberdades constitucionais e das prerrogativas inerentes à nacionalidade, à soberania e à cidadania. Há ação mandamental e não simplesmente declaratória de omissão. A carga de declaração não é objeto da impetração, mas premissa da ordem a ser formalizada. Mandado de injunção. Decisão. Balizas. Tratando-se de processo subjetivo, a decisão possui eficácia considerada a relação jurídica nele revelada. Aposentadoria. Trabalho em condições especiais. Prejuízo à saúde do servidor. Inexistência de lei complementar. Artigo 40, § 4.º, da Constituição Federal. Inexistente a disciplina específica da aposentadoria especial do servidor, impõe-se a adoção, via pronunciamento judicial, daquela própria aos trabalhadores em geral – artigo 57, § 1.º, da Lei n.º 8.213/91. Aposentadoria especial. Servidor público. Trabalho em ambiente insalubre. Parâmetros. Os parâmetros alusivos à aposentadoria especial, enquanto não editada a lei exigida pelo texto constitucional, são aqueles contidos na Lei n.º 8.213/91, não cabendo mesclar sistemas para, com isso, cogitar-se de idade mínima" (STF, Pleno, MI 1.083/DF, Rel. Min. Marco Aurélio, j. 02.08.2010).

225. *Súmula Vinculante 33*: "Aplicam-se ao servidor público, no que couber, as regras do Regime Geral de Previdência Social sobre aposentadoria especial de que trata o artigo 40, parágrafo 4.º, inciso III, da Constituição Federal, até edição de lei complementar específica".

Social desde, pelo menos, a Lei 6.887/1980 (matéria regida, atualmente, no art. 57, § 5º da Lei 8.213/1991). A SV 33 não é específica quanto ao tema em relação aos servidores públicos, razão pela qual o STF foi instado a decidir sobre sua extensão no MI 4.204/DF (rel. Min. Roberto Barroso, *Informativo STF 783*), ainda pendente de julgamento final.

5.5.10.9.1. Aposentadoria especial de servidores públicos policiais e Lei Complementar 144/2014

Regulamentando o art. 100, § 2.º, da Constituição Federal de 1967, na redação dada pela Emenda Constitucional 1/1969, foi editada em 1985 a Lei Complementar 51, tratando da aposentadoria especial do "funcionário policial", de maneira que a este se garantia o direito à aposentadoria, voluntária, com proventos integrais, após 30 anos de serviço, desde que contasse, pelo menos, com 20 anos de exercício em cargo de natureza estritamente policial[226].

Com a nova redação dada à Constituição Federal de 1988 pela EC 20/1998, ficou claramente sem aplicação as disposições da aludida lei complementar, visto que o § 4.º do art. 40 da Carta Magna somente autorizava a concessão de aposentadoria mediante critérios e requisitos diferenciados para os casos de atividades "exercidas exclusivamente sob condições especiais que prejudiquem a saúde ou a integridade física, definidos em lei complementar".

No entanto, com a Emenda Constitucional 47/2005, o dispositivo foi alterado, prevendo-se também a possibilidade de aposentadorias diferenciadas para "portadores de deficiência" e para aqueles que "exerçam atividades de risco".

É indubitável que a atividade policial é uma atividade de risco, enquadrando-se na ressalva prevista no inc. II do § 4.º do art. 40 da Magna Carta, na redação dada pela Emenda Constitucional 47.

Nessa senda, a Lei Complementar 144, decorrente de forte pressão dos setores corporativos interessados, foi editada em 2014, dando nova redação à Lei Complementar 51, e prevendo novamente a aposentadoria especial para servidores policiais, nos seguintes moldes:

> *a) voluntariamente, com proventos integrais, aos 30 anos de contribuição, desde que conte, pelo menos, com 20 anos de exercício em cargo de natureza estritamente policial, se homem;*
>
> *b) voluntariamente, com proventos integrais, aos 25 anos de contribuição, desde que conte, pelo menos, com 15 anos de exercício em cargo de natureza estritamente policial, se mulher;*
>
> *c) compulsoriamente, com proventos proporcionais ao tempo de contribuição, aos 65 anos de idade, qualquer que seja a natureza dos serviços prestados.*

A primeira observação a ser feita é que a expressão "servidor público policial", atribuída pela lei complementar, a nosso sentir, não abrange os policiais militares dos

---

226. Mais remotamente, a Lei 3.313/1957 disciplinava a aposentadoria dos servidores do extinto Departamento Federal de Segurança Pública, prevendo a aposentadoria destes, com proventos integrais, ao completarem 25 anos de serviço. Essa norma era compatível com o disposto no art. 191, § 4.º, da Constituição de 1946.

Estados, uma vez que estes, desde a Emenda Constitucional 18/1998, passaram a ter um regime jurídico completamente desvinculado daquele atribuído aos servidores públicos civis, inclusive deixando a Constituição Federal de utilizar-se da expressão "servidor" para designar os militares.

Assim, o âmbito de abrangência da lei complementar compreende as carreiras policiais federais, incluindo a rodoviária, e as policiais civis dos Estados e do Distrito Federal. Quanto aos policiais militares, nem haveria mesmo razão para lei específica quanto ao tema, visto que a inativação destes já deve ser objeto de lei especial, conforme regra de remissão do art. 42, § 1.º ao art. 142, § 3.º, X, ambos da Carta Magna.

Estabelecido isso, deve-se questionar a razão pela qual o Constituinte derivado mitigou, pela EC 47, a restrição anterior quanto à concessão de aposentadoria especial, uma vez que, considerada a atividade tipicamente policial, poder-se-ia imaginar que todos os policiais, indistintamente, seriam beneficiados com essa modalidade de inativação.

Na prática, não é bem assim, posto que a atividade policial, embora envolva riscos inerentes à profissão, como a de ser vítima de retaliação por parte de criminosos, a de morrer ou ser gravemente ferido em confronto armado com bandidos ou até mesmo o estresse permanente a que se está submetido no desempenho das atividades, não necessariamente poderá estar ligada à exposição de agentes nocivos à saúde. Por isso, parece ter andado bem, o Constituinte derivado, ao criar a categoria "atividades de risco" para excepcionar a rigidez do regramento constitucional sobre aposentadoria especial.

Claro que a lógica do sistema só se manterá íntegra, conforme a interpretação que se dê ao termo "cargo de natureza estritamente policial", que, infelizmente, a lei complementar não se deu ao trabalho de definir, permitindo que os Estados, e mesmo a administração pública federal, criem interpretações que podem ser por demais ampliativas, envolvendo, por exemplo, atividades meramente burocráticas ou auxiliares da força policial.

Também não se entende a regra especial atinente às aposentadorias compulsórias (art. 1.º, I, da Lei Complementar 51, na redação dada pela Lei Complementar 144), visto que o dispositivo se refere a "qualquer que seja a natureza dos serviços prestados", sendo patente a violação da autorização especial conferida na Constituição Federal. Ora, se o exercício do cargo não envolve atividade de risco, que pode ser presumida nos cargos de natureza estritamente policial, não há que se falar em critérios e requisitos diferenciados para aposentadoria, daí por que nos parece ser inconstitucional a disposição legal em questão.

5.5.10.10. Tempo de contribuição e contagem recíproca

O tempo de contribuição é relevante para o direito à inativação, pois se constitui no requisito fundamental para a concessão da aposentadoria por tempo de contribuição e, ao mesmo tempo, corresponde à base de cálculo de todas as demais aposentadorias, com exceção, exclusivamente, da aposentadoria por invalidez com proventos integrais.

A EC 20/1998 acabou com um verdadeiro sorvedouro de dinheiro público, *proibindo*, expressamente, *a contagem do chamado tempo de contribuição fictício* (art. 40, § 10, da CF/1988). Com isso, não é mais possível que a legislação ordinária autorize a contagem em dobro, para fins de aposentadoria, de licenças não gozadas, férias não tiradas e assim por diante, expedientes que eram, até certo ponto, comuns na legislação ordinária[227].

Quanto à *contagem recíproca do serviço público prestado em diferentes regimes, bem como aquele prestado no RGPS*, não se trata, propriamente, de uma novidade, pois tem suas origens na Lei 6.226/1975, para os servidores federais, e na Lei 6.864/1980, para os servidores municipais e estaduais.

O atual art. 40, § 9.º, da CF/1988 assegura a contagem do tempo de contribuição federal, estadual ou municipal tão somente. Mas o art. 201, § 9.º, garante a contagem recíproca também para o RGPS, prevendo, contudo, a compensação financeira entre os regimes previdenciários, matéria regulamentada *na Lei 9.796/1999 e no Decreto 3.112/1999*.

Interessante notar que a contagem recíproca referida na CF/1988 sempre considerou o *tempo de contribuição*, e não tempo de serviço, de modo que só é possível a contagem quando vertidas contribuições previdenciárias para o respectivo regime de origem. Não se admite, assim, que o servidor queira contar como tempo de contribuição a atividade rural, desenvolvida por ele, sem recolhimento de contribuições[228].

Para esse efeito, da mesma forma, não se pode mais admitir a contagem do tempo de advocacia, sem contribuição, dos magistrados do chamado quinto constitucional, prevista no art. 77 da LOMAN (Lei Complementar 35/1979), já reconhecido como não recepcionado pelo STF[229].

5.5.10.11. *Acumulação de aposentadorias e aplicação do teto constitucional*

A CF/1988 *veda a acumulação de aposentadorias dentro de regimes próprios* (art. 40, § 6.º), ressalvados apenas os casos em que é permitida a acumulação de cargos. O art. 37, § 10, ademais, impede a acumulação de proventos entre regime próprio civil e regime próprio de militares.

O § 10 do art. 37, no entanto, acrescentado pela EC 20/1998, abriu a possibilidade de que o servidor aposentado *acumule seus proventos com os valores percebidos como remuneração pelo exercício de cargo em comissão*. Com isso, permite-se que servidores aposentados voltem ao serviço ativo na condição de ocupantes de cargos em comissão, de livre nomeação e exoneração, oferecendo-lhes um atrativo que, se inexistente, dificilmente os motivaria a assumir tais funções.

Como a regra é a vedação à acumulação, o *Decreto 2.027/1996* exige, na esfera federal, que o servidor aposentado, quando nomeado para cargo efetivo não acumulável, faça a opção pela sua remuneração, sob pena de não poder tomar posse.

Não há, no entanto, vedação à acumulação de uma aposentadoria no regime próprio e outra no RGPS, desde que se tratem, por óbvio, de atividades diversas. Assim, o servidor pode ter uma aposentadoria como professor e outra em cargo técnico, no regime próprio,

---

227. Nesse sentido, não tem mais aplicação a regra do art. 222, § 3.º, *d*, da Lei Complementar 75/1993, que permitia a contagem em dobro, para fins de aposentadoria, do período de licença-prêmio não gozada. Regra, aliás, que já se revelava absurdamente imoral.

228. Nesse sentido decidiu o pleno do STF no MS 26.919/DF, Rel. Min. Marco Aurélio, j. 14.04.2008.

229. STF, RE 250.948/RS, 2.ª T., Rel. Min. Néri da Silveira, j. 19.03.2002.

uma vez que permitida a acumulação de tais cargos, e ainda ter direito a uma terceira aposentadoria, também como professor, referente a emprego desempenhado na iniciativa privada. Pressupõe-se, é claro, a compatibilidade de horários.

Já o teto constitucional previsto no art. 37, XI, da CF/1988 *é igualmente aplicado aos valores de proventos*, na forma do disposto no art. 40, § 11, da Carta Magna, mesmo em se tratando de acumulação de cargos ou empregos públicos. Lembrando que o STF, ao analisar a matéria em Repercussão Geral, entendeu que *"nos casos autorizados constitucionalmente de acumulação de cargos, empregos e funções, a incidência do art. 37, XI, da Constituição Federal pressupõe consideração de cada um dos vínculos formalizados, afastada a observância do teto remuneratório quanto ao somatório dos ganhos do agente público"*. Por outras palavras: em uma interpretação literal da CF chega-se à conclusão que a soma das remunerações dos *dois cargos não pode ser superior ao teto*. Todavia, o entendimento jurisprudencial é que *o limite do teto deverá ser considerado separadamente para cada um dos vínculos*. Assim, a remuneração de cada cargo não pode ser superior ao teto, sendo possível que a soma dos dois ultrapasse esse limite.

[230] A EC 20/1998 também incluiu ao texto constitucional o art. 248, para limitar ao teto geral os benefícios, à conta do Tesouro Nacional, que sejam pagos pelo regime geral de previdência social, quando já não limitados pelo teto nele vigente. É que, ao longo do tempo, a União assumiu a responsabilidade financeira pelo pagamento de proventos de determinadas categorias, outrora servidores públicos, de setores que foram posteriormente privatizados, como no caso dos ferroviários servidores públicos que foram cedidos à já extinta Rede Ferroviária Federal S/A (vide Decreto-lei 956/1969).

5.5.10.12. Desaposentação

Dentro das regras atualmente vigentes no Regime Geral de Previdência Social (RGPS), resta consignado que o segurado aposentado que retorna ao trabalho é contribuinte obrigatório da Previdência Social (art. 12, § 4.º, da Lei de Custeio da Seguridade Social – Lei 8.212/1991).

À exceção do salário-família e do serviço de reabilitação, mesmo assim devidos apenas ao segurado empregado, não há qualquer contrapartida para o segurado aposentado que retorna ao trabalho e que volta a contribuir (art. 18, § 2.º, da Lei 8.213/1991), sendo que a partir da edição da Lei 9.876/1999, e consequente criação do fator previdenciário como elemento de cálculo das rendas mensais iniciais das aposentadorias por tempo de contribuição e idade[231], começaram a surgir inúmeros questionamentos quanto à possibilidade

---

230. STF. Plenário. RE 612975/MT e RE 602043/MT, Rel. Min. Marco Aurélio, julgados em 26 e 27/4/2017 (repercussão geral) **(Informativo 862)**.

231. O fator previdenciário foi criado como mecanismo de desestímulo às aposentadorias precoces, servindo de limitador do cálculo do salário de benefício. Sua adoção está consagrada no art. 29, I, e §§ 7.º a 9.º da Lei de Benefícios da Previdência Social – Lei 8.213/1991, conforme sistemática adotada pela Lei 9.876/1999. Na redação original da Lei de Benefícios, havia a previsão de benefício chamado "pecúlio", que nada mais era do que a devolução, ao aposentado, dos valores recolhidos a título de contribuição previdenciária em sua nova atividade laboral (art. 81, II). Este último benefício, no entanto, restou extinto pela Lei 8.870/1994.

de contagem do tempo de contribuição posterior à inativação para fins de recálculo do benefício[232].

Ante a vedação expressa do art. 18, § 2.º, da Lei de Benefícios da Previdência Social, desenvolveu-se, alternativamente, corrente doutrinária, rapidamente adotada em instâncias inferiores da Justiça Federal, no sentido de que a aposentadoria seria um direito renunciável, de modo que poderia o segurado aposentado, caso quisesse, renunciar ao benefício que estivesse gozando, para, desta forma, sem importar em malferimento à vedação legal, requerer uma nova contagem do seu tempo de contribuição e, desta forma, ter deferida uma nova aposentadoria. Assim, não se trataria, propriamente, de recálculo da aposentadoria anteriormente concedida.

A desaposentação seria, assim, a renúncia ao direito de aposentadoria anteriormente concedida, permitindo ao segurado requerer novo benefício, fundado em novo tempo de contribuição.

O STJ acabou por sufragar o entendimento quanto à validade e correção de tal procedimento, mesmo com a objeção do INSS, tendo pacificado a questão, no âmbito da Corte, a partir do julgamento do REsp 1.334.488/SC (1ª Seção, Rel. Min. Herman Benjamin, j. 08.05.2013, na sistemática de recursos repetitivos).

A princípio, toda a celeuma criada sobre a desaposentação pode ser discutida também na esfera dos regimes próprios de previdência social. Observe-se, no entanto, que é natural ainda existir, quanto a estes, um número muito menor de demandas, visto que a garantia da integralidade, existente no texto constitucional até a EC 41/2003, tornava sem sentido qualquer pretensão que tivesse como intuito, tão somente, o aumento dos proventos de aposentadoria, ressalvada, talvez, a situação dos que se aposentaram por tempo de serviço proporcional, conforme regras vigentes na redação original do art. 40 da CF/88, ou conforme as regras de transição existentes na EC 20/1998.

De qualquer modo, o STF acabou por sepultar a tese da "desaposentação" ao julgar o **RE 381.367/RS**, red. p/acórdão Min. Dias Toffoli, ocasião em que assentou:

> *Direito Constitucional. Direito Previdenciário. Desaposentação. Revisão da aposentadoria. Constitucionalidade do § 2º do art. 18 da Lei nº 8.213/91. Rejeição da tese da interpretação conforme para admitir a revisão do valor da aposentadoria. Recurso extraordinário a que se nega provimento.*
>
> *1. Recurso extraordinário interposto contra acórdão proferido pelo Tribunal Regional Federal da 4ª Região, a qual rejeitou a pretensão dos recorrentes de que fossem recalculados seus proventos de aposentadoria com base nos 36 últimos salários de contribuição, com o consequente reconhecimento da inconstitucionalidade do § 2º do art. 18 da Lei nº 8.213/91.*
>
> *2. Nosso regime previdenciário possui, já há algum tempo, feição nitidamente solidária e contributiva.*
>
> *3. Não se vislumbra nenhuma inconstitucionalidade na aludida norma do art. 18, § 2º, da Lei nº 8.213/91, que veda aos aposentados que permaneçam em atividade, ou a essa retor-*

---

232. A Lei 13.183/2015 inseriu uma nova regra de cálculo da renda inicial das aposentadorias por tempo de contribuição, que considera a soma deste último com a idade, numa fórmula, chamada 85/95, que é alternativa à aplicação do fator previdenciário. Como se vê, trata-se de mais uma regra paliativa que não resolve o problema do déficit crescente dos sistemas previdenciários brasileiros e que só será equacionado com a instituição definitiva, para o RGPS, de uma idade mínima para as aposentadorias por tempo de contribuição.

nem, o recebimento de qualquer prestação adicional em razão disso, exceto salário-família e reabilitação profissional.

4. A Constituição Federal dispõe que ficam remetidas à legislação ordinária, as hipóteses em que as contribuições vertidas ao sistema previdenciário repercutem, de forma direta, na concessão dos benefícios.

5. Recurso extraordinário que é julgado em conjunto com o RE nº 827833 e o RE nº 66125. Aprovada pelo Plenário da Suprema Corte a seguinte tese de repercussão geral: "**No âmbito do Regime Geral de Previdência Social (RGPS), somente lei pode criar benefícios e vantagens previdenciárias, não havendo, por ora, previsão legal do direito à 'desaposentação', sendo constitucional a regra do art. 18, § 2º, da Lei nº 8213/91**". 6. Recurso extraordinário a que se nega provimento.

5.5.10.13. Vantagens não extensivas aos inativos

Mesmo considerando o sistema precedente da paridade, não se garante ao inativo o recebimento de vantagens que são pagas exclusivamente aos servidores ativos, pelo exercício mesmo da atividade laboral.

Assim, seria ilógico imaginar que a paridade garantiria aos servidores aposentados o direito a perceber adicionais como insalubridade, de risco, periculosidade, de hora extraordinária ou de hora noturna, visto que aqueles não se submetem, estando em inatividade, a nenhuma dessas condições.

Nem sempre, no entanto, a solução é tão evidente assim. O auxílio-alimentação, por exemplo, foi objeto de intensa discussão nos tribunais, até a matéria ser pacificada no STF com a edição da *Súmula 680* (já convertida na *Súmula Vinculante nº 55*), in verbis:

> "*O direito ao auxílio-alimentação não se estende aos servidores inativos*".

Entendeu-se que a referida parcela tinha natureza remuneratória e se destinava precipuamente a cobrir custos de refeição devida exclusivamente ao servidor que está em atividade, uma conclusão que, convenhamos, não é muito convincente, pois sabemos que esse direito é atribuído de modo absolutamente genérico aos servidores, sem nenhum cálculo efetivo de custo de refeições por região do país. E nas férias, teria direito o servidor à percepção do referido auxílio? Há dois entendimentos! Um no sentido que há o direito, pois as férias são consideradas como período de efetivo exercício.[233] Já o outro, em sentido contrário, sob o fundamento que por ter caráter indenizatório, o auxílio-alimentação é devido apenas aos servidores que estejam no efetivo exercício do cargo.[234] Registre-se, no entanto, que, neste último precedente, a 1ª Turma não analisou o art. 102, I, da Lei nº 8.112/90. Ao que parece, pensamos que o entendimento majoritário continua sendo no sentido que é devido o pagamento de auxílio-alimentação durante as férias do servidor.

Uma questão que sempre gera controvérsia é a referente às gratificações de desempenho. Se a gratificação, realmente, se dá pelo desempenho ou produtividade, é óbvio que não é possível estendê-la ao inativo. No entanto, nos últimos anos, sobretudo no âmbito federal, foram criadas, em profusão, inúmeras gratificações de desempenho sem que se

---

233. STJ. 2a Turma. AgRg no REsp 1528084/RS, Rel. Min. Herman Benjamin, julgado em 06/08/2015
234. STJ. 1a Turma. RMS 47.664/SP, Rel. Min. Regina Helena Costa, julgado em 06/06/2017.

tenha, em contrapartida, criado critérios de aferição do desempenho, o que acarretou a atribuição, genericamente, do mesmo valor percentual da gratificação a todos os servidores. Hora, na medida em que adota esse procedimento capenga, concedendo, na verdade, um disfarçado aumento indireto aos servidores, o Poder Público passa a se ver obrigado a estender tal direito aos servidores inativos.

A matéria foi tantas vezes debatida no STF que acabou por acarretar, especificamente com relação a duas dessas gratificações, a edição das *Súmulas Vinculantes 20 e 34*[235]:

> SV 20: "A Gratificação de Desempenho de Atividade Técnico-Administrativa – GDATA, instituída pela Lei n.º 10.404/2002, deve ser deferida aos inativos nos valores correspondentes a 37,5 (trinta e sete vírgula cinco) pontos no período de fevereiro a maio de 2002 e, nos termos do art. 5.º, parágrafo único, da Lei n.º 10.404/2002, no período de junho de 2002 até a conclusão dos efeitos do último ciclo de avaliação a que se refere o artigo 1.º da Medida Provisória 198/2004, a partir da qual passa a ser de 60 (sessenta) pontos".
>
> SV 34: "A Gratificação de Desempenho de Atividade de Seguridade Social e Trabalho – GDASST, instituída pela Lei nº 10.483/2002, deve ser estendida aos inativos no valor correspondente a 60 (sessenta) pontos, desde o advento da Medida Provisória 198/2004, convertida na Lei 10.971/2004, quando tais inativos façam jus à paridade constitucional (EC 20/1998, 41/2003 e 47/2005)".

Fixados os critérios da avaliação de desempenho, e procedida esta, não terá mais aplicação a alegação de paridade. Já para os servidores inativos que não aposentaram com direito à paridade, a discussão não tem relevância.

5.5.10.14. Regras de transição aplicáveis às aposentadorias

Para adequar a situação dos servidores que já estavam em atividade, foi necessário que as diferentes Emendas Constitucionais que modificaram o sistema previdenciário dos servidores públicos criassem uma série de regras transitórias, algumas das quais ainda vigorarão por muito tempo, salvo as previsíveis novas e futuras reformas.

A EC 20/1998, já vimos, extinguiu a aposentadoria por tempo de contribuição com proventos proporcionais, assim como criou o requisito etário para a integral, não existindo mais, na verdade, uma aposentadoria, no setor público, só por tempo de contribuição.

Para os que já perfaziam o direito à inativação, a EC 20/1998 ressalvou o direito adquirido, uma obviedade que, em rigor, nem precisaria constar do texto (art. 3.º).

Para os que já estavam no sistema, mas ainda não tinham adimplido os requisitos necessários à concessão dos benefícios, foram criadas duas regras de transição, pelas quais se incluiu um *requisito adicional de contribuição*, denominado *pedágio*, e um *requisito etário*,

---

235. Essas gratificações existem em profusão no âmbito federal, mas nem todas geraram tantas discussões, uma vez que os critérios de avaliação foram logo implantados, bastando citar a Gratificação de Desempenho de Atividade de Reforma Agrária – GDARA (art. 16 da Lei 11.090/2005), regulamentada pelo Decreto 7.133/2010. Observe-se, no entanto, que se atribuiu aos servidores beneficiados por ela, posteriormente, uma pontuação mínima, independente de desempenho individual ou institucional. Esse valor mínimo, nos parece, deve ser estendido aos inativos.

como já visto no título atinente à aposentadoria por tempo de contribuição com proventos proporcionais. Essas regras estavam contidas no art. 8.º da EC 20/1998, já revogado.

Com a EC 41/2003, as mudanças foram ainda mais significativas, pondo-se fim às garantias da integralidade e paridade.

A *EC 41/2003*, além da óbvia regra de ressalva a direitos adquiridos (art. 3.º) com relação à concessão de benefícios, *também garantiu o direito à manutenção da paridade de reajustamentos e revisões aos servidores e pensionistas que já estivessem recebendo benefícios ou tivessem direito ao recebimento na data da promulgação da Emenda (art. 7.º)*.

Com relação ao direito à concessão de benefícios, a EC 41/2003 revogou o art. 8.º da EC 20/1998, não mais prevendo a regra de transição das aposentadorias por tempo de contribuição com proventos proporcionais. No entanto, o *art. 2.º da EC 41/2003 repetiu, em seu* caput, *a regra transitória referente às aposentadorias por tempo de contribuição, com proventos integrais, fazendo alusão, inclusive, à data de promulgação da EC 20/1998*.

De acordo com o art. 2.º da EC 41/2003, o servidor terá direito à aposentadoria por tempo de contribuição, com proventos integrais, se:

a) *tiver completado 53 anos de idade, se homem, ou 48, se mulher;*

b) *tiver completado cinco anos de efetivo exercício no cargo em que se der a aposentadoria;*

c) *contar com tempo de contribuição igual, no mínimo, à soma de 35 anos, se homem, e 30, se mulher;*

d) *contar com um período adicional (pedágio) de contribuição equivalente a 20% do tempo que, na data da publicação da EC 20/1998, faltava para atingir o tempo do inciso anterior.*

A EC 41/2003, no entanto, *criou um limitador* (art. 2.º, § 1.º) que não existia no texto da EC 20/1998, *prevendo a redução do valor do benefício, proporcionalmente, para cada ano antecipado na aposentadoria, em relação aos limites de idade da regra permanente do texto constitucional* (60 anos, homem, e 55 anos, mulher).

A EC 41/2003 ainda criou *uma segunda regra de transição (art. 6.º)*, especificamente para garantia do *direito à integralidade*, válida para aqueles que *tivessem ingressado no serviço público até a publicação de seu texto (31.12.2003)*, respeitados os seguintes requisitos:

a) *ter o servidor completado 60 anos de idade, se homem, e 55 anos de idade, se mulher;*

b) *ter o servidor completado 35 anos de contribuição, se homem, e 30 anos de contribuição, se mulher;*

c) *ter o servidor completado 20 anos de efetivo exercício no serviço público;*

d) *ter o servidor completado 10 anos de carreira e 5 anos de efetivo exercício no cargo em que se der a aposentadoria.*

Esse mesmo art. 6.º, em seu parágrafo único, garantia também, aos que se aposentassem com base nele, o direito à paridade.

O Congresso Nacional, no entanto, tratou de mitigar os efeitos da EC 41/2003, criando *nova regra de transição (a terceira!) por meio da EC 47/2005*.

A EC 47/2005, de início, revogou o parágrafo único do art. 6.º da EC 41/2003, mas, ao mesmo tempo, garantiu, para os servidores beneficiados pela respectiva regra, o direito à paridade (art. 2.º), ao fazer remissão à norma do art. 7.º da última emenda. Ou seja, nesse aspecto, não alterou rigorosamente nada.

No entanto, *a EC 47/2005 ampliou o direito à integralidade*, restringindo o alcance da reforma introduzida pela EC 41/2003 e a própria aplicação prática da regra transitória contida no art. 6.º desta última. Com efeito, *o art. 3.º da EC 47/2005 garantiu a integralidade e a paridade conforme o atendimento dos seguintes requisitos*:

a) *ter completado 35 anos de contribuição, se homem, e 30 anos de contribuição, se mulher;*
b) *ter completado 25 anos de efetivo exercício no serviço público, 15 anos de carreira e 5 anos no cargo em que se der a aposentadoria;*
c) *idade mínima resultante da redução, relativamente aos limites do art. 40, § 1.º, III, a, da CF, de um ano de idade para cada ano de contribuição que exceder a condição prevista no item a acima;*
d) *ter ingressado no serviço público até a publicação da EC 20/1998 (16.12.1998).*

De início, a regra parece não ter sentido, pois os requisitos tempo de serviço público e tempo de carreira são piores do que os previstos no art. 6.º da EC 20/1998. O *requisito etário, no entanto, pode ser inferior*, desde que o servidor tenha mais de 35 anos de contribuição, se homem, e 30, se mulher, na proporção de menos um ano de idade do limite constante do texto do art. 40, § 1.º, III, *a*, da CF/1988 para cada ano adicional de contribuição.

Assim, a servidora que ingressou em 1997 no serviço público, com a idade de 20 anos, poderá se aposentar antes dos 55 anos de idade, por exemplo, aos 53 anos de idade, se contar 33 anos de contribuição, o que não seria possível pela regra do art. 6.º da EC 41/2003.

Em todas as situações é permitido ao servidor optar pela regra do texto permanente da CF/1988, em geral, menos benéfica.

Como se vê, num prazo de apenas 20 anos, foram feitas três amplas alterações na previdência dos servidores públicos, havendo indicativos claros de que outras virão em breve. Embora nos pareça justa a unificação de todos os regimes previdenciários, mostra-se injusta a imputação, exclusivamente ao servidor público da ativa, de todos os percalços que o sistema enfrenta atualmente.

O déficit bilionário decorre de vários fatores, como os trens da alegria anteriores, que passaram para os regimes próprios pessoas que contribuíam para o regime geral, sem a devida compensação, a falta de repasse das contribuições das entidades públicas, como empregadoras, o desvio de recursos da Seguridade para outras finalidades orçamentárias, a demora em se instituir o requisito etário para as aposentadorias por tempo de contribuição, ainda inexistente no RGPS, e, claro, a corrupção.

5.5.10.15. Fixação do teto do valor do benefício e Regime Público Complementar de Previdência

Embora originalmente prevista pela Emenda Constitucional 20/1998, com a inclusão do § 14 ao art. 40 da Constituição Federal, o estabelecimento do valor teto para as aposentadorias e pensões dos regimes próprios de previdência, igual ao do já previsto para o Regime Geral de Previdência Social, de que trata o art. 201 da CF/1988, demorou muito tempo para entrar realmente em vigor. Isso porque dependia, para sua plena aplicabilidade, da criação do correspondente Regime de Previdência Complementar pelos respectivos entes públicos (União, Estados, Distrito Federal e Municípios).

Esse regime complementar não tem nenhuma relação com aquele previsto na Lei Complementar 109/2001, pois não se trata de regime privado de previdência, embora se reconheça a possibilidade de as entidades públicas, eventualmente, se relacionarem com as respectivas entidades de previdência privada, uma vez que é comum que empregados públicos, principalmente em empresas estatais, sejam contribuintes de planos privados fechados de previdência complementar, razão pela qual outra lei complementar, de n.º 108/2001, se preocupa em disciplinar tais relações jurídicas.

Entretanto, aqui estamos a tratar de um *regime complementar público de previdência*, destinado apenas aos servidores públicos vinculados aos regimes próprios de previdência.

Com a criação do regime complementar, o teto do valor de benefício (proventos e pensões) deixa de ser o teto geral remuneratório (subsídio de ministro do STF), passando a ser um valor bem inferior, equivalente ao vigente no RGPS[236]. Para receber acima desse valor, o servidor será obrigado a contribuir com o regime complementar, embora público.

Por diversas razões de caráter político, a matéria levou anos até ser regulamentada, ao menos *no plano federal*, pela *Lei 12.618, de 30 de abril de 2012*[237]. A partir dessa lei, os servidores públicos federais, ocupantes de cargos efetivos, que tenham ingressado após sua vigência, se quiserem receber proventos acima do teto estabelecido para o RGPS, deverão aderir ao seu plano de benefícios, só tendo garantidos, pelo RPPS, o valor teto do RGPS. Para recebimento acima do valor teto, serão consideradas as contribuições pagas para a previdência complementar.

Foi resguardada a facultatividade de adesão para aqueles servidores que já haviam ingressado no serviço público (art. 1.º, § 1º, da lei). A garantia da facultatividade de adesão a quem já havia ingressado no serviço público antes da plena vigência da lei não decorre de uma benesse do legislador, mas sim da própria disposição constitucional, estabelecida no § 16 do art. 40 da CF/1988, incluído pela EC 20/1998.

Em respeito ao § 15 do referido art. 40, aplicam-se ao regime complementar público as regras gerais do regime complementar privado, daí por que a própria lei federal regulamentadora da primeira repete conceitos como "patrocinador", "participante" e "assistido". Não obstante, também por força do dispositivo constitucional, previu-se a criação de entidades de previdência públicas (art. 4.º da Lei 12.618/2012), para o fim de administrar e executar os planos de caráter previdenciário do regime complementar.

No plano federal, foi prevista a criação da Fundação de Previdência Complementar do Servidor Público Federal do Poder Executivo (*Funpresp-Exe*), da Fundação de Previ-

---

236. Por exemplo, para o ano de 2016, a Portaria Interministerial MTPS/MF 1/2016 instituiu o teto de R$ 5.189,82 para os benefícios pagos no RGPS.
237. Pela Lei Complementar estadual 711/2013, o Estado do Espírito Santo adotou seu regime de previdência complementar público. São Paulo já o havia adotado, em 2011, por meio da Lei 14.653/2011. Rio de Janeiro o fez pela Lei 6.243/2012, Minas Gerais pela Lei Complementar estadual 132/2014, Rio Grande do Sul pela Lei Complementar estadual 14.750/2015 e Santa Catarina pela Lei Complementar estadual 661/2015.

dência Complementar do Servidor Público Federal do Poder Legislativo (*Funpresp-Leg*) e da Fundação de Previdência Complementar do Servidor Público Federal do Poder Judiciário (*Funpresp-Jud*), todas estruturadas na forma de fundação, de natureza pública, com personalidade jurídica de direito privado (art. 4.º, § 1.º).

Observe-se que as referidas entidades são fiscalizadas pelo mesmo órgão que fiscaliza as entidades fechadas de previdência complementar (art. 20 da Lei 12.618/2012), cujas atribuições são objeto de regulação nos arts. 41 a 43 da Lei Complementar 109/2001. Essa atribuição, hoje, é da Superintendência Nacional de Previdência Complementar – SNPC, vinculada ao Ministério do Trabalho e da Previdência Social.

A Funpresp-Exe foi efetivamente criada com a edição do Decreto presidencial 7.808, de 20 de setembro de 2012, ao passo que a Funpresp-Jud foi criada com a edição da Resolução 496, de 26 de outubro de 2012, do presidente do Supremo Tribunal Federal, sendo patrocinadores os órgãos do Poder Judiciário da União, e por adesão, o TJDFT. Havia, na própria Lei 12.618/2012 (art. 31), a determinação de que as referidas entidades fossem criadas num prazo máximo de 180 dias sob pena, inclusive, de considerar-se, o descumprimento injustificado dessa previsão temporal, ato de improbidade (art. 32).

O art. 26 da Lei 12.618/2012, no entanto, estabeleceu que o efetivo funcionamento das entidades de previdência complementar públicas dar-se-ia em até 240 dias, a partir da publicação de autorização de funcionamento concedida pelo órgão fiscalizador.

A Lei foi omissa, no entanto, com relação aos membros e servidores do Ministério Público da União e do Conselho Nacional do Ministério Público. O próprio art. 4.º, § 2.º, da Lei, não obstante, permite que uma mesma instituição abarque servidores de outro Poder, o que pode ser implementado por ato conjunto das autoridades responsáveis. Em outubro de 2013, a Procuradoria-Geral da República manifestou-se favorável à adesão tanto do MPU quanto do CNMP ao Funpresp-Jud.

O estatuto legal estabelece, ainda, que o Funpresp-Leg também abrangerá os membros e servidores do TCU (art. 4.º, II), além dos membros do Ministério Público que atuam junto ao TCU (art. 4.º, § 3.º).

Não obstante, por meio de convênio, o Legislativo federal acabou por optar em aderir ao Funpresp-Exe, o que foi aperfeiçoado pelo Ato da Mesa 74, de 31.01.2013, da Câmara dos Deputados. A SNPC, inclusive, já aprovou os regulamentos dos planos de previdência do Funpresp-Exe, denominados LegisPrev e ExecPrev.

Outra questão importante diz repeito à adesão dos servidores federais que ingressaram no serviço público após a aprovação da Lei 12.618. Num primeiro momento, não sendo a lei clara quanto à situação destes, nos parecia ser correto afirmar que a adesão era facultativa, de forma que o servidor poderia contribuir ou não para o sistema complementar. Observe-se, no entanto, que a Lei 13.183/2015 acrescentou o § 2º ao art. 1º da Lei 12.618 para estabelecer a inscrição automática dos servidores que ingressarem no serviço público federal após o início de vigência do regime de previdência complementar, desde que recebam remuneração acima do teto do RGPS.

5.5.10.16. *Pensões*

Aos seus dependentes, os servidores efetivos podem deixar pensões quando do falecimento. A pensão constitui um benefício de prestação continuada que visa garantir aos familiares do servidor falecido uma renda equivalente ou aproximada da remuneração que era percebida pelo *de cujus*.

A pensão, na redação original do texto constitucional (art. 40, § 5.º), era devida no mesmo valor e bases da remuneração recebida pelo servidor, ou de seus proventos, caso já estivesse inativo, o que é tradicionalmente denominado de integralidade. Às pensões se garantia, também, a paridade, de modo que, havendo reajustamentos ou reestruturações no valor dos vencimentos ou remuneração dos servidores da ativa, as pensões teriam seus valores alterados na mesma proporção.

Não é por outra razão que o art. 215 da Lei 8.112/1990 estabelecia, em sua redação original, que, "por morte do servidor, os dependentes fazem jus a uma pensão mensal de valor correspondente ao da respectiva remuneração ou provento, a partir da data do óbito". Da mesma forma, o art. 224 da referida Lei diz que "as pensões serão automaticamente atualizadas na mesma data e na mesma proporção dos reajustes dos vencimentos dos servidores".

A integralidade, no entanto, não é mais absoluta. Na verdade, deixou de ser a regra geral, após a EC 41/2003, para somente ser aplicada em determinadas situações.

Conforme dicção do art. 40, § 7.º, da CF/1988, na redação dada pela EC 41/2003, o valor da pensão será:

a) *integral, até o limite máximo estabelecido para os benefícios do regime geral de previdência social de que trata o art. 201, no valor dos proventos do servidor inativo falecido;*

b) *integral, até o limite máximo estabelecido para os benefícios do regime geral de previdência social de que trata o art. 201, considerado o valor da remuneração do servidor em exercício de cargo efetivo quando de seu falecimento;*

c) *integral até os referidos limites, acrescidos de uma parcela de 70% da parcela excedente.*

Importante a diferenciação entre a garantia do valor integral sobre proventos e sobre remuneração, pois, como a CF/1988 não garante mais a paridade, os valores de proventos podem sofrer decréscimo, ao longo do tempo, em relação à remuneração dos servidores da ativa.

Portanto, a partir da EC 41/2003 e, mais especificamente, da publicação da Lei 10.887/2004, em 21.06.2004, que regulamentou a matéria em seu art. 2.º, os valores de pensão por morte no serviço público só são integrais até o teto do valor de benefício do RGPS. Acima desse valor, a parcela excedente, correspondente ao que seria a remuneração do servidor falecido se estivesse ocupando o respectivo cargo público, só é garantida ao pensionista na proporção de 70%.

Para exemplificar, se a remuneração do servidor fosse de R$ 10.000,00, (dez mil reais), ao pensionista se garantiria a integralidade do teto fixado para os benefícios do RGPS, que consideraremos hipoteticamente como sendo de R$ 5.000,00 (cinco mil reais), e mais 70% do valor excedente dessa parcela, ou seja, 70% de R$ 5.000,00 (cinco mil), correspondente a R$ 3.500,00 (três mil e quinhentos reais). A pensão, então, teria o valor de R$ 8.500,00 (oito mil e quinhentos reais), em vez de R$ 10.000,00.

Em 30 de dezembro de 2014, foi editada a Medida Provisória 664, já convertida na Lei 13.135/2015, que promoveu profundas alterações no regime das pensões previdenciárias, tanto do RGPS, regidas na Lei 8.213/1991, quanto do Regime Próprio do servidor público federal, regido na Lei 8.112/1991. Quanto a esta última, o art. 215 foi alterado para ser adaptado à nova sistemática introduzida pela EC 41/2003. Mais do que isso, a MP alterou seu parágrafo único para introduzir regra de carência, antes inexistente, para a concessão do benefício, de forma que apenas se o servidor contasse com 24 contribuições mensais o benefício seria devido, ressalvando-se os casos de acidente do trabalho, doença profissional ou doença do trabalho.

Na conversão da MP em lei, no entanto, a imposição do requisito da carência foi deslocada para o art. 222, VII, e reduzido para os períodos de quatro meses ou dezoito meses, conforme enquadramento nas alíneas *a* ou *b* do inciso.

Mais importante de tudo, a grande inovação introduzida pela Medida Provisória, e mantida no projeto de conversão, foi a criação de uma regra de escalonamento temporal para o recebimento das pensões por parte dos companheiros e cônjuges dos servidores públicos federais, de forma que, quanto maior a idade do beneficiário, maior o tempo de recebimento da pensão, que poderá variar de três a vinte anos, ou mesmo ser vitalícia, conforme o caso.

O § 3º do art. 222 estabeleceu, entretanto, a possibilidade de revisão das idades mínimas no escalonamento, conforme aja incremento na expectativa de sobrevida da população brasileira ao nascer, e desde que respeitado o tempo mínimo de três anos da vigência da lei.

O intuito dessas alterações foi, claramente, reduzir os gastos com pensões, posto que insustentável a manutenção de sistema que despenda recursos com pagamento de benefícios a dependentes, às vezes por várias décadas, quando estes detêm, ainda, plena capacidade laboral. Além do gasto em si com o pagamento do benefício, em volume muito superior ao total vertido pelo servidor a título de contribuição, tem-se o efeito secundário de manter fora do sistema contributivo o próprio pensionista, que muitas vezes opta por não trabalhar, por conta da renda já garantida, decorrente do benefício previdenciário.

Já a qualificação de quem é ou não dependente do servidor público é matéria a ser disciplinada em cada estatuto. Na *Lei 8.112/1990 os dependentes estão arrolados no art. 217.* Essa lei fazia uma distinção entre as pensões, qualificando-as como vitalícia ou temporária (art. 216), mas a regra foi revogada pela Lei 13.135/2015, que, como visto, passou a prever um escalonamento temporal para recebimento das pensões.

Não há prescrição do direito à pensão, prescrevendo apenas as parcelas vencidas há mais de cinco anos (art. 219). Pode haver, entretanto, a exclusão do beneficiário, caso haja posterior habilitação de beneficiário com preferência no recebimento do benefício. A exclusão, nesse caso, não importa na devolução dos valores recebidos até a habilitação do outro beneficiário. Caso não haja preferência entre os beneficiários, a pensão é dividida em cotas iguais.

A Lei 8.112/1990 contém regra que veda o direito à percepção cumulativa de pensão deixada por mais de um cônjuge, companheiro ou companheira, e de mais de duas pensões (art. 225), ressalvando, no entanto, o direito de opção.

Já a acumulação de até duas pensões no regime próprio é possível nas mesmas hipóteses em que a Constituição Federal autoriza a acumulação de cargos (art. 37, XVI). Se o servidor falecido acumulava um cargo público e um emprego público ou uma função pública (art. 37, XVII), nos casos em que a acumulação não é proibida, a segunda pensão será também devida aos dependentes do servidor, caso já estivesse aposentado ou já tivesse direito à aposentadoria, só que será paga no âmbito do RGPS.

A acumulação de uma pensão do regime próprio com uma pensão do RGPS também é possível, e com mais razão, se o segundo vínculo do servidor falecido era mantido na iniciativa privada. Não haverá óbice, inclusive, à acumulação de duas pensões estatutárias, no caso de acumulação lícita de cargos, empregos ou funções públicas, e uma terceira, mantida junto ao RGPS, desde que ao segurado fosse possível o exercício concomitante das três atividades e para as três tenha contribuído.

Dentro dos regimes próprios, no entanto, a regra é a da inacumulatividade, seguindo-se para as pensões o mesmo raciocínio estipulado no art. 37, § 10, da CF/1988 com relação à acumulação pelo servidor de proventos de aposentadoria com remuneração de cargo.

Outrossim, o simples reingresso do servidor no serviço público, depois de já ter sido aposentado, não confere o direito a seus dependentes de receber uma segunda pensão por morte, se não era possível, constitucionalmente, a acumulação de cargos[238].

Quanto à cessação de cota pela maioridade, considerada a idade de 21 anos (art. 222, IV, da Lei 8.112/1990), e não aquela estabelecida na lei civil, já se entendeu ser indevida a pretensão de extensão do direito à pensão até a idade de 24 anos, sob invocação da legislação do imposto de renda (idade presumida de conclusão de curso universitário), visto que não há correspondência entre as matérias, não havendo previsão legal para tal extensão (*Súmula 37 da TNU* – Turma Nacional de Uniformização dos Juizados Especiais Federais e STJ – 5.ª Turma, REsp 1.074.181/PB, Rel. Min. Jorge Mussi, j. 23.06.2009).

Por outro lado, o STJ já decidiu que lei estadual não pode restringir a idade considerada para fins de maioridade e, consequentemente, para cessação do benefício de pensão por morte, em relação àquela vigente na legislação federal, tendo em vista a aplicação do disposto no art. 5º da Lei 9.717/1998, que teria abrangência nacional (RMS 29.986/MA, Rel. Min. Jorge Mussi, 5.ª Turma, j. em 23.10.2014)[239].

5.5.11. Disponibilidade

O art. 41, § 3.º, da CF/1988 estabelece que, extinto o cargo ou declarada a sua desnecessidade, o servidor estável ficará em disponibilidade, com *remuneração proporcional ao tempo de serviço*, até seu adequado aproveitamento em outro cargo.

A declaração de desnecessidade não importa na extinção do cargo, mas apenas no reconhecimento de que não é necessário seu preenchimento, o que pressuporá, dessa forma, que o cargo fique vago enquanto tal condição permanecer.

---

238. Assim assentou o STF no julgamento do RE 584.388/SC (Pleno, Rel. Min. Ricardo Lewandowski, j. 31.08.2011), tendo-se ressaltado que a regra de transição do art. 11 da EC 20/1998 não ressalvaria a vedação à inacumulatividade, posto que só resguardava o direito de acumulação de proventos com vencimentos, pelo próprio servidor reingressado ao serviço público, e não a acumulação de dois proventos de pensão por seus dependentes.

239. No caso concreto, a Lei Maranhense previa a cessação da pensão pela maioridade quando o beneficiário completasse 18 (dezoito) anos de idade, tendo-se entendido que o direito deveria ser mantido até os 21 (vinte e um) anos de idade, nos termos da legislação federal vigente para o RGPS (art. 77, § 2.º, II da Lei 8.213/1991), visto o art. 5.º da Lei 9.717/1998 determinar que os Regimes Próprios não podem conceder benefícios distintos dos previstos para o RGPS, salvo disposição em contrário da Constituição Federal.

A extinção de cargo pressupõe lei, pois é por lei que ele é criado, mas a CF/1988, a partir da EC 32/2001, passou a admitir que, no âmbito do Executivo Federal, o Presidente da República decrete a extinção, quando o cargo já estiver vago (art. 84, VI, *b*).

No âmbito federal, o *Decreto 3.151/1999* disciplina a prática dos atos de extinção e declaração de desnecessidade de cargos públicos, prevendo que esta última ocorrerá apenas nos casos de extinção ou de reorganização de órgãos ou entidades. Assim, em vez de se redistribuir os cargos para outros órgãos ou entidades, ou extingui-los, procede-se à declaração de sua desnecessidade. O art. 3.º do Decreto prevê critérios a serem observados na escolha dos cargos sujeitos à declaração de desnecessidade, pertinentes à situação pessoal dos respectivos ocupantes, para fins de disponibilidade. São eles: a) menor tempo de serviço; b) maior remuneração; c) idade menor; d) menor número de dependentes.

O Decreto 3.151/1999 previu, ainda, a delegação aos Ministros de Estado e ao Advogado-Geral da União da prática dos atos de declaração de desnecessidade de cargos públicos e de colocação em disponibilidade remunerada dos respectivos servidores, vedada a subdelegação (art. 10).

Sem a extinção ou declaração de desnecessidade do cargo, não pode haver a colocação do servidor em disponibilidade, já tendo o STF decidido pela manutenção de condenação de Prefeito municipal, por improbidade administrativa, por assim ter atuado[240].

Além dessa disponibilidade, existe outra, aplicável especificamente aos magistrados e membros do Ministério Público, que tem natureza de pena (arts. 93, VIII, e 130-A, § 2.º, III). Nesses casos, a disponibilidade deveria ter um prazo determinado, funcionando como uma suspensão, mas a LOMAN (Lei Complementar 35/1979) se limita a dizer que sua duração mínima não pode ser inferior a dois anos (art. 57, § 1.º), dando a entender que o tribunal pode estabelecer um prazo maior[241]. A Lei Complementar 75/1993 (Estatuto do MPU) sequer faz alusão a tal penalidade, visto que na redação original a CF/1988 não a previa para membros do MP, o que só passou a ocorrer com a EC 45/2004. Essa punição deveria ser substituída por outra, de suspensão, mas isso depende de mudança no texto da própria Constituição Federal.

Cumprida a sanção de disponibilidade, o magistrado ou membro do Ministério Público só pode contar o referido tempo para fins de aposentadoria, o que significa dizer que o cumprimento da pena terá efeito sobre a antiguidade na carreira. O aproveitamento também dependerá da existência de vaga, não havendo garantia de retorno ao mesmo juízo ou ofício anteriormente ocupado. Na melhor das hipóteses, se se entender que o aproveitamento é obrigatório, este se dará na forma de auxílio em algum outro juízo ou ofício até a adequada lotação.

O CNJ, no entanto, já disse que como na disponibilidade-sanção o cargo não é extinto, não ocorre, propriamente, sua vacância, razão pela qual não se pode admitir abertura de procedimento visando seu preenchimento, visto que o magistrado afastado pode ser reaproveitado no futuro (*Pedido de Providências 0002138-42.2015.2.00.0000*, rel. Cons. Lelio Bentes Corrêa, j. 15/03/2016).

---

240. STF, AgRg no AI 312.488/MG, 1.ª T., Rel. Min. Sidney Sanches, j. 26.02.2002.

241. Com certeza não poderá ser por prazo indeterminado, já tendo o STF entendido ser desproporcional a ausência de fixação de prazo (2ª T., MS 32.271/DF, rel. Ministra Cármen Lúcia, j. 16/12/2014). No caso concreto, o CNJ, que havia aplicado a punição em revisão disciplinar, alegando que a existência de ação civil pública contra a magistrada justificaria seu não aproveitamento após os dois anos de afastamento, argumento que foi considerado inidôneo pela Corte Suprema.

5.5.12. Outros direitos constitucionalmente previstos aos servidores públicos

5.5.12.1. Direito à sindicalização

Os servidores públicos civis, ao contrário dos militares, têm direito à sindicalização, reconhecido constitucionalmente (art. 37, VI).

Em decorrência disso, aplicam-se aos servidores públicos os mesmos direitos e deveres aplicáveis aos demais trabalhadores, objeto das disposições constantes do art. 8.º da CF/1988, a saber:

a) *inexigibilidade de autorização estatal para fundação de sindicato, ressalvado o registro sindical;*

b) *unicidade sindical;*

c) *defesa dos direitos da categoria pelo sindicato;*

d) *obrigatoriedade do pagamento de contribuição sindical e de contribuição para o custeio do sistema confederativo;*

e) *direito de desfiliação;*

f) *obrigatoriedade de participação do sindicato em negociações coletivas, embora com as restrições já abordadas;*

g) *direito do aposentado filiado de votar e ser votado nas organizações sindicais; e*

h) *garantia de emprego do empregado sindicalizado a partir do registro da candidatura a cargo de direção ou representação sindical e, se eleito, ainda que suplente, até um ano após o final do mandato, salvo se cometer falta grave.*

Especificamente para os servidores estatutários federais, a *licença para o desempenho de mandato classista* tem regras próprias, diversas da CLT, estando regulada, na esfera federal, no *art. 92 da Lei 8.112/1990*. Essa licença *não é remunerada*, devendo ter duração igual à do mandato e respeitados os limites de dois servidores, para entidades com até 5.000 associados, quatro servidores, para entidades com 5.001 até 30.000 associados, e oito servidores, para entidades com mais de 30.000 associados[242].

Questão que gerava grande controvérsia no seio do funcionalismo público diz respeito à compulsoriedade ou não de pagamento de contribuições obrigatórias aos sindicatos. O art. 8.º, IV, da CF/1988 prevê pelo menos duas, a chamada *contribuição para o custeio do sistema confederativo* e a *contribuição sindical*, esta última de caráter tributário, por isso que às vezes também denominada, equivocadamente, de imposto sindical, nomenclatura, aliás, utilizada na própria lei.

A contribuição sindical, regulamentada no art. 579 da CLT é devida pelos servidores públicos nos mesmos termos que pelos demais trabalhadores, conforme iterativa jurisprudência do STF e do STJ[243]. Já a contribuição confederativa, nos termos do dispositivo

---

242. Os números de servidores com direito à licença referidos no art. 92 da Lei 8.112/1990 foram ampliados consideravelmente em relação aos do texto original com o advento da Lei 12.998/2014.

243. STF, AgR no RE 413.080/RJ, 2.ª T., Rel. Min. Celso de Mello, j. 22.06.2010; STJ, RMS 42.890/SP, 2.ª T., Rel. Min. Humberto Martins, j. 05.09.2013.

constitucional citado, é fixada em assembleia-geral do sindicato, também sendo compulsória, mas somente para quem é filiado ao sindicato respectivo[244].

A Lei 13.467/2017, chamada de "reforma trabalhista", alterou substancialmente as regras de financiamento dos sindicatos. A compulsoriedade da contribuição anual deixou de existir, ficando consignado, agora, que a contribuição do art. 579 da CLT depende de autorização prévia e expressa dos que participarem de uma determinada categoria profissional ou econômica.

5.5.12.2. Direito de greve

A Constituição Federal de 1988, rompendo com a sistemática das Constituições anteriores, admitiu expressamente o direito de greve aos servidores públicos civis (art. 37, VII). Condicionou inicialmente o exercício desse direito, no entanto, à edição de uma lei complementar, a qual, diga-se, jamais foi editada.

Para facilitar a regulamentação da matéria, a EC 19/1998 alterou a redação do inc. VII do art. 37, estabelecendo que o direito seria exercido nos termos de *lei específica*, ou seja, de lei ordinária, de caráter nacional, que tratasse especificamente do assunto, não sendo mais necessária lei complementar. A omissão do legislador, no entanto, permaneceu, o que acarretou um movimento intenso de provocação da Corte Suprema, no sentido de esta autorizar o exercício do direito, independentemente de regulamentação.

Deve ser lembrado que muitos órgãos judiciários já entendiam cabível tal exercício, sendo verdadeiramente corriqueiras as greves nos serviços públicos, inclusive nos essenciais, sem que a Administração Pública, na maior parte das vezes, tomasse qualquer atitude concreta para impedi-las e, quando raramente às tomava, era invariavelmente impedida, pelo Judiciário, de aplicar qualquer sanção, como o corte de salários. O STF, no entanto, sempre manteve firme seu entendimento, estabelecido no paradigmático julgamento do Mandado de Injunção 20/DF (Rel. Min. Celso de Mello, j. 19.05.1994) de não ser autoaplicável o referido direito, sendo de eficácia limitada a norma em questão[245].

No entanto, a partir do julgamento do *Mandado de Injunção 670/ES* (red. p/ o acórdão Min. Gilmar Mendes, j. 25.10.2007), do *Mandado de Injunção 708/DF* (Rel. Min. Gilmar Mendes, j. 25.10.2007) e do *Mandado de Injunção 712/PA* (Rel. Min. Eros Grau, j. 25.10.2007), a Corte evoluiu em seu entendimento, inclusive quanto à eficácia da decisão proferida na ação do mandando de injunção, para conceder prazo ao Congresso Nacional, com vistas à regulamentação da matéria, e autorizar, caso superado este, como o foi, a *adoção das Leis 7.701/1988 e 7.783/1989*, aplicáveis aos trabalhadores em geral. A Lei 7.701/1988 contém regras sobre competência para o julgamento de dissídios coletivos, devendo ser adaptada apenas quanto aos órgãos judiciários que irão proceder a esses julgamentos quando se tratar de greve exercida por servidores estatutários. Já a Lei 7.853/1989 regulamentou o direito de greve no âmbito da iniciativa privada.

---

244. *Súmula Vinculante 40 (antiga Súmula 666 do STF)*: "A contribuição confederativa de que trata o art. 8.º, IV, da Constituição, só é exigível dos filiados ao sindicato respectivo".

245. Esse entendimento foi reiterado no *MI 485/MT*, Rel. Min. Maurício Corrêa, j. 25.04.2002 e no *MI 585/TO*, Rel. Min. Ilmar Galvão, j. 15.05.2002, limitando-se a Corte a proceder às protocolares comunicações quanto à omissão legislativa existente.

A solução não é a melhor, mas é a única razoável, em vista da reiterada, e ainda existente, omissão legislativa na matéria. Não é a melhor porque a Lei 7.783/1989, por óbvio, foi idealizada com vistas aos trabalhadores da iniciativa privada, e não de servidores públicos, para muitos dos quais, em princípio, não se deveria conceber a greve, em atividades como as policiais, judiciárias, diplomáticas etc.

Recentemente o STF julgou, em Repercussão Geral, a questão sobre a possibilidade de greve por policiais e servidores públicos que atuem diretamente na área de segurança pública. O entendimento foi no sentido que *"o exercício do direito de greve, sob qualquer forma ou modalidade, é vedado aos policiais civis e a todos os servidores públicos que atuem diretamente na área de segurança pública"*[246]. O STF entendeu que o exercício de greve é vedado a todas as carreiras policiais previstas no art. 144, ou seja, não podem fazer greve os integrantes da: Polícia Federal; Polícia Rodoviária Federal; Polícia Ferroviária Federal; Polícia Civil; Polícia Militar e do Corpo de Bombeiros militar.

Apesar de os policiais não poderem exercer o direito de greve, é indispensável que essa categoria possa expressar as suas reivindicações de alguma forma. Por isso, no mesmo julgado, ficou estipulado que *"é obrigatória a participação do Poder Público em mediação instaurada pelos órgãos classistas das carreiras de segurança pública, nos termos do art. 165 do CPC, para vocalização dos interesses da categoria."* Nesta mediação, os integrantes das carreiras policiais serão representados pelos respectivos órgãos classistas, como, por exemplo, sindicatos, no caso de polícia civil, federal etc. e associações, no caso de polícia militar, e o Poder Público é obrigado a participar.

O que temos visto é, na ausência da legislação específica, greves sendo praticadas em todas as esferas do serviço público. Com a aplicação analógica da legislação trabalhista, conforme reconhecida pelo STF, principalmente das disposições da Lei 7.701/1988, deverão ser feitas as respectivas adaptações quanto aos órgãos judiciários competentes para o julgamento dos chamados "dissídios de greve" dos servidores públicos. Assim, no caso dos servidores federais, se a greve for de âmbito nacional, o julgamento caberá ao STJ[247]. Da mesma forma, caberá ao STJ o julgamento se a greve for de âmbito regional, atingindo mais de um Estado da Federação, e fora dos limites de jurisdição de um único TRF. Se atingir apenas um Estado ou, mesmo atingindo mais de um, ficar dentro dos limites de jurisdição de um único TRF, caberá a este o julgamento[248]. Se a greve for de servidores de um Estado ou de um Município, o julgamento caberá ao Tribunal de Justiça respectivo.

E como fica a questão dos descontos na folha de pagamento decorrente da greve? Pode ser feito? Como deve ser feito? O STF julgou a matéria em âmbito de repercussão geral, no RE 693456/RJ, e decidiu que *"a administração pública deve proceder ao desconto*

---

246. STF. Plenário. ARE 654432/GO, Rel. orig. Min. Edson Fachin, red. p/ o ac. Min. Alexandre de Moraes, julgado em 5/4/2017 (repercussão geral) (**INFORMATIVO N.º 860**).

247. STJ, AgRg na Pet 7.883/DF, Rel. p/acórdão Min. Eliana Calmon, 1ª Seção, j. 12.05.2010.

248. Essa adaptação à legislação trabalhista foi reconhecida no voto do Min. Gilmar Mendes quando do julgamento do MI 708. Observe-se, no entanto, que o referido julgado estabelece que a competência também é do STJ quando a greve atinge mais de um Estado, pouco importando a jurisdição do TRF respectivo. Não vemos muita lógica nessa ampliação de competência do STJ, mas o mesmo vem aplicando-a (AgRg no MS 15.383/SP, 1ª Seção, Rel. Min. Arnaldo Lima, j. 25.08.2010).

dos dias de paralisação decorrentes do exercício do direito de greve pelos servidores públicos, em virtude da suspensão do vínculo funcional que dela decorre".[249]

Ficou estipulado também que *"é permitida a compensação em caso de acordo"* e, por fim, *"o desconto será, contudo, incabível se ficar demonstrado que a greve foi provocada por conduta ilícita do Poder Público".*

Agora, e se ficar a dúvida se a greve foi ou não abusiva? De quem é a competência para aferir isso: Justiça Comum ou Justiça do Trabalho? É da Justiça Comum! Mesmo se tratando de servidores públicos celetistas? Sim! Foi o que decidiu o STF, no RE 846854/SP, afetado por repercussão geral, cuja tese restou fixada da seguinte forma: *"A justiça comum, federal ou estadual, é competente para julgar a abusividade de greve de servidores públicos celetistas da Administração pública direta, autarquias e fundações públicas."*[250]

5.5.12.3. Outros direitos sociais

Além dos direitos já vistos, o art. 39, § 3.º, da Constituição Federal estende aos servidores públicos outros direitos sociais, a saber:

  a) *Décimo terceiro salário ou gratificação natalina, com base na remuneração integral, inclusive para o aposentado (art. 7.º, VIII, da CF). Na esfera federal, a matéria foi regulamentada nos arts. 63 a 66 da Lei 8.112/1990, estando previstos o pagamento do 13.º salário proporcional, no caso de exoneração (art. 65); pagamento até o dia 20 de dezembro de cada ano (art. 64); pagamento na proporção de 1/12 da remuneração a que o servidor fizer jus no mês de dezembro, por mês de exercício no respectivo ano (art. 63, caput); e determinação para se considerar como mês integral a fração igual ou superior a 15 dias (art. 63, parágrafo único)*[251];

  b) *Remuneração de trabalho noturno superior ao diurno (art. 7.º, IX, da CF), regulamentado no âmbito federal como sendo o executado entre as 22 horas de um dia e as 5 horas do dia seguinte, com valor hora acrescido de 25%, computando-se a hora como 52 minutos e 30 segundos (art. 75 da Lei 8.112/1990);*

  c) *Salário-família pago em razão do dependente do trabalhador de baixa renda (art. 7.º, XII, da CF), regulamentado, no âmbito federal, pelos arts. 197 a 201 da Lei 8.112/1990. O art. 197 estabelece quais são os dependentes para fins de pagamento da aludida parcela. O art. 13 da EC 20/1998 também limitou seu pagamento aos servidores de baixa renda*[252];

---

249. STF. Plenário. RE 693456/RJ, Rel. Min. Dias Toffoli, julgado em 27/10/2016 (repercussão geral) **(INFORMATIVO 845)**.

250. STF. Plenário. RE 846854/SP, rel. orig. Min. Luiz Fux, red. p/ o ac. Min. Alexandre de Moraes, julgado em 1º/8/2017 (repercussão geral) **(INFORMATIVO 871)**.

251. Importante lembrar que, na esfera federal, o *Decreto-lei 2.310/1986 (art. 9.º)* prevê o pagamento adiantado, entre os meses de janeiro e novembro, de metade da remuneração devida no mês anterior, podendo ser pago por ocasião das férias do servidor. Mas a base de cálculo principal continua sendo a remuneração de dezembro, de forma que, havendo aumento remuneratório durante o ano, deverá a diferença, inclusive sobre a parcela adiantada, ser considerada quando do pagamento da segunda parcela. Nesse sentido, vide STJ, REsp 363.645/RS, 5.ª T., Rel. Min. Gilson Dipp, j. 19.02.2002.

252. No *RE 657.989/RS*, o STF reconheceu a existência de repercussão geral no julgamento da questão atinente ao direito adquirido dos servidores que já recebiam o benefício antes da EC 20/1998 (Tema 543).

d) *Duração do trabalho normal não superior a oito horas diárias e 44 semanais (art. 7.º, XIII, da CF), e pagamento de hora extraordinária superior, no mínimo, em 50% à do normal (art. 7.º, XVI, da CF). A Lei 8.112/1990 regulamenta a matéria nos arts. 73 e 74, só permitindo a realização de horas extraordinárias para atender a situações excepcionais e temporárias, respeitado o limite máximo de duas horas por jornada. O art. 19, § 2º ressalva a possibilidade de lei especial estabelecer jornada diferenciada para determinadas categorias profissionais. Para o ocupante de cargo em comissão se exige regime de dedicação integral ao trabalho, podendo ser convocado sempre que houver interesse da Administração (art. 19, § 1º), parecendo claro não lhe ser devido adicional por hora extraordinária;*

e) *Repouso semanal remunerado, preferencialmente aos domingos (art. 7.º, XV, da CF). Falta quanto a este tema um melhor tratamento na legislação estatutário, visto que a Lei 8.112/1990 não contém disposição sobre o assunto, e a Lei 605/1949 (Lei do Repouso Semanal Remunerado), expressamente exclui os servidores públicos de seu âmbito de incidência (art. 5º);*

f) *Licença à gestante e licença-paternidade, sem prejuízo de emprego e salário, com duração de 120 dias consecutivos, no primeiro caso, e cinco dias consecutivos, no segundo (art. 7.º, XVIII e XIX, da CF), regulamentados, no âmbito federal, pelos arts. 207 a 210 da Lei 8.112/1990. A Lei 8.112/1990 garante, no caso de aborto atestado por médico oficial, licença de 30 dias (art. 207, § 4.º). Nos casos de guarda judicial ou adoção, a licença será de 90 dias, se a criança tiver até um ano de idade, e 30 dias, se a criança tiver mais de um ano (art. 210). Com vistas a regulamentar o art. 2.º da Lei 11.770/2008, no âmbito do serviço público federal, foi editado o Decreto 6.690/2008, criando o Programa de Prorrogação da Licença à Gestante e à Adotante, possibilitando que a licença seja ampliada por até 60 dias além do prazo garantido na CF/1988, reduzido esse prazo nos casos de adoção, variando conforme a idade da criança adotada. Já o Decreto 8.737/2016 instituiu o Programa de Prorrogação da Licença-Paternidade, possibilitando que a licença seja ampliada em até 15 dias, além dos cinco dias a que o servidor normalmente teria direito;*

g) *Proteção do mercado de trabalho da mulher, mediante incentivos específicos, nos termos da lei (art. 7.º, XX, da CF);*

h) *Redução dos riscos inerentes ao trabalho, por meio de normas de saúde, higiene e segurança (art. 7.º, XXII, da CF);*

i) *Proibição de diferença de salários, de exercício de funções e de critério de admissão por motivo de sexo, idade, cor ou estado civil (art. 7.º, XXX, da CF).*

5.5.13. Exercício de mandato eletivo por servidores públicos

A Constituição Federal dedicou seu art. 38 à disciplina do exercício, por servidor público, de mandato eletivo.

O servidor ali considerado é o vinculado à administração direta, autárquica e fundacional, ainda que submetido ao regime de emprego público.

Foram estabelecidas as seguintes regras:

a) *para o exercício de mandato eletivo federal (deputado federal, senador da República, Presidente da República e vice-Presidente da República), estadual (deputado estadual, Governador de Estado e vice-Governador de Estado) e distrital (deputado distrital,*

Governador do DF e vice-Governador do DF), o servidor deve ficar afastado de seu cargo, emprego ou função;

b) *para o exercício de mandato de Prefeito, será afastado do cargo, emprego ou função, sendo-lhe facultado optar pela sua remuneração de servidor;*

c) *para o exercício de mandato de Vereador, havendo compatibilidade de horários, percebe as vantagens do cargo, emprego ou função, sem prejuízo da remuneração do cargo eletivo, e, não havendo compatibilidade, é-lhe aplicada a regra de Prefeito.*

No âmbito federal, o art. 94 da Lei 8.112/1990 praticamente repete as disposições do art. 38 da CF/1988, apenas acrescentando que o servidor investido em mandato eletivo não pode ser removido ou redistribuído de ofício para localidade diversa daquela onde exerce o mandato.

Seria uma hipótese especial de inamovibilidade, embora nos pareça só ter sentido se se tratar de mandato eletivo municipal, e a lotação do servidor, previamente à sua eleição, coincida com a localidade onde exercerá o mandato. Pode-se, no entanto, dar interpretação mais ampliativa à garantia, de maneira que se garanta que a remoção não poderá se dar para localidade mais distante, quando a lotação não coincida com a localidade do exercício do mandato eletivo.

A CF/1988 resguarda o direito do servidor que exerce mandato de computar seu tempo de serviço (hoje tempo de contribuição), em caso de afastamento do cargo efetivo, para todos os efeitos legais, exceto promoção por merecimento (art. 38, IV). Mas, não se computa como tempo de serviço o afastamento para fins de dedicação ao pleito eleitoral[253].

5.5.14. Disposições legais aplicáveis aos servidores públicos civis no âmbito da União (Lei 8.112/1990)

Embora já tenhamos abordado a Lei 8.112/1990 em várias passagens, inclusive no tópico pertinente ao Regime Jurídico Único, é importante nos fixarmos sobre algumas questões que só têm disciplina nessa Lei, não tendo, ou talvez só remotamente, tratamento constitucional.

Algumas questões, inclusive, são de aplicação geral no âmbito da Administração Pública, pois envolvem conceitos bastante difundidos de alguns institutos jurídicos.

A opção pela Lei 8.112/1990 é feita por óbvia questão didática, pois seria simplesmente impossível abordar cada um dos estatutos estaduais[254], muito menos as centenas, talvez alguns milhares, de estatutos municipais.

---

253. STJ, 6ª T., RMS 6.259/RS, rel. Min. Vicente Leal, j. 05/04/2001.

254. Apenas para citarmos algumas: *1)* Lei estadual 869/1952 (Estatuto dos Funcionários Públicos Civis do Estado de Minas Gerais); *2)* Lei estadual 6.174/1970 (Estatuto dos Funcionários Públicos do Estado do Paraná); *3)* Decreto-lei estadual 220/1975 (Estatuto dos Funcionários Públicos Civis do Poder Executivo do Estado do Rio de Janeiro); *4)* Lei Complementar estadual 10.098/1994 (Estatuto dos Funcionários Públicos Civis do Estado do Rio Grande do Sul); *5)* Lei estadual 6.123/1968 (Estatuto dos Funcionários Públicos Civis do Estado de Pernambuco); *6)* Lei estadual 6.745/1985 (Estatuto dos Funcionários Públicos Civis do Estado de Santa Catarina); *7)* Lei estadual 10.460/1988 (Estatuto dos Funcionários Públicos Civis do Estado de Goiás e suas Autarquias); *8)* Lei estadual 10.261/1968 (Estatuto dos Funcionários Públicos Civis do Estado de São Paulo); *9)* Lei estadual 6.677/1994 (Estatuto dos Servidores Públicos Civis do Estado da Bahia, das autarquias e das fundações públicas estaduais).

5.5.14.1. Formas de provimento previstas na Lei 8.112/1990

A Lei 8.112/1990 (art. 8.º), em sua redação atual, prevê que o preenchimento do cargo público pode ser feito pelas seguintes modalidades:

1) *nomeação;*
2) *promoção;*
3) *readaptação;*
4) *reversão;*
5) *aproveitamento;*
6) *reintegração;*
7) *recondução.*

A nomeação já foi estudada em detalhes em tópico anterior, ocasião em que pudemos analisar, também, a inconstitucionalidade de outras formas de provimento originário ou derivado vertical.

Existem outras formas de provimento derivado, no entanto, que não se afiguram inconstitucionais, pois dizem respeito, tão somente, ao *retorno do servidor ao seu antigo cargo* (reversão, recondução e reintegração), ao *prosseguimento da função pública em cargo integrante da própria carreira* (promoção), ou à ocupação de cargo diverso, *mas decorrente de causa que tem fundamento na própria Constituição Federal* (aproveitamento e readaptação).

a) Promoção

Já vimos anteriormente que os cargos podem ser estruturados em carreira.

Quando isso ocorre, o provimento dos cargos de nível intermediário ou superior se dará, usualmente, por promoção daqueles servidores que ocupam os cargos de nível inicial ou antecedente.

Adotado o sistema de promoção, é comum que esta seja feita de maneira alternada, uma por merecimento e outra por antiguidade, embora a Constituição Federal somente imponha esse sistema para os magistrados e membros do Ministério Público.

Nada impede, portanto, que o legislador, para outras carreiras, adote critério único, só merecimento ou só antiguidade. A título de exemplo, podemos citar a sistemática de promoções do Serviço Exterior Brasileiro (art. 51 da Lei 11.440/2006), que só prevê promoção por merecimento aos cargos de Ministro de Primeira Classe, Ministro de Segunda Classe, Conselheiro e Primeiro-Secretário, ao passo que a promoção a Segundo--Secretário só ocorre por antiguidade. O ingresso na carreira, por concurso, é para o cargo de Terceiro-Secretário.

Ambos os sistemas têm vantagens e desvantagens. O merecimento afere melhor a produtividade e o desempenho do servidor no exercício da função, embora possa ser contaminado pela pessoalidade caso não seja muito criteriosa a forma de avaliação. A antiguidade preserva a valorização da experiência e do tempo prestado no serviço público, embora possa engessar, por outro lado, a movimentação da carreira e ser motivo de desestímulo do servidor em se empenhar nela.

Como dissemos, o ideal é que o sistema seja misto ou então, sendo adotado apenas o de merecimento, que seja exigida uma antiguidade mínima na carreira.

Regra geral, o servidor em disponibilidade ou em licença sem vencimentos não concorre à promoção. Como visto anteriormente, a CF/1988, em seu art. 38, IV, veda a contagem do tempo de serviço/contribuição do servidor afastado para cumprimento de mandato eletivo para fins de promoção por merecimento.

A Lei Complementar 35/1979 (LOMAN) veda a promoção por merecimento, durante o prazo de um ano, de juiz que tenha sofrido a pena de censura (art. 44, parágrafo único). A Lei Complementar 75/1993 (Estatuto do MPU) contém igual disposição, incluindo a proibição também para os que sofreram a pena de suspensão (art. 200, § 2.º), prevendo, para esse caso, o prazo de dois anos.

Magistrados e membros do Ministério Público contam com extensa regulamentação da matéria na própria Constituição Federal, inclusive quanto à formação de listas tríplices, no caso das promoções por merecimento. Isso acaba acarretando, muitas vezes, diversas discussões, quanto aos critérios de formação das listas, impedimentos etc. A CF/1988, inclusive, impõe a promoção por merecimento daqueles juízes que já figuraram em listas tríplices por três vezes consecutivas ou cinco alternadas (art. 93, II, *a*). Para traçar critério objetivos mínimos nas promoções por merecimento no âmbito da magistratura, o que nem sempre é observado pelos Tribunais de segunda instância, o CNJ editou a Resolução 106/2010;

Especificamente com relação aos servidores públicos em geral, a *Lei 8.112/1990 remeteu às leis instituidoras das respectivas carreiras a disciplina das promoções* (art. 10, parágrafo único).

Na prática, essas mesmas leis costumam relegar o detalhamento da matéria a atos normativos inferiores. Tome-se, por exemplo, o disposto no art. 41, § 2.º, da Lei 11.890/2008, que remete ao Executivo regulamentar as promoções do Plano de Carreiras c Cargos da SUSEP (Superintendência de Seguros Privados), autarquia federal que fiscaliza as empresas que comercializam seguros. Não obstante, a Lei fixou alguns critérios para progressões, tidos como pré-requisitos mínimos (art. 43).

É de se lembrar, no entanto, que, conforme já assinalado, nem todas as carreiras são compostas de grupos de cargos distintos, denominados *classe*. Em muitas, o que existe é a *simples criação de padrões de vencimentos*, estando o servidor enquadrado em algum dos ditos padrões, conforme o seu tempo de serviço. Em outras, como a que foi citada, podemos ter as duas situações, *com padrões dentro de uma mesma classe e a existência de mais de uma classe*.

A passagem do servidor por esses diferentes padrões é denominada de *progressão funcional*, instituto diverso da promoção, pois não há mudança de cargo, apenas de padrão de vencimentos, conforme o tempo no cargo. A *promoção*, propriamente dita, pressupõe *mudança de classe*, passando o servidor *de uma categoria de cargos para outra, embora na mesma carreira*. Essa mudança, é óbvio, geralmente é acompanhada de alteração de vencimentos.

O STJ já decidiu, por fim, que servidor exonerado de cargo público e que reingressa na mesma carreira, tempos depois, não tem direito a computar seu tempo anterior para fins de antiguidade[255]. Na prática, o rompimento do vínculo anterior faz com que o segundo seja considerado como novo, para todos os efeitos.

b) Readaptação

A Lei 8.112/1990 (art. 24, *caput*) definiu a readaptação como "a investidura do servidor em cargo de atribuições e responsabilidades compatíveis com a limitação que tenha sofrido em sua capacidade física ou mental verificada em inspeção médica".

Algumas vezes, o servidor, por motivo de acidente ou doença, se vê impossibilitado de exercer as atividades do cargo que ocupava, mesmo após o gozo de licença médica. Sua condição de saúde, no entanto, não impossibilita o exercício de todo e qualquer trabalho, caso em que o servidor pode ser readaptado para função compatível com o tipo de limitação que possui.

A readaptação é a reabilitação do sistema previdenciário do RGPS, só se diferenciando, basicamente, pelo nome. No entanto, no serviço público, naturalmente, será mais difícil de ocorrer, posto que a readaptação deverá ser feita em cargo com *atribuições afins* ao anteriormente ocupado, o que, de certa forma, limita seu alcance. Essa restrição se deve pela necessidade de adaptar o instituto à exigência constitucional do concurso público. O art. 24, § 2.º, da Lei 8.112/1990 impõe essa limitação, assim como determina que seja observada e respeitada a habilitação exigida, o nível de escolaridade e equivalência de vencimentos. Não havendo cargo vago nessas condições, o servidor fica como excedente no quadro até a ocorrência de vaga.

O STJ já decidiu que não cabe pedido de readaptação de servidor que ocupava cargo em comissão, destinando-se o instituto, exclusivamente, aos servidores ocupantes de cargos efetivos[256].

c) Aproveitamento

O servidor que foi colocado em disponibilidade pode retornar, após um tempo, ao serviço público.

Como a disponibilidade, na maioria das vezes, decorre da extinção do cargo, não haverá a possibilidade de retorno ao mesmo cargo anteriormente ocupado, razão pela qual será feito o "aproveitamento" do servidor em cargo de atribuições e vencimentos compatíveis com o anteriormente ocupado (art. 30 da Lei 8.112/1990). Em tese, na hipótese de declaração de desnecessidade do cargo, como não há, propriamente, a extinção deste, o aproveitamento pode ser no mesmo cargo.

Uma hipótese de aproveitamento, reconhecida na jurisprudência[257] como possível, foi a dos fiscais do extinto Instituto do Açúcar e do Álcool (IAA), com o cargo de Auditor Fiscal do Tesouro Nacional (atual Auditor Fiscal da Receita Federal do Brasil). O STF também entendeu possível o aproveitamento do extinto cargo de Promotor de Justiça de

---

255. STJ, MS 12.961/DF, 3.ª Seção, Rel. Min. Arnaldo Lima, j. 29.10.2008.
256. STJ, AgRg no REsp 749.852/DF, 6.ª T., Rel. Min. Paulo Gallotti, j. 09.02.2006.
257. STJ, EREsp 361.107/PR, 3.ª Seção, Rel. Min. Hamilton Carvalhido, j. 28.05.2008. O STF decidiu no mesmo sentido no AgRg no RE 560.464/DF, 2.ª T., Rel. Min. Eros Grau, j. 11.12.2007.

Território Federal na carreira de promotor de Justiça do Distrito Federal e Territórios (MS 22.492/DF, Rel. Min. Carlos Velloso, Pleno, j. 23.04.2003).

O aproveitamento também pode ocorrer na hipótese do art. 29, parágrafo único, da Lei 8.112/1990, quando o servidor reconduzido já teve seu cargo originário ocupado.

d) Reintegração

O art. 28, caput, da Lei 8.112/1990 define a reintegração como "a reinvestidura do servidor estável no cargo anteriormente ocupado, ou no cargo resultante de sua transformação, quando invalidada sua demissão por decisão administrativa ou judicial, com ressarcimento de todas as vantagens".

A reintegração, portanto, ocorre quando é invalidada a demissão, seja por decisão administrativa ou judicial, e essa invalidação pode decorrer de nulidades do próprio procedimento administrativo disciplinar, como pode decorrer do reconhecimento da inocência do servidor acusado.

O cargo em comissão, cujo ocupante pode ser exonerado ad nutum pelo administrador, também pode restar vago em decorrência de penalidade equivalente ao da demissão, caso reconhecida alguma infração disciplinar praticada pelo respectivo servidor. Na esfera federal deu-se a essa penalidade nome próprio, **destituição** (art. 135 da Lei 8.112/1990). Pois bem, essa penalidade, quando aplicada, pode ser anulada, administrativa ou judicialmente. Ainda assim, a lei não fala em reintegração, pois, em princípio, o direito do servidor se restringiria à convolação da destituição em exoneração.

O STF já decidiu ser incompatível o pleito de reintegração com a natureza do cargo em comissão (MS 21.680/DF, Pleno, Rel. Min. Sepúlveda Pertence, j. 10.08.1994), embora não tenha sido abordada, nesse precedente, a questão da nulidade do procedimento demissionário, e sim o próprio direito à efetividade no caso particular (assessor parlamentar), o qual não foi reconhecido pela natureza precária da ocupação do cargo.

A reintegração pode ser determinada por decisão liminar, caso em que se garante ao servidor o imediato retorno à sua atividade; no entanto, determinada em caráter definitivo, garantem-se a ele, também, todas as vantagens pecuniárias que deixaram de ser percebidas no período de afastamento, inclusive a contagem do tempo de serviço para todos os efeitos. O STJ, no entanto, já entendeu que vantagem pro labore, como a incorporação de quintos, não pode ser estendida ao servidor relativamente ao período em que esteve demitido, ainda que posteriormente reintegrado no cargo[258].

Curiosamente, a Lei 8.112/1990 restringe o instituto da reintegração aos servidores estáveis, pressupondo que o direito decorra apenas das situações de ofensa à estabilidade. No entanto, o servidor em estágio probatório, irregularmente exonerado, pode pedir, por evidente, sua reintegração no cargo, não pelo fundamento da estabilidade em si, que ainda não possui ou adquiriu, mas por alegado vício no procedimento de avaliação. A jurisprudência reconhece, nesses casos, a pretensao como de verdadeira reintegração (STF, RE 378.041/MG, 1.ª T., Rel. Min. Carlos Ayres Brito, j. 21.09.2004).

---

258. STJ, RMS 9.569/RO, 6.ª T., Rel. Min. Hamilton Carvalhido, j. 30.11.2006.

e) Recondução

Conforme dicção do *art. 29 da Lei 8.112/1990*, a recondução é o *retorno do servidor estável ao cargo anteriormente ocupado e decorrerá de inabilitação em estágio probatório relativo a outro cargo ou reintegração do anterior ocupante*.

Portanto, são duas as hipóteses de recondução:

a) *o servidor prestou outro concurso, foi nomeado, tomou posse e entrou em exercício nele, mas foi reprovado no estágio probatório, hipótese em que se abre a possibilidade de retorno ao seu antigo cargo, por meio de recondução*. Supõe-se, nesse caso, que ele não tenha requerido sua exoneração do primeiro cargo, mas sim, que seja declarada sua vacância por posse em outro cargo inacumulável. Observe-se que a lei não fala na faculdade de o servidor se arrepender e querer voltar ao seu cargo dentro do período de estágio, mas sim, tão somente, na hipótese de inabilitação no estágio, devendo o servidor, caso tenha optado por tomar posse em outro cargo, arcar com as consequências de sua escolha. Esse entendimento, no entanto, vem sendo mitigado no âmbito da Administração Pública[259], que considera ser possível o servidor desistir do segundo cargo durante o estágio probatório, o que é apoiado em alguns precedentes do STF[260];

b) *o servidor foi nomeado ou promovido para cargo vago, em decorrência da demissão de outro servidor, mas esse ato punitivo foi, posteriormente, anulado, reintegrando-se o servidor demitido, hipótese em que se garante o direito de recondução ao seu cargo anterior ao nomeado ou promovido para o cargo em que haverá a reintegração.*

Veja-se que nas duas hipóteses pode acontecer de o cargo originário do servidor a ser reconduzido já estar ocupado por outro, caso em que ele passa a ter direito ao aproveitamento (art. 29, parágrafo único).

A situação concreta pode ser, no entanto, mais complicada do que a prevista pelo legislador, pois pode ocorrer de não ser possível o imediato aproveitamento do servidor que deveria ser reconduzido, hipótese em que as únicas soluções possíveis seriam sua lotação como excedente, ainda que sem cargo, se se entender possível tal situação, ou sua colocação em disponibilidade, o que seria, inegavelmente, uma tremenda injustiça com o servidor, na hipótese de recondução decorrente de reintegração do que foi demitido, pois tal situação decorreria única e exclusivamente do equívoco administrativo de ter procedido uma demissão nula. Por uma questão de justiça, nesse caso, deveria ser possível a disponibilidade com proventos integrais.

---

259. Súmula 16 da AGU (Advocacia-Geral da União): *"O servidor estável investido em cargo público federal, em virtude de habilitação em outro concurso público, poderá desistir do estágio probatório a que está submetido com apoio no art. 20 da Lei 8.112, de 11 de dezembro de 1990, e ser reconduzido ao cargo inacumulável de que foi exonerado, a pedido."*

260. Pleno, MS 22.933/DF, rel. Min. Octávio Gallotti, j. 26/06/1998:*EMENTA: Estágio probatório. Funcionário estável da Imprensa Nacional admitido, por concurso público, ao cargo de Agente de Polícia do Distrito Federal. Natureza, inerente ao estágio, de complemento do processo seletivo, sendo, igualmente, sua finalidade a de aferir a adaptabilidade do servidor ao desempenho de suas novas funções. Conseqüente possibilidade, durante o seu curso, de desistência do estágio, com retorno ao cargo de origem (art. 20, § 2º, da Lei nº 8.112-90). Inocorrência de ofensa ao princípio da autonomia das Unidades da Federação, por ser mantida pela União a Polícia Civil do Distrito Federal (Constituição, art. 21, XIV). Mandado de segurança deferido.*

Outra situação complicada, à qual a lei não dá solução, é a hipótese de o servidor ocupante do cargo em que haverá a reintegração não possuir vínculo anterior com a Administração Pública, hipótese em que não será possível a recondução. Nesse caso, ou se anula a nomeação, o que poderia trazer inúmeros transtornos, menores ou maiores, a depender do tempo em que tiver havido o exercício do cargo, ou se coloca o servidor em disponibilidade.

Por derradeiro, pode ocorrer de o estatuto de determinado ente da Federação não prever esse instituto da recondução, no caso de inabilitação no estágio probatório de outro cargo público, diferentemente do estatuto federal (art. 29, I). Nesse caso, não há direito à recondução, não sendo possível a aplicação por analogia do instituto da Lei 8.112/90, conforme já decidido pelo STJ (RMS 46.438/MG, 2ª T., rel. Min. Humberto Martins, j. 19/12/2014 – *Informativo STJ 553*)

f) Reversão

A reversão, classicamente, consiste no *retorno à atividade do servidor aposentado por invalidez, quando reconhecida a insubsistência dos motivos da aposentadoria* (art. 25, I, da Lei 8.112/1990), o que deve ser atestado por junta médica oficial. Como a aposentadoria por invalidez tem natureza condicional, se ficar atestado que as condições para sua manutenção cessaram, nada mais natural do que o retorno do servidor à atividade. Se porventura o antigo cargo estiver ocupado, o servidor fica nos quadros como excedente, até a abertura da vaga respectiva (art. 25, § 3.º).

Deve ser observado que a Lei 11.907/2009 incluiu o § 5º ao art. 29 da Lei 8.112/1990, para permitir, como já admitido no âmbito das aposentadorias por invalidez do RGPS, exames periódicos de aferição das condições que ensejaram o benefício. Para o STJ, o prazo para eventual determinação, pela Administração Pública, de reversão do servidor, é considerado a partir da ciência, pela primeira, da insubsistência dos motivos que deram origem à aposentadoria (RMS 47.553/SC, 2ª T., rel. Min. Mauro Campbell Marques, j. 02/02/2016). No entanto, devemos considerar que se há determinação de prazos específicos para que as aferições sejam feitas pela Administração Pública, e ela deixa de fazê-las, a decadência para eventual reversão, nos parece claro, deve ser computada a partir daí.

Na esteira da reforma administrativa, no entanto, a *Medida Provisória 2.225-45/2001* criou uma *segunda hipótese de reversão*, de constitucionalidade para lá de duvidosa, que consiste no *retorno voluntário do aposentado que tenha solicitado a reversão de seu ato de aposentadoria*. Só é possível essa reversão se o servidor era estável quando na atividade, a aposentadoria tenha ocorrido nos cinco anos anteriores à solicitação e exista cargo vago (art. 25, II, da Lei 8.112/1990).

O pressuposto da lei é que a aposentadoria é um direito disponível e que é interesse da Administração ter o servidor de volta em vez de ter de pagar a aposentadoria a ele e ainda ter de contratar outro para o lugar daquele. Ocorre, no entanto, que, para todos os efeitos, com a aposentadoria voluntária, o vínculo anterior foi desfeito e o retorno do servidor só poderia ocorrer por novo concurso.

A reversão do art. 25, II, de qualquer modo, não se aplica àqueles que foram aposentados compulsoriamente, visto que já adimpliram o limite etário para ficarem na Administração Pública. Da mesma forma, se o servidor completou a idade após a aposentadoria, ficará vedada sua reversão (art. 27), em vista do mesmo impedimento.

Com a reversão feita no interesse da Administração, o servidor terá substituídos seus proventos de aposentadoria pela remuneração do cargo, inclusive com as vantagens de natureza pessoal que percebia anteriormente à aposentadoria (art. 25, § 4.º).

O Decreto 3.644/2000 regulamentou as disposições da Lei 8.112 sobre o instituto da reversão e estabeleceu, em seu art. 9º, que o servidor que reverter à atividade, no interesse da administração, somente terá nova aposentadoria com os proventos calculados com base nas regras atuais, se permanecer em atividade por, no mínimo, cinco anos.

5.5.14.2. Formas de vacância dos cargos públicos

A Lei 8.112/1990 prevê, atualmente, em seu art. 33, sete hipóteses de vacância de cargos públicos, a saber:

a) *exoneração*;
b) *demissão*;
c) *promoção*;
d) *readaptação*;
e) *aposentadoria*;
f) *posse em outro cargo inacumulável*; e
g) *falecimento*.

A *promoção* e a *readaptação*, como vimos, também importam em formas de provimento dos cargos públicos. É que, na medida em que o servidor é promovido ou readaptado, ele deixa o cargo anteriormente ocupado para passar a exercer outro.

A *aposentadoria* também importa em vacância do cargo público, pois haverá o rompimento do vínculo mantido com o servidor que estava, até então, em atividade. Pouco importa o tipo de aposentadoria, valendo lembrar apenas que, no caso da aposentadoria por invalidez, pode vir a ocorrer a reversão para o cargo de origem, caso verificada a cessação das causas que motivaram a inativação.

O *falecimento*, como não poderia deixar de ser, também importa na vacância do cargo, ficando este, a partir do óbito do servidor, disponível para preenchimento por outra pessoa. É comum, de qualquer modo, que a Administração, nesses casos, edite ato declarando o cargo vago, embora a vacância não ocorra só a partir daí, mas desde o óbito do servidor.

As hipóteses que mais dão ensejo à discussão são as remanescentes: a) exoneração; b) demissão; e c) posse em outro cargo inacumulável.

Como vimos anteriormente, a CF/1988 só permite a acumulação de cargos públicos em situações específicas, sendo a regra a inacumulatividade. Se o servidor opta por fazer novo concurso, para novo cargo, e resolve tomar posse neste último, deve deixar o anterior, salvo se não houver impedimento à inacumulatividade. Nesse caso, ele tem duas opções, ou pede exoneração do cargo anterior ou requer a vacância pela posse em cargo inacumulável.

O efeito prático da distinção é que *na exoneração haverá interrupção do tempo de serviço para todos os efeitos*, de forma que o servidor será remunerado com todas as vantagens decorrentes do desligamento, como férias proporcionais, gratificação natalina proporcional etc., mas não poderá levar esse tempo, para a mesma finalidade, quando do exercício do novo cargo, de modo que terá de cumprir, neste último, novos períodos aquisitivos.

Mais importante que isso, optando pela *vacância decorrente de posse em cargo inacumulável*, o servidor terá a oportunidade, se inabilitado em seu estágio probatório, de *pedir recondução ao cargo anterior*, hipótese que não se torna possível caso tenha requerido exoneração.

A *exoneração*, em regra, *é o pedido voluntário do servidor ocupante de cargo efetivo de desligamento do cargo público* (art. 34, *caput*, da Lei 8.112/1990), mas *pode ocorrer também por solicitação de ocupante de cargo em comissão* (art. 35, II).

É importante observar que o desligamento de cargo público deve seguir uma tramitação legal, sob pena de o servidor, em tese, responder até mesmo pelo crime de abandono de função (art. 323 do Código Penal).

A Lei 8.112/1990, no entanto, prevê também a hipótese de *exoneração* do servidor ocupante de cargo efetivo *por ato de ofício (ex officio) da Administração Pública* (art. 34, parágrafo único).

Isso ocorre em duas situações, a saber:

a) *quando não satisfeitas as condições do estágio probatório, ou seja, havendo inabilitação no estágio probatório e, por consequência, não aquisição da estabilidade;*

b) *quando o servidor, embora tendo tomado posse, não entra em exercício no prazo legal para tanto.*

O servidor comissionado também pode ser exonerado quando a autoridade competente resolve, de ofício, dar por findo seu vínculo, sem que para tanto tenha de dar qualquer justificativa (art. 35, I).

Já a *demissão*, como vimos, é uma penalidade, prevista no estatuto, que pode ser aplicada ao ocupante de cargo efetivo. A Lei 8.112/1990 criou uma nomenclatura própria para a demissão do comissionado, chamando-a de *destituição de cargo em comissão* (art. 135). Logo, tomando-se por base essa distinção, que é só de nomenclatura, teríamos de acrescentar mais uma hipótese de vacância ao rol do art. 33 da Lei.

Em resumo esquemático, temos:

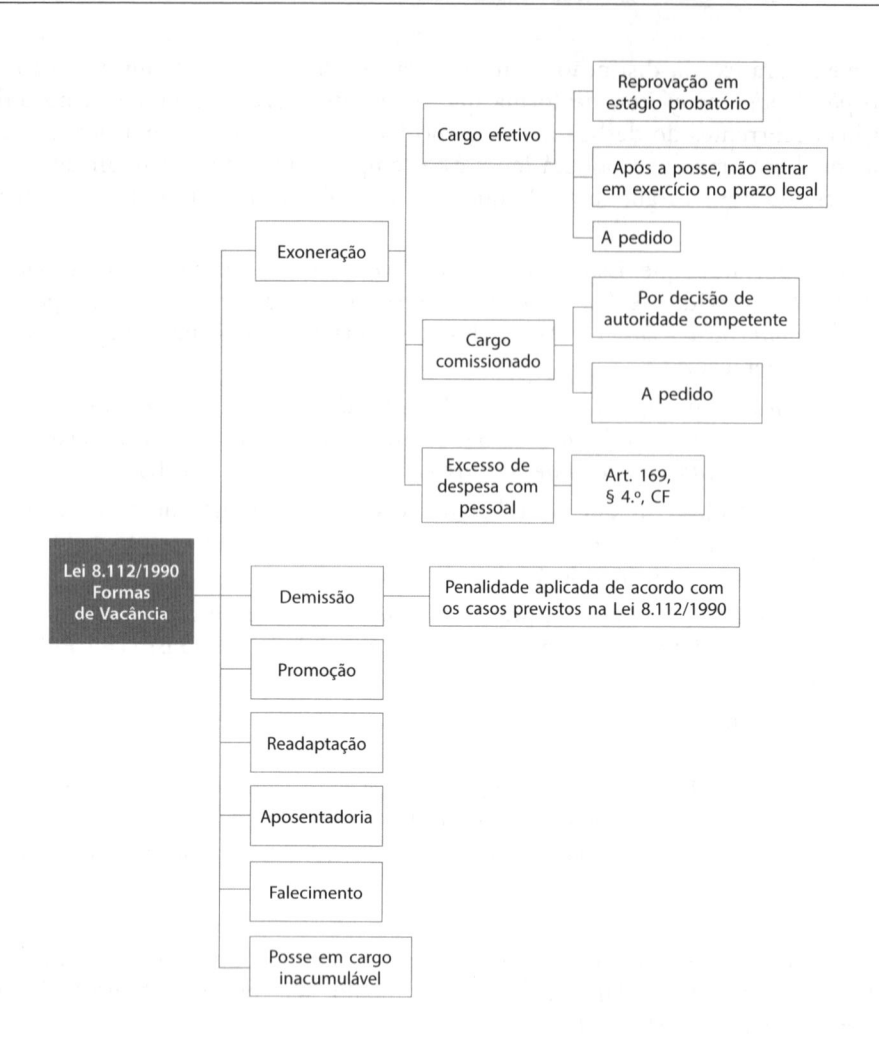

```
Lei 8.112/1990
Formas
de Vacância
├── Exoneração
│   ├── Cargo efetivo
│   │   ├── Reprovação em estágio probatório
│   │   ├── Após a posse, não entrar em exercício no prazo legal
│   │   └── A pedido
│   ├── Cargo comissionado
│   │   ├── Por decisão de autoridade competente
│   │   └── A pedido
│   └── Excesso de despesa com pessoal — Art. 169, § 4.º, CF
├── Demissão — Penalidade aplicada de acordo com os casos previstos na Lei 8.112/1990
├── Promoção
├── Readaptação
├── Aposentadoria
├── Falecimento
└── Posse em cargo inacumulável
```

5.5.14.3. Remoção

A Lei 8.112/1990 define a *remoção* em seu art. 36, dizendo ser "o deslocamento do servidor, a pedido ou de ofício, no âmbito do mesmo quadro, com ou sem mudança de sede". Portanto, pode ocorrer remoção com ou sem mudança de sede. Haverá mudança de sede se o servidor necessitar alterar o município de sua lotação. Por outro lado, ele pode se remover para unidade diversa daquela onde esteja lotado, mas situada na mesma sede, como ocorre, por exemplo, com um analista judiciário que tem sua lotação alterada de uma para outra vara da mesma localidade.

Essa remoção pode ser feita a pedido do servidor ou pode ocorrer de ofício, por determinação da Administração, nos casos em que esta necessita preencher cargos em locais onde é maior a necessidade. A remoção a pedido, no entanto, deve ser analisada pela Administração, pois deve atender, também, o interesse desta, daí por que a Lei diz que será a pedido, *mas a critério da Administração* (art. 36, parágrafo único, II).

É comum em algumas carreiras haver "concursos de remoção", oportunidade em que se abre a todos os servidores a chance de formularem seus pleitos, geralmente seguindo o critério de antiguidade no cargo. Independentemente dos concursos, ou nos casos em que eles não ocorrem, poderá ser requerida a remoção individual, a ser examinada em processo próprio. É possível, também, que a remoção se dê com permuta, mediante troca de lotações entre dois servidores. Em qualquer caso, a Administração deverá justificar, fundamentadamente, a eventual negativa.

Com muito mais razão, nos casos de remoção de ofício, *deverá ser motivada a razão da medida*[261], evitando-se, assim, que eventuais interesses não institucionais interfiram no mecanismo. É comum que em Administrações Públicas menos sérias o instituto seja usado como forma de perseguição de servidores que não são bem vistos pelo administrador de plantão, em evidente desvio de finalidade do ato administrativo.

Existem dois casos na esfera federal, no entanto, em que, embora seja feita a pedido, a *Lei impõe a remoção à Administração Pública* (art. 36, parágrafo único, III). Na verdade, são três, mas o terceiro é exatamente aquele referido "concurso de remoção", caso em que, tendo a Administração aberto a vaga à remoção, e tendo o servidor concorrido a ela e, conforme os critérios previamente divulgados, obtido êxito em conquistá-la, estará obrigada a Administração a cumprir a remoção.

Os outros dois casos são os seguintes.

a) *para acompanhar cônjuge ou companheiro, também servidor público civil ou militar, de qualquer dos Poderes da União, dos Estados, do Distrito Federal e dos Municípios, que foi deslocado no interesse da Administração;*

b) *por motivo de saúde do servidor, cônjuge, companheiro ou dependente que viva às suas expensas e conste do seu assentamento funcional, condicionada à comprovação por junta médica oficial.*

A *remoção para acompanhamento de cônjuge ou companheiro* costuma ser objeto de muitas indagações no âmbito do Poder Judiciário, existindo, por parte do STJ, ampla jurisprudência formada sobre o assunto. Sobre o tema, já se decidiu que:

- *casamento realizado posteriormente à posse com cônjuge servidor público não dá direito à remoção, pois o matrimônio se deu por mera liberalidade dos servidores (REsp 1.189.485/RJ, 2.ª T., Rel. Min. Eliana Calmon, j. 17.06.2010);*

- *que a primeira investidura em concurso público elide a invocação do instituto da remoção para acompanhar cônjuge, em razão do prévio conhecimento às regras do certame, as quais vinculam candidatos e Administração (AgRg no REsp 676.430/PB, 6.ª T., Rel. Des. Conv. Celso Limonge, j. 24.11.2009; MS 12.887/DF, 3.ª Seção, Rel. Min. Napoleão Nunes Maia Filho, j. 24.09.2008; AgRg no REsp 933.473/RS, 5.ª T., Rel. Min. Laurita Vaz, j. 26.08.2008; REsp 616.831/SE, 5.ª T., Rel. Min. Arnaldo Lima, j. 17.04.2007; AgRg no REsp 733.684/CE, 5.ª T., Rel. Min. Gilson Dipp, j. 04.08.2005);*

- *em que pese o ponto de vista dominante quanto à inexistência do direito nas hipóteses de primeiro provimento, se a remoção tiver sido deferida por força de liminar e a situação estiver consolidada no tempo, sem prejuízo para a Administração, mantém-se a remoção já deferida (AgRg no Ag 1.008.736/DF, 5.ª T., Rel. Min. Arnaldo Lima, j. 29.05.2008; AgRg no REsp 720.949/CE, 5.ª T., Rel. Min. Félix Fischer, j. 16.02.2006).*

---

261. STJ, RMS 12.855/PB, 5.ª T., Rel. Min. Félix Fischer, j. 04.11.2003.

Recentemente houve superação do entendimento acima, sendo decidido pelo plenário do STJ que *a "teoria do fato consumado" não pode ser aplicada para consolidar remoção de servidor público destinada a acompanhamento de cônjuge, em hipótese que não se adequa à legalidade estrita, ainda que tal situação haja perdurado por vários anos em virtude de decisão liminar não confirmada por ocasião do julgamento de mérito.*[262]

Com relação à questão da lotação inicial, o STF também já entendeu não haver direito à remoção, sendo inviável a mera invocação da garantia de unidade familiar, com base no art. 226 da CF/1988 (AgRg no RE 587.260/RN, 2.ª T., Rel. Min. Eros Grau, j. 29.09.2009). Por outro lado, a Excelsa Corte também entendeu que a transferência do cônjuge, de ofício, por ordem do empregador, dá direito ao servidor público federal à remoção para acompanhá-lo, pouco importando que o removido de ofício não seja também servidor regido pela Lei 8.112/1990, podendo ser empregado público (Pleno, MS 23.058/DF, Rel. Min. Carlos Britto, j. 18.09.2008).

Por fim, no que tange à remoção, é necessário dizer que ela também existe, com previsão na CF/1988, como *tipo de penalidade* aplicada a magistrados e membros do Ministério Público, sendo uma exceção à garantia da inamovibilidade (arts. 93, VIII, e 128, § 5.º, I, *b*). A CF/1988 garante, nesses casos, que a remoção só se dará por motivo de interesse público ou pelo voto da maioria absoluta dos membros do tribunal ou órgão colegiado competente do Ministério Público (em geral, o respectivo Conselho Superior). Com a EC 45/2004, o CNJ e o CNMP passaram a ter, também, a competência para aplicar essa punição (arts. 93, VIII, e 130-A, § 2.º, III).

Em relação à remoção compulsória, penalidade aplicável a magistrados e membros do Ministério Público, são várias as decisões das Cortes Superiores sobre o assunto, já se tendo entendido:

- que o prazo de prescrição para aplicação da penalidade é de dois anos, por analogia com a pena de suspensão, conforme previsão do art. 142, II, da Lei 8.112/90 (STJ, 6ª T., RMS 21.537/BA, rel. Min. Rogério Schietti Cruz, j. 18/06/2014);

- que a posterior aposentadoria do magistrado afasta seu interesse de agir quanto à nulidade da pena de remoção compulsória (STJ, 5ª T., RMS 28.498/MG, rel. Min. Moura Ribeiro, j. 12/11/2013; STF, 2ª T., ED no MS 29.254/DF, rel. Ministra Cármen Lúcia, j. 03/06/2014);

- que manifestação anterior de desembargador em procedimento apuratório prévio não o torna impedido ou suspeito para atuar no processo disciplinar que culminou na pena de remoção compulsória de juiz (STJ, 6ª T., RMS 17.260/SP, rel. Min. Paulo Gallotti, j. 26/05/2008);

- que é nulo o acórdão do tribunal que, ao aplicar a pena de remoção compulsória, não aponta com clareza quais foram as infrações disciplinares cometidas pelo juiz, nem quais as razões que levaram a autoridade impetrada a aplicar a pena imposta (STJ, 5ª T., RMS 18.973/SC, rel. Min. Arnaldo Esteves Lima, j. 12/09/2006);

- que é inconstitucional artigo de lei complementar estadual que vise disciplinar procedimentos quanto à aplicação das penas de disponibilidade e remoção compulsória a magistrados, por ser matéria reservada ao Estatuto Nacional da Magistratura (STF, Pleno, ADI 3.227/MG, rel. Min. Gilmar Mendes, j. 26/04/2006 – Informativo STF 424).

---

262. EREsp 1.157.628-RJ, Rel. Min. Raul Araújo, por maioria, julgado em 7/12/2016, DJe 15/2/2017.

5.5.14.4. Redistribuição

De acordo com o *art. 37 da Lei 8.112/1990*, a "redistribuição é o deslocamento de cargo de provimento efetivo, ocupado ou vago no âmbito do quadro geral de pessoal, para outro órgão ou entidade do mesmo Poder, com prévia apreciação do órgão central do SIPEC[263]".

Portanto, a redistribuição ocorre dentro do mesmo Poder, é referente a cargos de provimento efetivo, podendo estes estar vagos ou ocupados.

A redistribuição não é feita com servidores, mas sim com os cargos. Não obstante, estando o cargo ocupado, é evidente que o ato vai afetar seu ocupante, equivalendo, para ele, a uma verdadeira remoção de ofício, embora com nome diverso.

Os critérios para a redistribuição são fixados nos diferentes incisos do art. 37, a saber:

a) *interesse da administração;*

b) *equivalência de vencimentos;*

c) *manutenção da essência das atribuições do cargo;*

d) *vinculação entre os graus de responsabilidade e complexidade das atividades;*

e) *mesmo nível de escolaridade, especialidade ou habilitação profissional;*

f) *compatibilidade entre as atribuições do cargo e as finalidades institucionais do órgão ou entidade.*

A justificação da redistribuição, em princípio, é a necessidade do cargo em certo órgão e a existência ociosa deste em outro, contrapondo-se déficit de um lado e superávit do outro.

Na prática, o que se tem visto cada vez mais frequentemente é a chamada *redistribuição por reciprocidade*, que ocorre com o deslocamento simultâneo de cargos entre órgãos do mesmo Poder. Parece meio óbvio que esse tipo de redistribuição vem servindo para contornar as dificuldades impostas pela jurisprudência quanto à figura da transposição, outrora existente. No âmbito da Administração Pública Federal, no entanto, ela vem sendo admitida e até mesmo regulamentada[264]. O Conselho Nacional de Justiça, inclusive, editou a Resolução 146/2012, prevendo o instituto em seu art. 4.º, o que acabou sendo objeto de contestação quanto à sua constitucionalidade, questão ainda não solucionada[265].

Observe-se que, pela leitura das condicionantes legais, para atendimento de todos os requisitos descritos nos itens *b* a *f*, é até mesmo mais lógico se esperar que a redistribuição se refira a cargos que existem em ambos os órgãos ou entidades, ou seja, tanto no

---

263. Sistema de Pessoal Civil, mantido pela Secretaria de Recursos Humanos do Ministério do Planejamento. Esse sistema é aplicável ao pessoal do Poder Executivo Federal.

264. A jurisprudência repele, de qualquer forma, redistribuições com claro intuito de burla ao instituto do concurso público. O STJ, por exemplo, já considerou ilegal a redistribuição de cargo de assessor técnico de fundação pública federal para universidade federal onde seria considerado como cargo de procurador, por não haver qualquer correspondência entre eles (2ª T., REsp 1.191.888/RJ, Rel. Min. Herman Benjamin, j. 07/06/2011).

265. Vide *ADI 4.938/DF*, pendente de julgamento. Observe-se, no pormenor, que, no que tange especificamente aos servidores do Poder Judiciário Federal, os defensores da redistribuição por reciprocidade invocam a existência de um atual "quadro geral de servidores", decorrente da sistemática adotada pela Lei 11.416/2006, que validaria o instituto.

de origem quanto no de destino, embora essa não seja uma regra absoluta, e acabe por inverter a lógica legal de "ajuste de lotação".

Afora essa hipótese de contorno às dificuldades decorrentes da proibição absoluta ao instituto da transposição, o mais comum é que a redistribuição ocorra entre cargos vagos, evitando-se, assim, atingir os servidores pessoalmente, decorrendo, principalmente, de reestruturações administrativas ocorridas em razão da extinção de órgãos ou entidades e do recambiamento de suas atribuições a novos órgãos ou entidades.

5.5.14.5. Teoria do Funcionário de Fato ou do Agente Público de Fato

Eventualmente, a nomeação e a posse de um servidor público podem restar anuladas pela constatação, extemporânea, de que ele não poderia ter sido nomeado ou empossado para o cargo respectivo. Assim, o servidor teve uma investidura aparentemente regular que, posteriormente, constatou-se ser irregular. Ocorre que esse mesmo servidor, se tiver entrado em exercício, terá praticado atos e, eventualmente, até mesmo tomado decisões em nome da Administração, sendo necessário, então, decidir sobre a validade deles.

Pela teoria do funcionário público ou agente público de fato, hoje amplamente aceita, preconiza-se que, em razão da presunção de legalidade dos atos administrativos, da segurança jurídica, do princípio da aparência e da boa-fé dos administrados, os atos e decisões praticados ou tomados pelo servidor investido irregularmente devem ser reputados como válidos.

Claro que tal conclusão pode, concretamente, ser afastada, caso seja verificada a existência de fraude ou má-fé por parte do servidor, com reflexos, eventualmente, na esfera do administrado, se este estava em conluio com aquele.

5.5.14.6. Direitos e vantagens previstos na Lei 8.112/1990

a) Referentes à remuneração

Além das garantias previstas na Constituição Federal, a Lei 8.112/1990 estabelece algumas outras garantias referentes aos vencimentos ou remuneração, a saber:

- *proibição de qualquer desconto, salvo por imposição legal ou mandado judicial (art. 45, caput);*
- *possibilidade de repor ou indenizar o erário mediante pagamento parcelado, desde que o valor da parcela não seja inferior a 10% da remuneração, provento ou pensão (art. 46, caput e § 1.º);*
- *impossibilidade de arresto, sequestro ou penhora do vencimento, remuneração ou provento, exceto nos casos de prestação de alimentos resultantes de decisão judicial (art. 48).*

Se tiver havido o pagamento indevido, e este tiver sido efetuado no mês anterior ao do processamento da folha, a reposição deverá ser feita no mês seguinte, em parcela única (art. 46, § 2.º).

Quanto à impenhorabilidade do vencimento, remuneração ou proventos, está ela prevista, também, no art. 833, IV, do Código de Processo Civil/2015, que introduziu importante ressalva em relação ao CPC/1973, uma vez que admite a penhora de valores acima de cinquenta salários mínimos mensais (§ 2º do art. 833).

Deve ser recordado, ademais, que o entendimento prevalecente no STJ é de que a impenhorabilidade diz respeito ao salário ou vencimentos do mês do pagamento, e não quanto a eventuais saldos em conta ou aplicações decorrentes de salários ou vencimentos de meses anteriores (2ª Seção, EREsp 1.330.567/RS, rel. Min. Luís Felipe Salomão, j. 10/12/2014, – *Informativo STJ 554*), embora deva ser igualmente observada a possibilidade de o caso concreto se enquadrar em outra hipótese de impenhorabilidade, notadamente a do inciso X do aludido art. 833.

No que respeita à reposição de verbas recebidas, a jurisprudência, de um modo geral, diferencia as situações em que houve o recebimento de boa-fé dos demais casos. Se o recebimento foi feito de boa-fé, como nos casos em que o pagamento é feito pela própria Administração Pública, por seguimento a entendimento seu sobre determinada matéria, sem que para tanto o servidor tenha contribuído, é comum se considerar irrepetível o valor recebido.

O próprio *TCU*, inclusive, já continha *Súmula (106)* com os seguintes dizeres:

> *"O julgamento, pela ilegalidade, das concessões de reforma, aposentadoria e pensão, não implica por si só a obrigatoriedade da reposição das importâncias já recebidas de boa-fé, até a data do conhecimento da decisão pelo órgão competente".*

Mais recentemente, a Corte de Contas editou a *Súmula 249*, sendo ainda mais enfática:

> *"É dispensada a reposição de importâncias indevidamente percebidas, de boa-fé, por servidores ativos e inativos, e pensionistas, em virtude de erro escusável de interpretação de lei por parte do órgão/entidade, ou por parte de autoridade legalmente investida em função de orientação e supervisão, à vista da presunção de legalidade do ato administrativo e do caráter alimentar das parcelas salariais".*

Essa orientação é ratificada na jurisprudência do STJ[266]. No entanto, a Lei 8.112/1990 expressamente dispõe que os valores recebidos por força do cumprimento de decisão liminar, de tutela antecipada ou de sentença que venha a ser revogada ou rescindida, devem ser repostos (art. 46, § 3.º). O STJ, no entanto, admite que, nos casos de recebimento por decisão judicial transitada em julgado, que venha posteriormente a ser rescindida, a boa-fé é presumida, não havendo que se falar em repetição (vide REsp 1.104.749/RJ, 5.ª T., Rel. Min. Jorge Mussi, j. 19.05.2009 e REsp 673.598/PB, 5.ª T., Rel. Min. Arnaldo Lima, j. 17.04.2007).

O direito de parcelar a indenização devida ao Erário, previsto no art. 46, *caput* e § 1.º, do Estatuto Federal deve ser interpretado em consonância com o disposto no art. 122, § 1.º, da mesma Lei, de forma que o parcelamento só é aplicável quando não envolver ato ilícito causado dolosamente pelo servidor, ou seja, quando o dano à Administração

---
266. *V.g.*, acórdão proferido no AgRg no REsp 1.130.542/CE, 5.ª T., Rel. Min. Félix Fischer, j. 23.03.2010.

decorrer de ato ou omissão culposos. Do contrário, a indenização será liquidada com os bens do servidor, salvo se este não os possuir. A lei, ao final, acaba até criando uma exceção, embora mitigada, à regra processual da impenhorabilidade dos vencimentos e proventos do servidor.

Atendendo às necessidades comuns de facilitação de acesso ao crédito mais barato, notadamente o bancário, o legislador permite que o servidor público dê como garantia de financiamento seu próprio salário, limitado a determinado percentual, o que é normalmente designado como "consignação em folha" (art. 45, § 1º da Lei 8.112/90).

No âmbito federal, alteração recente, promovida pela Lei 13.172/2015, permitiu que o servidor público comprometa até 35% (trinta e cinco por cento) de sua remuneração mensal com as chamadas consignações facultativas. Exclui-se do percentual, portanto, as obrigatórias, como a consignação decorrente de determinação judicial para pagamento de prestação alimentícia. Não importa quantas "consignações" serão feitas no contracheque do servidor, mas sim que elas não ultrapassem o percentual indicado na lei, por isso que todo financiamento nessa modalidade deve ser precedido de verificação anterior da "margem consignável" da remuneração do servidor. O Decreto 8.690/2016 dispõe sobre a gestão das consignações em folha de pagamento no âmbito do sistema de gestão de pessoas do Poder Executivo Federal.

b) *Referentes a indenizações*

A Lei 8.112/1990 prevê, em seu art. 51, quatro tipos de indenização aos servidores públicos federais por ela regidos:

- *ajuda de custo;*
- *diárias;*
- *transporte;*
- *auxílio-moradia.*

A *ajuda de custo* é destinada a "compensar as despesas de instalação do servidor que, no interesse do serviço, passa a ter exercício em nova sede, com mudança de domicílio em caráter permanente, vedado o duplo pagamento de indenização, a qualquer tempo, no caso de o cônjuge ou companheiro que detenha também a condição de servidor, vier a ter exercício na mesma sede" (art. 53, *caput*). Portanto, a ajuda de custo se destina a indenizar o servidor pela mudança de domicílio, o que acontecerá, via de regra, nos casos de *remoção com mudança de sede*.

Além da ajuda de custo propriamente dita, que é paga ao servidor, a Administração também arca com as *despesas de transporte*, compreendendo passagem, bagagem e bens pessoais do servidor e de sua família (art. 53, § 1.º). A Lei também garante, dentro do prazo de um ano, contado do óbito, uma ajuda de custo e transporte para os familiares do servidor, caso ele faleça na nova localidade, e aqueles resolvam retornar ao local de origem (art. 53, § 2.º).

O cálculo da ajuda de custo é feito sobre a remuneração do servidor, não podia superar a importância equivalente a três meses daquela (art. 54). Com a edição da MP 805/2017 o valor foi restringido ao de um mês de remuneração apenas.

A Lei prevê a hipótese de restituição do valor, caso o servidor não se apresente, injustificadamente, na nova sede no prazo de 30 dias (art. 57). Também é previsto o pagamento da ajuda de custo a quem, não sendo servidor da União, for nomeado para cargo em comissão, com mudança de domicílio (art. 56, *caput*).

No âmbito federal, a matéria foi regulamentada pelo *Decreto 4.004/2001*. De acordo com o art. 2.º, § 2.º, do Regulamento, a ajuda de custo corresponderá a uma remuneração, caso o servidor possua até um dependente; a duas remunerações, caso o servidor possua mais de um dependente, e a três remunerações, caso o servidor possua três ou mais dependentes. O STJ já entendeu que tais despesas são presumidas, conforme o número de dependentes do servidor, sendo desnecessária a comprovação daquelas[267]. Esse entendimento, no entanto, deve ser adotado com cautela, sendo lícito à Administração, por evidente, proceder à apuração de eventual descumprimento da regra, por parte do servidor que tenha recebido a indenização majorada, mas não tenha procedido a mudança com seus dependentes.

Deve ser acrescido, no entanto, que a Lei 12.998/2014 alterou o art. 53, § 3.º, da Lei 8.112/1990, deixando expresso, agora, que não é mais devida a ajuda de custo na hipótese em que o servidor pede a remoção. O STJ, já dentro desse novo regime jurídico, decidiu que o servidor, mesmo que tenha participado de "concurso de remoção", não fará jus ao direito, ainda que o procedimento revele interesse da Administração Pública, visto que a ajuda só deve ser deferida nas hipóteses de remoção de ofício[268].

As *diárias* são devidas ao servidor que, a serviço, se afasta da sede em caráter eventual ou transitório para outro ponto do território nacional ou para o exterior. As diárias se destinam a indenizar as parcelas de despesas extraordinárias com pousada, alimentação e locomoção urbana (art. 58, *caput*). Ela é concedida por dia de afastamento, sendo devida pela metade quando o deslocamento não exigir o pernoite fora da sede, ou quando a União custear, por meio diverso, as despesas extraordinárias cobertas por diárias (art. 58, § 1.º).

Veja-se que não podemos confundir diárias com ajuda de custo: aquelas são devidas ao servidor que presta serviço fora de sua sede, mas sem deslocamento definitivo, ao passo que a segunda só será devida com a remoção do servidor para nova sede[269].

No âmbito do Poder Executivo federal, as diárias são regulamentadas pelo *Decreto 5.992/2006*, com os valores atualmente fixados conforme disposições do Decreto 6.907/2009. As *diárias no exterior* ainda são reguladas pelo *Decreto 71.733/1973*, com os valores atualizados pelo Decreto 6.576/2008.

Se os deslocamentos para fora da sede forem uma *exigência permanente do cargo*, o servidor *não fará jus a diárias (art. 58, § 2.º)*. Em compensação, a *Lei 8.216/1991 (art. 16)* criou uma espécie de indenização, geralmente denominada de "indenização de campo", para servidores que não fazem jus a diárias, mas que tenham de se afastar de seu local de trabalho para efetuar execução de trabalhos de campo, tais como combate a endemias;

---

267. STJ, REsp 904.183/RN, 5.ª T., Rel. Min. Arnaldo Lima, j. 05.02.2009.
268. STJ, Incidente de Uniformização na Pet. 8.345/SC, 1ª Seção, Rel. Min. Humberto Martins, j. em 08.10.2014. Tratou-se de incidente de uniformização de jurisprudência advindo da Turma Nacional de Uniformização dos Juizados Especiais Federais, dentro da sistemática prevista no art. 14, § 4.º, da Lei 10.259/2001. A TNU havia reconhecido, precedentemente, o direito do servidor ao recebimento da vantagem.
269. STJ, REsp 535.132/SC, 5.ª T., Rel. Min. Félix Fischer, j. 16.10.2003.

marcação, inspeção e manutenção de marcos decisórios; topografia, pesquisa, saneamento básico, inspeção e fiscalização de fronteiras internacionais. Na esfera federal, essa indenização é geralmente devida aos servidores do INCRA e da FUNASA, que constantemente fazem trabalhos de campo. O valor atual dessa indenização está previsto, hoje, no Anexo II do Decreto 5.992/2006, incluído pelo Decreto6.907/2009. De acordo com o *art. 15 da Lei 8.270/1991*, essa indenização deve ser reajustada nas mesmas datas e percentuais das diárias, o que foi diversas vezes descumprido pelo governo federal ao longo do tempo, acarretando inúmeros questionamentos judiciais.

Já a *indenização de transporte* é prevista no *art. 60 da Lei 8.112/1990* como a "indenização de transporte ao servidor que realizar despesas com a utilização de meio próprio de locomoção para a execução de serviços externos, por força das atribuições próprias do cargo". É o caso clássico, no âmbito do Poder Judiciário, do Oficial de Justiça. Na esfera federal a matéria é regulamentada pelo *Decreto 3.184/1999*, com as alterações do Decreto 7.132/2010.

Por fim, temos o *auxílio-moradia*, incluído na Lei 8.112/1990 pela Lei 11.355/2006.

Esse benefício consiste no ressarcimento das despesas comprovadamente realizadas pelo servidor com aluguel de moradia ou com meio de hospedagem administrado por empresa hoteleira, no prazo de dois meses após a comprovação da despesa pelo servidor (art. 60-A, na redação da MP 805/2017).

A concessão do benefício pressupõe a inexistência de imóvel funcional disponível para uso do servidor (art. 60-B, I), e só tem sentido para servidores que vão ocupar, temporariamente, cargos de confiança em locais distantes de sua moradia, como os assessores parlamentares. Assim sendo, não terá direito o servidor que tenha sido proprietário, promitente comprador, cessionário ou promitente cessionário de imóvel no Município onde for exercer o cargo, nos 12 meses que antecederem a sua nomeação (art. 60-B, III).

A Lei prevê que o benefício terá um valor mensal limitado a 25% (vinte e cinco por cento) do valor do cargo em comissão, função comissionada ou cargo de Ministro de Estado ocupado (art. 60-D, *caput*). No caso de falecimento, exoneração, colocação de imóvel funcional à disposição do servidor ou aquisição de imóvel, o auxílio-moradia continuará a ser pago por um mês (art. 60-E).

Em que pese a clara destinação legal, sendo que a origem do benefício era a concessão feita aos próprios parlamentares, a Lei acabou ficando extremamente aberta, prevendo o benefício para qualquer ocupante de cargo em comissão ou função de confiança DAS, níveis 4, 5 e 6, de Natureza Especial, de Ministro de Estado ou equivalentes (art. 60-B, V). Com isso, temos situações práticas completamente esdrúxulas, o que é típico do Brasil, como diretores de secretaria de varas federais e do trabalho recebendo o benefício, mesmo quando removidos de suas sedes originárias, o que acarreta, muitas vezes, que percebam remuneração superior ao dos juízes a que estão vinculados[270].

---

270. Embora a Lei Orgânica da Magistratura (LC 35/1979) preveja o pagamento aos magistrados de ajuda de custo, para moradia, nas localidades em que não houver residência oficial à disposição deles (art. 65, II), o direito era plenamente ignorado pelos tribunais no âmbito do Poder Judiciário da União, salvo nas próprias cortes superiores que pagavam a verba mediante atos próprios, mas, contraditoriamente, impunham a necessidade de lei regulamentar para as instâncias inferiores. No âmbito estadual, a maioria dos tribunais de justiça conseguiu regulamentar a matéria, por lei ou por meio de atos próprios, ignorando as orientações restritivas das cúpulas do Judiciário federal.

c) *Referentes a gratificações e adicionais*

A Lei 8.112/1990, em seu art. 61, estabelece que, além do vencimento e das demais vantagens nela previstas, são devidas aos servidores as retribuições denominadas de gratificações e adicionais.

A diferença básica entre gratificações e adicionais nos é dada por Hely Lopes Meirelles, para quem:

> "*Adicionais: são vantagens pecuniárias que a Administração concede aos servidores em razão do tempo de exercício (adicional de tempo de serviço) ou em face da natureza peculiar da função, que exige conhecimentos especializados ou um regime próprio de trabalho (adicionais de função). Os adicionais destinam-se a melhor retribuir os exercentes de funções técnicas, científicas e didáticas, ou a recompensar os que se mantiveram por longo tempo no exercício do cargo*".
>
> "*Gratificações: são vantagens pecuniárias atribuídas precariamente aos servidores que estão prestando serviços comuns da função em condições anormais de segurança, salubridade ou onerosidade (gratificações de serviço), ou concedida como ajuda aos servidores que reúnam as condições pessoais que a lei especifica*".

Em arremate, dizia o saudoso mestre que:

> "*Como já vimos precedentemente, as gratificações distinguem-se dos adicionais porque estes se destinam a compensar encargos decorrentes de funções especiais, que se apartam da atividade administrativa ordinária, e aquelas – as gratificações – visam compensar riscos ou ônus de serviços comuns realizados em condições extraordinárias, tais como os trabalhos executados em perigo de vida e saúde, ou no período noturno, ou além do expediente normal da repartição, ou fora da sede, etc.*
>
> *(...)*
>
> *Não há confundir, portanto, gratificação com adicional, pois são vantagens pecuniárias distintas, com finalidades diversas, concedidas por motivos diferentes. A gratificação é retribuição de um serviço comum prestado em condições especiais; o adicional é retribuição de uma função especial exercida em condições comuns*".

Como se pode ver pela rápida leitura do texto da Lei 8.112/1990, o legislador não levou em conta a tradicional distinção doutrinária, não deixando claro, também, que tipo de critério veio a adotar. O enquadramento desta ou daquela parcela em alguma das categorias jurídicas em causa foi absolutamente arbitrário.

Foram classificadas como *gratificações*:

– *a retribuição por exercício de função de direção, chefia ou assessoramento, objeto de lei específica quanto à determinação dos respectivos valores;*

– *a gratificação natalina (ou décimo terceiro salário), já vista anteriormente;*

– *a gratificação por encargo de curso ou concurso (art. 76-A).*

Não obstante, o CNJ, por meio da Resolução 199/2014, acabou estendendo o direito para toda a magistratura nacional, regulamentando a matéria com algumas poucas restrições.

Como *adicionais*, foram classificados:

- *o adicional por tempo de serviço (art. 67, já revogado);*
- *os adicionais de insalubridade, periculosidade e de atividades penosas (art. 68);*
- *o adicional por serviço extraordinário (art. 73);*
- *o adicional noturno (art. 75);*
- *o adicional de férias (art. 76).*

Os adicionais de *férias* (terço de férias), *noturno* e de *hora extraordinária* são objeto de previsão constitucional, já tendo sido abordados anteriormente.

Já os *adicionais decorrentes de trabalho em condições de insalubridade, periculosidade e penosidade* estão expressamente previstos no art. 7.º, XXIII, da CF/1988, mas estranhamente foram retirados da regra de remissão dos servidores públicos, existente no art. 39, § 3.º, da Carta Magna, pela EC 19/1998. Não obstante, o art. 68 do Estatuto do Servidor Público federal resguarda o direito, desde que o trabalho seja prestado com habitualidade, ou seja, não ocorra a exposição de maneira simplesmente eventual ou acidental.

Esses adicionais têm ampla e pormenorizada regulamentação na legislação trabalhista (arts. 189 a 197 da CLT e Normas Regulamentadoras do Ministério do Trabalho e Emprego), sendo o de insalubridade devido pelo trabalho executado mediante exposição a agentes nocivos à saúde, tais como poeira, insolação ou calor extremo, frio intenso, ruído etc., variando o percentual conforme o tempo de exposição e as medidas tomadas para a redução ou mitigação da insalubridade. Já o de periculosidade decorre da exposição a agentes considerados perigosos à saúde, ou seja, que podem ser letais, independentemente da adoção de medidas individuais ou coletivas de proteção, como é o caso de pessoas que trabalham com combustíveis, explosivos, expostas a radiações ionizantes e eletricidade e que trabalham em situação de exposição permanente a roubos ou outras espécies de violência física nas atividades profissionais de segurança pessoal ou patrimonial (art. 193 da CLT), sendo difícil, em relação a estes, a compreensão do sentido de eliminação dos riscos, prevista no art. 68, § 2.º, do Estatuto federal.

Havendo exposição concomitante a agentes insalubres e perigosos, o servidor deve optar por um dos adicionais (art. 68, § 1.º). Impende salientar que o STJ já decidiu que a gratificação de raio X, instituída pela Lei 1.234/1950, não se confunde com o adicional de periculosidade por exposição à radiação, podendo haver cumulação de ambos[271]. O que a lei proíbe é a acumulação de adicionais de periculosidade com insalubridade (art. 68, § 1.º, do Estatuto), não fazendo referência àquela gratificação.

Na esfera federal, complementando as disposições da Lei 8.112/1990, a *Lei 8.270/1991*, em seu art. 12, *fixou os percentuais dos adicionais de insalubridade e periculosidade*, remetendo à legislação aplicável aos trabalhadores em geral a respectiva base de cálculo e hipóteses de incidência. O *Decreto 97.458/1989* contém algumas disposições regulamentares sobre o assunto, especificamente quanto aos servidores públicos federais[272].

---

271. STJ, AgRg no REsp 951.633/RS, 5.ª T., Rel. Min. Arnaldo Lima, j. 04.12.2008 e REsp 491.497/RS, Rel. Min. Laurita Vaz, j. 20.03.2007.

272. Sobre o tema, o STJ já entendeu que o adicional é devido ao servidor público federal não a partir da data da elaboração do respectivo laudo pericial, mas sim a partir do advento da Lei 8.270/1991,

O Estatuto esclarece, no art. 71, que o adicional de atividade penosa é devido aos servidores em exercício em zonas de fronteira ou em localidades cujas condições de vida o justifiquem, nos termos, condições e limites fixados em regulamento. Esse regulamento, até o ano de 2014, ainda não havia sido editado[273].

Quanto ao adicional por tempo de serviço, era previsto, na redação original do art. 67 da Lei, na proporção de 1% por ano de efetivo serviço, daí por que era denominado de *anuênio*.

Com a Lei 9.527/1997, passou a ser devido à razão de 5% a cada cinco anos de serviço público efetivo prestado à União, às autarquias e às fundações públicas federais, observado o limite máximo de 35%. Passou, portanto, a ser devido como *quinquênio*.

Antes, porém, do implemento do primeiro período quinquenal, foi editada a Medida Provisória 2.225-45/2001, ainda em vigor, que suspendeu a eficácia do art. 67 da Lei 8.112/1990, de modo que o direito em questão não é mais devido aos servidores públicos federais, salvo quanto aos percentuais já incorporados nas respectivas remunerações.

Não obstante, diversos estatutos estaduais e municipais mantêm a previsão e o pagamento de tal adicional, sendo ele um forte estímulo salarial à permanência do servidor no cargo público.

Para os servidores regidos pelo regime de subsídios não são devidos quaisquer desses adicionais ou gratificações, à exceção do terço de férias, da gratificação por encargo em curso ou concurso e da gratificação natalina. Entretanto, na linha de pensamento de que nenhum trabalho adicional deve ser gratuito, no âmbito do Poder Judiciário da União, foram aprovadas diversas leis criando a gratificação por acúmulo de jurisdição (GAJU), para juízes federais (Lei 13.093/2015), juízes do trabalho (Lei 13.095/2015), juízes de direito do Distrito Federal e Territórios (Lei 13.094/2015) e juízes auditores da União (Lei 13.096/2015).

Para os servidores que não são remunerados por meio de subsídio, outras gratificações podem ser criadas por leis especiais, muitas deles normalmente compondo a remuneração pelo simples exercício das atividades do próprio cargo, no que pouco diferem, substancialmente, do próprio vencimento básico.

d) *Referentes a licenças, afastamentos e concessões*

A Lei 8.112/1990 prevê a possibilidade de afastamento do servidor do trabalho, com ou sem prejuízo da remuneração, nos casos que especifica.

As *concessões* são meras ausências, afastamentos curtos, de poucos dias, sem prejuízo da remuneração, ocorrentes em situações bem específicas, a saber (art. 97):

– *um dia para doação de sangue;*

---

que regulamentou a matéria no âmbito da Administração Pública Federal, pressupondo que a respectiva atividade estivesse incluída nos quadros do Ministério do Trabalho e que o servidor público já a exercesse anteriormente à confecção do laudo (REsp 712.952/AL, 5.ª T., Rel. Min. Laurita Vaz, j. 01.03.2005).

273. O STF entendeu não caber mandado de injunção para discutir a regulamentação do adicional de atividades penosas, visto não ser um direito assegurado constitucionalmente aos servidores públicos (Pleno, AgRg no MI 5.974/DF, Rel. Min. Cármen Lúcia, j. 07.11.2013).

- dois dias para alistamento ou recadastramento eleitoral;
- oito dias por motivo de casamento (gala) ou por falecimento do cônjuge, companheiro, madrasta ou padrasto, filhos, enteados, menor sob guarda ou tutela e irmãos (nojo).

Também está garantido como concessão, o direito do servidor estudante de requerer que seu trabalho seja desempenhado em horário especial, quando houver incompatibilidade entre o horário escolar e o de funcionamento da repartição. Nesse caso, deverá ser feita a devida compensação, respeitada a duração semanal do trabalho (art. 98, *caput*, § 1.º). O horário especial de trabalho também é garantido ao servidor público federal portador de deficiência, quando comprovada a necessidade por junta médica oficial, caso em que não será necessária a compensação de horário (art. 98, § 2.º). Ao servidor que tenha cônjuge, filho ou dependente portador de deficiência física, também se garante o direito ao horário especial, mas com compensação de horários (art. 98, § 3.º). Por fim, também foi resguardado o direito ao horário especial ao servidor que desenvolve as atividades elencadas no art. 76-A, I e II, só que nesses casos a compensação de horários é imposta, devendo ser feita no prazo de um ano (art. 98, § 4.º).

Já os *afastamentos*, propriamente ditos, são de duração mais longa, mas também são feitos sem prejuízo da remuneração, ou, quando com prejuízo desta, pressupõem o pagamento de valor diverso, por outro órgão público ao qual estará temporariamente vinculado o servidor, como no afastamento para servir a outro órgão ou entidade.

São quatro os tipos de afastamento previstos na Lei 8.112/1990 (Capítulo V):

- para servir a outro órgão ou entidade, que, na verdade, se confunde com o instituto da cessão de servidor, podendo ocorrer entre os Poderes da União, ou para Estados, Distrito Federal e Municípios;
- para cumprimento de mandato eletivo, o que já foi visto anteriormente;
- para estudo ou missão no exterior;
- para participação em programa de pós-graduação stricto sensu no País.

As *cessões* são regulamentadas na esfera federal pelo *Decreto 4.050/2001*, que a define como "o ato autorizativo para o exercício de cargo em comissão ou função de confiança, ou para atender situações previstas em leis específicas, em outro órgão ou entidade dos Poderes da União, dos Estados, do Distrito Federal e dos Municípios, sem alteração da lotação no órgão de origem" (art. 1.º, II). Sendo a cessão feita a Estados, Distrito Federal ou Municípios, cabe a estes o ônus da remuneração (art. 93, § 1.º, da Lei 8.112/1990).

O *afastamento para estudo ou missão no exterior* tem o prazo máximo de quatro anos (art. 95, § 1.º), ficando vedado ao servidor, por período igual ao do afastamento, pedir exoneração ou licença sem vencimentos, salvo se ressarcir a Administração pelas despesas de seu afastamento (art. 95, § 2.º). As disposições da Lei 8.112/90 sobre esse assunto são regulamentadas pelo Decreto nº 1.387/1995.

Já o *afastamento para participação em programas de mestrado ou doutorado* somente pode ser concedido a servidores titulares de cargos efetivos há pelo menos três anos, no caso do mestrado, ou quatro anos, para o doutorado, que não tenham se afastado por licença para tratar de assuntos particulares, para gozo de licença capacitação ou para afastamento idêntico nos dois anos anteriores à data da solicitação de afastamento (art. 96-A, § 2.º).

Após o retorno, o servidor deve permanecer no cargo por período igual ao de seu afastamento (§ 4.º), ressalvada a hipótese de ressarcimento dos gastos à Administração (§ 5.º).

Por fim, temos as *licenças*. É difícil traçar um critério objetivo para diferenciar licenças de afastamentos, sendo uma escolha absolutamente arbitrária do legislador enquadrar uma ou outra espécie em alguma dessas categorias.

A maioria das licenças é concedida sem vencimentos ou remuneração, mas há exceções, como a licença para capacitação.

A Lei 8.112/1990 enumera as seguintes licenças (art. 81):

- *por motivo de doença em pessoa da família;*
- *por motivo de afastamento do cônjuge;*
- *para o serviço militar;*
- *para atividade política;*
- *para capacitação;*
- *para tratar de assuntos particulares; e*
- *para desempenho de mandato classista.*

A *licença para cumprimento de serviço militar* é prevista no art. 85 da Lei 8.112/1990, mas é inteiramente regulada pelos *arts. 60 e 61 da Lei 4.375/1964 (Lei do Serviço Militar)*. O Estatuto apenas estabelece que, concluído o serviço militar, o servidor disporá de 30 dias, sem remuneração, para reassumir o exercício do cargo, computando-se o período respectivo como de tempo efetivo de serviço (art. 102, VIII, *f*, da Lei 8.112/1990). A Lei do Serviço Militar estabelece que, na incorporação para o Serviço Militar inicial, não será devida nenhuma remuneração (art. 60, § 1.º), mas quando o servidor for convocado por motivo de manobras, exercícios, manutenção da ordem interna ou guerra, terá direito à percepção de dois terços da remuneração do cargo (art. 61, *caput*).

A *licença para capacitação* só pode ser deferida após cada período de cinco anos de efetivo exercício, e é sempre no interesse da Administração, podendo o afastamento ser de até três meses, sem prejuízo da remuneração (art. 87 do Estatuto). Na esfera federal, o *Decreto 5.707/2006* instituiu a Política Nacional de Desenvolvimento de Pessoal, qualificando a capacitação como sendo o "processo permanente e deliberado de aprendizagem, com o propósito de contribuir para desenvolvimento de competências institucionais por meio do desenvolvimento de competências individuais" (art. 2.º, I). O Decreto admite a utilização da licença para a elaboração de dissertação de mestrado ou tese de doutorado, bem como o fracionamento do período de três meses, desde que por período não inferior a 30 dias (art. 10).

A *licença para atividade política* não se confunde com o afastamento para cumprimento de mandato eletivo. Aquela é destinada a possibilitar que o servidor participe da campanha eleitoral, sendo devida, sem remuneração, pelo período que mediar sua escolha em convenção partidária, como candidato, até a véspera do registro de sua candidatura perante a Justiça Eleitoral (art. 86 da Lei 8.112/1990). A partir do registro até o décimo dia seguinte ao da eleição, o servidor faz jus à licença, assegurados os vencimentos do cargo efetivo, somente pelo período de três meses (art. 86, § 2.º).

O servidor federal também faz jus a uma *licença por motivo de doença em pessoa da família*, entendida esta como o cônjuge, companheiro, pais, filhos, padrasto, madrasta, enteado ou dependente que viva a suas expensas e conste de seu assentamento funcional (art. 83, *caput*). Além de depender de perícia médica oficial, que ateste a gravidade da doença, a licença só é deferida se a assistência direta do servidor for indispensável e não puder ser prestada simultaneamente com exercício do cargo ou mediante compensação de horário. Essa licença é remunerada e tem o prazo máximo de 60 dias, consecutivos ou não. A partir daí, só pode ser deferida sem remuneração, por até 90 dias (art. 83, § 2.º). A licença poderá ser concedida a cada período de doze meses, considerado como início do interstício a data do deferimento da primeira licença concedida (art. 83, *caput*, e § 3.º).

Já a *licença por motivo de afastamento do cônjuge* se difere do pedido de remoção para acompanhar cônjuge ou companheiro. Naquela, o servidor não se remove, mantendo sua lotação original, e apenas se licenciando do cargo, sem remuneração, por prazo indeterminado (art. 84, § 1.º, do Estatuto), para acompanhar o cônjuge que foi deslocado para outro ponto do território nacional, para o exterior ou para o exercício de mandato eletivo. Na licença, não se exige que o cônjuge seja servidor.

A Lei também prevê uma *licença para o tratamento de assuntos particulares*, a qual é deferida a critério da Administração, só podendo ser deferida a ocupante de cargo efetivo que não esteja em estágio probatório. O prazo máximo dessa licença é de três anos consecutivos, sem remuneração (art. 91), podendo ser interrompida, a qualquer tempo, a pedido do servidor ou no interesse da Administração. Embora se diga que a concessão dessa licença é um ato discricionário da Administração, há decisões no sentido de que não se pode admitir motivação inidônea para sua denegação, fato que revelaria abuso pela Administração, podendo ser revisto pelo Judiciário (STJ, 1ª T., AgRg no REsp 1.336.559/SC, rel. Min. Benedito Gonçalves, j. 12/05/2015; 5ª T., AgRg no REsp 1.087.443/SC, rel. Marco Aurélio Bellizze, j. 04/06/2013).

Por fim, é prevista uma *licença para desempenho de mandato classista* em confederação, federação, associação de classe de âmbito nacional, sindicato da categoria ou entidade fiscalizadora da profissão, ou, ainda, para participar de gerência ou administração em sociedade cooperativa constituída por servidores públicos para prestar serviços a seus membros (art. 92 do Estatuto). Essa licença é sem remuneração é só podem ser licenciados os servidores eleitos para cargos de direção ou representação nas referidas entidades, desde que cadastradas no Ministério da Administração Federal e Reforma do Estado (hoje, Ministério do Planejamento e Recursos Humanos). Existe um número máximo de servidores que podem ser licenciados, conforme o número de associados da entidade, variando do mínimo de um ao máximo de três servidores.

5.5.14.7. Outros benefícios do Plano de Seguridade Social do Servidor

Além dos benefícios de aposentadoria, pensão, licença-maternidade, licença-paternidade e salário-família, examinados com as regras constitucionais aplicadas aos servidores, a Lei 8.112/1990 prevê outros direitos para o servidor público federal como decorrência do plano de seguridade social a eles aplicado.

São eles (art. 185):

- *auxílio-natalidade*;
- *licença para tratamento de saúde*;
- *licença por acidente em serviço*;
- *auxílio-funeral*;
- *auxílio-reclusão*; e
- *assistência à saúde*.

O *auxílio-natalidade* é devido à servidora por motivo de nascimento do filho, em quantia equivalente ao menor vencimento do serviço público, ou seja, um salário mínimo, inclusive no caso de natimorto (art. 196). O servidor homem também tem direito ao benefício, quando cônjuge ou companheiro de parturiente que não seja servidora pública (art. 196, § 2.º). Não se confunde esse benefício com a chamada *assistência pré-escolar*, instituída no âmbito federal pelo Decreto 977/1993, com fundamento na obrigação constante do artigo 54, IV, do Estatuto da Criança e do Adolescente (Lei 8.069/1990). A assistência pré-escolar, que não tem previsão na Lei 8.112, se destina a atender aos dependentes do servidor na faixa etária compreendida entre o nascimento até os seis anos de idade, e pode ser na modalidade de assistência direta, na forma de creche própria, e indireta, o mais comum, através do pagamento do auxílio pré-escolar.

O *auxílio-funeral* é devido à família do servidor falecido na atividade ou aposentado, em valor equivalente a um mês da remuneração ou provento. Havendo acumulação legal de cargos, o auxílio é pago somente em razão do cargo de maior remuneração (art. 226).

O *auxílio-reclusão* é devido à família de servidor ativo, durante o afastamento do trabalho, por motivo de prisão em flagrante ou preventiva, ou por condenação, em sentença definitiva, enquanto perdurar a prisão ou cumprimento de pena que não determine a perda do cargo (art. 229). Na prisão em flagrante ou preventiva o valor do auxílio é de 2/3 da remuneração, no caso de cumprimento de pena é de 1/2 da remuneração.

O *art. 13 da EC 20/1998*, no entanto, restringiu o direito do auxílio-reclusão aos servidores com renda bruta mensal de R$ 360,00, corrigidos, a partir da Emenda, pelos mesmos índices aplicados aos benefícios do RGPS[274]. Embora pareça óbvio que o critério a ser considerado devesse ser o da renda da família, visto que é ela que depende da renda e não o servidor que está preso, o STF[275], ao analisar a questão no âmbito do RGPS, *considerou constitucionais a limitação e o parâmetro da renda do servidor* (no caso, segurado).

---

274. A partir de 1º de janeiro de 2017 o valor é de R$ 1.292,43 (mil duzentos e noventa e dois reais e quarenta e três centavos).

275. STF, Pleno, RE 587.365/SC, Rel. Min. Ricardo Lewandowski, j. 25.03.2009:"Previdenciário. Constitucional. Recurso extraordinário. Auxílio-reclusão. Art. 201, IV, da Constituição da República. Limitação do universo dos contemplados pelo auxílio-reclusão. Benefício restrito aos segurados presos de baixa renda. Restrição introduzida pela EC 20/1998. Seletividade fundada na renda do segurado preso. Recurso extraordinário provido. I – Segundo decorre do art. 201, IV, da Constituição, a renda do segurado preso é que deve ser utilizada como parâmetro para a concessão do benefício e não a de seus dependentes. II – Tal compreensão se extrai da redação dada ao referido dispositivo pela EC 20/1998, que restringiu o universo daqueles alcançados pelo auxílio-reclusão, a qual adotou o critério da seletividade para apurar a efetiva necessidade dos beneficiários. III – Diante disso, o art. 116 do Decreto 3.048/1999 não padece do vício da inconstitucionalidade. IV – Recurso extraordinário conhecido e provido".

A *licença para tratamento de saúde do servidor* equivale, no regime próprio, ao auxílio--doença do RGPS. No entanto, cabe à Administração arcar com o afastamento do servidor, independentemente de sua duração. Se for inferior a 15 dias, a lei diz que pode ser dispensada a perícia médica, desde que seja o único no prazo de um ano (art. 204). Essa licença, quando exceder o prazo de 120 dias no período de um ano a contar do primeiro afastamento, deve ser concedida mediante avaliação por junta médica oficial (art. 203, § 4.º). Se o afastamento for decorrente de *acidente em serviço*, será necessário produzir prova deste (art. 214). A relevância de se saber se a causa foi acidente em serviço diz respeito ao cálculo de uma possível aposentadoria por invalidez, de resto, esta última licença terá a mesma disciplina da licença para tratamento de saúde.

Acidente em serviço, na dicção do Estatuto dos Servidores Públicos Federais, é o dano físico ou mental sofrido pelo servidor, que se relacione, mediata ou imediatamente, com as atribuições do cargo exercido (art. 212, *caput*).

A Lei garante, no art. 213, que o servidor acidentado que necessite de tratamento especializado poderá ser tratado em instituição privada, à conta dos recursos públicos.

É considerado acidente em serviço, por equiparação, o decorrente de agressão sofrida e não provocada pelo servidor no exercício do cargo e aquele sofrido no percurso de residência para o trabalho e vice-versa (art. 212).

Importante lembrar que a licença para fins de tratamento de saúde, no âmbito federal, é computada como tempo de serviço (hoje contribuição), para fins de disponibilidade e aposentadoria, independentemente de seu prazo (art. 103, VII, da Lei 8.112/1990). Entendimento que vem de longa data, conforme Súmula 109 do TCU[276]. Mas, a partir da Lei 9.527/1997, ficou claro que para outros efeitos a licença em questão só é considerada se limitada ao prazo máximo de vinte e quatro meses (art. 102, VIII, *b*).

Já a *assistência à saúde* do servidor, ativo ou inativo, e de sua família, é um direito previsto no art. 230 do Estatuto, compreendendo assistência médica, hospitalar, odontológica, psicológica e farmacêutica, tendo como diretriz básica o implemento de ações preventivas voltadas para a promoção da saúde e será prestada pelo SUS, diretamente pelo órgão ou entidade ao qual estiver vinculado ao servidor, ou mediante contrato ou convênio, ou ainda na forma de auxílio, mediante ressarcimento parcial do valor despendido pelo servidor, ativo ou inativo, e seus dependentes ou pensionistas com planos ou seguros privados de assistência à saúde na forma estabelecida em regulamento.

O mais comum é que essa assistência seja prestada na forma de um subsídio dado pelo órgão ou entidade no sentido de contratação de plano de saúde, com um desconto, do servidor, de valor bem inferior àquele que normalmente seria pago numa contratação privada. Eventualmente, caso o servidor opte pela contratação privada, ele recebe um reembolso, na forma de auxílio-saúde.

Esse procedimento, de contratação de um plano de saúde corporativo, é expressamente regulado no art. 230, § 3.º, do Estatuto.

---

276. Súmula TCU 109 (editada em 1976): *É computável, para efeito de aposentadoria e disponibilidade, a licença concedida para tratamento da própria saúde, ainda que anterior à vigência da Lei n° 5.832, de 01/12/1972, e desde que a inativação tenha ocorrido ou venha a ocorrer após a promulgação da referida Lei.*

No âmbito do Poder Executivo federal, a matéria foi regulamentada pelo *Decreto 4.978/2004*, o qual optou pela prestação mediante convênios com entidades fechadas de autogestão, sem fins lucrativos, ou por meio de contratos, respeitadas as disposições da Lei de Licitações.

5.5.15. Regime disciplinar do servidor público federal

O regime disciplinar do servidor público federal é objeto de todo um título da Lei 8.112/1990, no qual são traçados seus deveres e proibições, as penalidades que podem ser impostas, bem como regras sobre processo administrativo disciplinar.

Esse regime disciplinar pode ser qualificado como geral ou comum, aplicável aos servidores públicos federais em geral, tendo correspondentes, muito semelhantes, nos âmbitos municipal e estadual. Existem regime disciplinares especiais, por assim dizer, no âmbito de certas categorias de servidores, como os militares, os magistrados e os membros do Ministério Público.

De acordo com José Armando da Costa[277], o regime disciplinar é o "conjunto de normas referentes aos vários institutos do Direito Disciplinar e constantes de um regulamento autônomo ou de uma seção especial de um determinado estatuto do servidor". Já o Direito Disciplinar corresponde ao "conjunto de princípios e normas que objetivam, através de vários institutos próprios, condicionar e manter a normalidade do Serviço Público".

Vamos, então, abordar os temas acima aludidos de acordo com o tratamento que foi dado pela Lei 8.112/1990.

a) Deveres e proibições

O art. 116 da Lei 8.112/1990 elenca os deveres do servidor público, a saber:

"*I – exercer com zelo e dedicação as atribuições do cargo;*

II – ser leal às instituições a que servir;

III – observar as normas legais e regulamentares;

IV – cumprir as ordens superiores, exceto quando manifestamente ilegais;

V – atender com presteza:

a) ao público em geral, prestando as informações requeridas, ressalvadas as protegidas por sigilo;

b) à expedição de certidões requeridas para defesa de direito ou esclarecimento de situações de interesse pessoal;

c) às requisições para a defesa da Fazenda Pública.

VI – levar as irregularidades de que tiver ciência em razão do cargo ao conhecimento da autoridade superior ou, quando houver suspeita de envolvimento desta, ao conhecimento de outra autoridade competente para apuração;

VII – zelar pela economia do material e a conservação do patrimônio público;

---

277. COSTA, José Armando da. *Direito administrativo disciplinar*. 2. ed. rev., atual. e ampl. São Paulo: Método, 2009, p. 32 e 34.

VIII – guardar sigilo sobre assunto da repartição;

IX – manter conduta compatível com a moralidade administrativa;

X – ser assíduo e pontual ao serviço;

XI – tratar com urbanidade as pessoas;

XII – representar contra ilegalidade, omissão ou abuso de poder".

Já as proibições vêm elencadas no art. 117, que dispõe:

"Art. 117. Ao servidor é proibido:

I – ausentar-se do serviço durante o expediente, sem prévia autorização do chefe imediato;

II – retirar, sem prévia anuência da autoridade competente, qualquer documento ou objeto da repartição;

III – recusar fé a documentos públicos;

IV – opor resistência injustificada ao andamento de documento e processo ou execução de serviço;

V – promover manifestação de apreço ou desapreço no recinto da repartição;

VI – cometer a pessoa estranha à repartição, fora dos casos previstos em lei, o desempenho de atribuição que seja de sua responsabilidade ou de seu subordinado;

VII – coagir ou aliciar subordinados no sentido de filiarem-se a associação profissional ou sindical, ou a partido político;

VIII – manter sob sua chefia imediata, em cargo ou função de confiança, cônjuge, companheiro ou parente até o segundo grau civil;

IX – valer-se do cargo para lograr proveito pessoal ou de outrem, em detrimento da dignidade da função pública;

X – participar de gerência ou administração de sociedade privada, personificada ou não personificada, exercer o comércio, exceto na qualidade de acionista, cotista ou comanditário;

XI – atuar, como procurador ou intermediário, junto ao órgão ou à entidade em que estiver lotado ou em exercício, exceto quando se tratar de benefícios previdenciários ou assistenciais de parentes até o segundo grau, e de cônjuge ou companheiro (redação dada pela MP 792/2017);

XII – receber propina, comissão, presente ou vantagem de qualquer espécie, em razão de suas atribuições;

XIII – aceitar comissão, emprego ou pensão de estado estrangeiro;

XIV – praticar usura sob qualquer de suas formas;

XV – proceder de forma desidiosa;

XVI – utilizar pessoal ou recursos materiais da repartição em serviços ou atividades particulares;

XVII – cometer a outro servidor atribuições estranhas ao cargo que ocupa, exceto em situações de emergência e transitórias;

XVIII – exercer quaisquer atividades que sejam incompatíveis com o exercício do cargo ou função e com o horário de trabalho;

XIX – recusar-se a atualizar seus dados cadastrais quando solicitado.

Parágrafo único. A vedação de que trata o inciso X do caput deste artigo não se aplica nos seguintes casos:

I – participação nos conselhos de administração e fiscal de empresas ou entidades em que a União detenha, direta ou indiretamente, participação no capital social ou em sociedade cooperativa constituída para prestar serviços a seus membros; e

II – gozo de licença para o trato de interesses particulares, na forma do art. 91 desta Lei, observada a legislação sobre conflito de interesses".

Como se vê, os *deveres* são comportamentos positivos que se espera que o servidor adote, tendo relação com a presteza, a eficiência e a qualidade do serviço prestado. Como são padrões de comportamento esperados, pode o superior, com razão, exigir e cobrar a prática deles.

O não agir conforme tais padrões, no entanto, não importará necessariamente na aplicação de pena ao servidor, salvo se reiteradamente descumpridas aquelas premissas de qualidade e eficiência do serviço ou houver alguma sanção imediata, legalmente prevista, para o descumprimento, como na hipótese de não observância das normas legais e regulamentares, caso em que, por evidente, a depender da norma não observada, poder-se-á ter punição disciplinar.

Por outro lado, ao servidor que não cumpre com seus deveres não se pode dar qualquer tipo de reconhecimento ou premiação. É que, quando se fala em regime disciplinar, geralmente se conjectura apenas sobre as prováveis punições a que o servidor pode estar sujeito, mas tal regime também engloba o sistema de mérito e reconhecimento dos bons serviços dos servidores, os quais podem ser reconhecidos, por exemplo, por meio de registros de elogio nos respectivos assentamentos funcionais.

Já as *proibições* são obrigações de não fazer, das quais se extraem, diretamente, ao longo do texto legal, consequências imediatas, com a possibilidade de aplicação de alguma das penalidades previstas no art. 127 do Estatuto.

b) Sistema de responsabilização dos servidores públicos

De acordo com o art. 121 da Lei 8.112/1990, o servidor público responde "civil, penal e administrativamente pelo exercício irregular de suas atribuições".

Como se vê, adota-se, no Brasil, o sistema de "independência das instâncias de responsabilização". Esporadicamente, a decisão tomada na esfera penal terá reflexo obrigatório nas esferas civil e administrativa. Aliás, a própria Lei 8.112/1990 contém disposição nesse sentido, na hipótese de absolvição criminal que negue a existência de fato ou sua autoria (art. 126). Em decorrência dessa sistemática, a Lei dispõe, em seu art. 125, que "as sanções civis, penais e administrativas poderão cumular-se, sendo independentes entre si".

A *responsabilidade civil* decorre de ato omissivo ou comissivo do servidor, doloso ou culposo, que importe em prejuízo ao erário ou a terceiros (art. 122). Quando obrigada a ressarcir o dano, a Fazenda Pública disporá de direito regressivo contra o servidor (art. 122, § 2.º). Essa é uma concepção que, na verdade, decorre diretamente da CF/1988 (art. 37, § 6.º), sendo apenas reiterada na legislação ordinária.

Questão interessante é a que se refere à possibilidade de acionamento pessoal do servidor por parte do terceiro que teve prejuízo decorrente de ação ou omissão dolosa ou culposa daquele. Sobre esse tema, a 1.ª Turma do STF, ao julgar o *RE 327.904/SP (Informativo 436)*, Rel. Min. Carlos Ayres Brito, j. 15.08.2006, concluiu *não ser possível tal acionamento direto,* constituindo-se, a disposição do art. 37, § 6.º, da CF/1988, numa dupla garantia, tanto do administrado, que conta com a responsabilização objetiva da Administração Pública, quanto para o servidor, que só poderá ser acionado regressivamente, pela própria Administração:

> *"Recurso extraordinário. Administrativo. Responsabilidade objetiva do Estado: § 6.º do art. 37 da Magna Carta. Ilegitimidade passiva ad causam. Agente público (ex-prefeito). Prática de ato próprio da função. Decreto de intervenção. O § 6.º do artigo 37 da Magna Carta autoriza a proposição de que somente as pessoas jurídicas de direito público, ou as pessoas jurídicas de direito privado que prestem serviços públicos, é que poderão responder, objetivamente, pela reparação de danos a terceiros. Isto por ato ou omissão dos respectivos agentes, agindo estes na qualidade de agentes públicos, e não como pessoas comuns. Esse mesmo dispositivo constitucional consagra, ainda, dupla garantia: uma, em favor do particular, possibilitando--lhe ação indenizatória contra a pessoa jurídica de direito público, ou de direito privado que preste serviço público, dado que bem maior, praticamente certa, a possibilidade de pagamento do dano objetivamente sofrido. Outra garantia, no entanto, em prol do servidor estatal, que somente responde administrativa e civilmente perante a pessoa jurídica a cujo quadro funcional se vincular. Recurso extraordinário a que se nega provimento".*

Importante observar que a Segunda Turma da Suprema Corte também aderiu a esse entendimento quando do julgamento do *AgRg no RE 470.996/RO*, Rel. Min. Eros Grau, j. 18.08.2009.

Sendo a ação proposta em face da entidade pública, tem-se como *não obrigatória a denunciação à lide* do servidor público responsável pelo ato causador do dano (art. 125 do CPC/2015), ficando resguardado, de qualquer modo, o direito de regresso do Poder Público[278].

A *responsabilidade penal*, por evidente, abrange os crimes e contravenções imputados ao servidor (art. 123), nessa qualidade, ou seja, atuando no exercício da função ou a pretexto de exercê-la.

O que interessa mais diretamente para nós é a *responsabilidade administrativa* do servidor, referente a ato comissivo ou omissivo praticado no desempenho do cargo ou função (art. 124), que tenha reflexo direto com seus deveres e proibições, ou seja, com seu regime disciplinar, importando na aplicação de alguma das penalidades descritas no tópico seguinte.

Embora se admita, excepcionalmente, a comunicabilidade entre as instâncias de responsabilização, é importante frisar que eventual falta administrativa, que não tenha sido examinada na esfera de responsabilidade penal, não será afetada por decisão proferida nessa esfera, mesmo que na hipótese de ocorrência de absolvição pelo reconhecimento da inexistência do fato ou negativa da autoria. Nesse sentido, o STF assentou, em sua *Súmula 18*, que:

> *"Pela falta residual, não compreendida na absolvição pelo juízo criminal, é admissível a punição administrativa do servidor público".*

---

278. STJ, REsp 1.187.456/RJ, 2.ª T., Rel. Min. Castro Meira, j. 16.11.2010; STJ, REsp 1.089.955/RJ, 1.ª T., Rel. Min. Denise Arruda, j. 03.11.2009; STJ, REsp 955.352/RN, 2.ª T., Rel. Min. Eliana Calmon, j. 18.06.2009. Sobre o tema, o acórdão do STJ que assentou as bases desse entendimento foi proferido pela 1.ª Seção da Corte no EREsp 313.886/RN, Rel. Min. Eliana Calmon, j. 26.02.2004.

Para melhor exemplificação, sobre esse tema, vale citar o decidido pelo STJ ao julgar o *REsp 1.042.510/SP* (Rel. Min. Arnaldo Lima, 5.ª T., j. 18.08.2009), quando a Corte entendeu aplicável o enunciado da Súmula 18 do STF, reconhecendo que policial militar, embora absolvido criminalmente, por negativa de autoria, do crime de homicídio, fora corretamente punido disciplinarmente com a pena de demissão por ter se omitido em relatar aos seus superiores hierárquicos os fatos perpetrados por colegas de farda e por ele presenciados.

c) Penalidades disciplinares

A Lei 8.112/1990, em seu art. 127, prevê seis diferentes tipos de punição ao servidor público federal, a saber:

- *advertência;*
- *suspensão;*
- *demissão;*
- *cassação de aposentadoria ou disponibilidade;*
- *destituição de cargo em comissão;*
- *destituição de função comissionada.*

A *advertência* é aplicada por escrito nas hipóteses de violação de proibição constante do art. 117, I a VIII e XIX, e inobservância de dever funcional previsto em lei, regulamentação, ou norma interna, que não justifique imposição de penalidade mais grave (art. 129).

A *suspensão* é aplicada nas hipóteses de reincidência das faltas punidas com advertência e de violação das demais proibições que não tipifiquem infração sujeita a penalidade de demissão, não podendo exceder a 90 dias (art. 130, *caput*).

A *demissão* é aplicada em casos restritos, elencados no art. 132 do Estatuto, valendo destacar os de corrupção (inc. XI), acumulação ilegal de cargos, empregos ou funções públicas (inc. XII), aplicação irregular de dinheiro público (inc. VIII), improbidade administrativa (inc. IV), insubordinação grave em serviço (inc. VI), abandono do cargo (inc. II), inassiduidade habitual (inc. III), crime contra a administração pública (inc. I), entre outros.

A *cassação de aposentadoria ou disponibilidade* se dá nos casos em que o inativo tenha praticado, na atividade, falta punível com a demissão (art. 134). Temos, para nós, que essa penalidade deve ser entendida com reservas, só sendo admissível nos casos em que, ao cometer a falta, o servidor não tenha, ainda, adimplido todos os requisitos necessários à inativação. A cassação do direito à aposentadoria, depois de ser esta conquistada, nos parece ferir frontalmente a Constituição Federal.

O STJ, em recente julgamento, entendeu que, se foi decretada a perda da função pública em ação de improbidade, depois de já aposentado o servidor, não poderá o juízo da execução, posteriormente, determinar a cassação da aposentadoria, sob alegação de se equivalerem como pena, pois o direito à aposentadoria submete-se aos requisitos próprios do regime jurídico contributivo, e sua extinção não é decorrência lógica da perda da função pública posteriormente decretada[279].

---

279. STJ, REsp 1.186.123/SP, 2.ª T., Rel. Min. Herman Benjamin, j. 02.12.2010.

Ainda, um caso muito interessante recentemente julgado pelo Egrégio Pretório, cingia-se a saber se caso o servidor que obteve aposentadoria por tempo de contribuição, todavia seu ingresso no serviço público se deu mediante liminar, ou seja, posse precária, porém, após todo este lapso temporal e já aposentado o servidor, a decisão judicial que concedeu a nomeação for reformada, seria possível cassar sua aposentadoria? *O STJ entendeu que em tal caso não pode ocasionar a cassação da aposentadoria.*

Não obstante o STF ter julgado em âmbito de Repercussão Geral (RE 608.482) e fixado a tese da inaplicabilidade da teoria do fato consumado para a manutenção em cargo público de candidato não aprovado em concurso, no caso analisado pelo STJ constatou-se que a impetrante, nomeada sob amparo de decisão judicial liminar, exerceu o cargo até o momento de sua aposentadoria, ocorrida vários anos antes da decisão final do mandado de segurança originalmente impetrado por ela para prosseguir no concurso.

Nesse contexto, embora o vínculo de trabalho fosse precário, o vínculo previdenciário, após as contribuições previdenciárias ao regime próprio, consolidou-se com a reunião dos requisitos para a concessão de aposentadoria. Ressaltou-se, por fim, que a legislação federal estabelece a cassação da aposentadoria apenas nos casos de demissão do servidor público e de acumulação ilegal de cargos (arts. 133, § 6º, e 134 da Lei n. 8.112/1990), não havendo, portanto, respaldo legal para impor a mesma penalização quando o exercício do cargo foi amparado por decisões judiciais precárias e o servidor se aposenta por tempo de contribuição durante esse exercício após legítima contribuição ao sistema.[280]

A *destituição de cargo em comissão* é aplicada ao servidor não ocupante de cargo efetivo nos casos de infração sujeita às penalidades de suspensão e de demissão (art. 135).

A Lei estabelece, ainda, que o servidor demitido ou destituído de cargo em comissão nas hipóteses de violação às proibições previstas no art. 117, IX (*valer-se do cargo para lograr proveito pessoal ou de outrem, em detrimento da dignidade da função pública*) e XI (*atuar, como procurador ou intermediário, junto a repartições públicas, salvo quando se tratar de benefícios previdenciários ou assistenciais de parentes até o segundo grau, e de cônjuge ou companheiro*), do Estatuto fica *incompatibilizado para nova investidura em cargo público federal*, pelo prazo de cinco anos (art. 137, *caput*).

Foi estabelecido, também, no *parágrafo único do art. 137*, que o servidor demitido ou destituído de cargo em comissão por prática de improbidade administrativa, aplicação irregular de dinheiro público, lesão aos cofres públicos e dilapidação do patrimônio nacional e corrupção, *não pode retornar ao serviço público*. Essa penalidade, nos parece, é *inconstitucional*, pois *tem caráter perpétuo*, violando o disposto no art. 5.º, XLVII, *b*, da CF/1988.

Observe-se, ainda, que outras penalidades podem ser previstas em estatutos funcionais próprios, como se verifica, por exemplo, no Estatuto do Ministério Público da União, em que está prevista a aplicação da *pena de censura* aos membros da instituição, no caso de reiteração de falta funcional anterior punida com advertência (arts. 239, II, e 240, II, da Lei Complementar 75/1993).

---

280. **STJ, 1ª Seção.** MS 20.558-DF, Rel. Min. Herman Benjamin, por unanimidade, julgado em 22/2/2017, DJe 31/3/2017. **Informativo n. 600.**

d) Regras sobre aplicação das penalidades

Diferentemente do direito penal, em que os tipos são muito bem delimitados, só excepcionalmente se adotando critério que exigirá a integração da norma por outra (lei penal em branco), no direito administrativo disciplinar a tipicidade, em geral, é imprecisa.

Como diz Di Pietro[281], "... não há, com relação ao ilícito administrativo, a mesma tipicidade que caracteriza o ilícito penal. A maior parte das infrações não é definida com precisão, limitando-se a lei, em regra, a falar em falta de cumprimento dos deveres, falta de exação no cumprimento do dever, insubordinação grave, procedimento irregular, incontinência pública; poucas são as infrações definidas, como o abandono de cargo ou os ilícitos que correspondem a crimes ou contravenções".

Assim, é fundamental, como adverte a ilustre administrativista, que a aplicação da penalidade seja *motivada*, não apenas quanto ao aspecto da pena em si, mas também da caracterização da infração, para que seja possível o controle dos fundamentos utilizados e, por consequência, da pertinência da regra legal invocada e da razoabilidade dos argumentos utilizados. Não é por outra razão que o art. 128, parágrafo único, da Lei 8.112/1990 impõe a obrigatoriedade de se indicar o fundamento legal e a causa da sanção disciplinar.

O STF, ademais, já firmou o entendimento de que "... a autoridade administrativa está autorizada a praticar atos discricionários apenas quando norma jurídica válida expressamente a ela atribuir essa livre atuação. Os atos administrativos que envolvem a aplicação de "conceitos indeterminados" estão sujeitos ao exame e controle do Poder Judiciário. O controle jurisdicional pode e deve incidir sobre os elementos do ato, à luz dos princípios que regem a atuação da Administração".[282] O próprio STF também já decidiu que, "embora o Poder Judiciário não possa se substituir à Administração na punição do servidor, pode determinar a esta, em homenagem ao princípio da proporcionalidade, a aplicação de pena menos severa, compatível com a falta cometida e a previsão legal"[283].

Não obstante o que foi dito, o Estatuto discriminou mais pormenorizadamente algumas condutas, como o *abandono de cargo*, entendido como a ausência intencional do servidor ao serviço por mais de 30 dias (art. 138), e a *inassiduidade habitual*, entendida como a falta ao serviço, sem causa justificada, por 60 dias, interpoladamente, durante o período de 12 meses (art. 139).

No que se refere à dosimetria da pena, o Estatuto determina que na aplicação das penalidades serão consideradas a natureza e gravidade da infração cometida, os danos que dela provieram para o serviço público, as circunstâncias agravantes ou atenuantes e os antecedentes funcionais do servidor (art. 128).

Já no que se refere à autoridade competente para a aplicação das penalidades, o Estatuto federal contém regra própria (art. 141), dispondo que compete ao Presidente da República, aos presidentes das Casas do Poder Legislativo e dos tribunais federais, bem como ao Procurador-Geral da República, quando a penalidade for de demissão e

---

281. Di Pietro, *Direito Administrativo*. 24. ed. São Paulo: Atlas, 2011. p. 612.
282. STF, RMS 24.699/DF, 1.ª T., Rel. Min. Eros Grau, j. 30.11.2004.
283. STF, RMS 24.901/DF, 1.ª T., Rel. Carlos Britto, j. 26.10.2004, embora, no caso concreto, não se tenha tomado decisão nesse sentido, por se ter entendido que não era viável fazê-lo no mandado de segurança, ante a necessidade de se reexaminar provas do processo administrativo.

cassação de aposentadoria ou disponibilidade de servidor vinculado ao respectivo Poder, órgão ou entidade. O Estatuto diz, ainda, que será da competência das autoridades administrativas de hierarquia imediatamente inferior àquelas acima referidas quando se tratar de suspensão superior a 30 dias; pelo chefe de repartição e outras autoridades na forma dos respectivos regimentos ou regulamentos, nos casos de advertência ou de suspensão de até 30 dias; e pela autoridade que houver feito a nomeação quando se tratar de destituição de cargo em comissão.

A competência prevista para o Presidente da República, no entanto, é delegável, com permissivo no art. 84, IV e VI, da CF/1988, e previsão constante dos arts. 11 e 12 do Decreto-lei 200/1967[284].

Essa delegação foi efetivamente exercida com a edição do Decreto 3.035, de 27 de abril de 1999, pela qual foi atribuída aos ministros de Estado e ao Advogado-Geral da União a competência para julgar processos administrativos e aplicar penalidades nas hipóteses de demissão e cassação de aposentadoria ou disponibilidade de servidores (art. 1.º, I).

No âmbito das autarquias e fundações públicas, será do dirigente máximo da entidade, geralmente denominado de presidente, a competência para declarar a demissão.

Observe-se, ainda, que alguns estatutos funcionais contêm regras próprias sobre a competência para aplicação de sanções administrativas aos membros das respectivas carreiras. Assim, por exemplo, os defensores públicos federais só podem ser demitidos ou terem a aposentadoria cassada por ato do Presidente da República, aqui não se aplicando a delegação acima citada, mas as penalidades de suspensão, advertência e remoção compulsória são aplicadas pelo Defensor Público-Geral (art. 50, § 6.º, da Lei Complementar 80/1994).

Importante, dessa forma, observar a existência de regras específicas, eventualmente existentes, em casos de carreiras que disponham de estatuto próprio, aplicando-se as regras gerais do estatuto dos servidores públicos (federal, estadual ou municipal), de forma subsidiária ou complementar, conforme o caso.

e) Prescrição em matéria disciplinar

A Lei 8.112/1990 tem um regime próprio para dispor sobre a prescrição em matéria disciplinar, o que pode ocorrer, também, nos diferentes estatutos estaduais e municipais.

Pela referida Lei, a ação disciplinar prescreverá, quanto à penalidade de *suspensão*, em *dois anos* (art. 142, II); quanto à penalidade de *advertência*, em *180 dias* (art. 142, III); e quanto às infrações punidas com *demissão, cassação de aposentadoria ou disponibilidade e destituição de cargo em comissão*, em *cinco anos* (art. 142, I).

Quanto ao *dies a quo*, ou dia em que se inicia o prazo, o Estatuto federal não levou em consideração a regra geral, adotada no direito penal, da consumação da infração, adotando, ao contrário, como regra única, a *data em que o fato se tornou conhecido* (art. 142, § 1.º). Essa escolha decorre da reconhecida possibilidade de o agente público que comete a infração dificultar sua apuração e esconder os vestígios de sua prática.

---

284. Nesse sentido, existem inúmeros precedentes do STJ, bastando citar o mais recente no MS 12.061/DF, da 3.ª Seção, Rel. Min. Og Fernandes, j. 16.02.2009.

Entretanto, como adverte José Armando da Costa[285], a disposição legal tem de ser entendida, na verdade, como se referindo a fato conhecível e não fato conhecido:

> *"Conquanto flexione a norma a expressão 'data em que o fato se tornou conhecido', subentendendo a noção de fato conhecido, destaque-se, todavia, que esse não é o verdadeiro significado lógico da norma. Isso porque o processo administrativo disciplinar, como todo e qualquer fenômeno processualístico jurídico, para ser iniciado, não requer que o fato seja conhecido. Requesta apenas que seja conhecível, a partir da exteriorização de suposições indiciais que sinalizem vis-à-vis de um juízo preliminar de plausabilidade (fumus boni juris) a possível prática de uma infração disciplinar".*

A Lei só prevê uma única hipótese de interrupção do prazo prescricional, consistente na abertura de sindicância ou na instauração de processo disciplinar, ficando este sem correr até que seja proferida decisão final por autoridade competente (art. 142, § 3.º).

Cessada a interrupção, na forma acima, o prazo prescricional começará a correr a partir de então (art. 142, § 4.º).

O STJ, no entanto, já entendeu que, "... em se considerando que a prescriçao (tal como a decadência) é um instituto concebido em favor da estabilidade e da segurança jurídicas, não se pode admitir que o litigante em processo administrativo disciplinar aguarde, indefinidamente, o exercício do poder punitivo do Estado. Desse modo, sendo interrompido pela instauração do processo administrativo disciplinar, o prazo prescricional volta a correr por inteiro após 140 (cento e quarenta) dias, prazo máximo para conclusão do processo administrativo e imposição de pena, independentemente de ter havido ou não o seu efetivo encerramento".[286]

Apesar de ter adotado regras próprias, o Estatuto federal não se furtou de repetir disposição já tradicional em nosso Direito, no sentido de remeter à lei penal os *prazos de prescrição das infrações disciplinares também capituladas como crime* (art. 142, § 2.º). Essa é uma disposição que geralmente acarreta grandes inconvenientes, pois os prazos criminais são diversificados, variando, em nossa legislação, conforme a pena prevista para cada crime. Nesses casos, é de se observar, também, que a legislação penal prevê casos específicos de suspensão e interrupção do prazo prescricional. O STJ, no entanto, vem afirmando que "o prazo de prescrição previsto na lei penal somente aplica-se às infrações disciplinares capituladas também como crime, quando o próprio ato de demissão tipifique a conduta do agente como ilícito criminal. Igualmente, entende-se que a mera presença de indícios de prática de crime sem a devida apuração nem formulação de denúncia obsta a aplicação do art. 142, § 2.º, da Lei 8.112/90"[287].

De qualquer modo, o art. 171 do Estatuto federal estabelece que, quando a infração estiver capitulada como crime, o processo disciplinar deve ser remetido ao Ministério Público para instauração da ação penal, ficando trasladado na repartição.

---

285. COSTA, José Armando da. *Direito administrativo disciplinar*. 2. ed. rev. e atual. São Paulo: Método, 2009, p. 262.
286. STJ, RMS 20.337/PR, 5.ª T., Rcl. Min. Laurita Vaz, j. 17.11.2009. Advirta-se, no entanto, que, nesse caso, foi considerado o prazo legal para o término do processo administrativo, constante da lei estadual aplicável.
287. STJ, MS 15.437/DF, 1.ª Seção, Rel. Min. Castro Meira, j. 27.10.2010.

No que toca às penalidades de advertência e suspensão, o art. 131 do Estatuto determina que os registros referentes a elas serão cancelados após o decurso de três e cinco anos de efetivo exercício, respectivamente, se o servidor não houver, nesse período, praticado nova infração disciplinar.

A anotação ou registro, referidos na lei, ao que parece, servem para verificação de reincidência em falta funcional, e a contagem do prazo referido no art. 131, entendemos, correrá do trânsito em julgado na esfera administrativa.

Por fim, a Lei 8.112/1990 exige que, mesmo extinta a punibilidade pela prescrição, a autoridade julgadora deve determinar o registro do fato nos assentamentos individuais do servidor (art. 170). Essa regra destoa da lógica vigorante no sistema penal, uma vez que, extinta a punibilidade do agente, não se mantém nenhum tipo de registro do fato para efeito de antecedentes. Dentro dessa linha de raciocínio, o STF declarou inconstitucional a referida disposição quando do julgamento do *MS 23.262*, por considerar ela violadora do princípio da presunção de inocência (Plenário, Rel. Min. Dias Toffoli, j. 23.04.2014). Em consequência, a jurisprudência do STJ se reorientou no mesmo sentido (STJ, 1ª Seção, MS 17.710/DF, rel. Min. Napoleão Nunes Maia Filho, j. 28/10/2015).

5.5.16. Processo administrativo disciplinar

5.5.16.1. *Noção, competência legislativa e princípios aplicáveis*

Para apuração das faltas disciplinares, bem como para a imposição de penalidades delas advindas, a legislação prevê procedimentos específicos, que, embora não tenham a mesma ritualística do direito processual, ainda assim contêm prazos e formas específicos, que deverão ser observados pela autoridade administrativa responsável pelo julgamento e processamento dos feitos.

Conforme o art. 148 da Lei 8.112/1990, "o processo disciplinar é o instrumento destinado a apurar a responsabilidade de servidor por infração praticada no exercício de suas atribuições, ou que tenha relação com as atribuições do cargo em que se encontre investido".

Como o processo administrativo disciplinar (PAD) é parte integrante do regime disciplinar aplicável aos servidores estatutários, *cada ente federativo possui competência para legislar sobre a matéria*, de forma que as regras alusivas a prazos, fases, procedimentos etc., são adotadas independentemente pela União, pelos Estados e o Distrito Federal e pelos Municípios.

A remissão preferencial às regras da Lei 8.112/1990, o Estatuto Federal, é feita apenas para fins didáticos, mas se deve lembrar que, independentemente da fonte legislativa, acima de quaisquer dessas regras pairam os princípios e normas constitucionais, aos quais estarão submetidos todos os estatutos.

Ao processo disciplinar são aplicáveis todos os princípios constitucionalmente previstos no art. 37, *caput*, da Carta Magna, como *eficiência, moralidade, impessoalidade, legalidade e publicidade*, além de outros próprios do direito administrativo, como o da *motivação dos atos administrativos*.

Evidentemente, a publicidade, assim como no processo judicial, poderá ser restrita à parte interessada, se existente motivo público que justifique o sigilo, como a existência de informações confidenciais que envolvam a segurança nacional. Da mesma forma, poderá haver a publicidade restrita se estiverem envolvidas a honra e a dignidade de terceiras pessoas, como nos casos de apuração de assédio sexual. Tem plena aplicação ao direito administrativo disciplinar, portanto, o disposto no art. 5.º, LX, da Constituição Federal de 1988.

Fora essas situações excepcionais, a publicidade deveria ser ampla, ainda que a prática da Administração Pública não favoreça o acesso irrestrito, haja vista a completa ausência de infraestrutura da maioria das administrações no Brasil, principalmente nas esferas municipal e estadual, mas também na federal, em que ainda são raras a tramitação e consulta eletrônicas de processos administrativos, inclusive os disciplinares.

Ainda assim, encontramos regras bastante limitativas da publicidade, como a do art. 150, parágrafo único, da Lei 8.112/1990, que estabelece serem reservadas as audiências das comissões processantes, embora isso não possa, de maneira alguma, ser aplicado ao próprio servidor e à sua defesa constituída.

No âmbito do direito processual, são bastante difundidas, também, as garantias constitucionais (art. 5.º, LIV, LV, LVI e LVII, da CF/1988) do *devido processo legal* (*due process of law*), da *ampla defesa*, do *contraditório* e da *presunção de inocência*, todos eles aplicáveis ao processo administrativo disciplinar. Essas garantias, algumas também erigidas à condição de princípios, visam possibilitar um processo justo, com julgamento imparcial e motivado, não secreto e com plena participação do processado.

Basicamente, o que se espera é que a lei estabeleça regras claras que garantam a participação do acusado, tendo ele o direito de ter ciência de todos os fatos relevantes do procedimento, podendo ele ser ouvido e se manifestar, produzir provas e eventualmente recorrer (contraditório e ampla defesa). Da mesma forma, espera-se que o processamento e o julgamento sejam feitos por autoridade capacitada, de maneira imparcial e devidamente motivado, com aplicação, se for o caso, de pena compatível com a infração praticada, o que nada mais seria do que aplicação do princípio da impessoalidade na matéria.

Não se admite, também no âmbito do processo disciplinar, a utilização de provas ilícitas, ou seja, aquelas cuja obtenção é vedada pelo ordenamento jurídico (*v.g.* obtida mediante tortura) ou que são obtidas com violação ao procedimento previsto na lei (*v.g.* obtida mediante violação de domicílio, sem ordem judicial autorizativa)[288]. Da mesma forma, seguindo-se o já consagrado entendimento da Suprema Corte, não se admitem as provas ilícitas por derivação, salvo se também obtidas por fonte independente da originariamente ilícita, o que restou, inclusive, absorvido pela nossa legislação a partir da Lei 11.690/2008, que deu nova redação ao art. 157, § 1.º, do CPP[289].

O servidor pode fazer-se representar por defensor tecnicamente capacitado (advogado), o qual, uma vez constituído, possuirá no processo administrativo disciplinar direitos e

---

288. Não nos interessa aqui discorrer sobre a distinção entre prova ilícita, ilegítima e irregular, como empreendida no processo penal, até porque tal distinção só tem interesse acadêmico.

289. O STJ, inclusive, já entendeu pela validade de pena de cassação de aposentadoria aplicada a auditor fiscal da Receita Federal, posto que, embora reconhecida a nulidade da prova de interceptação telefônica juntada no PAD, era a conduta infracional comprovada por outros elementos (MS 16.418/DF, 1ª Seção, Rel. Min. Herman Benjamin, j. 08.08.2012).

prerrogativas próprias da profissão (Lei 8.906/1994), como acesso aos autos, direito de vista, de carga, de manifestação etc. Mas, não havendo disposição legal no sentido de ser obrigatória tal participação, e considerando que mesmo na esfera do processo judicial há hipóteses em que a assistência de advogado é facultada (trabalhista, *habeas corpus*, juizados especiais), permanece preponderando, agora com súmula vinculante do STF, o entendimento de que *não é compulsória a defesa feita por advogado*[290]. Resta superado, assim, o entendimento que o STJ havia sufragado em sua Súmula 343[291].

A *presunção de inocência* na esfera administrativa, por evidente, não se relaciona com o trânsito em julgado de sentença condenatória, mas, sim, com o trânsito em julgado da decisão administrativa condenatória, mais conhecida como *coisa julgada administrativa*.

Na prática, nos casos mais graves, em que a pena aplicada é a de demissão, a decisão da autoridade julgadora, por ser comumente a mais alta autoridade da administração respectiva, já costuma ensejar a aplicação imediata da sanção, ressalvada a hipótese de haver a previsão de algum recurso administrativo cabível[292].

Não se admitem mais, não obstante, os chamados meios sumários de aplicação de penalidade e responsabilização do servidor, como a *verdade sabida*, em que o superior hierárquico toma conhecimento da falta diretamente ou pelo fato infracional ser público e notório, resultando disso a aplicação de uma correspondente sanção[293].

Como ressalta Carvalho Filho[294], "... essas formas sumárias de apuração, contudo, não mais se compatibilizam com as linhas atuais da vigente Constituição. As normas constantes de estatutos funcionais que as preveem não foram recepcionadas pela Carta de 1988, que foi peremptória em assegurar a ampla defesa e o contraditório em processos administrativos onde houvesse litígio, bem como naqueles em que alguém estivesse na situação de acusado".

Pondo uma pá de cal sobre o assunto, o STF, ao julgar a ADI 2.120/AM (Rel. Min. Celso de Melo), assentou o seguinte:

> "*Ementa: Ação Direta de Inconstitucionalidade – Confederação Brasileira De Trabalhadores Policiais Civis (COBRAPOL) – Entidade sindical investida de legitimidade ativa ad causam para instauração de controle normativo abstrato perante o Supremo Tribunal Federal – Pertinência Temática – Configuração – Alegada Inconstitucionalidade de normas que preveem punição disciplinar antecipada de servidor policial civil – Critério da verdade sabida – Ilegitimidade – Necessidade de respeito à garantia do due process of law nos procedimentos administrativos de caráter disciplinar – Direito de defesa – Reconhecimento da inconstitucionalidade Material da Lei Amazonense 2.271/94 (art. 43, §§ 2.º a 6.º) – Ação direta julgada procedente. Nenhuma penalidade poderá ser imposta, mesmo*

---

290. *Súmula Vinculante 5*: "A falta de defesa técnica por advogado no processo administrativo disciplinar não ofende a Constituição".
291. *Súmula 343 do STJ*: "É obrigatória a presença de advogado em todas as fases do processo administrativo disciplinar".
292. O que acontece, por exemplo, no âmbito dos tribunais, em que a decisão do presidente respectivo pode geralmente ser contrastada num Conselho de Administração ou órgão equivalente.
293. Assim decidiu o STJ logo após a promulgação da CF/1988. Vide RMS 825/SP, 2.ª T., Rel. Min. Helio Mosimann, j. 02.06.1993.
294. CARVALHO FILHO, José dos Santos. *Manual de direito administrativo*. 24. ed. rev., ampl. e atual. São Paulo: Atlas, 2011, p. 916.

no campo do direito administrativo, sem que se ofereça ao imputado a possibilidade de se defender previamente. A preterição do direito de defesa torna írrito e nulo o ato punitivo. Nemo inauditus damnari debet. O direito constitucional à ampla (e prévia) defesa, sob o domínio da Constituição de 1988 (art. 5.º, LV), tem como precípuo destinatário o acusado, qualquer acusado, ainda que em sede meramente administrativa. O Supremo Tribunal Federal, ao proclamar a imprescindibilidade da observância desse postulado, essencial e inerente ao "due process of law", tem advertido que o exercício do direito de defesa há de ser assegurado, previamente, em todos aqueles procedimentos – notadamente os de caráter administrativo-disciplinar – em que seja possível a imposição de medida de índole punitiva. Mesmo a imposição de sanções disciplinares pelo denominado critério da verdade sabida, ainda que concernentes a ilícitos funcionais desvestidos de maior gravidade, não dispensa a prévia audiência do servidor público interessado, sob pena de vulneração da cláusula constitucional garantidora do direito de defesa. A ordem normativa consubstanciada na Constituição brasileira é hostil a punições administrativas, imponíveis em caráter sumário ou não, que não tenham sido precedidas da possibilidade de o servidor público exercer, em plenitude, o direito de defesa. A exigência de observância do devido processo legal destina-se a garantir a pessoa contra a ação arbitrária do Estado, colocando-a sob a imediata proteção da Constituição e das leis da República. Doutrina. Precedentes. – Revela-se incompatível com o sistema de garantias processuais instituído pela Constituição da República (CF, art. 5.º, LV) o diploma normativo que, mediante inversão da fórmula ritual e com apoio no critério da verdade sabida, culmina por autorizar, fora do contexto das medidas meramente cautelares, a própria punição antecipada do servidor público, ainda que a este venha a ser assegurado, em momento ulterior, o exercício do direito de defesa. Doutrina. Precedentes."

Com relação ao princípio da legalidade, as sanções aplicáveis são apenas aquelas expressamente estabelecidas na lei, havendo, em matéria disciplinar, pouquíssima discricionariedade administrativa.

É certo que, diferentemente do direito penal, no direito administrativo disciplinar as penas não são cominadas ou estabelecidas dentro de quantitativos mínimos e máximos, dentre os quais o julgador procede à dosimetria da sanção. Ainda assim, ressalvados os casos em que a lei já determina qual a punição cabível, quase sempre relacionados à demissão ou cassação de aposentadoria, a dosimetria deve ser feita no que toca à própria escolha da punição a ser aplicada, assim como na limitação dos dias de suspensão, já que o prazo de 90 dias estabelecido na lei (art. 130) é o máximo aplicável.

Para proceder à dosimetria a autoridade julgadora deverá atentar para as disposições do art. 128 do Estatuto, devendo considerar a natureza e gravidade da infração cometida, os danos dela provenientes para o serviço público, as circunstâncias agravantes ou atenuantes e os antecedentes funcionais.

Também no direito disciplinar, embora não expressamente mencionado na legislação, vigora o princípio de que não há crime sem lei anterior que o defina, no caso, dizemos que não há infração disciplinar administrativa sem prévia lei que a defina. Mas, se com relação à pena disciplinar a máxima é incontrastável, com relação aos atos infracionais em si deve-se fazer algumas considerações quanto ao alcance do termo "lei".

Na esfera do direito administrativo disciplinar, em tese, as normas de conduta exigidas do servidor não estarão adstritas apenas à lei em sentido formal, podendo ser objeto de regulamentos próprios das entidades ou órgãos vinculados, embora, evidente, sujeitas sempre a controle de legalidade e mesmo controle de constitucionalidade para adequação ao devido processo legal substantivo.

Não por outra razão, o art. 129 do Estatuto, ao se referir à penalidade da advertência, diz que esta tem cabimento também pela "inobservância de dever funcional previsto em lei, *regulamentação ou norma interna*, que não justifique imposição de penalidade mais grave".

Em outros casos, a lei é deliberadamente vaga na definição da falta, permitindo que o intérprete dê a ela o devido enquadramento, como no caso do dever funcional previsto no art. 116, IX, da Lei 8.112/1990, atinente à "conduta compatível com a moralidade administrativa". Para reduzir ao máximo o campo da discricionariedade em tais casos, a autoridade administrativa deverá utilizar-se de argumentos convincentes e da devida motivação para justificar a aplicação de qualquer penalidade.

Existem, ainda, princípios próprios do direito processual que também podem ser aplicados ao processo disciplinar, como o do "juiz natural", que diz respeito à identificação, previamente na lei e normas de regência, do cargo da autoridade responsável pelo julgamento. O princípio não é rígido como no direito processual, pois há possibilidade de a lei prever a delegação ou avocação do julgamento, o que não ocorre no âmbito jurisdicional, mas é importante, de qualquer modo, que tais possibilidades estejam previstas na lei, sob pena de nulidade do ato praticado.

5.5.16.2. Procedimentos apuratórios prévios (sindicância e inquérito administrativo)

Qualquer situação de anormalidade envolvendo o serviço público deve ser objeto de apuração, não é diferente quando a questão envolve algum servidor público no exercício de suas funções. Para isso, muitas vezes, até pela ausência de dados ou elementos concretos com relação à autoria ou materialidade mesmo dos fatos que estão relacionados àquela situação anormal, é necessário, antes de tudo, instaurar um procedimento apuratório preliminar para só após decidir se o caso merece ou não a instauração de um processo administrativo de responsabilização, no caso dos servidores, um processo administrativo disciplinar.

Não é por outra razão que o art. 144, *caput*, da Lei 8.112/1990 estabelece que "as denúncias sobre irregularidades serão objeto de apuração, desde que contenham a identificação e o endereço do denunciante e sejam formuladas por escrito, confirmada a autenticidade". Na verdade, a lei federal acaba por dizer menos do que deveria, pois é absolutamente normal que o procedimento apuratório seja instaurado de ofício, mediante portaria de instauração da autoridade administrativa competente, o que, aliás, ocorre na maioria dos casos.

A instauração de ofício, em que pese entendimentos em sentido contrário fulcrados no princípio constitucional da vedação ao anonimato (art. 5.º, IV, da CF/1988), também pode decorrer de *denúncia anônima*, sendo esta apta a deflagrar procedimentos de averiguação quando dotada de elementos que comprovem a verossimilhança das alegações. A vedação ao anonimato é, principalmente, uma garantia do denunciado de responsabilização civil e criminal do denunciante, não podendo se sobrepor ao poder--dever da Administração de apurar ilícitos administrativos. Nesse sentido, o STF tem jurisprudência já pacificada, até mesmo em matéria criminal. Em matéria administrativa, segue-se o mesmo entendimento (STF, RMS 29.198/DF, 1.ª T., Rel. Min. Cármen Lúcia, j. 30.10.2012, mantendo decisão da 3.ª Seção do STJ que considerara válida demissão de policial rodoviário federal).

Tradicionalmente, a doutrina chama de *sindicância* ou *inquérito administrativo* o procedimento instaurado para essa finalidade. Esses instrumentos são muito parecidos, na sua finalidade, com o inquérito policial, guardadas as devidas proporções, principalmente quanto aos poderes da autoridade que o conduz, pois visam apenas à apuração preliminar dos fatos, a fim de subsidiar a decisão de outra autoridade quanto à instauração de um procedimento principal de responsabilização.

O procedimento apuratório prévio *não é obrigatório*, podendo ser dispensado se a autoridade entender que os elementos existentes, numa representação formulada contra o servidor, por exemplo, já são suficientes para justificar a instauração do próprio procedimento disciplinar principal.

Entretanto, cuidado! A legislação brasileira é verdadeiramente caótica quanto à nomenclatura e ao tratamento dado ao tema. Não raro, chama de sindicância o processo principal disciplinar. Chama de inquérito o processo principal disciplinar. E, para completar a confusão, faz ainda como o legislador federal na Lei 8.112/1990, que dá o nome de inquérito administrativo a apenas uma fase do processo principal disciplinar.

Essa balbúrdia normativa não poderá, evidentemente, afetar o trabalho da autoridade administrativa, que, na prática, deve ter em conta a *natureza* e a *finalidade* do procedimento. Assim, se for um apuratório preliminar, a verdadeira sindicância ou o inquérito administrativo, a autoridade deve saber que o procedimento é *inquisitivo ou inquisitório*, não estando, portanto, obrigada a abrir prazo para que o suposto envolvido com os fatos se manifeste formalmente nele, pois o contraditório não é de sua essência, embora tenha o dever de dar vistas ao sindicado daquilo que já foi documentado. Em contrapartida, *não poderá* resultar dele qualquer aplicação de penalidade.

O Estatuto federal é especialmente confuso na matéria, em vista da falta de clareza de suas regras.

A confusão já começa com o art. 143 do Estatuto, que estabelece: "A autoridade que tiver ciência de irregularidade no serviço público é obrigada a promover a sua apuração imediata, mediante sindicância ou processo administrativo disciplinar, assegurada ao acusada a ampla defesa". Ora, se é só para apurar, não tem razão a menção à ampla defesa. Se é para apurar, já com possibilidade de responsabilização disciplinar ou aplicação de penalidade, é indevida a menção à sindicância.

A lógica do art. 143 se explica pela equivocada adoção, pelo legislador federal, da sindicância como procedimento principal, nos termos do art. 145, II, posto que dela pode resultar aplicação de penalidade de advertência ou suspensão até 30 dias.

Como se vê, o legislador federal parece ter querido criar dois processos administrativos disciplinares, um mais complexo e rigoroso para aplicação de penalidades mais graves, e um mais simples e sumário para aplicação de penalidades menos graves. Até aí nada demais, até na legislação processual penal existem procedimentos distintos conforme a gravidade do crime, o problema é a confusão de conceitos que se promove.

Então, o administrador deve ter em conta o seguinte: sendo a sindicância meramente apuratória, tendo sido instaurada para essa finalidade, sua conclusão só pode importar em promoção de arquivamento ou instauração do processo disciplinar (o principal). Sendo destinada à aplicação de penalidade, ainda que menos grave, nos termos do art. 145, II, do Estatuto federal, deverá seguir tramitação diversa, garantindo-se o contraditório e a ampla defesa, com a possibilidade de produção de provas pelo indiciado, em harmonia com o disposto no art. 143, para só então importar em penalidade.

A legislação federal é incrivelmente omissa quanto à disciplina do processo apuratório disciplinar, embora ainda se dê ao trabalho de dizer que os autos da sindicância (a verdadeira, portanto!) integrarão os autos do processo disciplinar como elemento informativo de instrução (art. 154, *caput*), exatamente como o inquérito policial em relação à ação penal[295].

Por fim, estabeleceu-se como regra, na esfera federal, que a sindicância deve ser finalizada no prazo de 30 dias, com a possibilidade de uma única prorrogação (art. 145, parágrafo único). Nem sempre será possível a conclusão nesse prazo, sendo comuns as prorrogações, justificadas pelas dificuldades da apuração dos fatos. Disso não resulta qualquer nulidade, quando a sindicância for meramente preparatória, estando eventual excesso de prazo mais ligado à sistemática de responsabilização dos servidores que a presidem.

5.5.16.3. Fases de desenvolvimento

Assim como no processo judicial, o processo administrativo disciplinar se desenvolve em diferentes fases, que podemos resumir em três: *a) instauração; b) instrução; e c) decisão ou decisória*. Linha adotada, inclusive, no art. 151 da Lei 8.112/1990.

O PAD começará sempre com um ato administrativo determinando sua instauração, que pode ser precedido ou não de uma sindicância ou procedimento apuratório anterior.

Geralmente, a autoridade competente edita uma portaria de instauração, podendo ser outro ato administrativo equivalente, pouco importando a nomenclatura. Ela pode ser editada de ofício, por provocação de agente externo, que pode ser o Ministério Público, o tribunal de contas ou outro órgão de controle da administração, ou por representação mesmo de algum administrado, de colegas de trabalho ou de órgão de controle interno.

Importante é que esse ato, a portaria ou equivalente, contenha os elementos necessários para que o servidor exerça sua ampla defesa, com a individualização da conduta a ele atribuída e a capitulação correspondente, ainda que esta possa ser posteriormente modificada.

---

295. A legislação do Estado de São Paulo (Lei 10.261/1968, na redação dada pela Lei Complementar estadual 942/2003) é mais clara ao estabelecer a divisão entre processo disciplinar principal e o meramente apuratório (arts. 264 e 265), mas repete o erro da legislação federal ao denominar de sindicância também um dos procedimentos destinados à aplicação de penalidades (art. 268). Já o estatuto dos servidores do Poder Executivo do Estado do Rio de Janeiro é mais criterioso atribuindo à sindicância apenas a função apuratória sumária (art. 61 do Decreto-lei 220/1975, na redação dada pela Lei 2.945/1998), embora chame de inquérito administrativo o que seria o processo administrativo disciplinar (arts. 64 a 76) destinado à aplicação de penalidades superiores à suspensão de 30 dias, acabando por estabelecer outra confusão, na medida em que não esclarece exatamente qual o procedimento destinado para aplicação de penalidades de menor gravidade.

Ultrapassada a fase de instauração, inicia-se a de *instrução*, que o Estatuto federal, como vimos, denomina equivocadamente de *Inquérito Administrativo*. Corriqueiramente, para garantir maior imparcialidade, os Estatutos atribuem a uma Comissão de servidores a condução dessa fase, para impedir que esta seja conduzida pela mesma autoridade que irá proceder ao julgamento. A Lei 8.112/1990 não discrepa dessa linha, estabelecendo que a chamada *Comissão Processante* será composta de *três servidores estáveis*, sendo que seu presidente deve exercer cargo equivalente ou superior ao do servidor processado (art. 149, *caput*).

Para se garantir ainda mais a imparcialidade, embora não seja uma exigência da Lei federal, é muito comum que as comissões não sejam indicadas *ad hoc*, mas sim que já tenham suas composições previamente definidas em ato interno da Administração, funcionando por período certo de tempo.

A principal finalidade da Comissão é proceder ao chamamento do servidor ao feito administrativo disciplinar e conduzir a sua respectiva instrução. Embora tenha um presidente, as decisões são colegiadas, resultando num ato final chamado Relatório, que pode concluir pelo arquivamento do processo ou pela aplicação de penalidade ao servidor. Esse relatório é meramente opinativo, pois não é da Comissão o poder de decidir sobre a aplicação da penalidade. Ainda assim, o trabalho da Comissão é crucial, pois é durante a fase por ela conduzida que se exercerão o contraditório e a ampla defesa, podendo o servidor participar, inclusive acompanhado de advogado se o quiser, de todos os atos instrutórios.

Questão que já foi objeto de vivas controvérsias diz respeito à *prova emprestada*, ou seja, à prova produzida em desfavor do servidor denunciado em outra instância ou esfera, administrativa ou judicial. Hoje, é pacífico o entendimento, inclusive recentemente sumulado pelo STJ, de que é possível sua adoção, desde que correlacionada com processo do qual o servidor também fez parte, garantindo-se a ele, de qualquer modo, direito de se manifestar sobre a prova no feito em que ela será aproveitada[296]. Se a prova foi produzida originalmente em processo judicial, pressupõe-se requerimento dirigido ao juízo competente, mas a prévia autorização deste somente será realmente necessária se a prova estiver acobertada por sigilo judicial, como no caso de interceptações telefônicas.

O Estatuto federal estabelece o prazo de 60 dias para conclusão do processo, na verdade, da fase a cargo da Comissão, possibilitada a prorrogação por igual prazo (art. 152, *caput*). A eventual superação do prazo não acarretará qualquer tipo de nulidade se decorrente de atos da defesa, podendo ser justificada também pela complexidade do caso concreto. Sendo o atraso decorrente da própria leniência da Comissão, a consequência lógica é a retomada do prazo prescricional.

Recente súmula sobre o tema foi edita pelo STJ, onde firmou-se o seguinte entendimento: **Súmula nº. 592** *"O excesso de prazo para a conclusão do processo administrativo disciplinar só causa nulidade se houver demonstração de prejuízo à defesa".*

Apresentado o relatório, os autos do PAD vão à autoridade administrativa competente para decisão. Essa autoridade pode tomar uma das seguintes decisões:

296.. **Súmula 591** - É permitida a prova emprestada no processo administrativo disciplinar, desde que devidamente autorizada pelo juízo competente e respeitados o contraditório e a ampla defesa. Primeira Seção, aprovada em 13/9/2017, DJe 18/9/2017

a) acolher o relatório da Comissão, qualquer que seja a orientação;

b) divergir da posição da Comissão quanto à absolvição do denunciado e aplicar uma penalidade;

c) divergir da posição da Comissão quanto à condenação do denunciado e absolvê-lo;

d) divergir da posição da Comissão quanto à penalidade proposta e aplicar outra, mais ou menos grave;

e) entender que houve vício insanável durante o processamento e determinar o refazimento de atos ou declarar nula toda a fase instrutória.

Acolhido o relatório, este constituirá a própria motivação do ato decisório da autoridade competente. Lembremos que esse ato decisório, assim como aquele que instaura todo o procedimento, é um ato administrativo que, portanto, deve obedecer a todos os requisitos formais para sua validade.

Não seguindo a orientação da Comissão, a autoridade, evidentemente, deverá apresentar motivação idônea que se contraponha ao relatório, infirmando, inclusive, as conclusões deste. Da mesma forma, visando nulidade do processamento do feito, a autoridade deve apontá-la, determinando a repetição, se possível, do processo. Nesse último caso, conforme o vício existente, poderá ser necessária a substituição dos membros da Comissão.

Em julgado recente, o STJ assentou:

> "Administrativo. Processo disciplinar oriundo de denúncia de servidora que posteriormente atua como membro da comissão processante. Interesse evidenciado. Ofensa ao princípio da imparcialidade. Art. 18 da Lei 9.784/1999. Ocorrência.
>
> 1. O Processo Administrativo Disciplinar – PAD, é regido por princípios jurídicos condicionantes de sua validade e se sujeita a rigorosas exigências legais, nos termos das Leis n.os 8.112/90 e 9.874/99, que, entre outras disposições, preveem as hipóteses de suspeição e impedimento dos servidores que nele atuarão.
>
> 2. Por isso, servidores que participaram na fase de investigação anterior ao PAD, não podem atuar na sua fase decisória porque contaminam a imparcialidade, nos termos do art. 150, da Lei n.º 8.112/90.
>
> 3. Dessa forma, é nulo o Processo Administrativo Disciplinar, que concluiu pela aplicação da pena de demissão ao servidor processado, quando a servidora denunciante, posteriormente atuou como membro da comissão formada para apurar as denúncias que fez.
>
> 4. Segurança concedida para anular a Portaria n.º 275, de 23 de outubro de 2009, do Ministro de Estado da Previdência Social" (STJ, MS 15.048/DF, 3.ª Seção, Rel. Min. Moura Ribeiro, j. 26.03.2014).

Como se vê, o julgado adota linha, majoritária na atualidade, no sentido de que, na esfera federal, as disposições da Lei Geral do Processo Administrativo (Lei 9.784/1999) são aplicadas subsidiariamente nos processos administrativos disciplinares.

Deve ser lembrado, ainda, que, embora seja assegurada a ampla defesa, esta não abrange manifestação quanto ao relatório final da Comissão Processante, que ou integrará a motivação da própria decisão de julgamento, ou será desconsiderada pela autoridade, assim, ao servidor processado estará assegurado o direito de discutir o mérito do relatório quando houver por bem impugnar a decisão da autoridade[297].

Havendo decisão da autoridade julgadora, é preciso analisar a possibilidade de recurso dentro da própria esfera administrativa, o que pode variar nas diferentes legislações estatutárias. Se a autoridade que decidiu for a mais alta da hierarquia administrativa, não se descarta a possibilidade de pedido de reconsideração, bem como a utilização de instrumento como os embargos de declaração.

De qualquer modo, haverá sempre a possibilidade de impugnação judicial da decisão, principalmente no aspecto formal do procedimento, em face do disposto no art. 5.º, XXXV, da Constituição Federal, que consagra o princípio da inafastabilidade da jurisdição. Hodiernamente, vem-se permitindo maior inserção e exame do Judiciário também no mérito do ato administrativo, não sendo diferente nas decisões proferidas em PAD, principalmente quando evidenciarem falta de razoabilidade ou impuserem pena desproporcional à falta cometida[298]. Ainda assim, não deve o juiz se arvorar à condição de autoridade administrativa e exercer, discricionariamente, a escolha da sanção aplicável quando, em tese, couber mais de uma possível. Em casos tais, deve afastar a sanção considerada desproporcional e atribuir à autoridade administrativa o poder-dever de aplicar outra, mais compatível com a falta praticada.

Questão interessante e recentemente julgada está relacionada à competência para julgamento do PAD contra servidor federal cedido a órgão municipal, cuja infração ocorreu no exercício de suas atividades na municipalidade. Como ficaria o julgamento aqui? Segundo o STJ, *a instauração de processo disciplinar contra servidor efetivo cedido deve dar-se, preferencialmente, no órgão em que tenha sido praticada a suposta irregularidade, mas o julgamento e a eventual aplicação de sanção, quando findo o prazo de cessão e já tendo o servidor retornado ao órgão de origem, só podem ocorrer no órgão ao qual o servidor público federal efetivo estiver vinculado.*[299]

---

297. STJ, MS 18.047/DF, 1.ª Seção, Rel. Min. Campbell Marques, j. 26.03.2014.

298. Sobre o tema o STJ já assentou que: "No caso de demissão imposta a servidor público submetido a processo administrativo disciplinar, não há falar em juízo de conveniência e oportunidade da Administração, visando restringir a atuação do Poder Judiciário à análise dos aspectos formais do processo disciplinar. Nessas circunstâncias, o controle jurisdicional é amplo, no sentido de verificar se há motivação para o ato demissório, pois trata-se de providência necessária à correta observância dos aludidos postulados" (MS 13.520/DF, 3.ª Seção, Rel. Min. Laurita Vaz, j. 14.08.2013).

299. MS 21.991-DF, Rel. Min. Humberto Martins, Rel. para acórdão Min. João Otávio de Noronha, por maioria, julgado em 16/11/2016, DJe 3/3/2017. **Sobre o julgado:**"Cingiu-se a discussão, entre outras questões, a definir a competência para instaurar e julgar processo disciplinar, bem como para aplicar a respectiva sanção a servidor público federal que praticou falta funcional no exercício de cargo em comissão em órgão para o qual foi cedido. "Tratando-se de conduta praticada pelo agente público durante o período em que esteve cedido, é legítima a instauração do processo administrativo disciplinar pelo órgão em que foi praticada a irregularidade. Nesse sentido, extrai-se do Manual Prático de Processo Administrativo Disciplinar da Controladoria Geral da União: 'No aspecto espacial, o processo disciplinar será instaurado, preferencialmente, no âmbito do órgão ou instituição em que supostamente tenha sido praticado o ato antijurídico, facilitando-se a coleta de provas e a realização de diligências necessárias à elucidação dos fatos. No caso de infrações cometidas por servidores cedidos a outros órgãos, a competência é do órgão onde ocorreu a irregularidade para a instauração do processo disciplinar. Todavia, como o vínculo funcional do servidor se dá com o órgão cedente, apenas a este incumbiria o julgamento e a eventual aplicação da penalidade (Nota Decor/CGU/AGU n. 16/2008-NMS).'

E quanto servidor que está à frente da gestão destas entidades de apoio. Estariam eles regidos pelas mesmas regras disciplinares dos servidores que estão atuando na Administração Pública? Poderia ele responder à PAD? *O STJ entendeu que é legal a instauração de procedimento disciplinar, julgamento e sanção, nos moldes da Lei n. 8.112/1990 em face de servidor público que pratica atos ilícitos na gestão de fundação privada de apoio à instituição federal de ensino superior.*[300]

A Lei 8.112/1990, não obstante, prevê o procedimento de *revisão* em seu art. 174, estabelecendo que "o processo disciplinar poderá ser revisto, a qualquer tempo, a pedido ou de ofício, quando se aduzirem fatos novos ou circunstâncias suscetíveis de justificar a inocência do punido ou a inadequação da penalidade aplicada". Nessa última hipótese, no entanto, o ônus da prova é invertido, pois é o servidor condenado que tem de demonstrar os fatos novos ou circunstâncias que embasam sua pretensão (art. 175). A decisão proferida no processo revisional, que pressupõe, uma vez aceito, a constituição de uma Comissão revisora (art. 177, parágrafo único), não poderá, em hipótese alguma, resultar em decisão que agrave a pena anteriormente imposta, proibindo-se, assim, a *reformatio in pejus* (art. 182, parágrafo único).

Cessada, contudo, toda relação do servidor com o órgão cessionário, é natural que qualquer aplicação de penalidade se dê pelo órgão cedente. Nesse caso, caberia ao órgão cessionário tão somente rescindir o contrato de cessão e devolver o servidor, além de instaurar o procedimento administrativo disciplinar, que, como salientado, será julgado pelo órgão cedente. Por fim, cabe esclarecer que o julgamento e aplicação da sanção são um único ato, que se materializa com a edição de despacho, portaria ou decreto, proferidos pela autoridade competente devidamente publicado para os efeitos legais, conforme se dessume do disposto nos artigos 141, 166 e 167 do RJU." **(Informativo n. 598)**

300. MS 21.669-DF, Rel. Min. Gurgel de Faria, por unanimidade, julgado em 23/08/2017, DJe 09/10/2017. **Informativo nº 613.** Discutiu-se se os atos praticados por servidor público que assumiu cargo de gestão em fundação de natureza privada podem ser apurados no âmbito da Lei n. 8.112/1990. Entendeu-se que embora os atos ilícitos tenham sido perpetrados em uma fundação de apoio de natureza privada é perfeitamente legal a instauração do procedimento disciplinar, o julgamento e a sanção, nos moldes da Lei n. 8.112/1990, mormente quando a acusação imputada envolve desvios de recursos públicos oriundos de universidade federal – na qual o servidor exerce cargo de professor adjunto –, o que contraria os princípios basilares da administração pública. Concluiu que o fato de passar a integrar também o corpo funcional da fundação não faz com que o impetrante deixe de ser servidor público federal, mantendo-se, portanto, sob o regramento da Lei n. 8.112/1990. Por outro giro: o fato de estar vinculado ao ente de apoio não o elide das sanções previstas no regime jurídico dos servidores públicos civis da União.

5.5.16.4. Esquema Gráfico do PAD

Vejamos um esquema gráfico sobre o tema:

FASES DO PROCESSO ADMINISTRATIVO DISCIPLINAR

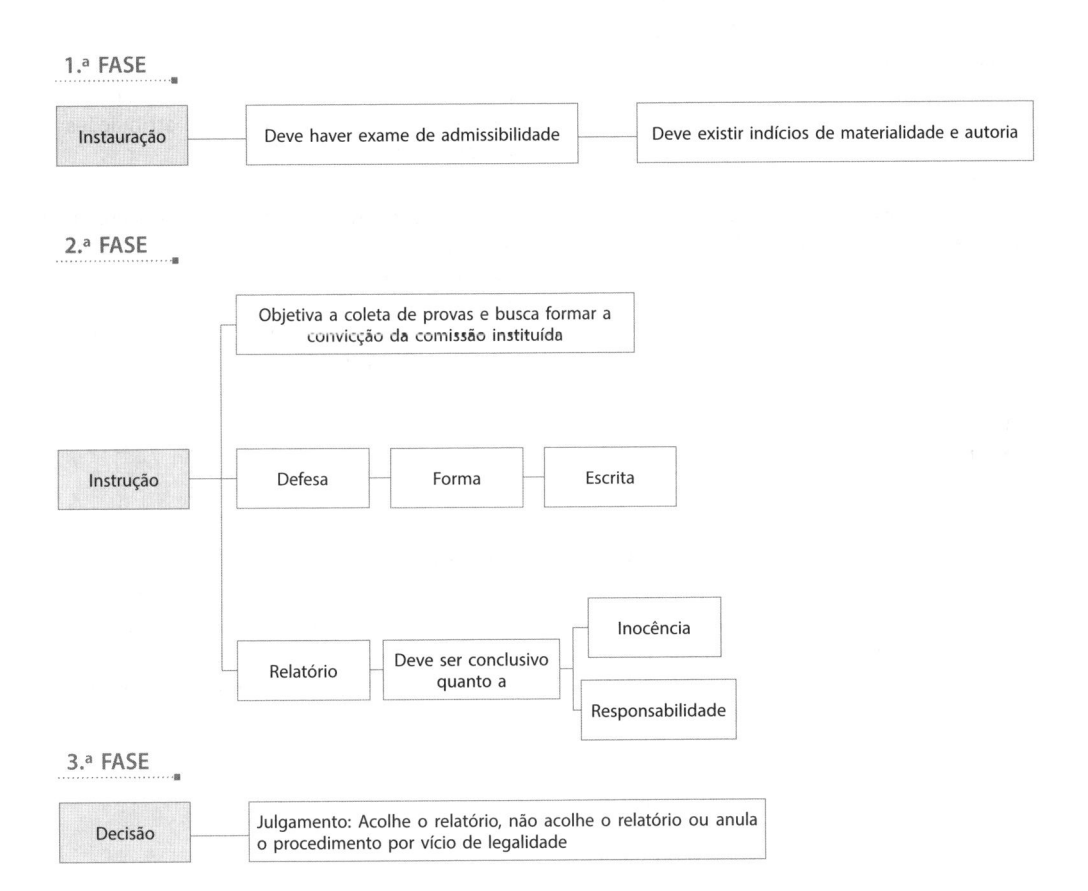

1.ª FASE

Instauração → Deve haver exame de admissibilidade → Deve existir indícios de materialidade e autoria

2.ª FASE

Instrução:
- Objetiva a coleta de provas e busca formar a convicção da comissão instituída
- Defesa → Forma → Escrita
- Relatório → Deve ser conclusivo quanto a → Inocência / Responsabilidade

3.ª FASE

Decisão → Julgamento: Acolhe o relatório, não acolhe o relatório ou anula o procedimento por vício de legalidade

5.6. SÚMULAS DO STF

CONCURSO PÚBLICO	
STF Vinculante 43. É inconstitucional toda modalidade de provimento que propicie ao servidor investir-se, sem prévia aprovação em concurso público destinado ao seu provimento, em cargo que não integra a carreira na qual anteriormente investido.	**STF Vinculante 44.** Só por lei se pode sujeitar a exame psicotécnico a habilitação de candidato a cargo público.

CONCURSO PÚBLICO	
STF 15. Dentro do prazo de validade do concurso, o candidato aprovado tem o direito a nomeação, quando o cargo for preenchido sem observância da classificação.	STF 16. Funcionário nomeado por concurso tem direito a posse.
STF 17. A nomeação de funcionário sem concurso pode ser desfeita antes da posse.	STF 683. O limite de idade para a inscrição em concurso público só se legitima em face do art. 7º, XXX, da Constituição, quando possa ser justificado pela natureza das atribuições do cargo a ser preenchido.
STF 684. É inconstitucional o veto não motivado à participação de candidato a concurso público.	STF 685: É inconstitucional toda modalidade de provimento que propicie ao servidor investir-se, sem prévia aprovação em concurso público destinado ao seu provimento, em cargo que não integra a carreira na qual anterior-mente investido.
SÚMULA N. 686: Só por lei se pode sujeitar a exame psicotécnico a habilitação de candidato a cargo público.	

CARGO EM COMISSÃO/CONFIANÇA	
STF Vinculante 13. A nomeação de cônjuge, companheiro ou parente em linha reta, colateral ou por afinidade, até o terceiro grau, inclusive, da autoridade nomeante ou de servidor da mesma pessoa jurídica, investido em cargo de direção, chefia ou assessoramento, para o exercício de cargo em comissão ou de confiança, ou, ainda, de função gratificada na Administração Pública direta e indireta, em qualquer dos Poderes da União, dos Estados, do Distrito Federal e dos municípios, compreendido o ajuste mediante designações recíprocas, viola a Constituição Federal.	STF 25. A nomeação a termo não impede a livre demissão, pelo Presidente da República, de ocupante de cargo dirigente de autarquia.
STF 8. Diretor de sociedade de economia mista pode ser destituído no curso do mandato.	

DISPONIBILIDADE	
STF 22. O estágio probatório não protege o funcionário contra a extinção do cargo.	STF 39. À falta de lei, funcionário em disponibilidade não pode exigir, judicialmente, o seu aproveitamento, que fica subordinado ao critério de conveniência da Administração.

VITALICIEDADE	
STF 36. Servidor vitalício está sujeito a aposentadoria compulsória, em razão da idade.	STF 46. Desmembramento de serventia de justiça não viola o princípio de vitaliciedade do serventuário.
STF 47. Reitor de universidade não é livremente demissível pelo Presidente da República durante o prazo de sua investidura.	

REGRAS PREVIDENCIÁRIAS	
STF Vinculante 33. Aplicam-se ao servidor público, no que couber, as regras do regime geral da previdência social sobre aposentadoria especial de que trata o artigo 40, § 4º, inciso III da Constituição Federal, até a edição de lei complementar específica.	STF 567. A Constituição, ao assegurar, no § 3º, do art. 102, a contagem integral do tempo de serviço público federal, estadual ou municipal para os efeitos de aposentadoria e disponibilidade não proíbe à União, aos Estados e aos Municípios mandarem contar, mediante lei, para efeito diverso, tempo de serviço prestado a outra pessoa de direito público interno.

REGRAS REMUNERATÓRIAS	
STF Vinculante 4. Salvo os casos previstos na Constituição Federal, o salário mínimo não pode ser usado como indexador de base de cálculo de vantagem de servidor público ou de empregado, nem ser substituído por decisão judicial.	STF Vinculante 15. O cálculo de gratificações e outras vantagens do servidor público não incide sobre o abono utilizado para se atingir o salário mínimo.
STF Vinculante 34. A Gratificação de Desempenho de Atividade de Seguridade Social e do Trabalho. GDASST, instituída pela Lei 10.483/2002, deve ser estendida aos inativos no valor correspondente a 60 (sessenta) pontos, desde o advento da Medida Provisória 198/2004, convertida na Lei 10.971/2004, quando tais inativos façam jus à paridade constitucional (EC 20/1998, 41/2003 e 47/2005).	STF Vinculante 20. A Gratificação de Desempenho de Atividade Técnico-Administrativa. GDATA, instituída pela Lei n. 10.404/2002, deve ser deferida aos inativos nos valores correspondentes a 37,5 (trinta e sete vírgula cinco) pontos no período de fevereiro a maio de 2002 e, nos termos do artigo 5º, parágrafo único, da Lei n. 10.404/2002, no período de junho de 2002 até a conclusão dos efeitos do último ciclo de avaliação a que se refere o artigo 1º da Medida Provisória n. 198/2004, a partir da qual passa a ser de 60 (sessenta) pontos.

REGRAS REMUNERATÓRIAS	
STF Vinculante 16. Os artigos 7º, IV, e 39, § 3º (redação da EC 19/98), da Constituição, referem-se ao total da remuneração percebida pelo servidor público.	STF Vinculante 51. O reajuste de 28,86%, concedido aos servidores militares pelas leis 8.622/1993 e 8.627/1993, estende-se aos servidores civis do Poder Executivo, observadas as eventuais compensações decorrentes dos reajustes diferenciados concedidos pelos mesmos diplomas legais.
STF Vinculante 37. Não cabe ao Poder Judiciário, que não tem função legislativa, aumentar vencimentos de servidores públicos sob o fundamento de isonomia.	STF Vinculante 42. É inconstitucional a vinculação do reajuste de vencimentos de servidores estaduais ou municipais a índices federais de correção monetária.
STF Vinculante 55. O direito ao auxílio-alimentação não se estende aos servidores inativos.	STF 359. Ressalvada a revisão prevista em lei, os proventos da inatividade regulam-se pela lei vigente ao tempo em que o militar, ou o servidor civil, reuniu os requisitos necessários.
STF 671. Os servidores públicos e os trabalhadores em geral têm direito, no que concerne à URP de abril/maio de 1988, apenas ao valor correspondente a 7/30 de 16,19% sobre os vencimentos e salários pertinentes aos meses de abril e maio de 1988, não cumulativamente, devidamente corrigido até o efetivo pagamento.	STF 678. São inconstitucionais os incisos I e III do art. 7º da Lei 8.162/91, que afastam, para efeito de anuênio e de licença-prêmio, a contagem do tempo de serviço regido pela CLT dos servidores que passaram a submeter-se ao regime jurídico único.
STF 679. A fixação de vencimentos dos servidores públicos não pode ser objeto de convenção coletiva.	STF 682. Não ofende a Constituição a correção monetária no pagamento com atraso dos vencimentos de servidores públicos.

AGENTES PÚBLICOS MILITARES	
STF Vinculante 6. Não viola a Constituição da República o estabelecimento de remuneração inferior ao salário mínimo para os praças prestadores de serviço militar inicial.	STF 10. O tempo de serviço militar conta-se para efeito de disponibilidade e aposentadoria do servidor público estadual.
STF 55. Militar da reserva está sujeito a pena disciplinar.	STF 57. Militar inativo não tem direito ao uso do uniforme, fora dos casos previstos em lei ou regulamento.

AGENTES PÚBLICOS MILITARES

STF 407. Não tem direito ao terço de campanha o militar que não participou de operações de guerra, embora servisse na "zona de guerra".	STF 673. O art. 125, § 4º, da Constituição, não impede a perda da graduação de militar mediante procedimento administrativo.
STF 674. A anistia prevista no art. 8º do ADCT não alcança os militares expulsos com base em legislação disciplinar ordinária, ainda que em razão de atos praticados por motivação política.	

PROCESSO DISCIPLINAR

STF Vinculante 5. A falta de defesa técnica por advogado no processo administrativo disciplinar não ofende a Constituição.	STF 18. Pela falta residual, não compreendida na absolvição pelo juízo criminal, é admissível a punição administrativa do servidor público.
STF 19. É inadmissível segunda punição de servidor público, baseada no mesmo processo em que se fundou a primeira.	STF 20. É necessário processo administrativo, com ampla defesa, para demissão de funcionário admitido por concurso.
STF 21. Funcionário em estágio probatório não pode ser exonerado nem demitido sem inquérito ou sem as formalidades legais de apuração de sua capacidade.	

5.7. SÚMULAS DO STJ

CONCURSO PÚBLICO

STJ 266. O diploma ou habilitação legal para o exercício do cargo deve ser exigido na posse e não na inscrição para o concurso público.	STJ 377. O portador de visão monocular tem direito de concorrer, em concurso público, às vagas reservadas aos deficientes
STJ 552. O portador de surdez unilateral não se qualifica como pessoa com deficiência para o fim de disputar as vagas reservadas em concursos públicos	

REGRAS REMUNERATÓRIAS

STJ 378. Reconhecido o desvio de função, o servidor faz jus às diferenças salariais decorrentes

REGRAS PROCESSUAIS RELACIONADAS À SERVIDORES	
STJ 97. Compete à justiça do trabalho processar e julgar reclamação de servidor público relativa- mente a vantagens trabalhistas anteriores à instituição do Regime Jurídico Único.	STJ 137. Compete à justiça comum estadual processar e julgar ação de servidor público municipal, pleiteando direitos relativos ao vínculo estatutário.
STJ 170. Compete ao juízo onde primeiro for intentada a ação envolvendo acumulação de pedidos, trabalhista e estatutário, decidi-la nos limites da sua jurisdição, sem prejuízo do ajuizamento de nova causa, com o pedido remanescente, no juízo próprio.	STJ 173. Compete à justiça federal processar e julgar o pedido de reintegração em cargo público federal, ainda que o servidor tenha sido dispensado antes da instituição do Regime Jurídico Único.
STJ 218. Compete à justiça dos estados processar e julgar ação de servidor estadual decorrente de direitos e vantagens estatutárias no exercício de cargo em comissão.	

AGENTES PÚBLICOS MILITARES
STJ 346. É vedada aos militares temporários, para aquisição de estabilidade, a contagem em dobro de férias e licenças não gozadas.

PROCESSO ADMINISTRATIVO DISCIPLINAR	
Súmula nº. 592 – O excesso de prazo para a conclusão do processo administrativo disciplinar só causa nulidade se houver demonstração de prejuízo à defesa.	Súmula 591 – É permitida a prova emprestada no processo administrativo disciplinar, desde que devidamente autorizada pelo juízo competente e respeitados o contraditório e a ampla defesa

5.8. SÍNTESE DO TEMA

SERVIDORES PÚBLICOS	
Agentes públicos	O termo agentes públicos é admitido pela maior parte da doutrina administrativista como congregando todas as subespécies e categorias de pessoas que atuam em nome do Estado.

	SERVIDORES PÚBLICOS
Tipos de agentes públicos	a) Agentes políticos; b) Particulares em colaboração com o Poder Público; c) Militares; d) Servidores públicos, em sentido amplo, denominados por alguns de servidores estatais, categoria compreensiva dos: d.1) servidores públicos civis com vínculo estatutário ou servidores públicos civis em sentido estrito; d.2) empregados públicos; d.3) servidores temporários ou contratados por designação temporária (art. 37, IX, da CF/1988).
Agentes políticos	• Os agentes políticos são aqueles que exercem os mais altos cargos do escalão governamental, sendo responsáveis por estabelecer as diretrizes de atuação do Estado, além de gozar de ampla independência funcional • Nessa categoria entram todos aqueles que exercem mandatos eletivos diretamente decorrentes da Constituição: o Presidente da República e o vice-presidente; os governadores e os vice--governadores dos Estados e do DF; os prefeitos municipais e os vice-prefeitos; os senadores da República; os deputados federais; os deputados estaduais e os vereadores. • Além destes, também integram esta categoria aqueles agentes diretamente nomeados pelos chefes dos Executivos, nas três esferas de governo, que são responsáveis, no mais alto escalão administrativo, pela implementação das políticas de governo, a saber: a) os ministros de Estado, nomeados pelo Presidente da República; b) os secretários de Estado, nomeados pelos governadores; c) os secretários municipais, nomeados pelos prefeitos. • Os agentes políticos estão sujeitos a todas as regras gerais aplicáveis à Administração Pública, mas os exercentes de mandatos eletivos ascendem à sua condição por eleição, segundo os critérios estabelecidos na Constituição Federal, e não por concurso público. • Os agentes políticos dispõem, conforme reconhecido na jurisprudência do STF, de um sistema de responsabilização política, que decorre diretamente da Constituição Federal (arts. 85 e 86 e 52, I e II), com previsão, inclusive, do *impeachment*, com regulamentação específica na legislação ordinária (Lei 1.079/1950) e, para os membros do Poder Legislativo, o sistema de ética e decoro parlamentar.

SERVIDORES PÚBLICOS	
Agentes estatutários especiais	• Sejam ou não considerados agentes políticos (há forte divergência doutrinária), os magistrados, membros do Ministério Público e de tribunais e cortes de contas estão sujeitos a estatutos especiais. • Isso significa dizer que eles detêm prerrogativas, garantias e deveres que decorrem diretamente da Constituição Federal, ou são regulamentadas em leis com previsão na Carta Magna.
Particulares em colaboração com o Poder Público	• Em inúmeras situações, o Poder Público vale-se do trabalho ou atuação de particulares que não possuem um vínculo permanente com a Administração Pública. • A atuação desses agentes, quando não é claramente acidental, como na hipótese excepcional de um gestor de negócios públicos, é quase sempre transitória. Mas a transitoriedade pode não ser uma característica presente em todas as situações em estudo, bastando que se lembre, por exemplo, dos agentes referidos no art. 236 da CF/1988. • De qualquer modo, a vinculação desses agentes com o regime jurídico administrativo somente se justifica enquanto houver a atuação na função pública, remanescendo, por evidente, a responsabilidade estatal em relação aos atos praticados por eles no exercício de função estatal. • A vinculação desses agentes ao Poder Público costuma ocorrer por diferentes formas, sendo comum a referência, em doutrina, das seguintes: a) requisição; b) delegação; c) iniciativa própria; e d) contratação. • Existem, por fim, serviços prestados por particulares que são apenas autorizados pela Administração Pública, geralmente em caráter complementar aos serviços públicos da mesma categoria (educação e saúde são, talvez, os mais evidentes). Quando os gestores dessas entidades privadas atuam no exercício dessas atribuições, pode ser que acabem por praticar algum ato que lhes seja delegado pela Administração Pública, como é o caso da colação de grau nas faculdades particulares. Nesses casos, e apenas para esse restrito fim, essas pessoas serão consideradas agentes públicos, sujeitos, inclusive, a controle judicial pela via do mandado de segurança.
Militares	• Os servidores militares ou simplesmente militares, para utilizarmos o termo instituído pela Emenda Constitucional 18/1998, são os agentes estatais previstos nos arts. 42 e 142 da Constituição Federal, constituindo-se, no âmbito dos Estados, dos membros das Polícias Militares e Corpos de Bombeiros Militares e, no âmbito da União, dos integrantes das Forças Armadas (Exército, Marinha e Aeronáutica).

	SERVIDORES PÚBLICOS
Militares	• Às polícias militares cabem a polícia ostensiva e a preservação da ordem pública e aos corpos e bombeiros militares, a execução de atividades de defesa civil, além de outras fixadas em lei (art. 144, § 2.º, da CF/1988), estando subordinadas aos governos estaduais, embora sejam consideradas, igualmente, forças auxiliares e reserva do Exército (art. 144, § 3.º). • As Forças Armadas se destinam à defesa da Pátria, à garantia dos poderes constitucionais e, por iniciativa de qualquer destes, da lei e da ordem (art. 142, *caput*), conquanto a legislação ordinária acabe atribuindo a elas outras funções específicas, geralmente relacionadas com o exercício do poder de polícia administrativo, como o controle do tráfego aquaviário, feito pela Marinha (Lei 9.537/1997, art. 39), e o controle de fabricação, exportação, importação, desembaraço alfandegário e comércio de armamentos, que é feito pelo Exército (art. 24 da Lei 10.826/2003). • Por fim, os militares estão sujeitos a um regime próprio de aposentadoria, diferenciado, até mesmo, do regime próprio dos servidores civis. A aposentadoria dos militares é geralmente identificada pelos termos "reserva remunerada" e "reforma", estando esta última destinada às situações em que não existirá mais a possibilidade de retorno do militar à ativa (seja por idade avançada, seja por limitação física ou mental), e a primeira às situações em que o militar, de algum modo, ainda poderá retornar à ativa, seja por convocação ou por mobilização.
Servidores públicos em sentido amplo ou servidores estatais	• Nesta categoria podemos incluir três espécies diferentes de servidores: os temporários, os empregados públicos e os servidores públicos civis em sentido estrito. • Os empregados públicos são regidos por normas que são majoritariamente de direito do trabalho, com algumas derrogações decorrentes da aplicação de normas de direito público.

	REGIME JURÍDICO ÚNICO
Pontos importantes	• Até a Constituição Federal de 1988 não havia qualquer imposição no sentido de que a contratação ou admissão de servidores públicos fosse restrita a esse ou aquele regime jurídico. Na prática, era comum que as entidades de Administração Indireta, mesmo as de natureza pública, como as autarquias, optassem pela contratação por regime trabalhista, ficando para a Administração Direta a admissão de servidores mediante vínculo estatutário.

	REGIME JURÍDICO ÚNICO
Pontos importantes	• Com a Constituição Federal de 1988 intentou-se acabar com a balbúrdia antes existente, estabelecendo-se, para toda a Administração Pública de uma mesma entidade federativa, a obrigatoriedade de um único regime jurídico, a que se designou de RJU. • Ocorre que a Constituição Federal, em 1998, foi alterada pela *Emenda Constitucional 19*, que, modificando a redação do art. 39, *suprimiu de seu texto a exigência do RJU*. Essa alteração, inoportuna, só podia ser entendida como uma forma de limitar a quantidade de servidores estatutários nos quadros da Administração Pública, mormente para prevenir as repercussões financeiras no âmbito dos chamados regimes próprios de previdência, embora a maior razão da situação deficitária desses regimes decorresse exatamente dos "trens da alegria" promovidos pelos próprios governos, como aquele que possibilitou a claramente inconstitucional conversão dos antigos empregos públicos em cargos públicos no âmbito federal (art. 243 da Lei 8.112/1990). • Dessa forma, conquanto tenha havido a modificação do art. 39 da CF/1988 pela Emenda Constitucional 19/1998, continua existindo, por força da decisão proferida pelo STF na ADI-MC 2.135/DF, o RJU, sendo este, na esfera federal, o estatutário, previsto na Lei 8.112/1990, sem prejuízo da aplicação do regime de emprego público para os trabalhadores das empresas públicas e sociedades de economia mista e para aqueles que, excepcionalmente, foram contratados em regime de emprego, pelas agências reguladoras, após a EC 19/1998 e até a decisão proferida pelo STF na ADI-MC 2.135.
	REGIME DE EMPREGO PÚBLICO NA ADMINISTRAÇÃO PÚBLICA
Pontos relevantes	• Quando se fala em regime de emprego público no âmbito da Administração Pública brasileira, a primeira coisa que se tem de ter em mente é que *a adoção desse regime*, que é essencialmente regido pelo direito privado, ainda que extensamente regulamentado e com pouco espaço para ajustes individuais contrários às disposições legais, como é o caso do Direito do Trabalho, *é obrigatória para todas as pessoas jurídicas de direito privado*, ainda que estatais, que sejam usadas como instrumento de *política de intervenção no domínio econômico*. • Contudo, *a forma privada dessas entidades*, mesmo quando prestadoras de serviços públicos, impõe, de certa maneira, que a adoção de seu regime jurídico, no campo trabalhista, seja igualmente privado, embora com algumas derrogações, decorrentes, naturalmente, da natureza pública de tais entidades, ainda que formalmente constituídas sobre regras de direito privado.

REGIME DE EMPREGO PÚBLICO NA ADMINISTRAÇÃO PÚBLICA	
Noção de emprego	• A noção de emprego decorre diretamente da legislação trabalhista, mormente dos arts. 2.º e 3.º da CLT (Decreto-lei 5.452/1943), que define empregador e empregado. • São elementos dessa relação jurídica a *prestação de trabalho*, de *natureza não eventual*, por *pessoa natural*, sob a *dependência* de empregador e mediante *pagamento de salário*.
Regras constitucionais aplicáveis ao regime de emprego público, relativas às imposições	• Regras que são aplicáveis também aos empregados públicos: a) requisitos igualitários para acesso aos empregos públicos, devidamente estabelecidos em lei (art. 37, I); b) exigência de prévia aprovação em concurso público para contratação (art. 37, II); c) prazo de validade do concurso de, no máximo, dois anos, prorrogável uma vez, por igual período (art. 37, III); d) reserva de percentual, nos concursos, para portadores de deficiência (art. 37, VIII); e) sujeição ao teto constitucional do funcionalismo, mas só com relação aos empregos públicos da administração direta, autárquica e fundacional (art. 37, XI); f) vedação à acumulação remunerada, fora das hipóteses permitidas na CF (art. 37, XIV e XV); g) possibilidade de o empregado público ser representado contra o exercício negligente ou abusivo do emprego público (art. 37, § 3.º, III); h) sujeição à lei de responsabilidade por atos de improbidade administrativa (art. 37, § 4.º); i) possibilidade de ser acionado regressivamente, pela entidade pública, por atos culposos ou dolosos que causem danos a terceiros, quando no exercício de atividade entendida como serviço público (art. 37, § 6.º); j) possibilidade de haver restrições, estabelecidas em lei, ao ocupante de emprego que possibilite acesso a informações privilegiadas (art. 37, § 7.º).
Regras constitucionais aplicáveis ao regime de emprego público, relacionadas aos direitos	• Em princípio, os empregados públicos possuirão os mesmos direitos assegurados aos trabalhadores em geral, tanto na Constituição Federal (arts. 7.º a 9.º), quanto na legislação trabalhista (CLT e demais leis correlatas). • Alguns deles, no entanto, estão inseridos no art. 37 da CF e merecem especial menção, a saber: a) direito à contratação com precedência sobre novos concursados, no prazo improrrogável previsto no edital de convocação (art. 37, IV);

REGIME DE EMPREGO PÚBLICO NA ADMINISTRAÇÃO PÚBLICA	
Regras constitucionais aplicáveis ao regime de emprego público, relacionadas aos direitos	b) livre associação sindical (art. 37, VI), embora seja um direito também previsto no art. 8.º da Carta Magna; c) direito de greve (art. 37, VII), embora já previsto no art. 9.º, valendo ressaltar, aqui, que a matéria já foi regulamentada pela Lei 7.783/1989, independendo, para os empregados públicos, da lei específica referida no art. 37, VII; d) irredutibilidade de salários (art. 37, XV), devendo ser compatibilizado com a regra do art. 7.º, VI. • Embora a CF/1988 resguarde aos trabalhadores em geral o direito ao reconhecimento das convenções e acordos coletivos (art. 7.º, XXVI), tais ajustes não terão efeito, no âmbito da Administração Pública, se visarem a criação de empregos, direitos remuneratórios ou elevações salariais que não tenham sido previstas em lei, por decorrência óbvia do disposto nos arts. 37, X, e 169, § 1.º, da CF/1988.
Direito à estabilidade, FGTS e dispensa motivada	• O principal direito dos empregados públicos, que não é extensivo aos servidores estatutários, é o acesso ao Regime do Fundo de Garantia por Tempo de Serviço – FGTS, previsto no art. 7.º, III, da Constituição Federal, e atualmente regulamentado na Lei 8.036/1990. • Os *empregados públicos não possuem direito a essa estabilidade especial*, prevista no art. 41 da CF, visto que este somente se refere aos servidores "nomeados para cargo de provimento efetivo". Possuem, no entanto, direito às demais garantias de emprego previstas na Constituição Federal e na lei (gestante, dirigente sindical, membro de Comissão Interna de Prevenção de Acidentes do Trabalho – CIPA etc.). • A Lei 9.962/2000, por sua vez, deixou claro que aos empregados públicos da Administração Federal direta, autárquica e fundacional, conquanto não se garanta, propriamente, o direito à estabilidade, previsto no art. 41 da CF/1988, não se aplica, livremente, o direito potestativo dos empregadores de dispensa imotivada, visto que esta *só poderá ocorrer* nas restritas hipóteses do art. 3.º da Lei, a saber: a) falta grave, dentre as enumeradas no art. 482 da CLT; b) acumulação ilegal de empregos, cargos ou funções públicas; c) necessidade de redução do quadro, conforme regulamentação do art. 169 da CF/1988; d) insuficiência de desempenho, apurada em procedimento.

REGIME DE EMPREGO PÚBLICO NA ADMINISTRAÇÃO PÚBLICA	
Direito à aposentadoria	• O regime a que estão submetidos os empregados públicos é o geral, previsto no art. 201 da CF/1988, regulamentado pela Lei 8.213/1991 (Regime Geral de Previdência Social – RGPS) e administrado pelo Instituto Nacional do Seguro Social – INSS, uma autarquia federal. • Está terminantemente proibida a inclusão de qualquer empregado público em regime próprio de previdência, conforme disposto no art. 40 da CF/1988, na redação dada pela Emenda Constitucional 20/1998 e regulamentação dada pela Lei 9.717/1998 (art. 1.º, V). • Usualmente, no entanto, empregados públicos de empresas estatais contribuem para a *formação de previdência complementar à oficial*, recebendo destas, na aposentadoria, uma complementação dos proventos, conforme regulamentação prevista para os planos privados de previdência complementar mantidos por entidades públicas (*art. 202 da CF/1988 e Lei Complementar 108/2001*).
Competência da Justiça do Trabalho	• Os litígios decorrentes de relações trabalhistas, na vigência da CF/1988, foram inteiramente atribuídos à Justiça do Trabalho, mesmo quando os empregadores forem a União, os Estados, o Distrito Federal, os Municípios e respectivas entidades da administração direta. • Assim, o art. 114, I, da CF/1988, mesmo antes da Emenda Constitucional 45/2004, já estabelecia a competência da Justiça do Trabalho para dirimir tais demandas, ou seja, as que envolvem empregados públicos. Dessa forma, não se repetiu a regra instituída na Constituição Federal de 1967, conforme redação dada pela EC 1/1969, de se estabelecer à Justiça Federal a competência para o julgamento das demandas trabalhistas que envolviam empregados públicos federais. • Quanto aos estatutários, remanesceu a competência da Justiça comum, estadual ou federal, conforme o caso, posto que não se trata, aí, de regime trabalhista, mas sim de regime jurídico administrativo. • Impende salientar, outrossim, que, a partir da EC 45/2004, não remanescem mais dúvidas quanto à competência da Justiça do Trabalho para o julgamento de qualquer questão que tenha por fundamento o vínculo empregatício, ainda que não inserida nas leis trabalhistas, de modo que a Justiça Laboral pode julgar, até mesmo, as demandas em que o empregado pleiteia indenização por dano moral de seu empregador, inclusive as que tenham por fundamento acidente do trabalho (art. 114, VI, da CF).

REGIME DE EMPREGO PÚBLICO NA ADMINISTRAÇÃO PÚBLICA	
O problema da responsabilidade subsidiária da Administração Pública nas contratações de serviços terceirizados	• O *art. 71, § 1.º, da Lei 8.666/1993* diz que a Administração Pública *não tem qualquer responsabilidade* pelo não pagamento dos encargos trabalhistas pelo contratado, regra que é usualmente desconsiderada pela jurisprudência trabalhista para o fim de promover a proteção aos direitos do trabalhador. • Em julgamento da *Ação Declaratória de Constitucionalidade 16/DF*, em fins de 2010, *o STF declarou a constitucionalidade do art. 71, § 1.º, da Lei 8.666/1993*, mas ressalvou o entendimento de que tal constitucionalidade *não importa na exclusão de responsabilidade da Administração Pública pela ausência de fiscalização das obrigações trabalhistas do contratado*, na esteira do entendimento da Justiça do Trabalho. Objetou-se nesse julgamento, no entanto, a tendência da Justiça do Trabalho de não analisar concretamente a responsabilidade da Administração Pública pela omissão, mas sim a mera aplicação, irrestrita, da responsabilidade subsidiária, partindo da mera consideração de inconstitucionalidade do dispositivo acima referido (*Informativos 519 e 610 do STF*). • Dessa forma, o que deve ser entendido é que não basta a inadimplência para a aplicação da dita responsabilidade, devendo ser demonstrada a omissão da fiscalização por parte da Administração, razão pela qual foi alterada a redação do Enunciado 331 do TST.

SERVIDORES CONTRATADOS POR TEMPO DETERMINADO (ART. 37, IX, DA CF/1988)	
Pontos importantes	• Em princípio, embora não haja explicitação constitucional, essa autorização se direciona mais para a Administração direta, autárquica e fundacional, pois as empresas estatais já podem proceder a contratações por prazo determinado conforme disposições da legislação trabalhista (contratos por prazo determinado). • Como dito, os requisitos dessa contratação estão firmados na Constituição, sendo os seguintes: a) previsão legal dos casos; b) prazo determinado da contratação; c) necessidade temporária; d) excepcional interesse público.

SERVIDORES CONTRATADOS POR TEMPO DETERMINADO (ART. 37, IX, DA CF/1988)	
Previsão legal dos casos de contratação por tempo determinado	• Cada Estado e cada Município, no entanto, podem estabelecer sua própria legislação, o que, aliás, é mais recomendável, posto que somente eles podem prever os casos mais comuns em que será necessário esse tipo de contratação, conforme os serviços públicos que eles mesmos prestam. No âmbito federal, vigora a Lei 8.745/1993. • É vedado aos temporários a nomeação ou designação para exercício de cargo em comissão ou função de confiança (art. 9.º, II), além de ser novamente contratado, com fundamento na Lei 8.745/1993, antes de decorridos 24 meses do encerramento de contrato anterior, ressalvadas as hipóteses previstas na própria lei (art. 9.º, III). • Apesar das disposições gerais da Lei 8.745/1993, nada impede que leis específicas prevejam casos específicos de contratação, o que, aliás, ocorre com certa frequência na esfera federal, principalmente em instituições em processo de constituição, que necessitam de servidores emergencialmente, para fazerem funcionar seus serviços até a admissão de pessoal próprio, a ser feita por concurso público.
Determinação dos prazos de contratação	• Pela própria natureza temporária das funções a serem desempenhadas, os contratos terão de ser por prazo determinado. • Os casos mais comuns, como os de admissão de professor substituto e de agente de recenseamento, têm prazo máximo fixado em um ano, podendo haver prorrogação, mas limitada a prazos máximos estabelecidos na Lei. • O caso que seria o mais evidente a justificar esse tipo de contratação, o de assistência a situações de calamidade pública, mas nem por isso o mais comum, tem prazo máximo de seis meses, podendo, no entanto, haver prorrogação pelo prazo necessário à superação da situação de calamidade pública, desde que não se exceda o prazo de dois anos.
Necessidade temporária e excepcional interesse público. Noção	• Primeiro, a necessidade é, por natureza, temporária, posto que, para situações permanentes, as necessidades da Administração Pública devem ser atendidas de modo permanente, por pessoal e vinculado a ela pelo regime estatutário ou pelo regime de emprego. • Não basta, no entanto, que a necessidade seja temporária, a contratação extraordinária só se justifica se, aliado a isso, houver excepcional interesse público na sua formalização. • Assim, ainda que temporária a necessidade, não se justificará a contratação se o serviço respectivo não for essencial ou relevante, mas apenas secundário, o que pode justificar a sua postergação para posterior execução por pessoal permanente da Administração.

SERVIDORES CONTRATADOS POR TEMPO DETERMINADO (ART. 37, IX, DA CF/1988)	
Nulidades do contrato, efeitos do contrato nulo e competência jurisdicional	• A nulidade desse contrato não acarretará, em hipótese nenhuma, a existência de vínculo empregatício, não podendo ser invocada a disposição do art. 9.º da CLT, posto que este não se sobrepõe à regra constitucional do art. 37, II, da Carta Magna. • Em qualquer caso de contratação nula de servidor público, e não apenas nas contratações temporárias, garante-se ao trabalhador o direito ao recebimento dos respectivos salários, bem como os depósitos do FGTS (vide Súmula 363 do TST). • Quanto às demandas judiciais dos servidores temporários, a orientação que acabou predominando é que os contratos referidos no art. 37, IX, da CF/1988 *são de natureza administrativa*, cabendo, assim, em princípio, à Justiça comum, federal ou estadual, conforme o caso, decidir sobre qualquer ação em que se postule direitos decorrentes de tal vínculo. • A matéria, no entanto, não pode ser considerada como completamente dirimida. O próprio STF, inclusive, já proferiu decisões aparentemente contraditórias sobre outros temas ligados às causas trabalhistas envolvendo servidores públicos.

SERVIDORES PÚBLICOS CIVIS, EM SENTIDO ESTRITO	
Vínculo estatutário e cargo público	• No vínculo estatutário, os direitos e deveres do servidor decorrem diretamente da lei (o Estatuto), e não de contrato de trabalho. • Em termos de efeitos, a principal diferença é que na relação jurídica institucional, conforme amplamente reconhecido na jurisprudência, não existe a garantia legal de manutenção do regime jurídico remuneratório, salvo eventuais restrições constitucionais, como o princípio da irredutibilidade salarial. • Dessa forma, determinada vantagem do servidor estatutário pode ser extinta, futuramente, sem que ele invoque, em sentido contrário à extinção, a existência de um direito adquirido à referida vantagem. Essa mesma situação, no regime de emprego público, é impensável, pois a natureza contratual do vínculo impede tal modificação, salvo se, de alguma forma, for mais benéfica para o trabalhador. • Denomina-se cargo público o conjunto de atribuições e responsabilidades previstas na estrutura organizacional que devem ser cometidas a um servidor (art. 2.º da Lei 8.112/1990).
Quadro funcional	• Ao conjunto de cargos dá-se o nome de *quadro funcional*. • Geralmente, os cargos em comissão são discriminados em quadro separado dos cargos efetivos. • Cada cargo tem posição definida em quadro específico, daí por que se fala em *enquadramento funcional*, devendo haver compatibilidade com o grupo funcional ou categoria a que o cargo pertença, levando-se em consideração os requisitos exigidos para o cargo.

	SERVIDORES PÚBLICOS CIVIS, EM SENTIDO ESTRITO
Classificação dos cargos públicos	• Conforme a *natureza precária ou estável do vínculo existente*, ou seja, da maior ou menor possibilidade de o servidor manter-se no exercício das funções inerentes ao seu cargo, eles são classificados *em comissão, efetivos e vitalícios*. • O exercício de *cargos comissionados ou em comissão* independe de aprovação em concurso público, podendo ser preenchidos apenas por decisão da autoridade administrativa competente, que faz a indicação e nomeação do comissionado. • Os *cargos efetivos* são providos por concurso público (art. 37, II) e o servidor, após determinado período de exercício, adquire direito à estabilidade, só podendo deixar o cargo em situações previamente definidas na Constituição Federal. Mesmo não atingido o prazo da estabilidade, não se concebe simples exoneração do cargo, sendo necessário, sempre, processo administrativo com direito à defesa. • Já os *cargos vitalícios* são destinados a determinados servidores, especificamente discriminados no texto constitucional (a: magistrados – art. 95, I; b: membros do Ministério Público – art. 128, § 5.º, I, *a*; c: membros das Cortes de Contas – arts. 73, §§ 3.º e 4.º, e 75). Esses cargos são dotados de garantias ainda maiores do que a estabilidade dos servidores efetivos, só podendo haver a perda do cargo, depois de adquirida a vitaliciedade, mediante decisão judicial transitada em julgado.
Funções de confiança	• Aqui, diferentemente do cargo em comissão, o preenchimento, necessariamente, se dá por *alguém que já é do quadro efetivo*. Daí por que a função não é um novo cargo, mas apenas uma *atribuição adicional que se dá ao servidor* em relação às atribuições que o cargo efetivo já lhe confere. Excepcionalmente, principalmente na atividade-meio das repartições, o exercício da função é relativamente independente daquele relacionado com o do cargo efetivo respectivo.
Funções de confiança	• Assim como para os cargos em comissão, *só se admite a criação de funções de confiança para assessoramento, chefia e direção*. • Importante observar, por último, que *o exercício da função não importa na renúncia ao cargo efetivo*, que continua, inclusive, ocupado, pelo servidor respectivo.

SERVIDORES PÚBLICOS CIVIS, EM SENTIDO ESTRITO	

Acessibilidade	• Os cargos públicos são acessíveis a todos os brasileiros, desde que preenchidos os requisitos legais. Também existe a possibilidade de estrangeiros ocupá-los, na forma da lei (art. 37, I, da CF/1988).
	• No entanto, a CF/1988 resguarda alguns cargos de altíssima relevância no cenário político nacional a *brasileiros natos*, segundo descrição do § 3.º de seu art. 12, a saber:
	  a) Presidente e Vice-Presidente da República;
	  b) Presidente da Câmara dos Deputados;
	  c) Presidente do Senado Federal;
	  d) Ministro do Supremo Tribunal Federal;
	  e) Cargos da carreira diplomática;
	  f) Oficial das Forças Armadas;
	  g) Ministro de Estado da Defesa.
	• Reconhece-se, no entanto, que *determinadas funções podem exigir certas capacidades pessoais*, do ponto de vista físico, que justifiquem a exigência de requisitos não ligados à formação técnica ou educacional.
	• Essas eventuais regras de *discrimen* são válidas, contudo, apenas se atendido o requisito da *razoabilidade* (vide Súmula 683 do STF quanto ao requisito idade).

Concurso público	• Ressalva-se da regra do concurso público apenas as nomeações para cargos em comissão e as contratações de servidores temporários (CF/1988, art. 37, V e IX).[301] • Nesse caso, se houver a abertura de novo concurso no prazo que seria o da prorrogação, é reconhecido o direito dos aprovados, e ainda não nomeados, de terem acesso aos cargos respectivos. O STF, inclusive, já decidiu nesse sentido. Em contrapartida, a própria Corte já decidiu que, superado o prazo do primeiro biênio, sem que tenha havido a prorrogação, não poderia ser feita, tempos depois, a instituição de novo período de eficácia, sendo nulas as nomeações daí decorrentes.
Nomeação e prioridade	• A aprovação em concurso público, conforme entendimento do STF, não garante, por si só, o direito à nomeação, como amplamente reconhecido na jurisprudência, sendo mera expectativa de direito. No entanto, existem situações que poderão gerar o referido direito. Uma vez nomeado, esse ato, por si só, dá direito ao candidato de ingressar no serviço público, tomando posse no respectivo cargo (*Súmula 16 do STF*).

---

301. Também estão excluídos da regra os óbvios casos de nomeação direta previstos na própria CF/1988, como os membros do chamado quinto constitucional dos tribunais (art. 94 da CF/1988).

SERVIDORES PÚBLICOS CIVIS, EM SENTIDO ESTRITO	
Nomeação e prioridade	• Importante observar que *o STJ*, por sua vez, vem aplicando entendimento no sentido de que *a aprovação, dentro do número de vagas estabelecido no edital, gera direito ao candidato aprovado à nomeação*. • Esse entendimento, já bastante pacificado na Corte, no entanto, não é adotado se a aprovação for para cadastro de reserva e não houver, até a expiração do prazo de validade do concurso, vagas em aberto. • A prioridade diz respeito à convocação, que deve ser entendida como o direito à nomeação, ou, no caso dos empregos, à contratação, devendo o candidato, por evidente, preencher os demais requisitos gerais para o cargo ou emprego. • A prioridade tanto se refere aos aprovados no mesmo concurso, mas pior classificados que o nomeado, quanto aos aprovados em concursos posteriores.
Reserva de vagas para portadores de deficiência	• O art. 37, VIII, da CF/1988 estabelece que a "lei reservará percentual dos cargos e empregos públicos para as pessoas portadoras de deficiência e definirá os critérios de sua admissão". • O conteúdo da prova, critérios de aprovação e de avaliação e nota mínima exigida para aprovação devem ser os mesmos dos demais candidatos (art. 41). • Matéria diversa diz respeito à situação em que o edital impede a concorrência de deficientes físicos a determinado cargo, sob a alegação de incompatibilidade com o exercício das respectivas atribuições da função pública e o candidato demonstra que a deficiência de que é portador pode ser corrigida pelo uso de prótese ou outro recurso da medicina. Nesse caso, o STJ, trabalhando com o conceito de "adaptação razoável" e invocando dispositivos do Decreto 6.949/2009, que promulgou a Convenção Internacional sobre os Direitos das Pessoas com Deficiência, entendeu válida a participação em concurso de portador de deficiência auditiva, que demonstrou capacitação para o desempenho do cargo mediante o uso de aparelho auditivo.
Reserva de vagas para negros nos concursos públicos federais. Lei 12.990/2014	• Atribuiu-se ao próprio candidato, como já vinha ocorrendo em alguns sistemas de cotas para acesso a universidades, o poder de autodeclarar-se ou não como integrante da raça negra, entendido o conceito, conforme afirmado no art. 2.º da Lei, como compreensivo daqueles que se classificarem como pretos ou pardos, conforme quesito cor ou raça utilizado pelo IBGE.

SERVIDORES PÚBLICOS CIVIS, EM SENTIDO ESTRITO	
Reserva de vagas para negros nos concursos públicos federais. Lei 12.990/2014	• Conforme o art. 1.º, *caput*, da Lei, as vagas reservadas devem corresponder a 20% das vagas oferecidas nos concursos públicos. No entanto, se o concurso oferecer menos de três vagas para preenchimento, não será adotado o regime de cotas (art. 1.º, § 1.º). Do edital deverá constar expressamente o total de vagas correspondentes à reserva para cada cargo ou emprego público oferecido (art. 1.º, § 3.º). O § 2.º do mesmo art. 1.º estabelece que, havendo fração para o número de vagas reservadas, o número deve ser elevado para o primeiro inteiro subsequente, quando a fração for igual ou maior que 0,5, ou diminuído para número inteiro imediatamente inferior, em caso de fração menor que 0,5. Assim, se oferecidas 21 vagas totais no edital, 20%, ou seja, 4,2 vagas serão reservadas, arredondando-se o número para 4, por ser a fração inferior a 0,5. Por outro lado, se forem 23 as vagas totais, o número reservado é 5,75, que deve ser arredondado para 6, por ser a fração igual ou superior a 0,5.
Inconstitucionalidade das outras formas de provimento originário e derivado vertical	• Qualquer outra forma de provimento para cargo não integrante da carreira, que não tenha como fundamento concurso público, é nulo de pleno direito, consoante reconhecido na *Súmula 685 do STF, in verbis*: "É inconstitucional toda modalidade de provimento que propicie ao servidor investir-se, sem prévia aprovação em concurso público destinado ao seu provimento, em cargo que não integra a carreira na qual anteriormente investido".
Exames psicotécnicos	• O entendimento predominante, hoje, é de que o referido exame, para ser válido, *precisa estar previsto em lei*, consoante *Súmula 686 do STF*. A lei que aqui se trata é a lei em sentido formal, não bastando a edição de decreto. • O exame psicotécnico não corresponde à aferição da saúde mental do candidato, pura e simplesmente, o que se faz mediante os exames de saúde que precedem à posse, mas sua aptidão psicológica para o desempenho do cargo, razão pela qual, em princípio, deveria ficar restrita sua aplicação a situações em que o nível de concentração é muito exigido, ou casos em que o servidor será exposto, naturalmente, a situações de estresse elevado.
Prazos para impugnação de regras editalícias e demais atos de concurso público	• Na esfera federal, a *Lei 7.144/1983* fixa em um ano, a contar da homologação do resultado final, o prazo para impugnação de quaisquer atos do concurso. A regra se aplica, no entanto, apenas para a Administração Direta e autárquica, por expressa disposição da lei. Há divergência jurisprudencial se a referida Lei foi recepcionada.

SERVIDORES PÚBLICOS CIVIS, EM SENTIDO ESTRITO	
Prazos para impugnação de regras editalícias e demais atos de concurso público	• Na ausência de uma norma geral, que se aplique às demais entidades, devem ser adotadas, cremos, por analogia, as disposições do Decreto 20.910/1932, que estabelece o prazo de cinco anos para ações pessoais contra a Fazenda Pública. Para as entidades estatais de natureza privada, os prazos devem ser os gerais, adotados na legislação civil. Insta observar, no entanto, que a jurisprudência admite o controle, via mandado de segurança, dos atos praticados por tais entidades, em certames públicos, pois se submetem, para tanto, a normas de direito público. Nesse caso, tratando-se de mandado de segurança, o prazo decadencial é o referido na Lei 12.016/2009 (art. 23).
Curso de formação	• A chamada para o curso de formação pode restringir-se ao número de candidatos classificados até determinado limite em relação ao número de vagas, não existindo direito adquirido pelo só fato de não ter havido a eliminação em etapas anteriores.
Nepotismo	• O STF, numa de suas mais felizes decisões, dando aplicabilidade total aos princípios da moralidade e impessoalidade, constantes da CF/1988, acabou por editar a *Súmula Vinculante 13*, com a seguinte redação: "A nomeação de cônjuge, companheiro ou parente em linha reta, colateral ou por afinidade, até o terceiro grau, inclusive, da autoridade nomeante ou de servidor da mesma pessoa jurídica investido em cargo de direção, chefia ou assessoramento, para o exercício de cargo em comissão ou de confiança ou, ainda, de função gratificada na administração pública direta e indireta em qualquer dos Poderes da União, dos Estados, do Distrito Federal e dos Municípios, compreendido o ajuste mediante designações recíprocas, viola a Constituição Federal". • O próprio STF, no entanto, ressalvou a aplicação da súmula em relação a cargos de natureza política, diferenciando-os dos simplesmente administrativos.
Posse e exercício em cargo público	• A posse habilita a pessoa a exercer as atribuições do cargo, sendo o *ato formal da investidura no cargo* (art. 7.º do Estatuto Federal) e, segundo a mesma Lei 8.112/1990 (art. 13, *caput*), dá-se pela "assinatura no respectivo termo, no qual deverão constar as atribuições, deveres, as responsabilidades e os direitos inerentes ao cargo ocupado, que não poderão ser alterados unilateralmente, por qualquer das partes, ressalvados os atos de ofício previstos em lei".

SERVIDORES PÚBLICOS CIVIS, EM SENTIDO ESTRITO	
Posse e exercício em cargo público	• A posse deve ocorrer, de acordo com o 13, § 1.º, do Estatuto federal, no *prazo de 30 dias*, a contar da publicação do respectivo ato de provimento, ou seja, da nomeação. Esse prazo pode ser diferente na esfera estadual ou municipal, tendo cada entidade da Federação total competência e liberdade para legislar sobre o assunto. • *O Estatuto Federal fixa em 15 dias o prazo para o servidor empossado em cargo público entrar em exercício, contados da posse (art. 15, § 1.º)*, prazo esse que, vale lembrar, pode ser diferente nas outras esferas da Federação, conforme disposições de cada entidade. De acordo com essa Lei, cabe à autoridade competente do órgão ou entidade para onde for nomeado ou designado o servidor dar-lhe exercício (art. 15, § 3.º).
Acumulação remunerada de cargos públicos	• Permite-se a acumulação nas seguintes hipóteses excepcionais: a) dois cargos de professor; b) um cargo de professor com outro, técnico ou científico; c) dois cargos ou empregos privativos de profissionais de saúde, com profissões regulamentadas. • Em qualquer caso, essas acumulações somente são possíveis se houver compatibilidade de horários.
Estágio probatório	• O estágio probatório é o *período de avaliação do servidor estatutário*, a fim de verificar se este *se encontra apto à aquisição da estabilidade*. • O art. 20 da Lei 8.112/1990 fixa importante disposição sobre o estágio probatório no âmbito federal, estabelecendo que nele serão apuradas: a) assiduidade; b) disciplina; c) capacidade de iniciativa; d) produtividade; e) responsabilidade. • A reprovação em estágio probatório, no entanto, deve se dar após regular notificação do interessado para defesa, em procedimento próprio de avaliação, devidamente regulamentado. A precariedade do vínculo não importa em desrespeito à ampla defesa e ao contraditório, sendo muito antiga a jurisprudência do STF que impõe o respeito a esses postulados (vide *Súmula 21*).

SERVIDORES PÚBLICOS CIVIS, EM SENTIDO ESTRITO	
Direito à estabilidade	• A estabilidade é o direito do servidor ocupante de cargo efetivo de só perder o cargo nas hipóteses específicas previstas na CF/1988, principalmente em virtude de sentença transitada em julgado e mediante processo administrativo assegurada a ampla defesa (art. 41, § 1.º, I e II). • A EC 19/1998 acresceu outras duas hipóteses, a de avaliação periódica de desempenho (art. 41, § 1.º, III) e o não cumprimento dos limites de gastos com pessoal. • O art. 41, § 1.º, III, passou a prever a possibilidade de *perda do cargo por reprovação em procedimento de avaliação periódica de desempenho*, conforme previsão em lei complementar, assegurada ampla defesa. • A outra nova hipótese está elencada no art. 169, § 4.º, da CF/1988, e diz respeito a regras de direito financeiro, com reflexos na administração de pessoal. • Fica vedada, após a perda do cargo, a criação de outro com atribuições assemelhadas ou iguais, por um período de quatro anos (art. 169, § 6.º).
Estabilidade extraordinária	• O Legislador Constituinte de 1988, ainda apegado a práticas pretéritas, não rompeu completamente com a imoralidade decorrente das contratações e admissões sem concurso público, instituindo, no art. 19 do Ato das Disposições Constitucionais Transitórias – ADCT, uma verdadeira benesse, estendendo aos servidores públicos civis da União, dos Estados, do Distrito Federal e dos Municípios, da administração direta, autárquica e das fundações públicas, em exercício na data da promulgação da Constituição, há pelo menos cinco anos continuados, e admitidos sem concurso, o direito à estabilidade.

SERVIDORES PÚBLICOS CIVIS, EM SENTIDO ESTRITO	
Vitaliciedade	• A vitaliciedade não passa de uma *estabilidade qualificada*, diferenciando-se do instituto do art. 41 por só admitir a perda do cargo mediante sentença judicial transitada em julgado, que tanto pode decorrer de uma ação civil específica visando à perda do cargo, como de processo criminal, em que se tenha decretado a perda do cargo (art. 92, I, do Código Penal). • Para os que não adquiriram o direito à vitaliciedade, é possível a perda do cargo, mediante processo administrativo, assegurada ampla defesa e contraditório, por decisão do tribunal competente a que o juiz estiver vinculado (art. 95, I, da CF/1988), ou, no caso do Ministério Público, por decisão do respectivo Conselho Superior.

SERVIDORES PÚBLICOS CIVIS, EM SENTIDO ESTRITO	
Vencimento, vencimentos e remuneração	• É tradicional a distinção, encontrada na legislação, dos termos vencimento e remuneração. De acordo com a Lei 8.112/1990 (art. 40), o *vencimento* "é a retribuição pecuniária pelo exercício do cargo público, com valor fixado em lei". Já a *remuneração*, de acordo com a mesma Lei (art. 41, *caput*), "é o vencimento do cargo efetivo, acrescido das vantagens pecuniárias permanentes estabelecidas em lei". • Assim, o vencimento é o *valor referência ou padrão atribuído ao cargo*, o qual, *acrescido de outras vantagens*, como gratificações e adicionais, constituirá o valor total recebido pelo servidor, que se denomina remuneração. • Em sede doutrinária e, por vezes, na própria legislação, é comum, também, utilizar-se a expressão "vencimentos", no plural, como *sinônimo de remuneração*, o que, no entanto, não encontra respaldo na Lei 8.112/1990. A Lei 8.852/1994, no entanto, ao regulamentar os antigos "tetos constitucionais", utilizava as três expressões, cada uma com um sentido próprio.
Regime de subsídios	• EC 19/1998 reinstituiu o subsídio como sendo uma parcela de natureza única, destinada a remunerar o trabalho de algumas categorias (magistrados, agentes políticos e membros do MP e Cortes de Contas (art. 39, § 4.º, da CF). Advogados públicos e defensores públicos (art. 135). Agentes policiais (art. 144, § 9.º). • A *Lei 11.358/2006* fixou os subsídios das seguintes carreiras: a) Procurador da Fazenda Nacional; b) Advogado da União; c) Procurador Federal; d) Defensor Público da União; e) Procurador do Banco Central do Brasil; f) Carreira Policial Federal; g) Carreira Policial Rodoviária Federal. A *Lei 12.042/2009* fixou o subsídio do Procurador-Geral da República, que serve de parâmetro para todos os membros do Ministério Público da União (MPF, MPT, MPM e MPDFT). Já a *Lei 12.041/2009* fixou o subsídio dos Ministros do STF, que serve de parâmetro para toda a magistratura da União. • Com a adoção do subsídio, *ficam incorporadas todas as outras parcelas remuneratórias*, como gratificações e adicionais, além do vencimento básico. Excetuam-se, apenas as consideradas de caráter indenizatório, bem como algumas parcelas, com previsão constitucional, que são reconhecidas a todo o trabalhador, como a gratificação natalina e o adicional de férias.
Irredutibilidade remuneratória e de subsídios	• A CF/1988, em seu art. 37, XV, garantiu a irredutibilidade de subsídio e vencimentos (aqui utilizado como sinônimo de remuneração) dos ocupantes de cargos e empregos públicos, se preocupando em ressalvar a incidência do imposto de renda e das contribuições previdenciárias incidentes sobre tais verbas.

SERVIDORES PÚBLICOS CIVIS, EM SENTIDO ESTRITO	
Garantia de revisão anual	• Para compensar os efeitos da inflação sobre os valores recebidos pelos servidores públicos, a EC 19/1998, ao alterar a redação do *inc. X do art. 37*, previu o mecanismo de *revisão anual* para o funcionalismo público, sem distinção de índices, ou seja, sem que fossem adotados critérios diferenciados entre os Poderes ou carreiras. • Não se consignou, no entanto, que o valor real das remunerações tenha de ser mantido, apenas se estabelecendo uma revisão anual, que, em tese, pode ser deferida em qualquer percentual, mesmo que abaixo da inflação.
Isonomia entre os servidores dos diferentes Poderes	• É a chamada regra da isonomia, pela qual se tentou equiparar os servidores do Executivo, em geral pior remunerados, aos dos demais Poderes. • Na prática, nunca se conseguiu ver grandes resultados na aplicação desse dispositivo, salvo quando para invocar a equiparação dos vencimentos dos servidores mais bem pagos de todos, os membros dos próprios Poderes. • Essa isonomia, entenda-se, não tem relação com aquela mais comum, decorrente de pretensões de equiparação entre pessoas que desempenham as mesmas atribuições, dentro da mesma carreira. Aqui, *são carreiras diferentes, existentes em diferentes Poderes, mas com atribuições semelhantes*. • A Súmula Vinculante 37, repetindo o que dizia a Súmula 339 do STF, veda que o Judiciário conceda aumentos a título de isonomia sem que haja previsão legal.
Proibição de vinculação ou equiparação entre espécies remuneratórias	• Isso significa que *não é válida* a pretensão, ainda que legislativa, de *se vincular aumentos ou reestruturações de uma carreira a outra*, evitando-se, com isso, os indesejáveis efeitos em cascata. Essa proibição pressupõe, por óbvio, a inaplicabilidade da regra constante do inc. XII do artigo 37 da CF ao caso concreto.
Garantia de valor mínimo da remuneração e vinculação ao salário mínimo	• Nenhum servidor pode receber remuneração inferior ao salário mínimo, fixado em lei, nacionalmente unificado. • O valor que não pode ser inferior ao mínimo é *o valor global da remuneração*, e não do vencimento padrão ou básico, conforme entendimento sufragado na *Súmula Vinculante 16 do STF*. Esse valor global, no entanto, leva em consideração somente as vantagens de caráter permanente, e não aquelas que são meramente eventuais, recebidas transitoriamente.

SERVIDORES PÚBLICOS CIVIS, EM SENTIDO ESTRITO	
Proibição da incidência de acréscimos como base de cálculo de outros acréscimos	• Se o servidor incorpora a seus vencimentos ou remuneração o valor percentual correspondente ao exercício de uma função de confiança ou cargo em comissão, não poderá esse mesmo valor ser considerado como base de cálculo de uma posterior e nova incorporação.
Teto constitucional remuneratório	• Quanto aos supersalários, o STF, em um primeiro momento, concedeu inúmeras suspensões de segurança e de tutela antecipada, proibindo a vulneração ao teto, para evitar o que chamou de efeito multiplicador (*v.g.*, AgRg na SS 2.964/SP, Rel. Min. Ellen Gracie, j. 11.10.2007); no entanto, era razoável esperar que, na apreciação do mérito, a Corte viesse a autorizar exceções, nos casos em que a remuneração ou proventos já superavam o teto antes de sua adoção[302]. Nesses casos, o STF teria de decidir sobre a constitucionalidade do art. 9.º da EC 41/2003, que determina a imediata submissão ao teto constitucional, invocando, no pormenor, o disposto no art. 17 do ADCT, que já determinava tal submissão quando da promulgação da CF/1988, embora naquela ocasião ainda não existisse, como visto, um teto único. Em setembro de 2011, o STF reconheceu que a discussão do abate teto previsto na EC 41/2003 tem repercussão geral, admitindo a análise do tema pelo plenário da Corte nos autos do *RE 609.381/GO*. Em 02 de outubro de 2014, o referido recurso foi julgado, tendo prevalecido o entendimento de que o teto é aplicável de imediato, inclusive atingindo aqueles servidores que recebiam valores superiores ao máximo permitido na Constituição, mesmo que fixados anteriormente à emenda, não havendo que se falar em direito adquirido nestes casos (*Informativo 761*, Rel. Teori Zavascki). • É importante lembrar, por fim, que a CF/1988 só submete ao teto as empresas públicas e sociedades de economia mista, e respectivas subsidiárias, que recebem recursos da União, dos Estados, do Distrito Federal ou dos Municípios para pagamento de despesas de pessoal ou de custeio em geral (art. 37, § 9.º). As que não recebem tais recursos não estão sujeitas ao teto, e essa exclusão se justifica pela necessidade de se instrumentalizar tais entidades de quadros de direção de nível equivalente ao das empresas privadas, sendo necessário, por vezes, que os pagamentos sejam igualmente equivalentes aos vigentes nestas últimas.

---

302. Nesse sentido, inclusive, já decidiu a 2.ª Turma no AgRg no AI 767.759/SE, Rel. Min. Eros Grau, j. 01.12.2009.

SERVIDORES PÚBLICOS CIVIS, EM SENTIDO ESTRITO	
Aposentadorias e pensões	• O que *não se pode ter é mais de um regime próprio por unidade gestora*, considerando os servidores civis (art. 40, § 20, da CF/1988), o que significa dizer que a União, por exemplo, só pode ter um único regime próprio para atender a todos os servidores da administração pública federal direta, autárquica e fundacional, excetuados apenas os militares.
Servidores abrangidos pelos Regimes Próprios de Previdência Social (RPPS)	• A partir da Emenda Constitucional 20/1998, o regime próprio passou a ser adotado *exclusivamente* para os militares e servidores públicos civis *titulares de cargos efetivos da Administração direta, autárquica e fundacional*. Essa restrição foi mantida pela EC 41/2003.
Titulares de mandato eletivo	• Pela redação atual do art. 40 da Carta Magna, não temos dúvida em afirmar que tais pessoas estão vinculadas, como os exercentes de cargos em comissão, ao RGPS, salvo se tiverem algum vínculo efetivo com o Poder Público, do qual estejam licenciados. Aliás, para estes, o art. 38, V, do texto constitucional manda considerar, expressamente, os valores que seriam recebidos, se no exercício do cargo efetivo estivessem, para fins previdenciários.
Caráter contributivo e solidário do sistema	• Os regimes próprios são caracterizados pela natureza contributiva e solidária. • Significa dizer que os benefícios que deles decorrem não têm natureza assistencial, dependendo de contribuição por parte dos servidores para sua implantação. • Essas contribuições incidem, em princípio, sobre o total da remuneração ou subsídio percebido pelo servidor, com a exceção das parcelas de natureza indenizatória, geralmente identificadas pela lei. Atualmente, tais contribuições são conhecidas pelo designativo *PSS – Plano de Seguridade do Servidor Público*.
Contribuição dos inativos e pensionistas	• Com a EC 41/2003, foi acrescentado ao texto constitucional o § 18 do art. 40, para prever a possibilidade de contribuição sobre proventos de aposentadorias e pensões. • As contribuições, no entanto, não incidem em qualquer hipótese, mas apenas nos casos em que *os proventos superam o limite máximo estabelecido em lei para os benefícios do RGPS*, no mesmo percentual estabelecido para os servidores titulares de cargos efetivos. • A incidência dessa contribuição, uma inovação no direito brasileiro, se justifica juridicamente pelo princípio da solidariedade, que caracteriza os regimes previdenciários nacionais, conquanto ainda não exista equivalente contribuição no RGPS.

SERVIDORES PÚBLICOS CIVIS, EM SENTIDO ESTRITO	
Hipóteses de inativação	• De acordo com a nova redação do art. 40, § 1.º, da CF/1988, na redação dada pela EC 41/2003, o servidor público tem direito à inativação ou à aposentadoria nas seguintes situações: a) por *invalidez permanente*, com proventos proporcionais ao tempo de contribuição, exceto se aquela for decorrente de acidente em serviço, moléstia profissional ou doença grave, contagiosa ou incurável, na forma da lei; b) *compulsoriamente*, aos 70 anos de idade, com proventos proporcionais ao tempo de contribuição, ou aos 75 anos de idade, na forma da lei complementar (parte final acrescida pela EC 88/2015); c) *voluntariamente*, desde que cumprido o tempo mínimo de dez anos de efetivo serviço público e cinco anos em cargo efetivo em que se dará a aposentadoria, aos *60 anos de idade e 35 anos de contribuição, se homem, e 55 anos de idade e 30 de contribuição, se mulher*; d) *voluntariamente*, desde que cumprido o tempo mínimo de dez anos de efetivo serviço público e cinco anos em cargo efetivo em que se dará a aposentadoria, aos *65 anos de idade, se homem, e 60 anos de idade, se mulher, com proventos proporcionais ao tempo de contribuição*. • Quanto à *aposentadoria por invalidez*, as *doenças graves, contagiosas ou incuráveis*, no âmbito federal, estão elencadas no *art. 186, § 1.º, da Lei 8.112/1990*.
Integralidade e paridade de proventos	• A partir da *EC 41/2003, a integralidade foi substituída por um cálculo semelhante ao vigente para as aposentadorias do RGPS, devendo considerar as contribuições do servidor para os regimes de previdência, tanto próprio como geral* (art. 40, § 3.º, da CF/1988). • Já *a paridade foi substituída por regra mais geral de garantia do valor real, conforme critérios estabelecidos em lei* (art. 40, § 8.º), semelhantemente ao que já existia para o RGPS.
Aposentadoria por tempo de serviço (contribuição) proporcional	• A menos que o servidor tenha cumprido os requisitos durante a vigência do art. 8.º, § 1.º, da EC 20/1998, não há mais a possibilidade de concessão, a partir da EC 41, de qualquer aposentadoria por tempo de contribuição proporcional.

SERVIDORES PÚBLICOS CIVIS, EM SENTIDO ESTRITO	
Aposentadorias especiais no serviço público	• Com a EC 20/1998, *foram extintas as aposentadorias especiais de magistrados, membros do Ministério Público e de tribunais de contas*, que se aposentavam, com proventos integrais, aos 30 anos de serviço. • A *EC 20/1998 proibiu*, ainda, *a concessão de qualquer aposentadoria, ainda que prevista em lei, que não tivesse por fundamento o exercício de atividades sob condições especiais que prejudiquem a saúde ou a integridade física*, conforme rol a ser definido em lei complementar. • Com a *EC 47/2005* foi prevista, também, a possibilidade de aposentadoria especial para *pessoas que exercem atividades de risco e para portadores de deficiência*.
Aposentadoria especial de servidores públicos policiais e Lei Complementar 144/2014	• A Lei Complementar 144, decorrente de forte pressão dos setores corporativos interessados, foi editada em 2014, dando nova redação à Lei Complementar 51, e prevendo novamente a aposentadoria especial para servidores policiais, nos seguintes moldes: a) voluntariamente, com proventos integrais, aos 30 anos de contribuição, desde que conte, pelo menos, com 20 anos de exercício em cargo de natureza estritamente policial, se homem; b) voluntariamente, com proventos integrais, aos 25 anos de contribuição, desde que conte, pelo menos, com 15 anos de exercício em cargo de natureza estritamente policial, se mulher; c) compulsoriamente, com proventos proporcionais ao tempo de contribuição, aos 65 anos de idade, qualquer que seja a natureza dos serviços prestados.
Tempo de contribuição e contagem recíproca	• A EC 20/1998 acabou com um verdadeiro sorvedouro de dinheiro público, *proibindo*, expressamente, *a contagem do chamado tempo de contribuição fictício* (art. 40, § 10, da CF/1988). • Com isso, não é mais possível que a legislação ordinária conte em dobro licenças não gozadas, férias não tiradas e assim por diante, expediente que era até certo ponto comum na legislação ordinária.
Tempo de contribuição e contagem recíproca	• O atual art. 40, § 9.º, da CF/1988 assegura a contagem do tempo de contribuição federal, estadual ou municipal, tão somente. Mas o art. 201, § 9.º, garante a contagem recíproca também para o RGPS, prevendo, contudo, a compensação financeira entre os regimes previdenciários, matéria regulamentada *na Lei 9.796/1999 e no Decreto 3.112/1999*.

SERVIDORES PÚBLICOS CIVIS, EM SENTIDO ESTRITO	
Acumulação de aposentadorias e aplicação do teto constitucional	• A CF/1988 *veda a acumulação de aposentadorias dentro de regimes próprios* (art. 40, § 6.º), ressalvados apenas os casos em que é permitida a acumulação de cargos. O art. 37, § 10, ademais, impede a acumulação de proventos entre regime próprio civil e regime próprio de militares. • A EC 20/1998 também incluiu ao texto constitucional o art. 248, para limitar ao teto geral os benefícios, à conta do Tesouro Nacional, que sejam pagos pelo regime geral de previdência social, quando já não limitados pelo teto nele vigente.
Vantagens não extensivas aos inativos	• Para os servidores que se aposentaram com a garantia da paridade, seus proventos devem ser alterados todas as vezes em que forem alterados os salários ou subsídios dos servidores da ativa, e na mesma proporção. Parcelas que digam respeito exclusivamente ao exercício da função, no entanto, não podem ser estendidas aos inativos, como as horas extras, adicionais noturno, de insalubridade e periculosidade e gratificações de produtividade. Não obstante, a gratificação, quando instituída com nítido caráter geral, desvinculada do desempenho efetivo do cargo, deve ser estendida (vide, a título exemplificativo, a Súmula Vinculante 20 do STF).
Regras de transição aplicáveis às aposentadorias	• Para adequar a situação dos servidores que já estavam em atividade, foi necessário que as diferentes Emendas Constitucionais que modificaram o sistema previdenciário dos servidores públicos criassem uma série de regras transitórias, algumas delas que ainda vigorarão por muito tempo.
Fixação do teto do valor do benefício e Regime Público Complementar de Previdência	• A partir da efetiva vigência do plano de previdência complementar instituído pela Lei 12.618/2012, os servidores públicos federais, ocupantes de cargos efetivos, que tenham ingressado posteriormente ao seu início, poderão aderir ao seu plano de benefícios. Se não o fizerem, no entanto, só terão garantido, pelo RPPS, o valor teto do RGPS. Para recebimento acima do valor teto, serão consideradas as contribuições pagas para a previdência complementar.
Pensões	• A pensão, na redação original do texto constitucional, era devida no mesmo valor e bases da remuneração recebida pelo servidor, ou de seus proventos, caso já estivesse inativo, o que é tradicionalmente denominado de integralidade. • A elas se garantia, também, a paridade, de modo que, havendo reajustamentos ou reestruturações no valor dos vencimentos ou remuneração dos servidores da ativa, as pensões teriam seus valores alterados na mesma proporção.

	SERVIDORES PÚBLICOS CIVIS, EM SENTIDO ESTRITO
Pensões	• A integralidade, no entanto, não é mais absoluta. Na verdade, deixou de ser, após a EC 41/2003, a regra geral, para somente ser aplicada em determinadas situações. • Em 30 de dezembro de 2014, foi editada a Medida Provisória 664, já convertida na Lei 13.135/2015, que promoveu profundas alterações no regime das pensões previdenciárias, tanto do RGPS, regidas na Lei 8.213/1991, quanto do Regime Próprio do servidor público federal, regido na Lei 8.112/1991.
Disponibilidade	• O art. 41, § 3.º, da CF/1988 estabelece que, extinto o cargo ou declarada a sua desnecessidade, o servidor estável ficará em disponibilidade, com *remuneração proporcional ao tempo de serviço*, até seu adequado aproveitamento em outro cargo. • A declaração de desnecessidade não importa na extinção do cargo, mas apenas no reconhecimento de que não é necessário seu preenchimento, o que pressuporá, dessa forma, que ele fique vago enquanto tal condição permanecer. • A extinção de cargo pressupõe lei, pois é por lei que ele é criado, mas, a CF/1988, a partir da EC 32/2001, passou a admitir que, no âmbito do Executivo Federal, o Presidente da República decrete a extinção, quando o cargo já estiver vago (art. 84, VI, *b*).
Direito à sindicalização	• Aplicam-se aos servidores públicos os mesmos direitos e princípios reconhecidos aos demais trabalhadores, objeto das disposições constantes do art. 8.º da CF/1988, a saber: a) inexigibilidade de autorização estatal para fundação de sindicato, ressalvado o registro sindical; b) unicidade sindical; c) defesa dos direitos da categoria pelo sindicato; d) obrigatoriedade do pagamento de contribuição sindical e de contribuição para o custeio do sistema confederativo; e) direito de desfiliação; f) obrigatoriedade de participação do sindicato em negociações coletivas, embora com as restrições já abordadas;
Direito à sindicalização	g) direito do aposentado filiado de votar e ser votado nas organizações sindicais; e h) garantia de emprego do empregado sindicalizado a partir do registro da candidatura a cargo de direção ou representação sindical e, se eleito, ainda que suplente, até um ano após o final do mandato, salvo se cometer falta grave.

SERVIDORES PÚBLICOS CIVIS, EM SENTIDO ESTRITO	
Direito de greve	• A Constituição Federal de 1988, rompendo com a sistemática das Constituições anteriores, admitiu expressamente o direito de greve aos servidores públicos civis (art. 37, VII). • Condicionou inicialmente o exercício desse direito, no entanto, à edição de uma lei complementar, a qual, diga-se, jamais foi editada. A EC 19/1998, no entanto, suprimiu tal exigência, substituindo-a por "lei específica", que também ainda não foi editada. • Na ausência de tal legislação, o STF reconheceu ao servidor público o direito de fazer greve (Mandado de Injunção 708), conforme regras aplicáveis aos trabalhadores em geral (Lei 7.783/1989).
Outros direitos sociais	• Décimo terceiro salário ou gratificação natalina. • Remuneração de trabalho noturno superior ao diurno. • Salário-família. • Duração do trabalho normal. • Repouso semanal remunerado. • Licença à gestante e licença-paternidade. • Proteção do mercado de trabalho da mulher. • Redução dos riscos inerentes ao trabalho. • Proibição de diferença de salários.
Exercício de mandato eletivo por servidores públicos	• Foram estabelecidas as seguintes regras (art. 38 da CF): a) para o exercício de mandato eletivo federal (deputado federal, senador da República, Presidente da República e vice-Presidente da República), estadual (deputado estadual, Governador de Estado e vice-Governador de Estado) e distrital (deputado distrital, Governador do DF e vice--Governador do DF), o servidor deve ficar afastado de seu cargo, emprego ou função; b) para o exercício de mandato de Prefeito, será afastado do cargo, emprego ou função, sendo-lhe facultado optar pela sua remuneração de servidor; c) para o exercício de mandato de Vereador, havendo compatibilidade de horários, percebe as vantagens do cargo, emprego ou função, sem prejuízo da remuneração do cargo eletivo, e, não havendo compatibilidade, é-lhe aplicada a regra de Prefeito.
Formas de provimento previstos na Lei 8.112/1990	• A Lei 8.112/1990 (art. 8.º), em sua redação atual, prevê que o preenchimento do cargo público pode ser feito pelas seguintes modalidades: a) nomeação;

	SERVIDORES PÚBLICOS CIVIS, EM SENTIDO ESTRITO
Formas de provimento previstos na Lei 8.112/1990	b) promoção; c) readaptação; d) reversão; e) aproveitamento; f) reintegração; g) recondução.
Formas de vacância dos cargos públicos	• A Lei 8.112/1990 prevê, atualmente, em seu art. 33, sete hipóteses de vacância de cargos públicos, a saber: a) exoneração; b) demissão; c) promoção; d) readaptação; e) aposentadoria; f) posse em outro cargo inacumulável e; g) falecimento.
Remoção	• A Lei 8.112/1990 define a *remoção* em seu art. 36, dizendo ser "o deslocamento do servidor, a pedido ou de ofício, no âmbito do mesmo quadro, com ou sem mudança de sede". • Essa remoção pode ser feita a pedido do servidor ou pode ocorrer de ofício, por determinação da Administração, nos casos em que ela necessita preencher cargos em locais onde é maior a necessidade.
Redistribuição	• A redistribuição ocorre dentro do mesmo Poder, é referente a cargos de provimento efetivo, podendo estes estar vagos ou ocupados. • Os critérios para a redistribuição são fixados nos diferentes incisos no art. 37, a saber: a) interesse da administração; b) equivalência de vencimentos; c) manutenção da essência das atribuições do cargo; d) vinculação entre os graus de responsabilidade e complexidade das atividades;
Redistribuição	e) mesmo nível de escolaridade, especialidade ou habilitação profissional; f) compatibilidade entre as atribuições do cargo e as finalidades institucionais do órgão ou entidade.

SERVIDORES PÚBLICOS CIVIS, EM SENTIDO ESTRITO	
Teoria do funcionário de fato ou do agente público de fato	• Por esta teoria, hoje amplamente aceita, preconiza-se que, em razão da presunção de legalidade dos atos administrativos, da segurança jurídica, do princípio da aparência e da boa-fé dos administrados, os atos e decisões praticados ou tomados pelo servidor investido irregularmente devem ser reputados como válidos.
Direitos e vantagens previstos na Lei 8.112/1990	• Referentes à remuneração Além das garantias previstas na Constituição Federal, a Lei 8.112/1990 estabelece algumas outras garantias referentes aos vencimentos ou remuneração, a saber: – proibição de qualquer desconto, salvo por imposição legal (art. 45); – possibilidade de repor ou indenizar o erário mediante pagamento parcelado, desde que o valor da parcela não seja inferior a 10% da remuneração, provento ou pensão (art. 46, *caput* e § 1.º); – impossibilidade de arresto, sequestro ou penhora do vencimento, remuneração ou provento, exceto nos casos de prestação de alimentos resultantes de decisão judicial (art. 48). • Referentes a indenizações A Lei 8.112/1990 prevê, em seu art. 51, quatro tipos de indenização aos servidores públicos federais por ela regidos: – ajuda de custo; – diárias; – transporte; – auxílio-moradia. • Referentes a gratificações e adicionais Foram classificadas como *gratificações*: – a retribuição por exercício de função de direção, chefia ou assessoramento, objeto de lei específica quanto à determinação dos respectivos valores; – a gratificação natalina (ou décimo terceiro salário), já vista anteriormente; – a gratificação por encargo de curso ou concurso (art. 76-A).

SERVIDORES PÚBLICOS CIVIS, EM SENTIDO ESTRITO	
Direitos e vantagens previstos na Lei 8.112/1990	Como *adicionais*, foram classificados: – os adicionais de insalubridade, periculosidade e de atividades penosas (art. 68); – o adicional por serviço extraordinário (art. 73); – o adicional noturno (art. 75); – o adicional de férias (art. 76).
Direitos e vantagens previstos na Lei 8.112/1990	• Referentes a licenças, afastamentos e concessões As *concessões* são meras ausências, afastamentos curtos, de poucos dias, sem prejuízo da remuneração, ocorrentes em situações bem específicas, a saber (art. 97): – 1 (um) dia para doação de sangue; – 2 (dois) dias para alistamento eleitoral; – 8 (oito) dias por motivo de casamento (gala) ou por falecimento do cônjuge, companheiro, madrasta ou padrasto, filhos, enteados, menor sob guarda ou tutela e irmãos (nojo). São quatro os tipos de afastamento previstos na Lei 8.112/1990: – para servir a outro órgão ou entidade, que, na verdade, se confunde com o instituto da cessão de servidor, podendo ocorrer entre os Poderes da União, ou para Estados, Distrito Federal e Municípios; – para cumprimento de mandato eletivo, o que já foi visto anteriormente; – para estudo ou missão no exterior; – para participação em programa de pós-graduação *stricto sensu* no País. A Lei 8.112/1990 enumera as seguintes licenças: – por motivo de doença em pessoa da família; – por motivo de afastamento do cônjuge; – para o serviço militar; – para atividade política; – para capacitação; – para tratar de assuntos particulares; e – para desempenho de mandato classista.

SERVIDORES PÚBLICOS CIVIS, EM SENTIDO ESTRITO	
Outros benefícios do plano de seguridade social do servidor	• A Lei 8.112/1990 prevê outros direitos para o servidor público federal como decorrência do plano de seguridade social a ele aplicado. São eles: – auxílio-natalidade; – licença para tratamento de saúde; – licença por acidente em serviço; – auxílio-funeral; – auxílio-reclusão; e – assistência à saúde.
Regime disciplinar do servidor público federal	• O regime disciplinar do servidor público federal é objeto de todo um título da Lei 8.112/1990, no qual são traçados seus deveres e proibições, as penalidades que podem ser impostas, bem como regras sobre processo administrativo disciplinar. • Os *deveres* são comportamentos positivos que se espera que o servidor adote, tendo relação com a presteza, a eficiência e a qualidade do serviço prestado por ele. • Já as *proibições* são obrigações de não fazer, das quais se extraem, diretamente, ao longo do texto legal, consequências imediatas, com a possibilidade de aplicação de alguma das penalidades previstas no art. 127 do Estatuto.
Sistema de responsabilização dos servidores públicos	• De acordo com o art. 121 da Lei 8.112/1990, o servidor público responde "civil, penal e administrativamente pelo exercício irregular de suas atribuições". • A *responsabilidade civil* decorre de ato omissivo ou comissivo do servidor, doloso ou culposo, que importe em prejuízo ao erário ou a terceiros (art. 122). Quando obrigada a ressarcir o dano, a Fazenda Pública disporá de direito regressivo contra o servidor (art. 122, § 2.º). Essa é uma concepção que, na verdade, decorre diretamente da CF/1988 (art. 37, § 6.º), sendo apenas reiterada na legislação ordinária. • A *responsabilidade penal*, por evidente, abrange os crimes e contravenções imputados ao servidor (art. 123), nessa qualidade, ou seja, atuando no exercício da função ou a pretexto de exercê-la. • O que interessa mais diretamente para nós é a *responsabilidade administrativa* do servidor, referente a ato comissivo ou omissivo praticado no desempenho do cargo ou função (art. 124), que tenha reflexo direto com seus deveres e proibições, ou seja, com seu regime disciplinar.

SERVIDORES PÚBLICOS CIVIS, EM SENTIDO ESTRITO	
Penalidades disciplinares	• A Lei 8.112/1990, em seu art. 127, prevê seis diferentes tipos de punição ao servidor público federal, a saber: – advertência; – suspensão; – demissão; – cassação de aposentadoria ou disponibilidade; – destituição de cargo em comissão; – destituição de função comissionada.
Regras sobre aplicação das penalidades	• Diferentemente do direito penal, em que os tipos são muito bem delimitados, só excepcionalmente se adotando critério que exigirá a integração da norma por outra (lei penal em branco), no direito administrativo disciplinar a tipicidade, em geral, é imprecisa. • É fundamental que a aplicação da penalidade seja *motivada*. • O Estatuto discriminou mais pormenorizadamente algumas condutas, como o *abandono de cargo*, entendido como a ausência intencional do servidor ao serviço por mais de 30 dias (art. 138), e a *inassiduidade habitual*, entendida como a falta ao serviço, sem causa justificada, por 60 dias, interpoladamente, durante o período de 12 meses (art. 139).
Prescrição em matéria disciplinar	• A Lei 8.112/1990 tem um regime próprio para dispor sobre a prescrição em matéria disciplinar, o que pode ocorrer, também, nos diferentes estatutos estaduais e municipais. • Pela referida Lei, a ação disciplinar prescreverá, quanto à penalidade de *suspensão*, em *dois anos* (art. 142, II), quanto à penalidade de *advertência*, em *180 dias* (art. 142, III), e quanto às infrações punidas com *demissão, cassação de aposentadoria ou disponibilidade e destituição de cargo em comissão*, em *cinco anos* (art. 142, I).
Processo administrativo disciplinar. Noção, competência legislativa e princípios aplicáveis	• Para apuração das faltas disciplinares, bem como para a imposição de penalidades delas advindas, a legislação prevê procedimentos específicos, que, embora não tenham a mesma ritualística do direito processual, ainda assim contêm prazos e formas específicos, que deverão ser observados pela autoridade administrativa responsável pelo julgamento e processamento dos feitos. • Como o processo administrativo disciplinar (PAD) é parte integrante do regime disciplinar aplicável aos servidores estatutários, *cada ente federativo possui competência para legislar sobre a matéria*, de forma que as regras alusivas a prazos, fases, procedimentos etc. são adotadas independentemente pela União, pelos Estados e Distrito Federal e pelos Municípios.

SERVIDORES PÚBLICOS CIVIS, EM SENTIDO ESTRITO	
Processo administrativo disciplinar. Noção, competência legislativa e princípios aplicáveis	• Ao processo disciplinar são aplicáveis todos os princípios constitucionalmente previstos no art. 37, *caput*, da Carta Magna, como *eficiência, moralidade, impessoalidade, legalidade e publicidade*, além de outros próprios do direito administrativo, como o da *motivação dos atos administrativos*.
Processo administrativo disciplinar. Procedimentos apuratórios prévios (sindicância e inquérito administrativo)	• O art. 144, *caput*, da Lei 8.112/1990 estabelece que "as denúncias sobre irregularidades serão objeto de apuração, desde que contenham o endereço do denunciante e sejam formuladas por escrito, confirmada a autenticidade". • A instauração de ofício, em que pese entendimentos em sentido contrário fulcrados no princípio constitucional da vedação ao anonimato (art. 5.º, IV, da CF/1988), também pode decorrer de *denúncia anônima*, sendo esta apta a deflagrar procedimentos de averiguação quando dotada de elementos que comprovem a verossimilhança das alegações. A vedação ao anonimato é, principalmente, uma garantia do denunciado de responsabilização civil e criminal do denunciante, não podendo se sobrepor ao poder-dever da Administração de apurar ilícitos administrativos. • O procedimento apuratório prévio *não é obrigatório*, podendo ser dispensado se a autoridade entender que os elementos existentes, numa representação formulada contra o servidor, por exemplo, já são suficientes para justificar a instauração do próprio procedimento disciplinar principal.
Processo administrativo disciplinar. Fases de desenvolvimento	• Assim como no processo judicial, o processo administrativo disciplinar se desenvolve em diferentes fases, que podemos resumir em três: *a) instauração; b) instrução; e c) decisão ou decisória*. Linha adotada, inclusive, no art. 151 da Lei 8.112/1990. • O PAD começará sempre com um ato administrativo determinando sua instauração, que pode ser precedido ou não de uma sindicância ou procedimento apuratório anterior. Ultrapassada a fase de instauração, inicia-se a de *instrução*, que o Estatuto Federal denomina equivocadamente de *Inquérito Administrativo*. • A Lei 8.112/1990 estabelece que a chamada *Comissão Processante* será composta de *três servidores estáveis*, sendo que seu presidente deve exercer cargo equivalente ou superior ao do servidor processado (art. 149, *caput*). • Apresentado o relatório, os autos do PAD vão à autoridade administrativa competente para decisão. Essa autoridade pode tomar uma das seguintes decisões: a) acolher o relatório da Comissão, qualquer que seja a orientação; b) divergir da posição da Comissão quanto à absolvição do denunciado e aplicar uma penalidade;

SERVIDORES PÚBLICOS CIVIS, EM SENTIDO ESTRITO	
Processo administrativo disciplinar. Fases de desenvolvimento	c) divergir da posição da Comissão quanto à condenação do denunciado e absolvê-lo; d) divergir da posição da Comissão quanto à penalidade proposta e aplicar outra, mais ou menos grave; e) entender que houve vício insanável durante o processamento e determinar o refazimento de atos ou declarar nulo toda a fase instrutória.
Processo administrativo disciplinar. Fases de desenvolvimento	• Havendo decisão da autoridade julgadora, é preciso analisar a possibilidade de recurso dentro da própria esfera administrativa, o que pode variar nas diferentes legislações estatutárias. Se a autoridade que decidiu for a mais alta da hierarquia administrativa, não se descarta a possibilidade de pedido de reconsideração, bem como a utilização de instrumento como os embargos de declaração.

5.9. QUESTÕES

1. **(Técnico Administrativo/ANTAQ – CESPE/2014) A respeito dos agentes públicos, julgue o próximo item.**

   Os cargos em comissão, criados por lei, destinam-se somente às atribuições de direção, chefia e assessoramento.

2. **(Conhecimentos Básicos/ANTAQ – CESPE/2014) Em relação aos atos administrativos, aos agentes públicos, aos poderes administrativos e à responsabilidade do Estado, julgue o item que se segue.**

   Segundo o entendimento recente do STF e do STJ, o fato de haver instauração de inquérito policial ou propositura de ação penal contra candidato inscrito em concurso público é causa para a sua eliminação do certame.

3. **(Conhecimentos Básicos/ANTAQ – CESPE/2014) Em relação aos atos administrativos, aos agentes públicos, aos poderes administrativos e à responsabilidade do Estado, julgue o item que se segue.**

   Caso um servidor público federal se ausente do serviço durante o expediente sem a prévia autorização do chefe imediato, a autoridade administrativa que tomar ciência da irregularidade estará obrigada a promover a apuração imediata dos fatos, mediante processo administrativo disciplinar.

4. **(Conhecimentos Básicos/ANTAQ – CESPE/2014) Com relação aos agentes públicos, julgue o item a seguir.**

   É prevista, no texto constitucional, a hipótese de exoneração de servidor estável por excesso de despesa com pessoal.

5. **(Conhecimentos Básicos/ANTAQ – CESPE/2014) Com relação aos agentes públicos, julgue os itens a seguir.**

   Em inquérito administrativo instaurado contra servidor, é dispensável a observância do contraditório e da ampla defesa por constituir fase prévia e inquisitiva do processo administrativo disciplinar.

6. **(Conhecimentos Básicos/ANTAQ – CESPE/2014) Com relação aos agentes públicos, julgue o item a seguir.**

   Reintegração é o retorno do servidor aposentado à atividade, no mesmo cargo em que tenha sido aposentado ou em cargo equivalente.

7. **(Analista Administrativo/ANATEL – CESPE/2014) Julgue o item subsequente, com base no entendimento sumulado do Tribunal Superior do Trabalho a respeito do contrato de prestação de serviços.**

   A contratação irregular de trabalhador, mediante empresa interposta, não gera vínculo de emprego com entidades da administração pública indireta.

8. **(Conhecimentos Básicos/ANATEL – CESPE/2014) Julgue o item seguinte, referente a agentes públicos e poder de polícia.**

   Para que seja admitida a realização de exame psicotécnico em concurso público, basta que haja previsão no edital, com a definição de critérios objetivos e a possibilidade de recurso.

9. **(Analista Administrativo/ANATEL – CESPE/2014) A respeito do direito de greve dos servidores públicos, julgue o item que se segue, com base no entendimento do Supremo Tribunal Federal (STF).**

   A competência para apreciar dissídio coletivo de greve de servidores públicos federais é da justiça do trabalho.

10. **(Conhecimentos Básicos/ANATEL – CESPE/2014) Julgue o item seguinte, referente a agentes públicos e poder de polícia.**

    Em um concurso público que requeira investigação social como uma de suas fases, a existência de inquérito policial instaurado contra o candidato não tem, por si só, o poder de eliminá-lo do certame.

11. **(Analista Administrativo/ANATEL – CESPE/2014) A respeito do direito de greve dos servidores públicos, julgue o item que se segue, com base no entendimento do Supremo Tribunal Federal (STF).**

    É ilícita greve de servidores prestadores de serviços públicos essenciais.

12. **(Analista Administrativo/ANATEL – CESPE/2014)** Acerca das regras para a realização de concurso público, julgue o item subsequente.

    De acordo com o entendimento mais recente do STF, a administração não é obrigada a nomear os candidatos aprovados no número de vagas definidas no edital de concurso, desde que haja razão de interesse público decorrente de circunstâncias extraordinárias, imprevisíveis e supervenientes.

13. **(Analista Administrativo/ANATEL – CESPE/2014)** Acerca das regras para a realização de concurso público, julgue o item subsequente.

    Como forma de salvaguardar os direitos dos candidatos em concurso público, a legislação federal exige que provas orais sejam realizadas em sessões públicas e gravadas.

14. **(Analista Administrativo/ANATEL – CESPE/2014)** Acerca das regras para a realização de concurso público, julgue o item subsequente.

    A realização de concurso público para provimento de cargos efetivos do quadro de pessoal da ANATEL depende de prévia autorização do Ministério do Planejamento, Orçamento e Gestão.

15. **(Analista Administrativo/ANATEL – CESPE/2014)** Um servidor, pregoeiro de determinado órgão público federal, utilizava-se da função para favorecer indevidamente um grupo de empresas nas licitações realizadas pelo órgão. Por meio de auditoria interna, descobriu-se o esquema fraudulento, e um processo administrativo disciplinar foi instaurado para a apuração dos fatos e eventual responsabilização do servidor.

    Com base nessa situação hipotética, julgue o próximo item.

    Caso o servidor não constitua advogado para sua defesa no processo administrativo disciplinar, a autoridade instauradora do processo deve designar outro servidor como defensor dativo.

16. **(Analista Administrativo/ANATEL – CESPE/2014)** Um servidor, pregoeiro de determinado órgão público federal, utilizava-se da função para favorecer indevidamente um grupo de empresas nas licitações realizadas pelo órgão. Por meio de auditoria interna, descobriu-se o esquema fraudulento, e um processo administrativo disciplinar foi instaurado para a apuração dos fatos e eventual responsabilização do servidor.

    Com base nessa situação hipotética, julgue o próximo item.

    Em decorrência das garantias constitucionais da ampla defesa, do contraditório e do devido processo legal, o referido servidor não pode ser afastado do cargo antes de proferida decisão condenatória em processo administrativo disciplinar.

17. **(Analista Administrativo/ANATEL – CESPE/2014)** Um servidor, pregoeiro de determinado órgão público federal, utilizava-se da função para favorecer indevidamente um grupo de empresas nas licitações realizadas pelo órgão. Por meio de auditoria interna, descobriu-se o esquema fraudulento, e um processo administrativo disciplinar foi instaurado para a apuração dos fatos e eventual responsabilização do servidor.

Com base nessa situação hipotética, julgue o próximo item.

A autoridade julgadora do processo administrativo disciplinar instaurado contra o servidor deve acatar, em regra, o relatório final da comissão processante.

18. **(Procurador do Estado Substituto/PGE-PI – CESPE/2014)** Acerca da responsabilidade civil do Estado e de servidores públicos, assinale a opção correta.

    a) De acordo com a Lei n.º 8.112/1990, compete ao presidente da República prover os cargos públicos de todos os poderes da República.

    b) Se, em razão de reforma administrativa realizada pelo governo federal, uma autarquia for extinta e seus servidores forem colocados em disponibilidade, e, após negociações com entidades de classe, esses servidores reingressarem no serviço público em cargos de atribuições e vencimentos compatíveis, esse reingresso se dará por aproveitamento.

    c) Um indivíduo que, aprovado em concurso público, for nomeado para o cargo e, dias antes da posse coletiva com os demais nomeados, for acometido por dengue deverá apresentar atestado médico e solicitar o adiamento do ato de sua posse, tendo em vista que tal ato só se efetiva mediante o comparecimento pessoal do interessado.

    d) De acordo com o entendimento do STF, empresa concessionária de serviço público de transporte coletivo responderá apenas subjetivamente pelos danos que forem gerados à família de vítima de atropelamento causado por motorista de veículo dessa empresa.

    e) A ausência de previsão de acesso a cargo público de caráter efetivo por estrangeiros se coaduna com a política de soberania do Estado brasileiro, razão por que eles só poderão ocupar função pública de caráter transitório, e sem vínculo estatutário.

19. **(Procurador do Estado Substituto/PGE-PI – CESPE/2014)** Ainda acerca de servidores públicos e temas conexos, assinale a opção correta à luz da jurisprudência do STF e da doutrina pertinente.

    a) Uma das formas de aposentadoria do servidor público é a compulsória, que exige, além do requisito da idade, o cumprimento de tempo mínimo tanto no serviço público quanto no cargo efetivo.

    b) É legítimo o desconto, pelos dias não trabalhados, da remuneração dos servidores públicos que aderirem a movimento grevista.

    c) Conforme o entendimento do STF, caso determinado servidor, que se encontre em estágio probatório, decida aderir ao movimento grevista, a administração poderá demiti-lo após regular procedimento disciplinar.

d) A despeito da ressalva constitucional que possibilita a acumulação remunerada de dois cargos de professor, desde que haja compatibilidade de horários, o servidor que se encontre no exercício dessa excepcionalidade deverá, por ocasião da sua aposentadoria, optar pela remuneração de um dos dois cargos.

e) De acordo com os princípios protetivo e da universalidade, o servidor público que se aposentar por invalidez permanente, independentemente do fato que tiver motivado a invalidez, terá o benefício da aposentadoria integral.

20. **(Procurador do Estado Substituto/PGE-PI – CESPE/2014)** Um servidor, vinculado à administração pública unicamente por cargo em comissão, cometeu infração administrativa e, após regular processo administrativo disciplinar, a autoridade julgadora, concordando com o relatório final da comissão processante, entendeu que a falta se enquadrava nas hipóteses de suspensão.

   Nesse caso, nos termos da Lei n.º 8.112/1990, a penalidade a ser aplicada ao servidor será

   a) a exoneração de ofício.
   b) a destituição do cargo em comissão.
   c) a demissão.
   d) a suspensão.
   e) o desligamento.

21. **(Procurador do Estado Substituto/PGE-PI – CESPE/2014)** A respeito de concurso público, função pública, improbidade administrativa e responsabilidade civil do Estado, assinale a opção correta.

   a) Se um servidor público for preso em flagrante, em uma operação da Polícia Federal, por desvio de verba pública, então, nesse caso, nos termos da Lei de Improbidade Administrativa, o afastamento desse servidor do cargo que ocupa dependerá de sentença condenatória em primeira instância.

   b) A invasão, por particular, de área de preservação ambiental na qual monte ele um empreendimento que cause danos ao meio ambiente não acarretará responsabilidade do Estado, tendo em vista que se trata de culpa exclusiva de terceiros.

   c) Segundo o entendimento STJ, os agentes públicos respondem objetivamente pelos atos de improbidade administrativa.

   d) O prazo de validade de dois anos para um concurso público poderá ser prorrogado, a critério da administração, sucessivas vezes, inclusive com prorrogação por período inferior a dois anos.

   e) A convocação de um cidadão, pela justiça estadual, para compor o corpo de jurados de determinado julgamento, mesmo que em caráter transitório, faz que esse cidadão seja considerado agente público enquanto exercer a função que lhe foi designada pelo Estado.

22. (Titular de Serviços de Notas e de Registros/TJ-SE – CESPE/2014) No que concerne à administração pública, seus órgãos e agentes, assinale a opção correta.

a) Os notários e registradores são classificados como agentes particulares em colaboração com o Estado, por vontade própria.

b) O fomento, a polícia administrativa e o serviço público são abrangidos pela administração pública em sentido objetivo.

c) A administração pública em sentido estrito restringe-se às funções políticas e administrativas exercidas pelas pessoas jurídicas, por órgãos e agentes públicos.

d) Os órgãos públicos possuem personalidade jurídica de direito público interno.

e) No direito brasileiro, adota-se a teoria da representação, formulada pelo alemão Otto Gierke, para a conceituação dos órgãos públicos.

23. (Analista Judiciário/TJ-SE – CESPE/2014) Um servidor do estado de Sergipe, antes de se aposentar, apropriou-se indevidamente de bens do estado que estavam sob sua guarda e, após a sua aposentadoria, a administração descobriu a infração.

Com relação a essa situação hipotética, julgue o item subsecutivo.

Caso a administração pública tenha tomado ciência do referido fato por denúncia anônima, ela não poderá instalar processo administrativo disciplinar, ainda que este tenha sido precedido de investigação preliminar em que tenham sido coletadas provas da autoria e da materialidade da infração.

24. (Analista Judiciário/TJ-SE – CESPE/2014) Um servidor do estado de Sergipe, antes de se aposentar, apropriou-se indevidamente de bens do estado que estavam sob sua guarda e, após a sua aposentadoria, a administração descobriu a infração.

Com relação a essa situação hipotética, julgue o item subsecutivo.

Como o servidor já se aposentou, não será necessária a abertura de processo administrativo disciplinar para apuração da infração e aplicação de eventual penalidade.

25. (Analista Judiciário/TJ-SE – CESPE/2014) Um servidor do estado de Sergipe, antes de se aposentar, apropriou-se indevidamente de bens do estado que estavam sob sua guarda e, após a sua aposentadoria, a administração descobriu a infração.

Com relação a essa situação hipotética, julgue o item subsecutivo.

Somente será cassada a aposentadoria do servidor se o mesmo for condenado pela prática, quando ainda na atividade, de falta que teria determinado a sua demissão, ou demissão a bem do serviço público.

26. (Analista Judiciário/TJ-SE – CESPE/2014) No que concerne às regras e aos princípios específicos que regem a atuação da administração pública, julgue o item subsequente.

O STF admite que lei institua limite máximo de idade para ingresso em determinado cargo público, mas não limite mínimo de idade, diante da não razoabilidade dessa exigência.

27. (Técnico Judiciário/TJ-SE – CESPE/2014) A respeito de agentes públicos, responsabilidade civil do Estado e improbidade administrativa, julgue o item que se segue.

Conforme o estatuto dos funcionários públicos civis do estado de Sergipe, é vedado ao servidor público fazer circular listas de donativos ou de sorteios no ambiente de trabalho.

28. (Técnico Judiciário/TJ-SE – CESPE/2014) A respeito de agentes públicos, responsabilidade civil do Estado e improbidade administrativa, julgue os itens que se seguem.

À exceção dos magistrados, os servidores públicos efetivos estatutários do Poder Judiciário, após aquisição de estabilidade, apenas podem perder seus cargos por decisão em sentença judicial transitada em julgado ou em processo administrativo disciplinar, ou por decorrência de avaliação de desempenho insatisfatória ou por necessidade de redução de despesas com pessoal.

29. (Técnico de Administração Pública/TC-DF – CESPE/2014) No que se refere aos agentes públicos e aos dispositivos da Lei Complementar n.º 840/2011, julgue o seguinte item.

Considere que determinada autarquia do DF tenha sido extinta, que seus servidores estáveis tenham sido colocados em disponibilidade e, posteriormente, tenham reingressado no serviço público do DF em cargos de atribuições e vencimentos compatíveis com os que antes ocupavam e percebiam. Nessa situação hipotética, configura-se reingresso por aproveitamento.

30. (Técnico de Administração Pública/TC-DF – CESPE/2014) No que se refere aos agentes públicos e aos dispositivos da Lei Complementar n.º 840/2011, julgue o seguinte item.

Considere que determinado servidor estável do TJDFT, no decorrer de processo administrativo disciplinar instaurado contra ele pelo cometimento de infração disciplinar, tenha tomado posse, em um tribunal federal, em razão de aprovação em concurso público, tendo deixado o cargo anterior vago. Nessa situação, estando o referido servidor em exercício em órgão de outro ente da Federação, o processo administrativo disciplinar deverá ser arquivado, sem prejuízo de eventuais ações nas esferas penal e cível.

GABARITO

1. Certo	2. Errado	3. Errado
4. Certo	5. Errado	6. Errado
7. Certo	8. Errado	9. Errado
10. Certo	11. Errado	12. Certo
13. Certo	14. Certo	15. Errado
16. Errado	17. Certo	18. B
19. B	20. B	21. E
22. B	23. Errado	24. Errado
25. Certo	26. Errado	27. Certo
28. Certo	29. Certo	30. Errado

6

PODERES ADMINISTRATIVOS

Sumário: **6**.1. Introdução – **6**.2. Características – **6**.3. Uso e abuso de poder – **6**.4. Poder vinculado: **6**.4.1. Controle do ato vinculado; **6**.4.2. Ato vinculado inconstitucional – **6**.5. Poder discricionário: **6**.5.1. Introdução; **6**.5.2. Limites do poder discricionário; **6**.5.3. Elementos discricionários do ato discricionário; **6**.5.4. Mérito do ato administrativo; **6**.5.5. Controle da discricionariedade administrativa pelo Poder Judiciário; **6**.5.6. Do controle da discricionariedade administrativa e separação dos Poderes; **6**.5.7. Controle da discricionariedade administrativa pela própria Administração – **6**.6. Poder hierárquico: **6**.6.1. Introdução; **6**.6.2. Poder de delegação e o poder hierárquico; **6**.6.3. A avocação e o poder hierárquico; **6**.6.4. Poder de revisão decorrente do poder hierárquico – **6**.7. Poder disciplinar: **6**.7.1. Introdução; **6**.7.2. Importância do poder disciplinar; **6**.7.3. Conceito de poder disciplinar; **6**.7.4. O poder disciplinar da Lei 8.112/1990; **6**.7.5. O princípio da independência das instâncias; **6**.7.6. A repercussão dos efeitos da sentença penal absolutória no processo disciplinar; **6**.7.7. A aplicação da teoria dos motivos determinantes; **6**.7.8. A reintegração ou restabelecimento de vínculo em razão de demissão ilegal; **6**.7.9. O cabimento de indenização em razão da demissão ilegal – **6**.8. Poder regulamentar: **6**.8.1. Noção e conceito de poder regulamentar; **6**.8.2. Limites ao poder regulamentar; **6**.8.3. Abuso no exercício do poder regulamentar; **6**.8.4. Controle do poder regulamentar; **6**.8.5. Formas de manifestação do poder regulamentar; **6**.8.6. Lei pendente de regulamento; **6**.8.7. Decreto autônomo; **6**.8.8. Atos normativos autônomos; **6**.8.9. Deslegalização – **6**.9. Poder de polícia: **6**.9.1. Introdução; **6**.9.2. Conceito; **6**.9.3. Exemplos de poder de polícia; **6**.9.4. Fundamento do poder de polícia; **6**.9.5. Necessidade do poder de polícia; **6**.9.6. Competências para o exercício do poder de polícia; **6**.9.7. Tipos de poder de polícia; **6**.9.8. A exigibilidade do ato de polícia e a suspensão temporária da execução do poder de polícia repressivo; **6**.9.9. Atributos do poder de polícia – **6**.9.10. Delegação do poder de polícia aos particulares – **6**.9.11. Quem exerce o poder de polícia? – **6**.9.12. Prescrição do poder de polícia.

6.1. INTRODUÇÃO

Os poderes administrativos nada mais são que competências legais que conferem atribuições diferenciadas aos órgãos e agentes públicos para a necessária, adequada e eficiente gestão dos interesses públicos.

Deve-se ter em mente que a gestão dos interesses públicos, seja do âmbito da Federação que for, é algo extremamente complexo, razão pela qual são necessárias essas competências diferenciadas.

Por isso que os poderes administrativos são conhecidos *como poderes instrumentais*, o que não se deve confundir com os poderes da República Federativa do Brasil, ou seja, Poderes Legislativo, Judiciário e Executivo. Esses são os *poderes estruturais*. Enquanto os primeiros são competências, os últimos são órgãos públicos independentes.

6.2. CARACTERÍSTICAS

Ao contrário do que ocorre no direito privado, em que a palavra "poder" significa faculdade, no direito público, tendo em vista a indisponibilidade dos fins buscados, *os poderes são de exercício obrigatório*, eis que a utilização destes viabiliza e potencializa o alcance das metas públicas. Por isso, no direito administrativo, se falar em "poder-dever", ou, como quer Celso Antônio Bandeira de Mello, "dever-poder"[1].

Como registrado, os poderes *são de exercício obrigatório*, razão pela qual a "omissão específica" no exercício desses poderes poderá causar, no caso concreto, *responsabilidade civil do Estado por ato omissivo*. Um exemplo que pode elucidar essa situação é o caso de o agente público deixar de realizar uma fiscalização sobre produtos de consumo perecíveis de uma empresa, por exemplo, uma churrascaria, em razão da amizade que possui com o dono. Assim, podia e devia o Estado fiscalizar, mas não o fez. Caso uma pessoa consuma esse produto e venha a morrer, o Estado poderá também ser responsabilizado por essa omissão específica.

Ademais, tem-se que os poderes são *irrenunciáveis, imprescritíveis* e *inderrogáveis*.

São *irrenunciáveis* pelo fato de que são criados por lei, razão pela qual o agente público, que detém temporariamente aquele cargo, emprego ou função, não pode abrir mão desses poderes, renunciando, sob pena de, na prática, ter a força de revogar a lei que conferiu aquela competência (poder) àquele cargo. Somente uma nova lei ou uma decisão do STF, em controle de constitucionalidade concentrado, poderá excluir do ordenamento jurídico aquele "poder" (leia-se: lei que instituiu aquela competência diferenciada).

São *imprescritíveis* pelo fato de que o não uso da competência legal, ou seja, do "poder", não acarreta sua perda. Por outras palavras: o não exercício concreto do poder não acarreta a revogação da lei que instituiu aquela competência diferenciada.

O que é possível de ocorrer, e isso não tem nada a ver com a característica da imprescritibilidade, é a possibilidade de perda do direito de exercer aquele "poder-competência" no caso concreto, ou seja, decai o direito de praticar o ato apenas no caso concreto.

É o caso, por exemplo, de quando a autoridade superior tem conhecimento de que seu subordinado, servidor público federal, praticou infração disciplinar e, ainda assim, foi omisso e não lhe aplicou qualquer penalidade. Após certo tempo, 180 dias em caso de advertência, dois anos em caso de suspensão e cinco anos em caso de demissão, a autoridade não mais poderá punir aquele servidor, tendo em vista a decadência do direito de praticar o ato no caso concreto.

A decadência e a prescrição decorrem do importante princípio da segurança jurídica.

---

1. *Curso de direito administrativo.* 29. ed. São Paulo: Malheiros, 2012. p. 358.

Por fim, a *inderrogabilidade* significa que a competência de um órgão não se transfere a outro por acordo entre as partes, ou por assentimento do agente da Administração. Fixada em norma expressa, deve a competência ser rigidamente observada por todos[2].

6.3. USO E ABUSO DE PODER

O uso habitual e correto dessas prerrogativas chama-se "uso de poder", ao passo que o exercício anormal dos poderes é conhecido como "abuso de poder". Este, o abuso de poder, é gênero e encerra duas espécies: a) *excesso de poder* e b) *desvio de poder*, este último também conhecido como *desvio de finalidade do ato administrativo*.

O *excesso de poder* ocorre quando o agente ultrapassa os limites de sua competência, seja aquela deferida diretamente pela lei, seja aquela deferida por meio de ato de delegação cujo vínculo com a lei é mediato. Nesse caso, o agente pratica ato não previsto em lei ou ato de competência de outro agente, ocorrendo, no caso, *violação ao princípio da legalidade*.

Já o *desvio de poder* é o vício que ocorre quando o agente que pratica o ato possui competência para tanto, todavia o faz por motivos alheios ao interesse público e buscando fim diverso do interesse da coletividade, ou seja, diferente daquele previsto na norma de competência.

É o que ocorre, por exemplo, quando o Prefeito de uma cidade desapropria um bem, informando no decreto expropriatório que o motivo é o interesse público, mas de fato o que se pretende é prejudicar um inimigo político. Outro exemplo muito comum é a remoção de subordinado com o objetivo de puni-lo.

Aqui, em caso de desvio de poder, é muito comum que o ato praticado *viole os princípios da impessoalidade e moralidade*.

Os poderes mais comuns estudados pela doutrina são: 1) poder vinculado; 2) poder discricionário; 3) poder hierárquico; 4) poder disciplinar; 5) poder regulamentar; e 6) poder de polícia.

Vejamos, então, cada um deles, conforme discriminação a seguir.

6.4. PODER VINCULADO

O poder, a atividade ou ato vinculado decorre da atividade de fiel reprodução da lei, não sendo autorizado ao agente que aprecie a conveniência e oportunidade da conduta, devendo proceder exatamente como estipulado pelo comando legal.

Por isso, poder vinculado, atividade vinculada ou ato vinculado. Isso quer dizer que a prática da atividade administrativa é de mera reprodução do comando da lei, em que o agente não goza de qualquer discricionariedade ao executar o ato, tendo em vista que a lei já exauriu a matéria disciplinando detalhadamente toda a atividade administrativa. Consequentemente, *no exercício da atividade vinculada, todos os elementos do ato administrativo são vinculados*.

---

2. CARVALHO FILHO, José dos Santos. *Manual de direito administrativo*. 24. ed. Rio de Janeiro: Lumen Juris, 2011. p. 99.

	Conceito	Toda atividade a ser desempenhada já está devidamente disciplinada na lei		
PODER VINCULADO	Ato vinculado	A lei determina	Competência	Não há margem de liberdade – todos os elementos são vinculados
			Finalidade	
			Forma	
			Motivo	
			Objeto	

6.4.1. Controle do ato vinculado

Sendo todos os elementos vinculados, o controle do ato é bem simples: basta fazer uma análise comparativa entre o ato e a lei. Trata-se de mero controle de legalidade. Esse controle, por sua vez, pode ser *repressivo* ou *homologatório*.

O controle repressivo pode ser feito por meio de *anulação* ou *cassação* do ato vinculado. A anulação é a retirada deste do ordenamento jurídico por motivo de sua ilegalidade. Pode ser feito pela Administração, no exercício de sua autotutela[3], ou pelo Poder Judiciário, tendo em vista que o art. 5.º, XXXV, da CF prescreve que *a lei não excluirá da apreciação do Poder Judiciário qualquer lesão ou ameaça a direito*.

Mesmo ilegal, há limite para sua anulação. Prescreve o art. 54 da Lei 9.784/1999 que "o direito da Administração de anular os atos administrativos de que decorram efeitos favoráveis para os destinatários decai em cinco anos, contados da data em que foram praticados, salvo comprovada má-fé".

Por sua vez, a cassação é a retirada de ato em razão da ilegalidade no gozo deste pelo particular. O ato é editado corretamente, porém o destinatário do ato lhe atribui finalidade diversa daquela para a qual ele foi expedido, agindo, assim, de forma ilegal.

É o que ocorre, por exemplo, quando um motorista habilitado começa a praticar inúmeras infrações de trânsito. Nesse caso, a licença para dirigir foi deferida corretamente, pois os requisitos autorizadores para sua emissão foram cumpridos, porém, depois de deferida, o particular começa a utilizá-la de modo ilegal, descumprindo as leis de trânsito, ensejando à Administração o dever de cassar a licença daquele condutor.

Vejamos o que enuncia o art. 256 do Código de Trânsito Brasileiro:

---

3. Veja as seguintes SÚMULAS do STF sobre o tema: **Súmula 346**. A Administração Pública pode declarar a nulidade dos seus próprios atos. **Súmula 473**. A administração pode anular seus próprios atos, quando eivados de vícios que os tornam ilegais, porque deles não se originam direitos; ou revogá-los, por motivo de conveniência ou oportunidade, respeitados os direitos adquiridos, e ressalvada, em todos os casos, a apreciação judicial.

"Art. 256. A autoridade de trânsito, na esfera das competências estabelecidas neste Código e dentro de sua circunscrição, deverá aplicar, às infrações nele previstas, as seguintes penalidades:

I – advertência por escrito;

II – multa;

III – suspensão do direito de dirigir;

IV – apreensão do veículo;

V – cassação da Carteira Nacional de Habilitação;

VI – cassação da Permissão para Dirigir;

VII – frequência obrigatória em curso de reciclagem".

Há ainda o controle por *homologação*. Trata-se de controle interno, em que uma autoridade de maior hierarquia irá confirmar o ato ou procedimento vinculado praticado por agentes de menor hierarquia, confirmando seu conteúdo. É o que ocorre, por exemplo, em uma licitação, em que a autoridade superior homologa ao final o procedimento licitatório.

Outra forma de controle do ato vinculado pode ocorrer por meio de *convalidação*. Aqui, em se tratando de vício de competência, quando esta não for exclusiva, ou de outra forma, quando não for imprescindível à validade do ato, este poderá[4] (ou deverá, conforme a linha exegética adotada) ser convalidado.

Convalidação ou saneamento é o ato administrativo pelo qual é suprido o vício existente em um ato ilegal, com efeitos retroativos à data em que este foi praticado[5]. Há divergência doutrinária sobre ser a convalidação obrigatória ou facultativa. Di Pietro[6], apoiada nas lições de Weida Zancner, entende que, a depender do caso, a convalidação será obrigatória ou não.

---

4. A Lei 9.784/1999 optou pela faculdade da convalidação, conforme se percebe da leitura de seu art. 55, que prescreve: *em decisão na qual se evidencie não acarretarem lesão ao interesse público nem prejuízo a terceiros, os atos que apresentarem defeitos sanáveis poderão ser convalidados pela própria Administração.*

5. DI PIETRO, Maria Sylvia Zanella. *Direito administrativo*. 24. ed. São Paulo: Atlas, 2011. p. 248.

6. Segundo a referida autora: "Em edições anteriores, vínhamos entendendo que a convalidação é ato discricionário, porque cabe à Administração, diante do caso concreto, verificar o que atende melhor ao interesse público: a convalidação, para assegurar validade aos efeitos já produzidos, ou a decretação de sua nulidade, quando os efeitos produzidos sejam contrários ao interesse público. Evoluímos, no entanto, a partir da 11.ª edição, para acompanhar o pensamento de Weida Zancaner (1990:55), no sentido de que o ato de convalidação é, às vezes, vinculado, e outras vezes, discricionário. Entende a autora que *'só existe uma hipótese em que a Administração Pública pode optar entre o dever de convalidar e o dever de invalidar segundo critérios discricionários. É o caso de ato discricionário praticado por autoridade incompetente. Destarte, nestes casos, pode a Administração Pública, segundo um juízo subjetivo, optar se quer convalidar ou invalidar o ato viciado'*. E acrescenta: *'se alguém pratica em lugar de outrem um dado ato discricionário e esse alguém não era o titular do poder para expedi-lo, não poderá pretender que o agente a quem competia tal poder seja obrigado a repraticá-lo sem vício (convalidá-lo), porquanto poderá discordar da providência tomada. Se o sujeito competente não tomaria a decisão em causa, porque deveria tomá-la ante o fato de que outrem, sem qualificação para isto, veio a agir em lugar dele? Por outro lado também não se poderá pretender que deva invalidá-lo, ao invés de convalidá-lo, pois é possível que a medida em questão seja a mesma que ele – o titulado – teria adotado' Então, abrem-se novamente duas hipóteses: ou o agente considera adequado ao interesse público o ato que fora expedido por agente incompetente e, neste caso, o convalida, ou o reputa inadequado e, dado o vício de incompetência, o invalida. Há, pois, nessa hipótese, opção discricionária, mas é única hipótese em que há lugar para discrição"* (*Direito Administrativo*. 24. ed., 2011, São Paulo: Atlas, p. 248).

Mesmo que não se adote o posicionamento de Di Pietro e se entenda que a convalidação é discricionária, há certas hipóteses em que ela é proibida. Destacam-se, já de início, os obstáculos do próprio art. 55 da Lei 9.784/1999:

- *a convalidação não acarretar lesão ao interesse público;*
- *a convalidação não acarretar prejuízos a terceiros.*

Ainda, em âmbito doutrinário, não pode ser convalidado ato:

- *quando se tratar de vício de competência, sendo esta exclusiva da autoridade;*
- *quanto se tratar de vício de forma, que é essencial à validade do ato;*
- *e vício de motivo, objeto[7] e finalidade;*
- *quando o ato já estiver sendo objeto de questionamento em âmbito administrativo ou judicial.*

6.4.2. Ato vinculado inconstitucional

Por fim, se porventura se afirmar que o ato vinculado é inconstitucional, só há uma conclusão: a lei no qual se baseou o agente para fazer o ato também é inconstitucional, isso porque, como dito, trata-se de situação em que o agente reproduz na íntegra a lei, sem qualquer margem de liberdade.

Em gráfico, temos:

```
                        PODER VINCULADO

                          ┌─ Competência ─┐
                          │                │
                          ├─ Finalidade  ─┤
                          │                │   Não há margem de
   Ato vinculado ─ A lei determina ─┼─ Forma      ─┤   liberdade – todos
                          │                │   os elementos são
                          ├─ Motivo      ─┤   vinculados
                          │                │
                          └─ Objeto     ─┘
```

---

7. Segundo Di Pietro, e concordamos com ela, "o objeto ou conteúdo ilegal não pode ser objeto de convalidação. Com relação a esse elemento do ato administrativo, é possível a conversão, que alguns dizem ser espécie do gênero convalidação e outros afirmam ser instituto diverso, posição que nos parece mais correta, porque a conversão implica a substituição de um ato por outro. Pode ser definida como o ato administrativo pelo qual a Administração converte um ato inválido em ato de outra categoria, com efeitos retroativos à data do ato original. O objetivo é aproveitar os efeitos já produzidos" (*Direito Administrativo*. 24. ed., 2011, São Paulo: Atlas, p. 251).

6.5. PODER DISCRICIONÁRIO

6.5.1. Introdução

É inviável a gestão da *res publica* de mãos atadas, sendo necessária certa flexibilidade legal para boa gestão da máquina pública e administração dos interesses coletivos. É nesse contexto que é necessário o poder discricionário.

Aqui a lei deixa ao administrador certa margem de liberdade para que, no caso concreto, pautado em critérios de conveniência e oportunidade, adote a providência que melhor atenda ao interesse público.

Não se confunde, no entanto, poder discricionário com interpretação de conceito jurídico indeterminado. O legislador, por vezes, adota conceitos relativamente abertos, que permitem ao intérprete da norma determinar seu alcance e extensão com maior grau de liberdade. Com efeito, o juiz tem muito maior liberdade de enquadramento da conduta das partes contratantes ao analisar a "boa-fé" ou "má-fé" de suas condutas na execução ou celebração do contrato, do que teria ao examinar o efeito de eventual adimplemento ou inadimplemento da obrigação correspondente. O mesmo ocorre no direito administrativo, quando, por exemplo, o legislador adota conceitos como "incontinência pública e conduta escandalosa, na repartição" (art. 132, V, da Lei nº 8.112/90). Embora o administrador tenha maior liberdade para examinar o alcance de tal conceito no exame de caso concreto sob sua atribuição, não prescindirá de adequada fundamentação e argumentação explicativas do exato enquadramento a ser dado, mormente se tal conceito estiver ligado a um ato administrativo vinculado, como seria o de aplicação de penalidade de demissão a servidor público ao qual se atribuísse "conduta escandalosa".

6.5.2. Limites do poder discricionário

É importante deixar claro que essa liberdade não é absoluta. Há limites que devem ser respeitados, sob pena de desvio ou excesso de poder. Assim, despontam como os principais limitadores do poder discricionário: a própria lei e os princípios constitucionais (tais como impessoalidade, moralidade, razoabilidade, proporcionalidade etc.).

Nesse sentido, é cristalina a jurisprudência do *Superior Tribunal de Justiça*.

> "*Administrativo e constitucional. Militar. Sargento do quadro complementar da Aeronáutica. Ingresso e promoção no quadro regular do corpo de pessoal graduado. Estágio probatório não convocado. Condição 'sine qua non'. Aplicação do art. 49 do Decreto n.º 68.951/71. Recurso especial. Limitação da discricionariedade. Moralidade pública, razoabilidade e proporcionalidade. 1. A discricionariedade atribuída ao Administrador deve ser usada com parcimônia e de acordo com os princípios da moralidade pública, da razoabilidade e da proporcionalidade, sob pena de desvirtuamento. 2. As razões para a não convocação de estágio probatório, que é condição indispensável ao acesso dos terceiros sargentos do quadro complementar da Aeronáutica ao quadro regular, devem ser aptas a demonstrar o interesse público. 3. Decisões desse quilate não podem ser imotivadas. Mesmo o ato decorrente do exercício do poder discricionário do administrador deve ser fundamentado, sob pena de invalidade. 4. A diferença entre atos oriundos do poder vinculado e do poder discricionário está na possibilidade de escolha, inobstante, ambos tenham de ser fundamentados. O que é discricionário é o poder do administrador. O ato administrativo é sempre vinculado, sob pena*

de invalidade. 5. Recurso conhecido e provido" (STJ, REsp 79.761/DF 1995/0059967-8, 6.ª T., Rel. Min. Anselmo Santiago, j. 29.04.1997, DJ 09.06.1997, p. 25.574, RSTJ vol. 97, p. 404).

No mesmo sentido caminha a jurisprudência do *Supremo Tribunal Federal.*

"Trata-se de agravo cujo objeto é decisão que negou seguimento a recurso extraordinário interposto contra acórdão do Tribunal de Justiça do Estado do Rio de Janeiro, assim do (fls. 219/220): Apelação. Direito Administrativo. Concurso público. Oficial de Polícia Militar. Exame psicológico. Contestação do resultado. Prova suficiente do erro da conclusão de inaptidão, desprovida aliás dos necessários fundamentos técnicos e da ainda mais necessária exposição de motivos. Limites da discricionariedade administrativa. Sindicabilidade judicial dos exames integrantes de concurso público. Teoria dos graus de vinculação à juridicidade. – A presunção de veracidade que se atribui aos atos administrativos é relativa, o que a faz passível de prova em contrário, quer no próprio âmbito administrativo ou em sede judicial. – Do mesmo modo, conquanto lícita a imposição de exame psicotécnico como fase de concurso para provimento de cargos públicos, pode a conclusão da banca ser submetida ao escrutínio judicial, ou mesmo administrativo, quanto à veracidade de seu conteúdo. – Conquanto não seja dado ao Judiciário, no controle dos atos administrativos, substituir-se à banca examinadora para reavaliar critérios de correção de provas em concurso público, tampouco se pode admitir, por outro lado, que o mérito administrativo sirva de escudo protetor a decisões desprovidas de razoabilidade e proporcionalidade. A discricionariedade administrativa não é Poder de decidir ao arbítrio, mas sim a margem da liberdade decisória entre opções juridicamente possíveis, quando a legislação não prever taxativamente uma determinada conduta. – A melhor doutrina administrativa já reverbera a necessidade de superação de dicotômica classificação dos atos administrativos em vinculados e discricionários, como estes últimos fossem externos ao Direito para fazer considerar a existência de diversos graus de vinculação dos atos administrativos à juridicidade. – A prova dos autos é robusta, contundente e inequívoca em conduzir à completa inveracidade de conclusão psicotécnica que atestada a insuficiência de raciocínio verbal do candidato, incompatível até com o notável êxito por ele obtido no Curso de Formação de Oficiais, no qual ingressou por força da liminar concedida no início do processo. Recurso a que se nega provimento.

(...)

O recurso busca fundamento no art. 102, III, a, da Constituição Federal. A parte recorrente sustenta violação aos arts. 2.º; 5.º, caput; e 37, II, da Constituição. Aduz que o Poder Judiciário, no exame dos atos administrativos, limita-se a afastar do ato praticado qualquer ilegalidade cometida, sendo-lhe vedado adentrar no mérito do ato administrativo, cuja manifestação é expressa pelo juízo discricionário do Administrador Público (fls. 239).

(...)

Diante do exposto, com base no art. 544, § 4.º, II, b, do CPC e no art. 21, § 1.º, do RI/STF, conheço do agravo e nego seguimento ao recurso extraordinário. Publique-se. Brasília, 24 de março de 2014. Ministro Luís Roberto Barroso Relator" (STF, ARE 794.902/RJ, Rel. Min. Roberto Barroso, j. 24.03.2014, DJe-065, Divulg. 01.04.2014, Public. 02.04.2014).

6.5.3. Elementos discricionários do ato discricionário

Apesar de estarmos trabalhando com poder discricionário, o ato decorrente do uso desse poder não é completamente discricionário. Com efeito, o ato discricionário, da mesma forma que o vinculado, possui cinco elementos: a competência, a forma, o motivo, o objeto e a finalidade. Destes, apenas os elementos "objeto" e "motivo" é que podem ser discricionários.

Por outras palavras: os elementos competência, forma e finalidade são sempre vinculados, seja nos atos discricionários, seja nos atos vinculados.

6.5.4. Mérito do ato administrativo

O exercício legítimo da discricionariedade, ou seja, o prudente manejo da conveniência e oportunidade sobre os elementos motivo e/ou objeto é chamado de *mérito* do ato ou conduta administrativa.

Esse *mérito*, como dito, *decorre do exercício legítimo do desempenho da função administrativa discricionária*, podendo-se dizer que está ligada à *essência* dessa atividade e, por esse motivo, há um *limite de jurisdição* nesse ponto, *não podendo o Poder Judiciário fazer controle de mérito*, no sentido de apreciar a conveniência e oportunidade da conduta praticada pelo administrador.

Em outras palavras: está vedado ao Judiciário substituir a conveniência da Administração pela dele, sob pena de esse órgão jurisdicional deixar de julgar para administrar, violando, assim, o magno princípio da separação dos poderes.

Nesse sentido é o posicionamento do *Superior Tribunal de Justiça*.

> *"Recurso em mandado de segurança. Complementação salarial. Transformação em VPNI. Equiparação. Impossibilidade. 1. A Administração, através de seu poder de autorregulamentação e controle interno, tem autonomia para alterar sua estrutura administrativa e funcional, além de rever seus atos e modificar quadro de carreira de servidores públicos. 2. Ao Poder Judiciário não cabe decidir sobre o mérito administrativo que motivou a separação de carreiras no serviço público. Súmula 339/STF. Recurso desprovido" (STJ, RMS 24.219/DF 2007/0117271-5, 5.ª T., Rel. Min. Felix Fischer, j. 30.05.2008, DJe 23.06.2008).*

Vale a pena registrar o entendimento do *Supremo Tribunal Federal* sobre o tema:

> *"Agravo regimental em recurso extraordinário. 2. Direito Administrativo. 3. Defensoria pública. Implantação de plantão permanente na cidade de Erechim. Mérito administrativo. Impossibilidade de ingerência do Poder Judiciário ante a ausência de ilegalidade ou abuso de poder. Princípio da separação dos poderes. Precedentes. Inexistência de argumentos capazes de infirmar a decisão agravada. 5. Agravo regimental a que se nega provimento" (STF, RE 636.686/RS, 2.ª T., Rel. Min. Gilmar Mendes, j. 25.06.2013, DJe-160, Divulg. 15.08.2013, Public. 16.08.2013).*

6.5.5. Controle da discricionariedade administrativa pelo Poder Judiciário

Não estamos querendo dizer que o Poder Judiciário não possa fazer controle de ato discricionário. Ele pode! Inclusive sobre os elementos motivo e objeto, porém, e que isso fique claro, *a análise se restringe ao controle de legalidade*, ou seja, verificar se a conduta tida como discricionária viola a lei e aos princípios constitucionais.

É interessante notar que normalmente os *vícios reais* de discricionariedade não são violações literais à lei, mas sim aos princípios que regem a Administração, como, por exemplo, ao princípio da razoabilidade e da proporcionalidade.

Nesse sentido, a maior autoridade do Direito Administrativo argentino Augustín Gordillo professa que:

> "A decisão 'discricionária' do funcionário será ilegítima, apesar de não transgredir nenhuma norma concreta e expressa, se é 'irrazoável', o que pode ocorrer, principalmente, quando: a) não dê os fundamentos de fato ou de direito que a sustentam ou; (...) ou c) não guarde uma proporção adequada entre os meios que emprega e o fim que a lei deseja alcançar, ou seja, que se trate de uma medida desproporcionada, excessiva em relação ao que se quer alcançar"[8].

Celso Antônio Bandeira de Mello[9], ao comentar o princípio da proporcionalidade, anota que:

> "(...) as competências administrativas só podem ser validamente exercidas na extensão e intensidade proporcionais ao que seja realmente demandado para cumprimento da finalidade de interesse público a que estão atreladas. Segue-se que os atos cujos conteúdos ultrapassem o necessário para alcançar o objetivo que justifica o uso da competência ficam maculados de ilegitimidade, porquanto desbordam do âmbito da competência; ou seja, superam os limites que naquele caso lhes corresponderiam".

Adiante ressalta que[10],

> "(...) quando a Administração restringe situação jurídica dos administrados além do que caberia, por imprimir às medidas tomadas uma intensidade ou extensão supérfluas, prescindendas, ressalta a ilegalidade de sua conduta. É que ninguém deve estar obrigado a suportar constrições em sua liberdade ou propriedade que não sejam indispensáveis à satisfação do interesse público".

Na mesma linha, Juarez Freitas[11] observa que "o administrador público, dito de outra maneira, está obrigado a sacrificar o mínimo para preservar o máximo de direitos. Esta parece ser uma fórmula suficientemente esclarecedora acerca do princípio. Por todo exposto, fácil perceber que o princípio da proporcionalidade apresenta-se especialmente relevante por limitar e forçar a reconceituação do poder de polícia administrativa, de sorte a estabelecer firmes parâmetros ao seu exercício".

---

8. GORDILLO, Augustín. *Princípios gerais de direito público*. Trad. Marco Aurélio Greco. São Paulo: RT, 1977. p. 183-184.
9. *Curso de direito administrativo*. 29. ed., São Paulo: Malheiros, 2012, p. 113.
10. Idem, p. 93.
11. FREITAS, Juarez. *Controle dos atos administrativos*. São Paulo: Malheiros, 1997. p. 57.

É necessário colocar a discricionariedade em seus devidos limites para impedir as arbitrariedades que a Administração Pública pratica sob o pretexto de agir discricionariamente em matéria de mérito, olvidando o princípio da proporcionalidade e os demais princípios constitucionais.

Vejamos um *exemplo* para facilitar.

Em um concurso em que há previsão de prova física como uma de suas fases, cabe à Administração, de forma discricionária, escolher os exercícios e a quantidade exigida destes como condição de aprovação do candidato. Todavia, essa discricionariedade é limitada, não podendo violar, por exemplo, os princípios constitucionais. Se a Administração decide exigir dez flexões como critério de aprovação, tal conduta é razoável, não fere nenhum princípio e por isso temos um mérito legítimo. Por outro lado, por mais que tenha discricionariedade para estabelecer a quantidade de exercícios, se exigir 100 flexões, por exemplo, essa exigência será ilegal e, por isso, não há verdadeiramente mérito, sendo perfeitamente cabível o controle jurisdicional.

Lembre-se que o ato, quando é produzido, nasce com a presunção de legitimidade, razão pela qual todo ato discricionário produzido nasce com a presunção de que foi editado validamente e que há mérito legítimo, porém, em situações como a narrada acima, há um "falso mérito", pois sob o véu da suposta legalidade há uma arbitrariedade. Cabe ao administrado demonstrar isso em juízo. Registre-se recente julgado e elucidativo exemplo no qual o STJ entendeu que *"a decisão judicial que impõe à Administração Pública o restabelecimento do plantão de 24 horas em Delegacia Especializada de Atendimento à Infância e à Juventude não constitui abuso de poder, tampouco extrapola o controle do mérito administrativo pelo Poder Judiciário"*[12].

6.5.6. Do controle da discricionariedade administrativa e separação dos Poderes

O princípio da separação dos poderes vem sendo consagrado nos Ordenamentos Jurídicos desde o século XVIII, cuja textualização foi inicialmente prevista em documento solene na Declaração de Direitos do Homem e do Cidadão de 1789.

Ficou estabelecido naquele documento que toda Constituição, para ser verdadeiramente uma Constituição, deve prever em seu texto a separação dos poderes[13].

Ensina Karl Loewenstein que *"el estado constitucional se basa en el principio de la distribución del poder. La distribución del poder existe cuando vários e independientes detentadores del poder u órganos estatales participan en la formación de la voluntad estatal. Las funciones que les han sido asignadas están sometidas a un respectivo control a través de los otros detentadores del poder; como esta distribuído, el ejercicio del poder político está necesariamente controlado".*[14]

---

12. REsp 1.612.931-MS, Rel. Min. Napoleão Nunes Maia Filho, por maioria, julgado em 20/6/2017, DJe 7/8/2017. Informativo 609.
13. Enuncia o art. 16 da referida declaração: "Toda sociedade que não garante os direitos fundamentais e a separação de poderes não tem uma constituição" (LOEWENSTEIN, Karl. *Teoria de La Constitución*. Barcelona/Caracas/México: Ariel. p. 54).
14. LOEWENSTEIN, Karl. *Teoria de La Constitución*. Barcelona/Caracas/México: Ariel. p. 50.

Isso se deu principalmente em razão do momento histórico em que vivia a Europa, onde os poderes estatais (*função legislativa, executiva e judiciária*) estavam concentrados nas mãos do monarca, não havendo controle para conter os frequentes excessos praticados por ele.

Em razão desses fatores históricos, levou-se ao pé da letra o princípio da separação dos poderes, restando terminantemente proibido ao Poder Judiciário a análise da conveniência e oportunidade da atuação administrativa, sendo que o controle jurisdicional da Administração Pública se restringia a mera questão de legalidade, ou seja, compatibilidade entre o ato e a Lei.

Ocorre que, na época em que foi desenvolvida a teoria da separação dos poderes, dois pontos fundamentais inexistiam. *Primeiramente*, com a queda do Antigo Regime, ingressou-se em uma fase de dominação da burguesia, pautada na política do liberalismo, ficando a atuação do Estado restrita a poucas funções, especialmente de segurança. A ordem econômica e social, se é que esta última realmente existia à época, era ditada pelos burgueses. Assim, *o Estado não tinha um compromisso social para com os demais segmentos da sociedade*.

Com o advento do Estado Social, houve uma bruta e notável mudança na atuação do Estado, que deixa de ter papel passivo para ser um prestador, um garantidor de direitos. Diversas promessas são feitas e tendem a ser realizadas. Passa o Estado a se preocupar com o bem-estar social do povo.

Uma vez garantidos esses direitos sociais, realizadas essas promessas, poderia o Estado deixar de cumpri-las, fazendo da Constituição mera folha de papel? É nesse ponto que entram em jogo a *Supremacia da Constituição* e o dever de efetivá-la, o que é feito, em última análise, por seu principal guardião: *o Poder Judiciário*.

Baseado nessa premissa, Andreas Krell[15] sustenta que é necessária uma revisão do princípio da separação dos poderes à luz das condições diferenciadas no moderno Estado Social e das exigências de efetividade dos direitos fundamentais.

Diz o referido autor:

> *"(...) torna-se evidente que o apego exagerado de grande parte dos juízes brasileiros à teoria da Separação dos Poderes é resultado de uma atitude conservadora da doutrina constitucional, que ainda não se adaptou as suas 'lições' às condições diferenciadas do moderno Estado Social e está devendo a necessária atualização e reinterpretação de velhos dogmas do constitucionalismo clássico".*

O *segundo ponto importante*, que na época não se tinha noção, refere-se aos *princípios constitucionais*, sendo que naquele período, e por muito tempo, o controle das atividades administrativas era feito apenas sob o aspecto da legalidade[16].

Conforme averbou o *Supremo Tribunal Federal*, no voto do Ministro Celso Mello no julgamento do Mandado de Segurança 25.668, "o poder não se exerce de forma ilimitada. No Estado democrático de Direito, não há lugar para o poder absoluto".

---

15. KRELL, Andreas Joachim. *Direitos sociais e controle judicial no Brasil e na Alemanha*: os (des)caminhos de um direito constitucional "comparado". Porto Alegre: Sergio Antonio Fabris, 2002. p. 91.

16. MORAES, Germana de Oliveira. *Controle jurisdicional da Administração Pública*. 2. ed. São Paulo: Dialética, 2004. p. 185.

No atual contexto constitucional pátrio, de supremacia dos direitos fundamentais, da democracia, de garantias sociais, de controle por princípio, se eleva a extensão do controle realizado pelo Poder Judiciário sobre as atividades públicas.

Nesse sentido, o Min. Celso Mello[17], do Supremo Tribunal Federal, no julgamento do Mandado de Segurança 24.831/DF, registra com brilhantismo ímpar que:

> *"(...) a separação de poderes – consideradas as circunstâncias históricas que justificaram a sua concepção no plano da teoria constitucional – não pode ser jamais invocada como princípio destinado a frustrar a resistência jurídica a qualquer ensaio de opressão estatal ou a inviabilizar a oposição a qualquer tentativa de comprometer, sem justa causa, o exercício, pela pessoa que sofre a investigação, do seu direito de requerer a tutela jurisdicional contra abusos que possam ser cometidos pelas instituições do Estado, não importando se vinculadas à estrutura do Poder Legislativo (como na espécie), do Poder Executivo ou do Poder Judiciário".*

Registre-se que não está em causa a possibilidade de invasão da esfera do Poder Administrativo pelo Judiciário, mas a simples constatação de que *o dogma da liberdade absoluta do Poder Administrativo já está superado*, sustentando-se, assim, a necessidade de temperamento da latitude discricionária da produção administrativa, ainda que fundada em competência constitucional e formalmente válida.

6.5.7. Controle da discricionariedade administrativa pela própria Administração

O controle feito pela própria Administração é bem mais abrangente do que o controle feito pelo Poder Judiciário.

Isso porque a Administração pode controlar seus atos por meio de anulação, confirmação, convalidação, revogação e cassação etc.

Assim, se o ato discricionário for ilegal, poderá ser anulado. Se legal, porém sua manutenção não for mais conveniente e oportuna, será revogado. Caso o ato possua vícios, conforme o caso, será convalidado; se feito corretamente e dependendo do caso, é aprovado pela Administração. Se feito corretamente, porém lhe for dado destinação ilegal pelo administrado, será cassado.

Percebe-se com isso que, *apesar de o controle jurisdicional ser mais efetivo, o administrativo é mais abrangente*, pois este é de mérito e de legalidade, ao passo que aquele é apenas de legalidade.

Por fim, deve-se atentar para um detalhe: *a função administrativa*, apesar de ser a função típica do Poder Executivo, *existe nos três poderes*. Assim, o Judiciário, atipicamente, também a exerce. Por isso deve-se ter em mente que o Judiciário, a depender da função que ele estiver realizando, também pode fazer controle de mérito.

Em resumo: se estiver no exercício da função jurisdicional, apenas poderá fazer controle de legalidade (juridicidade), por outro lado, se estiver no exercício da função administrativa, levando a cabo, por exemplo, uma licitação, exerce amplo controle de mérito e legalidade, podendo revogar ou anular a licitação conforme presentes seus pressupostos.

---

17. O referido julgamento discutia os limites de atuação das Comissões Parlamentares de Inquérito.

Por fim, registre-se que, *quando o Judiciário está no exercício de sua função jurisdicional, apesar de limitado ao controle de legalidade, este pode recair sobre atos administrativos de todos os demais poderes* (Legislativo, Executivo), *já quando estiver no exercício da função administrativa, seu controle é interno e só recai sobre seus próprios atos.*

PODER DISCRICIONÁRIO	É quando a lei deixa certa margem de liberdade para que o administrador, no caso concreto, analisando a conveniência e oportunidade, adote a conduta que melhor atenda ao interesse púbico.	
	Elementos vinculados	Competência
		Finalidade
		Forma
	Elementos discricionários	Motivo
		Objeto
	Controle exercido pelo Poder Judiciário	É feito com base na legalidade! O que o Judiciário não pode analisar é o mérito do ato, ou seja, a questão da conveniência e oportunidade dos elementos discricionários (motivo e objeto)
	Controle exercido pela Administração Pública	É bem amplo, podendo ser de legalidade, gerando a anulação do ato, ou de mérito, hipótese em que se analisa conveniência e oportunidade, o que pode gerar a revogação do ato

6.6. PODER HIERÁRQUICO

6.6.1. Introdução

Pelo poder hierárquico, a Administração ordena, coordena e estrutura agentes, órgãos e atividades administrativas para seu melhor funcionamento. Pela hierarquia, comum nas Administrações Públicas desconcentradas, como é o caso da estrutura organizacional brasileira, há uma relação de subordinação entre uma autoridade superior e um agente inferior, sendo que este deve obediência àquela.

Como *decorrência* do poder hierárquico tem-se a delegação, a avocação[18] e a possibilidade de revisão dos atos praticados pelos subordinados.

---

18. *Atenção*: a avocação sempre foi tida como um termo ligado ao poder hierárquico, porém, com a edição da Lei 12.846/2013, conhecida como Lei anticorrupção empresarial, é possível, em âmbito federal, a Controladoria-Geral da União *avocar* processos de outros órgãos, mesmo que não

6.6.2. Poder de delegação e o poder hierárquico

O *ato de delegação* decorrente do poder hierárquico nada mais é do que o ato de *transferência, parcial e temporária*, de uma competência originária de uma autoridade superior para um agente subordinado que, originariamente, não possui aquela atribuição.

Nesse sentido, o art. 12 da Lei 9.784/1999 estabelece que um órgão administrativo e seu titular poderão, *se não houver impedimento legal*, delegar parte da sua competência a outros órgãos ou titulares, *ainda que estes não lhe sejam hierarquicamente subordinados*[19], quando for conveniente, em razão de circunstâncias de índole técnica, social, econômica, jurídica ou territorial.

O *ato de delegação*, para que possa produzir efeitos, *deve ser publicado na imprensa oficial*. O mesmo vale para sua revogação, que deve, nos mesmos termos, ser publicada, com o objetivo de informar à coletividade que aquele agente, que até então detinha por delegação a competência para praticar o ato, não mais a possui.

Por se tratar de ato discricionário, o ato de delegação é revogável a qualquer tempo pela autoridade delegante, quando superveniente a perda de conveniência e oportunidade na manutenção da delegação ao agente que a recebeu.

No caso de a delegação se exaurir pelo decurso normal do tempo, não há necessidade de publicação, sendo automática a perda da competência decorrente da delegação.

Ainda, é imprescindível que *o ato de delegação informe*:

a) *as matérias e poderes transferidos;*

b) *os limites da atuação do delegado;*

c) *a duração e os objetivos da delegação; e*

d) *o recurso cabível.*

É importante registrar que a lei de processo administrativo federal determina que as decisões adotadas por delegação devem mencionar explicitamente essa qualidade, ou seja, as que foram praticadas no exercício de competência delegada e considerar-se-ão editadas pelo delegado.

Assim, se a competência para a prática de certo ato é de atribuição originária da autoridade "A" e esta a delega ao servidor "B", quando este a exercer, deverá informar que o faz na condição de agente delegado e, para todos os efeitos, considera-se o ato

---

hierarquicamente inferiores, para realizar o julgamento, conforme percebe-se pela leitura do art. 8.º da referida lei, que possui o seguinte enunciado: "a instauração e o julgamento de processo administrativo para apuração da responsabilidade de pessoa jurídica cabem à autoridade máxima de cada órgão ou entidade dos Poderes Executivo, Legislativo e Judiciário, que agirá de ofício ou mediante provocação, observados o contraditório e a ampla defesa. § 1.º A competência para a instauração e o julgamento do processo administrativo de apuração de responsabilidade da pessoa jurídica poderá ser delegada, vedada a subdelegação. § 2.º *No âmbito do Poder Executivo federal, a Controladoria-Geral da União – CGU terá competência concorrente para instaurar processos administrativos de responsabilização de pessoas jurídicas* ou para avocar os processos instaurados com fundamento nesta Lei, *para exame de sua regularidade ou para corrigir-lhes o andamento*".

19. Nesse ponto específico, essa delegação, veremos mais à frente, não é vertical e, por isso, não decorre da hierarquia.

praticado por ele, razão pela qual, se praticado com ilegalidade, cabe recurso hierárquico à autoridade superior, que poderá ser a mesma que delegou a função.

Se o agente a quem foi delegada a competência praticar ilegalidade no uso desta, será ele a autoridade coatora para fins de mandado de segurança, conforme a **Súmula 510 do Supremo Tribunal Federal**[20].

Isso é muito comum quanto ao provimento de cargos!

As autoridades que legalmente possuem competência para realizar a nomeação são do alto escalão do Governo e, por isso, possuem prerrogativa de foro para mandado de segurança. Todavia, até mesmo para evitar várias demandas, essas autoridades delegam a competência para promover a nomeação aos agentes de hierarquia inferior, que não possuem prerrogativa de foro e que passarão a ser as autoridades coatoras em caso de impetração do *writ* constitucional.

O ato de delegação, pelo menos em âmbito federal, *poderá conter ressalva de exercício da atribuição delegada* pelo agente que a delegou, o que significa dizer que há a possibilidade de a autoridade que delegou a competência e o agente a quem esta foi delegada exercerem – quando possível – a referida competência.

Em âmbito federal, o legislador, em vez de informar quais atos podem ser delegados, *optou por dizer quais não podem ser delegados*. Segundo o art. 13 da Lei 9.784/1999, não podem ser objeto de delegação:

   a) a edição de atos de caráter normativo;
   b) a decisão de recursos administrativos;
   c) as matérias de competência exclusiva do órgão ou autoridade.

6.6.3. A avocação e o poder hierárquico

Pela avocação tem-se justamente o contrário da delegação, ou seja, *por meio dela a autoridade superior exerce o poder de chamar para si a competência de um agente subordinado e praticar o ato.*

Regis Fernandes de Oliveira[21], em obra específica sobre o tema, informa que avocar é o ato do hierarca que traz para si a competência que é do subalterno. Citando Agustín Gordillo, assinala que a avocação é o processo inverso da delegação, ou seja, que o superior exerça competência que corresponde ao inferior.

O art. 15 da Lei 9.784/1999 enuncia que "será permitida, *em caráter excepcional* e por *motivos relevantes devidamente justificados*, a avocação *temporária* de competência atribuída a órgão hierarquicamente inferior".

A avocação não é cabível quando a competência for exclusiva, hipótese que apenas o titular do cargo poderá realizar o ato. Cite-se, como exemplo, o julgamento de habilitação e proposta em uma licitação, cuja competência é da Comissão de Licitação. A autoridade

---

20. **Súmula 510 do STF:** "Praticado o ato por autoridade, no exercício de competência delegada, contra ele cabe o mandado de segurança ou a medida judicial".
21. *Delegação e avocação administrativas*. 2. ed. São Paulo: RT, 2005. p. 183.

superior pode revogar a licitação, anulá-la total ou parcialmente, mas não pode avocar a competência da Comissão e praticar o ato.

6.6.4. Poder de revisão decorrente do poder hierárquico

A autoridade superior, no exercício do poder hierárquico e do uso da autotutela, poderá, seja de ofício ou por provocação, controlar os atos praticados pelos seus subordinados.

Esse controle, decorrente da hierarquia, autoriza que a autoridade superior confirme, modifique, anule ou revogue, total ou parcialmente, os atos dos subordinados, é claro, se a matéria for de sua competência.

6.6.4.1. Recurso hierárquico próprio e impróprio

O controle por provocação é feito normalmente por meio de recursos, os quais, segundo a doutrina, podem ser classificados em recurso hierárquico próprio e impróprio.

O *recurso hierárquico próprio* é dirigido à autoridade imediatamente superior, dentro do mesmo órgão em que o ato foi praticado. Ele decorre da hierarquia e, por isso mesmo, independe de previsão legal.

Já o *recurso hierárquico impróprio* é dirigido à autoridade de outro órgão não integrado na mesma linha de hierarquia daquele que proferiu o ato. Precisamente por isso é chamado de impróprio. *Não decorrendo da hierarquia, ele só é cabível se previsto expressamente em lei.*

São exemplos desse tipo de recurso aquele interposto contra ato praticado por dirigente de autarquia perante o Ministério a que esta se acha vinculada (veja que entre a Administração Direta e a Indireta não existe hierarquia). É o caso, também, de recursos interpostos perante tribunais administrativos, como o Tribunal de Impostos e Taxas, o Conselho de Contribuintes ou o Conselho de Recursos da Previdência Social, por não possuírem hierarquia em relação ao agente que praticou o ato embatido, sendo que a competência para julgar o recurso decorre da lei.

Vale o mencionar que **súmula vinculante n.º 21** dispõe ser *inconstitucional a exigência de depósito ou arrolamento prévios de dinheiro ou bens para admissibilidade de recurso administrativo.*

6.6.4.2. Condutas que podem ser adotadas pela autoridade superior ao julgar um recurso hierárquico

Quando do julgamento do recurso hierárquico[22], a Lei 9.784/1999 prevê em seu art. 64 que "o órgão competente para decidir o recurso poderá confirmar, modificar, anular ou revogar, total ou parcialmente, a decisão recorrida, se a matéria for de sua competência".

É importante ficar claro que, quando se tratar de matéria de *competência exclusiva* do subordinado, *é vedado à autoridade superior*, seja no julgamento de recurso ou não,

---

22. Em se tratando de recurso regido pela Lei 9.784/1999, lembrando-se que esta só tem aplicação ao processo administrativo federal que não tenha procedimento próprio previsto em lei específica.

avocar a competência ou retificar o ato, sendo que nesses casos o controle restringe-se à confirmação, anulação ou revogação do ato.

Dentro do poder de revisão dos atos dos subordinados destacam-se dois institutos: a *anulação* e a *revogação*.

A *anulação* do ato é retirada deste por razão de ilegalidade, ou seja, o ato praticado viola a lei, os princípios constitucionais e até mesmo outros atos ou normas da Administração, como um decreto, uma resolução ou até mesmo um edital de concurso ou licitação.

É o caso, por exemplo, de um ato ser feito pela autoridade incompetente, o objeto do ato ser ilícito ou desproporcional, os motivos inexistentes etc.

Nesse sentido, registre-se a decisão do *Superior Tribunal de Justiça* veiculada pelo *Informativo 121*:

> "Concedido alvará de permissão para construir prédio a ser utilizado com fins comerciais, localizado em área de natureza residencial unidomiciliar exclusiva, o próprio Poder Público, identificados os vícios de ilegalidade, poderá invalidar o ato permissivo, sem que haja violação de direito líquido e certo a ser reparado pela via do mandado de segurança. Prosseguindo o julgamento, a Turma negou provimento ao recurso" (RMS 10.828-BA, Rel. Min. Garcia Vieira, j. 18.12.2001 – Informativo 121).

Tal conduta é baseada no princípio da autotutela administrativa, que significa que a Administração pode anular seus atos quando ilegais. Nesse sentido, existe a *Súmula 473 do Supremo Tribunal Federal*: "A administração pode anular seus próprios atos quando eivados de vícios que os tornam ilegais, porque deles não se originam direitos; ou revogá-los, por motivo de conveniência ou oportunidade, respeitados os direitos adquiridos, e ressalvada em todos os casos a apreciação judicial".

6.6.4.3. Limites à anulação do ato pela autoridade superior

Hoje, em um Estado Democrático e com novos valores que permeiam o ordenamento pátrio, deve o administrador estar atento a essa nova realidade jurídica. *Atualmente, há óbices ao exercício ilimitado do princípio da autotutela*. Uma barreira é a *segurança jurídica*, que preza pela estabilidade das relações jurídicas. Por isso, hoje, em se tratando de ato ampliativo de direito e sendo o terceiro de boa-fé, *decai em cinco anos o direito de a Administração anular seus atos*, sendo convalidados automaticamente caso a Administração seja omissa.

Nesse sentido é o que prescreve o art. 54 da Lei 9.784/1999, cuja redação é a seguinte:

> "Art. 54. O direito da Administração de anular os atos administrativos de que decorram efeitos favoráveis para os destinatários decai em cinco anos, contados da data em que foram praticados, salvo comprovada má-fé.
>
> § 1.º No caso de efeitos patrimoniais contínuos, o prazo de decadência contar-se-á da percepção do primeiro pagamento.
>
> § 2.º Considera-se exercício do direito de anular qualquer medida de autoridade administrativa que importe impugnação à validade do ato".

Ainda, caminhando na mesma trilha é o firme e atual posicionamento do *Supremo Tribunal Federal*, conforme se verifica no julgamento do *MS 26.353/DF*, cuja relatoria coube ao ministro Marco Aurélio, veiculado pelo *Informativo 488 do STF*.

> *"Ascensão Funcional: Princípios da Segurança Jurídica e do Devido Processo Legal*
>
> O Tribunal concedeu mandado de segurança impetrado contra decisão do Tribunal de Contas da União – TCU que determinara à Empresa Brasileira de Correios e Telégrafos – ECT, com base no art. 37, § 2.º, da CF, que procedesse à anulação dos atos que implementaram as ascensões funcionais verificadas naquela entidade, consumados posteriormente à data de 23.4.93. Entendeu-se ter havido ofensa aos princípios da segurança jurídica e do devido processo legal, haja vista não se tratar, no caso, de ato complexo e de ter o TCU exercido o crivo de revisão dos atos administrativos, formalizados no período entre a promulgação da CF/88 e dezembro de 1995, passados mais de 5 anos, inclusive, da vigência da Lei 9.784/99, sem viabilizar, no entanto, a manifestação dos seus beneficiários. Registrou-se, ainda, a recente edição da Súmula Vinculante n.º 3 do STF, aplicável à espécie ('Nos processos perante o Tribunal de Contas da União asseguram-se o contraditório e a ampla defesa quando da decisão puder resultar anulação ou revogação de ato administrativo que beneficie o interessado, excetuada a apreciação da legalidade do ato de concessão inicial de aposentadoria, reforma e pensão')" (STF, MS 26.353/DF, Rel. Min. Marco Aurélio, j. 06.09.2007).

Recentemente, tem-se firmado o entendimento de que *a anulação do ato administrativo*, quando afete interesses ou direitos de terceiros, *deve ser precedida do contraditório*, em razão da garantia constitucional do art. 5.º, LV, da Constituição Federal, segundo o qual *ninguém será privado de sua liberdade e de seus bens sem o devido processo legal*.

Nesse sentido é o posicionamento do *Superior Tribunal de Justiça*:

> *"Processual civil e administrativo. Agravo regimental. Pensão de servidor público. Ilegalidade. Autotutela. Supressão dos proventos. Devido processo legal. Ampla defesa e contraditório. Obrigatoriedade. Precedentes do STJ. 1. Esta Corte Superior, de fato, perfilha entendimento no sentido de que a Administração, à luz do princípio da autotutela, tem o poder de rever e anular seus próprios atos, quando detectada a sua ilegalidade. 2. Todavia, quando os referidos atos implicarem invasão da esfera jurídica dos interesses individuais de seus administrados, é obrigatória a instauração de prévio processo administrativo, no qual seja observado o devido processo legal e os corolários da ampla defesa e do contraditório. 3. Agravo regimental não provido"* (STJ, AgRg no REsp 1.253.044/RS 2011/0107591-6, 2.ª T., Rel. Min. Mauro Campbell Marques, j. 20.03.2012, DJe 26.03.2012).

Na mesma toada é o posicionamento do excelso *Supremo Tribunal Federal*.

> *"Agravo regimental em recurso extraordinário. Poder de autotutela da Administração. Servidor público. Revisão de aposentadoria e supressão de valores. Necessidade de observância do procedimento administrativo, assegurados o contraditório e a ampla defesa. O Plenário do Supremo Tribunal Federal entendeu ser necessária a prévia instauração de procedimento administrativo, assegurados o contraditório e a ampla defesa, sempre que a Administração, exercendo seu poder de autotutela, anula atos administrativos que repercutem na esfera de interesse do administrado (RE 594.296-RG, Rel. Min. Dias Toffoli). Agravo regimental a que se nega provimento"* (STF, RE 542.960/RS, 1.ª T., Rel. Min. Roberto Barroso, j. 04.02.2014, DJe-035, Divulg. 19.02.2014, Public. 20.02.2014).

6.6.4.4. Revogação do ato pela autoridade superior

A *revogação* é a retirada do ato por motivos de conveniência e oportunidade. Por outras palavras: o ato é lícito, é discricionário, *porém sua manutenção não é mais conveniente ou oportuna*.

É o caso, por exemplo, de uma autorização permitindo que certo cidadão coloque uma barraca de cachorro quente em uma praça e depois de certo tempo a Administração percebe que a manutenção dessa situação está causando certo transtorno em razão da falta de espaço para a locomoção na referida praça e, por isso, revoga a autorização. Isso pode ser feito por quem deferiu o ato ou pela autoridade superior que o expediu.

6.6.4.5. Considerações finais sobre o poder hierárquico

Por fim, deve ficar claro que o *poder hierárquico* só existe no *exercício da função administrativa*, ou seja, não existe hierarquia entre os entes da Federação, entre a Administração Direta e Indireta, entre os poderes da República, bem como não existe hierarquia nos Poderes Judiciário e Legislativo no exercício de suas funções típicas[23], ainda que possa haver, conforme previsão nas leis processuais ou regimentos internos de órgãos colegiados judiciários e legislativos, de meios impugnativos específicos contra decisões tomadas em seus âmbitos e que envolvem suas atividades finalísticas.

PODER HIERÁRQUICO	Conceito	É o poder que os órgãos e agentes superiores possuem de coordenar, ordenar, rever etc. os atos e atividades desempenhados pelos órgãos e agentes de hierarquia inferior. Existe nas administrações desconcentradas, seja ela direta ou indireta.
	Faculdades — Ordenar	As ordens dos superiores não podem ser descumpridas, exceto se manifestamente ilegais
	Faculdades — Controlar	A autoridade superior pode manter, revogar, anular ou convalidar os atos dos subordinados
	Faculdades — Delegar	É a possibilidade de uma autoridade superior transferir a um subordinado o exercício temporário de algumas atribuições
	Faculdades — Avocar	É a possibilidade de uma autoridade superior chamar para si o exercício temporário da atribuição de agente subordinado
	SUBORDINAÇÃO: é aquela que ocorre dentro da mesma pessoa da Administração	
	VINCULAÇÃO: é aquela que ocorre entre pessoas da Administração Direta e Indireta	

---

23. Ainda que existentes recursos, tanto previstos nas leis processuais quantos nos respectivos regimentos internos dos tribunais e das casas legislativas, mas que são manejados dentro dos limites do efeito devolutivo existentes nos respectivos normativos e que dependem, para sua interposição, da iniciativa da parte interessada para sua proposição.

6.7. PODER DISCIPLINAR

6.7.1. Introdução

Dentre os poderes administrativos, o poder disciplinar goza de grande prestígio e importância. Sendo a Administração formada por uma série de órgãos – fruto da permanente desconcentração administrativa que visa facilitar o desempenho das atividades administrativas –, é fundamental que exista uma disciplina a ser mantida, cuja inobservância irá acarretar as sanções necessárias.

6.7.2. Importância do poder disciplinar

Sem o poder disciplinar não haveria controle dos agentes públicos, que se sentiriam donos dos interesses coletivos, não obedecendo a lei nem a ordem de outros agentes. Seria o caos na Administração, pois ninguém estaria sujeito a qualquer infração interna ou sanção. Os agentes poderiam ser ineficientes, corruptos, que administrativamente não haveria qualquer sancionamento a esses comportamentos.

Por isso, o ordenamento jurídico, ao normatizar a execução das atividades administrativas, fez a devida previsão das proibições, infrações e sanções pelo descumprimento dos deveres administrativos na gestão proba e correta dos interesses coletivos.

Trata-se de medida preventiva de coerção psicológica, em que, sabedor de que está sujeito à disciplina administrativa funcional, caso queira se comportar de modo proibido, o agente responderá a um processo disciplinar com o objetivo de aplicação da devida penalidade disciplinar, que pode consistir em uma demissão, destituição, suspensão etc.

6.7.3. Conceito de poder disciplinar

O poder disciplinar está ligado à competência que a Administração possui de **punir internamente** seus **agentes** em razão da **prática de infrações administrativas disciplinares**[24]. Assim, caso o agente perca o cargo em razão da condenação em uma ação de improbidade administrativa ou de uma ação penal, não se tratará de poder disciplinar, eis que a punição foi externa.

Registre-se que **há segmentos da doutrina**[25] que dão uma *amplitude ao conceito de poder disciplinar para alcançar não apenas as pessoas ligadas por vínculo funcional com a Administração, mas também todas as demais pessoas (físicas ou jurídicas) que mantêm com o Poder Público uma relação de sujeição especial,* como é o caso das concessionárias, permissionárias de serviços públicos, empresas terceirizadas, estudantes de uma escola pública etc. *É o poder disciplinar em sentido amplo.*

Assim, apenas para que fique claro, nesse sentido amplo do poder disciplinar as penalidades disciplinares serão distintas daquelas aplicadas aos servidores. Teremos, como **penalidades disciplinares em sentido amplo**, *a expulsão de um aluno de uma escola ou universidade pública, a decretação da caducidade em um contrato de concessão de serviços*

---

24. Poder Disciplinar em sentido estrito.
25. DI PIETRO. *Direito Administrativo.* 24. ed., São Paulo: Atlas, 2011, p. 95.

públicos, as penalidades aplicadas a uma empresa terceirizada, como suspensão temporária, declaração de inidoneidade, multa etc.[26]

6.7.4. O poder disciplinar da lei 8.112/1990

A regulamentação da disciplina funcional dos servidores é matéria de competência concorrente. Em um primeiro momento, cada ente da Federação irá dispor sobre a escolha de seu regime jurídico, se celetista ou estatutário.

Tendo em vista que a competência para legislar sobre direito do trabalho é privativa da União, as Administrações que adotarem esse regime se limitam à aplicação da Consolidação das Leis do Trabalho e demais normas produzidas pela União Federal. *Portanto, o regime celetista, quando aplicado, é padronizado nos âmbitos federal, estadual e municipal.*

Já o regime estatutário é de competência concorrente. Isso significa que todos os entes da federação podem disciplinar o estatuto de seus servidores. Por isso, a Lei Federal 8.112/1990 não pode ser aplicada para disciplinar a relação funcional dos servidores estatutários dos Estados e dos Municípios.

No que diz respeito à disciplina administrativa funcional dessa lei, temos que destacar as proibições, as sanções e como é executado o processo disciplinar.

6.7.4.1. Proibições

O art. 117 da Lei 8.112/1990 enuncia que:

> "*Art. 117. Ao servidor é proibido:*
>
> *I – ausentar-se do serviço durante o expediente, sem prévia autorização do chefe imediato;*
>
> *II – retirar, sem prévia anuência da autoridade competente, qualquer documento ou objeto da repartição;*
>
> *III – recusar fé a documentos públicos;*
>
> *IV – opor resistência injustificada ao andamento de documento e processo ou execução de serviço;*
>
> *V – promover manifestação de apreço ou desapreço no recinto da repartição;*
>
> *VI – cometer a pessoa estranha à repartição, fora dos casos previstos em lei, o desempenho de atribuição que seja de sua responsabilidade ou de seu subordinado;*
>
> *VII – coagir ou aliciar subordinados no sentido de filiarem-se a associação profissional ou sindical, ou a partido político;*

---

26. Nada impede que a mesma pessoa, física ou jurídica, seja punida pela Administração no exercício do poder disciplinar e de polícia, em momentos e ocasiões distintas, é claro. É o que ocorre, por exemplo, no caso de servidor que é suspenso por praticar falta disciplinar (poder disciplinar) e multado por avanço de sinal vermelho (poder de polícia). Da mesma forma que em relação a uma concessionária que pode ter decretada a caducidade de seu contrato (poder disciplinar – descumprimento das regras da concessão) e ser punida pelo PROCON por propaganda enganosa (poder de polícia). É importante ficar claro que a punição decorrente do poder disciplinar é sempre ligada ao descumprimento de regras disciplinares em sentido amplo, portanto incidentes apenas a quem se sujeita a elas, ao contrário do poder de polícia, que possui um âmbito de aplicação bem superior, pegando pessoas que estão ou não sujeitas ao poder disciplinar.

VIII – manter sob sua chefia imediata, em cargo ou função de confiança, cônjuge, companheiro ou parente até o segundo grau civil;

IX – valer-se do cargo para lograr proveito pessoal ou de outrem, em detrimento da dignidade da função pública;

X – participar de gerência ou administração de sociedade privada, personificada ou não personificada, exercer o comércio, exceto na qualidade de acionista, cotista ou comanditário;

XI – atuar, como procurador ou intermediário, junto a repartições públicas, salvo quando se tratar de benefícios previdenciários ou assistenciais de parentes até o segundo grau, e de cônjuge ou companheiro;

XII – receber propina, comissão, presente ou vantagem de qualquer espécie, em razão de suas atribuições;

XIII – aceitar comissão, emprego ou pensão de estado estrangeiro;

XIV – praticar usura sob qualquer de suas formas;

XV – proceder de forma desidiosa;

XVI – utilizar pessoal ou recursos materiais da repartição em serviços ou atividades particulares;

XVII – cometer a outro servidor atribuições estranhas ao cargo que ocupa, exceto em situações de emergência e transitórias;

XVIII – exercer quaisquer atividades que sejam incompatíveis com o exercício do cargo ou função e com o horário de trabalho;

XIX – recusar-se a atualizar seus dados cadastrais quando solicitado.

Parágrafo único. A vedação de que trata o inciso X do caput deste artigo não se aplica nos seguintes casos:

I – participação nos conselhos de administração e fiscal de empresas ou entidades em que a União detenha, direta ou indiretamente, participação no capital social ou em sociedade cooperativa constituída para prestar serviços a seus membros; e

II – gozo de licença para o trato de interesses particulares, na forma do art. 91 desta Lei, observada a legislação sobre conflito de interesses".

6.7.4.2. Sanções

As penalidades previstas no regime funcional estatutário federal são as seguintes (art. 127 da Lei 8.112/1990):

"*I – advertência;*

II – suspensão;

III – demissão;

IV – cassação de aposentadoria ou disponibilidade;

V – destituição de cargo em comissão;

VI – destituição de função comissionada".

O regime disciplinar dos servidores federais é objeto mais abrangente no capítulo de servidores públicos, ao qual remetemos o leitor.

6.7.5. O princípio da independência das instâncias

Muitas vezes o ordenamento jurídico regulamenta a mesma conduta por regras diferentes. É o que ocorre, por exemplo, quanto às infrações. Muitas infrações que são tipificadas como infrações administrativas disciplinares também o são como tipos penais e atos de improbidade administrativa.

Por isso, é possível que a mesma conduta, por exemplo, a fraude a uma licitação, enseje a instauração de três processos diferentes para apurar e punir o mesmo fato: **um processo penal, um processo de improbidade e um processo disciplinar.** Isso porque as instâncias penal, civil e administrativa são independentes, podendo cada uma delas apurar e punir autonomamente, nos termos de sua regulamentação.

O que não é inadmissível, registre-se, é uma segunda **punição disciplinar** ao servidor público baseada no mesmo processo em que se fundou a primeira, conforme enuncia a **Súmula 19 do STF.**

O processo administrativo é, sem dúvida, o que vai ser encerrado mais rapidamente e, como consequência, pode o servidor ser demitido[27], ou, se comissionado, ser destituído do cargo em comissão que titulariza muito antes de qualquer conclusão na esfera judicial.

Por fim, o ato punitivo disciplinar deve decorrer de um processo administrativo, com ampla defesa (art. 5, LV, CF[28]), conforme enuncia a **Súmula 20 do STF**, o que não necessita, todavia, que o servidor seja representado por advogado. Nesse sentido a **Súmula Vinculante 5** a qual enuncia que *"a falta de defesa técnica por advogado no processo administrativo disciplinar não ofende a Constituição".* E, apesar de a lei estabelecer prazos para sua conclusão, o excesso de prazo só causará a nulidade do PAD se houver demonstração de prejuízo à defesa, conforme recente **Súmula 592 do STJ.**

6.7.6. A repercussão dos efeitos da sentença penal absolutória no processo disciplinar

Ocorre que no processo penal, no qual está em jogo o valor mais caro ao ser humano, que é sua liberdade, há uma produção probatória muito mais robusta que no processo disciplinar. Por isso, caso no futuro o réu seja absolvido, é possível que a sentença penal absolutória (ou seja, aquela que absolve o réu) possa repercutir efeitos sobre a decisão adotada no processo disciplinar.

Segundo o art. 386 do Código de Processo Penal, a sentença absolutória pode ser motivada por:

> "Art. 386. O juiz absolverá o réu, mencionando a causa na parte dispositiva, desde que reconheça:

---

27. Apenas registre-se que ainda que se trate de servidor efetivo (concursado) em estágio probatório, ou seja, não estável, continua sendo cogente o processo disciplinar para sua demissão, nos termos da **súmula 21 do STF**, a qual enuncia que: *funcionário em estágio probatório não pode ser exonerado nem demitido sem inquérito ou sem as formalidades legais de apuração de sua capacidade.*

28. Art. 5º, LV, CF: LV - aos litigantes, em processo judicial ou administrativo, e aos acusados em geral são assegurados o contraditório e ampla defesa, com os meios e recursos a ela inerentes;

I – estar provada a inexistência do fato;

II – não haver prova da existência do fato;

III – não constituir o fato infração penal;

IV – estar provado que o réu não concorreu para a infração penal;

V – não existir prova de ter o réu concorrido para a infração penal;

VI – existirem circunstâncias que excluam o crime ou isentem o réu de pena (arts. 20, 21, 22, 23, 26 e § 1.º do art. 28, todos do Código Penal), ou mesmo se houver fundada dúvida sobre sua existência;

VII – não existir prova suficiente para a condenação".

No caso de absolvição pelo motivo previsto no inc. I do art. 386 do Código de Processo Penal, ou seja, inexistência material do fato, a decisão afetará o resultado do processo administrativo disciplinar, por interpretação *a contrario sensu* do que dispõe o art. 66 do CPP, *in verbis*:

> "Art. 66. Não obstante a sentença absolutória no juízo criminal, a ação civil poderá ser proposta quando não tiver sido, categoricamente, reconhecida a inexistência material do fato".

No caso de absolvição por comprovação de não participação do servidor no fato tido por delituoso (art. 386, IV, do CPP), é necessário verificar se ainda existirá, na esfera administrativa, alguma falta residual a ser apurada e sancionada, ou seja, se a infração penal imputada ao servidor deixou de abarcar algum fato que possa ser considerado, autonomamente, como infração administrativa.

Com relação aos mesmos fatos apurados em ambas as instâncias, penal e administrativa, não há como deixar de entender que a sentença penal também repercutirá seus efeitos na esfera administrativa, por aplicação analógica do disposto no art. 935 do Código Civil. Em relação aos fatos que deem origem a uma falta residual, no entanto, a punição administrativa ainda poderá ser possível[29].

A conclusão quanto à "falta residual" também pode ser entendida de outra forma, qual seja, que a absolvição penal decorra de entendimento no sentido de que o fato em si investigado não constitui ilícito penal, por não conter todas as elementares correspondentes do tipo, o que não necessariamente acarretará a conclusão de que não se possa ter a responsabilização administrativa, por constituir o mesmo fato um ilícito administrativo.

É o caso, por exemplo, de responsabilização do servidor por eventual dano culposo, que não constitui ilícito penal, visto que nossa legislação só tipifica o dano doloso (art. 160 do CP), mas que pode ser considerado como ilícito administrativo, conforme o grau de negligência com que o servidor tratou a coisa pública.

É por essa razão que a legislação ressalva a responsabilização civil, e, por decorrência, também a administrativa, quando a sentença penal absolutória se limita a reconhecer que o fato não constitui crime (art. 67, III, do CPP), visto que aqui não se nega a existência do fato, mas sim apenas se reconhece que ele não é um ilícito penal.

---

29. *Súmula 18 do STF*: "Pela falta residual, não compreendida na absolvição criminal, é admissível a punição administrativa do servidor público".

O reconhecimento dessas situações especiais de comunicabilidade entre a instância penal e a cível, e, por consequência, também a administrativa, se dá pelo fato de que no processo penal a instrução probatória tem, em regra, maior amplitude, se fundando, inclusive, no princípio da verdade real, e não meramente na verdade formal.

Se constatado e provado que o servidor não foi o autor do fato ou que a conduta imputada a ele não ocorreu, tem-se por reconhecido que, pela mesma imputação, não pode ser ele punido administrativamente, sendo ilegal eventual sanção aplicada.

6.7.7. A aplicação da teoria dos motivos determinantes

Se o servidor foi absolvido na ação penal por motivo de inexistência de autoria ou de fato, ficou provado que ele não praticou o ato ou não houve a conduta imputada, razão pela qual o fundamento que ensejou a aplicação da penalidade administrativa é falso e, por isso, uma vez que os motivos apresentados são determinantes à validade do ato, este será nulo e o servidor terá direito à reintegração ou restabelecimento de vínculo com a Administração, bem como à necessária anulação da penalidade, pelo manejo da teoria dos motivos determinantes.

Todavia, atenção, se a absolvição penal for por *ausência de provas* de fato ou de autoria, o que decorre da aplicação do princípio do *in dubio pro reo*, nesse caso, a decisão não influencia no processo administrativo e não terá o condão de afastar a penalidade administrativa aplicada, pois não há prova inequívoca de que os motivos não ocorreram.

Da mesma forma, a simples extinção da punibilidade, comum nos casos de prescrição da persecução penal, ou o arquivamento das peças investigatórias, como o inquérito policial, não acarretará a impossibilidade de responsabilização administrativa, por aplicação extensiva do disposto no art. 67, I e II, do CPP.

6.7.8. A reintegração ou restabelecimento de vínculo em razão de demissão ilegal

Por isso, em casos como o tratado no tópico anterior, poderá o servidor demitido ilegalmente propor ação judicial e pleitear sua reintegração, caso, na data da demissão, tivesse o *status* de servidor efetivo e estável, ou restabelecimento de vínculo, caso não gozasse de estabilidade.

6.7.9. O cabimento de indenização em razão da demissão ilegal

Comprovada a demissão ilegal, poderá o servidor, além de postular os efeitos funcionais correspondentes, postular indenização por perdas e danos.

Veja-se, nesse sentido, recente decisão do Superior Tribunal de Justiça:

> "*Processual civil. Administrativo. Concurso público. Curso reconhecido pelo MEC. Reintegração de servidora pública. Direito aos vencimentos relativos ao período em que ficou afastada. 1. Discute-se no presente recurso os efeitos financeiros da decisão que anula o ato administrativo que havia excluído a servidora do cargo estadual de professora para o qual já havia sido nomeada, empossada e encontrava-se em exercício regular há mais de um*

ano quando foi instaurado o processo administrativo. 2. A anulação do ato que excluiu a servidora do cargo que ocupava tem como consequência lógica a sua reintegração com o restabelecimento do status quo ante, incluída a recomposição integral de seus direitos, inclusive o de receber os vencimentos que deveriam ter sido pagos durante o período em que esteve afastada do serviço público. Precedentes: REsp 1.169.029/PR, Rel. Ministro Herman Benjamin, Segunda Turma, DJe 15/3/2011; AgRg nos EmbExeMS 14.081/DF, Rel. Ministra Maria Thereza de Assis Moura, Terceira Seção, DJe 17/04/2012; AgRg no AgRg no REsp 826.829/RJ, Rel. Ministro Hamilton Carvalhido, Sexta Turma, DJe 17/3/2008; AgRg no Ag 640.138/BA, Rel. Ministra Laurita Vaz, Quinta Turma, DJ 16/5/2005; REsp 5.955/SP, Rel. Ministro Humberto Gomes de Barros, Primeira Turma, DJ 21/9/1992. Agravo regimental provido" (STJ, Rel. Min. Humberto Martins, 2.ª T., j. 19.09.2013).

DISCIPLINAR	
Ideia	É o poder que a Administração possui de punir internamente seus agentes pela prática de ato infracional disciplinar. Esse é o conceito estrito.
Sentido amplo	Em sentido amplo, conceito adotado por Di Pietro, o poder disciplinar alcança não apenas aqueles que possuem uma relação funcional com a administração, mas todos os que possuem qualquer relação de sujeição especial com a Administração, a exemplo das terceirizadas, das concessionárias, das permissionárias de serviços públicos, de alunos de uma universidade pública etc.
Independência das instâncias	Muitas vezes o mesmo fato que configura uma infração disciplinar também se encaixa em outros tipos infracionais, como um crime, um ato de improbidade administrativa etc., razão pela qual, por conta do princípio da independência das instâncias, poderão ser instaurados diversos processos ao mesmo tempo, cada um regido por suas normas e possibilitando sanções distintas.
Controle	O controle pode ser feito administrativamente e judicialmente, sendo demonstrado que houve erro no procedimento ou na aplicação da sanção.
Exemplos	Aplicação de uma demissão ao servidor; aplicação de uma declaração de inidoneidade a uma empresa terceirizada; decretação de caducidade de um contrato de concessão; expulsão de um aluno de uma universidade pública.

6.8. PODER REGULAMENTAR

6.8.1. Noção e conceito de poder regulamentar

Na divisão de funções entre os Poderes do Estado coube, de forma típica, ao Legislativo a função de editar atos normativos, ou seja, gerais e abstratos, que inovam a ordem jurídica criando direitos e obrigações para terceiros.

Essa garantia, inclusive, encontra-se insculpida no texto constitucional em seu art. 5.º, II, que dispõe que *ninguém será obrigado a fazer ou deixar de fazer alguma coisa senão em virtude de lei.*

Ocorre que o legislador, ao disciplinar a vida em sociedade, ora legisla para a coletividade, dispondo sobre direitos e deveres de terceiros, ora legisla voltado à Administração, norteando o comportamento dos órgãos e agentes públicos quando da gestão pública.

O fato é que muitas vezes a lei criada pelo Legislativo, quando voltada ao disciplinamento da gestão pública, deixa brechas, não estando devidamente detalhada, acarretando a necessidade de ser regulamentada por outro ato normativo de menor hierarquia para que possa ter fiel execução.

Esse poder de expedir atos normativos com o objetivo de regulamentar a lei para que ela tenha fiel aplicação a doutrina denomina de *poder regulamentar.*

Por outras palavras: *o poder regulamentar nada mais é do que a competência que algumas autoridades e órgãos possuem de detalhar, sistematizar, explicar, complementar a lei para que esta tenha fiel execução.*

Por isso que se diz que *o ato regulamentar é ato secundário, derivado,* ou seja, não cria direitos com primazia e originalidade, se limitando a regulamentar a lei, esta, sim, ato normativo primário e originário.

6.8.2. Limites ao poder regulamentar

Como dito acima, o poder regulamentar apenas autoriza a expedição de atos normativos com o objetivo de sistematizar, complementar, explicar, enfim, detalhar a lei para que esta tenha fiel aplicação, não podendo, por isso, criar direitos e obrigações de forma originária, bem como alterar o teor da lei, sob pena de usurpar a competência do Poder Legislativo e praticar abuso do poder regulamentar.

6.8.3. Abuso no exercício do poder regulamentar

O abuso de poder regulamentar ocorre quando a autoridade ou órgão que está regulamentando a lei ultrapassa os limites da regulamentação e passa a legislar de forma originária, seja criando direitos e obrigações, seja alterando o teor da lei.

Tome-se como exemplo um caso em que a lei disponha sobre determinada atividade relacionada ao exercício do poder de polícia e, quando da regulamentação dessa lei, a autoridade ou órgão ao expedir o ato ultrapassa os limites da regulamentação e cria infrações e penalidades não previstas na lei. Houve, no caso, típico caso de abuso de poder regulamentar, para cujo excesso o ordenamento jurídico prevê meios de controle.

6.8.4. Controle do poder regulamentar

Havendo abuso de poder regulamentar, existem várias formas de controlá-lo.

6.8.4.1. Judicial

O controle jurisdicional, em regra, será feito de forma individual e concreta, por meio da anulação de ato administrativo que foi embasado no ilegal regulamento.

Fazendo uso do exemplo apresentado acima, imagine que o agente público, baseado no decreto que regulamentou o desempenho do exercício do poder de polícia em certa área, vem a aplicar penalidade prevista no decreto, porém inexistente na lei que regulamenta a atividade.

Nesse caso, a demanda será individual, objetivando a anulação do ato concreto, ou seja, da pena aplicada. Por isso que nesse caso o controle é *inter partes*, só produzindo efeitos em relação a quem demandar em juízo a anulação do ato ilegal.

Em ação individual não é possível, como objeto principal, o controle de ato normativo, mas apenas de atos concretos.

Quanto ao controle concentrado por meio de ADI (ação direta de inconstitucionalidade), o Supremo Tribunal Federal entende que o excesso de poder regulamentar é caso de ilegalidade e não configura ato normativo autônomo, razão pela qual não caberia o controle concentrado nesse caso.

Não obstante, como veremos na parte referente aos atos administrativos, quando o ato normativo infralegal inova no ordenamento jurídico sem que tenha como fundamento uma lei anterior, é possível o controle de constitucionalidade concentrado, visto que a questão já não seria apenas de violação reflexa ao texto constitucional, passando antes por um problema de ilegalidade, mas sim uma ofensa direta e autônoma às disposições constitucionais.

Observe-se, ademais, que a própria legislação já ressalva a possibilidade de controle concentrado de constitucionalidade, quando for o caso[30] e pelos legitimados para tanto[31], por meio da propositura da ADPF (ação de descumprimento de preceito fundamental), conforme previsto no art. 102, § 1.º, da CF, regulamentado pela Lei 9.882/1999.

Essa previsão tem sentido, porque a ADPF é um instrumento de controle concentrado de constitucionalidade fundamentalmente utilizado para leis e atos normativos anteriores ao atual ordenamento constitucional, quando era possível a edição, já que admitido nos diferentes sistemas constitucionais precedentes, de atos normativos autônomos com poder de gerar direitos e obrigações.

6.8.4.2. Legislativo

O controle legislativo é feito pelo Congresso Nacional com base no art. 49, V, da Constituição Federal, que enuncia que cabe ao parlamento sustar os atos normativos do Poder Executivo que exorbitem do poder regulamentar ou dos limites de delegação legislativa.

---

30. Lei 9.882/1999 – "Art. 1.º A arguição prevista no § 1.º do art. 102 da Constituição Federal será proposta perante o Supremo Tribunal Federal, e terá por objeto evitar ou reparar lesão a preceito fundamental, resultante de ato do Poder Público.Parágrafo único. *Caberá também* arguição de descumprimento de preceito fundamental: I – quando for relevante o fundamento da controvérsia constitucional sobre lei ou *ato normativo federal, estadual ou municipal*, incluídos os anteriores à Constituição;"

31. Segundo o art. 2.º da Lei 9.882/1999, podem propor arguição de descumprimento de preceito fundamental: I – os legitimados para a ação direta de inconstitucionalidade, ou seja: I – o Presidente da República; II – a Mesa do Senado Federal; III – a Mesa da Câmara dos Deputados; IV – a Mesa de Assembleia Legislativa ou da Câmara Legislativa do Distrito Federal; V – o Governador de Estado ou do Distrito Federal; VI – o Procurador-Geral da República; VII – o Conselho Federal da Ordem dos Advogados do Brasil; VIII – partido político com representação no Congresso Nacional; IX – confederação sindical ou entidade de classe de âmbito nacional.

Note que *apenas será sustado, ou seja, suspenso, o excesso, e não todo ato*.

De acordo com a Resolução do Congresso Nacional 3/1990, a Comissão Representativa prevista no art. 58, § 4.º, da CF/1988 detém competência para deliberar sobre a sustação de atos normativos que exorbitem do poder regulamentar ou dos limites de delegação legislativa, desde que se caracterize a necessidade da medida cautelar em caráter urgente.

Afora essa situação excepcional, durante o recesso parlamentar, a análise da matéria deve ocorrer em sessão comum do Congresso Nacional, com a reunião das duas casas[32], expedindo-se, uma vez aprovado, o respectivo decreto legislativo de sustação[33].

Por fim, no caso, a sustação recairá sobre o próprio ato normativo, razão pela qual esta opera efeitos *erga omnes*, ou seja, aquele excesso de poder regulamentar não pode mais ser aplicado para ninguém.

6.8.4.3. Administrativo

O controle administrativo se dará com a revogação[34] do ato normativo ilegal pela autoridade que o expediu ou por uma de maior hierarquia.

6.8.5. Formas de manifestação do poder regulamentar

O principal ator no papel de regulamentar as leis é o Chefe do Poder Executivo de qualquer âmbito federativo. Tendo em vista que esses agentes políticos possuem uma forma

---

32. Ainda vigora o Regimento Comum aprovado pela Resolução CN 1, de 1970, que nada dispõe sobre a matéria em foco, visto que a Constituição Federal de 1967, com as alterações da EC 1/1969, era omissa sobre o tema. O texto foi republicado, consolidado com as alterações posteriores, conforme o Ato 1/2010, da Mesa do Congresso Nacional.

33. A casuística é raríssima. Desde a promulgação do texto constitucional, só logramos encontrar um único caso de decreto legislativo editado com essa finalidade, a saber, o Decreto Legislativo 3/1992, que sustou o Decreto 430/1992, que regulamentava o art. 4.º da Lei 8.197/1991. Em 1989, foi editado o Decreto Legislativo 3, que sustou os efeitos do Decreto 97.455/1989, que dissolvia a EMBRATER, a EBTU e o GEIPOT, mas esse último normativo se fundava nas regras gerais de organização administrativa previstas no Decreto-Lei 200/1967, razão pela qual o ato do Congresso Nacional talvez estivesse mais justificado por uma invasão de competência legislativa do que propriamente por abuso do poder regulamentar. Em 2013 foi editado o Decreto Legislativo 424, que sustou os efeitos da Resolução 23.389/2013, do Tribunal Superior Eleitoral, mas essa ação também foi exercida com fundamento no art. 48, XI, da CF/1988 (invasão de atribuições do Congresso Nacional pelo poder normativo de outro Poder), e não com assento no inc. V, que, aliás, só faz referência a atos regulamentares do Executivo. Mais recentemente, foi editado o Decreto Legislativo 293/2015, suspendendo a Portaria Interministerial 192/2015, que havia levantado temporariamente os "defesos" (períodos de vedação à pesca), o que foi considerado pelo Congresso Nacional como uma extrapolação do poder regulamentar atribuído ao Executivo na Lei 11.959/2009. Os efeitos do decreto legislativo chegaram a ser suspensos por meio de liminar concedida pelo STF na ADI 5.447, demonstrando o grau atual de interferência do Judiciário em temas outrora considerados estritamente políticos.

34. Interessante é que, se o ato fosse individual e concreto, ou até mesmo geral e concreto (ex.: edital de licitações e concursos), ele poderia ser revogado e anulado, porém, em se tratando de ato geral e *abstrato*, por conta desta última característica, não é possível sua anulação concreta, mas apenas revogação. O que seria equivalente à anulação do ato normativo administrativo geral e abstrato é a sua declaração de inconstitucionalidade em controle concentrado, conforme discorrido acima.

própria de externarem seus atos, que é o decreto, a regulamentação de leis feita por eles se viabilizará por decretos (forma) regulamentares (conteúdo).

Inclusive, quanto ao Presidente da República, a Constituição Federal é clara ao enunciar em seu art. 84, IV, que "compete *privativamente* ao Presidente da República: (...) IV – sancionar, promulgar e fazer publicar as leis, *bem como expedir decretos e regulamentos para sua fiel execução*".

Registre-se que o *privativamente* é em relação à forma de expedição do ato, que, para os chefes do Poder Executivo, se dá por meio de *decreto*.

Quanto à regulamentação de leis, apesar de que, em regra, cabe ao Chefe do Executivo regulamentá-las, esta não é absoluta. Exemplo disso é o Código de Trânsito Brasileiro, que é regulamentado, primordialmente, por Resoluções do CONTRAN[35].

Outro exemplo é o Código Eleitoral, cuja regulamentação é feita por *instruções* do Tribunal Superior Eleitoral[36]. Da mesma forma, é comum que as leis atribuam aos órgãos e conselhos de fiscalização profissional o poder regulamentar de suas atribuições. Por todos, cite-se o art. 54, V, da Lei 8.906/1994, que atribui ao Conselho Federal da OAB a competência para editar o Regulamento Geral e o Código de Ética e Disciplina da advocacia.

Lembre-se, ainda, que os ministros de Estado detêm competência para "expedir instruções *para a execução das leis*, decretos e regulamentos", conforme previsão do próprio texto constitucional (art. 87, parágrafo único, II, da CF/1988), o que geralmente é feito mediante o instrumento formal denominado de "portaria".

Assim, embora essa competência normativa seja terciária, geralmente decorrente da regulamentação já feita pelo Chefe do Executivo por decreto, não se pode excluir por completo a possibilidade de ato normativo ministerial que seja regulamentar diretamente de dispositivo legal. Não obstante, o STF já decidiu que tal instrumento não pode ser usado para regulamentação de dispositivo constitucional e que sua eficácia regulamentar, quando existente, é somente interna, para orientação dos servidores do próprio Ministério[37].

6.8.6. Lei pendente de regulamento

Muitas vezes o legislador edita uma lei e, no final de suas disposições, prescreve que cabe ao Chefe do Executivo discipliná-la. Nesse caso, há duas situações que daí podem surgir.

Primeiro, é o caso de *a lei já estipular o prazo para que seja expedido o ato regulamentar*, tendo ela exequibilidade a partir de sua regulamentação. Nessa situação, se o

---

35. Reza o art. 314 do CTB que "O CONTRAN tem o prazo de duzentos e quarenta dias a partir da publicação deste Código para *expedir as resoluções necessárias à sua melhor execução*, bem como revisar todas as resoluções anteriores à sua publicação, dando prioridade àquelas que visam a diminuir o número de acidentes e a assegurar a proteção de pedestres".

36. É o que prescreve o art. 1.º, parágrafo único, do referido código, dispondo que "Este Código contém normas destinadas a assegurar a organização e o exercício de direitos políticos precipuamente os de votar e ser votado. Parágrafo único. *O Tribunal Superior Eleitoral expedirá Instruções para sua fiel execução*".

37. ADI 1.946 MC/DF, Pleno, Rel. Min. Sidney Sanches, j. 29.04.1999, quando se suspenderam os efeitos do art. 6.º da Portaria MPAS 4.883/1998, editada a título de regulamentar dispositivo da EC 20/1998.

Executivo não atuar, segundo a abalizada doutrina de Hely Lopes Meirelles[38], a lei passa a ser aplicável e não mais dependente de regulamentação.

José dos Santos Carvalho Filho[39], amparado nas lições de Hely Lopes Meirelles, ensina que:

> "Com tal fundamento, se for ultrapassado o prazo de regulamentação sem a edição do respectivo decreto ou regulamento, a lei deve tornar-se exequível para que a vontade do legislador não se afigure inócua e eternamente condicionada à vontade do administrador. Nesse caso, os titulares de direitos previstos na lei passam a dispor de ação com vistas a obter do Judiciário decisão que lhes permita exercê-los, com o que estará sendo reconhecido que a lei deve ser aplicada e observada. Entre as ações cabíveis está, como vimos, o mandado de injunção, remédio adequado conforme a natureza do direito dependente da regulamentação".

O segundo caso ocorre quando a lei prescreve que a lei depende de regulamentação, porém não estipula prazo para tanto, hipótese em que, segundo o mestre carioca, "a ausência, na lei, de fixação de prazo para a regulamentação afigurasse-nos inconstitucional, uma vez que não pode o Legislativo deixar ao exclusivo alvedrio do Executivo a prerrogativa de só tornar a lei exequível quando julgar conveniente. Primeiramente, inexiste tal prerrogativa na Constituição. E depois tal situação equivaleria a uma disfarçada delegação de poderes, o que é proibido no vigente sistema constitucional"[40].

6.8.7. Decreto autônomo

Decretos autônomos seriam aqueles expedidos pelo chefe do Poder Executivo com o condão de disciplinar matérias baseados diretamente na Constituição Federal. Seriam atos primários e originários, possuindo a mesma força que a lei. Poderiam criar direitos e obrigações.

Analisando o art. 5.º, II, da Carta Magna, percebe-se que não há espaço para referidos decretos, pois o comando constitucional é expresso ao enunciar que *ninguém será obrigado a fazer ou deixar de fazer alguma coisa senão em virtude de lei.*

Portanto, não há espaço para o chefe do Executivo, por meio de Decretos, criar obrigações e direitos para terceiros.

Todavia, *existe uma hipótese*, generalizadamente citada pelos administrativistas, em que *o decreto* emanado do Chefe do Executivo *não irá disciplinar uma lei preexistente*, mas irá dispor de forma originária sobre o assunto. É o caso previsto no art. 84, VI, "a", que dispõe que compete ao Presidente da República, por meio de Decreto, *dispor sobre* "*organização e funcionamento da administração federal, quando não implicar aumento de despesa nem criação ou extinção de órgãos públicos*".

Nesse caso, percebe-se que *o Decreto é autônomo, porém extremamente limitado*, pois apenas pode dispor sobre organização e funcionamento da administração federal e, ainda assim, quando não implicar aumento de despesa nem criação ou extinção de órgãos públicos.

Assim, nesse contexto limitado, entendemos que existe o decreto autônomo válido, porém extremamente limitado e não afetando o comando constitucional do art. 5.º, II, da CF.

---

38. MEIRELLES, Hely Lopes. *Direito administrativo brasileiro*. 35.ed. atual. por Eurico de Andrade Azevedo, Délio Balestero Aleixo e José Emmanuel Burle Filho. São Paulo: Malheiros, 2009, p. 131.
39. *Manual de Direito Administrativo*. 24. ed., Lumen Juris, 2011, p. 57.
40. *Idem.*

A par desse exemplo citado, geralmente indicado como o único aceito pela doutrina, podemos encontrar, na verdade, outros exemplos de decretos autônomos válidos, uma vez que decorrentes do próprio texto constitucional, bastando que se examine o artigo referente às competências do Presidente da República (art. 84 da CF/1988).

Caso evidente é o do já tradicional decreto natalino de indulto, editado com base no art. 84, XII, da Carta Magna. Não é decreto regulamentar, visto que nem o Código Penal, nem a Lei de Execução Penal disciplinam a matéria[41], competindo apenas ao Presidente da República decidir as hipóteses em que se reconhecerá o direito, que é, ademais, originado diretamente do decreto, tampouco é ato administrativo individual, por ser indistintamente aplicado a todos que se enquadram nas hipóteses elencadas, ressalvando-se, evidentemente, o caso específico, e pouco comum, do indulto individual, denominado pela doutrina de "graça".

6.8.8. Atos normativos autônomos

O tópico acima tratou do Decreto autônomo, em que concluímos pela sua existência, porém de forma extremamente limitada.

O fato é que existem outros atos normativos, que não a lei, que disciplinam direta mente a Constituição Federal, porém, cada um deles, afeto à sua área de regulamentação.

É o caso, por exemplo, do Conselho Nacional de Justiça – CNJ e do Conselho Nacional do Ministério Público – CNMP, que editam atos normativos de natureza primária e originária, portanto, autônomos, porém limitados ao ingresso nas carreiras e desenvolvimento das atividades ligadas ao Poder Judiciário e ao Ministério Público. Não nos parece correto, no entanto, como infelizmente temos verificado na prática, que tais órgãos editem disposições que são próprias da legislação processual, e que devem estar exclusivamente afetas ao Congresso Nacional. Nesse pormenor, é pródiga a atuação do CNJ, com a edição de inúmeras resoluções sobre temas tipicamente processuais, todas de constitucionalidade duvidosa. Esse poder normativo, de qualquer modo, ainda que exercido dentro dos limites constitucionais, e embora decorra diretamente da Constituição Federal, em seus arts. 103-B, § 4.º, I, e 130-A, § 2.º, da CF, respectivamente, acrescidos pela Emenda Constitucional 45/2004, não deve se sobrepor às disposições legais gerais que têm seu fundamento de validade, igualmente, extraído diretamente da Magna Carta. Assim, não podem contrariar às disposições dos respectivos estatutos, seja o nacional da magistratura (art. 93 da CF), seja o do Ministério Público (art. 128, § 5º, da CF).

6.8.9. Deslegalização

Alguns autores fazem referência expressa ao fenômeno da *deslegalização*, entendida como forma de "transferência de função sem delegação"[42].

---

41. O primeiro se limita a arrolar o indulto como causa extintiva da punibilidade (art. 107, II), ao passo que a segunda lei apenas regula o processamento do respectivo incidente de execução (arts. 187 a 193).

42. Essa expressão deve ser entendida como "ausência de delegação expressa", em contraposição ao que ocorre, por exemplo, na lei delegada, uma vez que a deslegalização, para ser válida, deve ocorrer dentro dos limites e controles admitidos pelo legislador.

Quem talvez melhor trate do assunto é Diogo de Figueiredo Moreira Neto[43], esclarecendo que, pela deslegalização, "as casas legislativas abrem um espaço normativo, quase sempre de natureza técnica, em que se demitem da função de criar normas legais que outros entes, públicos ou privados, o façam, sob os limites e controles por elas estabelecidos".

Esse fenômeno cresceu muito com a criação das chamadas agências reguladoras nos anos 1990, instituindo-se, nas palavras do próprio autor citado, "uma normatividade derivada" para os setores regulados.

Entretanto, não há nada de novo no fenômeno, assim como o próprio poder regulamentar dessas agências já era de há muito conhecido e exercido em outras instituições sem tal designação, como o Banco Central e a Comissão de Valores Mobiliários.

Mesmo em outros ramos do direito, verificava-se a ocorrência do fenômeno, claramente identificado, por exemplo, no art. 200 da CLT, que outorga ao Ministério do Trabalho e Emprego amplíssima atribuição regulamentar sobre segurança e medicina do trabalho[44].

Como se vê, a chamada deslegalização *nada mais é do que a possibilidade de regulamentação da matéria, apenas genericamente tratada em lei, mas por expressa autorização desta, por órgãos e entidades técnicas especialmente constituídas para esse fim, com função reguladora do setor.*

O que impressiona é o grau de profundidade e amplitude da regulamentação autorizada, que poderia ser entendida em outros contextos como uma verdadeira abdicação legislativa, e o fato de os órgãos competentes exercerem-na não secundariamente à regulamentação feita pelo Chefe do Executivo, mas de forma direta, por expressa autorização legislativa, e até de forma excludente ao poder regulamentar daquele, posto que as agências e equivalentes detêm autonomia legal para exercer tal atribuição.

A denominação do fenômeno, reconhecemos, não é das mais felizes, podendo causar confusão. Deve-se ter em conta que não se trata de espécie equivalente à de ato normativo autônomo. Só podemos admitir a deslegalização como espécie de poder regulamentar e não propriamente como direito de dispor normativamente sem prévia lei autorizativa.

Contudo, diferente do poder regulamentar tradicional, aqui a autorização legislativa é muito ampla, o que somente pode ser justificado, para não caracterizar uma verdadeira abdicação legislativa, pelo altíssimo grau de especialidade técnica da matéria a ser regulada, não sendo razoável que o legislador trate do tema, ainda que de maneira incompleta. Desse modo, ele transfere ao órgão regulador uma parcela considerável da disciplina normativa do setor regulado.

---

43. MOREIRA NETO, Diogo de Figueiredo. *Curso de direito administrativo*: parte introdutória, parte geral e parte especial. Rio de Janeiro: Forense, 2001. p. 33.
44. Detalhadíssima regulamentação sobre a matéria encontramos nas já conhecidas Normas Regulamentadoras (NR's). Sobre o tema, *vide* a Portaria GM 3.214/1978.

REGULAMENTAR	
Objetivo	Regulamentar, sistematizar, complementar a lei para que ela tenha fiel aplicação (art. 84, IV, CF).
Limites	Não pode criar direito novo e nem alterar o disposto na lei, mas apenas regulamentá-la. Por isso, é ato secundário ou derivado.
Formalização	Se feito pelo Chefe do Poder Executivo, é formalizado por meio de Decreto. Se por outras autoridades, depende da forma que a legislação definir, sendo comuns, por exemplo, as Resoluções.
Abuso	Ocorre abuso de poder regulamentar quando a autoridade ultrapassa os limites da regulamentação, passando a dispor de forma originária sobre a matéria, e, portanto, criando direito novo ou alterando a legislação.
Controle	O controle pode ser feito por meio de ações judiciais pelo Legislativo, no caso pelo Congresso Nacional, que, com base no art. 49, V, da CRFB, pode sustar o excesso de poder regulamentar; bem como pela própria Administração, que pode revogar o ato.
Regulamento Autônomo	Há divergência se existe ou não no ordenamento pátrio. No sentido de criar direitos e obrigações para terceiros, não existe por conta do art. 5º, II, da CF, segundo o qual ninguém será obrigado a fazer ou deixar de fazer alguma coisa senão em virtude de lei. Todavia, é admissível, quando se limitar a dispor sobre organização e funcionamento da Administração, quando não implicar a criação ou extinção de órgão público, bem como não gerar aumento de despesas, conforme prescreve o art. 84, VI, da CRFB.

6.9. PODER DE POLÍCIA

6.9.1. Introdução

Como visto, a Administração atua sempre voltada à satisfação do interesse público, porém a gestão dos interesses da coletividade é algo muito mais complexo que a administração de uma empresa ou de uma casa, por exemplo.

Sabedor disso, o ordenamento jurídico criou uma série de competências diferenciadas para a boa gestão do interesse público. Dentre essas competências, destacam-se aqueles que legitimam o agente público a fiscalizar as atividades desenvolvidas pela iniciativa privada[45] e, em caso de ilegalidades, reprimi-las.

---

45. Não obstante, a própria Administração também está sujeita ao poder de polícia, como, por exemplo, o caso de uma estatal como a Petrobras, que, se poluir o meio ambiente, estará sujeita ao poder de polícia do IBAMA. Registre-se, também, caso julgado pelo STJ: "Administrativo. Poder de polícia. *Aplicação de multa pelo Procon à empresa pública federal. Possibilidade.* 1. A proteção da relação de consumo pode e deve ser feita pelo Sistema Nacional de Defesa do Consumidor – SNDC

O poder de polícia é um instrumento essencial e necessário à boa gestão dos interesses coletivos de forma que, se inexistisse, a vida em sociedade seria um verdadeiro caos. É necessário que o Estado realize permanente atividade de fiscalização sobre o uso da liberdade e propriedade de terceiros para que estes não coloquem em risco o interesse público.

Assim, podemos dizer, *o poder de polícia está diretamente ligado às atividades fiscalizatórias, seja para evitar um potencial dano à coletividade* (poder de polícia preventivo), *seja para reprimir uma atividade ilegal* (poder de polícia repressivo).

Por se tratar de atividades fiscalizatórias, conforme explicado, todos os órgãos e entidades que possuem atribuições legais nesse sentido exercem o poder de polícia.

6.9.2. Conceito

Podemos conceituar poder de polícia como *a competência (ou o poder) que a Administração possui de limitar, condicionar e restringir direitos e interesses de terceiros, especialmente os ligados à liberdade e propriedade, em nome do interesse público.*

6.9.3. Exemplos de poder de polícia

Como registrado, o poder de polícia está ligado às fiscalizações realizadas pela Administração Pública de atividades de terceiros, bem como à repressão de condutas ilegais por parte deles. Nesse contexto, podemos afirmar que são exemplos de manifestação do poder de polícia:

  a) *As fiscalizações realizadas pela Administração que condicionam o desempenho lícito de certas atividades privadas, como, por exemplo, fiscalização do Corpo de Bombeiros para liberar a obra, fiscalização do Município para deferir a licença para construção etc.*

  b) *Fiscalizações objetivando a constatação e repressão de ilegalidades, como, por exemplo, blitz realizada pela Polícia Militar, fiscalização do PROCON em um supermercado, fiscalização da Vigilância Sanitária em uma peixaria etc.*

  c) *Aplicação de penalidades e medidas administrativas de repressão com o objetivo de punir o infrator pela prática de atos ilegais, como, por exemplo, a apreensão de mercadorias, veículos, destruição de bens inapropriados ao consumo, embargo de obra irregular, multa etc*

Cite-se, ainda, a recente lei 13.425/2016, que estabelece diretrizes gerais sobre medidas de prevenção e combate a incêndio e a desastres em estabelecimentos, edificações e áreas de reunião de público, cujo artigo 3º, de forma muito elucidativa, enuncia que: *cabe ao Corpo de Bombeiros* **Militar planejar, analisar, avaliar, vistoriar, aprovar e fiscalizar as medidas de prevenção e combate a incêndio e a desastres em estabelecimentos, edificações e áreas de reunião de público**, *sem prejuízo das prerrogativas municipais no controle das edificações e do uso, do parcelamento e da ocupação do solo urbano e das atribuições dos profissionais responsáveis pelos respectivos projetos.*

– conforme dispõem os arts. 4.º e 5.º do CDC, e é de competência do Procon a fiscalização das operações, inclusive financeiras, no tocante às relações de consumo com seus clientes, por incidir o referido diploma legal. 2. Recurso especial não provido" (STJ – REsp 1103826/RN 2008/0245275-6, Rel. Min. Mauro Campbell Marques, j. 23.06.2009, 2.ª T., *DJe* 06.08.2009).

6.9.4. Fundamento do poder de polícia

O poder de polícia está ligado à restrição, limitação e condicionamento de interesses e direitos de terceiros em nome do interesse público. Nesse sentido, percebe-se que o fundamento que enseja todas essas restrições é justamente o objetivo de preservação e alcance do interesse coletivo, razão pela qual se pode afirmar que o fundamento do poder de polícia é a *supremacia do interesse público sobre o interesse privado*.

6.9.5. Necessidade do poder de polícia

O poder de polícia é indispensável à boa gestão dos interesses públicos. Não temos como imaginar a gestão da *res publica*, com inúmeros problemas sociais, econômicos, etc., sem que o agente possua essa prerrogativa diferenciada.

Como poderia haver o controle da segurança no trânsito, se o agente público não pudesse multar e apreender o veículo de um condutor embriagado? Como se poderia garantir a saúde pública se a ANVISA não pudesse apreender e destruir alimentos inapropriados ao consumo?

Inclusive, em caso de omissão específica do exercício do referido poder, em havendo dano, o Estado pode responder civilmente por omissão, bem como o agente que deixou de atuar, disciplinarmente.

É o caso, por exemplo, de em uma blitz o policial liberar um condutor embriagado. Por lei, o agente deveria apreender o veículo, pois, na condição que o condutor se encontra, ele leva um risco à sociedade. Todavia, o agente não apreende o veículo e libera o condutor que, logo em seguida, se envolve em um acidente. Nesse caso, além de a vítima poder processar esse condutor, também será possível o ajuizamento de ação em face do Estado por omissão (não exercício do poder de polícia, quando podia e devia ter agido).

Além disso, identificado o agente que foi omisso, ele pode responder a um PAD, a uma ação de regresso na parte cível, bem como, criminalmente, por crime de prevaricação (art. 319 do CP).

6.9.6. Competências para o exercício do poder de polícia

O Brasil adotou a forma federativa de Estado e houve, consequentemente, uma distribuição de competências entre a União, os Estados, os Municípios e o Distrito Federal. Os assuntos que envolvem mais interesse nacional foram conferidos à União (art. 21 da CF), assuntos que envolvem mais interesse regional ficam sob a fiscalização estadual (art. 25 da CF) e os de relevância local ficam sob a fiscalização municipal (art. 30 da CF). Inclusive, quanto a este último, cite-se a Súmula Vinculante 38 do STF, a qual enuncia *que competente o município fixar o horário de funcionamento de estabelecimento comercial*, bem como a Súmula 419, também do STF, porém sem caráter vinculante, no sentido que *os municípios têm competência para regular o horário do comércio local, desde que não infrinjam leis estaduais ou federais válidas*.

Há ainda competências concorrentes relacionadas ao poder de polícia, o que quer dizer que todos os entes da federação podem realizar a fiscalização, é claro, com limites e regras estabelecidas legalmente, como é o caso de atividades fiscalizatórias relacionadas ao meio ambiente (art. 23, VI e VII, da CF), ao consumo (art. 24, V, da CF) etc.

6.9.7. Tipos de poder de polícia

O poder de polícia pode se manifestar por meio de atos normativos e atos concretos.

6.9.7.1. Poder de polícia normativo

Há manifestação do *poder de polícia normativo* quando o Estado, por meio de normas gerais e abstratas, limita, condiciona e restringe direitos e interesses de terceiros. Aqui, *nessa concepção ampla de poder de polícia*, estaria inserida, além da função administrativa, a função legislativa.

Podemos citar como exemplo o Plano Diretor Urbano de uma cidade que limite a construção em certo bairro a edifícios de cinco pavimentos. Note que o proprietário, de acordo com o Código Civil, possui o direito de usar, gozar e dispor do bem, porém, esse direito é limitado por meio do PDU, que apenas autoriza a construção a, no máximo, cinco andares.

O poder de polícia normativo, justamente por ser norma geral e abstrata, não colhe um indivíduo isoladamente, mas todos que se encontram naquela situação limitada, no caso, todos que sejam proprietários de imóveis naquele bairro estão sob a limitação imposta pelo PDU.

Já o poder de polícia concreto pode manifestar-se de forma preventiva e repressiva.

6.9.7.2. Poder de polícia concreto preventivo

O *poder de polícia concreto preventivo* está ligado às fiscalizações e consentimentos emanados pelo poder público que condicionam o exercício lícito de uma atividade a ser desenvolvida pelo particular.

Existem atividades lícitas e atividades ilícitas. Nas atividades lícitas, seu desempenho pode ou não depender de um consentimento ou fiscalização prévia por parte do Estado. Por exemplo, ir ao shopping e fazer compras é uma atividade lícita que não depende de consentimento do Estado. Passear pelas praças, ruas, avenidas, calçadão, é permitido independentemente de qualquer autorização.

Ocorre que há outras atividades que, por mais que sejam lícitas, dependem de um consentimento. Por exemplo, caso um empresário queira construir uma boate, tal atividade é licita, porém depende de uma licença, que será antecedida de análise do projeto, fiscalização do local, aprovação do Corpo de Bombeiros etc.

Note que a atividade é lícita, porém seu desenvolvimento legal depende da fiscalização e do consentimento do Estado.

O mesmo se passa para que um cidadão possa dirigir veículo. A atividade de dirigir é permitida, porém, condicionada à obtenção da habilitação que depende de fiscalização e consentimento do Estado.

Veja o que dispõe os arts. 140 e 147 do Código de Trânsito Brasileiro:

"Art. 140. A habilitação para conduzir veículo automotor e elétrico será apurada por meio de exames que deverão ser realizados junto ao órgão ou entidade executivos do Estado ou do Distrito Federal, do domicílio ou residência do candidato, ou na sede estadual ou distrital do próprio órgão, devendo o condutor preencher os seguintes requisitos:

(...)

Art. 147. O candidato à habilitação deverá submeter-se a exames realizados pelo órgão executivo de trânsito, na seguinte ordem:

I – de aptidão física e mental;

(...)

III – escrito, sobre legislação de trânsito;

IV – de noções de primeiros socorros, conforme regulamentação do CONTRAN;

V – de direção veicular, realizado na via pública, em veículo da categoria para a qual estiver habilitando-se".

Esses consentimentos e fiscalizações são expressões do poder de polícia preventivo.

6.9.7.3. Poder de polícia concreto repressivo

Além do poder de polícia preventivo, há o *poder de polícia concreto repressivo*. Aqui, o administrado já se encontra em uma situação de ilegalidade, não sendo possível a prevenção, pois a ilegalidade já foi cometida. Frente a essas circunstâncias e à lesão ao interesse público, o administrador, nos termos da lei, vai reprimir a ilicitude por meio de penalidades e medidas materiais de contenção da ilegalidade.

Isso pode ocorrer de duas formas.

No *primeiro caso* a atividade é lícita, porém condicionada a consentimento e fiscalização estatal prévia, sendo que o administrado a realiza sem a chancela do Poder Público. Nesse caso, quando a Administração tiver conhecimento desse fato, irá intervir reprimindo a ilegalidade.

É o que ocorre, por exemplo, quando o setor de fiscalização de obras de um Município encontra uma obra sendo executada sem a licença necessária que deveria ser dada pelo Município. Nesse caso, a atividade por si só é legal, porém condicionada à obtenção da referida licença. Como o administrado preferiu realizar a obra clandestinamente, sem se submeter ao poder de polícia preventivo do Município, descoberta a ilegalidade, haverá repressão por parte do Poder Público, que, dentre outras coisas, irá embargar a obra, aplicar multa etc.

No segundo caso, a atividade já é proibida por lei, sendo que não caberia o exercício do poder de polícia preventivo.

É o que ocorre, por exemplo, quando um condutor legalmente habilitado dirige embriagado. Note-se que a licença para dirigir foi dada corretamente, porém para que ele pudesse conduzir veículo dentro das leis de trânsito. Se ele dirige embriagado, nesse caso, o Estado flagrando essa ilegalidade irá reprimi-la de imediato, aplicando multa, apreendendo o veículo e instaurando processo administrativo com o objetivo de cassar sua carteira de habilitação etc.[46].

---

46. Apenas um adendo importante! As guardas municipais, **desde que autorizadas por lei municipal**, têm competência para fiscalizar o trânsito, lavrar auto de infração de trânsito e impor multas. Esse

Veja que o CTB, em tal hipótese, já prevê diretamente a adoção da medida repressiva:

> "Art. 165. Dirigir sob a influência de álcool ou de qualquer outra substância psicoativa que determine dependência:
>
> Medida administrativa – recolhimento do documento de habilitação e retenção do veículo, observado o disposto no § 4.º do art. 270 da Lei n.º 9.503, de 23 de setembro de 1997 – do Código de Trânsito Brasileiro".

Note-se que a atividade, por si só, já é ilegal. É o que ocorre também quando um açougue vende carne estragada ou uma farmácia vende produto com finalidade terapêutica sem registro no Ministério da Saúde. Não há, quanto a esses fatos, a possibilidade de exercer o poder de polícia preventivo, somente o repressivo.

6.9.8. A exigibilidade do ato de polícia e a suspensão temporária da execução do poder de polícia repressivo

Em alguns casos previstos em lei, será possível a suspensão temporária da execução do poder de polícia repressivo, ofertando-se ao administrado a faculdade de, em certo prazo, regularizar sua situação.

Primeiramente, para que isso seja possível, a lei tem que autorizar prévia e expressamente. Em segundo, deve-se atentar para o fato de que a continuidade temporária da ilegalidade não pode colocar em risco o interesse público.

É o que ocorre, por exemplo, quando, em uma fiscalização do setor de posturas de um Município, antes de executar um ato punitivo, dá um prazo para que o particular regularize sua situação. Caso este faça a devida regularização, quando voltarem os agentes para nova fiscalização, não haverá mais nada a ser feito. Se, ao contrário, continuar omisso o particular, haverá o exercício definitivo do poder de polícia reprimindo aquela ilegalidade continuada.

Note-se que a intimação para que o administrado voluntariamente se regularizasse goza do *atributo da exigibilidade*, que é uma coerção indireta objetivando compelir o destinatário a se regularizar. Não procedendo dessa forma, haverá o sancionamento, inclusive com medidas de contenção material, como apreensões e embargos, as quais gozam do *atributo da autoexecutoriedade*.

6.9.9. Atributos do poder de polícia

O exercício do poder de polícia é dotado de uma série de qualidades, prerrogativas e atributos diferenciados. Isso em razão do fim cujo exercício da competência é obrigatório, que é a busca do interesse público.

Para o alcance dessa meta indisponível, devem-se agregar qualidades diferenciadas ao exercício dessas competências. A doutrina apresenta três atributos do poder de polícia. São eles: a discricionariedade, a autoexecutoriedade e a coercibilidade.

é o entendimento do STF. Vide:RE 658570/MG, rel. orig. Min. Marco Aurélio, red. p/ o acórdão Min. Roberto Barroso, julgado em 6/8/2015 (repercussão geral) **(Informativo 793)**

6.9.9.1. Discricionariedade

A discricionariedade está ligada à margem de liberdade que o legislador conferiu ao administrador para que este, no exercício de uma competência concreta, fazendo um juízo de critérios de conveniência e oportunidade, adote a conduta que melhor atenda ao interesse público.

Vejamos um exemplo:

É o caso da Lei 6.437/1977, que configura as infrações à legislação sanitária federal e estabelece as sanções respectivas.

No art. 2.º da referida lei está prescrito que, *sem prejuízo das sanções de natureza civil ou penal cabíveis, as infrações sanitárias serão punidas,* alternativa ou cumulativamente, *com as penalidades de: I – advertência; II – multa; III – apreensão de produto; IV – inutilização de produto; V – interdição de produto; VI – suspensão de vendas e/ou fabricação de produto; VII – cancelamento de registro de produto; VIII – interdição parcial ou total do estabelecimento; IX – proibição de propaganda; X – cancelamento de autorização para funcionamento da empresa; XI – cancelamento do alvará de licenciamento de estabelecimento; XI-A – intervenção no estabelecimento que receba recursos públicos de qualquer esfera; XII – imposição de mensagem retificadora; XIII – suspensão de propaganda e publicidade.*

Nota-se que, frente às infrações previstas no art. 10, o fiscal terá uma margem de liberdade para aplicar a(s) penalidade(s) que melhor venha(m) a atender ao interesse público, o que fará levando em consideração, inclusive, as circunstâncias atenuantes e agravantes previstas nos arts. 7.º e 8.º da referida lei. Veja-se que aqui sua conduta quanto ao objeto é discricionária, podendo, no caso concreto, aplicar uma ou várias penalidades sancionando a mesma infração.

A pergunta é: o que significa dizer que o poder de polícia é discricionário? Ele será sempre discricionário?

Em verdade, não se pode afirmar que toda manifestação do poder de polícia é discricionária. Isso seria uma contradição com a realidade normativa. Por exemplo, quando um condutor é abordado embriagado, o agente de trânsito não tem qualquer discricionariedade quanto a que medidas devem ser tomadas.

Vejamos o que dispõe o art. 165 do Código de Trânsito Brasileiro sobre essa infração:

> "Art. 165. *Dirigir sob a influência de álcool ou de qualquer outra substância psicoativa que determine dependência:*
>
> *Infração – gravíssima; Penalidade – multa (cinco vezes) e suspensão do direito de dirigir por 12 (doze) meses;*
>
> *Medida Administrativa – retenção do veículo até a apresentação de condutor habilitado e recolhimento do documento de habilitação".*

Nota-se que, no caso, não há discricionariedade quanto às penalidades a serem aplicadas.

Entretanto, por que é dito que o poder de polícia tem como atributo a discricionariedade? Entendemos que essa afirmação pode ser em razão de que a maioria dos atos do poder de polícia é discricionária. Por exemplo, toda a fase preparatória é discricionária. Assim, trabalhando com a blitz, a lei não dispõe onde, quando e em que horário será feita, sendo toda essa fase preparatória decorrente do cotejo dos conceitos de conveniência e oportunidade quanto à sua execução.

Ainda, em muitas leis, há diversas situações em que a penalidade a ser aplicada poderá variar de acordo com a situação concreta, caso este em que teremos uma discricionariedade quanto à escolha da penalidade, ou seja, na fase de execução do poder de polícia.

6.9.9.2. Autoexecutoriedade

Em regra, os atos de execução patrimonial e de restrição da liberdade de terceiros são provenientes de ordens judiciais. É o processo judicial o meio comum para que tais restrições ocorram.

Assim, caso um determinado indivíduo esteja devendo a outrem e este esteja em estado de miserabilidade, em situação de carência emergencial do dinheiro, ainda assim não poderá fazer uso de meios diretos para a obtenção do crédito, não poderá tomar o dinheiro à força. Inclusive, tal conduta, se ocorrer, será tida como criminosa, podendo ser tipificada como exercício arbitrário das próprias razões (art. 350 do CP)[47].

Nesse caso, deverá o credor ingressar com ação judicial contra o devedor, pleiteando, se já possuir um título executivo, a execução do devedor com a restrição de seu patrimônio. O oficial de justiça irá penhorar seus bens, que posteriormente serão leiloados, e, com o dinheiro das arrematações, será quitado o crédito do credor.

O mesmo se passa em relação à restrição da liberdade. Com exceção da prisão em flagrante (art. 283 do CPP), as demais formas de prisão dependem de ordem escrita do Poder Judiciário.

Ocorre que, nos casos dados, o que está em jogo são interesses individuais e, nesse ponto, diferem dos interesses administrados pela Administração Pública, que é o interesse público, o interesse da coletividade.

E, nesse ponto, pode ocorrer de o interesse público estar na iminência de ser violado, colocando em risco a coletividade, não sendo possível esperar um provimento judicial acautelador.

Foi por conta dos interesses em jogo (no caso, o interesse público) que o legislador abriu uma exceção à regra de execução direta dos atos, autorizando, em alguns casos, ao próprio administrador a diretamente restringir a liberdade e a propriedade de terceiros, sem precisar ir ao Poder Judiciário.

Esse atributo de alguns atos do poder de polícia a doutrina denomina de *autoexecutoriedade*.

Apenas a título de exemplo, como poderia o agente público garantir a segurança no trânsito se não pudesse apreender de imediato um veículo dirigido por condutor embriagado? Como seria garantida a saúde pública, se o PROCON ou a ANVISA não pudessem apreender, de imediato, mercadorias inapropriadas ao consumo?

Nota-se que não há tempo hábil para o ingresso de qualquer medida judicial. Ou se executa diretamente o ato e impede-se o dano ou espera-se o Judiciário e deixa-se o dano efetivar. Não há uma terceira saída.

---

47. O uso da força, pelo próprio particular, para fazer valer seu direito (autotutela) só é admitido em situações excepcionais, justificando-se na impossibilidade de intervenção pronta do poder estatal. É uma exceção ao monopólio estatal da força, adotado em praticamente todas as sociedades civilizadas. Exemplo clássico dessa exceção é o chamado "desforço imediato", também chamado de legítima defesa da posse, ou seja, a defesa imediata, pela força, do direito de posse, quando turbado ou violado, conforme previsto no art. 1.210 do Código Civil brasileiro.

Por fim, *lembre-se que não são todos os atos administrativos que gozam desse atributo, mas apenas aqueles cuja violação do interesse público que se pretende impedir seja iminente. Em regra, há previsão legal!*

Vejamos alguns exemplos em nosso ordenamento jurídico. Citem-se, para elucidar, atos decorrentes do poder de polícia previstos no art. 56 do Código de Defesa do Consumidor (Lei 8.078/1990):

> *"Art. 56. As infrações das normas de defesa do consumidor ficam sujeitas, conforme o caso, às seguintes sanções administrativas, sem prejuízo das de natureza civil, penal e das definidas em normas específicas:*
> *(...)*
> *II – apreensão do produto;*
> *III – inutilização do produto;*
> *(...)*
> *X – interdição, total ou parcial, de estabelecimento, de obra ou de atividade;"*

6.9.9.3. Coercibilidade

Pode ocorrer que, na execução direta do ato (autoexecutoriedade), o destinatário deste, ou seja, o particular sobre o qual os efeitos do ato recairão, venha a opor resistência física ao cumprimento do ato.

Imaginemos, a título de exemplo, o caso de um fiscal da vigilância sanitária que pretende fechar um açougue e tem sua integridade física ameaçada pelo proprietário do estabelecimento. *Nesse caso, tendo em vista a resistência física do administrado, para que a Administração possa executar o ato, ela deverá, dentro dos limites do razoável e proporcional, fazer uso da força física.*

Nesse caso, poderá o agente contar com o apoio policial para garantir a execução do ato. Essa execução coercitiva (e física) do ato, fazendo uso da força policial, se for o caso, é autorizada pelo *atributo da coercibilidade*.

É interessante notar que podem ocorrer casos em que a atividade de polícia tenha o atributo da autoexecutoriedade e não possua o da coercibilidade. É o que ocorre, por exemplo, quando, em uma blitz, o condutor entrega o veículo sem qualquer resistência. Houve a autoexecutoriedade, pois o veículo foi apreendido, porém não foi necessário o uso da força para a consumação do ato.

6.9.10. Delegação do poder de polícia aos particulares

Cabe à Administração Pública a gestão da *res publica*, sendo que, para tanto, é necessário dispor de uma série de ferramentas diferenciadas de gestão incomuns ao direito privado. São os poderes administrativos.

Ao contrário do que ocorre no direito privado, em que a palavra "poder" significa faculdade, no direito público, tendo em vista a indisponibilidade dos fins buscados, *os poderes são de exercício obrigatório*, eis que a utilização destes viabiliza e potencializa o alcance das metas públicas. Por isso, no direito administrativo, se falar em "poder-dever", ou, como quer Celso Antônio Bandeira de Mello, "dever-poder".

O poder de polícia está ligado à possibilidade legal que a Administração possui de limitar, restringir e condicionar direitos de terceiros, especialmente os ligados à propriedade e liberdade, em prol do interesse público.

A questão aqui é saber se o exercício do poder de polícia pode ser objeto de delegação à iniciativa privada.

Como ele decorre da supremacia do interesse público sobre o privado, *o poder de polícia não pode ser delegado*. Ocorre que, na verdade, *certos atos preparatórios do poder de polícia podem ser delegados à iniciativa privada*.

Na doutrina, Celso Antônio Bandeira de Mello[48] assevera que "*existe, ainda, a possibilidade de particulares serem encarregados de praticar ato material sucessivo a ato jurídico de Polícia*, isto é, de cumprimento deste, quando se trata de *executar materialmente ato jurídico interferente apenas com a propriedade dos administrados*; nunca, porém, quando relativo à liberdade dos administrados. Toma-se, por exemplo, a possibilidade de a Administração contratar com empresa privada a demolição ou implosão de obras efetuadas irregularmente e que estejam desocupadas, se o proprietário do imóvel recalcitrar em providenciá-las por seus próprios meios, não obstante devidamente intimado e legitimamente submetido a isto".

Vale lembrar também que o poder de polícia poderá ser apresentado com base em quatro formas de atuação[49]: 1. Ordem de polícia (qualquer ato normativo); 2. Consentimento de polícia (os alvarás em geral); 3. Fiscalização de polícia (atuação preventiva); e 4. Sanção de polícia (atuação repressiva).

O consentimento e a fiscalização, por se tratarem de atos de execução, poderão ser delegados a particulares, o mesmo jamais poderá ocorrer com relação à ordem e à sanção, por se tratarem de atos pautados no poder de império.

Nesse sentido tem julgado o Superior Tribunal de Justiça:

> "*Administrativo. Recurso especial. Multa de trânsito. Necessidade de identificação do agente. Auto de infração.*
>
> *1. Nos termos do artigo 280, § 4.º, do Código de Trânsito, o agente da autoridade de trânsito competente para lavrar o auto de infração poderá ser servidor civil, estatutário ou celetista ou, ainda, policial militar designado pela autoridade de trânsito com jurisdição sobre a via no âmbito de sua competência. O aresto consignou que toda e qualquer notificação é lavrada por autoridade administrativa.*
>
> *2. Certos atos materiais que precedem atos jurídicos de polícia podem ser praticados por particulares, mediante delegação, propriamente dita, ou em decorrência de um simples contrato de prestação. Em ambos os casos (isto é, com ou sem delegação), às vezes, tal figura aparecerá sob o rótulo de 'credenciamento'.*
>
> *3. É descabido exigir-se a presença do agente para lavrar o auto de infração no local e momento em que ocorreu a infração, pois o § 2.º do CTB admite como meio para comprovar a ocorrência 'aparelho eletrônico ou por equipamento audiovisual (...) previamente regulamentado pelo CONTRAN.'*
>
> *4. Recurso especial a que se nega provimento*" (REsp 880.549/DF, Rel. Min. Eliana Calmon, j. 21.10.2008).

---

48. Serviço público e o poder de polícia: concessão e delegação. *Revista de Direito do Estado*, Salvador, n. 7.

49. *Curso de Direito Administrativo*: Parte Introdutória, Parte Geral e Parte Especial. 16. ed. Rio de Janeiro: Forense, 2014. p. 440.

6.9.11. Quem exerce o poder de polícia?

Em razão da expressão "poder de polícia", se poderia imaginar que esse poder é o decorrente apenas das atividades policiais desenvolvidas, por exemplo, pela Polícia Federal, Civil etc., enfim, os chamados órgãos de segurança pública. Não é verdade!

O poder de polícia está ligado à competência que a Administração Pública possui de, em certos casos, limitar, restringir e condicionar direitos e interesses de terceiros em nome do interesse público.

Vimos também que o poder de polícia está intimamente ligado a fiscalizações que o poder público exerce sobre a iniciativa privada.

Assim, as pessoas jurídicas e os órgãos que detêm essa competência legal de exercer fiscalização são chamados de "polícia administrativa", conceito que até pode compreender, em alguns aspectos, atribuições dos órgãos da polícia de segurança, como no caso do registro e porte de arma de fogo, a que os particulares estão sujeitos, e que hoje são de competência da Polícia Federal (arts. 2.º, III, 5.º, § 1.º, e 6.º, § 5.º, da Lei 10.826/2003).

Essa noção também é encontrada na legislação tributária, visto que o exercício do poder de polícia configura fato gerador do tributo taxa, razão pela qual o art. 78 do Código Tributário Nacional – CTN se dá ao trabalho de definir o instituto poder de polícia como "atividade da administração pública que, limitando ou disciplinando direito, interesse ou liberdade, regula a prática de ato ou abstenção de fato, em razão de interesse público concernente à segurança, à higiene, à ordem, aos costumes, à disciplina da produção e do mercado, ao exercício de atividades econômicas dependentes de concessão ou autorização do Poder Público, à tranquilidade pública ou ao respeito à propriedade e aos direitos individuais ou coletivos".

Assim, enquadra-se como exercício de polícia administrativa o exercício de várias das competências de autarquias, como Anvisa, ANS, Cade, Anatel, Ibama, Detrans etc., além de órgãos públicos vinculados à fiscalização trabalhista, de produtos controlados, de defesa do consumidor (Procon's), de posturas municipais, de defesa agropecuária etc.

Já a chamada Polícia Judiciária busca reprimir as condutas tidas como criminosas, sendo representada principalmente pela Polícia Civil e pela Polícia Federal, com atividades reguladas, no pormenor, pelas leis processuais penais[50].

A Polícia Administrativa difere-se da chamada Polícia Judiciária por vários motivos.

A polícia administrativa atua voltada à prevenção e repressão de infrações administrativas, ao passo que a polícia judiciária atua voltada à repressão de infrações penais, embora não em caráter ostensivo.

A polícia administrativa inicia e finaliza sua atuação na própria via administrativa, aplicando as penalidades quando for o caso. Já a polícia judiciária realiza atividades prepa-

---

50. Embora tais instituições possam ter muitas outras atribuições legais, é comum, por exemplo, que se atribua à Polícia Civil, em muitos Estados, a atribuição referente à identificação e expedição de cédulas de identidade e também medicina legal, mediante vinculação dos IML's à sua estrutura. Já a Polícia Federal detém uma série de outras atribuições para além da de polícia judiciária da União, como expedição de passaporte e controle de imigração. A esta última também se incumbiu o papel de polícia ostensiva de segurança marítima, aeroportuária e de fronteiras (art. 144, § 1.º, III, da CF/1988).

ratórias, conduzindo investigações com o objetivo de colher prova de indícios mínimos de autoria e materialidade do crime que será posteriormente enviada ao Ministério Público para, se for o caso, ajuizar a devida ação penal.

6.9.12. Prescrição do poder de polícia

Como cada ente federativo irá atuar com poder de polícia restritamente dentro de suas competências constitucionais e legais, cada um tem autonomia para decidir o prazo dentro do qual as sanções decorrentes desse poder podem ser validamente aplicadas.

O que se quer dizer aqui é que as sanções decorrentes do poder de polícia, em virtude da segurança jurídica, têm um prazo máximo para que sejam impostas.

Portanto, *não prescreve o poder de polícia, propriamente dito*, uma vez que sempre poderá ser exercido pela Administração Pública, já que imanente à sua condição de protetora do interesse coletivo. Mas *prescrevem as imposições ou sanções decorrentes da atuação repressiva do poder de polícia*, ou seja, aquelas decorrentes da verificação de infrações à dimensão de ordenamento da atividade particular, uma vez que não pode o particular estar eternamente sujeito à imposição de sanção por fato praticado há muito tempo.

Na esfera federal, ressalvada qualquer outra disposição especial, vigora o disposto na Lei 9.873/1999, que estabelece o prazo prescricional de cinco anos da ação punitiva da Administração Pública, direta ou indireta, no exercício do poder de polícia, objetivando apurar infração à legislação em vigor (art. 1.º).

Evidentemente, se a infração for continuada, o prazo só começa a contar da cessação da continuidade.

No caso de o fato também constituir crime, a prescrição é regida pela legislação penal (art. 1.º, § 2.º), repetindo-se, também aqui, uma tradicional regra de remissão das legislações sancionatórias administrativas, que para nós traz mais confusão do que solução.

A Lei prevê também casos de suspensão e interrupção do prazo prescricional (arts. 2.º e 3.º).

A Lei também criou regra interessante de prescrição intercorrente, prevendo a possibilidade de que o prazo flua, mesmo que haja processo administrativo em curso, se o processo estiver paralisado há mais de três anos, pendente de despacho ou julgamento (art. 1.º, § 1.º). Essa regra é revolucionária no direito administrativo brasileiro, pois cria mecanismo de impedimento a uma conduta comum, em várias repartições públicas, de se fazer dormitar, por anos a fio, processos administrativos de interesse dos administrados sem qualquer solução.

A declaração de prescrição intercorrente, pela inação do poder público, deverá ser seguida da responsabilização do servidor que dolosa ou culposamente deixou de agir. Em adendo, quanto a esta disposição, entendemos que meras movimentações cartoriais, sem qualquer objetividade ou que não contribuam diretamente para a decisão do caso, não devem ser consideradas como causas interruptivas da prescrição.

Como havia muita controvérsia sobre a aplicação ou não da prescrição da pretensão executória de multas impostas no exercício do poder de polícia, a Lei 11.941/2009 acrescentou o art. 1.º-A à Lei 9.873/1999, para explicitar que o prazo de cinco anos para a imposição da penalidade é distinto do prazo de cinco anos para a cobrança desta, quando já constituída aquela, aproximando-se, portanto, das já tradicionais e conhecidas noções e regras do CTN sobre a matéria. Assim, o primeiro prazo seria, na verdade, decadencial, e apenas o segundo, referente à pretensão executória, seria, propriamente, prescricional.

Anteriormente a essa legislação, a doutrina e a jurisprudência, a fim de não se dar guarida à tese da imprescritibilidade, entendiam correto aplicar analogicamente as disposições do Decreto 20.910/1932, afastando-se, ademais, as regras gerais de prescritibilidade da legislação civil, uma vez que, do contrário, criar-se-ia uma situação anti-isonômica entre a Administração e o administrado[51].

Por coerência, se, no âmbito estadual ou municipal, não houver regra específica ou mesmo uma norma geral de prescrição administrativa, como a Lei 9.873/1999, entendemos que deve continuar tendo aplicação aquele entendimento que, ao fim e ao cabo, também consagra o prazo prescricional quinquenal. Recentemente, o STJ confirmou a não incidência das disposições da Lei 9.783/99 no âmbito dos Estados, não podendo ser declarada, por exemplo, a prescrição intercorrente pela paralisação do processo por mais de três anos, por falta de uma regra geral aplicável a todos os entes da Federação (2ª Turma, AgRg no REsp. 1.566.304/PR, rel. Min. Herman Benjamin, j. 10/03/2016).

Em resumo gráfico, temos:

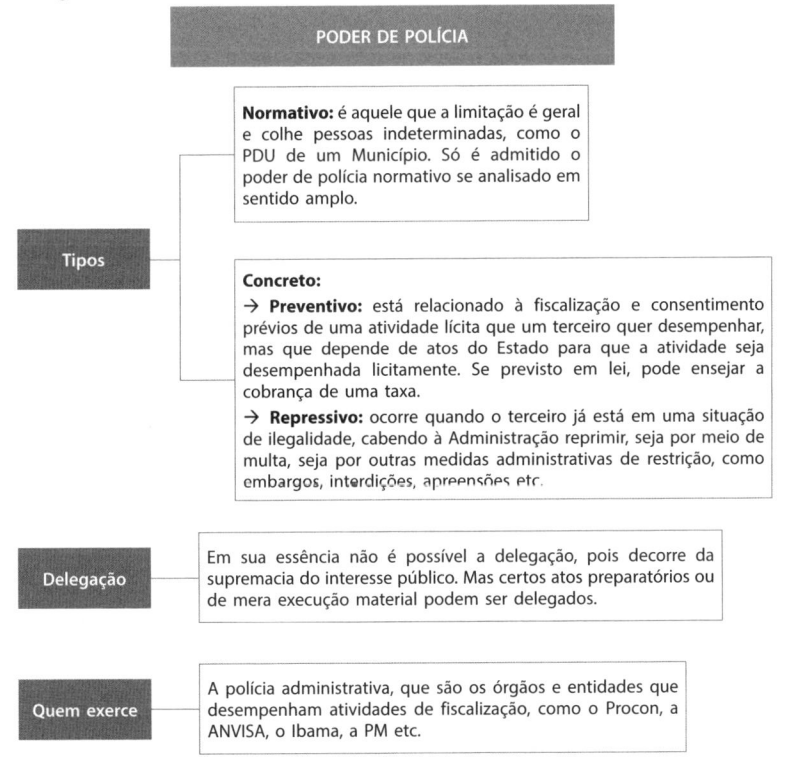

PODER DE POLÍCIA

Tipos
- **Normativo:** é aquele que a limitação é geral e colhe pessoas indeterminadas, como o PDU de um Município. Só é admitido o poder de polícia normativo se analisado em sentido amplo.
- **Concreto:**
  → **Preventivo:** está relacionado à fiscalização e consentimento prévios de uma atividade lícita que um terceiro quer desempenhar, mas que depende de atos do Estado para que a atividade seja desempenhada licitamente. Se previsto em lei, pode ensejar a cobrança de uma taxa.
  → **Repressivo:** ocorre quando o terceiro já está em uma situação de ilegalidade, cabendo à Administração reprimir, seja por meio de multa, seja por outras medidas administrativas de restrição, como embargos, interdições, apreensões etc.

Delegação: Em sua essência não é possível a delegação, pois decorre da supremacia do interesse público. Mas certos atos preparatórios ou de mera execução material podem ser delegados.

Quem exerce: A polícia administrativa, que são os órgãos e entidades que desempenham atividades de fiscalização, como o Procon, a ANVISA, o Ibama, a PM etc.

Síntese em um gráfico só!

---

51. O tema restou pacificado pelo STJ quando do julgamento do REsp 1.105.442/RJ, 1ª Seção, Rel. Min. Hamilton Carvalhido, j. 09.12.2009.

	PODER DE POLÍCIA
Ideia	Está ligado a atividades fiscalizatórias do Estado. É o poder que a Administração possui de limitar, condicionar e restringir direitos e obrigações, especialmente à liberdade e à propriedade, em prol do interesse público.
Fundamento	Seu fundamento é o princípio da supremacia do interesse público.
Base legal	Art. 78 do CTN.
Exemplos	Apreensões de produtos inapropriados para o consumo, fechamento de estabelecimento, interdição de atividades, apreensão de veículos em blitz.
Tipos	**Normativo**: é aquele que a limitação é geral e colhe pessoas indeterminadas, como o PDU de um Município. Só é admitido o poder de polícia normativo se analisado em sentido amplo. **Concreto:** **Preventivo:** está relacionado à fiscalização e consentimento prévios de uma atividade lícita que um terceiro quer desempenhar, mas que depende de atos do Estado para que a atividade seja desempenhada licitamente. Se previsto em lei, pode ensejar a cobrança de uma taxa.
Tipos	**Repressivo:** ocorre quando o terceiro já está em uma situação de ilegalidade, cabendo à Administração reprimir, seja por meio de multa, seja por outras medidas administrativas de restrição, como embargos, interdições, apreensões etc.
Limites	Os principais limitadores do poder de polícia são: a lei, os princípios da proporcionalidade, da razoabilidade e da impessoalidade.
Controle	Pode ser administrativo, por meio de recursos, ou judicial.
Atributos	**Discricionariedade**: significa que, em regra, a Administração tem uma margem de liberdade quanto à conduta que tomará. Essa é a regra, mas existe atividade de polícia vinculada. **Autoexecutoriedade:** é o atributo que autoriza a própria Administração a executar o ato, sem precisar ir ao Poder Judiciário, como nos casos de embargos, interdições, apreensões etc. **Coercibilidade:** é o uso da força física institucional do Estado quando for necessário para fazer valer a executoriedade, em caso de resistência do terceiro.
Pode ser cobrado	No preventivo, pode ensejar a cobrança de taxa, se houver previsão legal de sua instituição.
Delegação	Em sua essência não é possível a delegação, pois decorre da supremacia do interesse público. Mas certos atos preparatórios ou de mera execução material podem ser delegados, pois não é a essência desse poder .

PODER DE POLÍCIA	
Quem exerce	A polícia administrativa, que são os órgãos e entidades que desempenham atividades de fiscalização, como o Procon, a ANVISA, o Ibama, a PM etc.

6.10. SÚMULAS DO SUPREMO TRIBUNAL FEDERAL

PODERES ADMINISTRATIVOS	
STF 55: Militar da reserva está sujeito a pena disciplinar.	STF 56: Militar reformado não está sujeito a pena disciplinar.
STF 645: É competente o município para fixar o horário de funcionamento de estabelecimento comercial.	STF 646: Ofende o princípio da livre concorrência lei municipal que impede a instalação de estabelecimentos comerciais do mesmo ramo em determinada área.
STF 649: É inconstitucional a criação, por constituição estadual, de órgão de controle administrativo do Poder Judiciário do qual participem representantes de outros poderes ou entidades	STF 473. A administração pode anular seus próprios atos, quando eivados de vícios que os tornam ilegais, porque deles não se originam direitos; ou revogá-los, por motivo de conveniência ou oportunidade, respeitados os direitos adquiridos, e ressalvada, em todos os casos, a apreciação judicial.
STF Vinculante 38. É competente o município para fixar o horário de funcionamento de estabelecimento comercial.	STF Vinculante 49. Ofende o princípio da livre concorrência lei municipal que impede a instalação de estabelecimentos comerciais do mesmo ramo em determinada área.
STF 397. O poder de polícia da Câmara dos Deputados e do Senado Federal, em caso de crime cometido nas suas dependências, compreende, consoante o regimento, a prisão em flagrante do acusado e a realização do inquérito.	STF 419. Os municípios têm competência para regular o horário do comércio local, desde que não infrinjam leis estaduais ou federais válidas.
STF 346. A Administração Pública pode declarar a nulidade dos seus próprios atos.	

6.11. SÚMULAS DO SUPERIOR TRIBUNAL DE JUSTIÇA

PODERES ADMINISTRATIVOS	
STJ 19: A fixação do horário bancário, para atendimento ao público, é da competência da união.	STJ 127: É ilegal condicionar a renovação da licença de veículo ao pagamento de multa, da qual o infrator não foi notificado.

PODERES ADMINISTRATIVOS	
STJ 312: No processo administrativo para imposição de multa de trânsito, são necessárias as notificações da autuação e da aplicação da pena decorrente da infração.	STJ 396: A Confederação Nacional da Agricultura tem legitimidade ativa para a cobrança da contribuição sindical rural.
STJ 510: A liberação de veículo retido apenas por transporte irregular de passageiros não está condicionada ao pagamento de multas e despesas.	

6.12. SÍNTESE DO TEMA

PODERES ADMINISTRATIVOS		
Conceito	São prerrogativas diferenciadas de gestão do interesse coletivo pela Administração Pública. Têm caráter instrumental, sendo atribuídos por lei à Administração Pública para garantir a efetividade do princípio da supremacia do interesse público sobre o privado.	
Aspecto dúplice	Os poderes apenas foram conferidos aos gestores, pois estes possuem o dever de alcançar o interesse público. Por isso, têm aspecto dúplice (poder-dever).	
Características	Irrenunciáveis	O gestor não pode renunciá-los, pois os poderes não são dele. São criados por lei, cabendo ao administrador apenas exercê-los.
	Inderrogáveis	Não podem ser negociados, transacionados.
	Imprescritíveis	O não uso da competência não gera a perda da competência normativa. Mas, o não exercício concreto pode resultar na perda do direito de praticar determinado ato em determinado processo.
	De exercício obrigatório	O não exercício, quando obrigatório, pode gerar responsabilidade civil do Estado, bem como funcional do agente.
Abuso de poder	Excesso	Ocorre se o gestor ultrapassar os limites de sua competência legal.
	Desvio	Ocorre se, apesar de possuir competência, o gestor atuar buscando outro fim que não o interesse público. Ex.: remoção com o objetivo de punir o servidor.

PODERES ADMINISTRATIVOS	
Poderes Administrativos em espécie	
VINCULADO	
Ideia	Toda a atividade administrativa é vinculada, não sendo dada ao administrador qualquer liberdade quanto à conveniência e à oportunidade na prática do ato e da conduta.
Elementos vinculados	No exercício do Poder Vinculado, o ato dele decorrente possui todos os seus elementos vinculados, ou seja, já definidos em lei.
Mérito	O ato vinculado NÃO possui mérito, pois este nada mais é que o exercício correto da discricionariedade.
Controle	Basta fazer uma análise entre o ato e a lei com base na qual o mesmo foi feito. Trata-se de controle de legalidade.
Excesso de poder	Ocorre se o agente, apesar das limitações legais, ultrapassar os limites de sua competência, por exemplo, se ele aplicar penalidade distinta daquelas que a lei prevê.
Exemplos	Licença-maternidade, multa de trânsito, aposentadoria compulsória.
DISCRICIONÁRIO	
Necessidade	É impossível a gestão dos interesses públicos de mãos atadas, sem liberdade nem flexibilidade.
Ideia	Por isso foi conferido pelo legislador ao gestor uma margem de liberdade para que, analisando a conveniência e a oportunidade da situação, verifique qual conduta melhor atende ao interesse público.
Elementos discricionários	No caso dos atos discricionários existem elementos vinculados e outros discricionários. São vinculados: competência, forma e finalidade. São discricionários: motivo e objeto.

PODERES ADMINISTRATIVOS	
Mérito	Existe apenas nos atos discricionários. É o exercício legítimo da discricionariedade, ou seja, o manejo correto da conveniência e a oportunidade sobre os motivos e objeto ao praticar o ato.
Controle	Legalidade: se o ato administrativo ferir qualquer disposição legal que deva incidir no caso concreto, deverá ser anulado.
	Mérito: se o ato não mais for oportuno e conveniente para o interesse público, poderá ser revogado.
Exemplos	Autorização de uso de bem público, nomeação ou exoneração de alguém em cargo em comissão, decisão quanto ao melhor momento de se empreender uma fiscalização aplicação de penalidade quando houver faculdade legal de escolha entre várias possíveis etc.
HIERÁRQUICO	
Ideia	A Administração Pública é toda hierarquizada e, em decorrência disso, existe o poder dos órgãos e agentes superiores de coordenar, ordenar e controlar as atividades dos órgãos e agentes subordinados.
Decorrências	**Delegação:** é a transferência temporária e parcial, com ou sem reservas, de uma competência de uma autoridade ou órgão superior a um agente ou a um órgão subordinado, devendo ser publicada em *Diário Oficial*. Há matérias que não podem ser delegadas, como: atos de caráter normativo, julgamento de recursos administrativos e atos de competência exclusiva (vide art. 13 da Lei 9.784/1999).
Decorrências	**Avocação:** é o fenômeno inverso, ou seja, quando a autoridade superior atribui para si a competência do subordinado e pratica o ato. É excepcional e tem que ser devidamente justificada. Ato de competência exclusiva não pode ser avocado. Não deve ser adotada com caráter de permanência, sendo, por natureza, transitória. (vide art. 15 da Lei 9.784/1999).
	Poder de revisão: poder de rever os atos dos subordinados, anulando os ilegais e revogando os legais, porém não mais convenientes e oportunos.

PODERES ADMINISTRATIVOS	
Exemplos	Delegação de uma autoridade superior para que a subordinada dê posse a servidor aprovado em concurso público.
DISCIPLINAR	
Ideia	É o poder que a Administração possui de punir internamente seus agentes pela prática de ato infracional disciplinar. Esse é o conceito estrito.
Sentido amplo	Em sentido amplo, o poder disciplinar alcança não apenas aqueles que possuem uma relação funcional com a Administração, mas todos que possuem qualquer relação de sujeição especial com a Administração, a exemplo das terceirizadas, concessionárias e permissionárias de serviços públicos, alunos de uma universidade pública etc.
Independência das instâncias	Muitas vezes, o mesmo fato que configura uma infração disciplinar também se encaixa em outros tipos infracionais, como um crime, um ato de improbidade administrativa etc., razão pela qual, por conta do princípio da independência das instâncias, poderão ser instaurados diversos processos ao mesmo tempo, cada um regido por suas normas e possibilitando sanções distintas.
Controle	O controle pode ser feito administrativa e judicialmente, sendo demonstrado que houve erro no procedimento ou na aplicação da sanção.
Exemplos	Demissão de servidor, aplicação de uma declaração de inidoneidade a uma empresa terceirizada, decretação de caducidade de um contrato de concessão, expulsão de um aluno de uma universidade pública.
REGULAMENTAR	
Objetivo	Regulamentar, sistematizar e complementar a lei para que tenha fiel aplicação. Art. 84, IV, da CF/1988 trata do tema no âmbito federal, como prerrogativa do Presidente da República.

PODERES ADMINISTRATIVOS	
Limites	Não pode criar direito novo nem alterar o disposto na lei, apenas regulamentá-la. Por isso é ato secundário ou derivado.
Formalização	Se feito pelo Chefe do Poder Executivo, é formalizado por meio de Decreto. Se por outras autoridades, depende da forma que a legislação definir, sendo comuns, por exemplo, as Resoluções.
Abuso	Ocorre abuso de poder regulamentar quando a autoridade ultrapassa os limites da regulamentação, passando a dispor de forma originária sobre a matéria e, portanto, criando direito novo ou alterando a legislação.
Controle	O controle pode ser feito por meio de ações judiciais ou pelo Legislativo. No âmbito do Legislativo federal, pelo Congresso Nacional que, com base no art. 49, V, da CF/1988, pode sustar o excesso de poder regulamentar. A própria Administração também pode revogar o ato.
Regulamento autônomo	Há divergência se existe ou não no ordenamento pátrio. No sentido de criar direitos e obrigações para terceiros, não existe, devido ao art. 5.º, II, da CF, segundo o qual "ninguém será obrigado a fazer ou deixar de fazer alguma senão em virtude de lei". Todavia, o regulamento autônomo é admissível quando se limitar a dispor sobre organização e funcionamento da Administração, quando não implicar a criação ou extinção de órgão público, bem como não gerar aumento de despesas, conforme prescreve o art. 84, VI, da CF/1988. Quando editado em clara invasão à competência legislativa, pode ser questionado por meio de ação direta de inconstitucionalidade, visto que a inconstitucionalidade não será meramente reflexa.
Ideia	Está ligado a atividades fiscalizatórias do Estado. É o poder de limitar, condicionar e restringir direitos e interesses de terceiros, especialmente quanto à liberdade e à propriedade, em prol do interesse público.
Fundamento	Princípio da supremacia do interesse público.
Base legal	Art. 78 do CTN. A legislação tributária se preocupa em conceituá-lo posto ser o exercício do poder de polícia um dos fundamentos constitucionais da imposição de taxa (art. 145, II, da CF/1988).

PODERES ADMINISTRATIVOS	
Exemplos	Apreensões de produtos inapropriados para o consumo, fechamento de estabelecimento, interdição de atividades, apreensão de veículos em *blitz*.
Tipos	**Normativo:** a limitação é geral e colhe pessoas indeterminadas, como o PDU de um Município. Só é admitido o poder de polícia normativo se analisado em sentido amplo. **Concreto** *Preventivo:* está relacionado à fiscalização e ao consentimento prévios de uma atividade lícita cujo desempenho por terceiros depende desses atos do Estado para que a atividade seja executada licitamente. Se previsto em lei, pode ensejar a cobrança de uma taxa. *Repressivo:* ocorre quando o terceiro já está em situação de ilegalidade, cabendo à Administração reprimir, seja por meio de multa ou por outras medidas administrativas de restrição, como embargos, interdições, apreensões etc.
Limites	Os principais limitadores do poder de polícia são: a lei, os princípios da proporcionalidade, da razoabilidade e da impessoalidade.
Controle	Pode ser administrativo, por meio de recursos, ou judicial.
Atributos	**Discricionariedade:** significa que, em regra, a Administração tem uma margem de liberdade quanto à conduta que tomará, porém existe atividade de polícia vinculada. **Autoexecutoriedade:** autoriza a própria Administração a executar o ato, sem precisar ir ao Poder Judiciário, como nos casos de embargos, interdições, apreensões etc. **Coercibilidade:** utiliza a força física institucional do Estado, quando necessário, para fazer valer a executoriedade, em caso de resistência do terceiro.
Pode ser cobrado	No preventivo, pode ensejar a cobrança de taxa, se houver previsão legal de sua instituição.

PODERES ADMINISTRATIVOS	
Delegação	Em sua essência, não, pois decorre da supremacia do interesse público. Entretanto, atos preparatórios ou de mera execução material podem, pois não é a essência desse poder (ex.: instalação de radares em rodovia).
Quem exerce	A polícia administrativa, que são os órgãos e entidades que desempenham atividades de fiscalização, como o Procon, os órgãos da vigilância sanitária, defesa agropecuária, fiscalização ambiental, como o IBAMA, fiscalização do trabalho, das construções etc. Poder de Polícia, assim, tem conceito muito mais amplo do que o de polícia de segurança, embora os órgãos componentes desta também possam exercer atribuições previstas de polícia administrativa, como, por exemplo, que a Polícia Federal exerce sobre as atividades de segurança privada.

6.13. QUESTÕES

1. **(Conhecimentos Básicos/ANTAQ – CESPE/2014) Em relação aos atos administrativos, aos agentes públicos, aos poderes administrativos e à responsabilidade do Estado, julgue o item que se segue.**

   O ato de delegação de competência, revogável a qualquer tempo pela autoridade delegante, decorre do poder administrativo hierárquico.

2. **(Conhecimentos Básicos/ANATEL – CESPE/2014) Julgue o item seguinte, referente a agentes públicos e poder de polícia.**

   A autoexecutoriedade de certos atos de poder de polícia é limitada, não sendo possível que a administração, por exemplo, condicione a liberação de veículo retido por transporte irregular de passageiros ao pagamento de multa anteriormente imposta.

3. **(Titular de Serviços de Notas e de Registros/TJ-SE – CESPE/2014) Acerca dos poderes administrativos, assinale a opção correta.**

   a) Se for causada por insuficiência de provas, a absolvição de servidor réu em ação penal aberta devido a fato apurado também em processo administrativo levará à absolvição desse servidor também no âmbito administrativo.

   b) De acordo com o STJ, manifesta-se o poder discricionário quando o juiz impõe a pena ao condenado após sentença condenatória.

   c) Com relação a poder hierárquico, pode ser objeto de delegação pelo superior hierárquico a decisão referente a recursos administrativos.

d) O poder de polícia, em sua dupla acepção, restringe-se a atos do Poder Executivo.

e) A autorização de uso de bem público é ato praticado pela administração pública no exercício do poder vinculado.

4. **(Procurador do Estado Substituto/PGE-PI – CESPE/2014) A respeito de poder de polícia, limitações administrativas, direito de propriedade e desapropriação, assinale a opção correta.**

   a) A desapropriação se dará por motivos de utilidade pública ou interesse social, uma vez que se restringe à transferência de bem imóvel de terceiro para o poder público.

   b) A prerrogativa do poder de polícia permite à administração o condicionamento e a restrição de uso e gozo de bens, atividades e direitos individuais e é exercida, no âmbito de cada estado-membro, pelos órgãos de controle interno e pela polícia civil do estado.

   c) No exercício da atividade de polícia, a administração pode atuar tanto por meio de atos normativos dotados de alcance geral, quanto por meio de atos concretos, a exemplo dos atos sancionatórios.

   d) Se, em determinado município, nas obras de implantação de rede elétrica, em certo trecho, for necessário passar o cabeamento por baixo de um imóvel de propriedade do estado, o município poderá instituir servidão administrativa sobre esse imóvel, em razão do interesse público envolvido.

   e) Caso um imóvel antigo, de propriedade de um cidadão, se situe no centro histórico de um município e retrate a arquitetura de determinada época do país, a anuência desse cidadão será condição de procedibilidade de eventual processo de tombamento do citado imóvel, tendo em vista que o direito constitucional de propriedade impede que se processe ao tombamento de forma compulsória.

5. **(Titular de Serviços de Notas e de Registros/TJ-SE – CESPE/2014) A respeito dos poderes da administração, assinale a opção correta.**

   a) No que diz respeito ao poder de polícia, entende o STJ que, na hipótese de determinado veículo ser retido apenas por transporte irregular de passageiro, a sua liberação não está condicionada ao pagamento de multas e despesas.

   b) Configura hipótese de desvio de poder a atuação do agente público que extrapole os limites de suas atribuições, previstas em lei.

   c) De acordo com o STJ, fica caracterizado o poder discricionário da administração pública no ato administrativo de indeferimento de pleito de servidor para gozar de licença para tratar de interesse particular, sendo lícito o controle pelo Poder Judiciário na hipótese de manifesta ilegalidade, mas não na de motivação inidônea.

   d) Decorrente do poder hierárquico, a avocação temporária de competências pelo superior hierárquico é permitida sempre que ele entender ser ela conveniente.

   e) No que tange ao poder disciplinar, entende o STJ ser obrigatória a intimação do interessado para apresentar alegações finais após o relatório final de processo administrativo disciplinar apresentado pela comissão processante, em respeito à ampla defesa e ao contraditório.

6. **(Técnico Judiciário/TJ-SE – CESPE/2014) No tocante aos atos e aos poderes administrativos, julgue o próximo item.**

    No exercício do poder administrativo disciplinar, a administração pode aplicar punições aos particulares que cometam infrações, independentemente de estes se sujeitarem às regras do regime administrativo.

7. **(Técnico Judiciário/TJ-CE – CESPE/2014) Considere que a prefeitura de determinado município tenha concedido licença para reforma de estabelecimento comercial. Nessa situação hipotética, assinale a opção em que se explicita o poder da administração correspondente ao ato administrativo praticado, além das classificações que podem caracterizá-lo.**

    a) poder de polícia, ato unilateral e vinculado
    b) poder hierárquico, ato unilateral e vinculado
    c) poder disciplinar, ato bilateral e discricionário
    d) poder de polícia, ato bilateral e discricionário
    e) poder disciplinar, ato unilateral e discricionário

8. **(Técnico Judiciário/TJ-CE – CESPE/2014) A respeito dos poderes da administração, assinale a opção correta.**

    a) A delegação de atribuições de um órgão público para outra pessoa jurídica configura exemplo de desconcentração administrativa.
    b) Ao tomar conhecimento da ocorrência de infração disciplinar, a administração deve, em um primeiro momento, avaliar a conveniência e oportunidade da instauração de processo administrativo.
    c) O poder regulamentar é prerrogativa conferida à administração pública para expedir normas de caráter geral, em razão de eventuais lacunas, com a finalidade de complementar ou modificar a lei.
    d) Em respeito ao princípio da separação dos poderes, o Congresso Nacional não pode sustar ato normativo do Poder Executivo.
    e) Um dos meios pelo quais a administração exerce seu poder de polícia é a edição de atos normativos de caráter geral e abstrato.

9. **(Técnico Judiciário/TJ-CE – CESPE/2014) Assinale a opção correta no que se refere aos poderes e deveres dos administradores públicos.**

    a) Caracteriza-se desvio de finalidade quando o agente atua além dos limites de sua competência, buscando alcançar fins diversos daqueles que a lei permite.
    b) Há excesso de poder quando o agente, mesmo que agindo dentro de sua competência, exerce atividades que a lei não lhe conferiu.

c) Em caso de omissão do administrador, o administrado pode exigir, por via administrativa ou judicial, a prática do ato imposto pela lei.

d) No exercício do poder hierárquico, os agentes superiores têm competência, em relação aos agentes subordinados, para comandar, fiscalizar atividades, revisar atos, delegar, avocar atribuições e ainda aplicar sanções.

e) O poder de agir da administração refere-se à sua faculdade para a prática de determinado ato de interesse público.

10. **(Técnico Judiciário/TJ-CE – CESPE/2014) Considere que a prefeitura de determinado município tenha concedido licença para reforma de estabelecimento comercial. Nessa situação hipotética, assinale a opção em que se explicita o poder da administração correspondente ao ato administrativo praticado, além das classificações que podem caracterizá-lo.**

   a) poder disciplinar, ato bilateral e discricionário
   b) poder de polícia, ato bilateral e discricionário
   c) poder disciplinar, ato unilateral e discricionário
   d) poder de polícia, ato unilateral e vinculado
   e) poder hierárquico, ato unilateral e vinculado

11. **(Técnico Judiciário/TJ-CE – CESPE/2014) A respeito dos poderes da administração, assinale a opção correta.**

   a) Em respeito ao princípio da separação dos poderes, o Congresso Nacional não pode sustar ato normativo do Poder Executivo.
   b) Um dos meios pelos quais a administração exerce seu poder de polícia é a edição de atos normativos de caráter geral e abstrato.
   c) A delegação de atribuições de um órgão público para outra pessoa jurídica configura exemplo de desconcentração administrativa.
   d) Ao tomar conhecimento da ocorrência de infração disciplinar, a administração deve, em um primeiro momento, avaliar a conveniência e oportunidade da instauração de processo administrativo.
   e) O poder regulamentar é prerrogativa conferida à administração pública para expedir normas de caráter geral, em razão de eventuais lacunas, com a finalidade de complementar ou modificar a lei.

12. **(Técnico Judiciário/TJ-CE – CESPE/2014) Assinale a opção correta no que se refere aos poderes e deveres dos administradores públicos.**

   a) Em caso de omissão do administrador, o administrado pode exigir, por via administrativa ou judicial, a prática do ato imposto pela lei.
   b) No exercício do poder hierárquico, os agentes superiores têm competência, em relação aos agentes subordinados, para comandar, fiscalizar atividades, revisar atos, delegar, avocar atribuições e ainda aplicar sanções.

c) O poder de agir da administração refere-se à sua faculdade para a prática de determinado ato de interesse público.

d) Caracteriza-se desvio de finalidade quando o agente atua além dos limites de sua competência, buscando alcançar fins diversos daqueles que a lei permite.

e) Há excesso de poder quando o agente, mesmo que agindo dentro de sua competência, exerce atividades que a lei não lhe conferiu.

13. **(Analista Judiciário/TJ-CE – CESPE/2014) No tocante aos poderes da administração pública, assinale a opção correta.**

    a) O poder disciplinar é aquele exercido pela administração pública para apurar infrações e aplicar penalidades aos servidores públicos e aos empregados terceirizados que lhe sejam subordinados.

    b) O poder de polícia, em sentido amplo, estende-se à atividade do Estado de condicionar a liberdade e a propriedade, ajustando-as aos interesses coletivos, o que abrange os atos do Judiciário, do Legislativo e do Executivo.

    c) Na hipótese de o presidente da República editar decreto que exorbite do poder regulamentar, é possível a sustação do referido ato normativo do Poder Executivo pelo Congresso Nacional.

    d) Caso um agente público atue fora dos limites de sua competência, ficarão caracterizados tanto o excesso quanto o desvio de poder.

    e) Decorre do poder hierárquico a possibilidade de delegação da edição de atos de caráter normativo, devendo o ato de delegação ser publicado em meio oficial.

14. **(Analista Judiciário/TJ-CE – CESPE/2014) Em relação aos poderes administrativos, assinale a opção correta.**

    a) As prerrogativas do Poder Legislativo incluem a sustação dos atos normativos do Poder Executivo que exorbitem do poder regulamentar.

    b) O poder discricionário não é passível de controle pelo Poder Judiciário.

    c) O desvio de poder configura-se quando o agente atua fora dos limites de sua competência administrativa.

    d) Nenhum ato inerente ao poder de polícia pode ser delegado, dado ser expressão do poder de império do Estado.

    e) O poder hierárquico restringe-se ao Poder Executivo, uma vez que não há hierarquia nas funções desempenhadas no âmbito dos Poderes Legislativo e Judiciário.

15. **(Titular de Serviços de Notas e de Registros/TJ-DF – CESPE/2014) A respeito dos poderes administrativos, assinale a opção correta.**

    a) Desde que haja previsão legal, é possível o exercício do poder de polícia, em especial a realização de atos coercitivos, por pessoa jurídica da iniciativa privada não integrante da administração pública.

b) O poder disciplinar e o hierárquico fundamentam a aplicação de sanção administrativa a particular que, contratado pela administração, descumpra obrigações contratuais.

c) Insere-se no âmbito do poder regulamentar a competência privativa, não passível de delegação, do presidente da República para expedir decretos para a fiel execução das leis.

d) A interdição de estabelecimentos comerciais, a apreensão de mercadorias e a detenção de pessoas são exemplos de atos praticados pela administração pública no âmbito do poder de polícia.

e) Dada a relação de hierarquia existente entre a União e autarquia federal, é possível a delegação a esta de parte da competência daquela, quando conveniente, em razão de circunstâncias de índole técnica, social, econômica, jurídica ou territorial.

16. **(Titular de Serviços de Notas e de Registros/TJ-DF - CESPE/2014) No que concerne aos atos administrativos, assinale a opção correta.**

    a) É possível a revogação de ato administrativo enunciativo, como uma certidão, caso o ato seja conveniente e oportuno para a administração pública.

    b) Caso o particular obtenha licença para construir e deixe de cumprir as condições que a lei exige para tanto, deve a administração extinguir o referido ato administrativo por meio de cassação.

    c) Incorre no vício de desvio de poder o agente público que exceda os limites de sua competência ao aplicar a subordinado penalidade além dos imites de sua alçada.

    d) A imposição e a execução de multa estabelecida pela administração pública a particular independem de decisão judicial, dado o atributo da autoexecutoriedade dos atos administrativos.

    e) A falta de motivação do ato administrativo configura vício insanável, visto que atinge o elemento motivo, indispensável às ações da administração pública.

17. **(Titular de Serviços de Notas e de Registros/TJ-DF - CESPE/2014) Com relação aos poderes administrativos, assinale a opção correta.**

    a) A polícia administrativa realiza atividades fiscalizatórias e repressivas e suas ações incidem sobre bens, serviços e pessoas.

    b) Ao buscar uma finalidade, ainda que de interesse público, alheia à categoria do ato que utilizou, o agente público competente incorre em excesso de poder.

    c) Os atos administrativos praticados no exercício do poder de polícia não são suscetíveis de controle judicial, uma vez que se caracterizam por coercibilidade e autoexecutoriedade.

    d) A atividade da administração pública que, mediante atos normativos ou concretos, limita ou condiciona a liberdade e a propriedade dos indivíduos, de acordo com o interesse coletivo, refere-se ao exercício do poder regulamentar.

e) A avocação e a delegação de competência são atos administrativos praticados no exercício do poder hierárquico da administração pública.

18. **(Analista de Administração Pública/TC-DF - CESPE/2014) Considere que, durante uma fiscalização, fiscais do DF tenham encontrado alimentos com prazo de validade expirado na geladeira de um restaurante. Diante da ocorrência, lavraram auto de infração, aplicaram multa e apreenderam esses alimentos. Com base na situação hipotética apresentada, julgue o item subsecutivo.**

    A aplicação de multa ao estabelecimento comercial decorre do poder disciplinar da administração pública.

19. **(Analista de Administração Pública/TC-DF - CESPE/2014) Considere que, durante uma fiscalização, fiscais do DF tenham encontrado alimentos com prazo de validade expirado na geladeira de um restaurante. Diante da ocorrência, lavraram auto de infração, aplicaram multa e apreenderam esses alimentos. Com base na situação hipotética apresentada, julgue o item subsecutivo.**

    Diante do risco à saúde da população, as mercadorias com prazo de validade expirado poderão ser imediatamente apreendidas, mesmo antes da abertura de processo administrativo e sem prévio contraditório do proprietário do estabelecimento.

20. **(Analista Legislativo/Câmara dos Deputados - CESPE/2014) No que concerne aos poderes administrativos, julgue o item subsequente.**

    Há exigibilidade de taxas em razão do efetivo exercício do poder de polícia.

GABARITO

1 – Certo	2 – Certo	3 – B
4 – C	5 – A	6 – Errado
7 – A	8 – E	9 – C
10 – D	11 – B	12 – A
13 – C	14 – A	15 – C
16 – B	17 – E	18 – Errado
19 – Certo	20 – Certo	

7

ATOS ADMINISTRATIVOS

Sumário: 7.1. Introdução – **7.2.** Ato administrativo como espécie de ato jurídico diferenciado – **7.3.** as mutações decorrentes do regime jurídico administrativo – **7.4.** conceito de ato administrativo – **7.5.** Atos da administração – **7.6.** Fatos administrativos – **7.7.** Omissões administrativas e seus efeitos jurídicos – **7.8.** Elementos ou requisitos do ato administrativo: **7.8.1.** Competência; **7.8.2.** Forma; **7.8.3.** Motivo; **7.8.4.** Objeto; **7.8.5.** Finalidade – **7.9.** Atributos dos atos administrativos: **7.9.1.** Considerações iniciais; **7.9.2.** Quais são os atributos que um ato administrativo pode ter?; **7.9.3.** Análise dos atributos – **7.10.** Espécies de atos administrativos: **7.10.1.** Nominação dos atos conforme as formas adotadas para sua exteriorização; **7.10.2.** Nominação dos atos administrativos em razão de seu objeto ou conteúdo – **7.11.** Extinção do ato administrativo; **7.11.1.** Anulação e revogação do ato administrativo.

7.1. INTRODUÇÃO

Como foi visto, a Administração Pública atua sempre com o objetivo de satisfazer o interesse público. Afinal de contas, ela é a responsável pela gestão dos interesses coletivos, dado o fato que o povo, verdadeiro titular do poder, não teria como fazê-lo diretamente. Foi por essa razão que ela foi idealizada e construída.

Tendo em vista a alta complexidade da gestão dos interesses da coletividade, que está ligada a problemas sociais, atividades de fomento, de polícia administrativa etc., é necessário que a Administração Pública possua um regime jurídico diferenciado a regê--la. Esse conjunto normativo diferenciado é chamado de *regime jurídico administrativo* e é composto por normas que atribuem diversas prerrogativas ao Estado.

Foi visto que os agentes públicos, contingente humano do Estado, devem seguir a lei no desenvolvimento de suas atividades, até porque a lei é produto da vontade do povo, que, como dito, é o verdadeiro titular do poder.

Por isso, e nesse ponto concordamos com Seabra Fagundes[1], administrar nada mais é do que aplicar a lei de ofício. Quando um agente público aplica a lei em um caso concreto, ele estará produzindo uma norma individual e concreta, que, em regra, é o ato administrativo.

---

1. *O controle jurisdicional dos atos administrativos pelo Poder Judiciário*. 5. ed. Rio de Janeiro: Forense, 1979, p. 4-5.

7.2. ATO ADMINISTRATIVO COMO ESPÉCIE DE ATO JURÍDICO DIFERENCIADO

Esse ato produzido pelo Estado é importante para o Direito e este atribuiu efeitos jurídicos àquele comportamento, o que nos leva a concluir que o ato produzido pela Administração é um ato jurídico.

Ato jurídico é uma manifestação da vontade humana capaz de produzir efeitos jurídicos, ou seja, constituir, modificar ou extinguir direitos ou obrigações. O art. 81 do revogado Código Civil (Lei 3.071/1916) conceituava-o como todo o ato lícito que tenha por fim imediato adquirir, resguardar, transferir, modificar ou extinguir direitos.

Observe-se que o novo Código Civil (Lei 10.406/2002) abandonou o conceito, adotando no lugar a regra do seu art. 185, que nada acrescenta de útil. O novo Código, no entanto, consagrou a já tradicional distinção de ato jurídico e negócio jurídico, transferindo para este último boa parte dos conceitos e regras que antes eram aplicados ao primeiro.

Entretanto, ato administrativo é uma espécie de ato jurídico, e não de negócio jurídico, pois decorre de uma manifestação unilateral de vontade da Administração Pública, capaz de produzir efeitos jurídicos, dentro de um regime jurídico público, sendo essas características as que o qualificam e o diferenciam dentro da categoria de atos jurídicos.

7.3. AS MUTAÇÕES DECORRENTES DO REGIME JURÍDICO ADMINISTRATIVO

Ao contrário dos atos jurídicos comuns, cujo arquétipo é previsto no Código Civil, os atos produzidos pela Administração são normalmente feitos sob a incidência de um regime jurídico diferenciado (regime jurídico público) e por isso sofrem uma série de mutações na sua estrutura.

Esse ato produzido pela Administração e que é feito sob o regime jurídico público é conhecido por *ato jurídico administrativo*, o qual será chamado, doravante, de *ato administrativo*.

Dentre as mutações decorrentes do regime jurídico público ao qual se submete o comportamento administrativo e que irá resultar no ato administrativo, tem-se o surgimento de *dois novos elementos* (motivo e finalidade), bem como uma série de qualidades especiais chamada de *atributos do ato administrativo*.

7.4. CONCEITO DE ATO ADMINISTRATIVO

Diante do que foi dito, podemos conceituar atos administrativos como toda declaração unilateral de vontade do Estado, ou de quem lhe faça as vezes, que visa criar, modificar, extinguir e confirmar relações jurídicas, feita sob o regime jurídico administrativo e que visa atender, direta ou indiretamente, o interesse público.

7.5. ATOS DA ADMINISTRAÇÃO

Como visto, para que o produto do comportamento administrativo seja um ato administrativo, é necessário que ele seja feito sob a incidência do regime jurídico administrativo, ou seja, sob a regência das normas de direito público e, ainda, como produto da aplicação da lei.

Ocorre que nem todos os comportamentos praticados pela Administração são feitos nesses termos. Assim, pautados na melhor doutrina, cabe-nos distinguir os *atos da Administração* dos *atos administrativos*. Os primeiros são todos e quaisquer atos praticados pela Administração Pública, nessa categoria se inserindo, além dos atos administrativos, os *atos materiais* (realização de uma cirurgia em um hospital público, ministério de uma aula em uma escola púbica etc.), os *atos regidos pelo direito privado*, que são aqueles praticados em condições semelhantes ao particular e, por isso, sem supremacia, tal como ocorre com a assinatura de um cheque, abertura de uma conta em um banco estatal, os *atos políticos*, que são feitos diretamente com base na Constituição Federal, dotados de grande discricionariedade política, como é o caso do veto a um projeto de lei, a decretação de intervenção da União em um Estado, a apresentação de um projeto de lei etc.

Os atos administrativos, como visto, além de decorrerem da aplicação da lei (conduta infralegal), devem ser feitos sob a incidência do regime jurídico administrativo. É interessante notar que os atos da Administração são feitos pela Administração Pública, porém os atos administrativos, apesar de normalmente serem feitos por agentes da Administração, também podem ser praticados por particulares, como ocorre no caso de concessionárias e permissionárias de serviços públicos.

Estas não se inserem no conceito formal de Administração Pública, são empresas privadas com fins lucrativos, porém, por força de delegação contratual (chamada por alguns de descentralização por colaboração), desempenham atividade pública, no caso, prestam serviços públicos à coletividade e, nesse contexto, praticam, com limites, atos administrativos.

7.6. FATOS ADMINISTRATIVOS

Tradicionalmente, fato jurídico é um conceito mais genérico que ato jurídico, pois exprime qualquer acontecimento, com ou sem intervenção humana, capaz de produzir efeitos jurídicos[2].

Assim, da mesma forma que atos jurídicos e negócios jurídicos, eventos da natureza, também podem produzir efeitos jurídicos, como a morte e o transcurso do tempo. Igualmente, também atos ilícitos são produtores de efeitos jurídicos, o que é reconhecido no Código Civil atual, posto que todos são enquadrados como subespécies de fatos jurídicos.

Há divergência doutrinária sobre a abrangência e conceito de fato administrativo. Para Maria Sylvia Zanella Di Pietro[3], tem-se por fato administrativo todo e qualquer compor-

---

2. Existe uma categorização mais restrita, denominada de "fato jurídico em sentido estrito", no qual somente se enquadram os eventos da natureza que produzem efeitos jurídicos, como um incêndio natural, um alagamento ou uma tempestade. Haverá a produção de efeitos jurídicos se, em decorrência de tais eventos, a propriedade de alguém, por exemplo, for afetada.
3. *Direito Administrativo*. 24. ed. São Paulo: Atlas, 2011, p. 192.

tamento que produz efeitos no campo do direito administrativo, como, por exemplo, a morte de um funcionário, que produz a vacância de seu cargo, o decurso do tempo, que produz a prescrição administrativa etc.

Celso Antônio Bandeira de Mello[4] diz que os comportamentos puramente materiais da Administração, os quais foram classificados também como espécies de atos da Administração, são fatos administrativos. Seriam exemplos: a pavimentação de uma rua, a realização de uma cirurgia em um hospital público etc.

Uma importante diferença entre os atos administrativos e os fatos administrativos é que: *a) atos administrativos podem ser anulados e revogados, já os fatos administrativos não; b) os atos administrativos gozam de atributos diferenciados, como a presunção de legitimidade, de veracidade, a imperatividade*, já os fatos administrativos não possuem esses atributos, entre outras.

A verdade é que não há consenso sobre o tema e cada autor define o instituto de forma diferente.

7.7. OMISSÕES ADMINISTRATIVAS E SEUS EFEITOS JURÍDICOS

As omissões também geram repercussões para o Direito. Algumas delas são consideradas fatos jurídicos. No direito administrativo, podemos analisar o fenômeno da omissão administrativa sob diversos enfoques, porém trabalhar-se-á com a omissão da prática de um ato administrativo e seus efeitos jurídicos.

Como o ordenamento jurídico disciplina a omissão na prática de um ato administrativo? Ele pode trabalhar com a omissão de várias formas diferentes. Por exemplo, pode prescrever que a omissão possa significar o deferimento ou indeferimento de um pedido. Isso tem que estar expresso na lei.

Veja-se um exemplo hipotético. Determinada legislação que disciplina dado assunto prevê que o administrado pode pleitear à Administração uma autorização para o exercício de uma atividade e estipula para esta um prazo de dez dias para apreciar o pedido. Se no referido prazo ela não apresentar uma resposta, significa que houve o indeferimento do pleito.

Em casos como o narrado, a omissão se convola em ato concreto de negativa, sendo *ato coator* para efeitos de mandado de segurança. E, nesse contexto, que fique claro, o prazo decadencial começa a contar da data em que finda o prazo para a Administração se manifestar, não podendo ser confundida com as hipóteses em que a omissão administrativa não instaura o prazo para a impetração do *writ* constitucional.

Há, ainda, situações em que implicitamente a omissão gera efeitos práticos imediatos contrários aos interesses do administrado, hipótese em que há a abertura do prazo decadencial para manuseio do mandado de segurança. É o que ocorre, por exemplo, em um concurso público.

Hoje é pacífico na jurisprudência do Superior Tribunal de Justiça e do Supremo Tribunal Federal que o candidato aprovado dentro do número de vagas tem direito subjetivo à nomeação. Ocorre que a Administração tem até o último dia do prazo de validade do

---

4. *Curso de direito administrativo*. 29. ed. São Paulo: Malheiros, 2012, p. 388.

certame para promover a nomeação dos candidatos. Se, dentro desse prazo, em que há discricionariedade da Administração para decidir o momento da nomeação, o Poder Público não providenciar a nomeação do candidato, inicia-se imediatamente após o fim daquele o prazo de 120 dias para o candidato impetrar o *mandamus* pleiteando sua nomeação.

Nesse sentido é o posicionamento do *Superior Tribunal de Justiça*:

> *"Agravo regimental. Recurso ordinário. Processual civil. Mandado de segurança. Administrativo. Concurso público. Nomeação. Ato omissivo. Decadência. 1. Esta Corte firmou entendimento segundo o qual, em se tratando de impetração contra a ausência de nomeação de aprovados em concurso público, a contagem do prazo decadencial de cento e vinte dias deve ser iniciada com o término do prazo de validade do certame. 2. Agravo regimental improvido"* (STJ, AgRg-RMS 21.764/ES, Proc. 2006/0069113-2, 6.ª T., Rel. Min. Maria Thereza de Assis Moura, DJ 03.11.2009).

Em se tratando de ação ordinária, segue-se a regra do Decreto 20.910/1932, que prescreve o prazo de cinco anos para o ajuizamento de ação em face da Fazenda Pública, a contar da data em que houve a lesão ao direito.

Em certas situações, a jurisprudência reconhece a possibilidade de que a omissão tenha caráter continuado, sempre renovando-se o prazo prescricional de eventual ação judicial que vise questionar o ato omissivo, caso, por exemplo, da demora da Administração Pública em dar cumprimento integral à portaria ministerial que reconhecia direitos de anistiados políticos (STJ, 1ª Seção, MS 21.490/DF, rel. Ministra Assusete Magalhães, j. 13/05/2015).

Por outro lado, existem situações em que a omissão da Administração não gera qualquer direito ao administrado.

Voltando ao caso do concurso público, a Administração tem até o fim do prazo de validade do certame para promover as nomeações dos candidatos aprovados. Se o prazo do concurso é de dois anos e pode ser prorrogado por mais dois anos, a Administração tem todo esse período para decidir qual o momento mais oportuno e conveniente para começar a promover as nomeações. Inclusive, ela sequer é obrigada a chamar todos de uma vez só, porém é necessário que observe a ordem de classificação dos aprovados.

Assim, se em um concurso foram aprovados, dentro do número de vagas, 50 candidatos, pode a Administração, logo após a homologação do certame, nomear apenas dois candidatos (os aprovados em 1.º e 2.º lugar) e nomear os demais no momento que entender mais oportuno dentro do prazo de validade do concurso.

Porém, há situações em que a Administração pratica algum outro ato que é incompatível com a omissão lícita até então existente, e, por conta desse comportamento incompatível com a omissão em nomear os candidatos aprovados dentro do número de vagas, surge para o candidato aprovado, que possuía a expectativa de ser nomeado a qualquer momento dentro do prazo de validade do concurso, o direito à imediata investidura.

É o que se passa quando a Administração faz contratações precárias ao longo do prazo de validade do certame, como, por exemplo, convênio, contratação temporária, terceirização de mao de obra para a mesma atividade dos candidatos aprovados, nomeia para cargo comissionado servidor que desenvolverá as mesmas atividades do candidato aprovado em concurso público etc.

Em casos como o narrado, há uma quebra da omissão lícita e abre-se o prazo decadencial para a impetração do mandado de segurança. Veja, nesse sentido, o posicionamento do *Superior Tribunal de Justiça*.

> "Administrativo. Concurso público. Nomeação de candidato. Ato omissivo. Relação de trato sucessivo. Decadência não configurada. Recorrente classificado em primeiro lugar. Contratação temporária dentro do prazo de validade do certame. Direito subjetivo à nomeação. Precedentes. Recurso ordinário provido. 1. Em se tratando de ato omissivo, consistente em não nomear candidato aprovado em concurso público, a relação é de trato sucessivo, que se renova continuamente, razão pela qual não há decadência do direito de impetrar mandado de segurança, desde que referido direito seja exercido dentro do prazo de validade do certame. Precedentes. 2. Embora aprovado em concurso público, tem o candidato mera expectativa de direito à nomeação. Porém, tal expectativa se transforma em direito subjetivo para os candidatos aprovados dentro das vagas previstas no edital se, dentro do prazo de validade do certame, há contratação precária ou temporária para exercício dos cargos. 3. Hipótese em que o próprio recorrente firmou contrato de trabalho por tempo determinado, que vem se renovando há longa data, para a função de Médico, especialidade gastroenterologia, na cidade de Chapecó/SC, exatamente para o qual prestou concurso público e foi aprovado em 1.º lugar, demonstrando a necessidade perene de vaga. 4. Recurso ordinário provido" (STJ, RMS 21.123/SC, 5.ª T., Rel. Min. Arnaldo Esteves Lima, DJ 06.08.2007).

Ainda, dentro do contexto das omissões, há situações em que o silêncio da Administração não dá qualquer sinal sobre o acatamento ou não do pleito do administrado, diversamente do narrado nos parágrafos anteriores. É o que ocorre, por exemplo, na hipótese em que o administrado pleiteia um ato à Administração, como uma licença ou uma permissão, e ela simplesmente queda-se omissa. Nesse caso, como fazer o controle dessa omissão?

Há duas possibilidades. Se a lei prevê um prazo para a análise do pedido, o administrado pode informar a mora da Administração e insistir na análise do pleito ou manejar ação judicial pleiteando liminar no sentido de compelir a Administração para analisar o pedido imediatamente, sob pena de multa diária ao responsável pela omissão.

Há um segundo caso em que a lei simplesmente é omissa quanto ao prazo para análise ou julgamento do pleito do administrado, caso em que este poderá ir a juízo pleitear medida liminar para que a Administração, em prazo razoável decidido pelo magistrado, analise e julgue o pleito do administrado, sob pena de multa diária a partir do implemento do prazo estipulado no *decisum*. O STJ, por exemplo, já entendeu razoável a fixação do prazo de 60 (sessenta) dias para que o Ministro de Estado da Justiça proferisse decisão em processo administrativo, em tramitação há mais de 10 (dez) anos, em que pensionista visava a revisão do respectivo benefício (MS 15.598/DF, 1ª Seção, rel. Min. Mauro Campbell Marques, j. 28/09/2011).

Observe-se que nas situações de mora administrativa sem previsão legal a regra, como visto, é que o Judiciário fixe prazo para que a Administração Pública tome sua decisão. Ocorre, porém, que em se tratando de serviços que dependem de outorga, autorização ou delegação do Poder Público, pode-se interpretar ser razoável a autorização provisória de funcionamento, principalmente nas renovações, quando verificada a mora administrativa.

Isso se justifica porque o particular faz investimentos e compromete parte de seus recursos financeiros na expectativa da exploração do serviço, apenas aguardando a aquiescência do Poder Público, na maioria das vezes apenas dependente de alguns trâmites burocráticos. Nesse sentido, há interessante decisão do STJ no tocante ao funcionamento de rádio comunitária (REsp 690.811/RS, 1ª Turma, rel. Min. José Delgado, j. 28/06/2005), da qual vale a transcrição de interessante excerto da ementa, que bem resume nosso entendimento sobre a questão da mora administrativa:

> "A Lei 9.784/99 foi promulgada justamente para introduzir no nosso ordenamento jurídico o instituto da Mora Administrativa como forma de reprimir o arbítrio administrativo, pois não obstante a discricionariedade que reveste o ato da autorização, não se pode conceber que o cidadão fique sujeito a uma espera abusiva que não deve ser tolerada e que está sujeita, sim, ao controle do Judiciário a quem incumbe a preservação dos direitos, posto que visa a efetiva observância da lei em cada caso concreto.
>
> O Poder Concedente deve observar prazos razoáveis para instrução e conclusão dos processos de outorga de autorização para funcionamento, não podendo estes prolongar-se por tempo indeterminado, sob pena de violação dos princípios da eficiência e da razoabilidade."

ATOS ADMINISTRATIVOS	Conceito	Toda declaração de vontade do Estado, ou quem lhe faça as vezes, mediante comportamentos infra legais, que visa criar, modificar, extinguir e confirmar relações jurídicas, feitas sob o regime jurídico administrativo, e que pretende atender, direta ou indiretamente, o interesse público	
	Elementos	Subjetivo	Agentes da Administração Pública
			Delegatários: Concessionários e permissionários de serviço público
		Objetivo	Alcançar direta ou indiretamente o interesse público
		Regime jurídico	Regime jurídico de direito público

7.8. ELEMENTOS OU REQUISITOS DO ATO ADMINISTRATIVO

Se pudéssemos colocar o ato administrativo sob a análise de um microscópio, perceberíamos que ele é uno e indivisível, porém é formado por cinco partes indissociáveis. É o que a doutrina chama de *elementos ou requisitos do ato administrativo*.

São eles: *competência, forma, motivo, objeto e finalidade*[5].

7.8.1. Competência

A competência está ligada a quem possui a atribuição legal para agir, para praticar o ato. Como se sabe, a Administração, em razão do princípio da legalidade, só pode agir se

---

5. Para Celso Antônio Bandeira de Melo, só existem dois elementos (forma e objeto), sendo os demais pressupostos. Segundo o referido autor, a competência é pressuposto subjetivo de validade, o motivo é pressuposto objetivo de validade e a finalidade é pressuposto finalístico de validade. *Curso de direito administrativo*. 29. ed. 2012, São Paulo: Malheiros, p. 401.

existir uma lei autorizando ou determinando a conduta. Como afirmou com propriedade Caio Tácito[6], "não é competente quem quer, mas quem pode, segundo a norma de direito".

É importante lembrar que quem vai praticar o ato deve ser um *agente público*, que, em sentido amplo, é todo aquele que, transitória ou permanentemente, com ou sem remuneração, por qualquer vínculo, desempenha função pública. Teremos aqui agentes públicos que pertençam à Administração direta e indireta, de todos os Poderes e de todos os entes da Federação até particulares que colaboram com a administração, como as concessionárias, permissionárias, os agentes honoríficos, a exemplo dos mesários, jurados etc.

7.8.1.1. Características da competência

A competência é irrenunciável, inderrogável, imprescritível e de exercício obrigatório.

É *irrenunciável* pelo fato de que é criada por lei, razão pela qual o agente público – que detém temporariamente aquele cargo, emprego ou função – não pode abrir mão dela, renunciando-a, sob pena de, na prática, ter a força de revogar a lei que conferiu a atribuição àquele cargo. Somente uma nova lei ou uma decisão do STF, em controle de constitucionalidade concentrado, poderá excluir do ordenamento jurídico aquela competência (leia-se: lei que a instituiu).

Inclusive, o art. 11 da Lei 9.784/1999, que regula o processo administrativo no âmbito da Administração Pública Federal, é claro ao prescrever que a "competência é irrenunciável e se exerce pelos órgãos administrativos a que foi atribuída como própria, salvo os casos de delegação e avocação legalmente admitidos". Mais adiante veremos a possibilidade da delegação do exercício da competência de um agente para outro.

É *imprescritível* pelo fato de que o não uso da competência não acarreta a perda da atribuição legal (normativa). Por outras palavras: o não uso da competência não acarreta a revogação da lei que instituiu a competência.

O que é possível ocorrer, e isso não tem relação com a característica da imprescritibilidade, é a possibilidade da perda do direito de exercer aquela competência no caso concreto, ou seja, decai o direito de praticar o ato apenas no caso concreto.

É o caso, por exemplo, de quando a autoridade superior tem conhecimento de que seu subordinado praticou infração disciplinar e, ainda assim, foi omissa e não lhe aplicou qualquer penalidade. Após certo tempo, 120 dias em caso de advertência, dois anos em caso de suspensão e cinco anos em caso de demissão, conforme prazos estabelecidos na legislação federal e aplicável aos respectivos servidores estatutários federais, a autoridade não mais poderá punir aquele servidor, tendo em vista a decadência do direito de praticar o ato no caso concreto.

Também é *inderrogável*, o que significa que a competência de um órgão não se transfere a outro por acordo entre as partes, ou por assentimento do agente da Administração. Fixada em norma expressa, deve a competência ser rigidamente observada por todos[7].

---

6. *Temas de Direito Público:* Estudos e Pareceres. Renovar, 1997, p. 51.
7. CARVALHO FILHO. *Manual de Direito Administrativo.* 24. ed. São Paulo: Atlas, 2011, p. 99.

Por fim, é de *exercício obrigatório*, o que significa que seu exercício constitui um poder, mas também um dever, um poder-dever, no sentido de não estar na livre conveniência do administrador ou do agente público decidir pelo seu exercício ou não.

7.8.1.2. A competência originária e delegada. Considerações sobre a delegação e avocação da competência

A competência sempre decorre da lei, porém sua execução pode se dar pela autoridade que possui originariamente a competência legal para agir, ou aquela que, por ato de delegação, pratica o ato.

Assim, se vai ocorrer uma mudança no exercício da competência e esta decorre da lei, essa mutação apenas pode ocorrer se existir lei autorizando a delegação. Normalmente, nas legislações há previsão da possibilidade da delegação do exercício da competência, como ocorre, por exemplo, na Lei 9.784/1999, diploma que regulamenta o processo administrativo em âmbito federal, em que há previsão expressa no art. 12 que "um órgão administrativo e seu titular poderão, se não houver impedimento legal, delegar parte da sua competência a outros órgãos ou titulares, ainda que estes não lhe sejam hierarquicamente subordinados, quando for conveniente, em razão de circunstâncias de índole técnica, social, econômica, jurídica ou territorial".

O ato de delegação e sua revogação deverão ser publicados no meio oficial, devendo especificar as matérias e poderes transferidos, os limites da atuação do delegado, a duração e os objetivos da delegação e o recurso cabível, podendo conter ressalva de exercício da atribuição delegada. A delegação é um ato discricionário e, como tal, pode ser revogado a qualquer tempo pela autoridade delegante.

Por exemplo, no plano federal, apenas para ficarmos no primeiro escalão da administração respectiva, podemos citar o Decreto 3.035/1999, que delegou aos Ministros de Estado e ao Advogado-Geral da União, vedada a subdelegação, a competência para julgar processos administrativos disciplinares e aplicar penalidades, nas hipóteses de demissão e cassação de aposentadoria ou disponibilidade de servidores. Já o Decreto 8.821/2016 delegou ao Ministro Chefe da Casa Civil praticar atos de provimento de alguns cargos em comissão do Grupo DAS (art. 2.º). Pelo mesmo decreto, aos demais Ministros de Estado foram delegados atos de provimento de funções gratificadas e de cargos de provimento efetivo (art. 3.º). Nesses últimos casos foi admitida a subdelegação (art. 3.º, § 3º)[8].

---

8. Muitos outros exemplos podem ser citados, como o *Decreto 3.125/1999*, que delegou ao Ministro de Estado do Planejamento a competência para autorizar a cessão e alienação de imóveis da União (art. 1.º, I); o *Decreto 3.702/2000*, que delegou ao Ministro de Estado da Defesa a aprovação dos Planos de Convocação para o Serviço Militar Inicial das Forças Armadas; o *Decreto 8.675/2016*, que delegou ao Ministro de Estado da Defesa, vedada a subdelegação, para autorização de exportação de material bélico; o *Decreto 6.559/2008*, que delegou ao Ministro de Estado das Relações Exteriores, vedada a subdelegação, a competência para promoção do pessoal do serviço diplomático, nos casos em que especifica; o *Decreto 3.454/2000*, que delegou ao Ministro de Estado da Previdência Social a competência para designar membros do Conselho Nacional de Previdência Social – CNPS; o *Decreto 7.862/2012*, que delegou ao Ministro de Estado do Planejamento a competência para estabelecer regras de atualização cadastral de aposentados e pensionistas da União, ou ainda; o *Decreto 7.598/2011*, que delegou ao Advogado-Geral da União competência para autorizar a contratação de advogados e especialistas, visando à defesa judicial e extrajudicial de interesse da União no exterior.

Para identificação de quem concretamente praticou o ato, aquele que detém originariamente a competência ou aquele que a exerce por força de ato de delegação, é imperioso que a autoridade a quem se delegou a competência mencione explicitamente essa qualidade, ou seja, que praticou o ato no exercício de competência delegada, sendo que o referido ato considera-se praticado pelo delegado, inclusive para efeitos de responsabilidade funcional e para fins de identificação da autoridade coatora no mandado de segurança.

O fato de a competência poder ser delegada *in abstrato* não significa que toda e qualquer atribuição possa ser objeto de delegação *in concreto*. Por exemplo, em âmbito federal, a Lei 9.784/1999 expressamente proíbe em seu art. 13 a delegação de: *a) atos de caráter normativo; b) decisão de recursos administrativos e c) das matérias de competência exclusiva do órgão ou autoridade.*

Além da delegação, é admissível, porém em caráter excepcional e desde que devidamente justificada, a avocação da competência do subordinado. A avocação é o poder que possui a autoridade superior de chamar para si a competência de um agente subordinado e praticar o ato.

A avocação, ao contrário da delegação, decorre obrigatória e necessariamente do poder hierárquico, sendo que inexiste tal fenômeno onde não há hierarquia[9]. O art. 15 da Lei 9.784/1999 enuncia que "será permitida, em caráter excepcional e por motivos relevantes devidamente justificados, a avocação temporária de competência atribuída a órgão hierarquicamente inferior".

7.8.1.3. A competência como elemento sempre vinculado do ato administrativo

A competência é sempre um elemento vinculado, pois o comportamento administrativo deve estar pautado na lei, razão pela qual esta será sempre o instituto hábil a criar as competências ou autorizar expressamente a delegação destas. Daí não há que se falar em discricionariedade quanto ao elemento competência.

Deve ficar claro que na Administração Pública não é competente quem quer, mas quem possui atribuição para tanto, a qual, por sua vez, é criada pela lei.

7.8.1.4. Vícios relacionados à competência

Alguns vícios ligados ao elemento competência podem afetar a validade do ato. O primeiro deles é o *excesso de poder*, que ocorre quando o agente ultrapassa os limites legais de sua competência, passando a desenvolver atividade sem o amparo legal. Essa conduta ilegal pode ocorrer quando o agente pratica um ato sem qualquer previsão em lei ou quando o ato, apesar de ser previsto em lei, é de atribuição de outro agente.

Há ainda a *usurpação de função*, que, inclusive, constitui crime previsto no art. 328 do Código Penal. Ela ocorre quando a pessoa que pratica o ato não foi por qualquer meio investido no cargo, emprego ou função. Simplesmente, por conta própria, ela passa a exercer atribuições próprias de agente público, sem ter essa qualidade. É o que ocorre,

---

9. Uma exceção a tal afirmação é a avocação prevista em favor da Controladoria-Geral da União – CGU prevista na Lei Anticorrupção Empresarial (art. 8.º, § 2.º da Lei 12.846/2013).

por exemplo, quando um particular se passa falsamente por fiscal e exerce o poder de polícia, lavra auto de infração, fecha um estabelecimento etc.

Nota-se que, ao contrário do excesso de poder, em que o agente tem competência, porém ultrapassa seus limites quando de seu exercício, aqui, na usurpação, não há sequer que se falar em competência, sendo esta, de fato, usurpada. Grande parte da doutrina entende que, nesse caso, trata-se de ato inexistente.

Ainda, há a questão do *agente de fato*, ou *função de fato* que, segundo Di Pietro, ocorre quando a pessoa que pratica o ato está irregularmente investida no cargo, emprego ou função, mas a sua situação tem toda a aparência de legalidade[10]. É o caso, por exemplo, de servidor que tomou posse sem preencher todos os requisitos necessários para tanto e depois vem a ser anulada sua posse. Ou o caso de servidor investido em cargo cujo concurso que antecedeu seu provimento venha a ser anulado por fraude.

Esses agentes, até então, estão atuando como se legítimos servidores fossem e estão praticando centenas de atos. Aqui é possível, em nome da segurança jurídica, a manutenção dos efeitos do ato, pois a atuação administrativa é impessoal.

7.8.1.5. A convalidação de ato viciado no elemento competência

A *convalidação* é o *restabelecimento da validade de um ato viciado com efeitos retroativos*. Caso um ato administrativo tenha um vício em seu elemento competência, é possível sanar (convalidar) esse vício ou o único remédio cabível será sua anulação?

A resposta depende do tipo de competência. Se a competência for exclusiva, não será possível a convalidação, restando apenas a possibilidade de anulação do ato. Por outro lado, se a competência não for exclusiva, ou seja, era passível de delegação, nesse caso, preenchidos os pressupostos da convalidação, o ato poderá ser sanado, desde que pela autoridade competente.

Por fim, a hipótese de convalidação é apenas em caso de vício decorrente de excesso de poder, sendo que, em caso de usurpação, não é possível a convalidação, pois o ato sequer existe para a maioria da doutrina. Quanto ao caso do agente de fato, seria até possível a manutenção dos efeitos do ato, mas o caso não se trata de convalidação, tecnicamente falando, pois não se restabelece a validade do ato viciado com efeitos retroativos, uma vez que o agente de fato não foi investido corretamente no cargo. Pelo princípio da segurança jurídica seria possível a manutenção dos efeitos do ato praticado, porém não se trataria de hipótese de convalidação.

7.8.2. Forma

A forma está ligada ao revestimento externo do ato, ou, por outras palavras, como o ato será externado. A regra é que a forma seja escrita, em homenagem ao princípio da solenidade.

Todavia, a doutrina tem admitido a forma por meio de palavras, símbolos, como ocorre no caso do semáforo de trânsito quando acende a luz vermelha e impõe o comando de

---

10. *Direito Administrativo*. 24. ed. São Paulo: Atlas, 2011, p. 242.

pare para o condutor, ou quando um agente de trânsito faz uso de um apito para emitir sinal sonoro e com as mãos sinaliza para que o condutor pare o veículo etc.

Segundo a doutrina majoritária, a forma também é sempre um elemento vinculado do ato administrativo.

7.8.2.1. A forma como procedimento para a prática do ato

A forma também está relacionada ao procedimento necessário à formalização do ato. Cita-se, a título de exemplo, uma demissão. A demissão é o ato punitivo decorrente do poder disciplinar, cuja forma é o Processo Administrativo Disciplinar – PAD.

7.8.2.2. Vício de forma admite convalidação?

Depende!

Se a forma era imprescindível para a validade do ato, como é o caso do PAD para a aplicação de uma demissão, nesse caso o ato não é sujeito à convalidação, sendo a anulação a única forma de restabelecer a legalidade do procedimento. Por outro lado, se a forma não era imprescindível, como no caso em que determinado ato deveria ser externado por portaria e o foi por meio de resolução, nesse caso, é possível a convalidação do ato por vício nesse elemento, pressupondo-se, claro, que o ato tenha sido praticado pela autoridade competente.

7.8.3. Motivo

O motivo está relacionado aos pressupostos de fato e de direito que embasaram a prática do ato. É o que impulsiona o agente a agir. Por outras palavras, é por conta deste ou daquele motivo que a Administração pratica uma determinada conduta. Registre-se que o motivo tanto pode ser vinculado como discricionário, a depender da natureza do ato administrativo.

Em caso de aplicação de uma multa de trânsito o motivo é o fato, por exemplo, de o condutor ter avançado o sinal vermelho (motivo de fato) e esse comportamento ser tido como uma infração de trânsito sujeita o condutor à penalização, conforme prevê o art. 208 do CTB (motivo de direito).

Note-se que o motivo é um acontecimento, é o que faz com que o agente atue.

7.8.3.1. Diferença entre motivo e motivação

Não se deve confundir motivo – elemento do ato administrativo – com motivação, que é a explicitação linguística dos motivos quando da formalização do ato.

Todo ato possui motivo, porém nem sempre será necessária a sua apresentação. A título de exemplo, o art. 50 da Lei 9.784/1999 informa quais atos precisam ser motivados, ou seja, casos em que é necessário explicitar a motivação.

Vejamos o que enuncia o referido dispositivo legal:

"Art. 50. Os atos administrativos deverão ser motivados, com indicação dos fatos e dos fundamentos jurídicos, quando:

I – neguem, limitem ou afetem direitos ou interesses;

II – imponham ou agravem deveres, encargos ou sanções;

III – decidam processos administrativos de concurso ou seleção pública;

IV – dispensem ou declarem a inexigibilidade de processo licitatório;

V – decidam recursos administrativos;

VI – decorram de reexame de ofício;

VII – deixem de aplicar jurisprudência firmada sobre a questão ou discrepem de pareceres, laudos, propostas e relatórios oficiais;

VIII – importem anulação, revogação, suspensão ou convalidação de ato administrativo.

§ 1.º A motivação deve ser explícita, clara e congruente, podendo consistir em declaração de concordância com fundamentos de anteriores pareceres, informações, decisões ou propostas, que, neste caso, serão parte integrante do ato.

§ 2.º Na solução de vários assuntos da mesma natureza, pode ser utilizado meio mecânico que reproduza os fundamentos das decisões, desde que não prejudique direito ou garantia dos interessados.

§ 3.º A motivação das decisões de órgãos colegiados e comissões ou de decisões orais constará da respectiva ata ou de termo escrito".

É importante consignar que a motivação do ato deve ser explícita, clara e congruente, podendo consistir em declaração de concordância com fundamentos de anteriores pareceres, informações, decisões ou propostas, que, nesse caso, serão parte integrante.

7.8.3.1.1. A motivação aliunde

Quando a motivação do ato administrativo resumir-se a uma mera declaração de concordância com fundamentos de anteriores pareceres, informações, decisões ou propostas, que, nesse caso, serão parte integrante daquele, trata-se tecnicamente da chamada *motivação aliunde*.

Isso é muito comum em licitações, por exemplo. As fases mais complexas do procedimento são habilitação e o julgamento das propostas, que são privativas da comissão de licitação. Terminada a fase de julgamento de propostas, com a identificação do titular da proposta mais vantajosa, o processo é encaminhado à autoridade superior, que deverá homologar a licitação. Ocorre que a homologação é ato vinculado e só poderá ser expedido se o que se pretende homologar estiver de acordo com a lei.

O problema é que a autoridade superior responsável pela homologação muitas vezes não possui muitos conhecimentos sobre as regras técnicas e jurídicas de um certame e, por isso, antes da homologação, solicita um parecer da procuradoria ou da assessoria jurídica do órgão. Depois de emitido o parecer, devidamente fundamentado e opinando pela homologação do certame, a autoridade superior simplesmente homologa a licitação fundamentando no referido parecer. Perceba que a motivação do ato de homologação não está no próprio ato, mas em outro ato (parecer) ao qual se faz remissão.

7.8.3.1.2. Ato sem motivação

Ainda, há casos em que o ato terá motivo, que é justamente o que impulsiona o comportamento administrativo, porém não será necessária sua externação, ou, por outras palavras, dispensa-se a motivação. Cita-se o caso de nomeação para o provimento de cargo comissionado. O motivo é a vontade em preencher um cargo comissionado tendo em vista a confiança que existe na pessoa a ser nomeada. Apesar de existir esse motivo, ele não precisa ser explicitado quando da prática do ato. Aqui o ato teve motivo, porém não teve motivação.

7.8.3.2. Teoria dos motivos determinantes

Por fim, faz-se necessário tecer alguns comentários a uma teoria amplamente aceita em nossa doutrina e jurisprudência. Trata-se da importante "Teoria dos motivos determinantes", cujo berço de nascença se deu nos tribunais pertencentes ao sistema de contencioso administrativo na França.

Segundo essa teoria, os motivos atribuídos para a prática de um ato se vinculam à sua validade, de forma que, se estes forem falsos ou inexistentes, fulminada estará a validade do ato.

Vejamos um exemplo para elucidar a questão. Imaginemos que determinado cidadão receba em sua residência uma notificação de penalidade de trânsito em que consta que o seu veículo foi flagrado avançando sinal vermelho no dia 10 de janeiro de 2014 em determinada avenida da cidade.

Veja-se que, quando esse ato é produzido, ele nasce com a presunção de que efetivamente é válido (presunção de legitimidade) e que os motivos que ensejaram a sua produção são verdadeiros (presunção de veracidade). Ocorre que essa presunção é relativa, de maneira que o destinatário do ato poderá derrubar a validade deste caso consiga prova de que aquele foi feito incorretamente.

No caso, imagine-se que, um dia antes da suposta infração (dia 9 de janeiro de 2014), o referido cidadão teve seu veículo abalroado e este teve perda total, indo, no mesmo dia, para o ferro velho.

Se no recurso o condutor provar que seu veículo estava no ferro velho desde o dia 9 de janeiro de 2014, não tem como subsistir o motivo apresentado pelo agente público de que o referido carro teria avançado o sinal vermelho no dia 10 de janeiro de 2014. Nesse caso, restou provado que os motivos que embasaram a prática do ato inexistiram ou são falsos e, como estes são determinantes para sua validade, tem-se que o ato deverá ser anulado, hipótese em que se fez uso da teoria dos motivos determinantes.

Importantíssima aplicação da teoria ocorre nos chamados atos discricionários, em que o administrador não precisa explicitar a motivação do ato. Mas, se por acaso o fizer, ele ficará vinculado aos motivos apresentados, da mesma forma que no ato vinculado. Assim, se o administrador, em vez de exonerar o servidor comissionado, aplica-lhe a pena de destituição do cargo, fazendo alusão a malfeitos praticados pelo último, estará vinculado a esses motivos, o que permitirá ao destituído, em última análise, contestar a validade do motivo apresentado.

7.8.4. Objeto

Objeto, também denominado de *conteúdo* por alguns autores, é o que o ato cria, enuncia, declara, modifica, extingue na gestão administrativa. Por outras palavras, é a alteração no mundo jurídico que o ato administrativo se propõe a processar.

Assim, a título de exemplo, é com a licença que a empresa está autorizada a construir; com autorização que um ambulante pode colocar sua barraca de cachorro-quente em uma praça; com a multa que há a punição de alguém. Nota-se que o objetivo que estamos a tratar é *o efeito imediato do ato*.

Por isso, é fácil perceber que muitas vezes o ato é chamado pelo nome de seu objeto. Nota-se que a licença, a autorização e a multa são objetos, pois criam e restringem relações jurídicas na gestão pública. Já o alvará e o auto de infração são as formas de manifestação desses objetos.

7.8.4.1. Requisitos de validade do objeto

O objeto, para ser válido, precisa ser *lícito, possível e determinado ou determinável*

Exemplificando, o porte de arma de fogo de uso permitido é um objeto lícito para aqueles cidadãos que preenchem os requisitos para obtê-lo e que estão elencados no rol do artigo 6º da Lei 10.826/2003 (Estatuto do Desarmamento). Já o porte de arma de fogo de uso restrito, mesmo para esses cidadãos, será em regra ilícito, vez que é autorizado apenas para uso militar.

A licença para construir um prédio em algum bairro na cidade do Rio de Janeiro é um *objeto possível*, ao passo que pleitear uma licença para construir na Lua seria exemplo de *objeto impossível*.

Da mesma forma, a licença para construir tem que ser *determinada*, sendo especifico o que se pretende construir, não podendo ser um cheque em branco para que, naquela área, se construa qualquer coisa.

Di Pietro[11] acrescenta que, além desses requisitos, o *objeto deve ser moral*, ou seja, em consonância com os padrões comuns de comportamento, aceitos como corretos, justos, éticos.

7.8.4.2. Objeto natural e acidental

A mesma autora faz distinção entre o *objeto natural* e o *acidental*[12].

Objeto natural é o efeito jurídico que o ato produz, sem necessidade de expressa menção; ele decorre da própria natureza do ato, tal como definido na lei. Objeto acidental é o efeito jurídico que o ato produz em decorrência de cláusulas acessórias apostas ao ato pelo sujeito que o pratica; ele traz alguma alteração no objeto natural; compreende o termo, o modo ou encargo e a condição.

---

11. *Direito Administrativo*. 24. ed. São Paulo: Atlas, 2011, p. 208.
12. *Ibidem*, p. 209.

Pelo *termo*[13], indica-se o dia em que inicia ou termina a eficácia do ato. O *modo* ou *encargo*[14] é um ônus imposto ao destinatário do ato. A *condição*[15] é a cláusula que subordina o efeito do ato a evento futuro e incerto; pode ser suspensiva[16], quando suspende o início da eficácia do ato, e resolutiva[17], quando, verificada, faz cessar a produção de efeitos jurídicos do ato.

7.8.4.3. Vinculação e discricionariedade do objeto

O objeto, da mesma forma que o motivo, pode ser vinculado ou discricionário. Depende do ato.

Será vinculado se, diante de um motivo específico, o agente só puder adotar uma ou mais condutas (objeto) sem liberdade de escolha. É o caso da aplicação de uma multa de trânsito por dirigir sem carteira de habilitação.

Segundo o art. 162 do Código de Trânsito Brasileiro, nesse caso, o agente administrativo *deverá aplicar multa e apreender o veículo*. Nota-se que, diante do caso concreto, não há liberdade de escolha de medidas a serem adotadas. As duas são obrigatórias. O fato é que, diante do caso, não há margens de liberdade para o agente decidir, dentre várias hipóteses, qual melhor atende ao interesse público, sendo que o legislador já se incumbiu dessa tarefa e vinculou a atuação do agente.

Já no caso de objeto discricionário, o legislador, diante de um motivo específico, ou seja, diante de um caso concreto, deu ao administrador uma margem de liberdade para que ele adote a conduta que melhor atenda ao interesse público.

É o caso, por exemplo, da Lei 6.437/1977, que configura infrações à legislação sanitária federal e estabelece as sanções respectivas.

No art. 2.º da referida lei está prescrito que "sem prejuízo das sanções de natureza civil ou penal cabíveis, as infrações sanitárias serão punidas, *alternativa ou cumulativamente*, com as penalidades de: I – advertência; II – multa; III – apreensão de produto; IV – inutilização de produto; V – interdição de produto; VI – suspensão de vendas e/ou fabricação de produto; VII – cancelamento de registro de produto; VIII – interdição parcial ou total do estabelecimento; IX – proibição de propaganda; X – cancelamento de autorização para funcionamento da empresa; XI – cancelamento do alvará de licenciamento de estabelecimento; dentre outras".

Nota-se que, frente às infrações previstas no art. 10, o fiscal terá uma margem de liberdade para aplicar a(s) penalidade(s) que melhor venham atender ao interesse público, o que fará levando em consideração, inclusive, as circunstâncias atenuantes e agravantes previstas nos arts. 7.º e 8.º da referida lei. Veja-se que aqui sua conduta quanto ao objeto é discricionária, podendo, no caso concreto, aplicar uma ou várias penalidades sancionando a mesma infração.

---

13. Arts. 131 a 135 do CC/2002.
14. Arts. 136 e 137 do CC/2002.
15. Art. 121 do CC/2002: "Considera-se condição a cláusula que, derivando exclusivamente da vontade das partes, subordina o efeito do negócio jurídico a evento futuro e incerto".
16. Art. 125 do CC/2002.
17. Art. 127 do CC/2002.

7.8.4.4. Convalidação do objeto

É possível a convalidação de vício no elemento objeto?

Não, pois convalidar significa restaurar a validade de um ato viciado com efeitos retroativos. No caso, se o objeto estiver viciado, não tem como consertar. Por exemplo, se o administrador aplicasse uma pena de morte por alguma infração qualquer, não seria possível a convalidação, pois em nenhuma circunstância a pena de morte poderia ser aplicada administrativamente de forma lícita.

Por isso a doutrina majoritária é firme no sentido de ser impossível a convalidação de vício relacionado ao elemento objeto. O que seria possível é uma *conversão*. Segundo Carvalho Filho[18], por meio desse instituto a Administração, depois de retirar a parte inválida do ato anterior, processa a sua *substituição* por uma nova parte, de modo que o novo ato passa a conter a parte válida anterior e uma nova parte, nascida esta com o ato de aproveitamento. Cita o exemplo de um ato que promoveu A e B por merecimento e antiguidade, respectivamente; verificando-se após que não deveria ser B, mas C o promovido por antiguidade, pratica-se novo ato mantendo a promoção de A (que não teve vício) e insere a de C, retirando a de B, por ser esta inválida.

No mesmo sentido, Di Pietro[19], ao afirmar que o objeto ou conteúdo ilegal não pode ser objeto de convalidação. Com relação a esse elemento do ato administrativo, é possível a conversão, que alguns dizem ser espécie do gênero convalidação e outros afirmam ser instituto diverso, posição que nos parece mais correta, porque a conversão implica a substituição de um ato por outro. Pode ser definida como o ato administrativo pelo qual a Administração converte um ato inválido em ato de outra categoria, com efeitos retroativos à data do ato original. O objetivo é aproveitar os efeitos já produzidos.

7.8.5. Finalidade

A finalidade nada mais é do que o objetivo de interesse público a atingir. Como brilhantemente lecionava Hely Lopes Meirelles[20], não se compreende ato administrativo sem fim público.

Enquanto o objeto é o efeito imediato do ato, a finalidade é seu *efeito mediato*.

Há ligação muito forte entre os elementos motivo, objeto e finalidade. Diante de certa situação de fato ou de direito (motivo), a autoridade pratica certo ato (objeto) para alcançar determinado resultado (finalidade).

Segundo Di Pietro[21], a finalidade pode ser analisada sob dois sentidos: *um amplo* e um restrito.

Em sentido amplo, a finalidade corresponde à consecução de um resultado de interesse público; nesse sentido, se diz que o ato administrativo tem que ter finalidade pública. Já *em sentido restrito*, finalidade é o resultado específico que cada ato deve produzir, conforme

---

18. *Manual de Direito Administrativo*. 24. ed. São Paulo: Atlas, 2011, p. 152.
19. *Direito Administrativo*. 24. ed. São Paulo: Atlas, 2011, p. 251.
20. MEIRELLES, Hely Lopes. *Direito administrativo brasileiro*. 35. ed. atual. por Eurico de Andrade Azevedo, Délio Balestero Aleixo e José Emmanuel Burle Filho. São Paulo: Malheiros, 2009, p. 155.
21. *Direito Administrativo*. 24. ed. São Paulo: Atlas, 2011, p. 211.

definido na lei; nesse sentido, se diz que a finalidade do ato administrativo é sempre a que decorre explícita ou implicitamente da lei.

A finalidade é sempre um elemento vinculado, pois não se admite a busca de outro interesse que não o público. Consequentemente, caso haja vício no elemento finalidade, este não é passível de convalidação, devendo ser anulado e outro legítimo ser praticado.

O vício mais comum no elemento finalidade é o *desvio de finalidade ou de poder* que ocorre quando o agente, apesar de competente para a prática do ato, o faz buscando alcançar outro interesse que não o público. É o que acontece, por exemplo, quando se remove um servidor como forma de puni-lo ou quando se desapropria um bem de terceiro com o objetivo de prejudicá-lo.

O STJ, por exemplo, aplicando a tese do desvio de finalidade, já reconheceu a nulidade de ato de demissão de servidor, praticado por ministro de Estado, por ter sido este último, anteriormente, o próprio denunciante dos fatos, a indicar um claro objetivo persecutório quanto à pessoa do denunciado (3ª Seção, MS 14.959/DF, rel. Des. Conv. Haroldo Rodrigues, **Informativo STJ nº 464**).

	COMPETÊNCIA	Conceito	A competência está ligada a quem possui a atribuição legal para agir, para praticar o ato
REQUISITOS/ELEMENTOS DO ATO ADMINISTRATIVO		Imprescritível	O fato de não exercer a competência não a extingue pelo decurso do tempo
	Características	Irrenunciável	Não podem ser renunciados
		Inderrogável	Significa que é imodificável pela vontade do agente
		Intransferível,	exceto os casos de delegação, o que se dá em partes e por tempo determinado
	Finalidade	Sentido amplo	Interesse público
		Sentido estrito	Finalidade estabelecida na lei
	Motivo	Conceito	O motivo está relacionado aos pressupostos de fato e de direito que embasaram a prática do ato. É o que impulsiona o agente a agir. Por outras palavras, é por conta desse ou daquele motivo que a Administração pratica uma determinada conduta
		Motivação	É a exposição dos motivos do ato
			Deve conter regra de direito, fatos e pertinência entre eles

REQUISITOS/ELEMENTOS DO ATO ADMINISTRATIVO				
	Motivo	Motivação	Motivação interna	Quando o motivo está descrito no próprio ato
			Motivação *aliunde*	Quando o motivo está fora do ato e é inserido por remissão
		Teoria dos motivos determinantes	A validade do ato está condicionada à veracidade e existência dos motivos que ensejaram sua prática.	
	Objeto	Objeto, também denominado "conteúdo" por alguns autores, é o que o ato cria, enuncia, declara, modifica, extingue na gestão administrativa. Por outras palavras, é a alteração no mundo jurídico que o ato administrativo se propõe a processar		
	Forma	A forma está ligada ao revestimento externo do ato, ou, por outras palavras, como o ato será externado		

Em resumo gráfico, para facilitar!

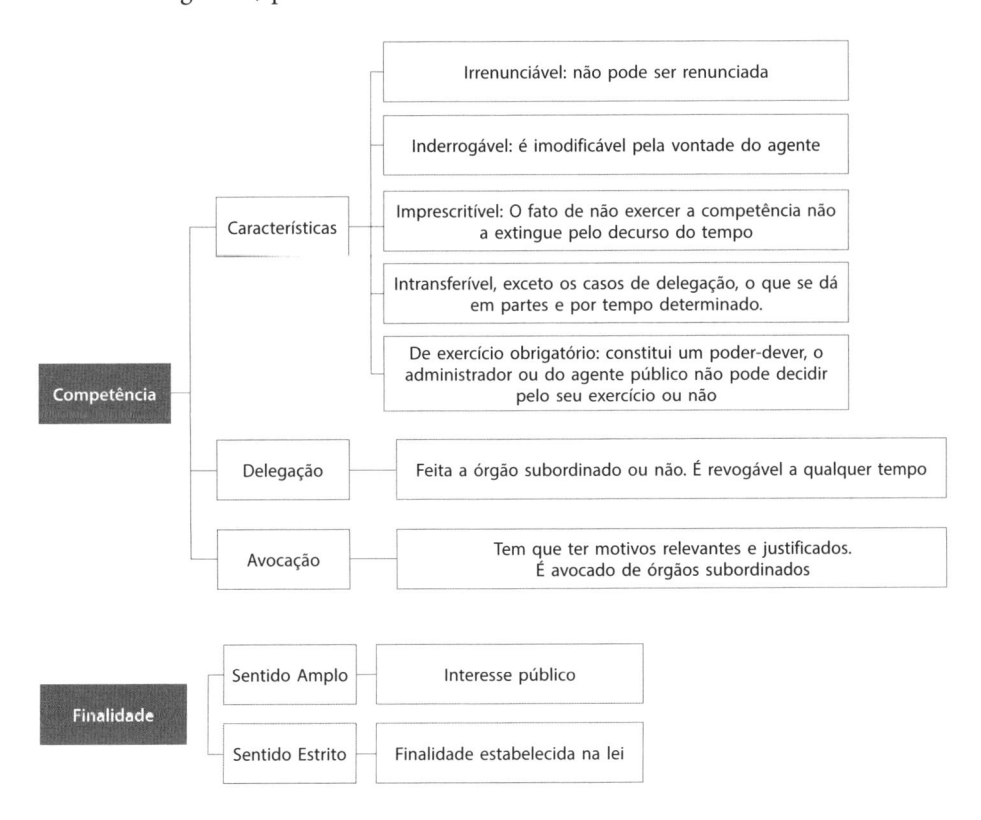

Competência
- Características
  - Irrenunciável: não pode ser renunciada
  - Inderrogável: é imodificável pela vontade do agente
  - Imprescritível: O fato de não exercer a competência não a extingue pelo decurso do tempo
  - Intransferível, exceto os casos de delegação, o que se dá em partes e por tempo determinado.
  - De exercício obrigatório: constitui um poder-dever, o administrador ou do agente público não pode decidir pelo seu exercício ou não
- Delegação — Feita a órgão subordinado ou não. É revogável a qualquer tempo
- Avocação — Tem que ter motivos relevantes e justificados. É avocado de órgãos subordinados

Finalidade
- Sentido Amplo — Interesse público
- Sentido Estrito — Finalidade estabelecida na lei

Forma

- A forma está ligada ao revestimento externo do ato, ou, por outras palavras, como o ato será externado
- **Motivação**: É a exposição dos motivos do ato. Deve conter regra de direito, fatos e pertinência entre eles.
  - **Motivação interna**: Quando o motivo está no ato
  - **Motivação aliunde**: Quando o motivo está fora do ato

Motivo

- **Definição**: O motivo está relacionado aos pressupostos de fato e de direito que embasaram a prática do ato. É o que impulsiona o agente a agir. Por outras palavras, é por conta desse ou daquele motivo que a Administração pratica uma determinada conduta
- Motivo de fato
- Motivo de direito
- **Teoria dos motivos determinantes**: A validade do ato está condicionada à veracidade e existência dos motivos que ensejaram sua prática

Objeto

Objeto, também denominado "conteúdo" por alguns autores, é o que o ato cria, enuncia, declara, modifica, extingue na gestão administrativa. Por outras palavras, é a alteração no mundo jurídico que o ato administrativo se propõe a processar

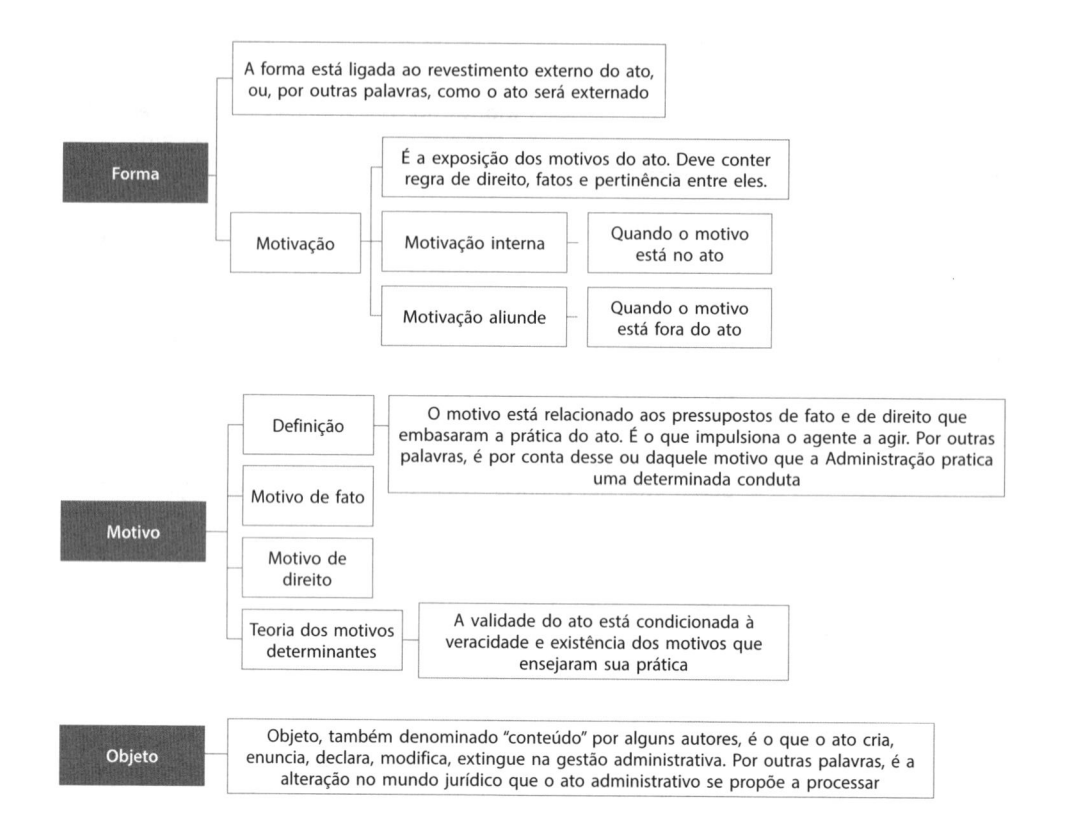

7.9. ATRIBUTOS DOS ATOS ADMINISTRATIVOS

7.9.1. Considerações iniciais

Como visto, o ato administrativo é decorrente da aplicação da lei sob a incidência do regime jurídico administrativo, que visa criar, modificar, confirmar e extinguir relações jurídicas no desempenho de atividades administrativas.

Em razão do regime jurídico administrativo que permeia a prática do ato, este nasce com uma série de qualidades diferenciadas, que são chamadas pela doutrina de atributos dos atos administrativos. Hely Lopes Meirelles afirma que esses atributos distinguem os atos administrativos dos atos jurídicos privados e emprestam àqueles características próprias e condições peculiares de atuação[22].

7.9.2. Quais são os atributos que um ato administrativo pode ter?

Podemos dizer que os atributos que os atos administrativos podem ter são: *a) presunção de legitimidade, b) presunção de veracidade, c) imperatividade, d) autoexecutoriedade e e) tipicidade.*

---

22. MEIRELLES, Hely Lopes. *Direito administrativo brasileiro.* 35. ed. atual. por Eurico de Andrade Azevedo, Délio Balestero Aleixo e José Emmanuel Burle Filho. São Paulo: Malheiros, 2009, p. 161.

Afirmamos "podem ter", pois nem sempre o ato possuirá todos os atributos reunidos. A depender do ato e do fim que ele busca alcançar, o primeiro terá mais ou menos dessas qualidades diferenciadas para o alcance de seu resultado.

E um dos critérios que difere os atos administrativos dos atos jurídicos praticados pelos particulares é justamente a presença naqueles de alguns desses atributos diferenciados, conforme será demonstrado a seguir.

7.9.3. Análise dos atributos

Passemos agora a analisar cada um desses atributos.

7.9.3.1. Presunção de legitimidade

A presunção de legitimidade significa que os atos administrativos, quando são produzidos, nascem com a presunção de que foram praticados corretamente sob todos os aspectos. Presume-se que o agente é competente, que não há vício de forma, motivo e objeto e que a finalidade buscada é lícita. Presume-se que nenhum dos princípios que orientam a atividade administrativa foi violado.

Todos os atos nascem com essa presunção.

Essa presunção independe de norma legal que a estabeleça, pois decorre do princípio da legalidade da Administração que informa toda atuação governamental. É por esse motivo que o art. 19, II, da Carta Magna enuncia ser vedado recusar fé aos documentos públicos.

Ainda, e nesse ponto mais uma vez correto o ensinamento de Hely Lopes Meireles, essa presunção está ligada às exigências de celeridade e segurança das atividades do Poder Público, que não poderiam ficar na dependência da solução de impugnação dos administrados, quanto à legitimidade de seus atos, para só após dar-lhes execução[23].

Ocorre que essa presunção é relativa, ou seja, apesar de militar em prol do ato a sua presunção de legitimidade, pode ser que ele tenha vício e, por isso, esteja apto a ser anulado.

O ato não se autodeclara ilegal e nulo. É necessário que outro ato administrativo decorrente de uma autoridade competente para tanto venha lhe decretar a nulidade (ato de anulação) ou, ainda, que seja reconhecida a nulidade por medida judicial (anulação do ato por meio de decisão judicial, como, por exemplo, uma sentença).

A revisão do ato pode ser de ofício ou por provocação, porém, tendo em vista a presunção de legitimidade deste, nem sempre a Administração revê de ofício seus atos, ficando normalmente à espera de uma provocação por parte do terceiro que se sente lesado pela sua prática, o qual fica na incumbência de demonstrar a ilegalidade que permeia a conduta administrativa.

É por essa razão que se diz que a presunção de legitimidade do ato administrativo gera a inversão do ônus da prova. Isso porque, tendo em vista que o ato nasce presumidamente válido, compete ao destinatário deste demonstrar que há vício em algum de seus elementos ou que o ato não observou os princípios regentes da Administração Pública.

---

23. MEIRELLES, Hely Lopes. *Direito administrativo brasileiro*. 35. ed. atual. por Eurico de Andrade Azevedo, Délio Balestero Aleixo e José Emmanuel Burle Filho. São Paulo: Malheiros, 2009, p. 161.

Enquanto não quebrada a presunção de legitimidade que milita em prol do ato, este produzirá todos os seus efeitos, razão pela qual Hely Lopes Meirelles, com a razão de sempre, assevera que, por conta desse atributo, é possível sua imediata execução ou operatividade, mesmo que arguidos vícios ou defeitos que os levem à invalidade.

Isso não significa que essa operatividade não possa ser paralisada. Administrativamente, em âmbito recursal, a operatividade do ato apenas será suspensa se o recurso cabível para seu combate for recebido em seu efeito suspensivo, o qual pode decorrer diretamente da lei ou ser atribuído pela autoridade competente para julgar o recurso. Já em âmbito judicial, suspende-se a operatividade do ato por meio da obtenção de medidas liminares, como, por exemplo, uma liminar em um mandado de segurança, uma decisão antecipando os efeitos da tutela final em uma ação regida pelo rito ordinário etc.

7.9.3.2. Presunção de veracidade

A presunção de veracidade está ligada aos motivos que orientaram a prática do ato. Presume-se que eles são verdadeiros e que efetivamente ocorreram. Por exemplo, quando um condutor é autuado e multado pela prática de uma infração de trânsito, como o avanço de sinal vermelho, milita em prol do ato praticado pela Administração que aquele motivo – avanço do sinal vermelho – de fato ocorreu e da forma narrada pela autoridade de trânsito que lavrou o auto de infração.

Essa presunção também existe em todos os atos pelos mesmos motivos da presunção de legitimidade e, da mesma forma que esta última, a primeira também é relativa e admite prova em sentido contrário, cujo ônus compete ao administrado.

A quebra dessa presunção pode ser feita pelo manejo da *teoria dos motivos determinantes*, já analisada.

Segundo essa teoria, os motivos atribuídos para a prática de um ato se vinculam à sua validade, de forma que, se estes forem falsos ou inexistentes, restará fulminada a validade do ato.

Assim, se, no exemplo dado, o proprietário do veículo demonstrar que no dia em que supostamente avançou o sinal vermelho seu veículo estava no conserto, em razão de um abalroamento ocorrido no dia anterior, provado este por meio de boletim de ocorrência, restará demonstrado que os motivos que embasaram a prática do ato inexistiram, e, tendo em vista que os motivos apresentados são determinantes à validade do ato, este será nulo.

Ainda, podemos dizer que a presunção de veracidade também está ligada à veracidade dos atos enunciativos, o que pode, inclusive, ser usado como defesa pelos particulares. Por exemplo, quando o Poder Público Municipal expede uma Certidão Negativa de Débito quanto à pendência tributária de um contribuinte ou de um imóvel, presume-se que não há qualquer restrição existente junto aos órgãos fazendários. Por isso, se o imóvel for vendido e, posteriormente, vier à tona a existência de dívida anterior à emissão da certidão expedida, o comprador não será responsável pelo tributo, pois um dos fatores que fez com que ele realizasse o negócio jurídico foi a certidão emitida pelo agente público, que goza da presunção de veracidade. Nesse caso, em razão do princípio da proteção da confiança, a dívida ficará com o antigo proprietário.

Podemos até dizer que, inspirado nesse fundamento, foi redigido o art. 130 do Código Tributário Nacional, que trata da responsabilidade tributária de terceiros, cujo teor é "os créditos tributários relativos a impostos cujo fato gerador seja a propriedade, o domínio útil ou a posse de bens imóveis, e bem assim os relativos a taxas pela prestação de serviços referentes a tais bens, ou a contribuições de melhoria, sub-rogam-se na pessoa dos respectivos adquirentes, *salvo quando conste do título a prova de sua quitação*".

7.9.3.3. Imperatividade

A imperatividade é o atributo ou qualidade que tem o condão de constituir terceiros em obrigações, independentemente de seu consentimento. A depender do terceiro a quem se impõe a obrigação, haverá um ou outro fundamento imediato.

Por exemplo, se o ato pretender impor obrigações a particulares, ele deve estar, necessariamente, embasado em uma lei, pois, segundo o art. 5.º, II, da Constituição da República, *ninguém será obrigado a fazer ou deixar de fazer alguma coisa senão em virtude de lei*. Portanto, é uma garantia fundamental do cidadão a observância da legalidade.

Registre-se, a título de exemplo, o ato que declara utilidade pública para fins de desapropriação. É o início do processo de expropriação. O proprietário do imóvel objeto desse ato não tem o direito de não aceitar a desapropriação. Não se trata de um acordo. O bem foi declarado de utilidade pública independente de seu consentimento. Isso é imperatividade, atributo que também é conhecido como poder extroverso. Aqui, note-se que tal ato é previsto expressamente no art. 6.º do Decreto-lei 3.365/1941, diploma legal que dispõe sobre a desapropriação por utilidade pública.

Já para os servidores, por meio do poder regulamentar ou hierárquico pode a autoridade superior expedir normas que venham impor-lhes obrigações. Apesar de, em casos como esses, a imposição da obrigação provir de normas administrativas, estas, no final e mediatamente, são decorrentes da lei, que atribuiu o poder regulamentar ou o hierárquico.

Por exemplo, quando um decreto regulamentar disciplina a aplicação de uma lei, esses atos normativos regulamentadores são de observância obrigatória por parte dos administradores responsáveis pela sua aplicação, sob pena de praticarem conduta ilegal e ainda estarem sujeitos à responsabilidade funcional. Não é por outra razão que o art. 116, III, da Lei 8.112/1990 estabelece como dever do servidor público federal o "de observar as normas legais e *regulamentares*".

O mesmo se passa em relação ao poder hierárquico, em que a autoridade superior tem o poder de ordenar condutas para o agente subordinado, que, por sua vez, tem o dever de obediência dessa ordem. É claro que essa ordem, expedida por ato administrativo, deve estar pautada na lei, pois se ela foi manifestamente ilegal, o subordinado poderá deixar de cumprir a ordem emanada[24].

Por fim, registre-se que nem todos os atos administrativos gozam desse atributo. Apenas o terão os atos que objetivam a criação de obrigações, pois a qualidade diferenciada do ato é justamente a imposição destas independentemente da vontade de terceiros. Por isso, os atos constitutivos de direitos, como, por exemplo, licenças, autorizações, permissões, não gozam desse atributo.

---

24. O art. 116, IV, da Lei 8.112/1990 estabelece ser dever do servidor "cumprir as ordens superiores, salvo se manifestamente ilegais".

7.9.3.4. Autoexecutoriedade

Em regra, os atos de execução patrimonial e de restrição da liberdade de terceiros são provenientes de ordens judiciais. É o processo judicial o meio comum para que tais restrições ocorram.

Assim, caso um determinado indivíduo esteja devendo a outrem, não poderá o credor, mesmo alegando precisar do dinheiro, fazer uso de meios diretos para a obtenção do crédito, não poderá tomar o dinheiro à força ou se apropriar de patrimônio do devedor sem o consentimento deste. Inclusive, tal conduta, se ocorrer, será tida como criminosa, podendo ser tipificada como exercício arbitrário das próprias razões (art. 345 do CP)[25], ressalvada, ainda, a incidência de crime mais grave.

No exemplo dado, deverá o credor ingressar com ação judicial contra o devedor pleiteando o reconhecimento de seu direito ou, se já possuir um título executivo, a execução do último com a restrição de seu patrimônio. O oficial de justiça irá penhorar seus bens, que posteriormente serão leiloados, e com o dinheiro da arrematação será quitada a dívida.

O mesmo se passa em relação à restrição da liberdade. Com a exceção da prisão em flagrante e das prisões decorrentes de transgressões disciplinares militares, as demais formas de prisão dependem de ordem escrita do Poder Judiciário.

Ocorre que, nos casos dados, o que está em jogo são interesses individuais e, nesse ponto, difere dos interesses administrados pela Administração Pública, que é o interesse público, o interesse da coletividade.

E, nesse ponto, pode ocorrer de o interesse público estar na iminência de ser violado, colocando em risco a coletividade, não sendo possível esperar um provimento judicial acautelador[26].

E foi por conta dos interesses em jogo (o interesse público) que o legislador abriu uma exceção à regra de execução direta dos atos, autorizando em alguns casos ao próprio administrador a diretamente restringir a liberdade e propriedade de terceiros, sem precisar ir ao Poder Judiciário.

A esse atributo de alguns atos do poder de polícia, que nada mais é do que uma espécie qualificada de autotutela do direito privado, que a doutrina denomina de *autoexecutoriedade*.

Apenas a título de exemplo, como poderia o agente público garantir a segurança no trânsito se não pudesse apreender de imediato um veículo dirigido por condutor embriagado? Como seria garantida a saúde pública, se os órgãos de proteção do consumidor ou de vigilância sanitária não pudessem apreender de imediato mercadorias inapropriadas ao consumo?

---

25. Art. 345 do CP: "Fazer justiça com as próprias mãos, para satisfazer pretensão, embora legítima, salvo quando a lei permite. Pena: Detenção de quinze dias a um mês, ou multa, além da pena correspondente à violência".

26. O direito privado também reconhece a autotutela como forma válida de atuação, embora em situações excepcionais, como na hipótese de o possuidor defender sua posse de turbação ou esbulho, desde que o faça logo, e utilizando-se de meio de defesa ou desforço que não vá além do necessário à manutenção ou restituição da posse (art. 1.210, parágrafo único, do CC/2002). O direito penal também atribui efeitos jurídicos a determinadas formas de autotutela, como a legítima defesa e o estado de necessidade, erigidas à condição de excludentes da ilicitude (art. 23 do CP).

Nota-se que não há tempo hábil para o ingresso de qualquer medida judicial. Ou se executa diretamente o ato e impede-se o dano ou se espera o Judiciário e deixa o dano se efetivar. Não há uma terceira saída.

Por fim, lembre-se de que não são todos os atos administrativos que gozam desse atributo, mas apenas aqueles cuja violação do interesse público que se pretende impedir for iminente.

Vejamos alguns exemplos em nosso ordenamento jurídico. Citem-se, para elucidar, atos decorrentes do poder de polícia previstos no art. 56 do Código de Defesa do Consumidor:

> "Art. 56. As infrações das normas de defesa do consumidor ficam sujeitas, conforme o caso, às seguintes sanções administrativas, sem prejuízo das de natureza civil, penal e das definidas em normas específicas:
>
> (...)
>
> II – apreensão do produto;
>
> III – inutilização do produto;
>
> (...)
>
> X – interdição, total ou parcial, de estabelecimento, de obra ou de atividade".

Existem outras penalidades no referido artigo, porém não possuem o atributo da autoexecutoriedade.

Por fim, registre-se que, segundo o magistério da professora Di Pietro[27], a autoexecutoriedade pode se manifestar pela *executoriedade e pela exigibilidade*. A executoriedade é o que os outros segmentos da doutrina chamam de autoexecutoriedade, ou seja, é a execução direta do ato, restringindo a liberdade e propriedade de terceiros sem precisar ir previamente ao Poder Judiciário. A executoriedade é uma forma de *coerção direta*.

Para exemplificar: no caso de um condutor embriagado ser flagrado em uma blitz, o agente competente irá executar diretamente o ato (coerção direta) e apreender o veículo.

Já a exigibilidade seria uma forma de coerção indireta, uma pressão psicológica sobre o terceiro para que ele mesmo, sem a necessidade de uma intervenção direta do Estado (coerção direta/executoriedade), restabeleça sua situação de legalidade.

É o caso, por exemplo, da imposição de multa como forma de forçar o infrator a se regularizar.

Tenta-se primeiro por essa forma, sendo que, se não houver sucesso, parte-se para a execução direta do ato utilizando-se da executoriedade.

Registre-se que os casos em que se admite a exigibilidade devem estar previstos em lei, pois em muitas situações a própria lei já determina a execução do ato. Tudo vai depender da forma como a lei irá disciplinar a matéria. Pode determinar primeiro uma medida com exigibilidade e só após com executoriedade, ou seja, primeiro aplica multa, e, se continuar a recalcitrância, embarga a obra. Pode já de imediato determinar o ato com executoriedade, o que ocorrerá em situações em que o risco de dano é iminente, como no caso do motorista embriagado. E, por fim, normalmente em casos em que for

---

27. *Direito Administrativo*. 24. ed. São Paulo: Atlas, 2011, p. 121.

dada maior discricionariedade para o gestor avaliar o caso concreto, caberá a ele decidir se pratica ato com exigibilidade ou executoriedade.

Para colocar uma pá de cal sobre tudo, registre-se que o mesmo ato jamais terá ao mesmo tempo a manifestação da executoriedade com a exigibilidade, pois incompatíveis entre si. É possível que cada uma das citadas formas de manifestação da autoexecutoriedade possa até ser cumulada com outros atributos, como a imperatividade, a presunção de legitimidade, mas não entre elas.

Por fim, diga-se que, mesmo no direito administrativo, há limitações constitucionais ao exercício da autoexecutoriedade, de forma que algumas medidas drásticas estão sob a reserva da jurisdição. Dessa forma, não há mais possibilidade de prisões administrativas executadas por autoridade administrativa (ressalvadas as transgressões disciplinares militares), tendo sido totalmente modificada a antiga redação do art. 319 do CPP que as previa[28]. De regra, também a destruição da propriedade particular, sem interferência do Judiciário, só ocorrerá em situações excepcionais previstas em lei, como no caso do sacrifício de animais para a salvaguarda da saúde pública ou por interesse da defesa sanitária animal (Lei 569/1948).

7.9.3.5. Tipicidade

Este atributo não é pacífico entre todos os doutrinadores, porém é admitido como tal pela professora Di Pietro[29], entendimento do qual comungamos.

Segundo a referida professora, o atributo da tipicidade significa que o ato administrativo deve corresponder a figuras definidas previamente pela lei como aptas a produzir determinados resultados. Por outras palavras: para cada finalidade que a Administração pretende alcançar existe um ato definido em lei.

Para facilitar, vejamos alguns exemplos: se a Administração quer expulsar um servidor da estrutura administrativa em razão de uma infração grave, o ato típico para essa finalidade é a demissão. Já se se pretende conceder o direito a um cidadão de construir uma casa, o ato típico será a licença etc.

Segundo a referida professora, esse atributo é decorrência do princípio da legalidade, que afasta a possibilidade de a Administração praticar atos inominados; estes são possíveis para os particulares, como decorrência do princípio da autonomia da vontade.

---

28. A modificação foi empreendida pela Lei 12.403/2011, mas o entendimento pacífico era pela não recepção da prisão administrativa pela CF/1988, salvo quando decretada por autoridade judicial. Assim, as prisões administrativas previstas no Estatuto do Estrangeiro (Lei 6.815/1980) têm de ser decretadas judicialmente.
29. *Direito Administrativo*. 24. ed. São Paulo: Atlas, 2011, p. 203.

ATRIBUTOS DOS ATOS ADMINISTRATIVOS		
	Presunção de legitimidade	A presunção de legitimidade significa que os atos administrativos, quando são produzidos, nascem com a presunção de que foram praticados corretamente sob todos os aspectos.
	Presunção de veracidade	A presunção de veracidade está ligada aos motivos que orientaram a prática do ato. Presume-se que eles são verdadeiros, que efetivamente ocorreram.
	Imperatividade	A imperatividade é o atributo ou qualidade que tem o condão de constituir terceiros em obrigações, independentemente de seu consentimento.
	Autoexecutoriedade	É a possibilidade de a Administração executar diretamente o ato, restringindo a liberdade e a propriedade de terceiros, sem precisar ir ao Poder Judiciário.
	Tipicidade	Significa que o ato administrativo deve corresponder a figuras definidas previamente pela lei como aptas a produzir determinados resultados.

7.10. ESPÉCIES DE ATOS ADMINISTRATIVOS

É comum que os atos administrativos sejam nominados tanto em vista das formas que revestem, quanto em relação ao conteúdo que possuem.

Quanto à forma, podemos até dizer que, intencionalmente ou não, as denominações despontam como uma decorrência do princípio da eficiência, na medida em que facilitam o manejo dos atos.

De maneira breve, é possível nominar os atos com base na forma pela qual eles serão exteriorizados e com base no conteúdo neles veiculados. Às vezes, determinada forma é adotada como padrão para a veiculação de uma espécie de ato administrativo. Ou seja, quando se fala em espécies de atos administrativos, o termo tanto pode representar a forma pela qual ele se exterioriza, quanto seu conteúdo.

Normalmente, os administrativistas identificam as espécies de atos administrativos conforme a finalidade a que se destinam. Nesse sentido, é clássica a lição de Hely Lopes Meirelles[30], adotada por muitos, que classifica os atos administrativos em:

a) normativos;
b) ordinatórios;
c) negociais;
d) enunciativos;

---

30. MEIRELLES, Hely Lopes. *Direito administrativo brasileiro*. 35. ed. atual. por Eurico de Andrade Azevedo, Délio Balestero Aleixo e José Emmanuel Burle Filho. São Paulo: Malheiros, 2009, p. 177.

e) de controle ou verificação; e

f) punitivos ou sancionatórios.

É evidente que essa classificação contém algumas inconsistências elementares, visto que atos de conteúdo normativo não são, propriamente, atos administrativos no sentido estrito do termo, posto que de conteúdo abstrato e geral. Ademais, não há elementos discriminatórios relevantes a serem considerados no que o autor denomina de atos negociais em relação aos de controle ou os punitivos, apenas se distinguindo entre si pelo fim que se busca com cada um deles.

Mesmo atos considerados pelo autor como "ordinatórios" são comumente utilizados, na prática administrativa, com claro conteúdo normativo (circulares, portarias e instruções normativas), ao passo que alguns por ele chamados de "normativos" podem ser editados com conteúdo de ato em seu sentido próprio (decretos executivos).

Posto isso, preferimos nos ater a trabalhar com os atos administrativos, quando nominados, com base na forma e no conteúdo, tão somente.

7.10.1. Nominação dos atos conforme as formas adotadas para sua exteriorização

Como veremos a seguir, a nomenclatura dos atos administrativos é modificada conforme a forma adotada para sua exteriorização. Muitas vezes, forma e autoridade competente para a edição do ato administrativo estão de tal maneira imbrincados, que é difícil dizer em que classificação deve figurar o ato.

Na maioria das vezes, os critérios tidos como relevantes na doutrina são solenemente ignorados na prática administrativa, como poderemos notar, principalmente em instrumentos como a portaria ou a resolução, em vista dos seus múltiplos usos.

7.10.1.1. Decreto

Tradicionalmente, o termo *decreto*[31] é reservado ao ato pelo qual se exterioriza a vontade dos *chefes dos Poderes Executivos*, tanto em nível federal, quanto nos níveis estadual, distrital e municipal.

---

31. Não se pode confundir o decreto do Poder Executivo com o decreto legislativo previsto no art. 59, VI, da CF/1988, destinado à regulamentação das matérias elencadas no art. 49 da Carta Magna, para os quais a atuação do Congresso Nacional prescinde da participação do Presidente da República, tampouco podemos confundi-los com o já extinto decreto-lei, instrumento previsto nos arts. 12 a 14, 74, b, e 180 da Constituição da República de 1937, e que vigorou de 1937 a 1945, e que foi posteriormente reinstituído pelo Ato Institucional 2/65 (arts. 30 e 31), e mantido na Constituição Federal de 1967, vigorando de 1965 a 1988, que dava poderes ao Presidente da República para editar decretos com força de lei em determinadas condições. Vale lembrar, ainda, que o termo simples "decreto" foi utilizado pelos governos provisórios de 1889 e 1891 e de 1930 a 1934 para designar atos, com força de lei, editados pelo Chefe do Poder Executivo da União nos períodos em que o Parlamento Nacional esteve fechado, com base nos atos normativos que fundamentaram os respectivos movimentos revolucionários (Decreto 1/1889 e Decreto 19.398/1930). Por fim, várias leis editadas na vigência das Constituições de 1824 e 1891, pela singularidade do processo legis-

Observe-se, no entanto, que o decreto tanto *pode ter caráter normativo*, caso dos regulamentos de leis, quanto ser de *conteúdo não normativo*[32], caracterizando, nesse último caso, verdadeiro ato administrativo, o que nos interessa mais diretamente, como ocorre, por exemplo, naqueles que têm por fim a nomeação, exoneração ou demissão de um servidor, a declaração de utilidade ou necessidade pública de um imóvel, para fins de desapropriação, a autorização de cessão de uso de um bem público, ou a encampação de um serviço público anteriormente concedido.

7.10.1.2. Portaria

A *portaria* é um caso singular no direito brasileiro. Embora a doutrina administrativista tradicionalmente a coloque apenas como uma forma de exteriorização de atos de competência de autoridades de hierarquia intermediária (*aqui, num sentido bastante amplo, que pode abranger um presidente de autarquia, superintendente, gerente-regional, delegado regional, secretário executivo de Ministério, chefe de diretoria-geral, chefe de departamento etc.*), destinada à disciplina do funcionamento interno dos órgãos administrativos, o que se vê é uma verdadeira multiplicidade de finalidades a que serve, bem como de autoridades que se utilizam do instituto.

Assim, por exemplo, tradicionalmente, é por portaria que autoridade hierárquica intermediária determina a abertura de sindicância ou processo administrativo disciplinar. Por portaria se aprovam as respectivas escalas de férias dos servidores, se designa servidores para participação em comissões, para ocupação de funções gratificadas ou para designação como substitutos eventuais dos ocupantes efetivos das funções gratificadas, se autoriza o uso de bens públicos, se redistribui cargos etc.

Por vezes, é a lei que determina o uso desse instrumento, como ocorre, por exemplo, com as concessões de lavra, autorizadas pelo Ministro das Minas e Energia (art. 2.º, I, do Código de Mineração – Decreto-lei 227/1967).

O uso do termo também se dá fora do direito administrativo.

No processo penal, é comum o uso do instituto para identificar o ato inicial da autoridade policial que determina a apuração de ilícito criminal. Assim, é por portaria que o delegado de polícia determina a abertura de um inquérito policial, conquanto o próprio CPP, curiosamente, só utilize a expressão para indicar a instauração da própria ação penal, nos casos de contravenção (art. 26), hipótese, aliás, claramente não recepcionada pelo ordenamento constitucional atual.

No processo civil, o mesmo instrumento comumente designa o ato do membro do Ministério Público que determina a instauração de inquérito civil público, embora, da

---

lativo nelas previsto, eram promulgadas por meio de decretos do Executivo, embora contivessem conteúdo deliberado e aprovado pelas respectivas Casas Legislativas.

32. É comum, na esfera federal, que decretos não normativos não sejam numerados. Embora muitas dessas competências sejam hodiernamente delegadas pelo Presidente da República, ainda são editados decretos não numerados para a nomeação de ministros dos tribunais superiores, ministros do TCU, diretores de agências reguladoras, do Banco Central e outras autoridades de alto relevo político ou administrativo, previstas na Constituição ou em leis específicas. Já em relação aos decretos normativos, é comum, em muitos ordenamentos locais, que eles sejam editados com a letra "N", seguida do respectivo número, prática que não é adotada na esfera federal.

mesma forma, não haja menção expressa a ele no art. 8.º, § 1.º, da Lei de Ação Civil Pública (Lei 7.347/1985).

Na casuística, também verificamos, diferente do que alguns autores dizem ou meramente reproduzem, a adoção desse instrumento pelas mais altas autoridades administrativas, como no caso dos Ministros de Estado. Aliás, estes se valem usualmente de tal instrumento para veicularem atos que lhe são próprios, embora várias autoridades subordinadas também o façam.

É comum, inclusive, a adoção de portarias interministeriais, ou seja, editadas em conjunto por dois ou mais ministros para regular matéria de interesse comum das respectivas pastas, como as que dispõem anualmente sobre o reajuste dos benefícios previdenciários[33]. Portarias conjuntas também podem ser editadas por autoridades inferiores atuando juntas, como secretários-chefes de diferentes setores de um mesmo ministério.

Da mesma maneira, embora seja usual a concepção doutrinária de que a portaria serve apenas para dispor concretamente sobre assuntos internos da própria Administração, também se mostra comum, mediante simples exame da casuística, e com base no fenômeno da deslegalização, que encontremos tais atos com caráter normativo, detalhando decretos ou mesmo leis[34].

7.10.1.3. Resolução, regimento e deliberação

Resolução é um termo polissemântico. Do ponto de vista do léxico, resolução tanto pode ser o ato de dar solução a algum problema, como o de tomar uma decisão firme.

No Direito, a resolução corresponde ao resultado de uma deliberação, geralmente de um órgão colegiado, tomando, então, uma forma normativa.

No direito internacional, é por meio de resolução que certos organismos internacionais deliberam, como o Conselho de Segurança ou a Assembleia-Geral da ONU, bem como a Assembleia-Geral da OEA.

No direito constitucional brasileiro, o termo aparece como um dos instrumentos resultantes do processo legislativo (art. 59, VII, da CF/1988), geralmente destinado aos atos normativos de competência específica de cada Casa do Congresso Nacional, como as resoluções do Senado Federal que tratam das alíquotas de certos tributos (art. 155, § 2.º, IV e V) ou que tratam dos regimentos internos de cada uma daquelas Casas[35]. Excepcionam-se, no entanto, os atos de delegação legislativa do Congresso Nacional, que deveriam ser objeto de decreto legislativo, mas que, por expressa disposição constitucional, e a CF/1988 é muito pouco rigorosa no tratamento da matéria, acabou por se atribuir disciplina por meio de resolução (art. 68, § 2.º).

---

33. Vide, por exemplo, a Portaria 19/2014, dos Ministros de Estado da Fazenda e da Previdência Social.

34. Na verdade, esses atos normativos existem em grande número. Cite-se, por exemplo, a Portaria Interministerial 40/2014, que disciplinou o Sistema de Gestão de Convênios e Contratos de Repasse – SICONV, a Portaria Normativa 8/2014, do Ministro de Estado da Educação, que consolida as disposições do Exame Nacional de Desempenho dos Estudantes – ENADE, ou as portarias do Ministério do Trabalho que dispõem sobre as Normas Regulamentadoras de saúde e segurança do trabalhador.

35. A Resolução 93/1970 aprovou o Regimento Interno do Senado Federal, consolidado conforme Resolução 18/1989. A Resolução 17/1989 aprovou o Regimento Interno da Câmara dos Deputados.

No direito administrativo, resolução é geralmente indicativo do ato que exprime a deliberação de um órgão colegiado, quase sempre de caráter normativo. O termo é comumente utilizado para designar, por exemplo, as deliberações administrativas da composição plenária ou dos órgãos especiais dos tribunais, como a regulamentação das promoções e remoções dos magistrados de primeiro grau. Utiliza-se o termo também para designar deliberações de caráter processual, no que toca à disciplina dos processos que tramitam nas cortes, incluindo o respectivo regimento interno. No entanto, é comum que o ato em si seja feito publicar pelo presidente do órgão, já que a ele cabe dar execução à decisão colegiada, sendo possível que a deliberação do colegiado seja a título de referendo do ato daquele.

No âmbito do Poder Executivo, incluindo a administração indireta, existem muitos órgãos colegiados deliberativos, alguns com funções consultivas, outros com funções normativas. Só para ficarmos no âmbito federal, podemos citar os plenários das dezenas de conselhos federais e regionais de fiscalização profissional, o Conselho Nacional do Meio Ambiente – CONAMA, o Conselho Nacional de Trânsito – CONTRAN, o Conselho Nacional de Educação – CNE, o Conselho Nacional dos Direitos da Criança e do Adolescente – CONANDA, o Conselho Nacional de Seguros Privados – CNSP, o Conselho Nacional de Assistência Social – CNAS, o Conselho Curador do FGTS – CCFGTS, o Conselho Monetário Nacional – CMN, o Conselho Deliberativo do Fundo de Amparo do Trabalhador – CODEFAT, o Comitê Gestor do Simples Nacional – CGSN, o Conselho Nacional de Saúde – CNS, entre outros.

Todos esses órgãos, assim como os plenários de agências reguladoras (ANP, ANATEL, ANEEL, ANTT, ANTAQ, ANAC etc.) e de outras entidades da administração indireta que exercem poderes equivalentes aos destas (BACEN, CADE, CVM etc.), costumam formalizar suas deliberações por meio de resoluções.

Existem outros órgãos deliberativos, ainda, que contam com expressa previsão constitucional, como é o caso do Conselho Nacional de Justiça – CNJ (art. 103-B), do Conselho Nacional do Ministério Público – CNMP (art. 130-A), do Conselho da Justiça Federal – CJF (art. 105, parágrafo único, II), do Conselho Superior da Justiça do Trabalho – CSJT (art. 111-A, § 2.º, II), do Conselho da República (arts. 89 e 90), do Conselho de Defesa Nacional (art. 91) e do Conselho de Comunicação Social (art. 224).

Quanto aos conselhos constitucionais criados no âmbito do Judiciário (CNJ, CJF, CJST) e do Ministério Público (CNMP)[36], já são muitas as resoluções tomadas, sobre as mais diversas matérias de interesse dessas instituições.

Os *regimentos internos*, como dito acima, são geralmente aprovados por meio de resoluções de órgãos colegiados, visando a disciplina de aspectos procedimentais ou da liturgia e organização de tais órgãos[37]. Mas a palavra regimento pode ter sentido diverso, dizendo respeito ao *aspecto disciplinar de certas categorias profissionais*, como é o caso dos

---

36. No âmbito legislativo, foi prevista para os Ministérios Públicos dos Estados a instituição de órgãos deliberativos colegiados que participam de sua administração superior, a saber: o Conselho Superior do Ministério Público e o Colégio de Procuradores de Justiça (art. 5.º, II e III, da Lei 8.625/1993).

37. Alguns, no entanto, não têm autonomia legal ou constitucional para tanto, caso em que seus regimentos serão aprovados pelo Chefe do Executivo respectivo. Vide, por exemplo, o Regimento Interno do Conselho de Recursos do Sistema Nacional de Seguros Privados (Decreto 8.634/2016 e Portaria MF 38/16) ou o do Conselho de Recursos do Sistema Financeiro Nacional (Decreto 8.652/2016 e Portaria MF 68/16).

militares, hipótese em que ele tem o caráter de verdadeiro regulamento[38], ou ainda a *disciplina interna de funcionamento de uma instituição, inclusive privada*, cujas regras vinculam todos os que estão relacionados àquela, seja por imposição legal, como os apenados em uma penitenciária, seja por adesão voluntária ao seu meio, como se dá aos estudantes que se matriculam em uma instituição de ensino[39] ou aos moradores de um condomínio de apartamentos ou os sócios de um clube desportivo. Claro que as situações que nos interessam são apenas aquelas regidas no âmbito do direito administrativo, quando envolvem entidades públicas em suas relações internas e organizacionais ou para com particulares que com elas se relacionam.

Deliberações, por sua vez, também como visto acima, são simples tomadas de decisão por órgãos colegiados, geralmente formalizadas por meio de resolução. Mas não é necessário, do ponto de vista formal, que haja essa relação da matéria deliberada com o instrumento resolução. Muitas vezes a deliberação não adota uma forma específica. É comum, por exemplo, que colegiados de tribunais ou de cortes administrativas tomem deliberações sem editar resoluções. Nesse caso, a referência à decisão administrativa é normalmente feita apenas com a indicação do termo *deliberação tomada em sessão do dia tal* ou, ainda, *conforme deliberação constante da ata da sessão do dia tal*.

7.10.1.4. Instruções e ordens de serviço

Nos ensina Diogo de Figueiredo Moreira Neto[40] que as *instruções* "são atos que contêm uma orientação paradigmática para a atuação de chefias e de subordinados hierárquicos, no desempenho de suas respectivas atribuições". Instrui-se, assim, os servidores subordinados quanto à forma de proceder em determinadas situações, conforme precedente administrativo relevante sobre determinada matéria.

Na prática, o que foi dito em relação às portarias de conteúdo normativo pode ser percebido também em relação às instruções, não sendo incomum a existência das chamadas *instruções normativas*, inclusive sobre matérias relevantes, principalmente no âmbito dos direitos tributário e financeiro (vide as que são editadas anualmente no âmbito da Secretaria da Receita Federal do Brasil sobre as declarações de ajuste do IRPF).

As *ordens de serviço* em muito se assemelham em finalidade às instruções, embora sejam utilizadas mais comumente entre setores inferiores da burocracia. Podem tanto indicar procedimentos burocráticos a serem adotados, tendo um sentido mais regulamentar da atividade interna, como constituir simples ordens diretas para a execução material de uma atividade administrativa por parte de um servidor subalterno, como a ordem dada pelo supervisor da seção de transporte ao motorista da repartição para levar ou buscar uma autoridade em razão do serviço.

---

38. Aliás, no âmbito federal, tais regulamentos são aprovados por decreto presidencial, como, por exemplo, o Regulamento Disciplinar do Exército (Decreto 4.346/2002).
39. No caso das universidades, por força da autonomia constitucional, cabe a elas a elaboração dos respectivos regimentos (art. 53, V, da LDB – Lei 9.394/1996), o que geralmente é feito por deliberação, na forma de resolução, do respectivo conselho universitário ou órgão equivalente.
40. MOREIRA NETO, Diogo Figueiredo. *Curso de Direito Administrativo*. 15. ed., Rio de Janeiro: Forense, 2009, p. 152.

7.10.1.5. Circular, aviso e comunicado

Todos esses atos são, por natureza, de conhecimento ou de comunicação, geralmente dirigidos aos setores administrativos subordinados e, eventualmente, a terceiros interessados, dando conhecer a estes algum fato relevante ou alguma deliberação ou decisão administrativa.

Assim, por exemplo, por comunicado ou aviso se dá conhecimento ao público que a repartição não funcionará em determinado dia por motivo de força maior ou que se adotará ponto facultativo ou horário especial de trabalho em certa data. Por circular, outrossim, processam-se os mesmos comunicados, mas dirigidos aos setores internos.

Para alguns autores, por outro lado, as circulares têm a mesma finalidade das instruções, embora de aspecto mais restrito a órgãos ou agentes determinados.

Na verdade, como em todos os outros instrumentos já citados, com exceção feita apenas aos decretos, não há rigorosamente nenhuma delimitação legal clara sobre a forma e os casos em que se deve adotar essa ou aquela modalidade de instrumento formal de veiculação de ato administrativo.

A doutrina administrativista tenta, de alguma maneira, dar um mínimo de critério a esses conceitos, mas a prática administrativa, em geral, ignora solenemente essas lições.

Assim, qualquer autoridade administrativa, em princípio, pode editar uma circular, aviso ou comunicado, desde que em matéria relacionada às suas atribuições.

A casuística nos mostra situações que destoam bastante do figurino concebido nos conceitos fechados criados pelos doutrinadores administrativistas, por mais que estes apreciem bastante suas próprias classificações.

Veja-se, por exemplo, o que ocorre no Sistema Financeiro Nacional, em que as circulares do Banco Central veiculam várias regras de comportamento aos agentes financeiros, configurando, em muitas situações, verdadeiros regulamentos. Da mesma forma, é corrente o uso do termo "aviso" em matéria de licitações, pelo qual se veiculam informações resumidas, um extrato, na verdade, de um edital aberto. A utilização desse instrumento, inclusive, encontra expressa previsão no art. 21 da Lei 8.666/1993.

7.10.1.6. Alvará

Alvará[41] é a forma usualmente adotada para a veiculação de atos de licença, autorização ou permissão.

Nos códigos municipais de posturas ou de obras, por exemplo, é o nome do documento que materializa uma licença ou autorização para construção de obra ou para localização e funcionamento de estabelecimento comercial.

Também é comum a utilização da expressão como indicativo da liberação de funcionamento emanada por órgão de prevenção a acidentes, geralmente o Corpo de Bombeiros Militar, seja pelas características da construção em si, seja pela utilização de equipamentos nele agregados (extintores, elevadores etc.).

---

41. Na legislação precedente à República eram comuns as expressões *Alvará Régio* (dos reis portugueses) e *Alvará Imperial* (dos imperadores brasileiros) como sinônimo de édito real pelo qual os monarcas atribuíam a determinadas pessoas direitos ou privilégios.

Para a emissão do referido documento costuma-se cobrar uma taxa, visto que a fiscalização necessária à concessão do permissivo é usualmente identificada como exercício do poder de polícia administrativa.

Também na legislação sanitária é comum o uso da expressão para a designação de concessão de licenciamento a estabelecimento que dependa de autorização especial dos órgãos de vigilância sanitária para o respectivo funcionamento (art. 2.º, XI, da Lei 6.437/1977).

Atos administrativos de permissão de uso ou exploração de bens públicos também podem tomar a forma de um alvará, sendo possível encontrar tal designação na legislação nacional, como no caso do alvará de autorização de pesquisa de produtos minerais, referido no Código de Mineração (art. 7.º do Decreto-lei 227/1967).

As autoridades judiciais, no exercício da função administrativa de gestão pública de interesses particulares, mais conhecida como "jurisdição voluntária", também se valem da figura jurídica "alvará" como documento indicativo da pessoa que recebe a autorização judicial para o levantamento de bens ou a transferência de determinado patrimônio (art. 725, VII, do CPC/15)[42].

Usualmente, a expressão também é utilizada para indicar o documento judicial autorizativo do levantamento de importância em dinheiro depositada em instituição financeira, mesmo que referente a feitos de jurisdição contenciosa.

7.10.1.7. Autos de infração, de interdição (embargo) e de destruição ou perdimento

O auto de infração é forma própria para veiculação de aplicação de penalidades decorrentes do exercício do poder de polícia.

Diferentemente do poder de polícia exercido preventivamente, como no caso da concessão de uma autorização de funcionamento, aqui o poder de polícia é exercido de forma repressiva e o auto de infração decorre da constatação do descumprimento de norma administrativa, inclusive das referentes à antecedente e necessária aquisição de atos de licença, autorização ou permissão.

Normalmente, o auto de infração decorre da fiscalização feita de ofício pela autoridade administrativa, e pode estar relacionado com as mais diversas áreas do poder de polícia administrativa, inclusive dos ramos jurídicos que se destacaram dele, como o ambiental, o urbanístico e o econômico.

Sem embargo, o auto de infração, afora sua adoção generalizada no âmbito administrativo, também pode ser instrumento constitutivo do crédito tributário, servindo de elemento conformador do ato jurídico do lançamento, assim como a autodeclaração do contribuinte.

Normalmente, a penalidade decorrente da autuação de alguém é a multa. Mas a lei pode prever outras penalidades administrativas, como a advertência, a interdição de estabelecimento ou apreensão e mesmo a destruição de mercadorias.

---

42. Curiosamente, o CPC/1973 só fazia referência à expressão no seu art. 1.031, § 2.º, na parte referente ao arrolamento, conquanto o termo fosse de aplicação bastante difundida no meio judicial, inclusive nas normatizações das Corregedorias judiciais. O CPC/2015 contém disposição semelhante àquela referida no CPC revogado em seu art. 659, § 2º.

Pode haver, também, a adoção de diferentes gradações para as penalidades, conforme a extensão do dano decorrente da conduta que se quer reprimir, ou a ocorrência ou não de reincidência.

Na prática, é comum que penalidades administrativas como interdição, apreensão e destruição sejam revestidas por um tipo de auto específico, em tudo semelhante ao de infração, apenas acrescido da finalidade a que corresponde e um campo próprio para a descrição dos bens particulares que estão sendo atingidos[43].

No caso de interdição de obra, é comum o uso da expressão "embargo". Observe-se que o descumprimento da ordem de interdição ou embargo pode acarretar a responsabilização criminal, seja pelo tipo da desobediência (art. 330 do CP), seja pelo tipo da inutilização de edital ou sinal (art. 336 do CP), se houver rompimento ou inutilização de lacre que sinalizava a interdição do estabelecimento.

No âmbito do direito consumerista, bem como das normas de vigilância sanitária e alfandegárias, é comum a previsão de regras que possibilitam a apreensão e destruição ou perdimento de mercadorias inservíveis ao uso e consumo, ou cuja importação seja proibida.

Nem todas as sanções administrativas, no entanto, decorrem do exercício do poder de polícia, podendo resultar de outros tipos de vínculos especiais de sujeição, como o decorrente do exercício do poder hierárquico, no caso dos servidores públicos (advertência, censura, suspensão, demissão, cassação de aposentadoria etc.), ou das cláusulas exorbitantes, no caso dos contratos administrativos, mormente os relacionados aos serviços públicos (advertência, multa, rescisão do contrato etc.).

No caso da aplicação das cláusulas exorbitantes, no entanto, estamos no campo do exercício de prerrogativas próprias da relação contratual administrativa, e não propriamente de um ato administrativo no sentido estrito do termo.

No caso do servidor público, seu sancionamento decorrerá da tomada de um ato administrativo em seu sentido clássico, embora resultante, sempre, de um processo administrativo para isso instaurado, assegurada ampla defesa e o contraditório, e na conformidade da legislação estatutária àquele aplicável.

7.10.2. Nominação dos atos administrativos em razão de seu objeto ou conteúdo

7.10.2.1. Certidão, atestado, apostilamento e parecer

Certidões e *atestados* são atos denominados de *atos administrativos enunciativos*, visto que se resumem a enunciar ou dar ciência aos interessados quanto ao conteúdo de informações que a Administração Pública dispõe sobre determinado assunto ou situação ou então retratar um acontecimento que tenha significação jurídica.

Assim, o esclarecimento quanto ao fato de uma pessoa não responder a nenhum processo judicial, não contar com débitos inscritos em dívida ativa ou não ter sido negativada junto ao registro do comércio por nunca ter levado uma empresa comercial à falência são,

---

43. O art. 161 da CLT, por exemplo, prevê auto de interdição de estabelecimento, setor de serviço, máquina ou equipamento, bem como o embargo de obra, quando houver grave e iminente risco para o trabalhador.

para as mais diversas finalidades, desde o pedido de inscrição num concurso público até o requerimento de registro mercantil de uma nova firma, informações obtidas mediante certidões expedidas pelos órgãos competentes.

Da mesma forma, é mediante certidão que as serventias do foro extrajudicial atestam o nascimento, o casamento ou a morte de alguém[44], ou que as escrivanias judiciais ou secretarias de tribunais administrativos informam o andamento de determinado processo, judicial ou administrativo, inclusive com a identificação, se necessário, dos principais eventos processuais verificados até aquela data.

Para Rafael Carvalho de Rezende Oliveira[45], a diferença básica entre certidão e atestado é que, no último caso, se "retratam fatos que não constam previamente dos arquivos da Administração". Portanto, quando o candidato ao concurso público é barrado na porta do local da prova por descumprimento de alguma regra do edital, será mediante atestado (geralmente uma simples cópia da ata elaborada pela comissão competente) que a Administração Pública dará a ele, no momento oportuno, as razões por escrito da proibição. Da mesma forma, será um atestado o documento comprobatório do comparecimento de uma testemunha ao ato correspondente.

A distinção é muito mais doutrinária, sendo comum que as expressões certidão e atestado sejam utilizadas sem qualquer diferenciação.

Observe-se que os atos enunciativos, embora apenas formalmente administrativos, visto que não expressam uma vontade, mas sim um fato documentado, não deixam de ter valor jurídico, posto que a informação documentada pode ser utilizada para produção de efeitos jurídicos, de modo que a falsidade, tanto do documento em si, quanto de seu teor, constitui crime (falsidade de documento público – art. 297 do CP, no primeiro caso, e falsidade ideológica – art. 299 do CP, no segundo caso)[46].

O *apostilamento* costuma ser empregado no serviço público como sinônimo de ato administrativo que reconhece e manda consignar em prontuário ou dossiê determinada informação relevante para situação jurídica do interessado.

Decorre, geralmente, do reconhecimento da validade de algo que foi certificado por outra autoridade ou órgão administrativo, como no caso do tempo de serviço/contribuição anterior do servidor público que é averbado em seus assentamentos funcionais, mas pode ser efeito de reconhecimento do próprio ente em que mantém seu vínculo funcional atual, como quando se reconhece o direito à incorporação de gratificações ou a alteração de padrões ou classes dentro de uma mesma carreira funcional, ou, ainda, quando se consigna elogio ao servidor, a fim de que fique registrado para fins de merecimento em seus assentamentos.

Já o parecer, desde que não vinculativo[47], é ato enunciativo que serve de embasamento técnico ou jurídico para decisão a ser tomada pelo órgão ou autoridade administrativa.

---

44. Vide arts. 17 a 21 da Lei de Registros Públicos (Lei 6.015/1973).
45. OLIVEIRA, Rafael Carvalho de Rezende. *Curso de Direito Administração*. São Paulo: Método, 2013.
46. Existem tipos penais específicos para outros tipos de fraude, como a de falsificação de selo ou sinal público (art. 296 do CP), o falso reconhecimento de firma ou letra (art. 300 do CP) e a emissão de certidão ou atestado ideologicamente falso (art. 301 do CP).
47. O art. 40, § 1.º, da Lei Complementar 73/1993 prevê que os pareceres do Advogado-Geral da União aprovados pelo Presidente da República são vinculativos da Administração Pública Federal,

7.10.2.2. Visto, aprovação e homologação

Esses atos são denominados *atos de controle ou verificação* e destinam-se apenas à análise da legalidade e conformidade, inclusive de mérito, de ato anteriormente praticado.

As distinções entre eles, como sempre, são mais doutrinárias, argumentando-se que no *visto* o controle é apenas da legitimidade formal do ato, de modo que com ele possa ter o ato anterior a devida exequibilidade. No caso da *homologação*, também se dá um controle de mérito do ato anterior, além do referente à legalidade. É o que ocorre, por exemplo, na homologação da licitação (art. 43, VI, da Lei 8.666/1993) ou na demarcação de terras indígenas (art. 5.º do Decreto 1.775/1996).

Já a *aprovação* seria um ato semelhante à homologação, mas de natureza discricionária, podendo ocorrer, ainda, de maneira preventiva.

Na prática, nem sempre as distinções doutrinárias são levadas a sério, até porque inexistente, na legislação, qualquer disposição impositiva quanto à adoção desta ou daquela forma, salvo em alguns casos específicos, como os que mencionamos acima.

Assim, o visto, por exemplo, em vez de ato de confirmação, é utilizado na legislação referente ao estrangeiro como ato originário para futuro reconhecimento de direito[48], sendo encarado, ainda, como um ato absolutamente discricionário, visto que condicionado aos interesses nacionais (art. 3.º da Lei 6.815/1980). No entanto, uma vez concedido, e autorizada a entrada do estrangeiro no país, entendemos que a expulsão deverá ser devidamente justificada.

Quando se trata de homologação, o ato deveria ser meramente confirmatório do anterior, de modo que não caberia modificá-lo. Sua não confirmação, no entanto, impede a produção dos efeitos do primeiro.

No caso da aprovação, temos que ela tanto pode ser antecedente, anterior ao ato a ser praticado[49], como a aprovação de tabelas tarifárias pelo poder concedente, quanto posterior, quando tomada com o fim de concordância do ato já editado, caso em que muito se assemelharia à homologação[50].

7.10.2.3. Licença

A licença é um ato administrativo vinculado pelo qual se reconhece o direito do particular ao exercício de uma atividade.

---

cujos órgãos e entidades ficam obrigados a lhe dar fiel cumprimento.

48. Na verdade, a autorização de entrada no Brasil, pelo estrangeiro, é que constitui a confirmação do ato administrativo anterior consistente no visto, sendo certo que o art. 26, *caput*, do Estatuto do Estrangeiro estabelece que "o visto concedido pela autoridade consular configura mera expectativa de direito, podendo a entrada, a estada ou o registro do estrangeiro ser obstado ocorrendo qualquer dos casos do artigo 7.º, ou a inconveniência de sua presença no território nacional, a critério do Ministério da Justiça".

49. Na legislação aeronáutica, são objeto de aprovação, por ato do Presidente da República, os Planos Básicos de Zona de Proteção de Aeródromos, os Planos Básicos de Zoneamento de Ruído, os Planos de Zona de Proteção de Helipontos e os Planos de Zona de Proteção e Auxílios à Navegação Aérea (art. 44, § 2.º, da Lei 7.565/1985).

50. Na mesma legislação aeronáutica, são objeto de aprovação, pelo respectivo Comando Militar, os relatórios finais de acidente com aeronave de Força Armada (art. 88-H, parágrafo único, da Lei 7.565/1985, acrescido pela Lei 12.970/2014).

Como ato vinculado, satisfeitos os requisitos legais, o interessado passa a deter o direito à sua concessão, só perdendo esta se houver a expiração do prazo de gozo, caso temporalmente limitado, ou na hipótese de cometimento de infração que acarrete a suspensão ou cassação do direito correspondente.

Caso clássico é a concessão de licença para construção de obra, para localização de estabelecimento ou para funcionamento de atividade comercial ou industrial. Direito que pode decorrer tanto da legislação urbanística, quanto da legislação ambiental[51] e sanitária, por vezes sendo necessária a concessão de licença por mais de uma autoridade administrativa.

Algumas atividades profissionais também dependem desse reconhecimento expresso. Veja-se que, embora a Constituição reconheça o livre exercício profissional, não estão, muitos profissionais liberais, isentos de fiscalização por órgãos de classe especialmente concebidos por lei para esse fim. Para isso, dependem da respectiva inscrição nos órgãos de classe, da qual decorre verdadeira licença para o exercício profissional, embora as leis em questão raramente utilizem essa expressão. Em alguns casos, essa competência é atribuída à própria autoridade pública e não delegada a entidades de classe[52].

Outro caso bastante conhecido de licença diz respeito ao direito de circulação de veículos automotores terrestres, conforme disposto no art. 130 do Código Brasileiro de Trânsito (Lei 9.503/1997).

O direito para conduzir tais veículos também é sujeito à licença, tendo a lei, no entanto, preferido usar o termo *habilitação* (arts. 140 a 160). Observe-se que a lei atual, inclusive, criou a figura denominada de "permissão de dirigir" (art. 148, § 2.º), com validade de um ano, como requisito antecedente da aquisição da carteira nacional de habilitação, criando uma espécie de estágio probatório para os novos motoristas. Não é, na verdade, uma permissão, entendida como ato discricionário, visto que a não concessão da CNH só ocorrerá se o permitido cometer alguma infração de natureza grave ou gravíssima ou for reincidente em infração média (art. 148, § 3.º).

7.10.2.4. Permissão

A permissão constitui ato administrativo de natureza discricionária que permite o exercício de determinada atividade pelo administrado ou, ainda, o uso de bem público.

Em matéria de serviços públicos, como será visto em capítulo próprio, pouco difere, na atualidade, das concessões, visto que também decorrente, nos termos do art. 40 da Lei 8.987/1995, de contrato administrativo e não mais de ato.

---

51. O art. 10, *caput*, da Lei 6.938/1981 estabelece que "a construção, instalação, ampliação e funcionamento de estabelecimentos e atividades utilizadoras de recursos ambientais, efetiva ou potencialmente poluidoras ou capazes, sob qualquer forma, de causar degradação ambiental dependerão de prévio licenciamento ambiental".

52. O art. 100, parágrafo único, da Lei 7.565/1985, por exemplo, estabelece que cabe à autoridade aeronáutica expedir licença para controladores de tráfego aéreo e outros profissionais de diversos setores de atividades vinculadas à navegação aérea e à infraestrutura aeronáutica. Da mesma forma, o art. 160 prevê a concessão de licença para os tripulantes, emitida pela autoridade aeronáutica.

No caso de uso de bem público da União, a permissão geralmente se dava mediante termo de cessão (art. 64, § 3.º, do Decreto-lei 9.760/1946). Com a Lei 9.636/1998, no entanto, o instituto passou a ter nova disciplina, sendo conceituado no art. 22 como "a utilização, a título precário, de áreas de domínio da União para a realização de eventos de curta duração, de natureza recreativa, esportiva, cultural, religiosa ou educacional, poderá ser autorizada, na forma do regulamento, sob o regime de permissão de uso, em ato do Secretário do Patrimônio da União, publicado no Diário Oficial da União".

A cessão, inclusive, passou a ter disciplina própria, sendo diferenciados os dois institutos (art. 18).

7.10.2.5. Autorização

A autorização é um ato administrativo discricionário que, da mesma forma que a permissão, autoriza o exercício precário de determinada atividade ou o uso privativo de bem público.

Na prática, para coroar a total falta de critério legislativo no assunto, a autorização, muitas vezes, é utilizada como sinônimo de aprovação prévia, como no caso da alienação de bens públicos.

Quanto à autorização como ato administrativo precário, entendemos que não possui ela rigorosamente nenhuma distinção relevante em relação à permissão, havendo, tão somente, uma escolha aleatória e pouco criteriosa do legislador por uma ou outra expressão.

Caso clássico de autorização é o referente ao porte pessoal de arma de fogo, hoje muito restrito, nos termos do art. 6.º da Lei 10.826/2003, que apenas o reconhece a algumas categorias de pessoas.

A Lei do SINARM (Sistema Nacional de Armas) ainda exige a autorização para compra de arma de fogo (art. 4.º, § 1.º), para a comercialização de armas de fogo, acessórios e munições entre pessoas físicas (art. 4.º, § 5.º), para a expedição do certificado de registro (art. 5.º, § 1.º), para o porte da arma, nos casos especificados na Lei (art. 10), e para o porte de trânsito para colecionadores, atiradores e caçadores e representantes estrangeiros em competição internacional oficial de tiro no território nacional (art. 9.º).

Autorização também é um termo comum para classificar o direito de operar em determinadas atividades empresariais fortemente reguladas pelo Estado. Observe-se, no entanto, que muitas vezes, apesar de a lei utilizar o termo "autorização", o ato mais se assemelha com uma licença, visto que não resultaria, propriamente, de um exame de conveniência e oportunidade do administrador.

Em alguns casos, no entanto, observa-se uma clara possibilidade de análise discricionária, como no caso da autorização para o funcionamento de instituições financeiras (art. 10, X, da Lei 4.595/1964), principalmente no caso de instituições estrangeiras (art. 10, § 2.º).

Em muitos casos, a legislação confunde os três conceitos, licença, autorização e permissão, utilizando-se indistintamente das três designações para a mesma situação, como se pode perceber a partir do exame das leis estaduais e municipais que tratam do serviço de transporte de passageiros por táxis.

7.11. EXTINÇÃO DO ATO ADMINISTRATIVO

O ato administrativo pode ser extinto por vários motivos diferentes. De acordo com Celso Antônio Bandeira de Mello[53], pode o ato ser extinto por *cumprimento de seus efeitos, desaparecimento do sujeito ou objeto e por retirada*.

A primeira forma de extinção (cumprimento de seus efeitos) pode se dar por: a) esgotamento do conteúdo jurídico, o que ocorre, por exemplo, pelo gozo de férias de um funcionário; b) pela execução material, se se consuma, por exemplo, com uma ordem, executada, de demolição de uma casa; e c) implemento de condição resolutiva ou termo final.

O segundo caso, ou seja, desaparecimento do sujeito ou objeto, ocorre no clássico caso do falecimento de um permissionário, cuja permissão não seja passível de repasse ou transferência, caso em que há o desaparecimento do sujeito e, consequentemente, a extinção do ato, pois não há mais ninguém para gozar daquele ato. Já o caso de perda do objeto ocorre, por exemplo, quando uma casa, sobre a qual recaía um embargo de obra ou mesmo interdição, é demolida. O ato administrativo de embargo ou de interdição se extingue, pois o objeto sobre o qual ele recaía não existe mais.

Por fim, a retirada é quando o ato é expulso do ordenamento jurídico por um outro ato administrativo ou por incompatibilidade deste com norma superveniente de maior hierarquia.

A retirada pode se concretizar por: anulação, revogação, cassação, caducidade e contraposição. As formas mais comuns de extinção do ato se dão por anulação e revogação, razão pela qual será objeto de maior aprofundamento.

7.11.1. Anulação e revogação do ato administrativo

A gestão dos interesses da coletividade requer a prática diária de atos administrativos. Afinal de contas, como já ensinava Seabra Fagundes, administrar é aplicar a lei de ofício e os atos administrativos nada mais são do que o produto da aplicação da lei no caso concreto.

Conforme a margem de liberdade que o legislador reservará ao administrador, para aplicar a lei ter-se-ão atos administrativos vinculados e atos administrativos discricionários. Nos primeiros a lei não deixa qualquer espaço de liberdade para que seja apreciado qual o melhor comportamento a ser adotado no caso concreto, sendo a conduta totalmente vinculada. Já nos atos discricionários, especialmente em vista da impossibilidade de o legislador prever de antemão todas as circunstâncias que poderiam ser relevantes e ocorrentes em um caso concreto, é deixada uma margem de liberdade para que o administrador, na análise do caso concreto, fazendo um juízo de oportunidade e conveniência, adote o comportamento que melhor atenda ao interesse público naquele caso.

Esses atos praticados e cujo objetivo é o alcance dos interesses da coletividade estão sujeitos a controle interno por parte da própria Administração que o produziu. O exercício desse controle interno é baseado no princípio da autotutela administrativa.

Assim, pode-se afirmar que o princípio da autotutela administrativa está ligado ao poder que a Administração possui de rever seus comportamentos, seus atos, o que pode

---

53. *Curso de direito administrativo*. 29. ed. São Paulo: Malheiros, 2012, p. 455.

ser motivado por ilegalidade (controle de legalidade) ou por perda da conveniência e oportunidade na manutenção do ato (controle de mérito).

As principais formas de exercício da autotutela são externadas pela anulação e revogação do ato administrativo.

7.11.1.1. Anulação

A anulação é a forma de controle interno em que a Administração extingue o ato em razão de ele possuir vícios de legalidade. É importante ficar claro que vício de legalidade não significa apenas inobservância à lei. Em verdade, está acobertada pela ilegalidade toda violação a lei, princípios constitucionais, regulamentos, editais etc.

Da mesma forma que é ilegal o ato de aplicação de uma multa por um agente sem competência legal, também o é o ato da comissão de licitação que, descumprindo as regras do edital, inabilita licitante, ou a aplicação de uma multa prevista em lei, porém desproporcional à infração cometida.

A anulação, por ser forma de extinção do ato por motivo de ilegalidade, além de poder ser feita pela Administração, também poderá ser feita pelo Poder Judiciário, porém, por este último, desde que devidamente provocado para tanto.

A anulação poderá ser feita pela Administração Pública de ofício ou por provocação. De ofício é quando a própria Administração revê o ato e o anula. É importante registrar que esse comportamento não é corrente, pois, como se sabe, o ato administrativo, quando é produzido, nasce com a presunção de que foi feito corretamente e que, por isso, é legal e legítimo.

Porém, a ordem jurídica prevê fortes mecanismos de controle do ato por provocação. Destaca-se o direito de petição, previsto no art. 5.º, XXXIV, "a", da Constituição Federal no sentido de que "são a todos assegurados, independentemente do pagamento de taxas: a) o direito de petição aos Poderes Públicos em defesa de direitos ou contra ilegalidade ou abuso de poder".

Ainda há os recursos administrativos. Estes têm como pressuposto a pretensão de reforma de alguma decisão ou ato. Trata-se de uma verdadeira garantia individual do cidadão[54].

---

54. O recurso administrativo pode ser de ofício, quando a própria Administração recorre, submetendo sua primeira decisão ao órgão julgador superior. Tem que ter previsão legal expressa. Ex.: alguns recursos em matéria tributária. Também pode ser por provocação, quando o administrado interpõe o recurso.Os recursos administrativos podem ser recebidos no efeito devolutivo e, nas hipóteses previstas, também no suspensivo.A regra é apenas o efeito devolutivo (art. 61 da Lei 9.784/1999), o que significa que a interposição do recurso não suspende a operatividade do ato. Quer dizer que o ato impugnado não deixa de produzir seus efeitos na pendência do recurso. Importante registrar que, se lei for omissa quanto aos efeitos do recebimento do recurso, tem-se que este apenas será recebido no efeito devolutivo.O efeito suspensivo tem que estar expresso na lei (parágrafo único do art. 61 da Lei 9.784/1999). Quando o recurso é recebido nesse efeito, o ato questionado fica com sua operatividade suspensa, não produzindo efeitos contra o recorrente, razão pela qual, após interposto o recurso, não poderá, na pendência deste, se discutir a matéria na via judicial, pois faltará ao demandante uma das condições da ação que é o interesse de agir.O efeito suspensivo pode ser dado diretamente pela lei ou atribuído pela autoridade competente.São hipóteses em que o recebimento do efeito suspensivo decorre diretamente da Lei: recurso cabível contra habilitação,

É importante registrar que o exercício da autotutela quanto à anulação do ato não é ilimitado. Dentre os limites ou atenuação do referido princípio, destaca-se o princípio da segurança jurídica.

Registramos oportunamente que o art. 54 da Lei 9.784/1999 estabelece que "o direito da Administração de anular os atos administrativos de que decorram efeitos favoráveis para os destinatários decai em cinco anos, contados da data em que foram praticados, salvo comprovada má-fé".

Isso significa que o poder de anulação do ato não é ilimitado. Assim, mesmo que o ato que se pretenda anular seja induvidosamente ilegal, caso ele já tenha sido produzido há mais de cinco anos e tenham decorrido efeitos favoráveis para terceiros que não estavam de má-fé, é impassível de invalidação em razão do obstáculo da segurança jurídica[55].

E quando o ato ilegal não constituir direitos? Se o destinatário atuou de má-fé, qual seria o prazo para anular o ato? A doutrina pouco desenvolve sobre esse tema e são raras as decisões judiciais sobre o assunto. Entendemos que por prestígio à segurança jurídica e à estabilização das relações jurídicas deve ser aplicado o prazo residual do art. 205 do Código Civil, não havendo que se falar em imprescritibilidade. Estabelece o mencionado comando legal que "a prescrição ocorre em dez anos, quando a lei não lhe haja fixado prazo menor".

Devemos lembrar que, em decisão recente, proferida no RE 669.069/MG[56], com repercussão geral reconhecida, o STF afastou a tese da imprescritibilidade geral até mesmo para as ações de ressarcimento da Fazenda Pública por ilícito civil praticado por terceiro, interpretando de forma restrita a disposição do art. 37, § 5º, da CF/1988, de modo a ser aplicável a imprescritibilidade ali aludida apenas às hipóteses de dano decorrente da prática de ato de improbidade administrativa. Essa tese, portanto, poderia, complementarmente ao que dissemos no parágrafo anterior, ser aplicada às pretensões anulatórias de ato administrativo, apenas se admitindo a tese da imprescritibilidade se a má-fé que aqui tratamos fosse qualificada como ato de improbidade[57].

Recentemente tem se firmado o entendimento de que a anulação do ato administrativo, quando afete interesses ou direitos de terceiros, deve ser precedida do contraditório, em razão da garantia constitucional do art. 5.º, LV, da Constituição Federal, segundo o qual *ninguém será privado de sua liberdade e de seus bens sem o devido processo legal*.

Nesse sentido é o posicionamento do *Superior Tribunal de Justiça*:

---

inabilitação e julgamento das propostas em licitação (art. 109, I, "a" e "b", da Lei 8.666/1993), recurso contra lançamento tributário, o qual suspende a exigibilidade do crédito tributário (operatividade do ato), conforme prescreve o art. 151, III, do Código Tributário Nacional. É possível também que o efeito suspensivo ao recurso seja atribuído diretamente pela autoridade competente. É o que se passa, por exemplo, nos demais casos da Lei de Licitações, em matéria de trânsito etc.

55. O STJ, no MS 15.457/DF (1ª Seção, Rel. Min. Castro Meira), entendeu que a ressalva do art. 54, § 2.º, da Lei 9.874/1999 autoriza a instauração de processo administrativo a qualquer tempo, devendo nele ser verificada a ocorrência ou não de má-fé, para só então, decidir-se pela ocorrência ou não da decadência.

56. Pleno, Rel. Min. Teori Zavascki, j. 03/02/2016, Repercussão Geral (tema 666), vide Informativo STF 813.

57. O STF, no entanto, reconheceu a repercussão geral no RE 852.475/SP, para examinar a questão da imprescritibilidade das ações de ressarcimento também nas hipóteses de improbidade administrativa.

"Processual civil e administrativo. Agravo regimental. Pensão de servidor público. Ilegalidade. Autotutela. Supressão dos proventos. Devido processo legal. Ampla defesa e contraditório. Obrigatoriedade. Precedentes do STJ. 1. Esta Corte Superior, de fato, perfilha entendimento no sentido de que a Administração, à luz do princípio da autotutela, tem o poder de rever e anular seus próprios atos, quando detectada a sua ilegalidade. 2. Todavia, quando os referidos atos implicarem invasão da esfera jurídica dos interesses individuais de seus administrados, é obrigatória a instauração de prévio processo administrativo, no qual seja observado o devido processo legal e os corolários da ampla defesa e do contraditório. 3. Agravo regimental não provido" (STJ, AgRg no REsp 1.253.044/RS, 2011/0107591-6, 2.ª T., Rel. Min. Mauro Campbell Marques, j. 20.03.2012, DJe 26.03.2012).

Na mesma toada é o posicionamento do excelso *Supremo Tribunal Federal*:

"Agravo regimental em recurso extraordinário. Poder de autotutela da Administração. Servidor público. Revisão de aposentadoria e supressão de valores. Necessidade de observância do procedimento administrativo, assegurados o contraditório e a ampla defesa. O Plenário do Supremo Tribunal Federal entendeu ser necessária a prévia instauração de procedimento administrativo, assegurados o contraditório e a ampla defesa, sempre que a Administração, exercendo seu poder de autotutela, anula atos administrativos que repercutem na esfera de interesse do administrado (RE 594.296-RG, Rel. Min. Dias Toffoli). Agravo regimental a que se nega provimento" (STF, RE 542.960/RS, 1.ª T., Rel. Min. Roberto Barroso, j. 04.02.2014, DJe-035 Divulg. 19.02.2014, Public. 20.02.2014).

Por fim, deve-se lembrar que a anulação gera efeitos retroativos, *ex tunc*. Significa dizer que com a anulação são desconstituídos os efeitos derivados daquele ato ilegal. Uma alternativa à anulação e, por consequência, à desconstituição dos efeitos do ato, até mesmo por imperativo de segurança jurídica, seria a convalidação do ato, que não deixa de ser uma manifestação da autotutela administrativa.

7.11.1.2. Revogação

A revogação é a outra manifestação da autotutela em que o ato é extinto por perda da conveniência e oportunidade em sua manutenção.

Foi visto que, em muitas ocasiões, a lei reserva uma margem de liberdade para que o administrador, na análise do caso concreto, fazendo um juízo de oportunidade e conveniência, adote o comportamento que melhor atenda ao interesse público naquele caso. Trata-se da discricionariedade administrativa.

No exercício da discricionariedade nasce o ato discricionário. Um bom exemplo para elucidar a discricionariedade é o deferimento de autorização para colocar barracas de doces e salgados em praças públicas.

Quando o particular solicita uma autorização, a Administração vai analisar se é conveniente e oportuno o deferimento e, em caso positivo, autoriza. Se, por sua vez, não for compatível naquele momento com o interesse público, a autorização é negada.

Nota-se que os atos discricionários são atos precários, pois são baseados em conveniência e oportunidade, que são conceitos extremamente instáveis, pois o que é conveniente hoje e enseja a prática do ato pode amanhã não ser e por isso vai gerar a revogação do ato.

Por isso, podemos concluir que o motivo da revogação é justamente a perda da conveniência e oportunidade na manutenção do ato praticado. É importante deixar claro que não é todo ato que pode ser revogado. É pressuposto que o ato seja lícito (pois se não for, a forma correta de autocontrole é por anulação) e discricionário, o que significa que sua edição também foi lastreada em análise de conveniência e oportunidade. É por essa razão que o ato vinculado não pode ser revogado, pois a sua edição não é pautada em critérios de conveniência e oportunidade.

Ainda, atos materiais, atos que já produziram os seus efeitos e por isso já se exauriram e os que geraram direitos adquiridos também não podem ser objeto de revogação.

A revogação, ao contrário da anulação, apenas pode ser feita no exercício da função administrativa e, por isso, pela Administração Pública. Isso significa que o Poder Judiciário, no exercício de sua função jurisdicional, jamais poderá revogar um ato administrativo. Todavia, é possível que um Tribunal revogue um ato administrativo feito por ele mesmo no desempenho de sua função atípica de administrador. Aqui ele estaria dentro da expressão Administração Pública (no sentido de quem exerce a função administrativa).

A revogação não gera efeitos retroativos, pois o ato revogado era válido e legal, sendo sua extinção baseada exclusivamente por perda superveniente da conveniência e oportunidade em sua manutenção.

Por fim, em sendo o ato a ser revogado um ato administrativo complexo, ou seja, aquele que é decorrente da somatória de mais de uma vontade, sua revogação também deverá ser feita por ato conjunto de ambas as autoridades. No Julgamento do MS 14.731, 1ª Seção do STJ, entendeu-se que *"a portaria interministerial editada pelos Ministérios da Educação e do Planejamento demanda a manifestação das duas pastas para a sua revogação"*.[58]

7.11.1.3. Cassação

A cassação do ato administrativo é uma forma de extinção por ilegalidade, porém ilegalidade cometida pelo destinatário do ato. Aqui, ao contrário da anulação, o ato é praticado validamente, porém o seu destinatário lhe atribui finalidade ilegal, gerando a possibilidade de a Administração cassar o ato.

Essa forma de extinção de atos está prevista em inúmeras legislações. Por exemplo, a Lei 9.742/1997, que dispõe sobre a organização dos serviços de telecomunicações, a criação e o funcionamento de um órgão regulador, prevê em seu art. 138 que:

---

58. MS 14.731-DF, Rel. Min. Napoleão Nunes Maia Filho, por unanimidade, julgado em 14/12/2016, DJe 2/2/2017. Informativo 597. Entendeu-se exigir-se, nesse contexto, a expressão de vontade de ambos os órgãos, sendo a ausência de um destes circunstância de invalidação do ato, por deficiência de formação ou, em outras palavras, por não se caracterizar como um ato completo/terminado. A revogação do ato administrativo é expressão do poder discricionário, atrelado à conveniência e à oportunidade da Administração, não podendo atingir os atos já exauridos ou aqueles em que o Poder Público está vinculado à prática. Ainda para os atos discricionários cujo exaurimento não é imediato, há limites dispostos de maneira implícita ou explícita na lei, tais como a competência/legitimidade para a revogação. Por regra de simetria, a revogação do ato, por conveniência e oportunidade, somente poderia advir de novo ato, agora desconstitutivo, produzido por ambas as Pastas. Ausente uma delas, não se considera completa a desconstituição.

"Art. 138. A autorização de serviço de telecomunicações não terá sua vigência sujeita a termo final, extinguindo-se somente por cassação, caducidade, decaimento, renúncia ou anulação.

Art. 139. Quando houver perda das condições indispensáveis à expedição ou manutenção da autorização, a Agência poderá extingui-la mediante ato de cassação.

Parágrafo único. Importará em cassação da autorização do serviço a extinção da autorização de uso da radiofrequência respectiva".

Outro excelente exemplo é encontrado no Código de Trânsito Brasileiro, que, dentre as penalidades cabíveis aos condutores e proprietários de veículos, destaca-se a cassação.

Vejamos o que enuncia o art. 256 do Código de Trânsito Brasileiro:

"Art. 256. A autoridade de trânsito, na esfera das competências estabelecidas neste Código e dentro de sua circunscrição, deverá aplicar, às infrações nele previstas, as seguintes penalidades:

I – advertência por escrito;

II – multa;

III – suspensão do direito de dirigir;

IV – apreensão do veículo;

V – cassação da Carteira Nacional de Habilitação;

VI – cassação da Permissão para Dirigir;

VII – frequência obrigatória em curso de reciclagem".

Logo em seguida o *codex* de trânsito informa quando será aplicada a cassação do documento de habilitação.

"Art. 263. A cassação do documento de habilitação dar-se-á:

I – quando, suspenso o direito de dirigir, o infrator conduzir qualquer veículo;

II – no caso de reincidência, no prazo de doze meses, das infrações previstas no inciso III do art. 162 e nos arts. 163, 164, 165, 173, 174 e 175[59];

III – quando condenado judicialmente por delito de trânsito, observado o disposto no art. 160.

§ 1.º Constatada, em processo administrativo, a irregularidade na expedição do documento de habilitação, a autoridade expedidora promoverá o seu cancelamento.

---

59. *Vejamos o teor dos referidos artigos.* "Art. 162. Dirigir veículo: (...) III – com Carteira Nacional de Habilitação ou Permissão para Dirigir de categoria diferente da do veículo que esteja conduzindo: Infração – gravíssima; Penalidade – multa (três vezes) e apreensão do veículo; Medida administrativa – recolhimento do documento de habilitação; (...) Art. 163. Entregar a direção do veículo a pessoa nas condições previstas no artigo anterior: Infração – as mesmas previstas no artigo anterior; Penalidade – as mesmas previstas no artigo anterior; Medida administrativa – a mesma prevista no inciso III do artigo anterior. Art. 164. Permitir que pessoa nas condições referidas nos incisos do art. 162 tome posse do veículo automotor e passe a conduzi-lo na via: Infração – as mesmas previstas nos incisos do art. 162; Penalidade – as mesmas previstas no art. 162; Medida administrativa – a mesma prevista no inciso III do art. 162. Art. 165. Dirigir sob a influência de álcool ou de qualquer outra substância psicoativa que determine dependência, Infração – gravíssima; Penalidade – multa (cinco vezes) e suspensão do direito de dirigir por 12 (doze) meses; Medida Administrativa – retenção do veículo até a apresentação de condutor habilitado e recolhimento do documento de habilitação".

§ 2.º *Decorridos dois anos da cassação da Carteira Nacional de Habilitação, o infrator poderá requerer sua reabilitação, submetendo-se a todos os exames necessários à habilitação, na forma estabelecida pelo CONTRAN*".

Note-se que a Carteira Nacional de Habilitação foi deferida ao condutor para que ele dirigisse de forma correta e com segurança. Conforme a infração que ele venha a praticar, como, por exemplo, dirigir sob o efeito de álcool, sua habilitação poderá ser cassada.

A cassação só pode ser feita pela Administração Pública e, a nosso ver, *possui efeitos não retroativos*, pois, se fosse cassado o ato com efeitos *ex tunc*, poderia se aplicar inúmeras penalidades ao administrado por ter, durante todo esse período, atuado sem a devida autorização ou licença para o desempenho da atividade.

Por fim, como visto, a cassação, além de ser uma forma de retirada do ato, é também espécie de penalidade, em que a punição é justamente a perda do direito de exercer determinada atividade previamente deferida por ato anterior.

7.11.1.4. Caducidade

A caducidade ocorre quando o ato perde o seu fundamento de validade em razão de norma superveniente incompatível com ele. É o caso, por exemplo, de uma autorização para exploração de parque de diversões em certo local, que passa, em razão de novas regras do PDU, a ser proibida naquela localidade inicialmente permitida.

Nota-se que não se confunde com revogação, pois não há um novo ato revogando o anterior por motivos de conveniência e oportunidade. Também não se confunde com anulação, pois não há novo ato administrativo anulando o ato anterior que padecia de vício de legalidade. Em caso de caducidade, o ato foi produzido legalmente, porém, com o tempo, surgiu uma norma de maior hierarquia com ele incompatível, gerando sua extinção por caducidade.

7.11.1.5. Contraposição ou derrubada

Segundo Celso Antônio Bandeira de Mello[60], a referida forma de extinção ocorre quando há a emissão de um ato com fundamento em competência diversa da que gerou o ato anterior, mas cujos efeitos são contrapostos aos daquele. É o caso, por exemplo, da exoneração de um funcionário, que extingue os efeitos do ato de nomeação.

Vejamos, por fim, um resumo gráfico das formas de extinção:

---

60. MEIRELLES, Hely Lopes. *Direito administrativo brasileiro*. 35. ed. atual. por Eurico de Andrade Azevedo, Délio Balestero Aleixo e José Emmanuel Burle Filho. São Paulo: Malheiros, 2009, p. 456.

FORMAS DE EXTINÇÃO	Cumprimento dos efeitos	Esgotamento do efeito jurídico
		Execução material
		Implementação de termo final ou condição resolutiva
	Desaparecimento	Sujeito
		Objeto
	Retirada	Revogação — É a retira de um ato lícito, discricionário, eficaz, porém sua manutenção não é mais conveniente e oportuna ao interesse público.
		Anulação — A anulação é a forma de extinção do ato por este possuir vícios de legalidade. Pode ser feita pelo Poder Judiciário ou pela Administração Pública.
		Cassação — A cassação do ato administrativo é uma forma de extinção por ilegalidade, porém ilegalidade cometida pelo destinatário do ato, que dá uma destinação ilegal ao ato que lhe deu algum direito.
		Caducidade — A caducidade ocorre quando o ato perde o seu fundamento de validade em razão de norma superveniente incompatível com ele
		Contraposição — É o surgimento de ato posterior que é contrário ao anterior

Graficamente, temos:

```
Formas de extinção do ato administrativo
├── Cumprimento dos efeitos
│   ├── Esgotamento do efeito jurídico
│   ├── Execução material
│   └── Implementação de termo final ou condição resolutiva
├── Desaparecimento
│   ├── Sujeito
│   └── Objeto
└── Retirada
    ├── Revogação — É a retirada de um ato lícito, discricionário, eficaz, porém sua manutenção não é mais conveniente e oportuna ao interesse público
    ├── Anulação — A anulação é a forma de extinção do ato em razão de este possuir vícios de legalidade
    ├── Cassação — A cassação do ato administrativo é uma forma de extinção por ilegalidade, porém ilegalidade cometida pelo destinatário do ato.
    ├── Caducidade — A caducidade ocorre quando o ato perde o seu fundamento de validade em razão de norma superveniente incompatível com ele
    └── Contraposição — É o surgimento de ato posterior que é contrário ao anterior
```

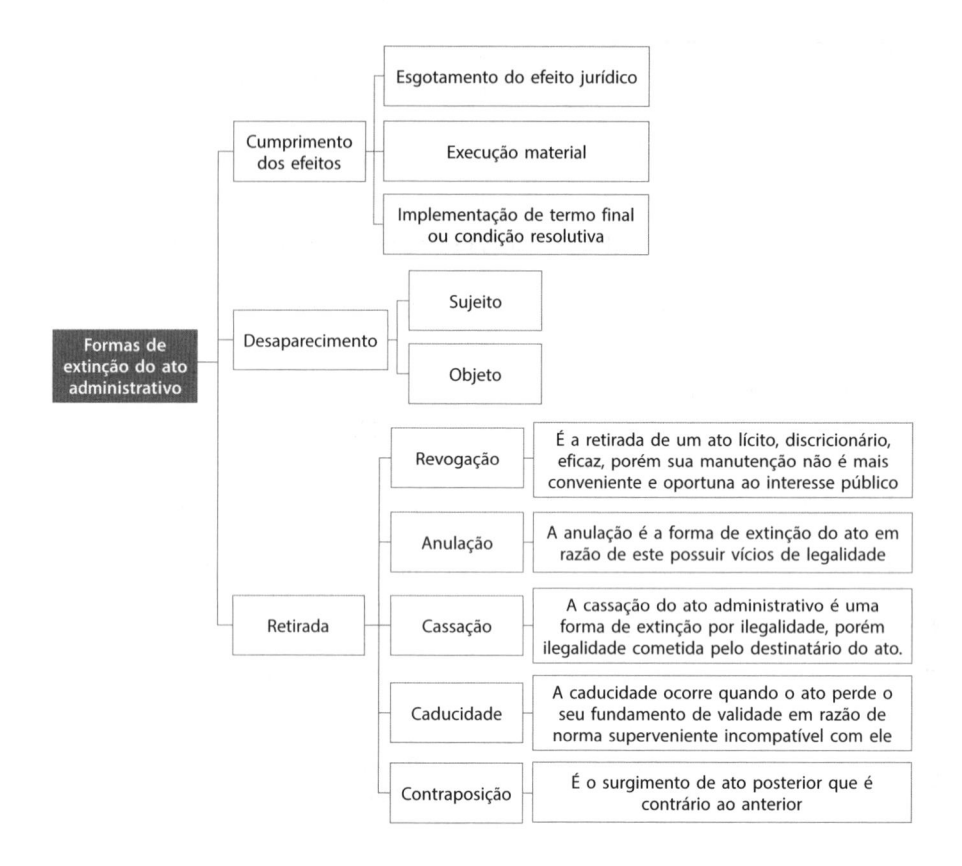

7.11.1.6. Convalidação do ato administrativo

Primeiramente, é importante registrar que o termo convalidação também pode ser encontrado na doutrina como *sanatória* ou *aperfeiçoamento*.

Convalidação do ato nada mais é do que a restauração da validade de um ato viciado com efeitos retroativos, ou seja, *ex tunc.* Por outras palavras: existe um ato que foi praticado com um vício de legalidade, porém, tendo em vista sua presunção de legalidade e legitimidade, este, apesar da mácula, está produzindo efeitos. A Administração toma conhecimento desse ato e conforme o vício pode anulá-lo, extinguindo-o, ou salvá-lo, restaurando sua validade, ou seja, convalidando-o.

É importante dizer que só se admite falar em convalidação caso tenha se adotado a teoria *dualista das nulidades,* típica do direito privado, que divide o ato em nulo e ato anulável. Apenas seriam passíveis de convalidação vícios que tornam os atos anuláveis e, por isso, passíveis de serem revalidados.

A doutrina majoritária adota a teoria dualista e é a teoria que foi positivada na Lei 9.784/1999, que regulamenta o processo administrativo em âmbito federal.

7.11.1.7. Vícios que admitem convalidação

O ato administrativo é uno, porém possui cinco requisitos ou elementos. A depender de onde se encontra o vício, o ato poderá ou não ser convalidado.

Levando em conta os elementos do ato, apenas se admite convalidação quando o vício atinge os elementos competência e forma. Ainda assim, não é sempre que esses elementos viciados poderão ser convalidados.

Só é possível a convalidação do elemento competência caso ela não seja exclusiva. Por outras palavras: era passível de delegação, a qual não houve, e o ato foi praticado por quem não tinha competência. Nesse caso, é possível a convalidação. Se a competência era exclusiva, ou seja, apenas determinada autoridade possui atribuição para a prática do ato, nesse caso, se o ato foi praticado por outra autoridade, não é possível a convalidação, devendo o ato viciado ser anulado.

Já se o vício estiver relacionado com o elemento forma, ele poderá ser convalidado se a referida forma adotada for prescindível, dispensável para a validade do ato, caso contrário, ou seja, em sendo a forma imprescindível, não haverá possiblidade de convalidação. No primeiro caso, em que é possível a convalidação, citamos o exemplo de uma autoridade que adota a forma *portaria* ao invés de *instrução normativa*. Se a autoridade for a competente para a edição de ambos instrumentos, o erro na forma, neste caso, não invalida o ato.

Por outro lado, a forma pode ser imprescindível para a prática válida e correta do ato. Lembre-se de que a forma, além de estar relacionada à exteriorização do ato, também abrange os procedimentos necessários à formalização do ato final. Assim, a título de exemplo, em ato de demissão a forma é o Processo Administrativo Disciplinar (PAD), procedimento prévio indispensável à aplicação válida de sanção disciplinar.

Caso uma penalidade disciplinar, como a demissão no exemplo acima, tenha sido aplicada sem o devido procedimento disciplinar, o ato é ilegal por vício de forma e não está sujeito à convalidação.

Não interessa se existia motivo (prática de infração disciplinar), o objeto foi correto (era caso de demissão), se foi aplicado pela autoridade competente (competência) e buscou punir o servidor que praticou ilícito contra o interesse público (finalidade). Ainda assim, o ato é nulo e, nesse caso, o vício é insanável, sendo hipótese de anulação[61] da penalidade aplicada por vício de forma, o que pode ser pleiteado em âmbito administrativo ou judicial.

7.11.1.8. Vícios que não admitem convalidação

Já os vícios nos elementos objeto[62], motivo e finalidade não são sujeitos à convalidação, bem como a competência, se exclusiva, e a forma, se imprescindível à validade do ato.

---

61. Não desconhecemos a distinção feita na Teoria Geral do Direito entre atos inexistentes, nulos e anuláveis, sendo relativa a nulidade dos últimos. Não obstante, como essa categorização não é utilizada com muito rigor no direito administrativo, acabamos utilizando a expressão "anulação", nesta obra, como sinônimo de "declaração de nulidade".

62. Quanto ao objeto, Carvalho Filho entende que é possível a convalidação se o objeto for plúrimo. Segundo o referido autor, "Também é possível convalidar atos com vício no objeto, ou conteúdo, mas apenas quando se tratar de conteúdo plúrimo, ou seja, quando a vontade administrativa se preordenar a mais de uma providência administrativa no mesmo ato: aqui será viável suprimir ou

Quanto ao objeto, alguns autores falam em conversão, o que, tecnicamente, não é uma hipótese de convalidação, pois o objeto é alterado (convertido) de um ilícito ou inadequado para outro, desnaturando o ato originário. Assim, se aproveitam os pressupostos que ensejaram a prática do ato originário, porém ilegal, e o converte em outro ato que seja pertinente ao que é permitido.

É o caso de ser concedida uma habilitação definitiva a uma pessoa que acabou de passar na prova de trânsito em vez de uma provisória. Veja que a pessoa possui o direito à habilitação provisória, porém foi a ela dada a definitiva.

A Administração poderia anular esse ato e praticar outro que seria a expedição da habilitação provisória, porém também poderia, e é até aconselhável, converter o ato, pois a anulação possui efeitos retroativos e como ficaria a situação desse período em que o condutor dirigiu com a habilitação definitiva, cuja anulação operou efeitos retroativos?

Registre-se, por fim, que vício de motivo não enseja convalidação, pois esse motivo é o que propulsiona a Administração a agir, e como ele já ocorreu e com base nele foi praticado um ato, se este for inexistente, equivocado, ilegal, não há outra via que não a anulação do ato.

Da mesma forma a finalidade. Se o ato foi feito buscando outra finalidade que não o interesse público, há desvio de poder e, com isso, ilegalidade insanável do ato.

Nem sempre as hipóteses que admitem, em tese, a convalidação, darão, ao final, ensejo a ela.

Mesmo que o vício seja sanável, não será possível convalidar o ato se:

- *Estiver sendo questionado administrativamente ou judicialmente;*
- *Da convalidação puder resultar prejuízo ao interesse público;*
- *Da convalidação puder resultar prejuízo a terceiros.*

7.11.1.9. Discricionariedade ou vinculação do ato de convalidar

Caso o ato tenha um vício sanável, portanto, passível de convalidação, esta é medida obrigatória que se impõe à Administração ou uma faculdade?

Pela Lei 9.784/1999, que regulamenta o processo administrativo em âmbito federal, a convalidação é facultativa, ou seja, tratar-se-ia de ato discricionário, cabendo à Administração analisar a conveniência e oportunidade em fazê-lo.

Veja o que prescreve o art. 55 da referida lei:

> "Art. 55. Em decisão na qual se evidencie não acarretarem lesão ao interesse público nem prejuízo a terceiros, os atos que apresentarem defeitos sanáveis poderão ser convalidados pela própria Administração".

---

alterar alguma providência e aproveitar o ato quanto às demais providências, não atingidas por qualquer vício" (p. 152).

Há segmentos da doutrina que entendem que a convalidação é obrigatória, em regra, por força do princípio da segurança jurídica[63].

7.12. SÚMULAS DO STF

CONTROLE DOS ATOS ADMINISTRATIVOS	
STF 346. A Administração Pública pode declarar a nulidade dos seus próprios atos.	STF 473. A administração pode anular seus próprios atos, quando eivados de vícios que os tornam ilegais, porque deles não se originam direitos; ou revogá-los, por motivo de conveniência ou oportunidade, respeitados os direitos adquiridos, e ressalvada, em todos os casos, a apreciação judicial.
PRESCRIÇÃO ADMINISTRATIVA	
STF 383. A prescrição em favor da Fazenda Pública recomeça a correr, por dois anos e meio, a partir do ato interruptivo, mas não fica reduzida aquém de cinco anos, embora o titular do direito a interrompa durante a primeira metade do prazo.	STF 443. A prescrição das prestações anteriores ao período previsto em lei não ocorre, quando não tiver sido negado, antes daquele prazo, o próprio direito reclamado, ou a situação jurídica de que ele resulta.

7.13. SÍNTESE DO TEMA

ATOS ADMINISTRATIVOS	
Conceito	Ato administrativo é toda declaração de vontade do Estado, ou de quem lhe faça as vezes, mediante comportamentos infralegais, que visa criar, modificar, extinguir e confirmar relações jurídicas. Essa declaração é feita sob o regime jurídico administrativo e objetiva atender, direta ou indiretamente, o interesse público.
Atos da Administração	São todos e quaisquer atos praticados pela Administração Pública, nessa categoria se inserindo, além dos atos administrativos, os *atos materiais* (realização de uma cirurgia em um hospital público, ministério de uma aula em uma escola púbica etc.), os *atos regidos pelo direito privado*, que são aqueles praticados em condições semelhantes ao particular e, por isso, sem supremacia, tal como ocorre com a assinatura de um cheque, abertura de uma conta em um banco estatal, os *atos políticos*, que são feitos diretamente com base na Constituição Federal, dotados de grande discricionariedade política, como é o caso do veto a um projeto de lei, a decretação de intervenção da União em um Estado, a apresentação de um projeto de lei.

---

63. É o entendimento de Celso Antônio Bandeira de Mello e Weida Zancner, conforme já foi trabalhado.

ATOS ADMINISTRATIVOS		
Fato Administrativo		Pode ser conceituado como todo e qualquer evento que produz efeitos no campo do direito administrativo, como, por exemplo, a morte de um funcionário, que produz a vacância de seu cargo, o decurso do tempo, que produz a prescrição administrativa etc.
Elementos	Competência	A competência está ligada a quem possui a atribuição legal para agir, para praticar o ato.
	Forma	A forma diz respeito ao revestimento externo do ato, ou, por outras palavras, como o ato será exteriorizado.
	Motivo	O motivo está relacionado aos pressupostos de fato e de direito que embasaram a prática do ato. É o que impulsiona o agente a agir. Por outras palavras, é por conta deste ou daquele motivo que a Administração pratica uma determinada conduta.
	Objeto	Objeto, também denominado "conteúdo" por alguns autores, é o que o ato cria, enuncia, declara, modifica, extingue algo na gestão administrativa. Por outras palavras, é a alteração no mundo jurídico que o ato administrativo se propõe a processar.
	Finalidade	A finalidade nada mais é que o objetivo de interesse público a atingir. Não se compreende ato administrativo sem fim público.
Atributos	Presunção de legitimidade	A presunção de legitimidade significa que os atos administrativos, quando produzidos, nascem com a presunção de que foram praticados corretamente sob todos os aspectos.
	Presunção de veracidade	A presunção de veracidade está ligada aos motivos que orientaram a prática do ato. Presume-se que os motivos são verdadeiros e que efetivamente ocorreram.

ATOS ADMINISTRATIVOS		
Atributos	Imperatividade	A imperatividade é o atributo ou a qualidade que têm o condão de constituir terceiros em obrigações, independentemente de seu consentimento.
	Autoexecutoeriedade	É a possibilidade de a Administração executar diretamente o ato, restringindo a liberdade e propriedade de terceiros, sem precisar recorrer ao Poder Judiciário.
	Tipicidade	Significa que o ato administrativo deve corresponder a figuras definidas previamente pela lei como aptas a produzir determinados resultados.
Formas de extinção	Anulação	A anulação é a forma de extinção do ato que possui vícios de legalidade.
	Revogação	É a retirada de um ato lícito, discricionário e eficaz, cuja manutenção não é mais conveniente e oportuna ao interesse público.
	Cassação	A cassação do ato administrativo é uma forma de extinção por ilegalidade, que foi cometida, porém, pelo destinatário do ato.
	Caducidade	A caducidade ocorre quando o ato perde o seu fundamento de validade, em razão de norma superveniente incompatível com ele.
	Contraposição	A referida forma de extinção ocorre quando há a emissão de um ato com fundamento em competência diversa da que gerou o ato anterior, mas cujos efeitos são contrapostos aos daquele.
Convalidação		Convalidação do ato nada mais é que a restauração da validade de um ato viciado com efeitos retroativos, ou seja, *ex tunc*. Vide art. 55 da Lei 9.784/1999. A convalidação pressupõe que os defeitos sejam sanáveis e que não haja lesão ao interesse público ou prejuízo a terceiros.

7.14. QUESTÕES

1. **(Técnico Administrativo/ANTAQ – CESPE/2014) Acerca dos atos administrativos, julgue o item a seguir.**

   A competência, um dos requisitos do ato administrativo, é intransferível, sendo vedada a sua delegação.

2. **(Técnico Administrativo/ANTAQ – CESPE/2014) Acerca dos atos administrativos, julgue o item a seguir.**

   A sanção do presidente da República é qualificada como ato administrativo em sentido estrito, ou seja, é uma manifestação de vontade da administração pública no exercício de prerrogativas públicas, cujo fim imediato é a produção de efeitos jurídicos determinados.

3. **(Conhecimentos Básicos/ANTAQ – CESPE/2014) Em relação aos atos administrativos, aos agentes públicos, aos poderes administrativos e à responsabilidade do Estado, julgue o item que se segue.**

   Consideram-se válidos os efeitos produzidos pelo ato administrativo até o momento de sua eventual revogação pela administração pública, quer no que diz respeito às partes interessadas, quer em relação a terceiros sujeitos aos seus efeitos reflexos.

4. **(Analista Administrativo/ANATEL – CESPE/2014) Julgue o item, a respeito de atos e processos administrativos.**

   A revogação importa em juízo de oportunidade e conveniência, razão por que os atos administrativos somente podem ser revogados pela autoridade que os tenha exarado.

5. **(Analista Administrativo/ANATEL – CESPE/2014) Julgue o item, a respeito de atos e processos administrativos.**

   Os atos administrativos são praticados por servidores e empregados públicos, bem como por determinados particulares, a exemplo dos concessionários e permissionários de serviços públicos e oficiais de cartórios.

6. **(Analista Administrativo/ANATEL – CESPE/2014) Julgue o item, a respeito de atos e processos administrativos.**

   Os atos administrativos devem ser praticados, necessariamente, por escrito, em atendimento ao princípio do formalismo.

7. **(Analista Administrativo/ANATEL – CESPE/2014) Julgue o item, a respeito de atos e processos administrativos.**

   Atualmente, no âmbito federal, todo ato administrativo restritivo de direitos deve ser expressamente motivado.

Cap. 7 – ATOS ADMINISTRATIVOS

8. **(Analista Administrativo/ANATEL – CESPE/2014) Julgue o item, a respeito de atos e processos administrativos.**

    Imperatividade é o atributo com base no qual o ato administrativo pode ser praticado pela própria administração sem a necessidade de intervenção do Poder Judiciário.

9. **(Titular de Serviços de Notas e de Registros/TJ-SE – CESPE/2014) Acerca dos atos administrativos, assinale a opção correta.**

    a) Pelo critério formal, são atos administrativos os editados pelos órgãos administrativos, excluindo-se dessa classificação todos os atos do Poder Legislativo e do Poder Judiciário.

    b) A autoexecutoriedade é um atributo inerente aos atos administrativos, ainda que não haja previsão expressa em lei quanto à forma de execução de determinadas medidas.

    c) A finalidade corresponde ao requisito do ato administrativo que serve de fundamento para a sua prática.

    d) Considera-se pendente o ato administrativo que não esteja apto a produzir efeitos jurídicos por não ter completado o seu ciclo de formação.

    e) A anulação, que consiste no desfazimento do ato administrativo por ilegalidade, pode ser efetuada de ofício pela administração ou pelo Poder Judiciário.

10. **(Titular de Serviços de Notas e de Registros/TJ-SE – CESPE/2014) No que se refere aos atos administrativos, assinale a opção correta.**

    a) A admissão é o ato administrativo unilateral e discricionário por meio do qual a administração reconhece ao particular o direito à prestação de determinado serviço público.

    b) A convalidação é o ato administrativo, praticado tanto pela administração como pelo administrado, por meio do qual é suprido o vício existente em um ato ilegal; os efeitos da convalidação são *ex nunc*.

    c) Considera-se ato administrativo apenas o ato que produza efeitos jurídicos, sejam eles mediatos ou imediatos.

    d) A imperatividade é atributo do ato administrativo decorrente do poder extroverso da administração pública: dado esse poder, os atos administrativos se impõem a terceiros, ainda que não haja concordância desses.

    e) Não se admite no ordenamento jurídico brasileiro que o silêncio se configure forma de ato administrativo.

11. **(Analista Judiciário/TJ-SE – CESPE/2014) No que concerne às regras e aos princípios específicos que regem a atuação da administração pública, julgue o item subsequente.**

    Os atos com vício de forma ou finalidade são convalidáveis.

12. **(Técnico Judiciário/TJ-SE – CESPE/2014)** No tocante aos atos e aos poderes administrativos, julgue o próximo item.

    Os atos administrativos gozam da presunção de legitimidade, o que significa que são considerados válidos até que sobrevenha prova em contrário.

13. **(Técnico de Administração Pública/TC-DF – CESPE/2014)** No que se refere ao ato administrativo, julgue o item que se segue.

    Caso determinado servidor, no exercício de sua competência delegada, edite ato com vício sanável, a autoridade delegante poderá avocar a competência e convalidar o ato administrativo, independentemente da edição de novo ato normativo.

14. **(Técnico de Administração Pública/TC-DF – CESPE/2014)** No que se refere ao ato administrativo, julgue o item que se segue.

    Ato administrativo de manifesto conteúdo discriminatório editado por ministério poderá ser invalidado, com efeitos retroativos, tanto pela administração como pelo Poder Judiciário, ressalvados os direitos de terceiros de boa-fé.

15. **(Técnico de Administração Pública/ TC-DF – CESPE/2014)** No que se refere ao ato administrativo, julgue o item que se segue.

    O aluguel, pelo TCDF, de espaço para ministrar cursos de especialização aos seus servidores constitui ato administrativo, ainda que regido pelo direito privado.

16. **(Técnico de Administração Pública/TC-DF – CESPE/2014)** Com relação ao direito administrativo, julgue o item subsequente.

    Considere que determinado secretário de Estado do DF tenha editado um ato administrativo que, embora legal, tenha gerado controvérsia entre os servidores do órgão. Nessa situação, havendo mudança da titularidade do cargo, novo secretário poderá revogar, com efeito retroativo, o referido ato administrativo.

17. **(Técnico Judiciário/TJ-CE – CESPE/2014)** Considere que a prefeitura de determinado município tenha concedido licença para reforma de estabelecimento comercial. Nessa situação hipotética, assinale a opção em que se explicita o poder da administração correspondente ao ato administrativo praticado, além das classificações que podem caracterizá-lo.

    a) poder de polícia, ato unilateral e vinculado
    b) poder hierárquico, ato unilateral e vinculado
    c) poder disciplinar, ato bilateral e discricionário
    d) poder de polícia, ato bilateral e discricionário
    e) poder disciplinar, ato unilateral e discricionário

18. **(Técnico Judiciário/TJ-CE – CESPE/2014)** A respeito de alguns aspectos do ato administrativo, assinale a opção correta.

    a) A administração tem o poder de revogar todos os atos administrativos, desde que observadas a conveniência e a oportunidade.

    b) O ato discricionário é editado com base em um juízo de conveniência e oportunidade do administrador e com a devida demonstração do interesse público, o que dispensa o controle de legalidade pelo Poder Judiciário.

    c) Por meio da convalidação, os atos administrativos que apresentam vícios são confirmados no todo ou em parte pela administração, e, em caso de vício insanável, ao processo de convalidação dá-se o nome de reforma.

    d) Os atos de gestão da administração pública são regidos pelo direito público.

    e) Agente incompetente, vício de forma e desvio de finalidade são fundamentos que podem resultar em anulação do ato administrativo.

19. **(Analista Judiciário/TJ-CE – CESPE/2014)** No que se refere aos atos administrativos, assinale a opção correta.

    a) São convalidáveis tanto os atos administrativos vinculados quanto os discricionários.

    b) A autoexecutoriedade é um atributo presente em todos os atos administrativos.

    c) A autorização configura-se como ato discricionário e gratuito.

    d) As formas de extinção do ato administrativo incluem a cassação, a anulação e a reintegração.

    e) Os atos administrativos distinguem-se dos atos legislativos, entre outros fatores, por serem individuais, enquanto os atos legislativos são atos gerais.

20. **(Técnico Judiciário/TJ-CE – CESPE/2014)** Considere que a prefeitura de determinado município tenha concedido licença para reforma de estabelecimento comercial. Nessa situação hipotética, assinale a opção em que se explicita o poder da administração correspondente ao ato administrativo praticado, além das classificações que podem caracterizá-lo.

    a) poder disciplinar, ato bilateral e discricionário

    b) poder de polícia, ato bilateral e discricionário

    c) poder disciplinar, ato unilateral e discricionário

    d) poder de polícia, ato unilateral e vinculado

    e) poder hierárquico, ato unilateral e vinculado

GABARITO

1 – Errado	2 – Errado	3 – Certo
4 – Errado	5 – Certo	6 – Errado
7 – Certo	8 – Errado	9 – A
10 – D	11 – Errado	12 – Certo
13 – Certo	14 – Certo	15 – Errado
16 – Errado	17 – A	18 – E
19 – A	20 – D	

8

PROCESSO ADMINISTRATIVO

Sumário: 8.1. Introdução – **8.2.** Processo administrativo. competência legislativa – **8.3.** Processo e procedimento – **8.4.** Processo jurisdicional vs processo administrativo – **8.5.** Processo administrativo federal. Lei 9.784/1999: **8.5.1.** Âmbito de aplicação da Lei 9.784/1999 na esfera federal; **8.5.2.** Caráter geral e residual da Lei 9.784/1999; **8.5.3.** Princípios aplicáveis ao processo administrativo; **8.5.4.** Direitos dos Administrados; **8.5.5.** Deveres do Administrado; **8.5.6** Partes interessadas no processo administrativo; **8.5.7.** Autoridade e competência; **8.5.8.** Início do processo administrativo – **8.5.9** – Da competência; **8.5.10.** Da forma, do tempo e do lugar dos atos processuais; **8.5.11.** Comunicação dos atos processuais – **8.5.12.** Instrução do processo administrativo – **8.5.13.** Manifestação do interessado e decisão da autoridade; **8.5.14.** Prioridade na tramitação – **8.6.** Anulação, revogação e convalidação – **8.7.** Revogação – **8.8.** Convalidação do ato administrativo: **8.8.1.** Vícios que admitem convalidação; **8.8.2.** Vícios que não admitem convalidação; **8.8.3.** Discricionariedade ou vinculação do ato de convalidar – **8.9.** Recuso administrativo e pedido de revisão – **8.10.** Contagem dos prazos.

8.1. INTRODUÇÃO

De acordo com o art. 5.º, LV, da CF/1988, *aos litigantes, em processo judicial ou administrativo, e aos acusados em geral são assegurados o contraditório e a ampla defesa, com os meios e recursos a ela inerentes.*

O Constituinte originário consagrou, assim, a noção da existência de um verdadeiro processo administrativo, sendo a ele assegurados meios de defesa e contraditório semelhantes aos do processo judicial.

Como nos esclarece Medauar[1], "a Constituição determina a observância do esquema processual em determinadas atuações. Norteia, por conseguinte, atividades da Administração, circunscrevendo o poder discricionário. Traz nova ordem de certezas e de garantias nas relações entre Administração e administrados, um dos pontos principais das preocupações atuais do Direito Administrativo".

---

1. MEDAUAR, Odete. *A processualidade no direito administrativo.* 2. ed. rev., atual. e ampl. São Paulo: RT, 2008.

O instituto jurídico processo sempre esteve mais associado aos feitos judiciais e ao ramo do Direito que estuda os mecanismos de atuação do poder jurisdicional do Estado, ou seja, o direito processual, lá tendo sido empreendidos os estudos mais elaborados sobre o tema.

Entretanto, assim como ao longo do século XX os juristas desenvolveram as bases de uma teoria geral do direito processual, englobando tanto sua vertente civil quanto a penal, também ao direito administrativo se reconheceu a possibilidade de adoção, pelo menos parcialmente, de institutos comuns, podendo-se falar na existência de um verdadeiro processo administrativo, como igualmente se fala em processo legislativo.

Não obstante tais avanços, o fato de o direito administrativo ter aplicação bem mais generalizada no aparato estatal, em muitas múltiplas funções, e, geralmente, com uma descentralização, no plano legislativo, que também atinge a regulamentação do processo administrativo, dificultou o desenvolvimento de teorias e doutrinas próprias sobre o tema em análise.

Assim sendo, sempre se teve como extremamente difícil a elaboração de uma lei que tratasse indistintamente de todos os temas ligados ao direito administrativo, um código administrativo, com o gravame, no caso brasileiro, da existência de uma verdadeira competência legislativa que nós denominamos ao longo desta obra de "compartilhada", em que pese a não adoção dessa expressão pelo constituinte.

Essa mesma dificuldade era considerada também para a edição de uma regra sobre processo administrativo, tendo em vista a necessidade de se garantir diferentes regras processuais conforme a relação de direito material administrativo que se visasse efetivar por meio do processo administrativo.

De qualquer modo, como nos esclarecia Paulo Modesto[2], "(...) há várias décadas os estudiosos do direito administrativo brasileiro protestam contra a inexistência de uma lei de normas gerais de processo administrativo no país e denunciam o atraso da administração pública brasileira na matéria. O incremento da edição de leis sobre processo administrativo, em todo o mundo, nas três últimas décadas, tornou ainda mais visível essa lacuna do ordenamento jurídico brasileiro. Datam deste período, por exemplo, a edição ou a reforma das leis de processo administrativo da Argentina (1972), da Alemanha (1976), da Venezuela (1982), da Itália (1990), de Portugal (1991) e da Espanha (1992)".

E, mais à frente, pontuava o mesmo autor: "Em geral, a disciplina abrangente do processo administrativo colabora para afastar da atividade administrativa o casuísmo e o excesso de subjetividade, assegurando à Administração meios para que sejam tomadas decisões legais, fundamentadas, objetivas e oportunas. As leis gerais de processo administrativo costumam assegurar a informação e a participação adequada dos interessados no processo de decisão administrativa, reduzindo, na medida em que asseguram maior transparência das razões de decidir, contendas desnecessárias nas vias judiciais. Nelas busca-se também fazer o detalhamento de formas inteligentes de atendimento à lei, voltadas antes ao cumprimento das finalidades legais do que a uma ordenação meramente formal, ritualística ou burocratizada da ação administrativa".

---

2. MODESTO, Paulo. A nova lei do processo administrativo. Disponível em: <http://www.juspodivm.com.br/i/a/%7B44C3F20C-0085-40D3-823B-D8EB89F8DA5E%7D_a_nova_lei_do_processo_adm.pdf>. Acesso em: 20 set. 2014.

Só recentemente, o legislador, no plano federal, entendeu por bem editar uma lei geral para tratar especificamente do processo administrativo, a Lei 9.784/1999, que nós trataremos, por questão didática, como base para nosso estudo, embora não seja de adoção obrigatória por Estados e Municípios, tampouco ao Distrito Federal[3].

8.2. PROCESSO ADMINISTRATIVO. COMPETÊNCIA LEGISLATIVA

Uma questão interessante, e que geralmente passa ao largo de qualquer discussão na doutrina administrativista brasileira, é se a União poderia editar uma norma geral, de aplicação obrigatória para os demais entes da Federação, no que tange ao processo administrativo.

Acreditamos que, dentro de uma lógica de defesa da existência de uma teoria geral do processo, incluindo nesta o processo administrativo, por força do disposto no art. 22, I, da Carta Magna, que atribui à União a competência legislativa privativa para legislar sobre "direito processual", não seria de todo irrazoável a defesa de uma norma de tal caráter, ou seja, uma legislação nacional.

Por outro lado, reconhecemos que, no atual estágio de interpretação constitucional do que vem a ser "regra geral", absolutamente indefinido em seus contornos, quase sempre aceito como carta branca dada ao legislador federal, e em vista da ausência de previsão na disposição que trata da competência concorrente (art. 24), em que pese a alusão ao tema procedimentos (inc. XI), submeter outros entes da Federação a uma única regra geral de processo administrativo traria enormes transtornos, pois se torna imprescindível garantir a eles a necessária liberdade para adaptar suas próprias legislações às peculiaridades das relações de direito administrativo das quais fazem parte, que não são as mesmas mantidas pela União.

Mais do que isso, quando falamos em processo administrativo, não estamos qualificando a atuação do Estado-juiz na resolução de lides que envolvem a Administração Pública, mas sim estamos a tratar do mecanismo instrumental utilizado por esta, em seu próprio âmbito, para garantir aos administrados os meios necessários de defesa nos casos em que se pretende impor sanções a eles, e de participação destes nas pendências voltadas à resolução de seus requerimentos/interesses.

Por isso mesmo, também pode ser absolutamente defensável a tese de que a expressão "direito processual" não abrange necessariamente o "processo administrativo", visto que, no Brasil, essa expressão não é sinônimo de contencioso administrativo[4], ou seja, de mecanismo de atuação de jurisdição administrativa.

Talvez, por essa razão, tenha preferido o Congresso Nacional optar por uma lei federal (Lei 9.784/1999), e não por uma lei nacional, o que já resta esclarecido em seu art. 1.º, *caput*, ao firmar que "esta Lei estabelece normas básicas sobre o processo administrativo

---

3. Nada impede que leis Estaduais e Municipais prescrevam sua aplicabilidade naquilo que não for incompatível.
4. Esclareça-se, no entanto, que a expressão "contencioso administrativo" também costuma ser utilizada equivocadamente por doutrinadores e pela jurisprudência nacionais como sinônimo de processo administrativo e não de atividade jurisdicional das causas administrativas.

no âmbito da Administração Federal direta e indireta, visando, em especial, à proteção dos direitos dos administrados e ao melhor cumprimento dos fins da Administração".

Em que pese essa restrição, não temos dúvidas em afirmar que a referida Lei acabará por ser adotada, muitas vezes, como norma de aplicação analógica ou mesmo subsidiária em Estados[5], no Distrito Federal e em Municípios, seja pela facilidade de seu estudo e quantidade de obras que a ela se dedicam, seja pelo fato de ter sido, seu projeto, elaborado a partir de aprofundados estudos de administrativistas de escol, que sintetizaram muito bem, em seu texto, todo o avanço doutrinário que havia na época[6].

Para aqueles que têm suas próprias legislações gerais sobre processo administrativo, deverão ser observadas estas em primeiro lugar, quando porventura não forem suficientes as regras específicas de processo administrativo sobre determinado tema[7].

8.3. PROCESSO E PROCEDIMENTO

De acordo com o conhecimento já bastante difundido no âmbito do direito processual, diferem os conceitos de processo e procedimento.

Procedimento, num sentido estrito, é a forma de atuar do processo, sua exteriorização. O encadeamento dos atos necessários ao resultado final do processo, conforme modelos determinados na lei. Por isso se fala que o procedimento pode ser ordinário ou especial, mais complexo ou simplificado. Processo é uma relação jurídica, na qual são assegurados às partes direitos e deveres, sendo estes exteriorizados em determinado procedimento.

---

5. O STJ, inclusive, já entendeu obrigatória a aplicação da Lei aos Estados sem norma específica. Vide RMS 36.422/MT, 1.ª T., Rel. Min. Sérgio Kukina, j. 28.05.2013.
6. O texto base foi elaborado por uma Comissão de Juristas constituída em 1996 pelo Ministério da Justiça e pelo Ministério da Administração e Reforma do Estado. Integravam a Comissão os professores Caio Tácito (RJ), Membro e Presidente da Comissão; Odete Medauar (SP), Membro e Relatora; Inocêncio Mártires Coelho (DF); Diogo de Figueiredo Moreira Neto (RJ); José Carlos Barbosa Moreira (RJ); Almiro do Couto e Silva (RS); Maria Zanella Di Pietro (SP); Adilson Abreu Dallari (SP); José Joaquim Calmon de Passos (BA); Cármen Lúcia Antunes Rocha (MG) e Paulo Modesto (BA), Membro e Secretário-Geral da Comissão.
7. Podemos referir os seguintes Estados com suas leis gerais já editadas: *Sergipe* (Lei Complementar 33/1996, que instituiu o Código de Organização e de Procedimento da Administração Pública do Estado de Sergipe); *São Paulo* (Lei 10.177/1998, regula o processo administrativo no âmbito da Administração Pública estadual); *Pernambuco* (Lei 11.781/2000, regula o processo administrativo, no âmbito da Administração Pública estadual); *Alagoas* (Lei 6.161/2000, regula o processo administrativo, no âmbito da Administração Pública estadual); *Goiás* (Lei 13.800/2001, regula o processo administrativo, no âmbito da Administração Pública do Estado de Goiás); *Minas Gerais* (Lei 14.184/2002, dispõe sobre o processo administrativo no âmbito da Administração Pública estadual); *Mato Grosso* (Lei 7.962/2002, regula o processo administrativo no âmbito da Administração Pública estadual); *Amazonas* (Lei 2.794/2003, regula o processo administrativo no âmbito da Administração Pública estadual); *Rio Grande do Norte* (Lei Complementar 303/2005, dispõe sobre normas gerais pertinentes ao processo administrativo no âmbito da Administração Pública estadual); *Rio de Janeiro* (Lei 5.427/2009, estabelece normas sobre atos e processos administrativos no âmbito do Estado do Rio de Janeiro); *Bahia* (Lei 12.209/2011, dispõe sobre o processo administrativo, no âmbito da Administração direta e das entidades da Administração indireta, regidas pelo regime de direito público, do Estado da Bahia). Vale acrescentar que *Santa Catarina* tem uma lei (Lei Complementar 491/2010) de caráter mais restrito, denominada Estatuto Jurídico Disciplinar, que não abrange, portanto, todo o processo administrativo.

Para J. Cretella Jr.[8], "formado o processo administrativo, por iniciativa da Administração, imediatamente surge entre ambos uma série extraordinária de implicações que dá como consequência o aparecimento de uma soma indefinida de direitos e obrigações, dentro do processo, a partir do momento inicial até a decisão final".

Não cabe a nós, aqui, estudarmos os diferentes critérios utilizados no direito processual para diferenciá-los.

Adotamos, no entanto, a lição de Medauar[9], para quem o "procedimento se expressa como processo se for prevista também a cooperação de sujeitos, sob prisma contraditório". Dentro dessa lógica, a autora admite a existência de procedimentos sem essa cooperação, daí por que defende a concepção de um "procedimento-gênero", como representação da passagem de poder em ato.

8.4. PROCESSO JURISDICIONAL VS PROCESSO ADMINISTRATIVO

A função administrativa não se confunde com a função jurisdicional do Estado.

Embora ambas visem à aplicação da lei, no exercício da função administrativa, contrariamente ao que ocorre na função jurisdicional, o Estado não atua em substituição às partes, ou seja, no processo jurisdicional um terceiro, o juiz, presentando o Estado-juiz, irá decidir quem tem razão.

Na função administrativa, é o próprio Estado-administração quem contende com o cidadão, cabendo a funcionário seu, dentro de seu próprio âmbito, a resolução do problema. O reconhecimento de garantias processuais ao administrado, bem como toda a autonomia que se dê às instâncias julgadoras administrativas não retiram do processo administrativo essa peculiaridade em relação ao processo jurisdicional, qual seja, a *ausência do caráter substitutivo* próprio do segundo.

A decisão proferida no processo administrativo não conta, também, com o *caráter de definitividade*, próprio do processo jurisdicional.

Só existiria tal possibilidade se houvesse no Brasil o verdadeiro contencioso administrativo, caso em que aos tribunais administrativos se garantiria tal prerrogativa, visto que atuariam como jurisdição administrativa.

Ademais, deve-se recordar que a CF/1988 consagra o princípio da inafastabilidade da jurisdição (art. 5.º, XXXV), de modo que qualquer decisão administrativa, por mais alta que seja a instância julgadora ou decisória, está sujeita à revisão judicial.

8.5. PROCESSO ADMINISTRATIVO FEDERAL. LEI 9.784/1999

Como já dissemos, a Administração Pública federal dispõe, hoje, de uma lei geral de processo administrativo, editada em 1999.

---

8. CRETELLA JÚNIOR, José. *Prática do processo administrativo*. 7. ed. rev. e atual. São Paulo: RT, 2009. p. 47.
9. Idem, p. 43.

Analisemos, portanto, suas principais disposições, cuidando de ressaltar aquelas regras que poderão ter aplicação mais geral no âmbito de toda a Administração Pública federal, ainda que coexistam regras processuais administrativas específicas.

8.5.1. Âmbito de aplicação da Lei 9.784/1999 na esfera federal

Como já foi ressaltado, a Lei 9.784/1999 somente se aplica, em caráter obrigatório, na esfera da Administração Pública Federal.

Contudo, o que se entende por Administração Pública Federal, para os efeitos da Lei mencionada?

Ela mesma o responde quando diz, em seu art. 1.º, *caput*, ser de adoção obrigatória na "Administração Federal direta e indireta". Com isso, quis dizer ser aplicável a todos os órgãos da União, bem como às suas autarquias, fundações, empresas públicas e sociedades de economia mista.

Para não deixar margem de dúvidas, na expressão Administração Federal direta não estão compreendidos apenas os órgãos do Poder Executivo, mas também os do Judiciário e do Legislativo, *quando atuando em funções administrativas* (art. 1.º, § 1.º).

Portanto, os juízos e tribunais federais, assim como o Congresso Nacional e o TCU, em suas atuações administrativas, deverão aplicar as disposições da Lei 9.784/1999. E o mesmo se diga, em que pese a omissão da Lei, em relação aos órgãos do Ministério Público da União, visto que hoje é difícil enquadrar-se o *parquet* em qualquer dos três Poderes tradicionais.

É evidente que a norma em comento, em relação às entidades da Administração Federal indireta que tenham personalidade jurídica de direito privado e que estejam submetidas às disposições do art. 173, § 1.º, da CF/1988, deve ser interpretada com cautela. Isso porque tais entidades, em suas relações jurídicas, digamos, convencionais, principalmente aquelas vinculadas à exploração de suas atividades econômicas, não vão atuar submetidas às regras do direito administrativo. No entanto, naquilo em que elas estiverem submetidas ao regime jurídico administrativo, havendo a necessidade de utilização de um mecanismo para solução de demandas com o cidadão, como num procedimento de concurso público ou num procedimento licitatório, terão de se valer, na ausência de regramento específico, das disposições da Lei Geral do Processo Administrativo.

8.5.2. Caráter geral e residual da Lei 9.784/1999

A Lei em questão tem caráter geral, possuindo regras de base para qualquer tipo de processo administrativo a ser desenvolvido na esfera federal, como os atinentes aos princípios que regem o instituto (art. 2.º).

Por outro lado, não foi objetivo do legislador acabar com as particularidades existentes em normas específicas, que demandam procedimentos próprios.

Daí, também, o caráter residual da Lei, conforme disposto em seu art. 69, de maneira que "processos administrativos específicos continuarão a reger-se por lei própria".

Não obstante, o caráter residual não afasta a legislação geral de maneira global, mas apenas naquilo em que ela for incompatível com a legislação específica. Desse modo, o mesmo art. 69 garante a aplicação subsidiária da Lei, ou seja, naquilo em que for compatível com as disposições da legislação especial.

No âmbito federal, podemos citar regras processuais específicas:

a) *de caráter disciplinar, aplicáveis aos servidores públicos federais da Administração direta, autárquica e fundacional (arts. 143 a 182 da Lei 8.112/1990), aos militares das Forças Armadas (art. 47 da Lei 6.880/1980 e Decretos 76.322/1975, 88.545/1983 e 4.346/2002), aos membros do MPU (arts. 246 a 265 da Lei Complementar 75/1993), aos policiais federais (arts. 52 a 57 da Lei 4.878/1965), entre outros;*

b) *para imposição de sanções no exercício do poder de polícia, como as previstas para infrações às regras de vigilância sanitária (arts. 12 a 37 da Lei 6.437/1977), de trânsito (arts. 280 a 290 da Lei 9.503/1997), de proteção e defesa do consumidor (arts. 55 a 60 da Lei 8.078/1990; art. 2.º da Lei 8.656/1993; e Decreto 2.181/1997), de proteção ao meio ambiente (arts. 70 a 76 da Lei 9.605/1998 e Decreto 6.514/2008), dentre outras;*

c) *para o processo administrativo fiscal (Decreto 70.235/1972);*

d) *para os processos que envolvem atividade aduaneira (arts. 118 a 130 do Decreto-lei 37/1966 e Decreto 6.759/2009);*

e) *para processos de concessão e revisão de benefícios previdenciários junto ao RGPS (Decreto 3.048/1999);*

f) *para processos licitatórios (Lei 8.666/1993 e Lei 10.520/2002);*

g) *dos procedimentos alusivos à defesa da concorrência (arts. 48 a 91 da Lei 12.529/2011);*

h) *outras regras procedimentais específicas, mormente sobre uso de bens públicos e concessão/permissão de serviços públicos ou de autorização prévia para exercício de atividades controladas ou acesso a produtos controlados.*

Algumas das normas listadas, como se vê, têm caráter nacional, visto que editadas dentre as competências legislativas privativas da União (trânsito, regras gerais de licitações, direito previdenciário etc.).

É de se observar também que, embora algumas regulamentações sejam extremamente minuciosas, outras se limitam a traçar regras bem gerais, por vezes apenas de competência decisória ou de instauração, razão pela qual a maior ou menor incidência da Lei Geral dependerá do exame de cada regramento específico.

8.5.3. Princípios aplicáveis ao processo administrativo

Ao processo administrativo se aplicam todos os princípios gerais, constitucionalmente previstos, que regem a Administração Pública, a saber: *legalidade, moralidade, eficiência, publicidade e impessoalidade* (art. 37 da Lei 9.784/1999).

Os três primeiros são repetidos no *caput* do art. 2.º da Lei 9.784/1999.

A **legalidade**[10] conforma a matéria de uma maneira especial, visto que todo rito processual ou é estabelecido na lei ou é autorizado por ela sua regulamentação por ato

---

10. Preceitua o art. 2º da Lei n. 9.784, de 29 de janeiro de 1999, que a Administração Pública obedecerá, dentre outros, aos princípios da ampla defesa, contraditório e da segurança jurídica, de forma que todos os atos procedimentais subordinam-se ao corolário da legalidade." (MS 7897 DF, Rel.

normativo inferior. Dentro da lógica de uma visão mais geral de legalidade e de devido processo legal, muitos dos subprincípios elencados na Lei 9.784/1999 são apenas corolários da legalidade ou do interesse público. Ainda assim, o legislador tratou de pormenorizá-los. Como para reforçar o princípio, o artigo estabelece, no inc. VIII do parágrafo único, que se deve observar o critério da "observância das formalidades essenciais à garantia dos direitos dos administrados". E o inc. I dispõe como critério "a atuação conforme a lei e o Direito", mostrando que a preocupação não diz respeito apenas à legalidade no seu sentido formal, mas também material.

A *moralidade* também rege o processo administrativo, pois o resultado a ser atingido por ele deve ser dentro de certos padrões éticos, tanto na atuação da autoridade processante, quanto do cidadão interessado. Não por outra razão o princípio é reforçado no inc. IV, quando este diz que, no processo administrativo, deve-se pautar por critério que busca a "atuação segundo padrões éticos de probidade, de decoro e de boa-fé". Não se admitem, portanto, condutas deliberadamente maliciosas, com vistas apenas ao atraso injustificado do processo, para ganhar tempo, para prejudicar terceiros etc.

O padrão ético de atuação também é bastante cobrado do administrado. Dessa forma, vários dos deveres do administrado estão relacionados com esse tema, como o de "expor os fatos conforme a verdade" (art. 4.º, I), o "de proceder com lealdade, urbanidade e boa-fé" (art. 4.º, II) e o de não "agir de modo temerário" (art. 4.º, III).

A *eficiência* diz respeito, nessa matéria, à busca do resultado útil do processo, com o menor gasto possível, mas com celeridade. Ela está explicitada em diferentes critérios aludidos nos incisos do art. 2.º, como o XII, que prevê, como no direito processual, o subprincípio do *impulso oficial*, assim descrito, "impulsão, de ofício, no processo administrativo, sem prejuízo da atuação dos interessados". É evidente que existem limites à aplicação desse dispositivo, pois algumas fases do processo só podem ser finalizadas ou realizadas com a atuação do interessado. Mas, nessa hipótese, deverá haver decisão da autoridade conclamando a atuação deste, ou, caso recalcitrante, mandando arquivar o procedimento.

O custo do processo administrativo, em princípio, é da Administração Pública, de forma que o inc. XI consagra "a proibição de cobrança de despesas processuais, ressalvadas as previstas em lei". De um modo geral, a cobrança somente se justifica quando há requerimento da parte pela produção de provas que demandam um custo para a Administração Pública que vai além da simples manutenção de sua estrutura orgânica processante e julgadora, como no caso da realização de perícias, reprodução de documentos etc.

Mais candente demonstração da busca pela eficiência é a própria simplicidade do processo, que deve se despir de formas sacramentais e que deem ensejo a nulidades. Por isso, o inc. IX proclama o critério da "adoção de formas simples, suficientes para propiciar adequado grau de certeza, segurança e respeito aos direitos dos administrados".

Quanto ao *princípio da publicidade*, não está ele expresso no *caput* do art. 2.º, mas sua adoção decorre tanto do texto constitucional, diretamente, como da adoção de outros princípios enunciados na Lei, ao menos em relação ao próprio interessado (ampla defesa, contraditório etc.), bem como na enunciação do critério do inc. V, qual seja, da "divulgação oficial dos atos administrativos, ressalvadas as hipóteses de sigilo previstas na Constituição". Sobre o tema, hoje, também temos a incidência da Lei da Transparência (Lei 12.527/2011).

Ministro JOÃO OTÁVIO DE NORONHA, PRIMEIRA SEÇÃO, julgado em 24/10/2007, DJ 12/11/2007, p. 147.

A publicidade ainda é referida em maior ou menor grau em diversas disposições da Lei. Quanto à publicidade geral, destinada ao conhecimento de todos quanto a determinados atos, podemos citar os arts. 14, *caput*, 16 e 26, § 4.º. Quanto à publicidade restrita, destinada à cientificação dos interessados temos as diversas disposições atinentes à intimação destes, em especial o art. 28, que estabelece:

> "Art. 28. Devem ser objeto de intimação os atos do processo que resultem para o interessado em imposição de deveres, ônus, sanções ou restrição ao exercício de direitos e atividades e os atos de outra natureza, de seu interesse".

Da mesma forma, o art. 3.º, II, resguarda o direito do administrado de:

> "II – ter ciência da tramitação dos processos administrativos em que tenha a condição de interessado, ter vista dos autos, obter cópias de documentos neles contidos e conhecer as decisões proferidas;"

Já a *impessoalidade*, embora também não esteja expressa no *caput* do art. 2.º, resta claramente referida no critério do inc. III, alusivo à "objetividade no atendimento do interesse público, vedada a promoção pessoal de agentes ou autoridades". Portanto, o processo administrativo não se destina à promoção pessoal de agentes públicos, sendo bastante criticável o expediente que se tornou comum no Brasil de autoridades que se tornam verdadeiras porta-vozes da moralidade pública, emitindo juízos de valor sobre fatos que envolvem processos sob sua responsabilidade, em arroubos midiáticos.

A garantia da impessoalidade também é resguardada pelo direito de se obter um julgamento imparcial. Embora o Estado-administração não tenha um caráter substitutivo, não se admite que a Administração Pública decida os processos administrativos conforme a sua conveniência, aparelhando o aparato julgador com pessoas que apenas vão referendar a atuação administrativa contestada. Da mesma forma, não se admite que a autoridade tenha ligação com o interessado ou tenha interesse na causa. Não por outra razão, a Lei se preocupou em disciplinar as hipóteses de *suspeição e impedimento* em seus arts. 18 a 21.

A importância desses preceitos é resumida no art. 19 da Lei, que estabelece:

> "Art. 19. A autoridade ou servidor que incorrer em impedimento deve comunicar o fato à autoridade competente, abstendo-se de atuar.
>
> Parágrafo único. A omissão do dever de comunicar o impedimento constitui falta grave, para efeitos disciplinares".

A lógica para a diferenciação dos institutos suspeição e impedimento é a mesma do direito processual, sendo a suspeição mais ligada a critérios subjetivos, como a relação de amizade ou a inimizade notória (art. 20), ao passo que o impedimento está relacionado a critérios objetivos, como a relação de parentesco entre autoridade e interessado ou o fato de a autoridade já ter atuado anteriormente no processo como testemunha, representante ou perito.

Afora os princípios previstos no art. 37, *caput*, da CF/1988, o art. 2.º, *caput*, da Lei também consagra aqueles que são objeto específico do art. 5.º, LV, da Magna Carta, ou seja, o *contraditório e a ampla defesa*.

Esses princípios são complementares um do outro. Contraditório é o direito de ser cientificado dos atos processuais, de produzir provas e de acompanhar as provas da parte contrária. A ampla defesa tem sentido mais abrangente, visto que também abarca a apresentação de peças de defesa e recursos.

O princípio constitucional do devido processo legal, no seu sentido substancial, abrange tanto um quanto outro, além da isonomia de tratamento, da razoabilidade e da proporcionalidade.

Dentre os critérios do parágrafo único do art. 2.º, o que melhor exprime o princípio é o enunciado no inc. X, que apregoa "garantia dos direitos à comunicação, à apresentação de alegações finais, à produção de provas e à interposição de recursos, nos processos de que possam resultar sanções e nas situações de litígio".

Já o art. 3.º, III, da Lei garante o direito do administrado de:

> "III – *formular alegações e apresentar documentos antes da decisão, os quais serão objeto de consideração pelo órgão competente;*"

A lei, por evidente, não poderia deixar de fazer menção ao princípio vetor de todo o direito administrativo, o *interesse público*, daí por que este foi expressamente enunciado. Sua aplicação está de alguma forma relacionada a todos os critérios desenvolvidos no parágrafo único do art. 2.º, ganhando destaque o do inc. II, a saber: "atendimento a fins de interesse geral, vedada a renúncia total ou parcial de poderes ou competências, salvo autorização em lei".

A disposição do inc. II também está relacionada ao princípio da *finalidade*, que é um corolário do interesse público. O fim almejado é sempre o atendimento do interesse público, ainda que este se confunda, num processo administrativo em particular, no reconhecimento do direito do administrado em detrimento da Administração Pública, visto que o interesse público não se significa locupletamento ou obtenção de vantagens ilegais ou inconstitucionais do todo em detrimento do particular.

Como não poderia deixar de ser, interesse público e finalidade estão relacionados com impessoalidade e transparência, daí por que há um claro intercâmbio dos critérios previstos na Lei em relação ao atendimento de dois ou mais princípios ao mesmo tempo.

Já os princípios da *razoabilidade e da proporcionalidade*, derivados da noção de devido processo legal substantivo, se relacionam com a busca do estabelecimento de um gravame justo.

Como diz Carvalho Filho[11], "se é bastante para o atendimento ao interesse público a incidência de determinada restrição ao administrado, desnecessária será a imposição de

---

11. CARVALHO FILHO, José dos Santos. *Processo administrativo federal (Comentários à Lei n.º 9.784, de 29/1/1999)*. 4. ed. rev., ampl. e atual., inclusive com a Lei 12.008, de 29.07.2009. Rio de Janeiro: Lumen Juris, 2009. p. 75.

outra que não aquela que satisfaz os fins do Estado. A não ser assim, teremos restrição sem causa eficiente, o que se configura como abuso de poder".

Nesse sentido, os princípios em questão são devidamente explicitados pelo critério do inc. VI, que estabelece a "adequação entre meios e fins, vedada a imposição de obrigações, restrições e sanções em medida superior àquelas estritamente necessárias ao atendimento do interesse público".

A disposição em análise tem mais adequação ao chamado princípio da proporcionalidade em sentido estrito, sendo que a razoabilidade pode ter uma conotação mais ampla, conforme visto no capítulo atinente aos princípios da Administração Pública. Não se nega, portanto, que o critério do inc. XIII, "atinente à interpretação da norma administrativa da forma que melhor atenda o fim público a que se dirige" (primeira parte do enunciado), também se vincula à razoabilidade, bem como ao interesse público e à finalidade.

Quanto à *motivação*, embora seja um corolário de vários dos princípios já examinados, é ressaltada em especial como forma de controle das decisões tomadas no processo administrativo, até para que a parte tenha elementos para exercer seu direito ao recurso. Assim sendo, da mesma forma como enunciado expressamente na CF/1988 quanto às decisões judiciais (art. 93, IX), a Lei se preocupou em dizer no inc. VII do parágrafo único do art. 2.º que deve haver a "indicação dos pressupostos de fato e de direito que determinarem a decisão".

Em outras partes da Lei também há referência à motivação, como no art. 38, § 1.º, e no art. 50, este último repetindo e melhor explicitando o critério do inc. VII do art. 2º, inclusive para aludir à necessidade de a motivação ser "explícita, clara e congruente" (§ 1.º).

Por fim, a lei fez alusão ao princípio da *segurança jurídica*.

O princípio em questão sempre esteve ligado a institutos estabilizadores das relações jurídicas, como a decadência e a prescrição. Assim, não se concebe que direitos e obrigações criados e em gozo possam ser revistos, por tempo indeterminado. Da mesma forma, situações consolidadas pelo tempo devem estar a salvo de futuras modificações, salvo eventual inércia do titular que acarreta algum tipo de prescrição aquisitiva em favor de outro.

No direito administrativo há necessidade de se compatibilizar o tema com o princípio da autotutela administrativa. Assim, não se desconhece o direito e mesmo o poder-dever da Administração Pública de rever seus atos quando eivados de nulidade, mas sua atuação deve ser feita dentro dos prazos estabelecidos na Lei quando tiverem gerado direito a terceiros. Da mesma forma, só poderá revogar atos, por conveniência ou oportunidade, respeitando os direitos já adquiridos.

Esse é o princípio consagrado no art. 53 da Lei:

> "Art. 53. A Administração deve anular seus próprios atos, quando eivados de vício de legalidade, e pode revogá-los por motivo de conveniência ou oportunidade, respeitados os direitos adquiridos".

Quanto ao prazo decadencial para anulação do ato administrativo, suprindo lacuna existente no direito administrativo brasileiro, a Lei estabeleceu uma regra geral no seu art. 54, *in verbis*:

"Art. 54. O direito da Administração de anular os atos administrativos de que decorram efeitos favoráveis para os destinatários decai em cinco anos, contados da data em que foram praticados, salvo comprovada má-fé.

§ 1.º No caso de efeitos patrimoniais contínuos, o prazo de decadência contar-se-á da percepção do primeiro pagamento.

§ 2.º Considera-se exercício do direito de anular qualquer medida de autoridade administrativa que importe impugnação à validade do ato".

Tanto o direito já adquirido quanto o prazo decadencial deverão ser observados no processo administrativo, não sendo necessária, em rigor, sua invocação pela parte interessada.

Observe-se que, ante a inexistência de regra específica anterior, na hipótese de aplicação do art. 54, o prazo deve ser contado a partir da vigência da Lei, e não da prática do ato, se lhe foi antecedente[12]. Defendemos, no entanto, que mesmo anteriormente à edição da Lei 9.784/1999, aplicar-se-ia, por analogia, as disposições do Decreto 20.910/1932[13].

A segurança jurídica, no entanto, não se resume ao estabelecimento de prazos decadenciais ou prescricionais, mas também deve resguardar o cidadão contra mudanças de orientação da Administração Pública que lhe possam causar surpresa.

Daí por que a parte final do inc. XIII do parágrafo único do art. 2.º veda a "aplicação retroativa de nova interpretação", o que também é conhecido como princípio da proteção da confiança, que já era consagrado, no plano do direito tributário, no art. 146 do CTN[14].

Em resumo gráfico, temos os seguintes princípios orientando o processo administrativo:

---

12. STJ, MS 8.833/DF, 1.ª Seção, Rel. Min. Luiz Fux, j. 11.04.2007.
13. O STJ, no entanto, seguia a linha da imprescritibilidade (MS 8.832/DF, 3ª Seção, Rel. p/acórdão, Min. Gilson Dipp, j. 24.08.2005), distinguindo a hipótese da anulação do ato (sujeita a prazo decadencial) daquela referente à cobrança de multa ou penalidade (sujeita a prazo prescricional). A própria Corte, em temas particulares, como o referente à instituição de "taxa" de marinha, admitia a integração da lacuna legislativa por aplicação das regras do CTN, reconhecendo, também, a decadência do direito à constituição da taxa (REsp 995.963/PE, 2.ª T., Rel. Min. Eliana Calmon, j. 19.08.2008).
14. O princípio em questão pode ter conotação mais ampla, como o de cobrar o implemento de contraprestações esperadas. Sobre o tema o STJ já decidiu: "(...) 2. A ninguém é dado beneficiar-se da própria torpeza. O Direito não pode servir de proteção àquele que após empenhar uma despesa, e firmar o contrato de aquisição de serviço, e receber a devida e integral prestação deste, deixa de atestar a correta realização da despesa e proceder à liquidação para finalmente efetuar o pagamento, *sobretudo diante da proteção da confiança dos administrados*, da presunção da legitimidade das contratações administrativas, do princípio da moralidade, do parágrafo único do artigo 59 da Lei n.º 8.666/1993 (segundo o qual a nulidade do contrato administrativo 'não exonera a Administração do dever de indenizar o contratado pelo que este houver executado até a data em que ela for declarada e por outros prejuízos regularmente comprovados, contato que não lhe seja imputável') e dos artigos 36 a 38 da Lei n.º 4.320/1964, que nunca instituíram o enriquecimento indevido" (REsp 1.366.694/MG, 2.ª T., Rel. Min. Mauro Campbell Marques, j. 11.04.2013).

PROCESSO ADMINISTRATIVO / **PRINCÍPIOS**	**Expressos**	Legalidade	
		Finalidade	
		Motivação	
		Razoabilidade	
		Proporcionalidade	
		Moralidade	
		Ampla defesa	
		Contraditório	
		Segurança jurídica	
		Interesse público	
		Eficiência	
	Implícitos	Informalismo	A regra é o informalismo a não ser que a lei estabeleça a forma
		Oficialidade	Após o administrado dar início ao processo, ele segue de ofício, ou seja, a própria Administração dá andamento sem depender de ações do administrado
		Gratuidade	Não há custas ou honorários
		Verdade Material	É a meta do processo: buscar o que efetivamente ocorreu

8.5.4. Direitos dos Administrados

O administrado tem os seguintes direitos perante a Administração, sem prejuízo de outros que lhe sejam assegurados:

I – ser tratado com respeito pelas autoridades e servidores, que deverão facilitar o exercício de seus direitos e o cumprimento de suas obrigações;

II – ter ciência da tramitação dos processos administrativos em que tenha a condição de interessado, ter vista dos autos, obter cópias de documentos neles contidos e conhecer as decisões proferidas;

III – formular alegações e apresentar documentos antes da decisão, os quais serão objeto de consideração pelo órgão competente;

IV – fazer-se assistir, facultativamente, por advogado, salvo quando obrigatória a representação, por força de lei.

8.5.5. Deveres do Administrado

Por outro lado, são deveres do administrado perante a Administração, sem prejuízo de outros previstos em ato normativo:

I – expor os fatos conforme a verdade;
II – proceder com lealdade, urbanidade e boa-fé;
III – não agir de modo temerário;
IV – prestar as informações que lhe forem solicitadas e colaborar para o esclarecimento dos fatos.

QUANTO AO COMPORTAMENTO DO ADMINISTRADO DURANTE O PROCESSO ADMINISTRATIVO	**DIREITOS**	Ser tratado com respeito pelas autoridades e servidores;
		Facilitação para o exercício de seus direitos e para o cumprimento de suas obrigações;
		Ter ciência do trâmite dos processos de seu interesse;
		Ter vista, obter cópias ou documentos e conhecer das decisões proferidas nos autos;
		Formular alegações e apresentar documentos **antes da decisão**. Ressaltando-se que tais estão sujeitas a consideração pelo órgão competente.
		Ser assistido, facultativamente, por advogado, salvo quando for obrigatória a representação, por exigência legal.
	DEVERES	Expor os fatos de forma verdadeira;
		Agir de forma leal, urbana e de boa-fé;
		Não agir de modo temerário.
		prestar as informações que lhe forem solicitadas e colaborar para o esclarecimento dos fatos.

8.5.6. Partes interessadas no processo administrativo

No processo administrativo não existem, propriamente, autores e réus, como no processo de cunho jurisdicional, mas existem *partes interessadas*.

O art. 9.º esclarece quem são os interessados que têm legitimidade para atuar no processo administrativo, a saber:

> "Art. 9.º São legitimados como interessados no processo administrativo:
>
> I – pessoas físicas ou jurídicas que o iniciem como titulares de direitos ou interesses individuais ou no exercício do direito de representação;
>
> II – aqueles que, sem terem iniciado o processo, têm direitos ou interesses que possam ser afetados pela decisão a ser adotada;
>
> III – as organizações e associações representativas, no tocante a direitos e interesses coletivos;
>
> IV – as pessoas ou as associações legalmente constituídas quanto a direitos ou interesses difusos".

O art. 10 enuncia a regra geral de que qualquer pessoa maior de 18 anos tem capacidade processual administrativa.

A norma, no entanto, não exclui as regras gerais estabelecidas na lei civil com relação à capacidade civil, de forma que pode ser necessária a nomeação de curador especial em casos específicos.

Não se exige, por outro lado, capacidade especial para fins de postulação, como ocorre, em regra, no processo judicial, mas é faculdade e um direito do cidadão constituir advogado para fazer-se representar no processo administrativo (art. 3.º, IV). Constituído o profissional jurídico, terá ele todos os direitos e prerrogativas inerentes ao exercício da profissão (art. 7.º, VI, *c*, XI, XII e XV, da Lei 8.906/1994).

Sobre o tema, o STF já estabeleceu, na Súmula Vinculante 5, que:

> "A falta de defesa técnica por advogado no processo administrativo disciplinar não ofende a Constituição".

Se esse entendimento se aplica ao processo administrativo disciplinar, com muito mais razão terá adoção no processo administrativo em geral.

Observe-se que a nova Lei já é impregnada pelas teorias que veem no processo uma dimensão para além da meramente individual.

Pode acontecer de decisões a serem tomadas no processo administrativo terem o condão de atingir inúmeras outras pessoas para além daquelas que figuram formalmente em seu bojo ou ao menos criar precedente que poderá ser utilizado no futuro em inúmeros outros feitos semelhantes.

Não é por outra razão que, na fase instrutória, diante da relevância da questão, foi criada a possibilidade da realização de audiência pública (art. 32), garantindo-se ao processo administrativo uma publicidade até então inédita, bem como a participação dos administrados mediante organizações e associações (art. 33).

Pessoas que possuem legitimidade como interessados no processo administrativo
Pessoas físicas ou jurídicas que o iniciem como titulares de direitos ou interesses individuais ou no exercício do direito de representação
Aqueles que, sem terem iniciado o processo, têm direitos ou interesses que possam ser afetados pela decisão a ser adotada;
As organizações e associações representativas, no tocante a direitos e interesses coletivos
As pessoas ou as associações legalmente constituídas quanto a direitos ou interesses difusos.

(LEGITIMADOS)

8.5.7. Autoridade e competência

A Lei qualifica como autoridade o "servidor ou agente público dotado de poder de decisão" (art. 1.º, § 1.º, III).

A essa "dotação de poder de decisão" chamamos de "competência", já exaustivamente estudada no capítulo referente aos atos administrativos.

Não difere a competência para a prática de ato administrativo isolado da competência para a prática de atos administrativos compreendidos dentro de um procedimento, exteriorizadores de um processo administrativo.

O que se tem de cuidar, especificamente no processo administrativo, é que fases do procedimento podem ser reservadas a uma ou outra autoridade, como ocorre, por exemplo, no processo administrativo disciplinar, em que a competência da comissão processante não se confunde com a da autoridade julgadora.

Embora seja irrenunciável, a competência pode ser delegada ou avocada (art. 11).

A delegação, no entanto, é vedada nas hipóteses do art. 13 da Lei, devendo, quando feita, ser publicada no meio oficial (art. 14, *caput*), inclusive sua revogação, que, aliás, pode ser feita a qualquer tempo pela autoridade delegante (art. 14, § 2.º). O ato de delegação deve especificar as matérias e os poderes transferidos, os limites da atuação do delegado, a duração e os objetivos da delegação e o recurso cabível, podendo conter ressalva de exercício da atribuição delegada (art. 14, § 1.º).

A Lei estabelece como regra geral de determinação da competência que o "processo administrativo deve ser iniciado perante a autoridade de menor grau hierárquico para decidir" (art. 17).

Na prática, dificilmente deixa de haver a indicação, nos organogramas funcionais e nos regimentos internos das repartições e órgãos públicos, a especificação dessa competência.

8.5.8. Início do processo administrativo

Não vigora no processo administrativo princípio equivalente ao da inércia da jurisdição, podendo aquele tanto ser iniciado de ofício, pela própria Administração Pública, quanto por pedido do interessado (art. 5.º).

É evidente que processos que visam à concessão de autorizações ou licenças, nas quais o Poder Público não tem interesse imediato na solução, por só beneficiarem diretamente aos requerentes, não têm início de ofício, daí por que a regra geral do art. 5.º deve ser vista com ressalvas.

Havendo requerimento da parte interessada, deverá esta atender, em sua solicitação, a alguns requisitos mínimos, enunciados no art. 6.º da Lei, semelhantes àqueles previstos na legislação processual para a petição inicial.

Vejamos:

> Art. 6º O requerimento inicial do interessado, salvo casos em que for admitida solicitação oral, deve ser formulado por escrito e conter os seguintes dados:
>
> I – órgão ou autoridade administrativa a que se dirige;
>
> II – identificação do interessado ou de quem o represente;
>
> III – domicílio do requerente ou local para recebimento de comunicações;
>
> IV – formulação do pedido, com exposição dos fatos e de seus fundamentos;
>
> V – data e assinatura do requerente ou de seu representante.
>
> Parágrafo único. É vedada à Administração a recusa imotivada de recebimento de documentos, devendo o servidor orientar o interessado quanto ao suprimento de eventuais falhas.

Importante é a regra do parágrafo único do art. 6.º, que visa obstar a arbitrária conduta, comum em algumas repartições públicas brasileiras, de negar protocolo a determinadas solicitações. O servidor deverá, assim, orientar o administrado quanto à forma de suprir eventuais falhas. Resistindo a conduta negativa, poderá a parte valer-se diretamente da tutela jurisdicional, podendo o servidor responder por prevaricação.

Dentro dessa lógica, nos casos de pretensões equivalentes, os órgãos e entidades devem adotar modelos e formulários padronizados (art. 7.º), o que não deve, não obstante, servir de fundamento para proibir a entrada de requerimentos que neles não se enquadrem. A regra existe para facilitar o acesso ao processo administrativo e não para diminuir o trabalho do serviço burocrático. Por fim, quando os pedidos de uma pluralidade de interessados tiverem conteúdo e fundamentos idênticos, poderão ser formulados em um único requerimento, salvo preceito legal em contrário.

PROCESSO ADMINISTRATIVO	Início do processo	De ofício	Pelo princípio da oficialidade
		A pedido	Por meio de provocação do interessado que deverá apresentar requerimento por escrito à Administração

PROCESSO ADMINISTRATIVO	**Legitimação**	Pessoas físicas	Que iniciem o processo como titulares de direitos ou interesses individuais ou no exercício do direito de representação
		Pessoas jurídicas	
		Aqueles que, sem terem iniciado o processo, têm direitos ou interesses que possam ser afetados pela decisão a ser adotada	
		Organizações e associações representativas, no tocante a direitos e interesses coletivos	
		As pessoas ou as associações legalmente constituídas quanto a direitos ou interesses difusos	

8.5.9. Da competência

A competência está ligada a quem possui a atribuição legal para agir, para praticar o ato. Como se sabe, a Administração, em razão do princípio da legalidade, só pode agir se existir uma lei autorizando ou determinando a conduta. Como afirmou com propriedade Caio Tácito[15], "*não é competente quem quer, mas quem pode, segundo a norma de direito*".

8.5.9.1. Características da competência

A competência é irrenunciável, inderrogável, imprescritível e de exercício obrigatório.

É **irrenunciável** pelo fato de que é criada por lei, razão pela qual o agente público – que detém temporariamente aquele cargo, emprego ou função – não pode abrir mão dela, renunciando-a, sob pena de, na prática, ter a força de revogar a lei que conferiu a atribuição àquele cargo. Somente uma nova lei ou uma decisão do STF, em controle de constitucionalidade concentrado, poderá excluir do ordenamento jurídico aquela competência (leia-se: lei que a instituiu).

Inclusive, o art. 11 da Lei 9.784/1999, que regula o processo administrativo no âmbito da Administração Pública Federal, é claro ao prescrever que a "*competência é irrenunciável e se exerce pelos órgãos administrativos a que foi atribuída como própria, salvo os casos de delegação e avocação legalmente admitidos*". É **imprescritível** pelo fato de que o não uso da competência não acarreta a perda da atribuição legal (normativa). Por outras palavras: o não uso da competência não acarreta a revogação da lei que instituiu a competência.

O que é possível ocorrer, e isso não tem relação com a característica da imprescritibilidade, é a possibilidade da perda do direito de exercer aquela competência no caso concreto, ou seja, decai o direito de praticar o ato apenas no caso concreto.

É o caso, por exemplo, de quando a autoridade superior tem conhecimento de que seu subordinado praticou infração disciplinar e, ainda assim, foi omissa e não lhe aplicou qualquer penalidade. Após certo tempo, 120 dias em caso de advertência, dois anos em caso de suspensão e cinco anos em caso de demissão, conforme prazos estabelecidos na

---

15. *Temas de Direito Público:* Estudos e Pareceres. Renovar, 1997, p. 51.

legislação federal e aplicável aos respectivos servidores estatutários federais, a autoridade não mais poderá punir aquele servidor, tendo em vista a decadência do direito de praticar o ato no caso concreto.

Também é **inderrogável,** o que significa que a competência de um órgão não se transfere a outro por acordo entre as partes, ou por assentimento do agente da Administração. Fixada em norma expressa, deve a competência ser rigidamente observada por todos[16].

Por fim, é de **exercício obrigatório,** o que significa que seu exercício constitui um poder, mas também um dever, um poder-dever, no sentido de não estar na livre conveniência do administrador ou do agente público decidir pelo seu exercício ou não.

8.5.9.2. A competência originária e delegada. Considerações sobre a delegação e avocação da competência

A competência sempre decorre da lei, porém sua execução pode se dar pela autoridade que possui originariamente a competência legal para agir, ou aquela que, por ato de delegação, pratica o ato.

Assim, se vai ocorrer uma mudança no exercício da competência e esta decorre da lei, essa mutação apenas pode ocorrer se existir lei autorizando a delegação. Normalmente, nas legislações há previsão da possibilidade da delegação do exercício da competência, como ocorre, por exemplo, na Lei 9.784/1999, diploma que regulamenta o processo administrativo em âmbito federal, em que há previsão expressa no art. 12 que *"um órgão administrativo e seu titular poderão, se não houver impedimento legal, delegar parte da sua competência a outros órgãos ou titulares, ainda que estes não lhe sejam hierarquicamente subordinados, quando for conveniente, em razão de circunstâncias de índole técnica, social, econômica, jurídica ou territorial".*

O ato de delegação e sua revogação deverão ser publicados no meio oficial, devendo especificar: *(a) as matérias e poderes transferidos, (b) os limites da atuação do delegado, (c) a duração, (d) os objetivos da delegação e (e) o recurso cabível,* podendo conter ressalva de exercício da atribuição delegada. O mesmo vale para sua revogação, que deve, nos mesmos termos, ser publicada, com o objetivo de informar à coletividade que aquele agente, que até então detinha por delegação a competência para praticar o ato, não mais a possui. No caso de a delegação se exaurir pelo decurso normal do tempo, não há necessidade de publicação, sendo automática a perda da competência decorrente da delegação.

A delegação é um ato discricionário e, como tal, pode ser revogado a qualquer tempo pela autoridade delegante.

Como dito no capítulo anterior, no plano federal, apenas para ficarmos no primeiro escalão da administração respectiva, podemos citar o Decreto 3.035/1999, que delegou aos Ministros de Estado e ao Advogado-Geral da União, vedada a subdelegação, a competência para julgar processos administrativos disciplinares e aplicar penalidades, nas hipóteses de demissão e cassação de aposentadoria ou disponibilidade de servidores. Já o Decreto 8.821/2016 delegou ao Ministro Chefe da Casa Civil praticar atos de provimento de alguns cargos em comissão do Grupo DAS (art. 2.º). Pelo mesmo decreto, aos demais Ministros de Estado foram delegados atos de provimento de funções gratificadas e de

---

16. CARVALHO FILHO. *Manual de Direito Administrativo.* 24. ed. São Paulo: Atlas, 2011, p. 99.

cargos de provimento efetivo (art. 3.º). **Nesses últimos casos foi admitida a subdelegação (art. 3.º, § 3º)**[17].

Para identificação de quem concretamente praticou o ato, aquele que detém originariamente a competência ou aquele que a exerce por força de ato de delegação, é imperioso que a autoridade a quem se delegou a competência mencione explicitamente essa qualidade, ou seja, que praticou o ato no exercício de competência delegada, sendo que o referido ato considera-se praticado pelo delegado, inclusive para efeitos de responsabilidade funcional e para fins de identificação da autoridade coatora no mandado de segurança.

O fato de a competência poder ser delegada *in abstrato* não significa que toda e qualquer atribuição possa ser objeto de delegação *in concreto*. Por exemplo, em âmbito federal, a Lei 9.784/1999 expressamente proíbe em seu art. 13 a delegação de: *a) atos de caráter normativo; b) decisão de recursos administrativos e c) das matérias de competência exclusiva do órgão ou autoridade.*

Além da delegação, é admissível, porém em caráter excepcional e desde que devidamente justificada, a avocação da competência do subordinado. A avocação é o poder que possui a autoridade superior de chamar para si a competência de um agente subordinado e praticar o ato.

A avocação, ao contrário da delegação, decorre obrigatória e necessariamente do poder hierárquico, sendo que inexiste tal fenômeno onde não há hierarquia[18]. O art. 15 da Lei 9.784/1999 enuncia que *"será permitida, em caráter excepcional e por motivos relevantes devidamente justificados, a avocação temporária de competência atribuída a órgão hierarquicamente inferior".*

Regis Fernandes de Oliveira[19], em obra específica sobre o tema, informa que avocar é o ato do hierarca que traz para si a competência que é do subalterno. Citando Agustín Gordillo, assinala que a avocação é o processo inverso da delegação, ou seja, que o superior exerça competência que corresponde ao inferior.

A avocação não é cabível quando a competência for exclusiva, hipótese que apenas o titular do cargo poderá realizar o ato. Cite-se, como exemplo, o julgamento de habi-

---

17. Muitos outros exemplos podem ser citados, como o *Decreto 3.125/1999*, que delegou ao Ministro de Estado do Planejamento a competência para autorizar a cessão e alienação de imóveis da União (art. 1.º, I); o *Decreto 3.702/2000*, que delegou ao Ministro de Estado da Defesa a aprovação dos Planos de Convocação para o Serviço Militar Inicial das Forças Armadas; o *Decreto 8.675/2016*, que delegou ao Ministro de Estado da Defesa, vedada a subdelegação, para autorização de exportação de material bélico; o *Decreto 6.559/2008*, que delegou ao Ministro de Estado das Relações Exteriores, vedada a subdelegação, a competência para promoção do pessoal do serviço diplomático, nos casos em que especifica; o *Decreto 3.454/2000*, que delegou ao Ministro de Estado da Previdência Social a competência para designar membros do Conselho Nacional de Previdência Social – CNPS; o *Decreto 7.862/2012*, que delegou ao Ministro de Estado do Planejamento a competência para estabelecer regras de atualização cadastral de aposentados e pensionistas da União, ou ainda; o *Decreto 7.598/2011*, que delegou ao Advogado-Geral da União competência para autorizar a contratação de advogados e especialistas, visando à defesa judicial e extrajudicial de interesse da União no exterior.
18. Uma exceção a tal afirmação é a avocação prevista em favor da Controladoria-Geral da União – CGU prevista na Lei Anticorrupção Empresarial (art. 8.º, § 2.º da Lei 12.846/2013).
19. *Delegação e avocação administrativas*. 2. ed. São Paulo: RT, 2005. p. 183.

litação e proposta em uma licitação, cuja competência é da Comissão de Licitação. A autoridade superior pode revogar a licitação, anulá-la total ou parcialmente, mas não pode avocar a competência da Comissão e praticar o ato.

Ainda, relacionado à competência, a Lei traz hipóteses em que o servidor ou autoridade são impedidos de atuar n o processo administrativo. São elas:

> I – quando tenha interesse direto ou indireto na matéria;
>
> II – quando tenha participado ou venha a participar como perito, testemunha ou representante, ou se tais situações ocorrem quanto ao cônjuge, companheiro ou parente e afins até o terceiro grau;
>
> III – quando esteja litigando judicial ou administrativamente com o interessado ou respectivo cônjuge ou companheiro.

Caso a autoridade ou servidor incorra em impedimento é necessário a comunicar do fato à autoridade competente, abstendo-se de atuar. Caso não aja desta forma, ou seja, se omite quanto ao dever de comunicar o impedimento, constitui falta grave, para efeitos disciplinares.

Por fim, é possível a arguição de suspeição de autoridade ou servidor que tenha amizade íntima ou inimizade notória com algum dos interessados ou com os respectivos cônjuges, companheiros, parentes e afins até o terceiro grau. Caso seja não seja acatada a alegação de suspeição, tal decisão poderá ser objeto de recurso, no caso, sem efeito suspensivo.

Processo administrativo					
	Impedimento	Servidor ou autoridade que	Tenha interesse direto ou indireto na matéria		
			Tenha participado ou venha a participar como perito, testemunha ou representante, ou se tais situações ocorrem quanto ao cônjuge, companheiro ou parente e afins até o terceiro grau		
			Esteja litigando judicial ou administrativamente com o interessado ou respectivo cônjuge ou companheiro		
	Suspeição	Autoridade	Que tenha:	Amizade íntima	Com algum dos interessados ou com os respectivos cônjuges, companheiros, parentes e afins até o terceiro grau
		Servidor		Inimizade notória	
		Alegação de suspeição é uma faculdade do interessado			

8.5.10. Da forma, do tempo e do lugar dos atos processuais

Como já vimos, a Lei adota a simplicidade como regra, daí por que estabelece que os atos do processo administrativo independem de forma especial ou determinada, salvo quando a lei o exigir (art. 22, *caput*).

Embora autônomo, o processo tem caráter instrumental, ou seja, existe para a satisfação de um direito material e não como um fim em si mesmo.

A Lei acabou com a cartorial exigência, quase sempre ineficaz, do reconhecimento de firma (art. 22, § 2.º), salvo expressa imposição legal. Tendência que já havia sido adotada no processo civil. A autenticação de peças, para desespero dos tabelionatos de notas, também pode ser feita pelo próprio órgão público, uma vez que seus agentes são dotados de fé pública tanto quanto o tabelião (art. 22, § 3.º).

Os atos processuais devem ser reduzidos a escrito, em vernáculo, ou seja, na língua nacional, com a data e o local de sua realização e a assinatura da autoridade responsável (art. 22, § 1.º). Com o rápido influxo de novas tecnologias, principalmente em vista da promulgação da Lei 11.419/2006, que dispôs sobre a informatização do processo judicial, a disposição deve ser interpretada de forma evolutiva, podendo ser admitidos, por evidente, tanto a gravação de depoimentos em arquivos digitais, quanto o processamento eletrônico dos feitos e a assinatura da autoridade e mesmo dos interessados por meio de certificação digital.

Quanto ao tempo em que os atos são praticados, a regra é que estes sejam realizados em dias úteis, no horário normal de funcionamento da repartição na qual tramitar o processo (art. 23, *caput*). Mas poderão ser concluídos após o horário normal os atos já iniciados, cujo adiamento prejudique o curso regular do procedimento ou cause dano à Administração ou ao interessado (art. 23, parágrafo único).

Essa regra do tempo não é para ser entendida como absoluta pelo Poder Público ou um fetiche pelos servidores. Ela existe para resguardar os administrados de surpresas, para que eles saibam exatamente os intervalos de tempo em que os atos que demandam de sua participação ou que por eles devem ser acompanhados serão praticados.

Com isso, evidentemente, atos de mero impulso, certificação ou andamento que não afetam o interessado diretamente, e que visam apenas otimizar o serviço, como o registro da decisão proferida, a juntada da petição, a numeração das folhas, a preparação de ofícios ou de mandados de intimação, e não a realização desta, poderão ser praticados fora desses horários, até porque é comum a realização de horários especiais por servidores devidamente autorizados. A interpretação restritiva quanto a esses atos seria de todo absurda, mormente no mundo atual, onde já se tornam comuns, mesmo no serviço público, a adoção de técnicas de acesso remoto, por meio digital, e o teletrabalho.

Na ausência de um prazo específico para a prática do ato no processo administrativo, adota-se, como regra geral, o de cinco dias (art. 24, *caput*). Esse prazo pode ser dilatado até o dobro, mediante comprovada justificação (art. 24, parágrafo único). Não se atribuiu à autoridade, dessa forma, a liberdade para assinar o prazo na ausência de regra específica, ao contrário do poder que se confere ao juiz no processo civil (CPC/2015, art. 218, § 1º)[20].

---

20. O prazo de cinco dias só é utilizado no CPC de forma residual, no caso de também não haver prazo fixado pelo juiz (art. 218, § 3º).

Observe-se, ainda, que a regra tanto vale para o administrado quanto para a própria autoridade ou órgão.

Quanto ao lugar em que devem ser realizados os atos do processo administrativo, a lei estabelece que o sejam preferencialmente na sede do órgão (art. 25), devendo a parte interessada ser cientificada caso seja designado para outro lugar.

PA	Forma	Os atos do processo administrativos não dependem de forma determinada. Somente há esta exigência quando a lei determinar.
	Tempo e lugar	Em dias úteis e no horário de funcionamento da repartição na qual tramitar

8.5.11. Comunicação dos atos processuais

Para garantir efetividade ao princípio do contraditório, o interessado tem de ser comunicado dos atos de seu interesse, principalmente das decisões proferidas no processo administrativo e dos chamamentos para que proceda às diligências que lhe competem, o que é previsto no art. 26, *caput*, da Lei.

Veja-se que a lei adotou o termo geral intimação, em alusão à terminologia consagrada do direito processual, preferindo ao termo notificação.

Não há, por outro lado, o uso do instituto "citação", que é próprio do direito processual, indicativo do chamamento do réu ao processo.

Todos os atos do processo administrativo são cientificados à parte interessada, portanto, por intimação.

Os requisitos do ato de intimação estão consignados no § 1.º do art. 26. Importantíssima é a regra do § 2.º do mesmo artigo, que, para evitar surpresas ao intimado, só obriga o comparecimento pessoal deste a qualquer ato processual que demande tal evento, como para sua oitiva oral, se feita a intimação com a antecedência mínima de três dias úteis.

As intimações não pessoais, por edital, ficam restritas aos casos de interessados indeterminados, desconhecidos ou com domicílio incerto (art. 26, § 4.º).

Não havendo a intimação ou sendo esta feita de maneira irregular, como a realizada por edital mesmo sendo certo o interessado e tendo domicílio conhecido, tem-se por nulo o ato (art. 26, § 5.º), o que pode acarretar a nulidade de todos os atos subsequentes.

No processo administrativo, são comuns todos os problemas verificados no direito processual quanto às intimações, como as dúvidas atinentes ao recebimento de correspondências em condomínios e à cientificação de pessoas jurídicas por intermédio de seus prepostos, devendo tais questões serem resolvidas pela aplicação da teoria da aparência, salvo quando a intimação for feita por meio de aviso de recebimento por mão própria.

Se a pessoa muda de domicílio durante o transcurso do processo, sem proceder à respectiva comunicação, é razoável entender-se que a Administração Pública não estará obrigada a buscar sua nova residência. Por outro lado, se esta tem meios de consulta disponíveis para a busca de endereços, como convênios com prestadores de serviços (luz, água, fornecimento de gás etc.), deve utilizá-los. Também deverá proceder às intimações em outros endereços prováveis, como no caso de o interessado ser um servidor público, se esse fato for devidamente conhecido no processo, hipótese em que seu domicílio, legalmente, é o mesmo da repartição onde trabalha, local para onde deve ser encaminhada sua intimação, caso não seja possível realizá-la em seu endereço residencial.

Da mesma forma que no processo civil, o comparecimento do interessado ao ato supre eventual nulidade da intimação (art. 26, § 5.º).

Não há no processo administrativo, no entanto, qualquer renúncia de direito pelo não atendimento à intimação, nem se adota nessa seara a chamada confissão ficta, por expressa disposição em contrário do art. 27, *caput*, da Lei. No máximo, ficará preclusa, ou seja, impossibilitada, a realização do ato, salvo se for essencial, resguardando-se ao interessado, de qualquer modo, o direito de exercer o contraditório e a ampla defesa, a partir do momento em que comparece ao processo. Como se vê, a lei evitou adotar sistemática semelhante à dos efeitos da revelia, vigente em nosso processo civil (arts. 344 e 346 do CPC/2015).

Processo administrativo	Intimar	Trata-se de dar ciência ao interessado de algum ato praticado no processo ou de alguma providência que deva ser tomada
	Atos que necessitam de intimação	Aqueles que resultem para o interessado em imposição de deveres, ônus, sanções ou restrição ao exercício de direitos e atividades e os atos de outra natureza, de seu interesse.
	Forma	Pessoal, provada a ciência do interessado
		Via postal, com aviso de recebimento
		Por meio de publicação oficial, em caso de interessados indeterminados ou com domicílio indefinido
		Outros meios, desde que assegurem a certeza da ciência do interessado

8.5.12. Instrução do processo administrativo

A Lei 9.784/1999 não contém regras exaustivas sobre produção de provas, de modo que, muito provavelmente, será necessária a integração destas com a adoção de preceitos próprios da legislação processual, caso não haja disposições regulamentares específicas do próprio direito administrativo.

A lei não contém, por exemplo, qualquer disposição sobre prova testemunhal, prazo para arrolamento, momento de indicação, possibilidade de contradita, número de testemunhas admitido etc.

Refuta-se, no entanto, a possibilidade de admissão de prova ilícita (art. 30), o que, aliás, seria absolutamente desnecessário constar da Lei, visto que a proibição já deriva do texto constitucional (art. 5.º, LVI). No conceito também devem ser consideradas as provas dela diretamente derivadas (teoria dos frutos da árvore envenenada).

Por outro lado, se somente se proíbe as provas ilícitas, é de se concluir que todas as demais são admitidas, não havendo, portanto, qualquer tipo de sistema de tarifação das provas.

Uma questão interessante diz respeito ao compartilhamento de prova produzida em processo penal no processo administrativo.

Para o processo administrativo disciplinar, que normalmente contém regras procedimentais próprias, a 1.ª Turma do STF já admitia o compartilhamento, conforme decidido no RMS 24.956/DF[21], *in verbis*:

> *"Interceptação telefônica. Objeto. Investigação criminal. Notícia de desvio administrativo de conduta de servidor. A cláusula final do inciso XII do artigo 5.º da Constituição Federal – '... na forma que a lei estabelecer para fins de investigação criminal ou instrução processual penal' – não é óbice à consideração de fato surgido mediante a escuta telefônica para efeito diverso, como é exemplo o processo administrativo-disciplinar. Mandado de segurança. Prova. No mandado de segurança, a prova deve acompanhar a inicial, descabendo abrir fase de instrução. A exceção corre à conta de documento que se encontra na posse de terceiro. Processo administrativo. Comissão. Desafetos. A atuação de comissão permanente de disciplina atende ao disposto no artigo 53 da Lei n.º 4.878/65, não se podendo presumir seja integrada por desafetos do envolvido. Processo administrativo. Acusados diversos. Pena. Absolvições. Uma vez presente, a equação 'tipo administrativo e pena aplicada' exclui a tese da ausência de proporcionalidade. Enfoques diversificados, tendo em conta os envolvidos, decorrem da pessoalidade, da conduta administrativa de cada qual".*

Em 2007, o mesmo entendimento foi consagrado pelo Pleno da Corte, quando do julgamento da *Questão de Ordem no Inquérito 2.424/RJ*, Rel. Min. Cezar Peluso:

> *"Prova emprestada. Penal. Interceptação telefônica. Escuta ambiental. Autorização judicial e produção para fim de investigação criminal. Suspeita de delitos cometidos por autoridades e agentes públicos. Dados obtidos em inquérito policial. Uso em procedimento administrativo disciplinar, contra os mesmos servidores. Admissibilidade. Resposta afirmativa a questão de ordem. Inteligência do art. 5.º, inc. XII, da CF, e do art. 1.º da Lei federal n.º 9.296/96. Voto vencido. Dados obtidos em interceptação de comunicações telefônicas e em escutas ambientais, judicialmente autorizadas para produção de prova em investigação criminal ou em instrução processual penal, podem ser usados em procedimento administrativo disciplinar, contra a mesma ou as mesmas pessoas em relação às quais foram colhidos".*

Imprescindível, para o compartilhamento válido, é que este seja autorizado pela autoridade judiciária competente e que os fatos do processo disciplinar sejam relacionados com os que são objeto da investigação criminal. Em vista da necessidade dessa correlação,

---

21. 1.ª T., rel. Min. Marco Aurélio, j. 09.08.2005. No mesmo sentido STF, RMS 24.956/DF, Rel. Min. Marco Aurélio, j. 09.08.2005, 1.ª T., e STJ, 5.ª T., RMS 32.197/RJ, rel. Min. Moura Ribeiro, j. 12.11.2013.

é difícil imaginar o compartilhamento fora da esfera disciplinar ou para fins de ação de improbidade administrativa.

Quando a matéria do processo envolver assunto de interesse geral, o órgão competente poderá, mediante despacho motivado, abrir período de consulta pública para manifestação de terceiros, antes da decisão do pedido, se não houver prejuízo para a parte interessada. A abertura da consulta pública será objeto de divulgação pelos meios oficiais, a fim de que pessoas físicas ou jurídicas possam examinar os autos, fixando-se prazo para oferecimento de alegações escritas.

Registre-se que o comparecimento à consulta pública não confere, por si, a condição de interessado do processo, mas confere o direito de obter da Administração resposta fundamentada, que poderá ser comum a todas as alegações substancialmente iguais.

Ainda, democratizando ainda mais o processo, o artigo 32 prevê que antes da tomada de decisão, a juízo da autoridade, diante da relevância da questão, poderá ser realizada audiência pública para debates sobre a matéria do processo.

De forma um tanto quanto lacônica, a Lei trata da distribuição do ônus da prova em seu art. 36, dizendo caber ao interessado a prova dos fatos que tenha alegado.

Pode acontecer, no entanto, de o meio de prova constar de documentos que estão em poder da própria Administração Pública, seja no órgão responsável pelo processo ou outro órgão administrativo. Nesses casos, basta que o interessado os indique, cabendo à Administração prover as cópias ou documentos necessários (art. 37).

Ao tomar a decisão, a autoridade deverá considerar as provas que foram produzidas, tratando destas em sua motivação (art. 38, § 1.º), ainda que seja para considerá-las insuficientes à formação de sua convicção.

Embora todas as provas lícitas sejam permitidas, isso não significa que serão produzidas ou terão sua produção autorizada. A autoridade processante, assim como o juiz na esfera do processo jurisdicional, nos termos do art. 38, § 2.º, da Lei, pode negar a realização, não só das provas ilícitas, como também das consideradas impertinentes (sem relação com os fatos), protelatórias (que atrasarão o andamento do processo sem acrescentar informações relevantes à formação da convicção do julgador) ou desnecessárias (sobre questões que não demandam a produção da prova, seja por já estarem provadas, seja por independerem de prova).

Se o órgão de instrução não for competente para tomar a decisão, deverá, então, elaborar um relatório final do processado, com uma proposta de decisão, devidamente justificada, para que seja analisada pelo órgão julgador (art. 47).

Eventualmente, pode ser necessária a oitiva de algum órgão consultivo da Administração Pública, como é o caso dos pareceres dos órgãos jurídicos (procuradorias). Nesses casos, na ausência de um prazo específico, a Lei fixou o prazo máximo de 15 dias (art. 42, *caput*).

Nessa situação, como o parecer é obrigatório, o processo deveria aguardar sua emissão. O legislador, no entanto, preferiu distinguir as hipóteses. Apenas no caso de o parecer também ser vinculante, além de obrigatório, é que o feito ficará suspenso, devendo ser responsabilizado o servidor que dá causa ao atraso (art. 42, § 1.º). Caso não seja vinculante, superado o prazo, poderá prosseguir (art. 42, § 2.º).

Ainda, quando por disposição de ato normativo devam ser previamente obtidos laudos técnicos de órgãos administrativos e estes não cumprirem o encargo no prazo assinalado, o órgão responsável pela instrução deverá solicitar laudo técnico de outro órgão dotado de qualificação e capacidade técnica equivalentes (art. 43)

Em sendo necessária a prestação de informações ou a apresentação de provas pelos interessados ou terceiros, serão expedidas intimações para esse fim, mencionando-se data, prazo, forma e condições de atendimento. Não sendo atendida a intimação, poderá o órgão competente, se entender relevante a matéria, suprir de ofício a omissão, não se eximindo de proferir a decisão.

Os interessados serão intimados de prova ou diligência ordenada, com antecedência mínima de três dias úteis, mencionando-se data, hora e local de realização.

Na hipótese de a prova caber ao interessado e este, intimado, não a providenciar no prazo fixado, sendo ela necessária ao exame da pretensão formulada, não haverá outra alternativa que não o arquivamento do feito (art. 40). Não sendo imprescindível ao exame da pretensão, será o feito julgado, embora possa disso decorrer o julgamento em desfavor do interessado.

Os interessados têm direito à vista do processo e a obter certidões ou cópias reprográficas dos dados e documentos que o integram, ressalvados os dados e documentos de terceiros protegidos por sigilo ou pelo direito à privacidade, à honra e à imagem.

E, por fim, encerrada a instrução, o interessado terá o direito de manifestar-se no prazo máximo de dez dias, salvo se outro prazo for legalmente fixado.

Após isso, órgão de instrução, se não foro competente para emitir a decisão final, elaborará relatório indicando o pedido inicial, o conteúdo das fases do procedimento e formulará proposta de decisão, objetivamente justificada, encaminhando o processo à autoridade competente. (art.40)

Processo administrativo		
	Instrução	Destina-se à averiguação e comprovação dos dados necessários à tomada de uma decisão fundamentada
		O ônus da prova é do interessado
		Após o encerramento da instrução é aberto um prazo de 10 dias para manifestação do interessando
	Decisão	Com a conclusão da instrução, a Administração terá 30 dias para proferir a decisão
		É obrigatória a edição de uma decisão explícita

8.5.13. Manifestação do interessado e decisão da autoridade

A Lei 9.784/1999 não contém uma fase de defesa destacada das demais, até porque, dentro da lógica estabelecida na Lei, o procedimento ali previsto não está voltado apenas para situações em que o interessado se defende da imputação de uma infração. Pelo contrário, o legislador parece trabalhar mais com a hipótese em que o particular é sempre o requerente no processo.

Nada impede, no entanto, e é muito comum que isso ocorra, que, nestas situações em que o procedimento se inicia após a lavratura de auto de infração, os regramentos específicos incluam essa fase de defesa preliminar.

Não havendo essa fase de defesa preliminar, a fase de alegações finais, prevista no art. 44 da Lei, passa a ter importância redobrada. Por essa disposição, após o encerramento da instrução, o interessado terá o prazo máximo de dez dias para se manifestar, salvo se outro for estabelecido em lei específica[22].

Assim como ocorre com as autoridades judiciárias, a autoridade administrativa não tem a faculdade de proferir o *non liquet*, ou seja, de deixar de decidir a questão que lhe é trazida à solução. O dever de decidir está expressamente enunciado no art. 48 da Lei 9.784/1999.

A Lei atribuiu o prazo de 30 dias para que seja proferida a decisão, a contar do encerramento da instrução (art. 49), podendo haver prorrogação por igual período, devidamente motivada.

A conclusão da Lei é ilógica, pois, se é obrigatória a abertura de prazo para o interessado apresentar alegações após o encerramento da instrução, não poderia, a partir do mesmo momento processual, estar correndo o prazo da autoridade para proferir decisão. Assim, uma interpretação sistemática das disposições legais exige que o prazo do art. 49 comece após o término do prazo das alegações finais.

A decisão, conforme já afirmado, deve ser motivada, atendendo aos requisitos do art. 50, § 1.º, da Lei 9.784/1999.

Nada impede, no entanto, que a parte interessada desista de sua pretensão, total ou parcialmente, assim como renuncie ao direito sobre o qual se funda o requerimento, desde que disponível (art. 51, *caput*). Como não há uma parte adversária, não há necessidade de aquiescência de ninguém, diferentemente do que ocorre na esfera judicial. No entanto, reafirmando o princípio informador de todo o direito administrativo, se houver interesse público na resolução do requerimento, o processo poderá prosseguir até decisão final, independentemente do requerimento de desistência ou da renúncia (art. 51, § 2.º).

A decisão pode importar, por fim, na aplicação de uma sanção (art. 68). A Lei, nessa disposição lacônica, acaba reafirmando o entendimento majoritário de que a sanção administrativa por natureza é a multa, na medida em que estabelece que a autoridade administrativa pode impor sanção de natureza pecuniária ou, ainda, obrigação de fazer ou não fazer, que, via de regra, quando não cumpridas, são convoladas em sanções pecuniárias.

É claro que a regra geral não afasta a aplicação dos casos especiais, em que a sanção administrativa atinge mais diretamente a esfera patrimonial do indivíduo, como no perdi-

---

22. "Administrativo. Aplicação da pena de inidoneidade para licitar e contratar com o Poder Público. Na forma do art. 44 da Lei n.º 9.784, de 1999, encerrada a instrução, o interessado terá o direito de manifestar-se no prazo máximo de dez dias, salvo se outro prazo for legalmente fixado. Espécie em que a pena de inidoneidade para licitar e contratar com o Poder Público foi aplicada sem que a empresa apenada tivesse a oportunidade de articular as alegações finais. Ordem concedida, anulando-se a decisão, facultado à autoridade impetrada retomar o curso do processo com a intimação da impetrante para a apresentação das alegações finais – prejudicado o agravo regimental" (STJ, MS 20.703/DF, 1.ª Seção, Rel. Min. Ari Pargendler, j. 13.08.2014).

mento de mercadoria objeto de contrabando, de apreensão e destruição de produtos não apropriados para o consumo por questões sanitárias etc., ou que decorrem da necessidade premente de se evitar um mal maior, como a demolição de construção em ruína. Essas situações excepcionais, no entanto, deverão ter previsão legal específica ou ser justificadas pela necessidade extrema de se evitar desastre ou risco à vida de terceiros.

8.5.14. Prioridade na tramitação

Terão prioridade na tramitação, em qualquer órgão ou instância, os procedimentos administrativos em que figure como parte ou interessado:

  a) *pessoa com idade igual ou superior a 60 (sessenta) anos;*
  b) *pessoa portadora de deficiência,* **física ou mental***;*
  c) *pessoa portadora de:*
   c.1) *tuberculose ativa,*
   c.2) *esclerose múltipla,*
   c.3) *neoplasia maligna,*
   c.4) *hanseníase,*
   c.5) *paralisia irreversível e incapacitante,*
   c.6) *cardiopatia grave,*
   c.7) *doença de Parkinson,*
   c.8) *espondiloartrose anquilosante,*
   c.9) *nefropatia grave,*
   c.10) *hepatopatia grave,*
   c.11) *estados avançados da doença de Paget (osteíte deformante),*
   c.12) *contaminação por radiação,*
   c.13) *síndrome de imunodeficiência adquirida,*
   c.14) **ou outra doença grave, com base em conclusão da medicina especializada,** *mesmo que a doença tenha sido contraída após o início do processo.*

A pessoa interessada na obtenção do benefício, juntando prova de sua condição, deverá requerê-lo à autoridade administrativa competente, que determinará as providências a serem cumpridas. Deferida a prioridade, os autos receberao identificação própria que evidencie o regime de tramitação prioritária.

8.6. ANULAÇÃO, REVOGAÇÃO E CONVALIDAÇÃO

A anulação é a forma de controle interno em que a Administração extingue o ato em razão de ele possuir vícios de legalidade. É importante ficar claro que vício de legalidade não significa apenas inobservância à lei. Em verdade, está acobertada pela ilegalidade toda violação a lei, princípios constitucionais, regulamentos, editais etc.

Da mesma forma que é ilegal o ato de aplicação de uma multa por um agente sem competência legal, também o é o ato da comissão de licitação que, descumprindo as regras do edital, inabilita licitante, ou a aplicação de uma multa prevista em lei, porém desproporcional à infração cometida.

A anulação, por ser forma de extinção do ato por motivo de ilegalidade, além de poder ser feita pela Administração, também poderá ser feita pelo Poder Judiciário, porém, por este último, desde que devidamente provocado para tanto.

A anulação poderá ser feita pela Administração Pública de ofício ou por provocação. De ofício é quando a própria Administração revê o ato e o anula. É importante registrar que esse comportamento não é corrente, pois, como se sabe, o ato administrativo, quando é produzido, nasce com a presunção de que foi feito corretamente e que, por isso, é legal e legítimo.

Porém, a ordem jurídica prevê fortes mecanismos de controle do ato por provocação. Destaca-se o direito de petição, previsto no art. 5.º, XXXIV, "a", da Constituição Federal no sentido de que "são a todos assegurados, independentemente do pagamento de taxas: a) o direito de petição aos Poderes Públicos em defesa de direitos ou contra ilegalidade ou abuso de poder".

Ainda há os recursos administrativos. Estes têm como pressuposto a pretensão de reforma de alguma decisão ou ato. Trata-se de uma verdadeira garantia individual do cidadão[23].

É importante registrar que o exercício da autotutela quanto à anulação do ato não é ilimitado. Dentre os limites ou atenuação do referido princípio, destaca-se o princípio da segurança jurídica.

Registramos oportunamente que o art. 54 da Lei 9.784/1999 estabelece que "o direito da Administração de anular os atos administrativos de que decorram efeitos favoráveis para os destinatários decai em cinco anos, contados da data em que foram praticados, salvo comprovada má-fé".

Isso significa que o poder de anulação do ato não é ilimitado. Assim, mesmo que o ato que se pretenda anular seja induvidosamente ilegal, caso ele já tenha sido produzido

---

23. O recurso administrativo pode ser de ofício, quando a própria Administração recorre, submetendo sua primeira decisão ao órgão julgador superior. Tem que ter previsão legal expressa. Ex.: alguns recursos em matéria tributária. Também pode ser por provocação, quando o administrado interpõe o recurso.Os recursos administrativos podem ser recebidos no efeito devolutivo e, nas hipóteses previstas, também no suspensivo.A regra é apenas o efeito devolutivo (art. 61 da Lei 9.784/1999), o que significa que a interposição do recurso não suspende a operatividade do ato. Quer dizer que o ato impugnado não deixa de produzir seus efeitos na pendência do recurso. Importante registrar que, se lei for omissa quanto aos efeitos do recebimento do recurso, tem-se que este apenas será recebido no efeito devolutivo.O efeito suspensivo tem que estar expresso na lei (parágrafo único do art. 61 da Lei 9.784/1999). Quando o recurso é recebido nesse efeito, o ato questionado fica com sua operatividade suspensa, não produzindo efeitos contra o recorrente, razão pela qual, após interposto o recurso, não poderá, na pendência deste, se discutir a matéria na via judicial, pois faltará ao demandante uma das condições da ação que é o interesse de agir.O efeito suspensivo pode ser dado diretamente pela lei ou atribuído pela autoridade competente.São hipóteses em que o recebimento do efeito suspensivo decorre diretamente da Lei: recurso cabível contra habilitação, inabilitação e julgamento das propostas em licitação (art. 109, I, "a" e "b", da Lei 8.666/1993), recurso contra lançamento tributário, o qual suspende a exigibilidade do crédito tributário (operatividade do ato), conforme prescreve o art. 151, III, do Código Tributário Nacional.É possível também que o efeito suspensivo ao recurso seja atribuído diretamente pela autoridade competente. É o que se passa, por exemplo, nos demais casos da Lei de Licitações, em matéria de trânsito etc.

há mais de cinco anos e tenham decorrido efeitos favoráveis para terceiros que não estavam de má-fé, é impassível de invalidação em razão do obstáculo da segurança jurídica[24].

E quando o ato ilegal não constituir direitos? Se o destinatário atuou de má-fé, qual seria o prazo para anular o ato? A doutrina pouco desenvolve sobre esse tema e são raras as decisões judiciais sobre o assunto. Entendemos que por prestígio à segurança jurídica e à estabilização das relações jurídicas deve ser aplicado o prazo residual do art. 205 do Código Civil, não havendo que se falar em imprescritibilidade. Estabelece o mencionado comando legal que "a prescrição ocorre em dez anos, quando a lei não lhe haja fixado prazo menor".

Devemos lembrar que, em decisão recente, proferida no RE 669.069/MG[25], com repercussão geral reconhecida, o STF afastou a tese da imprescritibilidade geral até mesmo para as ações de ressarcimento da Fazenda Pública por ilícito civil praticado por terceiro, interpretando de forma restrita a disposição do art. 37, § 5º, da CF/1988, de modo a ser aplicável a imprescritibilidade ali aludida apenas às hipóteses de dano decorrente da prática de ato de improbidade administrativa. Essa tese, portanto, poderia, complementarmente ao que dissemos no parágrafo anterior, ser aplicada às pretensões anulatórias de ato administrativo, apenas se admitindo a tese da imprescritibilidade se a má-fé que aqui tratamos fosse qualificada como ato de improbidade[26].

Recentemente tem se firmado o entendimento de que a anulação do ato administrativo, quando afete interesses ou direitos de terceiros, deve ser precedida do contraditório, em razão da garantia constitucional do art. 5.º, LV, da Constituição Federal, segundo o qual *ninguém será privado de sua liberdade e de seus bens sem o devido processo legal*.

Nesse sentido é o posicionamento do *Superior Tribunal de Justiça*:

"*Processual civil e administrativo. Agravo regimental. Pensão de servidor público. Ilegalidade. Autotutela. Supressão dos proventos. Devido processo legal. Ampla defesa e contraditório. Obrigatoriedade. Precedentes do STJ. 1. Esta Corte Superior, de fato, perfilha entendimento no sentido de que a Administração, à luz do princípio da autotutela, tem o poder de rever e anular seus próprios atos, quando detectada a sua ilegalidade. 2. Todavia, quando os referidos atos implicarem invasão da esfera jurídica dos interesses individuais de seus administrados, é obrigatória a instauração de prévio processo administrativo, no qual seja observado o devido processo legal e os corolários da ampla defesa e do contraditório. 3. Agravo regimental não provido*" (STJ, AgRg no REsp 1.253.044/RS, 2011/0107591-6, 2.ª T., Rel. Min. Mauro Campbell Marques, j. 20.03.2012, DJe 26.03.2012).

Na mesma toada é o posicionamento do excelso *Supremo Tribunal Federal*:

---

24. O STJ, no MS 15.457/DF (1ª Seção, Rel. Min. Castro Meira), entendeu que a ressalva do art. 54, § 2.º, da Lei 9.874/1999 autoriza a instauração de processo administrativo a qualquer tempo, devendo nele ser verificada a ocorrência ou não de má-fé, para só então, decidir-se pela ocorrência ou não da decadência.
25. Pleno, Rel. Min. Teori Zavascki, j. 03/02/2016, Repercussão Geral (tema 666), vide Informativo STF 813.
26. O STF, no entanto, reconheceu a repercussão geral no RE 852.475/SP, para examinar a questão da imprescritibilidade das ações de ressarcimento também nas hipóteses de improbidade administrativa.

> *"Agravo regimental em recurso extraordinário. Poder de autotutela da Administração. Servidor público. Revisão de aposentadoria e supressão de valores. Necessidade de observância do procedimento administrativo, assegurados o contraditório e a ampla defesa. O Plenário do Supremo Tribunal Federal entendeu ser necessária a prévia instauração de procedimento administrativo, assegurados o contraditório e a ampla defesa, sempre que a Administração, exercendo seu poder de autotutela, anula atos administrativos que repercutem na esfera de interesse do administrado (RE 594.296-RG, Rel. Min. Dias Toffoli). Agravo regimental a que se nega provimento" (STF, RE 542.960/RS, 1.ª T., Rel. Min. Roberto Barroso, j. 04.02.2014, DJe-035 Divulg. 19.02.2014, Public. 20.02.2014).*

Por fim, deve-se lembrar que a anulação gera efeitos retroativos, *ex tunc*. Significa dizer que com a anulação são desconstituídos os efeitos derivados daquele ato ilegal. Uma alternativa à anulação e, por consequência, à desconstituição dos efeitos do ato, até mesmo por imperativo de segurança jurídica, seria a convalidação do ato, que não deixa de ser uma manifestação da autotutela administrativa.

8.7. REVOGAÇÃO

A revogação é a outra manifestação da autotutela em que o ato é extinto por perda da conveniência e oportunidade em sua manutenção.

Foi visto que, em muitas ocasiões, a lei reserva uma margem de liberdade para que o administrador, na análise do caso concreto, fazendo um juízo de oportunidade e conveniência, adote o comportamento que melhor atenda ao interesse público naquele caso. Trata-se da discricionariedade administrativa.

No exercício da discricionariedade nasce o ato discricionário. Um bom exemplo para elucidar a discricionariedade é o deferimento de autorização para colocar barracas de doces e salgados em praças públicas.

Quando o particular solicita uma autorização, a Administração vai analisar se é conveniente e oportuno o deferimento e, em caso positivo, autoriza. Se, por sua vez, não for compatível naquele momento com o interesse público, a autorização é negada.

Nota-se que os atos discricionários são atos precários, pois são baseados em conveniência e oportunidade, que são conceitos extremamente instáveis, pois o que é conveniente hoje e enseja a prática do ato pode amanhã não ser e por isso vai gerar a revogação do ato.

Por isso, podemos concluir que o motivo da revogação é justamente a perda da conveniência e oportunidade na manutenção do ato praticado. É importante deixar claro que não é todo ato que pode ser revogado. É pressuposto que o ato seja lícito (pois se não for, a forma correta de autocontrole é por anulação) e discricionário, o que significa que sua edição também foi lastreada em análise de conveniência e oportunidade. É por essa razão que o ato vinculado não pode ser revogado, pois a sua edição não é pautada em critérios de conveniência e oportunidade.

Ainda, atos materiais, atos que já produziram os seus efeitos e por isso já se exauriram e os que geraram direitos adquiridos também não podem ser objeto de revogação.

A revogação, ao contrário da anulação, apenas pode ser feita no exercício da função administrativa e, por isso, pela Administração Pública. Isso significa que o Poder Judiciário, no exercício de sua função jurisdicional, jamais poderá revogar um ato administrativo. Todavia, é possível que um Tribunal revogue um ato administrativo feito por ele mesmo no desempenho de sua função atípica de administrador. Aqui ele estaria dentro da expressão Administração Pública (no sentido de quem exerce a função administrativa).

Por fim, a revogação não gera efeitos retroativos, pois o ato revogado era válido e legal, sendo sua extinção baseada exclusivamente por perda superveniente da conveniência e oportunidade em sua manutenção.

8.8. CONVALIDAÇÃO DO ATO ADMINISTRATIVO

Primeiramente, é importante registrar que o termo convalidação também pode ser encontrado na doutrina como *sanatória* ou *aperfeiçoamento*.

Convalidação do ato nada mais é do que a restauração da validade de um ato viciado com efeitos retroativos, ou seja, *ex tunc*. Por outras palavras: existe um ato que foi praticado com um vício de legalidade, porém, tendo em vista sua presunção de legalidade e legitimidade, este, apesar da mácula, está produzindo efeitos. A Administração toma conhecimento desse ato e conforme o vício pode anulá-lo, extinguindo-o, ou salvá-lo, restaurando sua validade, ou seja, convalidando-o.

É importante dizer que só se admite falar em convalidação caso tenha se adotado a teoria *dualista das nulidades*, típica do direito privado, que divide o ato em nulo e ato anulável. Apenas seriam passíveis de convalidação vícios que tornam os atos anuláveis e, por isso, passíveis de serem revalidados.

A doutrina majoritária adota a teoria dualista e é a teoria que foi positivada na Lei 9.784/1999, que regulamenta o processo administrativo em âmbito federal.

8.8.1. Vícios que admitem convalidação

O ato administrativo é uno, porém possui cinco requisitos ou elementos. A depender de onde se encontra o vício, o ato poderá ou não ser convalidado.

Levando em conta os elementos do ato, apenas se admite convalidação quando o vício atinge os elementos competência e forma. Ainda assim, não é sempre que esses elementos viciados poderão ser convalidados.

Só é possível a convalidação do elemento competência caso ela não seja exclusiva. Por outras palavras: era passível de delegação, a qual não houve, e o ato foi praticado por quem não tinha competência. Nesse caso, é possível a convalidação. Se a competência era exclusiva, ou seja, apenas determinada autoridade possui atribuição para a prática do ato, nesse caso, se o ato foi praticado por outra autoridade, não é possível a convalidação, devendo o ato viciado ser anulado.

Já se o vício estiver relacionado com o elemento forma, ele poderá ser convalidado se a referida forma adotada for prescindível, dispensável para a validade do ato, caso contrário, ou seja, em sendo a forma imprescindível, não haverá possibilidade de convalidação. No primeiro caso, em que é possível a convalidação, citamos o exemplo de uma autoridade que adota a forma *portaria* ao invés de *instrução normativa*. Se a autoridade for competente para a edição de ambos instrumentos, o erro na forma, neste caso, não invalida o ato.

Por outro lado, a forma pode ser imprescindível para a prática válida e correta do ato. Lembre-se de que a forma, além de estar relacionada à exteriorização do ato, também abrange os procedimentos necessários à formalização do ato final. Assim, a título de exemplo, em ato de demissão a forma é o Processo Administrativo Disciplinar (PAD), procedimento prévio indispensável à aplicação válida de sanção disciplinar.

Caso uma penalidade disciplinar, como a demissão no exemplo acima, tenha sido aplicada sem o devido procedimento disciplinar, o ato é ilegal por vício de forma e não está sujeito à convalidação.

Não interessa se existia motivo (prática de infração disciplinar), o objeto foi correto (era caso de demissão), se foi aplicado pela autoridade competente (competência) e buscou punir o servidor que praticou ilícito contra o interesse público (finalidade). Ainda assim, o ato é nulo e, nesse caso, o vício é insanável, sendo hipótese de anulação[27] da penalidade aplicada por vício de forma, o que pode ser pleiteado em âmbito administrativo ou judicial.

8.8.2. Vícios que não admitem convalidação

Já os vícios nos elementos objeto[28], motivo e finalidade não são sujeitos à convalidação, bem como a competência, se exclusiva, e a forma, se imprescindível à validade do ato.

Quanto ao objeto, alguns autores falam em conversão, o que, tecnicamente, não é uma hipótese de convalidação, pois o objeto é alterado (convertido) de um ilícito ou inadequado para outro, desnaturando o ato originário. Assim, se aproveitam os pressupostos que ensejaram a prática do ato originário, porém ilegal, e o converte em outro ato que seja pertinente ao que é permitido.

É o caso de ser concedida uma habilitação definitiva a uma pessoa que acabou de passar na prova de trânsito em vez de uma provisória. Veja que a pessoa possui o direito à habilitação provisória, porém foi a ela dada a definitiva.

A Administração poderia anular esse ato e praticar outro que seria a expedição da habilitação provisória, porém também poderia, e é até aconselhável, converter o ato, pois a anulação possui efeitos retroativos e como ficaria a situação desse período em que o condutor dirigiu com a habilitação definitiva, cuja anulação operou efeitos retroativos?

Registre-se, por fim, que vício de motivo não enseja convalidação, pois esse motivo é o que propulsiona a Administração a agir, e como ele já ocorreu e com base nele foi praticado um ato, se este for inexistente, equivocado, ilegal, não há outra via que não a anulação do ato.

---

27. Não desconhecemos a distinção feita na Teoria Geral do Direito entre atos inexistentes, nulos e anuláveis, sendo relativa a nulidade dos últimos. Não obstante, como essa categorização não é utilizada com muito rigor no direito administrativo, acabamos utilizando a expressão "anulação", nesta obra, como sinônimo de "declaração de nulidade".

28. Quanto ao objeto, Carvalho Filho entende que é possível a convalidação se o objeto for plúrimo. Segundo o referido autor, "Também é possível convalidar atos com vício no objeto, ou conteúdo, mas apenas quando se tratar de conteúdo plúrimo, ou seja, quando a vontade administrativa se preordenar a mais de uma providência administrativa no mesmo ato: aqui será viável suprimir ou alterar alguma providência e aproveitar o ato quanto às demais providências, não atingidas por qualquer vício" (p. 152).

Da mesma forma a finalidade. Se o ato foi feito buscando outra finalidade que não o interesse público, há desvio de poder e, com isso, ilegalidade insanável do ato.

Nem sempre as hipóteses que admitem, em tese, a convalidação, darão, ao final, ensejo a ela.

Mesmo que o vício seja sanável, não será possível convalidar o ato se:

- *Estiver sendo questionado administrativamente ou judicialmente;*
- *Da convalidação puder resultar prejuízo ao interesse público;*
- *Da convalidação puder resultar prejuízo a terceiros.*

8.8.3. Discricionariedade ou vinculação do ato de convalidar

Caso o ato tenha um vício sanável, portanto, passível de convalidação, esta é medida obrigatória que se impõe à Administração ou uma faculdade?

Pela Lei 9.784/1999, que regulamenta o processo administrativo em âmbito federal, a convalidação é facultativa, ou seja, tratar-se-ia de ato discricionário, cabendo à Administração analisar a conveniência e oportunidade em fazê-lo.

Veja o que prescreve o art. 55 da referida lei:

> *"Art. 55. Em decisão na qual se evidencie não acarretarem lesão ao interesse público nem prejuízo a terceiros, os atos que apresentarem defeitos sanáveis poderão ser convalidados pela própria Administração".*

Há segmentos da doutrina que entendem que a convalidação é obrigatória, em regra, por força do princípio da segurança jurídica[29].

8.9. RECUSO ADMINISTRATIVO E PEDIDO DE REVISÃO

Dispõe o art. 5.º, LV da CF/1988 que "aos litigantes, em processo judicial ou administrativo, e aos acusados em geral são assegurados o contraditório e ampla defesa, com os meios e *recursos* a ela inerentes".

Por longos anos, a expressão "recursos", consignada no texto, deu ensejo a discussões, como a da garantia ou não do duplo grau de jurisdição ou quanto à validade do julgamento em instância única.

No plano do direito administrativo, sempre se entendeu legítima, também, a exigência de garantia ou caução para a interposição de recurso administrativo, desde que expressamente prevista em lei. Nesses casos, principalmente envolvendo matéria tributária, era comum que se obrigasse o recorrente a providenciar, como requisito de admissibilidade do recurso, um determinado percentual do valor da sanção pecuniária ou multa imposta.

---

29. É o entendimento de Celso Antônio Bandeira de Mello e Weida Zancner, conforme já foi trabalhado.

Não foi por outra razão que o art. 56, § 2.º, da Lei 9.784/1999 consagrou a fórmula "*salvo exigência legal*, a interposição de recurso administrativo independe de caução".

Não obstante, mais recentemente, o STF acabou por consagrar o entendimento de que tal exigência é inconstitucional[30]. Esse entendimento acabou sufragado na *Súmula 373 do STJ*[31]. Posteriormente, o STF editou, sobre a matéria, sua *Súmula Vinculante 21*[32]. Portanto, a aludida ressalva não tem mais aplicação. A interposição de recurso *nunca* poderá ser precedida de caução.

Portanto, o dispositivo constitucional serve de fundamento para a existência do recurso em sede administrativa, embora este também sempre tenha sido justificado pelo próprio *sistema hierárquico* em que se organiza, de modo que se garanta aos órgãos administrativos de maior grau o exercício do poder de autotutela sobre a atuação dos órgãos inferiores. Esse poder de correção também é exercido por meio da provocação da parte interessada noprocesso administrativo, mediante o instrumento *recurso*.

A legislação nacional, como sempre, é extremamente confusa na adoção dos conceitos, e a doutrina não foge a essa regra, de modo que muitos veem no instrumento reclamação, previsto no Decreto 20.910/1932, uma espécie de recurso, embora sua acepção seja claramente muito mais ampla.

A Lei 9.784/1999 tentou ser mais criteriosa, utilizando apenas a expressão "recurso", nos termos de seu art. 56.

Com isso, consagrou-se, também na esfera administrativa, o *duplo grau*. O objeto do recurso tanto pode ser a discussão da legalidade da decisão, quanto seu mérito (art. 56, *caput*).

Sua interposição, no entanto, se dá perante a autoridade que proferiu a decisão, garantindo-se a esta a possibilidade de reconsideração (*juízo de retratação*), no prazo de cinco dias. Só após, não havendo reconsideração, será o processo encaminhado à autoridade superior (art. 56, § 1.º).

Por força da Emenda Constitucional 45/2004, foi criada no Brasil a figura da Súmula Vinculante, editada pelo STF, e que impõe a sujeição também à Administração Pública (art. 103-A da CF/1988). Por conta disso, o art. 56 da Lei 9.784/1999 teve acrescentado ao seu texto o § 3.º pela Lei 11.417/2006 para exigir que a autoridade de quem se recorre seja obrigada a explicitar as razões pelas quais não adotou o entendimento de súmula vinculante, quando a parte alegar descumprimento a seu texto. A mesma justificativa deverá ser apresentada pelo órgão julgador do recurso quando entender pelo não cabimento da aplicação do entendimento sufragado em enunciado de súmula vinculante (art. 64-A).

A Lei estabeleceu um *limite de instâncias administrativas* (art. 57), consignando que o recurso tramitará em, no máximo, três. Ora, como o recebimento é feito junto à própria

---

30. RE 388.359/PE; RE 389.383/SP e RE 390.513/SP, Pleno, Rel. Min. Marco Aurélio, j. 28.03.2007, quando se declarou a inconstitucionalidade do art. 33, § 2.º, do Decreto 70.235/1972, no primeiro recurso, e a inconstitucionalidade dos §§ 1.º e 2.º do art. 126 da Lei 8.213/1991, na redação dada pela MP 1.608-14/98, nos segundo e terceiro recursos – *Informativo STF 461* (26 a 30 de março de 2007).

31. **Súmula 373 do STJ:** "É ilegítima a exigência de depósito prévio para a admissibilidade de recurso administrativo".

32. **Súmula Vinculante 21:** "É inconstitucional a exigência de depósito ou arrolamento prévios de dinheiro ou bens para admissibilidade de recurso administrativo."

instância que prolatou a decisão recorrida, isso significa que esta já é contada como instância de tramitação para efeito do dispositivo legal. Logo, só se permitirá, no máximo, dois recursos, em duas outras instâncias distintas[33].

O prazo para interposição do recurso, salvo previsão específica, é de dez dias (art. 59, *caput*), a partir da ciência ou divulgação oficial da decisão recorrida. O prazo que a autoridade superior dispõe para decidir o recurso, se também não houver disposição específica em contrário, será de 30 dias, prorrogáveis por igual período, mediante justificação explícita (art. 59, §§ 1.º e 2.º).

Na prática, esses prazos para proferir decisão são raramente cumpridos, não havendo previsão legal de qualquer tipo de sanção. A parte interessada, no entanto, poderá requerer judicialmente que a Administração seja obrigada a proferir a decisão, quando houver superação não justificada e irrazoável dos prazos administrativos.

Diferentemente do que ocorre no direito processual, em que à parte recorrente é vedada a possibilidade de juntar documentos, salvo se considerados novos, no sentido legal, ou seja, dos quais a parte não tinha conhecimento ou não poderia ter acesso, no recurso administrativo é permitida a juntada de documentos que a parte "julgar convenientes" (art. 60), devendo o recurso ser interposto por requerimento com exposição dos fundamentos, dando-se a entender que não se admitirá recurso por simples termo, sem que sejam juntadas as respectivas razões.

Uma das regras mais importantes consignadas na Lei diz respeito aos efeitos em que o recurso é recebido.

A Lei não faz alusão a qualquer tipo de restrição quanto ao conhecimento das matérias decididas na instância inferior, razão pela qual se entende que todo recurso administrativo é de *efeito devolutivo amplo*. Quanto à possibilidade de sua interposição suspender o cumprimento da decisão (*efeito suspensivo*), a Lei estabeleceu como regra que o *recurso não terá efeito suspensivo* (art. 61, *caput*). Ressalva-se, como sempre, a existência de disposição legal em sentido contrário.

Para mitigar a disposição referente ao efeito suspensivo, atribuiu-se à autoridade recorrida ou à imediatamente superior a possibilidade de conceder o efeito suspensivo, de ofício ou a pedido da parte, todas as vezes que houver justo receio de prejuízo de difícil ou incerta reparação (art. 61, parágrafo único).

Processo administrativo	Recurso administrativo	Existe o direito ao duplo grau de jurisdição
		O recurso aqui é o hierárquico e ocorre por motivo de legalidade e mérito administrativo
		Não há efeito suspensivo, salvo disposição legal

---

33. No mesmo sentido, CARVALHO FILHO, José dos Santos. *Manual de Direito Administrativo*. 24. ed., São Paulo: Atlas, 2011. p. 318-319.

8.10. CONTAGEM DOS PRAZOS

Os prazos, no processo administrativo, começam a fluir a partir do dia da cientificação oficial. Adotando a regra geral processual de contagem de prazos (art. 224, *caput*, do CPC), a Lei expressamente determina a exclusão do dia do começo e a inclusão do dia do vencimento (art. 66, *caput*).

Portanto, início do prazo não se confunde com início da contagem do prazo. O primeiro começa com a intimação, o segundo, inicia-se no dia seguinte àquela.

Entretanto, se o dia seguinte não for útil, fica prorrogado o início da contagem, uma regra óbvia do direito processual que restou inexplicavelmente omissa na Lei 9.784/1999[34].

Por outro lado, também repetindo regra do direito processual (art. 224, § 1.º, do CPC), se o dia do vencimento cair em dia que não há expediente ou se este for encerrado antes da hora normal, fica o prazo prorrogado até o primeiro dia útil subsequente (art. 66, § 1.º).

Por fim, a Lei também estabelece que os prazos de dias são contínuos (art. 66, § 2.º), o que significa dizer que não são interrompidos ou suspensos por feriados ou finais de semana, mas apenas prorrogados se o vencimento se der nesses dias. Era a mesma regra tradicionalmente adotada no processo civil (art. 178 do CPC/1973), mas que foi alterada pelo CPC/2015, que determina a contagem apenas dos dias úteis (art. 219, *caput*). No processo administrativo, no entanto, deve continuar sendo aplicada a normatização da lei especial, com prazos em dias contínuos.

A Lei 9.784/1999 não prevê nenhuma hipótese de suspensão dos prazos, salvo motivo de força maior (art. 67). É o que se dá, por exemplo, com a hipótese de fechamento da repartição ou interrupção dos serviços administrativos por tempo indeterminado por motivo de greve.

Não descartamos, no entanto, a possibilidade de suspensão ou dilação do prazo, nos casos em que se torna necessário deferir ao interessado tempo maior para a juntada de documento ou prova indispensável ao exame de seu requerimento. Caso a autoridade seja formalista a ponto de cumprir esses prazos peremptoriamente, determinando o arquivamento do feito, não poderá, posteriormente, se opor ao seu desarquivamento, procedendo ao novo exame da questão, uma vez que não houve, anteriormente, análise meritória do requerimento, sendo insuscetível, assim, de formar coisa julgada administrativa.

8.11. SÚMULAS DO SUPREMO TRIBUNAL FEDERAL

PROCESSO ADMINISTRATIVO	
Súmula Vinculante n. 3: Nos processos perante o tribunal de contas da união asseguram-se o contraditório e a ampla defesa quando da decisão puder resultar anulação ou revogação de ato administrativo que beneficie o interessado, excetuada a apreciação da legalidade do ato de concessão inicial de aposentadoria, reforma e pensão.	Súmula Vinculante n. 5: A falta de defesa técnica por advogado no processo administrativo disciplinar não ofende a constituição.

---

34. Art. 224, § 3º, do CPC/15: "A contagem do prazo terá início no primeiro dia útil que seguir ao da publicação."

PROCESSO ADMINISTRATIVO	
Súmula Vinculante n. 21: É inconstitucional a exigência de depósito ou arrolamento prévios de dinheiro ou bens para admissibilidade de recurso administrativo.	Súmula Vinculante n. 21: É inconstitucional a exigência de depósito ou arrolamento prévios de dinheiro ou bens para admissibilidade de recurso administrativo.
Súmula n. 473: A administração pode anular seus próprios atos, quando eivados de vícios que os tornam ilegais, porque deles não se originam direitos; ou revogá-los, por motivo de conveniência ou oportunidade, respeitados os direitos adquiridos, e ressalvada, em todos os casos, a apreciação judicial.	Súmula n. 510: Praticado o ato por autoridade, no exercício de competência delegada, contra ela cabe o mandado de segurança ou a medida judicial.

8.12. SÚMULAS DO SUPERIOR TRIBUNAL DE JUSTIÇA

PROCESSO ADMINISTRATIVO	
Súmula n. 312: No processo administrativo para imposição de multa de trânsito, são necessárias as notificações da autuação e da aplicação da pena decorrente da infração	Súmula n. 373: É ilegítima a exigência de depósito prévio para admissibilidade de recurso administrativo. •
Súmula n. 467: Prescreve em cinco anos, contados do término do processo administrativo, a pretensão da Administração Pública de promover a execução da multa por infração ambiental	

8.13. SÍNTESE DO TEMA

PROCESSO ADMINISTRATIVO	
Fundamento constitucional	O Art. 5.º, LV, da CF/1988 assegura aos litigantes, em processo judicial ou administrativo, e aos acusados em geral o contraditório e a ampla defesa, com os meios e recursos a ela inerentes.
Competência legislativa	Cada ente da Federação possui competência para legislar sobre a matéria.
Processo e procedimento	• Procedimento, num sentido estrito, é a forma de atuar do processo, sua exteriorização. O encadeamento dos atos necessários ao resultado final do processo, conforme modelos determinados na lei. Portanto, se fala que o procedimento pode ser ordinário ou comum, mais complexo ou simplificado. • Processo é uma relação jurídica na qual são asseguradas às partes direitos e deveres, sendo os mesmos exteriorizados em determinado procedimento.

Diferença em relação ao processo judicial	• Na função administrativa, é o próprio Estado-administração quem contende com o cidadão, cabendo a seu funcionário, dentro do próprio âmbito, a resolução do problema. O reconhecimento de garantias processuais ao administrado, bem como toda a autonomia que se dê às instâncias julgadoras administrativas não retiram do processo administrativo essa peculiaridade em relação ao processo jurisdicional, qual seja, a ausência do caráter substitutivo que é próprio deste último. • A decisão proferida no processo administrativo não conta com o caráter de definitividade, próprio do processo jurisdicional. • Qualquer decisão administrativa, por mais alta que seja a instância julgadora ou decisória, está sujeita à revisão judicial, visto que o Brasil não adota o sistema de contencioso administrativo ou jurisdição administrativa.
PROCESSO ADMINISTRATIVO FEDERAL – LEI 9.784/1999	
Âmbito de aplicação	Administração Federal direta (dos três poderes) e indireta no exercício da função administrativa. Isso significa ser aplicável a todos os órgãos da União, bem como às suas autarquias, fundações, empresas públicas e sociedades de economia mista.
Caráter geral e residual da Lei 9.784/99	• A Lei em questão tem caráter geral, possuindo regras de base para qualquer tipo de processo administrativo a ser desenvolvido na esfera federal, como os atinentes aos princípios que regem o instituto (art. 2.º). • Por outro lado, não foi objetivo do legislador acabar com as particularidades existentes em normas específicas, que demandam procedimentos próprios. Daí, também, o caráter residual da Lei, conforme disposto no art. 69, de maneira que "processos administrativos específicos continuarão a reger-se por lei própria".
PROCESSO ADMINISTRATIVO FEDERAL – LEI 9.784/1999	
Partes interessadas no processo administrativo	O art. 9.º esclarece quem são os interessados que têm legitimidade para atuar no processo administrativo, a saber: I – pessoas físicas ou jurídicas que o iniciem como titulares de direitos ou interesses individuais ou no exercício do direito de representação; II – aqueles que, sem terem iniciado o processo, têm direitos ou interesses que possam ser afetados pela decisão a ser adotada; III – as organizações e associações representativas, no tocante a direitos e interesses coletivos; IV – as pessoas ou as associações legalmente constituídas quanto a direitos ou interesses difusos.
Autoridade e competência	A lei qualifica como autoridade "servidor ou agente público dotado de poder de decisão" (art. 1.º, § 1.º, III). Essa "dotação de poder de decisão" é chamada de "competência".

Início do processo administrativo	Não vigora no processo administrativo princípio equivalente ao da inércia da jurisdição, podendo aquele tanto ser iniciado de ofício, pela própria Administração Pública, quanto por pedido do interessado (art. 5.º).
Da forma, do tempo e do lugar dos atos processuais	• Como já vimos, a lei adota a simplicidade como regra, daí porque estabelece que os atos do processo administrativo independem de forma especial ou determinada, salvo quando a lei o exigir (art. 22, *caput*). • Os atos processuais devem ser produzidos por escrito, em vernáculo, ou seja, na língua nacional, com a data e o local de sua realização e a assinatura da autoridade responsável (art. 22, § 1.º). • Quanto ao tempo em que os atos são praticados, a regra é que os mesmos sejam realizados em dias úteis, no horário normal de funcionamento da repartição na qual tramitar o processo (art. 23, *caput*). Entretanto, poderão ser concluídos após o horário normal os atos já iniciados, cujo adiamento prejudique o curso regular do procedimento ou cause dano à Administração ou ao interessado (art. 23, parágrafo único).
Comunicação dos atos processuais	• Todos os atos do processo administrativo são cientificados à parte interessada, portanto, por intimação. • Os requisitos do ato de intimação estão consignados no § 1.º do art. 26. Importantíssima regra do § 2.º do mesmo artigo que, para evitar surpresas ao intimado, só obriga o comparecimento pessoal dele a qualquer ato processual que demande tal evento, como para sua oitiva oral, se feita a intimação com a antecedência mínima de três dias úteis. • As intimações não pessoais, por edital, ficam restritas aos casos de interessados indeterminados, desconhecidos ou com domicílio incerto (art. 26, § 4.º). • Não havendo intimação ou sendo feita de maneira irregular, como a realizada por edital, mesmo sendo certo o interessado e tendo domicílio conhecido, tem-se por nulo o ato (art. 26, § 5.º), o que pode acarretar a nulidade de todos os atos subsequentes.
PROCESSO ADMINISTRATIVO FEDERAL – LEI 9.784/1999	
Instrução do processo administrativo	• A Lei 9.784/1999 não contém regras exaustivas sobre produção de provas, de modo que, muito provavelmente, será necessária a integração delas com a adoção de preceitos próprios da legislação processual, caso não haja disposições regulamentares específicas do próprio direito administrativo. • A lei não contém, por exemplo, qualquer disposição sobre prova testemunhal, prazo para arrolamento, momento de indicação, possibilidade de contradita, número de testemunhas admitido etc. • De forma um tanto quanto lacônica, a lei trata da distribuição do ônus da prova em seu art. 36, dizendo caber ao interessado a prova dos fatos que tenha alegado.

Manifestação do interessado e decisão da autoridade	• Após o encerramento da instrução, o interessado terá o prazo máximo de dez dias para se manifestar, salvo se outro prazo for estabelecido em lei específica. • A lei atribuiu o prazo de 30 dias para que seja proferida a decisão, a contar do encerramento da instrução (art. 49), podendo haver prorrogação por igual período, devidamente motivada.
Recurso administrativo e pedido de revisão	• Salvo exigência legal, a interposição de recurso administrativo independe de caução. • Sua interposição se dá perante a autoridade que proferiu a decisão, garantindo a esta a possibilidade de reconsideração (juízo de retratação), no prazo de cinco dias. Só após, não havendo reconsideração, será o processo encaminhado à autoridade superior (art. 56, § 1.º). • A lei estabeleceu um limite de instâncias administrativas (art. 57), consignando que o recurso tramitará em no máximo três. • O prazo para interposição do recurso, salvo previsão específica, é de dez dias (art. 59, caput), a partir da ciência ou divulgação oficial da decisão recorrida. • O prazo que a autoridade superior dispõe para decidir o recurso, se também não houver disposição específica em contrário, será de 30 dias, prorrogáveis por igual período, mediante justificação explícita (art. 59, §§ 1.º e 2.º). • A lei não faz alusão a qualquer tipo de restrição quanto ao conhecimento das matérias decididas na instância inferior, razão pela qual se entende que todo recurso administrativo é de efeito devolutivo amplo. Quanto à possibilidade de sua interposição suspender o cumprimento da decisão (efeito suspensivo), a lei estabeleceu como regra que o recurso não terá efeito suspensivo (art. 61, caput).

8.14. QUESTÕES

1. **(Conhecimentos Básicos/ANTAQ – CESPE/2014) No que se refere ao controle da administração pública, à improbidade administrativa e ao processo administrativo, julgue o item subsequente.**

    Cabe recurso, pela parte interessada, das decisões administrativas, dirigido à autoridade que ocupe grau hierárquico superior ao daquela que tenha proferido a decisão.

2. **(Conhecimentos Básicos/ANTAQ – CESPE/2014) Acerca dos atos administrativos, julgue o item subsequente.**

    A lei permite que órgão administrativo e seu titular deleguem parte de sua competência a órgão não hierarquicamente subordinado.

3. **(Analista Administrativo/ANATEL - CESPE/2014) Cláudio requereu à ANATEL a revogação de autorização para a instalação de antena de telefonia móvel na região em que mora, sob o argumento de que a área onde o equipamento será instalado é densamente povoada e a antena emite radiação nociva à saúde da população local.**

   Considerando essa situação hipotética, julgue o item que se segue.

   A autoridade competente tem o dever de emitir decisão, devidamente motivada, a respeito do requerimento de Cláudio, não sendo suficiente que a motivação consista apenas de declaração de concordância com parecer proferido pela área técnica da ANATEL.

4. **(Analista Administrativo/ANATEL - CESPE/2014) Cláudio requereu à ANATEL a revogação de autorização para a instalação de antena de telefonia móvel na região em que mora, sob o argumento de que a área onde o equipamento será instalado é densamente povoada e a antena emite radiação nociva à saúde da população local.**

   Considerando essa situação hipotética, julgue o item que se segue.

   Ainda que Cláudio desista do requerimento, a ANATEL pode, existindo interesse público, dar prosseguimento ao processo.

5. **(Analista Administrativo/ANATEL - CESPE/2014) Cláudio requereu à ANATEL a revogação de autorização para a instalação de antena de telefonia móvel na região em que mora, sob o argumento de que a área onde o equipamento será instalado é densamente povoada e a antena emite radiação nociva à saúde da população local.**

   Considerando essa situação hipotética, julgue o item que se segue.

   Caso seja negado o pedido de Cláudio, os demais moradores da localidade onde será instalada a antena são legitimados para apresentar recurso contra a decisão.

6. **(Conhecimentos Básicos/ANATEL - CESPE/2014) No que se refere ao processo administrativo, julgue o próximo item.**

   É legitimado como interessado o terceiro que não tenha dado ensejo à instauração de processo administrativo, mas que possua direito suscetível de ser afetado pelo seu julgamento.

7. **(Conhecimentos Básicos/ANATEL - CESPE/2014) No que se refere ao processo administrativo, julgue o próximo item.**

   Não se admite em processo administrativo a motivação por referência, assim entendida a que faz alusão aos fundamentos de pareceres ou de decisões anteriores.

8. **(Conhecimentos Básicos/ANATEL – CESPE/2014)** No que se refere ao processo administrativo, julgue o próximo item.

    O processo administrativo, a exemplo do processo judicial, observa, na prática de cada um de seus atos, o princípio da inércia, de modo que seu desenvolvimento depende de constante provocação pelos interessados.

9. **(Titular de Serviços de Notas e de Registros/TJ-SE – CESPE/2014)** Acerca dos processos administrativos no âmbito do TJSE relativos aos serviços notariais e de registro, assinale a opção correta.

    a) O corregedor-geral da justiça pode delegar aos juízes corregedores da CGJ a atribuição de processar e julgar notário ou registrador.

    b) Das decisões do juiz corregedor permanente, o requerido pode interpor diretamente recurso perante o Conselho da Magistratura.

    c) É cabível, no âmbito do processo administrativo disciplinar, a citação do delegatário por meio de edital.

    d) Aplicam-se aos procedimentos administrativos no âmbito do TJSE relativos aos serviços notariais e de registro as Leis Federais n.º 8.112/1990 e n.º 9.784/1999, de forma suplementar e no que couber.

    e) Reclamação corresponde ao procedimento administrativo instaurado como meio sumário de apuração de infração quando inexistirem elementos suficientes para se concluir pela autoria ou pela materialidade de fato a ser averiguado.

10. **(Procurador do Estado Substituto/PGE-PI – CESPE/2014)** Acerca dos serviços públicos e dos atos administrativos, assinale a opção correta.

    a) Conforme o STJ, ato administrativo com vício sanável não poderá ser convalidado se tiver sido impugnado judicialmente, mas poderá sê-lo no bojo de impugnação administrativa.

    b) Nos termos da jurisprudência do STJ, caso o procurador-geral do estado do Piauí delegue determinada função para o subprocurador-geral, e este, no exercício da função delegada, pratique ato ilegal, a responsabilidade pela ilegalidade desse ato deverá recair apenas sobre a autoridade delegada.

    c) Ao contrário das permissões de serviços públicos, que possuem caráter precário e não demandam prévio procedimento licitatório, nas concessões para a prestação de serviços públicos, a licitação é a regra.

    d) Se a prefeitura de Teresina – PI, por meio de uma política pública de urbanização, vier a pavimentar uma avenida de determinado bairro, tal serviço será classificado como serviço público singular, tendo em vista a unicidade do empreendimento.

    e) De acordo com o entendimento do STJ, não existe a possibilidade de convalidação de ato administrativo cuja motivação seja obrigatória, depois de emitido. Nesse caso, a administração deverá anular o ato e emitir um novo, instruído com as razões de decidir.

11. **(Técnico Judiciário/TJ-CE – CESPE/2014)** Assinale a opção correta no que se refere aos poderes e deveres dos administradores públicos.

    a) Caracteriza-se desvio de finalidade quando o agente atua além dos limites de sua competência, buscando alcançar fins diversos daqueles que a lei permite.

    b) Há excesso de poder quando o agente, mesmo que agindo dentro de sua competência, exerce atividades que a lei não lhe conferiu.

    c) Em caso de omissão do administrador, o administrado pode exigir, por via administrativa ou judicial, a prática do ato imposto pela lei.

    d) No exercício do poder hierárquico, os agentes superiores têm competência, em relação aos agentes subordinados, para comandar, fiscalizar atividades, revisar atos, delegar, avocar atribuições e ainda aplicar sanções.

    e) O poder de agir da administração refere-se à sua faculdade para a prática de determinado ato de interesse público.

12. **(Analista Judiciário/TJ-CE – CESPE/2014)** A respeito da Lei n.º 9784/1999, que regula o processo administrativo no âmbito da administração pública federal, assinale a opção correta.

    a) No processo administrativo, o desatendimento da intimação pelo administrado não importa a renúncia do direito, mas implica o reconhecimento da verdade dos fatos.

    b) Os preceitos da Lei n.º 9784/1999 aplicam-se aos órgãos do Poder Legislativo da União, quando no desempenho de função administrativa, porém não são aplicados aos órgãos do Poder Judiciário da União, mesmo quando no desempenho de tal função, em razão da existência de lei federal própria para reger a matéria.

    c) De acordo com a Lei n.º 9784/1999, os interessados devem necessariamente ser assistidos por advogado para interpor recurso administrativo.

    d) É admissível a realização de audiências públicas para debate sobre a matéria objeto de processo administrativo antes da tomada da decisão, a juízo da autoridade, diante da relevância da questão.

    e) O processo administrativo, tal como o judicial, deve iniciar-se, em regra, a pedido de interessado.

13. **(Conhecimentos Básicos/ICMBIO – CESPE/2014)** Com base na Lei n.º 8.112/1990 e na Lei n.º 9.784/1999, julgue o item subsecutivo.

    Considere que o ICMBio tenha instaurado processo administrativo que necessite da realização de atos em município que não tenha órgão hierarquicamente subordinado ao instituto. Nessa situação, se houver, naquela localidade, outro órgão administrativo apto a executar os atos necessários à instrução do processo, é possível que parte da competência do instituto lhe seja delegada.

14. **(Conhecimentos Básicos/ICMBIO – CESPE/2014) Julgue os itens que se seguem, com base nas disposições da Lei n.º 8.112/1990 e da Lei n.º 9.784/1999.**

    Considere que, ao conferir o conteúdo de requerimento apresentado por um cidadão ao ICMBio, o analista responsável tenha recusado o recebimento do documento por ausência de alguns dados. Nessa situação, é vedada à administração a recusa imotivada do documento, cabendo ao servidor orientar o cidadão a suprir as falhas.

15. **(Titular de Serviços de Notas e de Registros/TJ-DF – CESPE/2014) No que diz respeito ao processo administrativo no âmbito da administração pública federal e à licitação, assinale a opção correta.**

    a) Os processos administrativos sancionatórios podem ser revistos a qualquer tempo, inclusive para *reformatio in pejus*, desde que tenham surgido fatos novos que justifiquem a inadequação da sanção aplicada.

    b) O desatendimento da intimação em processo administrativo torna revel o administrado interessado, importando no reconhecimento da verdade dos fatos e, se for o caso, na renúncia do direito em discussão.

    c) É inexigível a licitação para a contratação de empresa com notória especialização em perícia e avaliações em geral, desde que o serviço a ser realizado se caracterize como singular e a empresa seja a única do mercado a realizá-lo.

    d) Consoante o princípio da isonomia, é vedado aos agentes públicos estabelecer quaisquer tipos de margem de preferência nos processos licitatórios.

    e) O servidor que tenha participado ou venha a participar como perito em um processo administrativo encontra-se impedido de atuar nesse processo.

16. **(Analista de Administração Pública/TC-DF – CESPE/2014) Com base nas disposições da Lei n.º 8.429/1992 e da Lei n.º 9.784/1999, julgue o item a seguir.**

    Nos processos administrativos, as intimações serão nulas quando feitas sem observância das prescrições legais, no entanto o comparecimento do administrado supre sua falta ou sua irregularidade.

17. **(Analista de Administração Pública/TC-DF – CESPE/2014) Com base nas disposições da Lei n.º 8.429/1992 e da Lei n.º 9.784/1999, julgue o item a seguir.**

    Nos processos administrativos, as intimações serão nulas quando feitas sem observância das prescrições legais, no entanto o comparecimento do administrado supre sua falta ou sua irregularidade.

18. **(Auditor de Controle Externo/TC-DF – CESPE/2014) Acerca do processo administrativo, julgue o próximo item, conforme disposições da Lei n.º 9.784/1999.**

    Um órgão administrativo somente em caráter excepcional e temporário poderá avocar a competência de outros órgãos, ainda que estes não lhe sejam hierarquicamente subordinados.

19. **(Conhecimentos Básicos/MEC - CESPE/2014)** Com base na disciplina legal e na doutrina nacional acerca dos atos e processos administrativos, julgue o próximo item.

    O recurso administrativo, em regra, apresenta efeito devolutivo, admitindo, excepcionalmente, efeito suspensivo.

20. **(Analista Legislativo/Câmara dos Deputados - CESPE/2014)** A Constituição Federal de 1988 (CF) acolheu a garantia do devido processo legal, de origem anglo-saxônica, assegurando que a atuação da administração pública seja realizada mediante "um processo formal regular para que sejam atingidas a liberdade e a propriedade de quem quer que seja e a necessidade de que a administração pública, antes de tomar as decisões gravosas a um dado sujeito, ofereça-lhe a possibilidade de contraditório e ampla defesa, no que se inclui o direito a recorrer das decisões tomadas". (Celso Antônio B. Mello. *Curso de direito administrativo*. São Paulo: Malheiros, 2005, p. 103 (com adaptações))

    Tendo o texto acima como referência inicial e considerando os múltiplos aspectos relacionados ao direito administrativo que ele suscita, julgue o seguinte item.

    De acordo com a Lei n.º 9.784/1999, que regula o processo administrativo federal, é desnecessária a motivação dos atos administrativos discricionários, entretanto, uma vez expressa a motivação, a validade desses atos fica vinculada aos motivos indicados como seu fundamento.

GABARITO

1. Errado	2. Certo	3. Errado
4. Certo	5. Certo	6. Certo
7. Errado	8. Errado	9. C
10. B	11. C	12. D
13. Certo	14. Certo	15. E
16. Certo	17. Certo	18. Errado
19. Certo	20. Errado	

9

LICITAÇÕES

Sumário: 9.1. Introdução – **9.2.** Considerações gerais – **9.3.** Características da licitação: **9.3.1.** Conceito – **9.4.** Licitação – contrato administrativo: **9.4.1.** Contratos administrativos não antecedidos de licitação; **9.4.2.** Licitações sem a confecção de posterior contrato – **9.5.** Fundamentos da licitação na Constituição Federal: **9.5.1.** Do princípio constitucional da licitação; **9.5.2.** Competência legislativa – **9.6.** Obrigados a licitar – a quem se aplica a Lei de Licitações?; **9.6.1.** Os fundos especiais – **9.7.** Regras extensíveis aos três poderes – **9.8.** Objeto da licitação – art. 2.º da Lei 8.666/1993: **9.8.1.** Do conceito de obra e serviços para fins licitatórios; **9.8.2.** Obra; **9.8.3.** Serviços; **9.8.4.** Compras; **9.8.5.** Alienação – **9.9.** Princípios norteadores do procedimento licitatório: **9.9.1.** Legalidade; **9.9.2.** Impessoalidade; **9.9.3.** Publicidade; **9.9.4.** Eficiência; **9.9.5.** Vinculação ao instrumento convocatório; **9.9.6.** Julgamento objetivo; **9.9.7.** Adjudicação compulsória; **9.9.8.** Moralidade/Probidade administrativa; **9.9.9.** Ampla defesa e contraditório; **9.9.10.** Princípio da isonomia – **9.10.** Introdução ao procedimento licitatório: **9.10.1.** Procedimento; **9.10.2.** Etapa interna; **9.10.3.** Etapa externa – **9.11.** Modalidade de licitação: **9.11.1.** Concorrência; **9.11.2.** Tomada de preços; **9.11.3.** Convite; **9.11.4.** Leilão; **9.11.5.** Concurso; **9.11.6.** Pregão – **9.12.** Participação de empresas em consórcio nas licitações: **9.12.1.** Objetivo; **9.12.2.** Constituição do consórcio; **9.12.3.** Somatório da habilitação econômica e técnica; **9.12.4.** Demais requisitos habilitatórios; **9.12.5.** Responsabilidade das empresas integrantes do consórcio – **9.13.** anulação Da licitação: **9.13.1.** Motivo da anulação; **9.13.2.** Extensão da anulação; **9.13.3.** Legitimidade para anular a licitação; **9.13.4.** Peculiaridades da anulação feita pelo Poder Judiciário; **9.13.5.** Ampla defesa e contraditório na anulação da licitação; **9.13.6.** Hipóteses em que será cabível a indenização na anulação – **9.14.** Revogação da licitação: **9.14.1.** Motivo da revogação; **9.14.2.** Extensão da revogação da licitação; **9.14.3.** Legitimidade para revogar a licitação; **9.14.4.** Cabimento de indenização na revogação da licitação; **9.14.5.** Ampla defesa e contraditório e recurso cabível na revogação da licitação – **9.15.** Impugnações e recursos nas licitações e contratos administrativos: **9.15.1.** Recurso administrativo e defesa prévia; **9.15.2.** Recurso administrativo e impugnação do edital; **9.15.3.** Os recursos administrativos da Lei 8.666/1993 e a Lei 9.784/1999; **9.15.4.** O recurso hierárquico do inc. I do art. 109; **9.15.5.** Representação; **9.15.6.** Pedido de reconsideração; **9.15.7.** Prazo, formas de interposição e andamento dos recursos administrativos na Lei de Licitações – **9.16.** Licitação dispensada, dispensável e inexigível: **9.16.1.** Licitação dispensada; **9.16.2.** Dispensa e inexigibilidade de licitação – considerações iniciais; **9.16.3.** Licitação dispensável; **9.16.4.** Inexigibilidade de licitação; **9.16.5.** Da formalização e motivação ao ato de dispensa e inexigibilidade de licitação; **9.16.6.** Considerações finais – **9.17.** Licitações para contratação de serviços de publicidade. análise da Lei 12.232/2010: **9.17.1.** Considerações sobre os serviços de publicidade; **9.17.2.** A licitação para a contratação de serviços de publicidade; **9.17.3.** A comissão de licitação nos certames que têm por objeto a contratação de serviços de publicidade; **9.17.4.** Exigências próprias que devem constar no edital; **9.17.5.** Exigências previstas na Lei 8.666/1993 que se aplicam às licitações para contratação de serviços de publicidade; **9.17.6.** O processamento das licitações para contratação de serviços de publicidade – **9.18.** Sanções administrativas na Lei de licitações: **9.18.1.** Da aplicação das sanções administrativas do art. 87; **9.18.2**. Das sanções propriamente ditas; **9.18.3**. Obrigatoriedade na aplicação das sanções – **9.19**. Crimes licitatórios: **9.19.1**. Noções gerais; **9.19.2**. Tipos penais em espécie; **9.19.3**. Da multa penal; **9.19.4**. Demais disposições sobre matéria penal; **9.19.5**. Procedimento penal dos crimes licitatórios; **9.19.5.1**. Outras questões processuais penais atinentes aos crimes licitatórios – **9.20**. Licitações nas parcerias público-privadas – Lei 11.079/2004: **9.20.1**. Etapa interna do certame licitatório nas PPPs; **9.20.2**. Etapa externa do certame licitatório nas PPPs; **9.20.3**. Saneamento de falhas – **9.21**. Algumas considerações sobre as licitações no regime diferenciado de contratações (RDC) – Lei 12.462/2011.

9.1. INTRODUÇÃO

O Brasil adotou a forma republicana de governo. República significa "coisa pública", coisa de todos nós. É por isso que o art. 1.º, parágrafo único, da Constituição Federal assevera que todo o poder emana do povo.

Ocorre que não tem como o povo, verdadeiro titular do poder, administrar diretamente esta *res publica* e, por tal motivo, o ordenamento jurídico engenhosamente criou toda uma estrutura organizacional administrativa, formada por uma série de pessoas jurídicas e de órgãos, que serão responsáveis pela gestão dos interesses da coletividade, do interesse público.

Assim, todo o empenho dessa gestão é voltado direta ou indiretamente ao atendimento do interesse público, destacando-se, por exemplo, a prestação de serviços públicos, as atividades de fomento, o exercício do poder de polícia etc.

Todavia, para que a Administração possa desenvolver suas atividades, ela precisa realizar uma série de contratações, como obras, serviços, bens etc.

A fim de elucidar, para que o Estado possa prestar o serviço de educação, por exemplo, é necessário que se tenha uma escola (que é uma obra), quadros, uniformes escolares, merendas, material escolar (bens), internet funcionando (serviços) etc.

Ocorre que o Estado não produz nada disso, terceirizando todas essas contratações. Porém, ao contrário do que ocorre na iniciativa privada, a Administração não pode contratar com quem bem entender. Primeiro, ela deve ofertar a todos do povo a possibilidade de contratar com o Poder Público, o que é uma decorrência da isonomia, pois todos os cidadãos contribuem para a arrecadação tributária. Segundo, se a Administração escolher com quem vai contratar, estará favorecendo o escolhido, o que irá gerar induvidosa lesão ao princípio da impessoalidade. Ainda, escolhendo a pessoa com quem vai contratar, não terá certeza de que alcançará a proposta mais vantajosa para um contrato de interesse do Poder Público.

Por todas essas razões, o ordenamento jurídico criou um procedimento seletivo por meio do qual a Administração oferecerá a todos os interessados iguais condições de participação, buscando aferir de forma objetiva a proposta mais vantajosa para um contrato de interesse da Administração. Esse procedimento é chamado de *licitação*.

9.2. CONSIDERAÇÕES GERAIS

Vimos inicialmente a ideia e a importância da licitação, sendo necessário por agora entrar em mais detalhes sobre seu conceito e suas características.

O procedimento licitatório é o meio hábil para que a Administração Pública contrate algo, como a construção de uma obra, a prestação de um serviço ou a alienação de algum de seus bens, ofertando a todos os interessados iguais condições de participação (isonomia), com o objetivo de selecionar a proposta que melhor atenda a seus interesses (competitividade).

Daí se extraem algumas características da licitação.

9.3. CARACTERÍSTICAS DA LICITAÇÃO

- *Propiciar iguais condições para todos aqueles que quiserem contratar com o Poder Público.*
- *Atuar como fator de moralidade e eficiência nos negócios administrativos, uma vez que o procedimento é público e passível de controle pela Administração, pelo Poder Judiciário e pelo Tribunal de Contas.*
- *Verificar de forma técnica, legal, impessoal e moral a proposta mais vantajosa para um futuro contrato de interesse da Administração Pública.*
- *Efetivar-se por meio de uma série de atos ordenados e vinculantes para a Administração Pública e para o administrado.*

Impende registrar que à licitação soma-se um novo objetivo. A Lei 12.349/2010 alterou a redação do art. 3.º da Lei 8.666/1993, fazendo constar nesse dispositivo que, dentre os objetivos do procedimento licitatório, tem-se de promover um desenvolvimento nacional sustentável.

9.3.1. Conceito

Pode-se conceituar licitação como sendo o **procedimento administrativo** mediante o qual a Administração Pública, ofertando, *em regra*[1], iguais condições de participação a todos os interessados, seleciona objetivamente a proposta mais vantajosa para um contrato de seu interesse.

Semelhante é o conceito dado por Hely Lopes Meirelles, para quem licitação é *"o procedimento administrativo mediante o qual a Administração Pública seleciona proposta*

---

1. O princípio da isonomia pode ser estudado por um aspecto formal e outro material. Pelo aspecto formal, deve ser conferido pela Administração o mesmo tratamento a todos os licitantes. Essa faceta da isonomia era absoluta até o dia 15 de dezembro de 2006. Nessa data entrou em vigor grande parte da Lei Complementar 123/2006, que institui o Estatuto Nacional da Microempresa e Empresa de Pequeno Porte. Esse diploma conferiu uma série de prerrogativas às ME e EPP, inclusive quanto à participação nas licitações. Com esse diploma, nas partes que foram alteradas e em que há benefícios às ME e EPP, há homenagem ao princípio da isonomia, porém aqui em seu sentido material, ou seja, isonomia, por este aspecto, seria tratar igualmente os iguais e desigualmente os desiguais na exata medida de suas desigualdades.

mais vantajosa para o contrato de seu interesse. Visa a propiciar iguais oportunidades aos que desejam contratar com o Poder Público, dentro dos padrões previamente estabelecidos pela Administração, e atua como fator de eficiência e moralidade nos negócios administrativos".

9.4. LICITAÇÃO - CONTRATO ADMINISTRATIVO

A licitação não é um fim em si mesmo. O objetivo é a contratação de algo, seja uma obra, um serviço, um bem etc. Por essa razão, em regra, de uma licitação desponta um contrato administrativo, sendo que este, para sua confecção, depende da realização de um certame licitatório.

Regra:

- *Licitação (antecedente necessário);*
- *Contrato administrativo (consequente lógico).*

Apesar de esta ser a regra, é possível contratação sem licitação e licitação não chegando à contratação.

O art. 37, XXI, da Constituição Federal impõe a obrigatoriedade da licitação como regra, mas admite a possibilidade de o legislador infraconstitucional criar hipóteses de contratação direta.

O referido dispositivo constitucional possui a seguinte redação:

> "Art. 37. A Administração Pública direta e indireta de qualquer dos Poderes da União, dos Estados, do Distrito Federal e dos Municípios obedecerá aos princípios de legalidade, impessoalidade, moralidade, publicidade e eficiência e, também, ao seguinte: (Redação dada ao caput pela Emenda Constitucional n.º 19/1998).
> [...]
> XXI - **ressalvados os casos especificados na legislação**, as obras, serviços, compras e alienações serão contratados mediante processo de licitação pública que assegure igualdade de condições a todos os concorrentes, com cláusulas que estabeleçam obrigações de pagamento, mantidas as condições efetivas da proposta, nos termos da lei, o qual somente permitirá as exigências de qualificação técnica e econômica indispensáveis à garantia do cumprimento das obrigações".

9.4.1. Contratos administrativos não antecedidos de licitação

Excepcionando a regra da obrigatoriedade da licitação, o legislador, ao editar a Lei 8.666/1993, previu e disciplinou em seus arts. 17, 24 e 25 as figuras da licitação dispensada, dispensável e inexigível. Nessas hipóteses, que serão objeto de análise mais precisa ao longo do curso, será possível existir a contratação sem o prévio procedimento licitatório.

9.4.2. Licitações sem a confecção de posterior contrato

Nesse caso, existirá um procedimento licitatório que, depois de findado, não ensejará a confecção de um contrato administrativo, seja em razão de anulação do certame, cujos motivos relacionam-se com sua ilegalidade, a qual pode ser declarada tanto pela própria Administração Pública quanto pelo Poder Judiciário, seja pela revogação do procedimento, o que se dá em razão de interesse público superveniente, baseado em critérios de conveniência e oportunidade, conforme avaliação da Administração Pública.

Existe, ainda, uma terceira hipótese em potencial. É quando, ao longo do procedimento licitatório, a proposta mais vantajosa perde a validade. Nesse caso, o licitante vencedor não é mais obrigado a assinar o contrato. A Administração, nos termos da Lei 8.666/1993, pode convocar os demais licitantes para a contratação, porém deve obedecer à ordem de classificação e, caso os demais colocados aceitem a contratação, ela deve ser nos termos da proposta vencedora, ou seja, a mais vantajosa. Este é o principal motivo pelo qual os demais licitantes não são obrigados a assumir o contrato, pois em momento algum ofertaram as vantagens da proposta campeã.

Note-se que, nesses casos, não obstante haja ocorrido a licitação, não haverá a subsequente contratação.

9.5. FUNDAMENTOS DA LICITAÇÃO NA CONSTITUIÇÃO FEDERAL

9.5.1. Do princípio constitucional da licitação

O art. 37, XXI, da Constituição Federal traz em seu corpo o mais importante artigo que trata da matéria de licitações.

Trata-se de norma de eficácia limitada[2], requerendo regulamentação infraconstitucional, o que foi feito pela Lei 8.666/1993[3].

No art. 173, § 1.º, da Carta Magna, consta previsão de edição de uma lei que estabelecerá o estatuto das empresas estatais que exploram atividades econômicas, sendo que o referido estatuto disporá, dentre outras coisas, sobre as licitações e os contratos dessas entidades.

Até recentemente não havia sido editada a referida lei, sendo que o posicionamento majoritário era de que, enquanto não produzida a norma especial, deviam as estatais aplicar as Leis 8.666/1993 e 10.520/2002.

A exceção a essa regra era a Petrobras[4], que licitava com base em regulamento editado pelo Chefe do Executivo. Registre-se que o TCU entendia ilegal o comportamento da estatal em licitar com base no decreto, sendo que essas decisões da Corte de Contas eram reiteradamente objeto de contestação por parte da estatal, que vinha obtendo, no

---

2. Norma constitucional de eficácia limitada é aquela que depende de regulamentação infraconstitucional para sua efetiva aplicação.
3. Até o advento da Lei 8.666/1993, a matéria era tratada pelo Decreto-Lei 2.300/1986.
4. Especialmente em relação à Petrobras, o art. 67 da Lei 9.478/1997 prescrevia que: "os contratos celebrados pela PETROBRAS, para aquisição de bens e serviços, serão precedidos de *procedimento licitatório simplificado, a ser definido em decreto do Presidente da República*". A norma era regulamentada pelo Decreto Federal 2.745, de 24 de agosto de 1998. O art. 67 da Lei 9.478/97, no entanto, foi revogado pelo art. 96, II, da Lei 13.303/16.

STF, diversas liminares para suspender os atos do TCU, de forma a lhe autorizar a licitar com base em seu regulamento especial[5].

Com advento da Lei 13.303, de 30 de junho de 2016, toda essa celeuma foi solucionada, tratando referida norma, finalmente, de regulamentar o dispositivo constitucional citado. Os arts. 28 a 67 tratam especificamente da matéria atinente às licitações.

Por fim, o art. 175 do texto constitucional estabelece que "incumbe ao Poder Público, na forma da lei, diretamente ou sob regime de concessão ou permissão, sempre através de licitação, a prestação de serviços públicos".

Isso significa que a prestação de serviços públicos é de competência do Poder Público, que pode, por meios próprios, executá-los diretamente ou transferir sua execução à iniciativa privada. Nesse caso, a delegação da execução dos serviços públicos se faz mediante contrato de concessão ou permissão de serviços públicos, o qual deve ser necessariamente precedido de procedimento licitatório[6]. Coube à Lei 8.987/1995 regulamentar a matéria.

9.5.2. Competência legislativa

É de competência privativa da União legislar sobre normas gerais de licitação, conforme o art. 22, XXVII, da Constituição Federal.

Normas gerais são aquelas aplicadas indistintamente pela União, Estados, Municípios e Distrito Federal e suas respectivas administrações indiretas, ou seja, trata-se de normas cuja aplicação deve ser padronizada, não podendo valer apenas para um ente da Federação.

Lúcia Valle Figueiredo completa a informação, afirmando que normas gerais são aquelas que estabelecem diretrizes sobre o cumprimento dos princípios constitucionais expressos e implícitos, sem se imiscuírem no âmbito de competências específicas dos outros entes federativos.

Quando da criação da modalidade licitatória "pregão", esta apenas era aplicável à agência reguladora Anatel. Posteriormente, foi ampliado o âmbito de sua aplicação, estendendo-se à União Federal e às suas autarquias. Registre-se que tudo isso foi feito por medida provisória.

Após maciça crítica da mais especializada doutrina, que defendia a tese de que a instituição de novas "modalidades licitatórias" deve ser aplicada indistintamente a todos os entes da Federação, pois se trata de "normas gerais", quando da conversão da referida medida provisória, houve a ampliação do âmbito de aplicação do "pregão", que foi estendido aos Estados, Municípios, Distrito Federal e suas administrações indiretas.

---

5. No mesmo sentido foram as decisões proferidas nos Mandados de Segurança 25.986-MC/DF, Rel. Min. Celso de Mello, *DJ* 30.06.2006; 26.410-MC/DF, Rel. Min. Ricardo Lewandowski, *DJ* 02.03.2007; 27.837-MC/DF, Min. Gilmar Mendes, *DJe* 05.02.2009; 27.232-MC/DF, 27.337-MC/DF, 27.344-MC/DF e 28.252-MC/DF, Rel. Min. Eros Grau, *DJe* 20.05.2008, 28.05.2008, 02.06.2008 e 29.09.2009; 27.743-MC/DF, Rel. Min. Cármen Lúcia, *DJe* 15.12.2008; 28.626-MC/DF, Rel. Min. Dias Toffoli, *DJe* 05.03.2010; 26.783-MC/DF e 26.808-MC/DF, Min. Ellen Gracie, *DJ* 1.º.08.2007 e 02.08.2007; e na Ação Cautelar 1.193-MC-QO/RJ, 2.ª T., Rel. Min. Gilmar Mendes, *DJ* 30.06.2006.

6. A não realização de licitação acarreta a nulidade do contrato de concessão ou permissão, conforme entende o Supremo Tribunal Federal. *Vide*: RE 264.621/CE, Rel. Min. Joaquim Barbosa, *DJU* 08.04.2005 e ADI (MC) 1.582/DF, Rel. Min. Marco Aurélio, *DJU* 27.06.1997.

9.6. OBRIGADOS A LICITAR – A QUEM SE APLICA A LEI DE LICITAÇÕES?

- *União e seus órgãos;*
- *Estados e seus órgãos;*
- *Distrito Federal e seus órgãos;*
- *Municípios e seus órgãos;*
- *Autarquias, inclusive as de controle das profissões;*
- *Agências Reguladoras;*
- *Agências Executivas;*
- *Fundações públicas;*
- *Empresas públicas;*
- *Sociedades de economia mista;*
- *Demais sociedades controladas direta ou indiretamente pela União, Estados, Municípios e Distrito Federal;*
- *Fundos especiais.*

Segundo o posicionamento do Tribunal de Contas da União, os *serviços sociais autônomos*, como, por exemplo, SESI, SENAI, SENAC, SEBRAE, não estão sujeitos ao rigor da Lei de Licitações, mas devem obedecer ao procedimento de contratação previsto em seus regulamentos devidamente publicados, em que deverão observar os princípios da impessoalidade, moralidade e economicidade, sendo necessária, no mínimo, a realização de cotação prévia de preços no mercado antes da celebração do contrato.

> *Entendimento do TCU*
>
> *Contratação no âmbito dos serviços sociais autônomos: 1 – Observância dos princípios da licitação constantes do inciso XXI do art. 37 da Constituição Federal*
>
> *"Conquanto os serviços sociais autônomos não se sujeitem às mesmas normas que regem a Administração Pública, também devem respeitar os princípios constitucionais a ela aplicáveis, entre os quais os da licitação, insculpidos no art. 37, XXI, da Constituição Federal, por ostentarem capacidade tributária ativa e gozarem de privilégios próprios dos entes públicos. Foi esse o entendimento defendido pelo relator, ao apreciar recurso de reconsideração interposto pelo Serviço Social do Comércio/Administração Regional do Acre (SESC/AC) contra a seguinte determinação que lhe foi expedida por meio do Acórdão n.º 2.210/2009 – 1.ª Câmara: "adote providências para o exato cumprimento do disposto no art. 37, inc. XXI, da Constituição Federal, abstendo-se de incluir, em suas licitações, exigências que contrariem os princípios da isonomia, da legalidade, da competitividade, da proporcionalidade e da razoabilidade (...)"' (Acórdão 3493/2010, 1.ª Câmara, TC-019.680/2009-2, Rel. Min. Walton Alencar Rodrigues, 15.06.2010).*
>
> *Observância da Lei 8.666/1993 nas contratações com recursos do Sistema "S" transferidos mediante convênio*
>
> *"(...) Portanto, a aquisição de produtos e a contratação de serviços com recursos do Sistema (S), transferidos a entidades privadas sem fins lucrativos, 'deverão observar os princípios da impessoalidade, moralidade e economicidade, sendo necessária, no mínimo, a realização de cotação prévia de preços no mercado antes da celebração do contrato'. Segundo o relator, o*

caso concreto envolveu a contratação sem prévia licitação – para a realização dos serviços objeto do convênio – de empresa cujo sócio majoritário é irmão do presidente da convenente, em afronta aos princípios da impessoalidade e da moralidade. Além disso, não houve a devida comprovação nos autos acerca da realização de cotação prévia de preços no mercado. Ante tais irregularidades, concluiu em seu voto que o signatário do convênio e o presidente da CDL – que praticou atos de gestão dos recursos – deveriam ser sancionados com multa, no que foi acompanhado pelos seus pares" (Acórdão 899/2010, 2.ª Câmara, TC-016.059/2006-8, Rel. Min. Benjamin Zymler, 09.03.2010).

Há o entendimento do TCU no sentido de que algumas regras licitatórias se aplicam às Organizações da Sociedade Civil de Interesse Público (OSCIP), quando da gestão de recursos públicos federais recebidos mediante transferências voluntárias, especialmente no que diz respeito à observância dos princípios da impessoalidade, moralidade e economicidade.

Quanto a outros pontos, como, por exemplo, poder de aplicação de penalidades, o TCU entende que as OSCIP não possuem esses atributos e poderes.

Entendimento do TCU

Submissão das OSCIP à Lei 8.666/1993

"Existem direitos potestativos inseridos na Lei 8.666/1993 que são competências privativas de entes que integram a administração pública, tais como: aplicação de multas, rescisão unilateral de contratos e declaração de inidoneidade de licitantes. Essas prerrogativas, que privilegiam o princípio da supremacia do interesse público, não se conferem a entidades privadas. Com base nesse entendimento, o Plenário determinou à Fundação Instituto de Hospitalidade (OSCIP) que, quando da gestão de recursos públicos federais recebidos mediante transferências voluntárias, observe os princípios da impessoalidade, moralidade e economicidade, além da cotação prévia de preços no mercado antes da celebração do contrato, de acordo com o art. 11 do Decreto 6.170/2007. Em seu voto, o relator ressaltou o entendimento esposado no voto revisor que fundamentou o Acórdão 1.777/2005-Plenário, no sentido de não se aplicar in totum os dispositivos da Lei 8.666/1993 a entes privados que administrem recursos públicos federais, como é o caso das OSCIP" (Acórdão 114/2010, Plenário, TC-020.848/2007-2, Rel. Min. Benjamin Zymler, 03.02.2010).

9.6.1. Os fundos especiais

Os "fundos especiais", em princípio, indicam certas rubricas orçamentárias ou mera destinação de verbas. O "fundo" não possui personalidade jurídica. É um conjunto de bens e recursos vinculados a certo sujeito. Portanto, o fundo é objeto de direito, não sujeito. Por isso, atribuir-lhe a condição de parte em um contrato é incorreto. Deverá considerar-se que a verdadeira parte é o sujeito encarregado de gerir ou administrar o fundo.

A CF/1988 estabelece que só por meio de autorização legislativa se pode instituir "fundos" (art. 167, IX). Esses fundos devem ser mantidos com seus próprios recursos, não se admitindo, salvo autorização legislativa, transferência de recursos dos orçamentos fiscal ou da Seguridade Social para cobrir déficit ou suprir necessidade financeiras deles (art. 167, VIII).

O art. 71 da Lei 4.320/64 os conceitua como *"o produto de receitas especificadas que por lei se vinculam à realização de determinados objetivos ou serviços, facultada a adoção de normas peculiares de aplicação."* Se enquadrariam em tal conceito, por exemplo, o Fundo de Amparo ao Trabalhador (FAT) e o Fundo de Financiamento Estudantil (FIES).

Note-se que, fora os casos de dispensa e inexigibilidade de licitação, é vedada a contratação sem o devido procedimento licitatório, o que poderá acarretar a anulação do contrato[7].

9.7. REGRAS EXTENSÍVEIS AOS TRÊS PODERES

Consoante assevera Marçal Justen Filho, a disciplina da Lei 8.666/1993 vincula os três poderes das entidades políticas. A expressão "Administração", utilizada de modo generalizado, não deve ser interpretada como "Poder Executivo". Os órgãos do Poder Judiciário e do Poder Legislativo, quando efetivam contratação com terceiros, desempenham atividade de natureza administrativa. Sujeitam-se, nesse ponto, aos princípios e regras atinentes à atividade administrativa do Estado. Assim, quem exercer função administrativa, não importa se típica ou atipicamente, deve proceder à realização de certame licitatório para suas contratações.

9.8. OBJETO DA LICITAÇÃO – ART. 2.º DA LEI 8.666/1993

Afere-se da leitura do art. 2.º da Lei de Licitações os objetos passíveis de obtenção via processo licitatório. São eles: obras, serviços, compras, alienação, concessão, permissão e locação.

O objeto deve ser convenientemente definido no edital, sob pena de nulidade, pois sua omissão dificulta a apresentação de propostas e compromete a lisura do julgamento.

Segundo Hely Lopes Meirelles, a definição do objeto é "condição de legitimidade da licitação".

9.8.1. Do conceito de obra e serviços para fins licitatórios

Como já foi dito, a finalidade precípua da licitação será sempre a obtenção de seu objeto, ou seja, uma obra, um serviço, uma compra, uma alienação, uma locação, uma concessão ou uma permissão, nas melhores condições para o Poder Público.

Nesse contexto, o objeto deve ser convenientemente definido no instrumento convocatório, sob pena de se dificultar ou até mesmo impedir a execução do consequente contrato.

A definição do objeto é condição indispensável de legitimidade da licitação, sem a qual não pode prosperar o procedimento licitatório, qualquer que seja a modalidade, sob pena de tornar-se inviável a formulação das ofertas, bem como o seu julgamento, e irrealizável o contrato subsequente.

A inexistência de projeto básico ou da especificação detalhada acarretará a nulidade dos atos e contratos realizados e a responsabilização de quem lhes tenha dado causa, tal a sua relevância para a definição do objeto da licitação.

---

7. Dentre inúmeras outras, veja: STJ, REsp 623.197, Rel. Min. José Delgado, *DJU* 08.11.2004 e STF, ADIN 651/TO, Rel. Min. Ilmar Galvão, *DJU* 20.09.2002.

A Lei 8.666/1993, dentre as disposições específicas para a contratação de obras e serviços, em seu art. 6.º, conceitua os projetos básico e executivo a serem seguidos.

O Projeto Básico é o conjunto de elementos que define a obra ou serviço, ou o complexo de obras ou serviços objeto da licitação, e que possibilita a estimativa de seu custo final e prazo de execução (art. 6.º, IX).

O Projeto Executivo, por sua vez, é o conjunto de elementos necessários e suficientes à execução completa da obra (art. 6.º, X).

Lançados esses conceitos, passa-se a estudar o signo "obra" para fins licitatórios.

9.8.2. Obra

Obra, em sentido administrativo amplo, é toda realização material a cargo da Administração, executada diretamente por seus órgãos ou, indiretamente, por seus contratados e delegados.

A conceituação legal de obra, consoante o art. 6.º, I, da Lei 8.666/1993, abrange toda construção, reforma, fabricação, recuperação ou ampliação realizada por execução direta ou indireta.

Percebe-se, desde já, que "obra" possui diversos significados, razão pela qual se torna necessário explicar cada um deles.

Antes, contudo, vale a pena registrar súmula do TCU sobre a necessidade de projeto básico adequado e atualizado. Veja:

> *Súmula 261: "Em licitações de obras e serviços de engenharia, é necessária a elaboração de projeto básico adequado e atualizado, assim considerado aquele aprovado com todos os elementos descritos no art. 6.º, inciso IX, da Lei n.º 8.666, de 21 de junho de 1993, constituindo prática ilegal a revisão de projeto básico ou a elaboração de projeto executivo que transfigure o objeto originalmente contratado em outro de natureza e propósito diversos".*

9.8.2.1. Construção

Construção, como obra, pode ser definida como toda realização material e intencional do homem, visando a adaptar a natureza às suas conveniências. Em sentido técnico, construção é a conjugação de materiais e atividades empregados na execução de um projeto de engenharia, criando algo novo. É nesse sentido que a Lei de Licitações emprega o termo "construção".

O que caracteriza a construção como obra e a distingue do serviço é o emprego predominante do material sobre o trabalho (mão de obra).

9.8.2.2. Reforma

Reforma, por sua vez, é obra de melhoramento nas construções, sem aumento de área ou capacidade. A reforma caracteriza-se pela colocação de seu objeto em condições normais de utilização ou funcionamento, sem ampliar as medidas originais de seus elementos.

9.8.2.3. Ampliação

Ampliação, em sentido técnico, é obra de aumento de área ou capacidade de construção. Na ampliação mantém-se a orientação do projeto originário, mas aumenta-se a área de construção ou de utilização.

Como registrado acima, todos esses tipos de obras só poderão ser licitados com projeto básico e executados com projeto executivo.

9.8.3. Serviços

Serviço, para fins de licitação, é toda atividade prestada à Administração para atendimento de suas necessidades ou de seus administrados. O que caracteriza o serviço e o distingue da obra é a predominância da mão de obra sobre o material empregado.

O Estatuto, ao conceituar serviço, enumera exemplificativamente os mais frequentes, tais como: demolição, fabricação, conserto, instalação, montagens, operação, conservação, reparação, manutenção, transporte, comunicação e trabalhos técnicos profissionais.

Para fins de licitação, é necessário distinguir os serviços comuns, os serviços técnicos profissionais generalizados e os técnicos profissionais especializados.

9.8.3.1. Serviços comuns

São todos aqueles que não exigem habilitação especial para sua execução. Podem ser realizados por qualquer pessoa ou empresa, pois não são privativos de nenhuma profissão ou categoria profissional.

9.8.3.2. Serviços técnicos profissionais

São todos aqueles que exigem habilitação legal para sua execução. Essa habilitação varia desde o simples registro do profissional ou da firma na repartição administrativa competente até o diploma de curso superior oficialmente reconhecido.

O que caracteriza o serviço técnico é a privatividade de sua execução por profissional habilitado. Os serviços técnicos profissionais podem ser generalizados ou especializados.

9.8.3.3. Serviços técnicos profissionais generalizados

São os que não demandam maiores conhecimentos, teóricos ou práticos, além dos ministrados nos cursos normais de formação profissional. Tanto esses serviços como os serviços comuns, por sua generalização entre os que a eles se dedicam profissionalmente, exigem licitação, por haver sempre a possibilidade de competição entre os interessados, nivelados pelo mesmo título de habilitação no caso dos primeiros.

9.8.3.4. Serviços técnicos profissionais especializados

São aqueles que, além da habilitação técnica e profissional normal, são realizados por quem se aprofundou nos estudos, no exercício da profissão, na pesquisa científica, ou por meio de cursos de pós-graduação ou de estágios de aperfeiçoamento. São serviços de alta especialização e de conhecimentos pouco difundidos entre os demais técnicos da mesma profissão.

O art. 13 da Lei 8.666/1993 informa que são serviços técnicos profissionais especializados:

"*a) estudos técnicos, planejamentos e projetos básicos ou executivos;*

b) pareceres, perícias e avaliações em geral;

c) assessorias ou consultorias técnicas e auditorias financeiras ou tributárias;

d) fiscalização, supervisão ou gerenciamento de obras ou serviços;

e) patrocínio ou defesa de causas judiciais ou administrativas;

f) treinamento e aperfeiçoamento de pessoal;

g) restauração de obras de arte e bens de valor histórico".

Esses serviços podem ser contratados diretamente por meio de inexigibilidade quando, no caso concreto, forem de natureza singular e prestados por profissionais ou empresas de notória especialização, tornando-se inviável a competição, conforme se depreende da leitura do art. 25, II, da Lei de Licitações.

9.8.4. Compras

Na licitação para compra, a Administração deve especificar o objeto a ser adquirido, indicando pelo menos a qualidade e a quantidade a ser comprada, bem como as condições em que deseja adquirir (arts. 14 e 15). A perfeita caracterização do objeto da compra é essencial para possibilitar a correta formulação das propostas e o oferecimento das vantagens do negócio.

A compra pode ser à vista ou a prazo, com entrega total ou parcelada das coisas compradas. O essencial na compra é o recebimento do objeto (tradição) e o pagamento do preço avençado em dinheiro.

O pagamento integral em gênero descaracteriza a compra, transformando-a em permuta. Já no caso de não haver pagamento como contraprestação da aquisição, deixará de haver compra para dar lugar à doação.

A compra se realiza sempre por intermédio de um contrato bilateral perfeito, comutativo e oneroso, isto é, com obrigações recíprocas, com equivalência nessas obrigações, e com pagamento do preço, como contraprestação da transferência do domínio da coisa.

A Lei 8.666/1993 exige a adequada caracterização do objeto da compra e a indicação dos recursos financeiros para seu pagamento (art. 14), adotando, ainda, além das vantagens semelhantes às do setor privado, o princípio da padronização e o sistema de registro de preços (art. 15).

O princípio da padronização impõe que as compras de materiais, equipamentos e gêneros de uso comum na Administração se realizem mediante especificações uniformes, que busquem compatibilizar a técnica com o desempenho e igualar as condições de manutenção, assistência técnica e garantias oferecidas, como prescreve o art. 15, I, da Lei 8.666/1993.

As especificações para licitação de compras equivalem ao *projeto-básico* exigido para obras e serviços, devendo atender também aos requisitos segurança, funcionalidade, adequação ao interesse público e normas técnicas adequadas.

A Administração poderá, ainda, fazer uso do registro de preços, que é um procedimento administrativo que pode ser adotado pela Administração para compras, obras e serviços rotineiros. Em âmbito federal, a matéria é regulamentada pelo Decreto 7.892/2013.

No caso do registro de preços também há licitação, porém os interessados não formulam propostas unitárias em razão de quantidades exatas, ficando estas e o momento de contratação a serem decididos de acordo com a conveniência da Administração. Esse sistema garante maior agilidade operacional e eficiência nas compras e serviços para os órgãos da Administração Pública, obtendo-se uma contratação mais célere, menor custo e evitando a multiplicidade de licitações contínuas e seguidas que versem sobre objetos semelhantes e homogêneos.

São condições para o registro de preços:

a) *que os preços sejam selecionados, utilizando-se a modalidade concorrência, exceto quando for possível o pregão;*

b) *que seja estabelecido previamente o sistema de controle e atualização dos preços registrados;*

c) *que a validade dos registros não exceda a um ano;*

d) *que os registros sejam publicados, na imprensa oficial, trimestralmente, para a orientação da Administração.*

Por fim, qualquer cidadão ou licitante pode impugnar o preço registrado, caso este seja incompatível com o praticado no mercado.

9.8.5. Alienação

Os bens públicos, a princípio, são inalienáveis e só perderão essa peculiaridade nos casos e formas que a lei prescrever (Código Civil, art. 100). O que a lei civil quer dizer é que os bens públicos são inalienáveis enquanto destinados ao uso comum do povo ou para fins administrativos específicos, ou seja, enquanto guardarem afetação pública.

Alienação é toda transferência da propriedade de um bem sob a forma de venda, permuta, doação, dação em pagamento, investidura, cessão ou concessão de domínio.

As leis administrativas geralmente indicam quais são as alienações que dependem de licitação e as que dispensam. Em regra, toda venda de bens públicos está sujeita a licitação, sendo inexigível essa formalidade em alguns casos, em razão do objeto ou das pessoas a que se destinam.

A avaliação prévia do bem a ser alienado é requisito necessário e indispensável em qualquer espécie de alienação, pois é por meio dela que a Administração conhece o seu valor e decide sobre a conveniência do negócio. A alienação sem avaliação antecipada ou por preço inferior ao orçado enseja a anulação do contrato.

A alienação de bens imóveis requer, além da avaliação prévia, autorização legislativa e concorrência, dispensada esta nos casos de dação em pagamento, doação, permuta, investidura e venda a outro órgão ou entidade da Administração Pública (art. 17, I, da Lei 8.666/1993).

O Estatuto dispõe que, na concorrência para venda de bens imóveis, a fase de habilitação limitar-se-á à comprovação do recolhimento de quantia nunca inferior a 5% do valor da avaliação (art. 18 da Lei de Licitações).

A venda de bens imóveis da União está sujeita, ainda, à observância de uma série de regras especiais, estipuladas nos arts. 24 a 29 da Lei 9.636/1998, com as alterações das Leis 9.821/1999, 11.481/2007 e 13.240/2015.

Bens móveis, nos termos do Código Civil brasileiro (art. 82), são aqueles suscetíveis de movimento próprio ou de remoção por força alheia; os direitos reais sobre eles e as respectivas ações; os direitos decorrentes de obrigação e as respectivas ações; e os direitos do autor.

A alienação desses bens, quando pertencentes ao domínio público, além da necessária avaliação, deve ser precedida de licitação, que a Lei 8.666/1993, todavia, dispensa nos casos de doação, permuta, venda de ações, venda de títulos, venda de bens produzidos ou comercializados pela Administração Pública em virtude de suas finalidades e venda de materiais e equipamentos para outros órgãos ou entidades da Administração Pública.

O procedimento adequado para a venda de bens públicos móveis é o leilão (art. 22, § 5.º), que pode ser realizado tanto por leiloeiro oficial quanto por servidor designado pela Administração (art. 53).

9.9. PRINCÍPIOS NORTEADORES DO PROCEDIMENTO LICITATÓRIO

9.9.1. Legalidade

Como visto, existe um conjunto de entes, entidades, órgãos e agentes que são responsáveis pela gestão da coisa pública. Ocorre que, da mesma forma que se passa no direito privado, para que uma pessoa represente outra, é necessário que aquela esteja munida de poderes para tanto, o que, no direito privado, se concretiza por instrumento de mandato, uma procuração. Via de regra, apenas nesses termos teria uma pessoa legitimidade para representar outra.

Acontece que não seria viável que cada um do povo, verdadeiro titular do poder, tivesse que outorgar uma procuração a cada agente público para que este agisse em seu nome na busca do interesse da coletividade. Seria necessário algo como uma "procuração geral", em que todos, de uma só vez, atribuíssem legitimidade para os agentes públicos. Daí a criação de nosso sistema representativo, no qual o povo elege seus representantes que irão legislar em prol da sociedade. Eis a "procuração geral" atribuindo legitimidade aos agentes públicos.

Por isso que a Administração Pública só pode agir se houver lei autorizando ou determinando a conduta. Por outras palavras: o agente público apenas pode agir se houver legitimidade – leia-se lei –, razão pela qual a omissão legislativa importa em proibição da atividade.

Contextualizando o referido princípio à temática das licitações, a Administração, ao proceder à realização de um contrato, deve seguir os trâmites previstos na Lei 8.666/1993, a qual disciplina todo procedimento licitatório e os contratos derivados deste.

Se, por um lado, a observância do procedimento legal é dever da Administração, por outro, é um direito subjetivo do licitante[8], conforme se percebe da leitura do art. 4.º da referida lei:

> "Art. 4.º Todos quantos participem de licitação promovida pelos órgãos ou entidades a que se refere o art. 1.º têm direito público subjetivo à fiel observância do pertinente procedimento estabelecido nesta lei, podendo qualquer cidadão acompanhar o seu desenvolvimento, desde que não interfira de modo a perturbar ou impedir a realização dos trabalhos".

9.9.2. Impessoalidade

Como sabido, a Administração deve atuar voltada para alcançar o interesse público, sendo esta a única razão pela qual possui uma série de prerrogativas e poderes diferenciados.

Note-se que a Administração é impessoal. Quando o agente está em ação, em verdade, quem está agindo é o Estado, que possui como contingente humano seus agentes. Porém, pela teoria do órgão – que é baseada na imputação –, a conduta praticada pelo agente é imputada ao Estado.

Assim, quem está fazendo obras não é o gestor, é a Administração, que naquele momento está sendo gerida por aquele agente público. Quem faz apreensão de drogas não é o policial, mas sim a polícia – órgão desconcentrado do Estado.

A Administração é impessoal e por isso seus agentes devem atuar dessa forma e focados no objetivo de alcançar e satisfazer o interesse público, razão pela qual está vedada qualquer conduta do gestor voltada para outro interesse que não o público, sob pena de desvio de poder e ilegalidade da conduta.

São proibidas condutas voltadas a prejudicar ou beneficiar terceiros, sendo que o foco deve ser sempre a busca do interesse público. Portanto, reprováveis, sob o ponto de vista da impessoalidade, a prática de desapropriação com o objetivo de prejudicar inimigo, a remoção de servidores como forma de punição etc.

Nas licitações, o fundamento legal do referido princípio está previsto no art. 3.º, § 1.º, I e II, da Lei 8.666/1993, o qual possui a seguinte redação:

> "§ 1.º É vedado aos agentes públicos:
> I – admitir, prever, incluir ou tolerar, nos atos de convocação, cláusulas ou condições que comprometam, restrinjam ou frustrem o seu caráter competitivo, inclusive nos casos de sociedades cooperativas, e estabeleçam preferências ou distinções em razão da naturalidade, da sede ou domicílio dos licitantes ou de qualquer outra circunstância impertinente ou irrelevante para o específico objeto do contrato, ressalvado o disposto nos §§ 5.º a 12 deste artigo e no art. 3.º da Lei n.º 8.248, de 23 de outubro de 1991; (Redação dada pela Lei 12.349, de 2010)"Por isso, é muito importante que a Administração, quando for confeccionar o instrumento convocatório, observe com fidelidade o disposto na parte final do inc. XXI

---

8. A fiel observância ao procedimento estabelecido na Lei 8.666/1993 é de direito subjetivo do licitante, cuja inobservância gera possibilidade de controle administrativo ou judicial. A respeito, *vide* Mandado de Segurança 24510/DF, julgado pelo Supremo Tribunal Federal, cuja relatoria coube à Ministra Ellen Gracie.

do art. 37 da Constituição Federal, o qual enuncia que "somente permitirá as exigências de qualificação técnica e econômica indispensáveis à garantia do cumprimento das obrigações".

Isso porque a exigência de requisitos de habilitação técnica e econômica incompatíveis com o objeto que se pretende contratar certamente frustrará o caráter competitivo do certame, uma vez que muitas empresas que possuem reais condições para executar o contrato serão excluídas do procedimento licitatório na fase de habilitação por não cumprirem os incompatíveis requisitos exigidos a esse título.

Por isso, entendemos que deve haver limites à padronização dos editais, visto que, conforme o que se pretende contratar, deve a Administração alterar as exigências de habilitação técnica e econômica.

Ainda, nesse ponto, deve a Administração ter cuidado para não especificar o objeto de modo a direcionar o certame. O gestor, ao traçar as especificações do objeto, deve fazer de modo que assegure uma contratação saudável e de qualidade, sendo vedado exigir especificações irrelevantes, desnecessárias, que possam comprometer o caráter competitivo do procedimento licitatório.

Muitas vezes, seja por dolo (o que é crime nesse caso) ou por falta de conhecimento técnico do agente público, são copiadas na íntegra as especificações do produto que a Administração quer obter e, para tentar enganar os concorrentes no momento de lançar no edital, não é apresentada a marca do produto.

Ocorre que, por mais que não seja apresentada no instrumento convocatório a marca do produto, a descrição idêntica de um objeto existente no mercado gera inequivocamente direcionamento àquela marca, sendo que, nesse caso, é facilmente constatável a ilegalidade do comportamento da Administração por meio de uma simples comparação entre a especificação prevista no edital e a do produto, muitas vezes perceptível no próprio *site* da empresa produtora.

Uma vez inserida no edital disposição discriminatória, seja beneficente ou detrimentosa, cabe aos prejudicados bater às portas do Poder Judiciário, ou da própria Administração Pública, impugnando o referido instrumento convocatório.

O ideal é o licitante apresentar impugnação ao edital nos termos do art. 41 da Lei 8.666/1993, demonstrando o direcionamento do certame e pedindo o cancelamento da especificação restritiva. Caso não obtenha êxito, deve ingressar com ação judicial pleiteando ao magistrado a suspensão da especificação que restringiu a competição.

Veja o entendimento do TCU sobre o tema:

> "*Exigência restritiva ao caráter competitivo da licitação*
>
> *Representação formulada ao TCU levantou supostas irregularidades em licitação promovida pela Eletronorte, cujo objeto era a locação de unidades geradoras em Rio Branco/AC. Entendeu o relator não ter sido apresentada justificativa razoável para a fixação do prazo de 60 dias, após a assinatura do contrato, para início da operação comercial da Etapa I, prazo considerado exíguo para as providências pertinentes à importação dos equipamentos necessários à execução do contrato. Na prática, enfatizou o relator, a exigência implicara privilégio àquelas empresas que dispunham dos equipamentos previamente, em prejuízo à ampla competição do certame, violando assim o disposto no art. 3.º, I, da Lei n.º 8.666/1993. A corroborar sua assertiva, ressaltou que 21 empresas interessadas retiraram o edital da*

licitação, mas apenas 3 participaram do certame, 'sendo que somente duas foram habilitadas à fase de proposta de preço'. Acompanhando a manifestação do relator, deliberou o Plenário no sentido de aplicar multa ao ex-Diretor de Gestão Corporativa da Eletronorte, responsável pela irregularidade" (Acórdão 186/2010-Plenário, TC-018.791/2005-4, Rel. Min. Raimundo Carreiro, 10.02.2010).

9.9.3. Publicidade

Existe toda uma estrutura administrativa, formada por pessoas jurídicas, órgãos e agentes, que é responsável pela gestão dos interesses públicos. Trata-se, como já dissemos, da chamada "Administração Pública".

Tendo em vista que lhe compete a administração de interesse alheio, o interesse público, deve essa Administração prestar contas de suas condutas com o legítimo e verdadeiro titular do poder: o povo.

É nesse sentido que o princípio da publicidade desponta como aquele que determina ao gestor prestar contas com a coletividade, ser transparente, pois, ao fim e ao cabo, administra algo que é da coletividade.

A publicidade do ato, da conduta, da atividade é condição de eficácia dos mesmos. Por outras palavras, significa dizer que o ato apenas produzirá seus efeitos após a devida publicidade, que pode ser veiculada por diversos meios, conforme o objetivo da publicidade.

Nas licitações, o fundamento legal do referido princípio está previsto no art. 3.º, § 3.º, da Lei 8.666/1993:

> "§ 3.º A licitação não será sigilosa, sendo públicos e acessíveis ao público os atos de seu procedimento, salvo quanto ao conteúdo das propostas, até a respectiva abertura".

Inclusive o artigo 44, § 1º da referida lei estabelece expressamente que no julgamento das propostas, a Comissão levará em consideração os **critérios objetivos** definidos no edital ou convite, os quais não devem contrariar as normas e princípios estabelecidos por esta Lei. Ato contínuo, em seu primeiro parágrafo, assevera que **é vedada a utilização de qualquer elemento, critério ou fator sigiloso, secreto, subjetivo ou reservado que** possa ainda que indiretamente elidir o princípio da igualdade entre os licitantes.

Requer-se transparência de todos os atos do procedimento ao público. Dentre as etapas do procedimento licitatório, há a do recebimento da documentação referente à habilitação e às propostas. Todos esses documentos, que serão entregues em envelopes lacrados, serão analisados a seu tempo, exceto as propostas dos licitantes inabilitados, as quais serão devolvidas devidamente lacradas.

Percebe-se que tanto os documentos referentes à habilitação dos licitantes quanto as suas propostas, uma vez habilitados, serão de conhecimento do público (publicidade). Apenas as propostas dos concorrentes inabilitados é que não serão objeto de divulgação, até porque esses licitantes não preencheram os requisitos formais para contratação com o Poder Público.

Nas licitações, o princípio da publicidade é potencializado. Isso porque, além da publicidade em diário oficial e em jornal de grande circulação, levando à sociedade o conhecimento dos atos praticados pela Administração, a lei garante a qualquer cidadão o direito de acompanhar, em tempo real, o desenrolar das fases de habilitação e julgamento de propostas, desde que não interfira de modo a perturbar ou impedir a realização dos trabalhos, mostrando que o legislador se preocupou bastante com a questão da transparência do procedimento licitatório.

Ainda, além da publicidade normal a que se submetem os atos oficiais, ou seja, por meio de Diário Oficial, o aviso do edital de licitação, pelo menos na lei 8.666/93 e em alguns casos no pregão, também deve ser publicado em jornal de grande circulação. Aqui nos parece que o objetivo não é apenas a publicidade informativa, a qual se fez pelo jornal oficial, mas explorar o caráter convocatório do edital.

9.9.4. Eficiência

O princípio da eficiência foi introduzido formalmente na Constituição Federal pela EC 19/1998. Trabalha-se com a ideia de que a Administração, nesses tempos de modernidade, deve ser eficiente em suas investidas. A ideia "eficiência" relaciona-se, especialmente nas licitações, com o dever que possui o administrador de realizar uma licitação e/ou um contrato com menor gasto interno possível, em período de tempo razoável, cujo objeto tenha durabilidade, rentabilidade.

Ainda, por exemplo, em um setor de contratações, o princípio será homenageado quando: a) há uma boa especificação do objeto que se pretende contratar; b) se descreve produtos com qualidade; c) não são exigidos requisitos impertinentes e desarrazoados a título de habilitação, o que pode induzir a uma pequena competitividade na licitação e, por consequência, uma contratação não tão vantajosa etc.

É um princípio que já vem tendo seu reconhecimento jurisprudencial, conforme se percebe da análise do julgamento do Recurso Especial 579.541/SP (1ª Turma, rel. Min. José Delgado, j. 17.02.04), do qual se extrai a seguinte passagem: "O que deve inspirar o administrador público é a vontade de fazer justiça para os cidadãos sendo eficiente para com a própria administração, e não o de beneficiar-se".

9.9.5. Vinculação ao instrumento convocatório

O fundamento legal do referido princípio está previsto art. 41 da Lei 8.666/1993:

> "Art. 41. A Administração não pode descumprir as normas e condições do edital, ao qual se acha estritamente vinculada".

O edital é a lei interna da licitação. Após sua exteriorização, não se pode descumprir as regras do certame, pois estas vinculam tanto a Administração quanto os licitantes.

Isso não quer dizer que inexiste discricionariedade na licitação. É evidente que existe e especialmente na confecção do instrumento convocatório, como, por exemplo, a escolha dos requisitos que serão cobrados a título de habilitação econômica e técnica. Todavia, uma vez especificada no edital e sendo o mesmo publicado, a observância ao que foi discricionariamente estabelecido passa a ser obrigatória, vincula a Administração.

Por isso, muito bem assentou o Superior Tribunal de Justiça que *"o Poder Discricionário da Administração se esgota com a elaboração do edital de Licitação. A partir daí, nos termos do vocábulo constante da própria Lei, a Administração Pública vincula-se estritamente a ele"*[9].

Todavia, caso o instrumento convocatório seja falho ou omisso, será realizado um aditamento ou expedido um novo, porém sempre com nova publicação e, em regra, reabertura de prazo para apresentação dos envelopes contendo documentos de habilitação e proposta.

É vedado à Administração alterar as regras do edital e informar tal modificação por meio de meras comunicações internas apenas aos licitantes que estão participando do certame. Deve-se necessariamente observar o disposto no § 4.º do art. 21, que dispõe que qualquer modificação no edital requer divulgação pela mesma forma que se deu o texto original, reabrindo-se o prazo inicialmente estabelecido, **exceto quando, inquestionavelmente, a alteração não afetar a formulação das propostas.**

Por isso, o Superior Tribunal de Justiça julgou procedente mandado de segurança impetrado para anular licitação em que tal ilegalidade ocorreu.

> *"(...) O princípio da vinculação ao instrumento convocatório norteia a atividade do administrador, no procedimento licitatório, que constitui ato administrativo formal e se erige em freios e contrapesos aos poderes da autoridade julgadora. O devido processo legal se traduz (no procedimento da licitação) na obediência à ordenação e à sucessão das fases procedimentais consignadas na lei e do edital de convocação, sendo este inalterável através de mera comunicação interna aos licitantes (art. 21, § 4.º, da Lei n.º 8.666/1993). Desde que iniciado o procedimento do certame, a alteração do edital, com reflexo nas propostas já apresentadas, exige a divulgação pela mesma forma que se deu ao texto original, determinando-se a publicação (do edital) pelo mesmo prazo inicialmente estabelecido. O aviso interno, como meio de publicidade às alterações subsequentes ao instrumento de convocação, desatende a legislação de regência e gera aos participantes o direito subjetivo a ser protegido pelo mandado de segurança. Segurança concedida. Decisão unânime"* (STJ, MS 5.755/DF, 1.ª S., Rel. Min. Demócrito Reinaldo, Unânime, DJU 03.11.1998, p. 6).

9.9.6. Julgamento objetivo

O fundamento legal do referido princípio encontra-se nos arts.n 44 e 45 da Lei 8.666/1993:

> *"Art. 44. No julgamento das propostas, a comissão levará em consideração os critérios objetivos definidos no edital ou convite, os quais não devem contrariar as normas e princípios estabelecidos por esta lei.*
>
> *Art. 45. O julgamento das propostas será objetivo, devendo a Comissão de Licitação ou o responsável pelo convite realizá-lo em conformidade com os tipos de licitação, os critérios previamente estabelecidos no ato convocatório e de acordo com os fatores exclusivamente nele referidos, de maneira a possibilitar sua aferição pelos licitantes e pelos órgãos de controle".*

---

9. STJ, REsp 421.946/DF, Rel. Min. Francisco Falcão, *DJU* 06.03.2006.

Quando da análise da documentação referente ao julgamento das propostas, a Comissão de Licitação deverá se pautar em regras objetivas de julgamento, devidamente previstas no instrumento convocatório. Com isso, se reduz e limita a margem subjetiva.

Assim, está vedado à Comissão de Licitação atribuir qualquer pontuação distinta daquelas já previstas no edital do certame ou exigir, na hora do certame, outros documentos que não aqueles previamente pleiteados no instrumento convocatório. Isso inclusive para documentos apresentados que sejam diretamente ligados ao que se pretende contratar. **A regra é clara:** não previsto no instrumento convocatório o requisito a ser considerado pela Administração, não pode ela aceitar e pontuar no momento de julgamento das propostas.

Por isso, o Superior Tribunal de Justiça assentou no julgamento do REsp 421.946/DF (1ª Turma, rel. Min. Francisco Falcão, j. 07.02.06) que *"não teria cabimento determinar a estrita vinculação ao edital e, simultaneamente, autorizar a atribuição de competência discricionária para a Comissão indicar, por ocasião do julgamento de alguma das fases, os critérios de julgamento".*

Registre-se, por fim, que tal princípio não deixa de estar ligado aos princípios da impessoalidade e da segurança jurídica, pois, se não houvesse critérios objetivos prévios a nortear o julgamento das propostas, haveria brecha a favorecimentos, maculando a conduta do agente público que deve ser impessoal. Ainda, a ausência de critérios predefinidos e de observância obrigatória irá gerar instabilidade no procedimento, pois os licitantes não saberiam os critérios de avaliação a que estariam sujeitos, ficando à sorte da Administração.

Ratificando o que foi dito, quanto ao processamento e julgamento da licitação, o artigo 43, inciso V, é claro ao enunciar que *"julgamento e classificação das propostas de acordo com os critérios de avaliação constantes do edital".*

9.9.7. Adjudicação compulsória

É dever da Administração entregar o objeto da licitação ao vencedor. Após o término do certame licitatório, identificada a proposta mais vantajosa, ao proponente deve ser adjudicado o objeto, não podendo a adjudicação ser feita a outro licitante. Se a Administração for contratar, tem de ser com o vencedor, salvo se este desistir ou não assinar o contrato.

Por isso, podemos afirmar que a adjudicação é ato vinculado dentro do procedimento licitatório, pois não há possibilidade de escolher a quem adjudicar o objeto.

Ainda por tal princípio, veda-se a instauração de nova licitação enquanto válida a adjudicação anterior.

Deve-se registrar que adjudicação é diferente de contratação imediata, pois a Administração pode revogar ou anular a licitação (art. 49 da Lei 8.666/1993), conforme será verificado mais adiante.

9.9.8. Moralidade/Probidade administrativa

Pelo princípio da moralidade, o administrador deve agir com honestidade, lealdade e boa-fé. Muitas vezes o ato aparenta ser legal, porém é feito com desonestidade, em meio a conluios, o que nulifica a conduta. Se analisar a história evolutiva do referido princípio, constatar-se-á que este surgiu inicialmente como uma das formas para o controle jurisdicional do desvio de poder.

É importante registrar que o fato de o administrador seguir a lei não significa, necessariamente, que agiu com moralidade. A conduta de acordo com o princípio da moralidade até se presume, pois, em razão do atributo da presunção de legitimidade do ato administrativo, há a presunção de que o ato foi feito corretamente. Ocorre que uma coisa é a presunção, outra bem diferente é afirmar que o ato feito de acordo com a lei também foi praticado com esteio na honestidade, lealdade etc.

A verdade é que, nem sempre quando o administrador segue a lei, ele estará agindo com honestidade. Por exemplo, em uma licitação na modalidade convite, se o gestor combinar com os convidados quem vai vencer, apesar da aparente legalidade nos autos do processo, se descoberta que a licitação foi armada, esta será anulada por violação ao princípio da moralidade.

A importância dada ao princípio é tão grande que atos que atentem aos deveres de honestidade e lealdade são tipificados como atos de improbidade administrativa, sujeitando o seu infrator às penas da Lei 8.429/1992, tais como: suspensão dos direitos políticos, perda do cargo ou função etc.

Como se isso tudo não bastasse, a Carta Magna reservou um instrumento a mais de controle da observância desse princípio. É o caso da ação popular, remédio constitucional cabível contra ato lesivo ao princípio da moralidade administrativa, conforme prescreve o art. 5.º, LXXIII, da CF, cuja legitimidade ativa é de todo e qualquer cidadão.

Inclusive, o Superior Tribunal de Justiça já assentou que "O cumprimento do princípio da moralidade, além de se constituir um dever do administrador, apresenta-se como um direito subjetivo de cada administrado"[10].

Em uma licitação, o princípio em comento é efetivado quando se realiza um certame com honestidade, sem conluios entre Administração e licitantes. Por exemplo, se, em uma licitação modalidade convite, a Comissão de Licitação envia as cartas convites para pessoas com as quais já articulou o vencedor, sendo o envio mera fachada para aparentar um procedimento legal, apesar da aparência da legalidade, o comportamento é desonesto e, por isso, aviltante ao primado da moralidade, sujeitando o agente à responsabilidade penal e administrativa, bem como a responder por ação de improbidade.

9.9.9. Ampla defesa e contraditório

Os princípios da ampla defesa e do contraditório possuem base constitucional no art. 5.º, LV, do Texto Magno.

Enuncia a referida norma que:

> "LV – aos litigantes, em processo judicial ou administrativo, e aos acusados em geral são assegurados o contraditório e ampla defesa, com os meios e recursos a ela inerentes".

---

10. REsp 579.541/SP, Rel. Min. José Delgado, *DJU* 19.04.2004.

O princípio do contraditório está relacionado com o direito do acusado ou da pessoa, à qual se imputa alguma responsabilidade ou sanção, de contestar os fatos que embasaram a acusação. A ampla defesa, por sua vez, liga-se à possibilidade de o acusado fazer uso de todos os meios lícitos de provas para provar seu direito ou defender-se de algo que lhe é imputado.

A ampla defesa e o contraditório são assegurados em todo o procedimento licitatório, quando qualquer ato do processo licitatório prejudicar qualquer dos licitantes.

A Lei de Licitações, em diversas ocasiões, deixou clara a preocupação em garantir aos licitantes e aos contratados o direito de exercer tais direitos constitucionais. Verificam-se expressamente essas exigências no § 3.º do art. 49, referente ao desfazimento do procedimento licitatório, e no parágrafo único do art. 78, o qual se refere à rescisão do contrato administrativo.

Registre-se, por oportuno, que o Superior Tribunal de Justiça no RMS 30.481/RJ, cuja relatoria coube à Ministra Eliana Calmon (2ª Turma, j. 19.11.09), entendeu que a possibilidade de contraditório no caso de revogação de procedimento licitatório apenas será deferida caso já tenha sido homologado o certame e adjudicado o objeto ao licitante, pois até então este não tinha qualquer expectativa de contratação.

> "Recurso ordinário. Mandado de segurança. Licitação. Revogação após homologação. Preço acima do mercado. Dilação probatória. Ofensa a direito líquido e certo não configurada.
>
> 1. O Poder Público pode revogar o processo licitatório quando comprovado que os preços oferecidos eram superiores ao do mercado, em nome do interesse público.
>
> 2. Para ultrapassar a motivação do ato impugnado seria necessária dilação probatória, incompatível com a estreita via do mandado de segurança.
>
> 3. O procedimento licitatório pode ser revogado após a homologação, antes da assinatura do contrato, em defesa do interesse público.
>
> 4. O vencedor do processo licitatório não é titular de nenhum direito antes da assinatura do contrato. Tem mera expectativa de direito, não se podendo falar em ofensa ao contraditório e à ampla defesa, previstos no § 3.º do art. 49 da Lei n.º 8.666/1993.
>
> Precedentes.
>
> 5. Recurso ordinário desprovido".

Ao contrário do decidido pelo Egrégio Tribunal, entendemos que o direito ao exercício do contraditório e ampla defesa já pode ser exercido após descoberto o titular da proposta mais vantajosa, mesmo que o certame ainda não tenha sido homologado e o objeto, adjudicado. Isso porque os atos de adjudicação e homologação são vinculados, razão pela qual, identificado o titular da proposta mais vantajosa, a Administração é obrigada a lhe adjudicar o objeto e, transcorrido corretamente o certame, a homologá-lo.

Entendimento diferente daria margens para que, antes da adjudicação, a Administração, não satisfeita com o licitante vencedor, simplesmente revogue a licitação, até mesmo por motivos escusos, carecendo esse ato – que pode ser ilegal – da possibilidade de controle interno por meio de recursos. Criar-se-ia uma zona de imunidade de controle interno, incentivando o licitante a ingressar com medida judicial.

Sendo o motivo superveniente e pautado em razões de interesse público (conveniência e oportunidade), a Administração pode revogar a qualquer momento o certame, porém, a partir do momento em que já se descobriu o titular da proposta mais vantajosa, deve ser ofertado a ele o direito de questionar a licitude do ato de revogação do certame.

9.9.10. Princípio da isonomia

O princípio da isonomia pode ser estudado por um aspecto formal e outro material. Pelo aspecto formal, deve ser conferido pela Administração o mesmo tratamento a todos os licitantes. Assim, as regras são as mesmas para todos, sendo que não se pode conferir tratamento diferenciado aos licitantes

Encontramos manifestação desta faceta formal do referido princípio no art. 3.º, § 1.º, II, da Lei 8.666/1993, o qual possui a seguinte redação:

> "§ 1.º É vedado aos agentes públicos:
> I – estabelecer tratamento diferenciado de natureza comercial, legal, trabalhista, previdenciária ou qualquer outra, entre empresas brasileiras e estrangeiras, inclusive no que se refere a moeda, modalidade e local de pagamentos, mesmo quando envolvidos financiamentos de agências internacionais, ressalvado o disposto no parágrafo seguinte e no art. 3º da Lei no 8.248, de 23 de outubro de 1991.

Ainda no aspecto formal deve-se atentar ao fato de que pode haver uma colisão de princípios a ensejar o afastamento, no caso concreto, do referido princípio. Não é regra, mas pode ocorrer. É o caso de em uma licitação se exigir, a título de comprovação de capacidade técnica, um atestado cujos competidores devem apresentar, não podendo a Administração abrir mão de sua exigência para determinado licitante.

Ocorre que, em certas situações, meras formalidades eram descumpridas pelo licitante e, interpretando-se pelo prisma da isonomia, ele deveria ser eliminado do certame.

Todavia, o Superior Tribunal de Justiça tem entendido que, em casos de mera irregularidade, **em nome do princípio da busca da proposta mais vantajosa e da razoabilidade**, deve a Administração se abster de eliminar o licitante.[11]

Por exemplo, no julgamento do MS 5.779/DF (98/0026226-1), Rel. Min. José Delgado, o Superior Tribunal de Justiça entendeu que "(...) *se configura excesso de exigência, especialmente por a tanto não pedir o edital, inabilitar concorrente porque os administradores da licitante não assinaram em conjunto com a dos contadores o balanço da empresa. Segurança concedida*".

---

11. Em sentido contrário, fazendo valer a força do princípio da isonomia e da vinculação ao instrumento convocatório, o Superior Tribunal de Justiça, no julgamento do REsp 421.946/DF, veiculado pelo *Informativo* 273, entendeu que: "Na entrega da documentação relativa à habilitação do licitante, constitui motivo de exclusão do certame licitatório o atraso de dez minutos após o horário previsto no edital marcado para o início da sessão. Ponderou, ainda, o Min. Relator que, na lei não existem palavras inúteis ou destituídas de significação deontológica, verifica-se, assim, que o legislador, no art. 41 da Lei n.º 8.666/1993, impôs, com apoio no princípio da legalidade, a interpretação restritiva do preceito, de modo a resguardar a atuação do administrador público, visto que esse atua como gestor da *res publica*. Daí a necessidade do vocábulo estritamente no artigo citado. Com esse entendimento, a Turma proveu o recurso da União, reformando a decisão do Tribunal *a quo* que aplicou o princípio da razoabilidade para afastar o rigor do horário previsto no edital licitatório" (REsp 421.946/DF, Rel. Min. Francisco Falcão, j. 07.02.2006).

Já no julgamento do REsp 947.953/RS, cuja relatoria coube ao Min. Mauro Campbell Marques, colhe-se de trecho da emenda que *"há de se reconhecer que, a falta de assinatura reconhecida em um documento regularmente apresentado é mera irregularidade – principalmente se o responsável pela assinatura está presente no ato para sanar tal irregularidade. Precedente. 4. Recurso especial não provido"* (STJ, REsp 947.953/RS, Proc. 2007/0100887-9, 2.ª T., Rel. Min. Mauro Campbell Marques, DJ 06.10.2010).

Há ainda decisões proferidas pelo *Excelso Supremo Tribunal Federal* sobre o caso:

> *"Licitação: irregularidade formal na proposta vencedora que, por sua irrelevância, não gera nulidade"* (RMS 23.714/DF, 1.ª T., Rel. Min. Sepúlveda Pertence, j. 05.09.2000).

Essa faceta da isonomia (formal) era e continua sendo a regra em procedimentos competitivos, como é o caso de concursos públicos e licitações, todavia, o legislador tem cada vez mais inserido mecanismos de políticas públicas nestes certames, criando, assim, casos de isonomia material.

Apenas para que fique claro: **isonomia formal** é tratar igualmente os iguais e **isonomia material** é tratar desigualmente os desiguais na exata medida de sua desigualdade.

Por meio de alterações formais na lei são conferidos alguns benefícios diferenciados a algum seguimento de licitantes, de acordo com sua estrutura empresarial ou até mesmo em razão o objeto que ele explora.

Vejamos!

Em **razão do licitante,** temos o típico caso dos benefícios que foram conferidos às microempresas e empresas de pequeno porte em suas atividades, dentre elas, nas competições públicas.

Em 14 de dezembro de 2006 foi editada a Lei Complementar 123/2006que institui o Estatuto Nacional da Microempresa e Empresa de Pequeno Porte. Esse diploma legal, posteriormente alterado pela Lei Complementar 147/2014, conferiu uma série de prerrogativas às ME e EPP, inclusive quanto à participação nas licitações[12].

Foram criados os institutos da regularização fiscal tardia, empate ficto, possibilidade de procedimento com participação exclusiva de ME e EPP, dentro outros benefícios, que, não obstante irão ser tratados com mais afinco em outras oportunidades, apresentam-se, neste momento, os artigos que conferiram os referidos tratamentos diferenciados.

a) *Regularização Fiscal e trabalhistaTardia:*

> Art. 42. Nas licitações públicas, a comprovação de regularidade fiscal e trabalhista das microempresas e das empresas de pequeno porte somente será exigida para efeito de assinatura do contrato.

---

12. Essas disposições estão em consonância com o disposto no art. 179 da CF/1988.

b) Empate ficto:

> Art. 44. Nas licitações será assegurada, como critério de desempate, preferência de contratação para as microempresas e empresas de pequeno porte.
>
> § 1º Entende-se por empate aquelas situações em que as propostas apresentadas pelas microempresas e empresas de pequeno porte sejam iguais ou até 10% (dez por cento) superiores à proposta mais bem classificada.
>
> § 2º Na modalidade de pregão, o intervalo percentual estabelecido no § 1º deste artigo será de até 5% (cinco por cento) superior ao melhor preço.

c) Licitações com participação exclusiva de ME e EPP, possibilidade de exigir subcontratação de ME e EPP e estabelecimento, em caso de aquisição de bens de natureza divisível, de cota de até 25% às ME e EPP

> Art. 48. Para o cumprimento do disposto no art. 47 desta Lei Complementar, a administração pública:
>
> I – deverá realizar processo licitatório destinado exclusivamente à participação de microempresas e empresas de pequeno porte nos itens de contratação cujo valor seja de até R$ 80.000,00 (oitenta mil reais);
>
> II – poderá, em relação aos processos licitatórios destinados à aquisição de obras e serviços, exigir dos licitantes a subcontratação de microempresa ou empresa de pequeno porte;
>
> III – deverá estabelecer, em certames para aquisição de bens de natureza divisível, cota de até 25% (vinte e cinco por cento) do objeto para a contratação de microempresas e empresas de pequeno porte.

9.9.10.1. A questão da margem de preferência

Seguindo uma tendência um tanto quanto ultrapassada, claramente nacionalista e protecionista, além de potencialmente geradora de novos conflitos, ante a geração de uma série de novos requisitos burocráticos, a Lei 12.349/2010 inseriu o § 5.º no art. 3.º da Lei de Licitações, criando a possibilidade de uso no julgamento das propostas de uma margem de preferência para a contratação de produtos manufaturados e para serviços nacionais que atendam a normas técnicas brasileiras[13].

A referida margem de preferência será estabelecida com base em estudos revistos periodicamente, em prazo não superior a cinco anos, que levem em consideração: *a) geração de emprego e renda; b) efeito na arrecadação de tributos federais, estaduais e municipais; c) desenvolvimento e inovação tecnológica realizados no País; d) custo adicional dos produtos e serviços; e e) em suas revisões, análise retrospectiva de resultados.*

---

13. O TCU, no Acórdão 1317/2013 (rel. Min. Aroldo Cedraz), apesar de não reputar inconstitucional a criação da margem de preferência em si, deixou claro que sua instituição não veda a participação de empresas estrangeiras nos certames, assim como não podem, os editais de licitação, instituírem a preferência sem que as margens sejam fixadas previamente em decreto.

Segundo o § 7.º do art. 3.º, nas licitações para contratação de produtos manufaturados e serviços nacionais resultantes de desenvolvimento e inovação tecnológica realizados no país, poderá ser estabelecida margem de preferência adicional àquela prevista no § 5.º do referido artigo. Essas margens serão definidas pelo Poder Executivo federal, não podendo a soma delas ultrapassar o montante de 25% sobre o preço dos produtos manufaturados e serviços estrangeiros.

O Decreto 7.546/2011[14] regulamentou a matéria, criando, inclusive, a distinção entre "margem de preferência normal" de "margem de preferência adicional". O primeiro destinado a assegurar a preferência do serviço ou bem manufaturado nacionais em relação aos estrangeiros, e o segundo, cumulativo àquele, que procura a assegurar a preferência do serviço ou bem manufaturado nacionais, resultante de desenvolvimento ou inovação tecnológica realizados no país, em relação aos estrangeiros.

Todavia, não será possível o uso de margem de preferência para contratação de bens e serviços cuja capacidade de produção ou prestação no País seja inferior: *a) à quantidade a ser adquirida ou contratada; ou b) ao quantitativo fixado com fundamento no § 7.º do art. 23*[15] *da Lei 8.666/1993, quando for o caso.*

Ainda, a novidade legislativa prescreve que a margem de preferência a que se refere o novo § 5.º do art. 3.º da Lei de Licitações poderá ser estendida, total ou parcialmente, aos bens e serviços originários dos Estados-Partes do Mercado Comum do Sul – MERCOSUL (§ 10).

Na inovação legislativa há a previsão de que os editais de licitação para a contratação de bens, serviços e obras poderão, mediante prévia justificativa da autoridade competente, exigir que o contratado promova, em favor de órgão ou entidade integrante da Administração Pública ou daqueles por ela indicados a partir de processo isonômico, medidas de compensação comercial, industrial, tecnológica ou acesso a condições vantajosas de financiamento, cumulativamente ou não, na forma estabelecida pelo Poder Executivo federal (§ 11 do art. 3º).

Por fim, nas contratações destinadas à implantação, manutenção e aperfeiçoamento dos sistemas de tecnologia de informação e comunicação, considerados estratégicos em ato do Poder Executivo federal, a licitação poderá ser restrita a bens e serviços com tecnologia desenvolvida no país e produzidos de acordo com o processo produtivo básico de que trata a Lei 10.176, de 11 de janeiro de 2001. Será divulgada na internet, a cada exercício financeiro, a relação de empresas favorecidas em decorrência do disposto nos §§ 5.º, 7.º, 10, 11 e 12 deste artigo, com indicação do volume de recursos destinados a cada uma delas.

---

14. O Decreto 7.709/2012 trata da margem de preferência nas licitações feitas pela Administração Pública federal para aquisição de retroescavadeiras e motoniveladoras. O Decreto 7.713/2012 trata da margem de preferência nas licitações realizadas pela Administração Pública federal para aquisição de fármacos e medicamentos. O Decreto 7.812/2012 estabelece a aplicação da margem de preferência em licitações realizadas pela Administração Pública Federal para aquisição de veículos para vias férreas. O Decreto 8.224/2014, por sua vez, estabelece a aplicação da margem de preferência em licitações realizadas no âmbito da Administração Pública federal para aquisição de máquinas e equipamentos. Para aquisição de aeronaves executivas a matéria foi tratada no Decreto 8.185/2014.

15. O referido comando legal possui a seguinte redação: "na compra de bens de natureza divisível e desde que não haja prejuízo para o conjunto ou complexo, é permitida a cotação de quantidade inferior à demandada na licitação, com vistas à ampliação da competitividade, podendo o edital fixar quantitativo mínimo para preservar a economia de escala".

Com a edição da Lei 13.146/2015 (Estatuto da Pessoa com Deficiência) o § 5º ganhou nova redação, criando-se a possibilidade de instituição de margem de preferência também em favor de empresas que comprovem o cumprimento de reservas de cargos prevista em lei para pessoa com deficiência ou reabilitado pela Previdência Social e que atendam às regras de acessibilidade previstas na legislação.

Essa reserva de cargos, ou empregos, como seria mais correto, é estabelecida no art. 93 da Lei 8.213/91. Deve-se recordar, no entanto, que a obrigação legal só existe para empresas com cem ou mais empregados, o que poderá, dependendo da natureza da licitação, inviabilizar a adoção da referida margem de preferência. Observa-se, também, que para essa segunda hipótese, não há remissão ou referência a serviços nacionais ou bens manufaturados nacionais.

Pela Lei Complementar 147/2014 acrescentou-se o § 14 ao art. 3º para deixar claro que a adoção da margem de preferência deve privilegiar o tratamento diferenciado a ser dado às microempresas e empresas de pequeno porte. Trata-se, portanto, da prevalência de uma regra de preferência sobre outra regra de preferência.

Por fim, ainda excepcionado a regra da isonomia formal, porém aqui em caso de empate real (e não fictício – das ME e EPP), em casos de igualdade de condições, como critério de desempate, será assegurada preferência, sucessivamente, aos bens e serviços: *I) produzidos no País; II) produzidos ou prestados por empresas brasileiras; III) – produzidos ou prestados por empresas que invistam em pesquisa e no desenvolvimento de tecnologia no País e, recentemente acrescido pela Lei 13.146/2015, IV) produzidos ou prestados por empresas que comprovem cumprimento de reserva de cargos prevista em lei para pessoa com deficiência ou para reabilitado da Previdência Social e que atendam às regras de acessibilidade previstas na legislação.*

9.10. INTRODUÇÃO AO PROCEDIMENTO LICITATÓRIO

Postos esses dados inaugurais sobre o certame licitatório (conceito, princípios, obrigatoriedade e objeto), passa-se a discorrer sobre o interessante e complexo procedimento de uma licitação.

Importante registrar que o procedimento licitatório poderá mudar ou ter etapas suprimidas, conforme a modalidade de licitação. Por tal motivo, passaremos a explicar o procedimento em sua totalidade, sendo que, nas modalidades em que houver diferenças, estas serão esclarecidas no tópico pertinente.

O procedimento licitatório é composto por duas etapas, sendo uma interna e outra externa.

Com o objetivo de facilitar o estudo do leitor, colocaremos em tópicos as principais características de cada etapa.

9.10.1. Procedimento

O procedimento licitatório se desenvolve em duas etapas, possuindo cada uma delas uma sequência de atos ou fases. Trata-se das etapas interna e externa.

9.10.2. Etapa interna

Esta etapa, também chamada de etapa preparatória, é de grande importância, pois se trata do planejamento da licitação, que, se malfeito, poderá acarretar, dentre outras coisas, a nulidade do certame, o direcionamento da licitação, contratação superfaturada, contratação ineficiente etc.

Por isso se diz que o segredo de uma boa licitação está na sua preparação, até porque, depois de publicado o edital, os atos que sucederão já estão devidamente estipulados no instrumento convocatório, sendo vinculado o comportamento dos agentes na condução da etapa externa.

Na etapa interna da licitação tem-se, em resumo, os seguintes atos:

- *necessidade de contratação de algo (objeto), o que, em regra, é externada por uma requisição;*
- *especificação adequada do objeto a ser licitado, dispondo sobre sua qualidade e quantidade;*
- *pesquisa de preços no mercado do objeto que se quer contratar (preço estimado para a contratação[16]);*
- *indicação dos recursos hábeis;*
- *definição da modalidade licitatória;*
- *designação da Comissão de Licitação;*
- *confecção do instrumento convocatório;*
- *análise da legalidade do instrumento convocatório (parecer – art. 38, parágrafo único, da Lei de Licitações).*

Por exemplo, segundo o artigo 7º, § 2º, da Lei 8.666/93, as obras e serviços apenas poderão ser licitados se:

- *a) houver projeto básico aprovado pela autoridade competente e disponível para exame dos interessados em participar do processo licitatório;*
- *b) existir orçamento detalhado em planilhas que expressem a composição de todos os seus custos unitários;*
- *c) houver previsão de recursos orçamentários que assegurem o pagamento das obrigações decorrentes de obras ou serviços a serem executadas no exercício financeiro em curso, de acordo com o respectivo cronograma;*
- *d) o produto dela esperado estiver contemplado nas metas estabelecidas no Plano Plurianual de que trata o art. 165 da Constituição Federal, quando for o caso.*

---

16. Sempre que o valor estimado para uma licitação ou para um conjunto de licitações simultâneas ou sucessivas for superior a 100 vezes o limite previsto no art. 23, I, "c", da Lei 8.666/1993, ou seja, acima de R$ 150.000.000,00, o processo licitatório será iniciado, obrigatoriamente, com uma *audiência pública* concedida pela autoridade responsável com antecedência mínima de 15 dias úteis da data prevista para a publicação do edital, e divulgada, com a antecedência mínima de 10 dias úteis de sua realização, pelos mesmos meios previstos para a publicidade da licitação (*Diário Oficial* e jornal de grande circulação), à qual terão acesso e direito a todas as informações pertinentes e a se manifestar todos os interessados.

Tudo isso deve ser feito na etapa interna da licitação, sendo que o parágrafo 6º do referido artigo prescreve que a infringência ao disposto no artigo 7º implica **a nulidade dos atos ou contratos realizados e a responsabilidade de quem lhes tenha dado causa.**

Quanto às compras, especificamente em relação à lei 8.666/93, de acordo com o artigo 15, § 7º, deverão ser observadas:

a) a especificação completa do bem a ser adquirido sem indicação de marca;

b) a definição das unidades e das quantidades a serem adquiridas em função do consumo e utilização prováveis, cuja estimativa será obtida, sempre que possível, mediante adequadas técnicas quantitativas de estimação;

c) as condições de guarda e armazenamento que não permitam a deterioração do material.

Um ponto importante que tem sido bem debatido na doutrina e jurisprudência diz respeito à responsabilidade ou não do agente responsável de emitir o parecer, exigido no parágrafo único do art. 38 da Lei 8.666/1993.

É na etapa interna que é feita a especificação do objeto, são definidos os requisitos habilitatórios, os critérios de julgamento das propostas, a elaboração do edital, etc.

Inclusive, o artigo 3º da Lei 10.520/2002, que instituiu a modalidade licitatória pregão, prevê expressamente que:

Art. 3º A fase preparatória do pregão observará o seguinte:

I – a autoridade competente justificará a necessidade de contratação e definirá o objeto do certame, as exigências de habilitação, os critérios de aceitação das propostas, as sanções por inadimplemento e as cláusulas do contrato, inclusive com fixação dos prazos para fornecimento;

II – a definição do objeto deverá ser precisa, suficiente e clara, vedadas especificações que, por excessivas, irrelevantes ou desnecessárias, limitem a competição;

III – dos autos do procedimento constarão a justificativa das definições referidas no inciso I deste artigo e os indispensáveis elementos técnicos sobre os quais estiverem apoiados, bem como o orçamento, elaborado pelo órgão ou entidade promotora da licitação, dos bens ou serviços a serem licitados; e

IV – a autoridade competente designará, dentre os servidores do órgão ou entidade promotora da licitação, o pregoeiro e respectiva equipe de apoio, cuja atribuição inclui, dentre outras, o recebimento das propostas e lances, a análise de sua aceitabilidade e sua classificação, bem como a habilitação e a adjudicação do objeto do certame ao licitante vencedor.

Voltando à Lei 8.666/93, prescreve o art. 38, VI e seu parágrafo único, que:

"Art. 38. O procedimento da licitação será iniciado com a abertura de processo administrativo, devidamente autuado, protocolado e numerado, contendo a autorização respectiva, a indicação sucinta de seu objeto e do recurso próprio para a despesa, e ao qual serão juntados oportunamente:

(...)

VI – pareceres técnicos ou jurídicos emitidos sobre a licitação, dispensa ou inexigibilidade.

Parágrafo único. As minutas de editais de licitação, bem como as dos contratos, acordos, convênios ou ajustes devem ser previamente examinadas e aprovadas por assessoria jurídica da Administração".

A questão é: *a emissão de parecer pode ensejar a responsabilidade de seu emissor, ou trata apenas de ato opinativo que não gera responsabilidade?* A questão tem sido bem discutida atualmente e sobre o tema temos os seguintes comentários a fazer.

Pode-se analisar a matéria sobre diversos pontos de suposta responsabilidade. Porém, antes de entrarmos nessa questão, faz-se necessário conceituar o instituto do parecer.

José dos Santos Carvalho Filho[17], ombreado nas lições de Oswaldo Aranha Bandeira de Mello, ensina que:

> "Os pareceres consubstanciam opiniões, pontos de vista de alguns agentes administrativos sobre matéria submetida à sua apreciação. Em alguns casos, a Administração não está obrigada a formalizá-los para a prática de determinado ato. Diz-se, então, que o parecer é facultativo. Quando é emitido por solicitação de órgão ativo ou de controle, em virtude de preceito normativo que prescreve a sua solicitação, como preliminar à emanação do ato que lhe é próprio, dir-se-á obrigatório. Nesta hipótese, o parecer integra o processo de formação do ato, de modo que sua ausência ofende o elemento formal, inquinando-o, assim, de vício de legalidade.
>
> Refletindo um juízo de valor, uma opinião pessoal do parecerista, o parecer não vincula a autoridade que tem competência decisória, ou seja, aquela a quem cabe praticar o ato administrativo final. Trata-se de atos diversos – o parecer e o ato que o aprova ou rejeita. Como tais atos têm conteúdos antagônicos, o agente que opina nunca poderá ser o que decide".

Na síntese de Di Pietro[18], pareceres facultativo, obrigatório e vinculante são:

> "O parecer é facultativo quando fica a critério da Administração solicitá-lo ou não, além de não ser vinculante para quem o solicitou. Se foi indicado como fundamento da decisão, passará a integrá-la, por corresponder à própria motivação do ato.
>
> O parecer é obrigatório quando a lei o exige com pressuposto para a prática do ato final. A obrigatoriedade diz respeito à solicitação do parecer (o que não lhe imprime caráter vinculante). Por exemplo, uma lei que exija parecer jurídico sobre todos os recursos encaminhados ao Chefe do Executivo; embora haja obrigatoriedade de ser emitido o parecer sob pena de ilegalidade do ato final, ele não perde o seu caráter opinativo. Mas a autoridade que não o acolher deverá motivar a sua decisão ou solicitar novo parecer, devendo lembrar que a atividade de consultoria jurídica é privativa de advogado, conforme artigo 1.º, 11, do Estatuto da OAB (Lei nº 8.906, de 4.7.1994). No âmbito da Administração Pública, a atividade consultiva é privativa da Advocacia-Geral da União e das Procuradorias dos Estados, conforme arts. 131 e 132 da Constituição Federal.
>
> O parecer é vinculante quando a Administração é obrigada a solicitá-lo e a acatar a sua conclusão. Por exemplo, para conceder aposentadoria por invalidez, a Administração tem que ouvir o órgão médico oficial e não pode decidir em desconformidade com a sua decisão; é o caso também da manifestação prevista no artigo 38, parágrafo único, da Lei nº 8.666, de

---

17. *Manual de Direito Administrativo*. 24. ed. São Paulo: Atlas, 2011. p. 127.
18. Direito Administrativo. 24. ed. São Paulo: Atlas, 2011. p. 232.

21-6-93, que torna obrigatório o exame e a aprovação das minutas de edital de licitação e dos contratos por assessoria jurídica da Administração. Também neste caso, se a autoridade tiver .dúvida ou não concordar com o parecer, deverá pedir novo parecer."

9.10.2.1. Da responsabilidade do parecerista perante o Tribunal de Contas

O art. 71, VIII, da Constituição Federal prescreve que o controle externo, a cargo do Congresso Nacional, será exercido com o auxílio do Tribunal de Contas da União, ao qual compete, dentre outras coisas, aplicar aos responsáveis, em caso de ilegalidade de despesa ou irregularidade de contas, as sanções previstas em lei, que estabelecerá, entre outras cominações, multa proporcional ao dano causado ao erário.

Apesar de o advogado parecerista não se apresentar como "responsável por contas", não ser ordenador de despesas e sua atividade não refletir prática de ato de gestão, mas sim uma aferição técnico-jurídica que se restringe a uma análise dos aspectos de legalidade que envolvem as minutas previstas no parágrafo único do art. 38 da Lei 8.666/1993, o fato é que tal parecer, ao que nos parece, tem caráter obrigatório para a Administração e a autoridade muitas vezes pratica o ato com base no referido parecer. Por isso, cabível a possibilidade de responsabilização, perante o Tribunal de Contas, do procurador ou assessor jurídico em relação a parecer opinando pela execução de certa conduta que se mostra ilegal. Não é o caso, portanto, de mero parecer opinativo de condutas, mas de opinião que embasa a prática final de ato pela autoridade superior.

O *Tribunal de Contas da União*, no acórdão 462/2003 – Plenário, assentou que:

> *"O parecer jurídico emitido por consultoria ou assessoria jurídica de órgão ou entidade, via de regra acatado pelo ordenador de despesas, constitui fundamentação jurídica e integra a motivação da decisão adotada, estando, por isso, inserido na verificação da legalidade, legitimidade e economicidade dos atos relacionados com a gestão de recursos públicos no âmbito da fiscalização contábil, financeira, orçamentária, operacional e patrimonial da administração pública federal, exercida pelo Congresso Nacional com o auxílio deste Tribunal, ex vi do art. 70 caput, e 71, II, da Constituição Federal.*
>
> *O fato de o autor de parecer jurídico não exercer função de execução administrativa, não ordenar despesas e não utilizar, gerenciar, arrecadar, guardar ou administrar bens, dinheiros ou valores públicos não significa que se encontra excluído do rol de agentes sob jurisdição deste Tribunal, nem que seu ato se situe fora do julgamento das contas dos gestores públicos, em caso de grave dano ao Erário, cujo principal fundamento foi o parecer jurídico, muitas vezes sem consonância com os autos.*
>
> *Na esfera da responsabilidade pela regularidade da gestão, é fundamental aquilatar a existência do liame ou nexo de causalidade existente entre os fundamentos de um parecer desarrazoado, omisso ou tendencioso, com implicações no controle das ações dos gestores da despesa pública que tenha concorrido para a possibilidade ou concretização do dano ao Erário. Sempre que o parecer jurídico pugnar para o cometimento de ato danoso ao Erário ou com grave ofensa à ordem jurídica, figurando com relevância causal para a prática do ato, estará o autor do parecer alcançado pela jurisdição do TCU, não para fins de fiscalização do exercício profissional, mas para fins de fiscalização da atividade da Administração Pública.*
>
> *2.112. Por seu turno, a doutrina de Marçal Justen Filho, afirma que 'Ao examinar e aprovar os atos de licitação, a assessoria jurídica assume responsabilidade pessoal solidária pelo que*

foi praticado. Ou seja, a manifestação acerca da validade do edital e dos instrumentos de contratação associa o emitente do parecer ao autor dos atos. Há dever de ofício de manifestar-se pela invalidade, quando os atos contenham defeitos. Não é possível os integrantes da assessoria jurídica pretenderem escapar aos efeitos da responsabilização pessoal quando tiverem atuado defeituosamente no cumprimento de seus deveres: se havia defeito jurídico, tinham o dever de apontá-lo.' (Comentários à Lei de Licitações e Contratos Administrativos, 11ª ed., Dialética, p. 379).

2.113. Diante das disposições legais, da jurisprudência desta Corte e da lição doutrinária, entende-se que o responsável, ao elaborar parecer obrigatório por lei, o fez destoando das regras legais, dando aparente legalidade aos atos sucessivamente cometidos pelos diversos atuantes no processo.

2.114. Parecer obrigatório, na lição de Oswaldo Aranha Bandeira de Mello, é aquele emitido 'por solicitação de órgão ativo ou de controle, em virtude de preceito normativo que prescreve a sua solicitação, como preliminar à emanação do ato que lhe é próprio (...)". Para José dos Santos Carvalho Filho, 'Nesta hipótese, o parecer integra o processo de formação do ato, de modo que sua ausência ofende o elemento formal, inquinando-o, assim, de vício de legalidade'. (Manual de Direito Administrativo, 13ª ed., Lumen Juris, 2005, p. 11)".

9.10.2.2. O posicionamento do Supremo Tribunal Federal sobre a possibilidade de o Tribunal de Contas fazer o controle sobre a conduta do parecerista.

Nesse sentido foi o posicionamento do Supremo Tribunal Federal no julgamento do Mandado de Segurança 24.584/DF (Pleno, j. 09.08.07)[19], em que ficou assentado que:

"Advogado público. Responsabilidade. Art. 38 da Lei n.º 8.666/1993. Tribunal de Contas da União. Esclarecimentos. Prevendo o art. 38 da Lei n.º 8.666/1993 que a manifestação da assessoria jurídica quanto a editais de licitação, contratos, acordos, convênios e ajustes não se limita a simples opinião, alcançando a aprovação, ou não, descabe a recusa à convocação do Tribunal de Contas da União para serem prestados esclarecimentos".

Saca-se de trecho do referido julgado, em voto ofertado pelo relator, Min. Marco Aurélio, que:

"Não há o envolvimento de simples peça opinativa, mas de aprovação, pelo setor técnico da autarquia, de convênio e aditivos, bem como de ratificações. Portanto, a hipótese sugere a responsabilidade solidária, considerado não só o crivo técnico implementado, como também o ato mediante o qual o administrador sufragou o exame e o endosso procedidos. Cumpre frisar ainda que, na maioria das vezes, aquele que se encontra na ponta da atividade relativa à Administração Pública não possui condições para sopesar o conteúdo técnico-jurídico da peça a ser subscrita, razão pela qual lança mão do setor competente. A partir do momento em que ocorre, pelos integrantes deste, não a emissão de um parecer, mas a aposição de visto, a implicar a aprovação do teor do convênio ou do aditivo, ou a ratificação realizada, constata-se, nos limites técnicos, a assunção de responsabilidade".

---

19. Sobre o tema, vide o MS 24.631/DF (*Informativo STF 475*), embora envolvendo hipótese não relacionada à licitação, no qual a Corte fez diferenciação entre consultas facultativa, obrigatória e vinculante.

Ultrapassados esses procedimentos internos, inaugura-se a segunda etapa do certame licitatório: a etapa externa.

9.10.3. Etapa externa[20]

A etapa externa, na lei 8.666/93,, é formada pelas seguintes fases:

- *Publicidade do edital ou da carta convite;*
- *Habilitação dos licitantes;*
- *Julgamento das propostas;*
- *Homologação;*
- *Adjudicação.*

Graficamente tem-se:

PROCEDIMENTO LICITATÓRIO	
1.ª fase	Publicidade do instrumento convocatório
2.ª fase	Habilitação dos licitantes
3.ª fase	Julgamento das propostas
4.ª fase	Homologação
5.ª fase	Adjudicação

Observemos, agora, cada uma dessas fases.

9.10.3.1. *1.ª fase: publicidade do instrumento convocatório*

Esta fase é caracterizada pelos seguintes eventos:

- *ato por meio do qual se inaugura a etapa externa;*
- *ato por meio do qual se leva ao conhecimento público o interesse da Administração em contratar algo (objeto – vide art. 2.º da Lei de Licitações);*
- *momento em que passa a incidir o princípio da vinculação ao instrumento convocatório para a Administração;*
- *momento em que se iniciam os prazos para os potenciais interessados impugnarem o edital e apresentarem propostas.*

---

20. Etapa externa com base no procedimento da modalidade concorrência. A depender da modalidade, essas fases poderão ser modificadas em sua ordem e exigência.

Instrumento convocatório é gênero, possuindo duas espécies: 1) edital e 2) carta-convite, sendo esta específica da modalidade licitatória "convite".

Quando o instrumento convocatório da licitação for o edital e a licitação for modalidade prevista na Lei 8.666/93, este deve ser publicado, no mínimo, uma vez, tanto na imprensa oficial do ente que está realizando o procedimento quanto em jornal de grande circulação (art. 21).

É dito isso, pois no pregão (Lei 10.520/2002) a regra é diferente!

No pregão a convocação dos interessados será efetuada por meio de publicação de aviso em diário oficial do respectivo ente federado ou, **não existindo**, em **jornal de circulação local, e facultativamente**, por meios eletrônicos. Todavia, **conforme o vulto da licitação**, será necessária a publicidade em jornal de grande circulação, nos termos do regulamento da legislação. Por exemplo, no caso de pregão eletrônico federal, cujo regramento está no Decreto 5.450/2005, há regras específicas, sendo acrescido ao Diário e ao meio eletrônico (internet) o **jornal de grande circulação local**, quando o valor estimado for acima de R$ 650.000,00 (seiscentos e cinquenta mil) reais até R$ 1.300.000,00 (um milhão e trezentos mil) reais e o jornal de **grande circulação regional ou nacional** quando o valor estimado for superior a R$ 1.300.000,00 (um milhão e trezentos mil) reais.

Registre-se que não se exige a publicação da íntegra do edital, mas apenas o seu aviso e o local onde eventuais interessados possam ter acesso a ele.

Tal regra não se aplica à modalidade licitatória "convite", pois nessa modalidade, o instrumento convocatório, chamado de "carta-convite", não é publicado nem em *Diário Oficial*, nem em jornal de grande circulação. Sua publicidade se efetiva por meio do envio da carta convite (instrumento convocatório) a alguns licitantes (no mínimo três), bem como à fixação da mesma no mural da repartição que está promovendo o certame (art. 22, § 3.º). Veja que no caso há publicidade do instrumento convocatório, porém não por publicação, que é forma de publicidade do instrumento convocatório edital.

Questão importante e que não pode ser deixada de lado, em função de ser ligada à publicidade do instrumento convocatório, é quando o edital ou carta-convite é publicado (externado) com vícios que o levam à nulidade. Exemplos: edital com disposições discriminatórias (art. 3.º, § 1.º) e edital omisso em pontos fundamentais (como a devida descrição do objeto ou o prazo de fornecimento dos bens a serem adquiridos).

Aqui se poderia indagar se o instrumento convocatório já foi publicado, razão pela qual tanto a Administração quanto os potenciais licitantes estariam vinculados, existindo inclusive o princípio da vinculação ao instrumento convocatório.

Todavia, há uma exceção ao referido princípio, porque, na aplicabilidade de tal diretriz, parte-se do pressuposto de que o instrumento convocatório foi confeccionado regular e legalmente, razão pela qual, realmente, as regras não podem ser mudadas. Ocorre que, no exemplo dado, houve vício de ilegalidade. Isso acarretaria uma contradição para a Administração Pública (desenvolver um procedimento maculado), o que poderia provocar, *a posteriori*, a anulação de todo o certame.

Por essa razão, é admissível a supressão do vício ou omissão do instrumento convocatório. Todavia, deve-se novamente dar publicidade ao instrumento e reabrir os prazos para a apresentação de documentos e propostas, conforme reza o art. 21, § 4.º, da Lei de Licitações.

Há uma hipótese em que será possível a alteração do edital, sendo que, apesar de necessária a nova publicação, está dispensada a reabertura do prazo de publicidade. Isso ocorrerá quando a alteração do edital, **inquestionavelmente**, não afetar a formulação das propostas.

Quanto à legitimidade para impugnar administrativamente o instrumento convocatório (art. 41, §§ 1.º e 2.º), quando estigmatizado com vícios dessa natureza, tem-se como legitimados:

> "a) Qualquer cidadão, que possui todo prazo de publicidade previsto no edital, exceto os últimos 5 (cinco) dias úteis.
>
> b) Licitantes, que poderão impugnar o edital durante todo prazo de publicidade, exceto nos últimos 2 (dois) dias úteis".

Nota-se que, ao contrário dos prazos previstos no art. 109 da Lei de Licitações, aqui os prazos não correm a partir de um ponto, uma decisão, por exemplo. O prazo inicia-se logo, com a publicidade do instrumento convocatório, e o licitante tem até o segundo dia útil que antecede o fim do prazo total de publicidade para dar entrada na impugnação. As demais pessoas (não licitantes) têm até o quinto dia útil que antecede essa data para a mesma providência[21].

É importante entender que o prazo de publicidade irá variar com a modalidade de licitação e o prazo é sempre mínimo. Assim, por exemplo, na modalidade concorrência, os prazos mínimos de publicidade serão 30 dias, se envolver apenas preço, e 45 dias, quando o contrato a ser celebrado contemplar o regime de empreitada integral ou quando a licitação for do tipo "melhor técnica" ou "técnica e preço". Já na tomada de preço que envolve apenas preço, o prazo mínimo é de 15 dias, ao passo que, se envolver técnica, será, no mínimo, de 30 dias.

Então, relembrando, qual o prazo para impugnação do edital? Depende da modalidade licitatória (art. 22 – concorrência, tomada de preços, convite, leilão e concurso), conjugada com seu tipo (menor preço, melhor técnica e preço e técnica).

Apenas a título de elucidação, imaginemos um vício no edital de uma concorrência (modalidade) do tipo melhor técnica.

O art. 21, § 2.º, "b", prescreve que o prazo de publicidade do edital referente a esse certame não poderá ser inferior a 45 dias da data marcada para a abertura dos envelopes. Nesse contexto, o prazo de um licitante para impugnar o edital estende-se por todo esse período, exceto os últimos dois dias úteis da abertura do envelope de habilitação, ou seja, mais de 40 dias.

---

21. O TCU entende ser *necessária motivação adequada nas respostas às indagações das empresas licitantes*. Registrou-se o relator que "toda decisão tomada pelo gestor há de ser devidamente motivada e justificada". Mais adiante, de forma mais contundente, asseverou "no caso de existir alguma dúvida, esta deve ser sanada da melhor forma possível, pois é um indicativo de que as informações podem não estar tão claras e pormenorizadas quanto se imaginava ao elaborar as regras do certame", finalizando com a seguinte recomendação "em cumprimento ao Princípio da Publicidade contido no *caput* do art. 3.º, bem como no inciso VIII do art. 40, ambos da Lei n.º 8.666/1993, o órgão não deve responder de modo inadequado e insuficiente às consultas e solicitações de esclarecimentos realizadas pelas empresas durante o processo licitatório, evitando respostas genéricas" (Acórdão 2245/2010-Plenário, TC-001.634/2010-0, Rel. Min. Valmir Campelo, 1.º.09.2010).

Quando tratarmos especificamente das modalidades licitatórias, informaremos os prazos em que o instrumento convocatório deve ser publicado, para que daí, baseado na regra antes exposta, possa o leitor chegar aos prazos de impugnação do edital das diversas modalidades licitatórias.

Interessante notar que a lei apenas fala em impugnação do edital, porém foi verificado que o edital é apenas uma das espécies de instrumento convocatório. Assim, a questão que se põe é a seguinte: qual o prazo para a impugnação da carta-convite? A lei foi omissa nesse ponto e parte da doutrina entende que se deve utilizar o prazo geral de recursos em caso de convite, ou seja, de dois dias úteis. Outros entendem que o prazo a ser seguido é o mesmo do edital, ou seja, até cinco dias úteis antes da data fixada para abertura dos envelopes de habilitação.

A quem deve ser dirigida a referida impugnação? A interposição da impugnação deve ser feita em petição autônoma ao subscritor do edital, não podendo, em hipótese alguma, estar inserida na proposta, sob pena de não conhecimento. Interessante é que nem a lei 8.666/93 e a 10.520/2002 expressamente tratam desta minúcia. Em âmbito federal, coube ao Decreto 5.450/2005 disciplinar a matéria:

> *Art. 18. Até dois dias úteis antes da data fixada para abertura da sessão pública, qualquer pessoa poderá impugnar o ato convocatório do pregão, na forma eletrônica.*
>
> *§ 1º Caberá ao pregoeiro, auxiliado pelo setor responsável pela elaboração do edital, decidir sobre a impugnação no prazo de até vinte e quatro horas.*

Atenção quanto ao pregão eletrônico, pois o regulamento do mesmo faz **distinção entre impugnação do edital**, cujo prazo é de até 2 (dois) dias úteis da data fixada para a abertura da sessão pública, **de pedidos de esclarecimentos** referentes ao processo licitatório, os quais deverão ser enviados ao pregoeiro até três dias úteis anteriores à data fixada para abertura da sessão pública, exclusivamente por meio eletrônico via internet, no endereço indicado no edital (art. 19).

9.10.3.1.1. Esquema gráfico

Impugnação do Edital

Prazo de Publicidade

Cidadão — Prazo para impugnar — 5 dias úteis

Licitante — Prazo para impugnar — 2 dias úteis

PIC = Publicidade do Instrumento Convocatório.
_ _ = Próxima fase, que varia de acordo com a modalidade licitatória.

9.10.3.1.2. Conteúdo e requisitos do edital

É semelhante à Lei, possuindo preâmbulo, texto e fecho.

De todo modo, para que a apresentação fique mais precisa, vejamos o que enuncia o artigo 41 da Lei 8.666/93 quanto ao que tem que que constar no edital:

> Art. 40. O edital conterá no preâmbulo o número de ordem em série anual, o nome da repartição interessada e de seu setor, a modalidade, o regime de execução e o tipo da licitação, a menção de que será regida por esta Lei, o local, dia e hora para recebimento da documentação e proposta, bem como para início da abertura dos envelopes, e indicará, obrigatoriamente, o seguinte:
>
> I – objeto da licitação, em descrição sucinta e clara;
>
> II – prazo e condições para assinatura do contrato ou retirada dos instrumentos, como previsto no art. 64 desta Lei, para execução do contrato e para entrega do objeto da licitação;
>
> III – sanções para o caso de inadimplemento;
>
> IV – local onde poderá ser examinado e adquirido o projeto básico;
>
> V – se há projeto executivo disponível na data da publicação do edital de licitação e o local onde possa ser examinado e adquirido;
>
> VI – condições para participação na licitação, em conformidade com os arts. 27 a 31 desta Lei, e forma de apresentação das propostas;
>
> VII – critério para julgamento, com disposições claras e parâmetros objetivos;
>
> VIII – locais, horários e códigos de acesso dos meios de comunicação à distância em que serão fornecidos elementos, informações e esclarecimentos relativos à licitação e às condições para atendimento das obrigações necessárias ao cumprimento de seu objeto;
>
> IX – condições equivalentes de pagamento entre empresas brasileiras e estrangeiras, no caso de licitações internacionais;
>
> X – o critério de aceitabilidade dos preços unitário e global, conforme o caso, permitida a fixação de preços máximos e vedados a fixação de preços mínimos, critérios estatísticos ou faixas de variação em relação a preços de referência, ressalvado o disposto nos parágrafos 1º e 2º do art. 48; (Redação dada pela Lei nº 9.648, de 1998)
>
> XI – critério de reajuste, que deverá retratar a variação efetiva do custo de produção, admitida a adoção de índices específicos ou setoriais, desde a data prevista para apresentação da proposta, ou do orçamento a que essa proposta se referir, até a data do adimplemento de cada parcela; (Redação dada pela Lei nº 8.883, de 1994)
>
> XII – (Vetado). (Redação dada pela Lei nº 8.883, de 1994)
>
> XIII – limites para pagamento de instalação e mobilização para execução de obras ou serviços que serão obrigatoriamente previstos em separado das demais parcelas, etapas ou tarefas;
>
> XIV – condições de pagamento, prevendo:
>
> a) prazo de pagamento não superior a trinta dias, contado a partir da data final do período de adimplemento de cada parcela; (Redação dada pela Lei nº 8.883, de 1994)
>
> b) cronograma de desembolso máximo por período, em conformidade com a disponibilidade de recursos financeiros;
>
> c) critério de atualização financeira dos valores a serem pagos, desde a data final do período de adimplemento de cada parcela até a data do efetivo pagamento; (Redação dada pela Lei nº 8.883, de 1994)

d) *compensações financeiras e penalizações, por eventuais atrasos, e descontos, por eventuais antecipações de pagamentos;*

e) *exigência de seguros, quando for o caso;*

XV – *instruções e normas para os recursos previstos nesta Lei;*

XVI – *condições de recebimento do objeto da licitação;*

XVII – *outras indicações específicas ou peculiares da licitação.*

Interessante notar que, mais uma vez fazendo política pública por meio da lei de licitações, foi inserido um novo critério para que o licitante participe do certame. O § 5º do artigo 40, acima mencionado, foi inserido recentemente pela Lei n.º 13.500/2017, estabelecendo que *a Administração Pública poderá, nos editais de licitação para a contratação de serviços, exigir da contratada que um percentual mínimo de sua mão de obra seja oriundo ou egresso do sistema prisional, com a finalidade de ressocialização do reeducando, na forma estabelecida em regulamento.*

A regra depende de regulamentação, conforme previsto no texto, mas, após regulamentada, poderá, nas situações em que o administrador entender conveniente e de acordo com o regulamento a ser expedido, impedir que o licitante participe do certame caso não cumpra esta nova imposição.

Finda essa primeira fase da etapa externa (publicidade do instrumento convocatório), passa-se para a próxima.

Graficamente, podemos resumir o conteúdo do edital da seguinte forma:

		1.ª fase Publicidade do Instrumento Convocatório
Conteúdo	**Preâmbulo**	Apresenta a licitação.
		Identifica o órgão que a promove.
		Contém o nome da repartição interessada.
		Informa o número do edital e a finalidade.
		Informa o número do processo que autorizou a abertura da licitação.
		Indica o local, dia e hora para apresentação de documentos e propostas, bem como sua abertura.
	Texto	Define o objetivo.
		Estabelece as condições de participação.
		Estabelece os requisitos habilitatórios.
		Estabelece os critérios para julgamentos das propostas, tais como: qualidade, preço, prazos etc.
		Estabelecer os requisitos para a formalização do contrato.
	Fecho	Determinações finais sobre sua divulgação.
		Data e assinatura da autoridade responsável.

9.10.3.2. 2.ª fase: habilitação dos licitantes na lei 8.666/93

Os interessados em participar do procedimento licitatório deverão apresentar à Administração dois[22] envelopes lacrados, um contendo os documentos exigidos a título de habilitação e outro com as propostas dos licitantes.

Na fase de habilitação, a Administração analisará o licitante, não sendo o momento de análise das propostas, que continuam sigilosas em envelopes lacrados. Na habilitação, que é feita, via de regra, nos procedimentos da Lei 8.666/1993 por uma Comissão de Licitação[23] (exceção é o leilão, que é feito por leiloeiro oficial ou servidor designado pela Administração (Art. 53) e, no convite, a comissão de licitação, excepcionalmente, **nas pequenas unidades administrativas** e em face da **exiguidade de pessoal disponível, poderá** ser substituída por servidor formalmente designado pela autoridade competente (art. 51, § 1), será verificado o cumprimento de alguns requisitos formais por parte do licitante, bem como se este possui condições técnicas e econômicas para executar o contrato pretendido pela Administração, caso vença a licitação.

Hely Lopes Meirelles define a fase de habilitação como *"aquela em que se procede à verificação da documentação e de requisitos pessoais dos licitantes, habilitando-os ou inabilitando-os. É a etapa relacionada às qualidades pessoais dos interessados em licitar. Ocorre previamente à análise das propostas"*[24].

O licitante inabilitado é excluído do procedimento e a proposta que havia formulado nem chega a ser conhecida, devolvendo-se o envelope de sua proposta lacrado.

A habilitação ou qualificação acima mencionada será processada com base nos seguintes requisitos, conforme enuncia o art. 27 da Lei de Licitações[25]:

1. *habilitação jurídica;*
2. *qualificação técnica;*
3. *qualificação econômica e financeira;*
4. *regularidade fiscal;*

---

22. Em se tratando de licitação do tipo melhor técnica, poderá ser exigido um 3.º envelope com a proposta técnica do licitante.
23. O TCU entendeu que a *não verificação da regularidade dos documentos apresentados pelos licitantes pode dar ensejo à responsabilização dos membros da comissão de licitação*. Em trecho do julgado ficou assentado que "muito embora não se pudesse exigir desses gestores, na qualidade de membros da CPL, a responsabilidade por atos relativos à elaboração do convite e de seus anexos, não se pode desconsiderar o fato de eles terem habilitado empresas que apresentaram documentação com prazo de validade expirado, pois, uma vez compondo o *quorum* da comissão, passavam a incidir sobre cada um deles responsabilidades inerentes à função, dentre elas a de verificar a regularidade da documentação apresentada pelos licitantes" (Acórdão 6802/2010-2.ª Câmara, TC-015.303/2004-8, Rel. Min. André Luís de Carvalho, 16.11.2010).
24. No pregão, o legislador preferiu alterar essa regra e optou por colocar a habilitação após o julgamento das propostas. E mais, em se tratando de pregão eletrônico, não se aplica a sistemática de entrega de envelopes, conforme será visto em capítulo específico.
25. O TCU entendeu que a *exigência de certidão negativa de débitos salariais, para fim de habilitação, não encontra amparo legal*. Para o relator, ficou claro que "a exigência da certidão negativa de débitos salariais não possui amparo legal, conforme entendimento deste Tribunal" (Acórdão 3088/2010-Plenário, TC-026.076/2010-1, Rel. Min. Raimundo Carreiro, 17.11.2010).

5. regularidade trabalhista;
6. cumprimento do disposto no inc. XXXIII do art. 7.º da Constituição Federal, o qual proíbe o trabalho noturno, insalubre e perigoso para menores de 18 anos, bem como qualquer tipo de trabalho para os menores de 16 anos, exceto, a partir dos 14 anos, na condição de aprendiz.

Todas as provas que demonstram a regularidade do licitante, quanto a esses requisitos, deverão estar insertas no envelope da habilitação, o qual será aberto e analisado em primeiro lugar[26].

Portanto, na ordem de abertura dos envelopes, segundo a Lei 8.666/1993, primeiro abre-se o envelope com a habilitação, demonstrando o atendimento aos referidos requisitos, e somente após se passar por essa fase será aberto o envelope contendo as propostas, sendo que a não observância dessa sequência gera nulidade do certame.

Graficamente, a fase de habilitação pode ser resumida da seguinte forma:

	2.ª FASE HABILITAÇÃO DOS LICITANTES	
Análise dos seguintes requisitos	Habilitação jurídica	Analisa a existência da pessoa física ou jurídica.
		Analisa se o licitante pode ser sujeito de direito e obrigações.
	Qualificação técnica	Busca verificar de antemão se os licitantes possuem condições técnicas de executar o contrato.
	Qualificação econômica e financeira	Busca verificar se o licitante possui condições econômicas de suportar a execução do contrato.
	Regularidade fiscal e trabalhista	Busca verificar a situação do licitante em relação ao cumprimento de suas obrigações tributárias em âmbito federal, estadual e municipal. A trabalhista, em âmbito trabalhista.
	Cumprimento do disposto no inc. XXXIII do art. 7.º da CF	Proibição ao trabalho noturno, perigoso ou insalubre para menores de 18 e de qualquer trabalho para menores de 16 anos, salvo na condição de aprendiz a partir dos 14 anos.

Traçadas essas notas sobre a habilitação, vejamos ponto a ponto os requisitos que devem ser obedecidos para que o licitante seja habilitado.

---

26. Na modalidade pregão há inversão de fases, razão pela qual inicialmente é feito o julgamento das propostas para só após realizar a análise dos documentos de habilitação, que, no caso, será apenas do titular da proposta mais vantajosa.

9.10.3.2.1. Habilitação jurídica

O que se verifica é a:

- *existência da pessoa que, quando pessoa física, se prova por meio da Carteira de Identidade. Em se tratando de pessoa jurídica, por meio do contrato social registrado na Junta Comercial ou no Registro de Pessoas Jurídicas. Quando se tratar de empresa estatal, a prova se fará pela junção da lei que autorizou sua criação;*
- *capacidade jurídica, ou seja, se o licitante pode ser sujeito de direito e obrigações, pois, em caso negativo, não pode contratar e, consequentemente, está impedido de licitar.*

Importante ressaltar que o licitante pessoa jurídica só será admitido no certame licitatório se presentes os pressupostos de sua válida constituição, justificando-se, assim, o fato de as empresas irregulares, como as sociedades de fato, serem excluídas do certame.

Enuncia o art. 28 da Lei de Licitações:

"Art. 28. A documentação relativa à habilitação jurídica, conforme o caso, consistirá em:

I – cédula de identidade;

II – registro comercial, no caso de empresa individual;

III – ato constitutivo, estatuto ou contrato social em vigor, devidamente registrado, em se tratando de sociedades comerciais e, no caso de sociedades por ações, acompanhado de documentos de eleição de seus administradores;

IV – inscrição do ato constitutivo, no caso de sociedades civis, acompanhada de prova de diretoria em exercício;

V – decreto de autorização, em se tratando de empresa ou sociedade estrangeira em funcionamento no país, e ato de registro ou autorização para funcionamento expedido pelo órgão competente, quando a atividade assim o exigir".

Com o advento do novo Código Civil, especialmente a parte relacionada ao Direito Empresarial, deu-se novo tratamento às empresas acarretando a revogação parcial do art. 28 da Lei 8.666/1993. A nova sistemática é encontrada nos arts. 966 a 1.195 do referido Código.

Assim, atualmente, deve-se entender: 1) *empresa individual* como sendo o empresário, equiparada à pessoa jurídica com inscrição obrigatória no registro da Junta Comercial; 2) *sociedade comercial* como sociedade empresária sob qualquer das modalidades previstas nos arts. 1.039 a 1.092 do Código Civil; 3) *sociedades de ações* como as sociedades empresárias disciplinadas pelos arts. 1.088 e 1.089; 4) *sociedade civil* como a sociedade simples tratada nos arts. 997 a 1.038 do Código Civil.

9.10.3.2.2. Regularidade fiscal

Pela regularidade fiscal, pretende a Administração verificar a situação do licitante em relação ao cumprimento de suas obrigações tributárias em âmbito federal, estadual e municipal.

A prova de regularidade fiscal, no que diz respeito ao correto recolhimento dos tributos, pode ser feita tanto por meio de apresentação de certidão negativa quanto de certidão positiva com efeitos de negativa. É cediço que a certidão é espécie de ato administrativo enunciativo, cujo teor se presume verdadeiro por força do atributo da presunção de veracidade do ato administrativo.

Ademais, parece-nos que a referida exigência de regularidade fiscal está em consonância com o princípio da isonomia, pois aquele que não cumpre rigorosamente com suas obrigações fiscais, sonegando tributos, por exemplo, possui notoriamente melhores condições de ofertar propostas mais vantajosas para a Administração.

Caso fosse relevada essa exigência, estaria o Poder Público, de uma forma indireta, fomentando ou incentivando a sonegação, em um círculo vicioso no qual aqueles que sonegassem apresentariam propostas mais vantajosas e ganhariam as licitações. Se, por um lado, o interesse público seria alcançado (pela obtenção da proposta mais vantajosa), por outro, seria agredido, pois haveria diminuição da arrecadação tributária.

Relembre-se que tanto a certidão negativa de débito quanto a certidão positiva, com efeitos de negativa, comprovam a regularidade fiscal para fins de participação em certame licitatório. Esta última pode ser obtida, nos termos do art. 206 do CTN, que autoriza a expedição dessa certidão: 1) quando o crédito tributário estiver com a exigibilidade suspensa, o que ocorre nas hipóteses do art. 151 do Código Tributário Nacional[27]; 2) em processo de Execução Fiscal em que o executado tenha garantido a execução (penhora de bens)[28]; e 3) quando os créditos ainda não estiverem vencidos.

É importante ressaltar que a edição da Lei Complementar 123, de 14 de dezembro de 2006, a qual instituiu o Estatuto das Microempresas e Empresas de Pequeno Porte, acarretou mudanças no procedimento licitatório com o objetivo de dar tratamento mais vantajoso às empresas que se encontrem nessa situação. Dentre as diversas mudanças, destaca-se o fato de as microempresas e empresas de pequeno porte não poderem mais ser inabilitadas em razão da falta de regularidade fiscal.

Até a edição dessa lei, as empresas que não possuíam regularidade fiscal eram inabilitadas e excluídas do certame licitatório. Agora, nos termos da nova lei, apenas as empresas que não se enquadrarem como microempresas e empresas de pequeno porte é que serão inabilitadas em razão da falta de regularidade fiscal.

---

27. "Art. 151. Suspendem a exigibilidade do crédito tributário: I – a moratória; II – o depósito do seu montante integral; III – as reclamações e os recursos, nos termos das leis reguladoras do processo tributário administrativo; IV – a concessão de medida liminar em mandado de segurança; V – a concessão de medida liminar ou de tutela antecipada, em outras espécies de ação judicial; VI – o parcelamento".

28. Quanto à possibilidade de participação no certame por licitante que responde a processo de execução fiscal tendo sido garantido o juízo, registre-se interessante posicionamento do Superior Tribunal de Justiça: "(...) O art. 29, III, da Lei n.º 8.666/1993 deve ser interpretado com a flexibilidade preconizada no princípio inserido no art. 37, XXI, da CF/88. 2. Se a empresa tem contra si execução fiscal, mas não se nega a pagar e indica bens à penhora para discutir a dívida, não há, ainda, inadimplência. 3. O devedor, ao indicar bens à penhora, fez a sua parte para garantir o juízo, dependendo da Justiça, unicamente, a formalização da garantia. 4. Situação fática que, no lapso de tempo indicado, satisfaz a exigência do art. 29, III, da Lei de Licitações. 5. Recurso Especial improvido" (STJ, REsp 425.400/MG, 2.ª T., Rel. Min. Eliana Calmon, *DJU* 08.09.2003, p. 281).

Não se quer dizer com isso que essas empresas não precisam ter regularidade fiscal. Não! O objetivo da lei foi apenas o de analisar a regularidade fiscal da ME e EPP no final do procedimento licitatório, caso uma delas tenha sido declarada vencedora do certame.

Ocorre que a Lei 8.666/1993 em nenhum momento fala em declaração de vencedor, razão pela qual se deve entender que o legislador está se referindo ao término da fase de julgamento das propostas, quando se encontrará a mais vantajosa.

Assim, o procedimento será da seguinte forma: 1) na fase de habilitação serão analisados os requisitos habilitatórios de todos os licitantes, inclusive quanto à regularidade fiscal; 2) o não cumprimento das exigências habilitatórias acarretará a exclusão do licitante do certame, exceto as microempresas e empresas de pequeno porte, quando o motivo for falta de regularidade fiscal; 3) após isso, segue-se a fase de julgamento das propostas, quando se fará a classificação destas e será a mais vantajosa segundo os critérios objetivos traçados no instrumento convocatório.

A partir daí podem ocorrer duas situações. Em sendo a proposta mais vantajosa de uma sociedade que não ME ou EPP, será a ela adjudicado o objeto para posterior contratação. Lembre-se de que essa empresa já se submeteu na íntegra ao teste de habilitação, inclusive ao de regularidade fiscal.

O outro caso ocorre quando a proposta mais vantajosa é proveniente de uma ME ou EPP. Não existindo vício em sua regularidade fiscal, a ela será adjudicado o objeto. Se, por outro lado, houver falhas nesse requisito habilitatório, a lei concede-lhe o direito de corrigi-las, realizar o pagamento ou parcelamento do tributo no prazo de cinco[29] dias úteis, podendo ser prorrogado por igual período a critério da Administração Pública[30].

Regularizando sua situação fiscal, a autoridade superior deverá homologar o certame e adjudicar o objeto ao titular da proposta mais vantajosa para subsequente contratação, caso seja do interesse da Administração.

Por sua vez, a não regularização no prazo legal importa na perda do direito à contratação, bem como na sujeição às sanções previstas na Lei 8.666/1993, podendo a Administração contratar com os demais licitantes seguindo a ordem de classificação ou revogar a licitação.

---

29. Quando da edição da LC 123, o prazo para regularização era de dois dias úteis, podendo ser prorrogado por igual período. Com a recente Lei Complementar 147, de 7 de agosto de 2014, houve alteração na lei e o aumento do prazo.

30. *O TCU entendeu que o enquadramento, o reenquadramento e o desenquadramento como microempresa ou empresa de pequeno porte são efetuados com base em declaração do próprio empresário, perante a Junta Comercial competente.* Em trecho do julgado colhe-se que "a responsabilidade pela atualização e veracidade das declarações de pertencimento às categorias acima compete às firmas licitantes". Mais adiante afirma: "o enquadramento como ME ou EPP depende de solicitação da própria empresa, junto ao presidente da respectiva Junta Comercial do estado da federação onde se localiza, requerendo o arquivamento da 'Declaração de Enquadramento de ME ou EPP', conforme o inciso II do parágrafo único do art. 1.º da IN-DNRC n.º 103/2007. Do mesmo modo, cabe à empresa solicitar o desenquadramento da situação de ME ou EPP, de acordo com a alínea c.2 do inciso II do parágrafo único do art. 1.º da mencionada IN". Por ter perdido a condição e não ter feito o desenquadramento, gozando indevidamente dos benefícios, o TCU declarou, "com fundamento no art. 46 da Lei n.º 8.443/1992 e no inciso IV do art. 87, c/c o inciso III do art. 88 da Lei n.º 8.666/1993, *a inidoneidade* da empresa Rub Car Comércio de Autopeças e Fundição Ltda., para licitar e contratar com a Administração Pública, pelo período de dois anos" (Acórdão 2578/2010-Plenário, TC-008.554/2010-2, Rel. Min. Walton Alencar Rodrigues, 29.09.2010).

Caso queira contratar com os demais licitantes, ao contrário do que ocorre normalmente no procedimento da Lei de Licitações, a proposta mais vantajosa não vincula. Isso por dois motivos: o primeiro é que a Lei Complementar 123/2006, ao contrário do Estatuto das Licitações, não determinou que a contratação fosse nos termos da proposta mais vantajosa, e, o segundo, em razão de tratar-se de vício referente à habilitação, o qual não foi sanado e por isso declarado com efeito retroativo. Nesse caso, à semelhança do que ocorre no pregão, a proposta não vincula.

Devemos, ainda, analisar outra questão interessante e que deve ser refletida. É que nas modalidades licitatórias convite, leilão, concurso, e para fornecimento de bens para pronta entrega, poderá haver a dispensa da fase de habilitação, conforme enuncia o § 1.º do art. 32 da Lei de Licitações.

Todavia, parece-nos que tal artigo, quando o licitante for pessoa jurídica, deve ser interpretado com cautela e de uma forma sistemática, pois a Constituição Federal, em seu art. 195, § 3.º, proíbe a contratação com quem esteja em débito com a seguridade social.

Enuncia o referido dispositivo que "A pessoa jurídica em débito com o sistema da seguridade social, como estabelecido em lei, não poderá contratar com o Poder Público nem dele receber benefício ou incentivos fiscais ou creditícios".

Nesse contexto, a dispensa de documentos comprobatórios da habilitação não abrange, para as pessoas jurídicas, a certidão que prova a regularidade junto à seguridade social por expressa disposição constitucional em sentido contrário[31].

9.10.3.2.3. Regularidade trabalhista

Trata-se de uma novidade na fase de habilitação criada pela Lei 12.440/2011, que foi publicada em 08.07.2011 e que entrou em vigor 180 dias após sua publicação, ou seja, apenas no mês de janeiro de 2012.

A partir da vigência dessa lei, além dos requisitos de habilitação previstos no art. 27 da Lei 8.666/1993, passou a ser exigida a comprovação da regularidade trabalhista, que consiste em prova de inexistência de débitos inadimplidos perante a Justiça do Trabalho, mediante a apresentação de certidão negativa de débitos trabalhistas (CNDT).

Segundo o art. 642-A da Consolidação das Leis do Trabalho (também inserido pela Lei 11.440/2011 e que entrou em vigor após 180 dias), a Certidão Negativa de Débitos Trabalhistas (CNDT) será expedida gratuita e eletronicamente para comprovar a inexistência de débitos inadimplidos perante a Justiça do Trabalho.

Para a obtenção da referida certidão, *não pode constar em nome do licitante: a) o inadimplemento de obrigações estabelecidas em sentença condenatória transitada em julgado proferida pela Justiça do Trabalho ou em acordos judiciais trabalhistas, inclusive no concernente aos recolhimentos previdenciários, a honorários, a custas, a emolumentos ou a recolhimentos determinados em lei; ou b) o inadimplemento de obrigações decorrentes de*

---

31. Nesse sentido, o art. 95, § 2.º, "c" da Lei 8.212/1991 dispõe que a empresa que transgredir as normas desta lei (Lei de Custeio da Seguridade Social) sujeitar-se-á, nas condições em que dispuser o regulamento, à inabilitação para licitar e contratar com qualquer órgão ou entidade da Administração Pública Direta ou Indireta Federal, Estadual, do Distrito Federal ou Municipal.

execução de acordos firmados perante o Ministério Público do Trabalho ou Comissão de Conciliação Prévia.

Caso o licitante tenha débitos trabalhistas garantidos por penhora suficiente ou com exigibilidade suspensa, será expedida Certidão Positiva de Débitos Trabalhistas em seu nome com os mesmos efeitos da CNDT, razão pela qual é documento hábil para sua participação na licitação.

Registre-se que a CNDT certificará a empresa em relação a todos os seus estabelecimentos, agências e filiais, e que ela possui um prazo de validade de 180 dias, contado da data de sua emissão.

Por fim, registre-se que com a nova redação dada pela LC 155/16 ao artigo 42 da LC 123/06, a **comprovação de regularidade trabalhista das microempresas e empresas de pequeno porte somente será exigida para efeito de assinatura do contrato,** lembrando que, como sucede em relação à regularidade fiscal, as referidas empresas deverão apresentar toda a documentação exigida para efeito de comprovação da regularidade trabalhista, mesmo que esta apresente alguma restrição, sendo que, havendo restrição e em sendo exitoso este licitante, será assegurado o prazo de cinco dias úteis, cujo termo inicial corresponderá ao momento em que o proponente for declarado vencedor do certame, prorrogável por igual período, a critério da administração pública, para regularização da documentação, para pagamento ou parcelamento do débito e para emissão de eventuais certidões negativas ou positivas com efeito de certidão negativa.

9.10.3.2.4. Qualificação técnica

Objetiva-se, por meio da qualificação técnica, verificar de antemão se os licitantes que disputam o certame possuem condições técnicas para executar o contrato, caso vençam a licitação.

Trata-se de medida cautelar por parte da Administração que não pode, em razão da indisponibilidade do interesse público, contratar sem ter a segurança de que o contratado possui reais condições técnicas de executar o contrato.

Por isso, na Lei 8.666/1993, em cujas modalidades licitatórias a habilitação antecede o julgamento das propostas, a Administração devolve lacrados os envelopes das propostas dos licitantes inabilitados. Isso se dá justamente porque o licitante inabilitado, principalmente em razão do não cumprimento dos requisitos de qualificação técnica, não demonstrou à Administração que possui a capacidade técnica necessária para a execução do contrato, razão pela qual não possui o Poder Público interesse em verificar a proposta de quem não tem condições de executar o objeto pretendido.

Especialmente nesse ponto de qualificação técnica percebe-se que a Administração deve observar com rigor o disposto na parte final do inc. XXI do art. 37 da Carta Constitucional, devendo apenas exigir, a título dessa habilitação, os requisitos indispensáveis à garantia do cumprimento das obrigações.

Por isso, conclui-se que a inserção dos referidos requisitos, seja do ponto de vista quantitativo ou qualitativo, insere-se em certa margem de liberdade da Administração, ou seja, trata-se de ato discricionário. Porém, da mesma forma que os demais atos administrativos, os atos discricionários também possuem limites, cuja violação enseja a possibilidade de controle jurisdicional. Assim, caso a Administração exija, para uma licitação de pequeno porte, requisitos bem superiores ao necessário para a execução do contrato, por mais que os mesmos requisitos estejam previstos em lei, haverá violação ao princípio da proporcionalidade, o que poderá ensejar a anulação do instrumento convocatório e do certame.

O art. 30 da Lei de Licitações disciplina o que pode ser exigido a título desse requisito.

> "Art. 30. A documentação relativa à qualificação técnica limitar-se-á a:
>
> I – registro ou inscrição na entidade profissional competente;
>
> II – comprovação de aptidão para desempenho de atividade pertinente e compatível em características, quantidades e prazos com o objeto da licitação, e indicação das instalações e do aparelhamento e do pessoal técnico adequados e disponíveis para a realização do objeto da licitação, bem como da qualificação de cada um dos membros da equipe técnica que se responsabilizará pelos trabalhos;
>
> III – comprovação, fornecida pelo órgão licitante, de que recebeu os documentos, e, quando exigido, de que tomou conhecimento de todas as informações e das condições locais para o cumprimento das obrigações objeto da licitação;
>
> IV – prova de atendimento de requisitos previstos em lei especial, quando for o caso.
>
> § 1.º A comprovação de aptidão referida no inciso II do caput deste artigo, no caso das licitações pertinentes a obras e serviços, será feita por atestados fornecidos por pessoas jurídicas de direito público ou privado, devidamente registrados nas entidades profissionais competentes, limitadas as exigências a: (Redação dada ao parágrafo pela Lei 8.883, de 08.06.1994)
>
> I – capacitação técnico-profissional: comprovação do licitante de possuir em seu quadro permanente, na data prevista para entrega da proposta, profissional de nível superior ou outro devidamente reconhecido pela entidade competente, detentor de atestado de responsabilidade técnica por execução de obra ou serviço de características semelhantes, limitadas estas exclusivamente às parcelas de maior relevância e valor significativo do objeto da licitação, vedadas as exigências de quantidades mínimas ou prazos máximos; (Redação dada ao parágrafo pela Lei 8.883, de 08.06.1994)
>
> II – (Vetado) (Inciso acrescentado pela Lei 8.883, de 08.06.1994)
>
> a) (Vetado)
>
> b) (Vetado)
>
> § 2.º As parcelas de maior relevância técnica e de valor significativo, mencionadas no parágrafo anterior, serão definidas no instrumento convocatório. (Redação dada ao parágrafo pela Lei 8.883, de 08.06.1994)
>
> § 3.º Será sempre admitida a comprovação de aptidão através de certidões ou atestados de obras ou serviços similares de complexidade tecnológica e operacional equivalente ou superior.
>
> § 4.º Nas licitações para fornecimento de bens, a comprovação de aptidão, quando for o caso, será feita através de atestados fornecidos por pessoa jurídica de direito público ou privado.
>
> § 5.º É vedada a exigência de comprovação de atividade ou de aptidão com limitações de tempo ou de época ou ainda em locais específicos, ou quaisquer outras não previstas nesta Lei, que inibam a participação na licitação.
>
> § 6.º As exigências mínimas relativas a instalações de canteiros, máquinas, equipamentos e pessoal técnico especializado, considerados essenciais para o cumprimento do objeto da licitação, serão atendidas mediante a apresentação de relação explícita e da declaração formal da sua disponibilidade, sob as penas cabíveis, vedada as exigências de propriedade e de localização prévia.
>
> § 7.º (Vetado) (Redação dada ao parágrafo pela Lei 8.883, de 08.06.1994)

I - (Vetado)

II - (Vetado)

§ 8.º No caso de obras, serviços e compras de grande vulto, de alta complexidade técnica, poderá a Administração exigir dos licitantes a metodologia de execução, cuja avaliação, para efeito de sua aceitação ou não, antecederá sempre à análise dos preços e será efetuada exclusivamente por critérios objetivos.

§ 9.º Entende-se por licitação de alta complexidade técnica aquela que envolva alta especialização, como fator de extrema relevância para garantir a execução do objeto a ser contratado, ou que possa comprometer a continuidade da prestação de serviços públicos essenciais.

§ 10. Os profissionais indicados pelo licitante para fins de comprovação da capacitação técnico-profissional de que trata o inciso I do § 1.º deste artigo deverão participar da obra ou serviço objeto da licitação, admitindo-se a substituição por profissionais de experiência equivalente ou superior, desde que aprovada pela administração. (Parágrafo acrescentado pela Lei 8.883, de 08.06.1994)".

Doutrinariamente, podemos dividir a capacidade técnica em:

a) Genérica: é a prova de que o licitante é do ramo ou está autorizado a executar o serviço que a Administração pretende contratar. Prova-se esse requisito, por exemplo, por meio do registro profissional expedido pelo órgão competente.

b) Específica: é a verificação de que o licitante possui "capacidade específica" para aquela contratação que a Administração pretende realizar. Aqui, como registrado, deverá haver mudança de edital para edital, eis que cada objeto diferente exige uma capacidade técnica específica diferente. É o inc. II do art. 30 que dá as diretrizes para o delineamento dessa exigência. Assim, dentre o que pode ser cobrado a este título, destacam-se: a) prova de aptidão para desempenho de atividade pertinente e compatível em características, quantidades e prazos com o objeto da licitação, o que pode ser feito por meio de atestados e certidões; b) indicação das instalações e do aparelhamento e do pessoal técnico adequado e disponível para a realização do objeto da licitação; c) qualificação de cada um dos membros da equipe técnica que se responsabilizará pelos trabalhos.

Decidiu o Egrégio Superior Tribunal de Justiça ser ilegal a exigência de atestado fornecido por obra idêntica ou semelhante, aliado à apresentação de nota de empenho, ordem de serviço ou nota fiscal:

"Administrativo. Edital de licitação. Exigência de apresentação de atestados comprobatórios de prestação anterior de serviço idêntico ou similar ao do objeto da licitação, acompanhados de empenho, ordem de serviço ou nota fiscal. Mandado de segurança. Ilegalidade do ato. (...)" (STJ, REsp 316.755/RJ, 1.ª T., rel. Min. Garcia Vieira, DJU 20.08.2001, p. 392).

Acertada foi a decisão desse tribunal, uma vez que a exigência de atestados comprobatórios de realização de obra idêntica ou similar poderia frustrar o caráter competitivo do certame, bem como ser objeto de manobra por parte da Administração para direcionar a contratação, o que entraria em rota de colisão com o princípio da impessoalidade.

c) *Operativa*: é a demonstração de disponibilidade de recursos materiais e humanos adequados e necessários à execução do contrato.

O que deve ficar claro é que o licitante tem de demonstrar os três requisitos, sob pena de inabilitação, seja durante o processamento do certame, seja durante a execução do contrato, sob pena de rescisão do contrato administrativo, conforme prescreve o art. 55, XIII, c/c art. 78, I, da Lei 8.666/1993.

> "Art. 55. São cláusulas necessárias em todo contrato as que estabeleçam:
>
> (...)
>
> XIII – a obrigação do contratado de manter, durante toda a execução do contrato, em compatibilidade com as obrigações por ele assumidas, todas as condições de habilitação e qualificação exigidas na licitação.
>
> (...)
>
> Art. 78. Constituem motivo para rescisão do contrato:
>
> I – o não cumprimento de cláusulas contratuais, especificações, projetos ou prazos".

9.10.3.2.5. Qualificação econômica e financeira

Por meio da qualificação econômica e financeira, pretende a Administração verificar se o licitante possui condições econômicas de suportar a execução do contrato, o qual é necessariamente oneroso. Em uma palavra: verifica-se a saúde financeira do licitante.

As exigências que poderão ser cobradas a esse título estão presentes no art. 31, valendo a pena registrar que a inserção desses requisitos em cada edital deverá variar conforme o objeto que se pretende contratar. Portanto, na inserção dessas exigências, goza a Administração de certa discricionariedade.

Pode-se exigir, a título de demonstração da qualificação econômico-financeira[32]:

a) *balanço patrimonial e demonstrações contábeis do último exercício social, já exigíveis e apresentados na forma da lei, que comprovem a boa situação financeira da empresa, vedada a sua substituição por balancetes ou balanços provisórios, podendo ser atualizados por índices oficiais quando encerrados há mais de três meses da data de apresentação da proposta;*

b) *certidão negativa de falência ou concordata expedida pelo distribuidor da sede da pessoa jurídica, ou de execução patrimonial, expedida no domicílio da pessoa física;*

c) *garantia, nas mesmas modalidades e critérios previstos no caput e § 1.º do art. 56 desta Lei (caução, seguro-garantia e fiança bancária), limitada a 1% do valor estimado do objeto da contratação.*

Além disso, poderá a Administração estabelecer no instrumento convocatório da licitação, quando esta tiver por objeto compras para entrega futura ou execução de obras e serviços, a exigência de capital social mínimo ou de patrimônio líquido mínimo, desde que não excedente a 10% do valor estimado da contratação.

---

32. O TCU entende que a exigência simultânea, para fim de qualificação econômico-financeira, da comprovação de capital social mínimo e da apresentação de garantia não se coaduna com a lei e caracteriza restrição ao caráter competitivo (Acórdão 326/2010-Plenário, TC-002.774/2009-5, Rel. Min. Benjamin Zymler, 03.03.2010).

9.10.3.2.6. Cumprimento ao disposto no art. 7.º, XXXIII, da Constituição Federal

Tal exigência não surgiu no bojo da Lei 8.666/1993, tendo sido incluída pela Lei 9.854, de 27.10.1999, em que se passou a exigir a observância do art. 7.º, XXXIII, da Constituição Federal, o qual proíbe o trabalho noturno, perigoso ou insalubre para menores de 18 e de qualquer trabalho para os menores de 16 anos, salvo na condição de aprendiz, a partir de 14 anos.

A prova do cumprimento desse dispositivo constitucional é feita por declaração firmada pelo licitante. Caso seja falsa, a declaração pode acarretar a rescisão do contrato, com base no art. 78, XVIII, da Lei de Licitações.

> "Art. 78. Constituem motivo para rescisão do contrato:
> (...)
> XVIII – descumprimento do disposto no inciso V do art. 27, sem prejuízo das sanções penais cabíveis (Inciso acrescentado pela Lei 9.854, de 27.10.1999, DOU 28.10.1999)".

Importante ressaltar que, dentre as cláusulas exorbitantes previstas no art. 58, III, da referida Lei, destaca-se o poder de fiscalização, que pode, inclusive, ser utilizado para a aferição dessa regularidade trabalhista.

Enuncia o dito dispositivo legal:

> "Art. 58. O regime jurídico dos contratos administrativos instituídos por esta Lei confere à Administração, em relação a eles, a prerrogativa de:
> (...)
> III – fiscalizar-lhes a execução".

9.10.3.2.7. Considerações finais sobre a fase de habilitação

Os licitantes que passaram no teste da habilitação são considerados habilitados e, portanto, estão aptos a disputar a próxima fase do certame, ou seja, a do julgamento das propostas.

Já os que não passaram na fase de habilitação são inabilitados e, portanto, excluídos do certame, razão pela qual se devolvem a eles os envelopes lacrados com suas propostas comerciais (art. 43, II), eis que os competidores não demonstraram possuir os requisitos de regularidade formal e/ou os comprobatórios de que podem executar o objeto pretendido pela Administração.

A fase de habilitação, na Lei 8.666/1993, via de regra[33], é dirigida por uma Comissão de Licitação, que, conforme enuncia o art. 51 da Lei 8.666/1993, será composta por, no

---

33. No convite, a Comissão de Licitação poderá ser substituída, nas pequenas unidades administrativas e em face da exiguidade de pessoal disponível, por servidor formalmente designado pela autoridade superior (§ 1.º do art. 51). Já no leilão, por sua vez, não há Comissão de Licitação, mas sim leiloeiro, conforme prescreve o art. 53 da Lei 8.666/1993.

mínimo, três membros, devendo ao menos dois deles pertencer aos quadros permanentes dos órgãos da Administração responsáveis pela licitação.

Após o término da fase de habilitação, a Comissão de Licitação confeccionará ata circunstanciada, informando os fatos ocorridos nessa fase, os licitantes habilitados e os inabilitados, dando ciência aos licitantes que estiverem presentes e, por meio de outra forma de publicidade, aos competidores ausentes.

Havendo licitante inabilitado, a Administração deverá, após a devida publicidade do resultado da fase de habilitação, aguardar o prazo de cinco dias úteis para a apresentação de recursos por parte dos licitantes inabilitados, exceto no caso de o competidor inabilitado ser intimado inequivocamente de seu desligamento do certame e, também de forma inequívoca, declarar que abre mão do direito de recorrer. Nesse caso, poderá a Administração seguir adiante para a próxima fase da licitação.

Por outro lado, havendo a interposição de recurso, está vedado à Administração passar para a fase de julgamento das propostas, uma vez que o recurso na fase habilitatória é recebido legalmente no efeito suspensivo, o que, *in casu*, inviabiliza a continuidade do procedimento, conforme prescreve o art. 109, I, "a" c/c o seu § 2.º.

Assim, apenas após o julgamento dos recursos interpostos nessa fase é que a Administração poderá passar para a fase de julgamento de propostas. Apesar de óbvio, deve-se ressaltar que a mudança de fase na pendência de recurso, nesse caso específico, acarretará a nulidade do procedimento, uma vez que haverá, antes do desenrolar final da fase habilitatória, violação ao conteúdo das propostas.

9.10.3.3. 3.ª fase: julgamento das propostas

Aos licitantes que foram inabilitados são devolvidos seus envelopes de propostas fechados. É pressuposto para abertura das propostas, na lei 8.666/93, que o licitante tenha sido habilitado, **exceto para as ME ou EPP com problemas de regularidade fiscal e/ou trabalhista passíveis de correção**, nos termos do artigo 42 e 43 da Lei Complementar 123/06.

A, As propostas podem ser classificadas ou desclassificadas conforme estejam ou não em conformidade com o instrumento convocatório. Das classificadas, será apurada a mais vantajosa nos termos prévia e objetivamente estabelecidos no edital ou na carta-convite. É o que enunciam os incisos IV e V do artigo 43 da Lei nº 8.666/93:

> Art. 43. A licitação será processada e julgada com observância dos seguintes procedimentos:
>
> IV – verificação da conformidade de cada proposta com os requisitos do edital e, conforme o caso, com os preços correntes no mercado ou fixados por órgão oficial competente, ou ainda com os constantes do sistema de registro de preços, os quais deverão ser devidamente registrados na ata de julgamento, promovendo-se a desclassificação das propostas desconformes ou incompatíveis;
>
> V – julgamento e classificação das propostas de acordo com os critérios de avaliação constantes do edital;

Isso é dito, porquanto somente estarão disputando a adjudicação do objeto licitado os licitantes que apresentaram propostas que foram classificadas, eis que as desclassificadas geraram o afastamento dos proponentes do certame licitatório.

A desclassificação nada tem a ver com a inabilitação. É bom que isso não se confunda. Um licitante desclassificado certamente passou pela fase habilitatória, todavia, na análise da proposta, foi desclassificado.

Já ao licitante inabilitado, jamais lhe poderá ser atribuído o predicado de "desclassificado" (pelo menos na lei 8.666/93), pois este sequer chegou à fase classificatória.

Nesse contexto, pode-se dizer que a desclassificação é a eliminação do licitante na fase de julgamento das propostas em razão de ele apresentar proposta em desconformidade com o edital/carta-convite.

9.10.3.3.1. Desclassificação da proposta

A desconformidade da proposta pode ser:

- *por equívoco na forma de apresentação, ou seja, vício formal, como a não apresentação de planilhas, prazo de validade inferior ao estabelecido no edital etc.*[34];
- *por equívoco no conteúdo, também conhecido por vício material. Aqui o licitante erra no próprio objeto que propõe. Por exemplo, cite-se o caso em que a Administração quer comprar mil cavalos e o licitante oferece mil éguas.*

Sobre a desclassificação, enuncia o art. 48 da Lei de Licitações:

"Art. 48. Serão desclassificadas:

I – as propostas que não atendam às exigências do ato convocatório da licitação;

II – propostas com valor global superior ao limite estabelecido ou com preços manifestamente inexequíveis, assim considerados aqueles que não venham a ter demonstrada sua viabilidade através de documentação que comprove que os custos dos insumos são coerentes com os de mercado e que os coeficientes de produtividade são compatíveis com a execução do objeto do contrato, condições estas necessariamente especificadas no ato convocatório da licitação. (Redação dada pela Lei 8.883/94)

§ 1.º Para os efeitos do disposto no inciso II deste artigo, consideram-se manifestamente inexequíveis, no caso de licitações de menor preço para obras e serviços de engenharia, as propostas cujos valores sejam inferiores a 70% (setenta por cento) do menor dos seguintes valores:

a) média aritmética dos valores das propostas superiores a 50% (cinquenta por cento) do valor orçado pela Administração; ou

b) valor orçado pela Administração.

§ 2.º Dos licitantes classificados na forma do parágrafo anterior cujo valor global da proposta for inferior a 80% (oitenta por cento) do menor valor a que se referem as alíneas a e b, será exigida, para a assinatura do contrato, prestação de garantia adicional, dentre

---

34. Importante registrar que há decisões do Supremo Tribunal Federal declarando a nulidade de decisões que desclassificam propostas por mera irregularidade, entendendo que não deve haver um excesso de formalismo e que deve a Comissão atuar com razoabilidade. *Vide*, a respeito, dentre outros, o RMS 23.714/DF, Rel. Sepúlveda Pertence, *DJU* 13.10.2000. Por outro lado, o Superior Tribunal de Justiça, no julgamento do REsp 421.946/DF, confirmou decisão de Comissão de Licitação que inabilitou licitante em razão de este atrasar dez minutos da hora marcada para o início da sessão.

as modalidades previstas no § 1.º do art. 56, igual a diferença entre o valor resultante do parágrafo anterior e o valor da correspondente proposta.

§ 3.º Quando todos os licitantes forem inabilitados ou todas as propostas forem desclassificadas, a Administração poderá fixar aos licitantes o prazo de oito dias úteis para a apresentação de nova documentação ou de outras propostas escoimadas das causas referidas neste artigo, facultada, no caso de convite, a redução deste prazo para três dias úteis".

Dentro da fase de julgamento das propostas, passa-se a analisar o conteúdo das propostas classificadas.

9.10.3.3.2. Classificação das propostas

A classificação, nesse contexto, é a ordenação das ofertas pelas conveniências que apresentam para o serviço público, colocando em primeiro lugar a proposta mais vantajosa segundo os termos do instrumento convocatório. Registre-se, por oportuno, que o julgamento é objetivo nos termos dos arts. 44 e 45 da Lei de Licitações.

Como já dito, a Administração deverá adjudicar o objeto ao licitante que apresentou a proposta mais vantajosa. Todavia, é importante lembrar que a adjudicação não confere ao adjudicatário o direito à assinatura do contrato administrativo, pois a convocação do licitante para assiná-lo fica a critério da Administração Pública.

Um fato importante a ser registrado é que, em homenagem ao princípio da publicidade, a abertura, a leitura e a rubrica das propostas ocorrem em ato público. Todavia, o seu exame pode ser em público ou, reservadamente, em outro local e data (os licitantes já olharam e rubricaram todas as propostas), pois muitas vezes o tumulto e a complexidade do objeto tornam a análise das propostas um tanto demorada.

9.10.3.3.3. Proposta mais vantajosa

É aquela que melhor atende aos interesses públicos definidos nos termos do edital.

Tal proposta vai variar de acordo com a modalidade e o tipo de licitação empregado pela Administração Pública.

a) Tipo menor preço

A proposta mais vantajosa é aquela que oferece o objeto pelo menor preço. É a mais comum (ex.: na compra).

b) Tipo melhor técnica

É a proposta que apresenta o objeto mais eficiente, durável, mais aperfeiçoado, rápido e rentável. O vencedor será aquele que oferecer a melhor técnica, dentro das especificações e do preço negociado pela Administração. Nesse caso, serão utilizados três envelopes: habilitação – técnica – preço. Tenta-se negociar o preço com o primeiro colocado. Não conseguindo, vai-se para o segundo, até fechar.

c) Tipo técnica e preço

Nos tipos técnica e técnica e preço, a classificação deve ser claramente justificada na ata de julgamento, indicando os fatores considerados e as vantagens de cada oferta, de modo a permitir a verificação da legitimidade e da exatidão do julgamento.

Os fatores podem ser: qualidade, rendimento, preço etc.

Na análise do preço, devem ser considerados todos os fatores e circunstâncias que possam acarretar sua redução ou aumento, como, por exemplo, modo e prazo de pagamento, financiamento, desconto, carência, juros.

d) Maior lance ou oferta

É o tipo licitatório utilizado para alienação de bens ou concessão de direito real de uso, pois, por essa sistemática, o objetivo da Administração é receber o maior valor possível para a alienação dos bens a serem vendidos ou colocados à disposição de terceiros.

Quando utilizado esse tipo licitatório, é necessário que o edital apresente um valor mínimo para o início da sessão de lances, a fim de nortear as ofertas dos licitantes. Esse valor deverá ser resultado de uma avaliação prévia do objeto.

9.10.3.3.4. Considerações finais sobre o julgamento

Nas concorrências e tomadas de preço, o processamento da licitação é privativo de uma comissão composta por, no mínimo, três membros, sendo que dois deles devem necessariamente ser do órgão que está procedendo à licitação. Já no que diz respeito à modalidade licitatória "convite", o julgamento poderá ser feito por comissão ou substituído por um servidor designado para tanto.

Interessante notar que a Lei não exige que tais membros pertencentes à Comissão de Licitação sejam providos em cargos efetivos, o que autoriza o entendimento de que podem ser comissionados.

Após o término da fase de julgamento das propostas, a Comissão de Licitação confeccionará ata circunstanciada, informando os fatos ocorridos nessa fase. Havendo licitante desclassificado ou inconformado com o resultado do julgamento das propostas, a Administração deverá, após a devida publicidade do resultado dessa fase, aguardar o prazo de cinco dias úteis para a apresentação de recursos por parte desses licitantes, exceto no caso de o competidor ser intimado inequivocamente do resultado dessa fase e declarar que abre mão do direito de recorrer. Nesse caso, poderá a Administração seguir adiante para a próxima etapa do certame.

Por outro lado, havendo a interposição de recurso, está vedado à Administração passar para a fase de homologação, uma vez que o recurso na fase de julgamento de propostas é recebido legalmente no efeito suspensivo, o que, *in casu*, inviabiliza a continuidade do procedimento, conforme prescreve o art. 109, I, "b" c/c o seu § 2.º.

E exaurem-se aqui os trabalhos da Comissão de Licitação.

A fase de julgamento de propostas pode ser resumida graficamente da seguinte forma:

3.ª FASE JULGAMENTO DAS PROPOSTAS	
Desclassificação da proposta	Por equívoco na forma de apresentação.
	Por equívoco no conteúdo.
Classificação da proposta	É a ordenação das ofertas pelas conveniências que apresentam para o serviço público, colocando em primeiro lugar a proposta mais vantajosa segundo os termos do instrumento convocatório.
Proposta mais vantajosa	É aquela que melhor atende aos interesses públicos definidos nos termos do edital.
TIPOS	
Tipo menor preço	É aquela que oferece o objeto pelo menor preço.
Tipo melhor técnica	É aquela que apresenta o objeto mais eficiente, durável, aperfeiçoado, rápido e rentável.
Tipo técnica e preço	Será analisado o preço, rendimento, qualidade etc.
Maior lance e oferta	Utilizado para alienação de bens ou concessão de direito real de uso.

9.10.3.3.5. Divisibilidade do julgamento e empate de propostas

É possível, desde que a proposta possa ser aceita por partes, caracterizando objeto divisível. Nesse caso, a adjudicação, homologação e anulação podem ser parciais, mantendo-se o que está correto e invalidando-se apenas o que está irregular e ilegal.

Já no que diz respeito ao empate de propostas, a matéria é regida pelos incisos do § 2.º do art. 3.º da Lei de Licitações, que recentemente sofreu alteração pela Lei 12.349/2010.

Segundo esse dispositivo legal, em igualdade de condições, como critério de desempate, será assegurada preferência, sucessivamente, aos bens e serviços: a) produzidos no país; b) produzidos ou prestados por empresas brasileiras; c) produzidos ou prestados por empresas que invistam em pesquisa e no desenvolvimento de tecnologia no país[35].

---

35. A Lei 12.349/2010 revogou o inc. I do § 2.º do art. 3.º da Lei 8.666/1993, que também dava preferência no desempate de proposta às empresas brasileiras de capital nacional que produzissem bens ou prestassem serviços, o que significa que, para fins de desempate de empresas em igualdade de condições, não é mais relevante se a empresa brasileira é de capital nacional ou não.

Caso não seja possível a aplicação desses critérios, o desempate será via sorteio, conforme estabelece o art. 45, § 2.º, da Lei de Licitações.

Todavia, com a recente edição da Lei Complementar 123, de 14 de dezembro de 2006, que instituiu o Estatuto Nacional das Microempresas e Empresas de Pequeno Porte, houve algumas mudanças no que diz respeito ao empate de propostas quando na licitação participarem microempresas e empresas de pequeno porte.

Dispõe o art. 44 da Lei Complementar 123/2006 que "nas licitações será assegurada, como critério de desempate, preferência de contratação para as microempresas e empresas de pequeno porte". O próprio dispositivo legal, em seu § 1.º, conceitua "empate" como "aquelas situações em que as propostas apresentadas pelas microempresas e empresas de pequeno porte sejam iguais ou até 10% (dez por cento) superiores à proposta mais bem classificada".

Em seu art. 45, o novo diploma legal determina que, em caso de empate, proceder-se-á da seguinte forma: 1) a microempresa ou empresa de pequeno porte mais bem classificada poderá apresentar proposta de preço inferior àquela considerada vencedora do certame, situação em que será adjudicado em seu favor o objeto licitado; 2) não ocorrendo a contratação da microempresa ou empresa de pequeno porte, na forma prevista na primeira hipótese, serão convocadas as remanescentes que porventura se enquadrem nas condições do art. 44 da Lei Complementar (ou seja, as ME ou EPP cujas propostas sejam superiores à mais vantajosa em até 5% no pregão e 10% nas demais modalidades), na ordem classificatória, para o exercício do mesmo direito.

Tais regras, adverte o § 2.º do art. 45, somente serão aplicadas no caso de a proposta mais vantajosa não ser apresentada por microempresa ou empresa de pequeno porte.

Daí pode-se concluir que apenas haverá empate, nos termos estabelecidos na referida lei complementar, caso o licitante vitorioso não seja uma ME ou uma EPP, pois, caso seja, será vitoriosa a que apresentar, logo de início, a proposta mais vantajosa.

No que diz respeito ao inc. III[36] do art. 44, parece-nos que, em razão do disposto no referido § 2.º do art. 45, apenas servirá para estabelecer a ordem de apresentação de ofertas quando houver empate entre as ME ou EPP, cujas propostas sejam iguais ou superiores em até 10% da proposta mais vantajosa entre elas. É o que ocorre quando duas ME ofertam o mesmo valor (R$ 10.000,00, por exemplo), superior à proposta mais vantajosa (R$ 9.800,00), dentro dos limites percentuais estabelecidos. Configurada essa situação, será feito sorteio entre ambas para estabelecer quem vai primeiramente apresentar proposta, a qual, superando a classificada inicialmente como a mais vantajosa, irá conferir o direito de seu proponente à adjudicação do objeto.

Em resumo: se o empate for real entre grandes empresas, o desempate será feito com base no art. 3.º, § 2.º, sendo que, se inaplicável qualquer uma dessas hipóteses, será feito sorteio para descoberta do licitante vencedor. Se duas pequenas empresas possuem a mesma proposta (mais vantajosa), segue-se o mesmo critério referido acima. Por fim, havendo empate real ou ficto entre uma ME ou EPP e uma grande empresa, segue-se a sistemática da Lei Complementar 123/2006.

---

36. Dispõe o referido inciso que, "no caso de equivalência dos valores apresentados pelas microempresas e empresas de pequeno porte que se encontrem nos intervalos estabelecidos nos §§ 1.º e 2.º do artigo 44 desta Lei Complementar, será realizado sorteio entre elas para que se identifique aquela que primeiro poderá apresentar melhor oferta".

9.10.3.4. 4.ª fase: homologação

A Comissão de Licitação, após o julgamento, deve enviar o processo à autoridade superior (hierarquicamente superior à comissão – em regra, é aquela que determinou a abertura da licitação) para homologação da licitação e adjudicação ao licitante vencedor, conforme enunciam os arts. 43, V e VI, e 64 da Lei 8.666/1993.

Importante salientar que a homologação não é só do julgamento, mas de todo o procedimento licitatório. Trata-se de ato de controle e, como é cediço, ato administrativo vinculado, só podendo ser emitido se todo o procedimento licitatório (conjunto de atos administrativos) se realizou em estrita conformidade com a lei.

Nesse contexto, a autoridade administrativa[37] pode:

- *confirmar o julgamento – homologando-o, caso o certame tenha sido realizado corretamente;*
- *ordenar a retificação da classificação no todo ou em parte – irregularidade corrigível. Ex.: erro de julgamento, como, por exemplo, inobservância dos critérios objetivos traçados no edital ou não configuração de empate ficto, sendo que era caso de empate;*
- *anular o julgamento ou todo o procedimento licitatório – irregularidade insanável e prejudicial ao certame. Ex.: vício na etapa interna da licitação, como, por exemplo, equivocada especificação do objeto, uso da modalidade tomada de preços quando deveria ser concorrência etc.*

Após a homologação e determinada a adjudicação, a autoridade passa a responder por todos os efeitos e consequências da licitação (houve ato de controle final – a homologação supera as decisões inferiores), razão pela qual, caso seja impetrado mandado de segurança, passa a autoridade a ser a impetrada (autoridade coatora).

9.10.3.5. 5.ª fase: adjudicação

A adjudicação, na Lei 8.666/1993, é o último ato do procedimento licitatório. Por meio dela, a Administração atribui ao vencedor do certame o objeto da licitação, o que, em termos práticos, significa que a Administração, caso realize o contrato, deve fazê-lo com o adjudicatário.

Como já foi visto, a Administração não é obrigada a firmar o pacto[38], razão pela qual a adjudicação do objeto ao licitante vencedor não lhe confere direito subjetivo ao con-

---

37. O TCU entende que a autoridade que homologa o procedimento pode ser responsabilizada em caso de ilegalidade no ato. Para o relator, o ato omisso da recorrente, investida como autoridade homologadora da licitação, estaria materializado na ausência de conferência dos requisitos essenciais do procedimento sob sua responsabilidade. Restaria caracterizada, portanto, "a negligência, ou seja, a inobservância de normas que lhe ordenariam a agir com atenção, capacidade, solicitude e discernimento". Tal negligência, afirmou o relator, "não pode ser descaracterizada simplesmente alegando-se possível erro de subordinados ou suposta ausência de prejuízo financeiro computado. Mesmo porque a responsabilidade, neste caso, pode advir de culpa *in eligendo*, ou seja, da má escolha daquele em quem se confia a prática de um ato ou o adimplemento da obrigação, e da culpa *in vigilando*, decorrente da falta de atenção com o procedimento de outrem. Há que se considerar, ainda, que responsabilidade não se transfere" (Acórdão 137/2010-Plenário, TC-015.583/2002-3, Rel. Min. José Múcio Monteiro, 03.02.2010).
38. Há reiterados posicionamentos jurisprudenciais, especialmente do *Superior Tribunal de Justiça*, no sentido de que a Administração não é obrigada a firmar o contrato, podendo, por decisão motivada

trato, mas mera expectativa de direito no sentido de que, caso a Administração pretenda contratar com alguém, deve ser primeiramente tentado com o licitante melhor classificado no certame. Por outras palavras: a adjudicação dá direito ao adjudicatário de não ser preterido quando da contratação.

Propositadamente, se disse que a Administração primeiramente deve "tentar" contratar com aquele que ofertou a proposta mais vantajosa, eis que em duas situações é possível que ela não contrate com ele.

A primeira hipótese ocorre quando a proposta mais vantajosa perde a sua validade[39], exonerando seu proponente da obrigação de firmar o pacto. Assim, o adjudicatário não é mais obrigado a assinar o contrato e, caso não o faça voluntariamente, poderá a Administração contratar com os demais classificados, desde que siga a ordem de classificação e mantenha o preço da proposta mais vantajosa, a qual é vinculante.

O outro caso se dá quando o adjudicatário, uma vez chamado a assinar o contrato, dentro do prazo de validade de sua proposta, se recusa a fazê-lo. Nessa hipótese, o adjudicatário perderá o direito à contratação e será severamente punido por tal ato, que é considerado inadimplemento total da obrigação. Configurada essa hipótese, poderá a Administração contratar com os demais licitantes nos termos relatados no primeiro caso, ou seja, seguindo a ordem de classificação e vinculada ao valor da proposta mais vantajosa.

Em caso de impetração de mandado de segurança, se a liminar não for proferida antes da homologação e da adjudicação, ocorre a perda do objeto do mandado de segurança, devendo o *mandamus* ser extinto sem julgamento de mérito[40].

---

e baseada em fatos supervenientes, revogar a licitação. *Vide*, dentre outros, MS 8.844/DF, Rel. Min. Franciulli Netto, *DJU* 04.08.2003.

39. Há uma interessante decisão do Egrégio *Superior Tribunal de Justiça* em que se assentou que é possível o instrumento convocatório dispor que o prazo de validade das propostas pode ser suspenso em caso de interposição de recurso administrativo. Entendeu-se na ocasião que a regra do art. 64, parágrafo, da Lei 8.666/1993 tem caráter supletivo, devendo ser aplicada apenas nas hipóteses em que o instrumento convocatório não dispuser de modo diverso. Maiores detalhes da inovadora decisão vide RO-MS 15.378/SP, Rel. Min. Luiz Fux, DJU 28.03.2005.

40. Por isso o deferimento de medida de urgência é fundamental, principalmente porque a licitação é um procedimento que possui um trâmite muito rápido. O art. 64, § 3.º, da Lei 8.666/1993 prescreve que o prazo de validade das propostas não será superior a 60 dias. Isso quer dizer que o prazo entre a apresentação das propostas até a assinatura do contrato não pode ser superior a 60 dias, pois, a partir daí, o licitante não é mais obrigado a assinar o contrato. Após a apresentação das propostas, o desenrolar do certame tende a ser rápido, possuindo apenas algumas interrupções em caso de interposição de recursos na fase de habilitação e julgamento de propostas, os quais são recebidos no efeito suspensivo. Normalmente a licitação é concluída em 10 a 20 dias. Se o magistrado não deferir a medida liminar, é bem possível que a demanda perca o seu objeto. Veja-se: caso o licitante proponha uma ação ordinária, o prazo para apresentar defesa será de 60 dias, ou seja, é bem provável que, quando o magistrado for analisar o pleito após a contestação, o contrato já esteja assinado e muitas vezes, como nos casos de compras, já devidamente executado. Em mandado de segurança não é diferente. Dez dias é o prazo para apresentação de Informações. Tal prazo apenas começa a contar com a intimação pessoal da Autoridade coatora, o que, devido à pequena quantidade de oficiais de justiça, somado ao grande número de mandados judiciais a serem cumpridos, muitas vezes demora mais de uma semana para ser cumprido. Após ser cumprido, deve-se somar o tempo que os servidores do cartório levam para juntar o mandado, as informações e fazer os autos conclusos ao Juízo. Isso quando o magistrado, já no despacho inicial, determina que, depois de prestadas as informações, os autos sejam submetidos à análise do Ministério Público. É bem comum, na prática,

Nesse sentido, já se manifestou o Egrégio Superior Tribunal de Justiça[41], conforme se extrai de trecho da ementa a seguir transcrita:

> "Impetrado mandado de segurança visando a impugnar ato no curso de procedimento licitatório, a superveniência de conclusão do respectivo certame, com a adjudicação do objeto licitado, posto não lograr êxito a tentativa do recorrente de paralisá-lo via deferimento de pleito liminar, conduz à extinção do writ por falta de interesse processual superveniente".

Depois de adjudicado o objeto, a Administração, dentro do prazo previsto no instrumento convocatório, chamará o licitante para assinar o contrato ou retirar o instrumento equivalente, passando a matéria a ser regida pelo art. 54 e seguintes da Lei de Licitações.

9.11. MODALIDADE DE LICITAÇÃO

Conforme foi visto, a Administração contrata de tudo, desde pequenas compras a complexas obras de engenharia. Assim, não teria sentido, fora o fato de ser violador ao princípio da eficiência, que a Administração utilizasse do mesmo procedimento, muitas vezes burocrático, tanto para realizar uma simples contratação quanto para uma contratação extremamente complexa.

Por isso, o legislador criou vários procedimentos licitatórios especializados. Esses procedimentos variam ora de acordo com o objeto que vai ser licitado, ora de acordo com o valor estimado do objeto licitado. Esses procedimentos diferenciados são chamados de *modalidades de licitação*.

A criação das modalidades deve ser feita por meio de lei, sendo vedado ao administrador criá-las por meio de atos administrativos. É até possível sua criação por medida provisória, porém, para que ela permaneça no ordenamento, é necessária a sua conversão em lei. O pregão, originariamente, foi criado por medida provisória.

Ainda, é importante registrar que modalidades são normas gerais de licitações, razão pela qual a competência para institui-las é da União, não podendo os Estados e Municípios criá-las, mesmo que por lei.

Também está proibido ao administrador fazer uso combinado de modalidades. Por exemplo, utilizar a fase de publicidade do convite e de julgamento do pregão, pois essa prática não deixa de ser uma forma de criação de modalidade disfarçada.

As modalidades licitatórias, na Lei 8.666/1993, estão previstas em seu art. 22. São elas[42]:

1. *Concorrência;*
2. *Tomada de preço;*

---

que o não deferimento da medida de urgência venha ao final a acarretar a extinção do processo sem julgamento de mérito pela perda superveniente do objeto da licitação, causando prejuízos incalculáveis ao autor da demanda.

41. MS 7.723/DF, Rel. Min. Luiz Fux, *DJU* 03.11.2004.
42. Ainda, na Lei 9.472/1997, que dispõe sobre a organização dos serviços de telecomunicações, a criação e o funcionamento de um órgão regulador e outros aspectos institucionais, há a modalidade de licitação chamada consulta.

3. *Convite;*
4. *Leilão;*
5. *Concurso.*

Deve-se registrar que o pregão também é uma modalidade de licitação, porém não prevista na Lei Geral de Licitações, ou seja, na Lei 8.666/1993, mas na Lei 10.520/2002.

Por uma questão didática, trataremos do pregão especificamente em capítulo próprio.

Essas cinco modalidades licitatórias representam diversas formas de regular o procedimento de seleção. Os variados modos de procedimento distinguem-se entre si pela variação quanto à complexidade de cada uma de suas fases e quanto ao objeto a ser licitado.

Marçal Justen Filho nos informa que, no rol do art. 22 da Lei de Licitações, existem dois tipos de modalidades licitatórias. As modalidades comuns, previstas nos incs. I a III, e as especiais, previstas nos incs. IV e V.

Isso porque, segundo esse professor, as modalidades previstas nos três primeiros incisos, ou seja, concorrência, tomada de preços e convite, podem ser utilizadas muitas vezes para o mesmo objeto (obras, serviços de engenharia, demais serviços e compras), variando o preço, por exemplo. Já as especiais têm uma finalidade específica, ou seja, somente servem para aquele fim. Não há cabimento de sua utilização para outros tipos de contratação administrativa, senão àquelas para as quais são especificamente destinadas.

O concurso somente se presta como procedimento de seleção para atribuição de prêmios ou seleção fundada em critérios muito específicos. Já o leilão se destina a selecionar a melhor proposta para a alienação de bens ou direitos, nas hipóteses previstas em lei.

Postos esses comentários inaugurais, passa-se a analisar separadamente cada uma das referidas modalidades licitatórias.

9.11.1. Concorrência

A concorrência é a modalidade de licitação mais utilizada para a contratação de maior porte financeiro.

Conforme se verifica no art. 23, I, "c", é obrigatória a adoção da modalidade concorrência para a contratação de obras e serviços de engenharia estimada em valor superior a R$ 1.500.000,00.

Já quanto à realização de compras e contratação de demais serviços, será obrigatório o uso da concorrência quando o valor estimado para a contratação for superior a R$ 650.000,00, conforme o art. 23, II, "c".

A Lei 11.107/2005, que dispõe sobre normas gerais de contratação de consórcios públicos, acrescentou ao art. 23 da Lei 8.666/1993 um parágrafo oitavo, o qual altera os limites dos valores enunciados nos incs. I e II do referido artigo. Assim, caso o consórcio que for realizar a licitação seja composto por até três entes da Federação, majora-se os limites ao dobro, cabendo concorrência quando a contratação estimada, em se tratando de obras e serviços de engenharia, for superior a R$ 3.000.000,00 e, no caso de demais serviços e compras, em valor estimado superior a R$ 1.300.000,00. O limite original é triplicado caso o consórcio público seja composto por mais de três entes da Federação, devendo-se adotar a concorrência, para obras e serviços de engenharia, quando o valor estimado da contratação for superior a R$ 4.500.000,00 e, para demais serviços e compras, superior a R$ 1.950.000,00.

Apenas em relação aos objetos comuns, repita-se mais uma vez: obras, serviços de engenharia, demais serviços e compras, é que o valor estimado para a contratação será determinante para a escolha da modalidade cabível, entre concorrência, tomada de preços e convite. Para outros objetos a lei especificou qual modalidade quer que seja utilizada. Assim o faz, por exemplo, quando determinou que a concessão de direito real de uso deverá ser feita mediante concorrência. Aqui não importa o valor, mas sim o objeto em si, que o legislador foi claro ao vinculá-lo à modalidade concorrência.

Também dessa forma o fez para a alienação de bens imóveis, os quais deverão, via de regra, ser licitados pela modalidade concorrência. Todavia, aqui há duas exceções, quando a Administração poderá utilizar tanto a concorrência quanto o leilão. São elas: a) para a alienação de bens imóveis cuja aquisição haja derivado de procedimentos judiciais; ou b) para a dação em pagamento.

Isso se justifica porque muitas vezes a Administração apenas vai aceitar esse bem, pois o devedor não tem recursos para pagar a dívida, ou seus bens foram a hasta pública, porém não foram arrematados por ninguém. Assim, a Administração aceita esses bens como forma de pagamento, mas certamente procederá à sua posterior alienação. Como, a princípio, não é um bem afetado a uma utilidade pública, e provavelmente não o será, a Lei autorizou que a alienação desses bens pudesse ser feita por um procedimento menos burocrático, ou seja, por meio de leilão.

A modalidade concorrência admite a participação de quaisquer interessados, ou seja, pode o licitante estar cadastrado ou não junto aos órgãos públicos.

O aviso do edital de licitação da modalidade concorrência deve ser publicado com antecedência mínima de: a) *30 dias* – quando o tipo de licitação for menor preço e b) *45 dias* – para contratação sob o regime de empreitada integral ou quando o tipo de licitação for melhor técnica ou técnica e preço.

Os prazos previstos acima começam a correr a partir da última publicação do aviso de licitação, eis que são necessárias duas publicações, uma no *Diário Oficial* e outra em jornal de grande circulação.

Nessa modalidade licitatória, é possível a ocorrência de uma fase chamada de pré-qualificação, cujo fundamento encontra-se prescrito no art. 114 da Lei de Licitações.

A pré-qualificação consiste na dissociação da fase de habilitação do restante do procedimento da concorrência. A Administração institui exigências especiais e excepcionalmente severas como requisito de participação em futura concorrência. Essas exigências envolvem a idoneidade financeira e a capacitação técnica, além dos requisitos comuns sobre capacidade jurídica e regularidade fiscal. Instaura-se um procedimento seletivo preliminar destinado a verificar o preenchimento de tais requisitos.

Os licitantes que preencherem os requisitos previstos serão considerados pré-habilitados para a concorrência. Somente eles estarão habilitados a participar da concorrência. Serão convocados para apresentar suas propostas em data a ser definida.

A pré-qualificação não é obrigatória.

A concorrência será processada por uma comissão, a qual fará uma análise da qualificação subjetiva (habilitação) e julgamento das propostas dos licitantes. Tal comissão será formada por, no mínimo, três membros, sendo pelo menos dois do órgão que promove o certame.

Importante notar que a Lei de Licitações não exige que os referidos servidores que irão compor a Comissão de Licitação sejam providos em cargo efetivo, o que autoriza o entendimento de que podem ser comissionados.

A Comissão de Licitação pode ser:

- *permanente: para julgamento de todas as concorrências da repartição;*
- *especial: para cada caso.*

Em resumo:

Concorrência
Contratação de obras, serviço de engenharia, demais serviços e compras, que envolvem valores mais vultosos.
É obrigatório se o valor de obras e serviços de engenharia for superior a R$ 1.500.000,00.
Será obrigatório quanto aos serviços e demais compras quando o valor estimado for superior a R$ 650.000,00.
Deve ser utilizada, em regra, para bens imóveis. Porém, poderá utilizar o leilão a alienação de bens imóveis adquiridos por procedimentos judiciais ou por dação em pagamento.
Permite que o licitante esteja ou não cadastrado junto aos órgãos públicos.
Quando o tipo de licitação for menor preço, o aviso do edital deverá ser de, no mínimo, 30 dias e 45 dias quando for melhor técnica ou técnica e preço.
Pode haver a pré-qualificação, que é a dissociação da fase de habilitação do restante do procedimento da concorrência.

9.11.2. Tomada de preços

A tomada de preços é a modalidade utilizada para as contratações de médio porte, assim entendida como contratação de: a) obras e serviços de engenharia no valor de até R$ 1.500.000,00, conforme enuncia o art. 23, I, "b"; e b) compras ou outros serviços que não de engenharia no valor de até R$ 650.000,00, conforme enuncia o art. 23, II, "b".

Lembre-se de que a Lei 11.107/2005, que dispõe sobre normas gerais de contratação de consórcios públicos, acrescentou ao art. 23 da Lei 8.666/1993 um parágrafo oitavo, o qual altera os limites dos valores enunciados nos incs. I e II do referido artigo. Assim, caso o consórcio que for realizar a licitação seja composto por até três entes da Federação, majora-

-se os limites ao dobro, cabendo tomada de preços quando a contratação estimada, em se tratando de obras e serviços de engenharia, for de até R$ 3.000.000,00 e, no caso de demais serviços e compras, em valor estimado até R$ 1.300.000,00. O limite original é triplicado caso o consórcio público seja composto por mais de três entes da Federação, podendo-se adotar a tomada de preços, para obras e serviços de engenharia, quando o valor estimado da contratação for de até R$ 4.500.000,00 e, para demais serviços e compras, até R$ 1.950.000,00.

A tomada de preços é uma modalidade licitatória na qual só é autorizado a licitar quem estiver previamente inserto nos registros cadastrais do órgão que promoverá a licitação ou que atenda a todas as condições exigidas para o cadastramento até o terceiro dia anterior à data do recebimento das propostas.

O cadastramento nada mais é do que uma habilitação prévia, ou seja, antes mesmo de se iniciar qualquer certame licitatório, os eventuais interessados fornecerão documentos à Administração pleiteando seu cadastramento.

Tais documentos são aqueles exigidos na fase de habilitação, ou seja, os previstos nos arts. 27 a 31 da Lei 8.666/1993. Conclui-se, portanto, que na tomada de preços a habilitação é prévia, o que a distingue das demais modalidades licitatórias.

Prova-se o cadastramento por meio do Certificado de Registro Cadastral (CRC) emitido pela Administração, cuja natureza jurídica é de ato administrativo enunciativo, razão pela qual goza do atributo de presunção de veracidade quanto ao seu conteúdo, ou seja, quanto ao atendimento aos requisitos habilitatórios.

Esse certificado tem validade de até um ano e deverá ser renovado pelo mesmo procedimento de obtenção.

É importante salientar que tais cadastros são amplamente divulgados e abertos aos interessados, devendo a Administração responsável pelo cadastro promover, no mínimo anualmente, por meio de imprensa oficial e de jornal diário, o chamamento público para a atualização dos registros existentes e para o ingresso de novos interessados.

Será cabível recurso em caso de indeferimento do pedido de inscrição do registro, sua alteração ou cancelamento.

Debate-se muito sobre o efeito desse recurso. O § 2.º do art. 109 da Lei 8.666/1993 apenas prevê a atribuição *ex lege* do efeito suspensivo para os casos de habilitação, inabilitação e julgamento das propostas.

O indeferimento de inscrição cadastral, como registrado acima, está previsto como motivo autônomo de impugnação, o que, em uma interpretação literal, ensejaria o entendimento de que a interposição de recurso contra tal ato não seria recebida com efeito suspensivo.

Todavia, parte da doutrina tem entendido que o registro cadastral equivale à habilitação, razão pela qual o recurso interposto legalmente seria recebido em seu efeito suspensivo.

Para as pessoas interessadas em participar do certame licitatório e que ainda não se encontram registradas junto ao órgão, a lei permite o seu cadastramento até o terceiro dia anterior à data de recebimento das propostas, conforme se extrai da leitura do § 2.º do art. 22 da Lei de Licitações:

> "§ 2.º Tomada de preços é a modalidade de licitação entre interessados devidamente cadastrados ou que atenderem a todas as condições exigidas para cadastramento até o terceiro dia anterior à data do recebimento das propostas, observada a necessária qualificação".

Impende registrar que a interpretação desse dispositivo tem causado diversas celeumas, pois não está pacificado se antes de três dias já deve estar o licitante devidamente cadastrado ou não.

Concordamos com Marçal Justen Filho, que sustenta que o pretenso licitante tem de dar entrada na documentação até o terceiro dia anterior ao recebimento das propostas. Caso seja julgado inabilitado, isso não acarreta mudança na data de apresentação das propostas, mas implica prorrogação da abertura destas, que somente poderá ser feita após a resolução dos incidentes (o recurso contra inabilitação possui efeito suspensivo, consoante enuncia o art. 109 da Lei de Licitações).

A publicidade do edital de convocação da tomada de preços deve ser feita com antecedência mínima de:

- *30 dias: quando a licitação for do tipo melhor técnica ou técnica e preço;*
- *15 dias: quando a modalidade de licitação for do tipo menor preço.*

É sempre bom lembrar que tal prazo tem início a partir da última publicação.

Nesse contexto, percebe-se a grande semelhança entre os processamentos da tomada de preços e da concorrência. A diferença fundamental das fases procedimentais é que, na tomada de preços, a habilitação é prévia, ou seja, se faz previamente pelo cadastramento do licitante junto ao órgão, o que não ocorre com a concorrência.

Por fim, importante registrar que, não obstante ser usualmente utilizada essa modalidade licitatória para os objetos acima descritos e dentro daqueles valores estipulados, nada obsta de ser, para esses mesmos objetos, utilizada a modalidade concorrência, conforme prescreve o § 4.º do art. 23, cuja redação é a seguinte:

> *"§ 4.º Nos casos em que couber convite, a Administração poderá utilizar a tomada de preços e, em qualquer caso, a concorrência".*

A recíproca, todavia, não é verdadeira. Será nulo o procedimento licitatório feito pela modalidade tomada de preços quando o certo for a concorrência.

Registre-se a esse respeito trecho da ementa de um julgamento proferido pelo Superior Tribunal de Justiça:

> *"Administrativo. Ação popular. Procedimento licitatório. Desobediência aos ditames legais. Contrato de quantia vultosa. Designação da modalidade 'tomada de preços' no lugar de 'concorrência pública'. Inserção no edital de cláusulas restritivas do caráter competitivo do certame e estabelecimento de cláusulas que permitiriam preferências e distinções injustificadas. Desvirtuamento do princípio da igualdade entre os licitantes. Ofensa aos princípios da legalidade e moralidade administrativas. Lesão ao erário público configurada. Nulidade. Preservação do posicionamento do julgado de segundo grau" (STJ, REsp 579.541/SP, Processo: 200301298896, 1.ª T., rel. José Delgado. Data da decisão: 17.02.2004, Documento: STJ 000538683, DJ 19.04.2004, p. 165).*

Em resumo, tem-se:

Tomada de preços
Obras e serviços de engenharia de até R$ 1.500.000,00 e compras ou outros serviços que não de engenharia no valor de R$ 650.000,00.
Somente pode participar quem estiver previamente inserto nos registros cadastrais do órgão que promoverá a licitação ou que atenda a todas as condições exigidas para o cadastramento até o terceiro dia anterior à data do recebimento das propostas.
A publicidade do edital de convocação deve ser feita com antecedência mínima de 30 dias quando o tipo for melhor técnica ou técnica e preço e 15 dias quando o tipo for menor preço.

9.11.3. Convite

O convite é a modalidade utilizada para as contratações de pequeno porte, assim entendidas: a) obras e serviços de engenharia no valor de até R$ 150.000,00, conforme enuncia o art. 23, I, "a", da Lei de Licitações, b) compras e serviços que não de engenharia no valor de até R$ 80.000,00, conforme enuncia o art. 23, II, "a", da Lei de Licitações.

Registre-se que a Lei 11.107/2005, que dispõe sobre normas gerais de contratação de consórcios públicos, acrescentou ao art. 23 da Lei 8.666/1993 um parágrafo oitavo, o qual altera os limites dos valores enunciados nos incs. I e II do referido artigo. Assim, caso o consórcio que realize a licitação seja composto por até três entes da Federação, majoram-se os limites ao dobro, cabendo convite quando a contratação estimada, em se tratando de obras e serviços de engenharia, for de até R$ 300.000,00 e, no caso dos demais serviços e compras, em valor estimado até R$ 160.000,00. O limite original é triplicado caso o consórcio público seja composto por mais de três entes da Federação, podendo-se adotar o convite, para obras e serviços de engenharia, quando o valor estimado da contratação for de até R$ 450.000,00 e, para os demais serviços e compras, de até R$ 240.000,00.

Um ponto a ser destacado nessa modalidade licitatória é que quem escolhe previamente os licitantes que disputarão o certame é a própria Administração.

Deverá a Administração interessada em promover o certame enviar a carta-convite para, no mínimo, três pessoas ou empresa do ramo cujo objeto se pretende contratar.

Os convidados não são obrigados a participar do procedimento licitatório. Ficará a critério deles o ingresso ou não no certame.

Interessante notar que os convidados podem ser cadastrados ou não, de sorte que, se já forem previamente cadastrados, não precisarão apresentar os documentos comprobatórios da habilitação nessa fase, mas apenas o Certificado de Registro Cadastral.

Como explicado anteriormente, a Administração deverá convidar, no mínimo, três participantes. Todavia, tal atitude não é recomendável, sendo sugestivo o convite a mais de três. Isso porque prescreve o § 7.º do art. 23 da Lei de Licitações que, salvo manifesto desinteresse dos convidados ou limitação de mercado, quando não se apresentarem para o certame no mínimo três licitantes, ou seja, se não forem apresentadas, no mínimo, três propostas, deverá ser repetido o convite.

Por isso, para que a Administração não perca tempo com a realização de outro convite, é de bom alvitre que convide mais de três pessoas para que, caso não apareçam mais de três propostas, possa, assim mesmo, dar continuidade ao certame.

Isso porque, se a Administração chamou mais de sete licitantes do ramo e apenas um compareceu e apresentou proposta, poderá o órgão dar prosseguimento ao certame sem ter de repeti-lo, pois, no caso, ficou demonstrado manifesto desinteresse dos convidados. Tal fato deve ser devidamente fundamentado.

Caso a Administração convide apenas três licitantes, havendo a possibilidade de convocar diversos outros, se apenas aparecer um proponente, dever-se-á repetir o convite, pois jamais se poderá justificar o manifesto desinteresse dos licitantes, uma vez que a maioria sequer foi convidada.

Isso não quer dizer que a Administração não possa convidar três licitantes, aparecer apenas um e mesmo assim dar continuidade ao certame. Todavia, isso só será possível se caracterizada a limitação de mercado, isto é, apenas existirem no mercado aqueles três convidados, de tal forma que será indiferente proceder a outro certame, porque seriam convidadas as mesmas pessoas. Também aqui deve haver a justificativa para não se repetir o convite.

Essa regra de repetição do convite existe para evitar fraude, devido ao fato de, nessa modalidade licitatória, ao contrário das demais, não haver publicidade em diário oficial ou jornal de grande circulação, de sorte que tal procedimento poderia ser mais facilmente utilizado com o objetivo de fraude.

Na concorrência e tomada de preços, mesmo que apareça apenas um licitante, caso este apresente a documentação exigida, poderá o certame continuar com apenas esse proponente, e, nesse caso, ao final, ser ele o contratado. Isso porque aqui houve ampla publicidade e as outras pessoas não participaram porque não quiseram.

É possível que uma empresa que não tenha sido convidada participe de uma licitação da modalidade convite? Sim. Veja o que enuncia a parte final do § 3.º do art. 22 da Lei 8.666/1993: "estenderá aos demais cadastrados na correspondente especialidade que manifestarem seu interesse com antecedência de até 24 (vinte e quatro) horas da apresentação das propostas".

Nota-se que, nesse caso, deverá o interessado demonstrar à Administração, com antecedência mínima de 24 horas, a sua intenção de participar do certame. Não basta simplesmente apresentar sua proposta no dia marcado para tal ato.

Registre-se, por oportuna, a lição de Marçal Justen Filho sobre o tema em foco:

> *"De todo modo, seria possível o licitante omitir o pedido de extensão do convite e simplesmente promover a entrega de sua proposta? A resposta é negativa. O licitante que omitiu o requerimento não poderá apresentar, pura e simplesmente, sua proposta, ainda que esteja cadastrado, sob pena de alterar-se a sistemática legal, transformando o convite em uma tomada de preços (eis que todos os cadastrados poderiam participar sem qualquer restrição)".*

Há outra regra importante quanto ao convite: trata-se da imposição legal de, a cada novo convite com objeto idêntico ou assemelhado a outro anteriormente realizado, dever ser convidado um novo interessado, enquanto existirem cadastrados não convidados nas últimas licitações. É o que ordena o § 6.º do art. 22 do Estatuto das Licitações.

Ademais, as cartas-convite devem ser enviadas com o prazo mínimo de cinco dias úteis do prazo estabelecido para a apresentação das propostas, conforme prescreve o art. 21, § 2.º, IV, da Lei 8.666/1993.

Ainda sobre a publicidade do convite, o fato de dispensar edital não exonera a Administração de afixar a "carta-convite" no mural da repartição para que eventuais interessados possam ter conhecimento da realização do certame.

Quanto ao desenvolvimento do certame licitatório na modalidade convite, pode ser processado por uma Comissão de Licitação, que pode ser substituída, excepcionalmente e em face da exiguidade de pessoal disponível, por um servidor formalmente designado para essa finalidade, conforme prescreve o art. 51, § 1.º, do Estatuto das Licitações.

Convite
Obras e serviços de engenharia no valor de até R$ 150.000,00 e compras e serviços de engenharia no valor de até R$ 80.000,00.
A Administração escolhe previamente os licitantes que disputarão o certame.
Os convidados não são obrigados a participar do certame.
Os convidados podem ou não ser previamente cadastrados.
A Administração deverá convidar, no mínimo, três participantes. Se não aparecer no mínimo essa quantidade de competidores, o convite deverá ser repetido, exceto nos casos de manifesto desinteresse dos convidados ou limitação de mercado, o que deverá ser motivado.

9.11.4. Leilão

Modalidade utilizada para:

- *venda de bens móveis inservíveis e semoventes;*
- *bens legalmente apreendidos ou penhorados;*
- *imóveis – arrecadados em processo judicial ou dação em pagamento (art. 19, III).*

O prazo mínimo para a publicação do edital é de 15 dias, devendo haver ampla publicidade deste, contendo o objeto a ser leiloado, dia, local e hora.

O leilão é a modalidade licitatória do tipo maior lance ou oferta.

9.11.4.1. Tipos de leilão

- *Comum: realizado por leiloeiro oficial. É o mais usual.*
- *Administrativo: utilizado para a venda de mercadorias apreendidas em contrabando, abandonadas na alfândega, nos armazéns ferroviários e nas repartições públicas em geral.*

O leilão, é importante frisar, é ato negocial instantâneo, não se prestando para a alienação que dependa de contrato formal. Nessa modalidade licitatória, tendo sido arrematado o bem, o pagamento é à vista ou a curto prazo e a entrega é imediata, razão pela qual pode ser dispensada a habilitação prévia (art. 32, § 1.º).

Cada lote será vendido àquele que ofertar o maior lance, que não poderá ser inferior ao valor estabelecido na avaliação. Os bens são ofertados e vendidos no estado e nas condições em que se encontram, não sendo aceitas reclamações posteriores à arrematação, inclusive com relação a eventuais defeitos ou vícios ocultos, tendo em vista a oportunidade do arrematante de vistoriar o bem.

A retirada do bem pelo arrematante dependerá da apresentação da Nota de Venda emitida pelo leiloeiro e, em caso de o pagamento ser em cheque, da sua compensação, sendo do arrematante a responsabilidade pelo carregamento e o transporte do bem.

9.11.5. Concurso

Esta modalidade será usada para escolha de:

- *trabalho técnico;*
- *trabalho científico;*
- *trabalho artístico.*

No concurso, o fator criatividade artística tem papel preponderante, se sobressaindo e ultrapassando os limites estritos das outras modalidades licitatórias nas quais a técnica ou o preço se impõem.

O critério de subjetividade se introduz profundamente na análise jurídica do instituto e exige do operador do Direito um estudo específico para cada modalidade de concurso, porquanto não se pode adotar para um concurso de projeto arquitetônico as mesmas normas regulamentadoras cabíveis para um projeto científico ou um mural decorativo.

O concurso é, como bem anotou o mestre Hely Lopes Meirelles, "uma modalidade de licitação, mas de natureza especial, bem diversificada das demais. Rege-se, é certo, pelos princípios da publicidade e da igualdade entre os participantes, objetivando a escolha do melhor trabalho, mas dispensa as formalidades específicas da concorrência"[43].

Dessa maneira, o concurso tem critérios regulamentares próprios, dependendo de qual seja o trabalho técnico, científico ou artístico que a Administração Pública deseje obter. A seleção dos projetos objetiva a melhor técnica, e não o menor preço. Assim sendo, os critérios têm de ser diferenciados.

Os princípios da igualdade entre os participantes e da publicidade ganham outros contornos e revestimento jurídico, quando se trata de concurso como uma das modalidades de licitação que tem em mira a escolha do melhor projeto criativo, não se podendo estabelecer minuciosamente critérios objetivos para o julgamento.

---

43. *Licitação e contrato administrativo*. São Paulo: Malheiros, 1996. p. 83.

Por isso, as comissões julgadoras dos concursos são constituídas especialmente e temporariamente por profissionais envolvidos com o objeto do concurso, conforme, aliás, prevê o § 5.º do art. 51 da Lei de Licitações.

A propósito, Ivan Barbosa Rigolin e Marco Tullio Bottino indagam:

> "Como exigir-se julgamento objetivo, com efeito, em matéria que de sua essência é inteiramente subjetiva, discricionária, livre de peias, dependente tão só de gosto estético, ou de senso íntimo de funcionalidade, de razoabilidade, de cabimento, o que são juízos por completo pessoais, personalíssimos como quase se poderia afirmar? Que parâmetro de objetividade pode ser considerado, por exemplo, num concurso de projetos para um monumento escultural, comemorativo de um feito histórico?"

Ora, o fator subjetividade no julgamento impõe que a sessão seja secreta e que a decisão tomada pela comissão especial seja definitiva e inapelável. Secreta, porque nela os participantes não poderão intervir, principalmente para que se preserve o sigilo quanto à autoria dos projetos levados a julgamento, pois é óbvio que, se a sessão fosse pública, haveria a identificação da autoria e a possível interferência de seus titulares ou de terceiros a, de forma direta ou indireta, pressionar os jurados para um determinado resultado.

O prazo mínimo para publicação do edital é de 45 dias.

Ademais, nos termos do § 2.º do art. 32 do Estatuto das Licitações, podem ser dispensados os documentos habilitatórios, isso devido à peculiaridade dessa modalidade licitatória.

Aos vencedores atribui-se um prêmio, mas pode ser também ofertada uma remuneração.

As condições são fixadas no regulamento, o qual estabelecerá: a qualificação exigida dos participantes, as diretrizes e a forma de apresentação do trabalho, as condições de realização do concurso e os prêmios a serem concedidos.

Ter-se-á o exaurimento do concurso com a classificação dos trabalhos e o pagamento dos prêmios.

Importante ressaltar que, ao vencedor do concurso, não é conferido qualquer direito de contrato com a Administração.

O julgamento será feito por uma comissão especial integrada por pessoas de reputação ilibada e com reconhecido conhecimento da matéria em exame, servidores públicos ou não.

9.11.6. Pregão

Por ser uma modalidade licitatória instituída depois e fora do texto da Lei 8.666/1993 e, principalmente, por trazer diversas inovações, entendemos ser mais didático estudá-la em separado.

A modalidade pregão foi criada inicialmente no bojo da Lei 9.472, de 16 de julho de 1997, que instituiu a Lei Geral das Telecomunicações.

Verificado o sucesso do pregão nas contratações pela Anatel, o Presidente da República editou a Medida Provisória 2.026/2000, a qual foi 18 vezes reeditada, e que admitia a utilização dessa modalidade licitatória apenas para União Federal.

Após muitas críticas, quando da conversão da medida provisória na Lei 10.520/2002, foi estendido o âmbito de aplicação dessa modalidade aos Estados, Municípios e Distrito Federal, bem como à administração indireta desses entes políticos.

9.11.6.1. Objetivo do pregão

A modalidade pregão veio com o objetivo de acelerar o procedimento de contratação de certos objetos. Isso porque a Administração, como gigante consumidora, contrata desde material de escritório, serviços de limpeza, programas de informática altamente técnicos, até obras de engenharia de alta complexidade técnica, como, por exemplo, a construção de uma usina hidrelétrica.

Apesar de a Lei 8.666/1993 prever três modalidades (concorrência, tomada de preços e convite) para a obtenção dos "objetos comuns", ou seja, obras e serviços de engenharia, demais serviços e compras, sendo que o critério de escolha da modalidade é o valor estimado da contratação, ainda assim os ritos dessas modalidades eram muito burocráticos, ensejavam a possibilidade de retardamento do certame e não conseguiam obter o máximo de vantagem das propostas que poderiam ser ofertadas pelos licitantes.

Partindo dessa premissa e com o objetivo de aumentar a celeridade do processo licitatório, apenas para aquilo que a Administração contrata com maior frequência, que é de seu uso rotineiro, que não envolve especificações mais complexas, é que o legislador criou a modalidade pregão, subtraindo ou modificando os pontos de entrave e burocracia que existem na Lei 8.666/1993.

Assim, apesar de tais mudanças que serão objeto de maiores considerações mais adiante, com a edição dessa nova modalidade: 1) a fase de julgamento das propostas passou a anteceder a habilitação, facilitando o trabalho do pregoeiro, que agora apenas analisará a habilitação de quem venceu o certame e não de todos os participantes; 2) ficou proibida a interposição de recursos por fase, o que, na sistemática da Lei 8.666/1993, atrasava em muito o deslinde do processo licitatório, passando agora apenas a ser possível sua interposição ao final, quando for declarado o vencedor da licitação; 3) permitiu-se a possibilidade de lances verbais entre os participantes, o que implica a possibilidade de mudança das propostas econômicas ao longo do certame e a obtenção de preços mais vantajosos para a Administração, dentre outras alterações.

Trata-se de induvidosa homenagem ao princípio da eficiência previsto no *caput* do art. 37 da Constituição Federal.

9.11.6.2. Objeto do pregão

Como registrado no tópico anterior, o objetivo do pregão foi conferir maior celeridade à contratação de certos objetos (aqueles mais comuns para a Administração Pública), e não a toda e qualquer contratação. Deve ficar bem claro que a Lei 10.520/2002 não revogou a Lei 8.666/1993, apenas trouxe um procedimento mais célere à contratação de certos objetos, que são as aquisições de bens e prestação de serviços comuns. Portanto, estão fora da alçada do pregão: 1) as contratações de bens feitos sob encomenda (o que não é comum); 2) serviços cuja técnica seja fundamental para a contratação; 3) alienação de bens móveis e imóveis; 4) concessão de direito real de uso; 5) locação de bens e serviços; 6) concessão e permissão de serviços públicos, as quais continuam regidas pela Lei 8.987/1995 e, na última hipótese, pela Lei 8.666/1993.

A própria Lei 10.520/2002 definiu o que seriam bens e serviços comuns, estipulando serem aqueles "cujos padrões de desempenho e qualidade possam ser objetivamente definidos no edital, por meio de especificações usuais do mercado".

Ainda assim, há um campo vago muito grande na definição dada pela lei, razão pela qual cabe à doutrina interpretar o referido dispositivo legal e alcançar seu verdadeiro conteúdo.

Dissertando sobre o tema, Marçal Justen Filho expõe com categoria ímpar que "o bem ou serviço é comum quando a Administração não formula exigências específicas para uma contratação determinada, mas se vale de bens e serviços tal como dispostos no mercado".

Isso significa que poderá se utilizar a modalidade licitatória pregão sempre que a Administração *puder localizar no mercado*, sem qualquer dificuldade, o objeto de que necessita.

Ademais, pode-se dizer também que o bem ou serviço será comum quando *for padronizado*. Quanto a esse ponto, explica o autor que "um bem ou serviço somente estará disponível num mercado próprio na medida em que se produzir sua padronização".

O resultado imediato da padronização consiste na ausência de variação das características do objeto a ser selecionado. Um bem ou serviço é "comum" quando suas qualidades e seus atributos são predeterminados, com características invariáveis ou sujeitas a diferenças mínimas e irrelevantes.

Assim, existe padronização no tocante a computadores de mesa (*desktop*) do tipo PC, cuja fabricação básica segue padrões uniformes por parte dos fabricantes. Existe um mercado próprio, no qual são negociados os equipamentos.

Complemente-se a ideia com o ensinamento de Jessé Torres Pereira Júnior, que entende que "comuns" são os bens de aquisição rotineira e habitual, cujas características encontrem no mercado padrões usuais de especificação e envolvendo critérios de julgamento rigorosamente objetivos.

9.11.6.3. Faculdade ou obrigatoriedade?

Com o advento da modalidade pregão pela Lei 10.520/2002, houve grande discussão a respeito de se saber se seu uso era obrigatório ou facultativo quando se tratasse de contratação de bens e serviços comuns. O art. 1.º da referida lei enuncia que, "para aquisição de bens e serviços comuns, poderá ser adotada a licitação na modalidade pregão"; por outro lado, autores como Hely Lopes Meirelles – em verdade, os atualizadores de seu livro – sustentavam que o interesse público é indisponível e, se a nova modalidade veio com o objetivo de tornar mais célere, eficiente as contrações, o administrador estaria obrigado a fazer uso da nova modalidade. Entendia o autor que a palavra "poderá" tem de ser interpretada como "deverá".

Outra interpretação da doutrina, como, por exemplo, a de Marçal Justen Filho, entendia que realmente é uma faculdade da Administração escolher ou não o pregão quando o objeto for a aquisição de bens e serviços comuns.

Ocorre que o art. 5.º do Decreto Federal 5.450/2005, que regulamentou em *âmbito federal* o pregão na forma eletrônica, prescreve que "nas licitações para aquisição de bens e serviços comuns será obrigatória a modalidade pregão, sendo preferencial a utilização da sua forma eletrônica".

Assim, apesar de estar no bojo de decreto regulamentar, parece-nos que o comando do art. 5.º encerra verdadeiro exercício do *poder hierárquico* do chefe do Executivo Federal sobre sua Administração, razão pela qual não entendemos ser mais uma faculdade, pelo menos para a administração direta e indireta federal, a adoção da modalidade pregão quando se tratar de contratação de bens e serviços comuns.

É importante registrar que o referido regulamento apenas vale no âmbito do Poder Executivo Federal, razão pela qual os demais entes da Federação (Estados, Municípios e Distrito Federal) deverão editar regulamentos próprios. O que se tem visto na prática é que certos Estados e Municípios têm editado decreto dispondo que ao pregão eletrônico desses entes federados aplica-se, no que couber, o Decreto Federal 5.450/2005.

Por fim, concordamos com Marçal Justen Filho no sentido de que o referido regulamento, especialmente no que diz respeito ao art. 5.º, não se aplica ao Poder Legislativo Federal, Ministério Público da União, aos Tribunais Superiores e nem ao Tribunal de Contas da União, eis que estes possuem plena autonomia administrativa e não estão sujeitos ao poder hierárquico do Presidente da República.

9.11.6.4. Valor do objeto a ser licitado pelo pregão

Uma questão interessante é o fato de que, quando a contratação for de bens e serviços comuns, não há limite em termos monetários para o emprego da modalidade pregão.

Em outras palavras, ao contrário da Lei 8.666/1993, cujo valor estimado para a contratação é critério para se descobrir qual modalidade licitatória utilizar (entre a concorrência, tomada de preços e convite – *vide* art. 23 do Estatuto das Licitações), no pregão, quando se tratar de aquisição de bem e realização de serviços comuns, não haverá limite.

Registre-se, por oportuno, o sempre bem-vindo parecer de Marçal Justen Filho, para quem "o cabimento do pregão não se relaciona com o valor da contratação porque se configura outro modelo".

Cabe o pregão para contratações que versem sobre objetos destituídos de maior complexidade. Ou seja, o critério de utilização do pregão é qualitativo e não quantitativo. A qualificação do objeto como "comum" não depende de seu valor, mas da padronização. O pregão pode versar tanto sobre bens de pequeno valor como sobre contratações de grande vulto. Portanto, não cabe questionar o valor da contratação para determinar a aplicabilidade do pregão.

9.11.6.5. Fases do pregão

Da mesma forma que se passa com o procedimento da Lei 8.666/1993, a modalidade pregão também possui duas etapas, sendo uma interna (ou preparatória) e outra externa.

9.11.6.5.1. Etapa interna ou preparatória

Na etapa interna, inicialmente surge a necessidade de contratação de algo que, aqui, tem de ser um bem ou serviço comum. A autoridade competente deverá justificar a necessidade dessa contratação. Após isso, será verificada a existência de orçamento para a contratação e, caso positivo, passa-se à elaboração do edital, o qual definirá de forma clara: a) o objeto do certame; b) as exigências de habilitação; c) os critérios de aceitação das propostas; d) as sanções por inadimplemento; e) as cláusulas do contrato (minuta anexa); dentre outros.

Ainda na etapa interna, a autoridade competente designará, dentre os servidores do órgão ou entidade promotora da licitação, o pregoeiro e respectiva equipe de apoio, cuja atribuição inclui, dentre outras: 1) o recebimento das propostas e lances; 2) a análise de sua aceitabilidade e sua classificação; 3) a habilitação e a adjudicação (caso não seja interposto recurso administrativo) do objeto do certame ao licitante vencedor.

Antes de ingressarmos na etapa externa do pregão, é importante tecer alguns comentários sobre quem são os agentes públicos que atuam nele, ou seja, a) autoridade competente; b) o pregoeiro; e c) sua equipe de apoio.

9.11.6.5.2. Autoridade competente

Conforme professa Marçal Justen Filho, "define-se a competência através da lei e, se for o caso, de atos infralegais nela fundados. Será competente para instaurar a licitação, designar o pregoeiro, decidir recursos, homologar resultados e promover a contratação *aquela autoridade que receber tais poderes em virtude de determinação explícita ou implícita da lei*".

Na ausência de solução explícita, reputa-se que tais poderes foram atribuídos à autoridade de mais elevada hierarquia. Nada impede, no entanto, a delegação deles a autoridades inferiores, tanto por ato genérico quanto por ato individual.

9.11.6.5.3. Designação do pregoeiro e equipe de apoio

Cabe à autoridade competente a designação, dentre os servidores do órgão ou entidade promotora da licitação, do pregoeiro e da respectiva equipe de apoio.

Importante notar que, ao contrário da comissão processante em um processo administrativo disciplinar, não há exigência de que o pregoeiro seja provido em cargo efetivo, ou seja, pela redação da lei do pregão, o pregoeiro está exercendo uma função de confiança, podendo estar provido em cargo em comissão. Todavia, deve estar inserto dentre os servidores do órgão.

A ele compete:

- *presidir a sessão de recebimento dos envelopes;*
- *decidir sobre a habilitação preliminar;*
- *promover a abertura das propostas;*
- *decidir sobre a admissibilidade e classificação das propostas;*
- *conduzir os lances e apurar o vencedor;*
- *promover a abertura dos envelopes de habilitação e julgar os documentos;*
- *promover a classificação definitiva;*
- *processar (inclusive rejeitando liminarmente em alguns casos) os recursos;*
- *adjudicar, em alguns casos, o objeto licitado ao vencedor.*

No que diz respeito à equipe de apoio, deverá ser integrada em sua maioria por servidores ocupantes de cargo efetivo ou empregos da Administração, preferencialmente pertencentes ao quadro permanente do órgão ou entidade promotora do evento, registrando que, em se tratando de contratações no âmbito do Ministério da Defesa, tanto as funções do pregoeiro, quanto a dos membros da equipe de apoio poderão ser desempenhadas por militares.

Vale apresentar algumas distinções entre a Comissão de Licitação e o pregoeiro. Inicialmente, a Comissão é classificada como um órgão colegiado, sendo que todas as suas decisões são em grupo, o que reflete a vontade da comissão[44], ao passo que o pregoeiro é o único responsável pelos atos decisórios do pregão, tendo a equipe de apoio apenas papel secundário e ajuda instrumental. Por tal motivo, uma segunda distinção vem à tona. Trata-se da responsabilidade: enquanto na Comissão de Licitação todos os membros respondem solidariamente pelos atos ilegais, no caso do pregão, a responsabilidade é exclusiva do pregoeiro, não se estendendo aos membros da equipe de apoio, eis que, como registrado, não praticam atos de caráter decisório.

9.11.6.5.4. Etapa externa do pregão

A etapa externa do pregão inicia-se com a convocação dos interessados, que será feita por publicação de aviso em diário oficial do respectivo ente federado ou, não existindo, em jornal de circulação local, por meios eletrônicos – facultativamente e conforme o vulto da licitação, em jornal de grande circulação, nos termos do regulamento de que trata o art. 2.º da Lei 10.520/2002.

Em âmbito federal, o regulamento contido no art. 2.º da referida lei disciplinou a matéria, elegendo o "valor estimado para a contratação" com critério para a publicidade do edital.

Assim, estabelece o art. 11 do Decreto 3.555/2000 que: a) se o preço estimado for de até R$ 160.000,00, a publicidade deverá ser efetivada por meio de *Diário Oficial da União* e por meio eletrônico na Internet; b) se entre R$ 160.000,00 e R$ 650.000,00, além

---

44. Tendo em vista a natureza de órgão colegiado da Comissão de Licitação, caso algum integrante desta não concorde com a posição tomada pelos demais, deve deixar isso ressaltado em ata para que possa no futuro se eximir da responsabilidade de ato ilegal praticado sem sua concordância. Nesse sentido é o posicionamento do Superior Tribunal de Justiça.

do *Diário Oficial* e da Internet, deve-se publicar o aviso da licitação em jornal de grande circulação local; c) e, por fim, sendo o valor estimado superior a R$ 650.000,00, deve ser feita a publicidade no *Diário Oficial da União*, na Internet e em jornal de grande circulação regional ou nacional.

Ao que parece, tal norma apenas vale para contratações federais e especialmente para a modalidade pregão, sendo que, para os pregões de outros entes da Federação, deverá ser editado regulamento próprio; até a edição deste aplica-se a regra geral do art. 21 da Lei 8.666/1993, que estipula a publicação, no mínimo, uma vez em diário oficial e em jornal de grande circulação.

Aplica-se também a regra do art. 21 da Lei de Licitações a contratações cujos objetos não são alcançados pela Lei 10.520/2002, como, por exemplo, bens e serviços que não sejam comuns, alienações etc.

Como já registrado anteriormente, não é necessária a publicidade da íntegra do edital, bastando, para tanto, que seja publicado o aviso da licitação, o qual deverá informar a definição do objeto da licitação e a indicação do local, dias e horários em que poderá ser lida ou obtida a íntegra do edital.

As cópias do edital e do respectivo aviso deverão ser colocadas à disposição de qualquer pessoa para consulta, especialmente em razão de a Lei 10.520/2002 proibir a conduta da Administração de condicionar a participação na licitação à aquisição do edital.

9.11.6.5.5. Prazo de publicidade do edital do pregão

O prazo de publicação e apresentação de propostas não será inferior a oito dias úteis. Nota-se que não são dias corridos, mas apenas os dias em que houver expediente normal no órgão que promoverá o certame licitatório. Em sendo o caso de publicar em mais de um meio de comunicação, aplica-se a regra de que o prazo apenas começa a correr a partir da última publicação.

9.11.6.5.6. Início da sessão do pregão

No dia, hora e local designados será realizada sessão pública para recebimento das propostas, devendo o interessado ou seu representante se identificar e, se for o caso, comprovar a existência dos necessários poderes para formulação de propostas e para a prática de todos os demais atos inerentes ao certame.

Ao contrário do procedimento previsto na Lei 8.666/1993, no qual a habilitação dos licitantes precede ao julgamento das propostas, aqui, com o intuito de conferir maior celeridade à contratação, a regra é invertida. Por outras palavras: o início da sessão se dá pelo julgamento das propostas, momento em que os licitantes entregarão os envelopes contendo a indicação do objeto e o preço oferecido para, ato contínuo, proceder-se à imediata abertura das propostas e verificar sua conformidade com os requisitos estabelecidos no instrumento convocatório.

Todavia, para que não haja aventureiros participando do certame, a Lei prevê que os licitantes deverão apresentar declaração dando ciência de que cumprem plenamente os requisitos de habilitação, razão pela qual a falta de veracidade da declaração poderá importar em sanção.

Em ato público, o pregoeiro irá proceder à abertura dos envelopes das propostas e verificar se elas não apresentam vícios que as levaria à desclassificação. Relembre-se de que a proposta pode ser desclassificada por vício formal e material, caracterizando este quando o licitante erra o objeto ofertado (o edital pede mil cadeiras e o licitante oferta mil mesas) e aquele quando não observa as formalidades do instrumento convocatório (o edital determina que o prazo de validade da proposta deve estar inserido expressamente nesta e o licitante se omite quanto a esse ponto).

Não havendo vícios materiais e formais a macular a validade das propostas, o pregoeiro irá organizar a ordem de classificação destas em ordem decrescente da mais vantajosa para a menos vantajosa, formando-se, então, a *primeira classificação provisória das propostas*.

Há agora uma novidade do pregão, que é a possibilidade de lances verbais, podendo-se alterar o preço ofertado.

9.11.6.5.7. Possibilidade de lances verbais no pregão

Interessante notar que nesta inovação o objetivo não foi o de obter uma contratação mais célere. Aqui, nesse ponto em particular, entendemos que o pregão veio potencializar a aferição da proposta mais vantajosa, promovendo uma competição em tempo real entre os licitantes.

Foi inteligente o legislador ao sistematizar essa fase, uma vez que não oportunizou a todos os licitantes a possibilidade de ofertar lances verbais, evitando que todos os participantes ofertassem, de início, preços bem acima dos usuais, ou pelo menos bem superiores aos que poderia propor.

Assim, conforme a redação dada ao inc. VI do art. 4.º da Lei 10.520/2002, percebe-se que o legislador instituiu dois critérios para selecionar os licitantes que poderão apresentar lances verbais.

Esta é uma inovação que existe no pregão e também possui previsão na Lei de Parcerias Público-Privadas (Lei 11.079/2004), que homenageia claramente a indisponibilidade do interesse público (busca incessante pela proposta mais vantajosa) e fomenta a competitividade.

Essa fase de lances verbais e sucessivos não é irrestrita, mas limitada aos licitantes que ofertaram propostas com diferença superior em até 10% da proposta mais vantajosa. Não havendo, no mínimo, três propostas com valores superiores à mais vantajosa em até 10%, aplica-se a regra do inc. IX, em que poderão ofertar lances os três licitantes que apresentaram as propostas com valor superior ao da mais vantajosa. Neste último caso, a competição na fase de lances se restringirá ao número de quatro licitantes.

Um exemplo servirá para melhor elucidar a questão.

Imaginemos um órgão com o objetivo de aquisição de material de limpeza. Na fase de julgamento, as propostas ficaram classificadas da seguinte forma:

1.ª classificação provisória – propostas iniciais

> A – R$ 100.000,00
> B – R$ 102.000,00
> C – R$ 105.000,00
> D – R$ 107.000,00
> E – R$ 108.000,00
> F – R$ 109.000,00
> G – R$ 111.000,00
> H – R$ 113.000,00
> I – R$ 115.000,00

Caso esse certame licitatório fosse processado nos termos da Lei 8.666/1993, o licitante a quem deveria ser adjudicado o objeto (fornecimento de material de limpeza) seria aquele que ofertou a "proposta A", porque no Estatuto Geral das Licitações não existe possibilidade de lances após a aferição da proposta mais vantajosa.

Já nos termos da lei que instituiu o pregão, inicialmente afere-se o licitante que apresentou a proposta mais vantajosa (proposta A – classificação provisória) para depois começar uma fase (novidade) de lances verbais e sucessivos, em que os licitantes com proposta superior à mais vantajosa em até 10% (propostas B, C, D, E, F) poderão cobrir a "proposta A", fornecendo o objeto por preço inferior àquela que, até então, era a mais vantajosa.

Por fim, registre-se que a Lei Complementar 123/2006 dá às ME e EPP um tratamento diferenciado em algumas fases na licitação. Aqui, cabe relembrar o benefício do *empate ficto*, em que, após a fase de lances verbais, o pregoeiro irá verificar se presentes seus pressupostos de configuração, que, no pregão, são: *a) a proposta mais vantajosa não pode ser de uma ME ou EPP e b) existir na ordem de classificação decorrente da fase de lances verbais uma proposta de uma ME ou EPP com valor superior à mais vantajosa (no caso da grande empresa) em até 5%.*

Presentes os pressupostos, será configurado empate e a ME ou EPP terá um prazo de cinco minutos para oferecer proposta cobrindo aquela até então mais vantajosa.

Se cobrir, passa a ser a vencedora. Se não quiser usar do benefício, deve o pregoeiro verificar se existem outras ME ou EPP dentro do limite dos 5% e, se presentes, oferecer, na ordem, o mesmo benefício.

Se ausentes ME ou EPP nessa margem percentual ou elas não desejarem cobrir a proposta mais vantajosa, aí sim se finaliza a fase de julgamento de proposta com a proposta da grande empresa classificada em primeiro lugar.

9.11.6.5.8. Tipos de licitação

É sabido que na Lei 8.666/1993 existem diversos tipos de licitações, tais como:

- *menor preço;*

- *melhor técnica;*
- *preço e técnica;*
- *maior lance.*

No pregão, seja eletrônico ou presencial, o tipo licitatório é menor preço, ou seja, sempre se busca a aquisição de um bem ou serviço comum pelo menor preço.

Esse tipo de licitação é declarado no art. 4.º, X, da Lei 10.520/2002, o qual prescreve que:

> "X – Para julgamento e classificação das propostas, será adotado o critério de menor preço, observados os prazos máximos para fornecimento, as especificações técnicas e parâmetros mínimos de desempenho e qualidade definidos no edital".

9.11.6.5.9. Análise da aceitabilidade da proposta pelo pregoeiro

Verificando-se que a proposta não é inexequível, tendo ela sido apresentada corretamente, passa-se a analisar os documentos relativos à habilitação do licitante até então classificado com a proposta mais vantajosa.

Importante notar que, na fase de lances, o detentor da proposta mais vantajosa (mais barata) pode ter mudado. Por isso, como ocorria anteriormente, tais classificações são provisórias.

9.11.6.5.10. Fim da fase competitiva e habilitação

Encerrada a etapa competitiva e ordenadas as ofertas, o pregoeiro procederá à abertura do invólucro contendo os documentos de habilitação do licitante que apresentou a melhor proposta para verificação do atendimento às condições fixadas no edital.

A habilitação far-se-á com a verificação de que o licitante está em situação regular perante a Fazenda Nacional, a Seguridade Social, o Fundo de Garantia do Tempo de Serviço – FGTS, as Fazendas Estaduais e Municipais e, quando for o caso, com a comprovação de que atende às exigências do edital quanto à habilitação jurídica e qualificações técnica e econômico-financeira.

Interessante notar a precisa interpretação de Marçal Justen Filho quanto à regularidade fiscal no pregão. Para ele, e em homenagem ao princípio federativo, em qualquer tipo de licitação deve ser necessariamente demonstrada a regularidade do licitante junto ao INSS e ao Fundo de Garantia do Tempo de Serviço – FGTS, de sorte que a regularidade junto às Fazendas Nacional, Estadual e Municipal será demonstrada de acordo com quem está promovendo o certame.

Por outras palavras, em sendo um pregão municipal, os licitantes deverão demonstrar a regularidade junto ao INSS e ao Fundo de Garantia do Tempo de Serviço – FGTS, pois é obrigatório estar em dia com estes para participar de quaisquer certames licitatórios, bem como sua regularidade junto à Fazenda do Município onde está sendo realizado o pregão.

Não seria necessária, segundo o nobre autor, a demonstração de regularidade junto à Fazenda Estadual e Nacional, sob pena de aviltamento ao princípio federativo.

Todavia, na prática, tem-se dado uma interpretação literal ao dispositivo, de modo que o licitante deve demonstrar, além da necessária regularidade junto ao INSS e ao Fundo de Garantia do Tempo de Serviço – FGTS, sua situação regular frente às Fazendas Nacional, Estadual e Municipal.

Registre-se, por oportuno, o teor do referido dispositivo legal:

> "XIII – A habilitação far-se-á com a verificação de que o licitante está em situação regular perante a Fazenda Nacional, a Seguridade Social e o Fundo de Garantia do Tempo de Serviço – FGTS, e as Fazendas Estaduais e Municipais, quando for o caso, com a comprovação de que atende às exigências do edital quanto à habilitação jurídica e qualificações técnica e econômico-financeira".

Em âmbito federal, os licitantes que estiverem cadastrados no Sistema de Cadastramento Unificado de Fornecedores – SICAF – e equivalentes poderão deixar de apresentar os documentos de habilitação que já constem nesses registros, sendo assegurado aos demais licitantes o direito de acesso aos dados nele constantes.

Verificado o atendimento às exigências fixadas no edital, o licitante será declarado vencedor.

9.11.6.5.11. E se o licitante não atender às exigências habilitatórias ou sua proposta não for aceitável?

Caso o licitante não atenda às exigências habilitatórias ou sua proposta não seja aceitável, o pregoeiro examinará as ofertas subsequentes na ordem de classificação, bem como a sua habilitação, até a apuração de uma que atenda ao edital, sendo o respectivo licitante declarado vencedor.

Ainda nesse caso, o pregoeiro poderá negociar diretamente com o proponente para que seja obtido preço melhor, algo que não ocorre nos procedimentos previstos na Lei 8.666/1993.

9.11.6.5.12. Dos recursos na modalidade licitatória pregão

Após ser declarado vencedor, qualquer licitante poderá manifestar imediata e motivadamente a intenção de recorrer, quando lhe será concedido o prazo de três dias para apresentação das razões do recurso, ficando os demais licitantes, desde logo, intimados a apresentar contrarrazões em igual número de dias, que começarão a correr do término do prazo do recorrente, sendo-lhes assegurada vista imediata dos autos.

Nota-se que, ao contrário das demais modalidades licitatórias, em que os recursos podem ser interpostos por fases, no pregão, a interposição do recurso é unificada e feita em momento específico, no caso, após a declaração do vencedor, que ocorre com a habilitação do titular da proposta mais vantajosa. Nessa oportunidade, os licitantes poderão recorrer questionando comportamentos irregulares do pregoeiro quanto ao credenciamento, ao julgamento das propostas, fase de lances, habilitação, por exemplo.

Isso contribui com o objetivo do pregão, que é trazer maior celeridade para as contratações públicas, pois a sistemática da Lei 8.666/1993, que é a possibilidade de recursos por fase, gera atraso e acarreta algumas suspensões do procedimento, visto que, conforme analisado outrora, o recurso na fase de habilitação e julgamento de proposta naquela lei é recebido legalmente nos efeitos devolutivo e suspensivo e, por conta deste último efeito, a continuidade do certame depende do julgamento final do recurso.

Eis uma mudança digna de aplausos.

Importa registrar que o acolhimento de recurso implicará a invalidação apenas dos atos insuscetíveis de aproveitamento.

Caso o licitante prejudicado não manifeste imediata e motivadamente sua irresignação quanto ao resultado do certame, ocorrerá o fenômeno da decadência e ele perderá o direito à interposição do recurso. Por isso, no pregão presencial, é importante que o licitante esteja presente, sob pena de perder o direito de recorrer. De qualquer forma, isso não significa que a não interposição do recurso convalida a ilegalidade que poderia ser questionada. Perde-se apenas a possibilidade do manejo do recurso. Querendo, pode o licitante fazer valer seus direitos na via jurisdicional.

Havendo a interposição de recursos, primeiro estes serão julgados para, depois, a autoridade competente proceder à adjudicação do objeto da licitação ao vencedor. Apesar de a lei nada dizer a respeito dos efeitos do recurso no pregão, sendo que, pela regra, a ausência de informação significa o recebimento apenas no efeito devolutivo, aqui há uma exceção por ordem prática, pois, se a autoridade competente só pode adjudicar o objeto após julgamento do recurso, o fato é que, mesmo que a lei não tenha atribuído efeito suspensivo ao recurso, este, na prática, acaba tendo, pois a adjudicação fica condicionada ao julgamento do recurso.

9.11.6.5.13. Adjudicação e homologação

Outra novidade do pregão foi a inversão das fases de homologação e adjudicação. Ao contrário do que ocorre nos procedimentos licitatórios regidos pela Lei 8.666/1993, na modalidade pregão a adjudicação passa a anteceder a homologação, sendo esta, aqui, sua última fase.

Com essa mudança, foi possibilitado ao pregoeiro a adjudicação do objeto, efetivando, mais uma vez, um princípio regente no pregão que é o da concentração, que objetiva concentrar na mesma sessão o maior número possível de atos e, com isso, gerar maior celeridade no procedimento de seleção da proposta mais vantajosa.

É importante ficar claro que nem sempre o pregoeiro poderá adjudicar o objeto. Essa possibilidade depende de um fato concreto: que é a interposição ou não de recursos por parte dos licitantes. Se houver a interposição de recursos, quem adjudicará será a autoridade competente. Caso não seja interposto recurso, quem adjudica é o pregoeiro.

Já a homologação só pode ser feita pela autoridade competente, pois se trata de um ato de controle interno e decorrente do poder hierárquico. Relembre-se que apenas haverá homologação se o procedimento foi realizado corretamente, ou seja, observando a legislação, o edital etc.

Homologada a licitação pela autoridade competente, o adjudicatário será convocado para assinar o contrato no prazo definido no edital.

9.11.6.5.14. Convocação do licitante vencedor para celebrar o contrato

Sabendo-se quem é o licitante que venceu o certame, é hora de convocá-lo para a assinatura do contrato ou instrumento equivalente, cujo prazo já foi previamente estipulado no instrumento convocatório.

Se, convocado para assinar o contrato dentro do prazo de validade de sua proposta[45], o licitante não aparecer para assiná-lo, este perderá o direito à contratação e se sujeitará às sanções previstas no art. 87 do Estatuto das Licitações.

Nesse caso, serão tornadas sem efeitos a homologação e a adjudicação e, em seguida, observando a ordem de classificação decorrente da fase de lances verbais, será convocado o licitante que era inicialmente o segundo classificado, que, com a desistência do primeiro, passa a sucedê-lo, sendo que, no pregão, ao contrário do que ocorre nos procedimentos regidos pela Lei 8.666/1993, este (o licitante) terá seus documentos de habilitação analisados e, se vencedor, será posteriormente convocado para assinar o contrato com base no valor de sua proposta, e não na do antigo primeiro classificado.

9.11.6.5.15. Vedações no pregão

A lei do pregão expressamente veda a garantia de proposta, a aquisição do edital pelos licitantes como condição para participação no certame e o pagamento de taxas e emolumentos, salvo os referentes a fornecimento do edital, que não serão superiores ao custo de sua reprodução gráfica, e aos custos de utilização de recursos de tecnologia da informação, quando for o caso.

9.11.6.5.16. Aplicação subsidiária da Lei 8.666/1993

Aplica-se subsidiariamente à modalidade licitatória pregão as regras previstas na Lei 8.666/1993. Importante notar que "aplicação subsidiária" significa a aplicação de normas para vazios existentes na Lei do Pregão. Portanto, se a matéria já estiver disciplinada pela Lei 10.520/2002, não há que se aplicar, no que toca ao ponto específico, a Lei 8.666/1993, pois as regras do pregão são especiais em relação às demais modalidades, que são gerais.

Assim, em caso de aparente conflito de normas entre esses dois veículos normativos, prevalece a Lei 10.520/2002.

9.12. PARTICIPAÇÃO DE EMPRESAS EM CONSÓRCIO NAS LICITAÇÕES

Outro ponto interessante na Lei de Licitações é que esta autoriza que os licitantes se juntem em consórcios para a participação de licitações e subsequente execução do contrato.

---

45. Em regra, o prazo de validade é de até 60 dias (art. 64, § 3.º, da Lei 8.666/1993), porém no pregão a lei admite que o edital possa estabelecer prazo superior (art. 6.º da Lei 10.520/2002).

Deve ficar claro que a participação de licitantes em consórcio não é um direito que a lei atribui a eles, podendo ser exercido em qualquer certame. Trata-se de ato discricionário da Administração autorizar ou não a participação de empresas reunidas sob essa modalidade associativa. Nesse contexto, o instrumento convocatório tem de ser expresso quanto a essa autorização, sendo que sua omissão significa proibição.

9.12.1. Objetivo

O objetivo de autorizar a participação de empresas reunidas em consórcio é que determinados objetos, uma grande obra, por exemplo, seriam dificilmente executados por uma única empresa. Faltar-lhe-ia recursos econômicos e técnicos principalmente.

O consórcio nada mais é do que o mecanismo previsto no direito empresarial que tem por objetivo unificar mais de uma empresa para a realização de um empreendimento específico, sem que, com isso, se crie uma nova pessoa jurídica. O consórcio significa, simplesmente, uma reunião operativa de empresas[46]. Soma-se capital, técnica e trabalho dos consorciados com o objetivo de realizar um grande e complexo empreendimento.

9.12.2. Constituição do consórcio

Para participar da licitação, a lei não exige que o consórcio já esteja formado e devidamente registrado, sendo suficiente para tanto apenas o compromisso, público ou particular, de formação de consórcio subscrito pelos consorciados. Apenas o grupo que vencer a licitação é que deverá formar efetivamente o consórcio e registrá-lo. Quanto aos grupos perdedores, perecem os efeitos do referido compromisso.

As empresas que participarem em consórcios deverão, nos termos do instrumento convocatório, ser representadas por uma empresa líder, a qual representará o grupo frente à Administração.

---

46. A definição legal de consórcio de empresas e algumas disposições sobre o tema encontram-se nos arts. 278 e 279 da Lei 6.404/1976. "Art. 278. As companhias e quaisquer outras sociedades, sob o mesmo controle ou não, podem constituir consórcio para executar determinado empreendimento, observado o disposto neste Capítulo.§ 1.º O consórcio não tem personalidade jurídica e as consorciadas somente se obrigam nas condições previstas no respectivo contrato, respondendo cada uma por suas obrigações, sem presunção de solidariedade.§ 2.º A falência de uma consorciada não se estende às demais, subsistindo o consórcio com as outras contratantes; os créditos que porventura tiver a falida serão apurados e pagos na forma prevista no contrato de consórcio.Art. 279. O consórcio será constituído mediante contrato aprovado pelo órgão da sociedade competente para autorizar a alienação de bens do ativo não circulante, do qual constarão:I – a designação do consórcio se houver;II – o empreendimento que constitua o objeto do consórcio;III – a duração, endereço e foro;IV – a definição das obrigações e responsabilidade de cada sociedade consorciada, e das prestações específicas;V – normas sobre recebimento de receitas e partilha de resultados;VI – normas sobre administração do consórcio, contabilização, representação das sociedades consorciadas e taxa de administração, se houver;VII – forma de deliberação sobre assuntos de interesse comum, com o número de votos que cabe a cada consorciado;VIII – contribuição de cada consorciado para as despesas comuns, se houver.Parágrafo único. O contrato de consórcio e suas alterações serão arquivados no registro do comércio do lugar da sua sede, devendo a certidão do arquivamento ser publicada".

9.12.3. Somatório da habilitação econômica e técnica

A grande vantagem da participação de empresas em consórcios é que, na fase habilitatória, as sociedades consorciadas poderão somar suas qualificações técnicas e econômicas. Assim, a título de exemplo, se o edital em uma determinada licitação para uma grande obra de engenharia exigir comprovação de capital social de 10% sobre o valor estimado da contratação como uma das provas de habilitação econômica, as empresas consorciadas poderão somar seu capital social para alcançar o limite estipulado pela Administração.

Tendo em vista o porte da contratação que se pretende realizar e a força econômica e técnica do consórcio, estes poderão ter um tratamento diferenciado, mais rigoroso, para ser mais preciso.

Um exemplo disso pode ser verificado nas exigências de qualificação econômica e financeira das empresas, as quais estão dispostas no art. 31 da Lei de Licitações.

O § 3.º do referido artigo dispõe que o capital social e o patrimônio líquido mínimo exigido não poderão ultrapassar 10% do valor estimado da contratação. Essa é a regra quando as empresas participam isoladamente. Em sendo admitida a participação de empresas em consórcios, poderá a Administração, para essas empresas que preferiram se unir em consórcios, aumentar a referida exigência em até 30% do valor exigido para cada licitante individual (seria, por exemplo, 13% do valor estimado para a contratação).

Esse aumento percentual aplicável às empresas reunidas em consórcios é excepcionado quando estes são formados em sua totalidade por microempresas e empresas de pequeno porte, separada ou alternadamente.

Nesse ponto, a lei veio dar eficácia ao art. 170, IX, da Constituição Federal, que, ao tratar da ordem econômica, foi categórica ao dispor que, dentre seus princípios, deverá ser dispensado "tratamento favorecido para as empresas de pequeno porte constituídas sob as leis brasileiras e que tenham sua sede e administração no País".

9.12.4. Demais requisitos habilitatórios

Quanto aos demais requisitos habilitatórios, ou seja, habilitação jurídica, regularidade fiscal e declaração de cumprimento ao disposto no art. 7.º, XXXIII, da Constituição Federal, estes não se comunicam e nem são acumuláveis, devendo cada empresa pertencente ao consórcio cumprir as exigências a esse título requisitadas no edital.

Assim, se uma empresa pertencente ao consórcio não possuir regularidade fiscal, o consórcio todo é prejudicado e deverá ser inabilitado, pois, como registrado, tal exigência habilitatória é incomunicável.

Se, por um lado, a Lei de Licitações admitiu a participação de empresas reunidas em consórcio, por outro, proibiu que elas participassem isoladamente ou em mais de um grupo de empresas no mesmo procedimento licitatório.

Portanto, se determinada empresa decidiu participar de uma grande licitação em consórcio, automaticamente estará vedada sua participação na mesma licitação de forma isolada ou integrando outro consórcio.

Não se trata de hipótese de inabilitação ou desclassificação da empresa. Simplesmente é proibição concreta que surge no exato momento em que o consórcio de que esta seja integrante ingressa no certame.

9.12.5. Responsabilidade das empresas integrantes do consórcio

A responsabilidade por atos praticados em consórcio é extensível a todas as empresas participantes do grupo por expressa previsão legal. Trata-se de responsabilidade solidária.

Assim, se, durante a participação no procedimento licitatório ou na execução do contrato, uma empresa integrante do consórcio pratica ato ilegal, todos os demais participantes do grupo responderão solidariamente junto à Administração.

Cite-se, por exemplo, um caso de rescisão unilateral do contrato por culpa da contratada, no caso, o consórcio. Dentre as penalidades aplicáveis, destaca-se a multa. Esse valor poderá ser descontado da garantia e dos valores ainda devidos à contratada. Caso o valor da multa ultrapasse o descontado, a Administração deverá ingressar com ação com o objetivo de promover a cobrança do remanescente.

No polo passivo da ação judicial, poderá a autora colocar isoladamente quem praticou o ato, qualquer outra empresa, ou todas as empresas integrantes do consórcio ao mesmo tempo. Essa variação de possibilidades no polo passivo da relação processual se dá em razão da responsabilidade solidária das empresas integrantes de consórcio.

A responsabilidade abrange qualquer tipo de responsabilidade e, por isso, as sanções aplicadas serão extensíveis a todas as empresas consorciadas? Por exemplo, uma suspensão temporária se aplicaria a todas as empresas, mesmo que se trate de falsificação de um documento fiscal feito por uma única empresa e sem o conhecimento das demais? A matéria é polêmica e a interpretação literal da lei conduz no sentido de que as empresas consorciadas responderão solidariamente em relação a tudo. Parece-nos que essa situação deve ser analisada conforme as peculiaridades do caso concreto e ponderada em prudentes juízos de razoabilidade e proporcionalidade.

9.13. ANULAÇÃO DA LICITAÇÃO

A anulação e a revogação são as duas mais tradicionais e conhecidas formas de extinção do ato administrativo. A licitação também é passível de ser anulada ou revogada, porém, em razão de ser um procedimento administrativo (conjunto de atos) e não um único ato, haverá algumas mudanças em sua aplicação nessa matéria.

O *princípio da autotutela administrativa* admite que tanto a anulação quanto a revogação possam ser feitas de ofício pela Administração. Na anulação, o parâmetro de controle será a violação à lei e aos princípios constitucionais do art. 37, ao passo que na revogação o fundamento provém do princípio da indisponibilidade do interesse público.

A matéria foi sistematizada no art. 49 da Lei de Licitações.

9.13.1. Motivo da anulação

A anulação da licitação, à semelhança do que ocorre em relação aos atos administrativos, é *motivada pela ilegalidade* (aqui entendida em sentido amplo), ou seja, a desconformidade de qualquer fase da licitação à lei ou aos princípios constitucionais do art. 37.

Assim, se, no decorrer do procedimento licitatório, forem praticados atos com violação à lei ou aos princípios constitucionais, a autoridade competente deverá anular o procedimento.

9.13.2. Extensão da anulação

A anulação em matéria licitatória pode ser *total ou parcial* (classificação quanto à sua extensão), razão pela qual a autoridade com competência para anular o certame deverá analisar em que fase da licitação foi praticada a nulidade. Isso porque a Administração, quando realiza um certame licitatório, pretende a contratação de algum objeto, sendo a licitação apenas um meio instrumental, impessoal e moral apto a aferir qual o melhor negócio.

Por isso, apesar do vício procedimental, a Administração ainda continua com interesse em contratar o objeto (um bem, a prestação de um serviço, por exemplo), motivo pelo qual deve anular apenas o ato ilegal e os produzidos a partir deste, devendo aproveitar os que antecederam a nulidade.

Nos procedimentos regidos pela Lei 8.666/1993, entendemos que apenas será possível a anulação parcial se a ilegalidade que se pretende anular for da fase de julgamento de proposta em diante, não se admitindo anulação da licitação, por exemplo, se o vício se deu na fase de habilitação, *exceto* se a nulidade for declarada na própria fase de habilitação. Isso porque o efeito do ato de anulação é retroativo à origem do vício, desconstituindo os atos subsequentes. Assim, se o vício for anterior à fase de julgamento das propostas, o fato de estas já terem sido abertas, violadas, impede o prosseguimento do certame, eis que fere o princípio da *sigilosidade das propostas*. Em síntese, poderá ser *anulada parcialmente* a licitação se o vício ocorreu: 1) na fase de julgamento das propostas, a exemplo de um erro de classificação; 2) na adjudicação (entrega de lote errado) e na homologação.

Já na *modalidade pregão*, mesmo que o vício seja na fase de habilitação, será possível sua anulação parcial. Isso porque nessa modalidade o julgamento das propostas antecede a habilitação. Por isso, no pregão, tem-se que a anulação será total quando o vício for anterior ao julgamento das propostas, como, por exemplo, na fase de publicidade do instrumento convocatório (inobservância do prazo mínimo de publicidade).

Em estreita síntese: no pregão a anulação parcial tem um campo de abrangência mais extenso do que nas modalidades da Lei 8.666/1993, especialmente quanto a vício na fase de habilitação, em que, na sistemática da Lei 8.666/1993, a autoridade competente deverá anular totalmente o certame, ao passo que no pregão, não.

9.13.3. Legitimidade para anular a licitação

Como se trata de extinção da licitação por *motivo de ilegalidade* (em sentido amplo), tanto a Administração quanto o Poder Judiciário poderão pronunciar sua anulação. A primeira o faz no exercício da autotutela (seja provocada, como no caso de recursos, seja de ofício), uma vez que é destinatária dos princípios impositivos do art. 37 da Constituição Federal. Já o Poder Judiciário atua em razão da garantia constitucional do art. 5.º, XXXV, que veda a exclusão de sua atuação em caso de lesão ou ameaça a direitos. A anulação pela própria Administração configura tipo de *controle interno*, ao passo que, quando ela é feita pelo Poder Judiciário, o *controle é externo*.

Apesar de os *fundamentos de iniciativa da anulação* pela Administração e pelo Poder Judiciário serem diferentes (princípio da autotutela e princípio da inafastabilidade da jurisdição), os *parâmetros de controle* se identificam. Por outras palavras: tanto a anulação feita pela Administração quanto aquela proclamada pelo Poder Judiciário *têm* como parâmetros a lei e os princípios constitucionais do art. 37 da Constituição Federal, ou seja, legalidade, impessoalidade, moralidade, publicidade, eficiência, além de outros.

A anulação pela Administração pode ser feita de ofício ou por provocação. É o que ocorre, por exemplo, quando, no meio da licitação, percebe-se que, pelo valor estimado para a contratação de um determinado bem[47], deveria ser adotada modalidade concorrência, quando, na prática, foi adotada tomada de preços. Nesse caso, a Administração, percebendo tal vício (de ofício ou por provocação), deverá anular na íntegra o certame. Outro exemplo pode ser elucidado no caso de inobservância do prazo recursal na fase de habilitação na Lei 8.666/1993. Se um licitante for inabilitado e a Comissão de Licitação não ofertar o prazo de recurso, ou prosseguir para fase de julgamento de propostas, o procedimento estará fadado à anulação.

9.13.4. Peculiaridades da anulação feita pelo Poder Judiciário

A anulação feita pelo Poder Judiciário no exercício da função jurisdicional, ou seja, sua função típica, só pode ser mediante provocação, eis que vige no ordenamento pátrio o *princípio da inércia da jurisdição*, que se encontra textualizado no art. 4.º do Código de Processo Civil.

Nesse ponto, o autor da ação deve ter uma série de cautelas, sob pena de o erro procedimental inviabilizar o deferimento do pedido deduzido. O primeiro ponto é identificar o momento em que a ilegalidade se deu para poder deduzir o pedido corretamente, ou seja, anulação parcial ou total do procedimento.

Deve o autor da demanda deixar claro na peça inicial, especialmente no Mandado de Segurança (quando for caso de anulação parcial), que ele quer que anule o ato ilegal, e, por força do art. 49, § 5.º, da Lei 8.666/1993, *estenda os efeitos de decisão aos praticados após o vício*.

Deve-se ainda ter cuidado em relação ao pedido. Se o jurisdicionado pleitear a anulação da licitação e os atos subsequentes, o *valor da causa* não será o valor do contrato, mas um valor atribuído apenas para efeitos fiscais, pois o que se pretende é a anulação de ato procedimental, o qual, sendo acatado, leva à nulidade do contrato[48].

---

47. Nesse caso, o bem apresentado no exemplo não é comum, ou seja, é impassível de contratação por pregão. Isso porque no pregão, conforme vimos em capítulo próprio, o critério para sua adoção é ser o bem ou serviço comum, não importando, para fins de escolha da modalidade, o valor estimado da contratação.

48. Há decisão do *Superior Tribunal de Justiça* nesse sentido, que ficou ementada da seguinte forma: "*Processual civil. Recurso especial em agravo de instrumento. Impugnação do valor da causa. Retenção (CPC, art. 542, § 3.º). Inaplicabilidade. Alegada violação do art. 259, V, do CPC. Não ocorrência. Pretensão declaratória. Ausência de conteúdo econômico. Precedentes. Desprovimento.* 1. A retenção prevista no § 3.º do art. 542 do CPC é inaplicável ao especial interposto contra decisão interlocutória proferida no Incidente de Impugnação do valor da causa. 2. O litígio não tem por objeto a existência, validade, cumprimento, modificação ou rescisão de negócio jurídico, mas simples pretensão de ver reconhecida, judicialmente, a habilitação de licitante, para o regular prosseguimento da licitação. 3. A procedência do pedido não implicará a vitória da licitante, tampouco o direito de contratar com a Administração Pública. Logo, o valor do contrato não serve como parâmetro para definição do valor da causa. 4. Recurso especial desprovido" (REsp 627.222/SC, Rel. Min. Denise Arruda, 1.ª T., j. 17.10.2006, *DJ* 20.11.2006, p. 274).

Todavia, deve-se ter cuidado, pois pode haver interpretação divergente no sentido de que o valor da causa é o valor do contrato, ou o valor preposto pelo impetrante, o que acarretará no aumento das verbas de sucumbência, exceto se a pretensão for deduzida em Mandado de Segurança, em que não são devidas verbas a esse título.

9.13.5. Ampla defesa e contraditório na anulação da licitação

O art. 49 da Lei de Licitações informa que, quando a autoridade competente for anular o certame, deverá ela ofertar aos licitantes a ampla defesa e o contraditório. Seria essa medida preventiva? Há autores, como Marçal Justen Filho, que entendem que qualquer decisão administrativa relevante deve ser antecedida de contraditório e ampla defesa. Por outro lado, há quem sustente que na anulação e revogação não se requer prévio contraditório e ampla defesa, os quais serão exercidos apenas se interposto recurso nos termos do art. 109, I, "c", da Lei 8.666/1993. Esse é o pensamento de Ivan Barbosa Rigolin[49].

Sendo ou não o caso de prévio contraditório e ampla defesa, o fato é que do ato que anula a licitação cabe recurso, nos termos do art. 109, I, "c", da Lei de Licitações, momento em que o recorrente terá a oportunidade de exercer com abundância a ampla defesa e o contraditório. É claro que apenas há chance de êxito desse recurso se o *ato anulatório* da licitação for ilegal, como, por exemplo, advindo de autoridade não competente, ou não sendo caso de anulação do certame.

9.13.6. Hipóteses em que será cabível a indenização na anulação

Cabe tecer alguns comentários sobre se há ou não indenização em caso de anulação do certame. O posicionamento que vem prevalecendo é que deve a Administração indenizar os prejuízos dos licitantes que não contribuíram para a nulidade do certame, desde que provem os prejuízos efetivamente experimentados. Em sendo o caso de o licitante dar ensejo à nulidade, e isso vale tanto para a licitação quanto para o contrato, não terá ele direito à indenização[50].

---

49. Adverte o autor: "Resumindo-se, para concluir, advirta-se: ampla defesa em anulação ou revogação de licitação não existe. Contraditório é apenas o recurso administrativo que a lei já assegura, no art. 109. O § 3.º do art. 49 constitui folclore legislativo puro, lastimável sob todos os títulos, e excelente oportunidade para manter-se calado que o legislador, outra vez nesta Lei n.º 8.666, desperdiçou".

50. Apesar disso, há posicionamento do Superior Tribunal de Justiça no sentido de que a Administração, mesmo nos casos de culpa do contratado, deve indenizá-lo. Os fundamentos dessa decisão baseiam-se no princípio da moralidade e na vedação ao enriquecimento indevido da Administração. Registre-se, por oportuno, trecho da decisão: "No entanto, a Administração deve indenizar a empresa contratada pela execução de etapas das obras ajustadas até a data da declaração de nulidade, ainda que a anulação do contrato tenha ocorrido por utilização de documento fraudado pela empresa, como na hipótese em exame. Com efeito, recebida a prestação executada pelo particular, não pode a Administração se locupletar indevidamente e, com fundamento na nulidade do contrato, requerer a devolução de valores pagos por obras já realizadas, o que configuraria violação ao próprio princípio da moralidade administrativa" (STJ, REsp 408.785/RN, 2.ª T., Rel. Min. Franciulli Netto, *DJU* 30.06.2003, p. 187).

9.14. REVOGAÇÃO DA LICITAÇÃO

9.14.1. Motivo da revogação

A revogação da licitação, como forma de extinção do certame, opera-se por *razões de interesse público* decorrentes de fato superveniente e devidamente comprovado. Em outras palavras, à semelhança do que ocorre em relação aos atos administrativos, a revogação é pautada em critérios de conveniência e oportunidade.

Só que, em matéria licitatória, a lei especificou que o motivo da revogação deve ser *superveniente* à instauração do procedimento, sob pena de ilegalidade do ato revocatório. É o que ocorre, por exemplo, quando está em curso uma licitação para a construção de uma ponte acessória e a mais importante daquela cidade vem a ruir. Nesse caso, o comprometimento da ponte principal é fato superveniente e justificador da revogação da licitação, cujo objeto é a construção da ponte acessória.

9.14.2. Extensão da revogação da licitação

Interessante notar que a revogação da licitação, ao contrário do que parece, não é baseada na inconveniência ou inoportunidade do certame licitatório, pois este é apenas um meio instrumental para a contratação. Assim, e isso é bem interessante, o motivo da revogação da licitação não é o procedimento em si, mas a inconveniência e inoportunidade, decorrente de fatos supervenientes, da futura contratação.

Por esse motivo, ao contrário da anulação, que pode ser parcial ou total, aqui só é possível admitir a *revogação total*, uma vez que, se a Administração não possui mais interesse no futuro contrato, não há que se falar em revogação parcial da licitação.

9.14.3. Legitimidade para revogar a licitação

Diferente da anulação, a revogação da licitação só pode ser feita no exercício da *função administrativa*. Por outras palavras: não cabe ao Poder Judiciário, no exercício de sua função jurisdicional, revogar uma licitação. Por outro lado, pode o mesmo Judiciário, no exercício de sua função administrativa, revogar uma licitação promovida por sua estrutura.

9.14.4. Cabimento de indenização na revogação da licitação

Como se trata de ato extintivo baseado na falta de interesse em firmar o pacto, ou seja, ato legal, os efeitos da revogação não são retroativos (*ex nunc*), cabendo indenização aos que comprovarem ter experimentado prejuízos em decorrência da revogação do certame.

9.14.5. Ampla defesa e contraditório e recurso cabível na revogação da licitação

Do ato que revoga licitação cabe recurso administrativo, nos termos do art. 109, I, "c", da Lei 8.666/1993, cujas razões recursais devem se limitar à nulidade ou não do despacho revocatório, como, por exemplo: 1) ausência de competência da autoridade que revogou a licitação; 2) inexistência de motivo superveniente etc.

Registre-se, por oportuno, que o Superior Tribunal de Justiça, no RMS 30.481/RJ, cuja relatoria coube à Ministra Eliana Calmon, entendeu que a possibilidade de contraditório no caso de revogação de procedimento licitatório apenas será deferida caso já tenha sido homologado o certame e adjudicado o objeto ao licitante, pois até então o licitante não tinha qualquer expectativa de contratação.

> "Recurso ordinário. Mandado de segurança. Licitação. Revogação após homologação. Preço acima do mercado. Dilação probatória. Ofensa a direito líquido e certo não configurada.
>
> 1. O Poder Público pode revogar o processo licitatório quando comprovado que os preços oferecidos eram superiores ao do mercado, em nome do interesse público.
>
> 2. Para ultrapassar a motivação do ato impugnado seria necessária dilação probatória, incompatível com a estreita via do mandado de segurança.
>
> 3. O procedimento licitatório pode ser revogado após a homologação, antes da assinatura do contrato, em defesa do interesse público.
>
> 4. O vencedor do processo licitatório não é titular de nenhum direito antes da assinatura do contrato. Tem mera expectativa de direito, não se podendo falar em ofensa ao contraditório e à ampla defesa, previstos no § 3.º do art. 49 da Lei n.º 8.666/1993.
>
> Precedentes.
>
> 5. Recurso ordinário desprovido".

Ao contrário do decidido pelo Egrégio Tribunal, entendemos que o direito ao exercício do contraditório e ampla defesa já pode ser exercido após descoberto o titular da proposta mais vantajosa, mesmo que o certame ainda não tenha sido homologado e adjudicado o objeto. Isso porque os atos de adjudicação e homologação são vinculados, razão pela qual, identificado o titular da proposta mais vantajosa, a Administração é obrigada a lhe adjudicar o objeto e, transcorrido corretamente o certame, homologá-lo.

Entendimento diferente daria margens para que, antes da adjudicação, a Administração, não satisfeita com o licitante vencedor, simplesmente revogue a licitação, até mesmo por motivos escusos, carecendo esse ato – que pode ser ilegal – da possibilidade de controle interno por meio de recursos. Criar-se-ia uma zona de imunidade de controle interno, incentivando o licitante a ingressar com medida judicial.

Sendo o motivo superveniente e pautado em razões de interesse público (conveniência e oportunidade), a Administração pode revogar a qualquer momento o certame, porém, a partir do momento em que já se descobriu o titular da proposta mais vantajosa, deve ser ofertado a ele o direito de questionar a licitude do ato de revogação do certame.

Apesar desse julgamento do STJ, no TCU há o entendimento de que:

> "A jurisprudência desta Corte de Contas é segura no sentido de que, na hipótese de desfazimento do processo licitatório, por revogação ou anulação, assegura-se ao licitante vista dos autos e direito ao contraditório e à ampla defesa" (Acórdão 2.211/2010, Plenário, TC-019.201/2005-4, Rel. Min. Augusto Nardes, 1.º.09.2010).

9.15. IMPUGNAÇÕES E RECURSOS NAS LICITAÇÕES E CONTRATOS ADMINISTRATIVOS

A sistemática recursal na Lei 8.666/1993 está prevista em seu art. 109. Nele encontraremos a base para impugnar todo e qualquer ato decorrente da aplicação dessa lei, seja em matéria licitatória, seja em matéria contratual.

Recurso administrativo, em sentido amplo, nada mais é do que o instrumento posto à disposição de quem foi prejudicado pela prática de determinado ato ou conduta administrativa, em que o interessado pleiteia à Administração que reveja aquela conduta. Trata-se de uma forma de controle interno (*autotutela*) da Administração provocada por terceiros.

O ato impugnado, e isso deve ficar bem claro, não precisa ser punitivo, sancionatório, basta que ele, de alguma forma, possa causar prejuízo, que já será passível de ataque recursal.

A Administração, verificando que procede a pretensão recursal do recorrente, deve rever o ato impugnado, ora anulando, ora substituindo-o pelo ato correto, não podendo ficar inerte, uma vez que se encontra vinculada à observância dos princípios constitucionais do *caput* do art. 37 da Constituição Federal, dentre eles o da legalidade.

9.15.1. Recurso administrativo e defesa prévia

Um instituto que muitas vezes é confundido com o recurso administrativo é a chamada *defesa prévia*.

Como registrado, o recurso administrativo pressupõe a existência de ato violador do direito do recorrente, seja punitivo ou não. É o que ocorre, por exemplo, quando o licitante é declarado inabilitado pela Comissão de Licitação. A inabilitação não é sanção, mas sim ato de exclusão do licitante do certame, uma vez que ele não preencheu os requisitos de habilitação exigidos no instrumento convocatório. Da mesma forma, cabe recurso quando um determinado licitante é indevidamente habilitado. Contra essa habilitação indevida cabe recurso pelos demais licitantes habilitados, os quais buscarão a inabilitação daquele.

Veja-se que a habilitação indevida de determinado licitante não tem caráter sancionatório para os demais licitantes, mas é ato que pode causar prejuízos a eles, pois a licitação é uma competição e, por isso, se justifica a interposição de recurso administrativo.

Quando o ato for punitivo ou puder causar prejuízo a quem já possui uma relação jurídica estabilizada, antes de ele ser praticado, deve a Administração ofertar ao interessado o direito de defesa. Trata-se, aqui, da chamada *defesa prévia*.

A defesa prévia possui base constitucional, razão pela qual sua inobservância poderá ensejar a nulidade do ato praticado. Prescreve o inc. LIV do art. 5.º da Constituição Federal que *ninguém será privado de sua liberdade e de seus bens sem o devido processo legal*. O inciso seguinte é enfático ao dispor que *a todos os litigantes, em processo administrativo ou judicial, são assegurados a ampla defesa e o contraditório*.

Tendo a pretensão administrativa caráter punitivo ou que possa desconstituir uma relação jurídica já firmada, deve ela oportunizar ao interessado o exercício da *defesa prévia*.

Nesse sentido, é irretocável a lição de Marçal Justen Filho[51]:

> "(...) não caberá restringir a participação do interessado apenas ao momento posterior à decisão. Não existe apenas o direito de recorrer contra a decisão desfavorável. A intervenção do particular não se faz apenas a posteriori. Sempre que uma futura decisão puder afetar os interesses de um sujeito específico, a Administração deverá previamente ouvi-lo e convidá-lo a participar da colheita de provas. Essa participação não será passiva nem restrita. O particular poderá especificar provas (ainda quando sejam colhidas através de autoridade administrativa), assim como indicar assistentes técnicos, formular quesitos, acompanhar depoimentos etc.".

Nesse ponto, andou bem o Estatuto das Licitações, pois previu a defesa prévia no processo de aplicação de penalidades, conforme se verifica da análise de seu art. 87, § 2.º, bem como nas hipóteses de rescisão de contrato administrativo, conforme reza o parágrafo único de seu art. 78.

Quanto à importância da defesa prévia, o *Superior Tribunal de Justiça* entende que esta deve ser observada sob pena de nulidade do ato. Em caso aparentemente diferente, mas idêntico na questão de fundo, esse pretório sumulou o entendimento de que, antes de aplicada multa de trânsito ao infrator, deve ele ser notificado para apresentar defesa prévia. A referida Súmula, de n.º 312, enuncia que: "No processo administrativo para imposição de multa de trânsito, são necessárias as notificações da autuação e da aplicação da pena decorrente da infração".

9.15.2. Recurso administrativo e impugnação do edital

Há grande polêmica se a *impugnação ao instrumento convocatório, prevista no* art. 41 da Lei de Licitações, possui natureza recursal. Os que entendem que sim, como, por exemplo, Carlos Pinto Coelho Motta, Alice Gonzalez Borges, Reinaldo Moreira Bruno, baseiam-se no fato de que a impugnação resguarda o direito do licitante e obriga a Administração a sanar as irregularidades. Soma-se a isso o fato de a lei fixar o prazo para a apresentação da impugnação, apenas retirando o seu efeito recursal na hipótese de não observância do referido prazo.

Há outros, como Marçal Justen Filho e Jessé Torres Pereira Júnior, que entendem que a impugnação ao instrumento convocatório não é espécie recursal. Os argumentos utilizados são de duas ordens: primeiro, porque não está prevista no art. 109 e, segundo, pois pode ser apresentada a impugnação por qualquer cidadão, o que não ocorre em matéria de recursos na Lei 8.666/1993.

9.15.3. Os recursos administrativos da Lei 8.666/1993 e a Lei 9.784/1999

Outro ponto importante e que deve ficar bem claro é que a Lei de Licitações possui um *procedimento específico*, razão pela qual a Lei 9.784/1999 apenas se aplica às licita-

---

51. JUSTEN FILHO, Marçal. *Comentários à Lei de Licitações e contratos administrativos*. 10. ed. São Paulo: Dialética, 2004.

ções e contratos administrativos de *forma subsidiária*, conforme enuncia o art. 69 desse diploma legal.

Isso deve ficar bem claro, especialmente em matéria recursal, pois a sistemática recursal da Lei de Processo Administrativo Federal é diferente daquela prevista na Lei de Licitações.

Os tipos ou espécies recursais previstos na Lei de Licitações são os apresentados nos incs. I, II e III de seu art. 109, ou seja: *1) recurso, 2) representação e 3) pedido de reconsideração*.

9.15.4. O recurso hierárquico do inc. I do art. 109

O primeiro tipo recursal que a lei enuncia é o que ela simplesmente denomina como *recurso*. O legislador, nesse ponto, quis trazer de forma *exaustiva* as condutas e os atos que poderiam ser combatidos por esse tipo recursal. Assim, e isso deve ficar claro, só cabe o recurso nas hipóteses elencadas nas alíneas do inc. I do art. 109 da Lei de Licitações.

As hipóteses taxativamente enumeradas são: *a) habilitação ou inabilitação do licitante; b) julgamento das propostas; c) anulação ou revogação da licitação; d) indeferimento do pedido de inscrição em registro cadastral, sua alteração ou cancelamento; e) rescisão do contrato, a que se refere o inc. I do art. 79 desta Lei; f) aplicação das penas de advertência, suspensão temporária ou multa*.

Uma questão importante e que já foi vista pouco antes é que, nas hipóteses de rescisão do contrato e aplicação de penalidades, antes de consumar o ato, deve a Administração ofertar ao interessado o direito de *defesa prévia*. Não sendo acatada sua defesa, o prejudicado terá, ainda, caso queira, a via recursal para tentar fazer valer seu direito.

Não obtendo êxito na via administrativa, será possível ao prejudicado ingressar com medida judicial contra o ato que entenda ser violador de seu direito.

9.15.5. Representação

A representação é o recurso residual na Lei de Licitações.

Os incs. I e III do art. 109 da Lei de Licitações deixaram expressas as hipóteses em que cabe, respectivamente, o recurso hierárquico comum e o pedido de reconsideração.

Relembrando, caberá *recurso hierárquico* comum para questionar ato referente a: *a) habilitação ou inabilitação do licitante; b) julgamento das propostas; c) anulação ou revogação da licitação; d) indeferimento do pedido de inscrição em registro cadastral, sua alteração ou cancelamento; e) rescisão do contrato, a que se refere o inc. I do art. 79 desta Lei e f) aplicação das penas de advertência, suspensão temporária ou multa*.

Por sua vez, o *pedido de reconsideração*, na Lei de Licitações, somente é cabível em uma única hipótese: para impugnar a aplicação da penalidade *declaração de inidoneidade* ao licitante ou contratado infrator.

Nota-se que o legislador trouxe hipóteses taxativas de cabimento desses dois "recursos", criando um *terceiro recurso* para os demais atos referentes ao processo licitatório e à execução do contrato administrativo que não sejam atacáveis por meio de recurso (art. 109, I) ou pedido de reconsideração (art. 109, III). Trata-se do recurso denominado *representação*.

Como dito, trata-se de *recurso residual*, sendo a própria lei que informa isso ao dispor em seu art. 109, II, parte final, em que o dispositivo legal é claro ao mencionar *de que não caiba recurso hierárquico*.

Portanto, atos que podem ser impugnados por meio do recurso hierárquico do art. 109, I, da Lei 8.666/1993 não podem, após a licitação, ser impugnados sob a forma recursal *representação*.

Cite-se, por exemplo, o caso da habilitação. O ato inabilitatório só pode ser impugnado até cinco dias úteis após a sua intimação. E mais, deve-se utilizar o meio impugnativo correto, ou seja, o recurso hierárquico do art. 109, I, da Lei 8.666/1993, sob pena de sequer ser conhecido o outro "recurso".

Seriam passíveis de impugnação por meio de representação atos viciados referentes a:

a) adjudicação;
b) homologação;
c) alteração unilateral do contrato fora dos casos legais;
d) ato que negue direito à prorrogação da execução do contrato administrativo nos termos do § 1.º do art. 57 da Lei de Licitações etc.

9.15.6. Pedido de reconsideração

O pedido de reconsideração é uma forma de impugnação diferente, pois o ato que se pretende impugnar é produzido pela própria autoridade que o praticou, geralmente, a máxima autoridade do órgão.

Sendo, via de regra, o autor do ato a autoridade máxima da estrutura administrativa, seria ilógico pensar em cabimento de recurso hierárquico, pois essa via recursal pressupõe a existência de uma autoridade superior com competência para julgar o recurso contra ato praticado pela autoridade inferior.

Não é o que ocorre aqui. Sendo a autoridade que praticou o ato a de maior hierarquia, a única forma de *autotutela* administrativa seria se essa autoridade reconsiderasse seu ato. Existe a possibilidade de ela ser invocada para tanto, o que se faz pelo expediente do *pedido de reconsideração*.

Antes de aplicada a sanção de declaração de inidoneidade, deve a Administração ofertar ao interessado o direito de *defesa prévia*. Não sendo acatada sua defesa, o prejudicado terá, ainda, caso queira, a via do pedido de reconsideração para tentar fazer valer seu direito.

9.15.7. Prazo, formas de interposição e andamento dos recursos administrativos na Lei de Licitações

9.15.7.1. Prazos

Os prazos de interposição variam ora em razão do tipo recursal, ora em razão da modalidade licitatória em que surge o ato a ser impugnado.

A regra é que o recurso e a representação têm prazo de interposição de cinco dias úteis a contar da intimação do ato ou lavratura da ata. Quando esses dois recursos hierárquicos forem interpostos em processo licitatório cuja modalidade seja convite, o prazo de interposição será reduzido a dois dias úteis.

Já no pedido de reconsideração, seja qual for a modalidade em que se pretenda apresentá-lo, o prazo de interposição será de dez dias úteis, conforme enuncia o inc. III do art. 109 da Lei de Licitações.

9.15.7.2. Formas de interposição

Os recursos do tipo hierárquico são direcionados à autoridade superior a quem praticou o ato. É esta quem vai julgar o recurso interposto. É dela a competência para tanto, muitas vezes em decorrência da hierarquia administrativa.

Apesar de ser a autoridade superior a destinatária do recurso hierárquico, a interposição deste não é feita perante essa autoridade, mas sim diante de quem praticou o ato, muitas vezes, a Comissão de Licitação, a qual poderá, no prazo de cinco dias úteis, reconsiderar sua conduta e encerrar o itinerário do recurso.

Imagine-se que um licitante foi inabilitado pela Comissão de Licitação em um certame feito pela Secretaria de Saúde do Estado do Espírito Santo em razão da suposta falta de um documento cuja exigência era duvidosa. Após apresentar o seu recurso, que é interposto perante a Comissão de Licitação, esta dará vista aos demais licitantes para, caso queiram, apresentarem, no prazo de cinco dias úteis, contrarrazões ao recurso interposto pelo licitante prejudicado. Após isso, se convencida das razões do licitante recorrente, poderá a Comissão de Licitação, no mesmo prazo, reconsiderar o ato inabilitatório e encerrar a questão. Caso não reconsidere, deverá remeter os autos instruídos para a autoridade superior.

É fácil constatar que a Lei de Licitações está, em muitos casos, em plena consonância com o princípio da eficiência. Dentre os momentos de inspiração legislativa baseada nesse importante princípio constitucional, que era implícito na Constituição de 1988 até a Emenda 19/1998, tornando-se expresso a partir de então, destaca-se a possibilidade, por parte de quem praticou o ato, de rever sua conduta reconsiderando sua decisão.

Todo o exposto até aqui diz respeito à sistemática dos recursos hierárquicos da Lei de Licitações, ou seja, recurso e representação.

A sistemática do *pedido de reconsideração* é diferente, pois o pedido é interposto e direcionado à própria autoridade que praticou a conduta, ficando apenas com ela a possibilidade de rever a sua decisão. Caso não o faça, não há outra via administrativa legalmente prevista para combater o ato, devendo o prejudicado bater às portas do Poder Judiciário e pedir anulação do ato.

Se, por meio de *Mandado de Segurança*, deve-se verificar na Constituição Estadual e Federal de qual órgão jurisdicional é a competência para julgar o *writ*, pois determinadas autoridades possuem prerrogativa de foro, sendo que os mandados de segurança contra seus atos geralmente são julgados por Tribunais e não por juízes de 1.ª instância. No exemplo citado, a autoridade que aplicou a declaração de inidoneidade é um Secretário de Estado, o qual, em regra, possui prerrogativa de foro prevista nas Constituições estaduais, razão pela qual o mandado de segurança deve ser impetrado junto ao Tribunal de Justiça.

Caso queira o prejudicado propor *ação ordinária* pleiteando a anulação do ato, nesse caso, a demanda não será contra ato, mas sim contra a pessoa jurídica da qual um dos agentes praticou o ato. Aqui a ação deverá ser proposta em face da pessoa jurídica competente, no caso exemplificado, o Estado do Espírito Santo, que é pessoa jurídica de direito público interno.

9.15.7.3. Os efeitos em que os recursos na Lei de Licitações podem ser recebidos

Todo ato possui operatividade, ou seja, produz efeitos. O ato, quando operante, acaba por produzir uma série de efeitos que, de alguma forma, restringe ou amplia direitos de terceiros.

No processo licitatório não é diferente. Na fase de habilitação, por exemplo, a Comissão de Licitação irá analisar se os licitantes preenchem ou não os requisitos exigidos no instrumento convocatório. Caso positivo, serão declarados habilitados e aptos a participarem da fase seguinte, ou seja, julgamento das propostas. Não preenchendo os requisitos, os licitantes serão excluídos do procedimento, não tendo direito a ter abertas suas propostas.

Veja-se que o ato "habilitação" ou "inabilitação" possui operatividade, efeitos específicos, ora autorizando a continuidade do licitante no procedimento, ora inviabilizando.

Quando se estuda os efeitos em que o recurso administrativo vai ser recebido, quer-se verificar se a sua interposição terá ou não o condão de suspender a operatividade do ato impugnado.

Se recebido no *efeito suspensivo*, significa que a interposição deste tem o condão de suspender a operatividade, exigibilidade do ato, não podendo este causar qualquer prejuízo ao recorrente até o julgamento final de mérito.

Em se tratando de ato isolado, como o que ocorre com um lançamento tributário, ele perde sua operatividade – *no direito tributário tal fenômeno é chamado especificamente de suspensão da exigibilidade do crédito tributário*, conforme se verifica do comando legal do art. 151, V, do Código Tributário Nacional.

O referido crédito tributário perde, em razão da interposição do recurso administrativo, sua exigibilidade, o que significa que não pode ser cobrado e nem mesmo inviabilizar as demais atividades do contribuinte.

Quando o ato com que se pretende a suspensão da operatividade está inserto no meio de um procedimento administrativo, como ocorre nas licitações, a interposição do recurso que possui efeito suspensivo, além de suspender os efeitos imediatos do ato, também impede a sequência normal do procedimento até o julgamento final do recurso.

Por outras palavras: interposto o recurso administrativo e sendo ele recebido em seu efeito suspensivo, está vedado à Comissão de Licitação passar para a fase seguinte do procedimento licitatório, sob pena de, se o fizer, praticar ato completamente ilegal.

O efeito suspensivo pode ser *atribuído diretamente pela lei*, constituindo, nesse ponto, *direito subjetivo do licitante* ao gozo do referido efeito com a consequente suspensão do procedimento até o julgamento final da impugnação, bem como pode ser atribuído pela autoridade administrativa competente, se presentes razões de interesse público, as quais deverão obrigatoriamente ser fundamentadas. Aqui, trata-se, a princípio, de mera expectativa de direito do licitante recorrente, pois a presença ou não das "razões de interesse público" é decidida pela Administração Pública. O controle desse ato é mais restrito, uma vez que se trata de *conceitos jurídicos indeterminados*.

Na Lei de Licitações o recurso será recebido legalmente no efeito suspensivo quando apresentado com o objetivo de discutir habilitação, inabilitação de licitantes e julgamento de propostas. Ou seja, nas hipóteses das alíneas "a" e "b" do inc. I do art. 109 do Estatuto das Licitações.

Nesse sentido, se determinado licitante inabilitado interpuser recurso questionando sua inabilitação, este será obrigatoriamente recebido no efeito suspensivo, estando vedado à Comissão de Licitação passar para a fase de julgamento de propostas enquanto não julgado o pleito recursal.

Afora os casos acima mencionados, a impugnação de outros atos no processo licitatório ou na vigência do contrato administrativo apenas terá efeito devolutivo, não tendo o condão de suspender a operatividade do ato impugnado, exceto se a autoridade competente atribuir efeito suspensivo a este, diretamente ou de forma superveniente.

9.16. LICITAÇÃO DISPENSADA, DISPENSÁVEL E INEXIGÍVEL

Em razão da indisponibilidade do interesse público, bem como do dever que possui a Administração de ofertar à sociedade o direito de contratar com o Poder Público, os contratos celebrados por este devem ser antecedidos de procedimento licitatório. É o que estabelece o art. 37, XXI, da Constituição Federal.

Por outro lado, o legislador constitucional sabia que, em certas ocasiões, a realização da licitação seria inviável ou, caso possível, poderia comprometer o interesse público. Por essa razão é que o texto constitucional autorizou ao legislador infraconstitucional que ressalvasse as hipóteses em que a contratação dispensaria o procedimento licitatório.

Quando da edição da Lei 8.666/1993, o legislador fez as devidas ressalvas e disciplinou nos arts. 17, 24 e 25 as hipóteses de licitação dispensada, dispensável e inexigível.

9.16.1. Licitação dispensada

A licitação será dispensada quando a própria lei abrir mão do certame licitatório. É uma exceção ao princípio da obrigatoriedade da licitação. A figura da licitação dispensada aparece principalmente nas alienações de bens públicos.

9.16.1.1. Licitação dispensada para alienação de bens imóveis

Toda alienação de bens da Administração deve estar subordinada à existência de interesse público devidamente justificado.

Os bens imóveis objeto de alienação deverão obrigatoriamente ser avaliados e, se a titularidade destes for da administração direta ou de entidades autárquicas e fundacionais, a alienação fica condicionada à autorização legislativa. A alienação deverá ser feita mediante a modalidade licitatória concorrência. Em se tratando de bens imóveis de empresas estatais, segue-se a mesma regra, dispensando apenas a autorização legislativa.

Nota-se que, dentre os requisitos para a alienação dos bens imóveis, há a adoção da modalidade licitatória concorrência. Ocorre que a própria lei, em diversas hipóteses do art. 17 da Lei 8.666/1993, dispensa a licitação para a alienação desses bens.

As referidas hipóteses são:

a) *dação em pagamento;*

b) *doação:*

Permitida exclusivamente para outro órgão ou entidade da Administração Pública, de qualquer esfera de governo, ressalvada na hipótese de alienação gratuita ou onerosa, aforamento, concessão de direito real de uso, locação ou permissão de uso de bens imóveis residenciais construídos, destinados ou efetivamente utilizados no âmbito de programas habitacionais ou de regularização fundiária de interesse social desenvolvidos por órgãos ou entidades da administração pública e no caso de alienação gratuita ou onerosa, aforamento, concessão de direito real de uso, locação ou permissão de uso de bens imóveis de uso comercial de âmbito local com área de até 250 m² e inseridos no âmbito de programas de regularização fundiária de interesse social desenvolvidos por órgãos ou entidades da administração pública, conforme alteração inserida pela Lei 11.481/2007.

Registre-se que o § 1.º do art. 17 prescreve que, cessadas as razões que justificaram a doação, o imóvel doado reverterá ao patrimônio da pessoa jurídica doadora. Por essa razão é que o mesmo dispositivo proíbe que o beneficiário do imóvel, ou seja, aquele que o recebeu em doação, faça sua alienação.

Nos casos de doação com encargo, deverá haver licitação, devendo constar em seu instrumento convocatório: os encargos, o prazo de seu cumprimento e cláusula de reversão, sob pena de nulidade do ato, sendo apenas dispensada a licitação no caso de interesse público devidamente justificado. Se, porventura, o donatário necessitar oferecer o imóvel em garantia de financiamento, a cláusula de reversão e demais obrigações serão garantidas por hipoteca em segundo grau em favor do doador.

c) *permuta:*

Por outro imóvel que atenda aos requisitos constantes do inc. X do art. 24 da Lei de Licitações, ou seja, quando esse imóvel for importante para o atendimento das finalidades precípuas da Administração, cujas necessidades de instalação e localização condicionem a sua escolha.

d) *investidura:*

Esta, na Lei de Licitações, deve ser entendida como:

1) *a alienação aos proprietários de imóveis lindeiros de área remanescente ou resultante de obra pública, área esta que se torna inaproveitável isoladamente. Nesse caso, o preço de alienação não poderá ser inferior ao da avaliação e não pode ultrapassar 50% do valor constante da alínea "a" do inc. II do art. 23 (R$ 80.000,00), isto é, não será superior a R$ 40.000,00;*

2) *a alienação, aos legítimos possuidores diretos ou, na falta destes, ao Poder Público, de imóveis para fins residenciais construídos em núcleos urbanos anexos a usinas hidrelétricas, desde que considerados dispensáveis na fase de operação dessas unidades e não integrem a categoria de bens reversíveis ao final da concessão.*

e) *venda:*

A outro órgão ou entidade da Administração Pública, de qualquer esfera de governo.

f) *alienação, concessão de direito real de uso, locação ou permissão de uso de bens imóveis:*

Desde que construídos e destinados ou efetivamente utilizados no âmbito de programas habitacionais de interesse social, por órgãos ou entidades da Administração Pública especificamente criados para esse fim.

g) *procedimentos de legitimação de posse:*

De que trata o art. 29 da Lei 6.383, de 7 de setembro de 1976, mediante iniciativa e deliberação dos órgãos da Administração Pública em cuja competência legal inclua-se tal atribuição.

Nessa hipótese, a Lei 11.196/2005 acrescentou um "§ 2.º-A" ao art. 17, dispensando a necessidade de autorização legislativa, mas nesse caso deve haver:

1) *aplicação exclusivamente às áreas em que a detenção por particular seja comprovadamente anterior a 1.º de dezembro de 2004;*

2) *submissão aos demais requisitos e impedimentos do regime legal e administrativo da destinação e da regularização fundiária de terras públicas;*

3) *vedação de concessões para hipóteses de exploração não contempladas na lei agrária, nas leis de destinação de terras públicas ou nas normas legais ou administrativas de zoneamento ecológico-econômico;*

4) *previsão de rescisão automática da concessão, dispensada notificação, em caso de declaração de utilidade, necessidade pública ou interesse social.*

h) *alienação gratuita ou onerosa, aforamento, concessão de direito real de uso, locação ou permissão de uso de bens imóveis de uso comercial de âmbito local com área de até 250 m² (duzentos e cinqüenta metros quadrados) e inseridos no âmbito de programas de regularização fundiária de interesse social desenvolvidos por órgãos ou entidades da administração pública;*

i) *alienação e concessão de direito real de uso, gratuita ou onerosa, de terras públicas rurais da União e do Incra, onde incidam ocupações até o limite de que trata o § 1º do art. 6º da Lei no 11.952, de 25 de junho de 2009, para fins de regularização fundiária, atendidos os requisitos legais;*

9.16.1.2. Licitação dispensada para alienação de bens móveis

Em se tratando de bens móveis, a alienação dependerá de avaliação prévia e de licitação, a qual será dispensada nas seguintes hipóteses:

a) *doação:*
Permitida exclusivamente para fins e uso de interesse social, após avaliação de sua oportunidade e conveniência socioeconômica, relativamente à escolha de outra forma de alienação.

b) *permuta:*
Permitida, exclusivamente, entre órgãos ou entidades da Administração Pública.

c) *venda de ações:*
Que poderão ser negociadas em bolsa, observada a legislação específica.

d) *venda de títulos:*
Na forma da legislação pertinente.

e) *venda:*
De bens produzidos ou comercializados por órgãos ou entidades da Administração Pública, em virtude de suas finalidades.

f) *venda:*
De materiais e equipamentos para outros órgãos ou entidades da Administração Pública, sem utilização previsível por quem deles dispõe.

9.16.1.3. Licitação dispensada para a Administração conceder título de propriedade ou de direito real de uso de imóveis[52]

A Administração também poderá conceder título de propriedade ou de direito real de uso de imóveis, dispensada licitação, quando o uso se destinar:

> 1) *a outro órgão ou entidade da Administração Pública, qualquer que seja a localização do imóvel;*
>
> 2) *a pessoa natural que, nos termos de lei, regulamento ou ato normativo do órgão competente, haja implementado os requisitos mínimos de cultura, ocupação mansa e pacífica e exploração direta sobre área rural, observado o limite de que trata o § 1º do art. 6º da Lei nº 11.952, de 25 de junho de 2009;*[53]

9.16.2. Dispensa e inexigibilidade de licitação - considerações iniciais

A Lei 8.666/1993, em seus arts. 24 e 25, disciplina os casos de dispensa e inexigibilidade de licitação.

Alerte-se, no entanto, que a regra é o procedimento licitatório. A dispensa e a inexigibilidade são exceções. Além disso, deve-se ressaltar que a dispensa é diferente da inexigibilidade.

Na dispensa será possível a realização da licitação, devendo a autoridade sopesar o custo e o benefício entre licitar ou dispensar. As hipóteses enumeradas no art. 24 são taxativas, sendo vedada a dispensa por outro motivo. Nas sábias palavras do mestre Jorge Ulisses Jacoby Fernandes *"não é permitido qualquer exercício de criatividade ao administrador, encontrando-se as hipóteses de licitação dispensável previstas expressamente na Lei, numerus clausus, no jargão jurídico, querendo significar que são apenas aquelas hipóteses que o legislador expressamente indicou que comportam dispensa de licitação"*[54]

Já na inexigibilidade não há a possibilidade de licitar em razão da inviabilidade de competição. No art. 25 (que trata da inexigibilidade) o rol de hipóteses é exemplificativo.

Vejamos cada um dos casos de dispensa e inexigibilidade, bem como alguns exemplos práticos.

9.16.3. Licitação dispensável

Atualmente, há 35 hipóteses de situações, no texto do art. 24, em que a Lei faculta ao administrador a realização ou não da licitação. São elas:

> *I – Para obras e serviços de engenharia de valor até 10% do limite previsto na alínea "a" do inc. I do art. 23, desde que não se refiram a parcelas de uma mesma obra ou serviço*

---

52. O art. 15 da Lei 1.481/2007 prevê a venda direta de bens imóveis do Fundo do Regime Geral da Previdência Social à União, DF, Estados, Municípios e aos beneficiários do programa de regularização fundiária ou provisão habitacional de interesse social.

53. Redação dada pela lei 13.465/2017.

54. Contratação direta sem licitação. Ed. Fórum, 10ª Ed. p. 239.

ou, ainda, de obras e serviços da mesma natureza que possam ser realizados simultânea ou sucessivamente.

II – Para outros serviços e compras de valor até 10% do limite previsto na alínea "a" do inc. II do art. 23, e para alienações, nos casos previstos nesta Lei, desde que não se refiram à parcela de uma só vez.

O objetivo desses dispositivos é não engessar a Administração para diminutos gastos, cuja realização de procedimento licitatório seria burocracia demais para uma pequena contratação. Não teria sentido que a Administração, para comprar 20 canetas, 100 litros de água, consertar um computador, tivesse que realizar sempre uma licitação.

Assim, em se tratando de obras e serviços de engenharia, a Administração pode dispensar o procedimento licitatório se o valor da contratação não for superior a R$ 15.000,00, bem como poderá deixar de licitar para a contratação de outros serviços e compras até o limite de R$ 8.000,00.

O administrador deve ficar atento para o fato de que apenas é viável a contratação desde que não se refira a parcelas de uma mesma obra ou serviço ou, ainda, de obras e serviços da mesma natureza que possam ser realizados simultânea ou sucessivamente.

De acordo com o § 1.º do art. 24, os percentuais referentes aos dois incisos comentados serão de 20% quando o contratante for consórcio público, sociedade de economia mista, empresa pública e autarquias e fundações qualificadas como agências executivas nos termos da lei.

III – Nos casos de guerra ou grave perturbação da ordem.

Guerra, como adverte Diogenes Gasparini, é o conflito armado entre Estados. Juridicamente, só se configura com a declaração solene do Chefe de Estado, conforme prevê o art. 84, XIX, da Constituição Federal.

Tendo em vista competir à União responder pelos negócios ligados à soberania, apenas cabe a ela se valer dessa faculdade de declarar guerra. Uma vez declarada, qualquer ente poderá dispensar a licitação, porém apenas para os eventos relacionados ao conflito, como, por exemplo, aquisição de armas, alimentos para os soldados etc.

Por sua vez, grave perturbação da ordem é comoção interna geral ou particular de determinada região. É provocada por atos humanos, a exemplo da greve e da revolução. Da mesma forma que no caso de guerra, a liberação não é total, mas restrita aos negócios ligados a essas situações de grave perturbação da ordem pública, se ocorridas efetivamente e declarado o estado de grave comoção.

IV – Nos casos de urgência (emergência) ou de calamidade pública[55].

O estado de calamidade pública deve ser declarado por decreto do Executivo. Nesse caso, a anormalidade ou risco é generalizado, autorizando a dispensa de licitação em toda a área atingida e delimitada pelo decreto.

---

55. O Decreto 7.287/2010 regulamentou o Sistema Nacional de Defesa Civil – SINDEC, instituído pela Lei 12.340/2010, contendo em seu bojo os conceitos de situação de emergência e estado de calamidade pública.

A emergência é uma situação que ultrapassa as rotinas administrativas e o cotidiano, exigindo providências imediatas, quando os fatos colocam em risco, comprometem ou causam prejuízos à segurança de pessoas, obras, serviços, equipamentos e outros bens públicos ou particulares.

A emergência, ao contrário da calamidade, deve ser reconhecida caso a caso, justificando a dispensa de licitação por meio do relacionamento com a anormalidade a ser corrigida ou com o prejuízo a ser evitado. O conceito de emergência é subjetivo, mas deve estar baseado em fatos consumados ou iminentes, comprovados ou previstos[56].

A nova legislação limitou as contratações com base no inc. IV aos bens necessários ao atendimento da situação de calamidade e emergência e a obras e serviços que possam ser concluídos no prazo máximo de 180 dias consecutivos e ininterruptos, contados da ocorrência da situação. A lei também proíbe a prorrogação dos contratos efetuados com base nesses incisos.

São exemplos de situações que caracterizam a emergência: desabamento de uma ponte interrompendo o fluxo de pessoas e veículos automotivos, destelhamento de um prédio, pane em caldeiras, reparos em instalações elétricas e hidráulicas que possam causar danos.

> V – Quando não acudirem interessados à licitação anterior e esta, justificadamente, não puder ser repetida sem prejuízo para a Administração, mantidas, nesse caso, todas as condições preestabelecidas.

É a conhecida "licitação deserta". O procedimento licitatório exige o comparecimento de pelo menos um interessado[57]. Se ele satisfizer, na sua proposta, as condições estabelecidas no edital, deverá ser proclamado vencedor.

Caso ninguém se apresente, a Administração deverá reabrir o certame. Porém, se isso causar prejuízo, que pode ser desde econômico até de tempo, a licitação fica dispensada e a contratação poderá ser direta e com qualquer um, desde que mantidas as condições inicialmente estabelecidas do instrumento convocatório.

> VI – Quando a União tiver que intervir no domínio econômico para regular preços ou normalizar o abastecimento.

É o que ocorre, por exemplo, quando se contrata sem licitação a aquisição de certo produto para pô-lo no mercado e, desse modo, forçar a queda ou a regularização do preço, ou para obrigar os particulares a desovar seus estoques e normalizar o abastecimento. Segundo doutrina de Diogenes Gasparini, essas operações interventivas são incompatíveis

---

56. Não se pode confundir situações verdadeiramente emergenciais com falta de planejamento, desídia e má gestão dos recursos disponíveis, em que na prática, em razão desses acontecimentos, a Administração tem deixado de licitar fundamentada no inc. IV do art. 24 da Lei 8.666/1993. A respeito, vide TCU, Processo 015.764/95-8, Decisão 811/1996 – Plenário, TCU, Processo 015.764/95-8, Decisão 811/1996 – Plenário, TCU, Processo 014.243/93-8, Decisão 374/1994 – Plenário, etc.

57. Excepciona a regra a modalidade convite, em que se deve ter, no mínimo, três licitantes, podendo a Administração seguir o procedimento com menos participantes apenas nas hipóteses de limitação de mercado e manifesto desinteresse dos convidados.

com processos prolongados e solenes de aquisição de bens, e por isso resta plenamente justificada a dispensabilidade do certame licitatório[58].

> VII – Quando as propostas apresentadas consignarem preços manifestamente superiores aos praticados no mercado nacional, ou forem incompatíveis com os fixados pelos órgãos oficiais competentes, casos em que, observado o parágrafo único do art. 48 da Lei de Licitação e, persistindo a situação, será admitida a adjudicação direta dos bens ou serviços, por valor não superior ao constante do registro de preços ou dos serviços.

As propostas com preços excessivos devem ser desclassificadas, evitando o conluio de licitantes que pretendam impor preços à Administração.

No caso da desclassificação de todas as propostas, a Administração poderá estabelecer um prazo de oito dias úteis para reapresentação das propostas com preços compatíveis. Se os licitantes não as reapresentarem, a Administração poderá contratar com qualquer um, desde que por preços compatíveis e não superiores aos estabelecidos no registro de preços[59].

> VIII – Para a aquisição, por pessoa jurídica de direito público interno, de bens produzidos ou serviços prestados por órgão ou entidade que integre a Administração Pública e que tenha sido criado para esse fim específico em data anterior à vigência dessa Lei, desde que o preço contratado seja compatível com o praticado no mercado.

Inicialmente, deve-se registrar que não se trata de regra aplicável a todas as pessoas e órgãos sujeitos à Lei de Licitações, mas às pessoas jurídicas de direito público interno, ou seja, a União, cada um dos Estados federados, o Distrito Federal, cada um dos Municípios, as Autarquias e as Fundações públicas. Apenas essas pessoas jurídicas são prestigiadas por dita regra.

Diogenes Gasparini adverte que a validade dessas aquisições somente se verificará se a contratação for com órgão ou entidade que integra uma dessas pessoas públicas, ainda assim, se criada antes do Estatuto Federal Licitatório para esse fim específico, ou seja, para fornecer-lhes bens e lhes prestar serviços. Se prestarem serviços ou produzirem bens para outrem, ou se não forem integrantes da entidade que deseja seus bens e serviços, a situação não se enquadrará na hipótese examinada e a licitação será indispensável.

> IX – Quando houver possibilidade de comprometimento da segurança nacional, nos casos estabelecidos em decreto do Presidente da República, ouvido o Conselho de Defesa Nacional.

Esta hipótese, no regime do Decreto-Lei 2.300/1986 (art. 24, § 12), era de licitação vedada. Segundo Maria Sylvia Di Pietro, a crítica que se faz ao dispositivo é quanto ao

---

58. Tais medidas interventivas da União são amplamente discriminadas na Lei Delegada 4/1962. Quanto à política nacional de desenvolvimento, o Governo Federal se vale da empresa pública Companhia Nacional de Abastecimento – CONAB, criada pela Lei 8.029/1990 (art. 19), que se vale dos instrumentos postos à sua disposição pela Lei 8.171/1991, que dispõe sobre política agrícola.
59. O sistema de registo de preços previsto no art. 15 da Lei 8.666/1993 é regulamentado, em âmbito federal, pelo Decreto 3.931/2001.

fato de assunto que diz respeito à segurança nacional ser excluído da competência do Congresso Nacional.

Diogenes Gasparini critica o dispositivo, eis que, se configurada a hipótese de comprometimento da segurança nacional, a licitação não pode ser realizada[60].

X – Compra ou locação de imóvel para o serviço público.

O Decreto-Lei 2.300/1986 considerava a situação deste inciso como hipótese de licitação inexigível. A Lei 8.666/1993 classifica como hipótese de licitação dispensável. No caso de a instalação condicionar a escolha do imóvel, a licitação pode ser dispensada.

Para se configurar essa hipótese de dispensa, são imprescindíveis os seguintes requisitos: a) que as características do imóvel atendam às finalidades precípuas da Administração; b) que haja avaliação prévia; e c) que o preço seja compatível com o valor de mercado. O descumprimento desse último requisito enseja a aplicação do § 2.º do art. 25, que prevê a responsabilidade solidária do fornecedor (no caso, o vendedor ou locador) e do servidor responsável, quando a compra ou locação for superfaturada.

XI – Contratação de remanescente de obra, serviço ou fornecimento.

A contratação direta nesta hipótese tem como pressuposto a rescisão de um contrato administrativo. Por outras palavras: após uma determinada empresa vencer um certame licitatório e começar a execução de uma obra, serviço ou fornecimento, havendo a rescisão do contrato durante a sua execução, a prestação dessa atividade não pode simplesmente ficar inacabada. Por essa razão, autoriza-se a Administração a contratar o remanescente diretamente, desde que com licitantes que participaram originariamente da licitação. Para tanto, são necessários dois requisitos: 1) a contratação deve observar a ordem de classificação e 2) o valor do contrato fica vinculado aos termos econômicos da proposta vencedora – de quem até então estava executando o contrato.

Deve-se aqui entender o conceito de remanescente de obra, serviço ou fornecimento. Há remanescente quando, iniciado o contrato, este é interrompido, permanecendo uma parcela (considerável ou não) a ser concluída. Difere da complementação quando o objeto licitado, originalmente, não previa determinado aspecto que agora passa a ser necessário.

> *XII – Nas compras de hortifrutigranjeiros, pão e outros gêneros perecíveis, em tempo necessário para a realização dos processos licitatórios correspondentes, realizadas diretamente com base no preço do dia.*

A nova legislação acrescentou este inciso, acatando o que já vinha ocorrendo na prática. Note-se, porém, que as compras devem ser pelo tempo necessário para realização da

---

60. Exemplos da utilização dessa faculdade foram os decretos sem número da Presidência da República de 25.07.1996 e 15.07.1996, que dispensaram a licitação com esse fundamento legal para, respectivamente, aquisição de equipamentos e contratação de serviços técnicos especializados na área de inteligência e aquisição de equipamentos e a contratação de serviços necessários à implantação do sistema tático de comunicações das divisões do exército.

licitação. Além disso, a Lei 8.883/1994 não permaneceu com a exigência de ser a compra efetuada em centros de abastecimento.

> *XIII – Na contratação de instituição brasileira incumbida regimental ou estatutariamente da pesquisa, do ensino e do desenvolvimento institucional, ou de instituição dedicada à recuperação social do preso, desde que a contratada detenha inquestionável reputação ético--profissional e não tenha fins lucrativos.*

Neste caso, a Lei autoriza a contratação direta de instituição brasileira incumbida regimental ou estatutariamente da pesquisa, do ensino e do desenvolvimento institucional. É condição para essa contratação que a contratada possua inquestionável reputação ético--profissional e não possua fins lucrativos.

Com a edição da Lei 8.883/1994, houve mudança na redação deste dispositivo, sendo acrescida ao mesmo a possibilidade de contratação direta com instituição dedicada à recuperação social do preso. Nesta hipótese, também deve ser possuidora de inquestionável reputação ético-profissional e não possuir fins lucrativos.

> *XIV – Para a aquisição de bens ou serviços nos termos do acordo específico aprovado pelo Congresso Nacional, quando as condições ofertadas forem manifestamente vantajosas para o Poder Público.*

Nesta hipótese, a aquisição dos bens tem de ser de organização internacional, sendo formalizada por acordo ou tratado internacional específico, o qual precisa ser aprovado pelo Congresso Nacional. Seria o caso, no exemplo de Diogenes Gasparini, de tratado que permite a aquisição de certo equipamento médico por entidades brasileiras voltadas ao estudo de doenças tropicais. Por fim, a manifesta vantagem da oferta deve estar relacionada com o preço e as condições de pagamento.

> *XV – Para a aquisição ou restauração de obras de arte e objetos históricos, de autenticidade certificada, desde que compatíveis ou inerentes às finalidades do órgão ou entidade.*

A legislação anterior considerava este inciso como hipótese de inexigibilidade de licitação. A Lei 8.666/1993 o considera como dispensa, por entender que o mercado de aquisição e restauração ampliou-se desde 1986, podendo, assim, se houver conveniência para a Administração, ser licitado.

Nesse caso, tem-se como requisito para a contratação direta a apresentação do certificado de autenticidade. O objetivo dessa exigência é evitar fraudes ou imitações.

A aquisição, nos termos dessa regra, só será legítima quando contratada por órgãos ou entidades que cumpram programas voltados à arte ou à história, como são os museus, as escolas de história e de belas-artes e as fundações culturais ou artísticas.

Não se quer dizer que outros órgãos ou entidades cujas finalidades não tenham relações com obras de arte ou objetos históricos estão proibidos de adquiri-los. Eles podem, porém, realizar licitação.

> XVI - Para a impressão dos diários oficiais, de formulários padronizados de uso da Administração, de edições técnicas oficiais, bem como de serviços de informática a pessoa jurídica de direito público interno, por órgãos ou entidades que integrem a Administração Pública, criados para esse fim específico.

Outra hipótese de licitação dispensável é para a impressão de diários oficiais, de formulários padronizados de uso da Administração, de edições técnicas especiais, bem como para a contratação de serviços de informática. Essa regra de dispensa é bem limitada, só podendo ser utilizada por pessoas jurídicas de direito público interno, ou seja, pela União, Estados, Municípios e Distrito Federal.

Além do mais, essa contratação, por dispensa, só pode ser feita com órgãos ou entidades que integram a Administração Pública, cuja criação se deu para esse objetivo específico. Isso não quer dizer que esse objeto (impressão de diários oficiais, de formulários padronizados de uso da Administração, de edições técnicas especiais, bem como para a contratação de serviços de informática) não pode ser contratado com outras pessoas, inclusive privadas. Pode, porém, com licitação.

E quando o contratante for uma estatal, como, por exemplo, uma sociedade de economia mista e uma empresa pública, seria possível a aplicação dessa regra de dispensa? A resposta é negativa. Seria possível, conforme o valor, fazer uso do inc. II do art. 24, combinado com seu parágrafo único, que ampliou o limite de contratação direta em razão do valor, para serviços e compras, em até R$ 16.000,00. Fora isso, deve ser feito processo licitatório.

> XVII - Para aquisição de componentes ou peças de origem nacional ou estrangeira, necessários à manutenção de equipamentos durante o período de garantia técnica, junto ao fornecedor original desses equipamentos, quando tal condição de exclusividade for indispensável para a vigência da garantia.

Essa faculdade, ressalta Diogenes Gasparini, só pode ser exercida quando, para manter a garantia técnica, exige-se que os componentes ou peças de substituição do equipamento instalado sejam adquiridos do seu fabricante. Nota-se que o objetivo da norma é manter a garantia técnica do bem adquirido, razão pela qual, após o vencimento dela, não se justifica mais a contratação de componentes e peças com base nessa regra, devendo, de agora em diante, ser realizada licitação.

> XVIII - Nas compras ou contratações de serviços para o abastecimento de navios, embarcações, unidades aéreas ou tropas e seus meios de deslocamento quando em estada eventual de curta duração em portos, aeroportos ou localidades diferentes de suas sedes, por motivo de movimentação operacional ou de adestramento, quando a exiguidade dos prazos legais puder comprometer a normalidade e os propósitos das operações e desde que seu valor não exceda ao limite previsto na alínea "a" do inc. II do art. 23 desta Lei.

Trata-se de dispositivo que prestigia as Forças Armadas. O que se deve ressaltar é que há um limite econômico para seu uso. As compras e contratações de serviços referidas no inciso não podem ultrapassar o limite previsto no art. 23, II, "a", ou seja, R$ 80.000,00.

> *XIX – Para as compras de materiais de uso pelas Forças Armadas, com exceção de materiais de uso pessoal e administrativo, quando houver necessidade de manter a padronização requerida pela estrutura de apoio logístico dos meios navais, aéreos e terrestres, mediante parecer de comissão instituída por decreto.*

O objetivo desta contratação direta é manter a padronização requerida pela estrutura de apoio logístico dos meios navais, aéreos e terrestres quanto aos materiais de uso pelas Forças Armadas. O dispositivo é bem claro e exclui da regra os materiais de uso pessoal, como, por exemplo, uniformes e materiais de escritório. Ainda, deve haver parecer de Comissão instituída por decreto para opinar em tal caso. Tal comissão foi criada pelo decreto sem número, de 02 de abril de 1996, do então Ministério da Aeronáutica, sendo composta por um oficial-general, três oficiais superiores e um relator.

> *XX – Na contratação de associação de portadores de deficiência física, sem fins lucrativos e de comprovada idoneidade, por órgão ou entidades da Administração Pública, para a prestação de serviços ou fornecimento de mão de obra, desde que o preço contratado seja compatível com o praticado no mercado.*

Conforme ressalta Edmir Netto de Araújo, trata-se de medida de apoio à assistência social, prevista no art. 203, IV, da Constituição Federal, para propiciar a promoção e integração à vida comunitária de pessoas portadoras de deficiência física e psíquica. Para tanto, é necessário que a entidade comprove: a) não possuir fins lucrativos; b) ser de idoneidade incontestável; e c) ser o preço proposto compatível com os praticados no mercado.

Não obstante o texto constitucional tratar de deficiências físicas e psíquicas, nesse caso de dispensa o legislador excluiu a possibilidade de contratação direta de associações de portadores de deficiências psíquicas, apenas facultando a contratação direta de associações de portadores de deficiência física, como, no exemplo de Diogenes Gasparini, o serviço de encadernação de livros prestado por associação de deficientes visuais.

> *XXI – para a aquisição ou contratação de produto para pesquisa e desenvolvimento, limitada, no caso de obras e serviços de engenharia, a 20% (vinte por cento) do valor de que trata a alínea "b" do inciso I do caput do art. 23; (Incluído pela Lei nº 13.243, de 2016).*
>
> *XXII – Na contratação de fornecimento ou suprimento de energia elétrica e gás natural com concessionário, permissionário ou autorizado, segundo as normas da legislação específica.*

Inicialmente, deve-se limitar o âmbito de incidência do referido dispositivo. Trata-se de dispensa para a contratação de suprimento ou fornecimento de energia elétrica, sendo que por este a Administração se abastece da necessidade que tem de certo bem, no caso, energia elétrica. Já por aquele, ou seja, pelo suprimento, se completa o fornecimento quando este se mostrar insuficiente à satisfação do interesse público.

Adverte Diogenes Gasparini que a contratação somente será válida se for realizada com concessionário, permissionário ou autorizado de serviços de produção e distribuição de energia elétrica e se forem obedecidas as regras da legislação específica, cuja principal norma é a Lei 9.427/1996, que criou a Agência Nacional de Energia Elétrica.

XXIII – Na contratação realizada por empresa pública ou sociedade de economia mista com suas subsidiárias e controladas, para a aquisição ou alienação de bens, prestação ou obtenção de serviços, desde que o preço contratado seja compatível com o praticado no mercado.

A norma em comento só autoriza a contratação direta das subsidiárias por essas empresas governamentais (empresas públicas e sociedades de economia mista), sendo vedada sua aplicação para justificar contratações entre empresa pública e sociedade de economia mista ou entre subsidiárias. Da mesma forma, é proibido à Administração Pública direta e autárquica fazer uso dessa hipótese de dispensa para contratar com suas estatais ou as respectivas subsidiárias. Em síntese: a hipótese apenas autoriza dispensabilidade da licitação nos casos em que a contratação ocorre entre empresa pública ou sociedade de economia mista e suas subsidiárias ou controladas. Um exemplo que se enquadra na hipótese é a possibilidade de contratação da Petrobras Distribuidora (que é uma controlada) pela sociedade de economia mista Petrobras.

Entende Diogenes Gasparini que é inviável a controlada (subsidiária) realizar a contratação direta com a controladora, ou seja, com a sociedade de economia mista ou empresa pública à qual está ligada.

É necessário atentar que o preço contratado deve ser compatível com o praticado no mercado, sob pena de responsabilidade, conforme enuncia o § 2.º do art. 25 da Lei 8.666/1993.

XXIV – Para a celebração de contratos de prestação de serviços com as organizações sociais, qualificadas no âmbito das respectivas esferas de governo, para atividades contempladas no contrato de gestão.

Dentre as formas de atuação do Estado, existe a de "fomento", que, de certa forma, incentiva determinadas atividades por parte da iniciativa privada. Uma das formas em que isso ocorre é quando o Estado qualifica uma entidade, pessoa jurídica de direito privado, sem fins lucrativos, que atua na área de ensino, cultura, saúde, pesquisa científica, desenvolvimento tecnológico ou de proteção e preservação do meio ambiente, como "organização social", nos termos da Lei 9.367/1998. Cumpridos os requisitos legais, essa entidade assina um contrato de gestão e passa a ser qualificada como organização social, recebendo diversas benesses do Poder Público, tais como repasses, incentivos fiscais, bens públicos, servidores etc.

Dentre as hipóteses de dispensa de licitação, o legislador admitiu a possibilidade de contratação direta de *prestação de serviços* com as organizações sociais para atividades contempladas em seu contrato de gestão. Nota-se que a omissão quanto à possibilidade de contratação de obras ou de bens acarreta a proibição de fazê-lo por meio deste artigo. Caso uma OS queira vender um bem para a Administração Pública, deverá participar de certame licitatório, sendo proibida a contratação direta com base no art. 24, XXIV.

XXV – Na contratação realizada por Instituição Científica e Tecnológica – ICT ou por agência de fomento para a transferência de tecnologia e para o licenciamento de direito de uso ou de exploração de criação protegida.

Nesse caso, como ressalta Marçal Justen Filho, "a lei preocupou-se com uma faceta dos eventos eventualmente derivados dos incentivos criados. O fomento à atividade de pesquisa por parte das entidades administrativas resultará, ao que se presume, na aquisição de direitos de autoria e de privilégios sobre a utilização de inventos e criações". E conclui o mestre: "ora, seria absolutamente inútil que a Administração investisse em qualquer atividade e não dispusesse de condições de transferir os direitos de exploração para a iniciativa privada. Nem teria sentido que tal se fizesse sempre e em todos os casos de modo gratuito. Admite-se a cessão remunerada à iniciativa privada dos direitos de utilização das novas tecnologias e das criações desenvolvidas. Tal se fará sem a necessidade de licitação".

> *XXVI – Na celebração de contrato de programa com ente da Federação ou com entidade de sua administração indireta, para a prestação de serviços públicos de forma associada nos termos do autorizado em contrato de consórcio público ou em convênio de cooperação.*

A Lei 11.107/2005 trouxe nova hipótese de dispensa de licitação. Doravante, será possível a contratação direta na celebração de contrato de programa com ente da Federação ou com entidade de sua administração indireta, para a prestação de serviços públicos de forma associada nos termos do autorizado em contrato de consórcio público ou em convênio de cooperação.

O objetivo desse dispositivo parece ter sido permitir o desenvolvimento do contrato de gestão, também conhecido como "contrato de programa" entre unidades federativas e/ou suas entidades descentralizadas, tendo por objeto a prestação de serviços de forma associada, nos termos em que tenham sido aprovados em contrato de consórcio público ou convênio de cooperação.

Lembre-se que o consórcio público será constituído por entes da Federação, devidamente autorizados por lei, sob a forma de associação pública ou pessoa jurídica de direito privado. O objetivo desse consórcio será a realização de interesse comum dos consorciados. Conforme anota Diogenes Gasparini, as obrigações que cada ente da Federação constituir com outro ou com o consórcio público no âmbito de gestão associada em que haja a prestação de serviços públicos ou a transferência total ou parcial de encargos, serviços, pessoas ou de bens necessários à continuidade dos serviços transferidos, serão constituídas e reguladas por contratos de programa, conforme prescreve o art. 13 da Lei 8.666/1993. É justamente para a celebração desses contratos de programas que a licitação é dispensável.

> *XXVII – Na contratação da coleta, processamento e comercialização de resíduos sólidos urbanos recicláveis ou reutilizáveis, em áreas com sistema de coleta seletiva de lixo, efetuados por associações ou cooperativas formadas exclusivamente por pessoas físicas de baixa renda reconhecidas pelo Poder Público como catadores de materiais recicláveis, com o uso de equipamentos compatíveis com as normas técnicas, ambientais e de saúde pública.*

Trata-se de hipótese cuja redação foi dada pela recente Lei 11.445, de 5 de janeiro de 2007, que estabelece diretrizes nacionais para o saneamento básico. O art. 57 dessa lei alterou a redação do antigo inc. XXVII do art. 24 da Lei 8.666/1993, que configurava hipótese de dispensa de licitação a contratação para o fornecimento de bens e serviços, produzidos ou prestados no país, que envolvessem, cumulativamente, alta complexidade tecnológica e defesa nacional, mediante parecer de comissão especialmente designada pela autoridade máxima do órgão.

Apesar da mudança da redação do referido inciso, a Medida Provisória 352, de 22 de janeiro de 2007, acrescentou o inc. XXVIII ao art. 24 da Lei de Licitações, repetindo, na íntegra, o que inicialmente constava no inc. XXVII.

> XXVIII – Para o fornecimento de bens e serviços, produzidos ou prestados no País, que envolvam, cumulativamente, alta complexidade tecnológica e defesa nacional, mediante parecer de comissão especialmente designada pela autoridade máxima do órgão.

Inicialmente essa hipótese de dispensa de licitação foi inserida pela Lei 11.196/2005, a qual acrescentou o inc. XXVII ao art. 24 da Lei de Licitações. Com a edição da Lei 11.445, de 5 de janeiro de 2007, o legislador alterou completamente a redação do inc. XXVII, excluindo do rol do art. 24 essa hipótese de dispensa.

Em 22 de janeiro de 2007 foi editada a Medida Provisória 352, a qual inseriu no art. 24 o inc. XXVIII, que restabelece a dispensa de licitação para fornecimento de bens e serviços, produzidos ou prestados no país, desde que envolvam, cumulativamente, alta complexidade tecnológica e defesa nacional. Deverá haver nesse sentido parecer de comissão especialmente designada pela autoridade máxima do órgão. A referida medida provisória foi convertida na Lei 11.484/2007, estabilizando o novo caso de dispensa de licitação.

> XXIX – Na aquisição de bens e contratação de serviços para atender aos contingentes militares das Forças Singulares brasileiras empregadas em operações de paz no exterior, necessariamente justificadas quanto ao preço e à escolha do fornecedor ou executante e ratificadas pelo Comandante da Força. (Incluído pela Lei 11.783, de 2008).

Esta hipótese de contratação direta foi inserida pela Lei 11.783/2008. Deve-se ficar atento, pois não pode ser utilizada para qualquer aquisição de bens e contratação de serviços, mas apenas para aquelas com o objetivo de atender aos contingentes militares das Forças *Singulares* brasileiras *empregadas em operações de paz no exterior.*

A hipótese em comento determina que haja justificação quanto ao preço e à escolha do fornecedor ou executante, o que, ao que nos parece, há redundância, pois o parágrafo único do art. 26 já determina que, no que couber, a contratação por dispensa deve ser instruída com justificativa quanto à escolha do fornecedor ou executante e do preço.

Por fim, a pretensão de contratação direta nesse caso depende de ratificação pelo Comandante da Força, o que caracteriza hipótese de ato administrativo composto. Por outras palavras: apenas haverá possibilidade de contratação direta nesse caso se a vontade principal (pretensão de contratação nos termos enunciados no referido artigo) for ratificada pelo Comandante da força, sendo essa a vontade acessória ou instrumental na composição do ato.

> XXX – Na contratação de instituição ou organização, pública ou privada, com ou sem fins lucrativos, para a prestação de serviços de assistência técnica e extensão rural no âmbito do Programa Nacional de Assistência Técnica e Extensão Rural na Agricultura Familiar e na Reforma Agrária, instituído por lei federal.

A referida hipótese de contratação direta foi inserida pela Lei 12.188/2010, que Instituiu a Política Nacional de Assistência Técnica e Extensão Rural para a Agricultura Familiar e Reforma Agrária – Pnater e o Programa Nacional de Assistência Técnica e Extensão Rural na Agricultura Familiar e na Reforma Agrária – Pronater.

Por serviços de Assistência Técnica e Extensão Rural entende-se serviço de educação não formal, de caráter continuado, no meio rural, que promove processos de gestão, produção, beneficiamento e comercialização das atividades e dos serviços agropecuários e não agropecuários, inclusive das atividades agroextrativistas, florestais e artesanais.

Para tais serviços, será possível contratação de instituição ou organização, seja de direito público ou privado, com ou sem fins lucrativos, sem a necessidade de realização de procedimento licitatório, o qual, todavia, poderá, a critério da Administração, ser feito, pois, nos casos de dispensa previstos no art. 24 da Lei 8.666/1993, há faculdade de se contratar diretamente ou mediante procedimento licitatório.

> *XXXI – Nas contratações visando ao cumprimento do disposto nos arts. 3.º, 4.º, 5.º e 20 da Lei n.º 10.973, de 02 de dezembro de 2004, observados os princípios gerais de contratação dela constantes.*

Esta hipótese de contratação direta foi incluída pela Lei 12.349/2010, que tem por objetivo estabelecer medidas de incentivo à inovação e à pesquisa científica e tecnológica no ambiente produtivo, com vistas à capacitação e ao alcance da autonomia tecnológica e ao desenvolvimento industrial do país, nos termos dos arts. 218 e 219 da Constituição Federal.

Os arts. 3.º, 4.º, 5.º e 20 desta Lei, relacionados aos quais será possível a contratação direta, prescrevem que:

> *"Art. 3.º A União, os Estados, o Distrito Federal, os Municípios e as respectivas agências de fomento poderão estimular e apoiar a constituição de alianças estratégicas e o desenvolvimento de projetos de cooperação envolvendo empresas nacionais, ICT e organizações de direito privado sem fins lucrativos voltadas para atividades de pesquisa e desenvolvimento, que objetivem a geração de produtos e processos inovadores.*
>
> *Parágrafo único. O apoio previsto neste artigo poderá contemplar as redes e os projetos internacionais de pesquisa tecnológica, bem como ações de empreendedorismo tecnológico e de criação de ambientes de inovação, inclusive incubadoras e parques tecnológicos.*
>
> *Art. 3.º-A. A Financiadora de Estudos e Projetos – FINEP, como secretaria executiva do Fundo Nacional de Desenvolvimento Científico e Tecnológico – FNDCT, o Conselho Nacional de Desenvolvimento Científico e Tecnológico – CNPq e as Agências Financeiras Oficiais de Fomento poderão celebrar convênios e contratos, nos termos do inc. XIII do art. 24 da Lei n.º 8.666, de 21 de junho de 1993, por prazo determinado, com as fundações de apoio, com a finalidade de dar apoio às IFES e demais ICTs, inclusive na gestão administrativa e financeira dos projetos mencionados no caput do art. 1.º da Lei n.º 8.958, de 20 de dezembro de 1994, com a anuência expressa das instituições apoiadas. (Redação dada pela Lei 12.349, de 2010)*
>
> *Art. 4.º As ICT poderão, mediante remuneração e por prazo determinado, nos termos de contrato ou convênio:*

I – compartilhar seus laboratórios, equipamentos, instrumentos, materiais e demais instalações com microempresas e empresas de pequeno porte em atividades voltadas à inovação tecnológica, para a consecução de atividades de incubação, sem prejuízo de sua atividade finalística;

II – permitir a utilização de seus laboratórios, equipamentos, instrumentos, materiais e demais instalações existentes em suas próprias dependências por empresas nacionais e organizações de direito privado sem fins lucrativos voltadas para atividades de pesquisa, desde que tal permissão não interfira diretamente na sua atividade-fim, nem com ela conflite.

Parágrafo único. A permissão e o compartilhamento de que tratam os incs. I e II do caput deste artigo obedecerão às prioridades, critérios e requisitos aprovados e divulgados pelo órgão máximo da ICT, observadas as respectivas disponibilidades e assegurada a igualdade de oportunidades às empresas e organizações interessadas.

Art. 5.º Ficam a União e suas entidades autorizadas a participar minoritariamente do capital de empresa privada de propósito específico que vise ao desenvolvimento de projetos científicos ou tecnológicos para obtenção de produto ou processo inovadores.

Parágrafo único. A propriedade intelectual sobre os resultados obtidos pertencerá às instituições detentoras do capital social, na proporção da respectiva participação.

(...)

Art. 20. Os órgãos e entidades da administração pública, em matéria de interesse público, poderão contratar empresa, consórcio de empresas e entidades nacionais de direito privado sem fins lucrativos voltadas para atividades de pesquisa, de reconhecida capacitação tecnológica no setor, visando à realização de atividades de pesquisa e desenvolvimento, que envolvam risco tecnológico, para solução de problema técnico específico ou obtenção de produto ou processo inovador".

Em 2012, por meio da Lei 12.715, foi inserida nova hipótese de dispensa de licitação, prevista no inc. XXXII do art. 24, consistente na contratação em que houver transferência de tecnologia de produtos estratégicos para o Sistema Único de Saúde – SUS, no âmbito da Lei 8.080, de 19 de setembro de 1990, conforme elencados em ato da direção nacional do SUS, inclusive por ocasião da aquisição desses produtos durante as etapas de absorção tecnológica.

Em 2013, pela Lei 12.873, foi acrescido outro caso de licitação dispensável, sob o inc. XXXIII do art. 24 para a contratação de entidades privadas sem fins lucrativos, para a implementação de cisternas ou outras tecnologias sociais de acesso à água para consumo humano e produção de alimentos, para beneficiar as famílias rurais de baixa renda atingidas pela seca ou falta regular de água. (Incluído pela Lei 12.873, de 2013)

Em 2015[61], outra hipótese é inserida, passando a ser autorizada a contratação direta para a aquisição por pessoa jurídica de direito público interno de insumos estratégicos para

---

61. Registre-se, ainda, que em 2015 a Lei 13.097/2015, que alterou inúmeras legislações, criou uma nova hipótese de dispensa de licitação, porém sem alterar a redação do artigo 24 da Lei 8.666/1993. Por outras palavras: esta nova hipótese de dispensa de licitação não está na lei geral de licitações, mas foi inserida em uma legislação específica, a Lei 12.850/2013, que define organização criminosa e dispõe sobre a investigação criminal, os meios de obtenção da prova, infrações penais correlatas e o procedimento criminal etc.De acordo com o novo § 1.o do artigo 3.º desta Lei, havendo necessidade justificada de manter sigilo sobre a capacidade investigatória, poderá ser dispensada licitação para contratação de serviços técnicos especializados, aquisição ou locação de equipamentos destinados à polícia judiciária para o rastreamento e obtenção de provas relacionadas à captação ambiental de sinais eletromagnéticos, ópticos ou acústicos e ao acesso a registros de ligações

a saúde produzidos ou distribuídos por fundação que, regimental ou estatutariamente, tenha por finalidade apoiar órgão da administração pública direta, sua autarquia ou fundação em projetos de ensino, pesquisa, extensão, desenvolvimento institucional, científico e tecnológico e estímulo à inovação, inclusive na gestão administrativa e financeira necessária à execução desses projetos, ou em parcerias que envolvam transferência de tecnologia de produtos estratégicos para o Sistema Único de Saúde – SUS, nos termos do inciso XXXII do artigo 24 da Lei 8.666/93, e que tenha sido criada para esse fim específico em data anterior à vigência desta Lei, desde que o preço contratado seja compatível com o praticado no mercado.

E, por fim, em 2017, é inserido o inciso XXXV, autorizando a dispensa para a construção, a ampliação, a reforma e o aprimoramento de estabelecimentos penais, desde que configurada situação de grave e iminente risco à segurança pública.

Nesses casos, será possível a contratação direta por dispensa.

9.16.4. Inexigibilidade de licitação

Os casos de inexigibilidade de licitação estão disciplinados no art. 25 da Lei 8.666/1993, cujas hipóteses exemplificativamente previstas são:

1) *para aquisição de materiais, equipamentos ou gêneros que só possam ser fornecidos por produtor, empresa ou representante comercial exclusivo, vedada a preferência de marca, devendo a comprovação de exclusividade ser feita por meio de atestado fornecido pelo órgão de registro do comércio do local em que se realizará a licitação ou a obra ou o serviço, pelo Sindicato, Federação ou Confederação Patronal, ou, ainda, pelas entidades equivalentes;*
2) *para a contratação de serviços técnicos enumerados no art. 13 da Lei 8.666/1993, de natureza singular, com profissionais ou empresas de notória especialização, vedada a inexigibilidade para serviços de publicidade e divulgação;*
3) *para contratação de profissional de qualquer setor artístico, diretamente ou por meio de empresário exclusivo, desde que consagrado pela crítica especializada ou pela opinião pública.*

Passemos a examinar com maior sutileza de detalhes essas hipóteses.

9.16.4.1. Exclusividade de fornecimento

Trata-se da aquisição de materiais, equipamentos ou gêneros que só possam ser fornecidos por produtor, empresa ou representante comercial exclusivo, vedada a preferência de marca.

Produtor tanto pode ser o agricultor como o industrial; é aquele que produz bens para o consumo. *Empresa* é a organização que produz ou fornece bens para o consumo e o *representante comercial* é o delegado de uma empresa voltada para o comércio de bens.

---

telefônicas e telemáticas, a dados cadastrais constantes de bancos de dados públicos ou privados e a informações eleitorais ou comerciais.

Segundo ensina o saudoso jurista Hely Lopes Meirelles, há necessidade de distinguir a exclusividade comercial da industrial. Esta decorre da existência de um único fabricante no país, caso em que a Administração, necessitando do objeto, não terá outra alternativa que não a sua aquisição diretamente daquele produtor. Nota-se que aqui há verdadeira impossibilidade física e lógica de competição, pois uma única pessoa pode fornecer o que a Administração pretende.

Já em relação à exclusividade comercial para fins de inexigibilidade de licitação, deve-se analisar a situação do vendedor e representante comercial, sendo permitida a contratação direta pela Administração quando houver exclusividade na praça de comércio e na localidade da licitação.

Adverte Hely Lopes Meirelles que o vendedor ou representante comercial exclusivo, para efeito de convite, é o único na localidade; para tomada de preços, o único no registro cadastral; para concorrência, o único no país.

A comprovação de exclusividade, no caso de fornecimento, deve ser feita por meio de atestado fornecido pelo órgão de registro de comércio do local em que se realizará a licitação. No caso de obra ou serviço, pelo Sindicato, Federação ou Confederação Patronal, ou, ainda, pelas entidades equivalentes.

9.16.4.2. Contratação de serviços técnicos especializados

Também será permitida a contratação direta quando se tratar de serviços técnicos profissionais especializados enumerados no art. 13 da Lei de Licitações, de *natureza singular*, se prestados por empresa ou profissional com *notória especialização*.

Note-se que é necessária a presença de três requisitos cumulativos para a contratação direta nesta hipótese: 1) ser de um daqueles serviços enumerados no art. 13 da Lei 8.666/1993; 2) ser ele de natureza singular; 3) ser contratado com profissional ou empresa de notória especialização.

Os serviços previstos no art. 13 da Lei 8.666/1993 são:

a) *estudos técnicos, planejamentos e projetos básicos ou executivos;*

b) *pareceres, perícias e avaliações em geral;*

c) *assessorias ou consultorias técnicas e auditorias financeiras ou tributárias;*

d) *fiscalização, supervisão ou gerenciamento de obras ou serviços;*

e) *patrocínio ou defesa de causas judiciais ou administrativas;*

f) *treinamento e aperfeiçoamento de pessoal;*

g) *restauração de obras de arte e bens de valor histórico.*

Nota-se que a Lei não permite que todo e qualquer serviço previsto do art. 13 da Lei 8.666/1993 possa ser contratado por inexigibilidade. Apenas os serviços de natureza singular, ou seja, aqueles cuja complexidade, a relevância, os interesses em jogo, tornem o serviço distinto, ímpar, é que podem ser contratados diretamente, autorizando a Lei a contratação direta com profissional notoriamente especializado.

Doutrina Celso Antônio Bandeira de Mello que um serviço deve ser tido como singular quando nele se interferir, como requisito de satisfatório atendimento da necessidade administrativa, um componente criativo de seu autor, envolvendo o estilo, o traço, a engenhosidade, a especial habilidade, a contribuição intelectual, artística, ou a argúcia de quem o executa, atributos esses que são precisamente os que a Administração reputa convenientes e necessários para a satisfação do interesse em causa.

A *notória especialização* do profissional ou da empresa que vai prestar o serviço é a última exigência para a contratação direta por inexigibilidade. Entenda-se como notória especialização do profissional ou da empresa aquela cujo conceito no campo de sua especialidade, decorrente de desempenho anterior, estudos, experiências, publicações, organização, aparelhamento, equipe técnica, ou de outros requisitos relacionados com suas atividades, permita inferir que o seu trabalho é essencial e indiscutivelmente o mais adequado à plena satisfação do objeto do contrato.

9.16.4.3. Contratação de profissional do setor artístico

O inc. III do art. 25 da Lei 8.666/1993 traz a hipótese de inexigibilidade de licitação para a contratação de profissional de qualquer setor artístico, diretamente ou por meio de empresário exclusivo, desde que consagrado pela crítica especializada ou pela opinião pública.

Veja-se que, por esta hipótese, a parte contratada é limitada, ou seja, só pode ser profissional que atue no setor artístico. Ainda, é necessário que esse profissional seja consagrado pela crítica especializada ou pela opinião pública.

Quanto ao valor que deve ser pago ao artista, que, junto com a justificativa, deve constar obrigatoriamente no processo de inexigibilidade, entendemos que deve basear-se no cachê normalmente cobrado este, o que deve ser provado por meio de histórico de suas apresentações. Deve-se levar em consideração fatores como local, público etc.

9.16.5. Da formalização e motivação ao ato de dispensa e inexigibilidade de licitação

Para o administrador contratar diretamente, seja por dispensa ou inexigibilidade, deve obrigatoriamente instaurar processo administrativo com esse objetivo, o qual deverá ser devidamente justificado. Esse processo deve ser instruído, no que couber, com os seguintes dados: 1) caracterização da situação emergencial, calamitosa ou de grave e iminente risco à segurança pública que justifique a dispensa, quando for o caso; 2) razão da escolha do fornecedor ou executante; 3) justificativa do preço; 4) documento de aprovação dos projetos de pesquisa aos quais os bens serão alocados.

Decidida a contratação, deve o agente responsável, em um prazo de três dias, comunicar à autoridade superior, que terá cinco dias para ratificar o processo e determinar a publicação na imprensa oficial, produzindo efeito o ato apenas após a efetiva publicidade.

Se houver superfaturamento do contrato, respondem solidariamente pelo dano causado à Fazenda Pública o fornecedor ou o prestador de serviços, bem como o agente público responsável. Essa ação de reparação de danos é imprescritível, conforme enuncia o § 5.º do art. 37 da Constituição Federal.

Além de ter que reparar civilmente os prejuízos causados ao erário, em caso de superfaturamento, as pessoas envolvidas respondem administrativamente, nos termos de sua legislação funcional, penalmente, por crime capitulado do art. 89 da Lei 8.666/1993, bem como por ato de improbidade administrativa, nos termos dos arts. 9.º, III, ou do art. 10, V, da Lei 8.429/1992.

9.16.6. Considerações finais

Um ponto interessante sobre o processo de dispensa e inexigibilidade de licitação diz respeito à responsabilidade civil do procurador que opina em seu parecer pela contratação direta. Caso o Tribunal de Contas entenda que houve ilegalidade na contratação ou que não era caso de contratação direta, além de punir o administrador, o tribunal vem punindo também o procurador que opina pela contratação direta.

É correta a postura do Tribunal de Contas nesse caso? A matéria chegou ao Supremo Tribunal Federal, que entendeu que não há responsabilidade do procurador, eis que parecer é mero ato opinativo, ato da administração consultiva, que visa a informar, elucidar, sugerir, razão pela qual não pode ser responsabilizado[62].

9.17. LICITAÇÕES PARA CONTRATAÇÃO DE SERVIÇOS DE PUBLICIDADE. ANÁLISE DA LEI 12.232/2010

Trata-se de uma matéria mais complexa e que de fato demandava uma maior regulamentação, o que, em 2010, foi feito por meio da Lei Ordinária 12.232.

O art. 1.º enuncia que são estabelecidas normas gerais sobre licitações e contratações pela Administração Pública de serviços de publicidade prestados necessariamente por intermédio de agências de propaganda, o que significa que é possível aos demais entes da Federação legislar naquilo que for específico e não se enquadrar no campo das normas gerais.

Perceba-se que os serviços de publicidade devem ser prestados necessariamente por intermédio de agências de propaganda, as quais devem ter suas atividades disciplinadas pela Lei 4.680, de 18 de junho de 1965, que dispõe sobre o exercício da profissão de Publicitário e de Agenciador de Propaganda e dá outras providências. Ainda, segundo a lei, é necessário que a agência tenha obtido certificado de qualificação técnica de funcionamento.

O referido certificado poderá ser obtido perante o Conselho Executivo das Normas--Padrão – Cenp, entidade sem fins lucrativos, integrado e gerido por entidades nacionais que representam veículos, anunciantes e agências, ou por entidade equivalente, legalmente reconhecida como fiscalizadora e certificadora das condições técnicas de agências de propaganda.

Além disso, deve-se registrar que as regras contidas nesta lei devem ser aplicadas pelos Poderes Executivo, Legislativo e Judiciário da Administração Direta, bem como pelas pessoas da administração indireta e todas as entidades controladas direta ou indiretamente pela União, Estados, Municípios e Distrito Federal.

---

62. Para uma análise integral da questão, consulte o MS 24.073/DF, Rel. Min. Carlos Velloso, *DJU* 31.10.2003.

9.17.1. Considerações sobre os serviços de publicidade

Considera-se serviços de publicidade o conjunto de atividades realizadas integradamente que tenham por objetivo o estudo, o planejamento, a conceituação, a concepção, a criação, a execução interna, a intermediação e a supervisão da execução externa e a distribuição de publicidade aos veículos e demais meios de divulgação, com o objetivo de promover a venda de bens ou serviços de qualquer natureza, difundir ideias ou informar o público em geral.

De acordo com a lei em evidência, nas contratações de serviços de publicidade poderão ser incluídos como atividades complementares os serviços especializados pertinentes:

> *"I) ao planejamento e à execução de pesquisas e de outros instrumentos de avaliação e de geração de conhecimento sobre o mercado, o público-alvo, os meios de divulgação nos quais serão difundidas as peças e ações publicitárias ou sobre os resultados das campanhas realizadas, respeitado o disposto no art. 3.º desta Lei;*
>
> *II) à produção e à execução técnica das peças e projetos publicitários criados;*
>
> *III) à criação e ao desenvolvimento de formas inovadoras de comunicação publicitária, em consonância com novas tecnologias, visando à expansão dos efeitos das mensagens e das ações publicitárias".*

Deve-se atentar para o fato de que certas atividades, por mais que pareçam estar ligadas a serviços de publicidade, não são consideradas para efeitos da Lei 12.232/2010, sendo que, além das atividades já apresentadas, é vedada a inclusão de quaisquer outras atividades, em especial as de assessoria de imprensa, comunicação e relações públicas ou as que tenham por finalidade a realização de eventos festivos de qualquer natureza, as quais serão contratadas por meio de procedimentos licitatórios próprios, respeitado o disposto na legislação em vigor.

9.17.2. A licitação para a contratação de serviços de publicidade

Para a contratação de serviços de publicidade, a nova lei trouxe alterações procedimentais que devem ser adotadas no certame para este objeto. Isso é interessante porque haverá mudança das regras básicas das modalidades existentes na Lei 8.666/1993 quando o objeto da licitação for um serviço de publicidade. Quando não se tratar desse objeto, segue-se o procedimento de cada modalidade previsto no estatuto das licitações.

Isso demonstra que as licitações para publicidade possuem regras próprias, sendo aplicada a Lei 8.666/1993 apenas de forma complementar.

9.17.3. A comissão de licitação nos certames que têm por objeto a contratação de serviços de publicidade

Nas licitações para contratação de serviços de publicidade há regras diferentes quanto às comissões que analisarão os documentos.

Uma comissão permanente ou especial, já prevista na Lei 8.666/1993, será responsável por processar e julgar a documentação referente aos requisitos de habilitação e julgamento da proposta de preço.

Já as propostas técnicas serão analisadas por uma *subcomissão técnica*, constituída por, pelo menos, três membros que sejam formados em comunicação, publicidade ou marketing ou que atuem em uma dessas áreas.

Dessa subcomissão técnica, pelo menos 1/3 dos membros não poderá manter nenhum vínculo funcional ou contratual, direto ou indireto, com o órgão ou a entidade responsável pela licitação.

Quanto à escolha dos membros da subcomissão técnica, será por sorteio, em sessão pública, entre os nomes de uma relação que terá, no mínimo, o triplo do número de integrantes da subcomissão, previamente cadastrados, e será composta por, pelo menos, 1/3 de profissionais que não mantenham nenhum vínculo funcional ou contratual, direto ou indireto, com o órgão ou entidade responsável pela licitação.

> "§ 3.º Nas contratações de valor estimado em até 10 (dez) vezes o limite previsto na alínea a do inc. II do art. 23 da Lei n.º 8.666, de 21 de junho de 1993, a relação prevista no § 2.º deste artigo terá, no mínimo, o dobro do número de integrantes da subcomissão técnica e será composta por, pelo menos, 1/3 (um terço) de profissionais que não mantenham nenhum vínculo funcional ou contratual, direto ou indireto, com o órgão ou entidade responsável pela licitação".

A relação dos nomes dos profissionais a serem sorteados para participar da subcomissão técnica será publicada na imprensa oficial em prazo não inferior a dez dias da data em que será realizada a sessão pública marcada para o sorteio.

Qualquer interessado pode, mediante fundamentos jurídicos plausíveis, impugnar os nomes dos candidatos que estão sujeitos à escolha via concurso, desde que o faça no prazo de até 48 horas antes da sessão pública destinada ao sorteio.

Se a impugnação apresentada for admitida, o impugnado terá o direito de abster-se de atuar na subcomissão técnica, declarando-se impedido ou suspeito antes da decisão da autoridade competente.

A abstenção do impugnado ou o acolhimento da impugnação pela autoridade competente, mediante decisão fundamentada, implicará, se necessário, a elaboração e a publicação de nova lista, sem o nome impugnado.

A sessão pública será realizada após a decisão motivada da impugnação, em data previamente designada, garantidos o cumprimento do prazo mínimo de dez dias e a possibilidade de fiscalização do sorteio por qualquer interessado.

Nas licitações para contratação de serviços de publicidade, quando processadas sob a modalidade de convite, a subcomissão técnica, excepcionalmente, nas pequenas unidades administrativas e sempre que for comprovadamente impossível o cumprimento do disposto neste artigo, será substituída pela comissão permanente de licitação ou, inexistindo esta, por servidor formalmente designado pela autoridade competente, que deverá possuir conhecimentos na área de comunicação, publicidade ou marketing.

9.17.4. Exigências próprias que devem constar no edital

Segundo a novel lei, especificamente em seu art. 6.º, na elaboração do instrumento convocatório devem constar as seguintes exigências:

"1 – que os documentos de habilitação serão apresentados apenas pelos licitantes classificados no julgamento final das propostas, ou seja, há uma inversão de fases entre habilitação e julgamento de propostas;

2 – as informações suficientes para que os interessados elaborem propostas serão estabelecidas em um briefing, de forma precisa, clara e objetiva;

3 – a proposta técnica será composta de um plano de comunicação publicitária, pertinente às informações expressas no briefing, e de um conjunto de informações referentes ao proponente;

4 – o plano de comunicação publicitária previsto no item anterior será apresentado em 2 (duas) vias, uma sem a identificação de sua autoria e outra com a identificação;

5 – a proposta de preço conterá quesitos representativos das formas de remuneração vigentes no mercado publicitário;

6 – o julgamento das propostas técnicas e de preços e o julgamento final do certame serão realizados exclusivamente com base nos critérios especificados no instrumento convocatório;

7 – a subcomissão técnica reavaliará a pontuação atribuída a um quesito sempre que a diferença entre a maior e a menor pontuação for superior a 20% (vinte por cento) da pontuação máxima do quesito, com o fim de restabelecer o equilíbrio das pontuações atribuídas, de conformidade com os critérios objetivos postos no instrumento convocatório;

8 – serão fixados critérios objetivos e automáticos de identificação da proposta mais vantajosa para a administração, no caso de empate na soma de pontos das propostas técnicas, nas licitações do tipo 'melhor técnica';

9 – o formato para apresentação pelos proponentes do plano de comunicação publicitária será padronizado quanto a seu tamanho, a fontes tipográficas, a espaçamento de parágrafos, a quantidades e formas dos exemplos de peças e a outros aspectos pertinentes, observada a exceção prevista no inc. XI do art. 6.º da Lei;

10 – para apresentação pelos proponentes do conjunto de informações de que trata o art. 8.º da Lei, poderão ser fixados o número máximo de páginas de texto, o número de peças e trabalhos elaborados para seus clientes e as datas a partir das quais devam ter sido elaborados os trabalhos, e veiculadas, distribuídas, exibidas ou expostas as peças;

11 – na elaboração das tabelas, planilhas e gráficos integrantes do plano de mídia e não mídia, os proponentes poderão utilizar as fontes tipográficas que julgarem mais adequadas para sua apresentação;

12 – será vedada a aposição, a qualquer parte da via não identificada do plano de comunicação publicitária, de marca, sinal ou palavra que possibilite a identificação do seu proponente antes da abertura do invólucro de que trata o § 2.º do art. 9.º da referida Lei;

13 – será vedada a aposição ao invólucro destinado às informações de que trata o art. 8.º desta Lei, assim como dos documentos nele contidos, de informação, marca, sinal, etiqueta ou qualquer outro elemento que identifique a autoria do plano de comunicação publicitária, em qualquer momento anterior à abertura dos invólucros de que trata o § 2.º do art. 9.º desta Lei;

14 – será desclassificado o licitante que descumprir o disposto nos incs. XII e XIII deste artigo e demais disposições do instrumento convocatório".

9.17.5. Exigências previstas na Lei 8.666/1993 que se aplicam às licitações para contratação de serviços de publicidade

Além dessas regras diferenciadas e próprias para licitações com objetivo de contratação de serviços de publicidade, devem ser observadas as exigências do art. 40 da Lei 8.666/1993, com exceção das regras previstas nos incs. I e II do seu § 2.º.

Assim, nos termos do referido artigo e além das regras específicas, o edital conterá no preâmbulo o número de ordem em série anual, o nome da repartição interessada e de seu setor, a modalidade, o regime de execução e o tipo da licitação, a menção de que será regida por essa lei, o local, dia e hora para recebimento da documentação e proposta, bem como para início da abertura dos envelopes.

Deverá indicar, ainda, obrigatoriamente, o seguinte:

"1 – objeto da licitação, em descrição sucinta e clara;

2 – prazo e condições para assinatura do contrato ou retirada dos instrumentos, como previsto no art. 64 desta Lei, para execução do contrato e para entrega do objeto da licitação;

3 – sanções para o caso de inadimplemento;

4 – local onde poderá ser examinado e adquirido o projeto básico;

5 – se há projeto executivo disponível na data da publicação do edital de licitação e o local onde possa ser examinado e adquirido;

6 – condições para participação na licitação, em conformidade com os arts. 27 a 31 da Lei n.º 8.666/1993 (que trata da habilitação) e forma de apresentação das propostas;

7 – critério para julgamento, com disposições claras e parâmetros objetivos;

8 – locais, horários e códigos de acesso dos meios de comunicação à distância em que serão fornecidos elementos, informações e esclarecimentos relativos à licitação e às condições para atendimento das obrigações necessárias ao cumprimento de seu objeto;

9 – condições equivalentes de pagamento entre empresas brasileiras e estrangeiras, no caso de licitações internacionais;

10 – o critério de aceitabilidade dos preços unitário e global, conforme o caso, permitida a fixação de preços máximos e vedados a fixação de preços mínimos, critérios estatísticos ou faixas de variação em relação a preços de referência, ressalvado o disposto nos parágrafos 1.º e 2.º do art. 48 da Lei n.º 8.666/199;

11 – critério de reajuste, que deverá retratar a variação efetiva do custo de produção, admitida a adoção de índices específicos ou setoriais, desde a data prevista para apresentação da proposta, ou do orçamento a que essa proposta se referir, até a data do adimplemento de cada parcela;

12 – limites para pagamento de instalação e mobilização para execução de obras ou serviços que serão obrigatoriamente previstos em separado das demais parcelas, etapas ou tarefas;

13 – condições de pagamento, prevendo:

a) prazo de pagamento não superior a trinta dias, contado a partir da data final do período de adimplemento de cada parcela;

b) cronograma de desembolso máximo por período, em conformidade com a disponibilidade de recursos financeiros;

c) critério de atualização financeira dos valores a serem pagos, desde a data final do período de adimplemento de cada parcela até a data do efetivo pagamento;

d) compensações financeiras e penalizações, por eventuais atrasos, e descontos, por eventuais antecipações de pagamentos;

e) exigência de seguros, quando for o caso;

14 – instruções e normas para os recursos, os quais estão previstos na Lei 8.666/1993, especialmente em seu art. 109;

15 – condições de recebimento do objeto da licitação;

16 – outras indicações específicas ou peculiares da licitação".

Ainda, o original do edital deverá ser datado, rubricado em todas as folhas e assinado pela autoridade que o expedir, permanecendo no processo de licitação, e dele extraindo-se cópias integrais ou resumidas, para sua divulgação e fornecimento aos interessados.

Por fim, constituem anexos do edital, dele fazendo parte integrante: *a) orçamento estimado em planilhas de quantitativos e preços unitários; b) a minuta do contrato a ser firmado entre a Administração e o licitante vencedor; e c) as especificações complementares e as normas de execução pertinentes à licitação.*

9.17.6. O processamento das licitações para contratação de serviços de publicidade

Respeitado o prazo mínimo previsto para a modalidade adotada, na data, horário e local estabelecidos no instrumento convocatório, os interessados apresentarão à comissão de licitação (permanente ou especial) os invólucros com as propostas técnicas e de preços[63].

Após o recebimento dos envelopes, o processamento do certame se dará da seguinte forma sequencial:

"1 – abertura dos 2 (dois) invólucros com a via não identificada do plano de comunicação e com as informações de que trata o art. 8.º da Lei n.º 12.232/2010, em sessão pública, pela comissão permanente ou especial;

2 – encaminhamento das propostas técnicas à subcomissão técnica para análise e julgamento, cujo tipo deverá ser, necessariamente, melhor técnica ou técnica e preço;

3 – análise individualizada e julgamento do plano de comunicação publicitária, desclassificando-se as que desatenderem as exigências legais ou estabelecidas no instrumento convocatório;

4 – elaboração de ata de julgamento do plano de comunicação publicitária e encaminhamento à comissão permanente ou especial, juntamente com as propostas, as planilhas com as pontuações e a justificativa escrita das razões que as fundamentaram em cada caso;

5 – análise individualizada e julgamento dos quesitos referentes às informações de que trata o art. 8.º da Lei n.º 12.232/2010, desclassificando-se as que desatenderem quaisquer das exigências legais ou estabelecidas no instrumento convocatório;

6 – elaboração de ata de julgamento dos quesitos mencionados no inc. V do art. 11 da Lei n.º 12.232/2010 e encaminhamento à comissão permanente ou especial, juntamente com as propostas, as planilhas com as pontuações e a justificativa escrita das razões que as fundamentaram em cada caso;

7 – realização de sessão pública para apuração do resultado geral das propostas técnicas, com os seguintes procedimentos: a) abertura dos invólucros com a via identificada do plano de comunicação publicitária; b) cotejo entre as vias identificadas e não identificadas do plano de comunicação publicitária, para identificação de sua autoria; c) elaboração de planilha geral com as pontuações atribuídas a cada um dos quesitos de cada proposta técnica; d) proclamação do resultado do julgamento geral da proposta técnica, registrando-se em ata as propostas desclassificadas e a ordem de classificação;

---

63. Os invólucros padronizados com a via não identificada do plano de comunicação publicitária apenas serão recebidos pela comissão permanente ou especial se não apresentarem marca, sinal, etiqueta ou qualquer outro elemento capaz de identificar a licitante. A comissão permanente ou especial não lançará nenhum código, sinal ou marca nos invólucros padronizados nem nos documentos que compõem a via não identificada do plano de comunicação publicitária.

8 – publicação do resultado do julgamento da proposta técnica, com a indicação dos proponentes desclassificados e da ordem de classificação organizada pelo nome dos licitantes, abrindo-se prazo para interposição de recurso, conforme disposto na alínea b do inc. I do art. 109 da Lei n.º 8.666, de 21 de junho de 1993;

9 – abertura dos invólucros com as propostas de preços, em sessão pública, obedecendo-se ao previsto nos incs. II, III e IV do § 1.º do art. 46 da Lei n.º 8.666, de 21 de junho de 1993, nas licitações do tipo 'melhor técnica', e ao disposto no § 2.º do art. 46 da mesma Lei, nas licitações do tipo 'técnica e preço';

10 – publicação do resultado do julgamento final das propostas, abrindo-se prazo para interposição de recurso, conforme disposto na alínea b do inc. I do art. 109 da Lei n.º 8.666, de 21 de junho de 1993;

11 – convocação dos licitantes classificados no julgamento final das propostas para apresentação dos documentos de habilitação;

12 – recebimento e abertura do invólucro com os documentos de habilitação dos licitantes previstos no inc. XI deste artigo, em sessão pública, para análise da sua conformidade com as condições estabelecidas na legislação em vigor e no instrumento convocatório;

13 – decisão quanto à habilitação ou inabilitação dos licitantes previstos no inc. XI do art. 11 da Lei n.º 12.232/2010 e abertura do prazo para interposição de recurso, nos termos da alínea a do inc. I do art. 109 da Lei n.º 8.666, de 21 de junho de 1993;

14 – reconhecida a habilitação dos licitantes será homologado o procedimento e adjudicado o objeto licitado, observado o disposto no § 3.º do art. 2.º desta Lei n.º 10.232/2010, o que significa que para contratação de serviços de publicidade é facultada a adjudicação do objeto da licitação a mais de uma agência de propaganda, sem a segregação em itens ou contas publicitárias, mediante justificativa no processo de licitação".

Por fim, o descumprimento, por parte de agente do órgão ou entidade responsável pela licitação, das regras próprias para a contratação de serviços de publicidade, destinados a garantir o julgamento do plano de comunicação publicitária sem o conhecimento de sua autoria, até a abertura dos invólucros, implicará a anulação do certame, sem prejuízo da apuração de eventual responsabilidade administrativa, civil ou criminal dos envolvidos na irregularidade.

9.18. SANÇÕES ADMINISTRATIVAS NA LEI DE LICITAÇÕES

A regra é que quem ganha a licitação assina o contrato administrativo, uma vez que, se não fosse assim, não teria sentido participar do certame, que não é um fim em si mesmo, mas um procedimento necessário a uma futura contratação.

O pacto contratual em muito se diferencia do contrato privado regido pelo Direito Civil, eis que aqui há um amplo campo de liberdade das partes contratantes. No contrato administrativo, isso não ocorre, pois é institucionalizado, ou seja, todas as suas cláusulas, pelo menos de uma forma geral, já se encontram previstas na Lei de Licitações, mormente nos arts. 55 (cláusulas necessárias) e 58 (cláusulas exorbitantes).

Dentre as cláusulas necessárias, ou seja, aquelas que obrigatoriamente devem estar previstas no pacto contratual, destacam-se os motivos que podem ensejar a rescisão contratual.

O art. 78 da Lei de Licitações traz em seu bojo todas as hipóteses que podem acarretar a rescisão. Desse dispositivo, composto de 18 incisos, apenas os de I a XI e XVIII despontam como causas de rescisão do contrato por culpa do contratado.

Nesses casos, quando o motivo determinante da rescisão for alguma conduta culposa ou dolosa do contratante, poderá a Administração rescindir unilateralmente o pacto, ou seja, sem ter de bater às portas do Poder Judiciário, devendo, ainda, sancionar o contratado com uma das penalidades previstas no art. 87 da Lei 8.666/1993.

9.18.1. Da aplicação das sanções administrativas do art. 87

Interessante notar que, ao contrário do Direito Penal, não há, via de regra, em matéria de sanções administrativas, uma tipicidade fechada. No âmbito das sanções administrativas, o legislador prevê as hipóteses infracionais e as possíveis sanções a serem aplicadas, não determinando qual sanção aplicar para cada caso, cabendo ao administrador, baseado no caso concreto, aplicar a que melhor atenda à situação.

Por isso, quando da aplicação da sanção administrativa, deve o administrador atuar pautado no princípio da proporcionalidade, sob pena de a sanção aplicada desproporcionalmente ser anulada por via judicial.

Antes de aplicada a sanção, deve ser concedido ao licitante ou contratado o direito de apresentar defesa prévia em um prazo de cinco dias úteis, conforme prescreve o § 2.º do art. 87 da Lei 8.666/1993.

Lançados esses pressupostos, passa-se a analisar as sanções propriamente ditas.

9.18.2. Das sanções propriamente ditas

As sanções previstas no art. 87 da Lei de Licitações são:

1. *advertência;*
2. *multa;*
3. *suspensão temporária;*
4. *declaração de inidoneidade.*

Trata-se de rol taxativo, sendo vedado ao contrato administrativo prever outras possibilidades de punição. Somente por lei (por medida provisória também, pois tem força de lei) esse rol pode ser aumentado, não podendo qualquer outro instrumento instituir penalidade.

9.18.2.1. Advertência

Dentre as sanções previstas, a advertência é a mais tênue. Utilizada para punição leve, trata-se de uma censura moral que deve ser adotada diante de pequenas falhas na execução do contrato.

A princípio, a advertência não acarreta a rescisão contratual. Todavia, o cometimento reiterado de faltas que ensejam a aplicação de advertência pode culminar na rescisão.

9.18.2.2. Multa

No que diz respeito à sanção pecuniária, tem-se a multa. Essa penalidade atinge o patrimônio do contratado (normalmente refletido em percentual do valor do contrato) e deve estar devidamente estabelecida no edital ou no instrumento contratual, sob pena de ser inviável sua aplicação.

Ademais, deve o valor da multa ser razoável e não servir como meio de enriquecimento ilegal do Poder Público. Nesse sentido entendeu o Superior Tribunal de Justiça no julgamento do Recurso Especial 330.677/RS, no qual ficou assentado que "o art. 86 da Lei n.º 8.666/1993 impõe multa administrativa pela mora no adimplemento do serviço contratado por meio de certame licitatório, o que não autoriza sua fixação em percentual exorbitante que importe em locupletamento ilícito dos órgãos públicos".

O valor da multa, uma vez aplicada, pode ser descontado da garantia, dos valores pendentes a serem pagos ao contratado. Ultrapassando esses limites, compete ao Poder Público inscrever o débito em dívida ativa e providenciar a execução do contratado para haver o valor devido.

Por fim, a multa é a única penalidade que pode ser acumulada com qualquer outra sanção.

9.18.2.3. Suspensão temporária

Acarreta a proibição do licitante penalizado de participar de licitações e de contratar com a Administração (em caso de dispensa e inexigibilidade) pelo prazo de até dois anos.

A doutrina majoritária[64] e o Tribunal de Contas da União[65] entendem que os efeitos da suspensão temporária se restringem apenas ao órgão que a decretou, uma vez que a Lei de Licitações atribuiu significados diferentes aos termos "Administração" e "Administração Pública", reservando os efeitos dessa penalidade à Administração (que seria o órgão, entidade ou unidade por meio do qual o Poder Público opera e atua concretamente), conforme se extrai da exegese proveniente da combinação dos arts. 87, III, e 6.º, XII, da Lei de Licitações.

Por outro lado, o Superior Tribunal de Justiça[66] entende que, quanto à extensão da penalidade, não há diferença entre suspensão temporária e declaração de inidoneidade.

Geralmente, as sanções previstas até então são aplicadas para a punição de atos culposos, pois quando o ato é praticado com dolo, a sanção é a declaração de inidoneidade.

---

64. Nesse sentido: Marçal Justen Filho, Toshio Mukai e Sidney Bittencourt.
65. *Vide*: TCU 017.801/95-8, Decisão 352/1998, Plenário.
66. "É irrelevante a distinção entre os termos Administração Pública e Administração, por isso que ambas as figuras (suspensão temporária de participar em licitação (inc. III) e declaração de inidoneidade (inc. IV) acarretam ao licitante a não participação em licitações e contratações futuras. A Administração Pública é uma, sendo descentralizadas as suas funções, para melhor atender ao bem comum. A limitação dos efeitos da "suspensão de participação de licitação" não pode ficar restrita a um órgão do Poder Público, pois os efeitos do desvio de conduta que inabilita o sujeito para contratar com a Administração se estendem a qualquer órgão da Administração Pública. Recurso especial não conhecido" (STJ, REsp 151.567/RJ, 2.ª T., Rel. Min. Francisco Peçanha Martins, *DJU* 14.04.2003).

9.18.2.4. Declaração de inidoneidade

A declaração de inidoneidade é a penalidade aplicável às faltas graves do contratado inadimplente. Tal sanção o impede de contratar com a Administração Pública por um prazo, a princípio, indeterminado.

Devido à gravidade da sanção, ela só pode ser aplicada por altas autoridades da esfera administrativa (ministros e chefe do Poder Executivo), sendo que seus efeitos, ao contrário da suspensão temporária, estendem-se a toda a Administração Pública, conforme pode se aferir pela leitura do art. 87, IV, combinado com o art. 6.º, XI, da Lei 8.666/1993.

Isso quer dizer que, uma vez aplicada tal sanção, não poderá o penalizado licitar ou contratar com qualquer órgão ou entidade de todas as Administrações (federal, estadual, distrital e municipal).

Esse foi o entendimento do STJ, no julgamento do REsp 520.553/RJ, veiculado no *Informativo* de jurisprudência 414:

> *"Declaração. Inidoneidade. Licitação.*
>
> *Cuida-se da repercussão, nas diversas esferas de governo, da declaração de inidoneidade para contratar com a Administração Pública, prevista na Lei de Licitações, como sanção por descumprimento do contrato administrativo. Não se trata da sanção por ato de improbidade de agente público (art. 12 da Lei n.º 8.429/1992), cujos efeitos a jurisprudência do STJ limita à esfera municipal. A definição do que seja Administração Pública para esse específico fim consta do art. 6.º, XI, da Lei n.º 8.666/1993. Vê-se, então, que o legislador conferiu-lhe grande abrangência, e a consequência lógica da amplitude do termo utilizado é que a inidoneidade vale perante qualquer órgão público do país. Assim, se uma sociedade empresária forneceu remédios adulterados a um município, declarada sua inidoneidade, não poderá fornecer medicamentos à União. Desponta o caráter genérico da referida sanção cujos efeitos irradiam por todas as esferas de governo. Precedentes citados: EDcl no REsp 1.021.851-SP, DJe 06.08.2009; REsp 174.274-SP, DJ 22.11.2004, e REsp 151.567-RJ, DJ 14.04.2003"* (REsp 520.553/RJ, Rel. Min. Herman Benjamin, j. 03.11.2009).

Há autores, como Hely Lopes Meirelles, que sustentam que, como a sanção é restritiva de direito, deve ser interpretada restritivamente. Para o saudoso e ilustre administrativista, a sanção de declaração de inidoneidade apenas inviabilizaria a participação em licitação ou contratação com o ente (União, Estado, Municípios) que aplicou a sanção.

Outra questão interessante é: aplicada a referida sanção, outros contratos executados pelo apenado seriam afetados? Teria o efeito dominó? O STJ, no julgamento do MS 13.964/DF, entendeu que a aplicação da penalidade possui efeitos *ex nunc*, ou seja, não retroativos, de modo que os contratos vigentes antes da aplicação da penalidade não são afetados.

O referido julgamento gerou a seguinte ementa:

> *"Administrativo. Declaração de inidoneidade para licitar e contratar com a Administração Pública. Vícios formais do processo administrativo. Inexistência. Efeitos ex nunc da declaração de inidoneidade: significado. 1. Ainda que reconhecida a ilegitimidade da utilização, em processo administrativo, de conversações telefônicas interceptadas para fins de instrução criminal (única finalidade autorizada pela Constituição – art. 5.º, XII), não há nulidade na sanção administrativa aplicada, já que fundada em outros elementos de prova, colhidas em processo administrativo regular, com a participação da empresa interessada. 2. Segun-*

> *do precedentes da 1.ª Seção, a declaração de inidoneidade 'só produz efeito para o futuro (efeito ex nunc), sem interferir nos contratos já existentes e em andamento' (MS 13.101/ DF, Min.ª Eliana Calmon, DJe de 09.12.2008). Afirma-se, com isso, que o efeito da sanção inibe a empresa de 'licitar ou contratar com a Administração Pública' (Lei n.º 8.666/1993, art. 87), sem, no entanto, acarretar, automaticamente, a rescisão de contratos administrativos já aperfeiçoados juridicamente e em curso de execução, notadamente os celebrados perante outros órgãos administrativos não vinculados à autoridade impetrada ou integrantes de outros entes da Federação (Estados, Distrito Federal e Municípios). Todavia, a ausência do efeito rescisório automático não compromete nem restringe a faculdade que têm as entidades da Administração Pública de, no âmbito da sua esfera autônoma de atuação, promover medidas administrativas específicas para rescindir os contratos, nos casos autorizados e observadas as formalidades estabelecidas nos arts. 77 a 80 da Lei n.º 8.666/1993. 3. No caso, está reconhecido que o ato atacado não operou automaticamente a rescisão dos contratos em curso, firmados pela impetrante. 4. Mandado segurança denegado, prejudicado o agravo regimental" (STJ, MS 13.964/DF (2008/0250430-0), 1.ª S., Rel. Min. Teori Albino Zavascki, DJ 25.05.2009).*

Uma vez aplicada, poderá o penalizado pleitear, após dois anos da data da imposição da penalidade, sua reabilitação. Todavia, é condição para o pleito que o contratante tenha ressarcido os prejuízos causados à Administração.

Outro fato que merece atenção é que, contra a aplicação das sanções de advertência, multa e suspensão temporária, o recurso cabível é o "recurso em sentido estrito", previsto no art. 109, I, "f", do Estatuto das Licitações, o qual deverá ser interposto no prazo de cinco dias úteis.

Já contra a penalidade de declaração de inidoneidade, o recurso cabível é o "pedido de reconsideração", previsto no art. 109, III, da Lei de Licitações, o qual será dirigido à própria autoridade que aplicou a sanção. O prazo de interposição desse recurso, ao contrário dos demais, é de dez dias úteis.

É importante ficar claro que no processo punitivo deve ser observado o devido processo legal, assegurando ao acusado a ampla defesa e contraditório. No julgamento do AgRg-MS 15.036/DF, o STJ manteve decisão que suspendeu os efeitos da penalidade de declaração inidoneidade em razão da falta de observância do devido processo legal.

> *"Processo civil. Administrativo. Mandado de segurança. Sanção de inidoneidade para licitar. Deferimento de liminar. Juízo perfunctório. Presença dos requisitos autorizadores. Efetiva ameaça de descontinuidade da contratação. Devido processo legal e ampla defesa. Possibilidade de violação. 1. Cuida-se de agravo regimental interposto contra decisão que deferiu o pedido de liminar para suspender a sanção de inidoneidade para licitar aplicada pelo Ministro das Comunicações. O mandado de segurança impetrado pela recorrida fundamenta-se basicamente nos seguintes pontos: i) contrariedade ao devido processo legal e à ampla defesa, pois a revisão do decisum que suspendeu a aplicação da penalidade ocorreu sem o oferecimento de prévio contraditório e a oportunidade de defesa. ii) decurso do prazo prescricional da ação punitiva da Administração Pública, porquanto o ato tido por infracional fora firmado em 21/07/2000 e o processo administrativo instaurado apenas em 11/09/2008. 2. Em que pese a gravidade da conduta praticada pela sociedade empresária, que está sendo apurada nas searas administrativa e judicial, a análise a ser empreendida no presente momento restringe-se à verificação dos elementos exigidos para o deferimento de um provimento liminar, isto é, a plausibilidade do direito invocado na demanda e o risco de ineficácia do provimento jurisdicional, caso não deferida a medida requerida. 3. No atinente ao pericu-*

lum in mora, o ofício que comunicou a extinção do contrato de concessão em 26/03/2010 e identificou a sanção administrativa discutida no presente writ como óbice intransponível à renovação do vínculo contratual traduziu-se como uma efetiva ameaça à continuidade do serviço prestado pela sociedade impetrante. 4. Ao mesmo passo que a Constituição impõe à Administração Pública a observância da legalidade, atribui aos litigantes em geral, seja em processos judiciais seja administrativos, a obediência à garantia fundamental do contraditório e da ampla defesa (art. 5.º. LV). Todavia, não se deve confundir o poder de agir de ofício, ou seja, de iniciar um procedimento independentemente de provocação das partes, com a tomada de decisões sem a prévia oitiva dos interessados. É nesse contexto, portanto, que se inserem os enunciados das Súmulas n.os 346 e 473/STF. 5. O contraditório e a ampla defesa são valores intrinsecamente relacionados com o Estado Democrático de Direito e têm por finalidade oferecer a todos os indivíduos a segurança de que não serão prejudicados, nem surpreendidos com medidas interferentes na liberdade e no patrimônio, sem que haja a devida submissão a um prévio procedimento legal. Os aludidos preceitos, desse modo, assumem duas perspectivas: formal – relacionada à ciência e à participação no processo – e material – concernente ao exercício do poder de influência sobre a decisão a ser proferida no caso concreto. 6. Agravo regimental não provido" (STJ, AgRg-MS 15.036/DF, Proc. 2010/0024838-0, 1.ª S., Rel. Min. Castro Meira, DJ 19.05.2010).

9.18.3. Obrigatoriedade na aplicação das sanções

É vedado à Administração relevar ou fazer vista grossa ao ato ilegal que possa ensejar a aplicação de sanções administrativas. Como afirmado anteriormente, trata-se de interesse público indisponível, sendo, inclusive, ato ilegal e de improbidade não levar a cabo processo de punição de contratados que venham a infringir as regras contratuais.

Não obstante esse dever decorrente da indisponibilidade do interesse público, o fato é que é possível, também visando o interesse púbico, porém por uma outra ótica, a administração pública celebrar acordo de leniência, nos termos da Lei 12.846/2013, com a pessoa jurídica responsável pela prática de ilícitos na Lei 8.666/93, hipótese que será possível a isenção ou atenuação das sanções administrativas estabelecidas nos 86 a 88 do estatuto licitatório.

Por fim, registre-se o entendimento do TCU no sentido de que é cabível a aplicação de penalidade ao licitante mesmo depois de anulado o certame. A anulação da licitação não obsta a aplicação das sanções previstas na Lei 8.666/1993 (art. 88, II c/c art. 87, III e IV).

Foi essa a conclusão a que chegou a unidade técnica após defender que, "caso seja comprovado que a licitante, de maneira dolosa, tenha praticado atos ilícitos visando a frustrar os objetivos da licitação, ao apresentar atestado de capacidade técnica contendo irregularidades, falsidades e/ou vícios, pode a Administração aplicar sanções administrativas a esta licitante, independentemente de vínculo contratual posterior". Acolhendo a manifestação da unidade instrutiva, o relator propôs e o Plenário deliberou no sentido de informar o Departamento de Logística da Secretaria Executiva do Ministério da Saúde "sobre a possibilidade de aplicação de sanção administrativa a licitantes, independentemente de vínculo contratual posterior, após a correta configuração do ato ilícito, conforme art. 88, inc. II, e art. 87, incs. III e IV, ambos da Lei n.º 8.666, de 1993". Precedentes citados: Acórdãos 2.077/2007, 2.859/2008 e 790/2009, todos do Plenário (Acórdão 767/2010-Plenário, TC-002.319/2010-1, Rel. Min. José Jorge, 14.04.2010).

9.19. CRIMES LICITATÓRIOS

Estão previstos nos arts. 89 a 98 do Estatuto de Licitações. A maioria diz respeito a crimes contra o sistema licitatório, e a minoria, contra os contratos administrativos. *A pena é sempre de detenção e multa*, ou seja, não há pena privativa de liberdade cujo regime seja o de reclusão. *Os crimes são de ação pública incondicionada*, quer dizer, cabe ao Ministério Público ingressar com a "denúncia". Porém, é aplicável a ação penal privada subsidiária da pública.

As penas privativas de liberdade sempre variam de seis meses a dois anos de detenção. As multas variam de 2 a 5% do valor do contrato e revertem-se à Fazenda da entidade licitante.

Sujeitam, ainda, os responsáveis (tentativa ou consumação) à perda do cargo, emprego ou mandato eletivo, conforme enunciam os arts. 83 e 84 da Lei 8.666/1993.

9.19.1. Noções gerais

9.19.1.1. Codificação e legislação extravagante

Até a edição do Decreto-Lei 2.300, de 21 de novembro de 1986, a matéria atinente às licitações, no âmbito federal, existia de maneira esparsa e sem sistematização, com algumas regras constantes do antigo Código da Contabilidade Pública da União e outras previstas no Decreto-Lei 200/1967.

Com o Decreto-Lei 2.300, no entanto, estabeleceu-se, pela primeira vez, uma legislação específica e sistematizada sobre o assunto. O decreto-lei, em que pese essa preocupação, não continha normas penais sobre licitações, remanescendo para o Código Penal, em poucos artigos, a tipificação de eventuais condutas que pudessem importar na caracterização de fraude ao certame licitatório.

Hodiernamente, entretanto, é visível e claramente identificável a tendência legislativa de se excepcionar o sistema de codificação do Direito, ante a constatação de que a vida moderna, pela multiplicidade de temas e áreas de interesse quanto à necessidade de normatização jurídica, bem como pela sua cada vez maior especialização, exige mais agilidade na confecção de diplomas legislativos, além de maior grau de aprofundamento normativo em áreas específicas do Direito, o que nem sempre poderá ser obtido por meio de uma legislação que tenha de sistematizar todo um conjunto de institutos jurídicos, por vezes apenas com afinidade parcial.

Não por outra razão, o legislador nacional, ao editar a Lei 8.666/1993, diferentemente do previsto no Decreto-Lei 2.300/1986, tratou de disciplinar na lei geral de licitações também os tipos penais envolvidos com a matéria, abarcando em seu bojo crimes descritivos de condutas similares àquelas previstas nos arts. 326, 335 e 336 do Código Penal, além de criar vários outros crimes que não encontravam correspondência na legislação penal anterior.

Veja-se que essa tendência não se mostra presente exclusivamente na lei geral de licitações, sendo encontrada também em diversos outros diplomas legislativos (Código de Defesa do Consumidor, Estatuto da Criança e do Adolescente, Estatuto do Idoso, Lei de Recuperação Judicial e Extrajudicial de Empresas etc.), as chamadas *normas penais extravagantes*. Sem embargo, é comum que, em todo novo movimento de codificação do Direito, se tente inverter essa tendência, ao argumento da melhor sistematização.

Não vamos discutir aqui qual a melhor opção legislativa, apenas enfatizamos que, no momento atual, as normas penais sobre licitações se encontram unicamente na lei geral de licitações e contratos administrativos (Lei 8.666/1993), mais precisamente em seus arts. 89 a 98, em que estão previstos os tipos penais atinentes.

Isso não significa uma rejeição geral às demais normas penais, uma vez que a finalidade precípua do legislador não foi disciplinar temas de direito penal, genericamente, mas sim, tão somente, estabelecer os tipos penais específicos em matéria de licitações e contratações administrativas, adotando-se, no mais, as regras penais gerais previstas na legislação codificada (Código Penal e Código de Processo Penal), seja por aplicação direta e primária, seja por aplicação subsidiária ou complementar.

9.19.1.2. Normas penais gerais aplicáveis aos tipos licitatórios

Embora, como dito, os tipos penais sobre licitações e contratos administrativos estejam hoje disciplinados na Lei 8.666/1993, aplicam-se a eles todas as regras gerais de direito penal previstas no Código Penal brasileiro, salvo se existente regra específica na legislação em estudo.

Assim, aos crimes licitatórios objeto da Lei 8.666/1993 aplicam-se as regras do Código Penal sobre:

a) *territorialidade e extraterritorialidade penal;*

b) *excludentes da antijuridicidade e da culpabilidade;*

c) *consumação e tentativa;*

d) *concurso de agentes;*

e) *concurso de crimes (crime continuado, concurso formal e material);*

f) *tipos e regimes das penas;*

g) *suspensão condicional da pena e livramento condicional;*

h) *causas extintivas da punibilidade etc.*

Essa aplicação em bloco das normas gerais de direito penal decorre do disposto no art. 12 do próprio Código Penal, que estabelece: "as regras gerais deste Código aplicam-se aos fatos incriminados por lei especial, se esta não dispuser de modo diverso".

Não cabe aqui discutirmos cada ponto mencionado, uma vez que esta obra não se trata de um curso ou manual de direito penal. Abordaremos, tão somente, os crimes licitatórios e os pontos em que a Lei Geral de Licitações e Contratos dispõe de regras gerais distintas daquelas previstas no Código Penal, mais especificamente dois pontos, a saber:

a) *efeitos da sentença penal condenatória (art. 83);*

b) *conceito de funcionário público (art. 84).*

9.19.1.3. Classificação dos crimes licitatórios quanto ao sujeito ativo (crimes comuns e crimes próprios[67])

Embora seja um tema ligado à parte geral do direito penal, geralmente estudado na parte referente à teoria geral do crime, e embora reconheçamos que existam muitas outras classificações, revela-se importante, até mesmo para a correta compreensão dos chamados crimes licitatórios, enfatizar a conceituação dos crimes quando analisados sob o ângulo do sujeito ativo, ou seja, daquele que pratica a conduta tipificada como infração penal na legislação de regência.

A doutrina, tradicionalmente, categoriza os crimes, quando analisados sob esse prisma, em duas espécies, a saber:

a) crimes comuns;
b) crimes próprios.

Quanto ao sujeito passivo, ou seja, aquele que é vítima do delito, não há grandes controvérsias no que respeita à compreensão das normas penais da Lei Geral, uma vez que a vítima primária desses crimes sempre será, em menor ou maior grau, a Administração Pública, conforme conceituação que a própria lei lhe atribui, apenas eventualmente tendo como lesado algum particular[68].

Conforme generalizadamente aceito pela doutrina, crime comum é aquele que, em tese, pode ser praticado por qualquer pessoa (ex.: homicídio), não sendo necessário que o sujeito ativo detenha alguma qualificação especial. Já no crime próprio, a lei penal exige ou estabelece uma condição ou qualidade especial que o sujeito ativo deve possuir.

Por óbvio, a qualidade de servidor público nos crimes praticados por funcionário público contra a Administração Pública (arts. 312 a 326 do CP) acarreta que tais crimes sejam considerados crimes próprios, uma vez que a qualidade de servidor público do agente é condição para a ocorrência destes últimos. Mas, muitos outros crimes do gênero existem em nossa legislação, como, por exemplo, o previsto no art. 269 do CP (omissão de notificação de doença), em que a qualidade de médico é condição necessária para a caracterização do tipo penal.

No que diz respeito aos crimes licitatórios, podem ser eles comuns (ex.: o do art. 93) ou próprios (ex.: o do art. 89). Na análise de cada tipo ressaltaremos a classificação.

Observe-se, porém, que, diferentemente dos tipos previstos no Código Penal, na Lei de Licitações o legislador não foi muito expresso nas categorizações, deixando de utilizar expressões como "valer-se, o funcionário" e similares, e que geralmente caracterizam a infração penal como crime próprio, razão pela qual será necessário um exame mais detido dos tipos para que se conclua sobre ser ele um crime próprio ou não.

---

67. Não podemos confundir crimes próprios com crimes de mão própria ou de atuação pessoal, que são aqueles que não podem ser praticados mediante um intermediário (ex.: falso testemunho).
68. FREITAS, André Guilherme Tavares de. *Crime da Lei de Licitações*. 3. ed. rev., ampl. e atual. Niterói: Impetus, 2013.

9.19.1.4. Classificação dos crimes licitatórios quanto ao resultado naturalístico (crimes materiais, crimes formais e crimes de mera conduta)

Aqui também vale a observação inicial feita no item anterior quanto à importância do estudo dessas categorizações no que tange aos crimes licitatórios.

Crimes materiais são aqueles que *exigem resultado naturalístico para sua consumação*. Falando de forma bastante simples, são aqueles em que o resultado constitui elementar do próprio tipo, ou seja, está descrito nele, e, além disso, é condição para sua consumação. Assim, por exemplo, não se consuma um homicídio sem a morte da vítima, logo, o resultado morte, que é elementar do tipo, posto que inserto no verbo "matar" (art. 121 do CP), necessariamente deve ocorrer para que o crime exista na sua forma consumada.

No *crime formal*[69], embora o tipo penal preveja o resultado em sua descrição, não é ele exigido para sua consumação, podendo compreender, o resultado, apenas um momento posterior, reconhecido pela doutrina como esgotamento do crime.

Assim, exigir, o servidor público, vantagem indevida, em razão de seu cargo (concussão – art. 316 do CP), é crime formal, posto que, embora a própria previsão da elementar "vantagem indevida" indique a possibilidade de um resultado material, este último é irrelevante para a consumação ou não do delito.

Já nos chamados *crimes de mera conduta*, muitas vezes confundidos com os crimes formais, *o tipo penal simplesmente não descreve qualquer tipo de resultado*, como ocorre no clássico exemplo da violação de domicílio (art. 150 do CP).

Na prática, é irrelevante a distinção teórica feita entre crimes formais e de mera conduta, mas é importante a distinção entre ambos e os crimes materiais, uma vez que naqueles o crime se consuma apenas com a conduta, e não com o resultado.

Como veremos, alguns dos crimes licitatórios são materiais, como o do art. 95, na modalidade "afastar licitante", pois o resultado naturalístico decorrente do afastamento efetivo do licitante é necessário à consumação do crime, mas em outros, como o do art. 94, na modalidade "proporcionar a terceiro o ensejo de devassá-lo", basta a realização da conduta para a consumação do crime, caracterizando-se, pois, como crime formal.

9.19.1.5. Elemento subjetivo do tipo (culpa e dolo)

De acordo com o art. 18, I, do Código Penal, diz-se doloso o crime em que o agente quer o resultado (dolo direto) ou assume o risco de produzi-lo (dolo eventual).

Já o inc. II do mesmo art. 18 estabelece que o crime é culposo se praticado com imprudência, negligência ou imperícia.

Nos crimes culposos, como se vê, não é o elemento intencional, consistente na vontade de praticar a conduta criminosa, que determina a responsabilização, mas sim a ausência do dever de cuidado, que caracteriza o tipo.

Entretanto, a ausência do dever de cuidado só é penalmente relevante quando expressamente prevista na lei, daí por que estabelece o parágrafo único do art. 18 do CP

---

69. Também chamados de crimes de consumação antecipada.

que, "salvo os casos expressos em lei, ninguém pode ser punido por fato previsto como crime, senão quando o pratica dolosamente".

Do exame das disposições penais da Lei 8.666/1993, portanto, é possível afirmar que *não existe crime licitatório na forma culposa*.

9.19.2. Tipos penais em espécie

9.19.2.1. Dispensa ou inexigibilidade indevida de licitação (art. 89)

A Lei 8.666/1993, em seu art. 89, criminalizou a conduta de dispensar ou inexigir licitação fora das hipóteses legais. Assim, qualquer aquisição de bens ou serviços que seja feita com declaração de dispensa ou inexigibilidade de licitação fora das hipóteses dos arts. 24 ou 25, ou outras previstas em leis especiais, configura crime, com pena de detenção entre três a cinco anos e multa. Interessante notar que a criminalização não se restringe apenas às licitações da Lei 8.666/1993, podendo ser aplicada também para outras situações em que a licitação for dispensada ou inexigida ilicitamente, como nas permissões e concessões de serviços públicos.

O *crime é próprio*, pois só o servidor público pode praticar a conduta de dispensar ou inexigir a licitação, podendo o particular, no entanto, ser partícipe do crime (STJ, HC 133.367/SE, 5.ª T., Rel. Ministro Jorge Mussi, j. 12.06.2012).

Embora o *crime seja formal*, já que a tipicidade decorra da simples não inclusão do caso concreto em hipótese legal de dispensa ou inexigibilidade, o tipo, como se pode aferir de sua simples leitura, é doloso, não existindo a modalidade culposa, como de resto não existe para quaisquer dos crimes previstos na Lei 8.666/1993, logo, o mero erro técnico no enquadramento do caso concreto em alguma das hipóteses legais autorizativas da dispensa ou inexigibilidade não é suficiente, nos parece, para configurar o crime.

Para a configuração do tipo subjetivo, entendemos que não há necessidade de dolo específico[70], já tendo o STJ decidido que o crime é de mera conduta (REsp 1.185.750/MG,

---

70. A Primeira Turma, por maioria, rejeitou denúncia oferecida contra deputado federal, pela suposta prática do crime de dispensa de licitação fora das hipóteses previstas em lei [Lei 8.666/1993, art. 89. No caso, o investigado, na qualidade de secretário estadual de Educação e com base em parecer da Procuradoria Jurídica, teria homologado procedimento de inexigibilidade de licitação para aquisição de licenças de "software" para a sistematização organizacional de horários e grades escolares na rede pública estadual de Santa Catarina. Na denúncia, o Ministério Público argumentou, com fundamento em laudo pericial, que existiam outros "softwares" igualmente aptos à finalidade almejada pela Secretaria de Educação, o que indicaria a necessidade de concorrência pública. Ademais, salientou que teria havido a prática de "sobrepreço". O Colegiado apontou que o laudo pericial constatou que o "software" da empresa escolhida tinha mais especificações do que os das concorrentes e era mais adequado ao seu objeto. Ressaltou também a ausência nos autos de prova de conluio com a empresa escolhida e de recebimento de qualquer vantagem econômica pelo então secretário. Frisou que, para a escolha do "software", não houve qualquer participação pessoal do acusado. A tomada de decisão foi feita em procedimento policêntrico pelas instâncias técnicas envolvidas. Por fim, asseverou que o crime previsto no art. 89 da Lei 8.666/1993 reclama o dolo, consubstanciado na vontade livre e consciente de praticar o ilícito penal, que não se faz presente quando o acusado atua com fulcro em parecer da Procuradoria Jurídica no sentido da inexigibilidade da licitação. Vencido o ministro Marco Aurélio, que recebia a denúncia. Para ele, o crime de afastamento de licitação teria natureza formal, sem necessidade, portanto, da exigência de

5.ª T., Rel. Min. Gilson Dipp). Ademais, parece claro, não se exigiria a ocorrência de dano à Administração (nessa linha: STJ, HC 118.292/DF, 5.ª T.; STJ, REsp 1.073.676/MG, 5.ª T.).

Contudo, a jurisprudência do STJ, a partir do julgamento da Ação Penal 480, em 2012, e seguindo o precedente do STF no Inq 3.077/AL (Rel. Ministro Dias Toffoli), mudou sua orientação sobre o tema, passando a entender ser *necessário o dolo específico*, no sentido de causar prejuízo ao erário:

> "Ação penal. Ex-prefeita. Atual conselheira de Tribunal de Contas Estadual. Festa de carnaval. Fracionamento ilegal de serviços para afastar a obrigatoriedade de licitação. Artigo 89 da Lei n. 8.666/1993. Ordenação e efetuação de despesa em desconformidade com a lei. Pagamento realizado pela municipalidade antes da entrega do serviço pelo particular contratado. Artigo 1.º, inciso V, do Decreto-Lei n. 201/1967 c/c os artigos 62 e 63 da Lei n. 4.320/1964. Ausência de fatos típicos. Elemento subjetivo. Insuficiência do dolo genérico. Necessidade do dolo específico de causar dano ao erário e da caracterização do efetivo prejuízo.
>
> – Os crimes previstos nos artigos 89 da Lei n. 8.666/1993 (dispensa de licitação mediante, no caso concreto, fracionamento da contratação) e 1.º, inciso V, do Decreto-lei n. 201/1967 (pagamento realizado antes da entrega do respectivo serviço pelo particular) exigem, para que sejam tipificados, a presença do dolo específico de causar dano ao erário e da caracterização do efetivo prejuízo. Precedentes da Corte Especial e do Supremo Tribunal Federal.
>
> – Caso em que não estão caracterizados o dolo específico e o dano ao erário.
>
> Ação penal improcedente" (STJ, Ap 480/MG, Corte Especial, Rel. Min. César Asfor Rocha, j. 29.03.2012).

Com a devida vênia, a Corte acabou por acrescentar ao tipo uma elementar inexistente, uma vez que o art. 89 não contém expressão como "com o fim de", que justificasse a conclusão de o dolo ter um especial fim de agir.

É possível verificar que a justificativa dada para a mudança de orientação decorreu da perplexidade de se constatar que o tipo, por não existir na modalidade culposa, muitas vezes acabava por justificar a incriminação de agentes que, embora praticando a conduta típica, o haviam feito não com o intuito de causar prejuízo à Administração Pública, apenas tendo incidido em erro de avaliação quanto à possibilidade ou não da dispensa ou inexigibilidade.

Ora, convenhamos, a questão não passaria pela exigência artificial do dolo específico, não previsto na norma, mas sim pela descaracterização do próprio dolo genérico, algo que parece nao ter sido bem compreendido pela Corte.

Embora feita tal ressalva, o fato é que a jurisprudência atual do STJ caminha no sentido de seguir o precedente paradigmático da AP 480 (vide, por exemplo, REsp 1.133.875/RO, 5.ª T., Rel. Min. Marco Aurélio Bellize, j. 12.06.2012).

A Lei também criminalizou a não observância de formalidades pertinentes à dispensa ou inexigibilidade, *hipótese de crime omissivo*, que se contrapõe às duas primeiras condutas, que são comissivas. Aqui, deve ser redobrada a cautela com relação ao exame do dolo do agente.

---

dolo específico. (Inq 3753/DF, rel. Min. Luiz Fux, julgamento em 18.4.2017. (INQ-3753) **(Informativo 861, 1ª Turma)**

O *parágrafo único do art. 89* constitui-se em regra de equiparação, procurando criminalizar também a conduta daquele que tenha concorrido para a consumação da ilegalidade, beneficiando-se, posteriormente, da dispensa ou inexigibilidade, celebrando o contrato com o Poder Público. Não fosse tal regra, apenas os servidores públicos responsáveis pelo exame e decisão da dispensa ou inexigibilidade poderiam ser responsabilizados como autores do crime, só respondendo os particulares, eventualmente, como partícipes. Para nós, a autoria do art. 89, parágrafo único, não exclui a participação dos particulares no tipo do *caput*, quando não verificado o benefício ou a celebração do contrato.

A consumação nas modalidades comissivas do *caput* se dá com a prática do ato de dispensa da licitação ou de declaração de sua inexigibilidade. Na modalidade omissiva ocorrerá com o decurso do prazo de publicação do ato de dispensa ou inexigibilidade[71].

Uma questão polêmica diz respeito ao *parecerista* e ao *consultor jurídico*, que opinam, precedentemente, sobre a dispensa ou inexigibilidade de licitação. Como é apenas opinativo o parecer jurídico nesses casos, não parece lógico que eles possam responder pelo delito, a menos que existam elementos concretos indicativos de participação daqueles, em associação com o servidor que detém o poder de decisão. Nesse sentido já decidiu o STJ (HC 108.985/DF, 5.ª T., Rel. Min. Laurita Vaz, j. 26.05.2009). Por outro lado, a existência do parecer, quando bem fundamentado, pode servir para justificar a *ausência de dolo* daquele que tem o poder decisório e segue os fundamentos jurídicos apresentados pelo órgão técnico, conforme decidido pelo STF no Inquérito 2.482/MG (Pleno, Red. p/ acórdão Min. Luiz Fux, j. 15.09.2011).

9.19.2.2. Fraude contra o caráter competitivo da licitação (art. 90)

A Lei criminalizou, também, a conduta de frustrar ou fraudar, mediante ajuste, combinação ou qualquer outro expediente, o caráter competitivo do procedimento licitatório com o intuito de obter, para si ou para outrem, vantagem decorrente da adjudicação do objeto da licitação. A norma visa, com prioridade, resguardar a competição e, mais genericamente, a moralidade administrativa.

Como se vê, nesse caso, para a configuração do tipo subjetivo *exige-se dolo específico*, correspondente ao "intuito de obter, para si ou para outrem, vantagem decorrente da adjudicação do objeto da licitação", de forma que a mera fraude ao caráter competitivo do procedimento, sem esse intuito especial, só caracteriza o tipo do art. 93.

Sendo *crime formal*, a consumação se dá com o simples ajuste, combinação ou adoção de outro expediente que tenha por fim frustrar ou fraudar o caráter competitivo do procedimento para obter vantagem decorrente da adjudicação. Não se torna necessária a efetiva adjudicação ou a obtenção da vantagem econômica que apenas configuraria o exaurimento do delito.

Embora boa parte da doutrina entenda que o crime é próprio, pois só poderia fraudar a licitação, mediante ajuste ou combinação, aquele que dela participa, é possível imaginar a situação em que a fraude ou a frustração consiste exatamente na combinação de possíveis licitantes não participarem do certame, inclusive para beneficiar terceiro na adjudicação

---

71. BALTAZAR JUNIOR, José Paulo. *Crimes federais*. 6. ed. rev. e atual. Porto Alegre: Livraria do Advogado, 2010.

de seu objeto, o que poderia ensejar a conclusão de que o crime pode ser praticado por qualquer um.

O servidor público, evidentemente, pode ser partícipe do crime, mas, dentro da lógica de o crime ser enquadrado como comum, pode figurar mesmo como autor.

Nos casos de ajuste e combinação, pode-se dizer que o crime é de concurso necessário, pois não se admite ajuste ou combinação sem a participação de ao menos duas pessoas.

Quanto a esse tipo, já se entendeu que, uma vez praticado por prefeito municipal, do qual se exige uma conduta totalmente proba, em razão do múnus que lhe é confiado por voto popular, incidiria maior culpabilidade na fixação da pena, na fase do art. 59 do CP (STJ, HC 193.124/SP, 5.ª T., Rel. Min. Laurita Vaz, j. 11.12.2012).

Já se entendeu possível, também, o concurso do tipo do art. 90 com o do art. 96, I, ao argumento de que o objeto jurídico protegido no primeiro é o caráter competitivo do certame, ao passo que, no segundo, seria a própria licitação a atingida (STJ, REsp 1.315.619/RJ, 5.ª T., Rel. Des. conv. Campos Marques, j. 15.08.2013). Temos reservas quanto a tal entendimento, pois a ocorrência do tipo 96, I, parece absorver o tipo do art. 90, em que a eliminação do caráter competitivo apenas constitui forma de se conseguir a fraude com o aumento arbitrário dos lucros, embora este último possa ser obtido sem aquele.

A pena cominada é de detenção, de dois a quatro anos e multa.

9.19.2.3. Advocacia administrativa em licitação (art. 91)

O Código Penal (Decreto-Lei 2.848/1940), em seu art. 321, prevê o crime de advocacia administrativa, que consiste no patrocínio, direta ou indiretamente, de interesse privado perante a Administração Pública, valendo-se da qualidade de funcionário. Trata-se, portanto, de um crime próprio.

A Lei 8.666/1993, no art. 91, criou um tipo penal semelhante, em que o patrocínio, no entanto, tem uma finalidade específica, o de instaurar licitação ou celebrar contrato, cuja invalidação venha a ser decretada pelo Poder Judiciário. Há aqui, portanto, também um *dolo específico*.

A pena cominada é de detenção, de seis meses a dois anos e multa.

No tipo do Código Penal só responde como autor o funcionário público, posto que a lei exige que a pessoa se valha de tal condição, de modo que o particular, ou responderá como partícipe, na forma do art. 29 do CP, ou responderá por outro crime, como o de tráfico de influência (art. 332).

No caso do art. 91 da Lei de Licitações, não há referência à qualidade do funcionário público, de modo que tanto este, quanto o particular podem ser enquadrados no mesmo tipo.

Veja-se, no entanto, que o crime não é formal, e sim *material*, pois a lei exige a efetiva instauração de licitação ou a celebração do contrato ("dar causa a"), e mais, que estas (ou alguma das duas) tenham sido invalidadas pelo Judiciário. Dessa forma, o crime não se consuma apenas com o mero patrocínio, mas sim com o aperfeiçoamento dos elementos posteriores, externos à atividade do agente.

Não havendo o concurso de todas essas elementares, a tipificação deve recair sobre os tipos penais do Código Penal, mais amplos.

9.19.2.4. Favorecimento indevido do contratado (art. 92)

A Lei 8.666/1993 trata, como visto, tanto de licitações quanto de contratos administrativos, de modo que os crimes nela previstos também abarcam situações que envolvem os que contratam com a Administração Pública, após participação em procedimento licitatório, de dispensa ou inexigibilidade.

O crime previsto no art. 92, apenado com detenção de dois a quatro anos e multa, se refere à *fase contratual* e não à fase de licitação, uma vez que é elementar do tipo a expressão "durante a execução dos contratos celebrados com o Poder Público".

O que se visa aqui é impedir que a autoridade administrativa beneficie indevidamente o contratado, que é o adjudicatário do objeto da licitação, ou do procedimento que tenha concluído pela dispensa ou inexigibilidade desta, com qualquer modificação ou vantagem, inclusive prorrogação contratual, sem autorização em lei, no ato convocatório da licitação ou nos respectivos instrumentos contratuais.

A lei incrimina tanto aquele que admite quanto o que possibilita e o que dá causa a tal modificação ou vantagem.

O parágrafo único estende a regra incriminadora para aquele que comprovadamente concorre para a consumação da ilegalidade, obtendo a vantagem indevida ou se beneficiando, injustamente, das modificações ou prorrogações contratuais. Visa-se, aqui, não o servidor público que autorizou ou possibilitou que a vantagem indevida se produzisse, mas aquele que, efetivamente, dela se aproveitou como contratado.

Veja-se que o crime do parágrafo único não é formal, pois a lei fala expressamente em *obtenção de vantagem indevida*, só havendo, portanto, a consumação com a ocorrência desta última.

No *caput*, no entanto, são dois os crimes. As condutas alternativas "admitir, possibilitar ou dar causa a qualquer modificação ou vantagem" importam na consumação do crime, independentemente de o contratado se beneficiar efetivamente delas, constituindo, assim, um *crime formal*.

Contudo, o *caput* contém um segundo crime, que, inclusive, poderia figurar em outro artigo, consistente no *pagamento de fatura com preterição de ordem cronológica*. Ora, se a conduta é pagar, alguém terá de ter recebido, logo, o *crime é material*, pois existe, necessariamente, um resultado naturalístico que é o caracterizador do momento consumativo do crime.

O sentido de fatura empregado neste artigo, como alude André Guilherme Tavares Freitas[72], não é o do direito empresarial, mas sim o do direito financeiro, devendo-se entender como tal o documento hábil que comprova crédito perante a Administração Pública (*vide* art. 63 da Lei 4.320/1964).

9.19.2.5. Impedimento, perturbação ou fraude de ato da licitação (art. 93)

Com uma pena baixa, de seis meses a dois anos e multa, o legislador criminalizou a conduta de "impedir, perturbar ou fraudar a realização de qualquer ato de procedimento licitatório".

---

72. Op. cit., p. 113.

Impedir é obstar a realização do ato; já perturbar é atrapalhar ou embaraçar a realização do ato. Não precisa haver o impedimento ou a perturbação de todo o procedimento, bastando que seja de um único ato a ele pertencente.

Na forma do verbo "fraudar", o que se visa é impedir a modificação ardilosa do ato, como a qualificação de licitante que deveria ser desclassificado, visto que a fraude, com o objetivo de frustrar a competição, já é tipificada no art. 90.

9.19.2.6. Quebra de sigilo em procedimento licitatório (art. 94)

A lei incrimina a prática de "devassar o sigilo de proposta apresentada em procedimento licitatório, ou proporcionar a terceiro o ensejo de devassá-lo", atribuindo-lhe pena de detenção que vai de dois a três anos e multa.

Devassar é invadir e pôr a descoberto. Objetiva-se coibir, criminalmente, o ato de quebrar o sigilo que a proposta apresentada possui até o momento de sua abertura formal (art. 3.º, § 3.º).

Não se exige que se dê publicidade ao que foi descoberto, bastando que tenha havido a quebra do sigilo da proposta. Na verdade, o pressuposto principal é de que o maior interessado é o concorrente na licitação, que teria, com a ciência da proposta adversária, como adequar a sua própria de modo a sair vencedor no certame, frustrando seu caráter concorrencial, bem como a moralidade do procedimento.

Embora o ato de devassar seja mais logicamente atribuível ao servidor público e o terceiro, a quem se proporciona o ensejo de devassar, seja algum concorrente da licitação, o crime não pode ser considerado como próprio, pois, em tese, tanto um quanto outro pode praticar o núcleo do tipo[73].

No núcleo do tipo "devassar" o crime é material, visto que o ato se aperfeiçoa com o conhecimento da proposta, resultado naturalístico decorrente da devassa. Logo, em tese, é possível a responsabilização pelo crime em sua forma tentada (art. 14, II), bastando imaginar a hipótese em que a proposta foi retirada da repartição, mas ainda não foi visto seu conteúdo. Já no núcleo "proporcionar a terceiro o ensejo de devassá-la", o crime é formal, pois não é necessária a ultimação do ato de devassar, bastando que se tenha proporcionado a terceiro a oportunidade ou as condições de promover o ato de devassar.

Esse tipo penal substitui integralmente aquele previsto no art. 326 do Código Penal, visto que praticamente o repete, mas com objeto ainda mais abrangente, já que não se refere apenas à concorrência pública, mas a todo e qualquer procedimento licitatório.

9.19.2.7. Afastamento indevido de licitante (art. 95)

Para reforçar o caráter de competitividade e, em última análise, de igualdade do procedimento licitatório, a lei incrimina as condutas de "afastar ou procurar afastar licitante, por meio de violência, grave ameaça, fraude ou oferecimento de vantagem de qualquer tipo", cominando-lhe a pena de detenção de dois a quatro anos e multa.

---

73. Parte da doutrina, no entanto, entende que o crime é próprio, pois ao servidor público cabe a guarda das propostas, sendo dele, também, o dever de sigilo destas. *Vide*, nesse sentido, Vicente Greco Filho (*Dos crimes da lei de licitações*. 2. ed. São Paulo: Saraiva, 2007).

A lei ressalva a pena decorrente da violência praticada, o que é uma obviedade. Assim, se, para afastar o licitante, se empregou de violência, haverá concurso material (art. 69 do CP) desse crime com o correspondente ao da violência, seja lesão corporal, homicídio etc.

Esse tipo penal em muito se assemelha àquele previsto no art. 335 do CP (impedimento, perturbação ou fraude em concorrência), tendo, na verdade, derrogado parcialmente tal disposição. Distingue-se, basicamente, pelo fato de que a conduta criminosa vai se operar em licitação pública, ficando o tipo do Código Penal, que tem pena bem inferior, para situações outras, como a de venda em hasta pública ou leilão judicial.

Como a lei também fala em "procurar afastar", a consumação do delito independe do efetivo afastamento, sendo, assim, um crime formal, que independe de resultado, quanto a esse núcleo do tipo. Na verdade, o que se fez foi elevar a própria conduta tentada à condição de tipo penal autônomo.

O crime aqui versado, no entanto, é *subsidiário em relação ao tipo do art. 90*, uma vez que, se o intento é obter vantagem decorrente do objeto da adjudicação, é este último o crime praticado.

O *crime é comum*, posto que qualquer pessoa pode praticar os núcleos do tipo.

O parágrafo único também criminaliza a conduta do agente que se abstém ou desiste de licitar em razão de vantagem indevida, como o licitante que recebe valores de outro para retirar a proposta apresentada.

9.19.2.8. Fraudes em licitação ou contrato dela decorrente, com prejuízo à Administração Pública (art. 96)

O art. 96 da Lei prevê cinco das hipóteses mais comuns de fraude em licitação e contrato administrativo, a saber:

I – elevando arbitrariamente os preços;

II – vendendo, como verdadeira ou perfeita, mercadoria falsificada ou deteriorada;

III – entregando uma mercadoria por outra;

IV – alterando substância, qualidade ou quantidade da mercadoria fornecida;

V – tornando, por qualquer modo, injustamente, mais onerosa a proposta ou a execução do contrato.

Como se vê, as condutas descritas nos incs. II, III e IV só serão perceptíveis no contrato, quando da entrega do bem, ao passo que a conduta descrita no inc. I pode ser perceptível tanto na fase licitatória quanto na contratual. A conduta descrita no inc. V, conforme a própria descrição do tipo, também pode se verificar tanto na licitação quanto na execução do contrato.

Todas essas condutas, no entanto, pressupõem o *efetivo prejuízo à Administração*, que é elementar do tipo. Trata-se, portanto, de um crime de dano. Sem o prejuízo à Administração, a fraude não caracterizará crime licitatório, podendo se enquadrar, no entanto, em algum outro tipo penal, como os previstos nos art. 4.º, VII, ou 7.º, II, III ou IV, da Lei 8.137/1990, desde que presentes eventuais elementares específicas de cada tipo penal.

9.19.2.9. Licitação ou contratação de pessoa inidônea (art. 97)

A Lei 8.666/1993 prevê, em seu art. 87, IV, como sanção administrativa pela inexecução total ou parcial do contrato, a declaração de inidoneidade para licitar ou contratar com a Administração Pública enquanto perdurarem os motivos determinantes da punição ou até que seja promovida a reabilitação perante a própria autoridade que aplicou a penalidade.

Se for admitida a participação em licitação, ou celebração de contrato, com a pessoa jurídica ou física (a lei fala "empresa ou profissional") declarada inidônea, ainda não reabilitada, ou enquanto perdurarem os motivos determinantes da punição, aquele que tiver admitido tal participação ou celebração responderá pelo crime em apreço, valendo o mesmo para o próprio licitante ou contratado declarado inidôneo (parágrafo único). De um modo geral, se exige dos licitantes que declarem, para fins de registro cadastral como fornecedor, não estarem sob os efeitos da sanção administrativa do art. 87, IV.

Claro que o crime só existirá se houver dolo, de forma que a declaração de inidoneidade não divulgada nos meios competentes, que não tenha chegado ao conhecimento, por exemplo, da autoridade administrativa de outro órgão ou entidade, não pode servir como pretexto para sua responsabilização criminal. No âmbito do Executivo Federal, o Sistema de Cadastramento Unificado de Fornecedores (Sicaf) serve para prévia consulta das sanções relativas ao impedimento para contratar com o Poder Público (art. 1.º, § 2.º, do Decreto 3.722/2001, com a redação dada pelo Decreto 4.485/2002).

O *crime é próprio*, pois quem tem o poder de admitir ou não o licitante inidôneo é(são) o(s) servidor(es) público(s) responsável(is) pelo procedimento na fase de habilitação, geralmente aquele(s) que participa(m) da Comissão responsável pela abertura dos envelopes com a documentação respectiva (art. 43, I, II e § 1.º, da Lei de Licitações). No caso da celebração do contrato, será o servidor que detém competência para representar a entidade na respectiva pactuação (diretor, presidente, superintendente, secretário de governo ou mesmo chefe de Poder). Claro que, se não houver indicação precisa do óbice nos respectivos autos do processo, por falha do órgão técnico correspondente, dificilmente se poderá responsabilizar a autoridade contratante, por ausência de dolo.

A pena prevista é de detenção, de seis meses a dois anos e multa.

9.19.2.10. Condutas criminosas referentes à inscrição em registros cadastrais (art. 98)

Em seu art. 34 e seguintes a Lei prevê o instituto do *registro cadastral*, de forma que as entidades e órgãos da Administração Pública que realizam com frequência licitações mantenham um elenco de fornecedores que estejam em dia com sua habilitação jurídica, assim como com a documentação referente à qualificação técnica e econômico-financeira.

No âmbito do Executivo Federal, existe o Sistema de Cadastramento Unificado de Fornecedores (Sicaf), regido pelo Decreto 3.722/2001, que deve ser consultado para os fins previstos no art. 34 da lei.

A conduta de obstar, impedir ou dificultar, injustamente, a inscrição de qualquer interessado nesses registros, ou similares estaduais ou municipais, ou promover indevidamente a alteração, suspensão ou cancelamento de registro do inscrito é apenada com detenção, de seis meses a dois anos e multa.

O crime é comum com relação aos núcleos "obstar, impedir ou dificultar", ainda que mais comumente seja praticado por servidor público. Quanto à conduta "promover indevidamente a alteração, suspensão ou cancelamento de registro inscrito", a maior parte da doutrina entende que o crime é próprio, pois só o servidor público com acesso ao sistema de registro poderia praticar tais ações.

A informatização dos sistemas, no entanto, nos leva a acreditar que não seja de todo impossível que tais condutas, hodiernamente, possam ser praticadas por particulares que obtenham acesso indevido a eles, mesmo sem a participação ou auxílio de qualquer servidor público.

9.19.3. Da multa penal

O Código Penal brasileiro dedica diversos artigos à pena de multa.

Ela constitui, ao lado das penas privativas de liberdade e das restritivas de direitos, uma das espécies de penas estabelecidas em nossa legislação penal (art. 32 do CP).

Na legislação penal, ela pode ser fixada cumulativa ou alternativamente às penas privativas de liberdade. Pode, até mesmo, ser aplicada isoladamente, hipótese mais comum nas contravenções.

Nos crimes previstos na Lei de Licitações ela foi estabelecida de forma cumulativa às penas de prisão, embora estas últimas, pelo quantitativo da pena estabelecido, possam, na maioria das vezes, ser substituídas por penas restritivas de direito.

Quer dizer, portanto, que em toda condenação por crime licitatório haverá, juntamente com a pena de prisão estabelecida, uma pena de multa[74].

A multa é fixada tendo como parâmetro o "dia-multa", que, de acordo com o art. 49, § 1.º, do CP, será fixado pelo juiz dentre o mínimo de um trigésimo do salário mínimo mensal e o máximo de cinco vezes esse salário. Já a quantidade de dias-multa deverá restar compreendida no mínimo de dez e o máximo de 360, conforme o *caput* do mesmo art. 49.

O art. 49 do CP destina o valor da multa ao fundo penitenciário, sendo essa a regra geral.

Não obstante, a Lei 8.666/1993 dedicou seu art. 99 especificamente ao assunto, *trazendo regras diferentes quanto à destinação dos valores arrecadados e à forma de cálculo correspondente*.

A destinação, de acordo com o § 2.º do art. 99, não é para o fundo penitenciário, mas sim é conferida à Fazenda Pública interessada (Nacional, Distrital, Estadual ou Municipal), entendendo-se esta àquela em que o procedimento licitatório teve tramitação ou em que o contrato administrativo foi ou deveria ter sido firmado. O ideal, pensamos, seria que o juiz fizesse a destinação à respectiva entidade interessada, podendo ser diretamente a uma autarquia, fundação pública, empresa pública ou sociedade de economia mista, se a interessada é uma entidade da Administração Indireta, ou à União, ao Distrito Federal, ao Estado ou ao Município, se o interessado for algum deles.

---

74. Que não pode ser confundida com eventual pena de prestação pecuniária, estabelecida como restrita de direitos, no caso de substituição da pena de prisão (art. 43, I, do CP).

A regra especial se justifica porque, na maioria das vezes, o crime licitatório importa em prejuízo para a Administração Pública, ainda que consistente na repetição de procedimento licitatório ou contrato anulado, servindo a multa penal como forma de compensação, embora isso não prejudique o direito do Poder Público de buscar na esfera cível a correspondente reparação, ou mesmo que esta seja atribuída na própria sentença penal, ainda que em valor mínimo, conforme preconizado hoje no art. 387, IV, do Código de Processo Penal.

Quanto ao cálculo, a Lei abandonou a noção de dias-multa do Código Penal para resguardar uma regra de dificílima aplicação prática, que manda considerar índices percentuais, com base no valor da vantagem efetivamente obtida ou potencialmente auferível pelo agente. O § 1.º do art. 99 ainda determina que tais índices não podem ser menores que 2% nem superiores a 5% do valor do contrato licitado ou celebrado com dispensa ou inexigibilidade de licitação.

A dificuldade inicial reside na própria constatação de que em muitas situações, principalmente na forma tentada de alguns crimes licitatórios, o delito pode ocorrer numa fase muito incipiente do procedimento, sendo difícil apurar os valores referidos no art. 99.

Em alguns crimes não se terá qualquer base para definir "valor da vantagem", como no caso do art. 94 (devassar proposta ou proporcionar a terceiro o ensejo de devassá-lo), o que justifica o afastamento da regra.

Reconhecemos, entretanto, que é possível a identificação dos elementos previstos na lei em outras hipóteses, como no caso descrito no art. 96, I, no qual o juiz deve aplicar a regra especial do art. 99 em detrimento daquelas de caráter geral do Código Penal, já que perfeitamente aferível o valor do contrato licitado, e a vantagem auferida corresponderá ao valor do sobrepreço aplicado.

Na impossibilidade, no entanto, de aferição, como a referida no art. 94, pensamos que a regra geral do Código Penal deverá prevalecer.

9.19.4. Demais disposições sobre matéria penal

A Lei 8.666/1993, em regra, autônoma, estabelece que os crimes nela definidos, ainda que na forma tentada, sujeitam seus autores, quando servidores públicos, à perda do cargo, emprego, função ou mandato eletivo (art. 83).

A redação é claramente inapropriada. Na verdade, o que acarreta a perda do cargo, emprego, função ou mandato eletivo é a condenação penal pelos referidos crimes. Trata-se, portanto, de um efeito da sentença penal condenatória, à semelhança do disposto no art. 92, I, do CP.

Não se contém aqui, no entanto, regra semelhante à do parágrafo único do art. 92 do CP, no sentido de exigir que o aludido efeito conste expressamente da sentença. Parece ser prudente, no entanto, que na sentença penal condenatória conste tal determinação, e, não havendo, que se instaure, no mínimo, processo administrativo para dar cumprimento ao disposto no art. 83 da Lei de Licitações.

O art. 85 da lei estende expressamente as disposições penais nela previstas a todas as esferas da Federação, bem como à Administração indireta, ao passo que o art. 84, § 2.º, cria uma causa especial de aumento de pena, correspondente a um terço, quando os autores dos crimes forem ocupantes de cargo em comissão ou de função de confiança em órgão da Administração direta, autarquia, empresa pública, sociedade de economia mista ou outra entidade controlada direta ou indiretamente pelo Poder Público.

Essa causa de aumento é exatamente igual àquela prevista no art. 327, § 2.º, do CP, devendo, portanto, quando incidente, substituí-la.

Insta observar, por fim, que o art. 84 da Lei de Licitações contém um conceito de servidor público, para fins penais, à semelhança do art. 327, *caput*, do CP, embora não utilize a denominação "funcionário público", adotada por este último. A disposição da Lei de Licitações, ademais, é ampliativa, pois inclui no rol de equiparação do servidor público (art. 84, § 1.º) quem exerce cargo, emprego ou função nas "demais entidades sob controle, direto ou indireto, do Poder Público".

9.19.5. Procedimento penal dos crimes licitatórios

Os arts. 100 a 108 da Lei 8.666/1993 contêm algumas disposições especiais sobre o procedimento criminal aplicável aos crimes licitatórios.

O art. 100 começa por atribuir ao Ministério Público a prerrogativa de intentar a ação penal, independentemente de representação da entidade prejudicada, razão pela qual se diz que tal *ação é pública e incondicionada*.

Não obstante, garante-se a qualquer pessoa o direito de provocar o Ministério Público, fornecendo-lhe, por escrito, informações sobre o fato e sua autoria (art. 101). Trata-se do direito de representar ao órgão ministerial, que também tem previsão no art. 26, § 5.º, da Lei 8.625/1993 (Lei Orgânica Nacional do Ministério Público). Sendo feita de forma oral, a comunicação deve ser reduzida a termo, sendo assinada pelo apresentante e por duas testemunhas (art. 101, parágrafo único).

Note-se que a lei não fala em inquérito policial, mas é óbvio que a polícia pode instaurar tal procedimento para fazer a apuração correspondente, visto tratar-se de crime de ação penal pública incondicionada, podendo promover diligências e investigações, também, por requisição do Ministério Público, destinatário final do inquérito.

Por outro lado, já entendeu o STF que *o inquérito policial é dispensável, se existentes outros elementos suficientes* para a propositura da denúncia:

> "Penal. Processual penal. Ministério Público: investigação: inquérito policial. Crime de dispensa irregular de licitação. Lei 8.666/93, art. 24, XIII, art. 89, art. 116. I. – A instauração de inquérito policial não é imprescindível à propositura da ação penal pública, podendo o Ministério Público valer-se de outros elementos de prova para formar sua convicção. II. – Não há impedimento para que o agente do Ministério Público efetue a colheita de determinados depoimentos, quando, tendo conhecimento fático do indício de autoria e da materialidade do crime, tiver notícia, diretamente, de algum fato que merecesse ser elucidado. III. – Convênios firmados: licitação dispensável: Lei 8.666/93, art. 24, XIII. Conduta atípica. IV. – Ação penal julgada improcedente relativamente ao crime do art. 89 da Lei 8.666/93" (STF, Pleno, Inquérito 1.957/PR, Rel. Min. Carlos Velloso, j. 11.05.2005).

Esse entendimento foi reiterado mais recentemente pelo STF no julgamento do Inquérito 2.677/BA (Pleno, Rel. Min. Carlos Ayres Brito, j. 12.08.2010).

O art. 102 apenas reproduz, embora com maior extensão, a regra do art. 40 do CPP, prevendo que também os membros dos tribunais ou conselhos de contas e os titulares dos órgãos integrantes do sistema de controle interno têm a obrigação de remeter ao Ministério Público as cópias e os documentos necessários ao oferecimento de denúncia, todas as vezes que tiverem ciência, em autos ou documentos, da ocorrência de crime licitatório.

Já a disposição do art. 103, referente à ação penal privada subsidiária da pública, é totalmente desnecessária, visto que apenas repete o disposto no art. 29 do CPP, que se aplicaria aos crimes licitatórios independentemente do disposto no artigo da Lei 8.666/1993.

Quanto ao procedimento judicial, propriamente dito, o art. 104 prevê que, após o recebimento da denúncia, o réu deve ser citado para apresentar resposta escrita, no prazo de dez dias, estando, portanto, em estrita consonância com a redação atual do art. 396 do CPP, na redação dada pela Lei 11.719/2008.

Como a lei, no art. 108, remete a matéria à aplicação subsidiária do CPP, não temos dúvidas em afirmar que se aplicam a tal procedimento as disposições dos atuais arts. 396-A, 397 e 400 do CPP, referentes ao conteúdo da defesa, à absolvição sumária e à audiência de instrução e julgamento.

O *número de testemunhas* a serem arroladas, no entanto, é o da lei especial, no total de cinco para cada parte, não se aplicando o número de oito, previsto no art. 401 do CPP. O número de testemunhas da lei especial, como se vê, é o mesmo previsto no CPP para o processo sumário (art. 532).

Uma questão interessante é a referente à aplicação ou não do *art. 514 do CPP* ao processo penal envolvendo crimes licitatórios, quando o réu for funcionário público, visto que a Lei 8.666/1993 não prevê a notificação prévia do acusado para apresentar resposta antes do recebimento da denúncia. Para evitar qualquer nulidade, talvez seja interessante que o juiz cumpra tal garantia. O STJ, no entanto, manifestou-se, recentemente, pela desnecessidade da formalidade (RHC 37.309/PE, 5.ª T., Rel. Min. Jorge Mussi, j. 03.09.2013).

O prazo de apelação previsto no art. 107 da Lei de Licitações, de cinco dias, é o mesmo estabelecido no art. 593 do CPP. A única dúvida é a referente ao recurso cabível, uma vez que a Lei de Licitações se restringe a dizer que da sentença cabe apelação, sistemática que é apenas parcialmente adotada no CPP, que prevê recurso em sentido estrito para casos específicos, como o de rejeição de denúncia e decretação de extinção da punibilidade (art. 581, I e VIII). Como a Lei de Licitações não faz ressalvas, tendemos a acreditar que o recurso cabível de sentença deva ser sempre nominado como apelação.

No mais, adotam-se as regras do CPP e da Lei de Execução Penal nos procedimentos criminais envolvendo crimes licitatórios, tendo em vista o disposto no art. 108 da Lei 8.666/1993.

Quando houver concurso com outros crimes, o que não é incomum, deve prevalecer o procedimento que garanta maior contraditório e meios de defesa ao acusado, geralmente o previsto no CPP para o procedimento comum.

9.19.5.1. *Outras questões processuais penais atinentes aos crimes licitatórios*

Com relação à *competência jurisdicional*, caberão às Justiças dos Estados o processamento e o julgamento dos crimes licitatórios que envolverem entidades da administração pública dos Estados e Municípios.

Se for entidade federal a interessada, a competência caberá à Justiça Federal, por força do art. 109, IV, da Constituição Federal. Não obstante, deve-se observar que a regra é excetuada nos casos das sociedades de economia mista, que, mesmo sendo federais (*v.g.*, Banco do Brasil, Petrobras, Eletrobrás etc.), não deterão prerrogativa de verem os crimes cometidos contra seus patrimônios ou interesses na Justiça Federal.

A solução, no entanto, nem sempre é tão simples. Muitas vezes a União ou alguma entidade federal, como uma agência reguladora, são interessadas por constarem como intervenientes no contrato firmado, por exemplo, ou por decorrerem de recursos daquelas os valores destinados à contratação, repassados mediante convênio e sujeitos à prestação de contas pelo conveniado. Nesses casos, a competência para o processamento e julgamento do feito criminal é da Justiça Federal. Nesse sentido, aliás, já decidiu o STJ, quando do exame do crime previsto no art. 89 da Lei de Licitações (HC 107.753/MA, 5.ª T., Rel. Min. Laurita Vaz, j. 16.03.2010), decisão compatível com o entendimento da Corte firmado na Súmula 208[75].

Quanto às justiças especializadas, não se vislumbra, por evidente, qualquer competência à Justiça do Trabalho, por não possuir competência criminal alguma, ou à Justiça Eleitoral, por não existirem crimes eleitorais com objeto semelhante aos previstos na Lei 8.666/1993. Não obstante, o Código Penal Militar (Decreto-Lei 1.001/1969) contém tipos penais semelhantes a alguns dos crimes licitatórios aqui descritos, já tendo o STF decidido sobre a continuidade do processo na Justiça Militar (no caso específico, a da União), conforme decidido no HC 106.904/DF (1.ª T., Rel. Min. Rosa Weber, j. 11.12.2012). Os crimes, no entanto, não são os da Lei 8.666/1993, mas sim tipos penais assemelhados, previstos no Código Penal Militar.

Vigora, também quanto aos crimes licitatórios, o princípio da *independência das instâncias* civil, administrativa e penal, de modo que a absolvição, por falta de provas, em ação de improbidade não inviabiliza, por si só, a propositura da ação penal ou a continuidade do processo penal (STF, AgRg na Ap 568/SP, Pleno, Rel. Min. Roberto Barroso, j. 17.10.2013), ressalvando-se, evidentemente, os efeitos da sentença penal transitada em julgado que aprecia o mérito da questão penal, nos casos especificados nos arts. 65 e 66 do CPP.

Não há, da mesma forma, vinculação à decisão de Corte de Contas (condição de punibilidade) ou estabelecimento de condição objetiva de procedibilidade, no sentido de que o Ministério Público tenha de aguardar o exame de eventual tomada de contas especial (STF, HC 103.725/DF, 2.ª T., Rel. Min. Carlos Ayres Brito, j. 14.12.2010).

Não obstante, eventual julgamento da *Corte de Contas* pela regularidade do procedimento licitatório ou do contrato administrativo não pode deixar de ser levado em consideração, visto que consiste, em geral, de análise profundamente técnica, cabendo ao Ministério Público mostrar eventual desacerto desta, ou sua irrelevância no que toca ao crime objeto de apuração, como pode ocorrer, por exemplo, no tipo do art. 94 da Lei de Licitações, em que o procedimento pode ter sido simplesmente repetido após o saneamento do vício, não gerando qualquer prejuízo aferível à Administração Pública que pudesse justificar a glosa pela Corte de Contas. Por outro lado, nos casos em que o pressuposto de fato da incriminação consiste na nulidade de procedimento efetivado ou contrato celebrado, e que

---

75. Súmula 208 do STJ: "Compete à Justiça Federal processar e julgar prefeito municipal por desvio de verba sujeita à apreciação de contas perante órgão federal".

a Corte de Contas não tenha considerado irregular, entendemos que o Ministério Público deve apresentar justificativa plausível para considerar equivocada a análise daquela. Em caso recente, na linha do aqui exposto, analisando o crime do art. 89, o STF entendeu pelo trancamento de ação penal pelo fato de o procedimento de dispensa de licitação ter sido considerado regular pelo Tribunal de Contas (HC 107.263/SP, 2.ª T., Rel. Min. Gilmar Mendes, j. 21.06.2011).

9.20. LICITAÇÕES NAS PARCERIAS PÚBLICO-PRIVADAS – LEI 11.079/2004

Conforme se depreende da análise do art. 10 da Lei 11.079/2004, a contratação de PPPs será precedida de licitação, cuja modalidade será obrigatoriamente a concorrência.

Por outras palavras: o certame que antecede a parceria entre o setor público e o privado não pode ser das demais modalidades previstas no art. 22 da Lei 8.666/1993, ou seja, tomada de preços, convite, leilão ou concurso. Necessariamente, sob pena de nulidade do certame e da subsequente parceria público-privada, deve a contratação ser precedida de *concorrência pública*, modalidade notoriamente mais abrangente, mais complexa, e que assegura, mais que as outras, o sacramental princípio da isonomia.

Não obstante a necessidade de licitação na modalidade concorrência a preceder a parceria, tem-se que a Lei 11.079/2004 traz em seu bojo normas específicas sobre o proceder do certame, razão pela qual, em hipótese de antinomia (conflito de normas) com a Lei 8.666/1993, deve prevalecer – em razão dos critérios cronológico e da especialidade – a nova lei.

9.20.1. Etapa interna do certame licitatório nas PPPs

Nesse contexto, no tocante à abertura do certame licitatório, devem-se observar os seguintes requisitos:

1) *autorização da autoridade competente, fundamentada em estudo técnico que demonstre: 1.1) a conveniência e a oportunidade da contratação, mediante identificação das razões que justifiquem a opção pela forma de parceria público-privada; 1.2) que as despesas criadas ou aumentadas não afetarão as metas de resultados fiscais previstas no Anexo referido no § 1.º do art. 4.º da Lei Complementar 101, de 4 de maio de 2000, devendo seus efeitos financeiros, nos períodos seguintes, ser compensados pelo aumento permanente de receita ou pela redução permanente de despesa; e 1.3) quando for o caso, conforme as normas editadas na forma do art. 25 da Lei 11.079/2004, a observância dos limites e condições decorrentes da aplicação dos arts. 29, 30 e 32 da Lei Complementar 101, de 4 de maio de 2000, pelas obrigações contraídas pela Administração Pública relativas ao objeto do contrato;*

2) *elaboração de estimativa do impacto orçamentário-financeiro nos exercícios em que deva vigorar o contrato de parceria público-privada;*

3) *declaração do ordenador da despesa de que as obrigações contraídas pela Administração Pública no decorrer do contrato são compatíveis com a Lei de Diretrizes Orçamentárias e estão previstas na Lei Orçamentária Anual;*

4) *estimativa do fluxo de recursos públicos suficientes para o cumprimento, durante a vigência do contrato e por exercício financeiro, das obrigações contraídas pela Administração Pública;*

5) *seu objeto estar previsto no Plano Plurianual em vigor no âmbito em que o contrato será celebrado;*

6) *submissão da minuta de edital e de contrato à consulta pública, mediante publicação na Imprensa Oficial, em jornais de grande circulação e por meio eletrônico, que deverá informar a justificativa para a contratação, a identificação do objeto, o prazo de duração do contrato, seu valor estimado, fixando-se prazo mínimo de 30 dias para recebimento de sugestões, cujo termo dar-se-á pelo menos sete dias antes da data prevista para a publicação do edital;*

7) *licença ambiental prévia ou expedição das diretrizes para o licenciamento ambiental do empreendimento, na forma do regulamento, sempre que o objeto do contrato exigir.*

9.20.2. Etapa externa do certame licitatório nas PPPs

9.20.2.1. Edital

Já no tocante à etapa externa do certame, especificamente em relação ao edital de licitação cujo objeto seja a parceria público-privada, deve o instrumento convocatório:

1) *conter a minuta do contrato;*
2) *indicar a submissão à Lei de PPPs;*
3) *caso necessário, exigir garantia de proposta dos licitantes;*
4) *de forma facultativa, prever a solução de pendências referentes ao contrato por meio de arbitragem, nos termos da Lei 9.307/1996;*
5) *prever as garantias do parceiro público – quando forem exigidas.*

9.20.2.2. Demais fases

A Lei 11.079/2004 dispõe que se aplica ao certame licitatório cujo objeto seja uma PPP a Lei 8.666/1993, exceto naquilo que essa nova lei dispuser em contrário.

Uma primeira diferença é o julgamento com etapa preliminar de qualificação de propostas técnicas, de sorte que, quem não obtiver pontuação mínima, pode ser desclassificado.

Os critérios utilizados pela Lei 8.666/1993 para aferir a proposta mais vantajosa são variados. Tem-se:

1) *menor preço;*
2) *melhor técnica;*
3) *preço e técnica;*
4) *maior lance ou oferta.*

No que diz respeito aos critérios utilizados na licitação que antecede a concessão e a permissão de serviços públicos, a Lei 8.789/1995, em seu art. 15, dispõe sobre o assunto.

A Lei de Parcerias Público-Privadas – Lei 11.079/2004, por sua vez, enuncia que, além dos critérios previstos nos incs. I e V da Lei de Concessões, ou seja, *a) o menor valor da tarifa do serviço público a ser prestado e b) a melhor proposta em razão da combinação dos critérios de menor valor da tarifa do serviço público a ser prestado com o de melhor técnica*, poderão ser adotados os seguintes:

1) *menor valor da contraprestação a ser paga pela Administração Pública;*
2) *melhor proposta em razão da combinação do critério da alínea "a" com o de melhor técnica, de acordo com os pesos estabelecidos no edital.*

Ainda, o edital nas PPPs definirá a forma de apresentação das propostas econômicas, admitindo-se:

1) *propostas escritas em envelopes lacrados;*
2) *propostas escritas, seguidas de lances em viva voz, os quais serão feitos em ordem inversa de classificação.*

Nota-se que o legislador deixou uma margem de discricionariedade para o administrador no que se refere à escolha a respeito da apresentação das propostas econômicas no certame licitatório que antecede a parceria público-privada.

Isso é dito, porquanto a Lei 8.666/1993 exige que as propostas econômicas sejam necessariamente apresentadas em envelopes lacrados, não se admitindo lances de viva voz, ou seja, orais.

Por outro lado, não há que se falar em inovação, pois a Lei 10.520/2002 (lei que institui a modalidade licitatória pregão) já previa, na fase de julgamento, a possibilidade de lances verbais.

A diferença existente entre esses dois veículos normativos, ou seja, as Leis 10.520/2002 e 11.079/2004, reside no fato de que, ao contrário do que ocorre no pregão, em que apenas os proponentes cujas propostas forem superiores a até 10% da então mais vantajosa poderão ofertar novos lances verbais. No procedimento das PPPs todos os participantes que apresentarem propostas com valores superiores até 20% da mais vantajosa (proposta escrita) poderão fazer novos lances verbais, seguindo-se a ordem inversa de classificação, ou seja, do menor valor proposto ao maior.

Na busca da proposta mais vantajosa, a lei é clara ao enunciar que é vedado limitar a quantidade de lances no processo de julgamento das propostas econômicas no certame que antecede a parceria público-privada.

9.20.3. Saneamento de falhas

Outro ponto interessante e que merece destaque em razão de sua novidade é a possibilidade de o edital de licitação prever a possibilidade de saneamento de falhas, como a complementação de insuficiências ou, ainda, correções de caráter formal no curso do procedimento. Todavia, é necessário que o licitante que se enquadre nesse contexto possa satisfazer às exigências dentro do prazo fixado no instrumento convocatório.

Tal hipótese não encontra previsão na Lei 8.666/1993, uma vez que tais falhas levam à inabilitação ou desclassificação do licitante proponente.

Outra novidade é a possibilidade conferida à autoridade que confecciona o edital de prever a inversão na ordem de habilitação e julgamento. Por outras palavras: ficará a cargo do subscritor do edital a discricionariedade quanto à sucessão das fases de habilitação e julgamento, podendo, portanto, variar de certame para certame.

Na sucessão de fases licitatórias da Lei 8.666/1993, antecede necessariamente ao julgamento das propostas a fase de habilitação. Já no procedimento do pregão, é o contrário: antes da fase de habilitação há o julgamento das propostas. Portanto, na Lei das PPPs há um misto daquilo que é previsto nos dois outros sistemas.

Havendo essa inversão de fases, da mesma forma que sucede no procedimento do pregão, deve-se observar os seguintes requisitos:

- *encerrada a fase de classificação das propostas ou o oferecimento de lances, será aberto o invólucro com os documentos de habilitação do licitante mais bem classificado para verificação do atendimento às condições fixadas no edital;*
- *verificado o atendimento às exigências do edital, o licitante será declarado vencedor;*
- *inabilitado o licitante melhor classificado, serão analisados os documentos habilitatórios daquele com a proposta classificada em 2.º lugar e assim sucessivamente, até que um classificado atenda às condições fixadas no edital;*
- *proclamado o resultado final do certame, o objeto será adjudicado ao vencedor nas condições técnicas e econômicas por ele ofertadas.*

9.21. ALGUMAS CONSIDERAÇÕES SOBRE AS LICITAÇÕES NO REGIME DIFERENCIADO DE CONTRATAÇÕES (RDC) – LEI 12.462/2011

A edição da Lei 12.462/2011 criou o Regime Diferenciado de Contratações Públicas (RDC), que é um microssistema licitatório e contratual com regras próprias e, em regra, excludentes da Lei 8.666/1993, que será aplicado exclusivamente às licitações e contratos *necessários à realização:*

- *dos Jogos Olímpicos e Paraolímpicos de 2016, constantes da Carteira de Projetos Olímpicos;*
- *da Copa das Confederações da Federação Internacional de Futebol Associação – Fifa 2013;*
- *da Copa do Mundo Fifa 2014; e*
- *de obras de infraestrutura e de contratação de serviços para os aeroportos das capitais dos Estados da Federação distantes até 350 km das cidades sedes dos mundiais referidos nos incs. I e II.*

Em 2012, dois novos objetos passaram a ser licitados pela sistemática do RDC, quais sejam:

- *realização das ações integrantes do Programa de Aceleração do Crescimento (PAC)*[76];

---

76. Incluído pela Lei 12.688, de 2012.

- *realização das obras e serviços de engenharia no âmbito do Sistema Único de Saúde – SUS[77];*
- *realização de obras e serviços de engenharia no âmbito dos sistemas públicos de ensino[78].*

Em 2013, por meio da Lei 12.873, a Companhia Nacional de Abastecimento foi autorizada a utilizar o Regime Diferenciado de Contratações Públicas – RDC, instituído pela Lei 12.462, de 4 de agosto de 2011, para a contratação de todas as ações relacionadas à reforma, modernização, ampliação ou construção de unidades armazenadoras próprias destinadas às atividades de guarda e conservação de produtos agropecuários em ambiente natural.

Em 2015[79], à lei mais quatro novos objetos foram acrescidos:

a) *realização das obras e serviços de engenharia para construção, ampliação e reforma e administração de estabelecimentos penais e de unidades de atendimento socioeducativo;*
b) *realização das ações no âmbito da segurança pública; (Incluído pela Lei nº 13.190, de 2015)*
c) *realização das obras e serviços de engenharia, relacionadas a melhorias na mobilidade urbana ou ampliação de infraestrutura logística;*
d) *realização dos contratos a que se refere o art. 47-A.*

Por fim, em 2016, por intermédio da Lei 13.243, foram inseridos mais dois objetos.

a) *realização das ações em órgãos e entidades dedicados à ciência, à tecnologia e à inovação;*
b) *realização de contratos necessários à realização de obras e serviços de engenharia no âmbito dos sistemas públicos de ensino e de pesquisa, ciência e tecnologia.*

Estes são, por outras palavras, *os objetos da licitação do RDC*.

Tendo em vista a dificuldade política de alterar a Lei 8.666/1993, já bem desatualizada e ineficiente, há uma tendência a se inserir novos objetos para serem licitados com base na sistemática do RDC.

Segundo a referida lei, *são objetivos* do Regime Diferenciado de Contratações Públicas (RDC):

- *ampliar a eficiência nas contratações públicas e a competitividade entre os licitantes;*
- *promover a troca de experiências e tecnologias em busca da melhor relação entre custos e benefícios para o setor público;*
- *incentivar a inovação tecnológica;*
- *assegurar tratamento isonômico entre os licitantes e a seleção da proposta mais vantajosa para a Administração Pública.*

---

77. Incluído pela Lei 12.745, de 2012.
78. Incluído pela Lei 12.722, de 2012.
79. Incluído pela Lei nº 13.190, de 2015.

As licitações e contratações realizadas em conformidade com o RDC deverão observar os princípios:

- *da legalidade;*
- *da impessoalidade;*
- *da moralidade;*
- *da igualdade;*
- *da publicidade;*
- *da eficiência;*
- *da probidade administrativa;*
- *da economicidade;*
- *do desenvolvimento nacional sustentável;*
- *da vinculação ao instrumento convocatório; e*
- *do julgamento objetivo.*

O procedimento licitatório do RDC possui regras próprias. Nesse regime as fases do procedimento licitatório estão sistematizadas e ordenadas da seguinte forma: tem-se a etapa preparatória, inicia-se a etapa externa com a publicidade do edital, em seguida tem-se a apresentação das propostas ou lances. Apresentadas as propostas, passa-se ao seu julgamento. Finalizado o julgamento, são analisados os documentos de habilitação do titular da proposta mais vantajosa. Finalizada a análise, é aberto o prazo para interposição de recurso.

Nota-se que, em regra, o julgamento das propostas antecede a habilitação, porém, é possível, por meio de ato fundamentado, a fase de habilitação anteceder a fase de julgamento de proposta.

A verdade é que, mesmo sem nominar, foi criada uma nova modalidade, pois, como visto, modalidades nada mais são do que procedimentos licitatórios especializados e diferenciados que são criados ora em razão de um objeto específico, ora em razão do valor estimado para a contratação de certo objeto.

Tanto é verdade que percebemos inúmeras variações procedimentais no certame. A verdade é: foi criada uma nova modalidade, específica para certas contratações e objetivos, porém ela não foi nominada. Não se trata, a nosso ver, das modalidades tradicionais, sejam aquelas existentes na Lei 8.666/1993 ou na Lei 10.520/2002.

Vejamos algumas peculiaridades desse novo procedimento licitatório (modalidade): *a) possibilidade de apresentação de lances; b) inversão de fases entre julgamento de proposta e habilitação, lembrando que é possível inverter; c) fase recursal unificada; d) criação de uma fase final chamada de encerramento.*

Vale a pena, ainda, apresentar o art. 17, I e II, da Lei 12.462/2011, que traz novidades quanto ao julgamento de propostas.

Veja-se:

"*Art. 17. O regulamento disporá sobre as regras e procedimentos de apresentação de propostas ou lances, observado o seguinte:*

I – no modo de disputa aberto, os licitantes apresentarão suas ofertas por meio de lances públicos e sucessivos, crescentes ou decrescentes, conforme o critério de julgamento adotado;

II - no modo de disputa fechado, as propostas apresentadas pelos licitantes serão sigilosas até a data e hora designadas para que sejam divulgadas; e".

Assim, existe a possibilidade de aferir a proposta mais vantajosa por meio de lances, à semelhança do pregão, que aqui será chamado de "modo de disputa aberto", ou pela sistemática da Lei 8.666/1993, em que, apresentada a proposta comercial, esta não poderá mais ser alterada, o que, aqui, é chamado de "modo de disputa fechado".

Outra inovação é a criação de novos tipos licitatórios, que estão diretamente ligados ao julgamento das propostas. Segundo o art. 18 do RDC, são critérios de julgamento e, por isso, tipos licitatórios: *I - menor preço ou maior desconto; II - técnica e preço; III - melhor técnica ou conteúdo artístico; IV - maior oferta de preço; ou V - maior retorno econômico*. A novidade está na criação dos tipos: a) maior desconto; b) melhor conteúdo artístico; e c) maior retorno econômico.

A fase de encerramento, que aparentemente seria uma nova fase, na verdade é uma cumulação de atos sob a rubrica de uma nova fase, que será levada a cabo pela autoridade superior, que poderá: *a) determinar o retorno dos autos para saneamento de irregularidades que forem supríveis; b) anular o procedimento, no todo ou em parte, por vício insanável; c) revogar o procedimento por motivo de conveniência e oportunidade; ou d) adjudicar o objeto e homologar a licitação.*

Na verdade, tudo isso já era possível de ser feito na Lei 8.666/1993 e na Lei 10.520/2002, sendo que no RDC apenas nominou-se de forma diferente essa cumulação de possibilidades, sendo chamada de "fase de encerramento".

Percebemos que esse novo procedimento, além de algumas ideias originais, faz um misto entre a Lei 8.666/1993 e a Lei 10.520/2002, adaptando o procedimento para as contratações a que se destina.

9.22. SÍNTESE DO TEMA

LICITAÇÃO	
Conceito	É um procedimento administrativo que visa selecionar a proposta mais vantajosa para um contrato de interesse do Poder Público. Deve ser feito de forma isonômica e impessoal.
Características	• Propiciar iguais condições para todos aqueles que quiserem contratar com o Poder Público. • Atuar como fator de moralidade e eficiência nos negócios administrativos, uma vez que o procedimento é público e passível de controle pela Administração, pelo Poder Judiciário e pelo Tribunal de Contas. • Verificar de forma técnica e legal a proposta mais vantajosa para um futuro contrato de interesse da Administração Pública. • Efetivar-se por meio de uma série de atos ordenados e vinculantes para a Administração Pública e para o administrado.

	LICITAÇÃO	
Princípios	Legalidade	A Administração, ao pretender realizar uma contratação, deve fazer uso das leis que regrem a matéria, ou seja, Leis 8.666/1993 e 10.520/2002.
	Impessoalidade	Deve evitar favorecer ou prejudicar os licitantes. O foco deve sempre ser o interesse público.
	Moralidade	É o princípio segundo o qual a Administração Pública deve agir se pautando na honestidade, na boa-fé e na ética.
	Publicidade	Busca-se com este princípio que a Administração Pública dê transparência a seus atos, uma vez que está cuidando de interesses públicos. Essa é uma forma de manter uma fiscalização por parte dos particulares. O aviso da licitação é publicado em Diário Oficial e jornal de grande circulação (exceto no convite).
	Eficiência	Em seu agir, deve a Administração Pública buscar o melhor resultado com o menor gasto possível. Deve-se buscar a celeridade e a perfeição na prática de seus atos.
	Vinculação ao instrumento convocatório	O edital é a lei interna da licitação. Após sua exteriorização, não se pode mais alterar as regras do certame, pois a publicidade do instrumento convocatório (edital ou carta-convite) vincula em seus termos tanto a Administração quanto os licitantes.
	Julgamento objetivo	De acordo com o art. 45 da Lei 8.666/1993, "O julgamento das propostas será objetivo, devendo a Comissão de Licitação ou o responsável pelo convite realizá-lo em conformidade com os tipos de licitação, os critérios previamente estabelecidos no ato convocatório e de acordo com os fatores exclusivamente nele referidos, de maneira a possibilitar sua aferição pelos licitantes e pelos órgãos de controle". Isso significa que a Administração deve julgar as propostas com base em critérios objetivos já devidamente previstos no instrumento convocatório.
	Adjudicação compulsória	Após o término do certame licitatório, identificada a proposta mais vantajosa, ao proponente dela deve ser adjudicado o objeto, não podendo a adjudicação ser feita a outro licitante. Se a Administração for contratar, tem que ser com o vencedor, salvo se este desistir ou não assinar o contrato.

	LICITAÇÃO	
Princípios	Ampla defesa e contraditório	A ampla defesa e o contraditório são assegurados em todo o procedimento licitatório, quando qualquer ato do processo licitatório prejudicar qualquer dos licitantes. Quando falamos em ampla defesa, falamos na possibilidade de utilizar todos os meios de prova permitidos no direito e o contraditório é a oportunidade dada ao licitante de se defender, de contradizer o que foi alegado contra ele.
Quem está obrigado a licitar	<td colspan="2">• União e seus Órgãos. • Estados e seus Órgãos. • Distrito Federal e seus Órgãos. • Municípios e seus Órgãos. • Autarquias, inclusive as de controle das profissões e as agências reguladoras. • Fundações Públicas. • Empresas Públicas. • Sociedades de Economia Mista. • Demais sociedades controladas direta ou indiretamente pela União, Estados, Municípios e Distrito Federal. • Fundos Especiais. • Sistema "S", segundo o entendimento do TCU (procedimento seletivo que observe aos princípios administrativos).</td>
Objeto da licitação	<td colspan="2">Os objetos são: obras, serviços, compras, alienação, concessão, permissão, locação etc.</td>
Procedimento	Publicidade do instrumento convocatório	É o momento em que a Administração torna conhecido o procedimento e chama os interessados a participar. É o ato que inaugura a etapa externa e o momento em que passa a incidir o princípio da vinculação do instrumento convocatório para a Administração e os prazos para os potenciais interessados impugnarem o edital. Pode se dar por meio de um edital ou de uma carta-convite.
	Habilitação	Trata-se do momento da verificação de documentação apresentada pelos licitantes para análise de preenchimento de requisitos formais e condições técnicas e econômicas para contratar com a Administração, caso vença o procedimento. Analisa-se aqui: a) regularidade jurídica, b) regularidade fiscal e trabalhista, c) capacidade técnica, d) idoneidade econômica financeira e e) cumprimento ao art. 7.º, XXXIII, da CF.

		LICITAÇÃO
Procedimento	Publicidade do instrumento convocatório	É o momento em que a Administração torna conhecido o procedimento e chama os interessados a participar. É o ato que inaugura a etapa externa e o momento em que passa a incidir o princípio da vinculação do instrumento convocatório para a Administração e os prazos para os potenciais interessados impugnarem o edital. Pode se dar por meio de um edital ou de uma carta-convite.
	Habilitação	Trata-se do momento da verificação de documentação apresentada pelos licitantes para análise de preenchimento de requisitos formais e condições técnicas e econômicas para contratar com a Administração, caso vença o procedimento. Analisa-se aqui: a) regularidade jurídica, b) regularidade fiscal e trabalhista, c) capacidade técnica, d) idoneidade econômica financeira e e) cumprimento ao art. 7.º, XXXIII, da CF.
	Julgamento de propostas	Nesta fase, passa a Administração à análise das propostas que serão classificadas ou não de acordo com a adequação ao instrumento convocatório. O julgamento deve ser objetivo e pode levar em consideração, a depender do objeto a ser licitado: a) o menor preço, b) a melhor técnica, c) técnica e preço e d) o maior lance ou oferta.
	Homologação	Após o julgamento, a Comissão de Licitação enviará os autos do processo à Autoridade Superior, que homologará toda a licitação, caso esta tenha transcorrido legalmente, e fará a adjudicação ao licitante vencedor. Se houver vício, a Autoridade não pode homologar, devendo anulá-la total ou parcialmente, conforme o caso.
	Adjudicação	Adjudicar é entregar. Nesta fase a Administração atribuirá o objeto da licitação ao licitante vencedor do procedimento. É uma entrega simbólica do objeto da licitação ao titular da proposta mais vantajosa. Não confere direito à imediata contratação, porém confere o direito de o adjudicatário não ser preterido no momento da contratação.

		LICITAÇÃO
Modalidades	Concorrência	• Contratação de obras, serviços de engenharia, demais serviços e compras, que envolvem valores mais vultuosos. Será obrigatório se o valor estimado para a contratação de obras e serviços de engenharia for superior a R$ 1.500.000,00 e, quanto aos demais serviços e compras, quando o valor estimado for superior a R$ 650.000,00. • Deve ser utilizada, em regra, para alienação de bens imóveis, porém poder-se-á utilizar o leilão caso estes bens tenham sido adquiridos por procedimentos judiciais ou por dação em pagamento. • Permite a participação de licitantes que estejam ou não cadastrados perante o Registro Cadastral. • Quando o tipo de licitação for "menor preço", o aviso do edital deverá ser publicado no prazo mínimo de 30 dias, e 45 dias quando for melhor técnica ou técnica e preço. • Pode haver a pré-qualificação.
	Tomada de preços	• Esta modalidade é utilizada para contratação de obras e serviços de engenharia estimados em até R$ 1.500.000,00 e para compras ou outros serviços que não de engenharia estimados no valor de até 650.000,00. • Somente poderá participar quem estiver previamente cadastrado nos registros cadastrais do órgão. Ainda, poderão participar os interessados que derem entrada no cadastramento até o terceiro dia anterior à data do recebimento das propostas. • A publicidade do edital de convocação deve ser feita com antecedência mínima de 30 dias quando o tipo for "melhor técnica" ou "técnica e preço" e 15 dias quando o tipo for menor preço.
	Convite	• Será utilizado para contratação de obras e serviços de engenharia estimados no valor de até R$ 150.000,00 e para compras e demais serviços que não de engenharia estimados em até R$ 80.000,00. • A Administração escolhe previamente os licitantes que disputarão o certame, enviando uma carta-convite a, no mínimo, três interessados.

		LICITAÇÃO
Modalidades	**Convite**	• Além do envio da carta-convite, deve afixá-la no mural da repartição como requisito de validade da publicidade. • Os convidados não são obrigados a participar do certame. • A Administração deverá convidar, no mínimo, três participantes. • Se não aparecerem, no mínimo, três interessados, a Administração deverá repetir o convite, salvo nos casos de manifesto desinteresse dos convidados ou limitação de mercado, o que deverá ser devidamente justificado pela Administração. • O prazo mínimo de publicidade é de cinco dias úteis.
	Leilão	• Utilizado para venda de bens móveis e semoventes. • Pode ser utilizado para alienação de bens imóveis arrecadados em procedimento judicial ou dação em pagamento. • O prazo mínimo para a publicação do edital é de 15 dias. • Tipo licitatório: maior lance ou oferta. • Nesta modalidade o pagamento é à vista ou a curto prazo e a entrega imediata, razão pela qual pode ser dispensada a habilitação prévia.
	Concurso	• Utilizado para a escolha de trabalho técnico, trabalho científico e trabalho artístico. • O prazo mínimo para a publicação do edital é de 45 dias. • Ao vencedor, atribui-se um prêmio, mas também pode ser ofertada uma remuneração. • A sessão do julgamento dos projetos é secreta.
	Pregão	• É disciplinado pela Lei 10.520/2002. • Esta modalidade foi criada com o objetivo de acelerar o procedimento de contratação de bens e serviços comuns. Segundo a Lei 10.520/2002, bens e serviços comuns são aqueles "cujos padrões de desempenho e qualidade possam ser objetivamente definidos no edital, por meio de especificações usuais do mercado". • É um procedimento menos burocrático. • O prazo mínimo de publicidade é de oito dias úteis.

	LICITAÇÃO	
Modalidades	Pregão	• A fase de julgamento das propostas passou a anteceder a habilitação. Há uma subfase de lances verbais. • O tipo licitatório utilizado no pregão é o menor preço. • Proibiu-se a interposição de recursos por fase, somente sendo possível a interposição após declarado o vencedor, que ocorre depois da habilitação do titular da proposta mais vantajosa. Há inversão de fases entre adjudicação e homologação, passando esta a ser a última. • O pregoeiro poderá adjudicar o objeto quando não houver interposição de recursos. • Aplica-se subsidiariamente a Lei 8.666/1993 ao pregão.
Tipos de licitação	Menor preço	Na licitação, sempre se busca a proposta mais vantajosa, que, nesse caso, é aquela que oferece o objeto pelo menor preço.
	Maior lance	Neste tipo, mais comum no leilão, o que se busca é o maior lance, logo, o licitante que der o maior lance vence o procedimento.
	Melhor técnica	Aqui, levam-se em consideração o preço e a técnica. O objetivo é contratar aquele que possuiu a melhor técnica ou a técnica superior à mínima exigida pelo menor preço.
	Preço e técnica	Neste tipo, será feita uma equação matemática em que se levam em conta o preço e a técnica como fatores da equação.
Anulação da licitação		• É motivada por ilegalidade. • Pode ser feita pela Administração ou pelo Poder Judiciário. • Pode ser total ou parcial.
Revogação da licitação		• Ocorre por razões de interesse público decorrente de fato superveniente e devidamente comprovado. • O Poder Judiciário não pode revogar uma licitação. • Somente pode ser feita no exercício da função administrativa.

LICITAÇÃO	
Licitação dispensada	A licitação será dispensada quando a própria lei abrir mão do certame licitatório. É uma exceção ao princípio da obrigatoriedade da licitação. Essa figura aparece principalmente nas alienações de bens públicos.
Licitação dispensável	São hipóteses em que o certame licitatório poderá ser dispensado. Atualmente, existem 35 hipóteses previstas no art. 24 da Lei 8.666/1993 em que a Lei faculta ao administrador a realização ou não do certame. Esse rol é taxativo.
Licitação inexigível	Os casos de inexigibilidade de licitação ocorrem em razão da inviabilidade de competição. Os casos estão previstos no art. 25 da Lei 8.666/1993. Esse rol é exemplificativo.

9.23. QUESTÕES

1. **(Técnico Administrativo/ANTAQ – CESPE/2014) A respeito de licitação, julgue o item que se segue.**

   Em atendimento ao princípio da vinculação ao instrumento convocatório, o edital, caracterizado como a lei interna da licitação, vincula tanto a administração quanto os licitantes.

2. **(Técnico Administrativo/ANTAQ – CESPE/2014) A respeito de licitação, julgue o item que se segue.**

   Nos casos de inexigibilidade de licitação, ainda que seja possível a competição, a lei autoriza a não realização de processo licitatório, com base em critérios de oportunidade e conveniência.

3. **(Conhecimentos Básicos/ANTAQ – CESPE/2014) Acerca de licitação e contratação pública, julgue o item que se segue.**

   O regime diferenciado de contratações públicas não pode ser aplicado para obras e serviços de engenharia no âmbito do Sistema Único de Saúde.

4. **(Conhecimentos Básicos/ANTAQ – CESPE/2014) Acerca de licitação e contratação pública, julgue o item que se segue.**

   É legalmente admissível a realização de licitação na modalidade pregão para o registro de preços.

5. **(Analista Administrativo/ANATEL - CESPE/2014) Considerando o disposto na Lei n.º 8.666/1993, julgue o item subsequente.**

   Consoante posicionamento firmado pelo Tribunal de Contas da União, as minutas de edital de licitação devem ser individualmente submetidas à assessoria jurídica do órgão ou entidade licitante, não se admitindo a utilização de minuta padrão, ainda que previamente aprovada pela assessoria jurídica.

6. **(Analista Administrativo/ANATEL - CESPE/2014) Considerando o disposto na Lei n.º 8.666/1993, julgue o item subsequente.**

   É recomendável que o administrador público fracione ou desmembre obra, compra ou serviço, para o devido enquadramento do valor dentro dos limites de dispensa previstos nessa lei.

7. **(Analista Administrativo/ANATEL - CESPE/2014) Considerando o disposto na Lei n.º 8.666/1993, julgue o item subsequente.**

   De acordo com o entendimento do Superior Tribunal de Justiça acerca do disposto no art. 7.º, § 2.º, III, dessa lei, é necessária, para a realização da licitação, a existência de disponibilidade financeira que assegure, de fato, o pagamento das obrigações decorrentes das obras ou serviços a serem executados no exercício financeiro em curso, ou seja, o recurso deve estar disponível à administração ou, pelo menos, já ter sido liberado.

8. **(Analista Administrativo/ANATEL - CESPE/2014) Considerando o disposto na Lei n.º 8.666/1993, julgue o item subsequente.**

   De acordo com o posicionamento do Tribunal de Contas da União, a possibilidade de dispensa prevista no art. 32, § 1.º, dessa lei não se estende à documentação relativa à seguridade social.

9. **(Analista Administrativo/ANATEL - CESPE/2014) Considerando o disposto na Lei n.º 8.666/1993, julgue o item subsequente.**

   Ao Poder Legislativo estadual é permitida a criação de novas modalidades de licitação, conforme as peculiaridades locais existentes.

10. **(Analista Administrativo/ANATEL - CESPE/2014) Uma empresa prestadora de serviço de terceirização de mão de obra para a administração pública fechará as portas por problemas de caixa. A decisão afetará milhares de empregados da prestadora lotados em diversos órgãos do governo federal, entre ministérios, agências reguladoras, autarquias e fundações. Conforme denúncia veiculada em jornal de grande circulação, empregados da empresa lotados em vários órgãos da administração direta e indireta não receberam o salário no mês passado.**

    Com base nas informações acima, julgue o item a seguir.

Rescindido o contrato com a empresa prestadora do serviço, a administração pública poderá contratar por inexigibilidade de licitação o remanescente do contrato de terceirização.

11. **(Analista Administrativo/ANATEL – CESPE/2014) A respeito do pregão, julgue o item a seguir.**

    Na fase preparatória do pregão, o agente encarregado da compra poderá, por delegação da autoridade competente, designar, entre os servidores do órgão ou da entidade promotora da licitação, o pregoeiro responsável. Para evitar a perpetuação de apenas um pregoeiro e não ofender o princípio da impessoalidade, recomenda-se à autoridade competente habilitar vários agentes para exercer a função de pregoeiro bem como adotar sistema de rodízio nas designações.

12. **(Analista Administrativo/ANATEL – CESPE/2014) A respeito do pregão, julgue o item a seguir.**

    Na fase externa do pregão, a manifestação do licitante de interpor recurso contra a decisão do pregoeiro deve ser feita no final da sessão pública do pregão, tendo esse recurso efeito suspensivo.

13. **(Analista Administrativo/ANATEL – CESPE/2014) A respeito do pregão, julgue o item a seguir.**

    Exige-se, para a habilitação do licitante vencedor, a documentação relativa a sua qualificação técnica, admitindo-se sua substituição pelo registro cadastral no sistema de cadastramento unificado de fornecedores (SICAF).

14. **(Analista Administrativo/ANATEL – CESPE/2014) A respeito do pregão, julgue o item a seguir.**

    Dada a tendência atual de ampliação da utilização do pregão, os serviços de engenharia, desde que caracterizáveis como serviços comuns, podem ser licitados por meio do pregão na forma eletrônica.

15. **(Analista Administrativo/ANATEL – CESPE/2014) A respeito do pregão, julgue o item a seguir.**

    O pregão é juridicamente condicionado aos princípios da probidade administrativa e da seletividade, tendo os participantes dessa modalidade de licitação direito público subjetivo à fiel observância do procedimento normativamente estabelecido.

16. **(Analista Administrativo/ANATEL – CESPE/2014) A respeito do pregão na forma eletrônica, julgue o item que se segue.**

    Nessa modalidade de licitação, são válidos os documentos constantes dos arquivos e registros digitais para todos os efeitos legais, exceto para a prestação de contas.

17. **(Analista Administrativo/ANATEL – CESPE/2014) A respeito do pregão na forma eletrônica, julgue o item que se segue.**

    Os participantes do pregão na forma eletrônica devem ser previamente credenciados perante o provedor do sistema eletrônico, por meio da atribuição de chave de identificação e de senha, pessoal e intransferível, para acesso ao sistema eletrônico.

18. **(Analista Administrativo/ANATEL – CESPE/2014) A respeito do pregão na forma eletrônica, julgue o item que se segue.**

    Na fase competitiva do pregão em sua forma eletrônica, deve-se respeitar intervalo mínimo entre os lances enviados pelo mesmo licitante, excetuando-se as entidades integrantes do sistema de serviços gerais (SISG), que estão dispensadas dessa exigência.

19. **(Analista Administrativo/ANATEL – CESPE/2014) A respeito da contratação de serviços, continuados ou não, julgue o seguinte item, conforme a Instrução Normativa n.º 02/2008 da Secretaria de Logística e Tecnologia da Informação do Ministério do Planejamento, Orçamento e Gestão (IN 02/SLTI/MP).**

    O pagamento a ser efetuado pelo contratante está condicionado à apresentação de nota fiscal ou fatura pela contratada, com a comprovação do cumprimento das obrigações trabalhistas correspondentes a todas as notas fiscais ou faturas pagas pela administração.

20. **(Analista Administrativo/ANATEL – CESPE/2014) A respeito da contratação de serviços, continuados ou não, julgue o seguinte item, conforme a Instrução Normativa n.º 02/2008 da Secretaria de Logística e Tecnologia da Informação do Ministério do Planejamento, Orçamento e Gestão (IN 02/SLTI/MP).**

    As atividades de telecomunicações devem ser, preferencialmente, objeto de execução indireta.

GABARITO

1 – Certo	2 – Errado	3 – Errado
4 – Certo	5 – Errado	6 – Errado
7 – Errado	8 – Certo	9 – Errado
10 – Errado	11 – Certo	12 – Errado
13 – Errado	14 – Certo	15 – Certo
16 – Errado	17 – Certo	18 – Errado
19 – Errado	20 – Certo	

10

CONTRATOS ADMINISTRATIVOS

Sumário: 10.1. Introdução e considerações iniciais – **10.2**. Noção geral sobre contrato – **10.3**. Contratos realizados pela Administração – **10.4**. O regime jurídico dos contratos administrativos – **10.5**. Conceito de contrato administrativo – **10.6**. Características do contrato administrativo – **10.7**. Disciplina normativa: **10.7.1**. Nível constitucional; **10.7.2**. Nível legal – **10.8**. Sujeitos do contrato – **10.9**. Formalização do contrato administrativo – **10.10**. Quando a confecção do contrato é obrigatória? – **10.11**. Obrigatoriedade de se confeccionar o contrato administrativo – **10.12**. Facultatividade de se confeccionar o contrato ou substituí-lo por um instrumento equivalente – **10.13**. Publicidade – **10.14**. Cláusulas contratuais; **10.14.1**. Classificações das cláusulas existentes nos contratos administrativos – **10.15**. Execução do contrato – **10.16**. Garantias para a execução do contrato – **10.17**. Vícios e reparos durante a execução do contrato – **10.18**. Responsabilidades por danos causados pelo contratado à Administração e a terceiros – **10.19**. Responsabilidade por encargos trabalhistas, fiscais, comerciais e previdenciários resultantes da execução do contrato – **10.20**. Duração e prorrogação dos contratos administrativos – considerações iniciais – **10.21**. Considerações sobre o caput do art. 57 da Lei 8.666/1993 – **10.22**. Projetos cujos produtos estejam contemplados nas metas estabelecidas no Plano Plurianual – **10.23**. Prestação de serviços a serem executados de forma contínua – **10.24**. Aluguel de equipamentos e utilização de programas de informática – **10.25**. As prorrogações vinculadas do § 1.º do art. 57 da Lei 8.666/1993 – **10.26**. Deferimento da prorrogação – **10.27**. Alteração do contrato administrativo – **10.28**. Alteração unilateral (art. 65, I): **10.28.1**. Alteração unilateral qualitativa; **10.28.2**. Alteração unilateral quantitativa; **10.28.3**. Bilateralmente, poderia ultrapassar os limites legais?; **10.28.4**. Efeitos decorrentes da alteração unilateral do contrato administrativo; **10.28.5**. Indenização decorrente da alteração unilateral redutora – **10.29**. Alteração bilateral (art. 65, II) – **10.30**. Rescisão do contrato administrativo – **10.31**. Rescisão unilateral – considerações iniciais: **10.31.1**. Rescisão unilateral por culpa do contratado; **10.31.2**. Hipóteses de rescisão unilateral por culpa do contratado; **10.31.3**. Causas de rescisão unilateral do contrato por culpa do contratado; **10.31.4**. Rescisão unilateral por motivo de interesse público; **10.31.5**. Rescisão unilateral em razão de "caso fortuito" e "força maior" – **10.32**. Rescisão bilateral do contrato – **10.33**. Rescisão por culpa da Administração – **10.34**. Relação entre teoria da imprevisão, caso fortuito, força maior, fato do príncipe e fato da Administração e rescisão do contrato administrativo: **10.34.1**. Teoria da imprevisão; **10.34.2**. Caso fortuito e força maior; **10.34.3**. Fato do príncipe; **10.34.4**. Fato da Administração; **10.34.5**. Diferença entre fato do príncipe e fato da Administração – **10.35**. Nulidade do contrato administrativo.

10.1. INTRODUÇÃO E CONSIDERAÇÕES INICIAIS

Como visto, a licitação é apenas um meio para se chegar ao que a Administração efetivamente quer: a contratação de um determinado objeto, como, por exemplo, uma obra, um serviço, aquisição de um bem etc.Portanto, o que vai ser utilizado na gestão dos interesses públicos é justamente o objeto do contrato. A obra licitada não é uma obra qualquer, pode ser a futura escola municipal, na qual haverá a prestação dos serviços de educação a milhares de alunos, pode ser o novo hospital, onde inúmeras vidas serão salvas. O bem adquirido pode ser a merenda escolar, sem a qual, de certa forma, é inviabilizada a continuidade dos serviços de ensino etc.

Nota-se, portanto, que esse objeto, quando inserido em um contrato administrativo, ganha novos contornos, pois não será utilizado para o suprimento de necessidades individuais, como são as das pessoas em geral. Uma coisa é um cidadão estar contratando uma obra (sua futura casa); outra é o Estado a contratando (futura escola). No caso do cidadão, caso haja problemas na execução da obra, praticamente serão dele os prejuízos, porém, quando se trata de uma contratação pública, o principal atingido não é o contratante, mas a coletividade, pois quem vai ficar sem um serviço de educação digna não é o Secretário de Educação, mas inúmeros, milhares de alunos.

E, para que isso não ocorra e nem cesse ou atrapalhe a continuidade que os serviços e atividades públicas devem apresentar, a Administração não pode figurar nesse contrato na mesma posição que o particular contratado. Por isso, o ordenamento prevê que nos contratos administrativos estará presente uma série de cláusulas contratuais cujos direitos ali inseridos exorbitam em muito aquilo que é comum nos contratos privados. É por essa razão que se diz que os contratos administrativos diferem-se dos contratos privados, por, dentre outras coisas, serem recheados de cláusulas exorbitantes, as quais, será visto mais adiante, estão previstas no art. 58 da Lei 8.666/1993.

Feitas essas considerações iniciais e de grande importância para a compreensão dos contratos administrativos, passa-se a analisar o tema de forma mais completa, porém sob essa visão demonstrada.

10.2. NOÇÃO GERAL SOBRE CONTRATO

Contrato é todo acordo de vontades, firmado livremente pelas partes, para criar obrigações e direitos recíprocos.

Em princípio, todo contrato:

- *é negócio jurídico bilateral e comutativo, isto é, realizado entre pessoas que se obrigam a prestações mútuas e equivalentes em encargos e vantagens;*
- *como pacto consensual, pressupõe liberdade e capacidade jurídica das partes para se obrigarem validamente;*
- *como negócio jurídico, requer objeto lícito e forma prescrita ou não vedada em lei.*

10.3. CONTRATOS REALIZADOS PELA ADMINISTRAÇÃO

A Administração pode realizar tanto contratos administrativos quanto contratos de direito privado. Por isso, Maria Sylvia Zanella Di Pietro classifica como *contratos da Admi-*

nistração todos os celebrados pela Administração Pública, seja sob o regime de direito público, seja sob o regime de direito privado, ao passo que *contrato administrativo* seria reservado para designar tão somente os ajustes que a Administração, nessa qualidade, celebra com pessoas físicas ou jurídicas, públicas ou privadas, para a consecução de fins públicos, segundo o regime jurídico de direito público.

10.4. O REGIME JURÍDICO DOS CONTRATOS ADMINISTRATIVOS

Os contratos administrativos são diferentes daqueles previstos no direito privado, principalmente no Código Civil.

Isso porque os pactos administrativos são orientados pelo regime jurídico de direito público, conforme evidencia o art. 54 da Lei de Licitações.

Esse regime, como é notório, possui como *pano de fundo os princípios da supremacia do interesse público* sobre o interesse privado e da *indisponibilidade do interesse público*.

Por tal motivo, decorrem duas consequências bem nítidas: *1) a contratante figurará no contrato administrativo com uma série de prerrogativas, ou seja, não haverá uma relação contratual horizontal, mas sim vertical; 2) o contrato é institucionalizado no sentido de já possuir todos os seus elementos definidores estabelecidos na Lei 8.666/1993, não restando às partes autonomia para negociarem cláusulas contratuais.*

Trata-se de contrato em que o vencedor adere às cláusulas previamente estabelecidas pela Administração. Por isso, *o contrato administrativo é um contrato de adesão*.

Somente de *forma supletiva* é que se aplicam aos contratos administrativos os princípios da teoria geral dos contratos e as disposições de direito privado, ou seja, apenas quando não existir solução derivada dos princípios de direito público.

Nesse sentido prescreve o art. 54 da Lei de Licitações:

> "Art. 54. *Os contratos administrativos de que trata esta Lei regulam-se pelas suas cláusulas e pelos preceitos de direito público, aplicando-se-lhes, supletivamente, os princípios da teoria geral dos contratos e as disposições de direito privado".*

Ao contrário de alguns contratos de direito privado que não exigem uma formalidade maior, os contratos administrativos devem estabelecer com clareza e precisão as condições para sua execução, expressas em cláusulas que definam os direitos, obrigações e responsabilidades das partes, em conformidade com os termos da licitação e da proposta a que se vinculam.

10.5. CONCEITO DE CONTRATO ADMINISTRATIVO

É o ajuste que a Administração Pública (direta ou indireta), agindo nessa qualidade, estabelece com outra parte (pessoa física ou jurídica), visando à realização de objetivos do interesse público, em condições estabelecidas pela própria Administração Pública e sob o regime jurídico administrativo.

10.6. CARACTERÍSTICAS DO CONTRATO ADMINISTRATIVO

O contrato administrativo será sempre:

- *consensual: resulta do acordo de vontade das partes, e não de um ato unilateral e impositivo da Administração Pública*[1];
- *formal e escrito: salvo nas compras de pequeno valor e entrega imediata e com especiais requisitos a serem observados;*
- *oneroso: preverá a remuneração dos contratantes, nos termos combinados;*
- *comutativo: ambas as partes assumem direitos e obrigações recíprocas;*
- *intuitu personae: deve ser executado pelo próprio contratado, vedada, em princípio, a sua substituição por outrem ou a transferência do ajuste.*

Importante frisar que, além dessas características substanciais, o contrato administrativo possui outra característica que lhe é própria, embora externa, qual seja, a exigência de prévia licitação, ressalvadas as hipóteses previstas nos arts. 24 e 25 do Estatuto das Licitações, que enunciam os casos de contratação direta, que podem se dar por dispensa e inexigibilidade de licitação.

O que realmente tipifica e distingue o contrato administrativo do contrato privado é a participação da Administração Pública na relação jurídica com supremacia de poder para fixar as condições iniciais do ajuste, bem como impor as cláusulas exorbitantes.

10.7. DISCIPLINA NORMATIVA

10.7.1. Nível constitucional

A competência legislativa para a edição de *normas gerais* sobre contratos administrativos é da União, conforme enuncia o art. 22, XXVII, da CF. Isso significa que os Estados e Municípios poderão legislar sobre a matéria, quando se tratar de normas específicas. Por outras palavras: podem legislar quando a matéria não versar sobre normas gerais.

A obrigatoriedade, via de regra, de a contratação ser antecedida de licitação está prevista no art. 37, XXI, da CF.

---

1. O consentimento do contratado é antecipado ao momento em que ele apresente sua proposta em uma licitação, pois o objetivo desse procedimento é justamente selecionar o competidor que possui a proposta mais vantajosa para um contrato de interesse do Poder Público. Por esse motivo, o licitante, quando convocado para assinar o contrato administrativo, desde que dentro do prazo de validade de sua proposta, é obrigado a fazê-lo, sob pena de ser punido da mesma forma que seria se tivesse assinado o contrato e o descumprisse totalmente, pois, como registrado, ele era obrigado a assinar o pacto. Todavia, a vontade (consentimento) antecipada do licitante tem prazo de validade, que é o prazo de validade da proposta, normalmente de 60 dias. Se ele for convocado para assinar o contrato fora do prazo de validade de sua proposta, não será mais obrigado a firmar o pacto, podendo fazê-lo à sua escolha, prorrogando voluntariamente sua proposta.

10.7.2. Nível legal

A lei que regula a contratação administrativa é a Lei 8.666/1993, mormente em seus arts. 54 a 80.

10.8. SUJEITOS DO CONTRATO

De um lado, o contratante, que pode ser a Administração direta, por meio de seus órgãos, e a Administração indireta, as demais entidades controladas direta ou indiretamente pela União, Estados e Municípios, bem como os fundos especiais, conforme estabelece o art. 6.º, XIV, da Lei 8.666/1993. De outro, a pessoa física ou jurídica, que firma o ajuste, conforme anota o art. 6.º, XV, da Lei de Licitações.

No que diz respeito às pessoas administrativas que exploram atividades econômicas (art. 173 da CF), pelo fato de a lei não fazer distinção, há o entendimento de que se aplicam aos contratos firmados por essas estatais os dispositivos da Lei de Licitações. Dentre os que defendem essa tese, destacam-se José dos Santos Carvalho Filho e Maria Sylvia Di Pietro.

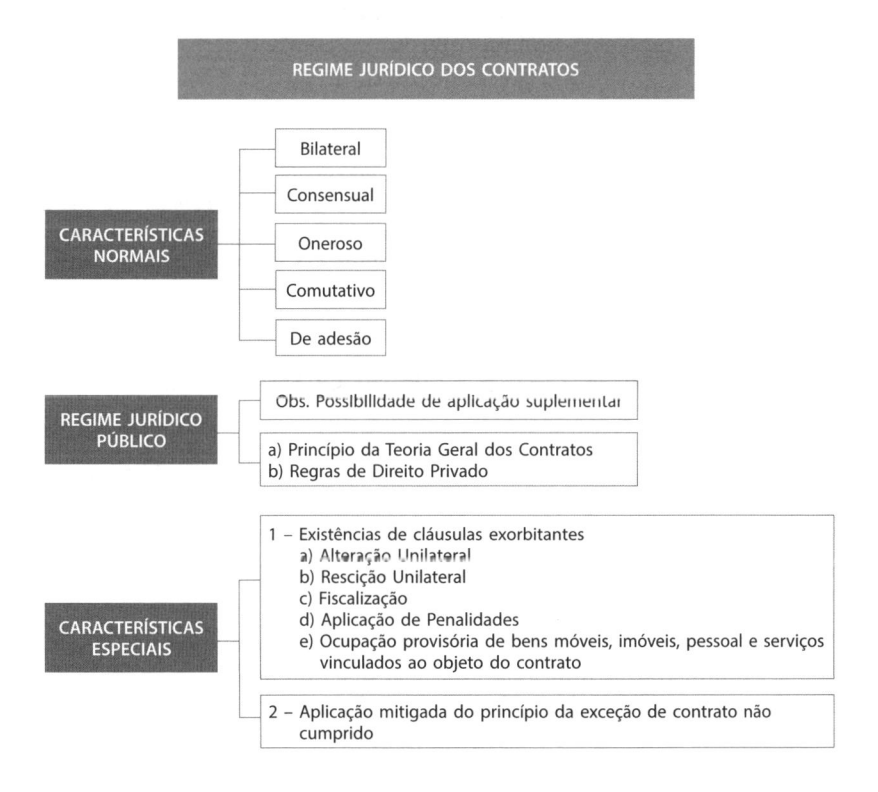

REGIME JURÍDICO DOS CONTRATOS

- CARACTERÍSTICAS NORMAIS
  - Bilateral
  - Consensual
  - Oneroso
  - Comutativo
  - De adesão

- REGIME JURÍDICO PÚBLICO
  - Obs. Possibilidade de aplicação suplementar
    - a) Princípio da Teoria Geral dos Contratos
    - b) Regras de Direito Privado

- CARACTERÍSTICAS ESPECIAIS
  - 1 – Existências de cláusulas exorbitantes
    - a) Alteração Unilateral
    - b) Rescisão Unilateral
    - c) Fiscalização
    - d) Aplicação de Penalidades
    - e) Ocupação provisória de bens móveis, imóveis, pessoal e serviços vinculados ao objeto do contrato
  - 2 – Aplicação mitigada do princípio da exceção de contrato não cumprido

10.9. FORMALIZAÇÃO DO CONTRATO ADMINISTRATIVO

A formalização do contrato administrativo é disciplinada pelos arts. 60 e 61 do Estatuto das Licitações.

Inicialmente, informa a lei que o local de lavratura do contrato administrativo será nas repartições interessadas, as quais manterão arquivo cronológico dos seus autógrafos e registro sistemático do seu extrato. Todavia, a essa regra há uma exceção: os contratos relativos a direitos reais sobre imóveis serão lavrados em cartório de notas[2].

A regra é que a *formalização do contrato administrativo deva ser por escrito*, sob pena de nulidade e de não produzir efeitos. Todavia, há *exceção* quando se tratar de *pequenas compras*, se presentes os seguintes requisitos: ser a aquisição de pronto pagamento inserto em valor não superior a 5% do limite estabelecido no art. 23, II, "a", da Lei de Licitações, ou seja, R$ 4.000,00 (quatro mil reais), e feita em regime de adiantamento.

Os contratos deverão mencionar os nomes das partes e os de seus representantes, a finalidade, o ato que autorizou a sua lavratura, o número do processo da licitação, da dispensa ou da inexigibilidade, a sujeição dos contratantes às normas da Lei 8.666/1993 e às cláusulas contratuais.

10.10. QUANDO A CONFECÇÃO DO CONTRATO É OBRIGATÓRIA?

A confecção do contrato, que é amplo e minucioso, não se faz necessária sempre, sendo que em algumas hipóteses poderá o termo de contrato ser substituído por outros *instrumentos equivalentes*, conforme prescreve o art. 62 da Lei 8.666/1993:

> "Art. 62. O instrumento de contrato é obrigatório nos casos de concorrência e de tomada de preços, bem como nas dispensas e inexigibilidades, cujos preços estejam compreendidos nos limites destas duas modalidades de licitação, e facultativo nos demais em que a Administração puder substituí-lo por outros instrumentos hábeis, tais como carta-contrato, nota de empenho de despesa, autorização de compra ou ordem de execução de serviço".

10.11. OBRIGATORIEDADE DE SE CONFECCIONAR O CONTRATO ADMINISTRATIVO

Segundo o dispositivo legal, será obrigatória a confecção do contrato administrativo quando o procedimento licitatório que o antecedeu for da modalidade concorrência ou tomada de preços. Se o valor estimado da contratação implicar a utilização das modalidades concorrência ou tomada de preços, a contratação deverá ser formalizada obrigatoriamente por meio de contrato administrativo.

Aqui o que importa não é o valor real de contratação, mas sim o preço estimado que fez com que a Administração utilizasse uma das duas modalidades citadas. Isso porque pode a Administração estimar o valor de R$ 160.000,00 (cento e sessenta mil reais) para a contratação de uma obra, e o valor efetivamente contratado ser de R$ 140.000,00 (cento e quarenta mil reais). Note-se que, levando em conta o valor estimativo pela Administração,

---

2. Na venda a prazo de imóveis da União e na aquisição de domínio útil, mediante o exercício do direito de preferência, de imóveis do referido ente público, a lei atribui à Caixa Econômica Federal a representação da União na celebração de contratos de compra e venda e aforamento, atribuindo aos referidos contratos força de escritura pública (art. 34, § 1.º, da Lei 9.636/1998).

esta obrigatoriamente deveria adotar tomada de preços ou concorrência. Todavia, o valor real da contratação está dentro dos limites da modalidade convite.

Por outro lado, há que se questionar o seguinte: e se o preço estimado para a contratação de uma obra for de R$ 120.000,00 (cento e vinte mil reais), porém a Administração, utilizando-se da faculdade do art. 23, § 4.º, da Lei 8.666/1993, adota, no caso, a modalidade tomada de preços, ou até mesmo concorrência, seria caso de confecção do contrato? Uma interpretação literal leva a uma resposta afirmativa. Nessa exegese, talvez a não mais recomendável, o que importa, nos casos em que o contrato for antecedido de licitação, é a modalidade efetivamente utilizada, e não o valor estimado ou o uso facultativo da concorrência ou tomada de preços quando poderia ser licitado por convite.

Já quando a contratação for direta, seja por dispensa ou por inexigibilidade, o que vale é o preço real do contrato que se pretende firmar. Assim, se o valor real do contrato estiver dentro dos limites previstos no art. 23 (o qual é utilizado para a escolha da modalidade entre concorrência, tomada de preços e convite), especialmente os relacionados ao uso da concorrência e tomada de preços, deverá a Administração formalizar o pacto por meio de contrato administrativo, sendo-lhe vedada a substituição por qualquer outro instrumento equivalente.

10.12. FACULTATIVIDADE DE SE CONFECCIONAR O CONTRATO OU SUBSTITUÍ-LO POR UM INSTRUMENTO EQUIVALENTE

Nos demais casos, em um convite, por exemplo, a Administração poderá substituir a confecção do contrato por outros instrumentos equivalentes.

Despontam como instrumentos equivalentes para os fins da Lei 8.666/1993:

- *carta-contrato;*
- *nota de empenho de despesa;*
- *autorização de compra;*
- *ordem de execução de serviço.*

Aplica-se a esses instrumentos, no que couber, o disposto no art. 55, ou seja, a inserção das cláusulas necessárias ou essenciais do contrato administrativo.

10.13. PUBLICIDADE

Não há necessidade de se publicar todo o contrato administrativo, bastando a publicidade resumida do instrumento de contrato e seus aditamentos na Imprensa Oficial.

Importante salientar que a publicidade do instrumento contratual, à semelhança do ato administrativo, é condição de sua eficácia.

A referida publicidade deverá ser providenciada até o quinto dia útil do mês seguinte ao de sua assinatura, para que efetivamente ocorra no prazo de 20 dias após esta última ter sido formalizada.

Registre-se que esta regra é excepcionada para contratação de serviços técnicos especializados, aquisição ou locação de equipamentos destinados à polícia judiciária para o rastreamento e obtenção de provas relacionadas à captação ambiental de sinais eletromagnéticos, ópticos ou acústicos e ao acesso a registros de ligações telefônicas e telemáticas, a dados cadastrais constantes de bancos de dados públicos ou privados e a informações eleitorais ou comerciais. Neste caso, a regra é afastada e cabe ao gestor que realizar o contrato comunicar ao órgão de controle interno da realização da contratação, conforme prevê o artigo 3.º, § 2.º, da Lei 12.850/2013, com redação dada pela Lei 13.097/2015.

10.14. CLÁUSULAS CONTRATUAIS

Os contratos são compostos por cláusulas, que são as disposições que vincularão as partes contratantes especificando objeto, direitos, deveres, responsabilidades, encargos etc.

No contrato administrativo não é diferente. O que muda é o teor de certas cláusulas, as quais, em razão do regime jurídico público que norteia o pacto administrativo, atribuem uma série de prerrogativas ao contratante, que exorbitam do que é comum no direito privado. Por isso, essas cláusulas são chamadas de *cláusulas exorbitantes*.

10.14.1. Classificações das cláusulas existentes nos contratos administrativos

Na análise de um contrato administrativo encontramos cláusulas contratuais de diferentes espécies. Podemos classificá-las em:

- *essenciais ou necessárias;*
- *econômicas;*
- *implícitas;*
- *exorbitantes;*
- *regulamentares.*

Cláusulas essenciais são todas aquelas que preveem o objeto do contrato e os requisitos básicos para sua consecução (forma de pagamento, ajuste de preço, prazos, direitos e deveres das partes, hipóteses de rescisão contratual). Como dito, encontram-se previstas no art. 55 da Lei de Licitações.

Cláusulas econômicas (econômico-financeiras) são aquelas que favorecem os particulares (contratados), representando uma verdadeira compensação em relação aos encargos que assume o particular em face da Administração.

Consistem, proporcionalmente, em um determinado nivelamento da relação contratual, criando um virtual equilíbrio financeiro. Elas não poderão ser alteradas sem prévia concordância do contratado. Na hipótese de modificação unilateral do contrato administrativo, para melhor adequação às finalidades de interesse público, as cláusulas contratuais deverão ser revistas para que se mantenha o equilíbrio contratual.

Cláusulas implícitas são todas aquelas que preveem a rescisão unilateral em decorrência do interesse público prevalente e as que permitem modificação unilateral por melhor adequação ao serviço.

Já as cláusulas exorbitantes são aquelas que conferem à Administração privilégios em relação ao contratado, tais como: rescisão e alteração unilateral do contrato, possibilidade de aplicar unilateralmente sanções ao contratado e fiscalização da execução do contrato.

As cláusulas exorbitantes excedem limites do padrão normal em um contrato de direito privado. Só podem existir nos contratos administrativos típicos, nunca nos de direito privado.

Por fim, as cláusulas regulamentares são aquelas que especificam o objeto do contrato e sua forma de execução etc.

Um dado importante a ser registrado é que o fato de uma cláusula ser doutrinariamente classificada sob uma rubrica não exclui a sua inserção em outra categoria. Assim, por exemplo, as condições de pagamento estão inseridas como cláusulas necessárias (art. 55, III), porém ao mesmo tempo são cláusulas econômicas, pois ligadas ao equilíbrio econômico-financeiro do contrato.

10.14.1.1. Cláusulas necessárias (art. 55, I a XIII)

São cláusulas necessárias em todo contrato as que estabeleçam o objeto e seus elementos característicos, pois se trata do núcleo do contrato.

Tais cláusulas enunciam o regime de execução ou a forma de fornecimento, cujo objetivo é definir como as partes executarão as prestações que lhes incumbem.

Também despontam como necessárias as cláusulas que estabeleçam: o preço e as condições de pagamento, os critérios, data-base e periodicidade do reajustamento de preços, e os critérios de atualização monetária entre a data do adimplemento das obrigações e a do efetivo pagamento.

Devem necessariamente constar nos contratos administrativos as regras quanto aos prazos de início das etapas de execução, de conclusão, de entrega, de observação e de recebimento definitivo, conforme o caso.

É de fundamental importância enunciar o crédito pelo qual correrá a despesa, com a indicação da classificação funcional programática e da categoria econômica.

É essencial, quando for o caso, o ajuste possuir cláusulas exigindo garantias dos contratados para assegurar a plena execução do contrato.

As garantias que poderão ser ofertadas pelo contratado, quando for o caso, são: caução em dinheiro ou títulos da dívida pública, seguro-garantia e fiança bancária.

Desponta, ainda, como cláusula necessária a que estabeleça os direitos e as responsabilidades das partes, as penalidades cabíveis e os valores das multas.

Importante registrar que o contrato não pode estabelecer direitos e deveres não previstos em lei ou no ato convocatório, exceto se tal fato estiver expresso no instrumento convocatório.

Quanto às penalidades administrativas, é importante registrar que somente poderão ser impostas se houver previsão no contrato, sendo inclusive proibido o contrato prever outras penalidades senão aquelas autorizadas pelo art. 87 da Lei de Licitações.

São elas:

- *advertência;*
- *multa, na forma prevista no instrumento convocatório ou no contrato;*
- *suspensão temporária de participação em licitação e impedimento de contratar com a Administração, por prazo não superior a dois anos;*
- *declaração de inidoneidade para licitar ou contratar com a Administração Pública enquanto perdurarem os motivos determinantes da punição ou até que seja promovida a reabilitação perante a própria autoridade que aplicou a penalidade, que será concedida sempre que o contratado ressarcir a Administração pelos prejuízos resultantes e depois de decorrido o prazo da sanção aplicada.*

Também desponta como cláusula necessária a que dispõe sobre os casos de rescisão previstos no art. 78, sendo vedado o contrato prever outras hipóteses de extinção do pacto contratual.

O reconhecimento dos direitos da Administração, em caso de rescisão administrativa prevista no art. 77 da Lei 8.666/1993, bem como as condições de importação, a data e a taxa de câmbio para conversão, quando for o caso, também são cláusulas necessárias.

Ainda é necessária a existência de cláusula vinculando o pacto contratual ao edital de licitação ou ao termo que a dispensou ou a inexigiu, ao convite e à proposta do licitante vencedor. Por essa razão é que o contrato deve ser interpretado em consonância com o ato convocatório da licitação e com as condições norteadoras da dispensa ou inexigibilidade das licitações.

Deve o contrato mencionar a legislação que lhe é aplicável, bem como nos casos omissos, sendo que estes serão solucionados segundo os princípios jurídicos aplicáveis.

Também deve deixar bem clara a obrigação do contratado de manter, durante toda a execução do contrato, em compatibilidade com as obrigações por ele assumidas, todas as condições de habilitação e qualificação exigidas na licitação. Isso é fundamental. Mesmo que o contrato silencie sobre tal exigência, o particular não se desobrigará de cumpri-la. Aqui, cabe uma observação! Caso o contratado perca sua regularidade fiscal ao longo da execução do contrato é vedado a retenção de pagamento por este fundamento. O Superior Tribunal de Justiça[3] entendeu que essa prática não é permitida, considerando que não existe autorização na Lei para que seja feita. No caso de falta de regularidade fiscal durante a execução do pacto, a Lei de Licitações autoriza que o Poder Público imponha penalidades ao contratado (art. 87) ou rescinda o contrato, mas não reter o pagamento.

Se o particular, no curso da execução do contrato, deixar de preencher as exigências formuladas, este deverá ser rescindido.

---

3. STJ. 2ª Turma. AgRg no REsp 1.313.659-RR, Min. Mauro Campbell Marques, julgado em 23/10/2012 (Info 507).

10.14.1.2. Cláusulas econômico-financeiras

São as cláusulas relacionadas ao equilíbrio econômico do contrato. Dizem respeito à parte econômica do pacto. Nessas cláusulas estarão estabelecidos dados como: *a) o preço e as condições de pagamento; b) os critérios, data-base e periodicidade do reajustamento de preços; c) os critérios de atualização monetária entre a data do adimplemento das obrigações e a do efetivo pagamento etc.*

Na Lei de Licitações, os arts. 57, § 1.º, 58, §§ 1.º e 2.º, 65, II, "d", e § 6.º, dão o suporte para o estabelecimento da equação econômico-financeira e sua necessária manutenção, bem como regras para seu restabelecimento em caso de desequilíbrio.

10.14.1.3. Cláusulas de privilégios ou cláusulas exorbitantes

São aquelas cujo conteúdo estabelece prerrogativas à contratante que não são deferidas ao contratado. Trata-se de uma estrada de mão única.

A existência das referidas cláusulas decorre do regime peculiar a que é submetida a Administração Pública, ou seja, o regime jurídico administrativo, o qual possui, como pano de fundo, os princípios da supremacia do interesse público sobre o interesse privado e da indisponibilidade do interesse público.

Tais cláusulas encontram amparo e previsão legal no art. 58 da Lei de Licitações. Nota-se que, nesse caso, o princípio da supremacia do interesse público foi absorvido pelo legislador, o qual procedeu a um tratamento desigual (desigualdade formal) entre contratante e contratado.

As prerrogativas insertas nas chamadas cláusulas exorbitantes, segundo o art. 58 da Lei 8.666/1993, são: *1) modificar unilateralmente o contrato, nas hipóteses do art. 65, I, "a" e "b", para melhor adequação às finalidades de interesse público; 2) rescindir unilateralmente o contrato nos casos especificados nos incs. I a XII, XVII e XVIII do art. 78; 3) fiscalizar a execução do contrato; 4) aplicar sanções motivadas pela inexecução total ou parcial do contrato; e 5) nos casos de serviços essenciais, ocupar provisoriamente bens móveis, imóveis, pessoal e serviços vinculados ao objeto do contrato, na hipótese da necessidade de acautelar apuração administrativa de faltas contratuais pelo contratado, bem como na hipótese de rescisão do contrato administrativo.*

10.15. EXECUÇÃO DO CONTRATO

Uma vez firmado o pacto, ele deverá ser executado fielmente pelas partes, seguindo o estabelecido pelas cláusulas contratuais e pela Lei 8.666/1993, sob pena de a parte inadimplente responder pelas consequências de sua inexecução total ou parcial do contrato.

Estudamos em capítulo próprio as cláusulas que integram o contrato administrativo, sendo que, dentre elas, destacam-se as exorbitantes, que possuem previsão no art. 58 da Lei de Licitações. Uma espécie dessas cláusulas é a que confere à Administração o poder de fiscalizar a execução do contrato.

A matéria vem disciplinada no art. 67, o qual dispõe que a execução do contrato deverá ser acompanhada e fiscalizada por um representante da Administração especialmente designado. É permitido ao contratado contratar terceiros para assistir e subsidiar o representante da Administração.

No exercício de suas funções, o agente designado pela Administração anotará em registro próprio todas as ocorrências relacionadas com a execução do contrato, determinando o que for necessário à regularização das faltas ou defeitos observados. O não cumprimento das ordens emanadas pela Administração dará ensejo à rescisão unilateral do contrato, nos termos do art. 78, VII[4], bem como à aplicação de sanção ao contratado.

Se, por um lado, a lei determina que a Administração designe representante para acompanhar e fiscalizar a execução do contrato, por outro, impõe ao contratado que mantenha, durante a execução da obra ou serviço, preposto aceito pela Administração, para representar a empresa.

10.16. GARANTIAS PARA A EXECUÇÃO DO CONTRATO

As garantias para *execução do contrato administrativo* estão previstas e disciplinadas no art. 56 da Lei de Licitações. Quem for realizar o procedimento licitatório poderá, a critério da autoridade competente, exigir no instrumento convocatório que o contratado preste garantia para a execução do contrato.

Trata-se de uma faculdade de quem for realizar a licitação, não podendo ser exigida se não houve previsão no instrumento convocatório. Assim, caso entenda que deve o contratado prestar garantia de execução do contrato, isso deve estar bem claro no edital.

Quem for realizar a licitação, pode exigir a garantia, todavia, não pode escolher a modalidade a ser prestada. A lei deu essa faculdade ao contratado, o qual poderá optar em fornecer as seguintes garantias: *a) caução em dinheiro ou em títulos da dívida pública, devendo estes ter sido emitidos sob a forma escritural, mediante registro em sistema centralizado de liquidação e de custódia autorizado pelo Banco Central do Brasil, e avaliados pelos seus valores econômicos, conforme definido pelo Ministério da Fazenda; b) seguro-garantia; ou c) fiança bancária.*

Pode a Administração exigir, via de regra, garantia de até 5% do valor do contrato, conforme enuncia o § 2.º do art. 56. Tal regra é excepcionada quando se tratar de obras, serviços e fornecimentos de grande vulto envolvendo alta complexidade técnica e riscos financeiros consideráveis, em que, nesses casos, o valor da garantia exigida poderá ser de até 10% do valor do contrato. Nessa situação, deve a Administração demonstrar tal fato por meio de parecer tecnicamente aprovado pela autoridade competente, sob pena de ilegalidade de sua exigência acima da regra dos 5%.

Entendemos que o contratado não é obrigado a apresentar a mesma garantia no valor total de até 5%, podendo prestar parte sob a forma de caução em dinheiro e parte em forma de fiança bancária, por exemplo.

---

4. "Art. 78. Constituem motivo para rescisão do contrato: [...] VII – o desatendimento das determinações regulares da autoridade designada para acompanhar e fiscalizar a sua execução, assim como as de seus superiores".

10.17. VÍCIOS E REPAROS DURANTE A EXECUÇÃO DO CONTRATO

Durante a execução, o contratado é obrigado a reparar, corrigir, remover, reconstituir ou substituir, às suas expensas, no total ou em parte, o objeto do contrato em que se verificarem vícios, defeitos ou incorreções resultantes da execução ou de materiais empregados. É o que dispõe expressamente o art. 69 da Lei 8.666/1993.

10.18. RESPONSABILIDADES POR DANOS CAUSADOS PELO CONTRATADO À ADMINISTRAÇÃO E A TERCEIROS

O contratado é responsável pelos danos causados diretamente à Administração ou a terceiros, decorrentes de sua culpa ou dolo na execução do contrato, não excluindo ou reduzindo essa responsabilidade a fiscalização ou o acompanhamento pelo órgão interessado.

Questão interessante é saber se a responsabilidade do contratado é objetiva ou subjetiva. Em outras palavras: caso o contratado, durante a execução do contrato, provoque dano à Administração ou a terceiro, para que ele seja responsabilizado, é necessária a prova de conduta culposa?

A resposta vai depender do tipo de serviço que estiver prestando. Em sendo o caso de prestação de serviços públicos – o que se dá por meio de contrato de concessão –, a responsabilidade do contratado é objetiva, nos termos do art. 37, § 6.º, da Constituição Federal:

> "§ 6.º As pessoas jurídicas de direito público e as de direito privado prestadoras de serviços públicos responderão pelos danos que seus agentes, nessa qualidade, causarem a terceiros, assegurado o direito de regresso contra o responsável nos casos de dolo ou culpa".

Caso se trate de prestação de serviços para a própria Administração (destinatária dos serviços), a responsabilidade é subjetiva.

É o caso dos serviços previstos no art. 6.º, II, da Lei de Licitações:

> "Art. 6.º Para os fins desta Lei, considera-se:
>
> (...)
>
> II – Serviço – toda atividade destinada a obter determinada utilidade de interesse para a Administração, tais como: demolição, conserto, instalação, montagem, operação, conservação, reparação, adaptação, manutenção, transporte, locação de bens, publicidade, seguro ou trabalhos técnico-profissionais".

10.19. RESPONSABILIDADE POR ENCARGOS TRABALHISTAS, FISCAIS, COMERCIAIS E PREVIDENCIÁRIOS RESULTANTES DA EXECUÇÃO DO CONTRATO

Durante a execução do contrato, surge para o contratado uma série de encargos. Por exemplo, e com o objetivo de elucidar o que está sendo afirmado, quando se contrata um serviço de vigilância patrimonial, o contratado deverá contratar empregados, ensejando o surgimento de encargos trabalhistas, tais como: salários, FGTS, férias, décimo terceiro etc. Surgem encargos comerciais, pois o mesmo contratado deve adquirir uniformes, armamentos etc., nascem obrigações tributárias, a exemplo da necessidade de recolhimento de ISS ao Município, de IR para União, e, por fim, surgem encargos de ordem previdenciária.

A questão é: caso o contratado se torne inadimplente, poderá o contratante ser responsabilizado por esses encargos?

O art. 71 do Estatuto das Licitações possui a seguinte orientação:

> "Art. 71. O contratado é responsável pelos encargos trabalhistas, previdenciários, fiscais e comerciais resultantes da execução do contrato.
>
> § 1.º A inadimplência do contratado, com referência aos encargos trabalhistas, fiscais e comerciais não transfere à Administração Pública a responsabilidade por seu pagamento, nem poderá onerar o objeto do contrato ou restringir a regularização e o uso das obras e edificações, inclusive perante o Registro de Imóveis.
>
> § 2.º A Administração Pública responde solidariamente com o contratado pelos encargos previdenciários resultantes da execução do contrato, nos termos do art. 31 da Lei n.º 8.212, de 24 de julho de 1991".

Analisando o referido artigo, tem-se que a responsabilidade por encargos de ordem trabalhista, comercial e fiscal não se transfere ao contratante em caso de inadimplência do contratado, sendo estendidos àquele, de forma solidária, os encargos de natureza previdenciária.

Todavia, há o entendimento do TST no sentido de que o contratante, tomador do serviço, responde por encargos de ordem trabalhista em caso de inadimplência do contratado (aquele que possui o vínculo com o empregado). Essa é a inteligência do Enunciado 331 do referido Tribunal e que possui a seguinte redação: "O inadimplemento das obrigações trabalhistas, por parte do empregador, implica a responsabilidade subsidiária do tomador dos serviços, quanto àquelas obrigações, inclusive quanto aos órgãos da administração direta, das autarquias, das fundações públicas, das empresas públicas e das sociedades de economia mista, desde que hajam participado da relação processual e constem também do título executivo judicial".

Nos termos do referido enunciado, a Administração, quando tomadora dos serviços, poderá responder subsidiariamente pelos encargos de ordem trabalhista.

Ocorre que o art. 71, § 1.º, foi objeto da ADC 16/DF, em que o Supremo Tribunal Federal decidiu pela sua constitucionalidade, averbando que, em regra, a Administração, quando tomadora de serviços, não responderá pelos encargos trabalhistas de obrigação do contratado, ressalvado o caso em que provada a sua culpa quanto a fiscalização do contrato.

Em resumo, continua a Administração podendo responder subsidiariamente pelos encargos de natureza trabalhista, porém tem que ser demonstrado, quando da propositura da ação contra o Estado, que houve culpa da Administração na fiscalização do contrato, o que possibilitou o inadimplemento do contratado.

Por conta disso, o TST alterou o Enunciado 331, modificando seu inc. IV e inserindo os incs. V e VI ao mesmo, passando a ter a seguinte redação:

"IV – O inadimplemento das obrigações trabalhistas, por parte do empregador, implica a responsabilidade subsidiária do tomador de serviços quanto àquelas obrigações, desde que haja participado da relação processual e conste também do título executivo judicial.

V – Os entes integrantes da administração pública direta e indireta respondem subsidiariamente, nas mesmas condições do item IV, caso evidenciada a sua conduta culposa no cumprimento das obrigações da Lei n.º 8.666/1993, especialmente na fiscalização do cumprimento das obrigações contratuais e legais da prestadora de serviço como empregadora. A aludida responsabilidade não decorre de mero inadimplemento das obrigações trabalhistas assumidas pela empresa regularmente contratada.

VI – A responsabilidade subsidiária do tomador de serviços abrange todas as verbas decorrentes da condenação referentes ao período da prestação laboral".

Recentemente, o Supremo Tribunal Federal julgou a matéria nos autos do RE 760.931, afetado pela sistemática de repercussão geral, e entendeu que **o inadimplemento dos encargos trabalhistas dos empregados do contratado não transfere automaticamente ao poder público contratante a responsabilidade pelo seu pagamento, seja em caráter solidário ou subsidiário, nos termos do art. 71, § 1º, da Lei 8.666/1993.**

A Corte entendeu que uma interpretação conforme do art. 71 da Lei 8.666/1993, com o reconhecimento da responsabilidade subsidiária da Administração Pública, infirma a decisão tomada no julgamento da ADC 16/DF (DJE de 9-9-2011), nulificando, por conseguinte, a coisa julgada formada sobre a declaração de constitucionalidade do dispositivo legal. Observou que, com o advento da Lei 9.032/1995, o legislador buscou excluir a responsabilidade subsidiária da Administração, exatamente para evitar o descumprimento do disposto no art. 71 da Lei 8.666/1993, declarado constitucional pela Corte.

Anotou que a imputação da culpa in vigilando ou in elegendo à Administração Pública, por suposta deficiência na fiscalização da fiel observância das normas trabalhistas pela empresa contratada, somente pode acontecer nos casos em que se tenha a efetiva comprovação da ausência de fiscalização. Nesse ponto, asseverou que a alegada ausência de comprovação em juízo da efetiva fiscalização do contrato não substitui a necessidade de prova taxativa do nexo de causalidade entre a conduta da Administração e o dano sofrido. Ao final, pontuou que a Lei 9.032/1995 (art. 4º), que alterou o disposto no § 2º do art. 71 da Lei 8.666/1993, restringiu a solidariedade entre contratante e contratado apenas quanto aos encargos previdenciários resultantes da execução do contrato, nos termos do art. 31 da Lei 8.212/1991. (RE 760.931, rel. p/ o ac. Min. Luiz Fux, j. 26 4 2017).

Vale registrar que, caso o poder público queira consignar em pagamento os valores devidos aos empregados da contratada, para que não venha a ser responsabilizada, o Superior Tribunal de Justiça, nos autos do CC 136.739-RS[5], entendeu que *a Justiça do Trabalho é competente para processar e julgar ação de consignação em pagamento movida pela União contra sociedade empresária por ela contratada para a prestação de serviços terceirizados, caso a demanda tenha sido proposta com o intuito de evitar futura responsabilização trabalhista subsidiária da Administração nos termos da Súmula 331 do TST.*

---

5. STJ. 2ª Seção. CC 136.739-RS, Rel. Min. Raul Araújo, julgado em 23/9/2015 (Info 571).

10.20. DURAÇÃO E PRORROGAÇÃO DOS CONTRATOS ADMINISTRATIVOS - CONSIDERAÇÕES INICIAIS

O fundamento legal, tanto da duração quanto da prorrogação do contrato administrativo, está previsto no art. 57 da Lei de Licitações.

Importante notar que esse artigo trata ao mesmo tempo da duração e prorrogação do contrato, institutos absolutamente distintos, eis que a duração já é prevista antes mesmo de se confeccionar o contrato, ao passo que a prorrogação é algo que somente surge durante a execução dele. A *duração* deve ter previsão no edital. A prorrogação ocorre apenas nos prazos de execução do contrato.

Ainda deve-se registrar que "prazo de validade do contrato" não se confunde com "prazo de validade da licitação". Este diz respeito à eficácia do certame licitatório, sendo que, via de regra, a proposta tem uma validade de 60 dias, conforme enuncia o art. 64, § 3.º, da Lei de Licitações: "decorridos 60 (sessenta) dias da data da entrega das propostas, sem convocação para a contratação, ficam os licitantes liberados dos compromissos assumidos".

10.21. CONSIDERAÇÕES SOBRE O *CAPUT* DO ART. 57 DA LEI 8.666/1993

O *caput* do art. 57 informa que a duração dos contratos administrativos ficará adstrita à vigência dos respectivos créditos orçamentários, ou seja, todo contrato, em princípio, deve ter duração máxima de até um ano, visto que o art. 34 da Lei 4.320/1964 dispõe que o exercício financeiro vai de 1.º de janeiro a 31 de dezembro.

A regra é que o prazo de duração dos contratos administrativos não ultrapasse a vigência dos respectivos créditos orçamentários, porém a Lei 8.666/1993 traz algumas exceções, podendo o contrato se estender além desse limite. São elas:

1) *para os projetos cujos produtos estejam contemplados nas metas estabelecidas no Plano Plurianual, os quais poderão ser prorrogados se houver interesse da Administração e desde que isso tenha sido previsto no ato convocatório;*

2) *para prestação de serviços a serem executados de forma contínua, que poderão ter a sua duração prorrogada por iguais e sucessivos períodos com vistas à obtenção de preços e condições mais vantajosos para a Administração, limitada a 60 meses;*

3) *para aluguel de equipamentos e utilização de programas de informática, podendo a duração estender-se pelo prazo de até 48 meses após o início da vigência do contrato;*

4) *a Lei 12.349/2010 alterou o art. 57 da Lei de Licitações, autorizando novas hipóteses de contratação com prazo de vigência superior a 12 meses. São os casos de contratações:*

   – *quando houver possibilidade de comprometimento da segurança nacional, nos casos estabelecidos em decreto do Presidente da República, ouvido o Conselho de Defesa Nacional;*

   – *para as compras de material de uso pelas Forças Armadas, com exceção de materiais de uso pessoal e administrativo, quando houver necessidade de manter a padronização requerida pela estrutura de apoio logístico dos meios navais, aéreos e terrestres, mediante parecer de comissão instituída por decreto;*

- *para o fornecimento de bens e serviços, produzidos ou prestados no País, que envolvam, cumulativamente, alta complexidade tecnológica e defesa nacional, mediante parecer de comissão especialmente designada pela autoridade máxima do órgão;*
- *nas contratações visando ao cumprimento do disposto nos arts. 3.º, 4.º, 5.º e 20 da Lei 10.973, de 02.12.2004, observados os princípios gerais de contratação dela constantes*[6].

Nos casos acima referidos, o prazo de vigência do contrato poderá ser de até 120 meses.

10.22. PROJETOS CUJOS PRODUTOS ESTEJAM CONTEMPLADOS NAS METAS ESTABELECIDAS NO PLANO PLURIANUAL

A primeira exceção diz respeito aos projetos cujos produtos estejam contemplados nas metas estabelecidas no Plano Plurianual. Refere-se aos projetos de longa duração, cuja inserção no plano plurianual faz presumir que a contratação retrata uma avaliação meditada e planejada pelo Estado. Não se trata de assumir encargos a longo prazo sem a cautela adequada.

---

6. Os referidos casos são: "Art. 3.º A União, os Estados, o Distrito Federal, os Municípios e as respectivas agências de fomento poderão estimular e apoiar a constituição de alianças estratégicas e o desenvolvimento de projetos de cooperação envolvendo empresas nacionais, ICT e organizações de direito privado sem fins lucrativos voltadas para atividades de pesquisa e desenvolvimento, que objetivem a geração de produtos e processos inovadores.Art. 3.º-A. A Financiadora de Estudos e Projetos – Finep, como secretaria-executiva do Fundo Nacional de Desenvolvimento Científico e Tecnológico – FNDCT, o Conselho Nacional de Desenvolvimento Científico e Tecnológico – CNPq e as Agências Financeiras Oficiais de Fomento poderão realizar convênios e contratos, nos termos do inc. XIII do art. 24 da Lei n.º 8.666, de 21 de junho de 1993, por prazo determinado, com as fundações de apoio, com a finalidade de dar apoio às IFES e às ICTs, inclusive na gestão administrativa e financeira dos projetos mencionados no *caput* do art. 1.º da Lei n.º 8.958, de 1994, com a anuência expressa das instituições apoiadas. *(Acrescentado o artigo pela MP n.º 495, de 19.07.2010, DOU 20.07.2010)*Art. 4.º As ICT poderão, mediante remuneração e por prazo determinado, nos termos de contrato ou convênio:I – compartilhar seus laboratórios, equipamentos, instrumentos, materiais e demais instalações com microempresas e empresas de pequeno porte em atividades voltadas à inovação tecnológica, para a consecução de atividades de incubação, sem prejuízo de sua atividade finalística;II – permitir a utilização de seus laboratórios, equipamentos, instrumentos, materiais e demais instalações existentes em suas próprias dependências por empresas nacionais e organizações de direito privado sem fins lucrativos voltadas para atividades de pesquisa, desde que tal permissão não interfira diretamente na sua atividade-fim, nem com ela conflite.Parágrafo único. A permissão e o compartilhamento de que tratam os incs. I e II do *caput* deste artigo obedecerão às prioridades, critérios e requisitos aprovados e divulgados pelo órgão máximo da ICT, observadas as respectivas disponibilidades e assegurada a igualdade de oportunidades às empresas e organizações interessadas.Art. 5.º Ficam a União e suas entidades autorizadas a participar minoritariamente do capital de empresa privada de propósito específico que vise ao desenvolvimento de projetos científicos ou tecnológicos para obtenção de produto ou processo inovadores.[...]Art. 20. Os órgãos e entidades da administração pública, em matéria de interesse público, poderão contratar empresa, consórcio de empresas e entidades nacionais de direito privado sem fins lucrativos voltadas para atividades de pesquisa, de reconhecida capacitação tecnológica no setor, visando à realização de atividades de pesquisa e desenvolvimento, que envolvam risco tecnológico, para solução de problema técnico específico ou obtenção de produto ou processo inovador".

Geralmente envolvem contratos de execução instantânea, mas com objeto extremamente complexo. A duração no tempo não deriva de condutas homogêneas, mas da dificuldade de completar uma prestação que exige atividades heterogêneas.

Nota-se que o legislador não previu o prazo máximo de duração do contrato, razão pela qual a Administração está livre para estabelecer esse período.

10.23. PRESTAÇÃO DE SERVIÇOS A SEREM EXECUTADOS DE FORMA CONTÍNUA

Por serviços a serem executados de forma contínua entenda-se aqueles que, por serem imprescindíveis às atividades do órgão ou da entidade pública, não devem ser paralisados. São aqueles, segundo o posicionamento do Tribunal de Contas da União[7], caracterizados pela impossibilidade de sua interrupção ou suspensão, sob pena de acarretar prejuízos ou danos insuperáveis. Por essa razão, entende a referida Corte de Contas que não se deve interromper o contrato, mesmo que nulo, até que se faça uma nova licitação[8].

Assim, a continuidade do serviço retrata, na verdade, a permanência da necessidade pública a ser satisfeita.

Esses serviços são destinados a atender necessidades públicas permanentes, o que não quer dizer que sejam necessariamente essenciais, como, por exemplo, serviço de limpeza e fornecimento de alimentação para os servidores.

A lei autoriza que esses contratos *poderão ter a sua duração prorrogada por iguais e sucessivos períodos com vistas à obtenção de preços e condições mais vantajosas para a Administração, limitada a 60 meses.*

Parte-se do pressuposto de que haverá, no próximo orçamento, previsão de verbas para esse tipo de serviço. Todavia, é importante salientar que o período total de duração do contrato, contando com as já devidas prorrogações, é de 60 meses.

Importante registrar que a prorrogação tem de ter previsão no edital, sob pena de proibição. A única exceção a essa regra, quando a Administração poderá prorrogar a execução do contrato sem previsão no edital, é aquela prevista no § 4.º do art. 57, o qual estabelece que, "em caráter excepcional, devidamente justificado e mediante autorização da autoridade superior, o prazo de que trata o inc. II (até sessenta meses) do *caput* deste artigo poderá ser prorrogado em até doze meses". Portanto, o prazo total a que pode chegar o contrato (contando com a prorrogação excepcional) é de 72 meses. Registre-se, por fim, que essa prorrogação em caráter excepcional só pode ser aplicada na hipótese de prestação de serviços contínuos, não se aplicando às demais previstas no art. 57.

Ainda é de bom tom assentar que prorrogação não é a mesma coisa que renovação do contrato.

A prorrogação não implica a alteração das condições originais da contratação, que se mantêm ao longo do prazo (geralmente o período de execução). Perceba-se que o contrato é o mesmo, apenas se faz um aditivo prorrogando-o.

---

7. *Vide* TCU, BLC 10/97, p. 509.
8. *Vide* TCU – 197/98 – Ata 27/98 – 2.ª Câmara. BLC, p. 102.

Já a renovação do contrato administrativo implica a extinção do primeiro contrato, com sua substituição por outro. O art. 57 da Lei de Licitações trata da prorrogação, e não da renovação.

Adverte Toshio Mukai que a renovação contratual é novo contrato, porque inova, parcial ou totalmente, o anterior, embora seja mantido o objeto inicial. Por isso, conclui o autor, normalmente exigiria licitação, no que difere da prorrogação.

10.24. ALUGUEL DE EQUIPAMENTOS E UTILIZAÇÃO DE PROGRAMAS DE INFORMÁTICA

Aqui, pode-se prorrogar a execução do contrato pelo prazo de até 48 meses. Durante um tempo se questionou quais tipos de equipamentos poderiam ser alugados. Seriam quaisquer equipamentos ou apenas os de informática? Hoje a questão está superada e a palavra "equipamentos" prevista no art. 57, IV, apenas se refere aos de informática.

A justificativa para essa prorrogação é que a Administração pode não ter interesse na aquisição definitiva de tais bens ou direitos, visto que a rapidez da obsolescência nesse campo é comum.

Por isso, poderia firmar um contrato alugando os equipamentos e/ou programas e, ao longo da execução, ir atualizando-os por meio de alterações unilaterais qualitativas, ou seja, modificando-se as especificações do objeto para melhor atendimento ao interesse público.

10.25. AS PRORROGAÇÕES VINCULADAS DO § 1.º DO ART. 57 DA LEI 8.666/1993

Durante a execução do contrato administrativo podem ocorrer determinados eventos que, direta ou indiretamente, influenciem no cumprimento regular (especialmente no prazo) do contrato[9]. Se o contratado não concorreu para que isso acontecesse, terá ele direito à prorrogação do prazo para execução de seu contrato. Trata-se de prorrogação vinculada, cuja negativa por parte da Administração pode ser objeto de ataque por meio de recurso administrativo, no caso em tela, a representação (art. 109, II), ou por meio de medida judicial.

Tais hipóteses são aquelas previstas nos seis incisos do § 1.º do art. 57, as quais são transcritas a seguir:

1) *quando a Administração realizar alteração do projeto ou especificações;*
2) *na superveniência de fato excepcional ou imprevisível, estranho à vontade das partes, que altere fundamentalmente as condições de execução do contrato;*

---

9. Inclusive, registre-se, há Súmula do TCU sobre o assunto! **Súmula n° 191** -Torna-se, em princípio, indispensável a fixação dos limites de vigência dos contratos administrativos, de forma que o tempo não comprometa as condições originais da avença, não havendo, entretanto, obstáculo jurídico à devolução de prazo, quando a Administração mesma concorre, em virtude da própria natureza do avençado, para interrupção da sua execução pelo contratante.

3) quando houver interrupção da execução do contrato ou diminuição do ritmo de trabalho por ordem e no interesse da Administração;

4) quando a Administração alterar unilateralmente o contrato aumentando as quantidades inicialmente previstas, nos limites permitidos pela lei;

5) quando ocorrer impedimento de execução do contrato por fato ou ato de terceiro reconhecido pela Administração em documento contemporâneo à sua ocorrência;

6) em razão de omissão ou atraso de providências a cargo da Administração, inclusive quanto aos pagamentos previstos de que resulte, diretamente, impedimento ou retardamento na execução do contrato.

10.26. DEFERIMENTO DA PRORROGAÇÃO

Inexiste margem de discricionariedade para a Administração negar a prorrogação nos casos enfocados, tratando-se, portanto, o deferimento da prorrogação, de atividade vinculada.

10.27. ALTERAÇÃO DO CONTRATO ADMINISTRATIVO

Outro ponto importante na temática dos contratos administrativos diz respeito à alteração ou modificação destes.

A matéria é regulamentada pelo art. 65 da Lei 8.666/1993, donde se percebe que a alteração contratual pode ser de duas ordens: *1) unilateral* e *2) bilateral*.

10.28. ALTERAÇÃO UNILATERAL (ART. 65, I)

A primeira, *alteração unilateral*, nos termos do art. 58, I, da Lei de Licitações, desponta como uma de várias espécies de *cláusulas exorbitantes*, ou seja, aquelas que exorbitam o que é comum, ilícito nos contratos privados em que as partes encontram-se no mesmo pé de igualdade. Nesse contexto, percebe-se claramente que tais cláusulas decorrem do princípio da supremacia do interesse público sobre o privado.

Uma questão que deve ficar clara é que essa supremacia externada nas cláusulas exorbitantes possui limites legais formais, ou seja, não é o administrador que, ao seu bel-prazer, e pelo motivo que entender conveniente, pode alterar o contrato. Não! Tais hipóteses já despontam devidamente especificadas na legislação. A consagração da supremacia do interesse público, *in casu*, resta apresentada pela desigualdade formal que o legislador deu ao assunto.

Assim, as possibilidades de alteração unilateral do contrato administrativo são restritas, e não amplas. Trata-se, pela exegese que se extrai dos comandos legais do art. 65, I, "a" e "b", da Lei 8.666/1993, de alterações unilaterais: a) qualitativas e b) quantitativas.

10.28.1. Alteração unilateral qualitativa

As alterações unilaterais qualitativas não implicam acréscimo numérico do objeto licitado e contratado, mas sim modificação do projeto ou das especificações, para melhor adequação técnica aos objetivos da Administração Pública.

Isso ocorre quando há descoberta ou revelação de circunstâncias desconhecidas acerca da execução da prestação, ou a constatação de que a solução técnica anteriormente adotada não era a mais adequada.

É mais comum nos contratos de longo prazo ou de grande especialização. Aqui, a modificação não é quantitativa, mas qualitativa.

A Administração não pode transfigurar o objeto licitado em outro, qualitativamente falando. Ex.: mudar da advocacia tributária para a trabalhista.

10.28.2. Alteração unilateral quantitativa

Por seu turno, a alteração fundada no art. 65, I, "b", da Lei de Licitações, relaciona-se à quantidade do objeto preestabelecida, não alterando as suas especificações.

Aqui, nessa hipótese, à Administração contratante é facultado o direito de proceder à modificação do valor contratual em decorrência de acréscimo ou diminuição quantitativa de seu objeto, nos limites permitidos pelo Estatuto das Licitações, os quais se encontram expressos no § 1.º do art. 65.

Enuncia esse dispositivo que: "O contratado fica obrigado a aceitar, nas mesmas condições contratuais, os acréscimos ou supressões que se fizerem nas obras, serviços ou compras, até 25% (vinte e cinco por cento) do valor inicial atualizado do contrato, e, no caso particular de reforma de edifício ou de equipamento, até o limite de 50% (cinquenta por cento) para os seus acréscimos".

Da análise do referido dispositivo conclui-se: *1) É possível a alteração quantitativa do objeto quando se tratar de obras, serviços e compras; 2) tendo como regra – e impassível de questionamento por parte do contratado – até 25% para mais ou para menos do valor previamente contratado atualizado; 3) podendo esse limite se estender até 50% quando o objeto licitado e contratado for reforma de edifício ou de equipamento.*

Assim, a Lei é clara ao dispor sobre os limites da alteração unilateral, sendo vedado qualquer acréscimo ou diminuição.

10.28.3. Bilateralmente, poderia ultrapassar os limites legais?

E bilateralmente, por acordo de vontade das partes contratantes, seria possível ultrapassar os limites legais? Para mais está expressamente proibido, conforme se percebe pela leitura do *caput* do § 2.º do art. 65. Tal restrição encontra guarida, dentre outros, no princípio da indisponibilidade do interesse público.

Já quanto às diminuições, o limite de até 25% pode ser ultrapassado, desde que haja acordo de vontade das partes, tratando-se, portanto, de "alteração bilateral", e não mais unilateral.

10.28.4. Efeitos decorrentes da alteração unilateral do contrato administrativo

É importante se atentar para o fato de que a alteração unilateral do contrato não desponta como um evento isolado, sem consequências. Uma vez alterado unilateralmente o pacto, tal modificação importará em desestabilização do "equilíbrio econômico-financeiro" do contrato, razão pela qual se deve restabelecer a equação econômica, conforme enuncia o § 6.º do artigo epigrafado.

Nesse sentido decidiu o Superior Tribunal de Justiça, ao assentar que: "a prerrogativa de fixar e alterar unilateralmente as cláusulas regulamentares é inerente à Administração. A despeito disso, há cláusulas imutáveis, que são aquelas referentes ao aspecto econômico-financeiro do contrato. Às prerrogativas da Administração, advindas das cláusulas exorbitantes do Direito Privado, contrapõe-se a proteção econômica do contratado, que garante a manutenção do equilíbrio contratual"[10].

A alteração unilateral, especialmente quando importar em alteração qualitativa do objeto (alteração do projeto ou especificações) ou quantitativa para mais, dentro dos limites legais, importará em prorrogação do contrato administrativo, nos termos do art. 57, § 1.º, I e IV, da Lei 8.666/1993. Isso porque o contratado possui um prazo compatível com a realização do objeto inicialmente contratado, sendo que alterações que possam comprometer esse prazo (alteração qualitativa ou aumento dos quantitativos) devem ensejar a justa e proporcional prorrogação deste.

10.28.5. Indenização decorrente da alteração unilateral redutora

No caso de supressão de obras, bens ou serviços, ou seja, alteração unilateral redutora, se o contratado já houver adquirido os materiais e posto no local dos trabalhos, estes deverão ser pagos pela Administração pelos custos de aquisição regularmente comprovados e monetariamente corrigidos, podendo caber indenização por outros danos eventualmente decorrentes da supressão, desde que regularmente comprovados.

10.29. ALTERAÇÃO BILATERAL (ART. 65, II)

É aquela prevista no art. 65, II, tendo o diploma legal previsto quatro hipóteses em que será possível a referida modificação.

De acordo com o dispositivo legal, a modificação bilateral terá cabimento quando:

1) for conveniente a substituição da garantia de execução;

Nada obsta a que o contratado pleiteie a substituição de garantia, desde que a nova preencha os requisitos legais, sendo que a Administração somente pode se opor se a garantia for insuficiente, o que difere do Direito Privado, em que compete ao credor decidir se aceita ou não a troca.

Pode ocorrer que a garantia prestada pelo contratado venha a se exaurir, como na hipótese de a seguradora, em caso de *seguro-garantia*, vir a falir. Nesse caso, conforme anota Marçal Justen Filho, a substituição da garantia é obrigatória.

Se houver diminuição do valor do contrato, deve diminuir proporcionalmente a garantia.

---

10. REsp 216.018/DF, Rel. Min. Franciulli Neto.

2) *for necessária a modificação do regime de execução da obra ou serviço, bem como do modo de fornecimento, em face de verificação técnica da inaplicabilidade dos termos contratuais originários;*

Trata-se de alteração derivada de motivos técnicos. As modalidades de regime de execução estão previstas no art. 10 da Lei 8.666/1993.

> "Art. 10. As obras e serviços poderão ser executados nas seguintes formas:
>
> I – execução direta;
>
> II – execução indireta, nos seguintes regimes:
>
> a) empreitada por preço global;
>
> b) empreitada por preço unitário;
>
> d) tarefa;
>
> e) empreitada integral".

A modificação do regime de execução ou do modo de fornecimento ocorre, por exemplo, com a constatação técnica de inadequação da previsão original (antieconômica, ineficaz etc.). Tal procedimento visa a assegurar a manutenção do equilíbrio econômico-financeiro.

Entretanto, essa substituição não pode ser imposta unilateralmente. Ex.: quem participou de licitação de obra em regime de empreitada global, não pode ser obrigado a executá-la em regime de empreitada unitária.

3) *for necessária a modificação da forma de pagamento, por imposição de circunstâncias supervenientes, mantido o valor inicial atualizado, vedada a antecipação do pagamento, com relação ao cronograma financeiro fixado, sem a correspondente contraprestação de fornecimento de bens ou execução de obra ou serviço;*

Aqui se deve conferir ao dispositivo legal uma interpretação restritiva, sob pena de inconstitucionalidade, pois o art. 37, XXI, da Constituição Federal enuncia, na parte final do dispositivo, "estabeleçam obrigações de pagamento, mantidas as condições efetivas da proposta". Portanto, na verdade, essa alteração deve corresponder a uma forma de manter o equilíbrio econômico-financeiro, como muito bem observou Marçal Justen Filho.

Não se poderia mudar a forma de pagamento, em razão dos princípios da moralidade, da isonomia e da vinculação do contrato ao instrumento convocatório. Um exemplo torna mais lúcida a questão. Caso a alteração tornasse mais vantajosas as condições contratuais, haveria vício, porque um terceiro poderia ter manifestado interesse em participar da licitação. Por outro lado, se tornasse desvantajosas, o próprio contratado estaria sendo prejudicado.

4) *for para restabelecer a relação que as partes pactuaram inicialmente entre os encargos do contratado e a retribuição da Administração para a justa remuneração da obra, serviço ou fornecimento, objetivando a manutenção do equilíbrio econômico-financeiro inicial do contrato, na hipótese de sobrevirem fatos imprevisíveis, ou previsíveis, porém de consequências incalculáveis, retardadores ou impeditivos da execução do ajustado,*

ou, ainda, em caso de força maior, caso fortuito ou fato do príncipe, configurando álea econômica extraordinária e extracontratual.

É feita por aditamento e pode ocorrer por motivo diretamente ligado à Administração ou não. Pode se dar por reajuste, recomposição e atualização do equilíbrio econômico do contrato.

Conforme ensina Marçal Justen Filho, reserva-se a expressão *recomposição* de preços para os casos em que há modificação decorrente de alteração extraordinária nos preços, desvinculada da inflação verificada. Envolve alteração dos deveres impostos ao contratado, independentemente de circunstâncias meramente inflacionárias. Isso se passa quando a atividade de execução do contrato se sujeita a uma excepcional e anômala elevação ou redução de preços (que não é refletida nos índices comuns de inflação) ou quando os encargos contratualmente previstos são ampliados ou tornados mais onerosos.

Já o *reajuste de preços*, doutrina o mestre, é uma solução desenvolvida a partir da prática contratual pátria. Convivendo em regime de permanente inflação, verificou-se a impossibilidade e a inconveniência da prática de preços nominais fixos. Com o passar do tempo, generalizou-se a prática da indexação em todos os campos. Esta foi encampada também nas contratações administrativas. A Administração passou a prever, desde logo, a variação dos preços contratuais segundo a variação de índices (predeterminados ou não).

Afirma o autor que essa prática é identificada como "reajuste de preços", ou seja, trata-se da alteração dos preços para compensar (exclusivamente) os efeitos das variações inflacionárias[11].

Usualmente, reputa-se que o reajuste somente poderá ser admitido se previsto no ato convocatório e no instrumento contratual. A questão se resolve pela consideração de que o particular tem direito de obter a recomposição da equação econômico-financeira. Ainda que não esteja previsto contratualmente o reajuste, deverá assegurar-se ao interessado o direito ao reequilíbrio rompido em virtude de eventos supervenientes imprevisíveis ou situações semelhantes.

10.30. RESCISÃO DO CONTRATO ADMINISTRATIVO

Extinção significa fim, exaurimento de algo. Como tudo na vida, os contratos administrativos se extinguem, o que pode se dar por vários motivos, tais como: *a) o desaparecimento de uma das partes, como, por exemplo, a morte do contratado; b) exaurimento do contrato, com a sua execução; e c) rescisão do pacto.*

Aqui, no presente capítulo, importa-nos trabalhar com as hipóteses de rescisão do contrato administrativo, o que se dá por diversos motivos, razão pela qual ensejará consequências distintas a depender do motivo da rescisão.

Da análise do art. 79 da Lei de Licitações percebe-se que o contrato pode ser rescindido: *1) unilateralmente; 2) por acordo entre as partes, ou seja, amigavelmente; e 3) por decisão judicial.*

---

11. Ressalta-se o posicionamento pacífico do Superior Tribunal de Justiça de que, se o prazo de duração do contrato for inferior a um ano, é indevida a correção monetária, conforme determina o art. 7.º do Decreto-Lei 2.284/1986. *Vide*, dentre outros, REsp 511.224/DF, Rel. Min. Luiz Fux, *DJU* 19.12.2003.

Assim, para melhor sistematizar a matéria, analisaremos cada espécie e subespécie de "rescisão" do contrato administrativo, demonstrando as hipóteses de cabimento e suas consequências.

10.31. RESCISÃO UNILATERAL – CONSIDERAÇÕES INICIAIS

É aquela que é feita direta e unilateralmente por uma das partes. No caso, em razão da desigualdade formal que existe nos contratos administrativos, tal prerrogativa cabe ao contratante, que é, sempre, a Administração Pública[12].

Trata-se, sem a menor dúvida, de direito do contratante inserto nas conhecidas cláusulas exorbitantes mencionadas pelo art. 58 da Lei 8.666/1993.

Assim, independente da razão, se a Administração puder, e apenas ela, rescindir unilateralmente o contrato, o fará no exercício de sua supremacia, a qual já se encontra formalmente limitada e delineada pela lei.

Todavia, conforme adverte Marçal Justen Filho, deve-se proceder à interpretação desse artigo sempre pautada no interesse público, sendo que a simples inclusão do contratado em uma dessas hipóteses não acarreta a automática rescisão do contrato. Deve o administrador evidenciar o vínculo entre essa conduta e a lesão ao interesse público.

Dentre as causas que podem ensejar a rescisão unilateral do contrato administrativo, podem-se separar aquelas cujo motivo é uma infração contratual e/ou legal praticada pelos contratados nas hipóteses em que não há qualquer infração por parte deles. Na primeira hipótese, além da rescisão contratual, o contratado será sancionado com base no art. 87 da Lei de Licitações.

Lançadas essas premissas, passa-se a examinar uma nova subdivisão de "rescisão unilateral" do contrato administrativo.

10.31.1. Rescisão unilateral por culpa do contratado

Aqui, como o título já denuncia, trata-se de hipóteses em que a rescisão unilateral tem como causa *uma infração legal ou contratual* do contratado[13].

Daí se poderia perguntar: mas a rescisão unilateral, como hipótese de supremacia, não deveria ter como causa o próprio interesse público? Sim, o interesse público está em jogo aqui, porém não no sentido de que é "motivo em si" para a rescisão, como ocorre no inc. XII do mesmo artigo.

Nesses casos de rescisão unilateral, o motivo é a prática de infração do contratado, que possa ferir ou fira o interesse público. Veja-se que lá, na hipótese do inc. XII, a rescisão se dá em nome do interesse público, ou seja, é o próprio motivo da rescisão; já nas hipóteses versadas, o motivo é a infração da lei ou do contrato, tendo a rescisão o

---

12. *Vide* art. 2.º da Lei 8.666/1993.
13. **TCU Súmula n° 205** - É inadmissível, em princípio, a inclusão, nos contratos administrativos, de cláusula que preveja, para o Poder Público, multa ou indenização, em caso de rescisão. Registre-se, todavia, que o fato de não existir multa para a Administração em caso de rescisão, não a exime do dever de indenizar o contratado adimplente pelos prejuízos regularmente comprovados que houver sofrido, conforme impõe o § 2º, do artigo 79.

objetivo de tentar evitar a violação ao interesse público, que, de alguma forma, pelo menos inicialmente, já está sendo violado.

Assim, podemos concluir que o "interesse público" não é o motivo do ato quando a rescisão se dá por culpa do contratado, mas o que se pretende assegurar, evitar violação.

10.31.2. Hipóteses de rescisão unilateral por culpa do contratado

São aquelas previstas nos incs. I a XI e XVIII do art. 78, totalizando 12 hipóteses.

Em ordem, temos as seguintes situações:

1. *o não cumprimento de cláusulas contratuais, especificações, projetos ou prazos;*
2. *o cumprimento irregular de cláusulas contratuais, especificações, projetos e prazos;*
3. *a lentidão do seu cumprimento, levando a Administração a comprovar a impossibilidade da conclusão da obra, do serviço ou do fornecimento, nos prazos estipulados;*
4. *o atraso injustificado no início da obra, serviço ou fornecimento;*
5. *a paralisação da obra, do serviço ou do fornecimento, sem justa causa e prévia comunicação à Administração;*
6. *a subcontratação total ou parcial do seu objeto, a associação do contratado com outrem, a cessão ou transferência, total ou parcial, bem como a fusão, cisão ou incorporação, não admitidas no edital e no contrato;*
7. *o desatendimento às determinações regulares da autoridade designada para acompanhar e fiscalizar a sua execução, assim como as de seus superiores;*
8. *o cometimento reiterado de faltas na sua execução, anotadas na forma do § 1.º do art. 67 da Lei 8.666/1993;*
9. *a decretação de falência ou a instauração de insolvência civil;*
10. *a dissolução da sociedade ou o falecimento do contratado;*
11. *a alteração social ou a modificação da finalidade ou da estrutura da empresa, que prejudique a execução do contrato;*
12. *o descumprimento do disposto no inc. V do art. 27, sem prejuízo das sanções penais cabíveis.*

Apesar de o art. 78 enunciar que tais hipóteses são causas de rescisão do contrato, deve o administrador analisar o caso concreto e fazer um juízo de proporcionalidade antes de rescindir o contrato, pois em determinadas hipóteses factuais pode ocorrer mera irregularidade ou a infração ser de natureza leve, não justificando a rescisão do contrato.

A rescisão do contrato tem de ser em prol da proteção do interesse público. Em muitos casos, a rescisão, por uma mera irregularidade, ou um ato infracional que em nada tenha comprometido o interesse público, não se justifica. Antes, pelo contrário: é melhor manter do que rescindir, em razão das diversas burocracias para dar seguimento ao contrato[14], inclusive amparado pelo *princípio constitucional da eficiência*.

---

14. As hipóteses são: 1) contrato por dispensa, nos termos do art. 24, XI, o qual enuncia que: na contratação de remanescente de obra, serviço ou fornecimento, em consequência de rescisão contratual, desde que atendida a ordem de classificação da licitação anterior e aceitas as mesmas

Todavia, não importa se com ou sem rescisão do contrato administrativo, a Administração, em razão da indisponibilidade do interesse público, tem o dever de punir o contratado. Aqui não há discricionariedade, o dever de punir é indisponível.

E nesse ponto é o art. 87, que disciplina a matéria ao prever as sanções aplicáveis em caso de inexecução total ou parcial do contrato.

O referido artigo prevê as sanções de: *a) advertência; b) multa; c) suspensão temporária; e d) declaração de inidoneidade*, as quais serão analisadas com maiores detalhes em capítulo próprio.

Nas hipóteses de rescisão do art. 79, I, ou seja, a que se dá de forma unilateral e por ato escrito da Administração, deve esta intimar o contratado, pois desse ato unilateral cabe recurso hierárquico, consoante prevê o art. 109, I, "e", da Lei 8.666/1993.

Assim, em nome do princípio da eficiência, hoje contemplado expressamente no art. 37 da Carta Constitucional, o administrador, ao pretender rescindir o contrato nos termos do art. 79, I, deverá intimar o contratado não apenas de sua pretensão de findar o pacto, mas, ao mesmo tempo, também da sanção que pretenda aplicar-lhe, para que, de uma só vez, realize sua defesa.

Analisando este capítulo referente à rescisão unilateral do contrato administrativo e sua subsequente sanção à luz de nosso Estado Democrático de Direito, bem como em harmonia com a força normativa dos direitos fundamentais, deve o intérprete atentar à interpretação do art. 79, I, da Lei 8.666/1993.

O referido artigo enuncia que a Administração poderá, por ato escrito, rescindir unilateralmente o contrato administrativo nas hipóteses previstas nos incs. I a XII e XVII do art. 78 da Lei de Licitações.

Uma leitura apressada do dispositivo legal poderia conduzir o intérprete ao equívoco de concluir que a Administração, uma vez entendendo que o contratado praticou uma das condutas referidas nos incisos anteriormente citados, poderia unilateralmente rescindir o contrato e, após isso, notificar o contratado dessa decisão.

Em face de nosso texto constitucional, não parece ser essa a solução mais acertada, pois encontra barreira nos princípios constitucionais do devido processo legal, da ampla defesa e do contraditório, previstos, respectivamente, nos incs. LIV e LV do art. 5.º.

Isso porque deve haver um balanceamento entre o princípio da supremacia do interesse público sobre o privado e os direitos fundamentais, como tem pontificado a doutrina mais moderna.

Nesse contexto, a interpretação que se deve conferir ao dispositivo legal é que a Administração deve intimar o contratado não da rescisão do contrato, mas de sua pretensão potestativa de fazê-lo, oportunizando a ele o direito de apresentar defesa prévia, conforme, inclusive, prescreve o parágrafo único do art. 78.

Além do mais, não se trata de ato unilateral de rescisão contratual, mas de um procedimento administrativo que deve ter a participação ativa do contratado, cujo resultado inicialmente pretendido pela Administração é a rescisão do contrato administrativo.

---

condições oferecidas pelo licitante vencedor, inclusive quanto ao preço, devidamente corrigido; ou 2) realizar novo procedimento licitatório.

Assim, a correta interpretação que se deve conferir ao dispositivo é que a Administração tem o direito de unilateralmente *pretender*[15] rescindir o contrato, se presentes as hipóteses do art. 79, I, da Lei 8.666/1993, dando início a um procedimento administrativo que oferte direito de defesa ao contratado de provar que a situação invocada não existe.

Isso já é por si só uma prerrogativa da Administração Pública, pois na relação contratual em tela sequer é permitido juridicamente ao contratado querer rescindir unilateralmente o pacto.

Por isso, tendo a Administração o interesse de rescindir o contrato, deve imediatamente[16] iniciar o processo administrativo, pois, até o fim deste, o contrato é existente, válido e eficaz, podendo, a princípio, o contratado continuar a executá-lo, exceto no caso de a Administração suspender temporariamente a execução do pacto até apurar a responsabilidade do contratado.

Em se tratando de situação que envolva risco iminente à execução do contrato, a Administração Pública poderá motivadamente adotar providências acauteladoras sem a prévia manifestação do interessado, como, por exemplo, a suspensão do contrato. Aqui, aplica-se subsidiariamente o art. 45 da Lei 9.784/1999[17], pois não entra em choque com qualquer dispositivo da Lei de Licitações, antes, pelo contrário, completa-a nesta lacuna[18].

Assim, terá a Administração três opções: *1) iniciar o processo de rescisão e punição e manter a execução do contrato até conclusão do processo; 2) suspender cautelarmente a execução do contrato e iniciar novo procedimento licitatório com os mesmos objetivos; e 3) suspender cautelarmente o contrato enquanto tramita o processo de rescisão e punição, e realizar contratação por dispensa nos termos do art. 24, XI,* que enuncia a seguinte hipótese de dispensa: "contratação de remanescente de obra, serviço ou fornecimento, em consequência de rescisão contratual, desde que atendida a ordem de classificação da licitação anterior e aceitas as mesmas condições oferecidas pelo licitante vencedor, inclusive quanto ao preço, devidamente corrigido".

10.31.3. Causas de rescisão unilateral do contrato por culpa do contratado

As hipóteses em que a rescisão do contrato se dará por culpa do contratado são as previstas nos incs. I a XI do art. 78 da Lei de Licitações.

---

15. Nesse contexto, a indisponibilidade do interesse público no sentido de que a Administração deveria rescindir o contrato e aplicar sanções unilaterais deve ser interpretada em cotejo com os direitos fundamentais do contratado, razão pela qual o máximo que lhe será permitido unilateralmente é pretender rescindir o contrato e punir o contratado e não fazê-lo direta e imediatamente, sob pena de inconstitucionalidade do dispositivo legal. Somente nesse sentido, realizando uma interpretação conforme à Constituição, será constitucional o dispositivo em análise.

16. Para conferir eficácia ao princípio da eficiência e ao mesmo tempo não colocar, com sua omissão e demora, em jogo o interesse público.

17. "Art. 45. Em caso de risco iminente, a Administração Pública poderá motivadamente adotar providências acauteladoras sem a prévia manifestação do interessado".

18. Ademais, há previsão de tal complementação no próprio art. 54 da Lei de Licitações, que enuncia que "os contratos administrativos de que trata esta Lei regulam-se pelas suas cláusulas e *pelos preceitos de direito público*, aplicando-se-lhes, supletivamente, os princípios da teoria geral dos contratos e as disposições de direito privado".

Passemos a analisá-las:

I. Não cumprimento de cláusulas contratuais, especificações, projetos ou prazos.

Deve-se ter cuidado ao interpretar este inciso – não se pode levar ao pé da letra –, aplicável somente em caso de inadimplemento absoluto, ou seja, conduta que torna inviável a execução do contrato.

II. O cumprimento irregular de cláusulas contratuais, especificações, projetos e prazos.

Conforme ensina Sidney Bittencourt, a irregularidade deverá ser forte. Pequenas irregularidades, facilmente corrigíveis, não abonam a rescisão.

III. A lentidão do seu cumprimento, levando a Administração a comprovar a impossibilidade da conclusão da obra, do serviço ou do fornecimento, nos prazos estipulados.

Trata-se de indícios de futuro descumprimento da prestação. Com a lentidão se presumirá o descumprimento dos prazos contratuais – com base na experiência e conhecimento técnico-científico.

Em qualquer caso, o particular deverá ser intimado acerca do ritmo adotado e receber oportunidade para evidenciar que está em condições de cumprir as suas prestações.

IV. Atraso injustificado no início da obra, serviço ou fornecimento.

Segundo professa Jessé Torres Pereira Júnior, deduz-se a inteligência dessa hipótese de rescisão contrastando-a com as causas que justificam a prorrogação do prazo de início de execução do contrato público, previstas no art. 57, § 1.º, da Lei de Licitações.

Informa esse grande jurisconsulto que atrasos que não se devam a essas causas serão tidos como injustificáveis, posto que nenhuma outra escusa é admitida pela lei além do fato da Administração, do fato de terceiro, do fato do príncipe e dos fatos reconhecidos pela teoria da imprevisão.

Todavia, adverte o autor que, dentre essas causas, apenas uma enseja discussão acerca da contribuição do contratado para a sua ocorrência: a do fato imprevisto. As demais ou são imputáveis à própria Administração, ou a estranho ao contrato.

A aplicação da teoria da imprevisão há de ser prudente, resultando em parcimônia, porquanto prevalece a regra geral do *pacta sunt servanda*, de que a *rebus sic stantibus* é exceção somente arguível, tanto no Direito Privado quanto no Direito Público, sob condições especialíssimas, dentre as quais a da boa-fé dos contraentes no momento de celebrar o ajuste, de modo que lhes fosse de todo inexigível cogitar do fato de que, sobrevindo, inviabilizaria a prestação.

V. A paralisação da obra, do serviço ou do fornecimento, sem justa causa e prévia comunicação à Administração.

É mais grave que a demora no início dos trabalhos. Trata-se de causa autônoma de rescisão, ou seja, independe de outros fatores. A paralisação somente poderá ser admitida se o particular comunicar previamente os motivos à Administração. Corresponde à cessação da atividade material e não à mera interrupção. Basta a comunicação da justa causa. Não se trata de autorização. Se a Administração não concordar com os motivos, pode exigir melhores e mais profundas justificativas. O conceito de justa causa não tem configuração subjetiva.

> VI. *Subcontratação total ou parcial do seu objeto, a associação do contratado com outrem, a cessão ou transferência, total ou parcial, bem como a fusão, cisão ou incorporação, não admitidas no edital e no contrato.*

Trata-se de violação ao personalismo do contrato:

- *subcontratação – só é permitida se prevista no edital e nos termos do art. 72 da Lei de Licitações;*
- *associação com terceiros – somente importa se a associação com terceiros tiver por finalidade a execução do objeto contratado com a Administração Pública. Não interessa a modalidade associativa; qualquer que seja ela, será suficiente para provocar a rescisão. Ex.: Sociedade de Propósito Específico – SPE.*

Também se apanha a associação provisória e temporária, como se passa com o consórcio. Ainda, quando o consórcio for admitido, as empresas consorciadas deverão comparecer à licitação já nessa condição. Não se admite consórcio subsequente em nenhuma hipótese.

Pelo mesmo motivo não se admite que o contratado constitua sociedade em conta de participação.

- *cessão da posição contratual – pode ser total ou parcial – corresponde à substituição do contratante por outro. Cessionário é o que assume e cedente é o que transfere sua posição. Apenas será possível se houver prévia autorização no edital e no contrato. Caso em que não haverá problema: locação;*
- *modificações estruturais da pessoa jurídica – cisão, fusão e incorporação – trata-se de modalidades de reorganização empresarial. Podem frustrar o cunho personalíssimo da contratação administrativa.*

Como exemplo disso, imaginemos que uma empresa "A" foi inabilitada na licitação. Todavia, a empresa "B" venceu e foi incorporada pela "A", que passou a executar o objeto da contratação. Esse expediente frustraria a eficácia das normas referentes à habilitação e não poderia ser admitido.

> VII. *Desatendimento às determinações regulares da autoridade designada para acompanhar e fiscalizar a sua execução, assim como as de seus superiores.*

Trata-se de insubordinação do contratado ante as instruções da Administração em virtude da atividade de fiscalização, desde que haja descumprimento dos deveres do contratado previstos no contrato administrativo.

A esse propósito, ensina Sidney Bittencourt que o contratado deve acatar as determinações regulares emanadas do fiscal e de seus superiores. Não as atendendo, a rescisão é cabível. Tais recomendações devem ser formais, a não ser as hipóteses de simples intervenções do fiscal, que poderão, excepcionalmente, ser verbais.

VIII. O cometimento reiterado de faltas na sua execução.

Não se alude a uma conduta isolada, mas a uma sucessão de atitudes. Geralmente envolve questões secundárias. Aqui, conforme anota Marçal Justen Filho, o contratado perde a confiança.

Todavia, o que é cometimento reiterado? A lei não diz – temos uma zona de penumbra. Ex.: em situações normais, a prática de dez infrações caracteriza cometimento reiterado.

Nesse contexto, deve-se verificar o tempo. Por exemplo, se houver três faltas em cinco anos, não é cometimento reiterado. Há necessidade de um vínculo entre os diversos atos.

IX. A decretação de falência ou a instauração de insolvência civil.

Tal norma diz respeito à insolvência do particular ou à falência da pessoa jurídica. Tanto uma quanto a outra devem ser formalmente declaradas em ação judicial, e não meramente faladas.

Nessas hipóteses, o particular perde a posse e a administração de seus bens, sendo nulo qualquer ato posterior que pratique envolvendo seu patrimônio. Por tal motivo, torna-se inviável o prosseguimento da execução do contrato, pois está vedada a prática de ato de cunho patrimonial.

Todavia, haverá hipóteses em que a declaração de insolvência não acarretará a rescisão do contrato. Trata-se de hipótese de contratação que envolva atos de natureza não patrimonial, como, por exemplo, uma obra de arte. Nesse caso, mesmo insolvente o contratado, não haverá rescisão do contrato.

X. A dissolução da sociedade ou o falecimento do contratado.

Dissolução:

É o processo de desfazimento de uma sociedade. É o período que medeia a ocorrência dos motivos a ensejar a dissolução e seu efetivo arquivamento na Junta Comercial. Somente acarretará a rescisão do contrato se envolver lesão ao interesse público.

Falecimento do contratado:

Nesse caso, a manutenção do contrato é quase impossível.

De regra, a contratação de pessoas físicas envolve a execução de prestações pessoais, o que se inviabiliza com o falecimento.

Existe entendimento doutrinário no sentido de rescisão também no caso de ausência e interdição do contratado (omissão legislativa).

XI. A alteração social ou a modificação da finalidade ou da estrutura da empresa, que prejudique a execução do contrato.

Conforme ensina Sidney Bittencourt, as causas para a rescisão contratual desse dispositivo são de ordens distintas. A primeira, a alteração social, importa em modificações no contrato social do contratado. Aumento de capital, mudanças de sócios etc. são situações corriqueiras no cotidiano das empresas. Essas alterações deverão motivar a rescisão, se refletirem de modo negativo na execução contratual. Caso isso não ocorra, o acordo será mantido.

A segunda, modificação da finalidade da empresa, normalmente determina a imediata rescisão, uma vez que o contratado deixa de operar em determinada atividade. Se a alteração for radical, demandando o total desvio de finalidade, a rescisão será inevitável.

A terceira, modificação de estrutura, que diz respeito a uma maneira de operar, poderá ou não ser causa de rescisão. Se a modificação demonstrar que o contratado perdeu requisitos e condições para executar o objeto, não há como se evitar o desfazimento do acordo por meio da rescisão.

10.31.4. Rescisão unilateral por motivo de interesse público

Aqui, na hipótese prevista no inc. XII do art. 78, o motivo da rescisão é o "interesse público". Nessa hipótese, o administrador fundamentará o ato que subsidiará a rescisão do contrato em algum acontecimento que se encaixe no âmbito semântico da expressão "interesse público".

Não se trata, portanto, de ato punitivo, razão pela qual não há qualquer sanção a ser aplicada ao contratado.

A efetivação da rescisão por motivo de interesse público deve obedecer aos requisitos previstos em lei, tais como: *a) exposição das razões de interesse público; b) as quais devem ser de alta relevância e amplo conhecimento; c) devendo ser justificadas e determinadas pela máxima autoridade da esfera administrativa a que está subordinado o contratante; e d) exaradas no processo administrativo a que se refere o contrato.*

O fato é que o contratado nada tem a ver com esse motivo que ensejou a rescisão. Quando ele ingressou no certame licitatório, viu ali uma oportunidade de auferir lucros. Esse é o intuito da iniciativa privada.

Como fica, então, a condição desse contratado? O § 2.º do art. 79 responde à questão informando que, nessa hipótese, o contratado faz jus: *1) ao ressarcimento dos prejuízos regularmente comprovados, ou seja, indenização; 2) à devolução da garantia, caso tenha prestado; 3) aos pagamentos devidos pela execução do contrato até a data de rescisão; bem como 4) ao pagamento dos custos de desmobilização necessária.*

É importante consignar que o *STJ* possui o entendimento de que, em caso de rescisão por motivo de interesse público, o contratado faz jus também aos *lucros cessantes*[19].

---

19. "Agravo regimental no recurso especial. Processual civil. Administrativo. Contrato. Rescisão unilateral. Indenização. Lucros cessantes. Art. 79, § 2.º, do CPC. Recurso incapaz de infirmar os fundamentos da decisão agravada. Agravo desprovido. 1. Quando o Tribunal de origem não se manifestar acerca da matéria infraconstitucional discutida no recurso especial, a despeito de terem sido opostos embargos declaratórios, deve o recorrente interpor o recurso especial alegando violação do art. 535 do CPC, a fim de obter êxito nesta instância recursal. Na falta dessa alegação, incide a Súmula n.º 211/STJ. 2. O § 2.º do art. 79 da Lei n.º 8.666/1993 estabelece que, para que o particular seja indenizado pelos prejuízos decorrentes da rescisão unilateral do contrato administrativo, é necessária a comprovação da existência dos referidos prejuízos. 3. O Tribunal de Justiça estadual, soberano na análise do suporte fático-probatório,

Ainda que o motivo da rescisão não seja uma infração do contratado, deve a Administração, antes de findar o pacto, assegurar ao contratado a ampla defesa e o contraditório, conforme prescreve, sem ressalvas, o parágrafo único do art. 78 da Lei de Licitações.

Isso porque o motivo invocado como sendo de "interesse público" pode não o ser, sendo, na prática, mais uma das manobras que muitas vezes a Administração Pública imoralmente faz para beneficiar ou prejudicar terceiros. Por essa razão, o contratado poderá questionar o ato sob essas diretrizes constitucionais, e, principalmente, ficar atento à possível aplicação da teoria dos motivos determinantes, a qual, se presentes seus requisitos, desponta como causa de invalidação do ato rescisório.

10.31.5. Rescisão unilateral em razão de "caso fortuito" e "força maior"

Há divergência sobre os conceitos. Para Hely Lopes Meirelles, caso fortuito relaciona-se a eventos ligados à natureza, ao passo que força maior está relacionada com eventos ligados ao homem. Ambos os casos podem justificar a rescisão do contrato em razão da impossibilidade de sua continuidade.

Nesses casos, apesar de o art. 79, I, tratar a matéria como sendo hipótese de rescisão unilateral, despontando como cláusula exorbitante, a rigor do art. 58, II, a verdade é que essas hipóteses não despontam como motivos privilegiados, decorrentes da supremacia do interesse público, a justificar a rescisão unilateral.

Isso porque as verdadeiras cláusulas exorbitantes, corolário da supremacia do interesse público, são normas que conferem tratamento privilegiado apenas à Administração contratante, não podendo, em hipótese alguma, ser invocadas pelo contratado para a rescisão do contrato.

A ocorrência de qualquer desses eventos extraordinários pode ser invocada pelo contratado. Por tal motivo, deve-se entender que a rescisão sob esses argumentos pode ser pleiteada tanto pela Administração, quanto pelo contratado, não sendo, portanto, uma legítima hipótese de supremacia do contratante.

Havendo rescisão fundada nesse motivo, aplica-se o § 2.º do art. 79, tendo direito o contratado: *1) ao ressarcimento dos prejuízos regularmente comprovados, ou seja, inde-*

---

entendeu que foi devidamente comprovada a existência de danos com a rescisão do contrato. Desse modo, para se entender em sentido contrário, é necessário o reexame das provas e das circunstâncias de fato constantes dos autos, o que, no entanto, é vedado em sede de recurso especial, nos termos da Súmula 7/STJ. *4. Os contratos administrativos regem-se não apenas por suas cláusulas e pelas normas de direito público, mas também lhes são aplicáveis, supletivamente, as normas de direito privado (art. 54 da Lei 8.666/1993), de maneira que é devido o ressarcimento dos lucros cessantes por descumprimento de contrato administrativo* (EDcl nos EDcl no REsp 440.500/SP, 2.ª Turma, Rel. Min. Carlos Fernando Mathias – Juiz Federal Convocado do TRF 1.ª Região, *DJe* de 25.4.2008; EDcl no REsp 440.500/SP, 2.ª Turma, Rel. Min. João Otávio de Noronha, *DJ* de 13.11.2007; REsp 190.354/SP, 1.ª Turma, Rel. Min. Humberto Gomes de Barros, *DJ* de 14.02.2000; REsp 737.741/RJ, 2.ª Turma, Rel. Min. Castro Meira, *DJ* de 1.º.12.2006). 5. Agravo regimental desprovido (STJ, AgRg-REsp 929.310/RS, Proc. 2007/0016416-2, 1.ª T., Rel. Min. Denise Arruda, *DJ* 12.11.2009).

nização; 2) à devolução da garantia, caso tenha prestado; 3) aos pagamentos devidos pela execução do contrato até a data de rescisão; bem como 4) ao pagamento dos custos de desmobilização necessária.

10.32. RESCISÃO BILATERAL DO CONTRATO

A rescisão bilateral tem lugar quando o fim do pacto se dá por acordo de vontade das partes, de forma amigável.

A razão geralmente é o fato de ambas as partes não possuírem mais interesse na execução do contrato, deixando a Lei essa margem de liberdade para o administrador, nessas circunstâncias, tentar rescindir o contrato. Tentar, pois, ao contrário das causas de rescisão unilateral, cuja pretensão só depende da vontade da Administração, na hipótese de rescisão bilateral é condição necessária a concordância do contratado.

Para formalizar a extinção do pacto, é necessário que a pretensão de rescindir amigavelmente pela Administração seja precedida de autorização escrita e fundamentada da autoridade competente, conforme prescreve o § 1.º do art. 79 da Lei 8.666/1993.

Após concluir a rescisão amigável, deve o administrador dar cumprimento ao disposto na parte final do inc. II do art. 79 no sentido de reduzir o referido acordo no processo licitatório.

Por fim, uma última observação.

O motivo da rescisão amigável é assentado no fato de que ambas as partes, que não praticaram qualquer infração legal ou contratual, queiram rescindir o pacto. Assim, não poderá a Administração, presentes os requisitos para a rescisão unilateral por culpa do contratado, compor com este a rescisão bilateral. Em havendo infração do contratado, deverá a Administração rescindir unilateralmente, aplicando a devida penalidade ao infrator, eis que o interesse público e o poder punitivo da Administração são indisponíveis.

10.33. RESCISÃO POR CULPA DA ADMINISTRAÇÃO

As hipóteses em que o contratado poderá pedir a rescisão contratual em razão de ato infracional da contratante estão previstas nos incs. XIII a XVI do art. 78 da Lei de Licitações.

Nessas hipóteses o contratado não terá o direito de rescindir unilateralmente o pacto como o faz a Administração Pública em razão de expressa previsão nesse sentido.

Por isso, tais motivos despontaram como sendo o fundamento do pedido da ação judicial a ser proposta pelo contratado, caso este queira a rescisão.

Os casos referidos nos incisos supracitados são: *1) alteração unilateral redutora acima do limite legal, ou seja, em mais de 25% do valor inicialmente estipulado; 2) suspensão da execução do contrato por mais de 120 dias; 3) atraso no pagamento referente a objeto já executado ou recebido em mais de 90 dias; e 4) ato concreto, ou omissão específica da Administração que inviabilize a execução do contrato, que é chamado, pela doutrina pátria, de Teoria do Fato da Administração.*

10.34. RELAÇÃO ENTRE TEORIA DA IMPREVISÃO, CASO FORTUITO, FORÇA MAIOR, FATO DO PRÍNCIPE E FATO DA ADMINISTRAÇÃO E RESCISÃO DO CONTRATO ADMINISTRATIVO

10.34.1. Teoria da imprevisão[20]

A teoria da imprevisão está relacionada a agravos econômicos sofridos em razão de fatos imprevisíveis produzidos por forças alheias às pessoas contratantes, desestabilizando a harmonia econômico-financeira do contrato. É o caso, no exemplo de Celso Antônio Bandeira de Mello, de uma acentuada elevação do preço de matérias-primas causada por desequilíbrios econômicos.

Nesse caso, o contratado faz jus à plena restauração do equilíbrio contratual, conforme enuncia o art. 65, II, "d", da Lei 8.666/1993.

Segundo doutrina Diógenes Gasparini, são características da teoria da imprevisão: *1) a ocorrência de um evento imprevisível, ou previsível, porém de consequências incalculáveis; 2) que não tenha sido direta ou indiretamente provocado pelas partes contratantes; 3) cujos efeitos tornem inviável a execução nos termos inicialmente contratados; 4) razão pela qual pode ensejar sua extinção.*

10.34.2. Caso fortuito e força maior

Para nós, adotando a posição majoritária, pelo menos a da temática das "licitações e contratos administrativos", a *força maior* estará configurada se o evento imprevisível que tornou impossível a execução normal do contrato é proveniente de "evento humano", ao passo que o *caso fortuito* se refere a "evento da natureza".

Para que essas hipóteses possam efetivamente ser utilizadas como causa para a rescisão contratual, deve a ocorrência de tais eventos extraordinários ser regularmente comprovada, sendo demonstrado que esta impede a execução do contrato, conforme condiciona o inc. XVII do art. 78 da Lei de Licitações.

É possível a ocorrência desses eventos extraordinários não implicar a rescisão do contrato. Portanto, é um erro tomá-los como sendo unicamente hipóteses de rescisão.

Tal asserção é facilmente percebida pela leitura do art. 65, II, "d", bem como do art. 57, § 1.º, II, da Lei de Licitações.

A primeira hipótese supracitada se refere à possibilidade de alteração bilateral do contrato, por meio de aditamento, para restabelecer a relação que as partes pactuaram inicialmente entre os encargos do contratado e a retribuição da Administração para a justa remuneração da obra, serviço ou fornecimento, objetivando a manutenção do equilíbrio econômico-financeiro inicial do contrato, ao passo que a segunda desponta como motivo para a prorrogação da execução do contrato.

10.34.3. Fato do príncipe

Outro fenômeno que pode ter efeitos sobre a execução do contrato é o conhecido "fato do príncipe". Aqui, trata-se de ato político, praticado por um agente político, cujo

---

20. Há parte da doutrina que entende que a teoria da imprevisão é gênero, que possui como espécies o fato do príncipe, o caso fortuito e a força maior.

objetivo geralmente é nobre e relacionado a políticas cambiais, incentivo à industrialização e ao comércio, por exemplo. Enfim: trata-se de ato geral, abstrato, que visa a beneficiar a coletividade como um todo.

Ocorre que esse ato acaba por, *reflexamente*, atingir a execução do contrato administrativo, ora requerendo que haja o seu reequilíbrio econômico-financeiro, conforme prevê o art. 65, II, "b", combinado com seu § 5.º, ambos da Lei de Licitações, ora importando em rescisão do contrato, quando não for possível ou vantajosa a sua continuidade.

Sua principal base legal encontra-se prevista no § 5.º do art. 65 da Lei 8.666/1993, o qual enuncia que quaisquer tributos ou encargos legais criados, alterados ou extintos, bem como a superveniência de disposições legais, quando ocorridas após a data da apresentação da proposta, de comprovada repercussão nos preços contratados, implicarão a revisão destes para mais ou para menos, conforme o caso.

Assim, apenas para elucidar, seria hipótese de aplicação da teoria do fato do príncipe quando o Presidente da República, com base no art. 153, § 1.º, da Constituição Federal, por meio de decreto, subitamente majora a alíquota do imposto de importação de um produto de 5% para 100% com o objetivo de fomentar o crescimento da economia, indústria e comércio nacional.

Esse ato possui uma finalidade nobre, um objetivo político, porém reflexamente atinge e torna inviável a execução de um contrato administrativo, a exemplo de um fornecimento de bens, cuja matéria-prima era composta por aquele produto importado e que teve sua alíquota altamente majorada.

Esse argumento, devidamente provado, desponta como causa para se pleitear o reequilíbrio econômico do contrato ou a rescisão deste.

Conforme assevera Diógenes Gasparini, o fato do príncipe, em países federados como é o Brasil, só se configura se o ato ou fato derivar da própria Administração Pública contratante. Por sua vez, entende José dos Santos Carvalho Filho que "príncipe" é o Estado ou qualquer de suas manifestações internas, razão pela qual defende que não importa de onde proveio o ato, ou seja, mesmo que o ato seja federal e o contrato afetado reflexamente seja estadual ou municipal, aplica-se a teoria do fato do príncipe.

10.34.4. Fato da Administração

No art. 78, XVI, tem-se uma hipótese de rescisão motivada por conduta ilegal e culposa da Administração. Trata-se do comportamento da Administração relacionado à não liberação de área, local ou objeto para execução de obra, serviço ou fornecimento, nos prazos contratuais, bem como das fontes de materiais naturais especificadas no projeto. Tal causa de extinção do contrato administrativo é conhecida pela doutrina como fato da Administração.

Aqui, ao contrário do fato do príncipe, o comportamento da Administração é ilegal e configura um descumprimento do pacto contratual que inviabiliza a execução do contrato por parte do contratado, razão pela qual ele pode pleitear a rescisão do pacto e, caso comprovado o dano experimentado, a reparação deste.

10.34.5. Diferença entre fato do príncipe e fato da Administração

Agora importa distinguir a "teoria do fato do príncipe" da "teoria do fato da Administração".

Tendo em vista que ambas já foram de certa forma expostas, apresentaremos suas diferenças quanto a quatro critérios diversos de investigação.

1. *Quem produz o ato ou se omite em relação à prática do ato.*

Na teoria do fato do príncipe, o ato é produzido por um agente político. Trata-se de ato de governo, ato político, que tanto pode ser do Poder Executivo, quanto do Legislativo, que não fazem parte diretamente da relação contratual.

Já na teoria do fato da Administração, não se trata de prática de ato, mas de omissão específica que impede a execução do contrato. Quem se omite, no caso, é a própria contratante.

2. *Quanto à natureza do ato ou omissão.*

Na hipótese de fato do príncipe, trata-se de ato geral, abstrato e, como registrado, realizado no exercício de uma função política, e não meramente administrativa.

Já no fato da Administração, trata-se de não cumprimento de uma obrigação contratual por parte da contratante, configurando motivo para a rescisão do contrato administrativo.

3. *Quanto ao efeito sobre o contrato administrativo.*

Na teoria do fato do príncipe o ato é praticado visando a um fim geralmente de interesse público, sendo que, reflexamente, tal efeito atinge o contrato administrativo. Não é da intenção de quem pratica essa conduta prejudicar a execução do contrato. Muitas vezes o agente sequer sabe da sua existência.

Já na teoria do fato da Administração, a omissão da Administração contratante não reflete na inexecução do contrato, mas é a própria causa da impossibilidade de cumpri-lo. Por isso desponta como a própria razão para se pedir a rescisão contratual.

4. *Quanto à indenização e ao seu fundamento.*

Em ambos os casos a indenização será devida ao contratado, todavia com fundamentos diferentes.

No caso da teoria do fato da Administração, o motivo da indenização decorre da prática de ato infracional da contratante, sendo o seu fundamento expresso no § 2.º do art. 79 da Lei 8.666/1993.

Por sua vez, o fundamento da indenização no fato do príncipe não decorre de ato ilegal ou violação contratual por parte da contratante, ou mesmo de quem praticou a conduta, pois esta é legal ou constitucional, a qual busca satisfazer os interesses da coletividade.

Por isso, da mesma forma como ocorre na desapropriação, o fundamento é justamente recompor o prejuízo do administrado em razão de atividade lícita do Estado voltada para o bem comum. Aqui se trata de responsabilidade civil por ato lícito, ao passo que a outra é de responsabilidade por ato ilícito.

Por fim, embasado em ambas as teorias, é possível ao contratado pleitear a rescisão do contrato.

10.35. NULIDADE DO CONTRATO ADMINISTRATIVO

Segundo o artigo 59 da lei de licitações, a declaração de nulidade do contrato administrativo opera retroativamente impedindo os efeitos jurídicos que ele, ordinariamente, deveria produzir, além de desconstituir os já produzidos.

Por sua vez, o seu parágrafo único enuncia que a nulidade não exonera a Administração do dever de indenizar o contratado pelo que este houver executado até a data em que ela for declarada e por outros prejuízos regularmente comprovados, contanto que não lhe seja imputável, promovendo-se a responsabilidade de quem lhe deu causa.

O Superior Tribunal de Justiça, no AgRg no REsp 1.394.161-SC[21], entendeu que se for reconhecida a nulidade do contrato administrativo por ausência de prévia licitação, a Administração Pública, em regra, tem o dever de indenizar os serviços prestados pelo contratado. Todavia, a Administração Pública não terá o dever de indenizar os serviços prestados pelo contratado na hipótese em que este tenha agido de má-fé ou concorrido para a nulidade do contrato.

10.36. SÍNTESE DO TEMA

CONTRATOS ADMINISTRATIVOS	
Conceito	É o ajuste que a Administração Pública (direta ou indireta), agindo nessa qualidade, estabelece com outra parte (pessoa física ou jurídica), visando à realização de objetivos do interesse público, em condições estabelecidas pela própria Administração Pública e sob o regime jurídico administrativo.
Características	• Consensual: resulta do acordo de vontade das partes, e não de um ato unilateral e impositivo da Administração Pública. • Formal e escrito, salvo nas compras de pequeno valor e entrega imediata e com especiais requisitos a serem observados. • Oneroso: preverá a remuneração dos contratantes, nos termos combinados. • Comutativo: ambas as partes assumem direitos e obrigações recíprocas. • Intuitu personae: deve ser executado pelo próprio contratado, vedada, em princípio, a sua substituição por outrem ou a transferência do ajuste. • O contrato administrativo possui outra característica que lhe é própria, apesar de externa, qual seja, a exigência de prévia licitação, só dispensável nos casos expressamente previstos em Lei (arts. 24 e 25 do Estatuto das Licitações).
Regime jurídico	• Regido pelo Regime Jurídico Público, no qual se destacam os princípios da supremacia do interesse público sobre o privado e a indisponibilidade do interesse público. A existência das cláusulas exorbitantes nos contratos administrativos é decorrência desta sujeição.

---

21. STJ. 2ª Turma. AgRg no REsp 1.394.161-SC, Rel. Min. Herman Benjamin, julgado em 8/10/2013 (Info 529)

	CONTRATOS ADMINISTRATIVOS	
Formalização	• Disciplinada nos arts. 60 e 61 do Estatuto das Licitações. • O local de lavratura do contrato administrativo será nas repartições interessadas, as quais manterão arquivo cronológico dos seus autógrafos e registro sistemático do seu extrato. **Exceção**: os contratos relativos a direitos reais sobre imóveis serão lavrados em cartório de notas. • A formalização deve ser, em regra, por escrito, sob pena de nulidade e de não produzir efeitos. **Exceção**: quando se tratar de pequenas compras, se presentes os seguintes requisitos: ser a aquisição de pronto pagamento inserto em valor não superior a 5% do limite estabelecido no art. 23, II, "a", da Lei de Licitações, ou seja, R$ 4.000,00, e feita em regime de adiantamento. • Os contratos deverão mencionar os nomes das partes e os de seus representantes, a finalidade, o ato que autorizou a sua lavratura, o número do processo da licitação, da dispensa ou da inexigibilidade, a sujeição dos contratantes às normas da Lei 8.666/1993 e às cláusulas contratuais.	
Execução	• A execução do contrato deverá ser acompanhada e fiscalizada por um representante da Administração especialmente designado. O contratado pode contratar um terceiro para assistir e subsidiar o representante da Administração.	
	Garantias para a execução do contrato	• Previsão: art. 56 da Lei 8.666/1993. • Quem for realizar o procedimento licitatório poderá, a critério da autoridade competente, exigir no instrumento convocatório que o contratado preste garantia para a execução do contrato. • Garantias conferidas pela lei: a) caução em dinheiro ou em títulos da dívida pública, devendo estes ter sido emitidos sob a forma escritural, mediante registro em sistema centralizado de liquidação e de custódia autorizado pelo Banco Central do Brasil e avaliados pelos seus valores econômicos, conforme definido pelo Ministério da Fazenda; b) seguro-garantia; ou c) fiança bancária.
	Garantias para a execução do contrato	• Pode a Administração exigir, via de regra, garantia de até 5% do valor do contrato, conforme enuncia o § 2.º do art. 56. Há exceção quando se tratar de obras, serviços e fornecimentos de grande vulto envolvendo alta complexidade técnica e riscos financeiros de até 10% do valor do contrato. Nesse caso, deve a Administração demonstrar tal fato por meio de parecer tecnicamente aprovado pela autoridade competente, sob pena de ilegalidade de sua exigência acima da regra dos 5%. • Entendemos que o contratado não é obrigado a apresentar a mesma garantia no valor de 5%, podendo prestar parte sob a forma de caução em dinheiro e parte em forma de fiança bancária, por exemplo

CONTRATOS ADMINISTRATIVOS		
Execução	Vícios e reparos durante a execução do contrato	Durante a execução, o contratado é obrigado a reparar, corrigir, remover, reconstituir ou substituir, às suas expensas, no total ou em parte, o objeto do contrato em que se verificarem vícios, defeitos ou incorreções resultantes da execução ou de materiais empregados. É o que dispõe expressamente o art. 69 da Lei 8.666/1993.
	Responsabilidade por danos causados pelo contratado à Administração e a terceiros	O contratado é responsável pelos danos causados diretamente à Administração ou a terceiros, decorrentes de sua culpa ou dolo na execução do contrato, não excluindo ou reduzindo essa responsabilidade a fiscalização ou o acompanhamento pelo órgão interessado. • A responsabilidade do contratado é subjetiva ou objetiva? A resposta vai depender do tipo de serviço que estiver sendo prestado. 1. Em sendo o caso de prestação de serviços públicos – o que se dá por meio de contrato de concessão –, a responsabilidade do contratado é objetiva, nos termos do art. 37, § 6.º, da Constituição Federal. 2. Caso se trate de prestação de serviços para a própria Administração, a responsabilidade é subjetiva.

CONTRATOS ADMINISTRATIVOS			
Execução	Responsabilidade por encargos trabalhistas, fiscais, comerciais e previdenciários resultantes da execução do contrato		Durante a execução do contrato, principalmente o continuado, o contratado assume muitas obrigações, tais como trabalhistas, comerciais, fiscais e previdenciárias. Todavia, há uma exceção prevista no comando normativo do § 2.º do art. 71 da Lei de Licitações[22], em que a Administração Pública responde solidariamente com o contratado em relação aos encargos previdenciários. Art. 71. O contratado é responsável pelos encargos trabalhistas, previdenciários, fiscais e comerciais resultantes da execução do contrato. (...) § 2.º A Administração Pública responde solidariamente com o contratado pelos encargos previdenciários resultantes da execução do contrato, nos termos do art. 31 da Lei n.º 8.212, de 24 de julho de 1991.
Duração e prorrogação dos contratos administrativos			• Previsão: art. 57 da Lei de Licitações. • A duração dos contratos administrativos fica adstrita à vigência dos respectivos créditos orçamentários, ou seja, todo contrato, em princípio, deve ter duração máxima de um ano, visto que o art. 34 da Lei 4.320/1964 dispõe que o exercício financeiro vai de 1.º de janeiro a 31 de dezembro. A regra é que o prazo de duração dos contratos administrativos não ultrapassasse a vigência dos respectivos créditos orçamentários, porém a Lei 8.666/1993 traz algumas exceções, podendo o contrato se estender além desse limite.

---

22. Com relação aos encargos trabalhistas, fiscais e comerciais, objeto do § 1.º do aludido art. 71, a regra da não transferência de tal responsabilidade à Administração Pública contratante foi reconhecida como constitucional pelo STF no julgamento da ADC 16 (Pleno, rel. Min. Cezar Peluso, j. 24.11.2010). A própria Corte assentou, no entanto, em julgamentos posteriores, que a responsabilidade subsidiária da Administração Pública estará resguardada nos casos em que ela não tenha fiscalizado o fiel cumprimento do contrato pelas empresas prestadoras de serviço, também no que diz respeito às obrigações trabalhistas, respondendo, assim, in eligendo, in vigilando ou in omittendo (AgRg na Rcl 14.947/RS, Pleno, Rel. Min. Celso de Mello, j. 29.05.2013). A Corte vai reapreciar a matéria no RE 603.397/SC, com repercussão geral já reconhecida (rel. Min. Rosa Weber).

	CONTRATOS ADMINISTRATIVOS
Duração e prorrogação dos contratos administrativos	São elas: • Projetos cujos produtos estejam contemplados nas metas estabelecidas no Plano Plurianual. Refere-se aos projetos de longa duração, cuja inserção no plano plurianual faz presumir que a contratação retrata uma avaliação meditada e planejada pelo Estado. • Prestação de serviços a serem executados de forma contínua. Por serviços a serem executados de forma contínua entenda-se aqueles que, por serem imprescindíveis às atividades do órgão ou da entidade pública, não devem ser paralisados. São aqueles, segundo o posicionamento do Tribunal de Contas da União, caracterizados pela impossibilidade de sua interrupção ou suspensão, sob pena de acarretar prejuízos ou danos insuperáveis. Por essa razão, entende a referida Corte de Contas que não se deve interromper o contrato, mesmo que nulo, até que se faça uma nova licitação. • Aluguel de equipamentos e utilização de programas de informática. Aqui, pode-se prorrogar a execução do contrato pelo prazo de até 48 meses. Durante um tempo se questionou quais tipos de equipamentos poderiam ser alugados. Seriam quaisquer equipamentos ou apenas os de informática? Hoje a questão está superada e a palavra equipamentos prevista no art. 57, IV, apenas se refere aos de informática.
Prorrogações vinculadas do § 1.º do art. 57 da Lei 8.666/1993	Durante a execução do contrato administrativo podem ocorrer determinados eventos que, direta ou indiretamente, influenciem no cumprimento regular do contrato. Se o contratado não concorreu para que isso acontecesse, terá ele direito à prorrogação do prazo para execução de seu contrato. Trata-se de prorrogação vinculada, cuja negativa por parte da Administração Pública pode ser objeto de ataque por meio de representação (art. 109, II). As hipóteses são as que estão previstas nos incisos do § 1.º do art. 57 da Lei de Licitações.
Alteração do contrato administrativo (art. 65 da Lei 8.666/1993)	**1. Unilateral (art. 58, I, da Lei 8.666/1993)** Trata-se de uma cláusula exorbitante, a qual decorre do princípio da supremacia do interesse público. Existem limites legais formais, cujas hipóteses estão previstas na legislação. As possibilidades de alteração unilateral do contrato administrativo são restritas e não amplas. Trata-se, pela exegese que se extrai dos comandos legais do art. 65, I, "a" e "b", da Lei 8.666/1993, de alterações unilaterais: a) qualitativas e b) quantitativas. a) Qualitativas Não implicam em acréscimo numérico do objeto licitado e contratado, mas sim em modificação do projeto ou das especificações, para melhor adequação técnica aos objetivos da Administração Pública.

	CONTRATOS ADMINISTRATIVOS
Alteração do contrato administrativo (art. 65 da Lei 8.666/1993)	b) Quantitativas Há alteração em relação à quantidade do objeto anteriormente estabelecida, não alterando as suas especificações. 1) É possível a alteração quantitativa do objeto quando se tratar de obras, serviços e compras. 2) Tem como regra – é impassível de questionamento por parte do contratado – até 25% para mais ou para menos do valor previamente contratado atualizado. 3) Pode este limite se estender até 50% (apenas para majoração) quando o objeto licitado e contratado for reforma de edifício ou de equipamento.
	2. Bilateral (art. 65, II, da Lei 8.666/1993) Cabimento 1) For conveniente a substituição da garantia de execução. 2) For necessária a modificação do regime de execução da obra ou serviço, bem como do modo de fornecimento, em face de verificação técnica da inaplicabilidade dos termos contratuais originários. 3) For necessária a modificação da forma de pagamento, por imposição de circunstâncias supervenientes, mantido o valor inicial atualizado, vedada a antecipação do pagamento, com relação ao cronograma financeiro fixado, sem a correspondente contraprestação de fornecimento de bens ou de obra ou serviço. 4) For para estabelecer a relação que as partes pactuaram inicialmente entre os encargos do contratado e a retribuição da Administração para a justa remuneração da obra, serviço ou fornecimento, objetivando a manutenção do equilíbrio econômico-financeiro inicial do contrato, na hipótese de sobrevierem fatos imprevisíveis, ou previsíveis, porém de consequências incalculáveis, retardadores ou impeditivos da execução do ajustado, ou, ainda, em caso de força maior, caso fortuito ou fato do príncipe, configurando álea econômica extraordinária e extracontratual.
Rescisão do contrato administrativo	**1. Motivos para rescisão do contrato administrativo:** • O desaparecimento de uma das partes, como, por exemplo, a morte do contratado. • Exaurimento do contrato, com a sua execução. • Rescisão do pacto. **2. O contrato pode ser rescindido (art. 79 da Lei 8.666/1993):** • Unilateralmente. • Por acordo entre as partes, ou seja, amigavelmente. • Por decisão judicial.

CONTRATOS ADMINISTRATIVOS		
Rescisão do contrato administrativo	Rescisão unilateral	**Conceito** — Rescisão feita direta e unilateralmente por uma das partes. No caso, em razão da desigualdade formal que existe nos contratos administrativos, tal prerrogativa cabe ao contratante, que é a Administração Pública. Trata-se de uma cláusula exorbitante (art. 58 da Lei 8.666/1993).
		Culpa do contratado — Rescisão unilateral por culpa do contratado: Trata-se de uma infração legal ou contratual do contratado que fira o interesse público. A rescisão ocorre com o objetivo de tentar evitar a violação do interesse público.
		Causas de rescisão unilateral do contrato por culpa do contratado (incs. I a XI e XVIII do art. 78 da Lei 8.666/1993) I – O não cumprimento de cláusulas contratuais, especificações, projetos ou prazos. II – O cumprimento irregular de cláusulas contratuais, especificações, projetos e prazos. III – A lentidão no seu cumprimento, levando a Administração a comprovar a impossibilidade da conclusão da obra, do serviço ou do fornecimento, nos prazos estipulados. IV – Atraso injustificado no início da obra, serviço ou fornecimento. V – A paralisação da obra, do serviço ou do fornecimento, sem justa causa e prévia comunicação à Administração. VI – Subcontratação total ou parcial do seu objeto, a associação do contrato com outrem, a cessão ou transferência, total ou parcial, bem como a fusão, cisão ou incorporação, não admitidas no edital e no contrato. VII – Desatendimento às determinações regulares da autoridade designada para acompanhar e fiscalizar a sua execução, assim como às de seus superiores. VIII – O cometimento reiterado de faltas na sua execução. IX – A decretação de falência ou a instauração de insolvência civil. X – A dissolução da sociedade ou o falecimento do contratado. XI – A alteração social ou a modificação da finalidade ou da estrutura da empresa, que prejudique a execução do contrato. XVIII – Descumprimento do disposto no inc. V do art. 27, sem prejuízo das sanções penais cabíveis.

		**CONTRATOS ADMINISTRATIVOS**	
Rescisão do contrato administrativo	Rescisão bilateral do contrato	Rescisão unilateral em razão de "caso fortuito" e "força maior" (art. 78, XVII)	É aquela que ocorre por estes motivos, a exemplo de um terremoto destruindo uma construção (força maior) ou um atentado terrorista destruindo uma obra (caso fortuito). Por tal motivo, deve-se entender que a rescisão sob esses argumentos pode ser pleiteada tanto pela Administração quanto pelo contratado, não sendo, portanto, uma legítima hipótese de supremacia do contratante. • Tem aplicabilidade nesses casos o § 2.º do art. 79 da Lei 8.666/1993. Tem direito o contratado: 1) ao ressarcimento dos prejuízos regularmente comprovados, ou seja, indenização; 2) à devolução da garantia, caso tenha prestado; 3) aos pagamentos devidos pela execução do contrato até a data de rescisão; bem como 4) ao pagamento dos custos de desmobilização necessária.
		Conceito	É aquela que ocorre quando o fim do pacto se dá por acordo de vontade das partes, de forma amigável.
		Formalização	É necessário que a pretensão de rescindir amigavelmente pela Administração seja precedida de autorização escrita e fundamentada da autoridade competente, conforme prescreve o § 1.º do art. 79 da Lei 8.666/1993.
		Rescisão por culpa da Administração	• Previsão nos incs. XIII a XVI do art. 78 da Lei de Licitações. 1) Alteração unilateral redutora acima do limite legal, ou seja, em mais de 25% do valor inicialmente estipulado. 2) Suspensão da execução do contrato por mais de 120 dias. 3) Atraso no pagamento referente a objeto já executado ou recebido em mais de 90 dias. 4) Ato concreto, ou omissão específica da Administração, que inviabilize a execução do contrato, que é chamado, pela doutrina pátria, de Teoria do Fato da Administração.
		Teoria da imprevisão	São características da teoria da imprevisão: 1) A ocorrência de um evento imprevisível, ou previsível, porém de consequências incalculáveis. 2) Que não tenha sido direta ou indiretamente provocado pelas partes contratantes. 3) Cujos efeitos tornem inviável a execução nos termos inicialmente contratados. 4) Razão pela qual pode ensejar a extinção do contrato.

CONTRATOS ADMINISTRATIVOS		
Rescisão do contrato administrativo	Fato do príncipe	Trata-se de ato político, praticado por um agente político, cujo objetivo geralmente é nobre e relacionado a políticas cambiais, incentivo à industrialização a ao comércio, por exemplo. Enfim: trata-se de ato geral, abstrato, que visa a beneficiar a coletividade como um todo, porém, indiretamente, atinge a execução do contrato, inviabilizando-a nestas novas condições.
	Fato da Administração	É quando a própria Administração inviabiliza a execução do contrato, não liberando, por exemplo, o local para o início dos serviços contratados. Está previsto no art. 78, XVI, da Lei 8.666/1993.
	Diferença entre fato do príncipe e fato da Administração	
	Fato do príncipe	Fato da Administração
	1) Quem produz o ato ou se omite em relação à prática do ato	
	Na teoria do fato do príncipe, o ato é produzido por um agente político. Trata-se de ato de governo, ato político.	Já na teoria do fato da Administração, não se trata de prática de ato, mas de omissão específica que impede a execução do contrato. Quem se omite no caso é a própria contratante.
	2) Quanto à natureza do ato ou omissão	
	Na hipótese de fato do príncipe, trata-se de ato geral, abstrato, realizado no exercício de uma função política e não meramente administrativa.	Já no fato da Administração, trata-se de não cumprimento de uma obrigação contratual por parte do contratante, configurando motivo para a rescisão do contrato administrativo.
	3) Quanto ao efeito sobre o contrato administrativo	
	Na teoria do fato do príncipe o ato é praticado visando a um fim geralmente de interesse público, sendo que, reflexamente, tal efeito atinge o contrato administrativo. Não é da intenção de quem pratica essa conduta prejudicar a execução do contrato. Muitas vezes o agente sequer sabe da sua existência.	Já na teoria do fato da Administração, a omissão da Administração contratante não reflete na inexecução do contrato, mas é a própria causa da impossibilidade de cumpri-lo. Por isso desponta como a própria razão para se pedir a rescisão contratual.

CONTRATOS ADMINISTRATIVOS	
Rescisão do contrato administrativo	4) Quanto à indenização e ao seu fundamento
	Por sua vez, o fundamento da indenização no fato do príncipe não decorre de ato ilegal ou violação contratual por parte da contratante, ou mesmo de quem praticou a conduta, pois esta é legal ou constitucional, a qual busca satisfazer os interesses da coletividade. / No caso da teoria do fato da Administração, o motivo da indenização decorre da prática de ato infracional da contratante, sendo o seu fundamento expressamente expresso no § 2.º do art. 79 da Lei 8.666/1993.

Sanções Administrativas na Lei de Licitações	
As sanções previstas no art. 87 da Lei de Licitações são:	1) Advertência. 2) Multa. 3) Suspensão temporária. 4) Declaração de inidoneidade.
1) Advertência	Dentre as sanções previstas, a advertência é a mais tênue. Utilizada para punição leve, trata-se de uma censura moral que deve ser adotada diante de pequenas falhas na execução do contrato. A princípio, não acarreta a rescisão do contrato, porém o cometimento reiterado das faltas que ensejam a aplicação de advertência pode culminar na rescisão.
2) Multa	Esta penalidade atinge o patrimônio do contratado e deve estar devidamente estabelecida no edital ou no instrumento contratual, sob pena de ser inviável sua aplicação. O valor da multa deve ser razoável. Uma vez aplicada, pode ser descontada da garantia ou dos valores pendentes a serem pagos ao contratado. A multa é a única penalidade que pode ser cumulada com qualquer outra sanção.
3) Suspensão temporária	Acarreta a proibição do licitante de participar de licitações e de contratar com a Administração por prazo de até dois anos. Geralmente, as sanções previstas até então são aplicadas para a punição de atos culposos, pois quando o ato é praticado com dolo, a sanção é a declaração de inidoneidade.

Sanções Administrativas na Lei de Licitações	
4) Declaração de inidoneidade	É a penalidade aplicável às faltas graves do contratado inadimplente. Tal sanção impede de contratar com a Administração Pública enquanto perdurarem os motivos determinantes da punição ou até que seja promovida a reabilitação[23]. Somente pode ser aplicada por altas autoridades da esfera administrativa, sendo que seus efeitos, ao contrário da suspensão temporária, estendem-se a toda a Administração Pública, conforme pode se aferir pela leitura do art. 87, IV, combinado com o art. 6.º, XI, da Lei 8.666/1993[24].
Obrigatoriedade na aplicação das sanções	É vedado à Administração relevar ou fazer "vistas grossas" ao ato ilegal que possa ensejar a aplicação de sanções administrativas, por se tratar de interesse público, portanto, indisponível, sendo inclusive ato ilegal de improbidade não levar a cabo processo de punição de contratos que venham a infringir as regras contratuais.

Controle das licitações e contratos administrativos pelo Tribunal de Contas	
A Administração Pública, como gestora, pode ser controlada por diversos meios. Dentre eles:	1) O controle interno, baseado no princípio da autotutela, em que a própria Administração se controla.
	2) O controle realizado pelo Poder Judiciário, que será efetivado mediante provocação do interessado quando a Administração praticar ato que lese ou ameace direito dos administrados (art. 5.º, XXXV, da Constituição Federal), bem como pelo Tribunal de Contas.
O Tribunal de Contas tem poderes para determinar os rumos do procedimento licitatório em casos de irregularidades, podendo inclusive suspender a licitação.	
O meio para levar ao conhecimento do Tribunal de Contas irregularidades no procedimento licitatório é a representação, que pode ser apresentada por qualquer licitante, contratado ou pessoa física ou jurídica. Essa representação não se confunde com a representação prevista no art. 109, II, da Lei de Licitações, a qual possui natureza de recurso, cabível contra ato que não possa ser atacado por recurso hierárquico.	

---

23. A reabilitação pode ser requerida depois de dois anos da aplicação da sanção, devendo ser comprovada, como pressuposto dela, que o contratado ressarciu a Administração pelos prejuízos resultantes da infração (art. 87, IV, c/c o § 3.º).
24. O TCU também pode aplicar a pena de inidoneidade para licitar nos casos de fraude comprovada à licitação (art. 46 da Lei 8.443/1993). Essa punição perdura pelo prazo de 5 (cinco) anos, e só vale para licitação na Administração Pública Federal. O STF já entendeu que tal sanção não se confunde com aquela prevista no art. 87, IV, da Lei de Licitações (AgRg na Pet 3.606/DF, Pleno, rel. Min. Sepúlveda Pertence, j. 21.09.2006).

Controle das licitações e contratos administrativos pelo Tribunal de Contas

Quanto ao controle que o Tribunal de Contas exerce sobre os contratos administrativos, percebe-se, pela leitura do § 1.º do art. 71 da Constituição Federal, que esse órgão não possui competência para a sustação do contrato, cuja competência é do Congresso Nacional, que solicitará, de imediato, ao Poder Executivo as medidas cabíveis. Todavia, se, no prazo de 90 dias, o Congresso Nacional ou o Poder Executivo não sustar o contrato, poderá o Tribunal de Contas da União fazê-lo.

Crimes Licitatórios

- Previsão: arts. 89 a 98 da Lei 8.666/1993.
- A maioria diz respeito a crimes contra o sistema licitatório, e a minoria contra os contratos administrativos.
- A pena estabelecida é sempre de detenção e multa, ou seja, não há pena privativa de liberdade de reclusão prevista para os crimes licitatórios.

- Os crimes são de ação penal pública incondicionada (art. 100), ou seja, cabe ao Ministério Público ingressar com a denúncia. Porém, é aplicável a ação privativa subsidiária da pública (art. 103).
- As multas penais variam de 2 a 5% do valor do contrato – revertem-se à fazenda da entidade licitante (art. 99).
- Sujeitam, ainda, os responsáveis (tentativa ou consumação) à perda do cargo, emprego ou mandato eletivo, conforme enunciam os arts. 83 e 84 do Estatuto das Licitações.

10.37. QUESTÕES

1. **(Analista Administrativo/ANATEL – CESPE/2014) Uma empresa prestadora de serviço de terceirização de mão de obra para a administração pública fechará as portas por problemas de caixa. A decisão afetará milhares de empregados da prestadora lotados em diversos órgãos do governo federal, entre ministérios, agências reguladoras, autarquias e fundações. Conforme denúncia veiculada em jornal de grande circulação, empregados da empresa lotados em vários órgãos da administração direta e indireta não receberam o salário no mês passado.**

    Com base nas informações acima, julgue o item a seguir.

    A falência da empresa prestadora do serviço de terceirização constitui motivo para a rescisão do contrato por ato unilateral e escrito da administração pública.

2. **(Analista Administrativo/ANATEL – CESPE/2014) Uma empresa prestadora de serviço de terceirização de mão de obra para a administração pública fechará as portas por problemas de caixa. A decisão afetará milhares de empregados da prestadora lotados em diversos órgãos do governo federal, entre ministérios,**

agências reguladoras, autarquias e fundações. Conforme denúncia veiculada em jornal de grande circulação, empregados da empresa lotados em vários órgãos da administração direta e indireta não receberam o salário no mês passado.

Com base nas informações acima, julgue o item a seguir.

Rescindido o contrato com a empresa prestadora do serviço, a administração pública poderá contratar por inexigibilidade de licitação o remanescente do contrato de terceirização.

3. **(Analista Administrativo/ANATEL – CESPE/2014)** Uma empresa prestadora de serviço de terceirização de mão de obra para a administração pública fechará as portas por problemas de caixa. A decisão afetará milhares de empregados da prestadora lotados em diversos órgãos do governo federal, entre ministérios, agências reguladoras, autarquias e fundações. Conforme denúncia veiculada em jornal de grande circulação, empregados da empresa lotados em vários órgãos da administração direta e indireta não receberam o salário no mês passado.

Com base nas informações acima, julgue o item a seguir.

Rescindido o contrato com a empresa prestadora do serviço, a administração pública poderá firmar novo contrato de terceirização, e, sendo o valor do contrato inferior a R$ 4.000,00, é possível firmá-lo verbalmente.

4. **(Analista Administrativo/ANATEL – CESPE/2014)** Uma empresa prestadora de serviço de terceirização de mão de obra para a administração pública fechará as portas por problemas de caixa. A decisão afetará milhares de empregados da prestadora lotados em diversos órgãos do governo federal, entre ministérios, agências reguladoras, autarquias e fundações. Conforme denúncia veiculada em jornal de grande circulação, empregados da empresa lotados em vários órgãos da administração direta e indireta não receberam o salário no mês passado.

Com base nas informações acima, julgue o item a seguir.

Rescindido o contrato com a administração pública, à empresa prestadora do serviço de terceirização será concedido prazo de cinco dias úteis contados da intimação do ato de rescisão contratual para a apresentação de recurso administrativo, exigindo-se depósito prévio para a admissibilidade do recurso.

5. **(Analista Administrativo/ANATEL – CESPE/2014)** Determinada autarquia fez publicar edital de licitação para a construção de nova sede, no qual estavam previstas todas as cláusulas obrigatórias de contratação, mas não a de prestação de garantia. Decorridas todas as fases legalmente previstas, foi firmado contrato com a empresa vencedora, entretanto, faltando cinco dias para o início da execução da obra, os trabalhadores da construção civil entraram em greve.

Com relação a essa situação hipotética, julgue o item que se segue.

Em razão da greve, as cláusulas contratuais relacionadas ao início e à conclusão da obra poderão ser alteradas, devendo-se manter as demais cláusulas do contrato e assegurar a manutenção do equilíbrio econômico-financeiro do contrato.

6. (Analista Administrativo/ANATEL – CESPE/2014) Determinada autarquia fez publicar edital de licitação para a construção de nova sede, no qual estavam previstas todas as cláusulas obrigatórias de contratação, mas não a de prestação de garantia. Decorridas todas as fases legalmente previstas, foi firmado contrato com a empresa vencedora, entretanto, faltando cinco dias para o início da execução da obra, os trabalhadores da construção civil entraram em greve.

    Com relação a essa situação hipotética, julgue o item que se segue.

    A empresa vencedora da licitação poderá exigir o reajuste dos preços do contrato após o decurso de um ano da data da assinatura do contrato.

7. (Analista Administrativo/ANATEL – CESPE/2014) Determinada autarquia fez publicar edital de licitação para a construção de nova sede, no qual estavam previstas todas as cláusulas obrigatórias de contratação, mas não a de prestação de garantia. Decorridas todas as fases legalmente previstas, foi firmado contrato com a empresa vencedora, entretanto, faltando cinco dias para o início da execução da obra, os trabalhadores da construção civil entraram em greve.

    Com relação a essa situação hipotética, julgue o item que se segue.

    Caso não haja, no quadro funcional da referida autarquia, servidor com expertise em engenharia, a entidade licitante poderá deixar de designar servidor para acompanhar a execução e a fiscalização da obra, devendo, entretanto, contratar empresa especializada para a prestação de tais serviços.

8. (Analista Administrativo/ANATEL – CESPE/2014) Determinada autarquia fez publicar edital de licitação para a construção de nova sede, no qual estavam previstas todas as cláusulas obrigatórias de contratação, mas não a de prestação de garantia. Decorridas todas as fases legalmente previstas, foi firmado contrato com a empresa vencedora, entretanto, faltando cinco dias para o início da execução da obra, os trabalhadores da construção civil entraram em greve.

    Com relação a essa situação hipotética, julgue o item que se segue.

    A referida autarquia poderá inserir no contrato cláusula por meio da qual se exija da empresa vencedora a prestação de garantia.

9. (Analista Administrativo/ANATEL – CESPE/2014) A Lei Complementar n.º 73/1993 estabelece a competência da Advocacia-Geral da União (AGU) para fixar a interpretação da Constituição Federal, das leis, dos tratados e demais

atos normativos, a ser uniformemente seguida pelos órgãos e entidades da administração federal. À luz das orientações normativas editadas pela AGU no ano de 2014 acerca de licitações e contratos administrativos, julgue o item a seguir.

Aplicada a sanção de declaração de inidoneidade para licitar ou contratar com a administração pública, os demais contratos vigentes com o sancionado estarão automaticamente rescindidos, cabendo à administração apenas a declaração formal da rescisão.

10. **(Analista Administrativo/ANATEL – CESPE/2014)** A Lei Complementar n.º 73/1993 estabelece a competência da Advocacia-Geral da União (AGU) para fixar a interpretação da Constituição Federal, das leis, dos tratados e demais atos normativos, a ser uniformemente seguida pelos órgãos e entidades da administração federal. À luz das orientações normativas editadas pela AGU no ano de 2014 acerca de licitações e contratos administrativos, julgue o item a seguir.

Ainda que expirada a vigência do contrato, admite-se a aplicação de penalidades por descumprimento de condição de garantia legal ou contratual do objeto.

11. **(Titular de Serviços de Notas e de Registros/TJ-SE – CESPE/2014)** Acerca de serviço público, assinale a opção correta.

    a) De acordo com o STJ, na hipótese de contrato de permissão de serviço de transporte público realizado sem prévia licitação, não há garantia da manutenção do equilíbrio econômico-financeiro do contrato.

    b) Compete aos municípios a exploração direta ou por meio de concessão dos serviços de gás canalizado.

    c) Autorização, concessão e permissão são formas contratuais de delegação do serviço público.

    d) As primeiras tentativas de conceituação de serviço público surgiram na Alemanha, com a Escola de Serviço Público, segundo a qual o conceito incluía as atividades materiais realizadas pelo Poder Executivo.

    e) Classificam-se como serviços públicos congênitos aqueles que, passíveis em tese de execução particular, são absorvidos pelo Estado em regime de concorrência com a iniciativa privada.

12. **(Procurador do Estado Substituto/PGE-PI – CESPE/2014)** Em relação a licitações, contratos administrativos e bens públicos, cada uma das próximas opções apresenta uma situação hipotética, seguida de uma assertiva a ser julgada. Assinale a opção que apresenta a assertiva correta.

    a) A PGE/PI, em razão da posse de novos procuradores, fato que demandou aumento do seu espaço físico, comprou um prédio mais amplo e, com a mudança de sede, o prédio antigo foi desativado. Nessa situação, o prédio antigo desativado será classificado como bem de uso especial.

b) O governo do estado do Piauí pretende construir, no centro da cidade de Teresina, um novo prédio para a PGE/PI, e a única área ali disponível é uma praça, considerada bem de uso comum do povo. Nessa situação, a administração deverá procurar outro local, devido à impossibilidade de desafetação desse tipo de bem.

c) Uma secretaria de estado do Piauí, para contratar determinado serviço por meio de convite, convocou quinze empresas para a disputa; entretanto, por dificuldades do próprio mercado, apenas uma empresa apresentou proposta. Nessa situação, poder-se-á prosseguir com o certame, desde que tal fato seja devidamente justificado nos autos do processo licitatório.

d) Devido a explosão ocorrida em um navio petroleiro no litoral de um estado da Federação, grande quantidade de óleo se espalhou pelo mar, causando a morte de vários animais e pondo em risco a saúde da população, fato que levou o governo local a decretar estado de calamidade pública. Nessa situação, para a realização dos serviços de contenção do óleo, poderá haver a contratação de empresa(s) mediante inexigibilidade de licitação.

e) Determinada empresa foi contratada, mediante licitação, após regular procedimento e cumprimento de todas as exigências legais. Todavia, no decorrer da execução do contrato, essa empresa se tornou irregular perante o fisco. Nessa situação, será lícita a retenção, pela administração, do pagamento à empresa até que esta proceda à regularização da sua situação fiscal.

13. **(Analista Judiciário/TJ-SE – CESPE/2014) Acerca das licitações públicas, julgue os itens subsequentes.**

Considere que determinada autarquia tenha contratado empresa prestadora de serviços terceirizados de faxina e tenha sido comprovado, em juízo, que não foram adotadas as medidas cabíveis para se fiscalizar a execução do contrato. Considere, ainda, que a empresa que terceiriza os serviços tenha deixado de honrar seus compromissos trabalhistas com os empregados. Nesse caso, a autarquia deve responder, subsidiariamente, pelo pagamento das verbas laborais.

14. **(Analista Judiciário/TJ-SE – CESPE/2014) Acerca das licitações públicas, julgue os itens subsequentes.**

Os contratos administrativos submetem-se ao princípio do formalismo, razão pela qual é obrigatório que sejam formalizados mediante instrumento de contrato, sendo vedada a formalização por meio de qualquer outro instrumento.

15. **(Técnico de Administração Pública/TC-DF – CESPE/2014) Considerando que a Secretaria de Cultura do DF pretenda contratar empresa de publicidade para realizar campanha de divulgação de um festival de música que ocorrerá em Brasília, julgue os itens que se seguem.**

Em razão do caráter personalíssimo dos contratos administrativos, a administração não poderá admitir a subcontratação do referido serviço.

16. **(Técnico de Administração Pública/TC-DF – CESPE/2014)** Com relação aos contratos administrativos, julgue o item subsequente.

    A administração pública possui a prerrogativa de alterar unilateralmente o objeto do contrato, desde que a alteração seja apenas quantitativa, mantendo-se a qualidade do objeto.

17. **(Técnico de Administração Pública/TC-DF – CESPE/2014)** Com relação aos contratos administrativos, julgue o item subsequente.

    Aos contratos administrativos aplicam-se, supletivamente, as disposições de direito privado.

18. **(Técnico de Administração Pública/TC-DF – CESPE/2014)** Com relação aos contratos administrativos, julgue o item subsequente.

    Em decorrência do princípio do formalismo, todas as contratações celebradas pela administração pública devem ser formalizadas por meio de instrumento de contrato, não sendo possível a sua substituição por outros instrumentos, como a nota de empenho de despesa.

19. **(Técnico de Administração Pública/TC-DF – CESPE/2014)** Considerando que a Secretaria de Educação do DF tenha celebrado contrato de prestação de serviços de vigilância armada com a empresa X, julgue o item subsecutivo.

    Caso seja celebrada convenção coletiva de trabalho que conceda aumento de salário aos empregados das empresas de vigilância armada, a empresa X terá direito à repactuação do valor do contrato, respeitado o interregno de um ano.

20. **(Técnico de Administração Pública/TC-DF –CESPE/2014)** Considerando que a Secretaria de Educação do DF tenha celebrado contrato de prestação de serviços de vigilância armada com a empresa X, julgue o item subsecutivo.

    Se a empresa contratada não efetuar o pagamento dos salários e débitos trabalhistas devidos aos empregados que prestam o serviço, a administração poderá utilizar-se da garantia contratual para pagar os funcionários.

GABARITO

1 – Certo	2 – Errado	3 – Errado
4 – Errado	5 – Certo	6 – Errado
7 – Errado	8 – Errado	9 – Errado
10 – Certo	11 – A	12 – C
13 – Certo	14 – Errado	15 – Errado
16 – Errado	17 – Certo	18 – Errado
19 – Certo	20 – Certo	

11

SERVIÇOS PÚBLICOS

Sumário: 11.1. Noção e delimitação do tema: **11.1.1**. Noção ampliativa de serviços públicos; **11.1.2**. Noção restritiva de serviços públicos; **11.1.3**. Serviços públicos x atuação no domínio econômico; **11.1.4**. Serviços públicos. Escolha legislativa; **11.1.5**. Conteúdo material e elemento formal dos serviços públicos – **11.2**. Classificação dos serviços públicos.

11.1. NOÇÃO E DELIMITAÇÃO DO TEMA

11.1.1. Noção ampliativa de serviços públicos

A expressão serviço público pode ser utilizada com um significado bastante amplo, de modo a abranger praticamente toda a atividade estatal e, por consequência, todo o direito administrativo.

Qualquer atuação estatal tem como pressuposto o atendimento do interesse da coletividade, e, dessa forma, constitui-se em um "serviço" que é prestado em favor daquela.

Assim, tanto as atividades legislativas e jurisdicionais, os atos de fiscalização compreendidos no poder de polícia, quanto as atividades-meio empreendidas pela Administração Pública, como a arrecadação de tributos, seriam, nessa concepção amplíssima, serviços públicos.

11.1.2. Noção restritiva de serviços públicos

Aproveitando-nos, no entanto, dos ensinamentos de Medauar[1], podemos dizer que no Direito Administrativo, quando se fala em serviço público, estamos a trabalhar com uma noção mais restrita que compreende apenas as atividades prestacionais em que o Estado, por ele mesmo, ou por intermédio de particulares (prestadores de serviços públicos concedidos, permitidos ou delegados), fornece serviços ou bens que são necessários ou úteis à coletividade.

Estão fora dessa noção, mais restrita, as atividades estatais compreendidas no poder de polícia, em que o Estado se limita à fiscalização de atividades desempenhadas pelos particulares.

---

1. MEDAUAR, Odete. *Direito administrativo moderno*. 7. ed. rev. e atual. São Paulo: RT, 2003. p. 337.

Também não constituem serviço público as atividades estatais que não revertem diretamente em benefício dos particulares, mas apenas indiretamente, as chamadas atividades-meio da Administração, como a arrecadação de tributos ou a limpeza, manutenção e conservação de um prédio público, atividades que se destinam, ao fim e ao cabo, à manutenção de serviços públicos, não se confundindo, propriamente, com eles.

Atividades estatais como a produção legislativa, outrossim, por não constituírem um benefício direto e concreto posto à disposição da coletividade, também não se inserem no conceito de serviço público.

11.1.3. Serviços públicos x atuação no domínio econômico

Também não podemos confundir serviço público com atuação do Estado no domínio econômico, pois são distintos os campos de aplicação e incidência do disposto nos arts. 173 e 175 da Constituição Federal.

A confusão se deve ao fato de que, por vezes, o serviço público titularizado pelo Estado contém um inegável conteúdo econômico direto, sendo lucrativo e consistindo, no mais das vezes, em atividades de caráter industrial e comercial, empreendidas por empresas públicas ou sociedades de economia mista, ou por empresas particulares concessionárias ou permissionárias de serviço público.

Essa natureza toda própria desses serviços públicos, como os de telecomunicações e de distribuição de energia elétrica, acarretam a confusão, parecendo que, também nesses setores, o Poder Público está intervindo no domínio econômico. Isso, no entanto, não ocorre. No serviço público, o Poder Público é o *titular da atividade* e ele decide de que maneira irá exercê-la, se diretamente ou por intermédio de terceiros. Esse terceiro está permanentemente vinculado ao Poder Público outorgante do serviço, sujeito à sua política tarifária e à fiscalização da forma como é prestado o serviço.

Nada disso acontece na intervenção do Estado no domínio econômico, em que o Poder Público, apenas quando presentes os requisitos do art. 173, *caput*, da CF/1988 (*imperativos da segurança nacional ou relevante interesse coletivo, conforme definidos em lei*), se limita a adentrar em determinada atividade econômica, em caráter *concorrencial com o particular*, geralmente por intermédio de entidades estatais de direito privado (empresas públicas ou sociedades de economia mista), que estarão sujeitas às mesmas regras e encargos civis, comerciais, trabalhistas e tributários vigentes para as demais empresas do setor.

Nesse caso, a atuação do Poder Público, sobre as empresas particulares, assim como sobre suas próprias empresas, se limitará à conferência da adequação da atuação delas à regulação do setor econômico, mediante o exercício de seu poder de polícia. É o que se dá, por exemplo, quando o Estado resolve criar um banco comercial, como o Banco do Brasil S/A.

11.1.4. Serviços públicos. Escolha legislativa

Não existe uma definição constitucional ou legal do que seja serviço público e de qual é sua real abrangência.

Na verdade, afora aquelas atividades que a Constituição Federal de 1988 diretamente atribui ao Estado, por si próprio ou por intermédio de particulares, caberá à lei, dentro de certos limites, atribuir ao Poder Público a titularidade de determinada atividade como sendo pública.

A prestação do serviço público, ademais, não é restrita ao próprio Poder Público (noção orgânica do serviço público), podendo este se valer de particulares para prestar atividades titularizadas por ele (serviços concedidos, permitidos, autorizados e delegados).

E, por várias razões, o Estado decide titularizar um determinado serviço, seja porque não é conveniente que o particular o exerça, seja porque, embora possa o particular exercê-la, deverá fazê-lo mediante estrita observância dos limites impostos pelo Poder Público, seja, por fim, porque ao particular não interessa a prestação de determinada atividade, cabendo ao Estado assumi-la em proveito da coletividade.

11.1.5. Conteúdo material e elemento formal dos serviços públicos

Embora caiba ao legislador, em regra, a decisão quanto à elevação de determinada atividade à categoria de serviço público, todo serviço público possui um *conteúdo material*, que, nos dizeres de Bandeira de Mello[2], "é a prestação consistente no oferecimento, aos administrados em geral, de utilidades e comodidades materiais singularmente fruíveis pelos administrados que o Estado assume como próprias, por serem reputadas imprescindíveis ou apenas correspondentes a conveniências básicas da Sociedade, em dado tempo histórico".

Entretanto, exatamente porque alguma atividade pode ser considerada, hoje, relevante, e, amanhã, não o ser, para efeito de assunção da titularidade pelo Poder Público como um serviço público, é que existe, também, um *elemento formal* na caracterização de serviço público, que é a submissão dessas atividades ao *regime jurídico administrativo*.

Essa submissão ao regime de Direito Público servirá como identificador de determinada atividade como sendo titularizada pelo Poder Público como um serviço público.

---

2. MELLO, Celso Antônio Bandeira de. *Curso de direito administrativo*. 17. ed. rev. e atual. São Paulo: Malheiros, 2004. p. 623.

CONCEITO DE SERVIÇO PÚBLICO	Mais amplo	INCLUI a atividade legislativa, executiva e judiciária			
	Amplo	Serviço público			
		Política administrativa			
		Fomento			
		Intervenção indireta no domínio econômico			
	Restrito	ABRANGE	Serviço público em sentido estrito	Compreende apenas as atividades prestacionais em que o Estado, por ele mesmo, ou por intermédio de particulares (prestadores de serviços públicos concedidos, permitidos ou delegados), fornece serviços ou bens que são necessários ou úteis à coletividade.	**EXCLUI** legislação, jurisdição e execução
			Serviços administrativos da Administração pública	São aqueles direcionados às necessidades internas da Administração Pública, preparatórios daqueles que serão prestados ao público, como a elaboração dos editais de intimação que serão publicados no diário oficial.	

11.2. CLASSIFICAÇÃO DOS SERVIÇOS PÚBLICOS

Toda classificação é, por si mesma, discricionária, uma vez que é feita conforme o entendimento daquele que a concebe.

Como não há uma classificação legal de serviços públicos, vamos nos resumir a descrever aquelas que são mais consagradas na doutrina.

Serviços administrativos e serviços industriais e comerciais: os primeiros, os administrativos, são aqueles direcionados às necessidades internas da Administração Pública, preparatórios daqueles que serão prestados ao público, como a elaboração dos editais de intimação que serão publicados no *Diário Oficial*. Na verdade, trata-se de atividades-meio, que, a rigor, não constituem serviços públicos, no sentido estrito do termo. Industriais e comerciais são aqueles prestados mediante remuneração por quem se utiliza deles, sendo comuns entre aqueles prestados por concessionários ou permissionários, mas não abrangente de todos os serviços públicos, visto que vários são prestados a título gratuito, sem qualquer remuneração (saúde, educação pública, segurança pública etc.).

Serviços próprios e impróprios do Estado: os primeiros relacionam-se mais diretamente com as atribuições normais do Poder Público, ou do que se espera dele (saúde pública, segurança pública etc.). Em princípio, não se admite sua outorga[3] a particulares; já os impróprios são aqueles que interessam à sociedade, por lhes ser útil, mas sem afetar substancialmente suas necessidades[4]. Em geral, são aqueles remunerados por tarifa, objeto de concessão ou permissão.

Essa classificação, como se vê, parte da essencialidade do serviço, mas seu conceito, de valor bastante duvidoso, acaba sendo variável conforme o momento histórico vivenciado. É simplesmente risível imaginar, por exemplo, que distribuição de água e energia elétrica não seja, hoje, absolutamente essencial para a manutenção da vida em comunidade nas sociedades modernas.

Por outro lado, em certas sociedades, como a norte-americana, serviços que para nós são claramente próprios do Poder Público, como o de administração penitenciária, pode ser, naquelas, objeto de trespasse, ainda que parcial, para o particular.

Serviços gerais (uti universe) e individuais (uti singuli): os primeiros são aqueles prestados pelo Poder Público sem ter usuários determinados, sendo a coletividade, como um todo, atendida pela sua prestação (segurança pública, iluminação pública, defesa civil etc.). Como eles não são mensuráveis individualmente, a forma de custeio deles se dá, em regra, por impostos, e não por taxas ou tarifa[5]. Já os serviços *uti singuli* têm destinatários mensuráveis individualmente, sendo cobrado do particular, seja por tarifa, seja por meio de taxa, o valor pecuniário que serve de contraprestação ao seu fornecimento (telefonia, distribuição de água, gás ou energia etc.).

Alguns serviços *uti singuli* são, no entanto, por imposição constitucional, gratuitos para o usuário, como a saúde e a educação públicas, sendo custeados pela sociedade como um todo por meio de tributos (impostos e contribuições para a Seguridade Social).

Serviços públicos (propriamente ditos) e serviços de utilidade pública: é uma classificação que não deixa de ser mero desdobramento daquela referente a serviços próprios e serviços impróprios, ou vice-versa. Aqui, diferentemente daquela, não se parte da essencialidade do serviço para se concluir pela exclusividade da prestação deste pelo Poder Público, mas

---

3. Não desconhecemos a parcela da doutrina administrativista que identifica a "expressão" *outorga* como sendo o repasse de um serviço público mediante ato legislativo, como ocorre na descentralização administrativa, em que uma entidade da Administração Indireta recebe o serviço anteriormente executado pela Administração Direta, em contraposição da expressão delegação, que seria o repasse da execução do serviço público ao particular, por ato contratual, comum nas concessões públicas. Não obstante, a legislação atual, inclusive a Lei 8.987/1995, utiliza-se corriqueiramente das "expressões" *outorga* e *delegação* como sinônimas, razão pela qual optamos, na medida do possível, seguir a opção do legislador caso a caso.

4. MEIRELLES, Hely Lopes. *Direito administrativo brasileiro*. 18. ed. atual. por Eurico de Andrade Azevedo, Délcio Balestrero Aleixo e José Emmanuel Burle Filho. São Paulo: Malheiros, 1993. p. 295.

5. Observe-se, no pormenor, que a Emenda Constitucional 39/2002 modificou, no direito brasileiro, a forma tradicional de custeio da iluminação pública, permitindo que os municípios e o Distrito Federal criem uma contribuição destinada exclusivamente a esse fim (art. 149-A da CF/1988).

sim do fato de essa prestação ocorrer de forma direta aos destinatários para se concluir que decorre da essencialidade do serviço (caso clássico, segurança pública).

No final das contas, se resume a expressar a mesma ideia. A expressão "serviços de utilidade pública", no entanto, ganhou uma grande dimensão no cotidiano, passando a designar, num primeiro momento, os serviços concedidos e permitidos de fornecimento de utilidades que são importantes para os cidadãos, como água, telefonia, transporte e energia elétrica[6], como também, num segundo momento, constituir sinônimo de todos os serviços que, de alguma forma, se voltam para o interesse da comunidade, mesmo não tendo qualquer relação com o conceito de serviço público e com o objeto de estudo do direito administrativo.

Assim ocorre, por exemplo, quando se diz que um determinado canal de televisão, ao veicular propagandas educativas sobre um tema específico (violência no trânsito, gravidez infantil, prevenção contra drogas etc.), pratica um "serviço de utilidade pública". Veja-se que a expressão também é empregada nessas hipóteses, mas em um contexto completamente diferente. Neste último caso, não estamos a tratar, evidentemente, de qualquer tema que se relacione com aquilo que é objeto do direito administrativo.

11.3. SERVIÇOS PÚBLICOS NO ORDENAMENTO JURÍDICO BRASILEIRO

11.3.1. Serviços públicos na Constituição Federal brasileira. Regra geral

A Constituição Federal de 1988, apesar de não conter um conceito de serviço público, contém diversas regras sobre a titularidade e prestação de serviços públicos.

A regra básica é aquela insculpida no art. 175 da Carta Magna, que estabelece:

> "Art. 175. Incumbe ao Poder Público, na forma da lei, diretamente ou sob regime de concessão ou permissão, sempre através de licitação, a prestação de serviços públicos.
>
> Parágrafo único. A lei disporá sobre:
>
> I – o regime das empresas concessionárias e permissionárias de serviços públicos, o caráter especial de seu contrato e de sua prorrogação, bem como as condições de caducidade, fiscalização e rescisão da concessão ou permissão;
>
> II – os direitos dos usuários;
>
> III – a política tarifária;
>
> IV – a obrigação de manter serviço adequado".

---

6. Essa nomenclatura, a bem da verdade, já não era tida como correta pelo legislador brasileiro, que, ao elencar referidos serviços, dentre outros, como estando excluídos do rol dos setores econômicos cujas categorias profissionais teriam direito à greve, utilizava a expressão "serviços essenciais" em detrimento de "serviços de utilidade pública" (Decreto-Lei 1.632/1978). A nomenclatura, aliás, foi mantida na Lei de Greve atual (Lei 7.783/1989), embora a greve seja autorizada agora, embora com algumas restrições, nos referidos setores (arts. 9.º e 10).

Importante observar que essa regra está inserida no Título VII da Constituição Federal, que se refere à ordem econômica e financeira, sendo absolutamente natural que a disposição esteja mais diretamente relacionada com os serviços de natureza industrial e comercial prestados, preponderantemente, por particulares mediante remuneração tarifária.

Daí a razão de se estipular a previsão de uma lei geral de regulamentação das concessões e permissões no parágrafo único, o que foi feito mediante a edição da Lei 8.987/1995.

11.3.2. Situações especiais. Partilha das competências entre os entes federativos

Além dessa regra constitucional básica, na parte referente à atribuição de competências das diferentes entidades da Federação (arts. 21, 23, 25 e 30) estão definidas como serviços públicos diversas atividades, algumas de natureza industrial ou comercial, com conteúdo econômico diretamente aferível, outras de natureza tipicamente estatal, às quais não se concebe, em princípio, a transferência a particulares, não dispondo estas, geralmente, de um conteúdo econômico aferível de imediato.

A Constituição Federal de 1988 atribui expressamente à União alguns serviços, a saber:

- *serviço postal e correio aéreo nacional (art. 21, X);*
- *polícia marítima, aeroportuária e de fronteiras (art. 21, XXII);*
- *diretamente ou mediante autorização, concessão ou permissão:*
- *telecomunicações (art. 21, XI);*
- *radiodifusão sonora e de sons e imagens (art. 21, XII, a);*
- *serviços e instalações de energia elétrica e o aproveitamento energético dos cursos de água, em articulação com os Estados onde se situam os potenciais hidroenergéticos (art. 21, XII, b);*
- *navegação aérea, aeroespacial e a infraestrutura aeroportuária (art. 21, XII, c);*
- *serviços de transporte ferroviário e aquaviário entre portos brasileiros e fronteiras nacionais, ou que transponham os limites de Estado ou Território (art. 21, XII, d);*
- *serviços de transporte rodoviário interestadual e internacional de passageiros (art. 21, XII, e);*
- *portos marítimos, fluviais e lacustres (art. 21, XII, f).*

Quanto aos Estados, são atribuídas, expressamente, a titularidade e a exploração, diretamente ou mediante concessão, dos serviços locais de gás canalizado (art. 25, § 2.º).

Aos Municípios é atribuída competência para organizar e prestar, diretamente ou sob regime de concessão ou permissão, os serviços públicos de interesse local, incluído o de transporte coletivo, que tem caráter essencial (art. 30, V).

São *comuns* à União, aos Estados, Distrito Federal e Municípios a prestação de serviços de saúde e assistência pública, da proteção e garantia das pessoas portadoras de deficiência (art. 23, II), assim como o saneamento básico (art. 23, IX).

No campo das normas constitucionais referentes aos direitos sociais é possível identificar diversas disposições atributivas de competência sobre serviços públicos, como as referentes à saúde (art. 198), à assistência social (art. 204), à previdência social (art. 201), à educação (art. 211), à cultura (art. 215) e aqueles destinados às pessoas em situação de risco social (art. 227, §§ 1.º, II, e 3.º, VII).

Em aditamento a essas regras, as leis das diferentes entidades federativas poderão conter regras específicas sobre serviços públicos, inclusive atribuindo a titularidade de certas atividades ao Poder Público, ainda que não previstas expressamente na Constituição Federal.

11.3.3. Outros serviços públicos não previstos expressamente na Constituição Federal

A Lei 9.074/1995 prevê, expressamente, a prestação de outros serviços públicos, diferentemente daqueles estabelecidos na Constituição, como a exploração de obras ou serviços federais de barragens, contenções, eclusas ou outros dispositivos de transposição hidroviária de níveis, diques e irrigações, precedidas ou não da execução de obras públicas (art. 1.º, V).

A expressão "serviços locais", por outro lado, pode compreender inúmeros serviços prestados pelos entes municipais, os quais não são objeto de regramento específico pela atual Carta Magna, como o de coleta de lixo, arruamento, varrição, poda de árvores, controle animal (não só a parte sanitária, mais atinente ao poder de polícia, mas também serviços de controle populacional, como castração, recolhimento de animais sem dono etc.) e cemitérios públicos.

Os Estados também podem manter serviços distintos, não previstos expressamente na Constituição Federal, e que refogem ao conceito de "serviços locais", como aqueles ligados à extensão rural[7] ou de defesa agropecuária[8].

11.3.4. Esquematização dos serviços públicos conforme a competência para prestá-los

Vamos, então, esquematizar as regras vistas anteriormente:

> a) *Serviços titularizados pelo Estado e que são prestados por ele com exclusividade:* 1) *segurança pública;* 2) *serviços judiciários;* 3) *serviço postal e correio aéreo nacional;* 4) *alguns registros públicos (de comércio, de marcas e patentes, de direitos autorais sobre*

---

7. Executado pelas "Emater" no âmbito dos Estados, o sistema Ater (Assistência Técnica e Extensão Rural) tinha, ainda assim, uma coordenação federal na Embrater. Com a extinção desta no Governo Sarney (Decreto 97.455/1989), o sistema quase entrou em colapso, já que a Embrapa não conseguiu integrar a contento a extensão rural à sua finalidade precípua, de pesquisa (Lei 8.171/1991). Após sucessivas alterações de competências no âmbito federal, a União só voltou a ter algum protagonismo na coordenação dessa política com a criação do Programa Nacional de Assistência Técnica e Extensão Rural – PRONATER, em 2005. Sobre o PRONATER voltado especificamente para a agricultura familiar e a reforma agrária vide a Lei nº 12.188/2010.

8. Claro que, em muitos pontos, a matéria atinente à defesa agropecuária se liga com o poder de polícia, como no caso de fiscalização sanitária de um matadouro ou aplicação de medidas sanitárias de abate de animais contaminados por doenças (Lei 569/1948), mas, em outros, diz mais respeito a serviços públicos, como a obrigação estatal de manter campanhas e programas de controle e erradicação de pragas, prioritariamente desenvolvido em âmbito estadual (vide Decreto 5.741/2006, que institui o Sistema Unificado de Atenção à Sanidade Agropecuária).

obras literárias, fonográficas etc.); 5) busca e salvamento de pessoas em perigo e defesa social; 6) de administração penitenciária; 7) defesa sanitária e controle de zoonoses etc.

b) *Serviços titularizados pelo Estado e que por ele são prestados diretamente, mas que também são abertos à prestação dos particulares mediante fiscalização do Poder Público: 1) educação; 2) saúde; 3) assistência social; 4) previdência (particulares em caráter complementar ao sistema público); 5) funerários (cemitérios públicos); 6) cultura e lazer (bibliotecas públicas, instrução para a prática de esportes etc.); 7) assistência jurídica; 8) manutenção e administração de nosocômios, albergues, asilos etc.*

c) *Serviços públicos titularizados pelo Estado e por ele prestados diretamente ou, mediante autorização, concessão ou permissão, por particulares: 1) telecomunicações; 2) de navegação aérea (transporte de passageiros e cargas), aeroespacial e de infraestrutura aeroportuária; 3) serviços de radiodifusão sonora (rádio) e de sons e imagens (televisão); 4) serviços de transporte rodoviário de passageiros; 5) serviços de transporte ferroviário e aquaviário (passageiros e cargas); 6) transmissão e distribuição de energia elétrica; 7) exploração de portos marítimos, fluviais e lacustres; 8) distribuição de água e saneamento básico (ligação com a rede de esgotos, construção e manutenção desta); 9) distribuição de gás canalizado; 10) limpeza pública e coleta de lixo; 11) manutenção de malhas rodoviárias, serviços de terraplanagem, arruamento e asfaltamento de vias públicas etc.*

d) *Serviços públicos titularizados pelo Estado, mas necessariamente delegados a particulares: serviços de registro (imóveis e civil de pessoas jurídicas e títulos e documentos) e notariais (tabelionato de notas e protesto de títulos) – art. 236 da CF.*

11.4. PRINCÍPIOS QUE REGEM OS SERVIÇOS PÚBLICOS

Existem princípios gerais do direito administrativo que têm sua incidência mais claramente visualizada na matéria que envolve os serviços públicos, como o da continuidade do serviço público e o da eficiência. Outros, no entanto, são claramente setoriais, com aplicação bem restrita à matéria presente, como o da modicidade das tarifas.

Adotamos, aqui, a mesma classificação de Carvalho Filho, que elenca quatro princípios básicos incidentes na matéria, a saber: a) *princípio da generalidade*; b) *princípio da eficiência*; c) *princípio da continuidade*; e d) *princípio da modicidade*.

11.4.1. Princípio da generalidade

O princípio da generalidade nada mais é do que a expressão da isonomia aplicada aos serviços públicos, no sentido de que estes devem, na medida do possível, ser ofertados a todos os seus usuários sem qualquer discriminação. Mas ele pode ser entendido também no sentido da universalidade, de modo que o máximo possível de administrados a ele tenha acesso. Evidente que, nesse último sentido, em se tratando de serviços concedidos ou permitidos, ele terá tanto maior incidência quanto convergente, com ele, o princípio da modicidade, que será visto mais adiante.

11.4.2. Princípio da eficiência

Como já foi visto, a eficiência foi alçada à condição de princípio constitucional orientador da Administração Pública pela Emenda Constitucional 19/1998.

Em nenhum outro setor do direito administrativo, como no atinente ao estudo dos serviços públicos, se torna tão evidente a incidência e os efeitos do princípio da eficiência (ou da prática ineficiente, no extremo oposto!), pois é na condição de usuário de serviços públicos que o administrado, regra geral, terá contato mais íntimo com a máquina administrativa, dela cobrando resultados e respostas para suas demandas individuais ou dele como parte do coletivo.

Eficiência não tem apenas o sentido de presteza, mas também, e principalmente, de qualidade, de excelência mesmo, com a busca das melhores técnicas, com os melhores resultados, a serem obtidos dentro de uma equação financeira que não torne inviável a aquisição do serviço pelo seu usuário.

Logo se vê que o conceito, apesar de fácil entendimento, não é simples na aplicação, posto que demanda o preparo dos servidores públicos e dos particulares que irão prestar o serviço por delegação, concessão ou permissão, bem como condições materiais para garantir a prestação nos moldes de qualidade que os usuários esperam e merecem, o que importa graus de investimento e planejamento muitas vezes olvidados no Brasil.

O amadorismo, a falta de planejamento e o desperdício de recursos ainda são, infelizmente, a marca distintiva do serviço público brasileiro em geral, logo, eficiência na matéria diz respeito, ao fim e ao cabo, a um sem-número de iniciativas e ações, como combate ao nepotismo, profissionalização das carreiras, cobrança de produtividade dos servidores, elaboração e execução de planos de metas e resultados, investimentos em gerenciamento, regulação adequada e eficiente dos serviços outorgados a particulares etc., além da necessária cobrança dos usuários pela manutenção do padrão de excelência esperado (inclusive na esfera judicial, se for o caso), um problema ainda a ser resolvido, no que toca aos chamados serviços próprios.

Observe-se que apenas muito recentemente foi editada a Lei 13.460, de 26 de junho de 2017, dispondo sobre a participação, proteção e defesa dos direitos do usuário dos serviços públicos da administração pública, o que será visto mais adiante.

11.4.3. Princípio da continuidade

O sentido da continuidade é unívoco. Não se deve admitir, em princípio, a paralisação ou interrupção dos serviços públicos, uma vez que pode afetar interesses essenciais da vida em sociedade.

Claro que o sentido do princípio acaba tendo ligação com a eficiência, posto que, sendo a prestação do serviço ineficiente, maiores são as chances de ocorrerem, também, as interrupções.

Contudo, admite-se que situações excepcionais, sejam eventos da natureza (força maior), como uma forte chuva que ocasiona a queda de uma barreira, impedindo o fluxo de veículos em uma rodovia, ou eventos provocados por terceiros (caso fortuito)[9], como um atentado terrorista que provoca o fechamento dos aeroportos e do espaço aéreo, possam

---

9. A lei brasileira não faz distinção entre caso fortuito e força maior, limitando-se, o art. 393, parágrafo único, do CC/2002, a dizer que ambos "verificam-se no fato necessário, cujos efeitos não era possível evitar ou impedir".

influir de tal maneira na prestação do serviço que isso acarrete a sua interrupção pelo tempo necessário para a solução do problema.

Essas situações, em princípio, não importarão em responsabilidade do Poder Público, que só responderá pela eventual ineficiência demonstrada na apresentação de ações tendentes a contornar, minorar ou extirpar mesmo os obstáculos criados à execução do serviço.

Alguns serviços, por sua natureza, demandam paralisações de ordem técnica, necessárias à manutenção ou mesmo melhorias das respectivas redes de atendimento e fornecimento. Essas interrupções programadas e eventuais são toleradas e até previstas na legislação (art. 6.º, § 3.º, I, da Lei 8.987/1995). Basta que o prestador tome cautelas mínimas, como a prévia comunicação aos usuários, que não estará ele sujeito, em princípio, a qualquer tipo de sancionamento. Caso diverso é a paralisação por falha do sistema, seja por falta de investimento em sua melhoria, seja por falta de manutenção adequada de sua estrutura de funcionamento[10].

A paralisação do serviço por inadimplemento é algo bem mais complexo, que abordaremos em tópico separado. No entanto, em princípio, só se admite essa paralisação quando o serviço for daqueles que são prestados de maneira facultativa, ou seja, a depender da iniciativa do usuário em aderir a ele.

Claro que essa noção de compulsoriedade ou facultatividade do serviço é vista, hoje, com muitas ressalvas, posto que não necessariamente estará relacionada com a essencialidade daquele.

Assim, por exemplo, embora facultativo o serviço de fornecimento de água, é difícil imaginar que alguém possa viver sem ele na sociedade moderna, mormente se residente em grandes centros urbanos onde não disporá do recurso em seu meio natural. Ou seja, indiscutivelmente, o serviço em si é essencial, o que torna a discussão quanto à sua paralisação por inadimplemento bastante complexa.

Já se o serviço, para ser prestado, depende não só da iniciativa do usuário para solicitá-lo como também da aquisição de equipamento por parte deste, como um hidrômetro ou um relógio de energia, é válida a negativa da prestação enquanto não houver o referido investimento pelo interessado.

Um problema comum nos últimos anos, que tem afligido sistematicamente a população brasileira, e que ainda não mereceu o devido tratamento pela doutrina e pela jurisprudência, é a questão da responsabilização do Estado pelas sucessivas paralisações de serviços próprios decorrentes de reivindicações salariais de categorias profissionais determinadas, mais absurdamente os de segurança pública, inclusive em clara ofensa às disposições constitucionais expressas e proibitivas (no caso dos policiais militares) e, mesmo após, em alguns casos, a declaração judicial da abusividade ou ilegalidade dos respectivos movimentos.

Há, parece-nos, uma clara tendência reducionista da responsabilidade do Estado, com a mais evidente ainda leniência de se buscar regressivamente a responsabilização daqueles que, ilegalmente, provocam tais paralisações e, eventualmente, geram o dever do Estado de indenizar o particular. Esse é um problema que o país ainda não soube enfrentar e

---

10. Isso é tão comumente enfrentado no serviço de distribuição de energia elétrica que mereceu toda uma regulamentação da respectiva agência reguladora sobre os direitos e deveres do consumidor de energia elétrica (Resolução Normativa ANEEL 414/2010).

que, para além de malferir apenas o princípio em estudo, tem causado inúmeros entraves ao desenvolvimento econômico da nação.

11.4.4. Princípio da modicidade

O serviço público, quando não é gratuito, tem de ter preço módico, a fim de permitir que todos possam ter acesso a ele. O princípio está albergado direta ou indiretamente em pelo menos dois dispositivos da Lei 8.987, o art. 6º, § 1º e o art. 11.

Ora, todo serviço tem um custo. Nesse sentido, não existe nenhum serviço que seja totalmente gratuito! Será ele mantido com recursos orçamentários advindos das receitas gerais do Estado. Ou seja, o administrado paga por eles quando recolhe os tributos incidentes sobre seu patrimônio, faturamento ou lucro ou sobre o preço dos serviços e bens que consome.

A gratuidade que aqui estamos a nos referir diz respeito à desnecessidade de remuneração específica pelo usuário.

O administrado não paga ao policial para patrulhar seu bairro, mas você mantém o salário dele, bem como os custos da viatura, com os impostos e contribuições que recolhe mensalmente.

Existem serviços, no entanto, que a pessoa só receberá se pagar especificamente por eles, seja por meio de taxa, seja por meio de tarifa (preço público), conforme distinção que veremos mais adiante.

O que se prega com a modicidade é que esse preço a ser pago não seja extorsivo ou elevado a ponto de inviabilizar a aquisição do serviço pela maioria das pessoas.

No caso das tarifas, existem interesses claramente contrapostos, o do empresário, que pretende ter lucro, e o do Estado, que pretende universalizar o serviço. A modicidade deve servir de norte para moderar os lucros a serem auferidos, não porque o Estado é ideologicamente anticapitalista (esse debate não pertence ao Direito!), mas porque pretende permitir que a maior parte possível dos usuários tenha acesso ao serviço.

Claro que o Direito, por mais que os juristas o queiram, não consegue sobrepor-se à realidade econômica.

Dependendo do grau de investimento necessário à prestação do serviço, a modicidade será obtida com a própria renúncia fiscal ou com a subvenção econômica do Poder Público[11], sob pena de o serviço não ser prestado.

Novamente, o nó górdio da questão se situa nos serviços próprios, pois não é incomum que a fixação de taxas pela Administração prestadora do serviço ignore por completo a modicidade, ficando os tributaristas presos à discussão da vedação ao confisco como forma de proteção à tributação excessiva. Se a taxa é que remunera o serviço, a ela também se aplica a modicidade, ainda que não expressamente prevista no CTN. No mínimo, o Estado deve analisar a capacidade contributiva do cidadão, outra regra constitucional aplicável

---

11. É o que ocorre, por exemplo, com as tarifas de energia elétrica para os *consumidores residenciais de baixa renda*, aos quais é prevista a Tarifa Social de Energia Elétrica – TSEE (art. 110 da Resolução Normativa 414/2010 da ANEEL, com a redação dada pela Resolução 670/2015).

ao direito de tributar, para garantir que ele não esteja excluído do universo daqueles que se beneficiarão do serviço.

A Lei 13.460 não tratou especificamente da modicidade, se limitando a consignar que a eliminação de formalidades e exigências cujo custo econômico ou social seja superior ao risco envolvido constitui uma das diretrizes de atuação dos agentes públicos e prestação de serviços públicos (art. 5º, XI). Como direito do usuário, apenas consignou que deve ter ele a garantia de informação quanto ao valor das taxas e tarifas cobradas, inclusive para a compreensão exata da extensão do serviço prestado (art. 6º, VI, *e*).

11.5. SERVIÇOS PÚBLICOS PRESTADOS PELO PARTICULAR. CONCESSÃO E PERMISSÃO

Como dito antes, alguns serviços públicos são outorgados aos particulares, para que estes possam desempenhá-los, mediante fiscalização do Estado.

Entretanto, diferentemente do que ocorre nas atividades que não são titularizadas pelo Estado, mas são por ele fiscalizadas, esses serviços pertencem ao Poder Público, que mantém rígido controle sobre sua prestação, cabendo ao Estado decidir o modo como os particulares irão prestar o serviço, por quanto tempo durará a delegação, se haverá renovação desta e se o serviço está sendo prestado a contento, podendo, inclusive, haver a cassação ou revogação do direito de exploração da atividade.

As principais formas de outorga de serviços públicos aos particulares são a *concessão* e a *permissão*, referidas que são em diversos dispositivos da Constituição Federal de 1988, e disciplinadas, de modo mais detalhado, na Lei 8.987/1995 (Lei Geral de Serviços Públicos).

11.5.1. Concessão e permissão de serviços públicos. Distinção

Doutrinariamente, sempre se distinguiu a concessão da permissão, sendo a primeira caracterizada como uma espécie do gênero *contrato administrativo*, ao passo que a permissão, ao revés, constituía espécie de *ato administrativo* de outorga de serviço público ou da utilização de bem público.

No entanto, essa distinção não possui hoje, pelo menos no campo referente aos serviços públicos, muito sentido prático, uma vez que *a Lei 8.987/1995* passou a exigir que *as permissões de serviços públicos também sejam formalizadas por contrato (art. 40)*.

Embora o próprio dispositivo citado fale que o aludido contrato, que será de adesão, como é a regra dos contratos administrativos, deverá conter disposições quanto à sua "precariedade", é difícil imaginar de que maneira poderia seu rompimento unilateral deixar de gerar consequências financeiras para o Poder Público.

Como enfatiza Carvalho Filho[12], "a precariedade é um atributo indicativo de que o particular que firmou ajuste com a Administração está sujeito ao livre desfazimento por parte desta, sem que se lhe assista direito à indenização por eventuais prejuízos".

---

12. CARVALHO FILHO, José dos Santos. *Manual de direito administrativo*. 26. ed. rev., ampl. e atual. até 31.12.2012. São Paulo: Atlas, 2013.

O próprio autor, no entanto, reconhece não vislumbrar, nas chamadas permissões contratuais, objeto do art. 40 da Lei 8.987/1996, de que maneira se verificaria a precariedade, não sendo relevante, também, o fato de a lei dizer que a permissão se formaliza por meio de um contrato de adesão, uma vez que as concessões também têm suas cláusulas previamente condicionadas às regras estabelecidas pela Administração Pública.

Ainda assim, a lei trata os dois institutos de forma diferente, inclusive conceituando-os de maneira diferente.

Com efeito, a concessão de serviço público é tida como "a delegação de sua prestação, feita pelo poder concedente, mediante licitação, na modalidade de concorrência, à pessoa jurídica ou consórcio de empresas que demonstre capacidade para seu desempenho, por sua conta e risco e por prazo determinado" (art. 2.º, II). Já a permissão de serviço público é tida como "a delegação, a título precário, mediante licitação, da prestação de serviços públicos, feita pelo poder concedente à pessoa física ou jurídica que demonstre capacidade para seu desempenho, por sua conta e risco" (art. 2.º, IV).

Foi prevista, ainda, a possibilidade de concessão precedida de obra pública (art. 2.º, III), muito comum nos casos de exploração de sistemas de pedágios em rodovias federais. Nesse caso, o Poder Público, em vez de pagar ao particular pela obra contratada, permite que ele amortize sua despesa e, claro, obtenha algum lucro, mediante a exploração posterior do serviço ou da obra realizada por um prazo determinado.

Assim, de acordo com a sistematização proposta pela Lei 8.987/1995, temos o seguinte:

a) *Concessão de serviço público – precedida de licitação, necessariamente na modalidade concorrência, formalizada por contrato administrativo, a ser outorgada à pessoa jurídica ou consórcio de empresas;*

b) *Concessão de serviço público precedido de obra pública – precedida de licitação, necessariamente na modalidade concorrência, formalizada por contrato administrativo, a ser outorgada à pessoa jurídica ou consórcio de empresas;*

c) *Permissão de serviço público – precedida de licitação, sem estipulação de uma modalidade em específico, formalizada mediante contrato administrativo (art. 43), à pessoa física ou jurídica. O elemento precariedade, previsto no art. 2.º, IV, é de difícil concepção, por se tratar de contrato administrativo, mas está, de qualquer modo, previsto na lei, inclusive devendo o contrato dele dispor.*

As distinções existentes entre concessões e permissões, portanto, dentro da perspectiva do legislador brasileiro, se resumem ao seguinte:

a) *quanto à natureza do delegatário: nas concessões não pode ser pessoa física, podendo sê-lo nas permissões; nas concessões, admite-se o consórcio de empresas, ao passo que nas permissões não;*

b) *quanto à natureza do contrato: o art. 40 da Lei 8.987/1995 estabelece que as permissões são feitas mediante contrato de adesão, nada dispondo sobre os contratos de concessão, o que, no entanto, como já foi dito, parece ser irrelevante, pois os contratos de concessão também não deixam de ser de adesão;*

c) *quanto à estabilidade do vínculo contratual: o art. 40 da Lei 8.987/1995 estabelece que o contrato de permissão conterá cláusulas sobre a sua precariedade, o que é difícil de imaginar dentro da natureza própria de um vínculo contratual. O que se pode conceber, como se verá mais à frente, é algum tipo de disposição contratual que facilite a encampação, sem as restrições do disposto no art. 37 da Lei 8.987/1995.*

11.5.2. Outras formas de outorga. Serviços públicos autorizados. Delegação (art. 236 da CF/1988). Arrendamentos e franquias

A Constituição Federal de 1988, no entanto, em determinados momentos, também faz referência à autorização como forma de outorga de serviços públicos, embora sem especificar seu conteúdo (*v.g.*, art. 21, XII).

Doutrinariamente, como vimos no capítulo referente aos atos administrativos, autorização constitui ato administrativo de natureza precária e discricionária.

O ato administrativo da *Autorização*, no Direito Administrativo, geralmente está ligado à permissão, concedida pelo Poder Público, do exercício de determinada atividade pelo particular, que não é titularizada como serviço público, mas que será fiscalizada, mediante o exercício do poder de polícia, pela Administração Pública. O ato de autorização, geralmente, corresponde a uma primeira manifestação do poder de polícia. Assim, temos diversas formas de manifestação dessa atividade administrativa, como a concessão de autorização para o funcionamento de instituições financeiras, empresas seguradoras ou distribuidoras de títulos e valores mobiliários, passando por autorizações para a produção de produtos perigosos, como a produção e comercialização de material bélico.

No caso em exame, no entanto, a autorização não está vinculada ao exercício do poder de polícia da Administração Pública, mas, sim, à outorga de serviços titularizados por ela.

Fica, então, a dúvida. Se os institutos da concessão e permissão de serviços públicos já se destinam a servir de instrumentos suficientes para a outorga da prestação, por particular, de serviços titularizados pelo Estado, em que contexto e para que serve o instituto da autorização?

A Constituição Federal não esclarece, tampouco o faz a Lei 8.987/1995.

No entanto, a partir do exame de diferentes normas jurídicas, é possível concluir que a autorização se destina a outorgas que visam à *exploração da utilidade em benefício do próprio prestador, não havendo exploração comercial da produção*, como nos casos do autoprodutor de energia elétrica, até determinado limite de potência (arts. 6.º e 7.º da Lei 9.074/1995[13]).

Na verdade, em rigor, não existe, nesse caso específico, exploração de um serviço público, pois não se está a prestar serviço à comunidade, ao menos diretamente, existindo, isto sim, a utilização de um bem público (o potencial hidráulico). Nessa hipótese, não se procede à licitação do serviço, assim como não se procede à licitação na outorga de serviços de telecomunicações de uso restrito do outorgado, que não sejam passíveis de exploração comercial (art. 37 da Lei 9.074/1995).

É possível verificar, também, que a autorização tem sido utilizada como meio adequado à *outorga de serviços públicos não regulares, transitórios ou esporádicos*. O Código Brasileiro de Aeronáutica (Lei 7.565/1985), por exemplo, prevê a autorização para serviços de táxi-aéreo (arts. 123, I, e 180), diferentemente das linhas dos voos regulares de carreira, que devem ser outorgadas por concessão.

---

13. Conceito legal já relativizado com a nova redação do dispositivo pela Lei 13.360/2016 ao fazer alusão, também, à produção independente de energia.

A mesma diretriz é tomada em relação ao serviço de transporte aquaviário, prestação não regular de serviços de transporte terrestre coletivo de passageiros, prestação regular de serviços de transporte terrestre coletivo interestadual e internacional de passageiros desvinculados da exploração da infraestrutura e transporte ferroviário de cargas não associado à exploração da infraestrutura ferroviária, por operador ferroviário independente (art. 13, V, da Lei 10.233/2001).

Em todos os casos citados *a autorização é formalizada por ato administrativo*, e não por contrato, *não estando, em regra, sujeita a procedimento licitatório*. Não obstante, sua natureza, em se tratando de serviços públicos, ao contrário do que se pode imaginar, é, via de regra, de *ato vinculado*, fazendo o postulante jus à outorga, desde que cumpra os requisitos necessários para tanto, o que, reconhecemos, retira do conceito clássico de autorização, em se tratando de serviços públicos, seu conteúdo próprio, que é o de ser um ato discricionário e precário.

A legislação brasileira, no entanto, é pródiga quando se refere à falta de técnica legislativa, podendo-se perceber, por exemplo, que a Lei 9.074/1995 promove grande confusão ao utilizar a autorização não como modalidade de outorga, mas como o procedimento a ser alcançado para a formalização da concessão, em contrapartida à licitação pública (art. 6.º).

Por derradeiro, a Constituição Federal ainda prevê, em seu art. 236, outro tipo de outorga de serviços públicos a particulares, a qual chama apenas de "delegação". Esses serviços, de registros públicos e notariais, que são fiscalizados pelos Judiciários estaduais, têm duas particularidades em relação aos demais, consistente na forma de outorga do serviço, que se dá *mediante concurso público de provas e títulos e só poder ser prestado por pessoas naturais*, e pelo fato de estas terem, em princípio, *a garantia da prestação vitalícia do serviço*, não se submetendo a atos de revalidação, renovação ou revigoração da delegação, embora sejam sujeitas à fiscalização permanente, que pode redundar na cassação do direito usufruído.

O referido art. 236 foi regulamentado pela Lei 8.935/1994, cabendo às leis estaduais a disciplina de questões mais pontuais, como a definição do número de serventias a serem criadas por comarca.

Outrossim, a partir da adoção, pelo Brasil, da política de modernização do Estado, outras formas de trespasse de serviços públicos surgiram em nosso ordenamento jurídico. A *franquia*, por exemplo, instituto típico de direito privado[14], passou a ser adotada nos serviços postais, com o nome de franqueamento postal, havendo, portanto, a transferência a particulares, pela Empresa Brasileira de Correios e Telégrafos (ECT), de parte de suas atribuições, consistentes nas atividades auxiliares relativas ao serviço postal[15].

---

14. Art. 2.º da Lei 8.955, de 15 de dezembro de 1994: "Franquia empresarial é o sistema pelo qual um franqueador cede ao franqueado o direito de uso da marca ou patente, associado ao direito de distribuição exclusiva ou semiexclusiva de produtos ou serviços e, eventualmente, também ao direito de uso de tecnologia na implantação e administração de negócio ou sistema operacional desenvolvidos ou detidos pelo franqueador, mediante remuneração direta ou indireta, sem que, no entanto, fique caracterizado vínculo empregatício".

15. Basicamente, a postagem (recepção das cartas, fixação de selo e cobrança do valor referente ao serviço), venda de selos e cartões postais etc., ficando para a ECT a recepção dos postados das franqueadas, sua distribuição e entrega aos destinatários finais (arts. 1.º e 2.º da Lei 11.668/2008).

Com a Lei 11.668/2008, o franqueamento postal passou a ter uma regulamentação legal, inclusive com a previsão de licitação para a concessão do serviço.

Detentora da maior rede física de serviços públicos do país, a ECT necessitava de uma forma de simplificação da prestação de suas atividades, que não dependesse da contínua e incontável instalação de filiais, tendo encontrado essa solução no franqueamento postal.

Por fim, a execução de serviços públicos cumulada com a concessão de um bem público, comum nos casos de instalações portuárias e aeroportuárias, geralmente é outorgada mediante instrumento denominado "arrendamento", dando a legislação, ao que parece, maior destaque à outorga do bem público do que ao serviço público propriamente dito.

No aludido arrendamento, o que se tem, na prática, é a concessão dos serviços portuários ou aeroportuários, referentes à movimentação e ao armazenamento de mercadorias e, no caso de aeroportos, também de embarque e desembarque de passageiros, com a utilização, nessa tarefa, da infraestrutura das instalações portuárias e aeroportuárias. Quando essa infraestrutura é do Poder Público, como ocorre com as instalações portuárias existentes em Portos Organizados, torna-se necessário, também, dispor sobre a utilização desses bens, daí a razão do termo arrendamento (vide art. 2.º, XI, da Lei 12.815/2013, que trata da exploração direta e indireta pela União de portos e instalações portuárias).

11.5.3. Requisitos da prestação adequada dos serviços públicos concedidos e permitidos

Além dos princípios gerais que são aplicáveis a todos os serviços públicos, como o da continuidade na prestação, os serviços públicos objeto de concessão e permissão estão submetidos a um regramento específico, que lhes impõe a observância de certo requisitos, que o concessionário ou permissionário deverá atender e que são decorrentes do disposto no art. 6.º, § 1.º, da Lei 8.987/1995.

A Lei trata dos referidos requisitos como necessários à prestação do que denomina de "serviço adequado", uma imposição que decorre de norma constitucional (art. 175, parágrafo único, IV, da CF/1988).

São requisitos do serviço adequado a *continuidade*, a *eficiência*, a *segurança*, a *atualidade*, a *regularidade*, a *generalidade*, a *cortesia na prestação* e a *modicidade das tarifas*.

Alguns conceitos, como se vê, são complementares de outros.

A Lei 8.987/1995 só se preocupou em conceituar a *atualidade (art. 6.º, § 2.º)*, dizendo que esta "compreende a modernidade das técnicas, do equipamento e das instalações e a sua conservação, bem como a melhoria e expansão do serviço".

A *generalidade*, por evidente, diz respeito ao alcance da prestação do serviço, no tocante à quantidade de pessoas para as quais é posto à disposição. Os serviços públicos, exatamente por serem públicos, destinados à coletividade, mesmo quando mensurados de maneira individual (*uti singuli*), devem atender a esse caráter de universalidade, não se restringindo apenas a quem tem recursos financeiros ou meios materiais mais adequados à sua aquisição.

A generalidade tratada na lei é uma forma de alcançar a isonomia no acesso ao serviço e tem relação de complementaridade com o requisito referente à *modicidade das tarifas*. A modicidade indica que o preço do serviço não pode ser caro a ponto de se tornar proibitivo ou dificultador de sua utilização por aqueles desprovidos de rendimentos maiores. Se estritamente necessário, o Poder Público deverá subsidiar a tarifa, remunerando o prestador em complementação à tarifa de baixo valor que é cobrada dos usuários finais. Essa previsão, aliás, consta do próprio art. 11 da Lei 8.987/1995.

Regularidade e *continuidade* são conceitos que se complementam. A *regularidade* significa que o serviço deve ser oferecido sem alternâncias quanto à sua qualidade e, em alguns casos, quanto à sua quantidade. Já a *continuidade* diz respeito à não paralisação do serviço, sendo a reiteração, na lei, do princípio geral da continuidade dos serviços públicos. O serviço não deve ser prestado de maneira intermitente ou descontínua.

O requisito da *cortesia na prestação do serviço* diz respeito ao tratamento que deve ser dispensado ao usuário. Não se deve esquecer que este é, como membro da comunidade, o titular mediato de todo e qualquer serviço público, já que o Estado e seus intermediários existem, fundamentalmente, para atender às necessidades da coletividade. De qualquer modo, o usuário possui direitos como consumidor do serviço também, a quem o fornecedor deve dispensar atenção e urbanidade no tratamento (art. 6.º, II, do CDC – Lei 8.078/1990).

Importante observar que a Lei 8.987/1995, em seu art. 7.º, prevê uma série de direitos ao usuário, incluindo o de receber serviço adequado, o que engloba a aludida cortesia na prestação. Ademais, empresas prestadoras de serviços públicos se enquadram no conceito de fornecedor de serviços aludido no art. 3.º do CDC, sendo direito do consumidor, inclusive, a adequada e eficaz prestação dos serviços públicos em geral (art. 6.º, X, do CDC), havendo previsão, nesse mesmo diploma legal, de cassação de concessão de serviço público por violação legal ou contratual a direitos do consumidor (art. 59, § 1.º, do CDC).

A *segurança* na prestação do serviço público também configura um requisito necessário à sua adequação, devendo ser prevenidas quaisquer práticas que possam colocar em risco a vida ou saúde do usuário. Esse, aliás, também constitui um direito básico de qualquer consumidor (arts. 6.º, I, e 8.º a 10 do CDC).

Por fim, a *eficiência* constitui uma síntese de todos os outros requisitos, consistindo num serviço que atenda, dentro de padrões de excelência, às expectativas normais e esperadas do usuário médio.

A eficiência, desde a promulgação da Emenda Constitucional 19/1998, passou a constituir um princípio da Administração Pública brasileira (art. 37, *caput*, da CF/1988).

Em resumo!

SERVIÇO ADEQUADO É AQUELE QUE CUMPRE O SEGUINTE	Regularidade	
	Eficiência	
	Segurança	
	Generalidade	
	Modicidade das tarifas	
	Continuidade	Em caso de emergência é permitida a interrupção (não configura descontinuidade)
		Deve haver prévio aviso — Razões de ordem técnica e segurança das instalações
		Deve haver prévio aviso — Por inadimplemento do usuário considerando o interesse da coletividade
	Cortesia na prestação do serviço	
	Atualidade	Modernidade de equipamentos e técnicas, além de expansão do serviço.

11.5.4. Serviço remunerado por tarifa e interrupção de seu fornecimento por falta de pagamento

No caso dos serviços sujeitos a tarifa, é de se indagar se o inadimplemento ou mesmo mora no pagamento daquela pode importar na interrupção do serviço, mais comumente os de fornecimento de gás, água, energia elétrica e telefonia.

A própria Lei 8.987/1995, no entanto, dá a resposta, ao admitir que não fere a continuidade, ou não importa em descontinuidade do serviço, sua interrupção em situações de emergência, ou, após aviso prévio, quando motivada por razões de ordem técnica ou de segurança das instalações e por *inadimplemento do usuário*, "considerado o interesse da coletividade" (art. 6.º, § 3.º).

A expressão final "considerado o interesse da coletividade" tanto pode ser interpretada como uma justificativa para a interrupção do serviço prestado ao usuário inadimplente, uma vez que aqueles que pagam não podem suportar o ônus financeiro daquele que não paga pelo serviço prestado; como pode significar que o inadimplente, dependendo da natureza do serviço que presta (um hospital, por exemplo), não pode ter a prestação do serviço que lhe é oferecido interrompido, uma vez que o interesse da coletividade é de que continue a operar, ainda que em situação de inadimplência para com o concessionário do serviço público.

Exatamente nesse último sentido decidiu o STJ[16] em acórdão digno de elogios, destacando, inclusive, a necessidade de se relevar a finalidade lucrativa da entidade tomadora do serviço público quando esta desempenhe atividade de relevante alcance social:

> *"Administrativo. Serviço público. Ausência de violação do art. 535 do CPC. Acórdão devidamente fundamentado. Casa de Saúde. Serviço essencial. Suspensão no fornecimento de água. Impossibilidade. Entidade privada com fins lucrativos. Irrelevância. Vida e saúde dos pacientes internados como bens jurídicos a serem tutelados. Condicionamento da ordem econômica à promoção da dignidade humana.*
>
> *1. A questão da impossibilidade da interrupção do fornecimento de água, no caso concreto, foi enfrentada pelo acórdão recorrido, não havendo que se falar em negativa de prestação jurisdicional.*
>
> *2. O corte do fornecimento de água está autorizado por lei sempre que resultar da falta injustificada de pagamento, e desde que não afete a prestação de serviços públicos essenciais, a exemplo de hospitais, postos de saúde, creches, escolas.*
>
> *3. No caso dos autos, a suspensão da prestação do serviço afetaria uma casa de saúde e maternidade, motivo pelo qual não há como se deferir a pretensão da agravante, sob pena de se colocar em risco a vida e a saúde dos pacientes lá internados.*
>
> *4. Ademais, o fato de a agravada ser entidade privada e auferir lucros no exercício de sua atividade é totalmente irrelevante, pois o que se busca proteger é a vida e a saúde das pessoas que estão hospitalizadas, e não a entidade em si. Tanto é assim que a vedação à suspensão do fornecimento de água não significa que o fornecimento de água deva continuar de forma graciosa, mas apenas que a cobrança da dívida deve se dar por outros meios executórios.*
>
> *5. Esse entendimento é perfeitamente compatível com o sistema constitucional brasileiro (art. 170, caput, da CF), segundo o qual a ordem econômica tem por fim assegurar a todos uma existência digna. A propriedade privada e a livre iniciativa, postulados mestres no sistema capitalista, são apenas meios cuja finalidade é prover a dignidade da pessoa humana.*
>
> *6. Admitir a suspensão do fornecimento de água a um hospital e colocar em risco a vida e a saúde dos internos, sob o argumento de que se vive em uma sociedade capitalista, é inverter a lógica das prioridades e valores consagrados em um sistema jurídico onde a ordem econômica está condicionada ao valor da dignidade humana.*
>
> *Agravo regimental improvido".*

A Lei 9.427/1996, no entanto, em seu art. 17, prevê expressamente a possibilidade de suspensão do fornecimento de energia elétrica ao consumidor que preste serviço público ou essencial à população, ficando tal medida *condicionada à comunicação prévia*, observado o prazo de 15 dias, *ao Poder Público local ou Poder Executivo estadual*.

A Lei 10.438/2002, outrossim, acrescentou o § 1.º ao referido art. 17, estabelecendo a obrigação do Poder Público competente, depois de recebida a comunicação, de adotar providências administrativas para preservar a população dos efeitos da suspensão do fornecimento de energia elétrica, inclusive dando publicidade à contingência.

Com relação ao fornecimento de água, ainda mais essencial, o § 3.º do art. 40 da Lei 11.445/2007 (Lei do Saneamento Básico), apesar de não vedar o corte no fornecimento, mitigou sua aplicação, ao dispor que "a interrupção ou a restrição do fornecimento de água

---

16. AgRg no REsp 1.201.283/RJ, 2.ª T., Rel. Min. Humberto Martins, j. 16.09.2010.

por inadimplência a estabelecimentos de saúde, a instituições educacionais e de internação coletiva de pessoas e a usuário residencial de baixa renda beneficiário de tarifa social deverá obedecer a prazos e critérios que preservem condições mínimas de manutenção da saúde das pessoas atingidas".

11.5.5. Procedimentos para outorga dos serviços públicos. Licitação e autorização

Em regra, os serviços públicos, como forma de garantia dos princípios gerais da publicidade, impessoalidade e isonomia, são outorgados aos particulares mediante procedimento concorrencial, conhecido como licitação.

Assim, a licitação não constitui apenas um procedimento utilizado pela Administração Pública para aquisição de bens e serviços de seu interesse, mas também para o trespasse, ao particular, de serviços por ela titularizados, e, como veremos mais adiante, em alguns casos, também para a utilização, pelos particulares, de bens públicos.

O procedimento licitatório dos serviços públicos é predominantemente regulado pela Lei 8.987/1999, em seus arts. 14 a 22, com aplicação subsidiária da Lei Geral de Licitações – Lei 8.666/1993 (art. 18, *caput*, da Lei 8.987/1995).

Alguns serviços públicos em particular possuem regramento próprio, com a aplicação da Lei 8.987/1999 em caráter subsidiário.

Por exemplo, as concessões e permissões outorgadas pela Agência Nacional de Transportes Terrestres – ANTT e pela Agência Nacional de Transportes Aquaviários – ANTAQ obedecem a disposições específicas (arts. 34-A e 38 da Lei 10.233/2001) e regulamento próprio, aprovado pelas Diretorias das referidas agências reguladoras.

Em contrapartida, outros serviços públicos podem ser outorgados *sem licitação*. Não se trata de casos de inexigibilidade ou dispensa de licitação, previstos na Lei 8.666/1993, trata-se, na verdade, da inexistência mesmo de qualquer procedimento licitatório por dispensa legislativa. A título de exemplo, podemos citar:

   a) *Serviços de radiodifusão sonora e sonora e de imagens (art. 34 da Lei 4.117/1962 c/c art. 41 da Lei 8.987/1995 e 211 da Lei 9.472/1997, e 223 da CF/1988), ressalvados os de TV a cabo anteriores à Lei 12.485/2011;*
   b) *Serviços autorizados de que trata o art. 14, III, da Lei 10.233/2001, conforme se infere do § 1.º do mesmo artigo e do art. 43, I, da mesma Lei (algumas modalidades de serviços de transporte identificadas na referida legislação);*
   c) *O aproveitamento de potenciais hidráulicos e a implantação de usinas termelétricas de potência igual ou inferior a 5.000 kW, que sequer estão sujeitos à autorização, bastando a prévia comunicação ao poder concedente (art. 8.º da Lei 9.074/1995, na redação dada pela Lei 13.360/2016);*
   d) *As atividades autorizadas referidas no art. 7.º da Lei 9.074/1995 (implantação de usinas termelétricas, de potência superior a 5.000 kW, destinadas a uso exclusivo do autoprodutor e produção independente de energia, bem como o aproveitamento de potenciais hidráulicos, de potência superior a 5.000 kW e igual ou inferior a 50.000 kW, destinados a uso exclusivo do autoprodutor e a produção independente de energia);*
   e) *Serviços autorizados de telecomunicações (art. 131 da Lei 9.472/1997) e, com mais razão, aqueles que sequer dependem de autorização (art. 75 da mesma Lei), nos parecendo ter*

perdido a vigência, por incompatibilidade com a regra posterior, a disposição do art. 37 da Lei 9.074/1995, que dizia ser a hipótese de inexigibilidade de licitação.

Em rigor, as hipóteses previstas nos itens "c" e "d", acima, quando não importam na prestação de serviços a terceiros, mas apenas em aproveitamento de potenciais hidráulicos em benefício do próprio explorador, não constituem serviço público, mas sim, tão somente, uso de bem público.

Quanto aos serviços permitidos e concedidos, a licitação é obrigatória por imposição constitucional (art. 175 da CF/1988), ressalvando-se daquela os serviços de radiodifusão sonora e de sons e imagens, que possuem regulamentação própria (art. 223 da CF/1988).

11.5.5.1. Licitações nas concessões e permissões de serviços públicos

Na concessão, a modalidade de licitação adotada, quase sempre, é a *concorrência* (art. 2.º, II e III, da Lei 8.987/1995). Excepcionalmente, para serviços públicos específicos ou em situações de transitoriedade, o legislador optou por outra modalidade, como o leilão previsto no art. 29 da Lei 9.074/1995, para as outorgas de concessões decorrentes da privatização de setor econômico.

Em alguns casos, o procedimento licitatório é mais simplificado, como acontecia com as concessões de operação de TV a cabo (arts. 11 a 15 da Lei 8.977/1995, já revogados, e Decreto 2.206/1997), em que não havia referência expressa quanto à modalidade de licitação a ser adotada. Com a Lei 12.485/2011, a distribuição do agora denominado *serviço de acesso condicionado* será feita por meio de simples autorização.

Para as permissões, a Lei 8.987/1995 não estabeleceu uma modalidade específica de licitação (arts. 2.º, IV, e 40).

As regras gerais da Lei de Licitações (Lei 8.666/1993) são aplicáveis às licitações de serviços públicos (art. 18 da Lei 8.987/1995), mas o julgamento das propostas se faz conforme critérios específicos desta última (*os chamados tipos de licitação*), a saber:

a) *menor valor de tarifa do serviço público a ser prestado;*

b) *maior oferta, nos casos de pagamento ao poder concedente pela outorga da concessão;*

c) *melhor proposta técnica, com preço fixado no edital;*

d) *melhor proposta em razão da combinação dos critérios de menor valor da tarifa do serviço público a ser prestado com o de melhor técnica;*

e) *melhor proposta em razão da combinação dos critérios de maior oferta pela outorga do serviço público a ser prestado com o de melhor técnica;*

f) *melhor oferta de pagamento pela outorga após qualificação de propostas técnicas;*

g) *combinação, dois a dois, dos critérios de menor valor da tarifa do serviço público a ser prestado, de maior oferta e de melhor oferta de pagamento após qualificação de propostas técnicas.*

Em regra, não se admite exclusividade na outorga de concessão ou permissão (art. 16 da Lei 8.987/1995), e se dá ao edital da licitação maior discricionariedade na especificação dos parâmetros e exigências das propostas técnicas (§ 2.º do art. 15).

Diferentemente do que ocorre nas licitações em geral, em que o autor do projeto básico ou executivo é proibido de participar da licitação ou da execução de obra ou serviço e do fornecimento de bens a eles necessários (art. 9.º, I, da Lei 8.666/1993), nas licitações de serviços públicos tal restrição inexiste (art. 31 da Lei 9.074/1995).

11.5.5.2. Formalização da outorga

Tratando-se de serviços concedidos e permitidos, *a outorga é formalizada por contrato*. Suas cláusulas gerais são aquelas previstas no art. 23 da Lei 8.987/1995, sem embargo de outras previsões específicas, conforme o serviço público de que se trate.

Basicamente, o contrato deverá conter cláusulas sobre o objeto, a área e o prazo da concessão ou permissão, a forma de prestação do serviço, critérios para aferir sua qualidade, preço do serviço e critérios de reajuste e revisão da tarifa, se for dessa forma custeado, direitos e obrigações do concedente e do concessionário, direitos e deveres do usuário, forma de fiscalização e penalidades a que estará sujeito o concessionário, os casos de extinção da concessão ou permissão etc.

Quanto aos serviços autorizados, a outorga se dá, em regra, *por ato administrativo* da autoridade competente, o qual é materializado, geralmente, por meio de um termo de outorga ou autorização (*v.g.*, art. 44 da Lei 10.233/2001).

Já a delegação dos serviços referidos no art. 236 da CF/1988 se dá por nomeação ou designação do candidato aprovado no concurso público.

O franqueamento postal e o arrendamento também se formalizam por contrato.

11.5.6. Remuneração dos serviços públicos

11.5.6.1. Taxa. Serviços públicos concedidos e permitidos. Preço público e tarifa

Os serviços públicos prestados por particulares, de um modo geral, são custeados pelas pessoas que se utilizam deles, conforme valores que são definidos pelo poder concedente ou permitente, obedecendo a regras estabelecidas no instrumento de outorga.

Esses valores são conhecidos como *preços públicos*, e o conjunto destes forma a chamada *tabela tarifária* ou, simplesmente, *tarifa*.

Quando o serviço é prestado pelo próprio Poder Público, diretamente, o seu custeio, se cobrado do usuário, se dará por meio de *taxa*, se divisível e específico o serviço (art. 145, II, da CF/1988)[17]. Não sendo específico e divisível o serviço ou não sendo cobrado diretamente do usuário, o custeio somente poderá se dar por meio dos impostos em geral.

11.5.6.2. Contribuição Social para o custeio de iluminação pública – COSIP

No caso específico do *serviço de iluminação pública*, o qual não é divisível e específico, o legislador constituinte derivado, como forma de resguardar o interesse das municipali-

---

17. Súmula Vinculante 19: *"A taxa cobrada exclusivamente em razão dos serviços públicos de coleta, remoção e tratamento ou destinação de lixo ou resíduos provenientes de imóveis, não viola o artigo 145, II, da Constituição Federal."*

dades, que, em grande parte do Brasil, passaram a instituir "taxas de iluminação pública", as quais tiveram as leis instituidoras, invariavelmente, declaradas inconstitucionais (Súmula 670 e Súmula Vinculante 41, ambas do STF[18]), criou a "contribuição social para o custeio do serviço de iluminação pública", conhecida como COSIP, inserida no texto da CF/1988 pela Emenda Constitucional 39/2002 (art. 149-A)[19].

11.5.6.3. Remuneração do serviço público de saneamento básico

De acordo com a Constituição Federal (art. 23, IX), é competência comum da União, dos Estados, do Distrito Federal e dos Municípios promover programas de construção de moradias e a melhoria das condições habitacionais e de *saneamento básico*.

O saneamento básico está inserido dentre as ações de competência do Sistema Único de Saúde – SUS (art. 200, IV), cabendo à União estabelecer diretrizes na matéria (art. 21, XX).

A Lei Orgânica do SUS (Lei 8.080/1990) também prevê o saneamento básico como determinante e condicionante da saúde (art. 3.º), repetindo a noção de que ele está inserido dentro do campo de atuação do SUS (arts. 6.º, II, e 15, VII e XV), prevendo a integração, em nível executivo, das respectivas ações na matéria (art. 7.º, X) e a articulação das políticas e programas sobre atividades de saneamento (art. 13, II), além de distribuir as atribuições entre os diferentes níveis de governo (arts. 16, II, *c*, 17, VI, e 18, IV, *d*).

Curiosamente, essa lei já dispunha que as ações de saneamento executadas supletivamente pelo SUS seriam financiadas por recursos tarifários específicos (art. 32, § 3.º), embora sem esclarecer o ponto.

Com a *Lei 11.445/2007*, foram estabelecidas, finalmente, as *diretrizes nacionais para o saneamento básico*, tendo o normativo estabelecido um longo e complementar conceito em seu art. 3.º, de forma que o saneamento básico passa a abranger inúmeros serviços, que vão do abastecimento de água potável ao esgotamento sanitário, além da drenagem e manejo de águas pluviais urbanas e limpeza urbana e manejo de resíduos sólidos.

O art. 11 da novel legislação prevê que os serviços, quando contratados, têm de observar uma série de requisitos, inclusive com a realização prévia de audiência e de consulta pública sobre o edital de licitação, no caso de concessão.

A Lei 11.445/2007 prevê a possibilidade de que o serviço seja custeado tanto por tarifa quanto por taxa (art. 11, § 2.º, IV, *a*). Em seu art. 29, § 1.º, ademais, são estabelecidas diretrizes para a instituição de tarifas, preços públicos e taxas para serviços de saneamento básico, a saber:

"*I – prioridade para atendimento das funções essenciais relacionadas à saúde pública;*

---

18. Súmula Vinculante 41: "*O serviço de iluminação pública não pode ser remunerado mediante taxa*".
19. As contribuições parafiscais ou gerais, infelizmente, têm sido utilizadas no Brasil, de há muito, como forma de burlar as regras constitucionais de limitação do poder de tributar. Com base nelas, são criadas inúmeras tributações novas, muitas vezes incidentes sobre a mesma base de cálculo de impostos e taxas já existentes. O STF, de um modo geral, não tem repelido essas contínuas investidas do Estado arrecadador, que tem hoje, na área federal, grande parte de sua arrecadação fundada nas contribuições, principalmente as chamadas sociais, entre elas as destinadas à Seguridade Social. A COSIP, de certa forma, já foi validada pela Corte quando do julgamento do *RE 573.675/SC* (Pleno, Rel. Min. Ricardo Lewandowski, j. 25.03.2009).

II – ampliação do acesso dos cidadãos e localidades de baixa renda aos serviços;

III – geração dos recursos necessários para realização dos investimentos, objetivando o cumprimento das metas e objetivos do serviço;

IV – inibição do consumo supérfluo e do desperdício de recursos;

V – recuperação dos custos incorridos na prestação do serviço, em regime de eficiência;

VI – remuneração adequada do capital investido pelos prestadores dos serviços;

VII – estímulo ao uso de tecnologias modernas e eficientes, compatíveis com os níveis exigidos de qualidade, continuidade e segurança na prestação dos serviços;

VIII – incentivo à eficiência dos prestadores dos serviços".

Em que pese a opção legislativa, é difícil imaginar como a cobrança poderia ser validamente feita por meio de taxa, ante os requisitos constitucionais para essa espécie tributária.

Se tivermos como parâmetro o serviço de tratamento de esgoto, por exemplo, em que a quantidade de dejetos lançados por contribuinte na rede coletora não é passível de mensuração, podemos concluir que a remuneração só pode ser feita por preço público. Esse, inclusive, é o entendimento do STF[20].

Não descartamos, no entanto, que o fornecimento de água potável, dentro do conceito amplo de saneamento básico adotado pela nova lei, possa ser remunerado também por meio de taxa, embora não pareça ser o modo mais adequado. O STJ, aliás, entendia que, por ser essencial o serviço, seria obrigatória sua remuneração por meio de taxa[21], dentro de uma visão mais tributarista do tema. Mesmo antes da lei, no entanto, o STF caminhava em posição contrária[22], defendendo a tese de que a remuneração devia ser feita por preço público, posição à qual aderiu o STJ, em definitivo, após o julgamento do *REsp 1.117.903/RS*, apreciado na sistemática do art. 543-C do revogado CPC/1973[23].

11.5.6.4. Modicidade da tarifa e diferenciação dos valores conforme o consumo

Sendo público o serviço, embora prestado por particular, existe uma clara intenção do Poder Público em regulamentar minuciosamente a política tarifária, encontrando um meio-termo que deve ser atendido entre o interesse público na prestação do serviço e o interesse particular no ganho econômico que tal prestação irá lhe render.

As tarifas devem atender ao *princípio da modicidade*, de maneira a permitir que a maior quantidade possível de pessoas tenha acesso ao serviço, sendo comum, também, o estabelecimento de políticas de isenção para determinadas categorias de pessoas hipossuficientes do ponto de vista econômico (tarifas subsidiadas para pessoas de baixo poder

---

20. AgRg nos ED no RE 581.085/MS, 1.ª T., Rel. Min. Dias Toffoli, j. 25.09.2012; AgRg no AI 753.964/RJ, 1.ª T., Rel. Min. Marco Aurélio, j. 15.10.2013; e ED no RE 447.536, 2.ª T., Rel. Min. Carlos Velloso, j. 28.06.2005.
21. STJ, REsp 167.489/SP, 1.ª T., Rel. Min. José Delgado, j. 02.06.1998; REsp 127.960/RS, 1.ª T., Rel. Min. Francisco Falcão, j. 18.10.2001; REsp 453.855/MS, 2.ª T., Rel. Min. Franciulli Netto, j. 21.08.2003.
22. STF, AgRg no RE 201.630/DF, 1.ª T., Rel. Min. Ellen Gracie, j. 11.06.2002 (vide notícia no *Informativo 272* e transcrição no *Informativo 275*).
23. STJ, REsp 1.117.903/RS, 1.ª S., Rel. Min. Luiz Fux, j. 09,12,2009 (vide notícia no *Informativo 419*).

aquisitivo). O benefício sempre é deferido em vista de uma classe de pessoas usuárias do serviço, não podendo ser concedido a título individual (art. 35, parágrafo único, da Lei 9.074/1995).

As tarifas podem ser cobradas de forma diferenciada, conforme as características técnicas e os custos específicos provenientes de diferentes segmentos de usuários (art. 13 da Lei 8.987/1995).

Em razão de tal disposição, são consideradas válidas, por exemplo, tarifas de água diferenciadas de acordo com a categoria dos usuários e faixas de consumo (Súmula 407 do STJ)[24].

Discussão distinta é a referente às chamadas *tarifas mínimas* e *tarifas básicas*, pelas quais se cobra um valor mínimo do usuário independentemente do uso ou não do serviço dentro da quantidade correspondente àquele mínimo.

Com relação ao serviço de telefonia fixa, o STJ já havia entendido por sua validade (*Súmula 356*[25]). A lógica do enfoque apenas consumerista da questão não tinha mesmo qualquer sentido, posto que o serviço referido é colocado ininterruptamente à disposição do consumidor/usuário, o que, logicamente, importa num custo que, de alguma maneira, teria de ser repassado àquele; se não o fosse pela instituição da tarifa básica, o seria pela elevação da própria tarifa de uso[26].

Essa parece ser também a tendência quanto à tarifa mínima de consumo de água, embora o STJ já tenha assentado que, nos casos em que um condomínio tem um único hidrômetro, é ilícita a forma de cálculo de aplicação da tarifa mínima multiplicada pelo número de unidades (*multiplicação pelo número de economias*), sem que se considere o consumo efetivamente registrado[27].

11.5.6.5. Hipóteses de isenção. Passe livre. Serviços de transporte público

Em situações excepcionais, a tarifa pode deixar de ser cobrada de usuários específicos. Regra geral, no próprio edital de concessão/permissão e no respectivo contrato é que serão estabelecidas as hipóteses de isenção, muitas vezes repetindo a legislação autorizativa do trespasse do serviço ao particular.

Caso emblemático, que encontra previsão expressa na legislação brasileira, é a isenção prevista no art. 39 da Lei 10.741/2003 (Estatuto do Idoso), que estabelece a gratuidade aos maiores de sessenta e cinco anos nos transportes públicos urbanos e semi-urbanos[28]. A Lei 8.899/1994, por sua vez, criou a gratuidade às pessoas portadoras de deficiência, compro-

---

24. *Súmula 407 do STJ*: "É legítima a cobrança da tarifa de água fixada de acordo com as categorias de usuários e as faixas de consumo".
25. *Súmula 356 do STJ*: "É legítima a cobrança da tarifa básica pelo uso dos serviços de telefonia fixa".
26. Quanto ao tema, didático o voto do Ministro Luiz Fux no AgRg no AgRg no REsp 1.032.454/RJ, 1.ª T., j. 06.10.2009.
27. STJ, REsp 1.166.561/RJ (repetitivo), 1.ª S., Rel. Min. Hamilton Carvalhido, j. 25.08.2010.
28. Essa mesma lei, em seu art. 40, I, prevê a reserva de duas vagas gratuitas por veículo para idosos com renda igual ou inferior a dois salários mínimos mensais. Esse dispositivo encontra-se regulamentado, atualmente, pelo Decreto 5.934/2006.

vadamente carentes, nos serviços de transporte público interestadual[29]. Também nessa linha, embora mais restrita, é a previsão de que no sistema de transporte coletivo interestadual devam ser reservadas duas vagas gratuitas por veículo para jovens de baixa renda (art. 32, I, da Lei 12.852/2013 – Estatuto da Juventude, regulamentado pelo Decreto 8.537/2015).

Não havendo previsão na lei, nem no respectivo edital/contrato, não estará o concessionário/permissionário obrigado a tolerar a gratuidade.

O fato de o Poder Público ser o usuário do serviço, não lhe retira, em princípio, a obrigação de pagamento, podendo, quando muito, como já visto, ser relevante para a adoção do procedimento de corte ou paralisação da prestação.

É comum, nos serviços de transporte público, a previsão de passe livre para certas categorias profissionais, como policiais e oficiais de justiça, desde que estejam em serviço[30].

No âmbito federal, existe previsão expressa de gratuidade para as malas postais dos Correios (Decreto-Lei 3.326/1941 e Regulamento de execução dos serviços de transporte de correspondência e malas postais, aprovado pelo Decreto-Lei 5.405/1943), havendo precedentes do STJ no sentido de que tais disposições continuam em vigor[31].

Com a edição da Lei 12.587/2012, que criou a Política Nacional de Mobilidade Urbana, ficou consagrado o entendimento de que qualquer subsídio tarifário ao custeio da operação do transporte público coletivo deve ser definido no contrato (art. 10, parágrafo único), com base em critérios transparentes e objetivos de produtividade e eficiência, especificando, minimamente, o objetivo, a fonte, a periodicidade e o beneficiário.

Não obstante, a regra geral não revoga as normas expressas de gratuidade previstas em outras leis, mormente se considerarmos o fato de que o art. 27, que revogava diversas das disposições alusivas à gratuidade, foi vetado pela Presidente da República.

11.5.6.6. Serviços delegados (art. 236 da CF) e outras situações especiais

No caso dos serviços delegados referidos no art. 236 da Constituição Federal, em cumprimento ao disposto em seu § 2.º, foi editada lei nacional que estabeleceu regras gerais para a fixação dos valores a serem cobrados, geralmente denominados de "emolumentos" (Lei 10.169/2000).

Aos Estados caberá dispor, observando as regras gerais estabelecidas na referida lei, o valor fixado para cada serviço notarial e de registro, bem como a forma de fiscalização a ser empreendida, pelos Judiciários estaduais, quanto à observância desses limites.

---

29. Matéria regulamentada no Decreto 3.691/2000. Essa gratuidade não se confunde com as disposições referentes à política de mobilidade, de que tratam os arts. 46 a 52 do Estatuto da Pessoa com Deficiência (Lei 13.146/2015).

30. O art. 43 da Lei 5.010/1966 prevê o passe livre aos oficiais de justiça da Justiça Federal, quando em exercício de suas funções, nas empresas de transporte da respectiva Seção Judiciária. Quanto aos oficiais de justiça da Justiça do Trabalho, o direito está previsto no art. 13 do Decreto-Lei 9.797/1946, no art. 11 da Lei 4.097/1962 e no art. 16 da Lei 4.192/1962. O art. 630, § 5.º, da CLT garante o direito de passe livre aos agentes de inspeção do trabalho, no território do exercício de sua função (vide art. 34 do Decreto 4.552/2002, que aprova o Regulamento de Inspeção do Trabalho).

31. STJ, REsp 1.025.409/SC, 1.ª T., Rel. Min. Luiz Fux, j. 02.09.2010 (vide *Informativo 445*).

De acordo com a lei federal, os valores devem constar de tabelas (art. 2.º, I), devendo ser distinguidos os atos relativos a situações jurídicas sem conteúdo financeiro, como uma escritura com declaração de vontade referente à guarda dos filhos ou o simples reconhecimento de uma firma ou, ainda, a autenticação de uma cópia de documento, daqueles que tenham conteúdo financeiro, como uma escritura de compra venda de um imóvel (art. 2.º, III). Nesse último caso, impõe-se a criação de faixas que estabeleçam valores mínimos e máximos, nas quais se enquadrará o valor constante do documento apresentado.

Observe-se, ainda, com referência a esses serviços, que a própria Constituição Federal prevê a gratuidade, aos reconhecidamente pobres, do registro civil de nascimento e da certidão de óbito (art. 5º, LXVI), matéria regulamentada no art. 30 da Lei de Registros Públicos (Lei 6.015/73), na redação dada pelas Leis 7.844/89 e 9.534/97[32].

A Lei 9.534/97 foi além, prevendo uma gratuidade genérica para todas as pessoas no que tange ao registro de nascimento e assento de óbito, assim como as primeiras certidões referentes a estes dois atos. Justificou-se tal proceder por tratarem de direitos diretamente relacionados com o exercício da cidadania e como forma de combate do chamado sub-registro. Referida lei, inclusive, foi julgada constitucional pelo STF ao julgar a ADI 1.800-1-DF. Para subsidiar os Cartórios de Registro Civil das Pessoas Naturais, que acabam suportando o ônus de praticar tais atos registrais de forma gratuita, a Lei 10.169/2000 determinou a criação, pelos Estados, de uma compensação financeira (art. 8º), o que geralmente é feito mediante a criação de um recolhimento compulsório pelas demais serventias extrajudiciais.

Os serviços públicos de difusão sonora e de sons e imagens são, por natureza, gratuitos, sendo mantidos, em geral, por publicidade. Os serviços de TV a cabo, no entanto, são custeados também pelos usuários, mediante o pagamento de assinatura (arts. 26 e 34, I, da Lei 8.977/1995).

Serviços que importam na utilização da infraestrutura do poder concedente, como os de instalações portuárias e aeroportuárias, acarretam, em geral, a obrigação do concessionário de pagar ao concedente pela utilização desses bens, constituindo, de forma geral, uma cessão onerosa de bem público[33]. Quando essa infraestrutura é construída ou melhorada pelo particular, no entanto, este, além de não ter a obrigação de efetuar tais pagamentos, ainda pode cobrar dos usuários do serviço o preço estipulado no contrato de concessão, como forma de amortizar as despesas feitas com a obra ou melhoria, hipótese mais comumente verificada nas concessões de rodovias e ferrovias.

11.5.7. Formas de extinção da outorga

A Lei 8.987/1995 elenca, em seu art. 35, as diferentes formas de extinção da outorga, na modalidade concessão. São elas:

- *advento de termo contratual;*

---

32. Existem outras gratuidades previstas em diversas leis, como as estabelecidas nos arts. 47 e 373 do Código Eleitoral (Lei 4.737/1965) e no art. 39 da Lei de Execuções Fiscais (Lei 6.830/1980).

33. Na prática, nessas situações, o serviço é remunerado por tarifa ao concessionário que apenas paga ao Poder Público o valor do arrendamento. Procedimento mais comum em aeroportos e portos.

- *encampação;*
- *caducidade;*
- *rescisão;*
- *anulação;*
- *falência ou extinção da empresa concessionária e falecimento ou incapacidade do titular, no caso de empresa individual.*

A *encampação* ocorre na hipótese de o poder concedente decidir, por motivo de interesse público, retomar o serviço durante o prazo da concessão (art. 37).

A *rescisão* se dá quando a concessionária alega descumprimento das normas contratuais pelo poder concedente (art. 39).

Já a *caducidade* ocorre pela inexecução total ou parcial do contrato pelo concessionário (art. 38). Seria, na verdade, uma rescisão contratual de iniciativa do poder concedente, à qual a lei preferiu dar um nome diferente.

Todas essas formas de extinção da outorga têm requisitos próprios, de forma que a rescisão, de iniciativa do concessionário, só pode ser feita pela via judicial, e o concessionário, em regra, deve manter o serviço até o trânsito em julgado da decisão que a defere, ao passo que a caducidade pode ser declarada administrativamente, decorrência lógica da chamada "cláusula de privilégio da rescisão unilateral", existente nos contratos administrativos em geral.

Exige-se, tão somente, quanto a esta última, o respeito à ampla defesa e que seja instaurado procedimento administrativo para essa finalidade, denominado pela lei de "processo administrativo de inadimplência", com a notificação prévia, antes dessa instauração, à concessionária, cientificando-lhe, detalhadamente, quais obrigações contratuais estão sendo por ela descumpridas.

Eventual indenização a ser paga ao concessionário, ademais, não precisa ser antecedente à declaração de caducidade (art. 38, § 4.º).

As hipóteses de declaração de caducidade foram elencadas no § 1.º do art. 38 da Lei 8.987/1995, estando todas elas vinculadas ao descumprimento de cláusulas do contrato de concessão ou de dificuldades da concessionária, de ordem técnica, econômica ou operacional, de dar continuidade à prestação do serviço.

A única exceção diz respeito à hipótese de condenação da concessionária, em sentença transitada em julgado, por sonegação de tributos, inclusive contribuições sociais.

É difícil entender de que forma se operacionalizaria isso, uma vez que a condenação, se de processo criminal o legislador quis se referir, não seria da pessoa jurídica, mas sim do dirigente ou administrador desta, responsável pela sonegação. Se se trata de condenação na esfera civil, é sabido que a apuração dos créditos tributários da Fazenda Pública, inclusive os decorrentes de lançamentos de ofício em procedimentos fiscais que apuram sonegação fiscal, se dá independentemente de atuação judicial, chegando a tal esfera somente pela via da execução fiscal, onde não se procederá qualquer tipo de acertamento quanto à relação jurídica material, mas tão somente a prática de atos tendentes à satisfação material do crédito constante do título executivo.

Hipótese que desperta mais interesse, exatamente por retratar, na seara dos contratos administrativos que envolvem a prestação de serviços públicos, a prerrogativa, de que dispõe a Administração Pública, da *extinção* por ato unilateral da avença, é a da encampação.

A encampação, no entanto, não se confunde com as hipóteses de declaração de caducidade, pois não está aquela fundada em descumprimento contratual pela parte contratada, e sim no interesse da Administração Pública em retomar o serviço.

Na sistemática da Lei 8.987/1995, entretanto, a encampação não decorre de mero capricho do administrador. A prerrogativa da extinção unilateral por iniciativa da Administração Pública, nesse caso, existe, mas é condicionada, primeiro, à *prévia lei autorizativa específica*, ou seja, a uma autorização da casa legislativa correspondente à unidade da Federação que atua como Poder Concedente para cada caso concreto; segundo, ao *pagamento de prévia indenização ao concessionário*, que corresponderá aos investimentos e despesas que foram feitos por este para assumir o contrato (danos emergentes), bem como os lucros que deixará de auferir pela extinção da avença (lucros cessantes)[34].

O *advento de termo contratual* referido na Lei trata simplesmente de hipótese em que ocorre a expiração do prazo de duração do contrato de concessão.

Já a *anulação* diz respeito à invalidação do próprio procedimento de concessão, seja da licitação, com reflexo no contrato, seja por vício no próprio instrumento contratual. Por diversas razões, pode ocorrer essa anulação, como, por exemplo, ante a demonstração de que a licitação foi dirigida para benefício de alguma empresa em específico, violando a finalidade do procedimento concorrencial.

Por fim, a extinção da concessão pode ocorrer pela *extinção da empresa concessionária ou sua falência*, hipóteses em que não se torna mais possível a continuidade dos seus serviços, por evidente incapacidade financeira e operacional. Com relação à empresa falida, o art. 195 da Lei de Recuperação Judicial e Falências (Lei 11.101/2005) repete a previsão referente à extinção da concessão.

Em princípio, todas essas formas de extinção do contrato podem ocorrer também nas permissões de serviços públicos, não havendo incompatibilidade entre elas.

No entanto, embora as permissões de serviço público sejam agora formalizadas por contrato, a Lei ainda admite a possibilidade de que este contenha disposições sobre o que denomina de "revogabilidade unilateral do contrato pelo poder concedente" (art. 40), podendo haver, assim, uma maior dose de precariedade do vínculo jurídico em relação ao existente na concessão.

Assim sendo, existindo tais disposições contratuais, parece possível afirmar que a encampação em especial, nos contratos de permissão, pode ser efetivada de maneira um pouco mais fácil, prescindindo, por exemplo, da autorização legislativa referida no art. 37 da Lei 8.987/1995, bastando que haja o enquadramento em alguma das hipóteses contratualmente previstas para a retomada do serviço público pelo Poder concedente.

---

34. Observe-se, não obstante, que o art. 19 da Lei 9.427/1996 expressamente exclui os lucros cessantes no cálculo da indenização. Outrossim, a Lei 12.767/2012 criou regime especial para a extinção das concessões de serviço público de energia elétrica e a prestação temporária de seu serviço, estando pendente de julgamento a ADI 5.018/DF (Rel. Min. Roberto Barroso), que discute sua constitucionalidade.

PRERROGATIVAS DO PODER CONCEDENTE	Alteração unilateral das cláusulas de execução			
	Extinção unilateral da concessão ou da permissão antes do término do prazo estabelecido			
	Inspeção e fiscalização			
	Aplicação de penalidades contratuais e administrativas			
	Intervenção	Finalidade	Garantir que o serviço seja prestado de forma adequada, cumprindo as normas estabelecidas	
		Procedimento	Feito por meio de Decreto que conterá	Designação do interventor
				Prazo da intervenção
				Objetivos e limites da medida
			Prazos	30 dias para iniciar procedimento administrativo para comprovar as causas determinantes da intervenção, apurar responsabilidade e assegurar o direito de ampla defesa
				No máximo 180 dias para conclusão do procedimento

Acresça-se que, em relação aos serviços de energia elétrica, de que dispõe o art. 4º da Lei 9.074/95, a Lei 13.360/2016 criou interessante alternativa à extinção da outorga, denominada de transferência de controle societário. A medida deve ser apresentada como um plano, a ser analisado pela ANEEL, antes da decretação da extinção, de forma a evitar não só a interrupção do serviço como também o dispêndio próprio de um novo procedimento de outorga. A regra, no entanto, não pode servir de burla à exigência de licitação, quando legalmente prevista, de forma que, de maneira alguma, se pode admitir essa solução após já ter sido declarada a extinção da concessão ou permissão.

11.5.8. Mutabilidade do contrato de concessão/permissão de serviços públicos

Uma das características marcantes dos contratos administrativos é o poder que detém a Administração Pública de alterar unilateralmente as disposições contratuais, ao que se denomina de *mutabilidade contratual*.

Essa cláusula de privilégio não constitui o exercício arbitrário de uma vontade qualquer do administrador, mas, sim, tem como fundamento a necessidade de atendimento do interesse público, que pode variar conforme o tempo, sendo necessário amoldá-lo à dinâmica dos fatos.

O contratado, por sua vez, embora se sujeite a tais alterações, não deve suportar qualquer prejuízo econômico decorrente destas, daí por que se fala, comumente, que tais alterações não podem importar no desequilíbrio econômico-financeiro do contrato.

A unilateralidade da imposição da alteração contratual, em favor da Administração Pública, assim, se resume às *cláusulas de regulamento*, que estabelecem a forma e as condições em que o serviço público será prestado, e não, propriamente, as de conteúdo econômico-financeiro, que devem manter o equilíbrio das partes na avença, e, se tal não for possível, devem ser modificadas, mas tão somente para restabelecer tal equilíbrio. Não fosse assim, com o tempo não haveria interesse, por qualquer particular, em colaborar com o Poder Público na prestação de serviços públicos, visto que aquele não assumiria, gratuitamente, os riscos decorrentes do desequilíbrio econômico-financeiro derivados da atuação da Administração Pública na adaptação das cláusulas contratuais ao interesse público.

O Direito, ademais, não obriga o particular, individualmente considerado, a suportar o ônus decorrente da necessidade de adaptação contratual ao interesse público. Essa mesma premissa, aliás, é bastante perceptível em matéria de responsabilidade civil do Estado e de desapropriações, quando considerada a atuação geral da Administração Pública.

Esse raciocínio é válido para qualquer contrato administrativo, mas é mais facilmente sentido naqueles em que a Administração Pública adquire bens de consumo ou serviços que, pela sua natureza, são fornecidos ao longo do tempo (contratos de fornecimento de bens ou de mão de obra), até porque a mutabilidade contratual pressupõe a execução do contrato por um lapso de tempo razoável, em que se faça sentir as novas necessidades do interesse público.

Da mesma forma, o raciocínio se impõe quando temos em vista contratos de concessão ou permissão de serviços públicos que, também por sua natureza, são prestados de forma continuada.

Assim, o interesse público pode justificar que a municipalidade concedente imponha a uma concessionária de transporte público urbano o aumento da frota mínima ou do número de horários disponíveis para atendimento dos passageiros de determinada linha de ônibus, tendo em vista o aumento da demanda da população local após a contratação.

Da mesma forma, pode ser exigido da concessionária de uma rodovia estadual ou federal que aumente os pontos de socorro mecânico e/ou auxílio médico ao longo da via licitada, para fins de melhor atendimento dos usuários.

Essas alterações, dentre outras, atendem ao interesse público e, portanto, podem ser validamente impostas ao concessionário ou permissionário[35].

---

35. O STJ, no entanto, em decisão interessante, afastou a tese do reequilíbrio econômico-financeiro no caso em que uma concessionária de serviço público de telefonia foi obrigada, por decisão judicial proferida em ação civil pública, a restabelecer postos físicos de atendimento ao consumidor, por entender que apenas se determinava o retorno ao estado anterior, irregularmente modificado pela concessionária (REsp 1.216.077/SC, 2ª Turma, rel. Min. Herman Benjamin, j. 26.04.2011).

Uma vez definidas, no entanto, *gerarão ao particular prestador do serviço o direito ao restabelecimento do equilíbrio econômico-financeiro do contrato*, nos exatos termos do disposto no § 4.º do art. 9.º da Lei 8.987/1995.

A necessidade de se manter o equilíbrio econômico-financeiro do contrato também pode estar atrelada ao fenômeno inflacionário ou decorrer de um evento extraordinário que afete os custos operacionais do prestador, como a deflagração de um conflito armado ou, até mesmo, situações menos drásticas e mais comuns, como a elevação de tributos que incidem sobre o serviço.

Todas essas hipóteses estão previstas na Lei 8.987/1995, de maneira explícita ou implícita, como geradoras do direito ao restabelecimento do equilíbrio econômico-financeiro do contrato de concessão ou permissão de serviços públicos (§§ 2.º e 3.º do art. 9.º).

11.5.9. Intervenção do Poder Público concedente/permitente no contrato

Vimos que a inexecução total ou parcial das cláusulas do contrato de concessão/permissão pode gerar a declaração de caducidade e, por consequência, a extinção da avença.

Essa conclusão, no entanto, como vimos, pressupõe um procedimento legal, com respeito ao contraditório, no qual o concessionário/permissionário poderá se defender.

Muitas vezes, no entanto, o interesse público pode justificar o imediato afastamento do particular da prestação do serviço público, com a intervenção do concedente/permitente na execução do contrato.

A Lei 8.987/1995 expressamente prevê essa possibilidade em seu art. 32, exigindo que no prazo de 30 dias, a contar da declaração de intervenção, seja instaurado procedimento de apuração de responsabilidades (art. 33), o qual deve ser concluído no prazo máximo de 180 dias.

Como resultado desse procedimento, ou se extingue a concessão/permissão, ao se concluir pelo descumprimento das normas contratuais, regulamentares ou legais por parte do concessionário/permissionário, ou se devolve a prestação do serviço a este último, quando concluída a inexistência de causa suficiente à extinção.

Embora a hipótese da intervenção pareça ser mais provável de ocorrer nos casos de declaração de caducidade, nada impede que o procedimento seja adotado, também, nos de extinção do contrato por anulação.

Em resumo gráfico, temos as seguintes prerrogativas:

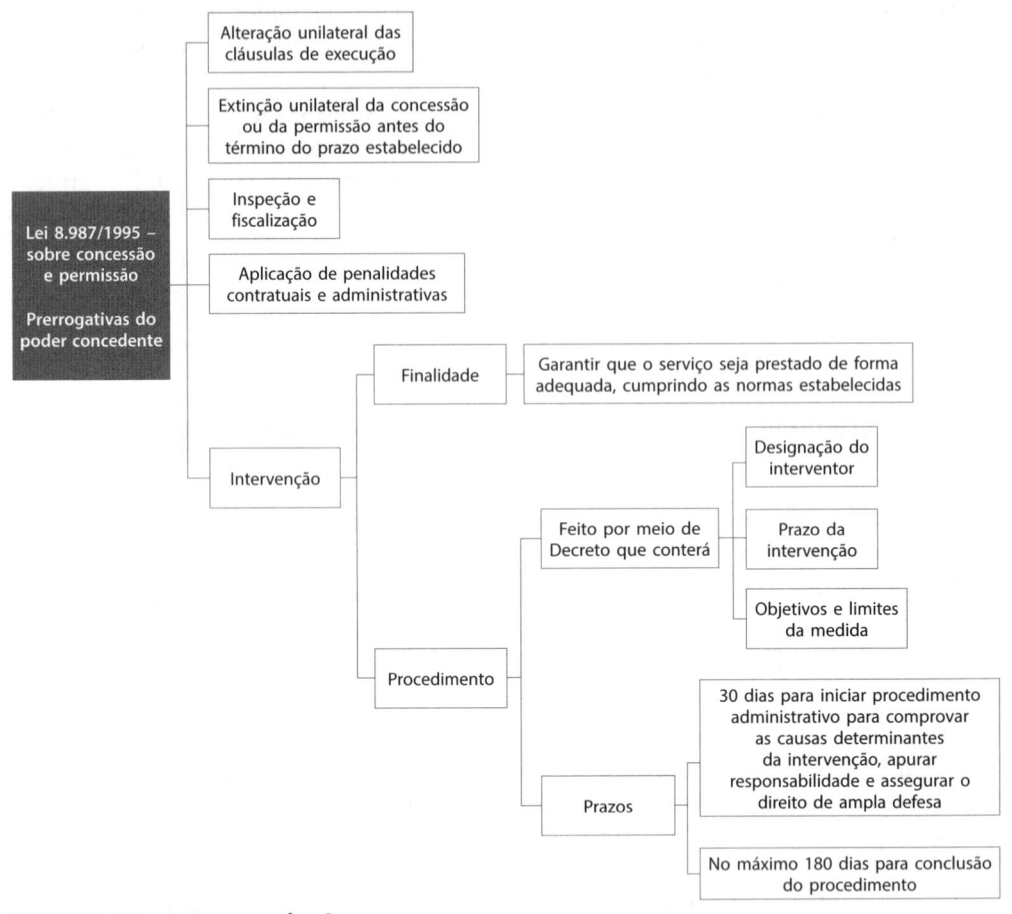

```
Lei 8.987/1995 –
sobre concessão
e permissão

Prerrogativas do
poder concedente
```
- Alteração unilateral das cláusulas de execução
- Extinção unilateral da concessão ou da permissão antes do término do prazo estabelecido
- Inspeção e fiscalização
- Aplicação de penalidades contratuais e administrativas
- Intervenção
  - Finalidade: Garantir que o serviço seja prestado de forma adequada, cumprindo as normas estabelecidas
  - Procedimento
    - Feito por meio de Decreto que conterá
      - Designação do interventor
      - Prazo da intervenção
      - Objetivos e limites da medida
    - Prazos
      - 30 dias para iniciar procedimento administrativo para comprovar as causas determinantes da intervenção, apurar responsabilidade e assegurar o direito de ampla defesa
      - No máximo 180 dias para conclusão do procedimento

11.5.10. Bens reversíveis

A prestação do serviço público pode ser executada com a utilização de bens de propriedade do concessionário ou permissionário ou com a utilização de bens públicos, pertencentes ao poder concedente.

Assim, os bens afetados ao serviço podem ser particulares ou públicos. Se são públicos, por evidente, estão sujeitos ao regime de direito público e, com a extinção do contrato, continuam na titularidade do poder concedente, que nunca deixou de tê-la. Se são particulares, no entanto, cabe analisar o regime ao qual estão submetidos, se o regime jurídico de direito privado ou se ao regime jurídico de direito público.

A jurisprudência tende a considerar que o regime aplicável a estes últimos é o de direito privado, sendo possível, por exemplo, a penhora e a alienação desses bens.

Essa permissividade, no entanto, deve ser vista com limites, estando restrita às situações em que a disposição do bem *não prejudique a continuidade do serviço*, que deve ser prestado de modo permanente.

Para se evitar quaisquer discussões quanto a tais questões, os contratos de concessão e permissão devem já identificar, de antemão, quais são os *bens reversíveis*.

Bens reversíveis são aqueles que o concessionário ou permissionário detém apenas por propriedade resolúvel, pelo que, havendo a extinção do contrato, serão eles disponibilizados ao Poder Concedente ou ao outorgante do serviço que suceder ao retirante, que passará a ter a nova titularidade sobre tais bens.

A Lei 8.987/1995 exige que o edital de licitação já contenha cláusula indicando os bens reversíveis (art. 18, X), sendo cláusula essencial dos contratos disposição sobre os mesmos (art. 23, X).

Ao concessionário, e também ao permissionário, caberá zelar pela integridade de todos os bens vinculados à prestação do serviço, bem como segurá-los adequadamente (art. 31, VII). Entre estes, por evidente, estarão os bens reversíveis.

Quanto a esses bens, a alienação, instituição de gravame ou penhora só pode ser admitida com a aquiescência do poder concedente ou permissionário.

A Lei 9.427/1996, inclusive, expressamente estipula serem indisponíveis, pela concessionária, salvo disposição contratual, os bens considerados reversíveis (art. 14, V).

A indicação dos bens reversíveis, em princípio, deve recair sobre aqueles que se revelam indispensáveis à continuidade do serviço, caso o concessionário ou permissionário não possa prosseguir na sua execução, como é o caso dos ônibus utilizados no transporte de passageiros de uma empresa concessionária de serviço de transporte público, não havendo restrição legal, no entanto, a que sejam considerados outros, acessórios, mas ligados de alguma forma à execução do serviço.

A Lei 9.427/1996, no entanto, ao tratar do serviço público de energia elétrica, estabelece, em seu art. 18, que a ANEEL somente aceitará como bens reversíveis da concessionária ou permissionária do serviço público correspondente aqueles utilizados, exclusiva e permanentemente, para produção, transmissão e distribuição de energia elétrica.

A reversão garante ao antigo concessionário ou permissionário o recebimento de uma indenização específica, nos moldes do art. 36 da Lei 8.987/1995, referente às parcelas dos investimentos vinculados a bens reversíveis, ainda não amortizados ou depreciados, que tenham sido realizados com o objetivo de garantir a continuidade e a atualidade do serviço concedido. Sobre esse tema, o STJ já decidiu que o termo contratual não fica postergado para data posterior, no aguardo do pagamento da indenização, que, se não efetivada, deve ser buscada nas vias ordinárias pelo interessado (REsp. 1.314.050/RJ, 2ª Turma, rel. Min. Herman Benjamin, j. 06.12.12)[36].

Embora o artigo só fale da hipótese de advento do termo contratual, a reversão, na mesma hipótese, deverá ser feita com o pagamento de indenização, qualquer que seja o motivo da extinção do contrato. É o que se deflui, aliás, do disposto nos arts. 37 e 38, § 5.º.

---

36. No mesmo sentido: REsp 1.059.137/SC, 1ª Turma, rel. Min. Francisco Falcão, j. 14.10.08.

POLÍTICA TARIFÁRIA	O que é tarifa?	É a contraprestação pecuniária de um serviço público, pago ao prestador. Sua fixação se dá pelo preço da proposta vencedora		
	Revisão	Visa restabelecer o equilíbrio contratual por meio do reajuste do calor da tarifa		
		Hipóteses	Fato do príncipe	Criação, alteração ou extinção de tributos ou encargos legis, após a apresentação da proposta, quando comprovado seu impacto no preço
			Fato da Administração	Alteração unilateral do contrato que atinge o equilíbrio econômico financeiro inicial
	Reajuste	Alteração no valor da tarifa com vistas a mantê-la atualizada para manter o equilíbrio econômico financeiro. É feito com base em índices que demonstram a variação de preços dos insumos		

11.6. PARCERIAS PÚBLICO-PRIVADAS

11.6.1. Noções gerais

Um dos grandes problemas enfrentados pelos governos atuais é o atinente ao financiamento de serviços públicos e obras públicas.

Basicamente, o aporte de recursos para tais finalidades é inserido nos orçamentos públicos a partir de duas sistemáticas fundamentais. Primeiro, a contribuição do setor privado, entenda-se, de toda a população, para o custeio de tais empreendimentos, com o pagamento dos tributos em geral (impostos, taxas, contribuições etc.); segundo, mediante o endividamento do Estado, com a assunção de empréstimos internos e externos, ou com a venda de títulos da dívida pública.

Ocorre que o Estado moderno, diferentemente de outros momentos históricos, deve atuar nas mais diversas áreas, garantindo aos seus cidadãos uma série de benefícios que, anteriormente, não lhes eram oferecidos ou sequer concebidos.

Saúde, educação, previdência social, segurança pública e assistência social são algumas das diversas áreas em que o Estado tem de estar presente, garantindo aos seus cidadãos direitos essenciais, no mais das vezes assegurados em seu ordenamento jurídico, quando não em sua própria Constituição, como no caso da prolixa Carta Magna brasileira.

Para o custeio dessas múltiplas atividades estatais, já não se mostram suficientes as formas tradicionais de arrecadação, tratadas nos orçamentos públicos. Primeiro, por que existe um limite à capacidade contributiva da sociedade, sendo certo que a brasileira, em especial, convive com uma alta carga tributária com pouco retorno estatal em termos de serviços e obras de infraestrutura. Segundo, porque o endividamento estatal, quando atinge níveis críticos de seu Produto Interno Bruto, é fator de desestabilização econômica, que pode gerar efeitos deletérios no equilíbrio das contas públicas, o que pode acarretar a cessação do fluxo de recursos pela via do endividamento, ante a falta de confiança dos particulares ou de outros Estados quanto à capacidade de solvência do Estado contratante.

Para contornar esses problemas, sem abrir mão, no entanto, dos investimentos necessários à manutenção de seus serviços e, principalmente, da realização de obras públicas estruturais (ferrovias, rodovias, portos, aeroportos, armazéns, metrovias etc.), o Poder Público, cada vez mais, procura o auxílio do particular como seu parceiro, a fim de que este auxilie, com o importe de recursos próprios, na consecução de tais investimentos.

Essa parceria, na verdade, não é nenhuma novidade. Sua origem, talvez, seja encontrada na própria criação das sociedades de economia mista. Porém, mais atualmente, passou a ser vista a participação do capital privado em obras e serviços públicos, independentemente da constituição de uma nova sociedade, com capital parcialmente público, para sua viabilização.

Assim, o particular parceiro atua em conjunto com o Poder Público, fazendo investimento próprio, com seus próprios recursos, por sua conta e risco, mas mediante uma contraprestação.

Essa forma de atuação já é, em certa medida, prevista na Lei 8.987/1995 como uma forma de execução de serviço público, geralmente precedido de obra pública, sendo comum sua adoção em rodovias federais, mediante a permissão de que o particular executor da obra preste, posteriormente, o serviço, em troca do recebimento da maior parte da tarifa cobrada dos usuários.

Não obstante, existem limites claros a essa "parceria" engendrada na Lei 8.987/1995, uma vez que a remuneração do parceiro, na verdade, executor do serviço público concedido ou permitido, depende de disponibilidade orçamentária do Poder Público – um problema especialmente complicado no Brasil, onde a regra parece ser a descontinuidade das políticas administrativas, ao sabor das mudanças políticas – ou da retribuição tarifária, pelos usuários do serviço, fator de permanente tensão entre o concessionário ou permissionário e o Poder Público, em vista da comum falta de sintonia entre os reajustes tarifários e o valor da remuneração do prestador dos serviços.

Em face desses problemas, o setor privado se viu desestimulado a participar das concessões tradicionais. Para dar maiores garantias ao setor privado, e incentivá-lo a ser parceiro do Poder Público em obras e serviços públicos, foi editada a *Lei 11.079/2004*, conhecida como *Lei das PPP's* (parcerias público-privadas), que instituiu normas sobre licitação e contratação de parceria público-privada no âmbito dos poderes da União, dos Estados, do Distrito Federal e dos Municípios, com aplicação a todas as entidades da administração indireta.

11.6.2. Natureza jurídica da parceria público-privada

A parceria público-privada é formalizada por meio de *contrato de concessão*.

Na verdade, pelo que se depreende do art. 2.º, *caput*, da Lei 11.079/2004, as modalidades de parcerias público-privadas previstas no referido diploma legal são *espécies de concessão de serviços públicos*.

O que as diferencia das concessões comuns, por assim dizer, é apenas o *regime jurídico* a que estão submetidas, basicamente caracterizado pela presença de *maiores garantias contratuais aos parceiros* e na divisão *ou repartição de riscos entre as partes*, ou seja, com a Administração Pública.

Importante observar que a Lei exclui do objeto das PPP's contratos que tenham como objeto único o fornecimento de mão de obra, instalação de equipamentos ou execução de obra pública (art. 2.º, § 4º, III).

Com isso, apenas serviços públicos, ainda que precedidos de obras públicas, podem ser objeto de parcerias público-privadas.

Como espécies do gênero concessão de serviços públicos, a elas se aplicam, subsidiariamente, diversas normas da Lei 8.987/1995, conforme disposto na própria Lei 11.079/2004 (art. 3.º, *caput* e § 1.º).

Pela Lei 13.137/2015 foi alterado o parágrafo único do art. 1º da Lei 11.079/2004, restringindo-se o alcance de aplicação das PPPs, que ainda continua amplíssimo, apenas excluindo-se de sua abrangência, em relação aos órgãos da administração direta, os do Poder Judiciário.

11.6.3. Modalidades de parcerias público-privadas

A Lei 11.079/2004 prevê duas modalidades de PPP's: a *concessão patrocinada* e a *concessão administrativa*.

O conceito da primeira é encontrado no § 1.º do art. 2.º da Lei, que estabelece ser a concessão patrocinada a "concessão de serviços públicos ou de obras públicas de que trata a Lei n.º 8.987, de 13 de fevereiro de 1995, quando envolver, adicionalmente à tarifa cobrada dos usuários contraprestação pecuniária do parceiro público ao parceiro privado".

Como se vê, o conceito é para lá de vago, se apegando, na verdade, numa característica da aludida concessão, e não, propriamente, em algo que corresponda a algum de seus elementos estruturantes.

Essa dificuldade decorre do próprio fato de ser a concessão em questão apenas uma modalidade do contrato geral de concessão de serviço público.

O que a Lei estabelece, então, como diferencial, num primeiro momento, é a particular forma de contraprestação do serviço prestado, que será feita pelo usuário e pela Administração Pública. Ocorre, entretanto, que essa particularidade também é prevista na Lei 8.987/1995, não constituindo ela, propriamente, um elemento tão inovador. Ao fim e ao cabo, o conceito da Lei 11.079/2004 só serve para diferenciar a concessão patrocinada da outra forma de parceria prevista na própria Lei, a concessão administrativa, uma vez que nesta, em princípio, o pagamento não decorrerá do usuário do serviço, seja em que proporção for, posto que o serviço é prestado à própria Administração Pública.

Com efeito, diz o § 2.º do art. 2.º da Lei 11.079/2004 que a concessão administrativa "é o contrato de prestação de serviço de que a Administração Pública seja a usuária direta ou indireta, ainda que envolva execução de obra ou fornecimento e instalação de bens".

O conceito de concessão administrativa consegue ser ainda mais vago e impreciso. É difícil entender qual foi o objetivo do legislador. Não se trata de simples terceirização de serviços, apesar de a Lei estabelecer que a Administração Pública é a usuária do serviço, pois o art. 2.º, § 4.º, III, veda a PPP com objeto único de fornecimento de mão de obra.

O que se tem de entender, então, é que o serviço, de alguma forma, será usufruído pelos administrados, estando sob execução direta da Administração Pública, e não do parceiro, como ocorreria na concessão comum.

Pode-se imaginar, então, a prestação de serviços de manutenção de uma rodovia ou ferrovia que não esteja concedida ao particular, não havendo, portanto, cobrança direta do usuário pelo serviço. A concessão, então, é da manutenção da via, e não da própria via, sendo a Administração, de certa forma, a usuária do serviço, podendo, ainda, ser feita por meio de concessão administrativa, porque não se resume ao fornecimento exclusivo de mão de obra nem à instalação de equipamentos ou execução de obra pública, correspondendo, na verdade, à conjunção de mais de um desses objetos.

Difícil entender a razão dessa opção legal, mormente em vista dos riscos assumidos pela Administração Pública.

Quanto à parceria patrocinada, a única que parece ter realmente alguma relação com os fundamentos e justificativas da adoção do sistema de parcerias público privadas, seu objeto básico é realmente a prestação de serviços públicos, acompanhados ou não de obras públicas. Importante observar que não se resumirá apenas à realização de obra, sem a prestação de serviços, em vista da já aludida vedação do inc. III do § 4.º do art. 2.º da Lei 11.079/2004, em que pese a incrível imprecisão do disposto no § 1.º do próprio artigo.

A contraprestação da Administração Pública é apenas adicional àquela paga pelos usuários do serviço, embora a própria Lei, contraditoriamente, estabeleça que o percentual máximo dessa contraprestação pode ser de *até 70%*. Acima disso, é necessária autorização legislativa específica (art. 10, § 3.º). Como se vê, a tal "contraprestação adicional" pode corresponder bem mais do que a metade do volume total de recursos pagos ao parceiro privado.

A Lei 11.079/2004 prevê, ainda, a possibilidade de que o pagamento ao parceiro privado seja feito por remuneração variável, vinculada ao seu desempenho, conforme metas e padrões de qualidade e disponibilidade definidos no contrato (art. 6.º, parágrafo único).

A Lei 11.079/2004 contém algumas vedações à adoção das PPP's, proibindo essa modalidade para contratos com valor inferior a R$ 20.000.000,00; de período inferior a cinco anos e superior a 35 anos e que não tenham algum tipo de contraprestação pecuniária do parceiro público ao privado (arts. 2.º, §§ 3.º e 4.º, e 5.º, I), além da já mencionada vedação em relação a objeto único de fornecimento de mão de obra, fornecimento e instalação de equipamentos ou execução de obra pública.

11.6.4. Sociedade de propósito específico

A Lei 11.079/2004 exige que, antes da celebração do contrato, seja constituída uma sociedade de propósito específico – SPE, a qual será incumbida de implantar e gerir o objeto da parceria (art. 9.º, *caput*).

O que se visa com isso é exigir que a prestação do serviço esteja a cargo de uma sociedade que tenha por objeto social específico a atividade concedida, garantindo-se, em última análise, maior especialização e integral dedicação ao objeto do contrato.

Assim, pouco importando se o vencedor da licitação é ou não um consórcio, no caso das PPP's, essa sociedade sempre terá de ser constituída.

Dessa forma, além do parceiro privado propriamente dito, existirá também a sociedade de propósito específico por ele constituída.

Lembremos que esse tipo de sociedade só surgiu no direito brasileiro com o advento do Código Civil/2002, conforme a previsão genérica e um tanto quanto vaga do parágrafo único de seu art. 981. A Lei de Recuperação Judicial e Falências (Lei 11.101/2005), também prevê a instituição da referida sociedade como um dos meios de recuperação judicial (art. 50, XVI).

A Lei das PPP's proíbe à Administração Pública ser titular da maioria do capital votante dessas sociedades (art. 9.º, § 4.º), pois, do contrário, elas se transformariam em entidades da administração indireta, o que não corresponde ao objetivo da norma, embora não se proíba a eventual aquisição da maioria do capital votante por instituição financeira controlada pelo Poder Público, no caso de inadimplemento dos contratos de financiamento.

As SPE's vêm sendo usadas em grande quantidade por determinadas estatais federais, em especial a Petrobras, como forma de captação de recursos privados para implantação de projetos em sua área de atuação, sem subordinação direta às regras de controle e fiscalização, visto que não constituem, propriamente, empresas controladas. Na verdade, o que já se tem visto, é o completo desvirtuamento do instituto, com transferência de absurdo volume de recursos públicos para participação societária em sociedades privadas que, em princípio, estão fora do espectro de atuação dos órgãos de controle.

A Lei 13.097/2015 criou a possibilidade de administração temporária da sociedade de propósito específico pelo financiador ou garantidor, além de disciplinar melhor, por meio da inclusão do art. 5º-A à Lei 11.079/04, como se dará a referida administração temporária e a transferência de controle de referida sociedade.

11.6.5. Do financiador da PPP e das garantias

O art. 7.º da Lei 11.079/2004 estabelece que a contraprestação da Administração Pública será obrigatoriamente precedida da disponibilização do serviço objeto do contrato de PPP.

Com isso, muitas vezes, o início da prestação do serviço só será possível ao parceiro privado se este contar com fonte de financiamento externa.

A figura do terceiro financiador está expressamente prevista no art. 5.º, § 2.º, da Lei, correspondendo ele, no mais das vezes, a uma instituição financeira. A Lei estabelece, no entanto, que entidades fechadas de previdência complementar podem assumir tal papel, conforme regramento expedido pelo Conselho Monetário Nacional (art. 24).

Nesses casos de financiamento da PPP, o contrato de concessão poderá prever a prestação ao financiador de garantias, que vão da emissão de empenho em nome deste, em relação às obrigações pecuniárias da Administração Pública, à transferência do controle da sociedade de propósito específico para o financiador, com o objetivo de promover a reestruturação financeira daquela e assegurar a continuidade da prestação dos serviços.

Essas garantias, dadas aos financiadores, não têm nenhuma relação com as garantias do parceiro público em benefício do parceiro privado, objeto do art. 8.º da Lei 11.079/2004 (seguro-garantia, instituição de fundos especiais, vinculação de receitas orçamentárias etc.).

Estas últimas são, em síntese, o principal diferencial das concessões por PPP's em relação às concessões comuns, pois atribuem ao parceiro privado maior segurança no que toca ao cumprimento das obrigações do parceiro público.

As garantias ao financiador, por sua vez, são cláusulas meramente acidentais do contrato de concessão por PPP.

11.7. CONSÓRCIOS ADMINISTRATIVOS

11.7.1. Noções gerais

Constituindo-se numa Federação, é natural que no Brasil seja necessária a cooperação entre as diferentes entidades que o integram, para o fim de prestar serviços à população que são de interesse comum de todas as esferas de governo.

A própria Constituição Federal prevê, em seu art. 23, parágrafo único, na redação dada pela Emenda Constitucional 53/2006, que a matéria será disciplinada em diferentes leis complementares, "tendo em vista o equilíbrio do desenvolvimento e do bem-estar nacional". O que se denomina de *federalismo cooperativo*[37], em contraposição ao chamado federalismo de integração, em que há sujeição da esfera estadual à União.

Como os interesses são comuns e não contrapostos, é usual que a instrumentalização desses acordos entre as diferentes entidades federativas, e entre suas entidades da Administração Indireta, se dê por meio de convênios e não por contratos, uma vez que a contraposição de interesses está na essência do instituto contratual.

Os convênios públicos já eram referidos no art. 116 da Lei 8.666/1993, que menciona "convênios, acordos, ajustes e outros instrumentos congêneres celebrados por órgãos e entidades da Administração".

Todos eles são, na verdade, variações do instituto convênio, objetivando o legislador, tão somente, abarcar todas as designações usualmente adotadas para o mesmo instrumento.

Os convênios entre entidades públicas são comumente firmados objetivando o repasse de verbas, quase sempre sujeitas à posterior prestação de contas, o uso de bens públicos ou a prestação de serviços, em benefício do conveniado ou em substituição à sua atuação normal, executando-se serviços em benefício da coletividade, em auxílio ao parceiro convenente.

O convênio, inclusive, pode ser utilizado até mesmo como instrumento de formalização de delegação do poder de polícia, como no caso previsto no art. 4.º da Lei 9.933/1999, em que o INMETRO transfere a entidade pública atribuições de sua competência, relacionadas com Metrologia Legal e Certificação Compulsória de Conformidade.

Essas figuras jurídicas não desapareceram, assim como continuam a ser feitos, diuturnamente, convênios simplificados, nos moldes do art. 116 da Lei 8.666/1993, basicamente condicionados a um plano de trabalho prévio e a posterior prestação de contas de eventuais repasses, auxílios ou subvenções financeiras, com observância, por evidente, às regras de competência próprias para a formalização do instrumento.

---

37. CARVALHO FILHO, José dos Santos. *Consórcios públicos*. 2. ed. São Paulo: Atlas, 2013.

Faltava à legislação, no entanto, uma disciplina mais pormenorizada dos convênios que versavam sobre a *gestão associada de serviços públicos*, ou seja, aqueles casos em que duas ou mais entidades têm interesse comum na prestação de um serviço à coletividade e buscam ambas atuar conjuntamente na perseguição dessa finalidade.

A própria Constituição Federal de 1988, a partir da Emenda Constitucional 19/1998, passou a prever, em seu art. 241[38], que tal matéria seria regulada em lei, atribuindo a tais convênios as designações nem sempre precisas de "consórcios públicos e convênios de cooperação".

Para regulamentar essa disposição constitucional, foi editada a Lei 11.107, de 06.04.2005, que dispôs sobre normas gerais de contratação de consórcios públicos.

11.7.2. Consórcios públicos na Lei 11.107/2005

Diferentemente das regras simplificadas do art. 116 da Lei 8.666/1993, a Lei 11.107/2005 tratou de forma exaustiva os consórcios públicos, de sua formação à sua contratação.

Somente pessoas jurídicas de direito público podem participar dos consórcios públicos, sendo que a Lei 11.107/2005 dá a entender que apenas os entes federativos podem dele fazer parte (art. 2.º, *caput*).

O Decreto regulamentar (6.017/2007) é ainda mais enfático, conceituando consórcio público como a "pessoa jurídica formada exclusivamente por entes da Federação, na forma da Lei 11.107/2005, para estabelecer relações de cooperação federativa, inclusive a realização de objetivos de interesse comum, constituída como associação pública, com personalidade jurídica de direito público e natureza autárquica, ou como pessoa jurídica de direito privado sem fins econômicos" (art. 2.º, I)[39].

Portanto, o próprio consórcio público, pela Lei, passou a ser dotado de *personalidade jurídica própria*, uma *associação pública ou uma pessoa jurídica de direito privado* (art. 1.º, § 1.º), não se resumindo, assim, num mero acordo de vontades, como nos convênios simplificados.

Apenas a adoção do consórcio, portanto, é que decorre de um acordo comum das entidades públicas, dentro da concepção de persecução de interesses comuns.

Dito isso, poderá a pessoa jurídica formada como Consórcio Público firmar diferentes instrumentos jurídicos com aqueles a quem deverá servir; razão pela qual a Lei, em seu art. 2.º, § 1.º, I, menciona que o consórcio poderá firmar "convênios, contratos e acordos de qualquer natureza".

---

38. "Art. 241. A União, os Estados, o Distrito Federal e os Municípios disciplinarão por meio de lei os consórcios públicos e os convênios de cooperação entre os entes federados, autorizando a gestação associada de serviços públicos, bem como a transferência total ou parcial de encargos, serviços, pessoal e bens essenciais à continuidade dos serviços transferidos".

39. Os consórcios públicos da Lei 11.107/2005 poderão substituir os antigos consórcios intermunicipais, principalmente na área da saúde, possibilitando que vários Municípios, individualmente incapacitados financeiramente de fornecer os serviços de saúde adequados à sua população, tenham condições de gerir e ofertar, uma vez unidos em consórcios, projetos de interesse regional.

Entretanto, em relação aos consorciados, a noção de interesse comum continua prevalente, daí por que nos parece absolutamente incompreensível a disposição do art. 3.º da Lei que estabelece que os consórcios públicos *serão constituídos por contrato*.

Na verdade, esse instrumento, chamado pela Lei de "protocolo de intenções", que seria o "contrato preliminar", nada mais é do que uma espécie de pré-convênio, a ser posteriormente ratificado num instrumento definitivo, que a Lei chama de *contrato (art. 5.º)*, mas que não tem, propriamente, tal natureza jurídica.

A ratificação do instrumento preliminar depende da *aprovação de lei*, em cada esfera da Federação, que aprove a formalização do consórcio público, conforme diretrizes do protocolo de intenções.

O protocolo de intenções possui algumas cláusulas necessárias (art. 4.º), devendo-se destacar, no que tange aos serviços públicos, o inciso XI, que estabelece a necessidade de disposição sobre:

   a) *competências cujo exercício se transferiu ao consórcio público;*
   b) *os serviços públicos objeto da gestão associada e a área em que serão prestados;*
   c) *a autorização para licitar ou outorgar concessão, permissão ou autorização da prestação de serviços;*
   d) *as condições a que deve obedecer o contrato de programa, no caso de a gestão associada envolver também a prestação de serviços por órgão ou entidade de um dos entes da Federação consorciados;*
   e) *os critérios técnicos para cálculo das tarifas e de outros preços públicos, bem como para seu reajuste ou revisão.*

No uso de suas atribuições, o consórcio público poderá, nos termos do contrato de consórcio, promover desapropriações e instituir servidões, nos termos de declaração de utilidade ou necessidade pública, ou interesse social, realizada pelo Poder Público (art. 2.º, § 1.º, II), bem como ser contratado pela administração direta ou indireta dos entes da Federação consorciados com dispensa de licitação (art. 2.º, § 1.º, III).

A extinção ou alteração do consórcio público é feita por deliberação de sua assembleia-geral, com a ratificação, por lei, de parte de cada um dos consorciados (art. 12, *caput*).

11.7.3. Modalidades de consórcios públicos

A Lei 11.107/2005 previu que os consórcios públicos podem adquirir personalidade de direito público ou de direito privado.

Se for público, constituir-se-á em *associação pública*, integrando a administração indireta de todos os entes da Federação (art. 6.º, § 1.º).

Sua natureza, na verdade, é semelhante ao de uma *autarquia*, sendo mesmo equiparada a ela, inclusive, pelo art. 41, IV, do CC/2002, na redação determinada pela Lei 11.107/2005. Nesse caso, estará sujeito integralmente ao regime jurídico de direito público e o início de sua personalidade se dará com a promulgação e publicação da última lei de ratificação.

Embora integre a administração indireta de todos os entes consorciados, o consórcio público constitui uma única pessoa jurídica, apenas estando submetido à supervisão de todos os consorciados.

Lamentável foi a opção legal de prever a possibilidade de o consórcio público constituir-se em *pessoa jurídica de direito privado*, visto que, nesse caso, a adoção do regime jurídico de direito público será apenas parcial. De qualquer modo, a Lei impõe uma série de restrições ao regime jurídico privado, estabelecendo que o consórcio público com personalidade jurídica de direito privado observará as normas de direito público no que concerne à realização de licitação, celebração de contratos, prestação de contas e admissão de pessoal, este, no entanto, vinculado ao regime celetista (art. 6.º, § 2.º).

Nesse último caso, a Lei 11.107/2005 não esclarece qual a forma jurídica a ser adotada, mas, dentre aquelas concebidas no direito privado, somente a de associação civil parece se adequar à finalidade e características dos consórcios públicos. A própria regra de remissão genérica do art. 15 parece ratificar tal entendimento, na medida em que faz alusão à legislação que rege as associações civis.

Sendo adotada a forma privada, o início da personalidade se dará com o respectivo registro civil no cartório competente.

11.7.4. Contrato de rateio

O art. 8.º da Lei 11.107/2005 previu expressamente a figura do *contrato de rateio*, que é firmado por cada um dos consorciados com o respectivo consórcio público, tendo por objeto a disciplina do aporte de recursos financeiros dos primeiros para com o último.

Na verdade, cada consorciado firmará um contrato de rateio específico com o consórcio, conforme as particularidades de sua contribuição à manutenção deste.

Esses contratos terão vigência igual à das dotações que os suportam (art. 8.º, § 1.º), o que significa dizer que, em geral, valerão para cada exercício financeiro.

O Decreto 6.017/2007, ao regulamentar a Lei 11.107/2005, conceituou o contrato de rateio como sendo "o contrato pelo meio do qual os entes consorciados comprometem-se a fornecer recursos financeiros para a realização das despesas do consórcio público" (art. 2.º, VII).

Embora esse contrato seja firmado entre o consórcio público e cada entidade pública consorciada, a lei atribuiu aos demais consorciados legitimidade para exigir o cumprimento de suas cláusulas, concorrentemente ao próprio consórcio (art. 8.º, § 3.º). Nada mais natural, posto que, embora a relação jurídica de direito material seja firmada entre o consórcio público e um consorciado em particular, será aquele constituído pela associação de todos os demais consorciados, que possuem interesse na execução fiel de todas as obrigações assumidas, única forma de o consórcio atingir os fins a que se destina.

O não cumprimento das obrigações financeiras assumidas, mormente pela não inclusão na respectiva lei orçamentária, das dotações a serem repassadas ao consórcio público, pode resultar na suspensão e, por fim, na exclusão do consorciado (art. 8.º, § 5.º).

11.7.5. Contrato de programa

O Decreto 6.017/2007 conceitua o contrato de programa como "o instrumento pelo qual devem ser constituídas e reguladas as obrigações que um ente da Federação, inclusive sua administração indireta, tenha para com outro ente da Federação, ou para com consórcio público, no âmbito da prestação de serviços públicos por meio de cooperação federativa" (art. 2.º, XVI).

Como se percebe, o objeto desse contrato é tratar da gestão associada das atividades administrativas de interesse dos contratantes, seja no que concerne à prestação dos serviços públicos em si, objeto final do próprio consórcio, seja no que concerne à gestão da transferência de encargos, serviços, pessoal e bens necessários à continuidade dos serviços transferidos[40].

Se o objeto do contrato de rateio é a disciplina dos aspectos financeiros das obrigações assumidas entre os consorciados e o consórcio púbico, o do contrato de programa é a disciplina do conteúdo material e de pessoal das obrigações assumidas entre um ente da Federação para com outro ente da Federação, ou destes para com o consórcio público, no aspecto referente à gestão associada, ou seja, as disposições de caráter cooperativo do consórcio público.

O legislador parece ter burocratizado demais os consórcios públicos, criando institutos jurídicos em demasia, que poderiam ter sido tratados simplesmente como adendos ou cláusulas especiais de um mesmo instrumento jurídico.

No entanto, como o consórcio em si resulta de um instrumento que tem características de convênio, e esses outros ajustes decorrentes, como o contrato de programa e o contrato de rateio, disciplinam pontos específicos que podem denunciar a existência de interesses contrapostos, talvez não tenha sido de todo equivocada a previsão dessas regras especiais, tampouco o tratamento daqueles instrumentos como verdadeiros contratos.

Importante observar que as obrigações assumidas no contrato de programa continuam vigentes mesmo quando extinto o consórcio público ou o convênio de cooperação que autorizou a gestão associada de serviços públicos (art. 13, § 4.º, da Lei 11.107/2005).

11.8. DIREITOS DO USUÁRIO DE SERVIÇOS PÚBLICOS. LEI 13.460/2017

A lei geral dos serviços públicos concedidos e permitidos (Lei 8.987/95) sempre conteve um rol mínimo de direitos e obrigações dos usuários de tais serviços. Da mesma forma, era possível a invocação, de maneira subsidiária, das disposições gerais da legislação consumerista (Código de Defesa do Consumidor – Lei 8.078/1990).

Não havia, no entanto, legislação específica que protegesse os direitos dos usuários de serviços públicos próprios, aqueles prestados diretamente pela Administração Pública Direta, autárquica e fundacional. A Lei 13.460, no particular, **regulamentou o art. 37, § 1º, I, da CF/88**, preenchendo a lacuna existente. O art. 1º, § 1º, da Lei já é claro, ao dispor que suas disposições alcançam todos os entes da Federação.

A Lei 13.460 também traz algumas remissões importantes, estabelecendo que as disposições do CDC se aplicam também aos serviços públicos nela disciplinados, quando caracterizem relação de consumo (art. 1º, § 2º, II), bem como que suas regras são de aplicação subsidiária aos serviços públicos prestados por particular (art. 1º, § 3º), ou seja, àqueles serviços disciplinados pela Lei 8.987.

Um aspecto interessante da Lei é que houve bastante preocupação, ao que parece, com o direito à informação. Seu art. 3º prevê que cada Poder e esfera de Governo deverá publicar um **quadro geral de serviços**, no mínimo anualmente, onde serão especificados

---

40. CARVALHO FILHO, José dos Santos. *Consórcios públicos*. 2. ed. São Paulo: Atlas, 2013.

os órgãos ou entidades responsáveis por sua realização e a autoridade administrativa a quem estão subordinados ou vinculados.

A Lei também sujeita os serviços públicos à observância de uma **série de princípios (art. 4º)**, a saber: *regularidade, continuidade, efetividade, segurança, atualidade, generalidade, transparência e cortesia*.

Esses princípios são reafirmados em vários dispositivos da lei, em normas específicas, como aquelas que tratam do acesso a dados e informações pessoais (art. 6º, III), que estão relacionados com o princípio da transparência.

O legislador teve o cuidado de estabelecer regras afinadas com a lógica da facilitação do acesso e da simplificação das informações alusivas aos serviços públicos, chegando ao ponto de indicar como diretriz a utilização de linguagem simples e compreensível, evitando o uso de siglas, jargões e estrangeirismos (art. 5º, XIV).

A preocupação com a segurança do usuário também é muito percebida ao longo do texto da Lei, como aquela que prevê a manutenção de instalações salubres, seguras, sinalizadas, acessíveis e adequadas ao serviço e ao atendimento (art. 5º, X). Essa diretriz, se não acarretar mudanças drásticas de comportamento nas diferentes esferas administrativas, ao menos servirá para fundamentar mais facilmente a responsabilização dos respectivos entes públicos. Considerando a realidade do país, onde as pessoas morrem nas filas dos hospitais à espera de atendimento minimamente adequado, quase sempre inexistente, deverão nossos entes federativos ter em mente que o descumprimento das normas da Lei 13.460 poderá acarreta o aumento da judicialização acerca da prestação de serviços públicos, não apenas para a satisfação daqueles que não são ofertados, mas para que sejam ofertados de maneira segura, adequada e eficiente.

Para dar mais concretude às suas disposições o legislador previu a obrigatoriedade de divulgação, pelos órgãos e entidades, da **Carta de Serviços ao Usuário** (art. 7º), com o objetivo de informar sobre os serviços prestados, as formas de acesso a esses serviços e seus compromissos e padrões de qualidade de atendimento ao público[41].

Deve ser ressaltado, por fim, que a Lei consagra o já corrente sistema de Ouvidoria, como órgão interno responsável pelo recebimento de reclamações e manifestações dos usuários dos serviços (art. 13). A par das ouvidorias, também se garante a participação dos usuários mediante órgãos consultivos denominados de Conselhos dos Usuários (art. 18), com a escolha de seus representantes sendo feita em processos abertos ao público e diferenciados por tipo de usuário representado.

Pela importância de suas disposições e tendo em vista a quantidade de adaptações a serem feitas nos serviços públicos atualmente prestados pelos diferentes entes federativos brasileiros, o legislador estabeleceu um prazo de *vacatio legis* considerável (art. 25), chegando a setecentos e vinte dias para os Municípios com menos de 100.000 habitantes, a contar da publicação da lei.

Será objeto de Regulamento, de cada Poder e esfera de Governo, a avaliação da efetividade e níveis de satisfação dos usuários (art. 24). Embora não se confunda com essa regulamentação e tenha um objetivo mais amplo, interessante iniciativa foi levada a efeito pela Secretaria de Gestão do Ministério do Planejamento ao elaborar o Guia Referencial

---

41. Alguns órgãos e entidades, principalmente em nível federal, já providenciaram suas Cartas de Serviços. Uma relação desses órgãos e entidades pode ser encontrada no seguinte endereço eletrônico: http://www.gespublica.gov.br/carta-de-serviços

para Medição de Desempenho e o Manual para Construção de Indicadores, que podem ser adotados, inclusive, pelos Estados e Municípios.

11.9. SÚMULAS DO SUPREMO TRIBUNAL FEDERAL

SERVIÇOS PÚBLICOS	
SÚMULA VINCULANTE N. 12: A cobrança de taxa de matrícula nas universidades públicas viola o disposto no art. 206, IV, da constituição federal.	SÚMULA VINCULANTE N. 19: A taxa cobrada exclusivamente em razão dos serviços públicos de coleta, remoção e tratamento ou destinação de lixo ou resíduos provenientes de imóveis, não viola o artigo 145, II, da constituição federal
SÚMULA VINCULANTE N. 27: Compete à justiça estadual julgar causas entre consumidor e concessionária de serviço público de telefonia, quando a Anatel não seja litisconsorte passiva necessária, assistente, nem oponente.	SÚMULA VINCULANTE N. 29: É constitucional a adoção, no cálculo do valor de taxa, de um ou mais elementos da base de cálculo própria de determinado imposto, desde que não haja integral identidade entre uma base e outra.
SÚMULA N. 477: As concessões de terras devolutas situadas na faixa de fronteira, feitas pelos estados, autorizam, apenas, o uso, permanecendo o domínio com a união, ainda que se mantenha inerte ou tolerante, em relação aos possuidores.	SÚMULA N. 545: Preços de serviços públicos e taxas não se confundem, porque estas, diferentemente daqueles, são compulsórias e têm sua cobrança condicionada à prévia autorização orçamentária, em relação à lei que as instituiu.
SÚMULA N. 670: O serviço de iluminação pública não pode ser remunerado mediante taxa	

11.10. SÚMULAS DO SUPERIOR TRIBUNAL DE JUSTIÇA

SERVIÇOS PÚBLICOS	
SÚMULA N. 356: É legítima a cobrança da tarifa básica pelo uso dos serviços de telefonia fixa.	SÚMULA N. 357: A pedido do assinante, que responderá pelos custos, é obrigatória, a partir de 1º de janeiro de 2006, a discriminação de pulsos excedentes e ligações de telefone fixo para celular.
SÚMULA N. 391: O ICMS incide sobre o valor da tarifa de energia elétrica correspondente à demanda de potência efetivamente utilizada.	SÚMULA N. 407: É legítima a cobrança da tarifa de água fixada de acordo com as categorias de usuários e as faixas de consumo.
SÚMULA N. 506: A Anatel não é parte legítima nas demandas entre a concessionária e o usuário de telefonia decorrentes de relação contratual.	

11.11. SÍNTESE DO TEMA

SERVIÇOS PÚBLICOS		
Noção	<ul><li>No Direito Administrativo, quando falamos em serviço público trabalhamos com uma noção que compreende apenas as atividades prestacionais em que o Estado, por ele mesmo, ou por intermédio de particulares, fornece serviços ou bens que são necessários ou úteis à coletividade.</li><li>Não constituem um Serviço Público, na noção mais restrita adotada pelo direito administrativo, as atividades estatais relativas ao exercício do Poder de Polícia.</li><li>Também não constituem serviço público as atividades estatais que não revertem diretamente em benefício dos particulares, mas apenas indiretamente, as chamadas atividades-meio da Administração.</li><li>A produção legislativa, por não constituir um benefício direto e concreto posto à disposição da coletividade, também não se insere no conceito de serviço público em sentido estrito.</li><li>Não podemos confundir serviço público com atuação do Estado no domínio econômico.</li><li>No serviço público o Poder Público é o titular da atividade e ele decide de que maneira irá exercê-la, se diretamente, ou por intermédio de terceiros.</li></ul>	
	<ul><li>Isto não ocorre na intervenção do Estado no domínio econômico, em que o Poder Público, apenas quando presentes os requisitos do art. 173, *caput*, da CF/1988, se limita a adentrar em determinada atividade econômica, em caráter concorrencial com o particular, geralmente por intermédio de entidades estatais de direito privado, que estarão sujeitas às mesmas regras e encargos civis, comerciais, trabalhistas e tributários vigentes para as demais empresas do setor.</li><li>Todo serviço público possui um conteúdo material, que, nos dizeres de Bandeira de Mello: "é a prestação consistente no oferecimento, aos administrados em geral, de utilidades e comodidades materiais singularmente fruíveis pelos administrados que o Estado assume como próprias, por serem reputadas imprescindíveis ou apenas correspondentes a conveniências básicas da Sociedade, em dado tempo histórico".</li></ul>	
Classificação	Serviços administrativos e serviços industriais e comerciais	Serviços administrativos são aqueles direcionados às necessidades internas da Administração Pública, preparatórios daqueles que serão prestados ao público.
		Industriais e comerciais são aqueles com conteúdo econômico imediatamente aferível, prestados mediante remuneração por quem se utiliza deles.

SERVIÇOS PÚBLICOS		
Classificação	Serviços próprios e impróprios do Estado	Serviços Próprios são aqueles que se relacionam mais diretamente com as atribuições normais do Poder Público ou do que se espera dele (saúde pública, segurança pública etc.).
		Os impróprios são aqueles que interessam à sociedade, por lhes ser útil, mas sem afetar substancialmente suas necessidades.
	Serviços gerais (*uti universi*) e individuais (*uti singuli*)	Serviços gerais são aqueles prestados pelo Poder Público sem ter usuários determinados, sendo a coletividade, como um todo, atendida pela sua prestação (segurança pública, iluminação pública etc.).
		Serviços individuais são aqueles que têm destinatários mensuráveis individualmente, sendo cobrado do particular, seja por tarifa seja por meio de taxa, o valor pecuniário que serve de contraprestação ao seu fornecimento (telefonia, distribuição de água e energia etc.).
	Serviços Públicos (propriamente ditos) e serviços de utilidade pública	• Essa classificação é um mero desdobramento daquela referente a serviços próprios e impróprios. • Porém, aqui se parte do fato dessa prestação ocorrer de forma direta aos destinatários para se concluir que decorre da essencialidade do serviço. • A expressão "serviços de utilidade pública" num segundo momento, constitui sinônimo de todos os serviços que, de alguma forma, se voltam para o interesse da comunidade, mesmo não tendo qualquer relação com o conceito de serviço público e com o objeto de estudo do direito administrativo.
Serviços públicos no ordenamento jurídico brasileiro	• A CF/1988 não nos traz um conceito de serviço público. • Entretanto, contém diversas regras sobre a titularidade e prestação de serviços públicos. • A regra básica é aquela insculpida no art. 175 da Carta Magna. • Na parte referente à atribuição de competências das diferentes entidades da Federação (arts. 21, 23, 25 e 30) estão definidas, como serviços públicos, diversas atividades, algumas de natureza industrial ou comercial, outras de natureza tipicamente estatais.	

SERVIÇOS PÚBLICOS

<table>
<tr><td rowspan="2">Serviços públicos no ordenamento jurídico brasileiro</td><td>

A CF/1988 atribuiu à União os seguintes serviços: *1)* Serviço postal e correio aéreo nacional (art. 21, X); *2)* Polícia marítima, aeroportuária e de fronteiras (art. 21, XXII); *3)* Diretamente ou mediante autorização, concessão ou permissão: a) Telecomunicações (art. 21, XI); b) Radiodifusão sonora e de sons e imagens (art. 21, XII, *a*); c) Serviços e instalações de energia elétrica e aproveitamento energético dos cursos de água, em articulação com os Estados onde se situam os potenciais hidroenergéticos (art. 21, XII, *b*); d) Navegação aérea, aeroespacial e a infraestrutura aeroportuária (art. 21, XII, *c*); e) Serviços de transporte ferroviário e aquaviário entre portos brasileiros e fronteiras nacionais, ou que transponham os limites de Estado ou Território (art. 21, XII, *d*); f) Serviços de transporte rodoviário interestadual e internacional de passageiros (art. 21, XII, *e*); g) Portos marítimos, fluviais e lacustres (art. 21, XII, *f*).

- Aos Estados são atribuídas, expressamente, a titularidade e exploração, diretamente ou mediante concessão, dos serviços locais de gás canalizado.
- Aos Municípios é atribuída a competência para organizar e prestar, diretamente ou sob regime de concessão ou permissão, os serviços públicos de interesse local, incluído o de transporte coletivo, que tem caráter essencial.
-

São comuns à União, aos Estados, ao Distrito Federal e aos Municípios a prestação de serviços de saúde e assistência pública, da proteção e garantia das pessoas portadoras de deficiência, assim como o saneamento básico.

- As leis das diferentes entidades federativas poderão conter regras específicas sobre serviços públicos.

a) Serviços titularizados pelo Estado e que são prestados por ele com exclusividade:

1) segurança pública;

2) serviços judiciários;

3) serviço postal e correio aéreo nacional;

4) alguns registros públicos (de comércio, de marcas e patentes, de direitos autorais sobre obras literárias, fonográficas etc.);

5) busca e salvamento de pessoas em perigo e defesa social;

6) de administração penitenciária;

7) defesa sanitária e controle de zoonoses etc.

b) Serviços titularizados pelo Estado e que por ele são prestados diretamente, mas abertos à prestação dos particulares mediante fiscalização do Poder Público:

1) educação;

2) saúde;

3) assistência social;

4) previdência (particulares em caráter complementar ao sistema público);

5) funerários (cemitérios públicos);

6) cultura e lazer (bibliotecas públicas, instrução para a prática de esportes etc.);

</td></tr>
</table>

	SERVIÇOS PÚBLICOS
Serviços públicos no ordenamento jurídico brasileiro	7) assistência jurídica; 8) manutenção e administração de nosocômios, albergues, asilos etc. **c) Serviços públicos titularizados pelo Estado e por ele prestados diretamente ou mediante autorização, concessão ou permissão a particulares:** 1) telecomunicações; 2) de navegação aérea (transporte de passageiros e cargas), aeroespacial e de infraestrutura aeroportuária; 3) serviços de radiodifusão sonora (rádio) e de sons e imagens (televisão); 4) serviços de transporte rodoviário de passageiros; 5) serviços de transporte ferroviário e aquaviário (passageiros e cargas); 6) transmissão e distribuição de energia elétrica; 7) exploração de portos marítimos, fluviais e lacustres; 8) distribuição de água e saneamento básico (ligação com a rede de esgotos, construção e manutenção desta); 9) distribuição de gás canalizado; 10) limpeza pública e coleta de lixo; 11) manutenção de malhas rodoviárias, serviços de terraplanagem, arruamento e asfaltamento de vias públicas etc. **d) Serviços públicos titularizados pelo Estado, mas necessariamente delegados a particulares**: serviços de registro (de imóveis e civil de pessoas jurídicas e títulos e documentos) e notariais (tabelionato de notas e protesto de títulos) – art. 236 da CF.
Princípios que regem o serviço público	a) Princípio da generalidade; b) Princípio da eficiência; c) Princípio da continuidade; d) Princípio da modicidade das tarifas. (Vide art. 6.º, § 1.º, da Lei 8.987/1995 sobre o conceito de serviço adequado).

SERVIÇOS PÚBLICOS			
Serviços públicos prestados por particular	Concessão		• É tida como "a delegação de sua prestação, feita pelo poder concedente, mediante licitação, na modalidade de concorrência, à pessoa jurídica ou consórcio de empresas que demonstre capacidade para seu desempenho, por sua conta e risco e por prazo determinado" (art. 2.º, II, da Lei 8.987/1996).
	Permissão		• É tida como "a delegação, a título precário, mediante licitação, da prestação de serviços públicos, feita pelo poder concedente à pessoa física ou jurídica que demonstre capacidade para seu desempenho, por sua conta e risco" (art. 2.º, IV, da Lei 8.987/1996).
	• De acordo com a sistematização proposta pela Lei 8.987/1995, temos o seguinte: **1) Concessão de serviço público:** *a)* precedida de licitação; *b)* necessariamente na modalidade concorrência; *c)* formalizada por contrato administrativo, a ser outorgada à pessoa jurídica ou consórcio de empresas. **2) Concessão de serviço público precedido de obra pública:** *a)* precedida de licitação; *b)* necessariamente na modalidade concorrência; *c)* formalizada por contrato administrativo, a ser outorgada à pessoa jurídica ou consórcio de empresas. **3) Permissão de serviço público:** *a)* precedida de licitação; *b)* sem estipulação de uma modalidade em específico; *c)* formalizada mediante contrato administrativo (art. 43), à pessoa física ou jurídica; *d)* o elemento precariedade, previsto no art. 2º, IV, é de difícil concepção, por se tratar de contrato administrativo, mas está, de qualquer modo, previsto na lei, inclusive devendo o contrato dele dispor.			
	Outras formas de outorga		• **Autorização.** *a)* Constitui ato administrativo de natureza precária e discricionária. *b)* Geralmente está ligado à permissão, concedida pelo poder público, no exercício de determinada atividade ao particular, que não é titularizada como serviço público, mas que será fiscalizada, mediante o exercício do poder de polícia, pela Administração Pública.

		SERVIÇOS PÚBLICOS
Serviços públicos prestados por particular	Outras formas de outorga	c) Geralmente, corresponde a uma primeira manifestação do poder de polícia. Exemplos: concessão de autorização para funcionamento de instituições financeiras: concessão de autorização para funcionamento de empresas seguradoras. d) A autorização se destina a outorgas que visam à exploração da utilidade em benefício do próprio prestador, não havendo exploração comercial da produção. e) A autorização tem sido utilizada como meio adequado à outorga de serviços públicos não regulares, transitórios ou esporádicos. No entanto, a Lei 10.233/2001, por exemplo, a prevê como a forma normal para a outorga de serviços de transporte aquaviário (art. 13, V, b). f) A autorização é formalizada por meio de ato administrativo. g) Não está sujeita a procedimento licitatório.
	Requisitos da prestação adequada dos serviços públicos concedidos e permitidos	• Os serviços públicos objeto de concessão e permissão estão submetidos a um regramento específico, que lhes impõe a observância de certos requisitos. São eles: 1. Continuidade; Diz respeito a não paralisação do serviço, sendo a relteração, na lei, do princípio geral da continuidade dos serviços públicos. 2. Eficiência; Constitui uma síntese de todos os outros requisitos, consistindo num serviço que atenda, dentro de padrões de excelência, às expectativas normais e esperadas do usuário médio. 3. Segurança; Configura um requisito necessário à adequação do serviço público, devendo ser prevenidas quaisquer práticas que possam colocar em risco a vida ou a saúde do usuário.

SERVIÇOS PÚBLICOS			
Serviços públicos prestados por particular	Requisitos da prestação adequada dos serviços públicos concedidos e permitidos	4. Atualidade; "Compreende a modernidade das técnicas, do equipamento e das instalações e a sua conservação, bem como a melhoria e expansão do serviço". 5. Regularidade; Significa que o serviço deve ser oferecido sem alternâncias quanto à sua qualidade e, em alguns casos, quanto à sua quantidade. 6. Generalidade; Diz respeito ao alcance da prestação do serviço, no tocante à quantidade de pessoas para as quais é posto à disposição. É uma forma de alcançar a isonomia no acesso ao serviço. 7. Cortesia na prestação; Diz respeito ao tratamento que deve ser dispensado ao usuário. Não se deve esquecer que este é, como membro da comunidade, o titular mediato de todo e qualquer serviço público, já que o Estado e seus intermediários existem, fundamentalmente, para atender às necessidades da coletividade. 8. Modicidade das tarifas. Modicidade indica que o preço do serviço não pode ser caro a ponto de se tornar proibitivo ou dificultador de sua utilização por aqueles desprovidos de rendimentos maiores.
	Procedimento de outorga dos serviços públicos. Licitação e autorização	• Em regra, os serviços públicos são outorgados aos particulares mediante procedimento concorrencial, conhecido como licitação. • Este procedimento licitatório é regulado pela Lei 8.987/1995 em seus arts. 14 a 22. • Alguns serviços públicos possuem regramento próprio, com a aplicação da Lei 8.987/1995 de forma subsidiária. • Outros serviços públicos podem ser concedidos sem licitação por inexistência de qualquer procedimento licitatório por autorização legislativa. Exemplos: 1) Serviços de radiodifusão sonora e de imagens; 2) Serviços autorizados de que trata o art. 14, II da Lei 10.233/2001; 3) Serviços autorizados de telecomunicações e outros.

		SERVIÇOS PÚBLICOS
Serviços públicos prestados por particular	Procedimento de outorga dos serviços públicos. Licitação e autorização	• Quanto aos serviços permitidos e concedidos, a licitação é obrigatória por imposição constitucional. • Na concessão, a modalidade de licitação adotada, quase sempre, é a concorrência. • Excepcionalmente para serviços públicos específicos ou em situações de transitoriedade, o legislador optou por outra modalidade, como o leilão para as outorgas de concessões decorrentes da privatização de setor econômico. • Em alguns casos, o procedimento licitatório é mais simplificado, como acontece com as concessões de operação de TV a cabo, não havendo referência expressa quanto à modalidade de licitação a ser adotada. • Para as permissões a Lei 8.987/1995 não estabeleceu uma modalidade específica de licitação. As regras gerais da Lei de Licitações (Lei 8.666/1993) são aplicáveis às licitações de serviços públicos (art. 18 da Lei 8.987/1995), mas o julgamento das propostas se faz conforme critérios específicos desta última (os chamados tipos de licitação), a saber: 1. menor valor de tarifa do serviço público a ser prestado; 2. maior oferta, nos casos de pagamento ao poder concedente pela outorga da concessão; 3. melhor proposta técnica, com preço fixado no edital; 4. melhor proposta em razão da combinação dos critérios de menor valor da tarifa do serviço público a ser prestado com o de melhor técnica; 5. melhor proposta em razão da combinação dos critérios de maior oferta pela outorga do serviço público a ser prestado com o de melhor técnica; 6. melhor oferta de pagamento pela outorga após qualificação de propostas técnicas; 7. combinação, dois a dois, dos critérios de menor valor da tarifa do serviço público a ser prestado, de maior oferta e de melhor oferta de pagamento após qualificação de propostas técnicas. • Em regra, não se admite exclusividade na outorga de concessão ou permissão.

SERVIÇOS PÚBLICOS		
Serviços públicos prestados por particular	Formalização da outorga (delegação contratual)	• Em se tratando de serviços concedidos e permitidos, a outorga é formalizada por contrato. **O contrato deverá conter:** 1. cláusulas sobre o objeto; 2. a área e o prazo da concessão ou permissão; 3. a forma de prestação do serviço; 4. critérios para aferir sua qualidade; 5. preço do serviço e critérios de reajuste e revisão da tarifa se for desta forma custeado; 6. direitos e obrigações dos concedente e concessionário; 7. direitos e deveres do usuário; 8. forma de fiscalização e penalidades a que estará sujeito o concessionário; 9. os casos de extinção da concessão ou permissão etc.
	Formalização da outorga (delegação contratual)	Quanto aos serviços autorizados, a outorga se dá, em regra, por ato administrativo da autoridade competente.
	Remuneração dos serviços públicos. Taxa. Serviços públicos concedidos e permitidos. Preço público e Tarifa	• Os serviços públicos prestados por particulares, de um modo em geral, são custeados pelas pessoas que se utilizam deles. • Quando o serviço é prestado pelo próprio Poder Público, diretamente, o custeio, se cobrado do usuário, se dará por meio de taxa, se divisível e específico o serviço. • As tarifas devem atender ao princípio da modicidade, para permitir que a maior quantidade possível de pessoas tenha acesso ao serviço. • É comum o estabelecimento de políticas de isenção para determinadas categorias de pessoas economicamente hipossuficientes. • O benefício não é concedido a título individual. • No caso dos serviços delegados (art. 236 da CF/1988), foi editada lei nacional que estabeleceu regras gerais para a fixação dos valores a serem cobrados. • Os serviços públicos de difusão sonora e de sons e imagens são gratuitos, sendo mantidos, em geral, por publicidade.

SERVIÇOS PÚBLICOS		
Serviços públicos prestados por particular	Remuneração dos serviços públicos. Taxa. Serviços públicos concedidos e permitidos. Preço público e Tarifa	• Os serviços de TV a cabo são custeados pelos usuários, mediante pagamento de assinatura. • As tarifas podem ser cobradas de forma diferenciada conforme as características técnicas e custos específicos provenientes de diferentes segmentos de usuários.
	Formas de extinção da outorga	• De acordo com a Lei 8.987/1995. São elas: **1. Advento de termo contratual;** Ocorrerá quando houver a expiração do prazo de duração do contrato de concessão. **2. Encampação;** Ocorrerá quando o poder concedente decidir, por motivo de interesse público, retomar o serviço durante o prazo da concessão. **3. Caducidade;** A caducidade ocorrerá quando houver inexecução total ou parcial do contrato pelo concessionário. A caducidade pode ser declarada administrativamente, por meio de decreto, decorrência lógica da chamada "cláusula de privilégio da rescisão unilateral". **4. Rescisão;** A rescisão ocorrerá quando a concessionária alegar descumprimento das normas contratuais pelo poder concedente. A rescisão, de iniciativa do concessionário, só pode ser feita pela via judicial, e o concessionário deve manter o serviço até o trânsito em julgado da decisão que a defere. **5. Anulação;** A anulação diz respeito à invalidação do próprio procedimento de concessão, seja da licitação, com reflexo do contrato, seja por vício do instrumento contratual. **6. Falência ou extinção da empresa concessionária e falecimento ou incapacidade do titular, no caso de empresa individual.** Ocorrerá quando se tornar impossível a continuidade dos serviços pela empresa por evidente incapacidade financeira e operacional.

SERVIÇOS PÚBLICOS		
Serviços públicos prestados por particular	**Mutabilidade do contrato de concessão/permissão de serviços públicos**	• Trata-se do poder que detém a Administração Pública de alterar unilateralmente as disposições contratuais. • O fundamento está na necessidade de atendimento do interesse público, que pode variar conforme o tempo. • As alterações não podem importar no desequilíbrio econômico-financeiro do contrato. • As cláusulas de regulamento estabelecem a forma e as condições em que o serviço público será prestado. • O particular, individualmente considerado, não é obrigado a suportar o ônus decorrente da necessidade de adaptação contratual ao interesse público. • Essas alterações, uma vez definidas, gerarão ao particular prestador do serviço o direito ao restabelecimento do equilíbrio econômico-financeiro do contrato.
	Intervenção do Poder Público concedente/permitente no contrato	• O interesse público pode justificar o imediato afastamento do particular da prestação do serviço público, com a intervenção do concedente/permitente na execução do contrato. • A Lei 8.987/1995 estabelece que no prazo de 30 dias, a contar da declaração de intervenção, seja instaurado procedimento de apuração de responsabilidades, que deve ser concluído no prazo máximo de 180 dias. • Como resultado desse procedimento, se extingue a concessão/permissão, ao se concluir pelo descumprimento das normas contratuais, regulamentares ou legais por parte do concessionário/permissionário ou se devolve a prestação do serviço a este último, quando concluída a inexistência de causa suficiente à extinção.
	Bens reversíveis	• Os bens afetados ao serviço podem ser particulares ou públicos. • Se públicos estão sujeitos ao regime de direito público e, com a extinção do contrato, continuam na titularidade do poder concedente, que nunca deixou de tê-la.

SERVIÇOS PÚBLICOS			
Serviços públicos prestados por particular	Bens reversíveis		• Se particulares, cabe analisar o regime ao qual estão submetidos, se ao regime jurídico de direito privado ou se ao regime jurídico de direito público. • Bens reversíveis são aqueles que o concessionário ou permissionário detém apenas por propriedade resolúvel. • Havendo a extinção do contrato, serão eles disponibilizados ao Poder Concedente, ou ao delegatário do serviço que suceder ao retirante. • A indicação dos bens reversíveis, em princípio, deve recair sobre aqueles que se revelam indispensáveis à continuidade do serviço. • A Lei 9.427/1996 estabelece que, em relação ao serviço público de energia elétrica, a ANEEL somente aceitará como bens reversíveis da concessionária ou permissionária do serviço público correspondente aqueles utilizados, exclusiva e permanentemente, para produção, transmissão e distribuição de energia elétrica. • A reversão garante ao antigo concessionário ou permissionário o recebimento de uma indenização específica, referente às parcelas dos investimentos vinculados a bens reversíveis, ainda não amortizados ou depreciados que tenham sido realizados com o objetivo de garantir a continuidade e atualidade do serviço concedido. Quanto aos lucros cessantes, a legislação não é uniforme.
Parcerias Público-privadas			
	Noções		• O Poder Público, cada vez mais, procura o auxílio do particular como seu parceiro, a fim de que o mesmo auxilie, com o importe de recursos próprios, na consecução de investimentos de obras públicas estruturais. • O particular parceiro atua em conjunto com o Poder Público, fazendo investimento próprio, com seus próprios recursos, por sua conta e risco, mas mediante uma contraprestação. • Existem limites a essa "parceria", uma vez que a remuneração do parceiro depende de disponibilidade orçamentária do Poder Público. • Para dar maiores garantias ao setor privado, e incentivá-lo a ser parceiro do Poder Público em obras e serviços públicos foi editada a Lei 11.079/2004, conhecida como Lei das PPP's (Parcerias Público-privadas), que instituiu normas sobre licitação e contratação de Parceria Público-privada no âmbito dos poderes da União, dos Estados, do Distrito Federal e dos Municípios, com aplicação a todas as entidades da administração indireta.

	Parcerias Público-privadas
Natureza jurídica da Parceria Público-privada	• A Parceria Público-privada é formalizada por meio de contrato de concessão. • O que diferencia as Parcerias Público-privadas das concessões comuns é o regime jurídico. • Este regime jurídico é caracterizado pela presença de maiores garantias contratuais aos parceiros e na repartição de riscos entre as partes.
Modalidades de Parcerias Público-privadas	• A Lei 11.079/2004 prevê duas modalidades de PPP's: 1. Concessão patrocinada. É a "concessão de serviços públicos ou de obras públicas de que trata a Lei 8.987, de 13 de fevereiro de 1995, quando envolver, adicionalmente à tarifa cobrada dos usuários contraprestação pecuniária do parceiro público ao parceiro privado". Este conceito é bastante vago. O que a Lei estabelece, então, como diferencial, num primeiro momento, é a particular forma de contraprestação do serviço prestado, que será feita pelo usuário e pela Administração Pública. 2. Concessão administrativa. "é o contrato de prestação de serviço de que a Administração Pública seja a usuária direta ou indireta, ainda que envolva execução de obra ou fornecimento e instalação de bens". • A contraprestação da Administração Pública é apenas adicional àquela paga pelos usuários do serviço, embora a própria Lei, contraditoriamente, estabeleça que o percentual máximo dessa contraprestação possa ser de até 70%. • Segundo a lei, o pagamento ao parceiro privado deve ser feito por remuneração variável, vinculada ao seu desempenho, conforme metas e padrões de qualidade e disponibilidade definidos no contrato. • A lei proíbe a adoção das PPP's: 1. Para contratos com valor inferior a R$ 20.000.000,00 (vinte milhões de reais). 2. Em contratos de período inferior a cinco anos e superior a trinta e cinco anos e que não tenham algum tipo de contraprestação pecuniárias do parceiro público ao privado. 3. O objeto único de fornecimento de mão de obra, fornecimento e instalação de equipamentos ou execução de obra pública.
Sociedade de propósito específico	• A Lei 11.079 exige que antes da celebração do contrato seja constituída uma sociedade de propósito específico. • A lei visa exigir que a prestação do serviço esteja a cargo de uma sociedade que tenha por objeto social específico a atividade concedida, garantindo-se, em última análise, maior especialização e integral dedicação ao objeto do contrato. • A Lei proíbe à Administração Pública ser titular da maioria do capital votante dessas sociedades.

	Parcerias Público-privadas
Financiador da PPP e das garantias	• O terceiro financiador corresponde, no mais das vezes, a uma instituição financeira. • As entidades fechadas de previdência complementar podem assumir tal papel. • O contrato de concessão poderá prever a prestação ao financiador de garantias, que vão da emissão de empenho em nome deste, em relação às obrigações pecuniárias da Administração Pública, à transferência do controle da sociedade de propósito específico para o financiador, com o objetivo de promover a reestruturação financeira daquela e assegurar a continuidade da prestação dos serviços. • As garantias ao financiador não têm nenhuma relação com as garantias do parceiro público em benefício do parceiro privado.

	CONSÓRCIOS ADMINISTRATIVOS
Noções	• Como os interesses são comuns e não contrapostos, é usual que a instrumentalização de acordos entre as diferentes entidades federativas, e entre suas entidades da Administração Indireta, se dê por meio de convênios e não por contratos, uma vez que a contraposição de interesses está na essência do instituto contratual. • Os convênios entre entidades públicas são comumente firmados objetivando: 1. O repasse de verbas 2. Uso de bens públicos 3. Ou para prestação de serviços. • O convênio, inclusive, pode ser utilizado até mesmo como instrumento de formalização de delegação do poder de polícia.
Consórcios públicos na Lei 11.107/2005	• Previsão: Lei 11.107/2005. • Pela Lei, o consórcio público passou a ser dotado de personalidade jurídica própria, uma associação pública ou uma pessoa jurídica de direito privado. • Decorre de um acordo comum das entidades públicas, dentro da concepção de persecução de interesses comuns. • Os consórcios públicos serão constituídos por contrato. • Esse instrumento, chamado, pela Lei, de "protocolo de intenções", que seria o "contrato preliminar", nada mais é do que uma espécie de pré-convênio. • A ratificação do instrumento preliminar depende da aprovação de lei, em cada esfera da Federação, que aprove a formalização do consórcio público. • O inc. IX do art. 4.º estabelece a necessidade de disposição sobre: 1. competências cujo exercício se transferiu ao consórcio público; 2. os serviços públicos objeto da gestão associada e a área em que serão prestados;

CONSÓRCIOS ADMINISTRATIVOS	
Consórcios públicos na Lei 11.107/2005	3. a autorização para licitar ou outorgar concessão, permissão ou autorização da prestação de serviços; 4. as condições a que deve obedecer o contrato de programa, no caso de a gestão associada envolver também a prestação de serviços por órgão ou entidade de um dos entes da Federação consorciados; 5. os critérios técnicos para cálculo das tarifas e de outros preços públicos, bem como para seu reajuste ou revisão. • A extinção ou alteração do consórcio público é feita por deliberação de sua assembleia-geral, com a ratificação, por lei, de parte de cada um dos consorciados.
Modalidades de consórcios públicos	• Os consórcios públicos podem adquirir personalidade de direito público ou de direito privado. • Se for público, constituir-se-á em associação pública. E sua natureza é semelhante a de uma autarquia. • Estará sujeito integralmente ao regime jurídico de direito público e o início de sua personalidade se dará com a promulgação e publicação da última lei de ratificação. • A lei prevê a possibilidade de o consórcio público constituir-se em pessoa jurídica de direito privado. • A Lei impõe uma série de restrições ao regime jurídico privado. • O consórcio público com personalidade jurídica de direito privado observará as normas de direito público no que concerne à realização de licitação, celebração de contratos, prestação de contas e admissão de pessoal, este, no entanto, vinculado ao regime celetista.
Contrato de Rateio	• Previsão: art. 8.º da Lei 11.107/2005. • Cada consorciado firmará um contrato de rateio específico com o consórcio. • Esses contratos terão vigência igual ao das dotações que os suportam, em geral, valerão para cada exercício financeiro. • O Decreto 6.017/2007, ao regulamentar a Lei 11.107/2005 conceituou o contrato de rateio como sendo: "o contrato pelo meio do qual os entes consorciados comprometem-se a fornecer recursos financeiros para a realização das despesas do consórcio público" (art. 2.º, VII). • A lei atribuiu, aos demais consorciados, legitimidade para exigir o cumprimento de suas cláusulas, concorrentemente ao próprio consórcio. • O não cumprimento das obrigações financeiras assumidas pode resultar na suspensão e, por fim, na exclusão do consorciado.

CONSÓRCIOS ADMINISTRATIVOS	
Contrato de Programa	• Previsão: Decreto 6.017/2007. • Conceito: "o instrumento pelo qual devem ser constituídas e reguladas as obrigações que um ente da Federação, inclusive sua administração indireta, tenha para com outro ente da Federação, ou para com consórcio público no âmbito da prestação de serviços públicos por meio de cooperação federativa". • O objeto deste contrato é tratar da gestão associada das atividades administrativas de interesse dos contratantes. • O consórcio resulta de um instrumento que tem características de convênio, e esses outros ajustes, como o contrato de programa e o contrato de rateio, decorrem dele. • As obrigações assumidas no contrato de programa continuam vigentes mesmo quando extinto o consórcio público ou o convênio de cooperação que autorizou a gestão associada de serviços públicos.

11.12. QUESTÕES

1. **(Especialista em Regulação/ANTAQ – CESPE/2014) No que diz respeito à delegação, licitação, contrato de concessão e serviço público adequado, julgue o item que se segue.**

    As características essenciais de um contrato de concessão incluem o objeto, o prazo da concessão e os critérios para revisão das tarifas. Por outro lado, os direitos e deveres dos usuários para obtenção e utilização do serviço não são considerados essenciais nesse tipo de contrato.

2. **(Especialista em Regulação/ANTAQ – CESPE/2014) No que diz respeito à delegação, licitação, contrato de concessão e serviço público adequado, julgue o item que se segue.**

    Caso um serviço não seja prestado de forma adequada, segundo critérios e indicadores de qualidade definidos, poderá ser declarada a caducidade da concessão pelo poder concedente.

3. **(Especialista em Regulação/ANTAQ – CESPE/2014) No que diz respeito à delegação, licitação, contrato de concessão e serviço público adequado, julgue o item que se segue.**

    Os direitos e deveres do concessionário incluem a captação, a aplicação e a gestão dos recursos financeiros, dada a importância que esses processos têm para a qualidade da prestação do serviço público.

4. **(Especialista em Regulação/ANTAQ – CESPE/2014) No que diz respeito à delegação, licitação, contrato de concessão e serviço público adequado, julgue o item que se segue.**

    A transferência de concessão, de uma concessionária para outra, pode ocorrer sem prévia anuência do poder concedente, sem implicar na caducidade da concessão.

5. **(Especialista em Regulação/ANTAQ – CESPE/2014) No que diz respeito à delegação, licitação, contrato de concessão e serviço público adequado, julgue o item que se segue.**

    Nem toda concessão de serviço público deve ser decorrente de licitação prévia, porém toda concessão deve observar os princípios da legalidade, da moralidade, da publicidade e da igualdade.

6. **(Conhecimentos Básicos/ANATEL – CESPE/2014) Julgue o item subsecutivo, concernente aos serviços públicos.**

    O princípio da modicidade afasta a possibilidade de adoção de serviços públicos prestados gratuitamente.

7. **(Conhecimentos Básicos/ANATEL – CESPE/2014) Julgue o item subsecutivo, concernente aos serviços públicos.**

    O inadimplemento do concessionário, que deixa de executar total ou parcialmente serviço público concedido, acarreta a extinção do contrato de concessão por rescisão promovida pelo poder concedente.

8. **(Conhecimentos Básicos/ANATEL – CESPE/2014) Julgue o item subsecutivo, concernente aos serviços públicos.**

    Os princípios da generalidade e da impessoalidade impõem a unicidade da tarifa para todos os usuários, vedando, por exemplo, a diferenciação tarifária na cobrança pelo serviço de abastecimento de água.

9. **(Conhecimentos Básicos/ANATEL – CESPE/2014) Julgue o item subsecutivo, concernente aos serviços públicos.**

    O princípio da continuidade do serviço público não impede a concessionária de energia elétrica de suspender o fornecimento de eletricidade no caso de inadimplemento do usuário.

10. **(Titular de Serviços de Notas e de Registros/TJ-SE – CESPE/2014) Acerca de serviço público, assinale a opção correta.**

    a) De acordo com o STJ, na hipótese de contrato de permissão de serviço de transporte público realizado sem prévia licitação, não há garantia da manutenção do equilíbrio econômico-financeiro do contrato.

b) Compete aos municípios a exploração direta ou por meio de concessão dos serviços de gás canalizado.

c) Autorização, concessão e permissão são formas contratuais de delegação do serviço público.

d) As primeiras tentativas de conceituação de serviço público surgiram na Alemanha, com a Escola de Serviço Público, segundo a qual o conceito incluía as atividades materiais realizadas pelo Poder Executivo.

e) Classificam-se como serviços públicos congênitos aqueles que, passíveis em tese de execução particular, são absorvidos pelo Estado em regime de concorrência com a iniciativa privada.

11. **(Procurador do Estado Substituto/PGE-PI – CESPE/2014) Acerca dos serviços públicos e dos atos administrativos, assinale a opção correta.**

    a) Conforme o STJ, ato administrativo com vício sanável não poderá ser convalidado se tiver sido impugnado judicialmente, mas poderá sê-lo no bojo de impugnação administrativa.

    b) Nos termos da jurisprudência do STJ, caso o procurador-geral do estado do Piauí delegue determinada função para o subprocurador-geral, e este, no exercício da função delegada, pratique ato ilegal, a responsabilidade pela ilegalidade desse ato deverá recair apenas sobre a autoridade delegada.

    c) Ao contrário das permissões de serviços públicos, que possuem caráter precário e não demandam prévio procedimento licitatório, nas concessões para a prestação de serviços públicos, a licitação é a regra.

    d) Se a prefeitura de Teresina – PI, por meio de uma política pública de urbanização, vier a pavimentar uma avenida de determinado bairro, tal serviço será classificado como serviço público singular, tendo em vista a unicidade do empreendimento.

    e) De acordo com o entendimento do STJ, não existe a possibilidade de convalidação de ato administrativo cuja motivação seja obrigatória, depois de emitido. Nesse caso, a administração deverá anular o ato e emitir um novo, instruído com as razões de decidir.

12. **(Analista Judiciário/TJ-SE – CESPE/2014) No que concerne às regras e aos princípios específicos que regem a atuação da administração pública, julgue o item subsequente.**

    Os serviços públicos podem ser remunerados mediante taxa ou tarifa.

13. **(Analista Judiciário/TJ-CE – CESPE/2014) Acerca do regime jurídico dos serviços públicos, assinale a opção correta.**

    a) O Estado pode transferir, eventualmente, mediante contrato, a titularidade do serviço público para empresa concessionária ou permissionária. Nessa situação, o serviço continuará sendo prestado sob o regime de direito público.

    b) A concessão de serviço público difere da permissão, entre outros fatores, pelo instrumento, haja vista que a concessão é formalizada mediante contrato e a permissão, mediante termo.

c) São princípios que regem os serviços públicos: atualidade, universalidade, continuidade, modicidade das tarifas e cortesia na prestação.

d) É vedada a subconcessão do contrato de concessão de serviços públicos, dado seu caráter personalíssimo, conforme expressa previsão legal.

e) Enquadram-se no conceito de serviço público apenas as atividades de oferecimento de utilidade ou comodidade material à coletividade que o Estado desempenha por si próprio, com exclusividade, sob o regime de direito público.

14. **(Analista Judiciário/TJ-CE – CESPE/2014) No que concerne aos serviços públicos, assinale a opção correta.**

a) Considera-se centralizada a forma de prestação de serviços públicos por meio de empresas permissionárias.

b) Serviço público *uti singuli* é aquele prestado pela administração para atender à coletividade em geral, sem destinatários individuais.

c) Considera-se concessão de serviço público a delegação de sua prestação feita pelo poder concedente, mediante licitação, à pessoa física ou jurídica que demonstre capacidade para seu desempenho, por sua conta e risco.

d) A possibilidade de encampação da concessão do serviço público decorre da aplicação do princípio da continuidade do serviço público.

e) Entre os elementos constitutivos do serviço público, há o elemento material, que diz respeito ao regime jurídico aplicável ao serviço público.

15. **(Titular de Serviços de Notas e de Registros/TJ-DF – CESPE/2014) No tocante aos serviços públicos, assinale a opção correta.**

a) A delegação de serviço público a particular por meio de permissão pode ser feita por dispensa de licitação, desde que a título precário.

b) São características da concessão de serviço público: licitação por meio de concorrência; exclusividade de concessão a pessoas jurídicas ou consórcios; e rescisão contratual unilateral.

c) Os serviços notariais e de registro, embora públicos, são exercidos em caráter privado, por delegação do poder público mediante concessão, devendo ser precedidos de licitação.

d) A educação e a saúde são serviços públicos de titularidade não exclusiva do Estado, livres à iniciativa privada e submetidos ao controle inerente ao poder administrativo de polícia.

e) A aplicação de sanções, proibições e limitações a bens e atividades de particulares insere-se no conceito de serviço público.

16. **(Titular de Serviços de Notas e de Registros/TJ-DF – CESPE/2014) Em relação à improbidade administrativa e à proteção e à defesa do usuário de serviço público, assinale a opção correta.**

a) A aplicação, ao gestor público, das penalidades decorrentes da prática de ato de improbidade administrativa depende da comprovação da ocorrência de dano ao erário e da não aprovação da prestação de contas pelo respectivo tribunal de contas.

b) Para fins de aplicação das sanções de improbidade administrativa, não se considera agente público o servidor contratado por necessidade temporária de excepcional interesse público, dada a inexistência de vínculo estatutário deste com a administração pública.

c) A participação do usuário de serviço público na administração pública direta e indireta é garantida pela CF, devendo a lei regulamentar mecanismos de aferição da qualidade do serviço como reclamações, serviços de atendimento do usuário e avaliação periódica, externa e interna.

d) No que diz respeito à responsabilidade pela prática de ato de improbidade administrativa, não vigora o princípio da individualidade da pena, podendo o sucessor daquele que causar lesão ao patrimônio público ou enriquecer ilicitamente estar sujeito às cominações da lei além do limite do valor da herança.

e) O direito de acesso à informação dos usuários de serviço público aplica-se apenas aos casos de prestação direta do serviço pela administração pública.

17. **(Titular de Serviços de Notas e de Registros/TJ-DF – CESPE/2014) Acerca de serviços públicos, assinale a opção correta.**

    a) A declaração de caducidade da concessão do serviço público configura-se quando a administração pública retoma o serviço durante o prazo de concessão, por motivo de interesse público, após prévia autorização legislativa e após a devida indenização à concessionária pelos prejuízos sofridos.

    b) Os serviços públicos compulsórios e gerais podem ser remunerados tanto por meio de tarifa quanto por meio de taxa.

    c) Após a reforma administrativa do Estado realizada pela Emenda Constitucional n.º 19/1998, a CF autorizou a gestão associada na prestação de serviços públicos por meio de convênios de cooperação entre os entes federados, admitindo a transferência total ou parcial de encargos, serviços, pessoal e bens essenciais à continuidade dos serviços transferidos.

    d) Conforme determinação constitucional, os serviços públicos são de prestação obrigatória e exclusiva do Estado, não sendo permitida sua delegação a particulares.

    e) A concessão de serviço público consiste na delegação, a título precário, mediante licitação, da prestação de serviços públicos, feita pelo poder concedente à pessoa jurídica que demonstre capacidade para seu desempenho, por sua conta e risco.

18. **(Titular de Serviços de Notas e de Registros/TJ-DF – CESPE/2014) Assinale a opção correta no que se refere à improbidade administrativa e à proteção e defesa do usuário de serviço público.**

    a) De acordo com o princípio da continuidade do serviço público, a concessionária não poderá interromper o serviço, mesmo nos casos em que haja interesse da coletividade e inadimplemento do usuário.

b) Tratando-se de prefeito, as ações de ressarcimento em virtude da prática de atos de improbidade administrativa prescrevem até cinco anos após o término do exercício do mandato.

c) A aplicação da pena de multa e de ressarcimento integral do dano em virtude da prática de ato de improbidade administrativa exemplifica o exercício do poder de polícia da administração pública.

d) O MP, a pessoa jurídica de direito público interessada e as associações são os únicos legitimados a ingressar com a ação principal no Poder Judiciário para a responsabilização por ato de improbidade administrativa.

e) Desde que observadas as restrições estabelecidas constitucionalmente, é assegurado o direito de acesso dos usuários de serviço público aos respectivos registros administrativos e às informações sobre atos de governo.

19. **(Analista de Administração Pública/TC-DF – CESPE/2014) Julgue o item a seguir, relativo à responsabilidade civil do Estado, aos serviços públicos e às organizações da sociedade civil de interesse público.**

De acordo com o princípio da continuidade, os serviços públicos, compulsórios ou facultativos, devem ser prestados de forma contínua, não podendo ser interrompidos mesmo em casos de inadimplemento do usuário.

20. **(Conhecimentos Básicos/MEC – CESPE/2014) O Fundo de Manutenção e Desenvolvimento da Educação Básica e de Valorização dos Profissionais da Educação (FUNDEB) assegura recursos constitucionalmente vinculados para todas as etapas e modalidades da educação básica. Pela primeira vez no país, ficam subvinculados recursos da União, dos estados, do DF e dos municípios para o atendimento em creches e pré-escolas.**

A educação infantil no Brasil figurou uma trajetória histórica em que o Estado formulou e estimulou uma política de atendimento baseada na parceria com instituições privadas sem fins lucrativos, comunitárias, filantrópicas e confessionais, principalmente no que diz respeito ao atendimento de crianças de zero a três anos, como forma de não ficar totalmente ausente desse atendimento.

Mesmo estando claro que a obrigação do Estado com a educação infantil deve ser efetivada pela expansão da rede pública, o convênio entre o poder público e instituições educacionais sem fins lucrativos foi, e é, uma realidade que assegura, na maioria dos municípios, o atendimento a um número significativo de crianças, em geral, da população pobre e vulnerabilizada.

Orientações sobre convênios entre secretarias municipais de educação e instituições comunitárias, confessionais ou filantrópicas sem fins lucrativos para a oferta de educação infantil. Brasília: MEC, SEB, 2009 (com adaptações).

No que se refere ao assunto tratado no fragmento de texto acima, julgue o item subsequente.

A parceria público-privada é firmada mediante contrato administrativo de concessão, na modalidade patrocinada ou administrativa, o qual pode ter por objeto a prestação de serviço público à população de forma desconcentrada, independentemente da cobrança de tarifas aos usuários.

GABARITO

1 – Errado	2 – Certo	3 – Certo
4 – Errado	5 – Errado	6 – Errado
7 – Errado	8 – Errado	9 – Certo
10 – A	11 – B	12 – Certo
13 – C	14 – D	15 – D
16 – C	17 – C	18 – E
19 – Errado	20 – Errado	

12
INTERVENÇÃO DO ESTADO NA PROPRIEDADE

Sumário: 12.1. Noção e delimitação do tema – **12.2.** Intervenção na propriedade privada x intervenção na propriedade – **12.3.** Direito de propriedade e sua função social – **12.4.** Modalidades de restrição administrativa incidentes sobre o direito de propriedade – **12.5.** Classificação das modalidades de restrição administrativa: **12.5.1.** Limitações administrativas; **12.5.2.** Servidão administrativa; **12.5.3.** Requisição; **12.5.4.** Edificação e parcelamento compulsórios; **12.5.5.** Licenciamento compulsório; **12.5.6.** Ocupação temporária; **12.5.7.** Tombamento – **12.6.** Desapropriação: **12.6.1.** Noções gerais; **12.6.2.** Objeto da desapropriação; **12.6.3.** Competência; **12.6.4.** Fundamentos da desapropriação; **12.6.5.** Procedimento da desapropriação; **12.6.6.** Da retrocessão; **12.6.7.** Desapropriação sem indenização (Confisco).

12.1. NOÇÃO E DELIMITAÇÃO DO TEMA

Para alcançar seus objetivos primordiais, o Poder Público precisa se utilizar de diferentes meios que são postos à sua disposição pelo ordenamento jurídico. Esses meios importam, muitas vezes, na imposição de restrições ao direito de terceiros.

Os particulares, sobretudo, ao concordarem em viver em coletividade e, por consequência, ao instituírem uma entidade estatal que busca alcançar e suprir todos os interesses que essa mesma coletividade almeja, renunciam a uma parte de sua autonomia, concordando, de antemão, em ver seus direitos limitados em proveito do interesse coletivo.

Essa renúncia é justificada, porque o ser individual que abre mão de sua autonomia plena é o mesmo ser que integra a coletividade e que, amanhã, será beneficiado por medida estatal, de igual quilate, que tenha importado na restrição de um direito de outro indivíduo determinado. Mais, o indivíduo afetado pela medida estatal não tem, simplesmente, seu direito vilipendiado, sem qualquer tipo de compensação, mas, sim, poderá fazer jus, dependendo do alcance da medida imposta em detrimento de seu direito patrimonial, a uma reparação.

Tudo, ademais, do ato estatal que externa a intenção de proceder à limitação jurídica a um direito individual, até sua efetiva ocorrência, deve seguir os estritos limites do *devido processo legal*, conforme previsto constitucionalmente e delineado em diversas e variadas leis regulamentares.

No âmbito do direito administrativo, o Estado restringe a autonomia individual de três formas diversas: a) primeiro, por meio do denominado *poder de polícia*, pelo qual se estabelecem regras de comportamento quanto ao exercício de determinadas atividades de interesse coletivo, fiscalizando-se posteriormente o cumprimento dessas regras e, eventualmente, impondo sanções econômicas àqueles que as descumprem; b) segundo, *intervindo diretamente no direito de propriedade das pessoas*, todas as vezes em que a imposição de alguma restrição a esse direito se torna necessária ao atendimento de algum interesse coletivo; c) terceiro, *intervindo diretamente em alguma atividade econômica*, sempre que necessário à garantia da sustentabilidade dessa mesma atividade, presumidamente imprescindível ao interesse da coletividade.

No primeiro caso, temos o *exercício do poder de polícia*, que integra os chamados poderes da Administração Pública, e que se manifesta, no caso brasileiro, das mais diferentes e variadas formas, da autoridade municipal de trânsito que multa o condutor de veículo que ultrapassou o sinal vermelho, ao policial rodoviário federal que apreende, em rodovia federal, veículo não habilitado para transporte de passageiros; do agente de vigilância sanitária, municipal, estadual ou federal, que impõe multa ao infrator e procede à apreensão de produtos vegetais ou animais sem autorização sanitária para fabricação ou comercialização, ao fiscal do Ministério da Agricultura que proíbe o ingresso no país de produto estrangeiro, da mesma categoria, para o qual não se requereu a prévia autorização.

O exercício do poder de polícia é tão amplo, manifestando-se em tantas e tão variadas legislações *(trânsito, consumidor, medicina e segurança do trabalho, vigilância sanitária, defesa agropecuária, produção e comercialização de medicamentos, agrotóxicos, máquinas, armas de fogo, fiscalização do exercício de profissões regulamentadas, de construções e edificações etc.)*, que é simplesmente impossível se estudar, num único livro de direito administrativo, todas as suas formas de manifestação. Em geral, o que se procede é o estudo dos seus elementos caracterizadores e, necessariamente, sua extremação em relação às outras formas de manifestação do poder estatal.

O que importa, aqui, é saber que *o poder de polícia é voltado para a regulação de atividades*, não importando, salvo indiretamente, na restrição ao direito de propriedade, exceção feita, unicamente, às limitações administrativas ao direito de construir, em que o poder de polícia administrativa interfere, diretamente, no próprio uso da propriedade.

Afora essa hipótese específica, é certo reconhecer que o Estado pode apreender e até mesmo destruir uma mercadoria com prazo de validade vencida para o consumo, e isso é uma manifestação clara do exercício do poder de polícia; mas essa atuação é apenas decorrência de uma infração às regras de regulação da atividade correspondente, consistente na comercialização daquele bem, este, sim, objeto do chamado poder de polícia estatal.

O poder de polícia não compreende a intervenção jurídica do Estado em relação a determinado bem, como a maionese estragada descoberta pela vigilância sanitária, mas sim a atividade estatal de fiscalização da comercialização de produtos postos ao consumo humano, isto é, da própria atividade de comercialização. A destruição da maionese, se ocorrer, é só uma consequência, uma forma de exteriorização de atividades decorrentes daquele poder.

Não é isso que ocorre quando falamos de *intervenção do Estado na propriedade*. Aqui, *a intervenção não ocorre sobre uma atividade, mas sobre o direito de propriedade*. E essa intervenção é direta, não correspondendo, simplesmente, à regulação do direito.

A regulação do direito de propriedade e seu exercício é objeto do direito civil e só eventualmente do direito administrativo, no caso dos bens públicos, e mesmo do direito internacional público, no caso dos bens públicos em território estrangeiro.

Na chamada intervenção do Estado na propriedade, o que se estuda são *as formas que o Estado utiliza para adotar a intervenção, suas razões e sua finalidade*, sempre voltada, idealmente, para o atingimento do interesse coletivo. Isso se obtém, seja pela preservação do patrimônio histórico, artístico ou cultural, como no caso do tombamento, seja para garantir a execução de algum serviço público relevante, como a servidão que se institui em benefício de algum aeroporto ou de uma fortificação militar, seja, por fim, para garantir que num bairro determinado, onde não existem bens disponíveis para aquisição, seja construída uma escola, uma creche, um hospital, ou até mesmo uma praça para lazer, caso em que a municipalidade interessada, para cumprimento de tal desiderato, terá de se valer do instituto da desapropriação.

São estas últimas questões que serão abordadas neste capítulo.

Por fim, quanto à intervenção do Estado no domínio econômico, o que se tem é *um misto de intervenção em atividade econômica e de intervenção do Estado na propriedade*, o que gerou, no âmbito do Direito, a criação de uma nova disciplina, intitulada *direito econômico*.

Nessa seara, o Poder Público tanto pode intervir diretamente na propriedade privada, utilizando-se de um instrumento típico do direito administrativo, que é a requisição, quanto pode intervir na atividade econômica, não apenas regulamentando-a e fiscalizando-a, como no poder de polícia, mas também atuando na atividade, exercendo-a por intermédio de empresas estatais, por vezes, até mesmo, em regime de monopólio, ou restringindo a atuação dos particulares ou afetando-as indiretamente, como nos casos de tabelamentos de preços, de imposição de regime tributário diferenciado, na formação de estoques reguladores etc.

Ocorre que, na intervenção do Estado no domínio econômico, a motivação da intervenção é, sempre, primariamente, a intervenção na atividade econômica, e, só reflexamente, a intervenção na propriedade. Esta ocorre como decorrência daquela.

Quando se busca o "boi no pasto", como na tosca intervenção promovida pelo governo Sarney no final da década de 1980, durante o chamado Plano Cruzado, se está exercendo, é certo, uma forma de intervenção na propriedade, conhecida como requisição de bem móvel. Mas essa intervenção é uma mera decorrência, ou um consectário lógico, de uma política muito maior, de intervenção econômica, consistente, naquele caso, na garantia do abastecimento da população, e, ainda mais direta e principalmente, na garantia de sucesso de todo um plano econômico, inserido na macropolítica monetária e econômica do país, que, ante a necessidade de combate à inflação então galopante, dependia, naquele caso, da manutenção do abastecimento normal da população, a fim de impedir o retorno da elevação desmedida dos preços praticados no mercado varejista, consectário lógico do desabastecimento.

A conjuntura econômica do país, sem dúvida, mudou consideravelmente, mas aqueles instrumentos jurídicos ainda existem, bem como vários outros de que o Estado corriqueiramente se utiliza para garantir a normalidade econômica do país.

Pela sua importância e pela sua umbilical ligação com o direito administrativo, do qual deriva, dedicaremos à matéria "intervenção do Estado no domínio econômico" um espaço especial, no capítulo seguinte, embora reduzido ante as finalidades desta obra.

12.2. INTERVENÇÃO NA PROPRIEDADE PRIVADA X INTERVENÇÃO NA PROPRIEDADE

Quando se concebe a atuação do Estado no sentido de intervir no direito de propriedade, imagina-se, de antemão, que essa intervenção sempre é feita em desfavor do particular, pessoa natural ou jurídica, daí por que é farta, nos compêndios mais antigos de direito administrativo, a referência à "intervenção do Estado na propriedade privada".

Essa designação, no entanto, acaba sendo restritiva, uma vez que, em países que adotam a forma federativa de Estado, como o Brasil, o exercício de poderes em diferentes esferas acarreta, para as demais entidades públicas, a obrigação de cumprimento das regras editadas pelas outras, naquilo que compete a estas últimas decidir.

Assim, tanto pode haver a desapropriação de bens municipais por entidade estadual ou federal, quanto estão obrigados, os entes federais e estaduais, a obedecer às regras municipais sobre direito de construção e urbanismo.

Logo, o mais correto é procedermos à ampliação do conceito, nos referindo, com mais acerto, a "intervenção do Estado na propriedade". Estado, aqui, utilizado como sinônimo de Poder Público, e não, propriamente, de Estado federado.

12.3. DIREITO DE PROPRIEDADE E SUA FUNÇÃO SOCIAL

Historicamente, a propriedade foi sempre representada como um direito absoluto, inviolável e sagrado.

Qualquer limitação a ela imposta somente se justificava na necessidade de proteger, eventualmente, direito idêntico, de terceiro. Por essa razão, o revogado Código Civil de 1916 (Lei 3.071) estabelecia, em seu art. 554, que o proprietário ou inquilino de um prédio tinha o direito de impedir que o mau uso da propriedade vizinha pudesse prejudicar a segurança, o sossego e a saúde dos que o habitavam.

Às limitações típicas do chamado direito de vizinhança, reguladas no próprio direito civil, já se acresciam outras, referentes à segurança da construção, primeiras normas administrativas limitativas do uso da propriedade, conforme se pode verificar da redação do art. 572 do Código Civil de 1916, que determinava, nas construções, a obediência aos regulamentos administrativos.

Entretanto, nenhuma dessas regras impunha, propriamente, o uso da propriedade em proveito de um interesse coletivo, ainda que esse interesse fosse, por vezes, bastante remoto.

Eram, simplesmente, e continuam sendo, na verdade, posto que ainda vigoram na legislação atual (vide arts. 1.277 e 1.299 do Código Civil atual – Lei 10.406/2002), regras impositivas de um não fazer, de maneira que à propriedade não se dê utilização que possa prejudicar outro proprietário ou o interesse público na segurança e padronização de uma construção.

Essa concepção romântica do direito de propriedade foi mantida até o limiar do século XX, quando começou a ser solapada pelo influxo dos movimentos sociais que importaram na introdução, em diferentes cartas constitucionais, a começar pela Constituição alemã da República de Weimar (1919), do necessário atendimento, pelo direito de propriedade, de uma *função social*.

Essa "função social", que passou a ser referida em todas as constituições brasileiras a partir da **Constituição de 1946** (art. 147: "O uso da propriedade será condicionado ao bem--estar social"), diz respeito ao *uso da propriedade, ou sua destinação, em conformidade com certas exigências mínimas de aproveitamento econômico, que estejam em conformidade, tanto com a produção de bens, se para tanto ela se volta, quanto para o desenvolvimento urbano, sempre se respeitando normas legais atinentes ao meio ambiente, ao urbanismo e ao trabalho.*

Nenhuma das constituições brasileiras anteriores à Constituição Federal de 1988, no entanto, foi expressa, como esta última, quanto à delimitação, no próprio texto da Carta Magna, da chamada função social da propriedade.

Assim, embora o texto constitucional preveja a propriedade como direito individual em seu art. 5.º, XXII, também estabelece, no inciso seguinte (XXIII), que *a propriedade atenderá sua função social*.

Essa função social, por evidente, é muito mais vinculada à propriedade imóvel, dela tendo se ocupado o legislador constituinte.

Com efeito, tanto o art. 182, § 2.º, quanto o art. 186 da Constituição Federal de 1988 trataram de descrever, da forma mais minuciosa possível, para os limites de um texto constitucional, a noção de função social da propriedade.

O **art. 182, § 2.º, da CF/1988** estabelece que a "propriedade urbana cumpre sua função social quando atende às exigências fundamentais de ordenação da cidade expressas no plano diretor".

O **art. 186 da CF/1988**, por sua vez, diz que "a função social é cumprida quando a propriedade rural atende, simultaneamente, segundo critérios e graus de exigência estabelecidos em lei, os seguintes requisitos: I – aproveitamento racional e adequado; II – utilização adequada dos recursos naturais disponíveis e preservação do meio ambiente; III – observância das disposições que regulam as relações de trabalho; IV – exploração que favoreça o bem-estar dos proprietários e dos trabalhadores".

Importante observar que os diferentes requisitos previstos nos incs. I a IV do art. 186 da Carta Magna foram posteriormente explicitados nos diferentes parágrafos do **art. 9.º da Lei 8.629/1993**, que qualificou como *racional e adequado* o aproveitamento do imóvel rural que atinja graus de utilização da terra (GUT) e de eficiência (GET) na exploração, conforme especificados na lei (§ 1º); como *adequada a utilização dos recursos naturais disponíveis*, quando a exploração se faz respeitando a vocação natural da terra, de modo a manter o potencial produtivo da propriedade (§ 2º); considerou que a *observância das disposições que regulam as relações do trabalho* implica tanto o respeito às leis trabalhistas e aos contratos coletivos de trabalho, como às disposições que disciplinam os contratos de arrendamento e parcerias rurais (§ 4º); que a *preservação do meio ambiente* corresponde à manutenção das características próprias do meio rural e da qualidade dos recursos ambientais, na medida adequada à manutenção do equilíbrio ecológico da propriedade e da saúde e qualidade da vida das comunidades vizinhas (§ 3º); e, finalmente, considerou como *exploração que favorece o bem-estar dos proprietários e trabalhadores rurais* aquela que objetiva o atendimento das necessidades básicas dos que trabalham a terra, observa as normas de segurança do trabalho e não provoca conflitos e tensões sociais no imóvel (§ 5º).

A **Lei 10.257/2001**, conhecida como Estatuto das Cidades, melhor explicitando a norma no art. 182, § 2.º, da CF/1988, estabelece que "a propriedade urbana cumpre sua função social quando atende às exigências fundamentais de ordenação da cidade expressas no plano diretor, assegurando o atendimento das necessidades dos cidadãos quanto à qualidade de vida, à justiça social e ao desenvolvimento das atividades econômicas (...)" (art. 39).

O atual Código Civil também se rendeu a essa nova realidade, estabelecendo, a par da já consagrada cláusula assecuratória do direito de uso, gozo e disposição da coisa, que "o direito de propriedade deve ser exercido em consonância com as suas finalidades econômicas e sociais e de modo que sejam preservados, de conformidade com o estabelecido em lei especial, a flora, a fauna, as belezas naturais, o equilíbrio ecológico e o patrimônio histórico e artístico, bem como evitada a poluição do ar e das águas" (art. 1.228, § 1.º).

A função social da propriedade, portanto, está hoje consagrada em nosso ordenamento jurídico, e, conquanto a ela se dê, por vezes, certo tratamento ideológico e muito pouco racional, mormente em se tratando do uso da propriedade rural, constitui-se em importante fator no desenvolvimento do conceito jurídico do próprio direito de propriedade.

Constituir-se-á, outrossim, em alguns casos, móvel principal da intervenção estatal na propriedade, mormente em se tratando da desapropriação por interesse social.

Não será, no entanto, o único motivo, permanecendo, ainda, as formas mais gerais e antigas de restrição ou intervenção na propriedade, motivadas pela tão só necessidade de que o mau uso daquela não comprometa direitos de terceiros; nesse aspecto, principalmente o vinculado às chamadas limitações administrativas ao direito de construir, a matéria aqui versada se aproximará e, por vezes, se confundirá com o exercício do poder de polícia.

12.4. MODALIDADES DE RESTRIÇÃO ADMINISTRATIVA INCIDENTES SOBRE O DIREITO DE PROPRIEDADE

Seguindo, em linhas gerais, a orientação adotada por Maria Helena Diniz[1], podemos dizer que o direito de propriedade apresenta, pela sua própria natureza, algumas características, a saber: a) caráter absoluto; b) exclusividade; c) caráter perpétuo.

Diz-se que o direito de propriedade é *absoluto*, porque oponível *erga omnes*, ou seja, contra qualquer pessoa que intente violá-lo. A noção de "absoluto", assim, contrapõe-se à dos direitos tipicamente obrigacionais, dos quais o titular só possui ação em relação à contraparte da relação jurídica obrigacional. Mais recentemente, o termo "absoluto" adquiriu uma feição também ligada aos próprios poderes do proprietário, referentes ao uso, gozo e disposição da coisa, embora não se encontre aí sua origem.

A *exclusividade* é identificada como a impossibilidade de que sobre uma mesma coisa mais de uma pessoa exerça seu domínio. O exercício da propriedade sobre um bem não pode ser exercido ao mesmo tempo por mais de um titular. O condomínio, que excepciona essa característica, é sempre tido como extravagante, conforme se infere do disposto no art. 1.231 do Código Civil. A presunção, até prova em contrário, é sempre pela exclusividade.

Por fim, quanto ao *caráter perpétuo*, o que se tem é o reconhecimento de que o não uso do bem não importa na perda do direito de propriedade, ainda que possa haver a transferência desta, e dos direitos dela decorrentes, para um sucessor, seja a título universal, seja a título singular.

---

1. DINIZ, Maria Helena. *Curso de direito civil brasileiro*. Direito das coisas. 19. ed. São Paulo: Saraiva, 2004. v. 4, p. 117-118.

A perpetuidade, no entanto, pode ser atingida pela prescrição aquisitiva (usucapião), mas esta não decorre, propriamente, da inação do proprietário, pura e simplesmente, mas da inação deste somada à ação de terceiro sobre o bem, por determinado período de tempo.

A essas características poderíamos acrescentar a da *plenitude*, também referida expressamente no art. 1.231 do Código Civil, e citada por Caio Mário da Silva Pereira[2].

A plenitude tem relação com o enfeixamento, numa mesma pessoa, de todos os poderes ou atributos da propriedade, ou seja, uso, gozo e disposição. Trata-se, portanto, de um conceito complementar ao da exclusividade.

Em princípio, aquele que detém a propriedade, a possui de forma plena. Essa regra, no entanto, é excepcionada, no próprio direito privado, em casos como o do usufruto ou da enfiteuse, em que determinados atributos da propriedade são transferidos a terceiro.

Todas as modalidades de restrição administrativa ao direito de propriedade importarão, em maior ou menor grau, no afastamento, ainda que temporário, de alguma dessas características.

Nesse sentido, nos valendo do ensinamento de Di Pietro, podemos dizer que as *limitações administrativas* e o *tombamento*, por exemplo, atingem o caráter absoluto do direito de propriedade, pois restringem sua utilização. Já a *ocupação temporária*, a *servidão* e a *requisição administrativa de imóveis* afetam a exclusividade do direito de propriedade, ao que podemos acrescentar, também, a plenitude desse mesmo direito, uma vez que a Administração Pública, que não é a proprietária, poderá se utilizar do bem, independentemente da aquiescência de seu titular.

Por fim, a *desapropriação* e a *requisição de bens móveis e fungíveis*, por importarem na transferência compulsória da titularidade do bem, atingem o caráter de perpetuidade.

Além dessas modalidades de restrição do direito de propriedade, a Constituição Federal prevê, também, a *edificação* e o *parcelamento compulsórios*, incidentes sobre o proprietário de imóvel urbano não utilizado. A adoção dessas penalidades importa no afastamento do caráter absoluto da propriedade, num primeiro momento, caso da edificação compulsória, e de sua perpetuidade, num segundo momento, uma vez que a consequência natural do parcelamento compulsório seria a posterior alienação dos lotes resultantes do parcelamento.

Pode-se acrescentar, ainda, a esse rol tradicional, referido nos compêndios administrativos, a chamada quebra de patente, mais propriamente denominada "licença compulsória", objeto do art. 68 da Lei 9.279/1996 (Lei de Propriedade Industrial), hipótese em que aos direitos relativos à propriedade industrial se retira o caráter de exclusividade, permitindo-se que terceiros, que não aqueles voluntariamente licenciados pelo detentor da carta-patente, exerçam os direitos dela decorrentes.

12.5. CLASSIFICAÇÃO DAS MODALIDADES DE RESTRIÇÃO ADMINISTRATIVA

Na doutrina, são referidos, comumente, dois tipos de intervenção ou restrição do Estado na propriedade: a) a *supressiva*; e b) a *restritiva*.

---

2. PEREIRA, Caio Mário da Silva. *Instituições de direito civil brasileiro*. Direito das coisas. 10. ed. Rio de Janeiro: Forense, 1993. v. IV, p. 73.

Trata-se de uma classificação que qualifica como *supressivas* todas as modalidades de intervenção administrativa que importam na perda do direito de propriedade, com a transferência coercitiva da propriedade do bem para o Estado (caso da desapropriação e, em certas situações, da requisição), e como *restritivas* todas aquelas que não operam tal transferência, impondo ao proprietário do bem, apenas, restrições quanto ao uso do bem ou sua tolerância quanto ao uso desse mesmo bem pelo Estado (caso de todas as outras formas de intervenção).

Em que pese a relevância da qualificação para fins didáticos, utilizaremos o termo restrição como sinônimo de intervenção na propriedade, posto ser encontrado como tal em boa parte da doutrina, e não apenas como qualificativo de determinados tipos de intervenção.

12.5.1. Limitações administrativas

12.5.1.1. Noção geral

As limitações administrativas constituem a forma mais geral de intervenção estatal na propriedade.

Não se confundem com as limitações do direito civil, que são decorrentes do direito de vizinhança, e que se reduzem, basicamente, a assegurar o uso e gozo pacífico da propriedade alheia.

Ontologicamente, no entanto, se aproximam de outros tipos de limitação decorrentes de diferentes ramos do direito público, como o direito eleitoral, o direito constitucional ou o direito penal. Por exemplo, não há dúvida de que a disposição do art. 5.º da Lei 6.091/1974, que proíbe o transporte de eleitores em veículos ou embarcações no dia das eleições, fora das hipóteses nele permitidas, constitui uma restrição ao uso da propriedade móvel, que, ao fim e ao cabo, é uma espécie de limitação administrativa.

Contudo, as limitações das quais aqui nos ocupamos são aquelas próprias do direito administrativo, visto que é neste último que se manifestarão, mais comumente.

E são elas, as limitações administrativas, a forma de intervenção estatal na propriedade que maior aproximação possui com o exercício do poder de polícia, uma vez que o exercício desse poder, muitas vezes, importará na simples verificação do respeito à limitação imposta. Mas, como já dito alhures, não é o poder de polícia que impõe a limitação. Este não se confunde com a intervenção na propriedade, propriamente dita. A limitação administrativa preexiste, incidindo sobre o bem. Ao poder de polícia se atribui apenas a competência de verificação do respeito à restrição, com a decorrente imposição de penalidade, se for o caso.

O poder de polícia somente se identificará como elemento instituidor de restrição de direitos quando esta se refere a uma atividade e não, simplesmente, ao uso e gozo da propriedade.

12.5.1.2. Características gerais e casos mais comuns

As limitações administrativas se diferem das demais formas de intervenção na propriedade por possuírem um *caráter geral*, instituídas que são sem considerar a situação particular deste ou daquele administrado. São *restrições gerais ao uso da propriedade* que decorrem de diferentes fundamentos, como a proteção ao meio ambiente, à segurança das edificações, ao urbanismo da cidade etc.

Exatamente por terem esse caráter geral, *não serão, em princípio, passíveis de indenização*, posto que suportadas por todos aqueles que se encontram em idêntica situação. Somente quando extravasarem o limite da razoabilidade, impondo-se como uma restrição desmesuradamente onerosa para o administrado, é que poderá ser passível de indenização, até porque, muitas vezes, pode importar, ao fim e ao cabo, numa verdadeira forma de desapropriação indireta[3].

Por evidente, para que a pretensão indenizatória seja possível, a instituição da limitação administrativa deve ser sempre superveniente à aquisição da propriedade[4]. Assim, a imposição de uma limitação administrativa, por exemplo, que garanta a intangibilidade de um ecossistema determinado, pode, em algumas situações, inviabilizar por completo qualquer utilização econômica de uma propriedade imóvel, o que acarretará, a seu titular, sem dúvida, direito à indenização.

Não sendo essa a hipótese, a restrição deverá ser suportada como princípio de cidadania, renunciando o titular do direito a uma pequena fração do direito de uso e gozo de sua propriedade, em prol de um bem maior, como, por exemplo, a manutenção de um meio ambiente equilibrado e sadio, do qual o próprio titular do direito de propriedade usufruirá e do qual frequentemente dependerá sua propriedade imóvel para manter suas características essenciais e, consequentemente, seu proveito econômico.

Não por acaso, será nas normas ambientais que se encontrará grande parte das chamadas limitações administrativas, como, por exemplo, as restrições à supressão de vegetação em áreas de preservação permanente – APPs, assim definidas nos arts. 3.º, II, e 4.º da Lei 12.651/2012, ou a obrigatoriedade de manutenção de área mínima com cobertura de vegetação nativa, denominada de Reserva Legal (art. 12).

Fora essas normas mais gerais, da legislação sobre a proteção da vegetação nativa, várias outras restrições podem ser estabelecidas em unidades de conservação ambiental que sejam compostas por propriedades particulares, consoante se infere das disposições da Lei 9.985/2000, no caso de Área de Proteção Ambiental – APA (art. 15, § 4.º), Área de Relevante Interesse Ecológico (art. 16, § 2.º) e Refúgio da Vida Silvestre (art. 13, §§ 1.º e 2.º).

---

3. O STJ, no entanto, diferencia as duas hipóteses, inclusive para efeito de tratamento da prescrição incidente, conforme julgado com ementa abaixo transcrita (Informativo 508):**DIREITO ADMINISTRATIVO. LIMITAÇÃO ADMINISTRATIVA. PRESCRIÇÃO DA PRETENSÃO DE RESSARCIMENTO. A pretensão reparatória do esvaziamento do conteúdo econômico da propriedade decorrente de limitações administrativas prescreve em cinco anos, nos termos do art. 10, parágrafo único, do Decreto-Lei n. 3.365/1941.** Os danos eventualmente causados pela **limitação administrativa** devem ser objeto de ação de direito pessoal, cujo prazo prescricional é de cinco anos, e não de direito real, que seria o caso da desapropriação indireta. A **limitação administrativa** distingue-se da desapropriação: nesta, há transferência da propriedade individual para o domínio do expropriante, com integral **indenização**; naquela, há apenas restrição ao uso da propriedade imposta genericamente a todos os proprietários, sem qualquer **indenização**. Dessa forma, as restrições ao direito de propriedade impostas por normas ambientais, ainda que esvaziem o conteúdo econômico, não constituem desapropriação indireta. Precedentes citados: AgRg no REsp 1.235.798-RS, DJe 13/4/2011; AgRg no REsp 1.192.971-SP, DJe 3/9/2010, e EREsp 901.319-SC, DJe 3/8/2009. 2ª Turma, **AgRg no REsp 1.317.806-MG, Rel. Min. Humberto Martins, julgado em 6/11/2012.**

4. STJ, 2ª Turma, REsp 407.212/SP, rel. Min. Eliana Calmon, j. em 21/09/2004 (Informativo 222).

As limitações administrativas também são encontradas em profusão no direito urbanístico, mormente no que se refere às limitações ao direito de construir impostas nas legislações de posturas dos municípios ou nos planos diretores, como o estabelecimento de gabaritos para prédios, ao respeito aos recuos, alinhamentos etc.

Embora se constituam, quase sempre, em obrigações negativas, ou de não fazer, as limitações administrativas podem importar, também, em obrigações de deixar fazer, ou, até mesmo, referirem-se ao fato de o proprietário aquiescer na destinação de parte de sua propriedade para um fim público previsto em lei. Essa, por exemplo, é uma característica marcante das limitações decorrentes da legislação de parcelamento do solo urbano, em que o proprietário, muito além de se ver obrigado a não construir de determinada forma, como nas limitações ao direito de construir, tem de suportar, na constituição do loteamento, a destinação de parte de sua propriedade imóvel para inúmeras finalidades coletivas especificadas na lei, como áreas para sistemas de circulação, implantação de equipamentos urbanos e comunitários (educação, cultura, saúde, lazer e similares) e espaços livres de uso público (art. 4.º da Lei 6.766/1979).

A legislação urbanística sofreu forte impacto com o advento da Lei 10.257/2001 (Estatuto das Cidades), sendo possível aos municípios, agora, exigir que determinados empreendimentos imobiliários sejam previamente sujeitados a Estudo Prévio de Impacto da Vizinhança – EIV (art. 36). Isso é muito mais do que uma simples limitação administrativa geral, podendo importar, no caso concreto, a proibição mesma da execução de um empreendimento, ou a necessidade de sua adequação, conforme se verifique a inconveniência de sua implantação.

Nessa mesma linha, a legislação ambiental já estabelecia a possibilidade, desde a edição da Lei 6.938/1981, de se exigir os chamados Estudos de Impacto Ambiental – EIA (art. 8.º, II).

A necessidade de adaptação das regras de proteção ambiental com o desenvolvimento industrial, por fim, desaguou na criação do chamado zoneamento industrial, de modo que determinadas áreas das cidades podem ser destinadas especificamente para certas categorias de indústrias, conforme discriminação da Lei 6.803/1980.

Essa última limitação, na verdade, está mais ligada ao poder de polícia, uma vez que o zoneamento industrial tem relação direta com a determinação do local onde será desenvolvida a atividade industrial; mas a Lei 6.803/1980, de qualquer modo, impõe claras limitações administrativas clássicas ao estabelecer, por exemplo, que as indústrias devem manter, em seu contorno, anéis verdes de isolamento capazes de proteger as zonas circunvizinhas contra possíveis efeitos residuais e acidentes, o que importa dizer, por outras palavras, que nessas áreas é vedado qualquer tipo de construção.

12.5.1.3. Competência para sua instituição

Como toda restrição a direito, as limitações administrativas devem ser instituídas, originariamente, por lei.

A Constituição Federal, como se sabe, em matéria administrativa, não outorga competência legislativa específica a este ou aquele ente federativo, salvo quanto a temas pontuais, como a desapropriação e as requisições (art. 22, II e III, da CF/1988) atribuídas à União.

No que tange às limitações administrativas, poderão ser elas federais, estaduais, distritais ou municipais, dependendo, para tanto, da competência do respectivo ente federativo para disciplinar a matéria na qual aquelas se inserem.

Assim, por exemplo, as limitações ambientais e urbanísticas poderão ser instituídas por quaisquer membros federativos, visto que direito ambiental e direito urbanístico são matérias de competência concorrente (art. 24, I, da CF/1988). Aos Municípios, embora não estejam inseridos na regra de competência legislativa concorrente, se garante protagonismo na matéria, ante a cláusula de competência legislativa do art. 30, I, da CF/1988.

Por evidente, em matéria urbanística sobretudo, a competência da União será para edição de normas mais gerais, cabendo aos Municípios a disciplina dos temas que são afetos à ocupação do solo urbano, por se tratar de assunto de nítido interesse local (art. 30, I, da CF/1988). Assim, afora eventuais limitações instituídas na esfera federal, por leis de caráter nacional, será dos Municípios a competência para disciplinar o tema.

Em matéria ambiental ocorrerá o mesmo, podendo os Estados, também, disciplinar o assunto.

Entendemos, no entanto, que as limitações instituídas nas normas gerais, de caráter nacional, não podem ser alteradas na legislação estadual ou municipal, para aumentar ou diminuir o rigor das primeiras, visto que a competência de Estados, Municípios e Distrito Federal será sempre complementar e não modificativa daquela exercida pela União. Nada impede, no entanto, que sejam estabelecidas outras limitações administrativas, de natureza distinta daquelas disciplinadas na lei federal.

12.5.2. Servidão administrativa

12.5.2.1. Noção geral

Em sua origem, a servidão se formou e se desenvolveu no direito civil, existindo, até hoje, as servidões civis, reguladas no Código Civil.

Na Antiguidade existiam as chamadas servidões pessoais, como as decorrentes da escravidão, às quais se assomavam o uso, o usufruto e a habitação.

O Código Civil de 1916, ressalvada a escravidão, já abolida, se referia aos direitos reais sobre coisas alheias de uma maneira já distinta das servidões, tratando destas apenas na sua feição de servidões prediais e não pessoais. Na servidão predial a relação de submissão existente é entre dois imóveis.

No Código Civil atual (2002), as servidões prediais passaram a ser denominadas, tão somente, de "servidões".

Não há, propriamente, um conceito de servidão no Código Civil, existindo, apenas, a descrição de seus efeitos e forma de constituição, conforme disposto no art. 1.378:

> "Art. 1.378. A servidão proporciona utilidade para o prédio dominante, e grava o prédio serviente, que pertence a diverso dono, e constitui-se mediante declaração expressa dos proprietários, ou por testamento, e subsequente registro no Cartório de Registro de Imóveis".

A servidão pode ser qualificada como um *direito real incidente sobre coisa alheia, pelo qual um prédio (entenda-se: imóvel) torna-se serviente a outro, em caráter permanente, trazendo utilidade ao prédio dominante.*

Importante observar, como o faz Venosa[5], que a servidão não cinde a propriedade; exerce-se sobre a propriedade de outrem, ambas permanecendo íntegras.

No direito civil, as servidões mais comuns são as de passagem, de não construir e de aqueduto.

O conceito de servidão foi apropriado pelo direito administrativo, embora aqui, diferentemente, não existam dois prédios, mas, sim, um prédio, que é o serviente, submisso a uma obra pública ou a um serviço público.

Lapidar, no particular, o conceito sintético, mas nem por isso menos preciso, de Carvalho Filho[6]:

> "Servidão administrativa é o direito real público que autoriza o Poder Público a usar a propriedade imóvel para permitir a execução de obras e serviços de interesse coletivo".

12.5.2.2. Elementos das servidões administrativas

Pode-se dizer que toda servidão administrativa é composta de determinados elementos essenciais, que a definem, a saber:

a) *direito real sobre coisa alheia, uma vez que exercido sobre bem titularizado por terceiro;*

b) *incidência sempre sobre imóvel, posto que bem móvel jamais constituiria obstáculo que impusesse a necessidade de instituição de uma servidão em substituição à sua pura e simples remoção;*

c) *necessária previsão legal, mas constituição concreta que, em alguns casos, pode exigir sentença judicial ou acordo;*

d) *titularidade exercida pelo Poder Público ou por algum delegatário, em função de serviços públicos ou obra pública, elemento que a diferencia da servidão civil;*

e) *serviência do imóvel à obra pública ou ao serviço público, e não simplesmente a outro imóvel, como na servidão civil;*

f) *perpetuidade, distinguindo-se, portanto, da ocupação temporária, visto que destinada a viger sem prazo definido ou sem transitoriedade, o que não significa, no entanto, que não possa ser extinta. Nesse pormenor, deve ser lembrado que a servidão ambiental instituída pela Lei 12.651/12, por expressa previsão legal, pode ser temporária, desde que não seja inferior a quinze anos (art. 9º-B, da Lei 6.938/1981).*

Acresça-se a isso que não existe vedação, em princípio, a que uma servidão administrativa seja instituída sobre bem público, embora alguns autores entendam que, por simetria, deve ser adotada para as servidões administrativas a mesma diretriz de hierarquia federativa consignada no art. 2.º, § 2.º, do Decreto-Lei 3.365/1941, atinente às desapropriações.

---

5. VENOSA, Sílvio de Salvo. *Direito civil*. Direitos reais. 3. ed. atual. de acordo com o Novo Código Civil. São Paulo: Atlas, 2003. vol. V, p. 401.
6. *Manual de direito administrativo*. 24. ed. São Paulo: Atlas, 2011. p. 717.

12.5.2.3. Servidões aparentes e não aparentes

Servidões podem ser aparentes ou não aparentes, conforme se manifestem visualmente ou não, isto é, seja possível sua exteriorização material, no caso das primeiras. Essa classificação vale tanto para as servidões civis quanto para as administrativas. São mais comuns, nas servidões administrativas, as aparentes, como a que se institui em proveito de postes de alta tensão para transmissão da rede elétrica. Podem ser, no entanto, não aparentes, como as referentes à vedação ao direito de construir, que ocorre no caso de imóveis vizinhos ou contíguos a bem tombado. Aliás, neste último caso é até mesmo questionável a definição tradicional de servidão administrativa, uma vez que o bem tombado não constitui, propriamente, serviço público, tampouco obra pública. Pode-se interpretar, entretanto, que a instituição da servidão está ligada ao serviço público de preservação do patrimônio histórico, caso em que se manteria íntegra a definição tradicional de servidão administrativa.

O que importa saber é que, não sendo aparente a servidão, torna-se necessário o seu registro para preservação de direito frente a terceiros e oponibilidade *erga omnes* (art. 167, I, 6, da Lei 6.015/1973 – Lei de Registros Públicos).

Eventualmente, no entanto, a servidão, embora não aparente, se faz "aparente" pela forma como é utilizada, consoante reconheceu o STF, ao editar a Súmula 415[7], caso em que a exigibilidade do registro pode ser afastada.

12.5.2.4. Constituição da servidão administrativa

Em princípio, a servidão administrativa pode ser constituída diretamente por lei, como é o caso da faixa *non edificandi* de 15 metros de largura, ao longo das rodovias e ferrovias, referida no art. 4.º, III, da Lei 6.766/1979. Evidente que, em casos tais, quando se diz que a servidão administrativa foi constituída diretamente por lei, está-se a referir apenas quanto à desnecessidade de sua implementação prática junto ao proprietário do terreno serviente, seja por aquiescência deste, seja por substituição de sua vontade a partir de decisão judicial. É claro que a servidão, para existir concretamente, dependerá antes da construção da rodovia em questão.

Ainda mais claramente se mostra a servidão administrativa de trânsito constituída diretamente por lei (Código de Águas – Decreto 24.643/1934, art. 12), referente à faixa de dez metros às margens de correntes não navegáveis nem flutuáveis, que concorrem somente para formar outras simplesmente flutuáveis, e não navegáveis.

A maioria das servidões, no entanto, é constituída a partir de situações concretas, verificáveis após a construção de uma obra pública ou da implementação de um serviço público, com a instituição do direito real a partir de acordo feito com o proprietário do terreno serviente ou, se necessário, por decisão judicial, quando a questão torna-se litigiosa.

Essa sistemática, comumente adotada para servidões de energia elétrica, gasodutos, oleodutos etc., segue, em linhas gerais, as mesmas regras atinentes à desapropriação.

---

7. *Súmula 415 do STF*: "Servidão de trânsito não titulada, mas tornada permanente, sobretudo pela natureza das obras realizadas, considera-se aparente, conferindo direito à proteção possessória".

Em geral, o local exato de passagem de tais redes deveria ser objeto de desapropriação, com a constituição de servidão sobre as áreas adjacentes, necessárias à segurança daquelas e trânsito, por óbvio, das pessoas responsáveis pela realização de reparos ou manutenção dos equipamentos correspondentes. É o que se extrai do disposto no art. 40 do Decreto-Lei 3.365/1941, quando as servidões são instituídas pelo expropriante. Assim, o decreto de expropriação também já declararia quais as áreas objeto de servidão.

Na prática, muitas vezes apenas a servidão é constituída, sendo o único objeto de declaração do decreto, o que, na maioria das vezes, não significa dizer que não produzirá efeitos semelhantes à desapropriação com relação às áreas onde as restrições ao direito de propriedade forem totais, como na do solo imediatamente acima dos gasodutos e oleodutos, ou naquele imediatamente abaixo das linhas de transmissão de energia elétrica.

De qualquer modo, nessas hipóteses a servidão administrativa será, como a área expropriada, objeto de indenização mediante acordo formalizado com o dono da área, mediante escritura pública a ser registrada no cartório competente, ou, inexistindo o acordo, por meio de fixação na via judicial, em rito processual igual ao da desapropriação. Essa sentença, igualmente, deverá ser levada a registro no Cartório RGI (art. 167, I, 6, da Lei de Registros Públicos).

12.5.2.5. Casos mais comuns de servidão administrativa

Apenas a título exemplificativo, vamos enumerar aqui alguns dos casos mais comuns de servidão administrativa encontrados na legislação federal:

a) *servidão sobre faixa non edificandi de 15 metros ao largo das rodovias e ferrovias (art. 4.º, III, da Lei 6.766/1979)*[8];

b) *servidões administrativas previstas no Código de Águas: b1) servidão de trânsito de dez metros ao largo de correntes não navegáveis e não flutuáveis (art. 12); b2) servidão da União para aproveitamento industrial das águas e de energia elétrica, e para navegação, em águas municipais e estaduais (art. 29, § 1.º); b3) servidão de aqueduto, quando destinada ao aproveitamento de águas públicas, em regime de concessão (art. 120), que inclui a de trânsito por suas margens (art. 127);*

c) *servidões administrativas instituídas pelo expropriante: art. 40 do Decreto-Lei 3.365/1941 e art. 18, XII, da Lei 8.987/1995;*

d) *servidões administrativas instituídas sobre bens destinados a obras públicas ou serviços públicos: art. 29, IX, da Lei 8.987/1995;*

e) *servidões administrativas de áreas necessárias à implantação de instalação de concessionários, permissionários e autorizados de energia elétrica: art. 10 da Lei 9.074/1995;*

f) *servidões administrativas de áreas necessárias à exploração, desenvolvimento e produção de petróleo e gás natural, construção de refinarias, dutos e terminais: art. 8.º, VIII, da Lei 9.478/1997;*

---

8. O STJ já considerou que essa restrição seria, na verdade, uma espécie de limitação administrativa, por seu caráter genérico, por isso mesmo insuscetível de indenização, salvo se o imóvel for urbano e houver comprovação de prejuízo pelo proprietário (REsp 750.050/SC, 1ª Turma, rel. Min. Luiz Fux, j. 05.10.2006). Esse raciocínio se afasta do critério mais comumente aceito pela doutrina, não se fixando na existência ou não de "prédio serviente" mas sim do caráter geral ou não da restrição administrativa, o que não nos parece ser o mais acertado.

g) *servidão administrativa, denominada perímetro de proteção, fixada por decreto, de áreas adjacentes às fontes de água mineral, termal ou gasosa, em exploração regular*: art. 12 do Decreto-Lei 7.841/1945 (Código de Águas Minerais);

h) *servidão administrativa sobre a vizinhança da coisa tombada pelo Patrimônio Histórico e Artístico Nacional, quanto à realização de construções que impeçam ou reduzam a visibilidade daquele*: art. 18 do Decreto-Lei 25/1937;

i) *servidão administrativa incidente sobre a 1.ª zona adjacente às fortificações militares, de 33 metros, que proíbe construções de qualquer tipo e a concessão de aforamentos, e da 2.ª zona adjacente, de até 1.320 metros, que limita as construções ao gabarito autorizado pelos militares*: Decreto-Lei 3.437/1941;

j) *servidões administrativas indispensáveis aos serviços de lavra e de pesquisa mineral*: art. 6.º, II, parágrafo único, b; arts. 38, V, e 59, ambos do Decreto-Lei 227/1967 (Código de Mineração);

k) *servidões administrativas incidentes sobre as chamadas zonas de proteção, adjacentes a aeroportos e heliportos, relativas ao uso da propriedade quanto a edificações, instalações, culturas agrícolas e objetos de uso permanente ou temporária, e tudo mais que possa embaraçar as operações de aeronaves ou causar interferências nos sinais de auxílios à radionavegação ou dificultar a visibilidade de auxílios visuais*: arts. 43 a 46 da Lei 7.565/1987 (Código Brasileiro de Aeronáutica);

l) *servidões administrativas nas denominadas "zonas de amortecimento", áreas ao entorno de unidades de conservação da natureza, que limitam as atividades humanas, com o propósito de minimizar os impactos negativos sobre a unidade*: art. 2.º, XVIII, da Lei 9.985/2000;

m) *servidões administrativas de áreas necessárias à implantação ou manutenção de serviços de telecomunicações*: art. 19, XX, da Lei 9.472/1997;

n) *servidões administrativas decorrentes da declaração de Áreas Especiais de Interesse Turístico e de Locais de Interesse Turístico, incluindo as respectivas áreas de proteção e de ambientação*: arts. 13, IV e V, 15, I e II, 17, IV e V, e 19, IV, da Lei 6.513/1977;

o) *servidão administrativa ambiental, pelo qual o possuidor ou proprietário de imóvel, mediante instrumento particular ou público ou por termo administrativo firmado com órgão do SISNAMA, concorda em limitar o uso de toda a sua propriedade ou parte dela para preservar, conservar ou recuperar recursos ambientais existentes* (art. 9º-A da Lei 6.938/1981, incluído pela Lei 12.651/12).

12.5.2.6. Servidão administrativa e outras modalidades de intervenção na propriedade: distinções

Das modalidades de intervenção na propriedade, aquelas das quais a servidão administrativa mais se aproxima são as limitações administrativas, a desapropriação e o tombamento.

Distingue-se, no entanto, da *desapropriação* por não importar, em princípio, na transferência da propriedade, mas sim, tão somente, em restrição a seu uso.

A confusão decorre, muitas vezes, do fato de que certas servidões são, na prática, instituídas em concomitância a uma desapropriação, em áreas adjacentes ou contíguas às desapropriadas. Outrossim, muitas servidões acabam por limitar sobremaneira a utilização econômica de parte do prédio serviente, ensejando, a seu titular, o direito de postular indenização, como na desapropriação, seguindo-se, inclusive, rito processual idêntico ao desta última.

Quanto ao *tombamento*, alguns autores chegam mesmo a considerá-lo uma espécie de servidão, ante a série de restrições que são impostas ao proprietário do bem tombado, em proveito do patrimônio histórico e artístico.

Preferimos, no entanto, seguir a orientação mais corrente, no sentido de que o tombamento se reveste de características próprias, que o diferem da servidão. Esta, no entanto, se faz presente em relação aos imóveis vizinhos ao bem tombado, conforme já visto. Acresça-se, aliás, que não há impedimento ao tombamento de bem móvel, o que não se concebe, em se tratando de servidão.

Quanto às *limitações administrativas*, a confusão pode ser ainda maior, posto que servidões administrativas, principalmente aquelas constituídas por lei, como as de aqueduto, podem ter caráter tão geral quanto as restrições impostas por limitações administrativas, estando, assim, conceitualmente muito próximas umas das outras.

Como elemento diferenciador, necessário se torna invocar o serviço público ou a obra pública que substitui a noção de prédio dominante do direito civil. No caso de serviço público, aliás, estará ele, muitas vezes, incorporado a um bem público, como é o caso de um aeroporto, de uma fortificação militar ou de uma unidade de conservação pública (Parque Nacional, por exemplo); mas poderá também estar inserido num bem particular, mas afetado a uma destinação pública, como é o caso do bem tombado em relação aos imóveis vizinhos ou uma unidade de conservação da natureza constituída de terras particulares.

A servidão administrativa de apoio de fios condutores de eletricidade é uma servidão fundada em serviço público, no qual este não se identifica, propriamente, com um imóvel dominante. Como assenta Ruy Cirne Lima, "a coisa dominante na servidão administrativa é o serviço público, ou seja, a organização de pessoas e bens constituídas para executá-lo", sendo que a noção de serviço público "não implica, necessariamente, a da propriedade de um imóvel, na qual a organização assente seu fundamento, e em favor do qual a servidão administrativa se constitua"[9].

Regra geral, como as limitações são, quase sempre, de caráter geral, não darão direito ao recebimento de indenização por parte daqueles que são afetados por ela, ao passo que a servidão, corriqueiramente, dará ensejo à indenização, desde que comprovado delas ter resultado algum dano ao proprietário.

Uma mesma legislação pode prever, concomitantemente, a existência de limitações administrativas e servidões. Veja-se, por exemplo, o caso das unidades de conservação, quando as restrições incidentes sobre o imóvel particular constitutivo daquela são típicas limitações administrativas, ao passo que aquelas incidentes sobre os imóveis da chamada zona de amortecimento são servidões administrativas. Em algumas situações, a diferenciação é meramente conceitual, destituída de sentido prático, principalmente quando a servidão tiver caráter geral, não passível de indenização.

12.5.2.7. Extinção da servidão

O Código Civil prevê as causas de extinção das servidões civis em seus arts. 1.387 e 1.388.

---

9. LIMA, Ruy Cirne. Das servidões administrativas. *Revista de Direito Público*, n. 5, jul.-set. 1968, p. 26.

Das hipóteses previstas nesses artigos, somente não se aplicam às servidões administrativas aquelas referentes ao não uso, pelo prazo contínuo de dez anos, e de resgate da servidão (arts. 1.389, III, e 1.388, III).

As demais são perfeitamente compatíveis com o direito administrativo, destacando-se, é claro, as hipóteses de reunião dos prédios numa mesma pessoa (art. 1.389, I), que poderia ser interpretada, no caso da servidão administrativa, como a aquisição da propriedade serviente pelo Poder Público, seja pela compra, doação, permuta ou dação em pagamento, seja pela desapropriação desta.

Outras hipóteses prováveis são a do simples desinteresse da Administração Pública na manutenção da servidão, no caso de desafetação do bem, como na mudança de local de um aeroporto, ou a destruição da coisa, como na hipótese de um imóvel tombado ser completamente destruído por um incêndio.

Em tese, o esgotamento econômico do bem também pode originar a extinção da servidão, como exaurimento da jazida, da fonte de água mineral ou do poço de gás ou petróleo donde saiam os gasodutos e oleodutos, e que justificavam a instituição das servidões respectivas.

12.5.2.8. Indenização pela instituição de servidão

Diferentemente do que ocorre na desapropriação, em que a indenização é devida pela perda da propriedade, na servidão ela só será devida se comprovada, pelo proprietário que a suporta, a existência de algum dano. Esse dano pode corresponder à restrição do uso pleno da propriedade, como no caso do gasoduto que corta imóvel rural, que impossibilitará ao titular do domínio proceder a qualquer obra de escavação no local, como a construção de posso artesiano ou mesmo para fundação de alguma obra de maior vulto[10].

Embora o Decreto-lei 3.365/1941 só faça referência às servidões instituídas pelo próprio expropriante (art. 40), na ausência de uma regra geral para a determinação do valor das indenizações decorrentes de servidões administrativas, devem-se seguir as disposições desse diploma legal no cálculo dos valores devidos ao proprietário atingido, o que será implementado, via de regra, por meio de perícia.

12.5.3. Requisição

A requisição, como forma de intervenção do Estado na propriedade, tem *previsão constitucional no art. 5.º, XXV*, da Constituição Federal de 1988, dispondo esta que, "no caso de iminente perigo público, a autoridade competente poderá usar de propriedade particular, assegurada ao proprietário indenização ulterior, se houver dano".

Como se vê, a requisição permite que o Poder Público se utilize do bem particular, *atingindo, assim, o atributo da exclusividade do direito de propriedade*.

Difere-se a requisição das outras formas de intervenção na propriedade por possuir ela um *pressuposto muito específico*, estabelecido diretamente na Constituição, que é a exigência de que sua ocorrência esteja vinculada a um "caso de iminente perigo público".

---

10. Da mesma forma ocorre com a servidão administrativa para passagem de linha de eletricidade, em que sua adoção impede qualquer tipo de construção em área próxima. Nesse sentido: STJ, AgRg no AREsp 277.922/RJ, 2.ª T., Rel. Min. Herman Benjamin, j. 19.03.2013.

Portanto, sua ocorrência, como se poderá observar na casuística, estará vinculada mais diretamente a *situações de emergência*, ocorrentes geralmente em eventos graves, como guerras, epidemias ou desastres naturais. A hipótese de atendimento urgente a necessidades básicas da população, como no caso de desabastecimento de alimentos, também poderá justificar a requisição.

Exatamente por possuir esse caráter vinculado a situações urgenciais, a requisição independerá, sempre, de aquiescência prévia do titular do domínio, e a *indenização*, devida na hipótese de haver dano ao bem, *será sempre posterior*.

A CF/1988 não é clara nesse aspecto, mas nos parece evidente que a indenização caberá, também, quando o simples uso do bem pela Administração Pública importar em prejuízo econômico ao seu proprietário, não apenas na hipótese de dano ao bem em si, mas também na hipótese de cessação de rendimentos, como quando um veículo requisitado é usado como fonte de renda de seu proprietário (ex.: um barco de pesca ou um avião para fretamento). A requisição, não obstante, quando o bem não for fungível, é necessariamente de carárter transitório, não suprimindo o direito de propriedade, apenas restringindo o uso da coisa requisitada por determinado período de tempo.

A *competência para legislar* sobre requisição é específica da União (art. 22, III, da CF/1988), havendo previsão geral, no art. 1.228, § 3.º, do Código Civil, de que o proprietário pode ser privado da coisa, em caso de iminente perigo público, por requisição. Reiteração, como se vê, da regra constitucional do art. 5.º, XXV.

Já a competência para efetivá-la pode caber a qualquer ente da Federação, bastando que sejam observadas as regras constitucionais e legais atinentes à competência administrativa de cada um, nos casos em que a lei federal prevê a utilização do instituto. Assim, por exemplo, requisições militares (Forças Armadas), por sua natureza, serão implementadas apenas por autoridades federais, salvo hipótese de delegação, mas requisições necessárias à busca e salvamento poderão também ser implementadas por autoridades estaduais, como os bombeiros ou a defesa civil.

A requisição pode incidir sobre bens, tanto móveis quanto imóveis, bem como sobre serviços. Não é uma exclusividade do direito administrativo, podendo ser encontrada, também, e em profusão, no direito eleitoral.

Uma situação bastante interessante de requisição é aquela incidente sobre *bens móveis e fungíveis*, caso em que os efeitos da medida serão absolutamente *iguais aos da desapropriação*, visto que haverá a transferência compulsória desses bens, uma vez que a fungibilidade destes significará também sua consumação, hipótese bem comum nos casos de requisição de alimentos, por motivos de desabastecimento. Será o fundamento da medida que irá distinguir uma forma de intervenção da outra, posto que a requisição deverá sempre ser motivada por uma situação emergencial justificante da adoção imediata da medida. Por consequência, ao contrário da desapropriação, a indenização, em vez de ser prévia, será feita apenas em momento posterior ao da utilização do bem.

As hipóteses mais comuns de requisição são as seguintes:

a) *Requisições necessárias às Forças Armadas e à defesa passiva da população, previstas no Decreto-Lei 4.812/1942*[11], *que prevê um extenso rol de bens e serviços passíveis de requi-*

---

11. Embora este decreto-lei tenha sido tornado insubsistente pelo Decreto-lei 8.090/1945, foi posteriormente revalidado, ante a declaração de insubsistência deste último, pelo Decreto-lei 8.158/1945.

sição em caso de estado de guerra, para o aprestamento, aprovisionamento e transporte de tropas, bem como de materiais, instrumentos, objetos, produtos ou matérias-primas destinados aos serviços de defesa passiva antiaérea;

b) Requisição de aeronaves em voo ou prontas para decolar em serviços de busca e salvamento, havendo falta de outros recursos – art. 54 da Lei 7.565/1986 (Código Brasileiro de Aeronáutica). O próprio Código já prevê, inclusive, os critérios para indenização (art. 57);

c) Requisição de embarcações para prestar auxílio a quem estiver em perigo de vida no mar, nos portos ou vias navegáveis interiores – art. 5.º da Lei 7.273/1984, nada sendo devido pelo resgate da pessoa (art. 9.º), ao contrário do critério estabelecido no Código de Aeronáutica, sem prejuízo de indenização por dano à embarcação. A busca e salvamento de embarcações, coisa ou bem em perigo no mar é regida por outra norma (Lei 7.203/1984), para a qual não há previsão de requisição;

d) Requisição para atendimento de necessidades coletivas, urgentes e transitórias, decorrentes de situações de perigo iminente, de calamidade pública ou de irrupção de epidemias – art. 15, XIII, da Lei 8.080/1990 (Lei do SUS). Apesar de topograficamente situada na chamada Lei Orgânica da Saúde, e muito invocada para fundamentar a requisição de leitos hospitalares junto a hospitais privados, a regra, por sua generalidade, pode ser usada como fundamento de praticamente qualquer requisição civil, tanto por autoridades federais, quanto estaduais e municipais[12];

e) Requisição de bens e serviços essenciais ao abastecimento da população – Lei Delegada 4/1962 e Decreto-lei 2/1966;

f) Requisição de bens apreendidos em operações de combate e repressão a crimes para órgãos de proteção e defesa civil, em situações de iminência ou ocorrência de desastre – art. 17 da Lei 12.608/2012, que institui a Política Nacional de Proteção e Defesa Civil – PNPDEC.

12.5.4. Edificação e parcelamento compulsórios

Essas formas de intervenção na propriedade foram previstas pela primeira vez na Constituição Federal de 1988, em seu art. 182, § 4.º, I, como forma de incremento das ações de política urbana, voltadas à utilização efetiva do solo urbano, dando-lhe, assim, função social.

A ausência de moradias no meio urbano, em número suficiente para atender a todos os que nele vivem, corresponde hoje a um dos maiores desafios da humanidade, e do Brasil, em particular. Ciente disso, o legislador constituinte tratou de prever uma série de regras que capacita os poderes públicos municipais a cobrar dos proprietários de imóveis urbanos o uso efetivo destes. Parcelamento e edificação compulsórios constituem dois desses instrumentos, aos quais se assomam a desapropriação e o imposto predial e territorial urbano progressivo no tempo.

A edificação e o parcelamento compulsórios atingirão o caráter absoluto da propriedade e consistem simplesmente em **dar destinação a bem imóvel urbano não utilizado ou subutilizado**.

---

12. O STF, no *MS 25.295*, declarou a nulidade do Decreto Federal 5.392/2005, que invocava essa regra para possibilitar a declaração de calamidade pública no Sistema Único de Saúde do Município do Rio de Janeiro. A questão, no entanto, não envolvia, propriamente, o instituto da requisição, mas sim a forma velada como se fazia uma espécie de intervenção federal em serviços da entidade municipal, o que se considerou irregular, inclusive por ausência de fundamentação válida (STF, Pleno, Rel. Min. Joaquim Barbosa, j. 20.04.2005).

É comum, principalmente em grandes cidades e em bairros de grande valorização imobiliária, que terrenos fiquem por anos sem qualquer utilização, à espera de contínua valorização ou sendo objeto de especulação, mesmo quando a demanda por moradias ou ocupações de negócios (salas comerciais, por exemplo) é escassa no local.

O Plano Diretor Urbano ou legislação municipal dele decorrente pode estabelecer, para evitar tais situações, grau de aproveitamento mínimo dos imóveis, fixando prazo, após o qual estarão eles sujeitos à edificação e parcelamento compulsórios.

As duas medidas não serão necessariamente adotadas de forma sucessiva, não sendo sem razão que estejam previstas no mesmo inciso do dispositivo constitucional. Na verdade, entendemos que o tipo do imóvel é que irá determinar a adoção de uma ou outra medida, podendo, eventualmente, a edificação compulsória seguir-se ao parcelamento.

Assim, imóvel de pequena dimensão, igual ou pouco superior ao módulo urbano, que, por sua natureza, já não é suscetível de parcelamento, só poderá sofrer a medida de edificação compulsória, ao passo que imóveis de grande extensão poderão ser previamente objeto de parcelamento compulsório, tanto na modalidade loteamento quanto na modalidade desmembramento (Lei 6.766/1979).

A Lei 10.257/2001 (Estatuto das Cidades), aliás, regulamentou o dispositivo constitucional em seu art. 5.º, prevendo, também, *a utilização compulsória do bem*, ante a constatação de que o aproveitamento deste pode se dar de modo diverso do da simples edificação, embora não seja o ideal, em se tratando de espaço urbano.

Essa Lei estabelece interessante regra pela qual a transferência do bem, por ato *inter vivos* ou *causa mortis*, não importa na interrupção do prazo concedido para a edificação, utilização ou parcelamento compulsórios, transferindo-se as obrigações correspondentes aos sucessores (art. 6.º).

A edificação, o parcelamento e a utilização compulsórios devem ser previamente notificados ao proprietário do terreno, devendo ser averbados no respectivo Registro de Imóveis (art. 5.º, § 2.º), correndo a partir da notificação o prazo legal para o cumprimento da obrigação.

Uma das grandes características dessas formas de intervenção na propriedade é que, diferentemente de todas as demais, o eventual descumprimento delas não capacita o Poder Público a adotar qualquer medida autoexecutória, sequer impondo multa ao recalcitrante, apenas possibilitando a adoção da medida legal sucessiva, prevista no art. 182, § 4.º, da CF/1988, que é a adoção do IPTU progressivo no tempo e, caso este também não surta efeitos, a desapropriação.

12.5.5. Licenciamento compulsório

O licenciamento compulsório é geralmente tratado no direito comercial ou empresarial, mais especificamente na parte atinente à propriedade industrial.

Não obstante, configura-se ele, sem qualquer sombra de dúvida, uma *forma de intervenção do Estado na propriedade*.

É afetada, com o licenciamento compulsório, também chamado de "quebra de patente", a *exclusividade* do direito de propriedade, uma vez que seu efeito principal é permitir que *terceiros produzam ou explorem o bem objeto da invenção ou do modelo de utilidade*, que são, por sua vez, objeto da respectiva carta-patente.

Os direitos de propriedade industrial constituem-se, portanto, num direito imaterial, considerados como bens móveis, para efeitos legais (art. 5.º da Lei 9.279/1996). Desses direitos, a invenção e o modelo de utilidade são patenteáveis (arts. 8.º e 9.º). A concessão da patente confere ao seu titular o direito de impedir terceiro, sem seu consentimento, de produzir, usar, colocar à venda, vender ou importar, com esses propósitos, produto objeto de patente e processo ou produto obtido diretamente por processo patenteado (art. 42).

Não obstante, a exploração econômica deficiente do direito, de forma a não atender às necessidades de mercado, bem como a inação do seu titular, com a não exploração do objeto da patente, são suficientes para justificar o licenciamento compulsório. Nessas hipóteses, o licenciamento compulsório é concedido ao terceiro que o requerer, mas somente depois de três anos da concessão da carta-patente.

Esse procedimento obedece ao contraditório e deve ser realizado com as formalidades previstas no art. 73 da Lei 9.279/1996, cabendo ao Instituto Nacional de Propriedade Industrial – INPI tomar a decisão.

Hipótese especial e distinta, no entanto, é aquela prevista no art. 71 da mencionada Lei, que estabelece os casos de *licenciamento compulsório de ofício*, independendo, assim, de requerimento de terceiro interessado, nas hipóteses de emergência nacional ou interesse público, declarados em ato do Poder Executivo Federal. Essa matéria é regulamentada no Decreto 3.201/1999. Esse fundamento é geralmente utilizado para o licenciamento compulsório de produtos farmacêuticos de alto custo, como forma de compensar a mudança na sistemática legal brasileira, uma vez que medicamentos, na legislação pretérita (Lei 5.772/1971), não eram objeto de patente.

Em que pese a adoção desse instrumento, não há impedimento legal, por óbvio, à desapropriação do próprio direito de propriedade industrial, quando o licenciamento compulsório não se mostrar suficiente ou adequado ao atendimento do interesse público.

O licenciamento compulsório, em razão de seu próprio fundamento, sempre é concedido sem direito de exclusividade (art. 72), embora não se admita sublicenciamentos.

Não há que se falar em direito à indenização pela implementação do licenciamento compulsório, pois o licenciado pagará ao titular do direito de propriedade industrial o valor correspondente à licença concedida, que terá, não obstante, a remuneração arbitrada conforme as circunstâncias de cada caso.

12.5.6. Ocupação temporária

12.5.6.1. Noções gerais

A ocupação temporária *consiste no uso transitório de um bem, geralmente imóvel, de forma gratuita ou mediante remuneração, para o atendimento do interesse público, mormente em situações que envolvem a continuidade de serviços públicos ou a realização de obras públicas.*

Para alguns, não passa de uma espécie de desapropriação temporária de uso, expressão que, para nós, não significa absolutamente nada, uma vez que toda a desapropriação importa em transferência de propriedade, não podendo ser, por natureza, temporária, muito menos apenas de uso.

Aproxima-se muito mais, na verdade, da requisição de imóvel, desta se distinguindo, tão somente, pelo fundamento, posto que o iminente perigo não constitui pressuposto da ocupação temporária, mais fulcrada na conveniência do serviço ou da obra pública a ser executada.

Aproxima-se, também, da servidão administrativa, mas, ao contrário desta, que tem caráter de perpetuidade, a ocupação, conforme seu próprio qualificativo designa, é, por natureza, transitória.

A ocupação temporária atinge o caráter de *exclusividade* do direito de propriedade, tendo em vista que possibilita seu uso pela Administração Pública.

12.5.6.2. Competência legislativa e administrativa

Não há, na Constituição Federal, norma expressa que identifique como sendo da União a competência para legislar sobre a ocupação temporária, ao contrário do que ocorre com a desapropriação e as requisições.

É de se observar, no entanto, que a ocupação temporária, como visto geralmente vinculada à conveniência para melhor execução de uma obra ou para garantir a continuidade de um serviço público, está regulada em leis gerais que tratam desses temas, sobrando, assim, pouco espaço para que Estados e Municípios disciplinem tal matéria.

Já a competência para a implantação efetiva da medida é da entidade governamental que promove a execução da obra, geralmente a expropriante, ou do poder concedente ou permitente do serviço público.

No caso de ocupação temporária para a finalidade de estudos e pesquisas em escavações arqueológicas, a competência também é comum.

12.5.6.3. Hipóteses legais mais comuns

A regra geral permissiva da ocupação temporária é aquela estabelecida no *art. 36 da Lei Geral de Desapropriações* (Decreto-lei 3.365/1941), que dispõe:

> *"É permitida a ocupação temporária, que será indenizada, afinal, por ação própria, de terrenos não edificados, vizinhos às obras e necessários à sua realização. O expropriante prestará caução, quando exigida".*

O pressuposto da Lei, como se vê, é que a desapropriação esteja sendo feita para a *execução de uma obra pública*. Diferentemente do que ocorre na requisição, somente *imóveis* **não habitados ou edificados** podem ser ocupados.

A ocupação temporária prevista no Decreto-lei 3.365/1941 não chega ao ponto de permitir o uso de bem imóvel edificado, uma vez que o pressuposto legal é a utilização de terreno para o deslocamento e depósito de equipamentos e materiais necessários à obra.

Por razão lógica, o tempo da ocupação tem de ater-se àquele necessário à execução da obra, ou da necessidade de utilização do imóvel a ela vizinho. Daí a transitoriedade da medida.

Em tese, do ato declaratório da expropriação já pode emanar o ato declaratório da ocupação temporária, embora seja mais lógico que este seja editado apenas no momento em que se fizer necessária a implementação da segunda medida.

A necessidade de se manter a *continuidade do serviço público* também pode justificar a ocupação temporária das instalações do concessionário ou permissionário pelo poder concedente ou permitente. Evidentemente, daquelas instalações que são voltadas ou destinadas à execução do serviço público. Essa previsão consta do *art. 35, § 3.º, da Lei Geral de Serviços Públicos* (Lei 8.987/1995), mesmo dispositivo que prevê a utilização dos bens reversíveis da concessão ou permissão.

A mesma razão dita a regra do *art. 58, V, da Lei 8.666/1993*. Aqui, no entanto, a ocupação pode incidir também sobre bens móveis, pessoal e serviços vinculados ao objeto do contrato, e não apenas sobre imóveis. Claro que "ocupação" de pessoal e serviços está mais para requisição de serviços. A essencialidade justificante da medida, no entanto, não precisa atender a exigência aludida no art. 5.º, XXV, da CF/1988, visto que este se limita ao uso da propriedade, portanto, da requisição de bem.

Os serviços tratados na Lei 8.666/1993, no entanto, são aqueles prestados à Administração Pública, diferindo, portanto, seu objeto em relação àqueles da Lei 8.987/1995. A continuidade do serviço público, no entanto, justifica a adoção da medida, posto que certos contratos administrativos mantidos com a Administração Pública são indispensáveis ao bom funcionamento desta.

O *Código de Mineração* (Decreto-lei 227/1967) prevê, em diversos dispositivos, a ocupação de áreas necessárias à pesquisa ou lavra de jazidas minerais. Essa ocupação, no entanto, é feita pelo titular do alvará de pesquisa ou de lavra, mediante indenização ao titular do solo, e é destinada a se manter enquanto aquelas perdurarem, tendo, principalmente no caso da lavra, um caráter de perpetuidade. Daí por que entendemos que tais ocupações, na verdade, estão mais para servidão, forma, aliás, como a norma legal as trata (art. 59). Talvez a ocupação para pesquisa, por sua natureza transitória, possa ser entendida como ocupação temporária.

Outra hipótese bastante citada de ocupação temporária é aquela referida no *art. 13, parágrafo único, da Lei 3.924/1961*, que dispõe sobre os sítios e monumentos arqueológicos e pré-históricos. São considerados sítios arqueológicos as jazidas de qualquer natureza, origem ou finalidade, que representem testemunhos da cultura dos paleoameríndios; os sítios nos quais se encontrem vestígios positivos de ocupação pelos paleoameríndios; os sítios, cemitérios, sepulturas ou locais de pouso prolongado ou de aldeamento de "estações" e "cerâmios"; e as inscrições rupestres ou locais e outros vestígios de atividade de paleoameríndios (art. 2.º).

Essa ocupação se destina à realização de estudos, no interesse da arqueologia, podendo envolver escavações e pesquisas. Não pode se dar, no entanto, em terrenos onde existam construções domiciliares (art. 13, *caput*).

Havendo significado arqueológico excepcional das jazidas, promove-se a desapropriação, não se justificando mais a simples ocupação (art. 15). É possível, ainda, o tombamento de bens de interesse arqueológico.

Os sítios arqueológicos são disciplinados na Lei 3.924/1961, cabendo à União permitir escavações neles[13] (art. 8.º). Embora a Lei não diga expressamente que tais sítios são do domínio da União, a titularidade desta decorria da conjugação dos arts. 152 e 175 da Constituição Federal de 1946, bem como pela distinção entre as propriedades do solo e do subsolo, já adotada naquele texto constitucional. Essa dominialidade permaneceu sendo da União com a Constituição Federal vigente (art. 20, X). Não obstante, a própria Constituição estabelece ser competência comum de todos os entes da Federação a proteção aos sítios arqueológicos (art. 23, III, da CF/1988), norma de difícil entendimento, pois, se a titularidade destes já pertence à União, é quase impossível imaginar de que maneira Estados e Municípios podem interferir, ainda que positivamente, no intuito de protegê-los.

Interessante notar, ainda, que, embora o Brasil já possua, de há muito, uma legislação razoavelmente avançada no que tange à pesquisa arqueológica, o mesmo não ocorre com relação à pesquisa paleontológica, conquanto os sítios paleontológicos estejam expressamente elencados no art. 216, V, da CF/1988. Sobre esse tema só existe o Decreto-lei 4.146/1942, que estabelece pertencer à Nação os depósitos fossilíferos, havendo a necessidade, para sua extração, de autorização governamental, salvo quando feito por museus ou estabelecimentos oficiais congêneres. Para sítios paleontológicos, portanto, não se aplicam as regras da Lei 3.924/1961, sendo necessário invocar as regras do Código de Mineração, uma vez que a legislação brasileira dá, aos materiais fósseis em geral, o mesmo tratamento das jazidas minerais[14].

12.5.6.4. Indenização pela ocupação temporária

Em regra, a ocupação temporária não gera direito à indenização, sendo gratuita. No entanto, uma exceção a essa regra ocorre exatamente na hipótese que, talvez, seja a mais comum de todas, que é aquela prevista no art. 36 do Decreto-lei 3.365/1941. A indenização, nesse caso, está prevista na própria norma legal, e decorre da simples ocupação.

Nas outras hipóteses só haverá indenização se houver dano ao bem. Claro que, em alguns casos, a destruição do bem parece ser inerente ao próprio tipo de trabalho empreendido, como no de escavações arqueológicas. Ainda assim, a regra legal é de simples restabelecimento da situação anterior à escavação (art. 14, § 1.º, da Lei 3.924/1961), somente se indenizando ao proprietário do solo quando demonstrado que houve alteração do relevo do terreno, e que desse aspecto particular resultavam incontestáveis vantagens para seu titular (art. 14, § 2.º).

12.5.7. Tombamento

12.5.7.1. Noções gerais

A Constituição Federal de 1988 estabeleceu constituir *patrimônio cultural brasileiro* "os bens de natureza material e imaterial, tomados individualmente ou em conjunto, portadores de referência à identidade, à ação, *à memória dos diferentes grupos formadores da socie-*

---

13. Na área federal, a competência sobre a matéria foi atribuída ao Instituto do Patrimônio Histórico e Artístico Nacional – IPHAN, uma autarquia federal.
14. Na esfera governamental, a pesquisa paleontológica constitui hoje incumbência da Companhia de Pesquisa de Recursos Minerais – CPRM, empresa pública federal (art. 2.º, VI, da Lei 8.970/1994).

dade brasileira, nos quais se incluem: I – as formas de expressão; II – os modos de criar, fazer e viver; III – as criações científicas, artísticas e tecnológicas; IV – as obras, objetos, documentos, edificações e demais espaços destinados às manifestações artístico-culturais; V – os conjuntos urbanos e sítios de valor histórico, paisagístico, artístico, arqueológico, paleontológico, ecológico e científico" (art. 216 e incisos).

Como forma de *preservação do patrimônio cultural brasileiro*, a CF/1988 prevê, dentre outras medidas, o chamado *tombamento* (art. 216, § 1.º), medida administrativa que importa na **restrição ao uso da propriedade**, afetando, portanto, o *caráter absoluto* desta última.

Essa medida, na verdade, já preexistia ao texto constitucional atual, estando até hoje regulamentada, na esfera federal, pelo Decreto-lei 25/1937.

À época de sua edição ainda não se concebia conceito tão amplo como o de patrimônio cultural, falando-se, tão somente, em *patrimônio histórico e artístico nacional*, o qual era qualificado como o "conjunto dos bens móveis e imóveis existentes no país e cuja conservação seja de interesse público, quer por sua vinculação a fatos memoráveis da história do Brasil, quer por seu excepcional valor arqueológico ou etnográfico, bibliográfico ou artístico" (art. 1.º, *caput*). Por equiparação, "os monumentos naturais, bem como os sítios e paisagens que importe conservar e proteger pela feição notável com que tenham sido dotados pela Natureza ou agenciados pela indústria humana", também se incluem no conceito (art. 1.º, § 2.º).

Com o tombamento, não se suprime o direito de propriedade, mas se impõe ao proprietário uma série de restrições ao seu uso, bem como obrigações positivas (de fazer), visando à conservação do bem.

A origem do nome se deve ao fato de que os registros dos bens tombados ficavam consignados em livros denominados de "livros do tombo", os quais, no precedente direito português, recebiam tal nome pelo fato de ficarem guardados na Torre do Tombo, em Lisboa, onde funciona o Arquivo Nacional de Portugal.

Até hoje se fala, inclusive, no aperfeiçoamento do tombamento com a inscrição no livro do tombo respectivo. Na esfera federal, a incumbência do tombamento cabe ao *Instituto do Patrimônio Histórico e Artístico Nacional – IPHAN*, que mantém quatro livros do tombo nacionais (art. 4.º do Decreto-lei 25/1937), a saber: a) Livro do Tombo Arqueológico, Etnográfico e Paisagístico[15]; b) Livro do Tombo Histórico[16]; c) Livro do Tombo das Belas Artes[17]; e d) Livro do Tombo das Artes Aplicadas[18].

Pelo Decreto 3.551/2000 foi instituído o *Registro de Bens Culturais de Natureza Imaterial*, com os seguintes Livros: a) Livro de Registro dos Saberes[19]; b) Livro de Registro das Celebrações[20]; c) Livro de Registro das Formas de Expressão[21]; d) Livro de Registro dos

---

15. Com 119 inscrições, segundo informação obtida no sítio eletrônico do IPHAN (www.iphan.gov.br).
16. Com 557 inscrições, segundo informação obtida no mesmo sítio eletrônico.
17. Com 682 inscrições, segundo informação obtida no mesmo sítio eletrônico.
18. Com quatro inscrições, segundo informação obtida no mesmo sítio eletrônico.
19. Onde são inscritos conhecimentos e modos de fazer enraizados no cotidiano das comunidades.
20. Onde serão inscritos rituais e festas que marcam a vivência coletiva do trabalho, da religiosidade, do entretenimento e de outras práticas da vida social.
21. Onde serão inscritas manifestações literárias, musicais, plásticas, cênicas e lúdicas.

Lugares[22] (art. 1.º, § 1.º). O procedimento de registro não tem relação com o de tombamento, limitando-se à catalogação e acervo do processo cultural, para fins de inventário, com sua posterior divulgação, para fins de valorização do patrimônio cultural imaterial.

Importante lembrar que a Lei 12.343/2010, ao criar o Plano Nacional de Cultura – PNC, estabeleceu como uma das atribuições do Poder Público "garantir a preservação do patrimônio cultural brasileiro, resguardando os bens de natureza material e imaterial, os documentos históricos, acervos e coleções, as formações urbanas e rurais, as línguas e cosmologias indígenas, os sítios arqueológicos pré-históricos e as obras de arte, tomados individualmente ou em conjunto, portadores de referências aos valores, identidades, ações e memórias dos diferentes grupos formadores da sociedade brasileira" (art. 3.º, VI).

12.5.7.2. Competência para o tombamento

A proteção ao patrimônio histórico, cultural, artístico, turístico e paisagístico, em termos legislativos, cabe concorrentemente à União, aos Estados e ao Distrito Federal (art. 24, VII, da CF/1988), sendo comum, inclusive, a referência da matéria nas Constituições estaduais[23]. Mas a atuação administrativa na defesa desses patrimônios é comum a todos os entes da Federação, incluindo os Municípios (art. 23, III, da CF/1988). A própria competência legislativa dos Municípios pode, de certa forma, ser defendida, visto que constitui, inegavelmente, interesse próprio e local destes o patrimônio cultural que diga respeito diretamente às origens históricas e à cultura de uma localidade em específico.

Na esfera federal, cabe ao IPHAN[24] proceder ao tombamento. Mas, a partir da edição da Lei 6.292/1975, passou a ser obrigatória a participação do Ministro de Estado da Cultura, mediante a homologação da decisão sobre o tombamento, ouvido o Conselho Consultivo do Patrimônio Cultural.

Ao Presidente da República também se atribuiu, a partir da edição do Decreto-lei 3.866/1941, o poder de determinar o cancelamento do tombamento de bens feito pelo IPHAN, por motivos de interesse público[25].

---

22. Onde serão inscritos mercados, feiras, santuários, praças e demais espaços onde se concentram e reproduzem práticas culturais coletivas.
23. Vide, por exemplo, o art. 261 da Constituição do Estado de São Paulo, o art. 324 da Constituição do Estado do Rio de Janeiro, o art. 209 da Constituição do Estado de Minas Gerais e o art. 222 da Constituição do Estado do Rio Grande do Sul.
24. Criado pelo art. 46 da Lei 378/1937, com o nome de Serviço do Patrimônio Histórico Nacional, posteriormente transformado na Diretoria do Patrimônio Histórico e Artístico Nacional pelo Decreto-lei 8.534/1946, teve seu nome alterado para Instituto do Patrimônio Histórico e Artístico Nacional – IPHAN pelo art. 14 do Decreto 66.967/1970. Com a Lei 6.757/1979, o IPHAN foi extinto, dando lugar à Fundação Nacional Pró-Memória – FNPM. Esta última, por sua vez, foi extinta pela Lei 8.029/1990 (art. 1.º, II, d), regulamentada pelo Decreto 99.387/1990, dando lugar a uma fundação, denominada de Instituto Brasileiro do Patrimônio Cultural (art. 2.º, II), constituída pelo Decreto 99.492/1990, e ao qual se deu a natureza de autarquia pela Lei 8.113/1990. O IBPC teve seu nome alterado, passando a se chamar novamente IPHAN no ano de 1994, após a edição da Medida Provisória 752 (art. 6.º). Embora essa MP tenha perdido a eficácia, o novo nome passou a ser utilizado em toda a legislação superveniente.
25. O uso dessa prerrogativa costuma ser excepcional, como se deu, por exemplo, com a remoção de um dos pilares do Aqueduto da Carioca, mais conhecido como "arcos da Lapa", autorizado pelo Decreto 26.670/1949, resultando no cancelamento parcial do tombamento da edificação respecti-

Ainda na esfera federal, qualquer demolição ou reconstrução de benfeitoria em próprio nacional que esteja tombado depende do assentimento do Ministério da Cultura (art. 5.º da Lei 4.804/1965).

Em praticamente todos os Estados existem instituições semelhantes ao IPHAN, exercendo a competência atribuída no art. 23 da CF/1988[26].

Finalmente, a preocupação com a preservação de bens de valor artístico e histórico é tão grande hoje que o legislador se preocupou em determinar que bens móveis e imóveis de valor cultural, pertencentes a empresas estatais que estejam sendo privatizadas dentro do Programa Nacional de Desestatização – PND, devem, antecedentemente, ser tombados. Mais do que isso, a lei também determina a desincorporação destes para integração ao acervo histórico e artístico da União (Lei 10.413/2002). Da mesma forma, no caso de alienação de bens imóveis de instituições de ensino federais, tidos por desnecessários às finalidades destas, deverão ser observadas as cláusulas restritivas decorrentes do tombamento feito pelo IPHAN, utilizando-se o imóvel, preferencialmente, em atividades compatíveis com sua destinação histórica (art. 6.º da Lei 6.120/1974).

12.5.7.3. Espécies de tombamento

Na sistemática do Decreto-lei 25/1937, existem, *quanto ao procedimento adotado*, dois tipos de tombamento: a) *tombamento compulsório*; b) *tombamento voluntário*.

O *tombamento voluntário* é previsto no art. 7.º do referido decreto-lei para duas situações. Primeiro, por *requerimento do proprietário*, hipótese em que o IPHAN deve fazer uma análise do bem, para aferir se este se reveste dos requisitos necessários para constituir o patrimônio histórico e artístico nacional; e, segundo, por aquiescência ou *anuência, por escrito, do proprietário*, quando notificado da inscrição do bem em qualquer dos Livros do Tombo.

O *tombamento compulsório* ocorrerá quando o proprietário se recusar em anuir à inscrição do bem no Livro do Tombo respectivo (art. 8.º), caso em que se dará a tramitação aludida no art. 9.º do Decreto lei 25/1937. Quando o bem for público, o tombamento, ainda que compulsório, se perfaz pela simples notificação à entidade a quem pertencer, ou sob cuja guarda estiver a coisa tombada (art. 5.º).

Quanto à *eficácia temporal*, o tombamento pode ser provisório ou definitivo (art. 10), entendendo-se *provisório* aquele iniciado com a notificação, mas ainda não concluído pela inscrição do bem no Livro do Tombo competente, e *definitivo* aquele que já teve sua inscrição realizada.

A própria legislação ressalta, no entanto, que a única diferença existente entre ambos é relativa à aplicação do disposto no art. 13 do Decreto-lei 25/1937, referente à transcrição do tombamento no registro de imóveis respectivo, quando já definitivo o tombamento.

---

va para possibilitar o escoamento do tráfego da região, ainda assim com previsão de restauração posterior do pilar removido.

26. Por exemplo, em *Minas Gerais* existe o Instituto Estadual do Patrimônio Histórico e Artístico de Minas Gerais – IEPHA/MG; em *Pernambuco* existe a Fundação do Patrimônio Histórico e Artístico de Pernambuco – FUNDARPE; na *Bahia* existe o Instituto do Patrimônio Artístico e Cultural da Bahia – IPAC; no *Rio Grande do Sul* existe o Instituto do Patrimônio Histórico e Artístico do Estado – IPHAE; e no *Rio de Janeiro* existe o Instituto Estadual do Patrimônio Cultural – INEPAC.

Por fim, quanto à extensão do objeto do ato de tombamento, este pode ser *individual* ou *geral*. Será individual quanto atingir um bem determinado, como um casario ou uma escultura; será geral, por sua vez, quando atingir bens indeterminados, situados dentro de certo perímetro, como uma rua, bairro ou mesmo cidade ou região natural[27].

A extensão da área tombada pode justificar, até mesmo, a criação de um parque histórico, com regras específicas de ocupação para a área onde estiver localizado[28].

No caso dos chamados "Monumentos Naturais", embora seja possível o tombamento, é mais comum que a proteção se dê por meio de instrumentos próprios da legislação ambiental, como a instituição de unidade de conservação, onde serão impostas limitações administrativas quanto à visitação e servidões administrativas quanto aos imóveis vizinhos[29].

12.5.7.4. Tombamento de uso x desapropriação

Como dito, o tombamento apenas restringe o uso do bem, remanescendo o direito de propriedade, inclusive a possibilidade de alienação dele pelo seu titular. Logo, não há que se falar, em princípio, em indenização decorrente da instituição do tombamento.

Não obstante, se o tombamento for de tal ordem que torne inviável o uso do bem para as finalidades normais a que ele se destinava, a hipótese é de desapropriação. É o caso do chamado tombamento de uso, em que se pretende restringir o uso do bem para uma única finalidade específica.

Nesse caso, a opção da Administração deve ser pela desapropriação, pois a restrição imposta ao titular do domínio não se restringirá a obrigações de preservação e conservação

---

27. Por exemplo, o Município de Porto Seguro foi erigido à categoria de Monumento Nacional pelo Decreto 72.107/1973, que determinou a inscrição de sua área urbana, e lugares históricos adjacentes, no Livro do Tombo do Patrimônio Histórico e Artístico Nacional. A Lei 7.537/1986 erigiu a cidade de Cametá, no Pará, como Patrimônio Histórico Nacional. O Decreto 68.045/1971 converteu em Monumento Nacional a cidade baiana de Cachoeira. O Decreto 85.849/1981, por sua vez, atribuiu à cidade de Petrópolis/RJ o título de "Cidade Imperial", determinando o tombamento de suas edificações, paisagens e conjuntos. Ainda sobre o tema, o Decreto 58.077/1966 converteu em Monumento Nacional o município de Parati/RJ, determinando o tombamento de sua área urbana, sítio da antiga Vila de Nossa Senhora dos Remédios. O Decreto-lei 7.713/1945 erigiu em Monumento Nacional o conjunto arquitetônico e urbanístico da cidade de Mariana/MG. A Lei 2.035/1953 erigiu à categoria de Monumento Nacional o conjunto arquitetônico e urbanístico de Igarassú/PE. O Decreto 95.855/1988 erigiu à categoria de Monumento Nacional a Serra da Barriga, Município de União dos Palmares/AL, local onde se desenvolveu a luta libertária de Zumbi. O Decreto 22.928/1932 erigiu a cidade de Ouro Preto/MG à condição de Monumento Nacional. A cidade de Olinda/PE foi erigida à categoria de Monumento Nacional pela Lei 6.863/1980. A cidade de Oieiras/PI foi elevada a tal condição pela Lei 7.745/1989 e São Cristóvão/SE, pela Lei 7.489/1986. Já a cidade de São Vicente/SP foi erigida à condição especial de "Cidade Monumento da História da Pátria" pela Lei 4.603/1965.

28. É o caso, por exemplo, do Parque Histórico Nacional dos Guararapes, criado pela Lei 9.497/1997, em Jaboatão dos Guararapes/PE.

29. Vide, por exemplo, a Lei 12.229/2010, que criou o Monumento Natural do Arquipélago das Ilhas Cagarras, no Rio de Janeiro. O art. 84 do ADCT da Constituição do Estado de Minas Gerais, no entanto, declara tombados e eleva à categoria de "monumentos naturais" os picos do Itabirito ou do Itabira, do Ibituruna e do Itambé e as serras do Caraça, da Piedade, de Ibitipoca, do Cabral e, no planalto de Poços de Caldas, a de São Domingos. Já o art. 44 do ADCT da Constituição do Estado do Espírito Santo, na redação dada pela EC 14/1998, determina que o Estado deve promover o tombamento da Floresta Atlântica e seus ecossistemas associados.

da coisa, mas também de destinação de seu uso para finalidade indicada pelo Poder Público, o que importará na eliminação, na prática, de quase todas as prerrogativas do domínio.

Nesse sentido, já decidiu o STF, com grande propriedade:

> *"Tombamento de bem imóvel para limitar sua destinação às atividades artístico-culturais. Preservação a ser atendida por meio de desapropriação. Não pelo emprego da modalidade do chamado tombamento de uso. Recurso da Municipalidade do qual não se conhece, porquanto não configurada a alegada contrariedade, pelo acórdão recorrido, do disposto no art. 216, § 1.º, da Constituição"* (STF, RE 219.292/MG, 1.ª T., Rel. Min. Octávio Gallotti, j. 07.12.1999).

12.5.7.5. Procedimento do tombamento

O tombamento não se perfaz com a prática de um único ato administrativo, resultando, na verdade, da prática de vários, daí por que se fala que ele decorre de um procedimento administrativo, como na desapropriação, na servidão e no licenciamento compulsório.

No caso do *tombamento voluntário*, o procedimento é mais célere, resumindo-se ao requerimento pelo particular quanto ao tombamento do bem de sua propriedade e à decisão, após manifestação do órgão técnico competente quanto à satisfação do bem aos requisitos necessários à consideração de sua importância como patrimônio cultural, seguindo-se a isso a inscrição respectiva no Livro do Tombo.

A segunda hipótese de tombamento voluntário se dá por iniciativa do Poder Público, inexistente o requerimento prévio de inscrição pelo proprietário. Após a manifestação técnica do órgão ou entidade do patrimônio histórico e cultural, ocorre a notificação ao proprietário de que o bem será inscrito, à qual este aquiesce, por escrito ou por silêncio (arts. 7.º e 9.º, 2, do Decreto-lei 25/1937). Em seguida, procede-se à inscrição do bem no Livro do Tombo.

O *tombamento de bens públicos* também tem um procedimento concentrado, resumindo-se, após a análise técnica, à inscrição no Livro do Tombo e à notificação da entidade pública quanto a essa inscrição, para que produza seus efeitos legais.

O procedimento mais complexo é o que diz respeito ao **tombamento compulsório de bens particulares**. Neste, notificado o proprietário e apresentando ele impugnação, deverá o IPHAN (procedimento do art. 9.º do Decreto-lei 25/1937), em 15 dias, manifestar-se novamente, remetendo-se o processo, depois, ao Conselho Consultivo do Serviço do Patrimônio Histórico e Artístico Nacional, que dará a decisão final, no âmbito de primeira instância administrativa. Em tese, esse Conselho deve manifestar-se no prazo de 60 dias, a partir do recebimento do processo. Dessa decisão, se dado ganho de causa ao proprietário, o procedimento é arquivado. Do contrário, se acolhida a manifestação do órgão técnico favorável ao tombamento, determina-se a inscrição no Livro do Tombo.

A partir da edição do Decreto-lei 3.866/1941, passou a ser possível recurso ao Presidente da República da decisão que determina a inscrição, tornando sem efeito, assim, o disposto no art. 9.º, item 3, parte final, do Decreto-lei 25/1937.

Além disso, o próprio procedimento ficou sujeito, a partir da Lei 6.292/1975, à prévia homologação pelo Ministro da Cultura. Assim, só depois de tal homologação, e do decurso do prazo para recurso administrativo, é que pode ser feita, verdadeiramente, a inscrição no Livro do Tombo respectivo, devendo ocorrer, ainda, em se tratando de bem imóvel, a respectiva averbação do tombamento do Registro Geral de Imóveis (art. 13 do Decreto-lei 25/1937).

12.5.7.6. Efeitos do tombamento

Feita a inscrição do tombamento, diversos são os efeitos que dela decorrem, seja para o proprietário, seja para terceiros, seja, até mesmo, para a própria Administração Pública. Vejamos, de maneira sintética, quais são eles.

É em *relação ao proprietário* que o tombamento acarreta efeitos mais sensíveis, posto que dele decorrem diversas limitações ao uso do bem, assim como certas obrigações de fazer, que serão a seguir descritas:

> a) *obrigação de conservação do bem, consistente na realização de obras de preservação ou, se o proprietário não tiver recursos financeiros para tanto, pela obrigação de comunicação, ao órgão competente, da necessidade de que elas sejam feitas, sob pena de multa equivalente ao dobro da importância em que for avaliado o dano sofrido pela coisa (art. 19 do Decreto-lei 25/1937);*
>
> b) *dever de comunicação à autoridade competente, em caso de extravio ou roubo, no prazo de cinco dias, sob pena de multa equivalente a 10% sobre o valor da coisa (art. 16 do Decreto-lei 25/1937);*
>
> c) *proibição de retirada do bem do país, quando móvel, ressalvada a hipótese de intercâmbio cultural (art. 14 do Decreto-lei 25/1937). Apurada a responsabilidade do proprietário, a este pode ser imputada multa no valor equivalente a 50% do valor da coisa, que ficará sequestrada em garantia do pagamento, e até que este se faça (art. 15, § 1.º, do Decreto-lei 25/1937);*
>
> d) *obrigação de comunicação quanto à transferência da propriedade e eventual deslocação do bem ao IPHAN (art. 13, §§ 1.º e 2.º, do Decreto-lei 25/1937), a ser feita pelo adquirente ou proprietário, sob pena de multa de 10% sobre o valor do bem;*
>
> e) *restrições ao direito de alienação do bem, com a obrigação do proprietário de notificar previamente à União, ao Estado e ao Município, nessa ordem, quanto ao interesse na aquisição, pelo preço oferecido, para que aqueles exerçam o direito de preferência; não sendo observada a notificação, reputa-se nula a alienação, e estará o proprietário sujeito ao sequestro da coisa e à imposição de multa equivalente a 20% de seu valor. A multa será atribuída também em desfavor do adquirente (art. 22, caput e § 2.º, do Decreto-lei);*
>
> f) *proibição de destruição, demolição ou mutilação do bem, assim como de comunicar previamente à autoridade competente quanto a eventuais reparos, pinturas ou restauros, sob pena de multa de 50% sobre o valor do bem (art. 17 do Decreto-lei).*

No que concerne à *Administração Pública*, os efeitos são os seguintes:

> a) *obrigação de diligenciar a conservação do bem, quando ao proprietário faltarem recursos, depois de notificada por este, e no prazo de seis meses, sob pena de cancelamento do tombamento (art. 19, §§ 1.º e 2.º);*
>
> b) *direito de preferência (preempção) na aquisição do bem, a ser exercido no prazo de 30 dias a partir da notificação pelo proprietário, sob pena de perdê-lo (art. 22, § 1.º, do Decreto-lei 25/1937);*

c) *direito de notificação prévia quanto à venda judicial do bem, assim como direito de remissão da dívida respectiva (art. 22, §§ 4.º e 5.º);*

d) *direito de postular o sequestro da coisa tombada nas hipóteses de exportação não autorizada e alienação desta sem prévia notificação para exercício do direito de preferência (arts. 14 e 22);*

e) *direito de fiscalizar a observância das regras de tombamento (art. 20 do Decreto-lei 25/1937), podendo impor multa ao proprietário, na hipótese de este criar obstáculos à fiscalização, assim como providenciar a desapropriação do bem;*

f) *restrição quanto à alienação do bem, quando este for público, de maneira que esta só pode se dar entre entidades da Federação (art. 11 do Decreto-lei 25/1937).*

No que concerne a *terceiros*, haverá instituição de servidão para os proprietários de imóveis vizinhos ao bem tombado, consistente na restrição ao direito de construir e de colocar anúncios ou cartazes que, de alguma maneira, impeçam ou reduzam a visibilidade da coisa tombada, sob pena de destruição ou demolição da obra, retirada do objeto e imposição de multa (art. 18 do Decreto-lei 25/1937).

Embora não diretamente relacionado com o tombamento em si, o IPHAN possui certas prerrogativas, decorrentes de seu poder de polícia, e que são previstas no Decreto-lei 25/1937, como o de manter um registro especial para negociantes de antiguidades, com entrega periódica, por parte destes últimos, de relações completas de bens que possuírem com caráter histórico ou artístico (art. 26). Também os agentes de leilões são obrigados a encaminhar ao IPHAN a relação de bens, de igual conteúdo, que venderem (art. 27)[30], sendo obrigatória a prévia autenticação, antes da alienação em leilão, dos bens pelo IPHAN ou por perito por este credenciado (art. 28).

Importante recordar, por fim, que o Brasil, na tentativa de preservar a memória histórica de seu período colonial e imperial, estabeleceu a proibição, salvo para fins de intercâmbio cultural e por período de tempo limitado, da saída do país de quaisquer obras de arte e ofícios produzidas no país até o fim do período monárquico, ou aquelas que, na mesma época, foram produzidas em Portugal, mas incorporadas ao meio nacional (Lei 4.845/1965).

12.5.7.7. Tombamento e política museológica

Com a edição da Lei 11.904/2009, foi instituído o Estatuto dos Museus[31].

Os museus, conceituados pela Lei como "instituições sem fins lucrativos que conservam, investigam, comunicam, interpretam e expõem, para fins de preservação, estudo, pesquisa, educação, contemplação e turismo, conjuntos e coleções de valor histórico, artístico, científico, técnico ou de qualquer outra natureza cultural, abertas ao público, a serviço da sociedade e de seu desenvolvimento" (art. 1.º), podem ter, dentro de seu acervo, inúmeros bens tombados.

---

30. Essa prerrogativa foi reforçada com a previsão constante da legislação de combate à lavagem ou ocultação de dinheiro, bens e direitos (art. 9º, parágrafo único, XI, da Lei nº 9.613/98). Para isso foi criado pelo IPHAN o CNART (Cadastro Nacional de Negociantes de Obras de Arte e Antiguidades).
31. O Decreto 8.124/2013 regulamenta dispositivos dessa Lei.

O tombamento, nesse caso, constitui apenas uma medida adicional de proteção desses bens. Os museus, no entanto, estão obrigados a manter, independentemente das obrigações decorrentes do tombamento, uma política de preservação de todo seu acervo, na forma dos arts. 21 a 27 da Lei 11.904/2009, devendo, dentro de tal política, haver um Programa de Segurança periodicamente testado para prevenir e neutralizar perigos (art. 23).

No acervo, por evidente, poderão existir, igualmente, inúmeros bens que não sejam objeto de tombamento, admitindo a Lei, até mesmo, uma política de descartes de bens culturais (art. 38). Nesse caso, a única obrigação dos museus, afora a manutenção de uma política de preservação, é o registro e inventário dos bens culturais neles existentes (art. 39), devendo-se recordar que o inventário e o registro constituem, como o tombamento, medidas constitucionalmente previstas para a proteção do patrimônio cultural (art. 216, § 1.º, da CF/1988).

Quase concomitantemente à Lei 11.904/2009 foi promulgada a Lei 11.906/2009, que criou o Instituto Brasileiro de Museus – IBRAM, autarquia federal com competência de fomento, normatização e fiscalização do setor, e à qual se atribuiu, inclusive, a competência prevista no art. 22 do Decreto-lei 25/1937, concernente ao exercício do direito de preferência nele previsto, respeitada a precedência do IPHAN, em sendo o caso (art. 4.º, XVII, da Lei 11.906/2009).

Em que pesem tais atribuições, a Lei somente prevê que o IBRAM proceda aos inventários e registros dos acervos dos museus, nada dispondo sobre tombamento, razão pela qual, entendemos, tal competência, mesmo no que tange a bens incluídos em acervos museológicos, continua a ser exercida pelo IPHAN. No resto, as antigas atribuições do IPHAN quanto à política do setor, incluindo o poder de polícia geral quanto aos acervos, foram transferidas para a nova entidade.

12.5.7.8. Efeitos do tombamento e direito à indenização para o particular

O que foi dito anteriormente a respeito da servidão vale, igualmente, para o tombamento.

Em princípio, por não suprimir o direito de propriedade, apenas condicionando seu uso, ou restringindo-o, não importará para o proprietário qualquer direito à indenização. No entanto, em geral, as restrições decorrentes do tombamento costumam ser de mais grave extensão, sendo regra, por exemplo, a proibição de construção ou de qualquer alteração da coisa, desde que não esteja diretamente ligada à sua conservação. Parece ser mais provável, portanto, no tombamento, a ocorrência do direito à indenização, posto que neste, mais do que nas servidões, a utilidade econômica do bem pode esvaziar-se por completo.

É preciso, portanto, analisar a situação caso a caso, para que seja possível aferir qual o grau de intervenção e a intensidade de seus efeitos. Um restaurante de época, cujo imóvel venha a ser tombado, continuará a ser um restaurante de época, com todas as suas características preservadas, e com sua destinação econômica igualmente mantida. Já um imóvel com fachada histórica, sem uso imediato, e recentemente vendido para uma finalidade comercial qualquer, uma vez tombado, poderá ter sua destinação econômica completamente esvaziada, se para aquela utilização comercial se faziam necessárias alterações físicas de sua estrutura, impossibilitadas a partir do tombamento.

Embora não seja a regra, nada impede, portanto, que o tombamento represente, na prática, uma espécie de desapropriação indireta, a justificar o direito à indenização.

12.5.7.9. Extinção do tombamento

Por sua natureza, de preservação de um bem específico de interesse histórico, artístico, paisagístico etc., é difícil imaginar a extinção do tombamento por outra forma que não seja a própria extinção da coisa, por sua destruição física, ou por confusão, como no caso em que o bem acaba por ser desapropriado pela mesma entidade mantenedora do tombamento.

Não obstante, a manutenção da medida pode, em algum momento, mostrar-se inconveniente, possibilitando sua revogação. É o caso, por exemplo, da posterior conclusão de que o bem tombado não cumpre com os requisitos legais para ser tido como objeto de singular proteção (uma obra de arte tombada que, posteriormente, se descobre ser falsificada, por exemplo)[32].

Mais importantes do que esses casos, temos aquele expressamente previsto no art. 19, § 2.º, do Decreto lei 25/1937, consistente no cancelamento do tombamento pela desídia da entidade pública responsável em proceder às obras necessárias à conservação do bem, depois de notificada pelo proprietário que não tenha condições de custeá-la. Nesse caso, se a Administração Pública não revela zelo pela manutenção do bem que tombou, não existe sentido na manutenção da restrição.

Essa lógica da norma, nos parece, está um tanto quanto superada. A proteção do patrimônio cultural, em princípio, deve ser mantida como orientação ou diretriz a ser sempre seguida pelo Poder Público.

A eventual inação da entidade promotora do tombamento pode estar fundada em mera desídia ou incompetência administrativas, não se podendo gerar disso o desfazimento de um importante objetivo perseguido pelo legislador constituinte, consistente na proteção do patrimônio cultural brasileiro.

Nesse caso, mais lógico é que o Ministério Público seja acionado para buscar, se necessário até na via judicial, a proteção do patrimônio cultural. Para tanto, ele dispõe dos instrumentos processuais necessários, o inquérito civil e a ação civil pública (art. 1.º, IV, da Lei 7.347/1985; art. 25, IV, *a*, da Lei 8.625/1993 e art. 6.º, VII, *b*, da Lei Complementar 75/1993).

12.5.7.10. Áreas especiais e locais de interesse turístico

A Lei 6.513/1977 criou uma nova espécie de proteção de bens que muito se assemelha ao tombamento, embora não tenha sido atribuído tal nome ao instituto.

---

32. Bastante interessante, aliás, é a discussão quanto à devolução ao Paraguai, pelo Brasil, de "El Cristiano", um canhão, tomado pelos brasileiros como espólio de guerra após a Batalha de Humaitá, durante a Guerra do Paraguai. Estando tombado, o bem deve, antes de ser devolvido, ter seu tombamento cancelado. Alega-se que o entendimento entre as nações, hoje amigas, se sobrepõe ao interesse de preservação da história nacional, até porque o bem, em si considerado, continuaria objeto de proteção. Em detrimento desse argumento está a memória nacional, principalmente de nossas Forças Armadas e dos inúmeros brasileiros que morreram no conflito, inclusive vitimados pelo famigerado canhão.

A referida Lei definiu as *Áreas Especiais de Interesse Turístico* como os trechos contínuos do território nacional, inclusive suas águas territoriais, a serem preservados e valorizados no sentido cultural e natural, e destinados à realização de projetos e planos de desenvolvimento turístico (art. 3.º). Os *Locais de Interesse Turístico*, por sua vez, são trechos do território nacional, abrangidos ou não por áreas especiais de interesse turístico, destinados por sua adequação ao desenvolvimento de atividades turísticas e à realização de projetos específicos, que compreendam bens não sujeitos a regime específico de proteção e os respectivos entornos de proteção e ambientação (art. 4.º).

As áreas e os locais de interesse turístico podem ou não conter em seu bojo bens objeto de proteção específica, inclusive bens tombados, mas não necessariamente os conceitos se confundirão, como deixa claro o disposto no art. 1.º da Lei.

Portanto, podemos ter uma Área Especial de Interesse Turístico, como a cidade de Parati/RJ, que já foi convertida em Monumento Nacional e teve sua área urbana tombada, como podemos ter outra região do país de grande afluxo turístico, talvez por suas características geográficas apenas, que não conta ainda com nenhum regime de proteção específico. O alto grau de desenvolvimento turístico da região ou mesmo sua potencialidade como tal pode justificar o interesse do país em preservar aquelas características que o diferenciam e que o levam a ser procurado.

A proteção do local como de interesse turístico, portanto, é ditada mais pelo interesse econômico da preservação das características que justificam a sua procura, embora essas características possam ser as mesmas que levaram o bem a ter um regime especial de proteção, pelas suas qualidades artísticas, paisagísticas, históricas etc.

À Empresa Brasileira de Turismo – EMBRATUR compete manter o inventário desses bens (art. 6.º), devendo entrar em atendimento com os demais órgãos governamentais responsáveis por outros regimes de proteção, como o IPHAN, por exemplo, quanto à forma de se dar uso turístico a eles.

A inclusão dos referidos bens no inventário respectivo, no entanto, gera, para o proprietário, efeitos muito semelhantes aos do tombamento, não podendo proceder qualquer modificação neles sem a devida autorização, destruí-lo, desfigurá-lo ou desvirtuar sua feição original, estando sujeito a uma série de penalidades previstas no art. 24 da Lei.

Especificamente em relação às Áreas Especiais de Interesse Turístico, o ato que a declarar como tal pode enquadrá-la na categoria de área prioritária, se for considerada de alta potencialidade turística, ou área de reserva, se for área de elevada potencialidade turística, mas ainda dependente de outras medidas, como a implantação de equipamentos de infraestrutura indispensáveis (art. 12).

A Lei prevê a possibilidade de limitações ao uso do solo nas áreas especiais, tanto de prioridade quanto de reserva, bem como prevê a existência de "entornos de proteção" para os Locais de Interesse Turístico (arts. 4.º, II e § 1.º, e 19, II). Essas limitações, se tivermos em conta o fato de decorrerem da existência dessas áreas, constituem verdadeiras servidões.

12.6. DESAPROPRIAÇÃO

12.6.1. Noções gerais

A desapropriação é a forma mais drástica de intervenção na propriedade, pois com ela elimina-se ou suprime-se por completo esse direito, transferindo-o para o Poder Público.

Entretanto, o Poder Público, quando adquire a propriedade por desapropriação, o faz sem que disso dependa existir qualquer título anterior ou relação jurídica prévia com aquele que tem seu domínio. Daí por que se diz que a desapropriação, semelhantemente ao que ocorre na usucapião, é uma *forma originária de aquisição da propriedade*.

Disso decorrem inúmeras consequências, como a irrelevância de eventual nulidade na cadeia sucessória do bem, como quando se descobre que algum negócio jurídico anterior translativo estava eivado de vícios; a irrelevância de o bem estar gravado por algum direito real de garantia, como hipoteca ou penhor, ficando o direito sub-rogado no preço; a não vinculação do expropriante ao contrato de locação, arrendamento ou comodato mantido entre o antigo proprietário e eventual terceiro, ficando qualquer direito deste último, igualmente, sub-rogado no preço.

A desapropriação, como a servidão e o tombamento, não se perfaz num único ato, sendo resultado de um *procedimento administrativo*, em que serão praticados diversos atos administrativos com a finalidade de retirar a propriedade do particular, transferindo-a ao Poder Público.

Como forma de intervenção supressiva da propriedade, a desapropriação afeta diretamente o *caráter perpétuo* do direito de propriedade.

Pode ser conceituada, então, como *procedimento administrativo pelo qual a Administração Pública, com fundamento em utilidade pública, necessidade pública ou interesse social, adquire, mediante justa e prévia indenização, de maneira compulsória, a propriedade de um bem móvel ou imóvel, pertencente a terceiro*.

Seus *pressupostos* estão na Constituição Federal de 1988, identificados no art. 5.º, XXIV[33], a saber: a) *necessidade pública*; b) *utilidade pública*; e c) *interesse social*.

Duas formas específicas de desapropriação por interesse social, aquela incluída como sanção pelo não aproveitamento adequado do imóvel urbano e aquela voltada para a reforma agrária, têm tratamento particularizado na CF/1988, estando disciplinadas nos arts. 182, § 4.º, III, e 184.

12.6.2. Objeto da desapropriação

Em princípio, qualquer direito ou bem pode ser objeto de desapropriação (art. 2.º, *caput*, do Decreto-lei 3.365/1941).

Ela pode incidir sobre bem móvel ou sobre bem imóvel; bem corpóreo ou sobre algum direito, como títulos, ações e créditos; e, inclusive, incidir sobre direitos de propriedade industrial, assim como sobre direitos reais, como o domínio útil, na enfiteuse.

Não poderá, no entanto, incidir sobre direitos inalienáveis e personalíssimos, como o nome de pessoa natural, a honra, a liberdade, ou direitos de cidadania, como o direito a voto.

Não há, também, justificativa lógica para a expropriação de bens que são facilmente encontrados no mercado e que podem ser adquiridos pela via normal da licitação e con-

---

33. "Art. 5.º (...) XXIV – a lei estabelecerá o procedimento para desapropriação por necessidade ou utilidade pública, ou por interesse social, mediante justa e prévia indenização em dinheiro, ressalvados os casos previstos nesta Constituição".

tratação administrativa. Do contrário, estar-se-ia burlando a regra legal e constitucional da isonomia, utilizando-se a expropriação como forma alternativa à licitação pública.

Em princípio, não pode incidir sobre pessoa jurídica, por ser esta sujeito de direitos e não objeto. Mas a desapropriação pode ocorrer sobre as quotas de seu capital ou suas ações, o que, na prática, torna sem sentido a vedação[34].

Na desapropriação para fins de reforma agrária, a própria Constituição Federal estabelece uma restrição jurídica ao uso do instituto, impedindo a desapropriação de pequenas e médias propriedades rurais, desde que seus proprietários não possuam outra, bem como as propriedades consideradas produtivas (art. 185).

Quanto aos direitos autorais, diferentemente do que ocorre com os direitos de propriedade industrial, é preciso reconhecer que estes representam uma forma de manifestação da personalidade, garantindo a Constituição Federal de 1988 que "aos autores pertence o direito exclusivo de utilização, publicação ou reprodução de suas obras, transmissível aos herdeiros pelo tempo que a lei fixar" (art. 5.º, XXVII). Mas daqueles direitos decorrem direitos morais e direitos patrimoniais. Os direitos morais são inalienáveis e irrenunciáveis, mas sobre os direitos patrimoniais do autor não há impedimento qualquer à desapropriação.

O mais comum, no entanto, é que a desapropriação ocorra sobre bens imóveis, pela usual singularidade que estes detêm em relação ao interesse da Administração Pública, e, em segundo plano, que recaia sobre participações societárias, como forma de inclusão ou dominação num segmento do mercado, esta última medida mais comumente utilizada como forma de intervenção no domínio econômico.

Na Constituição Federal *não há, em princípio, vedação à desapropriação de bens públicos*. A Lei Geral de Desapropriações – LGD (Decreto-lei 3.365/1941), no entanto, somente autoriza que a União proceda à desapropriação de bens dos Estados, do Distrito Federal e de Municípios, podendo, os Estados, desapropriar de Municípios (art. 2.º, § 2.º).

Como esse tipo de desapropriação pode trazer desequilíbrio ao regime federativo, a LGD exige prévia autorização legislativa para a desapropriação. Outrossim, apesar de o referido decreto-lei não esclarecer, entendemos que o Estado só pode desapropriar bens de Municípios que nele estejam geográfica e politicamente situados.

Como se vê, o legislador adotou sistema em que entidades de hierarquia maior, dentro da Federação, podem desapropriar bens de entidade de hierarquia menor. Está implícita na regra a autorização para que as entidades públicas que formam os entes políticos expropriem bens de suas autarquias, fundações, empresas públicas e sociedades de economia mista. Da mesma forma, a entidade política maior pode desapropriar bens de entidade da Administração Indireta de ente político de menor grau.

Quanto à possibilidade de entidades políticas de "hierarquia menor" desapropriarem bens de entidades da Administração Indireta vinculados a ente político de "hierarquia maior", a LGD, no § 3.º de seu art. 2.º, expressamente exige que a expropriação de cotas, ações e direitos representativos do capital de empresas públicas e empresas cujo funciona-

---

34. O STF expressamente autoriza a desapropriação nos termos aqui enunciados, conforme verbete de sua *Súmula 476*: "Desapropriadas as ações de uma sociedade, o poder desapropriante, imitido na posse, pode exercer, desde logo, todos os direitos inerentes aos respectivos títulos".

mento dependa de autorização da União só pode ser feita mediante autorização expressa do Presidente da República[35].

Como se vê, não há, propriamente, impedimento geral à desapropriação de bens de empresa pública ou de sociedade de economia mista federal por Estado ou Município. O que existe é a exigência de autorização presidencial para a expropriação, por parte daquelas entidades, de ações, cotas ou direitos representativos de capital. E a razão é óbvia: impedir que as entidades políticas menores adquiram, por via transversa, o controle da entidade federal da Administração Indireta. Não há, no entanto, a mesma exigência para a desapropriação, por exemplo, de um imóvel daquelas entidades.

Por outro lado, a restrição prevista na LGD abrange até mesmo o capital de entidades meramente autorizadas, ou seja, não necessariamente públicas em sua constituição, como as instituições financeiras privadas, sobressaindo-se, nesse caso, o interesse maior da União como reguladora de certos segmentos econômicos.

Quanto às autarquias, por estarem presumivelmente sempre voltadas à consecução de serviços públicos, não é de se admitir que haja interferência de uma entidade política em outra, salvo hipótese de assunção do serviço pela expropriante. Do contrário, correr-se-ia o risco de se ter solução de continuidade no serviço público. Havendo, por hipótese, empresa pública em situação semelhante, ou seja, exercendo a execução de serviços públicos, o princípio da vedação à desapropriação deve ser igualmente aplicado.

É de se observar, ademais, que o instituto da encampação, no particular, já serve melhor ao propósito de assunção de um serviço público do que a prática da desapropriação, não havendo, em princípio, razão para a utilização desse instrumento com tal finalidade, visto que os bens necessários à continuidade do serviço já estão legalmente sujeitos à reversão (art. 35, § 3.º, da Lei 8.987/1995).

Por derradeiro, não se indeniza ao particular a parcela do imóvel que constitui bem público. Embora tal afirmação seja uma obviedade, perduraram por muito tempo as discussões quanto aos terrenos marginais ou reservados ao longo dos rios e lagos, pois se tinha dúvidas quanto à sua natureza, se de bem público ou de servidão pública. Hoje, a matéria já está mais do que pacificada, sendo objeto, inclusive, de súmula do STF[36].

Pela mesma razão, as jazidas minerais não devem ser expropriadas, pois são públicas, pertencendo à União, sendo que a indenização paga ao proprietário do solo visa ressarci-lo pelo prejuízo decorrente da não utilização ou da deterioração da propriedade, e não sobre os minerais propriamente ditos. Excepciona-se, evidentemente, os minerais já extraídos regularmente, para os quais o particular detinha autorização de lavra. No caso de minerais radioativos, sequer aqueles extraídos devem ser expropriados, posto que já integram o monopólio da União (art. 21, XXIII, da CF/1988), a ela pertencendo, salvo quando seu valor econômico for inferior ao da própria substância mineral pesquisada ou lavrada (art. 5.º da Lei 6.189/1974). Neste último caso, cabe apenas o reembolso das despesas efetivamente realizadas com a lavra e, eventualmente, um prêmio pela descoberta.

---

35. Nesse exato sentido, a *Súmula 157 do STF* dispõe: "É necessária prévia autorização do Presidente da República para desapropriação, pelos Estados, de empresa de energia elétrica".

36. *Súmula 479 do STF*: "As margens dos rios navegáveis são de domínio público, insuscetíveis de expropriação e, por isso mesmo, excluídas de indenização".

12.6.3. Competência

No que tange à competência para a desapropriação, podemos dividir o tema em quatro itens diferentes, a saber: *a) competência para legislar; b) competência para desapropriar; c) competência para declarar a desapropriação; d) competência para executar ou promover a desapropriação.*

No caso da *competência legislativa*, esta é atribuída privativamente à União, conforme o art. 22, II, da CF/1988. Portanto, será na legislação federal que se encontrará a disciplina legislativa da matéria.

Hoje, ainda vigora, como regra geral para as desapropriações por utilidade pública e por necessidade pública, o Decreto-lei 3.365/1941, a chamada Lei Geral de Desapropriações (LGD). As desapropriações por interesse social, por sua vez, têm como fundamento legal principal a Lei 4.132/1962.

A desapropriação por interesse social, para fins de reforma agrária de que trata o art. 184 da CF/1988, está, quanto aos aspectos materiais referidos no art. 186 da Magna Carta, regulamentada na Lei 8.629/1993, e, nos aspectos processuais, de que trata o § 3.º do art. 184 da Constituição, na Lei Complementar 76/1993.

A Lei 4.593/1964 também regula um caso específico de desapropriação por interesse social, relacionada às obras de combate às secas do Nordeste.

A desapropriação-sanção prevista no art. 182, § 4.º, da CF/1988 está regulamentada, em nível nacional, pelo art. 8.º da Lei 10.257/2001 (Estatuto das Cidades).

Por fim, no aspecto puramente procedimental, temos o Decreto-lei 1.075/1970, que regula a imissão de posse, *initio litis*, de imóveis residenciais urbanos desapropriados por utilidade pública.

A *competência para desapropriar*, diferentemente da legislativa, *é atribuída indistintamente a todos os entes políticos da Federação, ou seja, a União, os Estados, o Distrito Federal e os Municípios*, conforme exposto no art. 2.º do Decreto-lei 3.365/1941. Em princípio, as desapropriações disciplinadas na Lei 4.132/1962 também podem ser efetivadas por qualquer daquelas entidades. O que deve ser observado, no caso, é a competência de cada entidade conforme o fim almejado com a desapropriação.

Assim, por evidente, se a desapropriação visa a possibilitar a construção de uma praça pública em zona urbana de município, caberá à entidade municipal respectiva a iniciativa da desapropriação, assim como caberá à União a desapropriação de terras para permitir a construção de uma ferrovia federal. Não obstante, *a desapropriação de imóveis rurais, para fins de reforma agrária, quando não obedecido o fim social da propriedade, só pode ser feita pela União*, por força do disposto no art. 184 da CF/1988. Isso não quer dizer que a reforma agrária seja uma política exclusiva da União. A reforma agrária implementada pela desapropriação prevista no art. 184, com o pagamento da terra nua em títulos da dívida agrária, é que só pode ser implementada pela União. Da mesma forma, *a desapropriação-sanção de imóvel urbano não edificado, subutilizado ou não utilizado só pode ser feita pelo Município onde este estiver situado* (art. 182, § 4.º), competência também atribuível, por evidência, ao Distrito Federal quanto aos imóveis urbanos nele situados.

Visto que, salvo algumas exceções, qualquer entidade da Federação pode promover a desapropriação, cabe analisar, agora, a quem se atribui o poder de declarar que determinado bem está ou não sujeito a desapropriação e, uma vez feita tal declaração, a quem caberá dar concretude a ela, executando ou dando início ao procedimento expropriatório, judicial ou administrativo.

Em princípio, *a desapropriação pode ser declarada por lei* do parlamento respectivo (art. 8.º da LGD) *ou por ato do Chefe do Executivo municipal, estadual ou federal, conforme a competência para desapropriar* (art. 6.º da LGD). Mais comumente as declarações de desapropriação são veiculadas em decretos do respectivo chefe do Executivo.

Na chamada desapropriação indireta não existe, por evidente, a declaração, uma vez que esta decorre exatamente da inexistência de procedimento regular e adequado, voltado para a expropriação.

Excepcionalmente, *a lei pode atribuir a outra entidade a competência para declarar o bem passível de desapropriação*[37]. O art. 10 da Lei 9.074/1995, por exemplo, na redação dada pela Lei 9.648/1998, atribuiu à Agência Nacional de Energia Elétrica – ANEEL a competência para declarar a utilidade pública, para fins de desapropriação ou instituição de servidão administrativa, das áreas necessárias à implantação de instalações de concessionários, permissionários e autorizados de energia elétrica. Da mesma forma, o art. 82, IX, da Lei 10.233/2001 dispõe caber ao Departamento Nacional de Infraestrutura de Tranportes – DNIT "declarar a utilidade pública de bens e propriedades a serem desapropriados para implantação do Sistema Federal de Viação".

Por fim, declarados os bens passíveis de desapropriação, procede-se à sua fase executória, na qual se promoverá ou implementará concretamente a expropriação. Em regra, a incumbência para tanto será da pessoa jurídica com competência para desapropriar e à qual pertence a autoridade que procedeu à declaração. A LGD, no entanto, admite, em seu art. 3.º, que a lei atribua a terceiros tal incumbência. Pode, inclusive, ser objeto de delegação em contrato, devendo-se entender como tal o contrato administrativo que regula a concessão ou permissão de serviço público, com ou sem obra pública.

Comumente, *a lei atribui a determinadas entidades da Administração Indireta a incumbência de promover a desapropriação, quando diretamente relacionada com os seus fins.* É o que ocorre, por exemplo, com as desapropriações para combates às secas, em que se atribui ao Departamento Nacional de Obras Contra às Secas – DNOCS a competência para promover desapropriação de terras destinadas à implantação de projetos de engenharia e obras públicas de captação, acumulação, condução, distribuição, proteção e utilização de recursos hídricos (art. 2.º, X, da Lei 4.229/1963, incluído pela Lei 10.204/2001). Da mesma forma, com relação ao Instituto Nacional de Colonização e Reforma Agrária – INCRA, em relação à desapropriação de que trata o art. 184 da CF/1988 (Lei Complementar 76/1993, art. 2.º, § 1.º).

Além disso, em se tratando de desapropriações que visam a atender a serviços públicos, poderá ser atribuído ao concessionário ou permissionário o ônus de promover a desapropriação (art. 3.º da LGD c/c os arts. 18, XII, 29, VIII, e 31, VI, da Lei 8.987/1995).

---

37. Por vezes, apenas se atribui a competência da entidade para a instrução de procedimento que irá embasar o ato declaratório, como no caso da Agência Nacional de Petróleo – ANP (art. 8.º, VIII, da Lei 9.478/1997) em relação às áreas necessárias à exploração, desenvolvimento e produção de petróleo e gás natural, construção de refinarias, de dutos e de terminais.

12.6.4. Fundamentos da desapropriação

Como já foi visto em tópico anterior, o fundamento principal da intervenção do Estado na propriedade é a garantia da supremacia do interesse público, o que, aliás, constitui fundamento básico de todas as regras interventivas do Estado na vida do cidadão.

Não obstante, ao direito sobre a propriedade imobiliária em especial, ao longo das últimas décadas, vem se exigindo o cumprimento de importante papel no desenvolvimento da sociedade, como vetor de uma sociedade mais justa, do ponto de vista da produção e distribuição da riqueza. Exige-se, portanto, da propriedade imobiliária, que cumpra uma função social, não se admitindo mais sua simples aquisição e acumulação como riqueza. Embora o pensamento socialista esteja na base dessa ideia, sua migração para o plano jurídico se deu em países das mais variadas matizes econômicas, inclusive alguns adeptos da economia de mercado, como o Brasil.

Assim, supremacia do interesse público e cumprimento da função social da propriedade são os principais fundamentos mediatos da desapropriação. Mas esses fundamentos se tornam mais diretamente perceptíveis mediante a discriminação de situações concretas que servem de suporte fático à desapropriação. Basicamente, são três os fundamentos imediatos da desapropriação, a saber: a) *necessidade pública*; b) *utilidade pública*; e c) *interesse social*.

Os dois primeiros fundamentos são tratados indistintamente pelo Decreto-lei 3.365/1941, que sequer se dá ao trabalho de distingui-los, enquanto que o interesse social está disciplinado na Lei 4.132/1962, sendo o fundamento, também, da chamada desapropriação-sanção e da desapropriação para fins de reforma agrária de latifúndios improdutivos.

a) **Necessidade Pública**[38] (DL 3.365/1941 – art. 5.º, *a* a *d*)

– *Segurança nacional.*
– *Defesa do Estado.*
– *Socorro público, em caso de calamidade.*
– *Salubridade pública.*

b) **Utilidade Pública** (DL 3.365/1941 – art. 5.º, *e* a *o*)

– *Criação e melhoramentos de centros de população.*
– *Aproveitamento industrial de minas e das jazidas minerais, das águas e da energia hidráulica.*
– *Assistência pública, obras de higiene e decoração, casas de saúde, clínicas, estações de clima e fontes medicinais.*
– *Exploração ou conservação dos serviços públicos.*
– *Funcionamento de meios de transporte coletivo.*
– *Abertura, conservação e melhoramento de vias ou logradouros públicos; execução de planos de urbanização; parcelamento do solo, com ou sem edificação, para sua melhor utilização econômica, higiênica ou estética; construção e ampliação de distritos industriais.*
– *Preservação e conservação dos monumentos históricos e artísticos; proteção de paisagens e locais particularmente dotados pela natureza.*

---

38. Distinção que leva em conta a classificação do Decreto 4.956/1903, antigo regulamento das desapropriações, ressaltando-se mais uma vez que a LGD não se preocupa em fazer tal distinção.

– *Preservação e conservação adequada de arquivos, documentos e outros bens de valor histórico ou artístico.*
– *Construção de edifícios públicos, monumentos e cemitérios.*
– *Criação de estádios, aeródromos ou campos de pouso para aeronaves.*
– *Reedição ou divulgação de obra ou invento de natureza científica, artística ou literária.*

c) **Interesse social (Lei 4.132/1962)**

– *Bem improdutivo ou explorado sem correspondência com as necessidades de habitação, trabalho e consumo[39].*
– *Instalação ou intensificação das culturas nas áreas em cuja exploração não se obedeça a plano de zoneamento agrícola.*
– *Estabelecimento e manutenção de colônias ou cooperativas de povoamento e trabalho agrícola.*
– *Manutenção de posseiros em terrenos urbanos onde tenham construído habitação, formando núcleos de mais de dez famílias.*
– *Construção de casas populares.*
– *Terras e águas suscetíveis de valorização extraordinária, pela conclusão de obras ou serviços públicos, no caso em que não sejam socialmente aproveitadas.*
– *Proteção do solo e preservação de cursos e mananciais de água e de reservas florestais.*
– *Utilização de áreas, locais ou bens que sejam apropriados ao desenvolvimento de atividades turísticas.*

d) **Interesse social (CF/1988 – arts. 182, § 4.º, e 184)**

– *Para fins de reforma agrária de latifúndios rurais improdutivos (Lei 8.629/1993).*
– *De imóveis urbanos, de áreas incluídas no Plano Diretor Urbano, que não sejam utilizados, não estejam edificados ou sejam subutilizados.*

e) **Utilidade pública – situações especiais[40] (DL 3.365/1941 – art. 5.º, p)**

– *Implantação e instalação de concessionários, permissionários e autorizatários de energia elétrica (art. 10 da Lei 9.074/1995).*
– *Implantação do Sistema Federal de Viação (art. 82, IX, da Lei 10.233/2001).*
– *Exploração, desenvolvimento e produção de petróleo e gás natural, construção de refinarias, dutos e terminais (art. 8.º, VIII, da Lei 9.478/1997).*
– *Implantação ou manutenção de serviço público de telecomunicações (art. 19, XX, da Lei 9.472/1997).*
– *Criação de unidades de conservação da natureza (arts. 10, § 1.º, 11, § 1.º, 12, § 2.º, 13, § 2.º, e 18, § 1.º, da Lei 9.985/2000).*

---

39. Em se tratando especificamente de imóveis rurais improdutivos, essa hipótese está hoje abarcada pela regulamentação do art. 184 da CF/1988.

40. Embora previstos em leis especiais, a maioria dos casos aqui referidos, apenas a título exemplificativo, poderia ser enquadrada na hipótese da alínea *h* do art. 5.º da LGD (exploração ou conservação de serviços públicos).

12.6.5. Procedimento da desapropriação

Como procedimento que é, a desapropriação compreende a prática de uma série de atos que culminarão, ao final, com a transferência da propriedade, geralmente privada, para o patrimônio do expropriante.

Sendo litigioso o procedimento, ou seja, não havendo concordância do expropriando quanto à própria expropriação ou ao valor oferecido pelo expropriante, desenvolver-se-á uma fase judicial, cujo procedimento é disciplinado em leis específicas, apenas subsidiariamente aplicando-se as disposições do Código de Processo Civil (art. 42 da LGD).

Vejamos, então, as principais fases desse procedimento, conforme a regra geral, aplicável às desapropriações regidas pelo Decreto-lei 3.365/1941 e pela Lei 4.132/1962.

12.6.5.1. Fase declaratória

O primeiro ato do procedimento desapropriatório, propriamente dito, é o consistente da declaração de que determinado bem ou bens está ou estão sujeitos à expropriação.

Claro que, antes disso, a Administração procede a levantamentos, estudos e avaliações sobre a conveniência ou necessidade de se levar a cabo a expropriação, o que ficará a cargo do órgão competente, conforme o setor administrativo envolvido. É óbvio, portanto, que a desapropriação de um imóvel urbano, necessário para a ampliação, construção ou instalação de uma obra pública municipal, como, por exemplo, uma estação de tratamento de água, é precedida, antecedentemente, de estudos e avaliações, os quais são levados a cabo pelo setor competente, no caso, muito provavelmente, pela Secretaria municipal de Obras ou por autarquia ou empresa pública que eventualmente executem o serviço. Esse estudo, acompanhado eventualmente de um parecer jurídico sobre a viabilidade da desapropriação, será encaminhado ao Prefeito municipal, ao qual competirá expedir o ato declaratório correspondente, por meio de decreto.

Procedimento equivalente se desenvolverá nas outras esferas de governo, estadual ou federal. Poderá, ainda, como visto, ocorrer que a declaração seja emanada diretamente do Poder Legislativo, por meio de ato legislativo que não dependa de sanção, já que se constitui, materialmente, em verdadeiro ato administrativo, ou ainda por parte de alguma entidade especialmente autorizada por lei (*v.g.*, DNIT, ANEEL etc.), também por ato próprio (resolução, portaria etc.).

Esses estudos prévios, embora importantes e necessários à desapropriação, antecedem a fase declaratória, não constituindo, portanto, a rigor, o procedimento de expropriação, que terá início, formalmente, com o ato declaratório de expropriação.

Na declaração de desapropriação haverá: a) a identificação e descrição do bem, inclusive com remissão aos confrontantes e ao número da matrícula no registro imobiliário, se imóvel; b) a finalidade da desapropriação; c) o dispositivo legal em que se fundamenta a desapropriação; d) o nome do proprietário, se conhecido.

O principal efeito do ato declaratório é aquele decorrente do disposto no art. 7.º da LGD, correspondente à *autorização para que as autoridades administrativas penetrem nos prédios compreendidos na declaração.*

Além desse, *o ato declaratório também fixa o estado do bem*, para efeito de fixação da futura indenização. Quer dizer, qualquer benfeitoria feita no imóvel, após a declaração, que não tenha tido a aquiescência do Poder expropriante, não será indenizável. Ressalvam-se, por evidente, as benfeitorias necessárias.

Isso não impede, no entanto, que ao expropriando seja deferido alvará de construção ou reforma de sua propriedade, uma vez que, enquanto não concluído o processo expropriatório, ele continua com seu direito íntegro[41].

Com a declaração terá início, ademais, o *prazo para a caducidade do decreto expropriatório*, ou seja, o prazo dentro do qual o expropriante deverá promover a desapropriação, sob pena de não poder promover nova desapropriação do mesmo bem no prazo de um ano.

No caso de utilidade ou necessidade públicas, o prazo de caducidade do ato declaratório é de *cinco anos* (art. 10 da LGD). Nas desapropriações por interesse social esse prazo é menor, sendo de *dois anos* (art. 3.º da Lei 4.132/1962).

Como se vê, a caducidade não impede em definitivo a desapropriação, apenas obstando sua renovação por um ano, a partir da expiração do prazo anterior, após o qual poderá ser editado novo ato declaratório. O fato de não haver previsão de renovação da declaração na Lei 4.132/1962 não implica sua proibição, posto que a regra do art. 10 da LGD é aplicável subsidiariamente à sistemática daquela primeira Lei (art. 5.º da Lei 4.132/1962).

12.6.5.2. Fase executória

12.6.5.2.1. Desapropriação amigável

Havendo concordância do proprietário com a desapropriação e com o valor oferecido, prescinde-se da fase judicial, tornando-se singelo o procedimento expropriatório. Claro que os ajustes com o proprietário são buscados ainda antes da declaração de desapropriação, de modo que, quando é editado esse ato, geralmente a questão já está devidamente encaminhada.

Havendo o acordo, procede-se à transferência do bem para o patrimônio público, com o seu registro no inventário público respectivo, e, sendo imóvel, com o registro no correspondente cartório, conforme disposições da Lei 6.015/1973. Tratando-se de expropriação de cotas ou direitos sobre o capital de empresa, proceder-se-á a mudança societária na Junta Comercial respectiva, comunicando-se aos órgãos fiscalizadores competentes, se for o caso (CVM, SUSEP, Banco Central etc.).

O pagamento do preço será feito diretamente ao expropriado, conforme valor ajustado, submetendo-se a entidade expropriante a todo regramento financeiro e orçamentário existente, no que concerne ao controle de seus gastos.

Quanto à forma, é natural que o ajuste seja feito por escritura pública, principalmente se se tratar de bem imóvel. A lei pode indicar, não obstante, outro meio válido, devendo sempre se lembrar de que os servidores públicos, no exercício de suas funções, são dotados de fé pública, sendo natural, portanto, que, para a formalização da desapropriação amigável de bens móveis, por exemplo, seja desnecessário o uso de instrumento lavrado por tabelião de notas.

---

41. *Súmula 23 do STF*: "Verificados os pressupostos legais para o licenciamento da obra, não o impede a declaração de utilidade pública para desapropriação do imóvel, mas o valor da obra não se incluirá na indenização, quando a desapropriação for efetivada".

12.6.5.2.2. Desapropriação contenciosa (fase judicial)

Não obtido acordo com o proprietário, a desapropriação entra, necessariamente, na fase judicial, devendo, o expropriante, ou alguém por ele delegado, propor a respectiva ação de desapropriação.

Essa ação, para a generalidade das desapropriações, tem suas linhas gerais traçadas pelo Decreto-lei 3.365/1941 (LGD). As desapropriações, para fins de reforma agrária de imóveis considerados improdutivos, seguem um rito especial da Lei Complementar 76/1993.

a) Competência jurisdicional

A competência para o processamento e julgamento da ação de desapropriação obedece à regra geral do art. 109, I, da CF/1988, de modo que caberá à Justiça Federal processar a demanda e julgá-la se a União, autarquia federal (incluindo fundações públicas federais) ou empresa pública federal figurarem no polo como autoras, rés, oponentes ou assistentes. Não sendo esse o caso, a competência será da Justiça estadual, que, normalmente, julgará as desapropriações propostas por Estados e Municípios.

A regra do art. 11 da LGD foi editada numa época em que a Justiça Federal de primeiro grau havia deixado de existir[42], daí a referência a juízo privativo, que eram as antigas varas dos feitos da Fazenda Nacional (art. 108 da Constituição de 1937).

Hoje, é natural que a ação, quando em tramitação na Justiça Federal, tramite na vara federal do local onde situados os bens, ou, não havendo na respectiva localidade vara federal instalada, naquela unidade jurisdicional mais próxima com jurisdição sobre o local (subseção judiciária mais próxima). Aproxima-se, portanto, na medida do possível, da regra geral, que deve sempre vigorar para as ações de desapropriação, do *forum rei sitae*, ou seja, do foro da situação da coisa (art. 47 do CPC).

Nas justiças dos Estados a aplicação do princípio é muito mais simples, posto que quase todos os municípios também são comarcas. Do contrário, caso o município onde situados os bens não tenha sido elevado, ainda, à categoria de comarca, o processamento se dará na comarca com jurisdição sobre a respectiva área territorial.

Já a regra do art. 12 da LGD parece excluir a competência de juízes que ainda estejam em processo de vitaliciamento, no chamado estágio probatório. É de se questionar a validade da norma em face da Constituição Federal atual, vez que esta não estabelece qualquer restrição quanto à atuação dos juízes recém-empossados. A regra da LGD tinha como parâmetro o art. 106 da Constituição de 1937, repetida no art. 124, XI, da Constituição de 1946 e no art. 136, § 1.º, *b*, da Constituição de 1967, mas que não encontra correspondente, no entanto, na Carta Magna atual. Parece-nos que tal regra, assim como outras semelhantes, não vigora mais.

É de se destacar, no entanto, que a lei exclui dos juizados especiais, tanto federais como estaduais, a competência para o processo e julgamento de ações de desapropriação (art. 3.º, § 1.º, I, da Lei 10.259/2001 e art. 2.º, § 1.º, I, da Lei 12.153/2009), cabendo às

---

42. Alteração empreendida pela Constituição de 1937 (arts. 108 e 182 e Lei Constitucional 8/1942) e regulamentada pelo Decreto-lei 6/1937. Com o Ato Institucional 2/1965, a Justiça Federal de primeira instância foi recriada, tendo sido regulamentada sua reinstalação pela Lei 5.010/1966.

varas comuns (federais e dos feitos da fazenda pública estadual ou municipal, conforme o caso) conhecer dessas demandas.

b) Petição inicial

A petição inicial da ação de desapropriação contém requisitos próprios, estabelecidos no art. 13 da LGD, a saber:

- *oferta do preço;*
- *exemplar do contrato ou jornal oficial que houver publicado o decreto de desapropriação (ou outro ato equivalente, como a Portaria do DNIT, da ANEEL etc.);*
- *planta com a descrição dos bens e suas confrontações.*

A disposição referente a autos suplementares, constante do parágrafo único do art. 13, não tem mais aplicação prática. O CPC/1973, aliás, já restringia a aplicação dos autos suplementares à hipótese prevista em seu art. 159, sendo que o CPC/2015 não repetiu a regra, embora não proíba por completo a existência de autos suplementares, conforme se infere de seu art. 712, parágrafo único. No entanto, com o registro dos principais atos processuais em livros próprios como os de registro de sentenças, atas de audiências, mandados etc., inclusive, modernamente, em sistemas eletrônicos, a existência de autos suplementares passou a ser completamente anacrônica, só se efetivando, na prática, em situações muito especiais do dia a dia do foro, como no caso de feito que ainda tramita no meio físico e cujos autos principais, pela sua importância histórica, devam ser preservados e conservados.

Na ação de desapropriação para fins de reforma agrária, a Lei Complementar 76/1993 também exige que se juntem o documento cadastral do imóvel (cadastro rural junto ao INCRA), o laudo de vistoria e avaliação administrativa, que é empreendido pelo INCRA, e o comprovante de depósito do valor referente às benfeitorias, já que a imissão provisória na posse é obrigatoriamente deferida com o recebimento da própria inicial e o comprovante do lançamento dos Títulos da Dívida Agrária (art. 5.º).

c) Imissão provisória na posse

Proposta a ação de desapropriação, o expropriante pode demonstrar ao juízo a urgência em ser imitido na posse do bem, pela necessidade imediata de atender a alguma finalidade pública relevante.

A LGD, portanto, admite a imissão provisória na posse logo no início da demanda, conforme consta de seu art. 15. Na verdade, essa imissão pode ocorrer em qualquer momento até o trânsito em julgado da sentença que analisar a desapropriação. Enquanto não ocorrer o trânsito em julgado, a imissão continua sendo apenas provisória, pois a definitiva só ocorrerá após o transcurso do prazo para o último recurso possível a ser interposto no feito expropriatório. A urgência a justificar a imissão provisória na posse, assim, pode estar caracterizada já no início da demanda, como pode surgir no seu transcorrer.

Não obstante, a LGD contém uma restrição. É que, *declarada a urgência, deverá o expropriante requerer a imissão provisória no prazo de 120 dias, sob pena de não lhe ser concedida a imissão provisória (art. 15, §§ 2.º e 3.º).*

A LGD admite que a imissão seja feita antes mesmo da citação do réu (art. 15, § 1.º). Nesse caso, o expropriante terá de proceder a um depósito prévio, que deve seguir as orientações traçadas no Decreto-lei 3.365/1941 *(preço oferecido, vinte vezes o valor locativo, valor cadastral do imóvel para fins de imposto territorial ou valor fixado pelo juiz, conforme o caso)*[43].

Observe-se que esse procedimento especial para imissão provisória na posse foi criado pela Lei 2.786/1956, que não alterou, no entanto, o *caput* do art. 15 da LGD. Assim, seria de se perguntar se ainda teria aplicação o procedimento do *caput*, que faz remissão ao art. 685 do CPC/1939 (arts. 826 a 838 do CPC/1973)[44], ou seja, à prestação de caução a ser arbitrada judicialmente conforme os critérios da legislação processual civil. Parece-nos que não, pois o procedimento do § 1.º do art. 15 é aplicável em qualquer momento da desapropriação em que se tenha feito a alegação de urgência para fins de imissão provisória na posse.

Hipótese especial é aquela disciplinada no Decreto-lei 1.075/1970[45], aplicável a imóveis urbanos residenciais habitados pelo proprietário ou compromissário comprador. Nesse caso, a imissão se dará sempre pelo preço ofertado pelo expropriante. Não obstante, a norma prevê a possibilidade de impugnação, no prazo de cinco dias, do preço oferecido, caso em que se instaura verdadeiro incidente, podendo haver, inclusive, determinação de perícia para que o juiz decida qual o valor que deve ser depositado. O Decreto-lei estabelece o limite de 2.300 salários mínimos como valor máximo para depósito. Ainda assim, o que se pretendeu com essa normatização especial foi evitar que a emissão se desse apenas com fundamento no valor cadastral do imóvel, já que constatado, à época, que tal valor era manifestamente insuficiente para viabilizar a aquisição de novas moradias pelos expropriados.

Com a edição da Lei 11.977/2009, foi incluído o § 4.º ao art. 15 da LGD, passando a ser obrigatório o registro da imissão provisória da posse no registro geral de imóveis.

d) *Efeitos da imissão provisória na posse – juros compensatórios*

Com a imissão provisória na posse, o proprietário não deterá mais o controle físico sobre a coisa, deixando, por consequência, de usufruir de seus frutos e rendimentos. Assim, embora não ocorra, ainda, a perda da propriedade, perde-se uma de suas mais contundentes exteriorizações, que é o direito de posse.

Por consequência, a jurisprudência, de há muito, reconhecia o direito ao expropriado, quando ocorrente a imissão provisória na posse por parte do expropriante, de se ver recompensado por essa redução de seus direitos, percebendo, em contrapartida, *juros compensatórios*.

---

43. O STF já assentou a constitucionalidade dessa disposição legal, conforme verbete de sua *Súmula 652*:"Não contraria a Constituição o art. 15, § 1.º, do Decreto-Lei n.º 3.365/1941 (Lei da desapropriação por utilidade pública)".
44. O CPC/2015 não contém mais um capítulo dedicado exclusivamente ao instituto da caução, estando a previsão de sua prestação espalhada ao longo da lei para situações especiais. A hipótese principal é aquela referente à concessão de tutela de urgência (art. 300, § 1º).
45. A sistemática da declaração de urgência, no entanto, continua a mesma da LGD (STJ, 1.ª Turma, REsp 31.813/SP, Rel. Min. Demócrito Reinaldo, *DJ* 10.05.1993).

A imissão provisória na posse, portanto, serve de termo a quo *para a fluência dos juros compensatórios*. O STJ chegou, aliás, a sumular a matéria (Súmulas 69[46], 113[47] e 114[48]). O STF, também por súmula, já havia disposto expressamente sobre a matéria[49], tendo, mais recentemente, fixado em 12% a taxa dos juros incidentes ao ano (Súmula 618)[50].

A fixação da taxa de juros compensatórios em 12% ao ano também era adotada pelo extinto Tribunal Federal de Recursos (Súmula 110[51]), o qual também já havia disposto sobre o cômputo dos referidos juros (Súmula 74[52]).

A Medida Provisória 2.027-43/2000 (2.183-56/2001, em sua última reedição), no entanto, acrescentou o art. 15-A à LGD, dispondo especificamente sobre o tema e criando inúmeras restrições ao cômputo dos juros compensatórios, a saber: a) limitação da taxa a até 6% ao ano (*caput*); b) necessidade de comprovação de perda de rendimentos pelo proprietário (§ 1.º); c) não cabimento dos juros quando o grau de utilização da terra e eficiência na exploração for igual a zero (mais atinente a imóveis rurais – § 2.º); d) impossibilidade de invocação do direito aos juros compensatórios, na desapropriação indireta, em relação a períodos de tempo anteriores ao da aquisição da propriedade ou posse pelo autor da ação de indenização (§ 4.º); e) vedação à aplicação de juros compostos, ou seja, de juros incidentes sobre juros (*caput*); f) base de cálculo dos juros compensatórios tendo como base a diferença apurada entre o preço ofertado e o valor final da indenização (*caput*).

Diversas dessas restrições foram impugnadas no âmbito do STF por meio da ADIN 2.332/DF, tendo a Corte, no julgamento da medida cautelar, deferido liminar para suspender a eficácia da expressão "até 6% ao ano", do *caput* do art. 15-A, bem como da integralidade dos seus §§ 1.º, 2.º e 4.º. Deu-se interpretação conforme, também, ao *caput*, para estabelecer que a base de cálculo deve ser a diferença entre 80% do preço oferecido e o valor da indenização fixado na sentença.

Com isso, ainda que precariamente, corrigiram-se inúmeras inconstitucionalidades praticadas com aquela medida provisória. Basicamente, os fundamentos usados foram os seguintes:

---

46. **Súmula 69 do STJ:** "Na desapropriação direta, os juros compensatórios são devidos desde a antecipada imissão na posse e, na desapropriação indireta, a partir da efetiva ocupação do *bem*".
47. **Súmula 113 do STJ***: "Os juros compensatórios, na desapropriação direta, incidem a partir da imissão na posse, calculado sobre o valor da indenização, corrigido monetariamente".
48. **Súmula 114 do STJ:** *"Os juros compensatórios, na desapropriação indireta, incidem a partir da ocupação, calculados sobre o valor da indenização, corrigido monetariamente".*
49. **Súmula 164 do STF:** "No processo de desapropriação, são devidos juros compensatórios desde a antecipada imissão na posse, ordenada pelo juiz, por motivo de urgência".
50. **Súmula 618 do STF:** "Na desapropriação, direta ou indireta, a taxa de juros compensatórios é de 12% (doze por cento) ao ano".
51. **Súmula 110 do TFR:** "Os juros compensatórios, na desapropriação, são calculados à taxa de 12% (doze por cento) ao ano".
52. **Súmula 74 do TFR:** "Os juros compensatórios, na desapropriação, incidem a partir da imissão na posse e são calculados, até a data do laudo, sobre o valor simples da indenização e, desde então, sobre referido valor corrigido monetariamente".

1) quanto à taxa de juros, o disposto na Súmula 618 do STF;

2) quanto à base de cálculo dos juros, o princípio do prévio e justo preço, uma vez que, mantida a disposição da MP, o valor devido a título de juros compensatórios poderia ser irrisório ou até mesmo inexistente;

3) quanto aos §§ 1.º e 2.º, o princípio do prévio e justo preço da indenização, uma vez que a perda da posse retira qualquer proveito econômico que se poderia ter do bem, inclusive o futuro, não sendo relevante considerar apenas o rendimento que este já produzia;

4) quanto ao § 4.º, também o princípio do justo preço, posto que o novo proprietário adquire os direitos que são transmitidos pelo antigo.

O STJ, em vista do entendimento do STF, editou nova orientação jurisprudencial sobre a questão da taxa de juros, fixando os períodos de vigência de cada percentual[53].

Afora a fluência dos juros compensatórios, para o proprietário, a imissão provisória na posse *outorga ao expropriante a possibilidade de utilização imediata do bem* e o exercício de todos os direitos que lhe são próprios. Ou seja, estará o expropriante desde já autorizado a dar a destinação ao bem pela qual foi motivada a desapropriação.

e) Defesa na ação de desapropriação – Utilização das vias ordinárias e outras

O meio normal de defesa atribuído ao réu/expropriado na ação de desapropriação é, como na generalidade das ações, a contestação. Ocorre, no entanto, que a ação de desapropriação se destaca por ser uma ação de cognição restrita, como ocorre em nosso ordenamento jurídico com outras ações, como as possessórias.

A própria legislação que rege o assunto é enfática ao estabelecer a restrição. Com efeito, o art. 9.º do Decreto-lei 3.365/1941 dispõe que "ao Poder Judiciário é vedado, no processo de desapropriação, decidir se se verificam ou não os casos de utilidade pública". O art. 20, por sua vez, é ainda mais enfático, ao estabelecer que "a contestação só poderá versar sobre vício do processo judicial ou impugnação do preço; qualquer outra questão deverá ser decidida por ação direta". Com isso, a discussão que pode ser travada na ação de desapropriação regida pela LGD irá se restringir a temas de ordem processual e ao preço oferecido.

O *caput* do art. 9.º da Lei Complementar 76/1993, que rege o procedimento sumário da desapropriação para fins de reforma agrária, também repete a regra restritiva, mas nos seguintes termos: "A contestação deve ser oferecida no prazo de quinze dias e versar matéria de interesse da defesa, excluída a apreciação quanto ao interesse social declarado". Não existe, portanto, regra tão restritiva, como a do art. 20 da LGD, embora se retire a discussão sobre o interesse social do âmbito da ação.

A própria lei complementar admite, em seu art. 4.º, que o expropriado requeira, na contestação, o chamado "direito de extensão", quando a desapropriação for parcial, exigindo, portanto, que a expropriação agregue toda a extensão de sua propriedade rural, nas hipóteses aventadas no aludido dispositivo. Trata-se de verdadeira pretensão externada na defesa, expressamente admitida na lei. Essa matéria acaba sendo comumente tratada nessas

---

53. *Súmula 408 do STJ*: "Nas ações de desapropriação, os juros compensatórios incidentes após a Medida Provisória n. 1.577, de 11/06/1997, devem ser fixados em 6% ao ano até 13/09/2001 e, a partir de então, em 12% ao ano, na forma da Súmula n. 618 do Supremo Tribunal Federal".

ações, nem tanto pela iniciativa do Poder Público de restringir a área expropriável, mas sim pelo fato de ser corriqueira a não adequação da área registrada com a efetivamente existente, geralmente maior, caso em que ao expropriado não resta outra saída senão a de requerer o direito de extensão.

Essas restrições à atividade cognitiva do juiz em ações de rito especial como a desapropriação não inviabilizam o acesso ao Judiciário, não representando afronta ao disposto no art. 5.º, XXXV, da CF/1988, pois não há vedação ou proibição ao uso, pelo réu ou terceiro interessado, de outros mecanismos processuais válidos, previstos na legislação. Com efeito, o fato de o expropriado não poder discutir o interesse social ou a utilidade/necessidade pública em sua defesa não significa que não o possa fazer por meio de ação própria.

Na verdade, é absolutamente comum a oposição de ações, geralmente pelo rito ordinário, em que se visa à declaração de nulidade do decreto expropriatório. Comuns, também, são as ações cautelares de produção antecipada de provas, quando o expropriado objetiva demonstrar, antes de eventual imissão provisória na posse, o não cabimento da expropriação, como a discussão prévia acerca da produtividade do imóvel destinado à reforma agrária.

Em tese, até mesmo ações como o mandado de segurança são admitidas, desde que seja possível a demonstração de eventual matéria fática por meio de prova pré-constituída. Aliás, nesse pormenor, o STF é corriqueiramente instado a se manifestar em mandados de segurança impetrados contra decretos expropriatórios do Presidente da República.

Afora isso, o expropriado disporá de outros meios indiretos de defesa, como as exceções (de incompetência, suspeição e impedimento), normalmente admitidas no processo de desapropriação.

f) Conciliação nas ações de desapropriação

O Decreto-lei 3.365/1941 não contém qualquer regra específica sobre o tema, apenas dizendo que, após a citação, a ação segue o rito ordinário (art. 19). Assim, cabível a adoção da sistemática prevista no art. 334 do CPC/2015, que prevê a chamada audiência de conciliação ou mediação, a qual, por sua vez, só deve ser dispensada em situações excepcionais.

A Lei Complementar 76/1993 contém previsão expressa sobre a realização de uma audiência de conciliação (art. 6.º, § 3.º), a ser realizada nos dez dias seguintes ao da citação.

Na prática, a conciliação, como forma preferencial de composição de conflitos, pode ser realizada em qualquer momento, sendo possível, inclusive, a realização de mais de uma audiência.

Embora não seja impositiva a realização de tal audiência na legislação especial, é normal que se realize tal audiência em ações de desapropriação, devendo o juiz, quando optar por sua não realização, fundamentar seu procedimento. À vista das diretrizes encampadas pelo novo CPC, na sistemática de seu art. 334, a audiência é, em princípio, impositiva, somente sendo afastada sua realização quando ambas as partes se manifestarem sobre a inviabilidade de composição.

g) Atuação do Ministério Público

O Ministério Público intervém obrigatoriamente nas ações de desapropriação para reforma agrária (art. 18, § 2.º, da Lei Complementar 76/1993). Embora a LGD seja omissa sobre o tema, a intervenção do MP, nos feitos por ela regidos, é justificada pelo disposto no art. 178, I e II, do novo CPC, ante o inegável interesse público em causa.

Intervindo, ao representante do MP se garante a possibilidade de participar de todas as audiências, assim como de se manifestar, em geral depois das partes, sobre todas as decisões proferidas, bem como tomar ciência e eventualmente impugnar as provas produzidas, em particular a pericial.

h) Depósito prévio e levantamento

Como visto, pretendida a imissão provisória, deve ser feito, pelo expropriante, o depósito prévio do preço, conforme regras estabelecidas na LGD.

Na desapropriação de que trata a Lei Complementar 76/1993, esse depósito prévio sempre será feito, antes mesmo de iniciado o processo judicial, uma vez que a imissão provisória na posse já constitui fase normal do procedimento, única coisa, aliás, que substancialmente o diferencia das demais desapropriações. Nesse caso, no entanto, o depósito somente se refere ao valor das benfeitorias, uma vez que a terra nua será indenizada com títulos da dívida agrária.

Ao expropriado é garantido o direito do levantamento de 80% desse depósito prévio (art. 6.º, § 1.º, da Lei Complementar 76/1993 e art. 33, § 2.º, do Decreto-lei 3.365/1941). O levantamento do valor independe da concordância ou não do expropriado com o preço oferecido, somente não sendo permitido se tiver proposto ação visando à nulidade do decreto expropriatório, caso em que haverá manifesta incongruência entre sua pretensão anulatória e eventual requerimento de levantamento.

Para que se proceda ao levantamento, basta que o expropriado comprove a titularidade do bem e a quitação das dívidas fiscais. As dívidas fiscais referidas na legislação dizem respeito, obviamente, aos tributos que incidem sobre o bem (ITR e IPTU), e não sobre toda e qualquer dívida fiscal que o expropriado possua. Da mesma forma, a titularidade do bem, referida na legislação, não deixa de fazer sentido, posto que não há, em princípio, vedação à alienação dos direitos referentes ao imóvel, enquanto não concluído o processo de desapropriação. Embora esse eventual negócio jurídico não afete a pretensão expropriatória do Poder Público, que prosseguirá normalmente, poderá constituir-se validamente como transferência de direitos sobre o preço a ser pago e, logo, sobre a quem se deve pagar.

Para salvaguarda dos interesses de terceiros, a legislação exige, também, que sejam publicados editais prévios quanto à pretensão de levantamento.

i) Da instrução e julgamento

Nos processos de desapropriação, a instrução processual é feita em conformidade com as regras gerais vigentes para o processo civil.

Uma particularidade, no entanto, é a obrigatoriedade da prova pericial. Com efeito, para se salvaguardar o direito à justa indenização, previsto constitucionalmente, não se admite que haja, em tais feitos, julgamento antecipado da lide. A perícia para determinar o preço justo do bem, assim, sempre será realizada, a menos que o feito tenha sido conciliado antecedentemente à fase instrutória.

Realizada a perícia e, eventualmente, tomadas outras provas que se tenha julgado necessárias, o juiz deverá proceder ao julgamento da causa, preferencialmente em audiência, como preconizado no art. 24 do Decreto-lei 3.365/1941 e no art. 12 da Lei Complementar 76/1993, o que, geralmente, acaba constituindo-se numa exceção, em vista, até mesmo, da complexidade dessas causas.

Na prática, encerrada a instrução, seguem-se memoriais das partes, manifestação final do Ministério Público e, por fim, a sentença.

j) Recurso e remessa necessária

O recurso cabível da sentença que julga a ação de desapropriação é a apelação, que segue a regra geral do processo civil quanto ao prazo, ou seja, 15 dias, contando-se em dobro se a recorrente for a Fazenda Pública. O recurso é recebido no efeito meramente devolutivo, quando interposto pelo expropriado, e também no suspensivo, quando o recurso for do expropriante (art. 28 da LGD e art. 13 da Lei Complementar 76/1993).

A remessa necessária, em ações de desapropriação, se rege por regras próprias, somente sendo admitida quando a sentença condena o expropriante em quantia superior a 50% sobre o valor oferecido na inicial, na hipótese do feito regido pela Lei Complementar 76/1993 (art. 13, § 1.º) ou de seu dobro, nos feitos de que trata a LGD (art. 28, § 1.º).

12.6.5.3. Justa indenização

Ponto importantíssimo no que se refere ao tema desapropriação é o concernente à indenização, ou seja, aquilo que se paga pelo que foi expropriado.

Como regra geral, a Constituição Federal de 1988, seguindo uma tendência das anteriores, impõe que o pagamento seja feito *em dinheiro* e seja *prévio à desapropriação*, propriamente dita, ou seja, ocorra antes da efetiva transferência da propriedade, que se dará com o registro, no cartório competente, do acordo ou da sentença transitada em julgado, proferida no processo judicial de desapropriação.

Além disso, é necessário que a indenização seja *justa*. Não há, no entanto, regra clara, seja na Constituição, seja na legislação ordinária, do que signifique o termo "indenização justa". O entendimento comum, unanimemente aceito na jurisprudência e na doutrina, é o de que indenização justa é "aquela que corresponde real e efetivamente ao valor do bem expropriado, ou seja, aquela cuja importância deixe o expropriado absolutamente indene, sem prejuízo algum em seu patrimônio"[54].

A indenização justa, então, abrange não apenas o valor de mercado da propriedade, bem como o de suas benfeitorias, com a devida atualização monetária, além do valor correspondente aos frutos que deixam de ser auferidos dela, quando perdida a posse pela imissão provisória do expropriante (juros compensatórios), os juros decorrentes do atraso no pagamento da indenização, depois de fixada em definitivo (juros moratórios), e as despesas decorrentes do processo expropriatório acaso suportadas pelo expropriado (honorários advocatícios, periciais, custas etc.).

Analisemos cada um desses valores em separado.

---

54. *Curso de direito administrativo*. 29. ed. São Paulo: Malheiros, 2012. p. 900.

12.6.5.3.1. Valor da propriedade e de suas benfeitorias

A forma mais correta de se apurar o valor real da propriedade e de suas benfeitorias é aferir sua cotação no mercado, sendo irrelevantes, para esse fim, os valores declarados pelo próprio expropriante em cadastros imobiliários, de renda etc., ou perícias realizadas previamente na via administrativa.

Dessa forma, o disposto no art. 22 da Lei 9.393/1996, quando estabelece que o valor da terra nua – VTN, para fins de depósito em ação de desapropriação regida pela LC 76/1993, não pode ser superior ao declarado pelo contribuinte no Documento de Informação e Atualização Cadastral (DIAC), só pode ser entendido como válido quando restrito ao depósito para os fins de imissão provisória na posse, sendo claramente inconstitucional se se pretender, com base nele, restringir o valor da terra nua a ser fixado ao final pelo juiz.

Pela complexidade que a aferição do valor real da propriedade envolve, é ela feita, invariavelmente, por meio de perícia, quando não ocorre, evidentemente, a concordância do expropriado quanto ao preço oferecido. A perícia judicial seguirá as regras próprias previstas para a produção desse tipo de prova no Código de Processo Civil.

Como princípio constitucional que é, a justa indenização não pode ser afastada por mera presunção legal, daí por que se entende que, mesmo revel o expropriado, será obrigatória a realização da prova pericial, com a avaliação do bem, conforme entendimento sufragado na *Súmula 118* do extinto Tribunal Federal de Recursos[55], ainda seguido pelo STJ[56].

Em contrapartida, não há, em princípio, vedação alguma a que a perícia judicial afira valor inferior ao da oferta, embora seja rara tal ocorrência. Não há, nesse caso, julgamento *extra petita* caso o juiz acate o valor inferior indicado pela perícia[57].

É preciso lembrar que o valor da indenização é aferido conforme preços vigentes à época da avaliação ou, para usar o termo legal, contemporâneos a ela (art. 26 do Decreto-lei 3.365/1941). Só por isso poderá haver desvalorização em relação ao valor apurado pela Administração Pública na época da oferta.

A Lei Complementar 76/1993 também segue regra semelhante, estabelecendo que o valor da indenização corresponderá ao valor apurado na data da perícia (art. 12, § 2.º) ou ao consignado pelo juiz, se diverso, obviamente.

Com relação às benfeitorias, todas aquelas feitas antes da declaração de desapropriação são indenizáveis, inclusive as voluptuárias, pois integram o preço da propriedade. Mas, após tal declaração, como regra, só se indenizam as benfeitorias necessárias. As úteis somente serão indenizadas se houver autorização do expropriante para sua execução (art. 26, § 1.º, da LGD).

12.6.5.3.2. Correção monetária

Em sua redação original, o Decreto-lei 3.365/1941 não previa a utilização da correção monetária para a atualização dos valores fixados a título de indenização. Com a Lei 4.686,

---

55. *Súmula 118 do TFR*: "Na ação expropriatória, a revelia do expropriado não implica em aceitação do valor da oferta e, por isso, não autoriza a dispensa da avaliação".
56. STJ, REsp 618.146/ES, 2.ª T., Rel. Min. João Otávio de Noronha, j. 14.11.2006.
57. STJ, REsp 780.542/MT, 1.ª T., Rel. Min. Denise Arruda, j. 03.08.2006; REsp 848.747/SC, 2.ª T., Rel. Min. Mauro Campbell Marques, j. 20.05.2010.

de 21 de junho de 1965, foi estipulada a atualização, embora de forma limitada, a ser feita depois de decorrido prazo superior a um ano, a partir da avaliação (art. 26, § 2.º). Posteriormente, a Lei 6.306/1975 estabeleceu que essa atualização seria feita conforme índice fixado trimestralmente pela Secretaria de Planejamento da Presidência da República. Essa disposição perdeu seu sentido ante a avalanche inflacionária que passou a tomar conta da economia nacional a partir do final da década de 1970, tornando, inclusive, irreais as atualizações apenas trimestrais.

Hoje, a atualização monetária é feita mensalmente, conforme índices oficiais adotados em manuais de cálculos do próprio Judiciário. Da mesma forma, *incide desde a avaliação*, e não mais apenas a partir do prazo determinado no art. 26, § 2.º, da LGD, que não reflete corretamente o princípio da justa indenização[58]. Esse entendimento, aliás, já era seguido pelo extinto Tribunal Federal de Recursos[59].

O STF, ademais, também já entendia não ser possível a atualização monetária incidente apenas uma vez, como preconizado na legislação mais antiga (Súmula 561[60]), no que foi seguido pelo STJ, que reiterou em súmula o afastamento da regra do § 2.º do art. 26 da LGD[61].

Excepcionalmente, a jurisprudência admite que somente uma nova avaliação poderá refletir com fidedignidade o princípio da justa indenização, não bastando, para tanto, a correção monetária.

Isso ocorre, geralmente, naqueles casos em que a fixação da indenização por sentença se deu muitos anos antes da liquidação e execução do julgado, quase sempre em períodos anteriores à própria instituição da correção monetária, não tendo havido, por razões diversas, o pagamento do preço. Nesses casos, a nova avaliação poderá encontrar preço muito superior ao fixado anteriormente na sentença de desapropriação, ainda que devidamente atualizado monetariamente, decorrência de eventual valorização do bem no mercado[62].

12.6.5.3.3. Juros compensatórios

Como dito em tópico anterior, referente à imissão provisória na posse, os juros compensatórios visam a compensar o expropriando pela perda antecipada da posse. Seu valor não é corrigido monetariamente, mas sua incidência se dá sobre a indenização corrigida (Súmulas 113 e 114 do STJ, já citadas), o que mantém seu valor.

---

58. STJ, REsp 742.678/MG, 1.ª T., Rel. Min. Luiz Fux, j. 03.10.2006.
59. **Súmula 75 do TFR:** "Na desapropriação, a correção monetária prevista no § 2.º do art. 26 do Decreto-lei 3.365, de 1941, incide a partir da data do laudo de avaliação, observando-se a Lei n.º 5.670, de 1971".
60. **Súmula 561 do STF:** "Em desapropriação, é devida a correção monetária até a data do efetivo pagamento da indenização, devendo proceder-se à atualização do cálculo, ainda que por mais de uma vez".
61. **Súmula 67 do STJ:** "Na desapropriação, cabe a atualização monetária, ainda que por mais de uma vez, independente do decurso de prazo superior a um ano entre o cálculo e o efetivo pagamento da indenização".
62. STJ, REsp 849.475/SP, 1.ª T., Rel. Min. Luiz Fux, j. 02.12.2008, seguindo entendimentos do STF sobre o tema, citados no acórdão.

Outrossim, como parte integrante da indenização, sobre eles incidirão também os juros moratórios (Súmula 102 do STJ[63]), não havendo anatocismo, no caso, por serem distintos os fundamentos de incidência dos juros moratórios.

Não obstante, conforme entendimento atual da jurisprudência, no sentido de que os juros compensatórios só incidem até a expedição do precatório original e de que os juros moratórios somente incidirão após o transcurso do prazo para pagamento desse mesmo precatório, torna-se improvável, agora, a referida cumulação, até porque, pela nova redação dada ao art. 100 da CF/1988, pela Emenda Constitucional 62/2009, passou a ser obrigatória a inclusão, nos orçamentos, dos valores referentes aos precatórios expedidos.

12.6.5.3.4. Juros moratórios

Os juros moratórios visam a compensar a mora, ou seja, o atraso no pagamento da indenização.

Como a indenização será devida apenas a partir da fixação de seu valor por sentença, e, obviamente, com o trânsito em julgado desta última, que a tornará definitiva, somente a partir daí incidirão os juros de mora em desapropriação, conforme já estabelecia a *Súmula 70*[64] do extinto TFR, entendimento ratificado pelo STJ, igualmente em verbete de *Súmula de n.º 70*[65].

O STF, no entanto, já há algum tempo, vinha construindo jurisprudência no sentido de que a mora, em se tratando de pagamentos a serem feitos pela Administração Pública em decorrência de decisão judicial, só restaria configurada a partir da extrapolação do prazo previsto no art. 100 da CF/1988, referente aos precatórios (Súmula Vinculante 17[66]).

Na esteira desse entendimento, a Medida Provisória 2.163-56/2001 acrescentou o art. 15-B à LGD, fixando o dies a quo dos juros moratórios, na taxa de 6% ao ano, a partir de 1.º de janeiro do exercício seguinte àquele em que o pagamento deveria ser feito, nos termos do art. 100 da Constituição.

Ficaram superados, assim, os antigos entendimentos sumulares do TFR e do STJ sobre o assunto, conforme reconhecido, inclusive, por este último tribunal em recurso repetitivo[67].

Por fim, diga-se que os juros de mora correspondem integralmente ao valor devido pelo atraso no pagamento, não incidindo qualquer outro tipo de indenização, além destes (Súmula 416 do STF[68]).

---

63. **Súmula 102 do STJ:** "A incidência dos juros moratórios sobre os compensatórios, nas ações expropriatórias, não constitui anatocismo vedado em lei".
64. **Súmula 70 do TFR:** "Os juros moratórios, na desapropriação, fluem a partir do trânsito em julgado da sentença que fixa a indenização".
65. **Súmula 70 do STJ:** "Os juros moratórios, na desapropriação direta ou indireta, contam-se desde o trânsito em julgado da sentença".
66. **Súmula Vinculante 17:** "Durante o período previsto no § 1.º do artigo 100 da Constituição, não incidem juros de mora sobre os precatórios que nele sejam pagos".
67. STJ, REsp 1.118.103/SP, 1.ª Seção, admitido na forma do art. 543-C do CPC, Rel. Min. Teori Zavascki, j. 24.02.2010.
68. **Súmula 416 do STF:** "Pela demora no pagamento do preço da desapropriação não cabe indenização complementar além dos juros".

12.6.5.3.5 Honorários advocatícios e demais despesas processuais

Dentre os valores inseridos no conceito de justa indenização, inserem-se aqueles referentes aos honorários advocatícios (Súmula 378 do STF[69]).

A base de cálculo dessa verba é a diferença entre a oferta e a indenização, corrigidas ambas monetariamente (Súmula 617 do STF[70] e Súmula 141 do STJ[71]).

Se não houver diferença, ou seja, se o valor for fixado conforme o preço ofertado ou mesmo inferior a este, não serão devidos honorários advocatícios ao expropriado. Trata-se, simplesmente, da aplicação do princípio da sucumbência, expresso, aliás, no art. 19, *caput*, da Lei Complementar 76/1993, em se tratando de desapropriações para fins de reforma agrária.

Havendo diferença, sobre ela também serão considerados as parcelas de juros compensatórios e moratórios, incidindo os honorários sobre o total da indenização, com todos os seus acessórios, devidamente corrigida (Súmula 131 do STJ[72] e Súmula 141 do extinto TFR[73]).

O percentual dos honorários era fixado conforme critérios definidos no CPC (art. 20, § 4.º). Não obstante, a partir da Medida Provisória 1.997-37, de 11 de abril de 2000, reeditada até o n.º 2.138-56/2001, foi estabelecido que o percentual deveria ser fixado entre o mínimo de 0,5% e o máximo de 5% do montante da diferença entre a oferta e o valor da indenização, conforme o § 1.º do art. 27 do Decreto-lei 3.365/1941. Portanto, se a sentença for proferida já na vigência da referida MP, deverá observar os parâmetros por ela estabelecidos. A limitação de valor, prevista no mesmo dispositivo, no sentido de que os honorários não poderiam superar o montante de R$ 151.000,00, foi suspensa pelo STF quando da apreciação da medida liminar na ADI 2.332-2.

Essa mesma medida provisória estabeleceu restrição quanto à atualização dos honorários advocatícios, que, a partir de maio de 2000, passou a ser feita anualmente, com base na variação do Índice de Preços ao Consumidor Amplo – IPCA (§ 4.º do art. 27 do Decreto-lei 3.365/1941).

Na desapropriação para fins de reforma agrária incide regra especial, estabelecida no art. 19, § 1.º, da Lei Complementar 76/1993, que prevê o percentual dos honorários em até 20%, nos parecendo inconstitucional a tentativa de extensão da regra prevista na MP 2.183-56/2001, estabelecida no inc. I do § 3.º do art. 27 da LGD, posto que veiculada por meio legislativo diverso do previsto no art. 184, § 3.º, da CF/1988.

Como a perícia é obrigatória nas ações de desapropriação, os honorários periciais são sempre adiantados pelo expropriante, conforme aplicação das regras gerais do processo

---

69. **Súmula 378 do STF**: "Na indenização por desapropriação incluem-se honorários do advogado do expropriado".
70. **Súmula 617 do STF**: "A base de cálculo dos honorários de advogado em desapropriação é a diferença entre a oferta e a indenização, corrigidas ambas monetariamente".
71. **Súmula 141 do STJ**: "Os honorários de advogado em desapropriação direta são calculados sobre a diferença entre a indenização e a oferta, corrigidos monetariamente".
72. **Súmula 131 do STJ**: "Nas ações de desapropriação incluem-se no cálculo da verba advocatícia as parcelas relativas aos juros compensatórios e moratórios, devidamente corrigidas".
73. **Súmula 141 do TFR**: "Nas ações de desapropriação, computam-se, no cálculo da verba advocatícia, as parcelas relativas aos juros compensatórios e moratórios, devidamente corrigidas".

civil de distribuição das despesas processuais determinadas pelo juízo (art. 82, § 1.º, do novo CPC), sujeitando-se a Fazenda Pública a tal antecipação[74] (Súmula 232 do STJ).

Também de acordo com as regras processuais vigentes, cada parte adianta a remuneração de seu assistente técnico (art. 95, *caput*, do CPC). Não obstante, sendo a Fazenda Pública a sucumbente e restando provado o efetivo pagamento ao assistente técnico do expropriado, este pode requerer o reembolso da quantia paga, nos termos do entendimento consubstanciado na *Súmula 69* do extinto TFR[75].

Quanto às custas judiciais, a ação disciplinada na Lei Complementar 76/1993 está expressamente isenta de seu pagamento (art. 18, *caput*), regra que se sobrepõe às normas gerais do Regimento de Custas da Justiça Federal (Lei 9.289/1996). Nas outras ações expropriatórias, bem como naquelas em tramitação nas justiças estaduais, incidirão as regras previstas nos respectivos regimentos de custas.

12.6.5.4. Regras especiais atinentes à indenização (desapropriação-sanção e reforma agrária)

A Constituição Federal de 1988, inovando no tema atinente à desapropriação, previu, com relação à propriedade imóvel que não cumpre sua função social, seja no meio agrário, seja no meio urbano, regras especiais, mormente no tocante à indenização devida, as quais, excepcionando a regra geral do art. 5.º, XXIV, que prevê sempre o pagamento antecipado e em dinheiro ao expropriado, permitem que parte do valor devido seja pago por meio de títulos públicos.

No caso da desapropriação para fins de reforma agrária, prevista no art. 184 do Texto Magno, previu o Constituinte que a União pague apenas as benfeitorias em dinheiro (§ 1.º), procedendo ao pagamento da chamada "terra nua", ou seja, a propriedade propriamente dita, incluídas as florestas nativas e qualquer outro tipo de vegetação natural (art. 12, § 2.º, da Lei 8.629/1993), por meio de *títulos da dívida agrária*, os famosos "TDAs".

Esses títulos são emitidos pela União, conforme previsão orçamentária anual (§ 4.º), com prazo de resgate variável, que pode se estender a *até 20 anos* (caput do art. 184).

A Lei 8.629/1993, regulamentando a regra constitucional, estabeleceu um *escalonamento dos prazos* de resgate conforme o tamanho da propriedade, de modo que, em propriedades com até 70 módulos fiscais, o pagamento integral se dá em até 15 anos. Propriedades com mais de 70 a até 150 módulos fiscais têm prazo de resgate de até 18 anos e propriedades com mais de 150 módulos fiscais têm prazo de resgate de até 20 anos (art. 5.º, § 3.º, I, II e III). Como os prazos são máximos, nada impede que haja antecipação destes por decisão governamental.

Nos casos de acordo em ação de desapropriação, a Medida Provisória 2.183-56/2001 estabeleceu a possibilidade de redução desses prazos, em até cinco anos, conforme o tamanho da propriedade em hectares (art. 5.º, § 4.º, da Lei 8.629/1993).

---

74. **Súmula 232 do STJ:** *"A Fazenda Pública, quando parte no processo, fica sujeita à exigência de depósito prévio dos honorários do perito".*
75. *Súmula 69 do TFR:* "Incumbe ao expropriante pagar o salário do assistente técnico do expropriado".

Esses são prazos máximos de resgate; os títulos, na verdade, são resgatados ano a ano, *a partir do segundo ano de sua emissão*, dando-se o resgate da última série no último ano do prazo estipulado.

No caso dos imóveis urbanos referidos no § 4.º do art. 182 da Constituição Federal, é facultado ao Município correspondente, em relação a imóvel não edificado, subutilizado ou não utilizado, incluído no plano diretor, nos termos da regulamentação do Estatuto das Cidades, exigir seu adequado aproveitamento. Como consequência última, como já visto, o imóvel pode ser desapropriado. Essa desapropriação, chamada de desapropriação-sanção, também pode ser paga com títulos da dívida pública.

Nesse caso, são títulos públicos emitidos pelo Município respectivo. Mas os municípios, no direito brasileiro, assim como os Estados, estão impedidos de emitir títulos da dívida pública desde a promulgação da Emenda Constitucional 3/1993 (art. 5.º), ressalvada a hipótese específica prevista no art. 33 do ADCT e aquela prevista na própria Emenda Constitucional, referente a refinanciamento de obrigações anteriores a 31 de dezembro de 1999.

Em que pese tal vedação, entendemos que a norma constitucional do art. 182, § 4.º, não foi derrogada, pela sua especialidade, até porque, conforme a disposição em tela, tais títulos, embora emitidos pelos Municípios, *devem ter sua emissão previamente aprovada pelo Senado Federal*, o que garante, digamos assim, maior controle em sua emissão e, consequentemente, no endividamento interno dos referidos entes federativos.

Tanto é assim que o Estatuto das Cidades (Lei 10.257/2001), em seu art. 8.º, § 1.º, regulamentando a disposição constitucional, reitera seja o pagamento da indenização feita por títulos da dívida pública, previamente aprovados pelo Senado Federal, *com prazo de resgate de até dez anos*.

Aqui, diferentemente do que ocorre com as desapropriações para fins de reforma agrária, não se garante o pagamento de eventuais benfeitorias em dinheiro, sendo toda a indenização paga por intermédio de títulos. Em compensação, o prazo máximo de resgate é de dez anos, e não de 20, sendo o resgate feito já a partir do primeiro ano da emissão, e não do segundo.

12.6.6. Da retrocessão

Toda desapropriação tem como pressuposto uma finalidade pública, o atendimento de alguma situação que interesse à coletividade, seja a necessidade de construção de uma via pública, uma escola, um posto de saúde, ou a garantia do uso efetivo e regular da própria propriedade particular, como ocorre nos casos das desapropriações por interesse social de imóveis que não cumprem sua finalidade social.

Entretanto, se o Poder Público expropriante não der ao bem expropriado a destinação pública que havia justificado a desapropriação, poderá haver o retorno da propriedade ao expropriado?

A esta possibilidade, de retorno do bem ao expropriado, se dá o nome de *retrocessão*, e a doutrina administrativista brasileira costuma divergir quanto à sua natureza e alcance.

Basicamente, os efeitos da retrocessão decorrerão da natureza que se dê ao instituto, como direito real ou como direito pessoal. Entendida como direito real, garantido estaria o retorno do bem à propriedade anterior, do expropriado. Entendida como direito pessoal, no entanto, garantir-se-ia, tão somente, indenização equivalente a perdas e danos, sem reingresso do bem à esfera de propriedade do expropriado.

Como bem esclarece Bandeira de Mello[76], na vigência da Lei 1.021, de 26.08.1903, era indubitável reconhecer a natureza de direito real da retrocessão, uma vez que o art. 2.º, § 4.º, da mencionada Lei expressamente falava que o expropriado tinha o direito de reaver o imóvel, desde que restituísse a importância recebida.

A partir do Código Civil de 1916, no entanto, a questão passou a ser tratada de modo diverso, pois o art. 1.150 do Código apenas garantia ao expropriado o direito de preferência (preempção) na reaquisição do bem, resolúvel, portanto, em perdas e danos, caso fosse desconsiderado.

O Decreto-lei 3.365/1941 pareceu reafirmar a natureza pessoal do direito quando estabeleceu, em seu art. 35, a impossibilidade de os bens expropriados serem objeto de reivindicação.

Bandeira de Mello critica tal posicionamento, se firmando na Constituição Federal para defender a tese de que a desapropriação, quando não atendida a finalidade pública da destinação do bem, poderá resultar na retrocessão, com a devolução do bem a seu antigo proprietário.

Com efeito, diz o referido autor[77] que, "em vista do princípio da supremacia da Constituição, lei alguma poderia dar à matéria tratamento que contraditasse o que é simples resultado da proteção que a Lei Magna outorga à propriedade, já que a garantia que lhe confere só é absolvida para a satisfação de uma finalidade pública. Daí a impotência da invocação do art. 1.150 do Código Civil anterior (ou do atual, art. 519) para arrimar entendimento diverso, ou do art. 35 do Decreto-lei n.º 3.365 para infirmar – nos casos em que caiba – o direito ao retorno do bem ao expropriado".

Alguns autores, entretanto, vêm defendendo a natureza mista da retrocessão, uma vez que reconhecem a possibilidade de o expropriado optar por reaver o bem ou pleitear a indenização.

Concordamos com Bandeira de Mello que essa opção não transforma a retrocessão em direito de natureza mista, pois a opção por perdas e danos não é retrocessão propriamente dita, que só pode ser entendida como o direito real de reaver o bem. A natureza real da retrocessão, ademais, vem sendo reafirmada no STJ[78]. Nesse caso, cabe ao expropriado, em ação própria, demonstrar que ao bem não foi dada nenhuma destinação pública, a fim de que o Judiciário anule a transferência dominial decorrente da desapropriação.

Em arremate, é necessário dizer que não é qualquer destinação diversa daquela que motivou a expropriação que irá garantir o direito à retrocessão. A destinação diversa, também chamada de *tredestinação*, tem de ser ilícita, ou seja, não atender a finalidade pública alguma. Assim, se o Município construiu uma escola em vez de um posto de saúde, estará

---

76. *Curso de direito administrativo*. 29. ed. São Paulo: Malheiros, 2012. p. 911.
77. Idem.
78. A título exemplificativo, vide acórdãos proferidos pelo STJ no *REsp 868.655/MG* (2.ª T., Rel. Min. Eliana Calmon, j. 14.03.2007), no *REsp 819.772/SP* (1.ª T., Red. p/ acórdão Min. Luiz Fux, j. 29.06.2006) e no *REsp 868.120/SP* (1.ª T., Rel. Min. Luiz Fux, j. 27.11.2007). As decisões do STF sobre o assunto, embora no mesmo sentido, são mais antigas, sendo anteriores à CF/1988.

atendida, de qualquer forma, a finalidade pública, não sendo possível a retrocessão. Esse, hoje, é o entendimento pacífico do STJ[79].

12.6.7. Desapropriação sem indenização (Confisco)

A Constituição Federal de 1988 previa, na redação original de seu art. 243, *caput*, a desapropriação de glebas onde fossem encontradas culturas ilegais de plantas psicotrópicas. Embora não houvesse referência expressa, a utilização da expressão "glebas" era entendida como sinônimo de terras rurais.

Também era previsto, no parágrafo único do aludido artigo, que todo e qualquer bem de valor econômico apreendido em decorrência de tráfico ilícito de entorpecentes e drogas afins seria confiscado e reverteria em benefício de instituições e pessoal especializados no tratamento e recuperação de viciados e no aparelhamento e custeio de atividades de fiscalização, controle, prevenção e repressão do crime de tráfico dessas substâncias.

Na verdade, a lei penal brasileira já garante a perda, em favor da União, de todo instrumento utilizado para a prática de crime, desde que consistam em coisas cujo fabrico, alienação, uso, porte ou detenção constitua fato ilícito (art. 91, II, *a*, do Código Penal). Assim, tanto a arma sem registro ou cujo porte é exclusivo das Forças Armadas, quanto o entorpecente apreendidos, utilizados na prática de crime, serão confiscados, não havendo que se falar em indenização, posto que do ilícito não se gera qualquer tipo de direito.

A lei não poderia, no entanto, alcançar bens patrimoniais que não se inserissem no conceito de instrumento ou produto do crime, quando sua posse e propriedade sejam lícitas. A Constituição Federal, no entanto, especificamente no caso de tráfico de entorpecentes, permite o confisco, tendo em conta o uso ilícito que se dá ao bem.

Assim, o automóvel, a embarcação ou a aeronave, embora de posse e propriedade lícitas, poderão ser confiscados, se utilizados no tráfico de entorpecentes. Atualmente, a Lei 11.343/2006 regulamenta o parágrafo único do art. 243 da Constituição Federal, que recebeu nova redação com a EC 81/2014.

Quanto aos imóveis utilizados no plantio de culturas ilegais de plantas psicotrópicas, a Lei 8.257/1991 regulamentou o *caput* do art. 243 da Constituição Federal, em sua redação original. Nessa Lei é explicitado que se entende por planta psicotrópica aquelas que *permitem a obtenção de substância entorpecente proscrita*, conforme rol emitido pelo órgão sanitário competente do Ministério da Saúde[80].

A Lei 8.257/1991 estabeleceu um rito especial para a expropriação, de natureza sumaríssima, com prazo de contestação do expropriado de apenas cinco dias, e prazo para entrega de laudo pericial, já designado no despacho inicial, de apenas oito dias.

Há previsão expressa de que a União pode ser imitida provisoriamente na posse do imóvel (art. 10), bastando, para tanto, a realização de audiência de justificação.

---

79. A título exemplificativo, vide acórdãos proferidos no *REsp 995.724/SP* (1.ª T., Rel. Min. José Delgado), no *REsp 1.006.037/SP* (1.ª T., Rel. Min. Teori Zavascki) e no *REsp 1.025.801/SP* (2.ª T., Rel. Min. Eliana Calmon).

80. Vide Portaria SVS/MS 344/1998, que aprova o Regulamento Técnico sobre substâncias e medicamentos sujeitos a controle especial. Essa lista, desde a Lei 9.782/1999, é atualizada pela ANVISA, estando dentre suas competências (art. 8.º e Decreto 3.029/1999, que aprova seu Regulamento).

A CF/1988 preconizava que tais terras deveriam ser destinadas a assentamento de colonos, para o cultivo de produtos alimentícios e medicamentosos, o que foi repetido no art. 1.º da Lei, embora se reconheça que tal destinação pode não ser possível no caso concreto, hipótese em que reverterá para o patrimônio da União, ficando, no entanto, reservada para a destinação constitucionalmente prevista até que seja possível (art. 15, parágrafo único).

Importante observar que as glebas poderão ser expropriadas independentemente de a que título são estas possuídas (art. 4.º, *caput*), tendo sido vetado o parágrafo único da Lei que previa a necessidade de demonstração da responsabilidade do proprietário. Assim, mesmo que em regime de arrendamento, pode haver a expropriação.

Essa responsabilização objetiva decorre do próprio texto constitucional e, embora reconheçamos ser draconiana, foi a opção feita pelo constituinte[81], para que se evite discussões infindáveis sobre o conhecimento ou não do proprietário em situações em que a propriedade tenha sido arrendada, o que limitaria o alcance da medida. Na hipótese de não participação do proprietário no ilícito, a questão se resolverá, para ele, em perdas e danos em relação ao responsável pela destinação ilícita do bem, o que não deve ser discutido na ação expropriatória prevista na Lei 8.257/1991.

O STF, no entanto, ao julgar o **RE 635.336/PE**, com repercussão geral reconhecida (Pleno, rel. Min. Gilmar Mendes, j. em 14/12/2016), relativizou o rigor da norma ao fixar a seguinte tese (Tema 399): "*A expropriação prevista no art. 243 da Constituição Federal pode ser afastada, desde que o proprietário comprove que não incorreu em culpa, in vigilando ou in elegendo.*"

Devemos lembrar, também, que a Corte Suprema já definiu que toda a propriedade estará sujeita à expropriação, ainda que o plantio ocorresse em fração dela (Pleno, RE 543.974/MG, rel. Min. Eros Grau, j. em 26/03/2009).

O citado art. 243 do texto constitucional acabou sendo alterado pela EC 81/2014, como dito, para o fim de serem incluídas, dentre as terras sujeitas à desapropriação sem indenização, aquelas em que houver exploração de trabalho escravo. A nova redação, ademais, substituiu a expressão "glebas" por "propriedades rurais e urbanas", sendo possível, portanto, que qualquer imóvel particular seja desapropriado.

Trata-se de uma antiga aspiração dos defensores dos direitos humanos, ante a constatação de que no Brasil ainda ocorre o instituto da escravidão humana, sendo comuns, inclusive, os flagrantes da prática do crime previsto no art. 149 do CP. Não obstante, será necessária, ainda, a regulamentação do dispositivo quanto ao trabalho escravo, mormente por se considerar que o conceito do instituto, na seara trabalhista, foi consideravelmente ampliado, para o fim de abranger o chamado "trabalho em condições degradantes", em que não são respeitados os mais elementares direitos trabalhistas, principalmente os ligados a saúde, higiene e segurança no trabalho.

---

81. STJ, REsp 498.742/PE, 1.ª T., Rel. Min. José Delgado, j. 16.09.2003, embora se tenha reconhecido a possibilidade de diligências judiciais com a finalidade de se descobrir a identificação do real proprietário das glebas.

Existem outros casos de confisco previstos na legislação brasileira, geralmente associados à prática de ilícitos fiscais ou penais, como é o caso da pena de perdimento de bens de importação proibida[82], não sendo matéria pertinente ao direito administrativo.

12.7. SÚMULAS DO SUPREMO TRIBUNAL FEDERAL

INTERVENÇÃO NA PROPRIEDADE	
Súmula Vinculante n. 17: Durante o período previsto no parágrafo 1° do artigo 100 da Constituição, não incidem juros de mora sobre os precatórios que nele sejam pagos.	Súmula n. 23: Verificados os pressupostos legais para o licenciamento da obra, não o impede a declaração de utilidade pública para desapropriação do imóvel, mas o valor da obra não se incluirá na indenização, quando a desapropriação for efetivada.
Súmula n. 111: É legítima a incidência do imposto de transmissão "inter vivos" sobre a restituição, ao antigo proprietário, de imóvel que deixou de servir a finalidade da sua desapropriação	Súmula n. 157: É necessária prévia autorização do Presidente da República para desapropriação, pelos estados, de empresa de energia elétrica
Súmula n. 164: No processo de desapropriação, são devidos juros compensatórios desde a antecipada imissão de posse, ordenada pelo juiz, por motivo de urgência	Súmula n. 218: É competente o juízo da Fazenda Nacional da Capital do Estado, e não o da situação da coisa, para a desapropriação promovida por empresa de energia elétrica, se a União Federal intervém como assistente.
Súmula n. 378: Na indenização por desapropriação incluem-se honorários do advogado do expropriado.	Súmula n. 415: Servidão de trânsito não titulada, mas tomada permanente, sobretudo pela natureza das obras realizadas, considera-se aparente, conferindo direito à proteção possessória.
Súmula n. 416: Pela demora no pagamento do preço da desapropriação não cabe indenização complementar além dos juros.	Súmula n. 476: Desapropriadas as ações de uma sociedade, o poder desapropriante, imitido na posse, pode exercer, desde logo, todos os direitos inerentes aos respectivos títulos.
Súmula n. 561: Em desapropriação, é devida a correção monetária até a data do efetivo pagamento da indenização, devendo proceder-se à atualização do cálculo, ainda que por mais de uma vez	Súmula n. 617: A base de cálculo dos honorários de advogado em desapropriação é a diferença entre a oferta e a indenização, corrigidas ambas monetariamente.

---

82. Arts. 23, § 1.º, e 24 do Decreto-lei 1.455/1976.

INTERVENÇÃO NA PROPRIEDADE	
Súmula n. 618: Na desapropriação, direta ou indireta, a taxa dos juros compensatórios é de 12% (doze por cento) ao ano.	Súmula n. 652: Não contraria a Constituição o art. 15, § 1º, do Dl. 3.365/41 (Lei da Desapropriação por utilidade pública).
Súmula n. 668: É inconstitucional a lei municipal que tenha estabelecido, antes da Emenda Constitucional 29/2000, alíquotas progressivas para o IPTU, salvo se destinada a assegurar o cumprimento da função social da propriedade urbana.	

12.8. SÚMULAS DO SUPERIOR TRIBUNAL DE JUSTIÇA

INTERVENÇÃO NA PROPRIEDADE	
Súmula n. 56: Na desapropriação para instituir servidão administrativa são devidos os juros compensatórios pela limitação de uso da propriedade.	Súmula n. 67: Na desapropriação, cabe a atualização monetária, ainda que por mais de uma vez, independente do decurso de prazo superior a um ano entre o cálculo e o efetivo pagamento da indenização.
Súmula n. 69: Na desapropriação direta, os juros compensatórios são devidos desde a antecipada imissão na posse e, na desapropriação indireta, a partir da efetiva ocupação do imóvel.	Súmula n. 102: A incidência dos juros moratórios sobre os compensatórios, nas ações expropriatórias, não constitui anatocismo vedado em lei.
Súmula n. 113: Os juros compensatórios, na desapropriação direta, incidem a partir da imissão na posse, calculados sobre o valor da indenização, corrigido monetariamente.	Súmula n. 114: Os juros compensatórios, na desapropriação indireta, incidem a partir da ocupação, calculados sobre o valor da indenização, corrigidos monetariamente.
Súmula n. 119: A ação de desapropriação indireta prescreve em vinte anos.	Súmula n.131: Nas ações de desapropriação incluem-se no cálculo da verba advocatícia as parcelas relativas aos juros compensatórios e moratórios, devidamente corrigidas
Súmula n. 141: Os honorários de advogado em desapropriação direta são calculados sobre a diferença entre a indenização e a oferta, corrigidas monetariamente.	Súmula n. 408: Nas ações de desapropriação, os juros compensatórios incidentes após a Medida Provisória n. 1.577, de 11/06/1997, devem ser fixados em 6% ao ano até 13/09/2001 e, a partir de então, em 12% ao ano, na forma da Súmula n. 618 do Supremo Tribunal Federal.

12.9. SÍNTESE DO TEMA

INTERVENÇÃO DO ESTADO NA PROPRIEDADE	
Noções	Dentre os instrumentos à disposição do Estado para atingir a supremacia do interesse público, está a possibilidade de ele intervir diretamente no direito de propriedade das pessoas. Isso se dará todas as vezes que a imposição de alguma restrição a esse direito se torne necessária ao atendimento de algum interesse coletivo. A intervenção na propriedade não se confunde com a intervenção no domínio econômico, tampouco com o exercício do poder de polícia do Estado.
Intervenção na propriedade privada x intervenção na propriedade	• A expressão "Intervenção do Estado na Propriedade Privada", utilizada nos livros de direito administrativo mais antigos, acaba sendo restritiva, uma vez que, em países que adotam a forma federativa de Estado, o exercício de poderes em diferentes esferas acarreta, para as demais entidades públicas, a obrigação de cumprimento das regras editadas pelas demais, naquilo que compete a estas últimas decidir. • O mais correto é utilizarmos a expressão "Intervenção do Estado na Propriedade". Estado como sinônimo de Poder Público e não como Estado federado.
Direito de propriedade e sua função social	• Historicamente, a propriedade era vista como um direito absoluto. • As limitações impostas a ela somente se justificariam na necessidade de proteger, eventualmente, direito idêntico, de terceiro. • Às limitações típicas do direito de vizinhança já se acresciam outras, referentes à segurança da construção, primeiras normas administrativas limitativas do uso da propriedade. Ex.: art. 572 do Código Civil de 1916, que determinava, nas construções, a obediência aos regulamentos administrativos. • Eram e continuam sendo regras impositivas de um não fazer, de maneira que não se dê à propriedade utilização que possa prejudicar outro proprietário ou o interesse público na segurança e padronização de uma construção. • A "função social", que passou a ser referida em todas as Constituições brasileiras, desde 1946, diz respeito ao uso da propriedade, ou sua destinação, de acordo com certas exigências mínimas de aproveitamento econômico, que estejam em conformidade tanto com a produção de bens, se para tanto ela se volta, quanto com o desenvolvimento urbano, sempre se respeitando normas legais atinentes ao meio ambiente, ao urbanismo e ao trabalho. • Nenhuma das Constituições anteriores à de 1988 foi expressa quanto à delimitação, em seu próprio texto, da chamada função social da propriedade (art. 5.º, XXII e XXIII). • Os arts. 182, § 2.º, e 186 da CF/1988 buscaram descrever da forma mais minuciosa possível a noção de função social da propriedade.

	INTERVENÇÃO DO ESTADO NA PROPRIEDADE
Direito de propriedade e sua função social	O art. 182, § 2.º, da CF/1988 diz que propriedade urbana cumpre sua função social quando atende às exigências fundamentais de ordenação da cidade expressas no plano diretor. O art. 186 da CF/1988 diz que a função social é cumprida quando a propriedade rural atende, simultaneamente, segundo critérios e graus de exigência estabelecidos em lei, os seguintes requisitos: 1) aproveitamento racional e adequado; 2) utilização adequada dos recursos naturais disponíveis e preservação do meio ambiente; 3) observância das disposições que regulam as relações de trabalho; 4) exploração que favoreça o bem-estar dos proprietários e dos trabalhadores.
Modalidades de restrição administrativa incidentes sobre o direito de propriedade	• Características do direto de propriedade: 1) caráter absoluto; 2) exclusividade; 3) caráter perpétuo. • Absoluto, pois é oponível *erga omnes*, ou seja, contra qualquer pessoa que tente violá-lo. Mais recentemente, o termo "absoluto" adquiriu uma feição referente ao uso, gozo e disposição da coisa, embora não se encontre aí sua origem. • A característica da exclusividade é identificada como a impossibilidade de que sobre uma mesma coisa mais de uma pessoa exerça seu domínio. O condomínio, que excepciona essa característica, é sempre tido como extravagante. • Quanto ao caráter perpétuo, podemos entender que o não uso do bem não importa na perda do direito de propriedade. • A perpetuidade, no entanto, pode ser atingida pela prescrição aquisitiva (usucapião), mas esta não decorre, propriamente, da inação do proprietário, pura e simplesmente, mas da inação deste assomada à ação de terceiro, sobre o bem, por determinado período de tempo. • Poderíamos acrescentar a característica da plenitude, que tem a ver com o enfeixamento, numa mesma pessoa de todos os atributos da propriedade: 1) uso; 2) gozo; 3) disposição. • Em regra, aquele que possui a propriedade, a possui de forma plena. A exceção está no usufruto e na enfiteuse, por exemplo, em que determinados atributos são transferidos a terceiros.

INTERVENÇÃO DO ESTADO NA PROPRIEDADE			
Modalidades de restrição/ intervenção administrativas em espécie	Supressiva	São todas as modalidades de intervenção administrativa que importam na perda do direito de propriedade, com a transferência coercitiva da propriedade do bem para o Estado.
	Restritiva	São todas aquelas que não operam a transferência do bem para o Estado, impondo ao proprietário do bem, tão somente, restrições quanto ao uso do bem ou sua tolerância quanto ao uso desse mesmo bem pelo Estado.

LIMITAÇÕES ADMINISTRATIVAS	
Noções	• É a forma mais geral de intervenção do Estado na propriedade. • Não podemos confundir com as limitações do direito civil, que decorrem do direito de vizinhança. • É a forma de intervenção estatal na propriedade que maior aproximação possui com o exercício do Poder de Polícia.
Características gerais e casos mais comuns	• Possuem um caráter geral. • São restrições gerais ao uso da propriedade que decorrem de vários fundamentos como a proteção ao meio ambiente. • Não são, em princípio, passíveis de indenização, justamente por terem esse caráter geral. • Será passível de indenização quando for constituída de forma exageradamente onerosa ao administrado. • Para que seja possível a pretensão indenizatória, a instituição da limitação administrativa deve ser posterior à aquisição da propriedade. • As limitações administrativas também são encontradas em profusão no direito urbanístico, em relação às limitações ao direito de construir impostas nas legislações de posturas dos municípios ou nos planos diretores.
Competência para sua instituição	• As limitações, originariamente, devem ser feitas por meio de lei. • A competência legislativa pode ser: 1) federal; 2) estadual; 3) distrital; ou 4) municipal. • As limitações instituídas nas normas gerais, de caráter nacional, não podem ser alteradas na legislação estadual ou municipal, para aumentar ou diminuir o rigor destas, visto que a competência de Estados, Municípios e Distrito Federal será sempre complementar e não modificativa daquela exercida pela União.

	SERVIDÃO ADMINISTRATIVA
Noções	Não há no Código Civil um conceito propriamente dito de servidão. Existe apenas a descrição de seus efeitos e forma de constituição, conforme disposto no art. 1.378: "A servidão proporciona utilidade para o prédio dominante, e grava o prédio serviente, que pertence a diverso dono, e constitui-se mediante declaração expressa dos proprietários, ou por testamento, e subsequente registro no Cartório de Registro de Imóveis". • Podemos classificar a servidão como: "direito real incidente sobre coisa alheia, pelo qual um prédio torna-se serviente a outro, em caráter permanente, trazendo utilidade ao prédio dominante". • Para Carvalho Filho: "Servidão administrativa é o direito real público que autoriza o Poder Público a usar a propriedade imóvel para permitir a execução de obras e serviços de interesse coletivo".
Elementos	1) Direito real sobre coisa alheia: pois é exercido sobre bem titularizado por terceiro. 2) Incidência sempre sobre imóvel: pois, em relação ao bem móvel, basta a sua remoção em vez de se instituir uma servidão. 3) Necessária previsão legal: deve estar prevista em lei, embora sua constituição concreta, em alguns casos, possa exigir sentença judicial ou acordo. 4) Titularidade exercida pelo Poder Público ou por algum delegatário: esse elemento a diferencia da servidão civil. 5) Serviência do imóvel à obra pública ou ao serviço público: e não simplesmente a outro imóvel, pois isso constituiria uma servidão civil. 6) Perpetuidade: pois é destinada a viger sem prazo definido. Porém, pode ser extinta.
Servidões aparentes e não aparentes	• Servidões aparentes são aquelas que se manifestam visualmente. • São mais comuns nas servidões administrativas. Ex.: a que se institui em proveito de postes de alta tensão para transmissão da rede elétrica. • As servidões não aparentes são aquelas que não se manifestam visualmente, como o próprio nome já sugere. Ex.: as referentes à vedação ao direito de construir, que ocorre no caso de imóveis vizinhos ou contíguos a bem tombado. • Não sendo aparente a servidão, torna-se necessário, para preservação de direito frente a terceiros e oponibilidade *erga omnes*, seu registro (art. 167, I, 6, da Lei 6.015/1973 – Lei de Registros Públicos). • Eventualmente, uma servidão não aparente se faz aparente pela forma como é utilizada, consoante reconheceu o STF ao editar a Súmula 415.

	SERVIDÃO ADMINISTRATIVA
Constituição da servidão administrativa	• Pode ser constituída diretamente por lei. • Quando se diz que pode ser constituída diretamente por lei, queremos nos referir à desnecessidade de sua implementação prática junto ao proprietário do terreno serviente, seja por aquiescência deste, seja por substituição dessa mesma vontade a partir de decisão judicial. • A maioria das servidões, no entanto, é constituída a partir de situações concretas, verificáveis após a construção de uma obra pública ou da implementação de um serviço público. • A servidão administrativa será, como a área expropriada, objeto de indenização mediante acordo formalizado com o dono da área, mediante escritura pública a ser registrada no cartório competente ou, inexistindo o acordo, por meio de fixação na via judicial, em rito processual igual ao da desapropriação. A sentença deverá ser levada a registro.
Servidão administrativa e outras modalidades de intervenção na propriedade: distinções	• Das modalidades de intervenção na propriedade, aquelas das quais a servidão administrativa mais se aproxima são: 1) as limitações administrativas; 2) a desapropriação; e 3) o tombamento. • Distingue-se da desapropriação por não importar, em princípio, na transferência da propriedade, mas em restrição ao seu uso pleno. • A servidão atinge os imóveis vizinhos ao imóvel tombado, e não este último. Não há impedimento ao tombamento de bem móvel, o que não se concebe, em se tratando de servidão. • Em relação às limitações administrativas, a servidão possui caráter mais específico, atingindo proprietários determinados, não sendo de caráter geral.
Extinção da servidão	Previsão: Arts. 1.387 e 1.388 do Código Civil.
	• Das hipóteses previstas nestes artigos, não se aplicam às servidões administrativas aquelas referentes ao não uso, pelo prazo contínuo de dez anos, e de resgate da servidão. • Hipóteses aplicáveis às servidões administrativas: 1) reunião dos prédios numa mesma pessoa, que poderia ser interpretada, no caso da servidão administrativa, como a aquisição da propriedade serviente pelo Poder Público; 2) simples desinteresse da Administração Pública na manutenção da servidão; 3) no caso de desafetação do bem; 4) na hipótese de um imóvel tombado ser completamente destruído por um incêndio; 5) o esgotamento econômico do bem também pode originar a extinção da servidão.

REQUISIÇÃO	
Noções	Previsão: Art. 5.º, XXV, da CF/1988: "no caso de iminente perigo público, a autoridade competente poderá usar de propriedade particular, assegurada ao proprietário indenização ulterior, se houver dano".
	• A requisição permite que o Poder Público se utilize do bem particular, atingindo, assim, o atributo da exclusividade do direito de propriedade. • Possui um pressuposto muito específico, que é a exigência de que sua ocorrência esteja vinculada a um "caso de iminente perigo público". • Independe de aceitação prévia do titular do domínio, e a indenização devida na hipótese de haver dano ao bem será sempre posterior.
Competência para legislar	• Trata-se de uma competência específica da União (art. 22, III, da CF/1988).
Competência para efetivar	• Pode caber a qualquer ente da federação, desde que sejam observadas as regras constitucionais e legais atinentes à competência administrativa de cada um, nos casos em que a lei federal prevê a utilização do instituto.
Incidência	• A requisição pode incidir sobre bens, tanto móveis quanto imóveis, bem como sobre serviços. • Incidente sobre bens móveis e fungíveis, caso em que os efeitos da medida serão absolutamente iguais aos da desapropriação, visto que haverá a transferência compulsória desses bens, uma vez que a fungibilidade destes significará também sua consumação.
Hipóteses mais comuns de requisição	Requisições necessárias às Forças Armadas e à defesa passiva da população, previstas no Decreto-Lei 4.812/1942.
	Requisição de aeronaves em voo ou prontas para decolar em serviços de busca e salvamento, havendo falta de outros recursos – art. 54 da Lei 7.565/1986.
	Requisição de embarcações para prestar auxílio a quem estiver em perigo de vida no mar, nos portos ou vias navegáveis interiores.
	Requisição para atendimento de necessidades coletivas, urgentes e transitórias, decorrentes de situações de perigo iminente, de calamidade pública ou de irrupção de epidemias.

	REQUISIÇÃO
Hipóteses mais comuns de requisição	Requisição de bens e serviços essenciais ao abastecimento da população.
Edificação e parcelamento compulsórios	• A edificação e o parcelamento compulsórios atingirão o caráter absoluto da propriedade, e consistem simplesmente em dar destinação a bem imóvel urbano não utilizado ou subutilizado. • O Plano Diretor Urbano ou legislação dele decorrente pode estabelecer, para evitar tais situações, grau de aproveitamento mínimo dos imóveis, fixando prazo após o qual estarão eles sujeitos à edificação e parcelamento compulsórios. • As duas medidas não serão necessariamente adotadas de forma sucessiva. • O Estatuto das Cidades regulamentou o dispositivo constitucional em seu art. 5.º, prevendo a utilização compulsória do bem, ante a constatação de que o aproveitamento deste pode se dar de modo diverso do da simples edificação. • A transferência do bem, por ato *inter vivos* ou *causa mortis* não importa na interrupção do prazo concedido para a edificação, utilização ou parcelamento compulsórios, transferindo-se as obrigações correspondentes aos sucessores. Art. 5.º, § 6.º, do Estatuto das Cidades. • A edificação, o parcelamento e a utilização compulsórios devem ser previamente notificados ao proprietário do terreno, devendo ser averbada no respectivo Registro de Imóveis (art. 5.º, § 2.º), correndo a partir da notificação o prazo legal para o cumprimento da obrigação. O eventual descumprimento das medidas apenas possibilita ao Poder Público a adoção da medida legal sucessiva, prevista no art. 182, § 4.º, da CF/1988, o IPTU progressivo no tempo e, caso este também não surta efeitos, a desapropriação.
Licenciamento compulsório	• Trata-se de uma forma de intervenção do Estado na propriedade. • É também chamado de "quebra de patente". • Seu efeito principal é permitir que terceiros produzam ou explorem o bem objeto da invenção ou do modelo de utilidade.

	REQUISIÇÃO
Licenciamento compulsório	• Os direitos de propriedade industrial são um direito imaterial, considerados como bens móveis, para efeitos legais. • A exploração econômica deficiente do direito, de forma a não atender às necessidades de mercado, bem como a inação do seu titular, com a não exploração do objeto da patente, são suficientes para justificar o licenciamento compulsório. Nessas hipóteses, o licenciamento compulsório é concedido ao terceiro que o requerer, mas somente depois de três anos da concessão da carta-patente. • Esse procedimento deve ser realizado com as formalidades previstas no art. 73 da Lei 9.279/1996, com a decisão sendo tomada pelo Instituto Nacional de Propriedade Industrial – INPI. • O licenciamento compulsório, em razão de seu próprio fundamento, sempre é concedido sem direito de exclusividade. • Não há que se falar em direito à indenização pela implementação do licenciamento compulsório, pois o licenciado pagará ao titular do direito de propriedade industrial o valor correspondente à licença concedida.

	OCUPAÇÃO TEMPORÁRIA
Noções	• A ocupação temporária consiste no uso transitório de um bem, geralmente imóvel, de forma gratuita ou mediante remuneração, para o atendimento do interesse público, principalmente em situações que envolvem a continuidade de serviços públicos ou a realização de obras públicas. • Aproxima-se da requisição de imóvel, se distinguindo pelo fundamento jurídico, posto que o iminente perigo não constitui pressuposto da ocupação temporária. • Aproxima-se, também, da servidão administrativa, mas, ao contrário desta, que tem caráter de perpetuidade, a ocupação, conforme seu próprio qualificativo designa, é por natureza transitória. • Atinge o caráter de exclusividade do direito de propriedade.

OCUPAÇÃO TEMPORÁRIA	
Competência legislativa e administrativa	• Não há norma expressa na CF/1988 que atribua à União a competência para legislar sobre a ocupação temporária. • A competência para a implantação efetiva da medida é da entidade governamental que promove a execução da obra, geralmente a expropriante, ou do poder concedente ou permitente do serviço público. • Para a finalidade estudos e pesquisas em escavações arqueológicas, a competência também é comum.
Hipóteses legais mais comuns	• O tempo da ocupação tem de se ater àquele necessário à execução da obra, ou da necessidade de utilização do imóvel a ela vizinho. • A necessidade de se manter a continuidade do serviço público também pode justificar a ocupação temporária das instalações do concessionário ou permissionário pelo poder concedente ou permitente. • Outra hipótese bastante citada de ocupação temporária é aquela referida no art. 13, parágrafo único, da Lei 3.924/1961, que dispõe sobre os sítios e monumentos arqueológicos e pré-históricos.
Indenização pela ocupação temporária	• Em regra, não gera direito à indenização. • A exceção é aquela prevista no art. 36 do Decreto-lei 3.365/1941. A indenização, nesse caso, está prevista na própria norma legal, e decorre da simples ocupação. • Nas outras hipóteses só haverá indenização se houver dano ao bem. • Havendo significado arqueológico excepcional das jazidas, promove-se a desapropriação, não se justificando mais a simples ocupação.

TOMBAMENTO	
Noções	• É dado esse nome, pois os registros de bens tombados ficavam em livros chamados "livros de tombo", que no direito português recebiam esse nome por ficarem guardados na Torre de Tombo em Lisboa, onde até hoje funciona o Arquivo Nacional de Portugal. • O tombamento está previsto na CF/1988 como forma de preservação do patrimônio cultural brasileiro. • É uma medida administrativa que importa na restrição do uso da propriedade, afetando, portanto, o caráter absoluto desta última.

TOMBAMENTO			
Noções	• O tombamento não suprime o direito se propriedade, mas impõe-se ao seu proprietário uma série de restrições ao seu uso. • Na esfera federal, a incumbência do tombamento é do Instituto do Patrimônio Histórico e Artístico Nacional – IPHAN.		
Competência para o tombamento	• A competência é concorrente da União, dos Estados e do Distrito Federal. • A defesa desses patrimônios é comum a todos os entes da Federação, incluindo os Municípios. • A competência legislativa dos Municípios pode ser defendida, uma vez que se trata de interesse local destes quando pensamos em sua história e cultura. • O Presidente da República tem o poder de determinar o cancelamento do tombamento de bens feito pelo IPHAN, por motivos de interesse público.		
Espécies de tombamento	Tombamento compulsório	• Ocorrerá o tombamento compulsório quando o proprietário se recusar em anuir à inscrição do bem no Livro do Tombo respectivo (art. 8.º), caso em que se dará a tramitação aludida no art. 9.º do Decreto-lei 25/1937. • Quando for bem público, o tombamento se faz pela simples notificação à entidade a quem pertencer, ou sob cuja guarda estiver a coisa tombada (art. 5.º).	
	Tombamento voluntário	Por requerimento do proprietário	Nesse caso, o IPHAN deve fazer uma análise do bem, para aferir se ele se reveste dos requisitos necessários para constituir o patrimônio histórico e artístico nacional.
		Por anuência dada por escrito pelo proprietário	O proprietário será notificado da inscrição do bem em qualquer dos Livros do Tombo.

TOMBAMENTO			
Espécies de tombamento	Quanto à eficácia temporal o tombamento pode ser:	Provisório	É aquele iniciado com a notificação, mas ainda não concluído pela inscrição do bem no Livro do Tombo competente.
		Definitivo	É aquele que já teve sua inscrição realizada.
	Quanto à extensão do objeto, o tombamento pode ser:	Individual	Quando atingir um bem determinado, como um casario ou uma escultura.
		Geral	Quando atingir bens indeterminados, situados dentro de determinado perímetro, como uma rua, bairro ou mesmo cidade.
Procedimento do tombamento	• O procedimento do tombamento voluntário é mais célere. *1)* Consulta do particular quanto ao tombamento do bem de sua propriedade. *2)* Decisão, após manifestação do órgão técnico competente quanto à satisfação dos requisitos necessários. *3)* Inscrição respectiva no Livro do Tombo. • Se o tombamento for feito mediante anuência do proprietário à notificação: *1)* inexiste o requerimento prévio de inscrição; *2)* opera-se a manifestação do proprietário, favorável à inscrição, após a manifestação técnica do órgão ou entidade do patrimônio histórico e cultural. • Quanto ao tombamento de bens públicos, o procedimento é bem concentrado: *1)* análise técnica; *2)* à inscrição no Livro do Tombo; *3)* e a notificação da entidade pública quanto a essa inscrição, para que ela produza seus efeitos legais.			

TOMBAMENTO	
Procedimento do tombamento	• Tombamento compulsório de bens particulares: *1)* notifica-se o proprietário; *2)* é apresentada a ele uma impugnação; *3)* o IPHAN deverá, em 15 dias, manifestar-se novamente, remetendo-se o processo, após, ao Conselho Consultivo do Serviço do Patrimônio Histórico e Artístico Nacional, que dará a decisão final, no âmbito de primeira instância administrativa, sobre o assunto. Em tese, esse Conselho deve se manifestar no prazo de 60 dias a partir do recebimento do processado; *4)* dessa decisão, o procedimento é arquivado, se dado ganho de causa ao proprietário, ou determina-se a inscrição no Livro do Tombo, se acolhida a manifestação do órgão técnico.
Efeitos do tombamento	• Em relação ao proprietário: *1)* obrigação de conservação do bem; *2)* dever de comunicação à autoridade competente, em caso de extravio ou roubo, no prazo de cinco dias, sob pena de multa equivalente a 10% sobre o valor da coisa; *3)* proibição de retirada do bem do país, quando móvel, ressalvada a hipótese de intercâmbio cultural; *4)* obrigação de comunicação quanto à transferência da propriedade e eventual deslocação do bem ao IPHAN, a ser feita pelo adquirente ou proprietário, sob pena de multa de 10% sobre o valor do bem; *5)* restrições ao direito de alienação do bem; *6)* proibição de destruição, demolição ou mutilação do bem, assim como de comunicar previamente à autoridade competente quanto a eventuais reparos, pinturas ou restauros. • Em relação à Administração Pública; *1)* obrigação de diligenciar a conservação do bem; *2)* direito de preferência na aquisição do bem; *3)* direito de notificação prévia quanto à venda judicial do bem; *4)* direito de postular o sequestro da coisa tombada; *5)* direito de fiscalizar a observância das regras de tombamento; *6)* restrição quanto à alienação do bem. • Em relação a terceiros (instituição de servidão para os proprietários de imóveis vizinhos ao bem tombado): *1)* restrição ao direito de construir; *2)* restrição de colocar anúncios ou cartazes que de alguma forma impeçam ou diminuam a visibilidade da coisa tombada.

TOMBAMENTO	
Efeitos do tombamento e direito à indenização para o particular	• Por não suprimir o direito de propriedade, apenas condicionando o seu uso, ou restringindo-o, não importará para o proprietário, em princípio, qualquer direito à indenização. • No entanto, é possível, no tombamento, a ocorrência do direito à indenização, visto que a utilidade econômica do bem pode se esvaziar por completo. • Nada impede que o tombamento, na prática, possa representar uma espécie de desapropriação indireta.
Extinção do tombamento	• Temos alguns casos: 1) extinção da coisa, por sua destruição física; 2) confusão, como no caso em que o bem acaba por ser desapropriado pela mesma entidade mantenedora do tombamento; 3) por revogação, caso se torne inconveniente a manutenção da medida; 4) por meio do cancelamento do tombamento pela desídia da entidade pública responsável em proceder às obras necessárias à conservação do bem, depois de notificado pelo proprietário que não tenha condições de custeá-la.

DESAPROPRIAÇÃO	
Noções	• É a forma mais drástica de intervenção na propriedade, pois com ela elimina-se ou suprime-se por completo esse direito, transferindo-o para o Poder Público. • O Poder Público, quando adquire a propriedade por desapropriação, não depende, para isso, da existência de qualquer título anterior ou relação jurídica prévia com aquele que tem seu domínio. • É uma forma originária de aquisição da propriedade. • Não se desapropria por meio de um único ato, mas sim por um procedimento administrativo e, muitas vezes, com processo judicial. • A desapropriação afeta o caráter perpétuo do direito de propriedade.
Pressupostos da desapropriação	Previsão: art. 5.º, XXIV, da CF/1988. Hipóteses: 1) Necessidade pública; 2) Utilidade pública; 3) Interesse social.

DESAPROPRIAÇÃO		
Objeto da desapropriação	<ul><li>A desapropriação pode incidir sobre bem móvel ou imóvel.</li><li>A desapropriação pode incidir sobre bem corpóreo ou sobre algum direito.</li><li>Pode incidir sobre direitos de propriedade industrial, assim como sobre direitos reais.</li><li>Não pode incidir sobre direitos inalienáveis e personalíssimos.</li><li>Não há justificativa para a expropriação de bens que são facilmente encontrados no mercado, e que podem ser adquiridos pela via normal da licitação e contratação administrativa.</li><li>Em regra, não incide sobre pessoa jurídica, por ser esta sujeito de direitos, e não objeto.</li><li>A CF/1988 impossibilita a desapropriação, para fins de reforma agrária, de pequenas e médias propriedades rurais, desde que seus proprietários não possuam outra, bem como as propriedades consideradas produtivas (art. 185).</li><li>Em relação aos direitos autorais, é preciso reconhecer que estes representam uma forma de manifestação da personalidade, garantindo a Constituição Federal de 1988 que: "aos autores pertence o direito exclusivo de utilização, publicação ou reprodução de suas obras, transmissível aos herdeiros pelo tempo que a lei fixar" (inciso XXVII).</li><li>É mais comum ocorrer a desapropriação de bens imóveis.</li><li>A Lei Geral de Desapropriações (Decreto-lei 3.365/1941) somente autoriza que a União proceda à desapropriação de bens dos Estados, do Distrito Federal e de Municípios, podendo, os Estados, desapropriar de Municípios (art. 2.º, § 2.º).</li><li>O legislador adotou sistema em que entidades de hierarquia maior, dentro da Federação, podem desapropriar bens de entidades de hierarquia menor.</li><li>Quanto às autarquias, por estarem presumivelmente sempre voltadas à consecução de serviços públicos, não é de se admitir que haja interferência de uma entidade política em outra, salvo hipótese de assunção do serviço pela expropriante.</li></ul>	
Competência	Competência para legislar	É privativa da União, de acordo com o art. 22, II, da CF/1988.
	Competência para desapropriar	A competência para desapropriar é de todos os entes políticos da federação indistintamente (União, Estados, Distrito Federal e Municípios). O que deve ser observado é a competência de cada entidade conforme o fim almejado com a desapropriação.

DESAPROPRIAÇÃO		
Competência	Competência para declarar a desapropriação	1) Pode ser declarada por lei do parlamento respectivo; ou 2) Por ato do Chefe do Executivo municipal, estadual ou federal, conforme a competência para desapropriar. • Na chamada desapropriação indireta não existe a declaração. • De forma excepcional, a lei pode atribuir a outra entidade a competência para declarar o bem passível de desapropriação (ex.: DNIT).
	Competência para executar ou promover a desapropriação	• A lei atribui a determinadas entidades da Administração Indireta a incumbência de promover a desapropriação, quando diretamente relacionada com os fins daquelas. • Em se tratando de desapropriações que visam atender a serviços públicos, poderá ser atribuído ao concessionário ou permissionário o ônus de promover a desapropriação.
Fundamentos da desapropriação		• O fundamento principal é a garantia da supremacia do interesse público. • Temos mais três fundamentos: 1) necessidade pública; 2) utilidade pública; 3) interesse social. • O Decreto-lei 3.365/1941 trata das hipóteses de utilidade pública e de necessidade pública, embora não tenha feito distinção clara entre elas, enquanto que o interesse social está disciplinado na Lei 4.132/1962, sendo o fundamento, também, da chamada desapropriação-sanção e da desapropriação para fins de reforma agrária de latifúndios improdutivos.

Procedimento da Desapropriação	
Fase declaratória	• A Administração procede a levantamentos, estudos e avaliações sobre a conveniência ou necessidade de se fazer a expropriação. • Esse estudo será encaminhado à autoridade competente para expedir o ato declaratório correspondente, se Chefe do Executivo, por meio de decreto. • É a declaração que determina qual bem ou quais bens estão sujeitos à expropriação.

	Procedimento da Desapropriação	
Fase declaratória	<ul><li>Poderá, ainda, ocorrer que a declaração seja emanada diretamente do Poder Legislativo, por meio de ato legislativo que não dependa de sanção, já que se constitui, materialmente, em verdadeiro ato administrativo, ou ainda por parte de alguma entidade especialmente autorizada por lei, também por ato próprio.</li><li>Na declaração de desapropriação haverá:</li></ul>*1)* a identificação e descrição do bem, inclusive com remissão aos confrontantes e ao número da matrícula no registro imobiliário, se imóvel; *2)* a finalidade da desapropriação; *3)* o dispositivo legal em que se fundamenta a desapropriação; *4)* o nome do proprietário, se conhecido.<ul><li>O principal efeito do ato declaratório é a autorização para que as autoridades administrativas penetrem nos prédios compreendidos na declaração.</li><li>O ato declaratório fixa o estado do bem, para efeito de fixação da futura indenização.</li><li>Com a declaração, dá-se início ao prazo de caducidade do decreto expropriatório.</li><li>No caso da utilidade/necessidade públicas, o prazo de caducidade do ato declaratório é de cinco anos.</li><li>Nas desapropriações por interesse social esse prazo é menor, sendo de dois anos.</li><li>A caducidade não impede a desapropriação, apenas obstando sua renovação por um ano, a partir da expiração do prazo anterior, após o qual poderá ser editado novo ato declaratório.</li></ul>	
Fase executória	**Desapropriação amigável**	<ul><li>Ocorre quando há concordância do proprietário com a desapropriação e com o valor oferecido, prescinde-se da fase judicial, tornando-se singelo o procedimento expropriatório.</li><li>O pagamento é feito diretamente ao expropriado.</li><li>O ajuste é feito por escritura pública, principalmente se se tratar de bem imóvel.</li></ul>
	Desapropriação contenciosa	Competência jurisdicional<ul><li>A Justiça Federal deverá processar a demanda e julgá-la se a União, autarquia federal (incluindo fundações públicas federais) ou empresa pública federal figurarem no polo como autoras, rés, oponentes ou assistentes.</li><li>Não sendo esse o caso, a competência será da Justiça estadual, que julgará as desapropriações propostas por Estados e Municípios.</li></ul>

		Procedimento da Desapropriação
Fase executória	Desapropriação contenciosa	Petição inicial • Deve obedecer aos requisitos do art. 319 do novo CPC. • E os seguintes: *1)* oferta do preço; *2)* exemplar do contrato ou jornal oficial que houver publicado o decreto de desapropriação (ou outro ato equivalente, como a Portaria do DNIT, da ANEEL etc.); *3)* planta com a descrição dos bens e suas confrontações. • A Lei Complementar 76/1993 também exige que se junte o documento cadastral do imóvel (cadastro rural junto ao INCRA), o laudo de vistoria e avaliação administrativa, que é empreendido pelo INCRA, o comprovante do depósito do valor referente às benfeitorias, já que a imissão provisória na posse é obrigatoriamente deferida com o deferimento da própria inicial, e o comprovante do lançamento dos Títulos da Dívida Agrária.
		Imissão provisória na posse • O expropriante pode demonstrar ao juízo a urgência em ser imitido na posse do bem, pela necessidade imediata de atender a alguma finalidade pública relevante. • Essa imissão pode ocorrer em qualquer momento até o trânsito em julgado da sentença que analisar a desapropriação. • Declarada a urgência, deverá o expropriante requerer a imissão provisória no prazo de 120 dias, sob pena de não lhe ser concedida. • A LGD (Dec.-Lei 3.365/1941) admite a imissão antes mesmo da citação do réu (art. 15, § 1.º). Nesse caso, deverá haver um depósito prévio, que deve seguir as orientações traçadas no DL 3.365/1941. • Do contrário, a imissão provisória na posse só poderá ser concedida com a prestação de caução. • No caso de imóveis urbanos residenciais habitados pelo proprietário ou compromissário comprador, imissão se dará sempre pelo preço ofertado pelo expropriante.

Procedimento da Desapropriação			
Fase executória	Desapropriação contenciosa		• A norma prevê a possibilidade de impugnação, no prazo de cinco dias, do preço oferecido, caso em que se instaura verdadeiro incidente, podendo haver, inclusive, determinação de perícia para que o juiz decida qual o valor que deve ser depositado.
	Efeitos da imissão provisória na posse – juros compensatórios		
	• O controle físico sobre a coisa.		
	• Perde-se o direito de posse.		
	• A imissão provisória na posse, portanto, serve de termo *a quo* para a fluência dos juros compensatórios.		
	• O STF fixou a taxa dos juros incidentes ao ano em 12%.		
	• A Medida Provisória 2.027-43/2000 (2.183-56/2001 em sua última reedição), estabeleceu restrições:		
	1) limitação da taxa a até 6% ao ano;		
	2) necessidade de comprovação de perda de rendimentos pelo proprietário;		
	3) não cabimento dos juros quando o grau de utilização da terra e eficiência na exploração for igual a zero;		
	4) impossibilidade de invocação do direito aos juros compensatórios, na desapropriação indireta, em relação a períodos de tempo anteriores ao da aquisição da propriedade ou posse pelo autor da ação de indenização;		
	5) vedação à aplicação de juros compostos, ou seja, de juros incidentes sobre juros;		
	6) base de cálculo dos juros compensatórios tendo como base a diferença apurada entre o preço ofertado e o valor final da indenização.		
	Defesa na ação de desapropriação – Utilização das vias ordinárias e outras:		
	• Normalmente o meio atribuído ao réu para defesa na ação de desapropriação é a contestação.		
	• A ação de desapropriação se destaca por ser uma ação de cognição restrita.		
	Art. 9.º do Decreto-lei 3.365/1941: "ao Poder Judiciário é vedado, no processo de desapropriação, decidir se se verificam ou não os casos de utilidade pública".		
	O art. 20, por sua vez, dispõe que: "a contestação só poderá versar sobre vício do processo judicial ou impugnação do preço; qualquer outra questão deverá ser decidida por ação direta".		
	• O procedimento sumário da desapropriação, para fins de reforma agrária, também repete a regra restritiva, mas nos seguintes termos: "A contestação deve ser oferecida no prazo de quinze dias e versar matéria de interesse da defesa, excluída a apreciação quanto ao interesse social declarado".		
	• Essas restrições à atividade cognitiva do juiz em ações de rito especial como a desapropriação não inviabilizam o acesso ao Judiciário, não representando afronta ao disposto no art. 5.º, XXXV, da CF/1988, pois não há vedação ou proibição ao uso, pelo réu ou terceiro interessado, de outros mecanismos processuais válidos, previstos na legislação.		

		Procedimento da Desapropriação
Fase executória	**Desapropriação contenciosa**	• Comuns, também, são as ações cautelares de produção antecipada de prova, quando o expropriado objetiva demonstrar, antes de eventual imissão provisória na posse, o não cabimento da expropriação, como a discussão prévia acerca da produtividade do imóvel destinado à reforma agrária.
		Conciliação nas ações de desapropriação • É cabível a chamada audiência preliminar. • A audiência de conciliação (art. 6.º, § 3.º) deve ser realizada nos dez dias seguintes à citação. • Pode ser realizada em qualquer momento, sendo possível, inclusive, a realização de mais de uma audiência.
		Depósito prévio e levantamento • Esse depósito prévio sempre será feito antes mesmo de iniciado o processo judicial. • O depósito somente se refere ao valor das benfeitorias. • Ao expropriado é garantido o direito do levantamento de 80% desse depósito prévio. • Esse levantamento do valor independe da concordância ou não do expropriado com o preço oferecido, somente não sendo permitido se ele tiver proposto ação visando à nulidade do decreto expropriatório. • Para que se proceda ao levantamento, basta que o expropriado comprove a titularidade do bem e a quitação das dívidas fiscais. • Para salvaguardar os interesses de terceiros, a legislação exige que sejam publicados editais prévios quanto à pretensão de levantamento.
		Da instrução e julgamento • É obrigatória a prova pericial. • Não se admite julgamento antecipado da lide. • Após a perícia, o juiz deverá proceder ao julgamento da causa, preferencialmente em audiência.
		Recurso e remessa necessária • O recurso cabível da sentença que julga a ação de desapropriação é a apelação, que segue a regra geral do processo civil quanto ao prazo, ou seja, 15 dias, contando-se em dobro se a recorrente for a Fazenda Pública. • O recurso é recebido no efeito meramente devolutivo, quando interposto pelo expropriado, e também no suspensivo, quando o recurso for do expropriante. • A remessa necessária somente será admitida quando a sentença condenar o expropriante em quantia superior a 50% sobre o valor oferecido na inicial.

Procedimento da Desapropriação

<table>
<tr><td rowspan="7">Justa indenização</td><td>
<ul>
<li>O pagamento será em dinheiro.</li>
<li>Prévio à desapropriação (ou seja, à transcrição do título de transferência da propriedade no registro público).</li>
<li>A indenização deverá ser justa.</li>
</ul>
Indenização justa, segundo a doutrina e jurisprudência, é: "aquela que corresponde real e efetivamente ao valor do bem expropriado, ou seja, aquela cuja importância deixe o expropriado absolutamente indene, sem prejuízo algum em seu patrimônio".
</td></tr>
<tr><td>
Valor da propriedade e de suas benfeitorias
<ul>
<li>A forma mais correta de se apurar o valor real da propriedade e de suas benfeitorias é aferir sua cotação no mercado.</li>
<li>É feita por meio de perícia.</li>
<li>Não há, em princípio, vedação alguma a que a perícia judicial afira valor inferior ao da oferta.</li>
<li>Sobre as benfeitorias, todas aquelas feitas antes da declaração de desapropriação são indenizáveis, inclusive as voluptuárias, pois integram o preço da propriedade.</li>
</ul>
</td></tr>
<tr><td>
Correção monetária (vide Súmulas 561 do STF e 67 do STJ)
<ul>
<li>A atualização monetária é feita mensalmente, conforme índices oficiais adotados em manuais de cálculos do próprio Judiciário.</li>
</ul>
</td></tr>
<tr><td>
Juros compensatórios
<ul>
<li>Os juros compensatórios visam compensar o expropriando pela perda antecipada da posse (Súmula 164 do STF e Súmula 69 do STJ).</li>
<li>Seu valor não é corrigido monetariamente, mas sua incidência se dá sobre a indenização corrigida (Súmulas 113 e 114 do STJ).</li>
<li>Na desapropriação, direta ou indireta, a taxa de juros compensatórios é de 12% ao ano (Súmula 618 do STF).</li>
<li>Sua base de cálculo, conforme fixada pelo STF na ADI 2.332-MC, deve corresponder à diferença eventualmente apurada entre 80% do valor ofertado em juízo e o valor fixado na sentença.</li>
</ul>
</td></tr>
<tr><td>
Juros moratórios
<ul>
<li>Os juros moratórios visam compensar a mora, ou seja, o atraso no pagamento da indenização.</li>
<li>A indenização será devida apenas a partir da fixação de seu valor por sentença e com o trânsito em julgado desta última. O STF vem entendendo, no entanto, que sua fluência só é possível a partir da superação do prazo constitucional para o pagamento do respectivo precatório.</li>
</ul>
</td></tr>
</table>

	Procedimento da Desapropriação
Justa indenização	• A Medida Provisória 2.163-56/2001 acrescentou o art. 15-B à LGD (Dec.-Lei 3.365/1941), fixou o *dies a quo* dos juros moratórios, na taxa de 6% ano, a partir de 1.º de janeiro do exercício seguinte àquele em que o pagamento deveria ser feito, nos termos do art. 100 da Constituição. • Os juros de mora correspondem integralmente ao valor devido pelo atraso no pagamento. Honorários advocatícios (Súmula 378 do STF) e demais despesas processuais • A base de cálculo dessa verba é a diferença entre a oferta e a indenização, corrigidas ambas monetariamente (Súmula 617 do STF e Súmula 141 do STJ). • Se o valor for fixado conforme o preço ofertado ou mesmo inferior a este, não serão devidos honorários advocatícios ao expropriado. • O percentual é estabelecido entre o mínimo de 0,5% e 5% sobre a base de cálculo. • A atualização passou a ser feita anualmente, com base na variação do Índice de Preços ao Consumidor Amplo – IPCA. • Os honorários periciais são sempre adiantados pelo expropriante, sujeitando-se a Fazenda Pública a tal antecipação. • Cada parte paga os honorários de seu assistente técnico. • Sendo a Fazenda Pública a sucumbente, e restando provado o efetivo pagamento ao assistente técnico do expropriado, este pode requerer o reembolso da quantia paga.

12.10. QUESTÕES

1. **(Procurador do Estado Substituto/PGE-PI – CESPE/2014)** A respeito de poder de polícia, limitações administrativas, direito de propriedade e desapropriação, assinale a opção correta.

    a) A desapropriação se dará por motivos de utilidade pública ou interesse social, uma vez que se restringe à transferência de bem imóvel de terceiro para o poder público.

    b) A prerrogativa do poder de polícia permite à administração o condicionamento e a restrição de uso e gozo de bens, atividades e direitos individuais e é exercida, no âmbito de cada estado-membro, pelos órgãos de controle interno e pela polícia civil do estado.

    c) No exercício da atividade de polícia, a administração pode atuar tanto por meio de atos normativos dotados de alcance geral, quanto por meio de atos concretos, a exemplo dos atos sancionatórios.

    d) Se, em determinado município, nas obras de implantação de rede elétrica, em certo trecho, for necessário passar o cabeamento por baixo de um imóvel de propriedade do estado, o município poderá instituir servidão administrativa sobre esse imóvel, em razão do interesse público envolvido.

e) Caso um imóvel antigo, de propriedade de um cidadão, se situe no centro histórico de um município e retrate a arquitetura de determinada época do país, a anuência desse cidadão será condição de procedibilidade de eventual processo de tombamento do citado imóvel, tendo em vista que o direito constitucional de propriedade impede que se processe ao tombamento de forma compulsória.

2. **(Analista Legislativo/Câmara dos Deputados – CESPE/2014) Acerca do regime jurídico dos bens públicos, julgue o próximo item.**

    A desapropriação é forma de aquisição originária da propriedade, por isso será válida ainda que a indenização seja paga a quem não seja o proprietário do bem.

3. **(Analista Legislativo/Câmara dos Deputados – CESPE/2014) Considere que a Câmara dos Deputados pretenda ampliar a sua sede por meio da construção de novo anexo, contíguo ao prédio da atual sede, e que o terreno pertença ao Distrito Federal (DF). A respeito dos aspectos legais relacionados a essa situação, julgue o item que se segue.**

    Por prestar serviço público essencial, a Câmara dos Deputados poderá fazer requisição administrativa para construir o anexo no terreno de propriedade do DF.

4. **(Direito Administrativo/MPE-AC – CESPE/2014) O prefeito de determinado município realizou a desapropriação de um imóvel para fins de implantação de um parque ecológico, tendo a prefeitura instalado posteriormente, na área expropriada, um conjunto habitacional popular.**

    Nesse caso hipotético,
    a) como a área expropriada não foi utilizada para a implantação do parque ecológico, cabe indenização dos expropriados por perdas e danos sofridos, desde que devidamente comprovados.
    b) não houve desvio de finalidade, dado o atendimento do interesse público, estando configurada a tredestinação lícita.
    c) embora tenha ocorrido desvio de finalidade, o bem expropriado foi incorporado ao patrimônio público, o que torna inviável a retrocessão, cabendo, entretanto, indenização por perdas e danos.
    d) houve desvio de finalidade, dado o descumprimento dos objetivos que justificaram a desapropriação, cabendo a retrocessão.
    e) houve desvio de finalidade, devendo ser decretada a nulidade do ato expropriatório com a reintegração dos expropriados na posse do imóvel e indenização em lucros cessantes.

5. **(Procurador do Estado/PGE-BA – CESPE/2014) No que se refere aos atos administrativos, julgue o item subsequente.**

    Caso um governador resolva desapropriar determinado imóvel particular com o objetivo de construir uma creche para a educação infantil e, posteriormente, com fundamento no interesse público e em situação de urgência, mude a destinação do imóvel para a construção de um hospital público, o ato deve ser anulado, por configurar tredestinação ilícita.

6. **(Procurador/TCE-PB – CESPE/2014) Assinale a opção correta acerca da intervenção no domínio econômico por meio da desapropriação.**

   a) No cálculo da verba advocatícia nas ações de desapropriação, devem ser excluídas as parcelas relativas aos juros compensatórios e moratórios.

   b) As concessionárias de serviços públicos, quando do exercício das funções delegadas pelo poder público, poderão promover desapropriações mediante autorização expressa, constante de lei ou contrato.

   c) O poder público pode desistir do processo expropriatório, inclusive no curso da ação judicial, sem a obrigação de pagar indenização ao expropriado.

   d) O expropriado pode pleitear indenização, pelo instituto da retrocessão, em razão de o imóvel não ter sido utilizado para os fins declarados no decreto expropriatório, sendo-lhe vedado, contudo, reivindicar a propriedade expropriada, por se tratar de bem já incorporado ao patrimônio público.

   e) Compete privativa e exclusivamente à União legislar sobre desapropriação, competindo, no entanto, a todos os entes federativos declarar a utilidade pública ou o interesse social de bem imóvel para fins de reforma agrária

7. **(Procurador/TCE-PB – CESPE/2014) Assinale a opção correta com relação aos bens públicos.**

   a) Em face do interesse público envolvido, a servidão administrativa não gera, para o proprietário do bem alcançado pela servidão, o direito a indenização. Todavia, na ocupação temporária do bem, a administração pública tem o dever legal de indenizar o proprietário.

   b) O cessionário do direito de uso sobre bem imóvel da União exerce *animus domini* sobre a coisa, por se tratar de uma relação de direito real.

   c) A exploração dos serviços de concessão de lotes e jazigos em cemitério público compete à União e, supletivamente, aos municípios.

   d) Os terrenos de marinha são bens públicos de uso especial de propriedade da União, e o Código Civil adotou a presunção relativa no que se refere ao registro de sua propriedade imobiliária

   e) Os bens tombados não podem ser destruídos, demolidos ou mutilados, e, para tanto, a administração pública pode se utilizar tanto do tombamento provisório quanto do tombamento definitivo, limitando o exercício do direito sobre o bem.

8. **(Juiz/TJ-DF – CESPE/2014) No que se refere aos conceitos e às expressões constantes na doutrina especializada em direito administrativo, assinale a opção correta.**

   a) O fato do príncipe, incidente nos contratos administrativos, refere-se à preservação da idoneidade isonômica e da igualdade entre as partes.

b) Tredestinação consiste no desvio grave de finalidade, que vicia de forma definitiva o processo de desapropriação, acarretando insanável ilegalidade, passível de revisão apenas jurisdicional.

c) A exoneração tem caráter de sanção, razão por que deve decorrer de processo administrativo em que se garanta o amplo direito de defesa.

d) A afetação e a desafetação dizem respeito ao regime de finalidade dos bens públicos, no sentido da destinação que se lhes possa dar.

e) A modalidade compulsória da adjudicação corresponde, em direito administrativo, à última fase do processo licitatório, consistente na transferência definitiva de determinado bem.

9. **(Juiz/TJ-RN – CESPE/2013) Acerca do processo de desapropriação, assinale a opção correta.**

a) Não cabe, além dos juros, indenização complementar pela demora no pagamento do preço da desapropriação.

b) Os juros compensatórios, incidentes após a Medida Provisória n.º 1.577/1997, devem ser fixados em 12% ao ano até 13 de setembro de 2001, e, a partir de então, em 6% ao ano.

c) A base de cálculo dos honorários de advogado consiste no valor da indenização fixada, corrigida monetariamente.

d) É devida a correção monetária até a data do efetivo pagamento da indenização, sendo a atualização do cálculo devida apenas uma vez, para recompor o valor da indenização.

e) O poder expropriante, imitido na posse de ações de uma sociedade desapropriada, não pode exercer todos os direitos inerentes aos respectivos títulos.

10. **(Procurador Federal/AGU – CESPE/2013) Relativamente à permissão de uso de bem público e à desapropriação por utilidade pública, julgue o item a seguir.**

Caracteriza desapropriação por utilidade pública, entre outras, aquela que o Estado promove para a preservação e conservação dos monumentos históricos e artísticos, assim como para a criação de estádios, aeródromos ou campos de pouso para aeronaves.

11. **(Titular de Serviços de Notas e de Registros/TJ-BA – CESPE/2013) No que se refere à desapropriação e à intervenção do Estado no domínio econômico, assinale a opção correta.**

a) Pelo princípio da legalidade, cumpridos os requisitos normativos, os direitos patrimoniais, os bens móveis e imóveis, o subsolo e o espaço aéreo são passíveis de desapropriação.

b) Podem ser desapropriados os bens públicos, sejam eles móveis de qualquer categoria, de uso comum do povo e de uso especial, sejam dominicais, excetuados os imóveis.

c) A União e os estados podem desapropriar para fins de reforma agrária.

d) Os pressupostos das desapropriações urbanística e rural, previstas na CF, são meramente de utilidade pública.

e) Pela função social da propriedade e por seu caráter constitucional, somente os entes federativos estão legitimados a desapropriar, em observância ao princípio da legalidade.

12. **(Titular de Serviços de Notas e de Registros/TJ-BA – CESPE/2013) Durante a realização de uma obra de canalização de esgoto realizada por autarquia estadual prestadora de serviços de saneamento básico, verificou-se a necessidade de a tubulação subterrânea passar por uma propriedade particular.**

    Diante dessa situação hipotética, assinale a opção correta.

    a) A passagem da tubulação subterrânea somente poderá ser feita mediante contrato administrativo de obra pública.

    b) Dada a importância da obra, a autarquia está autorizada a fazer requisição administrativa do imóvel para a instalação da tubulação.

    c) Caso o particular se oponha à obra, será necessária a desapropriação de toda a propriedade, ainda que a obra seja executada apenas em parte do imóvel, uma vez que a desapropriação deve alcançar a totalidade do bem.

    d) Pode-se instituir servidão sobre o imóvel, devendo a servidão ser inscrita no registro de imóveis para ter eficácia contra terceiros.

    e) A instalação da tubulação poderá ser autorizada mediante ocupação temporária do imóvel.

13. **(Titular de Serviços de Notas e de Registros/TJ-ES – CESPE/2013) Com base na interpretação doutrinária do direito administrativo, assinale a opção correta no que diz respeito ao poder de polícia.**

    a) A discricionariedade, um dos atributos do poder de polícia, apresenta-se em maior ou menor grau em todos os atos administrativos que externam o exercício desse poder.

    b) A limitação administrativa, mesmo que advinda de normas gerais e abstratas, decorre do poder de polícia propriamente dito.

    c) Uma das formas de extinção da servidão administrativa é a prescrição, incorrida em decorrência da não utilização.

    d) O tombamento é ato administrativo de poder de polícia que, se incidido sobre imóveis, deve ser averbado ao lado da transcrição do domínio no registro de imóveis.

    e) Em sentido restrito, o poder de polícia constitui-se de atos do Poder Legislativo e do Executivo bem como consiste na atividade estatal que visa a condicionar a liberdade e a propriedade, ajustando-as aos interesses coletivos.

14. **(Juiz Federal/TRF – 1.ª Região – CESPE/2013) Acerca da desapropriação, assinale a opção correta.**

    a) Bens públicos não podem ser desapropriados, razão pela qual a União, os estados e os municípios não podem desapropriar bens pertencentes a qualquer ente federativo.

b) O procedimento da desapropriação compreende a fase declaratória e a executória, esta última obrigatoriamente a ser desenvolvida na instância judicial.

c) Considera-se desapropriação indireta aquela pela qual o Estado se apropria de bem particular sem observância dos requisitos que compõem o procedimento expropriatório, como o ato declaratório e a indenização prévia.

d) A desapropriação por interesse social para fins de reforma agrária de imóvel rural que não esteja cumprindo sua função social compete à União, com pagamento mediante títulos da dívida pública de emissão aprovada pelo Senado Federal, com prazo de resgate de até dez anos, em parcelas anuais e sucessivas, assegurados o valor real da indenização e os juros legais.

e) As glebas em que forem localizadas culturas ilegais de plantas psicotrópicas devem ser imediatamente expropriadas e especificamente destinadas ao assentamento de colonos, para fins de reforma agrária, garantido o pagamento das benfeitorias úteis e necessárias.

15. **(Juiz Federal/TRF – 1.ª Região – CESPE/2013) Assinale a opção correta no que diz respeito às limitações administrativas, à requisição e ao tombamento como formas de intervenção do Estado na propriedade.**

    a) O tombamento, forma de intervenção do poder público na propriedade, pode incidir tanto sobre bens móveis quanto sobre bens imóveis.

    b) Ainda que haja inconformismo e resistência do proprietário, o poder público poderá promover o tombamento de determinado bem, razão pela qual se diz que o tombamento é, quanto à constituição, um ato compulsório, visto que sua realização independe do consentimento do particular.

    c) As limitações administrativas são determinações por meio das quais o Estado impõe ao proprietário obrigações de caráter positivo, que implicam o dever de fazer algo em prol do interesse público.

    d) A passagem subterrânea, por determinado terreno particular, de dutos para o transporte de gás configura exemplo de limitação administrativa.

    e) A requisição é modalidade de intervenção por meio da qual o Estado, em face de perigo iminente, utiliza serviços, mas não bens, de particulares.

16. **(Juiz Federal/TRF – 1.ª Região – CESPE/2013) No que se refere à servidão administrativa, assinale a opção correta.**

    a) A exemplo da requisição, a servidão, direito pessoal da administração, é caracterizada pela transitoriedade.

    b) Embora normalmente incida sobre a propriedade imóvel, a servidão administrativa pode ser instituída também sobre bens móveis, desde que, em ambos os casos, sejam bens privados, e não públicos.

    c) Caracteriza-se como servidão administrativa a proibição, imposta pelo poder público ao particular, de construir além de certo número de pavimentos, ou de promover desmatamento além de determinado percentual em área de sua propriedade.

    d) A servidão administrativa, seja ela decorrente diretamente de lei, de contrato ou de decisão judicial, gera para o Estado, como regra, o dever de indenizar o proprietário do imóvel atingido.

e) Por encerrar apenas o uso da propriedade alheia para possibilitar a execução de serviços públicos, a servidão não enseja, ao contrário da desapropriação, a perda da propriedade.

17. **(Defensor Público/DPE-DF – CESPE/2013) Acerca da intervenção do Estado na propriedade e no domínio econômico, julgue o próximo item.**

    Os juros compensatórios, que podem ser cumulados com os moratórios, incidem tanto sobre a desapropriação direta quanto sobre a indireta, sendo calculados sobre o valor da indenização, com a devida correção monetária; entretanto, independem da produtividade do imóvel, pois decorrem da perda antecipada da posse.

18. **(Defensor Público/DPE-DF – CESPE/2013) Acerca da intervenção do Estado na propriedade e no domínio econômico, julgue o próximo item.**

    A requisição administrativa é ato unilateral e autoexecutório por meio do qual o Estado, em caso de iminente perigo público, utiliza bem móvel ou imóvel. Esse instituto administrativo, a exemplo da desapropriação, não incide sobre serviços.

19. **(Defensor Público/DPE-DF – CESPE/2013) Acerca da intervenção do Estado na propriedade e no domínio econômico, julgue o próximo item.**

    A desapropriação é forma originária de aquisição de propriedade que libera o bem de qualquer ônus que sobre ele incida, ou seja, se o bem estiver gravado com algum encargo, será repassado para o poder público sem nenhum ônus, não havendo, inclusive, a incidência de imposto sobre esse tipo de operação de transferência de imóveis. Entretanto, segundo o STJ, incidirá imposto de renda sobre verba recebida pelo proprietário a título de indenização decorrente de desapropriação.

20. **(Titular de Serviços de Notas e de Registros/TJ-RR – CESPE/2013) No que se refere ao tombamento, assinale a opção correta.**
    a) A partir do tombamento, o bem torna-se inalienável
    b) A partir do tombamento, o bem somente poderá ser alienado à União, se ela for a instituidora do gravame.
    c) O tombamento de bens de valor histórico ou artístico é de competência privativa da União.
    d) A partir do tombamento, o bem somente poderá ser alienado depois de exercido o direito de preferência pela União, pelos estados e pelos municípios, nessa ordem.
    e) Os bens móveis públicos não são passíveis de tombamento.

GABARITO

1 – C	2 – Certo	3 – Errado
4 – B	5 – Errado	6 – B
7 – E	8 – D	9 – A
10 – Certo	11 – A	12 – D
13 – B	14 – C	15 – A
16 – E	17 – Certo	18 – Errado
19 – Errado	20 – D	

13

INTERVENÇÃO DO ESTADO NO DOMÍNIO ECONÔMICO

Sumário: **13**.1. Noção e delimitação do tema – **13**.2. Monopólio de atividades econômicas – **13**.3. Exploração de atividade econômica por regime de partilha de produção – **13**.4. Exploração direta de atividade econômica – **13**.5. Controle do abuso do poder econômico – **13**.6. Estímulos a produção (fomento) e políticas de abastecimento e armazenamento.

13.1. NOÇÃO E DELIMITAÇÃO DO TEMA

Como foi dito no capítulo anterior, para alcançar seus objetivos primordiais, o Poder Público precisa se utilizar de diferentes meios que são postos à sua disposição pelo ordenamento jurídico, dentre eles, os que possibilitam a intervenção do Estado no domínio econômico, ou seja, nas regras que regem a economia e nas atividades que a impulsionam.

A maior ou menor intervenção no setor econômico se dá em consideração da doutrina vigente em cada país, em cada período de tempo.

Nos países que seguem doutrinas econômicas mais liberais, a intervenção na economia será sempre excepcional, ao passo que naqueles que possuem economias mais dirigidas, como os socialistas, tal intervenção ocorre mais comumente, estando nas mãos do próprio Estado, muitas vezes, vários dos setores de produção de riquezas.

O momento histórico também pode justificar uma maior ou menor intervenção, decorrente da necessidade de impulsionamento, pelo Estado, de segmentos econômicos importantes, atingidos por graves crises de financiamento ou gestão, decorrentes das mais variadas razões, de guerras à concorrência desleal de outros países ou empresas estrangeiras.

No Brasil, a "ordem econômica" é regida por princípios que se contrabalançam. Embora a CF/1988 dê ao sistema econômico brasileiro características próprias de um Estado capitalista liberal, reconhecendo a propriedade privada e a livre concorrência, não deixa de resguardar, em contrapartida, verdadeiras "garantias sociais" ao exercício pleno desses direitos, típicas de estados sociais-democratas, como os princípios da função social da propriedade, da busca do pleno emprego e da redução das desigualdades regionais e sociais (art. 170, III, VII e VIII, da CF/1988).

Muito antes da CF/1988, no entanto, e da própria noção mais "socializante" de nosso direito econômico, nosso ordenamento jurídico já era bastante marcado pela existência de inúmeras regras de intervenção econômica, muitas decorrentes da tradicional característica nacionalista e corporativa de vários de nossos governos republicanos, mormente nos períodos "getulista" e militar.

Vejamos, em resumo, os principais instrumentos de intervenção econômica, destacando aqueles com assento constitucional.

13.2. MONOPÓLIO DE ATIVIDADES ECONÔMICAS

Uma das formas mais comuns de intervenção na economia é a assunção, pelo Estado, do monopólio, ou seja, da exclusividade de desempenho de determinada atividade econômica.

Na Constituição Federal de 1988, no entanto, e principalmente após a promulgação das Emendas Constitucionais 9/1995 e 49/2006, o monopólio foi colocado como um instrumento excepcional, somente cabível nas atividades econômicas expressamente previstas no art. 177, a saber:

a) *pesquisa e lavra de jazidas de petróleo e gás natural e outros hidrocarbonetos fluidos;*

b) *refinação do petróleo nacional ou estrangeiro;*

c) *importação e exportação dos produtos e derivados básicos resultantes das atividades dos itens "a" e "b";*

d) *transporte marítimo do petróleo bruto de origem nacional ou de derivados básicos de petróleo produzidos em outro País, bem assim o transporte, por meio de conduto, de petróleo bruto, seus derivados e gás natural de qualquer origem;*

e) *pesquisa, lavra, enriquecimento, reprocessamento, industrialização e comércio de minérios e minerais nucleares e seus derivados, com exceção dos radioisótopos cuja produção, comercialização e utilização poderão ser autorizadas sob regime de permissão.*

Na prática, todas as atividades descritas nos itens "a" a "d" deixaram de ter a execução realizada pela União ou por empresa sua, em regime de monopólio, posto que, a partir da Emenda Constitucional 9/1995, foi autorizada a contratação de empresas estatais ou privadas para a realização dessas atividades (art. 177, § 1.º).

O monopólio persiste apenas no que concerne à titularidade da atividade, mas não abrange atualmente a execução exclusiva da atividade pela União, sendo feito majoritariamente em regime de concessão.

É necessário advertir que as restrições ao monopólio de atividade econômica de que trata o art. 177 da CF/1988 não inviabilizam o exercício do monopólio em atividades que a própria Constituição Federal trata como serviço público, não estando este, obviamente, adstrito aos ditames do art. 177. É o caso, por exemplo, dos serviços postais[1], cujo fun-

---

1. O monopólio da União nos serviços postais é previsto no art. 9.º da Lei 6.538/1978, sendo desempenhado por intermédio da empresa pública federal ECT – Empresa Brasileira de Correios e Telégrafos. Sua coexistência com a Constituição Federal de 1988 foi chancelada por decisão do Supremo Tribunal Federal quando do julgamento da ADPF 46 (Pleno, Red. p/ acórdão Ministro Eros Grau, j. 05.08.2009).

damento de atuação da União se encontra no art. 21, X, da Carta Magna, tendo optado o legislador ordinário, validamente, pelo regime de monopólio de sua prestação, uma vez que se trata de serviço público, e não apenas de atividade econômica privada.

Por fim, a forma de exploração do monopólio pode ser direta, pela União, o que é incomum, ou dela por intermédio de empresa estatal especialmente constituída para tal fim, como acontecia com a Petrobras, sociedade de economia mista que explorava as atividades de extração, refino e transporte de petróleo e hidrocarbonetos, antes da abertura do setor petrolífero[2-3], e acontece, ainda, com a exploração de usinas termonucleares, feita por meio de uma subsidiária da Eletrobrás, a Eletronuclear, e com a mineração e fabricação do combustível nuclear, feita por intermédio das Indústrias Nucleares do Brasil – INB[4], sociedade de economia mista vinculada ao Ministério da Ciência e Tecnologia.

13.3. EXPLORAÇÃO DE ATIVIDADE ECONÔMICA POR REGIME DE PARTILHA DE PRODUÇÃO

Em 2009, o Poder Executivo enviou, ao Congresso Nacional, vários projetos de lei destinados à instituição do novo marco regulatório para a exploração de petróleo, gás natural e outros hidrocarbonetos no país.

A principal alteração em relação à legislação precedente foi à instituição do chamado *regime de partilha de produção*, previsto na Lei 12.351/2010, especificamente para as áreas do chamado pré-sal, embora não restrito a elas, uma vez que pode ser extensivo a "áreas estratégicas", genericamente conceituadas pela Lei como "região de interesse para o desenvolvimento nacional" (art. 2.º, V).

Diferentemente do que acontece no regime de exploração por concessão, em que o concessionário é dono, durante a vigência do respectivo contrato, de todo o produto da exploração, uma vez que já remunerou o Poder Público pela aquisição do direito de exploração (o chamado *bônus de assinatura*), na partilha ele só ficará com os valores referentes aos custos e investimentos (na verdade, ressarcimento destes) com as atividades de exploração, avaliação, desenvolvimento, produção e desativação de instalações, denominadas pela lei de "custo em óleo" (art. 2.º, II, da Lei 12.351/2010), além de ficar uma parte do que resultar da diferença entre o volume total produzido e as parcelas do custo em óleo, daí o nome eufemístico de regime de partilha. Essa segunda parte é denominada de "excedente em óleo" (art. 2.º, III, da Lei 12.351/2010).

---

2. O sistema de exploração da Petrobras, em regime de monopólio, instituído pela Lei 2.004/1953, foi revogado pela Lei 9.478/1997, que instituiu o regime de concessão, administrado pela Agência Nacional de Petróleo – ANP (art. 23), tendo-se resguardado à Petrobras algumas atividades que já estavam em curso quando da promulgação da Lei (arts. 32, 33 e 57).

3. Em alguns segmentos específicos, como o transporte de petróleo, a Petrobras atua por meio de subsidiárias integrais, como é o caso da Petrobras Transporte S/A (Transpetro).

4. Pela Lei 5.740/1971 foi autorizada a criação, pela Comissão Nacional de Energia Nuclear – CNEN, de uma sociedade de economia mista chamada Companhia Brasileira de Tecnologia Nuclear – CBTN. Com a Lei 6.189/1974 (art. 18), a CBTN passou a denominar-se Empresas Nucleares Brasileiras S/A (Nuclebrás). Com o Decreto-lei 2.464/1988, a Nuclebrás passou a denominar-se Indústrias Nucleares do Brasil S/A – INB (art. 1.º), tendo incorporado, em 1994, as controladas Nuclei (Nuclebrás Enriquecimento Isotópico S/A), Urânio do Brasil S/A e Nuclemon Mínero-Química Ltda. A Lei 10.463/2002 fixou sua sede no Rio de Janeiro.

É evidente que a escolha por esse novo modelo decorreu de um viés ideológico do governo federal de então, ao argumento de que no regime de partilha a União é mais bem ressarcida ao abrir mão de suas riquezas para exploração pelos particulares.

O argumento é falho, porque, mesmo no regime de concessão, no caso específico do petróleo, gás natural e outros hidrocarbonetos, o concessionário já está obrigado ao pagamento de outras parcelas ao longo do contrato, como os *royalties* e as participações especiais[5].

Não bastasse isto, a Lei 12.351/2010 manteve o monopólio da Petrobras como operadora (arts. 2.º, VI, e 4.º), embora autorize que a contratação da exploração seja feita por um consórcio, vencedor de um leilão para a aquisição dos respectivos blocos de exploração (arts. 2.º, VII, e 20). Mas, muito além de criar conceitos que parecem colidir entre si, já que a operação deveria necessariamente abranger a exploração, a nova legislação ainda foi mais longe, produzindo um regime jurídico confuso, devendo a Petrobras ser participante obrigatória do tal consórcio, podendo, ainda, ser contratada diretamente para a exploração conforme decisão do Presidente da República, após proposta do Conselho Nacional de Política Energética (art. 12), o que, na prática, reinstitui o monopólio da exploração.

Por fim, a Lei 12.351/2010 ainda autorizou a criação de uma terceira empresa[6], pública, especificamente para gerir os contratos de partilha (art. 8.º, § 1.º), mas que, além de gestora, deve ser partícipe do consórcio (arts. 20, *caput*, e 21), não se entendendo por que tal papel, de gestora, não pode ser desempenhado pela própria ANP, que, aliás, chegou a exercê-lo transitoriamente (art. 63).

Com um regime jurídico tão confuso, só mesmo a expectativa de lucros fabulosos em decorrência da exploração do petróleo nas chamadas áreas do pré-sal poderia justificar o interesse da iniciativa privada na participação dos leilões previstos na nova legislação. De resto, era bem provável que a Petrobras acabe assumindo a maior parte do ônus da exploração.

A clara percepção do mercado de que o sistema adotado não era bom, resultou em sucessivos fracassos ou sucessos apenas parciais dos leilões de áreas de exploração, o que acabou motivando alterações do modelo pela Lei 13.365/2016, que acabou com a obrigatoriedade de participação da Petrobras como operador. Com a nova redação dada ao art. 4º da Lei 12.351 a Petrobras passou a ter apenas a preferência para ser operadora dos blocos do pré-sal, ainda assim nos casos em que o Conselho Nacional de Política Energética (CNPE) entender estar presente o interesse nacional. Nessas hipóteses, ainda que a Petrobras não manifeste seu interesse, a lei impõe uma participação mínima de 30% no consórcio que irá explorar o bloco, conforme indicação a ser feita pelo CNPE.

---

5. Prevista no art. 45, III, da Lei 9.478/1997 e regulamentada pelo Decreto 2.705/1998, a participação especial é devida nos campos de alta produtividade, com alíquotas progressivas que podem chegar a 40%, sobre a receita líquida da produção trimestral de cada campo, assemelhando-se a uma espécie de "imposto" sobre o lucro (art. 22 do Regulamento).

6. A empresa em questão foi criada pelo Decreto 8.063/2013 como empresa pública federal, vinculada ao Ministério das Minas e Energia, e denominada de Pré-Sal Petróleo S.A. (PPSA).

13.4. EXPLORAÇÃO DIRETA DE ATIVIDADE ECONÔMICA

Mesmo não detendo o monopólio de determinada atividade econômica, o Estado pode intervir nela por meio de atuação direta, constituindo empresas públicas ou sociedades de economia mista para, em sistema de competição com o particular, exercerem-na.

A Constituição Federal de 1988, no entanto, restringe essa atuação a duas únicas situações, na forma do disposto em seu art. 173, a saber:

   a) *atividade necessária aos imperativos da segurança nacional ou;*
   b) *atividade necessária a (atendimento de) relevante interesse coletivo.*

Não há, portanto, permissivo geral à atuação direta na economia.

Só por lei essa atuação poderá ser autorizada, e, ainda assim, a lei deverá fundamentar sua instituição em algum dos dois pressupostos constitucionais.

Com toda certeza, a primeira hipótese é mais restritiva, pois supõe que a segurança nacional esteja, de alguma forma, ameaçada. Tal hipótese será mais corriqueiramente verificada em momentos de grave crise institucional, seja por fatores externos, como guerras, ou internos, como revoluções ou conflagrações civis. Sem embargo, grave desabastecimento causado por circunstâncias econômicas desfavoráveis também pode justificar o enquadramento no chamado "imperativo de segurança nacional".

A segunda hipótese é mais aberta, apoiando-se numa expressão jurídica um tanto quanto indeterminada, consistente no "relevante interesse coletivo". Embora não seja muito difícil enquadrar diversas situações nesse conceito jurídico, tem-se o mérito, de qualquer modo, de evitar a atuação estatal na economia apenas pelo capricho do administrador.

Entretanto, o Estado, quando atua nessa área, se despe de prerrogativas próprias, que lhe desigualam do particular, mormente daqueles com quem irá concorrer.

Como a intervenção estatal, por meio de atuação direta, tem como finalidade precípua o alavancamento do setor econômico, o Estado deve sempre agir em caráter acessório e subsidiário, incrementando a participação do particular, jamais tolhendo-a ou nulificando-a. Eventualmente, a participação estatal será importante para atingir setores da população nos quais, no que concerne ao serviço em particular, não existe interesse privado na oferta.

Para garantir o tratamento isonômico das empresas estatais que atuam no domínio econômico em relação às particulares em geral, o legislador constituinte se preocupou expressamente em estabelecer regra que proíbe a concessão de qualquer vantagem trabalhista, tributária, civil ou comercial, estipulando a sujeição daquelas ao mesmo regime jurídico destas (art. 173, §§ 1.º, II, e 2.º, da CF/1988), conquanto estejam as estatais sujeitas a restrições próprias do regime jurídico administrativo, como os referentes à licitação e contratação de obras, serviços, compras e alienações (art. 173, § 1.º, III, da CF/1988).

Atualmente, a União, por intermédio de diversas empresas públicas, sociedades de economia mista e respectivas subsidiárias, ainda atua em vários segmentos da economia, como os setores bancário, securitário, portuário[7], abastecimento de alimentos e armazena-

---

7. Desde a Lei 8.630/1993, intitulada de "Lei da Modernização dos Portos", no entanto, as Companhias Docas vinham deixando a operação portuária para se concentrar no papel de autoridades portuárias nos chamados portos organizados. Atualmente, a matéria é regida pela Lei 12.815/2013, que

gem. Não consideramos, aqui, setores econômicos alçados à condição de serviços públicos, como transporte, distribuição e geração de energia elétrica, água, gás, telecomunicações, radiodifusão de sons e imagens etc., cujo regime jurídico é diverso, tendo como assento constitucional o art. 175 da CF/1988.

13.5. CONTROLE DO ABUSO DO PODER ECONÔMICO

Além de atuar diretamente na economia, o Poder Público, utilizando-se de seu poder de polícia, pode condicionar o exercício de inúmeras atividades a regulamentos técnicos, regras ambientais, de segurança etc. Trata-se, genericamente, da função de fiscalização da atividade econômica, prevista no art. 174, *caput*, da CF/1988.

Entretanto, além dessa atuação geral, que nada mais é do que uma das facetas do exercício do poder de polícia, deu-se ao Poder Público a atribuição específica de zelar pelo princípio da concorrência, um dos pilares de nossa ordem econômica, impedindo-se que, por meio do abuso do poder econômico, a livre concorrência seja eliminada, assim como seja obtida a dominação de mercados por uma ou poucas empresas (monopólios privados e cartéis, respectivamente).

Nessa senda, a Constituição Federal de 1988 estabeleceu, em seu art. 173, § 4.º, que a "lei reprimirá o abuso do poder econômico que vise à dominação dos mercados, à eliminação da concorrência e ao aumento arbitrário dos lucros".

Esses objetivos são alcançados de diferentes formas, a saber:

a) *combate aos cartéis e monopólios privados, com o controle preventivo, exercido pelo Conselho Administrativo de Defesa Econômica – CADE, uma autarquia federal, com o auxílio da Secretaria de Acompanhamento Econômico – SEAE, das fusões e aquisições empresariais;*

b) *combate às demais infrações da ordem econômica, como o aumento arbitrário de lucros, o domínio de mercado relevante e a exigência de exclusividade para divulgação de publicidade nos meios de comunicação de massa, também por intermédio do CADE e da SEAE (Lei 12.529/2011);*

c) *combate à prática de dumping[8] mediante a imposição de direitos antidumping e direitos compensatórios, conforme apuração prévia da margem de dumping, feita pela Secretaria de Comércio Exterior (SECEX), do Ministério do Desenvolvimento, Indústria e Comércio Exterior (Lei 9.019/1995);*

d) *tabelamento de preços máximos de produtos essenciais ao abastecimento da população (art. 2.º, II, da Lei Delegada 4/1962), destacando-se dentre estes os medicamentos, que seguem regramento próprio e específico (Lei 10.742/2003);*

e) *utilização de instrumentos de intervenção na propriedade, como a desapropriação e a requisição para garantir o abastecimento da população (art. 2.º, III, da Lei Delegada 4/1962).*

---

prevê, inclusive, o estabelecimento de metas de desempenho pelas Companhias Docas (art. 64). A administração portuária, no entanto, não necessariamente competirá a elas, podendo ser delegada, até mesmo, aos Municípios, Estados ou a consórcio público, nos termos da Lei 9.277/1996.

8. Prática que consiste na venda, pelo país exportador, de produto ou mercadoria abaixo do preço de custo, no país de origem, com a finalidade de dominação do mercado importador, em prejuízo de sua "indústria doméstica".

A *Lei 12.529/2011* criou o *Sistema Brasileiro de Defesa da Concorrência*, substituindo a antiga lei antitruste (Lei 8.884/1994), passando a dispor de maneira pormenorizada sobre o processo administrativo para prevenção, apuração e repressão de infração à ordem econômica, prevendo diferentes procedimentos (art. 48), a saber: a) procedimento preparatório de inquérito administrativo para apuração de infração à ordem econômica; b) inquérito administrativo para apuração de infração à ordem econômica; c) processo administrativo para imposição de sanção administrativa por infração à ordem econômica; d) processo administrativo para análise de ato de concentração econômica; e) procedimento administrativo para apuração de ato de concentração econômica; e f) processo administrativo para imposição de sanções processuais incidentais.

As decisões do plenário do CADE, cominando multa ou impondo obrigação de fazer ou não fazer, constituem título executivo extrajudicial (art. 93 da Lei 12.529/2011), e as referentes à imposição de multa são executadas na forma dos executivos fiscais (art. 94 da Lei 12.529/2011).

A Lei ainda prevê o chamado "acordo de leniência", com a possibilidade de extinção da ação punitiva da administração pública ou a redução da penalidade aplicável, desde que os autores da infração à ordem econômica colaborem com as investigações do processo administrativo, resultando dessa colaboração a identificação de outros envolvidos na infração e a obtenção de informações e documentos que comprovem a infração noticiada ou sob investigação (art. 86 da Lei 12.529/2011). Como se vê, é uma espécie de delação premiada na legislação antitruste.

13.6. ESTÍMULOS À PRODUÇÃO (FOMENTO) E POLÍTICAS DE ABASTECIMENTO E ARMAZENAMENTO

A intervenção no domínio econômico não se faz apenas mediante adoção de medidas repressivas, mas também é levada a efeito mediante outras formas diretas de atuação, que não necessariamente se enquadrarão naquela hipótese preconizada no art. 173 da CF/1988.

Além da criação de entidade jurídica especialmente voltada para atuação em determinado segmento da economia, a atuação direta do Estado pode dar-se por meio da simples formalização de negócios jurídicos de aquisição, venda e distribuição de produtos (art. 2.º, I, da Lei Delegada 4/1962).

Essa atuação, de um modo geral, é feita em consonância com uma política de fomento dos segmentos econômicos mais voltados para o abastecimento de produtos essenciais à população, como os gêneros alimentícios, embora não somente estes.

Para isso, são idealizados inúmeros mecanismos, a saber:

a) *créditos rural e industrial, com juros abaixo do mercado e prazos bastante alongados, para incentivo à produção agrícola e industrial (Decretos-Leis 167/1967 e 413/1969);*

b) *políticas nacionais de abastecimento e armazenamento[9] (arts. 31 a 42 da Lei 8.171/1991) e garantia de preços mínimos de produtos agrícolas (Decreto-Lei 79/1966);*

---

9. Para isso, o Governo Federal conta com uma empresa pública, a Companhia Nacional de Abastecimento – CONAB, criada pela Lei 8.029/1990 a partir da fusão das extintas Companhia Brasileira

c) *subvenções, por meio da legislação tributária (parafiscalidade) ou pela utilização de política econômica específica, como a equalização de preços e a subvenção de encargos financeiros por bônus de adimplência e os rebates de saldos devedores de financiamentos (Lei 8.427/1992);*

d) *planificação da produção;*

e) *medidas de estímulo à liquidação ou regularização de dívidas originárias de operação de crédito (quanto ao setor rural, vide Lei 11.775/2008).*

Para beneficiar certos setores econômicos, inclusive mantendo os níveis nacionais ou regionais de empregabilidade, é comum a utilização de instrumentos de atuação como a formação de estoques reguladores e a utilização de impostos "regulatórios", principalmente o imposto de importação, com imposição de sobretarifas, a fim de coibir a concorrência externa.

Essas políticas, hoje, no entanto, devem ser feitas observando os acordos internacionais de livre comércio, aos quais o Brasil aderiu, de modo que não podem ser consideradas, simplesmente, como uma limitação, pura e simples, à entrada no mercado nacional de produtos estrangeiros.

Em situações extremas, para possibilitar a elevação do preço de determinado produto, o Brasil já aderiu, inclusive, a acordos internacionais que limitavam a sua exportação, a fim de que o escasseamento do produto no plano internacional provocasse a retomada de crescimento de seu valor[10].

A adoção de políticas de subvenção econômica, por meio de empréstimos concedidos por bancos de desenvolvimento para projetos apresentados por empresas privadas perfaz uma das principais modalidades de fomento, amplamente utilizada no Brasil, seja por Nacional de Desenvolvimento Econômico e Social – BNDES[11], seja por intermédio de seus congêneres estaduais.

Sobre a importância dos bancos de desenvolvimento, o STF, em antigo julgado, teve a oportunidade de pontuar o seguinte:

> *I. Atividade econômica do Estado: intervenção suplementar no domínio econômico ou exploração de serviço público. 1. Ainda que se devesse reduzir a participação suplementar do Estado na atividade econômica "stricto sensu" – objeto do art. 170 CF/69 – aquela que se faça mediante o apelo a tecnica privatística das empresas estatais de forma mercantil não basta a descaracterização, em tese, da natureza autárquica de um banco de desenvolvimento criado pelo Poder Público. 2. Em tese, a assunção estatal, como serviço público, da atividade dos bancos de desenvolvimento e tanto mais viável quanto é certo que, desde a Constituição de 1967, a elaboração e a execução de planos regionais de desenvolvimento foram expli-*

---

de Alimentos – COBAL, Companhia de Financiamento da Produção – CFP e Companhia Brasileira de Armazenamento – CIBRAZEM.

10. Foi o caso, por exemplo, do Plano de Retenção do Café, decorrente da adesão, pelo Brasil, do Acordo de Criação da Associação dos Países Produtores de Café, ratificado pelo Decreto Legislativo 8/1995, promulgado por meio do Decreto 2.020/1996.

11. Criado pelo art. 8º da Lei nº 1.628/1952 com o nome de Banco Nacional do Desenvolvimento Econômico – BNDE, como autarquia vinculada ao Ministério da Fazenda, foi posteriormente transformado em empresa pública pela Lei nº 5.662/1971. A mudança de nome para BNDES ocorreu por força do art. 5º do Decreto-Lei 1.940/1982.

citamente incluídos no rol da competência da União: dispensa demonstração que, nosso regime de liberdade de iniciativa, a atividade de fomento dela, desenvolvida pelos bancos de desenvolvimento – mediante empréstimos com prazo ou condições favorecidas, prestação de garantias, intermediação de empréstimos externos ou tomada de participações acionárias –, são um dos instrumentos primaciais da tarefa estatal de execução do planejamento econômico.
(...)
STF, 1ª Turma, RE 120.932/RS, rel. Min. Sepúlveda Pertence, j. em 24/03/1992

13.7. SÍNTESE DO TEMA

INTERVENÇÃO DO ESTADO NO DOMÍNIO ECONÔMICO	
Noções	• Nos países que seguem doutrinas econômicas mais liberais, a intervenção na economia será sempre excepcional, ao passo que naqueles que tendem a possuir economias mais rígidas, como os socialistas, tal intervenção ocorre mais comumente, estando nas mãos do próprio Estado, muitas vezes, vários dos setores de produção de riquezas. • O momento histórico também pode justificar uma maior ou menor intervenção.
	• A CF/1988 dá ao sistema econômico brasileiro características próprias de um Estado capitalista liberal, reconhecendo a propriedade privada e a livre concorrência, porém não deixa de resguardar, em contrapartida, verdadeiras "garantias sociais" ao exercício pleno desses direitos, típicas de estados sociais democratas, como os princípios da função social da propriedade, da busca do pleno emprego e da redução das desigualdades regionais e sociais (art. 170, III, VII e VIII).

INSTRUMENTOS DE INTERVENÇÃO ECONÔMICA	
Monopólio de atividades econômicas	• Uma das formas mais comuns de intervenção do Estado na economia é a assunção de um segmento econômico mediante monopólio, ou seja, a exclusividade de desempenho de determinada atividade econômica. • Na Constituição Federal de 1988, o monopólio foi colocado como um instrumento excepcional, somente cabível nas atividades econômicas expressamente previstas no art. 177. • As restrições ao monopólio de atividade econômica de que trata o art. 177 da CF/1988 não inviabilizam o exercício do monopólio em atividades que a própria Constituição Federal trata como serviço público (art. 175), não estando este adstrito aos ditames do art. 177. • A forma de exploração do monopólio pode ser direta, pela União, que é incomum, ou dela por intermédio de empresa estatal especialmente constituída para tal fim.

INSTRUMENTOS DE INTERVENÇÃO ECONÔMICA	
Exploração direta de atividade econômica	• Mesmo não detendo o monopólio de determinada atividade econômica, o Estado pode intervir nela por meio de atuação direta, constituindo empresas públicas ou sociedades de economia mista para, em sistema de competição com o particular, exercerem-na. • A Constituição Federal de 1988, no entanto, restringe essa atuação a duas únicas situações, na forma do disposto em seu art. 173, a saber: a) atividade necessária aos imperativos da segurança nacional; ou b) atividade necessária a (atendimento de) relevante interesse coletivo. • Para garantir o tratamento isonômico das empresas estatais que atuam no domínio econômico em relação às particulares em geral, o legislador constituinte se preocupou expressamente em estabelecer regra que proíbe a concessão de qualquer vantagem trabalhista, tributária, civil ou comercial, estipulando a sujeição daquelas ao mesmo regime jurídico destas (art. 173, §§ 1.º, II, e 2.º), conquanto estejam as estatais sujeitas a restrições próprias do regime jurídico administrativo, como os referentes à licitação e contratação de obras, serviços, compras e alienações (art. 173, § 1.º, III).
Controle do abuso do poder econômico	• Além de atuar diretamente na economia, o Poder Público, utilizando-se de seu poder de polícia, pode condicionar o exercício de inúmeras atividades a regulamentos técnicos, regras ambientais, de segurança etc. Trata-se, genericamente, da função de fiscalização da atividade econômica, prevista no art. 174, *caput*, da CF/1988. • Nessa senda, a Constituição Federal de 1988 estabeleceu, em seu art. 173, § 4.º, que a "lei reprimirá o abuso do poder econômico que vise à dominação dos mercados, à eliminação da concorrência e ao aumento arbitrário dos lucros". • A Lei 12.529/2011 criou o Sistema Brasileiro de Defesa da Concorrência, substituindo a antiga lei antitruste (Lei 8.884/1994), passando a dispor de maneira pormenorizada sobre o processo administrativo para prevenção, apuração e repressão de infração à ordem econômica, prevendo diferentes procedimentos (art. 48), a saber: a) procedimento preparatório de inquérito administrativo para apuração de infração à ordem econômica; b) inquérito administrativo para apuração de infração à ordem econômica; c) processo administrativo para imposição de sanção administrativa por infração à ordem econômica; d) processo administrativo para análise de ato de concentração econômica; e) procedimento administrativo para apuração de ato de concentração econômica; e f) processo administrativo para imposição de sanções processuais incidentais.

INSTRUMENTOS DE INTERVENÇÃO ECONÔMICA	
Estímulo à produção (fomento) e políticas de abastecimento e armazenamento	• Essa atuação, de um modo geral, é feita em consonância com uma política de fomento dos segmentos econômicos mais voltados para o abastecimento de produtos essenciais à população, como os gêneros alimentícios, embora não somente estes. Podem ser estabelecidas políticas de preços mínimos, subsídios econômicos e fiscais setoriais, linhas de crédito especiais etc. • Para beneficiar certos setores econômicos, inclusive mantendo os níveis nacionais ou regionais de empregabilidade, é comum a utilização de instrumentos de atuação como a formação de estoques reguladores e a utilização de impostos "regulatórios", principalmente o imposto de importação, com imposição de sobretarifas, a fim de coibir a concorrência externa.

13.8. QUESTÕES

1. **(Titular de Serviços de Notas e de Registros/TJ-SE – CESPE/2014)** Considerando as normas constitucionais vigentes no ordenamento jurídico brasileiro, assinale a opção correta.

   a) Segundo o STF, é permitida às universidades públicas a cobrança de taxa de matrícula a seus alunos.

   b) A União deve sempre repassar aos municípios a totalidade da arrecadação do ITR referente aos imóveis neles situados.

   c) A ocorrência de calamidade de graves proporções na natureza é motivo para o presidente da República decretar estado de defesa por um período máximo de trinta dias, prorrogável, uma única vez, por igual período.

   d) Lei complementar de iniciativa do Poder Executivo deve estabelecer, a cada quatro anos, o plano plurianual com diretrizes, objetivos e metas da administração pública federal para suas despesas.

   e) A União pode contratar empresa particular para a realização de lavra e enriquecimento de minérios e minerais nucleares, excetuados os radioisótopos.

2. **(Titular de Serviços de Notas e de Registros/TJ-SE – CESPE/2014)** Com base nas normas constitucionais que tratam da ordem econômica e financeira e da ordem social, assinale a opção correta.

   a) A CF assegura às empresas públicas prestadoras de serviços públicos a isenção de custas processuais para litigar em juízo.

   b) Os benefícios da previdência social e a assistência social, organizadas sob a forma de regime geral, destinam-se exclusivamente aos contribuintes da seguridade social.

   c) A CF prevê a possibilidade de exploração direta de atividade econômica pelo Estado somente no caso de imprescindibilidade à segurança nacional.

d) A desapropriação, pela União, de imóvel rural que não atenda a sua função social, para a realização de reforma agrária, depende de prévia indenização em dinheiro.

e) De acordo com a CF, as universidades, entes com autonomia didático-científica, patrimonial, administrativa e de gestão financeira, devem tratar como indissociáveis as atividades de ensino, pesquisa e extensão.

3. **(MPE-AC – CESPE/2014) Considerando as normas constitucionais aplicáveis ao sistema tributário nacional, às finanças públicas e à ordem econômica, assinale a opção correta.**

a) Incorrerá em inconstitucionalidade a lei estadual que criar taxa incidente sobre o patrimônio, renda ou serviços de municípios, visto que, na CF, é prevista, para esse caso, a limitação constitucional ao poder de tributar denominada imunidade recíproca.

b) Em razão do regime de livre mercado estabelecido na CF, é vedado ao Estado explorar diretamente atividade econômica.

c) De acordo com a CF, não se pode vincular a receita de impostos estaduais a despesas com manutenção e desenvolvimento do ensino e ações e serviços públicos de saúde.

d) Os municípios, os estados e o DF poderão instituir imposto para custeio do serviço de iluminação pública, desde que o façam com observância ao princípio da legalidade, da anterioridade e da irretroatividade.

e) Viola disposição da CF o convênio firmado entre estado e município com o objetivo de realizar transferência voluntária de recursos financeiros para pagamento de despesas com professores integrantes da rede pública de ensino.

4. **(Titular de Serviços de Notas e de Registros/TJ-BA – CESPE/2013) Assinale a opção correta a respeito da ordem econômica, financeira e social e do Sistema Financeiro Nacional.**

a) Não há vedação constitucional à destinação de recursos públicos para a subvenção de instituições privadas de saúde com fins lucrativos, uma vez que tais instituições participam de forma complementar do Sistema Único de Saúde.

b) Segundo a CF, a União e os estados-membros têm competência para instituir contribuições de intervenção no domínio econômico.

c) O Sistema Financeiro Nacional, nos termos da CF, deve ser regulado por lei complementar única, aplicável em todo o território nacional.

d) Embora detenha o monopólio da refinação do petróleo natural ou estrangeiro, a União pode contratar empresa privada para realizar tal atividade, desde que observadas as condições estabelecidas em lei.

e) O aproveitamento do potencial de energia renovável, ainda que de capacidade reduzida, depende de autorização ou concessão da União.

5. **(Titular de Serviços de Notas e de Registros/TJ-BA – CESPE/2013)** Considerando o disposto na CF acerca da ordem econômica e financeira, assinale a opção correta.

   a) Não é permitido contrato entre a União e empresas privadas para a realização do transporte marítimo do petróleo bruto de origem nacional.

   b) Há previsão constitucional para que recursos arrecadados com a contribuição de intervenção no domínio econômico relativa às atividades de importação ou comercialização de petróleo e seus derivados sejam destinados ao financiamento de programas de infraestrutura de transportes.

   c) As empresas públicas e as sociedades de economia mista poderão gozar de privilégios fiscais não extensivos às do setor privado.

   d) Depende de autorização ou concessão o aproveitamento do potencial de energia renovável de capacidade reduzida.

   e) São vedados o transporte e a utilização de quaisquer materiais radioativos no território nacional.

6. **(Titular de Serviços de Notas e de Registros/TJ-ES – CESPE/2013)** Considerando os dispositivos constitucionais e a jurisprudência sumulada do STF acerca da ordem econômica e financeira, incluindo-se seus princípios gerais, as disposições acerca de política urbana, política agrícola, fundiária e sistema financeiro nacional, assinale a opção correta.

   a) O monopólio da União, em relação às jazidas de petróleo, engloba a pesquisa e a lavra e, em relação às jazidas de gás natural e outros hidrocarbonetos fluidos, refere-se apenas à lavra.

   b) Mesmo antes da Emenda Constitucional n.º 29/2000, lei municipal que estabelecesse alíquotas progressivas para o IPTU, ainda que com o fim de assegurar o cumprimento da função social da propriedade urbana, seria constitucional.

   c) Ofende o princípio da livre concorrência lei municipal que impeça a instalação de estabelecimentos comerciais do mesmo ramo em determinada área.

   d) Ressalvados os casos previstos na CF, a exploração direta de atividade econômica pelo Estado só é permitida se necessária aos imperativos da segurança nacional, nos termos de lei complementar.

   e) Estão elencadas expressamente na CF, entre os princípios da ordem econômica, a livre concorrência e a defesa do meio ambiente, mas não a propriedade privada.

7. **(Analista/BACEN – CESPE/2013)** A respeito da organização do Estado e dos poderes, julgue o item subsequente.

   A função reguladora da atividade econômica pode ser exercida pela administração pública indireta, por meio de autarquias, a exemplo do Banco Central do Brasil (BACEN).

8. **(Analista/BACEN - CESPE/2013)** A respeito da organização do Estado e dos poderes, julgue o item subsequente.

    A função reguladora da atividade econômica pode ser exercida pela administração pública indireta, por meio de autarquias, a exemplo do Banco Central do Brasil (BACEN).

9. **(Auditor Federal de Controle Externo/TCU - CESPE/2013)** Julgue o item a seguir, acerca das disposições constitucionais relativas à ordem econômica e financeira.

    Como agente regulador da atividade econômica, o Estado exerce atividades fiscalizatórias e de incentivo para o setor público, mas, em atenção ao princípio da livre concorrência, está impedido de executar funções de caráter normativo ou de planejamento que interfiram na atividade econômica.

10. **(Auditor Federal de Controle Externo/TCU - CESPE/2013)** As empresas de pequeno porte constituídas sob as leis brasileiras, cuja sede e cuja administração encontrem-se no país, poderão gozar de tratamento diferenciado, sem que as vantagens concedidas a essas empresas constituam antinomia com o princípio da livre concorrência.

11. **(Especialista em Regulação de Aviação Civil/ANAC - CESPE/2012)** Acerca da ordem econômica, julgue o item subsecutivo.

    O livre exercício de qualquer atividade econômica, direito a todos assegurado, independe de autorização da administração pública, ressalvados os casos previstos em lei.

12. **(Juiz/TJ-PA - CESPE/2012)** Em relação às finanças públicas e aos princípios gerais da atividade econômica, assinale a opção correta de acordo com a CF.

    a) A empresa brasileira de capital nacional goza de vantagens não extensivas às empresas estrangeiras, como, por exemplo, a preferência no fornecimento de bens e serviços ao poder público.

    b) Como regra, é vedada a formação de monopólios e oligopólios, restringindo-se a admissão de monopólios públicos e privados às hipóteses taxativamente previstas no texto constitucional.

    c) As matérias relacionadas às finanças públicas devem ser regulamentadas por lei complementar.

    d) A pesquisa e a lavra de recursos minerais somente podem ser efetuadas mediante autorização ou concessão da União, no interesse nacional, por brasileiros ou por empresa brasileira de capital nacional.

    e) Os potenciais de energia hidráulica, que constituem propriedade distinta da do solo para efeito de exploração, pertencem à União ou aos estados, conforme o ente federativo em que se localizem os rios e as correntes de água a serem aproveitados.

13. **(Juiz/TJ-AC - CESPE/2012)** Considerando as disposições constitucionais sobre finanças públicas, orçamentos e princípios gerais da atividade econômica, assinale a opção correta.

   a) A administração pública está impedida de realizar investimentos cuja execução ultrapasse um exercício financeiro, salvo mediante o remanejamento de recursos oriundos da anulação de despesa.

   b) Estão sujeitas ao regime jurídico próprio das empresas privadas, quanto aos direitos e obrigações trabalhistas e tributários, as empresas públicas e as sociedades de economia mista que explorem atividade econômica de produção ou comercialização de bens, mas não as que prestam serviços.

   c) A CF estabelece o monopólio da União na pesquisa e lavra das jazidas de petróleo e gás natural, permitindo, entretanto, a contratação de empresas estatais e privadas para a realização dessas atividades, observadas as condições estabelecidas em lei.

   d) Cabe a uma comissão mista de deputados e senadores emitir parecer sobre os projetos de lei relativos ao plano plurianual, às diretrizes orçamentárias e ao orçamento anual, sendo competência da Comissão de Fiscalização e Controle do Senado Federal exercer o acompanhamento e a fiscalização orçamentária, bem como emitir parecer sobre as contas apresentadas anualmente pelo presidente da República.

   e) O BACEN pode comprar e vender títulos de emissão do Tesouro Nacional e dos estados e pode conceder-lhes empréstimos, com o objetivo de regular a oferta de moeda ou a taxa de juros.

14. **(Auditor Federal de Controle Externo/TCU - CESPE/2011)** A respeito dos orçamentos e da ordem econômica e financeira, julgue o item seguinte.

   De acordo com a CF, constituem monopólio da União a pesquisa, a comercialização e a lavra das jazidas de petróleo e gás natural.

15. **(Procurador/AL-ES - CESPE/2011)** Assinale a opção correta a respeito da ordem econômica e financeira.

   a) É vedado ao Estado o exercício de atividade econômica em regime de competição.

   b) Segundo a CF, a alienação ou a concessão, a qualquer título, de terras públicas com área superior a dois mil e quinhentos hectares a pessoa física ou jurídica depende de prévia autorização do chefe do Poder Executivo.

   c) O transporte marítimo do petróleo bruto de origem nacional ou de derivados básicos de petróleo produzidos no país integra o âmbito das atividades para as quais a CF atribuiu ao Estado sua exclusiva exploração.

   d) De acordo com a CF, a política de desenvolvimento urbano deve ficar a cargo do estado-membro, a partir das diretrizes estabelecidas pelo Poder Legislativo federal.

   e) Como agente normativo e regulador da atividade econômica, o Estado exerce funções de fiscalização, incentivo e planejamento, sendo esse planejamento de natureza determinante para os setores público e privado.

16. **(Auditor Federal de Controle Externo/TCU - CESPE/2011)** A respeito dos orçamentos e da ordem econômica e financeira, julgue o item seguinte.

   De acordo com a CF, constituem monopólio da União a pesquisa, a comercialização e a lavra das jazidas de petróleo e gás natural.

17. **(Juiz Federal/TRF - 5.ª Região - CESPE/2011)** Com relação à ordem econômica, ao direito de propriedade e à comunicação social, assinale a opção correta.

   a) A CF admite a incidência de contribuição de intervenção no domínio econômico sobre a importação de petróleo e seus derivados, de gás natural e seus derivados e de álcool combustível, podendo a alíquota dessa contribuição ser diferenciada por produto ou uso, ou reduzida e restabelecida por ato do Poder Executivo, sem a observância do princípio da anterioridade.

   b) A União pode contratar com empresas estatais ou privadas a realização de pesquisa, o enriquecimento e o processamento de minérios e minerais nucleares e seus derivados.

   c) As operações de transferência de imóveis rurais desapropriados por interesse social para fins de reforma agrária são isentas apenas dos impostos federais.

   d) É vedada a participação de capital estrangeiro em empresas jornalísticas e de radiodifusão sonora e de sons e imagens.

   e) A CF atribui exclusivamente à União a competência para dispensar tratamento jurídico diferenciado às microempresas e às empresas de pequeno porte, de modo a incentivá-las mediante a simplificação de suas obrigações administrativas, previdenciárias, tributárias e creditícias.

18. **(Procurador Federal/AGU - CESPE/2010)** Julgue o item seguinte, relativo à ordem econômica.

   Segundo entendimento do STF, a distinção entre atividade e propriedade permite que o domínio do resultado da lavra das jazidas de petróleo, de gás natural e de outros hidrocarbonetos fluidos seja atribuído a terceiro pela União, sem que tal conduta configure afronta à reserva de monopólio.

19. **(Assessor Técnico Jurídico/TCE-RN - CESPE/2009)** Com relação aos princípios da ordem econômica na CF, julgue o item a seguir.

   A exploração direta de atividade econômica pelo Estado só será permitida quando necessária aos imperativos da segurança nacional ou a relevante interesse coletivo, conforme definidos em lei, razão pela qual a CF não admite a existência de monopólios em nome de qualquer ente federativo.

20. **(Procurador Especial de Contas/TCE-ES - CESPE/2009)** Assinale a opção correta acerca das ordens econômica, financeira e social.

   a) Ao dispor sobre a ordem social, a CF estabelece que as receitas dos estados, do DF e dos municípios, destinadas à seguridade social, constem do respectivo orçamento, não integrando o orçamento da União.

b) As empresas públicas e as sociedades de economia mista podem gozar de privilégios fiscais não extensíveis às empresas do setor privado.
c) A CF estabelece como princípio da ordem econômica o tratamento favorecido para as empresas de pequeno e médio porte constituídas sob as leis brasileiras e que tenham sua sede e administração no país.
d) Constituem monopólio da União a pesquisa, a lavra, o enriquecimento, o processamento, a industrialização e o comércio de minérios e minerais nucleares e seus derivados, incluindo os radioisótopos para pesquisa.
e) O pescador artesanal que exerça suas atividades em regime de economia familiar, sem empregados permanentes, não contribuirá para a seguridade social.

GABARITO

1 – C	2 – E	3 – E
4 – D	5 – B	6 – C
7 – Certo	8 – Certo	9 – Errado
10 – Certo	11 – Certo	12 – C
13 – C	14 – Errado	15 – C
16 – Errado	17 – A	18 – Certo
19 – Errado	20 – A	

14

BENS PÚBLICOS

Sumário: 14.1. Noção e abrangência; **14.1.1.** Bens afetados a uma finalidade pública; **14.1.2.** Situação excepcional dos bens de empresa pública que presta serviço público em regime de monopólio – **14.2.** Classificações dos bens públicos: **14.2.1.** Bens de uso comum, de uso especial e dominicais; **14.2.2.** Bens disponíveis e indisponíveis – **14.3.** Afetação e desafetação – **14.4.** uso de bens públicos por particulares: **14.4.1.** Utilização pelo particular de bens da União – **14.5.** Transferência do bem público para o domínio particular: **14.5.1.** Transferência para o particular de bens imóveis da União; **14.5.2.** Regularização fundiária de assentamentos localizados em áreas urbanas – **14.6.** Atributos dos bens públicos: **14.6.1.** Inalienabilidade; **14.6.2.** Impenhorabilidade; **14.6.3.** Não onerabilidade; **14.6.4.** Imprescritibilidade – **14.7.** Bens públicos em espécie: **14.7.1.** Águas públicas; **14.7.2.** Faixa de fronteira; **14.7.3.** Minas e jazidas minerais; **14.7.4.** Ilhas e praias; **14.7.5.** Mar territorial, plataforma continental e Zona Econômica Exclusiva; **14.7.6.** Terrenos de Marinha e acrescidos; **14.7.7.** Terrenos marginais ou reservados; **14.7.8.** Faixas de Domínio (rodovias e ferrovias); **14.7.9.** Terras tradicionalmente ocupadas pelos índios; **14.7.10.** Terras devolutas.

14.1. NOÇÃO E ABRANGÊNCIA

Em princípio, todas as entidades estatais, mesmo as constituídas sob a forma de direito privado (empresas públicas e sociedades de economia mista), são proprietárias de bens que, em sentido amplo, são considerados públicos.

No entanto, essas entidades, em função da forma como são constituídas, não estão inteiramente sujeitas ao regime jurídico-administrativo.

Assim, conquanto as sociedades de economia mista e as empresas públicas estejam sujeitas à regra constitucional do concurso público para a contratação de pessoal, bem como à exigência de prévia licitação para a aquisição de bens e serviços, não detêm, por outro lado, privilégios e prerrogativas que são próprios da Administração Pública direta, autárquica e fundacional, como a imunidade tributária recíproca, o exercício do poder de polícia e a prerrogativa de foro, exceção feita, quanto a esta última, apenas às empresas públicas federais.

No que tange ao regime de bens, é fácil verificar, também, o distanciamento existente entre as entidades estatais de direito privado e as entidades estatais de direito público.

Os bens daquelas podem, em princípio, ser gravados com ônus reais, ser penhorados, ser objeto de usucapião etc., diferentemente daqueles pertencentes à Administração Pública direta, autárquica e fundacional.

A razão mais evidente para que isso aconteça é o fato de que tais entidades são, em princípio, constituídas para competir com os particulares em atividades econômicas que o Estado entende serem importantes para o interesse público, não havendo por que existir, em proveito daquelas, e dos bens por elas titularizados, os mesmos benefícios e prerrogativas que as entidades de direito público interno detêm.

Assim, *no que concerne ao regime dos bens públicos, a abrangência deste é menor do que a referente à noção de entidades públicas.*

Para nós, interessa saber quais são, nesse sentido mais estreito, os bens públicos, ou seja, aqueles *bens que estão sujeitos ao regime jurídico-administrativo*, e não quais são os bens das entidades estatais, porque *nem todas as entidades estatais terão seus bens sujeitos ao regime jurídico de direito público*.

Não é por outra razão que o próprio legislador brasileiro, ao conceituar bens públicos no *art. 98 do Código Civil* (Lei 10.406/2002), estabeleceu que "são públicos os bens do domínio nacional pertencentes às pessoas jurídicas de direito público interno...".

Manteve-se, assim, a mesma diretriz que vigorava no antigo Código Civil de 1916, em seu art. 65, apenas ampliando-se o rol das pessoas jurídicas enumeradas para todas as de direito público interno, visto que a lei anterior se resumia a elencar os entes políticos (União, Estados, Municípios e Distrito Federal)[1].

Portanto, em princípio, não nos interessa aqui estudar os bens das empresas públicas e das sociedades de economia mista, que não se inserem no conceito de bens públicos.

14.1.1. Bens afetados a uma finalidade pública

Em que pese essa assertiva final do tópico anterior, bem como a dicção do art. 98 do CC/2002, deve-se ressalvar o fato de que um bem, quando afetado a uma finalidade pública, mesmo pertencendo a uma empresa privada, pode sofrer, ainda que parcialmente, a incidência de regras do direito público.

É o que ocorre, por exemplo, com os bens das concessionárias e permissionárias de serviços públicos que estão afetados a um serviço público e que são essenciais à continuidade deste, existindo até mesmo uma disciplina jurídica própria para os chamados bens reversíveis (art. 35, § 1º, da Lei 8.987/95).

Essa subordinação parcial ao regime público, no entanto, não decorre, propriamente, da natureza desses bens, mas do serviço público ao qual ele está vinculado.

Assim, o conceito de bem público, em que pese opiniões em sentido contrário, não deriva necessariamente da afetação do bem a uma finalidade pública, embora esta última possa servir de fundamento para a sujeição parcial do bem ao regime de direito público.

---

1. O que se justifica, pela data em que promulgada referida Lei, quando ainda não era usual, no direito brasileiro, a utilização das figuras jurídicas "autarquias e fundações públicas". A doutrina e a jurisprudência, de qualquer modo, já ampliavam o rol de pessoas muito antes do advento do Código Civil de 2002.

No pormenor, já é pacífica, por exemplo, a posição do STJ quanto à impenhorabilidade de bens afetados a serviços públicos ou, indo mais além, daqueles que, ainda que não afetados a referidos serviços, comprometam, se penhorados, o funcionamento da entidade prestadora[2].

14.1.2. Situação excepcional dos bens de empresa pública que presta serviço público em regime de monopólio

Deve-se ponderar, no entanto, que o rigor conceitual do art. 98 do CC/2002 é excepcionado em parte pela disposição do art. 12 do Decreto-Lei 509/1969, que sujeita os bens da Empresa Brasileira de Correios e Telégrafos – ECT ao regime próprio de direito público, estabelecendo a sua *impenhorabilidade*.

Isso decorre da falta de critério do legislador brasileiro quanto ao cumprimento das finalidades teóricas das entidades estatais de direito privado, tendo incumbido a uma empresa pública, a ECT, em caráter de monopólio, a prestação de um serviço público, o que, em tese, deveria ter sido atribuído a uma autarquia[3].

Insta observar, ademais, que o STF já reconheceu a adequação da referida disposição legal ao texto da Constituição Federal de 1988 no julgamento do *RE 220.906/DF* (Pleno, Rel. Min. Maurício Corrêa, j. 16.11.2000 – *vide Informativo STF 210*)[4], realçando:

> "*Recurso extraordinário. Constitucional. Empresa Brasileira de Correios e Telégrafos. Impenhorabilidade de seus bens, rendas e serviços. Recepção do artigo 12 do Decreto-lei n.º 509/69. Execução. Observância do regime de precatório. Aplicação do artigo 100 da Constituição Federal. 1. À empresa Brasileira de Correios e Telégrafos, pessoa jurídica equiparada à Fazenda Pública, é aplicável o privilégio da impenhorabilidade de seus bens, rendas e serviços. Recepção do artigo 12 do Decreto-lei n.º 509/69 e não incidência da restrição contida no artigo 173, § 1.º, da Constituição Federal, que submete a empresa pública, a sociedade de economia mista e outras entidades que explorem atividade econômica ao regime próprio das empresas privadas, inclusive quanto às obrigações trabalhistas e tributárias. 2. Empresa pública que não exerce atividade econômica e presta serviço público da competência da União Federal e por ela mantido. Execução. Observância ao regime de precatório, sob pena de vulneração do disposto no artigo 100 da Constituição Federal. Recurso extraordinário conhecido e provido*".

---

2. Vide: STJ, REsp 521.047/SP, 1ª T., j. 20/11/2003, rel. Min. Luiz Fux; AgRg no REsp 1.070.735/RS, 2ª T., j. 18/11/2008, rel. Min. Mauro Campbell Marques ; e AgRg no REsp 1.075.160/AL, 1ª T., j. 10/11/2009, rel. Min. Benedito Gonçalves.

3. A ECT foi criada a partir da transformação em empresa pública do extinto Departamento de Correios e Telégrafos – DCT, que havia sido criado pelo Decreto 20.859/1931, a partir da fusão da Diretoria-Geral dos Correios com a Diretoria-Geral dos Telégrafos.

4. Esse entendimento, aliás, vem de longa data (vide RE 100.433/RJ, 1.ª T., Rel. Min. Sydney Sanches, j. 17.12.1984), tendo sido reafirmado, após a CF/1988, em diversas oportunidades, a saber: a) RE 222.041/RS, 1.ª T., Rel. Min. Ilmar Galvão, j. 15.09.1998; b) RE 229.696/PE, 1.ª T., Rel. Min. Ilmar Galvão, j. 16.11.2000; c) RE 225.011/MG, Pleno, Rel. p/ acórdão Min. Maurício Corrêa, j. 16.11.2000; d) RE 220.699/SP, 1.ª T., Rel. Min. Moreira Alves, j. 12.12.2000; e) AgRg no RE 230.161/CE, 2.ª T., Rel. Min. Néri da Silveira, j. 17.04.2001; f) RE 220.907/RO, 2.ª T., Rel. Min. Carlos Velloso, j. 12.06.2001; g) AgRg no RE 265.139/RS, 1.ª T., Rel. Min. Ellen Gracie, j. 05.02.2002; h) AgRg no AI 243.250/RS, 1.ª T., Rel. Min. Sepúlveda Pertence, j. 10.02.2004; i) AgRg no RE 393.032/MG, 1.ª T., Rel. Min. Cármen Lúcia, j. 27.10.2009.

Como se vê, no caso em particular dos Correios, existem alguns elementos característicos que são ressaltados:

a) existência de previsão legal da impenhorabilidade dos bens;
b) prestação de serviço público;
c) regime de monopólio.

Como dissemos anteriormente, não nos parece que o fato de o bem estar afetado a uma finalidade pública lhe transforme em bem público, ainda que se considere que, por haver tal afetação, ser-lhe-ão aplicadas algumas das prerrogativas próprias do regime jurídico daquele, mormente a impenhorabilidade. E, nesse aspecto, é mesmo irrelevante a necessidade de previsão expressa em lei da impenhorabilidade, posto que o interesse público na manutenção do serviço público, regra geral, deve prevalecer sobre o interesse do particular exequente.

Não obstante, a previsão legal da impenhorabilidade, como posta na legislação dos Correios, importa no reconhecimento, como o faz a Corte Suprema, de que todos os seus bens, e não apenas aqueles afetados ao serviço, são impenhoráveis.

Nesse último aspecto, para sustentar a tese, é necessário socorrer-se de verdadeira equiparação dos Correios com a Fazenda Pública, embora aquele tenha natureza jurídica de empresa pública. Entra aí, como reforço argumentativo, a questão de a atividade exercida se confundir com um serviço público, aplicando-se, portanto, a regra do art. 175 da CF, e não aquela prevista no art. 173, § 1.º, e o fato de esta exploração ocorrer em regime de monopólio, estremando-se, dessa maneira, o que parece ser uma opção legislativa de reconhecer incompatível o exercício da atividade pela iniciativa privada.

Em função da dita equiparação, os efeitos atingidos são muito mais amplos do que o mero reconhecimento da impenhorabilidade dos bens da entidade estatal em questão, abrangendo também outros efeitos, como o da imunidade tributária recíproca, também já reconhecida pela Suprema Corte[5].

Na mesma linha da jurisprudência assentada pelo STF para os Correios, a Corte consagrou idêntico entendimento em relação à Infraero[6] e à Casa da Moeda[7], embora analisando o tema sobre o enfoque da imunidade tributária. Em contrapartida, o Pretório Excelso firmou jurisprudência no sentido de que sociedade de economia mista que atua

---

5. STF, AgRg na ACO 765/RJ, Pleno, Rel. p/ acórdão Min. Joaquim Barbosa, j. 05.10.2006 (*Informativo STF 443*). O caso versava sobre incidência do IPVA. Mais recentemente surgiu discussão sobre se a imunidade tributária abrangeria apenas os bens voltados diretamente para o serviço postal ou não, tendo a Corte firmado orientação no sentido de ser irrelevante tal distinção (RE 601.392/RS, com repercussão geral, Pleno, Rel. p/ acórdão Min. Gilmar Mendes, j. 28.02.2013 – vide *Informativo STF 696*).

6. STF, Agravo no RE 638.315/BA, com repercussão geral, Pleno, Rel. Min. Presidente, j. 09.06.2011. Na mesma linha, vide o AgRg no RE 542.454/BA, 2ª T, j. 06/12/2011, rel. Min. Ayres Brito, e o AgRg no RE 524.615/BA, 2ª T. j. 09/09/2008, rel. Min. Eros Grau. Especificamente quanto ao regime jurídico dos bens da Infraero, vide a decisão monocrática proferida no RE 472.490/BA, j. 27/04/2010, rel. Min. Dias Toffoli.

7. STF, AgRg no RE 610.517/RJ, 2ª T., j. 23/06/2014, Rel. Min. Celso de Mello (vide transcrições da decisão monocrática antecedente no *Informativo STF 710*).

em regime de concorrência não pode invocar a impenhorabilidade de seus bens para fins de aplicação do regime de precatórios[8].

14.2. CLASSIFICAÇÕES DOS BENS PÚBLICOS

O Código Civil brasileiro de 2002 adotou a classificação dos bens públicos *conforme sua destinação*, enumerando os de *uso comum do povo*, os de *uso especial* e os *dominicais* (art. 99).

Além dessa classificação, *os bens públicos podem ser classificados, de acordo com a sua titularidade*, em *federais, estaduais, distritais* e *municipais*, conforme pertençam à União, aos Estados, ao Distrito Federal, aos Municípios e suas respectivas autarquias e fundações públicas.

O fundamento dessa titularidade está na Constituição Federal quanto aos bens da União (art. 20) e dos Estados (art. 26), sendo que, em relação a estes últimos, e em relação aos Municípios, devem ser observadas as regras complementares das Constituições estaduais, desde que não disponham em sentido contrário à Constituição Federal. Para o Distrito Federal, vale a mesma disposição do art. 26 do Texto Magno, por simetria.

Autarquias e fundações titularizam os bens que suas leis criadoras, federais, estaduais, distritais ou municipais lhes atribuam, quase sempre por repasse ou transferência patrimonial da Administração Direta ou de outra entidade da Administração Indireta que executava o serviço público correspondente anteriormente.

Outros bens, no entanto, podem ser adquiridos pelos entes políticos, assim como pelas autarquias e fundações públicas, seja pelos meios normais de aquisição dos bens em geral, como usucapião, compra – *esta, embora, quase sempre precedida de licitação* –, doação, permuta, dação em pagamento etc., assim como por meio de instrumentos próprios do direito público, como a desapropriação e o confisco referido no art. 243 da CF/1988 e regulamentado na Lei 8.257/1991.

14.2.1. Bens de uso comum, de uso especial e dominicais

O Código Civil não conceitua bens de uso comum e bens de uso especial, limitando-se, tão somente, a exemplificá-los (art. 99, I e II).

Entretanto, como essa classificação considera a destinação dos bens, é possível dizer que os de uso comum *são aqueles que se destinam à utilização geral pelos indivíduos*, ao passo que os de uso especial são *aqueles que visam à execução dos serviços administrativos e dos serviços públicos em geral*[9].

O próprio Código Civil, então, exemplifica-os, citando os rios, mares, ruas e praças como exemplos de bens de uso comum do povo, e os edifícios ou terrenos destinados a serviço ou estabelecimento da administração pública como bens de uso especial.

Em relação aos dominicais, o Código Civil os considera como sendo aqueles "que constituem o patrimônio das pessoas jurídicas de direito público, como objeto de direito pessoal, ou real, de cada uma dessas entidades" (art. 99, III).

---

8. STF, Pleno, RE 599.628/DF, com RG, j. 25/05/2011, red. p/acórdão. Min. Joaquim Barbosa. O caso concreto envolvia a sociedade de economia mista federal Eletronorte (*Informativos 607, 611 e 628*).
9. *Manual de direito administrativo*. 24. ed. São Paulo: Atlas, 2011. p. 1.050.

Como se vê, a disposição legal, por si só, não é muito esclarecedora.

Na verdade, o conceito de bens dominicais se dá por exclusão dos demais, de forma que são dominicais aqueles que não são de uso comum do povo e tampouco de uso especial.

Por consequência, dominicais são os bens públicos aos quais não se dá uma destinação pública específica, seja para uso geral da coletividade, seja para uso específico da administração pública.

Ou seja, são bens que apenas estão compreendidos no patrimônio público, mas sem qualquer destinação especial, ou, como veremos à frente, afetação pública. Exemplo claro destes bens são as terras devolutas, mas qualquer imóvel, mesmo urbano, que não tenha uma destinação pública, pode ser enquadrado na categoria de bens dominicais. Assim como, também serão considerados dominicais os bens móveis que não servem mais às finalidades públicas, como veículos oficiais cuja manutenção já se tornou excessivamente onerosa para a Administração Pública[10].

O novo Código Civil trouxe, no parágrafo único do art. 99, uma regra de difícil entendimento. Aduz referido dispositivo que "consideram-se dominicais os bens pertencentes às pessoas jurídicas de direito público a que se tenha dado a estrutura de direito privado".

Difícil entender o que venha a ser "pessoa jurídica de direito público com estrutura de direito privado", pois, se a pessoa jurídica tem essa estrutura, automaticamente ela passa a ter a natureza correspondente, transmutando-se de pessoa jurídica de direito público para pessoa jurídica de direito privado, o que pode acontecer, por exemplo, com uma autarquia que é transformada em empresa pública.

O que se pode imaginar é que o legislador pensou em alguma hipótese em que à pessoa jurídica de direito público se atribuíram algumas características de direito privado, permanecendo a natureza dos bens, no entanto, pública, embora dominicais.

Pode-se imaginar, então, uma autarquia que atua na prestação de serviço público de natureza comercial ou industrial, e que, pela natureza de sua atuação, demanda maior liberdade no seu funcionamento, sem tantas amarras como as impostas pelo regime jurídico administrativo. Ainda que se dê a tal entidade uma estrutura próxima àquelas de direito privado, seus bens continuarão sendo públicos dominicais, salvo disposição em contrário.

Como se vê, a norma preconiza algo que deveria ser evitado, misturando as estruturas de diferentes entidades, o que certamente, se implementado, deverá vir acompanhado de indesejável simbiose entre as áreas de atuação próprias de cada ente público.

A regra, em si, é perfeitamente dispensável.

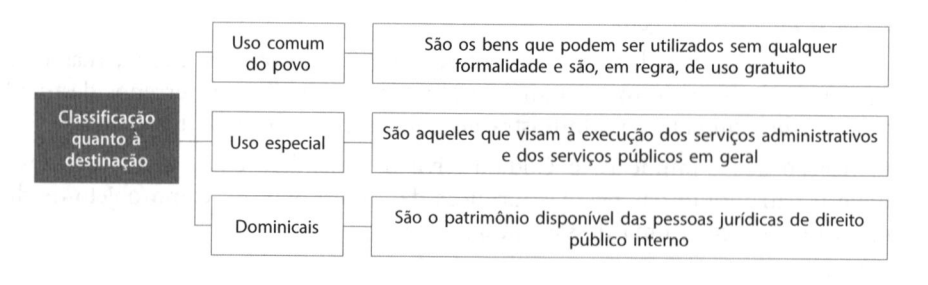

Classificação quanto à destinação		
	Uso comum do povo	São os bens que podem ser utilizados sem qualquer formalidade e são, em regra, de uso gratuito
	Uso especial	São aqueles que visam à execução dos serviços administrativos e dos serviços públicos em geral
	Dominicais	São o patrimônio disponível das pessoas jurídicas de direito público interno

---

10. O Decreto nº 99.658/1990 regulamenta, no âmbito da Administração Pública Federal, o reaproveitamento, a movimentação, a alienação e outras formas de desfazimento de material.

14.2.2. Bens disponíveis e indisponíveis

Outra classificação que é muito utilizada entre os doutrinadores diz respeito à possibilidade de disposição dos bens públicos, ou seja, sua transferência ao domínio particular, com a alienação destes, seja por venda, troca ou doação.

Em regra, os bens públicos só estão aptos à alienação após serem desafetados, conforme se verá adiante. Por outro lado, com exceção daqueles bens que estão, por sua própria natureza, fora do comércio, como os mares, rios e o espaço aéreo, qualquer outro bem público, mesmo de uso comum do povo, pode ser alienado, bastando que tenha havido sua desafetação.

Aqueles que não podem ser objeto de alienação, portanto, são classificados como *indisponíveis*, em regra, os bens de uso comum do povo e os de uso especial, estes últimos somente enquanto afetados. Havendo desafetação, a disposição é possível, embora alguns bens públicos de uso comum do povo sejam, por sua própria natureza, insuscetíveis de alienação.

Os bens dominicais, em vista de sua própria finalidade, são *disponíveis*.

14.3. AFETAÇÃO E DESAFETAÇÃO

Quando um bem público possui uma destinação especial, de molde a ser utilizado diretamente na prestação de um serviço público ou como instrumento para as atividades normais dos agentes públicos, no cumprimento de suas funções, diz-se que ele está afetado. Afetado, no caso, a um interesse público específico.

A *afetação*, assim, nada mais é do que a destinação de um bem público a uma finalidade pública específica.

Todos os bens de uso especial, por sua própria destinação, são bens públicos afetados. Da mesma forma, pode-se dizer que os bens de uso comum também são bens públicos afetados, posto que, embora não sirvam diretamente a interesses mais imediatos das atividades administrativas, estão vinculados à satisfação de um interesse geral da coletividade, que corresponde à fruição desses bens de uso comum.

Apenas os bens denominados de dominicais é que fogem à regra da afetação, posto que não se destinam, em princípio, a qualquer finalidade específica, no interesse da Administração Pública ou dos administrados. Isso, no entanto, não desnatura a sua natureza pública, visto que, como já foi dito, não é a afetação que qualifica um bem como público.

Na verdade, o caráter de desafetação dos bens dominicais é apenas transitório, posto que, a qualquer momento, eles podem, no interesse da Administração Pública, ser afetados. Com efeito, nada impede que num terreno público sem qualquer destinação, como uma área de terra devoluta, seja empreendida uma obra pública destinada, posteriormente, ao uso do serviço administrativo, como um edifício para abrigar repartições públicas, ou à fruição da população em geral, como uma praça ou rua.

Da mesma forma, um determinado bem afetado pode, posteriormente, ser desafetado, bastando, para tanto, que decida a Administração Pública deixar de dar a ele uma utilização pública específica. Assim, o local onde funcionava uma escola pública, em função da transferência da sede desta para outro local e da demolição das instalações anteriores por questões de segurança da obra, deixa de caracterizar-se como um bem público afetado para outro, desafetado.

A afetação ou desafetação tanto pode ocorrer por ato administrativo da Administração Pública, com a decisão expressa e voluntária de assim proceder, inclusive podendo ocorrer, até mesmo, por meio da edição de ato legislativo, como pode se dar em razão de fatos verificados ao decorrer do tempo, como na hipótese acima retratada da desativação da escola.

Usualmente, quando a Administração Pública intenta transferir a titularidade do bem público para o domínio particular, procede, antecedentemente, à *desafetação* do bem público, caso este esteja sendo utilizado em alguma atividade específica de interesse da Administração.

14.4. USO DE BENS PÚBLICOS POR PARTICULARES

Como visto no tópico anterior, os bens de uso comum do povo, em princípio, são de utilização gratuita, nos termos do art. 103 do Código Civil. Somente de forma excepcional haverá retribuição pecuniária pelo seu uso, a ser previamente estabelecida por lei da respectiva entidade estatal que detém sua titularidade (União, Estado, Distrito Federal ou Município).

Exatamente por serem, em regra, de utilização gratuita, são também, usualmente, abertos ao uso de qualquer pessoa, sem qualquer tipo de formalidade, como ocorrem, costumeiramente, com as praias, os rios, as estradas, as praças etc.

Por evidente, o exercício de atividade econômica do particular nesses bens, no entanto, deverá ser objeto de aprovação pelo Poder Público competente, como no caso de ambulantes em praças públicas municipais ou de quiosques em áreas de praia marítima, estas últimas da titularidade da União.

Nesses casos, se instituída, pode haver a cobrança pela utilização do espaço público, que não configura tributo, mas, sim, *receita patrimonial* do Poder Público, o equivalente a um aluguel pelo uso de bens públicos, qualquer que seja a nomenclatura utilizada para designar a contraprestação do uso[11].

Não se pode confundir, outrossim, a aprovação do uso do bem público com a aprovação do exercício de atividade ou da instalação física em que esta será exercida. Com efeito, a título de exemplo, alvarás de funcionamento e localização, expedidos por autoridades sanitárias municipais, não substituem a aprovação de utilização de espaço público situado em praia, cuja titularidade é da União, e a competência para a outorga da utilização, por via de consequência, só poderia ser deferida por esta[12] [13].

---

11. A nomenclatura "receita patrimonial" é adotada no art. 11 da Lei 4.320/1964, que estatui normas gerais de Direito Financeiro, e no art. 2.º, IV, da Lei de Responsabilidade Fiscal (Lei Complementar 101/2000).

12. O Decreto nº 5.300/2004, no entanto, regulamentando a Lei nº 7.661/88, define as regras e competências de gestão da orla marítima, transferindo aos outros entes da Federação algumas das atribuições administrativas referentes ao uso dos espaços públicos. Há, inclusive, a previsão de que sejam editados instrumentos como o Plano Estadual de Gerenciamento Costeiro – PEGC e o Plano Municipal de Gerenciamento Costeiro – PMGC. O art. 21, § 1º do referido Decreto estabelece que *"o Poder Público Municipal, em conjunto com o órgão ambiental, assegurará no âmbito do planejamento urbano, o acesso às praias e ao mar, ressalvadas as áreas de segurança nacional ou áreas protegidas por legislação específica"*.

13. Mais recentemente, a Lei 13.240/2015 transferiu a gestão de diversos imóveis da União. O art. 14, especificamente, autoriza a transferência da gestão das praias marítimas urbanas aos Municípios litorâneos.

Na hipótese, temos duas atuações distintas do poder público, o exercício do poder de polícia e a outorga do uso de bem público, competências inconfundíveis entre si.

Excepcionalmente, pode haver, também, a restrição do uso de bem comum do povo, desde que observados os princípios constitucionais que regem a Administração Pública. Não há, portanto, impedimento algum a que determinada área de praia seja interditada a banhistas por questões de segurança, inclusive deles próprios, como na hipótese de exercícios militares anfíbios, ou que determinada rua seja interditada, após aprovação municipal, num dia do ano para realização de evento cultural ou religioso tradicional, ou, ainda, que, por questões ambientais ou de fluxo do trânsito, determinadas ruas sejam destinadas, em certos dias do mês, apenas a certos veículos, identificados pelos números finais das placas.

Áreas usualmente entendidas como de uso comum do povo podem, ademais, integrar, eventualmente, bens de uso especial.

Assim, uma praia pode fazer parte, conjuntamente com um complexo de edificações e fortificações militares, de uma zona de segurança militar, o que possibilita a interdição total de seu acesso por pessoas não autorizadas.

Em decorrência da aplicação da legislação ambiental, também é comum a criação de áreas de proteção da fauna e flora, que, muitas vezes, terão o acesso restrito a pesquisadores ou, quando abertas a visitações públicas, serão monitoradas.

As questões mais relevantes, no entanto, se concentram naqueles bens públicos que, não sendo de uso comum do povo e não tendo uma destinação específica pelo Poder Público, este último faculta a utilização aos particulares, em regra, mediante pagamento.

Aqui também, em respeito aos princípios que regem a Administração Pública, deverá ser observada, comumente, uma espécie de procedimento licitatório para a utilização do bem, ainda que a legislação raramente utilize este termo.

14.4.1. Utilização pelo particular de bens da União

14.4.1.1. *Modalidades do Decreto-Lei 9.760/1946*

Na esfera federal são adotados, basicamente, três instrumentos de outorga de bens públicos ao particular. São eles a *locação*, o *aforamento* e a *cessão* (Decreto-Lei 9.760/1946, art. 64 e parágrafos).

Conforme a legislação citada, a *locação* se fará "quando houver conveniência em tornar o imóvel produtivo, conservando, porém, a União, sua plena propriedade, considerada *arrendamento mediante condições especiais*, quando objetivada a exploração de frutos ou prestação de serviços".

Já o *aforamento* se dará "quando coexistirem a conveniência de radicar-se o indivíduo ao solo e a de manter-se o vínculo da propriedade pública".

A *cessão*, por sua vez, se fará "quando interessar à União concretizar, com a permissão da utilização gratuita de imóvel seu, auxílio ou colaboração que entenda prestar".

A *locação de imóveis públicos* segue regras específicas, não estando sujeita às disposições da legislação civil (art. 1.º, *a*, *1*, da Lei 8.245/1991), regra que é repetida, em relação aos bens imóveis da União, no art. 87 do Decreto-Lei 9.760/1946.

Quando destinada a qualquer interessado, e não ao servidor para atender interesse do serviço, a locação de imóvel da União, por exemplo, é submetida à concorrência pública pelo maior preço oferecido (art. 95, parágrafo único, do Decreto-Lei 9.760/1946).

No caso dos *aforamentos,* comuns nos terrenos de marinha, a formalização do uso se dá pelo contrato de *enfiteuse*, com o desdobramento do domínio em dois, o pleno e o útil, permanecendo o Poder Público com o primeiro.

Nesses casos, como é comum a existência de possuidores preexistentes à discriminação do bem como sendo público, na maioria das vezes, inclusive, de boa-fé, torna-se necessário resguardar o direito deles, o que se faz, geralmente, com uma série de previsões legais quanto ao direito de preferência ao aforamento.

No caso dos terrenos de marinha, muitos dos foreiros são antigos ocupantes que, regularmente, pagam a chamada "taxa" de ocupação, nada mais do que uma espécie de aluguel, não tendo nenhuma relação com a figura jurídica prevista no art. 145, II, da CF/1988. Logo, é necessário garantir a eles o direito de preferência ao aforamento.

Dessa forma, pelo menos na esfera federal, o aforamento quase sempre prescinde de licitação, sendo decorrente de relação jurídica preexistente. Ainda assim, existe a previsão de aforamento mediante concorrência ou leilão, conforme disposto no art. 12 da Lei 9.636/1998, a ser destinada, em regra, para aqueles imóveis que não estão ocupados, ou cujo aforamento anterior foi cancelado (art. 121 do Decreto-Lei 9.760/1946).

A enfiteuse do Direito Administrativo, incidente sobre terrenos de marinha e acrescidos, segue regras próprias, estando excluída do regramento do Código Civil (art. 2.038, § 2.º).

14.4.1.2. Modalidades previstas na Lei 9.636/1998

Com a Lei 9.636/1998, foram estabelecidas profundas alterações na sistemática de utilização dos bens públicos federais, dando novo tratamento legal ao instituto da **cessão** (arts. 18 a 21), que, agora, pode ser também onerosa, se destinada à execução de empreendimento de fim lucrativo (art. 18, § 5º). A dispensa de licitação das cessões de uso consta expressamente na lei para as hipóteses do § 6.º do art. 18, acrescentado pela Lei 11.481/2007.

O art. 22 da Lei 9.636/1998 regulamentou, também, o instituto da **permissão de uso**, que consiste na "utilização, a título precário, de áreas de domínio da União para a realização de eventos de curta duração, de natureza recreativa, esportiva, cultural, religiosa ou educacional".

A Lei 11.481/2007, por fim, introduziu o art. 22-A na Lei 9.636/1998, estabelecendo a **concessão de uso especial para fins de moradia**, o que já era objeto de regulamentação pela Medida Provisória 2.220/2001. Essa concessão de uso especial é destinada àqueles que, até 30 de junho de 2001, possuíam, como seu, por cinco anos, ininterruptamente e sem oposição, até 250 m2 de imóvel público situado em área urbana, utilizando-o para sua moradia ou de sua família, desde que não seja proprietário ou concessionário, a qualquer título, de outro imóvel urbano ou rural.

A referida legislação também prevê a **autorização de uso**, nas mesmas condições, para imóveis que foram utilizados para fins comerciais (art. 9.º da MP 2.220/2001).

14.4.1.3. Cessão para exploração de infraestruturas portuárias e aeroportuárias

No caso de bens públicos cedidos para a exploração de infraestrutura pública portuária, em que se executam, concomitantemente, serviços públicos, é usual a utilização do *arrendamento* citado no Decreto-Lei 9.760/1946 (art. 64, § 1.º) e na Lei 12.815/2013 (art. 2.º, XI).

No caso dos portos, esse arrendamento é oneroso e abrange a infraestrutura pública localizada dentro do porto organizado, para exploração por prazo determinado. A Lei 12.815/2013 também prevê a necessidade de um contrato com cláusulas essenciais (arts. 4.º e 5.º), não havendo, portanto, arrendamento por simples ato administrativo. Com o fim do contrato de arrendamento, os bens revertem para o patrimônio da União (art. 5.º, § 2.º), embora eles não deixem, na verdade, de pertencer a esta última.

A infraestrutura aeroportuária pública, que ainda é controlada, administrada e explorada, em sua maior parte, pela Infraero, empresa pública federal[14], é utilizada mediante o pagamento de tarifas denominadas de embarque, pouso, permanência, armazenagem e capatazia (art. 3.º da Lei 6.009/1973[15]). Também são previstas "tarifas de uso" para a utilização das instalações e serviços destinados a apoiar e tornar segura a navegação aérea (art. 8.º e incisos)[16].

Com a instituição da Agência Nacional de Aviação Civil – ANAC, pela Lei 11.182/2005, atribuiu-se legalmente à referida agência reguladora a competência para estabelecer o modelo de concessão da infraestrutura aeroportuária (art. 3º, II). Na esteira dessa autorização legal, foi editado o Decreto nº 7.624/2011, dispondo sobre as condições de exploração pela iniciativa privada da infraestrutura aeroportuária, mediante concessão.

14.5. TRANSFERÊNCIA DO BEM PÚBLICO PARA O DOMÍNIO PARTICULAR

Depois de desafetados, os bens públicos podem ser alienados, sendo transferidos para o domínio particular.

Pode ocorrer, também, a transferência de bens de uma entidade para outra, caso em que a própria desafetação nem sempre se fará necessária, bastando, por exemplo, que haja a assunção do serviço de uma entidade por outra.

Com relação ao particular, a transferência do domínio do bem anteriormente pertencente ao poder público é feita, regra geral, mediante processo concorrencial, com o fito de garantir observância aos princípios constitucionais que regem a Administração Pública, mormente o da isonomia.

A própria Lei Geral de Licitações (Lei 8.666/1993), em seu art. 17, estabelece procedimento concorrencial específico para a alienação de bens públicos, impondo, em todos os casos, *prévia avaliação*.

Em se tratando de imóveis, e pertencendo eles a entidades autárquicas ou fundacionais, ou ainda a órgãos da Administração Direta, impõe-se, também, *prévia autorização legislativa*.

---

14. Criada mediante autorização legislativa dada pela Lei 5.862/1972.
15. Regulamentada pelo Decreto 89.121/1983.
16. Todas essas receitas vão para o chamado Fundo Aeroviário, criado pelo Decreto-Lei 270/1967, e que passou a ser administrado pela ANAC a partir da criação desta (art. 33 da Lei 11.182/2005).

A licitação, na modalidade *concorrência*, é estabelecida como regra para a alienação de *bens imóveis*, sendo dispensada, no entanto, nas diferentes hipóteses elencadas no inc. I do art. 17 da Lei 8.666/1993[17].

Para *bens móveis* é dispensada a prévia autorização legislativa, exigindo-se apenas a licitação e a prévia avaliação. A Lei 8.666/1993 não especifica qual a modalidade de licitação a ser adotada, mas deixa claro, no § 6.º do art. 17, que poderá ser adotado o procedimento de *leilão*, desde que o valor dos bens não supere o limite estabelecido no art. 23, II, *b*, da mesma Lei. A dispensa de licitação é prevista para hipóteses específicas, elencadas no inc. II do art. 17 (venda de títulos, de ações, permuta entre órgãos e entidades da própria Administração Pública etc.).

Para fins de regularização da ocupação de imóveis na Amazônia Legal, a Lei 11.196/2005 acrescentou disposição ao art. 17 da Lei Geral de Licitações (§ 2.º, II), prevendo a concessão de título de propriedade ou direito real de uso, dispensada a licitação, à pessoa natural que haja implementado os requisitos mínimos de cultura, ocupação mansa e pacífica e exploração direta sobre área rural situada na Amazônica Legal, superior a um módulo fiscal e limitada a 15 módulos fiscais, desde que não exceda a 1.500 hectares. A Lei 11.952/2009 também dispensou, para essa mesma hipótese, a necessidade de autorização legislativa prévia.

Na habilitação da concorrência para a venda de bens imóveis, a lei só exige a comprovação do recolhimento da quantia correspondente a 5% da avaliação (art. 18).

Em se tratando de aquisição de bem derivado de procedimento judicial ou de dação em pagamento, a alienação é simplificada, prescindindo de autorização legislativa, e podendo ser adotados tanto a concorrência quanto o leilão (art. 19).

14.5.1. Transferência para o particular de bens imóveis da União

Especificamente em relação aos bens imóveis da União, a Lei 9.636/1998 promoveu profundas alterações na sistemática de alienação, excepcionando, na prática, diversas disposições da Lei 8.666/1993.

Assim, por exemplo, em vez de autorização legislativa, basta a autorização prévia do Presidente da República, precedida de parecer da Secretaria do Patrimônio da União – SPU (art. 23).

Em se tratando de bens imóveis da União, todas as alienações podem ser feitas por concorrência ou leilão (art. 24), havendo, inclusive, a previsão de parcelamento do preço de alienação. A Lei, inclusive, detalha as regras de atualização monetária e regime de juros das vendas a prazo.

Importante observar que tais facilidades só vigoram para a União, não podendo Estados e Municípios criar regras semelhantes, em suas legislações, posto que devem observância às regras gerais da Lei 8.666/1993, que tem caráter de lei nacional.

O Instituto Nacional do Seguro Social – INSS, autarquia federal detentora de um grande patrimônio imobiliário, também segue regras específicas quanto à venda de seus bens imóveis, considerados desnecessários ou não vinculados às suas atividades operacionais, consoante disposições da Lei 9.702/1998.

---

17. Dentre elas, a dação em pagamento e a doação feita a outro órgão ou entidade da administração.

Importante observar, por fim, que, para o cumprimento de metas e diretrizes específicas referentes à habitação e reforma agrária, a legislação, muitas vezes, estabelece regras próprias de transferência do patrimônio público para o particular, visando, sobretudo, a moradia popular e os assentamentos rurais.

A Lei 8.629/1993, por exemplo, regulamenta, em seu art. 18, a distribuição de imóveis rurais, em geral obtidos por desapropriação, para fins de reforma agrária, com a concessão de títulos de domínio, concessão de uso ou concessão de direito real de uso[18], inegociáveis pelo prazo de dez anos.

14.5.2. Regularização fundiária de assentamentos localizados em áreas urbanas

A garantia do direito à habitação sempre foi um problema de difícil solução no Brasil, sendo certo que o já cinquentenário Sistema Financeiro da Habitação (SFH)[19] não foi capaz de resolver as carências em termos de políticas habitacionais, tendo sido alvo de inúmeros e variados regramentos ao longo do tempo, que bem poderiam subsidiar um trabalho específico somente sobre o assunto.

Não nos cabe aqui aprofundar o tema, até porque existem, hoje, inúmeras políticas alternativas ao SFH, como o Sistema Financeiro Imobiliário[20] e o Programa de Arrendamento Residencial[21], além de ser necessário, quanto àquele, um amplo estudo da aplicação legal dos recursos do FGTS e do SBPE[22] para que se entenda completamente seu funcionamento.

A Lei 11.977/2009, no entanto, além de mais um programa habitacional governamental, denominado **Programa Minha Casa, Minha Vida – PMCMV**, criou diversas regras sobre regularização fundiária de assentamentos localizados em áreas urbanas[23].

Referida lei criou, também, o Programa Nacional de Habitação Urbana – PNHU e o Programa Nacional de Habitação Rural – PNHR. Cabe à União, basicamente, fazer o aporte de recursos. As disposições da lei são, sobretudo, financeiras, e dizem respeito mais à política de fomento do poder público no setor.

No entanto, a lei prevê disposições que afetam diretamente o regime de bens públicos, ao dispor, por exemplo, que, dentre as áreas urbanas prioritárias para os projetos do PMCMV, estão aquelas doadas pelos Estados, Distrito Federal e Municípios, localizados em área urbana consolidada para implantação de empreendimentos vinculados ao programa (art. 3.º, § 1.º, I, da Lei 11.977/2009).

Já para promover a regularização fundiária, ou seja, regularizar os assentamentos irregulares mediante um conjunto de medidas jurídicas, urbanísticas, ambientais e sociais, bem como fornecer a titulação aos respectivos ocupantes (art. 46), a lei previa uma série de medidas, dentre elas a "demarcação urbanística", que pode envolver imóvel de domínio

---

18. A figura da concessão de direito real de uso (CDRU) foi introduzida pela Lei 13.001/2014.
19. Criado pela Lei 4.380/1964.
20. Regulamentado pela Lei 9.514/1997.
21. Regulamentado pela Lei 10.188/2001.
22. Sistema Brasileiro de Poupança e Empréstimo.
23. O Decreto 7.499/2011 regulamenta a Lei 11.977/2009.

público (art. 47, III), e a "legitimação de posse", pela qual o poder público confere título de reconhecimento de posse de imóvel objeto de demarcação urbanística, com a identificação do ocupante e do tempo e natureza da posse (art. 47, IV).

Esses instrumentos tiveram sua disciplina legal modificada pela Lei nº 13.465/2017, que implantou o REURB (Regularização Fundiária Urbana). A demarcação urbanística está definida, agora, no art. 11, IV, da novel lei, ao passo que a legitimação de posse de imóvel objeto de demarcação urbanística está prevista no art. 11, VI.

A lei ainda previa a figura da "regularização fundiária de interesse social", para regularização fundiária de assentamentos irregulares ocupados, predominantemente, por população de baixa renda, nos casos que especificava (art. 47, VII, já revogado). Essa figura, agora, é disciplina na forma do Reurb-S, conforme art. 13, I, da Lei 13.465. Não há impedimento legal que a área a ser enquadrada na regularização fundiária seja pública, conforme se infere do disposto nos arts. 16 e 17 da Lei 13.465, podendo o auto de demarcação urbanística abranger imóveis inseridos no domínio público (art. 19, § 2º, III, da mesma Lei).

Parece claro, no entanto, que todas as medidas de simplificação de aquisição do direito de propriedade, não se aplicam automaticamente aos bens públicos, posto que teríamos verdadeira modalidade enviesada de desapropriação de um bem público.

Quando a demarcação urbanística envolver bem público, será necessário que as administrações respectivas, tanto a promovente da demarcação, quanto a titular do domínio, interajam no sentido de que a área de interesse entre no projeto de assentamento, nos parecendo certo afirmar que, se o bem for de uso especial, deverá, de pronto, ser descartado do projeto, salvo se já realizada sua desafetação. Da mesma forma, não se pode conceber que, em relação ao bem público, se aplique a regra da conversão da legitimação de posse em direito de propriedade, prevista no art. 26 da Lei 13.465, posto que estaríamos criando uma modalidade de usucapião de bem público, o que não é admitido pela Constituição Federal.

14.6. ATRIBUTOS DOS BENS PÚBLICOS

Os bens públicos, por sua natureza, estão sujeitos a um regime jurídico de direito público que lhes confere certos atributos, os quais os bens do domínio privado não detêm.

Com efeito, em regra, todos os bens públicos são impenhoráveis, inalienáveis, não oneráveis e imprescritíveis.

Eventualmente, a lei pode atribuir a certos bens do domínio privado uma ou algumas dessas características, como é o caso da impenhorabilidade do bem de família (Lei 8.009/1990), mas isso sempre se dá de maneira excepcional.

Vejamos, então, em que consiste cada um desses atributos.

14.6.1. Inalienabilidade

A *inalienabilidade* significa que os bens públicos não podem, em regra, ser transferidos a terceiros, posto que mantidos para o interesse da coletividade, sua finalidade mediata, ou de um serviço público específico ou de uma finalidade pública específica, finalidade imediata.

O Código Civil explicita esse atributo em seus arts. 100 e 101 ao dizer que:

- Os bens públicos de uso comum do povo e os de uso especial são inalienáveis, enquanto conservarem a sua qualificação, na forma que a lei determinar (art. 100);
- Os bens públicos dominicais podem ser alienados, observadas as exigências da lei (art. 101).

Como se vê, a inalienabilidade só existe, como decorrência da própria natureza do bem, em relação a alguns daqueles que são classificados como de uso comum do povo, por não gozarem de um valor patrimonial aferível, como no caso dos mares, espaço aéreo, rios etc.

Quanto aos outros, mesmo que de uso comum do povo (praças e ruas), a alienação, em tese, é possível, bastando que tenha sido perdida a natureza pública dos bens, ou seja, que eles tenham sido desafetados. Por evidente, essa ocorrência será mais facilmente verificada nos bens de uso especial, por ser mais fácil imaginar a desafetação de um edifício público do que de uma praça pública.

A inalienabilidade, portanto, não é absoluta, sendo que, em relação aos chamados bens dominicais, ela é praticamente alçada à condição de exceção, posto que tais bens, por sua natureza, não estão afetados.

Sua alienação, assim, depende apenas da prévia autorização legislativa e do cumprimento das formalidades legais referentes ao procedimento de transferência do domínio ao particular.

Alguns bens públicos dominicais, aliás, são adquiridos com objetivo primordial de trespasse a particulares, para o fomento do meio produtivo ou atendimento das necessidades de pessoas carentes. É o que se dá, usualmente, com imóveis destinados à reforma agrária ou à construção de moradias populares por iniciativa do Poder Público.

Quanto aos imóveis rurais públicos, a lei restringe, inclusive, sua destinação, que deve ser preferencial para a execução de planos de reforma agrária (art. 13 da Lei 8.629/1993).

14.6.2. Impenhorabilidade

A penhora consiste na constrição judicial de bens do devedor para garantir o crédito que dele é cobrado, sendo utilizado o produto da venda do bem penhorado, ao final da execução judicial, na satisfação do direito do credor.

A Constituição Federal de 1988, mantendo a orientação advinda de textos constitucionais anteriores, continua prevendo uma sistemática diferenciada de cumprimento, pelos entes públicos da administração pública direta, autárquica e fundacional, de decisões judiciais que estabelecem o pagamento de prestações pecuniárias.

De acordo com o art. 100 da CF/1988, os pagamentos das chamadas Fazendas Públicas Federal, Estaduais, Distrital e Municipais, em virtude de sentença judicial, são feitos mediante o instituto do precatório[24]. Para créditos de pequeno valor, a Constituição Federal, desde a Emenda Constitucional 20/1998, prevê o instituto da Requisição de Pequeno Valor – RPV.

---

24. A redação atual do dispositivo foi determinada pela EC 62/2009. Algumas das alterações empreendidas foram consideradas inconstitucionais pelo STF quando do julgamento das ADI's 4.357 e 4.425 (Red. p/ acórdão Min. Luiz Fux, j. 14.03.2013), notadamente a inclusão do art. 97 do ADCT, que havia criado um regime especial de pagamento de precatórios. Observe-se que o texto original da

Tanto no caso dos precatórios como no das RPV's, no entanto, não haverá, em momento algum, a penhora de bens públicos, existindo, isso sim, a requisição do pagamento pelo presidente do tribunal ao chefe do Executivo respectivo, se precatório, ou diretamente do juiz da causa à entidade devedora, se RPV.

O descumprimento da ordem pode acarretar o sequestro de valores necessários à satisfação do crédito, no caso da RPV (art. 17, § 2.º, da Lei 10.259/2001). Em se tratando de precatórios, o sequestro só era autorizado na hipótese de preterição da ordem de pagamento, configurando, não obstante, crime de responsabilidade a não destinação de recursos orçamentários para o cumprimento das decisões judiciais. A partir da promulgação da Emenda Constitucional 62/2009, a não alocação orçamentária do valor necessário à satisfação do débito passou a servir de fundamento, também, para o sequestro da verba (art. 100, § 6.º, da CF/1988).

O procedimento de cobrança judicial é regido pelos arts. 534 e seguintes do CPC/2015 ou, em se tratando de RPV derivado de juizados especiais, pelo art. 17 da Lei 10.259/2001, no âmbito federal, e 12 da Lei 12.153/2009, no âmbito dos juizados estaduais da Fazenda Pública.

Importante lembrar que a ECT, como já visto, por força de previsão legal extravagante, embora se trate de uma empresa pública, possui bens que também não estão sujeitos à penhora (art. 12 do Decreto-Lei 509/1969).

Relevante observar que o STF, ao julgar o **RE 938.837/SP** (rel. Min. Marco Aurélio), com repercussão geral (Tema 877), entendeu não se aplicar aos conselhos de fiscalização profissional, o regime dos precatórios.

14.6.3. Não onerabilidade

Os bens em geral podem ser onerados, ou seja, dados em garantia de uma dívida. O Código Civil prevê diferentes direitos reais de garantia, como a hipoteca, o penhor e a anticrese.

Bens públicos, por serem inalienáveis, não estão sujeitos, também, a nenhuma dessas formas de garantia. Trata-se de uma consequência natural da inalienabilidade.

No entanto, excepcionalmente, pode-se imaginar haver autorização legislativa para a instituição de algum desses direitos reais de garantia se ao bem público respectivo tiver sido, de igual modo, autorizada a alienação, após prévia desafetação, mormente se a garantia é constituída em favor de outro ente público[25-26].

CF/1988 previu um parcelamento especial para os precatórios judiciais pendentes de pagamento quando de sua promulgação, ressalvando apenas as verbas de natureza alimentar (art. 33 do ADCT). A EC 30/2000 criou um segundo parcelamento especial de precatórios ao acrescentar o art. 78 ao ADCT, tendo suas disposições suspensas pelo STF no julgamento da MC-ADI 2.356/DF (Rel. Min. Celso de Mello, j. 25.11.2010, ainda sem conclusão quanto ao mérito). Posteriormente, a EC 37/2002 criou ressalvas à aplicação do parcelamento previsto na EC 30/2000, adotando, ainda, o conceito de débitos de pequeno valor (art. 87 do ADCT).

25. No exame da legislação federal foi possível encontrar autorizações legislativas pontuais com tal finalidade, como aquelas previstas no Decreto-Lei 9.428/1946 e no art. 2.º, b, da Lei 6.120/1974.

26. Na esfera federal, aliás, existia autorização legislativa geral para a constituição de hipoteca sobre frações ideais do domínio pleno ou do domínio útil de terrenos cedidos e benfeitorias eventualmente aderidas, relativamente a imóveis cedidos a Estados, Municípios, entidades educacionais, culturais ou de finalidades sociais, para fins de aproveitamento econômico de interesse nacional (Decreto-Lei 178/1967 – art. 2.º, b). Esse diploma legal, no entanto, foi revogado pela Lei 9.636/1998.

14.6.4. Imprescritibilidade

De acordo com o art. 102 do Código Civil, os bens públicos não estão sujeitos à usucapião, ou seja, eles são *imprescritíveis*.

Lembremos que usucapião é uma forma de aquisição originária da propriedade que decorre da posse, mansa e pacífica, sobre um bem, por determinado período de tempo. Também é conhecida com a denominação *de prescrição aquisitiva*, por importar na aquisição de um direito, a propriedade ou domínio, em contraposição à mais conhecida prescrição extintiva.

Em relação especificamente aos bens imóveis, a imprescritibilidade está prevista na própria Constituição Federal de 1988 (arts. 183, § 3.º, e 191, parágrafo único).

A cláusula de imprescritibilidade atinge todos os bens públicos, sem distinção, mesmo aqueles que, em princípio, são passíveis de alienação. Ou seja, vigora, também, para os bens dominicais.

Com isso, não foi recepcionada, pela Constituição Federal de 1988, a disposição do art. 2.º da Lei 6.969/1981, na parte em que se refere à usucapião especial de terras devolutas.

Em resumo gráfico, temos:

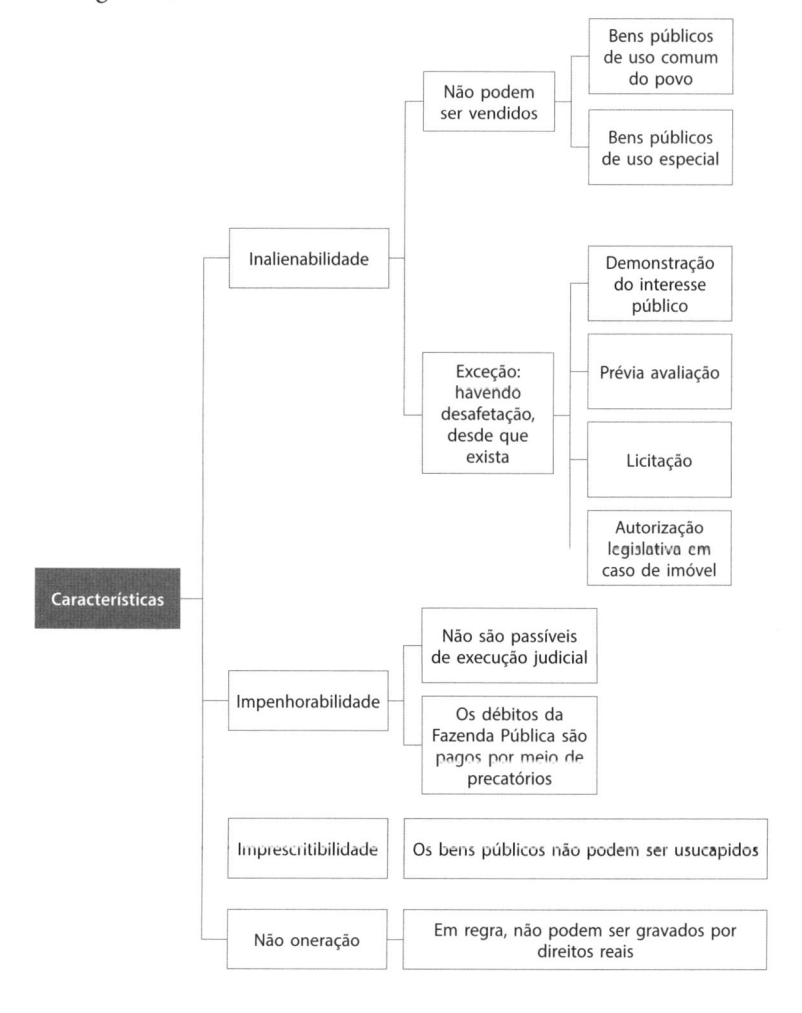

Características:

- **Inalienabilidade**
  - Não podem ser vendidos
    - Bens públicos de uso comum do povo
    - Bens públicos de uso especial
  - Exceção: havendo desafetação, desde que exista
    - Demonstração do interesse público
    - Prévia avaliação
    - Licitação
    - Autorização legislativa em caso de imóvel

- **Impenhorabilidade**
  - Não são passíveis de execução judicial
  - Os débitos da Fazenda Pública são pagos por meio de precatórios

- **Imprescritibilidade**
  - Os bens públicos não podem ser usucapidos

- **Não oneração**
  - Em regra, não podem ser gravados por direitos reais

14.7. BENS PÚBLICOS EM ESPÉCIE

Tendo em vista a multiplicidade de bens públicos existentes, bem como os limites desse trabalho, vamos abordar, neste tópico, apenas alguns dos bens públicos que possuem regulamentação especial na legislação federal.

14.7.1. Águas públicas

As águas públicas são classificadas pelo art. 1.º do Código de Águas (Decreto 24.643/1934) como sendo de uso comum e dominicais. Já o art. 1.º, I, da Lei 9.433/1997, que instituiu a Política Nacional de Recursos Hídricos, estabelece que a "água é um bem de domínio público".

De acordo com o Código de Águas (art. 2.º), são de *uso comum* os mares territoriais, as correntes, canais, lagos e lagoas navegáveis e flutuáveis; as correntes de que se façam estas águas; as fontes e os reservatórios públicos; os braços de quaisquer correntes públicas, desde que influam na navegabilidade ou flutuabilidade; as nascentes que, por si sós, constituem a nascente de rio.

São públicas *dominicais* todas as águas situadas em terrenos que também o sejam, quando elas não forem de domínio público de uso comum (art. 6.º do Código de Águas).

Posteriormente à edição do Código de Águas, o art. 3.º do Decreto-Lei 852/1938 conceituou como públicas de uso comum as águas dos lagos, bem como dos cursos d'água naturais, que, em algum trecho, sejam flutuáveis ou navegáveis por um tipo qualquer de embarcação. Os conceitos de navegabilidade e flutuabilidade são encontrados no art. 6.º do Decreto-Lei 2.281/1940[27].

Conforme o art. 20, III, da CF/1988, à União pertencem os lagos, rios e quaisquer correntes de água em terrenos de seu domínio, ou que banhem mais de um Estado, sirvam de limites com outros países, ou se estendam a território estrangeiro ou dele provenham, como os terrenos marginais ou as praias fluviais. Aos Estados pertencem as águas superficiais ou subterrâneas, fluentes, emergentes e em depósito, ressalvadas, nesse caso, na forma da lei, as decorrentes de obras da União (art. 26, I, da CF/1988).

Essa nova discriminação de titularidades alterou substancialmente o regramento que era estabelecido no art. 29 do Código de Águas. Sem embargo dela, no entanto, remanescem válidas as restrições existentes no § 1.º do mesmo artigo, referentes à instituição de servidão, em favor da União, para aproveitamento industrial das águas e da energia hidráulica e para navegação.

A utilização de águas públicas, à qual a legislação dá o nome de *derivação*, pressupõe concessão ou autorização administrativa (arts. 43 a 52 do Código de Águas).

---

27. "Art. 6.º É navegável, para os efeitos de classificação, o curso d'água no qual, *plenissimo flumine*, isto é, coberto todo o álveo, seja possível a navegação por embarcações de qualquer natureza, inclusive jangadas, num trecho não inferior à sua largura: para os mesmos efeitos, é navegável o lago ou lagoa que, em águas médias, permita a navegação, em iguais condições, num trecho qualquer de sua superfície.Parágrafo único. Considera-se flutuável o curso em que, em águas médias, seja possível o transporte de achas de lenha, por flutuação, num trecho de comprimento igual ou superior a cinquenta vezes a largura média do curso no trecho".

Entretanto, com a *Lei 9.433/1997*, foi instituída uma nova política de uso das águas, baseada no pressuposto da limitação desse recurso natural e da necessidade de maior racionalização de sua utilização. Com essa Lei foi instituída a *Política Nacional de Recursos Hídricos*, tendo sido previsto um *regime de outorga do uso de recursos hídricos, públicos ou não* (arts. 11 a 18), com a previsão, inclusive, de cobrança pelo uso (arts. 19 a 22). Está sujeita à outorga não só a derivação, que é a captação da água existente num corpo de água para consumo final ou insumo de processo produtivo, como também a extração de água de aquífero subterrâneo para consumo final ou insumo de processo produtivo, além do aproveitamento dos potenciais hidrelétricos (art. 12)[28].

O regime de outorgas do uso de recursos hídricos pertencentes à União é levado a efeito, na área federal, pela Agência Nacional de Águas – ANA, nos termos dos arts. 4.º e 5.º da Lei 9.984/2000, em parceria com a Agência Nacional de Energia Elétrica – ANEEL, no caso de uso de potencial de energia hidráulica (art. 7.º).

Além das águas públicas, pertencem ao Poder Público, também, os *álveos* das águas públicas, que são as superfícies que as águas cobrem sem transbordar para o solo natural e ordinariamente enxuto (art. 9.º do Código de Águas).

14.7.2. Faixa de fronteira

A Constituição Federal de 1988 manteve, para fins de manutenção da segurança nacional, a faixa de fronteira, correspondente a até *150 km* de largura, ao longo da fronteira (art. 20, § 2.º).

A faixa de fronteira como um todo, na verdade, não pertence à União, não constituindo, portanto, bem público.

O que a Constituição Federal estabelece é que as terras devolutas indispensáveis à defesa das fronteiras são pertencentes à União (art. 20, II).

Como, na faixa de fronteira, parte das propriedades não se enquadra no conceito de terras devolutas, temos que, na faixa de fronteira, teremos tanto terras públicas como terras particulares.

Existe, no entanto, em relação às particulares, e mesmo em relação às públicas não pertencentes à União, uma série de restrições de uso impostas pela legislação, para fins de garantia da segurança nacional, conforme regras estabelecidas na Lei 6.634/1979, o que foi visto no capítulo referente à intervenção do Estado na propriedade.

14.7.3. Minas e jazidas minerais

A Constituição Federal estabelece, em seu art. 20, IX, que à União pertencem os recursos minerais, inclusive os do subsolo. O art. 176, em complementação, estabelece que as jazidas, em lavra ou não, e demais recursos minerais e os potenciais de energia hidráulica constituem propriedade distinta da do solo, para efeito de exploração ou aproveitamento, e pertencem à União, garantidos ao concessionário a propriedade e o produto da lavra.

---

28. A Lei ainda prevê a necessidade de outorga para o lançamento em corpo de água de esgotos e demais resíduos líquidos ou gasosos, tratados ou não, com o fim de sua diluição, transporte ou disposição final, além de "outros usos que alterem o regime, a quantidade ou qualidade da água existente em um corpo de água".

O art. 1.º do Decreto-Lei 227/1967 (Código de Mineração) atribui à União a administração dos recursos minerais, a indústria da produção mineral e a distribuição, o comércio e o consumo de produtos minerais.

O aproveitamento das substâncias minerais é feito conforme cinco diferentes tipos de regime previstos no Código de Mineração: a) *concessão*; b) *autorização*; c) *licenciamento*; d) *permissão de lavra garimpeira* e; e) *monopolização* (art. 2.º).

O Código define *jazida* como toda massa individualizada de substância mineral ou fóssil, aflorando à superfície ou existente no interior da terra, e que tenha valor econômico; e *mina*, a jazida em lavra, ainda que suspensa (art. 4.º). O art. 84 do Código de Mineração, aliás, na linha do disposto no art. 176 da CF/1988, estabelece que a jazida é bem imóvel, distinto do solo onde se encontra, não abrangendo a propriedade deste o minério ou substância mineral útil que a constitui.

O Código define, ainda, o regime de pesquisa e de lavra, atribuindo competências ora ao Departamento Nacional de Produção Mineral – DNPM, uma autarquia federal[29], ora ao Ministério das Minas e Energia.

Ao proprietário do solo, quando não detentor do direito de pesquisa ou lavra, é garantido o direito de indenização decorrente da servidão que é instituída em favor do pesquisador ou explorador (art. 60 do Código de Mineração). A CF/1988 estabelece, também, no § 2.º do art. 176, a participação nos resultados da lavra.

A Medida Provisória nº 791, de 25 de julho de 2017, criou a Agência Nacional de Mineração – ANM, em substituição ao DNPM.

14.7.3.1. Minas e jazidas minerais de substâncias de interesse para a produção de energia atômica

As *minas e jazidas de substância de interesse para a produção de energia atômica* constituem reservas nacionais, consideradas essenciais à segurança do País (art. 31 da Lei 4.118/1962), estando sujeitas a um regime diferenciado decorrente de imposição constitucional (art. 177, V, da CF/1988).

Esse regime de exploração é disciplinado nas Leis 4.118/1962 e 6.189/1974, constando, do art. 5.º desta última Lei, que, verificada a ocorrência de urânio ou tório em quantidade de valor econômico superior ao da substância mineral pesquisada ou lavrada, a jazida será incluída no monopólio e a Comissão Nacional de Energia Nuclear – CNEN, além do reembolso das despesas efetivamente realizadas ou indenizações cabíveis, poderá conceder ao titular um prêmio condizente com o valor da descoberta.

14.7.3.2. Depósitos de petróleo, gás natural e outros hidrocarbonetos fluídos

Os *depósitos de petróleo, gás natural e outros hidrocarbonetos fluídos* existentes no território nacional, nele compreendidos a parte terrestre, o mar territorial, a plataforma

---

29. Outrora uma unidade da Secretaria de Minas e Metalurgia do Ministério das Minas e Energia, o DNPM foi transformado em autarquia conforme autorização conferida na Lei 8.876/1994.

continental e a zona econômica exclusiva, também pertencem à União (art. 3.º da Lei 9.478/1997), uma vez que se inserem no conceito amplo do art. 176 da CF/1988.

A Lei 9.478/1997 criou uma autarquia especial, denominada de Agência Nacional do Petróleo, Gás Natural e Biocombustíveis – ANP, atribuindo-lhe a administração dos direitos de exploração e produção de petróleo e gás natural em território nacional (art. 21). O art. 23 dessa Lei exige a realização de licitação, para a contratação, mediante concessão, das atividades de exploração, desenvolvimento e produção de petróleo e gás natural. Diferentes normas de transição, no entanto, garantiram à Petrobrás, sociedade de economia mista federal, a manutenção da exploração de inúmeros blocos, independentemente de sujeição ao referido procedimento licitatório.

Com a descoberta das *jazidas do pré-sal*, criou-se um regramento especial para sua exploração, com a previsão de regime distinto daquele de concessão, que foi denominado de *regime de partilha de produção* (art. 3.º da Lei 12.351/2010).

A nova lei, no entanto, estende esse novo regime também ao que denomina de "áreas estratégicas". Estas são entendidas como "região de interesse para o desenvolvimento nacional, delimitada em ato do Poder Executivo, caracterizada pelo baixo risco exploratório e elevado potencial de produção de petróleo, de gás natural e de outros hidrocarbonetos fluídos" (art. 2.º, IV).

14.7.3.3. Participações no produto da exploração de recursos minerais

A CF/1988 estabelece a participação dos Estados e Municípios no resultado da exploração de petróleo ou gás natural, de recursos hídricos para fins de geração de energia elétrica e de outros recursos minerais, ou compensação financeira por essa exploração (§ 1.º do art. 20).

Essa compensação financeira, no caso dos recursos hídricos para fins de energia elétrica e dos recursos minerais, é regulamentada nas Leis 7.990/1989 e 8.001/1990, com as alterações das Leis 9.984/2000 e 9.993/2000.

No caso da exploração de recursos minerais, fixou-se a compensação financeira de até 3% sobre o valor do faturamento líquido resultante da venda do produto mineral, obtido após a última etapa do processo de beneficiamento adotado e antes de sua transformação industrial (art. 6.º da Lei 7.990/1989). Não obstante, referido artigo foi alterado pela MP 789/2017 que, a par de suprimir o percentual fixo, estabeleceu uma série de fatos geradores da Compensação Financeira pela Exploração de Recursos Minerais – CFEM.

Melhor disciplinando a matéria, o art. 2.º, § 2.º, da Lei 8.001/1990 criou diferentes faixas do percentual, conforme a classe da substância mineral explorada[30]. Também esclareceu que, do percentual de participação, 23% são destinados aos Estados e Distrito Federal, ficando 65% com os Municípios, 2% com o chamado Fundo Nacional de Desenvolvimento

---

30. Alumínio, manganês, sal-gema e potássio: 3%. Ferro, fertilizante, carvão e demais substâncias minerais: 2%. Ouro: 1%, quando extraído por empresas mineradoras, e 0,2% nas demais hipóteses de extração. Pedras preciosas, pedras coradas lapidáveis, carbonados e metais nobres: 0,2%. A MP 789/2017 criou uma tabela específica para o minério de ferro, variável conforme a cotação internacional da tonelada, podendo chegar a 4% a alíquota.

Científico e Tecnológico (FNDCT) e 10% com o Ministério de Minas e Energia, a serem integralmente repassados ao DNPM.

Essa sistemática foi alterada no regulamento[31], que destinou 12% da participação ao DNPM, que deve destinar 2% à proteção ambiental nas regiões mineradoras, por intermédio do IBAMA.

No caso do petróleo e gás natural, a própria Lei 9.478/1997 disciplina a matéria (arts. 45 a 52), criando um sistema bem mais complexo, com a previsão das seguintes participações governamentais: a) *bônus de assinatura*, que nada mais é do que o pagamento referente ao valor ofertado na proposta para obtenção da concessão, logo, devido à União; b) *royalties*, correspondentes a 10% da produção de petróleo ou gás natural, podendo ser reduzido pela ANP, no edital de licitação, a 5% da produção (art. 47, § 1.º); c) *participação especial*, nos casos de grande volume de produção, ou de grande rentabilidade, a ser aplicada sobre a receita bruta da produção, deduzidos os *royalties*, os investimentos na exploração, os custos operacionais, a depreciação e os tributos previstos na legislação em vigor; d) *pagamento pela ocupação ou retenção de área*, a ser feito anualmente, fixado por quilômetro quadrado ou fração da superfície do bloco.

Os *royalties*, objeto da maior cobiça, visto que envolvem elevada soma de dinheiro, são repartidos de duas diferentes formas: a) a *parcela que representa até 5% da produção* obedece a critérios que levam em consideração o local da lavra, se ocorre em terra, lagos, rios, ilhas fluviais e lacustres, ou se ela se dá em plataforma continental, mar territorial ou zona econômica exclusiva (art. 48, I e II); b) na *parcela que excede a 5% da produção*, também se leva em conta o local da exploração, mas são distintos os critérios de repartição.

No caso de exploração em plataforma continental, mar territorial e zona econômica exclusiva, é prevista a constituição de um Fundo Especial para partilha de 20% dos *royalties* aos Estados e ao Distrito Federal.

Após enorme disputa política, que criou verdadeiro conflito federativo entre estados produtores e não produtores, foi editada a Lei 12.734/2012, inclusive com a derrubada de vetos presidenciais, instituindo-se a redução progressiva dos percentuais de participação de Municípios confrontantes e respectivas áreas geoeconômicas em favor dos fundos especiais (arts. 49-A a 49-C da Lei 9.478/1997).

Para as áreas do pré-sal, cujo regime de exploração é o da partilha de produção, as receitas governamentais são dividas em *royalties* e bônus de assinatura (art. 42 da Lei 12.351/2010). Os *royalties* foram fixados numa alíquota de 15% do valor da produção (art. 42, § 1.º).

Também aqui, a Lei 12.734/2012 produziu alterações importantes, reduzindo os percentuais devidos aos Estados produtores, destinando-se ao Fundo Especial para partilha a todos os Estados o total de 25% sobre a produção de petróleo, gás natural e outros hidrocarbonetos fluídos (art. 42-B), e outros 25% para outro Fundo Especial, a ser distribuído entre os Municípios. Na lei do pré-sal, esses percentuais foram fixados para as hipóteses de produção em terra, rios, lagos, ilhas lacustres e fluviais, não havendo, portanto, a mesma restrição de participação existente na Lei 9.478/1997. Para a exploração em mar territorial,

---

31. Decreto 1/1991 – Regulamenta o pagamento da compensação financeira instituída pela Lei 7.990, de 28 de dezembro de 1989, e dá outras providências.

plataforma continental ou zona econômica exclusiva, os percentuais dos fundos especiais foram fixados em 24,5%.

Observe-se, no entanto, que todos esses dispositivos da Lei 12.734/2012 foram suspensos pelo STF, de maneira cautelar, nos autos da *ADI 4.917*[32], até o julgamento final desta, visto que "a aplicação imediata daquela norma desconsiderou o fato de que Estados e Municípios planejaram e orçaram seus desempenhos segundo as normas antes vigentes, sem a alteração advinda com a promulgação das normas inicialmente vetadas".

Com a edição da Lei 12.858/2013, foi estabelecido que os recursos da participação no resultado ou da compensação financeira pela exploração de petróleo e gás natural serão destinados para as áreas de educação e saúde, conforme critérios e limites estabelecidos na referida lei.

14.7.4. Ilhas e praias

De acordo com o art. 20, IV, da CF/1988, as ilhas fluviais e lacustres nas zonas limítrofes com outros países; as praias marítimas; as ilhas oceânicas e costeiras pertencem à União.

A partir da promulgação da Emenda Constitucional 46/2005, foram excluídas da propriedade da União as ilhas costeiras que contenham sede de Município, exceto aquelas áreas afetadas ao serviço público e a unidade ambiental federal, bem como as referidas no inc. II do art. 26 da Carta Magna (áreas de domínio dos Estados).

Aos Estados a CF/1988 reservou, ainda, as ilhas fluviais e lacustres não pertencentes à União (art. 26, III).

Importante observar que, tradicionalmente, as ilhas costeiras não pertenciam à União, passando à titularidade desta com a CF/1988, o que trouxe inúmeros problemas no concernente ao domínio de imóveis situados em cidades localizadas nessas ilhas. Com a Emenda Constitucional 46/2005 corrigiu-se a distorção, mas referida regra, apesar das ressalvas constantes do próprio inc. IV, não retira a eficácia, nas ilhas costeiras sedes de Município, dos demais incisos do art. 20, de modo que poderão continuar existindo, nas aludidas ilhas, todos os outros bens elencados no citado artigo (terras devolutas, terrenos de marinha, potências de energia hidráulica etc.)[33].

Com relação às praias, sua definição encontra-se no § 3.º do art. 10 da Lei 7.661/1988, instituidora do Plano Nacional de Gerenciamento Costeiro – PNGC.

Pelo referido dispositivo, entende-se por praia a "área coberta e descoberta periodicamente pelas águas, acrescida da faixa subsequente de material detrítico, tal como areias, cascalhos, seixos e pedregulhos, até o limite onde se inicie a vegetação natural, ou, em sua ausência, onde comece um outro ecossistema".

Conforme o *caput* do referido art. 10, as praias são bens públicos de uso comum do povo, sendo assegurado, sempre, livre e franco acesso a elas e ao mar, em qualquer direção e sentido, ressalvados os trechos considerados de interesse da segurança nacional ou incluídos em áreas protegidas por legislação específica.

---

32. Conforme decisão da relatora, Min. Cármen Lúcia, em 18.03.2013.

33. O exato alcance da alteração constitucional será examinado pelo STF no RE 636.199/ES, com repercussão geral reconhecida (Rel. Min. Rosa Weber), uma vez que se discute, no referido recurso, se ainda é devida a cobrança de taxa de ocupação dos terrenos de marinha incluídos nessas ilhas.

Embora essa legislação utilize o termo praias de maneira genérica, sua aplicação se restringe às praias marítimas, de propriedade da União.

Relembre-se que o art. 14 da Lei 13.420/2015 permitiu à União, por intermédio da Secretaria do Patrimônio da União, transferir a gestão das praias marítimas aos Municípios litorâneos. Isso é feito mediante termo de adesão firmado pelo Município que deve se submeter, não obstante, a uma série de cláusulas estabelecidas na Lei, com a possibilidade, inclusive, de retomada da gestão, pela União, a qualquer tempo.

14.7.5. Mar territorial, plataforma continental e Zona Econômica Exclusiva

A União detém a titularidade sobre o *mar territorial*, a *plataforma continental* e a *Zona Econômica Exclusiva* (art. 20, V e VI, da CF/1988).

O Brasil, por sua vez, como nação, exerce sua soberania sobre o *mar territorial*, ao espaço aéreo sobrejacente, bem como seu leito e subsolo (art. 2.º da Lei 8.617/1993). Esse mar territorial compreende uma faixa de 12 milhas marítimas de largura, medidas a partir da linha de baixa-mar do litoral continental e insular, tal como indicado nas cartas náuticas de grande escala, reconhecidas pelo Brasil (art. 1.º, *caput*).

Além do mar territorial, existe a *Zona Econômica Exclusiva*, que se estende das 12 às 200 milhas marítimas, região em que o Brasil, no exercício de sua jurisdição, tem direitos de soberania para fins de exploração e aproveitamento, conservação e gestão de recursos naturais, vivos ou não vivos, das águas sobrejacentes ao leito do mar, do leito do mar e seu subsolo, e no que se refere a outras atividades com vistas à exploração e ao aproveitamento da zona para fins econômicos (arts. 6.º e 7.º da Lei 8.617/1993).

Nessa Zona Econômica Exclusiva é reconhecido a todas as nações o gozo das liberdades de navegação e sobrevoo, mas a investigação científica e os exercícios ou manobras militares dependem de consentimento prévio do Governo brasileiro (arts. 8.º e 9.º da Lei 8.617/1993).

A *plataforma continental* do Brasil, conforme definição legal (art. 11 da Lei 8.617/1993), compreende o leito e o subsolo das áreas submarinas que se estendem além do seu mar territorial, em toda a extensão do prolongamento natural de seu território terrestre, até o bordo exterior da margem continental, ou até uma distância de 200 milhas marítimas das linhas de base, a partir das quais se mede a largura do mar territorial, nos casos em que o bordo exterior da margem continental não atinja essa distância.

Sobre a plataforma continental o Brasil exerce direitos de soberania, para efeitos de exploração dos recursos naturais (art. 12). Às outras nações é reconhecido o direito de colocar cabos e dutos na plataforma continental, conforme traçado de linha consentido pelo Governo brasileiro. As autorizações e a regulamentação das perfurações na plataforma continental constituem direito exclusivo do Governo brasileiro (arts. 13 e 14 da Lei 8.617/1993).

Além dessas áreas, existe a *Zona Contígua*, definida no art. 4.º da lei citada, que compreende uma faixa que se estende das 12 às 24 milhas marítimas. Como se vê, ela está compreendida na Zona Econômica Exclusiva, apenas tendo uma definição diversa porque, na sua área, o Brasil também se reserva ao direito de proceder ao exercício do poder de polícia com relação a determinados regulamentos (aduana, imigração e inspeção sanitária).

14.7.6. Terrenos de Marinha e acrescidos

O conceito de *terrenos de marinha* tem origem numa Ordem Régia de 1710, tendo eles, como finalidade primordial, a segurança costeira da colônia.

Sua extensão, inclusive, conforme alguns, era delimitada pelo alcance médio dos canhões navais da época, o que não parece ter qualquer procedência. Para outros, eram as áreas reservadas às marinhas, daí derivando o nome.

Essa finalidade de segurança costeira de há muito se perdeu, até mesmo em função da tecnologia da guerra que, há mais de 100 anos, tornou completamente sem sentido a definição legal. Hoje, referidos terrenos são mantidos na titularidade da União com propósito evidentemente arrecadatório.

Não obstante, a legislação mantém o conceito que, embora não seja mais aquele vigente no século XVIII, corresponde ao adotado pelo Brasil no século XIX, ainda durante o Império.

O Código de Águas (Decreto 24.643/1934), em seu art. 13, estabelece que são terrenos de marinha aqueles banhados pelas águas do mar ou dos rios navegáveis, que vão até a distância de 15 braças craveiras (33 metros), para a parte da terra, contadas desde o ponto em que chega o preamar médio. Esse ponto refere-se ao estado do lugar no tempo da execução do art. 15, § 4.º, da Lei de 15 de novembro de 1831.

O Decreto-Lei 9.760/1946, com alguns pequenos acréscimos, restabeleceu esse conceito (art. 2.º), que também já havia sido adotado no Decreto-Lei 3.438/1941, mas que havia sido alterado pelo Decreto-Lei 4.120/1942.

Além dos terrenos de marinha, existem, ainda, os *acrescidos de marinha*, que são aqueles que "se tiverem formado, natural ou artificialmente, para o lado do mar ou dos rios e lagoas, em seguimento aos terrenos de marinha" (art. 3.º do Decreto-Lei 9.760/1946).

Em regiões com grande número de aterros em direção ao mar, ou sobre regiões de influência das marés, como os manguezais, será naturalmente extensa a região de acrescidos, podendo, até mesmo, superar a de terrenos de marinha, propriamente ditos.

O fato é que, pela ocupação de um ou de outro, pode a União cobrar a receita patrimonial denominada de "taxa de ocupação". Caso o terreno já tenha sido objeto de aforamento, com o desdobramento do domínio em dois, cabendo ao particular ou ente público estadual ou municipal o domínio útil, é cobrado o *aforamento*. Pela transferência onerosa, entre vivos, do domínio útil de terreno da União ou direitos sobre benfeitorias neles construídas, é cobrada outra receita, denominada de *laudêmio*.

O Decreto-Lei 1.561/1977, inclusive, proíbe a ocupação gratuita de terrenos da União, salvo previsão legal em sentido contrário (art. 1.º).

Para que a cobrança seja efetivada, no entanto, é necessário que a União, por intermédio da Secretaria do Patrimônio da União – SPU, proceda à delimitação prévia da linha preamar de 1831 em cada região costeira, e, a partir de então, promova a inscrição ou cadastramento dos terrenos que serão incluídos nas áreas de sua titularidade. Só então poderá proceder à cobrança das taxas de ocupação e, caso tenha sido instituída a enfiteuse, dos foros anuais[34].

---

34. É caudalosa a jurisprudência do STJ no sentido de que, sendo certa a residência do ocupante interessado no imóvel objeto do procedimento de inscrição, é necessária sua notificação pessoal.

Atualmente, a alíquota da taxa de ocupação, incidente sobre o valor do domínio pleno, está fixada no art. 1.º do Decreto-Lei 2.398/1987 (2%), conforme redação dada pela Lei 13.240/2015. A alíquota do laudêmio está fixada no art. 3.º desse mesmo decreto-lei, correspondendo a 5% do valor atualizado do domínio pleno e das benfeitorias.

A Lei 13.240/2015, sanando dúvida que havia sobre o tema, excluiu do conceito de domínio pleno as benfeitorias, tanto para cálculo da taxa de ocupação quanto para a apuração do laudêmio.

Quanto ao aforamento, incide a alíquota de 0,6% do valor do respectivo domínio pleno (art. 101 do Decreto-Lei 9.760/1946).

Essas cobranças não são exclusivas de terrenos de marinha, mas é neles que se dá mais comumente sua exigência.

O Decreto-Lei 1.876/1981 estabelece a isenção do pagamento de foros e taxas de ocupação para pessoas carentes, conforme comprovação a ser feita em obediência à regulamentação a ser editada pelo Ministério da Fazenda (hoje, Ministério do Planejamento, Orçamento e Gestão – art. 14, XIV, j, da Lei 9.649/1998 e art. 1.º, § 3.º, do Decreto 6.190/2007)[35].

Importante ressaltar, por fim, que o art. 49 do Ato das Disposições Constitucionais Transitórias – ADCT estabeleceu algumas regras quanto a aforamentos, dando a entender que o legislador poderá optar por restringir sua aplicação. Ressalva-se, no entanto, os imóveis situados na chamada faixa de segurança, contados da orla marítima, onde deverá continuar sendo aplicada a sistemática da enfiteuse (§ 3.º).

Essa regra, longe de delimitar territorialmente a área de abrangência dos terrenos de marinha, apenas estabelece a obrigatoriedade de adoção do sistema de aforamento na chamada faixa de segurança, de molde que, nessa área, a União não poderá optar pela transferência do domínio pleno de seus imóveis aos particulares.

Quanto à chamada faixa de segurança, não existe nenhum texto legal que a defina com tal denominação. Sendo assim, ou entende-se que a norma do ADCT ainda não foi regulamentada, ou compreende-se como faixa de segurança aquela descrita no art. 100, a, do Decreto-Lei 9.760/1946, compreensiva da faixa de 100 metros ao longo da costa marítima.

14.7.7. Terrenos marginais ou reservados

O art. 4.º do Decreto-Lei 9.760/1946 conceitua *terrenos marginais* como aqueles que, "banhados pelas correntes navegáveis, fora do alcance das marés, vão até a distância de 15 metros medidos horizontalmente para a parte da terra, contados desde a linha média das enchentes ordinárias".

O Código de Águas (Decreto 24.643/1934), em seu art. 14, utiliza o mesmo conceito, apenas denominando os terrenos marginais como *terrenos reservados*.

Nessa senda, REsp 1.205.573/SC, 2.ª T., Rel. Min. Mauro Campbell, j. 07.10.2010 e AgRg no REsp 1.198.334/SC, 1.ª T., Rel. Min. Hamilton Carvalhido, j. 16.09.2010.

35. A concessão de isenção por motivo de carência aplica-se exclusivamente a um único imóvel em terreno da União, cujos ocupantes sejam considerados carentes ou de baixa renda, com renda familiar igual ou inferior ao valor correspondente a cinco salários mínimos (art. 1.º do Decreto 6.190/2007).

Qualquer que seja a nomenclatura, tais terrenos são considerados do domínio público, em vista do que dispõe o art. 11, item 2.º, do Código de Águas.

O Decreto-Lei 9.760/1946 estabeleceu que são da União os terrenos marginais dos rios navegáveis em Territórios Federais, se, por qualquer título legítimo, não pertencerem a particular, assim como são da União os terrenos marginais de rios e as ilhas neles situadas, na faixa da fronteira do território nacional e nas zonas onde se faça sentir a influência das marés (art. 1.º, *b* e *c*).

Essa classificação restou alterada pela Constituição Federal de 1988, que resguarda a titularidade, pela União, dos terrenos marginais dos lagos, rios e correntes de água discriminados no inc. III de seu art. 20 (situados em terrenos de seu domínio, que banhem mais de um Estado, se estendam a território estrangeiro ou dele provenham e que sirvam de limites com outros países).

Os terrenos marginais ou reservados, como visto, nada mais são do que uma faixa de terra, de 15 metros de largura, contada a partir da linha média das enchentes normais (ordinárias) de uma corrente navegável.

A finalidade de se garantir ao Poder Público a titularidade desses bens é a de garantir o acesso e a navegabilidade das águas que eles margeiam, daí a referência expressa a "correntes navegáveis".

Com isso, em tese, tem-se melhor controle sobre edificações e/ou obras, aterros e construções feitas às margens das correntes navegáveis, os quais podem, dependendo da situação, atrapalhar a navegabilidade das respectivas águas.

14.7.8. Faixas de Domínio (rodovias e ferrovias)

De acordo com o Código de Trânsito Brasileiro (Lei 9.503/1997), as estradas são vias rurais não pavimentadas e as rodovias são vias rurais pavimentadas (Anexo I).

A Faixa de Domínio, de acordo com o mesmo Código, constitui a "superfície lindeira às vias rurais, delimitada por lei específica e sob responsabilidade do órgão ou entidade de trânsito competente com circunscrição sobre a via" (Anexo I).

Tecnicamente, é conceituada como a base física sobre a qual se assenta uma rodovia, constituída pelas pistas de rolamento, canteiros, obras de arte, acostamentos, sinalização e faixa lateral de segurança, até o alinhamento das cercas que separam a estrada dos imóveis marginais ou da faixa de recuo (Glossário de Termos Técnicos Rodoviários).

O Código de Trânsito Brasileiro, no entanto, não restringe a Faixa de Domínio às rodovias, propriamente ditas, prevendo sua existência também, inclusive para efeito de regulamentação de segurança do trânsito, às áreas adjacentes às estradas (art. 50).

Entrementes, a maior parte da regulamentação, principalmente na área federal, se concentra nas rodovias, embora estas, por vezes, não tenham trechos asfaltados, o que afasta a nomenclatura idealizada do Código de Trânsito Brasileiro da realidade do sistema viário do país.

A Lei 5.917/1973, que aprovou o Plano Nacional de Viação (PNV)[36], regularmente alterado e modificado, contém diversas seções, que incluem, dentre outros, o Sistema Rodoviário Nacional e o Sistema Ferroviário Nacional.

---

36. *Vide* também o Decreto 5.621/2005, que regulamenta o PNV.

Estados, Distrito Federal e Municípios devem elaborar e rever seus Planos Viários com a finalidade de obter-se adequada articulação e compatibilidade entre seus sistemas viários e destes com os sistemas federais de Viação (art. 10, *caput*, da Lei 5.917/1973).

Nas seções do PNV estão discriminadas as rodovias e ferrovias que integram o sistema viário nacional e, logo, a partir destes, se sabe quais são as respectivas faixas de domínio.

A largura da faixa de domínio pode variar conforme as características da rodovia, existindo, no entanto, um padrão geralmente adotado que reserva 60 metros, quando se trata de pista simples, e 100 metros, em caso de pista dupla.

Diferentemente, no entanto, do que ocorre com as rodovias, não há uma definição legal para a faixa de domínio das ferrovias. O atual Regulamento dos Transportes Ferroviários (Decreto 1.832/1996) limita-se a dizer que a Administração Ferroviária deve implantar dispositivos de proteção e segurança ao longo de suas faixas de domínio (art. 12), sem, no entanto, esclarecer sua abrangência.

Na falta de uma definição legal, a faixa de domínio deve compreender, além da área onde assentada a ferrovia propriamente dita (trilhos e dormentes), aquelas adjacentes, a serem desapropriadas, conforme o caso, necessárias à segurança e ao desenvolvimento do transporte ferroviário.

Por fim, não se pode confundir as faixas de domínio, que são bens públicos, com as faixas *non edificandi*, paralelas àquelas, previstas no art. 4.º, III, da Lei 6.766/1979. Essa faixa não edificável, de 15 metros de cada lado, constitui uma servidão administrativa, adotada como medida adicional à manutenção da segurança dos transportes públicos.

14.7.9. Terras tradicionalmente ocupadas pelos índios

A Constituição Federal de 1988 contém uma série de regras protetivas dos costumes, tradições, línguas, crenças e organização social dos índios, garantindo a eles, inclusive, a posse permanente das terras que tradicionalmente ocupam (art. 231, § 2.º).

Apesar de a posse ser garantida aos índios, a propriedade dessas terras é da União (art. 20, XI), sendo que a Constituição Federal as conceitua como aquelas "por eles habitadas *(índios)* em caráter permanente, as utilizadas para suas atividades produtivas, às imprescindíveis à preservação dos recursos ambientais necessários ao seu bem-estar e as necessárias a sua reprodução física e cultural, segundo seus usos costumes e tradições" (art. 231, § 1.º).

A Constituição Federal de 1988 expressamente decretou a nulidade dos atos que tinham por objeto a ocupação, posse e domínio dessas terras, ressalvando, tão somente, eventual indenização por benfeitorias aos ocupantes de boa-fé (art. 231, § 6.º).

Em razão dessas disposições, torna-se obviamente tormentosa a questão da demarcação dessas terras pelo Governo Federal, principalmente em relação àquelas terras que, momentaneamente, não são objeto de ocupação por tribos indígenas, embora estejam situadas em área que, pela dicção do texto constitucional, estão inseridas no contexto do § 1.º do art. 231.

Também não deixa de ser tormentosa a própria questão referente à aculturação de elementos indígenas por outros povos, o que poderia descaracterizar por completo a natureza daqueles. A legislação brasileira, no entanto, é extremamente protetiva das comunidades indígenas, mesmo quando em franco processo de aculturação, tornando praticamente impossível a emancipação destas em relação ao sistema tutelar federal (Lei 6.001/1973 – Estatuto do Índio).

As regras para a demarcação de terras indígenas estão enunciadas no Decreto Presidencial 1.775/1996, complementado por portarias do Ministério da Justiça, tendo sofrido, no entanto, importantes adaptações, a partir do julgamento, pelo STF, da Petição 3.388, referente à demarcação da reserva indígena Raposa Serra do Sol[37]. Na ocasião, o STF estabeleceu uma série de regras a serem observadas nas demarcações, no que ficou conhecido como o "estatuto das reservas", impedindo a criação, na prática, de verdadeiros Estados indígenas.

14.7.10. Terras devolutas

A Constituição Federal de 1988 atribuiu à União as terras devolutas indispensáveis à defesa das fronteiras, das fortificações e construções militares, das vias federais de comunicação e à preservação ambiental, definidas em lei (arts. 20, II, e 225, § 5.º).

Fora as que são atribuídas especificamente à União, todas as demais são de titularidade dos Estados-membros (art. 26, IV).

Terras devolutas são aquelas que, não sendo próprias, nem sendo aplicadas a algum uso público, ainda não foram incorporadas ao domínio privado (art. 5.º do Decreto-Lei 9.760/1946).

Em princípio, todas as terras no Brasil eram públicas, pois pertencentes à Coroa Portuguesa. Com a colonização, foram posteriormente divididas em capitanias hereditárias, cujos capitães donatários distribuíam-nas em glebas denominadas de sesmarias.

Em determinado momento, esse procedimento foi interrompido, passando a colonização a ser feita por simples ocupação.

Com a Lei 601, de 1850, já no Império, tentou-se regulamentar a matéria, legitimando-se as posses já consumadas.

Assim, as terras devolutas, em princípio, eram "as vagas, as abandonadas, as não utilizadas por quem quer que fosse, embora, em termos dominiais, pertencessem ao Poder Público, em razão dos efeitos do descobrimento do Brasil"[38].

Bem, se não foram elas incorporadas ao domínio privado antes da Constituição Federal de 1988, não o serão mais, visto que passaram a ser, como qualquer bem público, insuscetíveis de usucapião. Ressalva-se, é óbvio, a possibilidade de transmissão formal da União ou Estado-membro para o particular.

Aliás, na própria Constituição Federal de 1988 preconiza-se a compatibilização da política de distribuição dessas terras com a política nacional agrícola e a política nacional de reforma agrária (art. 188). A legislação antecedente, como o Estatuto da Terra (art. 11

---

37. STF, Pleno, Pet 3.388/RR, Rel. Min. Ayres Britto, j. 19.03.2009. No julgamento dos embargos de declaração (23.10.2013), no entanto, a Corte afastou o efeito vinculante de sua decisão quanto à demarcação de outras reservas indígenas.

38. GASPARINI, Diógenes. *Direito administrativo*. 14. ed. São Paulo: Saraiva, 2009. p. 956.

da Lei 4.504/1962) e a Lei 4.947/1966 (art. 5.º, § 4.º), preconizava a utilização prioritária das terras devolutas federais para fins de reforma agrária.

Hoje, no entanto, tendo em vista o domínio da União restringido às terras devolutas consignadas no art. 20, II, da Constituição Federal, essa responsabilidade, sem dúvida alguma, é, em muito maior proporção, dos Estados.

O art. 13 da Lei 8.629/1993, de qualquer modo, reitera a preferência na destinação das terras rurais públicas para os planos de reforma agrária.

Em princípio, essas terras, se não foram incorporadas ao domínio privado, e se ainda não foram objeto de discriminação pelo ente público interessado, não constarão de qualquer registro público imobiliário, ou constarão de registro nulo, se incorporadas ao domínio privado de maneira fraudulenta. A Lei 6.739/1979, aliás, prevê procedimento de cancelamento dos registros tidos por nulos de pleno direito.

Por sua própria natureza, as terras devolutas constituem terrenos rurais, não se lhes aplicando o procedimento discriminatório do art. 19 do Decreto-Lei 9.760/1946.

Com efeito, a Lei 6.383/1976 criou um procedimento específico de discriminação de terras devolutas da União, excepcionando aquele previsto no Decreto-Lei 9.760/1946 (art. 32). Esse procedimento, inicialmente, se desenvolve na esfera administrativa, incumbindo ao Instituto Nacional de Colonização e Reforma Agrária – INCRA, ao final, promover o registro das terras discriminadas no Registro Geral de Imóveis.

Em casos determinados, a questão pode ser levada à esfera judicial, ficando o INCRA investido dos poderes de representação da União (art. 18 da Lei).

Por força do art. 27 da Lei 6.383/1976, o procedimento nela previsto acaba sendo aplicado à discriminação das terras devolutas dos Estados também.

Por fim, o Decreto-Lei 2.375/1987 contém regras específicas sobre a destinação pública de terras devolutas da União.

14.8. SÚMULAS DO STF

BENS PÚBLICOS	
STF 477. As concessões de terras devolutas situadas na faixa de fronteira, feitas pelos Estados, autorizam, apenas, o uso, permanecendo o domínio com a União, ainda que se mantenha inerte ou tolerante, em relação aos possuidores.	STF 479. As margens dos rios navegáveis são domínio público, insuscetíveis de expropriação e, por isso mesmo, excluídas de indenização.
STF 480. Pertencem ao domínio e administração da União, nos termos dos artigos 4º, IV, e 186, da Constituição Federal de 1967, as terras ocupadas por silvícolas.	STF 650. Os incisos I e XI do art. 20 da Constituição Federal não alcançam terras de aldeamentos extintos, ainda que ocupadas por indígenas em passado remoto.

14.9. SÍNTESE DO TEMA

BENS PÚBLICOS			
Conceito	• Para nós, interessa saber quais são, num sentido mais restrito, os bens públicos, ou seja, aqueles bens que estão sujeitos ao regime jurídico-administrativo, e não quais são os bens das entidades estatais, porque nem todas as entidades estatais terão seus bens sujeitos ao regime jurídico de direito público. • Não é por outra razão que o próprio legislador brasileiro, ao conceituar bens públicos no art. 98 do Código Civil (Lei nº 10.406/2002), estabeleceu que "são públicos os bens do domínio nacional pertencentes às pessoas jurídicas de direito público interno...".		
Classificação dos bens públicos	Conforme sua destinação	De uso comum do povo	Destinam-se à utilização geral pelos indivíduos (ex.: mares, ruas, praças, rios etc.).
		De uso especial	Visam à execução dos serviços administrativos e dos serviços públicos em geral.
		Dominicais	Aqueles "que constituem o patrimônio das pessoas jurídicas de direito público, como objeto de direito pessoal, ou real, de cada uma dessas entidades (art. 99, III do Código Civil)".
	Conforme a titularidade	Federais	Serão assim classificados conforme pertençam à União, aos Estados, ao Distrito Federal, aos Municípios e suas respectivas autarquias e fundações públicas.
		Estaduais	
		Distritais	
		Municipais	

BENS PÚBLICOS			
Classificação dos bens públicos	Quanto à possibilidade de disposição dos bens	Disponíveis	São aqueles bens que podem ser objeto de alienação por parte da Administração pública. Exemplo: Bens dominicais. Os bens de uso especial, só se forem desafetados anteriormente.
		Indisponíveis	São os bens que não podem ser objeto de alienação, ou seja, não pode haver disposição deles por parte da Administração Pública. Exemplo: 1) Bens de uso comum do povo; 2) Bens de uso especial.
Afetação e desafetação	Diz-se que um bem está afetado quando ele possui uma destinação especial. Quando um bem público está destinado a ser utilizado diretamente na prestação de um serviço público ou como instrumento para as atividades normais dos agentes públicos, no cumprimento de suas funções. Afetado, no caso, a um interesse público específico. Exemplo: 1) Bens de uso especial; 2) Bens de uso comum.		
	Um bem público será considerado desafetado quando a Administração Pública deixar de dar a ele uma utilização pública específica. Exemplo: – Bens dominicais (*em caráter transitório*).		
Uso de Bens Públicos por particulares	Os bens de uso comum do povo são, em regra, de utilização gratuita (art. 103 do Código Civil). O exercício de atividade econômica do particular nestes bens, no entanto, deverá ser objeto de aprovação pelo Poder Público competente. Contudo, pode ocorrer a restrição do uso de bem comum do povo, desde que observados os princípios constitucionais que regem a Administração Pública.		

BENS PÚBLICOS		
Utilização por particular de bem da União (pode ocorrer por meio de)	Locação	A locação será feita quando houver conveniência em tornar o imóvel produtivo, conservando, porém, a União, sua plena propriedade, considerada arrendamento mediante condições especiais, quando objetivada a exploração de frutos ou prestação de serviços. A locação de imóveis públicos segue regras específicas, não estando sujeita às disposições da legislação civil.
	Aforamento	Terá cabimento o aforamento quando existir a conveniência de radicar-se o indivíduo ao solo e a de manter-se o vínculo da propriedade pública. A formalização do uso se dá pelo contrato de enfiteuse, com o desdobramento do domínio em dois, o pleno e o útil, permanecendo o Poder Público com o primeiro.
	Cessão	A cessão se fará quando interessar à União concretizar, com a permissão da utilização gratuita de imóvel seu, auxílio ou colaboração que entenda prestar. Em relação à cessão, devemos observar o que está disposto na Lei 9.636/1998. Segundo o texto legal, a cessão pode ser onerosa, se destinada à execução de empreendimento com fim lucrativo. Há também a dispensa de licitação das cessões de uso prevista na Lei 11.481/2007.
Transferência do bem público para o domínio particular		<ul><li>Em regra, a transferência de um bem público para o domínio particular se faz por meio de licitação, com prévia avaliação.</li><li>Em se tratando de bens imóveis e pertencendo eles a entidades autárquicas ou fundacionais ou a órgãos da Administração direta, interpõe-se também prévia autorização legislativa.</li><li>Para bens móveis é dispensada a autorização legislativa, exigindo-se apenas a licitação e a prévia avaliação.</li><li>A dispensa de licitação é prevista para casos específicos previstos no inciso II do artigo 17 da Lei 8.666/1993. Exemplos: *1)* Venda de Títulos; *2)* Venda de Ações; *3)* Permuta entre órgãos e entidades da própria Administração Pública etc.</li><li>Na habilitação para a concorrência de bens imóveis a Lei exige a comprovação do recolhimento da quantia de 5% (cinco por cento) da avaliação (art. 18).</li></ul>

	BENS PÚBLICOS	
Atributos dos bens públicos	Inalienabilidade	• Significa que os bens públicos não podem, em regra, ser transferidos a terceiros. • Assim dispõe o Código Civil em seus arts. 100 e 101. *Os bens públicos de uso comum do povo e os de uso especial são inalienáveis, enquanto conservarem a sua qualificação, na forma que a lei determinar* (art. 100); *Os bens públicos dominicais podem ser alienados, observadas as exigências da lei* (art. 101). • É importante lembrar que esta inalienabilidade não é absoluta, posto que em relação aos bens dominicais ela é praticamente uma exceção.
	Impenhorabilidade	• A penhora é a constrição do bem de um devedor para garantir o crédito que dele é cobrado, sendo utilizado o produto da venda do bem penhorado, ao final da execução judicial, na satisfação do direito do credor. De acordo com o texto legal do art. 100 da CF/1998, o pagamento das Fazendas Públicas Federais, Estaduais, Distrital e municipais são feitos mediante precatório. • Para créditos de pequeno valor, a Constituição Federal prevê o instituto da requisição de pequeno valor – RPV.
	Não onerabilidade	• Os bens públicos, em consequência da sua inalienabilidade, não podem ser onerados, ou seja, não podem ser dados como garantia de uma dívida, como, por exemplo: uma hipoteca. • Seria possível imaginarmos uma oneração a um bem público, excepcionalmente, se houvesse autorização da alienação, após prévia desafetação, se a garantia fosse constituída em favor de outro ente público.
	Imprescritibilidade	Levando em conta a redação do art. 102 do Código Civil, os bens públicos não estão sujeitos à usucapião, ou seja, eles são imprescritíveis. Esse atributo, na verdade, decorre do próprio texto constitucional (arts. 183, § 3.º, e 191, parágrafo único, da CF/1988).

14.10. QUESTÕES

1. **(Procurador do Estado Substituto/PGE-PI – CESPE/2014)** Em relação a licitações, contratos administrativos e bens públicos, cada uma das próximas opções apresenta uma situação hipotética, seguida de uma assertiva a ser julgada. Assinale a opção que apresenta a assertiva correta.

   a) A PGE/PI, em razão da posse de novos procuradores, fato que demandou aumento do seu espaço físico, comprou um prédio mais amplo e, com a mudança de sede, o prédio antigo foi desativado. Nessa situação, o prédio antigo desativado será classificado como bem de uso especial.

   b) O governo do estado do Piauí pretende construir, no centro da cidade de Teresina, um novo prédio para a PGE/PI, e a única área ali disponível é uma praça, considerada bem de uso comum do povo. Nessa situação, a administração deverá procurar outro local, devido à impossibilidade de desafetação desse tipo de bem.

   c) Uma secretaria de estado do Piauí, para contratar determinado serviço por meio de convite, convocou quinze empresas para a disputa; entretanto, por dificuldades do próprio mercado, apenas uma empresa apresentou proposta. Nessa situação, poder-se-á prosseguir com o certame, desde que tal fato seja devidamente justificado nos autos do processo licitatório.

   d) Devido a explosão ocorrida em um navio petroleiro no litoral de um estado da Federação, grande quantidade de óleo se espalhou pelo mar, causando a morte de vários animais e pondo em risco a saúde da população, fato que levou o governo local a decretar estado de calamidade pública. Nessa situação, para a realização dos serviços de contenção do óleo, poderá haver a contratação de empresa(s) mediante inexigibilidade de licitação.

   e) Determinada empresa foi contratada, mediante licitação, após regular procedimento e cumprimento de todas as exigências legais. Todavia, no decorrer da execução do contrato, essa empresa se tornou irregular perante o fisco. Nessa situação, será lícita a retenção, pela administração, do pagamento à empresa até que esta proceda à regularização da sua situação fiscal.

2. **(Analista Legislativo/Câmara dos Deputados – CESPE/2014)** Acerca do regime jurídico dos bens públicos, julgue o próximo item.

   Os rios pertencem aos estados; entretanto, quando banham mais de um estado, servem de limites com outros países, ou se estendem a território estrangeiro ou dele provêm, são bens da União.

3. **(Analista Legislativo/Câmara dos Deputados – CESPE/2014)** Acerca do regime jurídico dos bens públicos, julgue o próximo item.

   Pertencem à União as terras situadas na faixa de até cento e cinquenta quilômetros de largura, ao longo das fronteiras terrestres, designadas como faixa de fronteira.

4. **(Analista Legislativo/Câmara dos Deputados - CESPE/2014)** Acerca do regime jurídico dos bens públicos, julgue o próximo item.

    São públicos os bens pertencentes aos entes da administração direta e indireta.

5. **(Analista Legislativo/Câmara dos Deputados - CESPE/2014)** Considere que a Câmara dos Deputados pretenda ampliar a sua sede por meio da construção de novo anexo, contíguo ao prédio da atual sede, e que o terreno pertença ao Distrito Federal (DF). A respeito dos aspectos legais relacionados a essa situação, julgue o item que se segue.

    Sendo o referido terreno de propriedade do DF, não será possível a sua alienação para a Câmara dos Deputados.

6. **(MPE-AC - CESPE/2014)** No que se refere aos bens públicos, assinale a opção correta.

    a) Nas hipóteses em que a alienação de bens públicos imóveis depender da realização de procedimento licitatório, em regra, a modalidade será o leilão.
    b) Admite-se a aquisição, por usucapião, de bem público imóvel submetido a regime de aforamento, desde que a ação seja ajuizada em face de pessoa jurídica de direito público e do foreiro.
    c) A concessão de direito real de uso de bem público pode ser outorgada por prazo indeterminado, não sendo transmissível por ato *inter vivos* ou *causa mortis*.
    d) São bens públicos as florestas, naturais ou plantadas, localizadas nos entes públicos e nas entidades da administração indireta, excetuadas as que estejam sob o domínio das sociedades de economia mista.
    e) Como forma de compatibilizar o direito de reunião, previsto na CF, e o direito da coletividade de utilizar livremente dos bens públicos de uso comum, a administração, previamente comunicada a respeito do fato, pode negar autorização para a utilização de determinado bem público de uso comum, ainda que a finalidade da reunião seja pacífica, desde que o faça por meio de decisão fundamentada e disponibilize aos interessados outros locais públicos.

7. **(Procurador do Estado/PGE-BA - CESPE/2014)** Em relação aos bens públicos, julgue o item seguinte.

    Para a utilização de espaço de prédio de autarquia para o funcionamento de restaurante que atenda aos servidores públicos, é obrigatória a realização de licitação e a autorização de uso de bem público.

8. **(Procurador/TCE-PB - CESPE/2014)** Assinale a opção correta com relação aos bens públicos.

    a) Em face do interesse público envolvido, a servidão administrativa não gera, para o proprietário do bem alcançado pela servidão, o direito a indenização. Todavia, na ocupação temporária do bem, a administração pública tem o dever legal de indenizar o proprietário.

b) O cessionário do direito de uso sobre bem imóvel da União exerce *animus domini* sobre a coisa, por se tratar de uma relação de direito real.

c) A exploração dos serviços de concessão de lotes e jazigos em cemitério público compete à União e, supletivamente, aos municípios.

d) Os terrenos de marinha são bens públicos de uso especial de propriedade da União, e o Código Civil adotou a presunção relativa no que se refere ao registro de sua propriedade imobiliária.

e) Os bens tombados não podem ser destruídos, demolidos ou mutilados, e, para tanto, a administração pública pode se utilizar tanto do tombamento provisório quanto do tombamento definitivo, limitando o exercício do direito sobre o bem.

9. **(Juiz/TJ-DF – CESPE/2014) No que se refere aos conceitos e às expressões constantes na doutrina especializada em direito administrativo, assinale a opção correta.**

    a) O fato do príncipe, incidente nos contratos administrativos, refere-se à preservação da idoneidade isonômica e da igualdade entre as partes.

    b) Tredestinação consiste no desvio grave de finalidade, que vicia de forma definitiva o processo de desapropriação, acarretando insanável ilegalidade, passível de revisão apenas jurisdicional.

    c) A exoneração tem caráter de sanção, razão por que deve decorrer de processo administrativo em que se garanta o amplo direito de defesa.

    d) A afetação e a desafetação dizem respeito ao regime de finalidade dos bens públicos, no sentido da destinação que se lhes possa dar.

    e) A modalidade compulsória da adjudicação corresponde, em direito administrativo, à última fase do processo licitatório, consistente na transferência definitiva de determinado bem.

10. **(Procurador/PG-DF – CESPE/2013) Relativamente aos bens públicos, julgue o item abaixo.**

    É impossível a prescrição aquisitiva de bens públicos dominicais, inclusive nos casos de imóvel rural e de usucapião constitucional pro labore.

11. **(Procurador Federal/AGU – CESPE/2013) Acerca dos terrenos de marinha e das águas públicas, julgue o item que se segue.**

    À União pertence o domínio das águas públicas e das ilhas fluviais, lacustres e oceânicas.

12. **(Procurador Federal/AGU – CESPE/2013) Acerca dos terrenos de marinha e das águas públicas, julgue o item que se segue.**

    Os terrenos de marinha, assim como os seus terrenos acrescidos, pertencem à União por expressa disposição constitucional.

13. **(Procurador Federal/AGU – CESPE/2013)** Relativamente à permissão de uso de bem público e à desapropriação por utilidade pública, julgue o item a seguir.

    Permissão de uso de bem público é o contrato administrativo pelo qual o poder público confere a pessoa determinada o uso privativo do bem, de forma remunerada ou a título gratuito.

14. **(Titular de Serviços de Notas e de Registros/TJ-BA – CESPE/2013)** Com relação às vias públicas, aos cemitérios públicos e ao poder de polícia, assinale a opção correta.

    a) No exercício do poder de polícia, atos normativos podem ser emitidos para a administração das vias públicas, com estabelecimento e definição prévios de infração administrativa.

    b) No exercício do poder de polícia, a administração de cemitério público pode, com vistas à otimização do espaço, exumar corpos a fim de que os restos mortais possam ser transformados em cinzas.

    c) A organização das necrópoles compete ao município, e não ao estado, podendo existir lei municipal que autorize a concessão de direito real de uso, bem como sua inscrição e registro em cartório competente.

    d) A exumação de um corpo constitui ato administrativo vinculado e bilateral, e o descumprimento de seus requisitos ou formalidades gera responsabilidade civil do Estado.

    e) Na realização de manifestações públicas em vias públicas, o poder de polícia pode vedar a utilização de carros, aparelhos e objetos sonoros em prol da coletividade e do bem comum.

15. **(Titular de Serviços de Notas e de Registros/TJ-BA – CESPE/2013)** No que se refere ao regime jurídico dos bens públicos, assinale a opção correta.

    a) É vedada a utilização de bem público no interesse do particular.

    b) É vedada a cobrança pela utilização de bens de uso comum do povo, uma vez que estes bens são destinados à utilização de toda a coletividade, independentemente de consentimento prévio da administração.

    c) Os bens públicos de uso comum do povo são considerados bens inalienáveis, por isso não podem ser desafetados, ao passo que os bens públicos de uso especial somente podem ser alienados se forem desafetados.

    d) As terras devolutas são de propriedade da União.

    e) A alienação de terras públicas com área superior a 2.500 ha deve ser previamente aprovada pelo Congresso Nacional.

16. **(Procurador/BACEN – CESPE/2013)** A respeito dos bens públicos, da intervenção do Estado sobre a propriedade e do controle da administração pública, assinale a opção correta.

    a) A concessão de uso de bem público constitui ato administrativo de caráter unilateral, por meio do qual a administração pública outorga o uso privativo de bem público a determinado particular.

b) Considere que determinado particular, inconformado com decisão exarada pelo presidente de uma autarquia federal, tenha dirigido recurso ao ministro de Estado responsável pela pasta a que se encontra vinculada a autarquia. Nessa situação, o recurso interposto é classificado como hierárquico impróprio, dada a relação de vinculação, e não de subordinação hierárquica, mantida entre o órgão controlado e o controlador.

c) A permissão de uso configura ato administrativo de natureza *intuitu personae*, razão por que a legislação de regência veda, em caráter absoluto, sua transferência a terceiro.

d) De acordo com a jurisprudência, a ação judicial que tem por objeto a reparação de danos causados pela imposição de limitação administrativa não está sujeita à prescrição quinquenal.

e) No exercício da atividade de controle de contas, o TCU tem competência legal para impor a quebra de sigilo bancário de dados constantes do BACEN.

17. **(Defensor Público/DPE-DF – CESPE/2013) Acerca dos bens públicos, julgue o item a seguir.**

    A autorização de uso de bem público por particular caracteriza-se como ato administrativo unilateral, discricionário e precário, para o atendimento de interesse predominantemente do próprio particular.

18. **(Defensor Público/DPE-DF – CESPE/2013) Acerca dos bens públicos, julgue o item a seguir.**

    Sendo uma das características do regime jurídico dos bens públicos a inalienabilidade, é correto afirmar que, segundo o ordenamento jurídico brasileiro vigente, todos os bens públicos são absolutamente inalienáveis.

19. **(Defensor Público/DPE-DF – CESPE/2013) Acerca dos bens públicos, julgue o item a seguir.**

    Segundo o ordenamento jurídico vigente, são considerados públicos os bens do domínio nacional pertencentes às pessoas jurídicas de direito público interno; sendo os demais considerados bens particulares, seja qual for a pessoa a que pertencerem.

20. **(Juiz Substituto/STM – CESPE/2013) O prédio do STM classifica-se como bem público**

    a) patrimonial disponível.
    b) de uso comum.
    c) dominical.
    d) indisponível.
    e) de uso especial.

GABARITO

1 – C	2 – Certo	3 – Errado
4 – Errado	5 – Errado	6 – E
7 – Errado	8 – E	9 – D
10 – Certo	11 – Errado	12 – Certo
13 – Errado	14 – C	15 – E
16 – B	17 – Certo	18 – Errado
19 – Certo	20 – E	

15

RESPONSABILIDADE CIVIL DO ESTADO

Sumário: 15.1. Introdução – **15.2.** Diferentes formas de responsabilização. delimitação do tema – **15.3.** Evolução da matéria na história: **15.3.1.** Teoria da irresponsabilidade civil; **15.3.2.** Responsabilidade civil subjetiva por atos de gestão; **15.3.3.** Responsabilidade civil subjetiva; **15.3.4.** Teoria da culpa do serviço ou culpa anônima; **15.3.5.** Teoria do risco administrativo; **15.3.6.** Teoria do risco integral – **15.4.** A responsabilidade civil do estado no Brasil – **15.5.** Evolução da responsabilidade civil do estado nas constituições brasileiras – **15.6.** Fundamentos da responsabilidade civil do estado – **15.7.** Tipos de responsabilidade: **15.7.1.** Responsabilidade objetiva – **15.8.** Extrato dos informativos e outros julgados do superior tribunal de justiça e do supremo tribunal federal aplicando a teoria do risco administrativo: **15.8.1.** Responsabilidade objetiva do Estado no caso de suicídio de detento – Informativo 520 STJ; **15.8.2.** Morte de detento em estabelecimento prisional – Informativo 401 STJ e 819 STF; **15.8.3.** Preso em presídio em condições precárias/degradantes e dano moral – Informativo 376 STJ e 854 STF; **15.8.4.** Indenização por danos morais por estupro praticado por policiais militares – Informativo 362 STJ; **15.8.5.** Indenização por demissão de servidora de autarquia após descobrir ser portadora do vírus HIV – Informativo 364 STJ; **15.8.6.** Indenização por morte de detento em carceragem estatal – Informativo 336 STJ; **15.8.7.** Responsabilidade civil por suicídio de militar nas dependências do Exército – Informativo 397 STJ; **15.8.8.** Danos morais e materiais por transfusão de sangue infectado com o vírus do HIV que ocasionou morte do paciente – Informativo 392 STJ; **15.8.9.** Pensão e dano moral por acidente de trânsito causado por veículo do Exército que resultou em morte dos pais do menor de apenas 3 anos de idade – Informativo 318 STJ; **15.8.10.** Responsabilidade solidária de empresa vinculada à Secretaria Municipal de Transporte e o Município do Rio de Janeiro – Informativo 265 STJ; **15.8.11.** Indenização por nomeação tardia; **15.8.12.** Morte de motociclista que se chocou com animal na pista – Informativo 413 STJ; **15.8.13.** Lesões sofridas por militar das Forças Armadas em treinamento. Informativo 515 STJ; **15.8.14.** Indenização por danos morais a anistiado político – Informativo 581 STJ; **15.8.15.** Servidor obrigado a pedir exoneração por conta de interpretação equivocada de acumulação ilícita de cargos públicos tem direito à indenização. Informativo 530 STJ; **15.8.16.** Lei estadual que preveja pensão para cônjuges de mortos por crimes hediondos é inconstitucional. Informativo 773 STF; **15.8.17.** Responsabilidade civil do Estado por ato lícito: intervenção econômica e contrato. Informativo 738 STF; **15.8.18.** Indenização em razão de equívoco no reconhecimento de reincidência criminal. Informativo 590 STJ; **15.8.19.** Responsabilidade civil do Estado e perda de uma chance. Informativo 530 STJ – **15.9.** Quem está sujeito à responsabilização objetiva? – **15.10.** A responsabilidade subjetiva do estado (por omissão): **15.10.1.** Responsabilidade civil do Estado decorrente de atos de multidão – **15.11.** Extrato dos informativos e outros julgados do superior tribunal de justiça e do supremo tribunal federal aplicando a teoria da culpa do serviço: **15.11.1.** Agressão de aluno contra professora em escola pública – Informativo 450 STJ; **15.11.2.** Majoração dos danos morais por omissão do Estado no combate à dengue – Informativo 413 STJ; **15.11.3.** Veículo estacionado em estabelecimento público – Informativo 204 STJ; **15.11.4**. Entulho acumulado à beira de estrada – Informativo 328 STJ; **15.11.5**. Morte de menor soterrado em buraco causado por erosão – Informativo 225 STJ; **15.11.6**. Indenização por acidente em bueiro aberto em via pública – Informativo 115 STJ; **15.11.7**. Demora injustificada da Administração em analisar o requerimento de aposentadoria do servidor – STJ; **15.11.8**. Responsabilidade da Administração por encargos trabalhistas inadimplidos pela empresa contratada junto aos seus empregados em contratos administrativos. Informativo 862 do STF; **15.11.9**. Tiro de arma de fogo desferido por aluno em escola pública. STF; **15.11.10**. Rompimento unilateral, pela Administração, do plano de pensão. STF; **15.11.11**. Latrocínio cometido por foragido. STF; **15.11.12**. Contaminação por material potencialmente infectocontagioso em hospital. STF; **15.11.13**. Crime praticado por policial militar durante o período de folga, usando arma da corporação. STF; **15.11.14**. Dano moral in re ipsa no caso de extravio de carta registrada. Informativo 556 STJ; **15.11.15**. ADI: reconhecimento de responsabilidade civil do Estado e iniciativa legislativa. Informativo 768 STF – **15.12**. Responsabilidade primária e subsidiária – **15.13**. Condutas que ensejam danos – **15.14**. Danos indenizáveis – **15.15**. Nexo de causalidade – **15.16**. Excludentes de nexo causal e, por isso, da responsabilidade estatal: **15.16.1**. Culpa exclusiva da vítima; **15.16.2**. Caso fortuito e força maior – **15.17**. Extrato dos informativos e outros julgados do superior tribunal de justiça sobre as excludentes de responsabilidade estatal: **15.17.1**. Roubo de cargas transportadas pelos Correios – Informativo 505 STJ; **15.17.2**. Exclusão da responsabilidade por ato de vandalismo – Informativo 157 STJ; **15.17.3**. Exclusão da responsabilidade por morte de passageiro por projétil disparado por outro passageiro – Informativo 216 STJ; **15.17.4**. Exclusão da responsabilidade por tentativa de roubo em estação de metrô – Informativo 219 STJ; **15.17.5**. Exclusão da responsabilidade por roubo à mão armada em coletivo – Informativo 224 STJ; **15.17.6**. Exclusão da responsabilidade por bala vinda de outro veículo que atingiu transporte coletivo – Informativo 370 STJ – **15.18**. Responsabilidade civil dos agentes públicos – **15.19**. A absolvição criminal e suas implicações na esfera civil – **15.20**. Responsabilidade civil das empresas concessionárias de serviços públicos – **15.21**. Aspectos processuais: **15.21.1**. Sujeito ativo da ação de reparação de danos; **15.21.2**. Sujeito passivo da ação de reparação de danos; **15.21.3**. Objeto da demanda ou pedido; **15.21.4**. É possível a antecipação dos efeitos da tutela?; **15.21.5**. Prazo para a propositura da ação – **15.22**. Extrato dos informativos do superior tribunal de justiça e do supremo tribunal federal sobre prescrição em matéria de responsabilidade civil do estado: **15.22.1**. Regra geral da prescrição em ações contra a Fazenda Pública. Informativo 512 STJ; **15.22.2**. Ações contra pessoa jurídica de direito privado prestadora de serviço público. Informativo 563 STJ; **15.22.3**. Início do prazo prescricional. Informativo 507 STJ; **15.22.4**. Termo inicial da prescrição da pretensão indenizatória em caso de tortura e morte de preso. Informativo 556 STJ: **15.22.5**. Reconhecimento administrativo pela Fazenda e renúncia ao prazo prescricional. Informativo 509 STJ; **15.22.6**. Imprescritibilidade dos danos morais decorrentes de tortura no regime militar. Informativo 523 STJ; **15.22.7**. Constitucionalidade do art. 1º-C da Lei 9.494/94 e prazo quinquenal. STF; **15.22.8**. É prescritível a ação de reparação de danos à Fazenda Pública decorrente de ilícito civil. STF – **15.22**. É cabível litisconsórcio passivo entre a pessoa jurídica e o agente público? – **15.23**. Denunciação à lide pelo Estado do agente público – **15.24**. Ação regressiva – **15.25**. Responsabilidade do estado por atos legislativos: **15.25.1**. Leis de efeitos concretos; **15.25.2**. Leis inconstitucionais; **15.25.3**. Responsabilidade civil por omissão legislativa – **15.26**. Responsabilidade civil do estado por atos jurisdicionais: **15.26.1**. Responsabilidade civil do Estado por erro judiciário (art. 5.º, LXXV, da CF/1988); **15.26.2**. Prisão além do tempo fixado na sentença; **15.26.3**. Prisão processual ou cautelar; **15.26.4**. Demora na prestação jurisdicional.

15.1. INTRODUÇÃO

Como foi visto, toda a atividade administrativa é voltada para a satisfação do interesse público. *O Estado está o tempo todo em contato com a coletividade no objetivo de gerir a res publica de forma satisfatória e ideal.* Presta serviços públicos, exerce poder de polícia, enfim, desempenha inúmeras atividades administrativas.

No desempenho dessas atividades o Estado pode acabar gerando danos aos administrados, razão pela qual, da mesma forma que se passa na iniciativa privada, deve indenizá-los como meio de reparação do prejuízo causado.

Conceitualmente, podemos adotar a definição de Celso Antônio Bandeira de Mello, que ensina que a responsabilidade civil do Estado está ligada à *obrigação que lhe incumbe de reparar economicamente os danos lesivos à esfera juridicamente garantida de outrem e que lhes sejam imputáveis em decorrência de comportamentos unilaterais, lícitos ou ilícitos, comissivos ou omissivos, materiais ou jurídicos*[1].

Veremos, todavia, que *a sistemática legal de responsabilização do Estado é diferente daquela aplicada à iniciativa privada*. A sistemática em questão tem como *regra a responsabilidade objetiva* e é fruto da evolução da matéria no sistema de contencioso administrativo, especialmente na França, onde houve a evolução ponto a ponto do instituto.

15.2. DIFERENTES FORMAS DE RESPONSABILIZAÇÃO. DELIMITAÇÃO DO TEMA

A responsabilidade que aqui será abordada é a civil, que diz respeito ao dever do Estado de indenizar e reparar prejuízos economicamente mensuráveis, materiais ou morais, que seus agentes, por ação ou omissão, ocasionam a terceiros, não nos interessando as condutas tidas por criminosas, objeto do direito penal, tampouco aquelas que se amoldam ao direito administrativo disciplinar, a serem vistas no capítulo próprio, referente aos servidores públicos.

Entretanto, aquilo que comumente denominamos de responsabilidade civil não diz respeito às relações de natureza contratual, ou seja, não abrange os danos decorrentes do descumprimento de regras contratuais ou pactuais, embora o próprio termo, reconhecemos, possa ser utilizado em acepção mais ampla.

Portanto, o objeto deste capítulo é a *responsabilidade extracontratual*, ou seja, aquela que decorre de ações ou omissões estatais não diretamente ligadas a negócios jurídicos firmados pela Administração Pública com os particulares[2].

---

1. *Curso de direito administrativo*. 25. ed. São Paulo: Malheiros, 2008. p. 977.

2. Tradicionalmente denominada de *responsabilidade aquiliana*, sendo aquela que deriva da simples inobservância de norma jurídica, mediante conduta que, pressuposta na culpa, viola o direito, causando prejuízo a outrem. No direito civil, seu fundamento normativo é atualmente encontrado no art. 186 do CC/2002 (art. 159 do CC/1916). O termo "aquiliana" tem origem no direito romano, sendo uma referência à *Lex Aquilia*, editada em 286 a.C., que regulava a responsabilidade civil, não contratual, prevendo o direito de reparação àquele que tivesse seus bens deteriorados ou destruídos por outrem.

Embora o conceito de dano não seja estranho ao direito obrigacional, a responsabilidade contratual não necessariamente se fundamenta nele, bastando para a responsabilização o mero inadimplemento.

A responsabilidade contratual, assim, deriva do descumprimento do que restou pactuado entre as partes, e não, propriamente, de condutas ou omissões estranhas aos pactos obrigacionais que causam lesão a terceiros. Claro que o tema da responsabilidade contratual não é indiferente ao direito administrativo, mas deverá ser analisado dentro do tópico atinente aos contratos administrativos, com todas as especificidades que esse instituto possui em relação ao direito das obrigações, aqui compreendendo todas as suas facetas (civil, comercial, trabalhista etc.).

A responsabilidade extracontratual, como herdada do direito romano, e reproduzida em nossas leis civis, é tradicionalmente baseada na ideia de culpa (negligência, imprudência e imperícia), abrangendo também, por extensão, o dolo. É o que se denomina, tradicionalmente, de *responsabilidade subjetiva*, visto que fundada na inadequação consciente ou previsível do comportamento humano aos ditames do ordenamento jurídico.

Contudo, a evolução do direito e das relações jurídicas, principalmente com o desenvolvimento de tecnologias que expõem as pessoas a perigo ou que trazem risco a seus usuários, relegou a responsabilidade subjetiva a um papel secundário no direito administrativo, conforme veremos no decorrer deste capítulo, sendo cada vez mais comum, também no direito privado, a adoção da *responsabilidade objetiva*, embora ainda em escala muito menor[3].

Por fim, deve-se advertir que existem áreas de clara interseção entre as responsabilidades contratual e extracontratual, principalmente quando se analisam danos decorrentes da prestação de serviços públicos de natureza patrimonial, que são usualmente contratados pelos usuários, como transporte coletivo e fornecimento de energia elétrica. Nesses casos, o dano decorrente da má prestação dos serviços tanto pode ser fundado na regra do art. 37, § 6.º, da CF/1988, quanto nas próprias cláusulas contratuais referentes à adequação na prestação do serviço.

---

3. Verdadeiro ponto de inflexão no direito privado brasileiro foi o *Código de Defesa do Consumidor* (Lei 8.078/1990), que estabeleceu a responsabilidade objetiva do fornecedor de produtos por danos causados aos consumidores por defeitos decorrentes de projeto, fabricação, construção, montagem, fórmulas, manipulação, apresentação ou acondicionamento de seus produtos, bem como por informações insuficientes ou inadequadas sobre sua utilização e riscos (art. 12, *caput*). Também previu a responsabilidade objetiva do fornecedor de serviços em seu art. 14, quando estes trouxerem prejuízo aos consumidores por defeitos relativos à prestação dos serviços, bem como por informações insuficientes ou inadequadas sobre fruição e riscos. Hoje, o próprio CC/2002, em seu art. 927, parágrafo único, contém regra geral de responsabilização objetiva para aqueles que exploram atividades conceituadas como de risco. Com fundamento nesse dispositivo, tem havido forte orientação também no âmbito do direito do trabalho para que a responsabilidade dos empregadores por danos causados à saúde e à integridade de seus trabalhadores seja objetiva, quando a atividade econômica for considerada, por sua natureza, de risco (vide TST, SDI-1, E-RR 367600-35.2006.5.12.0053, Rel. Min. Dora Maria da Costa, em caso que envolvia atividade de mineração).

15.3. EVOLUÇÃO DA MATÉRIA NA HISTÓRIA

15.3.1. Teoria da irresponsabilidade civil

Inicialmente, existia a teoria da irresponsabilidade civil do Estado, ou seja, *o Estado não respondia pelos seus atos*. Essa teoria ganhou corpo com *o triunfo do Absolutismo*[4], o que ocorreu a partir do século XVI.

Datam dessa época expressões fortes como *The king can do no wrong*[5], que denotavam a força da irresponsabilidade civil do Estado. Todavia, registra Celso Antônio Bandeira de Mello[6] que não havia total falta de proteção aos administrados perante condutas do Estado. Segundo o referido autor, *admitia-se responsabilização quando leis específicas a previssem explicitamente*, por exemplo, a Lei 28 pluvioso do Ano VIII[7], na França, que admitia responsabilidade por danos decorrentes de obras públicas.

Relata o autor que havia, ainda, a possibilidade de a vítima demandar diretamente os funcionários públicos, porém, dois obstáculos atrapalhavam o sucesso da demanda: primeiro, que o funcionário normalmente não tinha patrimônio para suportar a dívida; e, segundo, como se isso já não bastasse, a demanda direta contra o funcionário dependia de prévia autorização do Conselho de Estado francês, que normalmente não a concedia.

A queda dessa teoria – e não o fim – começa com a derrocada do absolutismo pela Revolução Francesa de 1789. Porém, apesar do fim do Absolutismo, o cenário ainda permaneceu inalterado por um tempo, pois a ideia de soberania persistia com enorme prestígio, tendo apenas sido substituída a sua titularidade, que passava do rei para o povo, em virtude do predomínio da vontade geral.

15.3.2. Responsabilidade civil subjetiva por atos de gestão

A queda da teoria da irresponsabilidade foi gradativa, sendo que *a próxima fase da evolução foi aquela em que se fazia distinção para fins de responsabilização se o ato danoso praticado era ato de gestão ou de império*.

Por essa teoria, o *Estado passava a ser responsabilizado*, porém apenas pelos *danos decorrentes dos atos de gestão*, que seriam aqueles feitos à semelhança dos particulares, sem

---

4. Teoria política que defendia o exercício do poder político absoluto pela Monarquia, ou seja, independente de quaisquer outros órgãos estatais. Sua teorização foi fundada em autores como Maquiavel, Jean Bodin, Jaime VI da Escócia e I da Inglaterra, Jacques Bossuet e Thomas Hobbes.
5. "O rei não pode errar". Essa ideia, na verdade, era uma consequência da adoção da teoria do direito divino dos reis, adotada pelos absolutistas, e originária do cesaropapismo bizantino, sendo desenvolvida por Bossuet na França, com a obra póstuma *La Politique tirée de l'Éscriture sainte* (1709). Pela teoria, a origem do poder real seria a vontade de Deus e qualquer vontade de depor ou restringir os poderes do monarca seria um atentado à vontade dele.
6. *Curso de direito administrativo*. 25. ed. São Paulo: Malheiros, 2008. p. 991-992.
7. A referência é ao calendário republicano instituído pelos revolucionários franceses no ano de 1792, marcadamente anticlerical e baseado em fenômenos da natureza. Pluvioso identificava o mês das chuvas ou chuvoso, e abrangia o período de 20 de janeiro a 18 de fevereiro. Esse calendário só vigorou até 1805, quando Napoleão Bonaparte ordenou o restabelecimento do Calendário Gregoriano.

prerrogativas, como a gestão de bens, pessoas e serviços. Nesse caso, a responsabilidade era subjetiva.

Se o dano decorresse de atos de império, aqueles perpetrados pelo Estado em decorrência do seu *jus imperi*, de sua posição de superioridade que ostentava perante o particular, tais como atos legislativos, regulamentos, medidas gerais de polícia ou indispensáveis à saúde pública, atos perpetrados em decorrência de convenções diplomáticas, atos judiciais, fatos de guerra, etc., *ainda prevalecia a teoria da irresponsabilidade estatal.*

Essa distinção entre atos de império e atos de gestão, gerando neste último caso responsabilização estatal, partia da concepção da *dupla personalidade jurídica do Estado,* existente à época.

Essa teoria foi pouco a pouco sendo derrubada.

Primeiro, porque havia grande dificuldade em distinguir os atos de império dos atos de gestão. Ainda, alegava-se que o art. 1.328 e ss. do Código Civil Francês[8], que disciplinava a responsabilidade civil, possuía um alcance geral e não fazia distinção de atividades, se de gestão ou de império, para fins de responsabilização.

15.3.3. Responsabilidade civil subjetiva

O próximo passo da evolução da matéria foi a adoção da teoria da responsabilidade civil subjetiva do Estado. Nesse caso, por se tratar de responsabilidade subjetiva, a vítima ou lesado, ao demandar o Estado, deveria demonstrar a culpa (negligência, imprudência ou imperícia) ou dolo do agente público, para obter a condenação do Poder Público.

Para a condenação do Estado, exigia-se uma conduta (culposa ou dolosa) de alguém atuando em nome deste, um dano e a existência de um nexo de causalidade entre o dano e a conduta. Esse é o perfil da responsabilidade subjetiva, em que deve ficar comprovada a culpa ou o dolo subjetivo do agente causador do dano.

Como o Estado atuava em grande escala, era muito mais propício a causar dano a terceiros do que os próprios particulares a si mesmos, o que dificultava de sobremodo a condenação do Estado. Assim, por exemplo, se um veículo estatal que estava 5 Km/h acima da velocidade permitida colidisse com um veículo privado, para que a vítima pudesse obter a condenação estatal, pela sistemática da responsabilidade civil subjetiva, deveria provar tal fato, o que era quase impossível de ser feito.

Por isso, no curso da segunda metade do século XIX começa a existir no Tribunal de Conflitos da França uma reação contra essa tendência de se aplicar a teoria da responsabilidade civil subjetiva ao Estado.

15.3.4. Teoria da culpa do serviço ou culpa anônima

O episódio paradigmático para essa mudança foi o acidente fatal que vitimou uma criança de oito anos chamada de Agnes Blanco. Ao cruzar os trilhos ferroviários situados

---

8. Referência ao chamado Código Napoleônico, uma vez que editado durante o governo de Napoleão Bonaparte ou Napoleão I, e que entrou em vigor em 21 de março de 1804.

em uma rua da cidade de Bordeaux, ela foi atingida por vagão pertencente a uma companhia dedicada à manufatura de tabacos, cuja propriedade era de uma empresa estatal.

O pai da criança ingressou com uma ação perante a Justiça Ordinária, a qual *se declarou incompetente* e, por isso, o processo foi enviado para o contencioso administrativo, que, por sua vez, também se declarou incompetente.

Em razão do conflito negativo de competência, a matéria foi levada ao Tribunal de Conflitos Francês a fim de decidir qual jurisdição era competente[9].

Nesse julgamento, em voto do Conselheiro David datado de 8 de fevereiro de 1873[10], foi decidido "que a responsabilidade, que pode incumbir ao Estado pelos prejuízos causados aos particulares por atos das pessoas que ele emprega no serviço público, não pode ser regida pelos princípios que estão estabelecidos no Código Civil, para as relações de particular a particular; que esta responsabilidade não é nem geral, nem absoluta; que ela tem suas regras especiais que variam segundo as necessidades do serviço e a necessidade de conciliar os direitos privados".

É a partir desse momento que foi se abrindo uma nova sistemática de responsabilidade civil do Estado, *não precisando mais a vítima individualizar a culpa do agente*.

Mudava-se o eixo para fins de responsabilização. Antes deveria se provar a culpa dos agentes públicos para obtenção da condenação do Estado, agora, com a nova sistemática, bastava demonstrar a culpa do serviço, o que significa demonstrar apenas que o dano decorreu do mau funcionamento do serviço. Essa teoria ficou conhecida como *teoria da culpa do serviço, teoria da falta do serviço* ou *teoria da culpa anônima*.

José dos Santos Carvalho Filho[11] doutrina que "a falta do serviço podia consumar-se de três maneiras: a inexistência do serviço, o mau funcionamento do serviço ou o retardamento do serviço. Em qualquer dessas formas, a falta do serviço implicava o reconhecimento da existência de culpa, ainda que atribuída ao serviço da Administração. Por esse motivo, para que o lesado pudesse exercer seu direito à reparação dos prejuízos, era necessário que comprovasse que o fato danoso se originava do mau funcionamento do serviço e que, em consequência, teria o Estado atuado culposamente. Cabia-lhe, ainda, o ônus de provar o elemento culpa".

Por essa teoria, para obtenção da condenação do Estado, a vítima tem que provar:

---

9. A Justiça da França se divide em dois grandes ramos, absolutamente independentes, que são a Justiça Administrativa, composta por juízes administrativos e Cortes Administrativas de Apelação e que tem na cúpula o Conselho de Estado, e a Justiça Judiciária, integrada em primeira instância por tribunais de instância e por tribunais de grande instância, tendo as Cortes de Apelação como órgãos recursais ordinários e a Corte de Cassação como órgão de cúpula. Para resolver os conflitos de jurisdição entre elas, existe o Tribunal de Conflitos.

10. A questão está vinculada, aliás, à própria autonomia do direito administrativo dentro da ciência jurídica, visto que a decisão importou no reconhecimento de que as relações da administração para com os administrados não poderiam ser regidas pelo Código Napoleão. Nesse sentido, CRETELLA JUNIOR, J. Os cânones do direito administrativo. *Revista de Informação Legislativa*, ano 25, n. 97, jan.-mar. 1988.

11. CARVALHO FILHO, José dos Santos. *Manual de direito administrativo*. 18. ed. Rio de Janeiro: Lumen Juris, 2007. p. 489.

- *o fato administrativo:* uma omissão do poder estatal, que pode ser por falha na prestação de um serviço ou pela realização tardia do serviço;
- *dano:* o prejuízo experimentado em razão da omissão estatal;
- *nexo causal:* que o dano foi decorrente de uma omissão do Estado e que, se ele tivesse agido, como deveria e poderia agir, o dano seria evitado.

Por outras palavras: *a vítima não precisava mais individualizar o agente (pessoa) que foi responsável pela omissão. A culpa é do serviço, da atividade, e não do agente.*

15.3.5. Teoria do risco administrativo

O próximo passo de evolução da teoria, hoje predominantemente adotada, foi o de se atribuir responsabilidade objetiva ao Estado pelos danos causados por seus agentes. Partia-se dos mesmos pressupostos: o Estado atua em diversas áreas e propicia um risco de dano a terceiros muito maior do que aquele que é propiciado pelos particulares entre si. Daí o nascimento da teoria do risco administrativo, de forma que, para obtenção da condenação do Estado, basta à vítima provar a conduta do Estado, o dano e um nexo de causalidade entre a conduta e o dano.

Nas palavras de Celso Antônio Bandeira de Mello[12], "o Estado detém o monopólio da força. É ele quem dita os termos de sua presença na coletividade, sem que os administrados possam esquivar-se. O Estado frui do poder de intervir unilateralmente na esfera jurídica de terceiros. O Estado tem o dever de praticar atos em benefício de todos, os quais, todavia, podem gravar especialmente a algum ou alguns dos membros da coletividade. Por tudo isso, não há cogitar de culpa, dolo ou infração ao Direito quando comportamento estatal comissivo gera, produz ou causa dano a alguém".

Em arremate, José dos Santos Carvalho Filho[13] entende que, "por ser mais poderoso, o Estado teria que arcar com um risco natural decorrente de suas numerosas atividades. À maior quantidade de poderes haveria de corresponder um risco maior. Surge, então, a teoria do risco administrativo como fundamento da responsabilidade objetiva do Estado".

15.3.6. Teoria do risco integral

Segundo esta teoria, a atividade do Estado coloca a coletividade em um perigo bem acima do normal e, por isso, ele assume totalmente o risco (integral), caso haja dano.

Portanto, *em sendo adotada essa teoria, bastaria à vítima provar o dano ocorrido no desempenho da atividade pelo Estado.* Não é necessário provar, como na teoria do risco administrativo, o nexo de causalidade entre a conduta e o dano.

Assim, *o Estado sempre vai responder em caso de dano relacionado à atividade*, não cabendo, no caso, as excludentes de nexo causal (responsabilidade), até porque não precisa provar esse elemento para a responsabilização.

---

12. *Curso de direito administrativo.* 25. ed. São Paulo: Malheiros, 2008. p. 955.
13. CARVALHO FILHO, José dos Santos. *Manual de direito administrativo.* 18. ed. Rio de Janeiro: Lumen Juris, 2007. p. 490.

A sistemática de responsabilização é a mesma, ou seja, objetiva, porém não é necessário provar o elo de ligação entre a conduta e o dano, bastando este último relacionado à atividade desenvolvida pelo Estado.

Grande parcela da doutrina entende que essa teoria não tem previsão no ordenamento jurídico pátrio[14-15], outros a admitem em caso de danos nucleares e por atentado terrorista à aeronave comercial brasileira[16].

Quanto aos chamados danos nucleares, em que pesem as orientações doutrinárias de alguns, a legislação ordinária brasileira adotou a teoria do risco administrativo, visto que, embora o art. 4.º da Lei 6.453/1977 exclua expressamente a necessidade de existência do elemento culpa, a responsabilidade civil é excluída nos casos em que o dano resulta exclusivamente de culpa da vítima (art. 6.º) e nas hipóteses de acidente decorrente de conflito armado, hostilidades, guerra civil, insurreição ou excepcional fato da natureza (art. 8.º).

Essa legislação está em consonância com as disposições do art. IV da Convenção de Viena sobre Responsabilidade Civil por Danos Nucleares, em vigor no Brasil com a publicação do Decreto 911/1993, não se encontrando fundamentos jurídicos convincentes para a adoção da teoria do risco integral[17].

---

14. Este é entendimento de Hely Lopes Meirelles, que sustenta que: "A teoria do risco integral é a modalidade extremada da doutrina do risco administrativo, abandonada na prática, por conduzir ao abuso e à iniquidade social. Por essa fórmula radical, a Administração ficaria obrigada a indenizar todo e qualquer dano suportado por terceiros, ainda que resultante de culpa ou dolo da vítima. Daí por que foi acoimada de 'brutal', pelas graves consequências que haveria de produzir se aplicada na sua inteireza. *Essa teoria jamais foi acolhida entre nós*, embora haja quem tenha sustentado sua admissibilidade no texto das Constituições da República. Contestamos formalmente esse entender, que se desgarra da doutrina acolhida pelo nosso Direito e se divorcia da jurisprudência que se formou acerca do citado dispositivo constitucional, consagrador da teoria objetiva, mas sob a modalidade do risco administrativo, e não do risco integral" (*Direito administrativo brasileiro*. 35. ed. São Paulo: Malheiros, 2009. p. 658).

15. No mesmo sentido entende José dos Santos Carvalho Filho, segundo o qual: "o fato de ser o Estado sujeito à teoria da responsabilidade objetiva não vai ao extremo de lhe ser atribuído o dever de reparação de prejuízos em razão de tudo o que acontece no meio social. É essa a razão do repúdio à denominada teoria do risco integral, que, como já vimos, é injusta, absurda e inadmissível no direito moderno". (*Manual de direito administrativo*. 24. ed. Rio de Janeiro: Lumen Juris, 2011. p. 513).

16. MAZZA, Alexandre. *Manual de direito administrativo*. São Paulo: Saraiva, 2011. p. 285.

17. No mesmo sentido Diogines Gasparine, que sustenta que, em caso de dano nuclear, a responsabilidade é objetiva, porém com base na teoria do risco administrativo. Vejamos a lição do referido mestre: "o inciso XXIII do art. 21 da Constituição da República atribui à União a exploração dos serviços e instalações nucleares de qualquer natureza e o exercício, mediante monopólio, da pesquisa, da lavra, do enriquecimento, e reprocessamento, da industrialização e do comércio de minerais nucleares e seus derivados, enquanto a alínea 'c' desse inciso instituiu a responsabilidade civil por danos nucleares independentemente da existência de culpa (responsabilidade objetiva). A instituição dessa responsabilidade era desnecessária, já que a satisfação dos danos decorrentes de qualquer atividade estatal nessa área é da responsabilidade do Estado, por força do que estabelece o § 6.º do art. 37 da Lei Maior. Em razão dessa disposição autônoma de responsabilidade do Estado por danos decorrentes de qualquer atividade na área nuclear e que parece retirá-lo dos efeitos do § 6.º do art. 37 da Constituição Federal, cabe perguntar: cuida-se de responsabilidade integral? Persiste o direito de regresso contra o agente causador do dano? Se persiste, em que condições? Não se trata de submeter a União às consequências da teoria da responsabilidade integral, que determina o pagamento do prejuízo pelo só envolvimento do Poder Público, a União, no caso, no evento danoso. A teoria, como se disse, é injusta e inaplicável por dita razão. O direito de regresso

No que tange aos atos terroristas praticados em aeronaves comerciais, a matéria foi disciplinada na legislação brasileira como mera faculdade de assunção da União pelos danos a bens e pessoas, passageiros ou não, provocados por atos terroristas, atos de guerra ou eventos correlatos (art. 1.º da Lei 10.744/2003). Imprescindível, nesses casos, que o Ministro da Defesa ateste que o fato tenha decorrido de atentados terroristas, atos de guerra ou eventos correlatos (art. 3.º). O Poder Executivo pode, ainda, fixar critérios de suspensão e cancelamento da assunção prevista na lei (art. 4.º).

O Decreto 5.035/2004, por sua vez, ao regulamentar a lei, utilizou verbo em sentido de obrigatoriedade para qualificar a responsabilidade da União (assumirá), mas, ao mesmo tempo, criou diversas limitações à assunção de tal responsabilidade (vide arts. 2.º, 3.º e 4.º)[18], daí por que não encontramos fundamentos jurídicos suficientes para nos perfilharmos à doutrina que defende a teoria do risco integral em tal situação.

Em resumo gráfico:

---

contra o servidor, causador direto do dano nuclear, não só persiste como observa a exigência para sua responsabilização, conforme prescreve o § 6.º do art. 37, ou, seja, só responderá se agiu com dolo ou com culpa" (*Direito administrativo*. 14. ed. São Paulo: Saraiva, 2009. p. 1.062).

18. Destacamos o art. 2.º, que dispõe: "A assunção de que trata este Decreto poderá ser suspensa a critério do Poder Executivo a qualquer tempo, observado o prazo de sete dias a contar da data da publicação do ato".

RESPONSABILIDADE CIVIL DO ESTADO	**EVOLUÇÃO HISTÓRICA**	Irresponsabilidade	Era baseada na ideia de que o rei não errava (*the king can do no wrong*), por consequência, o Estado não era responsabilizado.	
		Teorias civilistas	Equiparava o Estado ao indivíduo. Responsabilidade subjetiva do agente público mediante culpa ou dolo e dano	
		Culpa administrativa	A obrigação de indenizar pertence ao Estado com a demonstração de 3 formas de falta do serviço	Inexistência do serviço
				Mal funcionamento
				Retardamento do serviço
			Requisitos	Falta do serviço e dano
		Teoria do risco	Risco administrativo	A obrigação de indenizar independe da falta do serviço ou da culpa do agente público
				Requisitos: Fato do administrativo; Dano; Nexo de causalidade
				Excludentes: Culpa exclusiva da vítima; Culpa de terceiros; Força maior
			Risco integral	O Estado é sempre responsabilizado ainda que a culpa seja exclusiva da vítima e não existe excludente de responsabilidade

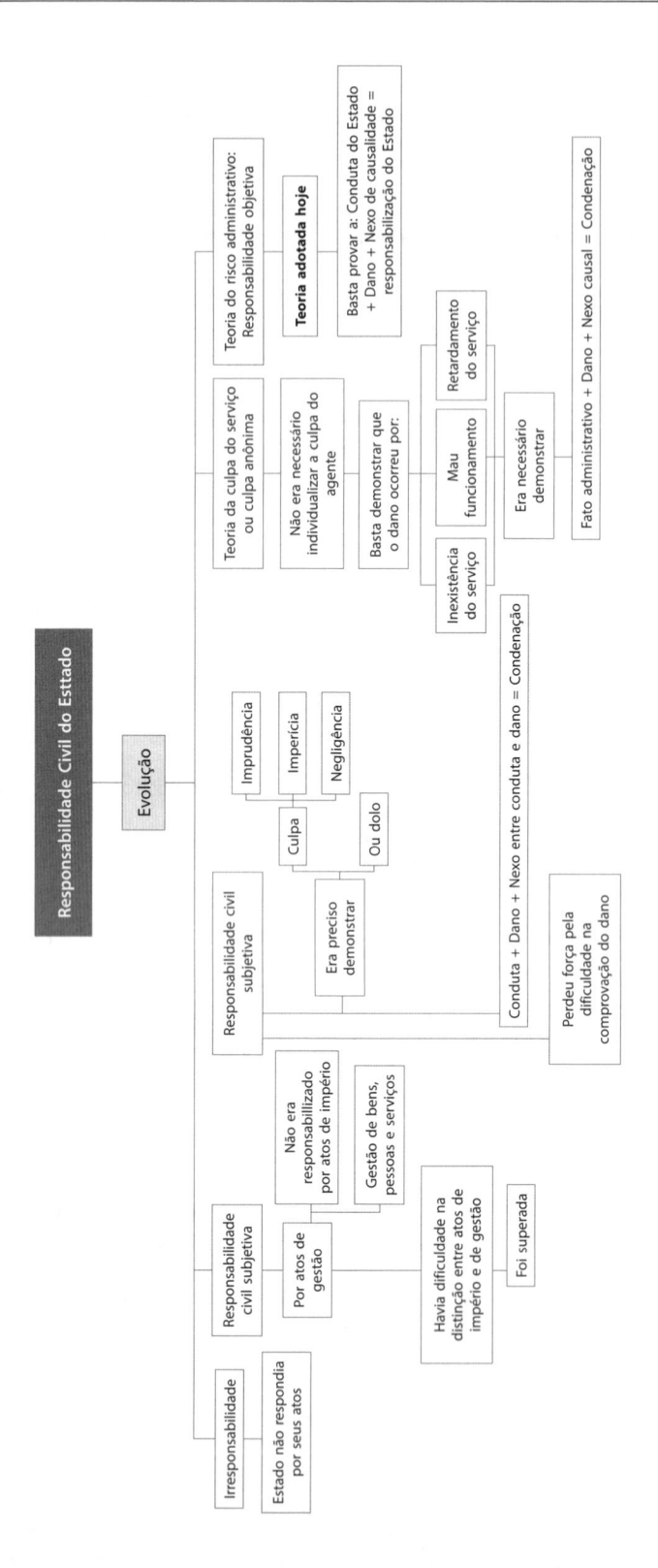

Responsabilidade Civil do Esttado

Evolução

- **Irresponsabilidade**
  - Estado não respondia por seus atos

- **Responsabilidade civil subjetiva**
  - Por atos de gestão
    - Não era responsabilizado por atos de império
    - Gestão de bens, pessoas e serviços
  - Havia dificuldade na distinção entre atos de império e de gestão
  - Foi superada

- **Responsabilidade civil subjetiva**
  - Culpa
    - Imprudência
    - Imperícia
    - Negligência
  - Ou dolo
  - Era preciso demonstrar
  - Conduta + Dano + Nexo entre conduta e dano = Condenação
  - Perdeu força pela dificuldade na comprovação do dano

- **Teoria da culpa do serviço ou culpa anônima**
  - Não era necessário individualizar a culpa do agente
  - Basta demonstrar que o dano ocorreu por:
    - Retardamento do serviço
    - Mau funcionamento
    - Inexistência do serviço
  - Era necessário demonstrar
  - Fato administrativo + Dano + Nexo causal = Condenação

- **Teoria do risco administrativo: Responsabilidade objetiva**
  - **Teoria adotada hoje**
  - Basta provar a: Conduta do Estado + Dano + Nexo de causalidade = responsabilização do Estado

15.4. A RESPONSABILIDADE CIVIL DO ESTADO NO BRASIL

O fundamento normativo da responsabilidade civil do Estado encontra-se no art. 37, § 6.º, da Constituição Federal, que possui a seguinte redação:

> *"Art. 37. A Administração Pública Direta e Indireta de qualquer dos Poderes da União, dos Estados, do Distrito Federal e dos Municípios obedecerá aos princípios de legalidade, impessoalidade, moralidade, publicidade e eficiência e, também, ao seguinte: (Redação dada pela Emenda Constitucional 19, de 04.06.1998)*
>
> *(...)*
>
> *§ 6.º As pessoas jurídicas de direito público e as de direito privado prestadoras de serviços públicos responderão pelos danos que seus agentes, nessa qualidade, causarem a terceiros, assegurado o direito de regresso contra o responsável nos casos de dolo ou culpa".*

15.5. EVOLUÇÃO DA RESPONSABILIDADE CIVIL DO ESTADO NAS CONSTITUIÇÕES BRASILEIRAS

A responsabilização civil do Estado no ordenamento pátrio é fruto de uma significativa evolução, que obedeceu às tendências de diversos ordenamentos jurídicos.

As Constituições de 1824[19-20] e 1891[21] não abarcaram a responsabilidade do Estado e previam apenas a responsabilidade do funcionário público pelos atos abusivos que praticavam, ficando a cargo das leis ordinárias e da jurisprudência o entendimento pela responsabilidade solidária dos funcionários e do Estado.

A responsabilidade civil foi mais bem elucidada pelo Código Civil de 1916, ao prever no art. 15 que "as pessoas jurídicas de direito público são civilmente responsáveis por atos de seus representantes que nessa qualidade causem dano a terceiros, procedendo de modo contrário ao direito ou faltando a dever prescrito por lei, salvo direito regressivo contra os causadores do dano".

O entendimento causou polêmica na época, pois a expressão "procedendo de modo contrário ao direito ou faltando a dever prescrito por lei" parecia exprimir que, para haver responsabilização do Estado, a conduta administrativa teria que ser revestida de culpa, não podendo a Administração ser responsabilizada por atos lícitos, mesmo que ocasionasse dano a terceiros.

Já a Constituição de 1934 manteve a teoria da culpa, mas trouxe no art. 171 um novo instituto: a responsabilidade solidária entre o Estado e o funcionário, estabelecendo que "os funcionários públicos são responsáveis solidariamente com a Fazenda Nacional, Estadual

---

19. Segundo o art. 99 da referida Constituição, o imperador era irresponsável pelos seus atos. Veja-se: "Art. 99. A Pessoa do Imperador é inviolável, e Sagrada: Ele não está sujeito a responsabilidade alguma".

20. Segundo o art. 156 da referida Constituição, todos os Juízes de Direito e os Oficiais de Justiça são responsáveis pelos abusos de poder e prevaricações que cometerem no exercício de seus empregos; essa responsabilidade se fará efetiva por Lei regulamentar.

21. Veja o que reza o § 9.º do art. 72 da referida Constituição: "§ 9.º É permitido a quem quer que seja representar, mediante petição, aos poderes públicos, denunciar abusos das autoridades e promover a responsabilidade dos culpados".

ou Municipal, por quaisquer prejuízos decorrentes de negligência, omissão ou abuso no exercício dos seus cargos".

A Constituição de 1937 não trouxe nenhuma inovação, *já a de 1946, por sua vez, trouxe mudança significativa ao adotar a teoria da responsabilidade objetiva no art. 194, prevendo que* "as pessoas jurídicas de direito público interno são civilmente responsáveis pelos danos que seus funcionários, nessa qualidade, causem a terceiros", e ainda previa a ação regressiva no caso de culpa do funcionário, no parágrafo único do referido artigo, nos seguintes termos: "caber-lhes-á ação regressiva contra os funcionários causadores do dano, quando tiver havido culpa deles".

O *caput* do artigo supratranscrito trouxe grande inovação, *pois inseriu no ordenamento a responsabilidade objetiva do Estado*, já que não fazia referência aos elementos da culpa civil, mantendo, contudo, a teoria subjetiva no parágrafo único, ao fazer referência à culpa do funcionário para cabimento de ação regressiva.

As disposições foram mantidas no art. 105 da *Constituição de 1967*, acrescentando a necessidade de culpa *ou dolo* no direito de regresso contra funcionário, o que foi mantido pela Emenda Constitucional 1, de 1969.

A Constituição de 1988 inovou ao inserir no bojo da responsabilidade objetiva as pessoas de direito privado prestadoras de serviços públicos, até então não mencionadas. Assim, o art. 37, § 6.º, vigora com a seguinte redação: "as pessoas jurídicas de direito público e as de direito privado prestadoras de serviços públicos responderão pelos danos que seus agentes, nessa qualidade, causarem a terceiros, assegurado o direito de regresso contra o responsável nos casos de dolo ou culpa".

Em adaptação à Constituição da República, o Código Civil de 2002 traz no art. 43 que "as pessoas jurídicas de direito público interno são civilmente responsáveis por atos dos seus agentes que nessa qualidade causem danos a terceiros, ressalvado direito regressivo contra os causadores do dano, se houver, por parte destes, culpa ou dolo".

Perceba-se que o atual Código Civil não inseriu no bojo do artigo acima transcrito as pessoas de direito privado prestadoras de serviço público, equívoco esse decorrente do fato de o projeto do Código Civil ser anterior à promulgação da CF/1988, porém, prevalece o previsto na Carta Magna.

15.6. FUNDAMENTOS DA RESPONSABILIDADE CIVIL DO ESTADO

Podemos resumir os fundamentos da responsabilidade civil em dois: *princípio da legalidade e princípio da isonomia*.

O primeiro, *princípio da legalidade, desponta como fundamento para a responsabilidade civil por atos ilícitos*. Praticado o ato ilícito, haverá o dever de reparação do dano como meio de restabelecimento da ordem jurídica.

Já a isonomia, por sua vez, fundamenta tanto a responsabilidade civil do Estado por atos lícitos quanto dá suporte à reparação de danos decorrentes de atos ilícitos.

Isso porque todas as atividades estatais são voltadas à satisfação dos interesses da coletividade, de forma que, se porventura o Estado causar danos a terceiros, esse prejuízo deve ser repartido de forma igualitária entre todos os membros da sociedade.

Nesse sentido, Celso Antônio Bandeira de Mello[22] doutrina que o princípio da isonomia estaria a exigir reparação em prol de quem foi lesado a fim de que se satisfizesse o interesse da coletividade. Quem aufere os cômodos, deve suportar os correlatos ônus. Se a sociedade, encarnada juridicamente no Estado, colhe os proveitos, há de arcar com os gravames econômicos que infligiu a alguns para o benefício de todos.

15.7. TIPOS DE RESPONSABILIDADE

A responsabilidade civil do Estado está ligada ao dever de este reparar os danos causados a terceiros por ação ou omissão, lícita ou ilícita, praticados por seus agentes.

Ocorre que a sistemática de responsabilização do Estado pode variar conforme o caso. Há hipóteses em que, para a condenação do Estado, basta a comprovação de que houve uma conduta, um dano e o correspondente nexo de causalidade entre a conduta e o dano. *Nesse caso, como não se perquire a culpa do agente, a sistemática de responsabilização é objetiva.*

Há outros casos, *todavia, em que a condenação do Estado depende da demonstração da culpa na prestação das atividades, especialmente, nas hipóteses de omissão, sendo, nesse caso, subjetiva a responsabilidade.*

Portanto, o ordenamento pátrio alberga tanto a sistemática da responsabilidade objetiva quanto a da responsabilidade subjetiva do Estado.

15.7.1. Responsabilidade objetiva

A responsabilidade civil objetiva do Estado é a regra em nosso ordenamento jurídico. Aqui, a vítima, ao ingressar com a ação em face do Estado, não precisará demonstrar a culpa ou dolo do agente, bastando provar a conduta, o dano e o nexo de causalidade entre ambos.

A jurisprudência pátria, balizada na mais autorizada doutrina sobre o tema, em especial nas lições de Oswaldo Aranha Bandeira de Mello e seu filho, Celso Antônio Bandeira de Mello, difere, para fins de responsabilização objetiva, se o dano é decorrente de ação ou omissão do Estado.

O entendimento majoritário, seja na doutrina ou na jurisprudência, *é de que a responsabilidade civil objetiva é cabível apenas por danos decorrentes de condutas positivas do Estado*, ou seja, ação, não sendo, portanto, a sistemática aplicada para danos que decorrem de omissão estatal[23].

Isso porque a *omissão, para ser relevante para o direito e justificar a responsabilidade estatal, deve ser necessariamente culposa*, e, por isso, ilícita, devendo ficar provado que o Estado poderia e deveria agir, porém não agiu, razão esta que ensejou a ocorrência do dano.

---

22. *Curso de direito administrativo*. 25. ed. São Paulo: Malheiros, 2008. p. 955.
23. Há apenas uma exceção que está prevista no Código de Trânsito Brasileiro (Lei 9.503/1997), em que seu art. 1.º, § 3.º, enuncia que "os órgãos e entidades componentes do Sistema Nacional de Trânsito respondem, no âmbito das respectivas competências, objetivamente, por danos causados aos cidadãos em virtude de ação, *omissão* ou erro na execução e manutenção de programas, projetos e serviços que garantam o exercício do direito do trânsito seguro".

Vejamos um *exemplo* para facilitar a compreensão.

Imaginemos um caso em que uma família liga para a polícia e solicita que uma viatura ronde sua casa em razão da iminência de um assalto. Vinte minutos depois, retorna a ligação, pois a viatura ainda não tinha chegado e agora, mais do que nunca, o ingresso na casa pelos marginais iria ocorrer em poucos minutos. Mais uma vez a polícia não chega. O assalto é consumado e a família é roubada. Duas horas depois, ou seja, bem após o evento danoso, chega a viatura policial.

Nesse caso, haverá responsabilidade estatal. Isso porque o Estado tinha conhecimento da situação, tinha o dever de fiscalizar e evitar o assalto, porém foi omisso (ilegalmente) no cumprimento de seu dever, despontando essa *omissão como condição para que o dano ocorresse*.

Seria diferente o resultado dessa história se a família, ao chegar em sua residência, encontrasse seu lar furtado. Nesse caso, não tinha como o Estado prever o assalto e, por isso, não tinha como evitar, motivo pelo qual não pode ser responsabilizado. Que fique claro: *o Estado apenas responderá por omissão nas hipóteses em que deveria agir, poderia agir, porém não agiu ou agiu de forma defeituosa, por isso, de forma ilícita, e dessa omissão decorreu o dano*.

Como a vítima deve demonstrar esse fato e a condenação do Estado depende realmente de ele não ter agido quando devia e podia atuar, não há como aplicar a responsabilidade objetiva, sob pena de transformar o Estado em um segurador universal, pois impossível prever todos os danos que poderia ter impedido.

Por exemplo, seria o caso, em um assalto, de os policiais tomarem todas as providências possíveis, atuarem com cautela junto aos assaltantes e, mesmo assim, um refém restar ferido por um bandido. Nesse caso, se a vítima ingressar com a ação e o Estado provar que tomou todas as cautelas para evitar o dano, não tendo conseguido seu intento, não haverá nexo de causalidade entre a omissão e o dano e, por isso, ele não poderá ser responsabilizado.

15.7.1.1. Quais situações ensejam responsabilidade objetiva do Estado pela óptica do Direito Administrativo?

Essa é uma questão interessante que deve ser analisada. Em primeiro lugar, foi verificado que os danos decorrentes de ação do Estado geram responsabilidade objetiva deste, quando não presente alguma excludente de ilicitude, na verdade, de nexo de causalidade.

Ocorre que essa ação pode ser imediata ou mediata. No caso de um policial que, em busca frenética a um marginal, atira inúmeras vezes e acaba por acertar um pedestre, tem-se que o dano decorre de ação imediata, sendo a primeira hipótese de responsabilização objetiva. Trata-se de *teoria do risco administrativo*.

Todavia, *é possível que a ação do Estado, por outras palavras, sua atuação, seja mediata, que é o que se passa quando o dano decorre da guarda de coisas e pessoas perigosas*.

Poderia se imaginar, em uma primeira e rápida análise, que, se um depósito de explosivos do Exército pega fogo e explode e isso causa danos às moradias vizinhas, ter-se-ia um caso de responsabilidade civil subjetiva por omissão do Estado por não ter preservado a contento os explosivos.

Ocorre que não é essa a interpretação correta e aceita majoritariamente. No caso, o Estado atuou de *forma mediata* no momento em que escolheu o local para a instalação do referido depósito, sendo aí sua conduta positiva. Por expor essa vizinhança a um risco muito maior de que os demais moradores que residem a uma distância maior, o Estado assume a responsabilidade objetivamente se essa situação propiciadora de dano efetivamente causar prejuízos a terceiros. Trata-se da *teoria do risco suscitado*[24].

Essa teoria aplica-se tanto no caso de guarda de coisas perigosas, que foi o do exemplo visto acima, como na hipótese de guarda de pessoas perigosas. O exemplo ideal é a responsabilidade estatal por morte de detentos por outros condenados. Ou até mesmo quando um detento foge e causa dano a proprietário que residia na vizinhança do presídio, pois este último está em situação ensejadora de dano muito superior aos demais munícipes[25].

O interessante é que a responsabilização vai mudando conforme a dinâmica da situação!

Se o referido foragido não causa dano a nenhuma propriedade vizinha, porém no mesmo dia da fuga, e ainda com os policiais ao seu encalço, causa dano a um cidadão em uma cidade vizinha a 50 quilômetros do presídio, nesse caso não se trata mais de responsabilidade objetiva, *transmudando-a para subjetiva por culpa do serviço*, pois houve omissão do Estado na fiscalização da prisão e, como decorrência da fuga, houve o dano gerado no mesmo dia.

Agora, imaginemos que o referido foragido não foi encontrado e um ano depois é preso por um assassinato praticado em outro Estado. Nesse caso, haveria responsabilização estatal? *Alguns entendem que, como não existe mais qualquer nexo de causalidade entre qualquer ação ou omissão do Estado e o dano gerado, não haverá possibilidade de responsabilização estatal.*[26] Outros entendem que, se o preso não estivesse foragido, mesmo

---

24. Segundo Celso Antônio Bandeira de Mello, "os danos causados pelo Estado resultam de comportamentos produzidos a título de desempenhar missões no interesse de toda a Sociedade, não sendo equânime, portanto, que apenas alguns arquem com os prejuízos suscitados por ocasião de atividades exercidas em proveito de todos" (*Curso de direito administrativo*. 29. ed. São Paulo: Malheiros, 2012. p. 1.014).

25. Nesse ponto, vale a pena trazer à tona as lições do mestre Celso Antônio Bandeira de Mello: "Há determinados casos em que a ação danosa, propriamente dita, não é efetuada por agente do Estado, contudo é o Estado quem produz a situação da qual o dano depende. Vale dizer: são hipóteses nas quais é o Poder Público quem constitui, por ato comissivo seu, os fatores que propiciarão decisivamente a emergência de dano.Tais casos, a nosso ver, assimilam-se aos de danos produzidos pela própria ação do Estado e por isso ensejam, tanto quanto estes, a aplicação do princípio da responsabilidade objetiva.Com efeito, nas hipóteses ora cogitadas, uma atuação positiva do Estado, sem ser a geradora imediata do dano, entra decisivamente em sua linha de causação. O caso mais comum, embora não único (como adiante se verá), é o que deriva da guarda, pelo Estado, de pessoas ou coisas perigosas, em face de que o Poder Público expõe terceiros a risco. Servem de exemplos o assassinato de um presidiário por outro presidiário; os danos nas vizinhanças oriundos de explosão em depósito militar em decorrência de um raio; lesões radioativas oriundas de vazamento em central nuclear cujo equipamento protetor derrocou por avalancha ou qualquer outro fenômeno da natureza etc.Com efeito, em todos estes casos o dano liga-se, embora mediatamente, a um comportamento positivo do Estado. Sua atuação é o termo inicial de um desdobramento que desemboca no evento lesivo, incindivelmente ligado aos antecedentes criados pelo Estado" (*Curso de direito administrativo*. 29. ed. São Paulo: Malheiros, 2012. p. 1.034).

26. Nesse sentido, registre-se decisão do STJ no REsp 669.258, veiculado no Informativo 311, em que se lê que: "Trata-se de ação indenizatória na qual se busca a responsabilidade civil do Estado em razão do dano causado por pessoa que, no momento do acidente de trânsito, deveria estar reclusa, sob custódia do Estado. No caso, um apenado dirigia na contramão quando atingiu uma motocicleta, fe-

havendo um ano da fuga, se nesse período ele ainda tivesse que estar cumprindo pena, há responsabilidade estatal.

De todo modo, a questão está em repercussão geral no STF, conforme tema 362 publicado no informativo de repercussão geral do ano de 2013, decorrente do RE 608.880 RG/MT, cuja ementa ficou estabelecida da seguinte forma:

> "Responsabilidade civil do Estado. Dano decorrente de crime praticado por preso foragido. Possui repercussão geral a controvérsia acerca da responsabilidade civil do Estado em face de dano decorrente de crime praticado por preso foragido, haja vista a omissão no dever de vigilância por parte do ente federativo.
>
> Possui repercussão geral a controvérsia relativa à responsabilidade civil do Estado em face de dano decorrente de crime praticado por preso foragido" (RE 608.880 RG/MT, Rel. Min. Marco Aurélio, j. 04.02.2011, DJe 18.09.2013).

15.7.1.2. Responsabilidade civil pelo "fato da obra"

Quanto à responsabilidade por *fato da obra*, José dos Santos Carvalho Filho[27] explica que a "primeira hipótese é aquela em que o dano é provocado pelo só fato da obra. Por alguma razão natural ou imprevisível, e sem que tenha havido culpa de alguém, a obra pública causa dano ao particular. Se tal ocorrer, dar-se-á a responsabilidade objetiva do Estado, independentemente de quem esteja executando a obra, eis que presentes todos os pressupostos para sua configuração. Ainda que não se possa caracterizar de ilícita a atividade estatal, a responsabilidade decorre da própria teoria do risco administrativo".

A ideia é: *a obra é pública, do Estado, apenas está sendo executada por terceiros. Por isso, em caso de dano decorrente da obra em si e não de sua execução, há os pressupostos caracterizadores da responsabilidade objetiva do Estado.*

---

rindo, gravemente, o motociclista e seu carona. O condutor do veículo deveria estar recluso naquele momento, pois cumpria pena em prisão-albergue, em progressão de pena privativa de liberdade e só não estava recolhido em razão de os agentes estatais possibilitarem que dormisse fora. *A Turma, por maioria, entendeu que o Estado não pode ser responsabilizado, pois, na espécie, o ato estatal que permitiu ao albergado sair de sua custódia, por si só, não é causa adequada para a ocorrência do dano, inexistindo, então, nexo de causalidade entre a omissão dos agentes públicos e o dano causado ao ora recorrente. Logo, por maioria, conheceu parcialmente do recurso e, nessa parte, negou-lhe provimento"* (Rel. Min. Humberto Martins, j. 27.02.2007). No mesmo sentido é o entendimento do STF: "Constitucional e administrativo. Agravo regimental em recurso extraordinário. Responsabilidade extracontratual do Estado. Omissão. Danos morais e materiais. Crime praticado por foragido. Art. 37, § 6.º, CF/88. Ausência de nexo causal. 1. Inexistência de nexo causal entre a fuga de apenado e o crime praticado pelo fugitivo. Precedentes. *2. A alegação de falta do serviço – faute du service, dos franceses – não dispensa o requisito da aferição do nexo de causalidade da omissão atribuída ao poder público e o dano causado.* 3. É pressuposto da responsabilidade subjetiva a existência de dolo ou culpa, em sentido estrito, em qualquer de suas modalidades – imprudência, negligência ou imperícia. 4. Agravo regimental improvido" (RE 395.942/RS, 2.ª T., Rel. Min. Ellen Gracie, *DJe* 27.02.2009). Ainda, *"Responsabilidade civil do Estado. Art. 37, § 6.º, da Constituição Federal. Latrocínio praticado por preso foragido, meses depois da fuga. Fora dos parâmetros da causalidade não é possível impor ao Poder Público uma responsabilidade* ressarcitória sob o argumento de falha no sistema de segurança dos presos. Precedente da Primeira Turma: RE 130.764, Relator Ministro Moreira Alves. Recurso extraordinário não conhecido" (RE 172.025, 1.ª T., Rel. Min. Ilmar Galvão, *DJ* 19.12.1996).

27. *Manual de direito administrativo*. 24. ed. Rio de Janeiro: Lumen Juris, 2011. p. 513 e 502.

Atenção! Quando o dano é causado pela empresa contratada para executar a obra, cabe a ela responder pelos danos causados a terceiros. A responsabilidade é subjetiva, porém o Estado pode ser responsabilizado subsidiariamente.

Atenção! Se o dano for causado por uma agente do Estado na execução da obra, não mais se tratará de "fato da obra", que, na verdade, é um fato administrativo gerando danos. Nesse caso, cuidado! Se o dano for causado em obra da União, Estados, Municípios, Distrito Federal, Autarquia, Fundações Públicas de Direito Público, a responsabilidade será objetiva.

Já se for causado por uma sociedade de economia mista ou empresa pública, o dano na execução da obra em si, por não ser serviço público, gerará responsabilidade, porém pela sistemática subjetiva.

15.7.1.3. Responsabilidade objetiva e socialização dos riscos

Na teoria do risco social ou socialização dos riscos, a responsabilidade deixa de ser centrada no sujeito responsável pelo dano e volta-se para a vítima e para a reparação do dano sofrido por ela, para que a pessoa lesada não deixe de receber a justa reparação do dano.

Ou seja, o foco é retirado do autor do ato ilícito e passa para a vítima do dano. Dessa forma, o dano deixa de ser somente contra a vítima e volta-se contra a própria coletividade, passando a ser um problema de toda a sociedade.

Exemplo clássico para alcançar a socialização do dano é o seguro obrigatório, pois nele os riscos são distribuídos entre todos os segurados.

No direito administrativo, podemos verificar a socialização dos riscos com a implantação do seguro DPVAT (Seguro de Danos Pessoais Causados por Veículos Automotores de Vias Terrestres), que é obrigatório a todos os proprietários de veículos automotores terrestres,[28] e, mais remotamente, com o seguro obrigatório de acidentes do trabalho.[29]

Na opinião de José dos Santos Carvalho Filho,[30] a referida teoria não foi acolhida pelo ordenamento pátrio.

Nas palavras do mestre, "a referida teoria, no fundo, constitui mero aspecto específico da teoria do risco integral, sendo que para alguns autores é para onde se encaminha a responsabilidade civil do Estado: seria este responsável mesmo se os danos não lhe forem imputáveis. Em nosso entender, porém, tal caráter genérico da responsabilidade poderia provocar grande insegurança jurídica e graves agressões ao erário, prejudicando em última análise os próprios contribuintes".

---

28. A matéria está disciplinada na Lei 6.194/1974. Na verdade, embora esse seja o mais conhecido, existem muitos outros "seguros obrigatórios" previstos na legislação brasileira, merecendo destaque aqueles arrolados no art. 20 do Decreto-Lei 73/1966.

29. Em sua origem, o seguro obrigatório por acidentes do trabalho tinha essa característica, em pouco ou nada diferindo dos outros seguros obrigatórios, mas, a partir da Lei 5.316/1967, passou a constituir prestação previdenciária, e o hoje chamado SAT, como disciplinado na Lei 8.212/1991, tem natureza de verdadeiro tributo.

30. *Manual de direito administrativo*. 24. ed. Rio de Janeiro: Lumen Juris, 2011. p. 504-505.

		RESPONSABILIDADE OBJETIVA DO ESTADO	
Responsabilidade civil do Estado	Responsabilidade extracontratual	Pessoa jurídica de direito público	Administração direta, autarquias e fundações públicas
		Pessoa jurídica de direito privado	Empresas públicas prestadoras de serviço público, sociedades de economia mista prestadoras de serviço público, fundações públicas de direito privado que prestem serviços públicos e Delegatórios de serviços públicos (concessionárias, permissionárias e autorizadas)
		A responsabilização do Estado abrange danos aos usuários do serviço público e também aos terceiros não usuários	

15.8. EXTRATO DOS INFORMATIVOS E OUTROS JULGADOS DO SUPERIOR TRIBUNAL DE JUSTIÇA E DO SUPREMO TRIBUNAL FEDERAL APLICANDO A TEORIA DO RISCO ADMINISTRATIVO

15.8.1. Responsabilidade objetiva do Estado no caso de suicídio de detento – Informativo 520 STJ

O entendimento é de que não há que perquirir eventual culpa da Administração, pois a responsabilidade estatal pela integridade dos presidiários é objetiva em face dos riscos inerentes ao meio no qual foram inseridos pelo próprio Estado, cabendo pagamento de pensão e indenização por danos morais (AgRg no REsp 1.305.259/SC, 2.ª T., Rel. Min. Mauro Campbell Marques, j. 02.04.2013).

15.8.2. Morte de detento em estabelecimento prisional – Informativo 401 STJ e 819 STF

O entendimento é de que a responsabilidade civil do Estado, nos casos de morte de pessoas custodiadas, é objetiva (REsp 1.054.443/MT, 2.ª T., Rel. Min. Castro Meira, j. 04.08.2009). A principal discussão do recurso, no entanto, dizia respeito à legitimidade ativa *ad causam*.

Ainda, em repercussão geral, o STF decidiu que "é dever do Estado e direito subjetivo do preso que a execução da pena se dê de forma humanizada, garantindo-se os direitos fundamentais do detento, e o de ter preservada a sua incolumidade física e moral (art. 5º, XLIX, da Constituição Federal). O dever constitucional de proteção ao detento somente se considera violado quando possível a atuação estatal no sentido de garantir seus direitos fundamentais, pressuposto inafastável para a configuração da responsabilidade civil objetiva estatal, na forma do art. 37, § 6º, da Constituição Federal. *Ad impossibilia nemo tenetur, por isso que, nos casos em que não é possível ao Estado agir para evitar a morte do detento (que ocorreria mesmo que o preso estivesse em liberdade), rompe-se o nexo de causalidade, afastando-se a responsabilidade do Poder Público, sob pena de adotar-se contra legem e a opinio doctorum a teoria do risco integral, ao arrepio do texto constitucional.* A morte do detento pode ocorrer por várias causas, como, v. g., homicídio, suicídio, acidente ou morte natural, sendo que nem sempre será possível ao Estado evitá-la, por mais que adote as precauções exigíveis. A responsabilidade civil estatal resta conjurada nas hipóteses em que o Poder Público comprova causa impeditiva da sua atuação protetiva do detento, rompendo o nexo de causalidade da sua omissão com o resultado danoso. Repercussão geral constitucional que assenta a tese de que: **em caso de inobservância do seu dever específico de proteção previsto no art. 5º, XLIX, da Constituição Federal, o Estado é responsável pela morte do detento**. *In casu*, o Tribunal *a quo* assentou que inocorreu a comprovação do suicídio do detento, nem outra causa capaz de romper o nexo de causalidade da sua omissão com óbito ocorrido, restando escorreita a decisão impositiva de responsabilidade civil estatal. (RE 841.526/RS, Rel. Min. Luiz Fux, julgado em 30/3/2016).

ATENÇÃO: no mesmo julgado foi prevista uma exceção à regra, ou seja, caso haja impossibilidade de o Estado agir para evitar a morte do detento. Aqui, rompe-se o nexo de causalidade e exclui-se a responsabilidade estatal.

> *"...nos casos em que não é possível ao Estado agir para evitar a morte do detento (que ocorreria mesmo que o preso estivesse em liberdade), rompe-se o nexo de causalidade, afastando-se a responsabilidade do Poder Público, sob pena de adotar-se contra legem e a opinio doctorum a teoria do risco integral, ao arrepio do texto constitucional. A morte do detento pode ocorrer por várias causas, como, v. g., homicídio, suicídio, acidente ou morte natural, sendo que nem sempre será possível ao Estado evitá-la, por mais que adote as precauções exigíveis. A responsabilidade civil estatal resta conjurada nas hipóteses em que o Poder Público comprova causa impeditiva da sua atuação protetiva do detento, rompendo o nexo de causalidade da sua omissão com o resultado danoso. (RE 841.526/RS, Rel. Min. Luiz Fux, julgado em 30/3/2016).*

15.8.3. Preso em presídio em condições precárias/degradantes e dano moral – Informativo 376 STJ e 854 STF

Detento cumprindo prisão ordenada pela Justiça ajuizou ação de indenização contra Estado-membro por sua manutenção em unidade prisional sem condições mínimas.

Para o Min. Teori Albino Zavascki (tese vencedora), duas premissas são importantes no julgamento desse recurso. A primeira: não está em questão o exame das condições do sistema carcerário brasileiro, mas apenas um específico estabelecimento prisional, em "estado caótico", tal como reconhecido no acórdão recorrido; a segunda: não se negou a ocorrência do dano moral, mas apenas a responsabilidade civil do Estado pela respectiva indenização. Observa que, estabelecidas essas premissas, não há como deixar de dar provimento ao recurso, e o princípio da reserva do possível, que, nos votos vencidos, teria o significado da insuficiência de recursos financeiros, não pode ser invocado, numa dimensão reducionista, nas situações como as do caso concreto. Ressalta que o dever de ressarcir danos, inclusive morais, efetivamente causados por ato dos agentes estatais ou pela sua inadequada prestação de serviços públicos, decorre do art. 37, § 6.º, da CF/1988, dispositivo autoaplicável. Assim, ocorrendo o dano e estabelecido o nexo causal com a atuação da Administração ou dos seus agentes, nasce a responsabilidade civil do Estado e, nesses casos, o dever de ressarcir (REsp 1.051.023/RJ, 1.ª T., Rel. Min. Francisco Falcão, Rel. p/ acórdão Min. Teori Zavascki, j. 11.11.2008).

Mais recentemente, agora julgado em âmbito de repercussão geral, o STF, considerando que é dever do Estado, imposto pelo sistema normativo, manter em seus presídios os padrões mínimos de humanidade previstos no ordenamento jurídico, é de sua responsabilidade, nos termos do art. 37, § 6º, da Constituição, a obrigação de ressarcir os danos, inclusive morais, comprovadamente causados aos detentos em decorrência da falta ou insuficiência das condições legais de encarceramento. Estaria caracterizado o dano moral porque, após laudo de vigilância sanitária no presídio e decorrido lapso temporal, não teriam sido sanados os problemas de superlotação e de falta de condições mínimas de saúde e de higiene do estabelecimento penal. Além disso, não sendo assegurado o mínimo existencial, seria inaplicável a teoria da reserva do possível. (RE 580.252, rel. p/ o ac. min. Gilmar Mendes, j. 16-2-2017)

15.8.4. Indenização por danos morais por estupro praticado por policiais militares - Informativo 362 STJ

O Estado foi condenado a pagamento de indenização por danos morais decorrentes de estupro praticado por policiais militares (REsp 910.256/CE, 2.ª T., Rel. Min. Castro Meira, j. 05.08.2008).

15.8.5. Indenização por demissão de servidora de autarquia após descobrir ser portadora do vírus HIV - Informativo 364 STJ

O Estado foi condenado a pagamento de dano moral à portadora do vírus HIV que, pouco depois de descobrir, em exame pré-natal, que o contraíra, foi demitida pela autarquia estadual, sua empregadora (REsp 1.049.189/SP, 3.ª T., Rel. Min. Nancy Andrighi, j. 21.08.2008).

15.8.6. Indenização por morte de detento em carceragem estatal - Informativo 336 STJ

O Estado foi condenado, com base na responsabilidade objetiva, em razão da morte de detento ocorrida dentro das dependências da carceragem estatal (REsp 944.884/RS, 1.ª T., Rel. originário Min. Francisco Falcão, Rel. p/ acórdão Min. Luiz Fux, j. 18.10.2007).

15.8.7. Responsabilidade civil por suicídio de militar nas dependências do Exército - Informativo 397 STJ

A turma reconheceu o nexo causal entre a morte do militar e a ação suicida, pois havia conhecimento de que o militar estava deprimido e, por culpa da Administração – que deveria exercer maior vigilância –, ele teve acesso ao armamento da corporação, colocando em risco não apenas a sua existência, mas a de terceiros também (REsp 1.014.520/DF, 1.ª T., Rel. Min. Francisco Falcão, j. 02.06.2009, *DJe* 01.07.2009).

15.8.8. Danos morais e materiais por transfusão de sangue infectado com o vírus do HIV que ocasionou morte do paciente – Informativo 392 STJ

Reconhecida a responsabilidade no ato ilícito que consistiu na ausência de controle de qualidade do sangue utilizado em transfusão que contaminou com o vírus HIV e levou a óbito o filho dos autores, condenando solidariamente a União, o Estado-membro, os serviços de hemoterapia, o município e o hospital, por se tratar de responsabilidade objetiva (REsp 1.033.844/SC, 1.ª T., Rel. Min. Luiz Fux, j. 28.04.2009, *DJe* 20.05.2009).

15.8.9. Pensão e dano moral por acidente de trânsito causado por veículo do Exército que resultou em morte dos pais do menor de apenas 3 anos de idade – Informativo 318 STJ

Houve condenação da União, aplicando a teoria do risco administrativo, a reparar os danos sofridos pelo menor em tenra idade por acidente causado por militar, conduzindo veículo do Exército em uso particular autorizado pela unidade em que servia, ressalvada a possibilidade de, via denunciação à lide, a União cobrar do servidor os prejuízos (REsp 866.450/RS, 2.ª T., Rel. Min. Herman Benjamin, j. 24.04.2007, *DJe* 07.03.2008).

15.8.10. Responsabilidade solidária de empresa vinculada à Secretaria Municipal de Transporte e o Município do Rio de Janeiro – Informativo 265 STJ

Entendeu que a responsabilidade da empresa e do Município é solidária para responder pelos danos causados ao motorista que, autorizado a colocar seu veículo em estacionamento público, efetua o pagamento que lhe é cobrado e ainda assim tem seu veículo multado e rebocado (REsp 746.555/RJ, 1.ª T., Rel. Min. Francisco Falcão, j. 18.10.2005).

15.8.11. Indenização por nomeação tardia

O STF firmou a tese em repercussão geral que "na hipótese de posse em cargo público determinada por decisão judicial, o servidor não faz jus a indenização, sob fundamento de que deveria ter sido investido em momento anterior, **salvo situação de arbitrariedade flagrante**". (RE 724.347, rel. p/ o ac. min. Roberto Barroso, j. 26-2-2015, P, DJE de 13-5-2015)

Recentemente o Superior Tribunal de Justiça entendeu ser caso de situação de arbitrariedade flagrante a não nomeação de candidato aprovado dentro número de vagas ofertadas no edital.

Vejamos a referida decisão:

RECURSO ESPECIAL. VIOLAÇÃO DO ART. 535 DO CPC/1973. NÃO OCORRÊNCIA. RESPONSABILIDADE CIVIL. REQUISITOS. REVISÃO. IMPOSSIBILIDADE. NECESSIDADE DE REEXAME DE PROVAS E FATOS. SÚMULA 7/STJ. NOMEAÇÃO TARDIA. DANO MORAL. EXORBITÂNCIA DO QUANTUM. MINORAÇÃO. NECESSIDADE. RECURSO ESPECIAL PARCIALMENTE CONHECIDO E PROVIDO. DECISÃO Trata-se de recurso especial interposto pela União, com fundamento no artigo 105, III, a, da Constituição Federal, contra acórdão do Tribunal Regional Federal da 4ª Região, assim ementado (fl. 109): ADMINISTRATIVO. CONCURSO PÚBLICO – CARGO TEMPORÁRIO. CLASSIFICAÇÃO DENTRO DAS VAGAS OFERTADAS. DIREITO À NOMEAÇÃO DOS CANDIDATOS APROVADOS. INDENIZAÇÃO

POR DANO MATERIAL - INDEVIDO. INDENIZAÇÃO POR DANO MORAL - CABÍVEL PELA NÃO NOMEAÇÃO NO PRAZO. 1. Publicado o Edital que rege o concurso público, com número específico de vagas, o ato da Administração que declara os candidatos aprovados no certame cria um dever de nomeação para a própria Administração e, portanto, um direito à nomeação titularizado pelo candidato aprovado dentro desse número de vagas. 2. A jurisprudência do STJ tem se firmado no sentido de reconhecer que, quando a Administração Pública demonstra a necessidade de preenchimento dos cargos no número de vagas dispostas no edital de abertura do concurso, a mera expectativa de direito dos candidatos aprovados – antes condicionada à conveniência e à oportunidade da Administração (Súmula n. 15 do STF)- dá lugar ao direito líquido e certo à nomeação dos candidatos aprovados e classificados dentro do número de vagas oferecidas. 3. Não há falar em indenização por danos materiais na forma de recebimento dos vencimentos, já que estes são designados apenas para aqueles que efetivamente exerceram sua função pública, como disposto no artigo 40 da Lei nº 8112/9. 4. Demonstrada a ilegalidade no agir da Administração Pública em não nomear o candidato no prazo de validade do concurso, resta caracterizado o transtorno suportado pelo autor, devendo a União indenizá-lo pelos danos morais sofridos. Embargos de declaração rejeitados. Em suas razões, a parte recorrente alega, preliminarmente, violação do artigo 535, I e II, do CPC/1973, ao argumento de que a Corte local não se manifestou sobre pontos importantes para o deslinde da controvérsia, em especial acerca dos dispositivos tidos por violados. Na questão de fundo, traz ofensa aos seguintes artigos: i) 186, 884 e 927 do CC, sob o fundamento de que os requisitos para a responsabilização civil do recorrente não se fazem presentes, mormente o nexo causal; ii) 884 e 944 do CC, ao argumento de que a indenização por danos morai, fixada em R$ 100.000,00 em função de nomeação tardia, é exorbitante, devendo ser diminuída. Sem contrarrazões. Juízo positivo de admissibilidade à fl. 200. É o relatório. Passo a decidir. Inicialmente, registra-se que "[a]os recursos interpostos com fundamento no CPC/1973 (relativos a decisões publicadas até 17 de março de 2016) devem ser exigidos os requisitos de admissibilidade na forma nele prevista, com as interpretações dadas, até então, pela jurisprudência do Superior Tribunal de Justiça (Enunciado Administrativo n. 2, aprovado pelo Plenário do Superior Tribunal de Justiça em 9/3/2016)". Ainda preliminarmente, afasta-se a alegada violação do artigo 535 do CPC/1973, porquanto o acórdão recorrido, mesmo sem ter examinado individualmente cada um dos argumentos suscitados, manifestou-se, de maneira clara e fundamentada, acerca de todas as questões relevantes para a solução da controvérsia, apenas não adotando a tese defendida pelo recorrente. Quanto à tese do item i (ausência de nexo causal), a convicção a que chegou o acórdão recorrido no tocante à existência do ato ilícito e dos requisitos legais necessários à responsabilização civil decorreu da análise do conjunto fático-probatório, de forma que o acolhimento da pretensão recursal demandaria o reexame do mencionado suporte, obstando a admissibilidade do especial à luz da Súmula 7 desta Corte. No que tange à tese do item ii (minoração dos danos morais), no entanto, a irresignação merece prosperar. Compulsando-se os autos, revela-se nítido que a indenização concedida na monta de R$ 100.000,00 em função de nomeação tardia é excessiva, principalmente se considerada a jurisprudência do STJ em casos análogos. No entanto, não se pode desconsiderar a gravidade da conduta perpetrada pela Administração Pública, nos moldes do entendimento assentado pelas instâncias ordinárias, que revela ato flagrantemente contrário ao que se espera do comportamento de um gestor na realização do certame, que deveria se pautar, sobretudo, na impessoalidade e na razoabilidade. Os concursos públicos já exercem, naturalmente, uma carga de estresse e ansiedade nos candidatos, haja vista o impacto que gera em suas vidas, quadro este que se agrava quando a Administração Pública não age com respaldo no ordenamento jurídico, causando dor e sofrimento desnecessário à parte prejudicada. Assim sendo, tendo em vista a reprovabilidade do ato praticado, o porte econômico e financeiro das partes, o caráter pedagógico da reprimenda e os constrangimentos e aborrecimentos gerados ao recorrido, entendo ser cabível a minoração da indenização reconhecida para R$ 20.000,00, *quantia essa que mais se aproxima do conceito de razoabilidade e se mantém adstrita aos parâmetros legais vigentes, sem ensejar enriquecimento sem causa à parte beneficiária. A propósito: PROCESSUAL CIVIL, CIVIL E ADMINISTRATIVO. AGRAVO REGIMENTAL NO AGRAVO EM RECURSO ESPECIAL. CONCURSO PÚBLICO. NOMEAÇÃO TARDIA. DANO MATERIAL. INEXISTÊNCIA DE PREJUÍZO. DANO MORAL. PROVAS. REEXAME. PRETENSÃO. SÚMULA 7/STJ. INCIDÊNCIA. [...] 2. Não é possível, em sede de recurso especial, o reexame dos elementos fáticos constantes dos autos utilizados para a fixação dos danos morais, especialmente quando o montante não se revela exorbitante nem irrisório. Incidência da Súmula 7 desta Corte. 3. Agravo regimental a que se nega provimento. Nota: Indenização por dano moral: R$ 10.000,00 (dez mil reais). (AgRg no AREsp 344723/RJ, Segunda Turma, Rel. Ministro OG FERNANDES, DJe 11/11/2015) ADMINISTRATIVO. AGRAVO REGIMENTAL. RESPONSABILIDADE CIVIL DO ESTADO. CONCURSO PÚBLICO. NOMEAÇÃO TARDIA. INDENIZAÇÃO. DESCABIMENTO. DANOS MORAIS. MAJORAÇÃO. IMPOSSIBILIDADE. 1. "À luz do disposto no art. 37, § 6º, da Constituição, o Supremo Tribunal Federal tem entendimento de que, 'nos termos da orientação firmada nesta Corte, é indevida indenização pelo tempo em que se aguardou solução judicial definitiva sobre aprovação em concurso público' (AgRg no RE 593.373, 2ª Turma, Min. Joaquim Barbosa, DJ de 18/04/2011). Considera-se que, se a nomeação foi decorrente de sentença judicial, o retardamento não configura preterição ou ato ilegítimo da Administração Pública a justificar uma contrapartida indenizatória" (EREsp 1.117.974/RS, Corte Especial, Rel. Min. Eliana Calmon, Rel. para acórdão Min. Teori Albino Zavascki, DJe 19.12.11). 2. Os danos morais são revistos apenas quando exorbitantes ou irrisórios, o que não é o caso, em que fixados em R$ 5.000,00 (cinco mil reais), inviabilizando a pretendida majoração. 3. Agravo regimental não provido. (AgRg no REsp 1336051/PR, Segunda Turma, Rel. Ministro CASTRO MEIRA, DJe 29/11/2012) Ante o exposto, conheço parcialmente do recurso especial e, nessa extensão, dou-lhe provimento para minorar o quantum concedido pelas instâncias ordinárias a título de danos morais de R$ 100.000,00 para R$ 20.000,00, mantendo-se todos os demais termos do acórdão recorrido. Publique-se. Intimem-se. Brasília, 24 de março de 2017. (STJ – REsp: 1547412 RS 2015/0192641-5, Relator: Ministro BENEDITO GONÇALVES, Data de Publicação: DJ 24/04/2017)*

15.8.12. Morte de motociclista que se chocou com animal na pista – Informativo 413 STJ

A concessionária responde de forma objetiva pela morte do motociclista. Com esse entendimento, a Turma não conheceu do recurso da concessionária, no qual se defendia a denunciação à lide do DNER para reparação danos (REsp 573.260/RS, 4.ª T., Rel. Min. Aldir Passarinho Junior, j. 27.10.2009, DJe 09.11.2009)[31-32].

---

31. Veja a ementa do referido julgado: *"Civil e processual. Recurso especial. Acidente. Rodovia. Animais na pista. Responsabilidade objetiva. Concessionária de serviço público. Segurança. Veículos. Dever de cuidar e zelar. Denunciação à lide. Incabimento. Precedentes. Recurso especial não conhecido. I. Cabe às concessionárias de rodovia zelar pela segurança das pistas, respondendo civilmente, de consequência, por acidentes causados aos usuários em razão da presença de animais na pista. II. Denunciação à lide corretamente negada, por importar em abertura de contencioso paralelo, estranho à relação jurídica entre o usuário e a concessionária. III. Recurso especial não conhecido"* (STJ, 4.ª T., Rel. Min. Aldir Passarinho Junior, j. 27.10.2009).

32. Interessante é que existem diversas decisões recentes mantendo a responsabilidade objetiva em caso como o registrado. Em tese, ao que nos parece, seria caso de responsabilidade subjetiva por omissão, especialmente falha na fiscalização das rodovias. Veja os seguintes julgados do STF mantendo decisão nesse sentido: STF, RE 750.255/SP, Rel. Min. Dias Toffoli, j. 23.08.2013, DJe-171,

15.8.13. Lesões sofridas por militar das Forças Armadas em treinamento. Informativo 515 STJ

Não é cabível indenização por danos morais/estéticos em decorrência de lesões sofridas por militar das Forças Armadas em acidente ocorrido durante sessão de treinamento, salvo se ficar demonstrado que o militar foi submetido a condições de risco excessivo e desarrazoado. (STJ. 1ª Turma. AgRg no AREsp 29.046-RS, Rel. Min. Arnaldo Esteves Lima, julgado em 21/2/2013 (Info 515)

15.8.14. Indenização por danos morais a anistiado político – Informativo 581 STJ

O anistiado político que obteve, na via administrativa, a reparação econômica prevista na Lei nº 10.559/2002 (Lei de Anistia) não está impedido de pleitear, na esfera judicial, indenização por danos morais pelo mesmo episódio político. Inexiste vedação para a acumulação da reparação econômica com indenização por danos morais, porquanto se tratam de verbas indenizatórias com fundamentos e finalidades diversas: aquela visa à recomposição patrimonial (danos emergentes e lucros cessantes), ao passo que esta tem por escopo a tutela da integridade moral, expressão dos direitos da personalidade. (STJ. 1ª Turma. REsp 1.485.260-PR, Rel. Min. Sérgio Kukina, julgado em 5/4/2016)

15.8.15. Servidor obrigado a pedir exoneração por conta de interpretação equivocada de acumulação ilícita de cargos públicos tem direito à indenização. Informativo 530 STJ

No caso em que o servidor público foi impedido irregularmente de acumular dois cargos públicos em razão de interpretação equivocada da Administração Pública, o Estado deverá ser condenado e, na fixação do valor da indenização, não se deve aplicar o critério referente à teoria da perda da chance, e sim o da efetiva extensão do dano causado, conforme o art. 944 do CC. (STJ. 2ª Turma. REsp 1.308.719-MG, Rel. Min. Mauro Campbell Marques, julgado em 25/6/2013.)

15.8.16. Lei estadual que preveja pensão para cônjuges de mortos por crimes hediondos é inconstitucional. Informativo 773 STF

Pensão especial a cônjuge de vítima assassinada no Distrito Federal. Lei que impõe ao Distrito Federal responsabilidade além da prevista no art. 37, § 6º, da Constituição. Inocorrência da hipótese de assistência social. Inconstitucionalidade do art. 1º da Lei 842/94. (STF. Plenário. ADI 1.358/DF, Rel. Min. Gilmar Mendes, julgado em 4/2/2015)

Divulg. 30.08.2013, Public. 02.09.2013; STF, ARE 772.276/SP, Rel. Min. Teori Zavascki, j. 22.11.2013, DJe-237, Divulg. 02.12.2013, Public. 03.12.2013 etc.

15.8.17. Responsabilidade civil do Estado por ato lícito: intervenção econômica e contrato. Informativo 738 STF

A União, na qualidade de contratante, possui responsabilidade civil por prejuízos suportados por companhia aérea em decorrência de planos econômicos existentes no período objeto da ação. RE 571969/DF, Rel. Min. Cármen Lúcia, 12.3.14. Pleno.

15.8.18. Indenização em razão de equívoco no reconhecimento de reincidência criminal. Informativo 590 STJ

No caso em que o reconhecimento da reincidência tenha origem em infração anterior cuja pena tenha sido cumprida ou extinta há mais de cinco anos, deferido o pedido revisional para diminuir a pena equivocadamente fixada, será devida a indeniza-ção ao condenado que tenha sofrido prejuízos em virtude do erro judiciário. REsp 1.243.516-SP, Rel. Min. Reynaldo Soares da Fonseca, DJ 30.9.2016. 5ª T.

15.8.19. Responsabilidade civil do Estado e perda de uma chance. Informativo 530 STJ

Na fixação do valor da indenização, não se deve aplicar o critério referente à teoria da perda da chance, e sim o da efetiva extensão do dano causado (art. 944 do CC), na hipótese em que o Estado tenha sido condenado por impedir servidor público, em razão de interpretação equivocada, de continuar a exercer de forma cumulativa dois cargos públicos regularmente acumuláveis. REsp 1.308.719-MG, Rel. Min. Mauro Campbell Marques, 25.6.13. 2ª T.

Vale citar, por fim, o que dispõe a Súmula Vinculante 11, do STF:

> *Só é lícito o uso de algemas em casos de resistência e de fundado receio de fuga ou de perigo à integridade física própria ou alheia, por parte do preso ou de terceiros, justificada a excepcionalidade por escrito, sob pena de responsabilidade disciplinar, civil e penal do agente ou da autoridade e de nulidade da prisão ou do ato processual a que se refere,* ***sem prejuízo da responsabilidade civil do Estado.***

15.9. QUEM ESTÁ SUJEITO À RESPONSABILIZAÇÃO OBJETIVA?

Analisando o art. 37, § 6.º, da Constituição Federal, as seguintes pessoas podem responder objetivamente:

I) As pessoas jurídicas de direito público:

a) União;

b) Estados;

c) Distrito Federal;

d) Municípios;

e) Autarquias, de qualquer nível da Federação;

f) Fundações Públicas de Direito Público, também de qualquer nível da Federação.

II) As pessoas jurídicas de direito privado, prestadoras de serviços públicos:
a) Sociedades de economia mista prestadoras de serviços públicos;
b) Empresas públicas prestadoras de serviços públicos;
c) Empresas privadas concessionárias de serviços públicos;
d) Empresas privadas permissionárias de serviços públicos.

Essas pessoas (pessoas jurídicas de direito privado prestadoras de serviços públicos) *apenas respondem objetivamente, nos termos do art. 37, § 6.º, da Constituição Federal, se o dano for causado na prestação de um serviço público*, não se aplicando, pelo menos sob esse fundamento normativo, quando o dano for decorrente de atividade outra que não a prestação de um serviço público, como, por exemplo, o protesto ilegal de uma duplicata.

Por fim, foi visto que as permissionárias e concessionárias de serviços públicos respondem objetivamente pelos danos decorrentes da prestação de serviços públicos. E se o dano for causado por empresa detentora de autorização pública, se aplica ou não a responsabilidade objetiva?

José dos Santos Carvalho Filho[33] entende que as pessoas portadoras de autorização administrativa não estão sujeitas à responsabilidade objetiva, mas tão somente à responsabilidade subjetiva, com base no Código Civil. Ele justifica sua posição sob o argumento de que a autorização é ato administrativo precário por meio do qual a Administração consente que o indivíduo desempenhe atividade de seu interesse exclusivo ou predominante interesse, não se caracterizando a atividade como serviço público.

Já Odete Medauar[34] entende que pode haver autorização de serviços públicos, colocando esta última doutrinadora a autorização de serviços públicos ao lado de permissão e concessão e, por isso, sujeita à responsabilidade objetiva.

15.10. A RESPONSABILIDADE SUBJETIVA DO ESTADO (POR OMISSÃO)

Como visto, o Estado também poderá responder civilmente com base na teoria da responsabilidade subjetiva. Tais hipóteses ocorrerão por danos decorrentes de omissão estatal que enseje dano a terceiros. A omissão ensejadora de dano deve ser necessariamente ilegal e, por isso, culposa, daí a responsabilidade subjetiva.

Aqui é importante registrar que *essa responsabilidade subjetiva não é a mesma prevista no Código Civil e que é aplicável aos particulares*. Nesse diploma a regra geral sobre a responsabilidade civil está prevista no art. 186, o qual possui a seguinte redação: "aquele que, por ação ou omissão voluntária, negligência ou imprudência, violar direito e causar dano a outrem, ainda que exclusivamente moral, comete ato ilícito".

---

33. CARVALHO FILHO, José dos Santos. Responsabilidade civil das pessoas jurídicas de direito privado prestadoras de serviços públicos. In: FREITAS, Juarez (coord.). *Responsabilidade civil do Estado*. São Paulo: Malheiros, 2006. p. 151.
34. *Direito administrativo moderno*. 8. ed. São Paulo: RT, 2004. p. 438.

Nota-se que aqui deve ser provada a culpa de quem causou o dano, ou seja, deve ser individualizado o agente causador do dano e comprovada sua atuação com imprudência, imperícia ou negligência.

Na responsabilidade subjetiva do Estado, a vítima não precisa individualizar a culpa do agente. Aqui o que importa é a demonstração de que o serviço não funcionou, funcionou mal ou tardou em funcionar. Por outras palavras: deve-se provar a culpa do serviço, e não a do agente. Por isso que a teoria que embasa essa responsabilização do Estado é chamada de teoria da culpa do serviço, teoria da falta do serviço ou teoria da culpa anônima.

Esse mau funcionamento do serviço, que está ligado à omissão do Estado, para ser relevante para o direito, e justificar sua responsabilidade, deve ser necessariamente culposo, e, por isso, ilícito, devendo ficar provado que o Estado poderia e deveria agir, porém não agiu, razão esta que ensejou a ocorrência do dano.

Relembrando o exemplo dado, imaginemos um caso em que uma família liga para a polícia e solicita que uma viatura ronde sua casa em razão da iminência de um assalto. Vinte minutos depois, retorna a ligação, pois a viatura ainda não tinha chegado e agora, mais do que nunca, o ingresso na casa pelos marginais iria ocorrer em poucos minutos. Mais uma vez a polícia não chega. O assalto é feito e a família é roubada. Duas horas depois, ou seja, bem após o evento danoso, chega a viatura policial.

Nesse caso, haverá responsabilidade estatal. Isso porque o Estado tinha conhecimento da situação, tinha o dever de fiscalizar e evitar o assalto, porém foi omisso (ilegalmente) no cumprimento do dever, despontando essa omissão como condição para que o dano ocorresse.

Lembra-se que há segmentos da doutrina e da jurisprudência que entendem haver uma presunção de culpa do Estado pela sua omissão ou pela execução defeituosa do serviço, sendo que a não condenação do Estado depende de ele provar que agiu corretamente e que, mesmo assim, não houve a possibilidade de evitar o dano.

Por exemplo, seria o caso, em um assalto, de os policiais tomarem todas as providências possíveis, atuarem com cautela junto aos assaltantes e mesmo assim um refém ser ferido por um bandido. Nesse caso, se a vítima ingressar com a ação e o Estado provar que tomou todas as cautelas para evitar o dano, porém não conseguiu, não haverá nexo de causalidade entre a omissão e o dano e, por isso, ele não poderá ser responsabilizado.[35]

Ainda, outro bom exemplo de responsabilidade subjetiva diz respeito a danos causados por buracos nas ruas, avenidas e estradas. Se houve uma forte chuva e em razão dela surgiram buracos na pista, se, no mesmo dia, um veículo passar por eles e quebrar a roda, o Estado não será responsabilizado, pois não tinha como prever os buracos e, portanto, evitar o dano.

---

35. "Administrativo. Responsabilidade civil do Estado. Omissão. Falta do serviço. Responsabilidade subjetiva. Morte de policial durante transferência de preso. Não comprovação da culpa estatal (publicizada). Impossibilidade de revisão dos fatos no recurso especial para caracterização da culpa e do imprescindível nexo. Soberania da instância ordinária nas provas. Arts. 302 e 535 do CPC. Não violação. (...)*3. A responsabilidade do Estado por omissão é subjetiva. Jurisprudência predominantes do STF e do STJ. Desde a inicial, vieram os recorrentes discutindo a falta do serviço estatal por omissão, o que é bem diferente de se discutir o fato do serviço para aplicação da responsabilidade objetiva.* (...)" (STJ, REsp 471.606/SP 2002/0126380-3, 2.ª T., Rel. Min. Humberto Martins, j. 02.08.2007, *DJ* 14.08.2007, p. 280, *LEXSTJ* vol. 217, p. 100).

Agora, se, após a chuva e o conhecimento pelo Estado do buraco na pista, o ente manter-se inerte e outro veículo for danificado, haverá, no caso, responsabilização pública, pois tinha o Poder Público conhecimento do fato, podia e tinha o dever de agir consertando a via, porém quedou-se inerte viabilizando danos a terceiros.[36]

15.10.1. Responsabilidade civil do Estado decorrente de atos de multidão

Por fim, a doutrina e a jurisprudência admitem a responsabilização estatal por danos decorrentes de atos de multidão.

Na sociedade atual, se torna cada dia mais comum o agrupamento em público de pessoas para manifestarem suas insatisfações (geralmente para protestar contra situações especiais), porém, nem sempre essas manifestações são pacíficas.

Podemos observar esses movimentos pelo mundo todo, ora por estudantes lutando por melhorias no ensino, ora pela população contra o Estado protestando contra a insegurança pública ou pela falta de serviços públicos de qualidade, ora por uma classe de trabalhadores que luta por melhores condições de trabalho etc.

A questão é até que ponto esses atos, quando descambem para danos ao patrimônio de terceiros, são passíveis de responsabilidade civil do Estado. *A princípio, a regra é de que os danos causados em decorrência exclusiva desses atos não responsabilizam civilmente o Estado*[37], pois são tidos como atos praticados por terceiros, não sendo possível caracterizar uma conduta administrativa, tampouco nexo causal entre atos estatais e o dano.

---

36. "Processual civil e administrativo. Responsabilidade civil do Estado. Acidente de trânsito em Rodovia Federal. *Buraco na pista. Morte do motorista. Violação do art. 535 do CPC. Inocorrência. Responsabilidade subjetiva. Omissão. Ocorrência de culpa.* Danos morais. Impossibilidade de revisão. Proporcionalidade. Termo inicial dos juros de mora. Súmula 54/STJ. Pensão previdenciária. Honorários advocatícios. Súmula 284/STF. 1. Não há violação do art. 535 do CPC quando o Tribunal de origem analisa adequada e suficientemente a controvérsia objeto do recurso especial. 2. *Na hipótese dos autos, restaram assentados no acórdão os pressupostos da responsabilidade subjetiva, inclusive a conduta culposa, traduzida na negligência do Poder Público na conservação das rodovias federais.* O acolhimento da tese do recorrente, de existir culpa exclusiva da vítima, demandaria a incursão no conjunto fático-probatório dos autos, providência obstada pela Súmula 7/STJ. 3. Manutenção do valor fixado nas instâncias ordinárias por dano moral (R$ 100.000,00 – cem mil reais), por não se revelar nem irrisório, nem exorbitante. 4. Tratando-se de reparação por danos morais, nas hipóteses em que a responsabilidade é extracontratual, os juros são devidos desde o evento danoso, na forma da Súmula 54/STJ. 5. Nos termos da jurisprudência desta Corte, é possível a cumulação de pensão previdenciária com outra de natureza indenizatória. 6. Apresentadas alegações genéricas no que respeita à fixação dos honorários advocatícios, aplica-se no ponto a Súmula 284/STF. 7. Recurso especial conhecido em parte e não provido" (STJ, REsp 1.356.978/SC 2012/0256419-9, 2.ª T., Rel. Min. Eliana Calmon, j. 05.09.2013, *DJe* 17.09.2013).

37. Nesse sentido, veja trecho do julgado TJMG, 2.ª Câm. Cível, Rel. Hilda Teixeira da Costa, j. 25.06.2013: "Os danos causados ao indivíduo por atos de multidão não acarreta a responsabilidade civil do Estado, já que praticados por terceiros, não havendo, assim, a presença dos pressupostos da responsabilidade objetiva, vez que não se pode imputar à administração qualquer conduta que tenha dado ensejo à rebelião, o que torna inexistente o nexo causal entre o os atos estatais e o dano sofrido".

Diferente é quando se percebe a omissão do Poder Público, que deveria garantir o patrimônio das pessoas e evitar os danos praticados pela multidão (ex.: quando órgãos de segurança são informados a tempo sobre o início de um tumulto, mas não comparecem, sendo tal conduta omissiva culposa).

Nesse contexto, a conduta omissiva do Estado acaba por caracterizar o nexo de causalidade entre a conduta e o dano, restando configurada a responsabilidade civil do Estado.

Nesse sentido, vejamos a preciosa lição de José dos Santos Carvalho Filho[38]:

> *"Qual a repercussão dos atos de multidões na responsabilidade civil do Estado?*
>
> *A regra, aceita no direito moderno, é a de que os danos causados ao indivíduo em decorrência exclusivamente de tais atos não acarreta a responsabilidade civil do Estado, já que, na verdade, são tidos como atos praticados por terceiros. Sequer existem os pressupostos da responsabilidade objetiva do Estado, seja pela ausência da conduta administrativa, seja por falta de nexo causal entre atos estatais e o dano. Pelo inusitado ou pela rapidez com que os fatos ocorrem, não se pode atribuir os seus efeitos a qualquer ação ou omissão do Poder Público.*
>
> *Ocorre, porém, que, em certas situações, se torna notória a omissão do Poder Público, porque teria ele a possibilidade de garantir o patrimônio das pessoas e evitar os danos provocados pela multidão. Nesse caso, é claro que existe uma conduta omissiva do Estado, assim como é indiscutível o reconhecimento do nexo de causalidade entre a conduta e o dano, configurando-se, então, a responsabilidade civil do Estado. Trata-se, pois, de situação em que fica cumpridamente provada a omissão culposa do Poder Público. Essa é a orientação que tem norteado a jurisprudência a respeito do assunto.*
>
> *Suponha-se, para exemplificar, que se esteja formando um agrupamento com mostras de hostilidade em certo local onde há várias casas comerciais. Se os órgãos de segurança tiverem sido avisados a tempo e ainda assim não tiverem comparecido os seus agentes, a conduta estatal estará qualificada como omissiva culposa, ensejando, por conseguinte, a responsabilidade civil do Estado, em ordem a reparar os danos causados pelos atos multitudinários. Tal como na hipótese dos fatos imprevisíveis, contudo, a indenização será proporcional à participação omissiva do Estado no resultado danoso".*

Responsabilidade civil do Estado	RESPONSABILIDA-DE SUBJETIVA DA ADMINISTRAÇÃO	Teoria da culpa administrativa. A responsabilidade por omissão do Poder Público		
		Conduta omissiva do Poder Público	Omissão culposa	O particular deve comprovar a falta do serviço
		Atos de terceiros e força maior são excludentes deste tipo de responsabilidade		

---

38. *Manual de direito administrativo*. 24. ed. Rio de Janeiro: Lumen Juris, 2011. p. 516.

15.11. EXTRATO DOS INFORMATIVOS E OUTROS JULGADOS DO SUPERIOR TRIBUNAL DE JUSTIÇA E DO SUPREMO TRIBUNAL FEDERAL APLICANDO A TEORIA DA CULPA DO SERVIÇO

15.11.1. Agressão de aluno contra professora em escola pública – Informativo 450 STJ

Apesar de a direção da escola estar ciente das ameaças sofridas pela professora antes das agressões, não tomou qualquer providência para resguardar a segurança da docente, sendo que existiam meios suficientes e razoáveis para impedir a agressão, o que acarretou a responsabilidade civil por omissão do Estado (REsp 1.142.245/DF, 2.ª T., Rel. Min. Castro Meira, j. 05.10.2010).

15.11.2. Majoração dos danos morais por omissão do Estado no combate à dengue – Informativo 413 STJ

A Turma proveu o recurso para majorar o valor indenizatório de danos morais, considerando que, provado o nexo de causalidade entre a omissão do Estado e do município no combate à epidemia e o evento da morte de vítima acometida de dengue hemorrágica, o dano moral advindo de tal omissão fora fixado irrisoriamente em desconformidade com o evento fatal (REsp 1.133.257/RJ, 1.ª T., Rel. Min. Luiz Fux, j. 27.10.2009).

15.11.3. Veículo estacionado em estabelecimento público – Informativo 204 STJ

Responsabilidade civil por furto de veículo em estacionamento de universidade pública. A turma decidiu que há responsabilidade subjetiva do poder público na falha do serviço de guarda e vigilância de veículo furtado em estacionamento de universidade pública (REsp 615.282/PR, 2.ª T., Rel. Min. Castro Meira, j. 06.04.2004).

15.11.4. Entulho acumulado à beira de estrada – Informativo 328 STJ

Há responsabilidade civil do Estado pelo fato de não ter removido entulho acumulado à beira de uma estrada, o que contribui para que ele atingisse uma casa próxima e causasse o dano, em hipótese de responsabilidade por omissão. Entendeu-se que há responsabilidade civil subjetiva do Estado diante de condutas omissivas (REsp 721.439/RJ, 2.ª T., Rel. Min. Eliana Calmon, j. 21.08.2007).

15.11.5. Morte de menor soterrado em buraco causado por erosão – Informativo 225 STJ

O Estado foi condenado em razão da morte de menor soterrado, em decorrência de acidente em buraco (voçoroca) causado por erosão pelas águas da chuva. A Turma reconheceu a responsabilidade subjetiva do município, pois, embora a municipalidade tenha sinalizado a área afetada pela erosão pluvial, deixou de isolá-la por completo e não promoveu com urgência as obras necessárias à segurança do local, o que caracteriza negligência e omissão (REsp 135.542/MS, 2.ª T., Rel. Min. Castro Meira, j. 19.10.2004).

15.11.6. Indenização por acidente em bueiro aberto em via pública – Informativo 115 STJ

Cabível indenização correspondente ao montante necessário para repor o veículo no estado em que se encontrava antes do sinistro, ainda que superior ao valor de mercado, pois prevalece o interesse da parte lesada (REsp 334.760/SP, 1.ª T., Rel. Min. José Delgado, j. 06.11.2001, DJ 25.02.2002, p. 233).

15.11.7. Demora injustificada da Administração em analisar o requerimento de aposentadoria do servidor – STJ

A demora injustificada da Administração em analisar o pedido de aposentadoria do servidor público gera o dever de indenizá-lo, considerando que, por causa disso, ele foi obrigado a continuar exercendo suas funções por mais tempo do que o necessário. (STJ. 1ª Turma. AgInt no AREsp 483.398/PR, Rel. Min. Benedito Gonçalves, julgado em 11/10/2016).

15.11.8. Responsabilidade da Administração por encargos trabalhistas inadimplidos pela empresa contratada junto aos seus empregados em contratos administrativos. Informativo 862 do STF

O inadimplemento dos encargos trabalhistas dos empregados do contratado não transfere automaticamente ao poder público contratante a responsabilidade pelo seu pagamento, seja em caráter solidário ou subsidiário, nos termos do art. 71, § 1º, da Lei 8.666/1993.

A Corte entendeu que uma interpretação conforme do art. 71 da Lei 8.666/1993, com o reconhecimento da responsabilidade subsidiária da Administração Pública, infirma a decisão tomada no julgamento da ADC 16/DF (DJE de 9-9-2011), nulificando, por conseguinte, a coisa julgada formada sobre a declaração de constitucionalidade do dispositivo legal. Observou que, com o advento da Lei 9.032/1995, o legislador buscou excluir a responsabilidade subsidiária da Administração, exatamente para evitar o descumprimento do disposto no art. 71 da Lei 8.666/1993, declarado constitucional pela Corte.

Anotou que a imputação da culpa in vigilando ou in elegendo à Administração Pública, por suposta deficiência na fiscalização da fiel observância das normas trabalhistas pela empresa contratada, somente pode acontecer nos casos em que se tenha a efetiva comprovação da ausência de fiscalização. Nesse ponto, asseverou que a alegada ausência de comprovação em juízo da efetiva fiscalização do contrato não substitui a necessidade de prova taxativa do nexo de causalidade entre a conduta da Administração e o dano sofrido. Ao final, pontuou que a Lei 9.032/1995 (art. 4º), que alterou o disposto no § 2º do art. 71 da Lei 8.666/1993, restringiu a solidariedade entre contratante e contratado apenas quanto aos encargos previdenciários resultantes da execução do contrato, nos termos do art. 31 da Lei 8.212/1991. (RE 760.931, rel. p/ o ac. min. Luiz Fux, j. 26-4-2017)

15.11.9. Tiro de arma de fogo desferido por aluno em escola pública. STF

Professora. Tiro de arma de fogo desferido por aluno. Ofensa à integridade física em local de trabalho. Responsabilidade objetiva. Abrangência de atos omissivos. (ARE 663.647 AgR, rel. min. Cármen Lúcia, j. 14-2-2012, 1ª T, DJE de 6-3-2012.)

15.11.10. Rompimento unilateral, pela Administração, do plano de pensão. STF

O dano suportado pelos servidores, derivado do rompimento unilateral pela administração do plano de pensão, consubstancia direito à indenização, na forma do § 6º do art. 37 da CF. Com o que se faz imperioso o reconhecimento da situação jurídica subjetiva dos recorrentes ante o Poder Público, sob pena de se chancelar o enriquecimento estatal sem causa. (RE 486.825, rel. min. Ayres Britto, j. 6-9-2011, 1ª T, DJE de 6-2-2012.)

15.11.11. Latrocínio cometido por foragido. STF

Latrocínio cometido por foragido. Nexo de causalidade configurado. (...) A negligência estatal na vigilância do criminoso, a inércia das autoridades policiais diante da terceira fuga e o curto espaço de tempo que se seguiu antes do crime são suficientes para caracterizar o nexo de causalidade. Ato omissivo do Estado que enseja a responsabilidade objetiva nos termos do disposto no art. 37, § 6º, da CB. (RE 573.595 AgR, rel. min. Eros Grau, j. 24-6-2008, 2ª T, DJE de 15-8-2008.)

15.11.12. Contaminação por material potencialmente infectocontagioso em hospital. STF

A jurisprudência dos tribunais em geral tem reconhecido a responsabilidade civil objetiva do Poder Público nas hipóteses em que o *eventus damni* ocorra em hospitais públicos (ou mantidos pelo Estado), ou derive de tratamento médico inadequado, ministrado por funcionário público, ou, então, resulte de conduta positiva (ação) ou negativa (omissão) imputável a servidor público com atuação na área médica. Servidora pública gestante, que, no desempenho de suas atividades laborais, foi exposta à contaminação pelo citomegalovírus, em decorrência de suas funções, que consistiam, essencialmente, no transporte de material potencialmente infecto-contagioso (sangue e urina de recém--nascidos). Filho recém-nascido acometido da "Síndrome de West", apresentando um quadro de paralisia cerebral, cegueira, tetraplegia, epilepsia e malformação encefálica, decorrente de infecção por citomegalovírus contraída por sua mãe, durante o período de gestação, no exercício de suas atribuições no berçário de hospital público. Configuração de todos os pressupostos primários determinadores do reconhecimento da responsabilidade civil objetiva do Poder Público, o que faz emergir o dever de indenização pelo dano pessoal e/ou patrimonial sofrido.

(RE 495.740 AgR, rel. min. Celso de Mello, j. 15-4-2008, 2ª T, DJE de 14-8-2009.)

15.11.13. Crime praticado por policial militar durante o período de folga, usando arma da corporação. STF

Vejamos o seguinte julgado:

> RESPONSABILIDADE CIVIL OBJETIVA DO PODER PÚBLICO – ELEMENTOS ESTRUTURAIS – PRESSUPOSTOS LEGITIMADORES DA INCIDÊNCIA DO ART. 37, § 6º, DA CONSTITUIÇÃO DA REPÚBLICA – TEORIA DO RISCO ADMINISTRATIVO – MORTE CAUSADA POR DISPARO EFETUADO COM ARMA DE FOGO PERTENCENTE À POLÍCIA MILITAR DO ESTADO DE SÃO PAULO E MANEJADA POR INTEGRANTE DESSA CORPORAÇÃO EM PERÍODO DE FOLGA- DANOS MORAIS E MATERIAIS – RESSARCIBILIDADE – DOUTRINA – JURISPRUDÊNCIA – RECURSO DE AGRAVO IMPROVIDO. – Os elementos que compõem a estrutura e delineiam o perfil da responsabilidade civil objetiva do Poder Público compreendem (a) a alteridade do dano, (b) a causalidade material entre o eventus damni e o comportamento positivo (ação) ou negativo (omissão) do agente público, (c) a oficialidade da atividade causal e lesiva imputável a agente do Poder Público que tenha, nessa específica condição, incidido em conduta comissiva ou omissiva, independentemente da licitude, ou não, do comportamento funcional e (d) a ausência de causa excludente da responsabilidade estatal. Precedentes . – Configuração de todos os pressupostos primários determinadores do reconhecimento da responsabilidade civil objetiva do Poder Público, o que faz emergir o dever de indenização pelo dano moral e/ou patrimonial sofrido. (STF – ARE: 751186 SP, Relator: Min. CELSO DE MELLO, Data de Julgamento: 02/12/2014, Segunda Turma, Data de Publicação: DJe-248 DIVULG 16-12-2014 PUBLIC 17-12-2014)

15.11.14. Dano moral *in re ipsa* no caso de extravio de carta registrada. Informativo 556 STJ

Se a Empresa Brasileira de Correios e Telégrafos (ECT) não comprovar a efetiva entrega de carta registrada postada por consumidor nem demonstrar causa excludente de responsabilidade, há de se reconhecer o direito a reparação por danos morais in re ipsa, desde que o consumidor comprove minimamente a celebração do contrato de entrega da carta registrada. • EREsp 1.097.266-PB. 2015.

15.11.15. ADI: reconhecimento de responsabilidade civil do Estado e iniciativa legislativa. Informativo 768 STF

Norma de iniciativa parlamentar que autoriza o Poder Executivo estadual a reconhecer sua responsabilidade civil pelas violações aos direitos à vida e à integridade física e psicológica decorrentes das atuações de seus agentes contra cidadãos sob a guarda legal do Estado não viola o art. 61, § 1º, II, b, da CF, que fixa a competência privativa do Presidente da República para dispor sobre a organização administrativa e judiciária, matéria tributária e orçamentária, serviços públicos e pessoal da administração dos Territórios. Ademais, a disciplina estabelecida na norma impugnada, a dispor sobre responsabilidade civil – matéria de reserva legal –, seria, inclusive, salutar. Permitiria que a Administração reconhecesse, "motu proprio", a existência de violação aos direitos nela mencionados. ADI 2255/ES, Rel. Min. Gilmar Mendes, 19.11.14. Pleno.

15.12. RESPONSABILIDADE PRIMÁRIA E SUBSIDIÁRIA

Quando o Estado por ação, imediata ou mediata, ou por omissão, causar danos a terceiros, será responsabilizado pela conduta danosa. Trata-se de responsabilidade primária, ou seja, incidente sobre quem gerou o dano.

É possível que o Estado não cause e nem dê condições para que o dano ocorra, porém poderá, ainda assim, ser responsabilizado. Trata-se das hipóteses de responsabilidade subsidiária do Estado.

A responsabilidade subsidiária ocorre quando aquele que causou o dano não tem condições de suportar economicamente os valores devidos à reparação do prejuízo, sendo transferido a outra pessoa, que responde, portanto, de forma subsidiária.

É o que ocorre, por exemplo, nos casos de danos causados pela Administração Indireta e estas não possuem condições de suportá-los, sendo o ressarcimento transferido à Administração Direta que instituiu a pessoa administrativa causadora do dano.

É o que se passa quando o Estado cria uma empresa pública para prestar serviços públicos e esta é condenada em valor que ultrapassa seus limites de suporte econômico. Nesse caso, esgotado o patrimônio da estatal, poderá o autor da ação buscar a diferença indenizatória diretamente contra o Estado[39]. Não obstante, já se entendeu que terceira empresa, sucessora do serviço, não tem obrigação de arcar com as consequências do ato ilícito, atribuído à sucedida, devendo sempre prevalecer a regra da responsabilidade subsidiária do Estado[40].

São casos, ainda, de aplicação da responsabilidade subsidiária do Estado a assunção dos danos causados por concessionárias, permissionárias, terceirizadas em geral, quando estas não suportarem o peso da condenação[41].

Como se vê, a incapacidade econômica do responsável direto pelo dano não é o único pressuposto jurídico que fundamenta a responsabilidade subsidiária do ente público integrante da Administração Pública, sendo necessário, também, que exista relação jurídica que vincule este último ao primeiro. Nos casos citados, a participação do ente político na criação/gestão da própria entidade, seja visando a descentralização administrativa de seus serviços, seja visando a intervenção ou o fomento na economia, bem como a transferência de serviços públicos para entidades da iniciativa privada, mediante contrato ou ato administrativo, justifica a responsabilização subsidiária.

---

39. STJ, AgRg no REsp 875.604/ES, 2.ª T., Rel. Min. Humberto Martins, j. 09.06.2009.
40. STJ, REsp 738.026/RJ, 2.ª T., Rel. p/ acórdão Min. João Otávio de Noronha, j. 26.06.2007. No caso concreto, negou-se o direito da exequente, vítima de acidente automobilístico causado por veículo pertencente a determinada empresa pública, de requerer a penhora de valores da bilheteria do serviço público (metrô do RJ) anteriormente explorado por ela, uma vez que este já era mantido por empresa diversa, cabendo ao Estado do Rio de Janeiro arcar com a responsabilidade, na forma subsidiária. Sobrelevou-se, aliás, argumentos referentes à necessidade de se manter a qualidade dos serviços prestados pela nova empresa, que estariam irremediavelmente comprometidos se esta respondesse por todos os débitos da sucedida.
41. Nesse sentido, vide: STJ, REsp 1.135.927/MG, 2.ª T., Rel. Min. Castro Meira, j. 10.08.2010.

15.13. CONDUTAS QUE ENSEJAM DANOS

Para fins de responsabilidade estatal, não há diferença se o dano é decorrente de ato lícito ou ilícito. Vimos que um dos fundamentos da reparação reside no princípio da isonomia, em que toda coletividade suportará os custos dos danos causados a terceiros.

Assim, apoiando-nos nas lições de Celso Antônio Bandeira de Mello[42], constatamos que os atos susceptíveis de causar danos podem ser *legais*, que por sua vez podem decorrer de comportamentos *materiais e jurídicos e ilegais*, que também podem decorrer de comportamentos *materiais e jurídicos*.

O fundamento dessa responsabilização por ato lícito é a isonomia. Por outras palavras: já que o Estado atua em prol de toda coletividade, os danos decorrentes de sua atuação, em especial, de suas condutas legais, devem ser suportados pela mesma coletividade.

Imprescindível para a responsabilização, de qualquer modo, é que a conduta, quando atribuída especificamente a agente público determinado, esteja relacionada com o exercício de função pública ou a pretexto de exercê-la. Admitimos, dentro dessa lógica, que também a conduta do chamado servidor de fato possa autorizar a responsabilização.[43]

15.14. DANOS INDENIZÁVEIS

Outro ponto importante é que não é qualquer dano que gera responsabilidade estatal. O dano indenizável é aquele que viola um direito do lesado reconhecido pela ordem jurídica.

Por exemplo, imaginemos uma Universidade Federal onde existem inúmeros bares, restaurantes, cuja maior fonte de renda e freguesia é justamente o conjunto de alunos dessa Autarquia. Se, porventura, esta mudar de sede, passando o *campus* a ser sediado em outra cidade, induvidosamente haverá danos econômicos aos empresários, porém não jurídicos, pois estes não tinham qualquer direito reconhecido pela ordem jurídica de se estabelecer permanentemente ao redor de uma Universidade e auferir lucros pela prestação de seus serviços aos seus alunos.

Da mesma forma, não há que se falar em indenização quando o dano envolve a cessação de atividade ilícita praticada pelo particular, como na hipótese de apreensão e destruição ou perdimento de produtos contrabandeados ou de comercialização proibida por razões de saúde ou segurança públicas.

Por isso, para que o dano seja indenizável, é necessário que:

> a) *corresponda à lesão a um direito da vítima*. Como adverte Celso Antônio Bandeira de Mello[44], não basta que o dano seja meramente econômico. Além disso, requer-se que o dano consista em agravo a algo que a ordem jurídica reconhece como garantido em favor de um sujeito.
>
> b) *seja certo, não eventual ou possível*. Poderá ser atual como futuro, desde que certo, real.

---

42. *Curso de direito administrativo.* 29. ed. São Paulo: Malheiros, 2012.
43. O próprio STF, no entanto, já afastou a responsabilidade civil do Estado quanto a pedido de indenização da família de servidor de fato, que exercia atividade tipicamente policial de maneira irregular, por ter demonstrado que a morte deste não estava relacionada com o exercício de suas funções (STF, RE 341.776/CE, 2.ª T., Rel. Min. Gilmar Mendes, j. 17.04.2007).
44. *Curso de direito administrativo.* 29. ed. São Paulo: Malheiros, 2012. p. 965.

Ensina Celso Antônio Bandeira de Mello[45] que, quando o dano é decorrente de ato lícito do Estado, é necessária a presença das características da *especialidade* e *anormalidade* do dano.

Dano especial "é aquele que onera a situação particular de um ou alguns indivíduos, não sendo, pois, um prejuízo genérico, disseminado pela Sociedade. Corresponde a um agravo patrimonial que incide especificamente sobre certo ou certos indivíduos, e não sobre a coletividade como um todo ou sobre genérica e abstrata categoria de pessoas. Por isso não estão acobertadas, por exemplo, as perdas de poder aquisitivo da moeda decorrentes de medidas econômicas estatais inflacionárias".

Já o *dano anormal* "é aquele que supera os meros agravos patrimoniais pequenos e inerentes às condições de convívio social". O referido professor cita como exemplo o fato de descaber "responsabilidade do Estado pela simples intensificação da poeira numa via pública objeto de reparação, inobstante tal fato provoque, como é natural, deterioração mais rápida da pintura dos muros das casas adjacentes. Idem com relação à transitória e breve interrupção da rua para conserto de canalizações, cujo efeito será obstar ao acesso de veículos às casas de seus proprietários, o que os obrigará, eventualmente, ao incômodo de alojá-los em outro sítio, com possíveis despesas geradas por isto".

15.15. NEXO DE CAUSALIDADE

O nexo de causalidade é fator primordial para atribuição da responsabilidade, pois é o elo entre a conduta ou omissão do Estado e o dano que justifica a responsabilização. Sem ele, mesmo que exista dano e conduta, não há responsabilidade civil.

Por vezes o leitor inocente é levado a erro ao generalizar a afirmativa de que qualquer dano causado pelo Estado ensejaria responsabilização civil, pois esta, para o Estado, é pautada na sistemática da responsabilidade objetiva.

Em verdade, podemos afirmar o seguinte: *caso o Estado, por ação ou omissão, cause dano a terceiro e não exista no caso concreto uma excludente de nexo de causalidade, haverá responsabilidade estatal.*

Isso é dito e enfatizado, pois, do contrário, poder-se-ia chegar ao absurdo de pretender-se imputar responsabilidade ao Estado quando a vítima se atira à frente de um veículo oficial.

Note que há conduta (atropelamento por um veículo estatal), há dano (morte da vítima), porém não há o elo de ligação entre um e outro, que é o nexo de causalidade entre ambos, ou seja, o dano não decorreu da conduta atribuída ao Estado, mas de culpa única e exclusiva da vítima, razão pela qual não há que se falar em responsabilidade estatal.

15.16. EXCLUDENTES DE NEXO CAUSAL E, POR ISSO, DA RESPONSABILIDADE ESTATAL

São excludentes de nexo causal a afastar a responsabilização do Estado.

a) Culpa exclusiva da vítima;

---

45. *Curso de direito administrativo*. 29. ed. São Paulo: Malheiros, 2012. p. 967.

b) *Caso fortuito;*
c) *Força maior.*

15.16.1. Culpa exclusiva da vítima

A primeira causa de exclusão de nexo causal é quando o dano ocorre por *culpa exclusiva da vítima*. Aqui, o dano não é decorrência direta da ação ou omissão estatal. Em verdade, houve um ato voluntário praticado pela vítima, consciente ou não, e, por conta dessa ação, houve o dano.

Essa conduta deve ser necessariamente ilegal, pois não há culpa legal. Esta é sempre antijurídica. Por exemplo, quando um pedestre atravessa uma avenida fora da faixa e com sinal verde para os veículos e, por isso, é atropelado por um veículo oficial, é de fácil percepção que, em caso de dano, terá havido a conduta ativa do particular como condição para o sinistro.

Não importa se ele estava consciente (sóbrio) ou não (totalmente bêbado), em qualquer caso tem-se como rompido o nexo de causalidade.

Havendo culpa concorrente, a responsabilidade existe, porém é atenuada.

O *Superior Tribunal de Justiça* entendeu que houve culpa recíproca no caso de menor que ficou tetraplégico ao mergulhar em ribeirão rochoso e pouco profundo no fim de semana desacompanhado de seus responsáveis. A culpa recíproca decorreu do fato de que era exigível da vítima prudência e certo discernimento de não mergulhar em local desconhecido, pois lá estava pela primeira vez, porém houve negligência do Estado em zelar pela segurança dos visitantes, na medida em que não providenciou o isolamento da zona perigosa, salva-vidas, enfermeiras ou ambulância (REsp 418.713/SP, 2.ª T., Rel. Min. Franciulli Netto, j. 20.05.2003)[46].

15.16.2. Caso fortuito e força maior

Caso fortuito e força maior são excludentes de ilicitude que estão ligados a fatos imprevisíveis, incontroláveis pelo agente e, por esse motivo, inevitáveis. Significa que é algo imprevisível que não se pode controlar.

O Código Civil, em seu art. 393, estabelece que "o devedor não responde pelos prejuízos resultantes de caso fortuito ou força maior, se expressamente não se houver por eles responsabilizado". Seu parágrafo único, por sua vez, prescreve que "o caso fortuito ou de força maior verifica-se no fato necessário, cujos efeitos não era possível evitar ou impedir".

A lei não informa o que é caso fortuito e o que é força maior, porém a doutrina majoritária é no sentido de que *força maior* tem relação com fenômeno da natureza, por exemplo, um terremoto que venha causar danos a proprietários de imóveis, ao passo de que *caso fortuito* está ligado a evento externo ligado a alguma conduta de terceiros que venha causar ou ensejar o dano, por exemplo, um acidente dentro de um ônibus decorrente de uma bala perdida.

---

46. *Informativo* STJ 173.

Para a caracterização tanto do caso fortuito quanto da força maior faz-se necessária a presença dos seguintes requisitos:

a) o fato deve ser necessário, não decorrente de culpa do devedor;
b) o fato deve ser superveniente e inevitável;
c) o fato deve ser irresistível, fora do alcance do poder humano.

Tais hipóteses destacam-se como excludentes de responsabilização, pois afetam o nexo de causalidade, rompendo o elo entre ação ou omissão do Estado e o dano sofrido pela vítima.

Aplicado ao Direito Administrativo, Celso Antônio Bandeira de Mello[47] adverte que eventual invocação de força maior – força da natureza irresistível – é relevante apenas na medida em que pode comprovar ausência de nexo causal entre a atuação do Estado e o dano ocorrido. Se foi produzido por força maior, então não foi produzido pelo Estado.

Salienta o referido autor que o que exime o Poder Público de responder é sempre a não configuração dos pressupostos. Por isso é que responde se criou situação perigosa, mesmo quando a força maior interfere atualizando o perigo potencial.

Podemos *exemplificar* com o fato de um terremoto que, em razão do tremor, faz com que uma viatura perca a direção e atropele um pedestre. Há uma conduta (atropelamento por um veículo oficial), um dano (lesão causada ao pedestre), porém o dano decorreu de o terremoto fazer com que o agente perdesse a direção do veículo, sendo inevitável no momento o descontrole do carro.

No entanto, parece evidente a responsabilidade estatal quando permite o desmatamento de uma encosta de morro e deixa de fiscalizar construções feitas irregularmente no local. Nesse caso, se os prejuízos decorrentes de uma enxurrada no local são causados ou mesmo agravados ou potencializados por essas condutas antecedentes, nas quais ficou caracterizada a omissão estatal, pode-se responsabilizar o poder público, ainda que, eventualmente, a responsabilidade possa ser minorada pela aplicação da teoria da culpa recíproca em situações específicas.

Outro exemplo é aquele noticiado no Informativo 505, do Superior Tribunal de Justiça, quando este entendeu que "o art. 17, I, da Lei n. 6.538/1978 exclui a responsabilidade objetiva da empresa exploradora de serviço postal pela perda ou danificação de objeto postal em caso de força maior, cuja extensão conceitual abarca a ocorrência de roubo das mercadorias transportadas"[48].

---

47. *Curso de direito administrativo.* 29. ed. São Paulo: Malheiros, 2012. p. 969.
48. Informativo 505, de 20 de setembro a 3 de outubro de 2012. STJ, REsp 976.564/SP, 4.ª T., Rel. Min. Luis Felipe Salomão, j. 20.09.2012. A hipótese aventada, na verdade, corresponderia a um caso fortuito e não força maior, visto que decorrente de ação humana, no caso, dos assaltantes. Sobre o tema referente à responsabilidade civil de empresa de transporte em caso de assalto à mão armada, o STJ decidiu que "constitui causa excludente da responsabilidade da empresa transportadora o fato inteiramente estranho ao transporte em si, como é o assalto ocorrido no interior do coletivo" (REsp 435.865/RJ, 2.ª S., Rel. Min. Barros Monteiro, j. 09.10.2002).

Acreditamos, no entanto, que essa conclusão deve ser relativizada na hipótese em que os eventos passam a ser constantes e previsíveis, visto que deixam de ser inevitáveis. Assim, se o extravio ou perdimento de mercadorias no serviço postal ocorre com frequência, nos mesmos locais, e sem que a empresa tome providências para cientificar seus usuários quanto aos riscos existentes, deverá, igualmente, ser responsabilizada por sua omissão.

Já em relação ao caso fortuito, pensamos que devem ser diferenciadas as hipóteses de *caso fortuito interno e externo*, como hoje amplamente debatidos e entendidos no direito do consumidor, de modo que aquelas situações normalmente caracterizadoras da excludente, mas que dizem respeito a aspectos inerentes do próprio risco da atividade, não tenham o condão de afastar a responsabilidade civil do Estado.

Portanto, da mesma forma que uma instituição financeira responde objetivamente pelos danos causados a seu correntista, decorrente de fraude praticada por terceiro na respectiva conta-corrente, não podendo aquela invocar a culpa exclusiva de terceiro[49], responderá o Estado pelo prejuízo causado ao patrimônio de um particular durante obras de terraplanagem desenvolvidas para a construção de uma estrada, ainda que decorrentes de problemas mecânicos existentes em maquinário próprio ou arrendado.

Por ser esse fortuito interno inerente ao tipo de atividade desenvolvida, será indiferente saber se a causa originária do evento, o defeito do maquinário, foi decorrente de má conservação da peça, caso em que não haveria, propriamente, caso fortuito, mas sim culpa, ou se foi por um defeito de fabricação cujas consequências não poderiam ser previstas. No máximo, nessa última hipótese, tratando-se de equipamento arrendado, caberá ao Estado mover ação regressiva junto ao arrendante, e este, por sua vez, acionar o fabricante.

Em resumo gráfico:

Causas Excludentes
- Caso fortuito
- Força maior
- Culpa exclusiva da vítima

Causa Atenuante → Culpa Concorrente da Vítima

---

49. Sobre o exemplo, *vide* STJ, REsp 1.093.440/PR, 4.ª T., Rel. Min. Luis Felipe Salomão, j. 02.04.2013.

15.17. EXTRATO DOS INFORMATIVOS E OUTROS JULGADOS DO SUPERIOR TRIBUNAL DE JUSTIÇA SOBRE AS EXCLUDENTES DE RESPONSABILIDADE ESTATAL

15.17.1. Roubo de cargas transportadas pelos Correios – Informativo 505 STJ[50]

Entendeu-se que o roubo mediante uso de arma de fogo é fato de terceiro equiparável à força maior, que deve excluir o dever de indenizar, mesmo no sistema de responsabilidade civil objetiva, por se tratar de fato inevitável e irresistível que gera uma impossibilidade absoluta de não ocorrência do dano. Não é razoável exigir que os prestadores de serviço de transporte de cargas alcancem absoluta segurança contra roubos, uma vez que a segurança pública é dever do Estado, também não havendo imposição legal obrigando as empresas transportadoras a contratar escoltas ou rastreamento de caminhão e, sem parecer técnico especializado, nem sequer é possível presumir se, por exemplo, a escolta armada seria eficaz para afastar o risco ou se o agravaria pelo caráter ostensivo do aparato (REsp 976.564/SP, 4.ª T., Rel. Min. Luis Felipe Salomão, j. 20.09.2012).

15.17.2. Exclusão da responsabilidade por ato de vandalismo – Informativo 157 STJ

Não há responsabilidade civil de empresa ferroviária por acidente e graves danos provocados pelo arremesso, por terceiro, de pedra contra veículo, em via contígua à ferrovia, uma vez que tal ato de vandalismo não se equipara aos riscos e deveres inerentes aos serviços do transporte ferroviário (REsp 204.826/RJ, 4.ª T., Rel. Min. Cesar Asfor Rocha, j. 03.12.2002).

15.17.3. Exclusão da responsabilidade por morte de passageiro por projétil disparado por outro passageiro – Informativo 216 STJ

A empresa de transporte não responde civilmente pela morte, ocorrida no interior de seu veículo, de passageiro que foi atingido por projétil disparado por outro passageiro que fazia baderna no ônibus (REsp 262.682/MG, 4.ª T., Rel. Min. Barros Monteiro, j. 03.08.2004).

15.17.4. Exclusão da responsabilidade por tentativa de roubo em estação de metrô – Informativo 219 STJ

A companhia do metropolitano estadual não pode ser responsabilizada por morte resultante de tentativa de roubo ocorrida em escada rolante no interior de estação (REsp 402.708/SP, 2.ª T., Rel. Min. Eliana Calmon, j. 24.08.2004[51]).

---

50. Precedentes citados no julgado. Do STF: RE 109.615/RJ, *DJ* 02.08.2006. Do STJ: REsp 435.865/RJ, *DJ* 12.05.2003; REsp 927.148/SP, *DJe* 04.11.2011; REsp 721.439/RJ, *DJ* 31.08.2007; REsp 135.259/SP, *DJ* 02.03.1998; REsp 976.564/SP, Rel. Min. Luis Felipe Salomão, j. 20.09.2012.

51. O entendimento foi mantido quando do julgamento dos embargos de divergência pela Corte Especial, em 29.06.2007 (Rel. Min. Luiz Fux).

15.17.5. Exclusão da responsabilidade por roubo à mão armada em coletivo – Informativo 224 STJ

Consubstancia causa excludente de responsabilidade da empresa de transporte concessionária de serviço público o roubo a mão armada perpetrado no interior do coletivo (REsp 331.801/RJ, 4.ª T., Rel. Min. Fernando Gonçalves, j. 05.10.2004).

15.17.6. Exclusão da responsabilidade por bala vinda de outro veículo que atingiu transporte coletivo – Informativo 370 STJ

Não há responsabilidade da empresa de transportes coletivos pelos danos sofridos por passageiro no interior de seu ônibus. Ele foi atingido por uma bala vinda de outro veículo, fato considerado como força maior (REsp 589.629/RJ, 4.ª T., Rel. Min. Fernando Gonçalves, j. 02.10.2008).

15.18. RESPONSABILIDADE CIVIL DOS AGENTES PÚBLICOS

A responsabilidade do agente público é sempre subjetiva. Não é possível demandar o servidor com base na sistemática da responsabilidade objetiva.

Hoje há o entendimento no Supremo Tribunal Federal[52] de que a vítima não pode ajuizar ação diretamente em face do servidor, devendo propor a demanda em face do Estado e este, em ação de regresso ou por meio de denunciação da lide, demanda o servidor. Isso se deve à conclusão de que o disposto no art. 37, § 6.º, da Magna Carta constitui uma **dupla garantia**[53], não só do administrado que sofre o dano, mas também do servidor, que somente responde administrativa e civilmente perante a pessoa jurídica a cujo quadro funcional se vincular (STF, RE 327.904/SP, 1.ª Turma, Rel. Min. Carlos Ayres Britto, j. 15.08.2006).

Não obstante, há recentes julgados do Superior Tribunal de Justiça admitindo a propositura da ação diretamente em face do servidor, conforme se verifica de transcrição constante do Informativo 532: "Na hipótese de dano causado a particular por agente público no exercício de sua função, há de se conceder ao lesado a possibilidade de ajuizar ação diretamente contra o agente, contra o Estado ou contra ambos"[54].

Em razão da imunidade parlamentar, os vereadores[55], deputados[56] e senadores[57] não podem ser demandados em ação de regresso quando há dano decorrente de ato legislativo.

---

52. Contra o antigo entendimento da própria Corte, exarado anteriormente à CF/1988. Vide: STF, Pleno, RE 90.071, Rel. Min. Cunha Peixoto, j. 18.06.1980.
53. É a chamada tese da "dupla garantia".
54. Informativo 532, de 19 de dezembro de 2013, STJ, 4.ª T, REsp 1.325.862/PR, Rel. Min. Luis Felipe Salomão, j. 05.09.2013.
55. A imunidade material dos vereadores por suas opiniões, palavras e votos está consagrada no art. 29, VIII, da CF/1988, já tendo decidido o STF que ela abrange a responsabilidade civil (RE 405.386/RJ, 2.ª T., Rel. p/ acórdão Min. Teori Zavascki, j. 26.02.2013).
56. A imunidade material dos deputados estaduais, por suas opiniões, palavras e votos, está consagrada no art. 27, § 1.º, da CF/1988, ao passo que a dos deputados federais está prevista no art. 53, *caput*, da Carta Magna.
57. A imunidade material dos senadores também está prevista no art. 53, *caput*, da Carta Magna.

Esse entendimento, no entanto, deve ser relativizado se a lei tiver efeitos concretos e restar demonstrado o dolo dos legisladores em sua aprovação com o subsequente locupletamento destes ou de terceiros a eles ligados. Em regra, no entanto, costuma ser o próprio Estado o beneficiário dessa responsabilização, visto que geralmente é o patrimônio público o afetado por tais atos[58].

Já no caso do Poder Judiciário, não obstante a LOMAN possibilitar o ajuizamento de demanda direto em face do magistrado em face do magistrado quando este, no exercício de suas funções, proceder com dolo ou fraude ou recusar, omitir ou retardar, sem justo motivo, providência que deva ordenar de ofício, ou a requerimento das partes, o novo CPC, em seu artigo 143, ao contrário, expressamente prevê a **responsabilidade regressiva**, ou seja, o jurisdicionado deve acionar o Estado pleiteando a responsabilidade Civil e este, em demanda regressiva, aciona o magistrado. Na vigência do CPC de 73 havia a possibilidade de acionar diretamente o magistrado.

No entanto, algumas considerações devem ser feitas.

Primeiro, as hipóteses do inciso I indicam situações absolutamente idênticas, ou seja, em que o magistrado atua com dolo, visto que não se concebe a fraude sem aquele.

Veja-se que, num primeiro momento, a lei pareceu refutar a possibilidade de responsabilização por mera conduta culposa, o que nos parece ser a interpretação mais adequada, sob pena de se transformar o princípio processual do livre convencimento em letra morta, além de se retirar do magistrado uma de suas garantias principais, que é a independência ao tomar suas decisões. O controle quanto a estas já resta implementado pela obrigatoriedade de fundamentação (art. 93, IX, da Carta Magna) e pelo duplo grau de jurisdição, que, aliás, é bastante intenso no Brasil, dado a miríade de recursos previstos em nossas leis processuais.

Não obstante, o item II causa certa perplexidade, visto que o retardamento injustificado pode perfeitamente estar ligado à negligência e não necessariamente ao dolo ou ao intuito de prevaricar.

Para compatibilização do preceito com as garantias que cercam a magistratura, pensamos que este deve ser interpretado sempre no sentido de que o elemento dolo esteja na gênese da conduta, visto que o erro judiciário não deve constituir fundamento da responsabilização do juiz, pessoa natural, mas sim do Estado. A conduta desidiosa, por outro lado, deverá sofrer a devida penalização no âmbito disciplinar, o que constitui outra história.

O segundo ponto a ser considerado diz respeito à possibilidade de responsabilização direta do magistrado. Aqui, como será visto mais à frente, pensamos que a regra legal será adotada conforme a orientação que se possa seguir quanto à própria possibilidade ou não de se responsabilizar diretamente o agente público pelos danos causados ao particular.

Assim, a vingar o entendimento atual do STF, no sentido de que só o Estado pode ser acionado pelo particular, hipótese já adaptada pelo novo CPC em seu artigo 143, o art. 49 da LOMAN deve ser interpretado em conformidade com a vigente Constituição,

---

58. Nesse sentido, vale citar o julgado do STJ que manteve condenação por improbidade administrativa de vereadores que aprovaram, contra recomendações do MP e do Tribunal de Contas, o aumento de subsídio para a própria legislatura (STJ, REsp 1.316.951/SP, 2.ª T., Rel. Min. Herman Benjamin, j. 14.05.2013).

no sentido de que tal dispositivo apenas estabelece os casos em que o Estado poderá regressivamente responsabilizar civilmente os magistrados.

Do contrário, a vingar a tese prevalecente no STJ, e já anteriormente adotada no STF, de que o servidor pode também ser acionado diretamente pelo particular, a única restrição à aplicação integral dos dispositivos seria aquela que elimine qualquer tese interpretativa que fundamente a responsabilização apenas na culpa em sentido estrito, isso sem contar com o fato de, agora, o novo CPC expressamente proibir tal conduta!

15.19. A ABSOLVIÇÃO CRIMINAL E SUAS IMPLICAÇÕES NA ESFERA CIVIL

Em razão da independência das instâncias, pode ocorrer de a conduta lesiva do agente, além de gerar danos a terceiros, ser tipificada como ilícito disciplinar ou mesmo penal. As instâncias são independentes e, por isso, regem-se por regras próprias, baseando-se cada uma na prova produzida em sua esfera.

No entanto, para efeitos de responsabilidade civil do agente público, caso este seja absolvido na esfera penal por inexistência material do fato, essa decisão repercutirá nas instâncias administrativa e cível, por força do disposto no art. 66 do CPP. As causas excludentes da ilicitude reconhecidas na esfera penal também não poderão mais ser discutidas no cível (art. 65 do CPP), embora não necessariamente sejam razão suficiente para excluir a responsabilização cível, que deve ser examinada conforme regras do próprio direito civil.

Se a absolvição no processo penal se deu apenas por falta de provas de autoria ou da materialidade, nesse caso permanecem intocáveis as decisões dos processos disciplinar e cível, uma vez que aquela decisão não repercute nas demais esferas (art. 67, I, do CPP). Da mesma forma ocorre se a decisão da esfera penal limita-se a reconhecer a inexistência do crime (art. 67, III, do CPP), já que a inexistência do ilícito penal não importa necessariamente no reconhecimento de que também inexistem os ilícitos administrativo e civil.

Também não repercutirá no cível ou no administrativo a decisão que se limita a reconhecer a extinção da punibilidade do agente (art. 67, II, do CPP). Essa última regra deve ser interpretada com evidente relativismo, uma vez que é óbvio que, a depender da causa extintiva, poderá haver sim a repercussão em outra esfera, como no caso da morte do agente, que, além de importar a extinção da ação penal, também importará na extinção do processo administrativo disciplinar.

15.20. RESPONSABILIDADE CIVIL DAS EMPRESAS CONCESSIONÁ-RIAS DE SERVIÇOS PÚBLICOS

O Supremo Tribunal Federal, no ano de 2005, no julgamento do Recurso Extraordinário 262.651, cuja relatoria coube ao Ministro Carlos Velloso, entendeu que, em caso de danos decorrentes de prestação de serviços de transporte, por concessionária de serviços públicos, apenas o usuário é que possui o direito de receber o serviço público ideal, por isso, em caso de dano, deve o prestador responder pela sistemática da responsabilidade objetiva.

Entendeu-se, no referido julgamento, que a responsabilidade em relação aos não usuários seria subjetiva, sob pena de o julgador ir além da *ratio legis*.

A doutrina majoritária, em que se destacam Celso Antônio Bandeira de Mello e José dos Santos Carvalho Filho, entende que até para os não usuários do serviço a responsabilidade será objetiva, uma vez que o legislador constituinte não fez distinção entre usuários e não usuários.

Posteriormente, o Supremo Tribunal Federal, no julgamento do *Recurso Extraordinário 459.749/PE*, relatado pelo Ministro Joaquim Barbosa, começou a rever esse posicionamento, conforme o *Informativo 458* do Tribunal Excelso, dando a seguinte notícia[59]:

> *"Tribunal iniciou julgamento de recurso extraordinário interposto contra acórdão prolatado pelo Tribunal de Justiça do Estado de Pernambuco que, com base no princípio da responsabilidade objetiva (CF, art. 37, § 6.º), condenara a recorrente, empresa privada concessionária de serviço público de transporte, ao pagamento de indenização por dano moral a terceiro não usuário, atropelado por veículo da empresa. O Min. Joaquim Barbosa, relator, negou provimento ao recurso por entender que a responsabilidade civil das pessoas jurídicas de direito privado prestadoras de serviço público é objetiva também relativamente aos terceiros não usuários do serviço. Asseverou que, em razão de a Constituição brasileira ter adotado um sistema de responsabilidade objetiva fundado na teoria do risco, mais favorável às vítimas do que às pessoas públicas ou privadas concessionárias de serviço público, toda a sociedade deveria arcar com os prejuízos decorrentes dos riscos inerentes à atividade administrativa, tendo em conta o princípio da isonomia de todos perante os encargos públicos. Ademais, reputou ser indevido indagar sobre a qualidade intrínseca da vítima, a fim de se verificar se, no caso concreto, configura-se, ou não, a hipótese de responsabilidade objetiva, haja vista que esta decorre da natureza da atividade administrativa, a qual não é modificada pela mera transferência da prestação dos serviços públicos a empresas particulares concessionárias do serviço. Após os votos dos Ministros Cármen Lúcia, Ricardo Lewandowski e Carlos Britto que acompanhavam o voto do relator, pediu vista dos autos o Min. Eros Grau"* (RE 459.749/PE, Rel. Min. Joaquim Barbosa, 08.03.2007.

No *Informativo 557* do STF, no entanto, ficou enfatizada a mudança de entendimento na matéria, quando do julgamento do RE 591.874/MS (Pleno, Rel. Min. Ricardo Lewandowski, j. 26.08.2009), assentando-se que:

> *"No mérito, salientando não ter ficado evidenciado, nas instâncias ordinárias, que o acidente fatal que vitimara o ciclista ocorrera por culpa exclusiva deste ou em razão de força maior, reputou-se comprovado o nexo de causalidade entre o ato administrativo e o dano causado ao terceiro não usuário do serviço público, e julgou-se tal condição suficiente para estabelecer a responsabilidade objetiva da pessoa jurídica de direito privado, nos termos do art. 37, § 6.º, da CF ('As pessoas jurídicas de direito público e as de direito privado prestadoras de serviços públicos responderão pelos danos que seus agentes, nessa qualidade, causarem a terceiros, assegurado o direito de regresso contra o responsável nos casos de dolo ou culpa.')".*

Asseverou-se que não se poderia interpretar restritivamente o alcance do art. 37, § 6.º, da CF, sobretudo porque a Constituição, interpretada à luz do princípio da isonomia, não permite que se faça qualquer distinção entre os chamados "terceiros", ou seja, entre usuários e não usuários do serviço público, haja vista que todos eles, de igual modo, podem

---

59. A Corte não concluiu a análise de mérito desse feito, em vista de acordo firmado entre as partes.

sofrer dano em razão da ação administrativa do Estado, seja ela realizada diretamente, seja por meio de pessoa jurídica de direito privado.

Observou-se, ainda, que o entendimento de que apenas os terceiros usuários do serviço gozariam de proteção constitucional decorrente da responsabilidade objetiva do Estado, por terem o direito subjetivo de receber um serviço adequado, contrapor-se-ia à própria natureza do serviço público, que, por definição, tem caráter geral, estendendo-se, indistintamente, a todos os cidadãos, beneficiários diretos ou indiretos da ação estatal.

15.21. ASPECTOS PROCESSUAIS

15.21.1. Sujeito ativo da ação de reparação de danos

O sujeito ativo da ação pode ser pessoa física ou jurídica que experimentou dano material ou moral decorrente de ação ou omissão das pessoas jurídicas de direito público ou daquelas pessoas jurídicas de direito privado prestadoras de serviços públicos.

Além desses, seus sucessores também podem pleitear, seguindo, é claro, a ordem sucessória prevista no art. 1.829 do Código Civil, que possui a seguinte redação:

> "Art. 1.829. A sucessão legítima defere-se na ordem seguinte:
>
> I – aos descendentes, em concorrência com o cônjuge sobrevivente, salvo se casado este com o falecido no regime da comunhão universal, ou no da separação obrigatória de bens (art. 1.640, parágrafo único); ou se, no regime da comunhão parcial, o autor da herança não houver deixado bens particulares;
>
> II – aos ascendentes, em concorrência com o cônjuge;
>
> III – ao cônjuge sobrevivente;
>
> IV – aos colaterais".

Em caso julgado pelo STJ, veiculado pelo Informativo de Jurisprudência 401, na ausência de sucessores mais próximos, foi reconhecida a legitimidade da irmã para o ingresso com ação indenizatória[60]. Por outro lado, "o dano por ricochete a pessoas não pertencentes ao núcleo familiar da vítima direta da morte, de regra, deve ser considerado como não inserido nos desdobramentos lógicos e causais do ato, seja na responsabilidade por culpa, seja na objeti-

---

60. Trata-se de REsp em que se discute a legitimidade da irmã de vítima morta em presídio, tendo em vista constar do boletim de ocorrência o estado civil da vítima (preso) como convivente. Diante disso, a Turma negou provimento ao recurso ao entendimento de que o fato de o agente prisional ter informado, no boletim de ocorrência, o estado civil da vítima como convivente, o que, segundo o Estado recorrente, revelaria a união estável, não afasta, por si só, a legitimidade ativa da irmã para propor a ação indenizatória. Isso porque, embora o boletim de ocorrência seja um documento público que faz prova da existência das declarações ali prestadas, não se pode afirmar que tais declarações sejam verídicas. *Assim, na ausência de ascendente, descendente ou cônjuge, a irmã acha-se legitimada a pleitear indenização por danos morais em razão do falecimento de seu irmão.* Vale ressaltar que a responsabilidade civil do Estado, nos casos de morte de pessoas custodiadas, é objetiva. Precedentes citados: REsp 63.750/SP, *DJ* 14.04.1997; REsp 37.253/SP, *DJ* 24.10.1994; AgRg no Ag 901.200/RJ, *DJ* 11.02.2008; AgRg nos EDcl no Ag 678.435/RJ, *DJ* 11.09.2006; REsp 596.102/RJ, *DJ* 27.03.2006; REsp 1.022.798/ES, *DJ* 28.11.2008; REsp 713.682/RJ, *DJ* 11.04.2005; REsp 1.054.443/MT, Rel. Min. Castro Meira, j. 04.08.2009.

va, porque extrapolam os efeitos razoavelmente imputáveis à conduta do agente". Com esse fundamento, a mesma Corte negou a legitimidade para propor a ação ao noivo da vítima[61].

15.21.2. Sujeito passivo da ação de reparação de danos

I) As pessoas jurídicas de direito público: a) União; b) Estados; c) Distrito Federal; d) Municípios; e) Autarquias; f) Fundações Públicas de Direito Público.

II) As pessoas jurídicas de direito privado, prestadoras de serviços públicos[62]: a) sociedade de economia mista prestadora de serviços públicos; b) empresa pública prestadora de serviços públicos; c) concessionárias de serviços públicos; e d) permissionárias de serviços públicos.

Estas últimas apenas respondem objetivamente, nos termos do art. 37, § 6.º, da Constituição Federal, se o dano for causado na prestação de um serviço público, não se aplicando, pelo menos sob esse fundamento normativo, quando o dano for decorrente de atividade outra que não a prestação de um serviço público, como, por exemplo, o protesto ilegal de uma duplicata.

15.21.3. Objeto da demanda ou pedido

Na ação de reparação podem ser postulados:

   a) *indenização por danos materiais e/ou morais, abrangendo tanto os lucros cessantes quanto os danos emergentes;*
   b) *juros, indenizatórios ou compensatórios e de mora, sendo pacífico o entendimento de que, se o dano decorrer de ato ilícito, os juros de mora são computados a partir do evento danoso[63];*
   c) *honorários advocatícios e outras despesas processuais, como custas e honorários periciais eventualmente adiantados.*

15.21.4. É possível a antecipação dos efeitos da tutela?

Regra geral, não é cabível, em face da Fazenda Pública, tutela de urgência (art. 300 do novo CPC), principalmente a que importa na obrigação de pagar, por consectário lógico

---

61. STJ, REsp 1.076.160/AM, 4.ª T., Rel. Min. Luis Felipe Salomão, j. 10.04.2012.
62. E se o dano for causado por empresa detentora de autorização pública, se aplica ou não a responsabilidade objetiva? José dos Santos Carvalho Filho e Maria Sylvia Di Pietro entendem que as pessoas portadoras de autorização administrativa não estão sujeitas à responsabilidade objetiva, mas subjetiva com base no Código Civil. Tais doutrinadores justificam sua posição sob o argumento de que a autorização é ato administrativo precário por meio do qual a Administração consente que o indivíduo desempenhe atividade de seu interesse exclusivo ou predominante interesse, não se caracterizando a atividade como serviço público. Já Hely Lopes Meirelles e Odete Medauar entendem que pode haver autorização de serviços públicos, colocando esta última doutrinadora a autorização de serviços públicos ao lado de permissão e concessão e, por isso, sujeita à responsabilidade objetiva.
63. *Súmula 54 do STJ*: "Os juros de mora fluem a partir do evento danoso, em caso de responsabilidade extracontratual".

da prerrogativa insculpida no art. 100 da CF/1988. A lei processual ainda se incumbe de restringir expressamente sua adoção ao estender uma série de restrições quando a parte ré é uma pessoa jurídica de direito público (art. 1.º da Lei 9.494/1997), sendo que tais disposições foram consideradas constitucionais quando do julgamento da ADC 4 (Pleno, Red. p/ acórdão Min. Celso de Mello, j. 01.10.2008).

Em alguns casos, não obstante, é possível requerer-se a tutela de urgência nas ações indenizatórias de dano ocasionado pelo Estado, como, por exemplo, para fins de fixação de alimentos provisórios ao dependente de pessoa vítima de acidente ocasionado por veículo pertencente ao poder público, ou para tratamento de saúde emergencial à vítima de erro médico ocorrido em hospital público.

Nesses casos, embora o poder público seja obrigado a despender recursos para o cumprimento de decisão judicial ainda não transitada em julgado, deve prevalecer o direito fundamental à existência e dignidade do ser humano sobre a regra de pagamentos de créditos decorrentes de decisão judicial apenas por precatórios.

O STF, ademais, pacificou jurisprudência no sentido de ressalvar o alcance das restrições impostas pela legislação processual em alguns casos determinados[64], como os de natureza previdenciária. O STJ, por sua vez, já entendeu que a exceção sobre matéria previdenciária deve ser interpretada ampliativamente, abrangendo qualquer ação que vise recebimento de verbas alimentares (REsp 735.850/RN, 2.ª T., Rel. Min. Humberto Martins, j. 01.03.2007).

15.21.5. Prazo para a propositura da ação

Em razão do princípio da segurança jurídica, em regra, o exercício das pretensões do Estado e dos particulares está sujeito a um prazo, o qual, se ultimado, enseja a perda do direito de questionar em juízo aquela pretensão. Estabelece-se, portanto, prazos de prescrição do exercício do direito.

Uma vez lesada, a vítima possui um prazo de cinco anos para ingressar com ação contra o Estado, conforme estabelece o art. 1.º do Decreto 20.910/1932, cuja redação é a seguinte:

> "Art. 1.º As dívidas passivas da união, dos estados e dos municípios, bem assim todo e qualquer direito ou ação contra a fazenda federal, estadual ou municipal, seja qual for a sua natureza, prescrevem em cinco anos contados da data do ato ou fato do qual se originarem".

Em razão desse enunciado normativo, a doutrina e jurisprudência majoritárias sempre sustentaram o prazo quinquenal para ingresso com ação em face do Estado.

---

64. *Súmula 729 do STF*: "A decisão na Ação Direta de Constitucionalidade 4 não se aplica à antecipação de tutela em causa de natureza previdenciária".

Hoje, já resta pacificado no STJ que o prazo é quinquenal[65-66]:

---

65. O STF recentemente manteve decisão nesse sentido: "Decisão: Trata-se de agravo contra decisão de inadmissibilidade de recurso extraordinário em face de acórdão assim do: Processual civil. Responsabilidade civil do Estado. Ação indenizatória contra a Fazenda Pública. Prazo de prescrição quinquenal. Art. 1.º do Decreto 20.910/1932. 1. A Primeira Seção do STJ, por ocasião do julgamento do REsp 1.251.993/PR, submetido à sistemática do art. 543-C do CPC, assentou a orientação de que o prazo prescricional nas ações indenizatórias contra a Fazenda Pública é quinquenal, conforme previsto no art. 1.º do Decreto-Lei 20.910/1932, e não trienal, nos termos do art. 206, § 3.º, inciso V, do CC/2002. 2. Agravo Regimental não provido. (doc. 2, p. 68) No recurso extraordinário, interposto com fundamento no art. 102, inciso III, alínea *a*, da Constituição Federal, sustenta-se violação dos artigos 5.º, XXXV, LIV e LV; e 93, IX, do texto constitucional. Aponta-se negativa de prestação jurisdicional, ao argumento de que o Superior Tribunal de Justiça não se pronunciou acerca da tese defendida no recurso. Alega-se ainda ofensa ao princípio da isonomia, ao fundamento de que o Tribunal de origem aplicou o prazo prescricional de cinco anos na ação de reparação de danos promovida pela Fazenda Pública, sendo que, nas ações ajuizadas pelo particular, o prazo prescricional aplicável é de três anos. É o relatório. Decido. A irresignação não merece prosperar. Inicialmente, com relação à alegada ofensa aos artigos 93, IX, e 5.º, XXXV, da Constituição Federal, observo que esta Corte já apreciou a matéria por meio do regime da repercussão geral, no julgamento do AI-QO-RG 791.292, de minha relatoria, *DJe* 13.8.2010. Nessa oportunidade, este Tribunal reconheceu a existência de repercussão geral do tema e reafirmou a jurisprudência do Supremo Tribunal Federal no sentido de que o referido artigo exige que o acórdão ou decisão sejam fundamentados, ainda que sucintamente, sem estabelecer, todavia, o exame pormenorizado de cada uma das alegações ou provas. Verifico que divergir do entendimento adotado pelo Tribunal de origem demandaria a prévia análise de legislação infraconstitucional aplicável à espécie, de modo que eventual ofensa à Constituição Federal, se ocorrente, seria indireta ou reflexa, o que não enseja a abertura da via extraordinária: 'Processual civil. Agravo regimental no recurso extraordinário com agravo. Art. 5.º, *caput*, da Constituição Federal. Dispositivo incapaz de infirmar o juízo formulado pelo tribunal de origem. Deficiência recursal. Súmula 284/STF. Ação ajuizada contra a Fazenda Pública. Prazo prescricional. Análise de legislação infraconstitucional. Impossibilidade, ofensa reflexa ou indireta à Constituição Federal. Agravo regimental a que se nega provimento'. (ARE 772.157-AgR/RS, Rel. Min. Teori Zavascki, Segunda Turma, *DJe* 14.11.2013) 'Agravo regimental no recurso extraordinário com agravo. Administrativo. Ação de indenização contra a Fazenda Pública. Prazo prescricional. Acórdão fundamentado no Decreto n. 20.910/1932. Ofensa constitucional indireta. Agravo regimental ao qual se nega provimento'. (ARE 776.908-AgR, Rel. Min. Cármen Lúcia, Segunda Turma, *DJe* 10.02.2014) No tocante à suposta ofensa ao princípio da ampla defesa e do contraditório, observo que o Supremo Tribunal Federal já apreciou a matéria no ARE-RG 748.371 (Tema 660), de minha relatoria, *DJe* 1.º.8.2013, oportunidade em que rejeitou a repercussão geral, tendo em vista a natureza infraconstitucional da questão quando a solução depender da prévia análise da adequada aplicação das normas infraconstitucionais. Ante o exposto, conheço do presente agravo para negar-lhe provimento (art. 544, § 4.º, II, 'a', do CPC). Publique-se. Brasília, 20 de fevereiro de 2014. Ministro Gilmar Mendes Relator Documento assinado digitalmente" (STF, ARE 796.597/DF, Rel. Min. Gilmar Mendes, j. 20.02.2014, DJe-039, Divulg. 24.02.2014, Public. 25.02.2014).

66. "Processual civil. Ausência de violação do art. 535 do CPC. Prescrição do fundo de direito inexistente. Prescrição quinquenal. Súmula 85/STJ. Inaplicabilidade do Código Civil. Inexistência de julgamento *extra petita*. 1. Inexiste violação do art. 535 do CPC quando a prestação jurisdicional é dada na medida da pretensão deduzida, com enfrentamento e resolução das questões abordadas no recurso. 2. A Primeira Seção no julgamento do EREsp 1081885/RR, Rel. Min. Hamilton Carvalhido, julgado em 13.12.2010, *DJe* 1.2.2011, consolidou o entendimento segundo o qual nas ações contra a Fazenda Pública aplica-se o prazo prescricional quinquenal nos termos do art. 1.º do Decreto n.º 20.910/32, pois o Código Civil é um 'diploma legislativo destinado a regular as relações entre particulares, não tendo invocação nas relações do Estado com o particular'. (EREsp 1081885/RR, Rel. Min. Hamilton Carvalhido, Primeira Seção, julgado em 13.12.2010, *DJe* 1.2.2011). 3. No mesmo sentido o seguinte precedente da Primeira Seção: AgRg no REsp 1149621/PR, Rel. Min. Benedito Gonçalves, Primeira Seção, julgado em 12.5.2010, *DJe* 18.52010. 4. Precedentes da Segunda Turma: AgRg no Ag 1.367.572/SC, Rel. Min. Herman Benjamin, Segunda Turma, julgado em 17.3.2011, *DJe*

"Embargos de divergência em recurso especial. Direito administrativo. Ação de indenização por responsabilidade civil do Estado. Prescrição. Prazo quinquenal. 1. É de cinco anos o prazo para a pretensão de reparação civil do Estado. 2. Precedente da Primeira Seção (AgRgREsp n.º 1.149.621/PR, Relator Ministro Benedito Gonçalves, in DJe 18/5/2010). 3. Embargos de divergência rejeitados" (STJ, EREsp 1.081.885/RR 2009/0244778-9, 1.ª S., Rel. Min. Hamilton Carvalhido, j. 13.12.2010, DJe 01.02.2011).

Ainda, o Superior Tribunal de Justiça entende que o direito de reclamar indenização em virtude da morte de pessoas desaparecidas durante o período da ditadura militar, *ex vi* da Lei 9.140/1995, é imprescritível[67].

15.22. EXTRATO DOS INFORMATIVOS DO SUPERIOR TRIBUNAL DE JUSTIÇA E DO SUPREMO TRIBUNAL FEDERAL SOBRE PRESCRIÇÃO EM MATÉRIA DE RESPONSABILIDADE CIVIL DO ESTADO.

15.22.1. Regra geral da prescrição em ações contra a Fazenda Pública. Informativo 512 STJ

O prazo prescricional aplicável às ações de indenização contra a Fazenda Pública é de 5 (CINCO) anos, conforme previsto no Decreto 20.910/32, e não de três anos (regra do Código Civil), por se tratar de norma especial, que prevalece sobre a geral. (STJ. 1ª Seção. REsp 1.251.993-PR, Rel. Min. Mauro Campbell, julgado em 12/12/2012 (recurso repetitivo)

15.22.2. Ações contra pessoa jurídica de direito privado prestadora de serviço público. Informativo 563 STJ

É de 5 anos o prazo prescricional para que a vítima de um acidente de trânsito proponha ação de indenização contra concessionária de serviço público de transporte coletivo (empresa de ônibus). O fundamento legal para esse prazo está no art. 1º-C da Lei 9.494/97 e também no art. 27 do CDC. (STJ. 3ª Turma. REsp 1.277.724-PR, Rel. Min. João Otávio de Noronha, julgado em 26/5/2015)

15.22.3. Início do prazo prescricional. Informativo 507 STJ

O termo inicial do prazo prescricional para o ajuizamento de ação de indenização contra ato do Estado ocorre no momento em que constatada a lesão e os seus efeitos, conforme o princípio da *actio nata*. (STJ. 2ª Turma. AgRg no REsp 1.333.609-PB, Rel. Min. Humberto Martins, julgado em 23/10/2012)

4.4.2011; EDcl no REsp 1.205.626/AC, Rel. Min. Mauro Campbell Marques, Segunda Turma, julgado em 22.2.2011, *DJe* 4.3.2011. 5. Hipótese em que não se trata de julgamento *extra* ou *ultra petita*, pois a análise feita pelo Tribunal *a quo* limitou-se ao pedido, embora tenha imergido em sua profundidade. Agravo regimental improvido" (AgRg no AREsp 8.333/RS 2011/0096854-7, 2.ª T., Rel. Min. Humberto Martins (1130), j. 13.09.2011, *DJe* 27.09.2011).

67. REsp 651.512/GO, Rel. Min. João Otávio de Noronha, j. 10.04.2007. *Informativo 316*. Veja ainda: REsp 379.414/PR, *DJ* 17.02.2003; REsp 449.000/PE, *DJ* 30.06.2003; e REsp 529.804/PR, *DJ* 24.05.2004.

15.22.4. Termo inicial da prescrição da pretensão indenizatória em caso de tortura e morte de preso. Informativo 556 STJ

Atenção! São duas regras:

SE tiver sido ajuizada ação penal contra os autores do crime: o termo inicial da prescrição será o trânsito em julgado da sentença penal.

SE o inquérito policial tiver sido arquivado, ou seja, não foi ajuizada ação penal: o termo inicial da prescrição da ação de indenização é a data do arquivamento do inquérito policial. (STJ. 2ª Turma. REsp 1.443.038-MS, Rel. Ministro Humberto Martins, julgado em 12/2/2015)

15.22.5. Reconhecimento administrativo pela Fazenda e renúncia ao prazo prescricional. Informativo 509 STJ

Caso o Poder Público tenha reconhecido administrativamente o débito, o termo inicial do prazo prescricional de 5 anos para que servidor público exija seu direito será a data desse ato de reconhecimento, pois, para aquele Egrégio Pretório, o reconhecimento do débito implica renúncia, pela Administração, ao prazo prescricional já transcorrido. (STJ. 1ª Turma. AgRg no AgRg no AREsp 51.586-RS, Rel. Min. Benedito Gonçalves, julgado em 13/11/2012)

15.22.6. Imprescritibilidade dos danos morais decorrentes de tortura no regime militar. Informativo 523 STJ

As ações de indenização por danos morais decorrentes de atos de tortura ocorridos durante Regime Militar de exceção são imprescritíveis, não se aplicando, no caso, o prazo prescricional de 5 anos previsto no art. 1º do Decreto 20.910/1932. (STJ. 2ª Turma. REsp 1.374.376-CE, Rel. Min. Herman Benjamin, julgado em 25/6/2013)

15.22.7. Constitucionalidade do art. 1º-C da Lei 9.494/94 e prazo quinquenal. STF

É constitucional a norma decorrente do art. 1º-C da Lei 9.494/1997, que fixa em cinco anos o prazo prescricional para as ações de indenização por danos causados por agentes de pessoas jurídicas de direito público e de pessoas jurídicas de direito privado prestadoras de serviços públicos, reproduzindo a regra já estabelecida, para a União, os Estados e os Municípios, no art. 1º do Decreto 20.910/1932. (ADI 2.418, rel. min. Teori Zavascki, j. 4-5-2016, P, DJE de 17-11-2016).

15.22.8. É prescritível a ação de reparação de danos à Fazenda Pública decorrente de ilícito civil. STF

O Plenário rejeitou embargos de declaração oposto de decisão proferida no RE 669.069/MG (DJe de 28.4.2016), que entendeu ser prescritível a ação de reparação de danos à Fazenda Pública decorrente de ilícito civil.

O Tribunal observou que, nos debates travados na oportunidade do julgamento do acórdão embargado, ficara clara a opção da Corte de considerar como ilícito civil os de natureza semelhante à do caso concreto em exame, a saber: ilícitos decorrentes de acidente de trânsito. **O conceito, sob esse aspecto, deveria ser buscado pelo método de exclusão: não se considerariam ilícitos civis, de um modo geral, os que decorressem de infrações ao direito público, como os de natureza penal, os decorrentes de atos de improbidade e assim por diante.** (RE 669.069, Relator(a): Min. TEORI ZAVASCKI, Tribunal Pleno, julgado em 16/06/2016, pub. 30-06-2016)

15.22.9. É cabível litisconsórcio passivo entre a pessoa jurídica e o agente público?

Existem dois posicionamentos.

O Superior Tribunal de Justiça entende que a vítima pode ingressar com ação diretamente contra o Estado, em face do agente ou contra ambos, tratando-se, na espécie, de litisconsórcio passivo facultativo.

O Superior Tribunal de Justiça, no julgamento do Recurso Especial 997.761/MG, cuja relatoria coube ao ministro Castro Meira, reiterou os precedentes no sentido de que:

> *"(...) 2. Inexiste a vedação legal ao litisconsórcio entre o ente estatal e os agentes públicos causadores do dano em ação de indenização por responsabilidade civil do Estado"*[68].

Já o Supremo Tribunal Federal tinha o posicionamento no sentido de que caberia litisconsórcio passivo facultativo entre o Estado e o agente, não obstante a possibilidade da ação regressiva do Estado em face do servidor.

Registre-se, a respeito, a ementa do Agravo Regimental em Agravo de Instrumento 106.483, de relatoria do Ministro Rafael Mayer, julgado em 26 de novembro de 1985, ou seja, com base na pretérita Constituição Federal[69].

> *"Responsabilidade civil do Estado. Art-107 da CF. Possibilidade de acionar o Estado e o funcionário causador do dano. Correção monetária ampla a partir do evento danoso. 1. 'O fato de a Constituição Federal prever direito regressivo às pessoas jurídicas de direito público contra o funcionário responsável pelo dano não impede que este último seja acionado conjuntamente com aquelas, vez que a hipótese configura típico litisconsórcio facultativo'. Precedente: RE 90071. 2. A Lei 6.899 não infirmou a construção jurisprudencial que assegura a correção monetária ampla desde o evento danoso, no sentido da Súmula 562. Agravo regimental improvido".*

Como já foi visto, percebe-se uma mudança de posicionamento em decorrência de uma nova linha exegética adotada pelo Excelso Tribunal no sentido que a Constituição

---

68. Julgado em 10 de junho de 2008 e publicado no *DJe* em 23 de junho de 2008.
69. No mesmo sentido: RE 90.071/SC, Tribunal Pleno, Rel. Min. Cunha Peixoto, j. 18.06.1980; RE 80.873/SP, 2.ª T., Rel. Min. Moreira Alves, j. 19.09.1975.

Federal prevê, a um só tempo, duas garantias distintas: a de a vítima ingressar com ação contra o Estado, pautada na responsabilidade objetiva, e a do agente público causador do dano de apenas ser acionado regressivamente pelo Estado, não podendo a vítima ajuizar demanda diretamente contra ele.

Nesse sentido foi o julgamento do *Recurso Extraordinário 327.904-1/SP*, relator Carlos Britto, julgado em 15 de agosto de 2006, cujo julgamento ficou resumido na seguinte ementa:

> "*Recurso extraordinário. Administrativo. Responsabilidade objetiva do Estado: § 6.º do art. 37 da Magna Carta. Ilegitimidade passiva ad causam. Agente público (ex-prefeito). Prática de ato próprio da função. Decreto de intervenção.*
>
> *O § 6.º do artigo 37 da Magna Carta autoriza a proposição de que somente as pessoas jurídicas de direito público, ou as pessoas jurídicas de direito privado que prestem serviços públicos, é que poderão responder, objetivamente, pela reparação de danos a terceiros. Isto por ato ou omissão dos respectivos agentes, agindo estes na qualidade de agentes públicos, e não como pessoas comuns.*
>
> *Esse mesmo dispositivo constitucional consagra, ainda, dupla garantia: uma, em favor do particular, possibilitando-lhe ação indenizatória contra a pessoa jurídica de direito público, ou de direito privado que preste serviço público, dado que bem maior, praticamente certa, a possibilidade de pagamento do dano objetivamente sofrido. Outra garantia, no entanto, em prol do servidor estatal, que somente responde administrativa e civilmente perante a pessoa jurídica a cujo quadro funcional se vincular*".

15.23. Denunciação à lide pelo Estado do agente público

Outro ponto importante é saber se cabe ou não, em ação de responsabilidade civil proposta contra o Estado, a invocação do art. 125, II, do novo Código de Processo Civil, para denunciar à lide o servidor responsável pelo dano.

Apenas para ficar mais claro o que se explicará, transcreveremos o inteiro teor do referido dispositivo legal.

> "*Art. 125. É admissível a denunciação da lide, promovida por qualquer das partes:*
>
> *(...)*
>
> *II – àquele que estiver obrigado, por lei ou pelo contrato, a indenizar, em ação regressiva, o prejuízo de quem for vencido no processo*

O Superior Tribunal de Justiça tem entendimento de que é possível a denunciação da lide, porém não é a mesma obrigatória, cabendo ao Estado optar pela denunciação ou pela ação regressiva posterior em face do agente público[70]:

---

70. Não obstante, existe ainda forte corrente no sentido de descaber a denunciação, apoiada na tese de que, se a ação original não tem em sua causa de pedir a discussão do elemento culpa, não haveria razão jurídica para que o réu trouxesse aos autos tal discussão, mediante a denunciação. Nesse sentido, *Súmula 240 do TJRJ*: "Inadmissível a denunciação da lide fundada na imputação de responsabilidade de terceiro pelo evento danoso".

> *"Agravo regimental em recurso especial. Processual civil e administrativo. Responsabilidade civil do Estado. Ação de indenização por danos morais e materiais. Denunciação à lide do agente causador do suposto dano. Facultativo. Ação de regresso resguardada. Ofensa ao art. 535 do CPC. Inocorrência. 1. A denunciação à lide na ação de indenização fundada na responsabilidade extracontratual do Estado é facultativa, haja vista o direito de regresso estatal restar resguardado ainda que seu preposto, causador do suposto dano, não seja chamado à integrar o feito. 2. Precedentes: REsp 891.998/RS, Rel. Ministro Luiz Fux, Primeira Turma, julgado em 11/11/2008, DJe 01/12/2008; REsp 903.949/PI, Rel. Ministro Teori Albino Zavascki, Primeira Turma, julgado em 15/05/2007, DJ 04/06/2007 p. 322; AgRg no Ag 731.148/AP, Rel. Ministra Denise Arruda, Primeira Turma, julgado em 08/08/2006, DJ 31/08/2006 p. 220; REsp 620.829/MG, Rel. Ministro Luiz Fux, Primeira Turma, julgado em 21/10/2004, DJ 22/11/2004 p. 279; EREsp 313.886/RN, Rel. Ministra Eliana Calmon, Primeira Seção, julgado em 26/02/2004, DJ 22/03/2004, p. 188. 3. Os embargos de declaração que enfrentam explicitamente a questão embargada não ensejam recurso especial pela violação do artigo 535, II, do CPC, tanto mais que, o magistrado não está obrigado a rebater, um a um, os argumentos trazidos pela parte, desde que os fundamentos utilizados tenham sido suficientes para embasar a decisão. 4. Agravo regimental desprovido"* (STJ, AgRg no REsp 1.149.194/AM 2009/0134655-1, 1.ª T., Rel. Min. Luiz Fux, j. 02.09.2010, DJe 23.09.2010).
>
> *"Administrativo. Responsabilidade civil do Estado. Erro médico. Denunciação da lide. Faculdade. Nas demandas em que se discute a responsabilidade civil do Estado, a denunciação da lide ao agente causador do suposto dano é facultativa, cabendo ao magistrado avaliar se o ingresso do terceiro ocasionará prejuízo à economia e celeridade processuais. Agravo regimental não provido"* (STJ, AgRg no AREsp 139.358/SP 2012/0030135-1, 1.ª T., Rel. Min. Ari Pargendler, j. 26.11.2013, DJe 04.12.2013).

A professora Maria Sylvia Zanella Di Pietro[71], no entanto, entende que não cabe denunciação à lide no âmbito federal, pois o servidor responde perante a Fazenda Pública apenas em ação regressiva, conforme preconiza o art. 122, § 2.º, da Lei 8.112/1990. Contudo, discordamos desse entendimento, pois a referida norma não exclui a aplicação do CPC e da jurisprudência atual sobre o tema.

15.24. AÇÃO REGRESSIVA

A Suprema Corte entende não ser cabível ação de indenização diretamente em face do agente público com base no art. 37, § 6.º, da CF, o que deve ser feito somente contra a pessoa jurídica sujeita à regra de responsabilidade objetiva.

Ainda que se adote tal entendimento, que, como vimos, não é majoritário no STJ, se porventura a pessoa jurídica for condenada em ação intentada apenas em face dela, poderá esta, então, ajuizar ação regressiva contra o agente público, se foi este quem causou dano atuando nessa qualidade, devendo a Fazenda Pública, ainda, comprovar a existência de dolo ou culpa do agente.

Para exercer o direito de regresso, a entidade pública (ou a delegatária de serviços públicos) precisará comprovar que já foi condenada judicialmente por decisão transitada em julgado, sendo este requisito essencial ao cabimento da ação regressiva, verdadeira condição de procedibilidade.

---

71. DI PIETRO, Maria Sylvia Zanella. Op. cit., p. 739.

A obrigação de o agente ressarcir a Administração Pública depende da comprovação da existência de culpa ou dolo, caracterizando a responsabilidade subjetiva, na modalidade culpa comum.

Caracterizada a responsabilidade subjetiva do agente, a obrigação de ressarcir a Administração Pública transmite-se aos sucessores do agente que tenha atuado com dolo ou culpa, sempre respeitando o valor do patrimônio transferido, conforme preconiza o art. 5.º, XLV, da Carta Magna.

Por fim, o agente público poderá ser responsabilizado ainda que tenha pedido exoneração, esteja aposentado ou outras situações semelhantes. Nesse passo, registra-se que as ações de ressarcimento ao erário, movidas pelo Estado contra agentes que tenham praticado ilícitos, são imprescritíveis[72-73-74].

15.25. RESPONSABILIDADE DO ESTADO POR ATOS LEGISLATIVOS

O Poder Legislativo é o responsável pela produção das normas primárias que regem todas as relações jurídicas, tanto entre particulares como entre estes e o Estado.

Em regra, toda lei, em sentido material, é impessoal, geral e abstrata, e, como tal, não possui o condão de produzir, por si só, danos concretos, específicos e individualizados.

Sendo assim, não se concebe, em princípio, que o Estado possa responder civilmente por danos que advenham do processo legislativo, até porque haveria clara limitação à própria produção das normas jurídicas primárias.

É evidente que leis, ao serem aplicadas, podem acarretar prejuízos econômicos, como no caso de uma norma que proíba a comercialização de determinado produto ou que restrinja o comércio em determinados horários.

Esse prejuízo, no entanto, é suportado por toda uma categoria de pessoas, e não por alguns poucos, não deixando de ser geral, visto que, para ser geral, não precisa abranger todos os nacionais ou todos aqueles potencialmente sujeitos à normatização vigente num país.

Assim, a responsabilidade civil do Estado, em tais situações, não pode ser resguardada, cabendo ao próprio legislador prover, dentro do exercício de sua atividade, as compensações financeiras cabíveis àquelas categorias econômicas que serão afetadas pela mudança da legislação vigente, ou, no máximo, prever regras de transição aplicáveis aos casos concretos. Entender diferente acarretaria o engessamento completo do ordenamento jurídico, criando-se direitos adquiridos a inúmeros regimes jurídicos que se tornariam imutáveis, ante os custos que teriam de ser suportados pelo Estado, e, logo, pela sociedade, para arcar com qualquer modificação em seu plexo jurídico.

---

72. Existe entendimento de que a imprescritibilidade da ação reparatória é apenas daquelas demandas de ressarcimento que forem decorrentes de ato improbidade a teor da parte final do art. 37, § 5.º, da CF (EREsp 662.844/SP, 1.ª S., Rel. Hamilton Carvalhido, j. 13.12.2010).
73. O próprio STJ, no entanto, em julgados mais recentes, tem entendido que a imprescritibilidade para ações de ressarcimento ao erário se aplica indistintamente aos casos de improbidade administrativa ou não (REsp 1.350.656/MG, 2.ª T., Rel. Eliana Calmon, j. 05.09.2013), seguindo o entendimento do STF no MS 26.210/DF, Pleno, Rel. Min. Ricardo Lewandowski, j. 04.09.2008.
74. Por fim, registre-se que a matéria não é pacífica e está à espera de julgamento em âmbito de Repercussão Geral no STF, sob o n.º RE 669.069/MG, Rel. Min. Teori Zavascki.

Não obstante, a lei é, sobretudo, ato do Legislativo, e nem todo ato desse poder será impessoal, abstrato e genérico, podendo, em casos específicos, editar leis apenas em sentido formal, ou seja, verdadeiros atos administrativos que o ordenamento, no entanto, exige que sejam aprovados pela Casa Legislativa, de modo que são materializados como leis, resoluções, decretos legislativos etc., constituindo-se, na verdade, em "leis de efeitos concretos".

Esses casos não são raros, podendo ser encontrados em todos os níveis de nossa Federação aos borbotões (leis que atribuem nomes a estradas, aeroportos, ruas, edifícios; leis que concedem pensão especial a determinado agente do poder público ou à sua família; decretos legislativos que concedem direito de exploração de serviços de radiodifusão; leis que homenageiam pessoas determinadas, concedendo-lhes títulos etc.).

Outra situação a ser considerada é a da inadequação da norma jurídica ao regramento constitucional, o que, obviamente, só pode ser discutido em países que adotam sistema de controle de constitucionalidade das leis, como é o caso do Brasil. Portanto, *leis inconstitucionais*, em tese, também podem acarretar a responsabilidade civil do Estado.

Por derradeiro, diga-se que não há qualquer controvérsia quanto à possibilidade de responsabilização do Estado por atos administrativos praticados pelo Poder Legislativo, não se aplicando a estes os óbices levantados quanto aos atos legislativos.

15.25.1. Leis de efeitos concretos

Como dito, leis que se assemelham ou constituem verdadeiros atos administrativos, por não terem as características de generalidade e abstração típicas dos atos legislativos, em sentido material, podem justificar a responsabilização civil do Estado, desde que acarretem um dano desproporcional a uma pessoa individualizada ou a um grupo de pessoas que possa ser individualizado.

Evidente que nem toda lei com essas características acarretará dano, pois, por exemplo, a norma estadual ou municipal que concede o título de cidadão a alguém não tem o condão de provocar qualquer tipo de prejuízo a quem quer que seja.

No entanto, no exemplo clássico, citado no capítulo de intervenção do Estado na propriedade, a lei também pode desapropriar, inclusive indiretamente, mediante instituição de limitações ou servidões que inviabilizem completamente o proveito econômico de um imóvel, hipóteses em que restará evidente o dever de indenização do Estado[75].

Alterações na legislação edilícia ou viária de um município comumente podem ter efeitos concretos, quando sua aplicação não diz respeito ao zoneamento das áreas urbanas como um todo, mas apenas atingem determinado logradouro municipal. Rafael Carvalho Rezende Oliveira[76] cita o exemplo de posto de gasolina localizado em via pública que tem o acesso de veículos proibidos por determinada lei municipal, do qual nos apropriamos por entendermos exemplificativo do que aqui estamos a tratar.

---

75. Leis de efeitos concretos ou atos normativos equivalentes, como o decreto-lei, já foram muito utilizados como mecanismos de intervenção na propriedade, principalmente para apropriação de bens de empresas estrangeiras, em períodos de arroubos nacionalistas que já nos assolaram. Um exemplo bastante apropriado é o do Decreto-Lei 2.436/1940, pelo qual a União se apropriou de todos os bens no Brasil da empresa Brazil Railway Company.
76. OLIVEIRA, Rafael Carvalho Rezende. *Curso de direito administrativo*. São Paulo: Método, 2013.

Nessas hipóteses, como adverte o mesmo doutrinador, teremos a "responsabilidade do Estado por ato legislativo lícito, fundada no princípio da repartição dos encargos sociais".

15.25.2. Leis inconstitucionais

O constitucionalismo, movimento político, social e jurídico que deu origem às constituições nacionais, nascido no século XIX[77] e desenvolvido ao longo do século XX, acarretou a instituição de Constituições rígidas ou semirrígidas[78] na maioria dos países modernos, existindo nestes, de diferentes maneiras, mecanismos de controle da constitucionalidade das leis, preventivos ou repressivos.

No Brasil, o controle de constitucionalidade das leis teve início com o Decreto 848/1890, instituidor da Justiça Federal, antes mesmo da promulgação da Constituição de 1891, a primeira norma nacional a prevê-lo. Inicialmente, somente se previa o controle difuso, passando-se a contar com o controle concentrado, a cargo do Supremo Tribunal Federal, com a instituição da representação de inconstitucionalidade pela Emenda Constitucional 16/1965.

Para nós, o que interessa saber é que, reconhecida a inconstitucionalidade de uma lei, torna-se possível a responsabilização civil do Estado pelos danos causados pela aplicação dessa mesma lei.

Os pressupostos dessa responsabilização são:

1) *que o dano tenha efetivamente ocorrido, cabendo à parte sua demonstração;*
2) *que tenha decorrido da aplicação concreta da lei (nexo de causalidade);*
3) *que tenha havido a declaração de inconstitucionalidade dessa mesma lei pelo Poder Judiciário, uma vez que no Brasil o controle feito pelos demais poderes é meramente preventivo.*

A maior dúvida que surge é em relação à declaração de inconstitucionalidade, visto que a Constituição Federal brasileira de 1988 adota tanto o sistema concentrado de controle de constitucionalidade quanto o sistema difuso de controle de constitucionalidade.

---

77. Sua origem está no famoso caso julgado pela Suprema Corte norte-americana, no ano de 1803, conhecido como *Marbury v. Madison*, sob responsabilidade do juiz John Marshall.
78. São poucas as exceções a esses sistemas, limitando-se a doutrina constitucional brasileira, de um modo geral, a apontar o sistema inglês como o único exemplo de constituição flexível existente no mundo. No entanto, o Estado de Israel também pode ser citado como exemplo, visto que ali, talvez por influência do mandato britânico na Palestina, que precedeu a criação do Estado judeu em 1947, também não existe um único documento escrito que possa ser chamado de "Constituição", sendo as leis materialmente constitucionais votadas pelo parlamento (Knesset) da mesma forma que as leis ordinárias. Não obstante, diversamente da Grã-Bretanha, com a aprovação das onze Leis Básicas, o Estado de Israel passou a prever certos limites formais à alteração de determinadas regras daquelas, o que permitiu o desenvolvimento de um controle de constitucionalidade por parte de sua Suprema Corte. Sobre o assunto, *vide*: WAISBERG, Tatiana. Notas sobre o direito constitucional israelense: A revolução constitucional e a Constituição escrita do Estado de Israel. *Revista Brasileira de Direito Constitucional*, n. 11, jan.-jun. 2008.

Tradicionalmente, somente no controle concentrado, a cargo do STF[79], a declaração tem efeito *erga omnes*, prescindindo, inclusive, de qualquer providência complementar pelo Legislativo quanto à retirada da norma inconstitucional do mundo jurídico, estando razoavelmente assentado que a providência prevista no art. 52, IX, da CF/1988, pelo Senado Federal, só tem sentido no controle difuso.

Para alguns doutrinadores, nada impediria a responsabilização civil do Estado quando a norma for declarada inconstitucional dentro do sistema difuso, desde que a pretensão indenizatória seja exercida dentro dos limites dos efeitos *inter partes* da ação originária em que se deu a declaração[80].

Em diferentes oportunidades, no entanto, o STJ firmou o entendimento de que tal pretensão só pode ter cabimento quando a declaração de inconstitucionalidade decorre de decisão do STF[81].

É preciso ter em mente, no entanto, que os efeitos pretendidos pela parte geralmente são buscados na própria ação em que se visa o reconhecimento da inconstitucionalidade da norma, e raramente envolve a possibilidade de uma nova demanda, exclusivamente indenizatória. Logo, nos parece não ter sentido a limitação alvitrada pelo STJ, embora, por outro lado, com a já massiva aceitação da tese que possibilita a desconstituição da chamada "coisa julgada inconstitucional", não se deve dar execução à decisão que, embora transitada em julgado, tenha reconhecido a inconstitucionalidade de norma que foi tida por constitucional pelo STF.

Outro ponto a ser considerado é que, desde a edição da Lei 10.259/2001, que instituiu o mecanismo de julgamento uniforme para os recursos extraordinários envolvendo questões constitucionais afetas aos juizados especiais federais (art. 15), desenvolveu-se bastante a jurisprudência constitucional do STF no sentido de aceitar a repercussão geral de suas decisões também no controle difuso, matéria que parece já estar pacificada com o advento do próprio instrumento como espécie de filtro para os recursos extraordinários (Lei 11.418/2006).

A jurisprudência do STF também admite a chamada "modulação de efeitos" da declaração de inconstitucionalidade, de forma que, se a Corte fixar os efeitos da declaração de modo *ex nunc* (ou seja, sem efeito retroativo) ou prospectivamente (a partir de uma data futura), o que é admitido pelo art. 27 da Lei 9.868/1999, que trata do processo e julgamento da ação direta de inconstitucionalidade e da ação declaratória de constitucionalidade, somente a partir do prazo estabelecido pela Corte poder-se-á ter como iniciada, da mesma forma, a responsabilidade do Estado por danos advindos da aplicação da norma tida por inconstitucional. Geralmente, são ressalvados, apenas, os casos daqueles que já intentaram ação individual antes da decisão sobre a modulação dos efeitos.

---

79. A CF/1988, no entanto, prevê o controle concentrado pelos Tribunais de Justiça quanto às leis e atos normativos municipais e estaduais em face das respectivas Constituições estaduais (art. 125, § 2.º).
80. OLIVEIRA, Rafael Carvalho Rezende. *Curso de direito administrativo*. São Paulo: Método, 2013.
81. STJ, REsp 133.882/SC, 1.ª T., Rel. Min. Demócrito Reinaldo, j. 25.05.1999; REsp 163.038/PR, 1.ª T., Rel. Min. Demócrito Reinaldo, j. 22.09.1998. Essa mesma Corte, no entanto, a partir do julgamento do EREsp 435.835/SC, 1ª Seção, eliminou a distinção que anteriormente fazia, em matéria de repetição de indébitos, quanto à decisão do STF ter sido proferida em controle difuso ou concentrado.

15.25.3. Responsabilidade civil por omissão legislativa

A Constituição Federal de 1988 inovou no ordenamento constitucional brasileiro ao admitir dois instrumentos jurídicos novos destinados a combater a chamada "inércia do legislador", ou seja, a mora legislativa.

Tais instrumentos, a ação declaratória de inconstitucionalidade por omissão (art. 103, § 2.º, da CF) e o mandado de injunção (art. 5.º, LXXI, da CF), embora tenham pressupostos e legitimados distintos, eram utilizados, ao fim e ao cabo, para requerer ao Judiciário a declaração da mora legislativa.

No entanto, em especial com o mandado de injunção, a Corte Suprema promoveu a mudança de sua orientação quanto à impossibilidade de atribuir efeitos concretos à decisão proferida na ação, conforme *leading case* do MI 708 (Rel. Min. Gilmar Mendes).

Com isso, parte da doutrina logo se aventurou a defender a tese da possibilidade de responsabilização civil do Estado em decorrência de mora legislativa.

Ocorre que em momento algum a Corte sufragou tal tese, limitando-se a dizer que a declaração possibilita, isto sim, que a parte interessada ajuíze ação em busca dos direitos que lhe são sonegados pela mora legislativa, inclusive, eventualmente, pretensões reparatórias[82].

Ora, exigir os direitos não contemplados na legislação por ausência de lei regulamentadora não se equipara a exigir do Estado indenização pela mora legislativa, visto que a primeira pretensão é tão somente substitutiva daquilo que a própria lei regulamentadora deveria contemplar. Para dizermos que isso abrange a responsabilidade civil do Estado, teríamos, sinceramente, de trabalhar com um conceito bem mais ampliativo do assunto.

A questão toda está em saber, nos parece, se a omissão legislativa pode acarretar danos mensuráveis diversos do próprio objeto da norma regulamentadora, ainda não editada, da Constituição Federal. Ou seja, se a pessoa também pode pedir, além do implemento do direito sonegado, uma reparação pelo tempo em que esse mesmo direito lhe foi sonegado.

Deve-se observar que somente com o reconhecimento da mora legislativa pelo Judiciário é que surge o direito à pretensão de receber o que está sendo sonegado com a omissão legislativa, e essa decisão depende, no caso do mandado de injunção, da iniciativa da própria parte interessada.

Como o provimento dado no mandado de injunção acaba substituindo, embora temporariamente, a própria norma regulamentadora, ele acaba, além da carga declaratória da mora legislativa, por constituir o próprio direito, não nos parecendo lógico, assim, que se possa reivindicar, cumulativamente, qualquer tipo de indenização/reparação por atos pretéritos, ligados a prejuízos correspondentes às privações que o titular do direito sonegado sofreu ao longo do período de mora legislativa.

---

82. Esse entendimento restou bastante claro em precedente anterior ao *leading case* MI 708, no *MI 284/DF* (Rel. p/ acórdão Min. Celso de Mello), no qual se discutia o direito previsto no art. 8.º, § 3.º, do ADCT. Na ocasião, a Corte reconheceu que, como o dispositivo constitucional já estabelecia prazo para a edição da lei, com a superação deste já existiria um direito subjetivo a ser resguardado, não sendo suficiente a mera declaração da mora legislativa.

			Edição de leis inconstitucionais
Responsabilidade civil do Estado	Atos legislativos	Acarretam a responsabilidade do Estado em três casos	Omissão Legislativa
			Edição de leis de efeitos concretos

15.26. RESPONSABILIDADE CIVIL DO ESTADO POR ATOS JURISDICIONAIS

Já vimos que a legislação brasileira prevê a possibilidade de a parte prejudicada acionar o magistrado que age com dolo ou fraude, sendo evidente que o interessado pode optar por acionar diretamente o Estado. A dúvida que fica é se o Estado pode ser acionado também nos casos em que o prejuízo não está ligado à conduta dolosa do juiz.

Advirta-se que ato jurisdicional tem, aqui, sentido próprio, que não se confunde com ato judicial ou ato praticado por membro do Poder Judiciário, visto que, em relação aos atos administrativos praticados no âmbito desse Poder, qualquer que seja a autoridade envolvida, é induvidosa a possibilidade de responsabilização civil.

O ato jurisdicional diz respeito ao processo judicial, ou seja, são os atos praticados dentro de procedimento próprio, voltado a solucionar conflitos de interesses, e levados ao conhecimento do Estado-juiz pelas partes interessadas, eventualmente, inclusive, pelo Estado-administração.

Tradicionalmente, são invocados alguns óbices ao reconhecimento da possibilidade de o Estado ser civilmente responsabilizado por danos decorrentes de atos jurisdicionais, com destaque para argumentos como o da "independência do juiz", a "soberania estatal" e a formação da "coisa julgada".

Evidente que o argumento da *soberania estatal* é insustentável, visto que o Estado-juiz exerce apenas parcela daquela, em nada diferindo nesse aspecto com relação à atuação dos outros Poderes.

No que respeita ao argumento da *independência do juiz*, esta não estará de forma alguma comprometida, visto que a responsabilização aqui cogitada não é do juiz, pessoa natural, mas sim do Estado, entidade para a qual aquele atua como agente público. Ademais, o juiz deverá agir, independentemente do respeito a tal garantia, com responsabilidade e de forma absolutamente coincidente com o que é preconizado pelo ordenamento jurídico, conquanto se lhe garanta autonomia para interpretá-lo. Como veremos mais adiante, a possibilidade de responsabilização civil do Estado por erro judiciário é bastante limitada, não abrangendo meros desacertos interpretativos.

O último argumento, o referente à *formação da coisa julgada*, é o que nos parece mais consistente do ponto de vista doutrinário. Com efeito, a parte tem à disposição, em especial no direito brasileiro, quantidade enorme de recursos que lhe possibilitam rediscutir a maioria das decisões judiciais, meritórias ou não. Superadas as fases recursais, seja pela utilização dos recursos disponíveis ou pela inércia da parte, forma-se a coisa julgada, destacando-se a material, posto que relacionada com decisão judicial que apreciou o mérito (objeto) da demanda.

Com a formação da coisa julgada material, restará devidamente sepultada, em regra, a possibilidade de rediscussão das matérias analisadas no processo (geralmente tomadas na chamada fase de conhecimento, mas não só nesta). Assim, reconhecer a possibilidade de responsabilização civil do Estado por atos jurisdicionais, indistintamente, corresponderia a permitir, por via transversa, a modificação/reforma das decisões, fora das hipóteses permitidas no ordenamento.

Logo, para nós, esse último fundamento limita bastante a possibilidade de responsabilização civil do Estado por danos causados por atos jurisdicionais, o qual só poderá ser admitido nas expressas hipóteses constitucionais e desde que atendidos os seguintes requisitos:

a) *em se tratando de erro judiciário, não ser mais o dano corrigível com a utilização dos meios recursais pertinentes e à disposição da parte no sistema processual, sendo bastante interessante considerar que a desídia, negligência ou mesmo erro crasso da parte no uso desses meios pode, eventualmente, ser considerado como fator de limitação da responsabilidade civil do Estado, como sendo uma espécie de culpa recíproca;*

b) *em se tratando de erro judiciário, ter havido a antecedente desconstituição da coisa julgada material eventualmente formada, seja por ação rescisória, no cível e trabalhista, seja por revisão criminal, no penal, admitidos, excepcional e eventualmente, outros instrumentos jurídicos como a querela nullitatis ou habeas corpus. Essa condição, no entanto, só tem sentido quando o erro está ligado ao cumprimento da decisão transitada em julgado;*

c) *demonstração do dano e do nexo de causalidade.*

15.26.1. Responsabilidade civil do Estado por erro judiciário (art. 5.º, LXXV, da CF/1988)

A hipótese de responsabilização civil do Estado por erro judiciário é expressamente prevista na CF/1988, com a seguinte redação:

"Art. 5.º (...)
LXXV – *O Estado indenizará o condenado por erro judiciário, assim como o que ficar preso além do tempo fixado na sentença;*"

A dúvida óbvia que surge é quanto à extensão da expressão "erro judiciário", se este somente abrange aquele cometido no âmbito da jurisdição penal, ou se também se aplica à seara cível e/ou trabalhista.

Para alguns, o erro judiciário aqui tratado só pode ser aplicado à jurisdição penal, seja porque o texto constitucional trata daquilo que já era previsto no art. 630 do CPP[83], seja porque o próprio dispositivo constitucional trata de uma garantia da jurisdição penal, em vista, inclusive, de sua segunda parte.

---

83. "Art. 630. O tribunal, se o interessado o requerer, poderá reconhecer o direito a uma justa indenização pelos prejuízos sofridos.§ 1.º Por essa indenização, que será liquidada no juízo cível, responderá a União, se a condenação tiver sido proferida pela justiça do Distrito Federal ou de Território, ou o Estado, se o tiver sido pela respectiva justiça.§ 2.º A indenização não será devida:a) se o erro ou a injustiça da condenação proceder de ato ou falta imputável ao próprio impetrante, como a confissão ou a ocultação de prova em seu poder;b) se a acusação houver sido meramente privada".

Não obstante, temos de considerar que a norma constitucional não pode ser interpretada a partir da norma infraconstitucional, critério de hermenêutica que se revela uma consequência lógica do princípio da supremacia da Constituição. Já quanto ao dispositivo em apreço, este contém duas garantias, perfeitamente distinguíveis entre si, uma referente ao erro judiciário e outra referente à prisão além do tempo consignado na sentença, que, aliás, também pode se referir a atos da jurisdição civil.

O STF, aliás, já ratificou decisões de instâncias inferiores que consideraram devida a indenização no caso de prisão civil[84].

Esse erro judiciário, mencionado no dispositivo constitucional, tanto pode ser um erro de procedimento (*error in procedendo*), quanto um erro de julgamento (*error in judicando*). É natural, no entanto, que o segundo tenha potencial muito maior de ocasionar danos que o primeiro, visto que ele será a causa direta, na maioria das vezes, da execução específica dos comandos sentenciais ou decisórios.

Em rigor, não se vincula o erro judiciário à prolação de uma sentença, mas esta, por evidente, pode ser apenas confirmatória de decisão judiciária anterior que acarretou o dano diretamente, como nos casos em que se ratifica os efeitos de uma decisão antecipatória de tutela.

O dano, no entanto, pode surgir do cumprimento de decisões liminares. Hipótese que poderíamos citar é a de uma ação de dissolução de sociedade por ter fins ilícitos que, após ter suas atividades suspensas no limiar da ação, viesse a demanda a ser julgada improcedente no mérito e por decisão final, caso em que restariam evidenciados os danos causados pelo exercício da jurisdição. Observe-se que, numa situação como esta, como a própria decisão final de mérito revê a decisão liminar que acarretou o dano, seria prescindível a demanda rescisória.

O mero dissabor ocasionado por publicação errada de uma decisão judicial, que pode, inclusive, ser corrigida por meio da utilização dos recursos cabíveis, conforme já entendeu o STJ, não tem o efeito de gerar a responsabilidade civil do Estado[85].

É preciso reconhecer que o STJ tem enfrentado no mérito relativamente poucos casos envolvendo erro judiciário, visto que, na maioria esmagadora das situações levadas ao seu conhecimento, a Corte tem entendido que a questão passa pelo reexame de provas, insuscetível de ser feito em sede de recurso especial[86].

---

84. STF, AgRg no AI 599.501/PR, 2.ª T., Rel. Min. Cármen Lúcia, j. 09.11.2013, conquanto a ementa seja pouco esclarecedora. Para maior compreensão, é necessário ler o inteiro teor desta decisão.

85. STJ, REsp 1.325.862/PR, 4.ª T., Rel. Min. Luis Felipe Salomão, j. 05.09.2013. Nesse caso concreto, a publicação, equivocadamente, havia feito constar a condenação do Estado por litigância de má-fé, o que gerou ação do procurador do Estado. Na oportunidade assentou-se que: "A publicação de certidão equivocada de ter sido o Estado condenado a multa por litigância de má-fé gera, quando muito, mero aborrecimento ao Procurador que atuou no feito, mesmo porque é situação absolutamente corriqueira no âmbito forense incorreções na comunicação de atos processuais, notadamente em razão do volume de processos que tramitam no Judiciário. Ademais, não é exatamente um fato excepcional que, verdadeiramente, o Estado tem sido amiúde condenado por demandas temerárias ou por recalcitrância injustificada, circunstância que, na consciência coletiva dos partícipes do cenário forense, torna desconexa a causa de aplicação da multa a uma concreta conduta maliciosa do Procurador".

86. *Súmula 7 do STJ*: "A pretensão de simples reexame de provas não enseja recurso especial".

Ainda assim, a casuística nos mostra algumas situações dignas de citação, mormente na esfera penal e em casos envolvendo prisões civis de depositário infiel, que na época ainda eram admitidas, a saber:

a) *manutenção de indenização devida à pessoa condenada no lugar de outra, e que ficou presa por nove anos, motivo suficiente, inclusive, para a Corte já entender por presumido o dano sofrido (REsp 1.030.890/PR, 2.ª T., Rel. Min. Castro Meira, j. 14.04.2011);*

b) *manutenção de indenização devida a pessoa presa indevidamente, como depositária infiel, embora se tenha reduzido o valor deferido nas instâncias de origem (REsp 1.209.341/SP, 2.ª T., Rel. Min. Humberto Martins, j. 21.10.2010);*

c) *manutenção de indenização devida a pessoa presa indevidamente, no lugar de um homônimo, decretada no âmbito da Justiça do Trabalho, embora se tenha determinado a redução do valor da indenização a título de danos morais (REsp 1.147.513/SC, 2.ª T., Rel. Min. Herman Benjamin, j. 17.08.2010);*

d) *indenização devida a pessoa inimputável, absolvida em ação penal, mas que foi mantida em cadeia pública em vez de ser encaminhada para hospital de internação psiquiátrica (REsp 1.089.132/SP, 1.ª T., Rel. Min. Benedito Gonçalves, j. 10.11.2009);*

e) *manutenção de indenização devida a pessoa que foi presa indevidamente, posto que, em revisão criminal, já havia sido reconhecida sua inimputabilidade à época do fato (menor de idade), e mesmo assim foi cumprido o mandado de prisão, ainda em aberto (REsp 1.016.480/PR, 1.ª T., Rel. Min. Luiz Fux, j. 17.09.2009);*

f) *reconhecimento, genericamente, do direito à indenização de réu condenado por engano, inclusive com fundamento no art. 630 do CPP (AgRg no Ag 415.834/RJ, 1.ª T., Rel. Min. Garcia Vieira, j. 06.06.2002).*

Já falamos a respeito da prescrição, mas não podemos deixar de mencionar que, em determinadas situações, o constrangimento ou dano decorrente do erro judiciário não necessariamente estará ligado diretamente à data da prolação ou da publicação da decisão ou sentença na qual se imputa o erro, ou ainda do cumprimento de suas disposições.

Foi o que ocorreu num interessante caso, que o STJ teve a oportunidade de apreciar, em que a pessoa ajuizou ação indenizatória contra o Estado do Paraná por ter descoberto que outra pessoa, utilizando-se do documento da primeira, que havia sido extraviado, cometera crime, gerando ação penal que resultou na condenação do autor da ação civil. No caso, o prejuízo só teria ocorrido quando o condenado erroneamente descobriu o equívoco, por ocasião de pleito eleitoral[87].

15.26.2. Prisão além do tempo fixado na sentença

De acordo com o art. 5.º, LXI, da Carta Magna, "ninguém será preso senão em flagrante delito ou por ordem escrita e fundamentada de autoridade judiciária competente, salvo nos casos de transgressão militar ou crime propriamente militar, definidos em lei".

---

87. STJ, REsp 1.178.633/PR, 2.ª T., Rel. Min. Herman Benjamin, j. 06.05.2010. No caso concreto, não obstante, reconheceu-se a prescrição do fundo de direito, visto que, entre a data do conhecimento da condenação e a propositura da ação civil, já havia transcorrido cinco anos.

Assim, atualmente, com exceção da prisão em flagrante, que pode, inclusive, ser efetivada por qualquer pessoa do povo (art. 301 do CPP), e das hipóteses de transgressão militar[88] ou crime propriamente militar, toda prisão deve ser decretada por autoridade judiciária.

Dessa forma, tanto as prisões previstas na legislação processual penal (prisão decorrente de sentença condenatória transitada em julgado[89], prisão preventiva[90] e prisão temporária[91]) quanto as prisões civis[92] e administrativas[93] só podem ser decorrentes de expressa determinação judicial.

Evidente que, se a prisão é decretada por autoridade administrativa, caso das transgressões disciplinares, eventual abuso não está relacionado com o tema da responsabilidade civil por erro judiciário, estando resguardado o direito daquele que foi preso indevidamente pela regra geral do art. 37, § 6.º, da CF/1988.

Como o dispositivo ora analisado fala em prisão "por tempo além do fixado na sentença", ele não serve para fundamentar indenizações decorrentes de prisões cautelares ou provisórias eventualmente ilegais, uma vez que a "prisão decretada na sentença" supõe aquela que é aplicada a título de penalidade, embora não se desconheça a possibilidade de a prisão preventiva, por exemplo, só vir a ser decretada em sentença.

A hipótese prevista constitucionalmente parece ter ligação com a preocupação do legislador constituinte originário de acabar com o triste cenário brasileiro de pessoas mantidas presas ilegalmente, em tempo muito superior ao das respectivas sentenças condenatórias, o que até hoje ocorre, tendo motivado, mais recentemente, a realização dos "mutirões carcerários".

---

88. Esta é a única prisão administrativa que ainda pode ser decretada por autoridades não judiciais. Na esfera federal, seu fundamento de validade se encontra no art. 47, § 1.º, do Estatuto dos Militares (Lei 6.880/1980) e na Lei 5.836/1972, que trata dos Conselhos de Justificação.
89. A jurisprudência posterior à CF/1988 não admitia a prisão decorrente tão somente de sentença condenatória, antes do trânsito em julgado desta, já tendo sido revogado pela Lei 12.403/2011 o art. 313, I, do CPP, que a previa.
90. Arts. 311 a 316 do CPP.
91. Lei 7.960/1989.
92. Art. 528, § 3.º, do novo CPC. O dispositivo se refere à prisão do devedor de prestação alimentícia. Quanto ao depositário infiel, embora a própria CF/1988 a possibilite (art. 5.º, LXVII), o STF firmou jurisprudência no sentido de não ser ela mais possível, ante a prevalência do disposto no § 2.º do mesmo art. 5.º da Carta Magna e a adesão do Brasil ao Pacto de San José da Costa Rica (art. 7.º, § 7.º) e ao Pacto Internacional sobre Direitos Políticos e Civis (art. 11), que não preveem essa prisão civil. Vide Súmula Vinculante 25: "É ilícita a prisão civil de depositário infiel, qualquer que seja a modalidade de depósito". Não tem mais aplicação, portanto, o disposto no antigo art. 904, parágrafo único, do CPC de 73, que a admitia, sendo que tal regra sequer consta mais no atual código de ritos..
93. O art. 319 do CPP não prevê mais a figura da prisão administrativa, desde a alteração desse dispositivo pela Lei 12.403/2011, mas esse instituto ainda pode ser encontrado no Estatuto do Estrangeiro (Lei 6.815/1980), para fins de deportação de estrangeiro (art. 61) e para fins de expulsão de estrangeiro (art. 69). Essas prisões, no entanto, não podem mais ser decretadas pelo Ministro da Justiça, devendo ser decretadas pela autoridade judiciária competente. A prisão para fins de extradição (art. 82) deve ser decretada pelo STF, já estando tal dispositivo adequado à nova Carta Constitucional ante a alteração empreendida pela Lei 12.878/2013.

A hipótese em tela, portanto, está mais ligada à situação daqueles que permanecem presos por tempo superior ao fixado nas respectivas guias de recolhimento ou cartas de execução penal (documento referido no art. 105 da Lei de Execução Penal – Lei 7.210/1984).

Muitas vezes a situação se verifica em decorrência não da falta de análise da pena cumprida, mas por existirem outros mandados "em aberto" em desfavor do apenado, o que pode caracterizar mais um erro judiciário do que propriamente o cumprimento de "tempo fixado além da sentença".

Outras vezes o exame do *quantum* da pena a ser cumprida resta dificultado por sucessivos incidentes de unificação de penas, como nos casos em que o apenado sofre sucessivas condenações transitadas em julgado.

De qualquer modo, nada justifica que o apenado fique cumprindo a pena indevidamente, devendo a indenização, assim entendemos, ser fixada conforme o tempo excedente e as condições da prisão.

O dispositivo constitucional também não é claro, mas nos parece que deve ser interpretado de forma ampliativa, de modo a compreender também as hipóteses de manutenção do preso em regimes prisionais mais gravosos, desde que se apure, com cautela, as razões da não progressão ou não concessão de liberdade condicional, visto que estas podem ser imputadas ao próprio apenado.

15.26.3. Prisão processual ou cautelar

Muita discussão existe em torno da questão envolvendo a prisão processual ou cautelar penal[94].

Se o réu tiver a prisão preventiva ou temporária decretada e restar posteriormente absolvido, ou pior, se sequer denunciado for, pode requerer indenização frente ao Estado?

Primeiramente, entendemos que a hipótese está mais ligada à discussão do erro judiciário, visto que essas prisões não são naturalmente decorrentes de sentença condenatória.

Segundo, deve ser descartada a indenização se a absolvição posterior resultou apenas de inexistência de provas da autoria ou da materialidade, uma vez que nesses casos não estaria cabalmente afastada a pertinência da medida coercitiva anteriormente tomada. Isso também vale para as hipóteses de extinção da punibilidade por prescrição, a menos que esta já fosse facilmente verificável antes do cumprimento da ordem de prisão.

Na verdade, para que não se inviabilize a jurisdição penal, e tampouco a persecução penal, entendemos que a responsabilidade civil nesses casos só deve ser admitida nas hipóteses de flagrante equívoco ou ilegalidade da prisão.

---

94. Embora sem dar uma resposta à questão, o Ministro Sepúlveda Pertence fez percucientes considerações sobre o tema da indenização decorrente de prisão cautelar indevida, ao proferir seu voto no *RE 505.393/PE* (1.ª T., j. 26.06.2007), inclusive trazendo longo histórico, no Brasil e no estrangeiro, sobre o desenvolvimento da teoria da responsabilidade do Estado por erro judiciário. Para ele, nessa hipótese, o direito não estaria embasado no art. 5.º, LXXV, da CF/1988, mas o ordenamento não excluiria, por outro lado, o direito à indenização, visto que o dispositivo constitucional seria apenas um mínimo, elevado à garantia de direito individual, afastando a necessidade de prova quanto ao dolo ou culpa do magistrado.

Assim, se a prisão se deu dentro dos parâmetros legais, ainda que haja posterior absolvição do acusado, qualquer que seja o fundamento, não haverá que se falar em indenização, visto que, no momento em que efetivada a segregação, esta se mostrava necessária[95]. Se admitirmos o contrário, o simples fato de a pessoa responder uma ação penal ou mesmo ser indiciada em inquérito policial motivaria a pretensão indenizatória.

No entanto, existem situações teratológicas, de flagrante abuso, que não podem deixar de merecer repreensão do ordenamento jurídico. O STJ já reconheceu, por exemplo, que a prisão cautelar mantida por tempo muito superior ao permitido na legislação processual, e fora dos casos em que a própria defesa acarreta o atraso da conclusão do feito, ou que o atraso se justifica pela complexidade do caso, é motivo suficiente para o pleito indenizatório[96].

15.26.4. Demora na prestação jurisdicional

Com a Emenda Constitucional 19/1998, restou devidamente sufragado em nosso ordenamento jurídico constitucional o princípio da eficiência (art. 37, *caput*).

O princípio não se resume à mera questão do combate à morosidade na prestação dos serviços públicos, também estando relacionado com a busca de sua otimização pelo uso de meios mais adequados e econômicos.

Os serviços judiciários não estão excluídos da abrangência do referido princípio, em nenhum de seus aspectos, mas para a parte litigante o que mais conta é que o serviço

---

95. Nesse sentido já decidiu o STJ:"Processual civil e administrativo. Prisão questionada. Ação indenizatória. Dano moral. Descabimento.I – Tendo sido realizada a prisão dentro dos parâmetros legais, mesmo ante a pertinência da questão afeita à falta de intimação para defesa prévia, não há que se cogitar de teratologia do ato judicial, o que mitiga o erro do judiciário a ponto de não impor a indenização por dano moral.II – Recurso improvido" (STJ, REsp 815.004/RJ, 1.ª T., Rel. p/ acórdão Min. Francisco Falcão, j. 12.09.2006).Na mesma linha, decidiu também o STF:"Agravo regimental no agravo de instrumento. Responsabilidade civil do Estado. Prisão cautelar determinada no curso de regular processo criminal. Posterior absolvição do réu pelo júri popular. Dever de indenizar. Reexame de fatos e provas. Impossibilidade. Ato judicial regular. Indenização. Descabimento. Precedentes. 1. O Tribunal de Justiça concluiu, com base nos fatos e nas provas dos autos, que não restaram demonstrados, na origem, os pressupostos necessários à configuração da responsabilidade extracontratual do Estado, haja vista que o processo criminal e a prisão aos quais foi submetido o ora agravante foram regulares e se justificaram pelas circunstâncias fáticas do caso concreto, não caracterizando erro judiciário a posterior absolvição do réu pelo júri popular.2. Inadmissível, em recurso extraordinário, o reexame dos fatos e das provas dos autos. Incidência da Súmula n.º 279/STF.3. *A jurisprudência da Corte firmou-se no sentido de que, salvo nas hipóteses de erro judiciário e de prisão além do tempo fixado na sentença, previstas no art. 5.º, inciso LXXV, da Constituição Federal, bem como nos casos previstos em lei, a regra é a de que o art. 37, § 6.º, da Constituição não se aplica aos atos judiciais quando emanados de forma regular e para o fiel cumprimento do ordenamento jurídico.* 4. Agravo regimental não provido" (STF, AgRg no AI 803.831/SP, 1.ª T., Rel. Min. Dias Toffoli, j. 19.03.2013).

96. STJ, REsp 872.630/RJ, 1.ª T., Rel. p/ acórdão Min. Luiz Fux, j. 13.11.2007. Observe-se, no entanto, que o acórdão também se utilizou de argumentos mais amplos, consignando "Assemelha-se à hipótese de indenizabilidade por erro judiciário, a restrição preventiva da liberdade de alguém que posteriormente vem a ser absolvido. A prisão injusta revela ofensa à honra, à imagem, mercê de afrontar o mais comezinho direito fundamental à vida livre e digna. A absolvição futura revela da ilegitimidade da prisão pretérita, cujos efeitos deletérios para a imagem e honra do homem são inequívocos (*notoria no egent probationem*)".

seja prestado dentro de tempo razoável, para que seus direitos possam ser exercidos da forma mais plena possível.

Hoje, a eficiência dos serviços judiciários é uma preocupação institucional, capitaneada pelo Conselho Nacional de Justiça – CNJ, inclusive com a instituição de sistemas de metas nacionais, definidas pela primeira vez no 2.º Encontro Nacional do Judiciário, em 2009.

Para nós, a demora na prestação jurisdicional está relacionada com a responsabilidade do Estado por omissão, devendo ser analisada sob a ótica da teoria da culpa do serviço.

Assim, não se pode excluir, mormente nos dias atuais, a responsabilidade estatal pela demora na prestação de seus serviços públicos, não deixando os serviços judiciários de estar abrangidos pela teoria que preconiza essa responsabilização.

No entanto, a demora da prestação jurisdicional pode estar relacionada a motivos não vinculados à infraestrutura do serviço em si ou a condutas desidiosas de seus agentes (magistrados e servidores), mas sim a atos ou omissões da própria parte litigante.

Nessa situação, em que a demora é imputada à parte litigante, seja pelo uso excessivo de recursos, inclusive com claro intuito procrastinatório, ou pela ausência de condutas a ela atribuíveis pelo sistema processual, como juntada de provas exigidas pela autoridade judicial ou pela necessidade de adiantamento de honorários periciais, não há que se falar em responsabilização do Estado pela demora da prestação jurisdicional.

Da mesma forma, a demora pode estar vinculada a razões externas ao processo, que pode estar suspenso aguardando a resolução de outro litígio.

Ainda, pode ocorrer de a consumação material da prestação jurisdicional depender de algum ato final que a parte tem dificuldade de obter, como no caso de ações em que o levantamento de recursos pela parte depende da quitação de certos tributos.

Contudo, não é só. A maior dificuldade na responsabilização do Estado por demora na prestação jurisdicional está no fato de que, via de regra, é o outro litigante, o que perde a ação, quem irá arcar com essa demora, pela natural imposição de encargos decorrentes da mora, como juros, multa e correção monetária.

Assim, na prática, a responsabilização do Estado nesses casos representaria um enriquecimento sem causa, assumindo o Estado a condição de responsável pela conduta de terceiro, o outro litigante, uma vez que é este quem, ao fim e ao cabo, dá ensejo à demanda, devendo a parte vencedora receber deste último a recomposição integral de seu patrimônio.

Feita essa ressalva, que acaba por restringir bastante a hipótese concreta de se ter a responsabilização do Estado pela demora da prestação jurisdicional, ainda assim temos como possível que esta ocorra, principalmente em situações em que não se pode imputar ao outro litigante responsabilidade alguma, como, por exemplo, em casos em que cabe ao Estado-juiz, tão somente, praticar atos jurídicos necessários ao exercício de direitos, como em ações em que a partilha de bens não é litigiosa, e, ainda assim, a prestação jurisdicional se dá em tempo muito além do razoável.

15.27. RESPONSABILIDADE CIVIL DO ESTADO

SÚMULAS DO STF	
Súmula Vinculante n. 11: Só é lícito o uso de algemas em casos de resistência e de fundado receio de fuga ou de perigo à integridade física própria ou alheia, por parte do preso ou de terceiros, justificada a excepcionalidade por escrito, sob pena de responsabilidade disciplinar, civil e penal do agente ou da autoridade e de nulidade da prisão ou do ato processual a que se refere, sem prejuízo da responsabilidade civil do Estado.	Súmula Vinculante n. 17: Durante o período previsto no parágrafo 1º do artigo 100 da Constituição, não incidem juros de mora sobre os precatórios que nele sejam pagos.
Súmula n. 562: na indenização de danos materiais decorrentes de ato ilícito cabe a atualização de seu valor, utilizando-se, para esse fim, dentre outros critérios, dos índices de correção monetária.	

SÚMULAS DO STJ	
Súmula n. 37: São cumuláveis as indenizações por dano material e dano moral oriundos do mesmo fato.	Súmula n. 54: Os juros moratórios fluem a partir do evento danoso, em caso de responsabilidade extracontratual
Súmula n. 326: Na ação de indenização por dano moral, a condenação em montante inferior ao postulado na inicial não implica sucumbência recíproca.	Súmula n. 387: É lícita a cumulação das indenizações de dano estético e dano moral.

15.28. SÍNTESE DO TEMA

RESPONSABILIDADE CIVIL DO ESTADO	
Noção	A responsabilidade civil do Estado está ligada à obrigação de reparar economicamente os danos lesivos à esfera juridicamente garantida de outrem e que lhes sejam imputáveis em decorrência de comportamentos unilaterais, lícitos ou ilícitos, comissivos ou omissivos, materiais ou jurídicos.
Evolução da matéria	**Teoria da irresponsabilidade civil:** • O Estado não respondia pelos seus atos; • Não havia total falta de proteção aos administrados perante condutas do Estado: admitia-se responsabilização quando leis específicas a previssem explicitamente.

	RESPONSABILIDADE CIVIL DO ESTADO
Evolução da matéria	• Havia, ainda, a possibilidade de a vítima demandar diretamente os funcionários públicos. Porém, havia dois obstáculos: 1. O funcionário normalmente não tinha patrimônio para suportar a dívida; 2. A demanda direta contra o funcionário dependia de prévia autorização do Conselho de Estado francês. • Essa teoria começou a entrar em declínio com a derrocada do Absolutismo pela Revolução Francesa (1789).
	Responsabilidade civil subjetiva por atos de gestão: • Adotada após a teoria da irresponsabilidade civil, a responsabilidade civil subjetiva distinguia se o ato danoso praticado era ato de gestão ou de império, para fins de responsabilização; • O Estado era responsabilizado somente pelos atos de gestão. A responsabilização era subjetiva; • Em relação aos atos de império, prevalecia a teoria da irresponsabilidade estatal; • Causas da derrubada dessa teoria: 1. Havia grande dificuldade em distinguir os atos de império dos atos de gestão. 2. O art. 1.328 e seguintes do Código Civil Francês possuíam um alcance geral e não faziam distinção de atividades, de gestão ou de império, para fins de responsabilização.
	Responsabilidade civil subjetiva: • A vítima ou o lesado, ao demandar o Estado, deveria demonstrar a culpa ou o dolo do agente para conseguir obter a condenação do mesmo; • Para a responsabilização do Estado, era preciso que houvesse uma conduta culposa ou dolosa, a existência de um dano e um nexo de causalidade (entre a conduta e o dano); • Durante a segunda metade do século XIX, essa teoria caiu em desuso, visto que a demonstração de dolo ou de culpa era penosa para o particular. O Estado, ao atuar em grande escala, era muito mais propício a causar dano a terceiros do que estes a si mesmos, o que dificultava de sobremodo sua condenação.
	Teoria da culpa do serviço ou da culpa anônima ou da falta do serviço: • A partir desse momento, a vítima não precisava mais individualizar a culpa do agente, bastava demonstrar que o dano decorreu do mau funcionamento do serviço. • A falta do serviço podia consumar-se de três maneiras: 1. pela inexistência do serviço; 2. pelo mau funcionamento do serviço; 3. pelo retardamento do serviço.

RESPONSABILIDADE CIVIL DO ESTADO	
Evolução da matéria	• Para alcançar a condenação do Estado, a vítima teria que provar: 1. O fato administrativo: Uma omissão, que pode ser por falha na prestação de um serviço, realização tardia do serviço. 2. Dano: O prejuízo experimentado em razão da omissão estatal 3. Nexo causal: Que o dano foi decorrente de uma omissão do Estado e que, se ele tivesse agido, como deveria e poderia agir, o dano seria evitado. **Teoria do Risco Administrativo: Responsabilidade Objetiva** • Atualmente, é a teoria predominantemente adotada e fundamenta a responsabilidade objetiva do Estado. • O Estado é responsabilizado objetivamente pelos danos causados por seus agentes. • Para obter a condenação do Estado, a vítima precisa provar a conduta de um agente estatal, o dano e um nexo de causalidade entre ambos.
Responsabilidade civil do Estado no Brasil	• Fundamento normativo da responsabilidade civil do Estado: art. 37, § 6.º, da CF/1988.
Fundamentos da responsabilidade civil objetiva do Estado	• *Princípio da legalidade:* É fundamento para a responsabilidade civil por atos ilícitos. • *Princípio da isonomia:* É fundamento para a responsabilidade civil do Estado por atos lícitos e para a reparação de danos decorrentes de atos ilícitos. Se todas as atividades estatais estão voltadas para a satisfação do interesse público, caso o Estado venha a causar danos a terceiros, esse prejuízo deve ser repartido de forma igualitária entre todos os membros da sociedade.
Tipos de responsabilidade	• A sistemática de responsabilização do Estado pode variar conforme o caso. • O ordenamento pátrio engloba tanto a sistemática da responsabilidade objetiva quanto a responsabilidade subjetiva do Estado.

RESPONSABILIDADE OBJETIVA DO ESTADO	
Noções	• É a regra em nosso ordenamento jurídico. • Basta provar a conduta, o dano e o nexo de causalidade entre eles. • De acordo com a doutrina e com a jurisprudência, a responsabilidade civil objetiva é cabível apenas por danos decorrentes de condutas positivas do Estado, ou seja, por uma ação de um de seus agentes. • Não é aplicada essa sistemática quando se tratar de omissão estatal.

RESPONSABILIDADE OBJETIVA DO ESTADO	
Situações que ensejam responsabilidade objetiva do Estado pela óptica do Direito Administrativo	• Os danos decorrentes de ação do Estado geram responsabilidade objetiva do mesmo, quando não presente alguma excludente de ilicitude. • Essa ação pode ser imediata ou mediata. • A jurisprudência admite a responsabilização estatal objetiva por danos decorrentes de atos de multidão e pelo fato da obra.
Quem está sujeito à responsabilização objetiva	I) Pessoas jurídicas de direito público interno: a) União; b) Estados; c) Distrito Federal; d) Municípios; e) Autarquias; f) Fundações Públicas de Direito Público. II) Pessoas jurídicas de direito privado, prestadoras de serviços públicos: a) Sociedade de economia; b) Empresas públicas; c) concessionárias; d) permissionárias. Obs.: As permissionárias e as concessionárias de serviços públicos respondem objetivamente pelos danos decorrentes da prestação destes.

RESPONSABILIDADE SUBJETIVA DO ESTADO	
Noções	• A responsabilidade subjetiva do Estado ocorrerá quando houver uma omissão que seja constitutiva do dano causado a um terceiro. • A omissão deve ser ilegal, logo, deve ser culposa ou dolosa (art. 186 do CC). • Difere, no entanto, da responsabilidade subjetiva prevista no Código Civil para os particulares por não ser baseada na conduta omissiva de uma pessoa em específico, mas da omissão estatal. • Não é preciso que a vítima individualize a culpa do agente, basta demonstrar que o serviço não funcionou, funcionou mal ou tardou em funcionar. Deve-se provar a culpa do serviço, e não a do agente. • O mau funcionamento deve ser culposo, logo, ilícito. • Para que não seja condenado, o Estado deve provar que agiu corretamente e que, mesmo assim, não houve a possibilidade de evitar o dano.

	RESPONSABILIDADE SUBJETIVA DO ESTADO
Responsabilidade primária e subsidiária	• Poderá ocorrer a responsabilidade primária quando o Estado, por ação, imediata ou mediata, ou por omissão, causar danos a terceiros. • Poderá ocorrer a responsabilidade subsidiária quando o Estado não causar danos nem der condições para que o dano ocorra. • A responsabilidade subsidiária ocorrerá quando aquele que causou o dano não tiver condições de suportar economicamente os valores devidos à reparação do prejuízo. Nesse caso, o ressarcimento é transferido a outra pessoa, que responde, portanto, de forma subsidiária. • Haverá responsabilidade subsidiária do Estado quando houver assunção dos danos causados por concessionárias, permissionárias ou terceirizadas em geral, quando estas não suportarem o peso da condenação.
Condutas que ensejam danos	Os atos suscetíveis de causar danos podem ser legais ou ilegais e podem decorrer de comportamentos materiais e jurídicos.
Danos indenizáveis	• O dano indenizável é aquele que viola um direito do lesado reconhecido pela ordem jurídica. • Para que um dano seja indenizável: a) deve corresponder à lesão a um direito da vítima; b) deve ser certo, não eventual ou possível. • Quando o dano decorre de ato lícito, ele deve ser: 1. Especial: onera a situação particular de um ou alguns indivíduos, não sendo, pois, um prejuízo genérico, disseminado pela sociedade. Corresponde a um agravo patrimonial que incide especificamente sobre determinados indivíduos, e não sobre a coletividade ou genérica e abstrata categoria de pessoas. 2. Anormal: supera os meros agravos patrimoniais pequenos e inerentes às condições de convívio social.
Nexo de causalidade	• O nexo de causalidade é o liame entre a conduta e o dano. Sem ele, não há que se falar em responsabilização civil. • Quando não houver excludente de nexo de causalidade haverá responsabilidade estatal.
Excludentes de nexo causal e, por isso, de responsabilidade estatal	**Culpa exclusiva da vítima** • O dano não decorre diretamente da ação ou da omissão estatal. • Há um ato voluntário da vítima em virtude do qual há a ocorrência de um dano. • Essa conduta deve ser ilegal, pois se trata de culpa. • No caso de culpa concorrente, a responsabilidade será atenuada.

RESPONSABILIDADE SUBJETIVA DO ESTADO	
Excludentes de nexo causal e, por isso, de responsabilidade estatal	**Caso fortuito:** Evento externo ligado a alguma conduta de terceiros que venha a ensejar o dano.
	Força maior: Tem relação com força da natureza.
	• Para caracterizar o caso fortuito e a força maior, devemos ter os seguintes requisitos: a) o fato deve ser necessário, não decorrente de culpa do devedor; b) o fato deve ser superveniente e inevitável; c) o fato deve ser irresistível, fora do alcance do poder humano. • Tais hipóteses destacam-se como excludentes de responsabilização, pois afetam o nexo de causalidade.
Prescrição	• É a perda da possibilidade de questionar determinado assunto em juízo devido ao decurso do tempo. • Uma vez lesada, a vítima possui um prazo de cinco anos para ingressar com ação contra o Estado.
Responsabilidade civil dos agentes públicos	• A responsabilidade do agente público é sempre subjetiva. • O STF entende que a vítima não pode ajuizar ação diretamente em face do servidor, devendo propor a demanda em face do Estado e este, em ação de regresso ou por meio de denunciação da lide, demanda o servidor. Entretanto, há julgados do STJ admitindo a propositura da ação diretamente em face do servidor. • No caso do Poder Judiciário, apesar da LOMAN prevê a possibilidade de ajuizar ação direta contra o magistrado em caso de dolo ou de fraude praticados por este, bem como nas hipóteses de recusa, omissão ou retardamento de providência que deva ordenar de ofício (art. 133, II, do CPC),, hipótese, esta última, que entendemos ser necessário estar presente o requisito dolo ou fraude para a responsabilização direta, o novo CPC expressamente prevê que a responsabilidade do magistrado é regressiva *143.
	Absolvição criminal e suas implicações: • A conduta lesiva do agente, além de gerar danos a terceiros, pode ser tipificada como ilícita disciplinar e penalmente. • Caso o agente público seja absolvido na esfera penal por inexistência de autoria ou do fato, essa decisão repercutirá nas instâncias administrativa e cível (arts. 66 do CPP e 935 do CC).

RESPONSABILIDADE SUBJETIVA DO ESTADO	
Responsabilidade civil das empresas concessionárias de serviços públicos	Segundo a mais recente orientação do STF, em caso de danos decorrentes de prestação de serviços públicos, por concessionária de serviços públicos, para fins de responsabilização, não há distinção entre usuário e não usuário.

ASPECTOS PROCESSUAIS	
Sujeito ativo da ação de reparação de danos	• Pode ser pessoa física ou jurídica; • O dano pode ser moral ou material; • O dano pode ser decorrente de ação ou de omissão de pessoas jurídicas de direito público ou de pessoas jurídicas de direito privado prestadoras de serviços públicos.
Sujeito passivo da ação de reparação de danos	*1)* Pessoas jurídicas de direito público interno: a) União; b) Estados; c) Distrito Federal; d) Municípios; e) Autarquias; f) Fundações Públicas de Direito Público.
	2) Pessoas jurídicas de direito privado, prestadoras de serviços públicos: a) Sociedade de economia mista; b) Empresas públicas; c) Concessionárias; e d) Permissionárias.
Objeto da demanda ou do pedido	*1)* Indenização por danos materiais ou morais; *2)* Lucros cessantes; *3)* Danos emergentes; *4)* Juros; *5)* Outros encargos, como honorários advocatícios, custas, honorários de perito etc.

ASPECTOS PROCESSUAIS	
É possível a antecipação dos efeitos da tutela?	Em alguns casos, sim. Quando necessário garantir a subsistência da pessoa vítima do dano, ou seus familiares.
Prazo para a propositura da ação	O prazo é de 5 anos. Regra geral do art. 1.º do Decreto 20.910/1932, extensivo às autarquias pelo art. 2.º do DL 4.597/1942. Quanto às empresas prestadoras de serviços públicos, vigora atualmente a regra do art. 1.º-C da Lei 9.494/1997, incluída pela Medida Provisória 2.180-35/2001, que afasta tanto a regra geral quanto a regra especial previstas na lei civil (arts. 205 e 206, § 3.º, V, do CC/2002)[98].
Litisconsórcio entre a pessoa jurídica e o agente público?	• O STJ entende que vítima pode ingressar com ação diretamente contra o Estado, em face do agente, ou contra ambos, tratando-se, na espécie, de litisconsórcio passivo facultativo. • Há um posicionamento em decorrência de uma nova linha exegética adotada pelo Excelso Tribunal no sentido de que a Constituição Federal prevê duas garantias distintas: 1) a da vítima ingressar com ação contra o Estado, pautada na responsabilidade objetiva; 2) a do agente público causador do dano apenas ser acionado regressivamente pelo Estado, não podendo a vítima ajuizar demanda diretamente contra ele.
Denunciação da lide do Estado ao agente público	• A primeira corrente sustenta que a denunciação é obrigatória, sob pena de perda do direito. Esse posicionamento minoritário é encontrado em algumas turmas de direito privado do STJ. • A segunda corrente, majoritária no STJ, é que a denunciação da lide é permitida e o seu não exercício não acarreta perda do direito. A terceira corrente, que é a adotada pelo STF, é no sentido do não cabimento da denunciação da lide ao agente público.
Ação por ato praticado pelo Poder Legislativo e pelo Poder Judiciário	Hely Lopes de Meirelles e Diogo de Figueiredo falam em responsabilidade da administração pública, e não do Estado, porque prevalece no direito brasileiro a tese da irresponsabilidade do Estado por atos legislativos e jurisdicionais.

---

97. A jurisprudência do STJ já afastava a aplicação do Decreto 20.910/1932 às pessoas jurídicas de direito privado (*vide*: REsp 1.073.090/SE, 1.ª T., Rel. Min. Arnaldo Esteves Lima, j. 08.02.2011). Quanto à aplicação da disposição legal introduzida pela MP 2.180/2001, *vide* voto condutor do REsp 1.354.348/RS, 4.ª T., Rel. Min. Luis Felipe Salomão, j. 26.08.2014.

	ASPECTOS PROCESSUAIS
Fundamentos para a irresponsabilidade do Legislativo e do Judiciário	1) O Judiciário e o Legislativo são poderes que exercem uma parcela da soberania e, por isso, não podem ser responsabilizados. 2) Os integrantes desses poderes não são agentes públicos, nem estão abraçados pelo art. 37, § 6.º, da CF/1988. 3) (válida para o Legislativo) A lei é uma norma geral, abstrata e genérica, que recai sobre todos de forma igual. Assim, o ônus de sua aplicação recai também sobre todos, não trazendo prejuízo individualizado que deva ser compensado. Não é um ato ilícito que dê ensejo a indenização.
Exceções à regra da irresponsabilidade decorrentes de atos do Legislativo e do Judiciário	Há duas exceções à regra da irresponsabilidade do Estado por atos legislativos: • Quando se tratar de lei de efeito concreto, caso em que o ato só é formalmente legislativo; ou • Quando a lei é declarada inconstitucional pelo STF.
	No caso do Judiciário, a própria Constituição Federal já estabelece que o Estado pode ser responsabilizado (art. 5.º, LXXV): 1) Pelo erro judiciário, havendo divergência doutrinária se essa garantia abrange apenas o erro judiciário do processo penal ou qualquer outro tipo de demanda; 2) E quando a pessoa ficar presa além do tempo fixado na sentença.

15.29. QUESTÕES

1. **(Analista Administrativo/ANATEL - CESPE/2014) Julgue o item subsequente, com base no entendimento sumulado do Tribunal Superior do Trabalho a respeito do contrato de prestação de serviços.**

   Caso ocorra o inadimplemento do empregador no que se refere às obrigações trabalhistas, haverá responsabilidade subsidiária do ente público tomador do serviço, independentemente de culpa, desde que este tenha participado da relação processual desde o início e seu nome conste também do título executivo judicial.

2. **(Conhecimentos Básicos/ANATEL - CESPE/2014) Acerca da responsabilidade civil do Estado, julgue o item a seguir.**

   Caso seja impossível a identificação do agente público responsável por um dano, o Estado será obrigado a reparar o dano provocado por atividade estatal, mas ficará inviabilizado de exercer o direito de regresso contra qualquer agente.

3. **(Conhecimentos Básicos/ANATEL - CESPE/2014) Acerca da responsabilidade civil do Estado, julgue o item a seguir.**

   A conduta do lesado, a depender da extensão de sua participação para o aperfeiçoamento do resultado danoso, é relevante e tem o condão de afastar ou de atenuar a responsabilidade civil do Estado.

4. **(Conhecimentos Básicos/ANATEL – CESPE/2014)** Acerca da responsabilidade civil do Estado, julgue o item a seguir.

    De acordo com o princípio da presunção de constitucionalidade, o Estado não pode ser responsabilizado por danos oriundos de lei posteriormente declarada inconstitucional.

5. **(Conhecimentos Básicos/ANATEL – CESPE/2014)** Acerca da responsabilidade civil do Estado, julgue o item a seguir.

    Tal qual o ressarcimento pelo particular por prejuízo ao erário, é imprescritível a pretensão do administrado quanto à reparação de dano perpetrado pelo Estado.

6. **(Procurador do Estado Substituto/PGE-PI – CESPE/2014)** Acerca da responsabilidade civil do Estado e de servidores públicos, assinale a opção correta.

    a) De acordo com a Lei n.º 8.112/1990, compete ao presidente da República prover os cargos públicos de todos os poderes da República.

    b) Se, em razão de reforma administrativa realizada pelo governo federal, uma autarquia for extinta e seus servidores forem colocados em disponibilidade, e, após negociações com entidades de classe, esses servidores reingressarem no serviço público em cargos de atribuições e vencimentos compatíveis, esse reingresso se dará por aproveitamento.

    c) Um indivíduo que, aprovado em concurso público, for nomeado para o cargo e, dias antes da posse coletiva com os demais nomeados, for acometido por dengue deverá apresentar atestado médico e solicitar o adiamento do ato de sua posse, tendo em vista que tal ato só se efetiva mediante o comparecimento pessoal do interessado.

    d) De acordo com o entendimento do STF, empresa concessionária de serviço público de transporte coletivo responderá apenas subjetivamente pelos danos que forem gerados à família de vítima de atropelamento causado por motorista de veículo dessa empresa.

    e) A ausência de previsão de acesso a cargo público de caráter efetivo por estrangeiros se coaduna com a política de soberania do Estado brasileiro, razão por que eles só poderão ocupar função pública de caráter transitório, e sem vínculo estatutário.

7. **(Titular de Serviços de Notas e de Registros/TJ-SE – CESPE/2014)** Com relação à responsabilidade civil do Estado e à responsabilidade do delegado de serviço público, assinale a opção correta.

    a) Segundo o atual entendimento do STJ, ao Estado cabe indenizar, por danos materiais, a candidato aprovado em concurso púbico nomeado tardiamente em decorrência de decisão judicial.

    b) Consoante o STJ, na hipótese de condenação do Estado por impedir servidor público, em razão de interpretação equivocada, de continuar a exercer de forma cumulativa dois cargos públicos regularmente acumuláveis, deve-se aplicar a teoria da perda da chance na fixação do valor da indenização.

    c) Deve ser afastada a responsabilidade civil do notário absolvido na esfera criminal por inexistência do fato ou pela ausência de prova de autoria.

d) Os registradores de feitos ajuizados não podem ser responsabilizados civilmente pelos danos causados a terceiros em decorrência da omissão, em sua certificação, das exigências relacionadas às certidões a serem expedidas pelos ofícios do registro de distribuição, serviços extrajudiciais, ou pelos distribuidores judiciais.

e) De acordo com o STF, os danos patrimoniais gerados pela intervenção do Estado em determinado setor impõem-lhe o dever de indenizar os prejuízos causados, em vista da adoção, no direito brasileiro, da teoria da responsabilidade objetiva do Estado com base no risco administrativo.

8. **(Técnico Judiciário/TJ-CE – CESPE/2014) Acerca da responsabilidade civil do Estado, assinale a opção correta.**

a) A responsabilidade do agente público, causador do dano a particular, é subjetiva, devendo o Estado, ao ingressar com ação regressiva, comprovar a culpa do agente.

b) O Estado é civilmente responsável pelos danos que seus agentes, nessa qualidade, venham a causar a terceiros, excetuados os casos dos agentes sem vínculo típico de trabalho e dos agentes colaboradores sem remuneração.

c) Entidade integrante da administração indireta, dotada de personalidade jurídica de direito privado e exploradora de atividade econômica, responderá objetivamente pela reparação de danos a terceiros, com fundamento na teoria do risco administrativo.

d) A demonstração da ocorrência do fato administrativo e do dano causado é suficiente para gerar ao Estado a obrigação de indenizar.

e) Os casos de ilícito omissivo impróprio são equiparáveis aos atos comissivos para efeito de responsabilidade civil do Estado.

9. **(Técnico Judiciário/TJ-CE – CESPE/2014) Acerca da responsabilidade civil do Estado, assinale a opção correta.**

a) A demonstração da ocorrência do fato administrativo e do dano causado é suficiente para gerar ao Estado a obrigação de indenizar.

b) Os casos de ilícito omissivo impróprio são equiparáveis aos atos comissivos para efeito de responsabilidade civil do Estado.

c) A responsabilidade do agente público, causador do dano a particular, é subjetiva, devendo o Estado, ao ingressar com ação regressiva, comprovar a culpa do agente.

d) O Estado é civilmente responsável pelos danos que seus agentes, nessa qualidade, venham a causar a terceiros, excetuados os casos dos agentes sem vínculo típico de trabalho e dos agentes colaboradores sem remuneração.

e) Entidade integrante da administração indireta, dotada de personalidade jurídica de direito privado e exploradora de atividade econômica, responderá objetivamente pela reparação de danos a terceiros, com fundamento na teoria do risco administrativo.

10. **(Analista Judiciário/TJ-CE – CESPE/2014) Acerca da responsabilidade civil do Estado, assinale a opção correta.**

a) As autarquias respondem pelos danos que seus agentes, nessa qualidade, causarem a terceiros, devendo, para tanto, estar caracterizado o dolo ou a culpa na hipótese da prática de atos comissivos.

b) A culpa concorrente da vítima, a força maior e a culpa de terceiros são consideradas causas excludentes da responsabilidade objetiva do Estado.

c) A reparação de danos causados pelo Estado a terceiros pode ser feita tanto no âmbito administrativo, quanto na esfera judicial. Caso a administração não reconheça desde logo a sua responsabilidade e não haja entendimento entre as partes quanto ao valor da indenização, o prejudicado poderá propor ação de indenização contra a pessoa jurídica causadora do dano.

d) De acordo com a teoria da culpa do serviço público, não há o dever do ente público de indenizar os terceiros pelos danos causados pela omissão do Estado.

e) No que tange à evolução da temática relacionada à responsabilidade civil do Estado, a regra adotada inicialmente foi a da responsabilidade subjetiva, caminhando-se, posteriormente, para a teoria da irresponsabilidade.

11. **(Titular de Serviços de Notas e de Registros/TJ-DF – CESPE/2014) No que concerne à responsabilidade civil do Estado e ao controle da administração pública, assinale a opção correta.**

    a) No exercício da função administrativa, o Estado responde objetivamente tanto no caso de danos morais quanto no de danos materiais causados a terceiros por seus agentes.

    b) Apenas o Poder Executivo está obrigado a exercer o controle interno, dado consistir em função administrativa.

    c) O controle judicial da administração pública pode ser realizado por provocação ou de ofício, podendo ser exercido por meio de mandado de segurança ou ação civil pública.

    d) A teoria adotada no Brasil quanto aos casos de responsabilidade civil da administração pública é a do risco integral, segundo a qual a responsabilidade é objetiva, isto é, não depende da comprovação da culpa ou do dolo.

    e) O controle judicial do poder disciplinar da administração pública é amplo, podendo o juiz considerar o mérito administrativo e determinar concretamente a sanção disciplinar aplicável ao caso.

12. **(Analista de Administração Pública/TC-DF – CESPE/2014) Julgue o item a seguir, relativo à responsabilidade civil do Estado, aos serviços públicos e às organizações da sociedade civil de interesse público.**

    Tanto o dano moral quanto o dano material são passíveis de gerar a responsabilidade civil do Estado.

13. **(Auditor de Controle Externo/TC-DF – CESPE/2014) Acerca da convalidação e atributos dos atos administrativos e da responsabilidade civil do Estado, julgue o item subsequente.**

    De acordo com o sistema da responsabilidade civil objetiva adotado no Brasil, a administração pública pode, a seu juízo discricionário, decidir se intenta ou não ação regressiva contra o agente causador do dano, ainda que este tenha agido com culpa ou dolo.

14. **(Analista Legislativo/Câmara dos Deputados - CESPE/2014)** Servidor responsável pela gestão dos sistemas de tecnologia da informação da Câmara dos Deputados, em retaliação à aprovação de uma lei que ele considerava prejudicial aos interesses nacionais, resolveu, após o horário de expediente, invadir o órgão e instalar um vírus no sistema de protocolo, o que ocasionou a perda de todas as informações sobre a tramitação dos processos legislativos no último ano.

    Considerando essa situação hipotética, julgue o item subsecutivo.

    A administração não responde pelo dano causado a terceiros em razão da conduta do servidor, uma vez que o ato foi praticado após o horário de expediente.

15. **(Agente Administrativo/MTE - CESPE/2014) Acerca da disciplina do funcionalismo público no Brasil, julgue os itens subsequentes no que tange à disciplina constitucional e à Lei n.º 8.112/1990.**

    O servidor que, por descumprimento de seus deveres funcionais, causar dano ao erário, ficará obrigado ao ressarcimento, em ação regressiva.

16. **(Contador/MTE - CESPE/2014) Julgue o item a seguir acerca da responsabilidade civil do Estado e do Regime Jurídico Administrativo.**

    A força maior, a culpa concorrente da vítima e a culpa de terceiro são consideradas causas excludentes da responsabilidade civil extracontratual objetiva do Estado.

17. **(Conhecimentos Básicos/SUFRAMA - CESPE/2014) Julgue o item que se segue, relativo aos agentes públicos, aos poderes administrativos e à responsabilidade civil do Estado.**

    O direito pátrio adotou a responsabilidade objetiva do Estado, sob a modalidade "risco administrativo". Assim, a culpa exclusiva da vítima é capaz de excluir a responsabilidade do Estado, e a culpa concorrente atenua o valor da indenização devida.

18. **(Agente Administrativo/SUFRAMA - CESPE/2014)** Um veículo da SUFRAMA, conduzido por um servidor do órgão, derrapou, invadiu a pista contrária e colidiu com o veículo de um particular. O acidente resultou em danos a ambos os veículos e lesões graves no motorista do veículo particular. Com referência a essa situação hipotética, julgue o item que se segue.

    Provado que o motorista da SUFRAMA não agiu com dolo ou culpa, a superintendência não estará obrigada a indenizar todos os danos sofridos pelo condutor do veículo particular.

19. **(MPE-AC - CESPE/2014) Acerca da responsabilidade civil do Estado, assinale a opção correta.**

    a) Para que se configure a responsabilidade civil objetiva do Estado, o dano deve ser causado por agente público, não abrangendo a regra a categoria dos agentes políticos.

b) Embora seja cabível a responsabilidade do Estado por atos praticados pelo Poder Judiciário, em relação a atos judiciais que não impliquem exercício de função jurisdicional, não é cabível responsabilização estatal.

c) Segundo a CF, a responsabilidade civil do Estado abrange prejuízos causados pelas pessoas jurídicas de direito público e as de direito privado que integram a administração pública indireta, não abarcando atos danosos praticados pelas concessionárias de serviço público.

d) Segundo entendimento do STJ, é imprescritível a pretensão de recebimento de indenização por dano moral decorrente de atos de tortura ocorridos durante o regime militar de exceção.

e) De acordo com a jurisprudência do STJ, é objetiva a responsabilidade civil do Estado nas hipóteses de omissão, devendo-se demonstrar a presença concomitante do dano e do nexo de causalidade entre o evento danoso e o comportamento ilícito do poder público.

20. **(Nível Superior/CADE - CESPE/2014) Acerca do terceiro setor e da responsabilidade civil do Estado, julgue o item subsequente.**

    No direito pátrio, as empresas privadas delegatárias de serviço público não se submetem à regra da responsabilidade civil objetiva do Estado.

GABARITO

1 – Errado	2 – Certo	3 – Certo
4 – Errado	5 – Errado	6 – B
7 – E	8 – A	9 – C
10 – C	11 – A	12 – Certo
13 – Errado	14 – Errado	15 – Errado
16 – Errado	17 – Certo	18 – Errado
19 – D	20 – Errado	

16

IMPROBIDADE ADMINISTRATIVA

Sumário: **16**.1. Noção e delimitação do tema – **16**.2. Lei **8**.**429**/**1992** e os elementos da improbidade administrativa: **16**.**2**.**1**. Constitucionalidade da Lei **8**.**429**/**1992**; **16**.**2**.**2**. Sujeitos passivos (vítimas) dos atos de improbidade administrativa; **16**.**2**.**3**. Sujeitos ativos (que praticam) dos atos de improbidade; **16**.**2**.**4**. Atos de improbidade; **16**.**2**.**5**. Sanções da Lei; **16**.**2**.**6**. Prescrição das sanções previstas na LIA – **16**.**3**. Aspectos processuais da Lei de improbidade administrativa: **16**.**3**.**1**. Fase investigatória; **16**.**3**.**2**. Medidas judiciais preventivas; **16**.**3**.**3**. Ação civil pública de improbidade administrativa.

16.1. NOÇÃO E DELIMITAÇÃO DO TEMA

Num primeiro exame, improbidade administrativa teria o sentido de desonestidade no trato da coisa pública ou na gestão do patrimônio público.

O fundamento constitucional do combate à improbidade administrativa está erigido no art. 37, § 4.º, da Carta Magna de 1988, que dispõe:

> *"Art. 37. (...)*
> *§ 4.º Os atos de improbidade administrativa importarão a suspensão dos direitos políticos, a perda da função pública, a indisponibilidade dos bens e o ressarcimento ao erário, na forma e gradação previstas em lei, sem prejuízo da ação penal cabível".*

Como se vê, a Constituição Federal não conceituou improbidade administrativa, limitando-se a prever algumas das punições possíveis de serem aplicadas aos ímprobos.

Sendo uma norma de eficácia limitada, coube à lei ordinária dar a disciplina adequada à matéria, regulamentando e pormenorizando as condutas que caracterizam improbidade administrativa, seus sujeitos e, bem assim, as punições aplicáveis, além do procedimento judicial a ser utilizado.

Essa lei foi editada ainda no ano de 1992 e tomou o n.º 8.429, sendo rapidamente identificada como "Lei de Improbidade Administrativa" (LIA).

O legislador ordinário optou por também não conceituar a improbidade administrativa, preferindo arrolar três elencos de condutas, sempre com um tipo base mais genérico e aberto, seguido por tipos mais específicos.

Analisemos, então, as questões abordadas na Lei 8.429/1992, bem como outros temas ligados à questão da improbidade administrativa.

16.2. LEI 8.429/1992 E OS ELEMENTOS DA IMPROBIDADE ADMINISTRATIVA

16.2.1. Constitucionalidade da Lei 8.429/1992

A Lei 8.429 teve sua constitucionalidade formal contestada na Ação Direta de Inconstitucionalidade 2.182/DF, ao argumento de que não teria sido respeitado o processo legislativo bicameral previsto na CF/1988. Em maio de 2010, o STF, por maioria, julgou improcedente a ação, entendendo que, no caso concreto, havia sido respeitado o disposto no art. 65 da Carta Magna, não padecendo, portanto, a referida lei, de inconstitucionalidade formal[1].

A lei também é objeto de questionamento sob o ponto de vista da constitucionalidade material nos autos da Ação Direta de Inconstitucionalidade 4.295/DF, não tendo sido tal ação, até o momento, julgada pelo STF[2]. Nessa ação, questionam-se inúmeras disposições da lei, do conceito de sujeito ativo até a definição de vários dos atos elencados na lei como de improbidade administrativa. Como não houve a concessão de medida cautelar, que sequer foi requerida, a jurisprudência, em geral, vem aplicando os dispositivos legais sem qualquer restrição do ponto de vista constitucional.

16.2.2. Sujeitos passivos (vítimas) dos atos de improbidade administrativa

Os atos de improbidade administrativa, por afetarem, em geral, o patrimônio, serviços ou interesses de entidades públicas, acarretam, como não poderia deixar de ser, prejuízo a toda a sociedade, motivo pelo qual é o Ministério Público, inicialmente, o principal legitimado para buscar a reparação e a punição dos responsáveis, por meio da ação de improbidade administrativa.

---

1. "Ação direta de inconstitucionalidade. 1. Questão de ordem: pedido único de declaração de inconstitucionalidade formal de lei. Impossibilidade de examinar a constitucionalidade material. 2. Mérito: art. 65 da Constituição da República. Inconstitucionalidade formal da Lei 8.429/1992 (Lei de Improbidade Administrativa): inexistência.1. Questão de ordem resolvida no sentido da impossibilidade de se examinar a constitucionalidade material dos dispositivos da Lei 8.429/1992 dada a circunstância de o pedido da ação direta de inconstitucionalidade se limitar única e exclusivamente à declaração de inconstitucionalidade formal da lei, sem qualquer argumentação relativa a eventuais vícios materiais de constitucionalidade da norma.2. Iniciado o projeto de lei na Câmara de Deputados, cabia a esta o encaminhamento à sanção do Presidente da República depois de examinada a emenda apresentada pelo Senado da República. O substitutivo aprovado no Senado da República, atuando como Casa revisora, não caracterizou novo projeto de lei a exigir uma segunda revisão.3. Ação direta de inconstitucionalidade improcedente" (Pleno, Red. p/ acórdão Min. Cármen Lúcia, j. 12.05.2010).
2. Rel. Min. Marco Aurélio. A Procuradoria-Geral da República lançou parecer, em 28.08.2012, opinando pelo conhecimento parcial da ação e, no mérito, pela improcedência do pedido.

Entretanto, a par desse prejuízo geral para a sociedade, os atos de improbidade acarretam sempre um prejuízo particular a uma determinada pessoa jurídica estatal, razão pela qual será esta, também, legitimada para atuar na defesa de seus interesses, ainda que pela via da ação de improbidade administrativa.

Contudo, o que nos interessa saber, nesse momento, não é a legitimação processual ativa, e sim a pessoa jurídica que figura como parte passiva, ou seja, que é ou pode ser vítima de um ato de improbidade administrativa, visto que, na ausência dela, não se poderá ter, propriamente, ato de improbidade administrativa.

A Lei 8.429/1992, em seu art. 1.º, contém o campo de incidência da norma, enumerando as pessoas jurídicas que podem ser vítimas das condutas ímprobas, a saber:

a) *administração direta (União, Estados, Distrito Federal e Municípios);*
b) *administração indireta ou fundacional (autarquias, fundações públicas, empresas públicas e sociedades de economia mista, nas três esferas federativas, incluindo Territórios);*
c) *empresas incorporadas ao patrimônio público ou entidade para cuja criação ou custeio o erário haja concorrido ou concorra com mais de 50% do patrimônio ou da receita anual;*
d) *entidades que recebam subvenção, benefício ou incentivo, fiscal ou creditício, de órgão público, bem como aquelas para cuja criação ou custeio o erário haja concorrido ou concorra com menos de 50% do patrimônio ou receita anual (art. 1.º, parágrafo único).*

Portanto, o rol de sujeitos passivos não é integrado apenas de pessoas jurídicas estatais, propriamente ditas, podendo abranger pessoas não estatais, desde que recebam subvenção, incentivo ou benefício do Poder Público, sejam custeadas por ele ou tenham sido criadas com a concorrência de capital público.

Assim, organizações não governamentais, fundações privadas e empresas privadas, se destinatárias de recursos públicos, podem ser sujeitos passivos de atos de improbidade administrativa, desde que, é claro, tais atos tenham importado em dilapidação desses recursos.

Não se enquadrando o caso concreto, no entanto, em quaisquer das hipóteses acima elencadas, não teremos atos de improbidade administrativa, ainda que possamos ter a prática de atos de improbidade, visto que os interesses e patrimônio estritamente privados não interessam ao direito administrativo, tampouco são objeto da incidência das normas da Lei 8.429/1992.

16.2.3. Sujeitos ativos (que praticam) dos atos de improbidade

16.2.3.1. Agentes públicos

Em princípio, podem praticar atos de improbidade administrativa aquelas pessoas que têm competência ou atribuição para gerir, aplicar, guardar ou administrar recursos ou bens públicos.

A lei, para tanto, adota um conceito legal de agente público que é extremamente amplo, abarcando quase todas as situações possíveis de exercício de função pública.

Com efeito, dispõe o art. 2.º da Lei 8.429/1992 que:

"Art. 2.º Reputa-se agente público, para os efeitos desta Lei, todo aquele que exerce, ainda que transitoriamente ou sem remuneração, por eleição, nomeação, designação, contratação ou qualquer outra forma de investidura ou vínculo, mandato, cargo, emprego ou função nas entidades mencionadas no artigo anterior".

Nesse conceito estão inseridos os agentes políticos (eleição – mandato); os magistrados e membros do Ministério Público e Cortes de Contas (nomeação – cargo); os servidores públicos civis, ocupantes de cargos efetivos e em comissão (nomeação – cargo); os ocupantes de cargos em comissão, ainda que detentores da prerrogativa de mandatos, como os diretores das agências reguladoras e do Banco Central do Brasil (nomeação – mandato); os servidores temporários, contratados por períodos determinados, a que se refere o art. 37, IX, da CF/1988 (contratação – função); os empregados públicos das empresas públicas e sociedades de economia mista, ou mesmo da Administração Direta e autárquica (contratação – emprego); pessoas que exercem atividades públicas por requisição do Poder Público, como os jurados, mesários e os conscritos do serviço militar (designação – função); e os notários e registradores[3] (nomeação – função).

O Superior Tribunal de Justiça entendeu que o estagiário que atua no serviço público, ainda que transitoriamente, remunerado ou não, está sujeito à responsabilização por ato de improbidade administrativa, pois o conceito de agente público para fins de improbidade abrange não apenas os servidores públicos, mas todo aquele que exerce, ainda que transitoriamente ou sem remuneração, por eleição, nomeação, designação, contratação ou qualquer outra forma de investidura ou vínculo, mandato, cargo, emprego ou função na Administração Pública.[4]

Um caso importante que foi julgado está relacionado à questão de saber se membro do Ministério Público pode ser processado e condenado por ato de improbidade administrativa. **O Superior STJ no julgamento do REsp 1.191.613-MG[5] entendeu que sim, inclusive sujeito, caso condenado, à pena de perda da função pública.** Quanto às garantias sobre a perda do cargo previstas na Lei 8.625/93 (Lei Orgânica Nacional do MP) e a LC 75/93 o entendimento foi que elas não proíbem que o membro do MP possa perder o cargo em razão de sentença proferida na ação civil pública por ato de improbidade administrativa, convivendo as legislações em harmonia.

Outro julgado importante é que **para ser considerada a improbidade o agente público deve ter praticado o ato nessa qualidade** e não na condição de particular.[6]

Por fim, nas ações de improbidade administrativa não há litisconsórcio passivo necessário entre o agente público e os terceiros beneficiados com o ato ímprobo.[7]

---

3. Os notários e registradores estão abrangidos no amplo conceito de "agentes públicos", na categoria dos "particulares em colaboração com a Administração". Dessa forma, encontram-se no campo de incidência da Lei nº 8.429/1992. STJ. 1ª Turma. REsp 1186787/MG, Rel. Min. Sérgio Kukina, julgado em 24/04/2014.
4. 2ª Turma. REsp 1.352.035-RS, Rel. Min. Herman Benjamin, julgado em 18/8/2015 – (**Informativo 568**).
5. 1ª Turma. REsp 1.191.613-MG, Rel. Min. Benedito Gonçalves, julgado em 19/3/2015 (**Informativo 560**).
6. 1ª Turma. REsp 1.414.669-SP, Rel. Min. Napoleão Nunes Maia Filho, julgado em 20/2/2014 (**Informativo 537**).
7. AgRg no REsp 1421144/PB,Rel. Ministro BENEDITO GONÇALVES, PRIMEIRA TURMA,Julgado em 26/05/2015,DJE 10/06/2015.

16.2.3.2. A situação especial dos agentes políticos

Conquanto exista um conceito mais geral de agente político, que insere neste todos os membros de Poder, incluindo, assim, os magistrados, bem como os integrantes das instituições autônomas por força constitucional (Ministério Público e Cortes de Contas), a noção mais aceita, na atualidade, é aquela que restringe o alcance da expressão aos ocupantes dos cargos eletivos (Presidente da República, Vice-Presidente da República, Governadores e vices, prefeitos e vices, deputados federais e estaduais, senadores e vereadores) e aos ocupantes de cargos de confiança do mais alto escalão governamental (ministros de Estado, secretários de Estado e secretários municipais).

Em princípio, não há restrição, na Lei 8.429/1992, à aplicação de suas disposições a tais autoridades.

Pelo contrário, como se viu da dicção do art. 2.º da Lei, suas disposições são extensíveis aos agentes públicos ocupantes de mandato, inclusive os eleitos.

A Constituição Federal, no entanto, prevê algumas regras especiais quanto à responsabilização de certas autoridades por atos praticados no exercício do mandato, como é o caso do Presidente da República, com a sistemática dos crimes de responsabilidade (art. 85 da CF/1988), no que é extensiva aos Ministros de Estado.

Com base nisso, o STF começou a construir o entendimento de que não é possível a existência de dois regimes de responsabilização político-administrativa para uma mesma autoridade, de maneira que, se esta última está sujeita ao regime de responsabilidade especial, não poderá estar submetida ao regramento da Lei 8.429/1992. Do contrário, a disposição do art. 37, § 4.º, da CF/1988 seria ab-rogante do disposto no art. 102, I, *c*, da própria Constituição.

Esse entendimento paradigmático foi firmado no julgamento da Reclamação 2.138/DF[8], que tinha a União como reclamante na defesa de interesses de um Ministro de Estado e

---

8. "Reclamação. Usurpação da competência do Supremo Tribunal Federal. Improbidade administrativa. Crime de responsabilidade. Agentes políticos. I. Preliminares. Questões de ordem. I.1. Questão de ordem quanto à manutenção da competência da Corte que justificou, no primeiro momento do julgamento, o conhecimento da reclamação, diante do fato novo da cessação do exercício da função pública pelo interessado. Ministro de Estado que posteriormente assumiu cargo de Chefe de Missão Diplomática Permanente do Brasil perante a Organização das Nações Unidas. Manutenção da prerrogativa de foro perante o STF, conforme o art. 102, I, 'c', da Constituição. Questão de ordem rejeitada. I.2. Questão de ordem quanto ao sobrestamento do julgamento até que seja possível realizá-lo em conjunto com outros processos sobre o mesmo tema, com participação de todos os Ministros que integram o Tribunal, tendo em vista a possibilidade de que o pronunciamento da Corte não reflita o entendimento de seus atuais membros, dentre os quais quatro não têm direito a voto, pois seus antecessores já se pronunciaram. Julgamento que já se estende por cinco anos. Celeridade processual. Existência de outro processo com matéria idêntica na sequência da pauta de julgamentos do dia. Inutilidade do sobrestamento. Questão de ordem rejeitada. II. Mérito. II.1. Improbidade administrativa. Crimes de responsabilidade. Os atos de improbidade administrativa são tipificados como crime de responsabilidade na Lei n.º 1.079/1950, delito de caráter político-administrativo. II.2. Distinção entre os regimes de responsabilização político-administrativa. O sistema constitucional brasileiro distingue o regime de responsabilidade dos agentes políticos dos demais agentes públicos. A Constituição não admite a concorrência entre dois regimes de responsabilidade político-administrativa para os agentes políticos: o previsto no art. 37, § 4.º (regulado pela Lei n.º 8.429/1992) e o regime fixado no art. 102, I, 'c' (disciplinado pela Lei n.º 1.079/1950). Se a competência para processar e julgar a ação de improbidade (CF, art. 37, § 4.º) pudesse abranger

considerou o fato de que a autoridade em questão já estaria sujeita a um regime especial de responsabilização, estabelecido na Lei 1.079/1950.

Em seguida a essa decisão, diversas autoridades, principalmente municipais, passaram a defender a tese de que a sistemática de responsabilização instituída pelo Decreto-Lei 201/1967 (que estabelece os crimes de responsabilidade de prefeitos e vereadores) também justificaria a não aplicação, para elas, do sistema da Lei 8.429/1992.

O STF, então, em vista da decisão que criou, passou a enfrentar inúmeras reclamações de prefeitos, com os mesmos argumentos. A Corte, no entanto, deixou, sistematicamente, de enfrentar o assunto, ao argumento de que tais reclamações não seriam cabíveis, pois não haveria, em tais casos, usurpação de competência da Corte, como naquele referente ao Ministro de Estado, não existindo, outrossim, súmula vinculante sobre a matéria.

A verdade é que o tema ainda carece de melhor definição, sendo, a atuação das Cortes superiores, no pormenor, um tanto quanto errática.

Mais recentemente, no entanto, em julgamento da Segunda Turma, a Corte Suprema voltou a reafirmar seu ponto de vista, indo além, ao admitir que desembargador federal tivesse tratamento idêntico ao de agente político, não se submetendo, por conseguinte, ao regime da Lei 8.429/1992. Considerou, na ocasião, que os membros dos tribunais regionais federais, assim como dos Tribunais de Justiça, dos regionais eleitorais e do trabalho estão submetidos ao sistema de crimes de responsabilidade, conforme dicção do art. 105, I, *a*, da CF/1988, não sendo admissível sua submissão, portanto, à Lei de Improbidade Administrativa (AgRg no RE 579.799-6/SP)[9].

Em que pese a omissão do STF quanto aos agentes políticos municipais, o STJ, em diversos precedentes, definiu entendimento pela aplicação da Lei de Improbidade Administrativa a estes[10], sem prejuízo à possibilidade de responder por crimes de responsabilidade

---

também atos praticados pelos agentes políticos, submetidos a regime de responsabilidade especial, ter-se-ia uma interpretação ab-rogante do disposto no art. 102, I, 'c', da Constituição. II.3. Regime especial. Ministros de Estado. Os Ministros de Estado, por estarem regidos por normas especiais de responsabilidade (CF, art. 102, I, 'c'; Lei n.º 1.079/1950), não se submetem ao modelo de competência previsto no regime comum da Lei de Improbidade Administrativa (Lei n.º 8.429/1992). II.4. Crimes de responsabilidade. Competência do Supremo Tribunal Federal. Compete exclusivamente ao Supremo Tribunal Federal processar e julgar os delitos político-administrativos, na hipótese do art. 102, I, 'c', da Constituição. Somente o STF pode processar e julgar Ministro de Estado no caso de crime de responsabilidade e, assim, eventualmente, determinar a perda do cargo ou a suspensão de direitos políticos. II.5. Ação de improbidade administrativa. Ministro de Estado que teve decretada a suspensão de seus direitos políticos pelo prazo de 8 anos e a perda da função pública por sentença do Juízo da 14.ª Vara da Justiça Federal – Seção Judiciária do Distrito Federal. Incompetência dos juízos de primeira instância para processar e julgar ação civil de improbidade administrativa ajuizada contra agente político que possui prerrogativa de foro perante o Supremo Tribunal Federal, por crime de responsabilidade, conforme o art. 102, I, 'c', da Constituição. III. Reclamação julgada procedente" (STF, Pleno, Rel. p/ acórdão Min. Gilmar Mendes (art. 38, IV, *b*, do RISTF), j. 13.06.2007 (vide *Informativos STF 291, 413, 457 e 471*).

9. "Agravo regimental no recurso extraordinário. Desembargador. Agente político. Ação de improbidade administrativa. O Supremo Tribunal Federal fixou entendimento nos termos do qual a Constituição do Brasil não admite concorrência entre dois regimes de responsabilidade político-administrativa para os agentes políticos. Precedentes. Agravo regimental a que se nega provimento" (STF, RE 579.799 AgR/SP, 2.ª T., Rel. Min. Eros Grau, j. 02.12.2008).

10. Registre-se que a ação de improbidade administrativa contra os prefeitos será julgada em 1ª instância.

do Decreto-Lei 201/67 [11]. Destacou-se que a exclusão seria apenas dos agentes políticos regidos pelo sistema da Lei 1.079/1950[12].

Não obstante tudo o que foi dito acima, a questão será decidida em definitivo pela Suprema Corte no julgamento do RE 976.566, com repercussão geral já reconhecida (Tema 576), onde se definirá se prefeitos estão ou não sujeitos ao sistema da Lei 8.429/92.

O STJ, por fim, em julgamento recente, no REsp 1.169.762/RN[13], envolvendo desembargador, afirmou, diferentemente do STF, que existe compatibilidade entre os regimes da Lei 8.429/1992 e da Lei 1.079/1950, cabendo, tão somente, restrições em relação ao órgão competente para impor sanções, quando houver previsão de foro privilegiado na Constituição Federal.

No que se refere especificamente aos membros do Legislativo, embora estejam eles sujeitos a regime disciplinar específico, genericamente denominado de "decoro parlamentar", o qual é derivado dos respectivos regimentos internos e códigos de ética parlamentar, o STF vem sistematicamente afastando a tese da não aplicação do regime da Lei 8.429/1992 a tais autoridades, ao argumento de que estas não respondem por crime de responsabilidade[14].

Por fim, registre-se que o STF já decidiu, em 2008, que a competência para julgar ação de improbidade administrativa proposta contra Ministro do STF é do próprio STF (Pet 3211/DF QO). Entendeu-se que haveria um desvirtuamento do sistema se um juiz de grau inferior pudesse decretar a perda do cargo de um magistrado de Tribunal Superior.

16.2.3.3. Particulares (art. 3.º)

O alcance da Lei de Improbidade Administrativa não se resume aos agentes públicos, sendo aplicável, também, a toda pessoa que induza ou concorra para a prática do ato de improbidade ou dele se beneficie sob qualquer forma direta ou indireta (art. 3.º da Lei 8.429/1992).

Como se depreende do texto legal, a participação dessas pessoas é acessória, sendo imprescindível, sempre, que exista um agente público envolvido na prática dos atos de improbidade para que possa haver a incidência da Lei 8.429/1992.[15] Do contrário, a sanção aplicável àqueles se restringirá às esferas civil e criminal.

---

11. *V.g.*: REsp 1.119.143/MG (Rel. Min. Eliana Calmon); REsp 1.106.159/MG (Rel. Min. Eliana Calmon); REsp 1.148.996/RS (Rel. Min. Castro Meira); AgRg no REsp 1.158.623/RJ (Rel. Min. Hamilton Carvalhido).
12. Observe-se, no pormenor, que a Lei 7.106/1983 estendeu o regime jurídico dos crimes de responsabilidade, estabelecido na Lei 1.079/1950, ao governador do Distrito Federal, aos governadores dos Territórios Federais e aos secretários de um e de outros.
13. Rel. Min. Campbell Marques, 2.ª T., j. 10.08.2010.
14. Pleno, Questão de Ordem na Petição 3.923/SP, Rel. Min. Joaquim Barbosa, j. 13.06.2007 (*vide Informativo STF 471*). No mesmo sentido, embora com ênfase maior na questão da competência do que propriamente sobre a discussão da sujeição ou não ao regime jurídico respectivo, decidiu o STF na Questão de Ordem na Petição 3.030/RO (Rel. Min. Marco Aurélio, j. 23.05.2012 – *vide Informativo STF 667*). A questão está novamente em discussão, ainda não finalizada, no AgRg na Petição 3.067/MG (Rel. Min. Roberto Barroso – noticiado o início do julgamento no *Informativo STF 732*).
15. (...) não é possível a propositura de ação de improbidade exclusivamente contra o particular, sem a concomitante presença de agente público no polo passivo da demanda. (STJ. 1ª Turma. REsp 1.171.017-PA, Rel. Min. Sérgio Kukina, julgado em 25/2/2014 **(Informativo 535)**.

Na prática, é muito comum que exista a participação de particulares como beneficiários ou partícipes dos atos de improbidade, por vezes, familiares, sócios ocultos ou empregados dos agentes ímprobos, por vezes financiadores de grandes esquemas de corrupção.

É possível que existam vários agentes públicos atuando de maneira ímproba, em conluio, por vezes ligados a diferentes entidades da Federação, como ocorre, frequentemente, e infelizmente, nos convênios federais firmados com prefeituras.

16.2.4. Atos de improbidade

Apesar de a Lei 8.429/1992 não conceituar improbidade administrativa, seu conteúdo é aferível a partir de suas diversas disposições, em especial o art. 4.º, que dispõe sobre o dever administrativo de todo agente público de velar pela estrita observância dos princípios da legalidade, impessoalidade, moralidade e publicidade no trato dos assuntos que lhe são afetos.

Como diz Fazzio Junior[16], a "improbidade surge, na Lei n.º 8.429/92, como a antítese não de um princípio, mas do conjunto coordenado dos princípios da legalidade, da impessoalidade, da moralidade, da publicidade e da eficiência".

Nessa perspectiva, a improbidade não se confunde apenas com o enriquecimento ilícito do agente ou com a lesão ao erário, podendo restar configurada, também, pela prática de atos que atentam contra os princípios da Administração (art. 11).

Por outro lado, não se pode confundir improbidade administrativa com meras irregularidades administrativas, a ponto de transformar qualquer ato administrativo praticado em desacordo com a lei em ato sujeito às sanções de improbidade.

Assim, o dolo do agente constituirá um elemento importante do exame da conduta ímproba, mormente nos casos de violação aos princípios da Administração Pública, somente não sendo estritamente necessário, podendo ser substituído pelo elemento culpa, nos casos de dano ao erário[17].

De resto, os deveres funcionais, quando não observados, além de constituírem faltas passíveis de sanção na esfera disciplinar, podem acarretar o enquadramento do agente público nas penas da Lei de Improbidade Administrativa, cabendo à respectiva comissão processante dar ciência do fato ao Ministério Público e ao Tribunal ou Conselho de Contas (art. 15 da LIA). Da mesma forma, uma conduta enquadrada como ato de improbidade administrativa pode ensejar apuração disciplinar, sendo que, na esfera federal, tais atos constituem motivo suficiente para a demissão do servidor público estável[18] (art. 132, IV, da Lei 8.112/1990).

---

16. FAZZIO JUNIOR, Waldo. *Atos de improbidade administrativa*: doutrina, legislação e jurisprudência. São Paulo: Atlas, 2007, p. 72.
17. STJ, REsp 414.697/RO, 2.ª T., Rel. Min. Herman Benjamin, j. 25.05.2010.
18. O STF, no entanto, em julgamento de órgão fracionário, já decidiu que, verificada a prática de atos de improbidade administrativa, cabe à administração pública representar ao MP para ajuizamento da competente demissão e não a aplicação da pena de demissão, haja vista que a aplicação das sanções previstas na Lei 8.429/1992 só podem ser impostas pelo Poder Judiciário (RMS 24.699/DF, 1.ª T., Rel. Min. Eros Grau, j. 30.11.2004, vide *Informativo STF 372*).

Por expressa remissão legal, os servidores temporários de que trata o art. 37, IX, da CF/1988, na esfera federal, poderão sofrer o mesmo apenamento, quando praticarem atos de improbidade (art. 11 da Lei 8.745/1993).

Quanto aos empregados públicos, o enquadramento disciplinar terá de ser feito como "falta grave", nos termos do art. 482 da CLT, valendo tal raciocínio, também, para os empregados da Administração Federal direta, autárquica e fundacional (art. 3.º da Lei 9.962/2000).

Não há, no entanto, comunicabilidade obrigatória entre as instâncias, de forma que a ação civil pública de improbidade poderá tramitar independentemente da existência de processo administrativo disciplinar ou equivalente, bem como independentemente do resultado a que este último porventura tenha chegado.

16.2.4.1. Atos de improbidade que importam enriquecimento ilícito (art. 9.º)

A Lei 8.429/92, em seu art. 9.º, estabelece que "constitui ato de improbidade administrativa importando enriquecimento ilícito auferir qualquer tipo de vantagem patrimonial indevida em razão do exercício de cargo, mandato, função, empregou ou atividade nas entidades mencionadas no art. 1.º desta Lei".

Depois da formulação geral, o legislador elencou doze hipóteses específicas de enriquecimento ilícito.

Algumas das hipóteses específicas são exaustivamente descritivas da conduta ímproba, como a prevista no inc. IX, que estabelece a conduta de *percepção de vantagem econômica para intermediar a liberação ou aplicação de verba pública de qualquer natureza*. Outras, no entanto, têm de ser necessariamente interpretadas em conjunto com o *caput* do dispositivo, para que seja possível seu enquadramento como atos de improbidade. Dessa forma, a hipótese do inc. VII, que trata da *aquisição de bens de qualquer natureza cujo valor seja desproporcional à evolução do patrimônio ou renda do agente público*, só tem sentido se tiver sido praticada em razão do exercício do cargo, mandato, função, emprego ou atividade públicas, visto que aquela conduta pode ser praticada, também, sem vinculação com tais atividades.

Nos atos de improbidade administrativa que importam em enriquecimento ilícito é *imprescindível a ocorrência de dolo* por parte do agente, ou seja, a vontade consciente e deliberada no sentido de praticar o ato ímprobo.

Esse dolo, como elemento anímico, será provado, evidentemente, pelas circunstâncias que envolvem o caso concreto, sendo presuntivo da improbidade o fato de a pessoa ocupar um cargo ou função pública e ter, no exercício dessa atividade, um acréscimo patrimonial sem o respectivo lastro ou incompatível com suas rendas declaradas.

O acréscimo pode decorrer de outros fatores, igualmente ilícitos, mas de natureza criminal, tributária etc., mas que não configuram ato de improbidade, cabendo, nesse caso, ao agente público a prova respectiva.

Nas hipóteses de enriquecimento ilícito, uma vez sendo o agente público ou terceiro beneficiado condenados, deverão eles perder, em proveito da entidade pública respectiva, todos os bens e valores acrescidos ilegalmente ao patrimônio (arts. 6.º e 18 da LIA).

Nesse caso, a autoridade administrativa responsável pelo inquérito pode representar ao Ministério Público, requerendo a indisponibilidade dos bens do indiciado (art. 7.º da

LIA). Não se impede, no entanto, que a própria entidade requeira tal providência, posto que ela detém legitimidade para promover a própria ação de improbidade (art. 17, *caput*, da LIA), inclusive o que pode ser feito até mesmo antes do ajuizamento da AIA, uma vez que a jurisprudência do STJ é no sentido de que a decretação da indisponibilidade e do sequestro de bens em improbidade administrativa é possível antes do recebimento da ação.[19]

Registre-se o entendimento do STJ no sentido que a configuração do ato de improbidade previsto no artigo 9º independe de dano ao erário, o que, por lógico, quando for prolatada a decisão, não haverá a aplicação da pena de ressarcimento ao erário.[20]

16.2.4.2. Atos de improbidade que configuram prejuízo ao erário

A Lei 8.429/1992 diz que "constitui ato de improbidade administrativa que causa lesão ao erário qualquer ação ou omissão, dolosa ou culposa, que enseje perda patrimonial, desvio, apropriação, malbaratamento ou dilapidação dos bens e haveres das entidades referidas no art. 1.º".

Conforme já decidiu o STJ, para a condenação por ato de improbidade administrativa no art. 10, é indispensável a demonstração de que ocorreu efetivo dano ao erário.[21]

Atenção às exceções! A dispensa indevida de licitação ocasiona prejuízo ao erário *in re ipsa*, ou seja, o prejuízo ao erário é considerado presumido! Logo, a indevida dispensa de licitação, por impedir que a Administração Pública contrate a melhor proposta, causa dano *in re ipsa*, descabendo exigir do autor AIA prova a respeito do tema[22].

Mais recentemente, no julgamento do AgRg nos EDcl no AREsp 419.769/SC, a 2ª Turma do STJ entendeu-se que fraude à licitação (o caso não tratava de contratação direta) tem como consequência o chamado dano *in re ipsa*.[23]

A Lei é pródiga no uso de sinônimos como forma de evitar que interpretações restritivas quanto ao conteúdo de um ou outro termo impeça a adoção plena de suas disposições.

Seguindo-se ao conceito mais geral, tem-se a descrição de mais 21 hipóteses específicas, duas delas incluídas pela Lei 11.107/2005 e outras seis pela Lei 13.019/2014.

Os atos de improbidade que causam prejuízo ao erário, por sua natureza, *podem prescindir do elemento dolo, mas não poderão prescindir do elemento culpa.*

Em alguns casos, a culpa é elementar do próprio tipo legal, como aquelas dos incisos X e XX, que falam em "agir negligentemente".

Em outros, porém, parece difícil o enquadramento do agente apenas pelo elemento culpa, visto que a hipótese legal parece indicar a necessidade de dolo.

Imperioso observar, no entanto, que, em algumas situações, mesmo o elemento culpa deverá ser analisado com a devida cautela, pois a decisão do agente público que permite ou propicia o dano ao erário pode estar enquadrada dentro de um procedimento no qual

---

19. STJ. 2ª Turma. AgRg no REsp 1317653/SP, Rel. Min. Mauro Campbell Marques, julgado em 07/03/2013.
20. STJ. 1ª Turma. REsp 1.412.214-PR, Rel. Min. Napoleão Nunes Maia Filho, Rel. para acórdão Min. Benedito Gonçalves, julgado em 8/3/2016 **(Informativo 580)**.
21. STJ. 1ª Turma. AgRg no AREsp 18.317/MG, Rel. Min. Arnaldo Esteves Lima, julgado em 05/06/2014.
22. STJ. 2ª Turma. REsp 817.921/SP, Rel. Min. Castro Meira, julgado em 27/11/2012.
23. STJ. 2ª Turma. AgRg nos EDcl no AREsp 419.769/SC, Rel. Min. Herman Benjamin, julgado em 18/10/2016.

o fator determinante da decisão tenha sido um parecer técnico para o qual o agente não tem a devida formação ou capacidade de verificação quanto à correção do conteúdo, se limitando a observar a correção do aspecto formal e legal do procedimento.

Nesse caso, é a responsabilidade de quem deu o parecer técnico que deverá ser examinada.

Por outro lado, se o parecer é meramente facultativo ou se restringe ao aspecto da legalidade do procedimento (parecer jurídico), é da autoridade que o requereu a integral responsabilidade por sua eventual adoção.

Quanto ao parecer jurídico, o STF reconheceu a possibilidade, em tese, de que ele, quando vinculativo, pode ensejar a responsabilização solidária tanto do parecerista quanto da autoridade que o adota (MS 24.631/DF)[24]. Ressalvou-se a responsabilidade do parecerista, também, nos casos de culpa ou erro grosseiros.

Ocorrendo prejuízo ao erário, deve ser buscada a reparação patrimonial integral (art. 5.º da LIA), sendo possível, também nessa hipótese, a adoção da medida de indisponibilidade de bens (art. 7.º da LIA).

A Lei ainda contém disposição absolutamente dispensável, por dizer uma obviedade, que é a responsabilização civil dos herdeiros do agente ímprobo ou do particular que se aproveitou da improbidade até os limites da força da herança (art. 8.º).

16.2.4.3. Atos de improbidade administrativa que atentam contra os princípios da Administração Pública (art. 11)

Diz a Lei 8.429/1992 que "constitui ato de improbidade administrativa que atenta contra os princípios da administração pública qualquer ação ou omissão que viole os deveres de honestidade, imparcialidade, legalidade e lealdade às instituições".

Seguido a esse conceito mais geral, temos o elenco de nove hipóteses na Lei 8.429/92, a última delas incluída pela Lei nº 13.146, de 2015 .

A primeira questão que surge, no pormenor, é a extrema generalidade da regra estabelecida no *caput*, que, além de se referir ao atentado a princípios, contém alguns conceitos jurídicos indeterminados, como honestidade e lealdade.

Nas palavras de Fazzio Júnior[25]:

> "(...) a honestidade e a lealdade possuem acepção tão elástica que, em princípio, parecem hospedar quaisquer condutas ilegais que rompem com a regularidade da boa administração. No entanto, como o diploma em tela focaliza a improbidade administrativa, importante é compreendê-las, não recolhidas sob o teto da solitária legalidade. Esta é indiciária da improbidade, mas insuficiente para sinonimizá-la, sem a conjunção coordenada com os demais princípios, máxime o da moralidade".

---

24. No caso concreto, no entanto, foi concedida a segurança, por se ter entendido que as questões apontadas como irregulares não haviam sido submetidas à apreciação do parecerista. A matéria envolvia responsabilização por acordos extrajudiciais firmados pelo DNER, que estavam submetidas a exame pelo TCU, não dizendo respeito à propositura de ação de improbidade administrativa. O sentido hermenêutico, no entanto, é igualmente válido para a hipótese de improbidade administrativa (Pleno, Rel. Min. Joaquim Barbosa, j. 09.08.2007).

25. Ob. Cit., p. 160.

Assim, nessa seara, mais do que em qualquer outra, a conduta deverá ser examinada em sintonia com o grau de reprovabilidade que ela contém em relação aos valores morais cultuados pela sociedade, correspondentes com o padrão de atuação que se espera de um administrador ou servidor público.

Será necessário, também, que seja demonstrado o elemento subjetivo doloso do agente, ainda que na sua modalidade genérica[26]. Em alguns casos, a lei exige uma espécie de "dolo específico", para utilizarmos a antiga linguagem do direito penal, como na hipótese do inc. I, que se refere a "praticar ato visando fim proibido na lei".

Para aferição desse elemento e, portanto, da ocorrência da improbidade, parece ser adequada a solução desenvolvida pelo STJ, no sentido de se verificar a ocorrência ou não de má-fé por parte do agente público.

Por exemplo, se determinado prefeito procede a contratações temporárias para a ocupação de atividades essenciais, sem as quais a população sofrerá prejuízos no fornecimento de serviços públicos essenciais (professores, pessoal da área de saúde etc.), estará se utilizando de uma prerrogativa prevista no art. 37, IX, da CF/1988. Agora, se ele renova tais contratações sem tomar medidas para a realização de um concurso público, poderá ser considerado que estas são ilegais. Isso não significa, no entanto, que exista má-fé ou desonestidade, podendo configurar simples irregularidade administrativa, a depender das circunstâncias do caso. Diferentemente, se ele renova tais contratações, mesmo depois de notificado sobre a irregularidade destas e, a par de não tomar nenhuma providência quanto à realização de concurso, ainda amplia o tempo dos contratos temporários, estará, inegavelmente, atuando com finalidade clara de não respeitar os princípios constitucionais que regem a Administração Pública. Nesse caso, a conduta é tão reprovável quanto a "contratação", sem concurso, de um parente, para um cargo efetivo.

O STJ entende que é **dispensável a comprovação de efetivo prejuízo aos cofres públicos** para a configuração dos atos de improbidade administrativa que atentam contra os princípios da administração pública.[27]

O STJ[28] realça o fato de que, "no caso específico do art. 11, é necessária cautela na exegese das regras nele insertas, porquanto sua amplitude constitui risco para o intérprete induzindo-o a acoimar de ímprobas condutas meramente irregulares, suscetíveis de correção administrativa, posto ausente a má-fé do administrador público e preservada a moralidade administrativa".

Da mesma forma, simples atraso na prestação de contas, em princípio, não configura, por si só, ato de improbidade administrativa[29].

Em outra passagem, a mesma Corte[30] assentou que "o objetivo da Lei de Improbidade é punir o administrador público desonesto, não o inábil".

---

26. A configuração do ato de improbidade por ofensa a princípio da administração depende da demonstração do chamado dolo genérico ou *lato sensu* (STJ. 2ª Turma. REsp 1383649/SE, Rel. Min. Herman Benjamin, julgado em 05/09/2013).
27. `` STJ. 1ª Turma. REsp 1.192.758-MG, Rel. originário Min. Napoleão Nunes Maia Filho, Rel. para acórdão Min. Sérgio Kukina, julgado em 4/9/2014 **(Informativo 547)**.
28. STJ, REsp 480.387/SP, 1.ª T., Rel. Min. Luiz Fux, j. 16.03.2004.
29. STJ, REsp 1.382.436/RN, 2.ª T., Rel. Min. Humberto Martins, j. 20.08.2013 (*vide Informativo STJ 529*).
30. STJ, REsp 758.639/PB, 1.ª T., Rel. Min. José Delgado, j. 28.03.2006.

Os limites entre inabilidade e desonestidade deverão ser analisados no caso concreto, em conformidade com as condutas antecedentes e consequentes do agente (*se houve indução por terceiro para a prática do ato; se ele agiu de forma a anular ou revogar o ato etc.*); com o grau de reprovação da conduta (*houve benefício pessoal com o ato?*); com o grau de complexidade da questão (*Dependia, para decisão, de parecer técnico? Esse parecer foi em qual sentido?*) e com os resultados visados por ela (*ainda que não cause dano ao erário, beneficia, direta ou indiretamente, o agente ou alguém por ele conhecido ou, ao contrário, prejudica algum desafeto seu*)[31].

O STJ já entendeu que atenta contra os princípios da administração pública e configura ato de improbidade administrativa a conduta de professor da rede pública de ensino que, aproveitando-se dessa condição, assedie sexualmente seus alunos.[32] O mesmo entendimento se deu em relação à prefeito que pratica assédio moral contra servidor público.[33]

Recentemente o Superior Tribunal de Justiça[34] considerou ato de improbidade administrativa que atenta contra os princípios da administração pública **a tortura de preso custodiado em delegacia praticada por policial.**

Por fim, vejamos mais alguns casos julgados onde se entendeu configurado ato de improbidade que atenta contra princípios da Administração Pública:

> a) ***Autoridade que deixa de encaminhar ao MP cópia do inquérito administrativo**, caso o relatório da sindicância administrativa instaurada contra servidor público federal concluir que a infração funcional em tese praticada está capitulada como ilícito penal, conforme prescreve o art. 154, parágrafo único, da Lei nº 8.112/90.*[35]
>
> b) ***Contratação irregular de escritório de advocacia sem licitação**. A conduta de contratar diretamente serviços técnicos sem demonstrar a singularidade do objeto contratado e a notória especialização, e com cláusula de remuneração abusiva, fere o dever do administrador de agir na estrita legalidade e moralidade que norteiam a Administração Pública, amoldando-se ao ato de improbidade administrativa tipificado no art. 11 da Lei de Improbidade.*[36]
>
> c) ***Contratação irregular de servidores temporários** por importar em violação do princípio constitucional do concurso público.*[37]
>
> d) ***A ausência de prestação de contas**. Se ocorrer de forma dolosa, acarreta violação ao princípio da publicidade e, por isso, caracteriza, ato de improbidade. Todavia, atenção! O mero atraso na entrega das contas, sem que exista dolo na espécie, não configura ato de improbidade.*[38]

---

31. Nesse aspecto, o STJ já entendeu correta a condenação, por improbidade administrativa, com fundamento no art. 11, I, da LIA, de prefeito municipal que repassou vultosa verba pública para hospital e divulgou para a imprensa que se tratava de doação particular (REsp 884.083/PR, 1.ª T., Rel. Min. José Delgado, j. 18.10.2007, vide *Informativo STJ 336*).
32. STJ. 2ª Turma. REsp 1.255.120-SC, Rel. Min. Humberto Martins, julgado em 21/5/2013 **(Informativo 523)**
33. STJ. 2ª Turma. REsp 1286466/RS, Rel. Min. Eliana Calmon, julgado em 03/09/2013.
34. STJ. 1ª Seção. REsp 1.177.910-SE, Rel. Min. Herman Benjamin, julgado em 26/8/2015 **(Informativo 577)**.
35. STJ. 1ª Turma. REsp 1312090/DF, Rel. Min. Ari Pargendler, julgado em 08/04/2014.
36. STJ. 2ª Turma. REsp 1444874/MG, Rel. Min. Herman Benjamin, julgado em 03/02/2015.
37. STJ. 1ª Turma. REsp 1403361/RN, Rel. Min. Benedito Gonçalves, julgado em 03/12/2013.
38. `` STJ. 2ª Turma. AgRg no REsp 1.382.436-RN, Rel. Min. Humberto Martins, julgado em 20/8/2013 **(Informativo 529)**

IMPROBIDADE ADMINISTRATIVA	ATOS DE IMPROBIDADE	Enriquecimento ilícito	Trata-se de vantagem indevidamente conquistada por meio do exercício de	Cargo público	Penalidade: art. 12, I, da Lei 8.429/1992	Perda dos bens ou valores acrescidos ilicitamente ao patrimônio
				Mandato público		Ressarcimento integral do dano, quando houver
						Perda da função pública
				Função pública		Suspensão dos direitos políticos de 8 a 10 anos
				Atividade pública		Pagamento de multa civil de até três vezes o valor do acréscimo patrimonial
				Emprego público		Proibição de contratar com o Poder Público ou receber benefícios ou incentivos fiscais ou creditícios, direta ou indiretamente, ainda que por intermédio de pessoa jurídica da qual seja sócio majoritário, pelo prazo de dez anos do acréscimo patrimonial
		Prejuízo ao erário	Trata-se de ação ou omissão dolosa que gere	Apropriação	Penalidade: art. 12, II, da Lei 8.429/1992	Ressarcimento integral do dano
				Mau barateamento		Perda dos bens ou valores acrescidos ilicitamente ao patrimônio, se concorrer esta circunstância
				Dilapidação		Perda da função pública
						Suspensão dos direitos políticos de cinco a oito anos
				Desvio		Pagamento de multa civil de até duas vezes o valor do dano
				Perda patrimonial		Proibição de contratar com o Poder Público ou receber benefícios ou incentivos fiscais ou creditícios, direta ou indiretamente, ainda que por intermédio de pessoa jurídica da qual seja sócio majoritário, pelo prazo de cinco anos

IMPROBIDADE ADMINISTRATIVA	ATOS DE IMPROBIDADE	Atos que atentam contra os princípios da Administração Pública	Trata-se de ação ou omissão que viole os deveres de		Penalidade: art. 12, III, da Lei 8.429/1992	
				Honestidade		Ressarcimento integral do dano, se houver
						Perda da função pública
				Legalidade		Suspensão dos direitos políticos de três a cinco anos
				Lealdade		Pagamento de multa civil de até 100 vezes o valor da remuneração percebida pelo agente
				Imparcialidade		Proibição de contratar com o Poder Público ou receber benefícios ou incentivos fiscais ou creditícios, direta ou indiretamente, ainda que por intermédio de pessoa jurídica da qual seja sócio majoritário, pelo prazo de três anos.

16.2.4.4. Atos de improbidade administrativa referidos no art. 52 do Estatuto das Cidades

A par dos casos expressamente previstos na LIA, a Lei 10.257/2001 (Estatuto da Cidade) estabeleceu outros sete, descritos em seu art. 52, incisos II a VIII (o inciso I foi vetado). A aplicação dessas disposições tem como agentes públicos destinatários os prefeitos municipais, pois somente eles são referidos no *caput* do artigo, respondendo outros agentes públicos e particulares apenas como partícipes.

Basicamente, são condutas que visam coibir a má-gestão da política urbana e de aproveitamento imobiliário dos Municípios, como a referida no inciso II, que eleva à categoria de improbidade o ato de deixar de proceder, no prazo de cinco anos, o adequado aproveitamento do imóvel incorporado ao patrimônio público, conforme disposto no § 4º do art. 8º do Estatuto.

O *caput* do art. 52 não esclarece se as condutas elencadas nos diferentes incisos se enquadram como atos que causam lesão ao Erário ou que importam em enriquecimento ilícito, não havendo referência a princípios que devem reger a Administração Pública. Algumas das condutas, no entanto, são claramente voltadas para evitar prejuízos ao ente municipal, como aquelas previstas no inciso II e VIII (aquisição de imóvel objeto de direito de preempção, pelo valor da proposta apresentada, se esta for, comprovadamente superior ao de mercado).

Outras, no entanto, por serem condutas formais, correspondentes a um simples deixar de fazer o que a lei determina, como aquele previsto no inciso III ("utilizar áreas obtidas por meio do direito de preempção em desacordo com o disposto no art. 26 desta Lei" – Estatuto da Cidade), precisarão ser analisadas com muita cautela, para que não se puna por improbidade simples irregularidades administrativas que não tenham, na prática, importado em qualquer prejuízo para o Município, nem, tampouco, enriquecimento ilícito de alguém, além de não constituir nenhuma violação concreta a princípio informador da Administração Pública.

Em resumo gráfico:

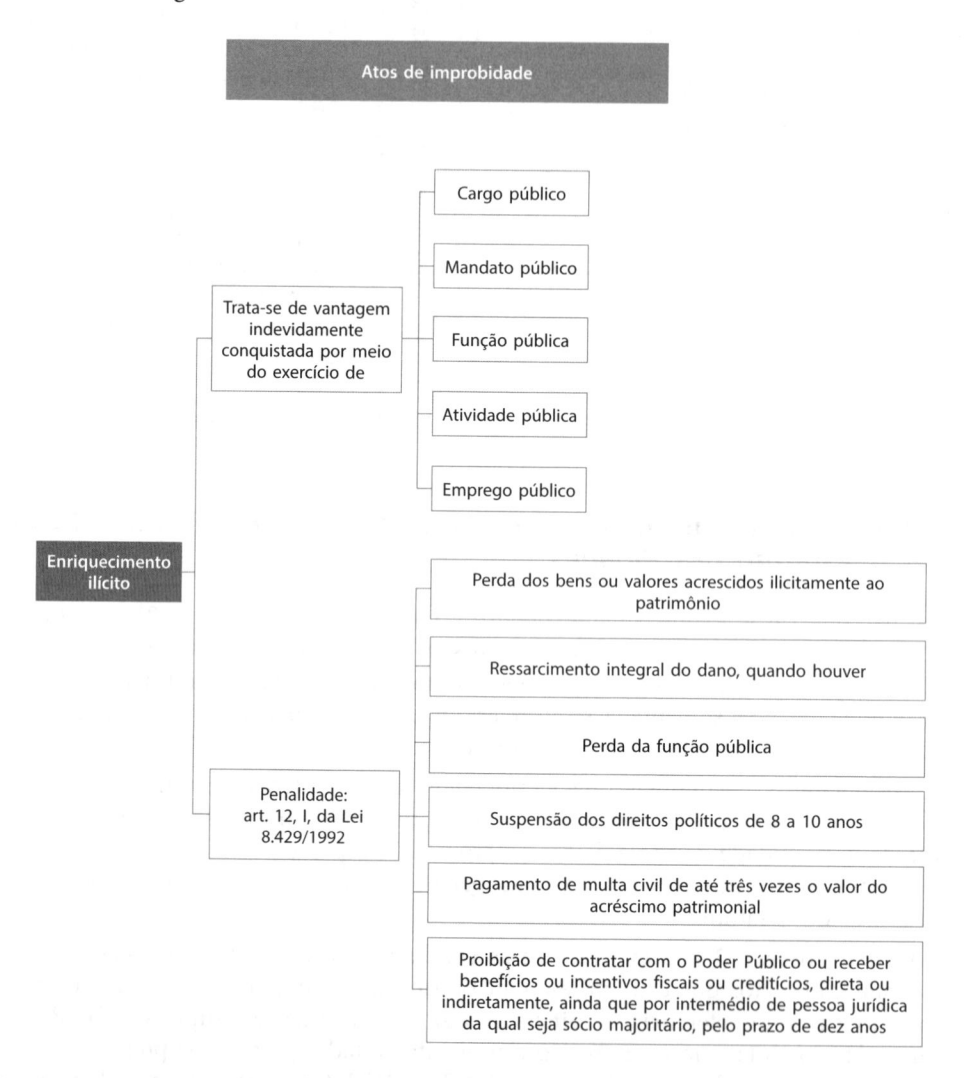

```
Atos de improbidade
└── Enriquecimento ilícito
    ├── Trata-se de vantagem indevidamente conquistada por meio do exercício de
    │   ├── Cargo público
    │   ├── Mandato público
    │   ├── Função pública
    │   ├── Atividade pública
    │   └── Emprego público
    └── Penalidade: art. 12, I, da Lei 8.429/1992
        ├── Perda dos bens ou valores acrescidos ilicitamente ao patrimônio
        ├── Ressarcimento integral do dano, quando houver
        ├── Perda da função pública
        ├── Suspensão dos direitos políticos de 8 a 10 anos
        ├── Pagamento de multa civil de até três vezes o valor do acréscimo patrimonial
        └── Proibição de contratar com o Poder Público ou receber benefícios ou incentivos fiscais ou creditícios, direta ou indiretamente, ainda que por intermédio de pessoa jurídica da qual seja sócio majoritário, pelo prazo de dez anos
```

16.2.4.5. Atos de improbidade administrativa referidos no artigo 21 do Estatuto da Metrópole (Lei 13.089/2015)

Em 13 de janeiro de 2015, entrou em vigor a Lei 13.089, que instituiu o Estatuto da Metrópole, o qual dispõe sobre instituição de regiões metropolitanas e de aglomerações urbanas, governança interfederativa de regiões metropolitanas e de aglomerações urbanas, instrumentos de desenvolvimento urbano integrado, apoio da União ao desenvolvimento urbano integrado etc.

Como tem sido comum, o legislador tem preferido criar novos tipos de improbidade administrativa no bojo de leis específicas, sem alterar o teor da Lei 8.429/1992. Se por um lado ficam mais contextualizados os novos ilícitos, por outro, para quem estuda apenas pela lei de improbidade, sequer fica sabendo das inovações.

Além disso, a inserção de novos atos de improbidade fora do rol das hipóteses previstas nos artigos 9.º a 11.º pode gerar dúvidas sobre o tipo de improbidade, se ensejador de enriquecimento ilícito, causador de dano ao erário ou que viola princípios da Administração Pública.

Os novos atos de improbidade são restritos a sujeitos ativos específicos. São eles: os Governadores, agentes públicos que atuam na estrutura de governança interfederativa e os Prefeitos.

Para os Governadores e agentes que atuam na estrutura de governança interfederativa passa a ser configurado ato de improbidade o fato de: 1) deixar de tomar as providências necessárias para garantir o cumprimento do disposto no *caput* do art. 10[39] da Lei 13.089/2015, no prazo de 3 (três) anos da instituição da região metropolitana ou da aglomeração urbana mediante lei complementar estadual e 2) deixar de elaborar e aprovar, no prazo de 3 (três) anos, o plano de desenvolvimento urbano integrado das regiões metropolitanas ou das aglomerações urbanas instituídas até a data de entrada em vigor desta lei mediante lei complementar estadual.

Para os Prefeitos, passa a ser configurado ato de improbidade o fato de o mesmo deixar de tomar as providências necessárias para garantir o cumprimento do disposto no § 3. º do art. 10 da Lei 13.089/2015, no prazo de 3 (três) anos da aprovação do plano de desenvolvimento integrado mediante lei estadual.

16.2.4.6. Atos de improbidade administrativa referidos na Lei 13.425/2017, a qual estabelece diretrizes gerais sobre medidas de prevenção e combate a incêndio e a desastres em estabelecimentos, edificações e áreas de reunião de público etc.

Incorre em improbidade administrativa, nos termos do art. 11 da Lei no 8.429, de 2 de junho de 1992, **o prefeito municipal** que deixar de tomar as providências necessárias para garantir a observância dos §§ 1º e 2º do art. 2º, o qual enuncia que:

---

[39]. Art. 10. As regiões metropolitanas e as aglomerações urbanas deverão contar com plano de desenvolvimento urbano integrado, aprovado mediante lei estadual. § 1.º Respeitadas as disposições do plano previsto no *caput* deste artigo, poderão ser formulados planos setoriais interfederativos para políticas públicas direcionadas à região metropolitana ou à aglomeração urbana. § 2.º A elaboração do plano previsto no *caput* deste artigo não exime o Município integrante da região metropolitana ou aglomeração urbana da formulação do respectivo plano diretor, nos termos do § 1.º do art. 182 da Constituição Federal e da Lei 10.257, de 10 de julho de 2001. **§ 3.º Nas regiões metropolitanas e nas aglomerações urbanas instituídas mediante lei complementar estadual, o Município deverá compatibilizar seu plano diretor com o plano de desenvolvimento urbano integrado da unidade territorial urbana.** § 4.º O plano previsto no *caput* deste artigo será elaborado no âmbito da estrutura de governança interfederativa e aprovado pela instância colegiada deliberativa a que se refere o inciso II do *caput* do art. 8.º desta Lei, antes do envio à respectiva assembleia legislativa estadual.

Art. 2º O planejamento urbano a cargo dos Municípios deverá observar normas especiais de prevenção e combate a incêndio e a desastres para locais de grande concentração e circulação de pessoas, editadas pelo poder público municipal, respeitada a legislação estadual pertinente ao tema.

§ 1º As normas especiais previstas no caput deste artigo abrangem estabelecimentos, edificações de comércio e serviços e áreas de reunião de público, cobertos ou descobertos, cercados ou não, com ocupação simultânea potencial igual ou superior a cem pessoas.

§ 2º Mesmo que a ocupação simultânea potencial seja inferior a cem pessoas, as normas especiais previstas no caput deste artigo serão estendidas aos estabelecimentos, edificações de comércio e serviços e áreas de reunião de público:

II – que, pela sua destinação: a) sejam ocupados predominantemente por idosos, crianças ou pessoas com dificuldade de locomoção; ou b) contenham em seu interior grande quantidade de material de alta inflamabilidade.

Em resumo gráfico:

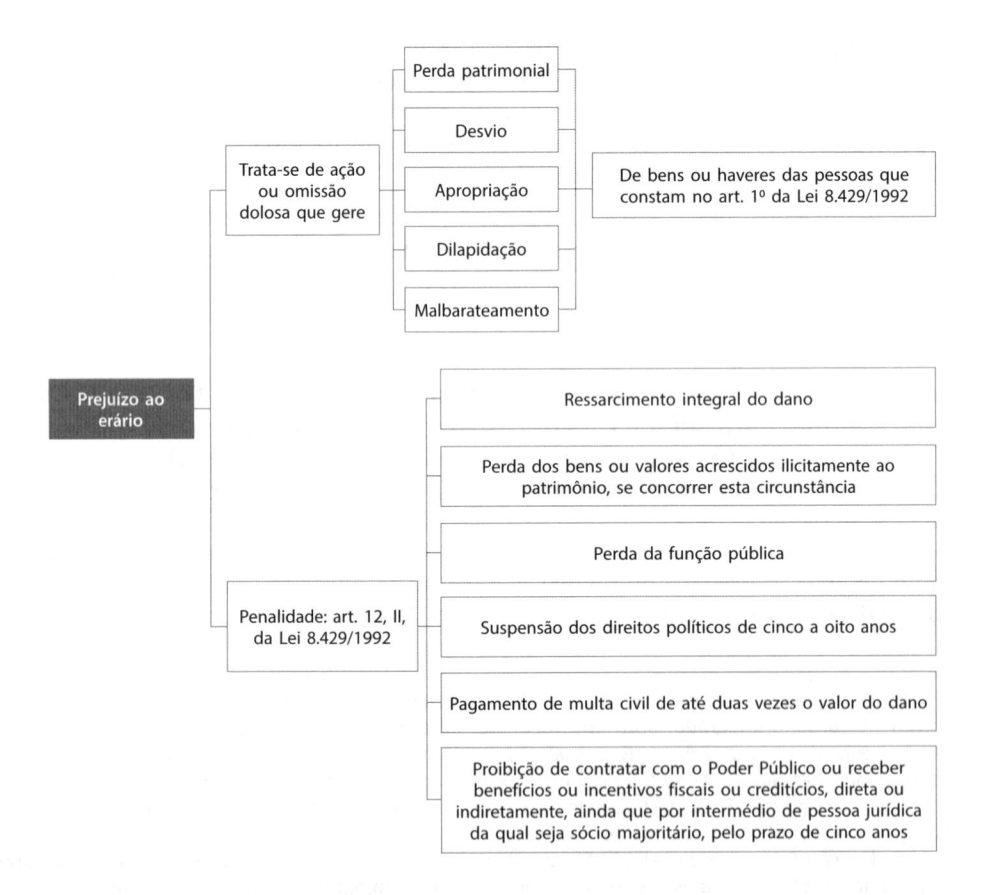

```
                                    ┌─ Perda patrimonial ─┐
                                    ├─ Desvio ────────────┤
Prejuízo ao ──┬── Trata-se de ação ─┼─ Apropriação ───────┼── De bens ou haveres das pessoas que
erário        │   ou omissão        ├─ Dilapidação ───────┤   constam no art. 1º da Lei 8.429/1992
              │   dolosa que gere   └─ Malbarateamento ───┘
              │
              └── Penalidade: art. 12, II, da Lei 8.429/1992
                      ├── Ressarcimento integral do dano
                      ├── Perda dos bens ou valores acrescidos ilicitamente ao patrimônio, se concorrer esta circunstância
                      ├── Perda da função pública
                      ├── Suspensão dos direitos políticos de cinco a oito anos
                      ├── Pagamento de multa civil de até duas vezes o valor do dano
                      └── Proibição de contratar com o Poder Público ou receber benefícios ou incentivos fiscais ou creditícios, direta ou indiretamente, ainda que por intermédio de pessoa jurídica da qual seja sócio majoritário, pelo prazo de cinco anos
```

Diagrama

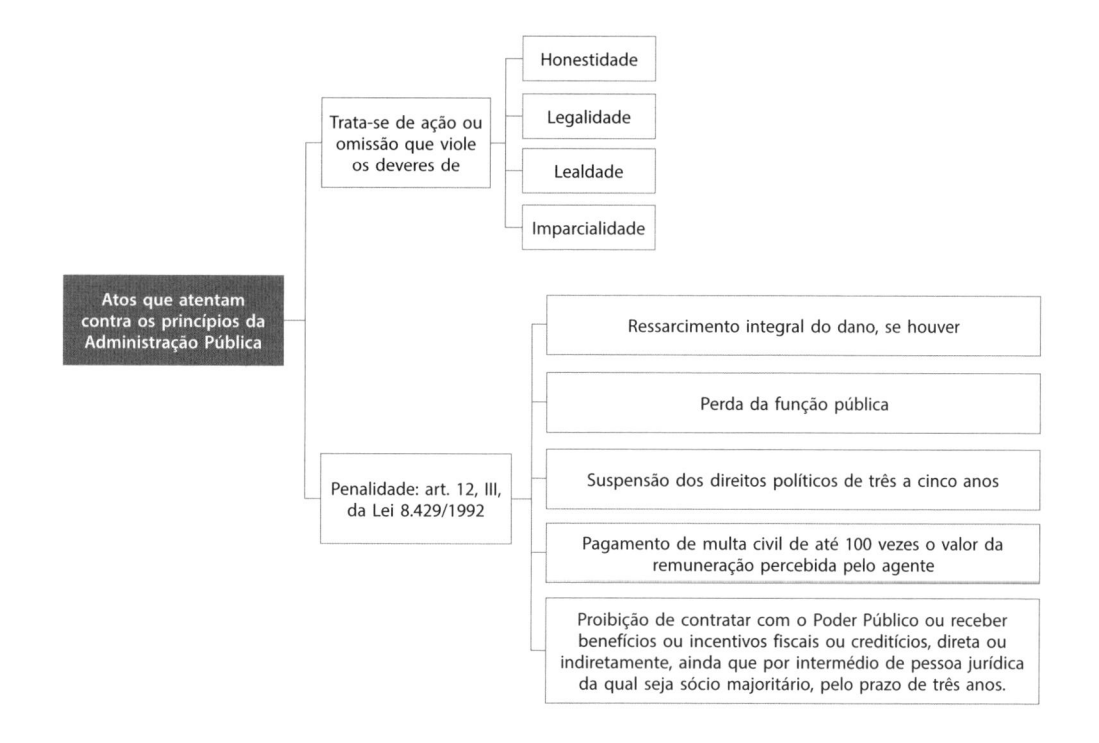

Atos que atentam contra os princípios da Administração Pública

- Trata-se de ação ou omissão que viole os deveres de:
  - Honestidade
  - Legalidade
  - Lealdade
  - Imparcialidade

- Penalidade: art. 12, III, da Lei 8.429/1992:
  - Ressarcimento integral do dano, se houver
  - Perda da função pública
  - Suspensão dos direitos políticos de três a cinco anos
  - Pagamento de multa civil de até 100 vezes o valor da remuneração percebida pelo agente
  - Proibição de contratar com o Poder Público ou receber benefícios ou incentivos fiscais ou creditícios, direta ou indiretamente, ainda que por intermédio de pessoa jurídica da qual seja sócio majoritário, pelo prazo de três anos.

16.2.5. Sanções da Lei

O regime de sanções da Lei 8.429/1992 está previsto em seu art. 12.

De pronto, o legislador ressalvou o fato de que as penas estipuladas na Lei de Improbidade Administrativa são concorrentes e sem prejuízo da aplicação daquelas previstas na legislação penal, civil e administrativa, no caso desta última, quando as sanções são de outra natureza que não a da própria improbidade administrativa (disciplinar em relação a servidor público, cassação de permissão ou concessão de serviço, de uso de bem, inabilitação para licitar etc.).

Com a redação dada pela Lei 12.120/2009 ao *caput* do art. 12 da Lei 8.429/1992, foi sepultada, também, qualquer discussão acerca da cumulatividade ou não das sanções previstas na LIA, sendo certo que o juiz pode aplicar todas como apenas algumas das sanções ali previstas[40], desde que justifique a decisão adotada, sempre observando os princípios da proporcionalidade e da razoabilidade.

A LIA prevê quatro tipos de sanções, a saber:

a) *multa civil*;
b) *perda da função pública*;

---

40. Essa era, aliás, a linha adotada na jurisprudência do STJ. Nesse sentido, REsp 1.025.300/RS, 2.ª T., Rel. Min. Eliana Calmon, j. 17.02.2009 (*vide Informativo STJ 384*) e REsp 1.019.555/SP, 2.ª T., Rel. Min. Castro Meira, j. 16.06.2009 (*vide Informativo STJ 399*).

c) suspensão de direitos políticos; e

d) proibição de contratar com o Poder Público ou receber benefício ou incentivos fiscais ou creditícios, direta ou indiretamente, ainda que por intermédio de pessoa jurídica da qual seja sócio majoritário.

A par dessas sanções, a lei ainda prevê a perda dos bens ou valores acrescidos ilicitamente e o ressarcimento integral do dano, nas hipóteses dos arts. 9.º e 10. Nas hipóteses do art. 9.º, apenas quando houver dano, o mesmo valendo para a hipótese do art. 10, em relação ao enriquecimento ilícito.

Importante observar que, em relação às quatro sanções principais, a LIA prevê um sistema que *admite a dosimetria* da penalidade pelo magistrado, de forma semelhante ao que ocorre na esfera penal.

Ainda assim, são estabelecidos limites mínimo e máximo diferentes, conforme o enquadramento legal, para as sanções de multa civil, suspensão dos direitos políticos e proibição de contratar com o Poder Público.

O STJ, no julgamento de um caso específico que tratava de prática de ato de improbidade administrativa que atenta contra os princípios da administração pública, entendeu que as penalidades de suspensão dos direitos políticos e de proibição de contratar com o Poder Público ou receber benefícios ou incentivos fiscais ou creditícios não podem ser fixadas abaixo de 3 anos, considerando que este é o mínimo previsto no art. 12, III, da Lei nº 8.429/92.[41]

Já em relação à multa, a LIA não prevê um valor mínimo, razão pela qual é possível ao tribunal reduzir o valor evidentemente excessivo ou desproporcional desta penalidade, ainda que na apelação não tenha havido pedido expresso para sua redução, pois se tratando de matéria de Direito Sancionador e revelando-se patente o excesso ou a desproporção da sanção aplicada, pode o Tribunal reduzi-la, sendo, portanto, uma situação que refoge ao princípio da correlação ou congruência da decisão (artigos 141 e 492 do CPC/2015)[42]. Inclusive, já decidiu o STJ que as penalidades aplicadas em decorrência da prática de ato de improbidade administrativa podem ser revistas em sede de recurso especial desde que esteja patente a violação aos princípios da proporcionalidade e da razoabilidade que possa ser extraído da leitura do acórdão. Entende o Egrégio Pretório que a hipótese não configura reexame de prova, não encontrando óbice, portanto, na Súmula 7 do Tribunal.[43]

Importante observar, no entanto, que o ressarcimento do dano causado ao erário não constitui propriamente uma sanção, mas sim uma consequência do reconhecimento da ocorrência da improbidade, não cabendo, quanto a isso, qualquer tipo de dosimetria, devendo o ressarcimento ser sempre integral[44].

---

41. STJ. 2ª Turma. REsp 1.582.014-CE, Rel. Min. Humberto Martins, julgado em 7/4/2016 (Info 581).
42. STJ. 1ª Turma. REsp 1.293.624-DF, Rel. Min. Napoleão Nunes Maia Filho, julgado em 5/12/2013 **(Informativo 533)**.
43. STJ. 1ª Seção. EREsp 1.215.121-RS, Rel. Min. Napoleão Nunes Maia Filho, julgado em 14/8/2014 **(Informativo 549)**.
44. "O ressarcimento é apenas uma medida ética e economicamente defluente do ato que macula a saúde do erário; as outras demais sanções é que podem levar em conta, *e.g.*, a gravidade da conduta ou a forma como o ato ímprobo foi cometido, além da própria extensão do dano. Vale dizer: o ressarcimento é providência de caráter rígido, i.e., sempre se impõe e sua extensão é

Por fim, uma questão importante recentemente julgada pelo STJ, é que não configura *bis in idem* a coexistência de título executivo extrajudicial (acórdão do TCU) e sentença condenatória em ação civil pública de improbidade administrativa que determinam o ressarcimento ao erário e se referem ao mesmo fato, **desde que seja observada a dedução do valor da obrigação que primeiramente foi executada no momento da execução do título remanescente.**[45]

16.2.5.1. Outras sanções previstas na legislação. Lei da "Ficha Limpa"

Além das sanções da própria LIA, a Lei 8.112/1990 prevê que o servidor demitido por improbidade administrativa não pode retornar mais ao serviço público federal (art. 137, parágrafo único), uma disposição de duvidosa constitucionalidade, posto que sem prazo determinado, importa numa verdadeira pena perpétua, incompatível com o sistema constitucional brasileiro.

A Lei Complementar 64/1990, ademais, na redação dada pela Lei Complementar 135/2010, estabelece que aqueles que tiverem suas contas relativas ao exercício de cargos ou funções públicas rejeitadas por irregularidade insanável que configure ato doloso de improbidade administrativa, e por decisão irrecorrível do órgão competente, salvo se esta houver sido suspensa ou anulada pelo Poder Judiciário, *são inelegíveis* para as eleições que se realizarem nos oito anos seguintes, contados a partir da data da decisão (art. 1.º, I, *g*).

Além dessa disposição, a Lei Complementar 135/2010, denominada de "Lei da Ficha Limpa", trouxe uma importante inovação quanto ao direito à elegibilidade dos condenados por improbidade administrativa, na medida em que permite *a antecipação dos efeitos da decisão condenatória*, independentemente de seu trânsito em julgado, bastando que a decisão tenha sido proferida ou confirmada por órgão colegiado[46]. A disposição em questão (art. 1.º, I, *l*, da Lei Complementar 64/1990), no entanto, restringe sua aplicação aos casos de condenação por ato doloso de improbidade administrativa que importe lesão ao patrimônio público e enriquecimento ilícito, não alcançando os atos culposos, tampouco as condenações por violação aos princípios da Administração Pública.

Em compensação, os efeitos da inelegibilidade, em tais casos, são contados a partir do "cumprimento da pena", até o transcurso de oito anos, tendo uma vigência temporal maior do que a simples imposição de suspensão dos direitos políticos previstos na LIA.

---

exatamente a mesma do prejuízo ao patrimônio público" (STJ, REsp 622.234/SP, 2.ª T., Min. Mauro Campbell Marques).

45. `` STJ. 1ª Turma. REsp 1.413.674-SE, Rel. Min. Olindo Menezes (Desembargador Convocado do TRF 1ª Região), Rel. para o acórdão Min. Benedito Gonçalves, julgado em 17/5/2016 **(Informativo 584)**.

46. O STF entendeu que a Lei Complementar 135/2010, ao criar novas hipóteses de inelegibilidade, estabeleceu restrições válidas ao direito político passivo (*ius honorum*), porquanto suas regras se adequam à exigência constitucional da razoabilidade, visto que atos de improbidade administrativa revelam elevadíssima carga de reprovabilidade social, sob os enfoques da violação à moralidade ou denotativos de improbidade, de abuso do poder econômico ou de poder político (Pleno, ADI 4.578/AC e ADC 29/DF, Rel. Min. Luiz Fux, j. 15 e 16.02.2012, *vide Informativos STF 647 e 655*). Não obstante, a Corte também entendeu que as disposições da referida lei complementar, em face do princípio da anterioridade eleitoral (art. 16 da CF/1988), não eram aplicáveis às eleições gerais de 2010 (Pleno, RE 633.703/MG, Rel. Min. Gilmar Mendes, j. 23.03.2011, *vide Informativo STF 620*).

16.2.5.2. Cumulatividade ou não das sanções

Uma discussão que surgiu acerca da aplicação das sanções previstas no art. 12 da LIA era sobre a possibilidade ou não de que o juiz pudesse aplicá-las separadamente, ou se ele era obrigado a adotá-las de forma cumulativa.

Como já foi visto, mormente após a edição da Lei 12.120/2009, é pacífico o entendimento de que na dosimetria da pena o juiz pode optar por aplicar todas ou apenas algumas das punições previstas na lei, devendo observar, para tanto, os postulados da proporcionalidade e razoabilidade.

A própria lei estabelece, inclusive, que o juiz deve considerar, na fixação das penas, a extensão do dano causado, assim como o proveito patrimonial obtido pelo agente.

A par disso, é evidente que diferentes condutas terão diferentes graus de reprovação social, não podendo o juiz deixar de considerá-los.

A jurisprudência admite, inclusive, por aplicação dos princípios romanos do *jura novit curia* e *da mihi factum dabo tibi ius*, que o juiz possa condenar o acusado por improbidade administrativa em penalidade diferente da requerida pelo autor da ação[47].

16.2.6. Prescrição das sanções previstas na LIA

Quando se fala em prescritibilidade das sanções previstas na Lei de Improbidade Administrativa, a primeira coisa que se deve ter em mente é a disposição do art. 37, § 5.º, da Constituição Federal, que estabelece a imprescritibilidade das ações que visam o ressarcimento do erário por atos ilícitos que lhe causem prejuízo, seja de parte de servidor seu ou não.

Assim, quando a Lei 8.429/1992 estabelece, em seu art. 23, prazos prescricionais, o faz, tão somente, no tocante à aplicação das penalidades previstas em seu art. 12, ressalvando-se, no entanto, a eventual pretensão de ressarcimento, que, ademais, não constitui, propriamente, uma pena, mas, tão somente, uma obrigação reparatória por parte daquele que deu ensejo ao dano. Aqui, eventual prescrição das sanções decorrentes dos atos de improbidade administrativa não obsta o prosseguimento da demanda quanto ao pleito de ressarcimento dos danos causados ao erário, que é imprescritível (art. 37, § 5º, da CF).[48] Observamos que embora o STF tenha relativizado a literalidade da regra constitucional de imprescritibilidade da pretensão de ressarcimento contra danos causados à Administração Pública, para excluir dela o chamado ilícito civil puro[49], nos parece evidente que o alcance da disposição do § 5º do art. 37 não pode, de modo algum, afastar os danos decorrentes de ato de improbidade administrativa, sob pena de se esvaziar por completo o alcance da norma constitucional. Ainda assim, vale ressaltar que o tema é objeto de análise pela Suprema Corte no RE 852.475, com repercussão geral reconhecida (Tema 897).

---

47. STJ, REsp 1.134.461/SP, 2.ª T., Rel. Min. Eliana Calmon, j. 03.08.2010.
48. AgRg no AREsp 663951/MG,Rel. Ministro HUMBERTO MARTINS, SEGUNDA TURMA, Julgado em 14/04/2015,DJE 20/04/2015
49. RE 669.069/MG, com repercussão geral, rel. Min. Teori Zavascki, j. em 03/02/2016 (Tema 666). Restou consignada a seguinte tese: *"É prescritível a ação de reparação de danos à Fazenda Pública decorrente de ilícito civil"*.

Em função disso, a ação civil pública por improbidade administrativa pode ser intentada com esse único objetivo, pretensão de ressarcimento, mesmo que já prescritas todas as penalidades previstas na lei.

Quanto às penalidades propriamente ditas, o legislador criou duas regras.

A primeira é aplicável apenas aos ocupantes de mandatos, cargos em comissão e funções de confiança, e tem como parâmetro o prazo de cinco anos, contados do término do respectivo exercício do mandato, cargo ou função (art. 23, I).

A segunda é aplicável aos demais casos e a lei remete às legislações específicas referentes às faltas disciplinares puníveis com demissão o regramento da matéria (art. 23, II).

Logo se vê que a matéria foi muito mal disciplinada.

Primeiro, por estabelecer a diferenciação de tratamento entre ocupantes de mandatos, geralmente agentes políticos, e ocupantes de cargos em comissão, em relação aos demais agentes públicos.

Segundo, por fazer referência à função de confiança, que, no direito brasileiro atual, se resume a um encargo assumido por servidores ocupantes de cargos efetivos em troca de maior remuneração, o que causa confusão na contagem do prazo, pois o servidor também será ocupante de cargo efetivo, e, logo, poderá estar enquadrado na regra do art. 23, II, da LIA.

Terceiro, porque, ao remeter a regra do art. 23, II, da LIA à regulamentação das leis estatutárias, possibilitou a mais absoluta ausência de uniformidade da matéria, podendo ocorrer, numa mesma ação, em que haja envolvimento de servidores de diferentes entes federativos, diversidade de prazos prescricionais, a depender das disposições da legislação federal, estaduais ou municipais aplicáveis.

Quarto, porque tais leis não se ocupam de disciplinar a situação daqueles que não são servidores estatutários, não existindo, na legislação trabalhista, por exemplo, em relação aos empregados públicos, disposição semelhante, a menos que se adote como parâmetro o prazo legal para instauração de inquérito judicial para dispensa com justa causa de empregado estável, o que parece ser absolutamente inadequado. O STJ já rejeitou a invocação do art. 853 da CLT, entendendo que na ausência de norma específica na esfera trabalhista deve ser aplicada a legislação estatutária da respectiva esfera de governo (AgRg no AREsp 19.264/SP, rel. Min. Humberto Martins, 2ª Turma, j. em 10/04/2012).

Quinto, porque a lei não dá absolutamente nenhuma solução quanto à situação dos particulares que estejam respondendo, igualmente, pela improbidade.

Sexto, porque, muitas vezes, a legislação estatutária remete à legislação penal a disciplina da prescrição, criando, mais uma vez, verdadeira concorrência de normas divergentes, podendo, a lei penal, conforme o crime, prever prazos mais longos ou menos longos do que o tradicional prazo de cinco anos previsto na Lei 8.112/1990.

Para a solução de tantos questionamentos, o ideal é que o prazo a ser considerado seja uniforme para todos os réus de uma mesma ação[50], tendo como parâmetro o prazo aplicável ao agente público ocupante de cargo efetivo, ressalvando-se apenas a adoção de prazo diverso para aqueles enquadrados na hipótese do inc. I do art. 23.

---

50. Especificamente quanto ao particular, o STJ já assentou: "A pretensão de ressarcimento ao Erário é imprescritível e, no que respeita às sanções propriamente ditas, o particular se submete ao mesmo prazo prescricional aplicado ao agente público envolvido na conduta ímproba" (REsp 1.038.762/RJ, 2.ª T., Rel. Min. Herman Benjamin, *DJe* 31.08.2009).

Para detentores de mera função de confiança, é de se indagar se a prática do ato se deu em função da ocupação dessa função ou do cargo efetivo, para que se possa aferir a adoção da regra do inc. I ou II do art. 23.

Afora isso, as regras de suspensão e interrupção[51] do prazo prescricional, previstas na legislação estatutária, devem ser consideradas para fins de improbidade administrativa, não se admitindo que apenas os limites dos prazos sejam adaptados daquela.

O STJ[52], no REsp 1.414.757-RN, entendeu que o prazo prescricional em ação de improbidade administrativa movida contra prefeito reeleito só se inicia após o término do segundo mandato, ainda que tenha havido descontinuidade entre o primeiro e o segundo mandato em razão da anulação de pleito eleitoral, com posse provisória do Presidente da Câmara, por determinação da Justiça Eleitoral, antes da reeleição do prefeito em novas eleições convocadas.

Por fim, alguns questionamentos polêmicos, solucionados conforme a jurisprudência do STJ:

1 – **Qual é o prazo prescricional das ações com relação aos particulares, no caso, os "terceiros"?** *A Lei nº 8.429/92 não tratou sobre o tema. Em relação ao terceiro que não detém a qualidade de agente público, o prazo prescricional é idêntico ao do agente público que praticou a ilicitude.*[53]

2 – **Existe prescrição intercorrente nas ações de improbidade administrativa? Por outras palavras: se depois de ajuizada a ação a sentença demorar mais que 5 anos para ser prolatada pode-se considerar que houve prescrição?** *O STJ, 2ª Turma, nos autos do REsp 1.289.993/RO, Rel. Min. Eliana Calmon, julgado em 19/09/2013, entendeu que não se aplica.*

3 – **Como há remissão da LIA às leis estatutárias, como fica a situação de servidores estaduais e municipais?** *Não se aplicam as disposições da Lei 8.112/90, adotando-se a lei específica, ainda que o prazo seja superior aos cinco anos do estatuto federal para a aplicação da pena de demissão. Sobre o tema, o STJ, no REsp 1.659.553/RJ, 2ª Turma, rel. Min. Herman Benjamin, j. em 20/06/2017, entendeu válido o prazo de seis anos, por estar previsto na lei estadual correspondente.*

4 – **Se o servidor, ocupante de cargo em comissão, também detiver cargo efetivo?** *O STJ já entendeu, em vários julgados, que se deve prestigiar a regra do vínculo permanente, portanto, o prazo do art. 23, II (AgRg no AREsp 734.807/DF, 2ª Turma, rel. Min. Herman Benjamin, j. em 13/10/2015; REsp 1.263.106/RO, 1ª Turma, red. p/acórdão Min. Benedito Gonçalves, j. em 01/10/2015; AgRg no REsp 1.500.988/RS, 2ª Turma, rel. Min. Mauro Campbell Marques, j. em 12/02/2015; REsp 1.060.529/MG, 2ª Turma, rel. Min. Mauro Campbell Marques, j. em 08/09/09).*

5 – **Se o servidor ocupou cargos em comissão em períodos sucessivos, como se dá a contagem?** *O STJ entendeu, de forma semelhante aos mandatos sucessivos, que a contagem se dá a partir do término do último exercício (AgInt no REsp 1.633.525/DF, 2ª Turma, rel. Min. Mauro Campbell Marques, j. em 08/06/2017; STJ, REsp 1.179.085/SC, 2ª Turma,*

---

51. Nas ações civis por ato de improbidade administrativa, o prazo prescricional é interrompido com o mero ajuizamento da ação de improbidade dentro do prazo de 5 anos contado a partir do término do exercício de mandato, de cargo em comissão ou de função de confiança, ainda que a citação do réu seja efetivada após esse prazo. Assim, se a ação de improbidade foi ajuizada dentro do prazo prescricional, eventual demora na citação do réu não prejudica a pretensão condenatória da parte autora. STJ. 2ª Turma. REsp 1.391.212-PE, Rel. Min. Humberto Martins, julgado em 2/9/2014 (Informativo 546).
52. STJ. 2ª Turma. REsp 1.414.757-RN, Rel. Min. Humberto Martins, julgado em 6/10/2015 (Info 571).
53. STJ. 2ª Turma. REsp 1156519/RO, Rel. Min. Castro Meira, julgado em 18/06/2013.

rel. Min. Eliana Calmon, j. em 23/03/2010). Esses julgados, no entanto, não esclarecem a situação de cargos em comissão ocupados em diferentes esferas de Governo, caso em que não parece ter sentido a tese sufragada pela Corte.

6 – O vice-Prefeito que pratica ato de improbidade durante exercício temporário do cargo de prefeito, tem a contagem do prazo prescricional de que forma? *O STJ entendeu que deve ser considerado o término do mandato para o qual foi eleito o mandatário e não da cessação do exercício temporário (AgRg no AREsp 622.765/PE – 2ª Turma – rel. Min. Herman Benjamin – j. em 15/12/2016).*

7 – Havendo concurso de vários agentes públicos, deve ser considerada a condição de cada um, de forma que a contagem do prazo pode ser diferenciada: *REsp 1.185.461/PR, 2ª Turma, rel. Min. Eliana Calmon, j. em 01/06/2010.*

8 – Instauração de PAD ou sindicância acarreta a suspensão do prazo prescricional pelo prazo máximo de 140 (cento e quarenta) dias: *STJ, REsp 1.405.015/SE, 1ª Turma, rel. Des. Conv. Olindo Menezes, j. em 24/11/2015. Seguiu-se, aqui, o entendimento do STF no RMS 30.010/DF, 1ª Turma, rel. Min. Roberto Barroso. Mas os 140 dias são contados em vista das disposições do estatuto federal (arts. 152 c/c 167), devendo ser adaptada tal jurisprudência ao que dispuser a legislação local.*

9 – Como fica a situação do particular quando existe concurso com vários agentes públicos, cada um com prazo prescricional distinto? *Entendimento do STJ é que o termo a quo do prazo prescricional para o particular deve considerar o do derradeiro aplicável aos agentes públicos (AgInt no REsp 1.607.040/PE, STJ, 2ª Turma, rel. Min. Assussete Magalhães, j. 28/03/2017).*

10 – No caso do ato de improbidade também configurar crime, considera-se a prescrição pela pena *in abstrato*, sendo irrelevante a regra da prescrição pela pena em concreto: *REsp 1.656.383/SC, 2ª Turma, rel. Min. Herman Benjamin, j. em 09/05/2017. No mesmo sentido: AgRg nos EDcl no REsp 1.451.575/RJ, 2ª Turma, rel. Min. Herman Benjamin, j. em 25/10/2016; REsp 1.098.669/GO, 1ª Turma, rel. Min. Arnaldo Lima, j. em 04/11/2010*

11 – No caso do ato de improbidade também configurar crime, não se aplica a disposição do art. 115 do CP, referente à redução dos prazos prescricionais: *REsp 1.508.169/PR – 2ª Turma – rel. Min. Herman Benjamin – j. em 13/12/2016. No caso concreto, tratava-se de réu com 80 anos de idade que queria o reconhecimento da redução do prazo pela metade.*

12 – No caso do ato de improbidade também configurar crime, a jurisprudência é divergente quanto à necessidade de haver ou não ação penal proposta para se considerar o prazo prescricional previsto na lei penal: *1) Pressupondo a propositura da ação penal decidiu o STJ no REsp 1.407.249/PB, 1ª Turma, rel. Des. Conv. Olindo Menezes, j. em 17/12/2015; AgRg no REsp 1.196.629/RJ, 1ª Turma, rel. Min. Napoleão Nunes Maia Filho, j. em 14/05/2013; REsp 1.335.113/RJ, 2ª Turma, rel. Min. Castro Meira, j. em 27/11/2012. 2) Entendendo não ser necessária a ação penal, vide* **EDcl no REsp 914.853/RS**, *a 2ª Turma, rel. Min. Mauro Campbell (j. em 16/12/2010);* **REsp 1.106.657/SC** *– 2ª Turma – rel. Min. Mauro Campbell – j. em 17/08/2010.*

16.3. ASPECTOS PROCESSUAIS DA LEI DE IMPROBIDADE ADMINISTRATIVA

A Lei de Improbidade Administrativa prevê uma ação específica para se postular a imposição das sanções nela previstas.

É uma ação civil pública que obedecerá aos mesmos regramentos das ações civis públicas em geral, salvo na parte em que a LIA contenha disposições especiais.

Se o pedido se resume ao ressarcimento do dano, poder-se-ia imaginar ocorrer a possibilidade de opção entre a sistemática da Lei 8.429/1992 ou o regramento geral da Lei 7.347/1985.

Entendemos, no entanto, que, se ao agente é imputada a prática de ato de improbidade, ainda que a consequência prática seja apenas o ressarcimento do dano, por que, por exemplo, já estejam prescritas as sanções previstas na LIA, o procedimento a ser adotado deve ser o da lei especial, que garante maior contraditório ao acusado, aplicando-se as disposições da Lei 7.347/1985 apenas subsidiariamente.

Vejamos, então, quais os principais aspectos processuais dessa legislação.

16.3.1. Fase investigatória

A ação de improbidade administrativa pode ser precedida de uma fase investigatória.

A investigação pode decorrer de sindicância ou procedimento administrativo prévio, na repartição onde o servidor tem atuação, ou naquela responsável pela apuração de faltas praticadas por este.

Os procedimentos administrativos disciplinares constituem, em regra, elementos importantes para a convicção da conveniência ou não de propositura de uma ação civil pública por improbidade administrativa.

Tais elementos, outrossim, podem ser extraídos de um procedimento de tomada de contas especial, junto à Corte de Contas competente, onde apurada alguma espécie de irregularidade que, em tese, possa ser enquadrada como ato de improbidade administrativa.

Em que pese tal constatação, a da apuração acidental do ato de improbidade em procedimento iniciado para outra finalidade, se houver indícios ou indicação da prática desses atos, a própria Lei já estabelece a possibilidade de instauração de um procedimento específico para tal apuração (art. 14 da LIA). Desse procedimento, a respectiva comissão processante deve dar ciência ao Ministério Público e ao Tribunal de Contas (art. 15 da LIA).

Via de regra, no entanto, será do Ministério Público a tarefa de proceder a essa investigação prévia, que pode, inclusive, ter como fundamento de instauração algum daqueles outros procedimentos, como pode, também, decorrer de representação de um terceiro qualquer ou mesmo partir de ato de ofício do membro do *parquet*.

Para tanto, o Ministério Público detém instrumento legal, denominado *inquérito civil público*[54], em que poderá tomar diligências e ouvir depoimentos com o fito de aprofundar sua convicção sobre a ocorrência da improbidade administrativa e, se for o caso, promover a respectiva medida judicial acautelatória ou repressiva.

Importante observar que o Ministério Público *não está vinculado* a nenhum juízo de valor prévio por parte de autoridades administrativas, podendo instaurar o inquérito civil público e propor a respectiva ação mesmo que as contas do administrador tenham sido previamente aprovadas na Corte de Contas respectiva (art. 21, II, da LIA).

Além disso, se entender necessário, o membro do Ministério Público pode requisitar da autoridade administrativa ou policial a instauração de procedimento ou inquérito para apurar o fato (art. 22 da LIA). A requisição feita à autoridade policial, por evidente,

---

54. Lei 8.625/1993, art. 25, IV, e Lei Complementar 75/1993, art. 6.º, VII.

deve obedecer às suas atribuições legais, somente se justificando quando houver indício cumulativo de crime.

Por fim, por ser peça meramente informativa, qualquer eventual nulidade havida no inquérito civil público não induzirá nulidade nos atos da ação civil pública, contaminando, tão somente, e se for o caso, as provas produzidas naquela peça[55].

16.3.2. Medidas judiciais preventivas

Estabelecidas as bases de convencimento quanto à prática do ato de improbidade e constatado eventual prejuízo ao erário ou enriquecimento ilícito por parte de agente público ou particular com ele conluiado, a comissão processante do procedimento previsto no art. 14 pode representar ao Ministério Público ou à Procuradoria do órgão ou entidade respectiva que promova *ação de sequestro de bens* (art. 16 da LIA), a ser processada na forma da lei processual civil. Essa ação substitui a antiga ação de sequestro, que era prevista na revogada Lei 3.164/1957.

Na verdade, esse acautelamento nem precisa partir de uma conclusão da referida comissão, podendo decorrer de atuação própria do Ministério Público ou de outro órgão da entidade interessada.

Além dessa medida, a lei prevê instrumento mais amplo do que o sequestro cautelar, que é a *Indisponibilidade de bens*, geralmente requerida como medida liminar[56] da própria ação civil pública de improbidade administrativa, nada impedindo, no entanto, que seja formulada em ação autônoma (art. 7.º da LIA).

A decretação de indisponibilidade de bens em improbidade administrativa dispensa a demonstração de *periculum in mora*, o qual está implícito ao comando normativo do art. 7º da Lei nº 8.429/92, bastando a demonstração do *fumus boni iuris*, que consiste em indícios de atos ímprobos. Segundo o STJ, basta que se prove o *fumus boni iuris*, sendo o *periculum in mora* presumido. Quando presentes fortes indícios da prática de atos de improbidade, o juiz, para decretar a indisponibilidade de bens do demandado, deve o fazer por meio de decisão fundamentada.[57]

No caso da improbidade administrativa, é desnecessária prova de que o réu esteja dilapidando seu patrimônio ou de que ele estaria na iminência de fazê-lo. Tendo em vista que a

---

55. "(...) 5. O inquérito civil, como peça informativa, tem por fim embasar a propositura da ação, que independe da prévia instauração do procedimento administrativo. Eventual irregularidade praticada na fase pré-processual não é capaz de inquinar de nulidade a ação civil pública, assim como ocorre na esfera penal, se observadas as garantias do devido processo legal, da ampla defesa e do contraditório" (STJ, REsp 1.119.568/PR, 1.ª T., Rel. Min. Arnaldo Esteves Lima, j. 02.09.2010).

56. A decretação de indisponibilidade e sequestro de bens, visando assegurar o resultado útil da tutela jurisdicional, qual seja, o ressarcimento ao Erário, pode ser feita *inaudita altera pars*. O STJ entende que, em razão de sua natureza acautelatória, a medida de indisponibilidade de bens em ação de improbidade administrativa pode ser deferida nos autos da ação principal sem audiência da parte adversa e, portanto, antes da notificação para defesa prévia (art. 17, § 7º da LIA). STJ. 1ª Turma. AgRg no AREsp 671.281/BA, Rel. Min. Olindo Menezes (Des. Conv. do TRF 1ª Região), julgado em 03/09/2015.

57. STJ. 1ª Seção. REsp 1366721/BA, Rel. Min. Napoleão Nunes Maia Filho, Rel. p/ Acórdão Min. Og Fernandes, julgado em 26/02/2014.

indisponibilidade dos bens visa evitar que ocorra a dilapidação patrimonial, *o STJ[58] entende que não é razoável aguardar atos concretos direcionados à sua diminuição ou dissipação*, na medida em que exigir a comprovação de que esse fato estaria ocorrendo ou prestes a ocorrer tornaria difícil a efetivação da medida cautelar em análise. Lembrando, mais uma vez, que tal medida deve ser adequadamente motivada pelo magistrado, sob pena de nulidade.

Outro questionamento que sempre vem à tona é se *configura-se possível a decretação da indisponibilidade sobre bens que o acusado possuía antes da suposta prática do ato de improbidade?* O STJ[59] entende pela possibilidade de que a indisponibilidade, na ação de improbidade administrativa, possa recair sobre bens adquiridos antes do fato descrito na inicial, pois a medida se dá como garantia de futura execução em caso de constatação do ato de improbidade.

E sobre bem de família, pode recair a indisponibilidade? Sim! Este foi o entendimento do STJ no julgamento dos EDcl no AgRg no REsp 1.351.825/BA, Rel. Min. Og Fernandes, julgado em 22/09/2015. A leitura do acórdão, no entanto, demonstra que foi considerada a cautelaridade da medida e a não exigência de que o *Parquet* individualize os bens a serem constritos de forma antecedente. Assim, em tese, a indisponibilidade não estaria a prejudicar, posteriormente, a garantia de impenhorabilidade do bem respectivo, que é garantida por lei.

Poderia recair a indisponibilidade sobre verbas absolutamente impenhoráveis? O STJ, interpretando o artigo 7º da LIA, entendeu que a indisponibilidade não pode recair sobre bens impenhoráveis, assim definidos por lei, salvo quando estes tenham sido, comprovadamente, adquiridos também com produto da conduta ímproba, hipótese em que se resguarda apenas os essenciais à subsistência do indiciado/acusado.[60]

Ainda sobre o tema da indisponibilidade, poderia ela recair sobre **verbas trabalhistas**? A 1ª Turma do STJ[61] decidiu que os valores investidos em aplicações financeiras cuja origem remonte a verbas trabalhistas não podem ser objeto de medida de indisponibilidade em sede de ação de improbidade administrativa. Isso porque, segundo foi entendido, a aplicação financeira das verbas trabalhistas não gera a alteração da natureza salarial destas, uma vez que o seu uso pelo empregado ou trabalhador é uma defesa contra a inflação e os infortúnios. Logo, verbas trabalhistas não podem ser objeto de medida de indisponibilidade em ação de improbidade.

Por fim, registre-se mais três informações importantes: a) indisponibilidade deve garantir o integral ressarcimento do prejuízo ao erário e a multa civil[62], b) é possível que se

---

58. STJ. 1ª Seção. REsp 1.366.721-BA, Rel. Min. Napoleão Nunes Maia Filho, Rel. para acórdão Min. Og Fernandes, julgado em 26/2/2014 (recurso repetitivo) (Info 547).
59. STJ. 1ª Turma. REsp 1301695/RS, Rel. Min. Olindo Menezes (Des. Conv. TRF 1ª Região), julgado em 06/10/2015.
60. STJ. 2ª Turma. REsp 1461892/BA, Rel. Min. Herman Benjamin, julgado em 17/03/2015. Há decisão em sentido contrário no próprio STJ na linha que as verbas absolutamente impenhoráveis não podem ser objeto da medida de indisponibilidade na ação de improbidade administrativa, pois, sendo elas impenhoráveis, não poderão assegurar uma futura execução. (STJ. 1ª Turma. REsp 1164037/RS, Rel. p/ Ac. Min. Napoleão Nunes Maia Filho, julgado em 20/02/2014.)
61. STJ. 1ª Turma. REsp 1.164.037-RS, Redator para acórdão Min. Napoleão Nunes Maia Filho, julgado em 20/2/2014 (Informativo 539).
62. STJ. AgRg no REsp 1311013 / RO

determine a indisponibilidade de bens em valor superior ao indicado na inicial[63], e, por fim, c) quando for deduzido o pleito de indisponibilidade é desnecessária a individualização dos bens sobre os quais recairão a medida[64].

A ausência de registros nacionalmente unificados, no entanto, ainda restringe a aplicação plena da medida de indisponibilidade, no que tange aos bens imóveis, visto que tais registros são mantidos nos cartórios de registro geral de imóveis, existentes em todas as comarcas do país, por vezes existindo vários em uma mesma comarca[65]. Quanto a valores e veículos automotores, a medida é satisfatória, por haver a unificação das informações de propriedade junto ao Banco Central do Brasil e ao Denatran[66].

É comum a utilização de terceiros para a prática de atos fraudulentos, os famosos "laranjas", já que é raro nos maiores esquemas de corrupção que os valores obtidos ilicitamente sejam movimentados em nome dos reais beneficiários. Assim, seria imprescindível um sistema nacional de rastreamento de procurações lavradas em cartórios de notas, para que se pudesse identificar, com rapidez, quais são as pessoas utilizadas como intermediários dos agentes ímprobos.

Na ausência desses instrumentos, as medidas preventivas costumam se mostrar, salvo raras exceções, pouco eficazes.

Sem embargo, uma medida que se mostra muitas vezes necessária é a correspondente ao *afastamento do servidor acusado da função ou cargo que ocupa*, ante o risco de interferência no procedimento de apuração.

A Lei 8.429/1992 expressamente prevê essa possibilidade no art. 20, parágrafo único, ressaltando-se que não se trata de uma medida punitiva, mas, sim, meramente acautelatória, razão pela qual tal afastamento só pode ocorrer sem prejuízo da percepção de salário ou remuneração. Em rigor, esse afastamento pode ocorrer ainda na fase administrativa por decisão da autoridade responsável, prescindindo de ordem judicial para tanto.

---

63. REsp 1.176.440-RO, Rel. Min. Napoleão Nunes Maia Filho, julgado em 17/9/2013.
64. (AgRg no REsp 1307137/BA, Rel. Min. Mauro Campbell Marques, 2ª Turma, julgado em 25/09/2012)
65. Para dar efetividade às diversas normas legais sobre indisponibilidade de bens, mormente aquela estabelecida no art. 185-A do CTN, o CNJ criou, pelo Provimento 39/2014, a Central Nacional de Indisponibilidade de Bens – CNIB, já operacionou em vários tribunais, de modo que a referida dificuldade já se encontra contornada em relação aos tribunais que firmaram o convênio de adesão. O CNIB permite o cadastramento da ordem de indisponibilidade em sistema de informática que congrega todos os cartórios de Registro Geral de Imóveis do país. Os cartórios recebem a ordem e comunicam, no próprio sistema, seu cumprimento.
66. O Banco Central do Brasil disponibiliza aos tribunais, mediante convênio, o acesso dos respectivos magistrados a eles vinculados ao sistema BACEN JUD, pelo qual o juiz pode promover o bloqueio de valores em contas bancárias mantidas em instituições bancárias. O sistema atual, 2.0, também permite acesso a dados cadastrais dos clientes. O sistema funciona como intermediário das requisições feitas aos bancos, uma vez que o magistrado não procede à penhora ou ao bloqueio de valores em tempo real, mas sim, tão somente, requisita o cumprimento da ordem no sistema, que o repassa posteriormente à instituição requisitada, cabendo a esta última dar cumprimento à determinação. Já o Denatran desenvolveu um sistema para inserção de restrições judiciais de veículos, denominado Renajud, que permite tanto consultas como envio de ordens judiciais de restrições de veículos, em tempo real, na base de dados do Registro Nacional de Veículos Automotores (RENAVAM), dispensando, assim, os convênios individuais com o DETRAN de cada estado da federação.

Improbidade administrativa	Procedimentos administrativos e ações judiciais	Qualquer pessoa poderá representar à autoridade administrativa competente para que seja instaurada investigação destinada a apurar a prática de ato de improbidade.		Art. 14 da Lei 8.429/1995
		Legitimados para a propositura da ação	Ministério Público	Atuará como fiscal da lei quando não for parte
			Pessoa jurídica interessada	O interesse é justificado pela ocorrência de lesão patrimonial
		As penalidades de perda da função pública e suspensão dos direitos políticos dependem de sentença transitada em julgado		
		Não existe foro especial para propor a ação		

16.3.3. Ação civil pública de improbidade administrativa

16.3.3.1. Competência jurisdicional

Sendo a ação de natureza civil, como definida pelo STF, e não estando elencada entre aquelas previstas constitucionalmente como de competência originária dos tribunais, a depender da autoridade coatora, não há que se falar aqui em prerrogativa de foro, devendo tais ações ser processadas originariamente no primeiro grau de jurisdição[67][68].

Observe-se, no entanto, que, ainda assim, há uma cautela quanto aos limites de eventual sentença condenatória, no sentido de que certos efeitos da condenação podem configurar certa incompatibilidade com a competência do órgão judicante. Para o STJ, por exemplo, que vem admitindo ação civil pública de improbidade administrativa contra desembargadores, não poderia o juiz de primeira instância, em seu julgamento, determinar a perda do cargo ou de direitos políticos da referida autoridade[69], embora possa aplicar as demais sanções, tipicamente civis, como a multa e o dever de ressarcimento.

---

67. Após o julgamento da ADI 2.797/DF pelo STF, o Superior Tribunal de Justiça também reviu sua posição, negando peremptoriamente a aplicação das normas de prerrogativa de foro às ações civis públicas por improbidade administrativa. Nesse sentido, vide Ação de Improbidade Administrativa 44/AM, Corte Especial, Rel. Min. Laurita Vaz, j. 18.12.2013.

68. Registre-se que o STF já decidiu, em 2008, que a competência para julgar ação de improbidade administrativa proposta contra Ministro do STF é do próprio STF (Pet 3211/DF QO). Entendeu-se que haveria um desvirtuamento do sistema se um juiz de grau inferior pudesse decretar a perda do cargo de um magistrado de Tribunal Superior.

69. Esse entendimento ficou bem evidenciado no julgamento dos EDcl na Ação de Improbidade Administrativa 45/AM, Corte Especial, Rel. Min. Laurita Vaz, j. 21.05.2014, em que se pontuou que "... a competência para o processamento e julgamento de autoridades públicas nas ações de improbidade pode perfeitamente se compatibilizar com a natureza das sanções que eventualmente possam vir a ser decretadas pelo juízo de piso, desde que respeitados certos limites. No caso, o magistrado sentenciante, com absoluto acerto, limitou-se a impor penalidades patrimoniais, eximindo-se de

No primeiro grau de jurisdição, nada impede que haja especialização de varas para o julgamento dessas demandas, sendo comum, no âmbito das Justiças dos Estados, que se atribua a competência às varas da Fazenda Pública e, na Justiça Federal, às varas federais cíveis.

A competência da Justiça Federal irá se justificar quando presentes os requisitos do art. 109, I, da Constituição Federal, ou seja, quando o ato ímprobo importar em prejuízo ao patrimônio, interesses e serviços de alguma das entidades públicas ali elencadas. No caso de repasses de recursos federais a entidades municipais ou estaduais, se houver obrigação de prestação de contas da aplicação daqueles aos órgãos federais, incluindo o TCU, a competência para o processamento e julgamento da ação será da Justiça Federal[70].

Detalhemos mais este ponto final, o que paremos por meio de perguntas e respostas!

De quem será a competência para julgar ação de improbidade em caso de desvio de verbas transferidas pela União ao Município por meio de convênio? DEPENDE! O critério é saber se a verba transferida será incorporada ou não ao patrimônio do Município. Se, pelas regras do convênio, a verba transferida deve ser incorporada ao patrimônio municipal, a competência para a ação será da Justiça Estadual (Súmula 209-STJ). Por outro lado, se o convênio prevê que a verba transferida não é incorporada ao patrimônio municipal, ficando sujeita à prestação de contas perante o órgão federal, a competência para a ação será da Justiça Federal (Súmula 208-STJ).[71]

Outra questão é: **onde será proposta demanda em face de ex-prefeito que não prestou contas de convênio federal?**[72] Em regra, a competência será da Justiça Estadual. A competência será alterada para a Justiça Federal caso a União, autarquia federal, fundação federal ou empresa pública federal manifestar expressamente interesse de intervir na causa pois, aqui, cai-se na regra de competência art. 109, I, da CF/88.

16.3.3.2. Natureza jurídica da ação, rito e legitimidade ativa

A proteção de interesses e direitos difusos e coletivos se faz, no Brasil, preponderantemente, por mecanismo judicial próprio, conhecido como ação civil pública, cujo fundamento constitucional se encontra no art. 129, III, da CF/1988.

É certo que essa proteção pode não depender desse instrumento, sendo eficaz, para tanto, apenas as providências tomadas pelo Ministério Público na esfera extrajudicial, via inquérito civil público ou outros procedimentos investigatórios, inclusive com o estabelecimento de termo de ajustamento de conduta (TAC), assim como também é certo que,

---

invadir seara que extrapolasse sua competência, deixando de aplicar as sanções de perda dos direitos políticos e do cargo ao réu".

70. STJ, AgRg no AgRg no CC 104.375/SP, 1.ª Seção, Rel. Min. Humberto Martins, j. 26.08.2009. Deve-se lembrar, na esteira da Súmula 150 do STJ, que, se houver requerimento de litisconsórcio na ação por parte de entidade federal, o feito deve ser deslocado para a Justiça Federal, pois só a esta compete decidir sobre a pertinência ou não daquele (STJ, CC 100.300/PI, 1.ª Seção, Rel. Min. Castro Meira, j. 13.05.2009).

71. STJ. 2ª Turma. REsp 1.391.212-PE, Rel. Min. Humberto Martins, julgado em 2/9/2014 **(Informativo 546)**.

72. STJ. 1ª Seção. CC 131.323-TO, Rel. Min. Napoleão Nunes Maia Filho, julgado em 25/3/2015 (Informativo 559).

no que tange especificamente à proteção do patrimônio público, existe também a ação popular, que pode servir como meio eficaz de atuação.

No entanto, é na ação civil pública que se concentra, de um modo geral, a atuação mais efetiva visando àquela proteção, pois muitas vezes só a decisão judicial é que será dotada de força estatal suficiente para obstar as violações correspondentes àqueles interesses e direitos.

Em regra, é do Ministério Público a atribuição de manejar esse tipo de ação, embora a própria Constituição Federal não descarte a legitimidade de terceiros (art. 129, § 1.º).

A regulamentação geral do procedimento da ação civil pública se encontra em lei anterior à própria Constituição Federal (Lei 7.347/1985), mas existem várias outras legislações complementares ou específicas sobre o assunto, como o Código de Defesa do Consumidor (Lei 8.078/1990), a Lei 7.913/1989 (arts. 1.º e 2.º) e a Lei 7.853/1989 (arts. 3.º a 7.º).

A Lei 8.429/1992 contém um caso específico de regulamentação de ação civil pública, a ação civil pública por improbidade administrativa, embora, curiosamente, a própria lei não utilize, em momento algum, tal denominação.

Não se dúvida, no entanto, que a natureza de tal ação é civil, seja pela própria indicação existente em alguns dispositivos da Lei, como seu art. 18, seja por esse tema já ter sido alvo de intensa discussão, em sede judicial, no Supremo Tribunal Federal, quando do julgamento da Ação Direta de Inconstitucionalidade 2.797/DF, ocasião em que a referida Corte, reconhecendo a inconstitucionalidade de alteração promovida pela Lei 10.628/2002 nos §§ 1.º e 2.º do art. 84 do Código de Processo Penal, estabeleceu não ser possível ao legislador ordinário criar hipótese de competência por prerrogativa de foro diversa das previstas na CF/1988. A tese fundamental defendida foi exatamente a natureza civil da ação de improbidade administrativa, não podendo ela ser equiparada a ação penal, para fins de competência por prerrogativa de foro[73].

Não apenas civil, ela é também civil pública, posto que os interesses e direitos defendidos transcendem a esfera meramente individual, estando relacionados à proteção da moralidade e probidade públicas, de interesse de toda a sociedade.

Entretanto, o legislador, ao procedimentalizar a ação em questão, se utiliza de fontes várias, menos aquela que seria a mais óbvia, a própria lei de ações civis públicas.

Diversamente, após criar certos procedimentos específicos, o legislador estabelece que o rito geral a ser observado é o ordinário (art. 17, *caput*), indicação de que a lei subsidiária a ser adotada, em havendo omissões na LIA, é o Código de Processo Civil.

Em outra passagem, alusiva aos depoimentos e inquirições, manda-se observar o art. 221, *caput* e § 1.º, do CPP (art. 17, § 12), referentes às prerrogativas de certas autoridades. Por fim, no que tange à posição do ente público afetado na relação processual, remete-se à disciplina do art. 6.º, § 3.º, da Lei da Ação Popular – Lei 4.717/1965 (art. 17, § 3.º).

---

73. Confira-se o trecho da Ementa: "(...) 5. De outro lado, pretende a lei questionada equiparar a ação de improbidade administrativa, de natureza civil (CF, art. 37, § 4.º), à ação penal contra os mais altos dignitários da República, para o fim de estabelecer competência originária do Supremo Tribunal, em relação à qual a jurisprudência do Tribunal sempre estabeleceu nítida distinção entre as duas espécies" (STF, ADI 2.797/DF, Rel. Min. Sepúlveda Pertence, Pleno, j. 15.09.2005).

Nada disso, no entanto, invalida a adoção, como fonte subsidiária importante, da Lei de Ações Civis Públicas (Lei 7.347/1985), uma vez que inúmeras questões, próprias desse tipo de ação, não encontrarão resposta adequada na legislação processual civil comum.

A *legitimidade ativa*, como dito, é primordialmente do Ministério Público, o que não descarta a atuação das entidades públicas interessadas, no que a própria Lei é explícita em seu art. 17, *caput*, reforçada pela disposição do § 3.º. Não sendo o autor, oficiará o *parquet*, obrigatoriamente, como fiscal da lei (*custos legis*), sendo cientificado de todos os atos do processo, neles podendo intervir, se achar necessário (art. 17, § 4.º).

Sendo o direito defendido de natureza indisponível, a Lei veda, expressamente, a transação, acordo ou conciliação (art. 17, § 1.º). Essa regra, por evidente, diz respeito à transação quanto à responsabilização do agente, de modo que não poderá haver a mitigação desta por acordo entre as partes do processo. É claro que nada impede que o agente, reconhecendo sua responsabilidade, postule, por exemplo, a forma de reparação civil de eventual prejuízo acarretado ao patrimônio público, e com essa medida adira o Ministério Público ou quem seja o autor da ação. Apenas não se admite, com isso, que o réu queira barganhar eventuais sanções que possam lhe ser aplicadas por força das disposições da Lei.

16.3.3.3. Processo judicial: defesa preliminar

A Medida Provisória 2.225-45/2001 incluiu, no art. 17 da LIA, vários parágrafos, dentre eles o que introduziu, no rito da ação, uma *fase prévia de defesa*, anterior à citação, à semelhança do que ocorre com as ações penais propostas em face de servidores públicos por crimes praticados contra a Administração Pública (art. 17, § 7.º).

O objetivo manifesto da Lei foi impedir o recebimento de ações destituídas de fundamento, não apenas possibilitando a defesa preliminar, para a qual o acusado dispõe de 15 dias, como também obrigando o juiz, por isso mesmo, a proceder um *exame mais acurado da fase postulatória*, uma vez que ele deverá exarar fundamentada decisão de recebimento da ação, podendo, até mesmo, se entender pelo seu não cabimento ou manifesta improcedência, decretar sua extinção de plano ou mesmo sua improcedência (art. 17, § 8.º). Dessa decisão cabe recurso de agravo de instrumento (art. 17, § 10).

O que se supõe é que nessa defesa preliminar o acusado poderá dar sua prévia versão sobre os fatos que lhe são imputados, juntando, inclusive, documentos que possam comprovar sua inocência. Não caberá, por evidente, nessa fase, dilação probatória, que deverá ser relegada para a instrução do processo.

Portanto, havendo dúvida fundada quanto a questões fáticas, o juiz deve optar por receber a ação e determinar a citação do réu. Essa é a orientação jurisprudencial do STJ! Por outras palavras: existindo meros indícios de cometimento de atos enquadrados como improbidade administrativa, a petição inicial da ação de improbidade deve ser recebida pelo juiz, pois, na fase inicial prevista no art. 17, §§ 7º, 8º e 9º da Lei nº 8.429/92, vale o princípio do *in dubio pro societate*, a fim de possibilitar o maior resguardo do interesse público.[74]

Na verdade, apenas questões processuais podem motivar o não recebimento da ação, com a sua extinção prematura, sem apreciação do mérito, assim como apenas a improce-

---

74. AgRg no REsp 1.317.127-ES.

dência manifesta, que se possa aferir da própria leitura da peça acusatória, ou da leitura desta com a confrontação da documentação com ela juntada ou juntada na defesa preliminar é que poderia motivar seu julgamento antecipado pela improcedência[75].

Fora esses casos, a regra tem de ser o recebimento. Mas, havendo alegações na defesa preliminar que indiquem a existência de preliminares processuais, prejudiciais de mérito ou defesa de mérito, propriamente dito, que indiquem a manifesta improcedência da ação, cabe ao juiz proferir decisão, fundamentada, em que indique o porquê do não acolhimento da defesa prévia e, por consequência, opte pelo recebimento da ação.

Como enfatiza Lisbôa Neiva[76]:

> "É papel do juiz esclarecer porque os argumentos apresentados na defesa preliminar não seriam convincentes para ensejar a extinção do processo sem exame do mérito, em virtude de questão processual suscitada pelo demandado, ou para a improcedência do pedido, decorrente da manifesta inexistência do ato de improbidade, devendo se referir aos elementos dos autos para justificar sua decisão. Ademais, a simples circunstância legislação consignar expressamente que a decisão seria agravável, propiciaria a conclusão de que, a despeito da inexistência de apresentação da defesa preliminar pelo(s) notificado(s), exigir-se-ia sucinta fundamentação sobre a regularidade da petição inicial e presença de justa causa, em sintonia com o comando constitucional do inciso IX do artigo 93 da Constituição Federal".

Importante observar, entretanto, que a eventual ausência de defesa preliminar, por si só, não pode induzir à nulidade do processo se não houver demonstração clara de que disso resultou prejuízo ao acusado[77].

A ausência de notificação para defesa preliminar é uma clara violação da disposição legal, mas, se houver, por exemplo, a absolvição do acusado ou a extinção do processo por questão processual, não caberá ao MP recorrer da sentença pedindo a nulidade do processo por ausência daquela notificação, uma vez que esta existe, exclusivamente, em função da maior garantia de defesa do acusado.

Da mesma forma, ainda que a sentença seja condenatória, não terá sentido a anulação por ausência da notificação, se se puder chegar à conclusão de que toda a defesa possível foi validamente feita na contestação.

Diversamente, nos casos em que, por exemplo, não houve a apresentação da contestação, o prejuízo à defesa é manifesto, pois não se pode garantir que o réu, mesmo revel, não teria apresentado sua defesa preliminar, se para isso tivesse sido notificado.

Por fim, da sentença que rejeita a inicial da ação de improbidade cabe apelação ao passo que da decisão que recebe a inicial da ação de improbidade cabe agravo de instru-

---

75. Nesse sentido: STJ. 1ª Turma. REsp 1.192.758-MG, Rel. originário Min. Napoleão Nunes Maia Filho, Rel. para acórdão Min. Sérgio Kukina, julgado em 4/9/2014 **(INFORMATIVO 547)**.
76. NEIVA, José Antonio Lisboa. *Improbidade administrativa*: estudo sobre a demanda na ação de conhecimento e cautelar. 2. ed. Niterói: Impetus, 2006.
77. Nesse sentido: STJ, REsp 1.174.721/SP, 2.ª T., Rel. Min. Herman Benjamin, j. 27.04.2010; no mesmo sentido, REsp 1.034.511/CE, 2.ª T., Rel. Min. Eliana Calmon, j. 01.09.2009. *Há divergências, no entanto, dentro do próprio STJ sobre o assunto, devendo-se lembrar que a 1.ª Turma da Corte tem julgados em sentido oposto, reconhecendo a nulidade pela ausência da notificação, independentemente da demonstração de prejuízo* (vide, *v.g.*, REsp 1.008.632/RS, Rel. Min. Francisco Falcão, j. 02.09.2008).

mento. E se o juiz recebe a petição em relação a uns e rejeita em relação a outros. **Qual seria o recurso cabível?** É o agravo de instrumento! Todavia, já decidiu o STJ que pode ser conhecida a apelação que, sem má-fé e em prazo compatível com o previsto para o agravo de instrumento, foi interposta contra decisão que, em juízo prévio de admissibilidade em ação de improbidade administrativa, reconheceu a ilegitimidade passiva ad causam de alguns dos réus.[78]

16.3.3.4. Efeitos da revelia em ação de improbidade

Embora a ação civil pública por improbidade administrativa não tenha natureza criminal, é inquestionável reconhecer que as sanções passíveis de nela serem impostas são, em grande medida, extremamente graves, atingindo direitos inerentes ao exercício da cidadania, os quais são, igualmente, indisponíveis.

Por tal razão, embora a Lei seja completamente omissa nesse aspecto, vem-se construindo o entendimento de que *não se aplicam a esse tipo de ação os chamados efeitos da revelia*, mais especificamente aquele previsto no art. 344 do novo CPC, por aplicação extensiva do art. 345, II, do mesmo diploma[79].

Ou seja, mesmo que o réu não apresente defesa em forma de contestação, tendo se limitado a apresentar defesa preliminar ou nem isso, o juiz não poderá tomar como incontroversos os fatos alegados na inicial, devendo examinar todos os aspectos da causa para proferir sua decisão condenatória.

Nesse sentido, Rogério Pacheco Alves[80] doutrina:

> *"... pode-se afirmar, sem medo, que a matéria versada na ação de improbidade (seu conteúdo) não pode ser disposta pelas partes, não sendo possível admitir-se, dada a dispersão da pretensão veiculada (pretensão difusa) e a própria gravidade das sanções previstas no art. 12 da Lei n.º 8.429/92, representativa de restrições capitais ao status dignitatis e civitatis, a incidência da regra contida no art. 319 do CPC. Ou seja, mesmo que não oferecida contestação pelo réu, não há que se falar em presunção de veracidade, não se vendo o autor desonerado, assim, do ônus de provar os fatos constitutivos de seu direito (art. 333, II, do CPC)".*

Em julgado recente, o STJ entendeu que a restrição à aplicação dos efeitos da revelia em ação de improbidade administrativa não se restringe apenas ao efeito material desta,

---

78. STJ. 2ª Turma. AgRg no REsp 1.305.905-DF, Rel. Min. Humberto Martins, julgado em 13/10/2015 **(INFORMATIVO 574)**.

79. "Administrativo e processual civil. Improbidade administrativa. Gravidade das sanções impostas. Direitos indisponíveis. Inaplicabilidade dos efeitos da revelia. 1. As condenações nas ações de improbidade administrativa possuem caráter político-administrativo, posto que alcançam parcelas da cidadania e da personalidade do réu. 2. São indisponíveis os interesses envolvidos nessa espécie de demanda, não somente pela natureza e gravidade das sanções impostas ao ímprobo, mas também em razão do bem tutelado, qual seja, o patrimônio público. 3. Inaplicabilidade dos efeitos da revelia (art. 320, CPC). 4. Apelação provida. Sentença anulada" (TRF, Apelação Cível 200001000539064, 1.ª Região, 4.ª T., Rel. Des. Federal Carlos Olavo, *DJ* 04.05.2005).

80. ALVES, Rogério Pacheco; GARCIA, Emerson. *Improbidade administrativa*. 3. ed. Rio de Janeiro: Lumen Juris, 2006, p. 732

qual seja, a presunção de veracidade das circunstâncias de fato firmadas pelo autor na inicial, também devendo ser oportunizado à defesa constituída pelo réu o direito de especificar provas, ainda que tenha sido decretada a revelia daquele[81].

Quanto à questão probatória, vale destacar dois pontos, além das regras básicas previstas no CPC: *1) havendo indícios de improbidade administrativa, as instâncias ordinárias poderão decretar a quebra do sigilo bancário*[82], *e b) em ação por ato de improbidade administrativa é admissível a utilização da prova emprestada, colhida na persecução penal, desde que assegurado o contraditório e a ampla defesa*[83].

16.3.3.5. Efeitos da sentença condenatória e comunicação de instâncias

De acordo com o art. 20 da LIA, a perda da função pública e a suspensão dos direitos políticos somente ocorrem com o trânsito em julgado da sentença condenatória.

Essa disposição suscita dúvidas quanto aos efeitos do recurso cabível da sentença condenatória, pois dá a entender que as outras punições poderiam ser impostas desde logo.

No entanto, como a Lei não contém qualquer disposição específica sobre o processamento da apelação, a incidência do art. 1012 do novo CPC, como norma subsidiária, nos leva a concluir que eventual recurso deverá ser recebido tanto no efeito devolutivo (não referido artigo não utilizar mais este termo) como no efeito suspensivo, salvo quanto a eventual decisão antecipatória ou de natureza cautelar.

Isso não vale, no entanto, para os recursos que normalmente não são dotados de efeito suspensivo, como o especial e o extraordinário, podendo haver a execução provisória do julgado quanto às sanções não indicadas no art. 20 da LIA após o julgamento da apelação.

Quanto às sanções previstas no citado art. 20, é imprescindível o trânsito em julgado para sua adoção, o que importa dizer que, enquanto pender recurso de apreciação, mesmo que em sede extraordinária, não será possível a execução daquelas.

Quanto à comunicabilidade de instâncias, vigora, para a ação civil pública, a mesma regra geral aplicada às ações civis e aos processos administrativos, que não são afetados pelas questões decididas no crime, salvo nos casos expressamente previstos na Lei (arts. 65 e 66 do CPP).

---

81. STJ, REsp 1.330.058/PR, 2.ª T., Rel. Min. Mauro Campbell Marques, j. 20.06.2013. Esse entendimento, aliás, é compatível com a própria alteração do art. 322 do CPC pela Lei 11.280/2006.
82. REsp 1402091/SP,Rel. Ministro NAPOLEÃO NUNES MAIA FILHO, Rel. p/ Acórdão Ministro BENEDITO GONÇALVES,PRIMEIRA TURMA,Julgado em 08/10/2013,DJE 04/12/2013
83. AgRg no REsp 1299314/DF,Rel. Ministro OG FERNANDES, SEGUNDA TURMA,Julgado em 23/10/2014,DJE 21/11/2014.

16.4. SÍNTESE DO TEMA

IMPROBIDADE ADMINISTRATIVA	
Conceito	Desonestidade, mau caráter ou ausência de probidade. Improbidade administrativa seria a desonestidade no trato com a coisa pública ou na gestão do patrimônio público.
Fundamento na Constituição Federal	Art. 37, § 4.º, da Constituição Federal de 1988: "Os atos de improbidade administrativa importarão a suspensão dos direitos políticos, a perda da função pública, a indisponibilidade dos bens e o ressarcimento ao erário, na forma e gradação previstas em lei, sem prejuízo da ação penal cabível."
Previsão legal	A Lei 8.429/1992 (Lei de Improbidade Administrativa) regulamentou e pormenorizou as condutas que caracterizam improbidade administrativa, seus sujeitos e as punições aplicáveis, além do procedimento judicial a ser utilizado.
Constitucionalidade da Lei 8.429/1992	• Teve sua constitucionalidade formal contestada na Ação Direta de Inconstitucionalidade 2.182/DF. O argumento era o de que não teria sido respeitado o processo legislativo bicameral previsto na CF/1988. • Em maio de 2010, o STF entendeu que havia sido respeitado o disposto no art. 65 da Carta Magna, não padecendo, portanto, referida lei de inconstitucionalidade formal. • Essa lei também é questionada sob o ponto de vista da constitucionalidade material nos autos da Ação Direta de Inconstitucionalidade 4.295/DF, porém, o STF não julgou a ação até o momento. Nessa ação, questionam-se inúmeras disposições da lei.
Sujeitos Passivos da Improbidade Administrativa	• Os atos de improbidade afetam, em regra, patrimônio, serviço ou interesse de entidades públicas e trazem prejuízo a toda a sociedade. • Por esse motivo, o MP é, a princípio, o principal legitimado a buscar a reparação e a punição dos responsáveis por meio da ação de improbidade administrativa. • A pessoa jurídica estatal prejudicada também é legitimada para atuar em defesa dos seus interesses, ainda que pela via de ação de improbidade administrativa. • O art. 1.º da Lei 8.429/1992 enumera as pessoas jurídicas que podem ser vítimas de atos de improbidade administrativa: 1) Administração direta (União, Estados, Distrito Federal e Municípios); 2) Administração indireta ou fundacional (autarquias, fundações públicas, empresas públicas e sociedades de economia mista, nas três esferas federativas, incluindo Territórios);

	IMPROBIDADE ADMINISTRATIVA
Sujeitos Passivos da Improbidade Administrativa	3) Empresas incorporadas ao patrimônio público ou à entidade para cuja criação ou custeio o erário haja concorrido ou concorra com mais de 50% do patrimônio ou da receita anual; 4) Entidades que recebam subvenção, benefício ou incentivo, fiscal ou creditício, de órgão público, bem como aquelas para cuja criação ou custeio o erário haja concorrido ou concorra com menos de 50% do patrimônio ou da receita anual (parágrafo único do art. 1.º). • O rol de sujeitos passivos não é integrado apenas de pessoas jurídicas estatais, propriamente ditas. • Pode abranger pessoas não estatais, desde que recebam subvenção, incentivo ou benefício do poder público, que sejam custeadas por ele ou que tenham sido criadas com a concorrência de capital público.
Sujeitos ativos dos atos de Improbidade Agentes públicos	• Em regra, praticam atos de improbidade, aquelas pessoas que têm competência ou atribuição para: 1) gerir; 2) aplicar; 3) guardar; 4) administrar recursos ou bens públicos. • A lei adota um conceito amplo de agente público, abrangendo quase todas as situações possíveis de exercício de função pública. Assim dispõe o art. 2.º da lei: "Reputa-se agente público, para os efeitos desta Lei, todo aquele que exerce, ainda que transitoriamente ou sem remuneração, por eleição, nomeação, designação, contratação ou qualquer outra forma de investidura ou vínculo, mandato, cargo, emprego ou função nas entidades mencionadas no artigo anterior". • Nesse conceito, estão inseridos: 1) agentes políticos (eleição – mandato); 2) magistrados e membros do Ministério Público e de Cortes de Contas (nomeação – cargo); 3) servidores públicos civis, ocupantes de cargos efetivos e em comissão (nomeação – cargo); 4) ocupantes de cargos em comissão, ainda que detentores da prerrogativa de mandatos, como os diretores das agências reguladoras e do Banco Central do Brasil (nomeação – mandato); 5) servidores temporários, contratados por períodos determinados, a que se refere o art. 37, IX, da CF/1988 (contratação – função);

	IMPROBIDADE ADMINISTRATIVA
Sujeitos ativos dos atos de Improbidade Agentes públicos	6) empregados públicos das empresas públicas e sociedades de economia mista, ou mesmo da administração direta e autárquica (contratação – emprego); 7) pessoas que exercem atividades públicas por requisição do Poder Público, como jurados, mesários e conscritos do serviço militar (designação – função) 8) notários, registradores (nomeação – função) etc.
Situação especial dos agentes políticos	• A noção mais aceita de agentes políticos, na atualidade, é aquela que restringe o alcance da expressão aos ocupantes dos cargos eletivos e seus assessores de mais alto escalão, por exemplo: Presidente da República e Governador, e aos ocupantes de cargo de confiança do alto escalão do governo (ministros de Estado e secretários de estaduais e municipais). • A Constitulção prevê algumas regras especiais em relação à responsabilização de ocupantes de alguns cargos por atos praticados no exercício do mandato, como o Presidente da República e os Ministros de Estado.
Situação especial dos agentes políticos	• O STF entende que não é possível a existência de dois regimes de responsabilização político-administrativa para uma mesma autoridade, de maneira que, se esta última está sujeita ao regime de responsabilidade especial, não poderá estar submetida ao regramento da Lei 8.429/1992. • Mais recentemente, no entanto, em julgamento da Segunda Turma, a Corte Suprema voltou a reafirmar seu ponto de vista, indo além, ao admitir que desembargador federal tivesse tratamento idêntico ao de agente político, não se submetendo, por conseguinte, ao regime da Lei n. 8.429/1992. • O STJ afirmou, diferentemente do STF, que existe compatibilidade entre os regimes das Leis 8.429/1992 e 1.079/1950, cabendo, tão somente, restrições em relação ao órgão competente para impor sanções, quando houver previsão de foro privilegiado na Constituição Federal.
Particulares como sujeitos ativos de ato de improbidade.	• A Lei de Improbidade Administrativa também é aplicável a toda pessoa que induza ou concorra para a prática do ato de improbidade ou dele se beneficie sob qualquer forma, direta ou indireta. • A participação dos particulares é acessória, logo, é imprescindível a participação de um agente público. • É comum a participação de particulares como beneficiários ou partícipes dos atos de improbidade. • É possível a participação de vários agentes públicos em conluio, por vezes ligados a diferentes entes da federação.

	ATOS DE IMPROBIDADE
Conceito	• A improbidade não se confunde apenas com o enriquecimento ilícito do agente ou com a lesão ao erário, podendo restar configurada, também, pela prática de atos que atentam contra os princípios da administração. • Não podemos confundir improbidade com mera irregularidade administrativa. • O dolo do agente é um elemento importante a ser analisado nos casos de violação aos princípios da Administração Pública, podendo ser substituído por culpa nos casos de dano ao erário. • Os deveres funcionais, quando inobservados, além de constituírem faltas passíveis de sanção na esfera disciplinar, podem acarretar o enquadramento do agente público na Lei de Improbidade Administrativa, cabendo à respectiva comissão processante dar ciência do fato ao Ministério Público e ao Tribunal ou ao Conselho de Contas. • Uma conduta enquadrada como ato de improbidade administrativa pode ensejar apuração disciplinar, sendo que, na esfera federal, tais atos podem ensejar a demissão do servidor público estável (art. 132, IV, da Lei 8.112/1990). • Os servidores temporários de que trata o art. 37, IX, da CF/1988, na esfera Federal, poderão sofrer o mesmo apenamento, quando praticarem ato de improbidade (art. 11 da Lei 8.745/1993). • Em relação aos empregados públicos, o enquadramento disciplinar terá de ser feito como "falta grave", nos termos do artigo 482 da CLT, valendo tal raciocínio, também, para os empregados da Administração Federal direta, autárquica e fundacional (art. 3.º da Lei 9.962/2000). • A ação civil pública poderá tramitar independentemente da existência de processo administrativo disciplinar ou equivalente.
Atos de improbidade que importam enriquecimento ilícito	• Previsão: Art. 9.º da Lei 8.429/1992: "constitui ato de improbidade administrativa importando enriquecimento ilícito auferir qualquer tipo de vantagem patrimonial indevida em razão do exercício de cargo, mandato, função, emprego ou atividade nas entidades mencionadas no art. 1.º desta Lei". • O legislador elencou 12 hipóteses específicas de enriquecimento ilícito; • Algumas hipóteses são exaustivamente descritivas da conduta ímproba, enquanto outras precisam ser interpretadas em conjunto com o *caput* do dispositivo, para que seja possível o enquadramento do ato como de improbidade. • Nos atos de improbidade que importam enriquecimento ilícito, é imprescindível a ocorrência de dolo por parte do agente. • Sendo o agente público ou o terceiro beneficiário condenado, deverá perder, em proveito da entidade pública respectiva, todos os bens e valores acrescidos ilegalmente ao patrimônio (arts. 6.º e 18 da LIA).

ATOS DE IMPROBIDADE	
Atos de improbidade que importam enriquecimento ilícito	• Em ocorrendo essa hipótese a autoridade administrativa responsável pelo inquérito pode representar ao Ministério Público, requerendo a indisponibilidade dos bens do indiciado (art. 7º da LIA). • A própria entidade pode requerer a indisponibilidade uma vez que tem legitimidade até mesmo para propor a ação de improbidade (art. 17, caput, da LIA).
Atos de Improbidade que importam prejuízo ao erário	• Previsão: Art. 10 da Lei 8.429/1992: "constitui ato de improbidade administrativa que causa lesão ao erário qualquer ação ou omissão, dolosa ou culposa, que enseje perda patrimonial, desvio, apropriação, malbaratamento ou dilapidação dos bens e haveres das entidades referidas no art. 1.º". • A lei traz 21 hipóteses específicas. • Os atos de improbidade que causam prejuízo ao erário, por sua natureza, podem não ter a presença do elemento dolo, mas é preciso que haja culpa. • Em algumas situações, mesmo o elemento culpa deverá ser analisado com a devida cautela, pois a decisão do agente público que permite ou propicia o dano ao erário pode estar enquadrada em um procedimento no qual o fator determinante da decisão tenha sido um parecer técnico para o qual o agente não tem a devida formação ou a capacidade de verificação quanto à correção do conteúdo, limitando-se a observar a correção do aspecto formal e legal do procedimento. • A responsabilidade de quem deu o parecer técnico deverá ser analisada. • Se o parecer é facultativo ou se restringe a análise da legalidade, a responsabilidade integral por sua adoção será da autoridade que o requereu. • O STF reconheceu a possibilidade, em tese, de que o parecer jurídico, quando vinculativo, pode ensejar a responsabilização solidária tanto do parecerista quanto da autoridade que o adota (MS 24.631/DF). • É possível a responsabilização do herdeiro do ímprobo ou do particular que se aproveitou da improbidade até os limites da herança.
Atos de Improbidade Administrativa que atentam contra os princípios da Administração Pública	• Previsão: Art. 11 da Lei 8.429/1992: "constitui ato de improbidade administrativa que atenta contra os princípios da administração pública qualquer ação ou omissão que viole os deveres de honestidade, imparcialidade, legalidade e lealdade às instituições". Temos oito hipóteses. • O *caput* traz grandes generalidades e possui conceitos jurídicos indeterminados como lealdade e honestidade. • A conduta deverá ser examinada em sintonia com o grau de reprovabilidade que a mesma contém em relação aos valores morais cultuados pela sociedade, correspondentes com o padrão de atuação que se espera de um administrador ou de um servidor público.

ATOS DE IMPROBIDADE	
Atos de Improbidade Administrativa que atentam contra os princípios da Administração Pública	• É necessário que seja demonstrado o elemento subjetivo doloso do agente, ainda que na sua modalidade genérica. • Em alguns casos, a lei exige um "dolo específico" Ex.: inc. I: praticar ato visando fim proibido na lei. • Para o STJ, deve ser analisado se existe má-fé por parte do agente público. • O STJ diz o seguinte: "no caso específico do art. 11, é necessária cautela na exegese das regras nele insertas, porquanto, sua amplitude constitui risco para o intérprete, induzindo-o a acoimar de ímprobas condutas meramente irregulares, suscetíveis de correção administrativa, posto ausente a má-fé do administrador público e preservada a moralidade administrativa". Em outra passagem, o STJ diz: "o objetivo da Lei de Improbidade é punir o administrador público desonesto, não o inábil." • Os limites entre inabilidade e desonestidade deverão ser analisados no caso concreto.

SANÇÕES DA LEI DE IMPROBIDADE	
Considerações sobre as sanções	• Previsão: art. 12 da Lei 8.429/1992. • As penas estipuladas na LIA são concorrentes e sem prejuízo da aplicação daquelas previstas nas legislações penal, civil e administrativa. • A Lei 8.429/1992 prevê quatro tipos de sanções: 1) multa civil; 2) perda da função pública; 3) suspensão de direitos políticos; 4) proibição de contratar com o Poder Público ou receber benefício ou incentivos fiscais ou creditícios, direta ou indiretamente, ainda que por intermédio de pessoa jurídica da qual seja sócio majoritário. • A lei ainda prevê a perda dos bens ou dos valores acrescidos ilicitamente e o ressarcimento integral do dano nas hipóteses dos arts. 9.º e 10. • A LIA prevê um sistema que admite a dosimetria da penalidade pelo magistrado, semelhantemente ao que ocorre no âmbito do direito penal. • São estabelecidos limites mínimo e máximo diferentes conforme o enquadramento legal, para as sanções de multa civil, suspensão dos direitos políticos e proibição de contratar com o Poder Público.

	SANÇÕES DA LEI DE IMPROBIDADE
Outras sanções previstas na legislação	• A Lei 8.112/1990 prevê que o servidor demitido por improbidade administrativa não pode retornar mais ao serviço público federal (art. 137, parágrafo único). Há dúvidas quanto à constitucionalidade dessa disposição, uma vez que ela caracterizaria uma pena perpétua, que não teria cabimento no sistema constitucional brasileiro. • Segundo a Lei Complementar 64/1990, outrossim, na redação dada pela Lei Complementar 135/2010, aqueles que tiverem suas contas relativas ao exercício de cargos ou funções públicas rejeitadas por irregularidade insanável que configure ato doloso de improbidade administrativa, e por decisão irrecorrível do órgão competente, salvo se esta houver sido suspensa ou anulada pelo Poder Judiciário, são inelegíveis para as eleições que se realizarem nos 8 anos seguintes, contados a partir da data da decisão (art. 1.º, "i" e "g"). • A Lei Complementar 135/2010, denominada de "Lei da Ficha Limpa", permite a antecipação dos efeitos da decisão condenatória, independentemente de seu trânsito em julgado, bastando que a decisão tenha sido proferida ou confirmada por órgão colegiado. • Essa disposição restringe a sua aplicação aos casos de condenação por ato doloso de improbidade administrativa que importe lesão ao patrimônio público e enriquecimento ilícito, não alcança os atos culposos nem as condenações por violação aos princípios da Administração Pública. • Os efeitos da inelegibilidade, em tais casos, são contados a partir do "cumprimento da pena" até o transcurso de oito anos.
Cumulatividade ou não das sanções	• Na dosimetria da pena, o juiz pode optar por aplicar todas ou apenas algumas das punições previstas na lei, devendo observar, para tanto, os postulados da proporcionalidade e da razoabilidade. • Na fixação das penas, o juiz deve considerar a extensão do dano causado, assim como o proveito patrimonial obtido pelo agente. • A jurisprudência permite que o juiz possa condenar o acusado por improbidade administrativa em penalidade diferente da requerida pelo autor da ação.

	PRESCRIÇÃO DAS SANÇÕES PREVISTAS NA LIA
Resumo do tópico	• Os prazos prescricionais previstos na Lei 8.429/1992 referem-se somente à aplicação de penalidades previstas em seu art. 12. • A ação civil pública por improbidade administrativa pode ser intentada com esse único objetivo, pretensão de ressarcimento, mesmo que já prescritas todas as penalidades previstas na lei. O legislador criou duas regras em relação às penalidades: • A primeira é aplicável apenas aos ocupantes de mandatos, cargos em comissão e funções de confiança, além de ter como parâmetro o prazo de cinco anos, contados do término do respectivo exercício do mandato, do cargo ou da função (art. 23, I).

	PRESCRIÇÃO DAS SANÇÕES PREVISTAS NA LIA
Resumo do tópico	• A segunda é aplicável aos demais casos e a lei remete às legislações específicas referentes às faltas disciplinares puníveis com demissão o regramento da matéria (art. 23, II). A matéria foi mal disciplinada: 1) Por estabelecer a diferenciação de tratamento entre ocupantes de mandatos, geralmente agentes políticos, e ocupantes de cargos em comissão, em relação aos demais agentes públicos. 2) Por fazer referência à função de confiança que, no direito brasileiro atual, resume-se a um encargo assumido por servidores ocupantes de cargos efetivos em troca de maior remuneração, o que causa confusão na contagem do prazo, pois o servidor também será ocupante de cargo efetivo, logo, poderá estar enquadrado na regra do art. 23, II, da LIA. 3) Porque, ao remeter a regra do art. 23, II, da LIA, à regulamentação das leis estatutárias, possibilitou a mais absoluta ausência de uniformidade da matéria, podendo ocorrer, em uma mesma ação, em que haja envolvimento de servidores de diferentes entes federativos, diversidade de prazos prescricionais, a depender das disposições das legislações federal, estaduais ou municipais aplicáveis. 4) Porque tais leis não se ocupam de disciplinar a situação daqueles que não são servidores estatutários, não existindo, na legislação trabalhista, por exemplo, em relação aos empregados públicos, disposição semelhante, a menos que se adote como parâmetro o prazo legal para instauração de inquérito judicial para dispensa com justa causa de empregado estável, o que parece ser absolutamente inadequado. 5) Porque a lei não dá nenhuma solução quanto à situação dos particulares que estejam respondendo, igualmente, pela improbidade. 6) Porque, muitas vezes, a legislação estatutária remete à legislação penal a disciplina da prescrição, criando, mais uma vez, verdadeira concorrência de normas divergentes, podendo, a lei penal, conforme o crime, prever prazos mais longos ou menos do que o tradicional prazo de cinco anos previsto na Lei 8.112/1990. • Apontamos como solução para tais problemas: 1) O ideal é que o prazo a ser considerado seja uniforme para todos os réus de uma mesma ação, tendo como parâmetro o prazo aplicável ao agente público ocupante de cargo efetivo, ressalvando-se apenas a adoção de prazo diverso para aqueles enquadrados na hipótese do inc. I do art. 23. 2) Para detentores de mera função de confiança, é de se indagar se a prática do ato aconteceu em função da ocupação dessa função ou do cargo efetivo, para que se possa aferir a adoção da regra dos incs. I ou II do art. 23.

	ASPECTOS PROCESSUAIS DA LIA
Considerações iniciais	• A LIA prevê uma ação específica para se postular a imposição das sanções nela previstas. • Trata-se de uma ação civil pública que obedecerá aos mesmos regramentos das ações civis públicas em geral, salvo na parte em que a LIA contenha disposições especiais. • Se ao agente é imputada a prática de ato de improbidade, ainda que a consequência prática seja apenas o ressarcimento do dano, porque, por exemplo, já estejam prescritas as sanções previstas na LIA, o procedimento a ser adotado deve ser o dessa Lei, que garante maior contraditório ao acusado, aplicando-se a Lei 7.347/1985 apenas subsidiariamente.
Fase investigatória	• Pode decorrer de: 1) sindicância; 2) procedimento administrativo prévio. • Na repartição: 1) onde o servidor tem atuação. 2) naquela responsável pela apuração de faltas praticadas pelo mesmo. • Os procedimentos administrativos constituem, em regra, elementos importantes para a convicção da conveniência ou não de propositura de uma ação civil pública. • Podem ser extraídos de um procedimento de tomada de contas especial, junto à Corte de Contas competente, na qual apurada alguma espécie de irregularidade que, em tese, possa ser enquadrada como ato de improbidade administrativa. • Com o surgimento de indícios ou indicação da prática desses atos, a própria lei já estabelece a possibilidade de instauração de um procedimento específico para tal apuração (art. 14 da LIA). • Em regra, será do Ministério Público a tarefa de proceder à investigação prévia. • O Ministério Público poderá utilizar o inquérito civil público. • O Ministério Público não está vinculado a nenhum juízo de valor prévio por parte de autoridades administrativas. • O membro do Ministério Público pode, se achar necessário, requisitar à autoridade administrativa ou policial a instauração de procedimento ou inquérito para apurar o fato (art. 22 da LIA).

ASPECTOS PROCESSUAIS DA LIA	
Medidas judiciais preventivas	• Constatado o eventual prejuízo ao erário ou enriquecimento ilícito por parte de agente público ou particular com ele conluiado, a comissão processante do procedimento previsto no art. 14 pode representar ao Ministério Público ou à Procuradoria do órgão ou à entidade respectiva que promova ação de sequestro de bens (art. 16 da LIA). • A lei prevê instrumento mais amplo do que o sequestro cautelar que é a indisponibilidade de bens, geralmente requerida como medida liminar da própria ação civil pública de improbidade administrativa, nada impedindo, no entanto, que seja formulada em ação autônoma (art. 7.º da LIA).

16.5. QUESTÕES

1. **(Conhecimentos Básicos/ANTAQ – CESPE/2014)** No que se refere ao controle da administração pública, à improbidade administrativa e ao processo administrativo, julgue o item subsequente.

    Embora os particulares se sujeitem à Lei de Improbidade Administrativa, não é possível o ajuizamento de ação de improbidade administrativa exclusivamente contra particular, sem a presença de agente público no polo passivo da demanda.

2. **(Titular de Serviços de Notas e de Registros/TJ-SE – CESPE/2014)** No que concerne à improbidade administrativa, assinale a opção correta segundo as disposições da Lei n.º 8.429/1992.

    a) Recebida a petição inicial da ação de improbidade administrativa, o juiz pode, em decisão fundamentada e no prazo legal, rejeitar a ação se estiver convencido da inexistência de improbidade.

    b) Diferentemente da suspensão dos direitos políticos, a perda da função pública só se efetiva com o trânsito em julgado da sentença condenatória.

    c) Não constitui ato de improbidade administrativa a omissão culposa que cause lesão ao erário, já que a lei exige a má-fé por parte do agente público.

    d) Notários e registradores não estão sujeitos às penalidades da lei em questão referentes a enriquecimento ilícito por não serem considerados agentes públicos para os fins dessa lei.

    e) No caso de réu que ocupe cargo em comissão, a ação de improbidade administrativa deverá ser ajuizada dentro do prazo prescricional previsto em lei específica para faltas disciplinares puníveis com destituição do cargo em comissão.

3. **(Procurador do Estado Substituto/PGE-PI – CESPE/2014)** Um agente público, ocupante exclusivamente de cargo em comissão, foi preso em flagrante em uma operação da Polícia Federal por desvio de verba pública. Considerando essa situação hipotética, assinale a opção correta nos termos da Lei de Improbidade Administrativa e da Lei n.º 8.112/1990.

a) O ajuizamento da ação de improbidade, ante as repercussões sancionatórias na esfera administrativa, obstará a instauração de processo administrativo disciplinar.

b) Ocorrendo o ajuizamento de ação penal, a ação de improbidade administrativa e o processo administrativo disciplinar ficarão suspensos até o trânsito em julgado do processo na esfera criminal.

c) Se o servidor for condenado a reparar o prejuízo causado ao erário por meio da ação de improbidade e vier a falecer, a obrigação não poderá estender aos seus sucessores, pois a pena tem caráter pessoal.

d) Por não possuir vínculo efetivo com a administração, o servidor não estará sujeito às sanções decorrentes do ato de improbidade administrativa, que só são aplicadas aos servidores públicos que possuam cargo efetivo.

e) Não haverá a possibilidade de acordo ou transação em sede de ação de improbidade administrativa, mesmo que o referido agente público realize o ressarcimento ao erário antes da sentença.

4. **(Procurador do Estado Substituto/PGE-PI – CESPE/2014) A respeito de concurso público, função pública, improbidade administrativa e responsabilidade civil do Estado, assinale a opção correta.**

a) Se um servidor público for preso em flagrante, em uma operação da Polícia Federal, por desvio de verba pública, então, nesse caso, nos termos da Lei de Improbidade Administrativa, o afastamento desse servidor do cargo que ocupa dependerá de sentença condenatória em primeira instância.

b) A invasão, por particular, de área de preservação ambiental na qual monte ele um empreendimento que cause danos ao meio ambiente não acarretará responsabilidade do Estado, tendo em vista que se trata de culpa exclusiva de terceiros.

c) Segundo o entendimento STJ, os agentes públicos respondem objetivamente pelos atos de improbidade administrativa.

d) O prazo de validade de dois anos para um concurso público poderá ser prorrogado, a critério da administração, sucessivas vezes, inclusive com prorrogação por período inferior a dois anos.

e) A convocação de um cidadão, pela justiça estadual, para compor o corpo de jurados de determinado julgamento, mesmo que em caráter transitório, faz que esse cidadão seja considerado agente público enquanto exercer a função que lhe foi designada pelo Estado.

5. **(Técnico Judiciário/TJ-SE – CESPE/2014) A respeito de agentes públicos, responsabilidade civil do Estado e improbidade administrativa, julgue os itens que se seguem.**

Consideram-se sujeitos ativos dos ilícitos previstos na Lei de Improbidade Administrativa o agente público e o terceiro particular que, mesmo não sendo agente público, induzir ou concorrer para o ato ou dele se beneficiar direta ou indiretamente.

6. **(Técnico Judiciário/TJ-SE – CESPE/2014)** A respeito de agentes públicos, responsabilidade civil do Estado e improbidade administrativa, julgue os itens que se seguem.

    Conforme a recente jurisprudência do STJ, para a configuração dos atos de improbidade administrativa que causem lesão ao erário previstos na Lei de Improbidade Administrativa, exige-se comprovação de efetivo dano ao erário e de culpa, ao menos em sentido estrito.

7. **(Analista Judiciário/TJ-CE – CESPE/2014)** A propósito da improbidade administrativa, assinale a opção correta.

    a) Constitui ato de improbidade administrativa que importa enriquecimento ilícito a realização de operação financeira sem observância das normas legais e regulamentares.

    b) Na hipótese de condenação de agente público pela prática de ato de improbidade administrativa que atente contra os princípios da administração pública, está o responsável sujeito, entre outras cominações, à suspensão da função pública, pelo prazo de três a cinco anos.

    c) Qualquer pessoa possui legitimidade para representar à autoridade administrativa competente, de maneira a ser instaurada investigação para apurar a prática de ato de improbidade administrativa.

    d) Para os efeitos da Lei de Improbidade Administrativa, é considerado agente público aquele que exerce, ainda que transitoriamente, mandato em entidade da administração indireta do Poder Executivo estadual, excluído aquele que exerce, sem remuneração, função na mencionada entidade.

    e) O ressarcimento do dano é obrigatoriamente integral na hipótese da ocorrência de lesão ao patrimônio público por ação ou omissão dolosa do agente ou de terceiro; na hipótese de conduta culposa, é admissível o ressarcimento parcial.

8. **(Titular de Serviços de Notas e de Registros/TJ-DF – CESPE/2014)** Em relação à improbidade administrativa e à proteção e à defesa do usuário de serviço público, assinale a opção correta.

    a) A aplicação, ao gestor público, das penalidades decorrentes da prática de ato de improbidade administrativa depende da comprovação da ocorrência de dano ao erário e da não aprovação da prestação de contas pelo respectivo tribunal de contas.

    b) Para fins de aplicação das sanções de improbidade administrativa, não se considera agente público o servidor contratado por necessidade temporária de excepcional interesse público, dada a inexistência de vínculo estatutário deste com a administração pública.

    c) A participação do usuário de serviço público na administração pública direta e indireta é garantida pela CF, devendo a lei regulamentar mecanismos de aferição da qualidade do serviço como reclamações, serviços de atendimento do usuário e avaliação periódica, externa e interna.

d) No que diz respeito à responsabilidade pela prática de ato de improbidade administrativa, não vigora o princípio da individualidade da pena, podendo o sucessor daquele que causar lesão ao patrimônio público ou enriquecer ilicitamente estar sujeito às cominações da lei além do limite do valor da herança.

e) O direito de acesso à informação dos usuários de serviço público aplica-se apenas aos casos de prestação direta do serviço pela administração pública.

9. **(Titular de Serviços de Notas e de Registros/TJ-DF – CESPE/2014) Assinale a opção correta no que se refere à improbidade administrativa e à proteção e defesa do usuário de serviço público.**

   a) De acordo com o princípio da continuidade do serviço público, a concessionária não poderá interromper o serviço, mesmo nos casos em que haja interesse da coletividade e inadimplemento do usuário.

   b) Tratando-se de prefeito, as ações de ressarcimento em virtude da prática de atos de improbidade administrativa prescrevem até cinco anos após o término do exercício do mandato.

   c) A aplicação da pena de multa e de ressarcimento integral do dano em virtude da prática de ato de improbidade administrativa exemplifica o exercício do poder de polícia da administração pública.

   d) O MP, a pessoa jurídica de direito público interessada e as associações são os únicos legitimados a ingressar com a ação principal no Poder Judiciário para a responsabilização por ato de improbidade administrativa.

   e) Desde que observadas as restrições estabelecidas constitucionalmente, é assegurado o direito de acesso dos usuários de serviço público aos respectivos registros administrativos e às informações sobre atos de governo.

10. **(Analista de Administração Pública/TC-DF – CESPE/2014) Com base nas disposições da Lei n.º 8.429/1992 e da Lei n.º 9.784/1999, julgue o item a seguir.**

    A legitimidade ativa para propor a ação de improbidade administrativa é sempre da pessoa jurídica que foi vítima do ato de improbidade, cabendo ao Ministério Público intervir na demanda apenas na condição de fiscal da lei.

11. **(Analista de Administração Pública/TC-DF – CESPE/2014) Com base nas disposições da Lei n.º 8.429/1992 e da Lei n.º 9.784/1999, julgue o item a seguir.**

    A legitimidade ativa para propor a ação de improbidade administrativa é sempre da pessoa jurídica que foi vítima do ato de improbidade, cabendo ao Ministério Público intervir na demanda apenas na condição de fiscal da lei.

12. **(Analista Legislativo/Câmara dos Deputados – CESPE/2014) Servidor responsável pela gestão dos sistemas de tecnologia da informação da Câmara dos Deputados, em retaliação à aprovação de uma lei que ele considerava prejudicial aos interesses nacionais, resolveu, após o horário de expediente, invadir o órgão e instalar um vírus no sistema de protocolo, o que ocasionou**

a perda de todas as informações sobre a tramitação dos processos legislativos no último ano.

Considerando essa situação hipotética, julgue o item subsecutivo.

Caso o servidor tenha recebido, para a prática do ato, auxílio de pessoa que não seja agente público, ambos devem responder por improbidade administrativa, estando sujeitos às penalidades previstas na Lei n.º 8.429/1992.

13. **(Analista Legislativo/Câmara dos Deputados – CESPE/2014)** O ato praticado configura improbidade administrativa, ficando o servidor sujeito às seguintes penalidades: ressarcimento integral do dano causado; perda da função pública; suspensão temporária dos direitos políticos; pagamento de multa civil; proibição temporária de contratar com o poder público ou de receber benefícios ou incentivos fiscais ou creditícios.

14. **(Conhecimentos Básicos/FUB – CESPE/2014)** Com base no que dispõem o Código de Ética da Administração Pública Federal, a Lei de Improbidade Administrativa e a Lei n.º 8.112/1990, julgue o item a seguir.

    Considere que um administrador público tenha realizado a dispensa irregular de licitação para a compra de canetas. Nesse caso, considerando-se a dispensa indevida de procedimento licitatório, segundo entendimento do STJ, o administrador público poderá responder por ato de improbidade administrativa, ainda que o preço tenha sido compatível ao de mercado e não tenha havido benefício a qualquer pessoa.

15. **(Conhecimentos Básicos/FUB – CESPE/2014)** Com base nas disposições das Leis n.os 9.784/1999 e 8.429/1992, julgue o item subsequente.

    Aquele que exercer, mediante designação, função transitória e sem remuneração na Universidade de Brasília poderá responder por ato de improbidade administrativa.

16. **(MPE-AC – CESPE/2014)** A respeito dos agentes públicos e da improbidade administrativa, assinale a opção correta.

    a) A regra da aposentadoria compulsória por idade aplica-se ao servidor público que ocupe exclusivamente cargo em comissão.

    b) Segundo entendimento do STJ, não configura ato de improbidade administrativa a conduta de professor da rede pública de ensino que, aproveitando-se dessa condição, assedie sexualmente seus alunos.

    c) Os candidatos com a deficiência denominada pé torto congênito bilateral não têm direito a concorrer às vagas em concurso público reservadas às pessoas com deficiência, pois, segundo o STJ, tal anomalia constitui mero problema estético, que não produz dificuldade para o desempenho de funções.

    d) Caso se determine, no edital de concurso, que as comunicações com os candidatos devam ocorrer unicamente por meio da imprensa oficial, é possível exigir que o candidato acompanhe diariamente, no *Diário Oficial*, qualquer referência ao seu nome durante a vigência do concurso.

e) Ao servidor público é garantido o direito ao recebimento de auxílio-alimentação no período de férias.

17. **(Nível Superior/SUFRAMA – CESPE/2014)** Acerca de agentes administrativos, poderes administrativos, improbidade administrativa e serviços públicos, julgue o item seguinte.

Considere que o Ministério Público Federal ajuíze ação de improbidade administrativa contra determinado servidor, acusado de colaborar ativamente com uma organização criminosa que agia junto a órgãos públicos. Nessa hipótese, caso o servidor interfira nas investigações, a autoridade judicial ou administrativa competente poderá determinar o afastamento do agente público do cargo, sem prejuízo da remuneração.

18. **(Analista Técnico/MDIC – CESPE/2014)** Acerca de improbidade administrativa, processo administrativo e licitações, julgue o item a seguir.

Se, após uma operação da Polícia Federal, empreendida para desarticular uma quadrilha que agia em órgãos públicos, o Ministério Público Federal ajuizar ação de improbidade administrativa contra determinado servidor, devido a irregularidades cometidas no exercício da sua função, mesmo que esse servidor colabore com as investigações, será vedado o acordo ou a transação judicial.

19. **(Juiz/TJ-DF – CESPE/2014)** A respeito da improbidade administrativa, assinale a opção correta.

a) Constitui ato de improbidade exercer atividade de consultoria para pessoa física que tenha interesse que possa ser amparado por ação ou omissão decorrente das atribuições do agente público, durante a atividade.

b) A declaração de bens deve ser apresentada tão somente por ocasião da posse e na data em que o agente público deixar o exercício do mandato, cargo, emprego ou função pública.

c) Para a caraterização de ato de improbidade administrativa, dele deve decorrer lesão ao erário ou vantagem pessoal ao agente.

d) O administrador público que atrasa a entrega das contas públicas pratica ato de improbidade, independentemente da existência de dolo na espécie.

e) O sucessor daquele que causar lesão ao patrimônio público estará sujeito, até o limite da lesão, às cominações da Lei de Improbidade Administrativa.

20. **(Conhecimentos Básicos/FUB – CESPE/2013)** Com relação à Lei de Improbidade Administrativa, julgue o item que se segue.

Caso um particular concorra para frustrar a licitude de procedimento licitatório, restará caracterizado ato de improbidade administrativa que causa lesão ao erário e o particular, mesmo não sendo servidor público, estará sujeito à incidência da lei em questão.

GABARITO

1 – Certo	2 – A	3 – E
4 – E	5 – Certo	6 – Certo
7 – C	8 – C	9 – E
10 – Errado	11 – Errado	12 – Certo
13 – Certo	14 – Errado	15 – Certo
16 – E	17 – Certo	18 – Certo
19 – A	20 – Certo	

17

LEI ANTICORRUPÇÃO EMPRESARIAL

Sumário: 17.1. Considerações iniciais – **17.2.** De seu fundamento de validade e primeira possível inconstitucionalidade – **17.3.** Da sua aplicação em âmbito federal – **17.4.** Da falácia da "responsabilidade objetiva" – **17.5.** Do sujeito passivo do ato de corrupção – **17.6.** Do sujeito ativo do "ato de corrupção" – **17.7.** Do processo administrativo para apurar os atos de corrupção previstos na Lei **12.846/2013**: **17.7.1.** Instauração; **17.7.2.** Designação da comissão processante; **17.7.3.** Do processamento; **17.7.4.** Do julgamento – **17.8.** Do recurso administrativo – **17.9.** Do acordo de leniência e do programa de integridade – **17.10.** Das sanções que só podem ser aplicadas judicialmente.

17.1. CONSIDERAÇÕES INICIAIS

Em janeiro de 2014 entrou em vigor a Lei 12.846/2013, a qual foi publicada em 1.º de agosto de 2013, possuindo um prazo de *vacatio legis* de 180 dias.

A referida lei foi votada no calor das emoções e pressões decorrentes das manifestações que em junho do ano de 2013 paralisaram o país, clamando, dentre outras coisas, por uma Administração mais proba e honesta. Queria-se, dentre outras coisas, medidas contundentes ao combate da corrupção.

O projeto já existia há alguns anos, porém, do estado de hibernação saiu para uma rápida e açodada votação, sem, contudo, que o legislador tenha trabalhado e pensado melhor sobre suas disposições prescritivas, deixando uma série de lacunas, artigos inconclusivos, normas pendentes de regulamentação e uma "bomba normativa" capaz de levar à falência diversas empresas!

Por isso, é imperioso que o administrador aplique essa lei com muita cautela e razoabilidade, sob pena de, além de causar danos irreversíveis à iniciativa privada, ser, afirmamos categoricamente, penalizado pelo uso indevido e abusivo dos poderes que a lei lhe confere.

A referida lei veio com o objetivo de combater a corrupção, sendo logo cunhada de "lei anticorrupção empresarial", porém o foco de incidência punitiva dessa lei são as pessoas jurídicas que cometem os "atos de corrupção" previstos na lei, esquecendo-se que, em regra, para que a corrupção se consuma, é necessária, *quase sempre*, a atuação ativa de um agente público!

Tanto é verdade que esta é a lógica da Lei de Improbidade Administrativa (Lei 8.429/1992), que também é uma lei que objetiva o combate à corrupção, porém nesse diploma legal respondem tanto o agente público quanto os particulares envolvidos na prática do ato ímprobo. Algumas sanções podem ser comuns a ambas as partes, já outras não.

Essa nova lei, na verdade, acaba sendo uma espécie de complemento da Lei de Improbidade Administrativa, porém com um foco bem preciso: as pessoas jurídicas privadas pela prática de atos contra a Administração Pública Nacional e Estrangeira.

Por ela, registre-se, não há infrações e penalidades para os agentes públicos envolvidos nos referidos atos, todavia, é lógico que, pelo mesmo fato, eles poderão e deverão ser responsabilizados com base em outras espécies normativas de cunho civil, disciplinar, penal, improbidade etc.

O problema é que foram dados ao administrador poderes de aplicação de penalidades muito severas, que, como dito, se utilizados de modo indevido, levarão à falência diversas empresas!

Só para se ter uma ideia, é possível a aplicação de multa pelo administrador no valor de até R$ 60.000.000,00.

Já em âmbito judicial, há também uma série de novas penalidades, inclusive a decretação da morte da empresa por meio de sua *dissolução compulsória*.

Enfim: é uma lei nova, de certa forma draconiana, lacunosa, contraditória em diversos aspectos, e inconstitucional em alguns pontos, conforme se verá ao longo deste capítulo, que tem sua constitucionalidade questionada no STF[1].

17.2. DE SEU FUNDAMENTO DE VALIDADE E PRIMEIRA POSSÍVEL INCONSTITUCIONALIDADE

Segundo Kelsen, existe uma pirâmide normativa em que a norma de hierarquia inferior deve ter, formal e materialmente, fundamento de validade em norma de hierarquia superior. Assim, um ato administrativo deve ter seu fundamento em uma lei e esta, por sua vez, na Constituição Federal.

E aqui se pergunta: essa lei é nacional (se aplica a todos os entes da federação), federal (se aplica apenas à União Federal) ou mista? E mais, conforme as possibilidades acima, de onde se extrai o fundamento de validade (constitucionalidade) da referida lei?

Extrai-se de seu art. 1.º que "esta Lei dispõe sobre a *responsabilização* objetiva *administrativa* e civil de pessoas jurídicas pela prática de *atos contra a administração pública, nacional ou estrangeira*".

Percebe-se que, quando se fala em responsabilidade pela prática de ato contra a Administração Nacional, o termo engloba a Administração federal, as estaduais e as municipais.

Em sendo assim, a aplicação dessa lei ensejará processos em todos esses âmbitos da federação, cabendo a cada um daqueles entes, se lesado, tocar seu processo punitivo nos termos da referida lei.

---

1. ADIn 5.261/DF, rel. Min. Marco Aurélio, ainda não julgada.

O grande problema é que processo administrativo é matéria de competência legislativa concorrente[2]. Daí, pergunta-se: poderia a União criar uma lei que trata, em parte, de processo administrativo punitivo e impor a sua aplicação obrigatoriamente aos demais entes da Federação?

Alguns, açodadamente, poderiam dizer que tal conduta legislativa encontra suporte de validade no art. 22, I, da CF, segundo o qual compete privativamente à União legislar sobre direito civil, comercial, penal, *processual*, eleitoral, agrário, marítimo, aeronáutico, espacial e do trabalho.

Poder-se-ia dizer, ainda, que, em sentido amplo, cabe à União legislar privativamente sobre direito processual, abarcando, além do processo civil e penal, também o processo administrativo.

Ocorre que essa interpretação é completamente infundada, pois não existe um direito processual administrativo geral; quanto às normas sobre processo administrativo, a competência legislativa é compartilhada – como de fato deve ser –, tendo em vista a autonomia dos entes políticos decorrente da descentralização política que é característica imanente à Federação, bem como pelo fato de que as Administrações Públicas de todos os âmbitos da Federação são extremamente desconcentradas, ou seja, divididas internamente em diversos órgãos!

Frente ao exposto, chegamos a uma *primeira conclusão*: a lei é inconstitucional em parte, quando impõe o processo administrativo e suas sanções (administrativas) a atos praticados contra as Administrações Públicas estaduais e municipais.

Nada impede que os Estados e Municípios editem suas *próprias leis* sobre o tema. Registre-se que não pode ser via outro ato normativo inferior à lei, pois, como se objetiva aplicação de penalidades, esta deve ser veiculada por lei, tendo em vista o princípio da legalidade.

Dessa forma, não temos dúvidas em afirmar que, no que toca às penalidades de natureza administrativa (arts. 6.º e 7.º), bem como ao procedimento administrativo para sua imposição (arts. 8.º a 15), torna-se necessário restringir o alcance das disposições da Lei 12.846/2013 apenas à esfera federal, salvo expressa autorização legislativa estadual ou municipal quanto à extensão de referidas disposições aos seus âmbitos.

Já no que se refere às disposições atinentes à responsabilização judicial (arts. 18 a 21), a aplicação da lei é compulsória a todos os entes da Federação, visto que se trata, aqui, sim, de verdadeiro exercício de competência legislativa privativa da União, referente a direito processual.

Da mesma forma, em relação ao artigo que tipifica as condutas tidas como passíveis de responsabilização (art. 5.º), como esses atos tratam também de hipóteses de "responsabilização civil", é indiscutível reconhecer a competência legislativa privativa da União, posto que apenas a ela cabe legislar sobre direito civil.

---

2. Concorrente, aqui, não no sentido do art. 24 da CF/1988, que atribui à União a competência para editar normas gerais, mas no sentido de caber a todos os entes da Federação, de forma autônoma, disciplinar o tema em seu âmbito, sem vinculação a qualquer norma editada por outro ente político. Daí por que, para não causarmos confusão, vamos utilizar o termo "compartilhado" para expressar a ideia aqui abordada.

O problema é que as mesmas hipóteses são também justificadoras da responsabilização administrativa. Nesse ponto, duas interpretações seriam possíveis. Caso se entenda que a norma em questão é complementar da lei de improbidade, é ela validada pelo disposto no art. 37, § 5.º, da CF/1988, inclusive quanto às penas previstas, embora não quanto a parte do processo administrativo.

Em oposto, caso se entenda que não há fundamento constitucional válido para norma de caráter nacional no ponto, como por nós defendido, Estados e Municípios, bem como o Distrito Federal, não estão obrigados a aplicar penalidades administrativas para as hipóteses versadas na lei, a não ser que "legalizem" a matéria por meio de legislação própria, podendo, inclusive, instituir outras diferentes. Estarão vinculados, no entanto, às disposições do art. 5.º no que pertine às consequências civis das condutas ali discriminadas.

Não obstante o que aqui defendemos, reconhecemos que vários Estados vêm aplicando a lei federal em todos os seus termos, não visualizando inconstitucionalidade na disciplina do assunto inteiramente pelo legislador federal. Os Estados têm se limitado a "regulamentar" a lei por meio de atos normativos de seus poderes Executivos, valendo citar, no caso de São Paulo, o Decreto nº 60.106/2014.

Observe-se que não bastasse a lei federal ter sido editada com a pretensão de ser nacional, sua regulamentação pela Presidência da República também seguiu a mesma lógica, de forma que o Decreto 8.420/2015, se considerarmos correto o entendimento daqueles que entendem constitucional a invasão de competência legislativa pela União, também deve prevalecer sobre os regulamentos locais.

17.3. DA SUA APLICAÇÃO EM ÂMBITO FEDERAL

Partindo do pressuposto de que a referida lei só vale, no que tange aos aspectos de responsabilização administrativa e respectivo processo administrativo, em âmbito federal, passamos agora a analisá-la mais detidamente.

17.4. DA FALÁCIA DA "RESPONSABILIDADE OBJETIVA"

Uma das "contraditórias" grandes inovações da referida lei foi apregoar o fato de que a pessoa jurídica responderá objetivamente, no âmbito civil e administrativo, pela prática dos atos de corrupção.

A lei foi chamada de "lei anticorrupção", pois há o entendimento de que os atos previstos nela são atos de corrupção, como, de fato, o são!

O tema responsabilidade objetiva, na verdade, tem a ver com a sistemática de responsabilização sem culpa. Explicando melhor: se, para ensejar a responsabilização, for necessário demonstrar, além do dano e do nexo causal, que também houve uma conduta dolosa ou culposa, diz-se que a responsabilidade é aferida tão somente de forma subjetiva, pois foi necessário ingressar no elemento culpa (genericamente considerado, inclusive do dolo e da culpa em sentido estrito).

Ao contrário, se, para configurar a responsabilização, bastar provar a mera conduta (mas não seu elemento volitivo), o dano e o nexo de causalidade, aí teremos um caso de responsabilidade objetiva.

A responsabilidade objetiva, em âmbito civil e pela regra do art. 37, § 6.º, da CF, admite a reparação do dano até mesmo por condutas lícitas do Estado. Trata-se da Teoria do Risco Administrativo, segundo a qual o Estado, por atuar em grande escala e, em decorrência disso, submeter a risco toda coletividade em razão de suas atividades voltadas à satisfação do interesse público, deve, da mesma forma, assumir o risco de suas condutas que venham a causar dano, sejam lícitas ou ilícitas.

Da mesma forma que a coletividade colhe os bônus da atuação positiva do Estado, também deve, solidariamente, arcar com os ônus, cujo pagamento será feito pelo mesmo Estado.

O grande problema é que a responsabilidade objetiva está mais ligada à reparação de danos, ou seja, reparação civil, o que ocorre, em regra, na via judicial!

Poderia se aplicar essa sistemática de responsabilização em processos administrativos punitivos previstos nesta lei? A lei pode prescrever o que quiser, mas a verdade é que ela, no caso, é contraditória, pois, se o ato de corrupção é um ato necessariamente doloso e o processo tem que ser fundamentado[3], inclusive com parecer do órgão de representação judicial do órgão[4], não tem o menor sentido falar-se em responsabilidade objetiva!

Vejamos algumas condutas infracionais previstas na lei em relação às licitações e contratos, por exemplo:

> a) *frustrar ou fraudar, mediante ajuste, combinação ou qualquer outro expediente, o caráter competitivo de procedimento licitatório público;*
> b) *impedir, perturbar ou fraudar a realização de qualquer ato de procedimento licitatório público;*
> c) *afastar ou procurar afastar licitante, por meio de fraude ou oferecimento de vantagem de qualquer tipo;*
> d) *fraudar licitação pública ou contrato dela decorrente;*
> e) *criar, de modo fraudulento ou irregular, pessoa jurídica para participar de licitação pública ou celebrar contrato administrativo;*
> f) *obter vantagem ou benefício indevido, de modo fraudulento, de modificações ou prorrogações de contratos celebrados com a administração pública, sem autorização em lei, no ato convocatório da licitação pública ou nos respectivos instrumentos contratuais; ou*
> g) *manipular ou fraudar o equilíbrio econômico-financeiro dos contratos celebrados com a administração pública.*

Veja-se que, em todos esses tipos infracionais, há o verbo "fraudar", e não existe fraude que não seja dolosa! A fraude, necessária e obrigatoriamente, para ser fraude, tem que ser dolosa.

Da mesma maneira, é deveras difícil interpretar verbos como "manipular" e "perturbar" sem que se examine o elemento volitivo daquele que pratica as respectivas condutas. E a mesma dificuldade se encontra nas ações de (i) obter vantagem ou benefício "indevido" ou (ii) frustrar licitação "mediante ajuste".

Poderia se dizer que isso não importa, pois a responsabilidade é objetiva. Calma lá!

---

3. Art. 6.º, § 1.º.
4. Art. 6.º, § 2.º.

Independentemente do sistema de responsabilização adotado, há que se descrever a conduta, até mesmo para que a pessoa a quem se imputa a infração possa se defender. E, ao descrever a conduta, se o verbo desta leva a uma prática de corrupção, não há duas alternativas possíveis. Obrigatoriamente, ao fazer a subsunção da norma na conduta infracional, a autoridade administrativa deverá enfrentar o elemento culpa e dolo, posto que este, nos casos descritos acima, constituem *elementares do próprio ato infracional*, semelhantemente ao que ocorre na esfera penal. E, por isso, registra-se, não estamos tratando de responsabilidade objetiva em seu sentido puro.

Portanto, o único alcance possível do termo "responsabilidade objetiva", como disciplinado na nova lei, é justificar a responsabilização da pessoa jurídica pelos atos de seus agentes representantes, sem que esta possa se eximir daquela sob alegação de abuso de poder pelo gestor, desvio de finalidade quanto ao seu objeto social, excesso de mandato ou coisa que o valha. Ou seja, *não será cabível pela pessoa jurídica a arguição da teoria do* ultra vires societates, mesmo nas hipóteses do art. 1.015, parágrafo único, do Código Civil. É como se o legislador tivesse presumido, *iure et de iure*, a culpa *in eligendo*.

Assim, a responsabilidade é objetiva da pessoa jurídica, mas *desde que* comprovada a conduta (culposa ou dolosa) de seus agentes.

O que a lei fez não foi instituir um verdadeiro sistema de responsabilização objetiva, que seria impossível de ser obtido nos casos das condutas descritas em seu art. 5.º, mas sim, tão somente, consagrar uma sistemática de não adoção de excludentes de responsabilização da pessoa jurídica que seja baseada apenas em alegações de abusos ou desvios de seus dirigentes, administradores, representantes legais ou prepostos.

17.5. DO SUJEITO PASSIVO DO ATO DE CORRUPÇÃO

Levando em consideração que a lei não deve ser aplicada, na parte referente às sanções administrativas e ao processo administrativo, aos Estados e Municípios[5], assim como ao Distrito Federal, e que se trata, pelo menos nesses pontos, de lei federal, o sujeito passivo é a Administração Pública Federal, a qual é composta pela Administração direta federal e seus órgãos[6] superiores e regionais, bem como por sua Administração indireta, no caso, as autarquias, fundações públicas, sociedades de economia mista e empresas públicas.

Veja-se que seu sujeito passivo é menor que o previsto na lei de improbidade, que, além de englobar a Administração Pública, também alcança a empresa incorporada ao patrimônio público ou de entidade para cuja criação ou custeio o erário haja concorrido ou concorra com mais de 50% do patrimônio ou da receita anual[7].

---

5. Apesar de entendermos que a lei é federal, o fato é que não há nenhuma decisão do STF em controle concentrado sobre o tema, razão pela qual acreditamos que diversas administrações estaduais e municipais irão aplicá-la, cabendo à pessoa jurídica penalizada tomar as medidas judiciais que entender cabíveis.
6. Presidência da República e ministérios, abrangidos nestes todos os órgãos decorrentes da desconcentração administrativa, como departamentos, coordenadorias, superintendências, gerências e delegacias regionais. Também estão inseridos no conceito os órgãos administrativos dos Poderes Judiciário e Legislativo da União, incluindo o TCU, além do Ministério Público da União.
7. Art. 1.º da Lei 8.429/1992.

Ainda há uma parcial aplicação da lei de improbidade quanto às entidades que recebam subvenção, benefício ou incentivo, fiscal ou creditício, de órgão público, bem como daquelas para cuja criação ou custeio o erário haja concorrido ou concorra com menos de 50% do patrimônio ou da receita anual, limitando-se, nesses casos, a sanção patrimonial à repercussão do ilícito sobre a contribuição dos cofres públicos.

17.6. DO SUJEITO ATIVO DO "ATO DE CORRUPÇÃO"

O sujeito ativo do ato de corrupção é, necessariamente, uma pessoa jurídica. Inclusive é o que dispõe o art. 1.º, cujo enunciado prescreve que "esta Lei dispõe sobre a responsabilização objetiva administrativa e civil de *pessoas jurídicas* pela prática de atos contra a administração pública, nacional ou estrangeira".

Assim, quem pratica o ato é a pessoa jurídica e, por isso, ela é o sujeito ativo.

Ocorre que a pessoa jurídica é uma abstração criada pelo direito, sendo que ela atua por meio de seu elemento humano, seus administradores, sócios, prepostos etc.

Nesse contexto, apesar de o sujeito ativo do ato de corrupção ser a pessoa jurídica, é possível que a pessoa física também venha a responder por essa lei.

Isso é confirmado pelos arts. 3.º e 14 da lei em comento.

> *"Art. 3.º A responsabilização da pessoa jurídica não exclui a responsabilidade individual de seus dirigentes ou administradores ou de qualquer pessoa natural, autora, coautora ou partícipe do ato ilícito.*
>
> *§ 1.º A pessoa jurídica será responsabilizada independentemente da responsabilização individual das pessoas naturais referidas no caput.*
>
> *§ 2.º Os dirigentes ou administradores somente serão responsabilizados por atos ilícitos na medida da sua culpabilidade.*
>
> *(...)*
>
> *Art. 14. A personalidade jurídica poderá ser desconsiderada sempre que utilizada com abuso do direito para facilitar, encobrir ou dissimular a prática dos atos ilícitos previstos nesta Lei ou para provocar confusão patrimonial, sendo estendidos todos os efeitos das sanções aplicadas à pessoa jurídica aos seus administradores e sócios com poderes de administração, observados o contraditório e a ampla defesa".*

A lei enuncia que a responsabilidade dessas pessoas naturais será subjetiva. Bom, como já defendemos, também entendemos que a responsabilidade das pessoas jurídicas também será subjetiva, embora com limitações quanto à utilização de excludentes de responsabilidade.

Outro ponto omisso na lei é quanto à sistemática procedimental a ser adotada para se punir uma pessoa física.

Duas orientações podem ser pensadas. Primeira, adotar-se o mesmo procedimento previsto nos arts. 6.º a 15 da Lei. Segunda, aplicar-se, em vista da omissão legislativa, ao menos no plano federal, as regras da Lei 9.784/1999.

É preciso atentar que a lei prevê duas hipóteses de responsabilização do agente pessoa natural:

a) substitutiva da pessoa jurídica nos casos de desconsideração da personalidade jurídica desta, o que será feito com base nessa lei, sendo estendidas as penalidades às pessoas naturais relacionadas no art. 14;

b) e, com base em outras leis, caso as infrações previstas no art. 5.º despontem em outros diplomas (leis penais, improbidade administrativa, disciplinar etc.) com atos ilícitos.

Quanto à aplicação da *disregard doctrine*, que é a que nos interessa, a legislação nacional já a previa desde a Lei 8.884/1994 (art. 18)[8], tendo restado normatizada, em termos mais gerais, no art. 50 do atual Código Civil.

Seu pressuposto, historicamente, é o intuito, pela pessoa natural, de usar a pessoa jurídica para o cometimento de fraudes, servindo esta de escudo contra eventual responsabilização daquela. Logo, não basta a mera insolvência econômica da pessoa jurídica, até porque, do contrário, o próprio pressuposto da existência dessas entidades restaria sem sentido[9].

Não obstante, é com a verificação da insolvência econômica da pessoa jurídica, na generalidade dos casos, que se descoberta a necessidade de se apurar a ocorrência do abuso no uso da pessoa jurídica. E isso se dá, quase sempre, na esfera judicial, muitas vezes já na fase de execução de eventual sentença condenatória.

Assim, dificilmente a questão será enfrentada no processo administrativo, embora não a descartemos em absoluto, posto que pode ocorrer de, já na esfera administrativa, surgirem indícios claros de que a pessoa jurídica servia apenas de fachada a interesses ilegais da pessoa natural, como na hipótese de a pessoa jurídica já estar desativada de fato e se descobrir, quando da intimação para sua defesa, que ela nunca funcionou no endereço fornecido, que só existia formalmente etc.

Nesses casos de aplicação do art. 14 da Lei à pessoa natural a que se pretende atribuir a responsabilização, caberá garantir, em sua defesa, a demonstração, também, da não incidência do próprio fundamento utilizado pela Administração para a aplicação da desconsideração da pessoa jurídica.

17.7. DO PROCESSO ADMINISTRATIVO PARA APURAR OS ATOS DE CORRUPÇÃO PREVISTOS NA LEI 12.846/2013

17.7.1. Instauração

A instauração de processo administrativo para apuração da responsabilidade de pessoa jurídica, chamado pelo Decreto 8.420/2015 de Processo Administrativo de Responsabilização – PAR, cabe à *autoridade máxima* de cada órgão ou entidade dos Poderes Executivo, Legislativo e Judiciário.

A instauração pode ser de ofício ou mediante provocação, o que, diga-se de passagem, é a regra quanto à instauração de processos administrativos.

---

8. Já revogado. O dispositivo foi reproduzido no art. 34 da Lei 12.529/2011.
9. Observe-se que a legislação ambiental brasileira parece ter trilhado um caminho distinto, uma vez que o art. 4.º da Lei 9.605/1998 só considera necessário para a desconsideração que a personalidade seja considerada como "obstáculo ao ressarcimento de prejuízos causados à qualidade do meio ambiente". Essa linha não é a adotada no art. 14 da Lei Anticorrupção.

Atenção!

A lei fala máxima autoridade do órgão e, por isso, em casos de administrações bem desconcentradas, como é a federal, diversos órgãos poderão instaurar o processo, o que deverá ser feito, em regra, pela autoridade máxima deste, caso contrário, em âmbito federal, e considerando a administração direta no Poder Executivo, a regra seria a instauração pelo Presidente da República, o que parece não ter sentido.

O Decreto federal, no entanto, no que tange ao órgão da administração direta, atribui a competência ao respectivo Ministro de Estado (art. 3º), podendo haver delegação, mas não subdelegação. Esse dispositivo indica que o leque de ambrangência do decreto (ao menos esse!) parece ser apenas federal, mas em outros artigos, atribuiu-se à Controladoria-Geral da União competências amplas, abrangentes, inclusive, das outras esferas de Governo, como no art. 48.

Portanto, que fique claro, a competência é da autoridade máxima do órgão ou entidade, não sendo clara a lei sobre o grau de concentração ou desconcentração que será utilizado, cabendo ao regulamento dispor mais detalhadamente sobre o tema. Porém, tal autoridade pode delegar a competência de instauração a outra autoridade, não dizendo a lei se a delegaçao deve ser feita ao agente imediatamente inferior (delegação hierárquica) ou a outra autoridade, inclusive de outro órgão..

Ainda, no âmbito do Poder Executivo Federal, além da autoridade máxima do órgão ou entidade, possui competência concorrente para a instauração do processo a Controladoria Geral da União – CGU.

Note-se que a competência da CGU, nesse caso, é apenas para instaurar, mas não para levar a cabo o processo e depois julgar, a não ser nos casos em que o ato foi praticado contra a própria CGU ou contra a Administração Estrangeira[10].

17.7.2. Designação da comissão processante

Feita a instauração, normalmente no mesmo ato são designados os membros que irão compor a comissao de processamento, devendo esta ser composta por, no mínimo, dois servidores estáveis.

Infeliz a redação da referida regra, pois deveria determinar que o número mínimo fosse de três servidores, ou, se mais, em quantidade ímpar, para evitar empate quanto à conclusão do relatório, o qual compete à comissão.

Outro ponto importante a ser dito é que, quando a instauração é feita pela autoridade máxima do órgão ou por autoridade por ela delegada, cabe a essa autoridade designar os servidores que deverão compor a comissão.

Já quando a instauração é feita pela CGU, ao que nos parece, a lei apenas lhe deu competência para instaurar e não para designar os servidores da comissão. Por essa razão, em caso de instauração do processo pela CGU, não cabe a esta a designação da comissão processante, mas sim a quem deveria, no órgão que poderia instaurá-lo, designá-la.

---

10. Art. 9.º.

Isso porque muitas vezes a infração pode estar afeta a uma área específica, como saúde, estando alinhado ao princípio da eficiência que quem for participar da comissão tenha, de certa forma, entendimento do assunto.

17.7.3. Do processamento

Uma vez instaurado o processo administrativo e designada a comissão processante, esta deverá concluir o processo no prazo de 180 dias contados da data da publicação do ato que a instituir e, ao final, apresentar relatórios sobre os fatos apurados e eventual responsabilidade da pessoa jurídica, sugerindo de forma motivada as sanções a serem aplicadas.

Nesse tempo poderá, de forma fundamentada, pleitear ao ente público, por meio de seu órgão de representação judicial, que proponha medidas judiciais necessárias para a investigação e o processamento das infrações, inclusive de busca e apreensão.

No caso, em nosso entender, também seria possível o pleito judicial de quebra do sigilo fiscal, bancário e de correspondência. Já a interceptação telefônica e de dados, por força do art. 5.º, XII, *e*, da Lei 9.296/1996 apenas é permitida para fins de investigação penal.

Como dito, o prazo para a conclusão dos trabalhos pela comissão é de 180 dias, porém poderá ser prorrogado. Uma omissão importante da lei foi quanto ao prazo de prorrogação!

A lei simplesmente diz que o prazo de 180 dias da comissão poderá ser prorrogado mediante ato fundamentado da autoridade instauradora, porém não diz por quanto tempo. Certamente a matéria será regulamentada pelo decreto.

Dentro desse prazo a Comissão, após a instrução probatória, deverá intimar a pessoa jurídica para apresentar defesa, a qual possui, para tanto, o prazo de 30 dias a contar da intimação.

Após toda a conclusão dessa fase instrutória, a comissão irá elaborar o relatório, o qual irá dispor, indicativamente, sobre a eventual responsabilidade da pessoa jurídica, bem como, ainda, sugerir de forma motivada as sanções a serem aplicadas.

17.7.4. Do julgamento

Após o envio do relatório, a autoridade que instaurou o processo irá julgá-lo, podendo ou não, de forma fundamentada, acatar o relatório da comissão.

Ao julgar, em caso de condenação, as penalidades que podem ser aplicadas administrativamente são:

> 1) *multa, no valor de 0,1% a 20% do faturamento bruto do último exercício anterior ao da instauração do processo administrativo, excluídos os tributos, a qual nunca será inferior à vantagem auferida, quando for possível sua estimação. Em caso de não ser possível a aferição desse valor, a multa aplicada será de R$ 6.000,00 a 60.000.000,00.*
> 2) *publicação extraordinária da decisão condenatória.*

Ainda, quando da dosimetria da penalidade, a autoridade deverá levar em consideração:

> "*I – a gravidade da infração;*

II – a vantagem auferida ou pretendida pelo infrator;

III – a consumação ou não da infração;

IV – o grau de lesão ou perigo de lesão;

V – o efeito negativo produzido pela infração;

VI – a situação econômica do infrator;

VII – a cooperação da pessoa jurídica para a apuração das infrações;

VIII – a existência de mecanismos e procedimentos internos de integridade, auditoria e incentivo à denúncia de irregularidades e a aplicação efetiva de códigos de ética e de conduta no âmbito da pessoa jurídica;

IX – o valor dos contratos mantidos pela pessoa jurídica com o órgão ou entidade pública lesados;"

17.8. DO RECURSO ADMINISTRATIVO

Incrivelmente, a lei não previu recurso contra o ato punitivo, razão pela qual deverão ser aplicadas, no âmbito federal, as regras da Lei 9.784/1999, cujo prazo recursal é de dez dias.

Ainda, como foi omissa a lei em relação às instâncias, mais uma vez se aplica a lei geral, podendo a pessoa jurídica percorrer até três instâncias administrativas (art. 57 da Lei 9.784), embora normalmente já se considere a própria entidade emissora da decisão como sendo uma delas, em vista do direito de reconsideração previsto no art. 56, § 1.º, da Lei 9.784, e o fato de a interposição do recurso ser feita perante esta.

Por evidente, nos raros casos em que o julgamento for feito pela autoridade máxima do Poder Executivo federal, o Presidente da República, não haverá autoridade outra a quem recorrer, cabendo, no máximo, um pedido de reconsideração. Quanto aos demais Poderes e ao MPU, ou seja, presidentes da Câmara dos Deputados, do Senado Federal, do TCU, dos tribunais superiores, CNJ, CNMP, Procurador-Geral da República e cada um dos Poderes, o recurso, em tese, poderá ser dirigido aos colegiados respectivos[11].

17.9. DO ACORDO DE LENIÊNCIA E DO PROGRAMA DE INTEGRIDADE

O acordo de leniência nada mais é do que um acordo administrativo com o objetivo de minorar as penalidades passíveis de aplicação contra a pessoa jurídica que praticou o ato investigado.

Segundo a lei, a autoridade máxima de cada órgão ou entidade pública poderá celebrar acordo de leniência com as pessoas jurídicas responsáveis pela prática dos atos

---

11. No caso das casas parlamentares, as mesas diretoras ou o próprio plenário. Nos tribunais superiores, o plenário (STF, TSE e STM) ou órgão especial (STJ e TST). No TCU, CNJ e CNMP, os plenários respectivos. No caso do PGR, o Conselho Superior do MPF ou correspondente nos demais ramos do MPU. No caso de a decisão advir de ato das presidências dos tribunais regionais federais e do trabalho, além do recurso ao plenário ou órgão especial, o respectivo regimento Interno pode prever a criação de órgão colegiado específico para tal fim, como um Conselho de Administração. De qualquer modo, nessa última hipótese, pode haver recurso administrativo não hierárquico para os respectivos conselhos superiores – CJF ou CSJT.

previstos na referida Lei que colaborem efetivamente com as investigações e o processo administrativo, desde que dessa colaboração resultem a identificação dos demais envolvidos na infração, quando couber, e a obtenção célere de informações e documentos que comprovem o ilícito sob apuração.

Para que o acordo seja celebrado, a lei exige os seguintes requisitos, os quais devem ser preenchidos de forma cumulativa: *1) a pessoa jurídica seja a primeira a se manifestar sobre seu interesse em cooperar para a apuração do ato ilícito; 2) a pessoa jurídica cesse completamente seu envolvimento na infração investigada a partir da data de propositura do acordo; 3) a pessoa jurídica admita sua participação no ilícito e coopere plena e permanentemente com as investigações e o processo administrativo, comparecendo, sob suas expensas, sempre que solicitada, a todos os atos processuais, até seu encerramento.*

Veja que, pelo acordo, a pessoa jurídica deve confessar ter praticado o ato investigado, todavia, por mais que essa confissão importe em minoração de algumas penalidades passíveis de serem aplicadas[12], ela abre as portas declaradamente para a sujeição a ações penais, de improbidade administrativa etc., tendo em vista o princípio da independência das instâncias.

Dessa maneira, nos parece que andou mal o legislador quanto a esse ponto, pois deveria prever atenuação punitiva em todos os âmbitos. Do modo como está, acreditamos que ninguém vai querer fazer esse acordo!

Mesmo que aceito o acordo, este não tem o condão de eximir a pessoa jurídica da obrigação de reparar integralmente o dano causado.

Se, todavia, proposto o acordo e ele não for concretizado, segundo a Lei, não haverá a importação de reconhecimento da prática do ato ilícito investigado, o que não faz sentido, pois, subjetivamente, a Administração já sabe que quem se submeteu ao acordo praticou o ato, pois foi obrigado a confessar isso para propor o acordo e, por mais que isso não seja apresentado na fundamentação da decisão, certamente influenciará subjetivamente a autoridade julgadora em âmbito administrativo e judicial quando da aplicação das medidas sancionatórias.

A regulamentação da Lei, feita pelo Decreto 8.420, criou o chamado programa de integridade (art. 41), conceituado como *"um conjunto de mecanismos e procedimentos internos de integridade, auditoria e incentivo à denúncia de irregularidades e na aplicação efetiva de códigos de ética e de conduta, políticas e diretrizes com o objetivo de detectar e sanar desvios, fraudes, irregularidades e atos ilícitos praticados contra a administração pública, nacional e estrangeira".*

O programa de integridade não é uma consequência necessária do acordo de leniência, pois pode preexistir a ele, dentro da chamada política de *compliance* da empresa. O próprio decreto prevê que sua existência deve ser considerada no momento de aferição do valor da multa eventualmente imposta (art. 18, V). É obrigatório, pela Comissão Processante,

---

12. O referido acordo, se efetivado, isentaria a pessoa jurídica da penalidade administrativa de publicação extraordinária da decisão condenatória, possibilitaria a redução da multa em até 2/3 e, em âmbito judicial, estaria impedida de ser punida com a sanção de proibição de receber incentivos, subsídios, subvenções, doações ou empréstimos de órgãos ou entidades públicas e de instituições financeiras públicas ou controladas pelo poder público, pelo prazo mínimo de um e máximo de cinco anos.

quando alegado pela defesa a existência do programa de integridade, considerá-lo para efeito de dosimetria de eventual penalidade (art. 5º, § 4º do Decreto).

Inexistindo o programa, sua adoção decorrerá obrigatoriamente do acordo de leniência. Existindo, será analisado para fins de eventual aperfeiçoamento ou aplicação (art. 37, IV, do Decreto).

17.10. DAS SANÇÕES QUE SÓ PODEM SER APLICADAS JUDICIALMENTE

Além das penalidades que podem ser aplicadas em âmbito administrativo, a lei prevê a possibilidade de punições judiciais, as que estão previstas em seu art. 19 e que poderão ser aplicadas de forma isolada ou cumulativa.

São elas:

> 1) *perdimento dos bens, direitos ou valores que representem vantagem ou proveito direta ou indiretamente obtidos da infração, ressalvado o direito do lesado ou de terceiro de boa-fé;*
>
> 2) *suspensão ou interdição parcial de suas atividades;*
>
> 3) *dissolução compulsória da pessoa jurídica[13]. Tradicionalmente, no direito brasileiro, essa penalidade só é admitida mesmo na esfera judicial, sendo que, no caso específico das associações, a própria Constituição Federal estabelece a reserva de jurisdição na matéria (art. 5.º, XIX), inclusive para a decretação de suspensão de atividades[14];*
>
> 4) *proibição de receber incentivos, subsídios, subvenções, doações ou empréstimos de órgãos ou entidades públicas e de instituições financeiras públicas ou controladas pelo poder público, pelo prazo mínimo de um e máximo de cinco anos.*

Aqui, ao contrário do que defendemos em âmbito de processo punitivo administrativo, essas regras se aplicam a toda Administração Pública, de modo que, em âmbito judicial, estando configurada qualquer das intrações previstas no art. 5.º da lei contra qualquer ente da Federação, será possível o ajuizamento de ação com o objetivo de apurar o ilícito e, se constatado, punir a pessoa jurídica.

Isso porque, nessa parte, a legislação trata de direito processual, cuja competência legislativa é privativa da União Federal.

---

13. É importante registrar que a sanção de dissolução compulsória da pessoa jurídica será aplicada apenas quando comprovado ter sido a personalidade jurídica utilizada de forma habitual para facilitar ou promover a prática de atos ilícitos ou ter sido constituída para ocultar ou dissimular interesses ilícitos ou a identidade dos beneficiários dos atos praticados, ônus probatório que compete ao sujeito ativo da ação.

14. O procedimento judicial aplicável para a dissolução e liquidação de sociedades ainda se encontra regulado nos arts. 655 a 674 do CPC de 1939 (Decreto-Lei 1.608), mantidos em vigor pelo art. atual 599 do novo CPC. O Decreto-Lei 41/1966, por sua vez, prevê hipóteses específicas de dissolução de "sociedades civis" de fins assistenciais, embora nada disponha sobre o procedimento judicial. As instituições financeiras e cooperativas de crédito estão sujeitas a um regime especial de liquidação extrajudicial pelo Banco Central, conforme disposições da Lei 6.024/1974. No caso de sociedades seguradoras, a liquidação extrajudicial é feita pela SUSEP (arts. 94-107 do Decreto-Lei 73/1966).

O ajuizamento da ação pode ser feito pela União, pelos Estados, pelo Distrito Federal e pelos Municípios, por meio das respectivas Advocacias Públicas ou órgãos de representação judicial, ou equivalentes[15].

Além dos entes referidos e contra quem se praticou o ato de corrupção, o Ministério Público também possui competência para ajuizar ação, o que normalmente ocorre, à semelhança do processo de improbidade, tendo em vista a inércia do Poder Público em fazê-lo.

Por fim, e isso é bem interessante, se porventura o Poder Púbico quedar-se inerte em instaurar processo administrativo para apurar e punir a pessoa jurídica envolvida em ato de corrupção, poderá o Ministério Público ajuizar ação com o objetivo de serem aplicadas judicialmente as penalidades que, a princípio, apenas poderiam ser aplicadas administrativamente.

Por outras palavras: a depender do caso, em sendo proposta a ação pelo Ministério Público, ele poderá pleitear em juízo a condenação da pessoa jurídica tanto nas sanções administrativas (que agora passa a ser sanção judicial) quanto nas originariamente judiciais.

Por fim, seja lá quem for propor a ação, esta segue o trâmite processual da Ação Civil Pública, cujas regras estão disciplinadas na Lei 7.374/1985, por remissão do art. 21 da Lei 12.846/2013.

17.11. SÍNTESE DO TEMA

LEI ANTICORRUPÇÃO EMPRESARIAL	
Contexto de criação	A Lei 12.846/2013 foi votada no calor das emoções e pressões decorrentes das manifestações que em junho de 2013 paralisaram o país, clamando, entre outras medidas, por uma administração mais proba e honesta. Exigiam-se atuações mais contundentes ao combate da corrupção.
Foco da lei	A referida lei veio com o objetivo de combater a corrupção, sendo logo denominada de "lei anticorrupção empresarial", porém o foco de incidência punitiva dessa lei é as pessoas jurídicas que cometem os "atos de corrupção" previstos na lei. Na verdade, ela acaba sendo uma espécie de complemento da Lei de Improbidade Administrativa, porém com um foco bem preciso: as pessoas jurídicas privadas pela prática de atos contra a Administração Pública Nacional e Estrangeira.

---

15. Registre-se que tanto o Ministério Público quanto a Advocacia Pública ou órgão de representação judicial, ou equivalente, do ente público, poderão requerer a indisponibilidade de bens, direitos ou valores necessários à garantia do pagamento da multa ou da reparação integral do dano causado, conforme previsto no art. 7.º, ressalvado o direito do terceiro de boa-fé.

	LEI ANTICORRUPÇÃO EMPRESARIAL
Possível inconstitucionalidade	Processo administrativo é matéria de competência legislativa que todos os entes da federação podem legislar. Daí, pergunta-se: poderia a União criar uma lei que trata, em parte, de processo administrativo punitivo e impor a sua aplicação obrigatoriamente aos demais entes da Federação? Entendemos que a lei é inconstitucional em parte, quando impõe o processo administrativo e suas sanções (administrativas) a atos praticados contra as Administrações Públicas estaduais e municipais.
Responsabilidade objetiva	Uma das "contraditórias" grandes inovações da referida Lei 12.846/2013 foi apregoar o fato de que a pessoa jurídica responderá objetivamente, no âmbito civil e administrativo, pela prática dos atos de corrupção. Poderia aplicar-se essa sistemática de responsabilização em processos administrativos punitivos previstos nessa lei? A lei pode prescrever o que quiser, mas a verdade é que, no caso, é contraditória, pois se o ato de corrupção é um ato necessariamente doloso e o processo tem que ser fundamentado, inclusive com parecer do órgão de representação judicial do órgão, não tem sentido falar-se em responsabilidade objetiva.
Do sujeito passivo do "ato de corrupção"	Levando em consideração que a lei não deve ser aplicada, na parte referente às sanções administrativas e ao processo administrativo, aos Estados e Municípios, assim como ao Distrito Federal, e que se trata, pelo menos nesses pontos, de lei federal, o sujeito passivo é a Administração Pública Federal, a qual é composta pela Administração direta federal e seus órgãos superiores e regionais, bem como sua Administração indireta, no caso, as autarquias, fundações públicas, sociedades de economia mista e empresas públicas. Apesar de entendermos que a lei é em grande parte aplicável apenas na esfera federal, o fato é que não há nenhuma decisão do STF em controle concentrado sobre o tema, razão pela qual acreditamos que diversas administrações estaduais e municipais irão aplicá-la, cabendo à pessoa jurídica penalizada tomar as medidas judiciais que entender cabíveis.
Do sujeito ativo do "ato de corrupção"	O sujeito ativo do ato de corrupção é, necessariamente, uma pessoa jurídica. Inclusive é o que dispõe o art. 1.º da Lei 12.846/2013, cujo enunciado prescreve que "esta lei dispõe sobre a responsabilização objetiva administrativa e civil de pessoas jurídicas pela prática de atos contra a administração pública, nacional ou estrangeira".
Desconsideração da personalidade jurídica	A personalidade jurídica poderá ser desconsiderada sempre que utilizada com abuso do direito para facilitar, encobrir ou dissimular a prática dos atos ilícitos previstos nessa lei ou para provocar confusão patrimonial, sendo estendidos todos os efeitos das sanções aplicadas à pessoa jurídica aos seus administradores e sócios com poderes de administração, observados o contraditório e a ampla defesa.

PROCESSO ADMINISTRATIVO PARA APLICAÇÃO DA LEI ANTICORRUPÇÃO	
Instauração	A instauração de processo administrativo para apuração da responsabilidade de pessoa jurídica cabe à autoridade máxima de cada órgão ou à entidade dos Poderes Executivo, Legislativo e Judiciário. No âmbito do Poder Executivo Federal, além da autoridade máxima do órgão ou da entidade, a CGU (Controladoria Geral da União) possui competência concorrente para a instauração do processo.
Comissão processante	Feita a instauração, normalmente no mesmo ato, são designados os membros que irão compor a comissão de processamento, sendo, no mínimo, dois servidores estáveis. Cabe à autoridade que instaurar processo designar os servidores que deverão compor a comissão.
Processamento	• O processo deve ser concluído no prazo de 180 dias, contados a partir da data de publicação do ato que a instituir e, ao final, apresentar relatórios sobre os fatos apurados e eventual responsabilidade da pessoa jurídica, sugerindo de forma motivada as sanções a serem aplicadas. Esse prazo pode ser prorrogado, porém a lei foi omissa quanto ao prazo de prorrogação. • Após a instrução probatória, deverá intimar a pessoa jurídica para apresentar defesa, a qual possui, para tanto, o prazo de 30 dias a contar da intimação.
Julgamento	Após o envio do relatório, a autoridade que instaurou o processo irá julgá-lo, podendo ou não, de forma fundamentada, acatar o relatório da comissão.
Penalidades Administrativas	1) multa, no valor de 0,1% a 20% do faturamento bruto do último exercício anterior ao da instauração do processo administrativo, excluídos os tributos. A multa nunca será inferior à vantagem auferida, quando for possível sua estimação. Em caso de não ser possível a aferição desse valor, a multa aplicada será de R$ 6.000,00 (seis mil reais) a R$ 60.000.000,00 (sessenta milhões de reais); 2) publicação extraordinária da decisão condenatória.
Dosimetria da pena	Ao aplicar a penalidade, a autoridade deve levar em consideração: I – a gravidade da infração; II – a vantagem auferida ou pretendida pelo infrator; III – a consumação ou não da infração; IV – o grau de lesão ou perigo de lesão; V – o efeito negativo produzido pela infração;

	PROCESSO ADMINISTRATIVO PARA APLICAÇÃO DA LEI ANTICORRUPÇÃO
Dosimetria da pena	VI – a situação econômica do infrator; VII – a cooperação da pessoa jurídica para a apuração das infrações; VIII – a existência de mecanismos e procedimentos internos de integridade, auditoria e incentivo à denúncia de irregularidades e a aplicação efetiva de códigos de ética e de conduta no âmbito da pessoa jurídica; IX – o valor dos contratos mantidos pela pessoa jurídica com o órgão ou a entidade pública lesado.
Recurso administrativo	A lei não previu recurso contra o ato punitivo, razão pela qual deverão ser aplicadas, no âmbito federal, as regras da Lei 9.784/1999, cujo prazo recursal é de dez dias.
Instâncias recursais	Como foi omissa a lei em relação às instâncias, mais uma vez, aplica-se a lei geral, podendo a pessoa jurídica percorrer até três instâncias administrativas (art. 57 da Lei 9.784/1999), embora, normalmente, já se considere a própria entidade emissora da decisão como uma delas, em vista do direito de reconsideração previsto no art. 56, § 1.º, da Lei 9.784, e o fato da interposição do recurso ser feita perante esta.
Acordo de leniência	O acordo de leniência é um acordo administrativo com o objetivo de minorar as penalidades passíveis de aplicação contra a pessoa jurídica que praticou o ato investigado. Pressupõe a colaboração efetiva com as investigações e o processo administrativo das pessoas jurídicas responsáveis pela prática dos atos previstos na Lei 12.846/2013.

	ASPECTOS JUDICIAIS DA LEI ANTICORRUPÇÃO
Penalidades que podem ser aplicadas	1) perdimento dos bens, direitos ou valores que representem vantagem ou proveito direta ou indiretamente obtidos da infração, ressalvado o direito do lesado ou de terceiro de boa-fé; 2) suspensão ou interdição parcial de suas atividades; 3) dissolução compulsória da pessoa jurídica. 4) proibição de receber incentivos, subsídios, subvenções, doações ou empréstimos de órgãos ou entidades públicas e de instituições financeiras públicas ou controladas pelo poder público, pelo prazo mínimo de um ano e máximo de cinco anos.
Âmbito de aplicação da penalidade judicial	Ao contrário do que defendemos em âmbito de processo punitivo administrativo, essas regras aplicam-se a toda Administração Pública, de modo que, em âmbito judicial, estando configuradas quaisquer das infrações previstas no art. 5.º da lei contra qualquer ente da Federação, será possível o ajuizamento de ação com o objetivo de apurar o ilícito e, se constatado, punir a pessoa jurídica.

ASPECTOS JUDICIAIS DA LEI ANTICORRUPÇÃO	
Sujeito ativo da ação	O ajuizamento da ação pode ser feito pela União, pelos Estados, pelo Distrito Federal e pelos Municípios, por meio das respectivas Advocacias Públicas, dos órgãos de representação judicial ou equivalentes (art. 19, *caput*).
Atuação do Ministério Público	Além dos entes referidos e contra quem se praticou o ato de corrupção, o Ministério Público também possui competência para ajuizar ação. Se porventura o Poder Púbico quedar-se inerte em instaurar processo administrativo para apurar e punir a pessoa jurídica envolvida em ato de corrupção, poderá o Ministério Público ajuizar ação com objetivo de serem aplicadas judicialmente as penalidades que, a princípio, apenas poderiam ser aplicadas administrativamente.
Rito da ação	A mesma segue o trâmite processual da Ação Civil Pública, cujas regras estão disciplinadas na Lei 7.374/1985, por remissão do art. 21 da Lei 12.846/2013.

17.12. QUESTÕES

1. **(Juiz Substituto/TRF - 4ª Região - 2014) Dadas as assertivas abaixo, assinale a alternativa correta.**

    Com relação à recente Lei nº 12.846/2013 (que dispõe sobre a responsabilização administrativa e civil de pessoas jurídicas pela prática de atos contra a Administração Pública, nacional ou estrangeira, mais conhecida como Lei Anticorrupção:

    I. Aplica-se o disposto nessa lei às sociedades empresárias e às sociedades simples, personificadas ou não, independentemente da forma de organização ou modelo societário adotado, bem como a quaisquer fundações, associações de entidades ou pessoas ou sociedades estrangeiras que tenham sede, filial ou representação no território brasileiro, constituídas de fato ou de direito, ainda que temporariamente.

    II. As pessoas jurídicas serão responsabilizadas, objetivamente, nos âmbitos administrativo e civil, pelos atos lesivos capitulados no referido diploma legal, em seu interesse ou benefício, exclusivo ou não, sem prejuízo da responsabilidade individual de seus dirigentes ou administradores ou de qualquer pessoa natural, autora, coautora ou partícipe do ato ilícito.

    III. São exemplos de atos lesivos praticados contra a Administração Pública nacional ou estrangeira, nos termos da Lei Anticorrupção: prometer, oferecer ou dar, direta ou indiretamente, vantagem indevida a agente público, ou a terceira pessoa a ele relacionada; manipular ou fraudar o equilíbrio econômico-financeiro dos contratos celebrados com a Administração Pública; fraudar licitação pública ou contrato dela decorrente.

IV. Consideram-se, como Administração Pública estrangeira, os órgãos e as entidades estatais ou as representações diplomáticas de país estrangeiro, de qualquer nível ou esfera de governo, bem como as pessoas jurídicas controladas, direta ou indiretamente, pelo poder público de país estrangeiro. Equiparam-se à Administração Pública estrangeira as organizações públicas internacionais.

V. Na esfera administrativa, a responsabilidade da pessoa jurídica não afasta a possibilidade de sua responsabilização na esfera judicial, sendo que o Ministério Público ou a Advocacia Pública ou o órgão de representação judicial (ou equivalente) do ente público poderá requerer a indisponibilidade de bens, direitos ou valores necessários à garantia do pagamento da multa ou da reparação integral do dano causado, conforme previsto na lei, ressalvado o direito do terceiro de boa-fé. Além disso, nas ações de responsabilização judicial, será adotado o rito previsto na Lei nº 7.347/1985.

a) Estão corretas apenas as assertivas III e IV.
b) Estão corretas apenas as assertivas I, II e III
c) Estão corretas apenas as assertivas II, III, IV e V.
d) Estão corretas todas as assertivas.
e) Nenhuma assertiva está correta.

2. **(Promotor de Justiça/MPE-PE – FCC/2014) A Lei nº 12.846/2013 – alcunhada de "Lei Anticorrupção" – estabelece um regime de responsabilidade especial para pessoas jurídicas. Acerca desse regime, a lei em questão**

a) é aplicável aos atos lesivos praticados por pessoa jurídica brasileira contra organizações públicas internacionais, ainda que cometidos no exterior.

b) estabelece, nas hipóteses de fusão e incorporação, a responsabilidade ilimitada da pessoa jurídica sucessora pelos atos e fatos ocorridos antes da data da fusão ou incorporação.

c) estabelece a responsabilização penal objetiva das pessoas jurídicas pela prática de atos lesivos à administração pública.

d) permite que a Controladoria Geral da União aplique sanção de dissolução compulsória da pessoa jurídica, quando comprovado ter sido a personalidade jurídica utilizada de forma habitual para facilitar ou promover a prática de atos ilícitos, ou ter sido constituída para ocultar ou dissimular interesses ilícitos ou a identidade dos beneficiários dos atos praticados.

e) atribui legitimidade concorrente ao Ministério Público, às Defensorias Públicas da União e dos Estados e à Advocacia Pública da União, dos Estados, do Distrito Federal e dos Municípios, para ajuizamento de ação com vistas à aplicação das sanções previstas na referida legislação, às pessoas jurídicas infratoras.

3. **(Defensor Público/DPE-MS – VUNESP/2014) Recentemente, o controle da Administração Pública ganhou um novo instrumento com a edição da Lei Federal n.º 12.846/12, que se tornou conhecida como Lei Anticorrupção. Essa lei possui como uma de suas características a:**

   a) previsão de hipóteses de responsabilidade subjetiva, por ato lesivo culposo ou doloso, praticado por pessoa jurídica, que cause dano à Administração Pública nacional ou estrangeira.

   b) aplicação exclusiva às empresas privadas, não cabendo estender-se a possibilidade de responsabilização prevista pela lei em questão às empresas estatais, ainda que estas prestem atividade econômica.

   c) possibilidade de responsabilização nas esferas administrativa e judicial, cabendo à Administração Pública a apuração do ilícito, a aplicação das sanções e a apuração dos danos a serem ressarcidos.

   d) imposição, como sanção, de multa no valor de 0,1% (um décimo por cento) a 30% (trinta por cento) do faturamento bruto do último exercício anterior ao da instauração do processo administrativo, excluídos os tributos.

GABARITO

| 1 – D | 2 – A | 3 – C |

18

CONTROLE DA ADMINISTRAÇÃO PÚBLICA

Sumário: 18.1. Introdução – **18.2.** Tipos de controle: **18.2.1.** Controle legislativo; **18.2.2.** Controle judicial; **18.2.3.** Controle administrativo; **18.2.4.** Controle interno; **18.2.5.** Controle externo; **18.2.6.** Controle de legalidade; **18.2.7.** Controle de mérito; **18.2.8.** Controle prévio ou preventivo; **18.2.9.** Controle concomitante; **18.2.10.** Controle posterior; **18.2.11.** Controle de ofício; **18.2.12.** Controle por provocação – **18.3.** Controle da administração pública pela própria administração: **18.3.1** Introdução; **18.3.2.** Fundamento do controle; **18.3.3.** Formas de manifestação da autotutela; **18.3.4.** Meio de controle administrativo; **18.3.5.** A questão da exaustão da via administrativa para ingressar na via judicial; **18.3.6.** É possível o ajuizamento de ação na pendência de julgamento de recurso administrativo interposto questionando o mesmo ato?; **18.3.7.** Coisa julgada administrativa – **18.4.** Prescrição administrativa – **18.5.** O controle judicial da administração pública e os remédios constitucionais: **18.5.1.** Mandado de segurança; **18.5.2.** Habeas data; **18.5.3.** Mandado de injunção; **18.5.4.** Ação popular; **18.5.5.** Ação civil pública.

18.1. INTRODUÇÃO

A *Administração Pública*, como foi visto, atua por meio de seus órgãos e seus agentes na gestão dos interesses da coletividade, desempenhando, nesse contexto, a função administrativa. Ela é exercida pelos três Poderes, sendo de modo típico pelo Poder Executivo e, atipicamente, pelos demais Poderes, ou seja, pelo Legislativo e Judiciário.

Cabe ao Poder Executivo a função típica de *administrar* os interesses da coletividade, cuja forma de governo adotada foi a republicana, conforme enuncia o art. 1.º da Constituição Federal.

Assim, a Administração Pública[1] feita pelo Poder Executivo nada mais é do que a gestão de algo alheio, de toda a sociedade. Por isso a Constituição Federal expressamente enuncia no parágrafo único do art. 1.º que *todo poder emana do povo*.

---

1. Utiliza-se a expressão "administração pública" com as iniciais minúsculas quando se referir à própria atividade administrativa do Estado. Trata-se da administração pública em sentido material, objetivo ou funcional. Quando a expressão estiver com as iniciais em maiúsculas, estará significando as estruturas organizacionais administrativa, que é a Administração Pública em sentido formal, subjetivo ou orgânico.

Dado o fato de que não é o povo quem faz diretamente a gestão dos interesses coletivos, a ele cabe escolher seus representantes no parlamento que irão editar as normas que os agentes públicos, como administradores, deverão aplicar para gerir o pretendido e inafastável interesse público.

Em razão da grande e variada gama de atribuições do Estado, mormente com o advento do *Estado do bem-estar social*, também conhecido como *Estado-providência*, houve uma notória hipertrofia do Poder Executivo, que deixou de ter uma conduta passiva para passar a intervir mais na sociedade.

Em razão disso, o ordenamento pátrio municiou os agentes públicos com diversas prerrogativas, verdadeiros instrumentos cotidianos de trabalho, para que pudessem gerir o interesse público de uma forma mais eficaz. Trata-se dos "poderes administrativos".

Por outro lado, se com uma mão o ordenamento concedeu uma série de prerrogativas aos órgãos e agentes públicos, com a outra *previu uma imensa variedade de mecanismos de fiscalização e controle das atividades administrativas*.

Nesse contexto, apoiados nas lições de José dos Santos Carvalho Filho[2], podemos dizer que o controle da Administração Pública está ligado ao *conjunto de mecanismos jurídicos e administrativos por meio dos quais se exerce o poder de fiscalização e de revisão da atividade administrativa em qualquer das esferas de Poder*.

É importante registrar que muitos autores tratam, no mesmo tópico, também do controle político de um "Poder" sobre o outro, como forma de contrabalançá-los e não existir um "superpoder". Trata-se do sistema de controle de freios e contrapesos, porém entendemos que a matéria é mais afeta ao Direito Constitucional, razão pela qual iremos nos ater, pelo menos com maior intensidade, sobre o controle das atividades desempenhadas no exercício da função administrativa e, apenas parcialmente, sobre o controle político, porém, aqui, restrito sobre o Poder Executivo.

18.2. TIPOS DE CONTROLE

18.2.1. Controle legislativo

Controle feito pelo Poder Legislativo, por suas casas ou comissões, é um controle baseado diretamente na Constituição Federal e, por isso, possui natureza eminentemente política.

Cite-se, a título de exemplo:

1) *sustação de atos (art. 49, V, da CF); e*
2) *contratos do Executivo (art. 71, § 1.º, da CF, o que ocorre a pedido do Tribunal de Contas);*
3) *convocação de ministros;*
4) *requerimento de informações;*
5) *recebimento de petições, queixas e representações dos administrados;*
6) *convocação de qualquer autoridade ou pessoa para depor (art. 50 da CF);*

---

2. *Manual de direito administrativo.* 27. ed. São Paulo: Atlas, 2014. p. 953.

7) *Comissões Parlamentares de Inquérito (art. 58, § 3.º, da CF);*

8) *autorizações ou aprovações do Congresso necessárias para os atos concretos do Executivo (art. 49, I, XII, XIII, XVI e XVII, da CF);*

9) *julgamentos de contas do Executivo (art. 49, IX, da CF – Congresso Nacional);*

10) *suspensão ou destituição (impeachment) do Presidente ou de Ministros;*

11) *controle feito pelo Tribunal de Contas (art. 71 da CF);*

12) *parecer prévio sobre as contas do Presidente (art. 71, I, da CF);*

13) *julgamento das contas dos administradores públicos (art. 71, II, da CF).*

18.2.2. Controle judicial

O *controle judicial* é aquele feito pelos órgãos do Poder Judiciário em sua função típica. Segundo anota o art. 5.º, XXXV, da Constituição Federal, "a lei não excluirá da apreciação do Poder Judiciário lesão ou ameaça a direito". Trata-se do sacramental *princípio do amplo acesso à Justiça* ou da *inafastabilidade da Jurisdição*.

Todavia, o referido controle deve ser necessariamente provocado, em razão da existência do *princípio da inércia*, o qual se encontra textualizado sob a letra do art. 2.º do Código de Processo Civil, segundo o qual "o processo começa por iniciativa da parte e se desenvolve por impulso oficial, salvo as exceções previstas em lei".

18.2.3. Controle administrativo

Por sua vez, o *controle administrativo* é aquele feito no próprio âmbito administrativo, pode ser tutelar ou hierárquico. Aqui o controle é baseado ora no princípio da tutela (ou supervisão ministerial[3]), quando a Administração Direta controla a Administração Indireta, ora no princípio da autotutela, aqui mais relacionado a controle interno no âmbito de uma mesma estrutura administrativa.

18.2.4. Controle interno

É aquele que é feito por pessoas ou órgãos da própria Administração Pública. Esse controle pode ser:

a) *hierárquico;* ou
b) *tutelar.*

O *controle hierárquico* é feito dentro de uma estrutura administrativa hierarquizada, pressupondo, portanto, uma desconcentração por hierarquia. Cita-se, como exemplo, o controle, seja de legalidade ou de mérito, de um ato produzido em um departamento por uma Secretaria ou outro órgão superior.

---

3. Expressão utilizada pelo DL 200/1967 quanto ao controle da Administração Pública Direta *Federal* sobre a Administração Pública Indireta *Federal*.

Já o *controle tutelar*, chamado, no âmbito federal, de *supervisão ministerial*[4], é feito também no âmbito administrativo, todavia por outra pessoa jurídica distinta daquela donde procede o ato. Por tal motivo, Celso Antônio Bandeira de Mello[5] chama esse controle de "controle interno exterior".

Por isso, não se trata de um legítimo controle hierárquico, pois não há hierarquia entre as pessoas jurídicas distintas (União Federal e Autarquia Federal, por exemplo). Trata-se, em verdade, apenas de um controle finalístico sobre a entidade controlada.

18.2.5. Controle externo

É aquele feito de uma função típica sobre outra, como, por exemplo, o controle exercido pelo Poder Legislativo e pelo Poder Judiciário em suas funções típicas sobre a atividade administrativa do Poder Executivo.

Nas lições de José dos Santos Carvalho Filho[6], é o controle externo que dá bem a medida da harmonia que deve reinar entre os Poderes, como o impõe o art. 2.º da CF. Por envolver aspectos que de alguma forma atenuam a independência entre eles, esse tipo de controle está normalmente contemplado na Constituição.

18.2.6. Controle de legalidade

É aquele que se verifica se a conduta do agente público se deu conforme a Lei e o direito. O bloco jurídico de análise está no art. 37, *caput*, da Constituição Federal e nos demais artigos constitucionais e legais que tratam do desempenho das atividades administrativas.

O controle de legalidade pode recair tanto sobre o ato vinculado quanto sobre o ato discricionário. Não importa a natureza do ato. Tendo este violado o direito, estará sujeito à anulação ou cassação pela Administração Pública ou anulação pelo Poder Judiciário.

18.2.7. Controle de mérito

Já o controle de mérito só pode recair sobre os atos discricionários, de modo que a autoridade competente, analisando a conveniência e oportunidade do ato, decide pela sua manutenção ou não. Se entender que sua manutenção não atende mais o interesse público, o ato é retirado do ordenamento jurídico por meio do instituto da revogação.

18.2.8. Controle prévio ou preventivo

É aquele que ocorre antes de a atividade ser desenvolvida. Pode ser judicial, legislativo ou administrativo.

---

4. Decreto-Lei 200/1967, art. 19. "Todo e qualquer órgão da Administração Federal, direta ou indireta, está sujeito à supervisão do Ministro de Estado competente, excetuados unicamente os órgãos mencionados no art. 32, que estão submetidos à supervisão direta do Presidente da República".
5. *Curso de direito administrativo*. 31. ed. São Paulo: Malheiros, 2014. p. 955.
6. *Manual de direito administrativo*. 27. ed. São Paulo: Atlas, 2014. p. 956.

É o caso, no controle judicial, da impetração de mandado de segurança preventivo para impedir que determinado ato seja praticado. Antes mesmo de praticar o ato, impetra-se o mandado com o objetivo de proibir a realização do ato. Um bom exemplo é o caso de iminente eliminação de um candidato em concurso público por ato que será praticado com base em regra editalícia ilegal. Nesse caso, impetra-se o MS com o objetivo de impedir a prática do ato.

Pelo Poder Legislativo, podemos apresentar como hipóteses de controle preventivo as competências referentes ao Congresso Nacional quanto a *autorizar* o Presidente da República: a) *a declarar guerra,* b) *celebrar paz,* c) *permitir que forças estrangeiras transitem pelo território nacional ou nele permaneçam (art. 49, II),* d) *que o Presidente se ausente do País por mais de 15 dias (art. 49, III),* e) *autorizar o estado do sítio*[7] *(art. 49, IV),* f) *autorizar o referendo (art. 49, XV).*

No controle preventivo pela própria Administração podemos apresentar um bom exemplo relacionado ao processo de aplicação da multa de trânsito. Aqui, antes de ser aplicada a penalidade, a autoridade administrativa notifica o infrator para apresentar "defesa-prévia". Se provar que a autuação está equivocada, não é aplicada a multa (a própria Administração se controla antes de praticar o ato). As atividades de auditoria interna, ademais, têm como função principal, embora não exclusiva, a prevenção, indicando procedimentos de adequação, principalmente no que tange ao controle financeiro e orçamentário do órgão ou entidade públicas[8].

18.2.9. Controle concomitante

É aquele que ocorre no momento em que a atividade se desenvolve. Um exemplo muito comum é a fiscalização pelo Tribunal de Contas de processos relacionados a licitações e contratos em andamentos. Por outro giro: ao mesmo tempo em que o contrato está sendo gerido e executado, ele é fiscalizado pela Corte de Contas.

18.2.10. Controle posterior

É aquele que ocorre depois de praticado o ato. Pode ser feito pela Administração, quando julga procedente um recurso em matéria de trânsito anulando uma multa; pelo Poder Judiciário, quando anula um auto de infração qualquer em ação judicial; e pelo Legislativo, quando, por exemplo, o Congresso Nacional, com base no art. 49, V, da CF, susta o excesso de poder regulamentar de atos normativos do chefe do Executivo Federal.

Um ponto importante que tem que ficar claro é que nem todo controle posterior é repressivo, ou seja, no sentido de anular, cassar ou revogar um ato. Pode ele, sem problemas, ser confirmatório, como é o caso das homologações e aprovações.

18.2.11. Controle de ofício

É mais comum no âmbito administrativo (controle interno) e em casos de controle que o Legislativo faz sobre o exercício da função administrativa.

---

7. Estado de defesa não é autorizado, mas sim *aprovado* (controle posterior de mérito).
8. O art. 77 da Lei 4.320/1964 diz que *"a verificação da legalidade de execução orçamentária será prévia, concomitante e subsequente."*

Em âmbito administrativo, é baseado no princípio da autotutela administrativa, existindo, inclusive, regra própria na Lei 9.784/1999, quando prevê que a instauração do processo administrativo pode ser de ofício (art. 5.º).

No âmbito do controle externo pelo Legislativo, podemos citar o próprio julgamento de contas do Executivo e demais gestores de verbas públicas que é feito de ofício pelo Tribunal de Contas, conforme o art. 71, I a IV, da Constituição Federal, por exemplo.

O controle feito pelo Judiciário sobre as atividades administrativas é, necessariamente, por provocação, tendo em vista o princípio da inércia da jurisdição previsto no art. 2.º do CPC.

18.2.12. Controle por provocação

Neste controle há uma provocação formal do prejudicado ou de terceiros para que se analise um ato ou situação. Ele pode se dar em âmbito administrativo por meio de recursos e impugnações; em âmbito legislativo, por meio de representação junto ao tribunal de contas; e judicialmente, por meio da impetração de um mandado de segurança ou da propositura de uma ação ordinária.

Apesar de a Administração realizar o controle interno, normalmente por órgãos de auditoria e controladorias internas, muitas vezes ele é insuficiente e não recai sobre todos os atos. Até porque, lembre-se, os atos administrativos gozam do atributo da presunção de legitimidade, razão pela qual cabe ao prejudicado levar seu pleito ao órgão de controle competente e pedir a revisão do ato.

18.3. CONTROLE DA ADMINISTRAÇÃO PÚBLICA PELA PRÓPRIA ADMINISTRAÇÃO

18.3.1. Introdução

O controle pela Administração sobre seus próprios atos é baseado no princípio da autotutela administrativa, que a autoriza a anular seus atos ilegais e revogar seus atos legais, mas discricionários, que não sejam mais convenientes e oportunos.

A autotutela pode ser quanto à *legalidade*, em que se verifica se o ato está de acordo com a Lei e os princípios constitucionais que regem a atividade administrativa. Pressupõe um ato ilegal (em sentido amplo) ou de mérito, hipótese em que a Administração procede a uma revisão do ato por motivos de conveniência e oportunidade. Neste último caso pressupõe-se um ato legal.

18.3.2. Fundamento do controle

O *fundamento* da autotutela quanto à *anulação* é o princípio da legalidade e demais normas jurídicas a que se sujeita a Administração Pública, como princípios constitucionais e infraconstitucionais, decretos, portarias, editais de licitações e concursos etc., ao passo que o fundamento quanto à *revogação* é o princípio da indisponibilidade do interesse público.

18.3.3. Formas de manifestação da autotutela

As *formas de manifestação da autotutela*, quanto ao *controle de legalidade*, podem se efetivar por anulação, cassação ou decretação de caducidade do ato. Estas reportam situações de controle de legalidade repressivo, porém o controle pode ser *confirmatório*, como a homologação do ato, ou *saneador*, como a convalidação do ato. Todas essas formas, de uma maneira ou de outra, são meios de se efetivar a autotutela sob o ângulo da legalidade.

Já as formas de manifestação da autotutela *quanto ao controle de mérito* podem se efetivar por meio de *aprovações*, caso se confirme o ato no momento da revisão, ou por *revogações*, caso se entenda que a manutenção do ato, por mais que seja legal, não é mais conveniente e oportuna ao interesse público.

18.3.4. Meio de controle administrativo

18.3.4.1. Impugnação

A impugnação normalmente é o meio de controle em que o interessado *discute as regras de uma competição*, seja no concurso público, seja em uma licitação, por exemplo.

Em matéria de licitação, o exercício desse direito e a forma como este deverá ser efetivado estão disciplinados no art. 41 da Lei 8.666/1993.

Em matéria de concurso, pelo fato de ainda não existir norma geral disciplinando a matéria, o edital deverá dispor sobre esse direito. Mesmo que não o faça, tal direito pode ser exercido com base na garantia constitucional do direito de petição (art. 5.º, XXXIV, "a", da CF), segundo o qual "são a todos assegurados, independentemente do pagamento de taxas: a) o direito de petição aos Poderes Públicos em defesa de direitos ou contra ilegalidade ou abuso de poder".

O Projeto de Lei 74/2010, que trata da Lei Geral dos Concursos em âmbito federal, prevê expressamente a possibilidade de impugnação do edital. Vejamos o teor seu de art. 10:

> "Art. 10. *O edital é a lei interna do concurso público, vinculando aos seus termos a administração pública e todos os candidatos, observado o disposto nesta lei.*
>
> *(...)*
>
> *§ 3.º É dever da instituição organizadora esclarecer, em dez dias, contados do recebimento do requerimento, eventuais questionamentos dos pretendentes ao cargo ou emprego público, mesmo que ainda não inscritos no certame, desde que solicitados por escrito, no prazo máximo de 10 (dez) dias úteis após a divulgação do edital.*
>
> *§ 4.º Qualquer cidadão é parte legítima para impugnar o edital do concurso, devendo protocolar o pedido em até cinco dias úteis após a sua divulgação, independentemente de previsão editalícia".*

Assim, por mais que a matéria ainda não esteja positivada em lei, tal direito é decorrente da força normativa dos princípios e pode ser exercido de forma analógica com a Lei 8.666/1993.

É importante registrar que a impugnação também é utilizada para questionar ato concreto, sendo usualmente utilizada tal expressão como sinônimo de meio de defesa.

As impugnações podem ser apresentadas tanto pelos cidadãos diretamente atingidos, no caso daqueles que visam a contestar a aplicação de penalidades em casos concretos, quanto por qualquer interessado em questionar as regras gerais de uma licitação ou concurso.

18.3.4.2. Recursos administrativos

O recurso administrativo é o expediente de que dispõem os legitimados, de acordo com a matéria tratada, de questionar determinado ato, seja quanto ao mérito, seja quanto à sua ilegalidade.

O ideal é que a legislação que venha a tratar de determinado direito material faça a previsão dos recursos cabíveis contra os atos praticados pelo Poder Público, dispondo sobre a legitimidade, a quem são dirigidos, os prazos para defesa prévia ou impugnação, efeitos em que serão recebidos, prazos para julgamento etc.

É o que se passa, por exemplo, em matéria de licitação, cuja parte de recurso administrativo está prevista com regras próprias no art. 109 e seguintes da Lei 8.666/1993. Da mesma forma, cite-se a Lei 8.112/1990, que dispõe sobre o regime jurídico dos servidores públicos federais e que contém regras sobre recursos administrativos em seus arts. 107 a 109.

Por vezes, a lei delega a disciplina da matéria à regulamentação, como ocorre com o processo de aplicação de sanção por infrações administrativas em matéria ambiental (art. 70, § 4.º, da Lei 9.605/1998). Sobre o tema, o Decreto 6.514/2008 disciplina todo o procedimento, tratando dos recursos em seus arts. 127 a 133.

Em outros casos, a lei dispõe sobre a matéria, porém queda silente quanto à parte recursal. Nesses casos, em se tratando de ato federal, aplicam-se as regras da Lei 9.784/1999. Assim, toda parte recursal está prevista nessa legislação, objeto de análise em capítulo próprio.

O recurso, em regra, é dirigido à autoridade superior a quem praticou o ato, hipótese em que é chamado de *recurso hierárquico próprio*.

Se, porventura, o recurso for dirigido a uma entidade distinta da que pertence o agente que praticou o ato, a exemplo daquele interposto contra ato de um diretor ou presidente de uma agência reguladora ao Ministério ao qual se encontra vinculada, ou para órgãos colegiados do mesmo ente, porém fora da linha de hierarquia e que foram criados com a finalidade de julgar recursos, como as JARI em matéria de trânsito e o Conselho de Contribuintes em matéria fiscal[9], o recurso é chamado de *recurso hierárquico impróprio*.

18.3.4.3. Reclamação

É uma modalidade de meio impugnativo que somente o interessado pode interpor, quando inexistente outro mecanismo previsto em lei para combater ilegalidade e abuso de poder.

O prazo, caso não haja outro em legislações específicas, é de um ano, conforme se extrai da análise do **art. 6.º do Decreto 20.910/1932**. A interposição da reclamação suspende a prescrição enquanto pendente de decisão.

---

9. No âmbito federal o nome atual deste órgão é Conselho Administrativo de Recursos Fiscais – CARF (Lei 11.941/2009).

Como se vê, o sentido da expressão é quase coincidente com o de impugnação. No entanto, na reclamação a pessoa não está apresentando defesa em procedimento administrativo instaurado, mas, sim, está protestando junto à Administração quanto ao reconhecimento de um direito que ela julga possuir ou contra ato da Administração que viole ou possa violar tal direito.

De certa forma, está abarcada pela noção do direito de petição, embora este último tenha uma acepção mais ampla, pois pode abranger situações em que o cidadão apenas requer informação ou certidão.

No âmbito da regulamentação atinente à aplicação das sanções administrativas previstas no Sistema Nacional de Defesa do Consumidor (Decreto 2.181/1997), o instituto foi estabelecido como sinônimo de ato de denunciação, por parte do consumidor, quanto a uma violação às regras de proteção e defesa pertinentes (art. 34). Nesse sentido, equivaleria ao instituto representação.

18.3.4.4. Representação

Ato por meio do qual alguém, qualquer pessoa *(por isso ligado ao princípio da cidadania)*, informa à Administração Pública que determinado agente público praticou algum ato com ilegalidade ou abuso de poder.

O referido instituto possui previsão na **Lei 4.898/1965**, que regula o direito de representação e o processo de responsabilidade administrativa, civil e penal, nos casos de abuso de autoridade. Também está prevista no art. 113 da Lei de Licitações, no art. 14 da Lei de Improbidade Administrativa e no art. 74, § 2.º, do texto constitucional.

Quem for exercer esse direito, deve formalizar a representação, se identificando e assinando seu nome, não ficando, todavia, vinculado ao processo administrativo.

Cabe à Administração, com base em seu poder disciplinar, abrir processo administrativo (sindicância) para apurar os fatos e, em sendo correta a representação, punir o servidor contraventor.

A expressão também é utilizada, comumente, como meio de provocação dos órgãos do Ministério Público, visando dar-lhes conhecimento sobre situações ilegais que demandem a sua atuação (arts. 26, § 5.º, e 29, VII, da Lei 8.625/1993 e art. 12 da Lei Complementar 75/1993).

18.3.4.5. Pedido de reconsideração

É aquele em que o interessado requer o reexame do ato à própria Autoridade que o emitiu. O prazo para a interposição do pedido de reconsideração é de um ano, se não houver outro prazo estipulado (analogia com a reclamação administrativa).

Em matéria de licitações, por exemplo, é esse o meio cabível para impugnar a aplicação da penalidade de declaração de inidoneidade, conforme o **art. 109, III, da Lei 8.666/1993**, devendo o interessado interpô-lo em um prazo de dez dias úteis.

Em muitos recursos há previsão de que a autoridade prolatora da decisão exerça seu juízo de retratação, o que não se confunde, propriamente, com o pedido de reconsideração, que pode ser feito mesmo quando o recurso cabível da decisão não admita, expressamente, a retratação. De qualquer modo, não havendo a retratação, ou não sendo aceita a reconsideração, o recurso interposto dentro do prazo deve ser encaminhado para a autoridade superior para julgá-lo.

No entanto, ressalte-se que o pedido simples de reconsideração não é suficiente para interromper o prazo do recurso administrativo, assim como não interrompe o prazo prescricional ou decadencial de qualquer meio judicial impugnativo. Não por outra razão, a *Súmula 430 do STF* estabelece que o pedido de reconsideração não interrompe o prazo do Mandado de Segurança.

18.3.4.6. Revisão

A *revisão*, na verdade, é um expediente cabível quando surgirem *fatos novos* ou circunstâncias relevantes suscetíveis de justificar a inadequação da sanção aplicada em processo anterior.

Portanto, é pressuposto que tenha existido um processo em que se tenha aplicado uma medida sancionatória e que *não exista* mais um meio recursal para impugnar a decisão ou penalidade, pois, se existisse, seria caso de recurso hierárquico ou pedido de reconsideração.

É por tal motivo que muitos entendem que a revisão não seria um recurso, mas um expediente com o objetivo de rever uma penalidade aplicada frente à existência de novos fatos ou circunstâncias relevantes suscetíveis de justificar a inadequação da sanção aplicada. Ele pode ser instaurado por provocação ou de ofício, com base na autotutela administrativa.

Um ponto que é de interesse e tem que ficar claro é que do pedido de revisão não pode haver agravamento da sanção. Por outras palavras: ou a autoridade a julga procedente, para minorar ou extinguir a sanção, ou a julga improcedente, mantendo a penalidade aplicada.

O referido expediente possui previsão no art. 65[10] da Lei 9.784/1999, portanto, possível de aplicação em todos os processos federais que não possuam normas próprias sobre o tema, a exemplo das licitações.

Na Lei 8.112/1990, que dispõe sobre o regime jurídico dos servidores estatutários da União, o legislador deu um tratamento mais detalhado à matéria, regulamentando-a em seus arts. 174 a 182[11].

---

10. "Art. 65. Os processos administrativos de que resultem sanções poderão ser revistos, a qualquer tempo, a pedido ou de ofício, quando surgirem fatos novos ou circunstâncias relevantes suscetíveis de justificar a inadequação da sanção aplicada. Parágrafo único. Da revisão do processo não poderá resultar agravamento da sanção".

11. "Art. 174. O processo disciplinar poderá ser revisto, a qualquer tempo, a pedido ou de ofício, quando se aduzirem fatos novos ou circunstâncias suscetíveis de justificar a inocência do punido ou a inadequação da penalidade aplicada. § 1.º Em caso de falecimento, ausência ou desaparecimento do servidor, qualquer pessoa da família poderá requerer a revisão do processo. § 2.º No caso de incapacidade mental do servidor, a revisão será requerida pelo respectivo curador. Art. 175. No processo revisional, o ônus da prova cabe ao requerente. Art. 176. A simples alegação de injustiça da penalidade não constitui fundamento para a revisão, que requer elementos novos, ainda não apreciados no processo originário. Art. 177. O requerimento de revisão do processo será dirigido ao Ministro de Estado ou autoridade equivalente, que, se autorizar a revisão, encaminhará o pedido ao dirigente do órgão ou entidade onde se originou o processo disciplinar. Parágrafo único. Deferida a petição, a autoridade competente providenciará a constituição de comissão, na forma do art. 149. Art. 178. A revisão correrá em apenso ao processo originário. Parágrafo único. Na petição

No âmbito da **Lei Orgânica do TCU (Lei 8.443/92)**, o instituto é inicialmente tratado como espécie de recurso (art. 32, III), mas o exame das hipóteses de cabimento nos mostra que ele é mesmo usualmente previsto quando existentes documentos novos que tenham eficácia sobre a prova produzida (art. 35, III). Portanto, não é um simples pedido de reexame dos fundamentos da decisão a ser revista. Observe-se, no entanto, que muitas penalidades aplicadas pelo TCU não decorrem de constatação de faltas administrativas, propriamente ditas, mas de ausência de prestação de contas regular, por isso mesmo o legislador também previu a revisão como possível de se utilizada no caso de "*insuficiência de documentos em que se tenha fundamentado a decisão recorrida*" (art. 35, II).

Sobre aplicação desse instituto o TCU exarou recentes acórdãos que delimitam bem seu cabimento, cujas ementas reproduzimos abaixo:

Decisão do TCU, no âmbito de outro processo, não serve de fundamento para apresentação de recurso de revisão. Os requisitos dessa espécie recursal estão delimitados no art. 35 da Lei 8.443/1992. A indicação de jurisprudência que supostamente beneficiaria o recorrente enquadra-se como argumento, cujo exame somente se justifica no âmbito de recurso de reconsideração.
Acórdão 2437/2017-Plenário | Relator: AUGUSTO NARDES

A mudança de entendimento ou a consolidação de jurisprudência no TCU não constitui documento novo para efeito de conhecimento de recurso de revisão (art. 35, inciso III, da Lei 8.443/1992) .
Acórdão 1837/2017-Plenário | Relator: JOSÉ MÚCIO MONTEIRO

Para fins de admissibilidade de recurso de revisão (art. 35, inciso III, da Lei 8.443/1992), pode ser caracterizada como documento novo decisão do Supremo Tribunal Federal que considere inconstitucional dispositivo de norma que serviu expressamente de fundamento para a decisão recorrida do TCU.
Acórdão 1184/2017-Plenário | Relator: JOSÉ MÚCIO MONTEIRO

Acórdão superveniente que decide de forma diferente caso alegadamente similar não caracteriza documento novo capaz de ensejar, em recurso de revisão, a rediscussão do mérito com fundamento nas mesmas provas examinadas na decisão recorrida.
Acórdão 735/2017-Plenário | Relator: JOSÉ MÚCIO MONTEIRO

Para fins de admissibilidade do recurso de revisão, a pertinência temática, embora seja elemento necessário ao reconhecimento do documento como novo para efeito do que dispõe

---

inicial, o requerente pedirá dia e hora para a produção de provas e inquirição das testemunhas que arrolar. Art. 179. A comissão revisora terá 60 (sessenta) dias para a conclusão dos trabalhos. Art. 180. Aplicam-se aos trabalhos da comissão revisora, no que couber, as normas e procedimentos próprios da comissão do processo disciplinar. Art. 181. O julgamento caberá à autoridade que aplicou a penalidade, nos termos do art. 141. Parágrafo único. O prazo para julgamento será de 20 (vinte) dias, contados do recebimento do processo, no curso do qual a autoridade julgadora poderá determinar diligências. Art. 182. Julgada procedente a revisão, será declarada sem efeito a penalidade aplicada, restabelecendo-se todos os direitos do servidor, exceto em relação à destituição do cargo em comissão, que será convertida em exoneração. Parágrafo único. Da revisão do processo não poderá resultar agravamento de penalidade".

o art. 35 da Lei 8.443/1992, não é suficiente. O documento, ainda, há que ser: existente quando da decisão recorrida; ignorado ou de impossível obtenção à época pela parte; e apto, por si só, a assegurar pronunciamento favorável.
Acórdão 735/2017-Plenário | Relator: JOSÉ MÚCIO MONTEIRO

As hipóteses de cabimento do recurso de revisão limitam-se àquelas indicadas no art. 35 da Lei 8.443/1992, não se estendendo aos casos de ação rescisória previstos no Código de Processo Civil (CPC).
Acórdão 855/2016-Plenário | Relator: BENJAMIN ZYMLER

O recurso de revisão constitui instância excepcional, semelhante à ação rescisória no processo civil, destinada à correção de erro de cálculo, falsidade ou insuficiência de documentos ou análise de documentos novos, não se admitindo o mero reexame de argumentos e teses jurídicas expostas no julgamento das contas e no recurso de reconsideração.
Acórdão 422/2016-Plenário | Relator: BENJAMIN ZYMLER

18.3.4.7. Efeitos em que o recurso pode ser recebido

Todo ato possui operatividade, ou seja, produz efeitos. O ato, quando operante, acaba por produzir uma série de efeitos que de alguma forma restringe ou amplia direitos de terceiros.

Quando se estuda os efeitos em que o recurso administrativo vai ser recebido, quer--se verificar se a interposição deste terá ou não o condão de suspender a operatividade do ato impugnado.

Se recebido no *efeito suspensivo*, significa que a sua interposição tem o condão de suspender a operatividade, a exigibilidade do ato, não podendo este causar qualquer prejuízo ao recorrente até o julgamento final de mérito.

Em se tratando de ato isolado, como o que ocorre com um lançamento tributário, ele perde sua operatividade – *no direito tributário tal fenômeno é chamado especificamente de suspensão da exigibilidade do crédito tributário*, conforme se verifica do comando legal do art. 151, V, do Código Tributário Nacional.

O referido crédito tributário perde, em razão da interposição do recurso administrativo, sua exigibilidade, o que significa que não pode ser cobrado e nem mesmo inviabilizar as demais atividades do contribuinte.

Quando o ato com que se pretende a suspensão da operatividade está inserto no meio de um procedimento administrativo, como ocorre nas licitações, a interposição do recurso que possui efeito suspensivo, além de suspender os efeitos imediatos do ato, também impede a sequência normal do procedimento até o julgamento final do recurso.

Por outras palavras: interposto o recurso administrativo e sendo ele recebido em seu efeito suspensivo, está vedado à Comissão de Licitação passar para a fase seguinte do procedimento licitatório, sob pena de, se o fizer, praticar ato completamente ilegal.

O efeito suspensivo pode ser *atribuído diretamente pela lei*, constituindo, nesse ponto, *direito subjetivo do licitante* ao gozo do referido efeito com a consequente suspensão do procedimento até julgamento final da impugnação, bem como pode ser atribuído pela autoridade administrativa competente se presentes razões de interesse público, as quais deverão obrigatoriamente ser fundamentadas. Aqui, trata-se, a princípio, de mera expectativa de direito do recorrente, pois a presença ou não das "razões de interesse público" é decidida pela Administração Pública. O controle desse ato é mais restrito, uma vez que se trata de *conceitos jurídicos indeterminados*.

Na Lei de Licitações, o recurso será recebido legalmente no efeito suspensivo quando apresentado com o objetivo de discutir habilitação, inabilitação de licitantes e julgamento de propostas. Ou seja, nas hipóteses das alíneas "a" e "b" do inc. I do art. 109 do Estatuto das Licitações.

Nesse sentido, se determinado licitante inabilitado interpuser recurso questionando sua inabilitação, este será obrigatoriamente recebido no efeito suspensivo, estando vedado à Comissão de Licitação passar para a fase de julgamento de propostas enquanto não julgado o pleito recursal.

A regra é o recurso ser recebido apenas no efeito devolutivo, sendo que, se omissa a legislação quanto aos efeitos em que ele será recebido, significa que o será apenas no efeito devolutivo[12].

18.3.4.8. Reformatio in pejus *em matéria de recursos administrativos*

O que é *reformatio in pejus*? É a possibilidade de, no julgamento de um recurso, haver agravamento da sanção aplicada.

A pergunta é: existe no ordenamento pátrio a possibilidade de *reformatio in pejus*? No processo penal, em se tratando de recurso interposto pelo réu, o tribunal não poderá agravar a penalidade, portanto, nesse contexto, não é possível o *reformatio in pejus* (art. 617 do CPP).

Já quando se tratar de recurso interposto pelo Ministério Público ou pelo querelante, é possível a procedência do recurso com a possibilidade de agravamento da sanção inicialmente aplicada.

E em matéria de processo administrativo, é possível o agravamento da sanção quando do exame do recurso do administrado? Até o advento da Lei 9.784/1999, muitos doutrinadores entendiam que não era possível, porém, com a edição da referida norma, passou a existir essa possibilidade, contudo, de forma condicionada, conforme percebe-se da leitura do art. 64, parágrafo único, que possui a seguinte redação: "O órgão competente para decidir o recurso poderá confirmar, modificar, anular ou revogar, total ou parcialmente, a decisão recorrida, se a matéria for de sua competência. Parágrafo único. Se da aplicação do disposto neste artigo puder decorrer gravame à situação do recorrente, *este deverá ser cientificado para que formule suas alegações antes da decisão*".

---

12. Na legislação referente às infrações ambientais, prevê-se o efeito suspensivo para a penalidade de multa, mas não quanto às demais penalidades. A autoridade recorrida ou imediatamente superior, no entanto, pode atribuir o efeito na hipótese de "justo receio de prejuízo de difícil ou incerta reparação" (art. 128 do Decreto 6.514/2008). No caso das infrações administrativas do sistema de proteção e defesa do consumidor, também só terão efeito suspensivo os recursos quanto à aplicação de multas (art. 49 do Decreto 2.181/1997).

Note-se que, em processos administrativos federais regidos pela Lei 9.784/1999, é possível o *reformatio in pejus*, desde que antes da aplicação do agravamento da sanção seja ofertada ao recorrente a possibilidade de formular alegações.

Em relação a processos administrativos federais que não são regidos por essa lei se esta for omissa quanto ao tema, aplica-se, de forma subsidiária[13], a Lei 9.784/1999, sendo, portanto, possível.

Em se tratando de processos estaduais e municipais, prevalecem as regras estabelecidas por cada ente federativo, sendo que, em nossa opinião, se omissa a legislação sobre o tema, como sanção é regra restritiva de direito, não será possível o agravamento.

O que é possível é que, reconhecendo a inadequação da penalidade aplicada, esta pode ser anulada e, se ainda estiver dentro do prazo decadencial, a Administração pode praticar novo ato aplicando a sanção correta. Veja-se que no julgamento do recurso não houve agravamento! O mesmo decorre de uma nova sanção aplicada tempestivamente. Não se aplicaria no direito administrativo, assim, a proibição da *reformatio in pejus* indireta, que também vigora no processo penal.

18.3.5. A questão da exaustão da via administrativa para ingressar na via judicial

Um questionamento que se faz presente é: tendo em vista que, em razão da prática de atos administrativos, a lei prevê a possibilidade de interposição de recursos ou outros expedientes para o controle interno do ato, seria o uso destes obrigatório ou poderia a pessoa (física ou jurídica) diretamente levar sua insatisfação ao Poder Judiciário?

A regra é a possibilidade de a pessoa lesada poder ir diretamente ao Poder Judiciário, o que é uma decorrência do princípio da inafastabilidade da jurisdição ou amplo acesso à justiça, cravado no texto constitucional como uma garantia fundamental em seu art. 5.º, XXXV, que prescreve: "a lei não excluirá da apreciação do Poder Judiciário lesão ou ameaça a direito".

Portanto, em regra, pode o jurisdicionado ir direto ao Poder Judiciário e deduzir seu pleito.

Porém, essa regra não é absoluta, ou seja, comporta algumas poucas exceções. A primeira é quando se tratar de competição desportiva, situação em que, de acordo com o art. 217, § 1.º, da CF/1988, "o Poder Judiciário só admitirá ações relativas à disciplina e às competições desportivas após esgotarem-se as instâncias da justiça desportiva, regulada em lei".

Assim, em matérias relacionadas a competições desportivas, deve o prejudicado ir ao Tribunal de Justiça Desportiva e, após, ao Superior Tribunal de Justiça Desportiva, que, apesar das designações de "Tribunal", não pertencem à estrutura do Poder Judiciário, sendo, em verdade, "órgãos" compreendidos na estrutura orgânica das respectivas federações e confederações desportivas[14]. Ou seja, sequer podemos chamá-los de instâncias administrativas, visto que não estão vinculados à Administração Pública.

---

13. Veja o teor do art. 69 da Lei 9.784/1999: "Os processos administrativos específicos continuarão a reger-se por lei própria, aplicando-se lhes apenas subsidiariamente os preceitos desta Lei".
14. Logo no art. 1.º de seu regimento é disposto que: "O Superior Tribunal de Justiça Desportiva do Futebol (STJD), órgão autônomo e independente da Confederação Brasileira de Futebol (CBF), com

Todavia, se a questão não for resolvida em até 60 dias a partir da instauração do procedimento, poderá o interessado buscar tutela no Poder Judiciário[15].

Outra exceção, que na verdade não se trata de recurso administrativo, mas de uma provocação prévia à Administração Pública, é o caso do *Habeas Data*. Segundo o art. 7.º da Lei 9.507/1997, o referido remédio constitucional tem por objetivo: *a) assegurar o conhecimento de informações relativas à pessoa do impetrante, constantes de registro ou banco de dados de entidades governamentais ou de caráter público; b) retificar dados, quando não se prefira fazê-lo por processo sigiloso, judicial ou administrativo; e c) para a anotação nos assentamentos do interessado, de contestação ou explicação sobre dado verdadeiro, mas justificável e que esteja sob pendência judicial ou amigável.*

Todavia, para impetrar tal ação, a petição inicial deve ser instruída com prova: a) da recusa ao acesso às informações ou do decurso de mais de dez dias sem decisão; b) da recusa em fazer-se a retificação ou do decurso de mais de 15 dias, sem decisão; ou c) da recusa em fazer-se a anotação a que se refere o § 2.º do art. 4.º ou do decurso de mais de 15 dias sem decisão.

Por outras palavras, primeiro o interessado deve tentar conseguir o objeto do *Habeas Data* administrativamente, sendo a recusa ou omissão, devidamente provada e instruindo a inicial, condição de procedibilidade da demanda.

Inclusive, nesse sentido, o STJ já editou a **Súmula 2**, que assim dispõe: "**não cabe o 'habeas data' (CF, art. 5.º, LXXII, 'a') se não houve recusa de informações por parte da autoridade administrativa**".

Vê-se, assim, que não podemos confundir exaurimento da via administrativa com desnecessidade de pedido administrativo, uma vez que uma das condições para o exercício do direito de ação frente ao Judiciário é a demonstração do interesse jurídico, que só estará presente quando a parte demonstrar que, precedentemente, buscou o reconhecimento de seu direito junto à Administração.

Basta, no entanto, que lhe tenha sido negada a pretensão administrativa ou que a Administração demore excessivamente para lhe dar uma resposta, para que o interessado busque a proteção judicial, não sendo necessário percorrer todas as instâncias administrativas ou mesmo interpor recurso administrativo[16].

Se o ato administrativo, por si só, já importa em violação a direito, como no caso da aplicação de sanção administrativa, torna-se desnecessária até mesmo a apresentação de impugnação ou defesa administrativa como condicionante do direito de ação.

Por fim, ainda se tem a **reclamação constitucional**, que ocorre quando órgãos administrativos estão descumprindo súmulas vinculantes do STF. A matéria é tratada na

---

natureza jurídica de ente despersonalizado, é composto pelo Tribunal Pleno e por cinco Comissões Disciplinares". Ainda, a "Justiça Desportiva" é regulamentada pelo Código Brasileiro de Justiça Desportiva, que foi veiculado pela Resolução 29, aprovada pelo Conselho Nacional de Esportes em 10 de dezembro de 2009 e publicado no *DOU* em 31 de dezembro de 2009.

15. Art. 217, § 2.º: "A justiça desportiva terá o prazo máximo de sessenta dias, contados da instauração do processo, para proferir decisão final".

16. Sobre o assunto, em recente julgamento, o STF entendeu ser necessário, para a concessão de benefício previdenciário, o prévio requerimento junto ao INSS (RE 631.240/MG, Pleno, Rel. Min. Roberto Barroso, j. 03.09.2014).

Lei 11.417/2006, que inseriu os arts. 64-A e 64-B na Lei 9.784/1999, que regulamenta o processo administrativo em âmbito federal.

Segundo o primeiro artigo citado, se o recorrente alegar violação de enunciado da súmula vinculante, o órgão competente para decidir o recurso explicitará as razões da aplicabilidade ou inaplicabilidade da súmula, conforme o caso.

Caso o recorrente entenda que houve violação, irá propor, diretamente no Supremo Tribunal Federal, a reclamação fundada em violação de enunciado da súmula vinculante, sendo que, se colhida pelo excelso pretório a alegação, dar-se-á ciência à autoridade prolatora e ao órgão competente para o julgamento do recurso, que deverão adequar as futuras decisões administrativas em casos semelhantes, sob pena de responsabilização pessoal nas esferas cível, administrativa e penal.

Note-se, portanto, que, antes de fazer uso do expediente junto ao Supremo Tribunal Federal, deverá o recorrente alegar, no bojo do recurso, que a decisão atenta contra súmula vinculante.

18.3.6. É possível o ajuizamento de ação na pendência de julgamento de recurso administrativo interposto questionando o mesmo ato?

Imaginemos que determinado cidadão tenha sido multado por ter estacionado em local proibido e, por isso, ingressou com recurso, nos termos do Código de Trânsito Brasileiro.

Imaginemos, ainda, um segundo caso em que um contribuinte teve contra si lavrado um lançamento tributário e, com base no Código Tributário Nacional, interpõe recurso questionando a exação fiscal, a multa etc.

A pergunta é: tendo em vista que o ato já está sendo questionado na via administrativa, teria interesse de agir o recorrente para ajuizar ação questionando o mesmo ato, porém, agora, na esfera judicial?

A reposta é: depende!

Aqui se deve analisar se o recurso interposto suspendeu ou não a operatividade (exigibilidade) do ato. *Se sim*, caso em que o recurso é recebido com efeito suspensivo, o administrado não terá uma das condições da ação, ou seja, interesse processual, por isso sua petição será indeferida nos termos do art. 330, III, do Código de Processo Civil[17]. É o caso do segundo exemplo dado, ou seja, do contribuinte que recorreu do lançamento, pois o art. 151, V, do CTN prescreve que o recurso administrativo suspende a exigibilidade do crédito tributário.

Ainda é o caso de *recursos nas fases de habilitação e julgamento de propostas* na Lei 8.666/1993, estatuto geral das licitações, hipóteses em que, nesses casos, o efeito suspensivo é atribuído diretamente pela lei.

---

17. O CPC/2015 também diz, em seu art. 17 que *"para postular em juízo é necessário ter interesse e legitimidade".*

A regra, como já dissemos, é que o recurso tenha apenas o efeito devolutivo[18], porém a lei pode conferir tal efeito diretamente, a exemplo dos casos acima mencionados, como pode autorizar que o administrador o confira no caso concreto[19].

Em ambos os casos, em sendo recebido o recurso administrativo no efeito suspensivo, estará inviabilizada, até julgamento deste, a possibilidade de ajuizamento da ação, pois não há, no caso, lesão ou ameaça a direito.

É importante ficar claro que, para inviabilizar o acesso ao Judiciário, não basta que a lei faça a previsão de que o recurso será recebido no efeito suspensivo. É necessário, além disso, que o administrado tenha, de fato, optado por essa via e interposto o recurso.

Caso ainda queira ir para o Judiciário, deve o recorrente desistir do recurso para que o ato questionado volte a ter operatividade e possa, com isso, ameaçar o direito do jurisdicionado, reabrindo, aí, as portas do Poder Judiciário.

Por outro lado, caso o recurso seja apenas recebido em seu efeito devolutivo, o ato continua operante e causador de dano ou ameaçador de causar um dano e, por isso, é possível ingressar ao mesmo tempo com ação judicial, nos termos do art. 5.º, XXXV, da CF[20].

O entendimento doutrinário e também regulamentado em algumas normas é que, com o ajuizamento da ação, estaria o jurisdicionado abrindo mão da via administrativa e isso levaria ao arquivamento do recurso. Esse expediente é feito para se evitar decisões conflitantes entre a esfera administrativa e a jurisdicional.

18.3.7. Coisa julgada administrativa

Em verdade, o instituto da coisa julgada é um fenômeno que ocorre em um processo judicial que inviabiliza nova análise, por meio de qualquer outro recurso no mesmo processo (coisa julgada formal) ou por meio de outra ação (coisa julgada material), daquilo que foi decidido pelo Poder Judiciário. A coisa julgada material, no entanto, em seu sentido processual, só é formada quando há análise do mérito da demanda pelo respectivo órgão julgador.

Quando foi dito que os três poderes possuíam funções típicas e atípicas e que ao Poder Judiciário cabia tipicamente aplicar a lei aos casos concretos para solucionar litígios e com força de definitividade, essa força de definitividade – pacificação da matéria – é alcançada pela coisa julgada.

A coisa julgada judicial é inclusive uma **cláusula pétrea**, conforme o art. 5.º, XXXVI, da Constituição Federal, o qual enuncia que "a lei não prejudicará o direito adquirido, o ato jurídico perfeito e a coisa julgada".

---

18. Art. 61 da Lei 9.784/1999: "Salvo disposição legal em contrário, *o recurso não tem efeito suspensivo*".
19. Art. 61, parágrafo único: "Havendo justo receio de prejuízo de difícil ou incerta reparação decorrente da execução, *a autoridade recorrida ou a imediatamente superior poderá, de ofício ou a pedido, dar efeito suspensivo ao recurso*".
20. Em alguns casos, inclusive, a lei ou o regulamento determinam que a propositura de ação judicial com idêntico objeto do recurso administrativo interposto equivale a renúncia do direito de recorrer. Nesse sentido, vide o art. 307 do Decreto 3.048/1999, na redação dada pelo Decreto 6.722/2008, que trata de matéria previdenciária.

A coisa julgada em matéria judicial pode se dar de duas formas: *1) aquele que perdeu definitivamente em uma instância deixa de recorrer para a instância superior.* Cita-se, por exemplo, o sucumbente não ter apelado da sentença, ou não ter interposto recurso especial ou extraordinário do acórdão do Tribunal que lhe foi desfavorável ou *2) quando vai recorrendo até chegar à última instância recursal, donde não cabe mais recurso.*

Nesses dois casos não cabe mais recurso e opera-se a coisa julgada. Por isso não se pode discutir mais aquela questão por meio de novos recursos judiciais, pois já foi soberanamente decidido, com definitividade, pelo Poder Judiciário.

A única solução para rediscutir a matéria seria ingressando com uma ação rescisória, que não é recurso, e apenas é possível em restritas situações, conforme enuncia o art. 966 do Código de Processo Civil, mesmo assim, observando-se o prazo decadencial de dois anos a partir do trânsito em julgado da última decisão proferida no processo (art. 975 do CPC).

A *coisa julgada administrativa* nada mais é do que a impossibilidade de o interessado recorrer internamente dentro da estrutura administrativa, que também se dá em duas hipóteses: *1) quando perde o prazo para recorrer ou atua em desconformidade com o interesse de recorrer (preclusão temporal e preclusão lógica); ou 2) quando esgota as instâncias recursais na Administração Pública.*

A grande *diferença* é que aqui, *na coisa julgada administrativa*, a decisão tomada não tem caráter de definitividade, sendo que *a decisão administrativa sempre poderá ser analisada pelo Poder Judiciário*, exceto se o interessado deixar prescrever o direito de entrar com a ação, o que ocorre, em regra, no prazo de cinco anos.

Nota-se, portanto, que a coisa julgada administrativa não passa de *uma preclusão de efeitos internos.*

Na França, como existem duas jurisdições (sistema de jurisdição dual), onde apenas os Tribunais Administrativos poderão julgar as matérias que envolvem a Administração Pública, sobre as decisões provenientes daqueles Tribunais *opera-se a verdadeira coisa julgada.*

18.4. PRESCRIÇÃO ADMINISTRATIVA

Prescrição também é uma palavra ambígua. No processo judicial significa a perda do prazo para ajuizar uma ação, geralmente de cunho condenatório[21]. Trata-se de instituto relacionado à segurança jurídica das relações.

No direito administrativo, a *prescrição administrativa* nada tem a ver com o prazo para entrar com ação judicial, mas sim com o prazo para recorrer à Administração e para esta anular seus atos ou aplicar penalidade aos administrados, daí por que podemos dizer que a expressão também acaba por compreender em seu âmbito o instituto da decadência.

---

21. A lei brasileira diferencia, no entanto, aspectos dos institutos da prescrição e da decadência (arts. 189 a 211 do CC/2002) embora não cuide de conceituá-los. Doutrinariamente, a decadência está mais ligada à perda da possibilidade de exercer um direito potestativo. No direito tributário os institutos também são tratados de forma distinta, estando a decadência ligada ao prazo para o lançamento tributário e a prescrição ao prazo para a cobrança do crédito tributário decorrente do lançamento. No direito administrativo, admite-se como decadencial o prazo que a Administração Pública tem para desfazer ato administrativo.

Assim, a prescrição administrativa pode ser vista sob o prisma do administrado e da Administração Pública.

Para *o primeiro*, ou seja, o administrado, ocorrerá a prescrição administrativa quando este perder o prazo para ingressar com um recurso administrativo. Aqui, a prescrição administrativa vai significar uma preclusão administrativa.

Já para *a Administração*, tem-se dois prazos de prescrição administrativa: *1) perda do prazo para anular seus atos de que decorram efeitos favoráveis para os administrados, o que ocorre, segundo a Lei 9.784/1999 (art. 54), em cinco anos, este prazo geralmente tratado como decadencial pela legislação; e 2) a perda do direito de punir da Administração, como, por exemplo, exercendo o poder de polícia punitivo, cujo prazo, em âmbito federal, é de cinco anos, conforme a Lei 9.873/1999.*

Nada impede que leis específicas tratem do tema com normas próprias. É o que ocorre, por exemplo, em matéria de punição disciplinar regida pela Lei 8.112/1990, em que o prazo prescricional para a administração punir o servidor, consoante registra o art. 142, é de: *i) cinco anos, quando a infração for punida com demissão, cassação de aposentadoria ou disponibilidade e destituição de cargo em comissão, ii) dois anos, quando a infração for punida com suspensão e iii) 180 dias, se a infração for punida com advertência.*

18.5. O CONTROLE JUDICIAL DA ADMINISTRAÇÃO PÚBLICA E OS REMÉDIOS CONSTITUCIONAIS

Tradicionalmente, atribui-se ao Poder Judiciário a competência para aferir a *legalidade dos atos administrativos*. Isso pode ser feito por meio das mais variadas ações previstas no direito processual. Como esse não é um manual de direito processual, nos limitaremos a destacar, nesta oportunidade, algumas dessas ações, optando por aquelas que são conhecidas como *remédios constitucionais*, uma vez que têm previsão diretamente no texto constitucional, como garantias constitucionais para a efetivação de direitos (art. 5.º da CF/1988). Além destas, também destacaremos a ação civil pública, um importante instrumento de controle da Administração Pública, embora também sirva a outras finalidades, e que também tem assento constitucional.

É importante lembrar, no entanto, que se permite ao Judiciário, modernamente, adentrar no exame também da *adequação dos atos administrativos aos princípios constitucionais*, tais como o da moralidade, não estando ele mais preso, tão somente, ao exame da legalidade dos atos administrativos.

O próprio conteúdo da expressão "legalidade" acabou, também, por ser ampliado, admitindo-se, por exemplo, que uma prova de concurso que contenha questão fora do edital seja anulada pelo Judiciário, uma vez que ele, o edital, é a "lei" do concurso.

Claro que a omissão da Administração Pública em casos em que ela devia agir também pode caracterizar uma ilegalidade e, por consequência, justificar a atuação do Judiciário. Mas, mais recentemente, tem-se verificado uma crescente interferência do Judiciário em casos de omissão do Estado no implemento de direitos dos cidadãos, quando ao próprio Poder Público caberia decidir a forma e o momento da atuação.

A isto se dá o nome de *controle judicial de políticas públicas*, sendo destacadas, por exemplo, as decisões que vêm sendo tomadas em ações voltadas para o implemento dos direitos à saúde e à educação. Essa interferência, embora deva sempre ser encarada como extraordinária, até porque a Administração Pública detém melhores condições que o Judiciário para fazer as escolhas das políticas que deve atender, já foi admitida pelo próprio STF como possível de ser feita[22].

18.5.1. Mandado de segurança

O mandado de segurança constitui-se numa das principais vias de controle judicial da Administração Pública, estando previsto na própria Constituição Federal (art. 5.º, LXIX) no título que trata dos direitos e garantias fundamentais, daí por que é elencado dentre os chamados *remédios constitucionais*, ou seja, ações judiciais especialmente previstas pelo legislador constituinte visando à proteção de direitos ao cidadão contra atos ilegais ou arbitrários do Poder Público.

Sua finalidade primordial, conforme dicção do próprio texto constitucional, é servir de via judicial para solucionar ou prevenir ilegalidade ou abuso de poder praticado ou a ser praticado por autoridade pública ou agente de pessoa jurídica no exercício de atribuições do Poder Público.

Para essa finalidade, evidentemente, podem existir outras vias judiciais (ações de rito ordinário, sumário ou especial), mas o mandado de segurança se destaca pela sua simplicidade no manejo, pela celeridade de seu procedimento, como se verá mais adiante, e, principalmente, pela eficácia do comando judicial que dele pode derivar, garantindo-se que a implementação da ordem judicial seja feita de maneira mais efetiva.

O mandado de segurança, no entanto, visa à defesa de direitos subjetivos, ainda que representativos de toda uma categoria, e não do interesse coletivo geral, daí por que seu objeto não se confunde, por exemplo, com o da ação popular[23].

O instituto foi objeto de regulamentação inicialmente pela Lei 1.533/1951, posteriormente revogada pela Lei 12.016/2009, atual Lei do Mandado de Segurança.

18.5.1.1. Mandado de segurança individual e mandado de segurança coletivo

Considerando os legitimados ativos da ação, o mandado de segurança pode ser *individual*, quando proposto para a defesa de direitos individuais de uma ou mais pessoas, ou *coletivo*, quando proposto para a defesa de direitos de natureza coletiva.

A Constituição Federal de 1988 inovou em relação ao ordenamento jurídico anterior ao criar o instituto do mandado de segurança coletivo. O art. 21, parágrafo único, da Lei 12.016/2009, ao determinar o âmbito de abrangência desse último instituto, estabeleceu que este tanto pode visar à proteção de *direitos coletivos*, "assim entendidos, para efeito desta Lei, os transindividuais, de natureza indivisível, de que seja titular grupo ou categoria de pessoas ligadas entre si ou com a parte contrária por uma relação jurídica básica", quanto pode visar à proteção de *direitos individuais homogêneos*, "assim entendidos, para

---

22. STF, AgRg no RE 639.337/SP, 2.ª T., Rel. Min. Celso de Mello; STF, Tribunal Pleno, AgRg na Suspensão de Liminar 47/PE, Rel. Min. Gilmar Mendes; STF, AgRg no RE 410.715/SP, 2.ª T., Rel. Min. Celso de Mello.
23. Nesse sentido a **Súmula 101 do STF**: "O mandado de segurança não substitui a ação popular".

efeito desta Lei, os decorrentes de origem comum e da atividade ou situação específica da totalidade ou de parte dos associados ou membros do impetrante".

Vê-se, assim, que o legislador tomou por base os conceitos já existentes no art. 81 do Código de Defesa do Consumidor, deixando de fora do âmbito do mandado de segurança coletivo apenas os interesses difusos, uma vez que de conteúdo mais abrangente do que o direito de uma categoria de pessoas apenas.

Por outro lado, foi estendido o instrumento para os interesses individuais homogêneos, objeto de proteção, nas relações do CDC, pela ação civil coletiva, o que não deixa de ser um avanço.

Na prática, a diferença entre um mandado de segurança coletivo, visando à proteção de direitos individuais homogêneos, e um mandado de segurança individual com pluralidade de impetrantes estará fundada principalmente na própria identidade daquele que propõe o remédio constitucional, uma associação ou sindicato, no primeiro caso, embora representando um número de pessoas determinadas ou determináveis, e estas próprias pessoas, embora em conjunto, no segundo caso, mas sem a intermediação daquelas entidades, que participarão, quando muito, apenas prestando assistência jurídica.

18.5.1.2. Mandado de segurança preventivo e mandado de segurança repressivo

Ainda quanto às espécies de mandado de segurança, é tradicional a distinção entre mandado de segurança "repressivo" e mandado de segurança "preventivo".

Na verdade, é o fim buscado na ação mandamental que terá esse ou aquele caráter. Será repressivo o mandado de segurança propriamente dito, ou seja, aquele que visa anular, tornar sem efeito ou cessar uma ilegalidade já cometida, ainda que esta não tenha produzido todos os seus efeitos. Já o mandado de segurança preventivo existe para impedir que a ilegalidade seja praticada, ou seja, para prevenir a ocorrência desta. Claro que, até para atendimento da condição da ação interesse de agir, a ação mandamental deve pressupor a prática de atos concretos que se materializem como indicação ou preparação do ato ilegal que se quer prevenir, daí por que a própria Lei, em seu art. 1.º, prevê o cabimento da ação também para aquele que tem um *justo receio* de sofrer com ilegalidade ou abuso de poder praticado por autoridade pública[24].

18.5.1.3. Objeto da ação e caráter residual

O mandado de segurança visa à proteção de *direito líquido e certo*, não amparado por *habeas corpus* ou *habeas data*, contra *ato ilegal ou com abuso de poder* praticado por autoridade.

Vê-se, então, primeiramente, que é uma *ação residual* em relação ao *habeas corpus* e ao *habeas data*, que também são ações mandamentais e considerados remédios cons-

---

24. Exemplo clássico é o da impetração, pelo contribuinte, de ação mandamental visando obstar o lançamento fiscal, quando já existente normatização da Administração Tributária, no sentido de considerar certa parcela como tributável ao arrepio da lei ou da Constituição. Nesse sentido, vide STJ, REsp 847.679/RJ, 1.ª T., Rel. Min. Luiz Fux, j. 23.09.2008.

titucionais. Assim, se a finalidade da ação é a proteção de direito líquido e certo que envolve a liberdade de locomoção, a via adequada é o *habeas corpus*, e não o mandado de segurança. Da mesma forma, se a finalidade da ação é a proteção de direito líquido e certo que envolva o direito de informação ou retificação de dados relativos à pessoa do impetrante, a via adequada é o *habeas data*.

Com relação às outras ações, a pessoa do impetrante pode optar entre exercer seu direito via mandado de segurança, caso satisfaça os requisitos processuais necessários, ou por outra via judicial adequada.

18.5.1.4. Direito líquido e certo

Requisito essencial do mandado de segurança é o chamado direito líquido e certo, que, para boa parte da doutrina e jurisprudência, corresponde ao *próprio objeto da ação*, ao passo que para outros tantos significa apenas uma *condição de procedibilidade desta*.

Ao que parece, tem prevalecido o entendimento de que direito líquido e certo diz respeito à demonstração cabal, por *prova pré-constituída*, do direito que se pretende ver protegido. Não há como negar que envolve a análise do próprio mérito da questão, mas restrito à presença ou ausência da prova cabal quanto ao direito, de forma que a denegação da segurança por ausência de demonstração do direito líquido e certo deve ser estremada da hipótese de denegação por inexistência mesmo do direito.

Como consequência disso, a simples ausência de prova, em se tratando de mandado de segurança, deve permitir a rediscussão do tema por outra via judicial, nos mesmos termos do disposto no *art. 19 da Lei 12.016/2009*. Não se aplicaria aqui, portanto, o princípio da eventualidade, até porque há claras limitações legais à própria produção da prova em sede mandamental.

18.5.1.5. Restrições legais à utilização do mandado de segurança

A Lei 12.016/2009 prevê três hipóteses em que o mandado de segurança não deve ser utilizado (art. 5.º). São situações de não cabimento mesmo, embora o legislador tenha se utilizado da expressão "não se concederá".

A primeira hipótese é a de *existência de recurso administrativo com efeito suspensivo* ainda cabível, desde que não sujeito a caução. A parte não é obrigada a interpor recurso administrativo, mas, se não o fizer, só haverá sentido na utilização da ação mandamental se já superado o prazo de interposição do recurso, pois, até então, a decisão não poderá ser executada e, logo, não poderá produzir efeitos. É claro que, se o recurso cabível não tiver efeito suspensivo, assim como se estiver sujeito à prestação de caução, a ação mandamental já poderá desde logo ser proposta. A nós parece que essa vedação, no entanto, pode ser facilmente contornada com o uso do mandado de segurança preventivo, que não está sujeito à produção de lesão para sua proposição.

A segunda hipótese é semelhante à primeira, só que transposta para a esfera judicial (*interposição de recurso com efeito suspensivo, contra decisão judicial*), sendo certo ser rara atualmente a utilização do mandado de segurança no processo civil comum, em vista da previsão de atribuição de efeito suspensivo que se pode dar ao recurso de agravo de instrumento (art. 1.019, I, do CPC/2015). Não se concebe, no entanto, a simples rejeição genérica ao uso do instrumento contra qualquer decisão judicial, como anteriormente concebido na já vetusta **Súmula 267 do STF**, visto que, não havendo recurso possível ou não sendo este dotado de efeito suspensivo, pode ser cabível o uso do mandado de segurança contra atos judiciais ilegais ou abusivos, como sói ainda hoje acontecer no processo trabalhista.

Já a terceira hipótese impede a utilização da ação *contra decisões judiciais transitadas em julgado*, pela simples razão de que o mandado de segurança não é um substitutivo da ação rescisória[25].

18.5.1.6. Legitimação ativa

Qualquer pessoa, natural ou jurídica, privada ou pública, pode figurar como autora de um mandado de segurança, ou, como se diz mais corriqueiramente, como sua impetrante. Também se garante tal direito às chamadas pessoas formais, conforme admitido pelo art. 75, V, VII e XI do CPC (espólio, massa falida, condomínios etc.). É a chamada *personalidade judiciária*, distinta da noção do direito privado de personalidade jurídica.

Caso particular é o de certos órgãos públicos que, embora não dotados de personalidade jurídica, são admitidos a manejar mandado de segurança, desde que tenham como objetivo a *defesa de suas prerrogativas institucionais*, sendo já bastante pacificada, por exemplo, a jurisprudência que reconhece a legitimação das Câmaras de Vereadores para impetrar mandado de segurança visando obstar atuações invasivas do Executivo municipal[26]. Fora esses casos, a legitimidade será da instituição à qual pertencerem os respectivos órgãos[27].

No mandado de segurança coletivo a legitimação ativa é regida pelo inc. LXX do art. 5.º da CF/1988, que a atribui a partido político, com representação no Congresso Nacional, e a organização sindical[28], entidade de classe[29] ou associação legalmente constituída e em funcionamento há pelo menos um ano, em defesa dos interesses de seus membros ou associados. Observe-se que a exigência de funcionamento há pelo menos um ano só existe para as associações.

Importante registrar que tanto o STJ quanto o STF admitem que a pretensão veiculada em mandado de segurança coletivo só interesse a uma parte da respectiva categoria representada. Nesse sentido, dispõe a **Súmula 630 do STF** que "*a entidade de classe tem legitimação para o mandado de segurança ainda quando a pretensão veiculada interesse*

---

25. Nesse sentido a *Súmula 268 do STF*: "Não cabe mandado de segurança contra decisão judicial com trânsito em julgado".

26. O STJ já reconheceu, inclusive, a legitimação de Câmara de Vereadores para atuar em caso de omissão do Executivo quando afetados os direitos do Município, como no caso em que se discutia a municipalização de escolas estaduais (RMS 12.068/MG, 2.ª T., Rel. Min. Peçanha Martins, j. 17.09.2002).

27. O STJ entendeu não ter legitimidade a Câmara de Vereadores, por exemplo, para discutir a incidência de contribuição previdenciária, via mandado de segurança, sobre os subsídios de vereadores (REsp 696.561/RN, Rel. Min. Luiz Fux, j. 06.10.2005). Da mesma forma se entendeu não ser possível à Assembleia Legislativa recorrer de decisão em mandado de segurança em que se discutiam direitos estatutários de seus servidores (REsp 918.740/ES, 5.ª T., Rel. Min. Arnaldo Esteves Lima, j. 23.09.2008).

28. Pode ser sindicato, federação sindical ou confederação sindical.

29. Nesse conceito se inserem os conselhos de fiscalização profissional, assim como a OAB.

apenas a uma parte da respectiva categoria". Não obstante, se da eventual concessão da ordem puder ocorrer prejuízo para uma parcela dos sindicalizados, não haverá legitimidade da entidade de classe para o mandado de segurança coletivo, ante a existência de nítido conflito de interesses[30].

18.5.1.7. Legitimação passiva e autoridade coatora

Sempre se questionou, na doutrina, se a autoridade coatora ostentaria, também, a condição de sujeito passivo da relação processual. O entendimento hoje majoritário é de que a pessoa jurídica ao qual pertence a dita autoridade é que corresponde ao sujeito passivo da relação processual ou réu da ação, figurando a autoridade coatora como sua presentante. Até pouco tempo era comum se dizer que a autoridade coatora atuava como substituto processual da entidade à qual estava vinculada[31].

A Lei atual parece ter sufragado esse entendimento, uma vez que determina a obrigatoriedade de ciência da ação ao órgão de representação judicial da pessoa jurídica interessada, além da tradicional notificação da autoridade coatora, de forma que aquela pode ingressar no feito (art. 7.º, II).

Quanto à autoridade coatora, corresponde ela à pessoa que editou ou baixou a ordem tida por ilegal ou abusiva e, logo, aquela que tem o poder de fazer cessar, no âmbito administrativo, a mesma ordem. Mesmo que a autoridade coatora possua um superior hierárquico, cabe à primeira figurar no mandado de segurança se foi dela o ato impugnado, só se admitindo a chamada "teoria da encampação" com a apresentação de informações pelo superior se, além da existência de vínculo hierárquico, a transmutação da autoridade não importar em modificação da competência estabelecida na Constituição Federal para o julgamento do MS e, nas informações, o superior houver se manifestado sobre o mérito da ação[32].

18.5.1.7.1. Autoridade coatora e órgão colegiado

A determinação da autoridade coatora nem sempre é tão simples. Quando o ato deriva de decisão de órgão colegiado, por exemplo, já se entendeu que a autoridade coatora a ser apontada deveria ser seu presidente.

Atualmente, resta pacificado, na jurisprudência do STJ, que, se o ato foi do colegiado, é o colegiado que deve figurar como autoridade coatora, ainda que, por questão operacional, as informações sejam prestadas por seu presidente, como representante daquele[33]. Em decorrência desse entendimento, o STJ entendeu não lhe competir julgar mandado de segurança contra ato praticado por órgão colegiado presidido por ministro de Estado, uma vez que a autoria do ato não é deste, com exclusividade, mas do colegiado[34].

---

30. STJ, RMS 41.395/BA, 2.ª T., Rel. Min. Herman Benjamin, j. 11.04.2013, e STJ, RMS 23.686/ES, 6.ª T., Rel. Min. Maria Thereza de Assis Moura, j. 17.08.2010.
31. STJ, REsp 753.423/BA, 5.ª T., Rel. Min. Laurita Vaz, j. 26.05.2009.
32. STJ, REsp 967.984/RJ, 1.ª T., Rel. Min. Luiz Fux, j. 14.04.2009.
33. STJ, RMS 30.139/MG, 5.ª T., Rel. Min. Felix Fischer, j. 04.12.2009.
34. *Súmula 177 do STJ*: "O Superior Tribunal de Justiça é incompetente para processar e julgar, originariamente, mandado de segurança contra ato de órgão colegiado presidido por ministro de Estado".

18.5.1.7.2. Autoridade coatora e executor material do ato

Por fim, não se pode confundir autoridade coatora com o mero executor material do ato, ou seja, aquele que o implementa sem proceder a qualquer juízo de valor sobre seu cabimento, cumprindo o que foi ordenado pela primeira. Conforme entendimento do STJ, coatora é a autoridade que pratica ou ordena concreta e especificamente a execução ou inexecução do ato impugnado, não se confundindo com esta o simples executor material do ato, que apenas cumpre as ordens do primeiro[35].

Por outro lado, há uma tendência, modernamente, de se mitigar o rigorismo formal do apontamento correto da autoridade coatora, que é considerado um erro sanável e, por vezes, corrigível até mesmo de ofício, para permitir ao juiz, sempre que possível, o exame da ilegalidade alegada[36]. Deveras, há uma clara flexibilização quanto à aferição da condição da ação *legitimidade*, seja com base na teoria da encampação (informações prestadas pela autoridade apontada como coatora), seja pela condescendência com a aparência de correta propositura (*error comunis facit ius*).

18.5.1.8. Litisconsórcio e a figura do terceiro interessado

Não se admite em mandado de segurança a figura do assistente, por outro lado, é admissível o litisconsórcio, tanto ativo, quanto passivo.

A Lei atual, com o fito de obstar fraude processual, restringiu expressamente a figura do litisconsorte ativo ulterior, só admitindo o ingresso de litisconsorte ativo até o despacho da petição inicial (art. 10, § 2.º). Esse litisconsórcio, evidentemente, é de natureza facultativa, visto que, se fosse necessário, sua formação, ainda que ulterior, seria obrigatória.

Quando, por outro lado, a decisão a ser proferida afeta diretamente interesse de terceiro, caso comum, por exemplo, em demandas em que se requer o reposicionamento de colocação em concurso público, pode ser imprescindível o chamamento deste como terceiro interessado, para figurar na ação, no polo passivo da demanda, ao lado da autoridade coatora, não como coautor do ato que se atribui ser ilegal, mas como interessado na manutenção deste, visto que afetado na possibilidade de sua eventual desconstituição ou revisão[37]. Nesses casos, o impetrante deve promover a citação desse litisconsorte necessário, sob pena de extinção do feito[38].

Deve-se, observar, no entanto, que, no exemplo proposto, nem sempre esse chamamento se faz necessário em relação a todos os integrantes do certame, devendo-se observar, por evidente, o número de vagas ofertadas no edital em relação ao número de aprovados,

---

35. STJ, RMS 29.310/GO, 2.ª T., Rel. Min. Eliana Calmon, j. 04.06.2009. No mesmo sentido, vide RMS 29.773/DF, 5.ª T., Rel. Min. Jorge Mussi, j. 20.10.2009 e MS 11.052/DF, Corte Especial, Rel. Min. Eliana Calmon, j. 04.10.2006.
36. STJ, REsp 865.391/BA, 1.ª T., Rel. Min. Luiz Fux, j. 10.06.2008. Observe-se, no entanto, que, ao julgar os Embargos de Divergência opostos nesse especial, o STJ entendeu por não adotar a teoria da encampação (1.ª Seção, Rel. Min. Herman Benjamin, j. 14.10.2009).
37. STJ, Ação Rescisória 3.646/MG, 1.ª Seção, Rel. Min. Eliana Calmon, j. 12.11.2008.
38. *Súmula 631 do STF*: "Extingue-se o processo de mandado de segurança se o impetrante não promove, no prazo assinado, a citação do litisconsorte passivo necessário".

visto que eventual reclassificação de um candidato não necessariamente afetará a todos os classificados.

18.5.1.9. Autoridade coatora e atuação por delegação

O mandado de segurança pressupõe a prática de ilegalidade ou abuso de poder por parte de autoridade pública, ou seja, de alguém vinculado ao Poder Público que esteja exercendo poder decisório. Por vezes, no entanto, esse poder decisório é exercido por particular por delegação do Poder Público[39].

Nesses casos, o particular pode ostentar a condição de autoridade coatora, figurando no mandado de segurança como tal. Daí por que o § 1.º do art. 1.º da Lei 12.016/2009 estabelece que "equiparam-se às autoridades, para os efeitos desta Lei, os representantes ou órgãos de partidos políticos e os administradores de entidades autárquicas, *bem como os dirigentes de pessoas jurídicas ou as pessoas naturais no exercício de atribuições do poder público, somente no que disser respeito a essas atribuições*".

18.5.1.10. Competência para julgamento do mandado de segurança

18.5.1.10.1. A regra geral da competência funcional em razão da autoridade (ratione autorictates)

Em se tratando de mandado de segurança, a jurisprudência nacional, na ausência de regra específica na legislação de regência, criou entendimento que excepcionava a regra geral da relatividade da competência territorial, prevista anteriormente nos arts. 102 e 111 do CPC/73, para sufragar a posição de que a determinação do local onde deva ser proposta a ação mandamental é questão de *competência funcional*, logo, de natureza absoluta, e está sempre vinculada ao *domicílio funcional* da autoridade apontada como coatora.

Assim, já decidiu o STJ:

> "Processual civil. Mandado de segurança. Competência absoluta. Autoridade impetrada.
>
> A competência para julgamento de mandado de segurança é definida de acordo com a categoria e a sede funcional da autoridade impetrada, tratando-se, nestes termos, de competência absoluta e, como tal, improrrogável.
>
> Recurso conhecido e provido" (STJ, REsp 257.556/PR, 5.ª T., Rel. Min. Felix Fischer, j. 11.09.2001).

Na verdade, a competência em mandado de segurança é, por assim dizer, primariamente determinada pela autoridade apontada como coatora. Esse entendimento acaba tendo um efeito bastante prático, pois concentra as ações numa mesma base territorial, possibilitando à autoridade coatora, ainda, maior facilidade na prestação de informações.

---

39. Exemplo comum é o de diretor de faculdade particular de ensino no que tange aos atos de colação de grau. Atuação que se dá por delegação do Ministério da Educação. Vide, também, o enunciado da *Súmula 510 do STF*: "Praticado o ato por autoridade, no exercício de competência delegada, contra ela cabe o mandado de segurança ou a medida judicial".

Observe-se que o novo CPC, estranhamente, não contém mais regra definidora de competência absoluta e competência relativa, embora continue prevendo-as, e com efeitos distintos. Essa opção, talvez motivada pela existência de exceções às regras gerais anteriores, como no caso da competência territorial do *forum rei sitae* nas ações sobre direitos reais incidentes sobre imóveis e da autoridade funcional no mandado de segurança, não nos parece ter sido boa, vez que a legislação manteve inúmeros caracteres distintivos entre os institutos, sem dar-lhes qualquer contorno conceitual. Não bastasse isso, ainda trouxe disposições sem qualquer sentido prático e que atentam contra a lógica que havia no sistema, como a disposição que autoriza ao órgão do Ministério Público atuante no feito suscitar a incompetência relativa, mesmo quando a parte não o faz (art. 65, parágrafo único).

18.5.1.10.2. Autoridades com prerrogativa de foro em mandado de segurança

Algumas autoridades possuem *prerrogativa de foro* nas ações mandamentais, de modo que a competência para o julgamento destas é deferido, pela Constituição Federal, a determinadas Cortes, como é o caso do *Supremo Tribunal Federal (STF)* quando a autoridade coatora for o Presidente da República, as Mesas da Câmara dos Deputados e do Senado Federal, o Tribunal de Contas da União (tanto o Plenário quanto seus ministros), o Procurador-Geral da República e o próprio STF (art. 102, I, *d*, da CF/1988).

Com a Emenda Constitucional nº 45/2004 foi acrescentada a alínea *r* ao inciso I do art. 102 da Magna Carta, para conferir ao STF a competência para processar e julgar qualquer ação contra o Conselho Nacional de Justiça (CNJ) e o Conselho Nacional do Ministério Público (CNMP), aí incluídos, por evidente, os mandados de segurança.

O STF, no entanto, acabou criando uma jurisprudência seletiva e utilitarista na matéria ao julgar a Ação Originária 1.706 (Pleno, rel. Min. Celso de Mello), fixando a tese, contra texto expresso da Carta Magna, que a tal competência originária só existiria para as ações mandamentais constitucionais (mandado de segurança, de injunção, *habeas data* etc), o que foi reafirmado em outros julgamentos mais recentes, como na AO 1.758 AgR/CE (1ª Turma, rel. Min. Rosa Weber).

De qualquer modo, em se tratando de mandado de segurança, a Corte reconhece sua competência, e tem julgado as ações independentemente do conteúdo material do ato do CNJ impugnado. Para citar apenas um exemplo, em recente julgamento a Corte denegou a segurança em ação que visava anular ato do CNJ que considerara ilegal a atribuição de sessenta dias de férias a todos os servidores de tribunal de justiça estadual (2ª Turma, MS 26.739/DF, rel. Min. Dias Toffoli, divulgado no *Informativo 816*)

A Constituição Federal também determina expressamente a competência do *Superior Tribunal de Justiça* para julgar mandado de segurança quando a autoridade coatora for Ministro de Estado, os Comandantes da Marinha, do Exército ou da Aeronáutica e o próprio STJ (art. 105, I, *b*, da CF/1988). A competência originária do STF também se aplica, pela generalidade da disposição, nos casos em que o mandado de segurança for contra ato do CNJ ou do CNMP (art. 102, I, *r*)[40].

---

40. O próprio STF, no entanto, já entendeu que não cabe o MS quando o CNJ se limita a proferir deliberação negativa, negando pedido de providências contra decisão administrativa de tribunal

A CF/1988 também prevê regra específica de competência para os *tribunais regionais federais*, atribuindo-lhes o julgamento dos mandados de segurança contra atos do próprio tribunal e dos juízes federais a eles vinculados (art. 108, I, *c*).

A CF é omissa, no entanto, com relação à competência originária dos demais tribunais federais (trabalhistas, eleitorais e militares), suscitando dúvidas quanto à competência nos casos de contestação à atuação de seus órgãos administrativos.

Tem prevalecido, no pormenor, o entendimento de que a competência será da justiça federal comum, quando a autoridade não for membro componente da Corte especializada (diretor-geral, secretário-geral etc.); e do respectivo tribunal especializado, por aplicação do art. 21, VI, da LOMAN[41], quando for membro da Corte (seu Presidente, por exemplo), ainda que a matéria não tenha relação com sua competência jurisdicional (*v.g.*, a contestação quanto à incidência de um tributo, determinada pela presidência de uma corte trabalhista, sobre a remuneração de seus servidores), prevalecendo a regra geral de competência *ratione autorictates* do mandado de segurança.

Autoridades estaduais e, por vezes, municipais podem ter competência por prerrogativa determinada nas Constituições Estaduais[42]. Comumente, as Constituições Estaduais atribuem ao Tribunal de Justiça respectivo a competência para o julgamento de mandados de segurança contra atos de Governadores de Estado, Secretários estaduais, Comandantes-Gerais da PM, Procuradores-Gerais estaduais e Procuradores-Gerais de Justiça, mesas da Assembleia Legislativa etc.

Em princípio, a regra estadual só deveria vincular a própria Justiça Estadual, cedendo frente à competência material do Judiciário da União, que é fixada diretamente na Constituição Federal. No máximo, admitir-se-ia a aplicação do princípio da simetria, como ocorre em matéria penal. Mas, mesmo aqui, tem-se entendido prevalecer a regra *ratione autorictates*, sendo irrelevante a matéria em discussão[43].

---

local, o que não deixa de ser esdrúxulo, indo contra o que se apregoa como mais elementar em matéria de mandado de segurança envolvendo atos sujeitos a revisão. A tese tem sentido mais utilitarista, impedindo, assim, que a Corte Suprema receba uma pletora de ações decorrentes de sua nova competência (Ag. Reg. no MS 27.712/DF, Pleno, Rel. Min. Celso de Mello).

41. Lei Orgânica da Magistratura Nacional (Lei Complementar 35/1979). No mesmo sentido, *Súmula 330 do STF*: "O Supremo Tribunal Federal não é competente para conhecer de mandado de segurança, contra atos dos Tribunais de Justiça dos Estados"; *Súmula 624 do STF*: "Não compete ao Supremo Tribunal Federal conhecer originariamente de mandado de segurança contra atos de outros tribunais"; *Súmula 41 do STJ*: "O Superior Tribunal de Justiça não tem competência para processar e julgar, originariamente, mandado de segurança contra ato de outros tribunais ou de seus respectivos órgãos".

42. No caso do TJDFT, como a Justiça do Distrito Federal e Territórios é mantida pela União, é uma lei federal (Lei 11.697/2008) que estabelece a competência da referida Corte, atribuindo-lhe, em mandado de segurança, a competência para processar e julgar os MS contra atos do presidente do tribunal e de qualquer dos seus membros, do Procurador-Geral de Justiça do Distrito Federal e Territórios, dos juízes do Distrito Federal e Territórios, do Governador do DF, dos Governadores dos Territórios Federais, do Presidente do TC/DF e de qualquer de seus membros, do Procurador-Geral do DF e dos Secretários de Governo do DF e dos Territórios (art. 8.º, I, *c*).

43. STJ, Conflito de Competência 107.198/SP, 1.ª Seção, Rel. Min. Luiz Fux, em que se decidiu que cabia ao TJ julgar mandado de segurança impetrado pela OAB contra ato de prefeito municipal. A hipótese inversa também é correta, conforme decidido pela mesma 1.ª Seção no CC 111.123/ES, Rel. Min. Castro Meira, em que se reconheceu a competência da Justiça Federal para o julgamento

18.5.1.10.3. Competência em razão da matéria

Em relação à matéria, a competência para o julgamento do MS obedecerá à competência de cada ramo do Judiciário, de modo que até mesmo as Justiças especializadas poderão julgar tais ações, embora quase sempre tendo como autoridades coatoras os próprios juízes e tribunais.

A Emenda Constitucional 45/2004, no entanto, passou para a Justiça do Trabalho a competência para o julgamento de ações relativas às penalidades administrativas impostas aos empregadores por órgãos de fiscalização do trabalho (art. 114, VII), o que era, até então, de competência da Justiça Federal comum. Essa nova competência abarca, por evidente, os mandados de segurança (art. 114, IV), ampliando consideravelmente as hipóteses de julgamento desse tipo de ação nessa justiça especializada. Outra possível fonte originária de tais ações são as relações sindicais, que também passaram para a alçada da Justiça Laboral com a Emenda Constitucional 45 (art. 109, III), quando se puder determinar que o ato decorre de delegação do poder público[44], não se limitando a mero ato de gestão.

A competência dos tribunais do trabalho para o julgamento de mandados de segurança está determinada na Lei 7.701/1988. A dos tribunais eleitorais se encontra no Código Eleitoral (Lei 4.737/1965), e a dos órgãos da Justiça Militar da União, na respectiva lei organização (Lei 8.547/1992).

Fora tais hipóteses e a já mencionada anteriormente, envolvendo competências originárias das Cortes, qualquer *autoridade coatora federal* será demandada na Justiça Federal comum de primeira instância, por força do art. 109, VIII, da CF/1988.

A CF não define, no entanto, o que se entende por autoridade federal, encontrando-se o conceito no *art. 2.º da Lei 12.016/2009*, que a define como tal quando "as consequências de ordem patrimonial do ato contra o qual se requer o mandado houverem de ser suportadas pela União ou entidade por ela controlada".

O conceito atual é mais amplo do que o que constava na Lei 1.533/1951, que só aludia à União e entidades autárquicas federais, de modo que, em tese, até mesmo atos atribuídos a dirigentes de entidades sem prerrogativa de foro geral na Justiça Federal, como sociedades de economia mista, podem ser nela demandados, se por meio de mandado de segurança o forem.

Nesse último caso, o que mais será relevante, então, para determinar a competência, é saber se é cabível a própria ação mandamental, analisando-se a natureza do ato, se de gestão ou de império[45], visto que, em relação aos primeiros, o mandado de segurança não

---

de MS contra ato do INSS, mas em matéria de benefício acidentário, que seria, em princípio, da competência da justiça estadual.

44. Observe-se que tal competência não compreende as relações sindicais dos servidores públicos, na esteira da decisão proferida pelo STF na ADIn 3.395 (STJ, CC 97.124/SP, 1.ª Seção, Rel. Min. Teori Zavascki).

45. STJ, AgRg no CC 80.270/PA, 1.ª Seção, Rel. Min. Denise Arruda, em que se discutiu a competência quanto a mandado de segurança impetrado contra dirigente de Companhia Docas. Em matéria de licitações, tem-se entendido que o ato sempre é considerado como sendo de autoridade (STJ, REsp 789.749/RS, 1.ª T., Rel. Min. Luiz Fux).

é cabível. Havendo a indicação de autoridade federal como autoridade coatora, caberá sempre ao juiz federal decidir sobre a competência, na esteira da *Súmula 150 do STJ*[46].

18.5.1.11. Procedimento e particularidades processuais

18.5.1.11.1. Mandado de segurança como ação de rito especial

O mandado de segurança é uma ação de cognição que admite, no entanto, a execução das medidas judiciais nele deferidas em seu próprio bojo, sem distinção clara entre fases de conhecimento e executiva, distinção esta, aliás, que tem sido abandonada mesmo no processo civil de rito ordinário. A ação judicial tem um *rito especial*, regido pela Lei 12.016/2009, somente se aplicando a legislação processual civil comum de forma subsidiária. Em alguns casos, a lei prevê expressamente a adoção de tais regras, como no caso daquelas atinentes ao litisconsórcio (art. 24).

18.5.1.11.2. Petição inicial e despacho inicial no mandado de segurança

A petição inicial deve atender aos requisitos da lei processual (arts. 319 e 320 do CPC) e mais os expressos no art. 6.º da Lei 12.016/2009, sendo importante destacar a possibilidade de o juiz requisitar da autoridade administrativa o documento ou certidão necessários à prova do alegado (§ 1.º). Não atendendo aos requisitos legais, se já ultrapassado o prazo para a impetração ou se for manifestamente incabível, o juiz indefere desde logo a inicial (art. 10, *caput*).

Quando despacha a inicial, estando esta em ordem, o juiz já deve determinar uma série de providências (art. 7.º), como a *notificação da autoridade coatora* para prestação de informações em dez dias, *a cientificação do órgão de representação judicial* da pessoa jurídica interessada, para que, querendo, ingresse no feito, *e a concessão da medida liminar*, antecipando a providência buscada, se entender presentes os requisitos do fundamento relevante e da possibilidade de ineficácia futura da medida, este último equivalente ao *periculum in mora* das cautelares.

18.5.1.11.3. Medida liminar em mandado de segurança

A possibilidade de concessão de liminar é um importante diferencial da ação, que lhe garante muito de sua efetividade, embora a lei preveja restrições à sua concessão, repetindo a legislação pretérita, como na hipótese de compensação tributária, reclassificação ou equiparação de servidores públicos e concessão de aumento ou extensão de vantagens ou pagamento de qualquer natureza a estes e entrega de mercadorias provenientes do exterior

---

46. *Súmula 150 do STJ*: "Compete à Justiça Federal decidir sobre a existência de interesse jurídico que justifique a presença, no processo, da União, suas autarquias ou empresas públicas".

(art. 7.º, § 2.º)⁴⁷. Ressalte-se que é apenas a concessão da liminar que é restringida, e não a utilização da via mandamental.

Em se tratando de mandado de segurança coletivo, a liminar só pode ser deferida após a audiência (oitiva) do representante judicial da pessoa jurídica de direito público, que terá o prazo de 72 horas para se manifestar (art. 22, § 2.º).

Os efeitos da liminar concedida perdurarão, salvo se revogada ou cassada, até a prolação da sentença (art. 7.º, § 3.º). A dicção da lei é péssima, por dar a entender que com a sentença os efeitos da liminar cessariam. Na verdade, o que se quis dizer é que a liminar é substituída pela sentença, que deve revogá-la ou torná-la insubsistente, caso a segurança seja denegada, ou confirmá-la, caso concedida, de modo que a sentença substitua a liminar, podendo ela, a própria sentença, ser executada (art. 14, § 3.º), caso a liminar ainda não o tenha sido.

18.5.1.11.4. Perempção ou caducidade da medida liminar concedida

Havendo retardamento pelo próprio impetrante ao andamento normal do processo, deve o juiz intimá-lo para, no prazo de três dias, tomar as providências que lhe competirem (indicação do endereço de um litisconsorte necessário, por exemplo), sob pena de ser declarada a perempção ou caducidade da liminar concedida (art. 8.º).

18.5.1.11.5. Liminar deferida e sentença denegatória

Com a não confirmação da liminar por sentença, o efeito óbvio é a cessação dos efeitos daquela, ainda que a sentença não a revogue expressamente (o que nem sempre é bem compreendido), visto que a liminar, por sua natureza precária, depende de confirmação pela sentença. Esse é exatamente o entendimento sufragado de há muito pelo *STF*, de acordo com sua **Súmula 405**: "*Denegado o mandado de segurança pela sentença, ou no julgamento do agravo, dela interposto, fica sem efeito a liminar concedida, retroagindo os efeitos da decisão contrária*".

18.5.1.12. Participação do MP no processo de mandado de segurança

A participação do MP é obrigatória no mandado de segurança (art. 12), que deve se manifestar no prazo de dez dias, mas, não se manifestando, o feito vai a julgamento independentemente de tal manifestação.

18.5.1.13. Prioridade de julgamento

O MS tem *prioridade de julgamento* garantido na Lei, salvo em relação ao *habeas corpus* (art. 20, *caput*).

---

47. Essas restrições foram originalmente estipuladas nas Leis 4.348/1964 e 5.021/1966.

18.5.1.14. Despesas processuais e honorários advocatícios

As despesas com a propositura da ação, como as custas judiciais, são reguladas nos respectivos regimentos de custas, federal ou estaduais, não havendo previsão constitucional de isenção, diferentemente do que ocorre para o *habeas corpus* e o *habeas data*. Não há, no entanto, condenação em honorários advocatícios de sucumbência no mandado de segurança, tendo a Lei, em seu art. 25, normatizado o que já vinha sendo entendido na jurisprudência[48].

18.5.1.15. Cobrança de valores em mandado de segurança

O mandado de segurança *não é a ação adequada para a reparação de prejuízos ou danos já ocorridos*, se voltando, primordialmente, para a cessação ou prevenção destes, quando decorrente ou em perigo por ato ou omissão ilegais de autoridade. Sendo assim, não se admite a cobrança de parcelas em atraso ou reparações financeiras por meio dessa ação, salvo, no primeiro caso, quando vencidas posteriormente à data de ingresso da ação[49].

18.5.1.16. Suspensão de segurança e recursos

18.5.1.16.1. Suspensão de segurança

A legislação ordinária, desde a **Lei 4.348/1964**, já previa o instituto da suspensão de segurança como forma de evitar grave lesão à ordem, à saúde, à segurança e à economia públicas, que poderia decorrer tanto do cumprimento da liminar quanto da própria sentença proferida em mandado de segurança.

A partir dos anos 1990, foram consideravelmente ampliados os mecanismos para permitir, em processos de maior repercussão, a rápida suspensão das decisões proferidas em sede liminar ou até mesmo em sentenças tanto em mandados de segurança, inclusive coletivos, quanto em ações cautelares, civis públicas e populares (art. 4.º da Lei 8.437/1992). Em sede mandamental, a figura da suspensão de segurança foi repetida no **art. 15 da Lei 12.016/2009**, que tem requisitos próprios, limitando-se a etérea alegação de que a liminar ou a sentença, se executadas, podem causar grave lesão à ordem, à saúde, à segurança e à economia pública.

O requerimento de suspensão pode ser formulado pela pessoa jurídica de direito público interessada ou pelo Ministério Público, e é formulado diretamente ao presidente do tribunal, com a possibilidade de agravo inominado para órgão colegiado da corte respectiva[50].

---

48. *Súmula 105 do STJ*: "Na ação de mandado de segurança não se admite condenação em honorários advocatícios"; *Súmula 512 do STF*: "Não cabe condenação em honorários de advogado na ação de mandado de segurança".

49. *Súmula 269 do STF*: "O mandado de segurança não é substitutivo de ação de cobrança"; *Súmula 271 do STF*: "Concessão de mandado de segurança não produz efeitos patrimoniais em relação a período pretérito, os quais devem ser reclamados administrativamente ou pela via judicial própria".

50. O STJ, inclusive, cancelou sua Súmula 217, que inadmitia o agravo interno contra decisão que indeferia o pedido de suspensão.

Não satisfeita com tal previsão, a legislação ainda prevê uma replicação do instituto, caso indeferida a suspensão pelo presidente do tribunal local, podendo ser novamente formulado o pedido diretamente à presidência do STJ ou do STF, conforme o caso (art. 15, § 1.º, da Lei 12.016/2009)[51].

Questão interessante é quanto ao efeito da suspensão e a superveniência da sentença. Ou seja, se a suspensão, por exemplo, da liminar, continuaria vigorando após a prolação da sentença concessiva que confirmasse a liminar anteriormente concedida e posteriormente suspensa. O entendimento atual, com base na *Súmula 626 do STF*[52], é que a suspensão irá vigorar até o trânsito em julgado da decisão concessória da segurança.

18.5.1.16.2. Agravo de instrumento e apelação

Sem embargo do mecanismo de suspensão, a liminar concedida fica sujeita a ataque por via do agravo de instrumento, não prejudicando este o conhecimento e o julgamento do pedido de suspensão (art. 15, § 3.º, da Lei 12.016/2009).

A negativa quanto à concessão da medida liminar pode ensejar, também, a interposição de agravo de instrumento em que se busque o chamado "efeito suspensivo ativo", que nada mais é do que a concessão da liminar em segunda instância, quando negada na primeira.

Quanto à sentença, o recurso cabível é sempre o de apelação (art. 14 da Lei 12.016/2009), mantendo a legislação atual o anacrônico instituto da remessa de ofício para as hipóteses de concessão, apenas concessão, da segurança (art. 14, § 1.º).

18.5.1.16.3. Recursos especial e extraordinário. Recurso ordinário em mandado de segurança

Das decisões da corte local em sede recursal poderá caber, conforme o caso, recurso especial ou extraordinário (ou de revista, no caso da seara trabalhista), a depender da natureza infraconstitucional ou constitucional da discussão (no de revista, ambas as matérias podem ser levadas ao TST).

No entanto, se a competência for originária de tribunal estadual ou regional federal, e a decisão for denegatória, o recurso cabível é o ordinário em mandado de segurança, para o STJ, nos termos do art. 105, II, *b*, da CF/1988[53]. Já se a competência for originária de tribunal superior (STM, STJ, TST ou TSE), e a decisão for igualmente denegatória da segurança, o recurso ordinário será dirigido ao STF (art. 102, II, *a*, da CF/1988).

---

51. Essa inovação já constava da Lei 8.437/1992, com a inclusão de seu § 4.º ao art. 4.º pela Medida Provisória 2.180-35/2001.
52. *Súmula 626 do STF*: "A suspensão da liminar em mandado de segurança, salvo determinação em contrário da decisão que a deferir, vigorará até o trânsito em julgado da decisão definitiva de concessão da segurança ou, havendo recurso, até sua manutenção pelo Supremo Tribunal Federal, desde que o objeto da liminar deferida, coincida, total ou parcialmente, com o da impetração".
53. O art. 3.º, III, *a*, da Lei 7.701/1988 atribui ao STJ o julgamento dos recursos ordinários em qualquer processo de competência originária de TRT, sendo possível, portanto, na área trabalhista, a interposição de tal recurso mesmo que a decisão tenha sido concessiva da segurança, desde que o mandado de segurança tenha sido originariamente proposto no TRT.

A não concessão da segurança também é causa específica de recurso dos TREs para o TSE (art. 121, § 4.º, V, da CF/1988), embora a Constituição não esclareça se se trata de competência originária ou não daqueles[54].

18.5.1.16.4 Embargos infringentes. Não cabimento

O CPC/73 previa, em seu art. 530, a possibilidade de interposição de um recurso chamado embargos infringentes contra os acórdãos não unânimes que tenham apreciado o mérito da demanda em julgamento de apelação. Com a reforma introduzida pela Lei 10.352/2001, o recurso só passou a ser cabível quando reformada a sentença apelada. O art. 25 da Lei 12.016/2009 repele expressamente a utilização desse recurso no processo de mandado de segurança, mantendo, assim, a natureza especial do rito também em sede recursal[55].

O CPC/2015, de qualquer modo, já não prevê mais este recurso.

18.5.1.16.5 Agravo inominado. Cabimento

A Lei do MS prevê a possibilidade de agravo da decisão do relator, no tribunal, que indefere o mandado de segurança originário (art. 10, § 1.º), de modo que se possa levar o conhecimento da matéria ao colegiado. A lei, no entanto, nada fala sobre a decisão que nega ou concede a liminar, vigorando o entendimento do STF, enunciado na *Súmula 622*, de que tal decisão é irrecorrível: "*Não cabe agravo regimental contra decisão do relator que concede ou indefere liminar em mandado de segurança*". Quer nos parecer, no entanto, que a Súmula está mais dirigida ao próprio STF, de forma que, se o regimento interno de algum tribunal porventura prever o instituto, este poderá ser utilizado.

18.5.1.17. Prazo decadencial para a propositura da ação

A Lei atual manteve a regra que estabelece prazo para a impetração (art. 23), considerada a data da ciência da lesão ou violação do direito líquido e certo, fixando-o em 120 dias.

As tentativas precedentes de se considerar inconstitucional a instituição desse prazo esbarraram no entendimento jurisprudencial que o entendeu válido, cristalizado o mesmo no Enunciado da *Súmula 632 do STF*, que dispõe que "*é constitucional lei que fixa o prazo de decadência para a impetração de mandado de segurança*".

---

54. O Código Eleitoral (Lei 4.737/1965), no entanto, esclarece que o recurso ordinário para o TSE só é cabível quando houver denegação (art. 276, II, *b*), dando a entender, ainda, que se trata de processo originário da corte regional, sendo possível o especial eleitoral, no entanto, nas hipóteses previstas no inciso I do mesmo artigo.

55. Ainda na vigência da Lei 1.533/1951, que não possuía regra tão clara, foi grande a discussão sobre esse tema, tendo prevalecido o entendimento jurisprudencial pelo não cabimento desse recurso. Nesse sentido, a *Súmula 597 do STF*: "Não cabem embargos infringentes de acórdão que, em mandado de segurança, decidiu, por maioria de votos, a apelação".

Quando se trata de mandado de segurança preventivo, por evidente, não há prazo algum a ser considerado[56], pois a lesão sequer se efetivou, existindo, tão somente, elementos indicativos de que poderá vir a ocorrer.

Por fim, a simples propositura de pedido de reconsideração, na esfera administrativa, por ser o exercício de uma mera faculdade, não provoca a suspensão ou interrupção do prazo, que continua a fluir normalmente, conforme entendimento sufragado na **Súmula 430 do STF**: "*Pedido de reconsideração na via administrativa não interrompe o prazo para o mandado de segurança*".

18.5.2. Habeas data

O *habeas data* foi introduzido no ordenamento jurídico brasileiro pela Constituição Federal de 1988, posteriormente **regulamentado pela Lei 9.507**, de 12 de novembro de 1997.

Sua finalidade, de acordo com a dicção do texto constitucional, é servir de instrumento para assegurar o conhecimento de informações relativas à pessoa do impetrante, constantes de registros ou bancos de dados de entidades governamentais ou de caráter público (art. 5.º, LXXII, *a*) ou para a retificação de dados, quando não se prefira fazê-lo por processo sigiloso, judicial ou administrativo (art. 5.º, LXXII, *b*).

O art. 7.º da Lei 9.507/1997 repete o texto constitucional, acrescentando, ainda, uma terceira hipótese de cabimento, que é a "anotação nos assentamentos do interessado, de contestação ou explicação sobre dado verdadeiro, mas justificável e que esteja sob pendência judicial ou amigável".

Em rigor, tais finalidades, ou a maioria delas, pelo menos, poderiam ser alcançadas via mandado de segurança, mas é necessário compreender o momento em que criado o instituto no Brasil, recém-saído de uma ditadura militar que havia durado mais de duas décadas, em que a questão referente ao acesso de informações em bancos de dados do Poder Público sobre pessoas consideradas suspeitas pelo regime era muitas vezes obstada pela própria legislação.

18.5.2.1. Caráter público do banco de dados

Embora não existam dúvidas quanto ao que se entende por registros ou banco de dados de entidade governamental, não está claro na CF o que se entende por banco de dados de caráter público.

O parágrafo único do art. 1.º da Lei regulamentadora, então, se incumbiu de definir o que é registro ou banco de dados de caráter público, esclarecendo que *são todos aqueles que contêm informações que sejam ou possam ser transmitidas a terceiros ou que não sejam de uso privativo do órgão ou entidade produtora ou depositária das informações*. Dentro desse conceito, portanto, estão inseridos os permissionários e concessionários de serviços públicos, exercentes de atividades autorizadas, órgãos de restrição ao crédito e até mesmo empresas de colocação de profissionais no mercado de trabalho[57].

---

56. STF, Mandado de Segurança 24.414/DF, Tribunal Pleno, Rel. Min. César Peluso, j. 04.09.2003.
57. STJ, REsp 781.969/RJ, 1.ª T., Rel. Min. Luiz Fux, j. 08.05.2007.

Ainda sobre esse tema, o STF aceitou discutir, em regime de repercussão geral, o cabimento do *habeas data* para fins de acesso a informações incluídas em banco de dados do Sistema de Conta Corrente da Pessoa Jurídica – SINCOR, mantido pela Receita Federal (**RE 673.707/MG**, rel. Min. Luiz Fux, Tema 582).

18.5.2.2. Direito à informação e habeas data

Não se pode confundir o direito geral à informação, do qual decorre o direito de petição junto à Administração Pública (art. 5.º, XXXIII, da CF/1988), com o direito ao *habeas data*, uma vez que o primeiro é muito mais amplo, envolvendo também o interesse coletivo ou geral, como o de saber os gastos que determinado órgão empreendeu em determinado contrato administrativo, podendo este último, por outro lado, ser restringido nos casos em que o sigilo seja imprescindível à segurança da sociedade e do Estado[58].

O direito de petição, no entanto, também pode servir para acesso a informações pessoais do próprio requerente, mas seu exercício se dá no âmbito da própria Administração Pública, ao passo que o *habeas data* é necessariamente um instrumento judicial de acesso a essas informações, quando negadas ou não prestadas em prazo razoável.

18.5.2.3. Habeas data e ausência de recusa à prestação de informações

Apesar da simplicidade do procedimento, não se retira a necessidade de que o exercício do direito à postulação esteja fundado em negativa ou recusa às informações, quando a ação for baseada na hipótese da alínea "a" do inc. LXXII do art. 5.º da Constituição Federal, nos exatos termos da **Súmula 2 do STJ**[59]: "não cabe o *habeas data* (CF, art. 5.º, LXXII, letra 'a', se não houve recusa de informações por parte da autoridade administrativa".

Para atender a tal requisito, o interessado deve requerer o acesso às informações ao órgão ou entidade depositária do registro ou banco de dados, que terá o prazo de 48 horas para decidir (art. 2.º, *caput*, da Lei). O requerente deverá ser comunicado da decisão no prazo de 24 horas (art. 2.º, parágrafo único).

18.5.2.4. Competência

Tudo o que se falou sobre o mandado de segurança é igualmente válido para o *habeas data*, inclusive quanto às referências constitucionais sobre o tema, invariavelmente disciplinado nos mesmos dispositivos em que mencionado o mandado de segurança. A Lei regulamentadora, no entanto, em seu art. 20, preocupou-se em discriminar a competência funcional de cada órgão judiciário federal e estadual, embora se omitindo quanto às justiças especializadas em que, dificilmente, será cabível esse tipo de ação.

---

58. Vide *Lei 12.527/2011*, que regulamenta o art. 5.º, XXXIII, parte final, da CF/1988.
59. O STF também já decidiu de igual modo no *RHD 24/DF*, 2.ª T., Rel. Min. Maurício Correa.

18.5.2.5. Procedimento do habeas data

18.5.2.5.1. Petição inicial e despacho inicial

A petição inicial do *habeas data* segue os mesmos requisitos gerais estabelecidos no Código de Processo Civil (arts. 319 e 320), acrescida da prova da recusa de acesso às informações ou do prazo de dez dias sem decisão; da recusa em fazer-se a retificação ou do decurso de 15 dias, sem decisão; ou da recusa em fazer-se a anotação da explicação ou contestação, ou do decurso de mais de 15 dias sem decisão (art. 8.º da Lei).

Recebida a inicial, o juiz deve determinar a notificação da autoridade coatora para prestar informações, no prazo de dez dias (art. 9.º). O MP também deve ser ouvido nessa ação, conforme previsão do art. 12 da Lei 9.507/1997.

18.5.2.5.2 Medida liminar

Não há previsão de concessão de medida liminar em *habeas data*, o que pode ser justificado pela natureza das providências que são requeridas por meio dessa ação, de difícil reversibilidade. Alguns autores, no entanto, já defendiam a adoção subsidiária do instituto da antecipação de tutela, do CPC/73, não se descartando, até mesmo, a aplicação analógica da lei do mandado de segurança. Como a tutela de urgência passou a ser possível em praticamente todo o tipo de ação, conforme a sistemática adotada pelo CPC/2015 (art. 300), não vemos lógica em se negar a concessão de medida antecipatória neste tipo de ação, quando devidamente justificada.

18.5.2.5.3 Recursos e preferência de julgamento

O recurso cabível da sentença é a apelação (art. 15), devendo ser recebido apenas no efeito devolutivo quando for concessória. Quanto aos recursos para as Cortes superiores, inclusive o ordinário, vale aqui o mesmo que dissemos para o mandado de segurança. Se admitida pelo juiz a medida liminar, embora não prevista na lei, nada impede que, contra tal ordem, seja manejado agravo de instrumento.

Os processos de *habeas data* têm preferência sobre todas as demais ações, com exceção do *habeas corpus* e do mandado de segurança (art. 19).

18.5.2.5.4 Despesas processuais

A gratuidade da ação é assegurada na CF/1988 (art. 5.º, LXXVII) e repetida na Lei 9.507/1997 (art. 21), ampliando, esta última, para o procedimento administrativo de acesso de informações e retificação de dados e anotação de justificação.

O art. 5.º da Lei 9.289/1996, que dispõe sobre as custas na Justiça Federal, também prevê expressamente a isenção do pagamento de custas.

18.5.3. Mandado de injunção

Além do *habeas data*, a Constituição Federal de 1988 também criou a figura do mandado de injunção (*art. 5.º, LXXI*), para resolver um problema antigo do constitucionalismo brasileiro referente à ineficácia das normas constitucionais que dependem de regulamentação.

De acordo com a dicção do referido dispositivo constitucional, "*conceder-se-á mandado de injunção sempre que a falta de norma regulamentadora torne inviável o exercício dos direitos e liberdades constitucionais e das prerrogativas inerentes à nacionalidade, à soberania e à cidadania*". O art. 2º da Lei 13.300/2016 apenas repete o dispositivo constitucional, mas acrescenta à hipótese constitucional o de haver apenas regulamentação parcial pela norma regulamentadora. Seu parágrafo único esclarece que "*considera-se parcial a regulamentação quando forem insuficientes as normas editadas pelo órgão competente*".

A norma regulamentadora exigida geralmente é uma lei, mas pode ser ato normativo de outra natureza. Não se destina o mandado de injunção a provocar toda e qualquer regulamentação de dispositivo constitucional, até porque, para isso, existe a ação direta de inconstitucionalidade por omissão, mas apenas e tão somente aquela que "torne inviável o exercício dos direitos e liberdades constitucionais e das prerrogativas inerentes à nacionalidade, à soberania e à cidadania".

18.5.3.1. Posição inicial do STF e ineficácia do instrumento

O STF, quando chamado a decidir, em mandado de injunção, sobre as omissões legislativas do Congresso Nacional, se posicionou, inicialmente, de forma bastante tímida, quanto à efetividade desse instrumento, acabando por esvaziá-lo, ao trilhar o entendimento de que sua atuação se resumiria, quando procedente a ação, à comunicação de que havia a mora legislativa.

Com o passar do tempo, esse posicionamento foi sendo mitigado, admitindo a Corte, por exemplo, no *MI 384/RJ* (Pleno, Rel. Min. Carlos Veloso), que poderia resolver a questão, indo além da mera comunicação de mora ao órgão legislativo, se referida comunicação já tivesse sido feita anteriormente, sem que a norma tivesse sido editada após determinado lapso de tempo[60].

18.5.3.2. Entendimento atual do STF sobre o mandado de injunção

Após incessantemente instado a resolver o problema da regulamentação do direito de greve no serviço público, cujo artigo constitucional (art. 37, VII) até hoje encontra-se sem norma integrativa, o STF mudou radicalmente seu posicionamento sobre o mandado de injunção, passando a admitir que a Corte possa dar solução concreta, depois de ultrapassado o prazo fixado ao órgão responsável pela edição da norma, aos casos que lhe são submetidos.

---

60. O caso específico se referia à regulamentação do art. 8.º, § 3.º, do ADCT, tendo o STF reconhecido o direito dos interessados de ajuizarem ação de reparação econômica com base no direito comum, independentemente da regulamentação. A ciência anterior já havia sido dada por conta da decisão proferida no *MI 283/DF*, Pleno, Rel. Min. Sepúlveda Pertence.

Pela sua importância, e por bem resumir a evolução do instituto, reproduzimos abaixo o texto integral da Ementa do acórdão proferido no *MI 708/DF*, Pleno, Rel. Min. Gilmar Mendes:

> *"Mandado de injunção. Garantia fundamental (CF, art. 5.º, inciso LXXI). Direito de greve dos servidores públicos civis (CF, art. 37, inciso VII). Evolução do tema na jurisprudência do Supremo Tribunal Federal (STF). Definição dos parâmetros de competência constitucional para apreciação no âmbito da Justiça Federal e da Justiça Estadual até a edição da legislação específica pertinente, nos termos do art. 37, VII, da CF. Em observância aos ditames da segurança jurídica e à evolução jurisprudencial na interpretação da omissão legislativa sobre o direito de greve dos servidores públicos civis, fixação do prazo de 60 (sessenta) dias para que o Congresso Nacional legisle sobre a matéria. Mandado de injunção deferido para determinar a aplicação das Leis n.os 7.701/1988 e 7.783/1989. 1. Sinais de evolução da garantia fundamental do mandado de injunção na jurisprudência do Supremo Tribunal Federal (STF). 1.1. No julgamento do MI n.º 107/DF, Rel. Min. Moreira Alves, DJ 21.9.1990, o Plenário do STF consolidou entendimento que conferiu ao mandado de injunção os seguintes elementos operacionais: i) os direitos constitucionalmente garantidos por meio de mandado de injunção apresentam-se como direitos à expedição de um ato normativo, os quais, via de regra, não poderiam ser diretamente satisfeitos por meio de provimento jurisdicional do STF; ii) a decisão judicial que declara a existência de uma omissão inconstitucional constata, igualmente, a mora do órgão ou poder legiferante, insta-o a editar a norma requerida; iii) a omissão inconstitucional tanto pode referir-se a uma omissão total do legislador quanto a uma omissão parcial; iv) a decisão proferida em sede do controle abstrato de normas acerca da existência, ou não, de omissão é dotada de eficácia erga omnes, e não apresenta diferença significativa em relação a atos decisórios proferidos no contexto de mandado de injunção; v) o STF possui competência constitucional para, na ação de mandado de injunção, determinar a suspensão de processos administrativos ou judiciais, com o intuito de assegurar ao interessado a possibilidade de ser contemplado por norma mais benéfica, ou que lhe assegure o direito constitucional invocado; vi) por fim, esse plexo de poderes institucionais legitima que o STF determine a edição de outras medidas que garantam a posição do impetrante até a oportuna expedição de normas pelo legislador. 1.2. Apesar dos avanços proporcionados por essa construção jurisprudencial inicial, o STF flexibilizou a interpretação constitucional primeiramente fixada para conferir uma compreensão mais abrangente à garantia fundamental do mandado de injunção. A partir de uma série de precedentes, o Tribunal passou a admitir soluções 'normativas' para a decisão judicial como alternativa legítima de tornar a proteção judicial efetiva (CF, art. 5.º, XXXV). Precedentes: MI n.º 283, Rel. Min. Sepúlveda Pertence, DJ 14.11.1991; MI n.º 232/RJ, Rel. Min. Moreira Alves, DJ 27.3.1992; MI n.º 284, Rel. Min. Marco Aurélio, Red. para o acórdão Min. Celso de Mello, DJ 26.6.1992; MI n.º 543/DF, Rel. Min. Octavio Gallotti, DJ 24.5.2002; MI n.º 679/DF, Rel. Min. Celso de Mello, DJ 17.12.2002; e MI n.º 562/DF, Rel. Min. Ellen Gracie, DJ 20.6.2003. 2. O mandado de injunção e o direito de greve dos servidores públicos civis na jurisprudência do STF. 2.1. O tema da existência, ou não, de omissão legislativa quanto à definição das possibilidades, condições e limites para o exercício do direito de greve por servidores públicos civis já foi, por diversas vezes, apreciado pelo STF. Em todas as oportunidades, esta Corte firmou o entendimento de que o objeto do mandado de injunção cingir-se-ia à declaração da existência, ou não, de mora legislativa para a edição de norma regulamentadora específica. Precedentes: MI n.º 20/DF, Rel. Min. Celso de Mello, DJ 22.11.1996; MI n.º 585/TO, Rel. Min. Ilmar Galvão, DJ 2.8.2002; e MI n.º 485/MT, Rel. Min. Maurício Corrêa, DJ 23.8.2002. 2.2. Em alguns precedentes (em especial, no voto do Min. Carlos Velloso, proferido no julgamento do MI n.º 631/MS, Rel. Min. Ilmar Galvão, DJ 2.8.2002), aventou-se a possibilidade de aplicação aos servidores públicos civis da lei que*

disciplina os movimentos grevistas no âmbito do setor privado (Lei n.º 7.783/1989). 3. Direito de greve dos servidores públicos civis. Hipótese de omissão legislativa inconstitucional. Mora judicial, por diversas vezes, declarada pelo Plenário do STF. Riscos de consolidação de típica omissão judicial quanto à matéria. A experiência do direito comparado. Legitimidade de adoção de alternativas normativas e institucionais de superação da situação de omissão. 3.1. A permanência da situação de não regulamentação do direito de greve dos servidores públicos civis contribui para a ampliação da regularidade das instituições de um Estado Democrático de Direito (CF, art. 1.º). Além de o tema envolver uma série de questões estratégicas e orçamentárias diretamente relacionadas aos serviços públicos, a ausência de parâmetros jurídicos de controle dos abusos cometidos na deflagração desse tipo específico de movimento grevista tem favorecido que o legítimo exercício de direitos constitucionais seja afastado por uma verdadeira 'lei da selva'. 3.2. Apesar das modificações implementadas pela Emenda Constitucional n.º 19/1998 quanto à modificação da reserva legal de lei complementar para a de lei ordinária específica (CF, art. 37, VII), observa-se que o direito de greve dos servidores públicos civis continua sem receber tratamento legislativo minimamente satisfatório para garantir o exercício dessa prerrogativa em consonância com imperativos constitucionais. 3.3. Tendo em vista as imperiosas balizas jurídico-políticas que demandam a concretização do direito de greve a todos os trabalhadores, o STF não pode se abster de reconhecer que, assim como o controle judicial deve incidir sobre a atividade do legislador, é possível que a Corte Constitucional atue também nos casos de inatividade ou omissão do Legislativo. 3.4. A mora legislativa em questão já foi, por diversas vezes, declarada na ordem constitucional brasileira. Por esse motivo, a permanência dessa situação de ausência de regulamentação do direito de greve dos servidores públicos civis passa a invocar, para si, os riscos de consolidação de uma típica omissão judicial. 3.5. Na experiência do direito comparado (em especial, na Alemanha e na Itália), admite-se que o Poder Judiciário adote medidas normativas como alternativa legítima de superação de omissões inconstitucionais, sem que a proteção judicial efetiva a direitos fundamentais se configure como ofensa ao modelo de separação de poderes (CF, art. 2.º). 4. Direito de greve dos servidores públicos civis. Regulamentação da Lei de Greve dos trabalhadores em geral (Lei n.º 7.783/1989). Fixação de parâmetros de controle judicial do exercício do direito de greve pelo legislador infraconstitucional. 4.1. A disciplina do direito de greve para os trabalhadores em geral, quanto às 'atividades essenciais', é especificamente delineada nos arts. 9.º a 11 da Lei n.º 7.783/1989. Na hipótese de aplicação dessa legislação geral ao caso específico do direito de greve dos servidores públicos, antes de tudo, afigura-se inegável o conflito existente entre as necessidades mínimas de legislação para o exercício do direito de greve dos servidores públicos civis (CF, art. 9.º, caput, c/c art. 37, VII), de um lado, e o direito a serviços públicos adequados e prestados de forma contínua a todos os cidadãos (CF, art. 9.º, § 1.º), de outro. Evidentemente, não se outorgaria ao legislador qualquer poder discricionário quanto à edição, ou não, da lei disciplinadora do direito de greve. O legislador poderia adotar um modelo mais ou menos rígido, mais ou menos restritivo do direito de greve no âmbito do serviço público, mas não poderia deixar de reconhecer direito previamente definido pelo texto da Constituição. Considerada a evolução jurisprudencial do tema perante o STF, em sede do mandado de injunção, não se pode atribuir amplamente ao legislador a última palavra acerca da concessão, ou não, do direito de greve dos servidores públicos civis, sob pena de se esvaziar direito fundamental positivado. Tal premissa, contudo, não impede que, futuramente, o legislador infraconstitucional confira novos contornos acerca da adequada configuração da disciplina desse direito constitucional. 4.2 Considerada a omissão legislativa alegada na espécie, seria o caso de se acolher a pretensão, tão somente no sentido de que se aplique a Lei n.º 7.783/1989 enquanto a omissão não for devidamente regulamentada por lei específica para os servidores públicos civis (CF, art. 37, VII). 4.3 Em razão dos imperativos da continuidade dos serviços públicos, contudo, não se pode afastar que, de acordo com as peculiaridades de cada caso concreto e mediante solicitação de entidade ou órgão legítimo, seja facultado ao tribunal competente impor a observância a regime de greve mais severo em razão de tratar-se de 'serviços ou atividades essenciais', nos termos do regime fixado pelos arts. 9.º a 11 da Lei n.º 7.783/1989. Isso ocorre porque não se pode deixar de cogitar dos riscos decorrentes das possibilidades de que a regulação dos serviços públicos que tenham características afins a esses 'serviços ou atividades essenciais' seja menos severa que a disciplina dispensada aos serviços privados ditos 'essenciais'. 4.4. O sistema de judicialização do direito de greve dos servidores públicos civis está aberto para que outras atividades sejam submetidas a idêntico regime. Pela complexidade e variedade dos serviços públicos e atividades estratégicas típicas do Estado, há outros serviços públicos, cuja essencialidade não está contemplada pelo rol dos arts. 9.º a 11 da Lei n.º 7.783/1989. Para os fins desta decisão, a enunciação do regime fixado pelos arts. 9.º a 11 da Lei n.º 7.783/1989 é apenas exemplificativa (numerus apertus). 5. O processamento e o julgamento de eventuais dissídios de greve que envolvam servidores públicos civis devem obedecer ao modelo de competências e atribuições aplicável aos trabalhadores em geral (celetistas), nos termos da regulamentação da Lei n.º 7.783/1989. A aplicação complementar da Lei n.º 7.701/1988 visa à judicialização dos conflitos que envolvem os servidores públicos civis no contexto do atendimento de atividades relacionadas a necessidades inadiáveis da comunidade que, se não atendidas, coloquem 'em perigo iminente a sobrevivência, a saúde ou a segurança da população' (Lei n.º 7.783/1989, parágrafo único, art. 11). 5.1. Pendência do julgamento de mérito da ADI n.º 3.395/DF, Rel. Min. Cezar Peluso, na qual se discute a competência constitucional para a apreciação das 'ações oriundas da relação de trabalho, abrangidos os entes de direito público externo e da administração pública direta e indireta da União, dos Estados, do Distrito Federal e dos Municípios' (CF, art. 114, I, na redação conferida pela EC n.º 45/2004). 5.2. Diante da singularidade do debate constitucional do direito de greve dos servidores públicos civis, sob pena de injustificada e inadmissível negativa de prestação jurisdicional nos âmbitos federal, estadual e municipal, devem-se fixar também os parâmetros institucionais e constitucionais de definição de competência, provisória e ampliativa, para a apreciação de dissídios de greve instaurados entre o Poder Público e os servidores públicos civis. 5.3. No plano procedimental, afigura-se recomendável aplicar ao caso concreto a disciplina da Lei n.º 7.701/1988 (que versa sobre especialização das turmas dos Tribunais do Trabalho em processos coletivos), no que tange à competência para apreciar e julgar eventuais conflitos judiciais referentes à greve de servidores públicos que sejam suscitados até o momento de colmatação legislativa específica da lacuna ora declarada, nos termos do inciso VII do art. 37 da CF. 5.4. A adequação e a necessidade da definição dessas questões de organização e procedimento dizem respeito a elementos de fixação de competência constitucional de modo a assegurar, a um só tempo, a possibilidade e, sobretudo, os limites ao exercício do direito constitucional de greve dos servidores públicos, e a continuidade na prestação dos serviços públicos. Ao adotar essa medida, este Tribunal passa a assegurar o direito de greve constitucionalmente garantido no art. 37, VII, da Constituição Federal, sem desconsiderar a garantia da continuidade de prestação de serviços públicos – um elemento fundamental para a preservação do interesse público em áreas que são extremamente demandadas pela sociedade. 6. Definição dos parâmetros de competência constitucional para apreciação do tema no âmbito da Justiça Federal e da Justiça Estadual até a edição da legislação específica pertinente, nos termos do art. 37, VII, da CF. Fixação do prazo de 60 (sessenta) dias para que o Congresso Nacional legisle sobre a matéria. Mandado de injunção deferido para determinar a aplicação das Leis n.os 7.701/1988 e 7.783/1989. 6.1. Aplicabilidade aos servidores públicos civis da Lei n.º 7.783/1989, sem prejuízo de que, diante do caso concreto e mediante solicitação de entidade ou órgão legítimo, seja facultado ao juízo competente a fixação de regime de greve mais severo, em razão de tratarem de 'serviços ou atividades essenciais' (Lei n.º 7.783/1989, arts. 9.º a 11). 6.2. Nessa extensão do deferimen-

to do mandado de injunção, aplicação da Lei n.º 7.701/1988, no que tange à competência para apreciar e julgar eventuais conflitos judiciais referentes à greve de servidores públicos que sejam suscitados até o momento de colmatação legislativa específica da lacuna ora declarada, nos termos do inciso VII do art. 37 da CF. 6.3. Até a devida disciplina legislativa, devem-se definir as situações provisórias de competência constitucional para a apreciação desses dissídios no contexto nacional, regional, estadual e municipal. Assim, nas condições acima especificadas, se a paralisação for de âmbito nacional, ou abranger mais de uma região da justiça federal, ou ainda, compreender mais de uma unidade da federação, a competência para o dissídio de greve será do Superior Tribunal de Justiça (por aplicação analógica do art. 2.º, I, 'a', da Lei n.º 7.701/1988). Ainda no âmbito federal, se a controvérsia estiver adstrita a uma única região da justiça federal, a competência será dos Tribunais Regionais Federais (aplicação analógica do art. 6.º da Lei n.º 7.701/1988). Para o caso da jurisdição no contexto estadual ou municipal, se a controvérsia estiver adstrita a uma unidade da federação, a competência será do respectivo Tribunal de Justiça (também por aplicação analógica do art. 6.º da Lei n.º 7.701/1988). As greves de âmbito local ou municipal serão dirimidas pelo Tribunal de Justiça ou Tribunal Regional Federal com jurisdição sobre o local da paralisação, conforme se trate de greve de servidores municipais, estaduais ou federais. 6.4. Considerados os parâmetros acima delineados, a par da competência para o dissídio de greve em si, no qual se discuta a abusividade, ou não, da greve, os referidos tribunais, nos âmbitos de sua jurisdição, serão competentes para decidir acerca do mérito do pagamento, ou não, dos dias de paralisação em consonância com a excepcionalidade de que esse juízo se reveste. Nesse contexto, nos termos do art. 7.º da Lei n.º 7.783/1989, a deflagração da greve, em princípio, corresponde à suspensão do contrato de trabalho. Como regra geral, portanto, os salários dos dias de paralisação não deverão ser pagos, salvo no caso em que a greve tenha sido provocada justamente por atraso no pagamento aos servidores públicos civis, ou por outras situações excepcionais que justifiquem o afastamento da premissa da suspensão do contrato de trabalho (art. 7.º da Lei n.º 7.783/1989, in fine). 6.5. Os tribunais mencionados também serão competentes para apreciar e julgar medidas cautelares eventualmente incidentes relacionadas ao exercício do direito de greve dos servidores públicos civis, tais como: i) aquelas nas quais se postule a preservação do objeto da querela judicial, qual seja, o percentual mínimo de servidores públicos que deve continuar trabalhando durante o movimento paredista, ou mesmo a proibição de qualquer tipo de paralisação; ii) os interditos possessórios para a desocupação de dependências dos órgãos públicos eventualmente tomados por grevistas; e iii) as demais medidas cautelares que apresentem conexão direta com o dissídio coletivo de greve. 6.6. Em razão da evolução jurisprudencial sobre o tema da interpretação da omissão legislativa do direito de greve dos servidores públicos civis e em respeito aos ditames de segurança jurídica, fixa-se o prazo de 60 (sessenta) dias para que o Congresso Nacional legisle sobre a matéria. 6.7. Mandado de injunção conhecido e, no mérito, deferido para, nos termos acima especificados, determinar a aplicação das Leis n.os 7.701/1988 e 7.783/1989 aos conflitos e às ações judiciais que envolvam a interpretação do direito de greve dos servidores públicos civis.*

18.5.3.3. Mandado de injunção e ação direta de inconstitucionalidade por omissão

Como já foi dito, o mandado de injunção não se confunde com a ação direta de inconstitucionalidade por omissão.

Primeiro, porque o âmbito daquele se restringe à ausência de norma regulamentadora de dispositivo constitucional relacionado com as matérias aludidas no inc. LXXI do art. 5.º.

Segundo, porque o rol de legitimados da ação direta de inconstitucionalidade por omissão é restrito às autoridades, órgãos ou entidades nominadas no art. 103 da CF, ao passo que o legitimado para propor o mandado de injunção é qualquer um que tem interesse ou direito subjetivo a ser resguardado, uma vez que atingido pela omissão na regulamentação da norma constitucional. Ou seja, o mandado de injunção se aplica a casos concretos, ao passo que a ação de inconstitucionalidade se constitui em modalidade de controle concentrado de constitucionalidade.

Terceiro, porque a competência para o julgamento da ação direta é restrita do STF, no caso de infringência à Constituição Federal, ao passo que a competência para o julgamento do mandado de injunção varia conforme a autoridade responsável pela edição da norma.

18.5.3.4. Mandado de injunção e medida liminar

O STF reiteradamente decidiu descaber a concessão de medida liminar em mandado de injunção[61]. A Lei 13.300/2016 também não previu a concessão de qualquer medida antecipatória.

18.5.3.5. Procedimento do mandado de injunção

Na ausência de norma regulamentadora do procedimento a ser adotado no mandado de injunção, decidiu o STF, logo após a promulgação da Carta Magna de 1988, que deveria ser aplicado, por analogia, o procedimento do mandado de segurança, no que couber (Questão de Ordem no MI 107/DF, Tribunal Pleno, Rel. Min. Moreira Alves).

Após longo tempo de espera foi editada, em 2016, a Lei 13.300, regulamentando, enfim, o procedimento do mandado de injunção. Trata-se de norma enxuta, com apenas quinze artigos. O art. 14, ademais, mantém a regra de aplicação subsidiária da legislação do mandado de segurança e também do CPC.

A nova lei previu um procedimento bastante simplificado, em que a petição inicial, afora os requisitos gerais previstos na lei processual civil (arts. 319 e 320 do CPC), também deve indicar, além do órgão impetrado, a pessoa jurídica que ele integra ou aquela a que está vinculado (art. 4º, *caput*). Se o documento necessário à prova do alegado encontrar-se em repartição ou estabelecimento público, em poder de autoridade ou de terceiro, havendo recusa em fornecê-lo por certidão, no original, ou em cópia autêntica, será ordenada, a pedido do impetrante, a exibição de documento no prazo de 10 (dez) dias (art. 4º, § 2º).

Recebida a petição inicial é determinada a notificação da autoridade impetrada para prestar informações, no prazo de 10 (dez) dias, bem como a ciência do ajuizamento da ação ao órgão de representação judicial da pessoa jurídica interessada (art. 5º).

O Ministério Público é ouvido obrigatoriamente neste tipo de ação, tendo o prazo de 10 (dez) dias para manifestação, após o esgotamento do prazo deferido à autoridade impetrada para informações (art. 7º).

Reconhecido o estado de mora legislativa, será deferida a injunção (art. 8º), para editar a norma regulamentadora num prazo razoável, não tratando a lei de defini-lo, e estabelecer

---

61. Por todos, Agravo Regimental na Ação Cautelar 124/PR, Tribunal Pleno, Rel. Min. Marco Aurélio, j. 23.09.2004.

as condições em que se dará o exercício dos direitos, das liberdades ou das prerrogativas reclamadas, ou, se for o caso, as condições em que poderá o interessado promover ação própria visando a exercê-los.

Percebe-se que a lei, portanto, adotou em seu texto o entendimento mais recente do STF acerca da eficácia mais imediata da decisão de injunção. Aliás, o **art. 9º, caput,** é claro ao dispor que "*a decisão terá eficácia subjetiva limitada às partes e **produzirá efeitos até o advento da norma regulamentadora***". A lei também esclareceu que os efeitos da norma regulamentadora é *ex nunc*, exatamente para não afastar os efeitos da decisão injuntiva, ressalvada a hipótese de a regulamentação ser mais favorável (art. 11).

Em que pese a restrição subjetiva dos efeitos da coisa julgada, conforme o disposto no *caput* do art. 9º, o próprio artigo, em seu § 2º, estabelece que o relator pode estender seus efeitos a casos análogos. Da mesma forma, o § 1º estabeleceu que pode ser concedido efeito *erga omnes* ou *ultra partes* à decisão, quando isso for inerente ou indispensável ao exercício do direito, da liberdade ou da prerrogativa objeto da impetração.

18.5.3.6. Mandado de injunção coletivo

Por aplicação analógica do art. 5.º, LXX, da Constituição, que trata do mandado de segurança coletivo, o STF, desde o julgamento do *MI 361/RJ* (Tribunal Pleno, Rel. p/ acórdão Min. Sepúlveda Pertence, j. 08.04.1994), passou a admitir, também, a figura do mandado de injunção coletivo, estando legitimadas para tanto aquelas mesmas entidades, quais sejam: a) partido político com representação no Congresso Nacional; b) organização sindical, entidade de classe ou associação legalmente constituída e em funcionamento há pelo menos um ano, em defesa dos interesses de seus membros ou associados.

A Lei 13.300 expressamente previu o instituto (art. 12), acrescendo ao rol de legitimados acima visto, a Defensoria Pública, quando a tutela requerida for especialmente relevante para a promoção dos direitos humanos e a defesa dos direitos individuais e coletivos dos necessitados (inciso IV).

18.5.3.7. Competência

A Constituição Federal prevê a *competência do STF* para o julgamento do mandado de injunção quando a elaboração da norma regulamentadora for atribuição do Presidente da República, do Congresso Nacional, da Câmara dos Deputados, do Senado Federal, das Mesas de uma dessas Casas Legislativas, do TCU, de um dos Tribunais Superiores ou do próprio STF (art. 102, I, *q*).

Ao STJ compete o julgamento quando a elaboração da norma regulamentadora competir a órgão, entidade ou autoridade federal, da administração direta ou indireta, excetuados os casos de competência do STF e dos órgãos da Justiça Militar, da Justiça Eleitoral, da Justiça do Trabalho e da Justiça Federal (art. 105, I, *h*). Esse dispositivo em particular ficou pessimamente redigido, pois as ressalvas são tantas que já sinalizariam um total esvaziamento da competência. Por outro lado, a Constituição não previu expressamente nenhuma competência à Justiça Federal comum quanto ao julgamento de mandados de injunção, em que pese a própria ressalva feita.

O STF, ao interpretar esse texto, acabou por restringir a competência do STJ às autoridades que nele têm prerrogativa de foro no mandado de segurança, conforme orientação firmada no julgamento da *Questão de Ordem no MI 571/SP* (Tribunal Pleno, Rel. Min. Sepúlveda Pertence, j. 08.10.1998), em que se apreciou a competência para julgar MI proposto contra autarquia federal (Banco Central do Brasil), tendo-se reconhecido a competência, nesse caso em particular, da Justiça Federal de primeiro grau, em que pese a parte inicial do art. 105, I, *h*[62].

Em se tratando de autoridades estaduais ou municipais, a competência, naturalmente, será da Justiça Estadual, cabendo às Constituições Estaduais definir eventual competência originária do tribunal de justiça[63]. Quanto às justiças especializadas, difícil conceber hipótese de competência destas, em que pese a ressalva do já citado art. 105, I, *h*, da Constituição Federal.

18.5.4. Ação popular

Uma das características principais de um Estado de Direito democrático é a participação popular no controle e fiscalização da Administração Pública. Essa participação pode ser indireta, por meio da atuação de representantes eleitos (parlamentares) ou de representação a órgãos independentes de controle (tribunais de contas, Ministério Público etc.), ou diretamente executada, por meio do reconhecimento, na legislação, de mecanismos e instrumentos a serem manejados pelos cidadãos.

Um dos principais instrumentos é o direito de petição, assegurado no art. 5.º, XXXIII, da CF/1988, formulado diretamente à Administração Pública, que permite ao cidadão ter, primeiramente, acesso a informações de interesse coletivo e geral de atos da Administração.

Contudo, isso basta? E se a atuação dos administradores estiver em desconformidade com a lei e com a moralidade administrativas? Bom, para isso existe o direito de representação às autoridades de controle, como são exemplos as previsões do art. 53 da Lei 8.443/1992 (denúncia ao TCU) e do art. 14 da Lei 8.429/1992 (representação por ato de improbidade administrativa). Mas é o cidadão obrigado a se contentar com o direito a simples comunicação da ilegalidade ou imoralidade à autoridade pública fiscalizadora? Claro que não!

Embora a lei só reconheça a certos órgãos a persecução da imposição de certas sanções, e ao Judiciário, a imposição mesma da maioria delas, possibilita-se ao cidadão, por via da ação popular, que busque diretamente na Justiça a anulação de atos lesivos ao patrimônio

---

62. O STJ segue tal entendimento. Vide AgRg no MI 185/DF, Corte Especial, Rel. Min. Franciulli Netto, j. 20.10.2004, em que se apreciou a competência tendo como impetrada a autarquia CADE (Conselho Administrativo de Defesa Econômica).

63. O fato de servidores estaduais serem interessados na regulamentação de determinado tema, não transfere para o Tribunal de Justiça local a competência para o julgamento do mandado de injunção. O que importa para determinar a competência jurisdicional é a autoridade competente para a edição da norma regulamentadora. Com esse fundamento, o STF, acolhendo recurso extraordinário contra acórdão do TJ/SE, determinou a extinção de MI que havia tramitado nesta última Corte, onde se buscava a regulamentação da aposentadoria especial para os servidores públicos do Estado, uma vez que a norma regulamentadora do art. 40, § 4º da CF teria de ser federal (**RE 797,905/SE**, com repercussão geral, Pleno, rel. Min. Gilmar Mendes, j. em 15/05/2014).

público ou de entidade de que o Estado participe, à moralidade administrativa, ao meio ambiente e ao patrimônio histórico e cultural.

18.5.4.1. Antecedentes legislativos

No direito brasileiro, a origem da ação popular se deu com o art. 141, § 38, da Constituição dos Estados Unidos do Brasil, de 18 de setembro de 1946, regulamentado pela *Lei 4.717, de 29 de junho de 1965*, esta ainda em vigor.

18.5.4.2. Disciplina constitucional atual

A ação popular está regida no art. 5.º, LXXIII, da Constituição Federal de 1988, que estabelece: "qualquer cidadão é parte legítima para propor ação popular que vise a anular ato lesivo ao patrimônio público ou de entidade de que o Estado participe, à moralidade administrativa, ao meio ambiente e ao patrimônio histórico e cultural, ficando o autor, salvo comprovada má-fé, isento de custas judiciais e do ônus da sucumbência".

18.5.4.3. Finalidade da ação

Houve um incremento na disciplina da matéria pela Constituição Federal de 1988, que inseriu a moralidade administrativa como princípio protegido pela ação popular. Assim, tal instrumento não se resume apenas à proteção do patrimônio público, como na disciplina prevista na lei regulamentadora, podendo servir também para a nulificação de atos atentatórios à moralidade administrativa.

Por outro lado, embora a Constituição também se refira à proteção do "meio ambiente e ao patrimônio histórico e cultural", a lei regulamentadora já continha um conceito amplo de patrimônio público, abarcando no conceito "os bens e direitos de valor econômico, artístico, estético, histórico ou turístico" (art. 1.º, § 1.º).

É importante que o ato seja considerado lesivo a esses bens e direitos, e não apenas que seja contrário aos interesses do proponente. Aliás, *não serve a ação popular para a defesa de interesses ou direitos individuais*, devendo ser rejeitada a ação quando inexistente dano efetivo[64]. Claro que, em se tratando de violação à moralidade administrativa, essa assertiva deve ser examinada com mais cautela, pois o dano não será em relação ao patrimônio público, mas à própria moralidade e eticidade do comportamento da Administração Pública.

A Lei 4.717/1965 contém róis descritivos de atos que podem ser declarados nulos (art. 4.º), como dos fundamentos de fundo e de forma para aquele enquadramento (art. 2.º). Esses róis, principalmente o primeiro, são exemplificativos, e não podem restringir o acesso ao instrumento, se demonstrados os requisitos constitucionais para a propositura da ação.

Mas, a ação popular não se resume à declaração de nulidade do ato lesivo, podendo a sentença determinar também a reparação ao patrimônio público, conforme se infere do art. 14 da Lei. O STJ já entendeu, no entanto, que não há lesão presumida, sendo necessário, mesmo quando reconhecida a nulidade de um contrato administrativo, que

---

64. STJ, REsp 802.378/SP, 1.ª T., Rel. Min. Luiz Fux, j. 24.04.2007.

a determinação de ressarcimento aos cofres públicos seja feita apenas quando houver comprovação efetiva da lesão (**REsp 1.447.237/MG**, 1ª Turma, rel. Min. Napoleão Nunes Maia Filho, j. em 16/12/2014, divulgado no *Informativo 546*).

18.5.4.4. Sujeito ativo da ação popular

A CF/1988 é clara ao se referir ao termo "cidadão", repetido no art. 1.º da Lei 4.717/1965.

Dessa forma, não se confunde cidadão com pessoa, sendo que o próprio STF já sumulou seu entendimento no sentido de que não cabe a pessoas jurídicas fazer uso desse instrumento processual (*Súmula 365*: "Pessoa jurídica não tem legitimidade para propor ação popular").

Embora não exista um conceito legal de cidadania, tem-se entendido que esta se refere ao *gozo pleno dos direitos políticos*, razão pela qual a lei regulamentadora dispõe que a prova da cidadania se dá com o título eleitoral ou com documento que a ele corresponda (art. 1.º, § 3.º).

Costuma-se exigir, também, e é razoável fazê-lo, a comprovação de que o autor votou nas eleições imediatamente precedentes ao ajuizamento da ação, ou, por evidente, que tenha justificado a ausência, o que pode ser conseguido com certidão junto à Justiça Eleitoral.

A prova da cidadania, no entanto, não se confunde com o domicílio eleitoral, sendo irrelevante o fato de o autor da ação não ser eleitor no local onde ocorrido o dano ao patrimônio público[65].

A própria Lei regulamentadora admite, ainda, a figura da assistência e do litisconsórcio ativo facultativo, sempre se atendendo à exigência de que o requerente à habilitação também seja considerado cidadão (art. 6.º, § 5.º).

18.5.4.5. Sujeito passivo da ação popular

Conforme o art. 6.º, *caput*, da Lei 4.717/1965, *a ação pode ser proposta* "contra as pessoas públicas ou privadas e as entidades referidas no art. 1.º, contra as autoridades, funcionários ou administradores que houverem autorizado, aprovado, ratificado ou praticado o ato impugnado, ou que, por omissas, tiverem dado oportunidade à lesão, e contra os beneficiários diretos do mesmo".

O art. 1.º contém rol das pessoas jurídicas de direito público e entidades governamentais, bastando lembrar que a CF/1988 admite a ação até contra entidade da qual o Estado participe, daí por que estão inseridos no rol tanto a União, Estados, Distrito Federal, Municípios, autarquias, fundações públicas, empresas públicas e sociedades de economia mista, quanto as empresas privadas que têm participação acionária do poder público ou fundações privadas que recebem recursos públicos. Nesses casos, no entanto, a Lei 4.717/1965 estabeleceu que as consequências patrimoniais da invalidez dos atos lesivos terão por limite a repercussão deles sobre a contribuição dos cofres públicos (art. 1.º, § 2.º).

A entidade pública tem a faculdade de se abster de contestar o pedido e, até mesmo, de passar a atuar ao lado do autor, desde que isso se afigure útil ao interesse público

---

65. STJ, REsp 1.242.800/RS, 2.ª T., Rel. Min. Mauro Campbell Marques, j. 07.06.2011.

(art. 6.º, § 3.º, da Lei). Ainda que não o faça, a Lei lhe assegura o direito de promover a execução da sentença contra os demais réus (art. 17).

18.5.4.6. Atuação do Ministério Público

O MP atua na ação como fiscal da lei, intervindo obrigatoriamente nela. Como tal, ele pode opinar favoravelmente tanto às teses da defesa do ato como em favor dos autores. A Lei, no entanto, veda a possibilidade de que ele assuma o papel das partes (art. 6.º, § 4.º). Essa última regra acaba por ser excepcionada em vários momentos, a começar pela hipótese de haver abandono ou desistência da ação pelo autor originário, caso em que o MP ou qualquer outro cidadão poderá promover o prosseguimento da demanda (art. 9.º).

O MP também assume a responsabilidade pela execução da sentença condenatória, se o autor ou terceiro não promovê-la no prazo de 60 dias, a contar da publicação em segunda instância (art. 16). Também lhe foi assegurado o direito de recorrer das sentenças e decisões proferidas contra o autor da ação (art. 19, § 2.º).

18.5.4.7. Procedimento: liminar, sentença, recursos, prazos

Em linhas gerais, segue-se o Código de Processo Civil, que, aliás, é adotado subsidiariamente (art. 22), mas a Lei 4.717/1965 contém algumas particularidades, a começar pela *possibilidade de concessão de medida liminar* (art. 5.º, § 4.º, acrescentado pela Lei 6.513/1977), antecipando-se, assim, o provimento requerido.

O *prazo de contestação é diferenciado*, sendo de 20 dias, com a possibilidade de prorrogação por igual período (art. 7.º, IV).

No caso de ser necessária a produção de prova pericial, o STJ já entendeu ser aplicável à ação popular o disposto no art. 18 da Lei de Ação Civil Pública, de forma que é inexigível ao autor o adiantamento ou antecipação dos honorários periciais (**REsp 1.225.103/MG**, 2ª Turma, rel. Min. Mauro Campbell Marques, j. em 21/06/2011, divulgado no *Informativo 476*).

A Lei prevê expressamente a *remessa de ofício* ao tribunal de segundo grau, nos casos em que o juiz extingue sem exame do mérito ou julga improcedente a ação (art. 19).

O recurso cabível da sentença é o de apelação, com efeito suspensivo, salvo, evidente, se concedida anteriormente a medida liminar, na parte abrangida por esta.

A Lei admite expressamente que, se a ação for julgada improcedente por falta de provas, outro cidadão poderá intentar nova ação com idêntico fundamento (art. 18), mas se for considerada procedente ou improcedente pela conclusão de que o ato não foi lesivo ao patrimônio público ou à moralidade administrativa, a coisa julgada se operará não só em relação às partes do processo, como também *erga omnes*, evitando-se, assim, que uma mesma ação, com idêntico fundamento, seja repetida incontáveis vezes.

18.5.5. Ação civil pública

Visando resguardar direitos e interesses que pertencem não apenas a uma ou algumas pessoas, mas a toda uma classe ou categoria de pessoas (*direitos coletivos*) ou, ainda, a um número indeterminado de pessoas (*direitos difusos*), o direito brasileiro instituiu uma ação de rito especial, inspirado em legislações estrangeiras, a ação civil pública.

Sua origem legislativa no Brasil está na antiga Lei Orgânica do Ministério Público (art. 3.º, III, da Lei Complementar 40/1981), já revogada, mas sua regulamentação só veio com a *Lei 7.347/1985*, ainda em vigor.

O Código de Defesa do Consumidor (Lei 8.078/1990) acresceu novas regras ao instituto, prevendo, inclusive, sua utilização para a defesa de uma nova categoria de interesses/direitos, os *individuais homogêneos*, dando o nome de *ação civil coletiva* à ação judicial que visa o implemento de tais interesses/direitos.

18.5.5.1. Ação civil pública e sua previsão constitucional

A ação civil pública não está elencada no art. 5.º da CF/1988, daí por que nem todos a consideram um remédio constitucional, no sentido clássico do termo. Mas ela também tem assento na Constituição Federal, estando expressamente prevista no art. 129, III, da Carta Magna como instrumento de atuação do Ministério Público, juntamente com o Inquérito Civil Público, que geralmente lhe precede.

18.5.5.2. Ação civil pública e legitimidade ativa

De acordo com o art. 5.º, *caput*, da Lei 7.347/1985, a ação civil pública pode ser proposta pelo Ministério Público, pela Defensoria Pública, pela União, Estados, Distrito Federal e Municípios, por autarquia, empresa pública, fundação (pública) ou sociedade de economia mista e, ainda, por associação que, concomitantemente, esteja constituída há pelo menos um ano nos termos da lei civil e inclua, entre suas finalidades institucionais, a proteção ao patrimônio público e social, ao meio ambiente, ao consumidor, à ordem econômica, à livre concorrência, aos direitos de grupos raciais, étnicos ou religiosos ou ao patrimônio artístico, estético, histórico, turístico e paisagístico.

Esse requisito da pré-constituição, de acordo com o § 4.º do citado art. 5.º, pode ser dispensado pelo juiz, quando houver manifesto interesse social evidenciado pela dimensão ou característica do dano, ou pela relevância do bem jurídico a ser protegido.

Importante ressaltar que a legitimidade ativa do Ministério Público não decorre somente dessa Lei, estando prevista também nas respectivas leis orgânicas (Lei 8.625/1993 e Lei Complementar 75/1993). Mais do que isso, é a única instituição que tem tal instrumento previsto constitucionalmente (art. 129, III).

Havendo desistência infundada ou abandono da ação por associação legitimada, o MP ou outro legitimado pode assumir a titularidade ativa da demanda (art. 5.º, § 3.º, da Lei 7.347/1985).

Para a Defensoria Pública, também consta a previsão de legitimidade ativa no art. 4.º, VII, da Lei Complementar 80/1994, na redação dada pela Lei Complementar 132/2009, que prevê a prerrogativa de tal instituição para a promoção de ACP quando o resultado da demanda puder beneficiar grupo de pessoas hipossuficientes.

18.5.5.3. Inquérito Civil Público – ICP

O Ministério Público detém a prerrogativa de instaurar procedimento prévio para investigar os fatos que poderão dar ensejo à propositura da ação civil pública. Esse instrumento é chamado de inquérito civil público – ICP, estando previsto no art. 8.º, § 1.º, da Lei 7.347/1985 e no art. 129, III, da CF/1988.

A instauração do ICP pode se dar de ofício, por iniciativa do próprio órgão do MP oficiante, ou a partir de peças informativas ou representação encaminhadas à instituição (art. 6.º da Lei da ACP)[66].

O membro do MP que preside o ICP pode determinar seu arquivamento, caso entenda inexistente qualquer fundamento para a propositura de ação civil pública (art. 9.º, *caput*), caso em que a promoção de arquivamento deve ser confirmada pelo Conselho Superior da instituição (art. 9.º, § 3.º)[67].

Na presidência do ICP, o membro do MP pode requisitar documentos e tomar quaisquer diligências, salvo aquelas que dependam de autorização judicial. O não atendimento ou o retardamento, quando se tratar de dados técnicos indispensáveis à propositura da ação civil, caracteriza crime específico, previsto no art. 10 da Lei da ACP.

18.5.5.4. Termo de Ajustamento de Conduta – TAC

A conformação da atividade ilegal, violadora dos direitos e interesses difusos, coletivos ou individuais homogêneos, pode ser obtida independentemente da ação civil pública, podendo as partes legitimadas, e não apenas o Ministério Público, estipular Termo de Ajustamento de Conduta – TAC.

O TAC nada mais é do que um compromisso, voluntariamente aceito pelo suposto agente violador daqueles direitos ou interesses, que o obrigará a recompor os danos causados ou a fazer ou deixar de fazer algo que possa importar na violação dos aludidos interesses ou direitos. Uma vez firmado, tem a natureza de título executivo extrajudicial (art. 5.º, § 6.º, da Lei da ACP).

Claro que o acordo firmado e homologado judicialmente, nos autos da ACP já proposta, não se confunde com o TAC, propriamente dito, ainda que assim nominado, visto que, nesse caso, passa a constituir título executivo judicial.

Sobre os termos de ajustamento de conduta, no âmbito dos procedimentos administrativos do Ministério Público Federal, vale a pena citar alguns dos Enunciados divulgados por seus órgãos de controle finalístico[68]:

---

66. É comum que representações ou peças informativas que dependam de diligências complementares para a formação de juízo valorativo mínimo quanto à seriedade e procedência da denúncia sejam autuadas no âmbito das promotorias e procuradorias como procedimento investigatório preliminar e não como ICP, podendo aquele, no entanto, ser posteriormente convolado neste.

67. No âmbito do Ministério Público Federal, essa atribuição foi passada às Câmaras de Coordenação e Revisão (art. 62, IV, da Lei Complementar 75/1993), ficando para o Conselho Superior atribuições de caráter mais normativo e disciplinar. Mesma solução foi encontrada para o Ministério Público do Distrito Federal e Territórios (art. 171, IV, da Lei Complementar).

68. A 4ª Câmara de Coordenação e Revisão do MPF tem atribuição em Meio Ambiente e Patrimônio Cultural. Nem todas as CCR's editaram enunciados e outras têm atribuições que não interessam

"É admissível o arquivamento do Inquérito Civil com fundamento na instauração de PA para o acompanhamento de Termo de Ajustamento de Conduta, porém, ao final, deverão os autos do PA ser encaminhados à 4ª CCR para verificação do efetivo cumprimento do TAC". **(Enunciado 14 da 4ª Câmara de Coordenação e Revisão)**

"Nos casos de arquivamento de Inquérito Civil com fundamento na assinatura de TAC e instauração de PA de acompanhamento, não há necessidade do encaminhamento do Inquérito arquivado à 4ª CCR, bastando a comunicação por meio do encaminhamento da Portaria de Instauração do Procedimento Extrajudicial arquivado e da minuta do TAC." **(Enunciado 15 da 4ª Câmara de Coordenação e Revisão)**

"Não devem ser firmados Termos de Ajustamento de Conduta que violem dispositivo legal, a exemplo dos que visam a regularizar intervenções em Área de Preservação Permanente." **(Enunciado 16 da 4ª Câmara de Coordenação e Revisão)**

"Termos de Ajustamento de Conduta que envolvam valores monetários, ambientais ou sociais significativos devem ser precedidos de audiência pública." **(Enunciado 23 da 4ª Câmara de Coordenação e Revisão)**

"O Ministério Público Federal não pode figurar como gestor nos contratos de repasse de valores provenientes de termos de ajustamento de conduta ou acordos judiciais, nos termos do Enunciado 24-4ª CCR." **(Enunciado 26 da 4ª Câmara de Coordenação e Revisão)**

"Na seleção de projetos a serem beneficiados por valores provenientes de termos de ajustamento de conduta ou acordos judiciais, deverão ser prestigiados aqueles que mais se relacionem com a natureza e local do dano, que deu origem aos recursos, além da qualidade técnica do projeto, sendo conveniente que se busque contrapartida dos entes proponentes." **(Enunciado 27 da 4ª Câmara de Coordenação e Revisão)**

18.5.5.5. Ação civil pública e competência

A regra geral de competência na ação civil pública é prevista no art. 2.º da Lei 7.347/1985, ficando estabelecida a competência do *foro do local do dano*, regra repetida no art. 93, I, da Lei 8.078/1990 (CDC). A Lei das ACP's, mudando a sistemática geral do CPC, estabelece, ainda, que essa competência não é meramente territorial, mas sim funcional, de forma, portanto, que se trata de competência absoluta, não derrogável por convenção das partes, tampouco sujeita à prorrogação se inicialmente tramitar em juízo incompetente, podendo a incompetência ser alegada em qualquer momento do processo.

O problema é que o dano em questão, muitas vezes, tem enormes dimensões, podendo afetar interessados em vários municípios, regiões, estados ou até mesmo em todo o território nacional. A solução, então, em vez de se dar pela simples concorrência entre os diferentes foros naturalmente competentes, e pela prevenção, conforme regência usual do CPC, é dada pelo art. 93, II, do CDC, que estabelece a competência *no foro da Capital do Estado ou no Distrito Federal, para os danos de âmbito nacional ou regional,* aplicando-se as regras do CPC apenas para a hipótese de concorrência entre as varas situadas nesses locais, caso haja mais de uma com competência sobre a matéria[69]. Deve-se lembrar que

---

ao nosso trabalho, como a 2ª CCR, que atua somente em matéria criminal.

69. Solução legal que nem sempre é respeitada pelos juízes de primeiro grau, mas que já foi reafirmada pelo STJ (REsp 1.101.057/MT, 3.ª T., Rel. Min. Nancy Andrighi, j. 07.04.2011).

as regras de processo coletivo do CDC são aplicadas à Lei das ACP pela remissão feita no art. 21 desta, acrescentado pela Lei 8.078/1990.

Se a matéria for da alçada da Justiça Federal, a competência deve seguir as mesmas regras, sendo certo que a ressalva feita no *caput* do art. 93 do CDC se devia ao fato de que, na época, praticamente não existiam varas federais fora das capitais, realidade completamente diferente da atual.

Não se admite a transferência da competência federal para a Justiça do Estado, se no local do dano não houver vara federal, visto que não há previsão legal ou constitucional para delegação nessa hipótese, tendo sido *cancelada a Súmula 183 do STJ* que a admitia. Assim, a demanda deve ser encaminhada para a vara federal com jurisdição sobre o local.

18.5.5.6. Coisa julgada e execução individual em ação civil pública

De acordo com o art. 16 da Lei das ACP, a sentença proferida em ação civil pública faz coisa julgada *erga omnes*, nos limites da competência territorial do órgão prolator, exceto se o pedido for julgado improcedente por insuficiência de provas, hipótese em que qualquer legitimado poderá intentar outra ação com idêntico fundamento, valendo-se de nova prova.

O intuito da Lei foi efetivamente criar um mecanismo de solução no "atacado" das demandas, valendo a sentença para todos que estão na mesma situação.

Melhor explicitando a matéria, o CDC deixou claro que a solução *erga omnes*, na verdade, fica restrita às ações em que se busca a proteção dos chamados direitos difusos, conforme disposto no art. 103, I, do CDC. Para os direitos coletivos, os efeitos da coisa julgado são *ultra partes*, limitando-se ao grupo, categoria ou classe (art. 103, II).

No caso de interesses individuais homogêneos, o efeito é *erga omnes apenas no caso de procedência do pedido* (art. 103, III), ou seja, faz coisa julgada *secundum eventum litis*.

Entretanto, ainda que os efeitos sejam *erga omnes* ou *ultra partes*, as ações coletivas não prejudicam os direitos e interesses individuais (art. 103, § 1.º), podendo o indivíduo propor sua respectiva ação sozinho. Permite-se, no entanto, que este último requeira a suspensão de sua ação individual até o desfecho da ação coletiva (art. 104 do CDC), sob pena de, não o fazendo, não poder ser beneficiado pela respectiva sentença de procedência.

Quanto à liquidação e execução individual de sentença proferida em ação coletiva, o STJ firmou, em repetitivo (Tema 480), a seguinte tese[70]:

> *A liquidação e a execução individual de sentença genérica proferida em ação civil coletiva pode ser ajuizada no foro do domicílio do beneficiário, porquanto os efeitos e a eficácia da sentença não estão circunscritos a lindes geográficos, mas aos limites objetivos e subjetivos do que foi decidido, levando-se em conta, para tanto, sempre a extensão do dano e a qualidade dos interesses metaindividuais postos em juízo (arts. 468, 472 e 474, CPC e 93 e 103, CDC).*

---

70. **REsp 1.243.887/PR**, Corte Especial, Rel. Min. Luiz Felipe Salomão. Referência aos arigos do CPC/73.

Quanto ao prazo prescricional para se promover essa execução individual, a mesma Corte firmou, também em repetitivo (Tema 515), a seguinte tese[71]:

> No âmbito do Direito Privado, é de cinco anos o prazo prescricional para ajuizamento da execução individual em pedido de cumprimento de sentença proferida em Ação Civil Pública

18.5.5.7. Ação civil pública e medida liminar

A Lei das ACP prevê expressamente a concessão de medida cautelar para prevenir a ocorrência de dano aos interesses/direitos por ela tutelados (art. 4.º). Essa medida cautelar prescinde de ação prévia, podendo ser requerida na própria inicial da ação principal.

O art. 2.º da Lei 8.437/1992 estabeleceu a obrigatoriedade de oitiva prévia, no prazo de 72 horas, do representante judicial da pessoa jurídica de direito público, antes da concessão da liminar.

Já o art. 4.º, § 1.º, da referida Lei 8.437/1992 estendeu o instituto da suspensão de segurança também às ações civis públicas, podendo, o presidente do tribunal competente, independentemente do recurso cabível, suspender a liminar concedida na ACP, em caso de manifesto interesse público ou de flagrante ilegitimidade, e para evitar grave lesão à ordem, à saúde, à segurança e à economia públicas.

18.6. SÚMULAS DO STF

CONTROLE DA ADMINISTRAÇÃO PÚBLICA	
Súmula Vinculante n. 3: Nos processos perante o tribunal de contas da união asseguram-se o contraditório e a ampla defesa quando da decisão puder resultar anulação ou revogação de ato administrativo que beneficie o interessado, excetuada a apreciação da legalidade do ato de concessão inicial de aposentadoria, reforma e pensão.	Súmula Vinculante n. 13: A nomeação de cônjuge, companheiro ou parente em linha reta, colateral ou por afinidade, até o terceiro grau, inclusive, da autoridade nomeante ou de servidor da mesma pessoa jurídica investido em cargo de direção, chefia ou assessoramento, para o exercício de cargo em comissão ou de confiança ou, ainda, de função gratificada na administração pública direta e indireta em qualquer dos Poderes da União, dos Estados, do Distrito Federal e dos Municípios, compreendido o ajuste mediante designações recíprocas, viola a Constituição Federal.
Súmula Vinculante n.21: É inconstitucional a exigência de depósito ou arrolamento prévios de dinheiro ou bens para admissibilidade de recurso administrativo.	Súmula n. 101: O mandado de segurança não substitui a ação popular.

---

71. **REsp 1.273.643/PR**, 2ª Seção, Rel. Min. Sidnei Benetti.

CONTROLE DA ADMINISTRAÇÃO PÚBLICA	
Súmula n. 266: Não Cabe Mandado De Segurança Contra Lei Em Tese.	Súmula n. 267: Não cabe mandado de segurança contra ato judicial passível de recurso ou correição.
Súmula n. 269: O mandado de segurança não é substitutivo de ação de cobrança.	Súmula n. 271: Concessão de mandado de segurança não produz efeitos patrimoniais, em relação a período pretérito, os quais devem ser reclamados administrativamente ou pela via judicial própria.
Súmula N. 304: Decisão denegatória de mandado de segurança, não fazendo coisa julgada contra o impetrante, não impede o uso da ação própria.	Súmula n. 330: O Supremo Tribunal Federal não é competente para conhecer de mandado de segurança contra atos dos tribunais de justiça dos estados.
Súmula n. 346: A administração pública pode declarar a nulidade dos seus próprios atos.	Súmula n. 347: O Tribunal de Contas, no exercício de suas atribuições, pode apreciar a constitucionalidade das leis e dos atos do poder público.
Súmula n, 365: Pessoa jurídica não tem legitimidade para propor ação popular.	Súmula n.405: Denegado o mandado de segurança pela sentença, ou no julgamento do agravo, dela interposto, fica sem efeito a liminar concedida, retroagindo os efeitos da decisão contrária.
Súmula n. 429: a existência de recurso administrativo com efeito suspensivo não impede o uso do mandado de segurança contra omissão da autoridade.	Súmula n. 430: Pedido de reconsideração na via administrativa não interrompe o prazo para o mandado de segurança.
Súmula n. 473: a administração pode anular seus próprios atos, quando eivados de vícios que os tornam ilegais, porque deles não se originam direitos; ou revogá-los, por motivo de conveniência ou oportunidade, respeitados os direitos adquiridos, e ressalvada, em todos os casos, a apreciação judicial.	Súmula n. 625: Controvérsia sobre matéria de direito não impede concessão de mandado de segurança.

18.7. SÚMULAS DO STJ

CONTROLE DA ADMINISTRAÇÃO PÚBLICA	
Súmula n. 2: Não cabe o habeas data (CF, Art. 5º, LXXII, letra a) se não houve recusa de informações por parte da autoridade administrativa	Súmula n. 177: O Superior Tribunal de Justiça é incompetente para processar e julgar, originariamente, mandado de segurança contra ato de órgão colegiado presidido por Ministro de Estado.
Súmula n. 213: O mandado de segurança constitui ação adequada para a declaração do direito à compensação tributária.	

18.8. SÍNTESE DO TEMA

TIPOS DE CONTROLE	
Ideia	Está ligado ao conjunto de mecanismos jurídicos e administrativos por meio dos quais se exerce o poder de fiscalização e de revisão da atividade administrativa em qualquer das esferas de Poder.
TIPOS DE CONTROLE	
Controle Legislativo	Realizado pelo Poder Legislativo, por suas casas ou comissões, é um controle baseado diretamente na Constituição Federal e, por isso, possui natureza eminentemente política.
Controle Judicial	É aquele realizado pelos órgãos do Poder Judiciário em sua função típica. Segundo anota o art. 5.º, XXXV, da Constituição Federal, "a lei não excluirá da apreciação do Poder Judiciário lesão ou ameaça a direito".
Controle Administrativo	Feito no próprio âmbito administrativo, pode ser tutelar ou hierárquico.
Controle interno	Realizado por pessoas ou órgãos da própria Administração Pública.
Controle externo	É aquele feito de uma função típica sobre outra, como, por exemplo, o controle exercido pelo Poder Legislativo e Poder Judiciário em suas funções típicas sobre a atividade administrativa do Poder Executivo.
Controle de legalidade	É aquele que verifica se a conduta do agente público se deu conforme a Lei e o direito.

TIPOS DE CONTROLE	
Controle de mérito	O controle de mérito só pode recair sobre os atos discricionários, de modo que a autoridade competente, analisando a conveniência e oportunidade do ato, decide por sua manutenção ou não.
Controle prévio	Ocorre antes de a atividade ser desenvolvida.
Controle concomitante	Ocorre no momento em que a atividade se desenvolve.
Controle posterior	Ocorre depois de praticado o ato.
Controle de ofício	Feito independentemente de provocação de terceiros.
Controle por provocação	Neste controle há uma provocação formal do prejudicado ou de terceiros para que se analise um ato ou situação.

CONTROLE DA ADMINISTRAÇÃO PÚBLICA PELA PRÓPRIA ADMINISTRAÇÃO	
Ideia	O controle pela Administração sobre seus próprios atos é baseado no princípio da autotutela administrativa.
Fundamento	O fundamento da autotutela quanto à anulação é o princípio da legalidade e demais normas jurídicas a que se sujeita a Administração Pública e o da revogação é o princípio da indisponibilidade do interesse público (vide Súmula 473 do STF).

MEIOS DE CONTROLE ADMINISTRATIVO	
Impugnação	A impugnação normalmente é o meio de controle em que o interessado discute as regras de uma competição, seja no concurso público seja em uma licitação, por exemplo. É importante registrar que a impugnação também é utilizada para questionar atos concretos, sendo, nesses casos, sinônimo de meio de defesa.
Recurso administrativo	É o expediente de que dispõem os legitimados, de acordo com a matéria tratada, para questionar determinado ato, seja quanto ao mérito seja quanto à sua ilegalidade.

MEIOS DE CONTROLE ADMINISTRATIVO	
Reclamação	É uma modalidade de meio impugnativo que somente o interessado pode interpor, quando inexistente outro mecanismo previsto em lei para combater ilegalidade e abuso de poder.
Representação	Ato por meio do qual alguém, qualquer pessoa (por isso ligado ao princípio da cidadania), informa à Administração Pública que determinado agente público praticou algum ato com ilegalidade ou abuso de poder.
Pedido de Reconsideração	É aquele que o interessado requer o reexame do ato à própria Autoridade que o emitiu.
Revisão	A revisão na verdade é um expediente cabível quando surgirem fatos novos ou circunstâncias relevantes suscetíveis de justificar a inadequação da sanção aplicada em outro processo anterior.

EFEITOS EM QUE O RECURSO PODE SER RECEBIDO	
Devolutivo	Todo recurso tem. É o efeito de devolver a matéria para ser reanalisada.
Suspensivo	Se o recurso for recebido no efeito suspensivo, significa que a interposição dele tem o condão de suspender a operatividade, a exigibilidade do ato, não podendo este último causar qualquer prejuízo ao recorrente até o julgamento final de mérito. Se a lei for omissa, o recurso administrativo não será dotado desse efeito, pois é atribuído diretamente pela lei ou pela autoridade administrativa, conforme autorização legal.

OUTROS PONTOS RELACIONADOS AOS RECURSOS	
Reformatio in pejus	E em matéria de processo administrativo, é possível o agravamento da sanção quando do exame do recurso do administrado? Até o advento da Lei 9.784/1999, muitos doutrinadores entendiam que não era possível; com a edição da referida norma, porém, passou a existir essa possibilidade, mas de forma condicionada, conforme percebe-se da leitura do art. 64, parágrafo único, que possui a seguinte redação: "O órgão competente para decidir o recurso poderá confirmar, modificar, anular ou revogar, total ou parcialmente, a decisão recorrida, se a matéria for de sua competência. Parágrafo único. Se da aplicação do disposto neste artigo puder decorrer gravame à situação do recorrente, este deverá ser cientificado para que formule suas alegações antes da decisão".

	OUTROS PONTOS RELACIONADOS AOS RECURSOS
Exaustão da via administrativa	A *regra* é a possibilidade de a pessoa lesada poder ir diretamente ao Poder Judiciário, o que é uma decorrência do princípio da inafastabilidade da jurisdição ou amplo acesso à justiça, cravado no texto constitucional como uma garantia fundamental em seu art. 5.º, XXXV, que prescreve: "a lei não excluirá da apreciação do Poder Judiciário lesão ou ameaça a direito". Não obstante, exaustão da via administrativa não se confunde com ausência de requerimento administrativo, sendo muitas vezes necessária a apresentação deste último para que seja preenchida a condição da ação interesse de agir. Assim, não é necessário que a parte se valha de todos os meios de impugnação administrativos, mas é usual que ela tenha que provocar a decisão da Administração sobre sua solicitação, ou que essa mesma decisão já provoque dano ao interessado.
Ajuizamento de ação na pendência de julgamento de recurso administrativo	Tendo em vista que o ato já está sendo questionado na via administrativa, teria interesse de agir o recorrente para ajuizar ação questionando o mesmo ato, porém, agora, na esfera judicial? A reposta é: depende! Aqui deve-se analisar se o recurso interposto suspendeu ou não a operatividade (exigibilidade) do ato. Se sim, caso em que o recurso é recebido com efeito suspensivo, o administrado não terá uma das condições da ação, ou seja, interesse de agir, por isso sua petição será indeferida nos termos do art. 295, III, do Código de Processo Civil. Se não foi recebido neste efeito é possível o ajuizamento.
Coisa julgada administrativa	É a impossibilidade de o interessado recorrer internamente dentro da estrutura administrativa, que se dá em duas hipóteses: *1) quando perde o prazo para recorrer ou atua em desconformidade com o interesse de recorrer (preclusão temporal e preclusão lógica); ou 2) quando esgota as instâncias recursais na Administração Pública.*
Prescrição administrativa	Prescrição administrativa nada tem a ver com prazo para entrar com ação judicial, mas sim com o prazo para recorrer à Administração e para esta anular seus atos ou aplicar penalidade aos administrados.
	REMÉDIOS CONSTITUCIONAIS
Mandado de segurança	• Sua finalidade primordial, conforme dicção do próprio texto constitucional, é servir de via judicial para solucionar ou prevenir ilegalidade ou abuso de poder praticado ou a ser praticado por autoridade pública ou agente de pessoa jurídica no exercício de atribuições do Poder Público. • O instituto foi objeto de regulamentação inicialmente pela Lei 1.533/1951, posteriormente revogada pela Lei 12.016/2009, atual Lei do Mandado de Segurança.

REMÉDIOS CONSTITUCIONAIS	
Mandado de segurança	• Considerando os legitimados ativos da ação, o mandado de segurança pode ser individual, quando proposto para a defesa de direitos individuais de uma ou mais pessoas, ou coletivo, quando proposto para a defesa de direitos de natureza coletiva. • Ainda quanto às espécies de mandado de segurança é tradicional a distinção entre mandado de segurança "repressivo" e mandado de segurança "preventivo". • O mandado de segurança visa à proteção de direito líquido e certo, não amparado por *habeas corpus* ou *habeas data*, contra ato ilegal ou com abuso de poder praticado por autoridade. • Requisito essencial do mandado de segurança é o chamado direito líquido e certo, que para boa parte da doutrina e jurisprudência corresponde ao próprio objeto da ação, ao passo que para outros tantos significa apenas uma condição de procedibilidade desta. • Qualquer pessoa, natural ou jurídica, privada ou pública, pode figurar como autora de um mandado de segurança, ou, como se diz mais corriqueiramente, como sua impetrante. Também se garante tal direito às chamadas pessoas formais, conforme admitido pelo art. 75 do noovo CPC (espólio, massa falida, condomínios etc.). É a chamada personalidade judiciária, distinta da noção do direito privado de personalidade jurídica. • A autoridade coatora corresponde à pessoa que editou ou baixou a ordem tida por ilegal ou abusiva e, logo, a que tem o poder de fazer cessar, no âmbito administrativo, a mesma ordem.
Habeas Data	• O *habeas data* foi introduzido no ordenamento jurídico brasileiro pela Constituição Federal de 1988, posteriormente regulamentado pela Lei 9.507, de 12 de novembro de 1997. • Sua finalidade, de acordo com a dicção do texto constitucional, é servir de instrumento para assegurar o conhecimento de informações relativas à pessoa do impetrante, constantes de registros ou bancos de dados de entidades governamentais ou de caráter público (art. 5.º, LXXII, *a*) ou para a retificação de dados, quando não se prefira fazê-lo por processo sigiloso, judicial ou administrativo (art. 5.º, LXXII, *b*). • Apesar da simplicidade do procedimento, não se retira a necessidade de que o exercício do direito à postulação esteja fundado em negativa ou recusa às informações, quando a ação for baseada na hipótese da alínea "a" do inciso LXXII do art. 5.º da Constituição Federal, nos exatos termos da Súmula 2, do STJ: "não cabe o *habeas data* (CF, art. 5.º, LXXII, letra 'a', se não houve recusa de informações por parte da autoridade administrativa".
Mandado de Injunção	• Conceder-se-á mandado de injunção sempre que a falta de norma regulamentadora torne inviável o exercício dos direitos e liberdades constitucionais e das prerrogativas inerentes à nacionalidade, à soberania e à cidadania (art. 5.º, LXXI).

REMÉDIOS CONSTITUCIONAIS	
Mandado de Injunção	• Após incessantemente instado a resolver o problema da regulamentação do direito de greve no serviço público, cujo artigo constitucional (art. 37, VII) até hoje se encontra sem norma integrativa, o STF mudou radicalmente seu posicionamento sobre o mandado de injunção, passando a admitir que a Corte possa dar solução concreta, depois de ultrapassado o prazo fixado ao órgão responsável pela edição da norma, aos casos que lhe são submetidos. • O mandado de injunção não se confunde com a ação direta de inconstitucionalidade por omissão. *Primeiro*, porque o âmbito daquele se restringe à ausência de norma regulamentadora de dispositivo constitucional relacionado com as matérias aludidas no inciso LXXI do art. 5.º; *segundo*, porque o rol de legitimados da ação direta de inconstitucionalidade por omissão é restrito às autoridades, órgãos ou entidades nominadas no art. 103 da CF, ao passo que o legitimado para propor o mandado de injunção é qualquer um que tem interesse ou direito subjetivo a ser resguardado, vez que atingido pela omissão na regulamentação da norma constitucional; e *terceiro*, porque a competência para o julgamento da ação direta é restrita do STF, no caso de infringência à Constituição Federal, ao passo que a competência para o julgamento do mandado de injunção varia conforme a autoridade responsável pela edição da norma. • Na ausência de norma regulamentadora do procedimento a ser adotado no mandado de injunção, decidiu o STF, logo após a promulgação da Carta Magna de 1988, que deveria ser aplicado, por analogia, o procedimento do mandado de segurança, no que couber (Questão de Ordem no MI 107/DF, Tribunal Pleno, Rel. Min. Moreira Alves).
Ação Popular	• A ação popular está regida no art. 5.º, LXXIII, da Constituição Federal de 1988, que estabelece: "qualquer cidadão é parte legítima para propor ação popular que vise a anular ato lesivo ao patrimônio público ou de entidade de que o Estado participe, à moralidade administrativa, ao meio ambiente e ao patrimônio histórico e cultural, ficando o autor, salvo comprovada má-fé, isento de custas judiciais e do ônus da sucumbência". • Houve um incremento na disciplina da matéria pela Constituição Federal de 1988, que inseriu a moralidade administrativa como princípio protegido pela ação popular. Assim, tal instrumento não se resume apenas à proteção do patrimônio público, como na disciplina prevista na lei regulamentadora, podendo servir também para a nulificação de atos atentatórios à moralidade administrativa. • Sujeito ativo da ação popular é o cidadão, que não se confunde com pessoa, sendo que o próprio STF já sumulou seu entendimento no sentido de que não cabe a pessoas jurídicas fazer uso desse instrumento processual (*Súmula 365:* "Pessoa jurídica não tem legitimidade para propor ação popular"). • Embora não exista um conceito legal de cidadania, tem-se entendido que se refere ao gozo pleno dos direitos políticos.

REMÉDIOS CONSTITUCIONAIS	
Ação Popular	• O MP atua na ação como fiscal da lei, intervindo obrigatoriamente nela. Como tal, ele pode opinar favoravelmente tanto às teses da defesa do ato como em favor dos autores. A Lei, no entanto, veda a possibilidade de que ele assuma o papel das partes (art. 6.º, § 4.º). • Quanto ao procedimento, em linhas gerais, segue-se o Código de Processo Civil, que, aliás, é adotado subsidiariamente (art. 22), mas a Lei 4.717/1965 contém algumas particularidades, a começar pela possibilidade de concessão de medida liminar (art. 5.º, § 4.º, acrescentado pela Lei 6.513/1977), antecipando-se, assim, o provimento requerido. O prazo de contestação é diferenciado, sendo de 20 dias, com a possibilidade de prorrogação por igual período (art. 7.º, IV).
Ação Civil Pública	• Visando resguardar direitos e interesses que pertencem não apenas a uma ou algumas pessoas, mas a toda uma classe ou categoria de pessoas (direitos coletivos) ou, ainda, a um número indeterminado de pessoas (direitos difusos), o direito brasileiro instituiu uma ação de rito especial, inspirado em outras legislações estrangeiras, a ação civil pública. • A ação civil pública pode ser proposta pelo Ministério Público, pela Defensoria Pública, pela União, Estados, Distrito Federal e Municípios, por autarquia, empresa pública, fundação (pública) ou sociedade de economia mista e, ainda, por associação que, concomitantemente, esteja constituída há pelo menos um ano nos termos da lei civil e inclua, entre suas finalidades institucionais, a proteção ao meio ambiente, ao consumidor, à ordem econômica, à livre concorrência, aos direitos de grupos raciais, étnicos ou religiosos, ao patrimônio artístico, estético, histórico, turístico e paisagístico, ou ao patrimônio público e social. • A legitimidade ativa do Ministério Público não decorre somente desta Lei, estando prevista também nas respectivas leis orgânicas (Lei 8.625/1993 e Lei Complementar 75/1993). Havendo desistência infundada ou abandono da ação por associação legitimada, o MP ou outro legitimado pode assumir a titularidade ativa da demanda. • A regra geral de competência na ação civil pública é prevista no art. 2.º da Lei 7.347/1985, ficando estabelecida a competência do foro do local do dano, regra repetida no art. 93, I, da Lei 8.078/1990 (CDC).

18.9. QUESTÕES

1. **(Técnico Administrativo/ANTAQ – CESPE/2014)** No tocante ao controle da administração pública, julgue o item subsecutivo.

   O controle administrativo exercido com base na hierarquia denomina-se supervisão ministerial.

2. **(Técnico Administrativo/ANTAQ - CESPE/2014) No tocante ao controle da administração pública, julgue o item subsecutivo.**

   A análise da prestação de contas de uma autarquia federal pelo Tribunal de Contas da União é exemplo de controle posterior e externo.

3. **(Conhecimentos Básicos/ANATEL - CESPE/2014) Com relação às contratações de tecnologia da informação e segurança da informação, julgue o item que se segue.**

   De acordo com a Instrução Normativa GSI n.º 1, que disciplina a gestão de segurança da informação e comunicações, todo órgão da administração pública indireta deve nomear um gestor de segurança da informação e comunicações, que terá a incumbência de acompanhar as investigações de danos decorrentes da quebra de segurança.

4. **(Titular de Serviços de Notas e de Registros/TJ-SE - CESPE/2014) Com relação ao controle da administração pública, assinale a opção correta.**

   a) No exercício do controle financeiro sobre a administração pública, o Poder Legislativo pode, por meio da Câmara dos Deputados ou do Senado Federal, convocar ministro de Estado para, pessoalmente ou por meio de representante designado, prestar informações a respeito de determinado assunto.

   b) Conforme entendimento do STF, preenchidos concomitantemente os seguintes requisitos, é possível o controle judicial nas políticas públicas: natureza constitucional da política pública reclamada; existência de correlação entre a política pública reclamada e os direitos fundamentais; prova de omissão ou prestação deficiente e não justificada pela administração pública.

   c) O *habeas corpus*, por ter caráter essencialmente processual penal, não é considerado meio de provocação do controle judicial da administração pública.

   d) Controle interno consiste no controle exercido pela administração direta sobre os atos praticados por seus órgãos e pelas entidades da administração indireta.

   e) Os recursos administrativos, meios de que podem se valer os administrados para provocar o reexame, pela administração pública, de ato administrativo, não podem, conforme o STF, ser apreciados por autoridade que tenha participado anteriormente do processo objeto de recurso e que tenha nele proferido decisão desfavorável.

5. **(Técnico Judiciário/TJ-SE - CESPE/2014) No tocante aos atos e aos poderes administrativos, julgue o próximo item.**

   O Poder Judiciário só tem competência para revogar os atos administrativos por ele mesmo produzidos.

6. **(Técnico Judiciário/TJ-CE - CESPE/2014) Acerca do controle da administração pública, assinale a opção correta.**

   a) Controle legislativo é a prerrogativa atribuída ao Poder Legislativo de fiscalizar atos da administração pública sob os critérios jurídicos, políticos e financeiros.

b) O controle judicial incide sobre a atividade administrativa do Estado, seja qual for o Poder em que esteja sendo desempenhada, de modo a alcançar os atos administrativos do Executivo, do Legislativo e do próprio Judiciário.

c) O controle da administração pública contempla os instrumentos jurídicos de fiscalização da atuação dos agentes e órgãos públicos, não podendo haver controle sobre pessoas administrativas que compõem a administração indireta, uma vez que aquelas são entes independentes.

d) Um importante instrumento de controle administrativo é o direito de petição, que consiste na obrigatoriedade que têm os indivíduos de formular pretensões aos órgãos públicos quando verificarem uma irregularidade, sob pena de multa.

e) Coisa julgada administrativa é a situação jurídica pela qual determinada decisão firmada pela administração não mais pode ser modificada na via administrativa e judicial.

7. **(Técnico Judiciário/TJ-CE - CESPE/2014) Ainda com relação ao controle da administração pública, assinale a opção correta.**

   a) Verificada a existência de uma irregularidade na atividade administrativa, surgirá a faculdade de o órgão de controle propor as providências a serem adotadas.

   b) O controle interno da atividade administrativa pode ser provocado por atuação de terceiros, desde que estes estejam investidos da condição de agentes estatais.

   c) O controle externo realizado pelo Poder Judiciário é diverso daquele realizado pelo TCU, o que não inviabiliza que o Poder Judiciário revise a atividade de controle executada pelo TCU.

   d) Ao realizar a atividade de controle externo, um órgão pode assumir exercício de competências reservadas por lei a outro órgão e invalidar um ato administrativo viciado.

   e) A titularidade do controle externo da atividade financeira do Estado é da Câmara dos Deputados, com auxílio técnico do Tribunal de Contas da União (TCU).

8. **(Conhecimentos Básicos/ICMBIO - CESPE/2014) Julgue o item subsequente, com base no Decreto n.º 5.707/2006 e no Decreto n.º 7.133/2010.**

   O sistema de gestão por competência, cujo desenvolvimento e implementação cabem à Secretaria de Gestão do Ministério do Planejamento, Orçamento e Gestão, constitui um dos instrumentos da Política Nacional de Desenvolvimento de Pessoal.

9. **(Conhecimentos Básicos/ICMBIO - CESPE/2014) Julgue o item subsequente, com base no Decreto n.º 5.707/2006 e no Decreto n.º 7.133/2010.**

   Caso um servidor do ICMBio tome conhecimento de sua avaliação de desempenho individual e dela discorde, poderá apresentar pedido de reconsideração à unidade de recursos humanos do órgão, que o encaminhará à chefia do servidor para apreciação.

10. **(Titular de Serviços de Notas e de Registros/TJ-DF – CESPE/2014)** No que concerne à responsabilidade civil do Estado e ao controle da administração pública, assinale a opção correta.

    a) No exercício da função administrativa, o Estado responde objetivamente tanto no caso de danos morais quanto no de danos materiais causados a terceiros por seus agentes.

    b) Apenas o Poder Executivo está obrigado a exercer o controle interno, dado consistir em função administrativa.

    c) O controle judicial da administração pública pode ser realizado por provocação ou de ofício, podendo ser exercido por meio de mandado de segurança ou ação civil pública.

    d) A teoria adotada no Brasil quanto aos casos de responsabilidade civil da administração pública é a do risco integral, segundo a qual a responsabilidade é objetiva, isto é, não depende da comprovação da culpa ou do dolo.

    e) O controle judicial do poder disciplinar da administração pública é amplo, podendo o juiz considerar o mérito administrativo e determinar concretamente a sanção disciplinar aplicável ao caso.

11. **(Analista de Administração Pública/TC-DF – CESPE/2014)** No que se refere ao controle da administração pública, julgue o item que se segue.

    O Poder Legislativo exerce controle financeiro sobre o Poder Executivo, sobre o Poder Judiciário e sobre a sua própria administração.

12. **(Analista de Administração Pública/TC-DF – CESPE/2014)** No que se refere ao controle da administração pública, julgue o item que se segue.

    O Poder Legislativo exerce controle financeiro sobre o Poder Executivo, sobre o Poder Judiciário e sobre a sua própria administração.

13. **(Analista de Administração Pública/TC-DF – CESPE/2014)** No que se refere ao controle da administração pública, julgue o item que se segue.

    O controle judicial dos atos da administração ocorre depois que eles são produzidos e ingressam no mundo jurídico, não existindo margem, no ordenamento jurídico brasileiro, para que tal controle se dê *a priori*.

14. **(Analista de Administração Pública/TC-DF – CESPE/2014)** O Poder Legislativo exerce controle financeiro sobre o Poder Executivo, sobre o Poder Judiciário e sobre a sua própria administração.

15. **(Analista de Administração Pública/TC-DF – CESPE/2014)** No que se refere ao controle da administração pública, julgue o item que se segue.

    O controle judicial dos atos da administração ocorre depois que eles são produzidos e ingressam no mundo jurídico, não existindo margem, no ordenamento jurídico brasileiro, para que tal controle se dê *a priori*.

16. (Analista Legislativo/Câmara dos Deputados – CESPE/2014) Em relação à administração pública indireta e seus temas correlatos, julgue o item subsequente.

Qualquer cidadão é parte legítima para propor ação popular que vise anular ato de autoridade autárquica lesivo ao patrimônio público.

17. (Analista Legislativo/Câmara dos Deputados – CESPE/2014) A respeito do controle e da responsabilização da administração, julgue o item.

A CF, ao disciplinar a fiscalização contábil, financeira e orçamentária dos entes públicos, prevê o controle da legitimidade, consistente no exame de mérito do emprego de recursos públicos que, embora legais, possam ser caracterizados como ilegítimos.

18. (Analista Legislativo/Câmara dos Deputados – CESPE/2014) A respeito do controle e da responsabilização da administração, julgue o item.

O controle pode ser classificado como executivo ou legislativo, a depender do órgão que o exerça.

19. (Analista Legislativo/Câmara dos Deputados – CESPE/2014) A respeito do controle na administração, julgue o item subsequente.

O controle financeiro das entidades da administração direta e indireta é feito, com exclusividade, de forma externa pelo Congresso Nacional, com o auxílio do TCU, por força de disposição constitucional.

20. (Analista Legislativo/Câmara dos Deputados – CESPE/2014) A respeito do controle na administração, julgue o item subsequente.

Em razão do princípio da separação dos poderes, e diferentemente dos atos administrativos, os atos praticados no exercício da função política ou de governo não podem sofrer controle judicial.

GABARITO

1 – Errado	2 – Certo	3 – Certo
4 – B	5 – Certo	6 – B
7 – C	8 – Certo	9 – Certo
10 – A	11 – Certo	12 – Certo
13 – Errado	14 – Certo	15 – Errado
16 – Certo	17 – Certo	18 – Errado
19 – Errado	20 – Errado	

BIBLIOGRAFIA

ALEXANDRINO, Marcelo; PAULO, Vicente. *Direito administrativo descomplicado*. 21. ed. rev., atual. e ampl. São Paulo: Método, 2013.

ALEXY, Robert. *Teoria de los derechos fundamentales*. Madrid: Centro de Estudios Políticos y Constitucionales, 2008.

ALVES, Rogério Pacheco; GARCIA, Emerson. *Improbidade administrativa*. 3. ed. Rio de Janeiro: Lumen Juris, 2006.

AMARAL, Gustavo. *Direito, escassez & escolha*: em busca de critérios jurídicos para lidar com a escassez de recursos e as decisões trágicas. Rio de Janeiro: Renovar, 2001.

BALTAZAR JUNIOR, José Paulo. *Crimes federais*. 6. ed. rev. e atual. Porto Alegre: Livraria do Advogado, 2010.

BARCELLOS, Ana Paula. *A eficácia jurídica dos princípios constitucionais*: o princípio da dignidade da pessoa humana. Rio de Janeiro: Renovar, 2002.

BINENBOJM, Gustavo. *Uma teoria do direito administrativo*: direitos fundamentais, democracia e constitucionalização. Rio de Janeiro: Renovar, 2006.

CAPELLETI, Mauro. *Juízes legisladores?* Porto Alegre: Fabris, 1999.

CARVALHO FILHO, José dos Santos. *Consórcios públicos*. 2. ed. São Paulo: Atlas, 2013.

_____. *Manual de direito administrativo*. 27. ed. Rio de Janeiro: Lumen Juris, 2011.

_____. *Processo administrativo federal (Comentários à Lei n.º 9.784, de 29/1/1999)*. 4. ed. rev., ampl. e atual., inclusive com a Lei 12.008, de 29.07.2009. Rio de Janeiro: Lumen Juris, 2009.

_____. Responsabilidade civil das pessoas jurídicas de direito privado prestadoras de serviços públicos. In: FREITAS, Juarez (coord.). *Responsabilidade civil do Estado*. São Paulo: Malheiros, 2006.

COSTA, José Armando da. *Direito administrativo disciplinar*. 2. ed. rev., atual. e ampl. São Paulo: Método, 2009.

COULANGES, Fustel. *A cidade antiga*. São Paulo: Martins Fontes, 2004.

CRETELLA JÚNIOR, José. *Prática do processo administrativo*. 7. ed. rev. e atual. São Paulo: RT, 2009.

CUNHA JR., Dirley. *Curso de direito administrativo*. 9. ed. rev., ampl. e atual. Salvador: Juspodivm, 2010.

DI PIETRO, Maria Sylvia Zanella. 500 anos de direito administrativo brasileiro. *Revista Eletrônica de Direito do Estado*, n. 5, jan.-mar. 2006.

_____. *Direito administrativo*. 27. ed. São Paulo: Atlas, 2014.

DINIZ, Maria Helena. *Curso de direito civil brasileiro*. Direito das coisas. 19. ed. São Paulo: Saraiva, 2004. v. 4.

FARIAS, José Eduardo. *Direitos humanos, direitos sociais e justiça*. 1. ed. 4. tir. São Paulo: Malheiros, 2005.

FAZZIO JUNIOR, Waldo. *Atos de improbidade administrativa*: doutrina, legislação e jurisprudência. São Paulo: Atlas, 2007.

FERREIRA FILHO, Manoel Gonçalves. *Direitos humanos fundamentais*. São Paulo: Saraiva, 1995.

FIGUEIREDO, Mariana Filchtiner. *Direito fundamental à saúde*: parâmetros para sua eficácia e efetividade. Porto Alegre: Livraria do Advogado, 2007.

FREIRE JÚNIOR, Américo Bedê. *Controle jurisdicional de políticas públicas pelo Poder Judiciário*. São Paulo: RT, 2005.

FREITAS, André Guilherme Tavares de. *Crime da Lei de Licitações*. 3. ed. rev., ampl. e atual. Niterói: Impetus, 2013.

FREITAS, Juarez. *Controle dos atos administrativos*. São Paulo: Malheiros, 1997.

GALDINO, Flávio. Os custos do direito. *Direitos fundamentais*: estudos em homenagem ao professor Ricardo Lobo Torres. Rio de janeiro: Renovar, 2006.

GASPARINI, Diógenes. *Direito administrativo*. 11. ed. São Paulo: Saraiva, 2009.

GORDILLO, Augustín. *Princípios gerais de direito público*. Trad. Marco Aurélio Greco. São Paulo: RT, 1977.

GOUVÊA, Marcos Maselli. O direito ao fornecimento estatal de medicamentos. In: GARCIA, Emerson (org.). *A efetividade dos direitos sociais*. Rio de Janeiro: Lumen Juris, 2004.

GRECO FILHO, Vicente. *Dos crimes da lei de licitações*. 2. ed. São Paulo: Saraiva, 2007.

HABERMAS, Jurgen. *Direito e democracia* – entre faticidade e validade. Trad. Flávio Beno Siebeneichler. Rio de Janeiro: Tempo Brasileiro, 2003. v. 1 e 2.

HAMILTON, Alexander; JAY, John; MADISSON, Hamilton. *O federalista*. Trad. Hiltomar Martins de Oliveira. Belo Horizonte: Líder, 2003.

JEVEAUX, Geovany Cardoso. *Direito constitucional*. Teoria da Constituição. Rio de Janeiro: Forense, 2007.

JACOBY FERNANDES, Jorge Ulisses. Contratação direta sem licitação. Ed. Fórum, 10ª Ed. p. 239. 2016.

JUNGSTEDT, Luiz Oliveira Castro. *Direito administrativo* – Parte I – Estado gerencial brasileiro. Niterói: Impetus, 2009.

JUSTEN FILHO, Marçal. *Comentários à Lei de Licitações e contratos administrativos*. 10. ed. São Paulo: Dialética, 2004.

KRELL, Andreas Joachim. *Direitos sociais e controle judicial no Brasil e na Alemanha*: os (des) caminhos de um direito constitucional "comparado". Porto Alegre: Sergio Antonio Fabris, 2002.

LEAL, Rogério Gesta. A efetivação do direito à saúde por uma jurisdição-serafim: limites e possibilidades. *A&C Revista de Direito Administrativo e Constitucional*, Belo Horizonte, ano 6, n. 25, p. 25-40, jul.-set. 2006.

STRECK, Lênio Luiz. O papel da jurisdição constitucional na realização dos direitos sociais fundamentais. In: SARLET, Ingo Wolfgang (org.). *Jurisdição e direitos fundamentais*. Porto Alegre: Livraria dos Advogados, 2006.

TÁCITO, Caio. *Temas de direito público*: estudos e pareceres. São Paulo: Renovar, 1997.

TORRES, Ricardo Lobo. A metamorfose dos direitos sociais em mínimo existencial. In: SARLET, Ingo Wolfgang (org.). *Direitos fundamentais sociais*: estudos de direito constitucional, internacional e comparado. Rio de Janeiro: Renovar, 2003.

_____. *Tratado de direito constitucional, financeiro e tributário*. Rio de Janeiro: Renovar, 2008. v. V.

TORRES, Silvia Faber. Direitos prestacionais, reserva do possível e ponderação: breves considerações e críticas. *Direitos fundamentais*: estudos em homenagem ao professor Ricardo Lobo Torres. Rio de Janeiro: Renovar, 2006.

VENOSA, Sílvio de Salvo. *Direito civil*. Direitos reais. 3. ed. atual. de acordo com o Novo Código Civil. São Paulo: Atlas, 2003. v. 4.

WAISBERG, Tatiana. Notas sobre o direito constitucional israelense: A revolução constitucional e a Constituição escrita do Estado de Israel. *Revista Brasileira de Direito Constitucional*, n. 11, jan. jun. 2008.

ZANCANER, Weida. *Da convalidação e da invalidação dos atos administrativos*. 3. ed. São Paulo: Malheiros, 2008.

LIMA, Ruy Cirne. Das servidões administrativas. *Revista de Direito Público*, n. 5, jul./set.

LOEWENSTEIN, Karl. *Teoria de La Constitución*. Barcelona/Caracas/México: Ariel, 197

MEDAUAR, Odete. *A processualidade no direito administrativo*. 2. ed. rev., atual. e amp Paulo: RT, 2008.

_____. *Direito administrativo moderno*. 7. ed. rev. e atual. São Paulo: RT, 2003.

MEIRELLES, Hely Lopes. *Direito administrativo brasileiro*. 35. ed. atual. por Eurico de A Azevedo, Délio Balestero Aleixo e José Emmanuel Burle Filho. São Paulo: Malheiros

MELLO, Celso Antônio Bandeira de. *Curso de direito administrativo*. 31. ed. São Paul lheiros, 2012.

_____. Serviço público e o poder de polícia: concessão e delegação. *Revista de Dir Estado*, Salvador, n. 7.

MODESTO, Paulo. A nova lei do processo administrativo. Disponível em: <http://www.ju vm.com.br/i/a/%7B44C3F20C-0085-40D3-823B D8EB89F8DA5E%7D_a_nova_lei_c cesso_adm.pdf>. Acesso em: 20 set. 2014.

MORAES, Germana de Oliveira. *Controle jurisdicional da Administração Pública*. 2. Paulo: Dialética, 2004.

MOREIRA NETO, Diogo de Figueiredo. *Curso de direito administrativo*: parte intro parte geral e parte especial. Rio de Janeiro: Forense, 2001.

_____. *Curso de direito administrativo*: parte introdutória, parte geral e parte especial. Rio de Janeiro: Forense, 2009.

_____. *Curso de direito administrativo*. 15. ed. Rio de Janeiro: Forense, 2009.

NEIVA, José Antonio Lisboa. *Improbidade administrativa*: estudo sobre a demanda na conhecimento e cautelar. 2. ed. Niterói: Impetus, 2006.

NUNES PEREIRA, Ruitemberg. *Princípio do devido processo legal substantivo*. São Pa novar, 2005.

OLIVEIRA, Rafael Carvalho Rezende. *Curso de direito administrativo*. São Paulo: Métod

OLIVEIRA, Regis Fernandes de. *Delegação e avocação administrativas*. 2. ed. São Paulo: F

PEREIRA DA SILVA, Vasco Manuel Pascoal Dias. *Em busca do acto administrativo* Coimbra: Almedina, 2003.

_____. Estruturas da sociedade: liberdade e solidariedade. *Gaudium ET Spes*, Lisboa, Livros, 1988.

PEREIRA, Caio Mário da Silva. *Instituições de direito civil brasileiro*. Direito das coisa Rio de Janeiro: Forense, 1993. v. IV.

SANTAMARIA PASTOR, Juan Alfonso. *Fundamentos de derecho administrativo*. Mad torial Centro de Estudios Ramon Areces, 1991. v. I.

SARLET, Ingo Wolfgang. *A eficácia dos direitos fundamentais*. 2. ed. Porto Alegre: Liv Advogados, 2001.

_____. *A eficácia dos direitos fundamentais*. 5. ed. Porto Alegre: Livraria do Advoga

SCAFF, Fernando Facury. Reserva do possível, mínimo existencial e direitos humano *Interesse Público*, Porto Alegre: Notadez, ano 07, n. 32, jul.-ago. 2005.

SEABRA FAGUNDES, Miguel. *O controle jurisdicional dos atos administrativos pe Judiciário*. 5. ed. Rio de Janeiro: Forense, 1979.

EDITORA jusPODIVM
www.editorajuspodivm.com.br

Impressão e acabamento:
Geográfica